徐州市委书记　曹新平

徐州市荆马河城市污水处理厂

云龙公园上空

1.和谐
2.社区卫生服务中心新农合结报窗口
3.银杏叶加工车间
4.有爱相随
5.新车带来农家乐 谈长富
6.农村休闲广场丰富村民生活

徐工上海宝马展

职业教育展览大厅

策划编辑　李稳定
责任编辑　李富民
封面设计　张南海

图书在版编目(CIP)数据

长江三角洲城市年鉴. 2009 卷/《长江三角洲城市年鉴》编辑部 编.
—北京:中国工商出版社,2009. 12
ISBN 978 -7 -80215 -394 -3
Ⅰ. ①长…　Ⅱ. ①长…　Ⅲ. ①长江三角洲—城市经济—2009—年鉴
Ⅳ. ①F299. 275 -54
中国版本图书馆 CIP 数据核字(2009)第 220643 号

书名/《长江三角洲城市年鉴》(2009)
编者/《长江三角洲城市年鉴》编辑部

出版·发行/中国工商出版社
经销/ 新华书店
印刷/南京四彩印刷有限公司
开本/889 毫米×1194 毫米　1/16　**印张**/49. 5　**字数**/2267 千
版本/2009 年 12 月第 1 版　2009 年 12 月第 1 次印刷
印数/01 -10000 册

社址/北京市丰台区花乡育芳园东里 23 号(100070)
电话/(010)63730074,83670785　**电子邮箱**/zggscbs@263. net

书号:ISBN 978 -7 -80215 -394 -3/F·688
定价:290. 00 元

长江三角洲
城市年鉴

THE DELTA AREA OF YANGTSE RIVER CITY ANNALS

2009 总第7期

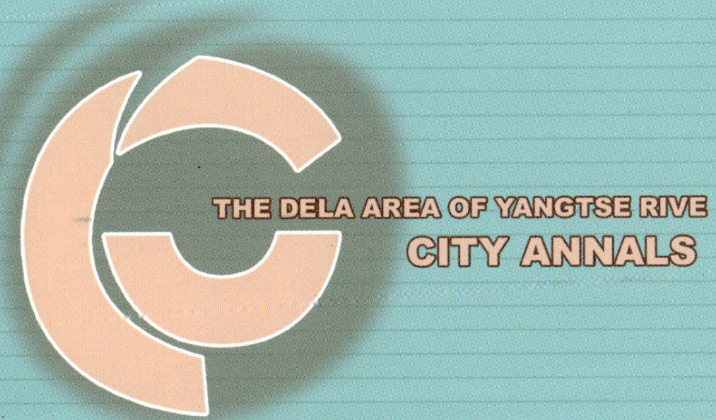

长江三角洲城市年鉴编辑委员会

2009

献给祖国

60

六十华诞

1949－2009

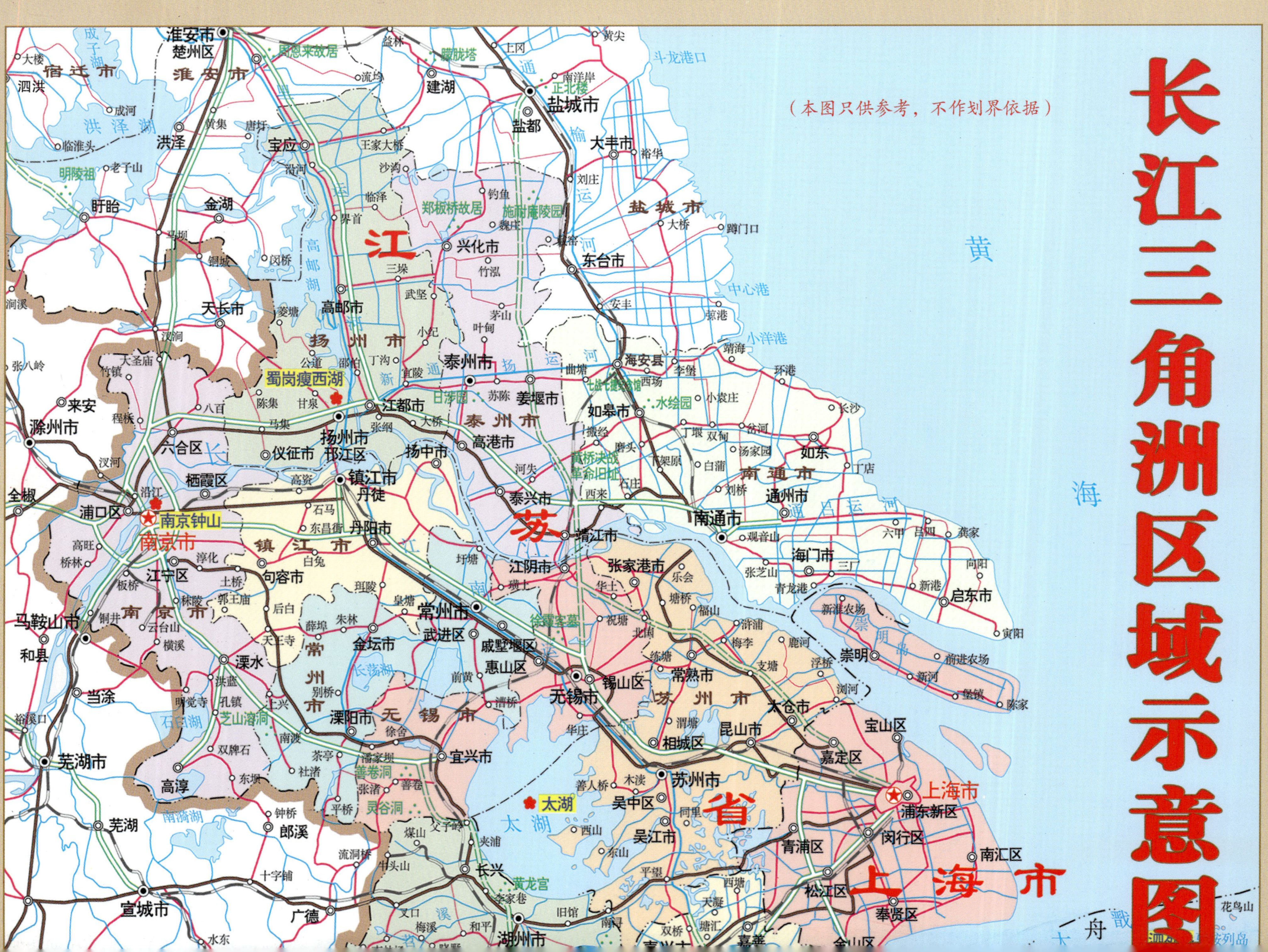

长江三角洲区域示意图
（本图只供参考，不作划界依据）
黄
海
江
苏
省
上海市
淮安市
楚州区
淮安市
宿迁市
泗洪
洪泽湖
洪泽
盱眙
金湖
宝应
建湖
盐都
盐城市
盐城市
大丰市
东台市
兴化市
高邮市
扬州市
泰州市
泰州市
姜堰市
海安县
如皋市
如东
南通市
通州市
南通市
海门市
启东市
崇明
江都市
扬州市
邗江区
仪征市
六合区
栖霞区
天长市
来安
滁州市
全椒
浦口区
南京钟山
南京市
南京市
江宁区
马鞍山市
和县
当涂
芜湖市
芜湖
宣城市
广德
郎溪
高淳
溧水
句容市
镇江市
镇江市
丹徒
丹阳市
扬中市
高港市
泰兴市
靖江市
江阴市
张家港市
常熟市
苏州市
太仓市
昆山市
相城区
吴中区
吴江市
无锡市
无锡市
锡山区
惠山区
宜兴市
常州市
常州市
武进区
戚墅堰区
金坛市
溧阳市
太湖
长兴
湖州市
宝山区
嘉定区
上海市
浦东新区
闵行区
南汇区
青浦区
松江区
奉贤区
蜀岗瘦西湖

浙江省
图例
省级行政中心
地级行政中心
县级行政中心
乡镇、村庄
省、直辖市界
市界
铁路
高速公路
国道及编号
主要公路及里程
一般公路
山峰、高程
国家级风景区
著名风景区
杭州市
杭州西湖
余杭区
萧山区
富阳市
临安市
桐庐
建德市
淳安
富春江—新安江
千岛湖
绍兴市
绍兴
上虞市
诸暨市
嵊州市
新昌
宁波市
镇海区
北仑区
鄞州区
余姚市
慈溪市
奉化市
宁海
象山
舟山市
普陀区
普陀山
岱山
嵊泗
台州市
椒江区
路桥区
黄岩区
临海市
温岭市
玉环
三门
天台
天台山
仙居
温州市
龙湾区
乐清市
永嘉
楠溪江
雁荡山
瑞安市
洞天
文成
青田
丽水市
缙云
松阳
遂昌
云和
龙泉市
景宁畲族自治县
金华市
金东区
双龙
兰溪市
义乌市
东阳市
永康市
武义
浦江
磐安
衢州市
衢江区
龙游
江山市
常山
开化
仙都
海宁市
海盐
嘉兴
黄山市
歙县
绩溪
旌德
浦城

长江三角洲城市年鉴编委会名单

（排名不分先后）

程建新　上海市人民政府合作交流办公室发展处副处长
黄　强　江苏省人民政府驻上海办事处处长
张建明　上海市浦东新区史志办主编
沈拯民　上海市黄浦区地方志办公室主任
陈往秋　上海市徐汇区地方志办公室副主任
芮昌宏　上海市虹口区档案局副局长
李国才　上海市杨浦区史志办公室副主任
王国滨　上海市静安区静安年鉴主编
张建华　上海市嘉定区地方志办公室副主任
王应华　上海市金山区档案局副局长
何惠明　上海市松江区地方志办公室主任
屠宝麟　上海市长宁档案局副局长　年鉴办公室主任
仇小平　上海市宝山区地方志办公室主任
侯龙其　上海市普陀区年鉴办公室主任
叶　佳　上海市崇明县史志办公室
葛方耀　上海市南汇区史志办公室主任
占雪根　上海市青浦区史志办公室主任
俞成伟　上海市卢湾区地方志办公室副编审
陈世涛　上海市闸北区党史地方志办公室主任
吴　刚　马鞍山市人民政府研究室副主任

编审人员

主　　编　张　锋
执行副主编　秦光汉
副 主 编　陈仁礼
编辑部主任　杨崇湘
编　　辑　卞佳英(上海市)　杨青松(南京市)　肖　进(苏州市)　顾洪兴(无锡市)
吴　颖(常州市)　姚丽华(镇江市)　李志勇(扬州市)　张九龙(泰州市)
朱爱琴(南通市)　陈　茜(杭州市)　谢敏依(宁波市)　付冬花(嘉兴市)
洪　流(湖州市)　李月娟(绍兴市)　李　鹏(台州市)　任爱珍(舟山市)
张建明(浦东新区)　沈拯民(黄浦区)　李国才(杨浦区)　姚荣仲(闸北区)
王佩娟(长宁区)　俞成伟(卢湾区)　袁　元(徐汇区)　顾瑞钧(静安区)
张　霞(普陀区)　沈乐平(南汇区)　何惠明(松江区)　赵　峰(青浦区)
吴思敏(宝山区)　蔡国欢(金山区)　孙培兴(嘉定区)　周　凯(崇明县)
冯谷兰(虹口区)　周　宇(马鞍山市)

编辑说明

一、《长江三角洲城市年鉴》是由中国城市经济学会、长江三角城市经济协调会、江苏省城市发展研究院主办的区域性、专业性、逐年记载长江三角洲区域各城市经济、科技、文化、社会事业发展的资料性工具书。

二、《长江三角洲城市年鉴》的编辑方针是:以党的基本路线为指针,真实、客观地记述贯彻党的方针政策的实施情况,记述坚持科学发展观、推进城市建设、改革开放、经济和社会事业所取得的新成就、新变化、新经验、新问题,客观地反映社会主义两个文明建设的进展,使年鉴既能为现实服务,又能为后人提供借鉴。

三、《长江三角洲城市年鉴》(2009)刊,采用篇目、栏目、分目、条目四个结构层次。不同层次的标题在字号、字体和版式上有明显的标识。其中条目为记述的基本形式,用黑体字加【】表示,对较长的条目文中另起一行用楷体字标出。

四、为了增强《长江三角洲城市年鉴》的实用性、权威性,为便于国内外更好地了解长江三角洲区域的发展,设置了"城市介绍"、"长三角县(市)概览"、"合作与交流"、"发展与展望"、"城乡建设与环境保护"、"城市旅游"、"城市教育与人才开发"、"长三角论坛"、"城市统计资料"等栏目。

五、为了扩大长江三角洲对周边地区的影响,也为了加强与周边地区的协作与交流,对积极要求加入长三角区域经济技术交流与合作的城市的经济发展情况也予以记载。

六、《长江三角洲城市年鉴》(2009)刊得到上海市、江苏省、浙江省和长江三角洲各城市领导和政府部门、中国城市经济学会、长江三角城市经济协调会、江苏省城市发展研究院领导、专家、学者、企事业单位及广大作者的厚爱和大力支持,在此谨表示诚挚的谢忱!受水平所限,疏漏和差错之处,敬请广大读者批评指正。

编辑部

二〇〇九年十一月十日

长江三角洲
城市年鉴
2009
（总第七期）

中国城市经济学会
江苏省城市发展研究院 主办
长江三角洲城市经济协调会
南京沪苏浙文化发展中心 承办

编辑：长江三角洲城市年鉴编辑部
地址：南京市虎踞北路10号3幢6楼
邮编：210013
电话：025－83397913
传真：025－83397948
E-mail：csjnj2008@yahoo.com.cn

目 录

城市领导人名录

城市风采

长三角县（市）概览

教育与人才开发

城市医疗卫生

城市交通

城市旅游

城乡建设·环境环保

城市统计资料

城市领导专文、专访

合作与交流

长三角论坛

发展与展望

机关企事业选介

《长江三角洲城市年鉴》(2009)栏目

The Yangtze Delta City Yearbook (2009) Column

上海市

【历史沿革】 今上海地区,吴淞江以南于公元751年(唐天宝十载)析嘉兴东境、海盐北境、昆山南境之地置华亭县。1277年(元至元十四年)升华亭县为华亭府,第二年改为松江府。至清代松江府辖有华亭、娄、上海、青浦、金山、奉贤、南汇7个县和川沙抚民厅。吴淞江以北于1218年1月7日(南宋嘉定十年十二月初九日)设嘉定县,后又析出宝山县。长江口的沙洲于907年左右(五代初)置崇明镇,1277年升为崇明州,1369年(明洪武二年)改为崇明县。上海市区原是吴淞江下游的一个渔村,至唐宋逐渐成为繁荣的港口。1265—1274年(南宋咸淳年间)建上海镇,镇因黄浦江西的上海浦得名。1291年(元至元二十八年)经元朝廷批准,1292年正式分设上海县,辖华亭县东北、黄浦江东西两岸的高昌、长人、北亭、海隅、新江等5个乡,为松江府属县。1927年设为上海特别市,1930年5月改称上海市。1949年5月27日,上海解放。

【地域】 上海市地处东经120°51′~122°12′,北纬30°40′~31°53′,位于太平洋西岸,亚洲大陆东沿,中国南北海岸中心点,长江和钱塘江入海汇合处。北界长江,东濒东海,南临杭州湾,西接江苏和浙江两省,是长江三角洲冲积平原的一部分,平均高度为海拔4米左右。陆地地势总趋势是由东向西低微倾斜。以西部淀山湖一带的淀泖洼地为最低,海拔2米~3米;在泗泾、亭林、金卫一线以东的黄浦江两岸地区,为碟缘高地,海拔4米左右;浦东钦公塘以东地区为滨海平原,海拔4米~5米。西部有天马山、佘山、薛山、凤凰山等残丘,天马山为上海陆上最高点,海拔高度98.2米。海域上有大金山、小金山、浮山(乌龟山)、佘山等岩岛,大金山海拔高度103.4米(吴淞高程),为上海境内最高点。全市总面积6340.5平方公里,东西最大距离约100公里,南北最大距离约120公里。陆海岸线长约172公里。在上海北面的长江入海处,有崇明岛、长兴岛、横沙岛3个岛屿。崇明岛为中国第三大岛,由长江挟带下来的泥沙冲积而成,海拔3.5米~4.5米。崇明岛、长兴岛、横沙岛三岛面积为1185.49平方公里。

【行政区划】 解放后,全市划为黄浦、老闸、新成、静安、江宁、普陀、邑庙、蓬莱等20个市区和新市、江湾、吴淞、大场等10个郊区。1958年1月,上海、嘉定、宝山3个县从江苏省划归上海市,10月建浦东县。11月,川沙、青浦、南汇、松江、奉贤、金山和崇明7个县划归上海市。1960年1月建立闵行区和吴淞区。1961年1月撤销浦东县。1964年5月撤销闵行区、吴淞区。至1964年5月,上海市辖有黄浦、南市、卢湾、徐汇、长宁、静安、普陀、闸北、虹口、杨浦10个市区,以及上海、嘉定、宝山、川沙、奉贤、南汇、松江、金山、青浦、崇明10个郊县。1980年10月,设立吴淞区。1981年2月,设立闵行区。1988年1月,撤销宝山县和吴淞区设立宝山区。1992年9月,撤销上海县和原闵行区,设立闵行区。1992年9月,以川沙县全境、原上海县三林乡和黄浦、南市、杨浦3个区的浦东部分,设立浦东新区。1992年10月撤销嘉定县,设立嘉定区。1997年4月撤销金山县,设立金山区。1998年2月撤销松江县,设立松江区。1999年9月撤销青浦县,设立青浦区。2000年6月,经国务院批准,黄浦区和南市区撤二建一,设立新的黄浦区。2001年8月24日,撤销南汇县,设立南汇区;撤销奉贤县,设立奉贤区。2005年5月18日,经国务院批准,原宝山区管辖的长兴乡、横沙乡划归崇明县管辖。2008年底,上海市辖有浦东新区、徐汇、长宁、普陀、闸北、虹口、杨浦、黄浦、卢湾、静安、宝山、闵行、嘉定、金山、松江、青浦、南汇、奉贤18个区,崇明1个县。2008年,崇明县新设立新海镇、东平镇2个镇。至年底全市共辖有

101个街道、109个镇(比上年增加2个)、3个乡;3590个居委会(比上年增加65个)、1781个村委会(比上年减少49个)。

【人口】 2008年,上海市户籍人口为1391.04万人,比上年增加12.18万人。其中男性695.57万人、女性695.47万人,均占总人口50%。性别比为1:0.99986。非农业人口1216.56万人,占总人口87.5%,比上年增加19.62万人。上海常住人口1888.46万人,其中外来人口517.42万人。户籍数为506.64万户,全市平均每户人口2.7人。户籍人口出生数9.67万人,出生率6.98‰;死亡人数10.70万人,死亡率7.73‰。人口自然增长率-0.75‰。年内全市迁出4.29万人,迁入17.28万人,机械增加12.99万人,比上年增加2.25万人,机械增长率9.38‰。全市户籍人口密度每平方公里2194人,常住人口密度每平方公里2978人,平均期望寿命81.28岁,其中男性79.06岁、女性83.50岁。

【体制改革】 2008年,上海进一步发挥浦东新区综合配套改革试点的示范带动作用,坚定不移地深入推进改革开放,在行政管理体制改革、所有制结构优化调整、社会事业领域改革创新等方面取得积极进展,为上海经济社会平稳较快发展注入新的动力和活力。

1. 继续深化浦东综合配套改革试点,进一步发挥浦东先行先试的示范带动作用。按照中央提出的"三个着力"的总体要求,上海坚持中央、上海、浦东"三个层面"紧密结合,继续深入推进实施浦东综合配套改革试点。

2008年,在基本完成浦东综合配套改革试点第一轮行动计划的基础上,颁布实施《关于2008年浦东新区综合配套改革试点工作安排》和《2008年—2010年浦东新区综合配套改革试点三年行动计划框架》,全面启动第二轮三年行动计划。全市各方面加强协同配合,特别是通过部市合作机制积极争取国家有关部门的支持,稳步有序地推进改革试点工作,在行政审批制度改革、金融改革创新和科技体制改革创新等方面取得新突破。

深化行政审批制度改革。市场准入审批制度改革方面,积极推进工商、税务、质监三部门的联动提速,推动政府市场监管模式改革。招(标)拍(卖)挂(牌)建设项目基本建设程序审批制度改革方面,压缩审批程序,实施政府行政审批和技术审批分离,取消规划设计方案审批和初步设计方案审批2个环节。内外资企业投资项目审批制度改革方面,进一步整合审批主体,压缩审批时限,提高审批效率。行政事业收费改革方面,在总结张江行政服务"零收费"改革的基础上,全面落实全市行政事业性收费政策措施,并结合实际进一步加大行政事业收费项目停征力度,更大程度地降低企业负担和运行成本。

积极推进金融改革创新。围绕国际金融中心核心功能区建设,进一步改善金融环境,积极争取国家有关部门的支持,加大金融产品创新力度。制定颁布《支持金融机构发展实施办法》、《集聚金融人才实施办法》和《浦东新区促进股权投资企业和股权投资管理企业实施办法》等一系列配套措施。进一步完善金融法制环境,推动设立专业金融审判法庭,为上海国际金融中心建设有序推进提供有力司法保障。积极推进金融产品创新。率先在3个营业点试点开展个人本外币兑换特许业务。

深化科技体制改革。围绕建设自主创新示范引领区,聚焦张江高技术园区,积极推进区域自主创新体制建设。进一步优化自主创新环境。针对创新研发用地认定、管理机制等问题,制定《关于促进土地集约利用加快发展生产性服务业和先进制造业用地政策措施的若干意见》,加快降低研发企业商务成本。加大功能性平台建设力度,积极对接市平台资源,设立上海市研发平台浦东分中心。在平台建设方面,对公益性、投资大、基础设施性的重大科技平台,由浦东新区财力和企业共同投资建设;对企业自建、具有共享价值的技术平台,经认定后对建设和使用单位实行补贴。进一步完善产学研合作项目推进机制,推动国防科技工业微电子技术研究应用中心落户浦东及中科院浦东科技园建设。进一步加大自主创新支持力度。设计全国首个成长型中小企业创业投资基金,促进中小企业自主创新和创新企业集聚。完善种子期企业创新投资机制,设立科技金融服务公司,探索投贷联动机制,制定新的知识产权质押融资实施细则,启动企业信用互助计划,加大对科技型企业的资金支持。积极争取国家支持,加快推进科技体制创新。积极探索适应自主创新特点的集成电路保税监管模式。以提升新药研发能力为重点,创新检疫检验方式,在张江推行缩短审批时间、缩减审批范围、减免申请材料、许可分批核销的生物样品检疫检验改革。

围绕深化浦东新区综合配套改革试点需要着力突破的瓶颈问题,制定颁布《上海市人民政府关于对浦东新区进一步下放事权和加大政策支持的意见》,赋予浦东新区更大的自主发展权、自主改革权和自主创新权,向浦东新区进一步下放规划管理、土地管理、投资项目审批、自主创新、人口管理、价格管理、文化市场管理等7个方面11项事权,进一步支持浦东新区先行先试、加快发展。

2. 加快政府职能转变和管理创新,进一步深化行政管理体制改革。围绕"把上海建成政府行政效能最高、行政透明度最高和行政收费最少地区之一"的目标,不断提高行政效能和政府服务水平,为市场主体提供良好的公共服务和发展环境。

正式启动新一轮政府机构改革。主要是理清职能,着力避免职能交叉重叠、职责主次不分、政出多门、扯皮推诿等现象。建立健全部门间协调配合机制,加快形成灵活便捷的部门联席会议机制和信息共享机制。健全办事制度和程序,简化和优化办事流程,提高行政效能和透明度,更好地服务群众、服务企业、服务社会。大力推进第四轮行政审批制度改革。主要是按照提高效率、增强透明度的目标,以改善投资项目审批管理、整合建设工程审批、建立网上审批平台为突破口,抓住清理审批事项、改进审批方式、再造审批流程、创新管理方式、加强监督制约等关键环节,加快建立健全行政审批运行、管理和监督的长效机制。经过改革,对招拍挂用地建设项目中的非政府投资项目,审批流程由原来的9个主要程序、35个审批环节、150个工作日简化为4个主要程序、6个审批环节、97个工作日。

3. 全面深化投资体制改革。制定并颁布实施上海市企业投资项目核准暂行办法、备案暂行办法和外商投资项目、境外投资项目核准暂行管理办法等4项政策措施。对不使用政府资金的企业投资项目,一律不再审批;政府只对重大项目和限制类项目从维护社会公共利益角度进行核准,其他企业投资项目全部实行备案制;对符合规定的外资项目和境外投资项目全部实行核准制。积极开展行政事业性收费清理。坚持有利于促进就业、改善民生,有利于方便投资者和市场主体、改善投资环境,有利于规范行政行为、深化行政管理体制改革的原则对全市行政事业性收费事项进行清理。取消和停止征收148个行政事业性收费事项,占清理总数的27.9%,按前一年度收费金额匡算,降低收费金额近20亿元,涉及30个政府部门。

4. 全面深入推进国资国企改革,优化非公有制经济发展环境。按照“两个毫不动摇”(毫不动摇地发展和壮大国有经济,毫不动摇地支持、引导、鼓励非公经济)的要求,上海进一步加大所有制结构调整力度。公有制经济增加值占全市生产总值比重由20世纪90年代初的95%降至2008年的54%,非公有制经济比重由5%增至45.7%,其中个体私营等经济由3%增至22.8%。全面部署并深入推进国资国企改革。颁布《关于进一步推进上海国资国企改革发展的若干意见》以及《关于进一步规范和完善市管企业法人治理结构的意见》、《关于市管国有企业董事会选聘经理人员的意见》等4个配套文件,提出一些方向性的、可操作的又有阶段性目标的原则和具体措施。围绕提高国有企业主业核心竞争力,共推动41家国有企业(集团)明确并集中发展主业。采取以借壳上市、资产置换、A股吸收合并、资产注入等形式,推动13家国有上市公司实施资产重组,涉及资金280余亿元。进一步促进非公有制经济发展。制定颁布《关于进一步促进非公有制经济发展的若干意见》,在营造产业环境、改善融资环境、吸纳引进人才等方面提出若干政策建议。针对民营企业和中小企业融资难、担保难等突出问题,颁布实施《关于本市开展小额贷款公司试点工作的实施办法》。上海在部分符合条件的区(县)启动小额贷款公司试点,至2008年末,共获准设立21家小额贷款公司,其中12家开业、11家筹建中,总注册资本17.76亿元。

5. 坚持以改善民生为重点,不断推进社会事业领域改革创新。针对社会领域改革相对滞后的状况,上海围绕着力改善民生、促进社会和谐,更好地满足群众基本公共服务需求,在教育、卫生、文化、社会保障等领域加快探索创新。

深入实施教育综合改革。进一步完善义务教育经费保障机制,加大对郊区农村和财政相对困难地区财政转移支付力度。推进中心城区优质教育资源向郊区农村辐射和转移,继续推进20所农村义务教育相对薄弱学校实行委托管理。推进高校招生考试制度改革,妥善实施考前填报平行志愿,继续推进市部分高校专科层次依法自主招生改革试点。积极推动职业教育集团化办学,重点组建商贸、化工、旅游和电子信息等四大职业教育集团。

完善社区卫生服务体系。以收支两条线、医保总额预付和绩效考核机制为核心,制定评估社区卫生综合改革的调查方案,评估全市社区卫生综合改革情况。分两步实施基本药品零差率政策。推进医疗资源纵向整合,完善医疗服务,在宝山区组建全市首家“社区卫生服务集团”,探索整体提高社区卫生服务水平。

深化文化体制改革。在张江建立全国第一家国家数字出版基地(张江国家数字出版基地),探索实行管理主体、运作(服务)主体和企业主体三分离运行机制。启动上海市公共文化产品资源数据库建设,推动文化信息资源共享工程基层服务点、社区文化活动中心和农村综合文化活动室建设。形成社区文化活动中心绩效评估标准和办法,加强公共文化服务设施运营的监管。

完善社会保障体系。全面建立覆盖全体城乡居民的基本医疗保障制度体系,将市城镇职工医保、小城镇医保和农村合作医疗等基本制度未覆盖的居民统一纳入保障范围。加快完善住房保障体系,进一步扩大廉租住房受益面,在具备收入核对条件的60个街镇试行扩大廉租住房受益面。研究制定《上海市经济适用住房管理试行办法(征求意见稿)》,加快完善经济适用房制度,突出规范建设机制、供应机制和产权管理机制,着力推进扩大廉租住房实物配租试点。

【经济发展】 2008年,市委、市政府带领全市各区县、各部门,紧紧围绕实现“四个率先”、建设“四个中心”,深入学习实践科学发展观,全力支援灾区抗震救灾和重建家园,全力促进经济社会平稳较快发展。经济运行总体保持平稳有序,社会发展保持和谐稳定。

积极应对严峻复杂的外部环境,努力保持经济平稳较快发展。全年全市实现生产总值13698.2亿元,比上年增长9.7%(按可比价格计算,一、二、三产业和工业增加值同)。第三产业实现增加值7350.4亿元,比上年增长11.3%,其中金融、信息服务等行业分别比上年增长15%、18.1%;第二产业实现增加值6235.9亿元,比上年增长8.2%,其中工业增加值5785亿元,比上年增长8.4%;第一产业实现增加值111.8亿元,比上年增长0.7%。全年完成地方财政收入2382.3亿元,比上年增长13.3%。社会消费品零售总额4537.1亿元,比上年增长17.9%。全社会固定资产投资总额完成4829.5亿元,比上年增长8.3%。居民消费价格指数为105.8。外贸进出口商品总额3221.4亿美元,比上年增长13.8%。其中外贸出口总额1693.5亿美元,比上年增长17.7%;机电产品、高新技术产品出口比重分别达70%和42.1%。利用外资实到金额100.8亿美元,比上年增长27.3%,其中第三产业实到外资占全年利用外资实到金额67.8%。新增功能性外资机构83家,累计676家。对外直接投资总额7.1亿美元,比上年增长9.3%,对外工程承包和劳务合作合同金额111.4亿美元,比上年增长51.6%。全年与全国各地签订各类合作项目358个,金额1283亿元;在对口地区实施帮扶项目500多个,无偿援助资金超过4亿元。

大力推进结构升级,经济发展方式转变取得进展。(1)产业结构调整继续推进。第三产业增加值比重继续提高,全年第三产业增加值占全市生产总值比重达53.7%,比上年提高1.1个百分点。信息服务、专业服务、文化创意等新兴服务业加快发展,现代服务业集聚区和生产性服务业功能区建设加快推进。电子信息、成套设备等重点工业行业保持平稳增长,临港装备、长兴岛造船等重大产业基地加快建设,航空、航天、船舶制造等战略产业项目顺利推进。(2)国际金融中心和国际航运中心建设加快推进。现代金融市场体系加快发展,全年金融市场交易总额(不含外汇市场)167.7万亿元,比上年增长30.9%。全市新增金融机构82家,累计689家。黄金期货挂牌交易,人民银行征信中心落户上海,全国首家金融审判庭在浦东法院设立。口岸服务功能不断增强,口岸进出口商品总额6065.6亿美元,比上年增长16.3%。上海港货物吞吐量5.8亿吨,连续4年保持全球第一;国际标准集装箱吞吐量2800万标准箱,继续名列全球第二;洋山深水港国际标准集装箱国际

中转和水水中转比例分别达11%和50%。(3)自主创新能力不断提高。发明专利申请量和授权量分别比上年增长17.2%和30.7%;各类技术交易合同成交金额增长12.3%,新认定高新技术成果转化项目760个。部市合作加快推进,中国科学院与上海市签署进一步深化院市合作协议,中国科学院浦东科技园正式揭牌,上海市成为国家首批6个综合性高技术产业基地之一。高技术成果产业化步伐加快,中国自主研制的ARJ21－700新支线飞机"翔凤"在沪成功首飞,上海电气超超临界机组关键部件成功实现国产化,自主研制的氢燃料电池轿车在北京奥运会得到成功应用。(4)节能减排工作力度进一步加大。围绕"落实责任、抓好项目、完善政策",节能减排工作取得进展。制定主要污染物总量减排统计、监测、考核3个办法并实施区县考核,颁布实施节能减排专项资金管理办法并制定产业结构调整等六项实施细则。对年耗能1万吨标准煤以上的348家重点工业企业开展能源审计,试行用能总量控制,全年淘汰落后产能522项。关停杨树浦、吴泾电厂27.5万千瓦燃煤小机组,完成622.5万千瓦的燃煤机组烟气脱硫改造,白龙港污水处理厂升级扩容工程建成运行,完成郊区9座污水处理厂新建、扩建任务,第三轮环保三年行动计划顺利完成。全年环保投入相当于全市生产总值比例3.08%。环境空气质量优良率89.6%,绿化覆盖率38%。万元生产总值综合能耗进一步下降,二氧化硫和化学需氧量排放量分别比上年削减10.4%、9.4%。

【工业】 2008年,受国内外复杂环境和自身发展转型的影响,上海工业经济虽然增长速度有所放缓,但全市工业继续深入贯彻国家宏观调控政策,大力转变经济发展方式和推进产业结构调整,努力增强产业国际竞争力,工业产业总体保持平稳发展。全市完成工业增加值5784.99亿元,比上年增长8.4%;实现工业总产值25638.97亿元,比上年增长10.95%。全市规模以上工业企业完成工业增加值5649.6亿元,比上年增长8.3%;实现工业总产值25121.19亿元,比上年增长12.85%。完成销售产值24800.69亿元,比上年增长12.99%;完成出口交货值8008.98亿元,比上年增长9.52%,出口交货值占销售产值32.29%。全市工业实现利润967.20亿元,比上年下降27.23%;工业经济效益综合指数为204.21;工业产品产销率达98.7%。全员劳动生产率18.17万元,比上年减少0.33万元;资产保值增值率110.65%;成本费用利润率3.84%,总资产贡献率9.31%,流动资金周转次数2.24次,资产负债率53.09%。应收账款处于较好状态,产成品存货增幅呈上升趋势。

工业投资实现适度增长。全市工业固定资产投资完成1418亿元,比上年增长1.66%,占全市固定资产投资总额的29.36%。其中六大支柱产业投资808.8亿元,比上年下降1.38%,占全市工业投资总量的57%左右。电子信息、精品钢材、成套装备、石油化工4个行业的投资均超过100亿元,其中精品钢材和石油化工2个行业完成投资382.8亿元,约占六大支柱产业投资总量的50%。中央企业和市属国有大型企业投资仍占主导地位,约占全市工业投资总量的60%,但投资增幅有所回落。区县投资规模较上年略有下降。

2008年,电子信息行业出口交货值占工业出口的55.8%。该行业11、12月出口比上年同期分别下降11.1%和16.0%,是影响同期全市工业出口下降的主要原因。工业盈利能力持续下降。全年亏损企业亏损额391亿元,比上年增长1.25倍。电子信息行业实现利润总额49.62亿元,比上年下降47.3%;石油行业亏损70.94亿元;钢铁行业实现利润总额124.98亿元,比上年下降63.8%;汽车行业实现利润总额153.13亿元,比上年下降18.1%。石化、发电全行业亏损,2个行业占全市亏损额的比重超过50%。

2008年,全市工业凭借较强的辐射力,对关联行业的拉动作用进一步显现。工业占全市经济的比重超过四成,其中电子信息产品、汽车制造、石化及精细化工、精品钢材、成套设备、生物医药等6个重点发展行业工业总产值达到15998.83亿元,比上年增长10.31%,占全市规模以上工业总产值的63.7%;实现利润总额521.19亿元,比上年下降37.49%,但仍占全市规模以上工业企业利润总额的53.9%。工业行业拉动金融保险业278.97亿元,占全市金融业约20%;拉动交通运输、仓储和邮政业165.79亿元,占全市交通运输、仓储和邮政业21.5%。主要工业拉动第三产业收入2002.42亿元,对第三产业形成较强的支撑。

2008年,全市工业进出口总额1927.58亿美元,比上年增长5.59%;全市工业出口额占全市外贸出口额比重的29.3%。

全市都市产业稳步、健康发展。全市七大都市型工业产业规模以上企业4565家,提供就业岗位75.74个。共完成工业总产值3101.19亿元,比上年增长19%;主营业务收入3180.39亿元,比上年增长17.95;利润总额144.30亿元,税金总额105.23亿元。年末资产总额2522.14亿元,比上年增长13.07%。

全市工业环保治理工作取得新成绩。以调整淘汰"高能耗、高污染、低效率"的落后产能为重点,完成调整项目522项,年节约标煤达到130万吨。重点推进吴泾工业区环境综合整治。上海焦化公司五号、六号焦炉干熄焦改造工程、酸性气体处理项目,上海氯碱公司氯化氢废气治理、过氯乙烯废水、过氯乙烯废气达标治理项目和糊状树脂包装粉尘处理项目,吴泾化工公司造气含氰废水处理项目,吴泾第二发电公司冷却水噪声治理及上海白水泥污染生产线关停等15个环境综合治理项目完成。吴泾工业区环境质量恶化的势头基本得到遏制,部分特征污染指标已呈现逐步下降趋势,空气常规污染物年平均浓度满足二级标准浓度限值的要求,地区河道水环境质量总体水平在IV—V类之间。15条道路205家企业污水收集管网和集中供热系统开工建设。

【现代农业与新农村建设】 2008年,上海实现农业增加值111.8亿元,比上年增长0.7%(扣除价格因素,下同);实现农业总产值280.7亿元,与上年持平。其中种植业占48.3%、林业占3.2%;牧业占24.4%、渔业占20.3%;农业服务业占2.9%。上海市设施粮田、设施菜田建设有序推进。全年新建设施粮田0.53万公顷,累计建成设施粮田7.33万公顷;新建设施菜田0.3万公顷,累计建成1.3万公顷。新建成标准化畜禽养殖场34个、标准化水产养殖场14个。农业科技入户和农民培训全面推进。全年共组织525名科技人员进村入户,培育科技示范场507个、科技示范户2754户,辐射农户3.1万户。

农业组织化程度进一步提高。截至2008年底,全市有一定规模的农业产业化经营组织1701家,其中农业产业化龙头企业448家(市级农业产业化重点龙头企业37家,国家级重点龙头企业15家),比上年增加13家,带动农户49.97万户。农民专业合作社1253家,比上年增长77.7%,带动农户数18.79万户。龙头企业和农民专业合作社农产品销售额为410.34亿元。

2008年,上海新建农村公路413公里,改造农村公路危桥185座,420个经济相对困难村的村内道路和危桥得到改善;完成108个"整洁村"建设;新辟和调整区域公交线路50条,80%的行政村实现公交通达;完成3062公里河道整治,关闭53座乡镇水厂。年内,市级财政投入奖补资金1.88亿元,郊区10个区县共有45个乡镇、108个行政村中的21429户农户开展村庄改造,改善居住环境。年内新建村级为农综合服务站190个,累计基本建成332家。完成300所农村卫生室标准化建设,累计建成标准化村卫生室和综合文化活动室(含农家书屋)各1000多个,社区事务代理室520个。至年底,初步建成具有一定规模的农业旅游景点60多个,全年接待各类游客850多万人次,涉农旅游总收入12亿多元,解决农民就业2.5万多人。至年底,上海郊区城镇化水平达70.5%,比上年增加4.5个百分点;城镇建成区面积消耗国1000平方公里;城镇建成区人均公共绿地面积达21平方米。郊区有线电视普及率82.8%,其中农村地区为49.8%。

年内,农村合作医疗人均筹资金额提高到480元,大病统筹最高补偿额5万~6万元。农保人均月养老金236元,领取养老金人数30万人;镇保人均月养老金621元,领取养老金人数33万人;65周岁以上老年农民养老金补贴标准提高到每人每月100元,对年满60周岁不满65周岁的老年宁明增设养老金补贴每人每月80元。农村低保标准提高到3200元。农民收入持续增长。全年农村居民家庭人均可支配收入11385元,比上年增长11.4%。积极促进农民增收,对低收入农户实施就业专项补贴,开展农村富余劳动力培训3万多人,新增非农就业岗位11.8万个。

【对外开放及园区建设】 2008年,上海市外贸进出口商品总额3221.38亿美元,比上年增长13.84%,其中出口额1693.50亿美元,比上年增长17.66%;进口额1527.88亿美元,比上年增长9.88%。上海关区进出口总额6065.56亿美元,比上年增长16.37%。其中出口额3936.5亿美元,比上年增长19.9%;进口额2129.1亿美元,比上年增长10.3%。全市新设外商投资项目3748个,吸收合同外资金额171.12亿美元,比上年增长15.1%;实到金额100.84亿美元,比上年增长27.3%。新增外商在上海设立总部经济机构83个,其中地区总部40个、投资性公司13家、外资研发中心30个;累计设立总部经济机构676个,其中地区总部224个、投资型公司178家、研发中心274个。全年全市对外投资项目104个,比上年增长32.7%;对外直接投资7.08亿美元,比上年增长9%;对外承包工程新签合同额111.4亿美元,比上年增长51.6%。

浦东新区金融机构进一步聚集。年内新增金融机构51个,其中证券类机构27个、保险类机构12个、银行类机构12个。全年实现金融增加值553.46亿元,比上年增长19.2%,占全区生产总值17.56。至年底,区内共集聚各类金融机构4544个,其中银行类机构178个、证券类机构215个、保险类机构151个。实现工业总产值2585.05亿元,比上年增长6.4%,占全市工业总产值比重10.08%。其中金桥出口加工区工业受汽车产业负增长的影响,工业产值增速下滑,实现工业产值1608.23亿元,比上年增长0.86%。1594.56亿元,比上年增长13.8%;外高桥保税区实现工业总产值555.43亿元,比上年增长13.8%;张江高科技园区实现工业产值421.39亿元,比上年增长6.0%。旅游会展业稳步增长。年内,上海新国际博览中心、上海国际会议中心、浦东展览馆共举办大型会议1511次、、展览(博览)会117次,展出面积392.03万平方米。旅行社接待游客119.92万人次,旅游直接收入21.48亿元。主要景点接待游客1658.56万人次,营业收入7.32亿元。宾馆业营业收入43.39亿元,实际住宿182.12万人次。

上海共有41个开发区,其中国家级经技术开发区15个(包括国家级经济技术开发区4个)、市级开发区26个。规划总面积656平方公里。2008年,全市开发区开发面积8.76平方公里,批租土地面积9.98平方公里,建成面积14.42平方公里。累计开发面积452.24平方公里,批租面积302.83平方公里,建成面积220.42平方公里。土地开发率80.74%。实现工业总产值12983.03亿元(包括国家级、市级和部分工业集中区,下同),比上年增长9.19%;工业企业利润总额578.07亿元,比上年下降5.81%;上缴税金1216.70亿元,比上年增长14.89%;完成固定资产投资总额691.88亿元,比上年下降6.91%。引进外资项目988个,比上年下降20.64%;合同外资64.14亿美元,比上年增长14.151%;外资实际到位资金49.87亿美元,比上年增长26.77%。

【科技进步】 2008年,市科委会同相关委办局继续推进落实"36条"配套政策实施细则。市科委与市质监局共同发布《上海市标准化推进专项资金管理办法》。为有效落实《上海市促进大型科学仪器设施共享规定》,市科委会同市财政局、市质监局、市教委共同制定颁布《上海市大型科学仪器设施基本信息报送实施暂行办法》和《上海市大型科学仪器设施共享服务评估与奖励暂行办法》;联合市财政局、市发展改革委修订《上海市新购大型科学仪器设施联合评议实施办法》;联合市财政局制定《上海市大型科学仪器设施共享服务奖励资金暂行管理办法》。4个办法建立起科学仪器共享的制度体系,加快创新资源整合。科学仪器共用系统集聚全市近175个单位的2089台(套)价值50万元以上的设备,整合吸纳各级重点实验室、工程研究中心、企业技术中心300余个,形成强大的公共服务功能。

2008年,上海市全社会科技进步贡献率62.97%;全社会研发(R&D)经费投入362.30亿元,占全市生产总值(GDP)的2.64%;市财政科技拨款总额23.61亿元(市科委管理部分),比上年增长6.83%。其中科学事业费3.91亿元、科技项目费19.7亿元(科技三项费用5.65亿元,科技专项费用14.05亿元)。取得重大科技成果1866项。57项(人)获得2008年度国家科学技术奖励,300项(人)获得2008年度上海市科学技术奖励。全年全市申请专利52835件,专利授权24468件。上海市高新技术成果转化中心新认定高新技术成果转化项目760个。全市共认定高新技术企业1812家,其中认定张江高新技术开发区内419家。全市高技术产业完成工业总产值6041.98亿元,比上年增长11.6%,占全市工业总产值的24.8%。全年高新技术产品出口额713.1亿美元,比上年增长19.8%,占全市外贸出口总额的比重达42.1%。全市经合同认定登记的技术交易合同数为28713项,比上年增长3.5%;交易额485.75亿元,比上年增长12.28%,连续10年实现两位数增长;平均单笔技术交易合同金额达169.2万元,比上年增长8.5%。

2008年,新增国家"973"计划项目首席科学家10人,重大科学计划项目首席科学家7人。新增国家杰出青年基金获得者26人。继续实施"学科带头人"、"浦江人才"、"启明星"等人才计划。有209人(含团队)海外留学人员获得上海市浦江人才计划资助,共资助经费4000万元。有87人入选"优秀学科带头人计划",123人入选"青年科技启明星计划",31人为启明星获得"青年科技启明星跟踪计划"支持。

年内,上海有251个项目获国家科技型中小企业技术创新基金资助,资助总经费12763万元;559个项目获上海市创新资金资助,市区联动资助总经费为2.07亿元;"科技小巨人工程"资助27家"科技小巨人企业"和94家"科技小巨人培育企业"。全市拥有各类科技企业孵化器35个,孵化器面积58.5平方米,在孵企业2082家,年内"毕业"企业178家,累计"毕业"企业799家。全市各高校共312名学生创业的84个项目得到1227.5万元创业基金资助。

2008年,上海科技继续按照原创性、先导性、标志性的原则,面向世界科学发展前沿,围绕"健康、生态、精品、数字上海"建设的技术创新任务要求和重大基础科学问题,开展前瞻性布局,拓展研究的深度和广度,在生命科学、材料科学与工程、物质科学与信息等领域取得重要突破,新的学科优势正在形成。细胞内铁离子转运障碍为ML4发病真正分子机理的发现、胆固醇吸收的分子机制及降胆固醇药物"益适纯"的作用原理的揭示、Nav1.8中内质网滞留信号的获得、神经元的放射状迁移受胞外导向分子的指引的证明、艾滋病毒Tat蛋白上的全新高亲和力肝素结合位点的确定、DNA第六元素硫的发现等,凸显上海在世界生命科学研究领域中的地位;电纺丝制备纳米纤维材料的技术突破、多层介孔薄膜孔道多向全程控制的首次实现、改进型多坩埚下降炉的研制成功、超颖材料器件的成功推出、碳60晶体在相变过程中新现象的发现等一批重要成果的涌现,进一步巩固上海在材料科学和工程研究领域的优势;上海光源(光源储存环首批4条光束线站出光)、高精度月全球地形图、磁电效应机制、中等红移处宇宙大尺度本动速度测定新法等方面的重大突破,为上海在物质科学与信息、空天与地学等领域的研究夯实基础。新型高灵敏度、高特异性电化学DNA纳米生物传感器、基于碳纳米管的微太阳能光伏电池、ZNF804A基因与精神分裂强烈相关性的研究、药物新靶标、微结构光纤传感研究等方面取得一批重要成果,促进不同学科间的融合创新。

2008年,22个项目获得科技部国际合作重点项目的资助,8个项目列入与斯洛伐克、波兰、匈牙利等国家的双边政府间合作计划;上海交通大学系统生物医学研究中心、上海中医药国际创新园上海市中医药科技产业促进中心、同济大学新能源汽车工程中心和中科院上海生命科学研究院生命科学国际研发中心4个中心被科技部和国家外国专家局批准成为首批"国家级国际联合研究中心",上海交通大学激光实验室、上海中药创新研究中心被科技部授予"国际科技合作基地"称号。2008年度与加拿大、芬兰、英国、德国等国家开展地区政府间国际合作项目11个。

【社会事业】 深化社会事业改革与发展,公共服务和社会管理水平继续提高。文化体育事业取得新成绩。完成新一轮28个社区文化活动中心、600个文化信息资源共享工程基层服务点建设。成功举办首届陆家嘴论坛、上海国际电影节、网球大师杯赛等重大活动,群众性文化体育活动蓬勃开展。成功组织北京奥运会足球比赛上海赛区赛事和奥运会、残奥会火炬接力上海传递活动,上海奥运健儿在北京奥运会取得优异成绩。

社会管理和公共服务不断加强。社区事务受理中心管理标准件统一配送率达70%,55家实现"一口"受理,服务功能进一步增强。至2008年底累计发放居住证637万张,其中人才居住证27.3万张。食品药品安全和产品质量、安全生产监管工作深入推进,积极妥善处理奶制品质量事件,全市食品总体抽检合格率达91%,亿元生产总值生产安全事故死亡人数比上年下降19.7%。平安建设扎实推进,社会治安保持稳定。

【社会保障】 着力解决好民生问题,人民生活进一步改善。(1)积极的就业政策成效继续显现。全年新增就业岗位59.5万个,城镇登记失业率为4.2%。就业援助机制进一步完善,新安置就业困难、家庭困难人员2.8万人,帮助2500多户"零就业"家庭实现至少一人上岗就业,完成43.5万人职业技能培训,对57.9万名农民工进行免费安全生产培训。研究制定扶持创业带动就业政策,重点扶持应届高校毕业生自主创业和初创期创业组织,建立健全创业服务体系。(2)分配保障体系不断完善。收入分配调节和民生保障力度不断加大,颁布提高养老金、最低工资、城乡居民最低生活保障标准等政策。对城乡低保对象发放临时生活补贴,缓解物价上涨对困难家庭基本生活的影响。全年城市居民家庭人均可支配收入26675元,比上年增长12.9%。社会保障覆盖面进一步扩大,城镇居民基本医疗保险制度顺利实施,基本实现基本医疗保障全覆盖,各类基本社会保险参保人数超过1630万人。(3)养老福利事业取得新成绩。全年新增养老床位10769万张,为17.7万名老人提供居家养老服务,新建101家老年人日间服务中心,设立216个社区老年人就餐服务点。8月1日起正式启用敬老服务专用卡。敬老服务专用卡持卡人在工作日的非高峰时段(高峰时段为7:00—9:00,17:00—19:00)和法定节假日全天,可免费乘坐市内轨道交通(磁浮线除外)和公共汽电车(机场线、旅游线除外)。(4)住房保障体系建设加快推进。加快建立经济适用住房制度,开工建设经济适用住房400万平方米左右,研究制定经济适用住房管理试行办法。进一步放宽廉租住房申请家庭准入标准,家庭人均月收入从600元放宽至800元,家庭总资产从3万元放宽至9万元。多渠道筹措廉租房源,提高实物配租比例,新增廉租住房受益家庭1.4万户,累计4.4万户。继续推进旧区改造,完成中心城区二级旧里以下房屋改造60万平方米,旧住房综合改造1220万平方米,市民居住条件和居住环境进一步改善。 (林德珍提供)

浦东新区

【概述】 2008年,浦东新区积极应对国内外宏观经济形势剧烈变动产生的不利影响,保持了经济社会平稳发展的态势。

保持经济平稳增长，产业结构进一步优化。

⑴经济保持平稳，较快发展

2008年浦东新区主要经济指标完成情况

主要指标		单位	数值	同比增长%
生产总值		亿元	3150.99	11.6
其中	第二产业	亿元	1430.25	9.1
	第三产业	亿元	1714.86	14
地方财政收入		亿元	302.61	16.03

⑵节能减排稳步推进。新区加大产业结构调整力度，实施“腾笼换鸟”，推进宾馆、民用建筑、公交等重点领域节能减排工作，全年区属企业万元生产总值综合能耗同比下降约4%。

⑶产业结构优化取得新突破。第三产业生产总值比重进一步提高，达到54.4%。受证券和房产市场的影响，现代服务业发展速度明显回落，但以商务服务为主的其他服务业发展迅速，同比增长22.3%。对GDP的贡献率达19.8%，信息传输、计算机服务和软件业同比增长20.3%。在汽车制造业负增长的影响下，新区工业增长速度有所放缓。但高新技术产业增长较快，增长达到14.9%。

⑷综合功能不断完善。金融服务功能进一步拓展，金融业增长15.1%，占新区生产总值的比重达到17.6%。以陆家嘴金融区为核心，金融机构加快集聚，成长型中小企业创业投资基金正式设立，科技新优势日益明显，专利申请量和发明专利申请量居全市各区县前列。商业、物流、贸易稳步发展。总部功能继续优化。在新区入驻的跨国公司地区总部数量占全市一半以上。会展旅游功能不断提升。

“和谐浦东”建设大力推进，社会事业民生保障继续改善。

⑴就业保障工作成效明显。鼓励创业带动劳动就业，提升培训促进就业；城镇登记失业率人数控制在市下达指标内。社会保障覆盖面进一步扩大，征地养老人员、农民养老人员和城镇无保老职工三类人群养老待遇进一步提高，城乡居民收入较快增长。积极做好支援四川抗震救灾工作。

2008年浦东新区社会事业和民生保障情况

主要指标	单位	数值
新增就业岗位	万个	14.27
参加职业技能培训	万个	6.3
城镇登记失业人数	万人	3.91
当年纳入市养老保障体系农民	人	4123
外来务工人员参加综合保险	万人	59.66
新增养老床位	张	1650
享受居家养老服务的老人	万人	2.78
城镇居民可支配收入	元	27797
同比增长	%	14.5
农村居民可支配收入	元	13778
同比增长	%	12.5

⑵教育水平进一步提升。全年财政投入教育事业经费30.18亿元，同比增长18.4%。推动城郊教育均衡发展，加大城郊老师交流力度，积极促进民办教育发展，8所农民工子女学校获得批准转为民办学校。进一步扩大义务教育对非户籍人口的覆盖面，农民工子女在公办学校就读人数比上年净增2000余人，深化“管办评”联动机制改革，引进同济大学合办陆行中学、上海海事大学共建高桥职校，与上海师范大学合作共建上海实验学校。浦东新区被教育部确定为首批“全国社区教育示范区”。

⑶医疗服务水平进一步提高。完成第二轮公共卫生体系三年行动计划和第二轮健康城区建设三年行动计划，公共卫生服务体系不断完善。医疗卫生投入力度进一步加大，财政医疗卫生支出增长48.5%。组织专家对口支援灾区卫生服务中心，提高郊区医疗卫生水平。推进医疗卫生管理体制和运行机制改革，川沙医疗联合体正式运行。进一步推动中医事业发展，成立了新区中医协会，积极创建全国中医特色社区卫生服务示范区。

⑷文化体育事业进一步推进，公共文化设施建设加快推进，完成张闻天故居保护用房建设，积极推进浦东图书馆（新馆）、内史第恢复重建工程。成功举办庆祝浦东开放开发18周年系列活动，张江科技文化节、三林龙狮文化节等大型文化活动。文化产业发展形成多个亮点，张江国家数字出版基地和张江“动漫谷”揭牌，外高桥文化服务贸易平台投入运营。积极开展市民文明礼仪培训和实践活动。体育事业呈现良好发展态势，圆满完成奥运会火炬接力传递活动和足球训练场地保障工作，成功举办中国乒乓球大奖赛、中国羽毛球公开赛等比赛。

⑸新农村建设力度进一步加大。落实各项支农政策，提高农业产业化、标准化水平，稳步推进现代农业发展。加人农村基础设施建设和经费投入。积极推进川沙新镇、合庆镇和曹路镇等首批涉及15个行政村的村庄改造。全面实施污水纳入管道工程，合庆、曹路、川沙等镇的污水纳管工程启动。创建40个整洁村。

⑹实事工程全面完成。着力解决居民在就业、出行、就医、安居等方面的困难，新区11个大类实事项目全面完成。

【经济建设与社会发展】 财政收入稳步增长。2008年，浦东新区财政收入实现稳步增长，财政管理和服务水平继续提高。全年新区财政总收入和地方财政收入两项指标再上新台阶。财政总收入突破千亿元大关。地方财政收突破300亿元大关。从增长速度看，新区地方财政收入增长幅度高于全市县区级2.1个百分点，占全市县区级财政收入比重由上年的25.6%提高到26%。

各级次财政收入实现同步增长。全年，新区中央、市级和区级财政收入分别完成510.3亿元、191.4亿元、340.7亿元，增长25.5%、18.9%、18.7%。从收入比重看，中央财政收入占总收入比重达48.9%，比上年提升132上百分点，市级和区级财政收入比重分别比上年下降0.4和0.9个百分点。

所得税收入增势较好。受企业上年盈利状况较好，“两法合并”政策实施，居民收入水平稳步提高和高收入人群不断扩大等因素拉动，2008年所得税收入有较大幅度增长，高于流转税收入增幅30.9个百分点，成为收入增长的主要来源。

第二、三产业税收同步增长。收入增长逐季放缓态势明显。受国际金融危机的影响,财政收入增长呈现逐季放缓态势。从趋势看,一季度地方财政收入增幅为29%,上半年为27.8%,1~3季度为18.6%,全年为16%。

2008 年浦东新区财政收入完成情况

主要指标	数值(亿元)	同比增长(%)
财政总收入	1042.4	22
地方财政收入	302.6	16
所得税收入	457.3	38.3
第二产业税收	265	20.1
第三产业税收	688.7	21.4

民生投入明显提高,支出结构调整优化。加大以民生改善为重点的社会建设投入。

2008 年浦东新区社会建设投入情况

主要指标	数值(亿元)	同比增长(%)
教育	30.9	14.7
医疗卫生	12.2	48.5
社会保障和就业	25.4	同口径22.1
交通运输	1.7	67.4

优先保障新农村建设资金。进一步实施基本农田保护、自然革落改造、改善农村生产生活条件等支农惠农的财政政策;支持财力困难的的区域加快发展,推进城郊基础设施、社会事业、就业保障和社区管理一体化发展,全区财政用于"三农"的项目预算内外投入约81亿元。

支持自主创新和经济发展。贯彻中央和市政府关于促进自主创新的要求,安排科技发展基金2亿元,创业风险投资引导基金3.5亿元,积极促进经济平稳健康发展,加大扶持中小企业发展力度,安排中小企业融资担保资金和贴息专项等6亿元。

加大政府财力投资力度。全年安排预算外建设财力103.3亿元和世博专项资金5亿元。此外,积极支持抗震救灾,通过压缩经常性预算等方式,筹措抗震救灾援助资金6200万元;为12180名来自地震灾区的务工参保农民工发放一次性帮困救助金0.04亿元。　(浦东新区)

【固定资产投资持续增长】　2008年,浦东新区全社会固定资产投资呈现出增速平稳、结构优化、活力增强和效益提高的良好态势,有力支撑了新区经济社会发展的城市功能提升。

投资总量再创新高,投资主体呈现多元化。全年新区完成社会固定资产投资872.68亿元,为浦东开发开放以来历年最高。固定资产投资主体呈现多元化态势。非国有经济投资领域涉及工业、房地产、金融业和交通运输等各个领域,成为新区固定资产投资的重要组成部分。

2008 年浦东新区全社会固定资产投资情况

项目名称		单位	数值	同比增长(%)
全社会固定资产投资		亿元	872.68	11.3
其中	第三产业投资	亿元	714.09	27.6
	占投资比重	%	81.8	
	第二产业投资	亿元	158.59	-29.4
从隶属关系看	区属投资	亿元	594.98	45.5
	中央、市属投资	亿元	277.7	-26

世博项目建设全面展开,基础设施投资拉动效应明显。推进世博会场馆和世博配套道路建设,加快物流中心、区域道路网和越江交通网建设。城市基础设施对投资总量的增长的贡献率达到86.7%,拉动全社会固定资产投资增长9.8个百分点。

2008 年浦东新区世博会项目及基础设施投资情况

项目名称	单位	数值
城市基础设施投资	亿元	311.3
同比增长	%	32.7
增幅高出全社会投资	百分点	21.4
占投资比重	%	35.7
在建的23个世博会配套项目共完成投资	亿元	75.95
占计划总投资	%	34.9

工业投资出现下降,重点行业差异较大。自5月份以后累计完成投资出现负增长,尤其是下半年累计降幅均两位数。主要原因是占工业投资比重过半的集成电路、船舶、汽车和电力四大重点行业共完成投资103.80亿元,同比下降46%。四大行业投资呈现三减一增态势,集成电路、汽车和电力分别同比下降41.8%、39.9%和75.8%;船舶制造业在中海工业更新改造、外高桥造船三期工程等大项目的带动下,完成投资17.23亿元,同比增长67.6%。

房地产投资保持适度发展,所占比重有所上升。年内,在国家一系列促进房产市场健康发展的调控政策影响下,新区房地产业开始回暖。

现代服务业投资增势迅猛,社会事业项目有序推进。新区第三产业呈现多极增长趋势,除了依靠房地产开发投资的拉动外,以商务服务和金融业为代表的现代服务业投资增势迅猛。社会事业项目投资增长强劲。

2008 年浦东新区现代服务业、社会事业投资情况

项目名称	单位	数值	同比增长（%）
现代服务业			
商务服务业投资	亿元	55.31	6.5 倍
金融业投资	亿元	17.94	2.4 倍
社会事业			
外高桥文化艺术中心、上海世博演艺中心等文化艺术项目投资	亿元	8.1	19 倍
中医院迁建项目、仁济医院干部保健综合楼工程等项目投资	亿元	2.74	31.7
复旦张江校区二、三期、上海师大附中迁建浦东项目投资	亿元	4.41	10.8

项目自筹资金能力增强，其他资金大幅下降。全年，新区投资项目建设资金合计下降 1192.27 亿元，其中，当年到位 982.68 亿元，同比增长 5.1%，增幅低于实际投资 5.6 个百分点。从资金来源渠道分析自筹资金最多，达 497.14 亿元，同比增长 74%，占当年到位资金 50.6%；国内贷款 253.31 亿元，同比下降 20.4%，占 25.8%；其他资金 149.59 亿元，同比下降 43.4%，占 15.2%。

【对外贸易保持较快增长】 2008 年，浦东新区对外贸易在金融危机带来的较快增长，全年进出口总额首次超过 1400 亿美元。

外贸进出口受外部环境影响明显，但仍保持两位数的较快增。受前期国内贸易政策调整和上年同期基数迅速扩大等因素影响，一季度新区外贸进出口增幅从上年末的 19.3% 回落至 15%。上半年增幅有所回升，达到 21%。但随着金融危机对实体经济影响的进一步加深，下半年，对外贸易增幅明显放缓。至三季度末进出口累计增长 19.3%。增幅比上年略有回落，四季度更是大幅度放缓，11、12 两个月均为负增长，但总体仍保持了两位数以上的较快增长。

2008 年浦东新区外贸进出口完成情况

项目名称		单位	数值
进出口总额		亿美元	1449.59
同比增长		%	13.2
增幅同比回落		百分点	6.1
其中	出口	亿美元	604.23
	同比增长	%	14.4
	进口	亿美元	845.36
	同比增长	%	12.4

对欧美传统市场出口比重下降，对新兴市场出口保持较快增长。欧盟、美国、日本和中国香港作为新区的出口市场，2008 年，新区对其出口占同比回落 2.12 上百分点。为 60.5%；对新兴市场出口继续保持了较快增长。

自东盟、非洲和南美的进口均有下滑，但自欧美进口出现回升。受国际金融危机影响，加上国际市场大宗原材料价格大幅度回落，造成新区自东盟、非洲和南美洲等地的进口明显萎缩。

主要出口商品大部分出现下滑，机电类商品出口增长相对平稳。新区外贸主要出口商品中，服装及衣着附件、集成电路、钢材、二级管及类似半导体器件、液晶显示板和汽车附件等商品出增幅民上年同期相比均有下滑；船舶、纺织纱线、成品油和自动数据处理设备及其部件等商品出口增幅同比分别有所提高。机电类商品继续保持平稳增长，全年出口 363.32 亿美元，同比增长 16.7%，增幅比上年同期略高 0.3 个百分点，占出口比重达 60.1%，同比提高 1.1 人百分点。进口方面，大宗原材料进口涨跌互显，其中成品油进口 30.75 亿美元，同比增长 58.7%，增幅同比提高 59.6 个百分点。但农产品、初级形状塑料和铜矿砂等商品增幅同比均有不同程度下降。机电产品进口受国内需求下降。机电产品进口受国内需求下降等因素影响，总体表现低迷，全年进口中国 19.34 亿美元，同比增长仅 6.5%。

加工贸易总体平稳增长，保税区仓储转口贸易大幅下滑。

2008 年浦东新区加工贸易和保税区仓储转口贸易情况

项目名称			单位	数值
出口	加工贸易		亿美元	201.17
	同比增长		%	46.4
	增幅同比提高		百分点	6.9
	其中	进料加工贸易	亿美元	154.2
		同比增长	%	35.1
		增幅同比提高	百分点	20.5
		来料加工贸易	亿美元	46.97
		同比下降	%	1.8
		增幅同比下降	百分点	0.9
	保税区仓储转口贸易		亿美元	82.42
	同比增长		%	9.2
	增幅同比下降		百分点	67
	一般贸易		亿美元	300.42
	同比增长		%	16.7
	增幅同比下降		百分点	4.5
进口	加工贸易		亿美元	121
	同比增长		%	13.6
	增幅同比提高		百分点	13.8
	保税区仓储转口贸易		亿美元	370.71
	同比增长		%	8.9
	增幅同比回落		百分点	18
	一般贸易		亿美元	286.7
	同比增长		%	15.3
	增幅同比回落		百分点	9.8

外商投资企业收缩明显，国有和私营企业出口仍较活跃。

2008年浦东新区外企、国企和私企进出口情况

项目名称		单位	数值
出口	外商投资企业	亿美元	280.53
	同比增长	%	9.1
	增幅同比回落	百分点	8.6
	占比重	%	46.4
	同比回落	百分点	2.3
	国有企业	亿美元	212.05
	同比增长	%	19.1
	占比重	%	35.1
	同比提高	百分点	1.4
	私营企业	亿美元	107.68
	同比增长	%	21
	占比重	%	17.8
	同比提高	百分点	0.9
进口	外商投资企业	亿美元	577.61
	同比增长	%	10.2
	增幅同比回落	百分点	
	占比重	%	68.3
	同比回落	百分点	1.4
	国有企业	亿美元	188.25
	同比增长	%	16.6
	增幅同比提高	百分点	9.9
	私营企业	亿美元	76.85
	同比增长	%	20.1

【招商引资保持平稳水平】 2008年,浦东新区克服国际金融危机的影响,加大投资力度,加强对企业的服务工作,内联企业和外商直接投资基本保持上年的规模和水平。

外资企业增资和内联大企业成为投资主力。全年新签大项目规模有所减少,但企业增资情况相对较好,资金规模增长较快。追加投资的资金较以往有所分散,不再集中于某几家大企业,绝大多数增资项目增资额在1000万美元以下,增资超过1亿美元的项目仅3个。外省市企业在大项目的带动下注册资金继续保持100亿元以上的规模。注册资本在5000万元以下的企业数和注册资本比上年有所减少;5000万元以上的企业数和注册资本均比上年较大的增长。其中招银金融租赁公司注册资本达20亿元,上海怡达科技投资有限责任公司、奥锐万嘉创业投资有限公司等大型投资性公司注册资本均在2亿元以上。

第三产业仍然是企业投资集中的领域。全年第三产业吸引合同外资增长速度快于新区合同外资增长速度9.7个百分点;项目数和合同外资额分别占新区外商直接投资总量的90.3%和85.5%。从项目数情况看,第三产业中批发零售超过一半;其次是租赁和商务服务业,占1/4左右;信息服务业项目占1/10左右;交通运输、仓储和邮政业,以及房地产项目明显减少,新签约项目均同比下降40%。从合同外资额情况看,租赁和商务服务业占比最多,占第三产业的30%;信息服务业发展较为迅速;房地产业资金规模继续萎缩。第三产业吸引外省市企业主要集中于国内商业餐饮行业,占第三产业批准总数约60%;投资类企业资金规模最大,占第三产业注册资本的41.8%;科技咨询类企业规模尚小,平均注册资本不到4000万元。

资金来源地相对集中。全年,外商投资企业资金来源以中国香港地区为最多,达到17.85亿美元,占新区合同外资总量的35.8%;其次是日本,合同外资为4.42亿美元;来自同属世界自由港的英属维尔京群岛和开曼群岛合同外资分别为3.97亿美元和2.23亿美元;来源于美国的外资为3.89亿美元。上述国家(地区)资金达到新区合同外资总量的近65%,外省市企业中因招银金融租赁公司20亿元庞大的资金规模,使广东省成为在沪投资中的资金大户,全年注册资本达到28.82亿元,占新区总量的26.5%。超过苏、浙两省的总和。全年来自苏、浙两省的企业分别为240户和201户,占新区总量的17.6%和14.8%;注册资本分别占总量的10.3%和14.5%。

【社会发展态势良好】 2008年,浦东新区加快推进以改善民生为重点的社会建设,社会发展态势良好。

城乡居民收入继续保持较快增长。

2008年浦东新区城乡居民家庭收入情况

主要指标		单位	数值
城镇居民家庭人均总收入		元	30900
其中	人均可支配收入	元	27797
	同比增长	%	14.5
	增幅风继续吹提高	百分点	1.3
	人均工资性收入	元	21728
	同比增长	%	16.3
	拉动收入增长	百分点	11.3
	人均转移性收入	元	8175
	同比增长	%	14.7
	占总收入比重	%	26.5
农村居民家庭人均总收入		元	14869
其中:人均可支配收入		元	13778
同比增长		%	12.5
增幅同比提高		百分点	0.3

【社会事业扎实推进】 卫生工作进一步加强。全年医疗卫生财政支出12.3亿元,同比增长48.5%。公共卫生体系逐步完善,建立6个非独立的疾病预防控制中心。学科和人才建设进一步提高,全年培训卫生技术人员2366人,上钢、金杨两个社区卫生服务中心被例为上海市第二批全科医院师范化培训社区基地,东方医院内科学科被市教科委批准为上海市重点学科。中医院事业进一步发展,扶持成立医药协会,推进社区中医药服务达标建设,加强中医医师培训。郊区医疗建设取得进

展,累计有高级医学专家2000人次支援郊区卫生工作;村卫生室基本药品按实际进价收费,减轻了农民就医负担,新区居民对政府提供的卫生服务满意率达到77.5%。

教育事业改革和发展全面推进。全年教育财政投入30.9亿元,同比增长14.7%。至年底,全区共有各类学校380所,学生27.52万人,教职员工2.46万人。义务阶段教育入学率达到99.9%以上。义务教育阶段学杂费、书籍费实行全免;师资队伍建设加强,完成百名城乡教师双向交流;户籍人口义务教育覆盖面扩大,完成8所农民工子女学校的申办;国际教育继续发展,国际学校增加到7所;浦东新区被教育部确定为首批"全国社区教育示范区"。

【社会保障进一步完善】 就业形势总体平稳。实施市民创业计划;实施技能岗位对接,开展校企合作62个,协议培养学生6000多人;加强公共实训基地建设,新建金融服务、微电子、现代家政3个实训基地;2.3万名就业困难人员走上"万、千、百人"就业项目岗位,4847人因就业退出低保;加强农民工职业培训,9799名(次)农民工参加培训。

社会保障体系进一步完善。征地养老人员、农保养老人员及城镇无保老职工的养老待遇提高。政府救济与社会帮困互补新机制不断完善;养老服务体系日趋完善。对全区2.27万名独居老人实施结对关爱全覆盖;大力推进残疾人就业。

【文化体育事业稳步发展】 文化设施建设顺利推进。浦东图书馆(新馆)等区级文化设施工程加快推进;社区文化设施建设加强,完成155个行政村的文化信息化建设。完成文艺演出229场,放映数字电影和公益电影近6000场、艺术培训21次,受益人次260万。

全民健身工作进一步推进。新区86.2%的居委会设有健身场所,年内完成7片社区公共运动场的建设和38片农村体育健身家园工程,源深体育馆工程和体育场综合改造工程完成。群众体育活动广泛开展,如外高桥功能区域的体育节、洋泾社区的木兰拳比赛等;全年新区公共体育馆开放接待市民健身超过200万人次。大型体育赛事承办质量提高,源深体育中心承办市级以上赛事25次,成功举办了中国乒乓球大赛,中国羽毛球公开赛等赛事;竞技体育综合实力提升,在全国农运会、市学生运动会等比赛中均取得较好成绩。

(浦东新区)

【陆家嘴功能区】 金融城集聚效应继续放大。初步形成了楼宇集聚、金融集聚、总部集聚、要素集聚、人才集聚、财富集聚的良好态势。2008年陆家嘴功能城区金融业发展情况:楼宇集聚:累计各类商业办公楼宇达159幢,总建筑面积1107万平方米,出租售率达87.7%。金融集聚:中外金融机构504家,其中:中资银行21家,外资银行66家,这其中法人银行14家;人民币存款余额4830.88亿元,同比增长25.1%;人民币贷款余额4684.98亿元,同比增长14.8%,外币存款余额131.15亿美元,同比增长15.1%,外币贷款余额275.98亿美元,同比增长17%;累计保险公司60家,其中外资保险公司22家,保险保费收入302.34亿元,同比增长12.9%。总部集聚:跨国公司总部59家。中资银行总部10家,其中国家总部1家,上海市总部9家;外资银行中国内地财务主报告行24家。要素集聚:累计有证券、期货、钻石、石油、金融期货、人才、农产品、化工等国家级和市级要素市场10家,上海期货交易所成交额288719.09亿元,同比增长24.8%;上海产权交易所产权交易额3589.68亿元,同比-11.4%;企业产权交易单位2057个,同比-21.2;上海证券交易所成交总额271824.30亿元,同比-28.5%。财富集聚:吸引合同外资18.77亿美元同比增长1%;实际到位资金15.84亿美元,引进省市投资项目394个,注册资金52.81亿元,完成税收306.02亿元,同比增长22.5%;地方财政收入102.85亿元,同比增长15.8%;功能区域每平方公里年产出税收7.16亿元;商办楼宇每平方米年产出税收约2700元,楼宇税收2亿元。

金融城商务配套功能项目日益增强。2008年陆家嘴功能区域商务服务、会展、旅游业发展情况。商务服务业:累计各类商务服务企业3493家,占新区总量的65.6%。其中,企业管理服务类1476家,占新区总量的72.5%;咨询与调查类1172家,占新区总量的72.3%。主管业务收入超2000万元企业175家。会展市场:举办各类大型会展1511次,其中,国际性会议21次,参会人员16.81万人次,其中,海外人员1.09万人次。举办展览(博览)会117次,其中,国际性展览会94次,展出总面积392.03万平方米,同比增长17.5%。旅游业:旅游业直接收入21.48亿元,同比增长4.2%;旅行社接待游客119.92万人次,主要景点接待游客1658.56万人次,营业收入7.35亿元,宾馆营业收入43.39亿元,实际住宿人数182.12万人次。

城市管理和社区建设进一步加强。城市管理水平逐步提高,首创全国城市管理"六级标准",将功能区划成"八大板块、53区块实施管理"开展网络化管理模式,全年受理各类城市管理问题4.06万件,总体办结率达99.7%。

社区建设进一步加强。大力发展居家养老。推进各街道无障碍设施建设,并为残疾人就业提供机会和岗位。加强社区共治,开展窗口、涉外、老小区等骨干居委会的交流活动,提高居委会干部分类管理的水平。对居委会、业委会、物业公司的1000余名从业人员进行专业培训,提升物业管理水平。

【金桥功能区域】 区域经济平稳健康发展。经济总量保持增长态势,2008年工业总产值2501.04亿元,同比增长5.6%,其中,金桥出口加工区1608.23亿元,同比增长0.7%;工业出口交货值543.72亿元,同比增长19.9%;第三产业收入207.23亿元,同比增长3.8%,财政总收入112.48亿元,同比增长13.3%,地方财政收入29.64亿元,同比增长13.6%;引进外资项目76个,吸引合同外资3.86亿美元。

【张江功能区域】 科学建设取得新进展。综合经济平稳增长。2008年,经营总收入1336.36亿元,同比增长25.5%;工业总产值666.87亿元,同比增长10.1%;出口交货值244.03亿元,同比增长3.3%;税收收入110.97亿元,同比增长29.5%;地方财政收入35.4亿元,同比增长26.7%。

创业成果不断涌现。2008年,上海中信国健药业有限公司、上海南方基因科技有限公司、中国科学院上海药物所、上海中医大学、上海来益生物研究开发中心有限责任公司、上海超级计算中心等6家单位获得10项国家科技进步、自然科学、技术发明二等奖,占新区获奖总量的77%,占上海市获奖总量的18.5%。张江园区的创新企业有5个项目入围国家重大新药创制专项，占上海市的40%；10项自主创新高技术产业项目入选国家拉动内需重大项目，占上海市的20%；新获批"863计划"31项，"973计划"3项，"科技支撑计划"5项。上海复控华龙微系统技术有限公司研发的"领航一号"系统芯片支持的"北斗一号"导航系统，以及中芯国际集成电路有限公司与上海高清数字科技有限公司推出的"高清系列芯片"，为抗震救灾工作和北京奥运会赛事转播发挥了重要作用。

创新企业继续集聚。惠普软件、美国牙培(中国)公司、分众传媒(中国)控股有限公司等重大项目入驻张江。至此，全球十大芯片设计企业中的4家企业，全球十大制药企业中的前7位，全球软件30强中的11家企业，国内十大芯片制造企业中的前3名。国内十大互联网公司中的6家企业，均已入驻张江。

园区创新改革试点取得新进展。"国家知识产权局专利局专利审查员上海张江实践基地"正式揭牌；"张江国家知识产权试点园区"通过验收。"国家火炬创新试验区域"顺利推进；成立"张江创业企业融资担保服务平台"，为园区第一批22家中小企业提供近1亿的贷款担保；开发完成全国首套"创新创业服务系统"；成立"汽车变速器分技术委员会"，实现"张江国家标准化示范区"建设内容的重大创新和突破。

产业基地建设加快推进。张江风险投资集聚地吸引软银国际投资有限公司等30多家机构入驻，累计实现投资超过2亿美元。合庆光电子产业规划基本完成，唐镇4.66公顷金融衍生服务楼宇项目基本完成动迁，唐镇文化创意基地和风险投资产业基地规划完成。同时，通过促进跨国物流巨头普洛斯收购万丰客车13.33公顷闲置土地厂房、张江东联发公司定向回购上海浦庆投资有限公司等"腾笼换鸟"工作，有效盘活闲置资源，促进区域的产业结构优化和升级。重大产业项目进展顺利，总投资12.46亿元的市重大项目——同步光源工程进入设备调试和试运行阶段，2009年2月投入运行；总投资31亿元的新区重大项目上海天马一期工程竣工。

区域综合环境不断优化。市政建设、机场北通道等重大项目前期动迁基本完成，总投资6亿多元的新区重大项目有轨道电车(一期)工程有序推进。2009年4月实现通车。加快唐镇新市镇建设。完成规划总面积5.68平方公里的新市镇国际化社区选址工作；约10.3公顷的商业集群完成征地动拆迁，轨道交通2号线唐镇站综合配套开发工程、张江功能区体育综合体、南新沟创意文化基地、沈沙港风险投资基地曹家沟河道整治和两岸绿化带等项目建设加快。

城市管理进一步加强。整治河道195条(段)，完成率达到99.5%。完成4座港湾式车站改造等。加强城市监管力度，全年共处理各类城管违章2300多起。

【外高桥多功能区域】 综合经济效益较快增长。2008年，外高桥功能区域完成经营总收入7405亿元，同比增长15.1%，税收273亿元，同比增长28.4%，占新区比重30.2%；其中，新区地方税收66亿元，增长27.4%；保税区新批外资项目149个，合同外资7.71亿美元。

主导产业协调优化。2008年，外高桥功能区域实施贸易聚集外高桥战略，推进区港联动、区镇联动。贸易业商品销售额5971亿元，同比增长16.4%；物流企业营业收入2391亿元，同比增长13.4%；加工制造业工业产值851亿元，增长12.1%。

国际贸易基地作用巩固提高。进出口贸易继续活跃，31292家企业与192个国家和地区发生进出口业务往来。进出口总额中保税区仓储转口贸易持续增长，占主要比重，一般贸易保持快速增长的势头。推进国际贸易市场建设，11月20日，上海国际酒类展示交易中心在保税区成立；9月28日，上海国际文化服务贸易平台投入运营，新引进文化贸易企业20余家。

区域发展环境不断完善。完善配套服务环境，出台了《"成长型"企业贷款贴息基金管理办法》、《进一步支持企业发展的若干意见》等一系列政策措施，帮助企业应对困难。筹建保税区培训中心，形成完整的培训机构和培训人员网络。进一步优化商务配套环境，推进保税区C区灯光工程，抓紧盘活金融大厦，引进"苏浙汇"等餐饮项目，推进昌德会所扩展建设，引进沃尔玛、百思买等商业项目，提高配套服务水平。

加快推进功能拓展。深入推进"区港联动"，物流园区一期加强对大型跨国物流企业、配送企业的项目招商，提升园区采购配送及中转功能，全年园区完成进出口货值516亿美元，同比增长33.8%。物流园区二期在推进保税区域扩区报批的同时，抓紧推进非保税区域建设和招商工作。A、B区联动项目完成了海关监管设施所有单体工程建设。微电子园区封关区域一期道路完成过半，二期道路开工建设，配套设施建设和招商引资加快推进。保税区、物流园区与空港、洋山港的联动工作积极推进，形成了加强保税区与空港联动的初步方案。

稳步推进"区镇联动"。发挥保税区的辐射带动作用，推进高桥、高东、高行3个镇的产业结构优化升级。高桥镇以滨江森林公园为抓手，以高桥老街为支撑，全面推进休闲旅游产业发展，高东镇进一步明确发展信息化、高附加值物流业的产业定位，推进步骤及保障措施，形成了《高东区域物流战略规划》；高行镇以新市镇为主体，积极参与洲海路商贸区建设，推进连高贸易中心、俱进路、东靖路商业街等重点商业项目的建设。同时，通过"腾笼换鸟"加快存量资源盘活，推进高桥新华传媒、巴斯夫地区总部、高东嘉里粮油(二期)、高行上海烟草印刷厂(扩建)等重大项目的落沪和建设投产。

【三林世博功能区域】 综合经济实现较快发展。2008年，三林世博功能区完成财政收入49.5亿元，同比增长15.6%；地方财政收入15.6%亿元，同比增长9.1%；工业总产值441.10亿元，同比增长15.1%；工业出口交货值258.94亿元，同比增长12.2%；全社会固定资产投资147.86亿元，同比增长1.4倍；吸引内资企业532家，注册资金44.3亿元；吸引外资项目74个，合同利用外资3.13亿美元，实际到位资金0.72亿美元。

重要地块开发项目有序推进，结合浦东旅游集散中心规划和建设，启动白莲泾南岸、高科西路两侧和北蔡御桥地块的开发筹划。加快推进金谊河畔、红星美凯龙、宜家、大华、百安居等社区商业中心建设，以及上钢、周家渡、南码头街道特色街建设，进一步改善区域商业布局。同时，加大"腾笼换鸟"力度，金钵大厦完成改造并对外招商，第十化纤厂改建成浦东软件园三林世博分园。

加快推进世博配套项目建设，一是推进世博配套动迁。成山、长清、上南路等7条世博配套道路完成民居动迁2380户，占动迁总量的97.4%；完成企业动迁166户，占动迁总量的

95.4%。三林新村等7个动迁房安置基地完成居民动迁2010户,占动迁总量的77.8%;65家企业动迁全部完成,三林塘港、杨思港、西新港等建设项目已完成居民动迁1217户,占动迁总量的78.6%,完成企业动迁111户,占动迁总量的91.7%。二是加快实施世博配套项目建设,世博配套道路项目全面启动,7个规划动迁基地中有5个已开工。其他如道路大修、旧区改造整新、雨污水工程、河道整治、重要路段景观整治、绿化等项目在有序推进中。

城市管理水平进一步提升。一是推进道路综合治理;二是推进水环境治理;三是加强建筑工地管理;四是推进市容精细化管理。签订了1024家门前责任管理责任书,推进"市容环境百日综合整治"。同时,推进城市网络化管理,加强快速发现、快速处置能力。

【川沙功能区】 2008年,川沙功能区完成经营总收入440.65亿元,同比增长16.8%;工业总产值148.47亿元,同比增长10.8%;财政收入17.57亿元,同比增长13.7%;可支配财力9.35亿元,吸引内外资项目223个,投资总额28.9亿元;投资项目119个,引资总额7.8亿元。

园区建设提速提效。非保税物流园区内的浦东物流中心第二期,中国东方航空公司、日达仓储有限公司、上海华辰通达物流有限公司、上海盛临置业有限公司等项目进入前期动拆迁阶段;东辅道、施新路、南北大道等市政设施和公用管线项目进展顺利,园区公共服务中心项目一期工程启动建设。

城镇建设全面推进。一是推进市政工程建设;二是提升城市综合管理能力;三是加强动迁工作力度。全年实施动迁项目31个,动迁居民2735户,企业(商铺)296家,完成签约居民和企业(商铺)分别达2300多户和180多家。在完成动迁清盘的9块地块中,有6块实现当年开盘,当年清盘。

(浦东新区)

黄 浦 区

【概况】 位于上海市中心,地处黄浦江与苏州河合流处南端,以黄浦江名命名,东和南隔黄浦江与浦东新区相望;西与静安区、卢湾区接壤;北以苏州河为界与虹口区、闸北区为邻。区域面积12.41平方公里,其中水域面积1.32平方公里。延安路高架、南北高架道路,内环高架路与轨道交通一、二、四、八号线均经过境内。区境过黄浦江联通浦东新区的有延安东路隧道、外滩观光隧道、复兴东路隧道和南浦大桥,还有东金线、东东线、杨复线、塘董线、周江线、周南线等6条轮渡线。区境内通行公交线路137条,设有101条公交线路的起讫站。有南浦大桥、普安路、武胜路3处公交枢纽站,有23处公交港湾式站点。区境内有外滩"万国建筑博览"近代建筑群、明代园林豫园和明代寺庙沉香阁3处全国重点文物保护单位。有外滩、南京路步行街、豫园和人民广场等商业旅游区,还有上海大剧院、上海音乐厅、上海博物馆、上海城市规划展示馆和上海美术馆等文化设施。全区下辖6个街道。

【经济建设】 2008年,全区实现区增加值14673亿元,比上年增长8.1%。其中第三产业增加值占区增加值93.4%。完成财政收入136.47亿元,其中地方财政收入51.63亿元。引进外商投资企业150家,引进外资合同金额7.69亿美元,实到外资7亿美元。引进世界500强企业6家、跨国公司地区总部2家。引进内资69亿元。完成楼宇招商23.8万平方米。引进现代服务业企业259家,注册资本金在10亿元以上的股权投资企业2家。全区税收"亿元楼"19幢,其中区级税收"亿元楼"4幢。引进品牌区域销售总部3家,耐克、埃斯普利特、佳能、好时、李宁、米安斯迪等知名品牌旗舰店9家。黄浦区与上海银行福民支行签订1.6亿元授信协议,以政府贴息形式支持老字号企业的科技发展和市场拓展,"老字号"品牌新增国内外网点268家。云南路美食街全新开业。组织上海旅游节、购物节黄浦系列活动。完成固定资产投资额115.10亿元,其中基本建设和改造投资64.18亿元,房地产开发投资50.92亿元。宏伊广场、创兴金融中心、新一百商城、353广场、豫龙坊正式开业。

【各项改革】 2008年,黄浦区稳步实施国资国企改革。金外滩(集团)发展有限公司与黄浦投资(集团)发展有限公司重组。完成新黄浦集团股权比例调整,新黄浦集团股份增至74.95%。从二级市场增持新世界股份有限公司、第一铅笔股份有限公司的股份,提高控股比例。加强对28家单位持有的上市公司国有法人股的跟踪管理。在新世界股份有限公司、豫园旅游商城股份有限公司、新黄浦置业股份有限公司等3家上市公司试行外派董事制度。推进行政审批制度改革,实行内资企业登记"一表式"申报和"告知承诺并联审批"制度,实行外商投资项目"一门式"服务和网上电子审批系统。清理行政事业性收费,取消和停止9个部门的15项收费。落实市促进经济发展政策,制定扶持老大楼、次新大楼置换改造等操作细则。颁布中小企业扶持政策和品牌发展扶持政策,42家企业列为重点。建立街道财力与招商引资脱钩的新机制,推行街道财力保障和支出管理改革。建立政府性投资项目融资资金集中支付平台,加强对区重大建设项目资金的监管。

【城市建设和管理】 2008年,黄浦区推进世博园区、协调区项目建设,完成西藏路二三期、南车站路、斜土东路——国货路等世博配套道路拓宽工程的动拆迁,世博协调区802地块居民动迁近尾声。人民路隧道工程一期动迁完成。外滩南北通道工程黄浦区段动迁完成。推进旧区改造。重新启动联洋、通海等地块的动迁。董家渡13A、15A和复兴等成片旧里地块动迁全面展开。被列为市保障性住房试点的东元坊改造项目顺利推进。根据西藏南路老工房部分居民提出的动迁要求,实施协议置换试点。全年拆除旧房31.34万平方米,10个动迁基地收尾。经动拆迁,2951户居民迁入新居。全年完成50.3万平方米旧小区综合改造任务。其中"平改坡"改造11个小区,11.5万平方米;住房综合整治31个小区,38.8万平方米。生活污水二级处理设施纳管改造等12项实事项目按期完成。街道调整后的小东门街道社区事务受理服务中心投入使用,外滩街道社区事务受理服务中心和社区文化活动中心在建。75%的居委会综合用房建筑面积达到200平方米的标准。开展外滩金融集聚带建设,外滩源的半岛酒店进入内外装饰、设备安装阶段,和平饭店南楼修缮装修施工,联谊二期地下结构施工。王宝和大酒店二期、海怡大厦、一百商城、永寿里综合楼、大舞台广场、金豫商厦、福都商厦等一批商业商务项目竣工。全年置换改造老大楼5.6万平方米。整治建筑立面281.2万平方米,拆除违章搭建1795平方米,拆除20层60米以上的建筑物楼顶广告23处54块,对802块沿街店招店牌统一更新。完成人民公园借地复绿工程。完成市第三轮环保三年行动计划。全年新增公共绿地6000平方米、专用绿地1.07万平方米、屋顶绿化1.03万平方米。人均拥有公共绿地1.35平方米,绿化覆盖率达12.47%。

【精神文明建设】 2008年,全区开展迎世博600天行动,举办"世博进社区"活动和世博知识竞赛、迎世博公益广告创作大赛,组织迎世博市民巡访活动。开展新一轮文明单位、文明小区、和谐居民楼组创建活动,形成志愿者"除陋习"等40个精神文明创建品牌。4个街道、45个居委会创建成为市和谐社区示范街道和示范居委会。黄浦区实现创建"全国双拥模范城"六连冠"。刑事案件发案率比上年下降10.5%,降幅大于全市平均水平。黄浦区通过中央综治委"全国平安建设先进区"考核验收。四川汶川特大地震后,全区捐款6950余万元。按照市委、市政府统一部署,对口支援都江堰市聚源镇恢复重建工作。

【社会事业】 2008年,黄浦区完成上海集成电路设计孵化基地技术服务中心及专业技术服务体系的建设。全年引进科技企业30家,其中集成电路设计基地引进高科技企业25家。申报科技创新基金项目23个,市科技创新基金立项14个,国家科技创新基金立项5个获资助265万元。被批准高新技术成果转化项目立项6个。申报国家、市重点新产品7项,市科技创新示范小企业4家,科技"小巨人"培育企业2家。有15个企业的16项产业化成果获得市高新技术成果转化项目认定;新申报高新技术企业6家;区级科技三项计划立项37项;完成技术合同认定258项,成交金额9.25亿元。设立老字号科技创新专项资金,首批30个项目得到扶持。围绕"经典黄浦,精品教育"的目标,制订精品教育综合指标体系,完善教育质量管理制度,对教育质量进行过程性评估。落实"每天锻炼一小时"和"三课两操两活动",小学三年级全面开设游泳课程。区第一中心小学迁建项目结构封顶,好小囡幼儿园建设项目竣工,永安路幼儿园福佑路新址启用。扩建区教育信息中心,建成裸光纤万兆环结构教育网,达到校际网速千兆,互联出口3百兆。落实外来务工人员子女到全日制学校就读,共享优质教育资源。中学、小学、幼儿园中的外省市借读生8791人,占全部学生的21.9%。全年进行广场文化活动135场,

观众35万人次。加强文化阵地建设,率先试点文化行政执法重点下移。全年新批各类文化经营场所21家,新备案美术品单位6家。上海木偶剧场重新落户黄浦。加强对历史文化遗产的保护。开展第三次全国文物普查工作,完成587处文物普查点的勘查,重点摸清137处各级文物保护单位情况,已登录209处不可移动文物,新发现不可移动文物74处。功德林素食制作技艺等5个项目被列入国家级非物质文化遗产名录。豫园完成望江亭、鱼乐榭、万花楼整修,三山会馆完成古建筑修缮,文庙完成魁星阁油漆工程。围绕公共卫生、社区卫生服务、医疗保障三大体系建设,确定整合区中心医院、市二医院、区传染病医院,新建二级甲等综合性医院的方案。完成豫园佳日公寓等7个社区卫生服务站建设。全年组织无偿献血12569人份,募集街头自愿无偿献血28249人份。黄浦区被评为全国计划生育优质服务先进单位。开展全民健身活动,185个健身苑(点)遍布全区。全年组织15次大中型全民健身活动,约有20万人次参加。黄浦花样轮滑队代表中国花样轮滑队在第十三届亚洲轮滑锦标赛中,为中国代表团夺得5项冠军7枚金牌。

【就业和社会保障】 2008年,黄浦区全年新增就业岗位65288个,登记失业人数13170人,全区参加职业技能培训人员16342人。帮助"双困"人员上岗就业,基本消除"零就业家庭"。至年末,外来从业人员参加综合保险11.54万人。发放各类救助金共1.36亿元。有13963人领取最低生活保障金,累计发放最低生活保障金6923.49万元。新增廉租住房受益家庭1541户,累计配租6248户。新建为老服务助餐点9家、老年人日间服务中心4家,全年新增养老床位308张。为825户残疾人家庭进行无障碍设施改造。为3万余名退休女职工和生活困难的妇女免费进行妇科筛查。区人民政府地址:延安东路300号。

(王　普)

【上海笔墨博物馆建成并开放】 9月,坐落在福州路429号的上海笔墨博物馆建成试运营。该展馆以笔、墨文化为主题,面积约300平方米。一楼为序和简介部分,右侧以"史前"、"先秦"、"秦汉魏晋"、"唐宋"、"元明清"为题的5幅黑色玻璃作底的喷砂画,浓缩中国文化发展史;左侧介绍笔墨通史及序。二楼展示厅分笔、墨两大展区,以上海老字号"周虎臣"、"曹素功"的历史发展和传世遗存为主线,用实物和图板展现上海以至全国文房四宝发展的轨迹,展示中国文房四宝的传统技艺和文化。上海近代海派书画大师沈尹默、张大千、吴湖帆等的用笔,明清、民国及建国后各个时代的墨模和墨品等展品均为真品。许多墨品的字画由书画家、达官贵人绘制、设计和创作,有康熙的《耕织图》、钱慧安的《提梁墨》、任伯年的《名花十二客》、王一亭的《良金美玉》、郭沫若的《光彩陆离》等以及曾国藩、李鸿章、林则徐、富冈铁斋、柳田泰云等的定版特制作品。不少已是传世孤品。在该馆藏品征集时,故宫博物院、鲁迅纪念馆、蔡元培纪念馆、邹韬奋纪念馆、王一亭基金会等及全国的收藏家、书画家和相关行业的厂家捐赠珍贵藏品。展区内以现代科技装置配合陈列,设6组音频解说,有中、英、日、韩4个语种;大屏幕电视循环播放笔墨录像资料片;投影播放毛笔书法演示。11月8日,笔墨博物馆正式对外免费开放。

(黄　鉴)

【云南路美食街全新开街】 12月19日,云南路美食街调整改造一期工程竣工开街。云南路美食街南起金陵东路,北至延安东路,并沿宁海东路向东、西两面延伸。该地区餐饮业建国前已成市,20世纪90年代初建成美食一条街。3月,云南路美食街调整改造列为黄浦区迎世博600天行动市容立面整治的先行先试项目。5月起,按照"整、拆、净、改、管"五管齐下的方法,对美食街进行"因地制宜,还其本色"的综合整治。经过8个多月的整治,一期工程(金陵东路至延安东路段)竣工。其间,拆除19处340平方米违章搭建、24块1280平方米广告牌;粉刷立面1.52万平方米,更新店招店牌965平方米;对每一幢

楼设计不同的建筑立面,采用砖石外墙勾勒、仿木制阳台,整旧如旧,立面装饰1470平方米。综合整治同时,启动餐饮企业结构调整。杏花楼集团下属老字号餐饮品牌洪长兴、五芳斋、德大、燕云楼、大壶春、成昌等入驻,与原在美食街的小绍兴、鲜得来、小金陵,共9家老字号集聚,占全街23家店铺的39%。该集团斥资2000万元进行装修。德大西菜咖啡餐厅外观为巴洛克风貌的宽檐红墙,回族风味餐厅洪长兴具伊斯兰风格,五芳斋、燕云楼、小绍兴等店家的装饰装潢都采用传统中国元素格调,又充满现代气息。250米长的美食街上,杏花楼集团拥有8500平方米经营面积,占美食街餐饮总面积约70%。

(黄　鉴)

【东元坊实施市旧区改造综合试点】　2008年,黄浦区东元坊地块是市、区联手,探索旧区改造新路的综合试点地块。该地块位于大同中学以东、普育东路以西、国货路以南、瞿溪路以北,占地面积2.53公顷,房屋建筑面积15662平方米,涉及居民415户、单位13家。综合试点包括:在该地块建造6幢高层住宅楼,作为中心城区动迁配套房;建小户型住房,1100套;动迁多元安置,在货币安置和异地安置同时,增加就近安置方式;采用新的动迁补偿方式,简称"数砖头"方式。该方式是在坚持《上海市城市房屋拆迁管理实施细则》基础上,以被拆迁房屋的市场评估价为标准(数砖头),将面积增加补贴系数提高到30%,并每户增加15平方米的套型补贴;对于住房小人口少,"数砖头"补偿后房屋面积低于规定标准的居民户,采用住房保障面积托底的方法,由拆迁人以人均22平方米的标准异地安置到南汇康桥六类地区。该项目7月11日发放《告居民书》,10月25日首日签约,至12月31日,156户居民签约,占总户数37.6%。签约居民户中,选择就近安置的占18%,异地安置的占48%,货币补偿的占34%。

(汪　倩)

【人民大道路面大修新建"零公里"标志】　1月25日,人民大道路面大修工程竣工。大道路面加固路基结构层后,再铺设经修整的原花岗石,确保历史风貌不变。整修后花岗石路面由原400米延伸至511米,增加靠近西藏路及黄陂路两端的延伸部分。人民大道路中央的隔离栏、标志等都重新设置。上海一直将人民广场作为"零公里"处,1985年在人民大厦西大门附近车行道上,铺设"上海市公路里程0公里"的大理石板。由于被人民大道中央隔离栏遮挡,"零公里"标志并不为人所知。新建的上海市公路"零公里"标志为圆形,采用铸铜工艺制作,嵌在方形汉白玉中;中间为白玉兰图案,体现上海特色;四周饰以秦汉时期龙纹,象征中华悠久文化;四角刻注东、南、西、北,突出指引功能。新标志与原标志处相距数十米,设置在广场南北向主轴线上,处于人民广场喷水池往北的台阶下的人行路面,便于市民观赏、摄影留念。

(汪　倩)

黄浦区国民经济主要指标

项　目	单位	完成数	比上年增减%	项　目	单位	完成数	比上年增减%
增加值	亿元	146.73	8.1	地方财政支出	亿元	68.94	8.7
第一产业	亿元	–	–	外贸出口总额	亿美元	10.81	19.2
第二产业	亿元	9.65	1.7	直接利用外资签订合同项目数	个	150	−0.7
工业	亿元	5.12	6.8	直接利用外资签订合同金额	亿美元	7.69	39.7
第三产业	亿元	137.08	8.6	工业总产值	亿元	180.04	11.1
固定资产投资额	亿元	115.10	23.3	住宅竣工面积	万平方米	15.9	−38.3
财政收入	亿元	136.47	25.4	社会消费品零售总额	亿元	356.53	8.5
地方财政收入	亿元	51.63	12.3				

黄浦区基本情况表

项　目	数　量	项　目	数　量	项　目	数　量
区域面积(平方公里)	12.41	**教育**		影剧院、场(个)	17
行政区划		中学(所)	25	**卫生**	
街道办事处(个)	6	在校学生(人)	21375	医疗卫生机构(所)	23
居民委员会(个)	120	小学(所)	21	区级医院(所)	8
人口		在校学生(人)	11820	医院床位数(张)	5073
户籍人口(万人)	60.74	幼儿园(所)	28	医疗卫生技术人员(人)	8366
户数(万户)	18.93	在园幼儿(人)	6671	执业医师(人)	3149

续上表

项　目	数　量	项　目	数　量	项　目	数　量
人口密度(人/平方公里)	48.631	职校(所)	7	**体育**	
人口自然增长率(‰)	-2.27	在校学生(人)	11338	体育场馆(个)	2
精神文明创建		**文化**		健身苑、点(个)	185
全国文明单位(街道)(个)	1	图书馆、室(个)	7		
市文明小区(个)	84	文化馆、站(个)	7		

【黄浦区基本情况】 黄浦区域面积12.41平方公里;辖6个街道办事处、120个居民委员会,户籍人口60.74;总户数18.93万户,人口密度48631人/平方公里;人口自然增长率-2.27‰;精神文明创建全国文明单位(街道)1个、市文明小区84个;教育中学25所,在校学生21375人;小学21所,在校学生11820人;幼儿园28所,在园幼儿6671人;职校7所,在校学生11338人;文化图书馆、室7个,文化馆、站7个,影剧院、场17个;卫生医疗卫生机构23所,区级医院8所,医院床位数5073张,医疗卫生技术人员8366人,执业医师3149人;体育体育场馆2个,健身苑、点185个。

【南京路步行街】 2008年,南京路步行街沿街商业企业59家,商业经营面积64万平方米,实现商业销售额101.5亿元,比上年增长4.21%。年内,南京路步行街推进结构调整和功能开发,完成中百一店、353广场等5幢商业楼宇共8.6万平方米结构调整;引进李宁、耐克、埃斯普利特和米安斯迪4家国内外知名品牌旗舰店,营业面积李宁品牌旗舰店4000平方米,耐克品牌旗舰店1000平方米,埃斯普利特品牌旗舰店4000平方米,米安斯迪品牌旗舰店3500平方米。编制《南京路步行街整体改造规划设计导则》,对步行街43幢建筑的外立面风格、灯光、店招广告以及路面道板等作出规定。完成耐克专卖店、新世界休闲港湾、李宁旗舰店、鸿翔时装公司、东方商厦南东店、中百一店、353广场、三阳(沈大成、春申江)、阳光商厦、旅游品商厦等大楼外立面改造及相关广告和灯光整治,完成靠步行街的五福弄、保安坊、石潭弄弄口的美化改造工程,建于20世纪90年代的广西北路人行天桥被拆除。统一设计步行街"金带"的服务亭,逐一进行改造,其中国际访问者中心和旅游纪念品销售两个新亭年内投入使用。继续开发和改造步行街周边支马路,福建中路(南京路至天津路段)调整改造项目于11月10日启动,商业结构调整同步进行。5月,步行街实现公共区域无线宽带全覆盖。6月,制定实施南京路示范街区服务标准体系,创建服务标准化示范街工作启动。9月14日—10月5日举办2008'上海购物节期间,步行街沿街商业企业推出"购物大狂欢"、"名牌大巡游"等促销活动。步行街主要百货商厦、购物中心国庆长假7天实现销售额2.2亿元,比上年同期增长13.1%。

(黄　鉴)

【豫园商城】 2月7日(正月初一)—24日,豫园商城举办第十四届鼠年豫园新春民俗艺术灯会。其间,商城累计客流超过350万人次,实现零售额1.83亿元,比上年同期增长38%,其中春节黄金周实现零售额10117万元。3月、4月、5月、9月、10月,商城先后举行"泛长三角风味小吃聚焦豫园"、"豫园春季民俗庙会"、"豫园首届(国际)茶文化艺术节"、"上海国际首饰时尚节"、"豫园端午文化节"、"豫园民间艺人节暨中秋游园会"、"豫园商城礼品节"、"楚雄好地方——云南民俗风情歌舞展演"等民俗活动。清明小黄金周3天接待游客46万人次,比上年同期增长31%;销售额2380万元,比上年同期增长105%,其中老庙黄金销售额1246万元,比上年同期增长159%。老凤祥清明3天销售额1850万元,比上年同期增长20%。9月14日—10月5日2008上海购物节、上海旅游节期间,推出传统品牌"豫园中国日(节)"活动。国庆黄金周实现零售额10670万元。年内,从2006年起斥资8998万元启动的"精致豫园"改造工程全部完工。"中华老字号总汇"改造成具有老上海格调的老字号风情街,按照"一店一品一特色"原则,引进30个中华老字号品牌。景观灯全部进行绿色照明节能改造。老庙黄金在全国14个省、自治区新增品牌加盟店91家,加盟店总数269家,全年实现销售额逾15亿元,占老庙黄金年度销售总额34%。豫园商城全年实现销售额78.56亿元,比上年增长39.39%;实现净利润3.29亿元,比上年下降56.71%。6月,以74.61亿元品牌价值被世界品牌实验室列为2008年度"中国100强最具价值品牌"第八十五位;9月27日,"精彩世博,文明先行"——文明在豫园系列活动暨上海市对外文化交流基地挂牌仪式在豫园九曲桥广场举行;10月,湖心亭茶楼等6家企业在市经委、市商业联合会组织的"上海商业优秀购物环境"评选中分获金、银奖;10月下旬,豫园商城进入"2008上海企业100强",以56.36亿元销售额列第五十七位。

(黄　鉴)

【福州路文化街】 2008年,福州路文化街继续实施网点置换和结构调整。6月,上海书城科技书店在河南中路221号(福州路口)试营业。11月8日,上海笔墨博物馆在福州路429号开馆,该馆以收藏、展示、研究中国传统书画用具毛笔和墨为主题。9月27日,福州路第六届文化节开幕,推出图书8折优惠展、世博影视和图片精品展、社会名人签名售书、"国风古籍节"系列活动等,上海图书公司、上海书城等文化企业参与活动。为期一周的文化节期间,销售图书40万册,销售收入1000万元。9—10月,大众书局的品牌栏目"以我的好书换你的好书"换书节活动举行。11月2—5日,第二十二届全国文房四宝艺博会在福州路黄浦区图书馆举办,展示文房四宝名品、精品和新品,还有印泥、石章、刻刀、国画颜料、画具、画毡、红木小件、文房用具和用品等。展览面积3000平方米，全国80余家文房四宝企业参展，2.5万人次参观，其中专业客户3500多人，实现销售额2000多万元（含定单）。11月15日，“MINT上海”私人会所落户福州路高腾大厦24层。该项目总投资800万美元，按曼哈顿风格设计、装潢，面积2400平方米。“MINT上海”是创始于伦敦的铭特（MINT）集团继香港、戛纳之后开设的第三家国际化标准的私人会所。　（黄　鉴）

卢湾区

【地理位置】　卢湾区位于上海市中心，全区面积8.03平方公里，其中陆地面积7.54平方公里，水域面积0.49平方公里。区界北至延安中路、金陵西路，与黄浦区、静安区交界；东至西藏南路、肇周路、制造局路、高雄路、江边路，与黄浦区接壤；西至陕西南路、瑞金南路，与静安区、徐汇区为邻；南至黄浦江河道中心线，与浦东新区相望。

【人口】　2008年底，全区人口31.01万人，常住人口27.45万，人均期望寿命为82.37岁。

【行政区划】　区境内辖淮海中路、瑞金二路、打浦桥和五里桥4个街道，共72个居民委员会和1个社工站（新天地）。

【都市交通】　先后建成的延安路高架、内环高架、南北高架和徐家汇路形成了卢湾“王”字型交通主体；地铁一号线贯穿淮海路，连通上海主要区域；上海第一条公路隧道——打浦路隧道和世界拱钢第一桥——卢浦大桥沟通浦江两岸。随着地铁9、10、13号线等工程的建成，到2010年，区内将有8条轨道交通线、2条越江隧道，区域交通将更加迅捷。

【历史沿革】　卢湾区区境早在南宋时属华亭县高昌乡。元代划入上海县。1900年后，区境北块被陆续辟为法租界。

1945年抗战胜利后，国民党政府建立卢家湾区，解放后改为今名。1956年原嵩山区并入，1959年原邑庙区部分并入，逐渐形成现今之区划规模。淮海中路（旧名霞飞路）商业街横贯北境。从30年代起，即为上海著名商业街。

历史上，旧民主革命和新民主革命时期一些重大革命事件和革命家活动，曾先后发生在本区。辛亥革命时期，为上海光复和反袁世凯反动统治，孙中山领导的革命党人三次攻打江南制造局（今江南造船厂）。我国早期共产主义运动如创办《新青年》杂志、建立第一个共产主义小组和社会主义青年团等。1921年7月，中国共产党第一次全国代表大会在境北望志路106号（今兴业路76号）举行。孙中山先生晚年和夫人宋庆龄居住在莫利哀路29号（今香山路7号），期间，在中国共产党和国际无产阶级的推动和帮助下，提出了新三民主义，改组国民党，开始了国共两党第一次合作。解放战争时期，周恩来在本区设立中国共产党代表团驻沪办事处，开展了同国民党的政治斗争活动。著名爱国人士邹韬奋、张学良、柳亚子、何香凝也曾居住在本区。艺术大师吴昌硕、梅兰芳、张大千、刘海粟等也长期在本区居住，从事艺术活动。1919年4月，韩国爱国者组织的临时政府成立于本区，开展抗日等活动。

【经济建设】　商贸物流业。依托淮海中路商业街，在生产资料、生活资料专业市场和批发零售综合市场的基础上，发展形成了以总经销、总代理、批发中心、结算中心为运营方式的现代商贸物流业。

休闲服务业。随着国际著名商业企业大批涌入，“新天地”的成功改造，以及大型品牌商业文化活动的推出，呈现出显著的时尚特色。

文化创意业。卢湾是上海最早建立创意产业园、最早利用工业厂房改建发展创意产业、最早成立区级创意经济协会的区，目前已建成“田子坊”、“8号桥”、“卓维700”、“龙之苑”等创意园区，入驻企业230余家。

服务外包。卢湾区于2005年底提出把发展服务外包作为主动接轨国际产业转移、加快现代服务业发展的重要抓手。2008年，区内年营业收入1000万元以上的服务外包企业超过100家，世界服务外包领域前20强企业中，已有6家落户卢湾。

现代商业。百年淮海路是上海市级商业中心，是卢湾经济发展的生命线。早期的淮海中路商业街因店铺精致、品牌云集、服务优质、商业繁荣而赢得“东方巴黎”的美誉，如今的淮海中路商业街历经发展，成为时尚流行的发布展示中心和中外游客旅游、观光、购物、休闲的天堂。目前，淮海路拥有百盛购物中心、巴黎春天、太平洋百货等12个著名百货店，汇聚了西班牙ZARA（服装）、瑞典H&M（服装）、法国丝芙兰（化妆品）、古今内衣、红房子西餐、红星眼镜等220个著名品牌专卖店。

【城市建设】　近年来，卢湾不断加快城市建设步伐，稳步推进旧区改造，加强市政基础建设，大力开展环保绿化，完善城区综合管理，城市面貌明显改观，人民群众生活环境明显改善。

旧区改造。按照市政府提出的新一轮城市改造要求，在完善北、中、南三个功能区，营造“精品城区”的总体构思下，坚持规划先行、成片改造、拆留并举、市场化运作和可持续发展，先后制订南部地区、新新里地区等控制性详细规划以及区历史街坊、思南路花园住宅区等保护保留规划，将旧区改造与历史风貌保护相互结合、共同推进。2000年以来，累计拆除各类旧房200.77万平方米，区内旧里及旧里以下住房减少到44.67万平方米。在旧改动迁工作中，坚持“公开、公平、公正”，推行“阳光拆迁”操作机制，强化社会监督，积极筹措动迁房源，维护动迁居民利益。

市容环境。卢湾区结合旧区改造，积极开展市容、环保、绿化工作，努力建设资源节约型、环境友好型城区，区域环境污染得到有效控制，环境质量得到显著提高。2003年通过国家卫生部考核，获得“国家卫生区”称号，2004年建成瑞金地区市容环境示范区域，扎实推进市容环境示范区建设。随着科技进步，越来越多的新技术、新材料被运用到道路保洁、环境设施设备、灯光景观建设中，全区道路保洁由单纯人工清扫改为以机械清扫为主、人工清扫为辅；2003年建成全市首座零排放、水循环的环保型公厕，废弃物收集处置向“减量化、无害化、资源化”方向发展。

绿化建设。结合市政拓路、旧区改造建绿，精心打造特色绿化，区绿化事业迅速发展。先后建成太平桥绿地、延中L4、世博林和瞿溪路鲁班路地铁口绿地、复兴公园一期改造等一批绿化项目。2005年4月1日起,复兴、淮海、绍兴、南园、丽园5座公园根据市政府规定向市民免费开放。我区根据还区域特点积极发展屋顶绿化、垂直绿化等特色绿化,目前全区绿地面积已经达到102.37万平方米。

网格化管理。2005年,卢湾区被确定为全国第一批10个数字化城市管理工作试点城区之一,2006年1月1日转入正式运行,建立了以网格化管理信息平台、管理监督中心和管理指挥中心为核心的"一个平台、两个中心"管理机制和集发现、指挥处置、协调、督办、评价为一体的运行机制。网格化管理投入运行以来,网格化管理的立案率、结案率、及时结案率和"12319"城建热线居民投诉率保持"三高一低",在全市城市网格化管理综合绩效月度评比中始终保持第一,实现了城市管理由过去的"被动、定性、粗放、突击"式的管理向"主动、定量、精细、长效"型的管理转变,城市管理水平不断提升。

【社会事业】 民生工作。坚持强化政府在促进就业工作中的责任,实施积极的就业政策,不断扩大就业,围绕创建充分就业社区,切实促进"零就业家庭"等重点人群的就业工作,推出"青年助业直通车"项目,加强技能培训和见习基地推介,帮助青年实现就业。2008年共实现新增岗位46345个,地区登记失业人数为6870人。健全帮困救助体系,落实社会救助和福利政策,成立市民综合帮扶协会,进一步加强社会化帮困救助功能。按照"9073"养老格局,完善床位、座位、餐位"三位一体"为老服务网络,享受居家养老服务的老人达到5823人,为老服务水平稳步提升。着力解决人民群众最关心、最直接、最现实的利益问题,每年排出一批政府实事项目,解决一批群众日常生活突出问题。

2008年完成12项政府实事项目,排摸解决242件群众日常生活突出问题,包括下水道、老式住宅实施卫生设施、二次供水设施的改造、倒粪站安装除臭装置、新建老年日托所、改建环保公厕、解决垃圾厢房的上下给排水问题等,进一步扩大廉租住房受益面,2008年新增受益家庭达到950户。

教育事业。全面推进教育现代化,在全市率先探索制定教育现代化指标体系,并完成95%的指标,其中70%处于全市领先地位。积极实施课程改革,深入开展素质教育,大学自主招生录取数居全市前列,向明中学的创造教育、卢湾中学的科技教育、思南路幼儿园的学前教育、辅读学校和第四聋校的特殊教育等成为全市有影响力的教育品牌。在卢湾高级中学等学校开展现代学校制度建设试点,创建了一体化发展、社会力量参与评价、与高校合作三种模式。

卫生体育事业。现有医疗机构100余户,其中三级医院2户,二级医院7户。近年来不断加强纵向医疗资源整合,初步建立二、三级医院支援社区卫生服务的长效机制,社区全科医生比例达到60%。推进医疗设施建设,瑞金医院卢湾分院基本建成数字化医院,完成瑞金医院卢湾分院体检中心迁建工程,东南医院和区牙病防治所完成改建并投入使用。对手足口病、流感和麻疹等呼吸道传染病加强监测与防治,落实各项防控措施,确保公共卫生安全。全面完成建设健康城区第二轮三年行动计划的目标任务。妇女儿童、人口计生事业取得新进展。深入开展科普工作,举办科技活动周、科普日等活动,普及科学知识,进一步提高市民科学素养。抓住奥运契机,通过项目推介会等载体广泛开展全民健身活动,营造全民健身迎奥运的良好氛围。

精神文明建设。围绕"迎奥运、迎世博、争创全国文明城区"工作,深入开展"迎奥运、讲文明、树新风"、"学先进、找差距、攀新高"等活动,以家庭、青少年、公务员、外来务工人员为重点,加强公民道德教育和礼仪培训。持续推进志愿者工作,大力弘扬"服务他人,奉献社会"的志愿精神。

社区建设。加强基层民主建设,坚持"三会一代理"制度,认真贯彻落实《关于进一步加强居委会建设的实施意见》,进一步梳理、规范居委会工作职责。健全社区服务网络,推进社区事务受理服务中心、社区卫生服务中心标准化建设,规范服务标准,落实各项便民惠民措施。

文化建设。2008年全面实施新一轮文化发展纲要和文化建设三年行动计划,促进文化与经济社会发展紧密结合,充分挖掘历史文化底蕴,以品牌建设为重点和抓手,不断增强城区发展"软实力"。卢湾区历史文化底蕴深厚、内涵丰富。卢湾区是中国共产党的诞生地。区内有"中共一大会址"、"团中央旧址"、"中山故居"、"周公馆"等革命史迹、名人故居近百处,毛泽东、周恩来、宋庆龄、陈独秀、邹韬奋等都曾在这里生活和工作。卢湾区是近现代中国民族工业的发祥地。座落在区域南部的江南造船厂,前身是1865年创办的江南机器制造总局,中国的第一批枪炮、第一艘兵轮、第一炉钢等都在这里诞生。卢湾区是海派文化的发源地。郭沫若、傅雷、梅兰芳、刘海粟、丰子恺等文化名人都曾在这里居住并创作。区内经认定的优秀历史建筑有59幢,数量占全市的9%,面积占全市的1/5,各式西方经典建筑和上海石库门特色建筑充分体现了海纳百川、中西结合的海派文化。

区域品牌。区内淮海中路商业街、"新天地"、"8号桥"以及建设中的世博会企业馆、思南路历史风貌保护区、"田子坊"是卢湾凸显海派文化特色的六张"名片",成为展示上海形象的重要窗口。

淮海中路商业街具有百年历史,店铺精致、品牌云集、环境优雅,以欧式的高雅时尚为内涵的商业文化赢得"东方巴黎"的美誉,目前集聚了历峰双墅主题楼、"芭比娃娃"全球首家旗舰店等国际时尚品牌和旗舰店,商业能级不断提升,体现了高端商品、高档会所、高雅文化的有机结合,继续引领着上海的时尚消费潮流。

"新天地"毗邻淮海中路商业街,是上海历史建筑保护性开发的优秀典范,在保留上海石库门文化的同时,融合西方文化和现代元素,集聚了来自世界各地的风情餐厅、咖啡屋、酒吧、精品商店,成为闻名中外的旅游休闲时尚地标。2008年,"新天地"获得全市首批"上海名牌区域"称号。

"8号桥"是上海最早由旧工业厂房整体改建的文化创意产业园区,是卢湾区转变经济发展方式、发展现代服务业的代表和见证,被誉为"上海发展得最好、最具标志性的创意产业园区",集聚了建筑设计、文化传媒、咨询服务、时装设计等众多创意行业。

世博会企业馆位于卢湾南部滨江地区,结合江南造船厂历史工业建筑改建或新建,是中国2010年上海世博会的重要场馆区,届时将吸引全世界最著名的企业、最知名的品牌、最创新的理念、最先进的产品前来展示,将极大提高卢湾的凝聚力、影响力和辐射力。

思南路历史风貌保护区总建筑面积7.88万平方米,共有

51幢历史建筑，有法式、英式、西班牙式多种风格，是上海独一无二的极其珍贵的历史人文资源。

“田子坊”是卢湾区最早形成的文化创意产业园区，通过旧厂房改造和石库门房屋出租、置换，集聚了一批创意人士和创意企业，走出了一条旧区软改造、城市文脉传承与创意产业发展相结合的新路，成为上海极具影响力的创意园区。

活动品牌。依托区域特有的商业、旅游、文化资源优势，推动商旅文联动发展，玫瑰婚典、上海旅游节开幕大巡游、新天地新年倒计时、国际体育舞蹈大赛等一批上海重要的“商旅文”品牌活动每年都在卢湾举办，充分展示卢湾的时尚魅力。提升“群星耀卢湾”、“上海卢湾阅读节”、“时尚风——中外文化交流展示周”等群文活动品牌的影响力，丰富群众文娱生活。

项目品牌。加大对“石库门营造技艺”、“何克明灯彩”、“李黎明海派编结技艺”、“李守白剪纸技艺”等区域内非物质文化遗产保护力度，推进“老字号”品牌的保护与开发，使卢湾的历史文化遗产得到有效传承。

徐 汇 区

【地理位置和面积】 徐汇区位于东经121°23′~121°28′、北纬31°06′~31°13′之间。地处上海市中心城区西南部，东北侧以瑞金南路、陕西南路为界，与卢湾区毗邻；东临黄浦江，与浦东新区隔江相望，徐浦大桥与浦东新区连接；西至张虹路、蒲汇塘、莲花路、虹梅路、虹梅南路、淀浦河、老沪闵路，南至华泾镇关港村，与闵行区分界；北达长乐路、华山路、兴国路、淮海西路，与静安区、长宁区接壤。区域东西距7公里，南北距13公里，全境面积54.93平方公里。境内交通便捷，铁路、立交、高架道路纵横交错，轨道交通一号线、三号线和四号线贯通全境。徐汇区为中心城区出入闵行、青浦、奉贤、金山等区和江、浙、闽、赣、皖等诸省的交通要道。

【区划与人口】 2008年末，徐汇区辖有湖南、天平、斜土、枫林、徐家汇、田林、虹梅、康健、长桥、凌云、漕河泾、龙华12个街道和华泾镇，有居民委员会301个、村民委员会10个。全区常住人口98.22万人，其中来沪人员13.9万人，占总人口的14.15%。户籍总数321344户、户籍总人口90.01万人，比上年增长0.93%。人口密度为16387人/平方公里。全年出生人口5869人，人口出生率6.6‰；死亡人口6627人，人口死亡率7.4‰，人口自然增长率为-0.9‰。

【人民生活】 完善就业政策，加大对就业困难群体援助和自主创业扶持力度，全年新增就业岗位61657个，城镇登记失业率控制在4.3%以内。完成职业技能培训3.15万人次，其中高级及以上技能培训5181人次。做好劳动争议仲裁及外劳力纠纷调解工作，共受理劳动争议仲裁案件5095件、外来人员劳务纠纷1942件，调解率分别达到75%和60%。社会保障体系不断健全。全区13个街道（镇）建成社会救助“一口上下”信息系统，共发放最低生活保障、医疗救助等各类保障救助金1.6亿元，其中对23.3万人次实施最低生活保障，实施协保补助、粮油帮困、医疗救助10.5万人次。全年居家养老服务17547人，其中政府养老补贴4459人、补贴资金883.32万元。建成老年人日间服务中心10个，老年人助餐服务点20个，新增养老床位500张。认真落实廉租住房政策，新增享受廉租政策家庭655户。小区“三个中心”建设深入推进。小区事务受理服务中心实现“一口受理”，机构设置、人员管理、受理项目等基本统一；小区卫生服务中心预防接种和儿保门诊规范化建设全覆盖；小区文化活动中心的运作管理进一步完善。

【经济发展】 2008年，徐汇区区域经济保持较快增长，经济结构进一步优化。全年实现地区生产总值754.76亿元，按可比价格计算比上年增长10.1%，增幅低于上年2.4个百分点。区域经济结构调整取得有效进展，第二产业实现增加值158.86亿元，比上年增长5.6%；第三产业实现增加值491.73亿元，比上年增长14.9%。全年完成财政总收入202.48亿元，比上年增长22.0%，其中区级财政收入73.32亿元，比上年增长14.5%。区级财政支出82亿元，比上年增长6.9%。

现代服务业持续快速发展。全年完成营业收入700.20元，比上年增长23.9%。实现税收收入68.96亿元，比上年增长26.2%，占全区税收总量的35.7%，比上年提高1.2个百分点。现代服务业“1+6”行业中，信息、专业、科研、金融服务支撑作用明显，其营业收入和税收分别占现代服务业营业总收入和总税收的93.5%和96%。其中专业服务业营业收入增长在贡献率为40%，生命健康、教育培训和旅游会展3个行业的全年营业收入和税收分别比上年增长2.7%和8.8%。

工业生产总量保持稳定。全年完成工业总产值544.76亿元，比上年增长4.9%。完成高新技术产值221.99亿元，比上年下降5.3%。全年实现工业销售产值539.86亿元，比上年增长4%。受全球金融危机的冲击，全区工业企业经济效益滑坡。全年实现利润总额32.04亿元，比上年下降1.1%，实现税金额12.12亿元，比上年下降12%。

消费品市场销售基本稳定。全年实现社会消费品零售总额293.61亿元，比上年增长9.8%。餐饮消费市场持续旺盛。全年实现餐饮业营业收入31.12亿元，比上年增长14.9%。徐家汇商圈综合消费能级进一步提升。商圈内东方、太平洋、汇金、六百、汇联、百思买等全年实现零售额79.38亿元，比上年增长3.7%。其中六百和百思买销分别比上年增长15.9%和12.5%。

房地产业总体仍处于低迷状态。全年完成商品房投资44.69亿元，比上年下降18.5%；商品房施工面积247.69万平方米，比上年下降19.6%；竣工面积70.70万平方米，比上年下降20.3%。全年商品房销售（不含预转销）4675套，面积44.61万平方米，金额44.28亿元，分别比上年增长52.4%、14.5%和10.3%。商品房销售年均售价9926元/平方米，比上年下跌382元/平方米。

旅游产业持续健康发展。全年有组织接待游客829.32万人次，比上年增长7.2%；直接旅游营业收入71.63亿元，比上年增长13.9%；实现2.6亿元，比上年增长13%。逐步形成“相汇徐家汇”品牌，6月—10月，利用长三角“16+2”旅行社联盟资源共享优势，与8家旅行社签约，组织团队382个、游客14345人次到徐家汇进行购物活动。上海旅游节期间，成功举办唐韵中秋游园会、彩车巡游进社区、长三角赏桂之旅等活动，游客和市民约12万人次参与。区域内3个旅游咨询中心服务窗口接待游客4.6万人次，其中外国游客占26%。千景旅游网全年点击量超过370万次。

【改革开放】　2008年,区域内国有企业改革深入推进。全年国有产权转让3户,金额3.33亿元。国资在产业发展、科技创新、土地储备等方面的引领作用进一步发挥,全年投入12.3亿元积极推进莆田科技园、上海医药临床研究中心、领汇科技投资基金等项目。年内,完成斯波特大酒店资产和人员划转工作,组建上海光启文化产业投资发展有限公司。年末,全区155户国有企业的国资总量达到91.63亿元,保值增值额10.38亿元,保值增值率为112.78%。

对内交流进一步扩大。全年引进内资企业1849家,比上年下降28.2%;引进注册资金66.70亿元,增长11.1%,其中增资26.11亿元。注册资金在1000万元以上的大企业有59家,引资总额28.45亿元,占全区引资总额的42.7%,比上年同期提高10.6个百分点。引进现代服务业企业895家,注册资金28.38亿元,分别占总户数、总资金额的48.4%和42.5%。

吸引外资力度进一步提升。全年引进合同外资7.76亿美元,比上年增长27.1%;实际利用外资5.03亿美元,比上年增长10.2%。其中重点引进符合区域产业发展导向的现代服务业企业117家,合同外资3.78亿美元,比上年增长29.8%,占合同外资总额的48.7%。新增5家跨国公司总部经济机构。至2008年底,全区共有跨国公司管理型地区总部20家,投资性公司19家,在全市9个中心城区中保持第一。

外贸出口继续稳步增长。全年完成外贸出口总额6.60亿美元,比上年增长5.8%。出口产品主要有机电产品、贱金属制品、纺织品和化学工业品等,主要出口到亚洲、北美洲、欧洲地区和美国、日本、德国等国家。

【城市建设与管理】　固定资产投资结构进一步优化。全年完成固定资产投资92.34亿元,比上年增长0.7%。其中,城镇建设投资47.65亿元,增长29.2%。城镇建设与商品房项目投资比例为51.6:48.4,城镇建设投资比重比上年提高11.4个百分点。从产业投向看,第二产业投资13.08亿元,比上年增长129.1%;第三产业投资79.26亿元,比上年下降7.8%。稳步推进重大市政工程建设。基本完成世博配套道路涉及的566户居民动迁与111家单位动迁及生态专项动迁签约,启动滨江公共开放空间样板段工程。完成6条道路的大修工程和12条道路的中修工程,33条主要路段的人行道整治,30余条道路下水道疏通和50余处居民小区下水道疏通。完成3条骨干河道的清淤疏浚,疏浚土方18万立方米,改造防汛墙700米,拆除河道范围内的违章建筑1214平方米。完成多层住房综合改造140玩平方米(含旧住房平改坡综合改造110万平方米)。全年开工拆房基地79个,总计133.21万平方米,竣工35个基地(其中上年结转11个),竣工面积12.89平方米。推进区域第三轮环保三年行动计划,创建成"扬尘污染控制区"。组织区域内首次污染源普查,开展环保专项行动5次,检查企事业单位980户次。完成环境监察国家一级机构(东部标准)建设和环境监测应急能力标准建设。全年建设公共绿地451.49公顷(含生态专项绿地38公顷),全区绿化覆盖率26.1%,比上年提高0.6个百分点。人均公共绿地面积为5.06平方米,比上年提高0.21平方米/人。

【科技发展】　2008年,全年区级财政用于科技投入的支出为3.76亿元,占财政支出5%。通过上海市高新技术成果转化中心认定的成果转化项目67项,实现技术合同交易159.58亿元。年内,新增国家和上海创新基(资)金项目136项。区域内有9家企业被评为2008年上海市科技小巨人企业和小巨人培育企业。知识产权保护得到加强,全年共申请专利3011项,其中发明专利1680项,实用新型专利996项,外观设计专利335项。科普宣传力度进一步加大。成功举办2008年上海科技活动周徐汇区活动,组织"科技奥运主题展"系列活动近70项,参与者约8000人次。积极开展节能减排宣传活动,发放专题科普挂图6000份,发放相关书记200册。举办各类学术交流活动30次,参加人数近2000人次。

【教育·卫生事业】　2008年,区级财政用于教育事业费支出为11.34亿元,比上年增长22.2%。小学、初中公用经费分别从上年的900元、1100元提高到1500元、1700元,建成13个街道(镇)育儿指导中心,加快社区教育和职业教育,创建成全国社区教育示范区。九年制义务教育入学率保持在100%,高中阶段入学率达98%。至年末,全区有小学(含特殊学校)42所,在校学生31267人;普通中学(含工读学校)42所,在校学生38596人;职业学校2所,在校学生3607万人;中专业学校17所,在校学生23810人。

区级财政用于卫生事业费支出为2.96亿元,比上年增长%。至年末,区域内有卫生机构212所,其中医院22所,社区卫生服务中心14所。医疗机构实有床位12254张,卫生技术人员15540人。全区医疗结构完成门急诊1670.91万人次,比上年增长4%。社区卫生服务综合改革工作全面推开。全年社区卫生服务中心门诊人次增长15.2%,次均费用下降0.3%。赴家庭病床诊疗总人次11.62万人次。社区卫生服务中心年内诊查费减免401.48万人次,减免费用欧冠2810.4万元。全区共受理登记参保人员12.21万人。全区常住人口甲、乙类传染病发病率为129.96/10万。依法开展公共卫生监督,完成监督6532户次。行政审批程序优化,15项许可项目减少行政审批环节,缩短审批时限,提高许可效率。

【文化·体育事业】　2008年,区级财政用于文化事业费支出为4017.03万元。年内,举办各类展览、讲座136场,接待观众近15万人次。龙华庙会、上海剪纸和黄杨木雕被公布为国家级第二批非物质文化遗产项目。新增区级文物保护单位12处、登记不可移动文物8处、名人旧居1处。区内博物馆、纪念馆全年接待参观者达到40万人次。全区有文化史设施总面积17.12万平方米,完成斜土、虹梅2个街道社区文化活动中心达标建设。群众文化队伍建设不断加强,全区有集邮、摄影、书画等各类群文团队1286支,年内组织各类群众文化活动8863场次,观众达150万余人次。至年末,拥有文化娱乐场所122家,互联网上网服务营业场所58家,音像制品经营单位43家,电影放映单位13家,营业性棋牌室80家,出版物经营单位168家。徐汇有线电视台平均每周播出时间3.5小时;《徐汇报》平均印数6.5万份/期,比上年增加0.8万份/期。文化市场监管力度加大,出动检查5405人次,稽查场所3890家,立案137件,取缔无证摊点372个,收缴各类非法音像制品303120张,非法电子出版物9268张,非法书刊4498本,罚没款840500元。

体育事业蓬勃发展。全年区级财政用于体育事业费支出为2680.99万元，比上年增长34.3%。年内，向国家输送优秀运动员53人，其中吴敏霞、钱震华、姚明、何翌、葛伟青、王贝铭、吴志宇7名运动员参加第二十九届奥运会，获得好成绩。在上海体育场举行北京奥运火炬徐汇段1.35公里火炬传递任务。组队参加2008年上海市学生运动会，共获得金牌108枚。以“庆奥运、迎世博”为主题，举办迎奥运倒计时100天活动、徐汇区社会事业单位运动会、徐汇区第十三届全民健身节系列活动等。在漕溪公园新建公共运动场1处。在13个街道(镇)新增设社区健身苑8处。对区域内2004年安装的器材进行更新，确保建身设施完好率在98%以上。

【社会保障】 2008年，实施积极的就业政策。全年新增劳动就业岗位61657个，完成全年指标的208%。完成各类培训31465人次，完成市政府下达指标的116.5%。年末，城镇登记失业人数为20146人，控制在20240个指标内。来沪从业人员综合保险覆盖人数205798人，超过年末综合保险覆盖人数173200人的指标。工资集体协覆盖人数92132人，完成年度指标的114%。社会福利不断健全。新增养老床位620张，年末各类养老机构收住老人2685人。为850名社区老人安装紧急呼叫装置，组织3629名居家养老服务人员，为17547名老人提供居家养老。做好扶贫赈灾工作，为“5·12”汶川地震募集抗震捐款1.2亿元。开展“送温暖、献爱心”活动，募集捐款312.9万元、衣被2.7万包，支援四川、云南等地区灾后重建。全年共对233012人次实施最低生活保障，金额7225.63万元。发放协保人员生活困难补助计16420人次，金额233.69万元。对21138人次实施医疗救助，金额360.31万元。社会保障覆盖面进一步扩大。全区共有城镇社会保险参保单位22671户，比上年增长2.9%。城保参保缴费人数为420371人，比上年增长2.9%。 (肖向丽)

【徐汇区被评为全国社区教育示范区】 2月13日，教育部发文，34个单位被评为全国社区教育示范区，徐汇区是其中之一。2005年，区政府制订《徐汇区深入推进社区教育的实施意见》。同年成立区社区学院并在13个街道(镇)建立13所社区学校。街道(镇)主任兼任校长，区教育局抽调13名中学校长任社区学校常务副校长，47名教师到社区学校任专职教师。全区有311个教学点，开设155门社区教育课程。编印《徐汇区终身教育课程手册》免费发放到20万户家庭。社区教育经费从2005年的1000.6万元增加到2007年3533.2万元。每年举办学习节活动。 (周胜利)

【廉租住房实物配租试点工作在徐汇区展开】 徐汇区是上海市首批廉租住房实物配租试点区。9月中旬，试点工作在斜土等四个街道正式启动。配租的房源在市区或离市区较近的地段且都是新公房，建筑面积在35－70平方米不等，都是小户型简装修房。廉租住房的配租方式实行租金配租和实物配租相结合，享受实物配租的廉租家庭要符合规定的条件。实物配租采取增租住房、套租住房和套购租赁三种方式。按实物配租租金补贴办法，增租住房家庭人均居住面积低于7平方米，家庭人均月收入低于600元，每月家庭成员共同将月总收入的5%用于支付房租，其余部分由政府以租金补贴的形式全额承担。10月19日，上海市首批廉租住房实物配租申请家庭摇号活动在上海公安博物馆举行，共21户申请家庭参加摇号轮候选房。为体现实物配租的公开、公平和公正，区房屋土地管理局设立了一整套的工作程序，对符合廉租住房条件家庭实施实物配租后，还要进行定期检查。徐汇区全年共筹措实物配租房源76套。 (吴　铮)

【徐家汇商圈】 2008年，徐家汇商圈主要8家商业零售企业全年实现社会消费品零售总额79.38亿元，比上年增长3.7%。其中，太平洋百货社会消费品零售总额19.10亿元，东方商厦15.35亿元、汇金百货9.57亿元、上海六百5.38亿元、百思买5.49亿元、汇联百货2.39亿元。太平洋百货从3月1日至6月1日进行开业14年以来首次大规模装修，所有设备均进行更新，外墙新装230平方米的LSD彩色动态显示屏。购物环境进行全面升级，设计安排人性化，增设为女性和婴儿服务专用区域。同时，全面落实节能降耗措施。商场装修开业后新引进品牌占全商场品牌的30%以上，太平洋百货目标消费对象扩展为25～45岁的顾客。港汇广场加大引入国际主流时尚品牌提升消费定位。上海六百采取不停业分步实施商场装修和内部布局调整，完成向主题服饰百货的转型。12月10日，在2008年上海商圈发展战略论坛暨2008上海城市商圈新地标评选活动中，徐家汇商圈港汇广场、东方商厦、美罗城被评选为2008上海城市商圈新地标综合大奖。 (丁明堃)

2008年徐汇区基本情况表

项　　目	数　　量	项　　目	数　　量
区域面积(平方公里)	54.93	普通小学(所)	42
行政区划		在校学生(人)	31700
街道办事处(个)	12	幼儿园(所)	82
镇(个)	1	在园幼儿(人)	18907
乡(个)	－	职业学校(所)	2
居民委员会(个)	301	在校学生(人)	3607
村民委员会(个)	10	中等专业学校(所)	17

续上表

项　　目	数　　量	项　　目	数　　量
		在校学生(人)	23810
人口		**文化**	
户籍总人口(万人)	90.01	公共图书馆	15
户籍户数(万户)	32.13	群艺馆、文化馆	14
人口密度(人/平方公里)	16387	影剧场	2
人口自然增长率(‰)	-0.9	**卫生**	
精神文明创建		区域卫生机构(个)	212
市文明小区(个)	207	医院(所)	22
市文明社区(镇)(个)	11	社区卫生服务中心(个)	14
市文明单位(家)	77	医院实有床位数(张)	12254
		卫生技术人员(人)	15540
教育		**群众体育活动场所**	
普通中学(所)	42	社区公共运动场(个)	10
在校学生(人)	38596	居(村)委会健身点(个)	423
		社区市民健康体质测试站	10

2008年徐汇区经济社会发展主要指标

项　　目	2008年	比2007年增长(%)
生产总值(亿元)	754.76	10.1
其中第二产业(亿元)	161.24	1.5
第三产业(亿元)	593.52	12.8
服务业营业收入(亿元)	762.90	23.9
其中现代服务业(亿元)	700.20	23.6
工业总产值(亿元)	544.76	4.9
商品销售总额(亿元)	1233.65	27.0
社会消费品零售总额(亿元)	293.61	9.8
固定资产投资总额(亿元)	92.34	0.7
外贸进出口总额(亿美元)	12.33	4.9
外商直接投资项目数(个)	325	0.0
外商直接投资合同金额(亿美元)	7.76	27.0
实际利用外资(亿美元)	5.03	10.2
引进内资企业户数(户)	1849	-28.2
引进内资企业注册资金(亿元)	66.70	11.1
财政总收入(亿元)	202.48	22.0
区级财政收入(亿元)	73.32	14.5
财政支出(亿元)	82.00	6.9

长 宁 区

【地理位置】 长宁区东界位东经121°26′01″,西界位东经121°19′36″,南界位北纬31°10′46″,北界位北纬31°14′43″。位于上海市区的西部,东与静安区的长宁路、武定西路、镇宁路接壤;西交闵行区的北横泾机场河、许浦港;南与徐汇区的华山路、兴国路、淮海西路、古羊路毗连;北靠吴淞江(苏州河),西段以吴淞江为界与嘉定区隔河相望,东段以万航渡后路为界与普陀区相接。境内有大小河汊55条,集中于区境西部,长度在1.5公里以上者仅5条,最短的直挺浜仅120米。吴淞江为区境干流,一级支流有新泾港、许浦港、中渔浦,二级支流主要有周家浜、野奴泾、新渔浦等。

【历史沿革】 区境在唐天宝十年(751年)隶属华亭县高昌乡。北宋时,称高昌乡法华巷。元至元二十八年(1291年),置上海县后改隶上海县。明嘉靖年间(1522年-1566年),法华称镇。清宣统二年(1910年),法华建置为乡。民国17年(1928年),划归上海特别市,改为法华区。民国36年(1947年),因长宁路横贯境内,改称长宁区。民国37年(1948年),改称法曹区。解放后,沿用长宁区名,区境几经调整。1950年,区境扩入吴淞江以南、古北路以东,折延安西路以北的新泾区周家桥地区。1956年,区境向东扩到静安区静安寺地区,向西扩入新泾区及吴淞江以南,沪杭铁路徐虹支线以北地区。1959年,区境东界西移镇宁路。1982年区境向西扩到上海县新泾人民公社9个自然村。1983年,向西南扩到上海县地域内的万国公墓及其周边地区。1984年,向西扩到上海县北新泾镇及新泾乡35个自然村、虹桥乡2个村及虹桥机场等地区和单位;8月,北新泾镇从上海县划入长宁区。1991年,扩到虹桥机场兴建的机场新村地区。1992年,向西扩到新泾乡42个自然村和虹桥乡2个村;7月,新泾乡划入长宁区。

【区划与人口】 全区辖有新华路、江苏路、华阳路、周家桥、天山路、虹桥、程家桥、仙霞新村、北新泾9个街道和新泾镇,下设175个居民委员会和5个村民委员会。区人民政府地址:长宁路599号。

2008年末,全区户籍人口总户数21.26万户,61.37万人。全年出生人口3758人,人口出生率6.14‰;死亡人口4425人,死亡率7.22‰;自然增加人口-667人,自然增长率-1.08‰;计划生育率99.79%。全区60岁以上老人133289人。

【经济建设】 2008年,区增加值完成256.73亿元,比上年增长11.2%,其中第二产业增加值35.69亿元,比上年增长7.8%;第三产业增加值221.04亿元,比上年增长11.7%。全区财政收入完成124.19亿元,其中区级财政收入完成52.62亿元,比上年增长14.2%。全年完成固定资产投资52.45亿元,比上年增长5.5%,其中建设和改造投资14.74亿元,比上年增长2.1倍;商品房投资37.71亿元,比上年下降16.1%。从产业投向看,第二产业投资0.4亿元,第三产业投资52.05亿元,比上年增长6.5%。产业结构进一步优化。全年现代服务业实现税收42.96亿元,比上年增长20.2%,占全区税收总量的37.3%。房地产业实现税收33.39亿元,比上年增长7.0%,占全区税收总量的29.0%。现代业态商业实现税收23.72亿元,比上年增长31.9%,占全区税收总量的20.6%。都市型工业实现税收6.24亿元,比上年增长24.9%,占全区税收总量的5.4%。国资国企改革扎实推进。存量资产盘整取得成效,41家中小企业完成改革改制,国资经营公司启动组建;国资运营质量稳步提高,完成国资收益收缴5835万元;国资监管逐步完善,编制国资布局调整和企业发展三年规划,制定《政府投资项目资产管理办法》。以三大经济组团为主的虹桥涉外商务区集聚效应日益显现。全年实现税收47.04亿元,比上年增长28.1%,占全区税收的40.9%。推进虹桥涉外贸易中心经济载体建设,完成上海城三期和C4等地块动迁;金虹桥国际中心、古北国际财富中心、广播大厦二期等项目开工建设,总建筑面积49.2万平方米;东银商务中心、东方维京大厦项目竣工,总建筑面积13.2万平方米。中山公园商业中心业态调整收到实效,举办"2008年上海国际服装文化节开幕式暨时尚长宁活动"、长宁商业发展项目推介会等大型活动。天山路商业街实现整体开业,黄金城道特色商业街建设取得突破。中山公园商业中心业态调整收到实效,著名电子产品零售商百思买长宁店开张营业。临空经济园区年内竣工项目3个,建筑面积8.8万平方米;在建项目17个,建筑面积57.4万平方米;新开工项目2个,建筑面积10.4万平方米。引进浦发等3家银行,临空南区已达5家配套银行。

招商引资成效显著,全年外贸进出口总额28.58亿美元,比上年下降8.9%,其中进口总额14.07亿美元,比上年下降24.5%;出口总额14.51亿美元,比上年增长14.0%。全年引进企业334家,其中177家产税,产税率53.0%。当年引进企业当年实现税收0.61亿元。46幢存量商务楼宇完成税收30.57亿元,税收落地率45.4%。全年实现工业总产值71.21亿元,比上年增长7.1%。全年实现工业销售产值70.10亿元,比上年增长6.6%,其中,非公经济工业销售产值52.17亿元,占总量的74.4%;工业产品销售率98.4%,比上年回落1.4个百分点。创意园区新建5家,建筑面积4.48万平方米;改建1家。至年末,全区市级创意园区11家,区级园区8家,总建筑面积21.48万平方米。全年建筑企业完成施工产值123.81亿元;施工面积1155.4万平方米,比上年增长1.8%;竣工面积320.2万平方米,比上年增长13.0%。全年实现社会消费品零售额165.76亿元,比上年增长12.1%。全年实现商品销售总额1203.07亿元,比上年增长26.3%。年末,全区各类市场45家,其中,农贸市场28家,非农贸市场17家。全区连锁商业网点600余家。全区国内旅行社61家、国际旅行社5家,全年组团人数156.8万人次,比上年下降16.6%;接待人数89.1万人次,比上年下降34.7%。旅行社全年营业收入47.4亿元,比上年下降8.5%。全区星级宾馆26家。区主要宾馆(饭店)48家,全年营业收入26.5亿元,比上年增长1.0%。全区展览场馆3家,全年举办各类展览149个。全年新设立各类企业2139户,新增注册资本82.17亿元,比上年增长2.7%。全区注册登记的私营企业1.16万户,比上年增长36.0%;注册资金280.2亿元,比上年增长19.2%。全区个体工商户0.98万户,比上年增长5.1%,从业人员1.35万人,注册资本1.3亿元,比上年增长18.0%。

【科技发展】　2008年,新增市认定的软件企业24家、高新技术企业69家、高新技术成果转化项目20项;认定技术合同225份,合同额9.4亿元;获得国家创新基金资助项目4个,市创新基金资助项目12个。获得市科委认定的"创新行动计划"新产品项目13个;专利申请总量1713件,其中,发明专利939件,占总量的54.8%。虹桥临空经济园区被命名为首批"上海市知识产权试点园区"。全区10个街道(镇)全部建成基于高性能宽带技术的社区数字媒体活动中心。全区现有国家级科普教育基地5个,市级15个;市级科普示范区2个;市级科普示范工业企业2个;市级科技教育特色示范学校2所;上海市科普旅游点1个。命名首批10个领军人才创新团队和首批10个硕博士创新实践基地,全年引进人才中介机构6家。

【城区建设】　2008年,全面启动迎世博600天行动计划,加强城区建设和管理。设立区迎世博600天行动领导小组及社会动员、城市管理、窗口服务3个指挥部,制定区迎世博600天行动计划实施意见,70个工作项目启动并有序开展。虹桥综合交通枢纽市政配套工程进展顺利,虹桥机场扩建地、直升机基地等项目征地工作取得突破,天山西路西延伸、仙霞西路西延伸工程前期动拆迁工作基本完成。新泾地区城市化进程加快推进,动迁村民957户,安置劳动力2469人,完成1个村和2个生产队的撤制工作。动迁安置房南块一期已建成交付使用,二期完成结构封顶;北块基地完成集体资产征地大包干协议,企业动迁完成80%,村民动迁完成70%。市政基础设施建设有序推进,苏州河防汛墙主体工程竣工,北新泾泵闸建成投入使用。推进资源节约型、环境友好型城区建设。组织开展第一次全国污染源普查,普查工业源139家、生活源2013家和污水处理厂2家;全年空气优良天数325,占全年天数的88.8%;完成3台燃煤炉停炉和2台脱硫改造;整治餐饮油烟固定污染源56处、固定噪声源71处。新增公共绿地10万平方米,绿化覆盖率达到32.5%。建成一批环保绿色小区、绿色单位、绿色学校和绿色家庭。完成遵义路等13条(段)中小道路整治,天山西路景观道路建设加快推进。加大对违法建筑、跨门营业、乱设摊、机动车乱停放等市容顽症的整治力度。快速拆违机制进一步完善,拆除存量违法建筑2.76万平方米。

【社会事业】　2008年,各项社会事业加快发展。全区有幼儿园39所(教育部门办32所)、小学26所、中学28所、职校1所。学龄儿童入学率100%,高中阶段升学率96.7%,应届高中毕业生高考上线率97.7%,中小学生体质健康达标率96.0%。编制《长宁区教育现代化发展指标体系》,推进教育优质均衡发展。托幼一体化管理体制得到改善,义务教育师资合理均衡配置试点工作继续深化。学习型城区建设稳步推进。定西幼儿园等项目进展顺利。全区共有各级各类医疗卫生机构186所,其中市属机构6所,区属机构20所,其他类医疗机构160所,核定病床5189张。全区医疗机构门急诊总量727.07万人次,设家庭病床1536张。医疗保险参保单位9770户,参保职工43.19万人。继续深化社区卫生服务综合改革,建成天山、虹桥社区卫生服务中心,完成10个标准型和示范型社区卫生服务站改扩建。建立二级医院出院病人社区全科服务团队随访制度,加强区属医疗机构综合医院管理评估工作,医疗服务能级进一步提升。大力推进文化建设,建成并开放"中国之窗上海阅览中心暨上海虹桥国际图书馆",区民俗文化中心改扩建完成,建成天山社区文化活动中心。举办"2008虹桥文化之秋"系列活动。深入开展"全民健身与奥运同行"主题活动,举办区第四届运动会。为北京奥运会、残奥会中国代表团输送10名运动员,其中徐莉佳获奥运会帆船激光雷迪尔级比赛铜牌,吕红琴获残奥会坐式排球比赛金牌,实现长宁区奥运会奖牌的历史性突破。

全区有1.65万户企业、机关和事业单位参加城镇基本养老、医疗、失业、生育和工伤保险,参保人数31万人;征集各项社会保险基金47亿元,比上年增长11.9%,其中,养老保险基金28.7亿元、医疗保险基金13.34亿元、失业保险基金2.8亿元、工伤保险基金0.49亿元、生育保险基金0.47亿元;完成残疾人保障基金0.66亿元、小城镇社会保险基金0.49亿元。全区15.6万离退休(职)人员养老金实行社会化发放。

【精神文明建设】　2008年,推进精神文明创建工作,构建社会主义核心价值体系,开展荣辱观实践教育活动。开展"迎奥运、树新风、讲文明"行动。围绕营造社会氛围、践行文明礼仪、维护公共秩序、改善城区环境、提高服务质量等方面,推动全区深入开展迎奥运活动,让更多的市民在为奥运奉献中受到教育和鼓舞。做好"迎世博600天文明行动计划"启动工作,组建区迎世博600天社会动员指挥部及下属办公室,制定下发《区迎世博600天加强精神文明建设和社会宣传动员实施计划》。着力构建以社区为平台的学校、家庭、社会"三位一体"的未成年人思想道德建设工作格局。在全国率先制定了《城区(社区)未成年人思想道德建设评估体系》,形成了"青年马克思主义读书会"、"爱国主义主题教育"等一系列活动品牌,受到中央文明办的肯定,。长宁区获首批"全国未成年人思想道德建设工作先进城市区"称号,成为全市唯一获此奖项的城区。年内,开展道德模范"选评树学"工作,继续开展"文明在我脚下"、"百万家庭学礼仪"等活动。贯彻《迎世博文明创建行动纲要》,提升精神文明创建水平。筹划"迎世博,文明和谐西大门"创建工作,以区域为载体,以共建联建为手段,搭建市区联动、条块联手的协作平台,扩大迎世博社会动员和参与面,为创建全国文明城区打下基础。调研探索学习型城区建设之路,启动"迎世博、学在长宁——长宁区学习型城区建设网",启动社区世博培训。开展社会志愿服务活动,逐步建立区级志愿者工作信息库,促进市、区、社区三级信息库的联网和信息共享。

【人民生活】　2008年,实施住宅施工面积207.6万平方米,其中竣工面积51.5万平方米,核发新建住房交付使用证21张。完成旧居住小区综合整治23个,建筑面积70万平方米,完成17幅拆迁基地,动迁居民1342户;人均住房建筑面积31.9平方米;廉租住房制度受益面进一步扩大,累计租金配租3230户,实物配租20户。社会救助保障机制进一步完善,共有养老机构28家,床位总数3009张,收养人数1867人。各街道(镇)均建立居家养老服务机构,全年为10068位老人提供居家养老服务,其中3755位老人享受政府补贴服务。全年发放低保对象生活救助金4345万元,发放协保对象救助金170万元,发放医疗救助金321万元,发放教育救助金314万元。为支援灾区建设,募集社会捐款6841.1万元;接受社会捐赠衣被53.4万件,其中棉衣被1.6万件。全年办理结婚登记9443对,办理离婚登记1391对。全年新增就业岗位44830个;年末城镇登记失业人数14380人;青年职业见习2512人;外来从业人员参加综合保险13.75万人;安置困难人员就业1320人。居民储蓄有所增加。年末区域内主要专业银行储蓄存款余额比上年增长28.5%,储蓄户数比上年增长6.9%。

【2008年实事】 第一件实事:旧区改造:(1)完成旧区改造5万平方米,动迁居民1200户。(2)加快旧区和旧区边角料的改造。完成情况:

1. 完成旧区改造75336平方米(其中:二级以下旧里面积53356平方米),动迁旧区居民1202户。

2. 启动蒲淞北路(南块)和东诸安浜路旧区改造基地,目前已分别完成动迁居民58户(占55%)、39户(占62%)。完成旧区边角料改造3块。

第二件实事:完成遵义路等13条中小道路整治。

完成情况:完成北渔路(新渔路—泉口路)、金钟路(剑河路—淞虹路)、虹梅路(虹桥路—延安西路)、遵义路(云雾山路—玉屏南路)、安西路(长宁路—安化路)、万航渡路(华阳路—凯旋路)等13条中小道路的整治,完成年度计划。

第三件实事:旧居住小区综合整治和物业管理:(1)完成旧居住小区综合整治70万平方米(含供水系统、防盗门安装、扰民大树迁移等叠加项目)。(2)启动成套率改造3万平方米。(3)对39处24万平方米无人管理小区(点)进行保安、保洁、保修等基本托底。

完成情况:

1. 完成23个旧居住小区70万平方米的综合整治,完成年度计划。在此基础上,区政府又加大了对旧居住小区综合整治的资金投入,2008年底又提前启动了71万平方米旧居住小区的综合整治。

2. 启动成套率改造3.22万平方米。

3. 完成39处24万平方米无人管理小区(点)的保安、保洁、保修等基本托底,完成年度计划。

第四件实事:改建扩建标准型和示范型社区卫生服务站10个。

完成情况:完成改建扩建标准型和示范型社区卫生服务站10个,并已投入使用,完成年度计划。

第五件实事:实施文化惠民"四个一":(1)为每个居民活动室提供1万元文化活动经费。(2)为居民免费办理10000张区少儿图书馆、区图书馆借书证。(3)组织举办100场露天电影、纳凉晚会。(4)举办100场座谈会。

完成情况:

1. 完成居民区文化活动室书报杂志的订购工作和每个居委会1万元经费的拨款工作。

2. 为居民免费办理11000余张区少儿图书馆、区图书馆借书证,完成年度计划。

3. 组织举办了57场露天电影和72场纳凉晚会,完成年度计划。

4. 举办东方讲坛、长宁城市课堂等系列公益讲座100余场,完成年度计划。

第六件实事:妇儿工作:为全区20000名退休妇女和800名生活困难妇女开展妇科病筛查。

完成情况:已为全区20140名退休妇女和720名生活困难妇女(通过排摸,实际人数为720名)开展妇科病筛查,完成年度计划。在已筛查的20860人中,患妇科病人数为9387人,占45%,其中10人患癌症,正在接受治疗。

第七件实事:促进就业:(1)城镇登记失业人员控制在14420人以内。(2)新增就业岗位26600个,职业技能培训18000人。(3)外来从业人员综合保险参保人数114400人。

完成情况:

1. 2008年11月份,城镇登记失业人数14324人,控制在市下达指标14420人以内。

2. 新增就业岗位44830个,完成年度计划的168%;职业技能培训20877人,完成年度计划的116%。

3. 2008年11月份,外来从业人员综合保险参保人数为138904人。

第八件实事:为老服务:(1)新增养老床位500张。(2)新增居家养老2000人并实施居家养老系列服务。(3)设置老年人助餐点20处。(4)新建5家老年人日间服务中心。

完成情况:

1. 新增养老床位570张,超额完成年度计划。

2. 新增居家养老服务对象2000人,完成年度计划。开展居家养老系列服务项目20项。

3. 设置老年人助餐点20个,完成年度计划。

4. 新建老年人日间服务中心7家,超额完成年度计划。

第九件实事:改建、扩建面积不达标的居委会办公用房12处。

完成情况:已对12处面积不达标的居委会办公用房进行了改建、扩建,完成年度计划。

第十件实事:为全区居民提供社区综合保险。

完成情况:为全区居民提供社区住宅火灾险、社区公共责任险、街道固定财产险、社区工作人员意外伤害险等社区综合保险。并通过《长宁时报》等媒体广泛宣传,让社区居民知晓并享受综合保险带来的保障。自2008年5月1日正式实施社区综合保险以来,截至2008年11月底,共理赔10起,理赔金额10.23万元。

经济社会发展主要指标

项 目	2008年	比2007年增或减%
国内生产总值(亿元)	448.11	8.6
第一产业增加值(亿元)		
第二产业增加值(亿元)	43.26	5.4
其中工业增加值(亿元)	30.61	1.8
第三生产增加值(亿元)	404.85	9.0
人均国内生产总值(元)		
粮食总产量(万吨)		
棉花总产量(吨)		
油料总产量(万吨)		
全社会固定资产投资总额(亿元)	52.45	5.5

续上表

项　目	2008 年	比 2007 年增或减%
外贸自营出口(亿元)		
实际利用外资(万美元)	52365	0.1
社会消费品零售总额(亿元)	165.76	12.1
商品零售价格指数(%)		
地方财政收入(亿元)	52.62	14.2
地方财政支出(亿元)	62.78	7.1
职工年平均工资(元)		
农民年纯收入(元)		
邮电业务总量(亿元)		
电话普及率(部/百人)		
年末存款余额(亿元)		
年末贷款(亿元)		
大学(所)		
中小学(所)	54	-1.8
下岗人数(人)		
企业兼并、破产数(个)		

(王佩娟)

静　安　区

【地理位置】　静安区地处上海市中心,周围与6个区相邻。东临成都北路,与黄浦区为邻;西以镇宁路、万航渡路、武定西路、江苏路、长宁路,与长宁区交界;南沿延安中路、陕西南路、长乐路与卢湾区和徐汇区衔接;北至安远路、长寿路,与普陀区毗连;隔苏州河与闸北区相望,全区总面积7.62平方公里,其中土地面积7.57平方公里,河道面积0.05平方公里。

【历史沿革】　静安区因境内古刹静安寺而得名。境域在唐、宋两代,隶属华亭县高昌乡。元、明、清三代隶属上海县高昌乡。1899年,境域大部划入公共租界西区。1914年境域南部1/10土地划入法租界。其余地域均属上海县法华乡(区)。1949年5月30日,市军管会接管静安区一度将区名改为静安寺区,1950年6月28日复改称静安区。解放初,境域分属静安、新成、江宁区。1956年2月,上海市区划调整,静安区建制撤销,以富民路、常德路为界,东境划归新成区,西境并入长宁区。1960年1月,区划再次调整,撤销新成、江宁区,将新成区成都路以西部分,江宁区全部,长宁区镇宁路以东部分合并重建静安区至今。静安区设有威海路、延安中路、愚园路、张家宅、武定路、江宁路、康定路、余姚路、万航渡路、华山路等10个街道。1994年10月境内街道办事处建制调整,华山路与愚园路、万航渡路与余姚路、康定路与江宁路、武定路与张家宅、威海路与延安中路街道办事处分别合并为静安寺、曹家渡、江宁路、石门二路、南京西路等五个街道办事处。

【行政区划】　1994年10月,境内街道办事处建制调整,华山路与愚园路、万航渡路与余姚路、康定路与江宁路、武定路与张家宅、威海路与延安中路街道办事处合并为静安寺、曹家渡、江宁路、石门二路、南京西路街道办事处。

2003年末辖5个街道,置130个居民委员会,3246个居民小组。区人民政府驻常德路370号。

【人口】　至2008年底,静安区户籍人口31万,全年出生1938人,出生率6.25‰,死亡人口2761人,死亡率8.91‰,人口自然增长率-2.66‰。区域人口密度4.08万人/平方公里。

全年人口分布情况。静安寺街道42323人,曹家渡街道65487人,江宁路街道户数85142人,石门二路街道58837人,南京西路街道58239人

【经济发展】　2008年完成增加值133.69亿元,增长12.06%;完成区级财政收入51.44亿元,增长26.45%;完成社会消费品零售总额194.46亿元,增长12.14%;完成海关出口额9.57亿美元,增长9.57%;全年外商直接投资资金到位额为5.34亿美元,增长82.79%;完成全社会固定资产投资额68.99亿元,增长9.35%;科技投入占区级财政支出比重3.58%;新增就业岗位33529个;登记失业人口6834人。

产业协调发展保证了区域经济平稳、快速增长。以现代服务业为主的第三产业对区域经济的贡献突出,第三产业增加值达118.05亿元,占总量的88.3%。商贸流通业、专业服务业等五大行业的协调发展,保证了区域经济平稳、快速增长。其中:商贸流通业和专业服务业是对我区增加值贡献最大的两个支柱行业,所占比重达54.34%,特别是专业服务业,贡献加速提升,其比重较去年同期增加近3个百分点;房地产业、宾馆会展旅游业和文化生活服务业增加值所占比重分别为11.65%、8.94%和9.31%。

高端品牌、知名企业助推区域消费市场健康发展。全区零售市场的主要增长仍在高端品牌。"梅泰恒久"四大广场全年销售额达57.89亿元,占全区社会消费品零售总额的29.77%。恒隆广场进一步巩固了消费市场的龙头地位;久光百货销售额位居四大广场的次席。尽管下半年以来,金融危机对我区消费市场的影响初现端倪,但一线高端品牌仍保持了较好的增长。

基建和商办项目投资占七成,拓展区域经济可持续发展的新空间。2008年我区固定资产投资主要投向商办和基建项目,商业办公投资额39.34亿元,同比增长21.22%,占全部投资额的57.01%,大的投资额主要集中在大中里和华敏帝豪项目。基建和更新改造投资额10.87亿元,同比增长3.1倍,占全部投资额的15.76%,重点项目是万航渡路拓宽项目。而住宅投资趋缓,投资额18.79亿元,同比下降32.9%,占全部投资额的27.23%。今年作为重大项目的越洋广场办公楼、宏安瑞士大酒店等5个项目通过竣工验收并陆续投入使用,将会引进新的高端品牌、现代服务业企业、总部机构或跨国公司,为静安经济可持续发展拓展了新的空间。

引进外资大幅增加,招商更加注重"招大、引强"。2008年全区引进协议外资16.78亿美元,同比增长65.87%;引进合同外资10.12亿美元,同比增长47.38%;实到外资5.34亿美元,同比增长82.79%。每个项目的平均引进资金数额大幅增加,

平均每个项目协议外资702万美元,较上年同期增长4.74%。引进项目基本上是商贸流通业和专业服务业,其中不乏世界知名企业和品牌。

重点企业拉动出口贸易稳中有升,区域外贸出口年度业绩创历史新高。受到金融危机的影响,但在年出口1000万美元以上重点企业的拉动下,2008年我区出口贸易稳中有升,全区对外贸易出口总额9.57亿美元,同比增长9.57%,在9个中心城区居第4位,创区域外贸出口年度业绩历史新高。但是外贸小企业受到严重冲击,经营举步维艰,约有三分之一的出口型小企业受到的波动和影响较大。

万元GDP能耗连续三年保持全市最低水平。根据上海市统计局能源统计部门数据,静安区2007年万元增加值能耗下降4.12%,连续三年保持全市最低水平。从行业节能情况来看,各行业中第三产业增加值能耗下降率最大,平均达到5.06%,其中以专业服务业、房地产业、文化生活服务业等行业,单位增加值能耗降幅最大,为全区综合能耗下降贡献较大。

促进科技创新,成为经济发展实现飞跃的必由之路。2008年我区落实《静安区增强科技创新能力行动纲要》的配套政策,保持3.5%的科技投入比重,进一步促进科技创新,使其成为经济发展实现飞跃的必由之路。科技投入重点选取优质科技项目,推动支柱产业的科技进步,提高重点行业的科技含金量;建设环境友好型、资源节约型城区,促进经济发展方式的转变。

促进劳动就业工作成效显著。为确保新增就业岗位、控制登记失业等促进就业重点工作的落实到位,今年我区大力倡导创业带动就业,并取得了突出成效。2008年新增就业岗位33529个,登记失业人口6834人。从新增就业岗位的结构分析,无主管部门是吸纳就业的重要渠道,新增就业岗位26143个,占全部新增岗位的77.97%;非正规就业新增就业岗位5144个,占全部新增岗位的15.34%;区属单位等其他渠道新增就业岗位2242个,占全部新增岗位的6.69%。

【服务业】 大力发展现代服务业,加速建设现代服务业集聚区,是静安区置身于全市发展大格局,促进经济结构战略性调整的关键举措,是静安区"十一五"期间构筑以现代服务业为核心的产业体系的重要途径。全区现代服务业推进工作的重点是:加强区域软环境建设,不断提升软实力;加快政府职能转变,努力建设服务型政府。按照全区总体要求,深化、细化各部门、各单位的工作计划和具体措施,应对挑战,努力创新,扎扎实实地推进政府服务和软环境建设。

【对外经贸】 加快实现静安产业的"三化"目标。一是品牌化:坚持"引进一批,培育一批,兼并重组一批"的方针,扩大高档次品牌优势,树立静安特色产业的品牌形象。

二是规模化:加速产业功能的集聚态势,壮大优势行业规模,发挥规模企业和行业对区域经济的牵引作用。加快推进静安南京路高档楼宇建设,到2010年全区商业商务面积总量达400万平方米。

三是国际化:努力创造高度开放的市场环境。继续大力引进国际性企业主体。加速经营理念和方式与国际接轨。

强化静安产业的集聚和辐射功能。打造静安高品位商业商务整体形象,加速企业、资金、品牌集聚,发挥对外辐射功能。吸引国际国内优质资金,参与静安南京路开发、北部旧区改造和南部保护性开发以及现代服务业集聚区建设。加强商贸流通业、专业服务业、宾馆会展旅游业等现代服务业向全市、全国的辐射。积极培育餐饮、服装服饰、药和药材、食品、家居装饰自有品牌。鼓励餐饮、房地产、工业以及外贸企业采用多种方式"走出去",积极参与国际国内竞争。优化出口结构,开拓俄罗斯、欧洲、非洲、西亚、中东、拉美等市场。

加快区域经济一体化进程,促进共同繁荣发展。加强与浦东新区和其他中心城区的联手合作,共同打造世纪大道—南京路—虹桥地区的上海市现代服务业集聚带。加快推进与上海郊区、长江三角洲地区经济一体化进程,扩大与郊区、长三角地区、友好城区及内地的经济技术合作,拓展静安经济发展的空间和腹地。

【基础设施】 全区现有属城市路网的道路64条,其中横向道路34条,纵向道路30条;城市道路总长度62.9公里,道路面积121.8万平方米。完成区内7万平方米人行道板全面更新。地铁M7号线静安寺站、500KV世博地下变电站开工建设,曹家渡110KV余姚变电站建成投入运行,昌平路排水系统管网改造三年行动计划启动,南京路、华山路架空线入地实施规划推进。

区内威海路、茂名北路、陕西路(北京西路－－－长乐路)、铜仁路、大沽路等6条道路成为景观道路整治"样板路";中凯和鲜乐两家标准化菜场的建设完成,使主要路段和重点地区的市容环境明显改善。全区拥有优秀历史保护建筑82处,历史文化风貌区3处,保护保留建筑总量154.99万平方米。

普 陀 区

【地理位置、区划和人口】 普陀区是上海市中心城区之一,位于市中心区西北部。东与闸北区交界,西与嘉定区交壤,南与长宁区、静安区毗邻,北与宝山区相连。区域面积55.47平方公里,其中水域面积1.63平方公里。苏州河(吴淞江)东西横穿境内,境内河段两岸岸线全长21.54公里。普陀区是上海西部的陆上交通要道。京沪线沪宁段、沪昆线沪杭段两条铁路线会合于区境内,境内设有上海西站。真南路和曹安路分别是204、312国道的起始段。沪嘉高速公路与沪宁高速公路分别从区西北部与西部进入境内。内环、中环、外环线及轨道交通三号线贯穿境内。区人民政府位于大渡河路1668号,东距铁路上海火车站4.7公里,西南距虹桥国际机场8.4公里,东南距市中心人民广场7.5公里。下辖长寿、曹杨、长风、石泉、甘泉、宜川6个街道和长征、桃浦、真如3个镇。有居民委员会232个。2008年,全区户籍总人口86.82万人,户籍出生人口5877人,死亡人口7246人,户籍自然增长率－1.58‰,计划生育率99.78％。至年末,常住人口108.71万人,其中外来常住人口18.25万人。全区有少数民族44个,以汉族为主,少数民族户籍人口11526人。少数民族中人口最多的是回族,计8897余人,占少数民族的77.19%。

【经济发展】 2008年,完成区属增加值110.98亿元,同比增长9.46%。其中第二产业增加值36.01亿元,比上年增长3.58%;第三产业增加值74.89亿元,比上年增长12.54%。实现财政总收入106.14亿元,同比增长10.57%,首次突破百亿元大关。其中实现区级财政收入40.90亿元,同比增长10.60%。全年地方财政支出64.30亿元,比上年增长13.81%。受宏观经济影响,固定资产投资总量调整。全年共审批投资项目55个,完成固定资产投资84.68亿元,比上年减少10.19%。其中商品房投资75.74亿元,比上年减少2.39%;从基本建设与更新改造投资的用途看,全年工业投资0.47亿元,比上年下降82.73%;商业投资1.12亿元,比上年下降55.45%,物流投资3.48亿元,比上年增长132.0%;教育、医疗卫生、体育、社区文化等社会事业项目的投资3.0亿元,比上年下降23.1%。区域内农业经济结构继续调整。全年农副业总收入1954万元,比上年减少12.88%。其中种植业收入687万元,畜牧业产值1267万元。工业生产保持平稳增长,完成区级税收4.70亿元,比上年增长10.89%。全年完成工业增加值27.97亿元,比上年增长5.02%;完成工业总产值157.01亿元,比上年增长1.47%;完成工业销售产值158.64亿元,比上年增长1.29%。其中规模以上工业企业完成销售产值131.35亿元,比上年增长2.74%;全区重工业完成销售产值75.72亿元,轻工业完成销售产值55.63亿元。工业产销率保持较高水平,达到101.04%。建筑业平稳发展。全年完成区级税收2.78亿元,比上年增长13.27%。实现建筑业增加值8.05亿元;年末建筑企业217户,其中一级以上资质企业27家。完成建筑业总产值179.12亿元,比上年增长50.48%。单位工程施工面积1524万平方米,比上年增长65.29%。存贷款规模继续扩大。年末14家主要商业银行各项存款1139.24亿元,比上年增长30.02%,其中企业存款533.21亿元,比上年增长27.21%;居民储蓄存款576.28亿元,比上年增长35.53%。银行各项贷款514.56亿元,比上年增长30.05%,其中短期资金贷款191.22亿元,比上年增长31.72%;中长期贷款238.59亿元,比上年增长37.36%;个人住房担保贷款75.70亿元,比上年增长28.81%。商业完成区级税收6.98亿元,比上年增长47.04%。全年批发零售业实现增加值20.89亿元,比上年增长15.36%。全年批发零售业完成营业额325.28亿元,实现商业利润17.87亿元,比上年增长27.47%。餐饮业完成营业收入19.47亿元,比上年增长38.03%。完成社会消费品零售额36.03亿元,比上年增长4.26%。年内全区连锁商业网点达到675家,其中大卖场、连锁超市门店76家,餐饮连锁门店43家,便利店256件,专业点48家,东方书报亭198个。全区有各类商品交易市场106家,其中各类消费品市场99个、生产资料市场6个、要素市场1个。全年市场成交总额1233.66亿元,其中消费品市场成交205.68亿元;生产资料市场成交额1027.98亿元。房地产结构调整成效明显。全年实现房地产业增加值14.12亿元,完成区级税收10.94亿元。商品房新开工面积27.25万平方米,同比下降23.71%,住宅竣工面积99.09万平方米,同比增长4.20%。房地产市场成交萎缩,商品房预售面积46.47万平方米,比上年大幅减少64.69%;预售金额78.45亿元,比上年减少55.04%;商品房现房销售面积33.79万平方米,销售金额36.01亿元,分别比上年减少21.56%和11.50%;存量房成交面积97.50万平方米,金额90.53亿元,分别比上年减少31.86%和30.89%。全年新批准上市商品房中,商业办公楼宇面积48.36万平方米,住宅面积45.67万平方米,商业办公楼宇项目超过住宅项目的比重为1.06:1。年末在区注册的房地产开发企业177户。旅游行业实现营业收入106736万元,其中住宿业46925万元,旅行社46925万元,旅游景点12100万元,旅游接待餐厅786万元。全区主要住宿、接待型旅游企业106家,其中星级宾馆11家,经济型酒店16家,达标社会旅馆8家,旅行社64家。全区旅游业共接待游客725万人次,其中旅行社全年组团55万人次,接待游客45万人次;住宿业接待住宿98万人次。全区旅游景点4个,共接待旅游人数562万人次。

现代服务业逐步培育发展,全区服务业实现区级税收14.99亿元,比上年增长26.18%,占区级税收比重达44.87%,比上一年增加6.6个百分点。真如城市副中心全面开发建设,上海西北物流园区保税物流中心正式获准设立,长风生态商务区上海跨国采购中心基地启动建设,陆上货运交易中心建成试运营。以生活性服务业为特色的中环市级商圈初步形成,内外资大型商贸企业进一步集聚。桃浦、长征工业区实现功能转型,分别被列为市级生产性服务业功能区和上海国际中小企业总部社区。楼宇经济发展势头良好,企业入住率和税收贡献率不断提高,成功打造绿洲中环中心、普陀科技馆2幢税收“亿元楼”。总部型企业加快落户,新引进英国特易购公司、上海世贸控股有限公司、劲霸男装股份有限公司、凤凰出版传媒集团等一批内外资著名企业总部或地区总部。苏州河文化长廊建设积极推进,创意设计、动漫制作等文化创意产业呈现集聚化、品牌化发展势头,米高梅娱乐中心、长风游艇游船展示馆等文化旅游项目进展顺利。

物流产业能级得到提升。全年交通、运输、仓储业实现增加值6.6亿元,完成区级税收1.53亿元。已建成37个物流项目,全市70%的超市、卖场物流在这里配送。一批重点项目取得重大进展,保税物流中心获国务院批准,一期工程全面竣工;未来岛高新技术产业园引进达科电子(上海)有限公司、新加坡盛企LED电研发中心、航天研究设计院等科技型企业总部和研发中心,成为新型光源研发测验基地。

经济体制改革不断深化,积极推进“六街一镇”退出直接招商引资,建立区招商服务中心和10个分中心。组建真如城市副中心开发建设办公室、区市场搬迁推进办公室和真如城市副中心开发公司“三位一体“的运作机制,全面启动桃浦生产性服务业功能区建设。加强国有资产监管,成立区国有企业董事监事管理中心,开展聘请外部独立董事、推选职工董事和委派监事会主席试点工作。加强和完善区投融资工作,制定融资管理办法,成立融资管理办公室。

招商引资质量进一步提高。全年引进内资企业1834户,注册资金53.61亿元。其中,注册资金1000万元以上91户,同比增长16.6%;引进各类服务业企业1606户,注册资本25.22亿元,占引进内资企业注册资本的47.03%。引进外资新项目134个,累计批准合同外资3.01亿美元,同比增长17.64%。全年外贸进出口额12066亿美元,比上年减少3.02%。其中,外贸进口总额3.61亿美元,比上年减少20.49%;海关直接出口额9.05亿美元,比上年增长6.29%。

全区登记新开内资企业199户,累计总户数4706户,其中企业法人3129户,营业单位1577户,总注册资金304.7亿元。按所有制形式分:国有企业672家,集体企业1023家,股份合作制企业 326 家,有限责任公司 2626 家,联营及其他类型企业 59 家。

全年新登记"三资"企业 114 家,累计登记 718 家,比上年增加 14.7%。注册资金 9.36 亿美元,比上年增加 8.1%。按企业类型分:年末独资企业 563 户,合资企业 127 户,合作企业 28 户。

年内新增私营企业 2375 户,年末注册登记的私营企业总数达 18699 户,比上年增长 10.88%。年内新增个体工商户 1743 户,年末注册登记的个体工商户 12243 户,比上年增长 0.81%;总注册资金 1.50 亿元,比上年增长 5.8%。

【城市建设】 城区基础设施体系不断完善。上海西站综合交通枢纽工程全面开工建设;轨道交通七号线、十一号线结构贯通,十三号线和京沪高速铁路、沪宁城际快速铁路建设前期动迁工作全面启动;苏州河祁连山路桥建成通车,镇坪路桥结构贯通,威宁路桥开工建设;古浪路和大渡河路南段拓宽工程竣工通车;同普路、丹巴路改造工程开工建设。铜川排水系统投入使用,真南排水系统土建结构基本完成。结合苏州河三期防汛墙工程,同步推进沿河绿化、灯光、雕塑和亲水平台建设。苏州河防汛墙工程完成 90%,13 处亲水平台基本建成,完成沿岸 124 幢楼宇和 7 块绿地景观灯光工程。苏州河长风段 2.7 公里滨水绿色景观长廊建设积极推进。武宁路桥区域,真北路、金沙江路区域和真北路、铜川路区域景观改造工程基本完成。全年新辟绿地面积 31.87 公顷,其中公共绿地 20.02 公顷、改造绿地 8000 多平方米。

强化城区规划管理。完成 29 个编制单元控详规划,实现区域控详规划全覆盖。完成苏州河(普陀段)滨河地区设计方案和曹杨路桥复合街区详细设计方案;开展长寿路、中环线沿线地区城市设计。坚持拆、改、留并举,改善人民群众居住条件。完成居民动迁 2574 户,拆除旧房面积 8.2 万平方米。旧住房综合整治开工 7 个小区,13 万平方米;平改坡综合改造开工 19 个小区,70 万平方米;高层外墙解危开工 10 万平方米;二次供水设施改造开工 149 万平方米;完成 41 万平方米旧住房综合改造和曹杨四村成套改造项目;对 7000 多户老私房实施房屋安全普查,为 1549 个单元老式居民楼安装扶手。年内享受廉租住房家庭 2030 户,发放配租租金 1894 万元。桃浦金光地区 18 万平方米保障性住房基地开工建设。

第三轮环保三年行动计划全面完成。设立 2000 万元的节能降耗专项基金。对年耗能 1 万吨标煤企业开展能源审计,对 1 万平方米以上大型商业设施实施调查。与 42 家能耗较大的企业签订节能责任书。完成 8 台燃煤锅炉清洁能源替代和拔点工作。搬迁 12 家耗能大、有污染企业。完成 6.7 万平方米既有建筑的节能改造,全区新建建筑施工阶段执行节能强制标准比例 80% 以上。创建成市级扬尘污染控制区。完成长征镇 0.95 平方公里、真如镇 1.5 平方公里、长风街道 1.5 平方公里市容环境示范区域的创建任务。

【科技发展】 自主创新能力不断加强,华东师范大学国家大学科技核心功能启动建设,华师大科技园专业孵化器公司成立。LED 特色产业链初步形成,一批国内外 LED 领域著名企业和研发机构在天地软件园及未来岛高科技产业园形成集聚。加大高层次人才引进和开发力度,评选出首批区领军人才标兵 2 名、领军人才 10 名。加大人才专项资金支持力度,资助教育和卫生系统、博士后创新基地以及领军人才经费 293.2 万元。年内完成专利申请达 1466 项,获得各项资金支持 2400 万元,比上年增长 32%。列入市级重点新产品计划项目 10 项;列入国家级和市级"火炬计划"项目 2 项;列入科技部创新基金项目 4 项;列入市种子资金项目 21 项,列入市启明星项目 3 项,6 家企业被评为市科技"小巨人"企业和"小巨人"培育企业。落实国家、市科技专项计划 81 项,实施高新技术成果转化 25 项,2 家企业被评为国家创新示范企业,85 家科技企业被重新认定为高新技术企业,高新技术企业总产值达 151 亿元。全年登记技术合同 323 份,技术合同额 21000 万元。

【教育、卫生事业】 教育强区建设有力推进。编制完成《普陀区教育资源配置规划(至 2020 年)》。建立"桃浦地区基础教育协同发展联合体"。着力提升整体办学质量,分别与同济大学、上师大、华师大合作共建曹杨中学教育合作基地、上师大附属第二实验学校和华师大四附中。未成年人工作通过全国普测。由政府支持、企业和社会共同参与的关爱儿童事业发展工作格局逐步形成。职业教育、社区教育稳步发展,新曹杨职校建成使用。"社区教育实体化项目"被评为全国社区教育示范项目。设立民办教育发展专项资金,促进民办教育规范健康发展。

卫生事业取得新发展。加强资源纵向整合,引进市儿童医院和市妇幼保健中心;开展国际合作和引进市级优质医疗资源,推进慢性病防治;积极实施区中心医院按三级甲等医院标准建设。社区卫生综合改革措施全面落实,社区卫生服务设施体系基本形成。

【文化、体育事业】 文化体育事业加快发展。首次编制《2008—2015 年普陀区文化发展规划》。大力推进苏州河文化长廊建设,开展以苏州河为主题的系列文化活动,苏州河诗歌创作征集活动共收到国内外作品近 800 篇,"苏州河文化论坛"和"新上海人歌手大赛"成为上海文化品牌。区图书馆新馆竣工,部分设施投入使用。全年开展各类群众性文艺活动 2.33 万场次,累计吸引 136 万余次群众参与,建立区迎世博专题网站,组建宣讲团近百支,通过东方讲坛、社区学校等开展世博培训,人数达 10 余万人次。举办"我们大家的世博"图片展、"图书漂流、牵手世博"等大型主题宣传活动逾 500 场。全年发行《新普陀报》53 期,累计发行 120 万份。

全民健身活动广泛开展。组织实施"奥运·普陀全民健身进行时"系列活动,圆满完成北京奥运会颁奖礼仪专业志愿者(上海地区)招募选拔工作,顺利完成奥运火炬手推荐和传递工作,涌现出金晶等优秀代表。推进区域全民健身保障服务体系的建设,建成长征社区和武宁绿地 2 个公共运动场。完成 126 个社区健身苑(点)的健身器材更新任务。全年举办区级各类比赛 16 场,参赛 4950 人次。运动员参加区级以上各类比赛获奖牌 273 枚,其中金牌 94 枚、银牌 101 枚、铜牌 78 枚。全年向上级训练单位输送二线运动员 38 人。由普陀区输送的残疾人运动员郭伟获北京残奥会 3 块金牌。年销售体育彩票 8420 万元。

【社会保障】 就业促进工作全面加强。全年新增就业岗位

3.39万个,城镇登记失业1.84万人,来沪从业人员综合保险覆盖14.30万人,完成各类职业技能培训1.81万人,其中中高级技能培训9910人。支持劳动者自主创业,开通全市首个“开业服务短信平台”,开展“启航杯”创业设计大赛。成立劳动纠纷人民调解室。年末自主就业劳动组织3146个,安置从业人员3.01万人。其中公益性劳动组织48个,安置从业人员1.48万人。

社会保障体系日渐完善。至2008年底,全区低保覆盖人数1.89万人,累计发放救助金5847.5万元;协保生活困难补助988人,累计发放协保金333.7万元;社保移交农婚知青419人次,累计发放救助金25.2万元;医疗救助1394人,发放医疗救助金386.9万元;享受居民医保补助人员1.07万人次,累计发放补助金32.1万元;一次性临时救助1024人,发放救助金41万元;粮油帮困5115人;为全区低保价家庭中的中小学生发放助学券4682张。

社会救助保障力度不断加大。全年累计1.36万名老人享受社区居家养老服务。新增养老床位505张。新建5家老年日间服务中心、1个老年俱乐部、21个老年活动室、20个社区老年人助餐服务点,总面积达3700平方米。为老年家庭安装“安康通”、“阳光呼叫器”1800台;完成宜川、石泉等接到1549栋扶手安装,解决9855名老人出行难问题。全面开展社区综合保险工作,80多户家庭获灾后救助款100多万元。

社会管理水平全面提升。石泉社区事务受理服务中心和文化活动中心、曹杨社区事务受理服务中心新建、改扩建工程加快推进。宜川街道华阴路公共服务一条街形成。“十分钟为老服务圈”、“10、15、20分钟公共医疗卫生服务圈”基本形成。新建6个标准化社区卫生服务站和桃浦、长征2个120急救站点。改扩建标准化菜场4家,在40家标准化菜场推广使用食品安全流通追溯系统。全区240个居(村)委会建立社会治安综合治理工作站。

5·12汶川特大地震发生后,全区党员交纳特殊党费880余万元;向社会募集救灾款物达1.44亿元;支援受灾的乐山市、甘南州两个友好地市赈灾款各100万元。对口援建希望学校1所。先后派遣医疗队、特警队、武警消防队等5支队伍赶赴灾区一线实施救援。压缩年度政府经常性预算开支5%用于灾区重建,共计2400万元。全面推进对口支援都江堰市玉堂镇灾后的重建工作。　　（陈　霞）

闸　北　区

【地理位置】　闸北区境位于北纬31°29′29″至31°14′44″,东经121°28′51″至121°29′33″,地处上海市中心区北部。东与虹口、宝山区为邻,西与普陀、宝山区毗连,南隔苏州河与黄浦、静安两区相望,北与宝山区接壤。全境南北长约10公里,总面积29.26平方公里。河道10条段(不含苏州河),长24.40公里,湖泊1个,水面积56万平方米。区政府设在大统路480号,紧邻铁路上海站,距市中心人民广场1.95公里,距吴淞码头18.1公里,距上海南站15公里,距虹桥国际机场19.5公里,距浦东国际机场55公里。

【区域沿革】　境域原为吴淞江(今苏州河)流域处的沼泽地,1863年始,境地东南隅被划为美租界,后并为公共租界,自此城市化进程开始。1900年,地方绅商为抵制租界扩张,自辟华界商埠,设闸北工程总局。1911年,设闸北自治公所。1912年,建闸北市,设闸北市政厅。1928年,始建行政区,称闸北区,属上海特别市(后改名上海市)。上海沦陷期间,日伪改闸北区为沪北区。1945年,抗战胜利后改为第十四、十五行政区。1947年,两区分别改称闸北区和北站区。1956年,两区合并称闸北区。1958年11月,撤销北郊区,中山北路至场中路地区划入区境。1962年,虹口区罗浮路至宝山路之间地区划入区境。1982年,宝山县场中路至汾西路之间地区划入区境。1984年,从宝山县划入部分地区,区境北界扩至北长浜。1992年9月,宝山区彭浦乡塘南村、龙潭村划入区境。1997年9月,从宝山区划入部分地区,区境北界扩至共和新路以西,共康路南侧高压走廊线、共康路。1999年5月,恒丰路立交桥西沿部分地区划入普陀区,遂成现状。2008年,区辖天目西路、北站、宝山路、芷江西路、共和新路、大宁路、彭浦新村、临汾路8个街道和彭浦镇。有居民委员会204个。

【旧址遗址】　境内有宋教仁墓、吴昌硕故居、上海总工会旧址、“四一二”惨案群众流血牺牲地、中国同盟会中部总会、中共“三大后”中央局机关历史纪念馆等遗址、纪念地。

【交通运输】　闸北区是上海陆上北大门,南北高架连接虹桥国际机场、浦东新区和市中心。境内有铁路上海站、铁路北郊站(特等货运站),铁路客运占全市运输量的67.70%。轨道交通1号线在境内设汉中路站、上海火车站站、中山北路站、延长路站、上海马戏城站、汶水路站、彭浦新村站、共康路站8个站点。全年客流进站62439656人次。轨道交通3号线在境内设上海火车站站、宝山路站2个站点。轨道交通4号线在境内与上海火车站、宝山路站2座车站共线运营。全年客流量19828227人次。轨道交通8号线在境内设曲阜路站、中兴路站、中山北路站3个站点,全年客流量5170812人次。有10余家长途汽车客运公司,设有7个站点,通往苏、浙、赣、皖、闽、鲁、豫、湘、鄂、粤、京等11个省、直辖市方向班线1007条。有专、兼营长途货运公司81家,另有个体运输业户268家,占全市长途汽车客、货运输业的50%以上。铁路上海站、北区汽车站、彭浦新村和北站地区是境内4个重要公共交通枢纽。市内公共交通有始发线和过境线177条,占全市公交线路33.27%。

【人口民族】　年末,全区户籍总人口69.61万人,全年出生人口4517人,人口出生率6.49‰。全年死亡人口5579人,人口死亡率8.45‰。人口自然增长率-1.96‰。外来流动人口140275人,出生人口1081人,出生率7.96‰。户籍人口计划生育率99.89%,流动人口计划生育率90.75%。年内,区内有36个少数民族,人口8400余人,其中回族、维吾尔族等饮食清真食品少数民族5400余人,上海市回民中学和共康中学有少数民族师生700余人,登记来沪少数民族人员1500人。

【区域经济】　年内,完成增加值90.30亿元,比上年增长12.1%;完成区财政总收入87.47亿元,比上年增长13.9%,其中区级财政收入33.73亿元,比上年增长12.1%。四个重点产业实现区级税收23.99亿元,比上年增长14.5%,占区级财政收入比重达71.1%,其中交通商务服务业、生产性服务业实现区级税收分别比上年增长26.2%和34.1%。招商引资工作引进内资57.01亿元,注册资金1000万元以上项目78个;引进合同外资5.01亿美元,注册资金100万美元以上项目43个;完成区级外税收入7.64亿元,比上年增长40.5%,占区级财政收入比重22.7%。先后引进科勒(中国)投资有限公司、阿科玛(中国)投资有限公司、上海智联易才人才咨询有限公司等国内外知名企业。特别是下半年,为应对国际金融危机带来的影响,区贯彻落实市委、市政府出台的各项政策措施,加强企业服务,出台一系列推动企业发展的扶持政策,建立"百人团队联系百家企业"服务机制,帮助企业解决困难。加强"三个区带"建设,不夜城上海现代交通商务区核心区华森钻石商务广场、宝矿国际广场等项目结构封顶,不夜城核心区全年实现区级税收8.56亿元,比上年增长32.9%,占区级财政收入比重达25.4%。完成"苏河湾"现代服务业集聚带1号街坊和41、42号地块出让前期准备工作,上海工业品批发市场完成清场工作。共和新路沿线综合服务业集聚带、市北工业园区13-3地块、12号地块8万平方米建筑结构封顶,园区实现区级税收2.47亿元,比上年增长26.9%。多媒体谷启迪大厦进入室内装修阶段,江裕大厦建设进展顺利。东方环球企业中心21万平方米楼宇交付使用。北上海现代物流园区海博物流大厦、共和国际商务广场等楼宇进入装饰阶段。完成合金工厂创意产业园改扩建工程,成功举办"2008上海国际创意产业活动周"。大宁国际商业广场社区被评为"全国社区商业示范社区",延长路社区商业被评为"上海示范社区商业"。加强科技引领,提高自主创新能力。上大高新区扩容有突破。市北工业园区整体纳入上海张江高新技术产业开发区上海大学科技园管理范围。创新服务平台。上海中铁通信信号电信检测技术公共服务平台加盟市研发公共服务平台。科技企业加快集聚。全年引进科技企业350家。

【城市建设】 旧区改造稳妥有序。创新旧改机制,探索就近安置试点,加快安置房源建设,确定彭浦十期C块等4个地块作为动迁配套定向安置商品房和经济适用房的建设基地。完成中兴路绿地二期、彭江路161弄地块等9个基地扫尾,全年动迁居民1750户。重大工程建设进展顺利。铁路上海站北广场综合交通枢纽建设提前完成年度目标,汉中路综合交通枢纽基地拉开动迁,其它重点工程按时间节点加快推进。市容环境整治成效显现。探索建立城市管理联动执法机制,有序开展联动执法试点工作。市容环境示范区域、规范区域和达标区域创建进展顺利。加强菜市场周边环境综合治理,加大违法建筑的拆除力度,全年拆除违法建筑20.03万平方米。完成第三轮环保三年行动计划。完成走马塘4.4公里河段疏浚和胜利河黑臭河道整治,临汾花园截污纳管工程竣工。建成轨道交通8号线中山北路站公共绿地,新建各类绿地面积10万平方米。开展节能减排工作,加强对年耗能800吨标准煤以上工业企业节能降耗工作的监督管理。长江染整厂有限公司等5家排污企业已停产或产业结构调整,区工业二氧化硫年排放量低于352吨。

【社会事业】 精神文明建设扎实推进。以迎世博600天行动计划为抓手,组织开展"迎世博微笑接力"行动、铁路上海站地区"交通文明示范区域"创建等活动,提高城区文明程度。社会事业协调发展。启动社区科普资源配送活动,天目西路街道、大宁路街道创建成市科普示范街道。发挥优质教育资源的示范引领效应,完成青云中学与十七中学合并,义务教育均衡化水平逐步提高。通过国家教育部"全国社区教育示范区"终审,成功举办第六届长三角社区教育发展论坛。深化社区卫生改革,制定《闸北区医疗机构药品零差率实施及药品集中采购管理办法》。中医进社区取得成效,建成10家中医治未病工作室和门诊。制定《闸北区关于加强社区文化活动中心管理的暂行办法》,完善社区文化活动中心运作机制。成立区文化配送服务中心,满足群众文化需求。区籍运动员在北京奥运会和残奥会上取得佳绩,奖牌数名列各区(县)前茅。完成2个社区公共运动场建设和43个健身苑(点)器材设施更新。成功举办第十五届上海国际茶文化节、首届上海茶业交易会、纪念改革开放30周年群众歌会、区第十三届全民健身节活动。《闸北区志(1994-2005)》编纂工作进展顺利。完成临汾路等5个街道、镇社区网格化分中心信息管理平台建设,推进无线城市建设。人口计生、国防知识、民防、妇女儿童、民族、宗教、对台、侨务等各项工作得到加强。落实抗灾救灾工作。应对历史罕见的低温雨雪冰冻灾害,妥善安置30多万滞留旅客,完成春运任务。按照市委、市政府统一部署,广泛动员开展汶川特大地震抗震救灾资金物资的筹集捐赠和人员派遣,做好对口支援都江堰大观镇的各项工作。深化促进就业工作。安排9865万元促进就业专项资金,强化困难群体就业援助,"零就业"家庭动态为零,"双困"人员到期安置率达100%。推进充分就业社区创建,芷江西路街道等创建成充分就业社区。开展"零培训"资助千人计划,增强劳动者就业能力。全年新增就业岗位提前超额完成市下达指标,登记失业人员控制在市下达计划节点内。开展救助帮困工作。做好救助帮困政策调整衔接,确保各项政策及时有效落实。实施百户特困家庭个案帮扶计划,完善社区市民综合帮扶工作试点,并获国家民政部探索创新奖。区低保救助30.34万人次,金额6202.69万元;协保补助3.05万人次,金额428.60万元;医疗救助7068人次,金额475.73万元。推进为老服务。全年新增养老床位620张,为10700名老人提供居家养老服务,建成17家标准化老年活动室。推进扩大廉租住房受益面工作。受理新增廉租对象1538户,配租3729户。改造旧住房。完成4.1万平方米旧住房成套改造,以及航鹰小区、老沪太路1291弄等40万平方米旧住房综合改造工程。加强社区建设。全面规范社区事务受理服务中心服务项目,完成5个社区卫生服务站改扩建,彭浦镇社区文化活动中心竣工,除动迁改造外的居委会用房全部达到规范标准。强化物业管理,实施物业服务达标补贴试点。保持社会和谐稳定。围绕"平安奥运"目标,强化安保维稳工作责任制,推进社会治安综合治理,刑事案件发案数比上年下降8.3%。开展领导干部下访活动和重信重访专项治理工作,初步形成社会矛盾大调解工作格局,有效化解各类矛盾。组织联合执法开展群租整治,做好来沪从业人员综合保险征缴工作。开展安全生产、产品质量和食品药品安全等专项整治活动。完成11项政府实事项目。

【科教兴市】 年内,根据区委、区政府对科教兴市工作的总体要求和贯彻落实科教兴市工作计划,区科教兴市工作稳步实施,扎实推进,各项重点工作和重点项目预期进展。自主创新能力得到提高。区有6家企业技术中心完成技术创新项目5项,开发并通过市级鉴定的新产品、新技术4项。全年申报专利1120件,其中发明专利占申请总数的31.3%,获批上海市科技型中小企业技术创新基金项目15项、上海市科技小巨人企业2家、上海市科技小巨人培育企业4家、上海市高新技术成果转化项目34项,获上海市科技进步二等奖2项、三等奖2项。产业结构不断优化。组织区企业参加名牌产品和著名商标评比,荣获中国名牌产品企业1家、上海名牌产品企业16家,获驰名商标1家、上海著名商标18家。组织申报2008年上海市引进技术吸收与创新技术项目10项,2008年上海市重大技术装备研制专项项目3项。全年引进科技企业350家。信息化建设力度加大。加快信息服务外包产业工作,在区建立恒通、龙软和多媒体谷3个基地,行业全覆盖ITO、BPO和KPO。筹备创建新民文汇基地、名仕街基地和聚源大厦基地,在中部大宁地区规划打造高层次的信息和软件产业联合基地。人才队伍建设得到加强。实施"十百千"领军人才开发工程,做好区2008年享受政府特殊津贴人员和领军人才的选拔推荐,推选265名优秀专业人才和优秀经营管理人才组成高层次人才队伍。编制《闸北区2008年重点产业(行业)人才开发目录》,实施优势产业人才集聚计划,全年引进外省市人才49人,办理引进人才《居住证》1853人。教育事业稳步发展。推广教育成果"星火计划",确定"初高中衔接教材的实践与研究"等7个项目为第一批推广成果。抓好市北职业高级中学实训中心建设,全面启动该校视觉多媒体开放式实训中心建设工程。年内,区通过国家教育部"全国社区教育示范区"的终审。完成上海市社区教育示范街道和示范项目的评选工作,推荐芷江西路街道等3个示范街道参加全国评选,推荐"社区学习型楼组建设的实验"等5个示范项目参加全市评选。

【"苏河湾"组成现代服务业集聚区】 座落在上海苏州河北岸"苏河湾",正成为国内外各地商贾竞相投资的宝地。在5月12日市经委和闸北区政府共同举行的"第十五届上海国际茶文化节'苏河湾'发展论坛暨投资项目推介会"上,美国科勒、中国第一冶金集团、日本村田株式会社等12家中外知名企业与闸北区投资促进中心、外经委等部门签约并注资落户,注资总额近15亿元。

苏河湾全长2.3公里,西起共和新路,东至河南北路,北至曲阜西路—海宁路—天潼路,南临苏州河,用地面积46.61公顷。据资料记载,上世纪的"苏河湾"清晰地记录着上海民族工业发展的脉络。由于这里有金城、中南、盐业、大陆、中国实业、浙江兴业等17幢银行仓库林立,因此素有"黄金走廊"之称。此外,有上海第一家华商丝厂和民族工业先驱荣氏家族的第一座工厂——福新面粉厂,以及著名的"天后宫"等都在此地。

随着上海"十一五"规划确立把发展现代服务业作为转变经济发展方式的重要途径,苏河湾地区全面提升区位优势和谋求跨越式发展的历史机遇悄然而至。为使苏河湾再现昔日万商云集的盛况,闸北区充分调研论证当地生态现状,高起点规划发展蓝图,力求创建出一个全新的社区和上海最好的滨河商务商业区之一。为启动"苏河湾"的开发建设。市、区政府投入70余亿元巨资做好前期动迁。根据规划,"苏河湾"的空间功能布局确定为五大区域:

——核心商务商业区(西藏北路以东、浙江北路以西):充分利用较长的滨河岸线,以保护保留的老仓库建筑群为载体,以商务、商业和文化休闲为主要功能,在该区域内,完成首次推出41、42号街坊的拆迁工作。

——文化创意展示区(乌镇路以东、西藏北路以西):充分发挥老仓库等作用,通过吸引国际级建筑设计公司、大师级建筑设计工作室、国际文化公司、文化创意公司进驻,形成具有文化特色鲜明的现代服务业集聚区。

——绿色景观休闲区(浙江北路以东、福建北路以西):打造4万平方米的大型公共绿地,作为公共活动空间和滨河旅游景观的新亮点,成为核心区的空间延伸。

——综合功能服务区(福建北路以东、河南北路以西):依托便捷的道路和轨道交通,重点规划建设高档商务办公和居住楼盘。

——滨河高档居住区(共和新路以东、乌镇路以西):充分利用较长的滨河岸线,建设高级滨水住宅。

【恒丰路打造黄金商务大道"】 为适应不夜城地区新一轮大开发的需要,闸北区规划把恒丰路打造成"黄金商务大道"。

据了解,早在上世纪90年代初,不夜城地区的开发曾有过规划。不夜城一带建立嘉里大厦、上海人才大厦、新梅华东大酒店等。其中,仅恒丰路一线,就有机电大厦、新亚广场大酒店、锦程大厦、中房华东大楼等20多幢商务楼宇,聚集数百家企业。随着时间的推移和发展的需要,市、区两级政府将不夜城定位为上海现代服务业集聚区和上海交通商务区核心区。据此,决定完善原有规划,启动新一轮的大发展。

恒丰路东至民立路、梅园路,西至长安路、苏州河,南至恒丰路桥,北至恒丰路斜拉桥,全长近1000米。在恒丰路西面,宝矿国际广场、华森钻石广场等高级别商务楼宇正紧锣密鼓建设;道路东面,在原有芷江客运站、洛鼎海鲜酒楼所在位置附近建立高档商务楼宇,隆宇四期、嘉里三期等商务楼宇也在恒丰路沿线建成。根据恒丰路打造"黄金商务大道"的功能定位,闸北区有关部门将通过明确各商务楼产业导向,推进不夜城区域的产业结构调整。地铁恒通大楼重点发展物流服务,引进铁路、公路、内河、沿海、远洋货物运输企业和运营管理机构。人才大厦以人才资源信息服务为主导,成为上海市人力资源交易、培训、信息服务等功能集聚的特色楼宇。最终,以实现恒丰路"黄金大道"两侧全部商务楼宇特色化。

【市第一所免费久隆模范中学贫困学生群体励志成才】 7月17日,为贫困家庭学生提供全免费教育的久隆模范中学传出喜讯:该校创建时招收的首批150名贫困学生,今年高三毕业参加高考本科上线率达94.87%,其中3名同学考入北大、清华,8人升入复旦、交大,还有一批同学被其他名校录取。在他们眼中,7年来,身边的爱心之举,比单纯的学业补习,更能鼓励自己上进。

久隆模范中学是全市第一所免费中学,于2001年由市教委、闸北区政府投入1200万元建成。学校占地11940平方米,总建筑面积8590平方米,绿化面积3050平方米,专用教室25个,有教学楼、综合实验楼、计算机房、电子阅览室、校园网、250

米塑胶环形跑道体育场等现代化教育教学设施。可招收28个教学班,学生1120人。学校主要招收具有上海市常住户口、家庭收入处于全市贫困线以下或家庭经济特殊困难品学兼优的适龄学生,学生进校后学费、杂费、书薄费、活动费、午餐费、校服费等6费全免,外区同学还有车费补贴,优秀学生还能获得各种奖学金资助。学生余嘉斌8岁时,其父患癌症去世,仅靠母亲每月四五百元收入维持家用;王晓璐二年级时,母亲查出结肠癌,10年卧床治疗,家境困难;方佳俊的父亲务农,一直没有正式工作,母亲又被查出乳腺癌。这些品学兼优的学生们家庭是不幸的,然而成为久隆模范中学的学生后,他(她)们都是有幸的,有了继续完成学业圆梦的机会。考取清华大学的王晓璐学生说:"据估算,在久隆7年读完初、高中,共节省8万元左右。"解除后顾之忧后,不少同学得以自信、自律、自强地生活、学习。"在久隆,我们最大的收获是学会了乐观。"学校里很多同学家庭比自己更困难,有同学高二时父亲过世,不仅没消沉,反而更发愤学习。"这种百折不挠的乐观精神,传递并鼓励着身边所有同学奋发进取,最终学有所成。"

久隆模范中学校长朱建平介绍,办学以来所需经费,除国家投入外,更是收到源源不断的社会资助。不少退休老人自发前来捐款,不留姓名。社会的关爱在学生们的心中生根、发芽、开花,不少同学自发回报社会。久隆学子并没有"躺"在社会资助上裹足不前,而是怀着一颗感恩的心,他(她)们比别的孩子更加努力。方佳俊同学就在高考前不久,他连续几次英语模拟考成绩不理想,英语老师王美华帮他一张张试卷分析问题,给他制订"集训"计划,鼓励他自信应考。高考时他英语得了141分,最终以545分的高分被北京大学法语系录取。学校有40余个社会服务点,每周五、节假日,大家都会去奉献爱心,即便高三也从未停止。春节等节假日,学生们还自发到敬老院慰问孤老。方佳俊同学在高三紧张学习之余,还到保德路上的闸北区阳光之家,帮助组织智障学生运动会。"我每周都去居委会帮忙,虽然只是出出黑板报,打扫卫生等小事,但被认可的感觉很好!"王晓璐坦言,社会实践的经历,让她变得更加开朗和自信。她选择了清华环境工程系专业,为的正是用自己所学,让世界更美好。她也筹划着,将自己工作后的首份工资,捐给学校。今年考进北京大学的余嘉斌,利用暑假到上海图书馆做志愿者,以后还打算报名到四川做志愿者、到西部支教。这些圆了大学梦的贫困学生都有一颗共同的心愿:"社会给予我们实在太多,我们也尽力慢慢回报吧。"

【闸北区推出18项政策缓解中小企业"融资难"】 9月22日,闸北区委、区政府召开促进经济发展重要政策发布会,宣布该区扶持中小企业发展的18条政策出台暨闸北区"百人团队联系百家企业"结对仪式。

发布会上,闸北区推出包括财政扶持、产业引导、政府行政效能提速等多方面内容的18条促进经济发展的重要政策。其中包括:今年区财政安排1000万元人民币的中小企业贷款信用担保基金,使担保基金规模从原来的2000万元人民币增加至3000万元人民币,以扩大信用担保额度。同时贷款担保门槛进一步降低,区里所有企业都可提出申请。另外,闸北区政府还设立每年不少于1000万元人民币的"科技发展资金",主要用于对区域内科技企业各类科技创新活动的资助。为加强金融服务,重点支持区域内具有发展潜力中小企业,走市场融资道路,积极上市,对税收属地且成功上市的企业给予一次性奖励100万元人民币。年内,针对不少企业遭遇原料涨价,利润缩水,生存压力剧增等困扰,闸北区除在资金上加大对中小企业扶持的力度外,还采取政府行政效能提速、领导干部百人团队结对服务百家企业举措,主要由区四套班子领导和各部门、街道(镇)党政主要负责人130余人组成百人团队,每人分别负责联系一家企业,并上门为企业提供"零距离、零障碍、零时差"服务。领导干部定期上门,走访联系企业,掌握企业生产经营状况,了解企业需求,对所联系的企业提出的困难和问题,帮助寻求解决方案,突破非原则障碍。

据统计:自2000年至今,闸北区计担保企业470户,担保金额近8亿元。近3年,闸北中小企业贷款信用担保基金额度一直维持在2000万元左右。

【闸北区聚焦科技创新发展生产性服务业】 8月1日,闸北区政府与上海大学区校合作共建上海大学科技园区科学技术协会成立。这对园区内的众多科技企业、科技工作者来说,有了一个推进园区与企业"产学研"结合的重要平台。科协组织在此展示上大高新园区的最新科研成果,助力企业科技创新,推动区域内生产性服务业的发展。通过平台建设和政策聚焦的方式为企业科技创新添砖加瓦,开拓生产性服务业的发展空间,闸北区近年来收获不小,2007年,该区荣获6项上海科技成果奖,成为全市除浦东新区外获奖数量最多的区县。据悉,闸北区域内已崛起"大学科技"、"铁路科技"、"装备科技"、"电力节能科技"、"数字媒体技术"等5大板块的创新集群。据统计,2005—2007年,闸北区科技企业获批国家和上海市各类科技创新和成果转化项目近200余项。年内,闸北区科技企业获16项国家和上海市科技型中小创新基金项目,创历史新高,增幅达100%,名列全市各区县之首。

【举办第十五届上海国际茶文化节】 5月9日—12日,以"茶,品味健康生活"为主题的第十五届上海国际茶文化节在沪举办。该届茶文化节由闸北区政府、市旅游委、市政府侨办、市政府外办、市文明办、市政府合作交流办、市文广影视局、市绿化局、市文联、上海文广影视集团、市供销合作社、市茶叶学会联合主办。据悉,上海国际茶文化节自1994年以来,已连续成功地举办了十四届,有近30个省市区、港澳特区、台湾地区的各界人士和日本、韩国、泰国、美国、法国、斯里兰卡、摩洛哥等20个国家和国际友人及上海各界的250万人次参与,成为文化交流、经济合作的重要平台、上海著名的文化品牌和节庆活动,在海内外产生了一定的影响。上海国际茶文化节组委会坚持"服务长三角、服务长江流域、服务全国"的办节理念。坚持"走出上海、走进茶乡"的办节思路,以弘扬先进文化和促进经济发展为宗旨,对推动上海同各地间的交流与合作发挥了重要的作用。该届茶文化节围绕茶文化传播和茶经济发展两条主线,安排了"茶煮三江水,香飘华夏茶"、"中华茶联创作大赛"、"茶与现代都市人的生活"讲座、长三角少儿茶艺邀请赛、茶知识竞赛、首届上海国际茶叶交易会等10项精彩丰实的活动。9日晚,在上海马戏城举办该届茶文化节开幕式文艺晚会,上演了一台以反映上海城市精神、闸北发展前景和中华茶文化为内容的精品文艺节目。10日—12日,在上海国际展览中心举办首届上海国际茶业交易会,上海国际茶文化节组委会分别在天山茶城、蒂芙特国际茶文化广场、大宁国际茶城等上海著名茶城、茶馆开设10个分会场,组织形式多样的品茗和表演活动,方便广大市民就近购买新茶、放心茶、精品茶。茶文化节期间,还举办以介绍苏州河沿岸(闸北岸)整体规划布局和重点地块推介招商为内容的闸北投资项目促进推介会。16日,在中国著名茶乡和陶都——江苏省宜兴市举办了以当地风土人情和茶文化、陶文化融为一体的茶文化节闭幕式文艺晚会。上海市人大常委会副主任胡炜和江苏省人大常委会副主任李全林等出席。闭幕式上,上海国际茶文化节组委会向下届承办地安徽省六安市交接了节旗。

【第六届长三角社区教育发展论坛在区举行】 由上海市教育委员会主办、闸北区政府承办,以"发展社区教育、建设服务型政府"为主题的第六届长三角社区教育发展论坛,于10月13日举行。出席该届论坛的有:市委副秘书长姜樑、教育部职业教育与成人教育司副司级巡视员张昭文、江苏省教育厅副厅长殷翔文、浙江省教育厅副厅长鲍学军、市教委副主任李骏修、闸北区副区长花蓓及中国成人教育协会常务副会长谢国东、教育部职成教司成人教育处处长张志坤等领导。江浙沪三省(市)国家级、省级社区教育实验区负责人,国内社区教育著名专家、学者,上海市各区县教育行政部门、社区学院及部分社区学校负责人等300余人出席论坛开幕式。开幕式由李骏修主持。花蓓代表承办方致辞,阐述社区教育对社会的影响,介绍了闸北区社区教育8年来所取得的成果。作为长三角启动社区教育最早的地区之一,闸北形成了"政府统筹领导,教育部门主管,街道、镇为主体,社会各方参与,市民自主学习"的社区教育发展格局;经过资源整合,建立了以社区学院为龙头,以街道(镇)社区学校为骨干,以成人学校、职业学校、各级中小学为补充的纵横相连、覆盖全区的社区教育网络;形成了一系列充满浓郁地域特色的社区教育工作品牌;2008年被国家教育部列为第一批全国社区教育示范区。姜樑、张昭文、李骏修分别在会上讲话。开幕式上,李骏修、殷翔文、鲍学军分别代表上海市、江苏省、浙江省教育行政部门签署了《上海市江苏省浙江省关于长三角社区教育合作协议》。协议决定从2009年起一年一度的长三角社区教育发展论坛改为两年一次举行,同时达成学习考察、师资培训、资源建设等5项合作协议。在为期两天的论坛中,三地专家以社会和谐、政府改革、人类发展、教育使命等为主题进行报告及互动;以社区论坛为平台,分别由闸北区芷江西路街道、大宁路街道、临汾路街道、市学习型社会建设指导中心,围绕社区教育实验项目的设计与实施、社会组织在社区教育发展中的地位与作用、社区(村民)学校与办学点的建设、社区教育资源建设等主题进行专题探讨。该届论坛将促进长三角社区教育发展与服务型政府建设良性发展,为构建和谐社会续写篇章。　(姚荣仲)

2008年闸北区基本情况表

项　　目	数　量	项　　目	数　量
区域面积	29.18	在校学生(人)	29261
行政区划		小学(所)	36
街道办事处(个)	8	在校学生	21067
镇(个)	1	幼儿园(所)	53
乡(个)	–	在园幼儿(人)	11569
居民委员会(个)	211	职校(所)	1
村民委员会(个)	1	在校学生(人)	899
人口		**文化**	
户籍人口(万人)	69.61	图书馆、室(个)	11
户数(万户)	25.19	文化馆、站(个)	10
人口密度(人/平方公里)	23856	影剧院、场(个)	6
人口自然增长率(‰)	–1.96	**卫生**	
精神文明创建		医疗卫生机构(所)	91
市文明城区(个)	1	区(县)级医院(所)	5
市文明社区(个)	6	医院床位数(张)	4779
市文明小区(个)	166	医疗卫生技术人员(人)	4934
市文明镇(个)	–	执业医师(人)	1891
市文明村(个)	–	**体育**	
教育		体育场馆(个)	4
中学(所)	42	健身苑、点(个)	219

2008年闸北区国民经济主要指标表

项　　目	单　位	完成数	比上年增减%
增加值	亿元	90.3	12.1
第一产业	亿元	–	–
第二产业	亿元	21.33	6.1
工业	亿元	18.78	6.2
第三产业	亿元	68.97	14.1
固定资产投资额	亿元	55.60	6.5
财政收入	亿元	87.47	13.9
地方财政收入	亿元	33.73	12.1
地方财政支出	亿元	51.50	12.4
外贸出口总额	亿美元	5.61	12.2
直接利用外资签订合同项目数	个	108	持平
直接利用外资签订合同金额	亿美元	5.01	79.9
农业总产值	亿元	–	–
工业总产值	亿元	87.96	3.1
住宅竣工面积	万平方米	53.3	33.3
社会消费品零售总额	亿元	137.28	8.1

虹　口　区

【概况】 位于市中心城区黄浦江与苏州河交汇处。东与杨浦区接壤,西与闸北区为邻,北与宝山区相连,南与黄浦区以苏州河为界、与浦东新区隔黄浦江相望。区域面积23.48平方公里。高架内环线横贯区域中部,高架中环线穿越区域北部并连通逸仙路高架与南北高架;轨道交通三号线、四号线、八号线穿越区境,大连路隧道直通浦东新区;虹口足球场综合交通枢纽正在建设中。上海港国际客运中心在境内北外滩地区。虹口区历史文化积淀深厚,有山阴路历史文化风貌保护区、提篮桥历史文化风貌保护区及外滩历史文化风貌保护区的部分区域;有“中国共产党在虹口”史料陈列馆、“犹太难民在上海”纪念馆、“左联”会址纪念馆,鲁迅纪念馆、朱屺瞻艺术馆、多伦现代美术馆等文博艺术场馆,有浦江饭店、上海大厦、上海邮政大楼、鲁迅故居等40处历史遗址与纪念地,有市级非物质文化遗产保护名录“精武体育”;有鲁迅公园、和平公园、虹口足球场及多伦路文化名人街等文化休闲处所。江湾镇街道的前身——江湾镇已有1000多年的历史。

2008年,完成区增加值593.63亿元,比上年增长5.8%(按可比价格计算)。完成财政收入86.83亿元,其中地方财政收入38.92亿元。完成三级税收85.86亿元,比上年增长8.8%,其中区级税收32.64亿元,比上年增长10.63%。工业总产值57.30亿元,工业销售产值56.20亿元,工业产品销售率98.1%。外贸进出口总额16.78亿美元,比上年增长4.0%。外商直接投资合同金额6.11亿美元,外商实际到位资金额2.64亿美元。固定资产投资总额105.55亿元,其中城市基本建设投资53.80亿元,商品房投资51.76亿元。加强商务楼宇和创意产业园区建设,新增商务商业楼宇38万平方米,新增创意产业园区5个,累计创意产业园区20个、面积37.4万平方米,“1933老场坊”创意产业园区成为全市国际顶级品牌分布活动的重要平台,创意产业园区共实现区级税收1.23亿元,比上年增长143.19%。依托楼宇和园区,全年共引进各类企业1640家,新增企业注册资金和增资达110亿元,其中注册资金5000万元以上的企业18家。上海环境能源交易所落户虹口。投资环境不断改善,设立北外滩航运集聚区、四川北路功能业态调整、大柏树知识创新“三个300万元”专项资金,为中小企业和非公企业提供贷款信用担保8790万元,全区9家企业、17项产品分获上海市“品牌企业”、“品牌产品”称号。“一区一街一圈”(北外滩航运服务集聚区、四川北路商务商业文化休闲街、大柏树知识创新与服务贸易圈)建设深入推进。完成北外滩航运服务集聚区发展规划,明确建设成为“上海国际航运中心的企业总部基地和要素集聚中心、邮轮客运中心、口岸服务中心”的发展目标,汇山地块修建性详细规划通过审核,虹口区政府与上海海事大学等10多家单位共同发起成立上海国际航运研究中心,上海航运交易所建立的“中华船舶交易网”正式开通。全年靠泊北外滩的国际邮轮达45艘次。调整完善四川北路综合开发体制机制,调整引进各类品牌40余项,举办四川北路欢乐节、上海酒节,开展以虹口足球场为主要载体的各项大型文化体育活动,长远集团成为“国家文化产业示范基地”。大柏树地区建成上海市数字内容公共服务平台,设立上海市研发公共服务平台虹口分中心。中图蓝桥文化创意产业园在建。

推进外滩通道、新建路越江隧道、轨道交通十号线曲阳路站和海伦路站等市重大工程建设;基本完成广中路道路拓宽、东大名路综合管线改造工程、四川北路沿线盛邦国际大厦等,大柏树地区复城国际项目基本竣工;开工建设四平路下立交、广中路下立交、白玉兰广场、东方海港国际大厦等;完成公平路轮渡站水上工程和新汉阳路雨水泵站土建施工;北外滩上海港国际客运中心客运综合楼建成投入使用。在虹镇老街地区开展"整治市容环境、整顿社会治安"专项行动,全年共开展47次联合执法行动。全年住宅竣工面积75.3万平方米,"平改坡"综合改造52.7万平方米,旧住房综合整治20.1万平方米,成套率改造1.01万平方米,百弄整治27.7万平方米,二次供水改造42.82万平方米。拆除各类建筑物面积16.7万平方米,其中二级旧里及以下住房5.7万平方米。动迁单位172家,动迁居民4181户。年内新增廉租住房受益家庭1498户,年末累计廉租住房配租3370户,全年发放租金补贴1471万元。加大节能减排工作力度,重点监管企业污染物稳定达标排放率达到100%。制定《关于加强本区2008年节能减排工作的实施意见》。举办第二次虹口区"全国节能宣传周"活动。完成全区污染源普查工作。污水纳管率达90%,空气质量优良率达89.1%。全面完成第三轮"环保三年行动计划"各项任务。全年新建绿地11.61万平方米,其中公共绿地2.03万平方米。年末实有公共绿地149.89万平方米,人均公共绿地面积1.89平方米,全区绿化覆盖率达19.5%。四川北路商业街继续被评为"全国百城万店无假货"示范街;曲阳路商业街等获"申城万店无假货"示范街称号。成立虹口区社区学院。培训"家家学礼仪,人人讲文明"2万余人次。组织开展3次全区"整洁迎奥运,和谐在家园"环境集中整治行动,3万人次参加。制订《虹口区迎世博600天行动社会动员实施计划》,举办《世博会与虹口文化发展》等系列讲座12场。承办国际志愿者日主题活动。"5·12"四川汶川特大地震发生后,全区派遣一线抗震救灾和恢复重建人员90余人次,共捐款5758万元。区政府经常性预算开支压缩5%,用于支援灾区恢复重建。积极开展都江堰市虹口乡的对口支援工作。

全年用于支持企业创新和营造创新环境资金达5800万元。新增市、区两级企业技术中心6个,按新标准申报高新技术企业60家。新增市、区两级科技"小巨人"企业7家,累计15家。获得上海市重点新产品8项,获得市级以上科技创新基金项目立项35项,其中国家级3项。新认定上海市高新技术企业58家。全年用于教育支出8.19亿元,比上年增长7.2%。推进义务教育均衡发展,全面免除义务教育阶段公立学校课本费和作业本费;完成北郊高级中学综合楼、三门路小学教学楼等新建、扩建工程。解决好外来从业人员子女教育问题,至年底,在虹口区小学、初中阶段学校就读的非上海户籍学生有8298人。教育事业规模占地面积129.30万平方米,建筑面积112.55万平方米。积极开展群众文化活动,举办全国优秀小品展演,获得全国新农村小品比赛银奖。全面开展文物普查工作。全面启动社区卫生服务综合改革,转换社区卫生服务中心运行机制,实行"收支两条线"管理,加强全科医疗卫生服务。新增3个社区卫生服务站,全区累计40个,实现中心城区每2万人设立1个社区卫生服务站的目标。建成"全国中医药特色社区卫生服务示范区"。完成区公共卫生应急指挥中心和公共卫生信息平台建设。每万人预防保健经费达到50万元。加强人口与计划生育管理和服务,投入278万元对计划生育伤残死亡家庭给予特别扶助。加强妇女儿童工作,投入350万元为4万名退休妇女和家庭困难妇女进行妇科疾病筛查。开展"全民健身与奥运同行"活动,新建成2处社区公共运动场地。

全年用于社会保障和就业支出4.2亿元,比上年增长19.0%。全年新增就业岗位28600个,经认定的就业"双困人员"全部得到安置,"零就业家庭"至少实现一人就业。新增非正规就业劳动组织和微小型企业1118家,吸纳从业人员8489人。组织23361人次参加职业技能培训。年末,登记失业人数15624人。全年,发放失业保险6290万元,社会救助金11676.45万元,享受政府最低生活保障补助21.75万人次,享受粮油帮困补助卡、券8.05万人次,享受实物帮困补助792人次。全年共投入各类帮困救助资金1.18亿元。为老服务得到加强,新建老年人助餐服务点12个,全区居家养老服务人数达到13581人。新增养老床位504张,累计养老床位3507张。区人民政府地址:飞虹路518号。

【推进大柏树知识创新与服务贸易圈建设】 2008年,虹口区编制完成《大柏树知识创新与服务贸易圈核心区近期实施规划设计》,围绕"传媒产业集聚区、综合商务区、创新拓展区"三大功能区规划要求设计和建设,制订《虹口区关于加强科技创新能力建设若干政策及实施细则》。编制《大柏树知识创新与服务贸易圈发展规划》,将大柏树地区的广纪路周边地区定位为传媒产业集聚区。大柏树地区位于复旦大学和虹口体育场之间,由邯郸路、曲阳路、东体育会路、中山北一路、汶水东路、逸仙路交会形成五岔路口(俗称小五角场),是市区北部的陆路交通枢纽地带。大柏树地区依托生产要素市场和生活要素市场,发挥外省市驻沪机构汇集、星级宾馆集聚和大学及科研院所密集的优势,正逐渐形成民营企业集聚的知识创新服务区域和商务贸易服务圈。根据《上海市城市总体规划》(1999—2020)、《上海市中心城分区规划》及《虹口区"十一五"规划》,将大柏树地区的功能定位为"知识创新与服务贸易圈"。年内,在传媒产业集聚区内,建成上海市数字内容公共服务平台。建设中图蓝桥文化创意产业园,该园是由中国出版集团、中国图书进出口上海公司和虹口区合作创立的一个以数字出版为特色的全新文化创意园,园区占地面积2.3万平方米。完成大柏树地区的腾克路整体规划设计方案,明珠文化创意产业园投入使用,荣振大厦投入使用(上海东方网络有限公司在该大楼设立全市性用户服务中心),"甘河北路辟通工程"在建,通风管厂改造项目开始建设,东体育会路860号汇谷科技项目按进度推进。全年,大柏树地区新增10.2万平方米商务办公面积投入使用并进入招商阶段,在建商务办公楼宇近9万平方米。完成该地区的纪念路、甘河北路(汶水路114弄)周边20万平方米旧小区的"平改坡"综合改造,启动广纪路沿线街景绿化改造。至12月,大柏树地区知识服务业纳税企业677家、占虹口区知识服务业纳税企业总数的16.37%,实现虹口区区级税收8272万元、占知识服务业区级税收总量的16.39%。该地区的上海勘测设计研究院、上海外语教育出版社、上海材料研究所3家知识服务业企业上缴税收均在1000万元以上。大柏树地区有市、区两级科技"小巨人"企业7家,其中市级科技"小巨人"企业3家。

【整治虹镇老街地区】 1月10日起,虹口区启动主题为"迎世博、讲文明，整市容、保平安”的虹镇老街地区“整治市容环境、整顿社会治安”专项行动（简称“两整”行动）。虹镇老街地区有虹镇老街、虹镇北街、天虹路等20余条中小道路，分属嘉兴街道、新港街道辖区。该地区以旧式里弄为主，危棚简屋有30多万平方米，市容环境卫生、违法搭建和社会治安等矛盾较为突出。虹口区委、区政府在整治现场建立由副区长担任现场总指挥的总指挥部，各部门主要负责人为现场指挥部成员。由区市容局牵头组成联合执法办公室，负责整治工作的现场推进，各部门和街道配合。“两整”行动以大型集中整治为基础，辅之以24小时固守，以整治保障固守，以固守巩固整治成果。全年47次整治行动中，出动执法人员9600余人次，取缔地下食品加工场10家、地下煤制品加工场3家、无证无照经营商户316户、无照废品回收站点3家、无证洗车摊点50家、无证摊贩440处、夜排档窝点204个；拆除违法建筑2.7万平方米、占道披棚5835平方米，清除占道售货亭1间；治理跨门营业545处、占道堆物131处；封闭破墙开店3家、围墙840余米；清运各类垃圾962吨；处罚违法人员50余人。多年的顽症得到整治，环境面貌显著改观。

【四川北路商业街】 2008年，四川北路商贸旅游文化休闲街项目建设与业态调整同步推进，一批改建和新建项目取得进展。3月，虹口区政府调整四川北路综合开发领导小组及其办公室，加大开发建设的推进力度。设立四川北路商业街功能业态发展专项资金，由区财政拨款，每年滚动补充，用于对四川北路商业街重点项目、重点知名企业和品牌等优秀业态入驻的扶持，商业街功能建设及环境优化，吸引集聚高级经营管理人才等。12月，区政府通过《四川北路商贸旅游文化休闲街发展规划纲要》，明确商业街区的范围从原来3.7公里“线”的概念，扩展为2.45平方公里“面”的概念。年内完成四川北路2029号旧楼置换，成功引进阿迪达斯旗舰店，哈根达斯、DHC等知名品牌，阿迪达斯当年实现销售额620万元。完成四川北路1578号结构改造和外立面建设，开展国际知名品牌引进。完成盛邦国际大厦改建。嘉杰国际广场、玫瑰购物广场、中信广场等新建项目结构封顶，虹口足球场综合交通枢纽、广田108广场开工。中信泰富地铁项目于10月28日开工建设。龙之梦虹口购物中心总投资31亿元，12月获批。上海喜来登虹口大酒店项目总投资12亿元，7月1日开工。已连办三年的上海市民品酒节，从2008年起更名为上海酒节，第四届上海酒节9月28日—10月6日在四川北路公园举办，酒节网站访客人数累计1.3万人，每日参观人数30万人次。五一假期，天兴百货、东泰休闲广场、巴黎春天、东宝百货、宝大祥等企业3天实现销售额7748.2万元，比上年同期增长36.5%。天兴百货5月1日销售额比上年同期增长94.0%。全年四川北路新增商务商业楼宇45万平方米，社会消费品零售总额55亿元，比上年增长10%。

【北外滩航运服务集聚区】 该集聚区东起大连路，西至河南北路，南起黄浦江，北至周家嘴路、海宁路，占地3.66平方公里。2008年7月4日，温家宝总理在上海考察时对发展北外滩等航运服务集聚区提出要求。年内，虹口区完成编制《北外滩航运服务集聚区发展规划》，明确“一个基地、三个中心”（即企业总部基地、要素集聚中心、邮轮客运中心、口岸服务中心）的发展目标；制订《虹口区关于推进北外滩航运服务集聚区发展的若干措施实施细则》，实施3000万元专项资金对航运企业购买办公楼、开展航运研发项目、召开航运物流会议、担保费补贴等专项扶持政策。推进重点项目建设。累计竣工建筑面积21.3万平方米，在建建筑面积99.5万平方米，累计投资额200.9亿元。上海港国际客运中心客运综合楼建成投入使用，客运通关设施投入运营。东方海港国际大厦启动建设，浦西滨江第一高楼白玉兰广场项目实现开工。新外滩花苑三期F楼酒店式公寓竣工。市政配套体系进一步完善。北外滩220KV变电站、高阳110KV地下变电站基坑开挖施工，公平路轮渡站进行地上结构施工，东大名路综合管线改造完成排管工程，累计建成9万平方米滨江公共绿地。通过新闻媒体对“中国航运企业年会”、“国际物流发展论坛暨货代百强揭榜大会”、“国际航运高级论坛”、“2008亚洲邮轮大会”、“七大集团（公司）入驻北外滩航运服务集聚区签字仪式”、“2008沪港生产性服务业合作发展论坛”等活动的宣传，提升北外滩的知名度和影响力。年内，航运服务业完成区级税收4.82亿元，同比增长19.2%。新批外资航运服务项目27个，合同外资6189.6万美元。新增航运企业323家，地中海航运中国总部、联东地中海船代、高丽海运、德翔航运、瑞宁航运、友好航运等一批知名度较高的企业落户，企业总数2254家。推进航运功能性项目。4月3日，皇家加勒比公司“海洋迎风号”首航上海，全年开出7个航次的中日韩国际航线。7月14日“上海国际航运研究中心”挂牌成立。邮轮经济深入发展。8月5日，歌诗达邮轮公司在上海港国际客运中心举行“歌诗达邮轮中国100航次”庆典活动。全年靠泊北外滩的国际邮轮达到45艘次，占抵达上海国际邮轮总数的77.6%。上海港国际客运中心入境游客达8万人次，占上海国际邮轮入境游客总数的75.5%。

（虹　鉴）

杨　浦　区

【地理位置】 杨浦区位于上海市中心区的东北部，地处黄浦江下游西北岸，与浦东新区隔江相望，西临虹口区，北与宝山区接壤，区域面积60.61平方公里。黄浦江支流的杨树浦港纵贯区境南北，杨浦即以此演变而得名。黄浦江岸线（包括复兴岛）15.5公里，有杨浦大桥和大连路、翔殷路、军工路（在建）3条越江隧道以及6条过江轮渡线与浦东新区连接。

成陆于唐末宋初，区境属华亭县高昌乡。元至正二十九年（1292年）属上海县高昌乡。清雍正二年（1724年）后，虬江以北属宝山县。同治二年（1863年）和光绪二十五年（1899年）南部沿黄浦江地带曾被划入公共租界。民国元年（1912年）虬江以北属宝山县殷行乡，虬江以南、租界以北属上海县引翔乡。1927年，上海特别市政府成立，租界以北分属引翔、殷行和江湾区。1945年12月，区境分属杨树浦、榆林和新市区。1950年6月，杨树浦区改称杨浦区。以后，区境不断向北扩大。1960年1月，榆林区并入。1984年9月，宝山县五角场镇和殷行地区划入。1993年3月，浦东歇浦路街道划归浦东新区。1997年6月，宝山县所属江湾机场划入，始成现状。

区政府设于江浦路549号。下辖定海路街道、大桥街道、平凉路街道、江浦路街道、控江路街道、延吉新村街道、长白新村街道、四平路街道、殷行街道、五角场街道和新江湾城街道共11个办事处,以及五角场镇人民政府。下设居民委员会305个。

【行政区划】 杨浦区现有土地面积60.61平方公里,区位环境资源开发潜力大。有15.5公里长的滨江带,有黄浦江下游规划中唯一的生态岛复兴岛,有正在开发的新江湾城,有17.7公里长的独立内河水系,绿化基础良好,越江交通、快速交通、轨道交通也正处于大规模的开发建设中。

为充分发挥这些资源的集聚优势,《杨浦知识创新区发展规划纲要》(以下简称《规划纲要》)提出,在大学校区与科技园区周边建设开发公共社区,为校区、园区提供公共服务和后勤保障等功能。

从布局上看,西片规划主要依托复旦、同济等大学以及众多的科研机构创建一批知识型现代化社区和设施配套齐全的人文街区,包括新江湾城、五角场城市副中心等地区,近期将重点建设中央社区;东片规划将依托理工、水产等大学以及周边的科研生产基地创建一批知识型现代社区,包括复兴岛、定海地区。

公共社区主要建设任务及近期建设重点:《规划纲要》提出,杨浦知识创新区公共社区主要是为校区和园区提供公共服务,创造一个适宜交流、创业、居住、休闲的环境。要在大学周边建设一批知识型公共社区和齐全的配套设施,把大学教育的公共服务功能、居住与生活功能、后勤保障功能等向城市社区转移;构筑资源共享系统,发挥"三区融合,联动发展"的资源优势和综合效应。

近期的建设重点是推进以资源共享和公共服务为特征的公共社区建设,包括:

——以中央社区的建设为重点,在大学周边启动一批SOHO区和社会化学生公寓项目。

——结合沿江开发,启动滨江现代服务业功能区建设项目,2006年初具规模。近期重点建设黄浦江四个重点地区之一的杨浦大桥地区。

——复兴岛地区开发以生态、论坛、休闲等为主要功能,2005年启动,2008年初见形象,2010年初步建成,争取成为上海世博会重要的配套部分。

为进一步推进三区联动发展,近期还将加强基础设施项目的建设力度,主要包括:

——完善道路系统,加快轨道交通建设,建立公交接驳系统,设置自行车专用通道,方便校际资源共享和交流、交往。

——其中2005年前建设的轨道交通线路有M4(4号线)、M8线(8号线);2010年前建设线路有M1(10号线)、M2线(12号线);远期建设线路有L3、L5线。中环线将于2006年建成。

——近期强化对复旦大学周边的环境综合整治,为迎接复旦大学百年校庆创造良好外部环境。

——创业走廊项目西段年内争取启动,2007年建成;东段2010年建成;中段创造条件推进实施。

——改造内河水系,形成独具特色的亲水景观。水系景观项目计划每年以1-2公里的建设速度推进。

——形成知识创新区文物博览群,把区域内高校和社会人文资源以及历史建筑风貌展示出来。

——大力发展公共科研服务平台体系,培养产学研战略联盟,逐步开放部分大学和科研院所、若干个国家重点实验室、技术中心、测试中心等。促进区域内高校、科研院所和社会各类实验室、图书馆、孵化器资源的共享。

【经济建设】 2008年,杨浦区加快失去经济发展方式和城区发展模式转变。切实保障和改善民生,经济社会继续保持平稳健康较快发展的良好势头。

申报国家科技新型创新型示范城区。经上海市政府批准同意,杨浦知识创新基地规划范围由2.2平方公里调整为9.46平方公里,并纳入张江开发的管理体制和政策扶持范围,13个项目获得69600万元专项资金资助。与上海财经大学签订进一步加强全面合作联手推进自主创新框架协议。白玉栏环保广场(北块)、复旦科技园三期竣工。上海财大电力两个科技园申报国家大学科技园方案通过专家评审。与上海市城市建设投资开发总公司合作推进新江湾城国际大学科技园规划建设。

创新环境进一步优化。出台重点领域人才开发项目,建立人才发展专项资金,首批拨款190万元,办理户籍引进和人才居住证3653人,同比增长80%;实施人才租房补贴政策,开通大学生创业企业人才服务"绿色通道"。知识产权审判庭受理案件70件。全区科技企业3350家,申请专利3231项;发明专利占申请专利总量的53%。上海无线电设备研究所被评为"上海市科技小巨人企业";上海华平信息股份有限公司等4家企业被命名为"上海市科技小巨人培育企业"。

聚集五角场战略成效明显。编制《五角场市级副中心商业业态布局规划》,五角场南部商业商务区完成销售额23亿元,同比增长50%。创智天地一期二批、复旦金融创新园、波司登总部大楼等项目稳步推进,创智天地一期三批(5号地块)开工建设。新江湾城知识商务中心等一批项目前期工作加快推进。环同济知识经济圈总产出突破100亿元。西门子上海中心、德国大陆集团亚洲部门和中国研发中心、宝地广场等项目加快建设。上海东方渔人码头一期积极推进,二期和秦皇岛路"世博水门"前期工作有序展开。33个区重大工程项目加快建设,16个项目开工,9个项目竣工。建立了载体建设与招商引资同步推进的工件机制。商务楼宇新竣工53.6万平方米,累计面积305.4万平方米。

产业结构进一步调整优化。第二、第三产业增加值比例为23.8:75.4,第三产业比重同比增加1个百分点;知识型生产性业增加值占第三产业增加值比重达31.6%,同比增长1.5个百分点。高新技术产业园区级税收同比增长17%。制定实施区促进产业发展扶持政策,出台现代设计、电子信息和环保节能企业认定办法。汇星、铭大、海上新东坊、五维空间一期等老厂房改建创意产业园。功能性房产与住宅房产的投资比例为57:43。旅游、消费市场持续兴旺。

2008年杨浦区经济和社会发展主要指标完成情况

项 目 名 称	单位	数值
生产总值	亿元	680.29
同比增长	%	12.7
税收收入	亿元	100
同比增长	%	21.5

续上表

项 目 名 称		单位	数值
财政收入		亿元	101.48
同比增长		%	17.7
其中:区级财政收入		亿元	40.78
同比增长		%	15.4
工业总产值		亿元	624.78
同比增长		%	15.3
固定资产投资		亿元	124.5
同比增长		%	9.8
社会消费吕零售总额		亿元	185.56
同比增长		%	13.3
外贸进出口总额		亿美元	11
同比增长		%	10
吸收合同外资		亿美元	7.25
吸引内资		亿元	73.7
旧区改造地块		块	21
累计动迁居民约		户	1406
落实保障性住房建设计划		万平方米	36.7
旧住房"平改坡"综合改造		万平方米	15.3
旧住房综合整治		万平方米	31.5
新增养老床位		张	625
新增就业岗位		万个	3.6
城镇登记失业率控制在		人次内	27020
职业技能培训		万人次	1.5
发放最低生活保障、医疗求助等各类保障求助金		亿元	1.36
其中	实施最低生活保障	万人次	40.98
	实施协保补助、粮油帮困、医疗求助	万人次	17.9
投入节能减排专项资金		万元	1446.4
既有建筑节能改造		万平方米	10.4
新增燕姝对明月技改项 目		个	5
二氧化碳排放量		吨	2050
同比消减		吨	150

【环同济知识经济圈建设初见成效】 208年，杨浦区环同济知识经济圈依托同济大学现代设计学科优势，形成了以研发设计为文武惟卿士特色的产业集群。年末，《环同济研发设计服务产业基地规划》通过国家科技部专家评审，并申报国家科技部火炬计划特色产业基地。

杨浦环同济知识经济圈由核心圈、扩展区和辐射点三层次构成，其中，"核心圈"为密云路、中山北二路、江浦路、控江路、大连路围成地区，面积约2.6平方公里。

经济圈的四大特点：一是龙头企业集中。吸引了市政工程设计研究总院、同济大学建筑设计院、上海邮电设计院有限公司、上海远东建设设计研究院等1000家设计企业，以及33家高新技术企业入驻；二是企业技术含量高。经济圈创建以来，连续获得国家和上海市科技进步将数通和好止烟尘十项、国家火炬计划项目3项、地方级火炬项目9项。三是人才聚集。经济圈内企业职工总数3万人，其中大专以上学历的科技人员过半。四是产业发展重点明确。①重点发展工程勘察设计、城市规划设计、汽车造型设计等设计产业。②工程咨询、环境污染防治咨询、施工监理、模具制作等服务产业。③新能源、新材料、环保等研发产业。 （张文华）

嘉 定 区

【概况】 嘉定区位于上海西北部，是建设中的上海国际汽车城所在地。东与宝山、普陀两区接壤；西与江苏省昆山市毗连；南襟吴淞江，与闵行、长宁、青浦三区相望；北依浏河，与江苏省太仓市为邻。区域面积463.55平方公里。有铁路沪宁线、沪杭外环线过境。公路交通形成网络。主要公路有A5（嘉金高速）公路、A11（沪宁高速）公路、A12（沪嘉浏高速）公路、A30（郊环高速）公路、沪宜公路（属204国道）、曹安公路（属312国道）和宝安公路、嘉安公路、嘉松北路、宝钱公路、浏翔公路等，总长1000多公里。有往来于上海市区、郊区及区内各镇的公交线路90条，运营线路长度逾千公里，基本实现区域公交线网全覆盖，市民出行环境进一步优化，全年运送乘客3036万人次。760辆区域性出租汽车实现GPRS智能电话调度全覆盖，年客运量2685万人次。有开往浙江杭州、重庆彭水、安徽定远、河南淮滨、江苏苏州等地的始发省际客运班车线路20条，开往苏、浙、皖、鲁、豫、川、鄂等地的过境配载客运班车线路120条，年运送省际客流65万人次。有内河航道20条，通航里程232公里。名胜古迹有南翔寺砖塔、嘉定孔庙、法华塔、秋霞圃、古猗园、汇龙潭等。娱乐、旅游场所有上海高尔夫俱乐部、美丽华度假村、浏岛风景区、真新百佛园、江桥新泽源、安亭银杏园、华亭人家、上海国际赛车场等。名人纪念处所有二黄（黄淳耀、黄渊耀）先生墓、钱大昕墓、顾维均生平陈列室、陆俨少艺术院等。

2008年，全区完成增加值654.98亿元，比上年增长16.99%。一、二、三产业结构比为0.5:67.7:31.8。完成财政总收入205.54亿元，增长12.21%。其中地方财政收入完成58.1亿元，增长15.02%。全年完成农业总产值12.21亿元，其中种植业产值6.64亿元，畜牧业产值3.92亿元，渔业产值0.95亿元，。粮食播种面积8612公顷，粮食总产量5.51万吨，水稻优质品种种植率达100%。高效生态农业加快发展，特色农业规模不断扩大，现代农业园区功能进一步完善。蜡梅、水族宠物等研究所先后成立，农业科技研发和推广应用不断加强。制造业继续做优做强。实现工业总产值2160.5亿元，比上年增长16.13%。其中规模以上工业企业实现产值1758.1亿元，增长21.27%，占全区工业总产值的81.37%，工业利润72.7亿元。现代服务业凸显特色，第三产业完成增加值208亿元，可比增长18.13%。生产性服务业集聚区建设有序推进,集聚效应不断增强。文化信息创意产业成为新亮点,上海文化信息产业园、中国际广告创意产业基地、上海沸城创意产业园等重点项目有力推进。上海马陆葡萄节、上海南翔小笼文化展、曹安商贸城旅游购物节、上海孔子文化活动周等特色旅游节庆活动成功举办,共接待游客200多万人次。各宾馆、旅行社和旅游景点全年共接待游客440.4万人次,比上年增长15.5%,旅游营业收入8.47亿元。

上海国际汽车城建设深入推进。市区联手、以区为主的推进体制不断健全,主体开发公司进一步明确。国家汽车检测中心二期等项目启动建设,汽车城研发功能不断拓展。全年完成固定资产投资39.9亿元,实现增加值233.5亿元,同比增长6.6%;引进外资24家,完成工业总产值855.4亿元,同比增长11.4%;社会消费品零售额43.5亿元,同比增长28.2%;外贸直接出口8.4亿美元,同比增长47.4%。

组合型新城建设全面推进。新城中心区形象初步显现。规划不断深化优化,伊宁路以南控制性规划编制完成,实现中心区17平方公里规划全覆盖,并向周边拓展。一批功能性项目开工建设,在建项目总建筑面积达到100万平方米。一批生态环境项目建设全面启动,远香湖开工建设,环城林带一期等绿化景观工程加快推进,新增绿化面积40万平方米,“千米一湖、百米一林”的目标初步实现。一批基础设施项目建设有序推进,投入资金12亿元,道路、电力、燃气、污水等设施建设同步实施。“无线城市”覆盖面积达200平方公里。老城改造加快实施。嘉定镇被命名为“中国历史文化名镇”。推进博乐广场沿横沥、练祁河景观整治工程,州桥老街商业业态调整力度不断加大,州桥历史风貌保护区改造进一步深入。完成西大街善牧堂改造,实施红石路辟通工程,练祁家园320套动迁配套商品房启动建设,西门历史风貌保护区改造稳步推进。北水湾建设进度不断加快,首期动迁腾地工作全面完成。南门商务圈建设进一步推进,功能性项目加快建设。南翔组团建设全面启动,完成老街改造一期工程,南翔站综合开发项目开工建设,嘉浩地块动迁工作全面完成。安亭组团建设加快推进。汽车零部件全球采购中心等项目建设顺利实施,综合配套服务功能进一步增强。基础设施不断完善。轨道交通11号线(嘉定段)建设进展顺利,主线铺轨和触网架设工程加快实施,站点市政配套项目和公交枢纽建设稳步推进。轨道交通13号线(嘉定段)前期工作全面展开。新辟公交线路12条,区域公交线网进一步优化。配合实施沪宁高速公路、曹安公路拓宽,完成桃浦路贯通和胜辛路蕰藻浜大桥工程,启动嘉盛公路延伸、胜辛路改扩建、金昌路新建、阿克苏路穿越A30工程,区域道路联系对接不断加强。建成变电站6座,新建新城燃气门站,推进嘉北水厂建设前期工作,城市能源保障体系进一步健全。环境综合整治全面展开。第三轮“环保三年行动计划”全面完成。建成嘉定大众污水处理厂和国际汽车城安亭污水处理厂二期工程,新增污水日处理能力10万吨。敷设污水管网123公里,实现企业污水纳管500家,完成万河整治和黑臭河道整治500公里,水环境质量不断改善。城市绿化建设进一步加强,外环生态专项建设全面推进,北郊森林湿地前期工作有序展开,全年新增绿化面积76万平方米。农村环境大力改善。以村宅改造、农村危桥和道路改造为重点,投入资金1亿多元,扎实推进社会主义新农村建设。村宅改造工程加快实施,清理河道淤泥8.8万立方米,敷设污水管网16.7公里,新建庭院绿化18.5万平方米,惠及农户1875户。

2008年,全区实现社会消费品零售总额191.58亿元,比上年增长15.91%。全社会固定资产投资182.07亿元。房地产业快速发展,全区新开工商品房253万平方米,竣工211万平方米。加快推动项目开工投产,建立项目落地开工“高速通道”,共有118个项目纳入市“绿色通道”,52个重大工业项目集中开工,21个台商投资项目集中签约。招商引资不断加强,引进合同外资11.3亿美元,到位资金6.6亿美元,同比分别增长24.2%和32%。引资质量进一步提高,引进总投资1000万美元以上的大项目和引进的三产项目分别占引进合同外资总额的87.5%和56.5%。民营经济健康发展,全区民营企业上缴税额113.9亿元。企业融资服务不断强化,银企合作成效明显,全区百家中小企业获得银行新增贷款近30亿元。3家小额贷款公司成立,中小企业融资渠道得到拓展。大力实施“小巨人”计划,品牌战略取得新突破,“姚记”商标、“马陆”葡萄分别被认定为中国驰名商标、中国名牌农产品。

产学研结合步伐进一步加快。庆祝嘉定“科学卫星城”命名50周年系列活动成功举办,复旦、同济、上大三个高校产业园正式揭牌,中科院上海硅酸盐研究所总部落户嘉定,5家国家级科研单位研发项目落地。全区年内实施科研、科普项目5000余项,申报各级各类科研、科普项目300余项,有国家创新基金立项项目13项,上海市科技型中小企业技术创新资金项目40项,上海市重点新产品计划项目25项。年内,上海复华高新技术园区科技创新基地开工建设。节能减排顺利推进。项目前置审批不断强化,严格实行“审项目、核能耗”和“批项目、核总量”准入制度。加大劣势企业淘汰力度,淘汰劣势企业282家,节约标准煤12万吨,腾出土地145.13公顷。

区镇两级财政对教育、卫生事业投入13.62亿元,比上年增长21.31%。教育事业均衡发展。基础教育经费区级统筹管理顺利实施,全区57所学校纳入教育经费统筹管理范围。学前教育三年行动计划加快推进,新建、改扩建幼儿园12所。义务教育课程改革稳步实施,实验性、示范性高中建设不断加快。组建上海嘉定职业教育集团,校企合作培养技能人才工作取得成效。社区教育大力推进,成功创建全国社区教育示范区。卫生事业加快发展。瑞金医院分院、东方肝胆外科医院分院落户嘉定,南翔医院迁建工作有序推进,区精神卫生中心迁建、华亭急救分站建设、30个市级标准化村卫生室创建顺利完成,卫生基础设施进一步改善。社区卫生服务综合改革深入推进,65万人次享受基本药品零差率政策。深入开展各类健康促进活动,为4.3万名60岁以上农村老人提供健康体检和咨询,为3.3万名退休妇女和生活困难妇女免费提供妇科检查。

精神文明和文化体育事业大力推进。围绕“迎奥运、迎世博、讲文明、树新风”主题,深入推进全国文明城区创建,积极开展市民素质教育和文明创建活动。在市级文明镇、文明社区考评中,嘉定区分别名列第一和第三位。文化体育活动广泛开展,参与群众近百万人次。北京奥运会火炬接力嘉定区传递活动圆满完成,嘉定区迎奥运系列活动和第一届青少年运动会成功举办。开展“纪念陆俨少诞辰100周年”、“海峡两岸竹刻艺术交流展示会”、“中国科举书画展”等活动,传统文化品牌效应进一步扩大。

促进就业工作不断加强。深入开发“万人、千人、百人”就业项目,继续完善对“零就业家庭”和“双困”人员的就业托底机制,近千人得到妥善安置。扶持创业力度不断加大,促进创业带动就业,全年新增就业岗位44459个,转移农村富余劳动力11255名,城镇登记失业率控制在4.35%。落实新一轮"技能振兴计划",技能型人才比重进一步提高。劳动关系和谐企业创建活动深入开展,劳资纠纷的预防、处置、化解机制不断完善,劳动者和企业合法权益得到切实维护。人民生活水平持续改善,城镇和农民家庭人均年可支配收入分别达到22241元和12587元,同比分别增长12.5%和10%。社会保障体系日益健全。继续完善征、用地人员出劳办法和"镇保"实施措施。实行"农保"基金区级管理,农村养老金最低发放标准提高到每人每月260元。实施征地养老人员参加"居民医保",医疗保障水平进一步提高。继续做好高龄无保障老人和遗属生活困难补贴人员纳入社会保障等工作,社会保障覆盖面不断扩大。调整落实帮困救助各项政策,扩大"一口上下"社会救助覆盖面,全年共有44万余人次获得社会救助。区住房保障服务中心成立运行,住房保障工作进一步加强。完成旧住房综合改造65.7万平方米,配建经济适用住房11.2万平方米,社会稳定基础进一步夯实。和谐社区创建活动不断深入,和谐社区示范居委会创建率达71%,示范街镇创建率达78%。人口综合服务管理进一步加强,居住证制度加快实施,来沪人员和户籍人口计划生育率控制在市下达指标内,成功创建为全国计划生育优质服务先进单位。区人民政府地址:嘉定区博乐南路111号。

(孙培兴)

【上海国际汽车城现代服务业集聚区建设】 上海国际汽车城现代服务业集聚区是"十一五"期间市政府重点推进的20个服务业集聚区之一。集聚区分核心区和辐射区两部分,其中核心区北至曹安公路,南至顾浦河,东至墨玉南路,西至上海与江苏省分界,区域面积20公顷,总建筑面积50万平方米。核心区以轨道交通11号线墨玉路站交通枢纽为中心,整合周边区域汽车贸易、博览、研发等特色资源,重点打造集商务办公、科普教育、文化休闲、餐饮娱乐为一体,有效辐射长三角的商务商业大平台。辐射区占地33.33公顷,由俱乐部街区(零部件交易功能)和汽车贸易区(贸易展示功能)、汽车世界(高科技娱乐互动功能)组成,三个功能区形成联动开发、错位发展的形态。2008年,上海国际汽车城现代服务业集聚区完成系列调研与规划设计工作,聘请科尔尼(上海)企业咨询有限公司、维思平联合国际咨询(北京)有限公司对区域发展方向进行深入研究,提交系列报告。4月27日,集聚区核心项目——嘉亭荟商业广场建设启动。该项目占地面积17.33公顷、建筑面积50万平方米。项目倡导"健康可持续性的生活方式",力求打造成具博览、商业、休闲、资讯、文化、教育、办公、旅游功能的现代化生活平台。项目一期占地5.2公顷,建筑面积12.65万平方米,预计2011年竣工。

(孙培兴)

【全国社会政府新农村建设示范点——毛桥村】 2008年,毛桥村以加快实现"两个率先"和"强村富民"为总目标,紧紧围绕"在发展中树威信,在服务中得民心"的工作理念,始终把发展作为第一要务,把致富群众作为第一责任,突出发展主题,经济建设取得新发展。全年实现工业总产值6.1亿元,比上年增长40%,实现村可支配资金240万元。积极推行土地承包经营流转,逐步发展土地规模经营。有计划、有组织地引导农村剩余劳动力向非农产业和城镇转移创造条件,拓宽农民增收渠道。关心弱势群体生活,为6户家庭办理大病医疗救助计8万元,对村内60岁以上老年人每人每月发放生活补助费110元,继续实施农村合作医疗保险村集体补贴政策,村有线电视终端入户率100%。毛桥村作为全国35个社会主义新农村建设示范村之一、上海市"1966"城乡体系规划的首批中心村建设试点单位,在农家自然村宅及综合环境改造工程中注重环境和生态保护,保留水乡农村的特色和淳朴的民俗民风,花大力气改善村容村貌,优化农村居住环境。巩固"外墙白化、道路硬化、路灯亮化、河道净化、卫生洁化、庭院绿化、环境美化、生活优化"等的"八化"创建成果。做好"百年老屋、千斤桃王、毛桥食堂、都市农夫、长泾河畔、知青小屋、农具春秋、传世艺坊"等景点的宣传。年内,沪唐公交线延伸至毛桥村,大大方便村民的出行,促进"农家乐"旅游业的发展,全年吸引游客10万余人。

(孙培兴)

【嘉定52个工业项目集中开工】 嘉定是上海重点发展的六大产业基地之一,在上海新一轮大发展中占有重要地位。2008年,嘉定区积极推进"绿色通道"项目,简化行政审批流程,着力创造更加宽松的投资环境,扶持现代服务业、高端制造业发展,帮助企业度难关。至年底,持续推进的各类重大项目共278个,总投资660亿元。其中纳入市"绿色通道"的工业项目75个,总投资167亿元;待建工业项目95个,总投资85亿元;重大经营性项目48个,总投资261亿元;重大基础设施及社会事业项目56个,总投资140亿元;重点科研院所在建项目4个,总投资7亿元。11月20日,嘉定区52个工业项目集中开工仪式在嘉定工业区举行。市委书记俞正声启动项目开工按钮,市委副书记、市长韩正出席并讲话,区委书记金建忠致辞。山特维克矿山机械(中国)有限公司、上海新傲科技有限公司、上海科曼车辆部件系统有限公司等部分开工企业代表在仪式上发言。市、区相关领导及负责人参加。52个项目主要集中在汽车配套、光电技术、工程机械、电梯、生态材料技术、商务中心等高端制造业和现代服务业领域。52家开工企业中,外资企业38家、内资企业14家,总投资达96亿元人民币,预计在2010年前陆续投产,实现产值近200亿元人民币。

(袁黛英)

【中国广告产业总部基地落户嘉定】 4月18日,在嘉定工业区举行的2008中国广告论坛上,由中国广告协会和嘉定工业区携手打造的中国广告产业总部基地奠基。该基地集产业、总部经济、公共服务和政务管理等四大功能于一体,计划于2012年建成后,每年举办一次广告展示活动,设立和颁发中国广告行业的各类奖项,成为中国广告人之"家"。该基地产业板块总面积45.8公顷,分二期规划建设。一期建设内容为汽车整车设计中心、汽车零部件设计研发中心、工业模具研发及制造中心等;二期建设内容为资讯科技及电子应用技术研发中心、环保循环工业应用技术研发中心、高科技材料应用技术研发中心等。总部经济板块总面积23.9公顷,分办公区和行政商务配套区两部分,主要是中国广告产业总部基地、高科技信息产业基地、精密电子与精密工程设计区域等。公共服务板块总面积10.3公顷,包括海内外工业设计师协会、工业发明者之家、广告创意中心等。另有政务管理板块总面积4.7公顷。
(孙培兴)

【国家汽车及零部件出口基地(上海)揭牌】 6月26日,国家汽车及零部件出口基地(上海)揭牌仪式在上海国际汽车城会展中心举行,副市长唐登杰出席仪式并为出口基地揭牌。上海国家汽车及零部件出口基地是全国首批8个国家级汽车及零部件出口基地之一,建设的目的是依托上海国际汽车城,立足长三角,辐射全国,放眼世界,加快提高基地内汽车产业的研发和制造水平,加快建设和完善基地内与汽车相关的各类公共服务平台建设,加快提升基地内汽车及零部件制造和出口能力。最终目标要将出口基地打造成全国一流并具有世界水准的汽车整车及零部件生产重要基地,打造成具有世界水准的自主品牌汽车和新能源汽车研发高地和具有世界水准的汽车及零部件国际贸易中心。
(孙培兴)

【上海孔子文化活动周举行】 9月28日,2008上海孔子文化活动周开幕式在嘉定孔庙举行。开幕式上,中国文化艺术促进会上海分会、嘉源海国学馆、中国硬笔书法认证中心和塔厅书场揭牌;同时举行高考状元祭孔圣、童声诵读传统经典、上海小学生书法展演等活动。活动周由嘉定区人民政府主办,旨在纪念先哲,弘扬历史文化传统,展示嘉定孔庙、州桥老街和科举陈列等特色文化资源,让市民感受人文嘉定的浓郁氛围。活动周期间,开展群众文艺天天演、"老街新貌,和谐新风"摄影采风、尊孔重教状元之旅、相约金秋文明畅想、疁城藏珍——上海市嘉定区收藏协会会员藏品联展、流风遗韵——嘉定历代名贤墨迹展、中国的孔子与外来的"孔子"讲座、"风情小木屋,民俗老街游"、传统民间工艺表演及州桥老街荷花灯展等12项活动。
(宋怀常)

【外冈游击队纪念馆开馆】 7月30日,纪念馆建成开放。该馆位于外冈游击队发源地——嘉定区外冈镇杨甸村,居于外冈蜡梅主题公园中。纪念馆设主体建筑和吕炳奎旧居各一幢,占地面积3000余平方米,展厅面积120余平方米。纪念馆主体建筑为花园式别墅,展览内容分为"淞沪大地血雨腥风、保家卫国揭竿而起、指路明灯坚决抗日、喜迎江抗锄奸杀敌"四个部分,展出各种文物、图片和历史资料80余件,通过影视、水粉画、雕塑等形式,再现抗日战争期间,嘉定外冈青年中医吕炳奎为代表的一批爱国青年,组织成立外冈游击队,在困难的条件下和复杂的环境中,接受中国共产党的领导,积极抗日、英勇战斗的光辉事迹。吕炳奎旧居为一幢老式民宅,内设展室,介绍吕炳奎为党的事业战斗的一生。外冈游击队纪念馆是嘉定区爱国主义教育基地、嘉定区青少年革命传统教育基地和嘉定区廉政教育基地。
(吴 庆)

【上海首个汽车影剧院亮相上海国际汽车城】 9月28日至10月5日,沪上首个对社会公众开放的汽车影院亮相上海国际汽车城。作为2008上海旅游节的重要活动内容,上海国际汽车城所在地安亭镇政府举办首届安亭汽车文化之旅欢乐周活动,为申城及周边居民精心设置汽车生活浪漫篇、汽车生活竞技篇等四大系列活动,让游客在观赏、互动、体验中感受汽车城魅力,起源于美国的汽车影院首次登陆上海。欢乐周期间的每天晚上,汽车博览公园空地上设置2块高14.6米、宽6.6米的大屏幕,形成2个露天放映场地。影院每晚可以容纳300个车位,从晚上7点半到凌晨2点,车主只需花百元钱即可观看3部影片,声音可通过汽车的调频广播自由调节。汽车影院相比室内影院银幕更大、私密性更好。为保证观影效果,主办方还特意从北京请专业的汽车影院工作团队提供技术、设备保障。
(孙培兴)

【上海国际汽车城建设】 2008年,上海国际汽车城(简称汽车城)实现工业总产值855.4亿元,比上年增长11.38%;实现工业增加值233.5亿元,比上年增长6.57%;完成固定资产投资39.9亿元,比上年增长3.64%;社会消费品零售额43.5亿元,比上年增长28.32%;外贸直接出口额8.4亿美元,比上年增长47.4%;引进外资企业24家。年内,汽车研发不断跃上新高度。新能源汽车研发取得重大突破。7月6日,20辆自主研制的氢燃料电池轿车走出实验室,驶向奥运会场,成为2008北京奥运"绿色车队"中的重要成员。上海汽车集团股份有限公司技术中心(安亭)第一期工程落成,加上已有的大众汽车研发中心,形成了2大整车研发中心的集聚。同时,有29家汽车零部件企业建立了技术研发中心,整车和零部件研发的集聚,汽车研发"高地"正在形成。地面交通风洞实验室建设工程如期完成,国内"第一汽车风洞"在汽车城诞生。国家机动车检测检验中心第二阶段试验楼和碰撞楼扩建工程进展顺利,相关校准规范立项申请书已经上报国家有关部委,检测中心成为国内行业权威机构之一,汽车公共服务平台开始服务全国。上海大众在"2008夺金之年",不仅成功借助奥运契机实现企业品牌形象的有效提升,而且以501018辆的直销业绩再破销量历史纪录。其中,大众品牌年度直销量突破44万辆,继续蝉联中国汽车行业单一品牌销量冠军;斯柯达品牌今年也有出色表现,销售达59284辆,比2007年增长117%。在销售取得历史性突破的同时,上海大众的市场占有率也稳步提升,从2007年的8.6%增长到2008的9.2%。2008年,上海国际汽车城零部件配套工业园区完成工业产值251亿元,同比增长21.8%。其中,汽车零部件企业完成产值192.2亿元,同比增长21.8%;外贸出口43亿元人民币,同比增长12%。零部件制造业能级又有新提高。零部件生产基地越来越得到关注和重视,上海国际汽车城零部件工业园区被命名为国家火炬计划——上海安亭汽车零部件产业基地。经市政府同意,上海国际汽车城产业园开始纳入汽车城管理体系。招商引资取得成效,园区共引进世界20强汽车零部件企业14家。汽车文化建设有新推进。汽车博览功能不断完善,内容不断丰富。上油汽车博物馆新增"通用品牌馆",开设汽车科普馆,全年接待5.08万人次。在继续承办2008年F1大奖赛、2008年A1世界杯汽车大奖赛、2008MotoGP和明星慈善房车赛等比赛项目的同时,举办全国最大的车主嘉年华,吸引苏浙沪和其它地区的广大车迷,旨在建设成为上海、长三角乃至中国最大的汽车活动中心、汽车文化中心。举办"汽车文化之旅"活动,首次推出"汽车影院",7天吸引2100余辆汽车主。继续举办各类节庆活动,推动旅游、观光、休闲服务稳步提高,全年有7.4万人次到汽车城参观游览。汽车服务贸易有新突破,汽车贸易有了新平台。国家汽车及零部件出口基地(上海)加快建设,德国VDA、上海汽车人才中心等机构入驻,8.4万平方米的全球采购中心大楼开工建设，信息平台建设启动，4000平方米展示厅已招商布展。会展贸易首次在汽车城举办中国上海跨国采购大会汽车零部件专场洽谈会，来自全球的35家汽车零部件采购商及整车厂商设摊采购近500个采购品种，供应商700多人参加。继续组织一批大型主题展会，如进口汽车展、台商庙会、专用汽车展等，推动汽车贸易的集聚。汽车销售实现快速增长。大众汽车销售公司入驻安亭带动了汽车城整车销售新的提升，贸易街已经开业的9家品牌专卖店销售大幅攀升，2008年汽车城地区整车销售50.7万辆，同比增长5.2%。城市基础设施配套有新亮点。总投资6000万元、建筑面积14000平方米，具有体育健身功能的安亭文体活动中心于7月上旬开工。总投资15亿元的东方肝胆医院分院正式签约落户安亭，于12月26日举行开工奠基。安亭社区医疗中心已开工建设。安亭新镇5号地块配套设施土建基本结束。轨道交通11号线主体结构完成。京沪高速铁路、城际铁路和沪通铁路途径上海国际汽车城的规划确定，其中京沪高速铁路已经开工。（孙培兴）

2008年嘉定区基本情况表

项目	数量	项目	数量
区域面积（平方公里）	463.55	小学（所）	23
行政区划		在校学生（人）	24488
街道办事处（个）	3	幼儿园（所）	40
镇（个）	8	在园幼儿（人）	17168
工业区（个）	1	职校（所）	1
新区（菊园）（个）	1	在校学生（人）	5160
居民委员会（个）	110	**文化**	
村民委员会（个）	159	图书馆、室（个）	14
人口		文化馆、站（个）	14
户籍人口（万人）	54.36	影剧院、场（个）	2
户数（万户）	18.79	**卫生**	
人口密度（人/平方公里）	1172	医疗卫生机构（所）	28
人口自然增长率（‰）	-0.75	区级医院（所）	6
精神文明创建		医院床位数（张）	2647
市文明小区（个）	84	医疗卫生技术人员（人）	4165
市文明单位（个）	75	执业医师（人）	1405
市文明村（个）	57	**体育**	
教育		体育场馆（个）	5
中学（所）	31	健身苑、点（个）	456
在校学生（人）	23924		

2008年嘉定区国民经济主要指标一览表

项目	单位	完成数	比上年增减（%）	项目	单位	完成数	比上年增减（%）
增加值	亿元	654.98	16.99	外贸出口总额	亿美元	72.83	16.3
第一产业	亿元	3.52	36.43	直接利用外资签订合同项目	个	132	-24.14
第二产业	亿元	443.12	16.33	直接利用外资签订合同金额	亿美元	11.46	25.8
工业	亿元	417.58	16	农业总产值	亿元	12.21	17.4
第三产业	亿元	208.34	18.14	工业总产值	亿元	2160.5	16.13
固定资产投资额	亿元	182.1	6.11	住宅竣工面积	万平方米	244.7	5.47
财政收入	亿元	205.54	12.21	社会消费品零售总额	亿元	191.58	15.91
地方财政收入	亿元	58.1	15.04				
地方财政支出	亿元	88.38	11.68				

宝　山　区

【概况】 上海市宝山区位于上海市东北部,地处万里长江的入海口,东临黄浦江,南与杨浦、虹口、闸北、普陀4区毗邻,西与嘉定区接壤,西北与江苏太仓市交界。全区面积293.71平方公里。至年末,全区辖3个街道、9个镇,有278个居民委员会、111个村民委员会,户籍人口84.69万人。户籍人口中农业人口6.49万人,非农业人口78.21万人,人口密度为2884人/平方公里。有耕地5321.0公顷。

【经济发展】 年内,大力发展现代农业,推进农业规模经营,提高生产水平和经营效益,提升农业现代化装备水平,并加大监管力度,确保食用农产品安全。全年实现农业总产值6.38亿元。农业产业化继续推进,全年共有农业产业化组织29个,实现农业产业化经营总收入57.7亿元。工业生产得到较快增长。全年实现工业增加值207.65亿元,比上年增长14.0%,占全区比重41%。工业园区建设取得新成效。至年末,宝山工业园区和月杨工业园区两个市级工业园区有投产工业企业368户,比上年增加30户,实现工业销售产值284.97亿元,比上年增长28.5%,增速比全区快10.8个百分点,占全区比重27.9%,比上年提高2.3个百分点。建筑业全年实现增加值39.94亿元,比上年增长10.3%。全年实现批发和零售业增加值59.41亿元,比上年增长17.2%。集贸市场全年成交额66.97亿元,增长42.6%。交通运输、仓储和邮政业全年实现增加值38.50亿元,比上年增长10.7%。受国内外宏观经济变化影响,商品房销售量下降。全年实现房地产业增加值37.96亿元,比上年下降5.1%。全年完成房地产投资额88.55亿元,比上年下降5.4%;施工面积938.3万平方米,增长11.3%;竣工面积308.8万平方米,增长22.6%。商品房(现房+期房)销售面积184.9万平方米,比上年下降45.5%;销售金额155.67亿元,下降31.2%。存量房成交面积120.2万平方米,下降22.8%;存量房成交金额80.6亿元,下降17.1%。进出口贸易增速放缓。全年实现外贸进出口总额35.31亿美元,比上年增长2.8%,增速回落7.0个百分点。其中,进口总额11.27亿美元,增长8.0%;出口总24.04亿美元,增长0.5%。全年批准外资项目99个,合同外资总额35142万美元,比上年增长2.8%。全年共引进各地投资企业713户,注册资金72485万元。全区拥有私营企业25379户,比上年增长2.1%;注册资金530.39亿元,增长13%。旅游业持续健康发展。各旅游景点全年接待游客351.9万人次,实现营业收入662.9万元。至年末,全区有星级饭店10家,其中四星级1家。主要饭店(宾馆)实现营业收入4.86亿元,比上年下降7.7%;接待49.95万人次,比上年增长1.4%,其中接待海外游客7.49万人次。全区有旅行社26家,实现营业收入4.04亿元,增长18.0%,组团出游16.61万人次,增长5.5%。

【城市建设】 为保障城乡一体化发展、完善和提升城市功能,城市基础设施建设取得新进展,沪太路拓宽主体工程、轨道交通7号线北延伸高架段等重大市政工程建设竣工;炮台湾湿地森林公园二期落实15公顷建设用地。明确区域公交发展阶段目标和化解交通矛盾的总体思路,确定了加快网络化、功能性、枢纽型的建设格局,新辟公交线路3条,调整延伸公交线路6条。开通了宝山81路、宝山82路,"村村通"工程通达率已达到87.6%目标,市民出行的舒适度和便捷性得到新的提高。全年新建各类绿地200公顷,其中公共绿地130公顷,建成区绿化覆盖率由上年的40.5%提高到41%,绿地率达到40%,人均公共绿地达到20平方米。配合市交通局做好中环沪太路、江杨北路等7个公交枢纽站建设,其中江杨北路、集宁路枢纽站主体已完成。开展迎世博600天环境整治行动,完成公路整治32.1公里,市政道路整治18条5.5万平方米。拆除违法建筑45.24万平方米。为民办实事项目全面完成。完成宝钢地区1.09万户煤气内管改造;完成农村公路建设28条45.6公里,危桥改造完成5座;完成6.21万户居民天然气置换,为19.81万户居民开展燃气安检服务,确保用气安全。炮台湾湿地森林公园获中国人居环境范例奖。

【社会事业】 (1)科技。加快科技成果产业化进程,全年完成市高新技术成果转化项目31项,启动产学研合作项目14个。全年专利申请量3344件,其中发明专利1315件,实用新型专利1755件。吴淞炮台湾湿地公园、东方泵业(有限)活动公司的"泵"展示厅成功申报为市级科普教育示范基地;区级科普教育基地正式对外开放。(2)教育。年内完成一中心小学、宝山实验小学、广育小学等6所学校的资源重组。至年末,全区有各类学校238所,其中中学53所,小学61所,幼儿园105所,在校学生11.89万人;有农民工简易学校24所,在校学生1.97万人。稳定有序地完成了和衷高级中学由公办转制转为公办学校以及6所农民工子女学校纳入民办教育管理等改革工作,至年末,全区有民办学校52所,其中中学8所,小学6所,幼儿园37所,中等职业学校1所,在校学生2.19万人。(3)文化。成功举办了第十届上海国际艺术节群文活动开幕式暨第六届宝山国际民间艺术节,16个国家和地区的艺术团队的358人参加,举办150余场次的演出活动,约10万人次参与。在全市率先完成农村有线电视"户户通"工程,全年共完成114场文化下乡,4180场电影下乡进社区放映活动。特色文化品牌建设取得新成果。罗店镇(龙船)、顾村镇(诗歌)被命名为"中国民间艺术之乡"。罗店划龙船习俗入选第一批国家级非物质文化遗产扩展项名录和上海市首批非物质文化遗产项目传承基地。区文化馆通过了国家一级馆评估。至年末,全区有区级文化馆2个,街镇公共文化站(中心)12个,区级图书馆1个,街镇图书馆12个,娱乐经营场所348家,影剧院8家,网吧122家,。宝山区人民广播电台公共节目播出时间5103小时,其中自办节目4227小时;宝山电视台公共节目播出时间6439小时,其中自办节目3208小时。《宝山报》全年出版53期。(4)卫生。加大卫生基础设施建设力度,改善群众就医条件。年内新建35个标准化社区卫生服务站和村卫生室;新建5个标准化社区中医康复理疗站;菊泉社区卫生服务中心年底试营业。至年末,全区拥有医疗卫生机构40家,有卫生技术人员5225人,医院床位4495张。年内门急诊802.15万人次,增长19.1%;入院8.34万人,增长7.3%;健康检查38.27万人次,增长5.5%。(5)体育。群众体育蓬勃发展,竞技体育结出硕果。以"精彩奥运,健康宝山"为主题的2008年系列群众体育活动——"十万农民迎奥运,百万体育大联动"

奥运倒计时100天活动、第三届"英港杯"体育舞蹈公开赛等成功举行。培养并输送的运动员刘子歌在第29届夏季奥运会上打破世界纪录获得女子200米蝶泳金牌,石峰在男子100米蝶泳比赛中获第九名并创造新的全国记录。年内参加羽毛球、击剑、手球等项目市级锦标赛,共获得20枚金牌。全区拥有社区公共运动场24处,健身苑11个,健身点421个,农民健身家园47个。

【城市环境质量】 全年区级环境保护总投入15.36亿元。区环境保护创新模式不断完善,环境网格色块管理、企业污染指数评定分类管理、特大型企业环境契约型管理均取得明显成效。新建成"基本无燃煤区"40.07平方公里,外环线以内以及区政府所在城镇地区全部建成"基本无燃煤区"。新建成"烟尘控制区"176.49平方公里,外环线以外地区全面建成"烟尘控制区"。镇村生活垃圾堆点已全部关闭,城区和镇生活垃圾分类收集推广率分别达90%和40%。辖区内26所医院与3家其他医疗卫生机构的医疗废物全部纳入全市集中收集处置系统。日处理500吨的神工生活垃圾综合处理厂按计划于6月正式开工。对危险废物重点监管单位实施五联单制度,全区共关闭搬迁落后、重污染企业200多户,保留工业区内部雨污水管网全面建成,顾村、月杨与宝山城市工业园区全面完成企业雨污水分流改造工程与截污纳管工作。保留工业区全部通过环境管理体系认证。农村环境保护和生态建设,投入资金2400万元,关闭和治理罗店种畜场(南场)、富强猪场等禽畜牧场16座,有效控制农业污染源。庙行镇建成国家优美乡镇,大场镇建成市级"扬尘控制区",杨行镇建成市级"烟尘控制区"。完成91.3平方公里的市级扬尘污染控制区创建以及19.83平方公里的区级扬尘污染控制区的创建工作。通过以吴淞工业区为主的污染综合整治,有效削减工业烟粉尘排放量,实施区域扬尘污染综合防治措施,对建筑工地、堆场、码头、物料运输等社会扬尘污染源开展全面整治,全区降尘量逐年下降,2008年区域降尘量水平基本与上年持平,基本实现第三轮环保三年行动计划设定目标。东城区空气质量优良率达到92.3%。9个工业区的平均降尘量为12.1吨/平方公里·月,与上年持平。2008年宝山区的酸雨污染有所缓解。酸雨频率达78.6%,比上年下降16个百分点。环境监管力度不断加强,全年出动4235人次,对1943户单位实施现场环境监察;完成各类污染源监测487户,对9户严重超标企业实现限期治理。区环保局荣获第五届中华宝钢环境奖环境管理类优秀奖。

【社会保障体系】 至年末,全区共有25.81万人参加城镇基本养老保险,享受养老保险待遇的离退休人员15.93万人;有25.22万人参加城镇失业保险;有25.76万人参加城镇基本医疗保险。全年农民纳入社会保障11707人,新征用地人员、历史遗留问题人员0.42万人纳入镇保;至年末有5.38万人参加农村养老保险,全年发放农村养老保险金3200万元;外来从业人员参加综合保险23.61万人;年内134位城镇高龄无保障老人纳入社会保障。老年农民最低养老金标准由140元/月提高到180元/月,征地养老人员月生活费标准由520元提高到620元。至年末,有5.28万人参加农村合作医疗保险,全年筹集医疗基金4869万元。全区有收养类机构38家,其中社会福利院1家,养老机构37家,床位5770张,收养人数3495人;有21家社区老年人日间照料服务中心,14家社区助老服务社,为6433名老人提供居家养老服务。全年投入社会救助资金1.41亿元。全区有26909人享受城镇最低生活保障,享受救济金额7982万元;有1325人享受农村最低生活保障,救济金额214万元;有1590人次获得医疗救助,救助支出610万元;有4933人次享受春秋季特困学生补助,补助金额419万元。年内安置残疾人就业294名;整改盲道520米,整改无障碍坡道212处。至年末,有福利企业133个,从业人员7314人,其中残疾人2713人。

长江、黄浦江蕰藻浜交汇处的宝山滨江带的开发建设,吴淞口滨江景观带规划滨水岸线共8.5公里,其中沿长江岸线3.8公里,沿黄浦江岸线2.4公里,沿蕰藻浜岸线2公里,还有沿北泗塘河口岸线0.3公里,围绕公共生态环境建设和发展现代服务业形成的滨江景观带,一直牵动着众多市民的"眼球"。2007年8月起面向全球征集概念性规划设计方案,为了给这一区域准确定位,有关政府部门还完成了吴淞口沿江功能定位战略研究。经过层层筛选,《上海吴淞口滨江景观带概念性规划设计》以及"一心、三区、八主题"的创意方案已于近日获得批准,即功能定位以水上旅游为核心的集航运服务、商贸商务、文化博览、生态景观等功能于一体的航运旅游服务区。

功能分区结合炮台湾公园形成邮轮游艇靠泊区,结合吴淞客运中心地区形成水上旅游服务积聚区,结合国棉八厂建筑形成现代时尚创意区。

道路交通增强吴淞口滨江地区与江湾新城、五角场、杨浦东外滩等公共中心的交通可达性,并充分考虑滨江有规轨电车的预留地。

绿化环境突出炮台湾公园原生态湿地、自然林带的绿化形态,以及塑造绿化功能与广场、配套设施等方面的衔接。

旅游规划主要体现生态休闲一日游等八个方面的旅游主题概念,并结合旅游项目开展国际性大型旅游项目活动。

在开展滨江带建设中,宝山区有关部门将协调沟通,继续深化完善滨江配套和景观功能的细化,推进滨江带的整体建设。

【吴淞口滨江岸线景观规划确定】 2005年,随着十六铺客运码头整体搬迁到吴淞口,宝山区委、区政府开始对吴淞口滨江岸线景观带进行规划和建设。吴淞口滨江景观带水岸线共8.5公里,其中沿长江岸线3.8公里、黄浦江岸线2.4公里、蕰藻浜岸线2.0公里、北泗塘岸线0.3公里,漠河路林带0.8公里,规划总面积达285公顷。2007年8月起面向全球征集概念性规划设计方案,为了给这一区域准确定位,有关政府部门还完成了吴淞口沿江功能定位战略研究。2008年,历时三年征集了国内外数百设计方案的《上海吴淞口滨江景观带概念性规划设计》以及"一心、三区、八主题"的创意方案获得批准:即功能定位以水上旅游为核心的集航运服务、商贸商务、文化博览、生态景观等功能于一体的航运旅游服务区。吴淞口8.5公里滨江岸线,将体现"国际邮轮港、近海旅游集散中心、开埠广场、时尚创意、生态休闲、运动休闲、爱国主义教育、军事文化"等八大主题,尽展"河口文化"的迷人风采。以"生态休闲"为主题的炮台湾湿地森林公园,地处黄浦江与长江交汇处,该公园一期已在2006年底建成,并于2007年4月底对外开放,二期工程已正式开工建设。炮台湾北部滨江岸线,水深13米,航道区域宽大,从现有的1500米防浪堤伸展出去,可建成靠泊10万吨以上、长度超过300米的大型国际豪华邮轮的港口。地处蕰藻浜岸线的上棉八厂的旧厂房,将改造成以“时尚创意”为主题的创意园区,该项目总规划面积为7.3万平方米,将以建于1919年的旧厂房为基础,配合充满现代气息的新建筑群,形成综合性的创意园区,改造工程已启动建设。以“爱国主义教育”为主题的滨江水上乐园,则结合原有淞沪抗战纪念馆、陈化成纪念馆、“淞沪魂”雕塑墙等为核心,规划以吴淞为创始地的12所高等学府和中等专业学校的纪念林,以教育为主线串起各个景点,成为爱国主义教育专属区域。以“军事文化”为景观主题的军事区段,将规划滨江步行栈道和体验式军事旅游项目,扩建海军博览馆,形成军民共建的海军国防教育基地。准备投资上亿元新建的“长江河口科技馆”,将有一半楼层在水下,重点演绎“长江之水天上来”的景观,并部署70多个有关水文科技知识的展项和360度的球幕电影院。该项目的设计方案已进入第三轮,于2011年建成开馆。以“开埠广场”为主题的居住区段,围绕吴淞古镇进行开发,结合渔人码头规划文化休闲为主的历史特色街区。按照规划,宝山区将着力发扬当地原有的传统民俗,带动具有浓厚古镇特色的经济,并使其成为宝山国际民俗文化节的主要场所之一。

【上海宝山钢铁物流商务区】 2007年8月16日,作为上海市20个现代服务业集聚区重点项目之一的上海宝山钢铁物流商务区举行开园仪式,该项目由复地(集团)股份有限公司、上海钢联投资发展有限公司和上海新杨行经济发展有限公司联手共建。商务区位于宝山区友谊路以南,铁山路以东,占地347亩,总建筑面积32万平方米,项目总投资近20亿元,于2005年9月开工建设,全部工程预计到2009年6月全面完成。2008年6月,根据《上海市人民政府关于印发上海市服务业发展引导资金使用和管理试行办法的通知》的精神,经宝山区发改委协助申报,宝山钢铁物流商务区修建性详规调整项目被列入第二批上海市服务业发展引导资金支持项目,获得40万元的引导资金。宝山钢铁物流商务区的发展目标,是通过信息化手段,打造钢铁商贸平台,吸引全国乃至全球的钢铁交易市场和大型生产厂商及贸易商,通过网络平台实现信息、资源的共享,实现交易及加工配送的属地化;通过产业集群效应,实现产品供应商、贸易商、用户的直接联动,形成信息流、商流、物流、资金流的场内运行,从而有效地降低运营成本、提高经济效益,促进提升钢铁产业的集聚发展。上海宝山钢铁物流商务区着力建设业内领先的集钢铁电子信息交易、物流分拨、金融服务、会展服务于一体的公共服务平台,与美国WSD、英国SBB及国内的各大生产商、钢铁交易市场、物流分拨企业合作,真正实现从资源选择、信息分析、买卖决策、金融配套、仓储、加工、配送于一体的一站式服务,这将非常有效地降低企业和社会的商务成本,合理地配置社会资源、提高整个社会效率和效益。上海宝山钢铁物流商务区通过现代服务业的功能辐射,使钢铁资源供应商、生产商、贸易商、最终用户直接联动,预计可以完成每年1000亿元的销售额,实现10亿元/年的税收,提供1.2万个就业岗位,实现政府、企业、社会的多赢。一期工程15.2万平方米已经完成,其中11万平方米的办公楼,1.2万平方米的商业配套设施和8400平方米的钢材市场已经开始招商,三菱商事、新日铁、英国米兰、浦项制铁等国际钢铁巨头以及五矿集团、中国铁路物资集团、本钢、马钢等国内数十家钢铁企业已入驻,一个功能强大、服务齐全、政策扶持、规模初具的国际化钢铁产业资源交易中心正在形成。宝山区综合考虑区域产业布局、区域间错位发展、园区内部规划布局等因素,依托区域内钢铁产业优势,进一步整合、集聚钢铁研发、贸易、物流及相关配套企业,着力把钢铁物流区打造成为功能完善的现代服务业集聚区,带动全区现代物流业发展。

商业一带三线功能逐步显现以上海吴淞口国际邮轮港建设为龙头,加快滨江带开发,加快三条轨道交通线站点周边现代服务业的布局和发展。沿轨道交通1号线,以上海智力产业园、骏利财富大厦、长三角服务外包基地上海共富园、上海共康园为依托,加快调整周边仓储等产业结构,开始形成以服务外包为特色的产业带。沿轨道交通3号线,以宝莲城中央商务区、宝钢股份采购中心、半岛1919、上海国际水岸工程企业总部基地、上海国际工业设计中心、上海国际家居总部基地、上海国际节能环保园以及酒类交易配送、汽车服务等项目载体为依托,开始形成各有特色的专业服务业产业带。沿轨道交通7号线,以上海动漫衍生产业园、大场家居商业商务群、上海国际研发总部基地、顾村大型商业商务中心、罗店美兰湖总部基地等为依托,开始形成集软件动漫、研发设计、商业商务、旅游文化为一体的综合服务产业带。

2008年宝山区经济发展主要指标一览表

项　目	单位	完成数	比上年增减(%)
国内生产总值	亿元	507.03	14.0
第一产业增加值	亿元	2.24	-0.5
第二产业增加值	亿元	247.59	13.4
工业增加值	亿元	207.65	14.0
第三产业增加值	亿元	257.20	14.7
固定资产投资完成额	亿元	164.06	3.2
区地方财政收入	亿元	57.48	10.2
区地方财政支出	亿元	89.67	15.5
外贸出口总额	亿美元	24.04	0.5
外商投资合同金额	亿美元	3.51	2.8
农业总产值	亿元	6.38	-4.8
工业总产值	亿元	1037.65	18.3
住宅竣工面积	万平方米	308.8	22.6
社会消费品零售总额	亿元	236.13	15.0
建筑业总产值(区域)	万元	417.56	31.2
职工年平均工资	元	49224	17.1
邮政业务总量	亿元	52026	33.3
年末存款余额	亿元	1362.26	27.1
年末贷款	亿元	607.75	-0.8
邮政业务总量	亿元	5.20	33.3

金　山　区

【概况】 上海市金山区地处东经121°~121°25′,北纬30°40′~30°58′,位于长江三角洲南翼,上海西南部。东邻奉贤区,西与浙江省平湖市、嘉善县交界,南濒杭州湾,北与松江区、青浦区接壤。区域东西长44公里,南北宽26公里,总面积586.05平方公里。至2008年底,全区户籍人口518705人,其中城镇309594人、农村209111人;男性258183人、女性260522人;总户籍数175568户,平均每户近3人。全年户籍人口出生3003人,出生人口性别比98,出生率5.78‰;死亡3609人,死亡率6.94‰;人口自然增长率-1.16‰。全区常住流动人口175074人。全区少数民族常住人口、暂住流动人口涉及民族成分39个,其中常住有回、满、壮、藏、侗、蒙古、土家、朝鲜、苗、彝、水、锡伯、哈尼、毛南、畲、傣、佤、黎、瑶、羌、仡佬、维吾尔、塔吉克、仫佬、土、白、阿昌、布依、保安、独龙、门巴、鄂温克、俄罗斯共33个1436人,另有少数民族暂住流动人口2976人。区内有上海地区仅存的古海岸遗址漕泾古冈身沙冈,戚家墩、查山、亭林、招贤浜、南阳港等古文化遗址。有23.3公里"黄金"海岸线。东南距陆地6.2公里海面上有大金山、小金山、浮山三岛,大金山海拔103.4米,是上海市地面最高点,山上生长着上海地区陆上早已绝迹的原始植被和珍稀植物,是区境内正待开发的重要旅游资源之一。金山三岛至陆地为广阔的深水区,是一个天然良港。区境东南部有全国特大型化工企业上海石油化工股份有限公司和上海化学工业区。沪杭铁路、沪卫铁路支线穿越区境。沪杭高速金山段、同三国道港新段、莘奉金高速金山段、亭枫高速、同三国道新卫段、嘉金高速等高速公路及320国道(亭枫段)、亭卫公路、松卫南路等主干道路形成"八纵六横"区域高等级主要公路网架。境内有枫泾古镇(AAAA级旅游景区)、城市沙滩(AAAA级旅游景区)、松隐禅寺、五龙禅寺、枫泾性觉寺、万寿寺、东林禅寺、华严塔、施王庙、丁聪漫画馆、程十发祖居、中国农民画村(全国10大魅力乡村——枫泾中洪村)、全国农业旅游示范点——上海金山现代农业园区中华村"农家乐"和"全国农村新天地"、漕泾休闲水庄等古今人文景观及李一谔、陆龙飞烈士墓、金山卫城南门侵华日军登陆处遗址、十字街侵华日军杀人塘、南社纪念馆等爱国主义教育基地。年内,区创建成国家卫生区和市文明城区,枫泾镇创建"全国环境优美镇",山阳、金山卫镇创建成国家卫生镇。区人民政府地址:上海市金山区金山大道2000号。

(王应华)

2008年金山区基本情况表

项　目	数量	项　目	数量
区域面积(平方公里)	586.05	在校学生(人)	26395
行政区划		小学(所)	26
街道办事处(个)	1	在校学生(人)	22180
镇(个)	9	幼儿园(所)	22
乡(个)	-	在园幼儿(人)	12498

续上表

项　目	数量	项　目	数量
居民委员会(个)	77	职校(所)	3
村民委员会(个)	131	在校学生(人)	8771
人口		**文化**	
户籍人口(万人)	51.87	图书馆、室(个)	12
户数(万户)	17.56	文化馆、站(个)	11
人口密度(人/平方公里)	885.1	影剧院、场(个)	8
人口自然增长率(‰)	-1.16	**卫生**	
精神文明创建		医疗卫生机构(所)	65
市文明城区(个)	1	区级医院(所)	7
市文明社区(个)	-	医院床位数(张)	3422
市文明小区(个)	55	医疗卫生技术人员(人)	4247
市文明镇(个)	6	执业医师(人)	1457
市文明村(个)	55	**体育**	
教育		体育场馆(个)	7
中学(所)	30	健身苑、点(个)	277

【行政区划】 今上海市金山地区,秦置海盐县。南北朝时置前京、胥浦两县,县治均设于今金山境内。隋曾一度并入盐官县。唐天宝十年(751年),金山属华亭县。清顺治十三年(1656年)属娄县,雍正四年(1726年)析娄县部分地区建金山县,县治设于金山卫城。乾隆二十五年(1760年)县治迁至朱泾镇,后几经搬迁,自清嘉庆元年(1796年)起,县治定驻朱泾镇。1949年5月13日,金山解放,同月15日,金山县人民政府成立,隶属江苏省苏南行政区松江专区。1958年3月,金山县改隶属江苏省苏州专区,同年11月划归上海市。1997年4月29日,经国务院批准,撤销金山县,设立金山区,5月16日正式挂牌。2005年3月25日,经市人民政府批准,撤销枫泾镇、兴塔镇建制,建立新的枫泾镇;撤销朱泾镇、新农镇建制,建立新的朱泾镇;撤销亭林镇、松隐镇、朱行镇建制,建立新的亭林镇;成立金山工业区管理委员会,管委会对原朱行镇区域行使行政管理职能;撤销吕巷镇、干巷镇建制,建立新的吕巷镇。全区辖朱泾、枫泾、张堰、亭林、吕巷、廊下、漕泾、山阳、金山卫9个镇和石化街道及金山工业区。2008年,全区辖77个居民委员会、131个村民委员会。 (顾逸萍)

【经济建设】 2008年,全区国内生产总值311.8亿元,比上年增2.1%;财政收入76.57亿元,比上年增1.68%,其中区级地方财政收入23.03亿元,比上年增0.92%;工业总产值1012.3亿元,比上年增0.7%;固定资产投资102.8亿元,其中工业性投资75.1亿元;内资到位资金87.5亿元,合同利用外资3.03亿美元。年内,举办"金山之春"、"金山之秋"等系列招商活动,确定"3+52"(3个投资10亿元以上、52个投资1亿元以上)项目。开展"深入基层、服务企业"企业服务月活动,开通全天候、全过程、全方位“三全”企业服务热线。规模以上工业企业1000余家,占全区工业产值比重比上年提高3.7个百分点,实业型企业税收占全区税收总量比重比上年提高2个百分点。推进上海化学工业区物流产业园建设,启动“金石湾”上海化工生产性服务业集聚区建设。加强金山旅游在市中心城区及周边邻近省市宣传推介,开展与慈溪、海盐、宁波等区域合作。完善特色旅游景区功能和配套设施,枫泾古镇、城市沙滩相继被评为国家AAAA级旅游景区。初步建成中国农民画村,全国十大画乡优秀农民画家集聚金山。旅游企业营业收入5.1亿元,比上年增16.2%。第三产业增加值占全区增加值比重比上年提高0.6个百分点。全年社会消费品零售总额171.7亿元,比上年增10.1%。加快金山现代农业园区建设,新建一批特色农业项目和设施粮田、设施菜田、经济果林,改建标准化生态畜禽养殖场、水产健康养殖场,发展优质蔬果类经济作物和水产养殖业。启动实施“1135工程”(扶持培育1000名新型专业农民、100个农民专业合作社、30家农产品加工营销龙头企业、5个知名农业品牌)。加强“银龙蔬菜”等农业品牌建设,推出“廊下”品牌系列农产品。漕泾“多利升”西甜瓜被列入第29届奥运会足球比赛上海赛区指定供应食品系列。农业总产值28.97亿元,比上年增8.7%,二麦、油菜、水稻亩产分别比上年增14%、6.2%和1.6%。贯彻杭州湾区域环评要求,主动对接“大桥经济”、“世博经济”,借助铁路金山支线改建工程优化调整《金山区区域总体规划实施方案》,依托区域功能布局和现有道路交通、城镇体系、产业布局、行政区划和原“一线两轴三区”基础,形成“滨海新城、亭林新区、古镇风貌、现代农业”四大组团规划布局。加快推进功能基础设施性项目建设,基本完成铁路金山支线改建工程启动前各项准备工作和金山新城教育园区建设,完成枫泾南镇休闲度假区建设整体规划设计和廊下污水处理厂建设工程、兴塔污水厂续建工程、枫泾污水处理厂配套管网完善工程及枫泾工业园区、张堰工业园区污水收集管网工程。完成A4新城出口、金山大道西段两侧景观绿化建设和松卫南路两侧道路绿化改造及景观灯光工程建设。加强环境综合治理,完成区第一次全国污染源普查和“烟尘控制区”、“扬尘控制区”创建。

(蔡伟哲　冯辉祥)

2008年金山区国民经济主要指标表

项　　目	单位	完成数	比上年增减(%)
增加值	亿元	311.77	2.1
第一产业	亿元	9.82	7
第二产业	亿元	198.44	0.7
工业	亿元	185.79	0.7
第三产业	亿元	103.51	4
固定资产投资额	亿元	102.81	-33.7
财政收入	亿元	76.57	1.7
地方财政收入	亿元	23.03	0.9
地方财政支出	亿元	50.01	5.3

续上表

项　　目	单位	完成数	比上年增减(%)
外贸出口总额	亿美元	17.24	7.75
直接利用外资及港澳台资签订合同项目数	个	65	1.56
直接利用外资及港澳台资签订合同金额	亿美元	3.03	-30.8
农业总产值	亿元	28.97	8.7
工业总产值	亿元	1012.33	0.7
住宅竣工面积	万平方米	92.27	29.59
社会消费品零售总额	亿元	171.68	10.1

【科教文卫与社会保障】　年内,实施《全民科学素质行动计划纲要》,开展科普“六进”(进机关、进社区、进军营、进企业、进农村、进学校)活动,加强农村实用技术培训示范基地建设。全年培育认定高新技术企业59家、科技小巨人培育企业7家,获国家、市级科技部门立项项目89个(资助经费3062.5万元)、市科技进步奖项目4个。申请专利1303件(发明专利313件,占总数24%),其中14家市专利试点企业、6家市专利培育企业和6家区专利试点企业专利申请量占全区专利总申请量50%。至年底,全区累计有中国驰名商标2件、中国名牌产品4项、市著名商标15件、上海名牌产品27项。成立区婴幼儿早期教育指导中心,改善幼儿园办学条件,推进学前教育三年行动计划和农民工子女义务教育工作。均衡发展义务教育,提高义务教育教学质量,提升高中教育、职业教育水平。加强成人教育、社区教育、老年教育硬件和内涵建设,完善终身教育体系。全区学校占地近190.04万平方米,校舍建筑面积89.73万余平方米,全年教育经费投入8.84亿元,比上年增11.39%,其中区、镇财政拨款6.23亿余元,比上年增4.01%。建设公共文化服务网络,新建一批社区文化活动中心,文化信息“三合一”(东方信息苑、文化信息资源共享工程、数字电影)工程覆盖全区行政村,建立“一卡通”图书资源共享网络。组织“文化下乡”、“文化八进”(进社区、进工地、进小区、进机关、进企业、进校园、进军营、进广场)等文艺巡演,举办“温暖春节”大型文化庙会、2008年上海金山石化文化艺术节。参与第十届中国上海国际文化艺术节,举办金山农民画大奖赛、金山农民画作品展等。组织金山农民画作者赴北京奥运会现场展演,部分农民画作品被纳入世博礼品系列。全年举办各类区级群众文化活动592场,参演节目6804个,参演人员31645人次,观众706508人次;镇、村(居)文艺演出4512场,参演节目4967个,参演人员94562人次,观众151394人次。组织文化下乡演出684场,参演节目3919个,参演人员11291人次,观众163399人次。组织或参与各类读书、征文活动,参与群众86358余人次,借阅图书1068447人次1797862册。金山再次被文化部命名为“中国民间绘画之乡”,张堰镇被评为“全国百佳历史文化名镇”。全区有各级各类医疗卫生机构205家,其中市属1家、区(镇)属26家、村卫生室141个、民办医疗机构5家、私立诊所32家,总床位3239张,每千人拥有床位6.22

张,床位使用率99.80%。全区合作医疗定点医疗机构全部实行住院记账式结算,即时即报。整合社区卫生资源,深化社区卫生服务综合改革。完善区级骨干医师全科团队定期到社区卫生服务中心工作制度,建立一批镇级全科医生服务团队。继续实施第二轮公共卫生三年行动计划,启动"金山区突发公共卫生事件应急预案动态管理系统网上平台"。实施全国试点项目"生育关怀"行动。区创建成全国社区红十字示范区。全年举办各类区级群众体育活动300多项(次),参加市级以上群众体育活动20多项(次)、市级以上青少年体育比赛13项(次)。建成农村公共体育场地42块(处)、社区公共运动场块(处)、健身点3个,至年底,全区建有农村公共体育场地122块(处)、社区公共运动场15块(处)、健身苑点272个,人均体育场地面积超2平方米。开展"全民健身与奥运同行"全民健身活动。代表市组队参加第六届全国农民运动会。举办2008年世界沙滩排球巡回赛中国上海金山公开赛和区第二届残疾人运动会。实施民生实事项目,完成农村道路改建,新辟镇村、城区公交线路,新增就业岗位和职业技能培训,城镇无保障居民参加市居民基本医疗保障,农村户籍劳动力参加社会保险,乡村医生纳入基本社会保障,新增养老床位和社区居家养老服务等关系民生的实事项目26项。全年新增就业岗位26940个、净增就业岗位11104个,分别完成年度指标134.7%、138.8%。城镇失业登记人数5226人,控制在市政府下达指标5790人以内。至2008年底,全区参加城镇社会保险102243人、小城镇社会保险116562人、农村社会养老保险58206人、外来从业人员参加综合保险83115人。全区城镇社会保险登记户数7814户,比上年增14.6%,账户人数102243人,其中正常缴费99153人。离退休(职)养老人员57359人;小城镇社会保险登记户数3028户,比上年增46%,账户人数12.67万人,其中正常缴费4.80万人。领取养老金2.07万人;全年征收各类社会保险费23.08亿元,其中城镇社会保险费15.68亿元、小城镇社会保险费7.40亿元,全区社会保险基金征缴率99.9%。全区参加农村社会养老保险(正常缴费)60281人,其中务工者15443人、务农者44838人。城镇居民家庭人均年可支配收入比上年增10.5%,农村居民家庭人均年可支配收入比上年增10.3%。 (蔡国欢)

松 江 区

【地域】 上海市松江区地处东经121°14′,北纬31°,位于上海市西南,黄浦江上游,黄浦江横贯松江南部。东北距上海市中心约40公里。区境东与闵行区、奉贤区、金山区、为邻,南、西南与金山区交界,西、北与青浦区接壤。是上海连接江苏、浙江的交通枢纽。交通发达,沪杭铁路,沪杭、A30、A5高速公路在境内通过。松江地处太湖流域碟形洼地底部,地势低平,海拔4米,属长江三角洲冲积平原。西北部有10余座小山丘,高程均在海拔100米以下。其中天马山为上海陆上最高点,海拔高度98.2米。全区总面积604.62平方公里,区境北狭南阔,南北长约24公里,东西宽约25公里,境内水域面积约占十分之一,河道纵横,湖塘广布,是典型的江南水乡。所有河道均系感潮河道,每昼夜涨落2次。全区户籍人口550440人,比上年度增加7729人。其中男性271578人,女性278862人,分别占总人口的49.34%和50.66%,性别比为97:100。非农业人口439049人,占总人口79.76%,比上年度增加16672人。松江区常住人口126.81万人,其中外来人口71.79万人。

【建置区划】 松江,早在东汉建安二十四年(219年),东吴名将陆逊以功封华亭侯,华亭始见于史志。唐天宝十载(751年)设华亭县,华亭县隶属吴郡,唐乾元二年(759年),改吴郡为苏州,华亭县属苏州。当时辖区几乎包括今上海市除嘉定、崇明以外的全部土地,华亭县辖22个乡。南宋庆元元年(1195年)华亭县属嘉兴府,宋初辖17个乡。元至元十四年(1277年)升华亭县为华亭府,领华亭县,一年后华亭府改为松江府;二十九年始划出高昌等5乡置上海县。明嘉靖二十一年(1542年)划出集贤、华亭、修竹3乡部分土地及上海县部分土地建青浦县,设治青龙镇。清顺治十三年(1656年),划出枫泾、胥浦2乡及集贤、华亭、修竹、新江4乡部分土地置娄县,隶属松江府,初设治于府城西水次仓,后移入府城,与华亭同为附郭县。雍正二年(1724年),两江总督查弼纳以苏、松大县难治,奏请分县;四年,割云间、白砂2乡之半建奉贤县,划出枫泾、集贤、仙山、修竹4乡部分土地及娄县的胥浦1乡置金山县。1912年,撤松江府,娄县、华亭县合并为华亭县,归江苏省管辖。1914年,华亭县改称松江县。

1949年5月13日,松江解放。苏南行政公署设松江行政区专员公署,专署驻松江。松江设市、县人民政府,市政府驻地设在松江城,县政府驻地泗泾镇。市政府直属松江专员公署,下辖华阳、中山、岳阳、永丰4个镇。同年8月,松江市政府改属松江县,县政府由泗泾镇迁入松江城。11月市政府建制撤销,改设松江城区,下辖中山、岳阳、永丰3个镇。原市政府管辖的华阳镇划为城东区。解放初期全县设6个乡镇联合办事处和泗泾镇,代管七宝镇(同年9月15日移交上海市龙华区管辖)。

1958年9月,撤销乡、村建制,全县17个大乡,改为政社合一的17个人民公社。11月,松江县划归上海市。1984年,松江县完成政社分设,恢复乡行政建制,全县19个公社,改制为19个乡人民政府。2个县属镇辖4个街道办事处。1986年逐步开展撤乡建镇,至1994年7月12日,松江各乡全部撤乡建镇。1998年2月经国务院批准,松江撤县设区。2000年底全区辖20个镇,以及工业区和新城区,实行镇管村制。2001年1月,行政区划调整为11个镇4个街道,其中新桥、九亭、泗泾、洞泾、新浜5个镇,保留原建制;新建车墩、石湖荡、小昆山、佘山、泖港、叶榭6个镇;岳阳、中山、永丰、方松4个街道。另设工业区、佘山度假区、大昆工业区(2002年9月12日撤销)、五厍农业园区。2002年6月4日新建上海松江科技园区管理委员会。2002年6月27日撤销小昆山镇,2007年恢复建立小昆山镇。

2008年底,松江区辖有岳阳、中山、永丰、方松4个街道,泗泾、佘山、车墩、新桥、洞泾、九亭、石湖荡、新浜、泖港、叶榭、小昆山11个镇,另设松江工业区、上海佘山国家旅游度假区。全区共设有115个村委会,138个居委会。

【国民经济】 国民经济保持平稳健康发展态势。全年实现生产总值734.48亿元,按可比价格计算,比上年增长12.8%(见图1)。其中,第一产业实现增加值7.15亿元,比上年下降

2.1%;第二产业实现增加值511.51亿元,增长12%,增速比上年下降6.7个百分点;第三产业实现增加值215.82亿元,增长15.1%。经济发展方式转变取得进展,三次产业增加值结构比重为1.0∶69.6∶29.4,第三产业所占比重比上年提高0.8个百分点。

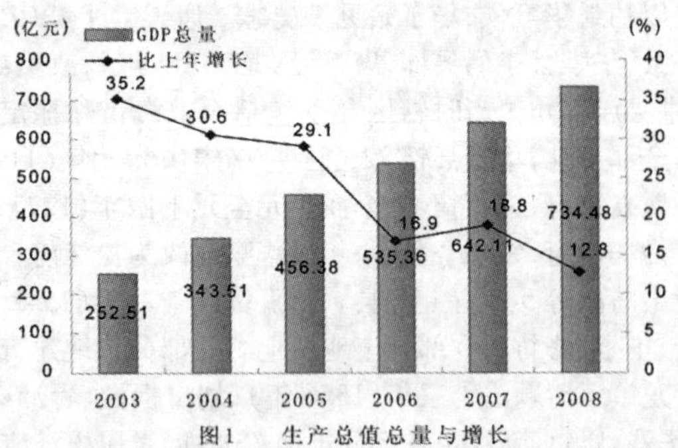

图1 生产总值总量与增长

财政收入较快增长,财政向民生支出明显。全年实现财政总收入192.01亿元,比上年增长20.3%,其中,地方财政收入57.36亿元,比上年增长6.2%。在地方财政收入中,实现增值税12.03亿元,比上年增长32.1%;营业税17.97亿元,下降1.6%;个人所得税3.46亿元,增长8.3%;企业所得税11.89亿元,增长24.2%。全年地方财政支出86.12亿元,比上年增长5.9%,其中,用于文化教育、医疗卫生、社会保障和就业等社会事业的支出共计33.12亿元,占财政支出比重的38.5%,所占比重提高了3.3个百分点。全年私营企业实现税收73.61亿元,比上年增长2.2%;房地产业实现税收33.78亿元,比上年增长2.1%。

【农业发展】 农业生产稳步发展。全年完成农业总产值19.01亿元,比上年增长1.9%。其中,种植业产值10.17亿元,比上年增长2.9%;畜牧业产值3.15亿元,增长1.1%;渔业产值1.79亿元,下降0.6%;林业产值2.92亿元,增长0.9%;农业服务业0.98亿元,增长2.3%。主要农副产品生产保持稳定(见表1)。

表1 主要农副产品产量

产品名称	单位	产量	比上年增长%
粮食	万吨	11.16	11.7
蔬菜	万吨	30.23	-4.1
生猪出栏	万头	17.1	4.3
牛奶	吨	3105	3.2
鲜蛋	吨	2895	12.7
淡水产品	吨	10341	-8.4
水果	吨	16863	9.1

全区积极落实强农惠农政策,粮食生产呈现面积、产量、效益"三增"的特点,增幅分别为14.1%、11.7%和17.4%。积极发展家庭农场,粮食生产规模化、专业化水平快速提升。目前全区粮食家庭农场708家、经营面积11.5万亩,占水稻总面积的69.5%。

农业标准化生产继续推进。全区共有各类专业合作社124家,积极推进农业产业化、规模化、组织化经营。加快农业品牌、质量等体系建设,建成10个标准化农业示范基地,种养一体化试点取得成效。全区有43只农产品分别通过绿色、优质、无公害农产品认证,"仓桥水晶梨"在"2008迎世博上海市优质果品(梨、葡萄)评比"中获得金奖。

全区建成10个标准化农业示范基地,培育发展家庭农场708家,家庭农场种植水稻面积11.5万亩,粮食规模经营100亩以上达到94.8%,规范变更、新注册登记农民专业合作社124家。积极推进浦南"三农"工作综合试点区建设。共举办农民集中培训117期,完成培训新型农民5696人。探索实行老年农民退休制度,10月,区政府出台了《关于松江区老年农民自愿退出土地承包经营权享受退养补助金的试行意见》,在叶榭镇、泖港镇等7个镇全面推行,老年农民10月后退养补助金达430元/月。

大力发展粮食生产家庭农场。年内,全区发展粮食生产家庭农场708户,经营粮田面积11.5万亩,占全区水稻面积16.54万亩的69.53%。粮食生产实现较大增长,2008年全区二麦总产2.05万吨,同比增105.9%,单产323公斤,同比增19%;水稻总产9.26万吨,同比增3.1%、单产560公斤,同比增1.8%。以农民家庭农场为单一经营主体的"猪—粮"生态农业生产模式,实现农业生产生态的良性循环,提高了农户收入。新浜镇南杨村俞周峰家庭农场,2008年种粮收入5万元,首批肉猪代养费约2.3万元,种养业收入合计7.3万元。9月3日,中共中央政治局委员、上海市委书记俞正声,11月17日,农业部副部长危朝安,分别来该家庭农场视察,对松江区推进家庭规模化经营,开展种养结合循环农业试点,促进农民增产增收等工作给予充分肯定。

开展农业布局规划工作。根据松江区域总体规划要求开展农业布局规划工作,并以农业布局规划要求进行农田设施等项目建设。全区已建成设施粮田10万亩、设施菜地1.56万亩、设施花卉0.66万亩。在前几年已建成9.6万亩设施粮田的基础上,年内申报4250亩设施粮田项目建设(其中泖港1900亩、叶榭700亩、石湖荡600亩、小昆山1050亩)。全区13家规模化畜禽场中10家在浦南,2万多亩淡水养殖面积中,浦南占57.7%。松江农业形成以浦南为重点的粮食、蔬菜、生猪和水产等主要农产品集中连片生产的区域化布局,已建成规模化优质水稻生产示范基地、云间大自然有机蔬菜基地、茹塘种养结合生态循环农业示范基地、区水产良种场浦南标准化水产养殖示范基地。五厍农业示范区被认定为国家级农业标准化生产示范基地。

全区已建成和在建的农业旅游景点34个,累计农业旅游投资总额7.7亿元,拥有各类客房751间,床位数1541个。全区共接待各类农业旅游游客31.45万人次,农业旅游收入4864万元,带动销售当地农产品862.2万元,提供安排当地就业岗位649个。

【工业发展】 工业生产增幅回落。全年实现工业增加值489.21亿元,比上年增长12.6%(见图2),增幅比上年回落6.6个百分点,工业增加值占全区生产总值比重为66.6%。全年工业总产值3671.31亿元,比上年增长3.8%,增幅比上年回落33.4个百分点。其中规模以上工业总产值3485.8亿元,增长1.7%，增幅回落37.5个百分点，占全区工业总产值的比重为94.9%。全区五大主导产业实现工业总产值2582.46亿元，比上年下降0.2%。高新技术产业实现工业总产值2080.1亿元，比上年下降2.5%。

工业产销率略有下降。全年工业产品产销率达到97.6%，比上年回落1.2个百分点。工业企业经济效益出现下降。全年实现工业利润94.44亿元，比上年下降12.1%，其中，规模以上工业企业实现利润81.45亿元，比上年下降12.5%。全年有规模以上工业亏损企业569户，亏损面29.5%，比上年扩大7个百分点。

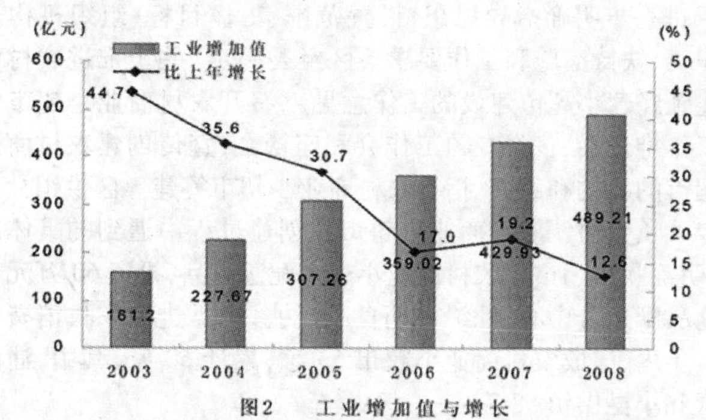

图2　工业增加值与增长

2008年，新批准工业外资项目146个，总投资14.02亿美元，资金到位8.82亿美元，合同外资8.19亿美元。“三资”企业已投产1412家，实现销售额3098.31亿元，比上年增长0.3%。吸引工业内资项目869个，总投资36.38亿元。批准工业企业技术改造项目34个，总投资3.94亿元。37个产学研项目获得财政资助，总投资0.87亿元。盘活闲置土地1565.65亩，增加投入35.3亿元。盘活闲置标准厂房58.75万平方米，增加入驻企业149家。预安排开工项目97个，实际开工项目112个，总投资105.7亿元。在建项目120个，总投资63亿元。完成工业固定资产投入73.99亿元，比上年增长2.7%。

积极调整产业结构。(1)区政府下发《松江区调整劣势企业工作方案》，明确指导思想、主要目标、实施原则、调整重点、调整措施；制定《松江区劣势企业界定标准》，其中强制性标准分环保、安全两个方面，综合性标准分产业政策、产业布局、土地利用、能耗、水耗、劳动力安置六个方面；制定《松江区产业结构调整专项资金管理使用暂行办法》，区财政每年安排产业结构调整专项资金1000万元。(2)8月4日，区政府召开认真贯彻区委全会精神、加快松江产业发展工作会议，副区长张培荣对产业发展要求突出5个重点、推进5项工作、落实5条措施；区经委和外经委部署产业发展重点和外资发展重点；松江工业区、区供销社、小昆山镇、税务局、区企业服务中心交流发言，对优化产业结构、转变经济发展方式进一步提高认识。11月17日，区经委召开产业结构调整工作推进会，认真总结近年来产业结构调整的主要做法和基本经验，全面分析产业结构调整工作中遇到的主要困难和问题，提出加快产业结构调整的意见和措施，牢牢把握“四个坚持”，即：坚持明晰责任、区镇联手、依法行政、市场化运作。(3)细化调整劣势企业具体方案，严格执行劣势企业调整目录，制定分季度推进调整劣势企业工作计划，集中淘汰高能耗、高排放劣势企业。年内，调整劣势企业112家，腾出土地2314.8亩、厂房76.9万平方米，减少年能耗折合标准煤7.54万吨。(4)不断完善工业园区发展规划，推进基础设施建设，引导优势产业向园区集中，促进产业集群发展。全区工业园区开发建设面积累计7.67万亩，工业园区内企业实现工业产值2198.6亿元，占全区工业总产值59.9%。(5)对硅材料等产业重新布局，提出具体方案进行指导。石湖荡镇以上海九晶电子股份有限公司为依托，硅材料加工企业集聚发展；洞泾镇通过宜家家居、美克美家、维纶等物流企业，建设现代物流园区，规划占地面积1600亩。(6)不断延伸产业链。全区产业链招商签约项目182个，其中，外资项目55个，总投资3.13亿美元；内资项目127个，总投资14.71亿元。在182个项目中，电子信息产业30个，现代装备产业85个，新材料产业26个。

大力推进工业新项目开工建设。(1)区经委对工业新项目进行全面调查和梳理，区发改委、经委、规划局、环保局等联合审核，对照产业目录，严把项目质量关、产业导向关、能耗关，筛选出工业新项目96个，总投资199.86亿元，主要涉及装备制造、生物医药、新能源、汽车制造、物流5个行业。(2)10月17日，市委常委、常务副市长杨雄带领市发改委、经信息委、建交委、外经贸委、房地局、规划局、环保局等相关部门负责人来松，召开促进产业项目落地现场办公会，帮助松江解决工业新项目开工建设遇到的具体问题。10月，区委、区政府先后召开7次相关会议，加强对工业新项目落地工作的领导和指导。11月4日，区政府召开推进工业新项目落地工作现场会，会后，各单位建立工作责任体系。12月10日，区政府召开工业产业项目落地推进会，采取相应措施确保工业新项目早落地早开工早建设。(3)区实行土地公告与规划、设计、建设招标等相关手续同步进行，建立工业新项目审批“绿色通道”。(4)11月28日，在上海龙工机械有限公司龙工工业园区北区举行工业项目联合投产联合开工仪式，20个新项目集中开工，总投资37.13亿元。12月26日，在上海江河幕墙系统工程有限公司举行第二批工业项目集中开工仪式，25个新项目集中开工，总投资29.17亿元。(5)组织力量对新开工项目加强跟踪、协调和服务，实行周报制度，编印《松江区推进工业项目落地工作简报》，及时通报工业新项目进展动态。

五大主导产业稳定发展。2008年，全区电子信息、现代装备、精细化工、新材料、生物医药五大主导产业实现工业产值2582.46亿元，比上年减少4.33亿元，下降0.2%，占全区工业总产值70.3%，从业人员19.47万人。其中，电子信息产业实现产值2050.3亿元，比上年减少53.58亿元，下降2.5%，占全区工业总产值55.8%，从业人员10.52万人；现代装备产业实现产值363.28亿元，比上年净增26.38亿元，增长7.8%，占全区工业总产值9.9%，从业人员6.77万人；精细化工产业实现产值108.24亿元，比上年净增15.64亿元，增长16.9%，占全区工业总产值2.9%，从业人员0.96万人；新材料产业实现产值58.08亿元，比上年净增10.08亿元，增长20.9%，占全区工业总产值1.6%，从业人员1.11万人；生物医药产业实现产值2.55亿元，比上年减少2.85亿元，下降52.5%，占全区工业总产值0.1%，从业人员0.1万人。

【商业发展】 社会消费品零售额持续增长，内需拉动力不断加大。全年实现批发零售贸易业增加值56.74亿元，比上年增长17.4%,在第三产业增加值中所占比重为26.3%,比上年提高0.9个百分点;实现社会消费品零售额218.13亿元,比上年增长19.8%,增速比上年提高1.2个百分点(见图3)。其中,限额以上商业企业实现社会消费品零售额88.43亿元,比上年增长38.2%,对全区消费品零售额增长的贡献率为67.7%。按商品类别分,实现吃、穿、用、烧消费品零售额77.28亿元、17.30亿元、98.49亿元、25.06亿元,分别比上年增长18.6%、18.7%、16.8%、39.2%。

全年连锁业态企业实现社会消费品零售额46.86亿元,比上年增长81.9%,所占比重为21.5%,比上年提高7.4个百分点。

商品交易市场平稳较快发展。全区拥有商品交易市场53个,成交额146.52亿元,比上年增长14.8%。其中,专业市场成交额114.17亿元,比上年增长7.1%;集贸市场由于上半年消费价格指数快速增长影响,全年成交额保持高位增长,实现集市贸易成交额32.35亿元,增长54%。

加快发展商业和服务业。(1)区召开现代服务业项目和生产性服务业功能区招商推介会,长三角地区58家规模型商业企业参加,签订合作意向书7份,总投资1.2亿元。8月份,区组织街镇和园区分管领导到苏州等地考察现代服务业发展情况,学习经验,开拓视野,增强发展紧迫性。年内,现代服务业新建项目9个,总投资3.42亿元;出租商业用房和商务楼23万平方米,比上年增加25%;生产性服务业功能区落户项目12个,总投资2.57亿元,洽谈项目8个,总投资1.35亿元。(2)向市经济和信息化委员会报送松江新城商业中心调研,社区商业中心调研,大型商业网点调研,松江服务业、商业发展现状、规划和预测,松江现代服务业集聚区、生产性服务业功能区、创意园区情况介绍,配合编制《上海市商业网点布局规划》和《2008上海服务业发展报告》。(3)委托上海商情信息中心开展松江中心城区商业服务业调查,形成《松江中心城区商业服务业调研报告书》和《松江中心城区商业服务业企业名录》,全面掌握基本情况。截至2008年1月31日,方松、岳阳、中山、永丰4个街道拥有商业服务业网点4415家,经营面积103万平方米,从业人口3.1万人。(4)制定《加强商品交易市场建设和管理意见》、《松江区菜市场和专业市场布局规划意见》和《推进松江新城与九亭生产性服务业功能区试行意见》,进一步细化"十一五"商业发展规划和现代服务业发展行动方案。召开工作推进会和现场办公会全面实施商业发展规划,组织力量对商业规划落实情况进行检查,在市场准入、土地供应和项目建设等方面按规划要求开展协调。(5)12月11日,区政府以沪松府〔2008〕176号文向市经济和信息化委员会发函,要求建办永丰、车墩和松江工业区生产性服务业功能区。其中,永丰生产性服务业功能区选址于:东至秀春港、南至沪杭铁路、西至二手车交易市场、北至古浦塘,总面积2.06平方公里;车墩生产性服务业功能区选址于:东至荣福路、南至机场高速、西至洞泾港河、北至北松公路,总面积1.9平方公里;松江工业区生产性服务业功能区选址于:东临油墩港、西至鼎盛路、北至花辰路、南至沪广富林路,总面积3.3平方公里。(6)4月30日,举行新浜商业商务区开发暨澳森隆国际家居配送中心开工仪式,规划占地面积3.28万平方米,建筑面积4.9万平方米,总投资1.5亿元。

推进农村商业小超市建设。区政府把发展农村商业连锁经营列入2008年工作备忘录,指定责任单位、配合单位和责任人,加强督促检查。4月22日,副区长张培荣主持召开加快推进我区农村商业小超市有关事宜协调会,形成区府专题会议纪要,确定重点推进浦南地区和小昆山镇农村商业小超市的创建工作,同时兼顾其他街镇;设立推进农村商业小超市建设导向扶持资金,对每家农村小超市补贴10万元;明确区供销社联农公司是农村商业小超市经营管理公司,其职能是管理、协调、监督、服务,负责建章立制,实行统一管理制度、统一标识形象、统一商品配送、统一零售价格、统一营销策划。5月7日,区政府下发《关于推进农村商业连锁经营小超市建设的通知》,进一步明确指导思想、设置范围、工作目标、组织机构及其职责、扶持措施和工作要求。区经委制定《关于推进农村商业连锁经营小超市建设的工作意见》,召开农村商业小超市创建工作推进会、各类专题工作会和座谈会,宣传创建农村商业小超市的目的和意义,指导农村商业小超市筹建。区供销社指定专人负责协调农村商业小超市在创建过程中遇到的具体问题,明确联华超市为农村商业小超市配送商品,投资60万元建立商品配送分中心,杜绝过期食品、伪劣产品进入农村消费市场。年内,建成农村商业小超市53家,累计60家,其中,浦南地区和小昆山镇58家。

举办2008年松江迎世博欢乐购物节。9月中旬至10月上旬,举办2008松江迎世博欢乐购物节。主要开展7项活动:首届仓桥水晶梨科技文化节,推出科技新品"健康仓桥梨",通过梨园采摘和观光、生梨品尝,让更多市民了解"仓桥"牌水晶梨营养价值;享受时尚大型商品展示活动,以购物促销为主,倡导诚信服务,集聚人气商气,活跃消费市场;第三届泰晤士啤酒节,吸引市民置身英伦风情,饮酒赏月,评选啤酒宝贝,开展音乐PK赛和啤酒竞技赛,营造市场氛围;情浓开元地中海商业广场晚会,进行有奖灯谜和文艺演出;游泗泾赏百姓戏台活动,弘扬古镇文化,提升市民休闲水准;民间传统菜展示会,汇集具有浓厚地方特色和风味的乡土菜,充分反映松江文化底蕴深厚、丰富多彩的饮食内涵;松东茶叶市场展销节,通过交流茶道,弘扬茶文化,增加饮茶知识,扩大松东茶叶市场知名度。91家商业企业参与购物节,其中,地中海书城销售额同比增长60%;地中海影院营业额同比增长1.3倍;东方狐狸城销售额同比增长25%;松江商城推出为期三天的"店庆盛典——真情感恩酬宾"和"精品百货——与您共享时尚"商品促销,三天实现销售额150万元,同比增长28%。方松街道办事处商贸科、上海第一百货松江有限公司、上海松江商城、上海开元企业经营管理有限公司、松江好饰家家居市场经营管理有限公司评为先进集体;评出先进个人10名。

【对外经济和私营经济】 外贸出口平稳增长。全年完成出口产品总额329.52亿美元,比上年增长9.9%,受全球金融危机影响,外部需求减弱,增速同比回落40个百分点,占全市出口总额的19.5%,完成全年计划98.4%。其中,一般贸易出口21.32亿美元,比上年增长13.7%;加工贸易出口308.2亿美元,增长9.6%。外资企业出口占据主导地位,全年外资企业实现出口创汇322.31亿美元,比上年增长9.6%,占出口总额的97.8%。出口大户作用明显,全年出口在1000万美元以上的有148家企业,共实现出口313.93亿美元,占全区出口总额的95.3%。出口市场更趋多元化。(见表3)

表3 外贸出口市场结构

出口国别地区	绝对值	比上年增长%
外贸出口产品总额	3295208	9.9
#亚洲	788761	-0.1
欧洲	1042621	21.3
北美洲	1316559	6.4
拉丁美洲	69059	55.7
大洋洲	68120	15.5
非洲	9892	11.8

招商引资质量不断提升,外资效益增速放缓。全年批准外商投资项目146个,总投资14.02亿美元,比上年下降31.9%,合同外资8.19亿美元,比上年下降19.2%。其中增资项目合同外资3.8亿美元,占全区合同外资总额的46.4%。第三产业招商引资取得较大进展,全年新引进第三产业外资项目52个,比上年增加10个,合同外资3.28亿美元,比上年增长4.96倍,占全区合同外资总额的40.1%。资金到位增势迅猛,年内外商到位资金8.82亿美元,比上年增长55.8%。全区已有1412家外商投资企业投产经营,比上年增加61家,全年实现销售收入3098.31亿元,比上年增长0.3%;实现利润总额67.62亿元,下降12.1%。全区外商及港澳台投资企业实现税收80.49亿元,比上年增长60.8%。年内在松江投资的新批准、增资国家和地区达30个,项目数居前三位的分别为:香港30个、台湾26个和日本19个。

私营经济户数有所减少、经济效益增长放缓。全区有私营经济小区36个,年内新发展企业4216户,年末实有注册私营企业43773户,比上年末减少624户,注册资本584.36亿元。全年实现营业或销售收入1843.69亿元,比上年增长14.5%;纳税73.61亿元,比上年增长2.2%,占全区税收总额的40.1%。私营经济区中有商业企业24316户,占55.6%;工业企业9928户,占22.7%;社会服务业企业6812户,占15.6%;建筑业企业592户,占1.3%;其他行业企业2125户,占4.8%。

【新城、园区和社区建设发展】 松江新城功能不断完善。轨道交通9号线一期工程宜山路站贯通,完成9号线站区配套设施工程,松江新城站商业广场装修和招商基本完成。推进无线新城建设,完成12个点的定位及无线宽带布放。成立新城涉外商务中心,会同美商会举办新城涉外商务招商活动。制定了《关于松江新城区商业网点业态控制的管理办法》,有序推进新城商业发展。城市建设项目有序推进,华亭湖码头配套项目进入施工阶段;中央绿化带休闲点改造项目完成规划;新陈家村都市农庄建设完成二期工程;广富林古文化遗址保护性开发建设启动。

松江工业区集聚效应不断显现。至年末,世界500强企业有40多家落户松江工业区。工业区全年完成工业总产值2485亿元,占全区工业产值的67.7%;引进合同外资2.95亿美元,占全区合同外资的36%;出口创汇305亿美元,占全区出口创汇的92.6%。实现税收27.1亿元,比上年增长45%。累计吸纳外资企业426家,总投资83.6亿美元,合同外资37.5亿美元,注册资本38.5亿美元,到位资金26.7亿美元。

积极推进“三区联动”。强化产学研联盟,促进园区各高校与区内企业开展产学研合作,产学研互动平台作用日益明显。上海寅虹机械有限公司等4家企业与区内高校开展产学研合作,上海工程技术大学与上海飞轮有色冶炼厂联合成立的“上海再生资源开发与应用工程技术中心”正式签约揭牌,上海九晶电子材料股份有限公司与上海大学合作建立大学生实习基地。积极发挥市大学生科技创业松江分基金作用,批准25个大学生创业项目,累计安排扶持资金288万元。

社区建设和管理扎实推进。开展社区事务受理服务中心标准化建设调研,着力完善社区事务“一门式”服务工作机制。车墩、九亭、泗泾等镇实现网格化管理,城市管理网格化向城市化地区延伸。在岳阳街道开展社区公共资源共享试点工作,重点探索和实践社区公共服务设施资源的有效整合。引导社区综合保险试点工作,岳阳、永丰等四个街镇先行引入保险机制参与社会管理与服务。

【信息化发展】 信息产业平稳发展。全年实现电子信息制造业工业总产值2050.32亿元,占全区工业总产值比重为55.8%。其

中达丰(上海)电脑有限公司完成工业总产值1778.2亿元,占全区的比重为48.4%。全区信息制造业固定资产投资24.12亿元,占全区固定资产投资的11.7%,所占比重比上年提高4.9个百分点。

电子政务应用与建设稳步推进。全面推进国家电子政务综合试点工作,抓好综合试点各项任务的组织实施,推动和深化“四个面向”跨部门协同应用。继续优化115市民服务信息系统,完成社保卡业务系统与“115系统”的业务数据整合。继续深化政府信息公开工作,全年共公开政府信息1951条,全文电子化率100%;接到市民申请政府公开信息41件。顺利推进党员远程教育,全年完成391个党员干部现代远程教育终端站点。

信息基础设施建设加快实施。逐步推进无线城市建设,通过“无线城市”松江一期试点建设方案论证会,完成方松街道、佘山旅游度假区、财富兴园、大业领地中的8块区域进行无线宽带覆盖。完成市政务外网千兆防火墙及交换机设备的更新工作。对公务网网站进行改版,网站内容定期更新。确定公务网二期建设具体方案,完成实施接入工作。

社会公共服务信息化程度进一步提高。全年共申领社保卡61360张,学籍卡16710张。居住证办理2426张,临时居住证办理279018张,补(换)社保卡8156张。

【社会事业发展】 积深化教育改革,推进教育均衡化、内涵化、优质化发展。推进义务教育均衡发展,全面免除了义务教育阶段学生的课本费和作业本费,直接拨给小学、初中的义务教育生均公用经费基本标准分别从上年的700元、900元提高到1400元、1600元。稳步推进学前教育,启动“松江区幼儿园非学前教育专业新教师基本功培训”项目,积极推进区域早教事业发展。坚持“以人为本,全面发展”的育人目标,以科研带动教学,稳步提升教育教学质量。2008年全区中考合格率为99.26%,普通高中达线率为58.82%,高考普通本科达线率为

48.01%。加强教育基础设施建设,完成小昆山学校、叶榭学校迁建工程。上海师范大学附属外国语小学与中山小学茸北分校实现教育资源整合。加大对农民工子女教育保障力度,成立了推进农民工子女义务教育工作领导小组,制定并启动了三年行动计划。加大公办中小学校吸纳率,完成6所农民工子女小学纳入民办教育管理及6所学校办学条件改善工作。加强职业教育发展,积极推进成人学校标准化建设。至年末,各类学校在校生数总体略有扩大(见表4)。

类　别	学校数(所)	在校学生数(人)	比上年增长%
中　学	32	30927	5.0
小　学	18	38370	4.0
幼儿园	52	19740	14.6
辅读学校	1	100	12.4
中职校	5	5410	-2.2

全区依法批准设立的民办非学历办学机构55所,民办幼儿园17所,民办托儿所3所,民办中学4所。外来务工人员子女学校26所,其中中学2所,学生1838人;小学24所,学生10714人;附设幼儿班幼儿3153人。松江大学园区现有7所高校,共招收学生6.97万人。

自主创新能力不断提升,科普事业不断发展。全年新增市级高新技术企业76家。共有6个项目获国家创新基金立项,22个项目获市创新资金立项,48个项目认定为上海市高新技术成果转化项目,8个项目获上海市重点新产品计划项目立项,确定27个区创新资金计划项目、50个区科技攻关项目、25个区级软课题项目。1个项目获"市科技启明星计划"立项,1个项目获"市优秀学科带头人"立项。1家企业被认定为"科技小巨人"企业,2家企业被认定为培育型"科技小巨人"企业。全年共申请专利2334件,比上年增长22.6%,其中发明专利1074件、实用新型专利689件、外观设计专利571件。完成技术交易合同登记42项,共计合同交易额33208万元。至年末,全区共有科普教育基地17家,其中国家级科普教育基地3家,市级7家,区级7家。

文化广播事业较快发展。继续实施"万部图书、千场电影、百场文艺"下农村、进社区、到工地、入军营活动,全年为各基层点送书12.38万册,流动放映电影2262场,百姓戏台演出164场,向38家农村综合文体活动室放映数字电影2324场。新闻宣传力度不断加大,全年共采制播出《松视新闻》260档,播出各类新闻6400多条。做好了区党代会和"两会"、全区众志成城抵御雪灾和抗震救灾等重要新闻的报道;做好了迎接"奥运会、残奥会"和纪念"改革开放三十周年、松江撤县建区十周年"等系列报道。全年出版《松江报》150期,发行600万份。文化传承工作继续加强,《十锦细锣鼓》和民间祈福的《草龙求雨仪式》被列入国家级非物质文化遗产名录。

年末全区有影剧院6座,文化馆、站16个;公共图书馆1个,文化站图书室15个,藏书80.42万册,全年接待读者51.77万人次。全区有有线电视站11个,有线电视用户32.68万户,农村有线电视入户率达75.8%。

深入推进卫生综合改革。完善公立医疗机构运行机制。完善收支两条线和全面预算管理,社区卫生经费和乡村医生经费实行区级统筹,逐步解决各地区卫生发展不平衡和可持续发展的问题。建立医院社区分工协作互动机制,与市第一人民医院建立战略合作关系。规范药品管理制度,完善基本药品目录,探索建立区域内基本药物制度。继续实行基本药品零差率,全年共有179万人次享受基本药品零差率,全区共优惠药品零差率金额789万元。在全区各级医疗机构实行药品拆零小包装。制定并实施《松江区卫生人才建设三年行动计划》,建立人才引进、培养、使用长效机制。建立医务人员梯度进修制度,建立政府津贴制度,开展第三届首席医生、第二届首席社区医生、首届医苑新星等评选活动。完成卫生人才培训中心新址搬迁、区妇幼保健医院迁建工程和10所社区卫生服务站标准化建设。建成10个社区优生优育指导服务中心、18个社区人口和家庭计划指导室信息化示范点,全力推进出生缺陷一级预防工作,婚检率进一步提高。全年门急诊次数346万人次,比上年增长18.7%。年末全区各类医疗卫生机构与卫生技术人员数有所增长(见表5)。

表5　　卫生机构情况

指　标	单位	绝对值	比上年增长%
各类医疗卫生机构数	个	28	3.7
#医院	所	7	平
社区服务中心	所	14	平
民办医疗机构	个	28	3.7
#医院	所	5	平
门诊所	所	23	4.5
卫生技术人员	人	3474	13.0
#执业医师	人	1373	1.6
注册护士	人	1248	11.8

全面推进体育事业发展。圆满完成了北京奥运会上海赛区足球训练工作,荣获市参与北京奥运会、残奥会贡献奖,松江籍运动员首次入选中国奥运代表团参赛名单。深入开展全民健身活动,成功举办第二届佘山登高活动、区第三届老年人运动会、第十三届全民健身节系列活动等体育赛事。全年共承办、举办国际大赛3次,全国比赛8次,市级比赛9次,区级比赛35次。体育设施不断完善。全年新建2个社区公共运动场、20个健身点、48个村级文体综合配套。至年末,全区共建有319个健身点、17个健身苑、9个社区公共运动场。年内参加市级比赛的运动员有1250人次,获金牌59枚、银牌76枚、铜牌51枚。

【人民生活】　至年末,全区共有户籍人口550440人,比上年增长1.4%,其中非农人口439049人,增长3.9%。全年出生人口3893人,出生率7.12‰,死亡人口3606人,死亡率6.6‰,人口自然增长率0.52‰。

促进就业工作有序推进。全区新增就业岗位47558个,完成计划的160.7%;城镇登记失业人数6316人,控制率为

99.5%;非农就业14856人,完成指标的148.6%,其中南劳北上2607人,完成指标的130.4%。新增非正规就业劳动组织356户,新增岗位3753个。加大劳动者职业技能培训,完成职业技能培训20426人,完成年度指标的145.9%;订单式培训3545人,完成年度指标的177.3%;高技能人才培训2375人,完成年度指标的174%。

城乡居民收入水平持续稳步增长。城镇居民家庭年人均可支配收入21548元,比上年增长12.5%;农村居民家庭年人均可支配收入11590元,增长11.8%。全年城镇居民人均生活消费支出13705元,比上年增长19.4%;农村居民人均生活消费支出8565元,增长9.8%。至年末,城乡居民家庭耐用消费品拥有量不断增加(见表6)。

名称	单位	2008年	2007
电冰箱	台	100	97
空调	台	122	92
摩托车	辆	91	96
电话机	门	100	104
移动电话	部	175	157
彩电	台	185	176
家用电脑	台	39	31
洗衣机	台	93	91

注:根据千户抽样调查结果显示。

居民生活质量不断改善。全年完成旧房综合整治53.55万平方米。建立住房保障工作机制,分层次、多渠道解决困难群众的住房问题。扩大廉租住房受益面,新增78户困难家庭享受租金配租。继续开展"价格服务进万家"活动,有效减轻了物价上涨对困难群体的影响。至年末,城镇居民人均居住面积32.5平方米,与上年持平;农村居民人均居住面积60.55平方米,比上年增加1.75平方米。

社会保障工作得到强化。推行以土地换保障,6423名涉地人员落实镇保;完成市农村社会养老保险改革试点工作,6360名农村从业人员交纳镇保;18339名征地养老人员参加城保基本医疗保险。社会保障水平大幅度提高,农保退养金从每月140元提高到210元;征地养老金从每月450元提高到530元;农村居民最低生活保障标准由每年2800元提高到3200元,城镇居民最低生活保障标准由每月350元提高到400元。加大外来从业人员综合保险征缴力度,综合保险参保人数43.43万人,完成了市下达指标。

进一步完善农村合作医疗制度。全区参加农村合作医疗7.95万人,投保率100%,农民社会医疗保障率100%。至年末,共有7.95万余名农民参加了"大病互助资金"。

继续加大社会救助力度。全年共发放城镇、农村最低生活保障金3575万元、失业保险金7937万元,粮油帮困卡32063张、医疗救助金740万元、重残无业救助金1367万元、教育救助金109万元。

积极发展老龄事业。全年新增养老床位178张,为4396名老年人实施居家养老。至年末,全区共有养老机构20所,养老床位数3380张,人数2229人,标准化老年活动室204家。

(何惠明)

南汇区

【地理位置】 南汇区位于上海市西南部,长江和钱塘江出海口之间。东临东海,南依杭州湾,西南和西与奉贤、闵行两区接壤,北则和浦东新区为邻。区域介于北纬30°53′～31°09′和东经121°35′～121°51′之间。境内地势平坦,均为冲积平原,海拔高程为2米～3米。全区总面积860.1平方公里。

【行政区划和人口】 2008年,南汇区撤销村民委员会2个,即泥城镇千祥村、兴旺村;撤销村民小组5个,即书院镇洼港村第2、第7村民小组,黄华村第1村民小组,周浦镇塘东村第7、第8村民小组;新建社区居委会13个,即泥城镇云帆苑、云松苑社区居民委员会,祝桥镇千汇一村、千汇二村、千汇三村、千汇四村社区居民委员会,周浦镇安居社区居民委员会,书院镇新舒苑社区居民委员会,康桥镇昱龙、美林、中邦社区居民委员会,芦潮港镇海尚、海芦社区居民委员会。至年底,全区有14个建制镇、1个街道办事处,下辖183个村,90个社区居委会。全区有沪籍人口74.31万人,比上年增加9109人。其中:男性36.77万人,占总人口的49.5%;女性37.54万人,占总人口的50.5%;性别比例为97.95(以女性为100),非农业人口为50.81万人,占总人口的68.4%;户籍总户数为29.80万户,全区平均每户2.49人;户籍人口年出生数为5385人,出生率为7.25‰;年死亡数为4819人,死亡率为6.48‰;人口自然增长率0.77‰。全区人口密度为每平方公里864人。

【经济发展总量】 2008年,南汇区实现地区生产总值548.0亿元,年增量92.3亿元,按可比价格计算,可比增长18.1%。其中:第一产业增加值20.8亿元,可比增长6.7%;第二产业增加值298.9亿元,可比增长16.3%,其中:工业增加值271.3亿元,可比增长19.5%;第三产业增加值228.4亿元,可比增长21.5%。全区三次产业比重为3.8:54.5:41.7。与上年相比,第一产业下降0.2个百分点,第二产业下降0.9个百分点,第三产业上升1.1个百分点。全年完成财政收入149.5亿元,比上年增长14.5%。地方财政收入45.6亿元,比上年增长10.1%,其中工商税、企业所得税分别完成28.3亿元、9.2亿元,分别增长3.2%、37.2%。全年地方财政支出73.9亿元,比上年增长8.8%。其中:教育支出9.0亿元,比上年增长14.9%;科学技术支出0.3亿元,比上年增长15.1%;文化体育与传媒支出0.5亿元,比上年增长31.1%,社会保障和就业支出7.5亿元,比上年增长30.3%,医疗卫生支出3.3亿元,比上年增长27.8%,环境保护支出0.4亿元,比上年增长61.8%,城乡社区事务支出1.6亿元,比上年增长38.4%,农林水事务支出3.9亿元,比上年增长26.2%。

【农业】 着力推进农村改革发展,继续通过"以奖代补"扶持村级组织,积极开展支农资金整合试点工作,支农资金的使用效能有效提高。农产品销售体系建设取得突破,成立全市首家农产品产销联合会,成功举办农博会,与家乐福、乐购、世纪联华等10家大型连锁超市合作设立100多个专柜,建立10个"田头超市"。农民专业合作社总数达到230家,带动5.8万农户。在20多个省市发展异地种养,实现产值4亿元。在全市率先完成基层农业服务体系改革工作。启动滨海5万亩滩涂农业综合开发项目,上海名特农产品国际物流与交易基地开工建设。全年全区完成农业总产值53.7亿元,比上年增长10.4%。农业实现全面增效,生态、旅游农业发展较快。全年完成粮食总产量10.3万吨,比上年下降6.5%,西甜瓜产量22.7万吨,蔬菜产量61.9万吨,水果产量7.8万吨。畜牧业继续加大调减力度。全年生猪出栏45.9万头,比上年增长2.9%,鲜蛋产量2.0万吨,比上年增长2.3%,家禽产量2140万羽,比上年下降9.6%,牛奶产量3.6万吨,比上年增长5.6%。渔业生产仍然保持稳定势头,全年水产品产量2.2万吨,其中:淡水产品1.8万吨,海水产品0.4万吨。

【工业】 全年工业增加值完成272.0亿元,可比增长20.8%,全年完成工业总产值1250.1亿元,比上年增长18.5%;其中:规模以上企业完成工业总产值1190.1亿元,比上年增长20.6%。私营、外商企业增速保持领先位置,全区私营企业完成规模以上工业总产值957.5亿元,同比增长24.5%;外商投资企业在全区工业经济中的比重稳步提升,全年完成规模以上工业总产值673.6亿元,同比增长27.7%,占规模以上工业产值的比重达到56.6%。规模以上工业企业经济效益综合指数178.9点,工业企业产品销售率99.1%,全员劳动生产率115826元/人,实现利润总额67.6亿元,同比增长24.5%;实现税金总额26.1亿元,同比增长16.6%;完成产品销售收入1192.1亿元,同比增长22.4%。电气机械、通信设备、计算机、仪器仪表等制造业完成规模以上工业总产值413.8亿元,比上年增长29.1%,其中电子信息设备制造业完成规模以上工业总产值317.4亿元,比上年增长31.6%;通用、专用、交通运输设备制造业完成规模以上工业总产值287.9亿元,比上年增长24.3%,农副食品加工及食品制造业完成规模以上工业总产值17.0亿元,比上年增长24.8%,医疗仪器设备及器械制造完成规模以上工业总产值17.0亿元,比上年增长45.9%,非金属矿物制品业完成规模以上工业总产值39.6亿元,比上年增长14.2%。

【建筑业】 全年实现建筑业增加值28.5亿元,可比下降8.3%;全区建筑企业全年完成总产值126.2亿元,比上年增长11.5%;全年施工项目个数3543个,比上年增长18.2%;完成施工面积687万平方米,比上年下降14.8%;竣工面积348万平方米,比上年下降16.1%。

【金融业】 全年实现金融业增加值22.4亿元,可比增长21.8%;年末全区金融机构各项存款余额858.6亿元,比年初增加128.7亿元,比上年增长17.6%;各项贷款余额591.0亿元,比年初增加92.4亿元,比上年增长18.6%;城乡居民储蓄余额452.6亿元,比年初增加82.7亿元,比上年增长22.4%。金融运行的宏观环境良好,进一步增强了金融对经济发展的支撑作用。

【商业】 全年实现社会消费品零售总额225.1亿元,比上年增长20.9%,消费热点主要集中在吃、用两种商品用途上,两者占社会消费品零售总额的比重为87.6%,其中:用品类完成消费品零售额131.0亿元,比上年增长17.4%,占零售总额的比重为58.2%,有力地支撑了销售的全面增长。私营经济发展迅速,其消费品零售额所占比重最大,为68.0%,达到153.1亿元,同比增长21.1%;国有经济、集体经济完成消费品零售额分别为6.3亿元和49.3亿元。

【房地产业】 全年实现房地产增加值27.2亿元,可比增长9.2%;完成房地产开发投资116.8亿元,比上年下降8.1%,占固定资产投资总额的30.7%。从商品房用途分类来看,全区住宅开发投资额80.4亿元,同比下降16.9%;办公楼开发投资额5.5亿元,同比增长133.3%;商业营业用房开发投资额16.3亿元,同比下降3.7%;其他用房开发投资额14.7亿元,同比增长31.4%。全年商品房施工面积997.7万平方米,比上年下降11.6%;竣工面积262.4万平方米,比上年增长2.1%;销售面积255.3万平方米,比下降18.3%;商品房销售额98.4亿元,比上年下降29.2%,至年底,商品房空置面积114.7万平方米,比上年增长142.9%。

【固定资产投资】 全年实现全社会固定资产投资额380.2亿元,比上年下降9.8%。其中:第一产业固定资产投资额完成3.7亿元,比上年增长102.7%;第二产业固定资产投资额完成127.3亿元,与上年持平;其中:工业固定资产投资额完成127.3亿元,与上年持平;第三产业固定资产投资额完成249.1亿元,比上年下降14.7%。

【对外开放及园区开发】 全年引进注册型企业户数3416个,注册资金66.8亿元,比上年增长20.6%。批准外商直接投资合同项目84个,比上年下降16.0%,总投资金额10.4亿美元,合同外资5.2亿美元,比上年增长2.0%,实际到位外资4.4亿美元,比上年增长0.4%。完成外贸出口创汇总额50.2亿美元,比上年增长23.0%。按出口企业分,三资企业完成39.6亿美元,比上年增长31.3%,内资企业完成10.6亿美元,比上年增长0.3%;按贸易方式分,一般贸易出口14.3亿美元,加工贸易出口35.9亿美元(占全区出口总额的比重为71.5%),分别比上年增长11.9%和28.4%;按出口地区分,对亚洲、欧洲、北美洲三大市场的出口额占出口总额的比重达93.3%,其中对亚洲出口额15.1亿美元,增长1.8%,对欧洲出口额26.2亿美元,增长41.2%,对北美洲出口额5.6亿美元,增长19.2%。

康桥工业区全年完成规模以上工业总产值587.8亿元,比上年增长19.6%;完成固定资产投资27.7亿元,比上年增长4.4%;内资企业税务注册数81个,税金总额3.7亿元;吸收合同外资1.7亿美元,外贸出口创汇总额33.2亿美元。南汇工业园区全年完成规模以上工业总产值79.2亿元,比上年增长18.5%;完成固定资产投资16.0亿元,比上年增长2.6%;内资企业税务注册数150个,税金总额2.6亿元;累计完成合同外资0.3亿美元,外贸出口创汇总额5773万美元。现代农业园区全年完成规模以上工业总产值0.7亿元,比上年下降15.5%;完成固定资产投资2.9亿元,比上年增长93.3%;出口创汇总额718万美元。国际医学园区全年完成规模以上工业总产值14.5亿元,比上年增长43.3%;完成固定资产投资5.9

亿元,比上年增长27.4%;实现合同外资1669万美元。

【社会事业】 科技。全年共获得国家和市级立项131项,获部、市资金资助1370余万元,分别比去年增长152%和256%。其中:国家科技型中小企业技术创新基金项目7项,同比增长350%,获资助资金415万元;上海市科技型中小企业技术创新资金项目27项,同比增长192%,获资助资金485万元;上海市重点新产品项目18项,其中5项获市资助资金100万元;上海市高新技术成果转化项目44项;上海市农业科技成果转化资金项目2项,获资助资金60万元;国家火炬计划项目2项;上海市火炬计划项目22项;上海市重点科技攻关项目立项1项,获市科委资金资助110万元;国家星火计划项目1项,获资金资助60万元;上海市农业国际合作项目1项,获资金资助70万元;上海市星火富民科技工程项目3项,获资助资金70万元;获市科学技术奖3项;上海市科技成果登记25项。获批上海市科技"小巨人"企业1家,"小巨人"培育企业5家,获市专项资金扶持650万元。在上海市评选2007年成果转化"百佳"和"自主创新十强"项目中,全区共有5家企业进入"百佳",上海卡姆丹克太阳能科技有限公司的"光伏太阳能硅单晶及硅单晶片"进入十强。新认定高新技术企业62家。有序开展区内项目扶持工作。认定区产学研联盟项目17项,获资金资助280万元。认定区科技发展资金项目80项,资助资金353万元。深入开展科普教育工作。航头镇成功创建为"上海市科普示范镇",成功举办"让生活科学起来"第二届南汇科普节、全国科普日南汇地区活动、"节能减排"科普摄影大赛、第六届青少年科技创新大赛等活动。南汇区青少年科学研究院正式启动,并成功举办"快乐暑期、快乐创新"南汇少科院暑期科技夏令营活动。全力实施知识产权战略。全年共申请专利1525件,同比增长8%,其中,发明和实用新型占55.3%,职务申请占到95%以上,558件专利获资助资金28.83万元;新增市级试点(示范)单位14家,目前全区共有33家市级试点(示范)单位,其中,知识产权试点(示范)学校4所,试点(示范)企业29家。完成技术合同65项,交易额1.5亿元。

教育。加强人才队伍建设,继续推进"三大工程"。合理布局教育资源,推进学前教育三年行动计划。加快校舍建设及改造,落实教育设施设备。继续完善职业教育,逐步建立现代管理体系。坚持教育公平公正,重视农民工子女教育。围绕"三个聚焦",突出教学常规管理,提高课堂效益。加强"三支队伍"建设,全面提高教育管理水平。加强教育合作,探索办学新模式。加强师德建设,营造良好育人环境。积极发展成人教育,深入推进学习型社会建设。南汇区有公办高中5所,完全中学4所,初级中学12所,十二年一贯制学校1所,九年一贯制学校14所,小学22所,民办中小学5所,少年体育学校1所,特殊教育学校1所,共有中小学生70811人。农民工子女学校17所,其中5所农民工子女小学纳入民办教育管理范围,全区农民工子女在校生23786人,其中在公办学校就读的农民工子女11357人。公办幼儿园36所,个人、集体办及其他性质幼儿园47所,在园幼儿20868人。上海电视大学南汇分校有专科以上学历班155个,在校生9499人,上海临港科技学校在校生1645人,,其中来自都江堰地震灾区的学生有70人。全区有镇成人学校14所,社区学校15所。有教职工7488人,其中教师6578人,职工910人。其中专业技术人员6178人,其中高级职称568人、中级职称3389人、初级职称2221人;特级教师5人,上海市特级校长1人。全区初三学生参加中考6316人,及格率96.9%,优良率75.5%,普通高中录取率52.9%。区高三学生参加高考4877人,一本上线402人,一本上线率8.2%,本科上线率50.0%。

文化。区、镇、村三级公共文化服务体系基础设施建设取得新进展:区文化馆被国家文化部评定为国家一级馆;协助周浦、书院、泥城等镇完成社区文化活动中心的硬件建设和软件配置;完成156个集全国文化信息资源共享工程、农村信息苑与农村数字电影放映工程"三位一体"的基层服务点,使村级服务点实现了零的突破,覆盖率达85.9%。年内培训村级信息服务员200名,开设合唱、指挥、踢踏舞、乐器等培训班10期,辅导文艺骨干227人次。全年接待读者55万人次,流通图书122万册次,办理读书证5600张;馆外流通点送书服务50次,共计送书20000册;开展各类读书讲座36次,参与3万多人次;举办"丹青溢彩水墨飘香"区博物馆馆藏精品展等各类展览活动6次,区博物馆、"走进南汇"临港展示中心全年免费接待2万余人次参观。全年共创作沪剧小戏等各类文艺作品80多个,有近50件作品获省市级以上大奖,区镇两级全年完成送戏下乡800多场,观众近70万人次。创作编排大型多媒体情景朗诵剧《永恒的家书》、举办长三角地区"我心中的傅雷"征文、演讲比赛、"洁白的丰碑"傅雷生平全国巡回展等傅雷百年诞辰6大系列纪念活动,扩大南汇文化的社会影响力。推进文化特色镇创建工作,对11家申报单位进行命名评估。"浦东派琵琶演奏技艺"被列为第二批国家级"非遗"保护名录;正式授牌命名11个区级"非遗"保护单位,公布19名区级"非遗"名录项目传承人名单。启动南汇区第三次全国文物普查工作,新发现不可移动文物88处,新增5处区级登记保护单位;完成翊园二期修缮工程,开展文物征集和地方名人研究,提升地区传统文化的内涵和魅力。

卫生。卫生实事项目建设稳步推进。投资6.6亿元的区医疗卫生中心建设项目顺利完成,区中心医院已正式搬迁并投入使用;周浦医院迁建项目已开工奠基;区公共卫生中心建设项目已完成建设任务的80%;30所村卫生室和10所社区卫生服务站标准化建设顺利完成;由市政府确定建设的市第六人民医院临港分院项目可行性研究报告已上报市发改委。以收支两条线管理、医保预付制、全面预算管理为核心的社区卫生服务综合改革试点扩大至8家单位,"六位一体"的服务功能进一步完善。村卫生室、社区门诊诊查费减免政策和村卫生室基本药品"零差率"工作平稳实施,广大农村群众进一步得到实惠。新型农村合作医疗保障水平逐年提高,区农村合作医疗参保率达到99.6%,医疗费平均补偿比率58.6%,合作医疗服务受益人次达到324万人次。医疗服务水平进一步提高,公共卫生体系的服务和保障能力进一步提升。至年末,全区拥有各类医疗卫生机构262个,专业卫生技术人员4898名,其中医生2226名;年内,各级医疗机构诊疗病人443.9万人次,收治入院病人8.3万人次,治愈好转率达到90.5%;全区平均每千人拥有床位7.3张(共有床位5423张),平均每千人拥有卫生技术人员6.6名,平均每千人拥有医生3.0名。

体育。年内,成功举办"滴水湖"杯2008中国国际摩托艇明星对抗赛;举办安踏2008－2009全国排球联赛上海主场各项比赛。公共体育设施建设进一步加强:全年建成社区公共运动场11片,健身点10个,农民健身工程62个,全区夏季游泳馆池实现安全开放。开展近万人的市民体质测试活动,组织社会体育指导员和游泳池救生员、健身气功等培训8次,培训960人次。组建区老年人体育协会,组织开展全区性“庆奥运、迎世博,金秋夕阳展风采”健身操舞展示等系列活动,成立老年人自行车骑游团,组织开展北京奥运倒计时百天群众体育精品展示、上海桃花节“海派秧歌”大汇演等较大规模群众体育活动。承办区第二届机关运动会。组队代表上海市参加第六届全国农民运动会中国象棋项目比赛,取得女子团体和个人第五名。组队参加市第八届老运会并成功承办中国象棋比赛,获团体一等奖一项,二等奖七项,三等奖一项,并获优秀组织奖。组队参加市第七届残运会,获金牌10枚,银牌15枚,铜牌4枚,团体总分列全市第二名。阳光体育活动等学校体育开展较好,共组织举办全区性中小学生体育比赛25次,参赛学生达到7000多人次,“阳光伙伴”集体跑获全市第一名,并代表上海市获得全国比赛第三名。

【就业和保障】 全年完成各类就业培训2.2万人次,新增就业岗位4.6万个,净增就业岗位1.8万个,分别完成年度计划的174%和149%,安置“双困”人员2066人。创办非正规就业劳动组织315个,吸纳从业人员7422人。社会保障覆盖面不断扩大。新增镇保3314人、农保3.6万人,综保达到17.4万人。农保覆盖率由81.6%上升到95.6%,60周岁以上农保养老金人均每月达到242元,超过全市平均水平。城镇居民医疗保障制度开始实施,已有10万余人纳保。农村合作医疗参保率达到99.6%,人均筹资450元。社会救助力度不断加大,累计救助各类人员48.8万人次,发放各类救助金12846万元。实行农村低保人员住院费用押金减半缴付,确保农村低保人员大病、重病得到及时救治。

【城镇建设和环境保护】 各项规划不断完善。《南汇区总体规划实施方案》通过审批,实现与临港规划的同步实施,完成周康一体化规划和惠南、祝桥等5个新市镇总体规划,及28个中心村规划,重点产业发展区块“三规合一”工作有序推进。基础设施建设推进有力。轨道交通立项进入最后审批阶段,动拆迁及投融资方案基本形成。继续推进“十二横十六纵”道路建设,致力于对外打通接口,对内提升能级。下盐公路西段、川南奉公路北段实现通车功能,机场高速公路进入全线施工,申江路、下盐公路东段等进入施工阶段。500千伏变电站及高压线前期、天然气中压管线、航头水厂改扩建等工程完成节点任务。生态环境建设推进顺利。第三轮环保三年行动计划圆满完成。20万吨污水处理厂和周浦生活垃圾中转站建成投用。完成100公里污水管网建设,管网覆盖区域污水纳管率达到80%。万河整治三年行动计划全面完成,累计整治河道3284公里。黑臭河道整治完成53.6公里。建成绿地150万平方米,外环生态专项建设有序推进。

完成第三轮环保三年行动计划,进一步完善环境基础设施,20万吨/日污水处理厂建成并顺利投入运行,污水支管建设累计完成152公里,管网覆盖区域内污水纳管率达80.0%。切实加强污染减排工作,通过推进工程减排、结构减排和管理减排,实现主要污染物COD(化学需氧量)削减5.3%,SO2(二氧化硫)削减11.6%。继续加大环保执法力度,组织开展“绿鹰”环保专项行动28次,共查处各类违法企业248户,处罚金额644.9万元。大力推进农村生态环境保护工作,重点做好农村生活污水治理工程,完成2064个处理点的建设,总服务人口达12312户。完成第一次全国污染源普查工作,深入各企业开展入户调查,完成全区6660户普查表填报及数据复录工作,全区污染源监测总覆盖率达93.6%。持续改善环境质量,全区空气质量优良率持续3年稳定在90.0%以上,大治河水质稳中趋好,除了咸塘港外的其他主要河道的水质基本能达到功能区要求。绿化覆盖率达到32.0%,人均公共绿地面积达到12平方米。 (沈乐平)

青浦区

【地理位置】 青浦区位于东经120°53′~121°17′,北纬30°59′~31°16′之间。地处上海西部,位于长江三角洲太湖平原东侧,太湖下游,黄浦江上游。居苏、浙、沪交汇处,东与上海市闵行区毗邻,南与松江、金山区和浙江省嘉兴市接壤,西连江苏省吴江市、昆山市,北接嘉定区。全境东西两片宽广,中部狭窄,宛似彩蝶展翅。总面积668.47平方公里,耕地面积2.73万公顷。水域面积124.49平方公里,21个湖泊面积59.32平方公里。淀山湖跨青浦区、江苏省昆山市,区境内面积为46.7平方公里。境内有太浦河、大蒸塘、淀浦河、拦路港、吴淞江、泖河、油墩港等主干河道。318国道和A9沪青平高速公路自东向西横贯全境,A30同(江)三(亚)国道和A5嘉金高速公路自北而南穿越东境。北有A11沪宁高速公路,南有A8沪杭高速公路。

名胜古迹有崧泽古文化遗址、福泉山遗址,中国历史文化名镇朱家角镇和桥乡金泽镇,唐青龙塔、唐泖塔、清万寿塔等古塔,宋普济桥、元迎祥桥、明放生桥等古桥。纪念地有陈云故居暨青浦革命历史纪念馆、小蒸农民暴动指挥所等。休闲娱乐场所有东方绿舟、太阳岛旅游度假区、上海大观园、上海国际高尔夫乡村俱乐部和日月岛度假村等。国家AAAA级旅游景点有上海大观园、朱家角镇、东方绿舟、太阳岛国际俱乐部度假区和陈云故居暨青浦革命历史纪念馆。

【历史沿革】 青浦地区历史悠久,距今6000多年前已有先民居住。有文字记载以来,县(区)境隶属屡变。春秋战国时先后属吴、越、楚,秦时为会稽郡由拳县东境,汉时属吴郡娄县,隋代隶苏州昆山县。唐天宝十年(公元751年)置华亭县,隶苏州,县域为华亭县西北境。宋时地域属浙西路嘉兴府华亭县。元至元二十九年(公元1292年)析华亭县置上海县,县境半为上海县西境,半为华亭县北境。明嘉靖二十一年(公元1542年),析华亭县修竹、华亭二乡,上海县新江、北亭、海隅五乡置青浦县,隶属松江府,设县治于青龙镇。因县治设在青龙镇,县境东部有五浦(赵屯、大盈、盘龙、顾会、崧子),遂定名青浦县。三十二年废县建制,县域仍回归华亭、上海两县管辖。万历元年复置县,移县治于唐行镇(今青浦镇)。清雍正二年(公元1724年)析县境北亭、新江二乡,分置福泉县,至乾隆八年(公元1743年)裁撤,仍并入青浦县境。辛亥革命(公元1911年)后,青浦县属松江军政分府,属苏松太道。民国22年(公元1933年),属江苏省第四行政督察专员公署管辖,后改由第三行政督察专员公署管辖。1949年解放后先属苏南行署松江专员公署,1952年9月隶江苏省,1958年11月划归上海市。1999年9月16日,经国务院批准,撤销青浦县建制,建立青浦区。2000年1月12日,青浦区人民政府机构正式挂牌,县长巢卫林担任首任区长。 (赵 峰)

【行政区划】 2000年1月青浦撤县建区时有20个镇、1个市级青浦工业园区。2007年末,青浦区下辖徐泾、赵巷、华新、白鹤、重固、朱家角、练塘、金泽8个镇和夏阳、盈浦、香花桥3个街道。2008年新建1个居委会。年末有184个行政村和70个居民委员会。区边界线全长约256.8公里,其中省(市)界线112.7公里、区(县)界线144.1公里。区人民政府地址:青浦区公园路100号。 (赵 峰)

【人口】 年末总人口87.5万人,其中来沪人员41.6万人。常住人口79万人,其中来沪人员32.9万人。户籍人口45.8万人、15.6万户,其中非农人口28.6万人。2007年户籍人口出生2980人,出生率6.51‰;死亡3337人,死亡率7.29‰;自然增长率-0.78‰。 (赵 峰)

【社会事业】 南箐园、淀浦河城区段景观、浦仓路人行天桥如期竣工,瀚文学校、西大盈港双桥、淀山湖大道二期按时开工建设。完成6条4.5公里市政道路和8万平方米城市绿地建设,基本构建城区主干道路网络和管线基础设施。建成23条线路的村村通公交线,基本实现"村村通"公交目标。5月9日,轨道交通2号线西延伸段徐泾站建设正式开工,投资3.5亿元。青浦新城被评为"2008年第七届迪拜国际改善居住环境最佳范例奖"。朱家角镇被国家住房和城乡建设部命名为国家园林城镇和国家宜居城市,获得国际花园城市称号(B类银奖)。徐泾镇被国家环境保护部授予全国环境优美镇称号,被全国双拥工作领导小组授予"爱国拥军模范单位拥政爱民模范单位"(全国双拥模范单位)称号。复旦大学附属中山医院青浦分院急诊室抢救小组、朱家角古镇旅游发展有限公司导游组被授予优质服务迎奥运(百城千岗)"全国巾帼文明岗"称号。

0-3岁家长受早教指导率达84%;3-6周岁适龄幼儿入园率达99.6%;义务教育阶段学龄少儿入学率达100%;全区高考本科上线率达61.28%,比郊区平均高14.49个百分点。农民工子女就读公办学校(民办公助)比例达60.9%。完成华新梦里水乡、朱家角泰安公寓、淀山湖、朱家角、赵屯等幼儿园新建和金泽、徐泾幼儿园改建工程;凤溪幼儿园迁建等工程10月底开工。重固镇获得全国社区教育示范街(镇)称号。有线电视网络改造首期工程改造完成16740户,入户改造率达96.2%。开展群众文化活动8499场次,参与1171828人次。成功举办第五届上海青浦淀山湖文化艺术节,开展群文系列活动43项、累计100多场次,吸引70多万市民参与。青浦图书馆新馆开馆一年多,读者日均1200余人次,新办读者证12000余张,读者证持证人数16000余人。经文化部评定,青浦文化馆被评为一级馆,区文化广播电视管理局被国家文化部评为"2008年全国文化市场行政执法先进单位"。6月7日,国务院发文批准文化部确定的第一批国家级非物质文化遗产扩展项目名录(共147项),上海市青浦区和江苏省无锡市吴歌(编号Ⅰ-22,即田山歌)名列其中。开展"三鹿"奶粉事件调查,调查婴幼儿13990人,接诊筛查6039人,筛查费用66.40万元。为全区10300名退休及生活困难妇女开展妇科病、乳腺病筛查工作,为14982名60岁以上农民免费体检。组建89支全科服务团队,推行户籍制医生服务模式。青浦区医疗救护站更名青浦区医疗急救中心,练塘分站、香花桥分站的建成并通过验收,已有徐泾分站、华新分站、金泽分站,形成覆盖全区的"1+5"医疗急救网络。30家村卫生室的市级标准化建设已经全部完成并通过验收,3年内合计完成100家。2月1日起试行社区卫生服务中心基本药品零差率,10月1日起,村卫生室就诊的市民均享受基本药品零差率。农村合作医疗镇村覆盖率100%,实际投保人员122951人,占应参加合作医疗人数的99.4%。成功举办"金发科技杯"国际名校赛艇挑战赛、国际女排对抗赛、第三届龙舟公开赛等传统大型体育赛事;新建社区公共运动场4片、社区健身点20个和农民健身工程19个;运动员沈洁在29届北京奥运会上获男子双人皮划艇1000米比赛第七名,沈晓英在全国帆船锦标赛女子组比赛中夺得冠军;销售体育彩票2083万元,比上年增长17.9%。5月7日,国家体育总局和中央文明办联合命名徐泾镇社区文化体育健身俱乐部为国家级社区体育健身俱乐部(第三批)。全区专利申请量超过1600件,认定技术合同101份,实现技术交易合同总金额1.2亿元。申报各类科技项目1800多个,立项1600多个,其中,市级以上科技立项91个,获市级以上资助、奖励金额3449万元。 (赵 峰)

【社会保障体系】 创新劳动争议调解模式,组建劳动争议人民调解委员会,缓解劳动争议仲裁工作压力。新增就业岗位31974个,其中非农就业岗位9294个;城镇登记失业5408人,控制在市政府下达指标5500人之内;职业技能培训10400人,其中中高层次培训4931人,占培训总数的47%;外来从业人员综合保险参保239598人;工资集体协商覆盖企业10541家,覆盖职工199967人,完成市政府下达指标178826人的111.8%。累计城镇养老保险参保7627户、80483人。小城镇养老保险参保4563户、49803人。享受城镇养老待遇25993人,其中2008年新增2321人;享受小城镇养老待遇36653人,其中2008年新增2974人(包括征地人员);享受生育生活津贴及生育医疗补贴待遇2005人;享受工伤保险待遇521人。城镇低保家庭1954户、3278人;农村贫困户1711户、5388人。全年对城镇低保、实物救助、重残无业、协保、农始知青、支内回户、粮油卡、粮油券、医疗救助、居民医保、农村低保、临时救助等12项常规救助3891.98万元,救助对象185102人次。汶川地震全区捐款金额人民币2238万元。2008年"送温暖,献爱心"捐款金额182.9万元(其中59.2万元用于购买3000条新棉被、3000件新棉衣),捐赠衣被11余万件。

【经济建设】 2008年,全区地区生产总值实现478.6亿元,比上年增长15.2%。其中,第一产业增加值8.5亿元,第二产业增加值292亿元,第三产业增加值178.2亿元。三次产业结构比例为1.8:61:37.2。实现区级地方财政收入44.16亿元,比上年增长10.15%;全口径财政收入完成154.90亿元,比上年增长10.52%。地方财政支出72.9亿元(含市拨专款2.44亿元),比上年增长8.36%。全区结算财力72.6亿元(含市拨专款2.44亿元),比上年增长7.73%(不包括土地出让金收入)。

完成全社会固定资产投资159.1亿元,比上年增长5%。其中工业完成投资50.9亿元,下降6.5%。第三产业完成投资107.7亿元,增长11.9%。“4+1”主导产业(现代纺织、精密机械、信息电子和印刷传媒四大支柱产业及文体类(休闲)用品制造特色产业)实现工业产值568亿元,比上年增长0.7%,占全区规模以上工业总产值的52.9%。其中精密机电制造业产值占全区规模以上工业总产值25.8%、现代纺织占10.8%、电子信息产业占10.1%、文体休闲制造业占6.4%、印刷传媒业产值占2.2%。全区规模以上工业企业实现工业产值1100亿元,比上年增长11%,拉动全区工业增长9.3个百分点,占全区工业总产值比重83.5%,规模以上工业企业产销率约97%。亿元产值企业有227户,比上年净增22户;实现产值747.8亿元,比上年增长13.1%,占全区规模产值总量的69.6%,拉动规模工业经济增长8.7个百分点。新批技改项目46个,投资5.7亿元。8家企业开展节能专项改造,总投资9515万元。淘汰劣势企业59户,其中关闭、停产39户,搬迁16户,转贸易2户,转产1户,其他1户。通过淘汰劣势企业,年减少能耗14825吨标煤。全年实现社会消费品零售总额176.2亿元,比上年增长21.3%。旅游收入22.78亿元,接待游客人次422万,分别比上年增长7.3%和11.05%。吸收合同外资5.35亿美元,比上年增加2.2%,其中:新批项目68个(含10个迁人项目),合同外资3.08亿美元;增资项目59个,合同外资2.28亿美元。实到外资4.55亿美元,比上年增长13.2%。有外贸企业1056家。进出口总额101.98亿美元,比上年增长1.51%,其中出口61.07亿美元,比上年增长3.02%;进口40.9亿美元,比上年下降0.66%。电子信息行业出口继续呈负增长,出口16.79亿美元,比上年下降10.91%;现代纺织行业出口持续走低,出口5.22亿美元,比上年下降7.40%。对美国、日本出口继续负增长,分别比上年下降0.15%和0.26%;对以转口贸易为主的香港地区出口比上年下降21.55%;对欧盟、东盟出口继续增长,分别比上年增长10.51%和31.51%。新开工住宅1001幢,面积125.38万平方米,比上年同期增长110.5%。新注册私营企业6003户,比上年增长53.4%。年末有私营企业52667户,户数占全市的10%;实现税收71.1亿元,占全区税收146.6亿元的48.5%,完成工业总产值500.5亿元,解决就业42万余人。青浦区被列为上海市循环经济试点区县。1月,占地面积近百万平方米的赵巷珠江国际中心奠基仪式在赵巷商业服务业集聚区举行。7月10日,国际超市巨头家乐福、运动品专卖迪卡侬以及装修卖场百安居等大型连锁超市在徐泾永业购物中心开业。12月16日,2008年青浦区产业项目集中开工仪式在青浦工业园区举行,总投资28.6亿元、28个重大产业项目。12月8日,青浦区首家小额贷款公司——上海青浦明诚小额贷款股份有限公司开业。12月26日,青浦兴众小额贷款股份有限公司举行开业。

青浦工业园区全年实现工业产值500.81亿元,首次突破500亿,比上年增长26.5%,占全区工业产值比重的37.99%,占比提高3.9个百分点。区、镇两级财政贴息奖励29个竣工验收技改项目,898.42万元,其中区级财政855.56万元,比上年增加19.2%。日立电梯研发中心(拥有中国最高的电梯试验塔台172米)、美国英威达研发中心、日本大昭和研发中心、日本高田汽车碰撞实验室等4个研发机构落户园区。

2008年全区农业总产值22.2亿元,比上年增长4.1%。全年粮食作物播种面积16274公顷,比上年增长9.3%,完成粮食总产量11.7万吨,比上年增长10.4%。建水稻高产创建示范方32个,面积1000公顷,核心区域亩产704公斤,位居市郊第一名。青浦现代农业园区建立33.67公顷蛙稻生态种养示范区获得成功。5月,投资2000万元、占地15.8公顷的东方菲尼克斯现代农业庄园开工建设。10月31,国家质量监督检验检疫总局公布《关于批准对科尔沁肥牛肉、练塘茭白、苍溪雪梨、雁江蜜柑、蒲江雀舌实施地理标志产品保护的公告》(国家质量监督检验检疫总局公告2008年第119号),批准对练塘茭白实施地理标志产品保护,练塘茭白成为上海首个获得地理标志产品保护的蔬菜品种。 (赵 峰)

【环境建设】 白鹤污水处理厂和青浦污水处理厂扩建工程土建全部完成,设备安装分别完成95%和60%;青浦污水处理厂、青浦第二污水处理厂、金泽、西岑污水管网工程建设全部完成。全区污水处理能力17.4万吨/日,污水管网350公里。“千河整治”行动完成,三年共整治河道1293条段、1322公里,疏浚土方2119万立方米,完成投资2.5亿元。启动环淀山湖水环境治理工程,为期12年,投资约31.7亿元。11月22日,青浦区政府、市绿化和市容管理局及世界自然基金会(WWF)联合在淀山湖莲湖村大莲湖湿地修复工程示范区现场举行大莲湖湿地生态修复项目(一期)启动仪式。淀山湖水环境质量优于上年。青西的太浦河、大蒸港、北庄河、市河达到Ⅱ—Ⅲ类地表水环境质量标准,青东的淀浦河、东大盈港、西大盈港、新通坡塘、油墩港、上达河和环城河等骨干河道水质处于Ⅳ—Ⅴ类地表水环境质量标准之间。空气质量指数达到二级和优于二级的天数为333天,比上年增加12天。1月,国家环境保护总局发文授予上海东方绿舟为“国家环保科普基地”称号。

【创新污水处理厂产权转让新模式】 上海青浦第二污水处理厂产权转让项目于2007年11月6日在上海联合产权交易所挂牌。至2007年12月3日报名截止时间,有境内外9家投资人报名举牌。进入竞价程序后,有6家投资人递交竞买文件,参与竞价。竞买文件包括运营方案、财务融资方案、职工安置方案以及污水处理服务费单价报价等各方面。首次采用“固定转让价(以资产评估值为依据),竞争污水处理服务费单价”的新竞价模式,是产权转让与BOT(建设-运营-移交)的两者相结合竞价模式。经专家组综合评审,最终上海城建(集团)公司与上海公成建设发展有限公司共同成为青浦第二污水处理厂的受让人。受让人上海城建(集团)公司—上海公成建设发展有限公司联合体将原来的污水处理厂变更为新的公司制企业,运营污水处理厂,并承担该厂的第三期扩建任务,其投资回报通过《污水处理服务协议》向政府收取污水处理服务费。

4月25日上午,上海青浦第二污水处理厂产权转让签约仪式在上海城建国际中心举行。副区长史家明、上海城建(集团)公司董事长朱家祥、上海公成建设发展有限公司董事长董经纬参加签约仪式。10月16日,上海市水务局在青浦举行上海市青浦第二污水处理厂公共排水项目特许经营授权仪式,标志着新成立的上海青浦第二污水处理有限公司正式得到市水务局的许可。青浦第二污水处理厂转制工作全面完成。新成立的上海青浦第二污水处理有限公司全面负责该厂的管理经营。

青浦区按照“政府主导,企业参与、市场运作”的理念实施青浦第二污水处理厂的整体转让和特许经营,成功开辟利用已建污水处理厂进行投融资和市场化运作的新模式。转让后,青浦区政府年度财政支出节省近千万元,大大减轻区财政压力。(赵 峰)

【开创区县对公用移动通信基站设置计划会审制度】 为提高土地空间资源的有效利用,适应地区城市化和新农村建设发展的新形势,3月,青浦区编制《青浦区信息基础设施专业规划(总册)》,要求信息基础设施——公用移动通信基站“统一规划、集约建设、资源共享、规范管理”。月内,青浦区第一座集约化室外宏基站——徐泾陆家角基站并通过验收,将中国移动和中国联通的通信设施“合二为一”,并为后入营运商预留设备、机房空间,实现多家营运商共享共用该基站的多赢目标。5月下旬,青浦区组织召开“青浦区2008年首批公用移动通信基站设置计划会审会议”,由上海市无线电管理局、区信息委、区规划局、区房地局、区环保局组成会审小组,对移动通信运营商申报的“青浦区2008年第一批公用移动通信基站设置计划”进行联合审核。青浦区成为全市首家对公用移动通信基站设置计划进行会审的试点区县,开创区县会审制度。6月,确定华盈路共建基站选址。8月,重组后的三大运营商电信、移动、联通公司分别与青浦区政府签署《青浦区室外宏基站集约化建设框架协议》,该举措得到市信息委和国家工信部认可。12月,第二个集约化通信设施室外宏基站在白鹤镇杜村建成并将投入使用,实现中国移动、中国联通、中国电信等多家通信营运商“一塔共享”。青浦区制定的框架协议与工业和信息化部在10月发出的《关于推进电信基础设施共建共享的紧急通知》精神一致,可大大节约土地资源和企业营运成本,又美化了城市景观,极大地提高了企业效益和社会效益。

(赵 峰)

【继续推进金泽镇新农村建设】 继续开展自然村落改造。第二批自然村落改造工程涉及5个行政村的6个自然村(任屯村任屯和北任自然村、西岑村山深自然村、三塘村塘北自然村、杨湾村西湾自然村、蔡浜村),于2008年10月启动,计划投入资金1600万元,惠及1169户农户。按照“路面硬化、墙面白化、河道净化、宅前屋后绿化”要求进行村落改造,改去年的分散式污水处理方式为集中式污水收集处理,提倡因地制宜建设“小三园”(小菜园、小果园、小花园)。

发展农事旅游产业,申报沙田湖休闲会所、沙田湖观赏鱼展示园、金龟岛渔村垂钓休闲区、岑卜水韵农庄、三塘村全福家园等一批旅游设施项目,其中沙田湖观赏鱼展示园已列为市级补贴项目。

推进农业基础设施建设。2008年,投入1232万元,建设设施粮田9100亩,设施菜田280亩。引进水稻新品种“秀水123”、“秋优金丰”,普及率达到100%。青虾养殖面积突破3000亩。积极发展生态农业,落实减肥、减药措施,推广使用精致有机肥800吨、使用面积7800亩;复合BB肥400吨,使用面积12000亩;生物肥料田力宝试验示范面积75亩;氮肥等常规化肥使用面积比往年减少8975亩。引导农民依法组建合作社,已组建东兴菌菇、太浦河水果2家合作社,全镇合作社总数20家。年内新增插秧机、联合收割机、中拖等大中型机械18台,其他机械83台。规划建设杨湾、莲湖、育田、双祥、淀西5个村的为农综合服务站。培育科技示范户363户,服务人次达1750人次。开展农业技术培训,养殖业培训150人次,种植业培训106人次,农机维修培训62人次,电脑培训160人次,水稻种植技术、白对虾养殖技术、病虫害防治等实用技术培训189人次。

成功创建2个生态村。2008年12月16日,经青浦区环保局验收和市环保局审定,金泽镇岑卜村和建国村被命名为第一批“上海市生态村”。岑卜村和建国村分别筹措1200万元和1600万元的创建资金,完成生活污水治理工程、绿化工程、道路和桥梁改建工程、河道疏浚工程以及房屋外墙修补白化工程等,实现“地面绿化、墙面白化、环境洁化、路面硬化、夜间亮化、污水净化”的6化格局。自来水普及率和生活饮用水水质合格率100%,生活污水集中处理率分别为100%和86.1%,生活垃圾收集清运率100%,无生产性废水、废气、强噪声源和危险废物产生,农业秸秆综合利用率100%,村卫生室产生的医疗废物由镇卫生服务中心回收处理,环境状况满意率分别为96.1%和97.4%。建国村全村分5个生态功能区:村落居住区、渔家乐先行区、生态渔业养殖区、水稻蔬菜种植区、滨水景观活动区。有1个老年活动中心(内有棋牌室、阅览室等)、1个200多平方米的中心医疗卫生室、2个健身点。岑卜村分7个生态功能区:村落居住区、森林公园、农家风情区、生态渔业养殖垂钓区、花卉苗木观赏区、设施菜区、农业体验园。还建有游客接待中心,包括临水观光茶室、游船码头、餐厅、超市等设施。在农业体验园,可供市民以租赁形式认领种植。

“村村通”公交实现全覆盖。2008年,“村村通公交”工程投入资金1495万元。改建道路3.1公里,修复道路15805平方米,新建站点76处,改建桥梁3座。12月28日,新增5条“村村通”公交线路通车。至此,金泽镇108平方公里范围内有6条公交线,覆盖全部30个行政村和5个居委会。

(赵 峰)

【赵巷商业服务业集聚区】 2005年7月,青浦赵巷市郊商业商务区项目被列为上海市现代服务业集聚区建设首批项目之一。2007年3月,市经委确定青浦区赵巷镇商业商务区为20个先期启动的上海市现代服务业集聚区之一。商务区交通便捷,位于318国道和嘉松公路相交点,A9高速公路(沪青平高速公路)赵巷出口处。规划面积4.36平方公里,核心开发区1.5平方公里。

2008年1月10日,赵巷珠江国际中心奠基仪式在赵巷商业服务业集聚区举行。市人大常委会副主任刘云耕,副市长胡延照,区委书记、区人大常委会主任巢卫林,区委副书记、区长蒋耀,区政协主席张布尔,副区长张汪耀出席奠基仪式。国际中心占地面积近百万平方米,建筑总面积72万平方米,包括商品展示交易中心、国际时尚购物中心、商务配套中心等三大功能区域和九大主题业态。珠江国际中心是继奥特莱斯、吉盛伟邦国际家具城后落户赵巷商贸集聚区的重大项目。

上海奥特莱斯品牌直销广场在由市经委主办的“百联杯”2008年上海优秀商业购物环境评选活动中获得最佳商业形象银奖,全年完成销售额9.59亿元,比上年增长36.22%;实现税金4071万元,比上年增长46.26%。吉盛伟邦绿地国际家具村分别于2007年9月13日和2008年9月11日举办2届全球采购大会,接待103个国家和地区、专业买家47000余人次,其中海外买家8600余名。全年完成销售额2.43亿元;实现税金1346万元。

推进配套项目的建设,重点围绕吉盛伟邦二期项目的开发,新建长48米,宽24米通波塘桥一座,预计2009年上半年竣工;新建长400米,宽30米中央大道延伸段和长700米,宽30米规划支路,预计2009年下半年竣工。　(赵　峰)

奉　贤　区

【地理环境】　奉贤区位于上海市南部,距上海市中心人民广场42千米,浦东国际机场30千米。北倚黄浦江,南临杭州湾,有13.7千米长的江岸线和31.6千米的海岸线,是一个风光秀丽的滨海城市。全区土地面积704.68平方千米,区属耕地面积27838公顷。境内水陆交通便捷。浦南运河横亘东西,金汇港纵贯全境;公路铺展成网,已形成十纵六横的公路网络,密度达到每平方千米1.1千米;越黄浦江交通,有奉浦大桥和西渡、邬桥两个轮渡口。

奉贤区临江濒海,属于亚热带季风气候,常年主导风为东南风,气候温润,日照充足,四季分明,雨水充沛。空气降尘量是上海市中心的十分之一,空气质量是上海陆地部分最好的。区内地势平坦,属于长江三角洲冲积平原。2004年降雨量1162.0毫米,无霜期225天,年平均气温15.7℃。

【历史沿革】　奉贤因相传孔子弟子言偃来境讲学,后人为敬奉贤人而得名。距今约4000年,境内已有人类栖息。春秋战国时期先属吴、越,后属楚,秦、汉、两晋、南朝宋、齐①时归海盐县,南朝梁、陈②时原海盐县东部置前京县,地属前京县。隋文帝开皇九年(589年),前京并入常熟县,至开皇十八年(598年),析出东南境置昆山县,地属其境。唐睿宗景云二年(711年),海盐复治于马嗥城,先后隶于苏州和吴郡,地属其境。唐天宝十年(751年)置华亭县后,直至清初该区一直属华亭县境。清雍正四年(1726年)置奉贤县,辖原华亭县东南部白沙、云间乡。民国年间隶江苏省第三区行政督察专员公署。1933年冬,南汇县15个乡镇的3.5万余亩农田划入奉贤县,县境从此滨浦。解放后隶属于苏南行政公署松江专区,1952年隶属江苏省松江专区,1958年3月,撤松江专区,改隶苏州专区。1958年11月全县划归上海市。2001年8月24日,奉贤撤县设区。

【行政区划】　奉贤,位于上海市南部,南临杭州湾;北倚黄浦江,与闵行区隔江相望;东临南汇区;西与金山区、松江区毗连。区府驻南桥镇,距市中心42km。面积704km,户籍人口51万,常住人口79万,辖8个镇(南桥镇、奉城中心镇、金汇镇、四团镇、青村镇、庄行镇、柘林镇及海湾镇,其中海湾镇正在筹备中)5个开发区(上海市工业综合开发区、奉贤现代农业园区、上海化学工业区奉贤分区、奉贤海湾旅游区、奉贤海港综合经济开发区),64个社区居民委员会、270个村民委员会。

清雍正四年(1726年),浙华亭县东南境白沙乡和云间乡置奉贤县,隶属松江府。1958年由江苏省划归上海市。

2001年1月9日,国务院作出了《关于同意上海市撤销奉贤县设立奉贤区的批复》。同年8月24日,根据国务院批复和市十一届人大常委会第三十次会议的决定,奉贤区召开撤县设区大会,上海市奉贤区正式成立,至此,结束了奉贤县275年的历史。

2001年前,原奉贤县辖22个镇1个开发区,即南桥镇、江海镇、西渡镇、邬桥镇、齐贤镇、金汇镇、泰日镇、光明镇、钱桥镇、塘外镇、头桥镇、奉城镇、洪庙镇、四团镇、平安镇、邵厂镇、青村镇、庄行镇、新寺镇、胡桥镇、奉新镇、柘林镇、上海市工业综合开发区;奉贤撤县设区后至2002年4月,奉贤区实施了第一轮行政区划调整,将22个镇撤并为16个镇,期间成立了3个开发区,即奉贤现代农业园区、上海化学工业区奉贤分区、海湾旅游区;至2003年11月,实施了第二轮行政区划调整,将16个镇撤并为7个镇(南桥镇、奉城中心镇、金汇镇、四团镇、青村镇、庄行镇及柘林镇)、市属农场奉贤部分筹组为海湾镇和成立海港综合经济开发区。

【国民经济】　*国民经济健康发展。*2008年全区实现增加值380.02亿元,比上年增长18.0%,其中:第一产业增加值为12.78亿元,比上年增长2.3%;第二产业增加值为249.05亿元,比上年增长17.6%,对GDP的贡献率为64.0%;第三产业增加值为118.19亿元,比上年增长21.2%,对GDP的贡献率35.6%。一、二、三次产业的结构比重为3.4∶65.5∶31.1,而上年为3.9∶65.8∶30.3。

*财政收入持续增长,地方财政增速减缓。*2008年全区的财政收入为93.60亿元,比上年增长15.2%,其中区级财政收入28.55亿元,比上年增长10.1%,增速比上年下降4.9个百分点。中央、市级、地方(区级)三级的财政收入的比例为52.2∶17.3∶30.5。

*税收稳步增长。*2008年全区的税收总收入为88.33亿元,比上年增长17.5%。其中第二产业税收52.92亿元,比上年增长25.6%,占区税收比重达59.9%,比上年提高3.9个百分点;第三产业税收为35.41亿元,比上年增长7.1%,增速明显减缓,低于全区税收增速10.4个百分点。从税源的增速来看,港澳台投资企业和外商投资企业增速最快,分别增长56.6%和39.5%,高出全区税收增幅39.1和22.0个百分点;从税源的比重来看,私营企业仍是税收的最大户,2008年共上缴税收46.22亿元,占全区税收的52.3%;从税种来看,增速最快的是消费税和房产税,分别增长46.5%和58.2%,高出全区税收增幅的29.0和40.7个百分点;占比重最大的是增值税和企业所得税,分别占48.9%和21.6%,比上年提高3.1和0.5个百分点。

区财政支出明显向文教卫生等民生方面倾斜。全年一般预算财政支出为53.66亿元,比上年增长10.0%。年内用于教育、文体传媒、社保就业、医疗卫生等社会事业的支出共计14.62亿元,占预算内财政支出27.2%,比重比上年提高了3.9个百分点。其中:红十字事业支出比上年增长85.0%,高出去年同期74.1个百分点。

【固定资产投资】　基础设施建设步伐加快,工业投资增速下滑。全年固定资产投资总额完成147.23亿元,比上年增长

10.2%，增速比上年提高2.2个百分点。尤其是在年底受“保增长、扩内需”等一系列的宏观调控政策影响，投资明显回升，第四季度完成固定资产投资52.06亿元，占全年固定资产投资总额的35.4%，环比第三季度增长56.1%。从产业投向看：农村基础设施投入力度加大，第一产业投资为1.41亿元，比上年增长45.2%；受金融危机的影响，我区实体经济固定资产投资意愿不强，第二产业投资74.83亿元，比上年下降1.6%，工业投资完成74.38亿元，比上年下降2.2%。按投资项目管理分析：城镇投资完成69.85亿元，比上年增长8.6%；农村非农户投资完成46.47亿元，比上年增长9.9%；房地产开发投资完成30.91亿元，比上年增长14.7%；三种投资项目的比例为47.4:31.6:21.0。

【社会事业】 科技：科技创新活力不断激发，企业创新能力进一步提高。2008年共获得国家、市级各类科技项目立项133项，立项金额达到2633万元，比上年增长17%。其中，国家级7项，资金达425万元；市级126项，资金达2208万元。至年末市级小巨人企业14家，年内新增4家；区级小巨人企业37家，年内新增10家。认定高新技术企业160家，其中市级以上80家，区级80家。

科技创新氛围进一步形成。至2008年末，区内一半以上高新技术企业建立了各种形式的产学研合作机制，其中受理区内企业86家，投入科研经费2.68亿元，比上年增长13.6%。

农业科技创新进一步凸显。“农业孵化器服务体系建设”科研项目，得到了国家发改委资金资助180万元；南美白对虾生态育苗及产业发展项目获得市科委农业科技示范项目立项，扶持金额达到400万元；设施优质蔬菜推广等4个项目获得国家和市级农业科技项目立项，立项金额70万元。

实施知识产权战略进一步推进。到2008年末，组织申报市、区专利新产品各12件、市知识产权示范（培育）企业1家、市专利战略制度项目2家，完成专利申请1188件，其中发明专利193件、实用新型专利485件、外观设计专利510件。完成技术交易认定登记90项，交易额5508.8万元。

教育：至2008年末，全区共有基础教育学校93所，其中市实验性示范性高级中学1所，区实验性示范性高级中学2所，国家级重点中职校1所，市示范性幼儿园1所。

关注农民工子女教育，承担公共服务职责。2008年共有17所农民工子女学校，公办学校对农民工子女的“接纳度”已达60%，比上年提高了1.5个百分点。加大了农民工子女学校转“民”（民办）的推进力度，2008年已完成8所农民工子女学校转“民”，投入资金400万元用于这八所转制学校改善办学条件，这一项工作的推进，有效缓解了我区农民工子女接受义务教育所面临的困难。

大力发展职成教育，推进学习型社会建设。全年共培训农村转移劳动力2.41万人，获职业资格证书且培训后就业的人数达7206人，占培训人数的30%。信息化培训普及工程中共培训1756人。

加大政府投入力度，办学条件继续得到改善。2008年区级教育财政拨款6.25亿元，比上年增长16.6%，在加大教育投入的同时，不断优化支出结构，提高经费使用效能，做到“四个倾斜”：即向义务教育倾斜、向边远地区倾斜、向教学管理倾斜、向师资建设倾斜，特别是对义务教育投入力度加大，全年义务教育财政拨款占财政教育拨款达68.28%。

文化：加大投入，积极推进我区文化基础设施建设。2008年6月，区图书馆、区文化馆、区规划展示馆三馆正式向市民开放。其中区图书馆面积为17146平方米，比原有面积增加了5.7倍，区文化馆面积6500平方米，比原有面积的增加1倍。镇、村基层文化阵地建设力度进一步加大。至2008年末，已建成6个镇的社区文化活动中心，并对市民开放；已完成124个村文化信息点的基础设施建设工作。

文化阵地服务要素不断完善。至2008年末，区图书馆藏书总量达36万多册，新馆图书流通册次和办证数分别比上年增长54.5%和420.8%。全年放映电影4465场次，电影观众120.73万人次，其中“2131”农村电影放映工程送电影下乡3056场，观众89.81万人次。

围绕“改革开放30周年”、“抗震救灾”等重大活动和突发事件的宣传报道工作，2008年共播出广播新闻4200篇，电视新闻4000篇，电视专题200多部。同时加大对民生、民情的关注报道，全年共接到观众信访370多件，其中50多条得以采制播出，3篇作为内参送区委宣传部等有关领导。全年向市级以上媒体发稿227篇，其中向上视18:30《新闻报道》发稿达到11条。

有线电视“村村通”工程建设取得圆满成功。至2008底，全区213个行政村有线电视覆盖率100%，农村地区有线电视入户率52%。全区共有有线电视用户17万户，有线电视普及率为81.4%，比上年高出5.2个百分点。

卫生：卫生资源配置合理，较好完成全区医疗卫生任务。至2008年底，全区共有各类医疗卫生机构65所，其中公立医疗机构35所、民营医疗机构4所、内设医疗机构19所、个体诊所7所。全区公立医疗机构卫生技术人员3124人，其中医生1328人，护士1067人；实有病床4443张。全区公立医疗机构共完成门急诊总数301.3万人次，比上年增长17.7%；出院人数7.14万人次，比上年增长11.4%；区级医院手术1.54万人次，比上年增长14.2%。

社区卫生服务落到实处，居民得到切实的实惠。至年末全区共建立了134个社区卫生服务团队，基本形成了“镇有中心、村有卫生室、户有团队联络员”的网络格局。全年团队进社区2.03万人次，为社区群众服务22.57万人次，为60岁以上老年人免费体检4万余人次，出院病人回访4163人次，社区卫生服务联系卡发放9万多张。全年社区卫生服务中心门诊诊查费共减免92.57万人次，减免金额达647.99万元；村卫生室诊查费共减免93.78万人次，减免金额为187.56万元。

积极推进医疗卫生基础设施建设，至年末医疗卫生基础设施建设5个大项目总投资4700万元，其中奉城医院改扩建工程项目，已累计投资2210万元；社区卫生服务分中心标准化建设单位有6家，总投资750万元；101个村卫生室实施标准化建设总投资507万元；医疗急救网络建设总投资655万元；社区卫生服务机构主要医疗设备更新总投资578万元。

加大政府投入力度，不断提高保障水平。2008年人均筹资合作医疗资金480元，比上年度增加130元。农村合作医疗应保尽保率为99.27%，全年门诊补偿、住院补偿、区级大病统筹基金补偿金额共计8129.29万元，比上年增长66.2%，其中对农村居民门诊补偿额度大幅提高，从2007年的2121.12万元提高到了4099.80万元，近翻了一番。

体育:加快推进体育场地设施建设。至2008年末,全区健身苑点459个,社区公共运动场16个,农民体育健身工程107个,体育场地面积113.7万㎡,比上年增长5.1%;人均面积达2.2㎡,比上年增长4.8%。年内投入700万元完成了4个镇的社区公共运动场和50个农民体育健身工程,目前已全部竣工。

以“和谐奉贤,携手奥运”为主题的奉贤区第二届运动会顺利举行。本次运动会持续近5个月的赛程,有58个代表团参赛,参赛人员达1.2万多人次。本届区运动会高标准、高质量、高水平地完成了各项工作,共有60人次打破29项区运会记录;5人次打破4项奉贤区记录;另有20个代表团获得了“体育道德风尚奖”,取得了运动成绩和精神文明双丰收。

积极组织参加各级各类比赛,其中奉贤风筝队在“2008年上海国际风筝邀请赛暨全国风筝锦标赛”中夺得了团体第一的好成绩;全国第六届农民运动风筝参赛项目中,我区也夺得4金11银2铜,团体总分第一名的好成绩。

社会体育组织不断壮大。全区现有体育协会12个,成员1.8万人;健身团队482个,实现居委、村全健身团队的全覆盖。

社会福利与救助:社会救助帮困工作不断推进。2008年,全区共有6.53万人次享受城镇居民最低生活保障金,发放保障金1715.2万元;5177人享受农村最低生活保障金,发放救助资金511.53万元;对2400名重残无业人员发放补助金1200万元;年内共实行了医疗救助2225人次,发放救助资金948.9万元;全年资助学生1313名,发放助学资金423.25万元。

【人民生活】 人口:至2008年末,我区常住人口80.84万人,其中,外来常住人口28.84万人。现有外来流动人口39.42万人,出生人口5169人。

全区户籍总户数20.89万户,户籍总人口为51.70万人,比上年增加1385人。其中非农业人口32.04万人,占总户籍人口的62.0%,比上年增加5351人。出生人口3034人,出生率5.88‰,死亡人口为3542人,死亡率6.86‰,人口自然增长率为负0.98‰。户籍人口人均期望寿命81.28岁,比上年延长了0.48岁。其中:男性78.23岁,基本与上年持平;女性84.19岁,比上年延长了1岁。

劳动就业:多渠道开展就业服务。2008年新增就业岗位4.28万个,其中举办“百强企业招聘会”等一系列大型主题活动,累计解决近1000人就业;实现自谋职业或灵活就业1639人;通过公共招聘网招聘岗位3.75万个。城镇登记失业人数5217人,城镇登记率控制在4.3%以内。

多举措实施就业援助。年内共为675名双困人员安置就业,安置率达到100%;为84户零就业家庭中一人安置就业;帮助100名就业困难人员实现就业;对确定为农村低收入的323户家庭给予专项就业补贴;先后4次派人赴都江堰开展对口支援招聘活动,共招聘50人来沪就业。

创业带动就业。年内新增自主创业项目10类,发放开业担保贷款52笔,共计344万元。鼓励就业困难群体自主创业,开办小型劳动组织。至2008年末非正规组织1585家,从业人员5654人,其中年内新增344户,带动非正规就业2479人。

2008年新录用公务员65名(应届毕业生34名、社会在职人员31名),博士生2名、硕士生8名、本科生47名。共招考聘用事业单位工作人员197人(教育、卫生系统除外),大专以上学历占93.4%,比上年高出3.4个百分点。全年共引进紧缺人才44名,其中博士2名、硕士19名、学士13名、高级经营管理者10名;办理人才居住证2240名,其中主证1499名,随员证741名。

居民收入:城乡居民收入水平呈上升趋势。全区城镇从业人员的平均劳动报酬37480元,比上年增长20.2%;职工平均工资为34883元,比上年增长24.5%。城镇居民人均可支配收入19998.5元,比上年增长10.9%(根据城镇住户调查)。据700户农村住户调查资料显示:2008年农村居民人均可支配收入为10714.3元,比上年增长12.1%。其中人均工资性收入为8265.5元,比上年增长16.1%,占收入总额的77.2%,比上年提高2.7个百分点。

居住:居住条件不断改善,年末城镇居民人均居住面积43.86平方米,比上年增长2.9%;农村家庭人均居住面积77.31平方米,比上年增长0.4%(据城镇和农村住户抽样调查资料取得)。

旧住房和旧小区综合改造并驾齐驱,居住条件和环境不断改善。年内实施旧住房综合改造建筑429幢,改造面积96.02万平方米,受益居民1.39万户;对南桥镇城区的52个老旧小区逐年进行综合改造,建筑面积约470万平方米,受益居民约5.4万户。

廉租住房收益面不断扩大,按照“保基本、广覆盖、分层次、可持续”的原则,加大住房保障建设力度,2月起成立了奉贤区住房保障中心,年内共受理申请廉租住房家庭358户,其中享受租金配租家庭343户。

加大对住宅配套建设的投人,年内共征收配套费3373万元,比上年增长27.9%,实现了配套建设与住宅建设基本同步、配套项目按规划标准保质保量完成的目标,发放住宅交付使用许可证32张,审核交付建筑面积48万平方米。

过去一年的成绩之不易,是在区委、区政府的正确领导下和全区人民共同努力的结果。在看到成绩的同时,我们必须清醒地认识到存在的不足,主要是:应对国内外宏观经济形势的能力亟待提高;经济发展方式仍需加快转变,产业结构调整和能级提升任务繁重,节能减排工作压力较大;新农村建设步伐还需进一步加快;城乡管理中的痼疾顽症依然存在;安全生产形势严峻,暴露行政管理的薄弱环节。对这些问题,我们必须高度重视,认真加以解决。

注解:

1、本公报增加值绝对数按当年价格计算,增长速度按现行价格计算。

2、本公报的工业总产值、农业总产值的绝对值均为现行价,增长速度均按现价计算。

3、本公报的数据为初步统计数(快报数),正确数据以统计年鉴为准,有关的行业统计数来源于相关部门统计。

【交通状况】 按照市公路网络建设“153060”规划,奉贤近年来进一步加快了区内公路网络建设和完善。至2004年底,我区公路总里程为984.76公里。其中:高速公路已建成74.9公里,一级公路14.28公里,二级公路190.01公里,三级公路336.70公里,四级公路368.87公里。同时,其他路网也在有序

推进之中。简介如下:

高速公路:已建成路段:A2—7.52公里(另4.68公里与南汇镇已交错)(外环~芦潮港);A4—23.76公里(闵行区~金山区);

A30东南郊环—27.575公里(南汇区~A4东)。

在建路段:A30南郊环—12.515公里(A4东~金山区/2005年底竣工通车)。

规划待实施:A3—24.2公里(外环~A30~A4);B2—12公里(芦潮港~A30)。

国省干道:根据《上海市干线公路网规划(1990~2020)》及沪路管(2003)183文精神,我区境内被确定为国省干道的有四条道路:

——大叶公路(南汇区~松江区),全长33.12公里(一级公路)。

——浦卫公路(昆阳路~金山区),全长19.28公里(二级公路)。

——浦星公路(卢浦大桥~星火农场),全长20.57公里(北段为一级公路,南段为二级公路)。

——川南奉金公路(南汇区~金山区),全长39.96公里(二级公路)。

区管公路:主要以区内二、三级公路及少部分一级、四级公路,是连接高速公路和村镇公路的主要通道。

村镇公路:主要是指由各镇、开发区自行建设和管理的,长度大于1公里,宽度大于3.5米的道路纳入乡村公路范围。

【公共设施】 *城市基础设施建设*:全力推进重大工程建设,2008年是城乡基础设施建设最多的一年,围绕闵浦二桥建设,区域道路建设和农村路桥建设,三管齐下,共列入我区重大工程建设项目有37个,其中07年度结转项目23个、年内新增项目14个;总投资额199.6亿元,比上年增长17.4%;

以改善民生为重点,积极推进实事工程建设。2008年在建市政公路共11个项目,其中年内完成项目6项,总投资7.8亿元,竣工长度近30公里;完成建设标准化乡村公路119公里,其中通公交的宽7米以上道路完成26.4公里;完成危桥改造415座;城乡公交建设力度加强,居民出行大大改善,至2008年末,全区共有公交线路53条,其中城乡巴士9条,年内新增2条;完善天然气管网系统,全年铺设天然气管道31.92公里。

污水处理厂网建设不断加快。至2008年底,我区污水管网建设工程总投资12.83亿元,比上年增长18.9%;共完成污水管网建设总长度418公里,其中东部污水网建设总长度276.3公里,西部污水网建设总长度141.7公里;区级130公里,镇级288公里;建成泵站33座,其中区级31座,镇级2座,年内新增5座。全年污水处理5171.5万吨,日均处理14.13万吨,比上年增长19.8%;全区在非保留工业区内和保留工业区的已有1046家工业企业纳管。

公用事业:公用事业综合服务能力明显提高。全区自来水日生产能力为57.52万立方米/日,比上年增长0.3%。年内自来水售水总量为9807.42万立方米,比上年增长20.8%。其中居民生活用水3269.61万立方米,比上年增长11.8%。每日平均用水26.87万立方米,比上年增长20.8%,其中最高日供水量45.3立方米,比上年下降4.5%。

全年用电量48.36亿千瓦时,比上年增长10.6%。由于实体经济受到金融危机影响,生产能力下降,用电量也呈下降态势,尤其是全年工业用电37.68亿千瓦时,比上年增长9.3%,增速比上年回落13.8个百分点。居民生活用电保持稳定,全年城乡居民生活用电3.75亿千瓦时,比上年增长17.9%,占全区用电总量的7.8%。

燃气供应充足,销量猛增。全年天然气销售总量4119.44万立方米,日平均售气量为11.29万立方米,比上年增长20.9%;销售液化气2.34万吨。年末天然气及液化气总用户数为33.89万户,其中:家庭用户为33.65万户,比上年增长8.1%。家庭用户数中,天然气用户为4.49万户,比上年增长17.9%,液化气家庭用户达29.16万户,比上年增长6.7%,其中农村用户占液化气总户数的66.3%。

城市环境保护和治理:环保投入力度不断加,全年完成建设项目的环境影响评价审批文件396件,项目总投资222.60亿元,其中环保投资额8.02亿元,占总投资的3.6%。

加大环保管理,迎世博600天环保专项行动取得阶段性成果,至2008年末共受理各类环境信访1079件,处理率100%,按期办结率100%;办理人大、政协两会提案4件。全面落实污染物排放总量控制指标,2008年我区圆满完成市政府下达我区的减排任务。第三轮环保三年行动计划实施顺利推进,各项计划任务的建设成效显著,市政府下达的20项主要任务,其中工程性任务9项、管理性任务11项,至年底已完成19项。

环卫基础设施不断加强。全区拥有生活垃圾中转站3座、中转码头1座、焚烧厂1个。垃圾无害化处理量达700吨/日,比上年增长45.8%;无害化处理率达到100%。农村地区拥有垃圾收集容器间621个,比上年增长26%,农村家庭卫生设施普及率85%。年内新创建村容整洁村76个,通过3年时间我区的整洁村创建做到了全覆盖,创建地区的环境卫生面貌和环卫硬件设施有了很大的改善。

城市绿化:紧抓绿化建设和管理,从2005年奉贤区创建成上海市园林城区至今三年来,我区创建区域面积从64.76平方公里扩展到74.01平方公里,增长14.3%;绿化覆盖率从41.45%增加到43.75%,提高2.27个百分点;人均公共绿地从9.98平方米增加到12.40平方米,增长24.2%。

多方位绿化建设不断提高,至2008年末,共建成道路绿化275万平方米;河道绿化24万平方米;居住区绿化建设情况良好,至年末共有市园林式小区7家,区园林式小区34家;新建单位绿化不断规范,被评为全国绿化模范单位的有2家,上海市花园单位43家,年内新增8家。

(摘自:上海市政府网)

闵　行　区

【地理位置】 闵行区位于上海市地域腹部,形似一把"钥匙"。北纬31.05度,东经121.25度。东与徐汇区、浦东新区、南汇区相接;南靠黄浦江与奉贤区相望;西与松江区、青浦区接壤;北与长宁区、嘉定区毗邻;虹桥国际机场位于区境边沿。吴淞江流经北境,黄浦江纵贯南北,分区界为浦东、浦西两部分。闵行是上海市主要对外交通枢纽,是西南地区主要工业基地、科技及航天新区。

【气候条件】 闵行区具有北亚热带季风气候特征,四季分明,冬夏长,春秋短,日照充足,雨量充沛。

【行政区划】 闵行区现有9个镇、3个街道,1个市级工业区,共161个村民委员会和331个居民委员会。区政府设在上海地铁1号、5号线地铁终点站—莘庄镇。

【人口】 2008年末,全区户籍人口91.50万人,比上年增长3.3%。其中非农业人口81.75万人,比上年增长5.1%。出生人口9287人,出生率10.3‰,比上年下降1.3个千分点;死亡人口6381人,死亡率7.1‰,与上年持平。人口自然增长率为3.2‰。户籍人口计划生育率为99.5%。平均期望寿命81.76岁。外来流动人口87.14万人,其中居住半年以上流动人口66.75万人,人口出生总数1.12万人,流动人口计划生育率为91%。

【建制沿革】 1992年9月26日,国务院决定撤销上海县和闵行区,建立新的闵行区,以原上海县和闵行区的行政区域为新闵行区的行政区域。

原闵行区所辖地区历史上属上海县。上海县的历史根据马桥古文化遗址出土文物,可追溯到4000多年前。至元二十九年(1292年)设上海县。明弘治年间始有敏行之称,正德七年(1512年)始称闵行。民国7年(1918年),上海县属江苏省。抗日战争上海沦陷时期,上海县地区隶属于伪上海特别市。民国34年(1945年)抗战胜利后,上海县复原。

1949年5月15日,上海县解放,先后属苏南区、江苏省。

1958年1月,划属上海市。

1959年12月,以原上海县闵行镇和吴泾地区设闵行区。1964年6月闵行区撤销并入徐汇区,并改为闵行、吴泾两个街道。1981年2月恢复闵行区。

1992年9月26日,与同时撤销的上海县合并为新的闵行区。

【马桥文化】 马桥古文化遗址,位于上海市闵行区马桥俞塘村,座落在一道被称为"竹冈"的贝沙堤之上,呈南北长,东西窄的宽带形状。"马桥文化"是太湖地区一个典型的文化遗存,在中国考古史上占有十分重要的地位。

距今5500年,马桥遗址已经形成陆地。从崧泽文化至良渚文化过度时期,先民们就开始在这里繁衍生息。至夏商时期,成为环湖地区面积最大、最具有当时社会生活面貌的典型村落,总面积超过150000平方米。春秋战国至唐、宋、元时期,这里一直是先民们的定居地。1982年,马桥遗址被考古界定名为"马桥文化"。

马桥遗址于1959年发现,并在20世纪60年代和90年代进行了数次挖掘,出土文物1000余件。马桥遗址的发掘为论断上海的历史提供了科学依据,为推断上海的成陆提供了珍贵史实。

【国民经济】 2008年,闵行区国民经济继续保持了平稳较快发展的良好势头。初步核算,全区地区生产总值1120.40亿元,比上年增长15.0%。其中,第一产业增加值1.95亿元,增长13.3%;第二产业增加值776.80亿元,增长14.0%;第三产业增加值341.65亿元,增长17.5%。第一、第二和第三产业增加值占地区生产总值的比重分别为0.2%、69.3%和30.5%。

财政收入稳步增长。全年实现财政总收入319.30亿元,比上年增长17.3%,其中区级财政收入96.53亿元,增长12.7%。2008年完成税收收入304.23亿元(不含契税),增长19.0%。

工业总量:2008年,闵行区完成工业总产值3719.98亿元,增长13.3%,全年实现工业增加值744.20亿元,比上年增长13.8%。受国际金融危机影响,企业盈利能力有所减弱,工业企业经济效益出现下降。规模以上工业企业实现利润总额140.77亿元,比上年下降13.9%。

重点行业:2008年,规模以上工业总产值3479.79亿元,比上年增长13.1%。电子信息产品制造业、通用设备制造业、电气机械及器材制造业、化学原料及化学制品制造业、纺织服装鞋帽制造业、塑料制品业等六大重点发展工业行业完成工业总产值2332.25亿元,比上年增长12.3%,占全区规模以上工业总产值的比重为67.0%。

高新技术:2008年,全区规模以上高新技术产业完成工业总产值1438.08亿元,比上年增长10.9%,占全区规模以上工业总产值的比重达到41.3%。高新技术产业实现利润总额24.01亿元。

信息产品:2008年,全区通信设备、计算机及其他电子设备制造企业共有133户,实现工业总产值1106.07亿元,同比增长13.7%,占全区规模以上工业总产值的31.8%。企业经济运行状况良好,电子信息设备制造业产值占信息产品制造业的42.5%,成为我区信息产品制造业的主导行业。位居二、三的分别是通信设备制造业占34.2%、电子器件和元件制造业占12.2%。

经济效益:2008年,全区工业实现主营业务收入371.9亿元,比上年增长11.5%,规模以上工业企业实现利润总额140.8亿元。

【投资结构】 固定资产投资总量平稳增长。2008年完成全社会固定资产投资总额295.56亿元,比上年增长5.5%。其中基本建设投资133.53亿元,增长13.2%;房地产开发投资131.96亿元,下降9.0%。从产业投向看,第二产业投资103.81亿元,增长10.6%,所占比重为35.1%;第三产业投资191.74亿元,增长3.0%,所占比重为64.9%。

【劳动就业结构】 加强就业援助,落实促进就业的各项政策。2008年新增本地劳动力就业岗位3.58万个,完成全年目标的119.5%,其中农村富余劳动力非农就业5534个,完成全年目标的110.7%。"双困人员"全部得到安置,共安置571人;"零就业家庭"动态为零,累计解决170户。全区新增青年见习基地94家,新增青年见习人数1968人。至年末,全区共有交通协管、劳动监察等"万、千、百人"就业项目24个,安置从业人员1.85万人,其中就业困难人员占50%。"双困"人员就业基地18家,吸纳就业困难人员342人。年末城镇登记失业人数13348人,比上年减少668人。

【现代服务业】 产业构成:2008年,全年批发和零售业实现增加值71.50亿元,比上年增长31.6%。消费品市场销售活跃。

全年实现社会消费品零售总额323.34亿元,比上年增长15.8%。其中,批发和零售业零售总额299.59亿元,比上年增长15.4%;餐饮业零售总额23.75亿元,比上年增长20.3%。大型超市、专卖店实现零售总额87.74亿元,比上年增长21.7%;汽车类实现零售总额100.24亿元,比上年增长14.7%。

产业亮点:全区进一步调整商业业态,提升商业能级,不断培育商业经济新的增长点。社区商业建设扎实推进,全区三级便民商业网络进一步完善。年内,百联南方商城社区被商务部命名为"全国社区商业示范社区"(全市共8家)。吴中路汽车销售街被命名为市级商业特色街,是全市唯一一条以汽车销售为特色的市级商业特色街。十尚坊休闲餐饮街创建为上海市百城万店无假货活动示范街。2008年,全区共有全国示范社区商业1个、市级商业特色街4条、市级示范社区商业3个。

生产服务:2008年,生产性服务业实现增加值125亿元,比上年增长23.9%。占第三产业的比重为36.6%;占全区生产总值的比重为11.2%。

现代金融:2008年,全区共有金融机构45家,其中:银行17家;保险公司20家;证券交易机构9家。年末各类存款1586.5亿元,其中居民储蓄存款813.71亿元。年末银行贷款592.43亿元,其中个人消费贷款215.06亿元。

零售商业:2008年,全区实现社会消费品零售总额323.34亿元,比上年增长15.8%。其中批发和零售业零售额299.59亿元,增长15.4%,餐饮业零售额23.75亿元,增长20.3%。

【房地产业】 2008年,闵行区房地产业完成投资131.96亿元,比上年下降9.0%。商品房销售总面积284万平方米,同比增长19.5%。商品房销售金额234亿元,同比下降23.6%。

【旅游业】 2008年末,全区星级宾馆8家,其中三星级宾馆3家。全年实现营业收入9356万元,接待人次9.79万人次。

【对外开放】 闵行已成为投资者眼中最具有竞争力的地区之一。2008年,全球500强已在区内投资92个项目,比上年增加3家。

2008年,累计引进外商投资项目457个,总投资金额29.1亿美元,同比增长1.3%。合同外资16.1亿美元,同比增长13.8%,全年实际到位外资10.15亿美元,同比增长0.8%。2008年,新批及增资1000万美元以上项目达42个,总投资21.3亿美元,吸收合同外资10.7亿美元。

【对外贸易】 2008年,外贸出口总额181.4亿美元,同比增长33.0%。其中外资企业出口额172.45亿美元,同比增长34.4%,内资企业出口额8.95亿美元。

出口产品:2008年,全区机电产品完成出口额144.54亿美元,比上年增长42.5%,继续居于主导地位。光学仪器类出口6.25亿美元,纺织品6.83亿美元,金属制品3.65亿美元,塑料制品2.81亿美元。

出口市场:2008年,我区出口产品主要销往北美洲、欧洲和亚洲,共涉及148个国家和地区。按出口额排序依次为:对欧洲出口68.30亿美元,对北美洲出口53.68亿美元,对亚洲出口46.37亿美元,对拉丁美洲出口7.01亿美元,对大洋洲出口4.96亿美元,对非洲出口1.03亿美元。

外商企业:2008年底,全区共有外资投产企业2348户,全年实现销售收入2092.3亿元,同比增长38%;实现利润总额60.6亿元,同比增长15.3%;上缴税收156亿元,同比增长21.3%,占全区税收的51.3%。

【科技创新】 科技贡献:2008年,闵行区民营科技企业总数超过3000家,其中205家为高新技术企业。2008年,共争取立项国家和市级科技项目405项,其中国家级科技项目32项,市级科技项目373项;国家和市级科研资金1.93亿元落地闵行区。其中国家级项目资金4822万元,市科委项目资金14478万元。

全年认定技术合同189份,合同额15亿元。2008年,全区共申请专利10750件,连续五年位居全市第一,其中发明专利2600件,占24.2%,发明专利比例逐年升高。2008年,2家企业被评为上海市专利示范企业,累计共有6家;1家企业被评为上海市知识产权示范企业,累计共有7家。上海发电设备成套研究设计院成功申报为"清洁高效煤电成套设备国家工程研究中心",上海三爱富新材料股份有限公司、上海重型机器厂2家企业申报成为国家级企业技术中心。

科技小巨人:2008年,闵行区拥有上海市科技"小巨人"企业2家,累计共有7家;上海市科技培育"小巨人"企业7家,累计共有22家;闵行区科技"小巨人"培育企业18家,累计共有38家。闵行区23家科技企业上榜上海市民营科技企业百强,连续七年居全市区县第一。7家科技企业获上海市第二届最具活力科技企业,位全市第一。

科技成果转化:2008年,闵行区获准上海市高新技术成果转化项目91项,比上年增长80%。13家科技企业项目被上海市成果转化中心评为2008年度上海市高新技术成果转化项目"百佳",占全市"百佳"项目13%;上海电气电站设备有限公司、上海三菱电梯有限公司和上海题桥纺织染纱有限公司3家企业被评为2008年度上海市高新技术成果转化项目十强,占全市十强项目的30%,闵行区域获国家和上海市科学技术奖一等奖10项,占上海市21.7%。

科学知识普及:2008年我区被中国科协第二次命名为全国科普示范城区。江川路街道、莘庄镇和莘庄工业区成功创建为"上海市科普示范社区"。市农科院基因馆和上海航宇科普中心被命名为"闵行区创新型科普示范基地"。全区共有全国科普教育基地3家、上海市科普教育基地11家和区级科普教育基地18家。

【创建视角】 2008年,全民动员,全民参与,全力推进"迎奥运,迎世博,创建全国文明城区"工作,市民道德教育和文明践行活动不断深化,城区文明程度进一步提升。七宝镇、古美路街道分别被评为"全国文明镇"和"全国文明单位";卫生局、七宝中学等被评为全国精神文明建设工作先进单位;梅陇镇行西村、七宝镇九星村、华漕镇陈家角村等被评为全国创建文明村镇工作先进村;市、区级文明镇和文明社区实现全覆盖,窗口行业社会公众总体满意率达到87%。此外,年内成功举办了第四届闵行学习节。

【都市农业】 农业布局:"一区两翼、多点镶嵌"的都市型农业布局已基本形成。粮食生产稳定,经济作物发展,畜牧业总量得到有效控制。"一区"即浦江镇市级现代农业园区,"两翼"

是马桥“农耕文化园”和华漕“城市农情园”。“多点镶嵌”是在城市发展较快的颛桥、梅陇、吴泾等镇,相继建成了有一定规模的设施化农业生产基地。

特色种植:全年新建农田建设面积1420亩,其中设施粮田1050亩,设施菜田370亩。年末全区设施农田总面积达到15187亩,占全区农业生产总面积的38.7%。粮食总产量1.21万吨,蔬菜总产量13.12万吨。建立了浦江镇正义园艺场航育基地,航天育种取得成功,引进航育蔬菜9大类25个品种。大力推广自主品牌“秋优金丰”水稻种植,完成“出口花卉基地”等8个农业产业化项目。着力培育农业新产品的开发,2008年闵行区农作物种子搭载“神七”飞船实现了航天育种。

现代养殖:全年出栏商品肉猪4.07万头;鲜牛奶1060吨;水产品785吨。

生态观光:基本形成以浦江大型片林、苏州河生态防护林、黄浦江水源涵养林等大型片林为基本构架,以农业林业现代化、产业化为主要依托,以建设生态样板村和“全国环境优美镇”为重要内容的闵行生态观光景观布局。马桥农耕文化园已部分完工,其中“水文化博物园”开园迎客;浦江市民农园已基本建成,汇南板块已试开放;浦江万科现代文化农业园项目正式启动。

【园区经济】 园区(含产业基地)现状:闵行区经济园区发展良好,工业向园区集中度进一步提高。2008年,全区共有经济园区(含产业基地)10个,其中6个国家级、4个市级。2008年,园区(含产业基地)实现工业总产值2108.4亿元,占全区工业总产值的比重达56.7%。

漕河泾开发区浦江高科技园:2004年7月,经国务院批准为国家级经济技术开发区,由闵行区与上海市漕河泾新兴技术开发区发展总公司共同出资建设,总面积10.7平方公里,其中上海漕河泾开发区经济技术发展有限公司开发6.4平方公里,上海浦江工业园区开发4.3平方公里。园区以光电子、微电子设计、计算机信息技术等为重点产业,同时注重发展新材料,生物医药工程,航空航天,新能源,电子仪器仪表等其他高新技术产业,并引进高层次的服务业和服务贸易企业。截至2008年末,漕河泾开发区浦江高科技园(含出口加工区)累计引进外资项目34个,合同吸收外资3.9亿美元,实际到位外资3.48亿美元。

漕河泾出口加工区:漕河泾出口加工区是2003年3月经国务院批准新增的出口加工区。位于浦江高科技园北侧,浦江镇的北部地区。园区规划面积3平方公里,一期开发0.9平方公里。园区重点发展以计算机、新型电子元器件、通信及网络设备为主的电子信息产品制造业。园区的发展目标是成为软、硬环境优、企业素质高、出口规模大的高科技产品出口加工基地。园区将以英业达集团的计算机、电子产业为核心引进相关配套产业,形成产业链化发展。截至2008年末,园区累计引进外资项目14个,合同吸收外资2.51亿美元,实际到位外资2.49亿美元,实现工业总产值856.35亿元,出口达118.34亿美元,占全区出口总额的65%。

闵行经济技术开发区:1986年8月经国务院批准设立为国家级经济技术开发区,总面积3.5平方公里。园区位于闵行区西南部、黄浦江上游北岸。开发区的交通运输十分便利,距关港国际海运码头15公里、虹桥国际机场27公里,距上海市中心30公里。附近的沪闵快速干道直通市区及国家公路网。轨道交通5号线直接把开发区和市中心连通。

园区以通用设备制造业、饮料制造业、电器机械及器材制造业、仪器仪表及文化办公用机械制造业等为主导行业。目前有三菱电梯、可口可乐、富士施乐、强生、百事可乐、中美施贵宝、圣戈班等国际著名跨国公司在开发区投资。截至2008年末,闵行经济技术开发区累计引进外资项目171个,项目总投资29.81亿美元,合同吸收外资14.37亿美元,实际到位外资12.22亿美元,实现工业总产值475.89亿元,出口商品总额17.07亿美元。

莘庄工业区:莘庄工业区是1995年8月经市政府批准设立的市级工业区,规划面积16平方公里。园区以信息产业、生物医药产业、汽车配件和机电工业、新材料为四大主导产业。目前拥有奥特斯、上广电NEC、上海航天等知名企业。园区内大部分项目已进入产出期。

截至2008年末,莘庄工业区引进外资项目629个,项目总投资60.28亿美元,合同吸收外资25.96亿美元,到位资金20.03亿美元。2008年,实现工业总产值656.78亿元,出口总额为26.09亿美元。

紫竹科学园区:紫竹科学园区于2001年9月12日由上海市人民政府批准建立。园区位于吴泾镇,一期规划面积13平方公里,分大学园区、研发基地及产业孵化基地。以集成电路与软件研发、新材料、生命科学、新能源、航空航天和动漫游戏等六大类产业作为主导产业。重点吸引区域总部、研发中心、风险投资公司及高科技制造企业入驻园区,着力建设电子IT园、生命科技园和新材料园等子园区。目前拥有英特尔、微软、雅马哈、力芯半导体、意法半导体研发中心、晟碟半导体等多家知名企业。

截至2008年底,园区累计引进外资项目74个,投资额22.83亿美元,合同吸收外资10.39亿美元,实际到位外资4.06亿美元。2008年,实现第三产业主营业务收入55.99亿元。目前,园区正积极推进申报国家级高新技术产业开发区的各项准备工作。

【上海国家民用航天产业基地】 2007年7月,由上海市人民政府和中国航天科技集团公司联合申报的“上海国家民用航天产业基地”获国家发展与改革委员会批准,8月正式挂牌。主要包括航天科技研发中心、航天科技产业园、航天博物馆等项目。

2008年12月25日,上海国家民用航天产业基地四个产业项目在浦江镇开工,本次开工的四个项目分别是上海神舟新能源发展有限公司、上海航天万源稀土电机研发中心、上海航天万源稀土电机有限公司、上海空间推进研究所,主要涉及新材料、新能源制造应用和航天科技研发两大领域,项目投资总额达20.14亿元。项目的开工建设将为我区航天产业发展赢得更大的发展空间。

【民私营经济】 2008年末,全区私营企业总户数达43654户,比上年增长6%;注册资本总计757.8亿元,比上年增长14.9%;实交税金58.2亿元,比上年增长10%;从业人员达31.1万人,比上年增长17.5%。

【城市建设】 城市基础建设投资:2008年,全区完成城市基础建设投资25.83亿元,比上年增长45.4%,占全社会固定资产投资总额的比重为8.7%。其中,区市政道路投资23.37亿元,比上年增长69.7%;污水处理(截污纳管)投资2.46亿元。

市政道路建设:2008年,新改建道路12条18.23公里,改造桥梁4座,实施了天星路、碧溪路、双柏路等19项大中修项目建设。年内完成430个路口人行道和62条宽度小于3米的人行道设施整治任务,完成1607个点的无障碍设施改建任务。区管城市道路综合完好率达92.5%,全部公路好路率达89.39%,养护综合值达81.81,区公路市民公众测评全市排名第一。

【城市交通】 虹桥综合交通枢纽工程是国务院批准的特大型建设项目,集远距离航空、京沪高速铁路、长三角城际列车、高速大巴、城市轨道交通以及地面公共交通等为一体,是上海市"十一五"期间的重大基础设施建设,建成后整个枢纽的集散客流量预计为48万人/日。

虹桥国际机场直接与区境接壤,距区政府仅12公里,从浦东国际机场驱车到闵行区政府,40分钟即可到达。

地铁1号线由区政府所在地莘庄镇直达市中心和铁路上海站,与地铁2号线、4号线、轻轨3号线连接,从闵行到人民广场行程不到35分钟。全长17余公里的轻轨5号线,北起莘庄,沿沪闵路向南,至闵行开发区天星路,共设11座车站,全线单程行驶时间约30分钟。地铁9号线于2007年12月28日正式通车,闵行境内设有4个站:中春路站、七宝站、星中路站以及合川路站。轨道交通8号线二期在闵行境内共12公里,共设有五个站点:芦恒路站、浦江镇站、江月路站、浦江世博家园站、航天公园站,目前正在设备调试阶段,2009年将建成通车。此外,轨道交通12号线由闵行区顾戴路至浦东曹路镇,在闵行境内约6.6公里,共设5个站点:七莘路站、虹莘路站、顾戴路站、东兰路站和虹梅路站,目前正在建设中。

沪杭铁路和南莘铁路穿越区中心,作为国内首座圆顶钢结构火车站——上海南站紧接区境,是连接全国铁路大动脉的重要枢纽。沪杭、沪宁两条高速公路和318、320国道经由本区通往南北诸省市。"一纵三横",A15高速公路,闵浦二桥等建设项目按照计划进度稳步实施。

2008年,新辟21条、调整20条城乡公交线路,建设公交终点站20个,新建75座公交候车亭,完成了3个综合交通枢纽建设项目前期准备工作,基本实现行政村"村村通公交",公交线网密度达到1.30公里/平方公里。

【环境保护和治理】 全区河道水质持续改善,完成区实事项目200条段村宅河道整治工程,整治长度74.46公里。生态型河道占全区河道的85%以上。完成浦江镇污水收集系统截污纳管(一期)工程和黄浦江水源保护区污水收集系统截污纳管工程,新建管道111公里。全区污水收集处理率达到80%。大气环境质量进一步提高,新建无燃煤区28.28平方公里,环境空气质量优良率达91%。全区共建成"绿色小区"309个,其中国家级"绿色小区"1个,上海市"绿色小区"3个。"绿色学校"共47所,其中国家级"绿色学校"2所,上海市"绿色学校"8所。闵行区荣获2008"生态?经济"年度媒体关注奖。

2008年,闵行区全面完成了第三轮环保三年行动计划的82项任务;超额完成年度污染物减排任务,二氧化硫削减率2.3%。在全区162家重点企业中,有10家企业被评为"绿色企业"。

【城市绿化】 2008年,完成公共绿地建设任务共50公顷,在中心城区新增上中西路北侧绿地等3000平方米以上的休闲绿地,进一步完善公共绿地500米服务半径布局。建成区绿化覆盖率达到39.3%,人均公共绿地面积达16.5㎡/人。

2008年,全区已完成各类立体绿化建设任务约10万平方米。其中屋顶绿化6.82万平方米,檐口绿化0.5万米,绿篱围墙1.68万米,绿荫停车场1万平方米。区政府、法院、海关等办公楼屋顶绿化示范点层次丰富、和谐有序,形成了立体景观。

【人民生活】 居民居住水平和环境不断提高,住宅设施质量稳步提升。2008年新创建"节能省地型四高小区"2个,总建筑面积约52.9万平方米。2008年完成教育公建配套设施建设9万平方米,公建配套计划投资1.3亿元。旧区改造突出重点,动迁保持合理规模。2008年实际完成动迁居民4741户,完成拆迁房屋建筑面积108万平方米;完成动迁单位504家,完成拆除房屋建筑面积89.48万平方米。2008年完成旧小区综合改造项目36个,总建筑面积约219.54万平方米;其中综合整治525幢,建筑面积155万平方米。至2008年末,全区享受廉租房政策家庭300户,发放租金补贴219.8万元。城镇居民人均居住面积达到23平方米,高于全市平均水平。

城乡居民收入:城乡居民收入持续提高。据抽样调查,2008年,全区城镇居民家庭人均可支配收入22803元,比上年增长12.8%;农村居民家庭人均可支配收入14496元,比上年增长14.1%。城乡居民储蓄继续增加。

居民储蓄:2008年末城乡居民储蓄存款余额813.71亿元,比年初增长33.3%。

【劳动就业】 加强就业援助,落实促进就业的各项政策。2008年新增本地劳动力就业岗位3.58万个,完成全年目标的119.5%,其中农村富余劳动力非农就业5534个,完成全年目标的110.7%。"双困人员"全部得到安置,共安置571人;"零就业家庭"动态为零,累计解决170户。全区新增青年见习基地94家,新增青年见习人数1968人。至2008年末,全区共有交通协管、劳动监察等"万、千、百人"就业项目24个,安置从业人员1.85万人,其中就业困难人员占50%。"双困"人员就业基地18家,吸纳就业困难人员342人。2008年末城镇登记失业人数13348人,比上年减少668人。

【社会保障】 至2008年末,全区"镇保"参保人数8.09万人,比上年增长8.9%。其中征地参保人员3.93万人,企业参保4.16万人。"农保"参保人数7.12万人,领取养老金人数2.04万人,累计结余农保养老保险基金7.40亿元,农民养老金平均水平约350元/月。全年合作医疗共计筹资8350万元,其中:区级合作医疗筹资2730万元,镇级合作医疗筹资2779万元。全年合作医疗基金支出6495万元。大力推进外来从业人员综合保险,全年共有2.33万户企业参保,比上年增长23.8%;"综保"月均参保人数达46.30万人,比上年增长17.7%。全年共有25.10万人享受到工伤保险、大病住院、老年补贴等待遇,共计金额3.90亿元。

2008年,全区新增征地养老人员2290人,全区现有集中管理的征地养老人员达3.38万人,累计结余征地养老资金26.30亿元。征地养老人员生活费标准达到608元/月。全区有近1.4万名70周岁以上高龄征地养老人员享受到了生活费补贴,2023名征地养老人员得到了医疗费减负。

【福利救助】 城乡居民最低生活保障全面实现了全员覆盖和应保确保。至2008年末,全区共有城镇社会保障对象1.65万人。其中救助职工家属和失业无业人员及其家属8334户共1.52万人,每月支出低保资金472万元。年内共对19.41万人次的城镇困难对象发放生活救助保障金5449万元。全区纳入农村最低生活保障的贫困户有1005户共2240人,区、镇两级财政共安排农村低保资金372万元。全年共对486人次的户籍低保家庭高中学生全额减免学费52万元;对449名低保家庭高等院校学生发放学费补助金214万元。年末全区共有养老机构35所,年内新增床位1500张,年末养老总床位6874张,比上年增长27.9%。新增居家养老服务对象2730人,服务老人总数达7430人。新建标准化老年活动室50个,年末全区标准化老年活动室总数达413个。

【社会事业发展力度加大】 区政府出台指导意见,以及资源整合、人才激励、投融资体制改革和社会组织培育4项政策;成立上海闵盛投资发展有限公司,构建社会事业专业投资和融资平台;完善公共交通体系,新辟和调整城乡公交线路25条,行政村"村村通公交"基本实现;推进义务教育均衡发展,小学和初中生均公用费基本标准分别达到1400元、1650元,农民工子女在公办学校就读比例达到57.8%,比上年提高12个百分点;公共医疗卫生服务能力不断提高,复旦大学附属儿科医院开业,区精神卫生中心、区医院预防控制中心建成并投入使用;社区卫生服务运行机制和管理模式不断完善,签约社区的66万户籍居民和12.3万外来居民全部建立电子健康档案,慢性病管理率居全市之首;投入资金1.75亿元,解决了1422名水源涵养林农民的"镇保"养老问题;建立生态补偿机制,对基本农田和涵养林、片林分别给予补贴。

2008年闵行区经济和社会发展主要目标完成情况

项 目 名 称	单 位	数 值	同比增长(%)
生产总值	亿元	1120.4	15
第三产业增加值	亿元	341.65	17.5
财政总收入	亿元	319.3	17.3
其中:区级财政收入	亿元	96.53	12.7
工业总产值	亿元	3719.98	13.3
社会消费品零售总额	亿元	323.34	15.8
合同吸收外资	亿美元	16.12	
实际到位	亿美元	10.15	
外贸出口总值	亿美元	181.40	33
新增内资注册资本	亿元	204	
城镇居民家庭人均可支配收入	元	22800	12.8
农村居民家庭人均可支配收入	元	14490	14.1
新增本地劳动力就业岗位	万个	3.6	
新增社会养老机构床位	张	1000	

(何 易)

南京市

【概况】 南京是江苏省省会,全省政治、经济、科教和文化中心,是国务院确定的全国重点风景旅游城市和历史文化名城,副省级城市,是中国著名的四大古都之一。南京地处长江,沿海开放地带与长江流域的交汇部,北连江淮平原,东南临长江三角洲,是中国国土规划中沪宁杭经济核心区的重要中心城市,国家重要的综合性交通枢纽和通信枢纽城市。南京市域地理坐标为北纬31°14′-32°27′,东经118°22′-119°14′,位于东八时区,行政区域国土总面积6582.31平方公里。南京市现辖11区2县。

【经济发展成就】 2008年,面对国内外复杂严峻的经济环境,全市上下积极应对挑战,坚定发展信心,经济保持了平稳的发展态势,社会事业加快发展,人民生活进一步改善。

全市实现地区生产总值3775亿元,按可比价格计算,比上年增长12.1%。其中,第一产业增加值为93亿元,增长1.3%;第二产业增加值为1795亿元,增长9.6%;第三产业增加值为1887亿元,增长15.3%。按常住人口计算的人均地区生产总值达到50327元,按可比价格计算,比上年增长9.1%。三次产业结构为2.5∶47.5∶50。民营经济实现增加值1381.7亿元,比上年增长17.6%;占全市经济的比重为36.6%,比上年提高1.1个百分点。非公有制经济占全市经济的比重为46.1%,比上年提高3.8个百分点。全年财政总收入达742.40亿元,比上年同口径增长18.1%。其中,地方财政一般预算收入386.56亿元,同口径增长17.1%。年末金融机构本外币各项存款余额达8562.27亿元,比年初增长20.0%,其中,居民储蓄存款余额达2565.83亿元,比年初增长27.6%。金融机构本外币贷款余额7483.10亿元,比年初增长18.8%。全市完成全社会固定资产投资额2154.17亿元,比上年增长15.3%。从产业结构看,第一产业实现投资12.43亿元,比上年增长15.0%;第二产业实现投资1088.93亿元,增长16.2%,其中完成工业投资1081.09亿元,增长16.2%;第三产业实现投资1052.81亿元,增长14.4%,其中完成房地产开发投资额508.17亿元,增长13.9%。全年社会消费品零售总额达到1651.82亿元,比上年增长19.7%。居民消费价格指数为106.2,比上年上升6.2%。

【经济结构调整】 2008年全市农林牧渔及农林牧渔服务业实现总产值194.01亿元,比上年增长10.9%。全市粮食总产量114.43万吨,比上年增长0.2%。其中稻谷产量82.31万吨,增长3.1%。油料总产量13.34万吨,增长2.93%。蔬菜总产量269.49万吨,下降2.7%。肉类总产量13.21万吨,比上年下降15.3%。禽蛋总产量8.34万吨,下降2.9%。全年牛奶总产量9.98万吨,下降12.7%。水产品产量20.55万吨,增长3.2%。年末全市累计通过省级认定的无公害农产品达251个,累计通过认证的绿色食品198个,有机食品基地61个,累计通过省级认定的无公害农产品生产基地总面积达188万亩。设施农业面积为26.8万亩。

全市完成工业增加值1555亿元,按可比价格计算,比上年增长9.9%。全市规模以上工业(指年销售收入1000万元及以上企业,下同)完成总产值6472.23亿元,比上年增长12.1%。全年工业四大支柱产业(电子、石化、钢铁、汽车)实现总产值4325.06亿元,增长8.5%,占全市规模以上工业总产值的66.8%。全年完成新产品产值827.68亿元,增长7.4%,新产品产值率达12.8%。规模以上工业企业实现主营业务收入6466.85亿元,比上年增长10.1%;工业产品产销率达到97.95%,比上年减少0.35个百分点;实现利税371.74亿元,下降38.5%;实现利润125.51亿元,下降65.1%。工业产品出口交货值1155.18亿元,下降0.5%,占工业销售产值的比重为18.2%。全市有出口交货值的规模以上工业企业达到460家,超过亿元的有105家。

批发和零售业完成零售额1434.78亿元,增长19.1%;住宿和餐饮业实现零售额195.08亿元,增长23.4%。在社会消费品零售总额中,私营经济、个体经济和股份制经济实现的零售额分别达到378.68亿元、555.59亿元和217.48亿元,分别增长19.5%、26.9%和19.3%。年成交额亿元以上的商品交易市场有60家,成交额达828.46亿元,增长9.9%。全年接待海内外旅游者5089.52万人次,增长10.5%;其中,接待国内游客4970万人次,增长10.7%。接待入境旅游者119.52万人次,增长2.9%。国际旅游创汇8.73亿美元,增长8.0%。全年经批准因私出国出境人数达18.4万人次,增长8.3%。"两岸周末包机"在宁首航。年末全市拥有旅游星级宾馆饭店130家,比上年减少13家。旅游A级景区43个,其中5A级景区1个,4A级景区9个,当年新增2个。各类旅行社435家,比上年减少1家。其中从事国际旅游业务的旅行社26家,比上年减少1家。

全年完成邮电通信业务总量104.60亿元,比上年增长10.5%。其中,电信业务总量95.43亿元,邮政业务总量9.17亿元,分别增长11.2%和6.6%。邮电业务收入88.15亿元,增长11.4%。其中,电信业务收入80.88亿元,邮政业务收入7.27亿元,分别增长13.6%和下降8.2%。年末移动通讯用户达631.01万户。年末固定电话用户319.05万户;其中住宅电话用户203.14万户。全市电话交换机总容量达608.94万门。计算机互联网用户达107.08万户,增长25.6%,其中宽带用户达102.13万户,增长25.4%。国际国内特快专递共完成504万件,增长19.1%。

【对外开放与交流】 全市进出口总值达405.92亿美元,比上年增长12.1%。其中,出口总值235.97亿美元,增长14.2%。三资企业全年出口额达88.22亿美元,增长2.3%,占全市出口额的比重为37.4%。对亚洲、欧洲、北美洲三大主体市场的出口全面增长,全年出口203.84亿美元,增长12.2%,占全市出口额的86.4%。全年对非洲和拉丁美洲出口分别增长

29.5%和38.6%。全市出口额超千万美元的企业有260家,出口额达205亿美元,增长15%,占全市出口总量的86%。全市新批注册合同外资额44.60亿美元,比上年增长20.5%;实际使用外资23.72亿美元,增长15.1%。全市12个省级以上开发区新批注册合同外资24.71亿美元,下降13.9%;实际使用外资14.89亿美元,增长1.7%。新签对外承包劳务合作合同金额达10.37亿美元,比上年增长36.4%;实际完成对外承包劳务营业额10.26亿美元,增长37.8%。期末在外劳务人数达6053人,下降25.5%。

【科技进步与创新】 年末全市拥有中国科学院院士46人;拥有中国工程院院士32人。全市研究与发展活动经费支出占全市地区生产总值的2.65%。全年技术市场合同成交额达到59.92亿元。在宁主要高校、科研院所应用技术成果就地转化率为40.23%,比上年增长3.63个百分点。软件"两园多基地"建设进一步完善,新增建筑面积100多万平方米,总投资超过30亿元,全市经市级以上认定的软件企业达643家,8家企业进入中国软件百强行列。全年专利申请量11692件,比上年增长45.6%;其中,发明专利申请量5019件,继续保持全省第一的水平,增长47.2%,占全年专利总申请量的42.9%。专利授权量4816件,增长37.2%;其中,发明专利授权量1497件,增长48.1%,占全年专利授权量的31.1%。年末全市共有国家、省级工程技术研究中心65家,市级工程技术研究中心42家;国家、省级科技创业服务中心18家,市级科技创业服务中心9家;国家、省级重点实验室45个;公共技术服务平台66家,其中市级公共技术服务平台5家。年末全市共有产品质量检验机构229个,国家检测中心8个。共有产品质量体系认证机构2个。依法设立的计量技术机构1个,依法授权的计量技术机构2个。监督抽查产品3486批次。制定、修订地方标准27项。全市共有国家名牌产品24个;省名牌产品141个,其中当年认定44个;市名牌产品412个,其中当年认定124个。

【城乡建设】 启动新一轮城市总体规划、土地利用总体规划、历史文化名城保护规划修编工作。仙林、江宁和江北新市区功能继续完善。完成北京东路等16条景观路和主次干道整治出新任务。建成仙林、城南污水处理厂,基本完成城东污水处理厂二期主体工程,开工新建5个城镇和21个乡镇污水处理厂。沿江及钟山风景区环境综合整治工程有序推进。建成江宁织造府,完成中华门至中山南路城墙修复,以及七桥瓮生态湿地公园景观工程。南京国际博览中心一期竣工使用,河西中央公园建成并免费开放。升级改造农贸市场68家。扎实推进城市环境"三项"整治,实施背街小巷和城郊结合部市容市貌等专项整治行动,改造危旧房112万平方米,出新小区80个,整治房屋900幢,市容环境和公共秩序有了明显改观。全年新建、改建道路长度163.9公里,新增道路面积274万平方米。内环北线二期工程竣工通车,实现了城市"井"字型快速内环的全面闭合;宁杭高速公路南京段(二期)建成通车;长江四桥及沿江高等级公路开工建设;绕越高速东南段、南京铁路南站、沪宁城际铁路等重点工程有序推进。地铁一号线南延、二号线及其东延线进展顺利。全市出租车总数达到10151辆。公共交通运营车辆总数达到5911辆,其中地铁120辆;标准运营车辆数达到7352标台,其中地铁300标台。全年增加公交运营线路12条。全年新建和改建公厕63座,新建和改建垃圾中转站13座。7个街镇创成"亿万农民健康促进行动"示范街镇,新农村建设改建户厕4.72万座,新建垃圾中转站5座。全年新增绿地705万平方米,其中新增公共绿地248万平方米。人均公共绿地面积13.2平方米,建成区绿地覆盖率达到46.1%。全市日供水能力达到613万吨,人工煤气置换天然气工程全部完成,天然气居民用户达到79.2万户。实施农村二次改水,管网延伸371公里,新增农村自来水受益人口14.25万人。认真做好支援四川地震灾区抗震救灾工作,社会各界捐款捐物近8亿元,对口援建工作全面启动。2008年南京市获得联合国人居环境特别荣誉奖。

【社会事业发展】 年末拥有普通高校(不含部队院校)41所,其中市属高校5所;全市高校在校学生72.5万人,比上年增加4.71万人。拥有普通中学216所,在校学生27.27万人,比上年减少1.26万人。拥有小学355所,在校学生28.56万人,比上年减少0.51万人。全市已有小班化教育的中小学127所。拥有幼儿园443所,在园儿童13.18万人。中等职业学校在校学生10.26万人(不含技工学校)。初中毕业生升学率达98.65%。优质教育资源不断扩大,拥有三星级高中20所,四星级高中22所,三星以上普通高中和省级以上重点职业类学校招生比例占招生总数的92%。全年全市有31461人被各类高校录取,录取率为84.95%,比上年提高3.6个百分点。全市高等教育自学考试报名19.28万人次,报考课次44.22万门;国家非学历证书考试报名67.85万人;成人高考报名3.09万人,其中2.4万人被各类成人高校录取。全市各类市属学校共有教职工6.97万人,其中专任教师5.58万人。全市义务教育阶段人口覆盖率保持在100%,小学学龄儿童入学率、小学年巩固率均为100%。在南京市接受义务教育的农民工子女6.24万人,义务教育就学率达99.8%。进入公办学校就读的人数占全市农民工子女就读总数的85%。全年为义务教育阶段的46.94万学生(含民办校)减免杂费1.13亿元,课本费6935万元;为2866名城乡低保家庭及低收入纯农户家庭学生发放"普通高中助学券"439.91万元;为28781人次城乡低保家庭、低收入纯农户和特困职工家庭义务教育阶段子女发放"义务教育助学券"358.57万元;为903名家庭经济困难幼儿发放"幼儿助学券"69.52万元。向4.55万名中等职业学校在校一、二年级学生发放每人每年1500元职业教育助学金,总金额达69.52万元。

年末全市共有文化馆16个,博物馆30个(含非文化系统),公共图书馆18个。全市公共图书馆总藏量12525.9千册。14个综合档案馆向社会开放档案27.5万卷。共有广播电台2座,中、短波广播发射台和转播台2座,电视台2座,一千瓦以上电视发射台和转播台14座,电视节目28套,广播人口覆盖率和电视人口覆盖率均达到100%。共印刷报纸17.34亿份,出版杂志6168万册。广播电视数字化整体转换工作累计完成102万户。郊县有线电视数字化工程全面展开,实施"20户以上自然村"通达有线电视联网工程。年末拥有艺术表演团体22个。组织开展了第八届南京文化艺术节;开展了周恩来诞辰110周年纪念活动;成功组织举办了"两岸城市艺术节"活动。组织对外文化交流36批次,涉及20个国家和地区,出访的批次和人次均创南京之最。开展广场文化活动738场。

组织开展"送书、送戏、送电影"下乡活动。全年共送图书7.68万册、电影4357场、戏503场。开展了非物质文化遗产普查工作,有16个项目被评定为省级保护名录,有87个项目被确定为市级保护名录,有12个项目被确定为国家保护项目。成功举办第三届"名城会"及第四届"世界城市论坛"。南京国际博览中心一期工程建成开馆。

年末全市拥有医疗卫生机构1769个。其中,医院、卫生院及社区卫生服务中心301个,卫生防疫和防治机构27个,妇幼卫生保健机构14个。各类卫生机构拥有病床2.82万张,其中医院、卫生院拥有病床2.75万张。现有卫生技术人员4.23万人,其中执业医师(含助理医师)1.61万人,注册护士1.63万人,卫生防疫和防治人员0.18万人。按户籍人口计算,全市每千人拥有卫生技术人员6.78人,每千人拥有床位4.52张。全市共有13所惠民医院,全年接诊病人8.31万人次,收治住院病人1428人次,减免费用393.3万元。全市社区卫生服务普及率为100%。农村已基本建立以大病统筹为主的新型农村合作医疗制度,新型农村合作医疗行政村覆盖率达100%,新型农村合作医疗农民参保率达到100%。全市未发生甲、乙传染病爆发流行。加强艾滋病防治工作,强化疫情监测和检测,共检测49.3万人次,作为江苏省的唯一实施城市,积极启动了"中盖艾滋病项目"。2008年居民平均期望寿命为76.72岁,其中男74.44岁,女79.12岁。

全年举办各级各类群众性体育活动1200多项次,直接参与人数达到150万人次。全市全民健身工程(点)建设达到1180个,实测市区人均体育场地面积为1.78平方米,大于全国文明城市人均体育场地面积1.08平方米的A级测评标准。成功承办了奥运会、残奥会火炬接力南京传递起跑仪式活动。2008年全市先后产生4位世界冠军,使南京籍的世界冠军运动员总人数累计达到23名。在北京奥运会上,南京籍运动员共夺得4枚奖牌,其中金牌2枚。2008年先后承办了9项次国际比赛,11项次全国比赛,10项次全省比赛。

【能源消耗和环境保护】 全年规模以上工业能源消费总量6931.23万吨标准煤,比上年下降1.8%;综合能源消费量2677.58万吨,比上年下降6.8%。煤炭消费量2115.56万吨,下降6.1%;原油消费量1878.75万吨,下降5.0%;天然气消费量13.84亿立方米,增长24.6%;电力消费量1862056.11万千瓦时,增长1.5%。规模以上工业企业万元产值能耗比上年下降16.8%,其中,年耗能5000吨标煤以上的重点项目工业企业万元产值能耗比上年下降13.8%左右。年末全市拥有各级环境监测站14个。当年投产的建设项目同时建设防治污染设施的达100%。全市拥有16个烟尘控制区,面积达736.5平方公里,比上年增加3.7%;拥有24个环境噪声达标区,面积达544.1平方公里,比上年增加5.1%。拥有自然保护区33个,其中国家级自然保护区5个;自然保护区面积达7.59万公顷,其中国家级自然保护区面积2.04万公顷。空气质量良好以上级别天数达到322天,占全年的88.2%,比上年增加10天。工业废水排放量3.77亿吨,比上年下降6.5%;工业粉尘排放量4.31万吨,比上年下降10.9%;工业废气排放量4383亿标立方米,比上年上升8.6%。全市工业废水排放达标率、工业重复用水率、工业固体废物综合利用率分别达到95.3%、87.0%和90.9%。环境质量综合指数达到84.4分,超过小康标准值4.4分。

【民主法制建设】 加快推进依法行政,出台《南京市全面推进依法行政五年规划》,清理了市、区两级行政权力和规范性文件,将依法行政纳入各级政府及其部门的政绩考核指标体系。改革城市管理行政执法体制。电子政务系统不断完善,基本建成电子监察监控系统,权力阳光运行机制得到加强。自觉接受人大及其常委会的法律监督与工作监督,积极支持人民政协履行政治协商、民主监督、参政议政职能,办结人大代表议案和建议620件、政协提案585件。

【人民生活改善】 年末全市户籍总人口为624.46万人,比上年末增加7.29万人。其中市区541.24万人,增加6.85万人。年末全市常住人口758.89万人,比上年末增加17.59万人;常住人口出生率和死亡率分别为8.75‰和6.27‰。年末全市城镇基本养老保险参保人数为179.41万人,离退休人员当期养老金按时足额发放;城镇失业保险参保人数为170.82万人,领取失业保险金人数为2.28万人;城镇职工基本医疗保险参保人数为229.53万人。推行新型农村社会养老保险制度和老年农民养老补贴制度,全市农村居民参加新型农村养老保险达54.39万人。大力帮扶农村困难家庭,到2008年全市低于2500元以下的农村绝对贫困户已经全部脱贫。截止2008年底,全市城镇低保对象为40554户、76216人,农村低保对象为36242户、68504人。年末全市214个福利类收养性单位拥有床位20640张,收养16385人。其中,12个社会福利院拥有床位2552张,收养2074人。城镇社区服务设施1937处,社区服务中心53个。享受国家抚恤、补助各类优抚的对象1.09万人。

据抽样调查,2008年全市城市居民人均可支配收入为23122.69元,比上年增长13.8%。其中,全年居民工薪收入、经营净收入、转移性收入分别增长17.6%、20.3%和11.1%,财产性收入下降47.0%。城市居民人均消费支出为15132.73元,增长14.0%。农村居民人均纯收入为8951.23元,比上年增长11.6%。农民人均生活消费支出为7033.44元,比上年增长13.8%。城镇人均住房建筑面积为30.84平方米(含偶尔居住房面积);农村人均钢筋、砖木结构住房面积为47平方米。

(吴国玮　杨青松)

玄　武　区

【基本情况】 玄武区位于南京市城区东北部,面积75.17平方公里,户籍人口51.08万。下辖8个街道,64个社区、4个行政村。

【经济发展概况】 全年实现地区生产总值251亿元,增长12.2%;财政总收入36.53亿元,增长23%,其中地方一般预算收入19.48亿元,增长17.70%;固定资产投资79.82亿元;社会消费品零售总额223.33亿元,增长16.50%。城镇居民人均可支配收入2.52万元,增长12%。

安排3000万元专项资金,扶持企业发展和服务业集聚区建设。重点实施32个经济载体建设,全年新增商业楼宇面积

60余万平方米。新街口核心经济区加速发展,烟草大厦、发展大厦等基本建成,长江路9号(二期)、凯润金城等主体封顶,卓越SOHO大厦等开工建设,珠江1号等重点楼宇高端发展效应开始显现,南京"1912"时尚休闲街区被命名为中国特色商业街。徐庄软件产业基地建设取得决定性进展,园区新增研发、配套设施34万平方米,新引进碧水源、水晶石等企业62家。江苏虚拟软件园等建成。加强资源整合利用,高信环保科技产业园等特色园区初见成效。发展总部经济和特色经济,引进注册资金1000万元以上企业42家,与毕马威、戴德梁行等世界知名中介机构进行战略合作,引进拜耳医药、特易购等7家世界500强企业(分支机构)。协议注册外资1.06亿美元,实际到账注册外资7100万美元。实现软件产业销售收入82亿元,增长30.16%。新增服务外包企业25家,完成服务外包销售额2.10亿元。

【城区环境】 筹资2.10亿元投入城市建设。完成双拜岗(一期)、顾家营路南延、柳营西路南延等工程,建成珠江路东段景观路,拓宽改造泰山路、花园路,出新背街小巷21条。整治清溪河等7条河道。完成梅园新村历史街区桃源片区整治。建成蒋王庙等绿地项目,全年新增绿地面积23.49万平方米,绿化覆盖率达60.32%。完成雨花巷、百子亭等地块危旧房改造,实施京沪高铁、沪宁城际铁路项目拆迁,搬迁居民925户、工企单位162家。构建区级综合执法平台,开展"三项整治",出新8个小区、130幢房屋,拆除违法建筑2.80万平方米,新增1.18万个机动车泊位,规范非机动车停放。富贵山等10个老旧小区纳入物管。在全市率先推行新型智能化垃圾收运系统,全区所有主干道实现垃圾袋装化。环卫机扫率居全市前列。落实节能减排责任制,完成第一次全国污染源普查,关闭化工生产企业2家,建成高楼门餐饮油烟污染控制示范街,新建省级、市级绿色社区各1个和省级绿色学校1所。

【社会事业】 完善就业援助体系,全区新增就业岗位2.80万个,实现再就业1.28万人,援助困难人员就业2200人,动态消除"零就业家庭",城镇登记失业率控制在2.50%以内,创历史新低。实行劳动监察网格化管理,全年立案受理监察投诉举报、劳动争议1863件,为劳动者讨回工资、经济补偿、工伤待遇等1980余万元。

出台《玄武区老年被征地农民享受基本医疗保障实施办法》,政府出资为2098名老年被征地农民办理城镇居民医保。审核办理社会保险补贴1900余万元,五大保险覆盖率均达99%以上。切实保障困难群众的基本生活,及时发放低保、就业、价格、住房等各类保障资金2339万元。建成经济适用住房18.30万平方米,管家村农民安置房竣工,为被征地农民和城镇困难居民安排经济适用住房、廉租房和中低价商品房6186套。

*创新农贸市场管理机制,成立经营管理集团公司。*完成5家农贸市场提档升级,创成3家市级绿色市场。较好地完成年度为民12件实事和10项农村实事工程。在全市率先建立区级社会捐赠接收工作站,区慈善协会、红十字会募集捐款1273.84万元。与六合区、淮安市淮阴区、重庆市万州区开展对口帮扶。

全年安排3.72亿元用于科教文卫等支出,增长12.39%。加强知识产权保护工作,全区专利申请量1900件,增长15%。通过国家科普示范区复查。投入3832万元提高教师待遇。新建教育设施3.14万平方米。推进教育均衡发展,向职业学校学生发放助学金391.20万元,对家庭经济困难的在园幼儿实行助学券制度。外来务工农民子女义务教育入学率100%。中、高考成绩继续保持全市第一。被评为首批全国社区教育示范区、省全面实施素质教育先进区。

全区社区办公活动服务用房平均771平方米,新增1.60万平方米。加快社区工作者队伍专业化、职业化进程,117名社工通过全国社会工作者职业水平考试。建立和谐社区建设第三方测评机制,群众对社区的综合满意度88.30%,被评为全国社区服务先进单位、全国和谐社区自主创新先进城区。新建、改造社区卫生服务机构5家,60岁以上老人全部建立健康档案。推进社区卫生服务运行机制和医药购销模式改革,350种基本用药实行零差率销售。建成区残疾人培训服务中心、万家帮希望安养庇护所。在全国率先制订《居家养老服务规范》,全区新增老年福利机构床位310张,被评为全国养老服务社会化示范区。建立玄武区首批非物质文化遗产保护名录。举办"流金岁月"民国文化节等20场大型广场文化活动和百场社区文化活动。区体育代表队在市第十九届运动会上总分、奖牌数均列第一。

*推进平安玄武建设,强化社区警务。*成立8个街道综合治理工作中心,建成16个无刑事案件社区、37个平安社区,省社会治安安全区创建实现"五连冠"。推进法治玄武建设,强化司法调解、法律援助和社区矫正,区司法局被司法部记集体一等功。制订完善《玄武区突发事件应急管理总体预案》及各专项预案,开展处置突发事件联合应急救援演练。实行严格的安全生产监管制度,全年未发生重特大安全生产责任事故。

*政府自身建设得到加强。*加强基层基础工作,建成政府工作信息化管理系统。依法行政,出台《玄武区人民政府工作规则》,推动行政许可等行政行为网上阳光运行,接受群众监督。接受人大法律监督和政协民主监督,办理人大代表建议109件、政协提案68件,办成率分别为76.15%和80.88%,满意(含基本满意)率均为100%。

【起草江苏省居家养老服务规范标准】 2008年,由江苏省老龄工作委员会提出,南京市质量技术监督局玄武分局,玄武区老龄委办公室、民政局、玄武门街道办事处在深入基层、进家入户进行调研的基础上,共同起草《江苏省居家养老服务规范标准》。此标准是在总结玄武区居家养老服务多年实践经验的基础上,按照全国老龄办公室关于居家养老服务的有关要求,为加强居家养老服务质量的宏观管理,使社会各类为老服务组织的管理和监督系统化、规范化而制订的。标准为全省居家养老服务向专业化、规范化、产业化方向发展提供依据,对提高老年人生活、生命质量,促进家庭和谐、代际和谐和社会和谐具有重要意义。

【玄武区司法局荣立集体一等功】 3月31日,国家司法部给玄武区司法局荣记全国司法行政系统一等功,表彰玄武区司法局围绕中心,服务大局,发挥职能,创出普法宣传、人民调解、社区矫正等特色品牌,为维护社会稳定、促进经济发展作出的积极贡献。这是南京市司法行政机关自1980年恢复重建以来,第二个获此殊荣的区司法局。 (薛惠艳)

白 下 区

【基本情况】 白下区位于南京市城区东南部,面积26.46平方公里,户籍人口46.72万,下辖10个街道,57个社区。

【经济发展概况】 完成地区生产总值298.55亿元,增长10.7%;实现财政总收入38.9亿元,增长16.5%,地方一般预算收入21.1亿元,增长16.2%;实现固定资产投资71.3亿元,完成市下达计划的101.8%;实现社会消费品零售总额314.4亿元,增长17.1%。城镇居民人均可支配收入24061元,增长14.5%。

突出优化产业结构,现代服务业发展水平不断提高。全区实现三产增加值263.2亿元,占地区生产总值比重为88%。新街口商圈实现社会消费品零售总额236亿元,增长18.5%,占全市总量的14.2%。金融服务业集聚效应增强。浙江稠州商业银行首家跨省总部分行、南京南华融资租赁有限公司等相继落户。杨公井演艺博览街区规划建设进展顺利,江苏演艺集团被命名为全国第三批文化产业示范基地,新街口商业步行街获中国商业文化建设贡献奖。区科技创业服务中心被认定为省级科技企业孵化器,全年专利申请量突破1500件,新培育高新技术企业10家,高新技术产品13项。南京军民两用科技示范园新增孵化面积1万平方米,成为"中国军民两用科技产业园区联盟"成员。大型综合商业设施水游城开业,熙南里金陵历史文化风尚街区开街。新百主楼主体完工,邮电器材厂、内桥南地块项目实现封顶,3521厂地块和商干院裙楼项目加快建设。金城航空科技园科技大厦主体完工并对外招商,"解放1948"工业设计园启动建设。出台《白下区关于加快区域经济优化发展的暂行意见》、促进高新园区发展的优惠政策以及财政扶持企业发展的若干配套措施等,全区发展环境进一步优化。

全年实际使用外资1.01亿美元。世界500强香港怡和集团商业连锁总部、中外运长江公司、南京美的空调销售有限公司、东风悦达起亚销售总部等企业相继入驻,新培育属地纳税亿元楼宇1幢、千万元楼宇4幢,亿元楼宇总数达4幢。民营经济发展迅速,新增个体户、私营企业9905家,新增注册资本19.5亿元。

【城区环境】 加强道路等基础设施建设,光华路、瑞金路等5条道路完成出新改造,维修道路5万平方米,翻修改建无障碍设施65处1.2万平方米。加快区域防汛排涝建设,完成内秦淮河中段清淤、象房村老泵站等涉水工程和蓝旗街等地下管网改造。侯家桥消防站和淮海路110千伏变电站投入运转。推进重点项目的拆迁工作,完成南捕厅4号地块、京沪高铁及仙西联络线白下段、宁杭高速连接线等4119户、61万平方米拆迁任务。分析仪器厂地块完成拆迁,杨公井、北首巷、新华社江苏分社、内桥东等地块拆迁顺利推进。白下高新园区完成创业园拆迁,主干道路框架全面拉开。景观建设成效显著,打造王府大街、莫愁路2条景观道路,出新东白菜园等36条街巷。完成141幢房屋整治、立面出新和19个小区综合改造。建成朝天宫西侧、童卫路等5块绿地,新增绿地面积3万平方米。戎苑、汉西门社区创建成为市级绿色社区。开展环境保护专项整治行动,完成第一次全国污染源普查工作,建成御道街餐饮业环境污染控制示范街。推行网格化管理,开展"三项整治",瑞阳街、科巷、羊皮巷等地区面貌发生显著变化。全年区财政新增投入1100万元,在全市率先采用深埋式垃圾中转方式,实行重点地段垃圾集中清运,环卫保洁水平有效提升。

【社会事业】 社会保险覆盖面持续扩大,新增养老保险参保人数2.53万人,参保金额2.2亿元,完成全年计划的210.7%。推进事业单位医疗保险改革,城镇居民基本医疗保险实现全覆盖。企业离退休人员社会化管理服务稳步实施。建成经济适用住房三期25.8万平方米,解决2700户低收入家庭住房困难,四期完成拆迁并开工建设。投入3000万元,解决2900户居民住房的"两证"问题。投入3000余万元慰问、救助各类困难群众。全市最大的残疾人康复服务中心建成并投入使用。落实抗震救灾各项任务,募集救灾款物9535万元,涌现出陈光标、何烈胜等抗震救灾先进典型。

落实政策措施帮扶就业。成立"就业援助中心",形成区、街、社区三级就业援助网络。全年发放再就业优惠证2800本,为3.43万人次企业下岗失业人员办理政策补贴手续,补贴额945万元;举办38场大型就业援助系列活动,2000多名失业人员实现稳定就业。鼓励创业带动就业。出台《关于加快推进自主创业促进就业的试行办法》,为93名创业者发放小额贷款近400万元,累计达1228万元。培育市级创业园1个、创业街区5个,石鼓路"淘淘巷"创业示范基地在全市引起较大反响。与东八区创业园区共建600平方米创业孵化基地,为自主创业者提供500多个商铺、1500多个就业岗位。推行培训、鉴定、就业三位一体的工作模式。建立物业管理培训、新生劳动力见习实训以及失地农民技能培训等就业载体,提高就业者与岗位结合的时效性、针对性。全年新增就业岗位3.2万个,实现再就业2.89万人,城镇登记失业率控制在2.72%以内。

制订《白下区文明和谐城区建设三年纲要》。推进社工队伍专业化和职业化,投入2000万元用于改善社区办公服务硬件条件,全区95%以上的社区服务用房超300平方米。和谐社区贯标工作扎实有效,全国第一个在区县设立的国家级标准化工作组揭牌运作。

全年新增财力的37%用于教育投入。创建省市优质幼儿园8所,游府西街小学合唱团、六中管乐团在国际大赛中获奖,第三高中"天地对话"获得全国十佳优秀科技活动奖。南航附属高中、光华路艺术小学等改造建设工程完工。发放中等职业学校一、二年级学生和幼儿园困难入学儿童"助学券"430万元。实施320种基本药品零差价销售,让利近600万元。惠民医疗全年接诊患者8.5万人次,减免费用160万元。创建省级食品安全示范区和卫生应急工作示范区。区文化馆通过国家一级馆复评,郑和公园申报第三批国家级文化广场,在全市率先建立非物质文化遗产保护体系。残疾人运动员张海东获残奥会金牌。通过省、市综治、法治和平安创建检查并获得好评,投入1420万元完成治安视频监控四期建设,人民群众对社会治安的满意率达95.8%。

【推进太平南路商贸商务提档升级】 放大北段商业总量规模优势,以对接新街口大商圈扩展、错位强化商务功能为思路,加大长发CFC、新世界广场、日月大厦等5A级商务楼的招商力度,确保尽快形成规模效应。发挥宝庆、通灵翠钻等著名品牌的效应,凸显黄金珠宝特色。规划发展品味较高的专业店。放大中段商业业态品位优势,以太平商场、绿柳居等为龙头,加快推进江苏饭店、小上海地块等项目建设,聚集百年老店、零售百货、室内步行街、星级酒店、高档商住等业态,构成500米左右商业购物消费区。放大南段旅游休闲特色优势,以三山街水游城及熙南里项目开业为契机,调整南段商业布局,发展与夫子庙相补充的商业旅游文化,南接夫子庙人流辐射,北接新街口物流辐射。

【加快西部文化旅游休闲街区建设】 借老城区改造和区域产业升级契机,加快以朝天宫、甘熙故居为主线的西部历史片区改造进度。南捕厅4号地块完成拆迁,熙南里街区一期建成开业,朝天宫西侧绿地完成建设并对市民开放。结合西部危旧房改造工作的推进,仓巷周边占地5.8万平方米的地块列入拆迁范围。以朝天宫、仓巷和甘熙故居所蕴含的历史人文旅游资源为依托,形成西至莫愁路、南至升州路、东至中山南路、北至建邺路的文化旅游休闲街区。通过保护性开发,展示该地区呈现出的古都南京皇室文化、明清文化和民俗文化,与新街口现代商贸商务核心区实现功能互补。　(袁生美)

秦　淮　区

【基本情况】 秦淮区位于南京市城区东南部,面积22.69平方公里,户籍人口25.24万。下辖5个街道,47个社区、6个行政村。

【经济发展概况】 完成地区生产总值74.40亿元,增长11.2%;财政总收入15.67亿元、地方一般预算收入7.78亿元,分别增长18.6%、18.8%;社会消费品零售总额107.1亿元,增长18.9%;固定资产投资50亿元;注册合同外资1.54亿美元,实际利用外资8443万美元;全区人均可支配收入20679元,增长13.8%。

优化经济结构。以结构调整促进产业升级,三产增加值占地区生产总值比重达61.2%,比上年提高3.1个百分点。特色产业优势进一步放大。发挥大明路汽车街品牌效应,新建汽车街商务中心等载体,马自达、比亚迪等品牌专卖店开业,汽车街产业内涵进一步丰富、产业链进一步完善,全年实现销售额74.5亿元,增长20%。旅游产业进一步提档升级,整合载体资源,提升经营业态,引进必胜客、大宅门等高档餐饮企业。全年实现旅游收入62亿元、景点收入5100万元,分别增长29%、38%。打造城南现代服务业集聚区,宜家家居、红星·美凯龙建成开业,卡子门时尚家居中心粗具雏形。

增强重点项目带动效应。全区54个重点项目,完成和基本完成49个,占项目总数的91%,完成年度投资36亿元,占全区投资总量的72%,新增载体面积48万平方米。做好项目的包装策划推介,强化项目的招商选资。全球三大零售企业之一的特易购摘牌中山南路G3G4地块,投资2亿美元建设特易购中国最大的综合性商业街区。

加大都市产业园建设力度。晨光1865科技创意产业园沿河休闲街区基本建成,引进原力动画、苏威尔科技、香港御庭酒店等优质企业,被评为市文化产业示范基地。长乐都市产业园、双龙街科技产业园等6个产业园基本建成,日华光电、金谷油脂等5个产业园加快改造,完成改造面积约23万平方米。引进华泰人寿、正大拍卖等145家企业,其中科技创意类企业占42%。

【城区环境】 *危旧房改造快速推进*。启动8个危旧房改造项目,拆迁面积约30万平方米。引进中冶集团、地铁开发公司等,实施下码头、集庆路1号地块改造;完成路子铺、扇骨营、双桥门西北象限、蒋百万故居等地块的拆迁任务。依法拆迁、人性化拆迁,保证拆迁规范、公正、平稳有序推进。加大住房保障力度,开展低收入家庭住房保障认定工作,加快夹岗、翁家营经济适用住房建设,全年安置2200户居民入住经济适用住房,改善困难群众的居住条件。

完善基础配套设施。马道街西延拓宽工程建成通车,宏光路二期拓宽工程基本完成,清水塘路、红梅巷等24条街巷完成出新。区域道路通行能力进一步提高。完成京沪高铁、南京铁路南站拆迁工作。完成岗虹苑、曙光里等18个旧住宅小区、183幢房屋整治出新任务。升级改造江宁路等7个农贸市场。建成七桥瓮生态湿地公园,新增春天家园、集庆门内侧等7块绿地。完成东风河、红花河清淤工程,改造金陵路、下码头等5条排水管网,龙苑泵站扩建工程主体竣工,防汛排涝能力进一步增强。

城市管理成绩突出。完善联合整治、考核督查、讲评通报等工作机制,管理力度不断加大。拆除违建4万平方米,取缔占道经营8600处,疏导规范早点摊群28处,取缔夜市排档600余处,整顿14家农贸市场,整治出新秦虹路、育仁路、晨光路等61条道路店牌店招,新建景观围墙6000多米。加大景观整治力度,提档升级沿街业态,长乐路、仙鹤街等12条特色商业街建设成效明显。

【社会事业】 坚持教育优先发展战略,稳步提高教师待遇,推动教育均衡发展。高考本二以上达线人数突破300人。社区卫生服务运行机制不断完善,居民健康档案建档率达84%,3万名慢性病人纳入规范管理,区属医疗机构药品让利380余万元。通过"省中医药特色社区卫生服务示范区"评估验收。发展文化事业,建成秦淮灯彩等民间艺术传承基地,南京白局、古琴·金陵琴派被列入国家级非物质文化遗产目录。

社会保障更加有力。在全市率先完成自收自支、差额拨款事业单位参加城镇职工医保工作,为32家单位1700多名职工解除后顾之忧。做好养老保险扩面征缴工作,新办企业参加社会统筹率100%。加强劳动监察,加大劳动争议调解和仲裁力度,全年办结案件641起,劳动者合法权益得到有效维护。做好困难群体生活保障工作,发放最低生活保障金1426万元。

富民工作更加有效。以富民为导向,加快发展民营经济,取消个体工商户管理费和集贸市场管理费,激发区域创业活力。突出高等级专业技能培训,全年完成各类职业技能培训3152人次,其中等级技能培训1307人次,增强劳动者创业就业能力。深化就业服务,完善三级劳动保障平台建设。全年新增就业岗位1.57万个,实现再就业4531人次,其中帮扶特困人员就业1210人次,基本消除"零就业家庭"。

社会环境更加和谐。市民文明程度、政府服务质量和管理

水平进一步提升。大幅提高专职社区工作者待遇,47个社区服务用房全部达300平方米以上。推进养老服务社会化,新登记老年人社会福利机构4家,建立全市首家老年配餐中心,为全区70周岁以上老年人发放敬老卡,近3万名企业退休人员纳入社会化管理。通过"全国首批养老服务社会化示范区"评估验收。开展经营性公共场所卫生整治。实施污染源普查,创成2个省级绿色学校、2个省级绿色社区。

【加快建设城南现代服务业集聚区】 城南现代服务业集聚区位于秦淮区范围内,北起双桥门立交,南至绕城公路双龙街立交,东起规划中的智慧新城,西至龙蟠南路—卡子门大街,占地面积133.33公顷。区域地理位置优越,交通发达,初步形成以汽车服务、家居用品销售、时尚生活消费为核心的产业特征,被市委、市政府列为全市十大现代服务业重点集聚区之一。城南现代服务业集聚区,产业特色鲜明、竞争优势明显、服务功能齐全、知识技术密集、时代气息浓烈。宜家家居、红星·美凯龙2家国内外一流家居品牌建成开业。大明路国际汽车街区纵贯于集聚区内,占南京整车销售市场60%以上的份额。城南现代服务业集聚区分为四大产业片区,即:汽车服务产业片区、大型家居生活消费产业片区、创意研发产业片区、社区生活消费配套产业片区。

【获"江苏省中医药特色社区卫生服务示范区"称号】 秦淮区以保持和发扬中医药特色为主线,加大基础设施设备投入,优化中医资源配置,加强中医特色专科建设,各社区卫生服务中心中医科设置率100%,中药房设置率100%,中医药设施设备配齐率100%。7月21~22日,通过省中医药管理局专家组"江苏省中医药特色社区卫生服务示范区"复核评估。夫子庙社区卫生服务中心被命名为江苏省中医药特色社区卫生服务示范中心,秦淮区中医院、双塘社区卫生服务中心等被确定为省级中医类别全科医师实习、培训基地。

【加快修复明城墙(秦淮段)】 明城墙(秦淮段)长6357米,其中地面遗存部分5698米(基本完好部分4703米),遗址部分659米。因战火、洪涝等因素的破坏,明城墙受到不同程度的损坏。为尽快完成明城墙的修复,秦淮区分步实施明城墙修复工程。2007年,完成东水关至武定门城墙(含武定门通道)及中华门东、西券门维修工程;2008年,完成中华门至中山南路西侧段城墙维修工程,并修建中山南路通道。2009年将复建雨花门及西水关段城墙,全线贯通区内明城墙。

(程 婕)

建 邺 区

【基本情况】 建邺区位于南京市城区西南部,面积82.66平方公里,户籍人口21.74万。下辖7个街道,38个社区、18个行政村。

【经济发展概况】 全年实现地区生产总值68.31亿元,增长11.2%;完成财政总收入25.2亿元,地方一般预算收入15.85亿元,分别增长22.8%和17%;完成固定资产投资109亿元,增长46.8%;规模以上工业总产值32.87亿元,增长7.7%;完成社会消费品零售总额64.24亿元,增长22.6%;实际利用外资2.2亿美元,为年计划的349%;完成地方外贸出口6890万美元,为年计划的106%。城市居民人均可支配收入20511元,增长15.9%;农民人均纯收入10360元,增长12%。

产业培育取得重大进展。以"一区一园一中心"为重点的产业发展平台不断优化。中央商务区突出引进金融和总部企业,韩国LIG保险等近20家金融企业和红宝丽国际贸易等总部企业落户,中央商务区南延建设步伐加快,14所总部大楼加快建设,南京移动通信综合楼、江苏联通办公楼、香港新鸿基综合商业项目、美国富顿集团南京世贸中心等项目奠基。新城科技园完成一期基础配套设施建设,科技大厦投入使用,国际企业孵化器、加速器建设进入实质性推进阶段;南京人才市场河西新城市场开业,中国国际人才市场南京分市场、南京留学人员创业园河西新城创业园挂牌运营,烽火通信等高新技术企业相继落户园区;创成中国服务外包基地城市南京(建邺)国际服务外包产业园、江苏省软件和信息服务产业园。江东商业文化旅游中心建设加快,万达东坊项目近封顶,万达广场一期开工建设。提升产业优势,实施名牌战略,推进科技创新。至年底,全区有国家名牌产品4个,省、市名牌产品42个,位居全市前列;申报国家、省、市科技计划项目29项,完成专利申请232件,其中发明专利56件,增长133%。

招商引资成效显著。新加坡生态科技城项目取得突破性进展。全年引进注册资本1000万元以上的企业70家,注册资本总额92亿元;引进国际、国内500强企业和上市公司10家;引进年税收规模千万元以上的企业总部12家。整合区内旅游资源,举办长江国际旅游节等大型旅游节庆活动,新城对外影响力和知名度得到提升。

【城区环境】 重点片区建设取得新进展。以江东商业文化旅游中心改造和新城科技园建设为重点,推进城市路网建设,云锦路北段、云锦路二期、所街路西延建设工程和所街路东段拓宽改造工程完成,福园路东段、燕山路二期等开工建设,应天大街至水西门大街22万伏电力杆线下地工程开始实施。推进重点片区地块运作,石林地块、金陵地块拆迁工作全面实施,所街西、所街东、所街北地块拆迁工作基本完成,典雅居地块、金盛地块和所街西、所街东地块招商与土地挂牌工作同步推进,特别是所街片区作为全市难度最大的"城中村"改造项目进展顺利,区域面貌得到整体改变。重点项目拆迁取得新成绩。实施重点项目拆迁工作"百日攻坚"行动,完成莲花村两房二期、科技园二期、扬子江大道南延、省武警总队用地、滨江风光带和应天大街西延高架桥等重点项目拆迁,保证市、区重点工程建设需要。"生态建邺"建设再上新台阶。新增绿地58.9万平方米,绿化覆盖率达41.5%。"碧水""蓝天""宁静"三大工程取得新进展,夹江水源地水质保持100%达标,全区噪声和烟尘污染控制在目标范围内,空气质量达到国家二级标准,位居城区前列。国泰民康等6个社区创成省、市级绿色社区,虹苑中学等3所学校创成省、市级绿色学校。

创新管理手段,完善长效机制,加强城市管理。实施"新城文明行动计划",全区新注册志愿者2万人。市容面貌整体提升。以江东中路和水西门大街为重点,完成75栋楼宇的整体亮化,实施31幢239处门头店招出新改造、10条街巷改造和154幢房屋平改坡及立面出新工程。拓展城市模块化管理内涵,下移市容管理、行政执法重心,加强基层管理力量,新增协管员200名,集城建城管、公共安全、社会治安于一体的大城管格局初步形成。开展城市环境10项综合整治,拆除违建47万平方米,取缔违章占道摊点近万处,双闸地区"白色污染"整治取得实效,市挂牌督办污染企业限期治理任务按期完成。深化法治平安建设。举办"现代城市与科学规范管理"高层法治论坛,被省委、省政府表彰为首批"法治县(市、区)创建工作先进单位",连续5年获"省社会治安安全区"称号。完善调整"大调解"工作机制,开展"突出矛盾纠纷百日集中解决"活动和区委书记大接访工作,有效化解突出社会矛盾和问题。生产安全、交通安全及重点公共场所和行业的治安整治工作进一步强化,获全国安全生产月活动优秀单位奖。

【社会事业】 教育事业取得新进展。教育设施建设加快推进,金陵中学实验小学开学,金陵中学实验小学附属幼儿园、西堤国际幼儿园、上新河中学改扩建等工程稳步实施。成立南京河西新城教育发展联盟,举办南京教育现代化发展高层论坛,省教育工作督导检查名列全省第一,获全省幼儿教育先进区称号。

卫生事业取得新突破。社区卫生服务运行机制改革进展顺利,建邺医院新址开诊,公共卫生大楼启用,区世代服务中心建成运行。区中医院完成整体搬迁,南湖、滨湖、沙洲等街道社区卫生服务中心加快建设,新建和改造10个社区卫生服务站,全区社区卫生服务网络日趋完善,完成"省级社区卫生服务先进区"创建任务。社区建设取得新成果。完成区级机关搬迁,双和综合办公区项目稳步推进。区社区服务中心投入使用,沙洲、双闸社区服务中心项目建设进展顺利。和谐示范社区创建工作积极推进,协调解决玉兰里等9个社区的办公用房,社区办公和便民服务条件进一步改善。加强新城文化建设,组织开展首届"百姓文化节"暨社区文化月等各类文化活动60多场,根坤·西祠数字网络文化产业园获"江苏省文化产业示范基地"称号。举办第三届中国南京体育健身休闲用品博览会暨体育嘉年华。

城乡居民低保标准进一步提高。累计发放城市低保金1325万元,农村低保金97万元。全年企业养老保险扩面达3605人,企业退休人员纳入社会化管理2.18万人,参加城镇职工医疗保险3.35万人。全方位开展"春风行动",实施各类帮扶救助达2346万元,惠及困难群众近3万人。落实拆迁住房保障,实施双和园中低价商品房、中和村经济适用住房建设。推进居家养老社会化试点工作。推进"就业计划"和"富民工程",新增就业岗位1.1万个,实现再就业2090人。居民生活环境进一步改善。完成12个老小区共66万平方米小区出新工程,北部整合区面貌进一步改观。中央公园家乐福、"好邻居"生活广场等社区商业项目开业,新城综合配套有效改善。创建国家级绿色市场、省级"食品安全示范区"和"放心消费城区",食品药品安全工作在全市区县综合评估中取得优秀成绩,集庆门大街被评为餐饮业污染控制示范一条街。开展舆情收集和定期民意调查分析,并纳入部门、街道的年度考核和干部考评体系,被列为全市民生调查工作试点区,民意调查工作得到省、市充分肯定,《新华社内参》等进行深度报道。

【"一区五城"产业发展布局】 12月22日,区委九届十三次全体(扩大)会议提出,在全区域打造现代服务业集聚区,突出不同区域的主导功能,重点打造具有广泛影响力和聚合、辐射效应的金融城、会展城、文体城、科技城和商贸城。金融城主要是以河西CBD金融保险业楼宇为主要载体,集聚各类金融及相关服务业的要素和项目,打造区域金融中心;会展城主要是整合南京国际博览中心及周边载体、资源,组成会展及相关产业园,重点发展会展、专业服务、创意产业、广告传媒、教育培训等知识型服务业;文体城主要是依托奥体场馆、金陵图书馆等市、区级文体设施,发展以运动、康体、文化休闲为主的文化体育产业;科技城主要是以即将入驻的新加坡生态科技城和新城科技园为主要载体,集聚软件、信息服务等各类研发产业项目和所需要素,打造科技创新基地;商贸城主要是依托江东商业文化旅游中心等商业带和各类特色商业街区,以"城市综合体"和高品质连锁商业、名品经营为特色,实现商务商业的集聚和繁荣。

【与赛伯乐(中国)创业投资管理公司签署共建框架型协议】 6月18日,建邺区政府在新城科技园与国际著名专业创业投资机构——赛伯乐(中国)创业投资管理公司,签署在河西新城投资共建框架型协议。根据协议,赛伯乐将投资90亿元,在新城科技园内建设总部基地,3~5年内吸引高科技总部型企业约300家;成立金融控股公司,分别为100亿元的长江产业基金、50亿元的长江债券与担保基金、5亿~10亿元的长江科技引导基金;联合组建长江工业研究院,借鉴美国斯坦福国际研究院的成功模式,在政府搭建的产业载体上,吸引海归等国际顶级创新、创业人才进入高科技孵化器,集聚国际一流高科技企业的研发和产业机构,吸引国际资金流入,把研究院打造成靠社会资本运作的高科技企业孵化基地。

【组建"河西新城教育发展联盟"】 5月11日,建邺区组织辖区内7所名校成立"河西新城教育发展联盟"。首批加盟的金陵中学河西分校、建邺高级中学、南师附中新城初级中学、致远外国语小学、金陵中学实验小学、建邺实验幼儿园、南京第一幼儿园奥体分园7所学校签署合作协议,形成一条覆盖幼儿园到高中阶段、贯通15年教育的河西优质"教育链",在联盟学校及区属教育系统范围内开展教育教学改革实验和学术交流活动,实现联盟内优质教育资源共享,共同提升区域教育整体水平。同时,还计划创办国际化实验学校,招收港、澳、台及外籍学生,推动区域教育国际化。

【启动第二轮教师人文素养"菜单式"培训】 按照教师成长要求开列出培训菜单22项,全部由省特级教师、市名校长、市学科教学带头人、市优秀青年教师和学科教研员负责主讲。面向全区中小幼教师,根据教师个人需要自愿进行网上报名,并确定1~2项培训内容。培训内容涉及文理科综合知识、艺术学科基础知识,涵盖教育科研、心理教育、家庭教育、健康教育等方面知识,满足教师对人文素养的需求。培训被作为教师参加继续教育的学时考核以及教研员工作的考核评价,有效提升培训效果。

【河西中部地区社区商业三级配置进展顺利】 第一级为街道行政商业服务中心,集政务受理、文体活动、商贸休闲于一体;

第二级为基本社区商业中心,紧贴区域居民生活,设超市、饭店、电信服务和金融邮政网点等;第三级为基于小区楼盘的便民社区商业网点,主要提供便利店、餐饮和物资回收等生活服务。2007～2008年,该地区建成兴隆行政商业服务中心,开工建设沙洲和双闸行政商业服务中心;发展万科光明城市、拉德芳斯和朗诗国际等10个基本便民社区商业网点。"好邻居"生活广场即将开业,整体连锁运营近20家河西基本社区商业中心,整合大型现代菜市场、购物超市、餐饮、金融、邮政和休闲娱乐等商业服务。同时,"小货郎"开始走进河西千家万户,满足居民多样化、个性化需求。

【推出"社区教育超市"】 以社区培训学院为龙头、7个街道社区教育中心为主干、各社区学习点为基础,构建社区教育三级培训网络,建立三级网络信息资源网(库);整合社区教育资源,由社区教育委员会联合22家社区教育成员单位制订出台2008年社区教育培训指南,向社区居民发放;开设183项培训项目,其中学前教育培训9项,青少年校外素质教育培训26项,成人职业技能培训48项,成人继续教育培训30项,市民素质教育培训58项,老年闲暇教育培训12项,以教育超市的模式提供居民选择,方便其在家中电话咨询或就近参加各类培训学习;定期开办"社区大讲堂"系列活动,内容涉及文化、教育、体育、卫生、环保、法律等,提升新城市民综合素养。

【南京世界贸易中心项目开工】 11月12日,河西CBD南延龙头项目"南京世界贸易中心"举行奠基典礼。该项目位于河西大街以南、庐山路以西的交会处,由美国富顿集团投资建设,占地约3公顷,总投资额近5亿美元,主楼计划楼高288米,突出贸易功能。与传统的商业地产不同,南京世界贸易中心除为贸易企业提供硬件上的办公区域外,最大的特点在于其延伸的专业服务,主楼的全功能设计不仅包括办公、休闲、会议室、小型展览空间,还设置餐饮、酒店式公寓、酒店、体验式商店等配套设施,开启商业地产新模式。 (陈怀健)

鼓楼区

【基本情况】 鼓楼区位于南京市城区西北部,总面积24.77平方公里,户籍人口68.73万。下辖7个街道,64个社区、3个行政村。辖区内有118家省级机关,20所高校,58家研究机构,两院院士41名。

【经济发展概况】 实现地区生产总值312.6亿元,增长12%;完成财政收入55.5亿元,增长22.4%,其中地方一般预算收入29.1亿元,增长21.6%;完成固定资产投资70.5亿元;实现社会消费品零售总额256亿元,增长17.6%。人均可支配收入25433元,位居全市首位。实际使用外资和注册合同外资分别完成1.8亿美元和1.9亿美元,新增千万元以上大项目43个,注册资本总额45亿元。国际服务外包产业初具规模,服务外包合同额和执行额均名列全市前茅,13家省级服务外包重点企业,被认定为首批"江苏省国际服务外包人才培训基地"。支持民营经济发展,新发展民营企业2330家。

以湖南路商圈为代表的消费性服务业进一步繁荣,全区实现第三产业增加值283亿元,占地区生产总值的90%。生产性服务业加快发展,绿地广场、国际商城等服务业载体建设有序推进,引进富登投资担保、菲亚特汽车服务、金盛人寿保险等世界500强和著名企业总部或分支机构,举办第四届中国总部经济高层论坛,总部型企业对财政的贡献度接近50%。科技产业规模不断扩大,江苏工业设计园建设全面推进,江苏工程设计中心建成开园,"南京科技广场"一期完工。推进江东软件城建设,服务外包大厦主体封顶,艾志、南大苏富特、华胜天成等10多家企业入驻园区,金陵软件科技园被科技部批准为南京市首家"国际科技合作基地"。全区经认定的软件企业155家,软件产业销售收入120亿元,增长20%,软件产品出口1.1亿美元,增长10%。文化创意产业持续发展,颐和路公馆区12片区保护改造工程基本完成,宝船厂遗址东西片建设扎实推进,石城文化创意产业带建设初见成效,文化产业增加值占生产总值的比重提高到5.6%。

【城区环境】 老城改造取得重大突破,盔头巷、妙峰庵、凤凰片、宁夏路等地块改造稳步推进,教工中学、神马家具城、清江广场等"城中村"改造项目加快推进。城市基础设施进一步完善,新建和拓宽祁家桥一期、江西路等5条道路,完成35条背街小巷整治。加大地下停车场、立体停车库建设力度,全年新增停车泊位3400多个。开展"三项整治"行动,实行24小时三班制巡查制度,取缔峨嵋岭、汉北街、中心南村等马路市场,提档升级10家农贸市场,实施农贸市场周边物业化管理试点,推行小区建筑装潢垃圾环卫"一家清"模式。生态型城区建设扎实推进,建成三牌楼、晚市等5处绿地景观,新增绿化面积15万平方米,新增屋顶绿化面积1万平方米,创成西城岚湾社区、紫竹苑小学等"绿色社区"和"绿色学校",建成华侨路、福建路等2条餐饮污染控制示范街,完成污染源普查工作。老旧小区房屋整治力度进一步加大,整治房屋255幢,出新小区17个,直接受益居民6万多人。"十"字形特色文化街区建设取得成效,三牌楼大街改造工程完工,乌龙潭公园创成国家AAA级旅游景区。

【社会事业】 实施积极的就业政策,鼓励以创业带动就业,加强就业援助和就业培训,新增就业岗位2.4万个,1900多名困难群众实现稳定就业。扩大城镇社会保险覆盖范围,养老保险参保人数净增2.65万人,征缴养老保险基金3.3亿元。低收入家庭"3美元"生活保障计划扎实推进,在全市率先建立低保边缘家庭定期定额救助机制,启动物价上涨与困难家庭临时生活补贴联动机制。住房保障进一步加强,廉租住房保障对象从低保住房困难家庭扩大到低收入住房困难家庭。扩大居家养老服务网覆盖面,新增养老床位400多张。发展残疾人事业,0到6岁残疾儿童抢救性康复工作扎实推进。社工队伍得到有效整合,新增社区办公服务用房6300平方米,64个社区用房全部达到300平方米以上,基本实现"阵地建设、职能事务、规章制度、队伍管理、保障措施"五规范。

教育工作迈上新台阶,全年投入教育资金4.7亿元,增长33%,教师待遇逐年提高,合作办学的深度和广度进一步加大,教育教学质量不断提升,中考、高考均取得历年来最好成绩,获全国首批"社区教育示范区"和"江苏省教育现代化先进区"称号。医疗卫生事业加快发展,改造升级宁海路、虹桥、莫愁等3

家社区卫生服务中心,新增1家惠民医院,基本用药零差率制度全面实施,"零差率"药品范围达350余种,手足口病防治、婴幼儿奶粉事件应急处置工作有序展开。体育事业进一步发展,21所学校体育场馆向公众开放,完成奥运火炬在鼓楼境内的传递活动。人口和计划生育工作进一步加强,低生育水平保持稳定。文明城区创建工作全线推进,开展"迎奥运、讲文明、树新风"等教育实践活动和志愿者活动,市民素质和城市文明程度不断提高。文化惠民工程积极推进,公共文化服务体系逐步健全。

【完成三牌楼大街景观改造工程】 三牌楼大街位于南京市主城区西北部,北接福建路,南与新模范马路相连,呈西北至东南走向,全长890米。根据地区发展规划,区委、区政府将其定位为具有本土气息的特色文化商业街进行改造建设。在2006年开展沿街部分地段廊道建设和店招整治的试点基础上,从2007年下半年开始启动该项目,2008年基本完成工程建设。工程总投入3000多万元,完成25栋居民楼出新改造,实施杆线下地、路灯更换、监控设置,新建阳光廊道9段、800米,出新道路1000米,建成浮雕主广场、牌楼小广场、福建路绿化广场,新建牌楼、浮雕、园雕、南洋劝业会雕塑、颂德里木牌坊,沿街更换新式灯柱,实施绿化、亮化。

【实施中小学教师能级制管理方案】 9月,出台《鼓楼区教师能级制管理实施方案》,该方案将分层推进培养和管理全区在职教师,建立教育教学"新秀、能手、标兵、首席、杰出、功勋"等六级教师培养与管理机制,在5年内,使全区50%的教师逐步成为各能级教育教学骨干,同时,通过骨干教师的带动,促进全区中小学、幼儿园教师队伍整体发展。实施范围是区教育系统中学、小学、幼儿园(教办)的一线在岗教师,其他直属单位不参加评选,各学校的党政一把手不参加评选。方案同时严格规定评选条件、评选程序、评选指标、待遇标准、管理措施等。

【推进高端创新创业人才集聚区建设】 以产业集聚带动人才集聚。重点发展高科技产业和总部经济,通过引进朗讯、爱默生、阿尔卡特等世界500强企业研发中心和地区总部,吸引与之相配套的电子信息、工业设计、生物医药、国际金融和贸易等方面的高端人才。建立以市场为主导的人才资源配置机制。建立行政职能部门和民间组织优势互补、资源共享的合作机制,通过高层次人才引进全球性的科技链、资金链、人脉链和资讯链。在引进国际化高端人才的同时,统筹加强行政管理人才队伍、企业经营人才队伍和专业技术人才队伍建设。加强人才服务体系建设。完善人才甄选、评价、培养、流动和激励机制,建立为高端人才服务的投资融资、创业服务、成果转化、人才服务四大创新服务平台。至年底,全区有科技人员10万余人,科技园孵化面积33万平方米,入园企业总数628家,注册资金21亿元,南京大学—鼓楼高校国家大学科技园被评为华东地区"最具竞争力创业园区"。

【医患矛盾调解工作成绩显著】 坚持医患纠纷调解与普法宣传相结合。针对医患矛盾发展的进程,尤其是患者一方的情绪变化,客观、公正地做好双方情绪稳定工作,同时,加强宣传,使医患双方充分了解有关法律、法规和医患纠纷处理工作流程。坚持医患纠纷调解与医学知识宣传相结合。有针对性地向患者及其家属宣传相关疾病医疗知识,并对治疗方案、手术方式、手术过程、手术效果进行客观分析,让患者心悦诚服。坚持采用"渠道分流"与"心理疏导"相结合,注重开展对患者"心理疏导",帮助患者与院方的沟通协调。坚持公平、公正原则与人性化调处相结合,对证据材料进行考证,分析矛盾焦点,在确认医院在诊断、治疗、手术上无过错、无责任的前提下,采用人性化处理方法,给患者适当经济补助或减免一些治疗费用。全年,鼓楼地区医患纠纷人民调解委员会接待来电、来访咨询和申请调解187批次,接待并受理登记要求调解65起。其中,成功58起,未成功5起,患者获得院方各类经济赔偿补偿270万元。 (朱 军)

下 关 区

【基本情况】 下关区地处南京市城区西北部,滨江依城,是南京滨江核心发展区,跨江发展中心辐射区。面积28.3平方公里,户籍人口30.34万人。下辖6个街道,56个社区。

【经济建设概况】 全年实现地区生产总值146.54亿元,增长11.9%;财政收入21.79亿元,地方一般预算收入10.92亿元,分别增长20.78%、15.03%;固定资产投资58.28亿元,增长3.79%。新建、改建楼宇园区4个,新增楼宇园区面积10万平方米,新增入驻企业275家、注册资本8.06亿元,实现税收1.56亿元。全区实现社会消费品零售总额108.57亿元,增长19.6%。新批外商投资企业15家(含7家增资扩股),注册合同外资9720万美元,完成率达108%;实际使用外资6808万美元,完成率达105%,增长27%;新增内资注册资本30.55亿元。全年新发展私营企业1185家,新增注册资本14亿元;个体工商户6016户,新增注册资本1.3亿元。全年实现旅游总收入3.9亿元。居民人均可支配收入21782.36元,增长16.8%。

【城区环境】 加快滨江区域规划建设,成立滨江开发建设指挥部,与市规划局共同编制《中山码头—长江大桥地区空间发展研究及控制性详细规划》。完善基础设施,滨江大道河西下关段道路主体工程基本贯通,建成翠庭路三期工程,华中路、金碧路二期等道路建设加快实施,清江桥泵站改造、兴安路片区管网改造等7项涉水工程全面完成。推进旧城改造,完成三汊河片区等8个片区、20多万平方米拆迁,启动水关桥西侧地块危旧房改造,华宏C地块中低价商品房以及铁古庙、五塘村等"城中村"改造安置房项目全面开工。完成9个小区、60条街巷、151幢多层住宅和51幢沿街房屋立面的整治出新,建成潜洲66.67公顷生态防护林、7316厂等地块绿地,新增绿地3.8万平方米。开展环保专项检查和污染源普查,集中处置医疗和工业危险废物236吨,关闭幕府山渣土场,创成定淮门大街餐饮污染控制示范街、3个市级"绿色学校"、5个市级"绿色社区"和11个省级"节水型小区"。健全市容长效管理机制,完善环卫基础设施,改建公厕4座、垃圾中转站1座,区环卫所易地复建工程主体竣工。实施"三项整治",开展露天排档、违章建筑等专项治理,实行中央门地区委托执法,全区市容环境明显改观。

【社会事业】 加大教育硬件投入,对长平路小学等22所学校实施维修改造和景观建设。撤销白云石矿学校和小市小学,分别并入象山小学和小市中心小学。创成省优质幼儿园2所、市现代化小学1所,职教中心创成南京"高水平特色职业学校"。通过省、市两级教育督导评估检查。全年新招录和引进骨干教师63人,划拨150万元用于骨干教师专项奖励,筹措资金提高教师津补贴发放标准。实施幕府山社区卫生服务中心扩建和方家营社区卫生服务站建设,社区卫生服务机构就诊率达50%。加大传染病防治力度,"七苗接种率"达98%。拓展计划生育便民维权10项优质服务,计划生育率达99.95%。加大文明城区创建工作组织力度,网吧、出版物市场、公共娱乐场所以及校园周边文化环境专项整治取得明显成效。举办2008"南京妈祖庙会"等群众文化活动及全国文物普查和渡江战役文物征集活动,建立区级非物质文化遗产名录。完成奥运火炬接力下关段传递任务,组队参加市第19届运动会,获得金牌77枚。推进和谐社区建设,新增硬件规范达标社区22个,线路新村等26个社区创成市级和谐社区,近70%的社区办公用房面积达到或超过300平方米。出台《关于切实改善民生落实"五有"要求的工作意见》,全年新增就业岗位15480个,实现再就业7561人,城镇人口登记失业率为3.26%。免除义务教育阶段学生杂费491.2万元;为831名困难居民大重病患者提供医疗救助154万元;全年净增养老保险参保5112人,为430名老人提供"安康通"服务;金陵村95号—1等地块经济适用住房和幕府佳园中低价商品房建设加快实施;向困难群众发放救助钱物价值3439.36万元,为四川地震灾区募捐款物价值1015.71万元。

【滨江科技创业中心被命名为省级科技创业中心】 6月,经江苏省科技厅及江苏省科技企业孵化协会考评,滨江科创中心被认定为江苏省省级科技创业中心,实现下关区省级以上科技企业孵化器零的突破,进一步拓展滨江科创中心招商、孵化平台。滨江科创中心围绕"科技助企、科技扶企"主题,坚持整体规划、滚动发展、完善功能、突出特色,一手抓经济产出与效益,一手抓科技企业孵化和培育。至年底,该中心累计引进企业323家,注册资本近6亿元,其中科技型企业109家(占33%),涉及电子信息、通信软件、光机电一体化、科技咨询服务、建材技术、环保化工等行业,步入孵化能力、孵化力度、孵化活力逐年提升的良性轨道。

【完成下关区旅游发展总体规划及狮子山景区总体规划编制工作】 10月23日,《南京市下关区旅游发展总体规划》通过南京市旅游规划建设专业委员会专家组的评审。主要内容为制定旅游发展战略,明确旅游开发重点和开发方向,拟定旅游项目和旅游产品开发计划、旅游形象塑造、市场营销策略及具体措施等,为全区旅游业发展明确总体思路。专家组一致认为"滨江下关"的总体发展定位符合资源条件和市场需求,观光旅游、商务旅游和休闲度假旅游产品的主题定位符合下关区旅游发展实际,重点项目策划有创意,具有一定的前瞻性和可操作性。8月25日,由东南大学城市规划设计研究院编制的《狮子山景区总体规划》,通过由东南大学规划设计研究院、市建委、市园林局等多家单位组成的专家团的评审。该规划主要内容为阅江楼景区概况、资源情况、景区现状及存在问题、景区性质与功能定位、规划构想、建设时序、主要经济技术指标、主要建设项目造价估算8个部分。

【下关区被评为全国首批低保规范化建设示范区】 2008年,下关区低保规范化建设工作取得成效。机构建设进一步规范。制订《下关区社会救助管理服务中心基本标准》,多方筹措资金对街道社会救助管理服务中心进行改(扩)建,实现街道社会救助管理服务中心全覆盖。人员管理进一步规范。按人口比例合理配备30名专职低保协理员,严格人员录用程序,加大绩效考核力度,开展各类业务培训。救助方式进一步规范。探索建立困难群众社会救助需求评估体系,受到民政部领导充分肯定。档案管理进一步规范。按照标准化、实用化、规范化、美观化要求,明确档案整理收存的各项标准。工作流程进一步规范。先后修订《低保审批工作流程》《大重病医疗救助工作流程》《临时救助审批工作流程》等规范性文件,自行设计整套规范、统一、实用的低保工作表格。考核制度进一步规范。制订《下关区低保及社会救助工作考核实施办法》,将日常考核、专项考核、年度检查有机结合起来,有效提升全区低保及社会救助工作的整体水平。2008年,先后通过省民政厅和民政部的检查验收,获"全国首批低保规范化建设示范区"称号(全省仅2个城区获评)。

【启动水关桥西侧地块危旧房改造】 3月1日,下关区水关桥西侧地块危旧房改造项目启动。该项目占地面积2万平方米,涉及居民214户、工企单位5家。项目责任单位和所在街道创新组织形式,破解难题,加大推进力度,至5月完成拆迁,实现"零强拆"。5月28日,市政府举行水关桥危改安置房建设工程开工仪式暨全市危旧房改造工作推进会,标志着全市危旧房改造的首个启动项目取得阶段性成果。

【下关区被评为全省信访工作"三无"区县】 2008年,下关区围绕"无进京集体访和去省重复集体访、无历史遗留信访案件、无因信访问题引发有影响事件"的"三无"要求,开展"三无"城区创建活动。落实区领导包案制度,重视重要敏感时期信访稳定工作,分六期排查信访问题,在加强驻京劝返工作力量的同时,通过举办"三个讲清楚"法制教育学习班,综合运用法律、政策、经济、行政等手段和教育、协调、疏导等办法,加大对无理上访老户的稳控力度,确保全区完成在奥运会等重要敏感时期信访稳定工作任务。全年全区受理信访案件3500余件次,成功化解率达90%以上,未发生一起群众投诉事件。通过开展创建活动,全区信访工作整体水平明显提升,被省信访工作领导小组评为全省2008年度"三无"区县。

(张克勤 吕燮纲 金 莹)

栖 霞 区

【基本情况】 栖霞区位于南京市区东北部,面积376.09平方公里,户籍人口42.95万,下辖9个街道,87个社区、35个行政村。

【经济发展概况】 全年实现地区生产总值156.72亿元,增长

12.4%;财政总收入33.66亿元,增长20%;固定资产投资155亿元,增长17.35%;社会消费品零售总额73.2亿元,完成固定资产投资82亿元,分别增长27%和14.36%。

工业经济综合实力显著增强。新增规模工业企业21家,全年实现规模工业企业总产值303.16亿元,增加值62.1亿元,分别增长22.41%和19.7%;联硕工贸、智达电器、欧文斯科宁等15个重点工业项目竣工投产;华能电厂二期、大唐电厂等投资规模10亿元以上的重大项目开工建设;新增市级以上高新技术企业6家、省高新技术产品7个,高新技术产业产值102.4亿元,增长16.5%。

第三产业发展提速升级。全区服务业实现总产值95亿元,利税16.68亿元,分别增长22%和18%。汇能码头、联安石化等3个项目竣工运营;晓庄国际广场和龙潭港四期、五期等5个项目开工建设;建筑面积6万平方米,总投资额5亿元的金鹰国际购物中心进入土建工程建设。物流行业实现增加值12.29亿元,占服务业增加值比重21.33%,同比增长近6个百分点。有14家物流企业被评为南京市重点物流企业。龙潭物流基地与南京巴塞罗那全球物流有限公司、赫梅雷提克国际环球物流公司合资成立宁欧通公司,丁家庄物流基地与南京远方物流集团、南京子正物流公司合作的城市配送中心项目营运。

现代农业整体有序推进。突出特色蔬菜、林下养禽、龙虾养殖、休闲渔业等产业发展,举办中国南京第七届八卦洲芦蒿节,新增高效农业面积334.33公顷,新增林下草鸡养殖31万只,发展龙虾养殖134.2公顷,新增苗木基地132公顷,形成万亩野菜、万亩水生蔬菜、万只优质家禽、千亩苗木花卉等高效农业产业基地。有一定规模和档次的集垂钓、餐饮、休闲为一体的休闲渔业点达9个,全年农业旅游接待游客11万人次,收入2150万元,促进农业增效、农民增收。

民营经济健康成长。新增民营企业1178家,个体工商户6106户,注册资本18.92亿元。

平台建设支撑作用显著。晓庄商贸集聚区、钟山创意产业园、金港科技孵化基地、江苏生命科技创新园、龙潭金箔文化产业园等九大重点平台建设扎实推进,项目承载能力进一步增强,项目积聚效应进一步放大。

招商引资形成热潮。全年招商引资实际到账注册外资8600万美元,协议注册外资1.7亿美元,分别增长31.8%和54.55%,实际到位内资12亿元。

【城区环境】 道路工程建设稳步推进。完成滨江大道幕燕段、312国道城市化改造一期、仙新路三期、华电北路柳塘立交、大唐电厂路、靖安佳园经济适用住房3条配套道路、八卦洲环洲道路工程等重点道路工程。新建农村水泥化道路31.2公里,改造危桥9座。

重点项目拆迁平稳有序。完成江南沿江高等级公路二期、长江四桥、京沪高铁联络线马群段、沪宁城际铁路、幕燕风貌区沿江环境整治、兴卫村"城中村"地块等9个重点拆迁项目,全年完成拆迁居民1553户,工企单位84家,拆迁房屋面积43.6万平方米。

住房保障工作逐步加快。全面推进南湾营二三期、龙潭江畔人家一期、摄山星城二期经济适用住房工程建设,完成经济适用住房工程开工167.5万平方米,占全市经济适用住房总开工量的56%,竣工82万平方米,占全市总竣工量的41%。

环境整治和公用设施建设全面展开。实施幕燕风貌区、栖霞山风景区环境整治。启动龙潭地区龙小山、黄龙山地质灾害综合治理。完成尧化至龙潭自来水管网建设,启动龙潭至靖安自来水管网工程建设。完成马群百水河二期整治等3项涉水工程。投资700万元,实施19条小街巷道路整治出新,旧住宅小区硬件条件和功能得到完善和加强。拆除违法建筑16.54万平方米。完成长营村15号和胜利园小区的出新拆违任务。实施迈皋桥老街环境整治,引导经营户入室经营,加快推进和燕路栖霞段沿线房屋和店招店牌出新。更新主干道的果皮箱、垃圾池,添置保洁车辆,建成3座垃圾中转站。

开展城市环境"三项整治"。出动执法人员6790人次,执法车辆767辆次,对各类违章占道、违规设亭、违法设置行为进行清理。根据道路流量实际,确定适量停车位,缓解车辆停靠难的问题。开展市容环境集中整治月活动,取缔各类夜市排档。

【社会事业】 加强创业工作的扶持力度,出台《关于进一步鼓励创业促进就业的实施意见》《关于在经济适用房社区周边配建创业园的实施意见》等文件,完善和优化创业政策和环境。实施百万引导资金、十大创业基地、千人创业培训、千个自主创业培育、百名创业典型、百个创业项目等创业六大工程,建成5万多平方米的栖霞创业园等10个创业平台,引进创业项目149个;开展创业培训825人,培育初始创业者115人,发放小额担保贷款364万元;树立吸纳10人以上就业的创业典型78个,带动就业3600多人。以失地农民为重点,采取"盘活式、捆绑式、嵌入式、整合式"4种模式,推进经济适用住房社区周边18个创业园的规划建设,逐步实现社区群众就近、就地、就便就业。

通过省教育现代化建设水平评估复查,省社区教育实验区和燕子矶中学省四星级普通高中通过评估验收,在省教育督导考核评估中被评为"先进单位"。被评为"2006～2007年度江苏省教育收费示范区""南京市幼教工作先进区",石埠桥小学、八卦洲下坝小学被认定为"南京市现代化小学"(原南京市实验小学),栖霞中心小学等3所学校创建成为"南京市绿色学校",童佳幼儿园等14所幼儿园被认定为"江苏省优质幼儿园"栖霞街道社区教育中心创建成为"省级乡镇(街道)社区教育中心"。全区中考达省重点中学投档控制线的考生1360人,占考生总数的38%;高考本科录取395人,比上年净增50人,占考生总数的35%。

开展"文化进社区文化送下乡"活动,徐世亮表演的相声《父子情》获江苏省"五星工程奖"金奖。全年组织和创作的获奖作品60件,其中国家级5件,省级8件,市级45件、团队2项。

举办区第六届运动会,获2008年全国全民健身月暨第六个全民健身日活动先进单位、全国城市体育先进社区、全国"全民健身与奥运同行老年人健步走向北京奥运会"活动先进地区。

推进"和谐家园工程""大学生青春健康工程"和"世代服务"品牌建设,被省人口和计划生育委员会授予计划生育优质服务先进单位称号。

出台《栖霞区基层领导干部监督管理暂行办法》,完善全区"村官"保廉体系。开通全国首家网上廉政文化教育馆,通过网络平台加深廉政文化的影响力和辐射力。建立全国首家廉政文化教育馆,并申报省级廉政教育示范基地。

【国内首个激光显示产业基地落户栖霞】 7月26日,北京中视中科光电技术有限公司与南京市签署"关于在南京建立激光显示产业基地"框架协议,中科院南京激光显示产业化基地在栖霞区内落户。该项目是国内首个以激光显示技术为核心的产业化基地,聚集产业链上、下游相关企业,推动国内以至全球显示行业的更新换代,并有效推进区域经济的快速发展。该基地占地约25公顷,项目分3个阶段实施,其中第一阶段总投资10亿元,总建筑面积3.64万平方米。第一阶段建成后,主要从事激光显示光源模组及其相关产品的生产、研发、销售及售后服务等,形成激光显示产业链中的核心模组和核心部件的规模生产能力,同时集聚和带动上游新材料领域、下游整机领域的企业和科研单位的产业群和科技群。 (梁 超)

雨 花 台 区

【基本情况】 雨花台区位于南京市区西南部,面积134.6平方公里,户籍人口21.80万。区内有1个省级经济开发区,7个街道,54个社区、12个行政村。8~9月,先后成立板桥新城建设办公室和雨花软件园办公室,行政级别同街道。

【经济发展概况】 实现地区生产总值125.08亿元,增长11.9%,其中第三产业增长42.1%;财政收入33.1亿元,地方一般预算收入14.93亿元,分别增长22.2%和23.8%。完成固定资产投资150.06亿元,增长12.5%,其中工商业投资80亿元;建设重点工商业项目60个,其中34个项目建成、投产,4个项目主体封顶,22个项目开工建设;引进项目122个,计划总投资120亿元,其中亿元以上内资项目21个,千万美元以上外资项目8个。实现社会消费品零售总额80.64亿元,增长24.7%。产业结构调整成效显著,三次产业比为.5:52.5:47,与上年相比,一产下降0.2个百分点,三产提高8个百分点。城镇居民人均可支配收入2.09万元,增长14.74%;农民人均纯收入1.04万元,增长9.5%。

高新技术产业快速发展,实现销售收入160亿元,增长52.4%,占工业经济比重达63%;科技创新步伐加快,申请发明专利300件,实施科技成果转化30项,成为省级知识产权试点区。软件产业保持强劲发展势头,新增软件企业33家、软件产业建筑面积41万平方米、软件从业人员5000人,实现软件产业销售收入140亿元,增长180%,其中服务外包收入53亿元,软件产业税收占全区税收总量近20%;雨花软件园完成区划和管理体制调整,成为第一批省级软件和信息服务产业园。总部经济、楼宇经济取得新突破,引进总部企业100家,形成500万元以上税收楼宇10幢。外向型经济超额完成目标任务,协议注册外资1.44亿美元,实际到账外资1.06亿美元,分别增长33%和65.6%。民营经济快速发展,新发展私营企业807家、个体工商户6327户,新增注册资本17亿元,注册资本超千万元企业17家。

【城区环境】 天保桥立交、宁双路、西春路等建成通车,管道路一期、岱山西路、绿洲东路北延等开工建设,新、改、扩建道路21公里,规划道路实现率提高4个百分点。城市配套设施逐步完善,城南污水处理厂一期主体竣工,完成板桥集镇水系改造三期工程,建成龙凤变电站,开工建设牛首变电站。完成板桥新城区划和管理体制调整,各项开发建设稳步推进。

旧城改造、"城中村"改造和农民向城镇集中居住步伐加快,拆迁安置工作取得重大突破。实施西营村、梅钢扩建、京沪高铁及南京铁路南站等拆迁项目42个,完成拆迁250万平方米;建设经济适用住房项目8个,开工81万平方米,竣工60万平方米,春江新城二期、西善花苑一期等建成交付。

"绿色雨花"工程深入实施,投入8200万元,绿化造林214公顷,植树62万株,新增城市绿地38万平方米,森林覆盖率、绿化覆盖率分别提高到24.5%和48.1%。环境保护取得新成效,完成南河综合整治一期、板桥河血防整治工程,完成农村改水79.69公里,改厕1062座。关停、搬迁10家重点污染企业,重点污染物化学需氧量削减55吨、二氧化硫削减750吨。创建2个省级、2个市级绿色社区,2所省级(铁心桥小学、天界幼儿园)、3所市级绿色学校。开展城市环境"三项整治",完成61幢房屋整治和5个旧住宅小区、10条街巷出新,集中解决占道经营、乱停乱放、违章搭建等突出问题,市容环境卫生显著改善。

【社会事业】 全年投入2.26亿元,为民办实事52项。创建充分就业区,新增就业岗位1.08万个,实现就业再就业3563人次,帮扶就业325人,农村劳动力转移就业1828人次,城镇登记失业率控制在3.5%以下。社会保障体系进一步完善,实施部分事业单位参加城镇职工基本医疗保险、新型农村社会养老保险工作,净增社会保险扩面7912人;新型农村合作医疗参保率100%,人均筹资水平提高到235元,与市红十字会共同建立100万元大病救助金;实施城镇居民养老补贴工作,完善农民养老补贴、被征地农民老年生活困难补助等政策,为1.19万名老年人发放养老补贴资金2140万元;城乡低保标准分别提高到330元和220元,发放低保资金1734万元,4041户7545人受益;建立200万元奖学助学金,义务教育实施免费提供教科书;加大临时救助力度,发放临时救助资金930万元。汶川大地震发生后,全区干部群众捐款捐物1211万元。

投入教育经费2.2亿元,其中财政性教育经费投入1.85亿元。实施名师名校创建工程、教师素质提升工程、教学质量提优工程,至年末,全区特级教师增至3名。创建1所全国平安和谐校园、1所省文明学校、2所省级优质幼儿园、1个省级社区教育中心,雨花台中学连续4年获全市高中教学绩效综合评估一等奖,雨花外国语小学通过第一批南京市现代化小学评估验收,通过省教育督导评估检查。

进一步改善医疗卫生条件,启用新西善桥医院,开工建设新板桥医院;引进省、市三级甲等医院资源,新建5个社区卫生工作基地;实行基本医疗用药零差率销售,开展集约式药房托管,人均门诊费和药费均有较大幅度降低;创建成10个健康社区,雨花中医院创建为南京市城南惠民医院和首家红十字博爱医院,被批准为全省首家卫生应急示范区,通过国家级血吸虫病传播控制标准考核验收。

新发展有线电视用户1.1万户,全面开通数字电视,转用户3.5万户。开展全民健身运动,区体育中心获"国家级全民健身活动中心"称号。和谐社区建设全面推进,启动社区规模整合,规范社区用工办法,建成1个街道社区服务中心、8个精品社区,完成22个社区服务用房达标改造,创建1个省级、22个市级和谐示范社区。完善社会治安防控网络,创建省社会治安安全区“五连冠”。

【东方娃娃动漫文化广场项目落户】 8月19日,由南京金钥匙文化教育有限公司投资的东方娃娃动漫文化广场项目与雨花台区签约。该项目位于宁南大道羽舜大楼,面积约5.2万平方米,预计总投资4.6亿元,分动漫教育、动漫精品展示、动漫生活体验、动漫时尚文化和动漫梦工场五大功能区,是集卡通购物天堂、动漫娱乐世界、动漫人才交流、动漫梦工厂等业态为一体的体验性和参与性项目。一期工程投资9000万元,打造东方娃娃大世界南京旗舰店。全部建成后将在华东地区形成一个规模化的国产原创动漫中心。

【首届“宁南汽车文化周”】 12月6~12日,首届“南京宁南汽车文化周暨2008南京汽车和用品订货会”在宁南国际汽配城举办。活动由中国汽车用品联合会、雨花台区政府主办。市、区领导,南京宁南国际汽配城董事长吕金航等参加开幕式。文化周期间,开展购车大联欢、互动驾乘乐、汽车用品魅力行、车友喜相逢等活动。汽贸城内奔驰、沃尔沃、奥迪、雷克萨斯等专卖店携悍马、甲壳虫、奔驰、沃尔沃等30多个品牌40多辆车参加。南京凯越、伊索、乐行天下,独立团等6大车友会组织200多辆车加盟。300多名车友及现场群众参与互动活动。

【完成京沪高铁雨花台区路段拆迁】 10月,雨花台区部署京沪高铁路段拆迁工作,该区沿线包括南京铁路南站、大胜关长江大桥和20多公里铁路线三大块工程,牵涉宁南街道、铁心桥街道、雨花经济开发区、板桥新城等。至年末,拆迁房屋建筑面积54.21万平方米,住宅房屋1550户,非住宅房屋70宗,完成用地红线内所有农户和95%企业拆迁任务,确保京沪高铁施工。

【《板桥街道志》出版发行】 10月,《板桥街道志》编纂完成并出版发行。该志编纂工作2005年10月开始筹备,2006年3月,中共板桥街道工委、街道办事处成立《板桥街道志》编纂委员会,下设《板桥街道志》办公室,正式启动编纂工作。《板桥街道志》含26章123节、427目、78.8万字,上溯史前、下至当代(大事记和图片至2007年底,其他材料至2006年底),第一次全面系统地记述板桥地区自然、经济、政治、文化、社会的历史与现状,展示雨花台区各个历史阶段革命、建设和改革开放的辉煌业绩。（过大江　丁　枚）

江　宁　区

【基本情况】 江宁区位于南京市区南部,是南京的三个新市区之一,面积1572.87平方公里,户籍人口90.91万,流动人口52万。下辖9个街道,125个社区、77个行政村。

【经济发展概况】 全年实现地区生产总值411.10亿元,增长13.3%;三次产业结构比调整为4.8∶62.1∶33.1。完成财政收入130.6亿元,增长17.5%,其中地方一般预算收入55亿元,增长22%。完成固定资产投资420亿元,增长13.4%。社会消费品零售总额130亿元,增长28%。园区经济持续发展,地区生产总值、财政收入、工业投入分别占全区总量的45%、53%、64%,辐射和支撑作用进一步增强。街道实力不断提升,街道财政收入首次全部突破亿元,村(社区)集体经济可支配收入平均达289万元。城镇居民人均可支配收入22500元,增长15%,农民人均纯收入9295元,增长14.2%。

2008年,新批千万美元以上项目81个,完成合同利用外资11.9亿美元,实际使用外资6.1亿美元,引进内资180亿元,出口创汇28.17亿美元,内外资项目成果均在全市处于优势地位。

【城区环境】 在全省率先完成区域城乡统筹规划纲要编制,形成“新市区—新城—新市镇—特色村”四级城镇体系。新市区城市中心区建设全面提速。高起点建设汤山新城,滨江新城加快实施“三区”联动开发,禄口新城航空产业加速集聚,成为省市航空动力高技术产业基地。地铁1号线南延、绕越高速等重大工程全面推进。江宁开发区至滨江连接线建成通车,新开通机场高速翠屏山匝道,实施宁溧路快速化改造和宁杭高速上坊互通连接线工程。改造水泥路600多公里、危桥28座。老城改造加快,天印广场建成开放,金箔路改造完成,章村、骆村等片区平稳拆迁,“双拆”面积达77.5万平方米。完成50条背街小巷、37个住宅小区的出新。滨江水厂一期全面施工,实现区域供水“镇镇通”,并向“村村通”延伸。建成华科输变电站一期工程,完成新区和禄口110千伏变电站增容改造。“川气东送”完成一期工程量60%,建成城市燃气管网85公里。新增城区公共停车面积7000平方米,新增公交线路11条、公交车130辆。河塘清淤1686万立方米,农村户厕改造3万户。城区实现全天18小时环卫保洁,胜太路成为全市第一条省市容管理示范路。建成人防设施6万平方米。

推进建设开发区污水处理厂扩建(4万吨/日)、城北污水处理厂(4万吨/日),建成投运滨江污水处理厂(3.5万吨/日)、空港污水处理厂(4万吨/日)。实施各街道集镇和工业集中区污水处理系统建设,横溪西岗社区等13个村(社区)建设小型污水处理设施。至年底,全区日处理污水规模25.6万吨。三级污水处理体系初步建立。

【社会事业】 促进学有所教向学有优教转变,建成省幼儿教育先进区、省师资队伍建设先进区,区技工学校创成国家级技工学校。全面完成高中布局调整,教育助学覆盖幼儿教育至大学教育各阶段,近6000名“新江宁人”子女享受同城待遇。完善卫生基础设施建设,突发公共卫生事件应急指挥中心基本建成。强化惠民医疗体系建设,实行基本用药零差价制度,全年直接让利于民2870万元。农村新型合作医疗人均筹资标准提高至200元,政府补贴7160万元,大病救助最高限额提高至12万元,社区卫生服务站全部实现持卡就医、即看即报。持续稳定低生育水平,推进优生优育,在全国率先打造三级人口计生世代服务体系,被评为省人口和计划生育工作示范区。体育工作跻身全省十强,城中市民体育公园建成开放,健身工程覆盖城乡社区,获市新农村建设特别贡献奖。新增有线数字电视整体转换3万户,新增有线电视自然村122个。

完善社会保障体系。提升就业保障水平,新增就业岗位3.8万个,开展职业技能培训2.5万人次,转移农村劳动力2.3万人,城镇登记失业率2.3%,建成市级充分就业区。推进企业职工工资集体协商制度,签订集体合同、开展工资集体协商的企业2100家。低收入纯农户人均增收1370元,基本消除日均生活费1美元以下贫困人口。完善养老保障体系,城镇医疗、养老、失业等各类保险参保率均达98%以上。财政投入7000万元,实现城乡老年居民养老补助全覆盖,补助标准分别提高至每人每月不低于100元和60元,惠及11万人。完成农村养老保险转企业职工社会保险1.1万人,7.3万被征地农民基本生活保障实现全覆盖。加大住房保障力度,发放低保困难家庭住房补贴120万元,开工建设"三房"11.95万平方米。教师房改补贴2.5亿元全部发放到位。加强困难群体保障,城乡低保应保尽保,标准分别提高至每人每月330元和240元。建成区残疾人综合服务基地。雪灾倒损房屋全部恢复重建。区慈善总会、红十字会募集资金3980万元,救助各类困难群众4.2万人次。

【通过国家生态区技术核查】 12月16日,江宁区全国生态区创建通过环保部技术核查。根据考核指标,该区5项基本条件、22项指标全部达到国家生态区建设标准,成为全国省会城市中首家通过国家生态区技术核查的区县。通过生态区创建,经济发展保持平稳较快发展,各项社会事业同步推进,地区生产总值、财政收入等均达到20%左右的增幅;综合能耗持续下降,化学需氧量万元GDP排放强度,由2005年的6.1千克下降到3.4千克,二氧化硫万元GDP排放强度,由2005年的2.3千克下降到1.9千克;生态环境持续改善,空气优良率达到85%以上,城镇人均公共绿地面积达14.3平方米,森林覆盖率21.9%。初步形成比较完善的生态经济、生态农业、生态环境、生态人居、生态文化体系。

【率先在全国建立全区性"三标合一"标准化管理体系】 江宁区将67家机关部门纳入全区性标准化管理体系建设。体系包含ISO19001质量管理体系、ISO14001环境管理体系和GB/T28001职业健康安全管理体系,并整合质量、环境和职业健康安全管理体系标准。该体系自6月1日试运行,经过持续改进,通过第三方审核。该体系的建立,逐步实现机关管理服务提供规范化、服务监督社会化、服务生产生态化以及服务主体健康化的转变,打造"江宁管理模式"。

【天印广场建成开放】 10月1日,天印公园地面广场建成开放。天印公园占地近10公顷,总建筑面积8.9万平方米,广场绿化面积5万平方米,是集市政、景观、商业、休闲于一体的综合性市民公园。公园采用集散广场、绿化公园、水景广场、下沉式商业广场、地下商城、生态型车库等多元化空间设计,分为A区休闲公园、B1区市政广场、B2区商业综合区三大功能区。

【城中市民体育公园广场开放】 8月8日,江宁区城中市民体育公园广场建成开放。城中市民体育公园占地3.74公顷,建设项目包括建筑面积1.38万平方米的地下人防工程、建筑面积2.24平方米的体育健身大厦、室外运动场地、地面景观工程以及小型集会场所。市民体育公园广场和已建成的室外田径足球场、篮球场、门球场、室外健身工程、下沉式广场、室外大屏及公园东侧景观带,免费向市民开放。

【江宁台湾农民创业园成立】 12月17日,经农业部和国台办批准,设立江苏南京江宁台湾农民创业园,重点建设江宁横溪核心区和溧水白马、高淳固城2个辐射区。园区产业突出有机果蔬、休闲农业、农业生物制品以及台湾新品种和实用技术的研发、推广。创业园核心区重点建设台湾新品种园、休闲农业基地、农业科技推广和台湾农产品物流中心,辐射区重点建设台湾农产品加工展示区、有机农业生产区、新品种推广基地、台湾农业生物制品生产区和水产养殖及加工区。(虢佳花)

【开辟谷里—横溪精品生态旅游线】 9月28日,江宁区新开辟谷里—横溪精品生态旅游线。该路线依托良好的生态资源,突出景点建设,设有唐塔、南唐二陵、郑和纪念馆、银杏湖高尔夫球场、千盛农庄等14个景点。国庆期间,接待游客25.78万人次,旅游总收入1081万元。(王蓉蓉)

浦口区

【基本情况】 浦口区位于南京市区西北部、扬子江北岸,面积912.33平方公里,户籍人口53.3万,下辖7个街道、4个镇,76个社区、66个行政村(其中村居合一23个)。

【经济发展概况】 全年实现地区生产总值196.50亿元,增长13.3%,三次产业比重为7.7:51.3:41.0;实现财政总收入70.08亿元,增长34.1%;地方财政总收入36.26亿元,增长23.7%,其中地方一般预算收入23.78亿元,增长25.4%;财政总支出59.26亿元,增长40.6%,一般预算支出25.14亿元,增长32.9%。完成固定资产投资186.42亿元,增长26.0%。开展招商专场12场,签约项目29个,总投资4.98亿美元;实际利用外资1.71亿美元,增长15.0%。城镇在岗职工年平均工资3.33万元,增长26.5%,农民人均纯收入8990元,增长11.6%。

第一产业增加值15.11亿元,增长4.3%。农林牧渔业总产值30.44亿元,增长8.8%。无公害产品、绿色产品和有机产品认证达17个,培育名牌农产品4个,新增标准化示范区3个,农业龙头企业实现销售收入27.98亿元,增长27.8%。农业基础设施继续改善,全年完成水利工程土石方1139万立方米。轻型栽培面积达2666.67公顷,农业机械化综合水平达80%。

第二产业增加值100.81亿元,增长13.7%。完成工业总产值384.37亿元,增长21.1%;工业销售收入369.95亿元,增长21.7%;工业利税29.12亿元,增长21.1%。南京工大科技新建科技综合楼项目、南京三鑫公司异地扩建项目等9个较大投资规模项目完工并投产。完成建筑业增加值17.39亿元,下降7.8%。107家有资质等级的建筑业企业完成建筑安装产值72.45亿元,主营业务结算收入59.9亿元,利税总额15.2亿元。中铁大桥局集团第四工程公司、江苏双楼建设集团有限公司、南京第十建筑工程公司和国电环境保护研究所等13家建筑业企业实现建安产值过亿元。

第三产业增加值80.58亿元,增长14.7%。实现社会消费品零售总额74.23亿元,增长24.3%;贸易企业实现商品销售总额114.63亿元,增长31.1%;红太阳商业大世界等5大亿元市场实现商品销售总额56.97亿元,增长8.6%,占全区商品销售总额的49.7%;限额以上规模企业实现社会消费品零售总额20.47亿元,增长35.9%。实现旅游直接收入4.15亿元,增长30.1%;景区旅游接待量达210.0万人次,增长37.1%。

【城区环境】 加大城市基础设施建设。全年重点建设工程18项,总投资25.43亿元,扬子路工程、桥北路环境综合整治工程、象山路城市防洪工程等7项重点城市建设项目完工并交付使用。城市规划体系完善。完成17个村庄平面布局规划的编制、评审和验收,完成浦口区桥北地区控制性详细规划的修编,核发建设工程规划许可证88份,总体建筑面积172.21万平方米。村庄环境整治有新进展。全面推进36个市级整治村庄的创建工作,年末城市化水平(城市化率)达61.1%。提高环境质量。完成ISO14000环境管理系统认证单位5家,9家企业通过清洁生产审核;汤泉街道获环保部"全国环境优美镇"称号,江浦街道、桥林街道通过全国环境优美镇考核验收;通过省级生态村考核验收2个,通过省级"绿色学校"验收1所;全区城市绿化覆盖率40.8%,森林覆盖率34%。"生态浦口"建设硕果累累。新增植树造林800公顷、绿地4万平方米,屋顶绿化5000平方米;新增6万平方米的矿山复绿工程通过上级部门总体验收;实施污染土地修复工程;河道疏浚整治工程提前2年实现目标,并通过省级验收,评定为优秀等级;绿水湾湿地公园申报为国家级湿地公园。

【社会事业】 就业、再就业工程扎实推进。全年开展各类就业技能培训1.79万人次,就业技能鉴定8094人;新增就业岗位1.1万个,实现再就业人数2623人,援助困难人员再就业445人,转移农村劳动力7188人;失业人员基本生活费100%足额发放,城镇登记失业率控制在4%以内。完善社会救助体系。全区最低生活保障对象8735户、1.87万人,发放最低生活保障金2547.1万元,做到应保尽保、足额发放;供养五保户941人,供养金额317.4万元;福利机构13个,年末收养人数714人;抚恤、优抚人数829人,抚恤、优抚金额558.3万元;福利企业安置残疾职工1470人,残疾职工收入1750万元。科技创新能力增强。全年专利申请量436件,增长51.5%。"南京侯冲村绿色能源生态小区示范工程"项目被列入江苏省新农村建设技术集成示范工程。在"百名专家进百村"活动中,被评为江苏省万名科技专家兴农富民工程优秀示范项目1项,南京市双百工程优秀示范项目1项。

优化教育环境。新建教育重点建设工程15项,建筑面积8.25万平方米,总投资2.04亿元,区教育系统被评为2008年中小学办学条件建设绩效二等奖。全年教育现代化创建投入1.1亿元,江北教育信息中心一期主体工程开工建设,被授予2008年江苏省县级人民政府教育工作先进单位称号。繁荣文化事业。区文化馆再次被文化部命名为国家一级文化馆。组织"走在小康路上"等系列文艺演出20余场次,参与观众4万余人次。新增有线电视用户2.18万户,其中农村进村入户5434户;新发展数字电视用户2.5万余户。卫生服务体系基本健全。11个镇街社区服务中心及3个分中心、84个卫生服务站全部达标,并通过市级验收;汤泉卫生服务中心获"省级示范中心"称号;社区卫生服务覆盖率100%,镇村卫生一体化管理率95%。农村新型合作医疗特色明显,农村新型合作医疗覆盖面及农村居民参合率均为100%。农村二次改水60公里,改厕6103座。卫生应急防控能力继续增强。区应急指挥中心下设3个疾病控制分中心,实施"120"分站管理,急诊、急救水平得到提高。举办第四站、第五站2008年全国山地自行车冠军赛。

【凤凰泉水产专业合作社获农业部表彰】 5月16日,农业部授予汤泉街道凤凰泉水产专业合作社"农民专业合作经济示范组织"称号,这是南京市第一家获此殊荣的农民专业合作组织。同时农业部下达20万元专项资金,扶持凤凰泉专业合作社建设保种基地、完善服务体系。该合作社成立于2004年6月,为社员提供"统一供应种苗、统一采购饲料、统一技术指导、统一销售成鱼"等服务,有效地推进淡水白鲳产业化、组织化,促进淡水白鲳养殖业增效、养殖户增收,先后获市"五有"、省"四有"农民专业合作经济示范组织称号。

【三桥首条公交线路"雨石线"开通】 2月5日,途经长江三桥的首条公交客运线路"雨石线"投入运营。"雨石线"全程48公里,起点为雨花台南门,终点为浦口区石桥镇,沿途停靠雨花台南门、安德门、兰花、桥林、陡岗5站。由南京中北浦口客运分公司投放4台大型客车,实行定点时间、固定班次、大站快车的运行方式。线路服务时间为6:00~16:30,实行5元有人售票方式。"雨石线"的开通标志着三桥无公交历史的结束,为江浦、石桥、桥林地区居民进城带来便利。

【汤泉街道被命名为"全国环境优美乡镇"】 4月,汤泉街道被环保部授予"全国环境优美乡镇"称号,成为南京市唯一获此殊荣的镇街。在环保部命名的第七批全国环境优美乡镇和第一批国家级生态村中,全国204个乡镇获"全国环境优美乡镇"称号,24个村成为国家首次命名的"国家级生态村"。

【鼎业国际大厦封顶】 1月18日,有江北第一高楼之称的鼎业国际大厦封顶。鼎业国际大厦于2006年6月开工建设,融酒店、办公为一体,规划建设100米高,占地面积6600平方米,建筑面积3.3万平方米,其中酒店部分楼高26层,按五星级标准设计建造,2008年底全面建成。大厦聘请著名建筑大师、东方明珠设计者之一的张秀林担当设计顾问,建筑成本1.8亿余元。

【江浦实验小学被评定为"中国特色教育理念与实践项目学校"】 1月,江浦实验小学被中央教育科学研究所评定为"中国特色教育理念与实践项目学校"。江浦实验小学坚持走特色发展之路,提升学校的办学内涵与品位。学校结合传统优势和区位优势,打造"书画"与"篮球"两个特色建设项目。先后编辑出版《走进篮球》《笔墨童年》《我的作品我做主——什物拼贴》等校本教材,编排"篮球操"。小男篮多次在南京市小男篮比赛中获得突出成绩。2004年底,学校被命名为浦口区素质教育(书画艺术)特色学校,成为全区艺术教育协作体的牵头学校之一。2005年,学校被确定为南京市体育与健康普及性特色学校、南京市艺术教育普及性特色学校。2007年初,学校被省教育学会授予"中国书法(写字)特色学校"铜牌。6月,学校被区教育局命名为"林散之小学"。

【区少年宫登维也纳金色大厅演出】 1月24日~2月6日,受文化部、北京中科艺教国际文化交流中心邀请,区少年宫组团赴维也纳,参加"文化中国·2008维也纳金色大厅青少年新春文艺晚会"演出。晚会由中央电视台著名少儿节目主持人董浩主持,中国大使馆邀请的联合国官员、奥地利政府官员、当地华人华侨800多人观看演出。参加演出的18部作品,是在历届全国青少年才艺展演中获得金奖、银奖的原创作品,并曾在中央电视台播出。在1月29日的演出中,新世纪小学的少儿手狮舞《狮娃》、江浦实验小学程心语的钢琴独奏《彩云追月》2个节目登上维也纳金色大厅,获得赞誉。

【公安分局刑事科学技术室被评为"全国一级示范刑事科学技术室"】 4月,公安部发布《关于第三次全国公安刑事科学技术室等级评定情况的通报》(公刑〔2008〕663号),浦口公安分局刑事科学技术室被评定为全国一级示范刑事科学技术室。浦口公安分局高度重视刑侦"三基"工程建设,把刑事科学技术工作作为加强和推进刑侦工作的重要措施来抓,科学规划,及时加强技术室软硬件建设,改善基础设施,更新技术设备,提高技术室的勘查鉴定能力。2007年11类案件现场勘查率100%,技术破案343起,其中通过现场检材送检提取DNA直接破案33起,指纹直接查破310起,尤其在侦破"二一二杀人案""四一四杀人案"等重大刑事案件中,刑事技术作用得到充分发挥。2006年,分局刑事科学技术室被评为"全国一级刑事科学技术室",2008年初被授予"市级文明科室"称号;2007年公安分局获"全省公安刑事科学技术工作先进集体"称号。

【开通全国首家"大学生犯罪预防网"】 5月4日,浦口区检察院"大学生犯罪预防网"开通。网站设检察官维权信箱、预防论坛、以案说法、最新动态、法律法规、诚爱基地等栏目,把先进的科学技术与大学生犯罪预防紧密结合起来,拓宽宣传度,提高大学生参与度。此举改变过去依靠纸质媒体单向传播青少年犯罪预防信息的传统作法,对青少年犯罪预防及权益保护工作具有重要意义。 (徐 源)

六 合 区

【基本情况】 六合区位于南京市区北部,面积1467.12平方公里,户籍人口88.43万人,下辖7个街道、12个镇,229个村(居)。区内有扬子石化、南钢集团、南化公司、华能南京电厂、南京热电厂、扬子巴斯夫公司等大型企业。

【经济发展概况】 全年实现地区生产总值235.05亿元,增长17.8%;财政收入42.05亿元,增长27.3%,其中地方一般预算收入20.54亿元,增长12.3%;完成固定资产投资203.5亿元,增长35.1%,其中工业投资140亿元,增长50%;社会消费品零售总额103亿元,增长17.9%;城镇居民人均可支配收入20900元,农民人均纯收入8780元,增长13.4%。

*先进制造业稳步发展。*全年实现规模以上工业总产值380亿元,增长16.5%。科技创新成效明显,成立区科技企业孵化器,完善区科技创业平台建设,培育高新技术企业3家、产品3个;20家重点培育的成长型科技企业实现增产增效,辰顺交通材料科技公司、蓝深环境公司、国海生物公司获国家创新基金立项支持。品牌带动战略深入实施,通过省"质量兴市先进区"验收,组织申报中国名牌产品2个、省市名牌产品15个、质量奖企业6家。建筑业较快发展,实现增加值24亿元,带动就业5万人。

*现代服务业持续发展。*生产性服务业继续拓展,中瀚钢材物流商铺建成开业,化工园区南京江北口岸综合服务中心开工建设。现代商贸业优化升级,金宁广场特色街区、仁和商城建成营业,金宁广场二期、奶山度假休闲中心等重点服务业项目进展顺利。农村服务业更加繁荣,"放心工程""万村千乡市场工程"深入实施,新建为农服务社13家、农家店58家、"放心粮油店"3家。房地产业平稳发展,全年商品房开工面积85万平方米,竣工80万平方米,销售76万平方米。旅游业提档升级,金牛湖风景区配套设施逐步完善,桂子山景区、省级平山森林公园通过AA级评审,地质博物馆建成使用,国家地质公园开园。

*高效规模农业加快发展。*实施丘陵山区农业综合开发1980公顷,六合现代农业实验区、平山茉莉花产业园区、马集大圣水芹产业园区加快建设,龙池瓜菜、东沟肉鸽、新篁生猪、竹镇羊业等省、市级重点农业基地拓规模、上档次,全年新增高效农业面积3400公顷,其中设施农业666.67公顷。农业标准化、产业化水平不断提高,建成农业标准化示范区3个,10个农产品通过无公害和绿色食品认证,组织申报省、市名牌农产品6个;新成立农民专业合作经济组织14个,带动农户4.8万户;平山茶叶、远望富硒等5个省、市级农业龙头产品辐射带动作用不断增强。"三资"开发农业步伐加快,竹镇经纬苗木基地、横梁"人居森林"工程等重点项目抓紧推进。

*招商引资全力突破。*实行街镇、部门、园区整体联动,举办平山茶叶节、第七届《茉莉花》·雨花石国际文化旅游节等重大招商活动,组织重洽会、经洽会招商专场和赴汕头、温州等地10多场外出招商活动,完成实际到账注册外资1亿美元,新批外资项目24个,其中千万美元以上外资项目11个;引进内资项目469个,实际到位区外资金101亿元。与武汉市新洲区结成友好区,区域经济交流合作更加密切。

*重点项目加速建设。*成立区大项目推进办公室,强化大项目推进、服务和考核机制。全年实施千万元以上工业项目168个,其中5000万元以上重点项目115个、亿元以上项目29个。金汇纸业、深蓝公司、大量科技等62个5000万元以上大项目竣工投产,德克米乐机床、清江生物能源、全栋电器等63个重点项目抓紧实施。

*特色园区扩容增速。*推进"园区带街镇"管理体制改革,实施南京化学工业园区、六合经济开发区、南京中山科技园与街镇联动发展。南京中山科技园围绕打造节能环保产业基地,新增入园企业40家,完成工业投资18亿元。红山精细化工园以及雄州工业集中区、瓜埠台商工业园、程桥服装工业园等园区集聚效应逐步显现,瓜埠镇、程桥镇被评为南京市特色名镇。

*全民创业更加活跃。*成立南京广利担保公司,促进民营、个体经济发展,全年新发展民营企业2091家、个体工商户

8670户,新增注册资本26.4亿元。开展信用村镇创建活动,推广农贷直通车,发放小额农贷8.01亿元,扶持农民自主创业。

【城区环境】 *重点工程进展顺利*。加快城市组团开发和功能完善,重点打造雄州组团,启动建设葛塘新城,完成龙袍新城规划编制。滁河环境综合整治工程抓紧实施,河滨大道一、二期工程全面完成,三、四、七期工程有序推进。雄州西路一期、龙华路一期、纬五路五期、经七路、经九路、方水路和冶浦桥、古棠桥建成通车,金穗大道、园林西路、园东路地下通道、新城大道和复兴桥加快建设;冷机厂泵站、复兴桥泵站建成使用;护城河改造、太子山公园改造一期、远古水厂扩容、区垃圾处理场、雄州污水处理厂及收集管网等重点工程顺利推进。推动城市开发建设,实施城南片区、城东片区和火车站片区整体打包开发。东部干线、毛新公路等交通干线工程加快推进,328国道六合段城市化改造竣工验收。建成35千伏红星输变电、110千伏中新变增容扩建等电网工程。配合省、市推进长江四桥、沿江高等级公路建设,六合大桥建成通车。开工建设人防工程2.2万平方米。

城市管理成效显著。完成长江路、仁和大道、新华路等6条城市干道改造出新,初步建立城市长效综合管理机制,城市主次干道、背街小巷、农贸市场和居民小区环境卫生明显改善。加大拆迁控违力度,新动迁河滨大道三、四期等13个地块,化解紫霞街、仁和菜场、冶浦桥连接线等8个地块拆迁遗留问题,完成"双拆"面积120万平方米。实施10个老小区环境综合整治和长效管理,物业托管面积达680万平方米。

环境建设和保护力度加大。完成金田公司等8家小化工企业关闭搬迁任务,"绿色六合"工程完成植树造林2200公顷。开展城乡3年水环境综合治理,启动实施八百桥、程桥、马集等10个街镇污水处理设施建设工程,横梁镇污水处理一期工程建成使用。推进节能减排,削减二氧化硫排放量196吨、化学需氧量485.6吨,单位工业增加值能耗下降15%,新增10家企业通过清洁生产审核验收。加大水利基础设施建设投入,开工建设划子口河道整治一期工程、划子口船闸工程,金牛山、山湖、河王坝等15座中小型水库除险加固工程,完成划子口河、岳子河"两闸"拆建工程,滁河防洪治理工程列入中央财政资金扶持项目。

新农村建设有力开展。实施村庄拆旧建新,加快推进重点小城镇和中心村建设;157个村庄布局规划全面实施,雄州钱仓村、八百桥茉莉花村、东沟金塘村、竹镇大泉村等19个区级新农村典型示范村达到市定标准。开展农村环境综合整治,完成省市级村庄环境整治试点村44个、河道疏浚及河塘清淤506万立方米、改厕6522座;实施农村清洁能源工程,新建户用沼气池600座、沼气工程7处,秸秆气化工程取得新进展;创建省级生态村3个、市级卫生村3个、"绿化新村"23个,农村生产生活生态环境逐步得到改善。

【社会事业】 全年新增就业岗位1.44万个,实现再就业3256人,转移农村劳动力1.6万人,城镇登记失业率控制在3.2%以内。完善新型合作医疗保障制度,人均筹资标准提高至150元。社会保障体系不断完善,在全市率先启动实施城乡居民养老补贴和新型农村社会养老保险,9.8万城乡老年居民受益,15.7万农民参加新农保;被征地农民基本生活保障制度有效推进,城乡低保实现应保尽保,标准分别提高至270元、210元。加强住房保障体系建设,开工建设经济适用住房30万平方米,储备廉租房92套,城镇低收入家庭住房补贴有序发放。农村新8件实事工程扎实推进,建设农村水泥化道路110公里,改造农村危房500户,改建村级小泵站40座,新增农村安全饮用水受益人口5.52万人,八百桥、程桥双百人敬老院建成投入使用,新发展农村有线电视用户8500户,城区有线电视数字化转换2万户。农村公交化改造加快实施,建成马集、新篁农村客运站,开工建设冶山农村客运站。首批150辆城市出租车投入运营。

加快城乡资源有效对接,落实帮促项目140个,到位资金8100万元。加大村企对接帮扶力度,67个经济薄弱村落实帮促项目90个,到位资金210万元。继续实行低收入纯农户增收挂钩帮扶全覆盖,实现人均增收1068元。

省教育现代化区创建指标基本达标,实验小学体育馆、广益小学体艺馆、竹镇民族小学综合楼、灵岩小学综合楼建成交付使用,区特殊教育学校搬迁,职教中心科技实训楼即将封顶,区级机关幼儿园改扩建、南化实小易地新建工程抓紧实施,大厂中学教学综合楼开工建设。教育教学质量稳步提高,高考录取率再创佳绩,扬子二中、程桥高级中学获市高考评估综合奖和优秀奖。完成农村义务教育债务化解任务。落实免费义务教育政策,继续实施困难家庭子女教育救助制度,发放教育助学券141万元。

医疗卫生事业加快发展,区人民医院改扩建、公共卫生服务中心建设顺利推进,完成13家社区卫生服务中心改扩建,创建"全国红十字社区服务示范区"。文化底蕴充分挖掘,被评为"中国观赏石之乡",茉莉花被评为江苏省省花,"六合民歌鲜花调"等9个项目列入市级非物质文化遗产保护项目。"世代服务"体系、"和谐家园"工程深入推进,计划生育率达98%。省级药品"两网"建设示范区通过验收。体育"新四个一"工程加快推进,区体育馆即将完工;竞技体育实现历史性突破,在市第十九届运动会上取得金牌总数第四的优异成绩。《雨花石志》出版发行,区新档案馆投入使用。完成区新看守所、新气象观测场建设。

【举办第七届中国南京六合《茉莉花》·雨花石国际文化旅游节】 9月26日,为期20天的中国南京六合《茉莉花》·雨花石国际文化旅游节在南钢体育馆开幕。六合区于2002年开始举办"茉莉花节",2008年首次更名为"《茉莉花》·雨花石国际文化旅游节",将两张"文化名片"叠加打造,推出音乐、美食、雨花石、旅游、商贸5个单元29项主题活动。以开闭幕式大型文艺演出和《茉莉花》等民歌民乐为主体,打响六合音乐文化牌;以"龙海杯"大型雨花石展、《雨花石志》首发式为主体,打响六合赏石文化牌;以第八届龙袍蟹黄汤包节、金牛湖鲜美食月为主体,打响六合美食文化牌;以六合国家地质公园为主体,打响六合旅游文化牌;以金洽会六合专场、第三届六合房展会为主体,打响六合商贸文化牌。此届文化旅游节共签约发照项目112个,项目总投资75.4亿元,接待游客31万人,实现旅游直接收入2.72亿元,同比增长158.3%。第八届龙袍蟹黄汤包节暨六合美食月期间,共接待食客15万人,实现餐饮收入约2000万元,同比增长162%。 (满 震)

苏 州 市

【位置与面积】 苏州市位于长江三角洲中部、江苏省东南部，地处东经119°55′～121°20′，北纬30°47′～32°02′之间，东傍上海，西邻无锡，南接浙江，北枕长江，总面积8488.42平方公里，占全省面积的8.27%。市区土地面积1649.72平方公里，其中市区建成区317.22平方公里，古城区14.2平方公里。

苏州市下辖5个县级市，其土地面积为：张家港市，772.40平方公里；常熟市，1094.00平方公里；太仓市，620.00平方公里；昆山市，864.90平方公里；吴江市，1092.90平方公里。苏州拥有省级以上各类开发区17个，其中国家级5个，省级12个；拥有出口加工区6个。

苏州地处以太湖为中心的浅碟形平原的底部，地势低平，平原占总面积的54.8%，海拔4米左右。东南部地势低洼，西南部多小山丘，穹窿山主峰高351.7米，为全市最高点。丘陵占总面积的2.7%。境内河流纵横，湖泊众多，京杭运河贯通南北，吴淞江、娄江、太浦河等连接东西，阳澄湖、昆承湖、淀山湖等散布其间，太湖水面绝大部分在苏州市境内。全市水域占总面积的42.5%，是著名的江南水乡。

注：全市总面积中含太湖、阳澄湖、淀山湖等大型湖泊水域面积，有关县级市土地面积中未包括。

【气候】 苏州属亚热带湿润性季风海洋性气候，四季分明，气候温和，雨量充沛。年平均气温17℃上下，年降水量1000毫米左右，无霜期230天左右，日照约2000小时，农作物生长期长达9个月。土地肥沃，物产丰富，自然条件优越。气候特点：春夏之交多梅雨，夏末秋初多台风，3～8月降水量占全年雨量的63%。

2008年，全市年平均气温17.1℃，较常年偏高1.1℃，高温日多，偏暖的趋势仍在继续；年降水量1114.6毫米，日照时数1821.2小时，年降水量和日照与常年基本持平，雨日略偏少。入、出梅偏早，梅雨期长接近常年，梅雨量偏多；年内台风偏多，但影响程度偏轻；强对流天气频发，雷电灾害偏重。年初出现历史罕见的持续低温冰冻，造成严重灾害。

【水文】 苏州境内地势由西向东南微微倾斜，平原广阔，水源充沛，山丘点缀。烟波浩淼的太湖承接上游南溪、苕溪水系来水，通过苏州的河网入江入海。苏州是太湖洪水下泄归海的必经廊道，太湖又是苏州供水的可靠水源。境内的河流、湖泊受上流来水，下游江海潮汐和人类活动的影响，水文情势比较复杂。梅雨和台风是造成洪涝灾害的主要原因。城市化进程的加快、人类活动的影响带来水污染造成的水质型缺水的矛盾渐趋突出。

2008年苏州市面平均降水量比多年平均值偏多5.5%。当年梅雨期于6月8日入梅，至7月4日出梅，历时26天，入梅、出梅日期都比常年偏早，梅期偏长，较多年平均多3.6天。入梅后，全市多次出现强降雨过程，多处水文监测站点水位超出警戒水位，整个梅雨期间雨量自南向北逐渐递减，雨量最大的瓜泾口站测得414.3毫米，最小的张家港闸站测得177.9毫米。从总体而言，当年全市面平均梅雨量为266.2毫米，较多年平均梅雨量偏多24.2%，是典型的丰梅年。

与上年相比，2008年影响苏州的台风生成次数更少，来的时间相对较早，强度级别也相对不高。其中对苏州地区影响较大的台风有当年第7号台风“海鸥”和第8号台风“凤凰”。

苏州水文局从5月4日起开始对苏州太湖水域饮用水源地进行不间断监测，监视苏州太湖水域的蓝藻情况，保证本地区的用水安全，为苏州市防汛抗旱、水资源调度当好参谋。为了预防太湖蓝藻的大规模爆发，改善太湖水质，补充太湖水量，提高太湖水位，抑制蓝藻生长，“引江济太”工程提前投入运行，望虞河常熟水利枢纽于1月10日就开机引水。5月～9月汛期期间，望虞河常熟水利枢纽共引长江水6.89亿立方米入望虞河，其中通过望亭立交水利枢纽进入太湖的水量约为3.29亿立方米。由于当年梅雨期间多次强降雨过程使太湖水位进一步抬升，所以汛期“引江济太”压力大为降低，沿江的引水量也远低于上年。整个汛期（5月～9月）沿江八大闸共引水314潮次，引水量12.98亿立方米；排水372潮次，排水量14.95亿立方米。

2008年苏州境内各主要河道的216个监测断面，Ⅴ类和超Ⅴ类水质监测断面数占总监测断面的50.7%，较2007年度下降了22.9个百分点，总体水质有所改善。污染物种类仍以高锰酸盐指数和氨氮等有机污染为主。

【资源】 *自然资源*。全市现有耕地面积231.11千公顷，人均占有耕地低于全省、全国平均水平。主要种植水稻、麦子、油菜；旱地主要出产棉花、蚕桑、林果等。低洼塘田较多，出产莲藕、芡实、茭白等水生作物。特产有鸭血糯、白蒜、柑橘、枇杷、板栗、梅子、桂花、茶花、碧螺春茶等。

苏州拥有各级河道2万多条，大小湖泊300多个，全市水域面积达3609.4平方公里，淡水养殖面积达80.49千公顷，水产资源十分丰富，共出产30多种淡水鱼类。长江白吉、鲥鱼、刀鱼，太湖银鱼、白虾、梅鲚鱼，阳澄湖大闸蟹，吴江紫须蟹，内塘鳜鱼、鲫鱼、青鱼、塘鳢鱼、鳗鲡以及莼菜、珍珠等为著名特产。

苏州矿产资源现已探明的有高岭土、硫、花岗石、石灰石、石英、煤、天然气、铜、铁、铅、锌、铟、镉、银、磁铁等15种，已开采的以非金属矿产为主，其中高岭土、花岗石以储量丰富、质量优异而名冠全国。

旅游资源。苏州是全国重点旅游城市、国家园林城市和国际花园城市，成为全国首个国家园林城市群，拥有苏州、常熟两座国家历史文化名城，张家港、常熟、昆山、太仓4座国家生态市。历史遗存丰富，苏州市拥有各级各类文物保护单位538处，其中国家级34处，省级106处，数量仅次于北京和西安。

苏州古城坐落在水网之中,众多湖泊像晶莹的宝石镶嵌在城区四周;街道依河而建,水陆并行;建筑临水而造,前巷后河,形成"小桥、流水、人家"的独特风貌。"苏州园林甲天下"。现有园林60多个,其中拙政园、留园、网师园、环秀山庄、沧浪亭、狮子林、艺圃、耦园、退思园等9个古典园林被联合国列入《世界文化遗产名录》,并成为首批国家重点公园。苏州园林是建筑、山水、花木、雕刻、书画的综合艺术品,集自然美和艺术美于一体,构成了曲折迂回、步移景换的画面。苏州既有园林之美,又有山水之胜。寺观名刹,遍布城乡;文物古迹,交相辉映,加以文人墨客题咏铭记、作画书联,更使之名扬中外。虎丘山、灵岩山、天平山、洞庭东西山、邓尉山、虞山、玉山等处,都是天然的风景胜地。苏州市建有27个博物馆,成为旅游新热点,其中苏州博物馆为国家首批一级博物馆。

【行政区划】 概况 苏州市下辖张家港、常熟、太仓、昆山、吴江5个县级市和吴中、相城、平江、沧浪、金阊、虎丘(苏州高新区)6个区及苏州工业园区。2008年末,全市共有61个镇、32个街道、1149个村委会、803个居委会。其中市区有17个镇、32个街道、235个村委会、376个居委会。

附表:全市行政区划(2008)

地区	镇	村	街道	居委会
全市	61	1149	32	803
市区	17	235	32	376
吴中区	7	84	8	77
相城区	4	83	4	29
沧浪区	–	–	6	67
平江区	–	–	6	49
金阊区	–	10	5	41
高新区(虎丘区)	3	38	3	40
工业园区	3	20	–	73
县级市	44	914	–	427
张家港市	8	180	–	77
常熟市	10	221	–	101
太仓市	7	90	–	68
昆山市	10	173	–	132
吴江市	9	250	–	49

【区划调整】 2008年,全市区划调整共有3处。

(1)常熟市新港镇更名为碧溪镇。经省政府批准,苏州市政府于2008年4月16日以苏府复〔2008〕22号文批复:同意将常熟市新港镇更名为碧溪镇。

(2)吴中区将胥口镇香山村委会划归香山街道办事处管理。经省政府批准,苏州市政府于2008年4月16日以苏府复〔2008〕21号文批复:同意将吴中区胥口镇的香山村委会划归香山街道办事处管理。

(3)相城区调整黄埭镇和北桥街道部分行政区划。经省政府批准,苏州市政府于2008年6月4日以苏府复〔2008〕36号文批复:同意将相城区黄埭镇的倪汇、汤浜、湖林、永昌、卫星、上浜、下堡7个村委会和青龙、斜桥2个村委会太东公路以北区域划归北桥街道办事处管理。

【人口】 2008年全市户籍总人口6297530人,其中市辖区2382110人,比2007年增加29091人,增长率为1.24%。全市总户数2096473户,全市户均人数3.01人。总人口中,男性3110084人,女性3187446人,男女性别比为97.57:100。2008年全市人口自然增长率0.96‰。

【人口分布】 2008年,全市人口分布情况如下:市辖区2382110人,其中,沧浪区324627人,平江区231135人,金阊区210036人,吴中区467168人,太湖旅游度假区109675人,相城区365185人,高新区·虎丘区347677人,苏州工业园区326607人。5个县级市为3951420人,其中,常熟市1065018人,张家港市898430人,昆山市690435人,吴江市795254人,太仓市466283人。

【人口变动】 2008年,全市出生人口为47772人,比2007年减少780人,出生率为7.62‰,比2007年下降0.21个千分点;死亡41743人,比2007年增加1240人,死亡率为6.66‰,死亡率比2007年上升0.13个千分点。2008年全市人口自然增长人数为6029人,自然增长率为0.96‰,与2007年的1.30‰相比,下降0.34个千分点。市辖区出生人口21264人,死亡人口13984人,人口的自然增长率由2007年的3.10‰下降到2008年的3.07‰。5个县级市中,除昆山市自然增长率为3.11‰外,其余县级市皆为负增长,分别是:太仓市-2.22‰、常熟市-1.54‰、吴江市-0.50‰、张家港市-0.36‰。全市由省内外迁入85756人,迁往省内外37087人,人口机械增长48669人,增长率7.76‰,和2007年的12.26‰相比下降4.50个千分点。市辖区人口机械增长23157人,增长率为9.78‰,比2007年下降了9.47个千分点。5个县级市中,人口机械增长最快的仍为昆山市,为12.34‰,其余依次为太仓市7.57‰、张家港市6.45‰、常熟市4.97‰和吴江市3.13‰。人口机械增长率除张家港市、太仓市比2007年略有上升外,其余3个县级市均有所下降,昆山市下降3.79个千分点、吴江市下降2.78个千分点、常熟市下降2个千分点。

【流动人口】 2008年底,全市共登记流动人口579.3万人(其中男性306.7万人,女性272.6万人),比2007年度的585.8万减少了6.5万,减少幅度为1.1%。

(一)流动人口数量10年来首次出现负增长。自1997年以来,全市流动人口数持续保持增长。2005年、2006年、2007年全市登记的流动人口总数分别为378.2万人、497.6万人和585.8万人,年增长率分别为14.8%、31.5%和17.9%,这3年的年均增长率达到21.4%。而到了2008年度,由于经济大环境的影响,苏州市流动人口数量10年来首次出现负增长。

(二)流动人口结构情况分析。

(1)区域分布情况。5个县级市流动人口总量为378.8万人,占全市的65.4%,比上年同期的391.4万人(占全市的

66.8%)略有下降。其中昆山市、常熟市、吴江市的流动人口数量连续3年排名全市前3名。昆山市流动人口数量保持增长态势,比2007年底增长9.6万人,达到135万人,是该市户籍人口的两倍;而吴江市纺织型企业比重较大,是较早受到金融危机影响的地区,受到冲击也较为明显,流动人口比2007年底减少了10.4万人,降幅为13.8%。

市区的流动人口主要分布在古城区周边的吴中区、相城区、苏州工业园区和虎丘区,这4个区的人数占市区流动人口总数的83.1%、占全市流动人口总数的28.8%。其中吴中区的流动人口最多,占了全市总量的10.25%;苏州工业园区的增幅最大,比上年底增长了19.2%。

平江、沧浪、金阊3个古城区流动人口数为26.3万人,占全市总数的4.55%,比上年底增长了5%。古城区流动人口数量有所增长的主要原因是3个新城的建设和发展,一定程度上扩大了这3个区的规模、改善了古城区的环境,吸引了一些流动人口。

(2)年龄结构及性别情况。全市流动人口中青壮年比重较大,从最新数据来看,17岁至20岁的占总人数的25.2%,21岁至30岁的占总人数的41.9%,31岁至40岁的占总人数的20.2%。全市流动人口中近九成在17岁至40岁这一青壮年年龄段内。大量青壮年劳动力为苏州市的经济发展提供了新鲜的劳动力,有效缓解了全市人口老龄化所带来的负面影响。

从性别比例看,2008年底全市流动人口男女性别比为1.125:1,而2006和2007年底这一比例分别为1.133:1和1.137:1。2008年以来女性流动人口比例有所上升。

(3)主要来源地情况。从全市流动人口的来源地结构来看,来自省内171.4万人、省外407.9万人。全国各省中仍是本省其他地区流入的人最多,占到总数的29.6%,比2007年底30.3%的比重略有下降;省外人员中以安徽、河南、四川居多,分别占流动人口总数的20.2%、15.1%、6.5%,其他依次为山东、湖北、陕西、江西、湖南、贵州、河北、浙江等省。从流动人口来源的城市来看,最多的来自安徽六安、江苏淮阴、江苏盐城这3个地区,流入人口分别占流动人口总数的5.5%、5.1%和4.9%。

(4)居住状况。2008年度全市共登记房屋出租户53.8万户,租住人员达294.4万人,占到总人数50.8%;共有集宿区1.69万处,比上年底增加了623处,暂住集宿区内的流动人口有244.1万人,占总人数的42.1%。

从暂住时间看,在本市已居住半年以上的流动人口有487.5万人,占总人数的84.2%,其中居住一年以上的有119.9万人。流动人口的很大一部分已经能够在苏州较为稳定地工作、生活,归属感进一步增强。

(5)文化程度情况。全市流动人口文化程度总体偏低,且分布不平衡。全市小学以下文化程度的流动人口数为83.8万人,占总人数的14.5%;初中、高中文化程度的为454.6万人,占78.5%;大中专以上文化的有40.9万人,仅占总人数的7.1%。而且,这些人分布的地区也很不平衡。国际教育园和独墅湖高教区由于大专院校比较集中,因而大专以上文化的流动人口比例为48.3%和42.8%。其他地区中苏州工业园区、沧浪区、常熟市、昆山市4地流动人口文化程度相对较高,大专以上文化的比例分别为15.8%、14.8%、10.5%、9.4%。

随着全市产业结构调整,大力发展高新技术企业,2008年底大专以上文化程度的流动人口占总人数的7.1%,相比2007年底的6.9%和2006年底的5.4%,大专以上文化程度的流动人口呈不断增长态势。

(6)流动人口从业状况。从就业类型来看,2008年全市流动人口中从事第一、第二、第三产业的人数分别为11.1万人、363万人和104.5万人。由于2008年全市制造型企业受金融危机影响而减少了劳动力需求量,全市流动人口中从事第二产业的人数出现明显下降,比2007年底减少了21.6%。但是随着城市基础建设规模不断增大,第二产业中从事建筑行业的流动人口达到了30.6万人,比上年底增长了10.3%。流动人口中从事三次产业的人员加上其他经商的26.6万人。全市相对固定职业的流动人口合计为505.4万人,占流动人口总数的87.2%,比上年底的89.9%略有下降。

【政区沿革】 苏州有文字记载的历史已有4000多年,夏代分天下为九州,苏州属扬州的一部分。商代末年,泰伯、仲雍来到江南,建号句吴。春秋时,寿梦于公元前585年称王,建吴国。吴王阖闾于公元前514年始建苏州城,为吴国都城。战国时先后属越、楚。秦代建置吴县,为会稽郡治所。汉代设吴郡。三国时属孙权吴国。两晋南北朝的大部分时间为吴郡治所。隋开皇九年(589年)始称苏州。宋时为平江府,元改平江路,均为治所;1356年张士诚改称隆平府。明洪武二年(1369年)称苏州府。清代续为苏州府。民国元年撤苏州府,设吴县;1928年建苏州市,1930年撤销,复称吴县。新中国成立后,苏州分为苏州市和苏州专区两个行政区。1953年1月之前和1958年7月至1962年6月,苏州市曾两次划归苏州专区。1953年至1957年,无锡、江阴、宜兴和武进4县划归苏州专区。1956年初,宜兴划归镇江专区。1958年初,苏州专区又同松江专区合并。是年7月,武进县划归镇江专区。11月原松江专区所属各县又划归上海市。1961年,从常熟、江阴划出部分公社,成立沙洲县。1983年初,江阴、无锡两县划归无锡市,苏州市实行市管县新体制,下辖常熟、沙洲(后更名为张家港)、太仓、昆山、吴县、吴江6个县和平江、沧浪、金阊、郊区(后更名为虎丘)4个区。之后6个县先后撤县建市。1992年和1994年,先后从吴县及郊区划出部分乡镇,设立苏州新区和苏州工业园区。2001年2月,撤销吴县市,分设吴中区、相城区。2002年9月,苏州新区、虎丘区区划调整,成立苏州高新区·虎丘区。

【城市性质】 苏州是国务院首批命名的历史文化名城和重要的风景游览城市,是长江三角洲重要的中心城市之一。苏州城自公元前514年建城以来,虽历经2500多年沧桑,但古城池仍坐落在春秋时代的位置上,基本保持着古代"水陆并行、河街相邻"的双棋盘格局,"三纵三横一环"的河道水系和"小桥流水、粉墙黛瓦、史迹名园"的独特风貌。苏州古城区现有河道总长35公里,桥梁168座,是中国河、桥最多的城市,被誉为"东方威尼斯"。苏州又是沿海经济开放区。1985年1月,中央决定将长江三角洲、珠江三角洲和闽南厦漳泉三角地区开辟为沿海经济开放区。从此,苏州进入了改革开放的新时期。1993年4月,国务院批准苏州为全国"较大的市",从而拥有了部分立法权。现列为全国一级城市。

【传统文化】 苏州是吴文化的发祥地和人文荟萃之地。千百年来,姑苏文坛贤才辈出,百花竞艳。代表人物有:西晋文学家陆机,宋代政治家范仲淹、诗人范成大,明代小说家冯梦龙和“吴门画派”沈周、唐寅、文徵明、仇英,清代及近代文人顾炎武、俞樾、章太炎,现代文人叶圣陶、顾颉刚、钱仲联、张梦白、陆文夫等。江苏省苏州图书馆、江苏省常熟图书馆和苏州大学图书馆被列为全国古籍重点保护单位。

苏州的绘画、书法、篆刻、诗文流派纷呈,各有千秋,形成了具有独特魅力的吴文化。苏州是全国最古老剧种之一昆曲的诞生地。昆曲已有400多年的历史,人称“中国戏曲之母”。2001年5月,昆曲被联合国教科文组织列入“人类口述和非物质遗产代表作”。评弹是用苏州方言表演的说唱艺术,已在江、浙、沪一带流传了300余年,至今仍为群众喜闻乐见。常熟“虞山琴派”是中国古琴的一个重要流派。2003年11月,中国古琴被联合国教科文组织列入第二批“人类口述和非物质遗产代表作”。至2008年末,苏州市被列入国家级非物质文化遗产名录的项目达到24个,有29个项目被列入省级非遗代表作名录。

苏州工艺品闻名中外,苏绣与湘、蜀、粤绣同被誉为中国“四大名绣”;桃花坞木刻年画与天津杨柳青木刻年画齐名,世称“南桃北杨”。苏州缂丝、雕塑、宋锦、苏扇、红木雕刻等工艺品,争妍斗艳、巧夺天工。至2008年末,苏州市有18人被命名为首批国家级非物质文化遗产项目代表性传承人,有57人被命名为省级非物质文化遗产项目代表性传承人。

【国民经济与社会发展】 2008年,在国内外经济环境发生重大变化、经济发展面临重大挑战的复杂情况下,市委、市政府带领全市人民认真贯彻落实科学发展观,主动顺应国家加强和改善宏观调控的新形势,积极应对经济运行中出现的各种矛盾和问题,以提升城市综合实力和竞争能力为目标,以结构调整和改善民生为主线,加快转变经济发展方式,大力推进自主创新,强化政策引导,落实保障措施,稳定发展环境,统筹协调推进经济社会持续健康发展。

全市经济在高平台上继续实现稳定增长,产业发展更趋协调,结构升级调整优化,发展方式有效转变。初步核算,2008年全市实现地区生产总值6701亿元,按可比价计算比上年增长12.5%。其中第三产业增加值2437亿元,比上年增长15.0%。三次产业的比例为1.6:62.0:36.4,第三产业比重比上年提高1.8个百分点。按现行汇率计算人均GDP超过1万美元。

全市实现地方一般预算收入668.91亿元,比上年增长23.5%。地方一般预算收入占GDP比重为10%。各项主体税种保持平稳增长,营业税、增值税、企业所得税分别增长7.9%、16.0%和22.3%。公共财政保障能力增强,财政支出结构进一步优化。全年地方一般预算支出622.37亿元,比上年增长25.2%。其中用于社会保障与就业、科技教育、医疗卫生、环境保护方面的财政投入增长29.1%。

【农林牧渔业】 围绕现代农业建设,促进农业的组织方式、形态布局、综合效益不断优化,结构调整成效显著,农业综合生产能力进一步提高。全市实现农林牧渔业总产值199.55亿元,比上年增长10.2%。新增高效农业(含渔业)面积1.45万公顷,累计达到10.69万公顷。全市新增39只无公害农产品、89只绿色食品和9只有机食品,年末“三品”总数达1295只。全市省级以上农业龙头企业实现销售收入280.3亿元,比上年增长18.3%。

农田水利和农业基础设施建设进一步加强。全市完成农田水利总土方2828万立方米,疏浚整治各级河道1713公里,加高加固圩堤124公里,增砌护岸199公里。

全面启动城乡一体化发展综合配套改革,新农村建设扎实推进。新增农村社区股份合作、土地股份合作、农业专业合作组织500家,累计达到2512家。新增入社农户15.8万户,持股农户占比达到80%。全市累计确定市级新农村建设示范村358个。

【工业】 工业经济不断化解原材料价格上涨、外部需求减弱等环境变化带来的不利影响,积极加快结构调整步伐。全市工业总产值达到22103亿元,其中规模以上工业总产值达到18630亿元,分别比上年增长16.0%和15.3%。在全市规模以上工业中,私营工业产值3050亿元,增长12.3%;外资工业产值12497亿元,增长15.9%。重工业产值13236亿元,轻工业产值5394亿元,分别增长19.1%和6.9%。

面对增本减利的现实压力,工业企业在挖潜改造、强化管理、调整结构、提高市场适应性和竞争力方面采取了一系列应对措施。工业经济效益总体保持稳定,规模以上工业经济效益综合指数为192.22%。规模以上工业企业实现主营业务收入18379亿元,增长14.1%;实现利税总额1330亿元,增长4.7%;实现利润总额896亿元,增长0.7%。规模以上工业产品销售率达到98.6%。

工业经济结构调整优化。规模型企业领跑发展,全市工业百强企业实现工业总产值7639亿元,占全市规模以上工业总产值的41%,比上年增长23.4%,拉动规模以上工业增长7.8个百分点。先进制造业保持较快增长。高新技术产业完成产值6334亿元,占规模以上工业总产值的比重达34%。主导产业稳定发展。机电行业实现工业总产值9746亿元,比上年增长18.9%,高于全市规模以上工业增幅3.6个百分点;通信设备、计算机及其他电子设备制造业实现工业总产值5987亿元,增长20.2%,高于全市规模以上工业增幅4.9个百分点,占全市规模以上工业总量的32.1%。

附表:2008年全市规模以上工业企业主要产品产量

产品名称	计量单位	产品产量	比上年±%
发电量	亿千瓦时	689.88	-2.7
纱	万吨	72.11	-20.7
布	亿米	7.74	-14.9
服装	亿件	8.06	1.3
机制纸及纸板	万吨	476.42	7.9
硫酸(折100%)	万吨	155.18	-5.0
碳酸钠(纯碱)	万吨	93.98	7.4
合成氨	万吨	57.12	1.4

续上表

产品名称	计量单位	产品产量	比上年±%
农用氮、磷、钾化学肥料总计(折纯)	万吨	59.00	-8.3
生铁	万吨	1577.14	1.5
粗钢	万吨	1941.48	4.9
钢材	万吨	2697.98	-0.1
通信及电子网络用电缆	对万千米	2339.57	6.7
光缆(光纤通讯电缆)	芯万千米	1486.23	0.6
家用吸尘器	万台	1688.62	-25.2
家用电冰箱	万台	239.18	-0.1
房间空气调节器	万台	649.57	15.8
微型电子计算机	万台	5930.93	3.1
#笔记本计算机	万台	4473.74	14.6
显示器	万台	1754.60	-5.0
数码照相机	万台	1646.91	2.0

【建筑业】 建筑业企业综合竞争力不断提升。全市建筑施工企业实现施工产值906.28亿元,比上年增长37.7%,施工面积7492.88万平方米,竣工面积3574.19万平方米,分别比上年增长6.3%和6.4%。2项建设工程项目获国家优质工程"鲁班奖",3项工程获"国优"工程奖。

【运输邮电业】 交通运输业围绕统筹城乡一体化发展、提升中心城市首位度、构建现代综合交通运输体系,全力推进交通基础设施建设,不断提升运输服务能力。全年完成公路、水运客运量达4.54亿人次,客运周转量285.5亿人公里,分别比上年增长13%和14.3%;完成货运量1.26亿吨,货运周转量90.29亿吨公里,分别比上年增长6.7%和10.1%。现代港口物流规模优势显现。苏州港港口货物吞吐量达2.03亿吨,增长10.7%;集装箱运量257万标箱,增长35.6%。太仓港、张家港港、常熟港3个港口成为首批对台直航港口。

全市年末拥有机动车177.11万辆,其中汽车82.67万辆,分别比上年增长5.9%和18.5%。其中私人汽车保有量达到61.75万辆,比上年增长21.5%。

*邮电通信持续快速发展。*全市实现邮政业务收入10.72亿元,比上年增长6.8%。发送函件1.90亿件、特快专递925万件、报刊3.11亿份。年末邮政储蓄余额236.5亿元,比上年增长30.1%。全市电信业务总收入135.8亿元,增长12.1%。年末固定电话用户501.05万户,其中小灵通用户167.69万户;移动电话用户1031.15万户,比上年增长12.6%。互联网宽带用户达到149.75万户,比上年增长45.5%。

【国内贸易】 消费市场持续繁荣,现代流通业态不断壮大,消费环境日益优化,消费结构调整升级,商业网点规划布局加快推进。全市实现社会消费品零售总额1551.45亿元,比上年增长24.1%。分行业看,批发零售贸易业零售额1332.62亿元,增长22.5%;餐饮业零售额195.01亿元,增长39.5%。城乡消费同步增长。城市消费品零售额1166.51亿元,农村消费品零售额384.93亿元,分别比上年增长24.0%和24.4%。

*居民消费结构调整升级。*限额以上批发零售业实现吃、穿、用商品零售额分别为80.34亿元、60.49亿元、447.51亿元,分别增长21.7%、12.7%和14%。主要消费热点比较集中,其中石油及制品类零售额增长34.3%,黄金珠宝类零售额增长29.9%,家具类零售额增长23.2%,家电类零售额增长21.4%。

年末全市共有商品交易市场629个,其中亿元以上市场76个,商品成交额2589.09亿元,增长26.6%。中国东方丝绸交易市场、中国常熟服装城、中国珍珠宝石城交易额保持全国领先。

【金融、证券、保险业】 *金融运行稳健有序。*储蓄存款稳定性增强,有效信贷投放平稳增长,信贷结构继续优化。年末金融机构本外币存、贷款余额分别为8800亿元和6581亿元,分别比年初增加1328亿元和770亿元。其中金融机构人民币存、贷款余额分别为8341亿元和6302亿元,分别比年初增加1272亿元和967亿元。全年银行现金收入11777亿元,现金支出12157亿元,分别比上年下降7.7%和7.2%,货币净投放380亿元。银行机构当年实现结益超过200亿元,比上年增长15%。

*全年股票交易总体低迷。*年末全市有证券营业部43家,当年新增1家。全市证券交易开户总数85万户,全年股票成交金额9300亿元,比上年下降33.8%。

*保险业务稳定增长。*全市新增保险机构11家,年末保险机构总数达48家。全年实现保费收入125.96亿元,比上年增长31%。其中财产险收入44.23亿元,比上年增长14.5%;人寿险收入81.73亿元,比上年增长42.1%。全年已决赔款及给付55.44亿元,比上年增长44.2%。

【房地产业】 进一步加强和完善对房地产市场的宏观调控,合理引导住房消费与住房开发建设。全市房地产市场发展总体平稳,消费趋向理性。

全市完成房地产开发投资718.08亿元,比上年增长19.3%,占全社会固定资产投资的比重为27.5%。商品房施工面积为7036.91万平方米,增长15.4%;竣工面积为1481.24万平方米,比上年下降20.9%。商品房屋销售面积1007.36万平方米,比上年下降47.4%,其中住宅销售面积830.26万平方米,下降49.8%。全年实现商品房销售额573.42亿元,下降41.8%,其中住宅销售额为459.38亿元,下降44.5%。

市区二手房交易成交面积187.21万平方米,其中住宅100.19万平方米。全市拍卖、招标和挂牌交易用地3200.13公顷。

【旅游业】 旅游业进一步强化规划引领,整合资源,创新服务,主动融入长三角旅游城市圈,努力推动旅游业转型升级,着力打造"天堂苏州、东方水城"品牌。

全市实现旅游总收入735.06亿元,比上年增长15.2%;接待境外游客218.57万人次,比上年增长6.0%;旅游外汇收入9.95亿美元,增长12.0%;接待国内游客5287万人次,增长10.3%。全市旅行社接待人数570.39万人次,增长24.4%。年末拥有星级饭店151家,其中四星级及以上饭店56家。全市4A级景区(点)增加到22家,5A级景区(点)2家。全市景区接待游客比上年增长11.8%。成功举办第十一届中国苏州国际旅游节等重大旅游节庆活动。

【体制改革】 各项改革深入推进。苏州成为全省城乡一体化发展综合配套改革试点区。改革城市管理体制,新组建市市容市政管理局。苏州市工业投资发展有限公司和苏州创元(集团)有限公司实现重组优化,排水管理领域事业转企业改革步伐加快。制定实施了促进金融业改革与发展的指导意见及配套措施,金融业发展环境更加优化。全年有4家企业首发上市,全市在境内外上市的企业累计达到34家,募集资金190亿元。全市担保、典当行业为中小企业担保、融资分别达到245亿元和50亿元,分别比上年增长22%和20%。

【民营经济】 民营经济逐步提升自身发展实力。全市新登记私营企业2.08万家,年末累计达14.13万家;新登记私营企业注册资本471.11亿元,年末累计注册资本3556.89亿元。新登记个体工商户2.47万户,年末累计达到29.21万户;新登记个体工商户注册资本32.91亿元,年末累计注册资本138.87亿元。

年末全市共有规模以上民营工业企业5386家,占规模以上工业企业数的54.1%,实现工业总产值5754亿元,比上年增长14%,占规模以上工业总产值的比重达到30.9%。规模以上民营工业户均产值超亿元,达到10683万元。私营个体经济完成投资占全社会固定资产投资的比重达到30.2%。私营个体经济税收占全市税收总额的比重达到30.1%。

【对外贸易】 面对全球经济增长放缓、外部需求萎缩等不利影响,开放型经济加快推进转型升级。对外贸易保持平稳增长,出口结构进一步优化,全市实现进出口总额2285.26亿美元,比上年增长7.9%,其中出口总额1317.23亿美元,比上年增长10.7%。在出口总额中,外商投资企业出口额1143.07亿美元,私营企业出口额89.76亿美元,分别比上年增长7.4%和31.5%;一般贸易出口278.16亿美元,比上年增长27.1%;加工贸易出口1005.23亿美元,比上年增长5.7%;机电产品出口1044.75亿美元,增长8.0%,机电产品出口额占出口总额的比重达79.3%;高新技术产品出口777.89亿美元,比上年增长3.9%,占出口总额的比重为59.1%。

传统出口市场份额保持稳定,新兴市场开拓取得进展。对欧盟、美国、日本三大市场的出口额占出口总额的比重达59.4%,其中对欧盟出口额350.21亿美元,增长3.0%;对美国出口额324.18亿美元,增长8.9%;对日本出口额107.57亿美元,增长2.9%。拉美、非洲等新兴市场出口发展迅速,出口增幅超过30%。

【利用外资】 利用外资保持平稳,择商选资力度加大,引资结构调整优化。全市新增注册外资163.9亿美元,比上年下降11.8%;实际利用外资81.3亿美元,比上年增长13.5%,其中服务业实际利用外资19.9亿美元,增长109.3%,占全市实际利用外资的比重达到24.5%,比上年提高11.2个百分点。

利用外资项目规模扩大。新批准外商投资项目平均注册外资超过1121万美元,比上年增长23.4%。新批准(不含增资)超千万美元以上的项目604个,注册外资111.21亿美元,占全市注册外资的比重为67.9%,其中4个项目超亿美元(不含增资)。1310家外商投资企业先后增资,增资项目注册外资62.72亿美元,增长4.9%。世界500强企业中有128家落户苏州。服务外包业务稳步发展,已审核企业357家,服务外包协议合同额6.32亿美元,执行合同额5.49亿美元。

【开发区建设】 开发区发挥高新技术产业、现代服务业和高素质人才集聚的优势,进一步完善基础设施和配套条件,注重功能升级、结构优化,并努力向特色化、专业化、生态化方向发展。全市国家级开发区和省级开发区全年新增注册外资130.3亿美元,实际利用外资72.36亿美元,实现地方一般预算收入341.92亿元,出口总额1125.75亿美元,占全市的比重分别为79.7%、89.0%、51.1%和85.5%。苏州工业园区综合保税区发展良好,全国首个国际电子产品交易基地获批建设、苏州高新区建立报关报检中心、张家港保税港区获国务院批准、昆山出口加工区叠加保税物流功能试点工作进展顺利、太仓港区港联动、虚拟口岸快速通关和直通放行模式成效明显。

【固定资产投资】 固定资产投资坚持以增量投入带动存量调整,加快由规模扩张型向效益提升型转变。投资重点向公共基础设施、先进制造业、现代服务业、民生保障工程等领域倾斜。

全社会固定资产投资2611.16亿元,比上年增长10.3%。其中国有经济投资401.97亿元,比上年增长15.1%;三资企业投资918.1亿元,增长13.2%;私营个体投资789.81亿元,增长5.1%。投资结构继续优化,第一产业完成投资4.8亿元,增长31.6%;第二产业完成投资1277.58亿元,增长4.8%;第三产业完成投资1328.78亿元,增长16.1%,占全社会投资的比重达到50.9%,比上年提高2.6个百分点。

在重点项目和技术改造的带动下,全年完成工业投资1267.69亿元,增长5.1%。其中新建项目投资470.78亿元,比上年下降3%,改、扩建项目完成投资624.64亿元,比上年增长9.5%,占工业投资的比重达到49.3%,比上年提升2个百分点。全年完成制造业投资1208.25亿元,增长3.4%;电力煤气及水的生产供应业投资59.45亿元,增长56.8%;机电工业投资比上年增长8.3%,传统轻纺工业投资比上年下降11.2%。

全社会施工房屋面积12985.25万平方米,比上年增长8.7%;竣工房屋面积4022.8万平方米,下降12.4%,房屋竣工率为31%。全市新增固定资产1819.6亿元,固定资产交付使用率为69.7%。

【基础设施建设】 在优化结构的前提下积极扩大有效投入,加快推进重点项目建设。全市完成基础设施投资514.22亿元,比上年增长12.9%。苏州火车站地区综合改造加快推进,北站屋和高架匝道的地下结构全部完工,道路北延、河道整治、绿化景观等配套工程相继竣工。城市轨道交通1号线进入车站基坑全面开挖和区间盾构掘进阶段。京沪高速铁路、沪宁城际铁路苏州段工程施工全面展开。沪苏浙高速公路苏州段、苏通大桥南连接线、苏嘉杭高速公路南段扩建工程、318国道改建和苏虞张公路快速化改造等项目顺利完成。年末全市公路总里程12346公里,其中高等级公路总里程5189公里。港口建设加快实施,太仓港三期工程4个万吨级集装箱码头如期开工,年末苏州港已建成万吨以上泊位97个。

【城乡建设与规划管理】 全市以新一轮城市总体规划为统领,推进各类控制性详规、专项规划、市政交通规划、村镇规划的编制和城市设计,开展城市色彩和城市高度研究、沿太湖地区空间管治规划研究、新居住形态研究,引导城市科学合理发展,营造舒适城市环境,提升城市总体品质。城市化率达到65.95%;人均公共绿地面积14.3平方米,比上年增加0.3平方米;建成区绿化覆盖率达42.0%。农村生态环境有效改善,新增林地、绿地面积8707公顷。全市陆地森林覆盖率达到20.3%。

【公用事业】 *大力发展公交事业,努力优化公交服务。*市区新辟公交线路31条,新增公交车432辆,年末营运车辆达到2791辆,营运线路216条,线路总长达到4750公里,月票适用范围扩大到全部线路;全年公交运客总量4.81亿人次,比上年增长13.7%。市区年末营运出租汽车3203辆。城乡客运一体化加速推进,符合通班车条件行政村通达率达到100%。

*公用事业投入加大,服务功能有效提升。*新建、改建市区公共厕所33座,新建、改建垃圾中转站4座,新建城镇污水处理厂10座,敷设污水管网1057公里,新增污水日处理能力(含扩建)60万吨。

市区管道天然气供气总量4.22亿立方米,液化石油气供气总量13.01万吨,煤气供气总量7212万立方米,家庭燃气普及率100%。市区自来水日综合生产能力227.53万立方米。全社会用电量848.42亿千瓦时,比上年增长5.1%。其中城乡居民生活用电56.63亿千瓦时,增长16.7%,城乡居民生活用电占用电总量的6.7%。

【环境保护与资源节约】 *生态环境质量继续改善。*全市环境质量综合指数达到89.68,空气质量优良以上天数达到328天,集中式饮用水源地水质达标率为99.95%。实施污染减排项目237个,关闭淘汰污染企业365家,实施提标改造工程580项,削减化学需氧量2.5万吨,二氧化硫减排量3.8万吨。西太湖养殖围网全部拆除,东太湖、阳澄湖围网养殖面积一次性压缩到3000公顷和2133公顷。生态市建设取得积极成效。太仓成功创建成我市第四个国家生态市,吴江创建国家生态市通过验收,苏州工业园区和苏州高新区成为首批国家生态工业示范园区。

*全面推进节能降耗。*坚持把节约资源落实到生产、建设、流通、消费各个环节。对全市重点耗能企业加强监测,实行节能项目评估审查,完成240家重点耗能企业能源审计,淘汰落后用能设备1000台(套)。实施重点节能技术改造项目80项,实现节能150万吨标准煤。全市万元GDP能耗比上年下降4.5%。新增通过ISO14000认证的企业200家、通过清洁生产审核验收的企业200家、通过资源综合利用认定的企业108家、循环经济试点企业100家。苏州高新区成为首批国家级循环经济标准化试点园区,苏州工业园区成为全国循环经济试点园区,我市被确定为国家可持续发展实验区。推行节约用水,吴江市建成国家级节水型城市,市区建成省级节水型城市。

【科技事业】 全市以增强自主创新能力为目标,积极引导和支持创新要素向企业集聚,促进科技成果向现实生产力转化,不断推进国际新兴科技城市和创新型城市建设。全市研究与试验发展经费支出占地区生产总值的比重超过1.8%,财政对科技的投入达到22.77亿元,比上年增长57.1%。全年组织实施国家科技计划项目144项,省级科技计划项目238项。全年专利申请量、专利授权量达到4.86万件和1.83万件,分别比上年增长43.9%和99.5%。当年按国家新标准认定高新技术企业361家,全市新认定省级以上高新技术产品669个,累计达3521个。

*科技研发平台体系日臻完善。*年末全市拥有各类科技创业孵化机构32个,建成17个省级以上公共技术服务平台。年末拥有省级以上企业技术中心53个、工程技术研究中心37个、工程中心5个。年末省级外资研发机构达到114个。中科院苏州纳米技术与纳米仿生研究所、中科院苏州生物医学工程研究所、江苏(沙钢)钢铁研究院、江苏省新型平板显示技术研究院等四家机构列入省"十一五"重点科技基础设施建设计划。

*高层次人才加速集聚。*全年引进大专以上各类人才8.9万人,其中博士380人,硕士3584人,引进留学归国人员659名。一大批带技术、带项目、带资金的高层次人才和团队来苏州创新创业。年末全市人才总量超过76万人,其中高层次人才总量达到4.3万人。

【教育事业】 努力构建优质教育体系,全面实施素质教育,不断提升教育品质,教育现代化稳步推进。

全市拥有各级各类学校679所,在校学生96.19万人,教职工总数7.37万人,其中专任教师6.17万人。在苏州的高等院校18所,二级学院5所。普通高等学校在校学生16.68万人,毕业生3.97万人;成人高等学校在校学生3.99万人,毕业生1.46万人。

义务教育、基础教育、特殊教育均衡发展。学前三年幼儿入学率达99.6%。义务教育阶段学生入学率、巩固率继续保持在100%;全市初中毕业生升学率为99.5%。苏州市特殊教育学校现代化建设任务全面完成,义务教育阶段教育现代化学校实现全覆盖。

高等教育普及化程度提高,高考录取率为94.33%,高等教育毛入学率达61.19%。新增劳动力人均受教育年限达15.04年。

【文化事业】 年末全市共有艺术表演团体15个,文化馆10个,博物馆27个,公共图书馆10个。全市公共图书馆总藏量611万册(件)。全市公益性文化设施总面积70.58万平方米。

*精品新作连创佳绩。*青春版《牡丹亭》成功参演首届中国世界戏剧节,出访欧洲引起轰动。评弹新作《风雨黄昏》和《田阿桐》分获第五届中国曲艺牡丹节目奖和牡丹表演奖。重大文化活动形成新亮点。"纪念改革开放30周年—首届中国农民文艺汇演"取得圆满成功。

文化保护和传承加强。全市列入省级以上非物质文化遗产保护名录项目29个，其中国家级24个，国家级非物质文化遗产代表性传承人总数达到18名。通过第三次全国文物普查，全市共普查文物点4217处，新发现1920处。省级历史文化名镇达到7个。常熟市成为江苏首个"中国曲艺之乡"。

新闻出版、广播电视事业加快发展。全年出版新书648种、出版电子音像制品26套，公开出版报纸13种，期刊28种。出版物经营网点总数为1561个，实现销售收入13.47亿元。年末全市有线电视用户208.32万户，其中数字电视用户194.68万户。农村有线电视入户率达96.4%，城区有线数字电视整体转换率为98%。

【卫生事业】 努力构建覆盖城乡居民的基本卫生保健制度，公共卫生服务能力和医疗卫生服务水平不断提高。年末全市共有各类卫生机构2344个，其中医院、卫生院和社区卫生服务中心275个，卫生防疫、防治机构29个，妇幼保健机构7个。年末卫生机构拥有床位3.36万张，拥有卫生技术人员4.03万人，其中医生1.61万人，分别比上年增长7.6%，5.9%和3.5%。城乡社区卫生服务机构覆盖率达100%。全市农村新型合作医疗保险参保率达到97.2%，农村合作医疗保险人均筹资额278元。苏州成为全国地级市中第一个在全市范围实现农民刷卡看病的城市。

【体育事业】 全民健身活动广泛开展。以"全民健身与奥运同行"为主题市县区联动开展了1163项次各类体育活动。奥运火炬传递活动圆满成功。竞技体育取得丰硕成果。在北京奥运会上，苏州健儿共获得2金1银1铜的优异成绩，实现了"参赛人数、参赛项目、参赛成绩"三项历史性突破。成功举行市第十二届体育运动会，承办了国际男子手球精英赛、轮滑世界杯马拉松赛、全国羽毛球锦标赛、全国游泳锦标赛、全国艺术体操集体锦标赛等多项国际、国内重要体育赛事。体育设施进一步完善。全市城乡新建全民健身工程(点)280个。启动建设市体育运动学校新校。全市体育彩票销售额达9.47亿元，居全省第一。

【人口与就业】 人口综合调控和管理进一步加强。低生育水平保持稳定，出生人口素质稳步提高，出生人口性别比保持正常。全市出生47772人，出生率为7.62‰，人口自然增长率为0.96‰，户籍人口出生婴儿性别比为104.1。年末全市户籍总人口629.75万人，比上年增加5.32万人，其中市区户籍人口238.21万人，比上年增加2.91万人。

扎实推进统筹城乡就业。全市就业总量稳步增长，就业结构进一步优化，就业形势保持基本稳定，困难群体得到有效帮扶。全市新增劳动力就业岗位26.7万个，其中面向本市城镇劳动力12.87万个，开发社区公益性岗位8250个。全市失业人员实现再就业11.78万人。对零就业家庭实行动态清零。城镇居民登记失业率控制在3%以内。积极倡导鼓励创业、引导创业、扶持创业、促进创业的良好氛围。大力推进职业培训工作。全年免费培训城乡劳动者40万人，其中技能培训6.9万人，创业培训0.8万人。

【社会保障】 全市社会保险覆盖面进一步扩大。年末全市城镇职工养老、失业、医疗、工伤和生育五大保险参保人数均超过230万人，覆盖面均达到98%以上，基金征缴率超过99%。全市农村劳动力基本养老保险覆盖率达96.5%，农村老年居民享受社会养老待遇或养老补贴的覆盖率达到98%，年末全市有100万名被征地农民纳入基本生活保障。城乡居民最低生活保障覆盖面和最低生活保障标准继续提高。城镇居民最低生活保障标准由320元提高到350元，农村居民最低生活保障指导标准由200元提高到230元。全市各级发放低保资金1.5亿元。针对物价持续上涨，全市对城乡低保对象、低保边缘对象、特困职工和失业困难家庭实行基本生活消费价格上涨动态补贴，共发放物价补贴4000万元。企业退休人员月均基本养老金由1132元增加到1262元。

【人民生活】 民生保障日益加强，发展成果惠及城乡。全市通过实行积极的就业政策，增加转移性收入，优化收入增长机制，努力增加居民收入。市区居民人均可支配收入23867元，比上年增长12.3%；农村居民人均纯收入11785元，比上年增长12.5%。收入结构逐步优化，非工资性收入继续保持较快增长，市区居民人均经营性收入、转移性收入比上年分别增长28.3%和17.7%。年末城乡居民人民币储蓄存款余额3337.32亿元，比上年增长28.7%。

住房保障受益面扩大。全市新建经济适用房4658套，新增廉租住房1226套。解危修缮危旧住房16.4万平方米。职工使用住房公积金62亿元。

【市场物价】 受多种因素的叠加影响，2008年居民消费价格涨幅总体高于上年，随着各项调控物价政策措施的出台以及粮油肉菜等主要食品价格的逐步回落，下半年居民消费价格指数顺势回落。全年居民消费价格总水平比上年上升5.3%，其中服务项目价格上涨0.7%，消费品价格上涨7.1%。八大类消费价格"六升两降"，食品类、烟酒及用品类、衣着类、家庭设备用品及维修服务类、医疗保健和个人用品、居住类价格分别比上年上升14.9%、2.8%、2.0%、5.2%、5.6%和2.5%，交通及通信类、娱乐教育文化用品及服务类价格分别比上年下降3.5%和3.1%。

附表：2008年分类价格指数(以上年价格为100)

类　别	2008年	2007年
居民消费价格总指数	105.3	104.2
服务项目价格指数	100.7	101.0
消费品价格指数	107.1	105.2
1. 食品	114.9	110.7
#粮食	108.4	104.3
油脂	124.7	129.4
肉禽及其制品	120.5	121.2
蛋	104.2	124.0
水产品	108.2	104.8

续上表

类　别	2008 年	2007 年
菜	113.3	112.5
#鲜菜	111.3	112.6
2. 烟酒及用品	102.8	101.8
3. 衣着	102.0	102.4
4. 家庭设备用品及维修服务	105.2	103.3
5. 医疗保健和个人用品	105.6	103.6
6. 交通和通信	96.5	97.4
7. 娱乐教育文化用品及服务	96.9	96.1
8. 居住	102.5	105.8
#水、电、燃料	102.0	102.4

【存在问题和发展方向】 受世界经济增长明显减速、经济环境不确定因素明显增多的影响，当前经济运行中的问题和矛盾也比较突出。主要是一些经济指标的增速回落，部分企业经营效益下滑，开放型经济面临更多的困难与挑战。从深层次看，经济发展方式尚未得到根本转变，自主创新能力和产业竞争力亟待提升，民生改善和和谐社会建设仍需加强，改革开放与体制创新还需向纵深推进。我们相信，只要坚定信心，开拓创新，一定能在挑战中寻求突破，在困难中发现机遇，实现苏州经济社会发展的新跨越。

【2008 年苏州市实事项目完成情况】 市发改委创新工作思路，强化监督考核，抓好市实事项目的各项管理工作。一是健全完善工作制度。坚持双月工作例会制度，动态掌握项目情况；编发《实事项目工作简报》，报道实事项目时序进度和工作动态。二是加强协调和检查。积极与各责任单位沟通联系，协调和检查实事项目建设过程中遇到的相关问题，积极化解矛盾和困难，努力促进实事项目顺利实施。三是确保年度目标任务全面完成。2008 年 18 大项实事项目 39 个子项目年内全面完成，是近几年来完成情况最好的一年。四是组织市人大、市政协视察市实事项目，督查和促进各项实事工作。2008 年，全市共有实事项目 18 大项。

(1)综合整治永林新村等 8 个老住宅小区 113.4 万平方米。实施街巷综合整治 228 条，完工 200 条。

(2)组织供应中低收入家庭住房房源 1600 套及廉租住房 390 套。

(3)扩大住房公积金制度覆盖面和受益面，全市新增缴存住房公积金职工人数 38 万人。

(4)免费培训城乡劳动者 40 万人，其中：职业技能培训 6.9 万人，创业培训 8000 人；高技能人才培训及鉴定 1.3 万人。

(5)完善城乡公共就业服务体系，充分就业社区达标率达到 90%，充分就业行政村达标率达到 70%；市区建成观前街道阳光基地等 16 个市民创业孵化基地。

(6)实施基本卫生保健工程，社区常用药品政府补贴项目在全市范围内全面推行，城区完善了常用药品目录，调整部分药品采购价格和补贴标准；60 周岁至 65 周岁老年居民和社会化管理的企业退休人员免费健康体检年度工作结束，3 年一轮体检工作全面完成；人口出生缺陷社会化干预工程 3 年任务全面完成，提前达到了市妇女儿童"十一五"发展规划中"新生儿出生缺陷发生率控制在千分之八以内"等目标。

(7)加快公共卫生体系建设。新建 6 个公立社区卫生服务中心，其中葑门中心已投入运行，胥江、彩香、白塔等 3 个中心即将竣工，娄江、双塔等 2 个中心完成前期准备及招投标等工作。市中医医院主楼已建至 15 层，裙房结构封顶。

(8)优先发展教育事业，建设平江、沧浪、金阊 3 个新城配套小学 3 所，其中：平江区善耕实验小学北校区已启用，沧浪区新康小学主体工程全部结束，金阊区新城中心小学行政楼、教学楼等主体建筑开工建设；完成市盲聋学校、昆山市爱心学校等 11 所特殊教育学校现代化建设评估验收工作；市职教中心(尹山校区)国家汽车实训基地教育楼、实训楼、图书楼等主体工程全部完工。

(9)建设城乡公共文化设施，苏州美术馆新馆和苏州文化馆新馆项目开工建设；农村有线电视实现户户通，新增用户 5 万户；全市行政村(社区)文化信息资源服务点覆盖率 100%；完成常熟董浜镇、吴江横扇镇等 10 个镇文化馆(站)标准化改造；建成工人文化宫分馆、胥江中学等 5 个图书馆社区分馆；市青少年活动中心主体工程竣工验收。

(10)大力发展公共交通，市区公交月票使用范围扩大至市区全部线路；市区新增欧Ⅲ标准公交车 432 辆；建成投用晋源桥公交停车场及首末站、解放西路换乘枢纽各 1 座，开工建设第五公交保养场 1 座；所有公交车辆全部安装了 GPS 智能设备，企业调度管理软件系统及行业管理软件系统完成建设。

(11)积极发展养老服务事业，新增各类养老床位 2134 张，新建街道(镇)居家养老服务中心 24 个、社区(村)居家养老服务站 546 个。加大对残疾人康复支持力度，建成市残疾人康复中心主体工程。

(12)建设苏州市环境预警与应急指挥系统，基本建成集应急指挥大厅、集中监控中心等于一体的多功能大厅，完成应急指挥地理信息系统应用软件的开发接入，初步形成环境预警与应急指挥系统。

(13)扩大气象预警信息发布范围，完成市区及昆山、常熟、太仓等地 700 块气象预警信息发布屏布设主体工程。

(14)扩大法律援助惠及面，建成城区规范化法律援助工作站 20 个，完成市法律援助中心管理系统升级改造。

(15)加强水环境治理，金墅水源地取水口清淤工程全面完成；福星、娄江污水处理厂二期土建和安装工程全部完工。

(16)改善城市综合环境，北环路整治工程全面完成；南环路沿线完成路灯声屏障安装等建设工程，开展沿路立面整治和围墙砌筑等施工建设；西中市综合整治工程基本完成；市区新增绿地 485 公顷。

(17)加快市区农贸市场改造升级，年内改造升级市区农贸市场 18 家，3 年共改造升级农贸市场 53 家。

(18)建设"平安苏州"，完成平江、沧浪、金阊 3 城区 293 个治安监控点位建设工作；完成 6 套高清抓拍及车牌自动识别系统的布点方案编制，以及招投标及建设前期准备工作。

吴 中 区

【概况】 位于苏州城西南部,下辖吴中经济开发区(省级)、太湖旅游度假区(国家级)、西山现代农业示范园区(国家级)、穹窿山风景管理区、7个镇和8个街道。共有84个行政村、77个居委会(社区)。陆地面积742平方公里,太湖水域面积1459平方公里。户籍人口57万人。区政府驻太湖东路288号。2008年,全区实现地区生产总值468亿元,同比增长19.7%;地方一般预算收入44.8亿元,增长24.2%。完成全口径财政收入137.7亿元,增长68.7%;完成全社会固定资产投资180.9亿元,增长10.5%;完成外贸进出口总额58.7亿美元,增长12.8%;实现社会消费品零售总额144.1亿元,增长21.7%;城镇居民人均可支配收入26112元,农民人均纯收入11850元,分别增长12.1%和11%。

【经济结构调整】 2008年,全区重点载体功能进一步提升。出口加工区、吴中科技园、越溪城市副中心、度假区核心区等特色区域的基础设施和功能设施建设加快,产业招商正在形成。招商引资向择商选资转变,全区新批外商投资企业76家,新增注册外资11亿美元,到账外资4.8亿美元,总投资超千万美元的项目有32个,一批高端制造业和科技服务业项目成功落户。特色产业基地加快形成,一批劳动密集型污染企业加速淘汰转移,一批生物医药、光伏新能源产业正在形成,投资超10亿美元的百世德太阳能项目及研发中心、尚德一库特勒项目进驻。现代服务业加速集聚,全区实现三产服务业增加值176亿元,增长25.3%,服务业对经济增长的贡献率达到46.1%。以旅游、房地产、商贸、物流、金融等为主的服务业对全区经济发展的拉动作用进一步加大,全年接待中外游客1134万人次,实现旅游总收入93亿元,增长24.4%,销售商品房87万平方米,销售收入62.5亿元,金融机构贷款余额达472.3亿元,增长15.3%。民营经济向科技型发展,全区新增内资民资企业2267户,新增注册资本108亿元,同比增长16.4%,民营经济完成固定资产投资112.1亿元,同比增长19.8%,个体私营经济上交各类税收29.9亿元,同比增长21.8%。一批省高新技术民营企业加速发展,区属国有公司进一步做大做强,7大区属国有公司注册资本总量达29.5亿元。融资能力显著提高,全年共筹措项目建设经费43.9亿元,完成投资20.6亿元,为全区开发建设发挥了重要作用。

【科技创新】 2008年,科技创新载体建设步伐加快,吴中科技园正式开园,规划展示馆做出了高水平,生命科学园一期、药明康德安评中心、4个国家级重点实验室建成投入使用,吴中科技创业园、木渎苏州东创科技园、木渎同济大学博济创意产业园、长江节能科技大厦、静脉产业园、长桥科技创业园、太湖科技产业园等一批科技创新创业载体正在规划建设中。创新平台、产学研合作深入推进,高层次、创新型人才和高新技术孵化项目引进加快,新增产学研项目9个,上海交大国家技术转移中心吴中工作站、西安交大苏州质量与可靠性工程技术中心、同济大学苏州研究院、同济大学现代住宅研究院等项目正在洽谈之中。高新技术产业快速发展,新增省高新技术企业10家,累计达76家,新增省高新技术产品17个,累计达133个,规模以上高新技术企业实现产值289亿元,同比增长19.4%,高新技术产业产值占全区规模以上工业总产值的比重为35%。自主知识产权加速涌现,组织申报各级各类科技项目189项,申请专利、授权量分别增长27.2%和76.7%,新申报中国名牌2个、省名牌产品12个、省著名商标2个,全区省级以上著名商标和名牌产品分别增加到20个和27个。

【城市建设】 2008年,中心城区综合改造加快推进,中心城区控制性详规编制工作进入专家论证阶段;东吴北路金融商贸中心、县前街商业街区和文体中心等重要项目完成规划设计和报批;一批高层商务办公楼投入使用,另一批高层建筑开工建设;月浜街、水香街、县前街、苏苑街等街道综合改造竣工;水香一村二村、文卫新村、东吴花园、东苑村、月浜二村等老新村改造顺利完成;太湖东路东吴大桥顺利贯通。城区拆迁安置加速推进,拆除各类房屋937户共17.5万平方米,首期12万平方米蠡墅花园安置房年内可交付使用。开发区基础设施和载体建设加快推进,尹山湖生态商圈还湖改造工程基本结束,湖心尹山岛、北岸市民广场及部分沿湖景观亮装出彩;东吴南路风情一条街加快建设,东方商城建成开业,澹台湖公园投入使用;越溪副中心控制性详规完成论证报批,一批综合办公大楼相继建成投用;东太湖滨湖新城概念性规划进一步细化完善,东太湖综合整治工程已报国家发改委审批;太湖旅游度假区基础设施和重点项目加快建设;太湖文化论坛国际会议中心建设顺利推进,旅游集散中心开业运营,蒯祥大道工程进展顺利,蒯祥园一期工程竣工,渔洋山生态文化园一期落成;太湖水底世界主体建筑、香山国际大酒店一期工程完成;苏州太湖休闲俱乐部、太湖纯水岸、华丽家族太上湖等项目破土动工。各镇、街道规划编制工作和城镇改造建设步伐加快推进。木渎片区控制性详规、东山镇总体规划完成,直镇、临湖镇、郭巷街道、横泾街道总体规划抓紧完善,金庭、光福两镇总体规划已经省政府批准。交通道路进一步完善,完成穹窿山景区旅游专线、木渎至越溪段扩建、直甫澄路南段改建、三山岛旅游公路、临湖湖桥大道改建等道路建设,宝带西路延伸、东山环山公路扩建进展顺利,配合苏州市全面推进轻轨1号线木渎段建设。各镇、街道按照城镇化发展要求,加快推进城镇改造建设步伐,城镇形态和功能进一步完善。

【新农村建设】 2008年,农村改革进一步深化。新增农村各类合作社41家,新增入股农户1.18万户。苏州洞庭东山、西山两个碧螺春茶叶联社成为全国首批茶叶专业合作联社,吴中区农保转换城保、农民持股进城走进央视"对话"节目。现代高效农业成效显著,新增高效农业种植面积667公顷(1万亩),8大基地、6大市场建设加快推进,临湖万亩水产示范基地核心区、东山千亩蔬菜示范基地顺利完工。农村经营管理全面加强,全区村级集体净资产31.25亿元,村级稳定收入平均超350万元,超千万村达16个。在全省县市级中首家完成农村集体资产清产核资和产权登记。农村基础设施和环境建设步伐加快,16个新农村服务中心建设快速推进,17个薄弱村文体中心建设有序进行,21个环境重点整治村建设全面铺开。新建村级垃圾中转站89个,疏浚河道174条、整治河道142公里。

【生态建设】 2008年,整顿太湖网围养殖顺利推进,共拆除西太湖网围1573公顷(2.36万亩),涉及养殖户441户,支付赔偿金近8000万元,异地安置养殖水面254公顷(3810亩),东太湖网围养殖整治签约全面完成,测算补偿资金约6亿元。环太湖生态工程大力推进,绿化造林、湿地营造、生态恢复"三大绿色"工程成效显著,新增绿化667公顷(1万亩)。全面实施环太湖大道两侧水面船舶专项整治,700余条船只全面整治到位,建成临湖、东山避风港。经省农林厅批准,苏州太湖湿地公园成为首家省级太湖湖滨湿地公园。污水处理设施建设全面推进,城南污水处理厂7.5万吨一期工程、木渎污水处理厂三期工程投入运行,开发区河东2.5万吨污水处理厂二期工程开工,金庭污水处理厂完成除磷脱氮工程,城区污水处理厂改造开工建设,16个村级生活污水处理设施完成建设,44个自然村污水处理设施建设全面推进。环境整治土地复耕取得新进展,实施废弃露采矿山整体复垦,完成木渎尧峰山、藏书建材厂、胥王山、万禄山等山体清坡复绿64万平方米,整治废宕地66.67公顷(1000亩)。吴中区被省国土资源厅评为"土地执法模范区"。

【社会事业】 2008年,教育事业取得新成就,高考万人本科率创历史新高,喜获苏州大市理科状元。教育投入和教育资源整合力度加大,苏苑实验小学、越溪中学等新校完成易地新建并投入使用,义务教育办学条件全面提升。文化体育事业蓬勃发展,成功举办了碧螺春茶文化节、太湖开捕节、中国羊肉美食节和庆祝开发区建区15周年等重大节庆活动,举办"三下乡活动月"和"广场文艺周"文艺演出,全区新增公益性文化阵地面积1.4万平方米,一批文体中心和文体活动室建成投用。医疗卫生事业发展较快,吴中人民医院综合大楼改造、瑞华医院建设顺利推进,金庭医院、木渎人民医院新门急诊大楼建成投用,新建、改建社区卫生服务站33个。疾病预防控制体系进一步健全,卫生应急能力得到进一步增强,普惠医疗救助服务积极开展。社会保障事业成效显著,社会保险覆盖面进一步扩大,农村社会保障制度进一步健全,农保缴费基数、被征地老年人员保养金、农村合作医疗筹资标准进一步提高,13万多被征地农民转入城镇保险。社会弱势群体利益得到有效保障,城乡居民最低生活保障标准提高。全力支持四川抗震救灾,全区收到慈善总会、红十字会捐款捐物合3760万元,党员缴纳特殊党费1118万元。就业再就业工作扎实推进,新增劳动力就业岗位4.8万个。廉租房建设工程大力推进,建成保障性住房16万平方米、1366套。

【民主法制建设】 2008年,全区民主法制建设有序推进。人大及其常委会认真履行职责,围绕人民群众关注的热点、难点问题,认真开展了调研和执法检查。政协围绕区中心工作认真开展调研,积极建言献策,在政治协商、民主监督和参政议政中发挥了重要作用。实施"基石"工程,全面推行镇、村党务公开,扩大党内民主,加强党内监督。积极开展普法教育,坚持依法行政,切实保证司法公正,法治环境进一步改善。平安吴中建设扎实推进,"大防控"体系建设进一步加强,技防、巡防、外来人员管理网络进一步完善。民兵应急支队发挥维稳作用,"大调解"工作机制逐步健全,形成了3级调解组织协调联动、社会参与的大调解格局,成功调处各类纠纷。信访工作进一步加强,深入开展"书记大接访"活动,信访总量持续下降。扎实抓好争创先锋村和整顿帮扶薄弱村工作,加快推进富民工业区开发建设,帮助薄弱村脱贫致富,保障社会稳定。重视安全生产,生产事故明显减少。

【干部队伍建设】 2008年,大规模开展干部培训,举办各类干部培训115期。加大对年轻干部和女干部的培养力度,干部队伍结构进一步优化。加强农村基层干部队伍建设和对大学生村官的教育培养力度,滚动调整充实村级后备干部。广泛开展"作风效能建设",以机关作风效能建设"提升年"为抓手,深入开展"争创五型机关、争做五型干部"主题教育活动,机关为经济社会发展服务的自觉性进一步提高,创新意识、向上争取意识进一步增强。扎实推进廉政建设,坚持标本兼治、综合治理、惩防并举、注重预防的方针,全面落实党风廉政建设责任制,积极开展定期巡查、廉政风险点排查工作,在坚决惩治腐败的同时,更加注重治本、更加注重预防、更加注重制度建设。继续深化"思廉、树廉、讲廉"主题教育活动,继续实行干部廉政谈话、诫勉谈话、个人有关事项报告制度。立案查办了一批腐败案件。

相 城 区

【概况】 位于苏州城北部,北与常熟市接壤,东邻苏州工业园区,西接苏州国家高新技术产业开发区,土地面积496平方公里。下辖4个镇、4个街道和1个省级经济开发区,有79个行政村、36个居委会。户籍人口36.5万人,外来人口44.4万人。区人民政府驻元和街道。2008年,全区实现地区生产总值276.4亿元,同比增长19%;全口径财政收入74.89亿元,增长68.1%;地方财政一般预算收入24.5亿元,增长24%;完成全社会固定资产投资168.0亿元,增长10.2%;城镇居民人均可支配收入22545元,增长11.5%;农民人均纯收入11654元,增长12.6%。

【区域经济】 2008年,全区实现工业总产值761.9亿元、工业销售收入733.4亿元、工业利税721.3亿元,同比均增长19.9%。规模以上工业实现销售收入467.83亿元,年销售收入超亿元的企业总数达到93家,比上年增加11家。高新技术产品产值128.04亿元,增长11.2%。完成工业性投入74亿元,增长9.2%。澧湖产业园建设框架初步拉开,道路、管网等配套设施逐步完善,一批先进制造业项目正陆续进驻。下半年对一、二、三产比例进行优化调整,全年实现第三产业增加值110.6亿元,增长22.2%;服务业投资达到87.5亿元,占全社会固定资产投资的54%。物流业快速发展,物流企业总数达到44家,注册资本7亿元。望亭国际物流园盛丰物流、通联物流竣工开业,普洛斯物流一期土建完成,点通物流、大田物流完成注册。举办了"第二届相城房地产交易会",全年销售商品房面积75万平方米。成功举办了"2008苏州相城中国珍珠节暨世界休闲小姐总决赛"、"第三届中国苏州美食节"、"中国第七届荷花产业论坛"等重大节庆活动。荷塘月色湿地公园通过国家3A级旅游景区验收,首批8家农家乐星级饭店通过市级质量评定。启动葫芦岛、莲花岛等生态旅游载体建设。全年接待游客120余万人次。金融业持续发展,年末金融机构人民币存款余额316.8亿元,其中储蓄存款余额159.3亿元;贷款余额252.6亿元,增长21.4%。建成规模化农业示范区4.8万亩,新增高效农业示范面积1.2万亩。外向型农业稳步推进,实际到账外资1436万美元,实现农产品出口创汇738万美元。农业产业化经营发展良好,全区13家市级以上农业龙头企业实现销售收入34.4亿元、利税3.5亿元,新增绿色食品9个。认真落实强农惠农政策,共发放良种补贴、粮食直接补贴、农资综合补贴等资金784万元。

【创新能力】 2008年,出台了鼓励自主创新的政策意见,引导企业加快自主创新步伐。8家省级高新技术企业通过省复审认定,新增省高新技术产品13个,授权专利489件,其中发明专利80件。强化产学研合作,成立了“浙江大学苏州(相城)技术转移中心”、“西安交大企业发展服务中心”,新增市级工程技术研究中心2家、市级企业技术中心3家,全区首家博士后科研工作站在上声电子公司成立。加强科技载体建设,区科技创业园主体基本完工,脱颖科技创业园被认定为省级高新技术创业服务中心。加大科技攻关力度,获批国家级科技项目3个、省级科技项目39个、市级科技项目128个,国家“863”计划项目之“防火防腐涂料”已成功破解关键技术难题。品牌建设取得新成绩,新增中国驰名商标2个、省著名商标4个、市名牌产品37个。

【资源利用】 2008年,严把项目准入关,否决不符合国家产业政策和区域总体规划的建设项目65个。加强劣势产业的综合整治,限期治理化工、印染、电镀(线路板)等污染企业38家,依法关闭污染企业14家。加快减排工程建设,实施了城区、漕湖、望亭、太平、渭塘等污水处理厂的新建或扩建工程,新铺设污水管网90公里,新增日污水处理能力7万吨,全年削减COD排放2100吨、SO2排放6500吨。开展了全国第一次污染源普查,加强环境监察执法,查处各类环境违法案件59起。强化节能降耗,万元GDP能耗降至0.7吨标准煤,下降5%。加强重点耗能企业的监管,加快更新、淘汰落后工艺和设备,共实施节能技改项目61个,总投资1.2亿元。17家企业通过ISO14000认证,20家企业通过清洁生产审核验收。强化资源集约利用,完成土地二次开发项目165个,涉及土地33.33公顷(500亩),新增建筑面积83.3万平方米。大力开展土地复耕整理,净增耕地34.67公顷(520亩),望亭万亩土地整理国家级项目通过验收。推广使用新型墙体材料,50%以上的建筑达到节能设计要求。深入推进节水型城市创建工作,顺利通过省级验收。渭塘镇渭西村开展了循环经济试点工作。

【城市建设】 2008年,中心商贸城建设初见成效,建成道路9.6公里,人民路、广济路北延等道路主线贯通,“悉尼大桥”等38座特色桥梁土建基本完成,建设隧道2公里,开挖河道2.7公里。全区新增道路49.8公里,太东路黄埭连接线、物流大道等建成通车,苏虞张公路快速化改造全线竣工,沟通了华元东路、济学路、古元路等城区道路。公交网络进一步延伸,新增公交线路10条,基本完成了“农村公交村村通、城区公交路路通”工程。成立了相城出租车公司。御窑小学、陆慕农贸市场投入使用,市民活动中心、市民服务中心、城西污水处理厂、陆慕高级中学、苏州商检局相城办事处等工程进展顺利。加快推进中心商贸城、京沪高铁、城际铁路等重点工程的拆迁工作,全区共拆除房屋84万平方米,新建动迁安置房93.6万平方米。全年圆满完成中心商贸城一期配套工程、市民服务中心、区教育中心、农村危桥改造工程、盛泽湖湿地生态公园、227省道分流线北延绿化示范工程、花卉植物园、3个11万伏输变电工程、公交首末场站等9个政府实事工程项目。

【城市管理】 2008年,加快城市规划编制,完成了各镇(街道)总体规划、“水城”和中心商贸城综合管线、元和塘以西区域中压电网等专项规划的编制,展开各镇(街道)、元和塘以东地区控制性详规的编制。强化环境综合管理,开展专项执法检查152次。重点开展“四清”专项整治,清理无证无照“五小”车辆5000多辆、废品收购站1350家、码头吊机182台。新增道路指示牌、警示牌242个,道路护栏5500米。实施城区地理信息系统一期工程。启动了宋泾新村一期改造工程,农民拆迁小区纳入社区管理,新建小区物业管理覆盖率达100%。

【人居环境】 2008年,加快生态绿化建设步伐。新增绿化面积2.44万亩,种植花卉3200万株。盛泽湖月季公园、葫芦岛芙蓉园等基本建成,花卉植物园(二期)、荷塘月色湿地公园等项目进展顺利。完成了人民路、广济路北延南段和S227分流线北段等“绿色通道”建设,环太湖140公顷(2100亩)生态防护绿带全面建成。创建市级绿色社区4个、市级绿色学校6个。疏浚河道100条共92公里,建成河道“绿色水廊”12公里。建成农村集中居住区生活污水处理设施9个,元和街道朱泾村被列为省农村生活污水处理示范点。投入资金2.2亿元,完成了阳澄湖网围养殖整治任务。按照“八条标准”,完成58个自然村新农村环境整治和527公顷(7900亩)田容田貌整治。阳澄湖镇通过创建全国优美乡镇省级调研,区获2007~2008年度“绿色苏州”建设一等奖。完成苏虞张公路和澄和路路灯安装、葫芦岛和生态园等景观灯光工程,全区新增路灯3600多套、景观灯2900多套。

【各项改革】 2008年,按照上级部署,完成规范公务员津贴补贴的各项准备工作,顺利实施乡镇机构改革。全面推行内外资企业所得税税制改革。区城建公司、水务公司、交建公司等区属国有公司经营机制不断完善,融资能力增强。新组建了相城创投、苏州高铁车站经济发展、城乡投资和阳澄湖旅游发展等四大区属国有公司。加强了对拟上市企业的指导和服务,罗普斯金铝业股份有限公司上市申请已报国家证监会。新组建了土地股份合作社10家、专业合作经济组织7家,阳澄湖镇莲花蟹业合作社被评为全市首家国家级示范合作社。创新农村集体经济发展模式,共成立镇级联合发展公司7家,注册资金超过3亿元,其中元联置业有限公司年收入超过3000万元。全区村级一般预算收入达4.5亿元,村均可支配收入达450万元,有9个村超过1000万元。

【内外开放】 2008年,出台了加快发展总部经济、旅游业和服务外包等一系列鼓励投资的新政策,加大招商人员考核、奖励力度,提高招商引资效果。组织赴欧州、东南亚、广东、深圳、北京等地专题招商,举办了漕湖产业园、苏州望亭国际物流园投资环境现场推介会。新批外资项目65个,新增注册外资8.0亿美元,实际到账外资3.7亿美元;分别增长12.9%和15.5%。引进内资项目289个,新增注册资本20.7亿元。成功引进了得意精密电子、苏州恒田等注册资本超千万美元的外资项目。应华精密、美达科技、富顺鸿电子等企业增资超千万美元。完成自营进出口总额28亿美元,同比增长15.8%。新批私营企业1200多家、个体工商户7700多户,新增注册资本30亿元。建立了区服务外包基地。

【社会事业】 2008年,学校教学质量明显提升,高考本科进线率同比增长10个百分点,中考合格率提高4个百分点,高等教育毛入学率达53%。全区独立建制小学和初中全部建成苏州市教育现代化学校,望亭中学建成三星级高中。新建、改扩建中小学5所,撤并村小学4所,加强了外来务工子弟学校的管理。三级医疗服务体系日益完善,初步建立新型农村合作医疗信息化平台,对全区45周岁以上本地居民实行了免费健康体检,疾病预防和食品安全工作进一步加强。认真实施建设"健康城市工程",渭塘镇被评为国家级卫生镇,区荣获"江苏省中医特色示范区"称号。计划生育基本国策进一步落实,对持《独生子女证》企业退休人员实行了一次性奖励。开展了违法生育清理和流动人口计划生育专项整治。文化体育事业蓬勃发展,新增文化基础设施面积1.5万平方米,全面实施"农村体育健身工程",新增健身工程(点)66个,成功举办区第二届全民运动会。开展了第三次全国文物普查工作,拟新登录不可移动文物55处,文化市场监管得到加强。成功创建国家二级档案馆,全面启动了相城区志编纂工作。

【社会保障】 2008年,"养老、失业、医疗、工伤、生育"5险联动得到巩固,21万被征地农民纳入基本生活保障体系,农保参保缴费人数达4.6万人,按月享受农保待遇的老年农民达2.51万人。启动了"充分就业三年工程",重点对"零就业"家庭、被征地农民等就业困难群体开展就业援助,年内共组织劳动力就业前指导培训近1.2万人次,举办招聘活动52期,新增就业岗位1.1万个,实现再就业近千人。城镇、农村低保标准分别提高到月人均350元和230元,困难群众价格补贴及时发放到位。建成"慈善爱心超市"10家,低保及低保边缘家庭每月每户享受20~60元慈善购物券。建立特困人员帮扶机制,共为各类帮扶对象发放补助金、优待金近4000万元。社区建设进一步完善,新建街道社区服务中心2个、农村社区服务中心22个。实现"968895"便民服务热线全覆盖,受理居民求助2.7万件,满意率达98.2%。启动区残疾人活动中心建设,建立区首个残疾人创业孵化基地。

【精神文明建设】 2008年,积极创建全国文明城市,继续开展文明行业、文明单位、文明清洁户等群众性精神文明创建活动。北桥灵峰村被评为第四批全国创建文明村镇工作先进村,开发区泰元社区、元和街道凌浜社区获"江苏省和谐示范社区"称号。组织开展"十大孝星"、"千名好儿媳"、"十佳新相城人"、"十大爱心人物"评选活动,选树了一批精神文明典型。编辑出版了《文明365》,向广大群众宣传普及文明知识。以纪念改革开放30周年及感恩教育为主题,组织群众性广场文艺演出70余场次。加强科普基地建设,区生态园被评为省级科普示范基地。继续推进关心下一代和未成年人思想道德建设工作。积极投入四川汶川大地震抗震救灾,累计募集抗震救灾资金和救灾物资折款3300多万元。

【民主法制建设】 2008年,区政府自觉接受区人大及其常委会的法律监督、工作监督,接受区政协的民主监督,按期办结83件人大代表建议和139件政协委员提案,满意率达100%。完善村民自治、社区居民自治等形式的民主管理制度,黄桥街道方浜村、渭塘镇骑河村被命名为"江苏省民主管理示范村",10个村被命名为"苏州市村务公开民主管理示范村"。深入开展创建"法治江苏合格县(市、区)"活动,加强了"五五"普法教育,区级民主法治村(社区)达标率为100%。依法开展了产品质量、税收、物价等专项检查,治理无证无照经营,创建消费放心城区。深入推进"平安相城"创建活动,人防、技防、物防"三个全覆盖"作用逐步显现。强化情报信息预警机制建设,新设立外来人口信息采集点92个。加强了"奥运"和"残奥"期间的安全保卫。严厉打击各类刑事犯罪,全年共侦破治安刑事案件2500多起。全力维护安全稳定局面,加强公共应急管理,制定区级各类应急预案5件,建立了企业预警机制。强化安全生产监管,各镇(街道)、开发区全部设立了安全监察中队,开展了安全生产"百日督查"行动,对化工行业、建筑领域、公共场所、交通道路等安全隐患进行排查治理,全面完成4个市级、20个区级、50个镇级安全隐患挂牌整改单位的整改,关闭危险品、化学品生产经营单位26家。健全大调解工作机制,成功调处各类社会矛盾纠纷2500多起。全年受理人民来信来访2800多件(次),年内结案率达97.5%,办理"领导信箱"来信800多件,办结率100%。另外,社区矫正、安置帮教、法律援助、法律服务、协调宗教事务等各项工作也进一步加强。

平 江 区

【概况】 位于苏州城区东北部,下辖6个街道办事处、42个社区居委会。区域面积22.47平方公里,人口23.11万人。区人民政府驻临顿路176号。2008年,实现地区生产总值97.1亿元、地方财政一般预算收入9.07亿元,同比分别增长15.5%和11.9%。

【区域经济】 2008年,加快转变发展方式,经济运行质量不断提高。积极应对全球金融危机加剧、宏观经济环境趋紧等不利形势,全区经济总体保持了平稳健康的发展态势。7大服务业集聚区初期建设方案制定落实,全年完成服务业增加值79.8亿元,占地区生产总值的比重达82.2%,同比提高1.9个百分点。社会消费品零售总额、批发零售贸易总额分别实现145.6亿元和354.7亿元,分别增长17.8%和16.4%。通过创新招商形式,组织服务业招商推介会等活动,全年新增企业857家,净增注册资本30.2亿元。其中新增注册资本500万元以上规模的企业62家,新增成熟型、知名品牌型、房地产市政类企业达30家,多家总部型企业成功落户。民营企业创税突破15.5亿元,占税收总额的90%以上。22家商务楼宇总面积突破13万平方米,累计产生税收1.3亿元。创新科技园中街路分园被评为省级高新技术服务中心,法泰电器、六六视觉获得"省高新技术企业”称号,其中六六视觉进入“江苏省百强民营科技企业”行列。

【改革创新】 2008年,继续深化改革创新,体制机制活力增强。按照市政府关于深化市区城市管理体制改革的总体要求,进一步理顺区级城市管理和建设部门的职责,组建区市容市政管理局,城市管理行政处罚权进一步集中,实现了无缝隙管理。坚持维护集体经济利益、理清社区职能和社股彻底分离的原则,顺利试点完成了苏站和新华2个社区的社股分离改革,实现了社区股份经济合作社与社区党组织、居委会、工作站等组织设置分离。完善政府收支分类体系,强化财政支出监督管理,逐步推行行政事业单位公务卡结算制度,制定完善了区级公务员津补贴改革方案。社区管理改革创新不断深入,“3645开心生活”工程成效明显,“金乡邻大家庭”建设全面实施,“金乡邻互助联盟”、“美丽心灵”和“便利街坊”等一批社区服务品牌各显特色,“一家人开心生活热线”、“一家人开心生活网”初步构建,“e家网社区信息管理系统”正式开通,评选表彰了首届“和谐社区创新奖”。80名社区工作者通过了全国助理社会工作师职业水平考试。以升级扩容为重点,区行政服务中心增设了组合体检、婚育服务、中介服务、便民热线“四大功能”,“幸福港湾”一站式婚育服务中心获得“全国婚姻登记规范化建设示范窗口单位”称号。调整重组国有资产存量,加强国有企业管理,各国有企业经营业绩斐然,国有资产保值增值能力显著增强。

【城市管理】 2008年,加速推进城区建设,区域环境面貌持续改善。全区重点项目多、投资总额大、项目进展快。全年新批各类建设立项90个,完成全社会固定资产投资43亿元。以“绿色平江、生态新城”为主题,平江新城建设年累计投入建设、拆迁资金17亿元,10大生态工程建设全面推进,已完成江月路二期、前塘河公园等9个项目,在建或新开工道路、河道、公建配套和绿化景观18个,完成拆迁36万平方米。积极为市重点工程提供服务,保障人民路、广济路、齐门路、梅巷路北延工程的顺利竣工,彻底改变了城北地区交通状况,实现了古城与新城的畅通对接。观前商圈扩容升级启动工程——蕾娜斯项目改造全面竣工,美罗周边项目5层商业楼完成地下室封顶,绿化休闲广场完成地下室开挖。平江历史街区保护整治不断深入,全年修缮房屋5130平方米,完成招商5471平方米,接待中心竣工验收,大儒巷、菉葭巷、平江实验学校配套停车场建设完成前期准备。区新行政中心建设全面展开,桩基施工基本结束。西中市环境整治与业态调整同步推进,调整确认79户商家达到业态标准。庙桥农贸市场顺利搬迁,为泰伯庙修复创造了条件。全年新建改建防汛泵房2座、垃圾中转站1座、公厕12座,翻修街巷路面1.4万平方米,铺设雨污水管道21公里,新建改建绿地4.7万平方米,修缮危旧房8.37万平方米。永林新村等老住宅小区综合整治和观前、桃花坞地区街巷综合整治全面竣工,西中市地区27条街巷综合整治有序推进,农贸市场升级改造基本完成。东中市交通整治成效明显,火车站地区综合改造动迁扫尾、城际铁路建设动迁、轨道交通1号线站点建设相关拆迁均顺利完成。市新“三馆”和南仓街整治改造、“芳草苑”项目以及区域剩余项目拆迁扫尾工作有序推进。

【民生保障】 2008年,坚持经济发展与民生保障同进步、同提高,深入推进创业富民、就业利民、保障惠民、和谐安民4大工程。集政策宣传、创业培训、项目推介、融资服务于一体的区域创业服务体系不断完善,举办了“七个一”创业宣传和“市民创业大赛”活动,建成了观前阳光、寒香会社等一批市民创业孵化基地。全年新增就业岗位25131个、9195名失业人员实现再就业、开发公益性岗位1014个,分别完成年度目标的314%、102%和144%。社会保障覆盖面不断扩大,全年净增参保单位663家、参保人数5289人,连续65个月保持增长态势,创下“平江纪录”。企业退休人员社会化管理服务工作稳步推进,47503人纳入社区管理。建立健全慈善总会、慈善基金会、慈善超市三位一体的扶贫救助体系,全面落实低保标准调整政策,累计向困难群众发放救助款物1785.8万元。对口支援四川地震灾区,共募集救灾款物1038万元。展开第一次全国污染源普查,深入推进环保“六查一提高”专项整治行动,城市生态环境不断改善,空气质量、声环境质量达到功能区标准和区域环境规定标准。开展新一轮“平安平江”建设,“五五”普法顺利通过省级中期评估,15个社区达到省、市级“民主法治社区”标准。开展安全生产专项整治和古城民宅火灾事故应急救援实战演练,编制应对突发事件预案,应急处置体系逐步完善。全年处理群众来信279件、来访268批次,办结市长信箱、区长信箱、公众监督来信505件,妥善解决了一批群众反映强烈的热点难点问题。

【社会事业】 2008年,社会事业协调发展、全面进步。实施创建全国文明城市“1125”工程,落实《苏州市提高市民文明素质行动计划》,弘扬苏州城市精神和“融古铸今”的平江精神。启动实施“一个计划、两大工程”,未成年人思想道德建设不断加强,优秀传统文化进校园主题活动取得成效。协调发展各项社会事业。广泛开展群众性科普活动,建成市级以上科普教育基地8个。善耕实验小学北校区、崇道小学、虹桥幼儿园新园、平江实验学校“恩玲楼”和敬文实验小学“学恩楼”建成启用,区市民活动中心、平江实验幼儿园建设加快实施。顺利通过省政府教育督导团教育现代化水平评估,成绩列苏州大市县(区)级第一。开展第三次全国文物普查和非物质文化遗产保护工作,成功举办2008“平江之春”古韵风情节、“盛世观前”第二届中国民间手工艺艺术节等重大活动,苏扇制作等4项传统手工艺分别成功入选国家和省非物质文化遗产保护名录。区疾病预防保健中心、生殖健康服务中心投入使用,白塔、娄江公办社区卫生服务中心加快建设。加强食品卫生监督,在全省首创启用“公共卫生地理信息系统”。落实人口和计划生育目标管理责任制,继续稳定低生育水平,为独生子女退休人员发放一次性奖励金。继续开展创建消费放心城市活动,观前街再度被命名为全国“百城万店无假货”活动示范街,东北街步行街被命名为全省“百城万店无假货”活动示范街。另外,全区在地统计、第二次全国经济普查、双拥、人民武装、人民防空、老龄问题和妇女儿童等工作都取得了新成绩。

【民主法制建设】 2008年,加快转变区政府工作职能,认真执行区人大及其常委会的决议、决定,自觉接受人大代表和政协委员的监督,坚持重点工作向人大报告、与政协通报协商制度。重点项目建设、国有资产运作、服务业集聚区建设等重大事项,区政府都主动专题向人大主任会议报告和向政协主席会议通报，听取意见。高度重视人大代表、政协委员的意见、建议，认真办理市和区人大代表建议、政协委员提案136件。认真落实规范性文件备案审查、行政许可案卷评议制度。以“反腐倡廉制度规范执行年”活动为抓手，深入贯彻《建立健全惩治和预防腐败体系2008~2012年工作规划》，加强国有资产管理、预算执行、工程建设等重点领域的行政监察和审计监督，全年完成审计项目22个。以施行国务院《政府信息公开条例》为契机，推进政府信息公开规范化、制度化建设，全面梳理公开内容，区政府及所属部门5大类17项政务内容实行信息公开。深入推行岗位责任制、首问负责制、服务承诺制、限时办结制、责任追究制等效能监督制度，办事效率和服务水平明显提高。区行政服务中心受理项目扩展至122项，全年受理企业、群众申办事项36278件，项目审批承诺期限缩短到5个工作日以下，实现了零投诉。

沧　浪　区

【概况】 位于苏州市城区中南部。下辖6个街道、1个新城管委会和67个社区居委会。区域面积25.62平方公里，常住人口32.5万人。区人民政府驻十梓街338号。2008年，全区实现地区生产总值127亿元，比上年增长13.3%；完成全口径财政收入22.4亿元，与上年基本持平。完成地方财政一般预算收入13.2亿元，比上年略有下降。新增注册资金46亿元，比上年增长12.2%。全区经济平稳增长、结构优化，民生改善明显，社会事业进步，社会大局稳定，经济和社会继续保持良好的发展态势。

【区域经济】 2008年，全区经济总体情况稳定健康，产业结构趋向优化。服务业占地方财政一般预算收入的81.2%，其中现代服务业实现8.6亿元，占地方财政一般预算收入的65%。科技企业发展健康，全区近千家科技企业全年实现地方财政一般预算收入1.45亿元，占全区总量的11%。沧浪创业园被命名为国家高新技术创业服务中心。投资2000万元，合作建立总面积为1.15万平方米的江苏苏州大学科技创业园有限公司，引进了承担国家863计划的苏州数字地图网络有限公司等34家高科技公司，填补古城区无国家级科研项目的空白，并顺利通过省级大学科技园的验收。房地产业(包括二手房)实现地方财政一般预算收入4.155亿元，比去年下降28%。扶持发展楼宇经济，引导天和大厦等一批楼宇业主加大投入，促进楼宇升级更新，增强发展后劲。55幢楼宇共实现地方财政一般预算收入1.52亿元，比上年增长12.2%。其中，木杏大院、商务大厦、泰华商务楼成为税收超3000万元的楼宇。全年共引进企业960家，新增注册资金46亿元，比上年增长12.2%。企业投资规模不断扩大，投资超过亿元的有9家，其中国际品牌LV、国内品牌“苏阿姨”和总部企业“来伊份食品有限公司”成功落户沧浪区。

【实事项目】 2008年，全区实事项目有序推进。沧浪新城全年投资24.2亿元，其中政府投资6.18亿元，范成大路、杨素路、吴宫港和运河景观带东段6.6万平方米滨河绿地等项目竣工。公交始末站、天然气调压站、沧浪医院已投入使用。市中医院、电信模块局等项目进展良好。桐泾商务广场、四季晶华社区服务中心、联青双子商务楼项目有序推进。南门商贸区建设稳步开展，工人文化宫改造项目顺利完成建设并投入运行，南门农贸市场已完成搬迁选址和立项，市实验小学搬迁工程已正式开工。投入7200万元用于老住宅小区综合整治，整治面积48.58万平方米，受益居民7286户。首次采用房屋外接卫生间办法，从根本上改善居住质量。投入3600万元整治街巷65条，受益居民11048户。启动横街地区的综合整治。完成直管公房解危修缮1.2万平方米。完成南环、三香等6家农贸市场的升级改造任务。

【城市建设】 2008年，全区基础设施和生态环境不断改善。全年拆除各类违章建筑292处、7214平方米。投入490万元，完成南门路49~1号小区等18处道路排水改造工程。加强区管桥梁检测监护，完成15座桥梁的维修加固。投入518万元，新建改建姑香苑、杨枝塘垃圾中转站及老王家庄等18座公厕。完成灯草桥、邱家村等4座泵闸设施改造，提高了防洪能力，保证区域汛期安全。新增绿地5万平方米，小游园和公共绿地养护质量明显提高。开展“绿色细胞”创建工程，新增市级绿色社区12个，市级以上绿色社区建成率达76%，小学和公办幼儿园绿色学校建成率为100%。完成全国第一次污染源普查。加强餐饮业油、烟、噪声与企业污水超标排放的监管治理，试点餐厨垃圾集中收集管理。环境质量综合指数达86。

【社会保障】 2008年，全区社会保障制度不断完善。全年新增就业岗位19343个，援助帮扶2279名特困人员实现再就业。实施创业助推“1+1”计划，创新创业扶持方式，成立“沧浪区大学生创业联盟孵化基地”和“牵手创业者联谊会”。360多位下岗失业人员通过培训当年成功创业，并提供就业岗位1450个，吸纳近800名下岗人员实现稳定就业。扩大养老、医疗、工伤等保障覆盖面，参保职工净增5950人。落实退休职工社会化管理的各项政策，近6万名企业退休人员纳入社区统一管理。提高农民社会保障水平，被征地农民转为城市社会保障累计达2233人。实施胥江等3个社区卫生服务中心、沧浪区心理健康指导与服务中心建设。投资1136万元，为居民提供药品补贴和集预防、保健、计划生育技术指导、康复、健康教育、医疗为一体的社区卫生服务。实施了12345为民解忧愁工程，开展“新苏州人”和生育关怀行动，为5300多名育龄妇女提供生殖健康普查服务。出资7681.32万元，一次性奖励21337名持“独生子女证”的企业退休人员。开展政府救助，累计发放各类救助资金2766万元。

【社会事业】 2008年，全区社会事业建设全面加强。完成“撤村建居”任务，按《居委会组织法》新建4个社区居委会，6000多人完成了村民到居民的身份转换。完成“1+2+1”社区管理体制的改革，发挥社区工作站承接社区行政事务和公共服务的作用，强化社区居委会的自治功能，壮大“邻里情”幸福联盟的团队力量。鼓励支持社区工作者参加培训，增长知识，已有92人取得全国社会工作师职业资格。建成南门街道社区服务中心，全面推广“好管家”综合管理服务平台，探索数字城区平安创建。建成5个藏书5000册的公共图书馆和电子阅览室。加快养老服务体系建设,以推广"邻里情"虚拟养老院为重点,建成敬老院和老年人信息技术培训中心。国防动员、人防、民族宗教、侨务、妇女儿童等各项工作取得新成绩。

【教育与文化】 2008年,全区加强发展教育事业,落实教育优先发展战略,达到优质、均衡、共享目标。全年财政拨款投入教育经费达1.5亿元,高于财政经常性收入增长比例。全面优化教育资源,优质教育资源比例为95%,小学入学率达100%。健全教师岗位职务培训制度,形成区、辅导区及学校3级培训体系。加强教育科研,承担2个教育技术研究国家级课题、6个国家重点课题子课题研究。开展第八届星级教师评选活动,出资150万元重奖87名星级教师。规范学前教育基础建设专项经费的管理,投入600多万元用于学前教育,学前教育优质资源比例达80.1%。沧浪区被评为全国教育管理信息化标准应用示范区,并成为江苏省全面实施素质教育先进区和江苏省幼儿教育先进区。社区培训学院顺利通过省级验收。

全区文化建设扎实推进。建成沧浪少年宫日晷园、苏州市极地科普馆等科普设施建设。建成定慧寺巷书画一条街,成立苏州美术院。举办第十四届沧浪文化艺术节、古胥门元宵灯会、吴地端午民俗文化艺术节,开设端午文化论坛,精心打造"市民音乐厅",组织各类文化活动近200场。扶持沧浪乐团等优秀业余文艺团队,"吴韵今风"艺术团在首届全国社区健康舞汇演中获得金奖、特等奖两项大奖。开展"全民健身与奥运同行"健身活动,圆满完成迎奥运圣火传递工作。全区顺利通过全国科普示范城区复审。区档案馆顺利晋升为国家二级综合档案馆。

【平安建设】 2008年,全区实现争创"平安五连冠"的目标。以做好奥运安全保卫、维护社会稳定为主线,建立区矛盾调处中心,组建"三位一体"民兵应急大队,完善"大调解"机制,构建"大防控"体系。"平安社区"、"平安单位"、"平安家庭"、"平安校园"建成率均在90%以上。市级"无毒社区"创建达标率100%。完成南门街道"好管家"综合管理服务平台二期、双塔地区公共秩序管理监控信息平台二期、14个幼儿园和10个老新村的技术防范建设。通过"五五"普法中期考评。开展区委书记大接访活动,集中处理信访突出问题和群体性事件,认真办好区长热线、区长信箱,信访受理总量比上年下降4%。加大对食品卫生、安全生产的监管力度,建立安全生产监察大队,开展"隐患治理年"安全生产百日督查专项行动,安全隐患得到及时消除。

【民主法制建设】 2008年,全区开展"规范执法建设年"活动,探索建立行政处罚自由裁量权约束机制,努力建设法治政府。坚持民主决策、科学决策,充分发挥专家顾问的作用。以实施国务院《政府信息公开条例》为契机,进一步深化政务公开工作。推进部门行政审批事项集中办理,扩大网上审批范围。增强区行政服务中心的功能,受理市民各类服务需求9.5万余件,及时办结率为99.7%。强化机关作风建设,认真落实党风廉政建设责任制,推行政务公开及行政权力网上公开。加强预算执行审计、公共工程审计和领导干部经济责任审计,坚持领导干部重大事项报告制度,集中力量加大对重点领域、重点部门和重点资金的审计监督力度。实施财政管理体制改革,设立区国库支付中心教育局分中心。推进使用公务卡,实施公务卡规范化管理。深化行政管理体制改革,梳理区机关各部门、各街道"三定方案",完成区市容市政管理局、区建设局职能的调整,建立区机关和事业单位编外人才库。实施"5+X"公务员能力培训工程,组织《突发事件应对法》等培训,全面提升公务员队伍素质和能力。主动接受人大的法律监督、工作监督和政协的民主监督,坚持重大事项向人大报告、向政协通报的制度。认真办理市、区"两会"议案、建议、提案,综合满意率达到100%。发展基层民主,开设"民意直通车",倾听社情民意,努力解决群众反映的热点难点问题。

金 阊 区

【概况】 位于苏州城区西北部,总面积约35.7平方公里。辖5个街道、39个社区居委会和12个村民委员会(其中有2个村兼挂社区牌子,社区数中未计入)。常住人口20.9729万人,暂住人口11.9733万人。区人民政府驻广济南路268号。2008年实现地区生产总值82.5亿元,同比增长16.2%,其中服务业增长占增长值的81.6%。完成全口径财政收入16.76亿元,增长2.6%。完成地方一般预算收入8.95亿元,增长2.29%。完成全社会固定资产投资19.85亿元。

【区域经济】 2008年,积极应对宏观经济环境变化,出台了扩大内需、保持增长"十项措施",提出了培育税源企业、打造特色街区等"八项行动计划",抓好强化服务、优化结构、深化改革等各项举措,力保经济稳定运行。

强化亲商服务。落实经济普查、统计分析、税源培植等措施,主动为企业排忧解难,提供服务。修订了《新办企业行政性收费补贴办法》,帮助中小企业克服困难。配合领先房产、恒润置业等房地产企业应对市场变化,促进楼盘开发。协助佳福国际等重点楼宇开展招商,鼓励苏州汽车客运集团等总部企业提升规模效益。成立了科技创业人才协会,为科研院所、科技企业搞好服务。引导工业企业向高端制造业发展,逐步推广特色种植、特种养殖等生态农业。

优化产业结构。配合石路国际商城完成升级改造,扶持品牌企业开发阊胥路特色街,成立体育中心商圈商会,举办系列商贸文化活动,推动传统商贸业转型升级。苏州传化物流基地、新东方汽配城二期项目开工建设,机电五金城、一力钢材市场一期项目投入运营。金阊新城累计引进物流及配套企业207家,总注册资本超过21亿元。举办了第二届金阊旅游发展论坛,宣传推介民俗文化。成立了山塘历史文化投资发展有限公司,山塘水上游、夜间游的知名度继续提升,"七里山塘"已成为苏州旅游的重要品牌。

【社会事业】 2008年,完成了一批实事项目。①学校和幼儿园建设。阳光城实验小学、培智学校新教学楼全面建成并投入使用,山塘中心小学移建项目、金阊新城小学和幼儿园建设项目相继开工。②老住宅小区综合整治。三元二村、彩虹新村综合整治全面完成,共修缮住宅楼175幢,总面积46.25万平方米,惠及居民6469户。③城区街巷综合整治。全年整治街巷58条,道路14.9公里,涉及面积5.5万平方米,惠及居民7925

户。④市政环卫基础设施建设。疏挖下水管道108公里,检修泵闸28座,抢修危房2万平方米。勘查桥梁160座,启动了长青大桥改建工程。对10个“小游园”进行了绿化修补护理,新增小区绿化5.7万平方米。建成压缩式垃圾中转站1座、公厕10座,添置了一批环卫专用车辆。⑤城市综合管理信息化建设。为37家餐饮企业配备了油烟净化监控装置,在山塘河全线安装了水质监控系统。完成了6个公安派出所监控指挥中心建设,在街巷新村安装42处技防设施,为500户村民安装了电子报警系统,实现了全区小学、幼儿园技防设施的联网监控。⑥支持鼓励市民创业。推出创业项目70个,发放小额担保贷款154万元,新增本地户籍创业者1090名,实现了“三年打造3000个小老板”的目标。⑦养老服务和残疾人庇护安养所建设。引导民办养老机构改造设施,新增护理床位100张,提高了每千名老人拥有护理床位数。向辖区生活困难老人、有特殊贡献的居家老人和90岁以上的高龄老人发放养老服务补贴160多万元。建成3处“善爱之家”残疾人庇护安养所。⑧社区服务中心建设。金阊新城北居住区社区服务中心的主体工程已完工,计划2009年上半年启用,为社区居委会办公、居民文体活动提供场所。⑨社区卫生服务中心建设。彩香社区卫生服务中心即将启用。至此,全区各街道社区卫生服务中心全面建成。全年向社区卫生服务机构发放常用药品政府补贴280多万元。2008年,还对6家农贸市场进行了升级改造,实现了“三年改造11家农贸市场”的目标。加强了市场物价监管,完善了民生档案数据库,落实了残疾儿童抢救性康复等各项保障措施。

2008年,科教文体事业全面加强。共申报国家和省市级科技项目35项。建成全市首家0~3岁儿童科教园。通过了区域教育现代化建设的省级评估,全面完成市教育现代化小学创建工作。深入实施“双百奖励工程”,师资队伍建设不断加强。社区教育水平继续提高,被评为首批全国社区教育示范区。坚持公办学校吸纳和规范化办学并举的方针,进城务工人员子女的就学条件不断改善。加强了对传统文化的发掘整理,“轧神仙庙会”被列入苏州市非物质文化遗产代表作名录。鼓励文化产业发展,由亚细亚集团投资拍摄的电视连续剧《风雨雕花楼》得到广泛关注。支持区文联、社科联和各类文化团体建设,完善了区市民活动中心的综合功能。成功协办首届中国农民文艺汇演,举办石路社区邻里节、山塘风情文化节、全民健身月等活动,圆满完成奥运火炬在辖区的传递保障任务。

2008年,全区卫生和计划生育事业进一步发展。落实了公共卫生事件应急机制,加强了食品卫生监管,严密防控手足口病等重大疫情。完成儿童计划免疫4.6万人次,其中流动人口儿童2.6万人次。通过了国家卫生城市省级复查。区红十字会服务功能得到拓展,无偿献血工作圆满完成。全面兑现计划生育家庭奖励政策,落实了流动人口计划生育服务卡、公益金发放等制度,低生育水平保持稳定。

2008年,开展了充分就业社区创建活动,落实了再就业帮扶政策,举办职业招聘会45场,推出就业岗位1.2万个,提供公益性岗位802个,全区再就业率保持在98%以上。加强了劳动维权工作,办理劳动监察、劳动仲裁案件389件,办结率达100%。加快推进社会保障城乡统筹,全区城镇参保人数达3.2万人,1049名农村合作医保人员转入城镇居民医疗保险。

2008年,在社区建设和社会援助工作取得新进展。开展了和谐示范社区创建活动,达标率超过70%。围绕社区专职工作者、志愿者队伍建设,出台了相关文件,成立了社区工作者协会,推广“四位一体”的社区管理模式,社区服务更加完善。制定了《困难群众临时生活救助实施细则》,在全市首创“百万爱心阳光工程”,向105户重症残疾低保户、大病患者困难家庭和30位特困单亲家庭子女提供援助,增强了扶贫帮困的针对性和实效性。全年共发放各类救助金900多万元,受援3200余户;办理法律援助117件;提供心理健康咨询服务280多人次。

2008年,其他各项事业同步发展。成立了市国防教育学院金阊分院,推进民兵预备役建设,征兵任务圆满完成,优抚政策全面落实,军政军民关系更加密切。完善了人民防空指挥保障体系,平战结合水平继续提高。依法管理民族宗教事务,民族宗教关系更为和谐。进一步加强了侨台工作,设立华人华侨联系服务点,成功协办了苏州市“2008台湾风情周”系列活动。

【城市建设与管理】 一是服务省市重点项目。2008年,沪宁城际铁路、苏州轨道交通1号线等省市重点项目相继启动,清塘路西定销房、北环快速路等项目加快推进。配合重点工程,成立了区动迁指挥部,加强与有关工程指挥部及市规划、国土、建设等部门的联系,采取定期督办、现场会办等措施,争取资金,协调矛盾,累计完成动迁29万平方米,并完成了路面修复、绿化迁移等配套工程。同时,加强了市政交通综合管理,保证省、市重点工程项目的顺利推进。二是金阊新城建设。完成新城规划中期评估,新征用地63.2公顷(948亩),动迁40万平方米,安置被征地农民1211人。投入基础设施建设资金4.3亿元,储运南路、民主路等8条道路全面建成,长泾塘河、陆步桥浜等河道整治顺利实施。完成新城公交首末站、消防站、垃圾中转站等公用配套项目的报批。完成虎池路、城北西路、新城行政商务中心绿化工程,新增绿地43万平方米。白洋湾生态公园一期土方工程已完工,三角嘴湿地公园、西塘河沿线绿化建设取得阶段性成果。三是其他建设项目。推进山塘三期5个重要节点的修复,普福禅寺、贝家祠堂的主体工程已完工,陕西会馆、桐桥遗址项目已开工,山塘保护性修复工程荣获“中国民族建筑事业杰出贡献奖”。石路西区综合改造有序推进,制定了区实验小学移扩建方案,展开定销房地块动迁。整修阊胥路、桐泾路、新庄西路等主次干道,改造冶坊浜、周家浜等城乡结合部的基础设施。区国资商务楼开工建设,计划2009年上半年启用。四是城市综合管理。组建了区市容市政管理局,成立了金阊新城综合管理办公室,主要道路市容管理实施“路长负责制”,深入开展“洁净家园、美化城市”活动,拆除违章建筑6400多平方米,首创的环卫快速反应机制在全市推广。落实了以石路、山塘为重点的区域联动管理和错时作息等制度,完善景观灯光亮化45处,街区面貌明显改观。编制全区水污染防治规划,开展了污染源普查,加强对各类污染的专项治理,创建省市级环保绿色社区5个、学校3所。老城区节水器具普及率达100%。

【各项改革】 2008年,农村改革有序推进。累计成立农村社区股份合作社15家,入社农户1.6万人。以行政村为单位,开展了集体资产清理、产权登记等工作,落实17项财务制度,农村集体资产管理更趋规范。加强了政府预算管理,扩大了国库集中支付范围,区属行政单位财务收支全部纳入统一管理。拟订了区机关非税收入改革方案,出台了《区政府投资项目资金管理办法》,并就加强行政事业单位国有资产和经营性资产管理制订了暂行办法。

【精神文明】 2008年,自然灾害频发、重大活动密集,带动了全区精神文明建设。一是万众一心抗击自然灾害。面对年初突如其来的低温雨雪冰冻灾害,全区上下紧急动员,积极应战,全力以赴保畅通、保供应、保安全、保稳定。同时组织了走访慰问活动,向近3000户困难户、军烈属和特殊家庭提供援助。“5·12”四川汶川特大地震灾害发生后,立即开展“我们的心永远在一起”赈灾募捐活动和“心系灾区、凝聚爱心”赈灾大行动,全区机关、企业、学校和社区共募集善款710万元,缴纳“特殊党费”142万元。二是全民行动创建文明城市。紧紧围绕“多创特色,多出成效,确保不拖全市创建工作后腿”的总体要求,广泛宣传发动,强化组织领导,切实做到思想重视程度到位、各级组织指挥到位、群众发动参与到位、检查整改落实到位,文明创建工作取得显著成效。三是纪念改革开放30周年。借助各类媒体,大力宣传30年来的历史变迁、重大成就和成功经验。举办“激情岁月30年”图片展、“为金阊喝彩”巡回演讲和“光荣与使命”统战工作风采展等大型活动,积极筹备“飞向春天”主题晚会,激发了荣誉感和使命感,营造奋发进取的良好氛围。四是服务大众丰富文化生活。充分利用市民活动中心、山塘街、银河广场等资源,发挥各类民间文艺团体作用,月月办展览、每周有演出,小品《二狗与三丫》荣获全省小戏小品大赛二等奖,群众文化创作繁荣活跃。充分发挥区关心下一代工委“五老”作用,全面加强未成年人思想道德教育,开展了关怀少儿道德活动周、“七彩夏日”等特色活动,建成蔬菜乐园等未成年人教育实践基地。

【民主法制建设】 2008年,法治金阊、平安金阊建设齐头并进。①法治金阊建设。重点加强了对公务员、青少年和进城务工人员的法制教育。确定了区惩治和预防腐败体系建设重点任务,开展了廉政风险排查、廉洁文化建设等工作。行政监察、效能监察、执法监察和审计监督等工作全面落实,权力运行监督机制得到强化。顺利通过“五五”普法中期考核。另外,加快推进法律援助工作站建设,成立了金阊区社会法律工作者联合会,鼓励法律工作者参与公益服务。开展了基层执法民主评议工作,出台了《民主法治社区(村)动态管理办法》,基层民主自治能力进一步加强。②建设平安金阊。组织了影响社会安定因素的集中排查消除和重点防控。通过开展区领导接访走访、制定社会矛盾纠纷调处应急预案、发挥“老娘舅”调解工作室等人民调解机构的作用等办法,化解社会矛盾。在全区各小学、幼儿园配备了专职保安,在3个街道建成综治监控中心,更新了公安队伍警用装备,开展了“严打”专项斗争,社区矫正、安置帮教、无毒社区创建等治安大防控体系建设取得成效。完成北京奥运会和残奥会、寒山寺新年听钟声、轧神仙、开斋节、圣诞节等大型活动期间维护安定的相关工作。挂牌督办33个重点安全隐患,对道路交通、“三合一”及人员密集场所、危险化学品、职业危害、建筑施工、特种设备等6个领域进行专项治理。为机动车辆难以通行的老街巷小街巷配置了多功能轻型消防车,受到全国主流媒体高度关注,也得到省市政法部门充分肯定,并在全市推广。开展了重大安全事故应急救援演练,提高应急处置能力,全年未发生重特大安全责任事故。区行政服务中心年办理行政服务事项3.64万件,办结率达100%。 (肖进提供)

梅梁湖景区山环水抱的湖湾风光

无 锡 市

【位置面积】 无锡市,别名梁溪,简称锡。位于北纬31°7′至32°2′、东经119°33′至120°38′,长江三角洲江湖间走廊部分,江苏省的东南部。东邻苏州,距上海128公里;南濒太湖,与浙江省交界;西接常州,去南京183公里;北临长江,与泰州市所辖的靖江市隔江相望。无锡市为江苏省省辖市,全市总面积为4787.61平方公里(市区1622.64平方公里,其中建成区面积203平方公里),其中:山区和丘陵面积为782平方公里,占总面积的16.33%;水面面积为1502平方公里,占总面积的31.4%。2008年末耕地面积为13.02万公顷。

【地形地貌】 无锡市境内以平原为主,星散分布着低山、残丘。南部为水网平原;北部为高沙平原;中部为低地辟成的水网圩田;西南部地势较高,为宜兴的低山和丘陵地区。无锡市地貌雏形,形成于中生年代印支期(距今约1.8亿年)的华夏系构造。它使无锡地区褶皱成陆。而燕山运动(距今约1.5亿年~7000万年)因强烈的火山活动和新块褶皱构造的形成,使原来比较稳定的基底又生新复活升高。距今约2500万年的喜马拉雅运动,以差异性升降运动为主,它在老构造的基础上,又加强了东西间褶皱和断裂,使江阴、宜兴一线以东形成了以现代太湖为中心的坳陷盆地,即太湖盆地。宜兴地区山体均作东西向延伸,绝对高度500米以上,最高峰为黄塔顶,海拔611.5米。江阴和无锡市区的山丘总体上呈北东、北东东走向,其高度由西南往东北逐级下降。最高峰为惠山的三茅峰,海拔328.98米。

【气候】 2008年无锡市气候特点是:气温异常偏高,降水、日照正常。年初出现连续罕见暴雪天气,雪量及雪深均创历史新高,并伴随较长时间积雪和低温冰冻。年内受台风影响较小,但暴雨、强对流、寒潮、大风等灾害天气频发。

气温异常偏高。全年平均气温16.8℃,比常年偏高1.2℃;平均最高气温21.1℃,比常年偏高1.1℃;平均最低气温13.4℃,比常年偏高1.3℃。年极端最高气温38.5℃,出现在7月6日;极端最低气温-5.8℃,出现在1月31日。偏低最明显的是2月,比常年同期偏低1.3℃;偏高最明显的是3月,比常年同期偏高3.2℃。

全年≥35℃的高温日数18天,比常年多8天,主要集中在7月。<0℃的低温日数41天,终霜日出现在3月20日,初霜日出现在11月20日,无霜期长244天。 (夏 健)

【水文】 2008年,无锡市共有水位站14处(其中潮水位站1处),雨量站22处,流量站11处13个测流断面,蒸发站1处,浅层地下水位站13处,地下水温站1处,水质监测断面88处。

全年降雨量1192.1毫米,比常年雨量多5.3%。全年日降雨量≥0.1毫米的雨日126天,比常年多1天。水面年蒸发量548.9毫米,最大日水面蒸发量9.0毫米(7月29日)。汛期(5~9月)降雨量763.0毫米,比常年同期多11.0%。

(贾小网)

【水质】 2008年,无锡市水资源监测中心在全市66处主要江、河、湖、库水域布设了88个地表水水质监测断面(点)。全年对这些监测断面(点)的监测资料表明:无锡地区总体水环境状况与上年相近,水质污染依然严重。年度水质综合评价(以各参评项目年均值进行评价,下同)为Ⅱ类水的断面为4个,占总监测断面的4.5%,评价为Ⅲ类水的断面为4个,占总监测断面数的4.5%,评价为Ⅳ类水的断面为8个,占总监测断面数的9.1%,评价为Ⅴ类水的断面为19个,占总监测断面数的21.6%,评价为劣于Ⅴ类水的断面为53个,占总监测断面数的60.2%。主要超标项目〔超标指超过《地表水环境质量标准》(GB3838-2002)III类水标准〕为溶解氧(DO)、高锰酸盐指数(CODMn)、五日生化需氧量(BOD5)、氨氮(NH3-N)、总磷(TP)、挥发酚(Fn),超标率分别为21.6%、35.2%、42.0%、72.7%、94.1%、9.1%。 (贾小网)

【资源】 气候资源:无锡市属北亚热带季风气候区。夏季受来自海洋的夏季季风控制,盛行东南风,天气炎热多雨;冬季受大陆盛行的冬季季风控制,大多吹偏北风;春、秋是冬、夏季风交替时期,春季天气多变,秋季则秋高气爽。无锡市气候特征是:四季分明,热量充足,降水丰沛,雨热同季,灾害频繁。年平均气温15.6℃,极端最高气温40.1℃,极端最低气温-12.5℃。年平均降水量1095.1毫米,年平均雨日125天。年平均日照时数1955.4小时,日照百分率为44%。一年中最热是7月,最冷是1月。常见的气象灾害有台风、暴雨、连阴雨、干旱、寒潮、冰雹和大风等。由于受太湖水体和宜南丘陵山区复杂地形等的影响,局部地区小气候条件多种多样,具有南北农业皆宜的特点,作物种类繁多。

水资源:全市共有大小河道3100多条,总长2480公里。市区河道总长150公里,平水期水体容积800万立方米。太湖为江南水网中心,面积2338.1平方公里,总蓄水量为44.28亿立方米,年平均吞吐量约52亿立方米。因此,无锡地表水较丰富,外来水源补给充足。地下水资源据不完全资料测算,市区储量为6349万立方米,年补给量为6453万立方米。

矿产资源:无锡市具有开采价值的矿产资源以黏土矿、石灰石、大理石、玻璃用石英砂岩、建筑石等非金属矿为主,其次为煤、泥炭等可燃性矿产及矿泉水。黏土矿以陶土为主,已探明工业储量5000余万吨。石灰石估算储量17亿吨。大理石估算储量5000万立方米。煤探明工业储量4000余万吨。已通过省级以上技术鉴定的矿泉水井(泉)共有11处,已开发的有5处。

生物资源:植物资源方面,无锡市除栽培植物外,拥有自然分布于地区内以及外来归化的野生维管束植物共141科、497属、950种、75变种。占全国的比例为:植物科数39.94%、属数15.61%、种数3.5%。植物种类中,草本植物有744种,占总数的78.32%;木本植物(包括竹类)有206种,占总数的21.68%。主要用材林有竹、松、杉,优良用材的树种有杉木、檫树、樟树、紫楠、红楠、麻栎、锥栗、榆树等。药用植物400多种。动物资源方面,鸟类有170多种;鱼类为90多种,太湖中的银鱼,长江中的刀鱼、鲥鱼、河豚鱼是名贵鱼类;兽类有30多种,主要有华南兔、穿山甲、豹猫、黄鼬等。

【建制沿革】 无锡是江南文明发源地之一。无锡有文字记载的历史可追溯到3000多年前的商朝末年。公元前11世纪末,周太王的长子泰伯为让王位于三弟季历,偕二弟仲雍,从现属陕西的歧山东奔江南,定居梅里(今无锡梅村),筑城立国,自号"勾吴"。周灭商后,因泰伯无子,周武王追封仲雍的五世孙周章为吴君,建吴国。周元王三年(公元前473年),越灭吴,无锡属越国。周显王三十五年(公元前334年),楚灭越,无锡属楚国。秦王政二十四年(公元前223年),秦灭楚,置会稽郡,无锡属之。汉高祖五年(公元前202年)始置无锡县,属会稽郡。王莽时(公元9年)改名为有锡县,东汉光武间(公元25年)复置无锡县。三国时,分无锡县以西为屯田,置毗陵典农校尉。西晋太康元年(281年)复置无锡县,属毗陵郡。隋、唐、宋相沿。元元贞元年(1295年)升无锡为州,属浙江行中书省常州路。明洪武元年(1368年)又降州为县,属中书省常州府。清雍正二年(1724年),分无锡为无锡、金匮两县,同城而治,均属常州府。宣统三年(1911年),无锡光复,锡金军政分府成立于原金匮县属,辖原无锡、金匮两县;同年5月,撤销锡金军政分府。民国元年(1912年)锡、金两县合并复称无锡县,属苏常道。民国16年(1927年),无锡县直属江苏省。民国23年至民国26年(1934~1937年),为无锡行政督察区专员公署驻地。抗日战争期间,无锡四乡先后建立中共领导的锡北、锡东、太湖、武南、澄西等抗日民主政权。

1949年4月23日无锡解放,分无锡为无锡市、无锡县,市、县同城,无锡市属苏南人民行政公署。1953年建江苏省,无锡市为省辖市;无锡县属先后多次变化,曾经属常州专区、无锡市、苏州专区管辖。无锡市区于1958年6月基本形成了4区格局,即崇安、南长、北塘3个城区和1个郊区。1983年3月,实行市管县体制,原属苏州地区的无锡县、江阴县与原属镇江地区的宜兴县划为无锡市管辖。1988年在马山镇包括马圩地区设立马山区。国务院恢复撤县设市工作后,于1987年4月、1988年3月、1995年6月,江阴县、宜兴县、无锡县先后撤县设市,设立江阴市、宜兴市、锡山市。1995年3月1日,无锡市市区和无锡县行政区划进行部分调整,组建无锡新区。郊区旺庄乡,无锡县硕放镇和坊前、新安、梅村3镇的19个行政村,连同无锡国家高新技术产业开发区、无锡新加坡工业园,构成无锡市新区。2000年12月,撤销锡山市,设立锡山区和惠山区;撤销马山区,将马山区的行政区域和锡山市的部分镇(9个)并入无锡市郊区,并将郊区更名为滨湖区。

(无锡市民政局区划地名处)

【行政区划】 无锡市人民政府驻崇安区解放南路,辖崇安、南长、北塘、锡山、惠山、滨湖、新区7区及江阴、宜兴2市(县)。2008年,全市有41个镇,40个街道(办事处),下设679个村委会、521个居委会、村居合一119个。　(汪隆顺)

【无锡市部分行政区划调整】 5月24日,江苏省人民政府苏政复〔2008〕28号批复,5月30日,无锡市人民政府锡政发〔2008〕149号批复,同意撤销江阴市夏港镇,以其原辖区域设立夏港街道办事处,办事处管理1个居委会、10个村委会;同意撤销江阴市申港镇,以其原辖区域设立申港街道办事处,办事处管理4个居委会、8个村委会。　(汪隆顺)

【经济建设】 2008年,无锡经济社会发展经受严峻挑战,从年初低温雨雪冰冻灾害到国际金融海啸,都给经济社会发展带来了困难。全市以科学发展观为指导,积极应对挑战,以优化发展、转型升级破解重重困局,经济社会实现了平稳较快发展的良好态势,经济总量再上新台阶,人均GDP突破1万美元,社会事业全面进步,人民生活水平不断提高,生态建设和环境保护明显改善。

国民经济持续平稳发展。初步核算,全市实现地区生产总值4419.50亿元,按可比价格计算,比上年增长12.4%。其中第一产业增加值63.00亿元,比上年增长3.8%;第二产业增加值2546.57亿元,比上年增长11.7%;第三产业增加值1809.93亿元,比上年增长13.8%。按常住人口计算人均生产总值73053元,按现行汇率折算达10689美元。第三产业增加值占全市生产总值的比重达到41.0%,比上年提高0.9个百分点。

就业和再就业扎实推进。全市城镇新增就业11.8万人,净增就业8.9万人,各类城镇下岗失业人员实现就业再就业7.39万人,帮助持《再就业优惠证》的下岗失业人员再就业18035人。全市城镇登记失业率为3.12%。

民营经济继续稳步壮大。全市民营经济延续上年的良好发展态势,总量继续扩张,规模继续壮大,活力增强。全市民营经济从业人员182.15万人,注册资金2700.62亿元,比上年增长19.5%。民营经济实现增加值2685.77亿元,比上年增长13.0%,占经济总量的比重为60.8%,比上年提高2.3个百分点,完成工业总产值7410.41亿元,比上年增长16.0%,上缴税金327.54亿元,比上年增长22.6%。民营经济固定资产投入893.12亿元,比上年增长7.9%。

市场物品及服务价格增长较快。全年市区居民消费价格上涨5.1%,涨幅比上年提高了1.3个百分点。其中服务项目价格上升0.6%,消费品价格上涨6.9%。商品零售价格上涨5.2%。

【农业】 农业生产稳定发展。全年粮食总产量79.94万吨,比上年增长9.6%。油料总产量1.70万吨,其中油菜籽1.60万吨,分别下降4.0%和7.1%;蚕茧总产量235吨,比上年下降32.3%;茶叶总产量6798吨,比上年增长0.1%;水果总产量129345吨,比上年增长5.7%。

种植业结构发生变化。全年粮食种植面积为12.134万公顷,比上年增加0.366万公顷;油料种植面积为0.816万公顷,比上年减少0.199万公顷。蔬菜面积3.771万公顷,比上年增加0.472万公顷。

林牧渔业生产稳步发展。主要畜产品中,肉类总产量116022吨,比上年增长10.8%,其中猪牛羊肉67538吨,比上年增长4.2%;禽蛋总产量29965吨。奶牛存栏1.86万头,比上年减少21.8%。全年水产品产量12.42万吨,比上年增长1.1%。

社会主义新农村建设进程良好。扎实推进新农村建设重点工作。加快实施农村“三个集中”,并入城镇和农村新型社区的自然村929个。加强农村“三大合作”组织建设,累计建成“四有”示范合作经济组织361个。推进现代都市农业和产业化发展,全市新增农业旅游点18个,新增农业旅游特色村5个,新增农业旅游特色镇4个。建立健全农村社会保障体系,全市农村养老保障综合覆盖率90.5%。着力造就现代新型农民,全市青壮年农民接受职业技能培训比例达到80%。大力推进农村造林绿化,全市完成乡村道路建成林荫道比例达79.8%。大力帮扶农村困难家庭。推进现代化新农村示范镇村争创活动,全市新增现代化新农村建设示范镇7个,新增现代化新农村建设示范村142个。

【工业和建筑业】 工业生产保持平稳增长。全市规模以上工业企业实现增加值2246.21亿元,比上年增长10.3%。分轻重工业看,全年轻工业实现增加值545.05亿元;重工业实现增加值1701.16亿元。2008年全市统计的261个主要工业产品中,产品产量比上年增长的有106个,占全市统计产品数的40.6%,产量增幅超过15%的有45个,占17.2%。

工业经济运行质量继续提高。全市规模以上工业实现产品销售收入9988.63亿元,比上年增长13.8%;产品销售率97.57%,比上年下降0.23个百分点;工业企业实现利税765.83亿元,比上年增长9.8%。其中利润527.74亿元,比上年增长8.2%;亏损企业亏损面14.5%,亏损额42.05亿元,比上年增长59.1%。工业经济综合效益指数达到227%,创历史最好水平,比上年提高6个百分点。

建筑业保持稳定发展。全年全社会建筑业完成增加值147.67亿元,比上年增长4.3%;实现建筑业总产值344.22亿元,比上年增长13.7%。施工房屋建筑面积3558.63万平方米。1个建设工程项目获国家优质工程“鲁班奖”,19个建设工程项目获江苏省优质工程“扬子杯奖”,63个建设工程项目获无锡市优质工程“太湖杯奖”。

【固定资产投资】 投资增速趋于平稳。全年全社会固定资产投资完成1877.02亿元,比上年增长12.1%。从项目构成看,建筑工程完成投资915.30亿元,增长12.1%;安装工程投资110.12亿元,增长37.1%;设备工器具购置完成投资583.84亿元,增长14.3%;其他费用267.77亿元,增长0.3%。分产业投向,第一产业投资6.37亿元,比上年增长198.6%;第二产业投资945.75亿元,比上年增长6.8%;第三产业投资924.89亿元,比上年增长17.6%。分注册类型,国有经济投资326.5亿元,三资经济投资461.74亿元,其他经济投资1088.78亿元。全年城镇固定资产投资建成投产项目1480个,项目建成投产率为74.8%;新增固定资产1028.25亿元,固定资产交付使用率为73.6%。

房地产开发继续增长。全年房地产业实现增加值140.94亿元,比上年下降4.1%。完成房地产开发投资449.72亿元,比上年增长18.9%,商品房施工面积为3333.96万平方米,比上年增长23.0%,竣工面积711.39万平方米,比上年下降3.5%。全年商品房销售面积537.35万平方米,比上年下降30.0%,商品房实际销售额288.85亿元,比上年下降17.7%。

【国内贸易】 消费品市场繁荣活跃。全年实现社会消费品零售总额1391.48亿元,比上年增长22.6%。其中,城市消费品零售额1173.03亿元,比上年增长22.6%;农村消费品零售额218.45亿元,比上年增长22.5%。批发零售贸易业零售额1219.37亿元,比上年增长21.0%;住宿和餐饮业零售额138.51亿元,比上年增长27.5%;其他行业零售额33.60亿元,比上年增长81.7%。在限额以上批发和零售业零售额中,汽车类零售额比上年增长5.4%,家用电器和音像器材类增长15.8%,建筑及装潢材料类增长17.8%,食品饮料烟酒类增长15.6%,服装鞋帽针纺织品类增长13.4%,金银珠宝类增长31.7%。

市场建设稳步推进。年末拥有各类亿元以上商品交易市场68个,市场摊位总量39843个,实现成交额2444.47亿元,比上年增长20.6%。其中综合市场15个,专业市场41个,其他市场7个。专业市场实现成交额1919.39亿元,比上年增长19.5%。新型流通业态以及现代经营方式均有较快发展。

【开放型经济】 对外贸易保持平稳增长。全年实现外贸进出口总额560.28亿美元,比上年增长9.6%。其中,进口总额202.43亿美元,比上年下降7.3%;出口总额357.85亿美元,比上年增长22.0%。有进出口实绩的企业累计5683家,其中内资企业3102家。生产企业、外商投资企业出口快速增长。全市生产企业出口83.46亿美元,比上年增长31.9%,占全市出口额的23.3%。外商投资企业的出口256.62亿美元,比上年增长19.7%,占全市出口额的71.7%。外贸公司出口17.77亿美元,比上年增长14.4%,占全市出口额的5%。民营企业出口势头迅猛,全年共完成出口74.95亿美元,比上年增长31.7%,占全市比重的20.9%。

2008年无锡市对主要国家和地区进出口总额及增长幅度

表10 单位:亿美元

国家和地区	出口额	比上年增长%	进口额	比上年增长%
美国	56.11	10.6	11.65	-40.3
韩国	40.47	44.5	27.29	-6.8
日本	35.78	5.8	56.58	-4.1
香港	31.95	10.1	0.62	-39.6
德国	20.80	27.4	12.47	11.3
西班牙	14.02	57.4	0.41	23.8
荷兰	9.98	33.2	4.70	-15.2

利用外资结构持续优化。全年新批外资项目282个,新增工商登记协议注册外资51.35亿美元,到位注册外资31.67亿美元,比上年增长14.2%。全市完成协议注册资本超3000万美元重大外资项目32个,比上年增加4个。至2008年底,全球财富500强企业中有74家在无锡市投资兴办了143家外资企业。

对外经济合作稳步推进。全年新签外经合同金额2.82亿美元,比上年下降15.0%;实际完成营业额1.87亿美元,比上年下降23.9%;期末在外劳务人数1546人,比上年下降12.1%。年末全市外经获权企业数达15家,其中对外劳务合作企业7家。全年完成境外投资项目67个,中方投资额达1.46亿美元。

服务外包产业迅速发展。全年全市服务外包产业接包合同总额9.41亿美元,离岸服务外包跃居全省第一、全国前列。全市目前已拥有全球服务外包100强、全国服务外包50强投资企业17家。与此同时,服务外包企业规模也是日益壮大,截至2008年底,全市已有300人以上规模的服务外包企业21家,获得CMMI国际资质认证企业31家,服务外包从业人员达到3.7万人。

【交通、邮电和旅游业】 社会运输能力继续提高。全市年末全社会拥有车辆99.82万辆,比上年下降9.5%。其中汽车49.94万辆,比上年增长15.5%。私人汽车又有大的发展,年末达到31.79万辆,比上年增加6.11万辆。

全社会客货运量全面增长。全年完成客运量24248万人次,比上年增长3.8%;完成货运量11451万吨,比上年增长6.3%。全市港口货物吞吐量16401万吨,比上年增长12.1%。全年空港旅客吞吐量164.2万人次,比上年增长20.8%。

邮电通讯持续较快发展。全年邮电业务总量81.67亿元,比上年增长4.2%。邮政服务门类增多,投递速度加快。全年发送函件11892万件。邮政特快专递522.79万件,比上年增长17.9%。年末固定电话交换机总容量达491.08万门,增加73万门。城乡本地固定电话用户270.32万户,其中移动市话67.89万户。移动电话用户达到592.06万户,增加88.06万户。计算机互联网用户达到95.80万户。

国内、国际旅游业稳定发展。全年共接待旅游、参观、访问及从事各项活动的入境游客64.96万人次,比上年下降14.7%;接待国内游客3682.44万人次,比上年增长9.9%。旅游总收入达520.30亿元,比上年增长16.7%。全市拥有年接待游客10万人以上的景区35个,国家5A级景区1家,国家4A级景区13家,3A级景区8家,2A级景区12家。年末全市星级宾馆已达63家,其中五星级宾馆6家,四星级宾馆18家。全市拥有国际旅行社16家,国内旅行社102家,全国工农业旅游示范点12家。

【财政、金融和保险业】 财政收入快速增加。全市完成财政总收入909.16亿元,比上年增长28.6%。财政总收入占地区生产总值的比重为20.6%,比上年提高2.3个百分点。其中地方一般预算收入365.43亿元,比上年增长21.6%,基金收入185.75亿元,比上年增长66.6%,上划中央四税357.98亿元,比上年增长21.4%。财政支出结构继续调整。一般预算支出338.98亿元,比上年增长25.2%。

金融存贷款规模扩大。年末金融机构各项本外币存款余额达5483.85亿元,比上年增长24.3%;各项本外币贷款余额3842.86亿元,比上年增长19.7%。存款中,企业存款余额1946.20亿元,比上年增长9.5%;城乡居民储蓄存款余额2285.12亿元,比上年增长32.1%。贷款中,短期贷款2026.41亿元,比上年增长8.6%;中长期贷款1325.07亿元,比上年增长31.1%。全年银行现金收入10063.04亿元,比上年下降3.1%;现金支出10320.93亿元,比上年下降2.4%;全年现金净投放257.88亿元。

保险业发展势头良好。全年实现保费收入94.72亿元,比上年增长26.7%。其中财产险收入25.62亿元,比上年增长17.2%;人寿险收入69.10亿元,比上年增长30.6%。保险赔款支出18.05亿元,比上年增长37.4%。保险给付支出21.94亿元,比上年增长59.0%。

【科学技术和教育】 科技力量增强。全市共有国家、省级工程技术研究中心36家,市级工程技术研究中心85家,国家、省级科技创业服务中心22家,市级科技创业服务中心4家,国家、省级重点实验室、公共技术服务平台23家,市级重点实验室、公共技术服务平台15家。

高新技术产业快速提升。全市高新技术产业增加值占全市规模以上工业增加值的比重为41.5%,比上年提高2.9个百分点。集成电路产业实现主营业务收入254.56亿元,比上年增长10.8%,光伏产业实现主营业务收入278.47亿元,比上年增长101.6%。全市按新标准认定高新技术企业246家。

科技创新成绩显著。全市专利申请量达10899件,比上年增长51.7%,其中发明专利申请量达到2640件,比上年增长52.3%,专利授权量达5028件,比上年增长11.0%。获国家、省科技计划项目234项,获国家和省科技计划到位经费2.5亿元。省级孵化器数量、中科院与地方科技合作项目、争取科技部国际合作项目数和经费数、省"双创"人才资助项目数和经费数、第四届新世纪巾帼发明家评选获奖数、省创新基金项目数和经费数等6项科技指标列全省第一。

各级各类教育优质发展。年末拥有各级各类学校482所,在校学生80.37万人。其中,普通高校11万人,增加0.7万人。小学和初中的普及率均达100%,巩固率分别为100%和98.36%;盲聋弱智儿童入学率为98%以上;初中毕业生升学率达99.5%,高中阶段毛入学率达113.14%,高考万人本科进线人数26.53人/万,高考录取率达92.1%。无锡市成为首批"江苏省规范教育收费示范市"。深化中小学办学体制改革取得决定性进展。加快学前教育优质均衡发展。优质高中教育资源进一步扩大,全市三星级以上普通高中和省级以上重点职校就读的新生达到高中阶段招生总数的90%。藕塘职教园区建设取得阶段性重大成果,首批6所院校入驻,在园学生近6万人。深入推进双语教育实验,年内新增双语实验学校30所,实验学校累计达到80所。

【文化、卫生、体育和宗教】 文化事业和文化产业加快发展。文化事业精彩纷呈。成功举办了"2008中国(无锡)吴文化节",精心组织惠山文化庙会等文化活动,年内举办"激情周末"等广场文艺演出76场。无锡道教音乐、锡剧、吴歌等5个项目被国务院列入第二批国家级非物质文化遗产名录。无锡市成为全省首个历史文化名城群。鸿山遗址被国家批准列为大遗址保护工程。文艺表演团体和文化设施建设平稳发展。年末共有艺术表演团体10个,文化馆9个,公共图书馆9个,文化站80个,博物(纪念)馆15个。市博物院建成并对外开放。全市人民广播电台节目9套,平均每天播出181.15小时;电视台节目9套,平均每周播出1166.25小时;无锡有线电视总用户已达238.7万户(包括企事业集团用户)。全市基本完成有线电视数字化整体转换工作。电视人口总覆盖率和广播人口覆盖率均达100%。

卫生事业持续发展。医疗条件进一步改善。全市拥有卫生医疗机构2255个,其中综合医院36家,专科医院22家,中医院、中西医结合医院6家,城市社区卫生服务中心23家,社区卫生服务站95家,农村社区卫生服务中心(乡镇卫生院)114家、社区卫生服务站720家,疗养院5家。年末全市共有卫生技术人员2.79万人,其中医生1.15万人;拥有医疗床位2.4万张,其中医院、社区卫生服务中心(卫生院)床位2.3万张。新型农村合作医疗人口覆盖率达到99.8%,卫生服务体系健全率达到100%。医疗水平进一步提高。全市各级医疗机构全年完成诊疗总次数2502万人次,比上年增长2%。医疗科研取得新成果,获省卫生厅新技术引进奖74项,确立局级立项科研项目59项,其中二等奖4项,三等奖16项。获省卫生厅医学新技术引进奖46项,其中一等奖6项,二等奖40项。授予30个项目无锡市卫生系统新技术引进奖。

体育事业蓬勃发展。全民健身服务体系进一步健全。全市所辖市(县、区)100%创建成体育强镇。全民健身工程(点)的建设覆盖全市各行政村(居委),体育中心足球场、篮球场、门球场、溜冰场等各种全民健身设施免费对外开放,实现了群众体育生活化的目标。具有国际影响力的何振梁与奥林匹克陈列馆建成并免费对外开放。各类群众性体育活动精彩纷呈,开展了展示表演、比赛1500多项。国民体质监测常年开展,体育人口达50%。竞技水平不断提升。在第十一届全国冬运会上,无锡籍运动员取得了3银1铜的好成绩。北京奥运会、残奥会上,无锡体育健儿获得了2枚金牌,实现了历史性的突破。体育产业提速发展。年内举办了多场品牌赛事,如国际龙舟邀请赛、世界斯诺克精英赛、中美滑水对抗赛等。体育彩票销售取得可喜成绩。2008年体育彩票销售总额达7.44亿元,创下了无锡体育彩票发行以来的销售额新高。

宗教事业进一步发展。扎实推进第二届世界佛教论坛各项筹备工作,作为论坛会址的灵山梵宫等工程相继落成。宗教团体和场所自身建设不断完善,年末有宗教活动场所220处,教职人员1489名,信教群众36.4万人。

【人口、人民生活和社会保障】 *人口规模有序扩大*。据公安部门统计,年末全市户籍人口为464.2万人,人口出生率7.05‰,人口死亡率7.05‰,人口自然增长率为0.00‰。年末全市常住人口为610.73万人,比上年增长1.9%。人均期望寿命77.12岁。

民族:据2000年第五次人口普查统计,无锡市合计人口518万人。其中汉族516.23万人,占全市总人口数的99.66%;少数民族有藏、回、苗、壮、侗、白、傣、满、畲、彝、瑶、黎、京、蒙古、朝鲜、维吾尔、土家、赫哲、纳西、高山、布依、哈尼、哈萨克、傈僳、佤、水、景颇、土、毛南、普米、塔吉克、怒、俄罗斯、鄂温克、裕固、塔塔尔、独龙、珞巴、布朗、拉祜、仡佬、锡伯、鄂伦春族等43个,总人数计1.77万人,占全市总人口数的0.34%。

居民收入稳步增长。全市城镇集体以上单位在岗职工年平均工资38843元,比上年增长13.0%。市区城市居民人均可支配收入23605元,比上年增长13.0%。农民人均纯收入11280元,比上年增长12.5%。城市居民人均消费性支出13563元,比上年增长10.7%。农村居民人均消费性支出7943元,比上年增长10.7%。居民住房条件继续改善,据抽样调查资料显示,城市居民人均住房面积33.4平方米,农村居民人均住房面积57.7平方米。

社会保障覆盖面扩大。五大保险参保人数均超过百万。其中全市企业职工养老保险参保人数达到191.99万人,比上年增加18.95万人。全市参加城镇职工基本医疗保险人数达到214.01万人,比上年增加21.86万人。全市参加失业保险职工人数为137.28万人,比上年增加19.11万人。全市参加城镇企业职工工伤和生育保险人数分别为142.87万人和128.6万人。年末在领失业保险金人数为2.42万人。企业离退休人员养老金社会化发放率达100%。

社会福利事业稳步推进。全市各类福利机构拥有床位15904张,供养、代养10668人。建立城镇各种社区服务设施9007处。城乡居民最低生活保障对象80737人。全年发放城乡低保资金1.49亿元。全市各类优抚对象19万人。全年全市慈善组织累计募集善款(含冠名基金)14.05亿元。

【人口和计划生育】 2008年,无锡市人口和计划生育工作围绕创新人口服务管理体制、稳定低生育水平、提高出生人口素质等任务,推进体制创新,提高宣传教育、依法行政、社会管理和公共服务水平,完善政府为主、社会补充的人口和计划生育利益导向政策体系,各项工作取得明显成效。市人口计生委被评为2008年度全国流动人口计划生育工作先进集体、无锡市人民满意机关。

至年末,全市常住人口610.73万人,比上年增长1.9%,计划生育率99.70%,孕前—围孕期保健服务率90%,出生人口性别比109.53,流动人口计划生育管理服务率85%,免费婚检率68.98%,优生检测服务率82%,避孕节育/生殖健康/家庭保健服务率85%。人口和计划生育奖励优惠政策基本兑现,人口和计划生育事务人均财政支出22元。

【调整人口服务管理体制】 8月,市委市政府制定《关于加强人口服务管理工作的决定》,对各级有关人口工作的体制和职能做出调整,建立"市规划指导、区协调监督、街道(镇)组织落实、社区(村)综合服务"的人口工作新体制。撤销市外来人口管理服务工作领导小组,成立市人口工作领导小组,办公室设在市人口计生委。年内,市级体制调整基本到位。市人口计生委在做好计划生育工作的同时,履行全市人口综合信息管理、人口发展规划和政策研究、人口(包括流动人口)服务管理工作综合协调等工作职能。各地按照"政府主导、强化服务、完善管理、促进融入"的思路,加强流动人口服务管理工作。

【落实计划生育"一次性奖励"】 7月,市政府制定《关于对持独生子女父母光荣证退休的企业人员实行一次性奖励的实施意见》,对1996年1月1日至2007年12月31日期间持证退休,且未享受加发5%养老金待遇的企业人员,每人发放一次性奖励金3600元。市财政局筹措资金确保一次性奖励金按时到位。市人口计生委、市劳动保障局通过媒体宣传一次性奖励实施办法,在社区张贴集中登记通告5000份,向居住外地的对象发出告知书4216份。加强对各级工作人员的业务培训,确保登记、审核、公示、发放等工作的规范实施。年内,市区共登记录入申请人数81789人,其中首批通过审核的73955人领到一次性奖励金,涉及金额近2.7亿元。江阴市、宜兴市也分别完成12946人和11500人的首批发放工作。

【实施“志愿者计划”】 针对包括少数流动人口在内的部分群众有较为强烈的多生育意愿问题,市人口计生委和市计划生育协会从2008年4月起,在全市城乡实施“走千家万户、传婚育新风”志愿者活动计划。市、区(市)人口计生系统联合市文明办、团市委、市妇联、市志愿者总会,从各个条线的志愿者和计划生育协会会员、老计划生育工作者、社区工作者中招募、培训1176名志愿者。以每名志愿者与5~8个家庭结对、两名志愿者为一组的形式,深入全市8600多户计划生育重点对象家庭,开展面对面的基本国策、新型婚育观念、计划生育政策法规宣传,发送人口和计划生育宣传品,进行有针对性的、耐心细致的思想工作。通过宣传,有5000多户重点对象家庭明确承诺遵守计划生育政策,300多名已有孕情的对象采取补救措施,多名重点对象落实长效避孕措施。12月下旬,全市评选出21个组织工作先进单位和124名优秀志愿者。

【推进“好宝宝计划”】 2008年,为引导群众自觉参与健康生育全程服务,降低全市出生缺陷发生率,市人口计生委把婚前医学检查、孕前风险评估与指导、孕前优生检测、孕期筛查、新生儿疾病筛查等健康生育重要服务项目,用通俗易懂的“好宝宝计划”进行宣传倡导。市人口计生委制作发放1万份“让孩子赢在起跑线上——无锡好宝宝计划”宣教片并在电视台和各婚姻登记点定期或滚动播放;印制35万份优孕优生优育知识折页和5万份“好宝宝计划”宣传海报发到基层;在电台、电视台开设优生优育知识讲座节目;在“无锡人口网”开辟“好宝宝计划”专栏;从计划生育专项经费中拨付近200万元,对婚前医学检查、孕前优生检测、孕前风险评估服务项目全部实行免费。市人口计生委在全国率先开发“无锡孕前风险评估系统”,免费为待孕夫妇进行孕前风险综合测评,提出优孕或检诊建议,实现预防出生缺陷知识由公众科普宣传向个性化指导的转变。2008年,全市婚检率提高到68.98%,孕前优生检测率82%。

【启动药具服务“零距离计划”】 2008年,市人口计生委制定计划生育药具服务管理工作“零距离”计划,在坚持社区发放主渠道的同时,扩大免费发放渠道,实现避孕药具进平价大药房、进千人以上企业、进党政机关。年内,在部分区级党政机关、6家平价药店、30家企业开展免费发放试点工作。市计划生育药具管理站选择5个社区作为示范点,建立药具服务“绿色通道”工作室。研究开发“药具服务管理信息系统”,实现对药具日常调拨、质量管理和不良反应的实时监测。市计划生育药具管理站把计划生育药具服务一卡通的使用方法和现有免费发放渠道,以邮件广告形式直接向育龄群众发出10万份;设计“药具小贴士”放置于各个发放点,所有发放点都放置药具一卡通宣传品。

【开展禁止“两非”专项行动】 2008年,全市开展禁止“非医学需要的胎儿性别鉴定和非医学需要选择性别的人工终止妊娠”(简称“两非”)专项行动。市人口计生委、市卫生局、江苏省无锡食品药品监督管理局联合成立市“两非”专项整治工作小组,各市(县)、区有关部门联合成立检查组,对各级医疗保健机构、计划生育技术服务机构、药品经销单位进行专项检查。大力宣传有关严禁“两非”的法律法规。落实有奖举报制度,提高举报奖励额度(查实举报每例奖励1万元),对从事“两非”的单位和个人依法进行严肃查处。年内,市人口计生委与卫生局等相关部门联合执法,依法查处和取缔5个涉嫌“两非”的私营诊所。各市(县)、区共查处通报11起“两非”典型案件。 (郐先赞)

【开展人口发展规划和政策研究】 2008年,市人口计生委完成人口老龄化对策、流动人口规模与结构调控、农民工子女社会融入对策、流动人口公共服务需求等课题研究,向市委市政府提出人口和计划生育工作建议。10月底,发布《无锡市人口计划生育工作三十年(1978~2008)回顾》课题报告,全面总结三十年来人口计生工作的成就和经验。11月底,举办流动人口服务管理工作研讨会,邀请国内知名专家为无锡市人口工作献计献策,成立无锡市人口发展研究基地和无锡市人口与发展专家咨询委员会。

【开展流动人口状况调查】 2008年,市人口计生委牵头开展“无锡市流动人口规模和结构综合调控对策研究”课题调研。通过4400份问卷调查,对无锡市流动人口状况有了基本了解。截至2007年底,全市登记暂住人口近240万人,呈现持续增长的态势。无锡市流动人口有七个特点:一是年龄构成以青壮年为主,25~39岁的人员占被调查人员总数的60%以上;受教育程度普遍为初中与小学,两者之和占被调查人员总数的80.64%。85%以上的被调查人员已经结婚,但在已婚人员中配偶为无锡本地人的比例仅2.25%,外来人员与本地人通婚仍属于少数。二是来源地集中度较高,省内迁移占据约1/3,其次是江苏近邻安徽省,占约25%。从留居时间看,被调查人员中90%以上在无锡市居住超过一年,居住5年以上的比例39.13%,绝大部分流动人口已经成为无锡市的常住人口。三是流动人口的就业率比户籍人口高,在业率93.0%,如果将由于自愿不就业的人员除去,在业率96.77%。外来劳动力在岗位间的流动性比较低,在同一单位内工作的平均时间为3.62年,且81.07%的人没有换过工作。他们的就业渠道主要依靠原有的社会关系网络。四是外来劳动力月均收入为1273元,被拖欠工资的情况极少,仅0.52%的被调查人员表示经常被拖欠工资。被调查人员签订劳动合同的比例仅为30.68%;被调查人员月均工作27.8天,每天的劳动时间9.36小时。五是69.54%的被调查人员单独或全家租房居住,与别人合租住房的比例超过10%。建筑行业和部分制造业的从业人员居住在单位内部较多。外来务工人员的闲暇时间大多用来睡觉和休息,交际圈多数仍局限于在老乡范围之内。六是3/4以上适龄儿童在无锡市就读,89.64%的外来人员子女进入无锡本地公办学校读书,这一比例高于全国主要城市的平均水平,在民工子弟学校就读的儿童仅占6.09%。80%以上的被调查人员对其子女就读学校的硬件设施和教学质量表示非常满意和比较满意,而孩子们在无锡市的学习生活基本都能适应。七是37.37%的人员表示将长期住在无锡市,不愿长期居住的有25.67%,说明约有3/4的被调查人员有可能将长期留居在无锡市。 (郐先赞)

【人民生活】 城市居民生活:2008年,无锡市城市居民收入稳定增长。据市区300户城市居民家庭抽样调查年度资料显示:市区居民人均可支配收入23605元,月均近2000元,比上年增长13.0%,增幅比上年回落1.9个百分点。市区居民人均家庭总支出18733元,比上年增长0.86%,其中消费性支出13563元,月均1130元,比上年增长10.7%,增幅比上年提高2.9个百分点。

居民可支配收入稳步增长。2008年,无锡市推进“富裕无锡”建设,采取企业工资集体协商、出台工资指导线、落实离退休人员增收政策、低保标准按可支配收入增速同步提高、强力解决职工工资拖欠等政策措施,保障和提高居民收入。2008年,市区居民人均家庭总收入25184元,比上年增长10.4%,其中人均可支配收入23605元,比上年增长13.0%,月均收入1967元。市区居民人均可支配收入比全省平均水平高4925元,居全省13个省辖市第二位,低于最高的苏州市262元,差距比上年缩小100元,高于居第三位的南京市482元,差距也比上年缩小99元。人均可支配收入增幅低于全省平均增幅1.1个百分点,位居全省13个省辖市的第12位,仅高于苏州0.7个百分点。

工资性收入增速放缓。经济增速回落和部分企业效益下降使居民工资性收入增速放缓。2008年,市区人均工薪收入14626元,比上年增长4.1%,增幅比上年回落11.8个百分点。居民工薪收入占家庭总收入比重58.1%,比上年下降3.5个百分点,首次降到60%以下,但工薪收入仍是居民家庭收入主要来源。居民收入的渠道呈现多元化的趋势。

经营性净收入快速增长。2008年,市区居民人均经营净收入1609元,比上年增长74.7%,增幅比上年提高60.9个百分点。占家庭总收入的6.4%,比上年提高2.4个百分点。

转移性收入明显提高。离退休人员收入的稳定增加和及时足额发放、城市建设步伐加快所带来的拆迁补偿的增多、生活水平提高后互赠水平的提高,促进了转移性收入的增长。2008年,市区居民人均转移性收入8042元,比上年增长16.3%,占家庭总收入的31.9%,比上年提高1.6个百分点。其中离退休金和养老金6118元,比上年增长8.9%。

低收入家庭收入快速增长。10%的低收入家庭的人均可支配收入9194元,比上年增长18.3%,低收入组的收入是全市平均水平的39%,比上年提高2.7个百分点,标志居民收入差异程度的基尼系数由上年的0.311缩小为0.302。

居民消费支出增速加快。2008年,市区居民人均家庭总支出18733元,其中消费性支出13563元,比上年增长10.7%,增幅比上年提高2.9个百分点。

交通和通讯消费支出大幅增长。2008年,市区居民人均交通和通讯消费1793元,比上年增长41.2%,其中人均交通消费1244元,比上年增长89.4%。人均通讯消费549元,比上年下降10.4%。

居民家庭医疗保健消费支出增长迅猛。2008年,市区居民家庭人均医疗保健消费支出1211元,比上年增长34.2%,其中人均医疗费222元,比上年增长21.8%,药品费689元,比上年增长54.1%。

食品消费稳定增长。居民食品消费的结构发生变化。2008年,市区居民人均食品消费5393元,比上年增长10.4%。其中肉禽蛋水产品类消费1777元,比上年增长23.9%。人均消费蔬菜525元,比上年增长14.8%。干鲜瓜果及制品消费与上年持平。市区居民家庭人均在外饮食服务支出1052元。

穿着类消费平稳增长。2008年,市区居民人均衣着消费1137元,比上年增长9.0%,其中人均购衣7件,消费838元,平均每件衣服的支出比上年增长15.6%;人均购鞋2.5双,消费239元,平均每双鞋的支出提高2.9%;其他衣着用品支出35元,比上年增长20.6%;衣着材料及加工服务费支出25元,比上年增长3.1%,仅占穿着类消费支出的2.2%,比上年下降0.3个百分点。

购房及相关支出减少。2008年,市区居民人均用于购买住房支出1647元,比上年减少948元,下降36.5%。人均装潢支出310元,比上年下降10.2%,家用设备用品及服务人均支出833元,比上年下降0.8%。水电燃料人均消费650元,比上年增长12.2%。

教育负担减轻,娱乐消费增长。2008年,无锡市教育文化娱乐服务消费呈下降的趋势,人均消费1521元,比上年下降9.3%。居民文化娱乐用品如电脑、彩电拥有相对饱和,加上价格的下调,人均消费419元,比上年下降17.1%。在文化娱乐服务方面则呈上涨的趋势,人均消费549元,比上年增长47.3%。教育消费呈下降的趋势,学费和课本费用的减免降低了人们在教育上的支出,2008年人均教育消费553元,比上年下降30.9%。

(曹唯伟)

【农村居民生活】 2008年,无锡市创新就业创业、组织合作、农业经营、土地流转、社会保障、扶贫帮困、公共服务和村级发展等机制,确保农民收入连续第五年实现两位数增长。2008年,全市农民人均纯收入11280元,增幅12.5%。

工资性收入持续增长。2008年,全市农民人均工资性收入8048元,比上年增加736元,增长10.1%。其构成为,人均从非企业组织中得到的收入1379元,比上年增长10.9%;人均从本乡地域内劳动得到的收入6462元,比上年增长9.7%;人均外出从业得到收入207元,比上年增长15.6%。

家庭经营收入稳步增加。2008年,全市农民人均家庭经营纯收入2010元,比上年增加230元,增长12.9%。其构成为,第一产业人均纯收入880元,比上年增长11.1%;第二产业人均纯收入380元,比上年增长31.9%;第三产业人均纯收入750元,比上年增长7.1%。

财产性和转移性收入大幅增长。2008年,全市农民财产性和转移性收入人均1222元,比上年增加288元,增长30.8%。其中,人均财产性收入467元,比上年增长29%;人均转移性收入755元,比上年增长32%。

农民从本乡地域内得到的劳动收入提高。2008年,无锡市乡镇企业发展速度和效益同步快速增长,农民从乡镇企业得到的报酬收入相应增多。年内,全市57个镇(含14个涉农街道)实现工、商业销售收入11595.6亿元,比上年增长17.5%;规模以上工业企业增加值1371.9亿元,比上年增长14.2%;完成固定资产投资额921.7亿元,比上年增长10.8%;财政收入330.3亿元,比上年增长20.0%。

农业丰产丰收,农产品价格高位运行。2008年,无锡市夏粮播种面积比上年增长8.7%,其中小麦播种面积比上年增长5.4%。小麦单产比上年增长10.4%,单产水平为十年来最高。小麦收购价格1.44元/公斤,比上年增加0.1元/公斤。

夏粮总产22.5万吨,比上年增长17.7%。秋粮种植面积7.338万公顷,比上年减少0.016万公顷,下降0.22%;其中:水稻种植面积6.766万公顷,比上年减少0.184万公顷,下降2.65%,总产57.43万吨,比上年增长6.7%。水稻长势较好,农产品价格较高。

加强农村“三大合作”(农民专业合作社、土地股份合作社、社区股份合作社)组织建设,使农民获得资产收益权,促进农民增收。2008年,全市深化村级集体经济股份合作制改革,累计组建股份合作社380家;农民参加土地股份合作社和土地流转取得收益分配的比例达到59.3%;累计建成“四有”(有组织制度、有合作手段、有较大规模、有明显效益)专业合作经济组织361个。

2008年,无锡农村居民人均生活消费支出7943元,比上年增加766元,增长10.7%。其中,食品消费支出2828元,比上年增长4.7%;居住消费支出1441元,比上年增长50.3%;文化教育娱乐消费支出1217元,比上年增长5.6%;医疗保健消费支出420元,比上年下降9.7%。居民生活消费通常分为基本生存型消费(包括食品、衣着和居住消费)和享受型消费(包括家庭设备用品、交通通讯、文化教育娱乐用品、医疗保健及其他商品和服务消费)。2008年,无锡农村居民基本生存型消费支出4840元,占比60.9%;享受型消费支出3103元,占比39.1%,享受型消费比重比上年下降2.2个百分点。

*食品消费结构发生变化。*2008年,无锡市农村居民人均粮食消费量略有减少,豆类及其制品的消费量增幅较大,蔬菜及其制品消费量平稳增长,肉类及水产品的消费下降较多。受粮、油、肉类及蛋类产品价格上涨的影响,农村居民食品消费支出呈现全面增长态势。

*衣着消费追求时尚。*2008年,无锡市农村居民衣着消费支出人均571元,比上年增长3.8%。其中,购买服装类支出423.7元,比上年增长2.0%;购买鞋类支出125.3元,比上年增长11.4%。

*居住环境继续改善。*2008年,无锡市农村居民居住消费人均支出1441元,比上年增长50.3%,其中,购买居住消费品支出人均1058元,比上年增长72.3%。至年末,农民人均住房面积57.7平方米,其中,楼房面积人均53.4平方米、钢筋混凝土结构面积人均37.7平方米。

*家庭设备用品消费日趋城市化。*2008年,无锡市农村居民每百户家庭拥有电脑40台,比上年增长14.3%;照相机、摄像机26台,比上年增长8.3%;电冰箱93台,比上年增长3.3%;彩色电视机168台,比上年增长1.2%;洗衣机101台,比上年增长1.0%;空调器133台,比上年增长5.6%;移动电话196部,比上年增长3.2%;生活用汽车6辆,与上年持平。

*交通和通讯消费大幅增长。*2008年,无锡市农村居民交通和通讯消费支出人均968元,比上年增长17.6%,其中,人均交通和通讯用品消费支出603元,比上年增长35.5%。

*文化教育娱乐消费平稳增长。*2008年,无锡市农民文化教育娱乐消费支出人均1217元,比上年增长5.6%。其中,文化教育娱乐用品消费人均222元,比上年增长8.8%;文化体育娱乐服务消费支出人均234元,比上年增长100.0%;教育服务消费支出人均761元,比上年下降8.5%。

*医疗保健消费支出回落。*2008年,无锡市农村居民医疗保健消费支出人均420元,比上年减少45元,下降9.7%。其中,医疗保健服务消费支出人均285元,比上年减少46元,下降13.9%。

*其他商品和服务性消费更趋理性。*2008年,无锡市农村居民其他商品和服务消费支出人均143元,比上年下降3.4%,其中,购买化妆用品消费支出人均12元,比上年增长26.7%;美容美发消费支出人均14元,比上年增长4.4%,迷信、宗教用品消费支出人均25元,比上年下降7.0%。

(邬晓江)

【社区建设】 *城乡社区建设统筹发展:*6月4日,市政府下发《关于进一步深化社区建设的若干意见》,规范推进社区事务工作站建设,明确在社区设立“社区事务工作站”,建立“办事大厅”,设社区党群、民政(老龄)残联、文教体育、环境卫生、综合治理、人口计生、劳动和就业保障等综合岗位,实现“一站式”服务,“一口受理、一网协同”;增加社区工作经费,由每百户8000元增加到12000元;提高社区工作者待遇,专职社区工作者正、副职补贴每月分别不低于1100元、1000元,就业型人员工资标准每月不低于1500元,并按规定缴纳“六金”。至年底,全市建成社区事务工作站377个,建成率72%。

10月23日,市委、市政府办公室制定《关于进一步发挥基层党组织核心作用、加强农村社区服务中心建设的意见》,要求按照“改(扩)建不低于800平方米、新建不低于1000平方米”的标准,强化服务功能,规范农村社区服务中心建设。至年底,全市建成农村社区服务中心384个,建成率48%。

(孙　明)

【推进社区扁平化管理试点】 10月17日,市政府召开市规范街道社区服务用房暨社区扁平化管理试点工作部署会,确定在崇安、南长、北塘和滨湖4个区的8个基础较好、类型不同的社区进行社区扁平化管理试点。社区扁平化试点工作旨在通过推进“一人多岗、分片包干、信息共享”,创新社区管理模式,减少社区管理中间层次,增大管理幅度,促进信息的传递与沟通,提升社区管理服务效率和水平。

【创建和谐示范社区、管理民主示范村】 按照无锡市和谐示范社区标准,进行和谐示范社区申报评比工作,组织有关部门对各市(县)、区上报的90个2008年度无锡市和谐示范社区进行抽查验收,并进行表彰。至年底,全市有市级和谐示范社区173个,省级和谐示范社区38个。贯彻落实村务公开民主管理工作,制定无锡市管理民主示范村标准开展创建工作,组织有关部门对各市(县)、区上报的116个2008年度无锡市管理民主示范村进行抽查验收,并进行表彰。至年底,全市有市级管理民主示范村116个,省级管理民主示范村25个。

(孙　明)

【慈善事业】 2008年,市慈善总会系统募集慈善款物13.94亿元,其中现金5.29亿元,351家企业冠名认捐基金8.48亿元,物资折款1737.78万元。市本级收到2007年度“慈善一日捐”资金1311.06万元(其中2008年初收到81.07万元)。通过开设慈善热线、开展义拍义卖活动等方式,收到日常性捐赠237.53万元。新增冠名认捐基金3700万元。冠名认捐单位交纳捐款1950万元。慈善基金增值1100万元。江阴市慈善总会募集"一日捐"慈善资金及冠名基金4350万元。宜兴市慈善会年内新增认捐资金1.33亿元,募集慈善资金5310.86万元。锡山区慈善会开展"心手相连,情暖万家"慈善捐赠暨"人道万人捐"活动,冠名认捐基金5.33亿元,年内到账4542.08万元。惠山区慈善会将"一日捐"和筹建"五保"颐养院相结合,募得善款1.12亿元。

年内,市慈善总会系统支付救助资金3.23亿元,发放各类慈善物资(不含抗震赈灾)10.21万件。市本级支出慈善救助资金8092.80万元,发放各类慈善物资4.88万件(袋),救助本市困难群众5.38万名。其中,对低保户和社会困难户实施医疗救助12302人次,763.26万元,发放元旦、春节慈善物资折价208万元、雪灾救助慰问金和物资合计71.676万元;资助大中专特困生431.78万元;对最低生活保障边缘困难群众发放生活救助金123.60万元;资助孤寡老人和生活困难老人实行居家养老和养老机构建设423万元;资助困难妇女进行再就业培训或自主创业40万元;资助新疆阿合奇县、霍城县和徐州市发展社会福利事业和救助困难群众464万元;专项支付地震灾区赈灾款4067.95万元。 (钱 芸)

【多措施筹善款支援灾区】 "5·12"四川汶川地震后,市慈善总会采取多种措施筹措赈灾款物。在《无锡日报》、《江南晚报》等报纸公布捐款热线电话、接收地点、银行账号,在无锡电视台等媒体滚动播出捐赠方式,方便市民捐赠;抽调20余名业务骨干和志愿者现场设点,组成5个现金接收组和1个物资接收组,多渠道、全方位接收群众捐赠;对捐赠数额较大的企事业单位、因残疾等原因不便现场捐赠的个人,派专人上门接款;与市交广网爱心车队联合在崇安寺广场开展募捐活动,与市委宣传部、市文化艺术管理中心、无锡广播电视集团(台)等单位联合,在崇安寺二泉广场、新体育中心等人流集中的地点举行赈灾义演文艺晚会和大型赈灾公益活动,与10余家爱心企业合作举办现场募捐活动。至年底,全市慈善总会系统募集支援四川汶川地震灾区款物2.58亿元,其中捐款2.12亿元,物资价值1549.68万元,定向捐赠3095.85万元;市本级接收支援四川汶川地震灾区款物7975.92万元,其中捐款7034.74万元,物资价值941.18万元。

【慈善助学】 8月19日,无锡市慈善总会举行2008年慈善助学新闻发布暨助学金发放会,向1017名贫困学生发放助学金269.96万元。年内,市慈善总会本级慈善助学总人数2368人,发放助学款431.78万元,创历史新高。

2008年,市慈善总会对本市697名贫困学生发放一次性助学金183万元,对387名四川汶川地震灾区转锡就读学生及在无锡上学的大学生一次性发放助学金64.90万元。鼓励社会热心人士与贫困学子结对助学。全年17个单位和39位个人新结对104名贫困学子,加上历年延续的216名结对学生,共有320名贫困学生得到好心人资助,市慈善总会收到助学捐款91.02万元。2008年慈善助学受助人数、助学金发放金额、资助范围,均创历年之最。 (钱 芸)

【残疾人工作】 2008年,无锡市残疾人工作取得新的进展。

健全完善残疾人组织网络。4月22日,市残联召开第五次代表大会,选举产生新一届市残联领导班子及各专门协会的主席,各市(县)区、镇(街道)残联完成换届工作。组织市、市(县)区、街道三级残联工作人员200多人到市委党校进行集中培训和参观考察。分条线培训康复医生和管理协调人员520多名;培训精神病防治医生和管理协调人员72名;培训盲人定向行走训练师450多名,信访维权干部80多名,信息系统操作人员1000多名。输送参加各类专题培训和考察活动6批17人次。锡山区、崇安区、南长区、北塘区、滨湖区等残联举办不同层次的干部培训班。培训残疾人工作者和残疾人专委、专干1720多人次。

加强残疾人的技能培训和就业工作。江阴市、宜兴市、锡山区、惠山区、崇安区、北塘区、滨湖区等地分别举办盲人保健按摩、电动车维修、陶艺制作、计算机操作、手工编织、种植业等培训,帮助2124名残疾人掌握新的劳动技能。各级残联组织实施国务院残疾人就业条例和残疾人保障法,依法推进按比例就业,全年新安置残疾人就业再就业2719名。通过落实就业岗位和结对扶贫等各种措施,899名贫困残疾人实现脱贫。全面启动残疾人失业登记工作,掌握无锡市残疾人就业和失业状况,加强残疾失业人员工作管理。开展争创省级残疾人创业实践基地和职业技能培训基地工作,向省申报"宜兴爱德残疾人学校"和"无锡市工艺职业技术学校"。

规范社区残疾人康复服务。年内,8个建制市(县)、区全部通过省级残疾人社区康复示范区(市、县)达标验收,实现创建率100%、达标率100%。8个市(县)、区基层组织建设全部通过国家级标准的验收并达标。活跃残疾人文化体育生活。在2008年北京残奥会上,无锡市的3名运动员姚娟、盛玉红、谈燕华获得金牌。派送一名聋哑女学生和一名手语老师赴京参加北京残奥会开幕式表演。组织残疾人看比赛转播,组织残疾人代表到北京看比赛。惠山区、北塘区举行残疾人运动会,南长区举办首届特奥运动会。滨湖区举办残疾人趣味运动会。崇安、南长、滨湖三所特殊学校所在社区开展特奥运动示范社区活动。在省第二届残疾人游泳锦标赛上,无锡市运动员获得五金、两银、两铜的好成绩。

加强信息化建设。年初,制定2008年市、区两级残联信息化建设目标任务和工作要点。在办公室增设"信息处",负责全市残联系统信息化建设的规划、指导。各级残联都配备网络管理员和信息员,负责本地区信息化工作。完成"无锡市残疾人信息管理系统"的二期开发,建设门户网站群,与全市残疾人信息管理系统数据互动。组织对镇(街道)级以上各级残联工作人员开展专业培训。市、区两级残联配备人手一机,镇(街道)级残联也有专用计算机。借助市政务外网建设契机,城区社区网络环境和硬件配置到位。市、区、镇三级已经实现联网资源共享,50%的社区实现四级联动。

开展课题研究和成果转化。开展《无锡市1~6岁儿童孤独症患病现状调查及早期干预治疗可行性研究》调研,调查无锡市1~6岁儿童孤独症患病率,将孤独症儿童分对照组、治疗组进行6个月的干预性治疗比较。制定出符合家庭经济承受能力,以家长的积极参与为前提的干预治疗方案和以专业机构辅助家庭治疗干预治疗方法。该项目通过科技局的结题论证。组织专家和专业机构有关人员将辅助家庭治疗方法编写成手册,用于指导医疗和康复机构及家庭对孤独症儿童的康复训练。 (潘 俊)

【0~6岁残疾儿童康复训练取得进展】 市残联制定《关于实施0~6岁贫困家庭残疾儿童康复训练的有关通知》,与市财政局联合制定《关于开展0~6岁贫困家庭残疾儿童康复训练实施补助的办法》,明确开展康复训练工作流程、经费使用、检查评估等具体要求,确定救助标准:听力语言残疾2.55万元/年,孤独症3.77万元/年,智力残疾3.77万元/年,肢体残疾4.03万元/年,视力残疾2.21万元/年,多重残疾4.56万元/年。明确由市残疾人康复中心承担组织实施工作:指派专人专职负责康复训练档案的建立和保管,根据残疾儿童家长的选择以协议的形式委托其他康复定点机构开展项目训练,邀请专家成立无锡市0~6岁残疾儿童康复训练技术指导小组,对在各机构、社区和家庭开展0~6岁残疾儿童康复训练的效果进行绩效评估和技术指导。经调查,全市有0~6岁各类残疾儿童571人,其中260名社会贫困家庭残疾儿童(其中多重残疾100名、智力残疾24名、肢体残疾57名、视力残疾21名、听力语言残疾44名、孤独症14名)接受免费训练,经专家评估显好率85%。　(潘　俊)

【推进创建"白内障无障碍市"工作】 年内,全市各定点机构开展视力残疾筛查和复明救助,为5595名白内障患者实施复明手术,其中为1997名贫困家庭患者实施免费手术,为803名困难家庭患者提供差额补助,脱盲率99%。其中锡山区、滨湖区免费救助贫困白内障患者并提供经费帮助,江阴市、惠山区和新区启动复明工程,拨专项经费,为本辖区内的所有白内障患者实施免费复明手术。　(潘　俊)

【对无业重度残疾人实行生活救助】 制定《关于对无固定收入重残人员给予生活救助的实施办法》和《关于城区无业重度残疾人生活救助金发放工作的补充通知》,从2008年1月1日起,对无固定收入不符合低保条件的重度残疾人本人按照城乡居民最低生活保障标准100%发放生活救助金。低保家庭年满18周岁的无业重残人员,由残联按城镇月人均200元、农村月人均100元的标准实行生活救助,并将重残救助对象扩大到肢体二级残疾人。年内,对无固定收入不符合低保条件的重残人员实施救助6547人,发放生活救助金1825万元;对低保家庭无业重残人员实施救助4500多人,发放生活救助金972万元。

【加强残疾人扶贫基地建设】 2008年,无锡市将"全市新建10家残疾人庇护安养机构,服务120名以上重度智力残疾人"的政府为民办实事项目任务分解到各市(县)、区。建成14个庇护安养机构,175名精神和智力残疾人接受职业康复训练。其中7个被评为省级示范性庇护安养机构。北塘区4个街道建有庇护安养机构。宜兴市、滨湖区规范和巩固扶贫基地。江阴市新建3个残疾人扶贫基地,安置68名残疾人就业,并带动27个残疾人家庭。滨湖区大浮农村残疾人扶贫基地被省残联评为"省级示范性扶贫基地",成为全市第二家省级示范性扶贫基地。　(潘　俊)

【无锡市残疾人康复中心揭牌成立】 在第十八个"全国助残日"前夕,5月16日,无锡市残疾人康复中心和无锡市康复医院揭牌成立。"无锡市残疾人康复专业技术人员继续教育培训实习基地"、"无锡市残疾人康复管理人员继续教育培训基地"、"无锡市残疾儿童家长资源中心"、"无锡市残疾儿童康复训练定点机构"和"北塘区残疾人康复中心"相继挂牌。　(潘　俊)

【无锡市运动员喜获残奥会金牌】 无锡姑娘姚娟以40.51米的成绩,创造北京2008年残奥会女子标枪F42~46级别新的世界纪录,荣获金牌。她在比赛中三破世界纪录,获得中国代表团在北京残奥会田径比赛中的第一枚金牌。以无锡籍选手盛玉红、谈燕华为主力的中国女子坐式排球队3:0战胜美国队,卫冕冠军。

【社会保险】 2008年,市社会保险基金管理中心落实和完善各项保险制度,加强经办能力建设,提高服务水平,各项工作取得较好成绩。

2008年,市社保中心对全市17395家单位进行缴费审核(其中包括1841家机关事业参保单位),比上年增加2758家,年检率93.11%,查出漏报工资基数4728.1万元。在查实漏申报的基础上,及时督促单位补缴,至年底已补缴工资基数4701.60万元,补缴到账率99.44%。社会保险人员申报率99.85%,基金征缴率98.5%。

至2008年底,全市参加养老保险的在职职工198.20万人,离退休人员46.36万人,其中企业在职职工191.99万人,离退休人员43.33万人,负担系数0.226;机关事业单位在职职工6.21万人,离退休人员3.03万人,负担系数0.487。各类单位参加基本医疗保险人数214万人。参加城镇居民医疗保险人数44.87万人。

2008年,社保费实际征收138.68亿元,比上年增收126.05亿元,增长10%。各大保险收支平衡,并有节余,实现稳定健康运行。至2008年底,企业养老保险基金结余116.53亿元,事业养老保险基金结余2.93万元,农村养老保险基金结余9.16亿元,医疗保险基金结余45.49亿元,工伤保险基金结余2.43亿元,生育保险基金结余3.31亿元,补充医疗保险基金结余4.86亿元,居民医疗保险基金结余0.73亿元。　(程　波)

【推进社会保险扩面】 2008年,养老保险扩面工作超额完成目标任务。至年底,全市企业职工基本养老保险扩面41.42万人,完成年度目标的259%,其中市区扩面28.27万人,完成年度目标的298%。全市医疗保险扩面21.85万人,完成年度目标的182%,其中市区扩面12.89万人,完成年度目标的161%。全市工伤保险扩面17.09万人,完成年度目标的142%,其中市区扩面12.46万人,完成年度目标的156%。全市生育保险扩面16.65万人,完成年度目标的278%,其中市区扩面12.52万人,完成年度目标的313%。全市城镇社会保险综合参保率保持在98%以上。

【实现社会保险网上申报】 2008年,无锡市社会保险网上申报工程完成,200家劳动保障诚信单位开始实行网上申报,优先开通社会保险参保人员增减变动及申报缴费,以后将逐步扩大用户范围和内容。

【发挥社保卡金融功能】 12月起,对原使用现金或现金支票支付的社会保险待遇(具体包括:基本医疗、补充医疗、工伤、生育费用零星报销)、省外农民工退保一次性待遇支付等费用,直接划入个人社会保障卡,参保人可通过江苏银行或邮政储蓄银行各营业网点取款。

【加强定点医疗机构和零售药店管理】 2008年,市社保中心加强对定点医疗机构和零售药店的管理。检查定点医疗机构120家,定点零售药店180多家,对查出有问题的20多家单位发出整改通知书,扣除违规费用50多万元;对6家有严重违规行为的零售药店,停止医保服务协议,取消定点资格。推进医疗机构信用等级评定工作,推行定点单位自律管理,使参保病人住院个人负担率从2005年的42%下降到23.25%,参保职工平均住院率由2005年的11.65%下降到9.43%。定点零售药店内部管理加强,多数药店建立药品"进、销、存"台账。

【三次增资提高社保待遇】 2008年,3次对企业退休人员实行养老金增资。1月,提前半年为离退休人员调整养老金,市区28.92万名企业退休人员人均月增资125.66元。7月,对1.2万名2008年上半年新增退休人员调整养老金,人均月增资125元。按照新的养老金计发办法,对43721名退休人员的养老待遇进行重新核算,其中符合增发条件19831人,人均月增发106.63元。(程 波)

【年度荣誉】 福布斯中国大陆最佳商业城市:2008年9月2日,"2008福布斯中国大陆最佳商业城市榜"在上海发布,无锡列第三位。排行榜中,杭州、上海、南京、宁波、北京、佛山、苏州、常州、广州进入前十位。据制榜人陈岚介绍,这是《福布斯》中文版第5次在华发布该榜单。研究对象为中国大陆652个城市,对其中2006年GDP超过190亿元的194个城市进行基础数据搜集和研究。通过研究各城市的劳动力素质指数、高级人才指数、经营成本指数、市场规模指数、市场潜力指数、客运指数、货运指数和资本活力指数等指针数据进行综合排名。

中国改革优秀城市:2008年9月27日,在北京举行的"中国改革与发展高峰论坛暨中国改革30周年功勋贡献人物与单位颁奖仪式"上,无锡市与深圳、苏州、佛山、东莞、大连、青岛等十个城市获"中国改革优秀城市"称号。该活动由国家发改委指导,中国社科院城市发展与环境研究中心、中国改革报社、新浪网主办,旨在总结中国改革开放三十年光辉历程,探讨城市未来发展战略。专家组认为,无锡作为全国首批14个对外开放城市之一,改革开放30年来在经济发展、城市建设、改善人民生活等诸多方面都取得了举世瞩目的成就。

中国十大科学发展优秀城市:2008年12月23日,由中国城市发展研究院编著的《2008中国城市科学发展综合评级报告》,评出上海、杭州、无锡、北京、东莞、天津、深圳、苏州、金华、宁波等十大科学发展优秀城市。报告以《中国城市科学发展综合评级体系(E&G)设计》为依据,涉及经济、社会和人文三大领域,由城市经济管理水平、城市工业化水平、城市第三产业发展水平、城市信息化水平、城市社会管理水平、城市建设水平、城市安全水平、城市公共文化普及水平、城市居民生活水平、城市人居环境水平、城市社会保障水平、城市农业保障水平等评价系统近四十个指标构成,是对在城市管理和经营方面如何贯彻科学发展观的一次深度探索。

最具幸福感城市:2008年12月25日,"2008中国最具幸福感城市"在昆明揭晓,无锡作为江苏省惟一的城市跻身前十。"中国最具幸福感城市"调查、推选活动由新华社《瞭望东方周刊》联合中国市长协会主办,已连续举办5年。2008年的调查与推选为期4个月,沿用美国芝加哥大学的幸福学评价体系,调查内容涉及自然环境、交通状况、发展速度、文明程度、赚钱机会、医疗卫生水平、教育水平、房价、人情味、治安状况、就业环境、生活便利等12个指标,共发放700万份调查问卷,7000万人次参与网络投票。这一通过开放式投票而评出的奖项,成为改革开放30年来城市居民对自我生存方式、生活质量的一次综合测量和评估。依据颁奖顺序,2008中国最具幸福感城市分别是杭州、长沙、无锡、绍兴、佛山、长春、唐山、天津、宁波、昆明。(史志办)

锡山区

【概述】 无锡市锡山区位于无锡市东北部,全区土地面积396.8平方公里,设东亭街道办事处,安镇、羊尖、鹅湖、东北塘、锡北、东港6个镇和一个比照国家级经济开发区。共有77个村委会、39个村居委会。年末总人口40.2万人,人口自然增长率1.12‰。区政府驻地设在无锡市锡州中路1号。

2008年,全区完成地区生产总值295亿元,比上年增长17.7%。完成财政收入52.3亿元,其中一般预算收入24.8亿元,增长16.3%。万元GDP能耗、主要污染物排放总量分别下降4.6%和5%;城镇居民人均可支配收入、农民人均纯收入分别达23636元和11050元,分别增长13.1%和10.1%。

【农业】 "一区十园"建设扎实推进,省内首家国家级台湾农民创业园规划建设全面启动,无锡现代农业博览园建成开园;全年新增高效农业2.4万亩、省级农业龙头企业1家,"一村一品"农业特色村比例达68.8%,基本实现水稻生产全程机械化。大力推进土地节约集约利用,全年新增耕地面积3058亩。全面取缔禁养区畜禽养殖场(户),关闭畜禽养殖场(户)710家,建成沼气工程9个。

【工业】 全年完成工业总产值比上年增长16%,工业技改投入占全部工业投入的60%,同比提高9.1个百分点。全年完成规模工业产值850亿元,其中五大重点产业占比达90%,净增规模企业112家。新增中国驰名商标4个,申报中国名牌产品2个、省名牌产品11个。对14家重点用能单位实施能源审计,全区单位规模以上工业产值能耗下降20%。45家企业通过清洁生产审核,新增省级循环经济试点企业2家,开发区创建为省级循环经济试点园区。通过国家节水型城市考核,新增省级节水型企业3家。依法关停(变更)化工企业71家,整治"三高两低"企业39家。开发区及乡镇工业集中区全部通过区域环境评价和ISO14000环境管理体系认证,全年削减化学需氧量2013吨、二氧化硫538吨。

【服务业】 全年社会消费品零售总额比上年增长23.1%,完成服务业增加值105亿元,占GDP比重比上年提高1.9个百分点。东方国际皮革城、易买得、乐购等重点项目建成开业,通江物流园建成省级现代服务业集聚区和重点物流基地;全年新增服务外包企业55家,服务外包业务总额和出口额均位居全市前列,开发区国际服务外包园被评为省级示范区。

【开放型经济】 金秋国际经贸月系列活动成果丰硕。瑞典宜家家居等一批重大项目落户锡山区,全年到位注册外资3亿美元。对外贸易较快增长,全年完成进出口总额28亿美元,其中自营出口19亿美元,增长15.6%。"走出去"步伐加快,柬埔寨西哈努克港经济特区启动建设,全年新批境外机构和企业18家、境外投资非贸易机构9家。海外领军型创业人才引进走在全市前列,全年引进"530"计划项目34个,5个项目获得省高层次创新创业人才计划扶持,开发区建成省级留学人员创业园、海外博士创业基地。

【科技创新】 全年完成高新技术产业增加值72亿元,占规模以上工业增加值的40.2%,同比提高1.2个百分点,R&D占GDP比重达2.2%。深入开展政产学研合作,中科院、复旦大学、南京航空航天大学等在锡山区设立研究院和产业化基地,清华大学无锡科技成果转化基地建设有序推进。启动S-park规划设计,编制完成V-park科创园、服务外包园城市设计,全年新建各类载体60万平方米,"搜客天地"、无锡数字动漫创业服务中心一期建成运营,开发区建成省级科技企业孵化器。全年新增省级以上高新技术企业28家、民营科技企业25家、高新技术产品45个,新增省级工程技术研究中心、市级以上企业技术中心各6家。全年申请专利1350件,其中发明专利280件,占专利申请量的20.7%,同比提高10个百分点;完成专利授权920件。

【体制改革】 在全市率先完成"两集中、三到位"行政审批制度改革,区行政服务中心新增进驻部门14个、行政许可事项150项,无锡海关行政服务中心落户锡山区。建立重大项目行政服务"绿色通道"制度,审批服务效能进一步提升。开展预算单位公务卡结算方式改革试点,取消和停征行政事业性收费项目59个、政府性基金项目2个。完成政府采购"管采分离"改革,政府采购行为进一步规范。切实加强税收征管,启动个体及零星税收委托代征试点。区级国有资产整合重组基本完成,红豆财务公司正式成立,2家上市后备企业完成股改工作。有效开展政银企合作,江苏银行、华夏银行、邮政储蓄银行成功入驻,年末存贷比较年初提高3.2个百分点。全面完成首轮公务员交流轮岗。东港镇被列入全国小城镇发展改革试点镇。

【城镇建设】 优化"2220"城乡空间布局,编制完成城乡建设发展三年行动纲要。建立健全城乡规划管理网络,开发区、各镇成立规划办公室、建成规划展示室(厅)。文八路、东园路、团结路北延、胶阳路西延和东廊路延伸段等工程如期竣工。全面完成锡北运河张泾段二期航道整治工程,改造危桥40座。全年新开公交线路5条,新建公交客运站2个、公交站台6个,公交车辆实现IC卡全覆盖。纵深推进城区改造建设,完成北兴塘河通津桥以东段26万平方米绿化工程,建成长流街头公园、丰汇广场,馨和园景观工程荣获全国市政工程金杯奖。启动建设中国乡镇企业博物馆、区人防指挥中心,建成东亭基督教堂。完成运东大包围围外除险加固工程,防洪能力进一步增强。深入推进"百村富强"工程,全区村均可支配收入达314.4万元,增长9.5%,农民参加土地股份合作社和土地流转并取得收益分配的比例达到65.8%。完成村庄整治60个,撤并自然村105个,新增市级新农村示范村21个。全年新建社区服务中心36个,创建和谐社区40个。建成居家养老服务中心8家,80%的村(社区)建立城乡管理服务站,农村生活垃圾无害化处理率100%,河道保洁率达98%。环卫保洁、交通安全设施管养实现市场化运作。拆除各类违法建设面积8.1万平方米,完成房屋拆迁143万平方米,安置房竣工155.7万平方米。

【环境保护】 全面完成5座污水处理厂提标改造和锡北污水处理厂扩容工程,东亭污水处理厂三期工程进展顺利,新建污水管网195公里,新增接管单位1253家,基本实现污水主管网城乡全覆盖。严格落实"河长制"管理责任,全面完成鹅真荡、嘉陵荡、宛山荡外荡水面整治和东风桥引水工程,九里河综合整治被列为市样板工程。全年疏浚整治河(塘)910条,清淤347万方。完成造林绿化1.3万亩,新增绿地130.2万平方米,森林覆盖率达19.4%,同比提高2.3个百分点。顺利通过国家生态区省级考核,全区所有镇(街道)建成省级以上环境优美乡镇,东港山联村等5个村被列入全省农村环境综合整治试点。

【社会事业】 规范天一实验学校办学体制,完成东北塘中学易地新建、区青少年业余体校搬迁、锡山职业教育中心校分设、怀仁中学新校区主体工程建设,成立锡山国际教育推广中心,新创建义务教育现代化学校3所、省优质幼儿园4所,乡镇成人学校达标率100%。建立社区首诊制度,新安镇医院落成投运,安镇镇创建为国家卫生镇,新增省卫生村8个。建成区世代服务中心,高标准通过省"十一五"人口和计划生育事业发展规划中期评估。启动荡口古镇保护性修复工程,完成倪瓒墓修缮及倪云林纪念馆新建工程。成功举办区第二届运动会,姚娟、盛玉红勇夺北京残奥会金牌。

【综合治理】 村(居委会)务公开率100%,鹅湖青荡村、锡北寨门村被评为省级管理民主示范村。全年办理人大建议66件、政协提案80件,满意率、基本满意率合计达100%。建立完善政务公开载体和工作机制,政府工作的透明度和公信力明显增强。建立全市首家区级律师协会和预防青少年犯罪博客,在全国率先建立特困刑事被害人专项救助机制。继续完善大信访、大调解机制,进一步健全首席调解员制度,社会矛盾纠纷调处成功率达97.1%。科技强警示范县(区)创建通过省级验收,顺利通过省"模范级平安畅通县区"考核验收,道路交通死亡事故连续五年下降。食品安全和应急管理力度加大,社会保持和谐安定。

【人民生活】 全年培训城乡劳动力1.26万人,提供就业岗位2.17万个,实现就业再就业6482人,5个镇被评为省级农村劳动力充分转移乡镇。实施劳动保障监察网格化管理,职工权益得到有效维护。城乡养老和医疗保障体系基本实现全覆盖,全年企业养老保险扩面3.86万人、累计参保16.1万人,新型农村合作医疗参合率达99.7%,城镇职工医疗保险、城镇居民医疗保险参保人数分别达到8.88万人和6.11万人。进一步提高被征地农民保养金、新农保、城镇老年居民养老补贴标准,全年分别发放保障资金1.69亿元、3596万元和331万元。城、乡低保分别提高至每人每月350元和260元,全年发放低保金1695.4万元。教育实现从幼儿园到大学本科阶段的全程救助,开展"白内障无障碍区"创建活动,实施0~6岁残疾儿童免费抢救性康复,全区4.1万名老年居民享受免费健康体检、减免费用831万元,惠民医疗"五免五减半"减免金额59.98万元。全年安排使用慈善资金2428万元,全面完成50户贫困户建房工作及柏庄一村老新村整治。

【现代农业突破性发展】 以实施现代农业"五个一"工程(1个台湾农民创业园、1个现代农业开发试验区、10个镇级农业园区、10个村级特色基地、10个科技示范大户)为重点,全面启动台湾农民创业园规划建设,基本建成现代农业博览园、高科技农业示范园、太湖水稻示范园,一批镇村农业园区初步成型,建成全国最大的红豆杉种植保护加工基地、华东地区最大的高档花卉生产基地、国内唯一的高钙功能稻米生产基地等一批高效规模农业基地,初步形成生产规模化、经营产业化、产出高效化、载体园区化的发展新格局。至年底,全区可种养面积1.49万公顷,时尚蔬菜、花卉苗木、名优茶果、特色水产和优质水稻面积分别达到802.6公顷、2227.6公顷、1024.73公顷、1617.73公顷和7627.4公顷,高效农业、园区农业、设施农业面积占可种养面积比例分别达到58.5%、22.3%和13.4%,"一村一品"农业特色村比例达到68.8%,累计拥有无公害农产品产地40个(面积7592.07公顷)、无公害农产品42个、绿色食品25个和市级以上有效期内名牌农产品8个(其中省级2个)。

【园区经济活力凸现】 把培育发展park经济作为推动经济转型优化发展的重要抓手,大力推进S-Park、V-Park两大园区建设,着力打造高端研发、软件和服务外包、动漫创意设计等新兴产业。完成锡东高新区的总体概念规划和核心区3.14平方公里的城市设计规划工作。开展专业化招商,洽谈推进钰邦电子、禾邦电子、中国一航雷达与电子设备研究院项目、航空产业园、半导体项目等一批高技术含量的优质规模项目。以V-Park服务外包园建设为突破口,发展服务外包产业,建成"搜客天地"、无锡数字动漫创业服务中心一期,全年新增通过商务部审定的服务外包企业55家,完成服务外包业务总额4000万美元,服务外包出口总额1800万美元,新增服务外包受训人数1500人,新增服务外包从业人数2250人。 (陈永光)

惠 山 区

【概述】 无锡市惠山区位于无锡市西北部,南邻崇安、北塘区,北接江阴市,东连锡山区,西靠常州武进区。区域面积327平方公里,下辖1个省级经济开发区,4个建制镇,3个街道,118个村民委员会,26个社区居民委员会。全区总人口70万人,其中流动人口30万人。2008年,全年出生3105人,出生率5.25‰,死亡2710人,死亡率4.58‰,人口自然增长率0.67‰,计划生育率达99.68%。区政府驻地设在无锡市文惠路8号。

2008年,惠山区完成地区生产总值348.4亿元,比上年增长13.1%;财政总收入70.04亿元,增长27.3%,其中一般预算收入33.42亿元,比上年增长22.9%;社会消费品零售总额比上年增长21%;自营出口总额14.5亿美元;到位注册外资1.8亿美元;农民人均纯收入11778元,比上年增长10%;万元地区生产总值能耗下降4.5%,化学需氧量排放总量削减9.4%,二氧化硫排放总量削减2.5%。蝉联全国中小城市综合实力百强第6位。 (区政府办公室)

【农业】 全区完成农业总投入3.5亿元,新发展高效农业面积1.58万亩,初步形成水蜜桃、精细蔬菜、农业旅游三大产业为主导的格局,重点完成3500亩蔬菜产业园核心区二期建设,总投入4500万元,发展建设4个旅游农业示范点。土地适度规模经营达到71.4%。农业特色村比例55%,农业保险率达到100%。创新组建区、镇、村三级农产品质量监管体系,地产农产品抽检合格率100%。制订农业标准省级1项、市级2项。采购粮食4000多万斤,完成地方储备粮2800万斤。

【工业】 全区工业总产值、销售收入首次突破千亿元,分别达到1098亿元和1090亿元。机械、纺织、冶金三大传统产业技改投入占工业投入的45.5%。高新技术产业增加值占规模工业增加值比重达26%。新增中国驰名商标6个。冶金新材料产业集群荣获全国产业集群品牌50强称号。汽车零部件产业集群、风电设备产业集群入选"中国县域产业集群竞争力100强"。汽车零部件产业建成全省唯一区级生产基地,生产企业超百家。风电设备产业发展规划通过省级规划论证,并引进国内最大汽轮机叶片制造中心。光伏产业已形成相对完整产业链条。生物医药新材料及信息产业发展潜能逐渐激发,与深圳清华研究院合作的江苏数字信息产业园启动建设。制订完成《惠山区2009~2013年汽车及零部件产业发展规划》、《惠山区2009~2013年风电设备产业发展规划》、《惠山区2009~2013年生物医药新材料及信息产业发展规划》、《惠山区2009~2013年光伏产业发展规划》。

【服务业】 全年服务业投入超百亿元,服务业增加值占比提高2个百分点。全年社会消费品零售总额突破60亿元,增长20%以上。锦江麦德龙惠山商场、高力汽车博览城开业,西站物流园区被认定为省重点物流基地,阳山镇创建为市农业旅游特色镇。成功举办深圳服务业招商推介会。

【开放型经济】 全年完成到位注册外资1.8亿元,自营出口总额14.5亿美元,服务外包产业业务总额5221万美元,新增服务外包企业51家,载体面积8.3万平方米,高新技术产业利用外资比重占比达61.4%,高新技术产品出口比重占比达13.5%。

【科技创新】 新增创新、创业、创意载体21万平方米。区生产力促进中心创建为国家级示范中心,堰桥街道科技创业服务中心被认定为省级中心,惠山软件外包园、洛社"蓝天博耳大厦"启动建设,堰桥"双子"大厦奠基,伟泰-联合技术广场、通用机械研究院无锡分院竣工。机动车辆及零部件检测重点实验室、桥门式起重机检验检测中心、机电产品检测中心和家电能效检测中心等4个国家级检测项目动工建设。建成省级工程技术研究中心4家、市级研发机构42家。新宏泰公司成立国家级标准化技术委员会分技术委员会,正式挂牌国家级研发中心。中科院电工所无锡分所、生命科技产业园等高端产学研合作平台正式落户。天奇物流博士后科研工作站正式获批。年内赴美国、印度等国成功举办招商引智推介会,引进“530”A类项目8个、各类人才3800名,其中“双高”(高素质、高层次)人才42名、海归人才38名,被列入省创新创业人才引进计划6名。11家企业参与制、修订18只国家、行业标准。申请专利2035件,其中发明专利307件,申报国家重点新产品18个,通过省级知识产权示范区验收。

【体制改革】 有序推进国库集中支付、部门预算、非税收入征管、政府采购等各项财政改革,进一步规范区级行政事业单位银行账户,全区行政事业单位预算内资金已全部实行国库集中支付。全年节约采购预算1970万元,节约率达12.3%。完成区级行政事业单位银行账户清理工作,按照“三脱钩”(政府机关与行业协会学会在办公场地、财务核算、人员编制上实现脱钩)规定规范协会、学会银行账户。

【城镇建设】 编制完成无锡职教园区、惠山新城、洛社新市镇、阳山新市镇的控制性详规。编制完成燃气规划、堰桥老镇区城市设计工作、锡北道口及盛岸路出入口环境综合整治规划、城际铁路惠山站区概念性规划。编制完成农村“双置换”发展规划。惠山展示中心竣工。洛社新城服务业配套项目加快推进,商业中心启动建设。全面启动西站物流园区五大中心建设。藕塘职教园区首期2平方公里启动区基本建成,无锡职教园区内的惠山职教中心校新校区等学校基本建成。平湖新城道路和基础设施建设基本完成。西环线职教园区段、洛南大道、凤翔中路改建工程正式通车。“一河、二铁、三路”按照时序要求加快建设:京杭运河洛社段“四改三”工程已拆除各类房屋面积13万平方米,完成实物工作量的50%;京沪高铁、沪宁城铁全面完成区域拆迁任务;钱姚线拓建施工进入扫尾阶段,钱威路延伸段和惠澄大道正式开工建设。完成80座农、危桥改造。区镇村城乡一体化三级路网体系和公交网络体系加快建设,累计开通公交线路23条,新建182个标准化候车亭。新增小区绿化面积11.78万平方米,新装路灯1124盏,城市主干道沿线各单位、住户市容环境卫生责任书签约率100%。累计投入城市创建专项资金4000万元,道路硬化6.4万平方米,拆除违章建筑5万平方米。新增市级“路长制”道路10条、区级“路长制”道路14条。新农村建设扎实推进。投入资金7500余万元,完成28个新农村示范点建设。

【环境保护】 生活污水管网建设强力推进,全面完成295公里主管网和430公里支管网建设任务,接管住宅小区和单位857家,建成点源治理试点村30个,生活污水集中处理率达70%。新建压缩式生活垃圾中转站4个,生活垃圾无害化处理率达到100%。有7家企业和7个住宅小区实现节水达标。全区8家污水处理厂完成提标改造验收,其中,4家达到一级A排放标准。拆除江苏天鸿化工厂两条落后生产线,减少氨氮年排放量360吨。锡兴公司等企业完成燃油炉窑天然气改造任务。落实建设项目“三同时”制度,严格项目准入,审批项目1166个,劝退项目68个,对49家违反项目管理的企业进行立案处理。劝退影响环境和生态建设项目68个。开展7轮对涉污企业拉网式交叉执法检查,在全市首先实行违法企业公开道歉和环保承诺制,查处各类环境违法案件231件。深入推进152家重点排污企业整治,完成“三高两低”和“五小”企业整改96家,关闭转产77家,拆除设备超过200台(套)。全区97条河流133个断面全部纳入河长制管理,新建3个水质监测站,监测获得数据4128个,封堵各类排污口326个。建成主干河道水源净化林4768亩,全区90%的河道水质实现明显好转。完成造林绿化面积10260亩,森林覆盖率增长2%,创建绿色家园示范村40个,通过国家生态区省级验收。

【社会事业】 全面完成8件为民办实事项目。全面完成锡惠两区跨区教育资源置换任务。省锡中实验学校新校区建成使用,原天一中学初中部独立建制并更名为“西漳中学”,建成启用惠山职教中心校新校区、长安中学改扩建工程、天一实验小学二期工程,教育质量得到提升。

投入2000万元完成礼舍古村、孙冶方故居、李金镛故居修复。完成全区第三次全国文物普查野外勘查工作,新发现阳山庙墩新石器时代遗址等文物点120余处。洛社“凤羽龙”、阳山“老桃园”正式申报国家级非物质文化遗产和全国文保单位。各镇(街道)均建成室内面积2000平方米以上综合文体站。“农家书屋”实现100%建成达标。群众文艺创作会演获4金、7银、11铜,连续第三次在全市名列第一。

举办区首届残运会、百村乒乓球团体赛、迎奥运“商会杯”篮球赛和老年人健身操展示等群众性体育活动。在全市首办“手足相连·情系灾区”赈灾义演,募集捐款48.7万元。送书、送戏、送电影、送讲座等“四送”工程深入基层,服务群众近35万人次,其中设立“工地图书流动站”,向建筑工地民工输送精神食粮,成为全市首创之举。洛社镇被列为全国文明镇候选镇。区档案馆通过国家二级馆测评。

加强星级和示范社区卫生服务站达标建设,建成示范站34个、三星级站54个,石塘湾社区卫生服务中心通过省农村示范中心创建市级验收。免费为8万名参合农民和510名“五保”老人进行体检并建立健康档案;免费为709名白内障患者成功实施手术,有效率100%;免费提供婚前健康体检,婚检率达86%。实施企业持证退休人员计生一次性奖励,计划生育率达99.68%。启动建设区“五保”老人颐养院。启动健康城市建设,建成省级农村药品“两网”建设示范区。

【综合治理】 通过《惠山区2008~2009年社会治安监控建设实施方案》,全面整合技防、人防、物防资源。投入300万元增加路面视频监控,投入150万元配置15辆警用巡逻汽车,投入100万元在镇(街道)主要卡口设置1~2个治安岗亭。建成各类技防单位261家,推广安装CK电子报警装置5634户。7个镇(街道)全面建成政法综治中心,基层综治(警务)站星级创建率达到100%、达标率达80%,其中45%的村(社区)达到高星级综治(警务)站标准。区、镇(街道)、村(社区)分别成立流动人口管理服务办公室、流动人口管理服务中心和流动人口管理服务站,构建外来人口素质教育、技能培训和维权服务为重点的管理新模式。围绕北京奥运会安全保卫工作要求,集中开展排查活动，落实重大矛盾纠纷排查责任制，落实维稳工作责任和领导包案制度，全区矛盾纠纷调处率100%，调处成功率98%。

【人民生活】 新增就业1.5万人，其中城镇净增就业9063人、本地农村劳动力转移就业11596人。职业技能培训1.27万人、创业培训799人。全区无零就业家庭。在建筑、印染等9个行业推行工资集体协商制度，全区企业签约率达97.6%。新增企业职工养老保险32667人，农村养老保障综合覆盖率达91.8%。农村、城镇老年居民养老补贴月人均发放标准分别提高到100元、162元，女性城镇老年居民享受年龄调整为55周岁。历次被征地农民保养金、城镇老年居民养老补贴、新农保退休人员基本养老金100%按时足额发放。新型农村合作医疗参合率达99.97%，人均筹资额达281.4元。社会临时救助提标扩面，区、镇投入救助资金620万元，救助困难群众1.07万人次。让低保人员享受医疗"五免五减半"服务，减免医疗费用350多万元。建立"三无"及贫困精神病人等特殊对象医疗救助制度，832人得到医疗救助。深入开展帮困助学专项救助，贫困学生零辍学。开展第二轮"蓝天下的关爱"慈善募捐活动，募集善款1.12亿元。开展援助四川抗震救灾工作，组织66人赴灾区参加援建。 （区政府办公室）

滨 湖 区

【概述】 无锡市滨湖区位于无锡市西南部，南依太湖，北接北塘区、惠山区，东连南长区、新区，西临常州武进区。总面积608.58平方公里，陆地面积264.62平方公里，耕地面积7.84万亩，辖马山、胡埭2个镇，蠡园、滨湖、华庄、雪浪、太湖、河埒、荣巷、蠡湖8个街道，拥有无锡太湖国家旅游度假区、江苏省蠡园经济开发区、江苏省无锡太湖山水城旅游度假区、江苏无锡经济开发区4个省级以上开发区，共有41个村民委员会和77个社区居民委员会。年末，全区总人口66.27万人，其中户籍人口46.83万人。全区人口出生率6.88‰、死亡率5.8‰、自然增长率1.08‰，计划生育率99.5%，人口密度为每平方公里2504人。区政府驻地设在无锡市金城湾迎宾路1号。

2008年，全区完成地区生产总值386亿元、财政一般预算收入33.72亿元、全社会固定资产投资165.07亿元，分别比上年增长13.2%、18.2%、13.4%，区域经济社会呈现良好的发展态势。

【工业】 全年实现工业纳税销售846.45亿元，同比增长22.3%，净增154.48亿元；电子信息、生物医药、装备机械等产业产出占规模以上工业总产值的比重超过55%，生物医药产业税收增幅超过50%；新城工业安置区西拓强力推进、37个项目开工建设，全区工业集中度达86%；累计建成标房156.9万平方米、租售155.53万平方米、入驻145.41万平方米，租售率、入驻率分别达99.1%和92.7%；全区单位GDP能耗下降4.45%，单位规模工业增加值能耗下降14.41%。

【农业】 全年实现农业总收入4.49亿元，蔬菜产量42000吨，粮油产量9534吨，林茶果产量21832吨，荤食品产量18500吨，建成"一村一品"特色村37个，特色村比例达到60%；新增高效农业面积7000亩，农业适度规模经营比例达65.2%；胡埭生态农业示范园、长广溪生态修复工程正式启动。

【服务业】 完成服务业纳税营销877.37亿元、同比增长30.4%，服务业纳税营销首次占全区经济总量的一半以上、达50.9%；527家服务业规模骨干企业完成纳税营销438.16亿元、同比增长25.73%，占服务业总量的49.97%；完成服务业增加值172.2亿元，增加值占全区GDP比重达44.6%，较上年增1.5个百分点；完成社会消费品零售总额112.6亿元，同比增长23.7%；完成固定资产投资132.77亿元，同比增长15.4%，其中经营性投入达42.63亿元，同比增长11.89%；开工超千万元服务业重大项目114个，蠡湖之星摩天轮、金陵山水丽景酒店等项目如期竣工，生物医药服务外包区、佛教论坛接待中心等大型项目当年投入均超1亿元。

【旅游业】 实现接待旅游总人数813.18万人，同比增长10.05%；实现旅游总收入71.06亿元，同比增长14.19%；实现旅游增加值26.57亿元，同比增长14.58%；完成重大旅游项目投资16.73亿元，同比增长91.64%，开工旅游业重大项目17个；成功举办第五届无锡太湖山水文化节、第四届无锡太湖生态旅游节、高尔夫业余精英配对赛、太湖城市形象大使评选等节庆活动60余次，先后赴日本东京等地开展系列宣传推介活动；马山和平村被评为市级农业旅游特色村，尚书湾、慕湾果园、古竹农业旅游休闲园创成市级农业旅游示范点，山明水秀大饭店被评为省级绿色宾馆，舜天碧波度假村、锡海花园酒店、运河饭店被评为市级绿色宾馆。全面开展"迎论坛、优环境、树形象"活动，地区"软"、"硬"环境进一步优化，灵山三期工程如期竣工。

【民营经济】 民营经济在逆境中继续保持较快增长。全区民营企业达到9300家，个体工商户达到13000户，从业人员达17.14万人；全年上缴税金39.05亿元，全区完成民营经济增加值280.5亿元、占GDP比重达72.7%、比上年提高0.3个百分点；积极组织银企对接合作等活动，全区银企授信签约大会授信额度达66亿元。

【开放型经济】 成功举办春、秋两季经贸节，网通数据中心、久益国际等78个优质项目签约落户，引进各类企业467家，完成到位注册外资1.4亿美元；全年完成固定资产投资165亿元，瑞年研发中心等281个重大项目和71个区域特色发展项目顺利推进；完成外贸出口9.8亿美元，增长22.3%，鹰普（中国）等5家企业成功"走出去"；与日本松阪市正式缔结友好城市。

【科技创新】 实现高新技术产业产值204亿元，高新技术产业增加值占规模以上工业增加值比重达到40%，新增国家级高新技术企业21家、省级民营科技企业39家；开工建设"三创"载体78.7万平方米，竣工50.2万平方米，累计竣工面积达105万平方米，载体内累计建成省级孵化器5个、市级以上公共服务平台6家、博士后科研工作站1个、市级工程研究中心3家，引进创新创业创意类企业（机构）435家，IBM－中国云计算中心、SUN开源技术创新中心投入运行；全面加快创新型、领军型人才引进培养,新引进"530"项目 39 个、各类人才 2000 名,承办"百名海归博士江苏行"、"'国家软件技术与产业发展战略'院士无锡行"活动;完成专利申请 1382 件、专利授权 595 件,发明专利申请量占专利申请总量比重达 26.3%。

【体制改革】 深化城管体制改革,区公用事业监管中心、基层城管办组建到位,"社区设站"有序铺开,市管 32 条道路、85 条非通航河道等下放事权全面落实,执法、管理、作业队伍有效整合;"两集中、三到位"第一阶段工作全面完成,调整削减审批事项 76 项,综合办理时限缩短 1/3,现场办结率达 69%;深化体制创新,在全市率先推进区属国有(集体)资产优化重组,新组建城开公司、商旅文化公司等,区级投融资平台进一步夯实。

【城乡建设】 基本完成"三谷三基地"和 11 个重点地区城市设计。荣巷历史街区、拆迁安置房等修建性详规,隐秀路景观大道、长广溪生态湿地等环境设计,乡镇公路网、和谐社区、抗震防灾、"三区六线"等专项规划,沙滩、徐家旦等新型农村社区建设整治规划等平稳推进。全年拆除各类建筑 372.57 万平方米(含拆违拆临 17.27 万平方米),开工建设安置房 310 万平方米、竣工 220 万平方米,安置拆迁户 6045 户,通过安置审核 51 万平方米,经济适用房、人防工程分别竣工 6 万平方米和 4.1 万平方米,分层次、多渠道的住房保障体系进一步健全。新(翻)建自来水管网 3.9 万米,新增村镇下水道 12.6 万米,完成峰影新村老新村改造 14.5 万平方米和住宅"平改坡"2.5 万平方米,实施新村房屋特修 7 万平方米。开展文明城市创建、"太湖杯"城管创优、"两整两创"、"河长制"、"路长制"管理、违法建设整治等活动,全面推行"区域市容管理联动"新模式,60 条道路纳入长效管理,拆除违建 19.5 万平方米。改造农村公路 26.8 公里、危桥 6 座。青山西路南段、大池中路、鸿桥路等建成通车,滨湖医院、蠡湖科技 2 号院等建成交付,美湖片区"三创"载体等加快建设,荣毅仁事迹陈列馆启动建设,荣巷古镇、渔港地区改造等项目前期工作基本完成;万达商业广场、阳光嘉园、紫金英郡等项目有序开发。加强建筑市场管理,建成市优质结构工程 32 个、"太湖杯"工程 16 个、"扬子杯"工程 4 个。

【生态治理】 铺设污水管网 205 公里(其中马山、胡埭 70.5 公里),建成区、马山地区、新城工业安置区污水主干管网基本实现全覆盖;对 1620 家单位、248 个小区实施截污,完成 54 个自然村的生活污水点源处理工程;马山、胡埭污水处理厂提标改造工程全面完成;对 42 家"三高两低"和"五小"企业实施关停或整改,整治沿湖一公里范围内规模以下企业 30 家;全区住家船、畜禽养殖业、废品回收站、豆腐作坊等基本整治到位;疏浚河道 135 条、家塘 54 个,清淤 189.7 万立方米;调整设立 31 个蓝藻打捞点,累计打捞 27.7 万吨、实施无公害生态处理 11 万吨;开展绿色滨湖建设,完成造林绿化面积 12580 亩,新增城市绿地 13 万平方米,森林覆盖率提高 1.7 个百分点。完成循环经济项目 20 项、企业清洁生产审核 21 家;全区新增生活污水处理量 189.5 万吨、工业废水处理量 86 万吨,削减 COD485.3 吨,环境质量综合指数为 91.53,国家生态区创建顺利通过省级验收。

【社会事业】 《滨湖区中小学教育布局规划》基本完成,新建雪浪中学、万科小学、太湖幼儿园,"一网新三机进教室"(互联网,电脑、液晶投影仪、视屏展示台)达标率 100%,流动人口子女进入公办学校就读率达 97%;育红实验学校等 3 所学校公有民办体制改革推进到位,学校理事会制度试点工作有序开展,"蠡中教育"模式在全市推广;荣获"2008 年江苏省县(区)级人民政府教育工作督导评估考核先进单位"荣誉称号;4 个城市社区卫生服务中心标准化建设基本完成,"三独立"工作推进到位,居(农)民满意率达到 90% 以上;孕产妇和儿童保健管理率分别达 100% 和 98%;有效应对"手足口病"、"三鹿奶粉"等突发公共卫生事件;滨湖医院、手外科医院完成搬迁,六院转型为市"爱心护理院",手外科医院获"省医学新技术引进二等奖",马山镇创建为国家卫生镇;区图书馆全面建成,全民健身中心和"农家书屋"实现全覆盖;雪浪街道荣获"省城市体育先进社区"称号;成功举办第二届区运会和"瑞年杯"国际青年龙舟赛,秧歌舞《纳凉》获市群众文艺汇演创作、演出金奖及长三角舞蹈邀请赛特别奖;文化产业增加值占 GDP 比重达 6.4%;全区计划生育率达 99.5%,各项指标均达到或超过"十一五"中期评估标准。

【综合治理】 深入开展"平安奥运"、"平安滨湖"创建、"大接访"等活动,加强巡防队伍建设、技防设施建设和外来人口管理,扎实开展"雷霆行动"、"迎奥运保平安迅雷行动"等专项斗争,全区赴京上访批次和人次同比分别下降 32% 和 40%,实现奥运期间"三个确保"和"零进京上访"的目标,连续三年被省评为社会治安安全区。

【人民生活】 新增就业岗位 3 万个,实现失地失业人员再就业 2.5 万人次,其中"4045"人员再就业 5500 人次;培训各类人员 11547 人;审核发放两项补贴 1681 万元;全区城镇居民人均可支配收入、农民人均纯收入分别达 23800 元和 12180 元,分别增长 13.02% 和 11.54%;实现养老保险扩面 46048 人,安置失地农民 19575 人、安置率 100%,发放养老补贴 2967 万元、低保金 995 万元、救助金 1064 万元,募集赈灾专项捐款 1500 多万元,实现城镇医保参保 59796 人,"新农合"参合率 100%。

(过 峰 郑建峰)

崇 安 区

【概述】 无锡市崇安区位于无锡市市区中部,总面积 17.82 平方公里,辖广益、崇安寺、通江、广瑞路、上马墩、江海 6 个街道办事处,42 个社区居民委员会。至 2008 年末,全区居民 6.97 万户,总人口 18.8 万人,其中:男性 9.45 万人,占总人口 51%;女性 9.34 万人,占总人口 49%。人口出生率 3.9‰,死亡率 4.29‰,自然增长率 -0.39‰。区政府驻地设在无锡市县前东街 288 号。

2008 年,全区完成地区生产总值 252.85 亿元,比上年增长 13%;社会消费品零售总额 254.9 亿元,比上年增长 24.3%;固定资产投资 69.75 亿元,比上年增长 16%;财政一般预算收入 14.12 亿元,比上年增长 15.05%。

【服务业】 全区完成服务业增加值 226 亿元,比上年增长

14.6%,占地区生产总值的比重达89.4%,比上年提高1个百分点;引进区外境内注册资金55.99亿元,比上年增长83.5%;完成工商登记到位注册外资7899万美元,比上年增长20.3%;服务业中现代服务业的比重为46%,比上年提高2.8个百分点。商贸流通、金融保险、商务服务、信息技术、文化创意等五大产业增加值占地区生产总值的比重上升到69.5%,比上年提高4.5个百分点。

【民营经济】 至年底,全区民营企业总数达到1.91万个;全年民营经济实现增加值157.2亿元、社会消费品零售总额204.3亿元,占全区的比重分别上升到62.2%和80.1%。

【区域发展】 加快崇安新城建设,华厦家居港、锡沪地板精品馆、广益汽配城B区三期等3个项目建成开业,新增营业面积23万平方米,市场总面积达到160万平方米,年成交额达140亿元。恒隆广场开工建设,红豆国际广场主体封顶,崇安寺二期2号地块、苏宁广场已做好开工准备。区少年宫、文化馆、图书馆、档案馆等一批高标准、高品位的教育、文化、卫生公共设施和服务平台启动建设。

【城建城管】 完成旧城改造拆迁面积80万平方米,交付使用安置房23.57万平方米。人民东路延伸段建成通车,勤学路、书院弄等背街小巷完成整治。完成宁海里11.2万平方米老新村整治。和泰苑、水曲巷等20个老新村实行业主自治管理,新增受益居民1.1万多户。全面落实城管体制改革要求,初步形成"三级体制、街道为主、监管并举"的"大城管"格局。城市生活污水集中处理率达到85%,烟尘控制区、噪声达标区覆盖率,生活垃圾无害化处理率均达100%。

【社区建设】 在全市率先推进社会工作体系建设,成立全国首家区级社会工作协会,建立老年人、青少年、禁毒康复社工服务基地。全区有80人通过首次社会工作者职业水平评价考试,名列全市第一。加快推进数字化社区建设,覆盖面上升到52%。莫家庄、尤渡智能化社区服务中心完成土建,塔影二村开通全市首个"社区服务总机"。积极创新社区工作机制,在28个社区建立社区事务工作站,在广益佳苑、后西溪社区开展社区扁平化管理试点。较大幅度提高专职社区工作者待遇标准,75%的社区达到区定和谐社区创建标准。广丰、汤巷等9个社区通过市级和谐示范社区验收,东河花园和宁南社区被评为省级和谐示范社区。

【教卫文体】 继续推进学校布局调整,新开河小学并入崇宁路实验小学。新建连元实验幼儿园,新创省优质幼儿园3所,学前教育优质资源比例上升到75%。新增特级教师1名、市教学能手14名。通过省教育督导评估验收。小娄巷历史文化街区保护修复工程正式启动。全面完成第三次全国文物普查任务。成功举办第十一届崇安文化艺术节和区第七届运动会,组织承办纪念阿炳诞辰115周年活动,群众原创作品在市群众文艺会演中获佳绩。扎实推进区级医疗卫生资源整合,社区卫生服务中心全面实现人、财、物"三独立",崇安医院转型为市职业病防治医院,口腔医院实施股份制改革。公共卫生服务体系进一步健全,卫生监督所新建2个分所,甲、乙类传染病发病率下降11%。爱国卫生和红十字工作进一步深化,启动健康城区创建活动。人口和计划生育工作进一步加强,新建上马墩街道新型生育文化园,计划生育率达99%以上,通过省人口协调发展先进区中期评估。

【综合治理】 刑事案件发案率同比下降,人民群众对社会治安的满意率达95%以上。信访稳定工作进一步加强,奥运安保工作受到全市表彰。"五五"普法通过市中期检查验收,办理法律援助案件76件。深入开展安全生产隐患治理,保持安全生产形势总体平稳。在全市率先启动创建省放心消费示范区活动,做好婴幼儿奶粉事件应急处置工作。

【人民生活】 在岗职工平均工资比上年增长14.1%。帮助持证下岗失业人员实现再就业2033人,"零就业家庭"至少1人就业覆盖率达到100%,充分就业社区增加到40个,覆盖面上升到95%。完成企业基本养老保险扩面20021人,城镇居民医疗保险覆盖率达到90%以上。认真实施《中华人民共和国劳动合同法》,深入推行企业工资集体协商制度,探索实行劳动保障监察网格化管理,妥善处理劳动争议,促进劳动关系和谐。社会救助、社会福利和慈善事业健康发展。全年向700多户困难家庭发放低保金和物价补贴434万元,向1600多人次困难群众提供临时生活救助197万元,向120多名优抚对象发放优抚补贴131万元,向600多名高龄老人发放尊老金和困难补助62万元;向190多名残疾人发放救助金76万元,为17名贫困白内障患者免费实施复明手术,为99名肢体残疾人免费进行康复训练;向四川地震灾区踊跃捐赠款物447.4万元,先后选派4人赴灾区参加卫生防疫和支教工作。

【全省首家区级社会工作民间组织成立】 区社会工作协会成立,成为全省首家区级社会工作民间组织。协会动员和组织从事社会服务的行业和单位支持参与社会建设,整合和利用现有社会资源,成为和谐社会建设的第三方力量,填补行政力量在社会管理和公共服务领域的不足,为推行"小政府、大社会"管理体制,推进"政府购买服务"奠定社会组织基础。

(区政府办)

南 长 区

【概述】 无锡市南长区位于无锡市市区东南部,是无锡中心城区之一,总面积22.43平方公里。下辖迎龙桥、南禅寺、清名桥、金星、金匮、扬名6个街道办事处,58个社居委。风景名胜有清名桥历史文化街区。全区年末总人口43.68万人。男女性别比101.06:100。人口出生率7.09‰,死亡率6.71‰,自然增长率0.38‰。区政府驻地设在无锡市永丰路1号。

全年实现地区生产总值122.5亿元,比上年增长16.56%。其中,第二产业增加值55.37亿元,下降2.52%;第三产业增加值67.13亿元,增长38.99%。人均生产总值29787元。万元GDP能耗比上年下降4.5%,规模工业产值综合能耗、规模工业增加值水耗分别比上年下降9%和15.9%。高新技术产业产值占规模以上工业的比重达38%。民营经济创造的增加值在生产总值中的份额达49.9%。全年完成固定资产投资

47.07亿元,增长25.15%。实现财政总收入23.14亿元,其中地方财政一般预算收入12.13亿元,增长15.52%;地方财政一般预算支出12.80亿元,增长165.16%,扣除土地出让金收入后实际支出5.54亿元。年末民营经济从业人员8.73万人。

【重大项目】 26个新建、续建项目进展顺利,其中清名桥街道睦邻中心交付使用,易买得超市、好又多超市、百脑汇资讯广场开业,世贸中心、凯燕环球二期、西水东、启麟苑城市综合体等一批重大功能性项目的前期拆迁全面完成,陆续开工建设。

【服务业】 全区服务业增加值67.10亿元,增长28.7%,服务业增加值占GDP的比重达54.8%,比上年提高8.8个百分点。下甸桥生产资料市场成交额突破50亿元。社会消费品零售总额130.10亿元,增长20.2%。家乐福、沃尔玛、乐购、茂业百货、明泰百货等商贸企业销售额增长较快,全区36家限额以上商贸餐饮企业完成销售81.50亿元,增长20.8%。服务业固定资产投资44.30亿元,增长41.8%,占投资总额的94.2%。服务业对经济增长的贡献份额达55.2%。

【开放型经济】 获批超3000万美元项目8个,完成工商登记协议注册外资3.28亿美元,增长300.3%;到位注册外资7855万美元,增长18.8%。全年进出口总额46476万美元,比上年增长5.2%,其中出口总额41827万美元,增长2.32%。新批境外企业2家,总投资1100万美元。

【工业经济】 全年实现全部工业增加值51.57亿元,比上年下降5.03%。规模以上工业产品销售率100.69%,比上年提高1.64个百分点。工业经济效益综合指数237.06,提高29.21个百分点。有规模以上工业企业105家,实现增加值47.5亿元,下降5.85%;实现主营业务收入189.78亿元,增长4.27%;实现利税20.22亿元,增长13.72%。规模以上民营工业实现增加值10.55亿元,增长4.77%,占规模以上工业比重22.2%,比上年提高2.24个百分点;实现主营业务收入42.22亿元,增长3.69%。建筑业增加值3.8亿元,增长52%。有资质建筑业企业房屋建筑施工面积80.38万平方米,增长110.35%;房屋建筑竣工面积24.24万平方米,增长79%。

【国内贸易】 全年实现社会消费品零售总额130.24亿元,比上年增长20.35%。其中,贸易业118.37亿元,餐饮业9.04亿元,分别增长17.69%和19.74%。年成交额在亿元以上的商品交易市场4家,成交额83.12亿元。实现商品房销售面积20.08万平方米。

【科技创新】 编制《南长区经济转型优化发展规划》,完成3.52平方公里的南长科技创新及服务外包集聚区的概念性规划编制,启动扬名创意产业园、服务外包基地、南下塘文化创意园等"三创"载体建设,新增载体面积15万平方米。制订《关于促进服务外包产业发展的若干意见》,落实各项优惠政策,引进服务外包企业38家,其中无锡冠华、无锡企源2家企业入围市第二批"123"计划企业,无锡冠华、无锡国力2家企业通过CMMI3级认证,完成服务外包产业业务总额3689.24万美元,其中离岸外包2640.96万美元。引进"530"项目4个,人围"省'双创'人才计划"1项。申请各类专利160件,专利授权90件,其中发明专利39件,透平叶片公司研发的动叶片锻造等3项技术填补国内空白,并申报国家科研成果奖。全区高新技术产业增加值占规模以上工业增加值的比重达38%。

【体制改革】 深化城管体制改革,按照"个十百千"的要求,构建区、街道两级城市管理体系,形成区、街道、社区三级城市管理网络。适应清名桥古运河景区管理需要,建立无锡市清名桥古运河景区管理处。建立南长科技创新及服务外包集聚区管理中心及投融资平台,为集聚区开发建设招商营运创造条件。按照"政企分开、明晰产权、自主经营、自负盈亏"的原则,因地制宜、"一企一策",完成福利企业改制21家,其余2家进入完善相关手续阶段。

【片区开发】 围绕"3条线、6节点"工程项目,抓好腾地拆(搬)迁、规划设计和施工建设。实施南长街、南下塘道路基础设施改造、污水管网铺设及古运河河道清淤、驳岸整治和码头建设,完成南禅寺入口广场、跨塘桥入口广场、中国丝业博物馆、清名桥核心景区、无锡窑群遗址博物馆的建设及祝大椿故居、薛南溟旧居、张氏嘉乐堂、王氏槐荫堂的修复。完成开通古运河水上游的各项筹备工作,组建旅游公司,定制游船22条,拟定旅游线路和旅游标识。

【城建城管】 开展城管创优活动,取缔无证摊担3500多人次,查处店外设摊1600多个、违章广告2300多个,清除"三乱"2万多处。开展拆违专项行动,拆除各类违法建设6万多平方米,创建"无违法建设社区"3个。实施南禅寺文化商城、中南路等重点区域的环境综合整治。全面推行"属地管理、以块为主"的拆迁工作机制,实施拆迁项目46个,完成拆迁交地项目23个,全年完成房屋拆迁近3200户、面积115万平方米,分别比上年增长194%和45%。金城西路、新光路、人民西路、南湖大道等9条市重点道路拆迁按期完成并交付施工。启动扬名花园、五星C块、新乐苑、范巷、五爱南等12个安置房项目建设,施工面积83万平方米,竣工35万平方米。潘巷、明达电器厂、工业锅炉厂等一批安置房腾地拆迁顺利推进。开展化工及"三高两低"企业整治,关停化工企业5家,整治"三高两低"企业6家,关闭扬名养猪场、奶牛场。全面开展企业截污控源,实施扬名工业集中区的污水管网铺设,完成209家企业及8个村级经济园区的截污接管。推进居民生活污水接管,完成锡惠里、中联、塘南等老新村和新民路、逸常里居民楼的截污工程。京杭运河金城桥、古运河文化宫桥、小溪港落霞桥等3个断面水质出现好转。新增省绿色社区1个、市绿色社区4个。

【文教卫体】 区图书馆、文化馆易地重建。社区全民健身器材覆盖率达100%。开展"文明之春"系列文化活动,成功举办第四届中国粽子文化节和"献出我们的爱"抗震救灾募捐晚会,为四川汶川地震灾区募集各类款物价值1015万元。开展"非物质文化遗产"和全国第三次文物普查工作。教育布局进一步优化,完成东林小学综合楼新建和教学楼改扩建工程,启动塘南中学和清扬实验小学分部新建工程,学前教育托幼一体化整体推进,全区0~3岁婴幼儿接受早教比例达87.1%。24所校(园)与所在街道、社区签订资源和谐共享协议,免费向社区有序开放学校体育设施。年内先后被授予省师资队伍建设先进区、省幼儿教育先进区等荣誉称号。实施社区卫生服务中心“三独立”运行体制改革,6个街道社区卫生服务中心规范化建设年内全面完成并投入使用,社区卫生机构年门、急诊67万人次,上门出诊3.7万人次,双向转诊1.4万人次。按照市政府统一部署,开展对持独生子女父母光荣证退休的企业人员一次性奖励工作。实施免费婚检一站式服务,免费婚检率达82.5%,位居三城区第一,通过市“十一五”人口和计划生育工作中期评估验收。

【社区建设】 加大街道、社区硬件建设投入,在全市率先全面完成街道办公服务用房的达标验收。切实提高社区工作者素质和待遇,有57名社区工作者通过社工职业资格水平考试,上调社居委干部的工作补贴标准。积极探索社区管理新机制,在金星街道中南社区、金匮街道五星家园一社区进行全市第一批社区扁平化管理的试点工作。开展和谐社区创建活动,新增省和谐示范社区10个,市和谐示范社区12个,区四星、五星级社区10个。

【综合治理】 深入开展“平安南长”、“法治南长”创建,落实社会稳定责任制和领导信访接待日制度,区级领导全年共接待群众来访168批次、691人次,化解重点个案17件,实行领导包案12起。全国“两会”、北京奥运会、残奥会期间没有发生赴省进京非正常上访和大规模、有影响的群体性事件。加强社会治安综合治理,创新群防群治工作机制,按照“全联网、全覆盖、全监控”的要求,积极推进街道、道路治安卡口、重点单位、公共场所、居民小区等“五大技防”建设。加强安全生产工作,积极开展隐患整治,各类事故大幅下降。坚持科技强警,投资500万元建成区公安分局110指挥中心监控指挥系统。深入开展专项打击与整治行动,社会治安环境不断优化,人民群众对社会治安的满意率达98%以上。

【人民生活】 开发社区灵活就业岗位2239个,其中公益性岗位312个。举办各类技能培训、职业指导、创业培训38期、4637人次,实现下岗失业人员再就业11434人次,其中持“再就业优惠证”下岗职工3746人次,“零就业家庭”实现就业覆盖率达100%。推进企业工资集体协商制度,签约备案企业880家,各类企业劳动合同签订率达98.5%。城市居民人均可支配收入达23615元,增长13.0%。扩大社会保障覆盖面,新增社保扩面征缴26028人。对低保对象1662户、3246人发放最低生活保障金804.4万元、物价油价补贴136.4万元。215户家庭通过经济适用房的会审,对252户家庭给予廉租房补贴,50户家庭实施住房配租。开展社会慈善救助,发放各类救助金370多万元。 (华伟宇)

北 塘 区

【概述】 无锡市北塘区位于无锡市市区西北部,总面积31.5平方公里,下设黄巷、山北、北大街、惠山、五河(与北大街合署办公)5个街道办事处,下辖53个社区居民委员会,户籍总人口258453人,其中,男性130191人,占总人口的50.37%;女性128262人,占总人口的49.63%。2008年全区人口出生率3.88‰,死亡率3.95‰,自然增长率-0.08‰。区政府驻地设在无锡市凤宾路58号。

2008年,全区地区生产总值150.23亿元,其中第三产业95.11亿元,占地区生产总值的63.40%,比上年提高6.55个百分点;财政收入21.98亿元,比上年增长3.54%,其中一般预算收入11.12亿元,比上年增长0.58%;全社会固定资产投资完成49.45亿元,比上年增长16.30%。

【工业】 全年实现工业增加值55.12亿元,引进各类企业1093家,其中注册资金超千万元企业43家,引进注册资金35.92亿元。服务业外资引进实现突破,全区完成到位注册外资4000万美元,其中服务业到位注册外资占82%。实现高新技术产业产值60亿元,高新技术产业增加值占规模工业增加值比重为38.5%。全社会研发投入2.8亿元,占地区生产总值的比重为1.6%。完成专利申请120件,其中发明专利比重超过20%。完成“三创”(创新、创业、创意)载体建设3.5万平方米,科技创业园一期开工建设。引进“530”项目企业11家,其中快度信息技术、爱辐射频技术、景真科技被列为A类项目。市高新技术产权交易市场被列为国家专利技术展示交易中心。全年申报各类科技发展项目26项,争取资金894万元。国联金属材料市场一期港池工程竣工、交易区3号楼通过验收,全年引进企业150家,产税4000万元。金山北科技产业园控规编制完成,投资近2000万元完善园区基础设施,落实科虹标牌移建、力源压缩机等13个都市型工业项目。锡北生产性服务业集聚区抓紧产业定位研究和概念性规划编制,集聚区被确定为市现代服务业集聚区。

【第三产业】 全年实现服务业增加值95.11亿元,全社会消费品零售总额124.05亿元,分别比上年增长2.67%和16.77%,服务业增加值占地区生产总值的比重达63.40%,比上年提高6.55个百分点。服务业固定资产投资47.38亿元,增长15.42%。金太湖国际商贸城一期交付装修,一批主力店、品牌店相继签约入驻。白金汉爵大酒店一期、家乐福凤翔店、民生银行无锡支行对外营业,华仁凤凰大厦主体竣工。加快服务外包载体建设,凤翔软件园、凤加创业园投入使用。新增服务外包注册企业45家,与2家印度服务外包企业签署投资意向协议。无锡晟峰入围市“123”计划,新增5家企业通过CMMI三级认证。

【街道及民营经济】 4个街道共完成财政收入15.44亿元,比上年增长7.05%;完成一般预算收入7.14亿元,比上年增长11.27%;完成全社会固定资产投资49.45亿元,比上年增长14.68%。全区完成民营经济增加值96亿元,占全区GDP的比重为64%,比上年提高1个百分点。

【体制改革】 完成147件区职权范围内的人大代表建议、批评、意见和政协委员提案办理工作。完善行政执法责任制,在全区行政执法单位推行以行政执法责任制为核心的行政管理公示制、评议考核制、错案追究制,加强对行政处罚、行政许可、行政收费的监督检查。深入开展“五五”普法教育,提高全社会的法律意识。深化行政审批改革,成立区行政审批服务中心,全区16个部门59项行政许可事项进驻集中办公,提高行政许可、行政服务效率。加强应急管理,建立突发公共事件应急处置机制,成功组织抗震救灾应急演练、突发公共卫生事件和卫生救护应急演练。深入开展"进企业、为企业服务"活动,建立区政府领导与重大项目、重点企业、重点信访户挂钩联系制度,强化协调服务。开展机关作风与效能建设制度规范专项活动,提高行政效率。推进政务公开,及时发布政务信息。深化财政管理改革,加强政府采购管理,拓展"参与式预算"项目范围,推行公务卡结算改革。加强公有资产监管,建立资产数据库,规范拆迁补偿资金使用管理。深化机关事务管理改革,组建机关事务管理中心,整合机关后勤人员、事务,确保行政服务中心高效运作。认真落实党风廉政责任制,积极开展行风评议、纠风治乱工作,全面清理党政机关所办经济实体和股权,加强财务、工程建设、土地管理等重点领域制度规范执行情况的督查,严格执行政府投资项目报建、政府采购、工程审计、招投标管理等各项制度。全年查办各类违纪案件12件。

【城建城管】 凤翔内环高架、惠钱路、青石北路、石澄二路、建设路五河段建成通车,人民路、锡惠路完成拆迁。投资5700万元完成惠钱路泄洪工程、山北南圩防汛达标等重点水利工程建设。运河公园、何振梁与奥林匹克纪念馆建成开放。全力推进老城区、城中村拆迁改造,试点推行拆迁安置公示,全面完成凤翔路、民丰16号地块、李家浜等20个项目的拆迁安置。亨盛压力容器厂地块一期、惠麓苑二期等新开拆项目进入扫尾阶段,全年完成拆迁工作量122.28万平方米,动迁居民3208户。加快保障性住房建设,龙塘岸一期、五河一期交付安置,龙塘岸二期、五河二期、新惠家园二期部分交付,安置被拆迁户2465户,安置面积31.43万平方米。加快推进民丰苑、毛巷、丰涵家园建设,全年开工在建安置房179.6万平方米,竣工77.6万平方米。完成广石路以南、312国道以北、凤翔路以东、北新河以西约2.6平方公里的凤翔新城扩容概念性规划。承担惠山古镇历史文化街区开发建设任务,扩大街区范围,新增0.53平方公里风貌区用地。惠山古街核心区一期修复工程全面完成,留耕草堂、惠山园、李鹤章祠建成开放。盛世新城、海尚映象、西城纪、富城湾、泰龙名居、蓉湖山水二期开盘销售,金太湖国际城二期、兴源家园开工建设。全区经营性地块开工在建128万平方米,开盘销售78.8万平方米。推进绿色北塘建设,新增绿地37万平方米,创建园林化单位、园林式居住区4个,建成绿色社区15个,实施清洁生产企业审核5家。加快企业退城进园,全年收购企业5家。推进节能改造,淘汰落后用能设备65台套,实施重点节能改造项目3项,万元GDP能耗下降4.5%,规模以上工业增加值能耗下降6%。高质量通过"国家节水型城市"考核。完成8家重点企业的减排限期治理和23家企业的提标改造工程,全年COD减排707吨。加快控源截污,开展全区生活污水和截污接管普查,启动第一批145家单位生活污水截污,完成河道两侧41家企业、13个老居民小区的污水接管。完成污染源普查工作,普查各类污染源1048家。加强产业整治,关停企业8家、整改治理企业8家。推行"河长制"管理,完成苏屑河、大庄河等4条河道综合整治,确保京杭运河、五河浜断面水质达标。加强老新村整治,投资820万元完成刘潭二社区16.5万平方米整治和10个小区的"保洁、保安、保绿"自治管理创建。深化城市管理体制改革,完成城管职能调整,承接市下放的15条道路、27座桥梁的养护管理。落实"路长制"长效管理,19条"路长制"道路通过市级验收。建立城管信息处理互动平台,引入社会化考评机制,快速处理各类市容环境突出问题。加强违法建设、市场周边、建筑工地、户外广告等专项整治,拆除各类违法建设8.1万平方米。建立殡葬整治长效机制,完成提标、整改工作。

【教卫文体】 加强教育基础设施建设,投入2.2亿元完成凤翔实验学校、五爱小学蓉湖校区建设,撤并社桥中学、梨庄中学和高长岸小学。五河新村小学、双河新村小学创建为市现代化学校,志强路幼儿园、盛岸实验幼儿园创建为省优质幼儿园,成功举办江苏省区域基础教育发展战略高层论坛。启动新一轮教育人才工程,6个"名师工作室"成立运作。加强社区卫生服务体系建设,完成区属卫生资源调整和社区卫生服务中心"三独立"工作,投资1500万元完成5个社区卫生服务中心硬件达标建设,社区卫生服务综合满意率达94.3%。市康复医院暨市残疾人康复中心特色品牌效应不断提升。建立集婚姻登记、婚前检查、优生检测于一体的"一站式"婚前保健中心,加强疾病预防控制和食品药品监管,做好婴幼儿奶粉应急处置和手足口病防治工作。加强公共文体设施建设,新增3个街道全民健身中心、1个全民健身工程,公共体育设施覆盖率100%。加强社区文体团队建设,成功举办第三届社区邻居节和民间文化艺术节,举办大型广场文艺演出8场。深入开展文物普查和非物质文化遗产保护工作。

【社区建设】 全面建立社区事务工作站,新选配67名社区工作者,开展社区工作者职业资格培训。提高社区工作者待遇和社居委经费标准,全年社区建设投入1266.7万元。深入开展自治管理示范社区创建,深化和谐社区创建,年内11个小区通过市和谐社区验收。开展独居老人结对关爱活动,启动居家养老和残疾人日间照料服务,投资80万元新建4个服务中心,服务200余人次。

【综合治理】 新建人民来访接待中心、矛盾纠纷调处中心,落实领导包案制、领导接待制,有效化解一批信访个案和群体性事件,赴京上访批次下降40.5%。加强社会矛盾纠纷调处,调解矛盾纠纷1234起,调处成功率98.8%。推进科技强警示范区建设,加强社会治安综合治理,严厉打击刑事犯罪,全年破获各类刑事案件997起,刑事案件发案率下降3.1%,"两抢一盗"(抢劫、抢夺、盗窃)案件发案率下降5.2%,圆满完成奥运会、残奥会期间的信访稳定和安全保卫任务。加强安全生产监管,深入开展安全生产隐患排查治理,完成10处挂牌督办的安全隐患整改,各类事故数均低于市控指标。为民办实事项目除国家级健身工程因规划调整缓建外,其余项目全部完成。

【人民生活】 加强低收入群体住房保障,落实162套7591万平方米廉租住房,完成廉租房审核173户,为27户低保家庭提供廉租房实物配租。全年安置下岗失业人员10019人,帮助持再就业优惠证的下岗人员就业4801人,安置就业困难人员3874人,全区居家就业人数达613名。充分就业社区创建率达94%。完成养老保险扩面人数26571人,城镇居民医疗保险覆盖率达到92%。企业工资集体协商覆盖率达93%,全区在岗职工平均工资增长11.54%。加强弱势群体救助,新安置63名残疾人就业,完成最低生活保障提标扩面工作,全年发放生活保障金、物价补贴883万元,发放重残人员生活救助金771.4万元。募集抗震救灾捐款440万元。 (王庆华)

【国家高新技术创业服务中心挂牌】 12月27日,国家高新技术创业服务中心挂牌暨北创科技园信息产业孵化器开工。作为无锡城区内最大规模的国家级科技创业园区,科创中心将通过3~5年的建设,投入10亿元资金,建成占地100亩、建筑面积22万平方米的无锡市重要的科技创新创业平台。中心的前身为无锡市北塘区科技创业服务中心(以无锡市北创科技创业园有限公司为运作主体),于2002年10月经市政府批准成立。2006年9月升格为无锡市科技创业服务中心全民事业单位,由无锡市科技局和北塘区政府共同管理。2007年9月,无锡产业资产经营有限公司、无锡市创业投资有限责任公司、无锡市北塘区资产经营有限公司共同增资科创中心运作主体-无锡市北创科技创业园有限公司,市、区共建无锡城区最大规模的国家级科技创业园区。 (王 伟)

【与浙大网新开展战略合作】 6月10日,区政府和浙大网新集团联手加快北塘新城建设,无锡北塘—浙大网新战略合作签约仪式举行。双方就拆迁安置房建设、商业地块开发和生产性服务业集聚区建设等项目合作达成战略合作协议。作为双方合作的重要内容,规划建设中的"无锡浙大网新创新科技园"东至东汀桥,南靠江海城市内环高架,西接全丰路,北抵广石路,占地面积750亩,聚集辐射和综合服务功能强,是孕育培植生产性服务业发展的理想商务盆地。

【与晟峰软件有限公司签订"123"计划项目协议】 10月10日,市委、市政府举行第二批"123"计划入围服务外包企业签约仪式,北塘区与无锡晟峰软件有限公司签订"123"计划项目协议。在专家评审的基础上,市政府认定好莱坞(中国)数码艺术研发中心有限公司、无锡企源投资有限公司、江苏泛亚信息技术有限公司、无锡晟峰软件有限公司、无锡冠华时代科技有限公司和无锡九久动画制作有限公司等6家企业为第二批入围"123"计划企业。市、区政府分别与入围企业签订发展协议,推动服务外包业务逐步由技术输出向品牌输出方向发展、技术层次由低端向高端发展、面向市场由日韩为主逐步向欧美等地区扩展。

【举行区域基础教育发展战略高层论坛】 11月9日,由江苏省教育科学研究院和北塘区政府主办的"区域基础教育发展战略高层论坛"在五爱小学蓉湖校区举行。来自国内外的专家围绕"高位均衡理念下的学校主动发展及校长使命"、"区域教育现代化进程中的学校管理制度创新"等课题展开研讨和交流。原江苏省教育厅厅长王斌泰、美国杨百翰大学教授DoyleSlater、原上海教育科学研究院院长胡瑞文、江苏省教育评估院院长教授杨晓江以及省教科院基础所副所长王一军在会上作主题报告,从不同的理论视角和实践方向阐述区域教育均衡发展和学校主动发展的趋势、战略及方法。

【"放歌奥运、情系灾区"广场文艺演出】 6月13日,无锡市"激情周末"广场文艺北塘区"放歌奥运,情系灾区"大型广场文艺演出在北塘区行政中心广场举行。来自全区的9支特色团队300名演员进行体育特色节目表演。黄巷街道的锣鼓《金钹声声迎奥运》、区教育局的小合唱《北京欢迎你》及抗震救灾节目山北街道的大合唱《抗震救灾热血颂》、武警8724部队的《藏龙卧虎》、市文化馆的《同享一片天》等节目受到观众好评。原北塘区机关党工委书记吴国忠登台展示2008句"迎奥运"50米长卷。 (王 伟)

无锡新区

【概述】 无锡新区位于无锡市东南部,总面积220平方公里。辖无锡国家高新技术产业开发区、无锡太湖国际科技园、无锡空港产业园区(硕放工业园、硕放街道)、星洲工业园、无锡出口加工区5个园区,以及旺庄街道、江溪街道、新安街道、梅村镇和鸿山镇。2008年年末总户数100428户,比上年增长1.16%;常住总人口309419人,比上年增长1.73%;外来人口364733人,比上年增长4.38%;境外人口3579人。无锡新区管委会驻地设在无锡市天山路5号。

2008年,无锡新区以转型升级助推优化发展,全年完成GDP708亿元,同比增长18%;财政总收入143.8亿元,同比增长25.8%;地方一般预算收入61亿元,同比增长25.1%;全社会固定资产投资340亿元,同比增长15%。

【开放型经济】 全区完成协议注册外资20.5亿美元,到位外资13.3亿美元,同比增长20.8%。海力士三期15亿美元12英寸项目、华润9.5亿美元8英寸项目、尚德三期4.9亿美元增资项目获得国家发改委批准;全市首家韩资银行新韩银行开业;引进中软、海辉、浪潮等世界软件500强企业8家,进一步奠定新区高新技术产业高地的基础。光伏产业规模、产业水平全国第一,IC设计、IC产能和制造技术全国领先;IC产业产值超300亿元,光伏、软件及服务外包产业产值分别超200亿元,三大产业以100%以上增速跨越发展。"硅谷"、"液晶谷"、"信息外包基地"占全市份额80%以上,"生物谷"、"动漫产业基地"占全市50%以上。无锡(国家)软件园、江苏软件外包产业园开园;无锡国家集成电路设计大厦落成;中国无锡留学人员创业园"530"大厦奠基;软件及服务外包学院成立;卡特彼勒无锡研发中心落户新区,成为卡特彼勒公司除总部以外最大的研发中心。

【投资环境】 太科园完成软件外包园二期等大型"三创"载体建设,引进总投资7亿元的国际数据中心等重大项目;空港产业园区积极推进环机场路等重大项目建设,丰树物流竣工、苏宁集团苏南总部项目入驻;中国吴文化博览园高起点启动建设,引进中华赏石园项目;中国工业博览园重大项目加快推进。坚持环保优先方针,实施"绿色招商"战略,把"工业链"发展成"产业生态链",国家生态工业示范园区通过环境保护部、商务部、科技部三部委现场验收。完成伯渎河、京杭大运河新区段城市设计、再生水回用等生态环保类规划;完成区内春江路、锡梅路等17条道路、伯渎河3个样板段等重点工程建设;"6699"污水管网建设近50公里。以"河长制"为抓手,全面推动123

条河162个断面综合整治工作。完成新城、硕放、梅村3家污水处理厂14万吨/天的提标改造、再生水厂各1.3万吨/天含酸、含氟废水工程。新区环境(排水)监测中心(高新水务水质监测站)筹建工作基本完成。新区第一个太阳能路灯示范工程在尚德广场建成投运;无锡市生态修复样板工程——兴源河河道生态景观改造工程基本建成,其生态修复理念和思路在全市推广;新区第一个环保展示馆建成启用。建成区绿化覆盖率达到42%,获得“省级造林绿化先进区”称号。

【科技创新】 无锡新区成为江苏省唯一获得“国家火炬计划实施20周年先进开发区”称号的地区;成功入选首批中央命名“海外高层次人才创新创业基地”,成为全国5个正式挂牌的国家级高新技术产业开发区之一;以火炬电子助威棒、太阳能发电等科技创新成果为北京奥运会增光添彩,成为唯一受北京奥组委表彰的国家级高新区。成功创建国家知识产权试点园区、全国第3家科技企业加速器试点园区和光电子国家重点公共技术平台。高新技术产值达1500亿元,高新技术产业增加值占规模以上工业增加值比重达到69%;“7+1”政产学研(清华、北大、南大、东南、同济、复旦、上海交大和中科院)合作项目、“530”项目等科技创新指标占全市1/3,创投规模占全市70%。新竣工“三创”载体61万平方米。“无锡服务外包人才培训基地”暨江苏(无锡)微软技术中心落户新区,这是继2007年与IBM合作后,无锡新区与世界IT界巨头的第二次成功合作。新增尚德太阳能、中兴光电子、祥生医学影像、华联科技集团、创明传动工程、易控系统工程、浩森科技、通用机械等8家博士后科研工作站企业分站。全区“博士后科研分站”涵盖上市企业、科技企业、民营企业、“530”企业,总数达12家。

【服务业】 全区服务业经济继续保持快速增长,服务业重大项目取得新突破,有力推动区域经济结构优化升级。全年引进主要以服务外包、软件研发、动漫创意和“三谷三基地”项目为主的各类项目52个,其中外资项目17个,注册资金8000万美元;软件及服务外包项目33个。服务外包业务总量跃上新台阶,全年完成合同接包金额38071万美元,接包执行金额29609万美元,离岸外包金额21534万美元,后两者分别占全市份额的40%和44%。与2007年相比,合同金额增长39.6倍,执行金额增长近240倍。成功引进服务及软件外包企业154家,完成载体建设30万平方米,累计完成CMMI认证12家,全区共有IBM、微软等13家专业培训机构,全年完成培训7020人。好莱坞数码、横新软件、华润、硅动力、华夏计算机等5家企业入围市“123计划”(到2010年末,全市集聚国际服务外包和软件出口企业100家、每家企业从业人员超过2000人、年出口超过3000万美元)。

【镇街发展】 旺庄街道率先实现财政总收入10亿元,新区首家街道科技创业载体——无锡科技创业园旺庄科技创业中心开园。江溪街道全力打造“无锡第一街道”,加快城市化建设步伐,以规模化推进大型专业市场建设,强力带动经济发展优化升级。梅村镇加快启动梅里古镇开发建设,坚持经济和人文两手抓,综合考核名列全区镇街第一。鸿山镇以建设生态休闲新市镇为目标,注重彰显区域个性,大力推进绿色鸿山建设,成为新区首家获得ISO14001环境管理体系认证的乡镇。鸿山生态园被命名为“市生态农业创新中心”和“市农业科技示范基地”。新安街道开展“房权换股权”、建富民合作社的探索。

【社会事业】 民生大厦、区文化馆、体育馆、图书馆、国际网球中心、国际老年公寓等一批高层次区级载体相继规划建设。率先在全市推行“三位一体”合作医疗保障体系,实现城乡低保一体化,积极实施针对“病、穷、残、老”等对象的民生实事工程。鸿山遗址保护工程暨“中国吴文化博物馆和鸿山遗址博物馆”工程被国家文物总局称之为全国大遗址保护的“无锡模式”。吴越之光——鸿山全国大遗址保护示范区建设获市“腾飞奖”。鸿山遗址出土的“缶”成为北京奥运会开幕式中国独特古乐器代表,玉飞凤成为无锡市市徽标志。无锡伊顿国际学校竣工,无锡教育国际化·新区论坛成功举办。

【综合治理】 进一步健全社会治安综合治理责任体系,对企业关闭、职工辞退和减产裁员带来的劳资纠纷、建设工程领域拖欠工程款和农民工工资、征土拆迁及后续安置补偿、物业纠纷等问题加强排查,掌握信息,及时消除引发群体性事件的潜在隐患。启动“司法进社区、进工地、进园区”活动。抓好技防设施建设,不断完善“大防控”工作格局。

【人民生活】 全年完成拆迁300万平方米,在建安居房356万平方米,新竣工农民安居房195万平方米。以关注弱势群体和富民和谐为主题,社会保障工程、环境整治工程、残疾人保障工程、住房保障工程、优质教育发展工程、社区配套设施达标工程、“新三通”(公交通达、自来水铺设、有线电视数字化)工程、平安创建和公共安全保障工程、富民工程、公共服务平台建设工程等“十大民生工程”启动率达100%。农民人均纯收入达到14150元。实施“房权换股权”创新举措,既节约建设用地,又增加拆迁农民收入,给街、镇经济社会发展注入新活力。奥运维稳工作、安全生产工作获省、市表彰。　(汪　英)

常州市

【地理位置】 常州地处江苏省南部、长江三角洲腹地,位于北纬31°9′~32°4′、东经119°8′~120°2′,东濒太湖,与上海、苏州、无锡相邻,西与南京、镇江接壤,南与安徽交界,北襟长江。

常州地貌类型属高沙平原,山丘平圩兼有。南为天目山余脉,西为茅山山脉,北为宁镇山脉尾部,中部和东部为宽广的平原、圩区。境内地势西南略高,东北略低,高低相差2米左右。

(丁 遥)

【人口】 人口总量低速增长。年末全市户籍人口358.7万人,比上年末增长0.4%;常住人口440.7万人,增长1.3%。全市暂住人口152.3万人,增长2%,其中暂住一年以上人口52.3万人,增长0.7%。全市计划生育率达98.9%,提高0.1个百分点;独生子女率为82%,提高0.4个百分点;当年出生人口24734人,死亡人口25273人,自然增长率为0.2‰。

【行政区划】 2008年,全市辖武进、新北、天宁、钟楼、戚墅堰五区和金坛、溧阳两市,共有21个街道办事处、37个镇。

(丁 遥)

【土地、矿产资源】 至年末,全市土地总面积4384.57平方公里,耕地面积16.18万公顷,陆地面积36.18万公顷,水域面积7.33万公顷。

全市矿产资源总量偏少,分布不均,矿种局限,以非金属矿为主。已发现可供利用的金属矿产有铁、锰、铜、金(均为小型矿),非金属矿产有岩盐、石灰岩、方解石、硅灰石、膨润土、陶土、玄武岩、石英砂岩、砖瓦粘土、矿泉水等18种。全市有矿产地约35处,其中大型矿床3个、中型矿床6个、小型矿床26个。金坛盐矿不但储量高达163亿吨,而且矿层厚,品位高,易开采。溧阳方解石储量为2700万吨,居全省首位。已探明的矿泉水储量为2.7万吨/日以上。 (平 凡)

【气候】 2008年,常州市年平均气温正常。日照充足,光照条件好。年降水量正常,但时间分布不均。灾害性天气多,年初暴雪灾害尤其严重。

全市年平均气温为16.4℃,比常年偏高0.6℃,属正常年份。全年1、4、6、8、11、12月气温正常,2月明显偏低,9月偏高,7、10月明显偏高,3、5月异常偏高(3、5月平均气温比常年分别高2.6℃、2℃)。年极端最高气温为38.5℃,出现在7月6日;年极端最低气温-7.5℃,出现在2月4日。全年≥35℃的高温日15天(7月14天,8月1天),其中7月3~9日出现了7天持续高温天气;全年≥37℃的高温日2天(7月5日和6日)。平均气温≤0℃的日数为16天,其中1月24日~2月4日出现了连续平均气温≤0℃共12天。全年≤0℃的日数为42天,其中12月3天、1月19天、2月20天。

全年降水总量994.8毫米,比常年偏少96.6毫米,属正常年份。降水的季节分布为春季、夏季正常,冬季偏多,秋季偏少。月降水分布不均匀。其中,4、11月正常,比常年偏少5.2毫米、7.5毫米;6、10、12月为偏少,偏少82.4毫米、25.6毫米、8.5毫米;2、3、9月为明显偏少,分别偏少33.3毫米、54.3毫米、56.6毫米;5、7、8月为偏多,分别偏多27.8毫米、45毫米、30毫米;1月为异常偏多,偏多74毫米。4月8日出现大到暴雨,局部暴雨。5月8日和7月11日出现单站暴雨,日降水量分别为44毫米、51.3毫米和60.3毫米。

全年日照时数2140.5小时,比常年偏多200.3小时,偏多10.3%,属正常略偏高年份。但日照时数时间分布不均,季节分布为夏季、秋季、冬季正常,春季偏多。 (何靖宇)

【雨情、水情】 2008年属正常偏少年份,年降水量接近常年偏少,梅雨量比历年偏少(历年指历年平均值,下同)。河、湖、库水位普遍接近常年偏低。

雨情。梅雨:6月9日入梅,7月3日出梅,梅雨期为24天,梅雨期降水时空分布不均匀,具有明显的间歇性。全市平均梅雨量为158毫米(常武地区135毫米,金坛158毫米,溧阳175毫米),为历年的66%。全市梅雨量最大站点为溧阳站248毫米,为历年的1.02倍。最小站点为常州站91毫米,为历年的38%。

汛期(5~9月)降雨量:面平均降雨量630毫米,为历年同期值的94%。在时空分布上,5月份雨量为96毫米,是历年同期值的92%;6月份雨量为169毫米,是历年同期值的91%;7月份雨量为200毫米,是历年同期值的1.2倍;8月份雨量为109毫米,是历年同期值的85%;9月份雨量为56毫米,是历年同期值的66%。汛期降水量在地区上分布:常武地区567毫米,金坛636毫米,溧阳679毫米。

年降雨量:全市面平均降雨量1054毫米,比历年偏少5%,最大一日降水量站为南渡站153.5毫米。全年降水量:常州站955.3毫米,溧阳站1078.4毫米,金坛站963.6毫米。

台风:汛期受两次台风影响,影响程度一般。7月19日受7号热带风暴"海鸥"的外围影响,全市普降小到大雨,局部暴雨,暴雨中心在溧阳市塘马水库和金坛市王母观,日雨量分别为140毫米和104毫米。7月29~31日受8号台风"凤凰"外围影响,全市普降小到大雨,局部暴雨,主要站点过程降雨量:常州站36毫米,金坛站65毫米,溧阳站40毫米,最大为金坛新浮水库134毫米。

暴雨:主要暴雨日有6月17日、6月22日、7月11日。

水情。2008年度水情变化与降水情况大致相应。1~2月由于降水偏多,江河湖库水位普遍偏高。3~5月降水偏少,江河湖库水位相对偏低。6月上旬到7月上旬,受梅雨及8、9月多雷阵雨天气的影响,江河湖库水位上涨较快,高水位持续到9月,但超警戒水位时间不多;9月初,由于引江水量增大,河道流量普遍增大。10月以后,由于降水减少,江河湖库水位逐渐回落。

沿江水位。全年沿江水位变化与长江上游来水以及潮汐强弱有密切关系,大潮汛主要发生在农历6月下旬和7月上旬,但最高水位比上年偏低。其中,大通站最高水位12.43米(9月8日),比上年最高水位低0.69米,最大流量48000立方米/秒(9月11日);小河新闸站最高潮位6.2米(8月3日),比上年最高值低0.04米;魏村闸站最高潮位6.12米(8月3日),比上年最高值低0.09米。

河湖水位。全年河湖水位变化平缓,南河等山丘区河道与降水关系较为密切,相对较低,但洪水涨落过程明显;大运河等平圩区河道由于引长江水,水位相对较高,但最高水位比往年偏低。由于受6月22日暴雨影响,南渡站最高水位4.74米(6月23日),坊前站最高水位4.21米(6月24日),常州站最高水位4.25米(7月20日)。

水库水位。水库水位变化与降水雨季水库调度有密切关系。1~8月,随着上游降水汇流增多,大溪水库和沙河水库水位均呈缓慢上升趋势。8~9月由于降水偏多,农业用水相对较少,水库仍维持高水位状态,9月上旬大溪水库最高水位11.23米(9月9日),沙河水库最高水位21.17米(9月8日)。10月以后,由于沙河水库泄水修闸,大溪水位比往年同期普遍偏高,年底库容比年初增加1183万立方米,而沙河水库水位迅速降低,最低水位17.07米(12月31日),年底库容比年初减少1610万立方米。

水利工程调度。1月15日,大运河常州改线段正式投运;7月1日,钟楼闸水利枢纽试运行。下半年,沙河水库溢洪闸和沙溪引河闸重新修建。

水库水情:汛初,由于降水接近常年和水库底水位较往年偏低,全市水库普遍蓄水量较往年偏低。沙河水库5月1日水位20.65米,10月1日水位18.97米,最高水位21.17米(9月8日),超汛控水位46天,最低水位17.07米(12月31日),汛末比汛初蓄水量减少1650万立方米;大溪水库5月1日水位10.3米,10月1日水位10.92米,最高水位11.23米(9月9日),不超汛控水位,最低水位9.56米(1月8日),汛末比汛初蓄水量增加620万立方米。　(胡金虎)

【历史文化】　常州是一座有着2500多年文字记载历史的文化古城,古名延陵,系春秋时期(公元前547年)吴王寿梦第四子季札的封邑。历史上向为郡、州、路、府治,曾有过延陵、毗陵、毗坛、晋陵、长春、尝州、武进等名称,隋文帝开皇九年(589年)始有常州之称。

当代缪进鸿历时数载,对先秦以来全国400多座城市的杰出专家、学者的地域分布统计分析,得出常州位居苏州、杭州、北京之后名列第四位的结论。肇始于2500多年前建邑延陵的季札,以善外交、精礼乐、重然诺而见称于诸侯各国。南朝齐高帝、梁武帝生于古武进县城。以主编《昭明文选》的萧统为代表的萧氏家族在文学、史学、音乐上造诣颇深。明代有"吴士争为弟子,德望重于江南"的教育家谢应芳,有文学家、抗倭英雄唐荆川。至清代,出现以庄存与和刘逢禄为代表的阳湖文派、以张惠言为代表的常州词派以及孟河医派等。近现代有洋务派代表人物盛宣怀、爱国实业家刘国钧、书画家刘海粟等。在学术科学领域享有学术界最高荣誉的,民国时期有赵元任、吴稚晖、吴定良等多名中央研究院院士;解放后至2008年,在当选的中国科学院院士和中国工程院院士中,常州籍的有39位、24位,居江苏省辖市第三位。

常州,又是一座具有光荣革命传统的英雄城市,是中国共产党早期重要领导人瞿秋白、张太雷、恽代英和政治活动家董亦湘,以及爱国七君子中李公朴、史良等一批革命家和社会活动家的故乡。溧阳水西村曾是新四军江南指挥部所在地,陈毅、粟裕率新四军浴血抗战,为中国人民的解放事业立下了不朽功勋。

常州名胜古迹众多,现有国家级重点文物保护单位4处,省级文物保护单位20处,市级文物保护单位94处。其中,有国内外罕见的最为古老的地面城池遗址——淹城遗址;有建于唐代、号称"东南第一丛林"的天宁寺;有因苏东坡来常州并泊舟而得名的舣舟亭;有始建于北宋的文笔塔;有建于唐昭宗年间的红梅阁等。历史文化名人故居有中国共产党早期重要领导人瞿秋白、张太雷,宋代大文豪苏东坡,抗倭名将唐荆川,著名画家恽南田、汤雨生,著名诗人黄仲则,著名史学家赵翼、屠寄,著名谴责小说家李伯元及李公朴、史良故居等30多处。常州园林历史悠久,数量众多,明清两代盛极一时,有40多处,现保存较好的有近园、约园、半园、亦园、寄园、止园、意园、聊园、暂园、未园等。　(平　凡)

【城市居民生活】　2008年,常州市居民收支稳步增长,生活质量继续改善。全市城市居民家庭收入继续保持稳步增长的势头,生活质量得到新的改善和提高。据市统计局城调队对市区300户居民家庭的抽样调查,全年城市居民家庭人均可支配收入达21592元,比上年增长13.1%,扣除物价上涨因素实际增长7.5%;居民人均消费性支出达14967元,增长8.6%,扣除物价上涨因素实际增长3.2%。

居民收入。2008年,常州市城市居民人均家庭总收入24092元,增加3315元,增长16%。从构成看,城市居民收入增长是工资性收入、财产性收入和转移性收入三者共同拉动的结果,其中工资性收入仍是推动可支配收入增长的主要力量,财产性收入则成为城市居民收入增长的新动力。1. 工资性收入显著增长。随着职工最低工资标准的提高以及机关事业单位在职人员津补贴的规范,常州市城市居民工资性收入得到较快增长,成为推动城市居民收入增长的主要力量。调查显示,全年城市居民家庭人均工资性收入达15843元,增长25.7%;工资性收入占居民家庭总收入的比重达65.8%,提高5.1%。2. 财产性收入增势迅猛。全市城市居民人均财产性收入为271元,增长52.3%,增幅在四大类收入中居首位。居民财产性收入迅速增长主要得益于出租房屋收入和银行利息收入的增加,全年居民人均出租房屋收入为163元,增加99元,增长155%;人均利息收入为45元,增长20.6%。3. 转移性收入有所增长。全市各级政府进一步加大对低收入群体的帮扶力度,不断完善社会保障体系,上调企业离退休人员养老金标准,提高最低生活保障金标准,促进了转移性收入的平稳增长。调查显示,全年城市居民人均转移性收入达5535元,增加308元,增长5.9%。其中,人均养老金或离退休金收入达4359元,增长10.1%,占转移性收入的比重达78.8%;人均最低生活保障收入19元,增长11.1%。4. 经营性收入出现下滑。下半年起,金融危机的影响逐渐扩大到实体经济层面,全市纺织等行业生产经营困难,部分调查户经营效益和经营性收入受到较大影响。调查显示,全市城市居民人均经营性年收入为2444元,下降11.7%,经营性收入占居民家庭总收入的

比重也由13.3%下降至10.1%，回落3.2个百分点。

居民消费。居民收入的增长带动了居民消费需求的增长。全市城市居民家庭收支基本保持同步增长，居民消费水平不断上升，消费结构持续优化，生活质量进一步改善。从消费构成看，八大类消费支出“七升一降”，其中家庭设备用品及服务、医疗保健、衣着、教育文化娱乐服务、杂项商品与服务、居住支出六类支出增长较快，增长37.1%、27.8%、26.6%、21.9%、19.5%和17.8%，交通与通讯类消费则由于高油价等因素的影响，支出下降23.8%。1. 食品消费量有所下降。全市城市居民家庭人均食品消费支出5056元，增长4.8%；食品消费支出占总消费支出的比重(恩格尔系数)为33.8%，下降1.2个百分点。食品价格上涨对居民食品消费产生较大的影响，城市居民主要食品的消费量有所下降。其中，猪牛羊肉人均消费19公斤，下降3.6%；鸡鸭蛋16.5公斤，下降5.3%；鱼虾15.7公斤，下降8%；鲜菜107.6公斤，下降9.6%；鲜瓜果52.8公斤，下降7.7%；奶及奶制品28.7公斤，下降14.4%。2. 衣着消费支出明显增加。收入水平的提高增强了居民的消费能力，拓宽了居民购物的选择范围，提升了城市居民的消费档次，也促进了衣着消费的快速增长。全市城市居民人均衣着消费支出达1510元，增长26.6%，其中服装及鞋类人均支出为1153元和282元，增长31.9%和10.5%。3. 家庭信息化程度持续提高。随着居民收入的提高和生活节奏的加快，全市居民家庭信息化程度日益提高，固定电话和移动通讯设备全面普及，家用电脑、宽带互联网等信息产品迅速融入百姓生活，信息消费成为居民家庭生活的重要内容。至2008年底，常州市每百户城市居民家庭拥有移动电话(包括小灵通)195部，增长7.7%，其中接入互联网的移动电话达10部，是上年末的2.7倍；每百户家庭拥有家用电脑72台，增长15%，其中接入互联网的家用电脑达58台，增长31.8%。4. 耐用设备更替速度加快。随着生活质量的提高，全市居民家庭享受型、发展型的耐用品拥有比例和需求正在逐步增加，居民家庭设备用品消费呈现功能多样化、品质档次高、更迭速度快的新格局。居民人均家庭设备用品及服务支出达1027元，增长37.1%，其中人均购置家庭设备耐用消费品支出462元，增长47.5%。购置新功能洗衣机、大容量冰箱、新型空调的居民家庭明显增多，至12月末，每百户城市居民家庭购置洗衣机4.3台、电冰箱4台、空调10.3台、淋浴热水器3.7台、微波炉6台，均比上年有所增加。5. 医疗保健消费渐成时尚。健康的身体是高质量生活的保证，生活条件得到改善的居民更加注重健康投资，“有病问医”的老传统已经逐步被摒弃，及早保养、预防为主的健康新观念深入人心。全市居民人均医疗保健消费支出1284元，增长27.8%，其中人均滋补保健品消费支出225元，增长17.5%。由于环境、医疗药品价格上升等因素的影响，居民的医疗药品费支出仍然保持较快增长，全年居民人均医疗药品费支出1037元，增长33.4%。 (杨　彬)

【农村居民生活】 2008年，常州市农民增收工作再创佳绩，全市农民人均纯收入10171元，比上年增长12.6%，连续第五年保持了两位数的高增长速度。全年农民人均生活消费支出为8128元，增长9.83%。

收入增长。农村住户抽样调查数据显示，全年全市农民人均纯收入中，工资性收入为6636元，增长13.45%；家庭经营收入为4789元，增长15.63%；财产性收入达476元，增长2.35%；转移性收入为833元，下降3.14%。农民人均可支配收入9468元，增长7.9%，占农民人均纯收入的比重提高到88.94%。

物价上涨拉动农民生活消费开支扩大。农村居民人均生活消费中衣着类、家庭设备及用品类消费支出增幅领先，人均支出558元、487元，增长9.51%、6.52%，其余依次是交通和通讯类、其他商品和服务类、食品类、医疗保健类、居住类和文教娱乐类，人均支出1029元、180.35元、3068元、563元、1161元和1082元，增长26.33%、-4.41%、9.02%、4.03%、4.11%和12.70%。

恩格尔系数小幅下降。全市农民人均食品消费支出3068元，其占农民生活消费总支出的比重即恩格尔系数为37.7%，下降0.3个百分点。农民全年人均谷物消费支出352.16元，增长12.73%；人均肉禽蛋奶及制品支出743.77元，水产品支出222.88元，烟酒支出512.91元，蔬菜及制品支出212.78元，增长15.17%、3.47%、24.11%和-2.78%。

耐用消费品普及度上升。农民家庭耐用消费品数量、档次逐年提高，2008年底，全市农村每百户家庭拥有电冰箱88台、摄像机4台、彩色电视机160台、热水器92台、移动电话173部、生活用汽车7辆，数量均比上年有较大幅度的增加。

(杨　彬)

【经济建设】 2008年，常州市发展和改革工作紧密结合宏观经济走势和中央政策措施，深化规划研究，推进重大项目，优化产业结构，加强资源争取，扩大交流合作，加快改革改制。年内，完成辖市、区目标考核，归并完善考核办法，出台《关于在辖市、区中继续开展“创新争位、科学发展”竞赛活动的意见》，修订辖市、区目标考核细则。修改企业星级评定办法，印发《关于在全市企业中开展新一轮“创新争星、做强做大”活动的意见》。开展常州市科学发展评价考核体系研究。监测分析全年各辖市、区主要调控目标。编制2009年度为民办实事项目。

开展市域主体功能区划分研究，形成市域主体功能区划分初步方案。对照“十一五”规划目标任务，评估分析全市经济、环境、民生规划的实施情况。开展“十二五”规划编制方案研究，形成全市“十二五”规划编制初步建议方案。编制完成《常州市饮用水安全保障规划》、《常州市太湖水污染防治专项规划》、《常州市嵌入式软件产业规划》、《西夏墅机械刀具产业集群发展战略规划》。启动《常州市轨道交通建设规划》编制工作。开展经济运行形势研究，提出2009年主要指标调控目标建议和经济工作思路，起草2009年度计划报告。监测“富裕常州”建设进程。完成《2001～2007年我市投资情况分析》、《我市优质企业选择评估》、《产业化带动公益性社会事业发展思路研究》、《我市电动汽车产业基本情况调查报告》、《常州市农业产业化龙头企业辐射带动情况》、《近阶段我市创业投资企业发展简述》、《加快发展常州会展经济的对策研究》等调研。

建立和完善市重点建设项目信息管理系统。加强社会事业项目全过程管理，进一步扩大政府投资项目招标代建试点范围，开展社会事业建设项目后评价工作。加大对信息化项目申报、论证和审核全过程规范管理力度。成立常州市发改委专家咨询委员会和常州市信息化发展专家咨询委员会。

【推进重大项目实施】 2008年,市发改委全力推进重大项目实施。编制印发全市投资计划、172项市重点项目建设计划和2008年度政府性城市建设项目投资计划,开展投资运行分析和项目实施进度督查。加强资源争取,全市有30个项目列入省重点建设计划,比上年增加13项。推进常州机场改扩建工程、京沪高铁常州段、沪宁城际铁路、溧阳抽水蓄能电站、戚电公司热电联产、瓦姆大钢管增资、常牵中心风力发电机组和机床、戚墅堰所科技成果产业化基地、科教城三期、现代传媒中心、奥体(国际会展)中心、阳湖医院、报业传媒大厦等一批拟建、在建重大项目。牵头组织城市市容环境综合整治、BRT二号线、紫荆公园、沪宁城铁常州交通枢纽、"三河三园"等城市基础设施重大项目论证。组织协调市一院新北院区、市七院、市中医院钟楼院区、常州技术师范学院新校区等一批社会事业新开工项目的前期准备。

【服务企业发展】 2008年,积极开展优质企业调研,围绕五大产业和生产性服务业,初步筛选了一批优质企业,集中资源重点扶持,加速全市优质企业发展壮大。鼓励具有产业特色和发展潜力的常州本土企业与央企合作,推进中材国际、中再生基地、中国建材等项目建设。协调银企对接,促成农业发展银行向市农业龙头企业贷款17.8亿元。做好上市企业项目服务,江苏天容和常发股份等8家拟上市企业建设项目通过省、市发改委核准或备案,常宝钢管和兴荣高科上市项目通过国家发改委产业审查。帮助企业争取国家和省发改委项目核准备案,500MW太阳能光伏产业垂直一体化项目获国家发改委正式批复,一批工业、服务业、农业、城市基础设施、信息化、社会事业重点项目通过省发改委核准或备案。全年国债项目和专项资金争取累计突破5亿元。

【产业结构调整和产业升级】 2008年,常州开展国家级创新型城市试点申报工作。加快推进全市化工产业发展和调整,严格执行化工项目联合审批办法,全年共会审化工项目38个。完成钢铁淘汰落后产能和转产任务。推动龙头企业升级,夏溪花木市场入选国家级龙头企业,江苏八达畜禽有限公司、江苏春晖乳业有限公司入选省级龙头企业。建立和完善全市农业产业化龙头企业项目库、重点龙头企业动态基础数据库、全市农业重点项目库。组织实施国家级农经信息动态监测点项目,完善信息分析网络和农经信息资料数据库。推进大市场建设,建立大型专业市场统计工作网络和网上直报系统,认定市级重点市场12个,完成投资24.68亿元,年内成交额突破50亿元的市场有7个,其中长江塑化、凌家塘、湖塘纺织3个市场突破百亿元。推进常州科教城、常州国家动画产业基地、常州软件园、邹区灯具城、横林地板交易市场、津通现代服务业集聚区6个省级服务业集聚区建设,做好凌家塘市场、华夏工艺美术文化产业集聚区申报省级服务业集聚区推进服务工作。完成2006年度服务业引导资金使用绩效评估报告。调整教育、卫生、文化等领域布局,提高资源利用效率。开展钟楼区社区建设全过程试点,年内完成全区社区服务设施建设发展规划。选择新闸社区服务中心实施招标代建项目。

【改革改制】 2008年,常州继续实施横山桥镇发展改革试点,推进工业和居民集中区建设、失地农民保险和镇区布局调整。开展行业协会和中介机构改革,制订完成《关于加快推进工商领域行业协会商会改革和发展的实施意见》、《关于规范涉企中介组织发展的几点意见》。推进经济体制改革,制订完成《常州市2008年经济体制改革工作要点》。财培中心、创慧公司完成改制工作,装饰工程实业总公司进入改制程序,工贸国资公司完成中房公司、立业基础设施工程公司、迎春物管公司职工安置分流和劳动关系调整。

【创业投资】 2008年,全市新增创投企业9家,新增注册资本8.8亿元,全市累计有专业创投企业16家,注册资本15.4亿元。年内,常州启动实施创投引导基金,制定《创业投资引导基金管理暂行办法》,推进民营创投资本与国内外知名创投机构合作。在创投引导基金的参与下,江苏高科技投资集团在常州市成功发起设立江苏高晋、常州高投两只创业投资基金。继续开展创投对接服务,组织第二届常州企业成长与创新资本合作洽谈会,组建成立常州市创业投资协会。

【2008中国常州城市产业推介说明会】 4月15日,2008中国常州城市产业推介说明会在香港君悦酒店举行,香港特区政务司司长唐英年、中央人民政府驻港联络办公室副主任李刚、新华社亚太分社社长薛永兴、香港中华总商会副会长林广兆和市领导范燕青、王伟成等400多名贵宾出席会议。说明会共推出六大类100个招商项目,总投资808亿元,其中基础设施项目20个253亿元,商贸流通项目18个73亿元,现代物流项目8个42亿元,科教文卫项目14个106亿元,旅游休闲项目20个67亿元,制造业项目20个267亿元。香港和记黄埔与天宁区政府、香港九龙仓置业有限公司与高新区管委会的15个合作项目在会上集中签约,项目涉及基础设施、精细化工、现代服务业等多个领域,总投资约17.8亿美元,其中超亿美元项目有8个。

【2008常州企业成长与创新资本合作洽谈会】 7月25日,2008常州企业成长与创新资本合作洽谈会在富都商贸召开,江苏高投、深圳创新投、北极光创投、韩国KTB等60多家国内外知名创投机构、创投企业代表以及常州市100家股权融资企业代表参会。洽谈会推出100个股权融资意向项目,有17个项目现场签约,股权融资额达4.93亿元。会议还专场举办企业成长与创新资本合作论坛,举行常州市创业投资协会成立揭牌仪式。

【"08常城建债"发行】 9月24～26日,常州市城市建设(集团)有限公司7年期25亿元企业债券成功发行。"08常城建债"是常州历史上规模最大的债券融资,也是2008年江苏省发行规模最大的城建类企业债券。债券利率固定,票面年利率为6.3%。募集资金用于市政污水处理基础设施重点建设项目,包括常州市江边污水处理厂二期及排江口工程、常州市江边污水处理厂提标改造工程、戚墅堰污水处理厂扩建及改造工程、常州市区河道污水截流及管网调整完善工程等项目建设。

【财政收入】 2008年,全市地方财政一般预算收入完成1851888万元,比上年增收271200万元,增长17.16%。财政总收入完成5426800万元,增收1282989万元,增长30.96%。

主要特点:1. 财政收入总体呈高开低走态势,一般预算收入增速明显放缓,全年增幅比上年回落15.8个百分点;2. 主体税种增幅回落明显,对一般预算收入贡献下降,六大主体税种增值税、企业所得税、营业税、契税、城建税和个人所得税受政策性减税和经济增长放缓的影响,增长乏力,增幅回落较大,六大主体税种共计1338626万元,占一般预算收入比重为72.28%,下降2.54个百分点;3. 各地区收入差距进一步拉大,重点地区收入增速依然领先。新北区、武进区和溧阳市列增速前三位。

【财政支出】 2008年,全市一般预算支出1866796万元,完成预算的95.16%,比上年增长20.72%,增支320429万元。主要特点:1. 严格执行年度部门预算,严格执行压减公用经费预算5%用于灾区抗震救灾的要求,控制行政开支,降低行政成本;2. 继续调整优化支出结构,完善惠民政策,确保社会保障、公共卫生、教育、环保、城市基础设施建设等重点支出需要;3. 充分发挥财政资金导向作用,重点支持结构调整、产业升级、企业自主创新和发展循环经济;4. 加大"三农"投入,推进社会主义新农村建设;5. 深化和推进部门预算、国库集中支付、政府采购、政府非税收入等财政制度改革。

【财政改革】 2008年,市财政局推进以财政预算支出管理制度为主要内容的各项财政改革。1. 深化完善部门预算改革,完善基本信息库,研究科学的定员定额标准,规范单位项目申报管理,从紧从严审核项目支出预算,确保部门预算编制的准确性、科学性。2. 继续深化国库收付制度改革,做好市级公务卡结算方式改革的各项工作。逐步建立财政国库动态监控体系,确保财政资金支付安全。推进县级财政国库集中支付制度改革。3. 深化完善政府非税收入管理改革,建立政府非税收入数据库,与市物价局的收费项目管理数据库实时联网。制订民办学校收费及票据管理办法。全市所有辖市、区的行政事业单位全面实施非税收入管理改革。4. 深化政府采购改革,完善省市联动协议供货制度,继续推进部分办公设施设备统一标准、集中采购、实物配发工作。制定《常州市节能环保产品和自主创新产品政府采购实施意见》,支持企业自主创新。5. 积极稳妥做好规范公务员津贴补贴改革工作,配合相关部门测算在职公务员、离退休人员津补贴水平,推进实施公务员津补贴改革方案。6. 切实加强城建投融资管理,规范各投融资平台财务会计核算和资金运作行为,进一步发挥市级城市建设投融资风险预警作用。7. 稳步实施财政支出绩效评价工作,制定《常州市财政支出绩效评价工作(试行)办法》,开展旅游财政支出、服务业引导专项资金绩效评价工作。

【财政管理和监督】 2008年,加强对基建、城建项目跟踪监督管理,严格按照国库集中支付审核拨付建设资金,认真组织建设项目中介审计监督。加强土地出让金征收,完善土地收益分配办法,建立出让金收支核算系统。加强农业土地开发资金、环保专项资金、住房公积金和粮食风险基金、社保基金等专项资金管理。组织开展全市彩票发行销售和财务管理、行政事业单位财政预算指标结余和单位基本账户年度结余情况、会计信息质量等专项检查,严肃财经纪律。

【国家税务】 2008年,全市国税部门直接组织收入195.66亿元,比上年增长17.55%,超额完成省国税局指导性计划4.6个百分点;海关代征"两税"12.31亿元,增长14.27%。其中,增值税(含出口免抵调库)143.78亿元,比上年增长16.15%,不含出口免抵调库增长10.77%;企业所得税42.22亿元,增长34.46%;消费税1.21亿元,增长0.87%;车辆购置税6.16亿元,降低1.07%。个人利息所得税2.28亿元,降低40.41%。全市国税总收入迈上200亿元台阶,达到208亿元,全市国税部门完成地方一般预算收入48.13亿元,比上年增长20%。

【地方税务】 2008年,全市地税系统共组织各项税、费、基金收入220.55亿元,比上年增长19.43%,增收35.89亿元。其中,地方税收入库135.25亿元,增长17.85%,增收20.49亿元;征缴社会保险费65.47亿元,增长29.61%,增收14.96亿元;征收其他基金(费)19.82亿元,增长2.82%,增收0.54亿元。入库市县级税收126.75亿元,增长17.71%,增收19.07亿元;入库省级税收8.51亿元,增长20.04%,增收1.42亿元;一般预算收入完成95.83亿元,增长19.1%,增收15.37亿元,占全市一般预算收入的比重为51.8%。一般预算收入比上年提高1个百分点,高于全省平均水平4.5个百分点,高于苏南平均水平3.8个百分点,一般预算收入贡献率列全省13个省辖市第二名,仅次于南京。

【利用外资】 2008年,全市实际到账外资再创历史新高,突破20亿美元,达到20.4亿美元,比上年增长11.2%;工商登记注册外资37.2亿美元,增长23.9%。制造业项目实际到账注册外资11.82亿美元,占全市的57.9%,比上年提升4.9个百分点;制造业项目协议注册外资18.95亿美元,其中五大产业项目协议注册外资14.16亿美元,占制造业的74.7%,提升18.5个百分点。生产性服务业项目协议注册外资4.35亿美元,占服务业的31.3%,提升12.4个百分点。成功引进首家投资性公司光宝华东营运中心、首家风险投资公司傲扬创投。

2008年,新增工商登记注册外资超3000万美元项目27个,协议注册外资16.32亿美元,占全市的43.9%。有5个总投资超亿美元项目取得实质性进展,其中天合光能增资项目,投资总额达5.9亿美元,协议注册外资达2亿美元。世界500强投资企业增多。2008年新增世界500强在常投资项目6个,分别是和记黄埔地产项目、普利司通轮胎设备项目、圣戈班石膏建材增资项目、江苏新菱化工增资项目、宝菱重工增资项目、小松工程增资项目。截至2008年底,共有47家世界500强企业在常投资69个项目。

全市增资扩股的外资项目达190个,协议注册外资13.6亿美元,占全市总量的四成,提高近6个百分点,其中新北区增资扩股已占该区协议注册外资总量的66.2%。小松工程、天合光能、瓦鲁瑞克大钢管等增资项目更加注重向研发等产业链高端领域延伸。

2008年,全市外资企业实现出口67.01亿美元,比上年增长40.8%,占全市的50.,6%;共进口设备4.18亿美元,增长31%;实现涉外税收69亿元,增长23.1%。

【2008中国常州科技经贸洽谈会】 9月19日开幕。洽谈会

以“产业合作·互利共赢”为主题,集中展示常州装备制造、电子信息、新型材料、生物医药以及新能源等五大优势产业,涉及输变电、轨道交通、工程机械、农用机械、数控机床、电子信息、工程材料、生物医药等18个大类的工业产品。会议期间,由中国可再生能源学会、常州市政府和中国可再生能源学会光伏专委会共同主办“第十届中国太阳能光伏展览会”,来自美国、德国、日本、韩国、新加坡等8个国家及国内的280多家光伏企业展出了最新成果,并举办了太阳能光伏产业、技术和市场发展等系列报告会以及光伏产业、薄膜电池、硅材料等专业论坛。9月20日,2008中国常州科技经贸洽谈会签约颁证发照仪式在富都商贸饭店举行,市领导范燕青、王伟成等出席仪式。仪式上共有44个项目签约、颁证、发照,总投资20亿美元,协议注册外资12亿美元。其中,22个外商投资项目签约,总投资8亿美元,协议注册外资4.4亿美元;11个项目颁证,总投资7.9亿美元,协议注册外资5.5亿美元;11个项目发照,总投资4.1亿美元,协议注册外资2.1亿美元。

【通用电气传感与检测(常州)有限公司投产】 6月26日,美国通用电气公司在常州市的第三个投资项目——通用电气传感与检测(常州)有限公司举行投产开业仪式。该项目位于武进高新技术产业开发区,2007年10月批准成立,总投资1000万美元,注册资本500万美元,主要从事敏感元器件及传感器等新型电子元器件的研发和制造,属于本市积极引进的五大产业项目。 (唐建军)

【就业再就业】 2008年,全市就业工作突出城乡统筹理念,推进政策延伸到农村,服务覆盖到农民,就业形势持续稳定。全市城镇新增就业7.94万人,城镇登记失业率控制在4%以内;下岗失业人员再就业3.82万人,其中“4050”人员再就业1.11万人;全市援助就业困难对象再就业11015人,其中市区8235人;再就业培训5.82万人,创业培训5756人,农村劳动力培训3.18万人,外来农民工在岗培训2.38万人,城乡新成长劳动力充分培训7961人,新增农村劳动力转移就业2.18万人(本市跨地区输出5022人),吸纳苏北劳动力1.43万人,其中吸纳盐城市劳动力1.02万人,均全面超额完成全年目标任务。全市新发再就业优惠证1.85万本,领取再就业优惠证人数达11.04万人,持证人员实现再就业7.79万人,再就业率70.6%。持证“4050”人员再就业率达74.2%。全市技工院校录取新生1.22万人;职业技能鉴定、取证人数为6.13万人和5.21万人,培养新技师2135人。

【就业惠民政策】 2008年,全市共筹集就业再就业资金17543万元,其中财政预算安排13541万元;支出16498.47万元。各项就业再就业扶持政策得到全面落实,年内全市有117180名下岗失业人员享受社会保险补贴12563.60万元,其中灵活就业人员社会保险补贴70590人,补贴金额6207.17万元。全市支出职业介绍补贴543.78万元,涉及失业人员114312人次;支出职业培训补贴604.68万元,涉及失业人员20683人。全市税务、工商、卫生、劳动保障等部门对下岗失业人员从事个体经营免收行政事业性收费、税收减免共4483.54万元,涉及56390人次。对61名符合条件的下岗失业人员发放小额担保贷款171万元。

【城乡统筹就业“双延伸”】 2008年,按照城乡统筹的要求,加快推进就业政策、就业援助服务体系向农村延伸。1. 就业政策向农村延伸。出台《关于做好城镇零就业家庭和农村零转移家庭就业援助工作的意见》,打破传统户籍的框架,将符合市辖区范围内有关规定的,认定为零就业家庭,纳入城镇零就业家庭管理范围,实现市区非农和农村户籍困难家庭认定的统一化;小额担保贷款范围由原来持再就业优惠证人员、城镇复员转业军人、城镇户籍大中专院校(含职、技校)毕业生、其他城镇登记失业人员、进城创业的被征地农民扩大到自主创业的持有创业培训合格证的人员和本市农村自主创业农民,对农民通过SYB创业培训实现自主创业、自谋职业的,领取营业执照正常经营3个月后,给予2000元的一次性创业补贴;创业培训补贴范围由城镇失业人员延伸到大中专(含职、技校)毕业生、城镇复员转业军人、常州市残疾人和进城创业农民,对组织农民参加创业培训的定点培训机构给予创业培训补贴;鼓励各类用人单位招用“双零”家庭成员,对明确符合条件的用人单位在按规定享受税费减免、小额担保贷款、社保补贴等相关扶持政策的基础上,每招收1人还给予1000元的奖励;鼓励“双零”家庭成员灵活就业,并按规定享受灵活就业人员社会保险补贴。对“双零”家庭成员参加职业技能培训,首次取得国家职业资格证书的,按政策规定免除培训费用;对“双零”家庭通过初次职业技能鉴定、取得职业资格证书的,按规定给予一次性的职业技能鉴定补贴。对“双零”家庭子女在技、职校学习,并取得毕业证书的,按规定享受有关困难补助政策。2. 就业援助服务体系向农村延伸。推进劳动保障网络化管理,以聘任村干部、妇女主任为兼职劳动保障协理员的形式,逐步实现劳动保障基层平台向街道(镇)、社区(村)的全覆盖。市、区、街道(镇)、社区(村委)四级劳动保障部门联动,发挥各自优势,积极为零就业家庭制定援助方案,加大公益性岗位开发力度,对“双零”家庭人员进行托底安置,组织他们参加创业培训,帮助安排创业场所、申办营业执照、落实优惠政策,全市动态援助“双零”家庭的长效机制初步形成。2008年,全市共认定“双零”家庭227户,其中城镇零就业家庭199户,农村零转移家庭28户,全部实现动态脱零。

【启动城乡百千万创业工程】 6月,市劳动和社会保障局、市财政局、工商局、总工会、妇联等部门联合出台《关于开展“城乡百千万创业工程”活动的意见》,提出征集创业项目100个,扶持创业成功1000人,带动就业10000人的目标任务。通过电视台、电台、报纸、网站等各类宣传载体,开展“出金点子,征好项目”活动,面向全社会公开海选创业项目,共征集到205个实用型科技成果、小发明、小技术项目或一批适合常州本土创业的中小特色项目、品牌和连锁项目;初选70个创业项目入围,在报纸上再次进行公开评选,好中选优,确定20个创业项目。通过举办创业项目推介会或“创业超市”,帮助有志创业的失业人员挑选到适合自身的创业项目。创业政策扶持力度加大,小额担保贷款范围扩大。建立健全失业人员申领小额担保贷款“一条龙”服务体系,为有志创业的失业人员、大中专毕业生、复员转役军人及被征地农民等各类人员提供资金支持。全市已发放小额担保贷款493笔,金额1247.2万元。完善创业培训补贴办法,出台《常州市创业培训管理和经费补贴办法》和《常州市区创业补贴实施办法》。全年开展创业培训

4327人,其中创业意识培训1583人,SYB创业培训686人。成立创业指导志愿者服务团,为初始型创业者提供创业培训方面的咨询与报名服务、创业项目推介与认证、开业指导、创业专家门诊等服务。 (徐洁茹)

【社会保险】 2008年,全市养老、医疗、失业、工伤、生育五大保险参保人数净增10万人、11.4万人、5.3万人、6.1万人、5.5万人,基金收入为69.91亿元、17.52亿元、4.11亿元、1.24亿元、0.95亿元。全市五大保险基金总收入达99.84亿元,增幅为44.86%,其中市区社会保险基金总收入达46.93亿元,增幅为30.98%。养老保险清欠0.72亿元。至年底,全市养老、医疗、失业、工伤、生育参保人数累计达95.3万人、113万人、71.09万人、65.08万人、56.21万人;企业退休人员月平均养老金达1430元,全市为8400名城镇老年居民发放养老补贴;推行失业保险待遇与缴费挂钩制度,10月1日起,失业保险金月平均标准由432元提高到512元;养老、医疗、失业三大保险综合覆盖率达97.5%。

【完善基本医疗保险制度】 2008年,常州市围绕"卫生惠民"工程,着力推进基本医疗保险制度改革,着力提高医疗保障水平,降低参保人员负担。7月28日,出台《关于调整常州市市本级统筹区基本医疗保险有关政策的通知》、《关于调整常州市市本级统筹区城镇居民基本医疗保险有关政策的通知》和《关于调整常州市市本级统筹区公务员医疗补助有关政策的通知》。针对市本级统筹区城镇职工基本医疗保险、城镇居民基本医疗保险在运行过程中存在的问题,采取多项措施,全力惠民。1. 提高城镇职工基本医疗保障水平。降低住院门槛,参保人员在一级、二级定点医疗机构首次住院进入基金补助的门槛费由原来600元、800元降低至500元、700元;提高报销额度,每年参保人员可报销的符合规定的门诊和住院医疗费用最高额度由原来的4万元提高到6万元。参保人员发生超过6万元的大额医疗费用,可以继续享受医疗救助,最高额度也由原来的15万元提高到20万元;加大补偿力度,普通住院床位费最高补偿标准由15元/日提高到30元/日;优化结算办法,大幅提高参保人员住院医疗费用的补偿标准,同时对参保人员住院发生的自费医疗费用进行控制,降低个人自付比例。2. 居民医疗保险制度进一步完善。扩大参保覆盖范围,把劳动年龄段内城镇非从业人员、在常就读的外来务工人员子女纳入居民医保制度范围;提高参保缴费标准,成年参保居民的保险费由原每人每年350元提高至每人每年450元,未成年参保居民的保险费由原每人每年100元提高至每人每年150元;政府对老年居民的补助标准由200元提高到250元,对未成年居民的补助标准由50元提高到75元,对特困居民全额补助;实行普通门诊医疗费用统筹,对参保人员发生的普通门诊医疗费用给予一定补偿。3. 支持社区卫生医疗机构发展,引导参保人员小病进社区。扩大定点范围,对社区卫生服务机构及时、优先定点,全年新认定定点医疗机构15家,方便参保人员就近就医;降低自付比例,对适合参保人员在社区卫生服务机构就诊的服务项目,适当降低个人自付比例,引导参保人员就近到社区就诊;增加服务项目,对经认定符合条件的社区卫生服务机构,开通公务员医疗补助项目;提供技术业务支撑,采取多种方式为定点社区卫生服务机构提供医保业务培训和技术支持,帮助他们提高医保规范化管理水平。全年共举办定点单位政策培训3次,涉及单位30家、定点单位工作人员200余人。7月,市本级统筹区、武进区统筹区部分医保定点医疗机构实现医保双向开通,方便两地人员就医。同时,为适应统筹城乡医疗保障发展和制度统筹需要,撤销常州市职工医疗保险制度改革领导小组,成立常州市基本医疗保险工作领导小组,建立全市统一领导、分工协作的工作机制。

【推行新型农村社会养老保险制度】 11月17日,市政府出台《关于建立新型农村社会养老保险制度的指导意见》,在全市范围内推行新型农村社会养老保险制度。该《意见》不仅将农民纳入覆盖范围,同时还将城市中没有能力参加城镇企业养老保险的人员一并纳入,并对老年居民发放养老补贴。该《意见》明确新农保的缴费基数为在岗职工平均工资标准的30%;参保对象可以根据工作变动和自身经济承受能力,按照本人要求进行养老保障的转换;根据现有政府财力和居民收入的实际情况,由政府按1:1的比例进行补贴,个人缴多少,财政和集体就补贴多少。还明确要求建立财政专户,政府将老年补贴资金列入当年财政预算,并实行财政兜底制度,确保基金安全平稳运行。 (徐洁茹)

【劳动关系】 2008年,全市劳动监察立案1333件;劳动争议仲裁立案4084件;有2.3万家企业劳动合同书面报告达35万人;审查集体合同、专项合同2455份,涉及7630家企业36万职工;补签劳动合同3.6万份,追讨工资7673万元,补缴社会保险费1066万元;强化农民工薪酬保障机制,全市为1.35万农民工追讨工资4573万元,责令参保6531人;大力引导企业规范用工,72家企业被评为劳动保障诚信企业。宣传贯彻《劳动合同法》、《劳动争议调解仲裁法》等,全市劳动关系总体和谐。

【服务企业用工】 2008年,市委、市政府出台《关于"服务企业关爱有加、支持企业克难求进"的若干意见》,对服务企业用工采取20条措施,帮助企业渡过难关。为1.7万家单位组织27万人次用工对接,培训5.2万名技能人才,及时满足企业用工需求。根据企业需要,对172家用人单位实行灵活工时制度及时审批。出动500人次为300多家企业上门服务,协调解决劳资纠纷,指导完善用工制度,涉及劳动者近万人。全年全市为企业减免税费2456万元,发放社保补贴9527万元,发放小额担保贷款1247万元。为78家企业2.3万名退休人员落实社会化管理。市社保中心与35家困难企业签订372万元的欠费还款承诺书。调解1180家企业劳资纠纷,涉及经济标的3150万元、职工2000人次,其中调解结案占全部案件的70%以上。

【评选"百优十佳农民工"】 2008年,全市开展"百优十佳农民工"评选活动。活动以各级工会组织和广大企业基层为平台,以农民工自荐或互荐、企业推荐等形式产生20名初步人选。6月16日,《常州晚报》用两个整版公布20名候选人的简要事迹及其照片和选票。活动回收选票5万余张。最后,评选出沙罗金、吴阿芳、华松、陈月、张艳红、吴有天、孙爱军、杜大富、黄克勤、蒙景谋等常州市"十佳农民工"。同时,还评选出百名“优秀农民工”。

【市农民工办被评为全国先进】 11月16日,在北京人民大会堂举行的全国优秀农民工表彰大会上,市农民工办公室被国务院评为全国农民工工作先进集体。同时,6名农民工受到国务院表彰,他们是常州市强声印染有限公司维修工吴有天、常州市老三集团有限公司制作工张艳红、江苏恒基路桥有限公司操作手华松、常州市戚墅堰区环卫处垃圾清洁工蒙景谋、江苏久信医用净化工程有限公司材料预算员杜大富、常州勤俭钢结构厂装配车间主任黄克勤。 (徐洁茹)

【社区建设和村民自治】 2008年,常州出台《关于建立四级公共服务平台、促进城乡和谐社区建设意见》。四级公共服务平台建设总体设置为:市级行政服务中心、辖市区行政服务中心、镇(街道)社区公共服务中心、村(社区)便民服务中心。四级便民服务平台建设被列入市委、市政府确定的50项重点工作年度考核项目,层层分解,责任到人。4月,在武进区召开全市四级公共服务平台暨和谐社区建设现场推进会。截至年底,全市7个辖市、区建成行政服务中心5个,2个正在建设之中;57个镇(街道)均建便民服务中心;1345个村(社区)均建立便民服务室,构成服务主体多元、服务功能完善、服务质量和管理水平较高的四级便民服务网络。(胡俊清周伟)

【首次组织社会工作者职业水平考试】 6月28~29日,首次举行社会工作者职业水平全国统一考试,标志着社会工作者职业水平评价制度的建立。全市有486名社会工作者参加全国统考,156名获得社会工作师职业资格证书。(高　明)

【民族宗教】 2008年,市民族宗教事务局(以下简称民宗局)全力确保民族宗教领域稳定,定期排查分析民族宗教领域的不稳定因素,及时化解各类矛盾,将各类事故苗头和安全隐患消除在萌芽状态。年初,大雪灾期间,及时组织宗教场所人员除雪,检查全市宗教场所安全状况,消除隐患,确保场所人员安全。西藏“3·14”暴乱发生后,及时启动应急预案,与有关方面保持联系,确保在常藏族师生情绪稳定。奥运会和国庆期间,开展“安全百日督查活动”,对全市154处宗教活动场所及29家挂牌清真网点督促检查,确保场所安全和各类重大活动有序。伊斯兰教封斋期间,会同有关部门抽查全市清真网点、清真牛羊肉供应点、清真食品冷藏库,保障清真食品稳定供应。

*贯彻落实民族宗教政策法规。*年内,全市贯彻《江苏省清真食品监督保护条例》,配合市人大视察清真网点,相继召开钟楼区、天宁区、武进区执法部门与清真餐饮业主代表座谈会,促进双方沟通理解。对全市29家挂牌的清真网点逐一走访调查,为市食品公司牛羊肉经销分公司申领清真标志牌。建立378家清真网点的工作台账。举办常州市首届清真拉面技术比赛,近20位来常务工的拉面师傅代表参加比赛。扶持全市清真龙头企业清香源的发展壮大,协调清香源清真牛羊肉加工基地的土地置换。指导清香源民族风情苑(清真食品物流配送中心)工程规划设计及建设工作。出台《关于进一步贯彻落实〈江苏省清真食品监督保护条例〉的实施意见》,明确相关部门的职责任务,将《江苏省清真食品监督保护条例》落到实处。贯彻国务院《宗教事务条例》,维护正常的宗教活动秩序,确保依法行政工作平稳有效。

*加大对宗教活动场所的服务与管理力度。*开展创建文明宗教活动场所活动,加强对市直宗教活动场所的财务督查,督促解决宗教活动场所危房问题,做好宗教教职人员备案工作。因城市改造需要,常州市天主教堂于2006年底搬迁至民用房内过渡。2008年,市天主教堂选址青枫公园后,市民宗局就地块拆迁等问题先后多次到钟楼区政府、市园林局协调落实拆迁资金,明确拆迁任务和完成期限。

【推进农村少数民族致富奔小康】 2008年,全市各级民宗部门采取有效措施,推进农村少数民族致富奔小康工程。充分利用项目,带动少数民族致富,全市落实35个致富项目,惠及少数民族群众458户。建立帮扶基金,溧阳市在原100万元扶贫基金的基础上,又筹措100万元帮扶基金,并在3个镇建立少数民族帮扶中心;金坛市筹集资金17.7万余元用于结对帮扶。常州市农村少数民族困难群体小康建设研究课题被列入本市2008年社会发展科技项目。大力扶持回民村建设,多次深入调研武进雪堰镇城西回民村新农村建设的规划,指导其争创全省少数民族新农村建设示范村;武进区民宗局联系骨干企业与回民村结对共建,筹措45万元帮扶资金,并投入280多万元改善村民的人居环境,该村已达到少数民族小康村的区定标准。武进区、新北区农村少数民族家庭100%达到小康水平,金坛市、溧阳市分别有71%、72.7%农村少数民族家庭达到小康水平,超额完成目标任务。

【重视天宁宝塔文化建设】 自2007年4月天宁宝塔落成开放以来,市民宗局把协助天宁禅寺开展宝塔文化建设作为重点工作之一,通过宝塔文化建设展示常州深厚历史文化底蕴和常州人文精神。年初,组建宝塔文化建设办公室。通过公开招标,确定清华大学、常州工学院等5家建设方案设计单位,并邀请南京大学、北京大学、人民大学、中国社会科学院、中国佛教协会、中国佛教研究所的多位专家教授,经过数次研讨论证,并征求中国佛教协会等宗教界人士意见,基本完成天宁宝塔文化建设总体设计方案及效果图。向全国的高僧征集经文书法作品,已征集到60多位全国高僧的经文书法作品。指导和协助天宁宝塔置业有限公司进行重大活动方案的策划和活动组织,协助其加强管理、招聘人才。天宁禅寺及天宁宝塔全年接待游客80多万人次。

【引导民族宗教界开展慈善公益活动】 “5·12”汶川地震后的第二天,全市民族宗教界开展捐赠活动,六大民族宗教团体、市直宗教场所、部分辖市(区)宗教场所教职人员、清真餐饮企业员工及信教群众为地震灾区捐款捐物共计100多万元人民币。雪灾期间,组织80余位少数民族群众参加“奉献社会,感谢常州”集体无偿献血活动。许多宗教场所还想方设法开设敬老院,服务社会。

【加强社区民族工作】 年内,市民宗局在全市范围内开展争创民族工作示范社区活动。以街道为单位建立少数民族常住人口、流动人员和贫困户档案,指定专人定期走访少数民族家庭,更新和补充信息,保证台账的有效性,在具备条件的社区实现台账电子化。全市现有4个社区获省级“民族工作示范社区”,13个社区申报市“社区民族工作示范单位”。定期召开来常经商务工少数民族联络员会议,了解来常少数民族经商务工人员的情况,健全联络员工作台账。解决流动少数民族子女入学问题,督促学校关心少数民族学生,尊重少数民族风俗、生活习惯,使他们在常州健康成长。关心外来少数民族生活,主动帮助他们解决生活中的困难和矛盾纠纷,确保全市民族领域的团结稳定。

【全面回收清凉寺房产】 清凉寺始建于北宋英宗治平元年(1064年),现为省级文物保护单位,由于历史原因,长期以来由常州博物馆等单位使用。2008年,清凉寺与博物馆、清凉寺与博物馆承租户及寺庙内部的矛盾得到协调解决,实现了房产平稳交接。 (季 爽)

【残疾人事业】 2008年,常州市残疾人服务体系建设、组织联络工作和残疾人维权工作获省级残联年度工作优秀奖。

康复服务。市残疾人联合会与市财政局、民政局、卫生局联合出台《常州市0~6岁困难家庭残疾儿童抢救性康复救助实施办法》,在进一步筛查的基础上,审批221个贫困对象,对115名贫困残疾儿童提供服务。开展聋儿语训、孤独症儿童康复、假肢装配、低视力康复、智力残疾人康复等项目。设立“一加”爱心志愿者基地、南京特教学院教学实习基地、廊桥外语培训基地,投入20余万元配备FM调频系统3套、语言训练治疗培训评估器械一套,提高康复效果,有600余名残疾人得到康复。开展白内障无障碍复明工程建设,对筛查出的1600名进行手术指征检查后,实现免费手术862例,完成省任务1234%,全市完成3483例。市残联被江苏省授予白内障无障碍县市(区)称号。为贫困下肢残疾人捐赠1000辆轮椅,配发助视器201例、助听器340只、假肢75例,供应残疾人辅助器具2180例。继续开展贫困精神病患者免费药品救助并指导他们合理用药,全市有1970名贫困精神病患者申领免费服药卡;累计为全市22348名重症精神病患者建立表卡,监护率97.56%,显好率83.74%;康复机制不断优化,全市共评选出三星级康复机构11家,二星级康复机构12家。在抗震救灾中,对来常的121名地震伤员进行康复救治,投入价值87万元的各类康复器具95件。

就业培训。4月,市残联同财政局、地税局、统计局等部门向机关、团体、企事业单位发出通告,开展按比例就业年报核报工作,市区有1459家用人单位参加核报工作。“三个一万”(一万个残疾人就业、一万个残疾人技能培训、一万个扶贫脱贫任务)助残就业得到落实,全市共推荐残疾人就业1200多名,召开就业推进会和各类招聘会20多场次,提供就业岗位987个,其中集中就业和其他途径就业668人,按比例就业319人,个体就业195人。全年举办培训班46期,培训残疾人学员1097名。召开长江高科技助残项目推进会,全年完成2名高端培训、33名中端培训、222名低端培训,通过培训有107名残疾人进入白领管理阶层和从事高科技领域工作。提高残疾人就业保障金,全市征收保障金1.18亿元。盲人按摩机构进一步完善,盲人撰写论文18篇;全年颁发盲人按摩开业许可证20家,完成省下达任务的125%;在全省盲人计算机技能比赛上,常州市残联获优秀组织奖。

扶贫帮困。全市新增城市安置型扶贫基地4个,农村扶贫基地4个,其中城市安置残疾人150名。农村以“一村一品”为特色,帮扶和辐射带动350名残疾人参加扶贫基地项目劳动,人均增加4000元。年内,全市有重残低保人员5261人(有4073人直接进入低保,1432名城区无固定收入重残人员办理低保救助),其中城市1188人每人每月救助330~340元,农村2679人每人每月救助210~260元。全年共发救助金1050.85万元。对残疾人实施全民医保资助,城区资助包括低保和完全丧失劳动能力的残疾人10256名参加基本医疗保险,资助农村6499人参加农村合作医疗,全市共资助金额166.5万元。按照《常州市示范性残疾人庇护安养机构建设管理考核暂行办法》,全市已建成残疾人庇护安养机构11个,其中省级示范机构6个,庇护安养残疾人351名。

宣传文体工作。开展“迎奥运、讲文明、树新风”活动。完成中国残联基金会和中国信息产业部开展的“牵手热线”公益项目首批终端用户284户的安装使用工作。发放新修订的《残疾人保障法》、《迎奥运、讲文明、树新风》宣传手册和宣传材料8685(册)张,张贴宣传标语5668条,悬挂横幅795条,刊登板报3135块,志愿者服务6292人次。组织开展“张开隐形的翅膀,共圆同一个梦想”电影《隐形翅膀》首映活动和百场文艺活动进社区活动,恢复聋人节目主持人参与《手语新闻》的播出,在电视上继续开办《教你学手语》节目,《常州残联》杂志取得江苏省新闻出版局《准印证》并进行全面改版。助残日期间,全市开展各种助残活动589(场)次,市级媒体发稿400余篇,省级媒体发稿90余篇。在2008年好新闻评比中获一等奖1篇、二等奖1篇、三等奖4篇。组织参加江苏省残联五大文艺汇报演出,选派舞蹈演员参加北京残奥会开幕式演出,组织开展各类活动127场。开展百场体育活动进社区和第二个“全国特奥日”活动,全市共开展各类体育活动40余场次,特奥运动员登记50人。在北京残奥会上,常州有3名运动员参加比赛,乒乓球运动员雷丽娜获2枚金牌。承办江苏省残疾人青少年游泳锦标赛和国家轮椅篮球队与江苏轮椅篮球队的交流比赛,举办全市残疾人游泳比赛并选送4名运动员参加第21届聋奥会选拔赛暨2008年全国聋人锦标赛,共获3枚金牌。2008年,全市残疾人运动员在各类比赛中获7枚金牌。

维权工作。制定出台《关于巩固和充实街道乡镇残联专干队伍的实施意见》,起草《关于在全市开发公益性岗位为街道(乡镇)残疾人综合协会招用残疾人专职委员的实施意见》。首次通过选举的形式产生新一届专门协会委员和专门协会的主席、副主席。全年培训残联专干70多名。编印5000册《残疾人保障法》宣传手册下发基层,制作宣传标语横幅200条。聘请律师成立市残联法律服务工作站。每周三安排接待日,共接待来信来访65件次。11月1~14日,在市区范围内换发残疾人机动车新式号牌、驾驶证和准驾证。全市420名下肢残疾人办理了新式牌照,回收旧轮椅机动车312辆,报废17辆。

无障碍建设工作。协助市图书馆成立盲人图书室,并捐盲文书籍和有声读物130余册。组织残疾人骨干向肢残人捐赠轮椅1000辆,向市区17家菜场、6家大型超市和天宁宝塔管理处捐赠轮椅48辆。 (梅汉青)

【老龄事业】 2008年,常州市老龄办践行“和谐老龄化”战略,全面推进《常州市老龄事业发展“十一五”规划》的实施,创造性地完成年度各项目标任务。

市老龄办确定2008年为下基层调研年,会同市老龄协会、老年学会对全市部分街道、镇进行调研,了解基层老龄干部思想、业务状况,掌握基层老龄事业发展现状,为整体推进全市老龄工作提出意见和建议。对老年心理关爱工作等进行重点调研,撰写的《老年人的幸福感指数与生活满意度调查》论文在中国首届老年心理关爱研讨会上交流;《常州市市区居家养老工作的实践和思考》调研材料刊登在中国老龄科研中心《老龄问题研究》上,并参加江苏人口老龄化对策高层论坛。

举办老龄干部培训班,围绕党的十七大报告中提出的12个新观点和有关加强老龄工作等内容,培训全市各镇(街道)老龄委、老龄协会负责人近100人。

编制《常州市民手册(老龄工作)》,内容包括全市老龄机构、老年大学、老年公寓名录,常州市对老年人的优待、优惠文件,办理高龄老人优待乘车卡须知,常州市老年人口总量,老年大学专业设置等。在《中国老龄年鉴》上刊发《常州市老龄工作管理(2006~2007年)》。

6月,中国老年人心理研究中心江苏示范基地在常州揭牌。中国老龄事业发展基金会、老年心理关爱研究中心示范点(常州)于10月中旬在钟楼区老年活动中心揭牌。中国老龄事业发展基金会老年文化教育委员会在常州组织开展老年远程教育试点工作。召开常州市老年学学会成立十周年暨第三次老龄问题研讨会。全年制作发放17.37万份江苏省老年人优待证,使老年人优待证全省"一证通"在常州市顺利实施。组织"爱之旅"老年旅游,开辟台湾游、峨嵋游等新的旅游线路。

【关心下一代工作】　2008年,全市有关心下一代工作委员会(以下简称关工委)组织2068个,61626名"五老"(老干部、老战士、老专家、老教师、老模范)成员加入关心下一代工作的队伍。至年底,全市有思想道德教育宣讲团(组)128个,宣讲员480名,宣讲1050场次,28.77万人次受到教育;全市法制教育宣讲团(组)139个,宣讲员1460名,共作报告4400多场次,88.1万人次受到法制教育,并制作20块禁毒教育展板到各校巡回展览,37.5万名学生观看展览。市青少年法制教育基地对原有法制宣传版面进行再次整修更新,向2.1万多名青少年进行大墙内外宣传。该基地创办的《高墙内的特殊道德、法制学校》被市文明办评为常州市第二届未成年人思想道德建设工作创新案例二等奖。各辖市、区关工委组建关爱工作团(组)718个,发动"五老"对987名服刑人员子女、流浪儿童等4种对象采取一帮一、多帮一的帮扶方法,促其健康成长。成立帮教小组826个,2528名"五老"帮教1155名失足青少年。

(王伦娣)

天　宁　区

【概述】　天宁区位于常州市区中部,东连戚墅堰区,西接钟楼区,南邻武进区,北靠新北区,因辖区内有名闻遐迩的"东南第一丛林"天宁禅寺而得名。2008年末,辖1个省级经济开发区、6个街道办事处、39个行政村、57个社区居委会,全区行政区域面积67.38平方公里,常住人口56.75万,其中户籍人口37.31万。全区完成地区生产总值148.78亿元,比上年增长21.68%;地方财政一般预算收入18.92亿元,增长11.21%;全社会固定资产投入131.4亿元,增长30.90%,其中工业投入26.79亿元。

【工业】　2008年,全区完成工业总产值522.54亿元、工业产品销售收入522.72亿元、工业利税总额24.13亿元,比上年增长6.92%、7.37%、7.59%,其中规模以上工业总产值455.99亿元、销售收入522.72亿元、利税总额21.43亿元,增长10.68%、10.80%、10.95%。万都金属城主体竣工,伊思达锂电池一期建成投产,亚玛顿光伏加快推进,重点项目完成年度投资102亿元,占全区投入总量的81%。

【商贸服务】　2008年,全区实现商业营业额461.22亿元、市场成交额381.13亿元、社会消费品零售总额168.41亿元,比上年增长34.98%、36.49%、25.80%;实现服务业增加值75.06亿元,增长27.82%,服务业增加值占地区生产总值的比重、主营收入占社会经营总收入的比重达50.5%、46.9%,上升2.5个和1个百分点。服务业营业收入461.22亿元,增长34.98%,第二、第三产业比重达42:58,成为全市第一个服务业占主导地位的区。

【开放型经济】　2008年,全区完成工商登记注册外资3.26亿美元,实际到账外资2.15亿美元,比上年增长35.52%、41.60%;新批"三资"企业12家,其中总投资超1000万美元的项目2个。和记黄埔、家乐福、乐购三家世界500强企业进区落户。天宁经济开发区综合实力在全省上升3位,列25位。

【城市建设与管理】　2008年,实施动迁项目62个,完成动迁210万平方米。率先在全市开展国家重点项目京沪高铁、沪宁城铁天宁段无障碍施工,完成沪宁城际铁路常州站北广场主体动迁,开工建设兰陵片旧城改造一期。新建、扩建竹林北路、健身北路等主次干道8条,整治美化博爱路、化龙巷等景观大道13条,同安桥改建顺利通车,完成青竹苑、采菱公寓等63万平方米安置房主体工程,金百国际、彩虹城等城市住宅小区交付入住。完成城乡绿化十大工程(高速公路两侧生态林工程、河道生态绿化工程、城乡道路绿化提升工程、道口绿化工程、城市公园增绿工程、集镇绿化工程、村庄绿化工程、企事业单位绿化工程、围墙透绿工程、垂直绿化工程),新增绿化面积110公顷。南通济河、同心河等11个清水工程项目完成整治;朝阳、富强等6个行政村通过市"五化三有"(河塘净化、道路硬化、卫生洁化、村庄绿化和环境美化,有长效管理机制、有公共服务中心、有乡村文化)达标验收,常青村创建成"小康家园示范村";推进菜市场改造,完成元丰桥、红梅、嘉盛苑等菜市场提升工程;投入2700万元,整治老小区6个19.1万平方米、背街小巷56条18.8万平方米。北塘河水利枢纽开工建设,清溪泵站等18个防汛工程建成使用,红梅新村内河、采菱港等20条河道达到水清标准。城管监督指挥中心建成使用,启动数字化城管,整治迎春步行街、武青路,继续保持城市长效综合管理工作在全市考评中的领先地位。全年关闭化工企业30家,淘汰燃煤锅炉7台,完成东南污水处理厂等六大重点行业污水提标改造,单位地区生产总值能耗下降4.8%,万元工业增加值能耗下降5.5%,化学需氧量和二氧化硫排放量分别削减5.52%和3.26%,完成市政府下达的节能减排任务。

【科技创新】 申报各级科技计划项目138项,为企业争取科技创新和扶持经费4300余万元,东高染整成为常州惟一获国家科技进步奖的企业。天宁高新技术创业服务中心启动实施,新动力创业中心被认定为省级科技孵化器,新增企业"一站两中心"(博士后科研工作站,工程中心、技术中心)2家,引进海归创业人才20名。完成高新技术产业产值171亿元,比上年增长10.13%,占规模工业产值37.5%。R&D经费占地区生产总值比重达1.6%。

【社会事业】 2008年,完成投资1100万元的北郊小学扩建工程、5000万元的虹景小学主体工程。免费发放九年制义务教育教科书,解放路小学获第29届世界头脑奥林匹克大赛冠军。教育现代化第一阶段目标全面达标,获省社区教育实验区、省规范教育收费示范区称号。投入1740万元启动卫生惠民工程,完成社区卫生服务机构布局规划,落实社区卫生门诊"六免两减"(免除一类计免疫苗接种、挂号、诊疗、健康教育、康复训练、计划生育技术指导费用,减收检查和治疗费用的10%),零差价药品达150种。广化医院提升为市级专科医院。创建成全市首个江苏省社区卫生服务先进区。顺利通过"十一五"人口和计划生育工作中期评估,巩固低生育水平。新增社区办公活动用房4500平方米,提高社区居委会工作经费50%,社区专职工作者收入人均增长30%。6个街道文体活动中心全部达到省级标准,留青竹刻被列入国家级非物质文化遗产名录,天宁区输出的运动员陆春龙勇夺常州历史上首枚奥运金牌。建成雕庄、天宁、兰陵3个街道社区服务中心;高标准新建、改造免费公厕131座;提高新型农村合作医疗人均筹资标准至160元,参保率100%;56个社区全部建成社区居家养老服务站,创办全市首家老年助餐点和"日托型"居家养老服务站;青龙街道社区卫生服务中心主体工程竣工;红梅街道万册社区图书馆建成。开展社会治安综合治理,刑事发案率下降12%,群众对社会治安的满意率达98%。完善大调解机制,建成医患纠纷调处中心,畅通农民工绿色维权通道,调解成功率达97%。建立领导干部大接访机制,维护群众合法诉求,全国"两会"和奥运会期间实现进京上访零登记,维稳工作列全市前茅。

【人民生活】 2008年,在岗职工平均工资29660元、城镇居民人均可支配收入21600元、农民人均纯收入11162元,比上年增长15%、13%、12%。新增城镇就业11800人,下岗失业再就业13800人次,企业职工基本养老保险参保净增6830人。新、老被征地农民基本生活保障实现全覆盖,成为全省首个彻底解决被征地农民基本生活保障区。落实低保标准自然增长机制,共为2958户6080人发放低保金1632万元。投入住房保障资金3900万元,新增廉租房家庭703户、实物配租家庭165户,在全市率先完成住房保障年度目标任务。慈善基金规模达2.3亿元,通过慈善超市为5458名困难群众发放生活用品价值75万元。支持四川灾区抗震救灾和恢复重建,捐款捐物折合人民币6435万元。

钟楼区

【概述】 钟楼区位于常州市中心城区西部,东及东南与天宁区相连,西及西南与武进区连接,北与新北区接壤。2008年末,全区行政区域面积72.2平方公里,户籍人口35万人,辖1个省级经济开发区、7个街道办事处,共有89个社区居委会,其中家属委员会3个。2008年,全区实现地区生产总值124.5亿元,比上年增长23.9%;财政收入37.27亿元,增长30.8%,其中地方一般预算收入17.32亿元,增长15.3%;固定资产投入148.19亿,增长20%。全区粮食作物总产量1141吨,与上年持平。取缔畜禽养殖120户。新增绿色食品认证1只,常州市名优农产品6只。

【工业】 2008年,完成工业总产值486.18亿元、实现产品销售收入481.71亿元、实现利税总额31.28亿元,比上年增长16.3%、17.5%、21.2%;完成规模工业总产值428.16亿元、利税27.26亿元,增长22.5%、26%,占全部工业的比重达到88%、87%,提高5.7和5个百分点。全区销售收入超1亿元工业企业91家,其中超10亿元7家。工业经济对全区经济增长的贡献份额继续保持在50%以上。完成全社会固定资产投资148.19亿元,增长20%,其中工业投入40.81亿元。

【商贸服务】 2008年,实现服务业增加值59.8亿元,比上年增长24.6%;实现商业营业额673.44亿元,增长12.5%;实现社会消费品零售总额107.43亿元,增长25.8%,南大街中心商贸街区获2008长三角商业新地标称号,莱蒙都会国际商业街区A区交付使用,文化休闲、餐饮娱乐、主题百货等经营特色日益凸显;楼宇经济不断壮大,5栋楼宇实现税收超1000万元。

【开放型经济】 2008年,组织参加境内外招商活动8次,举办钟楼城市产业招商会。完成工商注册外资3.49亿美元、实际到账外资2亿美元,比上年增长15.9%、33%。新批外资项目17个,其中总投资超1000万美元项目10个。自营出口13.23亿美元,增长22.5%。新增私营企业1057家、个体工商户3921家,新增注册资本12.05亿元。

【城市建设与管理】 2008年,龙江路高架、茶花路、梅庄路等道路建成通车,打通常新桥、同安桥等交通节点。完成高架路两侧120万平方米环境整治,提升星港大道等12条道路景观。整治云祥路等背街小巷61条、茭蒲巷等老住宅小区20万平方米,新建、改造公厕145座,花园、飞龙等10个菜市场改造竣工,完成大观楼、洪庄机场等十大城市产业地块开发前期工作,推进城际铁路、运河路等重点项目拆迁,累计完成拆迁75万平方米。开工建设商品房158万平方米,安置房、定销商品房、经济适用房37.6万平方米,为715户困难家庭提供廉租住房保障。实施绿化八大工程(生态修复工程、绿色通道工程、河道生态绿化工程、城乡道路绿化提升工程、城市出入口绿化工程、城市公园增绿工程、镇村绿化工程、城市公共服务空间增绿工程),新增绿化100公顷。青枫公园、马公桥绿地建成开放,西林公园建设进展顺利,32条道路围墙透绿,100家企事业单位绿化达标。落实“清水、蓝天、宁静、家园、生态”五大环保工程,“环保在行动”考评成绩全市第一。开展“整治村庄环境,共建小康家园”活动,全区24个行政村实现“三清一绿”(清垃圾、清粪污、清河塘和村庄绿化),6个行政村“五化三有”(卫生洁化、河塘净化、道路硬化、村庄绿化、环境美化,有公共服务中心、有长效管理机制、有乡村文化)市级验收达标。投入2400余万元完成凤凰河、三八河等6条河道“清水工程”。北港街道创建全国环境优美街道通过省级验收,新闸工业园环评通过省级评审。加强道路容貌、绿化管养、五小行业(小作坊、小摊点、小商店、小餐馆、小食杂店)等管理,全省首创“先罚后返”执法模式,举办全国城管工作专题研讨交流会,城市长效综合管理工作由“管理全方位、保洁全覆盖、监控全天候”向“精准化、人文化、高效化”提升,考评成绩继续名列全市第一。

【科技创新】 2008年,新增省级高新技术企业12家、省级高新技术产品48只,完成高新技术产业产值222亿元,比上年增长47.5%,占规模工业产值比重达51.9%,提高8.86个百分点。R&D经费占地区生产总值比重达3.52%。加强产学研合作、项目对接和知识产权保护,引进科研成果33项,申请专利1013件,其中授权464件,申报各级各类科技计划100项,争取上级资金超4000万元。区留学人员创业园被认定为省级留学人员创业园,高新技术创业服务中心成为常州市首批小企业创业示范基地,15家领军型海归创业企业入驻创业园。

【社会事业】 2008年,投入1.08亿元,新建、改扩建北港中学、冠英实验小学、西新桥小学等7所学校,实施幼儿园提升改造工程,创成省示范初中1所、省实验小学2所、省绿色学校2所。中小学教育装备100%达到省二类标准,省优质初中、小学、幼儿园比例达到100%、60%、66%,区域教育现代化达到省级标准,教育督政考核名列全省第一。承办海峡两岸幼教论坛和省第22届教海探航活动。举办首届钟楼旅游节、首届常州荷花艺术节、改革开放30周年书画展,钟楼文化艺术节获市首届新闻文化广玉兰奖,西新桥三村社区获全国文明单位称号。向市民免费定时开放11所学校体育设施,钟楼区输出的运动员雷丽娜在北京残奥会上获2枚金牌。整合提升常州市口腔医院,在全市率先启动社区卫生服务改革试点,投入1500余万元,改造提升永红、西新桥二村等7个社区卫生服务中心、24个社区卫生服务站,实行“六免两减”(免除一类计免疫苗接种、挂号、诊疗、健康教育、康复训练、计划生育技术指导费用,减收检查和治疗费用的10%)和基本药品零差率销售,减免434.98万元,基本药品让利347.42万元。拓展人口和计划生育工作,早期教育、计生优质服务体系建设特色明显。基本实现互联式公共服务平台、网格式社区管理、标识式社会组织、快递式“四进社区”、互助式慈善救助、亲情式居家养老六个单项全覆盖。推广“错时工作”、“民情日记”等亲民举措,提高社区工作者待遇和服务保障水平,引进、培育义工联合会等一批社会组织。人民调解、司法调解、行政调解衔接顺畅,调处成功率达98%,“诉调对接”成果在全省推广。国防动员委员会指挥中心建成投运,人民武装和双拥工作迈上新台阶。开展全国第二次经济普查,完成全国第一次污染源普查。

【人民生活】 2008年,全区居民收入稳步增长,城镇在岗职工平均工资29570元,比上年增长15%。新增城镇就业人员11430人,开展职业技能培训4456人,城镇登记失业率控制在4%以内。健全对困难群体和就业创业人员的长效帮扶机制,建成一批再就业援助基地、长江高科技就业助残职业培训基地和3家青年见习基地。妥善处理劳动争议投诉1482起,净增养老保险7308人、医疗保险8157人,为1751名城镇老年居民发放养老补贴307万元。新型农村合作医疗参保率100%,全年支出补偿款达275万元。城市低保应保尽保,为3506户低保家庭发放低保金1887万元。建立全省首家“慈善广场”,在全市首创商业慈善超市模式,实施大病救助,发行救助款203万元,青松居家养老服务中心等11个养老服务机构服务老年居民606人。开展0~6岁残疾儿童抢救性康复训练,举办孤独症儿童融合教育国际论坛。

武 进 区

【概述】 武进区位于长江三角洲太湖平原西北部,东邻江阴市、无锡市,南接宜兴市,西毗金坛市、丹阳市,北靠天宁、钟楼和新北区。2008年末,全区总面积1246.6平方公里,其中耕地4万公顷。全区总人口98.23万人,人口密度788人/平方公里。全年实现地区生产总值850.2亿元,比上年增长20.4%。其中,第一产业增加值25.41亿元,增长9.1%;第二产业增加值586.54亿元,增长17.1%;第三产业增加值238.25亿元,增长30.7%。人均地区生产总值8.69万元(按户籍人口计算),增长1.4万元。完成预算内财政收入163.88亿元,增长47.4%,其中地方一般预算收入53.01亿元,增长22.2%。完成全社会固定资产投资403.49亿元,增长20%,其中工业投资280.67亿元,增长21.8%。2008年,武进区获中国全面小康十大示范县(市)第三名、全国中小城市综合实力百强第五名、全国最具投资潜力中小城市百强第一名、2008年度全国十佳节约型中小城市第一名和中国民营经济最具活力县(区)第一名。

【农业】 2008年,全区完成农业总产值43.33亿元,比上年增长9.6%,其中农业产值22.54亿元、林业产值0.09亿元、牧业产值9亿元、渔业产值8.61亿元。实现粮食总产量22.14万吨。水稻平均单产455千克。农业机械化综合水平95%。新增农业结构调整面积1186.67万平方米、高效种植业面积2800万平方米,高效渔业面积866.67万平方米。新增无公害农产品9只、绿色食品15只、有机食品5只,累计分别达140只、69只、19只,“三品”(无公害农产品、绿色食品、有机食品)种植面积占农业种植面积的比重达60.75%。“焦溪舜山二花脸”猪成功注册原产地证明商标,实现武进农副产品证明商标零突破。全区农民专业合作社累计达82家,参加农户达9.8万户。推进农田水利基本建设,全年投入建设资金1.92亿元,加固圩堤51公里,完成雅浦港、采菱港、湟里河等河道清淤工程。深化农村税费改革,发放粮食直补和综合补贴534万元、农机具购置补贴200万元、良种补贴27万元。全区15家农业重点龙头企业实现产品销售收入190.32亿元,增长15.9%。

【工业】 2008年,全区有工业企业14042家,注册资本达326亿元,其中私营企业12496家,中天钢铁、百兴集团、常发集团等7家企业进入中国民企500强。全年完成工业投入280.67亿元,比上年增长21.8%;实现工业总产值2537.54亿元,增长20.8%;实现产品销售收入2470.47亿元,增长21.7%;实现利税总额148.22亿元,增长8.8%。规模以上工业企业实现产值2056.06亿元、产品销售收入1995.9亿元、利税总额116.99亿元,增长25.8%、24.6%、15%。万元工业增加值能耗下降6.5%。规模以上高新技术产值781.68亿元,占规模以上工业产值的38%。新增省级著名商标11只,"兰陵"、"顶瓜瓜"被认定为中国驰名商标。编制18个产品集群发展规划,对先进装备制造、电子信息、新能源及环保、新材料、生物医药及医疗器材五大产业的重点企业和重点项目在土地安排、资金协调等六个方面实行优先政策,五大产业完成产值1082亿元,增长29.2%,占规模以上工业的比重达52.7%。

【商贸服务】 2008年,编制服务业总体规划,落实优惠政策。完成服务业投资121.3亿元,比上年增长17.7%;实现服务业增加值238.25亿元,增长30.7%,占地区生产总值的比重达28%,提高2.2个百分点。完成社会消费品零售总额198.26亿元,增长24.6%。武进假日酒店、太湖湾金陵大饭店、华美达森林公园酒店、大润发超市等重点项目投入营业。扩大武进汽车城等专业市场经营规模,改造提升农贸市场,凌家塘农副产品批发市场,湖塘纺织城成交额均超100亿元。全区商品房销售面积达110万平方米。

【旅游】 2008年,推进淹城、太湖湾、三勤生态园等重点旅游板块建设。淹城遗址保护规划通过国家文物局审批。加快实施淹城春秋园、中华孝道园、夏岩三勤花都水城等特色项目。全区旅游总收入32.91亿元,接待境内外游客345.4万人次,比上年增长33%、23%。年末,旅游涉外星级饭店(宾馆)共有10家,其中四星级1家、三星级7家。有旅行社8家。有9个旅游区(点)和5个国家工农业旅游示范点。

【开放型经济】 2008年,全区举办科技经贸洽谈会和国际地板博览会等一系列经贸活动,完成协议注册外资10亿美元,实际到账注册外资5.35亿美元。武进高新技术产业开发区(以下简称高新区)和武进经济开发区(以下简称经发区)完成协议注册外资2.87亿美元、实际到账外资2亿美元,占全区的28.7%、37.4%。到账外资中制造业的比重达77%。引进创生医疗器械、大众钢铁等6个超1亿美元项目,其中光宝华东营运中心总投资达6亿美元。外贸进出口保持平稳较快增长,外贸进出口总额47.45亿美元,增长25.5%。其中,进口9.22亿美元,增长31.8%;出口38.23亿美元,增长24%。完成外经合同额1.78亿美元,下降11.6%;外经营业额0.87亿美元,增长21.2%。

【城镇建设与管理】 基础设施完善。全年实施交通基础设施项目21个,完成交通投资12.27亿元(省、市重点工程除外)。奔发公路、环湖路等道路建成通车;基本完成"两高一铁"(京沪高铁、西绕城高速、沪宁城际铁路)等省、市重点工程的前期准备工作;改造农路52公里、农桥55座,推进农路管养体制改革。新建和续建市政道路12条,实现5.6平方公里重点核心区主要道路黑色化;BRT武进段、南北高架开通运行;完成村组道路硬化面积205万平方米。至2008年末,全区公路总里程达2899公里,其中高速公路92公里、一级公路445公里、二级公路527公里、三级公路562公里、四级公路1273公里,全区公路人口密集度29.5公里/万人。新增天然气管网216公里、天然气用户3万户。区域供水二期工程和镇域供水管网改造工程改造用户3万多户,全区长江水普及率达97%。建成110千伏礼嘉变、农场变等一批输变电工程。人防工程新开工面积10万平方米,竣工8万平方米,淹西林园人防物资库建成投用。农村公交事业快速发展,实现公交村村通。

推进城乡"六个一体化"(城乡规划、产业布局、基础设施建设、公共服务、就业社保、管理体制)进程。编制各镇总体规划、村庄平面布局和建设规划,实现全区村庄规划全覆盖。建成农村生活污水生态处理设施30个,"10个村村有"(村村有文化活动室、文体健身广场,村村建成技防村,村村通公交、自来水、数字电视、天然气、水泥路或柏油路,村村实现"三清一绿"、污水得到处理)工程获得2008中国全面小康十大民生决策第三名。开展"千企联百村、共建新农村"活动,1680家企业与288个村结对,资助资金2.59亿元。洛阳镇被评为国家卫生镇。开展"整治村庄环境、共建美好家园"专项行动,全区201个村实现"五化三有"(卫生洁化、河塘净化、道路硬化、村庄绿化、环境美化,有公共服务中心、有长效管理机制、有乡村文化),61个村新创建成省级卫生村,武进区被命名为江苏省农村改厕先进区。

编制中心城区滨水区、中心城区六大板块(城区核心区、科教城、高新区、三勤生态园和南田文化城、西太湖生态休闲区、经发区)联动规划,开展城市色彩研究。完成拆迁面积310万平方米,新开工安置房130万平方米,交付178万平方米。推进中心城区三大类57个重点项目,建设新天地不夜城、天禄商务广场等一批商贸设施,初步建成御城、南甸苑等一批高档住宅区,新人民体育场、人力资源市场等一批项目竣工。中心城区绿化覆盖率达49.9%。完成老小区环境改造10万平方米。城管数字化平台正式运行。

全区环境质量综合指数85分,14个镇全部通过全国环境优美镇验收,武进区通过全国生态区国家级技术考核。

【科技创新】 2008年,实施科技创新"八个一批"(瞄准一批产业、扶持一批企业、建设一批中心、打造一批平台、开展一批活动、挂职一批干部、跟踪一批项目、引进一批人才)工程,加大科技创新投入,研究和开发经费(R&D)占地区生产总值的1.7%;高新技术产业投资完成90亿元,比上年增长81%;完成规模以上高新技术产值760亿元,占规模以上工业产值38%。新增省级以上高新技术企业55家,省级高新技术产品88只。实施国家级科技项目39项、省级科技项目46项、市级科技项目175项、区级科技项目91项。开展产学研合作,组织9次科技对接活动,签订科技合作项目180个,建立产学研研发中心12家。今创集团设立博士后科研工作站,津通国际工业园、湖塘科技创业园和长三角模具城被列为省高新技术创业服务中心,江苏省津通留学人员创业园成为全省首家民营留学人员创业园。全年申请专利2800件,授权800件。武进区通过省知识产权示范区验收。引进领军型海归创业人才60名。高新区50平方公里区域道路框架基本建成,获中国省级开发区投资环境竞争力百强第四名。经发区成功创建为江苏省ISO14000省级示范区。

【社会事业】 全面完成《社会事业2006～2008年行动纲要》目标任务,三年累计投入资金超30亿元。至年末,全区有小学73所、普通中学51所(其中高级中学和完全中学11所)、中等职业学校2所。全年投入教育事业资金14.01亿元,横山桥高级中学通过江苏省四星级高级中学验收,武进职教中心、新湖小学、锦绣小学等一批学校建成开学。推进蓝天工程,5.8万名新市民子女与本地儿童一样,全部接受同等优质教育。2008年,6805名普通高中毕业生被各类大专院校录取,高考录取率96.9%,其中本科录取率70.1%;万人进线率和本科达线增加人数位全市第一。加快教育国际化步伐,江苏省前黄高级中学国际分校SAM课程中心第三届89名学生毕业,全部考入海外名校就读。完成数字电视整体平移。新建村级文体活动场所120个。承办全国女子曲棍球锦标赛、乒超联赛等活动。在2008年北京奥运会上,获银牌1枚,实现奥运奖牌零突破。送戏、送电影下乡各200场,开展"文化周末"、广场文化、镇村文化节等活动。有50余件文学艺术作品在省级以上赛展发表、入选或获奖。武进区通过全国科普示范区复查验收。建成区公共卫生服务中心,中心城区新建10家社区卫生服务站。做好手足口病等传染病防治工作,对三鹿奶粉事件中涉及的婴幼儿实行免费普查治疗。创建成全国计划生育优质服务先进区。区档案馆创建成国家二级综合档案馆。区残疾人康复中心主体工程竣工。

【人民生活】 2008年,完成30个为民办实事项目。全年城镇在岗职工平均工资和农村居民人均纯收入分别达34305元、11219元,比上年增长13%、13.2%。全年新增城镇就业2.8万人,下岗失业人员再就业3800人,城镇登记失业率低于3%。城乡居民储蓄存款余额400.79亿元,增长34.1%;人均储蓄存款余额4.08万元,增长33.3%。年末城镇居民人均住房面积40.1平方米,增长0.68平方米;农村居民人均住房面积75.48平方米,增长0.27平方米。推进社会保险扩面征缴工作,全区养老、医疗、失业"三大保险"覆盖率均超98%。新增被征地农民保障5.5万人,累计20万人,基本实现应保尽保。城乡居民最低生活保障标准分别为每人每月330元和每人每月260元,全区低保数8180户,全年发放低保金2255万元。加大财政补贴,城乡居民合作医疗保险人均筹资水平提高20元。城镇职工医疗保险保障实现市、区一体化。全区公积金归集余额突破11亿元,区住房公积金管理中心获全国青年文明号称号。为45户城镇住房困难家庭提供廉租房保障。发展慈善事业,全年新募集慈善基金5950万元,发放慈善救助金2473万元,受助人数2.6万。加强养老服务工作,改造镇级敬老院,武进福利院建成使用。保障食品药品安全,武进区创建成全省首批食品安全示范区,全区70个社区全部达到食品药品安全社区标准。开展抗震救灾工作,共募集赈灾资金和物资折合人民币超1亿元;做好四川地震灾区对口援建工作,绵竹市金花镇灾后重建工作全面展开。 (董　霞)

戚墅堰区

【概述】 戚墅堰区位于常州市东部,西接天宁区,东、南与武进区相连,京沪铁路、沪宁高速公路、312国道、京杭大运河横贯全区。2008年末,辖1个经济开发区、3个街道办事处、7个社区居委会、1个居民委员会、9个村民委员会,总面积31.58平方公里,常住人口10.2万人。全年完成地区生产总值36.9亿元,比上年增长22.9%;财政总收入12.6亿元,其中地方财政一般预算收入5亿元;全社会固定资产投资37亿元,增长30.7%,其中工业投入24.2亿元,增长21.1%。

【经济发展】 2008年,自营出口3亿美元,比上年增长76%,增幅全市第一。新批协议外资1.2亿美元,实际到账外资1510万美元。实现规模工业总产值115.5亿元、销售收入110.3亿元、利润5.2亿元,增长42.4%、42.4%、41%,规模工业总产值占全区工业总产值91%,增长6个百分点,年销售收入超1亿元企业增加到22家。12个投资超3000万元的工业项目完成投入11亿元,其中10个项目竣工投产。总投资46亿元的中国南车集团戚墅堰机车车辆工艺研究所(简称戚研所)科技成果产业化基地、中国南车集团戚墅堰机车有限公司新造基地等项目开工建设。常州安凯特电缆有限公司、常州市神力电机有限公司等扩建项目投产运行,常州市新东方电缆有限公司、常州博瑞电力自动化设备有限公司等新开工项目加紧建设。完成服务业增加值9.5亿元,增长25.7%。义乌小商品城一期、新城公园壹号等项目竣工交付,义乌小商品城二期、东方福郡、鼎诚钢材市场等加快建设。农业经济保持稳定,支农惠农力度进一步加大。

【城市建设与管理】 2008年,筹措资金20余亿元,加快东大门建设。五一路(东方路至段前路)、劳动东路(东方大桥至常青路)建成通车,丁剑路、东方西路、东方二路、东城路加紧建设。完成庄基路等7条背街小巷整治。戚研所新村及戚大街北侧老住宅小区综合整治工程通过竣工验收,工房区环境整治和专项整治工程全面开展。实施延陵东路景观提升改造工程,完成益丰菜市场提升改造,完成26座公厕改造及路北灰场等3座垃圾转运站建设工程,启动实施煤场搬迁、城际铁路等公用事业工程。成立拆迁工作专职机构,规范全区拆迁安置政策,完成新城房产、圩墩公园等重点地块拆迁,加快建设潞城花苑、官墩小区等居住区。全年拆迁54万平方米,建成安置房32万平方米。落实城市长效综合管理数字化工作,巩固城郊结合部、住宅小区、五小行业(小作坊、小摊点、小商店、小餐馆、小食杂店)等12项长效管理成果,加大道路交通及违章建筑整治力度。基本完成圩墩公园一期工程,潞横河生态绿化工程通过市级验收,完成延陵东路等3条道路绿化提升、圩墩路等9条道路围墙透绿和100个企事业单位绿化达标工作,新创建生态园林单位10个,新增绿地面积60公顷。开展辖区水环境整治,潢河整治取得突破。开展污染源普查,加大环保执法,加强重点污染行业提标整治,主要污染物排放削减量超额完成市政府下达的目标任务。关闭化工生产企业18家,提前1年超额完成市政府下达的3年关闭30家小化工的任务。完成污水处理厂提标改造,东方路、五一路污水管网及泵站提升工程竣工,启动开发区内部污水管网建设。获省土地执法模范创建工作先进区称号。

【科技创新】 2008年,完成高新技术产业产值75亿元,比上年增长40%,增幅全市第一,占全区规模工业总产值65%。出台企业自主创新鼓励政策,兑现扶持奖励资金650万元,争取上级各类科技项目扶持资金340万元，超前4年总和，其中省级资金125万元，实现零突破。中国服装协会与普灵仕制衣有限公司联合建成中国西服研究中心，创建1家省级科技孵化器，7家省高新技术企业通过科技部等部门重新认定，13家企业被评定为省民营科技企业。认定国家重点产品2只、省高新技术产品11只，申请专利182件。开展产学研合作，与东南大学等3所知名大学签订全面合作协议。开展人才交流与合作，引进海归创业人才6名，引入风险投资2000多万元。

【社会事业】 2008年，区域教育现代化水平提高，总投资1.2亿元的实验中学竣工启用，并与省常中建立合作办学新模式；刘国钧职教中心加快建设；省级社区教育实验区创建成功。东方小学被列为市级羽毛球项目基层训练网点，新增市级艺术、体育特色学校5所。进行全国第三次文物普查，新发现文物遗址28处，列入市级非物质文化遗产1处。加大物价监管，稳定市场价格秩序。开展残疾人康复工作，落实民族宗教政策。投入1800万元实施卫生惠民工程，推进省社区卫生服务试点改革，实施基本药品零差率销售，启动建设戚墅堰街道社区卫生服务中心，原戚区人民医院升格为常州市第七人民医院。增强食品安全管理和各类突发食品安全公共事件处理能力。花苑社区创建成五星级社区，丁堰街道社区服务中心建成启用。区社会福利中心一期工程竣工并投入使用，成为省内配套设施最完善、环境条件最优越的现代化福利机构。创新流动人口管理服务机制，贯彻执行独生子女伤残死亡家庭扶助制度。落实拥军优抚安置政策，开展国防教育、民兵预备役工作，完成冬季征兵任务。加强社会治安综合治理，贯彻实施“五五”普法，开展“无毒城区”创建，推进“平安戚区、法治戚区”建设，实现江苏省安全地区“三连冠”。实行“领导大接访”制度，着力解决群众反映的热点难点问题，化解各类群体性矛盾。开展安全生产长效管理，连续6年获市安全生产先进区称号。健全应急管理体系，完善各项预案，战胜年初冰雪灾害。建成一批文明单位、文明行业、文明社区(村)。举办区第二届运动会。

【人民生活】 2008年，进一步完善社会保障。养老保险、医疗保险、生育保险扩面净增3265人、2546人、598人，超额完成市下达的任务。实施《农村居民基本生活保障办法》，办理农村居民进社保6353人，保障水平全省领先。新型农村合作医疗保险人均筹资250元在全市领先，参保率100%。新增廉租房家庭208户，发放慈善救助金、失业救济金、城乡低保金、助残金等1200多万元。支持地震灾区重建，募集善款815万元、捐赠物资价值420万元。再就业培训3850人，创业培训360人，实现再就业1680人，免费培训农村劳动力1570人，城镇登记失业率控制在4%以内。开展第二次经济普查。

(刘　杰)

常州高新技术产业开发区(新北区)

【概述】 常州国家高新技术产业开发区(以下简称常州高新区)、常州市新北区位于常州市北部，北濒长江，南至沪宁铁路，东与江阴市和天宁区交界，西接丹阳市和扬中市。2008年末，全区土地总面积439.16平方公里，辖6个镇、3个街道办事处，总人口43万。全年实现地区生产总值326.5亿元，比上年增长26.5%。实现财政总收入100亿元，增长59.5%，其中地方一般预算收入34.1亿元，增长25%；完成全社会固定资产投资280亿元，增长30%。

【农业】 2008年，全区实现农业总产值12.33亿元，比上年增长4%。实现增加值6.76亿元，增长5%。农民人均纯收入10190元，增长13%。全区三麦(小麦、大麦、元麦)面积1.13万公顷，总产5231.4万公斤；油菜面积0.09万公顷，总产175.4万公斤；水稻面积1.18万公顷，总产1.1亿公斤。建设市级以上农业项目33个，全区累计通过省级无公害农产品产地认定31个、面积0.55万公顷，无公害农产品44只，绿色食品4只，市名优农产品7只。高效农业、设施农业面积分别累计0.3万公顷、0.12万公顷。累计投入630万元实施农业保险，发放粮食直补、农资综合补贴1603.64万元。全年新增农民专业合作社19个，带动农户2405户，转移农村劳动力6473人次，帮助524户贫困户脱贫达标。

【工业】 2008年，全区完成工业总产值1170.3亿元，比上年增长29.8%；实现产品销售收入1161.2亿元，增长30%；实现利税总额81.7亿元，增长16.2%；利税总额超5000万元企业23家，其中超1亿元4家。先进装备制造、新材料、电子信息、新能源及环保节能、生物技术及制药五大产业完成规模以上工业总产值601.2亿元，增长41.8%，占全区68.6%。年销售收入超1亿元企业180家，增加24家，其中超10亿元企业14家，天合光能销售突破50亿元。全年完成工业投入183.1亿元，增长21.3%，日本电装、现代液压机器、高博能源等16个重点项目竣工投产。全区镇、街道完成工业总产值764.1亿元、产品销售收入745.4亿元、利税总额51.9亿元，增长22.3%、21.5%、17.2%。组织申报中国名牌产品2只、省名牌产品7只，新增省著名商标1件、市知名商标6件。

【商贸服务】 2008年，全区实现服务业增加值78.8亿元，比上年增长28.1%；实现社会消费品零售总额100亿元，增长23%。长江塑化、长贸中心、汽车市场、五金机电等六大专业市场交易额达220亿元，增长22%，缴纳各类税收1.1亿元，提供就业岗位1.2万个。引进总投资21.6亿元综合物流中心项目，全年完成服务业投入97.2亿元，增长49.6%，高于工业投入28.3个百分点，占全社会固定资产投资34.5%。新批服务业项目17个，协议注册外资6300万美元；实际到账外资3.02亿美元，增长121.9%。服务业实现税收15.5亿元，增长21.3%，占全区总税收的27.1%。

【民营经济】 2008年末，全区民营企业数9790家、个体工商户1.5万户，注册资本总额超180亿元，拥有高新技术产品366只，高新技术产业产值超220亿元。民营经济实现增加值占地区生产总值比重超60%，民营经济上交税收占全区税收总额的58.5%，民营工业总产值在规模以上工业中所占比重43.2%，民间投资在全社会固定资产投资总额中所占比重54%。

【开放型经济】 2008年，全区新批外商投资企业56家，总投资18.95亿美元。工商登记注册外资10.6亿美元,注册外资实际到账7.5亿美元,比上年增长40%。新批工商登记注册外资超3000万美元项目10个,其中制造业项目4个,天合光能增资项目成为全区首个总投资超5亿美元的外资制造业项目。69个增资项目完成协议注册外资6.4亿美元,占全部协议注册外资的60.5%。企业外资到账超1000万美元15家,其中九龙仓置业单笔到账9900万美元,创下外资单笔到账最高记录。全区外资制造业、服务业项目完成工商登记注册7.5亿美元、3.1亿美元。装备制造、新能源、医药化工等重点产业完成工商登记注册外资7.7亿美元。全区规模以上外资企业工业总产值达482.4亿元,占规模以上工业企业总产值的55%;外资企业所得税达5.36亿元,占全区企业所得税的55.8%。全年完成中方协议投资额1108万美元,增加908万美元。自营进出口总额59亿美元,增长31%。其中,出口38亿美元,增长40%;进口21亿美元,增长25%。

【城镇建设与管理】　编制近期建设规划、北部新城战略发展规划及高新科技园商务中心区、中华龙城创意文化产业、生物医药产业基地等一系列重大规划。全年投入7.8亿元,推进飞龙路、汉江西路、华山南路等一批重点市政工程建设。完成软件大楼、城北粮库、录安洲联检大楼建设。孟河、罗溪垃圾中转站建成投运。实现135个行政村村村通公交。实施"城乡十大绿化工程",全年新增绿地1087公顷。开展景观道路整治及省级市容市貌示范街创建工作,实现城市管理信息平台与市级平台对接和城市管理属地化、网格化、规范化、制度化。实施澡港河等重点河道整治,三个小康水质断面全部达标。实现江边化工区封闭式管理,启动江边环境集中整治,对80家企业进行拉网检查并提出整改方案,实施污水处理厂提标改造工程。完成全年节能减排任务,关、停、并、转化工企业45家。开展循环经济试点,天合光能、龙宇颜料等15家企业进入市级清洁生产审核企业名单。全年拆迁房屋面积90.5万平方米,基本完成京沪高铁、城际铁路、西绕城高速等重点工程和飞龙地块、电子园、机电园等园区项目的拆迁腾地工作。推进春江花园、百草园等安置小区建设和安置工作,全年竣工安置房面积79.2万平方米,安置居民3500户、1.12万人。建设沪宁高速、浦河、澡港河、凤凰河、丰收河两侧生态景观防护林带,面积463.05公顷。全年共投入资金3189万元实施新农村居住示范点建设,43个行政村全面实施"三清一绿"(清垃圾、清粪污、清河塘和村庄绿化)工程;34个村完成河塘清淤,疏浚整治土方114.02万立方米;硬化道路16.29万平方米;建成公共绿地7.55万平方米,门前屋后植树47.11万株;巩固完善村庄长效管理机制。累计投入1.17亿元建设城乡水利,拓浚骨干河道11条;实施化工区和电子园水环境整治工程;治理德胜河、新孟河坍塌15处,全长5.2公里;维修改造沿江泵站、涵洞23座。

【科技创新】　2008年,全区规模以上工业企业的高新技术产业产值510亿元,占全区规模以上工业企业产值58.6%,R&D(研发经费)占地区生产总值的1.7%。推进软件园二期工程、嵌入式软件产业基地建设,冲电气软件技术(江苏)有限公司被国家发改委、信息产业部、商务部、国家税务总局联合认定为2007年度国家规划布局内重点软件企业,跻身国家百强软件企业行列。常州国家动画产业基地入驻动漫企业139家,有108个项目在广电总局立项。"三药"(农药、医药、兽药)基地内企业完成工业总产值90亿元,实现销售收入82亿元,出口创汇2.8亿美元。整合恐龙园、软件基地、动漫基地等资源,推进创意产业基地建设,明确以嵌入式软件、网游动漫和服务外包等为主导的创意产业发展思路,理顺激励政策、管理体制和招商推进机制。创业服务中心新增孵化面积达6万平方米,引进科技孵化企业72家,其中留学生企业28家、领军型海归创业人才项目24个、孵化毕业企业20家。培育省级工程技术研究中心5家、市级工程技术研究中心8家,引进和创建研发机构6家。组织实施市级以上重点科技项目149项,其中国家级科技项目26项、省级科技项目35项,争取市级以上科技经费1.69亿元,比上年增长65.6%。重新认定省级高新技术企业97家、高新技术产品47只,新增软件企业22家、软件产品43只,28家软件企业通过CMMI3认证。全年组织重大产学研活动10次、国际科技合作7次,签订产学研合作协议60份。申请专利超1000件。

【社会事业】　加大社会事业投入保障和布局调整,引进局前街小学、市第一人民医院等市级优质社会事业资源。实施全区教育布局规划调整,推进百草园小学、三井中心小学等重点建设项目,完成教育基本现代化区创建工作,教育装备水平全部达省二类标准,新增优质学校6所。推进新北人民医院、西夏墅卫生院等医疗基础设施建设项目,创建成省、市示范社区卫生服务中心2个、示范站20个,全区无害化卫生户厕普及率95%,创建省级卫生村20个、市级卫生村20个,薛家镇、西夏墅镇分别创建成"国家卫生镇"、"江苏省卫生镇"。区文化中心落成并对外开放,开展基层文体站标准化建设,建成40个村级文化活动室,完成26个村的全民健身工程提档升级,送戏下乡24场、送电影1500多场、送书籍价值5万元。新建婚育新风文化园1处,开展生殖健康服务万人行活动,服务已婚育龄群众31256人,发放"新市民真情服务卡"5000张,发放奖励扶助救助金58万元。

【人民生活】　全区1019个村组14.4万被征地农民全部纳入城市基本生活保障体系。参加养老保险单位6386家,参保职工151548人,净增4.3万人,征缴基本养老保险金9.07亿元,养老金社会化发放率100%。完成各类职业培训13268人次,全年新增就业11171人,转移失地农民就业3268人,351名就业困难人员实现再就业。落实支农惠农政策,建成各类农业示范园26个,带动新增收农户2371户。全年农民人均纯收入10100元,比上年增长12.1%;在岗职工平均工资29230元,增长13%。新型农村合作医疗征缴率保持100%,筹资标准提高到150元。全年发放低保资金1651万元,发放重度残疾人生活救助金322万元,落实救灾资金105万元,发放医疗救助金791万元,筹集抗震救灾捐赠款3139万元,发放慈善救助金22万元,城乡低保标准分别提高到人均320元/月、260元/月。完善全区社会救助体系、社会福利体系、双拥优抚安置体系。

(常州市志办)

镇 江 市

【历史沿革】 考古发现:“宜”为镇江最早地名,是3000年前周康王封给宜侯的领地;春秋时镇江称朱方,后曾用谷阳、丹徒、京口、润州等名称。北宋建镇江府(1113年),始称镇江,历经宋、元、明、清。辛亥革命后称丹徒县,1928年改为镇江县。1929年至1949年2月为江苏省政府所在地(其中1937年至1945年镇江沦陷期间,省政府迁往苏北)。

1949年4月23日镇江解放后,划城区和近郊为镇江市,划四乡为丹徒县,均隶属苏南行政区镇江专署。1953年,苏南、苏北行政区合并建江苏省后,设镇江专员公署,辖镇江市和10个县;镇江为县级市和专署所在地(其中1958年9月~1959年9月,专署迁至常州,改称常州专员公署)。1983年3月,镇江市改为省辖市,辖4县2区。1987年、1994年、1995年,所辖丹阳、扬中、句容先后撤县设市。现镇江市辖丹阳市、句容市、扬中市和丹徒区、京口区、润州区及镇江新区(省级经济开发区)。

【地理位置】 镇江市地处江苏省西南部,长江下游南岸,北纬31°37′~32°19′、东经118°58′~119°58′。东西最大直线距离95.5公里,南北最大直线距离76.9公里。东南接常州市,西邻南京市,北与扬州市、泰州市隔江相望。

【行政区划】 至2008年底,全市共有51个镇(街道)。其中:镇41个,街道10个。丹阳市辖13个镇(云阳、陵口、珥陵、访仙、司徒、延陵、埤城、新桥、界牌、后巷、吕城、导墅、皇塘),句容市辖10个镇(华阳、宝华、下蜀、白兔、边城、黄梅、后白、茅山、天王、郭庄),扬中市辖5个镇(三茅、新坝、油坊、八桥、西来桥),丹徒区辖7个镇(谷阳、辛丰、上党、宝堰、高资、高桥、世业),京口区辖2个镇(象山、谏壁)、4个街道(正东路、健康路、大市口、四牌楼),润州区辖1个镇(蒋乔)、4个街道(宝塔路、和平路、七里甸、金山镇江),镇江新区辖3个镇(大路、姚桥、丁岗)、2个街道(大港、丁卯)。

【人口】 2008年,全市常住人口304.07万人,比上年增加2.14万人。全市户籍人口268.77万人,比上年减少0.01万人,其中:市区102.81万人,比上年减少0.01万人。在户籍人口中:京口区33.69万人,润州区24.34万人,丹徒区27.91万人,镇江新区16.88万人;丹阳市80.65万人,扬中市27.49万人,句容市57.82万人。在户籍人口中:男性人口134.69万人,女性人口134.08万人,男女性别比(女=100)为100.5,其中:市区102.3、丹阳市99.2、扬中市97.8、句容市100.2。全市户籍人口总户数100.06万户,比上年增加0.03万户,户均2.69人,其中:市区38.75万户,比上年增加0.10万户,户均2.65人。全市出生人口20028人,其中男性10316人,女性9712人。人口出生率7.5‰,比上年提高0.1个千分点,其中:市区7.7‰,丹阳市7.7‰,扬中市5.5‰,句容市7.5‰。全市死亡人口22335人,人口死亡率8.3‰,比上年增加0.7个千分点,其中:市区5.8‰,丹阳市9.3‰,扬中市8.0‰,句容市11.4‰。全市人口自然增长率-0.8‰。

【经济发展概况】 经济平稳较快运行。2008年,全年实现地区生产总值1408.14亿元,按可比价计算:比上年增长12.8%,其中:第一产业增加值51.08亿元,增长5.1%;第二产业增加值843.4亿元,增长12.3%,其中工业增加值774.67亿元,增长13.2%;第三产业增加值513.66亿元,增长14.5%。人均地区生产总值46473元,按当年汇率折算:为6794美元。经济活力继续增强,非公制经济发展不断加快,全市民营经济实现增加值767.95亿元,比上年增长13.2%,对经济增长的贡献率57.4%,占全市GDP比重54.5%,比上年提高0.4个百分点;经济结构进一步优化,第三产业发展持续快于经济总体水平,三次产业结构由上年的3.8:59.8:36.4调整为3.6:59.9:36.5;经济发展方式积极转变,内需拉动作用不断增强,消费率比上年提高1.5个百分点。

市场物价回落趋稳。2008年,市场物价运行呈现高开、回落、趋稳的发展态势。自6月份以来,我市居民生活消费品价格涨势连续7个月逐月回落。全年居民消费价格总指数105.0,比上年上涨5.0%。在八大类消费品中,呈“五涨三降”态势,其中食品类上涨14.4%;烟酒及用品类上涨3.1%;家庭设备用品及维修服务类上涨2.5%;医疗保健和个人用品类上涨1.2%;居住类上涨1.0%。三降为:衣着类下降1.5%;交通及通讯类下降1.0%;娱乐教育文化用品及服务类下降3.1%。由食品引发的物价结构性上涨矛盾逐步缓解,部分食品价格出现下降。

就业再就业形势稳定。2008年,全市城乡从业人员163.5万人,比上年增加6.5万人。城镇登记失业率为2.54%,全年新增城镇就业5.7万人,新增农村劳动力转移4.29万人,基本实现零就业家庭。

私个经济较快发展。截止2008年末,全市拥有私营企业25459户,注册资本464.28亿元,从业人员37.62万人,其中本年新增私营企业3937户,新增注册资本62.89亿元,新增从业人员3.02万人;全市拥有个体工商户86655户,注册资本35.22亿元,从业人员13.78万人,其中本年新增个体工商户14816户,新增注册资本10.4亿元,新增从业人员2.3万人。

【工业概貌】 2008年,镇江市拥有规模以上工业企业2504家,从业人数32.7万人。从行业结构看,食品业56家,纺织业303家,轻工业275家,化工348家,建材144家,冶金业127家,机械业1073家,电子业152家,其他行业26家;从地区分布看,市直企业2家,丹阳市1005家,扬中市404家,句容市355家,丹徒区269家,京口区130家,润州区167家,镇江新区172家;从体制结构看,国有企业39家,集体企业198家,股份合作企业7家,股份制企业1203家,三资企业611家,其他企业446家。

工业产销平稳增长。全市工业增加值完成682.9亿元,比上年增长16.8%。县域工业发展快于市区,辖市工业增加值增幅为18.4%,高于市区2.8个百分点。其中丹阳市最高为18.7%,其次为扬中市18.3%,润州区最低为12.8%。规模工业实现销售、利税、利润增幅分别为27.8%、20.6%和20.6%。工业投资规模逐步扩大。全社会完成工业投资457.7亿元,比上年增长22%。其中,规模以上工业完成投资384.7亿元,占年度计划的101.2%,增长32.5%。全市完成技术改造投资400.5亿元,增长26.2%。其中:京口区工业投资完成40.05亿元,完成全年目标的100.1%,比上年增长23.3%;扬中市完成51亿元,完成全年目标的107.4%,比上年增长28.9%;镇江新区完成52.53亿元,完成全年目标的100%,比上年增长28.1%。

重点企业支撑明显。全市销售超亿元企业464家,完成销售收入2043.2亿元,其中销售超20亿元以上企业17家,10亿元~20亿元企业15家。重点培植的50强企业实现销售1163.8亿元,比上年增长23.9%,占全市比重达到45%,实现的销售、利税、利润占全市规模以上工业的比重分别为45%、53%和60%。其中有13家企业销售增幅超过50%,有14家企业利税超50%,有14家企业利润增幅超50%。

工业用电继续保持领先。全市工业用电量累计完成112.48亿千瓦小时,比上年增长6.79%,比全省平均增幅(3.61%)高3.18个百分点,列全省第五。其中50强企业完成工业用电53.08亿千瓦小时,比上年增长6.7%,占全市工业用电量总量的47.2%。

规模扶持推进有力。全市累计净增规模定报企业656家,其中丹阳市完成273家,扬中市完成97家,丹徒区完成91家,句容市完成91家,镇江新区完成58家,京口区完成30家,润州区完成16家,完成年初下达的600家的规模计划。

民营经济势头良好。全市私营企业累计25459家,比上年底增长17.89%;个体工商户累计86655家,比上年底增长2.84%。全市私个企业累计112114家,比上年末净增6258家,完成年度计划的125%。从全市新增情况来看,全年新增私个企业18559家,其中:新增私营企业3745家,占年计划113.5%;新增个体工商户14814家,占年计划的114%。全年新增私营个体经济注册资本71.94亿元,占年计划130.8%。至12月末,全市私营个体经济注册资本累计500亿元,比上年底增长23.97%;当年净增96.57亿元,占年计划120.7%。私营企业户均规模182.4万元,比上年底提高9.7万元。全市私营企业呈现出量质并进的态势。

2008年,全市着力加快转变经济发展方式。制定出台《关于实施"千百亿工程"的若干意见》,提出三到五年内将重点培育发展装备制造、绿色化工、造纸、新材料、特种金属5个千亿元主导产业和20个左右百亿元企业的调整目标、发展方向和保障措施。全年,"千百亿工程"实施情况良好,五大产业实现销售突破2000亿元大关。机械行业、电子行业投资增幅分别达到58.2%和33.1%,高于全市平均增幅36.2和11.1个百分点;企业备案技术改造项目179个,总投资53.7亿元,申报落实10个总投资1亿元以上的工业技改项目列为省重点技改项目;对镇江船用柴油机厂低速柴油机等一批重点项目,用变通办法,为企业先行备案申请土地指标。着力推进自主创新。中电电器集团研制开发的蒸汽冷却变压器技术研究项目被列入国家重大产业技术开发专项;大亚集团获第15批国家级企业技术中心称号,镇江中船设备有限公司等5家企业获第11批省级企业技术中心称号;组织申报45个项目列入省重点项目,焦化煤气集团的高纯石墨碳材产品的延伸开发等11个项目被列入2008年度全省重点技术创新导向项目计划;组织企业申报21个重点技术创新项目,有11个项目被省经贸委列入全省重点技术创新导向项目计划,10项QC成果获得江苏省质量管理小组称号。加强项目源头能耗控制,执行行业产品能耗限额标准,强化对全市99家重点耗能企业的监督,组织实施节能及循环经济项目41个,年实现节能量39.03万吨标准煤;新安建材等9家企业获批省资源综合利用认定企业。继续开展化工行业专项整治,全年关闭93家化工企业。推进北部滨水区企业搬迁。会同京口、润州两区对省交通工程公司范围内的42间、近1350平方米的违法建设,会同相关部门联合执法拆违;审核润州区36家搬迁企业的评估和补偿方案。

经济运行调节能力增强。在抗击特大雪灾中,市及各辖市(区)经贸委制定保障预案,争取用电指标,加强与重点煤矿的联系协调,开设成品油运输"绿色通道"等,保证工业生产的平稳运行。在市区,先后组织两家农副产品批发市场、7家重点零售企业销售蔬菜1500多吨、猪肉300多吨、家禽200吨、水产100多吨;各辖市(区)结合本地实际,加大货源准备和运输保障,保证市场供应稳定。春运期间,协调抽调社会车辆参与爱心车队,运送滞留旅客。在抗震救灾中,加大生产物资的调度和供应,组织企业做好12500顶救灾帐篷的生产和调运工作。通过召开银企合作会议、"绿色金融"座谈会等,帮助重点企业签订银企合作资金69.1亿元,向省金融机构推介符合产业政策的重点融资项目79个;先后四次开展重点企业需协调解决的问题专项调查,征集各类问题共160个,涉及企业38家,企业满意率97.2%;协调解决79家企业的汽油灌桶和"三夏"期间的农业生产用油难等问题。

综述民营经济快速发展。开展"全民评星"暨"全民创业百日宣传"活动,近10万人参加投票评选。举办2008"投资宝地财富镇江"网络、媒体大型民营经济信息发布会,开展多形式的招商活动。全年实际引进到位民资175亿元。在全国首创"建行—淡马锡"中小企业融资新模式。开展中小企业信用担保工作,落实省政府办公厅百亿元中小企业担保贷款项目,全市新增贷款担保规模7.8亿元。10家企业入选2008年~2009年度江苏省重点培育高成长型民营、中小企业。

在全市三级经贸系统机关干部中,开展"服务中小企业千户行"活动,走访慰问中小企业1000余家,帮助中小企业协调解决各类问题1000多个。确定88家重点工业企业作为"防风险、保重点"对象,由主要贷款银行逐企建立金融服务小组,确保企业正常生产经营所需资金。全年共组织有融资需求的1050家企业,与各金融机构全面对接,协调解决资金119亿元。邀请产业专家、金融专家等,免费为企业开展专家讲座、进行咨询指导。帮助企业争取国家、省级各类扶持资金1.1亿元。

【镇江新区·开发园区】 2008年,镇江市各开发园区建设步伐不断加快。全市7家省级开发园区新批外商投资项目106个,实际到位外资8.41亿美元(商务部确认数,下同),比上年增长34%,占镇江市当年实到外资比重70%;基础设施投入首次突破50亿元,达到55.89亿元,增长39.3%;业务总收入1813.8亿元,增长25.2%;一般预算收入突破20亿元大关,达到20.2亿元,增长32.2%;进出口总额39.42亿美元,增长10.2%,其中出口16.14亿美元,增长7.2%。镇江经济开发区实到外资41116万美元(含市直项目),增长26.9%,居全省130家省级以上开发园区第13位;丹阳经济开发区实到外资突破1亿美元,达1.01亿美元,增长87.9%,居全省第51位,比上年前移13位;句容经济开发区实到外资1.54亿美元,增长31.4%,居全省第35位,前移2位;扬中经济开发区实到外资3835万美元,比上年下降25.9%,居全省第85位,排位后移19位;丹徒经济开发区实到外资8077万美元,增长66.8%,居全省第60位,前移8位。京口工业园区实到外资3524万美元,增长206.2%,居全省第86位,前移20位;润州工业园区实到外资2022万美元,下降3%,居全省第97位,后移3位。镇江出口加工区实到外资1516.72万美元,在全省14家出口加工区中居第9位。截至2008年底,全市7个省级开发园区累计开发63平方公里,完成基础设施投入208.1亿元,完成全社会固定资产投资近1000亿元。累计落户项目近4000个,建成投产企业约2800家,其中高新技术企业100多家,研发中心及科技孵化器44个;累计实际到位外资57.6亿美元,注册内资100多亿元;就业人数近16万人。

【镇江市开发园区体制机制改革指导意见出台】 2008年12月4日,市委、市政府出台加快经济开发区建设发展的“1+5”指导性意见,即1个主体文件《关于加快和促进开发区建设发展的意见》和5个配套文件。《关于加快和促进开发区建设发展的意见》明确各开发园区工作目标:业务总收入年均增幅高于全省开发园区年均增幅10个百分点以上;地方财政一般预算收入年均增幅高于所在地同级地方财政一般预算收入年均增幅5个百分点以上,其中镇江新区年均增幅高于全市地方财政一般预算收入年均增幅10个百分点;实际利用外资完成市当年下达的分解指标,且年均增幅高于全省经济开发区年均增幅10个百分点;已开发工业项目用地单位产出效率(工业增加值)年均增长20%以上;已开发面积单位税收收入年均增长20%以上。《镇江市省级开发区考核评价暂行办法》明确开发园区考评指标和激励指标,考核总得分作为开发园区评先创优和核定开发园区开发总公司经营者绩效年薪的依据。考核结果同时作为各辖市(区)、镇江新区党政主要领导实绩考核的重要内容列入辖市(区)、镇江新区综合考核。《镇江市省级开发区开发总公司绩效考核薪酬管理暂行办法》确定经营者实行年薪制。年薪收入由基本年薪、绩效年薪两个部分组成,其中绩效年薪为经营者在完成相应考核指标后获得的绩效报酬,最高为基本年薪的2倍,同时与考核指标完成情况挂钩,当考核分数达不到60分时,不能获得绩效年薪。对在环境保护、安全生产、社会稳定、遵守党纪国法方面出现重大问题,造成严重不良后果或经济重大损失的,对主要责任人获得绩效年薪实行一票否决。《关于改革省级开发区人事编制管理工作的意见》明确开发园区实行党工委、管委会、开发总公司三位一体运转模式,形成以经济开发为主、社会管理为辅的格局。对开发园区用人规模实行总量控制,由同级机构编制委员会重新核定人员限额,只减不增,其中直接从事招商引资人员不得低于核定管委会(总公司)人员的20%。《关于切实加强开发区土地节约集约利用工作的意见》要求提高用地准入门槛,进入镇江、丹阳、扬中经济开发区,京口、润州工业园区和丹徒经济开发区谷阳片区工业园区项目用地的投资强度不得低于4500万元/公顷,进入句容经济开发区、丹徒经济开发区高资片区工业项目用地的投资强度不得低于3750万元/公顷,进入其他工业集中区工业项目用地的投资强度不得低于3000万元/公顷;项目注册资本不得低于项目总投资的30%;对固定资产投资额低于3000万元的工业项目,国土部门不得供地。《镇江市省级开发区优化审批流程完善审批服务的实施办法》对项目审批明确实施范围、审批流程、审批服务等。

【丹徒经济开发区区域环境影响评价获省批准】 2008年8月,丹徒经济开发区区域环境影响评价获得省环保厅批复,同时被省经贸委、省环保厅、省外经贸厅列为江苏省第二批循环经济试点。近几年,丹徒经济开发区循环经济发展成果初步显现:园区内企业逐步形成企业间原料产品供应关系,发电厂粉煤灰、煤渣、脱硫石膏等固体废物在建材行业得到综合利用,热电厂直排循环冷却水在焦化厂二次利用,减少资源用量和污染排放。鹤林水泥厂余热发电项目自给率达40%,折合减少标准煤使用4万吨,减排二氧化碳11万吨、二氧化硫120吨。

【服务开放型经济举措创新】 2008年,镇江市外经贸局不断创新服务举措,投资软环境建设再上新台阶,入选市级机关作风建设和目标管理十佳单位。继点名服务制实施后,创新推出项目代办服务制。凡需上报省外经贸厅及商务部批准的项目,包括限额以上外资项目、进口设备免税确认书、外经经营权申报、设立境外投资企业等,均由该局代为办理相关报批手续,提供全过程免费服务。为加快外资项目审批进程,在人项目审批绿色通道基础上,与市行政服务中心共建外资项目报批联席会议制度,每月定期召集有关部门做好项目报批咨询论证,确保项目报批一次成功。实施以来,已为中钛多晶硅、挪威船舶配件等13个外资项目开展论证并顺利完成报批手续。同时该局委托镇江新区审批市级权限内投资总额3000万美元以下的鼓励类、允许类外资项目,并专门刻制外资项目审批专用章、印制合同与章程审批文本,供镇江新区使用。重新规范审批流程,缩短审批时限,对举办境外非贸易性企业、外经经营权审核上报、设立境外公司和代表处、易制毒化学品进出口审核上报、机电证申报等五个项目的服务承诺时限进行再压缩,平均压缩时间达到一半以上。

【国际服务外包产业快速起步】 镇江市委、市政府把大力发展服务外包业作为全市科学发展的一项重要战略举措,在产业发展、环境优化、载体建设、企业培育、人才集聚、招商引智等方面快速启动,全面推进。2008年1月,镇江软件园被认定为省级国际服务外包示范区;12月,镇江机电高职校被认定为首批江苏省国际服务外包人才培训基地。

示范基地建设加快。省级服务外包示范区——镇江软件园在已有2万平方米研发外包大楼基础上,全面启动软件园二期1.58平方公里的规划和建设,快速启动33.33公顷起步区,兴建20万平方米服务外包研发大楼。加大对日服务外包招商力度,与日本留学生团队合作成立长江软件园有限公司,积极打造“日本—镇江软件园”特色服务外包产业园区。省级国际服务外包人才培训基地——镇江机电高职校依托镇江软件园、京口、润州、句容宝华软件园等各类载体,与国内外知名服务外包企业和培训机构合作,以培养综合性人才为目标,加快培养更多懂语言、有专业的IT领域复合型人才,加快服务外包人才培训实业化进程,全力打造省内一流服务外包品牌学校。

人才培育工作进一步加强。出台《镇江市引进培育创新创业领军人才三年行动计划》,提出加大包括服务外包领军人才在内的创新创业领军人才引进培育力度,设立领军人才专项资金,市本级每年不少于2000万元。举办"2008中国镇江发展新兴产业项目与人才对接洽谈会",镇江软件园与南京大学、江苏大学签订软件开发专业技术人才培养合作协议。引导江大、江科大、镇江高专、机电高职校与润欣、天相、金钛等重点服务外包企业合作办学,培养人才。机电高职校与润欣公司开展为期4个月、全免费的对日软件外包人才培训。天相公司引进世界知名软件咨询公司——日本碧智三维,重点培养嵌入式软件开发和技术支持人才。以海外实训为途径,强化中高级服务外包人才培训。结合省政府"千名苏商海外培训工程",组织全市软件、金融、物流等领域服务外包企业管理人员20多人,赴欧洲开展国际服务外包人才海外培训。

招商引智步伐加快。明确日本、印度等重点服务外包招商区域,赴上海、深圳、北京拜访跨国公司和世界500强的地区总部。2月份在上海举办"印度—中国镇江信息技术论坛",推动镇江与印度软件和服务外包产业的合作与交流。上半年,市领导带队赴美国硅谷招聘人才。积极打造镇江软件研发外包产业发展特色,9月份举办镇江车船研发服务外包合作推介会,达成10个合作意向。当年全市新批服务外包外资项目8个,合同外资9465万美元;引进博士团队18个,海外高层次人才80名,高新产业化项目30多个。

【对外贸易】 2008年,全市完成进出口总额74.62亿美元,同比增长18.1%。其中,出口总额42.54亿美元,增长15.3%;进口总额32.08亿美元,增长22%。

金融危机影响加深,单月进出口总额、出口总额出现负增长。2008年上半年,全市外贸增长较快,进出口总额、出口总额平均增幅在35%以上。受国际金融危机等因素影响,三季度开始,进出口总额、出口总额增幅明显放缓,平均增幅在15%左右;进入第四季度,外贸形势急转直下,11月、12月,月度进出口总额、出口总额均连续出现负增长,12月单月出口创近年来最深跌幅。

加工贸易稳定增长,外商投资设备进口保持高增长。2008年,全市一般贸易进出口总额49.83亿美元,比上年增长22.34%,占全市进出口总额的66.78%。其中,出口总额29.88亿美元,比上年增长21.66%,占全市出口总额的70.24%;进口总额19.95亿美元,比上年增长23.41%。加工贸易进出口总额21.57亿美元,比上年增长6.79%,占全市进出口总额的28.91%。其中,出口总额12.53亿美元,比上年增长1.87%,占全市出口总额的29.45%;进口总额9.04亿美元,比上年增长14.47%。全市外商投资设备进口总额达到3.23亿美元,比上年增长85.3%,占全市实到外资比重近27%,为近年来最高水平。

2008年,全市有进出口实绩企业突破1100家,达1160家,逾三分之一企业负增长。全市出口前30位企业出口额占全市出口总额的比重由一季度的最高值57.72%逐步下滑,三季度占比首次跌破50%,年底为48.96%,为近年来最低值。全市当年进出口负增长的企业达449家,占外贸有权企业的35.1%,进出口额比上年同期净减少8.81亿美元,平均下降幅度达47.1%。118家上年有实绩企业2008年无实绩。全市当年进出口超亿美元企业10家,其中出口超亿美元企业4家,比上年增加2家。全市进出口1000万美元以上企业107家,其中,出口超1000万美元企业72家。

传统市场出口不振,新兴市场出口持续快增。2008年,全市新增澳大利亚、俄罗斯、土耳其3个出口超亿美元市场(国别地区),总数达到11个。其中,对美国、韩国、中国香港和台湾出口负增长,分别下降0.1%、0.6%、21.6%和0.9%;对欧盟、日本、东盟出口增速均有所放缓,分别增长24.4%、7.1%和35.8%。新兴市场开拓成效初显,对澳大利亚、俄罗斯、非洲、拉美、中东等出口增幅均在30%以上。

大类商品出口放缓,部分地方特色产品出口形势严峻。2008年,全市机电产品增幅进一步放缓,出口额14.27亿美元,比上年增长15.36%;高新技术产品出口先扬后抑,出口额1.45亿美元,同比下滑3.06%;农副产品出口额6268万美元,比上年增长16.62%;纺织品受益于下半年政策托市,出口额3.15亿美元,增长21.15%。全市新增焦煤、眼镜、铝材和塑料制品4类出口超亿美元商品,总数达9种。焦煤、钢材、铝材、医药品、医疗器械、电线电缆出口增幅较高,而纸张、汽车零部件、自行车、水泥、化肥、钛白粉则下滑较大。

【对外开放及园区建设】 2008年,镇江开放型经济克服国际经济形势剧烈波动和国内宏观政策不断调整带来的诸多不利因素叠加影响,取得新发展。

全市全年实际到位外资12.02亿美元,比上年增长12%;完成进出口总额74.62亿美元,增长18.1%,其中,出口总额42.54亿美元,增长15.3%;完成外经合同额3.06亿美元,增长21.4%,营业额2.56亿美元,增长20.2%,新派劳务5154人,增长15.9%。

坚持抓招商选资,引资规模和结构不断提升优化。围绕全市重点工程,加大产业招商力度。一批在谈外资大项目取得实质性突破,巨宝科技等项目开工建设,亚太科技薄膜太阳能、圣睿薄膜太阳能、大全多晶硅等项目成功签约,建成后将形成一个销售额超千亿元的薄膜太阳能新兴产业。一批在建外资大项目推进顺利,全市75个重点外资大项目,当年到位外资3.3亿美元,占全市实到外资比重27.5%,辉煌硅能源一期、沃得重工等15个项目建成投产。全市新批项目平均规模1044万美元,同比净增加320万美元。全市新批合同注册外资及净增资3000万美元以上项目25个。新批外资项目以现代制造业为主,服务业引资步伐加快。全市新批制造业鼓励类项目75个,合同注册外资6.01亿美元,占全市比重39.7%;新批服务业项目32个,合同注册外资3.52亿美元。

转型升级,外贸内生动力不断增强。丹阳被中国轻工工艺品进出口商会定为中国眼镜出口基地,被江苏省检验检疫局确定为五金工具集聚监管区,万新光学、东方光学成为中国眼镜出口基地企业,华宇灯具成为中国桅灯出口基地企业。全市有进出口实绩企业突破千家,达1160家,比上年增加371家。全市出口超亿美元企业4家,新增2家;新增出口超千万美元企业20家,累计达72家。民营企业出口12.25亿美元,增长22.2%。外资大项目带动进口,外商投资企业设备进口3.23亿美元,辉煌、环钛、山特维克、普莱克斯等在建项目净增进口2.7亿美元。一般贸易出口占全市比重达70.2%,比上年提高3.6个百分点。新兴市场开拓力度加大,全市出口超亿美元市场11个,新增3个;对俄罗斯、澳洲、中东、非洲出口增幅均在30%以上。境内外重点会展组展参展成效显著,500多家企业参加境内外会展,有力开拓了市场。

“走出去”发展,境外投资和大型工程项目不断拓展。全年新批境外投资项目5个,中方协议投资1075万美元,增长17%。收购兼并和加工贸易成为全市境外投资主要方式,天工投资3000万元收购具有160余年历史的肯纳英国百事通品牌,飞达集团在德国投资700万美元设立生产基地。省交通工程公司获得商务部认定的援外A级资格,二航三公司、华泰装饰公司成功获得对外承包工程经营权,镇江二建、镇江安装公司等企业正在积极申报。省交通工程公司总承包的印度尼西亚电厂码头项目,工程合同额达2.5亿元人民币。外派劳务管理工作进一步规范,市政府专门召开会议,研究出台意见,在统一扎口管理、强制出境保险、强化护照办理、提供法律保障等方面创新规范对外劳务管理举措。

开发园区建设步伐不断加快。全市7家省级开发园区新批外商投资项目106个,实际到位外资8.41亿美元(商务部确认数,下同),比上年增长34%,占镇江市当年实到外资比重70%;基础设施投入首次突破50亿元,达到55.89亿元,增长39.3%;业务总收入1813.8亿元,增长25.2%;一般预算收入突破20亿元大关,达到20.2亿元,增长32.2%;进出口总额39.42亿美元,增长10.2%,其中出口16.14亿美元,增长7.2%。

【高新技术产业】 2008年,全市紧紧围绕提升高新技术企业技术创新能力和水平,促进高新技术产业化,积极组织按新标准推荐符合条件的企业申报认定高新技术企业,同时积极组织认定省级高新技术产品,在各级各类科技计划的组织实施中,围绕高新技术优势产业和新兴产业,吸纳科技人才与资本要素,强化高新技术企业群和产品群的培育,进一步加快国家级高新技术“一园四基地”(中俄机电一体化产业园、丹阳新材料产业基地、扬中电力电器产业基地、镇江光电子与通信元器件产业基地、镇江沿江绿色化工产业基地)建设。国家火炬计划“一园四基地”在全市高新技术产业发展进程中进一步发挥重要载体作用,基地内新增65项省级高新技术产品,有25家企业通过国家新标准高新技术企业认定。全年基地内企业承担355项高技术产品开发,产业基地显现出较强的优势产业放大效应和新兴产业的集聚效应。26个项目被列入国家火炬计划,该批项目总投资56475万元,其中贷款26050万元,项目达产后预计新增销售27.5亿元,新增利税62013万元。全市新增10项国家级重点新产品,“ABH500型沥青混合料搅拌设备”“高性能环氧沥青复合材料”2项国家重点新产品各获得科技部50万元拨款支持。全年新认定省级高新技术产品121项,按国家新标准通过省有关部门联合组织认定的高新技术企业70家,省第二批自主创新型试点企业3家,中电电气集团有限公司申报国家自主创新型试点企业;全年新增14项省工业科技攻关项目、16项科技部科技型中小企业创新基金项目、9项省中小企业创新资金项目,26项国家级火炬计划项目。据全市高新技术产业统计调查结果,2008年度全市高新技术产业完成产值843.4亿元,占全市规模工业产值的30.3%,比上年增长29.4%。

【完善社保体系推进新型农村养老保险】 2008年,镇江市出台《镇江市建立新型农村社会保险制度指导意见》(以下简称“新农保”制度),通过“低缴费、低保障、广覆盖,政府适当补助”的办法,完成年内“制度覆盖率100%”的目标。“新农保”制度努力在全市范围内全面建立起与农村经济发展水平相适应,与其他社会保险相配套,农民个人缴费、集体补助、政府补贴相结合的新型农村社会养老保险制度。采用实行社会统筹和个人账户相结合,或实行财政预算和个人账户相结合的两种制度模式,并预留农保转换为企业职工基本养老保险的通道。“新农保”保险缴费基数,按不低于上年度全省在岗职工平均工资15%,不高于上年度全省在岗职工平均工资300%的标准确定。缴费率在16%~20%之间设定,其中个人缴费8%,各级政府承担其余缴费,有条件的村集体经济组织可给予参保人员一定的补助,明确各级政府财政补贴和保费发放的责任。新办法将首次领取养老金年龄设定在男、女60周岁,设置激励机制,多缴多得、少缴少得。养老金由基础养老金和个人账户养老金组成。同时建立正常调整机制。

经济社会发展主要指标

项　　目	2008年	比2007年增长(%)
国内生产总值(亿元)	1408.14	12.8
第一产业增加值(亿元)	51.08	5.1
第二产业增加值(亿元)	843.40	12.3
其中工业增加值(亿元)	774.67	13.2
第三产业增加值(亿元)	513.66	14.5
人均国内生产总值(元)	52391	12.0
粮食总产量(万吨)	112.42	11.6
棉花总产量(吨)	1725	-26.8
油料总产量(吨)	66874	15.5
全社会固定资产投资总额(亿元)	718.50	22.2
外贸自营出口(亿元)	42.52	15.3
实际利用外资(亿美元)	12.02	13.0
社会消费品零售总额(亿元)	410.21	23.8
零售物价总指数(%)	104.80	4.8
地方财政收入(亿元)	233.20	14.7
地方财政支出(亿元)	172.16	14.3
职工年平均工资(元)	30958	14.5
农民年纯收入(元)	8703	13.5
邮电业务总量(亿元)	28.77	5.8
电话普及率(部/百人)		

续上表

项　　目	2008 年	比 2007 年增长(%)
年末存款余额(亿元)	1262.71	(比年初增加 239.12 亿元)
年末贷款(亿元)	920.98	(比年初增加 131.96 亿元)
大学(所)	5	0.0
中小学(所)	261	-17.7
下岗工人(人)		
企业兼并、破产数(个)		

丹　徒　区

【概况】 全区总面积610.5平方公里,其中耕地面积27167公顷。辖7个镇、2个园区和丹徒新城管委会,计88个村民委员会和14个居委会;另设有丹徒经济开发区,有农林场圃7个。2008年年末总户数100589户,总人口279096人,其中非农人口70809人。年内出生1974人,出生率7.1‰;死亡1907人,死亡率6.86‰。全区人口自然增长率0.24‰。

全区完成地区生产总值120亿元,比上年增长13.5%,人均GDP达到4.1万元。规模以上固定资产投资75.4亿元,增长40.4%。一、二、三产比例调整为6.0∶60.2∶33.8。完成财政总收入17.4亿元,地方一般预算收入7亿元。

全区粮食总产18.73万吨,增长23.2%。4个"万亩"、26个"千亩"工程积极实施,高效农业作业面积8400公顷,纯效益2.98亿元,增长24.3%。"百企百村百亿"活动深入开展,67个村与重点规模企业结对联建。投入农业"三资"总额5.1亿元,增长12%。新建农民专业合作经济组织31个、农村土地股份合作社12家,入会入社农户达2.04万户。投入水利建设资金2623万元,完成土方342.6万立方米。农业综合开发投入2815万元,治理面积933.33公顷。实施国家和省级土地复垦项目5个,净增耕地152.4公顷。

全区规模以上工业实现销售272.1亿元,增长31.5%;增加值71.8亿元,增长19.5%;利税22亿元,增长12%。完成规模以上工业性投资52.4亿元,增长52.3%;新增销售亿元以上企业14家,累计实现销售26亿元。新增省、市高新技术产品8个,实现高新技术产品销售60亿元,增长35.4%。

全区实现第三产业增加值40.5亿元,增长15.2%;完成社会消费品零售总额24.2亿元,增长17.3%。城市酒店、世纪联华超市、乐百味餐饮等一批服务业项目进展顺利。世业洲"农家乐"被命名为国家农业旅游示范点,江心洲柑橘节成功举办,龙恩木屋等乡村旅游市场和消费进一步扩大,累计接待游客160万人,实现旅游总收入1.8亿元。

全区重点挂牌的122个项目,有83个得到实质性推进,开竣工率达68%,实际完成投资53亿元。恒顺50万吨香醋、沃得工程机械、森茂食用菌等重大项目竣工投产,华龙管业、崇佑建材、国家模具CAD工程丹徒中心等重大项目开工建设,真空制盐等一批战略性项目有序跟进,总投资85亿元的二重集团重大技术装备制造基地落户丹徒。

全年新批注册1000万美元以上外资项目10个;完成工商注册合同外资3.5亿美元,增长13.6%;实到外资1.25亿美元,增长40%;长三角精细化工、帝高力装饰材料等外资项目加快推进。实际吸纳民资27.8亿元,增长19.6%。完成外贸进出口总额3.5亿美元,其中出口2.9亿美元,增长61%;完成外经合同额903万美元,营业额1218万美元,新增境外劳务输出570人次。

在全市率先完成"两铁"丹徒段征地拆迁工作。经十二路丹徒段开工建设,沿江高等级公路、新城西环路南延工程全线贯通。全年完成拆迁面积21万平方米,开工建设安置房、廉租房15万平方米,竣工交付9万平方米。长山小镇综合开发正式启动,米芾书法公园规划通过评审。开发区环境和岸线整治成效显著,区域环评获得批准,顺利跨入省第二批循环经济试点园区行列。世业洲星耀度假酒店、花园镇二期等工程有序推进。星火技术密集区辛黄二线竣工通车。丹徒规划建设展示馆、体育馆相继建成,城区"一纵一横"自来水管网改造工程交付使用,新城"两河、四景、八路"景观工程如期完成。新增人防工程5000平方米。全年完成小城镇建设总量17.2万平方米。"生态丹徒"建设新增绿化面积1066.66公顷,全区森林覆盖率上升到20.9%。关闭化工、电镀企业10家,关停采石、砖瓦企业17家。节能减排工作落实有力,万元GDP能耗降至1.07吨标准煤,化学需氧量和二氧化硫减排任务超额完成。乡镇开工建设污水处理厂5个,铺设污水收集管网92公里,太湖流域水环境综合治理顺利实施。全国生态区创建工作全面开展,高桥、高资、辛丰、世业、宝堰5个镇环保规划通过评审,谷阳镇槐荫村等26个村成功跨入省、市生态村行列。

制定出台优化收费环境政策,减免、降低涉企收费项目及标准23项。乡镇机构改革试点工作率先完成。全区63个村建成市级规范化社区。全年引进本科以上各类人才364名,其中硕士研究生以上高层次人才28名。重大科技成果转化项目取得历史性突破,争取国家和省市科技专项经费2000余万元,新立市级以上科技项目26项,申请专利850件。全年财政用于改善和保障民生的投入突破2亿元,为历年之最。

全年新增就业岗位3812个,扶持弱势群体就业326人,城镇登记失业率控制在2.39%。转移农村劳动力7309人,带动农民增收7140万元。新办民营企业242家、个体工商户1244户,新增注册资本4.2亿元,完成规模以上民间投资43亿元。全年城镇居民人均可支配收入18200元,增长13.5%;农民人均纯收入8100元,增长15.6%。区域供水新增受益人口11.3万人;完成农村危桥改造50座;清淤河道9条、32.2公里,维修改造灌溉站、排涝站26座;新建农村道路80公里,完成农村改厕6000户。城镇职工养老、医疗、失业三大保险覆盖率分别达到97.1%、97.3%和95.1%,新型农村合作医疗参合率达99.5%。

区第二轮地方志编纂工作有序推进。冷遹纪念馆对外开放。乡镇综合性文化站和78个村级文体活动室相继建成。全区99%的自然村开通有线电视,扩大农村收视7500户,提前两年完成"村村通"工程。创省市级文明行业、文明村镇、文明单位105个。

【二重(镇江)装备制造基地开工】 2008年12月28日,丹徒经济开发区中国二重(镇江)重大技术装备制造基地一期工程开工。中国二重集团总部在四川德阳,始建于1958年,有员工1.2万余人,总资产100亿元,是中国最大的重大技术装备制造基地和装备制造业领军企业。中国二重(镇江)重大技术装备制造基地项目总投资80亿元~85亿元,规划用地200公顷,使用长江岸线800米和内河岸线800米,根据“一次规划、分期建设、滚动发展”的原则,分3期实施。一期工程总投资31亿元,建设1万吨级、2万吨级和4万吨级重件码头,建设1700吨级重型厂房,新增大批重型机械加工设备等;将形成年产3套第三代核电重型装备、1万吨重型容器、组装3套1.5万吨以上重大装备的生产能力,建成后可实现年销售50亿元。

【镇荣公路建成绿化景观道】 2008年初,丹徒区将镇荣公路绿化工程列为区政府为民办实事项目之一。到7月底,完成绿化总投资2000余万元,自丹徒新城光明村至荣炳与金坛交界处,38公里公路两侧各建成30米宽绿化带,绿化总面积208万平方米,其中铺植草皮10.5万平方米,栽植香樟7.7万株、意杨2.8万株、紫薇2.3万株,镇荣公路成为一条布局合理、品种多样、四季有花、景观优美的“丹徒生态第一路”。

【国家“CAD工程”项目在丹徒新城开工】 2008年7月26日,国家模具CAD工程研究中心丹徒中心、国家数字化制造技术中心丹徒中心暨江苏申模数字化制造技术有限公司在丹徒新城生态工业园内奠基。国家模具CAD工程研究中心是中国工程院院士、上海交通大学教授雪榆创办,面向国民经济和国防的若干主要制造业及相关领域,在塑性成形工艺和模具装备、数字化制造技术等领域进行的科技研发应用单位。丹徒中心计划总投资近亿元,占地4公顷,建筑面积4.2万平方米;引进教授、高级工程师15名,博士以上学历人才20名。主要从事数字化制造技术研发,各类模具、检具的研发制造;汽车零部件产品、汽车自动生产线、其他机械及工业产品的研发制造。

【江心洲生态农业旅游区概念性规划通过评审】 2008年1月初,由江苏省、镇江市旅游专家以及丹徒区建设、规划、国土、农林、水利、旅游等部门相关人员组成审议小组,对江心洲生态农业旅游区概念性规划进行评审。该概念性规划,由浙江省国际旅游规划设计院编制,把江心洲未来开发定位成以生态农业为基础、现代农业科技示范为龙头、特色休闲度假为亮点,集生态农业观光、科技研发、休闲度假、娱乐购物以及农产品生产、加工、销售为一体的生态农业乡村旅游区;总体围绕“一心一环二带九区”规划布局,“一心”指集镇中心区,“一环”指环江心岛的沿江景观大道,“二带”为绿色长廊观光带和河套观光带,“九区”为集镇商贸中心区、入口服务区、农家乐休闲区、生态农业观光区、现代科技农业示范区、水产养殖示范区、乡村休闲度假区、潜水坝观光休闲区和白鳍豚自然保护区。

【丹徒区实现技防设施村镇全覆盖】 至2008年底,丹徒区区、镇财政累计投入1600多万元,安装电子摄像头2500只;在每个村设立警务室,配专人负责监控电子屏幕并定期巡逻;镇派出所建成技防监控中心,与村及各监控点联网,在全市率先实现技防设施村镇全覆盖。从2003年起,该区就提出建设“技防城”目标,2005年在丹徒新城首批建成监控点65个,使丹徒新城主城区内行人10分钟就可被摄像机摄录1次;同年又启动“技防镇”建设,至2006年底,全区13个镇派出所建成技防监控中心;2008年初建设“技防村”,至9月底,全区88个行政村,在各主要路口、村口关键部位安装电子摄像头673只,全天候摄录人车出入情况,并保存摄像资料一段时间,以备事后查询,实现“电子警察”进村入户保平安。

【丹徒区获市以上科技经费2000多万元】 2008年,丹徒区把科技创新能力视为区域核心竞争力,先后启动实施“传统产业改造工程”“科技创新双百工程”和“科技项目育苗工程”。全年组织规模科技协作活动12场次,收集发布技术难题46项,与高校院所签订产学研合作项目80多个,联合开展技术攻关项目26项;引进农业新产品23个,推广农业新技术12项;组织近百家企业与国内34个高校院所建立长期技术协作关系;全区复核高新技术企业5个,实施市级高新技术改造传统产业8项,新认定高新技术产品8个,全年高新技术产品完成销售收入62.8亿元;全区新立国家、省、市级重点科技计划项目14类26项,争取科技经费2000多万元,其中正东生态农业发展中心“食用菌产业关键技术研究与开发”获国家农业支撑计划立项;江苏特密斯混凝土外加剂有限公司“低品质纸浆废液资源化利用关键技术开发与产业化”获省成果转化资金1000万元。

【丹徒区农村“三大合作”组织超100个】 2008年,丹徒区强化“三大合作”组织建设,以“四个万亩”、26个“千亩”工程带动全区高效农业规模化发展。到年底,全区有农村“三大合作”组织108个,其中专业协会、专业合作社88个,入会、入社农民1.69万人,销售农产品2.4万吨;土地合作社20个,入股土地7666.67公顷,入股农民5800户。全区建成省级“四有”农民专业合作组织6个,市级5个,区级10个,培训农民6221人次。“三大合作”组织销售农产品收入达9500万元,吸引农户及工商户投资近1.1亿元,加入合作社的农户所得收入,比一般农户每户增加200元~2000元,增收30%以上。

京口区

【概况】 全区总面积118平方公里,耕地1174公顷。辖2个镇、4个街道、2个场圃、1个省级工业园区,共10个行政村、66个社区。2008年末总人口336880人,总户数119081户。实现地区生产总值60.5亿元,比上年增长14.7%。财政总收入14.7亿元,地方一般预算收入8.3亿元,分别比上年增长3.2%和7.6%。全社会固定资产投资100亿元,比上年增长35%。合同注册外资2.12亿美元,实际到位外资8038万美元。城镇居民人均可支配收入19611元,农民人均纯收入9238元,分别比上年增长13.5%和12.5%。

全年完成社会消费品零售总额100.7亿元,比上年增长25.8%,增幅列全市第一。第一楼街步行街开街营业,华地国际购物中心、皇冠假日酒店、南徐国际大厦等项目顺利推进,恒顺商业广场、宜必思酒店、百富商业中心、滨江时代广场等项目开工建设,中储粮仓储物流项目通过国家发改委审批,获得首批国债资金扶持,拆迁工作正式启动。

全年实现定报工业增加值49亿元,销售195亿元,利税16亿元,分别比上年增长19.1%、32%和20%。新增定报工业企业32家,销售超亿元企业29家。港盛重工当年开工当年投产。科捷新能源、宝华半挂搬迁项目成功签约。鸿泰技改项目通过用地审批。索普醋酸造气、普莱克斯空气分离等项目建设顺利。全区引进"三资"开发农业2.8亿元,新增高效农业166.67公顷,新增农村合作经济组织10个。瑞京农业科技示范园与江苏大学等单位合作研究的"优质珍稀食用菌周年生产技术与装备"项目获得市科技进步二等奖。新增省级高新技术企业5家。建成京口软件园,引进8家软件企业入驻。创成省级高新技术创业服务中心。高新技术产业增加值占规模工业增加值比重达到37.5%,比上年提高2.5个百分点。争取各类科技扶持资金2260万元,为区历史之最。园区京鼎大道全线通车。22万伏变电所建成使用。新民洲港区规划获得交通部批复。两大园区完成基础设施投入6.7亿元。新民大道二期、横港路、兴港路开工建设。

成立全市首家创业服务指导中心,设立创业资金,扶持创业599人。村(社区)劳动保障服务平台在全市率先实现全覆盖,新增城镇就业6082人,转移农村劳动力973人。新增社会养老保险扩面13840人,征缴基金4.4亿元。新型合作医疗参保率保持100%。建成区老年活动中心。安置被征地农民595人。发放廉租房补贴56万元。投入1.35亿元完成南门小学合并改造,异地改建区特殊教育中心,开工建设恒美小学,建成区社区教育培训学院并通过省级验收,新增及改造学校各类功能室140余个,添置信息化设备1300余套。减免义务教育阶段学生课本费190余万元。新增省"优质幼儿园"11所。区政府获得江苏省县级人民政府教育工作省级督导评估考核先进单位称号。建成区卫生监督所和计生指导站,为3000名新婚人员免费提供婚检。社区卫生药品销售"零差价"让利群众920万元。血吸虫病传播控制通过省级达标验收。开展首届"文化艺术节""全民健身节"等群众性活动。康盛剧社的"扬剧"、梦溪琴社的"古琴艺术——梅庵琴派"被列入第二批国家非物质文化遗产名录。区文体局荣获全国"全民健身月"先进单位称号。区文联创作的书法作品被北京奥组委珍藏并陈列于"水立方"。

全年累计拆迁40万平方米。双井路棚户区改造拆迁全面启动。谏辛公路、镇大公路等项目拆迁创造"又快又好"的新成绩。建成东风新家园、方家湾新社区等安置房8万多平方米,回迁600户。全力协助做好健康路西延、谏壁和京口污水处理厂等市重点工程建设工作。大力开展市容环境集中整治活动,在2008年全市综合考评中荣获优秀等次。完成永安路、花山湾、丹凤农贸市场改造升级,整治老小区近40万平方米,拆除违法建设3万多平方米。加大国家环境优美乡镇、生态村、绿色社区创建力度。完成化工企业专项整治3家。新增绿化造林333.3公顷。

全区20家单位被评为省文明单位、文明社区、文明镇(村)和精神文明建设先进单位。京口区被团中央授予"全国青年中心建设先进区"称号,被省委组织部、省教育厅、省政府教育督导团联合表彰为"江苏省县级人民政府教育工作省级督导评估考核先进单位",被江苏省信访工作领导小组命名为"全省信访工作'三无'县(市、区)"。区文体局获全国"全民健身月"先进单位称号,江一社区被省委、省政府授予"文明社区标兵"称号,酒海街社区"流动妇女(儿童)之家"受到联合国国际劳工组织高度评价,公安京口分局被省委、省政府授予"全省打击犯罪工作先进集体"荣誉称号,京口区法院先后获得"全省优秀法院""全省法院改革开放三十周年英模集体"和"全省模范职工之家"荣誉称号,华润社区李鹤皋家庭被省环保厅与省妇联联合授予"江苏省绿色家庭"称号。

【都天庙大雄宝殿重建】 位于京口区宝塔山东南侧的都天庙,于2008年1月25日举行大雄宝殿重建奠基仪式。相传"都天庙"是明朝崇祯年间僧人若味和尚所建,迄今已有近400年历史,号称有房屋九十九间半。都天庙因清末诗人龚自珍在这里写下著名的《己亥杂诗》"九州生气恃风雷,万马齐喑究可哀。我劝天公重抖擞,不拘一格降人才"而闻名。1937年,日寇侵占镇江后,寺庙大多数建筑物被毁。这次新建的大雄宝殿占地面积0.35公顷,总投资300多万元。

【京口举办国内首个社区党建文化论坛】 社区党建文化论坛于2008年11月22日~23日在京口召开。来自北京、上海、南京、镇江等省内外党建研究专家出席会议。该论坛是以社区为区域、党建为主题、文化为纽带的党建研讨会。与会人员通过主题论坛、专题会议、现场参观等多种活动形式,深入研究探讨社区党建文化的先进性、指导性、普及性、生动性、广泛性和多样性。社区党建文化论坛其形式和内容在全国尚属首例。

【京口区科技创新亮点频现】 2008年,全区重新认定省级高新技术企业5家,高新技术产业增加值占规模工业增加值比重达到37.5%。金舟软件5项产品获得软件著作权,得到省重大科技成果转化资金500万元资助。"新型特种船舶自动化集成系统研发及其产业化"和"抗干扰高可靠性煤矿安全监控系统关键技术开发与产业化"获省级重大科技成果转化项目拨款1600万元。镇江蓝德特药业科技有限公司和镇江佳得信息技术有限公司两个项目获省中小创新基金项目拨款60万元。镇江明润信息科技有限公司、海龙艾默生(镇江)能源科技有限公司、镇江泰丰电工设备制造有限公司等9家企业申报市工业科技攻关项目获185万元资助,为历年申报项目数最多和资助经费数额最大的一次。镇江市新民洲生态养殖有限公司、江苏扬子江林业科技有限公司等5家企业申报市农业科技计划项目获45万元经费资助。江苏鸿泰钢铁有限公司、镇江江大科茂信息系统有限责任公司等4家企业申报市社会发展科技计划项目获50万元经费资助。由索普集团与中国科学院化学研究所共同申报的"一种正负离子型双金属催化剂及制备方法和应用"项目获国家专利奖金奖,为市唯一获金奖项目。华亿机电科技有限公司研发的"热泵式干衣机"产品通过市级鉴定,其总体技术达到国内领先水平。"优质珍稀食用菌周年生产技术与装备"项目获市级科技进步二等奖。

【京口江一社区开办"四点钟学校"】 2008年4月10日,四牌楼街道江一社区成立"四点钟学校"。"四点钟学校"是以社区为阵地,以志愿者活动为抓手,以德育教育为重点,着重解决小学生放学后缺乏管理的问题。"四点钟学校"每周一至周五下午4:30至6:00开设"学区课外桌",每周六、日开设"周末讲学堂",并定期开展"课外主题园"活动。

【京口社区环境圆桌对话项目获奖】 2008年,大市口街道华润新村社区通过圆桌会议协调解决面馆油烟、噪音扰民问题。华润新村社区的"圆桌会议"模式在全省几个试点城市中是成功的第一例。国家环境保护部宣传教育中心授予大市口街道办事处"社区环境圆桌对话项目优秀组织单位"、华润新村社区先进社区称号。

【京口恒顺商业广场开工建设】 该项目位于学府路教顶山地块，占地2.7公顷，由恒顺房地产开发有限公司投资建设，总投资43000万元，规划建筑面积46500平方米，其中购物中心建筑面积45000平方米，其他商业建筑1500平方米，机动车停车位708个。该项目于2008年11月28日开工建设，预计2009年10月竣工。

【京口黄浦置业滨江时代广场北楼开工】 该项目位于长江路与电力路交叉口西北侧，由上海黄浦置业有限公司投资建设，总投资4.5亿元，规划建筑面积5.5万平方米，主体建筑23层，其中北楼建筑面积12110平方米。该项目于2008年12月19日开工建设，预计2009年10月竣工。

【京口"两路一桥"开工建设】 2008年3月15日，京口区与市交通投资公司就谏辛路、华诚路和燕舞桥修建工程签约。其中总投资达亿元谏辛公路拓宽改造工程，北接镇大公路，南连沿江公路(338省道)，规划红线宽60米，全长2382米。华诚路西起工业园区内的京阳大道，东与谏辛公路相连，规划红线宽18米，全长320米。重建后的燕舞桥桥面宽为37米。

【京口区公布首批非物质文化遗产名录】 2008年，京口区公布首批非物质文化遗产名录共有15项，其中康盛剧社的"扬剧"、梦溪琴社的"古琴艺术——梅庵琴派"被列入第二批国家非物质文化遗产名录；唐老一正斋膏药文化被列入省级保护项目；剪纸(字)、铜版彩画、扎染画缋、缝纫机绣等7个项目被列入镇江市级保护项目。

【京口区成立全市首家创业服务指导中心】 该中心于2008年4月23日揭牌。中心为创业者提供创业项目推荐、创业技巧培训、创业资金筹措、落实创业优惠政策等服务，同时还提供专家后续指导服务。为保证创业者创业成功率，该中心设立自主创业奖励基金，在市区落实4家企业作为创业基地，为创业者模拟创业环境，让他们在基地进行一段时间的"见习"，体验创业过程的各个环节。

【全市最大老年活动中心投入使用】 总投入500万元的京口区老年活动中心由京口区原江滨小学改造而成，于2008年10月7日竣工。该中心占地0.41公顷，分设老年大学、老年影剧院、老年书画展厅、健身康复室等十余个区域，是一个集学习展览、文体娱乐、健身休闲等于一体，设计新颖、功能齐全、设施先进的综合性活动场所。

【京口区提前两年完成中小学布局调整】 至2008年底，全区中小学布局调整累计投入3.6亿元，撤并中小学16所，易地新建、改扩建学校18所，总面积达7.5万平方米。改造校舍1.54万平方米，维修校舍6.29万平方米。改造功能教室140个，新添电脑1190台，新增多媒体投影设备45套。形成省、市级以上艺术教育特色学校和体育项目传统学校16所，所有学校实现宽带上网，"校校通"工程全部达到省定二类标准。提前两年实现"十一五"中小学布局调整规划目标。

润 州 区

【概况】 全区总面积132.68平方公里，其中耕地面积1561.15公顷，林地面积107.78公顷，茶园面积215.53公顷，另有淡水养殖面积766.67公顷。辖1个镇、4个街道、3个场圃和1个省级工业园区，15个行政村、51个城市社区(居委会)。2008年年末户籍总人口24.09万人。

全年实现地区生产总值134亿元，比上年增长12.7%。全口径财政收入14.6亿元，其中地方一般预算收入7.3亿元，增长14%；规模以上固定资产投资82.5亿元，增长22.8%。合同注册外资1.91亿美元，实际到位外资5006万美元；吸纳民资30亿元。城镇居民人均可支配收入19144元，农民人均纯收入8961元，分别比上年增长13%和12%。

全年完成全口径工业销售180亿元，工业利税16亿元，分别增长19%、25%。定报企业增加至184家，销售、利税分别占全口径工业的83.9%、93.8%，分别提升2.1个百分点和2.9个百分点。销售超亿元企业23家，占定报工业销售达66.9%，其中2家企业超10亿元。规模以上工业投资占全部工业投资的85%。三大主导产业销售、利税分别占定报工业的41.3%和39.2%。江苏镇江船舶及配套设备高新技术产业化基地挂牌。实现全社会消费品零售总额50.1亿元，比上年增长19.5%；服务业增加值65.6亿元，增长13.1%。惠龙港国际码头、月星九润家具城、中小电子产业科创中心被列为省、市级服务业集聚区。制定出台扶持高创中心建设、创新基金管理等政策，实现高新技术产品销售60亿元，占定报工业销售的36.2%，提高2个百分点。市级以上科技项目立项84个，争取资金2633万元，其中获省重大科技成果转化项目2个、扶持资金2000万元。科技创新活动周成功举办，与4所高校达成产学研长期合作协议。润州高创中心成功通过省级验收，引进博士生创业团队2个、入孵企业31家。

全年有23个超亿元大项目完成投资25亿元。续建项目竣工率和新上项目开工率均为75%，超额完成市委、市政府"两个60%"的要求。9个项目被列入省、市重点项目。蓝波造船等7个项目新增销售10亿元。凯迪隆商贸、焦煤研发大楼、柳工二期、怀特二期等项目主体完工。中船柴油机、柳工三期等8个大项目加速推进，南钢等10家钢材销售企业入驻惠龙港国际，廉士伯控制系统项目签约。

全年引进推广名特优新品种40个，新认证绿色食品1个、无公害农产品3个、基地1个。新增著名商标1个、知名商标2个、名牌产品1个。"小白菜新品种"项目正式启动。全面启动"百企百村百亿"行动，引进"三资"开发农业项目18个、总投资2.1亿元。新增高效农业263公顷、占比75.7%，居全市首位。新增设施农业108公顷、"三大合作"组织9个，建设省、市级农业标准化示范区5个。拥有市级以上农业龙头企业6家。完成回龙、长山湾水库除险加固工程。疏浚河道13.1公里、清淤河塘20个，复垦土地58.18公顷，绿化造林220公顷，森林覆盖率达21.5%。

全年新增个体工商户1700个，私营企业430家，注册资本6.52亿元。新增就业5509人，下岗失业人员再就业2030人，再就业培训2267人，城镇职工失业率维持在3%以下。失地农民安置2385人、组织培训1282人次,转移农村劳动力1026人。

全年社会养老保险新增扩面1.05万人,缴纳养老金3.64亿元,享受老年居民养老补贴5229人。失业保险参保率达98.2%,新农合参保率达99%。新增城市低保户478人,发放城乡低保金1662万元、抗灾补助金41万元、各类补贴398.3万元。廉租房实物配租64套。“慈善一日捐”募集善款152.4万元,企业冠名基金8600万元,向汶川地震灾区捐款捐物342万元。九华山路、团山路等6条道路建成通车,团结河改道竣工,庄泉村、城市西出口改造前期工作启动。全年累计拆迁5863户、115万平方米,建设安置房68.7万平方米,回迁安置拆迁户463户、6.65万平方米。老小区改造21万平方米,菜市场升级改造5个,三茅宫、李家大山垃圾中转站完成改造。全年组织拆违行动160次,拆除违建1.84万平方米。取缔小电镀生产企业6家,整治废弃宕口3个,治理滑坡4处,华工生产企业整治或搬迁5家,北部滨水区企业搬迁36家,COD减排35.7吨。蒋乔镇创建全国环境优美乡镇规划编制完成,市区首家分散式自然村污水处理系统建成。完成第一次全国污染现场普查和汇总上报。

全年投入3.1亿元,新建公办幼儿园5所,新增校舍8.5万平方米。镇江实验学校扩建等工程全部竣工,全区中小学布局调整基本完成。区图书馆建成。通过社区卫生服务先进区复评和示范中心创建,“春风五号”灭螺任务完成。迎江路社区被命名为“全国文化先进社区”。《润州年鉴(2007)》获全国编校质量二等奖。成功争创“全省残疾人社区康复先进区”。民事纠纷调解率、成功率、社会矛盾直接调解成功率均为100%。

【润州区完成百万大拆迁】 2008年,润州区承担全市艰巨的拆迁任务。区委、区政府建立“领导挂钩、部门参与、属地责任”的工作机制,坚持“依法、阳光、惠民、和谐”拆迁。从4月1日起,区级机关抽调400多名机关干部,由17名区领导挂帅组成17个拆迁小组,与项目所在地的镇、街道、村、社区上千名党员干部一起,深入到拆迁户居(村)民家中,开展艰苦细致的思想宣传、组织发动工作,至2008年底,完成京沪高速铁路、沪宁城际铁路、南徐新城、北部滨水区、中山北路北延、健康路西延等40多个国家、省、市重点工程项目,拆迁5863户、面积115万平方米,最快时单周拆迁突破500户,创造拆迁工作的润州速度,铸就“迎难而上、奋勇争先”的“润州精神”。

【省政协主席张连珍察看润州生态农业】 2008年8月13日,省政协主席张连珍在市委书记许津荣、市政协主席郭礼荣等陪同下,调研润州区生态建设情况。张连珍一行先后察看镇江嶂山蝴蝶兰基地、润州区蔬菜研究所。嶂山蝴蝶兰基地主要生产蝴蝶兰种苗及成品花,有700多个蝴蝶兰品种,年生产出口各类高档蝴蝶兰苗500多万株,每年有70%的产品出口。张连珍肯定科技兴农是农业发展的重要方向。

【润州高新技术创业服务中心成立】 2008年2月20日,润州高新技术创业服务中心获省级认定,成为2008年江苏省首批、镇江辖市(区)首家高创中心,实现镇江辖市(区)科技孵化器建设的“零的突破”。润州高创中心,被列为国家“十一五”小企业创业基地、江苏省小企业创业示范基地、江苏省社会化服务示范单位、江苏省绿色照明园区、江苏大学产学研基地。2008年新扩展孵化办公用房2500平方米,建成加工检测中心、专家公寓、科技文体中心、社区教育中心;引进6家中介服务机构入驻高创中心引进入孵企业15家,项目6个,包括海归博士团队2个;申报各类国家、省、市区级科技项目8个;指导帮助企业申报创新基金和各类科技攻关项目44项;2008年10月25日至31日成功举办“2008·润州科技创业活动周”活动。

【润州迎江路社区获“全国文化先进社区”称号】 在2008年11月上旬举办的全国第六届“四进社区”文艺展演活动中,润州区金山街道迎江路社区被中宣部、中央文明办、文化部、中国文联联合表彰为“全国文化先进社区”,这是江苏省苏南地区唯一获此殊荣的社区。近年来,迎江路社区抢抓省、市、区文化硬件设施达标建设的新机遇,加快社区硬件设施建设,相继建成功能齐全、格调高雅的“金山文化大院”等群众文化活动场所,为丰富居民的精神文化生活,提供崭新的平台。社区坚持“以特色创品牌,以文化促和谐”,以专业文化人才为核心和骨干,吸收民间群众文艺爱好者,打造属于自己的文化产品,先后成立“菊吟京剧票友社团”“老妈妈宣传队”等民间文化组织,开展社区文化艺术节、邻里节、美食文化欢乐节等一系列活动,受到社区群众的普遍欢迎。

【润州社区党组织换届“公推直选”做法在全市推广】 2008年,润州区共有51个社区党组织,其中3个社区党委,37个社区党总支,11个社区党支部,社区党员5000余人。为做好社区党组织“公推直选”试点工作,确定了金星社区党支部、同德里社区党总支等7个不同特点的社区作为党组织“公推直选”试点单位。试点工作主要采取“4+1”模式,所谓“4”,即选举时,根据党组织委员、书记、副书记产生的不同顺序和方法,概括形成4种“公推直选”模式。社区党组织根据实际情况,采取其中一种最适合本社区的选举模式,选举产生新一届党组织领导班子;所谓“1”,即部分党员数量较多的社区通过召开党员代表大会,结合4种模式,公推直选社区党组织领导班子。2008年9月24日,市委组织部在润州区召开社区党组织换届“公推直选”试点工作汇报研讨会,充分肯定了润州区推行社区党组织换届“公推直选”试点工作取得的成果,并在全市推广。

【中船大功率柴油机生产基地开工】 2008年5月12日,中船集团镇江中船设备有限公司大功率柴油机生产基地在润州工业园区开工。该生产基地总投资12亿元,是2008年省工业重点项目、江苏船舶产业集群重点项目,也是国家船舶产业中长期规划项目。中船大功率柴油机生产基地占地约27公顷,一期投资8亿元,厂房面积6万余平方米,预计2009年6月建成投产,计划年生产100台大功率柴油机,实现年销售额30亿元。

【润州与山西晋城市城区结友好区】 2008年5月5日,润州区与山西省晋城市城区在碧榆园签订缔结友好城区协议,双方将本着相互促进、共同发展的原则,在各个领域开展合作。晋城市城区是原晋城县(市)的一部分,历史悠久,城区总面积149.6平方公里,辖1个镇,7个街道办事处。晋城市城区矿产资源十分丰富,煤炭总储量约12.4亿吨。近年来,晋城市城区加快经济结构调整,改变以煤炭为主的单一的资源消耗型产业布局,经济和社会各项事业取得了长足进展。签约仪式后,晋城市城区党政代表团实地参观了镇江国际工业品城、蝴蝶兰基地、江苏柳工等项目。

扬州市

【历史沿革】 扬州有2490年文字可考的历史。大约距今7000年~5000年前,淮夷人就在扬州一带劳动生息,并栽种水稻。春秋时期,今扬州市区西北部一带称邗。公元前486年,吴灭邗,筑邗城,开邗沟,连接长江、淮河,后地归楚。公元前319年,楚在邗城旧址上建城,名广陵。秦统一中国后,设广陵县,属九江郡。

汉代,今扬州称广陵、江都,长期是王侯的封地。吴王刘濞"即山铸钱、煮海为盐",开盐河(通扬运河前身),促进了经济的发展。

三国时期,魏吴之间战争不断,广陵为江淮一带的军事重地。

南北朝时期,广陵屡经战乱,数次变为"芜城",但由于劳动人民数百年的辛勤开发,经济地位在恢复中不断提高。山东青州、兖州一带移民南迁广陵一带,促进了扬州的经济发展。北周改广陵为吴州。

589年,陈灭,建立了统一的隋政权。隋改吴州为扬州,置总管府。至此,完成了历史上的扬州和今天的扬州在名称区划、地理位置上的基本统一。炀帝时,开大运河连接黄河、淮河、长江,扬州成为水运枢纽,不仅便利交通、灌溉,而且对促进黄河、淮河、长江三大流域的经济、文化的发展和交流起到重要作用,奠定了唐代扬州空前繁荣的基础。619年,农民起义军李子通建都扬州,国号吴。626年,复称扬州,治所自此在今扬州。

唐代的扬州,农业、商业和手工业相当发达,出现了大量的工场和手工作坊。不仅在江淮之间"富甲天下",而且是中国东南第一大都会,时有"扬一益二"之称(益州即今成都)。扬州是南北粮、草、盐、钱、铁的运输中心和海内外交通的重要港口,曾为都督府、大都督府、淮南道采访使和淮南节度使治所,领淮南、江北诸州。在以长安为中心的水陆交通网中,扬州始终起着枢纽和骨干作用。作为对外交通的重要港口,扬州专设司舶使,经管对外贸易和友好往来。

唐末五代,军阀混战,扬州遭到严重破坏。杨行密在扬州建立政权,史称"杨吴",有短时间的经济恢复。不久,又陷入战争的破坏之中。

960年,北宋建立。农业、手工业迅速发展,商业进一步繁荣,扬州又再度成为中国东南部的经济、文化中心,与都城开封相差无几。商业税收年约8万贯,在全国居第三位。1127年,高宗赵构在金人进逼、迁都过程中,以扬州为"行在"一年,更促进了扬州的繁荣。

元、明两代,扬州经济发展加快。来扬州经商、传教、从政、定居的外籍人日渐增多,其中仍以波斯人和阿拉伯人为最。元时,几次整治运河扬州段,基本形成了今天的走向,恢复了曾一度中断的漕运,扬州又迅速繁华起来。明时,随着商品经济的发展,孕育了资本主义生产关系的萌芽。扬州的商业主要是两淮盐业的专卖和南北货贸易。盐税收入几乎与粮赋相等。商业扩大到旧城以外。手工业作坊生产的漆器、玉器、铜器、竹木器具和刺绣品、化妆品都达到了相当高的水平。

清代,康熙和乾隆多次"巡幸",使扬州出现空前的繁华,成为中国的八大城市。城市人口超过50万,是18世纪末、19世纪初世界十大城市之一。当时的扬州,居交通要冲,富盐渔之利,盐税与清政府的财政收入关系极大。各地商人增多,纷纷在扬州建起了会馆,各有营业范围和地方特色。

19世纪中叶以后,由于运河山东段淤塞,漕粮改经海上运输,淮盐改由铁路转运,加上其它方面的原因,扬州在经济上逐渐衰落。

民国元年(1912年)废扬州府,置江都县。

1948年底至1949年4月,扬州各县相继解放。1月25日,今扬州市区解放,设置扬州市。以仙女庙镇为治所,另建江都县。4月21日,苏北行政公署成立,扬州为5个行政区之一。1950年1月,泰州专区与扬州专区合并。1983年3月,江苏省改革地市体制,调整行政区划,扬州地区行政公署撤销。扬州市改由省管辖,原属扬州地区的泰州市和江都、邗江、泰县、高邮、靖江、宝应、泰兴、兴化、仪征9个县划归扬州市管辖,并设广陵区和郊区。1996年8月,经国务院批准,扬州市行政区划调整,撤销县级泰州市,设立地级泰州市,原由扬州市代管的泰兴、姜堰、靖江、兴化4个县级市划归泰州市管辖。扬州市设广陵区、郊区(2002年更名为维扬区)、邗江区、辖宝应县,代管仪征、高邮、江都3个县级市。

【地理位置】 扬州地处江苏中部,长江下游北岸,江淮平原南端。现辖区域在东经119度01分(仪征市移居、青山一线)至119度54分、北纬31度56分至33度25分(宝应县西安丰、泾河一线)之间。南部濒临长江,北与淮安、盐城接壤,东和盐城、泰州毗连,西与天长(安徽省)、南京、淮安交界。扬州市城区位于长江与京杭运河交汇处,东经119度26分、北纬32度24分。

【行政区划】 全市总面积6634平方公里,其中城市规划面积980平方公里,建成区面积75平方公里。辖邗江、广陵、维扬3个区,宝应1个县和江都、仪征、高邮3个县级市。2008年,全市建制镇调整为70个、乡7个,街道办事处调整为14个,居民委员会345个,村民委员会1125个。

【人口】 2008年,全市户籍总人口为459.79万人,比上年末增加0.55万人,增长0.12%。自然增长率为1.19‰。全市登记出生人口3.48万人,出生率7.58‰;死亡人口2.94万人,死亡率6.39‰;全市迁入人口为6.35万人,迁出人口为6.29万人,净迁入0.06万人,比上年同期增长-1.39%。

【经济发展概况】 2008年,扬州市深入贯彻落实科学发展观,紧紧围绕"全面达小康、建设新扬州"的目标,拼搏奋进,开拓创新,保持了经济社会又好又快发展的良好势头。全市实现地区生产总值1573亿元,增长13.4%。人均地区生产总值35233元。实现财政总收入266.2亿元,增长24.6%,其中地方财政一般预算收入104.8亿元,增长22.3%;完成全社会固定资产投资950亿元,增长32.3%。年末金融机构各项存、贷款余额达1551.9亿元和889.4亿元,分别增长23.8%和20.3%。市区居民人均可支配收入17398元,全市农民人均纯收入7450元,分别增长15.5%和13.1%。居民消费价格涨幅4.8%,低于全省平均水平。在《2009中国城市竞争力蓝皮书》中,扬州综合实力列两岸四地294个城市中第52位;其中,扬州在城市文化竞争力列第9位,经济区域化程度列第6位,政府社会凝聚力列第1位,政府服务能力列第10位,政府创新能力列第5位。

【城市产业结构调整】 2008年,全市第一产业增加值117.5亿元,增长5.0%;第二产业增加值897.7亿元,增长13.8%;第三产业增加值558.1亿元,增长14.5%。三次产业比重为7.5:57:35.5。工业加快集聚发展。规模以上工业实现产值3518亿元、利税270.97亿元,分别增长35.5%和19.5%。石油化工、汽车船舶、机电装备三大主导产业产值增长35.8%。"三新"产业产值213.7亿元,增长38.4%。完成工业投入710亿元,增长41.3%。实施亿元以上项目300个,其中10亿元以上项目31个。顺大多晶硅、实友化工、诚德钢管二期等重大项目建成投产。新增产值超10亿元以上企业15家,其中50亿元企业1家。宝胜集团营业收入超过百亿元。新增中国驰名商标12个。高效农业稳步推进。新增高效农业面积50.4万亩、设施农业面积5.1万亩,新建规模项目410个;高效农业园区达391个,进园企业(大户)4923个。服务业质态进一步优化。扬州港口、石化和公铁水等重点物流园区加快建设。实施《"数字扬州"2010行动计划》,启动无线宽带等8个项目建设。江苏信息服务产业基地(扬州)签约入驻企业20家。信息服务业销售收入55亿元,增长19.6%。全社会消费品零售总额521.3亿元,增长24.4%。来扬境内外游客1890.6万人次,旅游收入201.42亿元,均增长20%以上。房地产业完成投资137.7亿元,增长29.3%。金融机构年末存、贷款余额1551.9亿元和889.4亿元,分别增长23.8%和20.3%。

【农业现代化建设】 全面落实各项惠农政策,发放"四项补贴"3.53亿元。粮食总产269.4万吨,连续第五年获得丰收。畜禽、水产及蔬菜稳定增长。加大高效规模农业推进力度,科学规划高效农业发展,大幅度提升农业综合生产能力和市场竞争力。着力培育优势主导产业,突出设施农业和园区建设,重点打造"一区百园",着力培育设施蔬菜、花木茶果、特色水产、畜禽和有机水稻等优势特色产业。培育多元化经营主体,围绕本地特色,大力发展"一品一社",发挥农民专业合作组织对农户、基地、企业、市场的联结作用,提高农民的组织化程度。海峡两岸(扬州)农业合作试验区新引进项目50个。70家市级以上龙头企业实现销售161.6亿元,增长21%。2008年落实小康创建村328个、示范创建村27个,新建成村级便民服务中心318个。

【对外开放及园区建设】 开发开放步伐加快。坚持集聚集约发展,沿江开发取得突破,沿河开发加快推进,园区建设成效明显。双资利用持续增长。开展多形式招商推介活动,成功举办"烟花三月"国际经贸旅游节。强化跟踪督查和配套服务,促进项目落地、投产达效。新批总投资1000万美元以上项目122个。全年协议利用外资50.1亿美元、注册外资实际到账17.2亿美元,分别增长48.6%和50.2%。外贸出口45.67亿美元,增长40.5%。外经营业额1.85亿美元,增长23%。"八区二园"主营收入占全市工业比重达76%,同比提高4.5个百分点。民营企业注册资本385亿元,增长51.6%。新开工建设5000万元以上项目358个,其中亿元以上项目120个。新增中小企业担保机构5家,注册资本2.39亿元。

【科技进步与创新】 制订并实施推进科技创新型经济发展的意见。全市获批省级以上科技项目450项、高新技术产品240个。高新技术产业产值865.9亿元,增长49.7%。分别在京沪陕举办"科技创新产业合作"推介会,签订科技合作项目80个。新增省级以上"一站两中心"13家。首个国家光电产品检测重点实验室落户我市。南京大学-扬州光电、化工研究院和扬州中科半导体照明研发中心加快建设,中科院扬州应用技术研究与转化中心投入使用。启动"百千万人才强市双行动计划",10名高层次人才获得省专项资助。我市被列为国家知识产权试点城市。

【城市建设】 重大基础设施加快建设。扬天公路全线建成通车。京杭运河"三改二"一期工程基本完成。南水北调江都截污导流工程、归江河道水利血防工程顺利建成。沪陕高速公路江都至六合段、江海高速公路、安大公路三垛以北段、新淮江公路,以及邵伯和施桥船闸改造、乌塔沟分洪道、第五水厂一期等工程开工建设。苏中江都机场、淮扬镇铁路等重大项目前期工作取得较大突破。

城乡建设又有新进展。编制"一体两翼"城市发展空间战略规划和综合交通规划。实施新一轮城市建设和环境提升工程,完成投资116亿元。新改建解放北路、平山堂东路和大水湾步行桥等"七路一桥",翻建街巷48条。城东客运中心投入运营,万花园二期、文化艺术中心等项目开工建设。基本完成"双东"历史街区"一片十点"修复,启动东关街二期工程。成功举办第二届世界运河名城博览会。积极做好瘦西湖及扬州历史城区申遗工作和中国大运河联合申遗牵头工作。新城西区、瘦西湖新区、广陵新城开发建设取得新成效。完成全市镇村布局规划。市域环路产业带建设积极推进。农村"新五件实事"和"十大工程"投入建设资金5亿元。新改建农村公路506公里、桥梁226座。疏浚县乡河道266条。

【城市环境质量】 不断提升环保理念,创新环保机制。完善环保综合决策机制、公众参与机制、领导负责机制、一票否决考核机制等多个环保制度。加强环保基础设施建设,环境质量稳步改善。完成了市区2个空气监测子站的迁建,长江十二圩和万福源水厂2座水质自动站建成运行。继续开展大气专项整治行动。加大对排污单位、核与辐射的监管力度。实现医疗固废的集中处置。全面启动"绿满扬州"主题系列活动,在全社会倡导绿色消费行为和绿色环保生活方式。

生态环境保护力度加大。深入推进生态市建设。新增污水管网260公里,新建乡镇污水处理厂(设施)13个,城市生活污水处理率达83.6%。70个乡镇工业集中区完成区域环评,162家企业实施清洁生产。化学需氧量、二氧化硫排放量分别下降3.7%和3.1%。绿化造林11.1万亩,森林覆盖率达15.1%。市区新增绿化面积151万平方米。11个乡镇(街道)通过全国环境优美乡镇考核,创成国家和省级生态村18个。

【社会事业】 各项社会事业持续发展。加强区域教育现代化建设,推进教育均衡发展。全面开展"教育质量效益年"活动,教师素质得到提升。为义务教育阶段学生免除学杂费、免费提供教科书。高中阶段毛入学率稳定在95%以上。整合职业教育资源,办学能力进一步增强。完成佛教文化博物馆等一批文化博览城建设项目。扬州博物馆荣获首批国家一级博物馆称号。新列入国家级非物质文化遗产名录8项。认定并公布104个市级非物质文化遗产和143个市级文保单位。基层文化设施不断完善。开展"百场公益文艺演出"、"周周看扬剧"等活动。扬州评话《王少堂》获第五届中国曲艺"牡丹奖"文学奖。公共卫生服务工作得到加强,城乡社区卫生机构覆盖率分别达91%和85%。苏北人民医院、市第一人民医院和市中医院通过三级甲等医院复审。顺利举办第三届鉴真国际马拉松(半程)赛和市第十一届运动会。计划生育率99.12%。全市有线电视入户率86%,市区基本实现数字电视整体转换。

【社会保障体系】 民生工作取得新成效。城乡就业同步推进,全市新增就业8万人,年末城镇登记失业率2.9%。就业服务体系渐趋完善。培训就业再就业人员6万人、农村劳动力8.9万人。3万名失业人员实现再就业。新增农村劳动力转移5.7万人。社会保险覆盖面进一步扩大,全市城镇职工基本养老、基本医疗、失业保险覆盖率分别达96%、97%和97%,城镇居民基本医疗保险参保率96%。农民工参加三大保险人数稳步增加。新型农保参保人数35万人。新型农村合作医疗覆盖率97%。被征地农民基本生活保障和"村改居"工作积极推进。稳步增加职工退休金。提高低保户补助标准,城乡低保对象基本做到应保尽保。农村五保户集中供养率达80%。出台特困人群助保办法,完善临时救助机制。加大保障性住房建设力度,对符合条件的低收入家庭提供住房保障。

(李志勇提供)

经济社会发展主要指标

项　目	2008年	比2007年增减%
国内生产总值(亿元)	1573.29	13.4
第一产业增加值(亿元)	117.47	5
第二产业增加值(亿元)	897.71	13.8
其中工业增加值(亿元)	795.80	14.8
第三产业增加值(亿元)	558.1	14.5
人均国内生产总值(元)	35233	13.2
粮食总产量(万吨)	269.4	12

续上表

项　目	2008年	比2007年增减%
棉花总产量(吨)	6024	-3.2
油料总产量(万吨)	7.95	4.5
全社会固定资产投资总额(亿元)	950	32.3
外贸自营出口(亿元)	45.67	40.5
实际利用外资(万美元)	151000	31.8
社会消费品零售总额(亿元)	521.3	24.4
零售物价总指数(%)	104.6	4.6
地方财政收入(亿元)(一般预算)	104.8	22.3
地方财政支出(亿元)(一般预算)	126.46	30.76
职工年平均工资(元)	27323	12.5
农民年纯收入(元)	7450	13.1
邮电业务总量(亿元)	34.8	21.3
电话普及率(部/百人)	30.93	10
年末存款余额(亿元)	1551.9	23.8
年末贷款(亿元)	889.4	20.3
大学(所)	5	-
中小学(所)	465	-12.9
下岗人数(人)		
企业兼并、破产数(个)		

广　陵　区

【自然地理】 扬州城区位于长江与京杭运河交汇处,东经119°26′、北纬32°24′。扬州市属于亚热带湿润气候区,年平均气温14.8℃,全年平均无霜期220天,平均日照2140小时,年降水量1030毫米。

扬州市已有近2500年的历史,是悠久的历史文化名城、中国东部沿海开放城市,地处江苏省中部,长江与京杭大运河交汇处,位于中国最具活力的长江三角洲经济圈内,处于沪宁高新技术产业带和沿江化工产业带,是"长三角"重要的工商业港口城市。区位优势明显,东距中国第一大城市上海280公里,西邻省会南京100公里,构筑了以高速公路和海运为主、铁路运输为辅的交通网络。交通十分便捷,从高速公路乘汽车,到南京、上海、北京分别约需要1小时、2小时、8小时。近几年来,扬州已进入高速发展阶段,形成全方位、多层次、宽领域的对外开放格局,逐步发展成为长江三角洲地区综合实力较强的中心城市之一。扬州下辖广陵区\维扬区\邗江区\高邮市\江都市\仪征市\宝应县,总面积6634平方公里,总人口458万,城市规划面积980平方公里。广陵区总面积:67平方公里总人数:31万人

【历史沿革】 广陵区是历史文化名城扬州市城区。广陵与扬

州有悠久的历史文化渊源。

春秋时期,今扬州市西北部一带为邗国。公元前486年,吴王夫差在蜀岗上筑邗城,并开凿中国历史上最早的人工运河之一——邗沟,沟通江淮水系,为扬州开发之始。公元前319年,楚怀王在邗城基础上筑广陵城,广陵之名始于此。秦统一中国后,设广陵县。

汉代,今扬州称广陵、江都。吴王刘濞受封广陵,建立吴国,借助近山临海之利,"即山铸钱","煮海为盐",盐铁两大"官卖"业迅速发展;兴修水利,开盐河,种稻栽桑,进一步奠定了广陵水路交通运输的基础。广陵作为一方都会,经济开始发轫。刘濞宾客枚乘名赋《七发》,描绘了当时曲江广陵涛的壮丽景象。为了改善和巩固民族关系,汉武帝把江都王刘建的女儿刘细君嫁到乌孙国。东汉末年,张婴率领的农民赵义军在广陵一带转战十余年,被广陵太守张纲劝降。不久,许多农民响应了黄巾起义。

三国时期,魏吴之间战争不断,广陵为江淮一带的军事重地。

南北朝时期,广陵屡经战乱,数次变成"芜城"。由于劳动人民数百年的辛勤开发,经济地位在恢复中不断提高。山东青州、兖州一带的移民南迁广陵一带,促进了广陵的经济发展。北周改广陵为吴州。

公元589的,隋改吴州为扬州,后改为邗州。公元626年,唐复称扬州;公元742年,改称广陵郡;公元758年,再改称扬州。此后扬州之名为本地所专用。

唐代,扬州城池向南发展,为一地两城,蜀岗之上称衙城,冈下称罗城。宋代为一地三城,冈上称堡寨城(宝祐城),冈下称宋大城,两城之间有夹城相连,城先后属江都县和广陵县。元代不以广陵置县,城池仅剩蜀岗以下部分,蜀岗上不复建城。

隋代炀帝开大运河连接黄河、淮河、长江,扬州成为水运枢纽,不仅便利了交通和灌溉,而且对促进黄河、淮河、长江三大流域的经济、文化交流起了重要作用,奠定了唐代空前繁荣的基础。

唐代扬州,农业、商业和手工业相当发达,是南北粮草、盐、钱、铁等的运输中心和海内外交通的重要港口。在以长安为中心的水陆交通网中,扬州始终起着枢纽和骨干作用,并成为对外交通的重要港口。波斯、大食(阿拉伯)、婆罗门、昆仑、新罗、日本等国均有客商侨居扬州。日本遣唐使来扬州和高僧鉴真东渡日本,促进了中日两国多方面的交流。张若虚、李善、李邕等对扬州文化发展起了重要推动作用。

北宋时,扬州再度成为中国东南部的经济、文化中心,商业税收居全国第三位。南宋时,宋高宗曾以扬州为"行在"一年,更促进了扬州的繁荣。宋末,李庭芝、姜才率军队与扬州人民一起抵抗元军,不幸殉难,扬州城也只剩数千人。100多年间,扬州一直是抗金、抗元的战场,战争使经济和社会遭到严重破坏。但在局势相对稳定时,扬州经济又不断恢复发展。文化方面,欧阳修、苏轼、秦观、姜夔、王令等留下大量传世名作。

元、明两代,扬州经济发展加快,来扬州经商、传教、从政、定居的外籍人日益增多。元时,几次整治运河扬州段,基本上形成了今天的走向,恢复了曾一度中断的漕运。明时,商品经济发展,商业主要是两淮盐业的专卖和南北货贸易,盐税收几乎与粮赋相等,商业扩大到旧城以外。手工业作坊生产的漆器、玉器、铜器、竹木器具和刺绣品、化妆品都达到了相当高的水平。文化上出现了睢景臣等一批杂剧、小说家。明末,南明督师史可法率部坚守孤城扬州,抵御清兵南进,宁死不屈,表现了坚贞不屈的民族气节。城陷后,清军屠城十日,死者数十万人。

1556年,明朝在扬州建"新城"。明清至民国,扬州城为相连的新旧两城,城址即今广陵区境内的老城区部分。

清代康熙时期,扬州居交通要冲,富盐税之利。各地商人来往较多,纷纷在扬州建立会馆,会票(信用汇兑)亦渐渐兴起。文化上,广泛藏书,修建府、县学和书院,恢复名胜古迹,兴建园林。其间出现了以金农、李鱓、高翔、郑燮、罗聘等"扬州八怪"为代表的扬州画派,以阮元、焦循、汪中、任大椿和王念孙、王引之父子为代表的"扬州学派"。扬州的雕版印刷和评话、清曲、扬剧、木偶和棋、琴均达到了相当高的水平,形成自己的特色。

19世纪中叶以后,由于运河山东段淤塞,漕粮改经海上运输,淮南改纲盐为票盐,淮盐改由铁路转运,加上其它社会经济原因,扬州在经济上逐渐衰弱。

在孙中山领导的民主主义革命时期,扬州人熊成基组织领导了安庆马炮营起义,向清政府开出革命的第一枪。孙天生与同盟会联系,发动武装起义,史称"扬州光复"。

民国元年(1912年)废扬州府,置江都县。1922年,扬州境内第一条公路建成。1925年,中国共产党在扬州一带组织、领导人民进行新民主主义革命。1937年12月,日本侵略军占据扬州。1938年,新四军陈毅、粟裕率部北渡长江,开辟苏中抗日根据地。1945年8月日本投降。在抗日战争和解放战争中,扬州人民在中国共产党领导下,与敌人进行了艰苦卓绝的斗争,为新民主主义革命的胜利作出了重要贡献。

扬州在现代文化艺术领域名家辈出。较有影响的文学艺术家有刘师培、李涵秋、贡少芹、张丹斧、陈含光、潘月樵和革命作家李进、李俊民、韩北屏、许幸之、江树峰等。朱自清是中国文学史上很有影响的人物;李涵秋的33部小说中,以反映扬州里巷风俗轶闻的《广陵潮》著名。

1948年至1949年4月,扬州各县相继解放。1月25日,今扬州市区解放,设置县级扬州市。1983年3月,改革地市体制,调整行政区划,在扬州市城区置广陵区,区人民政府为县一级机构。行政管理区域16平方公里,人口24.31万。

2002年1月,扬州市人民政府调整广陵区行政管理区域,广陵区行政管理区域增至67平方公里,人口29.36万。

【经济发展】 坚持一手抓先进制造业,一手抓现代服务业,互动并举,着力打造先进制造业基地和现代服务业高地,形成二三产业相辅相成、共同繁荣的良好局面。2008年,实现地区生产总值91亿元,增长16%。规模以上工业产值突破200亿元,增长34%。主导产业支撑带动作用增强,精密机械、汽车及零部件、电子信息、食品加工等重点产业产值比重达85%。完成社会消费品零售总额124.6亿元、商贸业营业额166.6亿元、市场集贸成交额230亿元,分别增长20.7%、27.1%、30%。信息服务产业基地荣获省现代服务业集聚区、省信息安全应用技术研究与推广中心、省软件和信息服务产业园等称号。产业园国家级博士后科研工作站获批成立,信息产业基地留学人员创业园正式启动,建成食品工业园省级现代乳业加工服务中心。

【工业】 坚持新型工业化第一方略，建设先进制造业基地。以优势产业为支撑，加强产业规划和政策引导，提升壮大主导产业，培育发展新兴产业，重点抓好以玛切嘉利项目为带动，以巨鑫石油钢管、矽钢片等亿元以上项目为支撑的精密机械产业集群；以奔多新材料项目为龙头，以太极新材料、宝佳太阳能、硕包新材料等亿元以上项目为骨干的“三新”产业集群；以暻泰车材汽车保险杠项目为依托，以英谛车材、嘉和散热器等企业为重点的汽车及其零部件产业集群，以天味食品、锦通食品等国内外知名企业为核心的食品加工产业集群。

汽车及零部件产业——扬州拥有众多汽车零部件生产企业及产品，70%以上的零部件能在30公里半径内配套。全市现有汽车工业企业400多家，其中整车产品生产企业15家，广陵区现有汽车零部件企业100多家，主要生产中高档客车、农用车、车用蓄电池、水箱、粉末冶金件、液压油缸系统和汽车保险杠、轮鼓、钣金件等产品，拥有国家公告内产品目录总数的600多个。生产液压装置的海沃机械2006年实现销售3亿元，生产汽车保险杠的暻泰车材不断增资，总投资已达1亿美元。

精密机械产业——近年来，扬州精密产业蓬勃发展。目前已涵括锻压机床、五金工具、皮革机械、电力设备、钣金加工、冶金机械等六大门类，具备了技术含量高、涉及领域多、产品体系全、产品格局好的四大特点。机械制造产业是广陵区重点发展的支柱产业，现有企业450多家，主要生产专用设备、冶金机械、五金工具、电力设备等产品。

电子信息产业——扬州沿江地处南京至上海沿江信息电子产业带的结合部，是江苏省苏中苏北地区电子工业的主要生产基地和研发中心，现已形成以基础元器件、通讯类电子整机、家用电器、电子新材料、电子计算机、数字传输线缆等六大产业群为代表的产业体系。广陵区现有电子信息企业100多家，主要生产通信广播电视设备、家用电器、电子测量仪器、电子工业专用设备、基础电子元器件、电子信息、机电等六大类产品。

食品加工产业——扬州是江苏重要的食品制造业基地，扬州主要的食品制造企业大部分在广陵区域。位于我区南部的食品工业园，是扬州唯一的食品产业专业园。规划总面积6.6平方公里，首期1.8平方公里。新加坡第一家食品、香港锦通食品，以及扬州亲亲集团、三和四美等一批国内外知名食品企业，已率先入驻园区。

坚持服务业第一支柱，构筑现代服务业高地。抓存量提升，抓增量引进，拓展城市产业发展空间，放大广陵商贸优势地位，着力提高对城区经济的贡献率和拉动力。加快发展生产性服务业，大力培育新兴服务业，全面提升传统服务业，紧扣商贸流通、现代物流、服务外包、新兴旅游等四大重点，倾力打造商贸服务集聚区、市场物流集聚区、信息外包集聚区和古城旅游核心区、湾头生态度假区。

【农业】 农业结构逐步优化，粮食作物和经济作物的比例日趋合理，农业科学一直居于领先水平，所辖湾头镇是省农田科技示范镇。目前我区正大力发展设施先进、生态环境优良、经济效益显著的生态观光农业。

【国内贸易】 改造提升商贸流通业，重点发展新型流通业态，发挥金鹰国际、万家福商城、时代广场等领跑文昌商圈的带动作用，推进文昌中路、汶河路、甘泉路等专业特色街区集聚发展，做精商品、做美广场、做旺美食、做优服务，把文昌商圈打造成为江苏地级市第一商圈。规划建设广陵新城商圈，提升金盛国际家居品牌，培育明发商业广场新亮点，构建东部城市中央商务区。

【服务外包业】 依托文昌中心商圈发展商务配套外包、依托商贸物流园区发展现代物流外包、依托工业优势产业发展生产服务外包。抢占呼叫中心和数据处理产业制高点，推进以中国电信江苏呼叫中心、神州数码等项目为引领的信息服务产业，培育一批具有自主知识产权和高增值能力的软件外包骨干企业，形成信息外包先发优势，争创苏中服务外包基地。

【现代物流业】 实施曲江商品城扩建、扬州大世界国际广场等项目，搬迁新建联谊农贸市场，整合现有批发市场、大型超市的仓储、配送中心，打造运河东路和运河南路“十”字型双百亿黄金市场带，建设区域性物流集散地。推进商贸物流园建设，以市场带物流，引进国内外知名物流企业，培育具有竞争力的本土物流企业，形成现代化、多元化的物流体系。

【新兴旅游业】 扬州现有重点文物保护单位和文物古迹147处，旅游景区、景点40多处，其中4A级景点4处。国家重点名胜瘦西湖——蜀岗名胜风景区；何园、个园、大明寺、乾隆水上游览线等是国家旅游局向海内外推出的国家级旅游线。利用“古建筑、古街区、古运河”等文化品牌资源，探索开发古城街巷游、运河风情游等。依托茱萸湾、廖家沟等生态旅游资源，开发湾头古镇，做靓繁荣玉器市场，打造东部生态休闲度假区。完善提升“食住行游娱购”配套水平和质量，逐步形成以古城旅游为主体，以生态观光为特色，集商务会展、观光购物、美食娱乐于一体的旅游饮食：扬州菜属于淮扬菜系，主要特点是：选料严格、刀工精细、主料突出、注意本味、讲究火工、擅长炖焖、汤清味醇、浓而不腻、清淡鲜嫩、造型别致、咸中微甜、南北皆宜。扬州厨师且精于瓜果食品雕刻。淮扬菜与京、川、粤菜齐名，有“东南佳味”之称。

【交通】 港口、铁路、长江大桥、环城高速和沿江高等级公路的相继建成，扬州构建了“水公铁联运”的立体交通网络，特别是润扬长江公路大桥的通车，加快了扬州融入苏南、接轨上海、走向世界的步伐。扬州正在规划建设苏中机场、淮扬铁路、江海高速公路等一批重大交通工程，进一步缩短与各地的时空距离。广陵作为扬州的主城区，置身其中，体会最深，得益最大。

航空：国际机场。扬州距南京禄口国际机场约1小时车程，距上海浦东国际机场约2个多小时车程，南京禄口国际机场已开通至东京、大阪、新加坡、芝加哥、阿姆斯特丹、澳门、台北，韩国货运航班。苏中机场已获得民航总局批准建设，距扬州市区约30公里，飞行区等级为4C级，年吞吐量50万人次。

公路：京沪高速。扬州高速公路遍布全市，扬州市区是江苏省最先拥有环城高速公路的城市。京沪高速、宁通高速在此交汇，宁连高速穿越境内，使得广陵对外交通极为方便，到南京1个多小时车程，到上海2.5小时车程，到北京8个多小时车程。

铁路:扬州火车站。宁启铁路是国家“八纵八横”铁路主通道——宁西通道的组成部分,在扬州设有中心站,直发北京、西安、武汉、上海、广州等干线列车,既是中国铁路网的重要组成部分,又是改进苏中、苏北与各大经济区域紧密联系的骨干通道。

港口:扬州港。长江港口已形成以扬州港为龙头,仪征港、江都港为两翼的港口群,为国家一类对外开放口岸,共拥有万吨级杂货码头和多功能码头13座,年吞吐量4000多万吨,设有保税仓库和口岸联检服务机构。

大桥:润扬大桥。连接扬州至镇江的润扬长江公路大桥,已经贯通,与苏南地区形成快速通道。

【社会事业】 2008年小康指标率先达标。对照省指标体系,四大类18项25个指标中,4个核心指标全部高水平达标,17个指标高于周边。人均地区生产总值达目标值2.17倍,城市化水平高于目标值25个百分点;新型农村合作医疗覆盖面99.8%,高于目标值15个百分点;卫生服务体系健全率、社区(村)依法自治率均达100%。

【人民生活】 保障体系日益健全。城镇职工养老保险扩面5300人,医疗保险新增2510人;居民医疗保险、失业保险分别新增6290人、2050人;被征地农民全面实行即征即保,基本生活保障覆盖率75%以上,全市领先。城乡低保实现应保尽保,孤寡、重病、残疾等对象落实了分类施保。社会救助实现城乡全覆盖,800多名低保边缘群体得到及时救助,100多名无固定收入重残者享受按月生活补贴。慈善救助制度化运行,全年慰问困难群众7000多人,累计发放救济金、慰问金突破1000万元。

居民收入稳步增长。城镇居民人均可支配收入1.75万元、农民人均纯收入突破1万元,分别增长16%、15%。精心构建创业就业辅导载体,6个乡镇、街道的创业就业辅导中心全面正式挂牌、正常运行,全年成功开办创业技能培训班69期,培训3450人,培训后就业率达90%。深入开展再就业援助行动,全区实现“零就业家庭”动态消零。扎实推进充分就业社区和充分转移村创建,新增就业岗位1.23万个,推荐就业3500人,转移农村劳动力980人,充分就业社区覆盖率达90%。

【城市建设】 广陵古城是古运河、护城河、二道河四面环抱的区域,为扬州市区核心区域,面积5.09平方公里,是扬州历史文化资源的积淀区,也是扬州赢得“联合国人居奖”的王牌,已列入《中国世界文化遗产预备目录》。我们正在把古城保护、旅游产业和文化资源整合在一个平台上,打造名城建设、商贸兴区的重要载体。

广陵区委、区政府确立精心打造“两城三区”发展战略以来,强力推进两城三区,着力打造魅力广陵新城、精致广陵古城、科技产业园区、绿色食品园区、特色物流园区,为广陵腾飞发展奠定了坚实的基础。“两城三区”是未来广陵发展的最大潜力、跨越发展的最大载体、广陵发展的主战场,也是实现“三年倍增、五年再造一个新广陵”的动力引擎。

?社区建设深入推进。全区被民政部授予“全国和谐社区建设自主创新先进城区”称号,文昌花园创成全市唯一的“全国文明社区”,宝塔社区创成省级“和谐示范社区”。社区邻里中心建设顺利推进,东花园等6个社区邻里中心挂牌成立,联合等5个村启动社区建设试点。社区居委会换届选举圆满完成,25个社区成功进行了直选,社区工作者队伍的年龄结构逐步优化,学历层次大幅提升。文化教育事业不断进步,被文化部授予“中国民间文化艺术之乡”,荣获江苏省“实施素质教育先进区”、“科技进步考核先进区”称号,《狮子王》舞蹈荣获省政府“五星工程奖”,新创省级优质幼儿园6所、省示范初中2所、省实验小学1所,汤汪乡创成市教育现代化乡镇。在全市率先推行社区卫生服务运行机制综合改革,投入近千万元,改造现有社区卫生服务中心,新建文峰街道社区卫生服务中心,曲江、文峰、东关等创成省示范城市社区卫生服务中心。全民健身运动广泛开展,健身设施实现全覆盖,蝉联市运会金牌、总分双第一。人口计生工作通过省“十一五”人口和计划生育先进区中期评估,计划生育率98%以上。价格诚信创建深入推进,4家企业获得省“价格诚信单位”称号。

社会管理职能日益强化。加强社会治安综合治理,依法打击各种违法犯罪活动,命案侦破率保持100%,连续五年荣获“省社会治安安全区”称号。高度重视信访工作,完善领导下访、定期接待等制度,实施“教、疏、控”三项措施,积极解决信访问题,全力化解社会矛盾。加强安全生产管理,落实安全责任,认真开展“隐患排查治理年”、“百日督查”等专项行动,有效遏制了重特大安全生产事故的发生。

维　扬　区

【发展概况】 维扬,位于扬州市区中北部,下辖3个乡镇(西湖镇、平山乡、城北乡)和3个街道(双桥、梅岭、甘泉),总面积126平方公里,总人口30万,是扬州的政治、文化、教育、金融、科技中心。

【历史沿革】 历史悠久,文化璀璨,风景宜人。维扬是古扬州城的发祥地,2500年前,吴王夫差在蜀冈之上开邗沟、筑邗城,形成了历史上扬州城的雏形。维扬是隋唐时期繁华扬州的城池所在地,南北交汇、东西通融的特殊区位造就了维扬文化开放、包容、创新的鲜明个性。唐代,鉴真大和尚由此东渡日本,韩国崔致远来此为官,万名外国人在此经商;清代,漕运盐务的发达集聚了四方商贾来此经营,一时间“秦腔徽语”满街可闻。在以维扬文化为主体的扬州文化中,既能感受到吴越文化的纤巧、灵秀,又能体会到荆楚文化的粗犷、厚重,体现出既善于汲取又勇于创新的文化品质。维扬是人居扬州的核心区,东依流淌千年的古运河,中嵌碧波荡漾的瘦西湖、千年古刹大明寺,盘踞着被誉为“城市脊梁”的十里蜀冈,蕴涵着“两岸花柳全依水、一路楼台直到山”的盛世美景。

今日维扬,充分依托区位优势、资源优势,大力推进开发开放,以蜀冈为脉络,形成了“山上工业城、山下商业城”的繁荣景象,经济发展迅猛,社会和谐进步,百姓安居乐业。2008年,全区实现地区生产总值58.8亿元,财政收入16.56亿元,完成固定资产投资70.5亿元;实现工业总产值233.8亿元,地方规模工业保持40%的增长;实际利用外资1.2亿美元,新增民资注册资本金38.7亿元;新江扬电缆、顶津食品、建业庆松等一批总投资3亿元以上重大项目正式投产，总投资9800万美元的亚联钢管实现当年签约注册、当年全部到资、当年开工建设，并成功登陆加拿大多伦多证券市场，成为全市首家海外上市企业；城镇职工可支配收入、农民人均纯收入分别达17202元、10200元，保持年均12%以上的增长；在苏中城区率先建成全面小康社会。

【经济发展】 2008年全区经济规模不断壮大，实现地区生产总值58.8亿元，可比价增长13.6%。全部工业总产值首次超两百亿，规模工业总产值首次超百亿，分别达到232.8亿元、160.8亿元，地方规模工业总产值实现143亿元，增长41%。社会消费品零售总额36.6亿元，增长20.5%。全社会固定资产投资70.5亿元，其中工业技改投入33.5亿元，均增长40%，增幅位居全市前列，全年新增亿元以上工业企业17家。财政总收入16.56亿元，其中一般预算收入8.23亿元，分别增长21.1%、10%。

三次产业结构由上年的2.2∶65.4∶32.4调整为3.6∶60.4∶36，第三产业比重明显提升。不断加大科技创新推进力度，成功组织参加了西安、北京、上海科技创新产业合作推介会，新组建产学研联合体15个，新认定市级以上高新技术企业10家，其中国家级2家。全年获批省级以上各类科技计划项目30项，争取各类科技扶持资金380万元。实现高新技术产业产值40亿元，增幅达50%。中央电视台动画形象毛绒玩具指定研发生产基地和扬州动漫设计衍生产品工程技术中心落户我区，开发区创业园荣获“省高新技术创业服务中心”称号。“江扬”、“日利达”获中国驰名商标，新认定省著名商标2件，新注册商标199件。

不断加大招商引资力度，成功组织了“4.18”、“百日会战”、“金秋(上海)投资推介会”等活动，新办外资项目34个，预计合同利用外资3.6亿美元，增长54.1%，实际到账外资1.2亿美元，增长52.5%，新增民资注册资本金37亿元，增长40%。新增私营企业794家、个体工商户1627个。城镇居民人均可支配收入达17250元，增长15.8%，城镇居民登记失业率保持在3%以下。农民人均纯收入在全市首家过万元，达10200元，增长12.1%。顺利完成“全面小康决胜年”的战略任务，在全市率先迈入全面小康行列。

【社会事业】 维扬区坚持优先发展教育事业，不断改善办学基础条件，积极实施名师、名校西进战略，梅岭小学西校区建成开学，全区省级实验学校、优质幼儿园占比达81%，处于全市领先地位。集文化馆、图书馆、科技馆等多种功能于一体的区文化活动中心即将交付使用，全区文化站(室)实现全覆盖。积极整合辖区内文化、体育资源，举办了首届驻区单位文艺汇演，举行了第六届社区文化体育活动巡展和老年艺术节。各社区、村均建有健身网点，全民健身运动蓬勃发展。社区卫生综合改革全面推行，新建西湖、城北、甘泉社区卫生服务中心，双桥、梅岭社区卫生服务中心通过省级示范中心验收，双桥、梅岭、平山在全市率先推行药品“零差率”，社区卫生服务实现全覆盖。在全市率先推行免费婚检和城镇低保计生家庭奖扶政策。积极拓宽就业、再就业渠道，转移农村劳动力700多人，推荐就业3500多人，安置下岗失业人员2800多人，创建成3个“省农村劳动力充分转移乡镇”、18个“省充分就业社区”。进一步扩大社会保险覆盖面，新增城镇社会养老保险1672人、城镇社会医疗保险5231人，参保率分别达95%、85%，养老金发放静态备付能力继续位居全省前列。

坚持即征即保，被征地农民基本生活保障和失地农民养老补助工作走在全市前列。新型农村合作医疗行政村覆盖率达100%，农民参保率达99%以上。顺利实现年初确定的城乡低保一体化目标，城乡低保标准统一提升至每人每月270元。积极开展抗雪灾、抗震救灾活动，帐篷生产企业阿珂姆公司被授予“全国抗震救灾英雄集体”称号。率先在全市发放贫困残疾学生和贫困残疾家庭子女助学补贴，顺利通过省残疾人社区康复先进区和白内障无障碍区创建验收。积极开展“领导大接访”活动，妥善化解信访矛盾，较好地解决了一批群众关注的热点、难点问题。深入开展安全生产事故隐患排查与专项治理，安全生产形势总体平稳。圆满完成奥运安保任务，顺利通过省级科技强警示范区创建验收，法律援助、社区矫正等工作在维护稳定、促进经济发展方面作用明显。积极推进基层民主建设，全区第三届社区居委会换届选举圆满完成，直选率达85%，康乐、邗沟社区被授予“省和谐社区建设示范社区”称号，竹西等三个社区荣获“全国志愿者服务先？主管理示范区”。深入推进全国农村社区建设实验区工作，符合条件的行政村完成了“村改居”任务，农村社区化、农民市民化步伐不断加快。

【历史文化】 “维扬”之名最早载于公元前约五世纪由孔子编撰的《尚书？禹贡》中。书中载：远古时期分为天下九州，其中“淮海惟扬州”，意指在东南沿海一带为九州之一的扬州。这里所指的扬州范围很广，约相当于今日之华东数省。古代汉语中“惟”通“维”，后人便把扬州又称为“维扬”。如唐代著名诗人杜荀鹤即有描绘扬州繁华的名句：“见说西川景物繁，维扬景物胜西川。”南宋词人姜夔在《扬州慢》中：“淳熙丙申至日，余过维扬。”元代诗人陈秀民在《扬州》一诗中有诗句：“遮莫淮南供给重，逢人犹说好维扬。”

今维扬区地域在古代及近代均没有独立行政建置。西周时期，地属邗国。春秋战国时期曾先后为邗城、广陵城所在。西汉时，维扬地域先后是荆国、吴国、江都国、广陵国等诸侯国的都城；东汉时，为广陵郡郡治所在。晋代及南北朝时期，地属吴州广陵县。至隋代，隋文帝开皇九年(589)，吴州改名扬州，这是今扬州在历史上正式称为扬州的初始，其时，维扬地属扬州广陵县(后广陵县又先后改名为邗江县、江都县、江阳县)。唐代，维扬地属扬州江都县，为扬州大都督府治所。宋代，维扬地属扬州江都、广陵二县，为扬州州治所在。元、明两代，江都、广陵二县合并为江都县，维扬地属扬州府江都县(其间于元至正十七年，朱元璋部队攻克扬州，于至正二十一年，改扬州府为维扬府，二十六年，再度更名为扬州府)

隋、唐时期，是维扬历史上空前辉煌的时期。至唐代，维扬成为全国漕运、盐铁转运的中心，商贾如云，极尽繁华，是东南一大都会，与京城长安南北相峙，有“雄富冠天下”之称。此时的维扬，不仅经济繁荣、商贸发达，人口兴旺，而且风景非常优美，吸引了当时无数游人不远千里来此观赏，可谓人文荟萃，群贤毕至，盛极一时。著名诗人李白、孟浩然、白居易、刘禹锡、杜牧，政治家牛僧儒，经济学家王播等人都曾驻足扬州，盛赞扬州为钟灵毓秀、景色如画之地。李白的“故人西辞黄鹤楼，烟花三月下扬州”、杜牧的“二十四桥明月夜,玉人何处教吹箫”等诗句均恰如其分地描绘了当时维扬的魅力,成为不朽的佳句广为流传。

【城乡建设】 围绕“融入城市、建设城市、管理城市”发展理念,近几年来,维扬立足长远发展,着眼区域特色,主动对接扬州城市建设总体规划,城市化水平有了很大的提高。每年维扬区以烟花三月经贸旅游节和运河名城博览会为契机,以加强城市环境综合整治为抓手,全力推进城市建设与管理工作。2008年围绕提升城市形象,全面改造长征路、秋雨路、念四路,完成邗沟东段绿化风光带和京杭大运河风光带建设任务。围绕完善区域功能,新建和拓延竹西路、平山堂东路等城乡道路41公里。围绕改善群众生活,实施念四新村、窦庄小区等老小区整治,翻建贾庄巷、黄金苑路等街巷20条,数字化城管高效运行,累计处置案件42000多件,以关键路段、热点区域以及风景旅游区周边为重点。近郊乡镇全面实施村组垃圾集中处理,维扬路、友谊路等15条主干道实现了环卫保洁市场化。围绕建设生态维扬,完成道路绿化15公里、成片造林1000亩。

全面完成节能减排任务,拆除辖区内全部4吨以下燃煤设施,平山、城北创建成市级环境优美乡镇。严格土地管理,创建成省“土地执法先进区”。围绕新农村建设,实施胡场、雷塘、槐南、瓦窑等老庄台改造,完成荷叶水库加固和槐泗河血防工程,疏浚河道42万方,农村改厕1550户。深入推进农村三大合作,成立社区股份合作社47家、专业合作社3家、土地股份合作社1家。新建便民服务中心8家,设立为农服务大厅4个。

【交通】 维扬区地处苏中前沿,地域优势明显,交通非常发达。南有南绕城高速公路,连接南京、南通;北有北绕城高速公路,连接京沪高速公路;西首有扬州火车客运站,其为苏北地区的中心车站,有始发北京、广州、西安、武汉、上海等多次直达列车;向南12公里为长江,有连接苏南、苏北的润扬长江公路大桥,其规模为世界第三、中国第一,大桥的通车使维扬区融入了苏南,给维扬区的发展提供了千载难逢的机遇;南有公路通至江滨扬州港,其为长江航道上的重要港口之一。此外,京杭大运河沿维扬区东界而过,古运河穿过该区腹地,承担着全国南北水上交通的。

邗 江 区

【概况】 邗江位于江苏省中部,长江三角洲腹部,长江与运河交汇处。于2000年设区。因春秋时期吴王夫差开邗沟,筑邗城而得名,距今已有2480年历史。风景名胜有13个。历史名人有16个。主要特产是牙刷、压力机、衬衫、医疗器械、电讯电缆、黄珏老鹅。总面积703.32平方公里。15个乡(镇)、办事处,172个行政村(居委会)。年末总人口50.03万人。男女性别比99.67:100。人口出生率8.17‰,死亡率7.92‰,自然增长率0.25‰。2008年度所获全国表彰9项、全省表彰35项。

全年实现地区生产总值228.01亿元,比上年增长14.3%。其中,第一产业增加值11.4亿元,增长5.4%;第二产业增加值136.91亿元,增长14.4%;第三产业增加值79.7亿元,增长15.5%。人均生产总值45600元。三次产业比重为5:60:35。万元地区生产总值能源消耗27.69吨标准煤。高新技术产业产值占规模以上工业的比重达36.4%,比上年提高6.5个百分点。非公有制经济创造的增加值在生产总值中的份额达60%。全年完成固定资产投资136.66亿元,增长41.9%。其中,城镇固定资产投资完成64.31亿元,增长27.4%。实现财政总收入30.07亿元,其中地方财政一般预算收入14.59亿元,增长32.1%;地方财政一般预算支出10.33亿元,增长22.6%。年末金融机构各项存款余额135亿元,其中居民储蓄存款余额85亿元,分别增长6.7%和3.8%;年末金融机构各项贷款余额101亿元,增长9%。全年居民消费价格比上年上涨2%。年末私营个体从业人员17.02万人。

农业:全年农林牧渔业实现总产值24.10亿元,比上年增长6%。粮食总产23.82万吨,增长8.5%;棉花总产0.05万吨,下降25.9%;油料总产0.81万吨,下降7.1%;水果总产1.07万吨,增长1.14%;蔬菜总产25.03万吨,增长7.44%;肉类总产1.75万吨,下降4.56%;禽蛋总产1.2万吨,下降2.22%;奶类总产0.13万吨,增长3.87%;水产品总产4.71万吨,增长6.21%。全年造林0.16万公顷,森林覆盖率20.2%。全市农机总动力26.39万千瓦,下降4.56%。

工业和建筑业:全年实现全部工业增加值127.72亿元,比上年增长15.2%。产品销售率97.4%,与上年持平。有规模以上工业企业529家,实现增加值108.55亿元,增长15.6%;实现主营业务收入666.46亿元,增长42%;实现利税63.18亿元,增长45.2%。规模以上民营工业实现增加值108.55亿元,增长15.6%,占规模以上工业比重100%;实现主营业务收入666.46亿元,增长42%。全年完成建筑业增加值38.9亿元,增长36.8%。实现利税总额7.33亿元,增长44.3%。建筑业企业房屋建筑施工面积841.47万平方米,增长13.1%;房屋建筑竣工面积482.11万平方米,增长4.2%。

国内贸易 全年实现社会消费品零售总额59.94亿元,比上年增长21.3%。其中,批发和零售业47.5亿元,住宿和餐饮业12.1亿元,分别增长34.8%和22%。年成交额在亿元以上的商品交易市场4家,成交额12.32亿元。实现商品房销售额28.36万元,其中住宅销售额22.56亿元。

开放型经济:全年进出口总额11.56亿美元,比上年增长45%。其中,出口总额9.86亿美元,增长46.1%;进口总额1.7亿美元,增长38.6%。全年协议注册外资6.24亿美元,增长43.4%;实际到账外资2.21亿美元,增长46.2%。

交通、邮电业和旅游:全年交通运输邮电业实现增加值6.21亿元,比上年增长15.8%。货物运输量1028万吨。年末民用汽车保有量1.91万辆,其中私人汽车保有量1.15万辆,分别增长23.2%和28%。全年邮电业务总量3.2亿元,其中邮政业务总量0.53亿元,分别增长18.5%和17.8%。邮电业务收入3.11亿元,增长18%。年末固定电话用户41.02万户,移动电话用户23.27万户,互联网用户3.85万户。全年国内旅游人数52万人次,增长9%;国内旅游收入4.73亿元,增长10%。全年境外入境旅游人数3.63万人次,增长10%。

社会事业:中等专业学校1所,在校生0.45万人;普通中学23所,在校生2.96万人;小学13所,在校生2.44万人。有各类科技人员29131人。共取得省级以上各类重要科技成果

46项;专利申请量1115件,授权专利367件。有专业艺术表演团体2个,公共图书馆2个,群众艺术馆、文化馆1个。有卫生机构216个。其中,医院、卫生院22个,卫生防疫和防治机构1个,妇幼卫生保健机构1个。各类卫生机构拥有病床0.07万张,有卫生技术人员0.06万人。有体育馆2座,全年参加省级以上体育比赛共获奖牌3枚,其中金牌1枚。化学需氧量排放总量1470万吨,二氧化硫排放总量3460万吨,其中二氧化硫排放总量下降3.3%;工业废水排放总量0.05亿吨,工业废气排放总量28亿标立方,工业粉尘排放量0.05万吨。

人民生活:城镇居民人均可支配收入18110元,比上年增长14.4%;人均消费性支出11109元,增长12.5%;人均住房建筑面积44.5平方米。农民人均纯收入8401元,增长12.6%;生活消费支出7142元,增长6.2%;人均住房面积40.9平方米。养老保险参保人数4.95万人,净增0.57万人;基本医疗保险参保人数7.46万人;失业保险职工3.81万人。各类福利院拥有床位627张。年末城镇在岗职工2.17万人,平均工资27975元。新增城镇就业人数0.42万人,下岗失业人员再就业0.24万人。年末城镇登记失业率3.25%,下降0.17个百分点。年末农村劳务输出0.72万人,增加0.11万人。全年最低生活保障救助6288人次,增加177人次。

【邗江区全面建成小康社会】 经过长期积累,特别是近两年全区上下共同努力,出台了通组道路建设、新型农村养老保险与老年补贴、消除城乡“零就业”家庭等一系列为民办实事的政策措施。全年农民地均纯收入、城镇居民人均可支配收入分别达8300元、18100元,建成通组道路660公里,新农保登记参保缴费人数达14.2万人,老年农民补贴已发放6万多人,社会发展综合指数位居扬州市第一。省定全面小康体系的各项指标顺利实现,并得到了全区人民群众的高度认同,可望成为苏中第一家25项指标全部达标、人民群众满意度较高的全面小康社会,区委确定的“两年率先达小康”目标如期实现。

【烟花三月招商活动】 2008年“烟花三月”国际经贸旅游节全区有115个项目签约,总投资114.07亿元,其中外资项目35个,总投资8.12亿美元,协议外资3.72亿美元;民资项目75个,总投资57.23亿元;有85个项目开工,总投资67.62亿元,其中外资项目11个,总投资3.1亿美元;民资项目74个,总投资45.89亿元。

【金秋农业招商】 2008年9月23日,举办了2008金秋海峡两岸(扬州)农业合作试验区邗江观光农业核心区项目投资说明会,共邀请来自台湾苗栗代表团、新竹东农业协进会、中华农业交流协会和桃园代表团的台商64名,达成合作意向5个。全区共引进内外资项目25个、总投资8.9亿元,实际利用外资2727万美元,到帐民资9.1亿元。

【水泥送下乡活动】 2008年全区上下确保在全市率先建成全面小康社会的关键阶段,在全区各镇、街道集中举行“全面奔小康、水泥送下乡”活动。送水泥下乡的活动,不仅是充分履行党委、政府关注民生的应尽责任,也是通过以奖代拨、以物代补等形式,区政府按照3万元/公里(含2万元水泥补助)的区补标准通组道路建设奖补到位。进一步调动村、组的积极性和主动性,充分发挥农民群众的主体作用,区补水泥1320万元的水泥,投入资金660万元,镇补1980万元水泥,各村自筹7000万元建成了高标准、高质量、高速度的推进农村基础设施建设,实现全区通组道路灰色化全覆盖的目标。

【农民养老补贴】 2008年,全区实行“个人缴费、集体补助、财政补贴”相结合的筹资模式,农民个人按上年度农村人均纯收入的8%缴费,财政按6%进行补贴。一般缴费满15年的参保人员从领取养老金起四五年就可收回投入,以后所领养老金全部由财政补贴支付。对男年满60周岁、女年满55周岁以上不满70周岁的农村老年居民每月发放40元补贴,年满70周岁以上的,每月发放60元补贴。全区登记参保人数达82731人,核准领取老年居民养老补贴60218人,全面超额完成年度5万人参保目标,今年财政预计拨款近4000万元用于群众参保补贴和老年补贴。

经济社会发展主要指标

项　目	单位	2008年	+-%
地区生产总值	亿元	228.01	14.3
其中:第一产业	亿元	11.4	5.4
第二产业	亿元	136.91	14.4
#工业	亿元	127.72	15.2
第三产业	亿元	79.7	15.5
人均生产总值	元	45600	11.4
农业总产值	亿元	24.1	6
粮食总产量	万吨	23.82	8.5
全社会固定资产投资	亿元	136.7	41.9
外贸自营出口总额	万美元	97637	46.1
注册外资实际到帐	万美元	22120	46.2
社会消费品零售总额	亿元	59.94	21.3
财政收入	亿元	30.07	31.1
财政支出	亿元	17.75	21.9
职工年平均工资	元	27975	-
农民人均纯收入	元	8401	12.6

(李志勇提供)

南　通　市

【历史沿革】　五千多年前,境内的海安青墩即已成陆,并有原始氏族部落繁衍生息。隋以前,南通市区一带逐渐成洲,始称壶豆洲,后称胡逗洲。唐代时胡逗洲与陆地连接,设盐亭场、狼山镇,五代十国时称静海。后周显德五年(公元958年)筑城,定名通州。宋天圣元年(公元1023年)改称崇州,又名崇川。民国元年(公元1912年)废州设县,称南通县。1949年南通全境解放后改县为市,市、县分治。1983年南通地区与南通市合并,实行市管县体制。

【位置面积】　地处江苏省东南部、长江下游北岸,北纬31°41′06″～32°42′44″,东经120°11′47″～121°54′33″。南北跨距114.2公里,东西跨距158.8公里。南通濒江临海,南与上海、苏州隔江相望,北依苏北广袤腹地,素有"江海门户"、"扬子第一窗口"的美誉。境内拥有长江岸线约166公里(另外洲堤岸线53公里),占江苏省主江岸线的19.3%,其中可建万吨级深水泊位的岸线30多公里;拥有海岸线203公里、占江苏省的21.3%,其中可建5万吨级以上深水泊位的岸线40多公里。全市陆地总面积8001平方公里,其中市区面积1512平方公里,耕地面积4830平方公里。全市海岸带面积约1.32万平方公里,为陆地面积的1.5倍;潮上带和潮间带连陆滩涂约200万亩,潮下带辐射沙洲滩涂约180万亩;淤涨型海岸线约176公里,平均每年可新增滩涂4500多亩。

【行政区划】　现辖如皋、海门、启东3个县级市,海安、如东2个县,通州、崇川、港闸3个区和南通经济技术开发区。全市共有乡镇109个(其中乡4个)、街道13个,村民委员会1458个,居民委员会553个。

【人口】　年末总户数280.74万户,总人口(户籍)763.72万人,人口密度每平方公里954.5人。男女性别比98.41∶100,人口出生率为5.99‰,死亡率达到7.59‰,自然增长率-1.6‰。

【人民生活】　城镇居民人均可支配收入18903元,比上年增长14.9%;人均消费性支出11613元,增长14%;人均住房建筑面积31.87平方米。农民人均纯收入7811元,增长13.1%;生活消费支出5653元,增长15%;人均住房面积52.5平方米。年末城镇在岗职工57.6万人,平均工资30856元,增长18.9%。新增城镇就业人数8.96万人,城镇失业人员再就业3.12万人。年末城镇登记失业率3.08%。城乡居民储蓄存款余额1890.68亿元,比年初增加413.86亿元。居民消费价格指数104.8,涨幅低于全省0.4个百分点。

【国民经济和社会发展】　地区生产总值2510.13亿元,按可比价计算增长13.3%,增幅高出江苏0.8个百分点,总量居全国大中城市第28位。其中,第一产业增加值199.18亿元,增长4.1%;第二产业增加值1430.93亿元,增长13.7%;第三产业增加值880.02亿元,增长15%。三次产业增加值比例为7.9∶57∶35.1。财政总收入390.21亿元、比上年增长29.8%,其中地方一般预算收入159.59亿元、增长25%,财政总收入占GDP比重提高1.3个百分点。人均地区生产总值35040元,按当年平均汇率折算超过5000美元。江苏省确定的全面小康18项25个指标有20个达标;海门市成为全省江北第一个全面小康达标县(市),启东市、通州区总体达到省定全面小康标准。

【农林牧渔业】　全市实现农林牧渔业总产值371.46亿元,增长4.1%。其中,农业产值153.89亿元,增长2.2%;牧业产值107.13亿元,增长10%;渔业产值92.75亿元,增长4%。粮食单产创历史新高,总产达319.12万吨、连续5年丰收;油菜单产、总产均居全省第一。高效农业面积达258.87万亩,占比达36.7%,总量和占比均保持江苏领先。"三资"开发农业投入65.3亿元,增长30.6%。新建高效农业规模化示范区8个,新增省级以上龙头企业5家。新增无公害农产品48个、绿色食品25个、有机农产品9个。改造中低产田17.75万亩,农业综合开发和农机装备水平进一步提高,农机跨区作业工作三次蝉联全国先进。农村环境明显改善,完成590个行政村的水系达标整治,新增农村安全饮水人口25万人,新增绿化造林面积34.3万亩、居全省第一,"户集、村运、镇(县)处理"的农村垃圾清理机制初步建立,农村垃圾集中处理率提高到73%,省下达的改厕年度任务超额完成。所有县(市)全部通过省级生态农业县创建验收。村级公共服务中心实现全覆盖。

【工业】　工业总量持续扩张,规模以上工业增加值1312.8亿元,增长17%,增幅居江苏沿江八市第一。运行质态总体良好,规模以上工业实现主营业务收入5089.2亿元、增长27.2%;经济效益综合指数达到256,居全省第二,比上年前移一位;产销率连续四年保持江苏第一;利税总额达到470.5亿元、增长26.1%,其中利润303.6亿元、增长23.6%。有效投入实现突破,完成全部工业投入1145.7亿元、增长18%,总量继续保持全省第二,占全社会固定资产投资的76.1%;在手超亿元工业项目达到451个、比上年增加90个,平均单体规模3.59亿元、提高1.1亿元。工业内部结构继续优化,装备制造实现产值突破2000亿元、增长44.4%,精细化工实现产值565.8亿元、增长34.1%,占规模以上工业比重分别提高4.9个、0.5个百分点。企业不断做大做强,年末规模以上工业企业达到5844家,净增733家;1109家企业进入销售超亿元企业行列,净增233家;百强工业企业(集团)实现销售收入1578.8亿元,增长32.2%,增幅高出全市5个百分点,总量占规模以上工业销售总额的31%。

【科技创新与节能减排】　全社会科技投入86.7亿元,其中研发投入36.4亿元。高新技术产业实现产值1438亿元、增长

47.2%，占规模以上工业比重达27.9%、提高3.7个百分点。新认定省级高新技术企业88家，新增省级高新技术产品199项；新增省级企业工程技术研究中心18家、市级工程技术研究中心23家，新建公共技术服务平台6家；新增科技软件园区和孵化器面积21万m2、增长168%。实施重大产学研合作项目230项，培育产学研示范企业556家。获得省科技进步一等奖2项。南通家纺市场荣获世界知识产权组织“版权创意金奖”。列统民营科技企业2664家，列江苏第一。181家科技服务机构实现科技服务业总收入10.5亿元，增长18.5%，单位数和总收入均居全省第二。专利申请量1.41万件、居全省第二。“人才特区”建设深入推进，新增博士后科研工作站7家、省级引智示范基地2家。在“2008创新型城市论坛”上，南通市入选“中国城市综合创新力五十强”，并被命名为“最具创新环境城市”。

节能减排约束性目标全面完成。单位GDP能耗0.73吨标煤，下降5.7%。规模以上工业万元产值能耗为0.187吨标煤，下降18.4%，降幅比上年提高2个百分点。主要污染物化学需氧量(COD)排放量为8.57万吨，二氧化硫(SO2)排放量为7.46万吨，分别削减3.86%和11.41%，超额完成省下达削减目标。万元GDP化学需氧量和二氧化硫的排放强度分别为3.41千克、2.97千克，比上年分别下降了18.8%和29.3%。全社会环境保护投入78.71亿元，占地区生产总值的3.14%，增长0.11个百分点。城市环境综合整治定量考核工作连续5年保持全省第一，海门市连续4年居全省县级市第一。百家重点用能企业节能工作深入推进，节能和循环经济“双百”工程全面实施，成为国家级节水型社会建设试点市。连续17年保持耕地占补平衡。

【建筑业】 完成建筑业总产值1580亿元，增长18.5%；增加值380亿元(含我市建筑企业在市外实现的增加值)，增长20.5%；利税102亿元，增长17%。拥有一级建造师3486人。建筑队伍人数83.67万人，遍及74个国家和地区，年末出国人数2.6万人。新签境外合同额4.2亿美元，完成营业额5.7亿美元、增长23%，占全市外经总量的50%。建筑企业承建施工面积2.57亿平方米、增长13.2%，承建高层建筑6214栋，获得鲁班奖4项、国优工程5项，累计获得鲁班奖53项，居全国地级市之首。新增施工总承包一级资质企业16家、专业承包一级资质企业2家，拥有特级资质企业15家、一级资质企业82家。在江苏省建筑企业综合实力30强中我市有13家，其中6家企业位居前10强，数量和规模均居全省第一。全力以赴支援灾区抗灾救灾，建成交付过渡安置房2555套，创下率先进场、率先开工、率先装配等“六项全省第一”，赴川援建大队获得全国“抗震救灾重建家园工人先锋号”；开展对绵竹新市镇的对口援建工作，南通援建组获得“四川省十大杰出志愿服务集体”、绵竹市“五一”劳动奖状等荣誉。

【服务业】 实现服务业增加值880.02亿元、占GDP比重为35.1%，增长15%、增幅比GDP高1.7个百分点。完成服务业规模以上固定资产投资327.3亿元，占全市规模以上投资25%、增长24.8%，增幅高于省下达指标近5个百分点。服务业实际利用外资9.29亿美元，占全市实际利用外资总额的31%，提高2个百分点。服务业集聚区建设加快推进，21家市级以上服务业集聚区(其中省级4家)完成基础设施及产业项目建设投入近70亿元；实现综合营业收入802亿元，增长17%；吸纳就业33万人，实现税收25亿元。商贸流通持续兴旺。实现社会消费品零售总额915.10亿元，增长24.2%，增幅同比提高5.8个百分点、高于全省1个百分点。金融业运行总体平稳。年末各项存款余额3039.56亿元，比年初增加571.02亿元，同比多增266.07亿元；各项贷款余额1750.6亿元，比年初增加266.61亿元，同比多增1.89亿元。房地产业平稳发展，完成房地产开发投资172.68亿元，增长25.7%。旅游产业不断升温，实现旅游总收入150亿元、增长24.7%。

【江海开发】 编制完成《南通市沿海开发规划》，共整合整治开发沿江中深水岸线近5公里，沿江泊位功能调整和升级改造取得重大进展，年末万吨级以上生产性泊位总数达到48座，其中5万吨级以上34座。沿海港口建设框架全面拉开，洋口深水海港初步通航，吕四港综合海运码头建成，南通结束了“有海无深水海港”的历史。洋口港12.6公里黄海大桥通车，洋口港陆岛通道、太阳岛二期、万吨级重件码头等工程全面完成；吕四港进港航道一期工程竣工；冷家沙海域综合开发前期研究工作启动。船舶修造及配套、海洋工程、港口机械、精细化工、新能源、粮油食品等临港临海型产业在沿江沿海集聚，船舶修造及配套产业实现产值629.2亿元、增长54.2%，规模以上造船完工量307万载重吨、增长37.1%；沿海新能源产业发展强劲，已建、在建6个风电项目总装机容量61.2万千瓦。沿海5个县(市)全部建立滨海产业集中区，截止年底，已开发面积56.2平方公里，累计引进项目369个、总投资462亿元。与上海在产业发展、人才引进、产学研合作等方面签定11项战略合作协议。

【固定资产投资】 完成全社会固定资产投资1505.41亿元，增长18.9%。其中，规模以上投资1310.75亿元、增长28.6%，占全社会投资87.1%；全社会民间投资1112.84亿元、增长18%，占全社会投资73.9%。在规模以上投资中，分产业看，第一产业投资2.05亿元，增长113%；第二产业投资981.46亿元，增长29.8%；第三产业投资327.24亿元，增长24.8%。分区域看，城镇投资840.00亿元，增长32.5%；农村投资470.75亿元，增长22.2%。一批龙头型、基地型产业项目快速推进，总投资156亿元的王子制纸、73亿元的LNG接收站和50亿元的熔盛海工等项目建设加快，总投资50亿元的熔盛造船、22亿元的中远川崎扩建等项目竣工投产，总投资超70亿元的天电、华能“上大压小”和中远船务海工等项目取得实质性进展。

【基础设施建设】 创“主跨径最宽、斜拉索最长、主桥塔最高、群桩基础最深”四个世界第一的苏通长江公路大桥正式通车，南通结束了“有江无桥”的历史，真正融入“上海一小时交通圈”。如东洋口港配套工程海安至洋口港铁路正式开工建设，计划于2010年建成投产，实现海铁联运。崇启大桥开工建设，沪通铁路通过国家立项，兴东机场改造升级规划获批，崇海大桥、宁启铁路宁通段复线电气化改造等前期工作取得重要进展。江海高速、204国道扩建、苏334线复线等工程快速推进。500KV三泰回输电线路和南通东升压工程建成，220KV洋口港输变电工程开工。西北片引江区域供水工程基本完成，新增受益人口100万人。

【体制改革】 行政管理体制改革继续推进，基本建设项目并联审批制度从项目立项阶段向工程施工设计阶段延伸，市级政府投资项目“代建制”试点稳步开展，政府采购规模与范围不断扩大。注重事业单位资源整合，在全省率先完成行政管理型事业单位改革；市属公益型事业单位改革既定任务基本完成，撤销归并单位68家，减少人员编制1800个。国资国企改革不断深化，国有资产监管全覆盖工作全面启动。企业上市取得新突破，共有10家企业向中国证监会提交首发申请或重组申请，2家企业通过中国证监会的首发或重组审核，7家企业提交上市申请，33家企业进入上市轨道。农村改革进一步深化，新增流转土地10.45万亩，各类农民专业合作经济组织累计发展到1313家、总数继续保持全省领先；新建土地股份合作社254家，入股土地面积6.84万亩；如东县栟茶镇入选第二批全国发展改革试点小城镇；海安县农村合作银行成功组建。

【民营经济】 继续争创江苏民营经济第一大市，个体工商户总数突破30万户，私营企业注册资本突破2500亿元、保持全省第二。年末共有规模以上民营工业企业4265家，占规模以上工业企业数的73%，实现工业总产值3089.93亿元、增长16.8%，占规模以上工业总产值的60%。民营经济增加值占GDP比重、民营经济入库税金占全市比重分别为48.1%和60.4%，分别提高1个和2.3个百分点。做强优势板块，新增销售收入超100亿元特色板块3个，总数达8个。做大单体规模，新增营业收入亿元以上民营工业企业134家。做多优势品牌，继续推进“名企名品名人”工程，申报中国名牌产品14个、新增驰名商标8件。

【开放型经济】 先后举办港洽会和深圳、北京、上海、日韩系列招商活动，新增工商登记注册外资55.6亿美元，注册外资实际到账29.4亿美元，分别列全省第二、第三。新批外资项目平均单体规模达1202万美元，增长20.7%；新批总投资超千万美元项目243个，其中3000万美元以上项目30个，5000万美元以上项目6个；引进世界500强投资项目7个，外资研发机构8家。外贸进出口总额166.9亿美元，其中出口117.5亿美元，分别增长30.6%、30.3%；高新技术产品出口17.26亿美元、增长66.8%，占全市出口总值的14.7%、提高4个百分点；机电产品出口46.9亿美元、增长44.6%，占全市出口总值的39.9%、提高3.2个百分点，跃升为全市第一大类出口商品。拥有对外承包工程和劳务合作经营企业23家，新外派劳务1.43万人，新批境外投资项目14个，对外劳务承包营业额等主要指标连续13年保持全省第一。如皋港获批为国家一类开放口岸。港口集团狼山三期工程江海通用散货码头通过省级验收，正式对外开放。新缔结国际友城2个。

【开发园区建设】 13个省级以上开发区实现地区生产总值1205.59亿元、增长42.15%，占全市比重达43.2%。工业增加值877.02亿元，增长36.59%。财政总收入149.20亿元、增长29.67%，占全市比重达38.2%，其中地方一般预算收入73.31亿元，增长29.58%。全社会固定资产投资796.48亿元，增长39.54%，其中基础设施投资102.94亿元。投资强度提高到228万元/亩，增长8.5%。注册外资实际到帐23.74亿美元、增长2.19%，占全市总额的80.83%；新批外商投资企业235个，其中总投资1000万美元以上项目148个。进出口总额72.24亿美元、增长21.82%，占全市总额的43.29%，其中，出口50.02亿美元、增长16.28%，占全市总额的42.57%。在省委、省政府的关心推动下，南通与新加坡、苏州签订合作意向，在苏通大桥北侧联合开发建设苏通科技产业园。南通经济技术开发区与苏州新加坡工业园，通州经济开发区与上海漕河泾开发区、启东市人民政府与上海外高桥（集团）有限公司、海门经济开发区与上海张江（集团）有限公司开展了合作对接。新增中集物流装备产业园、精密机电产业园、天汾电动工具产业园、船舶修造及配套产业园等4家省特色产业园。

【社会事业】 城乡免费义务教育全面实施，义务教育债务化解任务全面完成，教育财政投入41.27亿元、增长22.7%，增幅高于全市财政经常性收入1.9个百分点。大力推进区域教育现代化建设，积极推动义务教育均衡发展，5个县（市）区达到省教育现代化建设标准。加快完善城乡公共卫生和医疗服务体系，市区社区卫生服务中心实现全覆盖，农村三级卫生服务网络基本形成，传染病发病率稳定下降。人口和计划生育工作进一步加强，在稳定低生育水平的同时，严肃查处了一批违法生育行为。新增国家一级博物馆1家、一级文化馆5家、国家级非物质文化遗产保护项目4个、中国民间文化艺术之乡6个，环濠河文博馆群增加3个新馆。乡镇文化站、村文化室普及达标率分别达94%和79%，新建农家书屋769家。南通荣获“中国创意城市年度奖·文化遗产保护奖”。全市有线电视用户新增17.3万户，市区有线电视实现数字化整体转换。“全民健身与奥运同行”主题活动深入开展，圆满完成奥运火炬在通传递任务，南通健儿在北京奥运会上勇夺四金一银一铜，在全国地级市中位居第一，其中8月12日南通健儿在北京奥运会上创造了“一日三金”的历史辉煌，我市设立“南通体育日”，成功举办市九运会。

【就业与社会保障】 实施更加积极的就业政策，城镇登记失业率连续10年低于全国、全省水平，90.2%的城镇社区建成充分就业社区；农村劳动力转移新增4.5万人，农村劳动力转移总量保持在200万人以上，劳务经济总量和质态继续保持全省前列。持续推进基本保障的“五个全覆盖”，初步形成了“十大类二十项”的社会保障体系。全市城镇基本养老、基本医疗、失业保险覆盖率均稳定在97%以上，新型农村合作医疗参保率达98.3%，市区城镇居民医疗保险基本实现全覆盖。新型农村养老保险参保人数76.95万人，参保率达74.6%，居全省第一。住房保障体系进一步健全，拆迁安置房开工、竣工面积均为历年最多。城乡低保标准继续提高，并为全部城乡低保对象发放物价补贴，农村五保户集中供养率提高4个百分点，农村大病医疗救助全面实施。市区失地农民基本生活保障标准再次提高。市区建成20个社区居家养老服务站，百岁老人“五个一”全面实施。

【平安南通建设】 社会矛盾纠纷大调解机制、社会治安大防控体系以及大信访格局进一步健全，矛盾纠纷调处率、刑事案件破案率和社会公众安全感满意率保持全省领先，获省社会治安安全市、社会治安综合治理先进市称号，并夺得全国社会治安综合治理最高奖“长安杯”，9个县市（区）连续两年全面进入省“社会治安安全县（市）区”行列。社会应急体系初步建立，安全生产事故起数和死亡人数连续7年双下降。成功夺取抗击特大雨雪冰冻灾害的全面胜利。（朱爱琴提供）

崇 川 区

【概况】 2008年末，崇川区总面积99.98平方公里，下辖8街道2镇、117个社区24个村，1个省级开发区、1个省级风景名胜区。年末全区户籍人口54.54万人，人口出生率为7.18‰，人口死亡率为5.30‰，人口自然增长率为1.88‰。全年实现地区生产总值283.64亿元，比2007年增长14.5%。其中：第一产业增加值0.80亿元，下降8.2%；第二产业增加值139.72亿元，增长14.3；第三产业增加值143.12亿元，增长14.9%。财政总收入在南通各县（市、区）中率先突破50亿元，达到50.1亿元。全年市区居民人均可支配收入18950元，比2007年增长15.2%；农民人均纯收入10020元，增长12.6%。全年新批外商投资企业30家，增资7家，新批工商登记注册外资2.92亿美元，注册外资实际到账1.03亿美元，比2007年增长49.1%。新签劳务合同额2786.4万美元，实现营业额2171.3万美元，新派人数1542人，期末在外人数2415人。新批境外投资项目2个，投资额120万美元。建成骨干道路6条，修建老新村、后街里巷道路2.5万平米，完成约1000幢住宅楼雨污分流。强势推进环境污染综合整治，开展节能减排，生态环境明显改善。11月9日，在中国社科院城市发展与环境研究中心主办的第五届中国中小城市可持续发展高峰论坛上，崇川区继续名列2008年度全国中小城市综合实力第八名。

【服务外包产业快速崛起】 区政府先后投入近3亿元建设服务外包基地，吸引50多家从事数据处理、软件开发、产品设计的企业落户，其中20多家进入商务部服务外包业务信息管理系统。区财政从预算中每年度安排1000万元配套扶持资金，用于扶持外包重点企业、人才引进与培训、公共服务平台建设、企业国际资质认证等补贴，着力打造服务外包发展“低成本、零负担”的政策环境。创业中心“聚智谷”被评为江苏省国际服务外包示范区。

【创建全国文明城市】 勇挑主城区创文主力军重担，承担市下达的8项重点工作、135项主体性任务、126项承接性任务，以及70%的实地考察和问卷调查，为南通成功创建全国文明城市作出贡献。编印市民手册8万份，制作横幅2500余条，组建宣讲团150多支，举办文艺演出250多场，形成浓厚宣传氛围。全区涌现一大批道德模范典型，市民素质得到明显提升。坚持创建惠民，突出抓好关系群众切身利益的问题。城市环境面貌发生巨大变化，各项社会事业扎实推进，为民办实事工程全面实施，弱势群体得到有效帮扶，人民群众安居乐业的良好局面进一步巩固。

【实现8000户安置目标】 难中求进实现安居工作突破，全年在建安置房总面积163万平方米，完成天山家园、毓秀家园等10个安置房小区5300户的选房与交付工作，外滩北苑、锦安花苑等5个在建安置房小区可安置3000户，如期实现8000户“看得到房、订得到房、住得到房”的目标。安置房建设质量不断提高，城山家园获全省住宅工程质量分户验收示范小区称号。全年新开工中远川崎三期、观音山环保公园等拆迁项目25个，完成拆迁扫尾项目30个。拆除民居1393户、面积21.9万平方米，拆除非居133户、面积30.5万平方米，安置失地农民3944人。完善拆迁工作推进机制，在下放拆迁审批权的同时加强审计结算。出台“十公示、一监督”制度，全程监管，阳光拆迁。

【社会保障】 开展就业再就业工程。全年提供就业岗位3.24万个，有1万余名城镇失业职工实现再就业，新增农村劳动力转移513人。年末享受低保的城乡居民2621人，其中城镇居民2435人，农村居民186人，农村传统救济668人。提供就业岗位3万余个，开展各类就业培训1.4万余人。所有社区（村）达到省充分就业社区（村）标准，率先在全省建成充分就业辖区。基本保障全面覆盖。率先在苏中实现城乡低保统一标准，城乡低保不低于每天1美元。新建社区居家养老服务站17家，建成慈善超市54家。城镇职工、居民基本医疗保险和新型农村合作医疗三位一体的保障体系全覆盖，全面实行城乡困难群众大病医疗救助。慈善工作有序推进。积极组织抗击雪灾、汶川大地震等赈灾捐款活动，接收社会各界捐款1300余万元。社区建设不断深化，70%社区公共服务平台建成并投入使用，获得社会广泛好评。（袁 扬）

港 闸 区

【概况】 港闸区总面积134平方公里，下辖2个街道、2个乡、1个经济开发区、32个行政村、25个居委会。2008年末总人口18.64万人，人口自然增长率为-2.88‰。全年实现地区生产总值146.22亿元，增长14.5%（按可比价计算，下同）。其中，第一产业增加值2.24亿元，比2007年增长2.0%；第二产业增加值114.52亿元，比2007年增长14.7%；第三产业增加值29.46亿元，比2007年增15.0%，三次产业结构比为1.5:78.3:20.2。财政收入30.97亿元，比2007年增长19.6%。城镇居民人均可支配收入1.89万元，比2007年增长14.9%。农民人均纯收入9332元，比2007年增长12.0%。粮食总产量4.22万吨、油料作物总产值0.22万吨。生猪、家禽年末存栏分别为1.3万头和19.99万羽。工业总产值555.69亿元，比2007年增长38.7%，工业销售收入558.48亿元，比2007年增长39.4%。新增规模以上企业160家，规模工业企业完成产值406.31亿元。轻重工业比例为1:2.5。全年实现注册外资到帐4900万美元，新批外商投资企业26家，增资并购7家。新派劳务人员714人，完成营业额2359.63万美元，完成外贸出口15.19亿美元。全区房地产开发投资11.18亿元，增长85.7%。商品房屋施工面积85.92万平方米，增长46.2%，其中施工住宅76.18万平方米，增长60.7%；竣工面积11.89万平方米，增长459%；商品房销售面积15.91万平方米，下降34.6%。建筑业从业人员3.7万人，实现施工产值61.0亿元。

施工面积 901.79 万平方米,竣工面积 475.87 万平方米。

【城市建设】 全年新开工安置房 60 多万平方米,基本竣工 60 多万平方米,安置及预安置拆迁户 3000 多户。马躺路桥南接线、黄海路西延等 15 条道路相继完工,新增道路面积 82 万平方米。滨江大桥主体竣工,北城大桥顺利开工,位于城北大道与长泰路交界处的市区首座立体互通式立交桥全面开工。东港污水处理厂扩容工程顺利实施。完成城闸大桥北接线两侧、通宁大道东侧等绿化工程,全年新增绿化面积 366.67 公顷、绿色通道 40 公里,建成绿化合格村 5 个、省级园林式单位 4 家。建成农村公路近 9 公里,改造泵站 27 座,维修涵闸 2 座,拆坝建桥 12 座。疏浚村组河道 965 条(段)、土方 335 万方。

【社会事业】 建成覆盖城乡的公益性社区卫生服务中心 5 家,创成省级示范中心 1 家。12 所幼儿园接受省优质幼儿园验收。区档案馆建成国家二级馆,唐闸文化馆升级为国家三级馆。全年新增就业岗位 6772 个,培训就业率达 92%。农村新型合作医疗筹资标准从每人每年 100 元提高至 150 元,为全市最高。对 60 岁以上老人实行免费体检,健康档案建档率达 93%。超额完成"三送"(送科普、送戏、送电影)任务,有线电视数字化整体转换工程基本完成。民间音乐"陆家锣鼓"、民间文学"花子街"被确定为南通市首批非物质文化遗产,长篇叙事民歌《花子街》(严金凤编著)在江苏《大众文学》上发表。举办"奥运年"群众体育活动,完成奥运火炬南通境内传递组织和保卫工作。成功承办省第十二届"省长杯"女子初中组足球比赛,女足获初中甲组冠军。家住港闸开发区曙光村的夏征作为中国盲人足球队主力参加 9 月 17 日北京残奥会五人制足球(盲人足球)赛,夺得银牌。有效组织抗雪救灾,妥善处置三聚氰胺问题奶粉等突发公共事件,有效防止手足口病等疫病蔓延。

【吉宝海洋工程项目落户港闸】 4 月 8 日,新加坡吉宝企业董事、吉宝海外与海事主席及首席执行官朱昭明一行到港闸区考察投资环境,并与市政府签订总投资 1 亿美元的吉宝海洋工程项目合作协议。新加坡吉宝集团是新加坡第三大上市公司,主要业务范围包括物流、房地产开发、科技、通讯、能源与基础设施、造船业等。

【南通软件园(北园)开园】 11 月 28 日,市第十届软件展示会开幕式暨南通软件园北园开园仪式在唐闸镇街道举行,南通透明度动画设计有限公司等软件企业率先入驻园区。市委副书记、市长丁大卫出席仪式并宣布开园。

【港闸区档案馆通过国家二级档案馆等级测评】 6 月 13 日,港闸区档案馆通过由省档案局副局长项瑞荃率领的国家二级档案馆测评组的等级测评。这是全省首家通过测评的区级国家二级档案馆。该馆馆藏档案资料有 43 个全宗、2 万余卷(册)、1.20 万件,馆藏包括区党政群团、企事业单位的文书、科技、专门档案等,其中,重要档案有民国五年南通地区水利工程方面的江岸潮灾报告书、沿江形势图、护岸工程计划、张謇的哥哥张詧聘请荷兰水利工程师特莱克到南通治水的聘书等。

(尹先松)

泰 州 市

【历史沿革】 泰州是一座具有2100多年历史的古城，素有“汉唐古郡、淮海名区”的美誉。春秋战国时期，泰州称“海阳”，西汉改称“海陵”，汉武帝元狩六年（公元前117年）设置海陵县，东晋时设海陵郡，当时与金陵（南京）、广陵（扬州）、兰陵（常州）齐名华夏。南唐时建州，为祈盼“国泰民安”而得名“泰州”，沿袭至今。境内各辖地大多历史悠久，汉置海陵县，五代设泰兴县、兴化县，明置靖江县。泰州50年代初期曾是苏北行署、泰州专署驻地。

【地理位置】 泰州市地处江苏省中部、长江北岸，地理坐标位置为北纬32°01′57″～33°10′59″，东经119°38′21″～120°33′20″，东临南通，西接扬州，南临长江，与苏州、无锡、常州三市以及镇江市所辖扬中市隔江相望，北接盐城。地势呈中间高、南北低走向，南北最大直线距离约124公里，东西最宽处约55公里，是苏中入江达海5条主要航道的交汇处，沿海与长江“T”型产业带结合部。

【行政区划】 1996年8月，经国务院批准，撤销县级泰州市，设立地级泰州市，辖海陵区、靖江市、泰兴市、姜堰市、兴化市，1997年4月设高港区。到2008年底，泰州下辖“四市两区”，共81个镇、6个乡、13个街道办事处，总面积5793平方公里，其中市区面积444.18平方公里，

【人口】 2008年末，全市户籍总人口为500.89万人，比上年增长0.4‰。其中，市区80.65万人，增长24.4%。年末常住人口为463.59万人，增长1.2%，全市城镇人口比重达到49.1%，比上年提高1.5个百分点。人口出生率7.79‰，全年净增人口1万人，人口自然增长率2‰。按常住人口计算的出生率为9.07‰，死亡率为7.79‰。

【经济发展概况】 积极顺应宏观形势变化，千方百计保增长扩内需调结构，努力推动经济社会又好又快发展。2008年，全市实现地区生产总值1394.38亿元，增长13.5%。其中，第一产业增加值109.26亿元，增长4.5%；第二产业增加值808.63亿元，增长14%；第三产业增加值476.6亿元，增长15.3%。按常住人口计算，全市人均地区生产总值30260元，增长13.5%。完成财政总收入262.31亿元，增长24.1%；其中，地方一般预算收入101.08亿元，增长18.6%。完成社会消费品零售总额395.73亿元，增长23.3%。

【城市产业结构调整】 坚持以新型工业化为方向，着力调高调优调轻产业结构，努力构建以高新技术产业为先导，高端制造业和高成长性服务业为主体，高效农业为基础的先进产业体系。到2008年底，三次产业比重为7.8:58.0:34.2，产业结构更加合理。高效农业稳步发展，农业综合生产能力进一步提高。全年粮食总产量300.62万吨，棉花总产量2.12万吨，油料总产量11.94万吨，分别增长10.5%、29.3%、18.3%。继续推进高效农业“5218工程”，特色高效农业生产面积扩大到147万亩。新增3家省级、1家国家级农业龙头企业，全市重点农业龙头企业销售、利税均增长18%。进一步扩大农业政策性保险覆盖面，在全省率先对高效设施农业实施保险。积极应对一系列挑战，工业经济“高开稳进”。全市列统工业完成总产值2949.82亿元、增加值787.22亿元，分别增长31.3%、16.7%；实现销售收入2794.88亿元、利税287.5亿元、利润152.01亿元，分别增长29.6%、47.8%和40.2%。医药、机电（船舶）、化工三大支柱产业发展势头良好，累计完成产值1816.77亿元、实现销售1712.33亿元、利税191.36亿元，分别增长43.5%、29.8%和53.9%；不锈钢产业、船舶修造产业入选“全国百佳产业集群”，机电（船舶）产业成为全市首个销售突破千亿级产业。“50强”重点工业企业支撑作用明显，累计完成产值1215.32亿元、实现销售1154.38亿元、利税154.47亿元、利润87.15亿元，分别增长30.61%、26.17%、48.48%和38.94%，分别占列统工业的41.2%、41.3%、53.73%和57.33%。全年新增销售过亿元的企业76家，其中过10亿元的8家。建筑业完成总产值937.9亿元，增长19.7%，江苏中兴、正太集团、江苏一建、锦宸集团等4家企业被评为全省建筑业综合实力30强。以服务业“833”工程为抓手，大力发展现代服务业。2008年，全市8大服务业集聚区实现营业收入132.8亿元、税收2.95亿元。6家集聚区被授予省级现代服务业集聚区的称号，省级集聚区数量在苏中、苏北均居第一位。“30强”重点服务业企业实现营业收入162.3亿元、利税4.64亿元，分别增长5.6%、16%；列入市考核的30个投资亿元以上重点服务业项目当年完成投资65.52亿元。全年服务业增加值占GDP的比重较上年提高1个百分点。

【农业现代化建设】 以发展高效农业为突破口，进一步推进农业结构战略性调整。继续实施高效农业“5218”工程，着力加快以农业八大产业为主导的区域特色经济发展。大力实施农业三项更新工程，积极引进推广新品种、新技术，全年引进推广农业新品种50个，全市小麦优质化率88%，优质油菜种植比例98%。支持和促进农业产业化龙头企业加快发展，2008年，60家农业龙头企业实现销售145亿元、利税6.7亿元，分别增长18.1%和17.9%。进一步加强农产品质量安全管理，新认定国家级无公害农（畜、水）产品35个，绿色食品33个、有机食品4个。农业招商引资取得新突破，新建“三资”农业项目505个，农业实际利用“三资”达45亿元，增长16.7%。大力培育农民合作经济组织，当年新增262家，全市累计突破800家，

【对外开放及园区建设】 积极应对各种不利因素带来的影响，认真抓好各项关键措施落实，全市开放型经济取得较好成绩。全年新批外商投资企业139家，注册协议外资19.55亿美元，增长13.8%；实际利用外资首次跨上10亿美元台阶，达

10.5亿美元,增长19.9%;新批外资项目平均规模首次超过1000万美元,达1054万美元。完成进出口总额63.4亿美元,增长60.3%,其中,出口总额48.9亿美元,增长65.3%,两项指标增幅均居全省第一位。新签对外承包劳务合同额3.6亿美元、完成营业额4.14亿美元,分别增长37%和38.4%,总量分别列全省第4位和第3位。沿江开发深入推进,沿江地区实现地区生产总值984.6亿元、列统工业增加值576.9亿元、全社会固定资产投资632.3亿元、实际利用外资8.65亿元,增幅分别高于全市平均增幅8个、3.5个、7.9个和1.3个百分点。地方财政一般预算收入75.3亿元,增长17.2%,占全市的74.5%。各类开发园区集聚资本的能力进一步提升,实际利用外资占全市的比重达73.6%,生物医药产业基地成为江苏唯一入选的"生物产业国家高技术产业基地"。

【高新技术产业】 扎实推进新一轮高新技术产业"双倍增"计划,不断增强产业科技竞争力。全年组织实施国家火炬计划37项,国家星火计划19项。新增国家级企业技术中心1家,新认定省级以上高新技术企业35家、国家级重点新产品23项、省级高新技术产品116项。进一步加快高新技术产业基地建设,全市五大国家特色产业基地实现产值691亿元,增长23.4%。2008年,全市高新技术产业完成现价产值852.35亿元,增长24.54%,占列统工业产值的28.9%。

【科技进步与创新】 以创新型城市建设为抓手,加快科技进步与创新。大力推进研发平台、创业平台和服务平台建设,扬子江药业集团被命名为全国首批"创新型企业";新建外资研发机构12家,其中3家被认定为省级外资研发机构;兴化特种合金材料及制品试验检测公共技术服务中心等5个公共服务平台获批为省级公共服务平台。进一步加强科技合作,组织开展"两院院士泰州行"活动,新增产学研合作项目150项,中科院泰州中心新入驻4家研发分中心。着力提升知识产权工作水平,全年共申请专利4677件,增长45.34%,其中发明专利735件,增长20.1%,泰州市知识产权局被表彰为全国知识产权工作先进集体、全国知识产权试点示范工作先进集体、全国知识产权执法先进集体。

【城市建设】 不断加大中心城市建设力度,全年中心城市建设投资达100亿元。扎实推进城建十大重点工程,园博园土方工程、泰州大剧院主体工程和人民路立面改造、东风北路、鼓楼南路南延等项目基本完成,建工、春兰等老小区整治全面竣工,新建城北污水处理厂及管网铺设完成阶段目标,凤城河风景区三期开工建设;高港港城路东延、王营河路北延等道路建设加快推进,口岸大桥建成通车,雕花楼景区二期竣工。顺利实施部分地区行政区划调整工作,促进区域经济社会持续、协调、共同发展。切实加快城乡重大基础设施建设,兴泰公路改扩建先导段实现贯通,江海高速公路建设进展顺利,332省道建成通车;市区备用水源投入使用,刘西河、北城河、老通扬运河一期等河道整治疏浚全面完成,口岸船闸改造竣工通航,靖泰界河整治基本完成;500千伏泰三线等一批重点电力设施建成投运,邮政、通信等基础设施建设取得新的进展。

【城市环境质量】 生态环境建设进一步加强,环境质量持续改善。全年环境污染治理总投资3.59亿元,增长14.5%。全市环境质量综合评价指数87.1分,比上年提高4.5分。全市饮用水源水质达标率保持100%,主要河流优于Ⅲ类水的断面为66%,市区13条主要河流水质比上年略有好转。全市城区空气环境达到国家二级标准的天数占全年天数的88.3%,全市环境空气质量总体良好。全市城市区域环境噪声平均等效声级在52.9~55.9分贝之间,均低于区域环境噪声Ⅱ类区昼间标准限值。年内,创成省级"绿色社区"6个、省级环境优美乡镇2个、省级"绿色学校"9所。

【社会事业】 区域教育现代化全面推进,义务教育阶段"两免一补"政策实现全覆盖,入学率和巩固率分别达到100%、99%;高中阶段教育教学质量稳步提升,高考本科万人进线率继续位居全省前列;高等教育本科在校生已达1.5万人。加强文化基础设施建设,市区新建市民文化广场10个,学政试院修缮、梅纪馆改造竣工并对外开放。五巷、涵西古街区保护规划通过省专家组评审。传统木船制造技艺等4个项目人选"国家级非物质文化遗产名录"。成功举办首届梅兰芳艺术节。健全公共卫生服务体系,新型农村合作医疗人口参合率98.7%,城市社区卫生服务覆盖率达90%以上,建成省级卫生镇6个、卫生村43个和市级农村示范社区卫生服务中心15个。成功举办市第三届运动会,泰州境内奥运火炬传递活动取得圆满成功。市区数字电视整体平移工作顺利推进,全市有线电视通组(自然村)率100%。人口出生率继续稳定在较低水平,计划生育率达99.34%。严格落实建设项目用地预审制、环保前置审批责任制,耕地节约利用和环境保护工作得到进一步加强。我市被表彰为全国第二次农业普查工作先进市。

【社会保障体系】 扎实推进改善民生十大工程,认真办好十件实事,一批事关群众生活的大事难事得到妥善解决。扎实抓好全国统筹城乡就业试点工作,出台创业带动就业、支持返乡农民创业、动态消除"双零家庭"工作意见,在全国率先推行高校毕业生"就业服务卡",全年净增城镇就业人员5.3万人,失业人员再就业3.1万人,城镇登记失业率3.15%。在全省率先出台城乡居民社会基本养老保险办法,继续强化社会保险扩面征缴,五大保险新增参保人数48万人。农村社会养老保险新增参保人数20.7万人,已有2.35万农民领取养老金。农村新型合作医疗参保率达98.7%,政府性补助医保资金2.95亿元,受益农民近100万人。开展"劳动保障监察执法年"活动,切实维护劳动者合法权益。重视社会困难群体的生活安排,及时发放物价生活补贴,全面提高城乡居民最低生活保障标准、五保老人供养标准、残疾军人和老复员军人补助标准,对1.55万名无固定收入重残人员、5800名老复员军人遗孀发放生活救助金。进一步完善社会救助体系,建立市区困难群众临时救助制度。兴化成立全省首家社会救助服务中心。建成市儿童福利院。加强住房保障工作,市区符合保障政策的低收入家庭实现应保尽保,廉租房制度惠及573户困难家庭。社区试行基础药物"零差价",惠民义诊累计减免医疗费用1580万元。优先发展城市公共交通,市区更新公交车辆70辆,新辟线路5条,新建站台12对,新增里程120公里。实施农村饮水安全工程,新增镇村以下受益人口39.5万人。抓好扶贫帮困工作,全市5万贫困人口实现脱贫。　(张九龙等)

海 陵 区

【概况】 海陵区为泰州市主城区之一，总面积223平方公里，总人口36.06万人，其中建成区46平方公里。下辖1个镇、8个街道办事处、4个园区（海陵工业园区、现代农业科技示范园区、城北物流园区、台商工业园区）。海陵位于“苏中之中”，地处长江三角洲与里下河平原交界。京沪高速、328国道、宁启铁路以及苏中5条通江达海航道在此交汇，是江苏高速公路、铁路和水路交通网的重要节点。随着江海高速、宁启铁路复线改造、苏中机场以及一批城市重大基础设施项目的建设，海陵的区位优势日益凸显，集聚辐射功能不断增强。2008年，全区实现地区生产总值90.1亿元，比上年增长15.5%。其中第一产业增加值1.9亿元、第二产业增加值47.2亿元、第三产业增加值41.0亿元，比上年分别增长2.9%、17.0%和15.6%。实现财政收入18.51亿元，增长33.3%；完成全社会固定资产投资68.2亿元，增长35%。经济实力跃上新台阶。

【农业与新农村建设】 落实强农惠农政策，调整优化产业结构，全区继续保持农业增效、农民增收、农村发展的良好势头。农业综合效益稳步提高，全年完成第一产业增加值1.9亿元，比上年增长2.9%；新增高效农业面积866.67公顷，达2200公顷；新增设施农业面积66.67公顷，达354.53公顷；新增高效渔业面积50.4公顷，达337.07公顷；生猪、蛋禽、肉禽及奶牛规模养殖比重平均提高5个百分点以上；8家市级以上农业龙头企业实现销售收入7.1亿元、利税2600万元，比上年分别增长33.5%和30.8%；农民人均纯收入8553元，比上年增长13.3%。农产品标准化建设扎实推进，新增3个无公害绿色食品品牌，无公害农产品栽培面积500公顷。农村和农民生产生活条件不断改善，编制5个村庄建设规划、25个城中村整治规划，完成28个村环境综合整治任务；建成农村公路6公里，新建、改造农桥20座；疏浚河道57条；53个行政村全部接引长江水；农村生活垃圾集中处理覆盖率100%；全年绿化造林面积846.67公顷，森林覆盖率20.1%；全面启动农村基本养老保险工作，参保人数1.28万人，新增0.88万人。九龙镇界沟村通过省级小康建设示范村达标验收，30个行政村通过市级小康示范村达标验收。

【工业】 工业实施“三年倍增”计划，启动“5411”工程，即到2010年，全区工业经济总量突破500亿元，实现规模以上工业现价产值400亿元、利润10亿元，3年累计完成工业技改投入100亿元以上。深入开展服务企业、服务投资者、服务项目“三服务”活动，帮助企业化解资金、土地、技术等瓶颈制约，引导企业坚定信心，加大投入，加快发展。工业经济连续三年保持40%以上的增长速度，全区工业经济发展步入“快车道”。2008年，全区工业经济产值227亿元，与2005年相比，总量实现翻番；规模以上工业完成现价产值178.8亿元，比上年增长41.9%，增幅列全市第二；完成工业增加值38.4亿元，增长18.3%。规模以上工业实现销售收入167.84亿元、利税6.9亿元、利润3.5亿元，分别增长40.7%、42.2%和51%；工业企业一般纳税人开票销售完成140.26亿元，增长22.6%。全年完成技改投入31亿元，增长42%，实施3000万元以上项目33个，竣工投产21个。民营经济加快发展，数控电火花线切割机床获批省级产业基地。全年新增私营企业700户、个体工商户3303户，新增注册资本16.35亿元。

【建筑业】 区政府出台《关于加快建筑业发展的若干意见（试行）》，鼓励建筑企业创业。全年完成建筑业总产值45.64亿元，比上年增长28.06%，建筑业增加值7.5亿元，增长6.0%，建筑业增加值占地区生产总值10.8%，完成境外施工承包工程（劳务）营业额1.04亿美元，出国施工人数4175人，承建规模工程30多个，施工面积近100万平方米，获省优工程2项、市优工程9项，建筑企业上缴利税1.69亿元，政府兑现奖励资金161.8万元。区划调整后，全区建筑施工总承包一级资质企业2家，二级施工总承包企业9家。

【服务业】 实施“商贸兴区”战略，提出服务业“811工程”的总体发展目标，即到2010年实现服务业增加值80亿元，服务业三年滚动投入100亿元，服务业入库税收10亿元。坚持政策扶持引导，全年兑现服务业引导资金665万元。着力做强现代服务业，形成城区大商贸、城郊大市场、城北大物流、学区大配套、社区大服务“五大板块”，实现产业集群、功能集成和资源集合。全年实现社会消费品零售总额93.0亿元，比上年增长25.1%；实现服务业城镇固定资产投资47.2亿元，增长35.3%，占全区固定资产投资的66.7%；实现服务业增加值44.73亿元，增长15.7%；入库税收6.17亿元，增长31.6%，占地方一般预算收入67%。服务业增加值占全区GDP45.5%，高出全市平均值近8个百分点。全区服务业发展呈现速度加快、质态趋好、后劲增强的良好态势。

【外资外经外贸】 全年新批外商投资项目6个，增资项目1个，股权转让项目2个，其中3000万美元的项目5个，比上年净增3个。一次性增资3500万美元的中盛泰通光电有限公司“追日”光伏发电系统扩能项目，总投资9800万美元，利用外资单体项目规模实现历史性突破。基础设施项目1个，基础设施领域利用外资实现新突破。累计注册协议16893万美元，比上年增长8.6%；实际利用外资10621万美元，首次突破1亿美元，增长30.8%，增幅列全市第一。外贸获权企业比上年增加30家，外贸出口主体实现快速增长。科技产品出口占全区出口总额50%，比上年增加20个百分点，出口结构实现历史性转变。全年实现自营出口额42410万美元，增长100.8%，增幅列全市第二。全年新签外经合同额6254万美元，实现外经营业额12965万美元，新派劳务2620人，比上年分别增长47.43%、63.99%和13.13%。其中，新派劳务人数占全市外派劳务人数的2/3。江洲数控机床厂到泰国、越南投资办厂，晨光车件公司在美国设立销售公司。

【社会事业】 财政对社会公共事业投入增加。加大科技创新力度，新认定国家级重点新产品3项、国家星火计划1项、省级高新技术产品8个、市级以上名牌产品5个。完成专利申请600项，增长41.5%。全年实现高新技术产业产值35亿元，增长83.9%。坚持教育优先发展，全力创建江苏省教育现代化先进区，以县为主的义务教育管理体制落实到位，成立单声教育奖学基金会。学校基础设施明显改善,教育质量进一步提高。全区有初中10所,在校学生10325人;职业中学1所,在校学生1895人;小学13所,在校学生19292人;幼儿园26所,在园幼儿9650人。建成社区教育中心9所。加强社区卫生服务和乡镇卫生院建设,医疗卫生服务体系进一步健全。积极创建江苏省城市社区卫生服务先进区,推进标准化建设,完善网络布局,社区卫生服务覆盖率90%以上。实施乡村医疗机构一体化管理,新型农村合作医疗参保率100%。推行惠民病区、惠民门诊、社区基本药品零差率销售等工作,努力解决群众看病难、看病贵问题。全区拥有卫生医疗机构137个,其中医院14家、卫生院14家、门诊部(所、室)3个、个体诊所44个,卫生技术人员884人,病床495张。强化市场卫生监督,推进食品放心工程,加强传染病防治工作。公民道德素质和城市文明程度不断提高。文化广场活动丰富多彩,建成村居文化室26家,健身工程点基本实现全覆盖,获泰州市第三届运动会暨全民健身展示大会最佳赛区称号和优秀组织奖。强化人口计生基础工作,流动人口计生管理进一步规范。构建人才引进"绿色通道",全年引进高层次人才32人。募集抗震救灾资金585万元、救灾物资折合28万元,财政援助资金600万元,提前完成灾区过渡房援建任务。扎实推进经济普查工作,完成第一次全国污染源普查任务,第二次农业普查获国家表彰。"全国双拥模范城"创建工作实现两年冠,征兵工作连续27年无政治和身体责任退兵。创建成为江苏省残疾人社区康复示范先进区。

【城市建设管理】 全年实施重点城建项目35个,城建总投资27.22亿元,超额完成年度城建工作任务。把基础设施建设作为城北地区改造的关键,先行启动、优先实施。东风北路拓宽改造工程全长6.2公里,总投入4.3亿元。森园路新建工程总长5.5公里,总投入2.02亿元。江洲北路扩建工程全长1.76公里,总投入1.8亿元。城北污水处理厂规划用地面积8公顷,总投资2.2亿元,设计污水处理规模8万吨/日,一期规模4万吨/日,厂区建设进入后期阶段,铺设污水收集管网13公里。重点打造街区改造项目。招贤新村、肉联厂东侧地块、福寿苑二期等3个北部街区改造工程于年底全部竣工。东风北路街区金通梅园一期竣工交付,二期启动实施;玉城名郡主体完工;碧桂园一期主体工程全部完工。全年全区街区改造建设竣工面积80万平方米。启动实施府前路北侧、扬桥东北侧、鲍坝东侧、苏电等地块拆迁改造建设。加快安置区及公共事业项目速度。坚持安置区建设先于房屋拆迁,启动建设7个安置区,在建面积55万平方米,建成安置房面积37万平方米,回迁安置拆迁户2300多户。坚持为民办实事。加大廉租房建设力度,对区委、区政府确定的20户低保特困无房家庭实行实物配租;完成廉租房提标扩面工作,442户家庭享受到租金补贴。实施安全饮水工程,全区53个行政村全部完成长江水达村工程。配合区相关部门,完成30个老小区技防改造工作。

【财政】 财政收入快速增长。全年实现财政收入18.51亿元,比上年增长33.3%。其中,一般预算收入8.81亿元,增长32.3%。财政支出11.41亿元,增长42.4%。财政收入占地区生产总值20.54%,比上年提高2.56个百分点。

【固定资产投资】 固定资产投资大幅增长。全年完成全社会固定资产投资额71.93亿元,比上年增长42.3%。城乡规模以上投资46.42亿元,增长36.3%;房地产开发投资21.67亿元,增长46.3%;城乡规模以下投资3.36亿元,增长507.2%;城乡居民私人建房0.47亿元,下降57.7%。在投资总额中:第一产业完成固定资产投资0.70亿元,增长110.21%;第二产业完成固定资产投资23.59亿元,增长62.6%。其中:完成工业投资额19.91亿元,增长53.8%;第三产业完成投资额47.64亿元,增长33.4%。

【人民生活和社会保障】 大力发展劳动力市场,完善公共就业服务体系,实施"创业带动就业"战略,形成劳动者自主择业、市场调节就业、政府促进就业的良性机制,完善面向困难群众的就业援助制度,加大公益性岗位购买力度,优先安置就业困难人员,确保动态消除零就业家庭。全年新增城镇就业人员3600人,转移农村劳动力3000多人。加大失业、养老和医疗保险征收力度,保障覆盖面进一步扩大,实现应保尽保。实施城乡低保提标扩面,提高乡镇企业退休人员、破产企业内退保老人员和失地农民生活费标准。制定城乡困难群体医疗救助制度,成立城乡医疗保障救助中心,实现城镇职工医保、新农合与医疗救助"三合一"运行机制。实施廉租房保障制度,首期安置20户特困家庭。完善劳动者权益保障机制,严厉打击各种非法用工行为,企业工资支付行为逐步规范,农民工工资发放管理不断强化。农村退役士兵生活补助标准得到提高。"全面达小康"创建工作各项指标达到序时要求。城镇居民人均可支配收入17198元,农民人均纯收入8553元,分别增长13.3%、20.9%。

【社会稳定】 社会环境安全稳定。"平安海陵"创建工作成效显著,"大调解"、"大防控"、"大基础"、"大信访"维稳体系不断完善。建成区法律援助中心,健全调解工作网络,全年受理法律援助案件260件,调处矛盾纠纷1000多件。组织"全警进社区、全力解民忧"活动,实施30个老小区技防改造,圆满完成奥运火炬传递安保任务。开展领导干部大接访、大下访活动,做好稳控工作,各类信访案件和矛盾纠纷得到妥善处置。深入推进"五五"普法教育,全民法制意识不断增强。完善各类应急预案,提升应急处置能力,妥善处理三鹿奶粉、手足口疫等突发事件,工人社区创建为全国防灾减灾示范社区。实施安全生产隐患排查和专项整治,强化食品卫生安全管理,努力保障群众生命财产安全。

【科技创新】 科技创新力度加大。完成财政科技研发投入1309万元,带动全社会研发投入首次突破1亿元,占GDP比重1.1%。全年实现高新技术产业产值37.4亿元,比上年增长122.4%,增幅列全市第一。启动高新技术创业服务中心建设,新增市级以上工程技术研究中心2家。完成专利申请724件,比上年增长74.9%。

【城北物流园功能明显增强】 城北物流园获批江苏省重点物流基地、江苏省现代服务业集聚区,园区整体拉开框架,实现公路、铁路、水路无缝对接,长宏钢材物流中心、多式联运中心、金鑫物资、第一交通物资、宇成港务储运、祥和沥青、锦泰物流等一批物流企业迅速集聚,全年完成销售42亿元,物流营业收入

1.25亿元,入库税收3108万元,增幅298%,实现货物周转量1.2亿吨公里,增长50%。电子口岸建设、内河国际港打造进展迅速,苏中地区物流信息发布中心和交易中心正在形成,集运输、仓储、加工、配送和信息服务为一体的现代物流中心初具规模。

【打造农业精品特色基地】 坚持把农业基地建设作为发展高效农业的基础,努力让农业形成特色,让特色形成规模,让规模形成高效。形成以海陵农业科技示范园为龙头,千亩高效农业示范区、万头生猪养殖小区等为骨干的高效农业产业体系。海陵农业科技示范园于2006年9月正式启动建设,园区规划总面积2133.33公顷,核心区建成面积266.67公顷,共分优质果蔬、花卉苗木、观光休闲3个功能区。园区以创新农业的发展思路,按照发展高效农业、规模农业、观光农业、外向农业的总体目标,以"树立一个品牌、打造一个产业、拉动一方经济、致富一方百姓"为宗旨,积极推进现代农业发展,建成水泥道路3万平方米、U型硬质渠9000米、生态餐厅3500平方米、智能温室5000平方米、连栋大棚特色鲜果采摘园1万平方米、设施葡萄13.33公顷,以及植物科普馆、花卉园、梨园、市民假日菜地、农耕文化园、休闲垂钓中心等景点,成功开发有机生态无土栽培蔬菜新技术,其应用效果得到上级领导和专家的好评。园区生产的"日本三水梨"被认定为国家级绿色食品,朱庄牌葡萄、绿梅牌黄瓜、番茄、防虫网小青菜、尖叶香莴苣等被认定为无公害农产品。园区先后获全国农业旅游示范点、全国农村科普示范基地、首批江苏省现代农业示范区、江苏省小记者实践基地等称号。城西万头生猪养殖小区占地38.67公顷,于2008年2月破土动工,同年9月完成一期工程建设,已完成投资2300万元,流转土地16公顷,建成标准化猪舍5.5万平方米、饲料车间3500平方米、沼气池5000立方米,并配套建设监控系统,生产区域实行24小时全封闭管理,现存栏优质种猪600头、仔猪6000头,并逐步进入肉类产品深加工领域,形成集生猪养殖、屠宰加工、肉类产品深加工、饲料生产、畜禽病疫防治与良种培育研究于一体,现代化、规模化、生态化的生产经营模式。

【人才引进工作享受省级资助】 泰州冬庆数控机床有限公司白基成教授、江苏微特利电机制造有限公司崔淑梅教授被列为省高层次创新创业人才引进计划,分别享受省人才办100万元资金资助。

【打造社区卫生服务中医药特色】 全区建成2个市级中医药特色社区卫生服务中心,3个中心被确定为省中医药特色社区卫生服务中心建设单位。5月,国家中医药管理局正式授予泰州市海陵区"全国中医药特色社区卫生服务示范区"称号。各社区卫生服务中心在创建全国中医药特色社区卫生服务示范区工作中,积极落实政府扶持措施。推行药品零差价销售试点工作,将在社区推广的12项中医药适宜技术,纳入城镇职工基本医疗保险甲类报销项目,将中医诊疗项目和98种中药饮片纳入新农合报销范围,配备中药饮片310种、中成药92种。在社区卫生服务中,宣传中医保健知识,全年免费印发健康教育处方10万份、中医保健食疗方2万份,制作健康教育专栏32个,举办居民健康讲座126次。打造中医药服务特色,开展中医预防工作,建立体现中医内容的社区居民健康档案,开展慢性病随访,实施中医药干预,全年社区卫生服务机构应用中医药适宜技术治疗临床病例6000多例。

2008年海陵区部分街道、乡镇简况

街道乡镇	土地面积(平方公里)	年末乡村人口(人)	行政村(个)	农业总产值(现价)(万元)	工业总产值(现价)(万元)	农村社会总产值(现价)(万元)	粮食产量(吨)	油料产量(吨)	水产品养殖产量(公斤)
九龙镇	11.09	25267	9	5734	624200	756994	13317	556	177
凤　凰	5.83	24167	10	5427	158100	278730	8376	191	160
城　东	5.74	17105	11	6163	215300	415847	2106	273	1031
城　西	5.32	12053	9	5601	400100	491877	3974.6	413.5	509
京　泰	9.94	32146	12	11022	314600	814064	13203	624	1736
物流园	1.04	2685	2	—	—	—	—	—	—

高　港　区

【概况】 高港南濒长江,北倚海陵,是泰州的主城区之一,区位和交通优势得天独厚。总面积314.33平方公里。辖5个镇、3个街道、104个行政村(居委会)。年末总人口29.69万人。全年实现地区生产总值78.63亿元,比上年增长16.1%。其中:第一产业增加值5.97亿元,增长3.5%;第二产业增加值46.68亿元,增长18.3%;第三产业增加值25.98亿元,增长15.8%。人均生产总值28147元。三次产业比重为7.6:59.4:33。

【农业】 全年完成农业增加值5.97亿元,比上年增长3.5%;农业利用"三资"3.27亿元,其中工商资本14585万元、民间资本6702万元,外资1624.5万美元。全区新增高效农业面积866.67公顷,占全区耕地面积30%。新增花卉苗木产业基地546.67公顷。新增"三大合作组织"28家,其中社区股份合作社4家、土地股份合作社8家、农民专业合作社16家。被评为绿色江苏建设先进区。

【工业】 全年各类工业完成现价产值255.7亿元,比上年增长42%。其中,列统企业完成现价产值169.2亿元,实现销售收入162.3亿元、创利税15.6亿元、利润6.8亿元,分别增长39.2%、39.1%、58.6%和50%。各类工业完成技改投入45.66亿元,比上年增长37%。全年新增列统企业40家,亿元以上企业7家。新增私营企业413家,其中500万元以上企业41家,新办个体工商户1703户,净增注册资本11.4亿元,新增民营企业纳税户数448家,引进区外民资项目注册资本3.85亿元。万元GDP能耗下降率5.5%、万元工业增加值能耗下降率6.8%。全年关闭"小化工"企业3家。工业经济连续被市经贸委和市乡企局(中小企业局)评为一等奖。

【建筑业】 完成施工总产值40亿元,比上年增长32.7%;实现增加值10亿元,比上年增长31.23%。建筑业企业房屋建筑施工面积337万平方米,增长22.5%;房屋建筑竣工面积237万平方米,增长43%。泰州市高港建筑安装工程有限公司成功晋升为一级资质企业,并被评为2007年泰州市建筑业明星企业。

【服务业】 完成服务业增加值25.98亿元,比上年增长15.8%。完成全社会固定资产投资74.41亿元,增长25.1%。实现社会消费品零售总额13.99亿元,增长22.6%。其中,批发和零售业10.47亿元,住宿和餐饮业3.52亿元,分别增长16.6%和43.3%。全年共争取各类扶持资金2400多万元。年成交额在亿元以上的商品交易市场3家,成交额5.22亿元。实现房地产销售额27380万元,比上年减少42.51%。建成"万村千乡"连锁超市87个,"放心店"实现全覆盖。

【开放型经济】 全年进出口总额4.88亿美元,比上年增长42.5%。其中:出口总额4.05亿美元,增长53%;进口总额0.83亿美元,增长5.9%。全年协议注册外资2.3亿美元,增长44.1%;实际到账外资1.11亿美元,增长25.5%。省级以上开发区完成进出口总额9750万美元,其中出口总额9114万美元,分别增长47.3%和50.2%。全年新签对外承包工程和劳务合作合同金额768万美元,完成营业额547万美元。

【财政】 全年完成财政总收入16.51亿元,一般预算收入6.2亿元,比上年分别增长35.2%和31.8%。组建三泰农村小额贷款有限公司,注册资本达1亿元。获市财政一般预算收入增幅奖和财政工作二等奖。

【城市建设与管理】 积极参与新一轮城市总体规划修编,形成"一城三片区"的规划布局,龙窝湖区、凤栖湖区和雕花楼·宣堡港水景街区控制性详规基本完成。完成城建投入36亿元,实施城建项目38个,开工竣工面积40万平方米。新增道路23.35万平方米、住宅开工建设面积33万平方米,绿化覆盖率提高1.5个百分点。港城路东延、王营河路北延加快建设,向阳支路建设工程、人民路改造工程竣工,口岸大桥建成通车,雕花楼景区二期工程竣工验收。建成区污水管网覆盖率90%,生活污水收集率75%以上。新建4座压缩式垃圾中转站等一批环卫设施,全区生活垃圾集中处置工作有序推进。重视违法建设管理工作,拆除违建6.8万平方米,建立居民建房"一户一卡"管理模式。区建设局被省建设厅表彰为全省建设系统行政执法队伍规范化建设标兵单位,获全市城管创优活动优秀奖。

【新农村建设】 农村小学"四配套"工程实施到位,培训农民13702人。新型农村合作医疗保险参合率99.8%。先后建成白马、野徐、永安洲卫生院3个转型社区卫生服务中心,农村卫生服务站17个。深入推进新"5+1"实事工程,全年共疏浚整治绿化区级干河1条2.3公里、中沟14条35.6公里、村庄河道290条151公里。农村环境综合整治进展顺利,新增无害化户厕6228个,实现农村环境综合整治合格村全覆盖。实施16个村的"万村体育工程"。创建市级小康建设先行村19个。

【交通】 全年投资2080万元完成农村公路建设项目44个、54.47公里,新改建桥梁24座。开通区内、区间公交营运线路9条,营运车62辆,基本实现全区公交运营"村村通"。

【环境保护】 市、区两级挂牌督办的16家企业全部整改到位,整治企业违法排污专项行动顺利通过市级验收。永安洲镇永胜村被命名为江苏省生态村,白马镇成功创建市级环境优美乡镇。完成全国第一次污染源普查年度工作任务。区环保系统被省精神文明创建活动领导小组命名为江苏省文明行业,获市环保系统综合考核优秀奖,被表彰为全市环保专项行动先进集体。

【供销】 全系统实现商品销售总额4.19亿元,比上年增长16%;实现报表利润160万元,增长18.5%,连锁经营销售总额1.48亿元,增长10%;农业生产资料销售1.01亿元,农副产品购销额5200万元;新建三星级为农服务社(中心)13家,二星级为农服务社3家,新建再生资源回收利用网点21家,均通过省、市验收组验收。区供销合作总社获市供销系统经济发展工作二等奖,为农服务工作二等奖;泰州市福齐天农资连锁有限公司和口岸供销社分别被市供销总社表彰为优秀企业和优秀基层社。

【信访】 全年受理群众来信126件,按时答复率100%。接待来访群众482批1896人次,比上年分别下降12%和9%。无去省集访和去京上访。

【民政】 提高城乡居民低保标准,所有农村低保户均通过"一折通"打卡到个人账户,对城市低保户及时发放物价补贴和春节、元旦的两节补助。全年最低生活保障救助5984人次,增加1331人次。汶川大地震发生后,共接受社会各界捐赠资金近370万元和衣物、棉被等捐赠4700件(折合51万余元)。

【司法】 建立完善"五调对接"机制,推行"听证合议"制度。全区共排查调处矛盾纠纷648起,成功率98.8%。全区刑释解教人员帮教率和安置率均为100%,重新犯罪率为零。省级民主法治示范村(社区)命名率列四市两区首位,提前3年完成省级民主法治示范村(社区)创建10%以上的工作目标。"全国综治和平安先进区"创建顺利通过国家级验收。区法律援助中心被省厅命名为省级规范化法律援助中心。区司法局被共青团江苏省委员会、省司法厅重新认定和表彰为2007年度全省司法行政系统优秀青少年维权岗。

【科技】 全年实现高新技术产业产值57.7亿元。组织实施国家、省以上各类科技计划项目32个,开发省级以上高新技术产品13个,新建市级以上工程技术研究中心2家,全年申请专利457件。新开发1000万元以上新产品50项,滚动开发年销售3000万元以上的重点新产品30个。成功创建省科普示范区。区创业服务中心挂牌运行。

【教育】 创建市优质幼儿园4所,省优质幼儿园1所。全年资助贫困生682人次,资助金额23万多元,全区义务教育阶段学生全面免费提供教科书,共有16693人享受了123万元的教科书减免政策。制定全区高层次教师培训计划,成立名师工作室,出台《高港区星级教师评选管理办法》。区职教中心顺利通过三星级中等职业学校验收。全年免费培训农民6500人次。建成农家书屋、村文化室各18个,建成3个市民文化广场。被命名为泰州市规范教育收费示范市(区),获泰州市依法行政示范单位称号。

【劳动和社会保障】 全年发放再就业优惠证211本,为下岗失业人员减免税费28.36万元,累计办理小额担保贷款300万元,落实社会保险补贴153.85万元。举办各类技能培训班46期,培训各类人员4579人。全年净增就业人数3613人,年末城镇登记失业率1.89%。各项保险参保人数累计净增36871人,增幅全市第一。新型农村养老保险参保人数12627人,被征地农民基本生活保障参保人数7806人。全年受理劳动争议案件291起,按期结案率及办案准确率均为100%。率先启动社会保障卡的发行工作,全年发行社会保障卡10731张。在全市率先建立特殊行业农民工管理办公室,全面推行劳动合同网上报备,全区劳动合同网上报备企业456家,涉及职工25843人。

【安全生产】 强化源头管理,出台《高港区安全生产事故隐患排查治理工作制度》,努力构建长效机制。开展安全生产百日督查专项行动,共排查出事故隐患797个,整改隐患756处,其中市挂牌督办1个、区挂牌督办7个、镇(街道)挂牌督办8个,整改率均达100%。在泰州市惠利电子厂举办防液氯泄漏事故应急救援演练。

【人民生活】 城镇居民人均可支配收入16760元,比上年增长17.1%;人均消费性支出9322.25元,增长14.88%;人均住房建筑面积51.98平方米。农民人均纯收入7551元,增长13.5%;生活消费支出6952元,增长23.9%;人均住房面积57.08平方米。新建10个村文化室、15个村级体育场所。健全留守儿童档案,探索建立5所未成年人社区服务中心和活动室。认真开展"三送"工程,全年组织"法制文艺"巡回演出12场、送电影570场、送图书6000册。

【卫生】 全年投入筛查诊疗费50多万元,共诊查儿童2482人。学校食堂量化分级率100%,餐饮单位量化分级率95%。新建17个省级标准化社区卫生服务站,永安洲镇创建成为省级卫生镇。被命名为省中医药特色社区卫生服务示范区,区卫生局获市文明单位、文明行业,卫生工作目标管理先进集体称号。高港人民医院被评为市卫生系统先进集体、区卫生监督所被评为全市卫生监督工作先进单位。

【人口与计划生育】 2008年全区共出生人口1034人,自然增长率为-2.29‰,计划生育率99.52%,出生人口性别比控制在正常值范围内。全年享受计生奖励政策人数2.7万人,累计发放各类计划生育奖励金102.2万元。大力实施RTI工程,全年共普查1.2万人,普查率81.7%。区人口计生委获全省人口和计划生育优质服务先进单位称号。

【广播电视】 全年新增有线电视用户5813户,全区有线电视累计51202户,城乡综合入户率97%。有线电视数字化整体转换工作于年底启动。广电分局被市广电局表彰为全市广播电视安全播出先进集体、全市广播电视系统信息调研工作先进集体及创收创优奖。

【监察】 全年共立案查处各类违纪违法案件39件,处分党员干部35人,挽回各类经济损失近1000万元。深入开展党政干部下访活动,全区党政干部共下访6617人次。全面推行集体廉政谈话制度。向全社会公开400多名领导干部通讯号码,畅通群众诉求渠道,接受群众广泛监督。建立领导干部电子廉政档案,实行动态跟踪管理。开展"万人警示教育"活动。举办系列学习报告会,区镇机关、基层站所、村(社区)党员干部受教育面95%以上。

【获平安法治建设五连冠】 1月22日,高港区连续五年被省委、省政府授予江苏省社会治安安全区称号,连续两年被省综治委授予全省社会治安综合治理工作先进集体称号。

【高港专家工作站成绩显著】 高港在江苏省率先成立的专家工作站工作被评为江苏省人事系统亮点工作。区人事局蔡永吉被省人事厅评为江苏省人事系统先进工作者。

【多家单位获省文明称号】 2月23日,许庄街道马厂村被评为江苏省文明村,口岸街道朱营村等3家单位被评为江苏省创建文明村工作先进村,区地税分局等4家单位被评为江苏省文明行业,区国土分局等3家单位被评为江苏省创建文明行业工作先进行业,区公安分局等2家单位被评为江苏省文明单位,泰州市高港实验学校等8家单位被评为江苏省精神文明建设工作先进单位。

【高港港口综合物流园成为省现代服务业集聚区】 5月28日,泰州高港港口综合物流园被省发改委确定为江苏省现代服务业集聚区。

经济社会发展主要指标

街道、乡镇	面积(平方公里)	人口(人)	居委会(个)	行政村(个)	农业增加值(万元)	农民纯收入(元)	工业产值(亿元)	地区生产总值(亿元)
口岸街道	70.66	68406	9	14	9680	9077	54.11	19.64
刁铺街道	26.3	32505	3	5	4830	8022	21.42	8.96
许庄街道	50.28	42336	2	14	5912	8054	45.27	14
永安洲镇	53.42	29178	1	9	7353	8417	61.07	7.99
白马镇	26.6	23462	2	6	4386	6384	10.51	2.9
野徐镇	15.72	21793	1	7	3475	7243	24.42	6.71
大泗镇	32.4	30018	1	12	7100	5521	5.29	2.9
胡庄镇	58.1	47112	2	16	10500	6036	6.71	3.46

杭州市

【历史沿革】 杭州历史悠久,自秦时设县治以来,已有2200多年历史。杭州是华夏文明的发祥地之一。跨湖桥遗址的发掘显示,早在8000多年前,就有人类在此繁衍生息。距今5000多年前的良渚文化被史界称为文明的曙光。2007年考古发掘的良渚古城遗址更是将杭州文明推前了一大步。杭州曾是五代吴越国和南宋王朝两代建都地,是我国七大古都之一。被13世纪意大利旅行家马可·波罗赞叹为"世界上最美丽华贵之城"。杭州古称钱唐。隋开皇九年(589年)废钱唐郡,置杭州,杭州之名首次在历史上出现。五代时吴越国(907年-978年)在杭州建都。南宋建炎三年(1129年),高宗南渡至杭州,升杭州为临安府。绍兴八年(1138年),南宋正式定都临安,历时140余年。民国元年(1912年),原钱塘、仁和县并置杭县。民国十六年(1927年),划杭县城区等地设杭州市,杭州置市始此。1949年5月3日,杭州解放,从此揭开了杭州发展的历史新篇章。

【地理位置】 杭州地处长江三角洲南翼、杭州湾西端、钱塘江下游、京杭大运河南端,是中国东南部交通枢纽,市区中心地理坐标为北纬30°16′、东经120°12′。

【行政区划】 杭州市辖上城、下城、江干、拱墅、西湖、滨江、萧山、余杭8个区,建德、富阳、临安3个县级市,桐庐、淳安2个县。共有198个乡镇(街道),其中乡31个、镇105个、街道62个。全市总面积16596平方千米,其中市区面积3068平方千米。

【人口】 据2008年5‰人口抽样调查,年末全市常住人口796.6万人,比上年末增长1.32%,其中城镇人口552.36万人,占常住人口69.34%;全市人口密度为每平方千米480人;全市户籍人口677.64万人,其中农业人口336.88万人、非农业人口340.76万人。全市人口出生率9.09‰,死亡率6.32‰,自然增长率2.77‰。

【人民生活】 城乡居民收入持续提高。杭州市区城镇居民人均可支配收入24104元,增长11.1%,扣除价格因素,实际增长5.9%;全市农村居民人均纯收入10692元,增长12.0%,扣除价格因素,实际增长6.8%。年末城乡居民储蓄余额达3476.59亿元,增长31.8%。

城乡居民消费支出继续增加。杭州市区城镇居民家庭人均消费性支出16719元,增长12.2%;恩格尔系数38.3%。全市农村居民家庭人均生活消费支出8446元,增长11.6%;恩格尔系数35.9%。

城乡居民居住条件不断改善。全市住宅新开工面积914.91万平方米,增长3.1%。其中经济适用房开工建设103.5万平方米;筹集廉租房源2628套。启动市区危旧房改善58.4万平方米。2008年末,市区城镇居民人均住房建筑面积29.83平方米;农村居民人均住房面积69.74平方米。

【国民经济和社会发展】 2008年,是极不平凡的一年。杭州市以科学发展观为指导,积极应对国际金融危机的影响,国民经济继续保持平稳较快的增长态势。全市实现地区生产总值(GDP)4781.16亿元,按可比价格计算,比上年增长11.0%,连续18年保持两位数增长。按户籍人口和常住人口计算,全市人均GDP分别为70832元和60414元,增长10.1%和9.4%,根据国家公布的年平均汇率计算,分别达10199美元和8699美元。全市第一、二、三产业分别实现增加值178.64、2389.38、2213.14亿元,增长3.6%、9.0%和13.8%。三次产业的比例又上年的4.1:50.2:45.7调整为3.7:50.0:46.3。全市完成财政总收入910.55亿元,其中地方财政收入455.35亿元,分别增长15.5%和16.3%;地方财政支出419.67亿元,增长25.0%。

2008年,杭州经济总量继续位居全国省会城市第二(仅次于广州)、副省级城市第三(次于广州和深圳)、全国大中城市第八。被世界银行评为中国投资环境最佳城市第一名;连续五年被美国《福布斯》杂志评为"中国大陆最佳商业城市排行榜"第一位;被新华社《瞭望东方周刊》评为中国最具幸福感城市第一名;民生质量综合得分位居浙江省首位。

【农林牧渔业】 全市实现农林牧渔业总产值273.76亿元,按可比价格计算增长4.3%。都市农业和效益农业发展势头良好,茶叶、花卉苗木、水产品、节粮型畜禽、蔬菜、竹业等六大优势产业和水果、干果、蚕桑、药材、蜂业等五大特色产业实现产值185.79亿元,占总产值的比重达到67.9%,比上年提高0.6个百分点。

【工业经济】 加快推进工业结构的战略性调整,工业经济优化升级。全市实现工业增加值2140.2亿元,增长9.0%;工业总产值、工业销售产值双双突破万亿元,达10968.86和10802.66亿元;全市规模以上工业实现利税738.84亿元,其中实现利润408.73亿元,分别增长3.2%和0.3%;经济效益综合指数为260.05分,比上年提高30.96分。

高技术产业高效运行。全市规模以上工业中高技术产业实现利税110.42亿元,增长25.5%,拉动全市工业利税增长3.1个百分点,其中利润78.26亿元,增长28.3%,高出全市平均增幅28个百分点。

技术创新力度加大。全市财政用于科技的支出增长52.6%。全市共有企业技术中心393家,其中国家级13家,省级105家。全市规模以上工业新产品产值率14.81%,同比上升0.48个百分点。

节能降耗成效明显。全市单位GDP能耗比上年下降5.81%,规模以上单位工业增加值能耗同比下降7.88%。单位GDP电耗和全部工业单位增加值电耗降低率比上年分别降低6.07和6.19个百分点。

积极实施品牌发展战略,形成了一批在全国有较高知名度和影响力的名牌产品和驰名商标。钱潮(QC)牌万向节荣获全省首个"中国世界名牌产品",至2008年末,杭州市获得中国名牌产品称号共52个,获得中国驰名商标称号共76个。

【第三产业】 服务业加快发展。全市服务业所占比重比上年提高0.5个百分点。其中杭州市确定重点发展的:大旅游产业、文化创意产业、商贸与物流产业、金融服务业、信息服务与软件业、中介服务产业、房地产业和社区服务业等八大服务产业,实现增加值分别增长7.3%、17.6%、9.1%、16.6%、23.6%、16.1%、-3.4%和10.1%。

积极推进"长三角南翼金融中心"建设。全市金融业实现增加值390.43亿元,增长16.6%。至2008年末,共有各类金融机构215家,其中外资银行机构8家。全部本外币存款余额和贷款余额分别达11333.35亿元和10069.03亿元,跨入万亿元城市行列。保险业健康发展。全市共有各类保险公司54家,全年保费收入146.21亿元,增长35.2%。

各类要素市场发展进一步加快。至2008年末,全市累计上市公司66家,比上年末增加6家,其中境内证券市场上市42家、境外红筹上市16家。2008年,新募集资金27.71亿元。期货交易所全年交易总额12400亿元。房地产产权交易市场全年共完成各类产权9.21万宗,金额2249.3亿元,增长8.1%。房地产交易中心成交过户面积1785.6万平方米。全市拥有商品交易市场701个,成交额2518亿元,增长16.7%。

湖滨旅游商贸特色街区、清河坊历史文化特色街区、南山路艺术休闲特色街区、丝绸特色街区、武林路时尚女装街区、四季青服装特色街区、文三路电子信息街区、信义坊商业步行街、梅家坞茶文化村、石祥路汽车贸易街区等10条商业特色街区的品牌价值和文化内涵得到进一步提升,购物和旅游休闲服务功能更趋完善,商旅互动效应逐步显现。丝绸街建立了中国丝绸城研发中心图形库和设计师库;武林路荣获全国"百城万店无假货"活动示范街称号;四季青服装特色街区获"中国服装第一街"称号;文三路电子信息街区杭州数字娱乐产业园被国家文化部授予全国首个"国家数字娱乐产业示范基地";清河坊历史文化特色街区、丝绸特色街区、南山路、武林路和石祥路被中国步行商业街工作委员会分别授予"中国著名商业街"、"中国特色商业街"、和"中国最具升值前景商业街"。

【运输邮电】 铁路运输:杭州是中国东南部重要的铁路交通枢纽,以沪杭、浙赣两条复线和宣杭线为主干,萧甬线、金干线、杭长线与之配套;拥有城站、东站2个铁路交通枢纽。2008年,全年完成货物运输量482.76万吨,比上年下降15.7%,完成客运量2498万人次,增长10.8%。

航空运输:航空港枢纽建设取得新进展,至2008年末,杭州萧山国际机场已开通航线193条,其中国际航线30条,港、澳、台航线8条。全年起降航班11.86万架次,增长3.4%;进出港旅客达到1267.32万人次,增长18.3%;货物运输总量12.6亿吨,增长9.2%。

公路运输:杭州是沪杭甬、杭宁、杭金衢、杭徽、杭新景、杭浦高速公路的汇结点。2008年,杭州交通建设继续快速推进,全年完成交通建设投资64.75亿元。至2008年末,全市公路总里程达14700千米,其中高速公路494千米。机动车辆继续大幅度增长,至2008年末,全市社会机动车拥有量达139.54万辆,其中私人汽车56.52万辆,分别增长5.2%和18.3%。

城市公共交通:城市交通运营能力不断提高。至2008年末,杭州市区有公交线路549条,其中新辟线路36条,优化线路44条;公交运营车辆7030辆,其中新增、更新公交车辆1713辆;新建公交候车亭187座;全年公交客运总量11.16亿人次。实现了主城区与萧山区、余杭区公交一体化。地铁建设取得新进展,累计完成工程投资74.68亿元,其中2008年完成43.67亿元。

邮电通讯:邮电通信事业持续发展。完成邮政业务总量10.93亿元,增长20.4%。邮政特快专递辐射221个国家和地区,全年发送国内特快专递863.1万件,增长54.7%,其中国际特快专递27.07万件。完成电信业务收入115.59亿元,增长7.9%。至2008年末,全市固定电话用户428.57万户,与上年基本持平;移动电话用户880.19万户,增长8.77%。

【国内贸易】 消费品市场销售旺盛。全市限额以上批发零售贸易企业实现商品销售额8394.09亿元,增长17.3%,销售规模居全国第5位,在长三角地区仅次于上海。全年实现社会消费品零售总额1558.38亿元,增长20.2%,其中餐饮业零售额达到176.42亿元,增长23.3%,其增幅居各行业之首,成为消费品市场的一大亮点。

【对外贸易】 对外经济结构调整加快。全市实现外贸进出口480.65亿美元,其中出口336.14亿美元,分别增长10.7%和12.2%。按贸易方式分,一般贸易257.15亿美元,增长19.6%;加工贸易77.63亿美元,下降6.8%。从产品类别看,机电产品出口134.81亿美元,占出口总额的40.1%;高新技术产品出口46.72亿美元,占出口总额的13.9%。对新兴市场出口增幅超过传统市场。对拉丁美洲、印度和俄罗斯出口增幅均在30%以上,对美国、日本等传统主销市场出口增长均在10%以下。

【房地产业】 全市房地产业实现增加值289.40亿元,下降3.4%。商品房竣工面积893.24万平方米,下降5.8%;商品房销售面积716.38万平方米,下降37.7%,其中住宅销售面积627.48万平方米,下降39.9%;商品房销售额612.13亿元,下降30.1%,其中住宅销售额523.76亿元,下降32.5%。

【所有制结构】 杭州非公有制经济增势较强。在全市生产总值中,公有制经济所占比重由上年的32.6%下降为31.4%;非公有制经济所占的比重达68.6%,其中私营及个体经济占49.2%,分别比上年提高1.2和1.4个百分点。

【民营经济】 民营经济成为杭州经济发展的生力军。全年民营经济税收收入344.07亿元,占全市财政总收入的37.8%。在商贸、工业和投资领域所占比重均超过50%。民营企业获省级及以上名牌产品达189个,占全部省级及以上名牌产品数的59.6%。娃哈哈、传化等73家民营企业乘势而上,跻身全国民营企业500强。杭州连续六年蝉联全国民企500强"团体冠军”。

【开发区建设】 加快开发区资源整合、功能升级、体制创新，推动开发区建设向增创综合竞争优势转变，开发区集约发展水平、竞争力和辐射带动能力明显提高。杭州经济技术开发区、杭州高新技术产业开发区、萧山经济技术开发区和杭州之江国家旅游度假区等4个国家级开发区全年合同利用外资22.52亿美元，实际利用外资11.41亿美元，分别占全市的36.2%和34.2%。全年实现销售收入3549.74亿元，增长11.5%；实现利税301.99亿元，增长17.5%。

杭州经济技术开发区：杭州经济技术开发区是1993年4月经国务院批准设立的国家级开发区，行政管辖面积104.7平方千米，目前建成区面积34平方千米。在建成区内已构建了完善的基础设施、优美的园区环境、便捷的生活设施和高效规范的政府服务；形成了电子信息、生物医药、机械制造、食品饮料四大主导产业；建设了新加坡软件园、高科技孵化器、高校特色园区等新经济发展平台；建成了全省规模最大的下沙高教园区及全国首批试点的浙江杭州出口加工区。

浙江杭州出口加工区：浙江杭州出口加工区位于杭州经济技术开发区内，是我国首批试点的国家级出口加工区，规划面积2.92平方千米，首期2.01平方千米已投入运作，实施“境内关外”等一系列优惠政策，是由海关实行封闭式管理的特定区域，按电子报关、口岸直达方式运行管理，目前已落户企业28家，主要为加工制造企业，世界500强企业东芝、松下、矢崎等也落户其中。

杭州国家高新技术产业开发区：1990年设立，批准规划面积85.64平方千米，由江北、江南（滨江）和下沙区块三大区块组成。拥有信息产业国家高技术产业基地、国家通信产业园、国家软件产业基地、国家软件出口创新基地、中国服务外包基地城市示范区、中国软件出口欧美工程试点基地、国家集成电路设计产业化基地、国家动画产业基地、国家留学人员创业园等9个国家级基地和国家级科技创业服务中心，是国家知识产权保护试点园区、国家高新技术产业标准化示范区和ISO14000国家示范区。已经形成两强（通信设备制造业和软件产业）、两优（集成电路设计制造业和数字电视产业）、两新（动漫网游和电子商务产业）的特色产业集群，是浙江省高新技术产业的集聚地和创新源。

之江国家旅游度假区：杭州之江国家旅游度假区是国务院批准建立的十二个国家级旅游度假区之一，批准规划面积50.68平方千米。娱乐服务、旅游、房地产是其支柱产业。区内有展现中国南宋文化的“宋城”、国际标准高尔夫球场等旅游设施。

萧山经济技术开发区：1993年设立，批准规划面积18.8平方千米。设有日本静冈工业园地，台湾机械工业园、省级高新技术产业园区和中国女装产业园，目前已形成纺织服装、机械五金、建筑建材、电子化工等支柱产业。

【引进内资】 国内招商引资取得新成绩，全年引进内资项目4995个，合同引进内资1090.7亿元，实际到位内资473.13亿元。

【固定资产投资】 全市完成全社会固定资产投资1961.72亿元，其中限额以上固定资产投资1863.52亿元，分别增长16.5%和17.7%。从限额以上投资的产业投向看，第一产业投资3.08亿元，第二产业投资570.57亿元，第三产业投资1289.86亿元，分别增长32.4%、7.9%和22.5%，三次产业的投资比例为0.2:30.6:69.2。投资主体日趋多元化。全市民间投资完成907.24亿元，所占比重为48.7%；亿元以上投资项目完成578.54亿元，占限额以上固定资产投资的31.1%。

【基础设施建设】 全市用于城市基础设施建设的投资541.12亿元，占限额以上固定资产投资的比重为29.0%，同比提高3.4个百分点。各项工程有序推进，总长100余公里、总投资约100亿元的“两口两线”及扩大范围建设整治工程全面完成，道路沿线受益群众超过100万人。河道综保工程成绩显著，全年实现开工55条，建成40条。环境基础设施建设完成良好，七格污水处理厂三期建设完成厂区地基处理工程；提前完成九溪杨梅岭区块污水管网工程。城市基础设施网络的不断完善，为进一步改善杭州投资环境、扩大对外开放、增强城市综合功能创造了有利条件。

【信息化建设】 继续推进信息基础设施建设。至2008年末，国际互联网宽带接入用户达139.61万户，增长15.9%；出口带宽达到218.7G，增长85.8%。市区每百户城镇居民家庭拥有电脑81.74台，移动电话180.87部。

信息技术应用向广度和深度拓展，涉及智能交通、社会保障、电子商务、电子政务等众多领域。至2008年末，全市已发放具有社会保障、结算、支付等多功能用途的市民卡197.7万张。

杭州已基本建成以政府门户网站、市电子政务网络等为主体的电子政务基础框架。“中国？杭州”政府门户网站设有“透视政府”等九个一级栏目，2008年累计访问量达1.08亿人次。市电子政务网络已覆盖15个区、县（市）和近100家市级单位。

【科技事业】 杭州科技力量雄厚，人才众多。至2008年末，杭州规模以上工业有科技活动的企业拥有工程技术人员64995人，企业办科技机构1083家。在杭中国科学院院士和中国工程院院士均为12人。

科研投入持续增加。2008年，全市科技活动投入达242亿元，用于研究与发展（R&D）经费支出124.31亿元，增长18.4%，占全市GDP的2.6%。

自主创新能力进一步增强。2008年，全市共取得科技成果100项。申请专利18549件，其中发明5130万件，分别增长39.6%和11.8%；专利授权量9831件，其中发明1923件，分别增长29.8%和45.7%。

高新技术产业化进程加快。至2008年末，经认定国家扶持的高新技术企业804家，累计培育认定研发中心473家，企业技术中心393家。科技企业孵化力度加大。全市有各类孵化基地40个，孵化基地面积100.5万平方米，1000平方米以上的在孵企业1689家。

科普工作不断深入。全年举办科普活动1031次，其中科普讲座436次，参加人数27万人次。

【文化事业】 加强文化名城建设。至2008年末，全市拥有公共图书馆14个,总藏书量1002万册,杭州图书馆被文化部授予全国社会文化最高奖——群星奖;文化馆13个;博物馆(纪念馆)57个;剧场12个;群艺馆2个;音乐厅2个;全国重点文物保护单位24处(群)。

实施"精品工程",努力推动艺术创作的繁荣发展。2008年,全市文艺作品创作获国际级奖项9个,获省级以上奖项76个。影视创作生产进一步推进,获省广播电视政府奖共40项。努力拓展对外文化交流领域,全年引进和输出文化交流项目105项、1836人次;年末全市拥有各类专业艺术表演团体19个。全市有18个项目被列为国家第二批非物质文化遗产保护项目。

广播电视节目更具特色,丰富多彩。至2008年末,杭州拥有电视台2座22套节目,广播电台9座18套,电视、广播综合覆盖率均达到99.8%。全市有线电视入户数达184.94万户,其中数字电视96.43万户,广播电视"村村通"实现全覆盖率。

新闻出版事业不断发展。全年共出版报纸18.2亿份,杂志0.73亿册,图书2.96亿册。版权保护工作水平进一步提高,杭州被命名为全国首个版权保护示范城市。

【卫生事业】 公共卫生和基本医疗服务能力进一步提高。至2008年末,杭州拥有各类医疗卫生机构2544所,其中医院141所、疾病预防控制中心15所;拥有专业卫生技术人员5.2万人,其中执业医师2.1万人、注册护士1.9万人;医院病床3.8万张。社区卫生服务网络覆盖城区。全市建立社区卫生服务中心102所、社区卫生服务站739个。公共卫生应急处置能力进一步提高,全市43所二级以上医疗机构组建应急救援医疗队,设急救站点38个。全市婴儿死亡率及5岁以下儿童死亡率分别由上年的4.56‰、6.44‰下降到4.43‰、6.20‰。

【体育事业】 体育事业健康协调发展。2008年,杭州籍运动员参加北京奥运会取得2个第二名、超1项世界纪录的好成绩。成功组织第29届奥运会奥运圣火杭州站的火炬传递活动。成功举办2008年斯坦科维奇洲际篮球杯比赛、"中豪杯"世界女子职业壁球精英赛、WDS世界汽车飘移赛等一系列具有国际影响力的体育大赛。群众体育活动深入开展。年末全市拥有健身苑(点)2153个,新增762个,全年配置各类健身器材9291件。兴办区、县(市)级以上健身活动1636次,参加人数78万人次。全市体育锻炼人口比重达到48%。体育彩票发行渠道不断拓宽,体育彩票销售额达8.64亿元,增长8%。

【人口与就业】 就业结构继续改善。杭州三次产业从业人员的结构比例从2007年的15.8:46.0:38.2调整为2008年14.1:46.3:39.6,第二、第三产业从业人员比重分别提高0.3和1.4个百分点,第一产业从业人员比重则下降1.7个百分点。

【社会保障】 加快建设"城乡统筹、全民共享"的社会保障体系,不断扩大覆盖面,提高受益率,我市社会保障工作走在了全省乃至全国前列。至2008年末,全市参加基本养老保险人数为318.11万人,参加基本医疗保险274.59万人,参加失业保险202.41万人,参加工伤保险245.82万人,参加生育保险181.68万人,分别比上年末净增37.62、36.85、32.32、44.18、26.04万人。市区职工月最低工资标准提高到960元,小时最低工资标准提高到8元。

建立新型社会救助体系。2008年累计发放城镇低保保障金5190.81万元,市区城镇低保标准每人每月355元;累计发放农村低保金9273.19万元,市区农村低保每人每月270元,全市1.79万名困难群众享受最低保障。配套援助工作有效落实,共向困难家庭减免各种费用、发放各种补贴7683.71万元。组织开展第九次"春风行动",募集社会捐赠资金1.34亿元,向全市各类困难群众发放慰问金1.27亿元。全市财政用于社会保障和就业支出达40.31亿元,增长34.6%。

【市场物价】 2008年,杭州市区居民消费价格总水平上涨4.9%。市区房屋销售价格上涨8.6%,其中新建房销售价格上涨10.0%,二手房销售价格上涨4.2%。全年工业品出厂价格上涨5.9%,原材料、燃料、动力购进价格上涨10.8%。

【平安杭州建设】 "平安杭州"建设成效明显。2008年,全市工矿企业事故、交通事故、火灾事故等各类事故发生起数、死亡人数、受伤人数分别比上年下降11.4%、2.2%、和15.3%,刑事案件发生数较上年下降1.88%。 (陈茜提供)

上 城 区

上城区总面积18平方千米,辖6个街道,有52个社区,户籍人口32.38万人。该区大力推进经济结构调整,加快城市有机更新,实施"RBD"战略,经济社会平稳发展。第二产业规模企业支撑作用明显,中瑞思创、运达风力、海兴电器、绿盛集团等骨干企业产销增幅达20%以上,娃哈哈集团入选中国企业500强和中国大企业集团竞争力500强。积极实施"服务业优先"战略,金巢新经济园、毛戈平时尚创意园等相继建成,西湖创意谷"开元198"实现营业收入2亿元,恒生、渣打、南洋、稠州、泰隆等银行相继落户,清河坊历史文化特色街区获全国唯一"中华老字号第一街"称号。强化楼宇招商,世界500强企业高盛集团投资两岸咖啡项目落户。2008年实现生产总值443.31亿元,增长8.6%;实现财政总收入63.6亿元,增长5.7%。

下 城 区

下城区总面积31平方千米,辖8个街道,有71个社区,户籍人口38.95万人。该区确立高新技术产业和服务业"两轮驱动"发展方针,服务业增加值占GDP比重达到84.56%,高新技术产业增加值占工业增加值的比重达77.2%。商贸、金融、会展、文化"四大中心"建设稳步推进,武林路时尚女装街被评为"中国特色商业街"、"中国时尚女装第一街",丝绸城荣获"全国纺织品服装交易市场50强"称号;新引进金融企业13家;"浙江传媒创意产业园"挂牌成立。实施楼宇经济"三年倍增"计划,全区税收超千万楼宇39幢,超亿元楼宇9幢;杭州(武林)中央商务区被评为"2008中国最具投资价值CBD"。先后成功创建国家可持续发展实验区、全国科技进步先进城区、全国社区教育示范区、全国首个教育综合改革实验区,取得9个省级、10个市级先进城区称号。2008年实现生产总值366.21亿元,增长9.5%;实现财政总收入96.48亿元,增长16.8%。

江干区

江干区总面积210平方千米,辖4个镇、6个街道,有118个社区、14个行政村,户籍人口44万人。该区突出发展现代商贸业,实施楼宇经济和文化创意产业发展三年行动计划,四季青服装交易中心(一期)、天星龙家居商场、华润万家超市等大型商业体开张营业,四季青服装市场和阿里巴巴网结盟率先开辟"网上市场"。优化发展城市工业,新组建企业集团4家、国家级研发中心1家,有省级高新技术企业21家、研发中心2家,市级高新技术企业10家;8家企业进入全国民营企业500强。提升发展都市农业,省市级农业龙头企业达到14个,中得甲鱼、常青农氏蜂系列产品被评为"杭州农产品七宝"。2008年,实现生产总值225.6亿元,增长13.8%;实现财政总收入46.63亿元,增长15.1%。

拱墅区

拱墅区总面积88平方千米,辖3个镇、7个街道,有74个社区、15个行政村,户籍人口30.87万人。该区北部软件园获杭州市高新技术产业园、中国电子商务之都杭州北部产业园等称号,海外海集团、天马控股集团、康桥汽车集团、话机世界进入全国民营企业500强行列。石祥路汽车贸易街区荣获"中国特色商业街"称号,小河直街获得全国人居环境范例奖,运河综合保护工程顺利开通3条水上黄金旅游线。正式启动7.28平方公里的运河新城建设,半山地区完成32条污水收集系统和多个单位(小区)截污纳管工程,截污率达到71%。在全国率先开展社区卫生服务集团化工作,中医药进社区工作走在全省前列。2008年,实现生产总值234.5亿元,增长10.1%;实现财政总收入57.62亿元,增长15.1%。

西湖区

个街道(其中西湖街道由西湖风景名胜区托管)、2个镇,有124个社区、63个行政村,户籍人口60.11万人。该区基本形成以服务业为主体的现代产业体系,服务业对地方财政贡献率达到79.2%。西溪湿地二期工程全面完成,之江新城建设快速推进,黄龙国际商圈显现良好发展势头。之江文化创意园、西溪创意产业园、杭州数字娱乐产业园集聚效应日益显现,高新技术产业产值占规模以上工业销售产值的比重达48.14%,成功打造5幢税收"亿元楼"。农村居民养老保险参保率达到67.4%。率先成为全省首批"知识产权示范城区"创建单位,优质教育创新工作入选全省"改革开放30周年100例典型事例"。2008年实现生产总值366.74亿元,增长13.2%;实现财政总收入67.54亿元,增长13.2%。

高新区(滨江)

高新区(滨江)分江南、江北两大区块。江南区块为滨江区行政区域,总面积73平方千米,辖3个街道,有21个社区、15个行政村,户籍人口14.03万人。江北区块11.4平方公里,是高新区的政策区域。全区集聚杭州市50%以上、浙江省30%左右的高新技术企业,相继被确认为国家通信产业园、国家软件产业基地、国家软件出口创新基地、国家集成电路设计产业化基地、国家动画产业基地、国家留学人员创业园、中国服务外包城市基地(示范区)、中国软件出口欧美工程试点基地、信息产业国家高技术产业基地,已成为浙江省最有影响的科技创新基地、高新技术产业基地。2008年实现技工贸总收入1650亿元,增长17%;实现生产总值261.1亿元,增长16.5%;实现财政总收入64.2亿元,增长12.6%。

萧山区

萧山区总面积1420平方千米,辖22个镇、4个街道,有149个社区、411个行政村,户籍人口120.22万人。萧山历史悠久,境内跨湖桥文化遗址距今有8000年的历史。拥有全国十大机场之一的杭州萧山国际机场,经济综合实力继续居浙江省县(市、区)级首位,社会事业与经济同步发展,先后获得"浙江省十大旅游休闲城市"、"华东地区十大旅游休闲风情城市"、"浙江省旅游经济强区"等荣誉,相继被评为全国计划生育、文化、体育、科技先进县(市、区),荣获"国家卫生城市"、"全国明星县(市)"、"首批省示范文明城区"称号。率先在全省实现养老保险全覆盖,新型农村合作医疗保险率达98%。2008年,实现生产总值977.58亿元,增长10.0%;实现财政总收入126.80亿元,增长13.6%。

余杭区

余杭区总面积1226平方千米,辖14个镇、1个乡、5个街道,有128个社区、192个行政村,户籍人口83.74万人。该区是"中华文明曙光"——良渚文化的发祥地。余杭滚灯、龙舟胜会、清水丝绵制作技艺、运河船民习俗等民间艺术和民风习俗继续得到弘扬和传承,是中国布艺名城和中国丝绸织造基地。全区已建成省级高新农业示范中心和30个农业特色园区;形成以纺织服装、机械电子、化工医药、建筑材料、食品饮料等为主导的工业体系;余杭经济开发区、余杭创新基地、仁和先进制造业基地成为产业集聚的重要区块。以余杭籍选手为主力的中国男子盲人门球队在北京残奥会上荣获金牌。2008年实现生产总值501.92亿元,增长11.1%;实现财政总收入82.50亿元,增长25.4%。

(陈茜提供)

宁　波　市

【概况】　宁波简称“甬”,是历史悠久的港口名城。位于东海之滨,隔杭州湾与上海市、嘉兴市毗邻,与绍兴市、台州市接壤,隔海与舟山群岛相望。大陆海岸线总长835.8公里,是长江三角洲南翼经济中心。今宁波地,春秋时为越国地。秦时,境地设句章、鄞、鄮和余姚(一说汉时设)四县。唐武德四年(公元621年)置姚州、鄞州。唐开元二十六年(公元738年)立明州。唐长庆六年(公元821年)州治从小溪(今鄞州区鄞江镇),迁至三江口(今宁波中心区域)并建子城,为其后一千多年宁波城市发展奠定基础。明洪武十四年(公元1381年)为避国号讳,取“海定则波宁”之意,改明州府为宁波府,宁波之名沿用至今。清顺治十五年(公元1658年)宁绍台道驻宁波。民国时,撤府,会稽道驻鄞县城厢,归属。1927年至1931年在鄞县城区设宁波市。1949年5月,宁波解放。设宁波专员公署,同时设宁波市。1983年撤消专署,实行市管县体制。2008年底,全市辖6个区、3个市、2个县,下设63个街道,78个镇,11个乡,548个居民委员会,2558个村民委员会。

宁波文明始于7000年前,河姆渡文化遗址的发现昭示着长江流域和黄河流域同是中华民族文明的摇篮。历史悠久的宁波港口是海上丝绸之路起锚地之一,精美越窑青瓷从这里运往海外;中国古代四大水利工程之一——它山堰,至今仍在发挥引水、泄洪的作用;镇海口海防遗址记录了从14世纪明洪武年间至20世纪中叶抗倭、抗英、抗法和抗日战争宁波人民不惧强敌、抵御外侮的精神风貌;有“南国书城”之称的天一阁是我国现存历史最早的民间藏书楼;诞生于宁波的“浙东史学”学术影响深长久远;“红帮裁缝”是我国现代服装业的开拓者;宁波帮是中国近代最大、最有代表性的商帮。

改革开放的今天,宁波重新焕发勃勃生机,经济建设突飞猛进,综合实力不断迈上新的台阶。“东方大港”宁波港全港货物吞吐量已居全国大陆沿海港口第二位。宁波已先后获得“国家历史文化名城”、“中国优秀旅游城市”、“全国园林绿化先进城市”、“全国卫生先进城市”、“国家环保模范城市“、“国家级电子商务试点城市”、“全国园林绿化先进城市”、“全国双拥模范城市”、“全国卫生先进城市”“国家环保模范城市”、“国家园林城市”、“国家卫生城市”、“全国文明城市”、“中国品牌之都”、“公众首选宜居城市”、“中国优秀会展城市”、“中国最具幸福感城市”、“全国学习型家庭创建示范城市”等称号。

【人口】　2008年底,宁波户籍人口568.09万,比上年增加3.53万,年人口自然增长率2.18‰,连续12年低于5‰。其中,男性为284.84万,占总人口的50.1%,女性283.25万,占总人口的49.9%。全市60岁以上老年人口有93万人,占总人口16%。全年迁入户籍人口7.70万,迁出5.20万;登记的暂住人口(年中数)为359.62万。

【经济发展概况】　2008年,宁波市经济平稳较快增长、民生持续改善、社会和谐稳定。全年实现生产总值3964.1亿元,增长10.1%,高于全国1.1个百分点;人均生产总值突破1万美元,达到10079美元。产业结构继续优化,其中第一产业实现增加值167.36亿元,增长4.1%;第二产业2196.68亿元,增长10.0%;第三产业实现增加值1600.01亿元,增长11.0%,占全市生产总值的比重达40.4%;三次产业的比重为4.2:55.4:40.4。全年完成财政一般预算收入810.90亿元,增长12.0%。其中,地方财政收入390.39亿元,增长18.6%。地方财政一般预算支出439.4亿元,增长18.4%。其中,环境保护支出增长最快,达到42.9%。全社会固定资产投资完成1728.24亿元,增长8.2%。其中第三产业完成投资965.90亿元,增长12.1%,快于全社会投资增速3.9个百分点。年内,市区居民人均可支配收入25304元,增长13.4%;农村居民人均纯收入11450元,增长13.9%。城乡居民收入差距由上年的2.219:1缩小为2.210:1。

【工业经济】　2008年,宁波市工业总产值突破1万亿元,达到10937.1亿元,增长13.9%。其中,石油加工、炼焦及核燃料加工业完成总产值1002.84亿元,产值居各行业之首;交通运输设备制造业完成总产值530.7亿元,增长35.0%,增速居各行业之首。规模以上工业总产值8746.36亿元,增长12.3%。其中,轻工业完成总产值2814.78亿元,增长9.6%;重工业5931.58亿元,增长13.6%。规模以上工业销售产值8491.64亿元,增长11.5%,工业产品产销率为97.0%,新产品产值率达14.1%。规模以上工业企业实现增加值1698.6亿元,增长14.2%;规模以上工业企业科技活动经费支出76.4亿元,增长22.1%;规模以上工业企业中民营企业达9479家,拥有资产3642.3亿元,占规模以上工业企业总资产比重达49.0%。规模以上工业企业全员劳动生产率达到9.1万元/人·年,提高15.4%,完成建筑业总产值904.6亿元,增长13.6%。其中国有及国有控股企业完成101.9亿元,占建筑业总产值的比重为11.3%。

【农业现代化建设】　2008年,宁波市农业龙头企业完成销售107.41亿元,增长23.4%,吸纳农民就业14.92万人,联接农户124.05万户。新增市级农业龙头企业17家,累计218家,其中产值(销售额)上亿元的达67家;年内市级龙头企业获中国名牌3件,国家农产品名牌2件,中国驰名商标27件。新增农业产业基地22个、农民专业合作社842家,实施市级技改项目62个,完成技改投入2.7亿元。选派农村工作指导员3148名,科技特派员91名,做到“村村都有农村工作指导员,乡乡都有科技特派员”。继续推进村企结对工作,新增结对企业311家,结对企业总数达到5273家,新落实共建项目1151个,结对企业协议或承诺出资1.96亿元,实际到位资金1.58亿元;首创“村会结对”模式,有16个协会与行政村结对。推进规模经营,全市土地流转面积达到118万亩,占全市农户承包地面积的47.8%,10亩以上规模经营面积106.4万亩,占耕地总面积的40.9%,土地流转率处于全省前列。已建成和在建产业基地达到63个,总投资4.3亿元,面积56.04万亩。新启动余姚名特水产(中华鳖)农业科技示范园区、宁波飞洪生态农业科技示范园区、东钱湖福泉山农业科技示范园区等3个市级农业科技示范园区。全市参与"订单农业"企业达到1329家,签约农户74600多户,签约金额20.8亿元,订单履约率达到99.8%。有691家农民专业合作社,拥有社员1.61万个,带动农户30.22万户。慈溪市成立全省第一家市级农场品经纪人协会。新增农家乐特色村(示范点)22个,累计创建农家乐特色村(示范点)212个,全年营业收入超过4亿元,增长率超过20%。培养发证农产品经纪人104名,选拔278名优秀农民进宁波大学等4所高校和市农科院培训,全市累计培训优秀农民1500名。全年选拔278名优秀农民进宁波大学等4所高校和市农科院培训,累计有1500人进高校进行比较系统的专业培训。投入培训经费7574.96万元,其中各级财政投入7017.31万元,共培训农民16.46万人次,完成计划的146.96%,其中完成农村劳动力转移就业技能培训5.53万人次,农民学历和农村后备劳动力培训0.28万人次,务工农民岗位技能培训6.0万人次。受训后转移就业4.79万人,转移就业率为86.67%。建设农经网、农信通、农技110、农民信箱等四大农业信息化平台。

【服务业发展】 2008年,全市实现社会消费品零售总额1238.02亿元,增长19.6%,创下自1995年以来的历史新高;月均消费品零售额达103.2亿元,首次超过百亿元。全市引进三产外资项目231个,其中,批发零售和住宿餐饮业项目110个,占比47.6%;批发零售和住宿餐饮业实际利用外资8056万美元,增长38%,比三产实际利用外资增幅高出20个百分点。亿元以上商品市场实现成交额1504.7亿元,增长12%。在全市1032个行政村建成连锁便利店1196个,行政村覆盖率达40.1%。拥有全国商业示范社区16个,占全省总数的64%;有46家餐饮企业被认定为国家级酒家;有1000家餐饮企业普及"五常法管理",550家验收达标;门店式"便民早餐示范店"达300家。江东世纪东方广场、江北凯德广场、慈溪香格国际广场、镇海维科招宝广场、北仑君临广场、奉化太平洋购物广场、象山财富中心广场等一批重大商贸设施启动建设,海曙和义路滨江休闲区、江东香格里拉酒店、万达广场主力店等一批重大商贸项目升级改造。全年完成服务外包总额31.2亿元,其中离岸业务1.0亿美元,软件业产值增长40%。举办会展活动276个,增长34.0%;展览总面积139.2万平方米;单个展会面积首次突破1万平方米,达1.02万平方米和77个,分别增长31.0%和71.0%。实现旅游总收入450.2亿元,增长18.4%。其中,国内旅游收入415.9亿元,增长19.4%。新增3家4A级景区、2家3A级景区,3家五星级饭店,10家星级餐馆,旅行社发展到203家。新增银行金融机构7家,其中外资银行1家,城市商业银行4家,村镇银行2家。首家小额贷款公司成立;年末金融机构本外币贷款余额达5814.60亿元,增长17.2%。证券成交总额10938.20亿元,下降36.3%。全年完成邮政业务总收入83384.37万元,增长12.1%。其中,邮务类业务和速递物流类业务分别以22.95%和28.34%的增长率双双名列全省增幅第二位。实现保费收入87.11亿元,增长20.6%;新增保险公司8家,累计41家。

【港口开发】 2008年,宁波市港口货物吞吐量达到3.6亿吨,增长4.8%,居中国大陆港口第二位,全球第四位;其中,外贸货物吞吐量完成1.7亿吨,增长7.0%。集装箱吞吐量首次突破1000万标箱,达1084.6万标箱,增长16.0%,已连续10年保持15%以上的增长速度,继续居中国大陆沿海港口第四位,全球排名第八位。宁波港域集装箱航线总计210条,其中远洋干线118条,近洋支线47条,内支线18条,内贸线27条,最高月航班达917班。年内,宁波港虾峙门口外30万吨级人工深水航槽顺利启用,北仑港区四期集装箱码头5#、6#、7#泊位及配套工程竣工。全年完成公路投资82.6亿元,其中高速公路49.8亿元;干线公路28.8亿元,增长52.9%;新增公路251公里,累计达9572公里;杭州湾跨海大桥全线贯通,大碶疏港高速公路顺利通车,绕城高速公路东段、舟山大陆连岛工程宁波连接线、"五路四桥"项目快速推进。宁波港基本形成高速公路、铁路、航空和江海联运、水水中转等全方位立体型的集疏运网络。全社会客运量完成3.23亿人次,旅客周转量123.56亿人公里,分别增长5.1%和1.8%。全社会货运量2.75亿吨,货物周转量1247.07亿吨,分别增长12.9%和10.4%。

【固定资产投资】 2008年,全社会完成固定资产投资1728.24亿元,增长8.2%;其中,限额以上项目投资1303.11亿元,增长13.0%。第三产业完成投资965.8亿元,增长12.1%,快于全社会投资增速3.9个百分点,其中环境与公共设施管理、交通邮政仓储、科教卫体文广等行业投资分别增长29.4%、28.1%和23.5%。第二产业完成投资755.6亿元,增长3.2%,其中工业投资753.4亿元,增长3.4%,限额以上通用设备、专用设备和通信设备等制造业投资分别增长17.5%、19.2%和49.7%。限额以上新开工项目平均规模达到5947.7万元。全年房地产开发投资完成307.8亿元,下降7.6%;土地购置面积164.9万平方米,下降7.8%;土地开发面积291.5万平方米,增长10.0%;商品房销售面积434.1万平方米,下降43.4%。

【对外开放】 2008年,全市实现口岸进出口总额1401.85亿美元,增长25.4%。机电产品和高新技术产品进口分别增长27.7%和84.9%,出口分别增长26.5%和49.0%,均快于进、出口平均增速。外贸自营进出口总额达到678.40亿美元,增长20.1%,总量在副省级和长三角城市中均位居第三,增速位居计划单列市首位。其中,出口463.26亿美元,增长21.1%,位居长三角城市第三,副省级城市第2,增速位居计划单列市首位;进口215.14亿美元,增长17.9%。一般贸易进、出口额占全市进、出口总额比重分别为57.2%和73.5%。全年新增外贸经营备案登记企业1900家,累计突破1万家,达10758家。其中,进出口实绩企业新增1008家,累计达到9085家。全市合同利用外资41.23亿美元,下降8.4%,实际利用外资25.38亿美元,增长1.3%。其中,第三产业新批项目227个,实到外资5.4亿美元,增长23.0%;交通运输仓储业实际利用外资1.3亿美元,增长142.3%。完成对外承包劳务合作营业额15.7亿美元,增长36.7%;新批境外投资企业和机构124家,项目总投资额3.3亿美元,其中中方投资3.1亿美元,增长

112.2%。服务外包产业迅速发展,全市完成服务外包总额31.2亿元,其中离岸业务1.0亿美元。服务外包企业达314家,从业人员1.4万人。

【高新技术产业】 2008年,宁波市完成高新技术产品产值3305亿元,增长25.9%。出台《宁波市科技研发投入资助计划实施办法(试行)》,落实高新技术企业所得税减免等财税优惠政策,改善创新环境。推进创新型城市建设,创建国家知识产权示范城市,实施科技研发投入资助计划,扶持高新技术企业、创新型(试点)企业、专利示范(试点)企业发展。规模以上工业企业科技活动经费支出增长22.1%。新增国家级企业技术中心1家、省级企业技术中心18家、市级企业技术中心155家、市级重点实验室4个,引进共建技术研发机构27家。全市172家企业率先通过国家高新技术企业重新认定。其中电子信息领域25家、生物医药领域8家、新材料领域37家、高技术服务企业7家、新能源与节能环保领域13家、资源与环境领域9家以及高新技术改造传统产业领域的企业73家。申报的98个国家火炬计划项目、36个国家重点新产品中,有61个项目和29个新产品立项,立项率分别为62.2%和80.6%。全年新增"驰名商标"76件,累计233件;新增浙江名牌41件,累计226件;累计中国名牌61件;新增"知名商标"134件,累计733件。

【科技进步与创新】 全年财政科技支出15.5亿元,增长1.7%。专利申请量16173件,授权量9882件,分别增长26.5%和11.7%。其中,发明专利申请量1950件,授权量505件,分别增长35.4%和72.3%。"节能型饮水深度处理系列设备的研发与产业化"项目获得国家科技进步二等奖;"大吨位70米预应力混凝土箱梁整体预制和强潮海域海上运输架设技术"等4个项目获得省科技进步一等奖。与中科院、浙江大学等大院大所的科技合作与交流继续深化,与西安交通大学建立全面战略合作关系,初步形成以高校、研究院所为骨干的国际科技合作交流平台。

【社会事业】 2008年,宁波市有各级各类学校2345所(不含技工学校,下同),在校生138.4万人,教职工8.8万余名(其中专任教师6.8万名)。九年义务教育入学率、巩固率分别为100%和99.99%;初中毕业生升入高中段学校的比例为98.66%;普通高校录取率84.58%,比浙江省平均录取率高9.51个百分点。全年免除学杂费和课本作业本费受惠学生64.5万人,涉及经费2亿元。新增省"东海文化明珠"乡镇(街道)2个、省文化示范村(社区)7个,新命名市级村落(社区)文化宫163家;继续实施"万场电影千场戏"进农村活动,为农民放映电影25840场,演出戏剧1000场;打造公共文化服务品牌,"群星课堂"举办免费公益培训541场次,受众达3万余人次。举办全国性以上赛事和活动22项,累计举行各类活动1500余场次,逐步形成"月月有活动、全市上下动"的群众体育活动格局;深入实施体育民生工程,至年底,80%以上行政村建有体育健身路径,100%的行政村建有体育设施。各类医疗机构共有病床位22155张,拥有卫生技术人员3.7万人;建成社区卫生服务中心143家,城乡社区卫生服务站1251家,城市社区卫生服务覆盖率达100%,农村达90%。新增就业岗位13.3万个,累计开发社区公益性岗位7158个;帮助6.5万城镇失业人员实现再就业,城镇登记失业率为3.31%。被征地人员养老保障参保人数53.9万人,重点对象参保率升至84.5%;农村五保对象集中供养6081人,集中供养率为95.33%,城镇"三无"对象集中供养率达100%;全面建立新型农村养老保险制度,总参保人数达到8万人,其中待遇享受人数为6.67万人;新型农村合作医疗参合率达96.3%,人均筹资水平达到193元,居全省首位。

海 曙 区

【地理位置与区划】 海曙区是宁波市的中心城区,是宁波的政治、经济和文化中心。位于奉化江、姚江汇合为甬江的"三江口",商业、现代服务业繁荣。海曙区以海曙楼命名,1984年1月由原海曙、镇明两个区合并而成。2008年,海曙区面积29.38平方公里,总人口30.66万,辖8个街道,75个居委会。

【经济建设】 2008年,全区实现生产总值332.19亿元,增长10.0%。财政一般预算收入47.22亿元,增长12.6%。全社会固定资产投资41.35亿元,下降23.0%。居民人均可支配收入(市区)25304元,增长13.4%。

全年服务业投资占全部投资额的比重达97.2%,服务业增加值占地区生产总值的比重为83.3%;实现现代服务业增加值126.50亿元,增长22.8%,占服务业增加值的比重达到45.7%。累计引进现代服务业企业1067家,注册资金20.90亿元。实现社会消费品零售总额215.49亿元,增长14.3%;其中,批发零售贸易业实现零售额192.64亿元,增长12.8%;亿元以上商品交易市场实现成交额41.84亿元。全年工业总产值288.73亿元,增长7.6%。其中,规模以上工业企业实现产值279.77亿元,增长9.4%。工业产品生产销售衔接良好,产销率达到99.15%。规模以上工业企业实现销售收入277.38亿元,增长9.2%。全年引进各类企业5631家,注册资金51.37亿元。其中,注册资金500万元以上企业165家。完成外贸自营进出口总额64.18亿美元,增长10.4%;其中,出口52.92亿美元,增长12.5%。出口市场不断拓展,有贸易往来的国家和地区达到204个;完成对外工程承包和劳务合作营业额550万美元,增长19.6%。累计在境外设立企业18家。

【社会事业】 2008年,全区有国家高新技术企业6家;获市级以上科技项目74项,其中国家级8项;实现授权专利649项,其中发明专利32项;成为新一轮首批全国科普示范城区。有藏书3.2万册,新增10个流动图书馆;《云霞出海曙》获得浙江省和长三角地区音乐大赛创作、表演双金奖;省级文保单位林宅(一期)维修工程、张苍水二期陈列改造工程、全国重点文保单位全祖望墓园整修工程全面完工。有中小学27所,在校中小学生30473人;义务段入学率、中小学年巩固率均为100%,初中升入高中段的比例为99.8%,三残儿童入学率达100%。有27所学校200余名学生在市级以上各类比赛中获得名次;举办区中小学生田径运动会,破23项区纪录。举办第七届机关运动会、新市民运动会以及全民健身月等各类群众性活动

16次,参与人数近3万人次。拥有街道级居家养老服务中心3家,社区级居家养老服务中心14家,形成区、街道、社区三级义工网络体系,居家养老工作荣获第四届“中国地方政府创新奖”。拥有医疗卫生直属卫生机构13个、门诊部以上民营卫生机构26个,拥有床位595张。全年门诊量达263.16万人次,五苗接种率为99.21%。有社区卫生服务中心7个,社区卫生服务站24个,社区卫生覆盖率保持100%。全区共有710人次的老人享受到政府购买的服务。

新增就业岗位13982个,保持公益性岗位1200个;培训失业人员3100人次,培训被征地人员652人次;失业人员再就业10790人,就业困难人员实现就业6611人。社会保障日趋完善,全区养老保险参保人数14.86万人,年净增3.18万人;医疗保险参保人数12.11万人,年净增3.29万人;失业保险参保人数8.30万人,年净增3万人。发放城乡最低生活保障3.70万人次,金额933.60万元;募集慈善捐款1265万元,救助2659人,发放救助金971.54万元;救助“三无”对象70人,发放救助金79.50万元;医疗救助1989人次,发放医疗救助金295.55万元。全区拥有社会福利院7所,床位1091张。

江东区

【地理位置与区划】 江东区位于宁波市中心城区东部,是宁波“老三区”之一,以服务立区、以科技强区、以生态建区、以人文兴区,区域经济发达,开发潜力大。江东区因地处奉化江和甬江东岸而得名。1951年5月,成立江东区人民政府。2008年,江东区面积37.75平方公里,总人口27.25万,下辖8个街道,72个居委会。

【经济建设】 2008年,全区实现生产总值210.8亿元;财政一般预算收入32.96亿元,其中地方财政收入22.05亿元;全社会固定资产投资79.9亿元,增长16.7%。城镇居民人均可支配收入25304元,增长13.4%。

全年服务业增加值增长10.9%,占生产总值的比重达到78.3%,服务业税收占财政一般预算收入的比重提高到76.7%。其中,现代服务业占服务业增加值的比重提高到42%。全年新引进金融业市级分支机构8家,金融业占生产总值、财政一般预算收入的比重分别达到23%和13.7%,成为服务业的领军行业。累计集聚航运物流企业505家,其中第三方物流企业占26%,航运物流业实现税收增长38.8%。全年会展展出面积达73.3万平方米,增长15.4%,中国国际机械工业展览会跻身全国行业展会五强,华博会展成为全国十大最佳组展公司,“演武天地”获国家级商业示范社区称号。实现社会消费品零售总额114.4亿元,增长15.7%。工业优化升级进一步加快,区域工业效益综合指数居全市之首,东力传动、高发拉索等企业保持较快增长。全年完成自营进出口总额43.8亿美元,增长22.9%。其中,出口35.6亿美元,增长24.7%。合同利用外资1.41亿美元,实际利用外资9804万美元。全球最大的会计师事务所——普华永道落户,包商银行、温州银行等4家城市商业银行和全市惟一一家金融信托机构——金港信托落户,新引进保时捷汽车、联邦快递等4家世界500强企业分支机构,累计达到17家。东盟、非洲等新兴市场开拓成果初显,出口增长35.4%,新设立境外机构6家。

【社会事业】 2008年,全区推进创新型城区建设,创新型指数位居全市第二,韵升股份成为国家级创新型试点企业,14家企业被认定为高新技术企业,4个科技项目被列人国家科技计划,高性能稀土永磁材料、制备工艺及产业化关键技术获国家科技进步二等奖;全年获得国家发明专利授权增长53.6%;在全省率先设立“服务业人才政府特殊津贴”。江东成为全国区域教育发展特色示范区,东胜、东柳街道成为全国社区教育示范街道。成功举办区第四届体育运动会。社区卫生服务提升工程扎实推进,创建成为省中医药特色社区卫生服务示范区,社区卫生门诊量达146万人次。

新增就业人数12183人,再就业率稳定在97%以上,85%的社区成为充分就业社区,6个街道成为充分就业街道。城镇居民基本医疗保障工程全面实施,参保率达到85.1%。发放各类救助款项3945万元,救助困难群众15000余人。在全省首批开展残疾人共享小康工程试点,“阳光驿站”康复托养网络不断完善。

江北区

【地理位置与区划】 江北区位于宁波市区西北部,与海曙区、江东区并称为“老三区”,是宁波面积最大的中心城区,腹地开阔,农业以加快现代化,推进“城乡联动”,走城乡互动之路。江北区因地处甬江、姚江北岸,习称江北岸;1951年5月成立江北区人民政府。2008年,江北区土地面积208.16平方公里,总人口13.35万,辖7个街道、1个镇,有59个居民委员会,101个村民委员会。

【经济建设】 2008年,全区实现生产总值156.63亿元,增长8.7%。财政一般预算收入40.02亿元,增长17.5%。全社会固定资产投资83.99亿元。城镇居民家庭人均可支配收入和农村居民家庭人均纯收入分别达到25304元和11592元,分别增长13.4%和13.9%。

2008年,全区实现工业总产值380.68亿元。其中,规模以上工业企业实现产值350.74亿元,占全部工业产值比重达92.1%。新增规模以上企业81家,新增销售5亿元以上企业3家,全区销售亿元以上企业达到49家,工业园区销售产值突破60亿元。高新技术产品产值达到104.8亿元,占规模以上工业产值比重29.9%。全年服务业增加值89.2亿元,增长12.5%。社会消费品零售总额65.8亿元;批发零售贸易业58.13亿元,增长24.42%;住宿餐饮业7.67亿元,增长26.99%。创意产业平台建设取得突破,财富创意港、慈城天工之城DIY园区、“1842外滩”创意产业基地、“134创意谷”,成为全区创意产业集聚区。慈城镇成为省首批旅游强镇,远洲大酒店成功创建全区首家五星级饭店。实现农林牧渔业总产值5.84亿元。建成省级农业标准化示范区2个,市级标准化示范区5个。形成优质水果、名特茶、年糕等优势产业,区级以上农业龙头企业达到19家。评定省级农家乐特色点2家,市级农家乐休闲旅游示范点2家。全年完成外贸自营进出口总额18.25亿美元。其中,机电产品和高新技术产品出口占出口总额比重达到 63.4%。合同利用外资 1.4 亿美元,增长 2.6%。

【社会事业】 2008 年,全区承担市级以上科技项目 64 项,增长 82.9%,获省市科技进步奖 12 项;新增省市级企业研发机构 13 家,新认定高新技术企业 11 家;成功创建国家火炬计划宁波江北先进通用设备制造业特色产业基地;专利授权量突破 600 件,新增中国驰名商标 1 件。初中强校工程成效初显,九年制义务教育各项指标继续保持 100%,成功创建浙江省中小学课外文体工程示范区。启动江北文化中心建设前期工作,举办宁波外滩文化旅游节。新建、改建社区卫生服务站 22 家,全区社区卫生服务网络覆盖率达到 100%,所有街道(镇)成为市级卫生街道(镇)。

新增就业岗位 10769 个。完成农村劳动力素质培训 6988 人次,实现转岗就业农村劳动力 2651 人。完善新型农村合作医疗制度,参保率为 95.4%,列全市第一。实施外来务工人员综合保险制度,开展廉租住房扩面工作,应家经济适用房一期开工建设,获得市住房保障先进单位。

镇 海 区

【地理位置与区划】 镇海区位于宁波市区东北部,与舟山、上海隔水相望,区域位置突出,素有“浙东门户”、“海天雄镇”之称,镇海港区是宁波港重要组成部分。镇海区还是著名的侨乡和“宁波帮”重要发源地。1985 年 10 月,原镇海县撤县并以甬江为界,分建镇海、滨海(今北仑区)区,形成镇海区境。2008 年,镇海区陆地面积 245.90 平方公里,海域面积 161.74 平方公里,总人口 22.43 万,全区辖 4 个街道、2 个镇,有 26 个居民委员会、64 个村民委员会。

【经济建设】 2008 年,全区实现生产总值 152.92 亿元,下降 41.1%。财政一般预算收入 47.2 亿元。全社会完成固定资产投资 167.85 亿元,增长 26.9%,提高 13.7 个百分点。城镇居民人均可支配收入 25304 元,增长 13.4%;农民人均纯收入 11985 元,增长 14.7%。

全年实现工业总产值 1560.57 亿元,18.0%;工业销售产值 1546.68 亿元,增长 17.2%,产销率达到 99.11%。主营业务收入 1561.29 亿元,增长 17.0%;利润总额亏损 38.93 亿元,下降 188.1%。拥有资质等级的建筑施工企业 48 家,其中,区属 42 家。完成建筑业总产值 72.29 亿元,其中,建筑工程产值 63.43 亿元。房屋建筑施工面积 472.05 万平方米。实现社会消费品零售总额 47.77 亿元,增长 21.8%。其中,批发和零售业 44.17 亿元,增长 22.7%;住宿和餐饮业 3.60 亿元,增长 11.0%。亿元以上商品市场成交额 245.88 亿元,增长 21.9%。专业市场稳定,其中液化市场完成成交额 101.80 亿元,增长 1.2%;煤炭市场完成成交额 69.81 亿元,增长 59.0%。全年实现旅游总收入 13.80 亿元,增长 11.2%。农林牧渔业总产值 7.70 亿元,增长 10.8%。安排新农村建设专项资金 5000 万元,6 个农村新型居住区试点项目启动建设,累计建成 59 个村民服务中心,新建、改建 33 个农贸市场。全年实现外贸自营进出口总额 42.22 亿美元,增长 16.1%,其中,出口总额 20.50 亿美元,增长 43.1%。合同利用外资 1.50 亿美元,下降 28.8%;实际利用外资 1.42 亿美元,下降 18.4%;引进外商投资项目 28 个,总投资额 3.35 亿美元,下降 27.7%。实现境外营业额 1.99 亿美元,增长 79.4%。

【社会事业】 2008 年,全区拥有国家级高新技术企业 19 家,各级科技(科普)示范基地 33 家,企业工程技术中心 41 家;各类专业技术人员 28166 人,建立博士后科研工作站 1 个。全年幼儿入园率 99.75%,小学入学率 100%,初中入学率 100%,高中入学率 97.47%。九年义务教育人口覆盖率 100%;普通高校录取率 89.63%。公共文化服务体系日趋完善,完成 56 个村文化建设“五个一”工程,区图书馆实现免费开放,镇海籍院士风采馆和陈逸飞纪念馆相继开馆,“十里红妆”成功申报上海大世界基尼斯纪录。全年获国家级金牌 3 枚,铜牌 1 枚;省级金牌 23.75 枚,银牌 16.5 枚,铜牌 12 枚;市级金牌 12.5 枚,银牌 14.6 枚,铜牌 23 枚。组织开展群众性体育赛事和活动 200 次,参与人数 3.8 万;新增各类健身路径 24 条;全区体育人口比例达 49%。有各类医疗服务机构 263 家,医院病床 968 张,镇海中医院完成搬迁,龙赛医院新城院区(一期)和第五医院主体工程完工;建立标准化社区卫生服务站 45 家,提前实现城乡社区卫生服务网络全覆盖。

新增就业岗位 7752 个,累计开发社区公益性岗位 1073 个,帮助失业人员、被征地人员和农村劳动力实现就业再就业 7490 人,培训各类人员 8220 人,农村劳动力转移就业率达 88.2%,被征地人员充分就业率达 95.2%,年末城镇登记失业率 2.97%。农村合作医疗保险人数达 87757 人,老年农民养老参保率达 83.5%。外来务工人员社会保险参保人数达到 46151 人。有各类福利机构 10 家,拥有床位 1405 张,福利企业 35 家。全年募集慈善捐款 2613 万元,救助人数 31106 人,支出各类救助金 4765 万元;纳入低保对象人数 1789 人,发放低保金 556 万元。建成 17 个居家养老服务中心、23 个村级居家养老服务站(点)。

北 仑 区

【地理位置与区划】 北仑区位于宁波市区东部,地处浙江大陆最东端,三面环海,是浙江省、宁波市对外开放的窗口和基地,港口资源丰富,北仑港被誉为“中国港口皇冠”、“洋洋东方大港”。北仑区由 1984 年 1 月析原镇海县而来,原为滨海区,1987 年更名北仑区。2008 年,北仑区陆域面积 585 平方公里,总人口 36.81 万,辖 7 个街道、2 个镇、1 个乡,有 40 个居民委员会、223 个村民委员会。

【经济建设】 2008 年,全区实现生产总值 423 亿元,增长 10.5%;财政一般预算收入 79.1 亿元,增长 12.9%;全社会固定资产投资 250.5 亿元,增长 10.4%;城镇居民人均可支配收入 25296 元,农村居民人均纯收入 11845 元,分别增长 13.4% 和 14.5%。

全区规模以上工业实现产值 1251 亿元,增长 15.8%;其中,汽车、石化、能源、纸业、钢铁、船舶等六大临港产业实现产值 693 亿元,占规模以上工业产值的 55.4%。新增规模以上工业企业 249 家,产值超亿元企业 131 家,产值超 10 亿元企业

24家，产值超百亿元企业1家。全区42项重点建设项目累计完成投资146亿元，占固定资产投资的58.3%。台塑一期9个项目全面投产，宝新不锈钢技改、宁波钢铁热轧生产线等项目建成投用。实现第三产业增加值166.2亿元，增长11.8%。社会消费品零售总额62.1亿元，增长20.4%。农产品批发市场等一批重点商贸项目投用，家乐福超市、国美家电商场落户。物流业增值达54.1亿元，增长13.1%，引进普洛斯、安博、嘉民等一批物流企业。新经济产业和服务外包基地建设全面启动，17家软件及信息企业入驻，印度国家信息学院宁波培训中心成为全省首家高级服务外包培训基地。实现农林牧渔业总产值263.3亿元，增长4.0%。新建省级文明村2个和市级文明村13个、全面小康村4个、环境整治村22个。4个市级万亩产业基地基本建成，农村经济合作社股份制改革完成率达95%。全年外资进出口总额首次突破百亿美元，达115.8亿美元，增长27.9%。其中，机电产品和高新技术产品出口值分别占自营出口总额的47.4%和11.5%。新办境外企业14家，完成外经营业额3.3亿美元，增长20%。合同利用外资10亿美元，实际利用外资6.2亿美元；新批千万美元以上项目24个，合同利用外资5.2亿美元，占合同利用外资总额的51.7%。宁波梅山保税港区由国务院批准设立。

【社会事业】 2008年，全区获批国家级科技计划项目20项、省市级项目95项，新增市级以上企业工程技术中心16家，42家企业被认定为首批高新技术企业；全年授权专利751件，其中发明专利45件，分别增长30.6%和40.6%；新增中国驰名商标1件；海底电缆标准项目获全国标准创新奖。标准化学校达到74.5%；省示范学校达到23所，占义务教育段学校的65.7%。成功举办首届中国宁波国际港口文化节；承办世界女排大奖赛、中澳男篮挑战赛、第二届全国电子竞技锦标赛；国家篮球队、乒乓球队训练基地落户。全面实施社区责任医生制度、社区卫生服务实现全覆盖。新增就业岗位9200个，近6000名失业人员和就业困难人员实现再就业，城镇登记失业率为3.34%；培训被征地人员和农村剩余劳动力1.34万人。全年职工养老保险人数达30.3万人，其中外来务工人员参保9.7万人；基本医疗保险参保人数22.2万人；被征地人员养老保障参保人数9.8万人，占应参保人员总数的97.6%。农村"五保"和城镇"三无"人员集中供养率继续保持在100%。

鄞　州　区

【地理位置与区划】 鄞州区从东、南、西环拱宁波城区，是"宁波帮"的发祥地，具有悠久的商业传统，工业经济发达，历史文化底蕴深厚。"鄞"系越语地名，鄞县建县历史可以追溯至秦王政二十五年（公元前222年）。解放后析鄞县县城置宁波市。2002年2月1日，鄞县撤县设区，改为鄞州区，为宁波市区。2008年，鄞州区行政区域土地面积1345.54平方公里，总人口79.63万，辖6个街道办事处、17个镇、1个乡，有61个居民委员会、394个村民委员会。

【经济建设】 2008年，全区实现生产总值650.8亿元，增长14%。财政一般预算收入133.7亿元，增长23.8%，跃居全省各县（市、区）首位。全社会固定资产投资额达273.3亿元，增长0.85%。城镇居民人均可支配收入达到25749元，增长9.9%；农村居民人均纯收入12508元，增长9.8%。

全年实现工业总产值1922.5亿元，增长15.6%，其中规模以上工业企业完成总产值1479.2亿元，增长12%。高新技术产业集群优势加快形成，高新技术产品产值占规模以上工业的比重提高到44%，国家汽车电子及零部件特色产业基地成功创建。实现第三产业增加值205.5亿元，增长15%。服务业对财政收入的贡献率达到36.8%。完成社会消费品零售总额149.9亿元，增长34.7%。新兴服务业加快集聚，累计引进注册资本千万元以上软件企业19家，实现软件产业产值6.5亿元。全年接待国内外旅游者778.1万人，实现旅游总收入70.2亿元，增长25%，成功创建成为省首批旅游经济强区。实现农林牧渔业总产值36.0亿元，增长3.7%。新增绿色无公害农产品生产基地3.2万亩，获得市级以上名牌农产品7个，新建续建农业"百家园"29家，通过果桑、粮食、竹笋、茶叶四大万亩市级特色农业产业基地验收。全年完成外贸自营出口额66亿美元，增长17.4%。其中，进口达到14.4亿美元，增长48%。新批外商投资企业132家，合同外资、实到外资达到9亿美元和4.7亿美元，分别增长72.4%和25.5%。千万美元以上项目、服务业项目占全部合同外资的比重达到95%和23%。新办境外企业17家，对外经济合作营业额为1.1亿美元。

【社会事业】 2008年，全区实施国家科技计划项目51项，获得国家专利1505件，其中发明专利74件，新增中国驰名商标18件，新认定国家高新技术企业132家，国家动漫游戏原创产业基地落户。有普通中学41所，中等职业学校10所，小学93所，实施普通高中免收学费政策，加大学前教育投入力度，东钱湖旅游学校成为国家级重点职高。咸祥抬阁《蝶恋梁祝》获第七届中国民间艺术节暨"山花奖"中国民间飘色（抬阁）艺术展演金奖。成功承办WCBA鄞州主场赛、首届世界智运会快棋赛和奥林匹克团体赛的选拔赛、第五届中俄国际象棋对抗赛、全国女子网球巡回赛等体育赛事。拥有医院、卫生院43家，总床位2942张；有社区卫生服务中心25家，标准社区卫生服务站158家，改建服务站171家；推进镇村卫生服务机构建设，落实药价优惠减免政策，农民住院、门诊医疗费补偿率分别提高到50%和30%。全年新增就业岗位2万余个，举办洽谈会77场次，培训失业职工4960名，完成职业技能鉴定20392名。城镇职工登记失业率控制到3.5%。实施城镇居民基本医疗保险制度和外来工社会保险制度，调整城乡最低生活保障标准。25.9万名外来工参加社会保险；农村参保人数达到53.5万人。

（谢敏依提供）

湖　州　市

【历史沿革】　湖州是一座具有2300多年历史的江南古城。楚考烈王十五年(公元前248年),春申君黄歇徙封于此,在此筑城,始置菰城县。以泽多菰草故名。隋仁寿二年(公元602年),置州治,以滨太湖而名湖州,湖州之名从此始。解放后,先后设浙江第一专区、嘉兴专区和嘉兴地区,1983年撤嘉兴地区,建湖州、嘉兴两个省辖市。

【地理位置】　湖州市地处浙江省北部、太湖南岸,位于东经119°14′—120°29′、北纬30°22′—31°11′之间,东西长度126公里,南北宽度90公里,东邻上海,南接杭州,西连苏皖,北濒太湖。湖州距杭州75公里、上海160公里、南京220公里。104国道、318国道、杭宁高速公路、申苏浙皖高速公路、申嘉湖高速公路、宣杭铁路和被誉为"东方小莱茵河"的长湖申航道贯穿境内。新长铁路和即将修建的湖乍铁路使湖州分别与陇海、沪杭两大铁路干线连通。湖州还拥有全国一流的内河铁路、公路、水运中转港。

【行政区划及人口】　湖州市土地面积5818平方公里。现辖德清、长兴、安吉三县和吴兴、南浔两区。全市共有60个乡镇、7个街道,1003个村委会、254个社区居委会。全市总人口258.50万人,其中男性129.67万人,女性128.83万人。全年出生人口1.91万人,出生率-0.13‰;人口自然增长率为-0.50‰;计划生育率为98.17%。

【国民经济和社会发展】　2008年,面对年初特大雨雪冰冻灾害的不利影响和国际金融危机的严重冲击及自身发展转型的严峻挑战,湖州市以科学发展观统领经济社会发展全局,深入实施"增强'三力'、奋力崛起"发展战略,全面落实"标本兼治、保稳促调"的各项措施,加大重点工作推进力度,全市经济保持平稳较快增长,社会民生继续得到改善。地区生产总值突破"千亿元"大关,达到1034.89亿元,按可比价格计算,比上年增长10.6%。其中第一产业增加值82.63亿元,增长4.1%;第二产业增加值593.56亿元,增长10.7%;第三产业增加值358.70亿元,增长11.8%。三次产业比例为8.0∶57.3∶34.7。按户籍人口计算的人均GDP为40089元,增长10.5%,折合5772美元。财政总收入133.78亿元,其中地方财政收入71.61亿元,分别比上年增长17.3%和16.1%。财政支出86.42亿元,增长25.6%。居民消费价格总水平上涨5.1%,工业品出厂价格上涨4.9%,原材料、燃料、动力购进价格上涨11.0%。

【农林牧渔业】　全年实现农林牧渔业总产值144.44亿元,比上年增长12.1%,其中农业产值56.41亿元,增长14.0%;林业产值17.21亿元,增长7.7%;牧业产值34.36亿元,增长6.7%;渔业产值35.19亿元,增长16.4%。全年粮食播种面积13.84万公顷,增长4.2%;经济作物播种面积9.76万公顷,下降2.4%,其中油菜籽面积3.15万公顷,下降6.3%;蔬菜面积3.61万公顷,下降4.7%;花卉苗木面积1.17万公顷,增长10.3%。全年粮食产量92.68万吨,增长5.8%;油菜籽产量7.09万吨,下降5.5%;蚕茧产量1.74万吨,下降15.5%;家禽出栏数4885.75万只,下降3.4%;水产品产量22.83万吨,增长7.4%。全年新增国家级农业龙头企业2家、省级农业龙头企业6家。新建省级现代农业示范园4个、市级现代农业示范园21个。年末全市省级无公害农产品基地达到196.5万亩,比上年增加38万亩。已拥有无公害农产品404只、绿色食品93只,比上年分别增加96只和34只。

【工业和建筑业】　工业经济增长较快。全年规模以上工业总产值突破"两千亿元"大关,达到2138.50亿元,比上年增长22.1%,其中轻工业产值923.16亿元,重工业产值1215.40亿元,分别增长20.8%和23.1%。34个行业大类均实现增长,有6个行业产值超过百亿元,其中纺织业产值368.82亿元,增长17.4%;电气机械及器材制造业产值235.41亿元,增长26.3%;黑色金属冶炼及压延加工业产值189.92亿元,增长37.7%;木材加工及木竹藤棕草制品业产值172.10亿元,增长31.3%;非金属矿物制品业产值143.67亿元,增长21.8%;电力热力的生产和供应业产值142.91亿元,增长2.2%。

*高新技术产业发展提速。*全年高新技术产业实现主营业务收入507.06亿元、利税38.87亿元、利润24.55亿元,分别增长28.7%、11.4%和5.5%,其中新能源与节能产业利税增长21.1%,生物医药产业增长14.6%,新材料产业增长13.1%,光电一体化产业增长9.7%。十大先进制造业中心实现主营业务收入1159.80亿元、利税83.79亿元、其中利润49.3亿元,分别增长21.8%、12.8%和9.3%,其中品牌童装利税增长45.1%,优质水泥增长26.5%,建筑新材增长25.6%,金属管道及不锈钢增长25.5%,绿色竹木制品增长22.1%。

*工业效益总体较好。*全年规模以上工业实现主营业务收入2025.98亿元,比上年增长22.3%;利税147.26亿元,其中利润81.34亿元,分别增长8.7%和3.8%。纺织业、木材加工及木竹藤棕草制品业、非金属矿物制品业、黑色金属冶炼及压延加工业、电气机械及器材制造业等5个行业实现了"主营业务收入超100亿元、利税超10亿元",其中利税分别达到24.76、13.17、13.13、12.21和15.33亿元,分别增长7.1%、27.8%、26.5%、24%和13.8%,利税总额占全部规模以上工业的比重达到53.4%。全市主营业务收入超亿元且利税超千万元的"亿千"工业企业已达到218家,当年新增19家,全年主营业务收入1120.27亿元,增长24.5%,利税92.20亿元,增长18.9%,利税总额占全部规模以上工业的比重达到62.6%。

*建筑业保持平稳发展。*全市拥有资质建筑企业210家,全年共完成建筑业总产值235.86亿元,比上年增长10.3%,其中建筑工程产值191.86亿元,安装工程产值27.57亿元,分别增长6.1%和46.1%;房屋建筑施工面积2132.07万平方米,增

长2.1%;竣工面积87.47万平方米,下降20.0%。全年新增一级资质企业4家、二级资质企业14家。

【第三产业】 商贸流通业领先发展。全年实现社会消费品零售总额382.11亿元,比上年增长19.7%,其中批发零售业332.95亿元,增长19.4%;住宿餐饮业43.76亿元,增长23.8%。限额以上贸易企业实现零售额98.16亿元,增长12.6%,其中日用品类零售额3.59亿元,增长42.5%;文化办公用品类零售额1.54亿元,增长31.3%;金银珠宝类零售额3.21亿元,增长29.3%;石油及制品类零售额30.66亿元,增长24.4%;服装、鞋帽、针纺织品类零售额10.98亿元,增长24.0%。限额以上连锁企业实现零售额46.77亿元,增长18.2%。

商品交易市场规模继续扩大。全市拥有商品交易市场206个,全年市场成交额497.57亿元,比上年增长5.0%。市场成交额超亿元的市场达到38个,比上年增加3个,市场成交额413.74亿元,占总成交额的83.2%;其中市场成交额超10亿元的市场9个,成交额为329.64亿元,占总成交额的66.2%。

旅游业加快发展。全年接待国内外旅游人数1972.80万人次,比上年增长16.9%,其中国内旅游人数1948.43万人次,增长16.9%,入境旅游人数24.37万人次,增长25.0%;实现旅游总收入131.72亿元,增长29.1%,其中国内旅游收入125.69亿元,增长28.4%,旅游外汇收入8688万美元,增长27.9%;全市旅游景区门票收入1.36亿元,增长12.8%。年末全市拥有星级宾馆57家,其中三星级以上宾馆28家,比上年增加5家。

房地产业低位运行。全年完成房地产开发投资103.29亿元,增长8.8%。全年房屋施工面积991.15万平方米,增长3.8%;房屋竣工面积191.61万平方米,增长19.5%;商品房销售面积198.28万平方米,下降30.8%,其中住宅159.65万平方米,下降34.5%;商品房销售额82.41亿元,下降25.5%,其中住宅64.89亿元,下降29.3%。

交通运输业平稳增长。全年完成客运量9260万人,比上年增长3.6%;旅客运输周转量35.32亿人公里,增长1.4%。完成货运量16604万吨,增长1.4%,其中公路6792万吨,增长5.6%,水路9812万吨,下降1.4%;货物运输周转量177亿吨公里,下降1.0%,其中公路31.21亿吨公里,增长5.5%,水路145.79亿吨公里,下降2.3%。全年内河港口货物吞吐量1.43亿吨,增长6.1%。

邮电通信业稳步增长。全年实现邮电业务收入25.74亿元,增长7.1%;年末固定电话(含小灵通)用户117.97万户,比上年末增加0.22万户;年末移动电话用户190.45万户,减少2.34万户;全市电话普及率为每百人119部,比上年减少1部;年末国际互联网用户29.21万户,增加5.37万户,增长22.5%,其中宽带用户28.44万户,增加5.43万户,增长23.6%。

金融业较快增长。金融机构年末本外币存款余额达到1013.73亿元、贷款余额786.04亿元,分别比上年增长24.9%和16.6%;全年新增贷款117.84亿元,同比多增2.79亿元。年末城乡居民本外币储蓄存款余额为542.18亿元,新增124.87亿元,增长29.9%。金融机构年末不良贷款余额为9.03亿元,比年初减少5.29亿元,不良贷款率为1.15%,比年初下降了1.01个百分点。

证券业务大幅下降。证券营业机构全年业务成交额1256.82亿元,比上年下降37.1%,其中代理A股成交1068.09亿元,下降38.7%。企业股改上市工作取得新进展,完成境外挂牌企业1家,新增上市辅导企业5家,1家上市企业再融资2.5亿元。

保险业健康发展。保险公司全年保费收入29.34亿元,增长46.1%,其中财产险保费收入8.71亿元,增长17.5%;人身险保费收入20.63亿元,增长62.8%。各类保险赔款支出9.17亿元,增长1.11倍,其中财险赔款8.53亿元,增长1.22倍;寿险赔款6435万元,增长27.0%。

【固定资产投资】 投资保持平稳增长。全年完成全社会固定资产投资525.24亿元,比上年增长14.6%。按产业划分,第一产业投资4.82亿元,增长5.3%;第二产业投资299.48亿元,增长25.4%,其中工业投资291.03亿元,增长22.8%;第三产业投资220.93亿元,增长2.8%。全年限额以上固定资产投资项目1683个,完成投资额482.65亿元,增长14.6%,其中基础设施投资103.96亿元,增长7.3%。非国有投资385.99亿元,增长21.6%,占全部限额以上投资的80.0%,比上年提高4.6个百分点。

城乡重点项目建设步伐加快。全年120个重点项目投资175.7亿元,完成年度计划109.6%。其中,农林水利项目完成投资11.39亿元,完成年度计划102.2%;交通能源项目完成投资33.85亿元,完成年度计划104.2%;城建及环境整治项目完成投资66.27亿元,完成年度计划107.4%;工业科技项目完成投资31.87亿元,完成年度计划112.0%;商贸流通项目完成投资11.28亿元,完成年度计划104.3%;社会发展项目完成投资16.84亿元,完成年度计划127.6%。老虎潭水库下闸蓄水,长兴技师学院一期投入使用,湖州开发区人才公寓竣工,市民健身中心基本完成,东湖家园经济适用房拆迁安置房工程单体结顶,世纪栋梁项目主体完成试生产,人本轴承项目部分建成投产,川达物流已完成码头主体建设任务。大钱港整治、合溪水库、申嘉湖杭高速公路练杭段、川气东送湖州段、湖州中心城市路桥工程、农民新村工程、湖州国际小商品城、南浔国际建材城迁建项目、渔人码头、太湖明珠等建设进展顺利。长湖申航道湖州段改造、杭长高速公路二期、宁杭铁路湖州段、滨湖大道已开工建设。

中心城市建设水平全面提升。建成了湖州大剧院、湖东大桥、仁皇山路东延、湖州垃圾焚烧厂等一批重大基础设施,全面推进了龙溪港东岸综合开发、衣裳街保护性改造、步行街区建设、长岛公园等一大批标志性项目。推进城市有机更新实践,探索实施了南街、红旗路、苕溪路、小市河"三路一河"综合整治,基本完成了52幢沿街建筑和沿河仿古建筑立面整治、城市家具布设及部分地下通道建设,中心城市核心区综合功能全面增强,城市面貌焕然一新。德清、长兴、安吉三个县城城市建设水平进一步提升。湖州市跨入全国创建文明城市工作先进行列。

【对外经济】 对外贸易较快增长。全年外贸进出口总额达到55.88亿美元,比上年增长31.1%,其中出口49.01亿美元、进口6.87亿美元,分别增长33.4%、16.6%。按出口贸易方式分,一般贸易出口42.69亿美元,加工贸易出口6.31亿美元,分别增长35.5%和20.7%,占全部出口的比重分别为87.1%和12.9%。按出口企业性质分,私营企业出口23.90亿美元,外商投资企业出口18.03亿美元,分别增长34.0%、31.4%,占全部出口的比重分别为48.8%和36.8%。按出口产品分,高新技术产品出口2.51亿美元,增长94.9%;化工产品出口6.34亿美元,增长66.1%;机械设备出口6.13亿美元,增长52.9%;机电产品出口12.48亿美元,增长38.6%;纺织原料及纺织制品出口15.61亿美元,增长22.8%;农副产品出口6.07亿美元,增长12.6%。按出口地区分,对美国出口10.32亿美元,增长17.7%;对日本出口2.40亿美元,增长16.2%;对欧洲出口15.70亿美元,增长38.8%。全年进出口贸易额超2000万美元的企业达到56家,比上年增加15家,其中出口超2000万美元企业49家,增加16家。

外资结构明显优化。全年新批准及增减资利用外资项目421个,其中新批外商投资企业173家,批准增资项目164个。合同外资18.03亿美元,比上年下降9.2%。实到外资8.02亿美元,下降4.9%,其中第一产业1546万美元,增长67.0%;第二产业6.49亿美元,下降7.8%;第三产业1.37亿美元,下降5.5%。全年批准总投资1000万美元以上项目112个,合同外资14.11亿美元,占全部合同外资的78.3%;其中新批总投资1000万美元以上企业85家,合同外资11.21亿美元,占全部合同外资的62.2%。

对外合作势头良好。全年共输出劳务548人次,年末在外人数达到1534人,年承包劳务营业额为830万美元。新批境外企业14家,境外直接投资总额1829万美元,增长39.0%,其中中方投资额1829万美元,增长63.6%。

【社会事业】 科技事业加快发展。全年专利申请量4887件,比上年增长56.6%;专利授权量2318件,增长30.9%,其中发明专利57项,比上年增加9项。签订技术合同658项,技术合同成交金额5197万元,增长43.9%。年末,全市已拥有省级高新技术企业研究开发中心60家,比上年增加16家;拥有省级以上高新技术企业203家,其中国家级73家。全年获市级以上政府奖的科技成果54项,列入国家级火炬项目45项,重点火炬项目2项。全市已拥有中国驰名商标66件,比上年增加23件。

教育事业稳步发展。全市拥有各级各类学校504所,全年招收学生12.92万人,在校学生46.64万人,毕业生13.21万人。高等教育毛入学率达到40.1%,比上年提高2.6个百分点;高考(文理科)上线率达到89.0%,提高0.8个百分点,上线率继续保持全省领先;初中毕业升高中段的比例达到96.5%,比上年提高2.1个百分点;初中、小学入学率均达到100%;十五年教育毛入学率为97.6%,比上年提高0.2个百分点。全市共有专任教师2.53万人,其中普通中小学专任教师1.85万人;普通中小学每百名学生拥有专任教师数5.7人。

文化事业健康发展。文化公共服务基础设施建设力度加大,湖州大剧院等重大项目建成并交付使用。年末全市拥有影剧院5个,全年演出1152场;文化馆、艺术馆4个,全年举办展览30个,组织文艺活动661次;公共图书馆4个,总藏量120.2万册件;乡镇街道文化站71个;档案馆4个;博物馆(纪念馆)11个;文物保护单位242个,其中国家级重点文物保护单位14个,省级重点文物保护单位25个。启动实施农村公共文化服务体系十项工程,加大文化精品创作力度。全年共引进高雅艺术演出105场,举办大型广场文化活动295场,组织基层文化活动2802场,开展电影下乡放映15643场次。《民警王法金》、《从苕溪到黄浦江》、《十万人家》等影视作品成功播出,第十届国际茶文化研讨会、第三届"南太湖"音乐舞蹈节等活动顺利举办。年末有线电视用户达到65.23万户,比上年增加7.4万户;数字电视整体转换工作推进较快,数字电视用户数由上年的2050户增加到11.73万户。全年出版各类报纸3461万份,其中《湖州日报》1612万份,《湖州晚报》1615万份,《湖州广播电视报》234万份。

体育事业蓬勃发展。以"北京奥运"为契机,掀起"全民健身与奥运同行"主题活动新高潮。举办了"奔向2008、我与奥运同行"迎春健身跑活动、"迎奥运,新年登高"、庆祝奥运会圣火抵达北京、"我们的奥运会"—社区百姓全民健身擂台赛、羽毛球邀请赛等大型体育活动;安吉县、长兴县召开了全县运动会,吴兴区举办农民运动会,德清县承办全国木兰拳大赛。全市运动健儿在省以上运动会上获得奖牌115枚,其中金牌37枚、银牌35枚、铜牌43枚。全年体育彩票销售额达2.43亿元,比上年增长17.4%。

卫生事业稳步推进。年末拥有医疗卫生机构1262个,其中医院33家、卫生院95家、妇幼保健院4家、社区卫生服务站674个;等级医院24家,其中三级医院5家;拥有医疗床位9294张,其中医院床位8800张;卫生技术人员13949人,比上年增加1246人,其中执业医师4000人、执业助理医师1204人、注册护士4052人;每万人拥有医院床位数34张;每万人拥有卫生技术人员54人,其中医生20人。年末新型农村合作医疗参保人数175.76万人,参保率由上年的95.7%提高到97.1%,全年报销金额20363万元,比上年增长41.0%。农村卫生厕所普及率为89.0%,比上年提高5.4个百分点。农村改水投资总额9019万元,符合国家标准的自来水人口受益率为96.1%,比上年提高2.8个百分点。全市婴儿死亡率、5岁以下儿童死亡率分别为6.02‰、8.56‰。

社会保障体系进一步健全。年末全市参加基本养老保险人数达到60.84万人,比上年增加6.85万人;参加基本医疗保险人数为44.59万人,增加6.96万人;参加失业保险人数为31.20万人,增加3.99万人;参加工伤保险人数为50.76万人,增加12.25万人;参加生育保险人数为31.18万人,增加10.40万人;参加生活保障和生活补助制度的被征地农民14.53万人,增加1.87万人。年末住房公积金正常缴存人数达到16.32万人,比上年增加1.30万人;全年归集住房公积金13.25亿元,比上年增长20.0%;当年发放个人住房贷款9.47亿元,下降4.2%。年末各类收养性社会福利单位拥有床位7640张,收养各类人员3501人。城镇"三无"、农村"五保"集中供养对象2811人,集中供养率97.5%,比上年提高0.5个百分点。全市得到政府最低生活保障的家庭23144户,人数44710人,其中城镇10342人、农村34368人,发放低保保障金额5576万元,增长24.7%;市区城镇低保标准由上年的每人每月268元提高到300元,农村由161元提高到180元。全年销售社会福利彩票1.91亿元,筹集社会福利资金6343万元。

【人民生活环境和生活质量】 城乡一体化进程加快。中心城市建成区面积78.8平方公里,比上年扩大4.4平方公里。省级社会主义新农村实验示范区建设继续推进,完成了36个全面小康示范村创建、215个村庄整治提升和12个小城镇环境综合整治;改造通村联网公路373公里和低承载力桥梁60座,累计开通城乡公交线路390条;完成小型水库除险加固17座、河道清淤1218公里,新增饮用水改善受益农村居民14.45万人;新建电气化乡镇10个、村100个。

环境保护成效明显。全市实施了节能降耗“双百工程”,推进35项减排重点项目,2家垃圾焚烧发电厂投入试运行,完成25个镇级污水处理设施建设。预计全市万元生产总值综合能耗下降4.7%,化学需氧量和二氧化硫排放量削减率分别为4%和5.5%。全市地表水水质总体良好,70.3%的监测断面达到Ⅱ、Ⅲ类水质,比上年提高7.6个百分点;68.9%的监测断面水质满足功能要求,提高12.9个百分点;县以上出境断面水质达标率82.4%,市出境断面水质达标率83.3%。市区环境空气质量优良率为90.7%。全市已拥有20个国家环境优美乡镇、38个省级生态乡镇、33个市级生态乡镇、148个市级生态村,通过清洁生产审核验收企业203家、省级绿色企业29家、省级绿色饭店19家、省级绿色学校57所。

生活水平明显提高。全市城镇居民人均可支配收入突破“两万元”,达到21604元,比上年增长9.9%。全年市区城镇居民人均可支配收入21822元,增长8.9%;人均消费支出14233元,增长9.4%;恩格尔系数为36.1%;年末人均住房面积29.8平方米。全市农村居民人均纯收入突破“万元”大关,达到10751元,增长12.7%;人均生活消费支出7046元,增长14.2%;恩格尔系数35.0%;人均住宅面积52.1平方米。城乡居民年末人均本外币储蓄余额已达21002元,比上年增加4814元,增长29.7%。

南浔区

【概况】 南浔区位于长三角腹地,是湖州市接轨上海的前沿阵地。318国道、湖盐公路、申苏浙皖高速公路、申嘉湖高速公路、京杭运河、长湖申航道穿境而过,距离上海、苏州、杭州等大城市均为100公里左右。南浔物产丰富,名满江南,有全国著名的菱湖淡水鱼生产基地,有名甲天下的辑里湖丝,有技艺精湛被誉为文房之宝的善琏湖笔,有“轻如朝雾、薄如蝉翼”之称的双林绫绢等传统名特产品,享誉海内外。南浔旅游资源丰富,文化底蕴深厚。南浔镇是浙江省首批历史文化名镇,2005年荣膺“中国十大魅力名镇”的称号。

【历史沿革】 公元前333年,楚以此为春申君黄歇之封邑,始建菰城县,南浔辖域隶属菰城县。秦灭六国后,分天下为三十六郡,置会稽郡,下设乌程、由拳等县,今区境属乌程县。西晋太康三年(公元282年),分乌程县东乡置东迁县,县治在今旧馆。南朝宋元徽四年(公元476年),东迁县改名东安县,次年仍复名东迁县。隋开皇九年(公元589年)东迁县并入乌程县。宋太平兴国7年,分乌程县东南15乡置归安县。民国元年(1912年),乌程、归安合并为吴兴县,今南浔辖域隶属吴兴县。2003年1月,根据国务院(国函〔2003〕2号)和省政府(浙政发〔2003〕2号)文件精神,湖州市撤销城区、南浔区、菱湖区三个区委、区管委会,设立吴兴区、南浔区两个市辖区。

【行政区划】 南浔区区委、区政府驻南浔镇,辖南浔、双林、练市、善琏、旧馆、菱湖、和孚、千金、石淙9个镇和1个省级经济开发区,总人口49.13万人,区域面积706平方公里。

【经济运行保持平稳】 2008年,面对年初五十年未遇的特大雪灾的不利影响,面对历史罕见的国际金融危机的严峻挑战,南浔区全面贯彻落实科学发展观,团结依靠广大干部群众,以项目推进和优化服务为抓手,深入开展“三项大活动”,扎实做深“三篇大文章”,奋力打好“三场大硬仗”,全区经济社会在克难攻坚中实现了又好又快发展。2008年全区实现生产总值185.94亿元,增长10.1%;社会固定资产投资达到80.95亿元,增长23.4%;社会消费品零售总额达到66.19亿元,增长19.5%;实现财政总收入16.78亿元,其中地方财政收入7.38亿元,分别增长18.8%和18.2%;城镇居民人均可支配收入、农村居民人均纯收入达到21726元和10838元,分别增长10.6%和12.8%。

深入开展“工业经济发展年”活动,规模以上企业工业总产值、销售和利税分别完成485.3亿、475.9亿和30.8亿元,分别增长21.7%、20.6%和9.7%。加大投资力度,完成工业性投入48.63亿元,增长12.4%。实施“扶大育强”工程,新增销售收入超亿元企业9家,久立、巨人、世友、永吉等4家企业被评为区首批“新象新牛”企业。大力推进开发区和4个工业功能区建设,完成投入2.4亿元,成功创建市级示范工业功能区2个、市级重点工业功能区2个。切实加强自主创新,顺利通过省级科技强区验收,成功创建国家火炬计划南浔特种电磁线产业基地和省级电梯高新技术特色产业基地。全区完成高新技术产业产值159.27亿元,增长15.6%,新增高新技术企业12家、省级以上新产品68只、市级以上科技项目102个、专利申请667件、产学研合作项目20个。推进品牌建设,新增中国驰名商标5件、省级名牌5只。大力发展现代农业,实现农业总产值31.6亿元,增长12.3%。推进农业产业化经营,新增省级农业龙头企业1家,建成区级以上现代农业示范园区6个,和孚中水龟鳖养殖园区成为国家级养殖标准化示范区,申浩农业综合开发、温氏家禽产业化等现代农业重点项目建设加快推进。着力培育品牌农业,新增省级名牌农产品1只、无公害农产品基地3.61万亩。加快发展旅游、商贸、物流、金融等现代服务业,实现第三产业增加值49.97亿元,增长11.1%。接待国内游客402.7万人次,入境游客12.1万人次,分别增长17%和18%。华润万家、苏宁电器开张营业,国际建材城一期、荻港渔庄二期、中心农贸市场、浔东农贸市场基本完工,国际旅游度假中心、鑫达集装箱中转站、安达码头等项目顺利推进。农村便利店覆盖率达到97.7%,乡镇连锁超市实现全覆盖。南浔浔商小额贷款公司顺利开业。深入实施招商引资“一号工程”,合同利用外资1.89亿美元,实到外资7161万美元,引进市外内资10亿元。积极推动外贸增长和结构改善,完成进出口8.7亿美元,增长24.1%,其中出口6.3亿美元,增长26.1%,机电产品和高新技术产品出口分别增长79.2%和156.9%。

【城乡面貌日益改善】 加快城乡基础设施建设,积极克服征地拆迁、融资等困难,加快城市建设步伐,年丰路和常增路改造全面完成,嘉业南路建成通车,联谊路、人瑞西路、朝阳西路、向阳东路建设稳步推进。铺设城市道路污水管网26公里,新增绿化面积20万平方米。编制完成南浔城市新区专项规划6个。加大中心镇培育力度,有4个镇进入市级中心镇培育行列,其中南浔镇、菱湖镇进入省首批中心镇培育行列。“墙莫”公路和“三新”公路建设有序推进,建成农村联网公路84公里,改造农村公路低承载桥梁40座、农村机埠152座,完成河道清淤344公里、标准堤防建设355公里,全面完成善含中格局和荻港水系整治工程。深入实施"1221"行动计划,完成新农村实验示范带浔练段建设,新增区校合作项目30个,创建市级"全面小康建设示范村"暨农村新社区9个,实施50个行政村整治提升和2个小城镇综合整治工作。完成土地流转2.46万亩、土地整理2.7万亩、建设用地复垦750亩,建成标准鱼塘1.2万亩、桑园小区1.12万亩。不断完善农村环境长效管理机制,农村生活垃圾"户集、村收、镇运、市区处理"的集中处理模式得到全面推行。

【社会事业协调发展】 优先发展教育事业,浔溪中学等10个学校基建项目全部完成,全区标准化学校占比已达77.6%,"校校通"工程实现全覆盖。免除义务教育阶段杂费930万元、教科书费1500多万元,化解学校债务5100多万元。双林镇被评为市示范性教育强镇。切实加强精神文明建设,南浔镇蝉联全国文明镇,和孚镇获港村被评为全国文明村创建工作先进村。大力推进城乡文体事业发展,图书档案中心和文化艺术中心启动建设,221个行政村基础体育设施实现全覆盖,练市镇被评为省体育强镇。加强文化遗产保护,顺利完成非物质文化遗产普查和第三次全国文物普查阶段性工作,双林绫绢、善琏湖笔制作技艺被列入国家非物质文化遗产保护名录。卫生事业不断发展,新型农村合作医疗参加率达到99.3%,区镇村三级卫生服务网络日趋完善,第二轮农民健康体检顺利完成。公共卫生逐步加强,"问题奶粉"事件、麻疹和手足口病疫情得到有效处置。扎实开展食品药品示范镇创建工作,食品药品市场秩序逐步规范。继续稳定低生育水平,计划生育符合率达到97.7%,人口自然增长率为-3.06‰。不断完善计生利益导向机制,全年发放奖扶特扶金340多万元。稳步改善社区办公条件,建成社区工作服务用房11个、事务中心2个。

【群众生活持续改善】 切实加大投入力度,全区财政支出增量的2/3以上用于民生事业,8件为民办实事项目全面完成。统筹城乡就业,9个镇级人力资源市场全部建成,新增就业1.17万人,完成农村劳动力培训1.9万人,其中转移农村劳动力6500多人,城镇登记失业率下降至3.1%。认真做好社会保障工作,企业基本养老保险新增参保8470人,城镇居民基本医疗保险达13830人,被征地农民基本生活保障实现全覆盖。切实改善居民住房条件,完成农村困难群众危房改造121户,完成危旧直管公房改造1.7万平方米,新增城镇廉租住房受益家庭228户。完善社会救助"五统一"工作机制,全年发放救助金2200多万元。关心老年人事业,建成敬老院5所、重度残疾人托管托养中心7个,集中供养率达到93.5%。切实加强节能减排工作,全区规模以上工业万元增加值综合能耗下降7%,化学需氧量和二氧化硫排放量分别下降3.7%和1.2%。积极发展循环经济,实施循环技改项目15个,创建省市级绿色企业5家、省级绿色饭店1家,通过清洁生产审核企业8家。旧馆镇有机玻璃行业污染整治顺利通过省市验收。新建镇级污水处理设施7座,改造提升污水处理设施1座。深入开展生态镇、村创建活动,新增市级以上生态镇4个,其中南浔镇被评为全国优美乡镇;创建省级绿化示范村5个、市级生态村11个。全区安全事故发生率同比下降6.3%,亿元地区生产总值安全生产事故死亡率下降至0.29。

吴 兴 区

【概况】 吴兴区位于东经119°51′—120°29′,北纬30°37′—30°57′之间。地处浙江北部、太湖南岸,是长三角经济圈、环杭州湾产业带和环太湖经济圈的腹地,经济产业发达,商贸市场繁荣,是承接杭州湾、长三角各地区经济架构重组、产业链延伸、技术资金溢出和产业梯度转移的重要平台。"寻遍江南清丽地,人生只合住湖州",吴兴作为湖州市中心城市所在地,区域人居环境甚优。

【历史沿革】 新石器时代,已有人类聚居生息繁衍。夏属防风国。商代末期(前12世纪)地属勾吴。周武王十一年(前1066年)属吴国。春秋时代(前770~476年)属越国。战国时代(前475~221年)周元王三年(前473年)越灭吴,地属越国。周显王三十五年(前334年)楚灭越,地属楚国。楚考烈王十五年(前248年)春申君黄歇徙封于吴,筑菰城(以泽多菰草,因名菰城。下菰城遗址于今云巢),置菰城县,为春申君封邑之地。1981年1月,国务院批准撤销吴兴县,改建湖州市,(惯称小市),隶属嘉兴地委和嘉兴专署。1982年2月,湖州镇建制撤销,街道直隶市辖。1983年8月,经国务院和省人民政府批准,撤销嘉兴地委和嘉兴专署,建立湖州、嘉兴两省辖市。11月,原湖州市(惯称小市)划分城、郊两区,直隶湖州市辖。湖州市下辖长兴、德清、安吉三县和城、郊两区。1988年11月,城、郊两区建制撤销,两区范围称为市区,38个乡、9个镇及6个街道皆为湖州市直辖。2003年1月,三个大区调整为吴兴、南浔两个市直辖区。

【行政区划】 吴兴区于2003年1月经国务院批准设立,是湖州中心城市所在地,现辖织里、八里店、妙西、埭溪、东林、杨家埠6个镇和道场、环渚、白雀3个乡,设月河、朝阳、爱山、飞英、龙泉、凤凰、康山7个街道,其中杨家埠镇、凤凰街道、康山街道委托开发区管理,白雀乡委托太湖旅游度假区管理。区域总面积860平方公里,总人口59.39万人(包括开发区)。

【经济社会发展总体情况】 2008年,吴兴区实现生产总值217.32亿元,比上年增长10.6%;财政总收入16.85亿元,其中地方财政收入8.56亿元,分别增长18.6%和18.5%;全社会固定资产投资97.5亿元,增长19.8%;全社会消费品零售总额103.8亿元,增长19.6%;规模工业万元增加值综合能耗下降11.2%,化学需氧量、二氧化硫排放量分别下降3.38%和0.4%;城镇居民人均可支配收入21870元、农村居民人均纯收入10913元,分别增长9.1%和12.7%。荣获全国计划生育优质服务先进区、全国农村中医工作先进区、省科技强区、省发展循环经济先进区等荣誉称号。

【转型升级迈出新步伐】 顺应宏观经济形势,坚定不移抓转型,工业经济实现保稳促调。全部工业销售收入达到870亿元,其中规模以上工业销售收入353.84亿元,分别增长17.5%和18.8%。金属制品、机械制造、绿色食品三大行业占比达到47.4%,提高5.3个百分点;传统纺织服装业占比调整到39.6%,下降5.2个百分点。织里童装产业销售收入突破100亿元。工业项目建设扎实推进,发展后劲不断增强。完成工业性投入55.43亿元，增长25.9%；100项重大工业项目全部开工建设，竣工投产51项。全力帮扶企业发展，培大育强成效明显。新增规模企业56家，累计达到420家，栋梁集团营业收入超50亿元。品牌建设步伐加快，新增国家级品牌4只、省级品牌22只。现代服务业加快发展，增加值达到94.8亿元，增长11.7%。“科技人才四百工程”扎实推进，自主创新能力不断增强。实施省重大科技专项23项，新认定国家重点扶持高新技术企业11家，高新技术产业产值增长20.2%；美欣达技术中心成为市本级首家国家级企业技术中心。吴兴科技创业园和国家技术转移联盟吴兴工作站正式启用。节能减排三大约束性指标年度目标全面完成，关、停、并、转高能耗、高污染企业14家。深入开展“金融机构服务企业创业创新”行动，金融扶持力度不断加大，新增贷款18.1亿元。开展小额贷款公司试点，为中小企业提供贷款2.2亿元。土地要素制约有效缓解，完成土地整理开发与建设用地复垦6745亩，盘活存量土地1472亩。八里店镇、埭溪镇土地利用规划局部修编得到省政府批准，埭溪镇低丘缓坡开发列入省试点项目。

【新农村建设彰显新魅力】 牢牢抓住湖州与浙大合作共建省级社会主义新农村实验示范区的有利时机，突出项目重点，深化合作共建，实施区校合作重点项目45项。都市型现代农业加快发展，龟鳖、蔬菜、肉鸡、竹笋和花木茶果五大特色主导产业收入16.47亿元，增长16%；新增国家级无公害农产品生产基地3.8万亩、绿色食品9只。大力培育农业龙头企业，新增国家级农业龙头企业1家、“亿千”农业龙头企业2家。农村环境不断改善，新增村庄环境整治受益人口4.59万，创建市级“全面建设小康示范村”12个；新增安全饮用水受益人口1万，河道清淤221公里。农村基础设施不断完善，完成21个村新农村电气化改造，县乡公路大修和联网公路建设48.5公里，建成林间道路150公里，除险加固山塘9座。农村改革深入推进，新增土地集中流转1.41万亩，完成4个村土地股份合作制改革。加大集体经济薄弱村扶持力度，18个村实现脱贫。农村劳动力培训转移步伐加快，培训农民1.96万人，转移就业率达到82.7%。生态区建设扎实推进，完成污染源普查工作，漾西铝合金环保深化整治通过市级验收，织里镇成功创建省级生态镇。

【招商引资取得新突破】 坚持招商引资“一号工程”不动摇，深入开展“百名干部进外地促招商”活动，连续三年提前一个季度完成市下达招商引资目标，实现全市率先完成“六连冠”。全年合同外资3.28亿美元，实到外资1.46亿美元，引进区外内资21.37亿元。强化选商引资，“大、好、工”项目支撑作用明显增强。总投资超千万美元项目达到25项，其中超3000万美元项目6项，工业项目和合同外资占比分别达到65%和58.6%，平均投资强度提高23.1%；成功引进三一重工工程机械制造基地、上海新长宁集团多媒体产业园等重大项目。成功举办2008年接轨上海活动周，吴兴知名度和美誉度进一步提升。对外贸易在困境中平稳增长，完成进出口总额8.7亿美元，其中出口7.58亿美元，分别增长25%和24.6%。

【城乡建设展现新亮点】 东部新区规划体系进一步完善，基础设施加快推进，承载力、集聚力和辐射力得到增强。完成基础设施投入10.9亿元，累计达到55.2亿元，新增道路28万平方米、绿化30.7万平方米。农民社区建设全力推进，新实施100万平方米，完成农户拆迁签约3916户。织里镇基本完成镇区截污工程建设，城市社区管理力度不断加大，城市品位得到提升。妙西、埭溪、东林完成镇区基础设施投入1.74亿元，发展平台不断拓展，城镇功能进一步完善。城市社区建设管理不断加强，社区办公服务用房达标率为70%，完成老社区综合改造和背街小巷整治各10个，建成社区“一站式”事务中心12个，路面整治3万平方米，新增绿化3.5万平方米。眠佛寺街、定安街等旧城改造项目顺利推进。特色创建扎实推进，创建省级和谐示范社区5个，白鱼潭社区被评为全国精神文明创建先进单位。

【民生改善取得新成效】 制订实施“全面小康六大行动计划”，新增财力的75%用于改善民生。教育经费投入保障力度不断加大，全面免除义务教育阶段学生杂费、课本费、作业本费，实行农村义务教育教师任教补贴。启动农村中小学运动场地“煤改塑”工程，“省标准化学校”达到85.1%。切实加强学校安全管理，中小学校全面派驻保安。基层人力资源服务平台进一步健全，新增就业1.08万人，帮扶失业人员再就业4710名，动态消除城镇“零就业”家庭。“五统一”新型社会救助体系不断完善，困难群众基本生活保障水平逐年提高。发放救助资金1688万元，救助困难群众1.73万人次，1080户低收入农户顺利脱贫。新型农村合作医疗、城镇居民基本医疗保险参保率分别达到98.45%和56.78%，第二轮参合农民当年免费健康体检率达到44.74%，启动城镇参保人员免费健康体检。实行第二轮药品集中议价采购，50种药品实行零差价销售，比国定价下降54.2%。全面推行婚前项目教育及免费婚检，婚检率达到90.85%，计划生育符合率达到97.66%。深入开展群众文化“十百千万”工程和“全民健身与奥运同行”活动，积极打造“吴兴之星”文体活动品牌。体育基础设施实现行政村全覆盖，成功举办区首届农民运动会，东林镇成功创建省级体育强镇。全面完成非物质文化遗产普查。发扬“一方有难、八方支援”精神，全力支援四川抗震救灾和灾后重建，捐赠款物价值1472万元。

【发展环境得到新改善】 强化维稳工作责任制，突出奥运安保重点，深入开展“区四套班子大接访”和“涉奥信访维稳百日行动”，健全不稳定因素领导下访约访、包案化解机制，成功调处各类矛盾3031起，调处成功率达到95.74%。健全社会治安综合治理和防控体系，刑事案件发案数持续下降。深入开展“五五”普法，扎实推进法律“六进”，三星级以上民主法治村（社区）创建实现全覆盖。充分发挥乡镇公共安全监管中心作用，深入开展安全隐患排查治理和百日督查行动，安全生产三项控制指标实现“三下降”，其中工矿企业事故发生起数、死亡人数为建区历年最低。完成中心城市老社区消防安全整治，织里镇童装类企业安全监管取得实效。加强食品药品安全监管，全面开展农村“十小”行业、工矿企业食堂等专项整治，扎实做好麻疹、手足口病防控和“问题奶粉”等应急处置工作。建立健全政府依法行政和政府领导联系民主党派、工商联等制度，实行重大决策事项社会征询、专家论证和民主恳谈，全面推行政府信息公开。积极稳妥推进事业单位分类改革，机关编外临时用工清理取得阶段性成效。大力开展节约型机关建设，区级部门日常公用经费和水电费支出分别下降10%。“六位一体”社区卫生服务体系建设被评为“浙江省政风建设十大新事”。

嘉兴市

【地理环境】　嘉兴市位于浙江省东北部、长江三角洲杭嘉湖平原腹心地带，是长江三角洲重要城市之一，列为国家批准的沿海经济开放地区。市境介于北纬30°21′至31°2′与东经120°18′至121°16′之间，东临大海，南倚钱塘江，北负太湖，西接天目苕溪，京杭大运河贯穿境内。市城处于江、湖、河交会之位，扼太湖南走廊之咽喉，东接上海，北邻苏州，西通湖州，南接杭州，相距均不到百公里，区位优势明显。全境隔杭州湾可呼应宁波、绍兴、舟山等地，市境内铁路、公路、水路、高速公路网络交织，交通四通八达、十分便利。

市境陆域东西长92公里，南北宽76公里，市境陆地面积3915平方公里，其中平原面积3477平方公里，河道、湖泊等水域面积328平方公里，丘陵山地面积40平方公里。市境海域面积4650平方公里。

市境地势低平，平均海拔2～2.2米(黄海高程)。全市有山丘200余个，零散分布在钱塘江杭州湾北岸，海拔大多在200米以下，市境最高点是位于海盐县与海宁市交界处的高阳山。市境为太湖边的浅碟形洼地，地势大致呈东南向西北倾斜，由于数千年来人类的垦殖开发，平原被纵横交错的塘浦河渠所分割，田、地、水交错分布，形成"六田一水三分地"，旱地栽桑、水田种粮、湖荡养鱼的立体地形结构，人工地貌明显，水乡特色浓郁。

全市河道纵横，湖荡众多，河道总长1.38万余公里，骨干河流57条，河道密度50公里/百平方公里，有定级航道224条，航道里程1936.4公里。境内沿杭州湾北岸岸线长121公里，海岸线长81.84公里，东北自平湖市的金丝娘桥(北纬30°41′、东经121°16′)，西南至海盐县的高阳山(北纬30°21′、东经120°50′)，其中有41公里海岸线水深滩阔，腹地广阔，宜建深港良港。乍浦港海岸，东起独山，西至苏家埭，全长15公里，近海水深3～10米，乍浦东北侧水深10米以上，航道宽1公里，2万吨级舰船可随时进出，故乍浦港自古即为著名良港。

【资源物产】　嘉兴市域出产的矿物主要有石矿和粘土。此外还有石油、煤、铜、铅、锌等矿种，但大多储量少，品位低，蕴藏分散。市域地下还储有一定数量的天然气。

全市多年平均径流总量，即地面水资源量为15.84亿立方米，每年可开采的浅层地下水资源3.53亿立方米。全市水资源总量为19.37亿立方米。水资源年开发利用量为22.65亿立方米，利用量超过自身拥有的水资源总量，每年靠从域外引水解决。

嘉兴市东部嘉善县城所在地地下深循环封存的古泉水距今已有二万六千多年，为中国大理冰期气候寒冷时降水所补给，是大火山岩裂隙、长期地质环境中形成的天然水资源，蕴藏量达25亿立方米以上，水质达到饮用天然矿泉水国家标准(GT88537－87)。

全市现存生物约有335科、1429种，其中列入《国家重点保护野生动物名录》的一级保护动物有白鹳和黑鹳2种，二级保护动物有20种。列入《浙江省重点保护植物、动物名录》的植物有银杏、金钱松、鹅掌楸、厚朴、青檀5种。全市天然植被的主要类型有阔叶林与阔叶混交林、针叶林、灌木草本植被和水生植被4种；人工植被有作物植被和防护林植被2种，其中粮食作物有水稻、大麦、小麦、蚕豆、玉蜀黍等，经济作物有油菜、棉花、络麻、烟草、甘蔗、西瓜、杭白菊等，林园植物有桑、竹类、茶、桃、李、梨、葡萄及蔬菜等。

全市海域面积4650平方公里，海洋资源较丰富。深水岸线较长，其中平湖市的金丝娘桥至独山段，岸线长12公里，前沿水深12米，乍浦岸线25公里，前沿水深10米，均适宜建深水泊位。滩涂面积大，沿海从岸线至理论基准面滩涂有2.27万公顷，其中岸线至平均海平面，即近中期具有围垦条件为1.06万公顷。海水产品种类繁多，其中鳗苗是重要资源，海蜇、鲻鱼和白虾是大宗捕捞产品，滩涂养殖也具一定基础。海洋能源蕴藏量大，嘉兴市位于东亚季风带，濒临东海，海域辽阔、潮急浪高，具有丰富的潮汐能、潮流能、波浪能、温差能、盐差能和风能等海洋能源，开发潜力很大。

嘉兴自古以来物产丰富，名产众多，有"鱼米之乡、丝绸之府"的美誉。名优特产中有粮食豆类的紫香糯、元青豆、平湖特粗黄豆；经济作物类的桐乡晒红烟、杭白菊、新丰生姜、桐乡青(桑树)；畜禽类的嘉兴黑猪、湖羊、竹林三元猪、小湖羊皮、白山羊笔料毛；水产类的青、草、鲢、鳙四大家鱼，以及鳗苗、蟹苗、罗氏沼虾、中华绒螯蟹、河虾、海蜇、四鳃鲈鱼、中国对虾；果品类的槜李、南湖菱、平湖西瓜、大红袍荸荠、凤桥水蜜桃、黄花梨、藤稔葡萄、锦绣黄桃；食品糕点类的平湖糟蛋、嘉兴酱鸭、嘉兴五芳斋粽子、平湖蜂蜜、斜桥榨菜、西塘八珍糕和粉蒸肉、乌镇姑嫂饼；手工业工艺类的硖石灯彩、蓝印花布、盐官药刀、桐乡桑剪等。

【历史沿革】　嘉兴是新石器时代马家浜文化的发祥地，是中国共产党的诞生地。据考古资料证明，嘉兴市境作为马家浜文化的发祥地，在距今7000年前就有先民从事农牧渔猎活动。春秋时期，此地名长水，又称槜李，吴越两国在此风云角逐。战国时，划入楚境。秦置由拳县、海盐县，属会稽郡。两汉时煮海为盐，屯田为粮。三国时吴国雄踞江东，析由拳县南境、海盐县西境置盐官县。三国吴黄龙三年(231年)"由拳野稻自生"，吴大帝孙权以为祥瑞，改由拳县为禾兴县，三国吴赤乌五年(242年)禾兴县改称嘉兴县。两晋、南北朝时，嘉兴得到进一步开发，"一岁或稔则数郡忘饥"。隋朝开凿江南河，即杭州经嘉兴到镇江的大运河，给嘉兴带来灌溉舟楫之利。唐天宝十年(751年)析嘉兴县东境及海盐、昆山等县部分辖地置华亭县。唐代嘉兴屯田27处，"浙西三屯，嘉禾为大"，嘉兴已成为中国东南重要产粮区，有"嘉禾一穰，江淮为之康；嘉禾一歉，江淮为之俭"的说法。五代十国时期，吴越国在嘉兴设置开元府，领嘉兴、海盐、华亭3县，是为嘉兴首次设州府级政权。后晋天福五年(940年)，因吴越王钱元瓘之奏请，在嘉兴置秀州，领嘉兴、海盐、华亭、崇德4县。北宋改秀州为嘉禾郡，南宋庆元元年(1195年)升郡为府，后改嘉兴军。元世祖至元十三年(1276年)改嘉兴军为嘉兴府安抚司，旋升为嘉兴路总管府。宋元时，嘉兴经济较发达，被称为“百工技艺与苏杭等”，“生齿蕃而货财阜，为浙西最”。乍浦、澉浦、青龙等港口外贸频繁，海运兴隆。明宣德五年(1430年)析嘉兴县西北境为秀水县，析东北境为嘉善县；析海盐县置平湖县；析崇德县置桐乡县，嘉兴府下辖7县。此后四五百年内嘉兴府县体制基本未再变动。其时，在农业和手工业发展的基础上，商品经济日渐繁荣，棉布丝绸行销南北，远至海外，嘉兴王江泾镇的丝绸有“衣被天下”的美誉，嘉善有“收不完的西塘纱”的谚语，桐乡濮院镇丝绸“日产万匹”，名闻遐迩。明弘治《嘉兴府志》记载：“嘉兴为浙西大府”，“江东一都会也”。清朝初期，清政府进行了赋税改革和整顿，并多次对杭州湾沿岸海塘进行修筑，嘉兴社会经济不断好转，市镇更加繁荣。清咸丰十年(1860年)，太平军攻克嘉兴，建听王府为当地军政领导机构。清朝中期以后，受帝国主义掠夺和封建主义的剥削，嘉兴的经济和城市面貌日渐衰落和凋敝。1911年11月7日，辛亥革命党人占领嘉兴，成立嘉兴军政分府。民国初废府存县，改称嘉禾县，后复称嘉兴县。1921年8月初，中国共产党第一次全国代表大会由上海转到嘉兴南湖的一艘游船上闭幕，并宣告中国共产党成立，使嘉兴成为中国共产党的诞生地之一。1937年11月5日，嘉兴被侵华日军占领，惨遭践踏达8年之久。1949年5月7日嘉兴解放，分设嘉兴县、嘉兴市均隶属嘉兴专员公署，期间撤并频繁。1983年8月，撤销嘉兴地区行政公署，分设嘉兴市、湖州市，嘉兴市设城区和郊区，下辖嘉善、平湖、桐乡、海宁、海盐5县。1986年11月，海宁撤县设市(县级市)；1991年6月，平湖撤县设市(县级市)；1993年5月，桐乡撤县设市(县级市)；1993年11月，城区更名为秀城区；1999年6月，郊区更名为秀洲区；2005年5月，秀城区更名为南湖区。1985年1月，经中共中央、国务院批准，嘉兴市区及所辖嘉善、桐乡、海宁县被列为长江三角洲经济开放区，至1988年嘉兴市及所辖5县(市)均被列为经济开放区。经过30余年的改革开放，嘉兴市的经济建设和社会发展均取得了辉煌的成就，日渐成为长江三角洲的经济重镇.上海南翼的港口新市、江南水乡的文化名城。

【行政区划及人口】 嘉兴市为浙江省省辖市，全市陆地面积3915平方公里，下设南湖区、秀洲区，辖嘉善、海盐2个县，以及平湖、海宁、桐乡3个市(县级市)。

2008年底，嘉兴市有建制镇53个、街道21个、社区居委会325个、行政村872个。其中：南湖区面积425.83平方公里，有镇5个、街道7个、社区居委会69个、行政村70个；秀洲区面积542平方公里，有镇5个、街道4个、社区居委会42个、行政村116个；嘉善县面积506.6平方公里，有镇11个、社区居委会28个、行政村118个；平湖市面积537平方公里，有镇7个、街道3个、社区居委会62个、行政村124个；海宁市面积668平方公里(海宁市报731.03平方公里，含围垦造地等面积)，有镇8个、街道4个、社区居委会62个、行政村161个；海盐县面积508平方公里(海盐县报534.73平方公里，含围垦造地等面积)，有镇8个、社区居委会27个、行政村105个；桐乡市面积727平方公里，有镇9个、街道3个、社区居委会35个、行政村178个。年内，调整南湖区部分镇(街道)行政区划。将南湖区东栅街道的半墩村划归七星镇，其余行政区划不变。调整后，七星镇下辖7个行政村，1个社区，总人口2.04万人，总面积32.12平方公里；东栅街道下辖11个行政村，5个社区，总人口2.01万人，总面积25.22平方公里。调整海宁市黄湾镇行政区划。将黄湾镇大尖山至海盐县交界处高阳山外侧的钱塘江北岸河口段通过治江和围垦造地形成的42平方公里区域，划归黄湾镇管辖。调整后，黄湾镇下辖7个村、1个社区，总人口2.47人，总面积为89.5平方公里(含围垦造地等面积)。

2008年底，全市总人口338.07万人，比上年增加0.37%；人口密度864人/平方公里；总户数102.4万户，增加0.64%；平均每户3.3人。其中：南湖区46.99万人、16.14万户、人口密度1103人/平方公里、平均每户2.91人，秀洲区35.6万人、10.75万户、人口密度656人/平方公里、平均每户3.31人，嘉善县38.2万人、12.45万户、人口密度754人/平方公里、平均每户3.07人，平湖市48.44万人、14.62万户、人口密度902人/平方公里、平均每户3.31人，海宁市65.09万人、18.2万户、人口密度974人/平方公里、平均每户3.58人，海盐县36.92万人、12.04万户、人口密度727人/平方公里、平均每户3.07人，桐乡市66.86万人、18.2万户、人口密度920人/平方公里、平均每户3.67人。

年内，全市出生人口21914人、人口出生率6.49‰，死亡人口23432人、死亡率6.94‰，人口自然增长率为-0.45‰；迁入人口37689人，迁出人口23845人，净迁入13844人。其中：南湖区出生3357人、出生率7.16‰，死亡2815人、死亡率6‰，人口自然增长率为1.16‰，迁入7949人，迁出人口5344人，净迁入2605人；秀洲区出生2473人、出生率6.99‰，死亡2376人、死亡率6.71‰，人口自然增长率为0.27‰，迁入3017人，迁出1149人，净迁入1868人；嘉善县出生2152人、出生率5.64‰，死亡2724人、死亡率7.14‰，人口自然增长率为-1.5‰，迁入4201人，迁出2935人，净迁入1266人；平湖市出生2833人、出生率5.85‰，死亡3452人、死亡率7.13‰，人口自然增长率为-1.28‰，迁入3498人，迁出1909人，净迁入1589人；海宁市出生4425人、出生率6.81‰，死亡4516人、死亡率6.95‰，人口自然增长率为-0.14‰，迁入7282人，迁出4599人，净迁入2683人；海盐县出生2474人、出生率6.72‰，死亡2556人、死亡率6.94‰，人口自然增长率为-0.22‰，迁入4184人，迁出2537人，净迁入1647人；桐乡市出生4200人、出生率6.29‰，死亡4993人、死亡率7.48‰，人口自然增长率为-1.19‰，迁入7558人，迁出5016人，净迁入2542人。

全市人口按农业和非农业划分，农业人口207.93万人，非农业人口130.14万人。其中：南湖区农业人口14.68万人，非农业人口32.3万人；秀洲区农业人口25.84万人，非农业人口9.72万人；嘉善县农业人口29.12万人，非农业人口9.09万人；平湖市农业人口25.35万人，非农业人口23.09万人；海宁市农业人口42.53万人，非农业人口22.56万人；海盐县农业人口29.67人，非农业人口7.25万人；桐乡市农业人口40.73万人，非农业人口26.13万人。

2008年底，市城建成区面积77平方公里，有常住人口33.89万人，人口密度4401人/平方公里，有暂住人口16.6万人。

【开发区建设】 2008年,全市开发区按照"两创"总战略要求,克服国际金融危机带来的负面影响,以科学发展观统领开发区工作,狠抓关键,十分注重创新引资方式,积极拓展利用外资来源,切实调整利用外资结构,为全市利用外资超额完成全年目标任务作出了贡献,为加速推进我市工业化进程发挥了重要作用。

经济运行稳中有升。各开发区积极转变经济发展方式,优化产业结构,经济运行态势稳定,主要经济指标较快增长。全市12个省级开发区(工业园区、特色产业园区)全年实现工业增加值446亿元,增长36.3%,占全市总量的45.5%;实现财政总收入88.5亿元,增长12.8%,占全市财政总收入的34.9%;固定资产投资373亿元,增长72.6%,占全市总额的37.05%。区内企业出口71亿美元,增长15.2%,占全市出口总额的50.4%,其中外商投资企业出口46.9亿美元。

招商引资负重前行。各开发区深入贯彻落实"两创"总战略,坚持发展第一要务,开拓创新、扎实工作,注重项目引进质量和结构的优化,推动外资投向先进制造业、现代服务业、高科技和节能环保等产业,实现由招商引资向招商选资转变。积极拓展招商思路,坚持一、二、三产招商并举,国资、民资、外资"三资"齐抓,在面对持续扩大的金融危机对实体经济带来的冲击下,开发区招商引资工作负重前行,仍然取得令人满意的成绩。开发区仍然是我市利用外资的主引擎。全年各开发区新批外资企业126家;合同利用外资15.3亿美元,实际利用外资8.9亿美元,同比增长80%;合同利用外资和实际利用外资分别占全市总量的67%和66%。开发区也是我市大项目引进的主要集聚地。全年共引进总投资1000万美元以上项目92个,其中总投资3000至5000万美元项目14个,5000万美元以上项目3个,开发区平均单个新批项目合同利用外资1214万美元,高出全市平均466万美元。

项目推进扎实开展。按照"项目推进年"工作要求,各开发区健全项目推进机制,强化服务和督促落实,实行重点项目专人负责、领导联系、重点跟踪等手段,全力推进项目建设。各开发区坚持超前服务,把工作做在前头,建好促开工、促投产项目数据库,做到心中有数,未雨绸缪;坚持主动服务,加强与投资方的沟通,定期召开项目推进会,促使每个项目按照既定进度向前推进;坚持全面服务,推进项目开工建设的同时,关注企业各方面的困难,职责范围之内的努力解决,职责范围之外的协调解决,通过不懈的努力,确保了较高的项目开工投产率。通过上门走访服务,增强了企业的信心,加快了一批在谈项目、一批待建、在建项目的进程。

土地节约集约成效显著。随着国家施行较为严格的土地政策和开发区开发建设步伐加快,开发区土地存量骤减,但各开发区运用置换、依法收回等手段,腾笼换鸟,千方百计盘活土地存量,土地节约集约成效显著。2008年,开发区内项目平均投资密度达到200万元人民币/亩,外商投资项目土地利用率均在25万美元/亩以上,工业用地平均产出率在50万元人民币/亩以上。

平台建设纵深推进。一是基础配套设施不断完善。各开发区加大基础设施建设投入,不断完善环境配套工程建设,优化区域环境,提升开发区形象。全年12个开发区共投入基础设施建设资金57亿元,同比增长21%,开发土地面积22.71平方公里。各开发区加快推进征迁区域道路、电力通讯、污水管网建设,完善建成区域环境治理、公共及生活配套设施建设,开发区形态建设明显改善,承载配套能力大幅度提高。二是产业布局不断优化。各开发区按照做大做强传统产业、精心培育新兴产业的要求,加快推进经济结构调整和发展方式转变,产业集聚度和产业层次进一步提高,产业布局进一步明晰,产业链建设不断优化,产业集聚率达到76%。我市各开发区光伏产业、消费电子、汽车零部件、精密机械、清洁新能源、新材料等新兴行业建设卓有成效,且已经形成一定规模。各开发区通过鼓励企业技术革新、加大技术投入,围绕主导产业和骨干企业构筑产业集群,以商贸物流繁荣区内服务业,大部分开发区完成了先进制造业与现代服务业并行融合发展的全新布局。此外,开发区高新技术产业蓬勃发展。各开发区鼓励和支持企业选择重点和突破口,集聚创新资源和人才,加大研发投入;鼓励企业实施技术改造和升级,2008年,区内高新技术企业达到115家,同比增长33%;企业技改投入117亿元;新设立研发中心16个,新增专利730件,实现高新技术产值54.2亿元。三是软环境建设不断提升。各开发区能按照"效能建设年"要求,强化行政服务功能,不断优化服务机制,强化监督,实行责任追究,行政审批事项高度透明、规范运作。继续见面行政事业收费,进一步减轻企业负担、落实各项优惠政策,强化土地、资金、人才等要素保障。各管委会不断加强和改进机关作风建设,以更高的工作标杆、更扎实的工作举措、更务实的工作作风为投资者服务,深入企业开展调查研究,帮助企业树立发展的信心,鼓励企业发展壮大。四是整合提升不断深化。按照"整合资源、聚集要素,优化存量、拓展空间,创新机制、转型升级"的工作原则,为开发区发展实现"二次创业",上报确定嘉兴经济开发区作为省级开发区整合提升试点,取得阶段性的成绩。

南　湖　区

【概况】 南湖区为嘉兴市人民政府驻地和全市的政治、经济、文化中心。位于长江三角洲杭嘉湖平原腹心地带,与上海、杭州、苏州等城市相距均不到百公里,沪杭、乍嘉苏、杭州湾跨海大桥等高速公路以及京杭大运河、沪杭铁路横贯境内,交通便利,区域位置优势明显。周边与秀洲区、嘉善县、平湖市、海盐县接壤。全区下辖5个镇、7个街道,69个行政村、68个社区居委会,总面积426平方公里,2008年末总人口46.99万,其中非农人口32.30万,年人口自然增长率为1.16‰。

2008年,全区实现生产总值166.77亿元,比上年增长13%(财政口径,下同),其中:第一产业增加值10.92亿元,增长3.5%;第二产业增加值119.04亿元,增长9.1%;第三产业增加值112.24亿元,增长12.8%。人均GDP5.16万元,增长10.0%。财政一般预算收入22.18亿元,增长16.9%,其中区级地方财政收入8.18亿元,增长20.6%;完成全社会固定资产投资120.73亿元,增长16.7%;实现社会消费品零售总额119.4亿元,增长20.1%;城镇居民人均可支配收入21170元,增长10.1%;农民人均纯收入11516元,增长13.0%。

工业集群加速发展。坚持规划引领集群,制定工业产业集群发展总体规划和通讯电子、汽配机电、香精香料、特钢四大产业集群专项发展规划,从平台建设、要素配置、政策保障等方面引导集群发展。坚持扶优扶强,鼓励中华化工、天通电子、闻泰通讯、敏惠汽配等龙头企业向规模化、集团化发展。全区规模以上工业企业实现产值286.55亿元,增长21.1%,其中四大集群产业产值占比由上年的30.3%上升到32.3%。研究制定产业结构调整指导目录和淘汰落后生产工艺产品指导意见,鼓励节能型高新技术产业、先进装备制造业发展,启动化工等行业的专项整治工作。

现代服务业活力增强。楼宇经济、特色街区、都市经济园三大载体不断拓展。梅湾街、月河历史文化街区等日渐繁荣,春波坊等一批特色街培育继续推进。耀城精品商务楼、旭辉广场等项目扎实推进,全年利用楼宇面积39.4万平方米,新增注册资金23.85亿元,培育税收超千万元楼宇7幢,其中中环广场、中山名都突破2000万元。嘉兴国际文化创意产业园启动建设,南湖创业园二期进展顺利。国际电气城、浙江东方地质博物馆如期开业,马来西亚环球百货超市成功入驻国际中港城。开展"休闲嘉兴·时尚南湖"创建活动,承办第六届全国烹饪技能竞赛浙江赛区选拔赛暨省第五届烹饪技术比赛,组建旅游、足疗保健、美容美发、体育服务、创意产业、餐饮等6个行业协会,相关行业标准及规范陆续制订发布,服务业名店建设深入推进。

特色优势农业稳步提升。实现农业总产值29.55亿元,增长1.7%。稳定面积增单产。粮食种植面积达32.5万亩,增长1.39%,粮食总产量14.51万吨,增长2.8%。名优水果、特种水产、精品蔬菜等特色优势农产品规模持续扩大,实现提质增效。水果种植面积达到7万亩,增长14.8%,其中新增葡萄种植面积8110亩,增长54.2%。白玉蜗牛养殖面积3400亩,增长9.7%。设施栽培面积达到5万亩,增长15.6%。举办"南湖桃花节"、"江南葡萄北京推介会"等,农业品牌效应进一步显现。加快推进农业产业化,新增农业龙头企业6家、农民专业合作社10家,其中省级农业龙头企业1家,省级示范性专业合作社2家。组建区农业经济合作组织联合会。大力推进新农村休闲观光旅游,新增百里长廊休闲观光点5个,梅花洲景区、渔里休闲农庄等项目建设稳步推进,累计接待游客36万人次。

项目投入扎实有效。全年落实用地指标4627亩,完成建设用地复垦立项3917亩,验收2146亩。深化银企合作,帮助解决中小企业融资25亿元。组织人力资源招聘会28场,引进外来劳动力3050名。重点项目顺利推进,342个千万元以上区重点项目中,在建230个,竣工112个。列入市"四个一批(创新成果产业化项目、结构调整项目、内涵发展型纯技改项目和存量盘活项目)"的57个重点项目开工建设50个,其中竣工14个。项目投入结构逐步优化,投资由二产为主向二、三产业并重转变。第三产业(含房地产)投资53.02亿元,占全区投资的43.9%。工业投入向重点行业、重点领域集中,全年完成工业生产性投入60.28亿元,增长20.2%,其中四大集群产业投入33.27亿元,增长28.8%,占工业生产性投入比重由上年的50.5%上升为55.2%。工业技术创新投入持续加大,设备投入37亿元,占全部工业生产性投入的61.4%。

招商引资促进经济持续发展。成功举办第六届"南湖之春"文化经贸活动。大力实施产业招商、定点招商,赴温州、宁波等地举办系列招商推介活动。全年完成合同利用外资2.51亿美元,实际利用外资1.41亿美元;引进区外内资62.68亿元,其中市外内资31.26亿元。接轨上海、区域合作不断深化。举办南湖区与徐汇区深化合作对接交流、统筹城乡上海推介会等活动。完善与嘉兴市交通投资集团有限责任公司、嘉兴市文化名城投资集团有限公司、嘉兴市水务投资集团有限公司、嘉兴市实业资产投资集团有限公司、嘉兴市社会发展投资集团有限公司、嘉兴市物流产业投资集团有限公司等市属六大国有公司合作交流新机制,湘家荡区域联合开发顺利启动,宏业、欣联担保公司等一批项目相继落户,芦席汇等特色街区合作开发进程加快。对外贸易稳定增长,全年实现进出口总额12.14亿美元,增长55%,其中出口8.84亿美元,增长49%,进口3.3亿美元,增长73%。

科技创新步伐不断加快。嘉兴科技城"双核六园(双核:浙江清华长三角研究院、中国科学院嘉兴应用技术研究与转化中心;六园:软件园、通讯园、芯片园、生物园、孵化园、国际园)"建设稳步推进,浙江清华长三角研究院创业大厦和中国科学院(以下简称中科院)嘉兴中心一期投入使用,中国民航信息集团嘉兴灾害备份中心等一批项目相继引进。南湖科创中心被列入省级科技企业孵化器,嘉兴科技城产业化发展提速。全面启动国家可持续发展实验区创建。支持成立了浙江首华创业投资基金。加快企业创新步伐,引导鼓励企业与科研机构加强对接,全年列入国家级项目18项、省级项目60项,新增国家级高新技术企业12家、省科技中小企业22家、省专利示范企业1家。创新氛围日渐浓厚,全年申请国家专利650项、获得授权313项。全区规模以上高新技术产业实现产值65.83亿元,增长37.9%。品牌战略深入实施,鼓励扶持企业开展品牌创建,加强知识产权保护。新增省著名商标2个、省名牌产品2个。

行政机制创新不断深化。完善强镇扩权政策,调整规费留成比例,将区级部门22项行政管理职能委托各镇行使,拓展新市镇管理职能。城乡户籍制度改革工作有序推进。完善区、镇两级综合执法联动机制,违章搭建、违法排污等现象得到有效遏制。加强国有资产管理运行监测,参股组建市本级新市镇建设担保公司和湘家荡区域联合开发公司,国有资产管理水平和运行效率进一步提高。加快企业制度创新,支持威能消防、博创科技等企业走上市发展之路。完善初始排污权交易机制,在全省率先推出有偿分配制度,建立区排污权交易储备中心,举办全国首次拍卖会,456家排污企业完成初始排污权申购。以"两集中(部门行政许可职能向一个科室集中、部门行政许可科室向行政审批中心集中)"、"两到位(审批服务项目进行政审批服务中心到位、部门对窗口授权到位)"为核心,深入推进审批制度改革,规范审批事项,推动审批提速。

统筹城乡工作加快推进。以土地流转为基础,新市镇建设为龙头,农村新社区为核心,农村宅基地复垦为重点,抓住嘉兴被列为全省统筹城乡综合配套改革试点市的契机,全面加快以"四个集中(以推进土地向规模经营集中来促进农业集约化、公司化经营,以推进居住向社区集中来加速农民变市民的进程,以推进工业向园区集中来发挥集聚效应,以推进要素向城镇集中来促进中心镇建设)、四个创新(创新农村经营管理制度,创新农村治理方式,创新城乡一体的管理服务机制,创新统筹城乡发展的工作推进机制)"为主要内容的统筹城乡发展,启动七星镇、余新镇"两分两换(宅基地与承包地分开,搬迁与土地流转分开;以宅基地置换城镇房产,以土地承包经营权置换社会保障)"试点工作。有序推进土地流转,强化监管服务,新增流转土地面积22530亩。大力推进农村新社区建设,编制了农村新社区布点规划,启动34个农村新社区规划点建设,集聚农户1491户。全面启动全国农村社区实验区创建工作,农村社区综合服务中心建设扎实推进。"一副中心(市城副中心,包括南湖新区和嘉兴科技城)二大门(市城南大门的客运新城余新镇和东大门的产业集聚区大桥镇)三市镇(各具特色的新丰镇、凤桥镇和七星镇)"的城镇发展格局初步确立,特色城镇"十个一(建设一个面积为100亩以上的生态公园、建造一家<个>标准间100个以上的星级宾馆、建设一个面积为100亩以上的生态农庄、建设一个文化活动中心、创建一个精品社区、培育一条<个>100米以上的特色街<区>、引进一家<个>500平方米以上的连锁综合超市或百货主力店、建造或改造一个二星级以上的规范市场、建设一个外来人口集聚区、建造一批公厕)"项目顺利推进,新市镇建设迈出新步伐。

城乡基础设施不断完善。健全城乡规划体系,南湖新区等重点区域和新市镇发展规划进一步完善。嘉兴至海盐南北湖大道、沪杭客运专线征迁工作全面启动。疏港公路(七星至大桥段)、焦山门大桥改造、余云公路及新粮桥改造等项目开工建设。南湖新区临时公交枢纽站投入使用。新(改)建农村联网公路29公里,改建桥梁17座。以创建国家卫生城市和全国文明城市为抓手,大力开展市容环境整治,完善市区保洁机制,城市管理水平有效提升,城市面貌明显改善。加快推进老住宅区改造,29个开放式小区整治如期完成。启动绿化造林新三年行动,完成造林3330亩。创建全国园林城镇一个。着力推进农村通信、电力、供水等基础设施建设,创建农村信息化示范村4个,达标村40个,通过省新农村电气化区验收。

节能减排成效明显。着力抓好23家重点用能企业的节能工作,积极推进28个重点节能、节水项目建设,规模以上工业企业万元增加值能耗下降11.4%。大力发展清洁生产,12家企业通过清洁生产审核,创建省级绿色企业1家。电镀行业专项整治取得阶段性成果,关停电镀企业6家,金属表面处理集聚区顺利运行。加快推进区域集中供热,淘汰燃煤蒸汽锅炉112台。环保执法力度进一步加强,全年检查企业5800家(次),立案处罚482起,对24个污染严重项目实行了"一票否决"。组建南环水处理公司,全力推进城镇生活污水处理工程建设,建成管网146.5公里,顺利完成太湖流域城镇生活污水治理年度目标。化学需氧量削减3.5%、二氧化硫排放量削减3.6%的目标任务全面完成。

农业面源污染治理取得突破。健全工作机制,强化督查考核,化大力气,对畜禽养殖排污进行治理。按照"一户一方案"要求,分阶段、分步骤,在全面封堵直排口基础上,以"两分离(干湿分离、雨污分离)"、"三配套(干粪堆积池、沼气池、沼液储存池<储物池>配套)"为重点,全力推进农业面源污染治理,探索了一套文明养殖、生态循环、农牧结合的养殖废弃物治理"南湖模式"。全区2812户50头以上生猪养殖场(户)完成治理任务,畜粪综合收集利用率93%,沼气处理覆盖率100%。扎实推进河道整治和保洁,完成河道清淤306公里,落实41支保洁队伍,实现河道长效保洁全覆盖。

城乡就业和保障体系更加健全。狠抓城乡居民就业,建立覆盖全区的城乡就业和劳动保障信息网络。完善劳动监察网格化管理长效机制,开展和谐劳动关系创建。大力倡导全民创业,全区每万人市场主体数增长7%,户均注册资本增长9.5%。开展技能岗位培训12616人,新增城镇就业13054人。大力推进城乡居民社会养老保险工作,参保人数32701人,超额完成市下达任务。城乡居民合作医疗参保20.06万人,农民参保率95.7%。

社会各项事业全面进步。进一步扩大优质教育资源,北京师范大学南湖附属学校顺利开学,组建市实验初级中学教育集团,秀城实验教育集团与凤桥小学在全市率先实现了城乡集团化办学。群众文体活动蓬勃开展,举办城乡文体十大(舞龙、舞狮、歌唱、舞蹈、鼓乐、太极、健身、老年运动、水上运动、传统游戏)联赛、第四届"读书月"、第四届"睦邻节",积极培育"一镇一品"文体活动品牌。举办第六届嘉兴南湖合唱节,南湖区机关合唱团在北京举行的"第三届中国(东州杯)世界汉语合唱大会"上荣获金奖,同时获最佳艺术风格、语言、音乐表现、音质等四项大奖。镇图书馆建设实现全覆盖。成功创建省级体育强区。调整街道社区卫生服务中心管理体制,基层服务体系建设进一步加强。组建区卫生监督所,设立市本级首家"美沙酮"维持治疗门诊。计划生育工作不断深化,生育关怀行动全面启动。成立区残疾人联合会,全面启动残疾人共享小康工程。健全新居民管理服务网络,实施新居民登记证制度。村、社区组织换届工作圆满完成。推进和谐社区建设,荣获"省和谐社区建设工作先进区"称号,百福弄、桂苑、莱花泾社区被命名为"省和谐示范社区"。强化社区服务平台功能,96345社区服务求助中心通过了ISO9001-2000质量管理体系认证,荣获全国"五一劳动奖状"、"工人先锋号"等荣誉。统计、审计、档案、史志、民族、宗教、外事、侨务、对台等工作扎实开展,国防动员、民兵、预备役、双拥优抚和关心下一代、老龄、慈善、志愿服务等事业取得新进展。

平安建设不断推进。全面落实安全生产、道路交通、消防、疫病防控、防灾减灾等工作责任制,加大重点行业安全生产隐患排查治理力度,安全生产形势保持稳定。"十小"行业(食品加工小企业、小食杂店、小餐饮店、小药店、小农资店、小菜场、小音像店、小美容美发店、小客运、小液化气供应点)质量安全整治与规范工作扎实开展,省级农村药品"两网一规范(药品供应网、药品监督网和医药机构药品规范化管理)"示范区创建通过验收,省级食品安全示范区建设顺利推进,违法销售使用"瘦肉精"等现象得到有效遏制。进一步畅通信访渠道,及时调处各类矛盾。扎实推进社区矫正,深化人民调解和法律援助工作。规范化司法所建设全面推进。健全突发公共事件应急体系,突发公共事件应对能力进一步提升。切实抓好涉奥维稳工作,顺利完成奥运火炬传递安保等任务。健全社会治安防控体系,完善住宅区电子监控设施及路面动态视频监控系统。依法打击违法犯罪行为,各类刑事案件发案率继续下降。

民主法治和政府自身建设进一步加强。认真执行人大及其常委会的决议决定,自觉接受人大、政协的监督,健全向人大、政协报告、通报情况制度,加强与人大代表、政协委员的联系。认真办理代表议案,共办理市、区两级人大代表意见建议和政协委员提案226件。"五五"法制宣传教育扎实开展。全面推进依法行政,行政执法责任制不断深化。切实加强与群众的联系,实施"六六群众工作制(在农村,选调区、镇、村六百名干部,联系六百户农村中心户;在城市社区,选调区、街道、社区六十名干部,联系六百名居民社区服务员)",建立完善蹲点调

研和联系基层制度,着力解决基层和群众反映的突出问题。累计走访企业2675家(次),走访群众3043户,破解难题159个。重视提高公务员队伍综合素质,推进学习型机关建设。全面落实政府部门工作目标责任制,强化行政监察和审计监督,确保政令畅通、运转高效。健全财政预算管理制度,逐步试行国库集中收付、政府采购和绩效管理改革,财政资金使用效益进一步提升。全面落实党风廉政建设责任制,着力完善惩治和预防腐败体系,切实加强政府廉政建设。城乡居民合作医疗保障服务、老住宅区改造提升、推进城乡统筹就业、加强治安防控建设、推进充分社会保障、农业面源污染治理与河道清淤、完善基层体育设施、农村放心食品网络建设、乡镇图书馆建设等9件紧扣民生的实事工程如期完成。

秀 洲 区

【概况】 嘉兴市秀洲区东临南湖区、嘉善县,南连海盐县、海宁市,西接桐乡市,北靠江苏省吴江市。全区总面积542平方公里,下辖5个镇、4个街道、122个行政村、41个居委会。2008年底总人口35.6万人,其中非农业人口9.7万人,年人口自然增长率0.27‰。

2008年,全区实现地区生产总值150.2亿元,增长10.5%。完成财政一般预算总收入19.19亿元,增长21.4%,其中区级地方财政收入6.57亿元,增长24.7%。完成全社会固定资产投资106.6亿元,增长10.5%。城镇居民人均可支配收入21177元,增长10.1%;农村居民人均纯收入11480元,增长15.8%。各项安全、节能减排、环境质量指标均控制在上级下达的指标以内。

*项目建设深入推进。*深化“项目提升年”活动,开展“百名领导联百企、千名干部进千企”行动、项目推进“百日攻坚”活动,为企业送信心、送政策、送服务,全力推进项目建设,区级项目库开工项目225个,完成投入62.3亿元,大晨光电、嘉福玻璃等13个项目列入省、市重点项目。保障项目用地,农村建设用地复垦立项4774亩,复垦2846.5亩,完成“腾笼换鸟”项目24个,盘活闲置、空闲土地1723.3亩。加大征迁力度,确保中关村长三角创新园等重大项目供地。深化银企合作,获得综合授信48.9亿元,新增融资额45.4亿元。全区工业(功能)区基础设施建设投入7亿元,建成标准厂房6.1万平方米。

*都市型农业发展加快。*实现农业总产值17.5亿元,增长7.7%。粮食播种面积40.8万亩、总产量19.2万吨,大小麦示范方和高产田亩产均创浙江省历史新高,获得“全国粮食生产先进县”称号。农业产业化经营水平提高,实现农产品订单销售2.5亿元。新增农民专业合作社15家,组建秀洲区农村合作经济组织联合会。省级农业龙头企业实现零的突破,全区28家农业龙头企业实现产值7.7亿元。休闲观光农业档次提升,实现收入9838万元。重大动植物疫病防控到位,农产品质量安全监管有力,新增无公害农产品基地14个、无公害农产品29个。成功举办农业项目和农产品推介活动,吸引“新三资”投资效益农业2.2亿元。开展政策性农业保险试点工作,成立浙江大学秀洲现代农业科技推广中心。

*工业经济转型加速。*全面实施新型工业化战略,建立产业发展导向、工业项目评估、投资项目履约、赶超型企业培育、“亩产论英雄”和创业创新风险投资等六大机制。完成工业生产性投入58亿元,增长13.4%。规模以上工业企业实现产值296.8亿元,增长13.4%。新型纺织、现代家电、机械制造、电子信息和新能源新材料等五大特色产业占规模经济总量的80.1%。新兴产业发展迅速,成功举办秀洲·中国新能源产业发展高层论坛,出台新能源产业基地发展规划,新能源产业投资增长1.5倍。传统产业层次提升,投入技术改造资金34.8亿元。新增国家重点支持高新技术企业17家,省级高新技术企业2家,高新技术产业增加值占工业增加值比重达9.3%。竞争力规模龙头企业快速成长,年销售超亿元企业达到50家。

*现代服务业迅速发展。*现代商贸繁荣活跃,实现全社会消费品零售总额50.5亿元,增长16.1%,嘉兴城市新商圈日益成熟。现代物流全面推进,制定实施现代物流发展战略规划,嘉兴现代物流园列入省重大项目建设行动计划千亿产业提升工程,沃尔玛(嘉兴)配送中心即将投入使用,AMB、普洛斯等物流设施项目开工建设。现代商务前景看好,新区商务区整体形象提升,以设计、研发、销售、孵化等为重点的创新产业初具雏形。特色专业市场顺利推进,嘉兴·中国南方纺织城一期竣工,嘉兴毛衫城功能日趋完善,全区专业市场成交额56.2亿元,增长5.7%。休闲旅游业稳步发展,王店镇和王江泾镇被评为首批市级旅游经济强镇。第三产业增加值增幅高于地区生产总值2.6个百分点,对经济增长贡献率提高到32.7%。

*各项改革积极推进。*完善政策保障体系,积极推进强镇扩权培育现代新市镇工作。进一步深化事业单位改革,12家生产经营类、中介服务类事业单位改制步伐加快。不断改善公共财政管理体系,社会保障和改善民生等方面支出增长35.4%,占财政总支出的42%。建立创业创新风险投资基金、企业应急互助基金,开展小额贷款公司和农民自主创业保险试点工作。引导骨干龙头企业优化股权结构,加快企业上市步伐。深入开展以“两分两换”为重点的统筹城乡综合配套改革试点工作。

*对外开放继续扩大。*成功举办“创新秀洲”产业投资洽谈会、嘉兴秀洲经贸洽谈会及多场国内外专题招商活动,引进中关村长三角创新园、上海交大(嘉兴)科技园、中节能(嘉兴)产业园、中国兵器秀洲光电产业园等一批战略性国企项目。创新招商选资方式,突出产业招商、存量招商、非土地要素招商,引进哈博太阳能、雷勃电机等一批环保节能集约型项目、传统产业改造提升型项目。全年新批、增资外资项目44个,合同利用外资2.2亿美元,实际利用外资1亿美元。引进区外资金2.5亿元,增长25.6%。对外贸易稳步发展,实现进出口总额12.7亿美元,增长18%。新批境外企业(办事处)4家。主动承接上海战略要素转移,加快融入长三角。做好“山海协作”和对口支援工作。

*自主创新能力提高。*全区企业研发投入2.4亿元,新增市级以上企业技术研发中心9家,销售收入5000万元以上企业技术研发中心覆盖率达40%。积极开展产学研合作,举办秀洲创业创新“走进浙大”、“聚智秀洲”大学校长论坛等活动,建立王店小家电产业研究中心、王江泾丝织区域技术服务中心,实施科技合作项目33项,建成大专院校实习基地8个。不断强化人才支撑,引进各类人才1986名。专利示范工程取得实效,全区获得国家授权专利521件。品牌建设成效明显,新增中国驰名商标3件、浙江名牌产品1个、浙江省著名商标2件。

王店镇获得市级专利示范镇、品牌示范镇称号。

城镇建设步伐加快。高起点编制秀洲新区(北区)城市形态设计,加快集聚新兴产业、战略要素,打造创新高地,生态新城。加快秀洲新区"退二进三"步伐,稳步推进京润大厦、丽晶广场等重点商务楼宇建设,积极建设秀洲新区生态园等公建配套设施。完善城市框架体系,新塍大道跨反修港大桥基本建成,秀园路跨运河大桥开工建设,"四桥七路"等路网工程进展顺利。着手编制新市镇城镇中心区形态规划,加快实施城镇中心区重点项目,积极培育镇区特色商贸街区。稳步推进集镇社区提升工程,加快完善集镇社区基础和公共服务设施,巩固环境整治成果。深入开展市容市貌专项整治,全面启动违法用地和违法建筑集中清理整治工作。支持建筑业加快发展,完成建筑业总产值46.3亿元,增长69%。全区城镇建设总投入32亿元,其中新区投入18亿元,建成区面积扩大到40.5平方公里,城市化水平达到47%。

基础设施日益完善。进一步完善"外连内延、立体互通"的交通体系,嘉绍高速公路秀洲段及王店连接线征迁工作全面启动,申嘉湖高速连接线新塍、油车港延伸段建成通车,嘉海公路改建工程、新塍至盛泽公路开工建设,湖嘉申航道、08省道延伸段等项目前期工作有序推进。完成王店、洪合、王江泾等镇客运站建设,新建、改建农村公路133公里,改造农村公路桥梁33座,建成66对港湾式公交停靠站。全面开展农村公路管理养护工作,完成区、镇(街道)两级农村公路养护站房建设及14.6公里县道公路大中修。投入3200万元,大力推进北部防洪改造工程建设,防洪效益初步显现。继王江泾镇、新塍镇一级供水管网、王江泾镇(运西片)、新塍镇(一期)二级供水管网建成后,市区至油车港镇、洪合镇一级、二级供水管网顺利建成,三级供水管网改造工程顺利推进。

新农村建设继续加强。启动以新塍镇为主体的特定功能区和王江泾镇"两分两换"试点工作。完成2.6万亩土地开发(标准农田)、6039亩生态型水产养殖塘标准化改造和2个国家级农业综合开发土地治理项目。创建全面小康农村新社区3个、扩面工程整治村12个、生活污水治理村15个,实现农村垃圾集中收集处理全覆盖。实施"低收入农户奔小康"工程,建立"一户一策一干部"帮扶机制。投资573万元,实施经济薄弱村扶持项目13个。培训、转移农村劳动力7321人和6550人。新增农民信箱用户3500户。成功申报省级农村信息化试点区。进一步扩大农村住房抵押贷款试点范围。

生态建设扎实推进。健全节能减排、环境保护监管体系,落实一票否决制和目标问责制。积极开展节能评估、合同能源管理,单位GDP综合能耗下降4.5%。加快城镇生活污水处理设施建设,建成总投资8000万元印染企业废水减排工程,全区化学需氧量和二氧化硫排放量实现双下降。完成第一次污染源普查。启动"811"环境保护新三年行动,大力开展散户喷水织机、印染行业排污专项整治,加快推进常年存栏生猪100头以上养殖场(户)畜禽排泄物治理工作。大力开展生态、绿色系列创建活动,王店镇成功创建省级生态镇。全区新增绿化造林面积5035亩,森林覆盖率提高到17.5%。整治河道314.8公里,新建拦污栅527只。

社会保障不断完善。认真贯彻劳动合同法,积极探索劳动监察网格化管理。健全城镇"零就业家庭"和农村低保家庭长效帮扶机制,投入再就业专项资金767.3万元,成功创建"充分就业村(社区)"91个,新增就业岗位4900个,帮助1590名城镇失业人员实现再就业。全力推进城乡居民社会养老保险工作,全区参保人数达48789人。城乡居民合作医疗参保率达95.1%,78.4万人次享受合作医疗补偿额6822.7万元。为4439名困难群众发放低保救助金655.6万元,完成贫困户危旧房改造90户,农村五保、城镇"三无"对象集中供养率达99.8%。实施老年星光计划,深入推进百户居家养老服务工程,为70周岁以上"无保障"老人发放生活补助金2259.1万元。高度重视慈善事业,募集慈善捐款1102万元,发放慈善救助金438万元。建立健全残疾人长效保障机制,大力实施残疾人共享小康工程,市残疾人奥林匹克中心投入使用。积极支援四川灾区抗震救灾和重建工作,全区捐款捐物1350.4万元。

社会事业全面进步。加大教育投入,投资7910万元,改善学校基础设施和教育装备。发放农村教师任教津贴450万元,免除义务教育阶段学杂费、教科书费、作业本费2206.5万元。深入实施书香校园工程,藏书量和图书装备总额分别达102万册、1200万元。全区义务教育阶段入学率达100%,初升高比例达96.3%。完成非物质文化遗产普查工作,实现嘉兴市图书馆镇级分馆全覆盖。开展新农村嘉年华系列群众文化体育活动,成功承办省第二届聋人运动会和少年儿童羽毛球锦标赛,实现省级体育强镇"满堂红"。积极创建国家卫生城市、全国文明城市。启动卫生强区建设,完成24个社区卫生服务站标准化建设,省级社区卫生服务先进区和卫生镇通过复评。成功创建全国计划生育优质服务先进单位,全区计划生育率为98.3%。实施居住证制度,健全新居民服务管理体系。拥军优属、拥政爱民和军民共建活动深入开展,人民武装、民兵预备役、人防等工作进一步加强。

社会稳定有效加强。加大食品药品安全监管力度,积极处置"问题奶粉"等公共安全事件。开展"安全生产隐患排查治理年"活动,启动"十小"行业质量安全整治和规范行动,抓好"三合一"场所消防安全综合整治,成功创建省"平安畅通区"。大力推进"平安秀洲"建设,创新工作机制,推行全员维稳责任制,围绕奥运安保,做好信访与维稳工作,群众安全感满意度得到明显提高。做好社区矫正工作,加强基层调解组织建设,各类矛盾纠纷调处成功率达99.1%。开展顾家浜村社会治安专项整治。严厉打击各类违法犯罪活动,连续10年实现命案全破。

民主法制不断加强。认真执行人大及其常委会的决议、决定,支持人民政协行使政治协商、民主监督、参政议政职能,建立健全政府领导领办人大代表建议和政协提案制度,办理结果满意率和基本满意率达100%。加强与各民主党派、工商联、无党派人士和工会、共青团、妇联、科协等群众团体的联系。落实行政执法责任制和行政责任追究制,健全、规范行政决策程序。认真开展"五五"法制宣传教育,扎实推进"法律八进"活动,"民主法制村(社区)"创建率达到82%。圆满完成村民委员会换届选举。民族宗教、台湾事务、侨务、外事、统计和档案等工作取得新进展。　(高祥慧组校)

绍 兴 市

【历史沿革】 夏称於越,亦称大越,简称越。春秋时期,於越民族以今绍兴一带为中心建国,称越国。秦王政二十五年,降越君,称会稽郡。晋称会稽国,为东扬州治所。隋开皇九年改置吴州,治会稽县。大业元年起称越州,此后越州与会稽郡名称交替使用。南宋高宗赵构取"绍奕世之宏休,兴百年之丕绪"之意,于建炎五年改元绍兴,升越州为绍兴府,是为绍兴名称之由来,并沿用至今。绍兴从新石器时代中期的小黄山文化开始,至今已有约9000年历史。越国古都建于公元前490年,距今已有近2500年建城史。1949年5月,绍兴全境解放。6月,设浙江省第十专区,辖绍兴、上虞、嵊县、新昌、诸暨、萧山6县,余姚划归第二专区(宁波)。10月改为绍兴专区,并析绍兴县城区置绍兴市(今绍兴城区),析绍兴县置会稽县,时辖1市7县。1952年1月,撤销绍兴专区,原所辖绍兴、诸暨、萧山3县及绍兴市改由省政府直属,上虞、嵊县、新昌划属宁波专区。1953年2月至1963年12月,辖县又数经归属变动。1964年9月,复设绍兴专区,驻绍兴县,辖绍兴、上虞、嵊县、新昌、诸暨5县。1968年5月,改名为绍兴地区,并成立绍兴地区革命委员会。1978年9月,改名为绍兴地区行政公署。1983年7月,撤销绍兴地区,改设省辖绍兴市,置越城区,下辖越城区、绍兴县、上虞县、嵊县、新昌县、诸暨县。1989年9月,所辖诸暨县改设诸暨市(县级市)。1992年8月,所辖上虞县改设上虞市(县级市)。1995年12月,所辖嵊县改设嵊州市(县级市)。至2008年12月,绍兴市所辖1区5县(市)行政区划未变。绍兴市现为全国68个省会和中心城市之一,被国家列为首批全国历史文化名城,先后被国家授予"全国科教兴市先进市"、"全国科技进步先进市"、"全国双拥模范城市"、"中国优秀旅游城市"、"国家环境保护模范城市"、"国家卫生城市"、"全国创建文明城市工作先进城市"、"国家园林城市"、"最佳中国魅力城市"、"中国大陆最佳商业城市"、"国家节水型城市"、"中国品牌经济城市"、"中国生活质量较好百强城市"、"全国综合治理工作优秀市"、"中国人居环境奖"等荣誉,所属5县(市)全部进入全国百强县行列。2008年,又荣获"中国书法名城"、"中国最具幸福感城市"、"中国优秀创新城市"、"中国民营经济最具活力"、"中国城市旅游竞争力百强城市"、"联合国人居奖"等称号。

【地理位置】 绍兴市位于浙江省中北部、杭州湾南岸,全境介于北纬29°13′36″~30°16′17″、东经119°53′02″~121°13′38″之间。东连宁波市,南临台州市和金华市,西接杭州市,北隔钱塘江与嘉兴市相望。东西长130.03公里,南北宽116.86公里,海岸线长40公里,总面积为8256平方公里。全境处于浙西山地丘陵、浙东丘陵山地和浙北平原三大地貌单元的交接地带,境内地貌类型多样,西部、中部、东部属山地丘陵,北部为绍虞平原,地势总趋势由西南向东北倾斜。在全市境域面积构成中,按类型分:平原面积1514平方公里,占18.34%;盆地面积1604平方公里,占19.43%;丘陵面积2644平方公里,占32.03%;台地面积461平方公里,占5.58%;山地面积2033平方公里,占24.62%。按性质分:陆域面积8031平方公里,河流海域面积225平方公里。市域内河道密布,湖泊众多,素以"水乡泽国"之称而享誉海内外。主要河流有曹娥江、浦阳江和浙东运河。主要湖泊有30多个,其中千亩以上的湖泊有14个,尤以镜湖为最,现已建成为绍兴·镜湖国家城市湿地公园;又以鉴湖最著名,为绍兴黄酒制作的唯一水源,是中国东南地区最古老的著名水利工程和旅游胜地,现已开发成国家4A级风景旅游区。

【行政区划】 绍兴市下辖绍兴县、诸暨市、上虞市、嵊州市、新昌县和越城区。2008年,越城区开展皋埠镇、东湖镇行政区划调整工作。越城区迪荡街道五云、西金、罗家庄、沈家庄等4村撤村建居,新增蕺山街道蕺山社区、城南街道南苑社区、灵芝镇润沁花园社区。绍兴县齐贤镇梅林、官湖沿、柯北、丈午、光明、曙光、陶里、增大、朝阳、群贤等10村撤村建居,撤销齐贤镇迎驾桥村和周家桥居委会建立迎驾桥社区,新增柯桥街道迪扬社区居委会、柯岩街道高尔夫社区居委会,撤销马鞍镇南新、平水、皋合、新钱清、城红、越城、红旗闸等7个居委会,建立镜海社区居委会。上虞市梁湖镇华山村撤村建居。嵊州市甘霖镇求家坎、上八洋两村合并建立求家坎村。新昌县新增七星街道南岩社区。至年末,全市共有79个镇、15个乡、24个街道、458个(社区)居委会、2222个行政村。与2007年相比,减少行政村19个;增加(社区)居委会17个。市本级与越城区联合制作了《绍兴市越城区政区图》,共1000份。

【户籍人口】 年末,全市总户数1622265户,总人口4370637人,其中男性2201050人、女性2169587人,男女性别比为101.45:100,平均每户2.69人,总人口比2007年增加8230人,增长1.88‰;全市迁入人口43136人,迁出人口35316人,机械增长7820人,增长率为1.79‰;全年出生31328人,死亡30396人,自然增长率为0.21‰;全市有非农业人口1399712人,占总人口的32.03%,比2007年增长2.64%;全市现有待定户口人员7429人。

【国民经济和社会发展】 2008年是近年来外部环境最为严峻、发展形势最为复杂的一年。全年实现生产总值2222.95亿元,增长9%,低于预期目标3个百分点。一、二、三次产业分别增长3%、8.90%和10.10%,三产比重由上年的5.4:60.7:33.9调整为5.2:59.8:35.0;完成财政总收入274.65亿元,地方财政收入143.60亿元,分别增长15.80%和17.60%;城镇居民人均可支配收入24646元,农村居民人均纯收入10950元,分别增长12.20%、12.50%。市区居民消费价格指数105,涨幅低于全国,与全省持平。

【农林牧渔业】 全市农业总产值达到178.14亿元,同比增长9.56%;实现农业增加值116.19亿元,同比增长9.19%;其中:种植业产值108.63亿元,同比增长9.30%。粮食作物产值

23.75亿元,同比增长13.42%;经济作物产值84.88亿元,同比增长8.20%。畜牧业产值36亿元,同比增长12.54%;渔业总产值17.45亿元,同比增长14.94%。

粮食总产量连续5年稳定增长。年内,农业综合生产能力稳定提高,全年粮食播种总面积达17.73万公顷,增长3.30%,总产量达113.90万吨,增长4.20%,连续五年实现稳定增长。农业结构不断优化,新增特色产业基地0.71万公顷,累计达到17.74万公顷。发展开放农业,在外地新拓基地12.29万公顷,基地总面积累计达到61.11万公顷。培育农民新型合作组织,全市新发展规范化农民专业合作社400家,总数达到898家。

新增农产品品牌和特色基地43只(个)。全年全市新增中国驰名商标4只、浙江省著名商标10只、浙江名牌产品8只、绍兴市著名商标4只、绍兴名牌产品15只,累计分别达25只、51只、43只、131只和99只。另外,全市还有中国名牌产品12只,浙江省名品正牌农产品20只。全年全市新增"万字号"特色基地2个,累计达到94个,新增特色基地7.06千公顷,累计达到177.40千公顷。全市各级深入实施"无公害食品行动"计划,大力培育发展无公害农产品、绿色食品和有机食品。新认定无公害农产品产地92个、无公害农产品107个、绿色食品14个。

农业龙头企业规模扩大。全市新增农业龙头企业22家,总数达1217家;企业共实现销售额262.30亿元,同比增长12.50%,实现利润15.70亿元,同比增长5%。超亿元的53家,新增5家,其中,浙江中大饲料(油脂)有限公司销售额达到11.89亿元,实现了全市年销售额10亿元以上农业龙头企业零的突破。

林业、水利建设进展明显。全市建设重点生态公益林12.51万公顷,新造绿色林带152千米,新增森林食品基地9个,面积0.09万公顷,全年全市成功创建省级兴林富民示范镇4个、示范村25个,市级兴林富民示范村17个。全市新建绿色生态示范村113个,其中省级33个。新增省级林业龙头企业9家,市级以上专业合作社3家、省林业观光园1家,实现林业产值149.40亿元,比2007年增长13.20%。全市人工造林404公顷,完成省下达计划的163.78%。当年完成造林面积574公顷,幼林抚育实际面积4698公顷,封山育林面积31313公顷,森林覆盖率达到51.8%。新建县级以上绿色生态村100个,其中省级21个,绍兴市成功创建"省级绿化模范城市"。全年水利资金总投入16.80亿元;治理水土流失面积达到88.31千公顷,加高加固堤防32.0公里;到年底已建成水库553座,总库容12.97亿立方米。

【工业】 全市完成工业增加值1200亿元,比2007年增长9.90%。全市共有规模以上工业企业5322家,同比增加882家;累计完成工业总产值5400亿元,增长12.50%;销售收入5187亿元,增长12.12%;完成利税总额403.67亿元,增长9.77%;实现利润总额258.47亿元,增长8.41%。全市完成主营业务收入10亿元以上的工业企业87家,新增14家。

新产品产值较快增长。全市规模以上工业实现新产品产值1264.91亿元,同比增长19.3%,新产品产值率23.4%。

工业经济效益稳步提高。规模以上工业企业实现利税403.67亿元,增长9.8%,其中利润258.47亿元,增长8.4%。全年列入省考核的十一项经济效益指标综合考评得分255.23分,同比提高6.68分,继续位居全省前列。

机电和高新技术产品出口持续增长。全年,市纺织行业在提升发展中比重继续下降,机械电子行业、医药化工行业在创新提高中比重继续上升,冶金行业在调整转型中保持基本稳定。市机电、化工、高新技术产品出口分别增长35.40%、50.01%和58.80%,比重继续提高。

【建筑业】 全年共完成建筑业总产值2390亿元,比2007年增长14.80%;实现建筑业增加值472亿元,同比增长13.50%;完成建筑业税金71.90亿元,同比增长10.70%。至年底,全市共有建筑企业651家,建筑从业人员100万余人,建筑业增加值相当于全市地区生产总值的16%。在全市建筑企业中,被评为全国"安康杯"优胜企业1家,评为浙江省"安康杯"优胜企业5家,评为浙江省"安康杯"优胜班组(项目部)6个,评为浙江省现场文明和谐建筑工地9个。全年共有25个工程获省"钱江杯",30个工程获上海"白玉兰杯",1个工程获国优工程,2个工程获"鲁班奖",各项建筑经济指标继续保持全国和全省地级市之首。

【运输邮电】 公路建设不断推进。年末全市公路通车里程达8891公里,其中一级公路193公里、二级公路882公里、三级公路346公里;公路密度达107.69公里/百平方公里;高级次高级路面占97.0%;建设农村联网公路145.3公里,全市等级公路通村率达到99.8%,客运班车通村率达到98.6%。全年全社会客运量1.63亿人,客运周转量54.93亿人公里,分别比上年增长2.9%和1.8%;全社会货运量11273万吨,货运周转量58.11亿吨公里,分别比上年增长4.1%和0.2%。

邮电通信业持续发展。全年完成邮电业务收入45.69亿元,比上年增长10.8%。年末城乡固定电话用户(含小灵通)达240.78万户,固定电话普及率达88.06号线/百人;新增移动电话用户33.96万,年末移动电话用户数达334.02万,移动电话普及率达76.42部/百人。年末互联网用户数150.10万户。特快专递业务发展迅速,全年特快专递达127.99万件,同比增长9.4%;农村投递路线13621公里。

【国内贸易】 全市实现社会消费品零售总额618.89亿元,同比增长20.10%,创近十年最高水平,总量继续保持全省第六位,增幅居全省第二位。分城乡看,城镇市场实现零售总额395.14亿元,同比增长21.7%;农村市场零售总额223.75亿元,同比增长17.3%。分行业看,批发零售贸易业零售额560.05亿元,增长20.1%;住宿和餐饮业零售额58.84亿元,增长19.9%。粮油类、饮料类和烟酒类分别增长41.2%、25.4%和16.0%,汽车、石油制品和金银珠宝分别增长为17.8%、48.1%和39.8%。

【对外贸易】 进出口贸易保持平稳增长。2008年全市外贸进出口总额238.27亿美元,同比增长23.5%,其中进口总额63.32亿美元,增长15.5%;自营出口总额174.95亿美元,增长26.6%。全市商品进出口国家和地区达到206个,同比增长9个。美国、阿联酋、印度出口额位居前三位,贝宁、西班牙、巴西出口增幅居前三位。2008年全市纺织服装出口110.48亿美元,同比增长22.2%;机电、化工、高新技术产出口较快增长,增幅分别为35.4%、50.1%、58.8%;进出口企业队伍迅速壮大,2008年新登记备案企业1318家,全市累计获进出口经营权企业7390家。

外资结构和质量不断优化。2008年,全市合同利用外资16.68亿美元,实际利用外资为7.72亿美元,分别下降29.5%和30.1%。全市新批项目平均规模达到1390万美元,同比增长18.8%,新增投资总额1000万美元以上项目86只,合同外资14.12亿美元,占全市总量的84.6%。一批竞争实力强、市场前景好的高新技术企业继续扩大规模,做大做强。

对外经济技术合作稳步发展。全年新批境外投资企业107家,比上年增长16.3%。新签承包劳务合同额为6.05亿美元,同比增长44.4%,营业额为3.95亿美元,同比增长17.5%。2008年全市外派劳务172人次,期末在外人数1115人。

【房地产业】 2008年,全市房地产开发投资1996541万元,同比增长11.80%;商品房销售额1102736万元,同比下降54.50%;商品房销售建筑面积205.93万平方米,同比下降57%;房地产开发施工面积1728.09万平方米,同比增长3.70%,其中新开工面积545.02万平方米,同比增长13.10%,竣工面积298.98万平方米,同比下降16.20%,空置面积192.02万平方米,同比增长24%。市区房地产开发投资559327万元,同比增长6%;商品房销售额2889882万元,同比下降59.60%;商品房销售建筑面积45.33万平方米,同比下降56.80%;房地产开发施工面积438.98万平方米,同比增长23.20%,其中新开工112.74万平方米,同比下降9%,商品房竣工面积85.85万平方米,同比增长45.20%,空置面积75.41万平方米,同比增长46.50%。

【固定资产投资】 全年完成全社会固定资产投资913.34亿元,同比增长8.3%,其中,工业性投资533.51亿元,同比增长2.2%。在全部限额以上投资中,基础设施投资114.68亿元,增长4.9%;房地产开发投资199.65亿元,增长11.8%;农村投资259.02亿元,增长13.7%。2008年全市完成重点项目实际投资167亿元,完成年度计划的101.1%。其中,基础建设项目完成56.87亿元,社会事业项目完成44.71亿元,工业项目完成65.41亿元。

【科技事业】 2008年,绍兴市城市综合创新能力在全国地级市中居第6位,获“中国城市综合创新力”五十强称号,并居“中国最具创新环境城市”第11位,“中国最具创新动力城市”第10位;绍兴市被公安部、科技部授予“全国科技强警示范城市”称号,创建国家可持续发展实验区通过科技部专家论证。2008年专利申请量为18647件,授权专利量为11192件,其中发明专利119件。

高新技术产业迅速发展。2008年新认定省级重点高新技术企业50家,占全省的20%,全市累计达到389家;新认定浙江省科技型企业33家,占全省的17.5%,位居全省第二。新认定省级高新技术产品62项,占全省的16%。新培育认定省级高新技术研究开发中心23家,列全省第二位。2008年有57个项目列入国家火炬计划,占全省的15%,33个项目列入国家星火计划,占全省的18%。

【文化事业】 成功举办国家级规格的公祭大禹陵活动;2008年5月17日,顺利举办“迎奥运圣火”火炬接力庆典仪式;圆满完成世界合唱比赛接旗仪式。加强文化信息资源共享工程建设,2008年6月28日起绍兴图书馆实行免费开放,并实现了与绍兴县图书馆的网络联网互通,为实行两馆一卡通创造了条件。农村广播电视公共事业建设成效明显。全市基本实现20户以上已通电的自然村村村通有线电视,基本完成“村村通”工程建设任务。非物质文化遗产保护工作深入推进。目前,我市国家级“非遗”项目已有18项,国家级传承人共9人。年末全市拥有艺术表演团体6个,公共图书馆6个,总藏量178万册;国家级文保单位16个,文物藏品实际数量8.44万件。已有电视台1座,广播电台1座,广播电视台5座,广播电台全年播出52452小时,电视台全年播出45759小时;年末有线电视用户数达127.31万户,数字电视用户达29.39万户,分别比上年增长0.5%和33.8%。

【卫生事业】 年末全市共有医疗卫生机构1390家,其中医院38家,卫生院、分院及社区卫生服务中心(站)799家;卫生机构床位数14104张,其中医院10685张;全市医生8931人,注册护士6237人;每万人拥有医院床位32张,每万人拥有医生20人。2008年,全市无孕产妇死亡病例发生,孕产妇死亡率为零,实现了历史性突破;婴儿死亡率5.88‰;5岁以下儿童死亡率为7.75‰,处于全省先进水平。城镇职工基本医疗保险、城镇居民和未成年人医疗保障新增参保人数分别达到21.6万和9.7万。新型农村合作医疗参加人口比例达到94%,人均筹资标准提高到134元。城乡社区卫生服务机构建设进一步加强,社区卫生服务网络进一步健全,全市规范了100个社区卫生服务中心,新增了111个社区卫生服务站。建立社区卫生服务机构补偿机制。加强麻疹和手足口病防控,完成“结石患儿”筛查和救治工作。顺利通过“全国农村中医工作先进市”创建预评。

【体育事业】 北京奥运火炬绍兴传递活动圆满成功,被北京奥运会火炬接力领导小组、第29届奥运会组委会授予荣誉证书,省火炬接力组委会授予我市“北京奥运火炬传递优秀组织奖”荣誉称号。绍兴籍运动员在北京奥运会上再创辉煌。绍兴籍运动员孟关良、徐东香、宋夏群代表中国分别参加了500米双人划艇、2000米轻量级双人赛艇和英凌级帆船的比赛,最终取得一枚金牌、一个第五、一个第八的优异成绩。全市年末标准体育场馆和游泳池分别为64个和24个。

【社会保障】 社会保障体系不断完善。按城镇口径统计,年末全市企业基本养老保险参保人数112.70万人,比上年增加12.55万人;基本医疗保险参保人数93.30万人,比上年增加21.6万人;失业保险参保人数64.78万人,比上年增加11.86万人;企业工伤保险参保人数123.38万人,比上年增加21.57万人;女工生育保险参保人数67.56万人。农村养老保险参保人数(包括被征地农民)达到89.51万人,比上年增加0.83万人。健全农村“五保”和城镇“三无”对象集中供养,集中供养率达到99.9%,继续保持全省领先。市区将廉租房的对象扩大到低保标准200%范围,开展城镇“零就业家庭”、“农村低保户零就业家庭”就业援助行动,基本消除城镇和农村低保户中的零就业家庭;出台城乡居民社会养老保险制度,从制度层面上实现了养老保障全覆盖。

就业形势保持稳定。全市城镇新增就业人员72758人,城镇失业人员实现再就业34383人,就业困难人员实现再就业6952人。全市城镇登记失业率为3.45%。

社会福利事业继续发展。年末全市共有最低生活保障对象51438人,其中城镇8909人,农村42529人;全年最低生活保障资金支出10848.4万元,其中城镇3111.9万元,农村7736.5万元。年末全市共有收养性社会福利单位165个,床位15810张,在院人数6696人。全年优待优抚对象8985户,优待总金额5080万元。社会化养老工作不断创新。全市"农村老年福利服务星光计划"全面推开,全市2008年共投入1.8亿元用于742个农村"星光老年之家"的建设。城镇社区服务设施3756个,全市老年活动中心(室)3311个,老年协会2166个。发行福利彩票3.47亿元,比上年增长10.1%;全市222家福利企业安置残疾职工1.09万人。

【绍兴市城市总体规划(2008~2020)通过评审】 12月23日,受省政府委托,省建设厅组织省级有关部门和省内外知名专家,联合召开《绍兴市城市总体规划(2008~2020)》评审会,会议原则通过评审,同意经修改完善后上报审批。根据《绍兴市城市总体规划(2008~2020)》,绍兴城市总体规划分市域、规划区、中心城市三个层次。市域辖一区三市两县,即越城区、诸暨市、上虞市、嵊州市、绍兴县、新昌县,总面积8256平方千米,重点是完善城镇体系规划。规划区范围为越城区全部行政区域和绍兴县全部行政区域,总面积1539平方千米,规划重点是四区划定和城乡统筹协调。中心城市包括镜湖绿心及越城、柯桥、袍江三大片区的规划建设用地范围,总建设用地约172平方千米,规划重点是编制中心城市用地布局规划,并确定了绍兴大城市"一个绿心+三大片区"的空间结构。绍兴城市总体规划修编工作从2006年7月开始正式启动,委托中国城市规划设计研究院和绍兴市城市规划设计研究院联合编制。

【中兴北路(宋梅桥——昌安环岛)道路改造工程完工】 工程北起昌安环岛,南至胜利路口,全长2200余米,主要以取消原有机非隔离带增加车行道宽度的方式来进行改造,中兴北路昌安立交桥以南段由原双向4车道改为双向6车道,昌安立交桥以北段由原双向4车道改为双向8车道。同时,增设港湾式公交停靠站,保留公交专用道。工程于4月开工,至8月竣工。

【通过国家节水型城市复查考核】 2004年,绍兴市被命名为国家节水型城市,根据建设部、国家发改委《节水型城市考核标准》,国家节水型城市需通过4年一次的复查。12月17至18日,浙江省建设厅和省经贸委共同组成复查组对绍兴市国家节水型城市进行了复查考核。复查组对绍兴市重视节水宣传、加强节水管理、注重节水设施的投入、降低城市管网漏损率等方面工作的成绩予以了充分肯定,提出了一些建设性意见。专家组同意绍兴市通过国家节水型城市复查考核。

【在全国城市环境综合考核中位居前列】 10月17日,国家环保部发布了《2007年国家城市环境管理和综合整治年度报告》。在参加"城考"的全国617个城市的考核结果中,绍兴城市环境管理和综合整治成绩优良,多项主要指标名列全国前列:生活垃圾无害化处理率、医疗危险废物集中处置率达100%;建成区绿化覆盖率达43.07%,位居全国第14位;重点工业企业二氧化硫排放稳定达标率达99.10%,位居全国第30位;城市生活污水集中处理率达80.50%,位居全国第36位。各项成绩的靠前,使绍兴在浙江省参加考核的11个地级市中,综合排名列第2位。同时,诸暨市、上虞市、绍兴县和嵊州市分列参加浙江省内县级市考核的第1位、第7位、第8位和第11位。

【环保基础设施不断完善】 截至年底,全市已建成4座污水处理厂,处理能力达到135万吨/日,绍兴污水处理厂三期20万吨/日工程建成运行,上虞污水处理厂12.50万吨/日的二期工程进水试运行,诸暨污水处理二期和嵊新污水处理厂保持稳定运行。全年建成污水配套管网53.70千米。工业危险废物和医疗废物集中处置已覆盖全市,各县(市、区)均建设了垃圾无害化处理设施,生活垃圾收集范围已覆盖到各乡镇和行政村,日处理1200吨生活垃圾和1000吨污泥的绍兴市资源综合利用发电工程项目已投入试运行。

【生态经济不断壮大】 生态工业势头强劲。2008年,绍兴市成为首批被授予"浙江省发展循环经济先进市"称号三个城市之一,上虞市、诸暨市被授予"浙江省发展循环经济先进县(市)"称号。全市累计有216家企业通过清洁生产审核验收,实施循环经济"850"工程项目计划,有13个项目列入了省循环经济"991"工程项目计划,入选数量居全省地市前3位。生态农业发展迅速。全市已认定无公害农产品基地334个、面积达到6.87万公顷,认证无公害农产品292个,绿色食品64只,有机食品27个。生态旅游方兴未艾。努力打造了一批具有历史文化、山水风光、现代休闲特色的旅游区,建成绍兴县柯岩、诸暨五泄、新昌大佛寺等A级以上旅游区20多个。

【生态景观不断优化】 全年全市投入1.50亿元,清水河道整治达330千米;投入700万元,完成节水灌溉面积0.33万公顷,综合治理水土流失面积83平方千米;累计建成重点生态公益林12.51万公顷,建成绿化示范村33个;完成15千米绿色通道和国省道边坡复绿12000平方米;累计投入资金8805万元,完成废弃矿山治理面积达418万平方米,累计治理率达75%;创建绿色矿山3座;继续推进"三沿五区"坟墓治理工作和生态葬法,共治理"三沿五区"坟墓8245穴,生态墓葬已覆盖93%的行政村。

【生态环境不断改善】 实施了城乡环境综合整治,积极开展"清水工程"、"百村示范千村整治工程"、"规模化畜禽养殖场排泄物污染治理工程"、"农村生活污水治理工程"、"农村生活垃圾收集处理工程"等,城乡生态环境面貌发生了较大变化。诸暨市创建成为全省第一个省级生态县,并获得2007年度城市环境综合整治定量考核全省县级市第1名。联合国工发组织中国办发文表彰嵊州市为先进绿色产业示范园区。

越　城　区

【概况】 越城区面积177.56平方公里,辖3镇5街,108个行政村,62个社区居委会和3个镇属居委会,2008年,全区实现地区生产总值382.50亿元,比2007年增长7.80%;地方财政收入4.20亿元,同比增长9.80%;社会消费品零售总额160.60亿元,同比增长25.70%;实现进出口总额16.10亿美元,同比增长25.40%;城镇居民人均可支配收入23509元,同比增长8.20%；农村居民人均纯收入11950元，同比增长9.60%。年末总人口为41.09万，其中农业人口9.38万。全区人口自然增长率和人口出生率控制在0.63‰和5.72‰。

【城市经济稳健发展】 现代服务业加速提升。服务业销售同比增长9.1%，完成商贸投入6.5亿元，引进商贸企业25家。推进社区服务产业化，成功创建1家全国商业示范社区。圆满举办浙江第六届家私展览会，家私城二期项目建设稳步推进。推进旅游业发展，初步完成吼山洋湖泊旅游区概念性规划编制。抓实出租房税征收工作，累计征收入库较去年增长56%。都市型工业稳步推进。规模以上工业企业产值、销售保持增长，实现工业现价总产值185.5亿元、销售185.8亿元。结构调整成效明显，纺织以外产业产值、销售同比增长4.0%和3.9%。强化有效投入，完成工业性投入19.3亿元，24只市、区级重点项目完成投资7.6亿元，完成年度计划的107.2%。城郊型农业健康发展。推进农业产业化，新争取9个省级以上农业产业化项目。新增2家休闲观光农业基地，建成科普示范林基地和绍兴传统农具博物馆，新组建3家农民专业合作社。创新实力不断增强。新培育市级科技型企业98家，认定国家新税法高新技术企业7家、省级科技型中小企业28家、市级高新技术企业20家，实施市级以上科技项目100余只。继续推进区科创中心建设，新引进5家单位，实施孵化器科技项目5只。新增4家省级、34家市级专利示范企业，全年申请专利4813件，获国家授权3933件，专利申请量和授权量均居全省前列。开放型经济稳中有升。全年实现进出口总额16.1亿美元，同比增长25.4%，其中自营出口14亿美元，同比增长27.9%。新批外商投资企业7家，合同利用外资1223.5万美元，实到外资532万美元，新批境外投资企业2家。

【城乡建设】 城中村（园中村）改造稳步实施。安置房“三证”办理率已达70%以上。剩余在建工程已具备安置条件，树人小学东校区建设工程进展顺利。完成6个村前期控制性规划编制等工作，塔山、江家溇村试点改造前期工作有序推进。原东湖镇“六村一居”园中村安置工作圆满完成。村庄整治工作扎实推进。全年有76个村通过村庄垃圾“除旧清新”验收，25个村推行专业市场化保洁。加快农民住房解困工程建设，6个试点村全面推进建设，已建成和在建共271套住房；鉴湖镇域中心解困公寓12幢157套开始打桩，鉴湖镇骆家葑村8幢144套农民公寓解困房已完成前期工作；新增215亩建设用地指标推动29个村住房解困。加强土地管理和违法建设处置，组建村镇建设管理监察队，已拆除1.5万余平方违章建筑和154只违法船屋，依法强制平毁28穴违法坟墓。鉴湖镇成功创建省级生态镇。农村基础设施建设日益完善。完成全区农村饮水改水工程，实施农村生活污水处理，建成人工湿地处理池4700余只，鉴湖镇农村生活污水处理工作整体推开并进展顺利。加强农村基本设施配套，全年建桥30座，村道硬化23.8万平方米，21个村新建老年活动室67间。完成全区农村交通规划编制和联网公路计划，危险路段安保设施一期工程全面完成。社区建设管理日趋优化。扎实开展星级和谐社区创建活动，新完成14个标准化社区建设，3个村“撤村建居”工作继续推进。出台老住宅小区长效管理奖励扶持政策，44个封闭小区全部建立业主委员会并初步落实长效管理措施。完成白马小区整治和城南区块4个小区、3条道路截污系统改造。重点工程配合成效显现。稳步实施二环线内工业企业“提、转、搬”工作。全面完成绍诸高速公路越城区段征迁前期工作和杭甬运河、西郊路、迪荡北路、镜湖路交地及大城湾所涉土地征用等工作，基本完成越城港区中心作业区工程征地拆迁等工作。迎恩门改造工程所涉农户拆迁率已达99%，北海街道办事处安置项目建设顺利推进。

【社会事业全面进步】 教育事业加快发展。创新“跨学区集团化办学”和“名校托管”等模式，优质教育受益面不断扩大。完成树人小学南校区等4所学校建设，撤并学校4所，新增省“万校标准化”学校5所。大力发展学前教育，出台加快学前教育发展意见和学前教育发展规划，创办东风艺术幼托中心，各镇中心幼儿园均成为市级示范幼儿园。强化“名师工作室”等载体，城乡教师队伍不断优化。建成区社区教育学院，社区教育工作得到深化。群众文体更趋繁荣。成功举办了“文体节”、“邻里节”、“读书节”三大品牌节会和老年运动会。开展文物普查，加强非物质文化遗产传承和保护。完成5分钟体育健身圈工程建设，55%的村建有健身路径或篮球场、乒乓球室等体育设施；实施“文化惠民”工程，建文体活动中心8434平方米，15个村成为浙江省小康体育村，“彩虹行动”圆满完成。蕺山街道建成国家级社区健身俱乐部，东湖镇成功创建省体育强镇并获“浙江省东海文化明珠”称号。计卫服务不断强化。积极配合创建全国中医工作先进市，优化卫生服务网络，新建3个社区卫生服务站，组建区妇幼保健所。第四轮新型农村合作医疗参合率达96.86%，累计5.8万余人次参加第二轮农民健康体检。实施药品补偿机制改革试点工作，已让利群众400余万元。就业及社会保障日益完善。全年培训各类人员5062人，充分就业社区创建率已达93%。建立镇街劳动监察中队，切实维护劳动者合法权益。落实低保标准自然增长机制，加强医疗、灾害和慈善救助，农村五保和城镇“三无”对象集中供养率保持100%，完成7个社区居家养老试点工作。开展残疾人共享小康工程，新增16只爱心助残亭，创建残疾人“家庭作坊式”就业模式。落实市政府养老保障政策，全区1.1万余人参加老年居民生活补贴和城乡居民养老保险。

【专利申请数和授权量居全省前列】 年内，围绕“两创”总战略，积极建立以行政引导拉动、企业研发驱动、科技服务推动、企业示范带动的专利工作格局。成功提升和培育4家省级、34家市级专利示范企业，全区累计有绍兴市专利示范企业59家，其中浙江省专利示范企业9家。全区专利申请量达到4813件，位居全省第二；专利授权量达到3933件，位居全省第一。连续两年被评为“浙江省知识产权（专利）工作先进集体”。

【出台全省首个县级社区矫正工作检察考察办法】 9月，出台《越城区社区矫正工作检察考察暂行办法（试行）》，明确社区矫正工作检察考察由检察、公安、司法行政三部门联合开展，并对检察考察中各部门的工作职责、检察、考察程序方式、责任追究等作出了详细明确的规定。该《办法》作为全省推行社区矫正工作的县（市、区）中首个检察考察办法，为全省有效强化社区矫正工作的法律监督提供有益工作借鉴。

（李月娟提供）

舟 山 市

【概况】 “千岛之城”舟山座落于长江口东南侧,杭州湾外缘的东海洋面上,是我国唯一以群岛设立的地级市。全市共有大小岛屿1390个,其中常年有人居住的岛屿103个。境域东西长182公里,南北宽169公里,总面积为2.22万平方公里,其中海域面积2.08万平方公里,岛屿陆地面积1257平方公里,潮间带183平方公里,是全国最大的岛群。本岛东西长45公里,南北宽18公里,总面积(包括潮间带)502.65平方公里,列台湾岛、海南岛和崇明岛之后,是我国第四大岛。舟山得海独厚,得景独秀,得港独优,依托海洋资源优势,大力发展海洋经济,在全省乃至全国形成了独具魅力的城市特色。

【历史沿革】 舟山群岛开发历史悠久。据历史记载和出土文物考证,属河姆渡第二文化层年代,远在新石器时代,就有人类在这里生息劳动。春秋时,舟山属越,称“甬东”(甬江之东),又喻称“海中洲”。据《史记》注释,“甬东,即句章县(今日之宁波)东海中洲也”。唐玄宗开元二十六年(公元738年)置县,以境内有翁山而命名为“翁山县”,归属明州。北宋神宗熙宁六年(公元1073年),再次设县,更名为“昌国县”。元初升为“昌国州”。清康熙二十七年(公元1688年),改名称“定海县”,道光年间升为“定海直隶厅”。辛亥革命后,恢复定海县建制。民国三十八年(公元1949年)分为定海、翁洲两县。1950年5月舟山解放后,成立定海县人民政府,1953年3月设立舟山专员公署,1958年改为舟山县,1962年恢复舟山专员公署,1967年改称舟山地区。1987年1月经国务院批准,撤地建市。

【地理位置】 舟山市地处我国东南沿海,长江口南侧,杭州湾外缘的东海洋面上。介于东经121°31′—123°25′,北纬29°32′—31°04′之间,北靠上海、杭州、宁波大中城市群和长江三角洲等辽阔腹地,面向太平洋,具有较强的地缘优势,踞我国南北沿海航线与长江水道交汇枢纽,是长江流域对外开放的海上门户和通道。

【行政区划】 舟山市下设定海、普陀2区,岱山、嵊泗2县。全市乡镇街道为43个,行政村345个。其中定海区下辖7镇、3乡,6个街道,普陀区下辖5镇、3乡、5个街道,岱山县下辖6镇、1乡,嵊泗县下辖3镇、4乡。

【资源物产】 舟山拥有丰富独特的“渔”、“港”、“景”海洋资源。舟山渔场是全国最大的渔场,也是世界四大渔场之一,水产资源丰富,海域内盛产鱼、虾、贝、藻类等海水产品,据统计,共有海洋生物1163种,按类别分:有浮游植物91种、浮游动物103种、底栖动物480种、底栖植物131种、游泳动物358种。捕捞的主要品种有带鱼、鳓鱼、马鲛鱼、海鳗、鲐鱼、马面鱼、石斑鱼、梭子蟹和虾类等40余种。素有“东海鱼仓”和“中国渔都”之美誉。沈家门渔港与挪威的卑尔根港、秘鲁的卡俄亚港齐名,为世界三大著名渔港之一。舟山港可建码头岸线有1538公里,其中水深10米以上的深水岸线有164公里,水深15米以上、可建10-25万吨级以上泊位的岸线103公里。港域面积1000平方公里,主航道可通行20万吨以上船舶,舟山东部海域的国际航线能够通行30万吨以上巨轮,是中国沿海建设深水大港的理想之地。舟山海洋风光秀丽,境内有中国四大佛教名山之一“海天佛国”普陀山、“列岛风光”嵊泗两个国家级风景名胜区和“蓬莱仙岛”岱山、“金庸笔下”桃花岛两个省级风景名胜区。此外,舟山还有丰富的传统名特产:海带、紫菜、蚂蚁虾皮、糯米虾、舟山白鹅、普陀水仙、金头蜈蚣、马目泥螺、花岗岩、洛泗座油、新木姜子、皋泄杨梅、黄金瓜、普陀佛茶等。

【人口】 2008年全市户籍总人口96.77万人,比上年增加0.07万人。其中男性人口48.39万人,女性人口48.37万人。全年出生人口6739人,死亡人口7559人,人口自然增长率为-0.85‰。迁入人口1.72万人,迁出人口1.56万人,人口机械增长率为1.7‰。年末全市常住人口105.4万人,城镇人口比重为61.9%。

【人民生活】 全年城镇居民人均可支配收入22257元,比上年增长12.1%,扣除价格上涨因素,实际增长6.2%。城镇居民人均消费性支出14288元,比上年增长10.1%,其中人均食品消费支出5317元,比上年增长14.4%。城镇居民恩格尔系数为37.2%,比上年提高1.4个百分点。全年渔农村居民人均纯收入11367元,比上年增长16.9%,扣除价格上涨因素,实际增长10.7%。其中,渔村居民人均纯收入11798元,增长17.4%;农村居民人均纯收入11185元,增长16.7%。渔农村居民人均消费支出8427元,比上年增长14.1%。渔农村居民恩格尔系数为39.9%,比上年提高1.1个百分点。全年城镇与渔农村居民收入比由上年的2.04:1缩小为1.96:1。年末城镇居民人均住房建筑面积31.1平方米,渔农村居民人均住房面积47.2平方米,分别比上年增长4.3%和1.9%。

【经济发展概况】 2008年全市实现生产总值490.25亿元,比上年增长14.5%,连续10年保持两位数增长。分产业看,第一产业增加值49.18亿元,增长1.1%;第二产业增加值226.44亿元,增长19.5%,其中工业164.19亿元,增长22.4%;第三产业增加值214.63亿元,增长12.8%。三次产业增加值结构由上年的11.0:43.8:45.2调整为10.0:46.2:43.8。按常住人口计算,全市人均生产总值46936元(按年平均汇率折算为6758美元);按户籍人口计算,人均生产总值50683元(按年平均汇率折算为7298美元)。

全年海洋经济总产出1048亿元,比上年增长18.9%;海洋经济增加值326亿元,增长17.5%,海洋经济增加值占全市GDP的比重为66.4%,比上年提高1.9个百分点。

全年新增城镇就业人数7626人,有4063名城镇下岗失业人员实现了再就业。年末城镇登记失业率为3.84%。年末渔农村实有劳动力39.38万人,比上年末增加1.18万人。分产业看,从事第一产业的劳动力10.99万人,减少0.58万人;从事第二、三产业的劳动力28.39万人,增加1.76万人,占全部渔农村劳动力的比重为72.1%,比上年提高2.4个百分点。全市“渔农民千万素质培训工程”完成渔农民培训2.7万人。

全年实现财政总收入66.68亿元,比上年增长26.9%。地方财政一般预算收入43.15亿元,增长23.1%;其中增值税、营业税和企业所得税分别为4.31亿元、17.85亿元和4.71亿元,分别增长32.8%、18.1%和33.5%。地方财政一般预算支出76.78亿元,增长35.8%;其中用于教育、科学技术、医疗卫生、社会保障与就业、环境保护的支出分别增长18.1%、19.8%、25.5%、21.0%和45.7%。

【农林牧渔业】 全年农林牧渔业总产值97.86亿元,比上年增长10.6%。其中,渔业总产值86.22亿元,增长10.6%;农业总产值7.07亿元,增长9.2%;牧业总产值4.22亿元,增长9.6%。

全年农作物播种面积25.10千公顷,比上年增长0.6%,其中粮食作物播种面积11.66千公顷,增长0.9%。全年粮食产量5.42万吨,增长3.4%。全年有效灌溉面积12.54千公顷,其中节水灌溉面积7.83千公顷。年末有全国无公害农产品30个,全国绿色食品15个,有省级无公害农产品产地48个,面积7.0千公顷。

年末生猪存栏14.86万头,比上年末增长11.9%;家禽存栏102.75万只,下降9.5%。全年肉类总产量1.92万吨,下降1.5%,其中猪肉产量1.58万吨,下降0.4%。禽蛋产量7306吨,下降9.5%。全年猪饲养量35.75万头,增长4.4%。

全年水产品总产量125.52万吨,比上年增长1.4%。地方渔业产量120.75万吨,下降0.2%。远洋渔业产量16.86万吨,增长3.7%。海水养殖面积7809公顷,下降7.2%,海水养殖产量11.38万吨,下降1.8%。年末有全国无公害养殖水产品31个,有省级无公害水产品基地29个。

年末有机动渔船8851艘,其中生产渔船7538艘,比上年末减少167艘;远洋渔船222艘,其中直接捕捞渔船210艘。渔船总吨位82.88万吨,比上年末减少2.08万吨,其中生产渔船70.32万吨,增加0.15万吨;渔船总功率141.71万千瓦,减少0.21万千瓦,其中生产渔船119.40万千瓦,减少0.43万千瓦。

【工业和建筑业】 全年工业总产值832.64亿元,比上年增长29.6%,其中规模以上工业总产值656.50亿元,增长35.3%,规模以上工业总产值比重为78.8%,比上年提高3.1个百分点。在规模以上工业总产值中,重工业总产值456.31亿元,增长67.9%;轻工业总产值200.20亿元,下降6.1%。重工业总产值占规模以上工业总产值的比重为69.5%,比上年提高14.5个百分点。全市临港工业总产值614.48亿元,增长42.9%,占全部工业比重为73.8%,比上年提高6.9个百分点。年末有工业总产值上亿元企业97家,比上年末增加10家,亿元企业工业总产值占全市工业总产值的比重为65.5%。

规模以上工业经济效益考核综合得分284.52分,比上年提高47.14分。规模以上工业实现利税总额35.68亿元,比上年增长4.0%,其中利润总额26.08亿元,增长13.5%。规模以上工业资本保值率138.79%,比上年提高1.4个百分点;新产品产值率26.5%,比上年提高12.5个百分点。

全年全社会建筑业增加值62.25亿元,比上年增长11.7%。年末全市具有资质等级的总承包和专业承包建筑业企业实现总产值91.74亿元,增长29.9%;实现利税总额4.35亿元,增长31.8%,其中利润总额1.13亿元,增长20.2%。

【运输邮电】 全年交通运输、仓储和邮政业增加值52.89亿元,比上年增长15.7%。全年水、陆货运量10205万吨,水、陆货运周转量900.25亿吨公里,分别增长9.7%和15.1%;水、陆客运量10603万人,水、陆旅客周转量20.36亿人公里,分别增长3.6%和3.2%。民航客运量35.6万人次,比上年增长5.2%;民用航空货邮运量321.9吨,下降43.4%。年末全市民用汽车保有量3.72万辆,增长23.7%。

年末全市海上货运船舶运力292.76万载重吨,比上年末增长17.0%。其中万吨级以上船舶57艘,运力98.2万载重吨。全年海运货运量7799万吨,货物周转量895.04亿吨公里,分别增长11.6%和15.2%。

2008年舟山港域港口货物吞吐量15862万吨,比上年增长23.8%。其中,石油及天然气吞吐量4081万吨,增长26.3%;金属矿石吞吐量6180万吨,增长45.4%。全年外贸货物吞吐量6169万吨,增长38.6%。港口集装箱吞吐量8.74万TEU,增长8.4%。年末全市有生产性泊位349个,其中万吨级以上深水泊位27个,比上年末增加8个。

全年邮政电信业务收入13.12亿元,比上年增长13.5%。年末全市固定电话(含小灵通)用户58.68万户,增长0.2%;移动电话用户95.89万户,增长2.9%;国际互联网用户17.47万户,增长8.7%。

【国内贸易】 全年社会消费品零售总额157.83亿元,比上年增长19.2%。分行业看,批发和零售业零售额134.90亿元,增长18.8%,其中限额以上批发和零售业零售额32.98亿元,增长20.4%;住宿和餐饮业零售额22.66亿元,增长21.8%,其中星级以上住宿业和限额以上餐饮业零售额6.40亿元,增长21.0%。

在限额以上批发和零售业零售额中,粮油类零售额比上年增长36.6%,肉禽蛋类增长29.2%,服装类增长35.0%,汽车类下降36.9%,石油及制品类增长22.0%,日用品类增长62.0%,文化办公用品类增长5.7%,通讯器材类增长11.4%,家用电器和音像器材类增长40.7%。

年末有商品交易市场120个,其中消费品市场114个,生产资料市场6个。全年商品交易市场成交额143.34亿元,比上年增长15.4%,其中水产品类成交额58.20亿元,增长9.5%。年末有亿元以上商品交易市场7个,全年成交额111.71亿元,增长13.6%。其中,浙江船舶交易市场成交额43.99亿元,增长16.2%;舟山船用商品交易市场成交额14.00亿元,增长31.2%。

【对外贸易】 全年外贸进出口总额60.53亿美元，比上年增长48.5%。其中，出口32.86亿美元，增长37.7%；进口27.67亿美元，增长63.7%。全年工业制成品出口额19.66亿美元，增长61.6%，其中船舶出口12.94亿美元，增长34.4%，占全市出口总额的比重为39.4%；水产品出口额6.31亿美元，下降1.8%，占出口总额的比重由上年的26.9%下降到19.2%。全年有贸易往来的国家和地区156个。

全年舟山口岸进出口货运量6103万吨，比上年增长35.0%。其中，进口5697万吨，增长39.3%；出口406万吨，下降6.0%。全市进出口货运总值267.62亿美元，比上年增长89.4%。其中，进口货运值237.83亿美元，增长94.6%；出口货运值29.79亿美元，增长56.6%。进出境船舶4908艘次，下降2.8%，其中外籍船舶3586艘次，增长6.2%。外籍船舶修理750艘次，下降14.5%。年末舟山口岸对外开放陆海域面积1165平方公里，新增35平方公里。

全年新批外商直接投资项目7个，合同外资金额4701万美元，比上年下降75.6%；实际使用外资金额15855万美元，增长1.1倍。全年新批设立境外投资企业5家，中方投资额3154万美元，增长2.2倍。全年对外经济合作营业额13665万美元，增长92.8%。其中，对外劳务合作营业额758万美元；对外承包工程营业额12907万美元，其中外籍船舶修理完成营业额11107万美元。

【房地产业】 全年房地产开发投资38.95亿元，比上年下降0.5%。商品房竣工面积97.21万平方米，下降20.6%。商品房销售面积73.96万平方米，下降45.8%。商品房空置面积14.12万平方米，下降7.7%。

【固定资产投资】 全年全社会固定资产投资339.43亿元，比上年增长21.4%，其中限额以上项目投资额333.63亿元，增长21.5%。年末全市计划投资10亿元以上的在建项目19个，比上年末增加2个；计划投资1-10亿元的在建项目81个，比上年末增加5个。

在全社会投资中，第一产业投资1.12亿元，下降39.0%；第二产业投资129.12亿元，增长38.6%，其中工业投资127.79亿元，增长37.4%，工业投资占全社会固定资产投资的比重由上年的33.3%提高到37.7%，其中船舶修造业完成投资95.0亿元，增长72.7%；第三产业投资209.19亿元，增长13.3%，其中交通运输仓储邮政业投资143.27亿元，增长17.7%。在交通运输仓储邮政业投资中，洋山港三期工程、六横煤炭中转码头工程、金塘大浦口集装箱码头工程完成投资额66.6亿元；金塘大桥、西堠门大桥完成投资额24.1亿元；洋山液化天然气项目、岙山石油储备项目、六横PX储运项目完成投资额33.2亿元。

【科技事业】 全年共实施国家、省级各类科技项目192项，其中国家级17项，省级175项。全年获省市级政府奖的科技成果数53项，其中省级奖7项。全年申请专利359件，其中发明专利申请量66件。专利授权量228件，其中发明专利授权量11件。年末全市有中国名牌产品4个，其中水产品名牌1个；省级名牌产品37个，其中水产品名牌24个。年末有舟山造船技术、水产养殖业、船舶修造业、水产品精深加工业、塑机螺杆业和嵊泗贻贝业6家省级区域创新服务中心。

【文化事业】 年末全市有文化艺术表演团体2个，艺术表演场所2处，群众艺术馆1个，文化馆4个，文化站43个，公共图书馆4个，藏书61万册。年末有线电视用户数23.3万户，广播、电视人口综合覆盖率分别为98.49%和98.45%。有“观音传说”等4个项目被列入国家非物质文化遗产保护名录。

【体育事业】 全年共举办现代体育项目活动28次，活动人数6480人次，民间传统体育活动227次，参加人数16.01万人次。年末有全民健身路径241条，比上年末增加52条。

【社会保障】 年末全市基本养老保险参保人数25.70万人，比上年末增长12.5%；基本医疗保险参保人数25.73万人，增长13.1%；失业保险参保人数14.26万人，增长13.0%；工伤保险参保人数19.59万人，增长29.4%；生育保险参保人数13.01万人，增长23.2%。被征地农民参加养老保险人数9.87万人，增长8.1%。年末新型渔农村合作医疗参加人数52.75万人，参加率94.2%，比上年末提高5.1个百分点。全市新型渔农村合作医疗人均筹资水平为142元。

年末有敬老院37所，社会福利院7所，总床位2818张。城镇“三无”对象集中供养率为100%，渔农村“五保”老人集中供养率为98.15%。年末有13067人得到政府最低生活保障，其中城镇低保对象2433人，渔农村低保对象10634人。城镇居民低保标准从250元/人．月提高到280元/人．月(新城、普陀山提高到300元/人．月)；渔农村低保标准从150元/人．月提高到170元/人．月(嵊泗县提高到200元/人．月)。全年城镇危房改造2幢，101户；渔农村危旧房改造356户，面积1.9万平方米。全年经济适用住房投资3770万元，竣工面积1.78万平方米。年末有享受廉租住房家庭493户。

【市场物价】 居民消费价格比上年上涨5.6%，其中食品类和居住类价格分别上涨12.7%和4.7%。商品零售价格上涨6.7%。工业品出厂价格上涨3.4%，其中水产加工品价格上涨1.4%。房屋销售价格上涨14.3%，其中新建住宅价格上涨15.1%，二手住宅价格上涨14.5%。房屋租赁价格上涨6.5%。

【网格化管理组团式服务】 2008年，舟山市为适应经济社会形势的发展，积极改革创新政府的公共管理职能、基层组织的管理服务模式、基层干部的工作方式，在总结普陀区桃花镇试点经验的基础上，全面推行一种精细、准确、规范的“网格化管理、组团式服务”社会管理服务新模式。网格化管理，是一种数字化管理模式，根据属地管理、地理布局、现状管理等原则，将管辖地域划分成若干网格状的单元，并对每一网格实施动态、全方位管理。组团式服务，就是根据网格划分，按照对等方式整合公共服务资源，组织服务团队，对网格内的居民进行多元化、精细化、个性化服务。网格化管理、组团式服务，实质上是一套综合管理服务系统，政府通过这一系统及时为辖区内居民提供主动、高效、有针对性的服务，从而提高公共管理、综合服务的能力和效率，建立起为民服务长效机制。

到年底，全市辖43个乡镇(街道)划分为2464个管理服务网格,全市组团服务人员超过13000余人,走访基层群众家庭33万余户,共解决问题1万余个,“网格化管理、组团式服务”工作取得了积极成效。一是使管理资源整合化,管理服务水平更有效率。充分利用互联网及其他网络软件资源,又整合政府公共资源,较好地解决了过去政府部门在管理资源上存在的“纵向充分利用、横向协同不足”的问题。二是使业务流程规范化,管理服务机制更加便民。在信息采集、监督、反馈、督办系统更加流畅,不仅节约了管理成本,还更好地满足了群众的需求。三是使管理时空预警化,管理服务方式更为主动。打破了传统“亡羊补牢”式的反馈控制性管理,通过最新可靠信息预测,在出问题的临界点到来之前就发现苗头,预制纠偏措施,将问题解决在萌芽状态,既降低了成本,又减少了破坏性。四是使管理队伍务实化,管理服务作风更加深入。各部门应付面上工作少了,服务群众工作多了;干部闲时扎堆聊天少了,下村走访了解民情多了,政府的工作重心进一步下移,基层干部的作风得到了进一步改善。通过深入实际、深入基层、深入群众,干部特别是年轻干部学到了社会知识、积累了实际经验,提高了自身素质和工作水平。

【舟山跨海大桥】 舟山跨海大桥以五座跨海大桥连接舟山本岛与宁波,工程总长约50公里,堪称我国最长的陆岛联络工程。2009年底,舟山跨海大桥将全线建成通车。

投资约10亿元的舟山跨海大桥一期的三座桥——岑港大桥、响礁门大桥、桃夭门大桥在2005年已全部建成通车;舟山跨海大桥二期工程——西堠门大桥项目、金塘大桥项目,于2005年初由国家发改委先后核准立项,概算总投资约100.6亿元。舟山跨海大桥二期工程由西堠门大桥、金塘大桥两座世界级的跨海大桥和相关的接线工程组成,是浙江省“五大百亿工程”的重要组成部分,按双向四车道高速公路标准建设。

西堠门大桥是舟山大陆连岛工程的第四座跨海大桥,也是其中技术难度最大的特大跨海桥,全长5452米,其中主桥长2588米。主桥为两跨连续钢箱梁悬索桥,主跨1650米,居国内第一,世界第二,仅次于日本明石海峡大桥;按3万吨级船舶标准设计,通航净高49.5米,净宽630米。西堠门大桥在国内首次用直升机牵引先导索过海,这也是我国首次在未封航条件下架设先导索,为今后的大跨径悬索桥建设提供了可资借鉴的经验。西堠门大桥两根主缆每根长约2880米,重约10614吨,长度和重量均为国内第一。钢丝极限抗拉强度达到目前世界上桥梁建设中最高的1770兆帕。为有效地增强防腐涂装效果,大桥钢箱梁采用了自主研发的“纳米改性环氧封闭剂”新技术,这一国际领先的技术是在国内特大型桥上首次采用。钢箱梁架设时采用的自航运梁驳船单船直接动力定位法,是国内首次在复杂水文条件海域施工中实施。

金塘大桥全桥长21.029公里,其中跨海部分长18.27公里,是五座跨海大桥中规模最大的一座,与规划中的宁波沿海北线高速公路相交,连接宁波市绕城高速公路。主通航孔桥全长1210米,设计通航能力为5万吨级,是目前世界上在恶劣的外海环境中建造的最大跨度的斜拉桥,也是我国第一座按桥梁新规范体系进行设计的跨海特大桥梁。

经济社会发展主要指标

项　目	2008年	比2007年增或减%
国内生产总值(亿元)	490.25	14.5
第一产业增加值(亿元)	49.18	1.1
第二产业增加值(亿元)	226.44	19.5
其中工业增加值(亿元)	164.19	22.4
第三产业增加值(亿元)	214.63	12.8
人均国内生产总值(元)	50683	14.4
粮食总产量(万吨)	5.42	12.7
棉花总产量(吨)	75	-7.4
油料总产量(万吨)		
全社会固定资产投资总额(亿元)	339.43	21.4
外贸自营出口(亿美元)		
实际利用外资(万美元)	15855	1.1倍
社会消费品零售总额(亿元)	155.82	17.7
零售物价总指数(%)	106.7	
地方财政收入(亿元)	43.15	23.1
地方财政支出(亿元)	76.78	35.8
职工年平均工资(元)	38714	15.6
农民年纯收入(元)	11367	16.9
邮电业务总量(亿元)	14.4	11.9
电话普及率(部/百人)	60.64	0.2
年末存款余额(亿元)	730.84	30.1
年末贷款(亿元)	635.43	31.2
大学(所)	4	
中小学(所)	118	
下岗人数(人)		
企业兼并、破产数(个)		

(任爱珍　张　磊提供)

定　海　区

【概况】 舟山市定海区位于浙江省东北部东海海域,在舟山群岛西南部,处于北纬29°55′-30°15′,东经121°38′-122°15′之间。东与普陀区接壤,西与杭州湾海域相接,南与宁波市北仑区隔海相望,北与岱山县为邻。区境以舟山岛的中部和西部为主体,有124个岛、120个礁。总面积1444平方公里,其中陆地面积476.17平方公里,海域占62%。其他主要岛屿有金塘、册子、长白、盘峙、长峙、大猫等。2008年末全区户籍人口37.51万人。

定海区府位于舟山岛,清康熙二十二年(1683)八月,台湾郑克塽降清,十月朝廷颁展海令。二十三年迁定海镇驻舟山,称舟山镇。二十五年,舟山总兵黄大来等疏请设县。康熙帝准奏,以"山名为舟,则动而不静",二十六年五月,御书"定海山"三字颁赐,诏改舟山为定海山,改原定海县为镇海县。二十七年置定海县,隶宁波府。1958 年 10 月撤销定海、普陀、岱山 3 县合并建"舟山县"。1962 年 4 月,撤销舟山县,恢复定海县。1987 年 3 月,定海县改称定海区(县级)。

定海城内有明清建筑为主的传统民居和深宅大院组成的历史街区并保存完好。还有建筑风格各异的祖印寺、御书楼、了望楼、都神殿等古建筑。作为海防前哨,军事要地,曾发生数十次战争,有明代抗倭战争、南明抗清海禁事件、清代鸦片战争和抗日战争,传说中的春秋五霸吴王流放地。现有爱国主义教育基地鸦片战争纪念遗址公园,马岙博物馆。先后开发了半岛渔乐园、东海鸟岛、黄杨尖旅游区、青青世界、富田园、凤凰山岛旅游区、三毛祖居、海上千岛游、摘箬山岛旅游区等。

定海人杰地灵,英才辈出。涌现了朱葆山、刘鸿生(煤炭大王)、安子介、董浩云(一代船王)等一批誉播海内外的杰出人物,这里还是乔石(原全国人大常委会委员长)、董建华(香港特别行政区行政长官)、安子介、丁光训(全国政协副主席)、三毛等的故里。另外,定海是"宁波商帮"的发祥地之一,著名的人物有朱葆山、刘鸿生、周祥生、刘显哉等。近百位名人曾在此生活、工作,留下了大量的史迹和故居,也留下了一笔历史文化遗产。

区内海域生长着 360 多种鱼类、60 多种虾类和 100 多种贝类,使定海有了"东海鱼仓"之美誉。区内有年销售额逾亿元的浙江正龙食品有限公司,开发生产了鱿鱼丝等 30 多种海洋系列产品。2002 年,"正龙"牌商标荣获浙江省著名商标。

【行政区划】 目前,定海区辖金塘、岑港、小沙、双桥、白泉、干缆、马岙 7 个镇,长白、册子、北蝉 3 个乡,解放、昌国、环南、城东、盐仓、临城 6 个街道(其中临城街道于 2004 年 9 月委托舟山市新城管理委员会管理)。

【经济建设】 2008 年,全区实现地区生产总值 197.83 亿元,增长 14.3%;实现财政总收入 9.08 亿元,增长 28.6%。地方财政一般预算收入 5.36 亿元,增长 27.6%。全年财政一般预算支出 12.00 亿元,增长 34.6%;万元生产总值综合能耗下降 3.0%,化学需氧量和二氧化硫排放量下降幅度达到年度确定目标。全区城镇居民人均可支配收入 24759 元,农渔民人均纯收入 11388 元,分别增长 10.7% 和 16.9%。全社会消费品零售总额达到 66.92 亿元,增长 19.2%。

实现工业总产值 246.12 亿元,增长 32.7%,其中规模以上工业总产值 181.12 亿元,增长 54.3%。实现工业性投入 36.7 亿元,增长 25.9%。实现海洋石化业总产值 59.20 亿元,增长 13.9 倍;船舶修造业总产值 46.03 亿元,增长 76.7%;

机械制造业产值 49.67 亿元,下降 8.2%;水产品加工业产值 23.76 亿元,下降 15.4%;纺织服装业产值 22.64 亿元,下降 19.9%。区临港工业产值 133.76 亿元,增长 1.2 倍。新增规模企业 22 家,新增产值上亿元企业 10 家。和邦化学等一批"338 工程"项目建成投产,浙江定海工业园区等四大工业集聚区集聚能力不断增强。

实现农林牧渔业总产值 13.32 亿元,增长 7.5%。其中,农业总产值 4.00 亿元,增长 9.3%;渔业总产值 6.70 亿元,增长 3.9%;牧业总产值 2.50 亿元,增长 13.0%。完成"水改旱"面积 5010 亩,建设无公害蔬菜基地 2500 亩、省级森林食品示范基地 1000 亩,获"中国晚稻杨梅之乡"称号。新建大棚对虾高产精养基地 40 亩、高位池生态养殖基地 300 亩,实现连续 14 年伏季休渔零违规目标。全区盐田生产面积 3514 亩,生产原盐 10778 吨,下降 35.4%。

实现第三产业增加值 103.19 亿元,增长 12.6%。海运业总运力达到 75 万载重吨,新增集装箱运输车辆 215 辆。接待国内外游客 260.4 万人次,实现旅游总收入 16.81 亿元,分别增长 15.0% 和 18.8%。三年百家农渔家乐行动计划深入实施,新增农渔家乐项目 38 个。西码头水产品交易市场年交易规模达到 2 亿元。定海区农村信用合作联社顺利改制成为农村合作银行。

实现外贸出口交货值 41.37 亿元,增长 28.7%。自营进出口总额 6.62 亿美元,增长 1.0 倍,其中自营出口额 5.06 亿美元,增长 1.1 倍;自营进口额 1.56 亿美元,增长 79.3%。外贸出口结构继续优化,机电产品出口比重明显提高。招商工作继续推进,在上海成功举办投资环境推介会。新引进区外项目 30 个,项目协议总投资 76.1 亿元,实际完成区外投资 35.2 亿元,实际到位外资 6552 万美元,增长 2.5 倍。口岸开放取得新进展,岑港海域顺利开放。

完成全社会固定资产投资额 45.91 亿元,增长 28.6%,全区限额以上工业投资项目施工个数 59 个,完成投资额 36.09 亿元,增长 30.2%。在全社会投资中,第二产业投资额 37.40 亿元,第三产业投资额 8.51 亿元。完成交通建设投资 2.6 亿元,水利建设投资 5 亿元。西大塘围垦工程顺利完工,东大塘外涂等围垦工程加紧实施。完成病险水库除险加固 9 座,整治万里清水河道 74 公里。全年房地产开发投资 2.51 亿元,增长 5.9%。全区商品房施工面积 30.89 万平方米,增长 47.5%。商品房销售面积 9.23 万平方米,增长 40.3%。

【社会事业】 2008 年组织申报实施科技计划 212 项,已被立项 177 项,其中国家级 5 项,省级 56 项,市级 23 项。获市级政府奖的科技成果 6 项。年末有中国驰名商标 1 个,省级驰名商标 16 个;中国名牌产品 2 个,国家免检产品 1 个,省级名牌产品 13 个,市级名牌产品 32 个。全年申请专利 173 件,授权 105 件。新增省级科普示范单位 3 家,定海科技活动中心顺利建成。全区国家、省级高新技术企业 9 家,省级科技型中小企业 18 家,省级科技型农业企业 7 家。全区有普通中学 16 所,在校学生 9638 人;普通小学 22 所,在校学生 18726 人;幼儿园 38 所,在园幼儿 7634 人。小学、初中入学率分别为 100% 和 99.8%;初中毕业生升高中段率达到 99.70%。舟山小学义桥分部、定海小学檀枫校区投入使用。金塘中学新建工程、白泉中学改造工程进展顺利。群众文化日益繁荣,组织送戏下乡 60 场,送电影 1512 场。文艺创作水平不断提高,小品《错位的浪漫》获浙江省戏曲小品邀请赛表演一等奖、创作二等奖。15 个项目被列入市级以上非物质文化遗产保护名录。全民健身活动氛围浓郁,成功举办区体育大会,新增省小康型老年体育先进乡镇(街道)8 个。荣获"省级社区卫生服务先进区"、"省级无偿献血先进区"称号。完成 42 个农渔村社区卫生服务站设置工作,建成 5 个城区社区卫生服务示范站。通过省级卫生城市复核。人口和计划生育工作提升年活动成效明显,计划生育率达到98%以上。集报纸、广播、电视、网络四大新闻宣传于一体的新闻中心正式运作。农村广播电视“村村通、村村响”工程有序开展。城区公厕取消收费。“8189000”服务热线基本实现全区覆盖。

新增就业岗位5566个,组织2869名农渔村富余劳动力参加各类职业技能培训,帮助2805名失业人员实施再就业,基本消除城乡零就业家庭。新增企业基本养老参保人数2432人,纳入被征地农民养老保障范围人数达4.8万人。新型农渔村合作医疗参加人数19.45万人,参合率为96.3%;城镇居民基本医疗保障参加人数3.09万人,参保率为74%。城镇“三无”对象集中供养率达到100%,农渔村“五保”对象集中供养率达到99%。城镇低保对象低保标准从每人每月250元,提高到280元;农渔村低保对象低保标准从每人每月150元提高到170元,全年共发放各类救助金、慰问金2224.8万元。

完成小康社区创建和规范整治社区建设各15个。投资4000万元,建成干览镇污水处理中心和盐仓工业区块污水管网工程。完成7项千万农民饮用水工程,受益人口3.8万人,农村自来水普及率达92%。完成农渔村污水治理1.9万户,卫生改厕4135户。完成7个规模化畜禽养殖场排泄物治理工程,新建生态廊道4公里,营造海防林4915亩,建设市级绿化示范社区6个。完成危房改造112户。

【定海被命名为国家级生态示范区】 2008年5月,国家环境保护部命名定海区为第六批“国家级生态示范区”。从2004年起,定海区作出“建设生态区,打造海岛经济强区”战略部署,坚持经济建设、城乡建设和环境建设同步规划、同步实施、同步发展的原则,实施发展生态工业、生态旅游等8人领域43项重大生态建设和重点保护项目,总投资76.88亿元,初步形成以生态工业、生态农渔业、生态旅游为支撑的生态经济发展格局。

【定海获省级发展循环经济先进称号】 2008年6月,定海区被省发展循环经济建设节约型社会工作领导小组授予“浙江省发展循环经济先进县(市、区)”称号,定海区把发展循环经济作为加快经济发展方式转变的一个突破口,以优化资源配置、提高资源利用效率为核心,以节能、节水、节地、资源综合利用和资源循环利用为重点,以技术创新和制度创新为动力,经过几年努力,初步形成政府大力推进、市场有效驱动、企业主体作用充分发挥的循环经济发展格局。

【定海成为“中国晚稻杨梅之乡”】 2008年7月,定海区被中国经济林协会命名为“中国晚稻杨梅之乡”,晚稻杨梅首次被升格为“国字号”。8月,“普陀山”牌晚稻杨梅又被省农业厅认定为浙江名牌农产品。定海区栽种晚稻杨梅已有700多年历史,是全国唯一一个以晚稻杨梅作为优势品种的主产区,又是浙江省四大杨梅品种之一和十大精品杨梅之一。1999年、2001年和2003年,定海区先后举办3届杨梅节。2007年又被浙江省林业厅命名为“浙江省杨梅之乡”。

【定海区获省示范文明城区称号】 2008年10月,定海区被省委、省政府命名为第二批浙江省示范文明城区,成为舟山市首个获此殊荣的县区。定海区于2005年首次申报省级示范文明城区,因与省内兄弟城市相比还有不少差距而落选。经过努力整改、创建,2007年定海区再次提出申报,并以出色的成绩,进入第二批省示范文明城市行列。

【金塘三个重大项目列入省“三个千亿”工程】 2008年11月,在省政府制订的2008至2012年重大项目建设行动计划中,提出千亿基础网络、千亿惠民安康、千亿产业提升“三个千亿”工程,共安排180个重大建设项目。定海区金塘大浦口集装箱码头工程、穆岙和小李岙集装箱码头工程、北部围垦工程3个重大项目被列入其中。

【定海区国家级项目立项数创新高】 2008年12月,定海区又有4个科技项目被列入2008年度国家级科技计划项目。分别为,浙江森森实业有限公司的“HYH系列淡海鲜养殖恒温机”、舟山市富民气体设备有限公司的“ZW-3/165型三列五级无水润滑氧压机”被列入国家火炬计划项目;定海区旭旺养殖场的“主养品种安全高效养殖集成技术研究及示范基地开发”被列入国家星火计划项目;浙江虹达特种橡胶制品有限公司的“开孔型微孔高分子塑料滤芯片材”被列入国家重点新产品计划项目。至年底,定海区已有5个项目被列入国家级科技计划项目,创历年新高。

经济社会发展主要指标

项　　目	2008年	比2007年增或减%
国内生产总值(亿元)	197.83	14.3
第一产业增加值(亿元)	6.8	-5.6
第二产业增加值(亿元)	87.84	18.2
其中工业增加值(亿元)	68.89	
第三产业增加值(亿元)	103.19	12.6
人均国内生产总值(元)	52775	
粮食总产量(万吨)		
棉花总产量(吨)		
油料总产量(万吨)		
全社会固定资产投资总额(亿元)	115.13	0.1
外贸自营出口(亿美元)		
实际利用外资(万美元)	6574	
社会消费品零售总额(亿元)	60.03	6.9
零售物价总指数(%)		
地方财政收入(亿元)	5.36	27.6
地方财政支出(亿元)	12	34.6
职工年平均工资(元)	38652	
农民年纯收入(元)	11388	16.9
邮电业务总量(亿元)		

续上表

项　　目	2008 年	比 2007 年增或减%
电话普及率(部/百人)		
年末存款余额(亿元)	182.04	
年末贷款(亿元)	170.49	
大学(所)		
中小学(所)	38	
下岗人数(人)		
企业兼并、破产数(个)		

(定海区)

普　陀　区

【概况】　舟山市普陀区位于浙江省东北部,舟山群岛东南部,长江、钱塘江、甬江入海交汇处南缘海域。介于北纬 29°32′－30°28′,东经 121°56′－123°14′。南北长约 105 千米,东西宽约 85 千米。区域总面积 6728 平方千米,其中海域面积 6269.4 平方千米,陆域面积 458.6 平方千米(含潮间带 69.77 平方千米)。岛屿 454.5 个(不含归属有争议 27 个),其中住人岛 31.5 个,无人岛 423 个,自西南向东北呈带状分布。年末户籍人口 32.07 万人。

1953 年 4 月始建普陀县,县名得自于境内名胜"海天佛国"普陀山。普陀山唐时名"补怛洛迦",梵语意即"小白花",明始称"普陀"。1958 年撤普陀县,1962 年恢复,1987 年 3 月始改县为区,称舟山市普陀区。

区内有普陀山国家级重点风景名胜区(包括朱家尖岛东部 28.8 平方千米)和省级风景区桃花岛风景区,其特色是集海岛自然风光、海洋文化和佛教文化于一体。普陀山以"海天佛国"、中国四大佛教名山之一闻名于世,朱家尖以"沙雕"等内容吸引国内外游客,桃花岛以"金庸武侠文化"驰名,与渔都沈家门共同构成普陀旅游"金三角"。

普陀盛产海鲜,仅鱼类就有 200 多种。沈家门号称中国"渔都",有全国最大的水产批发市场——中国舟山国际水产城。工业以水产加工、船舶修造为主,舟山渔业公司"明珠"牌系列产品先后获国内 20 多项质量大奖。舟山东海酒业有限公司生产的普陀米酒和普陀山粳米黄酒(普陀山佳酿),先后获得省优、部优等名优奖 10 多项。普陀米酒还荣获 1994 年巴拿马国际名酒与饮料、食品品评会金奖。普陀佛茶曾获巴拿马万国博览会银奖(1915 年)、国际名茶评比金奖、"中茶杯"一等奖、浙江省优质农产品博览会金奖及"中国精品名茶"等荣誉。普陀水仙与漳州水仙齐名,构成我国水仙的两大主要品种。

【行政区划】　2008 年下辖六横、桃花、虾峙、东极、普陀山 5 镇,蚂蚁岛、登步、白沙 3 乡,沈家门、东港、勾山、朱家尖、展茅 5 街道,有社区(居委会)30 个,行政村 108 个。区人民政府驻沈家门街道。

【经济建设】　2008 年全区实现生产总值 154 亿元,比上年增长 15.0%。人均生产总值 4.8 万元,增长 15.0%。海洋经济总产值 380 亿元,增长 16.0%。财政总收入 18.1 亿元,增长 40.8%,其中地方财政收入首次突破 10 亿元,达到 11.1 亿元,增长 35.0%。城镇居民人均可支配收入 22400 元,渔农村居民人均纯收入 11300 元,分别增长 13.0%和 16.0%。

工业经济扩量提质。全年实现工业总产值 308 亿元,增长 26%,完成工业性投入 26 亿元,增长 12.0%。工业产业结构继续优化升级,规模工业、重工业、临港工业在工业总产值中的比重分别达到 84.0%、58.5%、91.0%。船舶工业修造能力大幅提升,产能加快释放,完成产值 168 亿元,增长 56.0%。中远船务六横修造船基地、东海岸船业蚂蚁岛造船基地、龙山船厂扩建工程等重点项目进展顺利。水产加工业实现产值 105 亿元,精深加工比例进一步提高,抗风险能力明显增强。

现代服务业全面提升。全区服务业实现增加值 65 亿元,增长 14.0%。成功举办第十届中国舟山国际沙雕节、第三届桃花岛金庸武侠文化节、第三届中国普陀佛茶文化节、首届中国舟山群岛·普陀海岛户外赛等重大节庆赛事活动,全年接待游客 980 万人次,创旅游收入 68.5 亿元,分别增长 15.5%和 20.0%。海运业加快运力结构调整,总运力达到 78 万载重吨,增长 10.0%,实现港口货物吞吐量 1400 万吨,增长 3.4%;商贸、餐饮、金融保险、房地产、中介、信息等服务业继续保持良好发展态势。

渔农产业稳步发展。全年实现渔农业总产值 39 亿元,增长 9.5%,渔业总产量稳定在 50 万吨左右。以"渔家乐"、"农家乐"为代表的渔农村经济新业态初具规模,全区累计发展渔(农)家乐休闲旅游特色村 8 个、特色点 23 个,年营业收入达 6820 万元。大力发展精致、生态、高效农业,初步形成了普陀佛茶、普陀水仙等十大特色农产品品牌。不断深化渔农业生产经营体制改革,渔农业产业化、组织化程度进一步提高,目前全区共有渔农民各类专业合作社 32 家,入社社员 950 人,带动渔农户 6028 户。

改革开放不断深化。大力推进经济体制机制改革,金融、财税、国资、投资等体制改革取得预期效果。口岸开放稳步推进,外贸进出口总额首次突破 10 亿美元大关,达到 12.5 亿美元,增长 36.0%。招商引资成效明显,引进区外投资项目 50 个,合同利用区外资金 19.2 亿元,引进注册资本上亿企业 4 家。"山海协作"工程积极开展,对外交流与区域合作稳步推进。

城乡面貌发生新的变化。全年完成固定资产投资 66 亿元,增长 25.0%,其中完成基础设施建设投资 11 亿元。全区 10 项政府实事项目、43 项重点建设项目进展顺利,共完成投资 44.1 亿元。深入开展新一轮村庄整治工作,完成 30 个整治村和 20 个生活污水处理村整治任务,新增改厕户数 5427 户,新解决渔农村饮用水不安全人口 26675 人,生活垃圾集中处理率达 100%。成功列入国家级生态示范区,全年投入生态区建设资金 3.2 亿元。

【社会事业】　社会事业全面发展。积极实施科技富民强县(区)专项行动计划,全年组织实施国家级科技计划 5 项,省级科技计划项目 51 项。教育布局调整加快推进,教育资源有效整合,学前教育体制改革不断深化,教育共同体逐步建立。公共文化服务体系日益完善,文化产业发展积极推进,非物质文化遗产保护不断深入。全民健身服务体系网络不断完善,获得省级"体育强区"称号。扎实推进国家卫生城市创建活动,阶段性创卫目标基本完成。社会保障体系继续完善,养老、失业、医疗、工伤、生育等社会保险覆盖面进一步扩大。参加新型渔农村合作医疗和城镇医疗参保人数16.6万人和4.1万人,参保率分别达到90.5%和70.1%。城市和渔农村最低生活保障标准达到每月280元和170元,分别增长12.0%和13.3%。渔农村"五保"和城镇"三无"对象集中供养率分别达到96.9%和100%。积极开展培训就业工作,共培训渔农民14467人,帮助3795名渔农村劳动力实现就业。

【沈家门滨港路综合整治工程】 总投资22890万元的政府实事项目沈家门滨港路综合整治工程于2008年初正式动工建设,预计于2009年9月底竣工。该工程建设范围为沈家门滨港路由东向西从半升洞客运码头至中洲路(鲁家峙大桥),全长约3.5公里,建设内容主要包括沿线截污纳管、防潮堤改建、道路改造、景观绿化以及照明、交通设施等附属工程。项目建成后滨港路将成为综合型滨港旅游观光道路及具有浓郁地方特色的休闲渔港。

经济社会发展主要指标

项　目	2008年	比2007年增或减%
国内生产总值(亿元)	152.3	14.5
第一产业增加值(亿元)	19.4	1.5
第二产业增加值(亿元)	70.98	22.5
其中工业增加值(亿元)	60.58	
第三产业增加值(亿元)	61.93	10.1
人均国内生产总值(元)	47554	
粮食总产量(万吨)		
棉花总产量(吨)		
油料总产量(万吨)		
全社会固定资产投资总额(亿元)	66.3	26.9
外贸自营出口(亿美元)		
实际利用外资(万美元)	2500	
社会消费品零售总额(亿元)	55.95	23
零售物价总指数(%)		
地方财政收入(亿元)	11.09	35
地方财政支出(亿元)	20.88	55.6
职工年平均工资(元)	37719	
农民年纯收入(元)	11370	17.1
邮电业务总量(亿元)		
电话普及率(部/百人)		
年末存款余额(亿元)	149.2	31
年末贷款(亿元)	12.46	18.5
大学(所)		
中小学(所)	36	
下岗人数(人)		
企业兼并、破产数(个)		

(普陀区)

台 州 市

【历史沿革】 台州历史悠久,五千年前就有先民在此繁衍生息,秦始皇时设回浦乡,西汉置回浦县。台州因境内天台山而得名,自唐高祖武德五年(公元622年)置台州,至今有1380多年历史。新中国成立后,台州设行政公署,1994年8月22日经国务院批准撤销台州地区,设立台州市,市政府驻地从临海迁建椒江,为组合式环绿心滨海城市。1999年经国务院批准的《浙江省城市化总体规划》,将台州市确定为省域大城市和一级经济亚区中心。2003年8月15日,台州市正式加盟长江三角洲城市经济协调组织,成为世界第6大城市群-上海城市群的第16个成员。

【地理位置·行政区划】 台州位于浙江省沿海中部,市中心处于北纬28度,东经122度,属亚热带季风气候。台州大陆海岸线745千米,占浙江省的28%。全市陆地面积9411平方公里,海域面积8万多平方公里,辖椒江、黄岩、路桥三区,临海、温岭两市,玉环、天台、仙居、三门四县,其中6个县市区濒临东海。台州兼得山海之利,区位优越,发展前景广阔。

【经济发展概况】 2008年,台州市国民经济保持较快增长。全市实现生产总值1965.27亿元,按可比价格计算,比上年增长9.6%。其中,第一产业增加值133.54亿元,增长2.4%;第二产业增加值1037.47亿元,增长8.3%;第三产业增加值794.26亿元,增长12.4%;三次产业结构由上年的6.6:53.9:39.5调整为6.8:52.8:40.4。全市人均生产总值为34374元,比上年增长8.7%,按年平均汇率折算已达4949美元。全市财政总收入248.02亿元,其中地方财政收入126.05亿元,分别增长13.6%和15.8%。

【现代农业】 *农业生产稳步发展*。全市实现农林牧渔业总产值230.95亿元,按可比价格计算,比上年增长2.2%。其中,农业产值80.37亿元,增长2.6%;林业产值3.76亿元,下降0.8%;牧业产值24.58亿元,增长6.0%;渔业产值119.86亿元,增长1.4%;农林牧渔服务业产值2.38亿元,增长3.3%。

全年农作物总播种面积283.69千公顷,比上年增长1.3%。全市粮食作物播种面积173.87千公顷,比上年增长2.5%;全年粮食总产量93.47万吨,比上年增长7.8%,每公顷单产为5376公斤,增长5.2%。全市非粮作物播种面积109.82千公顷,比上年下降0.6%。粮食作物与非粮食作物播种面积的比例为61.3:38.7。全年蔬菜产量168.12万吨,比上年下降4.3%;油菜籽产量1.32万吨,增长90.3%;水果产量120.58万吨,增长4.2%。

农业标准化生产继续推进。全市农民专业合作社已发展到2043家,其中省级示范性专业合作社48家。全市共认证有机食品57个,绿色食品161个,国家无公害农产品284个,浙江省无公害农产品产(基)地314个。

绿化造林工作有效开展。全市完成造林更新面积2075公顷,其中当年造林面积962公顷。全市有林地面积535.78千公顷,森林覆盖率为62.2%。全市有自然保护区(含小区)35个,面积12.14千公顷。

畜牧业生产恢复性增长。全年肉类总产量10.58万吨,比上年增长7.5%,其中猪肉产量8.26万吨,增长9.8%。禽蛋产量4.3万吨,增长3.2%。

渔业生产相对稳定。全年水产品产量138.73万吨,比上年增长0.9%。其中海洋捕捞产量100.44万吨,比上年增长1.9%;海水养殖产量34.49万吨,比上年下降1.3%。

农业生产条件进一步改善。2008年,全市完成河道清淤567公里,其中市区完成399公里。全市新增防渗渠道286公里,新增蓄水能力146万立方,新增节水灌溉面积4.15千公顷。全年完成滩涂围垦面积2.3千公顷,年末在建滩涂围垦面积19.47千公顷。年末全市拥有农业机械总动力453.02万千瓦,全年农村用电量63.32亿千瓦时。

【工业经济】 工业生产增幅回落。2008年,全市实现工业增加值935.90亿元,按可比价格计算,比上年增长9.1%,增幅比上年回落7.6个百分点。全市年主营业务收入500万元及以上工业企业(以下简称规模以上工业企业)完成工业总产值3060.86亿元,比上年增长13.2%。

工业经济效益出现下降。2008年,全市规模以上工业企业实现利税总额188.53亿元,比上年下降1.0%,其中利润总额99.34亿元,比上年下降8.9%。工业经济效益综合得分214.5分(不包括台州电业局、台州电业局直属供电局、台州发电厂、华能国际电力股份有限公司浙江省分公司和浙江桐柏抽水蓄能发电有限公司),比上年下降8.9分。

重工业所占比重继续提高。2008年,全市规模以上轻工业实现工业总产值1118.87亿元,比上年增长12.6%;重工业实现工业总产值1941.99亿元,比上年增长13.6%;轻重工业比例为36.6:63.4,重工业所占比重比上年提高1.6个百分点。全市重点监测的"5+1"主导行业实现规模以上工业总产值1602.72亿元,比上年增长12.8%,其中船舶制造业完成工业总产值177.64亿元,增长59.9%。全市工业总产值超亿元企业有587家,比上年增加67家,完成工业总产值1920亿元;超10亿元企业31家,比上年增加3家。2008年,全市规模以上工业企业实现新产品产值549.59亿元,比上年增长5.8%,新产品产值率为18.3%。

企业融资渠道进一步拓宽。联化科技、水晶光电2家企业顺利上市,伟星股份、腾达建设2家企业公开增发融资。我市累计已有上市公司13家,累计融资总额达到63.92亿元。小额贷款公司试点工作顺利推进,已有4家企业登记营业,年内累计发放贷款8.5亿元。

建筑业增长放缓。全市实现建筑业增加值101.57亿元,按可比价格计算,比上年增长1.5%。

【固定资产投资·房地产业】 固定资产投资呈现回落态势。

全年完成全社会固定资产投资759.58亿元,比上年增长4.4%,增幅比上年回落12.3个百分点。全年完成工业性投资434.56亿元,比上年下降5.7%。全部限额以上固定资产投资654.76亿元,比上年增长4.9%。其中第一产业和第三产业分别完成投资2.92亿元和261.37亿元,增长27.3%和21.3%;而第二产业完成投资390.46亿元,下降4.0%。全部限额以上投资中,农村完成投资261.09亿元,比上年增长19.6%;民间投资457.72亿元,增长18.1%。

重大项目建设加快推进。全年省、市116个重点项目完成投资157.9亿元,完成年度计划的121.5%。华能玉环电厂二期、台电五期扩建机组投入运行,台金高速西段通车,台州供水二期工程实现通水;甬台温铁路台州段进入铺轨阶段,诸永高速、三门核电一期、台金高速公路东延段等项目建设加快;椒江污水处理二期工程、路桥污水处理扩建工程、台州科技职业技术学院等已开工建设。

房地产投资保持较快增长势头。全年房地产开发完成投资126.25亿元,比上年增长31.9%。房屋施工面积1339.71万平方米,比上年增长4.2%,房屋竣工面积290.62万平方米,比上年增长25.3%。房地产市场销售出现下降,全年实现商品房销售额121.6亿元,比上年下降15.3%,销售面积225.92万平方米,下降19.7%。

【交通·邮电业】 交通运输业稳定发展。全年完成货物周转量703.90亿吨公里,比上年增长1.1%;旅客周转量为106.58亿人公里,比上年增长6.4%。全年完成港口货物吞吐量3898万吨,比上年增长11.2%。其中外贸吞吐量445万吨,增长23.9%,完成集装箱吞吐量6.38万标箱,增长19.0%。民航完成旅客吞吐量40.77万人,比上年增长10.9%,货邮吞吐量3235吨,增长16.4%。年末全市公路总里程(含村道)10593公里,其中等级公路10175公里,占公路总里程的96.1%,高速公路230公里,比上年增加42公里。年末全市民用汽车拥有量达36.80万辆,比上年净增5.21万辆,其中私人汽车29.91万辆,比上年增加4.31万辆。

邮电通信能力不断提高。2008年全市完成邮电业务收入64.61亿元,比上年增长15.1%。年末城乡固定电话用户为211.86万户,固定电话主线普及率为37线/百人。全年新增移动电话用户36.39万户,年末移动电话用户达554.13万户,移动电话普及率97户/百人。年末已有国际互联网用户64.65万户,其中宽带用户55.82万户,比上年增加9.70万户。

【金融保险业】 金融运行稳健。2008年末,全市金融机构本外币存款余额2371.70亿元,比上年末增长22.4%,当年新增存款434.14亿元,比上年多增162.52亿元。其中城乡居民本外币储蓄存款余额1210.04亿元,比上年末增长29.5%,当年新增275.89亿元。年末金融机构本外币贷款余额1926.27亿元,比上年末增长19.2%,当年新增贷款315.01亿元,比上年多增12.26亿元。年末金融机构本外币存贷比为81.2%。全年金融机构现金收入13010.16亿元,现金支出13098.75亿元,收支相抵现金净投放88.59亿元。

保险业务快速发展。年末全市有各类保险机构(含分支机构)32家,比上年增加8家。全年保费总收入49.40亿元,比上年增长32.0%。其中财产险保费收入19.94亿元,人身险保费收入29.46亿元,分别比上年增长22.4%和39.4%。全年保险机构共支付各类赔款13.30亿元,比上年增长33.5%。其中财产险赔款12.23亿元,增长36.2%;人身险赔款1.08亿元,增长9.3%。

【国内贸易·旅游业】 消费品市场增长较快。2008年,全市实现社会消费品零售总额709.71亿元,比上年增长19.0%,扣除价格因素,实际增长12.1%。其中城市消费品零售额419.77亿元,增长19.0%;县城消费品零售额103.01亿元,增长20.4%;县以下消费品零售额186.93亿元,增长18.5%。分行业来看,批发业实现零售额104.87亿元,比上年增长24.8%;零售业实现零售额507.22亿元,比上年增长18.0%;住宿和餐饮业实现零售额95.59亿元,比上年增长19.0%。商贸设施日趋完善,欧尚超市、新时代购物中心开门营业。年末全市拥有各类商品交易市场537家,成交额844.48亿元,年成交额超亿元的市场有94家。

市场物价有所上扬。2008年我市居民消费价格总水平比上年上涨4.9%。其中消费品价格上涨6.0%,服务项目价格上涨2.0%。食品类价格和居住类价格分别比上年上涨11.9%和5.1%。

旅游环境和服务水平不断提升。台州耀达国际酒店成功通过国家旅游局评审,成为我市首家五星级饭店。全市共有星级饭店67家,客房7726间,床位13497张,旅行社113家。成功举办第五届中国台州旅游节等系列活动。全年共接待旅游总人数2605.23万人次,比上年增长19.3%,其中入境旅游人数10.38万人次,增长11.5%。实现旅游总收入208.59亿元,比上年增长19.0%,其中旅游外汇收入7047万美元,增长13.7%。

【对外开放】 对外贸易在逆境中较快增长。全年外贸进出口总额138.11亿美元,比上年增长24.5%。其中自营出口总额突破百亿元大关,达117.64亿美元,增长25.6%。全年外贸企业出口17.74亿美元,增长3.7%;三资企业出口26.72亿美元,增长10.6%;生产企业出口73.18亿美元,增长39.8%。在出口总额中,一般贸易出口107.14亿美元,增长24.3%;加工贸易出口10.42亿美元,增长45.8%。主要出口产品中,汽摩及部件、医化产品、家具和船舶出口仍然保持较快增长,分别比上年增长36.3%、32.3%、37.2%和106.4%。2008年末我市有进出口实绩企业3190家,比上年末增加494家,其中进出口超亿美元企业有13家。出口国家和地区已达207个。

全年新签外资项目38个,项目总投资4.35亿美元,合同利用外资2.73亿美元,比上年下降66.6%,实际利用外资2.39亿美元,比上年下降23.3%。全年增资项目41个,合同利用外资1.54亿美元。新批总投资额1000万美元以上的项目12个。境外投资稳步推进。全年新批境外投资项目39个,中方投资额6852万美元。全市累计境外投资项目315个,中方累计投资额2.25亿美元。

【科技进步·教育事业】 科技创新能力不断增强。2008年,全市科技投入占生产总值的比例为3.0%,比上年提高0.21个百分点。规模以上工业企业中,高新技术企业完成工业总产值692.73亿元,比上年增长13.3%,占规模以上工业总产值22.6%。顺利通过国家知识产权试点城市验收,浙江高校产学研联盟台州中心、浙大台州研究院光电与信息研究所开始运行,“知识杨浦”(台州)科技合作和转化中心、上海高校台州技术转移中心成功签约。吉利集团和海正集团被授予“国家首批创新型企业”称号。目前,全市已拥有国家级技术中心5家,省级研发中心99家,有55家企业被认定为国家重点扶持的高新技术企业。全年申请专利9043件,比上年增长44.0%;专利授权4811件,增长4.8%,其中发明168件,增长104.9%。全年共签订各类技术合同228项,技术交易额8.80亿元。

大力加强品牌培育和质量提升工作。2008年末,我市共有驰名商标80件,其中被国家工商总局认定的驰名商标有9件。全市有中国名牌产品19个;浙江名牌产品189个,比上年增加37个。全市工业产品质量指数为97.8%,产品省级监督抽查合格率为88.07%。全市累计有445家食品企业取得632本QS证书。

教育事业再上新台阶。进一步加大对教育的投入,全面免除义务教育阶段学杂费和课本作业本费,义务教育学校生均公用经费标准得到提高;加强特殊教育,启动建设台州市聋哑学校;高校服务地方能力和人才培养水平进一步提高。全市有幼儿园1278所,在园幼儿22.59万人,普通小学600所,在校生41.18万人,初中在校生20.63万人,高中段在校生(含技工学校)16.51万人,初升高比例达到98.52%。全市特殊教育招生(含普通学校随班就读)284人,在校生2070人。新增省级及以上中等职业学校实训基地4个。全市全日制普通高校招生9486人,在校生27254人,成人高校在校学生21428人。高等教育毛入学率达到40.5%,比上年提高0.2个百分点。全市共解决13.78万名外来务工人员子女入学问题。

【文化·卫生·体育】 文化大市建设步伐加快。市档案馆建成投入使用,市图书馆、市青少年妇女儿童活动中心基本建成。成功举办元宵大型灯会和第三届农民文化节等活动。全市已建有4个省级文化先进县,61个省东海文化明珠乡镇,4145家基层文化俱乐部。年末全市有群众艺术馆1个,文化馆9个,公共图书馆10个,自办广播节目10套,自办电视节目10套。年末全市拥有有线电视用户129.58万户,数字电视用户8.36万户。全年广播节目播出时间70189小时,电视节目播出时间56456小时。广播人口综合覆盖率和电视人口综合覆盖率分别为99.64%和99.47%。

医疗卫生事业得到加强。年末全市有各类医疗卫生机构1389家,床位14990张,各类卫生技术人员24528人,其中执业医生和执业助理医生11103人,注册护士7689人。年末每千人拥有卫生技术人员4.3人,其中医生1.9人。全市拥有社区卫生服务机构423家。全市孕产妇死亡率13.74/10万,五岁以下儿童死亡率7.88‰,其中婴儿死亡率5.36‰。全年有6.96万人参加无偿献血。农村自来水普及率89.7%,卫生户厕普及率76.8%。

体育事业取得新成绩。圆满完成“奥运圣火耀台州”活动,成功举办台州市第三届运动会和首届台州市直机关运动会。2008年,全市共夺得全国比赛金牌8枚、银牌3枚、铜牌12枚,省级比赛金牌84枚、银牌67枚、铜牌91枚。体育社团力量不断壮大,全市已拥有体育社团157个。

【城乡发展】 城乡建设统筹推进协调发展。加强中心城市建设和功能培育,城区路网建设取得突破性进展,中心大道、市府大道西延段全线贯通,中央公园、西商务区动工建设,椒江解放南路、黄岩商业街区、路桥新城等区块形象不断丰满,市区新落成194幢高层建筑,商业中心功能不断增强,市档案馆投入使用,市图书馆、市青少年妇女儿童活动中心主体完工,完成市区19.8公里供水管网改造和27个居民小区“黄水”治理,台州供水二期工程实现通水。“多城同创”深入开展,“数字城管”全面推行,农副产品市场改造、城中村整治不断加快,市区通过省级卫生城市复检。扎实推进区域统筹,台州市域总体规划、“一港六区”控制性详规、干线公路布局规划、生态功能区规划编制完成。“南北协作”基地建设和产业化扶贫取得新成效。加快新农村建设,全市各级财政用于“三农”支出40.48亿元,增长17.22%。实施第二轮“百千”工程,完成449个村庄整治,建成46个市级示范村,城乡环卫、供水、公交一体化不断加快,新建农村公路701公里,农村人口饮水安全工程受益26.6万人,农村劳动力培训转移2.98万人,培训农民信箱注册用户29.3万名,新建村级连锁超市560家。实施低收入农户奔小康工程,下山移民8536人,发放大中型水库移民后期扶助资金9028万元。

【能耗·环境保护】 节能降耗和环境保护工作取得明显成效。2008年,全市万元生产总值综合能耗预计比上年下降4.5%,全年化学需氧量和二氧化硫排放量预计分别比上年下降5.28%和5.94%。全市地表水满足水域功能达标率为56.2%,比上年提高4.5个百分点,城市空气综合污染指数1.56。全市工业废水排放达标率为88.0%,工业固体废物综合利用率为95.6%。目前已建成规范化合格饮用水源保护区43个。城镇生活污水处理率为74.5%,城镇生活垃圾无害化处理率为94.7%。2008年,市区环境空气质量达到二级标准以上的天数有354天,比上年增加6天,占全年总天数的97.0%。

【人口就业】 人口平稳增长。2008年末,全市户籍总人口574.06万人,其中男性人口295.38万人,女性人口278.68万人,男女性别比为106.0:100。全年共出生6.53万人,死亡3.45万人,人口出生率为11.42‰,比上年回落0.53个千分点,死亡率为6.03‰,人口自然增长率为5.39‰,比上年回落0.8个千分点。总人口中市区人口152.75万人。

就业再就业工作扎实推进。年末全市拥有职业介绍机构184个,全年介绍就业成功人数21.40万人。全年人事劳动部门共举办各类招聘会356场次,其中人才招聘会298场次,1.9万家用人单位进场招聘,提供各类就业岗位38.03万个。全年再就业培训9071人。年末城镇登记失业率为3.75%。

【社会保障体系】 覆盖城乡的社会保障体系逐步完善。年末全市有90.68万人参加城镇养老保险,其中参保职工80.6万人。城镇基本医疗保险、工伤保险、生育保险和失业保险年末参保人数分别达到58.68万人、148万人、24.38万人和51.63万人。市政府为民办实事项目中的“城镇居民医疗保险”工作取得新进展,全市已有33.52万人参加城镇居民医疗保险。年末全市有15.78万被征地农民参加农村养老保险,比上年增加3.13万人;410.4万人参加农村新型合作医疗,参合率达89.0%,人均筹资水平107元。

社会福利事业稳步发展。全市共有各类收养类单位201个,床位16131张,收养各类人员9425人。城乡居民最低生活保障人数64992人,其中农村最低生活保障人数60688人,全年共投入低保资金8272万元。全市农村五保对象集中供养率达到94.43%,城镇"三无"人员供养率达到99.66%。

【人民生活】 城乡居民生活水平继续改善。全年城镇居民人均可支配收入22738元,比上年增长8.6%,扣除价格因素实际增长3.5%。全年农村居民人均纯收入9180元,比上年增长10.2%,扣除价格因素实际增长5.1%。城乡居民收入差距倍数由上年的2.51缩小到2.48。城镇居民恩格尔系数为35.7%,农村居民恩格尔系数为36.3%。年末城镇居民和农村居民人均住房建筑面积分别为42.5平方米和55.0平方米,每百户城镇居民家庭和农村居民家庭分别拥有生活用汽车21辆和7辆。

【开发区建设】 2008年,台州经济开发区经济持续平稳发展。实现实现工业总产值74亿元,同比增长3.6%。其中,市本级工业总产值50亿元,增长30.2%。区内年产值上亿元的市本级企业15家,新增4家;完成外贸自营出口35.65亿美元,同比增长32.7%;全年实现限上贸易与餐饮企业销售额138.75亿元,同比增长30%。现代服务业发展迅速,台州创业服务园正式开园,引进了中科院志联台州电子技术有限公司等12家知名企业入驻,有效提升了台州生产性服务业水平。实现总部经济销售收入24.9亿元,初步形成总部经济、楼宇经济的良好发展态势。欧尚超市、中信金通证券等项目已相继开业,一批主力店、旗舰店在开发区落户,有效地带旺了商气和人气。

路网建设取得重大突破。加快了台州大道等13条骨干道路建设,贯通了6条断头路、半边路,全年建成道路24条,总长度25公里,数量和长度均为历年之最。区内新开工面积110万平方米,竣工面积112万平方米,新开工50米以上高层20幢,竣工高层11幢,星星村区块、新世纪商城等重点区块建设积极推进。西商务区绿城项目动工建设。中央公园项目已启动建设。积极协调做好"多城同创",圆满完成省卫生城市复查迎检任务。此外,通过自主开发、合作开发、土地出租、土地出让开发等多种方式,鼓励和引导村留地开发,共开发村留地684亩,城市建设形象进一步显现。

滨海工业区块建设加快推进。按照"丰满一期、拓展二期"的思路,大力推进企业达产、基础配套和技改投入等方面工作。滨海一期区块内电力、燃气、给排水、排污、通讯等综合管线全面建成,长浦生态公园开工建设,一期入园91个项目中,投产企业42家,34家企业厂房已结顶。2008年,滨海工业区块实现规模上工业总产值14亿元,增长148.5%,实现工业税收3600万元。滨海二期范围内产业发展规划、项目储备、征地拆迁、政策处理等开发建设前期工作全面展开,完成区块内1062亩土地征用,东二路等二期主干道路全面启动,建设框架逐步拓展。

椒　江　区

【概括】 椒江地处浙江中部沿海台州湾入口处,旧称"海门",是崛起于长三角地区的现代化港口新城。1981年设椒江市,为浙江省第一个县级市。1994年8月经国务院批准台州撤地建市,椒江改市设区,是台州市委、市政府的所在地。全区陆地面积280.12平方公里,海域面积1604.57平方公里,海岸线长51.47公里,下辖8个街道、1个海岛镇,275个行政村,31个社区。截止2008年底,全区总人口49.98万,其中城区人口21.23万。

2008年,椒江按照浙江省委"两创"总战略和培育"三个台州"、建设"五区"的部署,紧紧围绕"保稳促调、转型升级"这一主线,坚定信心,克难奋进,着力优化经济结构、转变发展方式,着力统筹区域发展、推动城乡融合,着力加强民生保障、促进社会和谐,实现椒江经济社会持续平稳健康发展

【经济建设】 2008年,全区实现生产总值257.19亿元,比上年增长5.1%;实现财政总收入31.62亿元,其中地方财政收入16.82亿元,分别增长10%和11.4%;三次产业结构比例为3.5∶49.5∶47;万元产值综合能耗降低率为1.1%,化学需氧量排放总量和二氧化硫排放总量分别下降6.6%和4.5%;城镇居民人均可支配收入22992元,农民人均纯收入10391元,分别增长10.1%和9.2%;城镇登记失业率3.6%;人口自然增长率5.14‰。

农业生产保持稳定。实现农业增加值8.97亿元,增长3.5%。粮食生产喜获丰收,全年粮食总产量达5.49万吨,增长6.3%。渔业生产增产增收,实现渔业总产值10.26亿元,增长15.3%。林业、畜牧业生产保持平稳。品牌农业建设取得新成效,新增6个认证食品、5个全国无公害农产品、7个省级无公害农产品生产基地。农业产业化、规模化经营水平得到新提高,新增农民专业合作社50家,农业龙头企业增至55家,共建成标准化农业生产基地29个、农家乐特色村(点)10个。订单农业发展加快,合同金额达8450万元。农业服务体系建设有了新突破,政策性农业保险试点工作进展顺利,农信担保公司为农业企业和农户提供担保2188万元。设立海洋环境监测点26个,建成海洋信息预报系统。

工业经济平稳增长。深入开展"两年"活动,全力以赴保稳促调。实现第二产业增加值127.29亿元,与上年基本持平;实现规模以上工业总产值393.33亿元,增长3.3%;新增规模以上工业企业62家,其中上亿元企业7家,星星集团、新世纪控股集团入选全省百强企业。工业结构优化升级,高新技术产业增加值占规模以上工业增加值的比重达32.6%;医化行业在调整中发展,产值同比增长8.5%;水晶光电A股成功上市,电子信息、新型材料等新兴产业快速发展。项目建设步伐加快,雅来制药万古霉素、利源金属、海螺水泥、定向反光项目已投产,海正柔红霉素、星星光电薄膜、三一重工等项目加快推进,利源重工科技项目入选省"千亿产业提升工程"项目。发展平台不断拓展,滨海工业区块已有16个工业项目竣工投产,沿海工业功能区块、葭沚物流功能区块等功能区块建设加快。节能减排扎实推进,8家企业通过清洁生产审核;第一次污染

源普查工作圆满完成。实现建筑业增加值17.37亿元,有2个项目荣获省建设工程“钱江杯”。

第三产业快速推进。实现第三产业增加值120.93亿元,增长10.1%,第三产业在三次产业中的比重上升3.7个百分点。商贸流通业态不断优化,市场保持繁荣,实现社会消费品零售总额94.89亿元,增长19%。核心商务区建设加快,新时代购物中心、TESCO乐购椒江解放南店已开业。市场发展态势良好,台州旧货交易中心、汽车零部件产业服务中心、金属材料电子交易市场都已建成开业,恒通二手车市场年交易额突破10亿元;成功举办了中国(台州)机床设备、五金工具博览会。实现旅游总收入38.63亿元,增长15.2%。房地产业保持稳定,网上透明售房系统开始运行。金融机构年末存款余额333.8亿元,贷款余额261.81亿元,分别增长20.4%和16.3%;开展了“十银联百企”银企合作活动,现场授信27.95亿元。物流业发展提速,水路运力占全市总量的39.5%。信息、中介、社区服务等行业发展势头良好。

开放型经济较快发展。实现外贸自营进出口总额21.03亿美元,增长15.1%;新增62家外贸自营出口企业;组织了120多家次企业参加11个境内外展会;建立缝纫机机械产品和医药化工产品两个省级对外贸易预警示范点。实际利用外资1007万美元,成功引进2家世界500强企业。新批境外机构2家,对外经济营业额1500多万美元。

创新能力不断提高。区科技创业服务中心已动工建设,浙大台州研究院光电与信息研究所落户椒江。新增3个国家级博士后工作站、3个省级高新技术研发中心,认定新版高新技术企业6家。知识产权战略加快实施,新增1家省级专利示范企业。海正集团入选全国首批创新型企业,东港工贸集团被评为省创新型示范试点企业,浙江真空设备集团有限公司等4家企业成为国家、行业标准主要起草单位。“汇宝”被认定为中国驰名商标,“同康”、“阜大”被授予“浙江老字号”品牌,“星星”等5个品牌被评为浙江省出口名牌。

【城乡建设】 城市形象进一步彰显。解放南路区块改造基本完成,云西路南侧区块、海正老厂区改造已启动,白云阁主体工程建设加快。“多城同创”扎实开展,顺利通过省卫生城市复审和省级环保模范城市创建验收,化工区环境污染整治通过了省级复查,水环境、城中村、“五小”行业、马路市场、拾荒族聚居点等专项整治成效明显。“数字城管”工程建成运行,城市亮化水平继续提升。

城市功能进一步完善。城市规划体系更趋合理,云西路控规、老城区东南片和葭沚新城单元规划、大陈海洋生态特别保护区规划以及一批专项规划通过审批。水、电、路等一批重点基础设施建设取得了突破性进展。中心大道、市府大道西延段全线贯通,建成枫南东路延伸段,完成岩屿路改造,台州汽车客运东站已建成投用;台金高速公路东延椒江段、开发大道东延段、疏港大道椒江段、台州大道北段建设进展顺利;椒江二桥、台州汽车客运总站、体育场西路已开工建设。投入1500多万元,更换公交车66辆,调整和新开通12条公交线路,全区公交通达率93%,海门轮渡新客轮已开航。台州二期供水工程椒江段进水管线已建成投用,城乡一级供水管网建设进展顺利,二、三级管网改造开始实施。污水处理二期主体工程已完成工程量的30%,垃圾填埋场二期工程已启用。电网建设不断加快,台电五期出线工程和220千伏外沙输变电工程全线投运,110千伏椒江变异地改造、110千伏双水变至兆桥变线路工程已完工。十塘三期围垦工程已完工,十一塘围垦工程建设加快。

新农村建设进一步推进。进一步加大新农村建设政策扶持力度,落实建设专项资金1897万元。继续深化农村环境综合整治,村庄整治率和农村改厕率分别达到60.1%、87%;在12个行政村建成了生活污水处理设施,完成了3处废弃矿山生态治理任务,洪家街道在全市率先开展了城乡环卫一体化试点工作;大陈镇被命名为省级生态镇,全区有11个村被命名为市级生态村。农村交通条件继续改善,新建农村联村联网公路70公里,修建民间桥梁37座。建成大陈岛环岛公路3.8公里,35千伏大陈陆岛联网工程、风电一期工程进展顺利。重视农民建房难问题,共安排农民建房指标474.4亩。启动了15个农村新社区建设试点工作。

【社会事业】 社会事业全面发展。建立了全省首个县级人才协会和人才服务中心,引进各类中高级人才180名。高考成绩再创佳绩,上重点线人数增幅居全市首位;校网调整步伐加快,撤并了椒江五中、三甲中学、章安中学高中部。区疾控中心主体工程已建成,麻疹、手足口病等疾病防控取得实效。广泛开展纪念改革开放30周年系列活动;完成了非物质文化遗产普查,玻雕、雕绣分别被命名为省、市级非物质文化遗产;新创建基层文化俱乐部31家。成功实现省体育强区创建目标,体育中心一期工程全面建成投用。人口和计划生育工作基础不断夯实,被评为全省计划生育优质服务先进区。慈善事业加快发展,全力支援四川地震灾区抗震救灾,共捐款捐物2000多万元,圆满完成了1468套过渡安置房建设和7名伤病员救治任务。

社会秩序保持稳定。认真实行重大疑难案件信访问题领导包案制度,妥善化解各类矛盾纠纷,越级上访下降率为21.1%。社会治安防控力度加大,全年刑事案件发生率降低11.9%,奥运安保工作圆满完成,“实效大防范”工作成效明显,获得全省平安县(市、区)、全省涉奥信访和维稳工作先进区等称号,连续四年被评为全省信访工作优秀区。深入开展了安全隐患排查治理工作,安全生产“三项指标”均有所下降。圆满完成了第八届村委会换届选举工作,新创建民主法治村48个,村务公开和民主管理达标率93%。出台了人民调解“以奖代补”政策,调处成功率98.6%。及时稳妥处置了“问题奶粉”事件;“十小”行业质量安全整治和规范工作有序推进;成功创建了省级农村药品“两网一规范”示范区。完成应急管理进社区试点工作,规模上企业、学校、行政村、社区的应急预案编制率100%。流动人口服务管理工作进一步加强,组建了街道流动人口管理所。

人民生活不断改善。认真实施改善民生65条决定,切实加强民生保障。就业扶持政策和服务体系不断完善,新增城镇就业人员7568人,帮扶3266名失业人员实现再就业;6个社区成功创建为充分就业社区;全年共培训农村劳动力1.29万人,转移就业3107人。社会保险覆盖面进一步扩大,“五费合征”稳步推进,新增养老、医疗、失业、工伤、生育五项社会保险参保人数9.25万人次;被征地农民养老保险参保人数达到4.13万,少年儿童医疗保险全面实施。社会救助体系逐步健全,城镇居民和农村居民低保标准分别提高到每人每月340元、210元,临时救助实施办法开始实施。农村“五保”和城镇“三无”人员集中供养率分别达到93%、100%。

【椒江二桥开工建设】 椒江二桥及接线工程于2008年12月30日开工建设。该工程起点为临海杜桥镇与椒江前所街道交界处的道感堂村附近,即台金高速东延与75省道临时平面交叉口处,南侧与规划中的台东大道相接,至终点太和二路,路线全长8.09公里,其中二桥桥梁长3702米,主桥标准宽度为39.5米,主跨为480米双塔双索面斜拉桥,塔形为钻石型。工程建设将历时三年半的时间,建成后将连接椒江两岸的74、75、82、83省道,形成环形交通。椒江二桥工程是加快“三个台州”建设的基础性、战略性工程,对进一步拉大台州城市框架空间,促进沿海产业带快速成型,推进区域协调发展,加快现代化港口建设,具有十分重大的意义。

椒江区经济社会发展主要指标

项　目	2008年	比2007年增或减(%)
国内生产总值(亿元)	257.19	5.1
第一产业增加值(亿元)	8.97	3.5
第二产业增加值(亿元)	127.29	0.9
其中工业增加值(亿元)	109.91	1.1
第三产业增加值(亿元)	120.93	10.1
人均国内生产总值(元)	51702	4.0
粮食总产量(万吨)	5.49	7.3
棉花总产量(吨)	56	-30.9
油料总产量(万吨)	83	-
全社会固定资产投资总额(亿元)	93.73	-2.3
外贸自营出口(亿美元)	14.60	13.7
实际利用外资(万美元)	1007	-66.5
社会消费品零售总额(亿元)	94.89	19.0
零售物价总指数(%)	105.6	1.2
地方财政收入(亿元)	16.45	9.0
地方财政支出(亿元)	13.53	24.5
职工年平均工资(元)	33332	-0.3
农民年纯收入(元)	10391	9.2
邮电业务总量(亿元)	20.19	13.8
电话普及率(部/百人)	197.75	3.8
年末存款余额(亿元)	332.56	20.5
年末贷款(亿元)	258.71	16.4
大学(所)	1	持平
中小学(所)	82(其中职业中学6所)	持平

黄 岩 区

【概况】 位于浙江省中东部,为台州市主体城区之一。东与椒江区、南与路桥区、温岭市、乐清市毗连,西接永嘉县和仙居县,北界临海市。全区地形狭长,东西长54km,南北宽25km;地势西高东低,中、东部为温黄平原的一部分,西部是丘陵山地。境内森林覆盖率70%。全区地貌为“七山一水两分田”。平原地区河网纵横,具水乡特色。长潭水库总库容7.32亿立方米,灌溉黄岩、椒江、路桥、临海、温岭5市(区)百万亩农田,解决300多万人生活用水。全区面积988km2,耕地面积1.17万公顷,山地面积占68%。

黄岩故地在夏、商、周为东瓯地,春秋战国为东瓯王国,秦代属闽中郡,汉代属回浦县、章安县、永宁县,三国、两晋至南朝属临海县。唐代上元二年(675)析临海县南部置永宁县。唐天授元年(690),改永宁为黄岩县,以县西上郑乡黄岩山命名。元代元贞元年(1295),升为黄岩州。明初洪武二年(1369)复为县。明成化五年(1469),析南部太平、繁昌、方岩3乡置太平县(今温岭市)。1980年,海门区、海门镇、大陈镇和山东公社划出,成立海门特区。1982~1984年,三甲、洪家两区和金清农场划归椒江市。1989年撤县设市。1994年12月,撤市设区(县级),所辖的路桥镇、金清镇、横街镇、蓬街镇、下梁镇、峰江镇、桐屿镇、黄琅乡、螺洋乡共10个乡镇划出设立路桥区。

全区下辖8个街道5镇6乡,共19个乡镇街道、533个行政村。分别为:东城街道、南城街道、西城街道、北城街道、澄江街道、新前街道、江口街道、高桥街道、宁溪镇、北洋镇、头陀镇、院桥镇、沙埠镇、富山乡、上郑乡、屿头乡、上洋乡、平田乡、茅畲乡。年末总人口59.14万人,年人口自然增长率为3.9‰。

【经济建设】 2008年生产总值187.36亿元,比上年增长10.6%;人均生产总值31781元。第一、二、三产业比例为5.2:53.8:41。财政总收入27.24亿元,比上年增长10.1%,其中地方财政收入13.27亿元,比上年增长11.7%。全社会出口交货值92.29亿元,增长24.9%;新批外商投资企业2家,实际利用外资407万美元,分别比上年减少88%。全社会固定资产投资总额67.06亿元,比上年增长4.7%。城镇居民人均可支配收入21638元,农村居民人均纯收入9197元,分别比上年增长9.1%、10.5%。

农林牧渔业总产值13.8亿元,比上年增长7.7%。农作物播种面积2.23万公顷,比上年增长0.5%,其中粮食种植面积1.05万公顷,与上年持平;蔬菜种植面积9760公顷,比上年增长0.8%。粮食总产量6.25万吨,比上年增长7.78%;蔬菜总产量26.94万吨,比上年降低0.38%。实现第一产业增加值9.75亿元,比上年增长2.7%。形成柑橘、茭白、杨梅、高山蔬菜、番茄和果蔗五大特色产业带。“黄岩蜜橘”牌蜜橘、“辰阳”牌番茄、“剑山”牌茭白成为名牌农产品。新建农民专业专业合作社87家,共计179家,入社农户4.34户;建成市级农业特色强镇和强村分别为1个、7个,规范化合作社改造15家;区农产品营销管理中心成为全省首批示范性农产品营销机构,西部农副产品配送中心成为国家级扶贫龙头企业。建成省级兴林富民示范镇1个、省级示范村6个、省级绿化示范村4个、市级绿化示范村7个。农业保险平均投保率67.3%。建成高级小康示范村5个、整治村58个。完成上洋、茅畲、宁溪等乡镇260余户移民安置房建设,4个高山移民小区安置房落实到户。完成屿头农民饮用水工程,建成新前、江口、南城等7个村供水管线8.8公里。造林更新154公顷,启动重点沿海防护林工程,封山育林1053公顷。

工业增加值100.81亿元,比上年增长9.7%。新增500万元以上企业56家,计723家、其中超亿元企业47家,分别比上年增加75家、8家,其中超10亿元企业2家。500万元以上企业工业总产值为274.03亿元,比上年增长15.3%。企业上市有新突破,联化科技成功上市。出台《关于加快工业创新的实施意见》。探索发展"总部经济",设立专项扶持资金8000万元。完成黄岩罐头厂改制、黄岩轴承集团有限公司破产清算、黄岩化学工业公司与黄岩酿造厂终止清算工作,基本完成黄岩美术一厂改制工作。自营进出口总额14.21亿美元,增长41.5%,增幅居台州市首位,其中自出口总额13.26亿美元,增长46.5%,自营出口500万美元以上企业54家。黄岩经济开发区完成投资5.13亿元,建成道路6.14公里、排水管线12.13公里、排污管线11.44公里,绿化面积2.56万平方米,入园的683家企业有439家已建成投产。

社会消费品零售总额76.87亿元,比上年增长18.3%。第三产业增加值为76.8亿元,增长13.1%。拥有种类市场57个,其中亿元以上市场5个;市场成交额70.43亿元,比上年下降3%。建筑业总产值78.14亿元,竣工面积428万平方米;房地产投资18.75亿元,竣工面积21.4万平方米,销售29.3平方米,房地产市场交易额18.35亿元。年末各项存款余额257.57亿元,比上年增长20.3%,其中居民储蓄存款余额144.53亿元;贷款余额166.92亿元,增长13.2%。引进别克、广汽丰田4S店,举办第五届中国台州电动车自行车展览会。改造沙埠、头陀与劳动南路等6家农贸市场。通过鉴洋湖湿地公园规划,建成台州市旅游集散中心、浙东十八潭、富山冰川石瀑景区;旅游总收入12.11亿元,比上年增长16.6%,接待游客152.44万人次。

【城乡建设】 基本完成永宁江河道拓浚、黄岩垃圾处理场一斯工程。完成新水厂(一期)工程,日供水20万吨,新增供水管线29.29公里。汗水处理厂竣工验收,截污面积15平方公里。基本完成沈岙、下水龟、鸟山水库除险加固工程,整治、疏浚河道87.3公里,启动小里桥渡槽改造工程。完成黄岩溪、南岙溪、元同溪与九溪防洪堤建设。北院线七里至仙浦汪段建成通车,完成104国道青岭至黄土岭改建与西复线窄桥拓宽,甬台温此致下工程竣工。完成剑山变二期与院桥变二期扩容。

【社会事业】 新增高新技术企业19家、省级高新技术研发中心3家、高级高新研发中心7家、省级区域科技创新服务中心1家,认定市级以上高新技术产品24个(其中省级11个、市级13个),新增省级创新型试点企业2家、省级科技型中小企业10家、高级自主创新试点企业1家;列入箔计划43项(其中国家级13项、省级11项、市级19项)、国家重点新产品计划2项,申报省级重点高新技术企业2家、国家创新基金4项、省高新技术企业100强2家;获科技进步奖8项。500万元以上企业新产品增加值17.27亿元,增长14.45%。专利授权925件,居全省前列、台州首位。新增省市级专利示范企业4家;新增中国驰名商标3件、省著名商标3件,中国名牌产品2个、省名牌产品5个、省出口名牌产品2个。黄岩中学新校区投入使用,幼儿园入园率、小学入学率、初中入学率、初升高比例分别为98.9%、100%、99.58%、99%。4部馆藏古籍善本入选首批国家珍贵古籍名录,黄岩翻簧竹雕入选国家级非物质文化遗产名录。宁溪(二月二灯会)获"台州市传统节日保护基地"称号。南城街道获"台州市民俗民间艺术之乡"称号。建成上郑"两军会师纪念馆"、中国柑橘博物黄岩名人馆,举办第十届中国黄岩柑橘节。举办区第六届农民艺术节、第七届社区文化艺术节、第三届邻居节、第十一届新春音乐会等。新建基层文化俱乐部128家。计划生育率95.67%,出生人口男女性别比98:100。农村合作医疗保险参保率87.06%,参加基本养老保险、失业保险、医疗保险和工伤保险的人数分别为11.39万人、6.84万人、6.95万人和18.15万人。将城乡低保标准分别提高至300元、180元,发放低保金842万元,建立助残、就业、助学与康复机制,在册"五保"、"三无"集中供养率94.73%,启动区福利院建设建设区长求助基金。新增就业岗位6665个,城镇登记失业率3.7%。创建省市级规范化城乡社区卫生服务中心15家。完成黄岩罐头园区规范整治与442家企业废水治理,创建"平安黄岩"、和谐社区,处置突发事件19起,建成9个流动人口管理所,安全事故、消防事故和交通事故实现零增长。在宁溪、上洋创建全国环境优美乡镇。烟尘控制面积与环境噪声达标区面积分别为18.27平方公里、14.05平方公里。全区森林覆盖率70%,城区绿地率17.4%。

【产业优势】 交通便利,黄岩机场和海门港距城区仅17km、15km,82省道、104国道、甬台温高速公路穿境而过,将于2008年通车的甬台温铁路台州客运总站位于黄岩。民营经济发达,产业集群优势明显,已形成塑料、电器机械、摩托车电瓶车、专用设备、医药、化学、工艺品、食品等八大规模行业,素有"中国模具之乡"、"中国工艺品之都"、"中国塑料日用品之都"、"精细化工王国"、"中国节日灯之乡"等美誉,是国家火炬计划塑料模具产业基地、中国模具产业升级示范基地,发展后劲充足。黄岩经济开发区1992年建立,1994成年为省级经济开发区,由东、西、南三区组成,规划面积65.79km2。东区面积14.7km2,设锁东轻工区、江口轻化区、罐头食品园区和外商投资区;西区位于新前、澄江、北城三个街道,面积17.2km2,2002年8月启动;南区位于南城、高桥街道和院桥镇、沙埠镇,面积9.36km2。开发区内拥有便捷、快速的交通网络,电力、电信、有线电视、给排水、排污、供热等配套设施完善。

黄岩属亚热带季风气候,年平均气温17℃,平均无霜期259天,年降水量1537mm;土壤肥沃,空气洁净,非常适宜绿色无公害农业的发展,出产的农产品品质优秀,在历届浙江省农博会上屡获金奖,为"中国蜜橘之乡"、"中国杨梅之乡"。有柑橘、枇杷、杨梅、猕猴桃、梨、桃、孛荠、甘蔗、茶叶、冬笋、西瓜等特产;其中以柑橘和杨梅最为著名。柑橘种植历史悠久,有温州蜜柑、木曼桔、本地早、早桔、槾柑等五大品种。东魁杨梅大如乒乓,味浓汁多,是国内最大最优的杨梅。基本形成柑橘、茭白、杨梅、高山蔬菜、番茄和果蔗五大特色产业带。西部山区的高山农业前景广阔。出产于海拔600米以上的富山高山蔬菜和高山锦鲤品质优良，营养丰富。富山高山蔬菜种植面积约66.7公顷，品种有红茄、辣椒、青豆、茭白、萝卜、红莳药等，产品远销沪、杭、甬等大城市。

黄岩山川秀丽，文化底蕴深厚，旅游资源丰富。元代散曲大家张可久赞方山“千岩黄叶秋无路，只坐守、方山看云”。列为省级文保单位的有五代青瓷窑址、北宋始建瑞隆感应塔、元代瑞岩净土寺塔、清代孔庙和五洞桥等，列为县级文保单位的有17处。境内有九峰公园、永宁公园、方山、翠屏山、松岩山、朱砂堆、划岩山、院桥山水、长潭湖、富山大裂谷、黄岩大瀑布、黄岩山、南正顶等各具特色的景区。西部山高林茂，溪水潺潺，峡谷幽深，奇花异石遍布，层层梯田和古朴村落相互辉映，散落在青山绿水间，风光旖旎，待开发景点众多。

黄岩区经济社会发展主要指标

项　目	2008年	比上年度增或减%
国内生产总值(亿元)	187.36	10.6
第一产业增加值(亿元)	9.75	2.7
第二产业增加值(亿元)	100.81	9.7
其中工业增加值(亿元)	93.42	9.8
第三产业增加值(亿元)	76.80	13.1
人均国内生产总值(元)	31781	9.9
粮食总产量(万吨)	6.25	8.3
棉花总产量(吨)	–	–
油料总产量(万吨)	0.02	1.6
全社会固定资产资产投资总额(亿元)	67.06	4.7
外贸自营出口(亿美元)	13.26	46.5
实际利用外资(万美元)	407	-88
社会消费品零售总额(亿元)	76.87	18.3
零售物价总指数(%)	–	–
地方财政收入(亿元)	13.27	11.7
地方财政支出(亿元)	12.98	11.7
职工年平均工资(元)	30044	3.1
农民年纯收入(元)	9197	10.5
邮电业务总量(亿元)	15.42	4.5
电话普及率(部/百人)	–	–
年末存款余额(亿元)	257.57	20.3
年末贷款(亿元)	166.92	13.2
大学(所)	1	0
中小学(所)	80	2.6
下岗人数(人)	–	–
企业兼并、破产数(个)	–	–

路　桥　区

【概况】　路桥是台州市的主体城区之一，地处我国黄金海岸线中段，浙江东南沿海，温黄平原腹部，介于北纬28°27'～28°38'和东经121°13'～121°40'之间，陆地东西长33.3公里，南北宽18.8公里，陆域面积274平方公里。沿海海岸曲折，岛屿星罗棋布，海域面积212平方公里，其中浅海滩涂面积21.33平方公里。路桥历史最早可追溯到3000年前的西周时期；至南宋，路桥商风渐盛，百货云集；清乾隆年间，已经成为浙东南沿海的著名商埠；1994年8月22日，国务院批准台州撤地建市，路桥撤镇建区，下辖4镇6街道。截至2008年底，全区总人口43.6万，暂住人口近30万人，人口自然增长率5.48‰。

【经济建设】　2008年，全区实现生产总值270.31亿元，同比增长10.2%，人均生产总值6.19万元；财政总收入32.71亿元，其中地方财政收入15.54亿元，同比分别增长17.8%、16.7%。全社会固定资产投资101.4亿元，同比增长10.9%；社会消费品零售总额127.66亿元，同比增长18.5%。

现代农业稳步推进。全年实现第一产业增加值7.2亿元。农村土地承包经营权流转5.7万亩，建成“万元田”2.51万亩。农业社会化服务体系建设步伐加快，蔬菜育苗等专业化服务水平全省领先，“平安农机”示范区创建通过省级验收，政策性农业保险试点扩面工作顺利开展。海洋渔业结构逐步调整，休闲海洋渔业和水产品精深加工业稳步发展，金清渔港项目上报立项。

工业经济提质增效。全年完成工业性投入66.1亿元，同比增长4.7%；实现规模以上工业总产值444.1亿元，同比增长16.1%；新增规模企业124家、销售产值超20亿元企业3家；生产汽车7.5万辆。完成建筑业产值83.6亿元、同比增长12.9%，房地产投资15.8亿元、同比增长16.2%。32家企业实施“零增地”技改、新增厂房19万平方米。自主创新能力增强。区域性科技创新体系初步建立，上海高校台州技术转移中心落户路桥，新增国家火炬计划项目2项、国家科技型中小企业技术创新基金项目3项、国家授权专利871项，成为省级知识产权示范创建区；新增省级以上高新技术企业3家、研发中心4家、技术中心2家，新产品产值率达12.9%；新增省名牌产品9个，参与制定国家和行业标准7项。企业管理创新力度加大，精益生产管理模式逐步推广。节能减排措施有力。严格项目节能评估审查和清洁生产审核，推进“洁净家园”行动，加大对工业废水、柴油发电机、规模化畜禽养殖场污染的治理，关停柴油发电机组7.7万千瓦，3家企业获得省绿色企业称号，城区空气质量全年良好率达95.1%，成为省“811”环境污染整治工作先进区。

第三产业加快发展。实现第三产业增加值129.12亿元，同比增长11.4%。商贸、金融、物流、会展等“四中心”建设不断深入，小商品批发市场改造、台州铁路集装箱枢纽站等项目稳步推进，东森购物中心开张营业。相继举办塑交会、汽车工业博览会等19个展会，展会规模和影响力明显提高。各类银行健康发展，台州市商业银行荣膺全国“年度最佳效益中小银行”称号，浙江泰隆商业银行分支机构覆盖台州大部分县（市、

区)并逐步向市外延伸,年末金融机构存贷款余额分别为399.5亿元和332.8亿元,均居全市第二,存贷比为83.3%。开放型经济逆势上扬。成功举办"路桥·上海投资说明会",全年实际利用外资5403万美元,总量居全市第二。外贸进出口总额23.9亿美元,其中自营出口16亿美元,增幅分别高于全市平均水平14个百分点和19.5个百分点;高新技术产品出口同比增长75.6%;在全市率先创建出口机动车检验监管示范区。新批境外机构1家,新增境外投资100万美元。

【城乡建设】 城市形象继续改善。新城框架加快向东、西扩展,核心区块第一圈层高楼相继矗立,东方翡翠花园、泊盛桃源、秀水铭苑等一批住宅小区形象初显,旧城二期和"城中村"改造稳步推进。城乡基础设施进一步完善。银座街、吉利大道、南官大道等5条道路延伸、改造工程全面竣工,商海街、马铺转盘等改造工程相继实施,104国道路桥段改线等工程前期工作加快推进,一批农村道路和危桥得以改造,建成农村公交站点近百个,道路交通条件明显改善;110千伏广场变、路西变、横街变建成或扩容,新增装机容量近20万千伏安,通过省级电气化县(区)验收;东部供水工程顺利推进,农村饮用水工程完成工程量80%,城区供水管网和居民小区"黄水"改造年度任务全面完成,城乡供水条件明显改善。新城区块精细化截污开始实施,污水处理二期厂区工程已完工,污水管网向新桥、横街延伸,城镇生活污水处理率达83%。"多城同创"深入开展。"数字城管"功能不断完善,农贸市场、马路市场、"五小行业"、水环境等专项整治成效明显,"小冶炼"和"场外拆解"反弹得到有效整治,建成拾荒族集中居住点2个,完成"城中村"整治10个,拆除违法建筑16.7万平方米,新增绿化面积8.7万平方米,疏浚(整治)河道212.5公里,配合市里通过省环保模范城和卫生城市复审。

新农村建设加快推进。全区财政预算内支农资金增长15.1%,"百千工程"、乡村康庄公路、新农村电气化、农村劳动力培训等工程深入开展,农村生产生活条件明显改善,新增4个市级全面小康建设示范村、39个整治村,方林村成为第一批国家级生态村和省级特色旅游村,下宅於村成为省级文明村。

【社会事业】 文教卫事业蓬勃发展。教育投入力度继续加大,全年共安排教育经费3.3亿元,免除义务教育阶段城乡中小学生学杂费、课本费等1335万元;学校办学条件进一步改善,启动实施螺洋南山小学迁建等工程,新扩建路桥实验中学等校舍5.5万平方米,70%的城区学校和53%的农村学校达到省级教育装备标准;扶贫助学体系逐步健全,2万多名新路桥人子女和5千多名贫困家庭学生顺利入学。公共卫生和医疗服务体系日益完善,路桥街道、桐屿街道成功创建省级规范化社区卫生服务中心,市恩泽医疗中心建设进展顺利,区二院迁建工程正式启动,新型农村合作医疗参合率达97.6%,农民免费健康体检人数11.1万人。第二届商都文化艺术节成功举办,农村基层文化俱乐部覆盖率达92%,有线电视入户率达98.5%。竞技体育不断进步,在第三届市运会上取得50金、57银、32铜的好成绩,"全民健身迎奥运"等群众性体育活动蓬勃开展。人口计生服务和管理继续加强,低生育水平保持稳定。

民生保障日益增强。民生工程全面启动。碧波家园、江南名苑、东城小区等村民安置小区开工建设,樟岙安置小区已经结顶,螺洋双庙和峰江沧前、车家等安置小区顺利分房,良一老年公寓建成投用,中心村"村民联建"模式开始推行。金清联盟片1.6万亩低洼地治涝工程全面竣工。和谐社区建设扎实推进,成立了区社区服务中心。老干部活动中心扩建完工。社会保障日趋完善。社保扩面工作稳步推进,新参加城镇职工基本养老保险7062人、医疗保险7428人、工伤保险10027人。被征地农民生活保障政策进一步完善,创新实施被征地农民生活补助模式,新增参加保障的被征地人员2746人;社会救助、医疗救助不断规范,城乡困难居民因病致贫救助工作在全市得以推广,9408人次获得医疗救助;社会福利和慈善事业健康发展,残疾人共享小康工程试点工作进展顺利,抗震救灾工作有序开展,募集各类善款3071万元,支援灾区过渡安置房建设521套、9353平方米。就业服务不断加强,招聘110名高校毕业生到社区工作,帮扶了一批城镇"零就业"家庭和农村低保劳动力就业,转移城乡富余劳动力就业2807人,妥善处置恶意欠薪案件520起。

维稳工作不断加强。平安路桥建设成效显著。打防控体系不断完善,社会管理视频监控系统实现主城区全覆盖,打击"两抢一盗"、聚众赌博等各类犯罪成效显著,奥运安保、社区戒毒工作卓有成效,涉众型经济案件妥善处置,突发公共事件总体应急预案和专项预案全面建立,一批群体性事件得以有效防范和化解,成为"全省涉奥信访、维稳工作先进区"。安全生产和食品药品安全工作进一步加强,海洋渔船安全救助信息系统顺利建成,成功创建6个市级"食品安全示范乡镇",安全生产事故控制指标实现"四个零增长",连续四年被评为省级平安创建工作先进区。

【产业优势】 汽摩产业与汽车销售服务特色街区。路桥大力发展汽车整车及零部件产业,以产业价值链为纽带,整合区域内部各类资源,推进现代汽车城建设。2008年,拥有吉利、吉奥、中能等汽车整车生产企业3家,汽车零部件生产企业330家,规模以上企业22家,生产整车7.53万辆,并带动台州各地3000多家汽车零部件企业配套发展,本地配套率超过50%,初步形成以家用经济型轿车为主、以皮卡车、SUV为辅、以汽车发动机、变速器等为重点、专业化程度较高、分工协作较强、产业链较为完整的整车及零部件产业集群,成为国家级汽车及零部件出口基地。在汽车产业的推动下,路桥的汽车销售服务特色街区逐步形成。方林汽车城属浙江省四星级文明市场和华东地区最大的汽车销售市场,2008年销售汽车2万多辆,市场成交额接近30亿元,占台州市汽车销售量的40%以上。目前,路桥以方林汽车城为核心,汇聚奔驰、宝马等24家汽车4S店、80多家汽车贸易企业、旧机动车交易市场和台州汽配城的汽车销售服务体系已成雏形。

金属资源再生产业与生产资料市场群。自上世纪80年代开始,金属等矿产资源极度匮乏的路桥,通过回收废旧金属和废旧塑料,拆解、拼装废旧机电,逐步培育壮大了金属再生资源产业。2008年,全区共拆解废旧金属行业实现销售收入103亿元,规模以上企业产值75亿元,占全区规模工业产值的18%。依托金属资源再生产业,路桥的机电五金城、钢材市场、有色金属市场、机械设备市场等生产资料市场群蓬勃发展,钢管、线材、钢板、废铜、废铝、旧机床、旧电机、旧设备等数十种行业的商品应有尽有,逐渐形成了生产资料门类较为齐全的专业市场群体。

*金融业与工贸互动。*路桥民营经济发达,民间资本丰裕。商贸业的迅猛发展,使商业资本得到快速积累,城乡居民的可支配收入迅速增加,但是由于民营企业实力较弱,资金需求又具有“短、频、快、急”的特点,很难得到国有商业银行的贷款。植根于民营经济的台州商业银行和浙江泰隆商业银行,凭借民营金融灵活机制优势,以当地中小企业、个体工商户为服务对象,架构民间资金储蓄与投资之间的桥梁,提高商业资本转变为实业资本的速度和效率,加快区域产业资本市场形成,帮助中小企业及个体工商户摆脱了创业初期资金匮乏和扩张时期融资不足的瓶颈制约。2008 年末,在台商行、泰隆开户的中小企业、个体工商户近 3 万户,约占路桥区中小企业、个体工商户总数(约 4.5 万户)的 60%,获得两家银行的贷款额近 100 亿元,占两行全部贷款的 70%多。2008 年末,台州市商业银行总资产达 248.84 亿元,各项存款余额达 211.5 亿元,贷款余额达 148.55 亿元,贷款不良率下降至 0.44%。全年实现税后利润 5.78 亿元,资产利润率为 2.71%,各项指标达到国家先进银行水平。

路桥区经济社会发展主要指标

项　　目	2008 年	比 2007 年增或减(%)
国内生产总值(亿元)	270.31	10.2
第一产业增加值(亿元)	7.2	-0.6
第二产业增加值(亿元)	133.99	9.7
其中工业增加值(亿元)	122.14	9.9
第三产业增加值(亿元)	129.12	11.4
人均国内生产总值(元)	61941	13
粮食总产量(万吨)	6.31	16.3
全社会固定资产投资总额(亿元)	101.4	10.9
外贸自营出口(亿美元)	15.99	45.1
实际利用外资(万美元)	5402.83	-25.1
社会消费品零售总额(亿元)	127.66	18.5
零售物价总指数(%)	5	-
地方财政收入(亿元)	15.54	16.7
地方财政支出(亿元)	10.95	24.4
城镇居民人均可支配收入(元)	29131	8
农民人均纯收入(元)	11776	9.1
邮电业务总量(亿元)	18.3	0
电话普及率(部/百人)	57	0
年末存款余额(亿元)	399.49	15
年末贷款余额(亿元)	332.8	14.3
大学(所)	0	0
中小学(所)	75	4.2
下岗人数(人)	-	-
企业兼并、破产数(个)	-	-

马 鞍 山 市

【历史沿革】 马鞍山地区历史悠久,西周时属吴国,春秋战国时期先后改属越国和楚国,秦至西晋均属丹阳县(治所今当涂县丹阳镇)。东晋咸和四年(329年),淮河之滨的当涂县(今安徽怀远县境内)流民南徙,遂于今南陵一带侨置当涂县,江南始有当涂县名,但非实体县。永和元年(345年),江北豫州(今河南东南部,湖北东部)侨置于牛渚(今采石)。南朝梁天监元年(502年),分丹阳县置南丹阳郡,郡治采石。隋开皇九年(589年),侨置于皖南一带的当涂县徙治姑孰城(今当涂姑孰镇),此是姑孰为当涂县城之始,并迄今相沿未变。北宋太平兴国二年(977年)设太平州,治姑孰城,辖当涂、芜湖、繁昌三县。元改太平州为太平路。元至正十五年(1355年),朱元璋率起义军攻占当涂,改太平路为太平府,辖县照旧。明清府治隶属不变。民国裁府留县,当涂县直属安徽省。1949年4月,当涂解放。1954年2月,设马鞍山镇,隶属当涂县。1955年8月,设马鞍山矿区政府(县级),隶属芜湖专区。1956年10月12日,国务院批准设立马鞍山市,为省辖市。其间,当涂县先后隶属芜湖专区(地区)、宣城地区。1983年7月,当涂县(除大桥乡外)划属马鞍山市。建市以来,先后荣获"国家卫生城市"、"国家园林城市"、"中国优秀旅游城市"、"中国人居环境范例奖"、"联合国迪拜国际改善居住环境良好范例奖"、"国家环境保护模范城市""全国绿化模范城市"等荣誉称号,成为皖江之滨的一颗璀璨明珠。

【地理位置】 马鞍山市位于长江下游南岸、安徽省东部,地处北纬31°46′42″~31°17′26″与东经118°21′38″~118°52′44″之间;东临石臼湖与江苏溧水县和高淳县交界;西濒长江与和县相望,南与芜湖市郊、芜湖县、宣城市接壤;北与江苏省南京市江宁区毗连,具有临江近海、紧靠经济发达长三角地区的优越地理位置。马鞍山市最北点在慈湖河入江口,最南点在黄池镇水阳江中心航道线上,最西点为江心洲与和县之间长江主航道中心线,最东点处于石臼湖中心线。全市总面积1686平方公里,南北最大纵距54.4公里,东西最大横距46公里。

【行政区划】 全市土地面积1686平方公里,市区340平方公里。全市辖一县三区,6个乡,13个镇,131个社区居委会,240个村民委员会。

【人口】 2008年末,马鞍山市有居民家庭389476户,比上年增加6069户,增长1.6%。年末总人口1273201人,比上年增加7532人,增长0.6%。在性别构成上,男性人口656787人,女性人口616414人,男女性别比为106.5。其中:市区男女性别比为105.1,当涂县男女性别比为108.0。在农业人口和非农业人口构成上,全市农业人口662283人,非农业人口610918人,占总人口的比重分别为52.0%和48.0%,与上年相比,分别降、升0.53个百分点。全市出生人口9828人,死亡人口6761人。2007年全市迁入人口18061人,迁入率14.2‰,迁出人口13718人,迁出率10.8‰,净迁移率3.4‰。

【农林牧渔业】 主要农产品产量再创历史新高。粮食连续四年丰收,总产达44.63万吨,创历史最高水平。肉类总产3.25万吨,创历史最高纪录。河蟹产量首次突破1万吨。开展集体土地流转试点,推动农业规模经营。全市规模种植比重达20.4%。建成6个中型规模良种繁育场和6个国家级生猪标准化规模养殖示范场,蒙牛现代牧业万头养殖被列入全国标准化示范区项目,全市畜禽规模养殖比重达48%。大力推广河蟹生态规模养殖,规模养殖达可养面积的67%。龙虾规模养殖示范基地扩大到2000亩,较上年增加一倍。新增苗木花卉2100亩,速生丰产林4000亩,规模分别达到1.2万亩和3万亩。江心洲无公害蔬菜基地新增1000亩,发展到5000亩。续建新建水产、蔬菜、畜禽标准化试验示范基地13个。在国内首创河蟹生态养殖标准体系。强化农产品质量安全监管,蔬菜抽检合格率99.93%,水产品、畜禽产品抽检合格率100%。新增有机食品1个,绿色食品8个,无公害农产品11个。农业产业化实现新提高。全市农业产业化龙头企业41家,其中省级11家,国家级1家。农产品加工产值67.5亿元。8家省级重点龙头企业年销售收入均超亿元,其中两家超10亿元。全年引进在建和增资续建三资农业项目110个,实际到位资金4.8亿元。蒙牛常温液态奶加工、雨润二期高档肉制品加工、贤进渔业蟹黄蟹肉加工等一批重点农产品精深加工项目基本建成。市级以上龙头企业带动12.6万农户,同比增长16%。新增农民专业合作社30家,总数达68家,合作社成员8000余名,带动3万多农户。动植物防疫、森林防火工作平稳发展。生猪、牛、山羊、家禽免疫率均达100%,生猪、牛定点屠宰耳标回收率分别为95.9%、100%,畜禽及其产品检疫率均达100%。全市农作物病虫害综合防治面积90万亩次,病虫害测报准确率在95%以上,重大病虫危害损失控制在3%以内。全年未发生重大森林火灾。新建续建农业休闲观光项目30余个,完成投资1亿多元。博望镇三杨村被评为"国家级生态村"。农业科技推广取得新成效。实施良种繁育工程,主要农作物良种覆盖率达98%以上。农业机械化作业水平进一步提高,农机总动力达46.7万千瓦。政策性农业保险试点工作取得新进展,保险金额达1.4亿元,能繁母猪保险实现应保尽保。全力推进集体林权制度改革,林权勘界任务全部完成,登记发证率91%。

(潘声伟)

【人民生活】 城乡居民收入水平持续提高。据抽样调查,全市城市居民人均可支配收入18330元,比上年增长13.6%,连续7年保持两位数增长;人均消费性支出11396元,比上年增长8.7%;城市居民家庭每百户拥有摩托车20.3辆,助力车50.99辆,汽车2.97辆,电脑56.44台,普通电话92.57部,移动电话161.39部。全市农民人均纯收入7238元,比上年增长17.8%,连续3年超过城市居民人均可支配收入增长幅度。

【经济技术开发区建设】 马鞍山经济技术开发区是1995年批准设立的省级开发区。开发区始终坚持"四为主、一致力"的办区方针,按照科学发展观的要求,走新型工业化和可持续发展之路,经过10年的努力,基础设施、招商引资、体制建设等各项主要工作均取得了长足的发展。目前,开发区审核通过面积11.44平方公里,建成区面积8.2平方公里,累计建成干道支路42公里,形成"七纵九横"道路环网骨架;可利用的建设用地已全部实现"七通一平"。2008年,实现生产总值70.52亿元,财政收入9.84亿元,工业增加值43.39亿元,工业总产值151.05亿元,高新技术企业产品产值72.9亿元;新增世界500强投资企业1家,新增通过ISO14001认证企业11家。经过10年建设,市经济技术开发区已发展成为全市对外开放的重要窗口和推动全市经济社会发展的重要引擎。

产业布局。着力发展汽车及汽车零部件制造、食品及乳制品、机械深加工及成套设备制造、新材料及环保产业、服装等。目前,初步形成了四大特色产业和四大产业基地,即:以星马、华菱、通达、福臻、AMT、和菱包装为代表的汽车及汽车零部件制造产业;以雨润、达利、蒙牛、沁玖洲等为代表的食品加工产业;以科达、泰尔、万马、瑞慈等为代表的机械制造产业;以稳润光电、中钢天源、航行通用、晶威太阳能材料等为代表的电子及电子原材料产业;全国最大的专用汽车生产基地—安徽星马汽车股份公司、亚洲最大的冰淇淋生产基地—蒙牛乳业(马鞍山)公司和全国最大的肉食品加工基地—南京雨润(马鞍山)公司、国家级863新材料基地四大专业基地。

招商引资。截止2008年底,全区累计注册法人企业447家,其中外资企业66家,总投资折合人民币162.6亿元,实际利用外资7.1亿美元,实际利用内资61.8亿元,投资在3000万美元和2亿元人民币以上的项目有33个,投资强度达210万元/亩,实际利用外资连续6年位居安徽省86个省级开发区第1位。日本大同、蒙牛乳业、广东科达、江苏雨润、福建达利、安徽丰源等一批国内外著名的大企业入驻开发区并获得长足发展。现共有省级以上高新技术企业24家,拥有世界500强投资企业1家,上市公司3家和上市公司投资企业10家。

外向型经济。截至2008年底,拥有安徽星马、安徽华菱、惊天液压、万马机床、天源科技、方圆回转、中钢天源、统力回转、西川毛织、大同佳乐登、大同利美特、天工科技、中冶华天、蒙牛乳业、泰尔重工、马钢比亚西等共20多家主要进出口企业,产品涉及汽车底盘、服装、纺织、电子、回转支承、数码机床等。2008年实现进出口总额2.28亿美元,其中出口额1.58亿美元。

自主创新。开发区拥有国家级马鞍山高新技术产业服务中心和1万平方米的高性能、智能化、网络化综合创业孵化基地,有8个国家级研究中心正在建设。截止2008年底,区内共有外商投资设立的研发中心14个,被认定的各类研发机构22个;企业技术中心14个,研发人员2123人。开发区科技活动经费支出总额54970万元,其中研究与试验发展(R&D)经费支出35515万元,占地区生产总值的5.03%;支持科技发展资金2809万元;区内专利申请173件,专利授权92件,其中发明专利授权18件;区内设有知识产权保护机构,技术先进型服务企业77家,占服务企业总数的25%。 (周宇等提供)

【引进内资】 全市招商引资工作取得新的突破。全年实际利用内资突破200亿元,达226.1亿元,同比增长51.9%。引进了晶威太阳能晶片、科达机电、稳润光电、达利食品等一批科技含量高、发展前景好的加工制造业项目,引进了视聆通动漫产业园、徐汇软件基地、金融分支机构等高附加值的现代服务业项目,促进了产业结构的优化升级。开发区形成了较强的产业集聚作用,成为我市招商引资的最佳载体和经济快速增长的主要推动力量。在加工制造业、现代物流、休闲旅游、农业龙头企业等领域重点开展招商引资活动。组织、参加了马鞍山(北京)投资说明会、徽商大会、南京重洽会、厦门投洽会、中博会、中国李白诗歌节投资恳谈会、合肥高新技术资本对接会等重大招商引资活动。进一步优化投资环境,城市基础设施建设迈上新台阶,开发园区配套设施日臻完善,具备了承载各类大项目的能力。大力推进机关效能建设,实行"二集中,三到位",认真清理和削减审批事项,简化审批手续,全面推进"一站式"服务,不断提高办事效率,努力为投资者提供公开、公正、高效、廉洁的服务环境,营造亲商、安商、富商的良好环境。

【科技事业】 科技综合实力进一步增强。2008年,全市获得省级以上科技计划立项46项,其中国家级项目12项。2个项目获国家科技进步二等奖,1个项目获全球能源金奖,11项科技成果获省科学技术奖。累计建有国家级工程(技术)研究中心、企业技术中心5家,省级工程(技术)研究中心、重点实验室、企业技术中心22家,博士后科研工作站2个。每万人拥有专业技术人员850余人。高新技术产业实现产值349.3亿元,增长26.1%;高新技术产业增加值首次突破100亿元大关,达到107.8亿元,两年翻了一番。新增12家高新技术企业,总数达88家。高新技术产品总数增加至129个,当年新增34个。5个产品列入省首批自主创新产品。《马鞍山市软件产业发展规划(2009-2015年)》通过初审。

技术创新引导工程显成效。20家市级创新型企业中,有15家设立了研发机构,18家承担了国家、省、市"十一五"重大科技项目,12家具有省级以上著名商标或品牌,拥有专利101件。新增4家省级创新型试点企业,总数达8家。新认定民营科技企业34家,总数达204家,实现技工贸总收入45亿元。专利申请再创历史新高,全市申请专利493件,增长57.5%,其中发明专利163件,占申请总量的比重达到33.1%。专利授权230件,增长40%,其中发明专利授权45件,超过了前两年发明专利授权量总和。

科技创新载体建设取得新进展。马鞍山国家863新材料基地主体园区基本建成,总投资2.8亿元的恒创科技工业园开工建设。安徽省刃模具机床高新技术产业基地获批建设。上海徐汇(国家级)软件基地马鞍山软件园一期工程建成投入运行。雨山佳达创意软件园2万多平方米的创业大楼开工建设。国家级高新技术创业服务中心通过ISO9000认证,并正式享受国家关于孵化器优惠政策;配套服务楼全面建成,留学生创业园主体结构封顶。新引进入孵企业22家,在孵企业总数达84家,毕业企业6家。全市大型科学仪器设备协作网累计入网企业29家、入网科学仪器设备196套。

科技交流与合作进一步加强。与中科院合肥物质科学研究院建立全面合作关系,成立中科院合肥技术转移中心马鞍山分中心、研究生社会实践基地。继续保持与清华、南大等高校、科研院所的密切联系,全年签订产学研合作项目50多项。聘请中科院院士钱逸泰等26名专家担任首批科技特聘员。技术合同成交额首次突破亿元大关,达到1.33亿元,比上年增长14.6%。

科技发展环境进一步改善。修订完善《马鞍山市科学技术奖励办法》,提高重大科技成就奖的奖励额度。召开全市科学技术奖励大会,隆重表彰年度贡献突出的科技工作者。举办2008年马鞍山科技活动周,共开展300余项科技活动,发送科普知识书籍1万多册,群众参与达10余万人次。

【国民经济和社会发展】 2008年全市实现生产总值(GDP,下同)636.3亿元,按可比价格计算,比上年增长15.5%。其中,第一产业增加值24.5亿元,增长5.7%;第二产业增加值432.5亿元,增长19.3%;第三产业增加值179.3亿元,增长8.1%。全市人均GDP在全省率先突破7000美元,达7118美元,居全省首位。利用外资持续快速增长,全年实际利用外资5.11亿美元,比上年增长37.4%。其中,实际利用外商直接投资4.17亿美元,比上年增长25.2%;实际利用内资226.11亿元,比上年增长51.9%。财政收入快速增长。全市财政收入达110.18亿元,比上年增长20.5%。

【工业和建筑业】 工业生产加快增长。全年实现规模以上工业增加值374.1亿元,比上年增长21.5%。规模以上工业总产值1165.9亿元,比上年增长37.3%。马钢、开发区、县区三大经济板块并驾齐驱,全市经济发展呈现多点支撑局面。其中,马钢完成641.7亿元,增长38.6%;市开发区及其他工业完成229.5亿元,增长16.5%;县区工业完成268.1亿元,增长41.6%。全年规模以上工业企业产品销售率达96.9%。

工业经济效益保持较高水平。规模以上工业产品销售收入1207.7亿元,比上年增长38.3%;实现利润为28.4亿元,比上年下降14.5%;实现利税总额为86.4亿元,比上年增长6.2%。经济效益综合指数为289.9,比上年提升31.2个百分点。

建筑业平稳发展。全年实现建筑业增加值28.9亿元,比上年增长5.1%。资质以上建筑企业实现利税总额4.8亿元,比上年下降6.6%。房屋建筑施工面积570.8万平方米,房屋竣工面积330.3万平方米。

【运输邮电】 交通运输、仓储业平稳发展。全年交通运输仓储业完成增加值26.7亿元,比上年增长6.1%。铁路旅客发送量119.4万人,比上年增长5.7%;铁路货运发送量458.7万吨,比上年下降14%。全年港口货物吞吐量4697.3万吨,比上年增长21.6%。

邮电通信业发展加快。全年完成邮电业务收入7.44亿元,比上年增长3.3%。年末固定电话用户为50.1万户(包括小灵通和公用电话)。其中,城市电话用户26.1万户,乡村电话用户13.8万户。年末移动电话用户为74.2万户,比上年增加15.2万户。年末国际互联网用户为11.8万户;宽带用户为11.2万户,比上年末增长51.4%。

【国内贸易】 消费品市场持续繁荣。全年实现社会消费品零售总额达105.97亿元,比上年增长22.5%,增速比上年加快4.7个百分点,增幅创1994年以来最高水平。分地区看,城乡市场全面协调发展,全年城市和农村市场分别实现零售额81.54亿元和24.43亿元,比上年分别增长22.1%和23.6%。分行业看,批发零售业实现零售额90.28亿元,比上年增长21.5%;其中,限额以上企业实现零售额32.68亿元,比上年增长21.6%。住宿餐饮业实现零售额14.39亿元,比上年增长26.7%;其中,限额以上企业实现零售额3.35亿元,比上年增长19.8%。

【对外贸易】 对外贸易增势强劲。扎实推进外经外贸工作,全年完成外贸进出口总额为33.46亿美元,再创历史新高,比上年增长42.4%;全市出口总额达11.03亿美元,比上年增长29.8%。

【房地产业】 房地产业稳步发展。全市房地产开发完成投资55.5亿元,完成年计划129%;新开工217万平方米,完成年计划113%;竣工房屋面积233万平方米,完成年计划103.5%。对5家具备条件的企业予以升级,完成29家新申报企业审核报批工作。积极帮助御景园申报国家可再生资源建筑示范工程,顺利通过了省、部检查。

【固定资产投资】 固定资产投资较快增长。全年全社会固定资产投资为404.5亿元,比上年增长22.1%,投资额居全省第4位。其中房地产开发投资64.76亿元,比上年增长86.8%。

【市场物价】 物价运行呈现高位平稳回落态势。2008年,居民消费价格总水平比上年上涨5.2%。分类别来看,八大类商品价格呈现“六升二降”格局,其中,食品类价格在油脂、肉禽及其制品价格大幅上升的强劲推动下上涨幅度最高,达14.3%,成为全市物价涨幅较高的重要原因之一。分类别看,交通和通讯类价格下降1.7%;居住类下降0.4%;食品类上涨14.3%;烟酒及用品类上涨1.3%;衣着类上涨3.6%;家庭设备用品类上涨0.4%;医疗保健和个人用品类上涨2.6%;娱乐教育文化用品上涨0.5%。工业品出厂价格比上年上涨23.0%。

【文化事业】 文明创建取得重大突破。在荣获首届“安徽省文明城市”称号的基础上,一举跻身第二批全国文明城市行列。“文化发展年”活动扎实开展。市博物馆和新图书馆建成试开馆,大剧院主体工程进入扫尾阶段。成功举办2008年马鞍山中国李白诗歌节。文化信息资源共享工程扎实推进。年末藏书690万册,拥有公共图书馆5个。专业艺术表演团体3个,文化馆5个。年末广播人口覆盖率、电视人口覆盖率均为100%。年末综合档案馆5个,市档案馆成为全省首家“国家二级综合档案馆”;档案资料31.96万卷(册),总建筑面积10827平方米。

【体育事业】 开展“迎奥运”全民健身系列活动。组织2008“安利杯”全民健身与奥运同行迎新年万人环湖长跑活动、走进奥运大型行动暨签名仪式。举办“迎奥运”倒计时100天暨群体展示活动、“新都秀水山庄·贺岁杯”围棋大师挑战赛、2008全国肯德基青少年三人篮球冠军挑战赛、安徽省武术学校(套路)比赛。参加省级及以上比赛取得优异成绩,组队参加省常规项目比赛,获得39金31银41铜的良好成绩。由我市培养输送的运动员李臻，参加北京奥运会的男子四人皮艇决赛，为国家取得了较好的成绩。

【社会保障】 统筹推进城乡劳动者就业。全年累计新增就业3.14万人，其中下岗失业人员再就业1.56万人，“4050”人员等困难群体再就业3742人，城镇登记失业率为3.7%。完成就业再就业技能培训1.51万人，创业培训1060人。出台实施城镇老年居民养老保险制度、事业单位养老保险暂行办法，实现养老保险制度城乡全覆盖，失业保险市级统筹成功实施。全市城镇职工基本养老保险参保人数达25.86万人，失业保险参保人数18.01万人，医疗保险参保人数32.61万人，工伤保险参保人数22.3万人，生育保险参保人数17.66万人。城镇居民医疗保险参保人数28.02万人，被征地农民参保人数5.5万人。扎实推进创业富民和就业富民工程，出台落实政策措施，降低创业门槛，培育创业主体，全民创业环境不断优化。稳步提高城乡低保标准和人均补差，取消城乡医疗救助起付线和病种限制。全市城乡最低生活保障救助59.98万人次，全年共支出低保金7308万元。全市城镇拥有各种社区服务设施902处，便民利民服务网点495个；社会收养性福利床位数4105张；抚恤、补助各类优抚对象7063人；慈善事业健康发展，接受社会捐赠3979万元；全市福利彩票销售6712万元，比上年增长18.3%，筹集福利彩票公益金2231万元，其中市本级856万元。

花山区

【概况】 花山区总面积119平方公里，辖一镇四街道，常住人口23.4万。花山区区位优越、交通便捷、生态良好。位于马鞍山市东部，与南京江宁区接壤，距南京禄口国际机场20公里，处在南京都市圈核心圈层和接受长三角产业、资本转移的最前沿。

【经济工作】 2008年，花山区完成社会消费品零售总额51.47亿元，比上年增长17.98%。解放路、花山路、湖东路3条商业街开发式改造成效显著，中央花园、国际华城、瑞慈花园等新的商业街加速成长，新增商业经营面积15万平方米，家乐福跻身销售收入超亿元企业行列。工业增速和经济效益全面提升，39户规模以上工业企业产值10.84亿元，增长44.53%；新增规模以上工业企业12户，销售收入超亿元企业1户。“项目建设年”推动投入高速增长，152个在建项目完成固定资产投资44.57亿元，增长63.7%。在经济发展和征管加强的基础上，各项税收继续保持较快增长，全区财政收入4.71亿元，增长38.43%，净增1.3亿元。霍里镇财政收入迈上亿元台阶，4个街道税收均超千万元。企业技改和节能减排措施不断强化，万元生产总值能耗下降6%。民营企业发展迅猛，全年新发展民营企业500家。城镇居民人均可支配收入21006元，增长15.02%；农民人均纯收入7782元，增长16.8%。

【城乡建设】 2008年，花山区完成城乡建设投资7200万元，比上年增长22%。全区共有危旧房及城中村改造项目59个，涉及住户7714户，危房面积75.82万平方米。2008年开工建设项目5个，涉及危旧房户数621户，危旧房面积17.36万平方米，建设规模37.93万平方米。正在实施拆迁项目8个，涉及危旧房户数835户，危旧房面积9.77万平方米，建设规模29.01万平方米。此外，有12个项目在做前期工作。

2008年，全区老旧小区整治工程计划投资1600万元。综合整治站东新村、公安新村、梅花园、新岗四、五村、大北庄、矿山新村、朱家岗、濮树集等9个老旧小区，涉及497栋房屋，1796户，面积达106万平方米。至年底，9个老旧小区整治工作已基本完成。

2008年，全区二级道路维修改造工程计划投资1170万元，累计完成投资1100万元，花山路二期、石岗路、十四中门前人行道已竣工交付使用；湖东路四小门前道路已完成主体工程的一半以上；重阳东路、康城路年内全部竣工通车。续建的安居路、采秫路、花山路一期、蓬莱路等4条二级道路建设工程均于上半年竣工通车。

新农村建设进入发展提升阶段。农村基础设施建设步伐加快。苏里大塘、黄里蜈庙等8处居民点改造有序推进。湖南东路东延、马濮旅游大道改造启动征迁，张杨路等9条16公里农村道路竣工通车。

【环境保护成效明显】 对东部3.9万亩山林实施第二轮封山育林。

2006年，区政府决定在全省城区中率先启动生态区建设，委托安徽省环境科学研究院编制《马鞍山市花山生态区建设总体规划(2006~2020)》。同年7月14日，《规划》通过专家评审，8月22日，经区人大常委会批准，进入全面实施阶段。按照《规划》要求，2008年分解落实了21项生态建设任务，取得良好的生态、经济和社会综合效益。年初，花山区《污染源普查实施方案》经市环保局和市农委批准，制定了详细的工作计划，组建8个工作组上门清查登记，准确掌握891家生活源、290家工业源、145家农业源，在此基础上，确定全区生活普查源对象789家、工业源229家、农业源112家。第一次全国污染源普查通过省普查办验收。慈湖河整治全面展开，对沿河4座已关闭的尾矿库实施闭库和复垦，对河堤上近万平方米违法建设进行了集中拆除。

【文化事业扎实推进】 扎实推进“文化发展年”工作和“全民健身与奥运同行”活动，加强区图书馆、文化馆建设。区图书馆在市委党校正式挂牌，建筑面积2400平方米，内设少儿阅览室、电子阅览室等多个场馆，拥有80000多册图书报刊文献。全年接待读者5000余人次。区文化馆建筑面积1200平方米，配有美术室、舞蹈室等多个功能活动室，已达到国家三级文化馆标准。全面启动文化信息资源共享工程建设，初步构建了区、街道(镇)、社区(村)文化信息资源工程三级网络。“农家书屋”建设，向霍里镇10个村发放图书9000余册，苏李村成功创建省级农家书屋，四街一镇基本完成基层文化“三个一”工程(建立一个相对稳定的文化队伍，建成或拥有一块相对固定的文化阵地，形成一个独具特色的文化品牌)。举办“共颂改革开放、共享盛世奥运、共建和谐花山”等大型广场文艺演出和群众文化活动30余场次，承办了市“江南之花”诗歌专场演出，成功举办“欢乐家园、和谐花山”为主题的花山区第三届社区文化节。期间，先后举办大型文艺演出15场、优秀电影社区巡回展映55场以及乒乓球比赛、纪念改革开放30周年艺术展、优秀图书展销等多项群众文化活动。全年40个社区近10万人次直接或间接参与了活动。积极配合市文物所开展全国第3次文物普查工作。对全区非物质文化遗产项目展开全面摸底和整理,发现文物疑似点6处,收集整理霍里民歌、民间传说等非物质文化遗产小项55个。加大对新编新演重点文化节目的培植,女声组唱《大青山》在安徽省纪念改革开放30周年经典老歌电视赛歌会上荣获最佳表演奖。

【体育事业蓬勃发展】 积极开展"全民健身与奥运同行"主题活动,先后组队参加全市"迎奥运环湖长跑"、"博乐杯"象棋铁杆赛、迎奥运倒计时100天健身气功表演,组织全区机关干部登山比赛多项群众体育活动。实施社区(村)体育健身工程,全年建成19处(社区9,村10)健身路径。进一步完善社区体育组织网络,对辖区40个社区13个村的体育指导员进行业务培训。编印1万多册《健身锻炼小常识》免费发放给居民。积极开展先进体育社区创建工作,西湖、南湖、红星、朱家岗4个社区被评为省级先进体育社区。

【旅游事业加快发展】 实施以"农家乐"为主的乡村旅游三年行动计划,在农家乐的基础上结合开展旅游村创建工作。全年新发展"农家乐"6家。2008年,苏李村产葡萄120万公斤,年收入近500万元。已成为远近闻名的"葡萄村"。8月10日,霍里镇举办首届苏李村葡萄节。应邀25家市旅行社参加活动,并与该村签订葡萄推销协议。

【社会救济及福利】 春节期间走访慰问困难户4088户,发放慰问资金51.4万元,其中慈善款5.71万元。全区城市孤老有49人,春节、中秋及国庆节,给每位城市孤老发放慰问金500元,为13名孤老生病住院、发放医药费7万元,护理费2万元,11名孤老入住市福利院。全区现有农村五保供养对象188人。霍里镇投资1400万元,新建1所现代化农村敬老院,年内已完成一期工程。

2008年元月,马鞍山市遭受历史上罕见的暴雪灾害,区民政部门积极开展核灾、救灾及灾后重建工作,核灾受损面积3.09万平方米,因雪灾倒塌房屋2.94万平方米,投入救灾款35万元,发放救灾棉被20床。使受灾群众顺利度过雪灾难关。

全区开展了向汶川地震灾区捐款捐物活动,共收各界捐款345.28万元、捐赠帐蓬1000顶。10月,全区再次开展向汶川受灾地区捐赠御寒衣被活动,收到捐款24.1万元,棉被65床,棉衣17件。接受7名灾区学生就读。

2008年7月起,城市低保由240元/人/月提高到280元/人/月。至年底,全区低保户2250户,4803人,累计发放低保金1154.79万元,人均补差163元,覆盖面2.2%,农村低保标准由1320元/人/年,提高到1800元/人/年。农村五保户不再纳入低保范围,村委会不再分担低保资金,由市、区、镇分担,比例为2:4:4。全年有671户883人,累计发放农村低保金91.19万元,年人均补差1033元。享受低保人数占农业人口比例为3%。全年为171人提供医疗救助,发放医疗救助资金85.7万元。

【就业与社会保障】 全年新增就业9230人,下岗再就业5592人,其中"4050"人员1486人,农村劳务输出1156人。城区劳动职业技能培训2756人,创业培训300人,农村劳动力转移培训1957人。4月27日,举行花山区第五届"送岗位、助创业"推进会暨"首届青年创业计划大赛"总决赛。新大新百货、苏宁电器、蒙牛乳业等60多家境内企业提供2800多个岗位,还提供赴日本、新加坡、尼日尼亚等多个国家1000多境外岗位,有1055名求职者应聘,2060人进行创业、境外劳务等方面咨询。建立健全村级劳务专管员制度,在全市率先实现村级劳务公司全覆盖。双板村劳务公司因帮扶零转移农户工作,受到4家中央级媒体采访。率先开展创建充分就业社区,消除"双零"就业家庭活动。全区36个社区被市劳动保障局评为充分就业社区,创建率达100%,6个村消除零转移户。

加强劳动保障行政执法,不断规范企业用工行为。全年受理各类投诉案件272起,结案261件,结案率95%。为255名农民工追讨工资66.50万元,专项执法巡查350多户,下达《劳动保障监察责任改正决定书》11份,《劳动保障监察调查询问书》52份。

完善被征地农民基本养老保障制度,坚持"即征即保",累计为7138人办理参保手续,其中到龄领取养老金的2228人。9月,全面展开城镇老年居民养老保险工作。至年底,全区登记人数5493人,申请人数4656人,申请率达85%。做好城镇职工基本养老保险扩面工作,为3835名下岗灵活就业人员申报了社保补贴。

至年底,新农保应参保人数17699人,实际参保人数11306人,参保率63.88%。全区领取养老金4894人,占农村老年人口90%。全区城镇参加医保人数为3.4万人,完成市下达任务总量的110%。

【实施49项民生工程】 2008年,花山区统筹实施49项民生工程,其中,省18项、市22项、区9项,涉及社会保障、科教文卫、计划生育、环境保护、城乡发展等方面,总投资2.67亿元。至年底,49项工程中,有42项达到当年指标,有7项仍在继续推进。

【城乡一体化改革试点工作】 2008年,马鞍山市获省批准"城乡一体化改革试点市"。花山区被定为试点区。区委、区政府根研究制定《关于在全市率先城乡一体化实施方案》等4个配套文件。2008年,张庄中心村首批农民公寓开工建设,濮塘中心村规划正式启动,霍里镇"镇改街"获得批准。张庄中心村为农民集中居住区,规划用地39.95公顷。已经规划并实施的新建农民集中居民区面积9.5万平方米,1746户。农民创业园建设开始启动,创业园总用地面积800亩,为中小创业者提供创业平台。

雨　山　区

【概况】 雨山始建于1976年,现辖1个乡2个镇4个街道,28个村、38个社区,面积173平方公里,人口27万人。是马鞍山市面积最大、人口最多、资源要素最全的主城区,也是马鞍山市城市"东扩南进"的中心区。马鞍山钢铁集团公司、中国第十七冶金建设公司、中冶华天股份有限公司(原马鞍山钢铁设计院)、马鞍山经济技术开发区和安徽工业大学、河海大学闻天学院等高校座落于辖区内。境内人文自然景观丰富,有位于“长江三矶”之首的采石矶、名列“长江三楼一阁”的太白楼、20世纪80年代中国考古十大发现之一的朱然墓、“当代草圣”林散之艺术馆、古刹禅林广济寺、香火鼎盛的小九华、风光旖旎的雨山湖等。

【完成规模以上工业产值34.8亿元】 2008年,雨山区完成规模以上工业产值34.8亿元,同比增长83.8%。博宇重机、和胜船板、雨山冶金、长江矿业、金鼎建材、鼎华钒氮、甬兴模塑、沪宁金属等一批重点骨干企业克服宏观经济不利因素的影响,继续保持良好的发展势头。新增亿元企业3家、规模以上工业企业19家,总数分别达到8家和86家,9家企业进入全省民营企业100强、39家企业进入全市100强,12家企业被列为市“专、精、特、新”企业,27家企业跻身省级民营科技企业行列,7家企业通过国家高新技术企业重新认定。

【新农村建设步伐加快】 引进农业“三资”9100万元,龙飞林业、茂林园艺、春盛和姚家寨生态园等现代农业项目进展顺利。农业经济提质增效,现代农业初具规模,特色农业加快发展,省、市农业产业化龙头企业和农民专业合作社分别达到7家和8家。华诚饲料年产值超过1亿元,安民农贸市场年交易额超10亿元。“一村一品”形成特色,芦场蔬菜种植区被命名为“省无公害蔬菜基地”。整治农村水系14条,清淤当家塘29口,新修农村道路68公里。电力通讯、科教文体、医疗卫生等基础设施不断完善,农村环境卫生继续改观。集体林权制度改革顺利完成,农村集体土地上房屋产权登记工作全面展开,城乡一体化综合配套改革工作正式启动,村委会换届选举工作圆满结束,农民培训、劳务输出等创业就业工作扎实推进。

【服务业加快发展】 2008年,雨山区扎实开展“服务业发展年”活动,湖西南路、雨山西路等新的商圈加速形成。香港豪仕堡健身会所、徽港游戏动漫平台等一批文化产业项目落户;近百家企业的经营结算、管理研发和区域分支机构分别入驻三和钢材市场、佳达科技园、滨江国际中心和海外海时代广场,服务经济和总部经济加快发展;仓储物流、投资理财、中介担保、信息咨询、托幼养老等现代服务业正成为全区新的经济增长点。全年全区30家重点服务业企业销售收入65亿元,增长32.6%。

【完成全社会固定资产投资44.6亿元】 在上年度“项目服务年”活动的基础上,组织开展2008“项目推进年”活动,安排重点项目100个。全年完成全社会固定资产投资44.6亿元,同比增长81%。桑特流体、鹏程锻轧、双益地铁车轮等一批新型工业项目建成投产;天一重工、威龙科工贸等46个投资3000万元以上的重大项目如期开工;中港信业软件、迪昂风能发电设备、意大利斯潘内锡钣金汽保制造等外资项目加快推进。省级再生资源产业园区、磁性材料产业基地、采石商贸园等重点项目有序展开。佳山老年公寓、雨山公共卫生中心、区老年大学及文体活动中心等社会事业项目相继建成。江南御花园、春晖家园、向山危旧房改造等房地产项目进展顺利。

【招商引资】 积极参加徽商大会、中洽会、南京重洽会、厦门招商会和马鞍山(北京)投资说明会等重大招商活动。在深圳、上海设立招商驻点,在厦门、杭州实施委托招商,在广州召开投资环境说明会,成功举办2008·第一届骏马奖游戏动漫COSPLAY全国大赛。与此同时大力开展产业招商和以商招商,积极推进“无地”招商。引进外资5261万美元,利用内资52.8亿元人民币,分别是上年的1.6倍和2.5倍。

【园区建设】 雨山工业园基础设施进一步完善;新增注册企业62家,注册资本2.6亿元;开工项目21个,投产企业20家;实现技工贸总收入35亿元。三台工贸园管理体制进一步理顺,土地测绘和产业调查业已完成,园区升级正加紧推进。佳达创意软件园建设顺利推进,至年底,入驻企业21家,正在注册企业7家。长江大桥仓储物流园规划调整方案经市政府原则同意,土地利用规划调整、项目用地报批正在积极推进。向山创业园累计有14家企业入驻,正在成为向山镇非矿产业发展的基地。芦场、陶庄等农民创业园发展加快。

【城市建设和管理】 2008年,雨山区进一步加强城乡建设和管理,东湖路、石岗路、安民路和313省道扩建等道路建设顺利实施。雨山路沿街立面美化亮化工程如期竣工,育才路、西苑路修缮和红旗中路、湖西北路两侧出新按期完成,马向路市政化改造进程加快。市政务中心周边环境整治及十一村、十二村和大、小双岗等老旧小区综合整治取得实效,唐贤街集中整治工程启动。推行非物业化居民小区环境卫生管理量化考核制度,开展“五小”行业、文化市场、门头招牌、占道经营、乱涂乱画、违规棚亭和城乡结合部等专项整治,依法查处各类违法建设。编制了《雨山区生态建设总体规划》,实施绿色长廊二期工程,完成城乡道路沿线绿化任务,植树造林860亩,13万平方米区管游园和道路绿化的长效管养机制初步建立。抓好污染源普查、监控和治理,加大环境执法力度,河道安全整治工作获市通令嘉奖,西村渣选企业得到有效整治,慈湖河上游环境综合整治有序推进。

【民生工程与社会保障】 深入实施民生工程,对重点民生工程进行提标、扩面和增项,由36项增加到46项,全年投入资金达1.68亿元,其中区财政安排的3100万元专项资金全部拨付,及时保障各项民生工程的顺利实施。认真做好创业扶持工作,以创业促就业。全区新增就业岗位7984个,下岗失业人员再就业3293人,就业困难群体再就业680人,新增农村劳务输出1283人。进一步完善社会保障体系。城镇居民养老保险顺利实施,登记参保5949人。新型农村养老保险参保2.3万人。发放城市低保金1369.3万元,发放农村低保金258.1万元,发放各类困难群体慰问金125万元。在全市率先将百岁老人生活标准提高到每人每月800元。城镇居民医疗保险累计参保2.8万人。农村合作医疗实现全覆盖,全区3021名农民获得大病补偿,累计补偿金额467.2万元。实施城乡贫困群众医疗救助65.4万元。投入425.5万元,落实义务教育“两免一补”政策。扎实开展“生育关怀我尽力”活动,对118名农村计生奖扶对象和112名计生特别救助人员实施奖扶救助。有序推进住房保障制度,为1814户低保和低收入家庭发放住房补贴457万元,农民安置房建设和危旧房改造不断加快。

【社会事业发展水平进一步提高】 大力实施“科教兴区”战略,顺利通过“全国科普示范区”复审,荣获“首届安徽省教育均衡发展先进区”、“安徽省规范教育收费示范区”和“全省关爱留守未成年人先进单位”等称号。“文化发展年”任务逐项落实,文化馆、图书馆、档案馆等“三馆”建设达到国家二级馆的标准,广泛开展群众性文化活动,成功举办“和谐家园”第二届社区文化艺术节。深入开展爱国卫生运动,有序推进全国社区卫生服务适宜技术试点工作。

【精神文明和民主法制建设】 圆满完成全国文明城市创建任务,城乡面貌不断改观,市民素质逐步提高,区域形象进一步提升。佳山乡芦场村、雨山街道半山花园社区分获全国文明村镇和全国文明单位称号。加强应急预案体系和应急管理体制建设。年初,为抗雪救灾,先后投入资金140多万元、人力6万多人次。“5.12”汶川地震发生后,紧急募集善款近700万元。此外,还妥善处置了“家乐福事件”;成功疏导“佘山朝圣”人员。有效防控手足口病和流行性腮腺炎等急性传染病疫情,积极应对“三鹿奶粉”事件,迅速开展婴幼儿筛查救治。深入开展“五五”普法宣传,依法治区工作扎实推进,社区矫正全面展开,成立区法律援助中心,乡镇、街道法律援助工作站和村、社区工作点相继挂牌。“人民调解百日会战”活动成效显著,荣立“全省人民调解百日会战二等功”。基层民主法治建设得到加强,芦场村被评为“全国民主法治示范村”。扎实开展平安创建活动,加大科技强警力度,严厉打击各类刑事犯罪,社会治安综合治理不断加强。认真开展“安全生产隐患治理年”活动,切实加强非煤矿山和尾矿库安全监管。注重信访隐患排查,深入开展大接访活动,妥善处理重信重访案件,圆满完成奥运安保任务。

【开展河道堤防安全专项整治】 开展全区河道堤防安全专项整治。对71家违法选矿企业、砂场等进行强制停电,通过自拆助拆结合强拆,拆除违法厂房、建筑90多处,2万多平方米,拆除选矿设备37台套,查扣选矿设备6台套,拆除“两高”小冶炼2处,清运原料4万多立方,推平各类废渣6万多立方,面积20万多平方米。全区河道堤防整治工作取得显著成效,受到市河道堤防安全综合整治领导小组通令嘉奖。

【加快发展动漫软件产业】 加快推进动漫信息产业的发展。设立雨山佳达创意软件园,园区占地面积3万平方米,其中规划办公及配套设施2.5万平方米,总投资2.5亿元人民币。至年底,完成投资4000多万元,交付使用办公楼8000平方米。整个园区预计2010年全面建成投入使用后,可容纳入驻动漫游戏开发、电子商务、软件外包等类型企业200多家,软件园年产值将突破30亿元人民币。2008年,雨山区利用佳达创意软件园的网络技术和游戏动漫平台举办“2008?第一届骏马奖游戏动漫COSPLAY全国大赛”,100多万网络游戏动漫爱好者参与投票。此外还依托创意园区成功举办马鞍山视聆通游戏动漫产业基地投资环境说明会,进一步宣传了雨山区文化创意产业,吸引了更多与游戏动漫及IT产业相关联的企业入驻,带动了游戏动漫及其周边产业的快速发展。

金家庄区

【概况】 金家庄建区于1976年,是马鞍山市的发祥地,地处城市西北部,总面积53平方公里,人口10.6万人,辖1个乡、11个行政村、4个街道和24个社区居委会。2007年实现工业产值48.5亿元,增长84.3%;规模以上工业企业实现产值42.5亿元,比上年翻了一番,增加值达到7.5亿元,增长73.7%。完成固定资产投资23.2亿元,增长56%。财政收入突破3亿元,达到3.26亿元,增长50.2%。

【全区经济平稳较快增长】 2008年,全区工业经济保持平稳较快增长。全年工业总产值达62亿元,增长27.8%;实现规模以上工业产值56亿元,增长31.8%,。全区新增规模以上工业企业12户,达63户;新增产值超亿元高新技术企业2户,达到7户。实现规模以上工业增加值8.2亿元,增长37%,增幅高于规模以上工业产值增幅5.2个百分点。全年完成财政收入4.55亿元,增长39.4%,与去年同比增加近1.3亿元。全区高新技术企业总数达7家,完成产值8.3亿元,增长53.7%,新增1个国家重点新产品计划,3个省火炬计划、2个省技术攻关和新产品计划。全区万元规模以上工业增加值能耗下降10%。

【“项目推进年”活动深入实施】 全区有在建项目183个,完成固定资产投资33亿元,增长38.7%。33个投资在2000万元以上的区级重点项目全部开工并进展顺利,完成投资18亿元,超年度计划12%。其中投资超5000万元的项目15个,包括5个投资招亿元项目。

【服务业加快发展】 全年完成三产增加值3亿元,同比增长36.4%,增速创近年新高。新增物流企业45户达到147户。商贸零售业日趋活跃,林里路商业街、东方明珠商业街等特色街建设进入新阶段。建皖装饰城、好百年家居等知名企业相继入驻新都批发市场。全年完成房地产开发投资16.7亿元,增长58%。慈湖建设集团正式揭牌成立。

【城乡建设】 全年投入4600多万元对城乡基础设施进行完善。对电业路西段、恒兴路等一批城乡道路进行了扩建与改造。农村基础设施进一步完善,以城带乡、城乡互动的城乡基础设施建设一体化新格局基本形成。通村公路、市容管理已纳入城市建设和管理的范围。完成慈湖河右堤蔡村段应急除险加固等水利工程,冬修水利土石方5万方。集体林权制度改革顺利实施。加快发展特色农业,建设太来村千亩放心菜基地、小黄洲千亩野生蔬菜保护地、千亩水产生态养殖基地和万亩速生杨丰产林生产基地等农业特色工程。积极开发生态旅游,小黄洲被省旅游局、林业厅评为省首批“森林旅游人家”。全年完成成片造林500亩,新增绿化面积15.4万平方米。防汛排涝能力显著提升,对联农、杨桥、葛羊水系进行清淤和疏浚。全面完成杨家山小区和文卫村小区等老旧小区综合整治工程。及时发现和拆除城乡违法建设,全年制止和拆除违法建设3.31万平方米。《金家庄生态区建设总体规划》完成编制并进入实施阶段。全国首次污染源普查工作圆满结束。进一步巩固非法选矿、冶炼企业治理成果，立案查处污染企业21家，强制拆除违法选矿企业9家，主要污染从源头上得到了有效控制。启动慈湖河流域生态环境整治，强力实施辖区内河道堤防安全综合整治，取缔非法企业22家，清理出河滩地10万平方米。

危旧房改造步线进一步加快。金玉兰花园二期等5个在建项目开工面积达19.08万平方米，占市下达目标任务的190%，7.5万平方米基本竣工，800户居民搬入新居。交通村、宁南村等6个项目正在抓紧实施，涉及拆迁户1693户，现已完成拆迁631户。此外，新增9个项目进入市危旧房改造计划，将惠及2014户。制定搬迁实施计划，在前期成功完成慈湖和江边地区2000余户搬迁的基础上，以马钢300万吨钢项目建设为重点，启动江边地区1800多户居民的搬迁工作。年内，完成搬迁安置房520亩土地的报批工作，着手开展土地征迁。全年完成9个项目895套安置户的分配。

【文化、体育事业】 以纪念改革开放30周年、迎接北京奥运会为主题，开展了一系列群众文化活动。坚持开展文化进社区、下乡村活动，成功举办首届“幸福之花”文化节。全年组织文化节开幕式暨文艺演出1场、“江南之花”金家庄分会场演出2场、文化进社区和下乡演出5场；在各社区放映了20余部优秀国产影片。举办中老年国庆书画展，开设了以“青少年健康成长”为主题的市民讲堂；举行了由全区各界参加的“放歌颂改革”大合唱比赛。文化信息资源共享工程扎实推进，区财政投入74.2万元，为档案馆配置吸尘器、防磁柜、消毒柜、空调、去湿机和电子防盗监控系统等，并建成了“一网一库一站”，即区档案馆局域网、档案基础数据库和金家庄区档案信息网。档案馆总面积1430平方米，价值资产280万元。9月，档案馆被评为国家二级档案馆。区财政投入150万元（另房产共500万元），将原金笔厂厂房装潢改造成区图书馆，9月中旬完工并全面对外开放。区图书馆建筑面积1500平方米左右，内设图书借阅室、少儿阅览室、电子阅览室（全国文化信息资源共享工程支中心）、期刊阅览室和报纸阅览室等。现馆藏各类图书资料12000余册，报纸45份、期刊120余种。区文化馆经翻新后，成功申报为国家二级馆。在金瑞新城成立了文体协会，建立农家书屋、瑞南社区被省民政厅定为廉政文化建设示范点。

各社区和行政村认真组织和开展“全民健身与奥运同行”活动。大力实施社区和行政村体育健身工程，新增健身路经7处，并积极开展先进体育街道和先进体育社区创建工作。

【城乡就业和社会保障】 积极统筹城乡就业。完善城乡劳动保障工作平台和促进农民就业政策，深入开展“企业用工服务年”活动，对全区大中专毕业生及失业青年状况进行全面调查，建立信息库，开展就业帮扶工程。全年新增城镇就业4495人，其中下岗失业人员再就业3198人，援助困难就业735人，保持“零就业家庭”为零。实现农村劳动力转移就业912人，完成职业技能培训3020人次，创业培训207人次，城镇登记失业率为3.3%，构建社区调解、网络监察、阳光仲裁三级劳动维权网络，制定加强农民工工资支付管理相关措施，完善农民工工资支付长效机制，及时受理举报投诉案件123件，结案率达96.7%，为职工追讨工资1080.5万元，其中农民工工资982.5万元。

全年辖区居民人均可支配收入13500元，农民人均纯收入7800元，分别增长11%和10.4%。进一步健全社会保障体系，实施城镇居民养老保险制度，全区5000余名适龄老人真正实现老有收养。提高城乡居民最低生活保障标准，全年发放低保金1505万元。推进新型农村社会养老保险参险参保扩面，参保率70%。提前完成2009年农村居民医疗保险筹资工作，参保率达99.4%，实现农村合作医疗与城镇居民医疗保险整合。对低保户和低收入家庭住房租金补贴进行提标扩面，补贴对象由289户增加到752户，全年补贴金额203万元。全面完成政策性农业保险工作，认真落实各项支农惠农政策，发放各项惠农补贴32万元。

【平安创建持续深入】 开展“平安街道（乡）”、“平安社区（村）”和“平安单位”等创建活动，不断完善社会治安防控体系建设，切实加大人防力度，提升物防和技物水平，连续9年被评为市综治目标管理优胜单位。大力整治治安突出问题，先后组织开展了“打黑除恶”、“禁毒”、“扫黄打非”等专项斗争，全年刑事案件643起，与去年同期相比下降26.8%，社会治安明显好转。认真实施“五·五”普法规划，全年排查调处民间矛盾纠纷213件，调处成功率100%，区司法局被评为全省人民调解百日会战先进单位，金家庄司法所获省级示范司法所称号。完善信访工作责任制及管理机制，坚持领导包案和带案下访制度，开展奥运安保“信访接待日”和领导大接访活动，有效化解社会矛盾和各类纠纷，奥运会期间全区无一例进京上访事件。高度重视应急指挥体系建设，成功组织开展防空防灾演出。全面开展“安全隐患排查治理年”活动，深入实施非煤山、建筑工地、工矿企业、易燃易爆危险化学品企业等各类安全整治，安全生产责任制得到有效落实，连续4年在全市三区一县安全生产考核中名列第一。

【实施48项民生工程】 2008年，金家庄区统筹实施48项民生工程。其中省18项、市22项、区8项，涉及社会保障城乡就业、医疗卫生、教育科技、文体事业、城乡环境建设、住房保障、社会治安等方面，总投资4.904亿元。

【加快推进城乡一体化进程】 积极推进具有金家庄区特色的新农村建设。发展高效、绿色和休闲观光农业，加速小黄洲湿地公园立项申报。实施城乡一体化综合配套改革各项工作，稳步推进各领域一体化进程。强化工业园区和工业集中区的辐射带动作用，落实各项惠农政策，引导乡村工业逐步进入园区和集中区发展，着力提高工业集中集约程度，加快道路等基础设施建设向农村延伸，使城乡路网更加完善通达，健全城乡防洪排涝和水环境保护体系，将农村承担城市排涝任务的泵站纳入城市排涝泵站统一管理。建立城乡一体的就业管理和服务机制，坚持针对性、实用性、有效性的原则，积极开展各种形式的培训，促进农民就业向二三产业集中。做好城乡社会保障一体化对接准备，率先开展城乡低保一体化试点工作，逐步统一保障标准。进一步整合城镇居民医疗基本保险、新型农村合作医疗和城乡大病医疗救助制度，实施参保管理，就医服务平稳衔接。紧紧围绕部分地区居民搬迁工程和各重点项目土地征迁工作，抓好建设安置房，促进农村人口向城市转移。

长江三角洲城市党政领导人名录

中共上海市委领导人名录

俞正声　中共上海市委书记
韩　正　中共上海市委副书记
殷一璀(女)中共上海市委副书记
俞正声　中共上海市委常委
韩　正　中共上海市委常委
殷一璀(女)中共上海市委常委
沈德咏　中共上海市委常委(4月免)
吴志明　中共上海市委常委
董君舒　中共上海市委常委(5月任)
王仲伟　中共上海市委常委
沈红光　中共上海市委常委
杨晓渡　中共上海市委常委
江勤宏　中共上海市委常委
杨　雄　中共上海市委常委
屠光绍　中共上海市委常委
丁薛祥　中共上海市委常委
徐　麟　中共上海市委常委

上海市人民政府领导人名录

韩　正　上海市人民政府市长
冯国勤　上海市人民政府副市长(1月免)
杨　雄　上海市人民政府副市长
屠光绍　上海市人民政府副市长
周太彤　上海市人民政府副市长(1月免)
唐登杰　上海市人民政府副市长
胡延照　上海市人民政府副市长
杨定华(女)上海市人民政府副市长(1月免)
艾宝俊　上海市人民政府副市长
沈　骏　上海市人民政府副市长(1月任)
沈晓明　上海市人民政府副市长(1月任)
赵　雯(女)上海市人民政府副市长(1月任)
张学兵　上海市人民政府市长助理(2月任)

中共南京市委领导人名录

罗志军　中共南京市委书记(2月14日免)
朱善璐　中共南京市委书记(2月14日任)
蒋宏坤　中共南京市委副书记
陈家宝　中共南京市委副书记(2月24日免)
缪合林　中共南京市委副书记(2月24日免)
陈绍泽　中共南京市委副书记
杨　植　中共南京市委常委(12月12日免)
靳道强　中共南京市委常委(12月12日免)
刘捍东　中共南京市委常委(5月9日免)
叶　皓　中共南京市委常委
沈　健　中共南京市委常委
钱继红　中共南京市委常委
王　奇　中共南京市委常委
张　枫　中共南京市委常委
许慧玲　中共南京市委常委
刘以安　中共南京市委常委

南京市人民政府领导人名录(1月15日换届)

蒋宏坤　南京市人民政府市长
靳道强　南京市人民政府副市长(12月30日辞)
沈　健　南京市人民政府副市长
王咏红　南京市人民政府副市长
许仲梓　南京市人民政府副市长

陈维健　南京市人民政府副市长
李　琦　南京市人民政府副市长
陆　冰　南京市人民政府副市长
陈　刚　南京市人民政府副市长
孙文德　南京市人民政府副市长(7月31日任，12月30日辞)
赵晓江　南京市人民政府副市长(3月31日任)
孙文德　南京市人民政府市长助理(7月31日免)
李侃桢　南京市人民政府副市长(援藏)

中共苏州市委领导人名录

王　荣　中共苏州市委书记
阎　立　中共苏州市委副书记
徐建明　中共苏州市委副书记

苏州市人民政府领导人名录

阎　立　苏州市人民政府市长
曹福龙　苏州市人民政府副市长
周伟强　苏州市人民政府副市长
谭　颖　苏州市人民政府副市长
朱建胜　苏州市人民政府副市长
周玉龙　苏州市人民政府副市长
梅正荣(兼)苏州市人民政府副市长
王鸿声　苏州市人民政府副市长
张跃进　苏州市人民政府副市长
邱丽新(挂职)苏州市人民政府副市长

中共无锡市委领导人名录

杨卫泽　中共无锡市委书记
毛小平　中共无锡市委副书记
王咏红(女)中共无锡市委副书记(至1月)
周解清　中共无锡市委副书记(至2月)
赵　旻　中共无锡市委副书记(挂职)
杨卫泽　中共无锡市委常委
毛小平　中共无锡市委常委
王咏红(女)中共无锡市委常委(至1月)
周解清　中共无锡市委常委(至2月)
贡培兴　中共无锡市委常委(至2月)
戴解平　中共无锡市委常委
王立人　中共无锡市委常委
盛克勤　中共无锡市委常委(至7月)
陈振一　中共无锡市委常委
徐　劼　中共无锡市委常委
孙建华　中共无锡市委常委(至7月)
朱民阳　中共无锡市委常委
黄继鹏　中共无锡市委常委(6月任)
周敏炜　中共无锡市委常委(1月任)
蒋洪亮　中共无锡市委常委(4月任)
许　刚　中共无锡市委常委(4月任)
邵继忠　中共无锡市委常委(7月任)
张士怀　中共无锡市委常委(至12月)
张叶飞　中共无锡市委常委(7月任)

无锡市人民政府领导人名录

毛小平　无锡市人民政府市长
贡培兴　无锡市人民政府副市长
　　　　党组副书记(至1月)
盛克勤　无锡市人民政府副市长
　　　　党组副书记(至7月)
徐　劼　无锡市人民政府副市长
　　　　党组副书记(11月任)
谈学明　无锡市人民政府副市长
麻建国　无锡市人民政府副市长(至1月)
王国中　无锡市人民政府副市长
黄继鹏　无锡市人民政府副市长(至6月)
周敏炜　无锡市人民政府副市长(至1月)
吴建选　无锡市人民政府副市长
刘鸿志(女)无锡市人民政府副市长(挂职)
方　伟　无锡市人民政府副市长
陈金虎　无锡市人民政府副市长(6月任)
赵志新　无锡市人民政府副市长(6月任)
华博雅(女)无锡市人民政府副市长
倪　斌　无锡市人民政府市长助理

中共常州市委领导人名录

范燕青　中共常州市委书记
王伟成　中共常州市委副书记
于　超　中共常州市委副书记(至04.23)
邹宏国　中共常州市委副书记
张晓霞(女)中共常州市委常委
杭天珑　中共常州市委常委
朱龙虎　中共常州市委常委(至04.23)
俞志平　中共常州市委常委
戴　源　中共常州市委常委
孙建国　中共常州市委常委(04.26任)
路　浩　中共常州市委常委
沈瑞卿　中共常州市委常委
季忠正　中共常州市委常委(03.26任)

常州市人民政府领导人名录

王伟成　常州市人民政府市长
俞志平　常州市人民政府副市长
王正平　常州市人民政府副市长(至01.13)
蒋新光　常州市人民政府副市长(至01.13)
张力航　常州市人民政府副市长(至06.27)
孙国建　常州市人民政府副市长(至06.27)
居丽琴(女)常州市人民政府副市长
韩九云　常州市人民政府副市长
张耀钢　常州市人民政府副市长(11.28任)
王成斌　常州市人民政府副市长
朱晓敏　常州市人民政府副市长(01.13任)
尚建荣　常州市人民政府副市长(06.27任)
高　清　常州市人民政府副市长(11.28任)

中共镇江市委领导人名录

史和平　中共镇江市委书记　(~2008-03)

许津荣(女)中共镇江市委书记(2008－03～)
许津荣(女)中共镇江市委副书记(～2008－03)
刘捍东　中共镇江市委副书记(2008－04～)
张庆生　中共镇江市委副书记
江里程　中共镇江市委常委(～2008－04)
陈主志　中共镇江市委常委(～2008－11)
黄宝荣　中共镇江市委常委
李国忠　中共镇江市委常委
李茂川　中共镇江市委常委
张甫雄　中共镇江市委常委(～2008－01)
杨　建　中共镇江市委常委
陈照煌　中共镇江市委常委(2008－06～)
魏红军　中共镇江市委常委
张洪水　中共镇江市委常委(2008－01～)

镇江市人民政府领导人名录

许津荣(女)镇江市人民政府市长(～2008－04)
刘捍东　镇江市人民政府市长(2008－04～)
江里程　镇江市人民政府副市长(～2008－04)
陈照煌　镇江市人民政府副市长(2008－06～)
陈建设　镇江市人民政府副市长
陈　杰　镇江市人民政府副市长
王　萍(女)镇江市人民政府副市长
冯士超　镇江市人民政府副市长
曹当凌　镇江市人民政府副市长(2008－01～)
夏新平　镇江市人民政府副市长(2008－11～)
张洪水　镇江市人民政府副市长(～2008－01)
许俊华　镇江市人民政府市长助理
夏新平　镇江市人民政府市长助理(～2008－11)

中共扬州市委领导人名录(2009年11月5日)

王燕文　中共扬州市委书记
谢正义　中共扬州市委副书记
洪锦华　中共扬州市委副书记
王荣平　中共扬州市委副书记
陈卫庆　中共扬州市委常委
张跃进　中共扬州市委常委
张爱军　中共扬州市委常委
蔡爱华　中共扬州市委常委
袁秋年　中共扬州市委常委
卢桂平　中共扬州市委常委
卜　宇　中共扬州市委常委
王松林　中共扬州市委常委

扬州市人民政府领导人名录

谢正义　扬州市人民政府代市长
张爱军　扬州市人民政府常务副市长
纪春明　扬州市人民政府副市长
闻道才　扬州市人民政府副市长
王玉新　扬州市人民政府副市长
董玉海　扬州市人民政府副市长
王少鹏　扬州市人民政府副市长
陈　扬　扬州市人民政府副市长、中共高邮市委书记
张瑞忠　扬州市人民政府市长助理

中共南通市委领导人名录

罗一民　中共南通市委书记
丁大卫　中共南通市委副书记
黄利金　中共南通市委副书记
张小平(女)中共南通市委常委
陈　斌　中共南通市委常委
蓝绍敏　中共南通市委常委
秦厚德　中共南通副市长
王正宇　中共南通市委常委
郭腊军　中共南通市委常委
刘振平　中共南通市委常委
宋文辉　中共南通区委常委

南通市人民政府领导人名录

丁大卫　南通市人民政府市长
蓝绍敏　南通市人民政府常务副市长
秦厚德　市委常委、副市长
吴晓春(女)南通市人民政府副市长
杨展里　南通市人民政府副市长
朱　晋　南通市人民政府副市长
徐　辉　南通市人民政府副市长
沈振新　南通市人民政府副市长
秦剑平　南通市人民政府副市长
陈志娟(女)副市长、如皋市委书记

中共泰州市委领导人名录

张　雷　中共泰州市委书记
姚建华　中共泰州市委副书记
王守法　中共泰州市委副书记
李国华　中共泰州市委常委
陈国华　中共泰州市委常委
刘建国　中共泰州市委常委
高纪明　中共泰州市委常委
张本印　中共泰州市委常委
缪志红　中共泰州市委常委
杨　峰　中共泰州市委常委
何　榕　中共泰州市委常委

泰州市人民政府领导人名录

姚建华　泰州市人民政府市长
杨　峰　泰州市人民政府常务副市长
丁士宏　泰州市人民政府副市长
刘　励　泰州市人民政府副市长
张爱平　泰州市人民政府副市长
曹玉梅　泰州市人民政府副市长
卢佩民　泰州市人民政府副市长
戴胜利　泰州市人民政府副市长

中共杭州市委领导人名录

王国平　中共浙江省委常委、中共杭州市市委书记
蔡　奇　中共杭州市市委副书记
叶　明　中共杭州市市委副书记
王金财　中共杭州市市委副书记
于跃敏　中共杭州市市委常委

吴鹏飞　中共杭州市市委常委
杨戌标　中共杭州市市委常委
许勤华　中共杭州市市委常委
洪航勇　中共杭州市市委常委
朱金坤　中共杭州市市委常委
翁卫军　中共杭州市市委常委
李大清　中共杭州市市委常委
沈　坚　中共杭州市市委常委

杭州市人民政府领导人名录

蔡　奇　杭州市人民政府市长
杨戌标　杭州市人民政府副市长
沈　坚　杭州市人民政府副市长
何关新　杭州市人民政府副市长
佟桂莉　杭州市人民政府副市长
张建庭　杭州市人民政府副市长
陈小平　杭州市人民政府副市长
许迈永　杭州市人民政府副市长
金胜山　杭州市人民政府经济顾问
谢金峰　杭州市人民政府市长助理

中共宁波市委领导人名录

巴音朝鲁　中共宁波市委书记
毛光烈　中共宁波市委副书记
郭正伟　中共宁波市委副书记
唐一军　中共宁波市委副书记
巫波伦　中共宁波市委常委(2008.3免)
王　勇　中共宁波市委常委
陈凤姣(女)中共宁波市委常委
姚志文　中共宁波市委党委(2008.5免)
寿永年　中共宁波市委常委
武晋宁　中共宁波市委常委
余红艺(女)中共宁波市委常委
王剑波　中共宁波市委常委
宋　伟　中共宁波市委常委
王惠敏　中共宁波市委常委(2008.4任)
朱　伟　中共宁波市委常委(2008.10任)

宁波市人民政府领导人名录

毛光烈　宁波市人民政府市长
王　勇　宁波市人民政府副市长
余红艺(女)宁波市人民政府副市长
邬和民　宁波市人民政府副市长
成岳冲　宁波市人民政府副市长
陈炳水　宁波市人民政府副市长
苏利冕　宁波市人民政府副市长
徐明夫　宁波市人民政府副市长
陈利幸　宁波市人民政府市长助理
林静国　宁波市人民政府市长助理(2008.4任)

中共湖州市委领导人名录

孙文友　中共湖州市委书记
马　以　中共湖州市委副书记
朱坤民　中共湖州市委副书记
王敏奇　中共湖州市委常委
吴水霖　中共湖州市委常委
叶寒冰　中共湖州市委常委
金建新　中共湖州市委常委
高玲慧(女)中共湖州市委常委
胡菁菁(女)中共湖州市委常委
吴国升　中共湖州市委常委
徐永淮　中共湖州市委常委
徐国平　中共湖州市委常委(援疆)

湖州市人民政府领导人名录

马　以　湖州市人民政府市长
吴水霖　湖州市人民政府常务副市长
周　杰　湖州市人民政府副市长
倪玲妹(女)湖州市人民政府副市长
方新旗　湖州市人民政府副市长
杨建新　湖州市人民政府副市长
李建平　湖州市人民政府副市长
(注:以上为2008年底的任职情况)

中共嘉兴市委领导人名录

陈德荣　中共嘉兴市委书记
李卫宁　中共嘉兴市委副书记
鲁　俊　中共嘉兴市委副书记
冯志礼　中共嘉兴市委常委、纪委书记
蒋唯民　中共嘉兴市委常委、秘书长
裘东耀　中共嘉兴市委常委
武亮靓　中共嘉兴市委常委、宣传部长
杨立平　中共嘉兴市委常委、组织部长
俞志宏　中共嘉兴市委常委
王　宏　中共嘉兴市委常委
梁　群　中共嘉兴市委常委
孙贤龙　中共嘉兴市委常委
张阳升　中共嘉兴市委常委

嘉兴市人民政府领导人名录

李卫宁　嘉兴市人民政府市长
裘东耀　嘉兴市人民政府常务副市长
蒋仁欢　嘉兴市人民政府副市长
张志伟　嘉兴市人民政府副市长
陈越强　嘉兴市人民政府副市长
赵树梅　嘉兴市人民政府副市长
柴永强　嘉兴市人民政府副市长
张阳升　嘉兴市人民政府副市长

中共绍兴市委领导人名录

王永昌　中共绍兴市委书记(~2008.01)
张金如　中共绍兴市委书记(2008.01~)
钱建民　中共绍兴市委副书记(2008.04~)
史济锡　中共绍兴市委副书记
王海仁　中共绍兴市委常委
仇金楼　中共绍兴市委常委
谭志桂　中共绍兴市委常委
方建平　中共绍兴市委常委(~2008.07)

王文序(女)中共绍兴市委常委
徐焕明　中共绍兴市委常委
陈长兴　中共绍兴市委常委
尹永杰　中共绍兴市委常委(2008.07～)
翁鲁敏(女)中共绍兴市委常委(2008.11)

绍兴市人民政府领导人名录

张金如　绍兴市人民政府市长(～2008.05)
钱建民　绍兴市人民政府常务副市长(～2008.05)
　　绍兴市人民政府代理市长(2008.05～2008.05)
　　绍兴市人民政府市长(2008.05～)
陈长兴　绍兴市人民政府常务副市长(2008.07～)
郑继伟　绍兴市人民政府副市长(挂职,～2008.02)
谢卫星　绍兴市人民政府副市长(～2008.08)
廖卷清　绍兴市人民政府副市长(～2008.07)
尹永杰　绍兴市人民政府副市长(～2008.07)
陈月亮　绍兴市人民政府副市长
何中伟　绍兴市人民政府副市长(挂职,2008.06～)
丁晓燕(女)绍兴市人民政府副市长(2008.08～)
徐明光　绍兴市人民政府副市长(2008.08～)
杨文孝　绍兴市人民政府副市长(2008.09～)

中共舟山市委领导人名录

梁黎明(女)中共舟山市委书记
周国辉　中共舟山市委副书记
钟　达　中共舟山市委副书记
张　兵　中共舟山市委常委
江建国　中共舟山市委常委
蔡步雄　中共舟山市委常委
忻海平　中共舟山市委常委
马国华　中共舟山市委常委
胡志权　中共舟山市委常委
周克非　中共舟山市委常委
蓝荣崇　中共舟山市委常委

舟山市人民政府领导人名录

周国辉　舟山市人民政府市长
马国华　舟山市人民政府常务副市长
虞洁夫　舟山市人民政府副市长
周伟江　舟山市人民政府副市长
韩　平　舟山市人民政府副市长
王忠志　舟山市人民政府副市长
李善忠　舟山市人民政府副市长

中共台州市委领导人名录(2008)

张鸿铭　中共台州市委书记
陈铁雄　中共台州市委副书记
朱贤良　中共台州市委副书记
王文娟　中共台州市委常委
元茂荣　中共台州市委常委
黄志平　中共台州市委常委
肖培生　中共台州市委常委
陈棉权　中共台州市委常委
周祥生　中共台州市委常委
胡斯球　中共台州市委常委
马世宙　中共台州市委常委
尹学群　中共台州市委常委

台州市人民政府领导人名录(2008)

陈铁雄　台州市人民政府市长
元茂荣　台州市人民政府常务副市长
徐仁鹤　台州市人民政府副市长
叶阿东　台州市人民政府副市长
李跃程　台州市人民政府副市长
虞选凌　台州市人民政府副市长
高　敏　台州市人民政府副市长

中共马鞍山市委领导人名录

郑为文　中共马鞍山市委书记
周春雨　中共马鞍山市委副书记
刘志祥　中共马鞍山市委副书记
郑为文　中共马鞍山市委常委
周春雨　中共马鞍山市委常委
刘志祥　中共马鞍山市委常委
张正耀　中共马鞍山市委常委
魏　尧　中共马鞍山市委常委
李　群　中共马鞍山市委常委
汪永年　中共马鞍山市委常委
盛厚林　中共马鞍山市委常委
毛长江　中共马鞍山市委常委
蒋礼国　中共马鞍山市委常委

马鞍山市人民政府领导人名录

周春雨　马鞍山市人民政府市长
龙李海　马鞍山市人民政府副市长
陈苏汉　马鞍山市人民政府副市长
方晓利　马鞍山市人民政府副市长
王晓焱　马鞍山市人民政府副市长
金庆丰　马鞍山市人民政府副市长
苏从勇　马鞍山市人民政府副市长
张摘月　马鞍山市人民政府副市长

姜堰市人民政府

JIANG YAN SHI REN MIN ZHENG FU

姜堰古镇,历史悠久,钟灵毓秀,素有"一弄三鼎甲,同门两及第"的佳谈。北宋年间,富商姜仁惠父子筑堰抗洪,故得其名。三水悠悠,古镇千年演绎出搏击长空的魅力姜堰;千年古镇缔造出自强不息的活力姜堰。

今天的姜堰镇是全市政治、经济和文化中心,总面积6720公顷,总人口17.28万人。姜堰镇又是一个经济事业蓬勃发展的乡镇,孕育了汇丰羊绒、太平洋精锻等一批知名企业集团。姜堰镇还是一个具有特殊意义的城市。江泽民、胡锦涛总书记都和姜堰镇结下了不解之缘。

姜堰镇交通便捷,设施完善,是创业的热土。姜堰镇东邻南通,西近扬州,南靠苏锡常,北接广袤的苏北腹地,是苏中地区通江达海的枢纽,通扬运河、宁启铁路、宁靖盐高速公路、宁通高速公路、328国道穿境而过,四通八达。便利快捷的水陆交通,推动了姜堰镇的园区建设。民营经济产业中心地处镇南郊,距离市中心3公里。南北两区规划 面积5.5平方公里,已入驻企业近百家,年工业总量17亿元。到"十一五"期末,园区计划投入基础设施费1亿元,建好标准厂房80万平方米,进区企业超过200家,培植规模企业66家,其中,亿元企业11家,5千万元企业25家,形成以五金、家电、船用配件、轻纺为主的规模产业链。

姜堰镇经济发达,社会安定,是创业的沃土。姜堰镇工业基础较好,产业配套能力较强,具有制造加工业比较发达、技术产业工人较多、劳动力成本较低等优势,已初步形成以汇丰羊绒、嘉泰布业为龙头轻纺服装产业;以江苏太平洋精锻为龙头的汽摩产业;以正大铜材、富源电器为龙头的机电产生;以新金沙江为代表的五金产业。近年来,四星级黄河大酒店、投资过亿的家居广场和曹安市场等服务业企业纷纷落户姜堰镇,形成了多元化商贸格局。地区生产总值按28.8%的速度递增,凸显出良好的发展势头,2005年姜堰镇跻身"全国经济千强镇"、"苏中经济百强乡镇",跃居"泰州经济十强乡镇"第二位。在推进经济建设的同时,姜堰镇各项社会事业协调发展。座落镇区的省姜堰中学名闻遐迩,高考省状元两次花落该校。借助姜堰市"五城同创"活动的开展,姜堰镇区内人居环境更加优化,路宽、街净、草绿、灯亮、人民群众生活水平不断提高,全镇社会安定和谐,是外来客商投资企业的宝地,生活居家的福地。

姜堰镇政策优惠,服务优质,是创业的旺土。今天的姜堰镇,面临千载难逢的发展机遇,投资潜质正在日益强。为了借力发展,交流互补,姜堰镇把发展开放型经济作为经济工作的龙头来抓,大力营造投资环境,建立健全了三大服务体系,即:客商投资审批过程中的一条龙服务、企业建设过程中全方位服务、企业开工投产后的经常性服务。对所有进区客商投资企业实行"一站式"服务,代办投资项目的各项报审批手续,在法定资料齐备的前提下,7个工作日内领取营业执照。同时,姜堰镇实行行政性"零"收费政策,按照项目的用地规划规模、投资密集度、产业关联度、注册资金、利税等情况,在项目用地、企业增值税、所得税等方面给予相应的扶持政策,对有影响的重大项目,实行一事一议,给予特殊政策优惠。目的就是实现互利双赢,在推动姜堰镇发展的同时,确保投资者到姜堰镇能发展、有钱赚、大发展、赚大钱。

现代新兴城市——泰州

XIAN DAI XIN XING CHENG SHI TAI ZHOU

泰州城市风采

泰州地处江苏中部，长江下游北岸，是1996年经国务院批准组建的地级市。作为长三角地区的后起之秀，泰州的主要特点可以概括为“千年历史、百里长江、十载创业历程”。

千年历史——泰州具有丰富的历史积淀和深厚的文化底蕴。泰州是江苏省历史文化名城，迄今已有2100多年历史，东晋设海陵郡，素有“汉唐古郡，淮海名区”之美誉，南唐时建泰州，寓意“国泰民安”。自古以来，这里人文荟萃、名贤辈出，《水浒传》作者施耐庵、“泰州学派”创始人王艮、“扬州八怪”代表人物郑板桥、京剧艺术大师梅兰芳等，均是其中的杰出代表。泰州名胜古迹众多，光孝律寺、日涉园、崇儒祠等景观俱是泰州历史文化瑰宝。泰州又是一个有着光荣传统的革命老区，陈毅

省泰中

梅兰芳史料陈列馆

滨河广场

三进泰州城、黄桥决战、苏中七战七捷，泰州白马庙是中国人民解放军海军诞生地。

百里长江——泰州具有独特的区位优势和巨大的发展潜力。泰州地处沿海与长江“T”型产业带结合部，境内长江岸线近百公里，苏中入江达海的5条重要航道在此交汇，以国家一类开放口岸——泰州港为主体的内河港口群初具规模，江阴长江大桥成为泰州到上海、苏南的快速通道，宁通、宁靖盐、京沪等三大高速以及新长、宁启两条铁路穿境而过。泰州发展潜力巨大。已经形成医药、机电（船舶）、化工三大支柱产业和不锈钢等十大产业集群，其中医药产业总量、效益连续多年居江苏省第一位，机电（船舶）产业成为销售突破千亿级产业。拥有扬子江药业、新世纪造船2家销售过百亿的龙头型企业，培育出一批销售过10亿元的规模企业团队。泰州火车站、泰州电厂建成并投入使用，沿江高等级公路、公共码头等重大基础设施日趋完善；总投资10亿美元的纬创资通项目顺利落户，中海油、新浦化工等一批重特大产业项目快速推进。全市8个省级开发区发展势头良好，其中以泰州医药高新技术产业园为核心区的中国医药城成为全国唯一的医药专业国家级高新区。随着开放开发的深入推进，泰州必将成为长三角地区一颗耀眼的明珠。

泰州城市一瞥

十载创业历程——泰州通过艰苦创业，实现了城市大扩张、社会大进步、人民生活大提高。建市以来，泰州500万人民励精图治，奋发图强，取得了令人瞩目的成绩。中心城市首位度进一步提升，建成区面积、人口实现翻番。泰州大剧院、园博园、文化中心、高教园区等一批标志性工程竣工，青年路、海陵路等骨干道路建设，坡子街等商业街区打造顺利实施，城市防洪、管道燃气及污水与垃圾处理等基础设施日趋完善，凤城河风景区等一批景区、景点工程相继完工，泰州先后获得国家卫生城市、国家环保城市、江苏省园林城市等殊荣。社会建设成效明显，泰州被评为“全国科技进步先进市”，建成南理工泰州科技学院、南师大泰州学院。人民生活水平迅速提高，2009年城镇居民人均可支配收入超2万元，农民人均纯收入超万元。现在，全市上下正紧紧围绕“经济社会发展三年再来一个大变化”的宏伟目标，坚持开放创新两轮驱动，进一步推动经济转型升级、加快农业农村发展、提升对外开放水平、完善中心城市功能、促进社会和谐进步，力争成为极富开放魅力、极富创新创业活力、极富产业发展特色、更加适宜人居、更加繁荣文明、更加和谐美好的长三角新兴特色城市。

泰州是一方投资兴业的沃土，我们真心期待与海内外各界朋友一道，共同开创美好的未来！

滁 州 市

滁州，地处安徽东部，位于长江三角洲腹地。东与扬州、南京相连，西与合肥接壤，全市共有9个省级工业园区，承东启西，是安徽省实施“东向发展”战略的桥头堡。

滁州山水秀美，资源丰富。区域面积1.33万平方公里，总人口440多万，辖天长市、明光市、来安县、全椒县、定远县、凤阳县和琅琊区、南谯区。

滁州有1400多年历史。北宋文豪欧阳修曾任滁州太守，在这里写下千古名篇《醉翁亭记》。这里是明朝开国皇帝朱元璋和讽刺小说鼻祖吴敬梓的故乡，还是中国农村改革的发祥地。

今日滁州，正在全力实施东向发展战略、工业强市战略和城镇化战略，创优环境，引资引智，全民创业，经济快速发展，事业全面进步，城乡面貌一新，社会和谐安定，一个蓬勃发展的新滁州正崛起于长江北岸。

2008年11月9日，由文化部、农业部、安徽省人民政府主办的首届中国农民歌会在滁隆重开幕，这是全国首个以“三农”为主题的国家级歌会。

醉翁亭居全国四大名亭之首，是国家4A级景区—琅琊山国家森林公园的核心景点。

白鹭岛位于来安县城北，这里万顷林海，碧波银浪，引来数万只白鹭栖息，是集游乐、垂钓、登山为一体的旅游胜地。

明皇陵位于凤阳县城西南七公里处，是朱元璋父母的墓地，明皇陵石刻为全国重点文物保护单位。

凤阳花鼓名称“双条鼓”、“花鼓小锣”，被周恩来总理称为“东方芭蕾”，是国家首批非物质文化遗产。

吴敬梓纪念馆位于全椒县城，吴敬梓不朽名篇《儒林外史》被鲁迅先生称为清代讽刺小说之祖，流传了几百年而不衰。

2008年12月22日，安徽省“十一五”规划一号工业项目，总投资160亿元的煤化盐化工程，年产100万吨PVC项目在定远开工建设。

凤阳县打造千亿元硅产业基地。

安康电子、电器有限公司年产彩电600万台、冰箱150万台，是康佳集团最大的彩电生产基地。

全柴集团年产20万台多缸柴油机、2万吨塑料管材、20万台套汽车内饰件。

安徽最大的外商投资企业，世界500强企业博世和西门子家电集团在滁投资的博西华家用电器有限公司，年产西门子冰箱130万台。

老城展新貌

开放式公园

滁州大剧院

滁州火车站

XIANGTAI OF THE SOVIET UNION IN THE CITY AREA

苏中名城 祥泰之区

泰州海陵

海陵具有2100多年历史,素有“汉唐古郡、淮海名区”之称。自古以来,这里商贾云集、贸易发达,北宋时期即已成为淮海地区以盐粮集散为主的内河港口城市。海陵人杰地灵,历代名人辈出,中共中央总书记胡锦涛同志在这里度过了童年和少年时代。凤城河风景区、梅兰芳纪念馆、学政试院、光孝律寺、日涉园等一批历史人文景观,是海陵作为江淮地区文化中心的重要历史见证。

中共海陵区委书记杨杰在区人代会上发表重要讲话

海陵区人民政府区长孙耀灿在区人代会上作政府工作报告

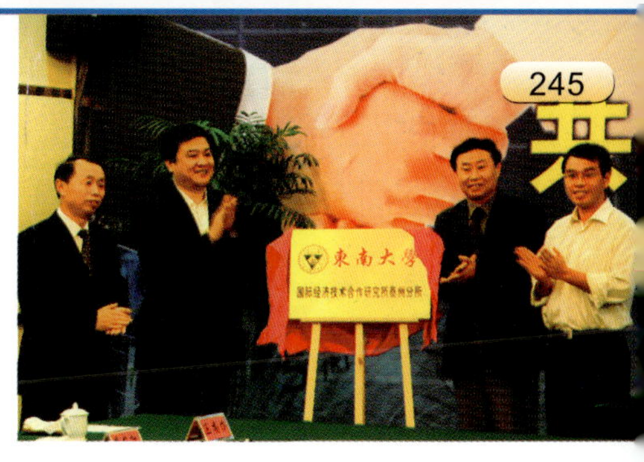

与东南大学合作共建海陵软件园

海陵区是泰州市主城区。1996年7月,经国务院批准,新组建地级泰州市,原县级泰州市改设为海陵区,为泰州市政治、经济、文化中心。现辖3个镇、7个街道、1个省级工业园区、1个省级物流园区和1个现代农业科技示范园区。总面积296平方公里,建成区面积46平方公里,总人口40万。

海陵位于"苏中之中",长江中下游北岸。京沪高速、328国道、宁启铁路以及苏中5条通江达海航道在此交汇,是江苏高速公路、铁路和水路交通网的重要节点,承接上海、苏南经济辐射并向苏北腹地传递。随着江海高速、宁启铁路复线改造、苏中机场、泰州长江公路大桥等重大基础设施的建设,海陵区位优势凸显,集聚辐射功能增强。

海陵产业基础雄厚,商贸流通发达。近年来,大力实施"工业强区"、"商贸兴区"战略,形成机电、医药、化工、新能源以及新技术等重要支柱产业,呈现"城中大商贸、城北大物流、城东大市场"发展格局。2008年,实现地区生产总值90.1亿元,增长15.5%;实现财政收入18.51亿元,增长37%;完成全社会固定资产投资额71.93亿元,同比增长42.3%。改革开放以来,上述指标分别保持着13.3%、12.1%、25.5%的增幅,体现了海陵强劲的发展态势、蓬勃的发展活力和巨大的发展潜力。

旧城改造步伐加快,城市面貌日新月异,呈现出生态、宜居、秀美的人居环境。人民生活和社会保障水平不断提高,全面建设小康社会各项指标基本达标。2008年,城镇居民人均可支配收入17198元,增长15.1%;农民人均纯收入8553元,增长13.3%。以区为创建主体,先后获得国家环保模范城市、国家卫生城市、中国优秀旅游城市、江苏省园林城市等荣誉称号;08年创建成为全国科普示范区、江苏省城市社区卫生服务先进区,江苏省教育现代化先进区创建工作全面达标。海陵民风纯朴,社会祥和安定,连续多年获得江苏省社会治安安全区称号,08年圆满完成奥运火炬传递安保任务,是全国最安全地区之一。

生态宜居的城市环境

古街新姿－坡子街商业中心

梅花深处的梅兰芳纪念馆

海陵工业园区

老街夜景

城市景观

凤城河畔望海楼

安徽省全椒县

县委书记:汪建中

县　长:盛必龙

全椒,位于安徽省东部,江淮分水岭南侧,东距南京46公里,西距合肥98公里,是南京一小时都市圈的核心层,是安徽东向发展的门户。全县国土面积1568平方公里,人口48万,辖10个镇、94个村民委员会。2008年,全县实现地区生产总值50亿元,同比增长15.5%。实现财政收入4.02亿元,同比增长25.1%,完成招商引资35亿元。全社会固定资产投资44亿元,同比增长37%。城镇在岗职工平均工资21100元,同比增长30%。农民人均纯收入4955元,同比增长22%。

全椒区位独特,交通便捷。东临南京,西接合肥,北连滁州。1小时内可达南京禄口、合肥骆岗两个机场;三条铁路过境设站,宁西铁路和沪-汉-蓉城际铁路在全椒境内并轨于城南设站,每日有7个班次动车组列车停靠,建设中的京沪高速铁路在城北建站,合宁高速、拟建的沿江高速两条高速公路穿境而过,滁河水运通江达海,距全国最大的内陆港口南京新生圩港仅一小时里程,水、陆、空交通密集优势全国罕有。

全椒历史悠久,人文荟萃。西汉置县,有2200多年历史,有“一桐城二全椒”之说,文人雅士代不乏人,是清代吴敬梓、明代高僧憨山、清代文士薛时雨、民国文侠杨尘因等名人故里。《儒林外史》蜚声世界,《寄全椒山中道士》、《王冕学画》、《范进中举》和《两根灯草》等耳熟能详的文章贯穿小学、中学、大学课本。境内文物古迹较多,有距今1500余年南北朝梁武帝所建的龙山寺和吴敬梓等明清两代文人雅士读书讲学之所奎光楼等。

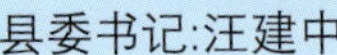

全椒生态优异,风光旖旎。全县森林覆盖率达28%,是全国生态农业建设先进县、绿化模范县,有12个国家绿色食品品牌和4个国家级无公害农产品。境内有天然氧吧之称的碧云湖、景色秀美的岱山湖;有国家AAA旅游风景区—神山国家森林公园、吴敬梓纪念馆,国家AA旅游风景区—龙山风景区等。县城依山(南屏山)傍水(襄河),襄水环绕。正月十六"走太平"已延续了1500多年历史,演绎成全椒第一大民俗,形成了全国少有的"太平文化",现被命名为省级非物质文化遗产,已申报国家级非遗项目。

全椒蓄势图强,科学发展。近几年,全县上下认真贯彻落实科学发展观,大力招商引资,培植产业特色,先后引进了海螺、温氏、雨润、金帅等全国知名企业集团,初步形成了机械加工、白色家电、绿色农产品深加工、新型建材等产业体系。全椒经济开发区是省级开发区,是中国欧盟商会唯一向其成员推荐的开发区,已建成11.88平方公里。本土企业安徽全柴动力股份有限公司是安徽省内燃机行业唯一一家上市公司,也是皖东第一家上市公司。

火车站

县城新貌

现代万亩花木示范园

江都市

【简况】

江都市位于江苏省中部,南濒长江,东临泰州,西傍扬州,总面积1332平方公里,总人口107万,下辖13个镇和1个省级经济技术开发区。2008年全市实现地区生产总值336.1亿元,比上年增长14.3%;财政收入41.15亿元,其中一般预算收入14.87亿元,分别增长28.4%、20.1%;全社会固定资产投资210.14亿元,增长35.48%;城镇居民人均可支配收入16546元、农民人均纯收入7937元,分别增长22.1%、13.2%。第八次跻身“全国县域经济基本竞争力百强县(市)”行列,列2008年“全国中小城市综合实力百强”第48位。

群众安居乐业

城区鸟瞰

神奇山海 活力台州

玉环娣妹岛

台州位于中国黄金海岸线的浙江中部，陆地面积9411平方公里，总人口574万人，辖三区、二市、四县。台州自然风光雄奇秀丽，历史文化渊远流长，是中华下汤文化发源地、大陆首航台湾纪念地、中国柑橘始祖地、中国股份合作经济发源地、中国大陆新千年曙光首照地。

温岭长屿硐天

台州拥有国家4A级旅游区四处，国家重点风景名胜区三处，国家历史文化名城一座，全国重点文保单位三处，世界地质公园两个，国家地质公园一个，国家级森林公园两个，国家级工业、农业旅游示范点五处，构成了一幅集“山、海、经、佛、城、洞”为一体、相得益彰的美丽画卷。旅游精品不断涌现，设计包装了山水生态旅游线、海洋生态旅游线和文化生态旅游线三个旅游产品，“神奇山海，活力台州”的旅游形象已在国内外市场初步建立。近年来，台州先后获得“中国优秀旅游城市”、“中国文化生态旅游示范地”等称号。

仙居淡竹原始森林

天台国清寺

临海江南长城

椒江大陈岛

台州市民广场

山水苏州 人文吴中

苏州市吴中区

SUZHOUSHIWUZHONGQU

吴中科技园

吴中城区夜景

尧南社区服务中心

吴中区位于古城苏州的南部,濒临太湖,全区陆地面积742平方公里,太湖水域1459平方公里,辖7个镇、8个街道和1个国家级太湖旅游度假区、1个省级经济开发区、1个国家级农业高科技示范园区、1个穹窿山风景管理区,户籍人口57万。

历史悠久,人文荟萃,是吴文化发源地。全区拥有2个国家级历史文化名镇、2个国家级历史文化名村,3个省级历史文化名镇,7处国家级重要文物保护单位。享誉世界的“兵圣”孙武、“塑圣”杨惠之、“草圣”张旭、“绣圣”沈寿、北宋名臣范仲淹、明代建筑大师蒯祥等都生长或成名于吴中。刺绣、雕刻、书画等民间工艺制作历史悠久,精美绝伦。

山水兼得,风景秀丽,是国家级生态示范区。吴中区拥有五分之三的太湖水域,国家规划的13个太湖风景区6个在吴中,太湖72岛中58岛在吴中。区内有2个国家森林公园、1个国家地质公园,洞庭山、灵岩山、天平山、保圣寺、宝带桥等风物景致闻名遐迩。以“太湖山水、古镇古村、吴地文化、生态休闲”为主题的吴中特色风情旅游吸引了众多的海内外游客,年接待游客达1000多万人次。

经济发达,人民富裕,是苏州的经济强区。吴中区是“全球九大新兴科技城市”苏州的南城,目前已有40多个国家和地区的2000多家外资企业和13000多家内资民资企业在吴中投资兴业。近年来,围绕“山水苏州·人文吴中”发展战略,不断加大经济结构调整力度,已形成了生物医药、电子信息、机电一体化、新能源、新材料等五大优势主导产业,相继建成了全国县级区域中面积最大的吴中出口加工区、国家级吴中科技创业园、国家火炬计划生物医药产业基地、中国光伏产业示范基地等一大批科技创新载体,先后吸引了百世德太阳能、伟创力集团、药明康德、尚德一库特勒、菲律宾SM集团等一批重大项目。我国首个永久性、国际化、全国性文化交流平台——“太湖文化论坛”永久坛址正在建设之中。2008年,全区实现地区生产总值468亿元,地方一般预算收入44.8亿元,城镇居民人均可支配收入26110元,农民人均纯收入11850元。

桥岛风光

中共南京市玄武区委

单景南书记

王海宏区长

玄武区是南京的中心城区之一，市政府所在地，区域面积 80.97 平方公里，人口约 46 万，是南京军区机关和南京市委、市政府所在地。

玄武区风景秀丽、历史悠久。区域内有著名的钟山风景区和玄武湖风光带，具有融山、水、城、林于一体的独特风貌，绿化覆盖率达 58% 以上。自公元 229 年孙权迁都建邺开始，玄武区曾是东吴、东晋及南朝宋、齐、梁、陈六朝宫阙御苑所在地，明朝初期的紫禁城、明太祖朱元璋的陵寝明孝陵、清朝太平天国的天王府、近代孙中山的临时大总统府以及中山陵等名胜均在区域范围内。全区有重点古迹、文物保护点 72 处，是南京旅游景点最集中的地区之一。

玄武区科教发达、人文荟萃。区域内有东南大学、南京理工大学、南京林业大学、南京农业大学、江苏省农科院等 40 余家大专院校、科研院所。在江苏省拥有的 70 多名两院院士中，在玄武区生活、工作的就有 31 名。

近年来，玄武区经济、社会始终保持快速健康发展。全区初步形成了以科技信息业、文化旅游业、商贸商务业为主体的经济发展格局，区生产总值和财政收入连年递增，经济实力位居南京主城区前列。先后荣获全国社区建设示范区、全国社区服务示范区、全国科技进步示范区、全国科普示范区、全国社区红十字服务示范区、全国老龄工作先进区、全国社区残疾人工作示范区等称号。

玄武风光旖旎

中心城区玄武

山水城林的玄武景观

发达的交通枢纽

现代化国际性人文绿都标志区

南京 1912 休闲街区

新街口商贸商务核心区的德基广场（一期）

风景秀丽的玄武湖

安徽省综合“十强县”

2008年5月10日市委常委、县委书记毛长江(左一)迎接并陪同全国人大常委会副委员长周铁农莅临当涂视察调研

2008年,当涂县紧紧围绕“发展大跨越、全面达小康,全省创三强、全国争百强”的奋斗目标,坚持以科学发展观为指导,积极应对全球金融危机和国内自然灾害带来的巨大挑战,抢抓机遇,创新举措,奋力拼搏,全县经济社会呈现出“五优化”、“五提升”的又好又快发展的新态势。一是三次产业结构进一步优化。全县生产总值突破100亿元,达到125亿元,增长19.3%;三次产业结构比例调整为17∶59∶24,以工业为主导的经济增长态势日趋明显。二是有效投入质量进一步优化。全社会固定资产投资突破100亿元,达到120.4亿元,增长66%,总量接近前两年总和,位居全省县级第二位。三是工业经济运行进一步优化。规模工业增加值46.8亿元,增长38.5%,总量超过前两年总和;全年新发展规模企业50家,新增销售收入超亿元企业13家、税收超千万元企业7家。四是对外开放平台进一步优化。全县各类园区建成区面积拓展到43.8平方公里,新增7平方公里。当涂经济开发区被评为第二届长三角最具投资价值开发区,全年实现工业产值60亿元,增长50%。五是城乡发展环境进一步优化。县城建设完成投资19.2亿元,新拉开建设框架3平

2008中国当涂石臼湖螃蟹节暨经贸洽谈会开幕,省政协副主席郑牧民到会宣布开幕,著名歌唱艺术家于文华、蒋大为和容中尔甲等为当涂人民倾情演唱。图为县长操隆山主持开幕式。

当涂不仅有李白还有李之仪,北宋著名词人李之仪在当涂生活了十多年并留下大量优秀作品,特别是千古绝唱“君住长江头,我住长江尾”即在当涂所作。图为落实市人大2007一号议案而成立的李之仪研究会在藏云山李之仪家族墓地举行祭奠仪式。

2008年，博望镇三杨村被评为全省唯一的国家级生态村，图为环境优雅功能完善的博望镇三杨村民小区

当涂县

2008年全国重点文物保护单位李白墓园被评为国家AAA级风景区，图为李白墓园碑林园景

方公里，新增城市道路8公里，新增城市绿地5万平方米。小城镇建设完成投入15.3亿元。六是经济外向水平进一步提升。全年新引进投资超亿元项目13个，实际利用内外资金39.5亿元，增长97.1%；全年实现进出口总额7861万美元，增长236.9%。七是财政收入水平进一步提升。全县财政一般预算收入15.6亿元，增长38.3%，实现两年翻一番，总量位居全省县级第三位。八是新农村建设水平进一步提升。全县粮食总产41万吨，再创历史新高。种植大户规模经营和流转面积15.9万亩，占全县耕地面积24.2%。农村交通、水利和供电等基础设施日臻完善，被评为全省新农村电气化县。九是人民生活水平进一步提升。社会保障工作走在全省县级前列，覆盖城乡居民的社会保障体系基本建立，养老保险在全省县级率先实现城乡全覆盖。在岗职工年平均工资28388元，增长26.5%；农民人均纯收入7109元，增长18%，连续六年位居全省县级第一。十是社会建设水平进一步提升。教育、科技、文化、卫生、民政和人口计生等各项工作协调推进，被评为全国科技进步先进县、全省首批文明县城。全县上下发扬“一方有难、八方支援”的精神，为四川汶川地震灾区捐赠款物价值累计880多万元。

2008年12月15日19点30分，大唐当涂发电厂筹建处1号66万千瓦超临界机组顺利通过168小时满负荷试运。至此，1号机组顺利完成全部建设、调试任务，具备上网正式生产条件，同时创下了全国同类型火电机组建设“行规”考核工期最短记录。图为电厂夜间生产景观

独特的艺术画种——“布锦画”，产自于历史悠久、文化积淀丰厚的千年古县当涂。由国家级美术师陈民、周世华等艺术家主导创作，安徽山川当涂文化产业发展中心创意推介。“布锦画”作品先后荣获首届文化艺术国际金球奖书画类金奖、中国美术家协会最具有收藏价值奖、中华民俗全国书画精品奖。英、美、法、意及港、澳、台等国家和地区的博物馆、著名建筑大厦以及许多收藏家，均藏有当涂“布锦画”作品。图为当涂旧县城图

阔步迈向东陇海线上第三大城市 新沂

江苏省委书记梁保华视察新沂

徐州市委常委、新沂市委书记：陈德荣

新沂地处苏鲁两省交界，是江苏的北大门，东陇海产业带中心城市，全国县级市中为数不多的交通枢纽。全市总面积1616平方公里，下辖16个镇，总人口100万，其中城区人口25万。1949年建新安县，1952年更名为新沂县，1990年撤县设市，1998年国务院批准了新沂的中等城市规划。省委、省政府先后将新沂发展定位为"苏鲁接壤地区新兴的交通枢纽和商贸旅游中心、江苏新兴工业城市"，苏北唯一的"三级一类中心城市"，东陇海线上第三大城市、第三大工业城市。近年来，新沂先后被评为江苏省卫生城市、江苏省文明城市、江苏省文化先进市、江苏省双拥模范城市，全国体育先进市、全国科技进步先进市。

新沂区位优越，交通便捷，铁路、高速公路、国道和省道在这里形成"三纵三横"的交通网络格局。新沂物产资源丰富，现已探明并开发利用的矿产资源有黄砂、石英、水晶、钾钠长石、金红石、矿泉水等27种。石英砂储量达22亿吨，含硅量高达99%以上。金红石探明储量为全国第一。水资源充沛，旅游资源较为丰富。新沂工业基础扎实，初步形成了精细化工、纺织服装、机械制造、信息技术、资源开发五大工业板块。新沂发展环境优越，是苏北地区"条件好、政策优、服务佳"的投资理想之地。

京沪、连霍高速公路在新沂境内交汇。

按照"着着落实、项项争先、年年进位"的总体要求，围绕"五年任务四年完成、进军苏北领先行列"奋斗目标，新沂人团结拼搏，务实苦干，经济社会步入了发展的快车道。招商引资成效显著，近年来竣工投产千万元以上工业项目300多个，其中亿元以上项目40多个，工业固定资产投入180多亿元。园区建设突飞猛进，开发区基础设施建设累计投入达12亿元，已建成面积20平方公里，升格为省级开发区。无锡-新沂工业园自正式运行以来，投入建设资金达3.5亿元，2平方公里的启动区基础设施初具规模，2平方公里的商贸区已启动建设。城市面貌日新月异，实现了老城区、开发区、城南新区、城北新区、沭东新城"五区对接"，全长48公里的城市外环线即将形成，中等城市框架已经拉开。各项改革深入推进，主要经验在全省推广。新沂连续两次当选"长三角最具投资价值县（市）"和"全国最具投资潜力中小城市百强"。2008年，全市实现地区生产总值128.6亿元，同比增长14.8%；实现财政总收入17.8亿元，增长45%；其中一般预算收入完成7.01亿元，增长34.5%。全社会固定资产投资128.2亿元，增长38.8%。社会消费品零售总额44亿元，增长23.6%。城镇居民可支配收入10021元，增长15.5%；农民人均纯收入5686元，增长12%。城乡居民储蓄存款余额56亿元，增长20.8%；全市金融机构新增人民币贷款13.4亿元，增长30.7%，被评为全省首批、徐州唯一的"金融生态达标县（市）"。

国家级AAAA级风景区马陵山

江苏省最大的化肥生产基地
——恒盛化肥有限公司

江苏新沂经济开发区

上海市辖县(市)

崇 明 县

【概况】 崇明县由崇明、长兴、横沙等三岛组成,三岛陆域总面积1411平方公里。下辖15个镇和3个乡,2008年末全县总户籍人口69.3万人。

崇明岛位于西太平洋沿岸中国海岸线的中点地区,地理位置在东经121°09′30〃至121°54′00〃,北纬31°27′00〃至31°51′15〃,地处中国最大河流长江入海口,是世界最大的河口冲积岛,也是中国仅次于台湾岛、海南岛的第三大岛屿。素有“长江门户、东海瀛洲”之称。全岛三面环江,一面临海,西接滚滚长江,东濒浩瀚东海,南与浦东新区、宝山区及江苏省太仓市隔水相望,北与江苏省海门市、启东市一衣带水。全岛面积1267平方公里。东西长80公里,南北宽13至18公里。岛上地势平坦,无山岗丘陵。西北部和中部稍高,西南部和东部略低。90%以上的土地标高(以吴淞标高0米为参照)在3.21米至4.20米之间。岛屿地处北亚热带,气候温和湿润,年平均气温15.2℃,日照充足,雨水充沛,四季分明。岛上水土洁净,空气清新,生态环境优良。居民平均期望寿命80.2岁。

长兴岛位于吴淞口外长江南水道,东邻横沙岛,北伴崇明岛。岛呈带状,东西长26.8公里,南北宽2~4公里。面积88平方公里,其中滩涂面积8.5平方公里,可耕地面积26.2平方公里(不包括前卫农场)。南沿有深水岸线近20公里,一般水深-12米至-16米,最深处-22米,可停靠30万吨级轮船。

横沙岛是长江入海口最东端的一个岛屿,三面临江,一面临海。背靠长兴,北与崇明岛遥相呼应,南与浦东新区隔江相望。岛呈海螺形,南北长12公里左右,东西宽8公里左右。平均海拔2.8米。总面积56平方公里,其中可耕地面积26.8平方公里。目前尚有滩涂资源0米以上20万亩、-5米以上67万亩。周边岸线30余公里,其中南端约有2公里深水岸线,水深-12米左右。

【历史沿革和行政区划】 崇明岛成陆已有1300多年历史。公元618年(唐朝武德元年),长江口外海面上东沙西沙两岛开始出露。以后许多沙洲时东时西、忽南忽北涨坍变化,至明末清初,始连成一个崇明大岛。公元696年(唐朝万岁通天元年)初,始有人在岛上居住。公元705年(唐朝神龙元年),在西沙设镇,取名为崇明(“崇”为高,“明”为海阔天空,“崇明”意为高出水面而又平坦宽阔的明净平地)。公元1222年(南宋嘉定十五年)设天赐盐场,隶通州。公元1277年(元朝至元十四年)升为崇明州,隶扬州路。公元1396年(明朝洪武二年)由州为县,先隶扬州路,后隶苏州府,兼隶太仓州。民国时期,先后隶属江苏南通、松江。解放后,隶属江苏南通专区。1958年12月1日起改隶上海市,目前是上海十九个区县中唯一的县。

长兴岛成陆于咸丰年间。横沙岛至今已有120年左右历史。2005年5月18日起,经上海市人民政府报请国务院批准,原属上海市宝山区的长兴、横沙两个乡行政区域,整建制划入崇明县。2008年8月,经上海市政府批准,建立东平镇、新海镇,原属光明集团(原农场局)东平社区、新海社氏及长江公司、跃进公司归入崇明地方行政管理。

【经济发展】 产业结构调整力度进一步加大,三次产业融合发展,经济总量保持两位数增长,但受全球金融危机的影响,发展速度比上年有所回落。2008年全县实现增加值137.7亿元,比上年增长12.1%,比上年增幅回落1.3个百分点,完成全年目标任务的100.1%,其中,第一产业增加值17.7亿元,比上年增长5.0%;第二产业增加值68.0亿元,比上年增长13.0%;第三产业增加值52.0亿元,比上年增长13.7%,一、二、三产业增加值的比重分别为12.8%、49.4%、37.8%。财政改革继续深化,财政体制不断完善,监管得到加强,收入增长明显。2008年完成财政收入50.7亿元,比上年增长19.4%,完成全年目标任务的110.9%,其中县级财政收入22.0亿元,比上年增长18.7%。

固定资产投资步伐加快,城乡建设面貌发生新的变化,一批重大项目和重点工程相继建成和投入使用,崇明新城、陈家镇和长兴凤凰新市镇建设有序推进。2008年,完成固定资产投资总额55.9亿元,比上年增长26.2%,完成全年目标任务的100.2%。其中基本建设投资30.5亿元,增长38.4%,占总投资的54.6%,完成了水利整治、乡村公路、码头改扩建工程和重点城镇道路等建设;更新改造投资2.2亿元,增长5.1%;房地产投资增速有所放慢,完成投资额14.5亿元,增长18.9%,年内相继开工建设新城23号、24号地块商品房住宅项目、裕安中心社区宅基地置换二期A块11.5万平方米、配套商品房一期10万平方米配套商品房工程、长兴17万平方米配套商品房、广安苑、甘霖坊等项目;农村集体投资8.7亿元,增长9.0%。

全县农业生产以农民增收为核心,着力推进高效生态农业的建设。2008年全县粮食作物总播种面积为75.4万亩,同比减1.8%,总产实现31万吨,同比增1.0%。实现设施粮田建设项目面积2.2万亩,“寒优湘睛”“秀水128”等优质品种种植比例比上年有所提高,推广机插稻面积8.2万亩,比上年增8个百分点;积极培育农民专业合作社,加快农业产业化步伐,建成各类农民专业合作社277家,吸收农民成员2.5万余人;蔬菜生产呈现两增,其中播种面积达50万亩次,比上年增长5%,总产量为95万吨,比上年增长4%;林业生产扶持发展规模化生态果林建设,全年新增造林面积1.1万亩;畜牧业生产由于饲料价格大幅上涨,生猪、奶牛生产得到政策扶持,产量未受影响,全县生猪出栏27.6万头,同比增1.8%,鲜奶总产1.6万吨,同比增1.5%;肉用禽和禽蛋产量下降但价格有所上扬,白山羊出栏24万头,与上年基本持平,家禽出栏420万羽,同比下降5.6%,鲜蛋总产1.4万吨,同比下降5.7%;渔业生产随着市外河蟹养殖基地的不断拓展,产业优势明显,海洋捕捞和淡水鱼产量略减但价格上扬。2008年渔业总产量7.5万吨,同比下降3.0%,河蟹养殖面积达103万亩,其中岛外养蟹面积95万亩,生产大闸蟹近1万吨。2008年全县完成农业总产值49.9亿元,比上年增长8.0%。

工业经济保持平稳的发展速度,但全球金融危机的逐步蔓延,对全县工业生产形成一定的冲击,工业增速下行压力加大,第四季度发展速度明显低于前三季度。2008年完成工业总产值163.3亿元,比上年增长10.6%,完成全年目标任务的100.5%,其中规模以上工业呈举足轻重的地位,完成工业总产值146.4亿元,占全县工业的89.7%。海洋装备产业是县经济发展的一个新增长点,全年完成工业总产值60.1亿元,占全县工业的36.8%,已成为县工业的主导行业。工业结构调整力度进一步加大,按照县节能减排的实施方案,对25家能耗高、污染重的劣势企业进行调整,通用设备、交通设备、金属制品业这三大主导行业的比重逐年提高,其产值占全县工业的比重达55.9%,比上年提高8.1个百分点。受上半年原材料、能源等大幅度上涨的影响,工业企业生产成本上升,利润总额略有增长。2008年实现利润总额6.7亿元,比上年增长5.3%。

建筑业融入大市场,谋求大发展。2008年完成建筑业总产值142.5亿元,比上年增长18.6%;完成建筑业增加值20.1亿元,比上年增长14.8%。建筑施工面积为2240万平方米,比上年增长16.1%;竣工面积606万平方米,比上年增长13.1%。

金融业不断强化和完善服务功能,银行存贷总额不断增加。2008年末金融机构各项存款余额357.7亿元,比年初增加57.3亿元;贷款余额189.0亿元,比年初增加4.9亿元。

县内商品市场繁荣稳定、销售活跃,吃、穿、用、烧全面增长。2008年实现社会消费品零售总额34.1亿元,比上年增长13.4%,完成全年目标任务的102.1%。从商品用途来看,吃的商品零售额8.7亿元,增长13.9%;穿的商品4.0亿元,增长14.1%;用的商品15.4亿元,增长13.5%;烧的商品0.9亿元,增长11.2%。集市贸易成交额5.1亿元,增长12.4%。由于出口需求大量减少,外贸企业生产形势比较严峻。2008年完成外贸出口拨交额34.9亿元,比上年下降5.1%。其中工业品出口拨交额34.6亿元,比上年下降5.2%;农副产品出口拨交额0.3亿元,比上年增长1.1%。

强化服务功能,优化投资环境,招商引资取得新突破。2008年全县引进各类企业4386户,比上年增加446户;注册资金总额50.1亿元,比上年下降6.4%;累计完成税金36.4亿元,比上年增长18.5%。其中崇明工业园区和富盛开发区共引进注册企业807家,注册资金12.4亿元,完成税金14.8亿元;各乡镇、委局经济小区引进企业3579家,注册资金37.7亿元,完成税金21.6亿元。全年,新批准三资企业48家,比上年增加16家;项目总投资1753万美元,比上年下降77.7%;合同外资1415万美元,比上年下降69.0%;实际利用外资1993万美元,比上年增长16.9%。

通信条件进一步改善。2008年全县邮电业务收入2.5亿元。年末电话交换机总容量2.8万门。年末拥有电话用户22.4万户。每百户住宅电话拥有量达68.6部。邮政业务平稳发展,2008年末共有邮电局(所)57个,全年进出函件779万件,进出包件12.6万件,进出特快专递21.6万件,发行各类报刊杂志1699万份。

全面开展政府网站建设工作,在“上海崇明”政府门户网站服务器上共有14家单位网站实现系统软硬件资源的共享。信息化项目管理取得实效,2008年,全县共有20多个单位确定信息化项目建设资金3600万元。政务外网建设取得新突破,在政务外网网络实现乡镇、委局互联互通的基础上,2008年重点推进党委系统及农村社区的外网联网工程以及政务外网的应用系统建设。县、镇、村覆盖全县三级网络框架已经建成完成并实现与市政务外网连接和因特网的统一出口。外网的建成逐步形成政府业务协同办理和网上服务的工作格局。

交通设施进一步完善,水陆运能得到提高。2008年总投资5500万元的石洞口客运站改扩建工程按节点进度推进;总投资1.1亿元的宝杨路改扩建工程已开工建设;在沪崇航线上投资8600万元建造3艘高速船舶,新增客位936个;投资1400万元更新2艘高速船舶,新增客位276个,三岛和上海之间的车客来往更加快速、便捷。年末三岛对外水运航线16条,全年水运旅客1482万人次;渡运车辆168万辆次。2008年全面完成35个行政村通公交的目标任务,公交覆盖率达98.2%,全年陆上公交新增33辆出租车,更新客车36辆,年末共有公交线路31条,线路长度914公里,全年运送旅客2055万人次。

【社会事业】 2008年,全县科技、教育、文化、体育、卫生等社会各项事业得到全面发展。

科技:围绕科技支撑生态岛建设、增强企业自主创新能力和提高崇明人民科学文化素质这一目标,积极配合市科委开展"崇明生态岛科技支撑专项"实施和"崇明生态岛建设指标体系"研究,组织申报实施各类、各级科技计划项目。2008年组织申报科技部(上海市)科技型中小企业技术创新基(资)金项目5项、上海市科技型中小企业技术创新资金初创期小企业创新项目3项、上海市高新技术成果转化项目12项、国家重点新产品2项和市级新产品2项。发展上海市科技小巨人企业2家和上海市科技小巨人培育型企业4家。组织科技成果登记21项,申报上海市科技进步奖1项。2008年开展县级重点科技攻关项目36个、科技成果示范推广与产业化项目10个、专利技术研究转化项目4个。成功举办"科技活动周"和"全国科普日"崇明地区科普活动,营造良好的科普氛围。2008年县、乡镇科协举办科普早市活动达110余场次,参加人数达6万余人次,赠送科技图书1万余册,发放各类科普资料小报4万多份,完成78个村级科普画廊建设。

教育:继续推进校舍设施建设,学校办学条件进一步改善。2008年总投资9200万元新建堡镇初级中学,完成主体工程;总投资分别为5530万元和1218万元的竖河职校旅游实训中心项目和新建民本中学体艺楼项目主体工程竣工;总投资5700万元,完成14所幼儿园达标工程;总投资2380万元,对53所学校的校舍进行改造;总投资1900万元为13所学校新建塑胶场地。教育内涵建设得到加强,启动新一轮县级中小学"素质教育实验校"创建工作,完成县"实验性、示范性高中"终期评估,骨干教师梯队建设有序推进,素质教育得到进一步提高,教育教学质量稳步提升。2008年小学毕业生合格率达到98.0%;中考合格率为97.1%;高中阶段入学率在98.5%以上;高考上线率为93.0%

文化:文化设施有较大的改善,群众性的文化活动蓬勃开展。2008年完成90个农村文化信息化村级服务点的建设、实施崇明影剧院改造工程、开始启动新城县图书馆和县文化馆建设的前期准备工作、完成县体育场的综合改造、完成县实事工程3片社区公共运动场和48个村的农民健身工程及10个村的健身点建设。举办"第十一届文化艺术节"。文化下乡"百千万"工程,已成为崇明的一个特色品牌。一是百场戏巡演。今年围绕县委、县府中心工作,组织创作编排一台以"创生态崇明、建和谐家园-暨纪念改革开放三十周年"为主题的文艺节日,深入全县乡(镇)、村(社区)巡回演出100场次,并组织发动乡(镇)、村文艺团队深入农村基层进行宣传演出700余场次。二是千场电影,全县农村已放映3900场次,做到每村每月有一场以上的电影。三是向农村送书万余册,成功举办崇明县第十一届文化艺术节,县、乡镇共组织开展24个系列活动,文艺演出活动的组织形式和演出水平有较大突破

广播、电视、报纸围绕县委、县政府的各项重点工作,加大舆论宣传力度。2008年崇明人民广播电台共播出3668小时;崇明电视台共播出5470小时;崇明报年发行量达260万份。有线电视家家通工程有力推进,全年新增有线电视终端用户8万户,年末端用户达14.8万户

体育:体育品牌赛事的举办,成为崇明一张亮丽的名片。2008年成功举办环崇明岛女子国际公路自行车赛,共有9个国家和地区的14支女子自行车队,75名运动员参加比赛;举行第47届"烈士杯"篮球赛;举办县级各类竞赛27次,参加人数1.4万人。全年参加市级比赛24次,共获66金63银37铜的好成绩。群众性体育活动蓬勃开展,组织实施全民健身月活动,举办第十四届全民健身节活动,全年完成3个社区公共运动场和48个农民体育健身工程建设。

卫生:医疗资源整合力度不断加大,医疗环境进一步提高。2008年共投资819万元,完成了75所村卫生室标准化建设。横沙医疗急救分站顺利竣工。全县新增10辆救护车已采购到位,总计投资655万元。总投资28546万元的堡镇人民医院整体迁建工程已完成动拆迁工作。总投资1737万元的庙镇人民医院改造工程,完成项目建议书的编制。康乐医院改扩建工程结构封顶。

社区卫生服务综合改革向纵深推进,医疗服务内涵质量逐步提高。2008年对全县16家卫生服务中心进行功能调整,医疗资源得到更有效利用。实施"镇村卫生机构一体化"管理,进一步夯实农村三级卫生保健网络基础。2008年县合作医疗继续保持高水平的参保率,达到99.57%。农村合作医疗保障水平得到提高,县政府财政扶持力度再创历年新高,达到人均95元,比上年增长80%,增量资金达到2000万以上,农民门诊补偿比例、住院补偿比例在2007年的基础上分别提高10%。对全县近11万60岁以上参加合作医疗的老人分两年实行免费体检,全县共享受健康体检的农民达8.7万人,

公用事业:公用事业基础设施不断完善。2008年末县属自来水厂4家,年供水量2079万吨,管线长度176公里。全年发电量12.1亿千瓦时,售电总量达15.7亿千瓦时。年末液化气用户23.9万户,年消费量71.4万瓶;有管道液化气用户2.5万户,年用气量达303万立方米。

【人民生活】 户籍人口逐年减少,外来人口明显增加。2008年底二岛户籍人口为69.3万人,比上年减少0.4万人,人口出生率5.55‰,死亡率9.28‰,自然增长率-3.73‰,已连续14年呈负增长态势。外来流动人口14.8万人,比上年增加2.6万人。围绕"稳定低生育水平、统筹解决人口问题、促进人的全面发展"这一中心任务,计划生育政策得到有效落实,2008年全县落实奖扶、奖补对象2.7万人,发放奖扶、奖补金共计2307万元。户籍人口计划生育率达99.0%,流动人口计划生育率达90.5%。大力开展计划生育科普早市和"三下乡"活动,2008年县、乡两级开展计划生育科普早市和"三下乡"活动达70余次,发放各类宣传资料6万多份,提供各类咨询和诊疗超过2万人次。

2008年就业体系进一步健全,各乡镇普遍成立就业工作办公室,同时,在全县222个行政村重新建立专职就业援助员队伍。就业政策进一步深化,制定鼓励崇明、横沙两岛劳动力去长兴海洋装备企业就业政策和鼓励劳务公司组织本县农村富余劳动力出岛从事家政、保安、物业管理等工作的政策。就

业服务平台进一步完善,建成覆盖县、镇、村居委的公共就业服务网络平台服务点350个。城乡新增就业保持较好水平,2008年全县实现新增就业11868人,完成全年目标任务的118.7%。职业培训11523人,完成全年目标任务的144.0%。城镇登记失业6500人,控制在市下达指标6940人以内。城镇集体单位以上的职工就业较为稳定,2008年全县城镇职工人数为2.6万人。其中企业单位职工0.8万人;事业单位职工1.5万人;机关、团体0.3万人。

社会保障制度进一步完善,保障水平进一步提高,2008年全县城镇职工基本养老保险和基本医疗保险参保率达100%。农民社会养老保障覆盖范围进一步扩大,2008年参加农村社会养老保险的人数达4.8万人,完成计划的138.1%。农村社会养老保险养老金标准进一步提高,2008年比上年养老金平均提高58.3元,达到168.5元。外来从业人员参加综合保险工作逐步推进。全年参保达7.3万人,完成市下达目标的140%。县委、县政府着力保障"困难、特殊、优抚"三个群体的基本生活,2008年共投入帮困资金1515万元,对6万多贫困户实施帮困补助。城乡居民最低生活保障标准得到提高,全年对17.7万人次城镇居民实施低保救助,发放低保资金3895万元;补助协保对象1.1万人次,补助金额134.9万元;发放粮油帮困卡3.6万张,折合金额160.2万元;实行农村居民最低生活保障6万人,发放低保资金4402万元;实施大病重病医疗救助5664人次,救助资金1666万元;继续实施老年农民养老金补贴制度;全年新增养老床位933张。

2008年以来,县委、县政府把提高城乡居民的收入作为重点工作来抓,出台一系列加强和改善民生的政策、措施,城乡居民收入有新的提高。2008年,全县职工年平均工资47111元,比上年增长68.0%;农村居民年人均纯收入8350元(农村居民家庭人均可支配收入7765元,比上年增长11.4%),比上年增长11.5%,这主要得益于财政加强对民生的投入,2008年,发放农民粮食直补资金5726万元,油价补贴6546万元,种植疏菜补贴320万元,化肥、农药补贴1146万元,水稻机械化育插秧补贴320万元,全年补贴资金比上年增加7063万元。居民储蓄总量不断增加,年末城乡居民储蓄余额217.2亿元,比年初增加40.2亿元,人均储蓄达31234元,比上年增加6021元。

【城乡建设】 2008年,城乡建设重点以基础设施建设、新农村建设、环境保护等三方面展开。

基础设施建设:上海长江隧桥工程已实现全线贯通,陆地各项配套工程有序推进,崇明新城由形态建设转向功能性开发。总投资42.9亿元的崇启通道项目(上海段)已开工建设;总投资2.0亿元的新城文化活动中心实现主体结构封顶;总投资0.5亿元启动建设新城公园一期工程;总投资0.7亿元崇明规划展示馆已开工建设;总投资1.3亿元证照中心已破土动工;行政中心办公大楼前期准备工作已基本完成;投资1.2亿元开工建设翠竹路、定澜路三期及延伸段、崇州路等项目。陈家镇试点城镇有力推进,总投资1.5亿元的东滩大道一期工程已基本完成,二期工程进入准备阶段;总投资1.7亿元的揽海路也已基本完成;投资0.4亿元的办公大楼实现结构封顶;投资0.5亿元开工建设次一路、次二路和次三路。2008年总投资5.3亿元,新建乡村公路280公里,改造危桥579座,建设村级主干道路1054公里、拓宽乡村道路59.423公里。总投资9018万元共完成20个项目的道路大中修和迎世博专项整治项目。

新农村建设:新农村建设有力推进。2008年确定村级专题建设的内容和新一轮试点村,形成点面结合的新农村建设试点村特有的三个专题,内含宣传教育等8个实施方案,有80个行政村被批准为县新农村建设试点村。其中民生村和仙桥村两个行政村被市农委确定为村庄改造试点村。完成去年试点村专题建设项目的验收工作,共创建五星级农户2004户,四星农户10907户,三星农户7397户。各试点村共新建三格化粪池25120户,取缔小粪坑34003只。拆除五棚12万平方米,拆除生活辅助用房2.7万平方米。新建290道方涵、335道圆涵,整治宅河935条段计245公里。市、县、乡镇村投入资金达9000多万元。

环境保护:根据崇明生态岛建设总目标,以国家级生态县创建为抓手,全面推进崇明生态环境保护和建设,顺利完成第三轮环保三年行动计划。环境基础设施建设进一步加强,投资2.1亿元的城桥水厂一期工程已开工建设。总投资4.8亿元的城桥、长兴、陈家镇污水处理设施已建成投入运行;总投资2亿元的新河、堡镇污水处理厂已开工建设,其余11个乡镇集镇生活污水处理设施进入工程筹备阶段,年底城镇生活污水处理率达到50%;城桥、绿华、港西、陈家镇和横沙等5个优美乡镇已通过考核验收;全县农村生活垃圾收集、转运和处置系统基本建成,3个垃圾终端处置场均已投产运行,今年将江苏海永乡、东平、新海两新镇以及空军机场的生活垃圾纳入收运系统,全县生活垃圾无害化处理率已达到98%。生态环境质量有明显的改善,全年实现COD削减1400吨,SO2削减2%的年度任务;对18个规模化畜禽养殖场综合治理;建成646平方公里烟尘控制区和城桥镇4平方公里扬尘污染控制区。总投资6800万元完成了老滧港、堡镇港综合整治和北横运河防坍工程;总投资1.2亿元开工建设东平河、三沙洪和新建港的综合整治。"百路千点"环境综合整治后城乡面貌焕然一新。

【旅游业】 旅游产业围绕绿色、生态、环保、健康的主题,大力宣传崇明生态环境和崇明旅游的人文特色,精心打造生态文化品牌,面向都市人群,2008年完成《崇明县旅游业发展总体规划》修编、《崇西地区旅游发展规划》、《农家乐旅游发展规划》、《明珠湖北大门地区控制性详细规划及景观设计》和《明珠湖花桥建筑设计方案》。总投资7897万元的森林公园一期改造完成,崇明岛国家地质公园顺利揭碑开园。旅游节庆活动精彩纷呈,成功举办"在沪外国友人拍摄崇明活动"、"森林嘉年华系列活动"、"首届崇明老毛蟹节"、"前卫金秋生态文化旅游节"、"瀛东渔家欢乐节"、"绿华全国蟋蟀比赛活动"、"灶花艺术节"、"高家庄园系列活动"、"横沙岛'秋之韵'系列活动"、"明珠湖游"、"集体婚礼"、"视频大赛"等旅游精品活动都给游客献上一道道精美的旅游大餐,吸引岛内外游客前来观光、游览。2008年接待游客112.5万人次,比上年增长10.8%;完成直接营业收入2.7亿元,比上年增长10.0%。

经济社会发展主要指标

项　　目	2008 年	比 2007 年增或减%
国内生产总值(亿元)	137.71	12.1
第一产业增加值(亿元)	17.68	5
第二产业增加值(亿元)	67.98	13
其中工业增加值(亿元)	48.05	12.7
第三产业增加值(亿元)	52.05	13.7
人均国内生产总值(元)	19807	9.7
粮食总产量(万吨)	31.14	1
棉花总产量(吨)	1405	20.5
油料总产量(万吨)	1.11	-0.2
全社会固定资产投资总额(亿元)	55.93	26.2
外贸出口拨交额(亿元)	34.87	-5.1
实际利用外资(万美元)	1993	16.9
社会消费品零售总额(亿元)	29.1	13.6
地方财政收入(亿元)	50.72	19.4
地方财政支出(亿元)	60.55	1.8
职工年均收入(元)	47111	68
农民年纯收入(元)	8350	11.6
邮电业务总量(亿元)	2.49	6.2
年末存款余额(亿元)	357.69	19.1
年末贷款(亿元)	188.96	2.6
中小学(所)	71	1.43

（周　凯）

南京市辖县(市)

高　淳　县

【基本情况】 高淳县位于南京市西南端,面积791.98平方公里,户籍人口42.17万。县内有1个省级经济开发区、8个镇,17社区、139个行政村。

【经济发展概况】 全年完成地区生产总值168.21亿元,增长12.4%;财政收入14.58亿元,其中地方一般预算收入9.02亿元,均增长18.4%;固定资产投资108.11亿元,增长18.2%;社会消费品零售总额56.69亿元,增长21.8%;城镇居民人均可支配收入20908元,农民人均纯收入8982元,分别增长15.6%和11.6%。

工业经济稳定增长。实现工业总产值347亿元、主营业务收入345亿元、增加值81亿元、利润11.64亿元,分别增长23.8%、22.1%、24.1%和37.2%。完成工业固定资产投资77亿元,增长31.5%。红太阳集团进入市工业企业五十强,红宝丽公司获准设立博士后科研工作站,高淳陶瓷公司等企业成为省重点培育高成长型中小企业。新认定国家重点新产品3个,省级高新技术产品8个;牵头起草国家标准5个,新增省著名商标2个。建筑业,新开工面积540万平方米,竣工面积620万平方米;实现施工产值107亿元,增长17%;新增一级资质企业1家,获省优质工程9项。农业生产增产增效。完成国家级农业综合开发土地治理项目,改造中低产田666.67公顷。实现农业总产值32.67亿元,增长8.5%。新增蘑菇种植面积60万平方尺、珍稀菌400万袋,新开发经济林果面积800公顷。实现螃蟹总产量1100万公斤,销售收入10亿元,分别增长11.4%和21.9%。26家县级以上农业龙头企业实现销售收入40亿元,增长22%。新认证有机食品4个、绿色食品8个。发放农业补贴4140万元。服务业发展显现活力。商贸业,开展创建通贤街现代文明示范街工作,县水产批发市场有限公司成为农业产业化国家重点龙头企业,建成苏果农家店配送中心一期工程,新发展农资连锁店18家。旅游业,高淳陶瓷公司成为全国工业旅游示范点,桠溪"生态之旅"建设有序推进,武家嘴国际大酒店建成开业。全年到高淳旅游的人数达120万人次,实现旅游总收入7.55亿元,分别增长22.4%和30.6%。造船水运业,乌江、八卦洲造船基地建造能力进一步增强,阳江胜利圩造船基地建成投产,新建船舶31艘30万吨位。新发展海运公司3家。实现营运收入33.21亿元,增长26.2%。

招商引资稳步推进。组织温州、台州、香港等系列招商活动,全年引进项目181个,实际利用县外资金23.83亿元,实际利用外资1800万美元。实现外贸出口额1.65亿美元,增长35%。实施新区荆山东路、古檀大道延伸工程,建成湿地景观公园。新区行政服务中心大楼建成投用,农民复建小区、财税综合楼、公安派出所等项目基本竣工,职教中心新校区、新区医院开工建设,县开发区基础设施和服务功能不断健全。桠溪、东坝、漆桥等镇工业配套区建设力度加大,基础设施逐步完善。

【城区环境】 基础设施日趋完善。实施太安路等市政道路改造,建成双高路景观工程,镇北路、天河路亮化出新如期竣工。新建改造高丹、高狮线等农村道路168公里,固城湖大桥建设进展顺利。全面实施一线圩堤达标工程,完成土方235万立方米。龙墩河水库除险加固、茅东闸改造扎实推进,淳东灌区七期、城西排涝站配套设施基本建成。游子山35千伏输变电项目竣工投运,省电气化县创建通过验收。基本实现自然村村村通宽带,无线宽带城市建设完成一期工程。开工建设县自来水厂二期,备用水源厂和清水池投入使用。基本完成县生活垃圾填埋场扩建工程,新增垃圾中转站3座、垃圾屋400个,配备垃圾清运车8辆,改造户厕1.76万户。推进"组保洁、村收集、镇转运、县处理"垃圾收运体系建设,生活垃圾收运率逐步提高。生态建设成效明显。实施固城湖、桠溪河、漆桥河等水环境综合治理,清理污水塘坝352个,疏浚河道200公里,清淤土方587万立方米。强化固城湖水资源保护,适时调水补水4640万立方米,拆除围网养殖521公顷,清除水草8000多吨。落实太湖流域整治措施,关闭化工企业15家。加大污水处理设施建设力度,县污水处理厂二期基本建成,5个镇污水处理厂建成并试运行,铺设污水管网36公里。继续推进"绿色高淳"建设,新增造林面积1666.67公顷。省级园林县城创建接受验收,砖墙、古柏、桠溪等镇通过国家级环境优美乡镇省级考核,卫生镇村创建扎实推进,全县环境质量综合指数保持在较高水平。

【社会事业】 深入实施素质教育,成为省教育现代化县,高淳中学高考二本以上达线人数连续第三年位居南京市各中学之首。举办各类群众广场文化活动29场,文物和非物质文化遗产普查工作有序开展,薛城遗址保护一期工程完工。新增农村有线广播电视"双入户"家庭2.03万户,城区有线电视数字化转换基本完成,高淳电视台开播生活资讯频道。突发公共卫生事件应急指挥中心一期工程竣工,淳溪镇社区卫生服务中心建成投用。全民健身运动蓬勃开展,傅桃英在第二十九届残奥会上荣获举重金牌并再次打破世界纪录。淳溪、东坝"世代服务中心"建设顺利,计划生育"和谐家园"工程稳步实施。推进产品质量和食品药品安全专项整治,成为省农村药品监督网和供应网建设示范县。《高淳县志》编纂完成初稿。编制完善应急预案,着力加强安全生产日常监管。组织开展领导干部大接访活动,信访渠道更加畅通。推进"大调解"体系建设,完善治安防控网络,严厉打击各类违法犯罪行为,社会环境保持稳定有序,省社会治安安全县创建通过考核。制订出台落实"五有"要求实施意见,扎实推进农村新8件实事工程。新增就业岗位1.4万个,实现再就业1200人。新建农村劳动力培训基地11个,开展各类培训1.85万人次,转移农村劳动力1.31万人。健全社会保障体系,新型农村社会养老保险参保率达41%,7.68万城乡老龄居民领取养老补贴。新型农村合作医疗农民参保率首次达100%,报销标准进一步提高。开工建设经济适用住房3.5万平方米,建成拆迁安置房7万平方米,改造农村危房128户。启动廉租住房保障工作,保障最低收入城镇住房困难家庭41户。抓好城乡居民最低生活保障,应保尽保9674人。扩建砖墙、阳江、桠溪敬老院,农村五保集中供养率达65%。新增二次改水受益人口3.16万,改建小农桥64座。促进低收入纯农户增收,人均增收1000元以上。发展公共交通,更新公交车26辆,增加出租车56辆。

【举办第八届中国·南京固城湖螃蟹节】 9月20日~10月20日,以"生态高淳、魅力蟹乡、全面小康"为主题,立足高淳,依托南京,面向北京、上海、杭州、香港,举办六大主体活动:在高淳县举行盛大开幕式暨"红宝丽"杯广场文艺演出及经贸洽谈系列活动,在南京举行固城湖螃蟹挺进南京各大宾馆酒店签约活动、第二届南京地铁固城湖螃蟹风情文化节活动、固城湖螃蟹走进南京禄口机场活动、赏菊品蟹"金陵城"活动和"金陵首富村"武家嘴科学发展路径高层论坛系列活动,在上海举行固城湖螃蟹美食节系列活动,在北京举行联谊推介会系列活动,在杭州举行固城湖螃蟹暨高淳投资环境杭州推介会系列活动,在香港举行固城湖螃蟹暨高淳投资环境(香港)推介会系列活动。同时,举办全国中老年才艺大赛、蟹王(蟹后)争霸赛、"生态高淳"海内外楹联征集大赛、"感受小康"百名将军书画展等系列活动。螃蟹节期间,全县螃蟹日交易量平均达16万公斤,日高峰30万公斤;螃蟹销售总量近500万公斤,销售收入4.5亿元,同比增长42.3%和40.1%;各旅游景点共接待游客37万人次,增长23.3%;旅游直接消费收入6500万元,增长30%。此届螃蟹节共签约发照项目81个,总投资41.3亿元,其中5000万元以上项目35个,亿元以上项目5个,外资项目16个,合同利用外资1.17亿美元。

(王玉华 王继兵)

溧 水 县

【基本情况】 溧水县位于南京市东南部,面积1067.26平方公里,户籍人口41.05万。县内有8个镇、1个省级经济开发区、1个国有农林场圃,15个社区、91个行政村。

【经济发展概况】 全年实现地区生产总值159.63亿元,增长14.4%;财政总收入17.53亿元,增长46.5%,其中地方一般预算收入10.02亿元,增长54.1%。完成固定资产投资119亿元,增长27.1%;工业固定资产投资100.1亿元,增长33.5%,增幅在全市均列第二位。实现社会消费品零售总额49.24亿元,增长21.4%。对外贸易出口额3.7亿美元,增长60.7%。城镇居民可支配收入达到19899元,增长16.5%;农民人均纯收入达到8661元,增长11.9%。

实施"工业立县"战略。坚持走新型工业化道路,加快转变发展方式。实现工业产值348.4亿元,增长20.1%;增加值83.5亿元,增长28.4%;利税28.4亿元,增长38.2%,其中利润15亿元,增长32.4%。工业经济占全县经济的比重达52.87%,比上年提高2.09个百分点。全县规模企业267家,净增52家;年销售超亿元企业54家,净增13家。装备制造业、食品加工业等主导产业占全县工业比重较上年提高1.8个百分点。新增民营科技企业12家、高新技术企业4家。西普电机获省重大科技成果转化项目,云海公司铸造镁合金锭被评为中国名牌产品。溧水县被授予"江苏省服装名城"称号,并再次获"全国食品工业强县十大特色县"称号。

高效特色农业加快发展。新增高效农业1413.33公顷,新增设施农业733.33公顷,畜牧规模养殖比重提高6个百分点,被评为省高效农业规模化先进县。成立南京傅家边现代农业园管委会,农业园区快速发展。26家重点农业龙头企业销售收入和利税分别增长21%和20%。

服务业提档升级。启动县农副产品交易中心建设,规范金苏皖农机市场经营秩序,沙塘庵粮食市场等专业市场健康发展。推进"万村千乡市场工程",以县城为中心、镇为节点、村为基础的新型商贸流通网络基本形成。完成三产增加值46.3亿元,增长17.6%;社会消费品零售总额47.14亿元,增长21%。旅游业快速发展,10个休闲农业景区被列入南京市休闲农业48景,全年旅游接待130万人次,实现旅游收入10.7亿元,增长25%。

建筑业加快发展。建筑业施工产值、增加值、税收分别增长28%、42%和90%。新增资质企业9家,其中一级资质企业3家,年施工产值过亿元的企业达16家。获"金陵杯"市优质工程奖工程18个,创"扬子杯"省优质工程1个,省市文明工地49个,市优良工程38项。组织抗震救灾中队赴川参加灾区过渡房援建任务,共建设过渡安置房500套,面积1万平方米。

举办"梅花节""江苏未来影视创意文化产业园"等主题招商活动,强化以商引商和产业链招商。合同利用外资1.82亿美元,实际利用外资8092万美元;实际利用内资82.4亿元,增长54.4%。全年累计开工项目542个,总投资224.44亿元,其中在建工业项目519个,总投资217亿元,竣工项目300个。实施柘塘镇整建制和东屏镇部分地区并入县经济开发区的区划调整,编制县经济开发区航空产业园规划。

【城区环境】 完成县城东西南北4个片区规划;修编石湫镇等4个镇总体规划和洪蓝镇等3个镇工业集中区规划;完成傅家边现代农业园总体规划、旅游专项规划以及40个村庄建设规划。宁杭高速公路二期实现通车,启动243省道和县汽车客运总站建设,做好宁杭高速铁路和246省道开工前的准备工作。有序推进110千伏幸庄输变电工程和110千伏汉天水泥外部线路工程。完成秦淮路南延、幸福路南延、幸庄一号路、幸庄二号路、中山东路东延续建道路工程和健康路、城东干道南延、幸福中路、城北五号路、花园西路、城北生活路及卧龙湖景观大道新建道路。改造中山路、无想山入口、南门广场。国家卫生县城创建工作全面启动,实施城中村、老小区环境改造工程。新增城市绿化面积49.4万平方米,城区人均公共绿地14.4平方米。加强市容管理,明确控制违法建设工作责任制,完善城市长效管理机制。

加强观山工业集中区长效管理,巩固综合整治成果;实施天生桥河水环境治理工程,加强饮用水源地保护,集中式饮用水源地水质100%达标;城市污水处理厂、垃圾填埋场以及白马镇污水处理厂建成投运,洪蓝镇、东屏镇污水处理厂相继开工建设。二干河综合整治一期工程竣工,二期工程如期开工;实施中山水库等中小型水库除险加固工程,完成一批县乡河道疏浚、村庄河塘整治以及当家塘坝建设。新建农村水泥道路180公里。新增造林面积1266.67公顷,完成9.8公里宁常高速公路绿色通道和44个村庄绿化工程。村庄环境综合整治和新农村星级示范村创建工作深入开展。

【社会事业】 实施幼儿教育扶持计划,创建省级优质园10所;社区成人教育加快发展,实施教育信息化工程,落实职业学校学生助学金制度,完成义务教育阶段教育债务化解,县职教中心接受江苏省四星级中等职业学校评估验收。卫生事业加快发展。构建新型农村合作医疗信息化网络,基本实现即看即报;继续对社区卫生服务中心基本用药给予财政补贴;完成县人民医院迁建主体工程,改建新建白马、和凤等7个社区卫生服务(分)中心,对社区卫生服务(分)中心实施转型改造,医疗机构镇村一体化管理全面实施。启动省人口和计划生育协调发展先进县创建,完成永阳、洪蓝计生服务站"世代服务"机构建设,完善20个体现"世代服务"特色的村计生服务室,落实农村部分计生家庭奖励扶助政策。广电制作演播中心主体封顶,城区有线电视数字化转换有序推进,发展农村有线电视用户8000户,获省有线电视发展先进县称号。

*加大就业促进力度。*全年新增就业岗位2.6万个,城镇失业人员再就业3700人,帮扶就业困难人员再就业288人,转移农民1.9万人。落实惠农强农各项政策,用于粮食直补、农资综合补贴等资金3400万元。推动村企挂钩,加快发展村级经济,村均集体可支配收入125万元,较上年增加21万元。实施农民增收10项工程,全县9100多户低收入纯农户当年人均增收1030元。完善社会保障体系。实施新型农村养老保险和城乡无保障老年居民养老补贴制度,新型农村养老保险参保9.7万人,参保率达65%,6.7万老年居民按月领取养老补贴。新型农村合作医疗保险农民参保率达100%。建立无固定收入重残人员生活救助制度和城乡困难居民医疗救助制度。提高城乡居民最低生活保障标准、农村五保户供养标准和企业最低工资标准。扩建永阳镇、柘塘镇敬老院。开展80岁以上生活不能自理的城镇困难独居老人居家养老服务。改造农村危房128户。建设经济适用住房3万平方米、廉租房2000平方米。

【省级园林城市通过验收】 12月,溧水县通过省级园林城市考核验收,被省政府命名为"江苏省园林城市"。溧水县按照"城区园林化、城郊森林化、道路林荫化、院落花园化"的要求,加大投入力度,改善人居环境,完善城市功能,提升城市形象,生态园林城市框架基本形成。至年底,县城建成区面积18.7平方公里,经遥感技术鉴定核实园林绿地面积734.4公顷,绿地率39.53%,绿化覆盖率41.03%,人均公园绿地11.97平方米。县城广场绿地布局合理,基本实现居民出行500米有一处2000平方米以上的公园绿地。新增城市道路绿地面积77.2公顷,整治南门河、护城河两侧景观带2公里,整治出新老小区100万平方米,城市环境明显改善。　　(陈　磊)

梅　山

苏州市辖县(市)

张家港市

【概况】 位于长江下游南岸,苏州市西北部,陆地面积785.55平方公里。辖8个建制镇、一个现代农业示范园区、179个行政村、21个街道办事处、104个社区居委会。总人口89.84万人,市政府驻杨舍镇。2008年,全市实现地区生产总值1250亿元,按可比价比上年增长14.5%。财政收入253.8亿元,其中地方一般预算收入103.98亿元,增长23.8%。完成全社会固定资产投资316.04亿元。

【工业】 2008年,全市完成工业产品销售收入3700亿元,同比增长17.5%。完成工业利税260亿元、利润165亿元,分别增长6.2%和3.1%。全市工业产销率98.5%,规模以上工业产值占比达85%,增长18%;百强企业销售收入占规模以上工业产值的比重达到68%;10大企业集团的销售、利税、利润分别占全市的48%、64%和68%。沙钢集团实现销售收入1300亿元,利税150亿元。保税港区正式获得国务院批准,张家港经济开发区被认定为省级国际服务外包示范区,冶金工业园钢铁电子交易市场基本完工,保税物流园区货运总量和货值继续位居全国同类园区首位。"两区一园"(含3个镇)实际利用外资占全市份额提高1个百分点,达到85.8%;完成工业投入153亿元,占全市总量的76.5%,同比提高8个百分点。新增上市公司4家,总数已达12家,在苏州县级市中继续保持第一。新开工投资超亿元工业项目29个,占工业投入的25.3%;机电、化医行业投资占比达55%,提高4个百分点。规模以上企业中,机械装备业产值增幅高于全市平均水平,高新技术产业产值占比提高2个百分点。

【农业】 2008年,全市粮食总产量28.1万吨,同比增长4.1%。小麦平均亩产325.2公斤,为历史第三个高产年;水稻平均亩产556.9公斤,较上年提高8.5%;稻麦良种覆盖率达98%。农业机械化综合水平达87%,建成"全省率先基本实现水稻生产机械化示范市(县)"。新增高效农业面积1353公顷(2.03万亩),新增流转土地超过3333公顷(5万亩),新建标准化农田2333公顷(3.5万亩),提前完成"十一五"目标任务。2.75万吨地方粮吸储轮换到位,新增放心粮油专柜25家。全市认证基地、市级以上现代农业示范园区、规模化养殖场标准化生产全面启动。稳步推进农村集中居住工程,在建农民住宅区27个,建成15个。对171个村民小组实施撤组转户。新增苏州市级新农村建设示范村20个。农村生态环境优化工程全面启动,疏浚市镇村组河道477条共265公里,提前超额完成省下达的5年目标任务。农村河道拆坝建桥稳步推进,全年完成拆坝776处、建桥(涵)684座。第七轮经济薄弱村帮扶全面展开,建成标准型厂房2.46万平方米,在建3.9万平方米,经济薄弱村实现村级可支配收入2616万元,村均74.7万元。全市农村专业合作组织和土地股份合作社累计实现分红3800万元。实施水稻价外补贴540万元,拨付雪灾补助资金837万元,赔付政策性农业保险652万元。

【服务业】 2008年,完成服务业投资110亿元,同比增长10%。实现服务业增加值450亿元,增长16.5%,占GDP比重提高1个百分点。完成社会消费品零售总额166亿元,增长24%。市场成交额600亿元,增长34.6%。6家企业入选全国服务业500强,5家企业入选全省服务业100强,2家企业跻身中国物流百强。全市引进服务业外资项目41家,占全市外资项目的26.6%;服务业到账外资5293万美元,增长130.2%,占全市到账外资的7.9%。全市新办服务业私营企业1329家,占全市新办私营企业的67.9%,注册资本34.7亿元,占全市的75.9%;新批外地资本项目543家,增长19.9%,占全市的72.8%,注册资本14.67亿元,增长43.9%,占全市的52.4%。成功举办首届长江文化旅游节暨地方传统美食节。

【科学技术】 2008年,实施科技创新3年行动计划,科研项目经费占地区生产总值比重提高到1.95%。重新认定高新技术企业31家,建成苏州市级以上企业技术中心、工程技术研究中心26家。实施国家中小企业技术创新基金项目7项,列入省重大科技成果转化和科技支撑计划项目4项。参与制(修)订国标、行标30项,新增中国驰名商标18件。产学研"三百"活动深入开展,新增合作项目115项。全面落实科学技术奖励措施,成功举办第二届科技节,启动创新型企业试点。举办"百名海外博士张家港行"等3次大型招才引智活动,与4家海外留学人才机构建立合作关系,引进研究生学历以上人才、外国专家、留学人才233名。在苏州率先设立了院士工作站,建成企业博士后科研工作站1家,累计达到5家。"333"工程项目全部落实、成效明显。印染等6大行业提标升级、限期治理工作深入开展。革除燃煤锅炉77台,关停化工企业71家,96%的化工企业落实了"四有四不"环境应急措施,25家企业通过ISO14000认证,COD、二氧化硫分别削减6.14%和7.45%,5157个项目通过环保"三同时"验收,城区建成全国首个清洁能源使用区。8个重点节能技改项目和12个循环经济项目进展顺利,全市形成年节能能力122万吨标煤,70%的主要工业产品单位能耗稳定下降。节水防污型社会建设稳步推进,新增省级节水型企业(单位)11家。

【各项改革】 2008年,全面理顺"区镇合一"管理体制,制定并实施了《关于进一步支持"两区一园"建设发展的若干意见》。出台了《关于进一步完善国有资产管理体制和深化国有企业改革的意见》,国有资产管理体制逐步优化,国有企业改革继续深化,清理63家产权不明晰的企业,国有资产考核指标体系更加完善。推进乡镇机构改革,乡镇行政编制和镇管事业编制在2001年基础上分别精简10%和44%。常阴沙管理区更名为现代农业示范园区,发展定位更加科学。

【开放型经济】 2008年,全市新增到账外资6.7亿美元,同比增长12.4%。完成进出口总额214.8亿美元,其中出口总额首次突破100亿美元,增幅分别达25.7%和36.3%。高新技术产品出口、新兴市场出口增幅均达到了70%左右。江苏省塑料(饮料)机械出口基地正式揭牌,省级轻纺(服装)出口基地通过检查考核。新签境外工程劳务合同额1.6亿美元,完成营业额1.7亿美元,新批海外企业13家,投资总量继续在全省县市中领先。成功举办了海峡两岸先进制造业与港口物流合作论坛。同步提升口岸建设形态和开发内涵,张家港港成为全球首个"国际卫生港口",并正式开通台湾航线,电子口岸平台在全省率先运行。口岸货物吞吐量达到1.3亿吨、集装箱运量达到80万标箱,完成海关税收155亿元、出入境检验检疫货值120亿美元,继续位居全国同类口岸前列。

【城市建设】 2008年,全市依据《城乡规划法》调整完善规划体系,深入推进各镇控规编制、中心城区专项规划和城市设计。暨阳湖生态园南部濒水休闲区建成开放,镜湖生态展示馆竣工在即,园区功能品位全面提升。城西新区购物公园各单体工程主体相继封顶,市政道路、景观绿化加快建设,商业招商同步推进,现代城区形象初步显现。城北科技新城和城东组团前期工作有序展开。市区部分街道改造工程如期竣工,东环、南二环路沿线街景整治完工,街景形象更加靓丽。全面完成33万平方米老住宅区综合整治。出台了《关于促进房地产市场健康稳定发展的意见》,全市建成拆迁安置房176.3万平方米、经济适用住房5万平方米、商品房98.6万平方米。锡张高速和复线船闸工程快速推进,204国道和苏虞张一级公路完成改造,沙洲中路、长安南路、北庄路、新农路等城区新(改)建工程完工通车,汽车客运总站等一批公交场站建成投运。四水厂二期工程、城北污水处理厂竣工投运,生活垃圾焚烧厂点火调试,天然气利用工程、垃圾卫生填埋场以及水污染防治等环境基础设施项目按计划推进。六干河拓浚、环城河等重点水系建设工程全面推进。双山洲堤除险加固一期、华兴电厂灰场护坡翻建等防洪排涝工程顺利完工,全市实现安全度汛。各镇(区)全部建成人防指挥所,在全省县级市中率先建设人口疏散基地。扎实推进全国第三批数字化城管试点工作,自主研发了切合县级城市实际的数字化城管模式,得到国家建设部的肯定,行政执法队伍规范化建设成为全省标兵。高标准推进"三绿"工程,新增各类绿地、林地1267公顷(1.9万亩)。积极开展太湖流域水污染防治和农村生态环境综合整治,新建生活污水管网60公里、有动力地埋式生活污水处理装置15套。新增省级生态村24个、苏州市级以上绿色学校20所、绿色社区18家。成为全国"生态文明建设试点市",生态文明建设规划大纲率先通过国家环保部评审。

【社会事业】 2008年,以城乡统筹协调发展的优异成绩,一举成为全国首个荣膺"联合国人居奖"的县级城市。市镇两级预算内财政用于科教文卫等社会事业的支出达到29.6亿元,增长31.9%。新增就业岗位3.4万个,其中提供本市就业岗位1.5万个、开发公益性岗位1300个,城镇居民登记失业率控制在2.3%以内,本市籍高校毕业生就业率位居苏州各县市前列。新增城镇社会保险参保人员6.3万人,城镇社会保险参保率、农村社会保险参保率、老年农(居)民养老补贴发放率均稳定在99%以上。城乡低保标准分别提高到360元/月和260元/月,发放低保及低保边缘补助金3067万元、物(油)价补贴190.5万元,帮困建房1303间。积极扩充廉租住房房源,困难群体居住条件明显改善。住房公积金扩面成效明显,新增缴存人数2.5万人,归集公积金8.8亿元。残疾人保障体系不断完善。城乡教育均衡协调发展。14所学校通过省、苏州市优质学校创建考评验收,全市苏州市级以上优质学校比例达92%。沙洲中学、实验幼儿园、青少年实践基地竣工投用。青少年体育工作不断加强,成功举办"迎奥运全国亿万学生阳光体育运动推进会"。普通高考本一、本二达线人数及达线率等7项数据名列苏州第一,职业学校对口单招本科5项指标列苏州市之首。顺利通过国家三类城市语言文字工作评估。沙洲职业工学院通过教育部高职高专人才培养工作水平评估。医疗卫生服务水平不断提高,健康城市建设不断深入,市精神卫生中心、大新镇健康服务中心建成启用。居民基本医疗保险人均基金标准达到280元,大病费用实际补偿率达到43%。实施非户籍人口计划生育管理服务卡制度,对持独生子女父母光荣证的企业退休人员实行一次性奖励,全市人口保持零自然增长,荣获省"人口和计划生育工作示范市"称号。

【精神文明建设】 2008年,高分通过全国文明城市复评。"迎奥运、讲文明、树新风"系列活动和未成年人道德实践活动有声有色。"爱满港城·共享阳光"慈善捐助活动共募得善款5092.8万元,为3556名贫困学生发放助学金900.3万元。为四川地震灾区募集救灾款物合计近1.7亿元,捐赠棉衣棉被2.9万件(条),扎实开展对口援建四川绵竹市东北镇。成功举办2008中国(张家港)长江文化艺术节系列活动,东山村遗址新一轮考古发掘全面展开,市获得"全国文化信息资源共享工程示范市"称号,被文化部命名为"戏曲之乡",塘桥镇、凤凰镇分别被文化部命名为"书法之乡"和"山歌之乡"。西城体育公园建成开放,成功承办全国乒乓球锦标赛等3项国家级赛事,荣获全国全民健身活动优秀组织奖,市少体校建成"国家高水平体育后备人才基地"。积极探索养老服务新路子,市社会福利服务中心项目正式启动,社会工作者队伍建设得到加强。南北挂钩推向深入,荣获"全国双拥模范城"四连冠,民族、宗教、统计、审计、兵役、档案、地方志、妇女儿童和关心下一代等工作取得新的进展。

【民主法制建设】 2008年,市政府及其职能部门顺利通过ISO9001质量管理体系认证。完成第七轮行政审批事项清理,取消行政许可项目23项,保留的行政审批项目比首轮清理前精简了74%,建设项目审批提速率达到30%,行政审批事项承诺办结时限平均缩减20%。行政审批"两集中、两到位"试点顺利推进。受理行政审批申请事项14.1万件,办结率99.9%。机关"服务企业、服务基层"活动深入开展,便民服务中心建成并投入试运行。认真办理人大代表建议、批评、意见186件,政协提案267件。民主评议政风行风活动深入开展,推行机关中层干部跨部门竞岗交流,初步建立行政处罚自由裁量权基准制度。全年发布行政规范性文件56件,办理行政复议案件54

件。工程招标和政府采购实行管办分离、网上监控,建设工程推行网上报名和异地远程评标,完成工程招投标和政府采购824项,节约项目预算资金4.2亿元。公开政务信息15000多条。积极推行村级权力公开透明运行机制,开展企业兼职、公房私用、公款旅游等专项清理整治,全面推广使用公务卡结算制度。推进平安创建和法治建设,全面加强社会治安综合治理,开展市、镇领导干部大接访活动,大防控、大调解、大信访体系不断完善。切实关心外来人员的生产生活,暂住人员管理服务持续优化。依法严厉打击犯罪,圆满完成奥运会安保反恐任务。有效应对"三鹿"问题奶粉事件,成功组织2008年苏州市食品安全事故(Ⅳ级)应急演练,顺利通过首批"国家食品安全示范市"考核验收。全面开展GMP、GSP证后监管,药品药械质量保持稳定。深入开展安全生产专项整治,狠抓事故隐患排查整改和重大危险源监管工作,安全监管长效机制更加健全。

常 熟 市

【概况】 常熟市地处江苏省东南部长江下游、苏州市北部。土地面积1264平方公里(含长江界属水面),年末全市耕地总面积57288.3公顷,设建制镇10个,林场1个,国家级和省级开发区各1个,省级服装城1个,市级旅游度假区1个。市政府驻虞山镇。年末户籍人口106.5万人,同比(下同)增加0.36万人。全年人口出生率6.09‰,下降0.8个千分点;人口死亡率7.63‰,下降0.1个千分点;人口自然增长率-1.54‰。2008年,全市地区生产总值突破1000亿元,达到1150.02亿元,按可比价计算增长14%,增速回落4个百分点。其中第一产业增加值19.01亿元,增长0.5%;第二产业增加值670.99亿元,增长13.1%;第三产业增加值460.03亿元,增长17%。三次产业比例由2007年的1.9:59.1:39调整为1.7:58.3:40。在第八届全国县域经济基本竞争力排名中位居第一方阵。全市财政总收入完成162.79亿元,增长27.1%,其中地方财政一般预算收入完成70.15亿元,增长16.80%。全市地方财政一般预算收入中非税收入实现13.64亿元,增长95.9%,对地方财政一般预算收入增长的贡献率达到66.2%,拉动地方财政一般预算收入增长11.1个百分点。全市全社会固定资产投资完成317.8亿元,增长9.1%,增幅回落3.2个百分点。从投资行业结构看,工业投资完成187.05亿元,减少2.9%,占全市全社会固定资产投资的比重为58.9%,回落7.3个百分点;服务业投资完成130.03亿元,增长32.3%,占全市全社会固定资产投资的比重为40.9%,上升7.1个百分点。传统产业投资大幅减少,重点产业投资增长较快。2008年,全市纺织业和纺织服装、鞋、帽制造业完成投资31.29亿元,下降32.3%,占工业投资的比重为16.7%,下降7.3个百分点;黑色、有色金属冶炼及压延加工业,金属制品业完成投资40.25亿元,增长49.2%,占工业投资的比重为21.5%,提高7.5个百分点;装备制造业完成投资55.91亿元,增长4.4%,占工业投资的比重为29.9%,提高2.1个百分点;电力投资完成7.23亿元,增长145.7%,占工业投资的比重为3.9%,提高2.4个百分点。年内,新增中国驰名商标12件,波司登获得全国质量奖、30年中国品牌成就奖和全国首个中国纺织服装领军品牌称号;列全国县域商标发展百强名单第四。2008年,全市消费价格指数(CPI)在经历了一季度高启、二季度回稳后,下半年逐月回落,全年CPI为103.6,微涨0.2个百分点。从8大类商品及服务类价格水平看,食品、居住、医疗保健和个人用品、家庭设备用品及维修服务、烟酒及用品价格同比分别上涨11.8%、5%、2.2%、1.1%和0.7%,食品依然是拉动物价上涨的主要因素;衣着、娱乐教育文化用品及服务、交通和通信类价格同比分别下降6.6%、3.8%和1%。

【农业】 2008年,全市实现农业总产值35.17亿元,同比增长6.3%。粮食生产取得历史性丰收,全年总产量达30.15万吨,增长12.4%;油菜生产因播种面积减少而产量下降幅度较大,全年总产量为1.28万吨,减少19%。养殖业滑坡势头有所减缓,全年生猪饲养量为41.6万头,减少3.4%,其中出栏量为24.9万头,减少4.6%,下降幅度缩小2.5个百分点;全年家禽饲养量为342.3万羽,增长4.3%,其中出栏量为263.4万羽,增长7.5%;全年水产品产量达4.10万吨,减少7%。现代高效农业稳步发展,建成高效农业面积2万公顷,全市稻麦生产综合机械化率达86.5%。村级财力建设扎实推进,村均可支配收入达236.8万元,新增新型合作经济组织42家。

【工业】 2008年,全市实现工业总产值2918.27亿元,同比增长14%,增幅回落10.9个百分点。其中,规模以上企业实现产值2290.73亿元,增长14.8%,增速回落12个百分点;占工业总产值的比重为78.5%。高新技术产业增势强劲。全市规模以上高新技术产业企业实现产值441.29亿元,增长37.8%,增幅高于全市规模以上企业23个百分点;规模以上高新技术产业产值占全市规模以上企业产值的比重达到19.3%,提升3.6个百分点。重工业发展优于轻工业。全市规模以上企业中重工业实现产值1304.92亿元,增长22.6%,增幅高于全部规模以上企业7.8个百分点;轻工业实现产值985.79亿元,增长5.9%,增幅低于全部规模以上企业8.9个百分点;轻、重工业之比由2007年的1:1.14改变为1:1.32,重工业特征更趋明显。外资企业增速快于内资企业,全市规模以上企业中外资企业实现产值969.16亿元,增长19.4%,增幅高于全部规模以上企业4.6个百分点;内资企业实现产值1321.55亿元,增长11.7%,增幅低于全部规模以上企业3.1个百分点。

【服务业】 2008年,全市实现服务业增加值460.03亿元,同比增长17.0%,高于工业增加值增速3.9个百分点,占GDP的比重达到40%,提高1个百分点。年内,全市服务业共完成投资130.03亿元,增长32.3%,高于工业投资35.2个百分点,成为拉动全市投资增长的主导者。其中:生产经营性服务业投资完成91.79亿元,增长19.1%;社会公共基础设施投资完成38.24亿元,增长80%。服务业私营企业发展势头良好,全年新办私营企业986家,增长8.5%,占当年全市新办私营企业总数的65.6%;注册资本27.5亿元,增长6.5%。服务业注册外资实现2.35亿美元,到账外资1.68亿美元,增长17.5%。全市服务业实现税收总额33.5亿元,增长11.8%,增幅超过全部税收2.4个百分点;服务业税收总额占全部税收的比重达到27.9%,提高0.6个百分点。全市实现社会消费品零售总额263.68亿元,增长25.3%,成为带动服务业较快增长的主力军。其中,批发和零售贸易业实现零售额236.03亿元,增长

24.2%;住宿和餐饮业实现零售额27.58亿元,增长39.2%,增幅比批发和零售贸易业高出15个百分点。在社会消费品零售总额中,城区实现零售额143.71亿元,增长26.3%;农村实现零售额119.97亿元,增长24.1%。各类商品市场交易旺盛。全年各类商品市场实现成交额720.13亿元,增长22.3%。其中综合集贸市场实现成交额147.83亿元,增长21.4%;专业市场实现成交额572.30亿元,增长22.5%。常熟服装城实现成交额450.80亿元,继续位居全国同类市场前茅。

全市客运量实现5437万人,增长9.1%,旅客周转量为34.09亿人公里,增长11%;货运量实现1548万吨,增长8.1%,货物周转量为11.83亿吨公里,增长9.1%。常熟港港口货物吞吐量达到4020万吨,增长21.3%;集装箱吞吐量达到30.53万标箱,增长16.9%。全市实现邮政业务总收入1.77亿元,增长12.3%;实现电信业务总收入16.58亿元,增长10.3%。

全市共接待境内外游客1352万人次,增长8.1%,其中境外游客8.11万人次,增长21%;实现旅游总收入132.5亿元,增长31.1%;各景区实现营业收入1.3亿元,增长15.1%。到年底,全市拥有国家4A级旅游区4个、全国工农业旅游示范点5个(其中农家乐星级饭店10家)、星级宾馆21家,旅游接待基础设施不断完善,接待能力有了显著改善。全市旅游总收入占到服务业的29%,占到GDP的11%,旅游休闲产业的贡献份额不断提升。

全市金融机构人民币存款余额突破千亿元,达到1082.26亿元,同比增长18.9%,增速加快1.7个百分点,其中居民储蓄存款余额为554.57亿元,净增114.08亿元,增长25.9%。金融机构支持地方经济发展的力度继续加大。年末,全市金融机构人民币贷款余额为684.03亿元,净增97.16亿元,增长16.6%。其中,短期贷款为396.13亿元,增长9.6%;中长期贷款为199.37亿元,增长19%。全市各证券营业点股票交易额为734亿元,减少52.2%;期末股票市值为43.29亿元,下降57.2%。保险业务收入稳定增长,全市各保险机构保险业务收入为15.88亿元,增长11.5%。受各类灾害影响,保险业务支出大幅增加。全年,全市保险业务支出为7.65亿元,增长43.3%,其中赔偿支出为3.6亿元,增长75.6%。

【民营经济】 2008年,全市新办私营企业1505家,注册资本66.25亿元,同比增长0.9%;新批个体工商户10832户,注册资本6.2亿元,增长24.9%。截至年底,全市共拥有私营企业14120家、个体工商户59669户,注册资本526.83亿元,净增62.94亿元,增长13.6%。净增民营经济注册资本60.7亿元,累计注册资本达526.8亿元,在全省县(市)中继续名列前茅。规模效应得到提升,全市新办私营企业平均注册资本达440.2万元,提高83.7万元;新办超过1000万元注册资本私营企业达116家,新增注册资本51.8亿元,占新办私营企业注册总资本的78%。全年销售收入超10亿元民营企业15家,净增3家;年销售超1亿元民营企业245家,净增33家。

【开放型经济】 2008年,利用外资保持较高水平。全市新批外商投资项目181项,注册资本16.03亿美元,到账外资8.52亿美元,同比增长22.5%。对外经济合作有新拓展,年内全市建办境外企业5家,签定境外劳务及承包工程合同额达6007万美元,增长10%,实现营业额5506万美元。全市实现进出口总额129.35亿美元,增长21.6%,增幅回落48个百分点。其中进口42.77亿美元,增长10%,增幅回落78.4个百分点;出口86.58亿美元,增长28.3%,增幅回落32.1个百分点。机电产品出口继续高速增长,全市机电产品出口为34.87亿美元,增长66.9%,增幅分别高于化工医药产品、纺织服装产品、轻工产品23.5、54.5和73.3个百分点。高新技术产品成倍增长,全市高新技术产品出口达20.63亿美元,增长2.98倍。

【建筑业和房地产业】 2008年,建筑企业实现利税总额8.87亿元,同比增长39%。全年共完成建筑业总产值92.65亿元,增长13.3%;竣工产值84.38亿元,增长1.7%,竣工率达91.1%;建筑业劳动生产率为16.4万元/人,增长9.3%。建筑业企业房屋建筑施工面积1042.77万平方米,减少10.3%;房屋建筑竣工面积593.04万平方米,减少10.8%,其中住宅竣工面积159.22万平方米,增长1.0%。全市完成房地产开发投资74.73亿元,增长20.1%,其中完成住宅投资35.28亿元,增长7.6%;在建商品房施工面积703.2万平方米,增长26.1%,其中住宅施工面积为404.43万平方米,增长20.2%;全年商品房竣工面积158.43万平方米,增长15.1%,其中住宅为75.09万平方米,下降17.1%。受宏观调控、经济增长回落、居民持币观望心态加剧等因素影响,全市房地产市场持续低迷,销售大幅下降。全市商品房销售面积为112.98万平方米,下降44.1%,其中住宅销售面积为86.51万平方米,下降46.1%;商品房销售额实现63.66亿元,下降36.2%,其中住宅销售额为43.69亿元,下降41.5%。全市二手房成交面积为55.55万平方米,下降40.3%,其中住宅面积为22.67万平方米,下降28%;二手房成交总额为11.41亿元,下降32.6%,其中住宅成交额为7.02亿元,下降19.6%。

【城乡建设】 2008年,完成沙家浜路、淮河路、湘江路贯通工程,泰引线道路改造工程全线通车。编制全市镇村道路规划,完成47.5公里农村文明样板路创建。常昆高速、绕城一级公路建设加快实施,沿江开发高等级公路启动建设,苏通长江公路大桥正式通车。全市公路总里程达3237公里。实施区域供水主管网完善和农村管网改造工程,启动长江取水口和滨江水厂扩建工程。220千伏福山、师桥、110千伏中泾、藕渠、商城等5个变电新建扩建或增容工程竣工投运。延伸天然气管网70公里,新增天然气用户1.1万户。完成32万平方米的老居民小区综合改造。新建农民集中居住区农宅3271户;配套整治拆迁安置小区52个,受益农户9378户;改造农村保留村庄50个,受益农户7501户。城乡生态环境持续改善,新增绿化面积1467公顷(2.2万亩)、省级生态村22个。梅李镇、沙家浜镇被授予中国人居环境范例奖,蒋巷村被评为首批国家级生态村。在全省率先启动数字环保系统建设,率先编制农村生活污水处理专项规划,延伸收水管网130公里,完成31个农民集中居住区生活污水处理设施配套,受益农户超过1.3万户,城市污水处理率达87%。疏浚河道425条245公里390万方,维修改造农村桥梁265座;完成耿泾塘城区段整治,加快实施尚湖、昆承湖生态修复工程,推进望虞河、张家港河等重点流域,以及大义、周行、森泉、张桥等重点区域水环境综合治理,海洋泾引排综合整治工程正式启动。

【社会事业】 2008年,全市各项社会事业迅速发展,教育、文化、医疗卫生、体育和科技事业都取得新的成绩。

教育方面。实施新一轮教育布局调整,深入推进素质教育,促进教育优质均衡发展。幼儿教育资源省级优质比例达80%,义务教育、普通高中教育实现优质资源全覆盖。高考成绩在苏州市名列前茅,省文科状元花落常熟。启动并实施校车专业化运营。职业教育中心校跻身省四星级职校行列。外国语初级中学、义庄中心小学、董浜教育中心落成启用,世茂实验小学、唐市中心小学、辛庄中心小学竣工,特殊教育学校完成改造。全市中等职业教育在校生达到12609人,小学在校生巩固率达到100%,初中在校生巩固率达到98.5%,初中毕业生升学率99.4%。小学学龄儿童入学率100%。高中在校学生15141人、初中在校学生3313人、小学在校学生63644人、特殊教育在校生617人、幼儿园在园幼儿28107人。

文化方面。公共文化服务体系、文化市场体系建设取得新进展,文艺创作、广播影视、新闻出版和哲学社会科学事业取得新成绩。第三次全国文物普查工作野外普查任务基本完成,成功承办全国文物工作先进县县(市)长论坛和"改革开放三十周年与县域现代化"高层论坛,圆满举办尚湖国际文化节。常熟市获得中国曲艺之乡、中国民间文化艺术之乡、全国文化信息资源共享工程示范市称号,沙家浜镇被评为全市首个中国历史文化名镇。文艺创作精品迭出。虞山派篆刻艺术馆、古里铁琴铜剑楼纪念馆新馆、梅李历史文化博物馆建成开放。全市拥有数字电视用户30.81万户、中端42.5万只。

医疗卫生方面。新型农村合作医疗筹资标准提高到人均300元,在全省各县市中最高,参保率达99.5%,被确定为全国新型农村合作医疗与城镇居民基本医疗保险衔接试点地区。组织11.7万人次50~60周岁参保人员参加免费健康体检。调整社区卫生服务机构设置规划,新建社区卫生服务中心2个、社区卫生服务站23个,社区卫生服务机构建成率达96.4%,覆盖率达到96.4%,并实行了社区卫生服务站门诊免收挂号费新举措。"15分钟健康服务圈"初步形成,被省政府评为省社区卫生服务先进市。认真开展问题奶粉清查和食用问题奶粉婴幼儿免费筛查救治,食品安全监管和公共卫生管理能力不断提升,被评为省食品安全示范市。农村三级卫生服务网络基本形成,新型农村合作医疗人口覆盖率达到99.5%。年末共有各类卫生机构419个,其中医院、卫生院有44个,疾病控制机构1个,卫生监督机构1个,妇幼卫生保健机构1个,社区卫生服务站212个,医疗机构开放病床4094张。共有卫生技术人员5162人,其中执业医师、执业助理医师2206人,注册护士1804人。公立医院4个,床位2156张,卫生技术人员2588人;乡镇卫生院床位1616张,卫生技术人员1658人,乡村医生和卫生员784人。

体育方面。举办第十三次全民健身月活动,期间共组织各类运动会4个、市级群体竞赛活动19项,社区活动70余次,参加人数超过25万人次。成功承办了全国城市舞蹈锦标赛、全国游泳锦标赛、全国女排联赛等重大赛事。组队参加苏州市第十二届运动会获得金牌119.5枚、银牌101枚、铜牌98枚。全年共销售体育彩票1.11亿元,其中电脑型彩票9300万元,即开型彩票1800万元,同比增长20%。

科技方面。全年申请专利8390件,增长161.9%。其中发明专利519件,增长95.1%;授权专利2127件,增长121.6%,其中发明专利60件,增长53.9%。按国家新标准认定高新技术企业31家,新增省软件企业7家,民营科技企业52家,新增国家重点新产品9只、省高新技术产品88只、软件产品23只。组织实施各级各类科技项目120多项,其中国家中小企业创新基金3项、重点新产品计划9项、火炬计划22项,获3000多万元上级科技经费支持。长江化纤、江南荧光2个合作项目列入省重大科技成果转化资金项目。

【环境保护】 2008年,加大对污染源整治力度,全年完成342家印染、化工、电镀企业提标改造治理,关停并转64家化工企业,化工行业专项整治三年任务两年完成。城区禁煤区建设有序开展,环境质量综合指数达到96.99。推进城乡大环境综合整治,实施城区环卫一体化管理,镇容村貌明显改观。节能减排取得明显进展。坚持环保优先、节约优先,大力推进资源节约型、环境友好型社会建设。市区主要污染物排放强度明显下降,化学需氧量和二氧化硫排放量分别比上年削减5.2%和13.3%,完成主要污染物年度减排计划。安全生产形势稳定好转。认真开展隐患排查督查专项行动,普及安全生产培训教育10万人次,重大危险源监控系统被列为国家示范工程。深入推进"三合一"火灾隐患场所专项整治,在全国县市中率先启用火灾自动报警远程监控系统。

【人民生活和社会保障】 2008年,在多项惠民、增收措施的促动下,全市城乡居民收入实现了在高平台上的稳定增长。全市农村居民人均纯收入达到12015元,同比增长14.5%。其中工薪收入人均为8204元,增长13.5%;家庭经营净收入人均为2731元,增长17.5%;财产性收入人均为413元,增长14.4%。城镇居民人均可支配收入达到24602元,增长11.8%。其中工薪收入人均为15389元,增长7.6%;家庭经营净收入人均为5105元,增长57.3%;财产性收入受股市、房市低迷影响,减少较多,人均仅为612元,下降64.4%。全市积极宣传和执行《劳动合同法》,开通了12333劳动保障咨询服务热线,全面实施统一的企业社会保险制度,净增城市保险参保人员6.6万人,累计有19万农民纳入城保,户籍劳动力养老保险覆盖率达98.6%。实行创业培训补贴政策,启动城乡一体化劳动力培训,投入职业技能培训资金700万元。新增就业岗位6.1万个,其中面向本地劳动力的岗位4.84万个,城镇登记失业率为2.39%。全面实施征(使)用土地补偿和被征(使)用土地农民基本生活保障,无地村民小组补偿安置人员完成比例超过95%,并将被征(使)用土地农民纳入享受再就业政策范围,延长部分就业困难人员享受再就业扶持政策的期限。

太 仓 市

【概况】 位于苏州市东北部,长江口区,总面积822.9平方公里,总人口46.63万人,辖1区7镇,90个行政村,68个社区居委会。市政府驻城厢镇。

2008年全市经济发展明显加快。全年实现地区生产总值528亿元,比上年增长20%;全口径财政收入112.08亿元,增长40%;其中地方一般预算收入50.18亿元,增长34.68%;城镇居民人均可支配收入24624元,农村居民人均纯收入11795

元,分别增长14.1%和12.47%。

【农业】 2008年,农业发展活力日益显现。新增高效农业面积1433公顷(2.15万亩),累计达到1.47万公顷(22万亩),占比为56.5%;新增设施农业667公顷(1万亩),被授予省高效农业规模化先进县(市)。市现代农业示范园区建设加快推进,被评为省观光农业园和农业科技示范园;粮食喜获丰收,粮食市场、地方储备、粮食银行、信息平台"四位一体"的粮食安全保供体系初步建立。花卉园艺展示馆加快建设,恩钿月季公园被确定为中国月季高峰论坛永久性举办地。陆渡~浏河1333公顷(2万亩)现代设施农业示范园区建设有序推进,"1+7"现代农业园区格局基本形成。农业机械化程度不断提高,水稻机插秧面积达2000公顷(3万亩)。新申报绿色食品20个,农产品检测中心投入运行。新增10个新农村建设示范村,示范村占比达到30%以上。集体经济逐渐壮大,村级平均可支配收入达到220万元,增长47.6%。14家省和苏州市级农业龙头企业销售收入达到45亿元,增长15%,带动农户6.7万户。农村"五大合作"改革加快推进,新增农村各类新型合作经济组织107个,累计达到415个,参与农户8.3万户,带动农户增收8760万元。村庄整理和土地流转有序开展,新增土地流转面积3953公顷(5.93万亩),净增耕地26.7公顷(400亩)。新增林地、绿地1020公顷(1.53万亩)。

【工业】 2008年,工业经济平稳较快发展。完成工业总产值1300亿元,同比增长17.8%,其中规模以上工业产值996.44亿元;实现销售收入1264亿元,增长17.9%。企业规模不断壮大,全市规模以上工业企业达到1100家,其中销售收入超亿元企业152家,超20亿元企业8家,玖龙纸业销售收入50亿元。工业投资持续增长,完成工业投资135.34亿元,增长17.5%,其中31个重点工业项目完成投资52亿元,30个重点技改项目完成投资42亿元。全市技改投入在工业投入中的占比为64%,设备投入在技改投入中的占比为70%,分别提高了9个百分点和15个百分点。节能减排取得实效,单位地区生产总值能耗下降4.6%。《2006~2020年太仓市主要污染物总量控制和减排规划》编制完成,第一次污染源普查工作顺利结束。26家电镀企业、50家印染企业、138家化工企业治理基本完成,关停小化工企业44家。

【服务业】 2008年,现代服务业架构初步形成。实现服务业增加值195亿元,同比增长23%;完成服务业投资112亿元,增长10%。现代物流加快发展,永得利集团华东地区物流中心开工建设,华东国际塑化城、隆兴物流、FM物流等加快建设,耐克、华孚、普洛斯、丽婴房等一批物流项目成功引进,新增物流企业75家,业务总量达到52亿元,增长21%。现代商贸业态加快构建,南洋广场开街投运,大润发、沃尔玛等商贸企业成功引进。荣获"中国江海河三鲜美食之乡"、"中国羊肉美食之乡"称号。实现社会消费品零售总额82亿元,增长25%。旅游载体建设加快推进,郑和公园、金仓湖一期和现代农业展示馆等投入运行。太仓港国际客运站建成投运,出入境旅客达到3000人次。新增五星级酒店1家。金融生态县(市)创建进展顺利,科技创业投资公司正式运营,娄江农村小额贷款公司挂牌运作,中信、浦发等2家银行成功进驻,供应链融资业务三方战略合作全面推进,企业互助担保融资模式得到积极推广,人民币存贷款余额分别为451亿元和384亿元,分别增长20.3%和21.7%。房地产业平稳发展,全年完成投资39亿元,增长81.6%;商品房新开工面积99.47万平方米,增长22.7%。

【民营经济】 2008年,全市民营经济发展势头良好,新增私营企业972家、个体工商户4547户,净增注册资本33亿元。

【开放型经济】 2008年,开放型经济持续发展。完成注册外资13.9亿美元,实际利用外资7.35亿美元,同比增长18.4%;进出口总额72.2亿美元,其中出口38.8亿美元,增长27%;新办境外投资项目7个,完成投资总额1911万美元。新增内资注册资本42.6亿元,增长27.7%。项目投资规模持续提升,新批投资超千万美元的外资项目66个,注册外资11.7亿美元;注册资本5000万元以上的内资项目18个,注册资本29.7亿元;英特飞、同维电子等一批超亿元项目成功落户。服务外包产业快速发展,新增服务外包企业16家,累计达62家,实现离岸服务外包合同额超过2000万美元。科技创业园、软件园、创意产业园等加快建设,安软科技、冠科生物医药研发、昭衍新药研发、灵狮工业设计等服务外包企业成功入驻。接轨上海工作深入推进,引进沪上项目106个,新增注册资本16.2亿元,增长57.5%。成为全省首家上海世博会吉祥物"海宝"落户的县(市),金仓湖入选首批上海世博"主题体验之旅"。成功举办了中国航海日、德中同行——2008太仓周、金秋经贸月、海峡两岸海上直航(太仓港)首航仪式等系列活动,进一步提升了知名度和影响力。

【城镇建设】 2008年,完成全社会固定资产投资248亿元,同比增长10.6%,其中52个重点项目完成投资106亿元。城乡基础设施建设加快推进。204国道三期改造、339省道复线东段和沪太新路维修等工程已经竣工,太沙公路、岳鹿公路建成通车,通港路东段拓宽提档实现路面贯通。汽车客运中心和公交枢纽站即将投运,全市基本实现了村村通公交。长江江堤加固、盐铁塘水土保持与生态修复、荡茜河枢纽等工程全面完成,疏浚河道198条,维修改造农桥142座。城区、双凤、沙溪、璜泾、浏河5个污水处理厂完成升级改造,岳王污水处理厂投入使用,农村生活污水收集处理工程加快建设。220千伏庆丰变电扩建、110千伏荡茜和长桥输变电等工程全面完成。人居创业环境持续改善。城市新一轮总体规划修编全面启动,规划展示馆建成开馆。新港城建设加快推进,行政服务中心、商务大楼等5幢高层建筑主体结构封顶,联检服务大楼、港区商务酒店启动装修,港湾新城、滨江名都等开工建设。新区开发不断深入,2平方公里行政商务中心建设提速,五洋广场、欧美企业服务中心、发展大厦、雅鹿大厦等建设加快推进。南郊新城区建设力度加大,东仓大桥建成通车,新浏河南岸风情水街土建完成,区内道路主框架基本形成。老城区改造有序进行,华旭财富中心、兴业大厦等加快建设,向阳小区、桃园三村综合改造顺利完成,东亭路、上海路、人民路提档改造全面竣工,新浏河风光带西段工程基本完工。生态园林城市、节水型城市创建工作全面启动,荣获国家生态市和江苏人居环境范例奖,所有乡镇都已成为全国环境优美乡镇,省级生态村已超过50%。

【社会保障】 2008年,就业促进体系、社会保障体系和社会救助体系更加完善。安置就业3.85万人,转移农村劳动力4100人,城镇登记失业率控制在2.2%以内。各类社会保险扩覆38万人次,社会养老保险参保率达99.6%,城乡居民医疗保险参保率达99.8%。积极探索城乡统筹社会保障新模式,被授予全国县级市唯一的社会保障"创新实践研究基地"。城乡低保标准再次提高,重残人员纳入低保范围。廉租住房保障范围扩大到城市低收入家庭。

【科学技术】 2008年,科技事业持续发展,R&D经费支出占地区生产总值比例提高0.11个百分点,成为省可持续发展实验区。自主创新力度加大,申报省部级科技项目30个,13家企业通过省高新技术企业重新认定,新增省级技术中心2家、苏州市级技术中心7家。中化集团太仓化工产业园国家级博士后科研工作站批准设立。建立了知识产权审判庭。专利申请量3200件,其中发明专利申请量250件,专利授权量1500件。申报中国名牌产品1个、省名牌产品18个,新批省著名商标5个、苏州市知名商标9个。太仓牌肉松被评为中国驰名商标,耐克、金辉等26家企业参与起草国家标准。

【社会事业】 2008年,创新人事代理服务模式,建立人才引进合作联盟,引进高层次科技创新人才263人,其中海外留学人员36人。太仓高级中学东扩和沙溪高中一校两区合并工程顺利推进,来太仓务工人员子弟学校规范化建设和市爱心学校建设基本完成,港区第一小学投入使用。中德培训中心运作良好,张江创新学院分院正式落户,健雄学院被认定为首批省国际服务外包人才培训基地,省社区教育实验区通过验收。"文化太仓"建设全面推进,"百团大展演"、数字电影放映取得较好效果,申报中国民间文化艺术之乡进展良好。广播电视网络双向改造加快实施,数字电视整体转换工程全面完成。公共卫生服务设施建设得到加强,市第一医院易地新建工程主体结构封顶,新湖等9个社区卫生服务中心提档改造完成,37个社区卫生服务站建设加快推进,浏河、璜泾急救分站投入运行。被世界卫生组织授予健康城市优秀实践奖,荣获全国社区红十字服务示范市和省社区卫生服务先进市称号。国家生殖健康科技产业基地建设进展顺利,生殖健康科技产业化步伐加快,建立了人口与发展南南合作信息平台,人口和计划生育公共服务体系建设扎实推进,被评为全国计划生育优质服务先进单位。给10377人人均发放一次性计划生育奖励3600元。社区公共体育设施建设全面完成,成功举办了市十三届运动会、环沪港国际自行车大赛等重要赛事。全力抓好支援灾区抗震救灾和对口支援四川绵竹市齐天镇重建工作,累计捐赠、援助款物8000多万元,派出150人参与消防、卫生防疫和安置房援建等工作,救灾前方工作组进驻当地并开展工作。

【人民生活】 2008年,全市城乡居民居住条件进一步改善,城镇和农村人均住房建筑面积分别达到41.1平方米和73平方米。新增家用汽车5608辆。人口平均预期寿命达到81.07岁。城镇居民人均可支配收入和农民人均纯收入分别达24624元、11795元。

【精神文明建设】 2008年,"五五"普法深入开展,依法治市工作持续加强,被评为省首批法治县(市、区)创建工作先进单位和全省社会治安综合治理先进集体。建立了政府信息公开查阅服务中心,"政务直通车"、"市民直通车"获得好评,行政权力公开透明运行工作有效开展,纳税人评议政风行风活动扎实推进,建设工程远程评标系统获得中纪委高度肯定。建立了行政执法与行政审判联席会议制度,推进了规范行政处罚自由裁量权工作,被评为苏州市依法行政先进集体和苏州市级依法行政示范点。社会矛盾纠纷排查调处工作不断加强,信访形势总体保持稳定,信访总量、来市集访、越级上访明显减少。社会治安综合治理不断强化,"平安太仓"建设持续推进,各类刑事案件大幅下降,通过了全国平安建设先进县(市、区)的考核验收和科技强警示范区(县)省级验收,社会更趋平安和谐。

昆 山 市

【概况】 位于苏州市东部,是江苏的"东大门"。辖江苏昆山经济技术开发区、花桥经济开发区、昆山高新技术产业园区、昆山旅游度假区、10个镇,有173个行政村和132个社区居委会。市域总面积927.7平方公里,年末全市户籍人口69.04万人,市政府驻玉山镇。2008年,完成地区生产总值1500.3亿元,比上年增长20.2%;全口径财政收入272.6亿元,其中地方一般预算收入115.7亿元,分别增长35%和33.7%。在台湾区电机电子工业同业公会对大陆城市投资环境评估中排名保持第二。在全国同类城市评比中,获得综合创新能力、技术创新能力、新技术产业化能力和品牌创新能力4项第一。是全国18个改革开放典型地区之一。

【农业】 2008年,全市完成农林牧渔业总产值25.5亿元,粮食总产量12.8万吨,水稻、三麦、油菜单产均创历年最高水平,农业亩均效益达1869元,同比增长11.2%。建成大唐生态园四期、万亩葡萄园二期、晟泰优质粮油基地等高效农业园区。完成高效渔塘改造733公顷(1.1万亩),亩产效益提高10.5%。引进农业新品种61个、新技术40项,与南京农业大学等3所高校签订农业产学研合作协议。海峡两岸农业合作试验区建设取得实质性进展,成功举办海峡两岸农产品展示展销会和农业研讨会。新增无公害农产品、绿色食品、有机产品22个,增加种养面积2867公顷(4.3万亩)。新增流转土地1133公顷(1.7万亩),农业适度规模经营比重达60%。新增省级农业龙头企业1家、苏州市级4家。主要农作物机械化率达84%。

【工业】 2008年,全市完成现价工业总产值5000.5亿元,同比增长24.1%;国有工业总产值21.7亿元,增长15.4%;集体工业总产值12.8亿元,减少9.4%;外商及港澳台工业企业总产值4486.0亿元,增长24.3%;以私营工业为主的其他经济完成产值480.0亿元,增长23.7%。规模以上工业完成产值4554.9亿元,增长22.1%。全社会研发投入占地区生产总值比重达1.9%,科技支出占财政总支出的3.41%,分别提高0.14和0.41个百分点。完成专利授权3006件,新增中国驰名商标2件,新认定国家级重点新产品4个、省级高新技术企业

33 家、高新技术产品 137 个、软件产品 146 个。在国家科技部、社科院组织的城市创新能力综合测评中,昆山蝉联全国县级市第一。

【民营经济】 2008 年,全市新增私营企业 4297 家、个体工商户 12668 户,注册民资 122.05 亿元。年末注册私营企业 23800 户,注册资本 511.47 亿元;注册个体工商户 4.57 万户,注册资金 18.02 亿元。

【开放型经济】 2008 年,全市新批外资项目 347 个,合同注册外资 30.50 亿美元,实际到账注册外资 16.03 亿美元。完成进出口总额 613.50 亿美元,其中出口 386.64 亿美元,分别比上年增长 14.8% 和 19.6%。新签对外承包工程合同额 8000 万美元,完成营业额 6800 万美元,分别增长 62.0% 和 61.9%。

【实事工程】 2008 年,共投入近 15 亿元,推进 10 项实事工程建设。

(1)农保、征地女性养老年龄均提前到 50 周岁;70 周岁以下及以上农村居民基础养老金分别提高到每月 190 元和 220 元;60 周岁以上居民免缴基本医疗保险基金个人缴费部分;新增失地农民进入城市保障 1.5 万人。

(2)发放社会保障(市民)卡 51 万张。

(3)数字城管试点工作通过国家住房和城乡建设部验收。

(4)完成 18 个老居住小区整体改造和 2 个小区雨污水分流改建,面积达 77 万平方米,惠及住户 8965 户;新建小区治安监控点 466 个。

(5)建成经济适用住房 5 万平方米。

(6)新建城乡污水管网 157 公里,新增污水日处理量超 5 万吨;5 个污水处理厂完成工艺升级改造,18 个正在实施改造;2 个污水处理厂扩建工程完工,1 个新建、2 个扩建工程正在进行。

(7)继续实施阳澄湖饮用水水源生态修复工程,完成庙泾河、野尤泾、傀儡湖清淤工程,完成生态净化、水源地封闭管理工程。

(8)开辟停车场 14 个,增加社会公共停车位 1261 个;增加住宅小区停车位 623 个。

(9)投入 2600 万元添置一批中小学教育装备器材,正在陆续到位。

(10)完成 31 个自然村落环境综合整治;建设 89 个农村公共服务中心,其中新建 39 个、改建 23 个、认定 27 个;建设 88 个城镇公共服务中心,其中新建 16 个、改建 2 个、完善 22 个、购买 2 个、认定 46 个;完成 32 个自然村落生活污水治理;建成 36 个新农村示范点公厕;实施 30 个行政村和新型社区文化设施标准化建设,新增室内文体活动面积 4000 平方米;新建城乡健身点 87 个。

【城市建设】 2008 年,举行昆山城市发展远景与策略研讨会等活动,新一轮城市总体规划修编工作正式启动。环城滨江景观带二期、市民文化广场二期工程稳步推进,人民南路、南北后街、柏庐路、黄河路等完成立面改造,樾阁路、震川路、新闸路等完成道路改造,大西门拆迁工作取得突破。市职业一中、教师进修学校完成易地新建,通关点大楼、国检大楼、市第一医院广仁分院竣工,火车站南站屋、汽车客运北站、市第一医院开发区分院、康居小区三期等项目建设进展顺利。金阳路东延、庆丰路西延、昆嘉路改造、沿沪大道拓宽、苏浏线航道整治等一批工程完工,珠江路桥、萧林路张家港大桥建成通车。第三水厂三期主体工程完成,垃圾焚烧发电厂扩建工程有序推进。新建、改建输变电工程 24 个。新增人防工程 26.3 万平方米。花桥特勤消防站投入使用。率先实现乡镇区域公交全覆盖,公车公营比例超过 45%。新增、更新公交车 100 辆,建成公交保养场 2 个、候车亭 100 个、农村汽车站 5 个。

【社会保障】 2008 年,城市保障新扩面 20 万人,城镇职工养老保险和医疗保险参保人数均突破 100 万人,参保率均达 99% 以上。新增灵活就业人员进入城市保障 2.5 万人,累计达 10 万人。农村养老保险、居民基本医疗保险参保率分别达 99.9% 和 99.7%。放宽住房公积金贷款政策,向 2300 户家庭发放公积金贷款 4.4 亿元。城镇和农村最低生活保障标准统一提高到每人每月 350 元。有效实施临时价格干预措施,居民消费价格涨幅低于全省平均水平。建立低收入居民基本生活消费价格上涨动态补贴机制。重残人员、困难家庭学生等弱势群体得到有效救助,优抚安置、老年优待政策全面落实。

【科学技术】 2008 年,昆山开发区、高新区分别成为国家和江苏省知识产权试点园区。61 个项目被列入国家、省科技计划,其中国家 863 计划项目 2 个。昆山工业技术研究院开工建设,成立小核酸、机器人 2 个研究所,组建生物环保公共技术服务平台,设立恒辉太阳能新材料工程技术中心。建立丹尼斯克企业博士后科研工作站。新增省级工程技术研究中心 3 家、企业技术中心 2 家、重大科技研发机构和高新技术创业服务中心各 1 家,产学研联合体 30 家。

【社会事业】 2008 年,积极构建大教育格局,推进城乡教育均衡发展。设立专项资金加大对外来人员子女学校的管理扶持力度。出台相关政策鼓励优秀高中毕业生报考师范专业。建成社区卫生服务中心 9 个、服务站 44 个,并实施社区居民常用药品政府补贴制度。宗仁卿纪念医院投入运行。昆山市被评为全国农村中医工作先进市。健康城市建设扎实推进,周市镇成功创建国家卫生镇。开展“全民健身与奥运同行”系列活动,举办第二届万人徒步大会,顺利承办全国健美锦标赛等重大赛事。成立人口研究基地,通过创建“十一五”省人口协调发展先进市中期评估,全面完成人口出生缺陷社会化干预工程,向 19878 名企业退休人员发放计划生育一次性奖励金。强化六大功能,城乡公共服务体系建设加快推进。全力支援汶川灾区抗震救灾,共募集救灾款物 1.95 亿元。建立对口援建领导机构和机制,支援绵竹广济镇灾后恢复重建。《昆山市志》续编工作有序推进。第二次全国经济普查顺利开展。

【人民生活】 2008 年,全市全社会消费品零售总额 201.87 亿元,同比增长 25.4%。居民消费价格指数 105.1%。城镇居民人均可支配收入 24808 元,增长 13.1%;农村居民人均纯收入 13987 元,增长 14.9%。城镇登记失业率 2.25%。年末居民储蓄余额 418.5 亿元。

【精神文明建设】 2008 年,全面开展创建文明城市活动,评选首届“感动昆山”道德模范人物,百万市民学礼仪等市民素质提升工程扎实推进。玉山镇跻身全国文明镇,中医院蝉联全国文明单位,昆山商厦获评全国百城万店无假货示范店。加大文化设施建设的投入,建成花桥、周市等区镇文体活动中心,图书馆发证突破10万张,农村文化信息共享点和农家书屋实现全覆盖。成功举办首届国际文化旅游节、第四届国际啤酒节、“倾国倾城”文艺晚会等大型节庆活动,“欢乐文明百村行”等群众文化活动蓬勃开展。昆山市及巴城、锦溪、周庄、淀山湖等4个镇被命名为中国民间文化艺术之乡,锦溪镇成为中国历史文化名镇。12个节目分获首届中国农民文艺汇演“银穗杯”和“丰收杯”,3部作品获得紫金山文学奖。成立市文化发展研究中心,公布第二批非物质文化遗产代表名录,开展第三次全国文物普查。进一步营造推动文化产业快速发展的氛围,设立文化发展3项资金,制定文化产业指导目录,《四季周庄》等演艺产业、周庄画家村等文化载体初具规模,江苏省动漫产业园、文化创意产业园正式设立。

【民主法制建设】 2008年,深入贯彻《政府信息公开条例》,落实规范性文件网上公开等制度。对近10年的文件进行重新审核,规范性文件备案审查率100%。做好行政复议和应诉工作,共受理复议申请42件,办结率100%。开展创建江苏省依法行政示范点活动。认真执行市人大及其常委会的决议,坚持重大事项向市人大常委会报告、向市政协通报制度。认真办理人大代表建议和政协委员提案,开展办理工作“回头看”活动。全年共办理人代会议案和人大代表建议229件、政协委员提案283件,满意率分别达95.7%和95%。

【效率效能建设】 2008年,全面实施行政许可和审批“两集中、三到位”制度,行政审批累计承诺时限缩短29%。不断扩大网上审批范围,网上审批率达30.1%。着力推进行政审批重心下移,强化区镇便民服务中心功能。规范收费行为,取消和停止行政事业性收费59项、政府性基金2项。深入开展创建机关服务品牌活动。在全省率先启用综合行政电子监察系统,实时监控行政执法程序、重点领域、关键岗位和重要环节。电子政务建设扎实推进,社区综合管理服务系统等政府信息化项目建设顺利完成。

【社会稳定】 2008年,以奥运会安全保卫和维护社会稳定为主线,开展创建平安系列活动。加大科技强警投入力度,严厉打击各类违法犯罪行为。“法治昆山”建设扎实推进,成为首批省级创建法治市工作先进单位,市法律援助中心被评为全国农民工工作先进集体。开展党政领导大接访、机关干部下访活动,开辟信访依法处置绿色通道,开通网上远程可视信访系统。完善“大调解”机制,成立市人民调解委员会和劳动纠纷调解委员会,设立市劳动争议仲裁院和工伤认定中心,市镇两级信访受理总量下降3%。严格落实安全生产监管责任,加强应急预案编制和演练,开展百日督查等专项行动,健全隐患排查治理长效机制。高度重视食品药品质量安全,开展豆制品市场专项整治,农贸市场全部设立蔬菜检测室。昆山市获江苏省首批食品安全示范市称号。

吴 江 市

【概况】 位于江苏省最南端,地处江浙沪两省一市交汇的长三角中心地区,东接上海,南邻浙江,西濒太湖,北连苏州。市域总面积1176.6平方公里,实有耕地面积3.8万公顷。辖9个建制镇、2个省级经济开发区,有250个行政村和62个社区居委会。年末户籍人口79.5万人,登记在册的暂住人口65.2万人。市政府驻松陵镇。

2008年,全市面对冰雪灾害、物价上涨、国际金融危机等严重挑战,开展“两竞赛(经济发展、环境建设)一赶超(目标)”活动,完成地区生产总值750.1亿元,比上年增长14.5%,其中第一、二、三产业增加值分别为18.3亿元、469.2亿元和262.6亿元,三次产业增加值在生产总值中的比例为2.4:62.6:35。全口径财政收入154.2亿元,其中地方一般预算收入60.2亿元,分别比上年增39.5%和25.1%,获省政府授予“财政收入新增贡献先进单位”称号。全社会固定资产投资293.3亿元,同比增长10.4%。环境质量综合指数97,位居苏州大市第一。在第八届全国县域经济基本竞争力评比中名列第二。

【农业】 2008年,全市农业总收入35.8亿元,比上年增长3.8%。农财部门对农民种粮和农资综合直接补贴资金4100万元。1.4万公顷(21万亩)水稻全部引进良种,机插、机收率双提高,普获丰收;被评为省水稻生产全程机械化示范县(市)。共办“粮食银行”12家。全省首批不吃桑叶的春蚕在吴江“上蔟”结茧,为开发工厂化养蚕及蚕丝新产品提供范本。实施省渔业科技入户示范工程,带动1.6万养殖户。华鑫集团龟鳖良种场成为省级水产良种场。建成动物标识及疫病可追溯体系,成为省增设的5个试点之一。众诚鸭业成为苏州第二家国家农业龙头企业。吴江苗圃成为全国首批75家MPS认证企业之一,其花卉获国际高端市场“通行证”。农产品检测中心通过国家级论证,水产品检测中心升格为省级中心。杭嘉湖北排通道工程(江苏段)通过竣工验收。从1999年至今,投资6.1亿元,建成大批水利防洪基础设施,初步形成集防洪、排涝、灌溉、调水诸功能的水利工程保障体系。汾湖镇60.69公顷(910.4亩)市级土地整理项目通过省专家组验收。同里北联科技农业园区初具规模。第二次开展农村集体资产清产核资和产权登记工作。汾湖镇顾敏获“全国农村青年创业致富带头人”殊荣。

【工业·建筑业】 2008年,全市工业总产值2650.5亿元,其中规模以上企业工业总产值2178.5亿元,分别比上年增长14%和14.9%。电子信息产业:投入大,产出多,保持龙头产业地位。丝绸纺织业:首个省级真丝绸工程技术中心落户华佳集团;全球最大的恒力集团年产20万吨工业丝生产基地奠基;盛泽近4年有8家企业升格国家纺织产品开发基地,129家企业195款面料入选全国流行面料,成为“中国流行面料采购基地”及流行趋势发布基地;“中国·盛泽丝绸化纤指数”发布一周年,成为中国纺织品的“道·琼斯指数”;震泽荣膺“中国亚麻蚕丝被家纺名镇”称号;23家纺织企业入选“2007~2008年度中国纺织服装企业竞争力500强”,入选数居全省第一、全国领先。机械制造业中电梯、除尘设备、输变电设备、汽车配件生产看好,连续5年增幅达30%以上,产值214亿元,跻身第三大支柱产业。电缆光缆业中逐步淘汰普通电缆,光缆优势扩大,产业链不断延伸。震泽黑豆腐干领取市内首张QS食品安全证书。全市企业产品商标列"县域商标发展百强"第二十三位。

2008年,全市获资质证书的建筑企业186家、工程监理企业7家。全市房地产开发投资79.1亿元,施工房屋面积673.9万平方米,竣工房屋面积146.7万平方米,分别比上年增长11.4%、10.3%和13.1%。恒达房产入选省房产企业50强。建筑业招投标和造价管理公开透明,审图和工程质量管理严格规范,施工文明安全。"农村推广散装水泥"、"城区禁止现场搅拌混凝土"两项成为省级验收达标县(市)。

【公用事业】 2008年,《吴江市城乡客运一体化规划》通过专家论证。市客运公司暨市客运集团有限公司成立,分客运、站务、公交、修理、旅游5个板块,下辖10个子公司,拥有农村公交线路56条、车辆146辆、客运站26个、各类候车亭或站牌558个,镇(区)际客运班线16条。苏州松陵城际巴士开通。全年新增客运出租车50辆。垃圾焚烧发电厂在建,庙港220千伏等3个输变电工程投运,苏南800千伏特高压直流同里换流站开工。现拥有123条共1155公里输电线路、55座35千伏以上变电站,电网主变容量突破500万千伏安。全社会用电量129.6亿千瓦时,比上年增3.3%。总投资5.5亿元、日供60万吨的区域供水二期工程通水,至此实现了全境供应太湖水。分别铺设天然气高中低压管道17公里、250公里和300公里,松陵城区、吴江经济开发区、汾湖经济开发区天然气管道骨架建成,南北快速天然气管道干线铺设竣工,2万居民户、200工商业户已通气,年天然气销量3000万立方米。

【金融·证券·保险】 2008年,全市银行贯彻国家货币政策,攻艰克难,支持经济社会发展。到12月末,本、外币存款余额828.9亿元,贷款余额664.4亿元,分别比年初增长15.3%和15.7%,不良贷款率0.9%,比年初下降0.14个百分点,实现利润24.2亿元。中国邮政储蓄银行吴江市支行揭牌成立。吴江农村商业银行通过ISO9001认证,在全国县级同行中首家发行4亿次级债券,名列"中国银行业百强",居"中国银行业纳税百强排行榜"第四十四位和全国县级农村商业银行之首。发放扶贫贷款1881.8万元,扶持784户贫困、低收入户创业就业。南京证券吴江流虹路营业部开业,2家企业向国家证监会申报上市,2家企业已进入境外上市程序。全市证券交易额638.9亿元,29家保险公司保险业务收入12.6亿元、支出9.4亿元,分别比上年增长35.4%和38.3%。医疗责任保险已经推出,全市水稻种植保险投保率达100%,水产养殖保险正在试点。

【交通·邮电】 2008年,全市投资19.7亿元,在建一级公路超100公里。苏同黎公路太浦河大桥竣工,第一条融资修建的市内一级公路——东接上海、西连浙江的318国道吴江段改建并通车,苏嘉杭高速南段扩建、笠泽路路面改造均竣工通车,松陵至盛泽25公里南北快速干线兴建,境内主跨度最大的长湖申线转体桥对接,30座有安全隐患的公路桥整改完成。全市现有农村公路1706.2公里,其中县道11条288.5公里,乡道114条592.8公里,村道540条790.7公里,专用公路1条34.2公里,年完成公路养护量6000万元。全年旅客运输量3902.7万人次,旅客周转量247414.8万人公里,分别比上年增长20.4%和22.4%,货物运输量760.5万吨,货物周转量51992.8万吨公里,分别比上年增长2.6%和1.8%。省首家县级"公路应急处置中心"挂牌运行。

2008年,全市邮政业务总收入9730万元,电信业务总收入16亿元。全市电话交换机容量40万门,固定电话36万用户,城乡平均普及率43.9线/百人,居全国县级市前列,并在苏州地区率先实现宽带全覆盖。吴江移动通信成立10周年,用户突破百万。年内实施CDMA网络优化改造,首批新建移动通信机站刈接开通。全国首家大宗纺织商品实时电子交易平台及电子呼叫中心在盛泽开启,标志着纺织品交易由传统。

【商业·旅游】 2008年,《吴江现代物流产业集聚区发展规划》通过专家评审,盛泽首座综合物流中心运行,发货80万吨。83个商贸项目在建,投入34.8亿元。汾湖商务服务业集聚区升为省级现代服务业集聚区,区内首家按五星级标准建造的汾湖锦鸿衡山大酒店开业。震泽镇荣膺"中国太湖农家菜美食之乡",国际零售巨头家乐福落户,市内规模最大、档次最高的精品家具购销场所—华东国际家具广场开张。举办第一届吴江生态绿色农业展示会,亮相产品2万个,现场销售额50万元。中国东方丝绸市场连续3年蝉联"中国第一布市"称号,位居全国百强综合市场排行榜第二。一街(永康路商业街)一店(盛泽人民商场)成为省"百城万店无假货"活动示范街店。吴江获苏州市创建消费放心城市工作先进单位,2家公司获省优秀达标场所。110家村级农家店营业额近亿元,增长37.5%。省有关部门授予吴江"农村食品安全'三网'建设先进单位"、"省级农村药品'两网'建设示范县"。批零贸易业销售总额800.4亿元,社会消费品零售总额125.1亿元,商品市场成交额654亿元,同比分别增长19%、25.7%和16.2%,位居《福布斯》中国大陆最佳商业城市榜第四十三位,创评比以来最高位次,比上年高跳7位。有3家企业获评省价格诚信单位,市价格认证中心通过国家级达标。

2008年,全市增加经费投入,制作大量宣传资料,抓住北京奥运会、上海世博会两大机遇,举办"同里之春"旅游节、吴江金秋美食节、苏南酒乡黄酒文化旅游节等活动,组团参加国内外各种旅游交易会,强势宣传促销。同时吸收多元资本,做强做精同里景区,开发同里湖、古镇、环太湖休闲度假旅游等项目,评出首批10家星级"农家乐"。华佳集团成为市内首家全国工业旅游示范点,苏州玫瑰园成为全国农业旅游示范点,肖甸湖成为华东地区首个集湿地与森林于一体的省级湿地公园,市青少年科技文化活动中心成为全省首个国家级科技馆旅游景区。加强旅游配套设施建设,现有旅游饭店20家,其中四星级9家、五星级1家,居全省县级首位。同里静思园被上海确定为外国留学生中国文化体验基地。年内接待境内外游客901.5万人,同比增长25.1%,其中海外游客53.7万人。全年旅游总收入75.1亿元,景区门票收入8569.6万元,分别比上年增长26.5%和8.8%。模式转向现代化、专业化模式。

【民营经济·开放型经济】 2008年,政府有关部门帮助民营企业争取各类政策性扶持资金6647万元。全市新增私营企业2103家,净增注册资本85亿元,累计注册资本424.7亿元。民营工业销售收入1380亿元,其中销售收入超10亿元的企业11家,营业收入超100亿元3家。7家民营企业列全省民营企业营业收入百强,5家列纳税百强,2家民营企业列为省重点培育的小企业创业基地,4家入选“2008~2009年度省重点培育的高成长型民营、中小企业”。

2008年,全市开放型经济启动二次发展。对外贸易进出口总额达163.4亿美元,其中出口89亿美元,同比分别增长3.9%和9.5%,高新技术产品占市外贸一半。推出“虚拟口岸”直通放行新模式,使太仓港延伸至吴江,并获省级外经贸部门授予审批权。全市民营企业出口增幅高出外资企业11个百分点,其中手机出口首破5亿美元,服装出口首破1万批次。通信光电缆、轻纺产品列为江苏省出口基地,4家企业入围中国外贸企业200强,5家外资企业入围全国外资企业500强,5个产品列为“苏州市出口名牌”。亚洲第一个“环境友好工厂”—苏州丹龙纺织有限公司获世界市场绿色通行证。全年新批准外资项目137个,新增注册外资19.2亿美元、到账外资9.8亿美元,分别比上年增长10.6%和23.5%,列全省县级第二位。新增服务外包企业12家,注册资本1270万美元。新批准到境外投资的企业4家,中方境外投资额668万美元。当年外资企业平均注册资本比上年增加567万美元,欧美投资总量比上年增长18个百分点。汾湖经济开发区与苏州工业园区联建的省级国际服务外包示范区获得批准,吴江经济开发区、汾湖经济开发区综合建设水平,分别列全省省级开发区第二位和第十三位。

【建设·环保·节能】 2008年,有序推进全市建设规划编制和论证。经全球邀标,完成东太湖大道及周边区域城市设计规划及专家论证,通过住房建设、旅游业、生态建设和消防设施等项规划的专家论证,完成3个历史文化古村保护规划的编制,同时推进市规划展示馆的布展工作。同里镇获全国镇级唯一的“中国最佳规划城市”奖。全市60项重点工程建设项目投资达72亿元。占地7万平方米的694套经济适用房一期工程开建,南部新城区总长2600米的长板路工程竣工,投资30万元完成6个社区的路面及下水道改造。“奥林清华东区”成为市内首个国家康居示范工程小区,“新湖明珠城”成为市内首个通过建设部2A级性能认定的住宅区。吴江经济开发区投入20亿元基础设施资金,学院路东延及运河大桥在建,高速公路以东区域路网框架形成。汾湖经济开发区投入7.2亿元,完成南京路和临沪东路等上年度15项工程的扫尾,竣工道路16.5公里。2006年以来投资30亿元的375个农民集居点道路拓展硬化工程完工,实现公交通达率100%。新增“苏州市新农村建设示范村”18个,累计已达57个,道路黑硬化、区域供水和改厕到户率均近达100%。6000农户迁住集居点,老村改造惠及3000农户。投入3亿元,新增绿化面积1000公顷(1.5万亩)。

2008年,全市启动第一次全国污染源普查,接受首笔中央专项环保资金66万元,投入环境监督能力建设方面,建成7个水环境自动监测站,形成世界先进水平的太湖流域水环境监测体系。市新增财力的10%投入环保建设,并设立2000万元减排专项奖励基金。中国与新加坡合作的盛康废水深度处理示范工程投运,187家企业通过限期提标治理达到Ⅰ级A排放标准。全年关停化工企业31家,提前完成化工行业专项整治3年目标任务。与南京农业大学合作,运用“太湖地区农药残留降解成套技术”,年减排农药50吨。江浙交界断面水质好转,COD、SO2排放量分别比上年下降4.5%和4.2%。14家企业获评省“绿色企业”,吴江污水处理厂获评“省优秀城市污水处理厂”,盛虹集团荣膺全国“节能减排优秀企业”称号。投入20亿元,建设16个重点生态工程,新、改、扩建6个城镇42个村生活污水处理设施和11个除磷脱氮项目,生活污水收集管网增加120公里。7套喷织废水处理设施上马,日处理废水4.7万吨。疏浚整治农村河道176.8公里,34个村建成省级生态村。东太湖蓝藻防控初获成效,养殖网围进一步压缩。饮用水质符合国家106项新标准,空气质量全年优良。创建全国环境优美乡镇实现“满堂红”,建设国家生态市通过考核验收。

2008年,投资22.7亿元,建成65个重点节能项目。通过能源审计,7家年耗标煤2至10万吨的企业共节煤8.9万吨,5家企业共获国家财政节能技术改造奖励3600万元,4家企业列入第二批国家或省循环经济试点企业,全市单位GDP能耗下降4.8%。推进土地节约、集约利用,加强依法保护耕地尤其是保护基本农田的力度。通过了国家节水型城市的考核验收。

【改革·创新】 2008年,全市新一轮乡镇机构改革完成。40个行政服务窗口单位全面实施行政许可、审批“两集中三到位”改革,市行政服务中心办理各类审批服务事项27万件,按时办结率100%。省内首家股份制小额贷款公司—吴江市鲈乡农村小额贷款股份有限公司成立,注册股本金3亿元,创全国小额贷款公司之最。吴江首家私募基金登陆浦东陆家嘴金融区,盛商投资上海运营总部入驻上海时代金融中心。全市新增担保公司43家,注册资本12.9亿元,累计担保公司76家,担保余额55亿元。财政投入2000万元专项资金资助融资担保业。市创业投资有限公司成立。继重大资产重组后,吴江丝绸股份有限公司更名为江苏吴江中国东方丝绸市场股份有限公司,正在从纺织加工制造业走向现代服务业。盛泽镇及有关企业与复旦大学合作,在国内首创“物流金融集成服务平台”。占全市进出口总额65%的6家进出口大户试点诚信通关改革。全市新增土地股份合作社56家,累计91家,入股土地9.8万亩。新增农民专业合作社26家,累计62家,带动3万农户,其中7家获省“有组织制度,有合作手段,有较大规模,有明显效益”称号。参加各类新型合作经济组织的持股农民已占农业总人口的95%。集体资产资源经营性收入超2亿元,比上年增1700万元。村级集体可支配收入3.6亿元,村均145万元,比上年增18%。新建村级物业26万平方米。

【人才·科技·质量】 2008年,首家在省内实施人才资源普查。全市新增各类人才1.6万名。制订了招才引智优惠政策、引进高技能人才实施细则和职业技能竞赛管理办法,与全球第二大人力资源服务供应商任仕达集团牵手,着力为企业提供人力资源服务。新建博士后科研工作总站3家、分站3家,总数已达9家,居苏州各市(县)之首。举办第二届“人才服务月”,引进高层次人才15名,从全国19所“985”重点高校招聘优秀人才40名(其中硕士以上19名),选聘101名高校毕业生到村、社区任职,资助引进紧缺人才3名、柔性引进人才18名。众诚鸭业成为市内第二家省级“引进国外智力成果示范推广基地”。134名企业骨干人才获政府购房资助。

2008年,全市列入各级各类工业科技计划项目216项,其中国家级15项(含中小型创新基金2项、火炬计划6项、重点新产品7项),省级16项。被认定为省级高新技术产品70个、高新技术企业21家。全市高新技术产业产值973亿元,占规模以上工业总产值的44.7%。亨通光电入选全球华裔高科技企业500强,2家企业入选省百家优秀科技成长型企业,5家企业登榜省首批科技型中小企业,吴江苗圃评为省首批农业科技型企业。以太阳能产业"硅棒"和光缆产业"光棒"为代表的新材料项目崛起,华佳集团高性能全真丝弹力丝及其制品产业化项目列入中央预算内投资计划。全社会科研经费支出占GDP比重1.9%,较上年提高。列入各级各类农业科技项目70项,其中省级2项。实施各类农业科技示范园区28项,产值3.2亿元,利润近亿元,辐射25万亩,促农增收0.8亿元。专利申请量首破万件且授权过半,连续两年居全省县(市)第一。在第六届国际发明展览会上,获金奖3个、银奖5个、铜奖11个,获奖数居苏州各市(县)之首。恒力化纤获中国纺织工业协会科技进步一等奖,2项科技成果获省科技进步奖三等奖,市科技局被评为省知识产权工作先进集体。吴江科技创业园上升为省级科技创业园,盛泽镇与上海合办的国家首家纺织专利展示交易中心问世。与复旦大学共建的汾湖科技创业园投运。1家企业获国家级、2家企业获省级"企业技术中心"称号。现有市级工程技术研究中心15个,公共技术服务平台7家,基本覆盖主导产业。电缆产业基地被评为国家火炬计划实施20周年先进产业基地,入选全国10大先进基地。国税局绩效考核评价体系软件VI.0,获国家版权局计算机软件著作权登记证书,成为全省同行通用的绩效管理软件。10年投入131.1万元,建成联通市镇村三级的人口和计划生育信息化网络。农村资产租售监管、惩防体系预警和GPS公车监控3个党风廉政信息化平台投入运行。光纤到村、法人单位基础数据库建成。29个农贸市场全面运行价格电子显示屏。汾湖经济开发区"数字城管"投用。建筑工地推广远程视频监控系统。部门综合统计网络系统实现信息共享。教育信息中心机房及软硬件改造升级。经历年发展,网吧已达300家,电脑总量3万台。4家中小企业获评省信息化示范单位。

2008年,吴江被确定为全国首批科普工作队试点县市之一。年内,举办了第三届社科普及宣传周,新命名科普教育基地10个。菀坪社区成为省科普文明社区,市青少年科技文化活动中心获省优秀活动场馆称号。第三届青少年科技创新"市长奖"颁奖。

2008年,组建盛泽、震泽、汾湖和吴江开发区4个质量技术监督分局,加强了质量技术监督力量。在国家、省、苏州市3级监督抽查中,地产品合格率连续5年高于全省平均水平。现拥有中国名牌产品15个、国家免检产品18个、中国驰名商标23件,成为全国品牌增速最快的县市之一。"亨通光电"、"通鼎光电"荣登"中国500最具价值品牌"榜。450家企业通过ISO9000质量体系认证,7家企业通过计量体系确认,68家大中型企业通过计量保证确认,267家中小企业通过计量合格确认。国家认可的计量测试校准项目增至87项,6家企业达国家测量管理最高标准。4家企业作为第一起草单位参与国家标准制定工作,4家企业设立全国专业标准化技术委员会分会或工作组。盛泽编制的化纤标准是首个国际化纤标准,也是国内首个由地方机构担纲第一起草人的国家分类标准。年内还制定了鳜鱼养殖省级标准。吴江水产养殖有限公司在国内首获水产品国际通行证—"良好农业规范"(简称GAP,现行水产品养殖最高等级的规范标准)。苏州欧福蛋业有限公司获"国际蛋制品加工最佳工厂"称号。吴江永准精密五金厂为"神舟七号"提供配件。宝德隆公司承接织造、印染北京奥运会领奖服面料,为体育健将增彩。苏州鑫吴钢结构工程有限公司获省建筑钢结构优质工程"紫金杯奖"。图书馆和档案馆、苏州银都国际商务中心、市青少年科技文化活动中心3项工程获省"扬子杯"优质工程奖,刷新了一个评审年度获奖工程数的记录。出动2.7万执法人次,查处各类假冒伪劣产(商)品案件611件,货值717.9万元,罚没款528.9万元。

【教育·文化】 2008年,全市拨款400万元,实施教育"一号工程",加强师资队伍建设。现拥有市级以上骨干教师1400多人,其中省名教师1人、特级教师11人,苏州市名教师名校长20人、"十杰"教师校长5人,苏州市学科(学术)带头人59人、教坛新秀8人。中小学和幼儿园建设加快。鲈乡实验小学越秀校区、山湖花园小学投入使用,投资1亿元、建筑面积5.8万平方米的民办青云实验中学揭牌,青云、黎里中心小学迁新校。正值义务教育年龄段的3万多名外来务工人员子女全部入学。所有小学生乘坐公交安全接送车。10所省级实验小学和16所示范初中的优质教育资源实现城乡共享。建成省优质幼儿园1所,农村成型幼儿园已有41所。所有实施义务教育的中小学校均建成苏州市现代化学校。吴江通过省教育现代化水平评估验收,并获省"义务教育均衡发展先进县(市、区)"称号。职业教育和培训又有发展:2所职业中学被认定为省首批三星级中等职业学校,市建立了省级社区培训学院,10个镇(区)均建苏州市级以上社区教育中心。举办各类干部培训班625期,参训3.8万人次,其中举办"四新"讲座10次,受训6072人次。吴江成为全省首批国际服务外包人才培训基地和中国浦东干部学院的现场教学基地。

2008年,成立"费孝通研究会",召开第六次文联代表大会,颁发第三届文学艺术奖,举办第三届市民读书节、首届读写节和第九届丝绸文化节。第五届十镇区联动文艺巡演,演出20场大型文艺晚会,下乡放映数字电影近百场,观众20万人次。首届中国农民文艺会演亮相吴江,芦墟山歌获此会演三等奖。秦文创作的歌曲《舞春风》(葛逊词)获中国大众音乐协会主办的"感动中国—2008全国首届新创歌词歌曲大赛"一等奖。新建社区图书分馆10个。村村建立"农家书屋",其中1家被命名为"全国职工书屋"示范单位。有超市图书销售网点25个,平均营业面积60平方米,其中超百平方米的3个。吴江图书馆馆藏古籍7.2万册,量居苏州5县市第二,入选第一批省古籍重点保护单位。《嘉靖·吴江县志》、《医指如宜方脉》入选《国家珍贵古籍名录》,《吴江丝绸志》、《锦绣盛泽》两本志书被美国斯坦福大学收藏。第三次文物普查发现新文物点247处,累计各级文物保护单位101处,其中国家级3处、省级18处。市文化馆被命名为国家一级馆,市档案馆晋升为国家二级馆。数字电视"户户通"工程通过省级验收。《吴江日报》形成纸质报、数字报、手机报和新闻网"三报一网"的新闻传媒格局。汾湖镇入选省、中国历史文化名镇和中国民间文艺之乡。王绍鏊纪念馆落成同里镇,《文学报》全国作家创作基地落户震泽镇,桃源镇复建普慈寺。《吴江年鉴》获全国一等奖,第二轮《吴江市志》编纂完工一半。

【卫生·计划生育·体育】 2008年,举办首届健康节,开展医院管理年活动,卫生专业技术人员队伍进一步加强。全市有33个村建成省级卫生村,横扇镇创建国家卫生镇通过省级考核。斥资2500万元,在全国率先启动母婴关怀工程,有695人享受免费住院分娩服务,1399人次孕产妇、儿童享受免费保健服务。实行居民常用药品政府补贴制度,惠民医疗救助减免费用1513万元。健全了市镇村中医服务3级网络。建成慢病3级管理网络和集民政、计生、卫生于一体的一站式婚前体检服务体系。江苏盛泽医院综合楼主体结构封顶,市第三人民医院新住院楼启用,新麻风病医院落成,市牙病防治所揭牌。实施《献血法》10年,无偿献血7.6万人次,总量逾16万吨,松陵、盛泽两城区出现爱心献血屋。吴江被评为全国丝虫病防治先进集体、省农村中医工作先进市,建成省"全国亿万农民健康促进行动"示范市、省卫生应急工作示范市,通过省"白内障无障碍县市"验收。

2008年,提升人口和计划生育管理水平。户籍人口出生4887人,出生率6.04‰,计划生育率99.32%,人口自然增长率-1.49‰。流动人口出生5577人,计划生育率92.63%。在苏州同行中首家成立计划生育执法大队,完善了给予一次性奖励的计划生育利益导向机制。继国内首家成立县级人口研究会后,由国家人口和计划生育委员会命名的"中国·吴江人口文化基地"设立并开通网站。吴江获"全国计划生育优质服务先进单位"称号,列入首批省"新农村新家庭计划"项目县。

2008年,开展国民体质监测,成为省亮点工程。举办全国女子柔道锦标赛暨奥运会选拔赛,被省授予承办全国以上体育竞赛最佳赛区称号。王英摘得第三届亚洲BMX小轮车女子组锦标赛桂冠,4名火炬手参加奥运火炬传递,工娟、陆斌两位运动员在本地历史上首踏奥运赛场,陆斌以业余运动员身份代表国家队参加奥运会,进入4100米决赛,创吴江业余训练运动员参加全国县(市)体育竞赛最好成绩。18岁学子吴海波凭体育特长第一个被北京大学录取。全市中小学校推广新版广播体操。少年儿童业余体校累计分别向国家、省、苏州市选送运动员(选手)9人、45人和260人,成为国家高水平体育后备人才基地。市体育局名列全省县级体育工作综合考评第二名、"输送体育人才第一名",获国家"全民健身活动先进单位"称号。

【就业·社保·民生】 2008年,全市投入1000多万元,建成城乡一体化公共就业服务网络,员工与外企、民企签订劳动合同进展良好。加大政府购买公益性岗位力度,出台企业招收就业困难群众补贴政策,新增就业岗位7.5万个,转移农村劳动力2.5万人,再就业培训1万人,登记失业人员再就业率超90%。建成省级充分就业社区5个、劳动力充分转移乡镇3个,苏州市级充分就业社区16个。累计有3000多名境外、台港澳人员在吴江就业。就业和再就业工作获省嘉奖,市劳动就业管理中心被授予"省劳动保障系统优质服务窗口单位"称号。28名一线工人获市技术能手称号。康力电梯股份有限公司的乐明、江苏永鼎股份有限公司的蔡建新分别成为全省、全国优秀农民工。

2008年,全市30.8万名职工参加失业保险,3.4万名企业退休人员人均月增养老金126.6元,基本养老保险和医疗保险分别增加6.8万人和7.6万人,增量及基金增收额均创历史新高。新型合作(居民)医疗保险覆盖率98%,人数达44.3万,医疗费用1.2亿元,114万人次受益。

2008年,全市居民消费价格总指数104.6%,同比上涨4.6%,比全省平均涨幅低0.8个百分点。城镇居民人均可支配收入24869元,农村居民人均纯收入12415元,分别比上年增长12.9%和10%。城乡居民储蓄存款364.8亿元,比年初增27.5%。建立并完善困难救助、城乡低保标准自然调整、价格上涨动态补贴和低保家庭"救助渐退"等扶贫帮困机制。慈善、新闻和常青3方资助100多名学子读大学。廉租住房保障范围扩至城镇,161户低收入、住房困难家庭享受廉租房保障,210户农村低保户获危房改造。非营运性小型汽车上牌量11328辆,连续第三年突破万辆。新增10个居家养老服务中心,松陵城区乐龄公寓开建,15万老年人获6项新优待。百岁"人瑞"从19名增加到40名,新增21名。

【精神文明和民主法制建设】 2008年,全市续创全国文明城市。成立了志愿者总会,注册9万人。评出十大新事、十佳新人。东方丝绸市场再获"省五星级文明诚信市场"称号,菀坪标缝获省"和谐劳动关系模范企业"称号,亨通集团获评"中国优秀诚信企业"、"全国精神文明建设工作先进单位"称号,盛泽成为首批中国纺织企业社会责任建设示范区,同里镇被列入全国创建文明村镇工作先进村镇。唐仲英德育奖学金颁发10年,为200名大学生、690人次获奖,共发奖学金276万元。四川大地震后,市慈善总会和红十字会爱心捐款、党员缴纳特殊党费共4000万元,突击生产运送彩钢板、帐篷布等救灾物资,分批运送御寒衣被,资助33名灾区贫困大学生,援助600名绵竹灾区劳动力就业,年投入4000余万元,对口援建兴隆镇,安置2000户灾农搬进永久性住房。市民政局被省评为支援抗震救灾先进集体。

2008年,作为省内两个党代会常任制试点县市之一,又创新了10项制度,盛泽镇成立了苏州市第一个外地商会党委(吴江市温州商会党委),砥定社区成立吴江首个社区党委。年内新建3个纪检监察工作室,运用信息手段推广应用惩防体系预警平台,立案查处党纪政纪案件98件,挽回经济损失423万元。吴江国税党风廉政建设在全省示范。5年来,各级工会组织增加2217个,发动28万人次参与职工技能竞赛,"送温暖"资金达900万元,吴江建成"省工会工作模范市"。第三届社区居委会换届选举。办理人大代表议案建议89件、政协委员提案133件。开展"书记大接访"活动,在全省县(市)中率先开通"市委书记信箱"。在苏州市检察系统首创由市人大常委会任命人民监督员9名。开展了进机关、进乡村、进社区、进学校、进企业和进其余单位的法律"六进"活动。15家法制教育基地构建普法新平台。在苏州市独获"省司法行政系统新闻宣传工作先进集体"奖。4年中共接收司法矫正对象500多名,期满解矫300多名。法院年受理案件首破万件,获评全省基层基础建设先进集体。加大治安防范力度,省际治安卡口智能化电子监控系统投运,年内收缴各类赌博机6000台,开展交巡警"争誉2008"活动。盛泽派出所获誉"全国一级公安派出所"。全市建成国家级民主法治示范村1个、省级民主法治示范村11个和示范社区6个,成为全国51个普法依法治理工作联系点之一,连续3年被省委、省政府评为"社会治安安全市"。

(肖进提供)

无锡市辖县(市)

江 阴 市

【概述】 江阴市地处苏锡常“金三角”中心,北枕长江,有长江公路大桥与靖江相连,南近太湖,东接常熟、张家港,西连常州,交通便捷,为大江南北的重要交通枢纽和江海联运、江河换装的天然良港。全市总面积987.5平方公里,陆地面积811.7平方公里,水域面积175.8平方公里,其中长江水面56.7平方公里。沿江深水岸线长达35公里。城市建成区面积52.39平方公里。有13个镇,3个街道办事处,250个村委会,108个社区居民委员会(其中17个为村居合一)。2008年末,全市户籍总人口120万人,比上年增长0.19%。全市人口出生率7.14‰,比上年下降0.04个千分点;人口死亡率6.67‰,比上年提高0.03个千分点;人口自然增长率0.47‰,比上年下降0.07个千分点。全市户籍人口计划生育率为99.47%,节育措施落实率为99.36%。确定计划生育奖励扶助对象19136人,发放奖励扶助金5092万元。有少数民族常住人口3428人,涉及31个民族。市政府驻地设在江阴市澄江中路9号。

2008年,江阴市实现地区生产总值1530亿元,比上年增长14.9%,其中第一产业增加值21.6亿元,增长4.7%;第二产业增加值949.95亿元,增长14.7%;第三产业增加值558.45亿元,增长15.7%(按当年价计算,增长速度按可比价计算)。全市户籍人口人均地区生产总值127622元,比上年增长19.84%,按当年汇率折算达18673美元。第一、第二、第三产业增加值在地区生产总值中的构成比例为1.41:62.09:36.5,第三产业占地区生产总值比重创历年新高。全年财政收入245.02亿元,比上年增长28.6%,其中一般预算收入102.19亿元,增长24.11%,财政收入占地区生产总值比重16.01%。在第八届全国县域经济基本竞争力评价中名列第一,实现“六连冠”。被中央确定为全国改革开放30年18个典型地区之一。 (陈学超)

【沿江开发】 江阴经济开发区业务总收入1185.95亿元,比上年增长35%,其中工业产品销售700.74亿元,比上年增长27.7%;财政收入34.79亿元,增长51.55%;全年新批进区项目150项,其中外资项目30项;新增工商登记协议注册外资4.34亿美元,到位注册外资1.71亿美元。临港新城业务总收入1584.11亿元,比上年增长33.02%。其中工业产品销售1085.81亿元,增长29.24%;财政收入39.38亿元,增长25.54%;全年新批进区项目447项,其中外资项目27项;新增工商登记协议注册外资6.02亿美元,到位注册外资2.6亿美元。江阴-靖江工业园区业务总收入182.01亿元,增长74.39%。其中工业产品销售121.90亿元,增长125.43%;财政收入4.85亿元,比上年增长67.4%;全年新批进区企业48个,其中外资企业2个;新增工商登记协议注册外资0.72亿美元,到位注册外资0.98亿美元。

【体制改革】 进一步调整优化行政管理体制。夏港镇、申港镇撤镇建街道,撤销石庄办事处,成立临港新城新材料产业园。全面完成市、镇国库集中支付制度改革和分税制财政管理体制调整,稳步推进第一批10个单位非税收入收缴管理改革试点,启动行政、事业单位公有资产管理改革。全面推进教育、文化体制改革,完成华士国际等3所公有民办学校转制,成立市文广新局和文化艺术集团。积极推进“三大合作”组织建设,新建村级集体经济股份合作社15个,累计86个;新建土地股份合作社16个,累计达到88个;新建农民专业合作组织30个,累计133个。

【资本经营】 做好扩容做优江阴板块、提高上市成效、培育上市企业的服务工作,开展与英国伦敦等国外证交所的交流活动,与国内知名院校进行江阴板块业绩评估、风险评估等。年末,全市拥有国内控股上市公司14个。“双良股份”和“舒卡股份”募集资金17.48亿元。国内上市公司年总资产426.85亿元,总股本84.78亿股,净利润4.78亿元,营业收入263.22亿元。

【农林牧渔业】 全年完成农林牧渔业总产值41.91亿元,比上年增长18.59%。其中,农业产值17.16亿元,林业2.55亿元,畜牧业12.84亿元,渔业5.96亿元,农林牧渔服务业3.4亿元。全年粮食总产量20.34万吨。其中,夏粮4.65万吨,秋粮15.69万吨;粮食平均亩产445.66公斤,其中小麦平均亩产295.5公斤,水稻平均亩产567.7公斤。全年生猪出栏33.5万头,家禽出栏1100万羽,奶牛存栏7598头,牛奶产量3.37万吨。肉类总产量5.26万吨,水产品产量2.32万吨,水果、禽蛋、特种养殖等其他农副产品均比上年有不同幅度增长。全市“三资”投农9.5亿元,累计41.32亿元。全市有农业旅游点73个,农家乐餐饮、垂钓、农产品销售等营业收入3.5亿元。年内有2种农产品获绿色食品证书。小麦、水稻、能繁母猪保险覆盖面100%,发放粮食政策性补贴2763.33万元。全面实施农业“510”工程,全市新建或完善提高10个33公顷以上生态园、10个33公顷以上蔬菜基地、10个规模化养殖示范基地、10个66公顷以上现代农业示范园、10个无锡市级以上农业龙头企业。全市高效农业面积1.95万公顷,农业规模化经营比例69%。蔬菜种植面积1.05万公顷。全年农业机械化投入2620万元,新增高性能插秧机26台,更新大中型拖拉机58台、耕整机100台。年末全市拥有农业机械总动力25.77万千瓦、大中型拖拉机740台、联合收割机571台;全市机插秧面积1.65万公顷,机插率92%。水利建设总投入5.4亿元,完成各类土石方750万立方米,疏浚河道217条,累计河道清淤350

万立方米;修建防渗渠道65公里,改造机电泵站73座,圩堤加高加固16.1公里,改造圩口闸12座。

【工业】 完成现价工业总产值4466.55亿元,比上年增长19.93%;工业产品销售4359.27亿元,增长20.17%;工业利税380.65亿元,增长20.24%;工业利润266.7亿元,增长17.83%。全年工业经济效益综合指数为213.27%,比上年提高11.05个百分点。工业产品销售率为97.79%,比上年下降0.02个百分点。工业用电总量167.47亿千瓦时,比上年增长0.71%。年末全市工业固定资产原值1480.98亿元,比上年增加221.31亿元,增长17.57%。规模工业企业现价工业总产值4011.65亿元,比上年增长19.42%,占全市工业总量的89.82%,比上年提高1.44个百分点;工业产品销售3893.02亿元,增长16.94%,占全市工业产品销售的89.3%,比上年下降0.51个百分点。华西村营业收入500亿元,兴澄特种钢铁有限公司、阳光集团有限公司、三房巷集团有限公司营业收入均突破200亿元,海澜集团有限公司、澄星实业集团有限公司、法尔胜集团公司、新长江实业集团有限公司、双良集团有限公司、西城钢铁有限公司6个企业营业收入均超100亿元,另有7个企业超50亿元,6个企业超30亿元,7个企业超20亿元,21个企业超10亿元。有39个工业企业利税总额均超亿元,其中超20亿元1个,超10亿元7个。全市工业百强企业全年产品销售2877.11亿元,利税256.77亿元,分别占全市工业总量的66%和67.46%。新增江苏省名牌产品16种;参与制定国际、国内行业标准的企业增至119个。

【民营经济】 全市民营经济实现增加值912亿元,比上年增长15.50%(按当年价计算,增长速度按可比价计算),占全市地区生产总值的59.61%。年末注册资金732.29亿元,比上年增长20%,其中私营企业注册553.71亿元,增长17.8%;个体工商户注册资金16.52亿元,增长2.4%。实现工业总产值3014.92亿元,增长20.1%,占全市工业总量的67.5%;社会消费品零售额237.45亿元,增长23.2%,占全市社会消费品零售总额的80.95%;税收84.54亿元,增长31.4%,占全市税收总收入的45.9%。

【外向型经济】 全年进出口总额135.49亿美元,比上年增长22.92%,其中自营出口额87.91亿美元,增长36.61%。全市有132个企业出口均超千万美元,其中21个企业出口均超亿美元。三房巷集团有限公司进出口额14.69亿美元,为江阴市进出口额最大的企业。新批外资项目60项,其中超千万美元项目32项。新增工商登记协议注册外资12.56亿美元,年内到位注册外资6.83亿美元,增长8.61%;新批服务业外资项目18项,新增服务业工商登记协议注册外资2.85亿美元,到位注册外资6200万美元;新增境外企业13个,累计在册127个。完成工程劳务营业额1.82亿美元,比上年增长16.67%。至年末,全市企业在境外投资的国家和地区达24个。

【固定资产投资】 全社会固定资产投资400.33亿元,比上年增长7.57%,其中城镇投资183亿元,农村投资217.33亿元。总投资中第一产业投资6.19亿元,比上年增长658.82%;第二产业投资250.96亿元,比上年增长3.54%;第三产业投资143.18亿元,比上年增长11.04%。完成工业投资250.42亿元,比上年增长3.39%。25个重点服务业投资项目完成投资51.24亿元,38项工业重点重大项目完成投资108亿元。民营经济固定资产投资238.37亿元,增长11.34%,占全社会固定资产投资的59.54%,比上年提高2.01个百分点。

【建筑业】 全市建筑业资质企业实现建筑业总产值66.24亿元,比上年增长20.37%。全年建筑业资质企业房屋建筑施工面积852万平方米,竣工面积448万平方米,创无锡市级优质工程项目5项。 (陈学超)

【房地产业】 全年完成房地产开发投资77.79亿元,比上年增长20.68%,房地产开发房屋施工面积679.43万平方米,比上年增252.73万平方米;竣工面积272.81万平方米,比上年增172.92万平方米;商品房销售面积143.48万平方米,其中现房销售63.91万平方米,期房销售79.57万平方米,分别比上年增23.02万平方米和11.31万平方米。

【金融业】 驻江阴市银行机构年末各项存款余额1251.61亿元、贷款余额993.29亿元,分别比年初增加266.51亿元和125.57亿元。全年,银行现金净投放172.57亿元,比上年增长10.24%;保险业务收入22.74亿元,支出15.06亿元,分别比上年增长14.73%和16.93%;证券交易量1160.33亿元,比上年减少64.76%。

【国内贸易】 全年社会消费品零售总额293.34亿元,比上年增长24.2%。其中城区181.97亿元,增长25.22%;农村111.37亿元,增长22.56%。按行业分,批发零售贸易业254.03亿元,增长22.65%;住宿餐饮业32.57亿元,增长24.63%;其他行业6.74亿元,增长129.70%。重点物流园区年内开票销售595.13亿元,比上年增长46.36%;上交税金7.07亿元,增长51.29%。

【市场建设】 全市拥有各类市场92个,其中生产资料市场29个,消费品市场63个。全年贸易市场成交总额1068亿元,比上年增长43%,其中专业市场成交额868.14亿元,比上年增长38.66%。有9个重点市场成交额超10亿元,其中金属材料市场、长江港口物流园区交易中心和景澄物流交易市场成交额均超100亿元。

【邮电通信业】 全市邮电业务总收入22.58亿元,比上年增长33.27%。年末电话交换设备总容量111.14万门,拥有固定电话(包括移动式固定电话)用户93.08万户,比上年增长2.3%;在网移动电话用户136.22万户,比上年净增17.6万户;国际互联网用户18.67万户,其中宽带网用户17.31万户。

【交通运输业】 全市客运总量11884万人次、客运周转量355082万人公里,分别比上年增长11.36%和1.64%;货运总量2801万吨、货运周转量254100万吨公里,分别比上年增长11.55%和8.84%。全年港口吞吐量8740万吨,比上年增长21.09%,其中外贸运量1099万吨,增长1.57%;集装箱运量50.22万标箱,比上年增长63.48%。全市年末拥有各类汽车

11.57万辆,比上年增长17.22%,其中私人自备车8万辆,增长24.42%,占全市汽车总数的69.14%。

【旅游业】 全年旅游总收入84.60亿元,比上年增长9.71%;接待国内外游客650.89万人次,其中外国人16747人次,港、澳、台同胞2823人次;旅游景点接待游园人数1176万人次,增长17.30%。旅行社接待游客67.13万人次,增长18.61%。19个星级旅游涉外饭店(宾馆)实现营业收入4.31亿元,客房平均出租率为67.22%。

【科技】 全市拥有各类专业技术人员11.66万人,比上年增长9.28%。实施江苏省级以上各类科技计划项目116项,其中国家科技型中小企业技术创新基金项目6项、火炬计划项目17项、重点新产品项目12项,江苏省科技成果转化计划项目2项、科技型中小企业技术创新资金项目2项、科技支撑计划5项、基础研究计划项目1项、高新技术产品项目71项。组织实施重点产学研合作项目52项。全年申请专利2524件,获得授权981件。新建江苏省级工程技术研究中心、高级技术创业服务中心、软件园各1个。实现高新技术产业总产值1350亿元、增加值270.3亿元,技术贸易成交额9.18亿元。

【教育】 全市在校学生总数185047人,其中小学84892人,普通中学71614人,职业中学7480人,大中专学校20838人,特殊教育学校223人;幼儿园在园幼儿35349人;各类学校教职员工14527人,其中专任教师13464人。普通高中高考录取率95.5%,本科录取率65.4%,初中毕业生升学率97.18%。要塞中学和市二中分别建成江苏省三星级和二星级高中,职业技术教育中心校成为省首批四星级职业学校,47所原实验小学、江苏省示范初中全部获评义务教育现代化学校,另有4所小学通过江苏省义务教育现代化学校评估验收,3所幼儿园建成为江苏省优质幼儿园。全市初中、中心小学、中心幼儿园达到省优标准的比例分别提高到100%、91%、90%。年内,南菁高级中学新校区建设顺利推进,江阴高级中学新校区建设立项,要塞实验小学南校区和市特殊教育中心校竣工投用。

【文化】 开展国家历史文化名城保护和申报工作,确定6处文保单位进入第七批全国重点文物保护单位申报候选名单,一批文保单位修缮竣工。全年调查文物点445处,新发现257处。建成"三创"(创新、创业、创意)载体20万平方米,引进软件和文化创意企业85个,累计销售收入5亿元。市(县)、镇、村三级公益性文化设施达标率92.7%,城乡居民人均公共文化场馆面积0.42平方米,建成"农家书屋"232个,有12个文化服务中心、229个村文化活动室达到无锡市级标准。"幸福进万家·文化欢乐行"文化下乡活动直接受惠群众达80多万人次。有14件作品获得江苏省级以上奖项,31件广播电视作品获得无锡市级以上奖项。年末,全市拥有文化馆、文化服务中心20个,艺术表演团体2个,公共藏书894万册;电视覆盖率100%,有线电视入户率98.90%,有线电视用户36.08万户。《江阴日报》全年出版299期,合计发行总量980万份。

【卫生】 全市拥有医疗卫生机构416个,其中医院、卫生院37家,实际开放床位4717张;拥有卫生技术人员6319人,其中医生3109人。有75.2万人参加新型农村合作医疗,参合率100%,住院补偿率40%;参合群众免费体检52.8万人,体检率96%。全市社区卫生服务覆盖率100%。年内新创国家卫生镇1个,累计9个;新创江苏省卫生村22个,累计197个。全市人均预期寿命77.54岁。江阴市人民医院新病房大楼建设进展顺利,江阴市红十字血站投用。

【体育】 全年举办市级体育比赛和系列活动35次,承办国际比赛2次,国家级比赛6次,省级比赛4次。获江苏省级以上金牌14枚。江阴籍运动员陆春龙夺得北京奥运会男子蹦床项目比赛金牌,市二中女足队员翁新芝、翁晓洁入选国家队参加奥运会女足比赛获得第五名,吴仁宝等4人当选北京奥运会火炬手,毛二度等2人当选北京残奥会火炬手。输送江苏省体委优秀运动员2名、江苏省体校优秀人才3名、无锡市体校19名。推进镇村"四个一工程"(400米标准塑胶田径场、3000座体育馆、室内标准游泳池、3000平方米以上全民健身中心)建设,全年体育器材配送下乡价值430万元,安装健身器材180套、篮球架40副、乒乓球台120张。体彩销售收入1.82亿元,在江苏省县级市中继续位居第一。

【基础设施建设】 完成中心城区四大片区规划研究和市域产业、空间管制、历史文化名城保护等一批专项规划。徐霞客大道建成通车,完成澄杨路改造工程,芙蓉大道西段、长山大道南段和暨南大道一期工程按计划实施。城市客厅天华轴线景观通道基本建成,体育中心二期主体封顶。徐霞客旅游文化博览园、赞园开园,澄江福地商旅、兴国公园配套项目建设进展顺利。启动市民卡"一卡通"信息化基础设施建设工程。完成拆迁259万平方米,建设拆迁安置房155.5万平方米。城市建成区面积52.39平方公里。

【政法】 2007年,江阴市政法和社会治安综合治理部门贯彻落实各级政法工作会议精神,稳步推进"平安江阴"和"法制江阴"建设,提升外来人口管理服务水平,有效加强基层基础工作和政法队伍建设,全市政法各部门保持高度的政治敏锐性和责任感,社会治安局势持续稳定。年内,全市各级调解组织调解和处理各类矛盾纠纷4959件,调解成功率97%;公安机关侦破刑事案件7389件,其中破获故意杀人、强奸、抢劫等"八大类"案件339起,破案率92.6%;检察机关批准逮捕案件1035件1665人;法院审结刑事案件1056件,判决罪犯1654人。江阴市被江苏省委、省政府评为2007年度社会治安安全县(市),实现"五连冠"。

【环境保护】 全年减排化学需氧量5123吨、二氧化硫1.29万吨。工业污染源废水达标率、各污水处理厂总体水质达标率分别达到93.3%和92.6%。基本完成张家港河、锡澄运河综合整治,整治河道65公里,驳岸60公里,归并封堵排污口200多个,13个河道"小康断面"水质监测全面达标。整治改造"三高两底"(高消耗、高污染、高危险,低产出、低效益)企业54个,关停"五小"(小化工、小钢铁、小电镀、小印染、小水泥)企业93个;8个单位进行循环经济试点,60个企业进行清洁生产审核。铺设污水主管道382公里,累计超1300公里,城市生活污水综合处理率达85%以上。建成绿色社区15个、绿色学校13

所、绿色家庭10个及环境友好型企业10个。全市饮用水源水质达标率100%,环境空气质量优良率74.2%;市区区域噪声平均值57.4分贝,交通噪声平均值72.4分贝。

【造林绿化】 全年造林绿化2886.67公顷,全市森林覆盖率25.81%,城市建成区绿化覆盖率43.81%,人均公共绿地面积15.5平方米。全年创建无锡市绿色家园示范镇3个、示范村44个。江阴市被联合国规划署和国际公园协会评为国际花园城市。

【"幸福江阴"建设】 幸福江阴"建设综合评价指标完成情况良好。客观评价方面:39个监测指标中,完成或超额完成时序进度的37个,得92.21分,比上年提高3.64分。主观评价方面:97.1%的人对自己的工作满意,92.85%的人认为自己家庭收入能满足正常开支、生活比较富足,95.15%和94%的人分别对城市绿化和环境卫生感到满意,98.8%的人认为自己身体健康、心情舒畅,99.55%的人认为自己家庭和睦,邻里关系融洽,96.8%的人感到作为江阴人自豪与幸福。百姓对幸福感平均打分为86.82分。根据上述主客观评价情况,年内"幸福江阴"综合评价指数为90.05分,比上年提高2.39分。

【居民就业】 全市从业人员71.76万人,比上年增长2.15%,其中第一产业6.92万人,减少10.71%;第二产业41.6万人,增长2.06%;第三产业23.68万人,增长6.81%。城镇职工12.39万人,其中国有单位职工3.48万人,城镇集体单位职工3500人,其他经济类型单位职工8.56万人。全年新增就业岗位4.62万个,新增本地劳动力就业2.02万人。城镇登记失业率为2.54%,农村调查失业率为3.16%。全市劳动合同签订率、月薪制实施率稳定在90%以上。

【居民生活】 全市城镇职工年平均工资38171元,比上年增长16.36%;城镇居民人均可支配收入24214元,增长13.04%;农民人均纯收入11975元,增长12.54%;城乡居民人均储蓄存款余额40993元,增长38.94%。城镇居民家庭恩格尔系数为38.42%,农村为38.97%。城镇居民人均住房面积为35.37平方米,农村为66.93平方米。

【社会保障】 全年新增企业职工社会保险参保人数8.03万人,实际缴费人数34.24万人,养老保险覆盖率达98.5%。城镇职工基本医疗保险累计参保47.08万人。29.99万名历次被征地农民纳入基本生活保障范围。农民基本养老保险累计参保12.40万人,城镇居民和农村居民最低年生活保障标准分别提高到3900元和2880元,全年发放低保金3643万元、慈善救助金1140万元。发行福利彩票1.18亿元。

【江阴跻身国内城市信息化建设综合实力五十强】 至2007年底,江阴市信息化基础设施建设累计投入近30亿元,建成以光纤为主要传输干线、覆盖全市的数据通信网,在规模容量、技术等方面处于国内同类城市先进水平。全市固定电话交换机容量53万门,固定电话用户43万户,城乡电话主线普及率超过每百人36.4号线。无线市话用户37万户,移动通信用户超过100万户;有线电视实现"村村通",家庭电脑每百人拥有43.6台。完成政务专网建设,基本具备公文流转电子化和网上审批条件。"中国江阴"政府网站被评为江苏省优秀政务网站,全年累计受理网上咨询投诉事件近8万件,投诉办理率97%以上。建成江阴教育城域网,中心小学以上学校宽带互联,实现"校校通"。完成江阴市人民医院数字化工程,传统医疗行业迈入信息技术新阶段。建成国内同类城市首个数据储备中心,数字档案馆正在建设中。市区完成30个小区的宽带网络建设,实现1000兆到小区、100兆到大楼、10兆到户,部分小区建成社区服务信息网。全市80%以上的大中型企业实现上网,在江苏省处于领先地位,被国家科技部确定为全国制造业信息化建设重点城市。各大中型商业企业、连锁企业和物流配送企业普遍实现计算机管理,发展网上购物。5月,由中国计算机用户协会与亚太城市信息化合作办公室共同发起,不区分城市等级,采用信息基础设施、信息资源开发利用、信息化环境、政府信息化水平、信息技术应用水平、综合评价6个方面共26项指标的评选体系,通过免费申报、民间中介评估形式,评选城市信息化建设综合实力50强,江阴与上海、北京等特大城市同台竞技。5月27日,在上海举行的亚太城市信息化论坛第七届年会发布国内城市信息化综合发展水平评选结果,江阴市跻身国内五十强,并列参选县级市第一。

【江阴在全国县域经济基本竞争力评价中排名第一】 7月,第八届全国县域经济基本竞争力排名评价在广东揭晓,江阴市再次名列百强县(市)榜首,这是江阴市自2003年以来,连续第六年蝉联第一。此次参评县域经济单位2001个,评价中心以公开资料为基础,经过对比、核实、甄别完成评价工作。2007年,江阴地区生产总值1190亿元,农民人均纯收入10641元,工业利税316亿元,工业利润226亿元,社会消费品零售总额236亿元,主要指标均居江苏省同类城市第一,综合竞争力评价等级达到A级,地区相对富裕程度、科学发展和环境保护等级评价均达到A+级。

【江阴被认定为国家首批可持续发展先进示范区】 1992年,江阴市开始规划建设可持续发展实验区,1993年被批准为江苏省级社会发展综合实验区,1999年被批准为首批国家可持续发展实验区,2003年12月通过中期验收,2006年通过国家科技部验收。近年,可持续发展实验区工作取得长足进步,在全国尤其是"长三角"地区产生显著的示范效应。9月,经科技部、环保部、教育部、农业部、公安部等15个部委代表和国家可持续发展实验区专家指导委员会25名成员组成的联席评审委员会评审,科技部部务会研究决定,江阴市被认定为首批国家可持续发展先进示范区。

【江阴荣膺"影响中国改革十大创新城市"称号】 改革开放30年,江阴市明确自身历史定位,走出一条独具特色的创新之路,成为科学发展的先行者,被中央确定为全国改革开放30年18个典型地区之一。中国改革报社、国务院国有资产监督管理委员会研究中心、国家发展和改革委员会中国经贸导刊杂志社、《人民日报》中国经济周刊、《经济日报》中国经济信息杂志社及中国企业报社6个单位联合主办中国改革30周年成就巡礼暨改革之星推选活动。11月6日,中国改革30周年成就巡礼暨改革之星颁奖盛典在北京人民大会堂举行,评比结果揭示,江阴市荣膺"影响中国改革十大创新城市"称号。

【江阴荣获"全国十佳节约型中小城市"称号】 江阴市倡导开展节约用电、水、燃油、办公用品等活动。1992年出台《城镇计划用水节约用水管理实施办法》,2005年后加大对"五小"企业整治力度,关停小电镀等耗能高、污染重的小企业。2007年重新出台《江阴市节约用水管理办法》,建立节水指标体系,促进全民节水意识提高。2007年和2008年,全市规模以上工业企业万元产值综合耗能(每万元吨标准煤)分别比上年下降0.6和4.2个百分点。11月8~9日,在中国中小城市科学发展评价体系研究成果暨第五届中国中小城市科学发展高峰论坛发布会上,江阴市荣获2008年度全国十佳节约型中小城市称号。同时又以综合实力强、投资潜力大的优势荣获中小城市综合实力百强市、最具投资潜力中小城市百强市称号。

【江阴荣膺"国际花园城市"称号】 2000年以来,江阴城市景观不断改善,建成60多个"文化造绿"景点,大手笔推进河网美化,建成长江沿岸生态防护林带和各具特色的河道景观35公里,完善兴国塔、江苏学政衙署、心经碑三大文化遗址保护区,投资数亿元重新修缮刘氏兄弟故居等一批文物古迹。在城市公共照明和居民生活等方面大面积推广使用天燃气、太阳能、风能等清洁能源,在城区修建改造自行车道和步行道。关停污染严重、难以治理的企业、项目200多个(项)。对全市1.3万条河流进行生态改造,原生态水乡风貌得到恢复。公众参与城市建设意识进一步加强,5.3万名志愿者持续不断为城市管理提供志愿服务。所有公共场所和社区投放免费使用的户外运动器械。由联合国环境规划署和国际公园协会组成的第12届国际花园城市评委会在对江阴市考察后给予极高评价,11月在广东省东莞市举行决赛,江阴市荣膺"国际花园城市"称号。

【江阴被命名为中国民间文化艺术之乡】 江阴市有着广泛而深厚的民乐基础。近现代先后涌现出周少梅、郑觐文、刘天华等一批民乐大师和诸多脍炙人口的民乐作品。近几年,江阴市以创建"全国民乐之乡"为抓手,充分挖掘刘天华等名人文化资源,把民乐作为城市特色文化,每两年举办一届中国(江阴)刘天华民族音乐节,每年举办一次"江南丝竹"展演活动。落户江阴市的中国音乐家协会刘天华研究会定期开展民乐学术研讨活动,为江阴市增添民乐学术氛围。2007年,中国(江阴)刘天华民族音乐会通过中央电视台国际频道向全世界转播,提升了江阴民乐的知名度和美誉度。至2008年底,全市共命名16个国乐社,组建50多个丝竹乐团,尤其是江阴天华艺校曾多次走出国门,把江阴民乐带到世界各地。11月,江阴市被国家文化部正式命名为中国民间文化艺术之乡。

【江阴名列中国全面小康十大示范县(市)之首】 近年来,江阴市把建设"幸福江阴"作为科学发展观在江阴的生动实践,优化产业结构,转变发展方式,促进江阴的经济飞速发展。同时,在城乡建设、公用事业、环境整治、科教文卫、社会保障等方面加大投入,使江阴人实实在在感受幸福。12月,《小康》杂志社主办以"全面小康与区域科学发展"为主题的第三届中国全面小康论坛,就全面小康的热点、难点问题进行探讨和总结,提出改革建议,树立推动全面小康建设的政府典型。江阴市作为经济发达地区排名前十位的"实力选手",名列2008年中国全面小康十大示范县(市)之首。

【江阴被授予"中国城市创新力评价特别观察城市"称号】 近10年来,江阴市有22个企业上市,上市公司将募集到的大部分资金用于技术改造,其生产设备达到世界领先水平。江阴市委、市政府鼓励支持企业开展基于科技创新的资本运作,引导企业上市,提升长远发展的核心竞争力。至年底,法尔胜集团公司与国内6所大学开展6项高科技项目合作,长电科技集团有限公司与国内6所科研院所和1个国外机构开展7项高科技项目合作。12月,科技日报社、北京大学创新研究院、全国科技振兴城市经济研究会联合发布《2008中国城市创新力评价报告》,授予江阴市"中国城市创新力评价特别观察城市"称号。

【江阴被评为全国平安农机示范市】 2006年以来,江阴市按照农业部、国家安全监管总局《关于开展"创建平安农机,促进新农村建设"活动》精神,结合建设"平安江阴"、"幸福江阴"的要求,积极开展平安农机创建活动。至2007年底,全市共创建江苏省农机安全示范乡(镇)6个、无锡市农机安全镇17个、江阴市农机安全村200个和农机安全示范户500户,拖拉机等农业机械注册登记率、年度检验率、驾驶人持证率分别达93%、95%、97%,平安农机创建参与率、达标率均达到100%。2008年12月,江阴市被农业部、国家安全监管总局评为全国平安农机示范县(市)。

【江阴被评为全国计划生育优质服务先进市】 "十一五"期间,江阴市将计划生育技术服务与人口管理有机结合,开展计划生育优质服务,落实免费服务、按需服务、个性服务,打造宣传倡导、技术服务、信息管理、人员培训、药具发放、行政服务"六位一体"的人口计生公共管理服务平台。全市孕前至围孕期保健率为91%,出生人口性别比控制在正常范围内,依法管理、优质服务和群众满意率为98%,免费优生检测率为80.7%。10月,江阴市通过国家人口计生委计划生育优质服务验收,12月,被评为全国计划生育优质服务先进单位。

【农民人均纯收入全省九连冠】 农民人均纯收入达11975元,比上年增长12.54%,连续9年名列江苏省市(县)第一。农民增收的渠道包括:提高务农性收入,使农民人均家庭经营性收入达1369元,比上年增长13.99%;提高工资性收入,人均达9434元,比上年增长12.79%;提高财产性收入,人均达556元,比上年增长7.54%;提高保障性收入,人均转移性收入达616元,比上年增长10.2%。通过就业、创业、置业和社会保障,全市农民收入持续快速增加。

【吴仁宝成为影响中国改革开放30年30人之一】 11月9日,在农业部和江苏省政府举办的"纪念改革开放30周年中国乡镇企业高峰论坛"上,江阴华西村原党委书记吴仁宝获"全国优秀乡镇企业家终身成就奖"。吴仁宝还获中国改革报社、国务院国有资产监督管理委员会研究中心等6个机构主办的中国改革开放30周年成就巡礼暨改革之星推选活动"影响中国改革开放30年30人"最高荣誉奖,入选人民网和上海文广传媒集团电视新闻中心联合制作的改革开放风云人物访谈节目《30年30人》访谈嘉宾,成为人民网和东方卫视联合推出的人物专访大型纪录片《30年30人》专访嘉宾。

【财政惠民支出创历史新高】 全年财政支农支出3.25亿元,比上年增长26.19%;发放历次被征地农民基本生活保障资金2.8亿元、老年农民基本养老保险金1.11亿元、新征地农民基本生活保障金8490万元,分别有26.7万、12万和3.5万农民受惠。市(县)、镇两级财政补贴新型农村合作医疗保险每人180元,全年基金总额达2.16亿元;城乡低保各项支出4900万元;用于弱势群体基本生活保障2100万元。全年用于保障义务教育阶段学校公用经费6430万元。对2838名家庭经济困难学生发放补助资金共358万元;安排南菁中学、要塞中学、暨阳中学、立新小学等学校建设资金1.3亿元;安排蚕种场等文化遗产设施维修保护资金655万元;"文化欢乐行"活动经费320万元,夜晚文化活动经费104万元,全民健身、体育健身工程资金500万元。安排城乡水质自动监测站、污水厂、污泥处置厂和污水处理管网等环境整治、建设资金8375万元。投入1.07亿元,新建公交总站和客运中心,新增公交车100辆,修建公交首末站。安排市镇道路建设资金6.31亿元。投入对老居民小区和居民楼"平改坡"改造工程4700万元。拨付徐霞客大道、芙蓉大道东段绿化工程和黄山湖公园二期、北潮河公园二期建设等工程资金2.8亿元。 (陈学超)

宜兴市

【概述】 宜兴市地处江苏省南端、沪宁杭三角中心,东面太湖水面与苏州太湖水面相连,东南临浙江长兴,西南界安徽广德,西接溧阳,西北毗连金坛,北与武进相傍。滆湖镶嵌其间,三氿(西氿、团氿、东氿)相伴宜城两侧。地势南高北低,总面积2038.7平方千米(其中太湖水面280.7平方千米);建成区面积60平方千米,城市化率55.55%。至年底,有国家级环保科技工业园1个、省级开发区2个、镇14个、街道办事处4个,行政村246个、社区居委会89个。户籍总人口106.78万人,常住人口125.81万人。户籍人口中,男性53.46万人,城镇人口52.93万人。全年出生6606人,出生率6.21‰;死亡8386人,死亡率7.88‰;自然增长率-1.67‰。计划生育率99.72%,独生子女率89.14%。人口密度每平方千米617人。少数民族36个约4000人。市政府驻地设在宜兴市陶都路8号。

2008年,全市地区生产总值600亿元,人均地区生产总值4.81万元。一、二、三产业增加值分别为21.5亿元、350.5亿元、228亿元。财政总收入88亿元,其中一般预算收入38.12亿元;财政支出48.75亿元。蝉联全国县域经济基本竞争力百强县(市)第7名,入选2008年度"中国特色魅力城市200强"和首批创新型国家百强县,获"国家科技计划实施20周年先进管理单位"和"国家食品安全示范县"称号,被命名为全国首批"平安农机示范县"和"中国名茶之乡"、"中国民间文化艺术之乡"(书画、陶艺),成功申报为江苏省历史文化名城,被省经贸委授予"江苏省传统工艺美术特色产业基地"(紫砂)称号。国家生态市创建通过省级技术调研和考核,被认定为全省第四个县级城市"可持续发展试验区"。宜兴环科园谢桥村被评为中国"十佳"小康村。

【农业】 全年农业总产值44.07亿元,其中多种经营产值35.25亿元。粮食总产量41.93万吨,油料1.32万吨。茶叶6359吨,肉类3.99万吨,水产7.86万吨。全市粮食种植面积6.53万公顷,水产养殖面积1.6万公顷。至年底,设施农业总面积3453公顷,设施养殖面积336公顷。农业龙头企业规模不断提升,十大农业重点基地加快发展,"一村一品"特色村累计89个。全市有农业产业化龙头企业(省级和无锡市级)18个,农产品出口创汇1.78亿美元。全年水利建设投入2.25亿元。加高加固圩堤55千米,整治库塘21座,治理涧河5条,新建改建防洪闸15座、排涝泵站27座,联圩并圩2个,新建防洪护坡29.8千米、渗渠道105千米,完成河(塘)清淤668条(个)663千米1097万立方米。长效管理河道2232条3125.15千米,长效管理率达96.4%。横山水供水覆盖全市。年末全市农业机械总动力52.18万千瓦,水稻种植基本普及机械化。创建农机安全村246个,"农机安全镇"实现全市全覆盖。新建和改造农民专业合作经济组织20个,累计130个。新增各类土地股份合作社21个,累计102个,参加土地股份合作和土地流转并获得收益分配的农户比例达50%。

【工业】 全市有工业企业8360个,工业总产值1762.48亿元、销售收入1644.77亿元、应税销售1477.17亿元、利税总额125.22亿元、工业增加值330.5亿元。全市镇、园区、街道中,工业销售收入超100亿元的4个、50亿元~100亿元6个。销售收入超亿元企业197个,其中超100亿元企业2个、50亿元~100亿元企业3个、10亿元~50亿元企业18个。全年引进内资项目83个,实际到账市外资金近28亿元。上市企业累计10个。秋洽会内资招商签约项目32个,总投资规模近60亿元,协议引进市外内资项目资金56亿元,创历史最好水平。工业园区内新增企业306个,累计4098个。有市级工业集中区15个,其中年销售收入超百亿元的工业集中区2个,超50亿元的3个。3个企业入围中国企业500强,5个企业入围中国制造业500强,2个企业入选中国民营企业500强。远东控股集团有限公司入选世界华人企业100强。电线电缆产业集群和工艺美术陶瓷产业集群入选2008年"中国百佳产业集群"。远东集团设立全国首个县级市"院士、专家工作站"。三木集团启动年产20万吨的环氧树脂项目,并设立博士后科研工作站。沪宁钢机参与北京鸟巢建设,获得"中国建筑钢结构质量第一品牌"荣誉。

【电力】 全年用电量68.18亿千瓦小时,供电量62.94亿千瓦小时,售电量58.41亿千瓦小时,电网最高负荷109万千瓦。完成基建项目投资4.7亿元,建成投运220千伏变电所1座、110千伏变电所3座,分别扩建、易地改造110千伏变电所3座和2座,新增主变容量64.8万千伏安、线路62千米。城市综合电压合格率99.9%,供电可靠率99.99%;农村综合电压合格率99.56%,供电可靠率99.98%。全市有公用电厂4个、地方电厂3个、自备电厂10个,发电机额定容量75.55万千瓦。宜兴抽水蓄能电站4台机组年内全部投入商业运行。

【建筑业】 全市有房地产开发企业107个,全年房地产开发投资38.02亿元,房屋施工面积336.54万平方米,竣工137.97万平方米。受经济大环境影响,全市商品房销售面积和销售额分别比上年下降57%和54.4%。全年商品房销售面积67.98万平方米,其中商品房住宅销售面积51.95万平方米。商品房实际销售额23.23亿元,其中商品房住宅销售额14.02亿元。全市拆迁总量120万平方米。全市建筑业施工企业416个,建筑业总产值111.62亿元。全市年产值超1亿元的建筑企业20个,其中超10亿元的3个。施工工程2997个,施工面积1301万平方米。承建10万平方米以上大型小区3个、高层建筑150个、大跨度结构建筑8个。全年获得国家和省级优质工程35个、地市级31个、宜兴市级16个。沪宁钢机和宜兴市工业设备安装有限公司获"全国优秀施工企业"称号,宜兴市工业设备安装有限公司连续6年获省"建筑业最佳企业"称号。

【交通运输】 全市投入交通基础设施建设10.5亿元。宜广线一期、渎边线、北互通连接线、通蜀路二期建成通车,宜金线官新改线段全线贯通,完成104国道梅塍段和环科园段、342省道万石改线段、丁张线丁蜀段等共23.2千米的沥青上面层摊铺以及公路设施的完善和配套。启动文庄路东延段、104国道潘归段、川善线开工,宁杭高速铁路建设。全年改造农村危桥200座,农村公路管养达标道路近400千米。芜申运河宜兴农村段航道整治工程和4座桥梁工程通过验收,"两河"(芜申运河、锡溧漕河)被省交通厅评为"优良"工程、"环境友好型"工程。年末公路通车里程2324千米,航道通航里程577千米。春运、国庆节期间,安全发送旅客129.2万人次,公交集散乘客385.3万人次。宜兴港多用途码头通过省级验收,设立旺达出口监管仓库。全年货运量2900万吨,货运周转量21.67亿吨千米;客运量4054万人次,客运周转量94369万人次;货物操作量1027万吨,港口吞吐量4077万吨。

【邮电通信】 全年邮政业务收入7918万元,电信10.43亿元。至年底,全市固定普通电话用户34.28万户,公用电话3.02万户,小灵通电话用户13.23万户,大灵通电话用户0.85万户,移动电话116.19万部。新增互联网宽带接入用户2.88万户,累计13万户,全市自然村宽带网络覆盖率98%以上。宜兴邮政申报"宜兴紫砂陶——提梁壶"明信片专用邮资图,并开办对台湾地区邮政业务。宜兴电信收购宜兴中国联通CDMA网,宜兴中国联通与宜兴中国网通合并,组建中国联合网络通信有限公司宜兴市分公司。宜兴联通建设WCDMA基站,开拓3G网络硬件建设与市场。宜兴移动配合市公安局建成移动警务通项目,打造综合信息服务平台"12580"以及"农信通"、"校信通"、"求职通"、"宜兴手机报"等咨询平台。

【商贸流通】 全年社会消费品零售总额210.12亿元,在全省县(市)中继续保持总量第三位。其中,餐饮业零售额30.14亿元,批发零售业零售额175.75亿元。服务业增加值228亿元,流通应税销售344.8亿元、利润14.17亿元。全市有贸易市场77个,成交总额201.36亿元,比上年增长20.7%。其中,超10亿元市场6个、超50亿元市场1个,亿元以上贸易市场成交总额130.45亿元。至年底,全市有个体工商户3.1万户、批发和零售业经营单位2.5万户、仓储(交通)运输企业263个、广告经营单位192个、成品油经营单位175个、粮油购销企业30个。全年销售各类盐2.99万吨,销售卷烟4.96万箱。宜兴宾馆被评为五星级饭店,成为全市首个五星级饭店。

【金融保险】 全市银行业有金融机构252个。年末金融机构存、贷款余额分别为637.53亿元、448.41亿元。设立招商银行、浦东发展银行、中信银行等银行的分支机构和阳羡村镇银行。新增保险机构10个,累计35个。全年保费收入14.4亿元,赔付支出7.73亿元。全市有证券营业部2个、期货公司1个,成交额1400.56亿元;有拍卖企业6个、典当企业3个,拍卖成交额2.18亿元,营业收入187.7万元;进入金融协会的投资担保公司12个,注册资本金11.21亿元,为2861个中小企业担保贷款42.61亿元。

【开放型经济】 对外贸易逆势增长。全年进出口总额24.43亿美元,比上年增长34.7%。其中进口4.44亿美元,出口19.99亿美元,明显高于全国、全省及无锡市平均水平。年出口额超500万美元的规模企业82个,出口额16.2亿元。对外贸易总量居全省县(市)第七位。全年工商登记协议注册外资10.01亿美元,到位注册外资5.01亿美元。新批外资项目45个,引进总投资近亿美元或协议注册外资超3000万美元重大项目5个。25个规模企业出口近11亿美元。创建江苏省出口品牌3个、无锡市出口品牌16个。全年对外劳务营业额0.24亿美元。投资区域由东南亚向欧洲延伸,投资领域由传统的陶瓷、机械制造行业向研发、设计、环保等领域拓展。

【民营经济】 新增民营经济组织(含个体工商户)9763个,累计4.9万户。新增注册资金90.96亿元,累计460.4亿元。民营经济从业人员32.15万人,增加值411亿元;工业总产值1276.83亿元;上缴税金48亿元,占全市总量的66.8%。民营经济实施省级以上科技计划项目150个、产学研合作项目110个(其中省重大科技成果转化项目3个),专利申请突破1000件。新增省级以上名牌产品23个,其中中国名牌产品8个;新增中国驰名商标14个。省级以上品牌经济占全市工业的比重达40%。年销售1亿元以上民营工业企业197个、民营流通企业42个。

【改革开放】 组建宜兴市企业上市办和太湖办,为市政府直属正科级事业编制。宜兴市被省委、省政府确定为乡镇机构改革试点市。丁蜀镇、徐舍镇内设机构设置为7个,其他各镇内设机构由原来10个统一设置为5个。全市14个镇行政编制总量由2001年核定的1065名精简为958名,精简10%。各镇属事业编制总量由2001年核定的1535名精简为860名,精简44%。市文化局更名为市文化广电新闻出版局,撤销市广播电视局,行政管理职能并入市文化广电新闻出版局,原广播电视台改为市政府正科级直属事业编制。至年底,全市累计有上市公司10个、拟上市企业57个。"中国锆业"在加拿大多伦多交易所审核批准挂牌上市,成为全市首个同时在香港、加拿大两地挂牌上市的企业。

【固定资产投资】 全社会固定资产投资229.5亿元,比上年增长10.1%。其中一、二、三产业投资分别完成0.17亿元、150.38亿元和78.96亿元。其中,城镇投资84.4亿元,农村投资107.09亿元。民营经济投资148.2亿元,比上年增长6.7%,占全社会固定资产投资总额的64.6%;全年市定重点工业项目105个,开工94个,竣工55个。全市工业建设项目823个,计划总投资651亿元,累计完成工作量225.4亿元。全年立项服务业重点项目8个,计划总投资12.05亿元,年度完成投资2.88亿元。

【城乡建设】 修编市级各类规划21个、村镇详细规划20个和村庄规划50个。《宜兴市城市总体规划(2003~2020)》修编调整,并通过省政府审批。全年市政建设投入15亿元,完成30项工程。撤并自然村62个,涉及农户2180户,新建安置房建筑面积170万平方米。创建省级园林式单位3个、省级园林式居住区2个。至年底,城区公共绿地管护面积500万平方米、国、省道绿地管护面积690万平方米。城区绿化率45.6%。房地产开发投资38.02亿元,住宅开发建设水平明显提升。全市日污水处理总能力达到17.75万吨,垃圾接收转运能力每天在1000吨以上。全年供应天然气1.6亿立方米,新增民用管道燃气用户9365户,累计4.6万户;商业用户58户,累计358户;工业用户30户,累计430户。

【环境保护】 国家生态市创建工作通过省级技术调研和考核。全市环境质量综合指数94.6,水功能区达标率92.7%,饮用水源水质达标率100%,空气质量优良率95%。全年减排二氧化硫8199吨、COD2699吨。投入污水基础设施8亿元,建成徐舍、西渚污水处理厂主体工程,新建污水管网380千米,关停化工生产企业420个,完成水泥机立窑关停工作和矿山宕口三年整治目标。开展4条入湖河道水环境整治和14条入湖河道清淤泥工程,实施生态修复,湖河水生态环境明显改善。全年审批各类建设项目1605个,环评率达100%。全市建成烟尘控制区和环境噪声达标区47平方千米。全年创建省级以上环境优美镇14个,省级生态村42个,省、市级绿色社区(学校、宾馆)78个。

【旅游】 全年接待旅游650.06万人次,其中境外游客4.66万人次。全市有旅行社25个、星级宾馆11个。旅游总收入57.31亿元。陶祖圣境风景区创建成AAAA级景区,全市累计有AAAA级景区5个。举办"2008中国陶都(宜兴)生态休闲旅游节",组织美食文化节暨第四届烹饪大赛、作家诗人宜兴笔会、大型诗歌朗诵文艺晚会、百辆自驾车畅游宜兴、2008中国宜兴范蠡西施文化旅游节等系列活动,展示宜兴自然生态风光和地方风情文化。

【教育】 全年用于教育的预算内教育事业费5.7亿元。小学入学率、巩固率100%,初中升学率、巩固率分别达到97.02%、99.9%,残疾儿童入学率100%。高考录取学生7287人,录取率92.44%。其中,本科录取率66.79%,本二以上进线率39.63%。"对口升学"本科进线率14.4%。职校毕业生就业率超98%,中级工合格率100%。全市义务教育阶段学生享受免学杂费16.41万人2055.8万元,享受免教科书费21.23万人1460.8万元。创建成江苏省义务教育均衡发展先进县(市)、江苏省语言文字达标县(市)、江苏省社区教育实验区。江苏省无锡未成年人社会实践基地获"全国首批未成年人思想道德建设先进单位"称号,宜兴技师学院数控专业实训基地成为国家级实训基地,市青少年体育运动学校被评为全国高水平运动后备人才基地、省三星级青少年体育运动学校。市职业教育中心校创建为省四星级职业学校,丁蜀职业高中转评为省三星级职业学校。全年创建江苏省优质幼儿园5所、江苏省社区教育中心2所、江苏省健康促进学校4所、江苏省绿色学校8所。

【科技】 全市有各类专业技术人才82498人。全年科技投入8265万元,比上年增长45.4%。50个企业成为新的高新技术企业认定管理办法实施后的第一批高新技术企业,认定通过率位列全省前茅。高新技术产品出口额5.39亿美元,高新技术产业增加值占规模以上工业增加值41.6%。全年实施各级各类科研项目298项,其中国家级36项、省(部)级143项、无锡市级23项、宜兴市级96项,科技项目数量继续保持全国县级市前列。启动宜兴软件园等一批重大科技创新载体项目建设。市科技创业服务中心新入驻孵化企业7个,全年有29个企业在中心孵化。江苏宜兴创业园被省科技厅认定为省级孵化器。全年申请专利1080件,累计4640件;授权专利450件,累计2555件。博大环保、中煤电缆等5个企业被认定为"2008年度无锡市科技创新型试点企业"。宜兴市被评为建设创新型国家百强县、江苏省可持续发展实验区。全年有46项次科研成果获国家、省级、无锡市级和宜兴市级科技进步奖,其中国家级1项、省级4项、无锡市级11项、宜兴市级30项。

【文化】 全年创作舞台剧本、小戏小品和各类曲艺作品80多件。举办各类高规格书画展览28场次。有艺术表演团体1个,全年演出200场,观众36万人次。文化下乡至100个村,数量创历史新高。有电影放映单位33个,电影院座位数0.8万个,观众260万人次。有市级图书馆1个,藏书30.24万册,年接待读者5万人次,借阅报刊12万册次。有宜兴市级非物质文化遗产18项,其中被确定为无锡市级9项、江苏省级2项、国家级2项。发展有线电视用户1.5万户,累计31.4万户。全年播出广播、电视各类新闻1.01万条(次),推出广播电视系列报道31个,制作专题片、音乐电视、画册14个。举办电视晚会和知识竞赛27场。大型晚会《阳羡问茶》、风景专题片《江苏宜兴风光》在中央电视台多个频道播放。《宜兴日报》全年总发行1090多万份,日发行量3.5万份。刊发重要新闻3200多篇、重要新闻图片1000多幅。

【卫生】 全市有各类卫生机构466个,社区卫生服务中心、站324个,拥有床位3178张,卫生技术人员4656人。拥有总价值3.33亿元的医疗设备。完成门、急诊297.33万人次,收治住院病人8.95万人次,床位使用率86.6%。全市发生法定传染病2934例,无暴发疫情发生。完成国家免疫规划疫苗接种20.75万人次。12项卫生行政许可审批项目进驻市行政服务中心。选派20辆救护车参加无锡市对四川地震伤员的转运工作。医师首次及变更注册375人次,护士首次、延续及变更注册2945人次。无偿献血1.46万人次,献血量464万毫升。万石镇创建成国家卫生镇,全市累计4个;丁蜀镇、周铁镇、湖㳇镇创建成江苏省卫生镇,全市累计8个。宜兴市获"江苏省血防先进市"称号。

【体育】　承办省级以上体育赛事26项,其中承办全国男子排球大奖赛、中美男子篮球明星对抗赛、中超乒乓球联赛、中国女篮甲级联赛江苏主场比赛和中国职业斯诺克巡回赛总决赛等高等级赛事。宜兴籍运动员参加各类体育比赛,获省级以上奖牌59枚,其中金牌25枚、银牌14枚、铜牌20枚。在江苏省青少年县(市)级田径比赛中,宜兴市少年体校运动队获10枚金牌,在全省64个县(市)中金牌数第一、奖牌数第二。开展全民健身项目活动200多次。体育彩票销售1.09亿元,连续第2年突破亿元大关。宜兴市青少年体育运动学校被省体育局评为省级三星级业余体校。

【人民生活】　新增就业2.78万人,城镇登记失业率2.71%。城镇居民可支配收入20750元,农民人均纯收入10191元。城镇居民人均住房建筑面积36.2平方米,农村居民人均住房使用面积44.4平方米。城镇居民、农村居民人均消费支出分别为13521元、7388元。至年底,各类养老保险参保34.65万人,新农保参保38.85万人,医疗保险参保42.59万人,失业保险参保21.09万人,工伤保险参保19.5万人,生育保险参保18.9万人,城乡居民医疗保险参保51.19万人。全年征缴社会保险(不包括城乡居民医疗保险)基金15.14亿元,拨付11.88亿元。18.94万名老年农民领取基本养老金1.1亿元,1.91万名失地农民领取基本生活保障金1170万元。

(吴　艳　毛敏燕)

【宜兴综合实力蝉联全国县(市)第七名】　全国县域经济百强县(市)评比活动启动于2000年,在第一届全国县域经济基本竞争力与科学发展评价中,宜兴市排名第14位。新世纪中,宜兴市率先发展、科学发展、和谐发展步伐日益加快,以雄厚的综合发展实力和可持续发展的活力在8年中稳步提升排名,多项发展指标在全国县(市)级中名列前茅。2008年,面对历史上罕见的金融危机、雪灾等挑战和考验,全市仍然保持稳健发展的良好态势,地区生产总值、财政总收入、城镇居民可支配收入和农民人均纯收入均平稳快速增长。在第八届全国县域经济百强县(市)评比活动中,宜兴市综合竞争力评价等级达到A级,地区科学发展和环境保护等级评价达到A+级,蝉联全国县域经济百强县(市)第7名。

(史志强)

【宜兴成为江苏省历史文化名城】　2006年6月,宜兴市提出建成江苏省历史文化名城目标。2008年,全面启动申报历史文化名城工作。成立历史文化名城申报工作领导小组,下发《关于申报历史文化名城的实施意见》、《宜兴市申报省历史文化名城工作方案》等文件。组织开展“名人故(旧)居修复”、“陶瓷工业窑炉”、“宜兴历史文化定位”、“陶文化挖掘”、“规范文物保护单位名称”等调研座谈会,调查文物遗存现状。开展宜兴历史文化研究和文集编纂,启动编纂《太湖西线第一城——宜兴历史文化丛书》、《蜀山古南街》,编印《古韵流芳——宜兴市非物质文化遗产专辑》、《蜀山古南街——世界紫砂之源》画册、《宜兴地方菜》等读本。制作、播放《中国陶都·千年古城》电视片和《宜兴历史文化图览》。7月,省专家考察后一致认为宜兴市基本达到申报历史文化名城条件。9月,省评审组成员通过现场查看、听取汇报、观看演示、分析研究,全票通过评审。11月,省政府办公厅公布宜兴市为江苏省历史文化名城。

(宋昌贤)

【中国陶都陶瓷城开业】　11月26日,中国陶都陶瓷城开业。中国陶都陶瓷城坐落于宜兴市丁蜀镇,总规划面积66.8万平方米,总建筑面积58万平方米。陶瓷城内商业步行街长1000多米,具有浓郁的明清建筑风格。陶瓷艺术国际博览中心气势恢宏,一楼为全国十大陶瓷产区陶瓷经销区,二楼为精品展示区,三楼为多功能区。中国陶都陶瓷城以经销紫砂陶、日用陶、工艺陶、化工陶、建筑园林陶及其他精品陶瓷为主,是国内最大的综合性陶瓷商贸城。

(钱　敏)

太湖旅游

常州市辖县(市)

金　坛　市

【概述】 金坛市位于长江三角洲中西部。2008年末,金坛市总面积976.7平方公里,下辖7个镇、1个省级经济开发区,总户数21.31万户,常住人口54.59万人。计划生育率达98.4%;人口自然增长率为-0.38‰。全年实现地区生产总值263亿元,比上年增长17.9%,人均地区生产总值由上年的41023元增加到48257元。财政总收入35亿元,增长16%,其中完成地方一般预算收入12.78亿元,增长13.4%。第一产业完成增加值16.7亿元,增长7.7%,占地区生产总值比重为6.4%,降低0.6个百分点;第二产业完成增加值145亿元,增长19.2%,占地区生产总值比重为55.1%,提高0.6%;第三产业完成增加值101.3亿元,增长17.9%。全社会固定资产投资157亿元,增长29.7%。其中,城镇投资104.8亿元,增长37.5%;农村投资52.2亿元,增长16.6%。工业投入122亿元,增长22%;民营经济投资124.4亿元,增长35%;高新技术产业投资27.2亿元,增长41.1%。年内,先后获全国中小城市综合实力百强、全国最具投资潜力中小城市百强、全国十佳节约型中小城市、全国农村中医工作先进市、中国金融生态城市、江苏省生态农业县(市)等称号。

【农业】 2008年,金坛市克服雨雪冰冻等自然灾害影响,推进农业结构战略性调整和产业化经营,加大农产品质量建设力度,开展农业生产优质化、标准化、外向化和组织化,完成农业总产值33.04亿元,比上年增长8%。其中,农业产值13.6亿元,增长2.3%;林业产值0.29亿元,增长3%;牧业产值7.06亿元,增长39.3%;渔业产值10.73亿元,增长0.8%;农林牧渔服务业产值1.36亿元,增长4.5%。多种经营产值27.08亿元,增长7.6%,占农业总产值比重的81.9%。全年粮食总产量27.09万吨,增长4.3%。油菜籽总产量0.87万吨,下降16.3%。茶叶总产量1841吨,增长10.6%。生猪出栏23.75万头,增长12.3%;存栏19.31万头,增长8.6%。家禽饲养量1072.3万羽,增长30.9%。水产品总产量3.75万吨,下降5.3%,其中特种水产品产量1.3万吨,增长1.6%。建成8个国家和省级农业标准化示范区,92个无公害农产品基地,117只农产品获国家无公害农产品认证,40只农产品获国家有机食品认证,39只农产品获国家绿色食品认证。全年农田有效灌溉面积3.81万公顷。年末拥有农业机械总动力37.08万千瓦,增长1.6%。全年化肥施用量(折纯)2.52万吨,下降7.7%。完成水利工程土方量360.8万方;加固圩堤10公里、圩堤块石驳岸25公里、防渗渠衬砌50公里;新建、改造排涝泵站13座,建设达标塘坝25座,改造圩口闸4座。西旸河、丹金溧漕河等驳岸工程完工并验收。新建农村公路158公里,改造农村危桥90座,完成46条河道、874个村庄河塘清淤疏浚。组织实施“整治村庄环境、共建小康家园”专项行动,85个行政村村庄绿化达标,82个村通过“三清一绿”(清垃圾、清粪污、清河塘和村庄绿化)达标验收,32个村达到“五化三有”(河塘净化、道路硬化、卫生洁化、村庄绿化、环境美化,有长效管理机制、有公共服务中心、有乡村文化)标准,10个村达到常州市小康家园示范村标准。全年培训农村劳动力1.23万人次,完成实用技术培训4.3万人次,转移农村劳动力9865人。在农村开展星级文化示范村创建活动,年内全市建成15个五星级文化示范村。

【工业】 2008年,完成工业总产值529.5亿元,比上年增长20.1%;完成工业增加值125亿元,增长18.3%。其中,国有及年销售收入500万元以上工业企业完成工业总产值449.2亿元,增长24.7%;完成工业增加值110.6亿元,增长25.4%。全年工业用电量17.7亿千瓦时,增长24.7%。全年实现工业产品销售收入486.1亿元,增长17.8%,其中国有及年销售收入500万元以上工业企业实现工业产品销售收入427.2亿元,增长24.9%。实现产品销售率达96.8%。全市工业实现利税总额50.6亿元、利润31.4亿元,增长19.9%、25.4%,其中国有及年销售收入500万元以上工业企业实现利税总额47.4亿元、利润30.9亿元,增长31.7%、34.2%。全市国有及年销售收入500万元以上工业中完成轻工业产值161亿元、重工业产值288.2亿元,增长27%、23.4%,轻重工业比例由上年的35.2:64.8调整为35.8:64.2。纺织服装、机械电子、精细化工、新型材料四大支柱产业完成工业总产值432.2亿元、产品销售收入410.7亿元、工业增加值106.3亿元、利税总额45.7亿元,增长25.1%、25.3%、24.2%、29.9%,占规模工业比重为96.2%、96.1%、96.1%、96.4%。

全年完成房屋建筑施工面积891.8万平方米,其中新开工面积457.7万平方米,增长1.2%、11.7%;完成建筑业增加值20亿元,增长13.6%。全年共获江苏省扬子杯优质工程5项,江苏省紫金杯装饰优质工程3项。

【商贸服务】 2008年,全市实现社会消费品零售总额82.06亿元,比上年增长21.1%。实现市区商品零售额51.82亿元,增长23.4%;市以下商品零售额30.24亿元,增长17.3%。其中,批发业10.33亿元,增长28.4%;零售业60.11亿元,增长18.3%;住宿业5417万元,增长6%;餐饮业10.3亿元,增长32.5%;其他行业零售额7694万元,增长20%。

【旅游】 全市实现旅游总收入30.29亿元,比上年增长15%。其中,国内旅游收入30亿元,增长14.9%;旅游创汇收入500万美元,增长21.5%。全年接待境内游客332万人次,增长23%;接待入境游客0.57万人次,增长14%。全市11家旅行社全年实现营业收入4233.5万元,下降10%。全市7个景区(点)全年实现营业收入3372.3万元,增长40.1%。南洲公园、奥金鳄鱼乐园的主门楼和综合表演区、尧塘公路花园的花木产业商务楼和盆景大卖场、盛天农业生态观光园的拓展训练区和彩弹射击区、儒林水城的滴水瀑布和沧浪亭等一批旅游重点项目投入运营。

【开放型经济】 2008年,全年新批外商投资企业51家,新增工商登记注册外资5.44亿美元,比上年增长38.4%;实际到账外资2.61亿美元,增长36.8%。完成自营进出口总额12.61亿美元,增长60.5%,其中出口总额10.45亿美元,增长67%。完成外经合同额1.13亿美元,增长6.6%;外经营业额9631万美元,增长11.2%。全年新批进开发区企业218家。新增工商登记注册外资2.74亿美元,实际到账外资1.23亿美元。

【金融】 2008年末,全市金融机构人民币各项存款余额188.74亿元,比年初增加35.17亿元,增长22.9%;人民币各项贷款余额119.09亿元,增加19.41亿元,增长19.4%。企业存款余额36.18亿元,增长6.8%。居民储蓄存款余额127.51亿元,增长26.3%。全年人民币现金收入575.46亿元,下降1.09%;人民币现金支出596亿元,下降0.93%,收支相抵累计净投放20.54亿元。全年保费收入4.56亿元,其中寿险3.66亿元、财险0.9亿元。赔款给付9141.5万元,其中寿险1236.7万元、财险7904.8万元。

【城市建设与管理】 城市建成区面积21.72平方公里,增加4.62平方公里。全年建成经十路、环湖北路、华城中路东延、下塘河滨河路、汇贤路等道路;实施东二环、西门大街、沿河东路道路黑色化改造工程;完成五中桥、峨嵋桥、滨河桥和汇贤路小圩河桥工程。全年城市绿化投入资金近8000万元,南洲湿地公园建成开放,新增绿地52公顷,提升改造绿地29公顷。完成春风新村等9个老小区绿化提升改造工程,基本完成愚池公园二期、电胜河二期景观工程。基本建成区域联网供水工程东部地区管网,推进金州水务污水处理提标改造工程、南二环等污水管网建设及接管工程。年内,金坛市创建国家园林城市通过省级技术考核。

【环境保护】 2008年,全市推进创建国家生态市、水环境综合治理、污染物减排、污染集中治理工作,6个镇通过全国环境优美镇和江苏省卫生镇省级考核,半数以上行政村创建成省级和常州市级生态村,31个村级生活污水处理设施基本建成,6个社区创建成省级和常州市级绿色社区,80%的中小学校建成各级绿色学校,国家生态市创建工作通过省级技术考核和工作考核验收。实施330公顷湿地修复、环湖林带建设工程,尧塘河等8条主要整治河道基本达到功能区水质目标。实施30家重点废气、废水排放企业自动在线监控。指前、直溪、薛埠、儒林4个镇污水处理厂建成投运;第二污水处理厂脱磷除氮提标工程竣工,扩容改造工程加快推进。全年关闭63家化工企业,两年累计关闭129家,提前一年完成常州市下达的关停120家化工企业的目标任务。省级考核全面小康7个断面水域功能区水质达标率85.7%,集中式饮用水源地水质达标率100%。全年空气质量达国家二级标准,空气污染指数小于100的天数百分率为94.2%,城市环境噪声达标区覆盖率100%,环境质量综合指数92.6分。

【交通】 2008年,全市公路通车里程763.6公里,内河航运里程达301.8公里。交通系统全年完成货运量271.2万吨,比上年下降18.7%;货物周转量4.69亿吨公里,下降18%。完成客运量719.1万人,下降4.1%;旅客周转量3.64亿人公里,增长2.8%。完成交通基础设施建设投入5.1亿元。完成241省道金坛段工程;拓宽社罗线等7条市镇等级公路;完成儒柚线、340省道老线段11公里改造工程。丹金溧漕河改造工程进入可行性研究报告待审查阶段,第二期征地拆迁启动;完成通济河二期驳岸工程和通尧河直溪至沈渎段土方疏浚专项工程。

【邮电通信】 全年完成电信业务总收入1.5亿元,比上年增长4.2%。新增电话用户8478户,累计17.3万户;新增宽带用户1.29万户,累计4.7万户。全年建成3个三星级农村信息化示范镇,电子政务平台覆盖七镇一区,全年新增“我的e家”和商务领航2.16万户,累计3.5万户。全年完成邮政业务总收入4701万元,增长3.1%。

【科技创新】 2008年,全市新增省高新技术企业8家、省创新型试点企业1家、省科技型农业企业2家。全市市级以上科技计划项目立项90余个,新增国家级科技计划项目8项,申请专利800余件。常州亿晶光电科技有限公司、常州华钛化学股份有限公司获准设立全国博士后科研工作站,常州亿晶光电科技有限公司被科技部命名为国际科技合作基地。成立市高新技术创业服务中心,9家企业入驻创业。金坛光伏产业园、金坛茶叶科技园被批准为省级特色产业园、省级现代农业科技园,红太阳高新技术创业服务中心创建成省级高新技术创业服务中心。组织金坛—中关村科技人才对接洽谈等产学研活动,达成合作协议61项;建立上海交大—常州亿晶光电光伏联合研究中心。引进各类高层次人才154名,其中海外人才32名、省高层次创新创业人才引进计划培养对象11人,签约常州市领军型海归创业人才6人。完成高新技术投入27.2亿元,比上年增长41.1%;规模工业实现高新技术产业产值184.2亿元,增长31.6%。

【教育】 2008年末,全市有各类学校57所,其中省级优质小学26所、省级优质初中18所、四星级高中2所、三星级高中3所,普通中学在校学生3.04万人,小学在校学生2.73万人;教职工5248人,其中专任教师4422人。年内,4389人参加高考,本科达线1254人。全市所有中小学教育装备条件均达省二类标准,学校图书馆均达到常州市示范图书馆标准,实验室均达到常州市实验室建设先进单位标准,全市学生与计算机比率9:1,教师与计算机比率1.5:1,多媒体教室占班级总数的50%。金坛市在全国第十三届华罗庚数学金杯赛上获得团体总分第六名,其中获得金牌2枚、银牌4枚;在省“金钥匙”科技竞赛中,86位学生分获比赛特等奖和一、二等奖。社头中学、建昌小学、后阳小学、五叶小学和汤庄小学通过省优质学校创建验收。2008年,金坛市获得省义务教育均衡化发展先进县市(区)和省首批教育现代化县市(区)称号。

【文化】 2008年,全市开展“送电影、送图书、送演出”群众文化系列活动,放映公益性电影1500余场、演出105场、赠送图书8000余册。在常州市级以上各类艺术展、艺术比赛中入围、入选、获奖的艺术作品98件。摄影作品《金坛巨村舞龙》在"根之韵"全国非物质文化遗产传承人风采大赛中获银奖,国画《秋意长白》获全国首届中国画线描艺术展优秀奖,民间鼓舞《赛龙舟》在第十届上海国际艺术节浦东金扬杯长三角地区舞蹈邀请赛中获一等奖。"董永传说"、"金坛刻纸"、"金坛抬阁"、"金坛封缸酒酿制技艺"被国务院列为第二批国家级非物质文化遗产。广播电台、电视台、《金沙周刊》全年发稿9000多条,其中中央电视台录用2篇、省台录用65篇,电台有3条新闻被中国广播网录用。全年投资近5000万元,完成城区所有小区近4万用户的数字电视整体转换。金沙影城、戴叔伦纪念馆等一批文化设施相继建成并对外开放。

【卫生】 2008年末,全市有各类卫生机构161个,其中医院、卫生院19个,拥有病床1525张。全社会卫生技术人员2077人,注册医师894人。全年开展新技术、新项目58项;新型农村合作医疗参保率全覆盖,平均补偿标准提高35%。年内,全市创建省级卫生镇3个、省级卫生村24个。人民医院门(急)诊大楼建成投用。金坛市被评为全国农村中医先进市。

【体育】 2008年,金坛市组队参加常州市第十三届运动会学生部各项比赛,小学组获金牌10枚,初中组获金牌13枚,高中组获金牌9枚。承办2008年江苏省县组田径(甲组)比赛,获金牌6枚、银牌4枚。在2008年女足省长杯小学组比赛中,金坛市获冠军。举办江苏省青少年阳光体育运动联赛。举办迎奥运倒计时100天金坛市全民健身月启动仪式暨丰登杯茅山登山锦标赛,来自常州二市五区共37支代表队近200名运动员参加比赛,10000余人参加了全民健身月活动。组织"庆奥运千人健步走"活动。

【人民生活】 2008年,全市城镇居民人均可支配收入19710元,比上年增长14%;人均消费支出12116元,增长4.3%。城镇职工平均工资27736元,增长14.3%;在岗职工平均工资28169元,增长14.1%。全市农民人均纯收入9484元,增长14.8%;人均消费支出7377元,增长5.2%。年末全市居民人均储蓄存款23396元,增长25.9%。城镇居民人均居住建筑面积为38.46平方米,增加3.04平方米;农村居民人均住房面积为46.48平方米,增加1.22平方米。全市参加企业基本养老保险职工9.2万人,参加城镇基本医疗保险职工10万人,参加城镇失业保险7.29万人,参加工伤保险职工7.3万人,享受医疗保险退休人员2.19万人。全年保障低保城镇居民978户1724人,保障低保农村居民4845户8858人,发放保障金1697万元。全年有1.2万人(户)得到政府规范化救助,发放救济资金637.9万元。举办第七个慈善周活动,共募集慈善现金761.5万元,协议兑捐到账544万元,建立冠名捐赠4份共2400万元。

溧 阳 市

【概述】 溧阳市位于长江三角洲西南部的苏、浙、皖三省交界处。2008年末,溧阳市土地总面积1535.87平方公里,辖10个镇(区)。全市户籍人口77.83万人,比上年增长0.3%,总户数26.37万户。全年实现地区生产总值320.03亿元,增长20.1%。其中,第一产业增加值19.80亿元,增长11.9%;第二产业增加值186.72亿元,增长21.1%;第三产业增加值113.51亿元,增长20%。人均地区生产总值43186元,增长19.8%。财政总收入54.07亿元,增长22.3%;一般预算收入19.62亿元,增长20.7%。财政总收入占地区生产总值的比重为16.9%,提高0.3个百分点。全市完成固定资产投资188.23亿元,增长25.3%。其中,第一产业2.2亿元,增长50.9倍;第二产业146.3亿元,增长26.5%;第三产业39.8亿元,增长15.1%,提高0.5个百分点。工业投入144.33亿元,增长25.4%;高新技术产业投入29.1亿元,增长40.3%;信息产业投入10.9亿元,增长88.2%;能源工业投入5.8亿元,增加6.5倍。在建投资项目602个(不包括房地产项目)。其中,超5000万元项目96个,占全市完成投资比重的48.8%;超1亿元项目28个,完成投资54.8亿元,占全市完成投资比重的29.1%。完成房地产投资16.9亿元,增长31.6%。其中,商品房施工面积173.6万平方米,增长25.7%;实现商品房销售额19.8亿元,增长12.5%;实现商品房销售面积145.9万平方米,增长1.8倍。完成90平方米以下住宅投资2.8亿元,增长59.8%,占全部住宅投资的20.3%;施工、竣工与销售面积增长114.4%、500.3%、50.7%。

【农业】 2008年,全市完成农林牧渔业总产值36.54亿元,比上年增长11%。其中,农业总产值17.7亿元,增长10.6%;林业总产值0.96亿元,增长9.5%;畜牧业总产值4.65亿元,增长8.4%;渔业总产值12.25亿元,增长9.8%;农林牧渔服务业0.98亿元,增长15.2%。农作物播种面积9.55万公顷,增长1.3%,其中粮食播种面积6.57万公顷,下降0.7%。粮食总产量49.41万吨,增长2.1%。其中,水稻产量36.42万吨,增长3.3%;水稻亩产首次突破600公斤,达600.1公斤,增长3.5%;小麦产量10.54万吨,下降2.1%。茶叶产量2560吨,增长4.6%;水果产量1.66万吨,增长2.2%;水产品产量7.48万吨,增长18%;蔬菜产量24.92万吨,增长2%;生猪出栏15.51万头,增长6.7%;家禽出栏498.72万羽,增长2%。高效农业面积2.66万公顷,其中高效种植业2.02万公顷、高效渔业0.64万公顷,全市高效农业亩均效益超5000元9733.33公顷、10000元2333.33公顷。全市优质粮油覆盖率超93%;开展农产品质量建设规范年活动,建立各级各类标准化生产基地107个,其中国家级农业标准化示范基地2个、省级4个、常州市级7个。全年新增农村专业合作社21家,累计101家,农户参与专业合作社的比例超33%。全年完成耕地占补项目38个,面积569.9公顷,新增耕地319.46公顷。全年新增插秧机803台、直播机105台。2008年末,拥有农业机械总动力47.5万千瓦,增长0.6%,农机化综合水平达90%;农用排灌动力16.98万千瓦,增长19.7%。全市完成机插面积超3万公顷、机直播面积5200公顷,水稻机插化种植率88%,率先基本实现水稻生产机械化县(市)目标。

【工业】 2008年,全市实现工业总产值689.98亿元,比上年增长21%;实现产品销售收入660.03亿元,增长23.8%;完成利税总额60.05亿元，增长21.1%，其中完成利润总额29.02亿元，增长26.3%。实现工业增加值165.71亿元，增长22.6%；工业增加值占全市地区生产总值比重的51.8%，提高1.1个百分点；工业对全市经济增长的贡献率57%，拉动经济增长10.2个百分点。全年实现产品销售率95.4%，提高1.1个百分点；亏损企业亏损面0.5%。全年工业用电量32.51亿千瓦时，增长4.7%。全市销售收入超500万元的规模工业企业403家，增加9家。规模工业实现产值628.87亿元、产品销售收入600.89亿元、利税总额54.56亿元、利润总额27.51亿元，增长27%、27.2%、26.8%、29.1%。规模工业实现的产值、销售收入、利税、利润占全部工业的比重达91.1%、91%、90.9%、94.8%，提高4.2、2.4、4.1、2.1个百分点。销售收入超1亿元的工业企业77家，增加10家，其中超100亿元企业1家、超30亿元企业3家、超10亿元企业3家。利税超1亿元企业5家。

2008年规模以上工业企业主要产品产量统计表

名　称	单　位	产　量	比上年(%)
变压器	万千伏安	5881.9	46.6
电力电缆	千米	111690	45.6
配混饲料	万吨	27.91	16.8
啤酒	千升	293320	0.4
纱	吨	9793	-12.9
化学农药	吨	17980	53.6
发电量	万千瓦时	27984	-11.9
水泥	万吨	1459	5.7
水泥熟料	万吨	1215.6	61.6
生铁	万吨	91.6	-20.4
钢材	万吨	155.8	-2.4
粗钢	万吨	84.7	-21.5
饲料机械	台	4700	18.2

【建筑业】 2008年，全市建筑业完成施工产值172.56亿元，比上年增长28.9%；实现增加值21.01亿元，增长10.5%。全员劳动生产率为18.7万元/人，增长9.7%。全年累计施工面积1338.6万平方米，增长15.4%，其中新开工面积732.66万平方米，增长10.7%；累计竣工面积660.2万平方米，增长21%。2008年末，全市有一级总承包企业13家，新承建超29层高楼5座，建筑面积超10万平方米工程3个。

【商贸服务】 2008年，全市完成社会消费品零售总额106.44亿元，4个季度的累计增长为16.7%、19.1%、19.9%、21.5%。其中，批发零售贸易业完成零售额90.1亿元，比上年增长21.7%；住宿和餐饮业完成销售额13.5亿元，增长20.6%。城、乡市场分别增长22.1%、20.2%，提高5.4、2.9个百分点。消费结构发生新变化，化妆品类、文化办公用品类、中西药品类、通讯器材类、书报杂志类、家用电器和音像器材类、服装鞋帽针纺织品类、汽车类商品消费比重下降，金银珠宝类、日用品类、家具类、建筑及装潢材料类、煤炭及其制品类、机电产品及设备类、食品饮料烟酒类、金属材料类、机电产品及设备类、石油及制品类消费比重上升。21类商品销售呈现增长，其中食品、饮料、烟酒类商品零售增长24.7%，服装、鞋帽、针纺织品类增长16.8%，日用品类增长27.5%，粮油类、肉禽蛋类增长较快，增幅16.9%、28.7%，通讯器材类增长16.3%，家用电器类增长31.4%，体育娱乐用品类增长18.8%，汽车销售实现零售额1.28亿元，增长31.4%。全市超1亿元市场6家，实现商品成交额91.3亿元，增长34.5%，其中苏浙皖边界市场实现成交额61.5亿元，增长30.3%。

【旅游】 2008年末，全市有各类旅行社9家，比上年增加1家；涉外饭店、宾馆18家，其中五星级1家、四星级4家、三星级6家、二星级7家。全年接待境内外游客527.82万人次，增长21.7%。其中，境内游客527万人，比上年增长21.7%；入境游客8225人，增长12.7%。实现旅游总收入46.48亿元，增长17.8%。天目湖旅游度假区全年接待游客400.26万人次，增长17.6%；实现营业收入3.5亿元，增长15.5%。南山竹海生态旅游区接待游客78.65万人次，增长51.1%；实现营业收入0.23亿元，增长53.3%。

【开放型经济】 2008年，全市新批外商投资项目35个，工商登记注册外资5.44亿美元，比上年增长7%；实际利用外资2.61亿美元，增长35.6%。完成进出口总额5.95亿美元，增长29.8%。其中，出口额5.49亿美元，增长33.2%；进口额0.47亿美元，下降0.1%。贸易顺差为5.02亿美元。全市有出口企业127家，增加13家；出口超500万美元以上企业22家，其中超1000万美元4家、超2000万美元3家、超5000万美元3家。三资企业出口2.03亿美元，增长10.8%。全市产品出口六大洲约70个国家和地区。

【金融】 2008年末，全市金融机构人民币贷款余额181.8亿元，比年初增加41.2亿元，增长29.3%，其中基础设施及房地产开发贷款10.6亿元；全年新增贷款17.8亿元；累计发放农业贷款29.3亿元，农业贷款占贷款总额的20.6%。年末，全市金融机构人民币存款余额281.8亿元，增加65.2亿元，增长30.1%。其中，对公存款余额96.3亿元，增加19.4亿元，增长25.3%；居民储蓄存款185.5亿元，增加45.8亿元，增长32.7%。全年累计投放现金8.9亿元，比上年少投放3.8亿元。全年保险业务收入49424万元，增长26.4%。其中，财产险收入11990万元，下降6.5%；寿险收入37434万元，增长42.5%。全年支付各类保险赔款24026万元，增长78.3%。其中，财产险支出13358万元，增长63.7%；寿险支出10668万元，增长100.7%。

【城市建设与管理】 2008年，全市完成市政工程投资2.2亿元，重点实施清溪路、西大街和8条背街小巷改造及平桥路、龙亭路东延伸等工程；修复道路面积8000平方米，完成花岗岩修复1000平方米，疏通下水管道15公里，投入资金350万元完成南片区排水管网综合改造。完成管道燃气投资4000万元，新增天然气用户8000户,燃气普及率98.22%。年末拥有公交线路18条,营运里程15401万公里;拥有公交营运车辆384辆,完成公交客运量1364万人次,比上年增加239万人次。城区供水总量2413万立方米,其中居民生活用水1160万立方米,自来水普及率100%。全社会用电量37.76亿千瓦时,增长6%,其中城乡居民生活用电2.77亿千瓦时,增长15.9%。

【环境保护】 2008年,完成化学需氧量、二氧化硫排放量2235吨、666吨,完成相应削减任务108.2%、106.1%。年末全市环境质量综合指数为91.6,比上年提高8.5。制定规模以上企业通过ISO14000认证工作方案,完成ISO14000认证企业25家。重点工业企业污染物排放稳定达标率100%。天目湖、上兴、社渚、竹箦、戴埠5个镇创建全国环境优美镇通过省级考核;天目湖镇烈山村等7个村被常州市环保委员会命名为生态村;建成生态园林乡镇1个,常州市级生态园林居住区5个、生态园林单位35家;溧阳经济开发区生态工业园创建规划通过省级审批,12月通过国家生态市省级技术考核。城市生活污水集中处理率86.3%,累计建成污水管网224.3公里。市区范围内有水冲式公厕50座,水冲式公厕率100%;机械化清扫面积83万平方米,机械化清扫率超42.5%,垃圾清运率100%。

【交通】 2008年,全市公路总里程1810公里,其中等级公路1733公里,航道里程296公里。全年各种运输方式完成货运量990万吨,比上年增长6%;货运周转量73000万吨公里,增长7.6%。完成客运量3737万人次,增长10.1%;客运周转量186700万人公里,增长13.4%;港口吞吐量1550万吨,增长20.5%。

【邮电通讯】 2008年,全市完成邮电业务收入56146万元,比上年增长16.2%。年末局用交换机总容量26.81万门。电话用户30.56万户,下降6.8%。其中,城市电话用户15.01万户(城市住宅电话用户6.01万户),下降11.2%;农村电话用户15.55万户(农村住宅电话用户12.46万户),下降2.1%。年末移动电话达42.98万部,增长16.4%。互联网宽带接入用户当年新增1.85万户,累计用户6.51万户,增长39.7%。

【科技创新】 2008年,全市组织实施各级各类科技计划项目329项,其中国家级34项,省级78项,常州市级93项。认定高新技术产品41只,认定高新技术企业10家,认定省级现代科技园1家、省级创新试点1家、省级节能减排科技创新示范企业1家。获市级以上科技进步奖36项。全年专利申请量达1338件,比上年增长63.2%。其中,发明专利申请数134件;授权专利数266件,增长63.2%。全年知识产权培训超1000人次,发放各类宣传资料2000份、光盘160余份。

【教育】 2008年,全市有中小学90所,其中小学45所、中学41所。在校学生9.46万人。其中,小学生4.06万人,毕业率100%,升学率99.3%;中学生4.58万人,毕业率98.3%;职业高级中学4所,在校学生0.82万人。幼儿园34所,在园幼儿1.69万人。全市普通高考录取4446人,录取率91.67%,高出全省平均近16个百分点,其中3163人录取本科院校,录取率65.3%,高出全省平均近27个百分点。

【文化】 2008年,召开“一村一品”、“安博思论坛”两个国际性会议。投资6000多万元,建成市文化艺术中心。全市图书馆年接待读者10万人次,藏书总量达20.8万册,人均公共图书藏书量0.27本。新增农村流动图书服务点18家,累计108家,其中农村92家。优化农村放映队27个,全年放映电影3716场。市锡剧团全年演出350场,其中赴农村演出80场。年末广播、电视覆盖率均达100%。全年新增有线电视用户1.23万户,累计达17.6万户,全市有线电视入户率66.8%,村村开通有线电视。

【卫生】 2008年,全市共有医疗机构262个,其中医院12个、卫生院18个,实有病床2101张。卫生技术人员3110人,执业医师和执业助理医师1213人,注册护士906人。全市5岁以下儿童死亡率6.2‰,婴儿死亡率4.3‰,比上年下降0.7‰、1.8‰。

【体育】 2008年,承办江苏省第九届中学生田径比赛、江苏省中学生篮球比赛、常州市第十三届运动会学生部比赛。全市运动员获省级金牌23枚、银牌24枚、铜牌13枚,常州市级金牌37枚、银牌68枚、铜牌38枚。向省运动队输送6名优秀体育人才,向常州市输送62名优秀体育人才。

【人民生活】 2008年,全市社会保险综合覆盖率97.8%,比上年提高0.5个百分点。其中,城镇基本养老保险覆盖率98.1%,提高0.6个百分点;城镇失业保险覆盖率97.5%,提高0.3个百分点;城镇基本医疗保险覆盖率97.8%,提高0.5个百分点。农村社会养老保险参保3.81万人。新型农村合作医疗覆盖面100%,参保人数52.17万人,增长7.6%,参保率100%。城镇居民低保标准由每人每月280元提高到330元,农村居民低保标准由每人每月160元提高到210元。全市低保总数7859户16450人,其中城市居民1087户2310人,农村居民6772户14140人,全年共发放低保金2753万元。五保集中供养经费年标准从每人每年3000元提高到3500元,供养率74%,提高2个百分点;分散供养经费年标准从每人每年2000元提高到2600元。全市有敬老院16个。拥有福利院床位2976张,增长30.5%。年内出生人口6170人,人口出生率7.94‰;死亡人口5344人,死亡率为6.88‰,人口自然增长率1.06‰。全市净增就业9518人,其中城镇净增就业8022人,安置下岗失业人员再就业1593人,再就业重点援助732人。农村劳动力转移培训4116人,新增农村劳动力转移就业1.02万人,跨地区输出农村劳动力3874人。消除“零就业家庭”。年末全市城乡从业人员49.96万人,比上年末增加1.66万人。城镇登记失业率为3.14%,下降0.16个百分点,实现连续4年下降。全市城镇居民人均可支配收入18790元,增长13.8%;农民人均纯收入9151元,增长14.2%,农民收入增幅连续4年超过城市居民收入增幅。年末全市城乡居民储蓄存款余额185.5亿元,增加45.8亿元;人均储蓄存款23868元,增加5866元,增长32.6%。城镇居民人均住房建筑面积32.95平方米;农村居民人均住房面积43平方米,增加0.5平方米。城镇居民人均消费性支出12666元,增长8.4%;农村居民人均生活消费现金支出7404元,增长19.6%。

镇江市辖县(市)

丹 阳 市

【概况】 全市总面积1047.44平方公里,耕地面积5.548万公顷。辖13个镇、1个开发区和1个练湖管委会,有54个居民委员会和224个村民委员会。2008年年末总户数288016户,总人口80.65万人,其中非农业人口20.03万人。全年共完成地区生产总值425.45亿元,增长13.4%;人均7713美元,增长15.1%。财政总收入55亿元,增长32.5%,地方财政一般预算收入突破20亿元,增长20%。社会消费品零售总额110.79亿元,增长24.5%。城镇居民人均可支配收入1.87万元,增长12.6%。农民人均纯收入9070元,增长12.6%。物价综合指数累计比为105。

全市工业总产值达1013亿元,增长21.9%。实现工业销售885.91亿元、增加值201.3亿元、利税67.36亿元,分别增长24.7%、18.7%、21.4%。新增定报企业312家、亿元企业13家、10亿元企业3家。组织实施各类科技项目386项,其中,国家星火计划2项、火炬计划4项,省重大科技成果转化项目3项、科技支撑计划项目6项,共获扶持资金4314万元。48个重点科技项目被列为市“三大计划”支持项目,获扶持资金2770万元。新认定国家级高新技术企业15家、高新技术产品6项,高新技术产品销售收入达180亿元,增长40%。鱼跃医疗成为全市第六家上市企业。新获国家级品牌12件,累计达44件,品牌贡献率列全省县(市)第四位。国家级车辆灯具检测重点实验室落户丹阳。丹阳被命名为“中国桅灯出口基地”“中国眼镜出口基地”和“省五金工具产业集聚监管示范区”。眼镜产业集群入选2008年度全国百佳产业集群。

全市粮食生产连续五年丰收,总产量达45.63万吨。“三资”投入农业9.16亿元,新增高效农业面积4166.67公顷,高效农业比重比上年提高7.7个百分点。复垦整理土地1753.33公顷,新增耕地163公顷,改造中低产田1066.67公顷,开发区撇洪西河、通济河填塘固基、舟山水库除险加固等一批防洪抗旱工程全面完成。新建新农村集中式农民安置小区26.7万平方米。新增农民专业合作、土地股份合作、社区股份合作组织78个,流转土地10553.33公顷。新增省级名牌农产品1个,新认定无公害农产品5个、绿色食品1个。安排专项资金1.43亿元,推进农村新五件实事,其中开展农村劳动力转移技能培训8200人、实用技术培训2.41万人、创业培训1200人;新(改)建农村公路84公里;疏浚河道150公里、清淤村庄河塘810个;新增农村无害化卫生户厕1.52万户,普及率达95.3%。

全年实现三产增加值152.45亿元,增长14.0%,占GDP的35.8%。三产投入31.5亿元,增长23%。设立以1000万元为基数、年递增10%的现代服务业发展引导基金。中国眼镜城被列为首批省级服务业集聚区,省重点服务业项目森林国际家居城(一期)及锦豪国际大酒店全面开业,欧尚超市、九里季子庙(二期)等一批现代服务业重点项目加快建设。新增贷款44.9亿元。全省首创天工惠农小额贷款公司成立运行。

全年完成全社会固定资产投资143.83亿元,增长23.4%,其中工业性投入108.47亿元,增长23.1%。全年组织实施内资5000万元以上、外资1000万美元以上项目113个,其中沃得高性能冲床、天工高速钢薄板精锻、双峰医药玻璃等一批重大项目建成投产,恒神碳纤维、飞达中板(二期)、大力神热镀锌板、绿叶循环硫化床锅炉等一批重大项目进展顺利。

全年成功举办“百日招商”、金秋经贸洽谈会、“温州客商丹阳行”等重大招商活动。加拿大专业人士创业基地、国际生物工程科技创业园等一批高新技术孵化器建成使用。实际利用外资2.26亿美元。完成进出口总额15.81亿美元,增长29%,其中出口13.51亿美元,增长30.5%。完成外派劳务合同额1504万美元,增长46%。新派出国劳务757人,增长30.5%。实际利用市外民资68.22亿元,新增私营企业805家、个体工商户3414户、注册资本18.70亿元。

丹阳市经济开发区入选“长三角最具投资价值开发区”行列。实现工业销售170亿元,实际到账外资1亿美元,分别占全市总量的19.5%、44%。启动实施北部10平方公里产业集聚区建设,基础设施投入13亿元,基本形成主干道路框架。云阳高新区总投资2亿美元的庆翔半导体项目成功落户。各镇、练湖工业集中区完成基础设施投入7.5亿元,建成标准化厂房38万平方米。

全市创建国家卫生城市通过国家级考核验收。创建国家环境保护模范城市通过省级考核。创建省园林城市通过省级调研。新增绿地面积6.8万平方米,城区绿化覆盖率达40.8%。6个镇级污水处理厂及全市各镇配套收集管网工程全面开工。开发区污水处理厂、石城污水处理厂除磷脱氮改造工程顺利竣工。全面关闭境内采石宕口,关闭小化工企业24家、小砖瓦窑厂13家。万元地区生产总值能耗下降4.5%。二氧化硫、化学需氧量排放总量分别削减795吨、263吨。成功创成国家级生态示范区。

全市编制《城乡统筹发展规划》《城市地下空间开发利用规划》《中心城区发展战略规划》《城市道路网规划》以及590个新农村集中居住点规划。制定出台《重点工程建设项目管理办法》。京沪高铁、沪宁城际(丹阳段)建设全面启动。市行政中心、会展中心、奥体中心、兰陵路拓宽,以及241省道和122省道(城区段)拓改、丹茅路、振兴路、庆丰路建设和苏南运河“四改三”(陵口先导段)整治、城北护城河整治、市区123幢无物管楼房改造等一批工程基本竣工。区域供水、污水处理、老垃圾填埋场、北二环西延、齐梁路改造、沪宁铁路丹阳货场搬迁等重点工程加快推进。

全年新增城镇就业9200人,转移农村劳动力1.3万人;新建经济适用房1.6万平方米;全面实施江心洲(丹阳)取水口工程,已完成施工量的40%;投资7250万元,全面启动职教园建设;全面完成城乡数字有线电视整体转换工程,用户达23.4万户;全面建设农村社区卫生服务站达标工程,共建成152个,达标率100%;实施全市村级老年活动中心达标工程,共建成231个,达标率100%;开展慈善冠名基金募集工作,募集基金达3.17亿元;认真实施食品药品安全工程,通过省级农村药品"两网"示范市验收,省食品安全示范市及放心消费城市创建工作扎实推进。

全年征缴社保基金5.2亿元,征缴率达98%。企业养老、医疗、失业保险参保人数分别净增1.08万人、1.5万人、2000人。农村社会养老、合作医疗保险参保人数分别净增5716人、2000人。出台《关于进一步做好"零就业家庭"就业援助工作的意见》等优惠政策,城镇登记失业率控制在2.85%。健全失地农民保障机制,共有2.8万人纳入被征地农民基本生活保障,全年累计发放保养金5.4亿元。城乡低保标准分别提高至每月330元、220元,实现应保尽保。"五保"集中供养率达70.4%。以助医、助学、助困、助残为重点,为2927名困难群众发放慈善救助金261万元。开展"挂镇、帮村、扶户"结对帮扶工作,茅山老区发展步伐加快。募集3615.8万元,支援四川地震灾区。

全市提高公共财政支出比例,安排财政支出10.09亿元,增长28.7%,高于地方一般预算支出9.4个百分点。市被评为省幼儿教育先进市和省实施素质教育先进市。普通高考本科录取人数占总人口比重达4‰。市职教中心通过省四星级考核验收。与中科院合作,打造文化科技产业园。南朝陵墓石刻遗址保护规划获国家文物局批准。人口计生工作被评为省示范市。信息化工作被评为中国城市信息化50强。史志工作获省先进集体优秀奖,《丹阳年鉴(2007)》获第四届全国年鉴编校质量检查评比一等奖。

全市创新"五五"普法教育,建成国家级民主法治村1个,省级11个。深入创建"平安丹阳",实现了省社会治安安全县(市、区)"六连冠"目标。

【丹阳举行撤县设市20周年庆典暨经贸洽谈会】 2008年10月28日,丹阳举行撤县设市20周年庆典暨金秋经贸洽谈会。原总后勤部政委和全国人大法工委副主任周坤仁上将,全国人大环境资源委员会委员姜云宝,总后勤部军需部部长周林和,原北京理工大学校长、两院院士王越,中央党史研究室副主任李忠杰,中国交通集团董事长周纪昌,原江苏省人大常委会副主任方之焯,镇江市委书记许津荣,淮安市委书记刘永忠等应邀出席。

【丹阳成为中国眼镜出口基地】 2008年10月29日,丹阳"中国眼镜出口基地"揭牌。万新光学和东方光学两企业也被授牌为"中国眼镜出口基地企业"。丹阳是世界上最大的镜片生产基地和亚洲最大的眼镜产品集散地,拥有662个眼镜企业,镜架产量占国内1/3,镜片产量占国内70%,占全球50%,并获得"中国眼镜产业基地"称号,2006年"国家眼镜产品质量监督检验中心"落户丹阳。中国轻工工艺品进出口商会与丹阳市政府共建中国眼镜出口基地,以进一步发挥丹阳眼镜产业的规模优势,将丹阳建成为全国眼镜产业的示范基地。

【丹阳入选中国城市信息化50强】 2008年5月27日,由亚太地区城市信息化合作办公室和中国计算机用户协会共同举办的中国城市信息化50强评选活动落下帷幕,丹阳市入选"中国城市信息化50强"。

【丹阳入选中国特色魅力城市】 丹阳市入选"2008年度中国特色魅力城市200强",江苏省入选城市有16个,排名分别为:南京、苏州、无锡、常州、徐州、扬州、南通、连云港、淮安、盐城、昆山、泰州、常熟、丹阳、张家港、宜兴。中国特色魅力城市200强,由世界著名品牌大会主办机构世界品牌组织、美中经贸总商会和环球城市电视台世界城市研究中心联合推选。

【丹阳眼镜入选"中国百佳产业集群"】 2008年11月,中国社会科学院工业经济研究所公布"2008中国百佳产业集群"的获选名单,丹阳市的眼镜产业集群名列其中。此次是继2007年"中国百佳产业集群"首次评选后的第二届评选,评选在严格遵照首届数十项评选指标的基础上,还增加地域品牌形象、政府推动力、集群的独特性、集群的集聚密度、产业链互补功能、集群创新能力等多项指标。

【丹阳列中国县域商标百强县第18位】 2008年11月,《中国工商报》发布"2008年县域商标发展TOP100名单",丹阳市名列第18位,在江苏省上榜的21个县级市中名列第5位。截至2008年6月30日,丹阳市共拥有注册商标4668件;中国驰名商标4件(不含司法认定的驰名商标),分别是"堂皇"床单、"万新"眼镜、"飞达"钻头、"鱼跃"医疗设备;江苏省著名商标49件。

【新桥后巷跻身全国乡镇综合实力500强】 2008年12月,"2008中国乡镇综合实力500强"名单揭晓,丹阳市新桥镇和后巷镇名列其中,分别排在第174位和第249位。此次中国乡镇综合实力500强是由中国社会工作委员会乡镇委员会组织,根据乡镇综合实力,由相关部门和专家评定产生的。

句容市

【概况】 全市总面积1385平方公里,其中耕地面积46985公顷。年末常住人口61.23万人,比上年增加0.07万人。年末户籍总人口57.82万人,比上年减少0.05万人。有31个少数民族。辖10镇、1个省级经济开发区、3个旅游风景区管委会、14个农林场圃,以及38个社区居民委员会、153个村民委员会。

2008年,全市按照"决胜小康、加速赶超"目标,推进"五大板块"建设,改善民生,经济社会呈现又好又快发展。全年实现地区生产总值180.20亿元,按可比价计算,比上年增长12.8%。其中:第一产业增加值14亿元,比上年增长4.1%;第二产业增加值106.63亿元,比上年增长12.7%,其中工业增加值99.51亿元,比上年增长12.9%;第三产业增加值59.57亿元,比上年增长15.4%。经济结构进一步优化,第三产业发展较快。二三产业增加值占GDP比重92.2%,比上年提高0.2个百分点,三次产业结构由上年的8:59.8:32.2调整为7.7:59.2:33.1。实现财政总收入22.5亿元,比上年增长32.1%;

其中:一般预算收入9.5亿元,比上年增长26.6%。完成全社会固定资产投资89.99亿元,比上年增长23.1%;社会消费品零售总额51.24亿元,比上年增长21.1%;外贸出口总额2.78亿美元,比上年下降15.5%。城镇居民人均可支配收入18473元,比上年增长14%。农民人均纯收入8003元,比上年增长14.6%。全市城镇、农村居民人均生活消费性支出分别比上年增长26.2%和14%,人均住房面积分别为38.2和41平方米。

全年实现农业现价总产值25.72亿元,比上年增长14.5%。粮棉油产量两升一降,粮食总产量30.55万吨,增长2.3%;棉花总产量0.16万吨,比上年下降22.8%;油料总产量3.91万吨,增长10.8%。养殖业形势明显好转,全市生猪出栏量1.5万吨,增长5.5%;家禽出栏量246万羽,增长9.2%;水产品产量2.25万吨,增长10.4%。年末拥有农业机械总动力44.8万千瓦,增长3.7%。2008年新增高效农业4666.67公顷,其中设施农业1466.67公顷,后白、茅山、白兔等农业基地连片开发超666.67公顷。新认定农业龙头企业17家,新成立农民经济合作组织47家,带动农户2.1万户。完成长江提水站、10座小水库除险加固、天王翻水站改造主体工程和老便民河水利血防工程,整治村庄河塘237座,疏浚河道23.2公里,改造中低产田1933.33公顷。实施耕地复垦项目56个,新增耕地212.73公顷,盘活存量土地295.93公顷,获"省土地执法模范市"创建工作先进单位。完成省级生态公益林调整1000公顷,森林覆盖率达25.3%。

2008年完成工业投入70亿元,比上年增长29.6%。规模以上工业实现增加值91.45亿元,销售收入366.66亿元,利税24.25亿元,比上年分别增长18%、29.7%、26.9%。新增定报工业企业138家。成立句容市首家省级高层次人才创业园,新引进本科以上人才472人,3个创新创业人才引进项目获得省级专项资助;创成省级工程技术中心2家、高新技术创业服务中心1家。新认定国家级高新技术企业6家、省级以上科技项目14个、产品17个,创成省级以上名牌4个,授权专利385件,高新技术产业产值翻番。

全年实施72项重点工程,财政直接投资12亿元。新开工500万元以上工业项目63个,总投资67.9亿元,其中超千万元项目61个,超亿元项目14个。华电火力发电项目快速推进,大全铁路电气一期、久维压力容器项目竣工投产,立成强机械、宝华动力电源等7个项目主体工程封顶,巨宝科技、毅马五金、美尔顿车业等重大项目开工建设。全年新批工商注册外资企业28家,注册利用外资2.73亿美元,实际利用外资2.54亿美元,比上年增长49%,总量、增幅均居镇江辖市第一。开发区实际利用外资占全市比上升到53.8%。新建西五环、崇明路西延等园区道路10公里,供电、供气、绿化等配套设施同步到位,黄金花园安置小区一期交付使用。临港工业集中区建设全面铺开,长江花园安置小区封顶,建成华电路、建华路等4条区间道路,拉开"四纵二横"园区框架。宝华新城建设推进,仙林东路建成通车,11条市政道路开工,给排水、天然气、数字电视等配套设施加速完善。南部旅游板块投入2.5亿元,建成东进路、大茅路、盘山公路、句曲中路等旅游配套设施。空港新区编制核心区总体规划和园区控制性规划,完成6平方公里园区拆迁。全年新批民营企业800家、个体工商户4500户,合计新增注册资本26.5亿元。

全年接待国内旅游者430万人,比上年增长22.4%;国内旅游收入25亿元,增长25%。接待海外旅游者17.89万人,年增长6.7%。旅游外汇收入1.35亿美元,增长4.63%。有星级饭店6个,星级饭店客房总数295间。编制全市乡村旅游总体规划,成功举办茅山旅游文化节、宝华泡山节等特色节庆活动。实施区划调整,理顺茅山风景区管理体制,建成道教文化广场、喜客泉等新景点;宝华山完成南坡路拓宽、杨柳泉村改造工程,新开辟2家旅游纪念品市场;赤山湖开发概念规划通过初审。深入开展"万村千乡"工程,新增农家店126个、配送中心2个。

全年公共财政用于民生的投入占一般预算收入11.5%。全面小康25项指标达到省定目标值,通过省级调研和民意调查。开展"脱贫攻坚、决胜小康"活动,30个经济薄弱村开工建设各类项目272个,完成投入4785万元;吸纳各类资本4600万元,兴办农业示范园及工业项目22个,带动农户3.1万户,农民人均增收1200元,高出全市平均水平300多元,村级集体经济收入平均提高3万元。

全年培训农村劳动力8239人、下岗失业人员5638人,提供就业岗位1.2万个,转移农村劳动力1.6万人,实现失业人员再就业2023人,城镇登记失业率控制在3%以内。成功举办首届"政银农"合作恳谈会,累计发放各类小额创业贷款1930万元,扶持种养大户2374户,实现自主创业8309人。企业养老保险扩面新增1.3万人,城镇职工养老、医疗、失业三大保险参保率分别达到97.6%、97.8%、95.9%。医保"惠普工程"深入推进,新农合参保率100%,大病保险报销比例上调10个百分点,最高补偿标准上调至6万元。城乡低保标准分别提高到每人每月330元和220元;农村五保户集中供养和分散供养标准分别提高到每人每年2600元和2200元;救助无固定收入重残人员482万元,发放城区低保家庭廉租房补贴,2万平方米经济适用房主体工程竣工,投入360万元改造农村危房200户。

宁杭高速、243省道、沿江高等级公路句容段和茅延公路建成通车;122省道句容段一期路基工程完工,沪宁城际、京沪高铁句容段征地拆迁任务完成。全年新建农村道路155公里,改造县乡道路37公里,改建农村桥梁86座。建成河滨南路、福地路东延、学府路一期工程,改造建设路、文昌路、府东巷等城区道路及5条道路路灯。句容湖引水工程竣工,宝华镇用上南京自来水,下蜀镇接受镇江区域供水。市区和宝华镇接通管道天然气。建成天王垃圾填埋场一期工程,全市生活垃圾实现集中收集、集中处理。完成玉清河、杜家山水系活水工程,北山水库溢洪河城区段防洪工程及句容河橡胶坝主体工程。完成110千伏福地变、和平变,220千伏龙华线等15条电网新改建工程。启动国家生态市创建工作,完成生态市、环境优美乡镇规划报批。关停化工企业6家、轧石企业80家、选矿企业6家,治理污染企业31家,否决污染项目9个,新增清洁生产达标企业8家。实施40条城市道路绿化改造工程,城区新增绿地30万平方米。

全市教育现代化省定16项创建指标全面达标。农村义务教育阶段学校债务全部化解,发放困难学生生活补助43万元、高中生助学金594万元、生源地信用助学贷款153万元;市人民医院病房大楼二期开工建设,宝华卫生院完成整体搬迁。创成省级计划生育"世代服务"中心4家,发放计划生育奖扶金141万元。"秦淮花灯"被列入国家级非物质文化遗产保护名录,华阳洞摩崖石刻被列入省级文保单位,承办省第六届农民运动会。慈善捐赠月募集善款1150万元,救助困难群众767人次;支援灾区抗震救灾,各界捐赠达1106万元。成立镇江市首家"农民工法制学校"。出台开发区和重点工业园区减免收费办法,108项即办事项入驻行政服务中心。开展治理商业贿赂行动,全年完成各类审计项目103项,核减工程造价1.43亿元。

【句容建成省定全面小康社会】 2008年,句容全面小康四大类18项25条指标全部达到省定目标值,顺利通过省级调研。12月21日,通过省民调中心组织的小康满意度电话调查。

【句容开展脱贫攻坚帮扶活动】 2008年,全市开展以"脱贫攻坚、决胜小康"为主题的帮扶活动。把农民人均纯收入低于全市平均水平、村级集体经济收入低于10万元、有发展资源和潜力的30个村作为帮扶对象,利用三年时间脱贫致富。截至年底,30个经济薄弱村编制完成发展规划,选择相应的产业发展项目,道路建设、塘坝改造、河塘疏浚等基础设施工程快速推进。

【句容建成全省第一家农民专业合作社】 2008年12月18日,"赵亚夫农产品专业合作联社"(以下简称联社)正式成立。联社由农业科技专家、央视2007年度全国十大三农人物赵亚夫发起,市供销合作总社、天王戴庄有机农业专业合作社等和全市700余家农户联合组建。这是全省第一家合作社再联合、入社农民再入社的农民专业合作联社。

【句容"五大板块"建设全面启动】 2007年12月,句容市提出"五大板块"(省级经济开发区、宝华新城、临港工业集中区、郭庄道口板块、南部旅游板块)建设的发展战略,全面对接南京、承接南京辐射。2008年,"五大板块"先后编制高标准规划,实施72项重点工程,财政直接投资12亿元,建设规模和工程投入为历年之最,五大板块集聚效应初步显现。

【句容评选首届十大创业之星和十佳新人新事】 2008年1月,句容市首届2007年度十大"创业之星"和精神文明建设"十佳新人新事"评选活动启动,经过基层推荐、组织初选、媒体公示、市民投票、评委审定等程序,评选产生丁家林等十大"创业之星";热心公益的青年企业家应军等十人被评为句容市首届精神文明建设"十佳新人新事"。

【句容举办第三次中国生态道观论坛】 2008年10月27~29日,在句容市举行第三次道教宫观生态保护论坛,联合国和英国、丹麦、荷兰等国的代表,全国各地道观道长,有关社会科学专家学者120余人参加论坛。联合国开发计划署常务主任、联合国秘书长气候变化小组主席奥瓦·科文博士发表演讲,指出"60岁的联合国要向2000多岁的中国道教学习生态保护智慧",肯定道教生态思想与实践在解决全球生态危机中的特殊作用。中国道教协会会长任法融就中国道教思想和理论如何在新形势下促进环境保护和构建和谐社会发表讲话。论坛共收到论文21篇,14万字。

【茅山入选"中国十大道教文化旅游胜地"】 5月,由国家宗教局牵头、中国民族报社主办、新浪旅游频道独家网络支持的"2007·中国十大道教文化旅游胜地推介活动",近千个景区景点报名,800万名网民投票,产生中国道教十个道教文化旅游胜地。茅山景区入围"中国十大道教文化旅游胜地"。入围"中国十大道教文化旅游胜地"的景点有:湖北武当山、北京白云观、四川青城山、安徽齐云山、江苏茅山、江西龙虎山、陕西重阳宫、山东崂山、甘肃崆峒山、山西解州关帝庙。茅山是江苏省唯一一家入选的景点。

【句容城乡客运一体化工程完成】 2008年7月21日,句容举行城乡客运一体化通车仪式,标志着全市城乡客运一体化改造工程圆满完成。城乡客运一体化改造涉及句容至宝华、下蜀、茅山、天王、郭庄、春城、城隍庙等8条农公班线129辆农巴车,华通客运公司投资2200余万元购置70辆新型宇通客车投放农公班线运营。改造后的城乡客运实行"四统一"(即统一车型、统一标识、统一票价、统一进站排班发车),其中票价平均下浮10%以上。原农公班线合理调整为农公主线、镇村区间线和城市公交线三类网络客运班线。

【243省道句容段建成通车】 2006年6月开工建设的243省道句容段,全长46.6公里,起点与镇江市润州区相接,终点与南京江宁区相连,经过句容市边城、华阳、后白和郭庄等镇,按一级公路标准建设,双向四车道,路基宽26米(部分段30.25米),沥青砼路面,设计行车速度100公里/小时,工程概算总投资5.8亿元,2008年12月30日全线建成通车。这是句容公路建设史上第一条自主建设的一级公路。

【句容举办第二届宝华山泡山节论坛】 2008年4月11日,句容在南京举办2008中国第二届宝华山泡山节——"泡山"生活研讨会,省旅游局副局长张骥、省社会科学院世界经济所所长田伯平、南京大学城市科学研究中心主任张鸿雁、南京市社会科学院院长叶南客、南京大学哲学系教授赖永海等20多位高校、院所的知名专家、学者及句容市领导参加。政府领导和学术专家从当前"泡山"生活模式对于社会发展的促进作用进行讨论,同时提出宝贵的意见和建议。

扬 中 市

【概况】 全市总面积331平方公里,耕地面积10290公顷,比2007年减少350公顷。2008年年末总户数110122户,总人口274895人,其中男135854人,女139041人,人口自然增长率-2.4‰。辖5个镇、1个省级开发区、87个行政村、2297个村民小组。2008年实现地区生产总值172.8亿元,增长13.4%,人均52966元。财政总收入25.6亿元,增长27.5%,三次产业比重为3.1∶59.9∶37.0。实现服务业增加值63.99亿元,社会消费品零售总额49.34亿元,增长21.4%。城镇居民人均可支配收入20812元,增长14.1%,农民人均纯收入10100元,增长12.8%。年末金融机构各项存款余额162.54亿元,居民储蓄存款103.92亿元,人均储蓄存款37814元。

全年实现农业总产值9.01亿元,增长14.2%。粮食总产量10.4万吨,比上年增长12.0%。全市新增高效农田面积

1000公顷,新增设施农田面积347公顷。新建土地股份合作社6家,全市农民专业合作、土地股份合作、社区股份合作组织总数达41家。制定出台《关于加快发展村级经济,有效增加村集体收入的若干意见》,拓宽集体收入渠道。市财政兑现农业奖励资金222万元,累计发放粮食直补、农资增支等补贴资金1211万元。取消向农民收取的排涝费和水利工程费,减轻农民负担260多万元。继续开展"千河疏浚""万木增绿""万家洁净"等行动,全年整治河港820条,农村水环境进一步改善,完成造林面积533公顷,农村垃圾集中收集处理实现常态化。

全年实现工业销售358.9亿元,利税36.1亿元,实现增加值109.4亿元,同比分别增长28.3%、32.7%和27.6%。辉煌硅能源一期工程竣工投产,初步形成硅材料及光伏产业链,建立首家太阳能光伏产业省级园区,电力电器产业基地进一步彰显;总投资25亿元的润昌船舶项目部分投产。全年完成全社会固定资产投资62.6亿元,增长23.8%,实施了亿元以上项目11个,完成工业性投入50.5亿元,增长33.6%。销售超亿元企业达52家,以电力、电器为主产品的企业31家,完成销售收入236.3亿元。宏达新材在深市中小创业板成功上市。中电电气获全市首枚中国驰名商标。沿江工业集中区、新坝科技园区、新材料工业园区、船舶工业集中区"四大板块"建设力度加快。全市新办民营企业480家,新增个体工商户1287户,新增注册民营资本12.2亿元,民营工业企业完成产值311.7亿元,增长30.2%,占全市工业经济总量的77.9%。

全市新批外资项目8个,实际利用外资1.35亿美元,进出口总额5亿美元,其中自营出口2亿美元,增长33%。《镇江港扬中港区总体规划》获交通部、省政府批准,沿江深水岸线开发有序推进,兴隆港区一期工程稳步实施。

组织编制新老城区控制性详规以及城市综合交通规划,完善城市总体规划和各镇总体规划。翠竹路、新扬路南延、汽车客运新站、市人民医院综合病房大楼、城北市民健身广场、第二污水处理厂建成并投入运营,238省道改线工程(八桥段)初步具备通车条件,泰州长江公路大桥征地拆迁工作全面启动。建成乡村公路100公里。区域供水主干网铺设至八桥镇。修编完善《扬中市生态市建设规划》,全市建成省级生态村3家。大力实施节能减排,万元GDP综合能耗下降4%,化学需氧量和二氧化硫减排完成年度任务。

全市高新技术产业完成产值188.5亿元,占规模工业的比重达55.9%;全年新认定高新技术企业14家;承担科技部国际合作项目1个、省重大科技成果转化项目3个。新增博士后工作站1家,省级工程技术中心2家。扬中高新技术创业服务中心首期9200平方米的孵化用房开工建设。

2008年制定《扬中市被征地农民基本生活保障实施办法》,新增转移劳动力2313人,新增城镇就业8880人,登记失业率控制在1.5%以下,各镇(区)全部达到省"充分就业镇"标准。新增农村基本养老保险参保8023人,参保率达85%;新型合作医疗保险参保率99%;城镇职工"五项保险"参保率均在98.7%以上。全年改造农村危房69户,共发放慈善救助资金265万元。全年取消和停止行政事业性收费项目59个,政府基金项目2个,规范和调整行政事业性收费项目63个。全年受理各类行政审批事项2.3万余件,办结率78%。办理各类建议和提案449件。

【镇江港扬中港区总体规划获批】 镇江港扬中港区总体规划通过了交通运输部和省政府的联合审批。批复规划港区港口岸线62.7公里,其中长江岸线29.2公里,夹江岸线33.5公里。港区划分为兴隆、八桥、西来桥、夹江四个作业区。兴隆作业区是以散、杂货和集装箱运输为主的综合性作业区;八桥作业区以散、杂货运输为主,主要为后方临港产业区的能源、原材料和产成品提供公共运输服务,同时服务于船舶工业等装备制造业的发展;西来桥作业区是以大宗散货运输为主的综合性作业区;夹江作业区主要服务本地经济发展所需的矿石、建筑材料、城市生活物资运输。

【《天堑·1949》在扬中开机拍摄】 反映渡江战役前夕中国人民解放军谍报工作的30集电视连续剧《天堑·1949》2008年10月9日在扬中市国防园正式开机。该电视剧由北京中伟华韵国际影视传媒有限公司、中国电视艺术家协会联合拍摄,总投资近2000万元,制作周期8个月。该剧由著名导演吴子牛执导,中央戏剧学院教授、著名剧作家顾海波任编剧,知名演员陶泽如任男主角。该片将在中央电视台、国内18个省市和台湾地区以及日本、东南亚等地区播出。

【张秀英入选"全国十大明星社会体育指导员"】 2002年张秀英退休后,在新坝镇老年协会的帮助下,组建该镇第一个晨练点。六年寒暑,这个健身点正常参加锻炼的队员已发展近200人,日常健身项目60多个。张秀英经常带领骨干队员深入各村辅导健身项目,形成了一人带一组、一组带一村、一村带一片的良好效果。在2008年首届全国群众喜爱的社会体育指导员评选大会上,扬中市新坝科技广场晨练队队长张秀英作为全省唯一候选人,从上千名竞争者中脱颖而出,入选"全国十大明星社会体育指导员"。

【泰州长江公路大桥南塔、南锚基础工程进展顺利】 2007年12月26日,泰州长江大桥正式开工建设。工程北起宁通高速公路泰州宣堡镇西,主桥于永安洲北部跨越长江主航道,经扬中南跨夹江。其中主桥总长6.82公里,采用主跨为两个1680米的三塔悬索桥方案,通航净高在设计最高通航水位上不小于50米,主航道孔净宽度不小于760米。夹江桥长2.9公里。两岸及扬中接线长约52公里。该桥南塔基础工程高180米,共需打桩46根。2008年4月13日开始桩基施工,10月份完成承台浇筑。南锚锭为目前国内最大的水中沉井基础,由中铁大桥局二公司负责施工。基础采用矩形沉井基础,沉井长67.9米,宽52米,高41米,共分8节。12月底,沉井清基已经封底。南锚和南塔之间的引桥长420米。整个工程计划于2009年12月21日完工。

【施正荣被英国《卫报》评为"可拯救地球的50人"之一】 在英国著名媒体《卫报》评选"可以拯救地球的50人"的活动中,扬中籍科学家、尚德太阳能电力有限公司董事长施正荣位居榜中。多年来,施正荣致力于清洁能源的研发和市场运用,在推进生态文明建设方面作出了开创性的贡献。

【宏达新材成功上市】 2008年2月1日,江苏宏达新材料股份有限公司在深圳证券交易所中小企业板块正式挂牌上市,实现扬中本土企业境内上市零的突破。证券代码为002211,公开发行数量为6100万股,发行股数占发行后总股本比例为25.22%,企业募集资金6.4亿元。募集资金主要用于企业进一步扩大单体和硅橡胶的生产规模,增加公司的研发能力,公司最迟在2010年具备7.5万吨硅氧烷单体、3万吨高温硅橡胶的生产能力,形成高温硅橡胶的一体化生产,继续在高温硅橡胶领域保持国内第一的地位。

【国内第一家太阳能光伏产业省级园区获准设立】 2008年6月27日,江苏(镇江)太阳能光伏产业园经江苏省信息产业厅批准设立。产业园位于扬中市沿江工业集中区内,规划面积3平方公里,为国内太阳能光伏产业首家省级园区。7月18日,大全集团年生产能力1500多吨多晶硅项目成功投产,为扬中光伏产业的发展提供重要的原材料来源。8月3日,总投资5亿美元,占地33万平方米,年生产能力1500兆瓦的辉煌硅能源(镇江)一期工程正式竣工投产。以辉煌硅能源为代表的环太科技、大全集团、宝泓光伏等20家光伏企业产品涉及光伏产业的上中下游,初步形成了光伏产业链。

扬州市辖县(市)

高 邮 市

【概况】 公元前223年,秦王嬴政灭楚,筑高台,置邮亭,故名高邮,亦称秦邮。高邮市地处长江三角洲的江苏省中部、里下河西缘,东邻兴化市,南连江都市、邗江区、仪征市,西接金湖县、安徽省天长市,北界宝应县。全境南至北50.04千米,东至西57.6千米,总面积1963平方千米,其中陆地面积1175平方千米、水域面积788平方千米,分别占总面积的59.9%、40.1%。城市面积扩大到39.8平方千米,建成区土地面积20.95平方千米。高邮市水面较多,为扬州市之首。高邮湖为江苏省第三大湖,水域总面积780平方千米,其中在高邮境内水域面积431.5平方千米。高邮土地肥沃,物产丰富,素有“鱼米之乡”之称。京杭大运河高邮段以东16个镇以种植水稻、小麦、棉花、油菜为主,高邮湖以西4个乡镇以种植水稻、小麦、油菜为主,其中菱塘回族乡、天山镇分别兼种湖桑、茶叶。全市今存植物479种,其中木本植物203种、草本植物220种、水生植物56种。淡水渔业资源丰富,碧波浩渺的高邮湖,京杭大运河高邮段以东成网的河渠、东北部成片的荡滩,为发展淡水养殖提供了条件,同时也适宜于高邮鸭、扬州鹅的生长。水产资源有银、鲤、青、草、白、鳝鱼和蟹、虾等63种;野生动物资源有野鸡、野鸭、野兔、黄鼠狼等,鸟类约有120种。矿产资源主要有石油、天然气和品质好、储量大的矿泉水,已开发储量近千万吨的大中型油田两个。2008年,耕地面积7.67万公顷,人均耕地0.093公顷。

【行政区划】 高邮市有19个镇,1个乡(菱塘回族乡),1个省级经济开发区、1个城南经济新区。有281个村民委员会、2876个村民小组、51个社区居民委员会、453个居民小组。

【人口】 2008年,全市总户数270323户,总人口(户籍人口)824010人。其中,非农业人口274552人,农业人口549458人;男性411458人,女性412552人。全市男女性别比为99.73:100,新出生人口6010人,人口出生率7.28‰、人口死亡率7.12‰、人口自然增长率0.16‰。年末常住人口75.12万人,比上年减少0.11万人。人口密度420人/平方千米。

【经济建设】 2008年,全市实现地区生产总值182.45亿元,按可比价计算,比上年增长13.9%。其中,第一产业增加值33.3亿元、第二产业增加值93.37亿元、第三产业增加值55.78亿元,分别增长6.4%、15.8%、15.2%。完成财政总收入22.14亿元,其中地方一般预算收入8.43亿元,分别增长27%和30%。完成全社会固定资产投资120.58亿元,增长41.6%。实现城镇居民人均可支配收入13140元,农民人均纯收入6941元,分别增长15%和12.3%。

工业结构不断调整优化,主导产业发展迅速。太阳能光伏产业扩容、裂变、集群效应明显,产销占规模以上工业总值的近10%;灯具行业加快LED等高效节能新光源应用和产品升级,被冠名“中国路灯制造基地”;机电制造业升级步伐加快,石油钻机整机组装成功;服装业加快结构调整和优化组合步伐,企业数从650家整合为200多家。支柱行业的支撑带动作用增强,全市前50强企业完成产值185.37亿元,增长41.5%,对全市工业产值增长的贡献率为55.5%。创新创优能力增强,新认定省级以上高新技术企业8个,新建市级以上研发机构13家,新增省级以上品牌10个。工业经济效益提高,全年实现工业总产值587.06亿元,增长43%。全市规模以上工业企业实现产值345.1亿元、产品销售收入328.67亿元、利税19.57亿元、利润9.42亿元、分别增长39.7%、40.4%、29.8%、30.8%。规模以上工业企业产销率97.6%,比上年提高0.1个百分点。实现工业增加值78.87亿元,按可比价计算,增长17.7%。工业增加值占GDP的比重由上年42.1%提高到43.2%。

推进农业结构战略性调整,高效农业发展初具规模。新建现代高效农业面积0.81万公顷,累计面积3.08万公顷,建成190个示范园区。种植业结构发生变化,全年粮棉油种植面积分别为11.49万公顷、0.46万公顷、0.83万公顷、分别增加0.11万公顷、0.04万公顷、0.18万公顷;粮棉油产量各为76.91万吨、0.46万吨、2.08万吨,分别增长12.9%、7%、26.8%。生猪出栏量25.18万头、家禽出栏量947.83万只、水产品产量17.08万吨。实现现价农、林、牧、渔总产值63.15亿元(含农、林、牧、渔服务业,不含农民家庭兼营商品性工业),增长16.9%。农、林、牧、渔产值分别占农业总产值的37.3%、1.7%、18.1%、37.3%;农、林、牧、渔服务业产值占农业总产值的5.6%。农业产业化经营持续发展,高邮鸭集团、江苏双兔食品股份有限公司被为国家重点农业龙头企业,新增扬州市以上重点农业产业化龙头企业4家,累计13家,共实现销售43.6亿元、利税2.1亿元,分别增长28.4%和21%。创新农业组织形式和生产经营方式,新建农民专业合作社65家,土地股份合作社66家、社区股份合作社64家,创“四有”合作经济组织38家、省级20强合作经济组织1家。

服务业质态明显改善。实现社会消费品零售总额57.4亿元,增长21.4%,服务业入库税收3.7亿元,增长34%。大力发展旅游业,2008年,全市旅馆共有床位2596张,平均出租率为61.3%。其中,星级、涉外饭店床位820张,平均出租率77%;一般旅馆、招待所床位1776张,平均出租率47%。全年共接待游客111.89万人次,增长11.7%。旅游收入10.01亿元,其中旅游商品收入2.25亿元、旅游业外汇收入512万美元。全市4家旅行社累计组织市内市民出游1.56万人次,累计接待外地旅客31.23万人次。盂城驿、龙虬庄遗址、东湖度假村、蝶园市民广场、文游台、镇国寺景区、临泽生态度假村、海潮市民广场等8个主要景点,累计接待游客85.68万人次。金融业平稳发展,年末全市金融机构各项存款余额153.16亿元,其中居民储蓄存款112.29亿元,分别增长25.7%、25.3%;各项贷款余额60.59亿元,比年初增加13.94亿元。年末各项存款余额153.2亿元、贷款余额60.6亿元,分别比年初净增加31.3亿元和13.9亿元,其中工业贷款余额净增加8亿元;引进江苏银行设立分支机构。房地产业健康稳定,全年开发投资规模9.9亿元,商品房销售面积36.6万平方米。做大做强建筑业,全年承接房屋建筑施工面积1693.7万平方米,竣工面积941.5万平方米,实现建筑业企业总产值158.7亿元、增加值14.5亿元,分别增长36.8%、22%。物流、商贸、电信、餐饮、娱乐等产业质态提升,市场活跃。

【城乡建设】 实施第八轮城市建设十大工程,完成府前街、屏淮路等城区骨干道路黑色化改造和通湖东路、海潮东路东延工程,建设珠光大桥、通湖大桥。推进城市美化、亮化、绿化,实施了北海小区环境整治以及27条后街后巷维修工程,城区新增绿地40公顷。拆迁城市房屋15.8万平方米,集中清拆违章建设近1.2万平方米,北海小区环境整治等工程全面竣工,城市建设总投入40多亿元。

全年交通建设投入4.4亿元,建成安大公路北段、甘临公路、周八公路、卸汉公路等86.3公里,新建通村公路72条113.9公里,改造危桥79座,完成京杭运河高邮段"三改二"工程。实施子婴河综合整治、灌区节水改造等一批重点水利工程,疏浚农村河塘594万方,农业水利总投入1.4亿元。新建两条220千伏电力线路,建成110千伏黄渡变电所和神居变电所,开工建设110千伏迎宾变电所,全年电网投入2.5亿元。

推进资源节约型、环境友好型社会建设,关闭"三高一低"企业15家,全年单位GDP能耗下降5.2%以上,削减化学需氧量(COD)335吨、二氧化硫(SO2)85吨。完成龙虬朱家、南角造纸黑液塘治理工程,累计处理废水69万立方米,并在此基础上建成城市垃圾卫生填埋场第一期工程;北澄子河国家控制监测断面水质达标率58%。城市环境综合整治定量考核列全省县级市第9名。

全年创建扬州市新农村建设示范村3个,新创建成全面小康乡镇2个、全面小康村66个。

【社会事业】 优先发展教育,推进教育强市建设。"以县为主"统筹办学经费,从严核定教育收费项目、收费标准。完成市职教中心和市第二中学东迁一期工程建设,创建成扬州市教育现代化先进乡镇4个,市第一中学通过省四星级高中验收。教育教学水平不断提高,高考本二以上达线人数突破2000人。

全市建成科技创业中心3万平方米,完善配套设施建设,入驻科技成长型企业11家。鼓励引导亿元以上企业与高校、科研院所签订产学研合作协议51个。加强知识产权工作,全市申请专利884件,成为省知识产权工作试点市。积极申报各级各类科技计划项目,获批109项,获省以上无偿资金2185万元。全年引进高层次人才11名、急缺专业人才119名,组织评选并公布2007年度市中青年专家18名。

公共文化服务体系、文化市场体系建设有新进展。编制文化事业和文化产业发展规划,设立文化发展基金,公布首批市级非物质文化遗产保护名录,市文化馆建成国家一级馆。全年送戏下乡演出65场,送图书2.4万册,送电影下乡放映3110场。成功举办第五届中国双黄鸭蛋节暨第二届中国羽绒服装节。相继组织"携手慈善、心系灾区"、菱塘回族乡建乡二十周年、农民艺术节等大型文艺活动。开展第三次全国文物普查工作。

全市累计建成23个社区卫生服务中心和194个社区卫生服务站,卫生服务体系健全率98%。全面推进新型农村合作医疗,参合率99.2%。实施农村急诊救治适宜技术及远程医疗服务应用示范项目。新增无害化户厕1.5万座。市人民医院病房楼建成并投入使用。

全市城镇集体以上单位在岗职工平均工资24504元,增长18.3%。城镇居民人均可支配收入13359元,增长16.9%;人均消费性支出9684元,增长21.4%。人均生活消费支出5256元,增长10.7%。城镇居民人均住房建筑面积32平方米,农村居民人均钢筋、砖混结构住房面积40.1平方米,分别比上年增加1.6平方米和1.2平方米。

就业形势基本稳定。全年免费培训农村劳动力1.1万人、下岗失业人员2400人。新增城镇就业人员6600人,年末城镇登记失业率2.8%,比上年下降0.2个百分点;转移农村劳动力1.2万人。鼓励下岗职工创业,为284名下岗人员提供小额担保贷款。完善城乡低保制度,实施城乡低保应保尽保、按标准施保,共向9620户近1.6万名低保对象发放低保资金1728万元,向城市低保户发放"实物券"39.6万元,向困难群众发放物价补贴155.3万元、油贴95.5万元。建立"五保"供养标准自然增长机制,年供养标准提高到2400元/人。扩大社会保险覆盖面,社会保险基金征缴率98%,养老保险新增1.2万人,城镇居民医疗保险参保人数近4万人。落实重度残疾人生活救助和残疾人帮扶各项措施,残疾人康复中心建成并投入使用。加大住房保障力度,新增共有产权住房30套、廉租房实物配租60套。住房公积金当年归集突破1亿元。

【产业优势】 新能源产业:现有太阳能光伏产业生产企业40余家,已具备年加工单晶硅6000吨、硅片4亿片、电池封装20兆瓦的产能,是全国太阳能级多晶硅、单晶硅、破方切片最大的生产加工基地。江苏顺大集团为国内最大的多晶硅、单晶硅生产企业之一,已形成单晶硅棒、破方切片、电池封装、太阳能蓄电池、太阳能灯具及石墨材料、石英坩埚、太阳能封装玻璃等较为完整的产业链。

电线电缆产业:高邮是全国电线电缆的重要生产基地,拥有相关企业100余家,主要产品有聚氯乙烯、交联聚乙烯等中、高压电线电缆,矿用、船用、铁路用等电气装备用电缆,通信、影视用电缆,架空输配电导线及电磁线等五大类上千个品种。拥有9个省著名商标,均通过ISO9000论证和"3C"认证,年产销能力近100亿元。

机电制造产业:现有液压机械生产企业30多家,多个产品获得全国单打冠军,汤庄镇是闻名全国的液压机械之乡,获"江苏省液压机械制造名镇"称号。石油钻机等大型成套装备制造业发展迅速,技术力量、产销能力不断提高,已在国内市场占有一席之地。现有电动工具企业150多家,主要生产电动工具、园林工具、气动工具三大类100多个品种,年产销能力30多亿元,产品远销欧美40多个国家和地区。江苏金飞达电动工具有限公司为江苏省明星企业,系中国机械行业百强乡镇企业。现有电子元器件、电器规模生产企业20多家,是全球最大的计算机软板生产基地,主要生产柔性集成线路板、柔性印刷线路板、中低压电极箔、铝电解电容、薄膜电容及微型电机、冰箱、冰柜等,其中中低压电极箔产量在全国名列前茅。

纺织服装产业:现有纺织服装产业员工6万余人,年产各类服装超过1.5亿件(其中羽绒服装3000万件),棉、毛纺和竹纤维、转杯纺丙纶纤维30万绽,年产销能力达60亿元。近年来,高邮相继获得"江苏羽绒服装制造名城"、"中国羽绒服装制造名城"等称号,波司登、雅鹿等知名企业先后落户,并建有占地350亩的中国纺织服装城。

道路照明及新光源产业:现有300多家灯具制造企业,产品涵盖灯具、光源、灯杆制造三大门类,灯具产量约占全国同类产品的四分之一以上。

生化制药、食品及农副产品加工产业:现有GMP认证药品生产企业4家,高新技术企业2家、省级技术中心1家,主要从事针剂、片剂、胶囊等药品和甲壳素及氨糖系列产品、染料、制药中间体等精细化工产品生产。农产品资源十分丰富,高邮鸭、扬州鹅、罗氏沼虾、里下河大米等优质农产品闻名遐迩,拥有高邮鸭集团和双兔米业两家国家级农业产业化重点龙头企业。2008年,高邮鸭饲养量780万只、扬州鹅饲养量860万只,罗氏沼虾养殖面积15万亩,占全国的四分之一、江苏省的五分之三。农副产品深加工产业经济总量达60亿元。累计注册农副产品品牌近500个,获中国驰名商标、中国名牌产品称号各1个,有机食品品牌2个、绿色食品品牌31个。

服务产业:现有名胜古迹70多处,拥有神居山帝尧故里、运河西堤、马棚东湖、界首芦苇荡、八桥绿洋湖、临泽东沟等一批生态旅游度假区。

经济社会发展主要指标

项　　目	2008年	比2007年增或减%
国内生产总值(亿元)	182.45	13.9
第一产业增加值(亿元)	33.3	6.4
第二产业增加值(亿元)	93.37	15.8
其中工业增加值(亿元)	78.87	17.7
第三产业增加值(亿元)	55.78	15.2
人均国内生产总值(元)	24288	13.9
粮食总产量(万吨)	76.91	12.9
棉花总产量(吨)	4575	7.0
油料总产量(万吨)	2.08	26.8
全社会固定资产总额(亿元)	120.58	41.6
外贸自营出口(万美元)	26422	77.1
实际利用外资(万美元)	10051	67.1
社会消费品零售总额(亿元)	57.4	21.4
零售物价总指数	–	–
地方财政收入(亿元)	22.14	27
地方财政支出(亿元)	15.1	37.5
职工年平均工资(元)	24504	18.3
农民年纯收入(元)	6941	12.3
邮电业务总量(亿元)	–	–
电话普及率(部/百人)	–	–
年末存款余额(亿元)	153.16	25.7
年末贷款(亿元)	60.59	23
大学(所)	–	–
中小学(所)	95	-5
下岗人数(人)	734	0.56
企业兼并、破产数(个)	–	–

江　都　市

【自然地理】 江都市位于江苏省中部,即北纬32°17′51″~32°48′00″,东经119°27′03″~119°54′23″。南濒长江,西傍扬州市郊区和邗江县,东与姜堰市、泰州市海陵区、高港区接壤,北与高邮市、兴化市毗连。境内地势平坦,河湖交织,通扬运河横穿东西,京杭大运河纵贯南北,328国道,宁通一级公路,京沪高速和宁启铁路在境内交汇。地面真高1.6~9.9米,倾斜坡度小于6度,南北最长处55.75千米,东西最宽处42.76千米。总面积1332.54平方千米(其中陆地面积占85.8%,水域面积占14.2%)。

【行政区划】 全市设有13个镇,分别是:仙女镇、小纪镇、武坚镇、樊川镇、真武镇、宜陵镇、丁沟镇、郭村镇、邵伯镇、丁伙镇、大桥镇、吴桥镇、浦头镇,64个居民委员会,309个村民委员会。

【历史沿革】 江都早在五六千年以前的新石器晚期,就有人类从事各项农业生产活动。春秋时期属吴国。秦楚之际,项羽欲在广陵临江建都,始称江都。公元前223年(秦王政二十四年)秦灭楚,地属秦国的广陵县。公元前153年(西汉景帝前元四年)建江都县。三国时废,西晋复建,东晋初并入舆县,穆帝时复设。此后,县域历经多次演变。1937年12月后,日军侵占江都县大部分地区,江都县国民政府流徙农村,共产党深入敌后,开辟抗日根据地,县境分属三种不同性质的政权。日伪统治时建伪江都县公署(前称伪江北自治会),至1945年8月日伪投降时止;国民政府统治的江都县,至1949年1月江都县国民政府崩溃止;1940年7月,共产党在江都县东境建江都县抗日民主政府,在共产党领导下,江都3次分县,1942年9月江都县分为江都、邗东两县,1943年4月,江、邗两县合并,称江都县;1945年12月,江都县分为江都、樊川两县,1946年4月,江、樊两县合并,仍称江都县;1948年11月,江都县再次分为江都、邗东两县,1949年1月,江、邗两县合并,称江都县。解放后,分出扬州城区和郊区建扬州市。1956年3月江都县析出西境,建邗江县。1994年7月,撤江都县,建江都市。

【人口民族】 人口综合调控和管理进一步加强。低生育水平保持稳定,出生人口素质稳步提高,出生人口性别比保持正常。全市计划生育率98.8%,出生6988人,出生率为6.5‰,死亡人口8138人,死亡率7.6‰,人口自然增长率比上年略有下降,降1.1‰,户籍人口出生婴儿男女性别比为1.11:1。年末总人口106.84万人。

【民族】 全市汉族人口占99.8%;主要少数民族30个,人口占0.2%。少数民族有蒙古族、回族、藏族、维吾尔族、苗族、彝族、壮族、布衣族、朝鲜族、满族、侗族、瑶族、白族、土家族、哈尼族、傣族、黎族、佤族、畲族、拉祜族、水族、东乡族、纳西族、土族、毛南族、仡佬族、塔吉尔族、鄂温克族、京族、塔塔尔族。

【城市交通】 江都交通发达,素有"江淮孔道"、"苏北门户"之称。公路:横穿东西的宁通高速公路与纵贯南北的京沪高速公路在此交汇,328国道、淮江、沿江、江平等国家级、省级公路在江都穿境而过。江都至南京约1个多小时车程,到上海约2个多小时车程,到北京约8个多小时车程。市内村村通公路,形成了以干线公路为主体的四通八达的交通网络。

铁路:宁启铁路与规划中的江淮铁路、京沪铁路组成了四通八达的铁路网。江都(扬州)火车站拥有直达北京、广州、西安、上海、武汉、成都、深圳、杭州、连云港等多条黄金铁路线,辐射全国东西南北中,客货运输便捷。

港口:长江、淮河与著名的京杭大运河汇集于江都,形成贯穿东西、连接南北的水路大动脉。江都港为国家一类对外开放港口,雄居长江之滨,为江都搭起了走向世界的跳板。沿长江逆流而上可直达安徽、江西、湖北等中上游地区,顺流而下可直抵上海,国际航班可直达世界各大港口。江都港拥有3.5万吨件杂货码头、1万吨综合码头、三千吨液化气码头、万吨舾装码头各一座,可常年停靠5万吨以下货轮,海关、检验检疫等口岸服务机构配套齐全。

大桥:在以江都为中心点的一百多公里的长江之上,六座跨江大桥飞跨南北,将江都与上海、南京、苏州、无锡等苏南各大城市连成一体,实现了零距离对接。江都城郊的五峰山过江通道正在规划建设之中。

航空:在300公里范围内,拥有南京禄口机场、上海虹桥机场、浦东国际机场等中国三大国际空港。获国家批准而在建的"扬泰机场"坐落在江都境内,距市区10多公里。

大力推进城乡交通重点工程建设,新建农村公路86公里,改造危桥39座,新都路南延、张正路、安大公路江都段等工程相继建成,江海高速建设有序推进,新都路与沿江高等级公路实现对接。全年公路货运量4.3万吨(系统内),公路客运量1031万人次,主要港口货物吞吐量448万吨。江都港区改造升级为1.5万吨一类开放口岸,投资2亿元的3.5万吨件杂货码头正式投入运行。

【经济发展】 全市经济持续稳定增长。据初步测算,2008年,全市实现地区生产总值336.1亿元,比上年增长14.3%。其中第一产业增加值26.56亿元,增5.3%;第二产业增加值205.74亿元,增长14.9%;第三产业增加值103.8亿元,增长15.4%。三次产业结构比为7.9:61.2:30.9,第三产业比重比上年提高2.4个百分点。人均地区生产总值33376元,增长14.3%。农业结构调整成效显著,农业综合生产能力进一步提高,工业经济总量和效益实现同步增长,固定资产投资持续增长,对经济增长支撑作用显著,财政金融运行稳健有序,城乡居民收入稳步提高,综合实力不断增强。连续八届被评为全国县域经济基本竞争力百强县(市),入选"全国中小城市综合实力百强",列第48位。

【农林牧渔业】 农业结构调整成效显著,农业综合生产能力进一步提高。围绕现代农业建设,结构调整成效显著,农业综合生产能力进一步提高。2008年,全市实现农林牧渔业总产值50.6亿元,比上年增长7.2%。其中,完成农业产值26.9亿元,增长10.3%;林业产值2.0亿元,增长6.8%;牧业产值12.3亿元,增长0.2%;渔业产值8.3亿元,增长6.4%。全年粮食总产实现57.6万吨,比上年增长16.7%,粮食单产创历史新高,棉花总产697吨,下降27.4%;油料总产2.4万吨,下降21.1%。

高效规模农业发展迅速。2008年新增高效农业(含渔业)面积12.2万亩,累计达到53.5万亩,高效农业占耕地比重达51.5%,保持全省领先;新增设施农业面积1.4万亩,总面积达11.6万亩,其中设施蔬菜6.1万亩,设施花卉苗木2.9万亩。设施农业面积占耕地11.1%。76个高效农业园区面积达13.7万亩。

大力推进农业产业化经营。新增江苏省莲湘生态农业开发有限公司、扬州宏大猕猴桃科技开发有限公司为扬州市龙头企业。至2008年底,全市扬州市龙头企业已达14家,扬州市重点农副产品批发市场1家,居扬州市各县(市)之首。通过政府推动、政策扶持和加强服务等措施,支持农业产业化龙头企业的发展,并积极申报专项资金。2008年共申报项目3个,上争专项资金80万元。组织包装龙头企业,申请农发行贷款项目5个,共申请贷款2500万元。

新农村建设扎实推进。全市新增"三大合作"组织173个,总数达453个。农村生态环境有效改善,新增林地、绿地面积3.6万亩。农村自来水普及率达到98%以上。惠及广大农民的农村公路改造全面完成,实现村村通。全市新增15个无公害农产品、2个绿色食品,年末"三品"总数达171只,位居全省各县(市)之首。建成省级农产品质量安全示范市,国家级蔬菜标准化示范区通过专家组验收。大力推进农业综合开发,改造中低产田4.5万亩。实现农机跨区作业收入1.7亿元,在全省率先基本实现水稻种植机械化。106个"全面小康村"创建达标,新建村级便民服务中心208个、91%的村建成投运。邵伯镇作为农经服务工作先进典型,被确定为全国农村经营管理工作会议参观现场。

农田水利和农业基础设施建设进一步加强。全市共疏浚县乡河道43条,完成土方236万方;整治村庄河塘700条,完成土方279万方;新建改造圩口闸18座,排涝站21座。总计加修圩堤22.3公里,土方17.4万方。

【工业和建筑业】 工业经济总量和效益实现同步增长。全市工业总产值达到1244.2亿元,其中规模以上工业企业总产值达到864.1亿元,分别比上年增长38.1%和38.9%。在全市规模以上工业中,国有工业产值20.8亿元,增长102.7%;集体工业产值66.0亿元,增长15.2%;私营工业产值529.9亿元,增长42.6%。重工业产值685.5亿元,轻工业产值178.6亿元,分别增长43.0%和25.2%。全市工业用电量13.4亿千瓦时,比上年增长11.1%。规模以上工业产值占全部工业的比重达69.4%。工业经济效益稳步提升,规模以上工业产销率达到97.8%,实现利税63.2亿元,增长32.2%,其中利润37.2亿元,增长43.0%。全年利税超1000万元的企业有99家,比上年增加12家。

规模型经济和主导产业继续引领全市工业快速增长。特钢生产加工、车船及配套件、机械电子三大产业群占全部工业比重达68%;汽车零部件、船舶配套件、环保机械进入省150家产业集聚、产业集群项目库,被认定为省级汽车及零部件产业基地。规模以上企业达712家,产销过亿元企业165家,其中10亿元以上10家,诚德集团突破50亿元。完成工业技改投入180亿元,实施亿元以上项目55个,中海造船等8个10亿元以上项目进展顺利。

新型工业化步伐加快。75个科技项目获省级以上立项,新建天雨博士后工作站,至2008年底,我市已拥有长青农化、诚德钢管、天雨环保等3个国家级企业博士后科研站亚及亚威机床省级企业博士后技术创新中心1个,在苏中、苏北县(市)中居首位。新认定高新技术企业6家、国家重点新产品5个、申请专利首次突破1000件,新创中国名牌产品2个,中国驰名商标4个,荣获全国质量兴市先进市、全国商标发展百强县(市)称号,连续三年被评为省人才工作先进市。

深化改革,奋力开拓,建筑业发展呈现新势头。江都是全国有名的"建筑之乡",按照市委、市政府提出的建筑业打造千亿产业群,建设全国领先建筑强市的工作目标,2008年,我市建筑业抢抓深化改革的机遇,呈现良好的发展势头。2008年,继续深化市属重点建安企业改革,江都建设、江建集团新的法人治理结构日益完善,股权逐步优化。江都建设新拓海外市场,组建了马达加斯加分公司,承接了总造价3750多万美元(折合人民币2.2亿元)的安巴托维镍钴矿总承包建设项目;在国内,江都建设新拓江西市场,在新余市承接造价近10亿元的总包工程。江建集团今年新拓成都、广东中山、河北邯郸以及新疆、广西等新市场,新接工程35项,合同总额7亿元;安装公司主攻海外市场,目前已有400多人在越南、安哥拉、几内亚等6个国家和地区施工,承接安装工程在手工作量上亿元。在新拓市场的同时,我市建筑企业在原有老市场仍取得良好业绩。全市全年建筑施工企业实现施工产值322.9亿元,比上年增长41.1%,在手施工面积2943万平方米,竣工面积1256万平方米,分别比上年增长20.1%和23%。在册人数13.1万人,同比增长13.1%。产值超亿元企业47家,其中江都建设达120亿元。江建集团共建的深圳红树西岸工程获"鲁班奖",江都建设承建的陕西师范大学一号实验楼获"国优"工程。

【固定资产投资】 固定资产投资持续增长,对经济增长支撑作用显著。坚持以有效增量带动存量调整,促进投资结构优化调整。2008年,全市实现全社会固定资产投资210.1亿元,增长35.5%。分产业看,第一产业投资1.2亿元,增长20.0%;第二产业投资162.9亿元,增长45.0%;第三产业投资46亿元,增长10.3%。

2008年投资重点向公共基础设施、先进制造业、现代服务业、民生保障工程等领域倾斜。在重点项目和技术改造的带动下,全年完成工业投资162.4亿元,增长44.8%。其中规模以上项目完成投资202.7亿元,增长31%。规模以上项目投资中,城镇固定资产投资113.9亿元,增长47.7%;农村固定资产投资88.7亿元,增长14.4%。

【商贸服务业】 服务业日趋活跃,消费市场持续繁荣。2008年,全市实现社会消费品零售总额96.9亿元,比上年增长21.4%。分行业看,批发零售贸易业零售额82.3亿元,增长18.7%;住宿餐饮业零售额13.6亿元,增长41.4%。城乡市场消费同步增长。城市消费品零售额58.8亿元,农村消费品零售额38.1亿元,分别比上年增长22.3%和19.9%。

居民消费结构调整升级。限额以上批发零售业实现吃、穿、用商品零售额分别为3.6亿元、1.6亿元和7.5亿元,分别增长18.6%、38.1%和19%。主要消费热点比较集中,黄金珠宝类零售额增长67.5%,服装类零售额增长52.6%,体育娱乐用品零售额增长59.3%,家用电器和音像器材类零售额增长26.4%。

现代流通业态不断壮大。消费环境日益优化,商业网点规划布局加快推进。宏信商贸营业额夺得扬州市第一;木材配送中心建成投运,华润苏果、金三元、龙都广场顺利开业,扬州国际五金城、万德隆家居等一批投资超亿元市场正式运营,建成"苏果"、"苏农"、"宏信"、烟花爆竹四大配送中心和170家农民放心店。年末全市共有商品交易市场37个,其中亿元以上市场9个,商品成交额46.3亿元,增长20.7%。交易额名列前三位的依次是苏中商贸城、阿波罗花木交易市场、邵伯钢材城。

【对外开放及沿江开发】 面对全球经济增长放缓、外部需求萎缩等不利影响,我市开放型经济加快推进转型升级,对外贸易保持平稳增长,出口结构进一步优化,全市实现进出口总额9.2亿美元,比上年增长68.2%,其中出口总额7.7亿美元,比上年增长74.4%。在出口总额中,外商投资企业出口额3.2亿美元,自营生产企业出口额4.2亿美元,分别比上年增长123%和51.3%;贸易进出口企业出口额0.3亿美元,比上年增长47%;机电产品出口5.6亿美元,比上年增长79.4%,占出口总额的比重为72.6%;高新技术产品出口4.4亿美元,比上年增长110%,占出口总额的比重为56.5%。

沿江开发加速形成集聚效应,进一步完善基础设施和配套条件,注重功能升级、结构优化,并努力向特色化、专业化、生态化方向发展。沿江开发区与大桥镇成功实施"区镇合一",全年完成基础设施投入9亿元,新拓园区面积近10平方公里,配套完善"五横四纵"工业区路网,建成诚德11万伏变电所和滨江森林公园一期工程,投运污水处理厂和自来水厂一期工程;建成安置房15万平方米,完成拆迁安置1200户,启动建设二期规划的50万平方米安置区工程。新开工海螺水泥等15个亿元以上项目,同昌电子等8个项目竣工投产。沿江船舶工业园升格为省级特色产业园区,大桥镇被评为中国经济名镇。镇级工业集中区完成基础设施投入1.5亿元,当年竣工标准化厂房20万平方米,新增入园项目220个。

【财政与金融】 在金融危机影响不断加剧的情况下，全市经济运行质量仍不断提升，财政总收入占GDP比重继续提高。2008年，全市实现财政总收入41.1亿元，比上年增长28%，其中，地方财政一般预算收入15.9亿元，增长28%。全市财政总收入占GDP比重12.2%，比2000年提高5.5个百分点。地方一般预算收入占GDP比重为4.4%。各项主体税种快速增长，营业税、增值税、企业所得税分别增长32.5%、26.1%和47.8%。

金融运行稳健有序。储蓄存款稳定性增强，有效信贷投放平稳增长，信贷结构继续优化，金融服务地方发展的能力不断增强。争取政策性贷款4.2亿元，全市信贷规模达160亿元，实现两年翻番，被国家开发银行江苏省分行、农业发展银行江苏省分行列为联合创建新农村建设示范带动县，邮储银行、招商银行、交通银行相继落户开业。年末金融机构各项存、贷款余额分别为327.6亿元和148.5亿元，分别比上年增长25.1%和28.6%。164家工业企业进入"中国人民银行江苏支行绿色信贷库"，纳入绿色通道进行规范管理。

【社会事业】 科技：全市以增强自主创新能力为目标，突出创新要素集聚，向企业集聚，注重科技成果向现实生产力转化，加强知识产权保护，夯实自主创新发展基础。2008年全年共申报省级以上科技项目167项，获批立项84项，上争国家和省资金资助3000多万元。高新产业规模壮大。围绕特钢生产加工、车船及配套件、机械电子三大产业群，依托市域环路产业带，大力实施科技带动战略，通过引进支撑项目，进一步接长产业链条，全年新认定高新技术企业6家，省级以上高新技术产品60个，创新载体加快拓展，策应滨江科技城发展规划，在沿江成立了科技创业服务中心，规划建设面积9800平方米，成功吸引了一批科技人才和项目，累计入驻孵化企业16家，注册资本2238.5万元，产值超亿元，被认定为省级高新技术创业中心。注重科技成果转化，加强知识产权保护，全年专利申请量达1141件，比上年增长41.7%，其中发明专利221件，比上年翻了一番多，授权量294件，增长4.6%。

教育：努力构建优质教育体系，全面实施素质教育，不断提升教育品质，教育现代化稳步推进。13个镇全部创成扬州市教育现代化先进镇，高考五项指标位居扬州各县(市、区)第一，高考本科上线2840人，本二以上上线人数首次进入全省十强，荣获省师资队伍建设先进县(市)称号。

全市拥有各级各类学校110所，在校学生11.13万人，教职工总数1.1万人，其中专任教师0.8万人。其中：普通中学44所，在校学生4.9万人；小学65所，在校学生5.2万人；幼儿园46所，在园儿童2.3万人。

义务教育、基础教育、特殊教育均衡发展。学龄前儿童入学率92.8%，义务教育阶段学生入学率、巩固率继续保持在100%；全市初中毕业生升学率为别97.1%，高考录取率为64.1%。

【旅游】 展示新形象，彰显软实力，全市文化事业更上新台阶。2008年6月13日经江都市规划委员会第十九次会议研究审定，原则同意江都市扬剧艺术馆的选址地点，标志着扬剧艺术馆的兴建已进入实施阶段，对传承、延续传统扬剧艺术，巩固我市江苏省"扬剧之乡"的地位具有重要意义。围绕"奥运年"、"百年圆梦年"主题承办多项主题活动，成功举办"欢乐中国行—魅力江都"大型文艺晚会。统筹抓好农村文化阵地建设，建成农家书屋110家，8个镇完成文化站达标建设；《金银细工制作技艺》和《邵伯锣鼓小牌子》列入全国"非遗"名录，连续三年荣获全国文化先进市称号，邵伯镇被评为扬州市首家全国历史文化名镇。

2008年末全市共有剧场、影剧院24个，公共图书馆1个。全市公共图书馆图书总藏量26万册(件)。2008年在扬州市率先完成数字电视网络改造和平台搭建工程，城区开通数字电视信号，新增有线电视1.3万户，入户率93.1%。

整合旅游资源，大力拓展旅游市场。进一步强化规划引领，整合资源，创新服务，主动融入扬州旅游圈、长三角旅游城市圈，加快旅游品牌建设，进一步大力拓展旅游市场。实现引江风景区、邵伯湖旅游度假区和江都花木产业园三大旅游景区9个旅游景点，拥有7个星级饭店，星级客房总数600间，名胜风景和文物保护区65个。2008年全市实现旅游总收入1.3亿元，比上年增长10%；实现旅游外汇收入50万美元，比上年增长11.1%；年接待游客100万人次，增长40.8%。成功举办中国江都第六届花卉节、第六届经贸文化旅游节、第八届中国扬州邵伯湖旅游龙虾节、沿江开发五周年暨投资环境推介会。京江大酒店成为苏中、苏北县(市)中为数不多的4星级旅游饭店。渌洋湖生态旅游区规划建设初见规模。

【卫生·体育】 卫生：努力构建覆盖城乡居民的基本卫生保健制度，公共卫生服务能力和医疗卫生服务水平不断提高。27个社区卫生服务中心正式挂牌，建成社区卫生服务站134个，市人民医院病房大楼落成启用。年末全市共有各类卫生机构518个。年末卫生机构拥有床位3335张，拥有卫生技术人员4591人。城乡社区卫生服务机构覆盖率达100%。

体育：全民健身活动广泛开展。以"全民健身与奥运同行"为主题，广泛开展全民健身活动。2008年共举办了各种类型的体育竞赛、表演活动40多项，直接参与人数约4万人。在国家、省市各类竞技体育比赛中，我市选手共获奖牌76枚。承办了全国乒乓球俱乐部超级联赛1次，市大型晚会2次，展销会2次。体育设施进一步完善。2008年新建5个镇体育健身中心和10个社区健身点，并为100多个社区和较大自然村提供简易健身器材。市体育中心400米塑胶田径场建设工作已启动，预计于2009年4月份投入使用。全市城乡新建全民健身工程(点)280个。11个镇建成省级体育强镇。全市体育彩票销售点已达97个，销售额突破4300万元。

【环保生态】 2008年是建设生态文明城市第一年，全市全面开展生态市建设，着力推进治污减速排工程，依法查处环境违法行为，淘汰落后生产能力，促进产业布局调整和生态转型，以生态文明引领经济社会发展。生态环境质量继续改善。全市环境质量综合指数达到90.8，空气质量优良以上天数百分率达89.9%，集中式饮用水源地水质达标率为100%。积极推进排污权交易、污染治理社会化运营，深入开展化工、电镀、锌业、燃煤锅炉、集中式饮用水源专项整治，实施污染减排项目14个，上报国家8个，关闭不达标化工企业70家，削减化学需氧量1060.6吨，。大力实施乡镇垃圾集中收集工程，宜陵、丁沟等11个镇垃圾中转站投入使用。

【人民生活和社会保障】 民生保障日益加强。发展成果惠及城乡。全市通过实行积极的就业政策,增加转移性收入,优化收入增长机制,努力增加居民收入。全市在岗职工人均工资25005元,增长23.3%;城镇居民家庭人均可支配收入15601元,比上年增长19%;农村居民家庭人均可支配收入7937元,增长13.2%,

居民收入结构逐步优化。城镇居民非工资性收入比上年增长20.2%,其中经营性收入比上年增长56.2%。年末居民人民币储蓄存款余额233.7亿元,比年初增加48.5亿元。食品消费结构继续优化,食品支出占生活费支出的比重(恩格尔系数)城镇居民为39.96%,农村居民为38.27%。城镇和农村居民文教娱乐服务支出占家庭消费支出比重分别为16.2%和14.1%。

城镇居民平均每百户家庭耐用消费品拥有量。家用空调181台、移动电话239部、照相机62架、家用电脑73台、热水器116台。

社会保障能力逐步增强。积极落实就业和再就业政策,全年举办劳动力市场50期,提供就业岗位25862个,推荐就业9098人,其中下岗失业人员再就业3582人,“4050”人员再就业1317人,城镇登记失业率为2.86%,全年农村劳动力转移16402人,年底农民转移就业总量达27.5万人,转移率77%。

社保扩面创新高。企业养老保险参保总人数近10万人,基金备付能力达到26个月,位居全省前列。企业养老保险扩面19424人、参保人数达103348人,职工医疗保险扩面11534人、参保总人数达111741人;失业保险扩面8287人,参保总人数57000人;工伤保险扩面20206人,参保总人数达90503人;生育保险扩面2879人、参保总人数40853人。其中企业养老保险、失业保险扩面达到历史最多,企业养老、医疗保险突破了10万大关。城镇劳动保障三大保险各自覆盖面达97.4%,其中:城镇基本养老保险覆盖面达99%,城镇失业保险覆盖面96.3%,城镇基本医疗保险覆盖面97%。创新医疗救助机制,出台了《江都市城乡医疗救助暂行办法》,共发放医疗救助金近270万元;新型农村合作医疗参保人数75.8万人,覆盖率98.2%,各定点医疗机构实现“即看即报”。

新农保、被征地农民保障工作取得新进展。城乡低保受益群体不断扩大,低保标准不断提高,全年发放低保金1200多万元、五保供养金680万元。积极实施城乡困难群众医疗救助,1800多名重度残疾人得到生活救助。新增敬老院床位508张、改造危房136户。住房保障受益面扩大。6万平方米经济适用房交付使用,安排住房困难家庭700户。积极倡导鼓励创业、引导创业、扶持创业、促进创业的良好氛围。创建充分就业社区18个,总数居扬州市第一。大力推进技能职业培训工作,推进转移培训券制度。全年举办83个培训班,培训4178人,兑付培训补贴108万元。组织开展了以下岗失业人员、城镇青年和农民的创业培训班,培训下岗失业人员4696人,创业培训731人,发放《职业资格证书》5700份。

仪 征 市

【地理位置】 仪征行政隶属江苏省扬州市,位于江苏省中西部119°02‘-119°22‘,北纬32°14‘-32°36‘之间,地处长江三角洲的顶端,是宁、镇、扬“银三角”地区的几何中心,西接南京,东连扬州,南濒长江,与镇江隔江相望,北部与安徽省天长市接壤。长江岸线27公里,直顺稳定、深泓临岸是理想的建港岸线,长江、运河两条大动脉以及贯穿市区北部的宁通高速公路,组成了四通八达的水陆交通网,并随着镇扬大桥和宁启铁路的兴建,仪征与上海、南京、扬州、镇江、连云港等大中城市的距离近在咫尺之间具有独特的地理优势,是江苏省五大重点经济发展带之一。

全市总面积853平方公里,辖11个乡镇、145个行政村,人口近56.6万人。北部6个乡镇约600平方公里,为低缓丘陵地区,约占全市总面积的2/3,人口23.5万人,植被茂盛,盛产茶叶、林果等经济作物;南部5个镇约301平方公里,为长江平原地区,约占全市总面积的1/3,人口35.5万人,其中城市建成区45平方公里,人口21万。民风淳朴,秩序井然,社会治安状况优良。

【历史沿革】 仪征,历史悠久。早在四、五千年前就有人类在这块土地上繁衍生息。在公元前1066-771年西周时期就有了建制。唐宋时已是著名的工商业城市,宋真宗曾下诏在此熔铸四位远祖皇帝的金像,因所铸之像仪容逼真,而得以“真州”、“仪真(征)”地名。这里历来经济发达,人文荟萃,古有“风物淮南第一州”之称。新中国成立以后,特别是中共十一届三中全会以来,仪征这块“宝地”更加风姿娇娆,光彩照人。

【行政区划】 全市总面积901平方公里,下辖9个镇2个乡,现有总人口59.3万人。地势总体呈北高南低之势,地貌多样,南部为长江冲积平原,北部、中部为缓岗丘陵区。这里属北亚热带季风气候区,雨量充沛,光照充足,气候温暖,为发展农副业生产提供了很好的自然环境。沿江大片圩区土地肥沃,河网密布,历来是鱼米之乡;丘陵山区宜林宜牧宜副,发展多种经营前景诱人。

【地名来源】 仪征,历史悠久。早在四、五千年前就有人类在这块土地上繁衍生息。在公元前1066-771年西周时期就有了建制。唐宋时已是著名的工商业城市,宋真宗曾下诏在此熔铸四位远祖皇帝的金像,因所铸之像仪容逼真,而得以“真州”、“仪真(征)”地名。

【经济发展】 预计全市地区生产总值突破百亿元大关,达到106亿元,地方生产总值74亿元,现价分别增长20.3%和21.3%。实现全市财政收入17亿元、地方一般预算收入6.7亿元,分别增长14.1%和24.5%。完成全市固定资产投资65亿元、地方固定资产投资60亿元,分别增长39.4%和47.7%。

农业经济稳步增长。实现农业总产值14.6亿元,增长9.9%。25家重点农业龙头企业实现销售收入5.5亿元、利税3700万元,分别增长25%和20%。成片造林、新拓茶果3万亩。高致病性禽流感防治工作扎实有效。农业利用“三资”项目86个,引进外资、民资、工商资本3.2亿元。争取国家和省级土地整理项目4个、资金6737万元,新增耕地面积2525.5亩。全面取消农业税,减轻农民负担1688.9万元。全面小康村建设加快推进。

工业经济增势强劲。实现全市工业总产值307亿元,地方工业总产值157亿元,分别增长25.9%和31.4%。地方规模工业总产值102亿元、销售收入95亿元,分别增长31.4%和31.6%。地方技改投入41.5亿元,增长57.8%。石油化工、汽车及零部件、纺织、船舶制造、照明器具和高新技术等主导产业产值占全市规模工业产值比重达82.5%,地方工业实施总投资1000万元以上重点技改项目136项,净增规模工业企业50家,创省级名牌4个。建筑业市场开拓力度加大,成立了山东办事处和重庆办事处,组建建筑业信贷担保公司,实现建筑业总产值60亿元,增长32%。

服务业加快发展。实现增加值28.8亿元,增长17%;社会消费品零售总额38.3亿元,增长16%。旅游项目开发建设力度加大,登月湖景区一期工程建成开放,极地海洋世界、龙山生态园抓紧规划建设。物流业增势强劲,开工建设总投资1000万元以上物流项目3个。

财税金融平稳运行。积极组织财政收入,优化财政支出结构,财政收支实现综合平衡。强化国有土地资产经营管理,土地出让金净收益达1.73亿元,有力支持了园区建设、重大基础设施建设和城乡建设。金融保险业平稳发展,全市金融机构年末存款余额106亿元、贷款余额76亿元,分别比年初增加6.5亿元和6亿元,支持了地方经济建设。组建了江苏仪征农村合作银行。

【开放与沿江开发】 沿江开发持续推进,招商引资取得突破。沿江和园区基础设施建设加快。沿江高等级公路仪征段二期工程路基全线贯通,真州污水处理厂和部分污水截流主干管网、联众热电、220千伏农歌变电站建成投运,自来水厂源水管道迁移工程开工建设。开发区引进香港闽泰集团,采用市场化方式开发建设基础设施,累计投入2亿多元。汽车工业园启动区建设稳步推进,沿山河东路、石桥河路、跨梅家沟桥等一批配套设施陆续建成。组建滨江、十二圩两个办事处,更好地服务园区建设。扬州海关仪征办事机构挂牌开展业务。乡镇工业集中区的基础设施不断完善,累计投入4000多万元,项目承载能力进一步提升。

招商活动富有成效。成功举办首届"绿杨春早"茶文化节暨经贸洽谈会、"金秋招商月"等系列活动,有针对性地组织小分队赴欧美、日韩、港台和上海、浙江、山东、广东等地开展专题招商。借助扬州"烟花三月"国际经贸旅游节、"南方行"和"百日会战"等平台开展务实招商。全市新批外资项目76个,新开工外资项目52个;合同利用外资4亿美元,实际利用外资2.35亿美元,分别增长91.9%和95.8%。新开工民资项目724个;实际招引民资63.5亿元,新增民资注册资本21.1亿元,分别增长76.4%和65.3%。大连化工二期、美国UNIFI、日环钢质环等一批项目建成投产,上汽自主品牌轿车、环球造船、国裕船舶等重大项目加快实施,天保新能源、至高手机等高新技术项目顺利落户,飞利浦照明实现增资扩股,贝得电机与西门子公司签订了合资合作协议。

民营经济加速发展。推动民营资本与外资企业配套合作,帮助民营企业争取国家开发银行贷款支持。全年新增私营企业863家、个体工商户3270户、从业人员2.8万人。

【城乡建设】 城乡规划工作得到加强。成立市规划修编委员会,组织修编新一轮城市总体规划。完成沿江开发、万年南路两侧地块等14个详细规划,编制11个镇村布局规划和扬州(仪征)汽车工业园、市经济开发区、十二圩古镇总体规划。启动全市土地利用总体规划编制工作。完成仪征生态市建设规划编制工作。

重点城建工程顺利推进。累计完成投资8亿多元。扬子江广场、万年南路通江段、沿山河路东延和跨石桥河桥梁、石桥河整治二期、博览家房屋开发等11项工程相继竣工,城区主次干道绿化、新河路等4条路段亮化、清真寺东巷等3条巷道改造先后完成,滨江生活岸线开发规划、污水管网建设等9项工程按序时进度加快推进。

小城镇建设取得成效。累计完成投资4.9亿元。建成公共建筑1.9万平方米、生产性建筑21万平方米、房屋建筑25万平方米;建成小城镇道路31公里,新建绿地10万平方米。

城市管理力度加大。创建国家卫生城市、国家环保模范城市、全国创建文明城市工作先进市等"多城联创"工作扎实推进,市容市貌、环境卫生、违法建设等专项整治取得成效,我市连续三年被评为全省城管创优优秀城市。

【社会保障与人民生活】 就业再就业工作进一步加强。积极开展就业再就业培训,落实再就业扶持政策,实现城镇安置就业3887人,其中,下岗失业人员再就业1823人,年末城镇登记失业率为3.73%。抓好农村劳动力就业促进工作,培训农村劳动力10216人次,新增劳务输出和当地就业8211人。

社会保障体系进一步健全。下岗职工基本生活费和企业离退休人员养老金做到按时足额发放,社会化发放率达100%。城镇职工养老保险、失业保险、医疗保险覆盖面均达96%以上。新型农村合作医疗全面实施,覆盖面达91.1%。城乡居民5375户14198人纳入最低生活保障,实现应保尽保。部分困难群众得到慈善救助。提高对农民的征地补偿和劳力安置标准,建立了被征地农民基本生活保障机制。抓好建设领域工程款和农民工工资清欠工作。继续开展挂钩帮扶经济薄弱村和结对帮扶城乡贫困户活动。

群众生活条件进一步改善。城市住房建设进一步加快,人均住房建筑面积达27.5平方米,增加3.2平方米。建成解困定销房44套。加强农村实事项目建设,积极推进农村庄台拆并整理,引导农民集中居住。新建和改造农村公路128.9公里,疏浚城乡河道66公里,新增农村自来水受益人口2万人,改造农村危房85户。地方城镇在岗职工年平均工资12700元,农民人均纯收入4935元,分别增长13.5%和10%。

【社会事业】 科教兴市工作取得新进展。组织实施省级以上科技计划63项,新认定省高新技术企业3家。引进各类急需人才1136人。全面启动高中新课程改革,农村中小学"六有工程"通过省级验收。落实"两免一补"政策,解决农村义务教育阶段贫困家庭学生上学难问题。实验初中实施了民营化改制,招引民资创办精诚高级中学。教育质量继续提高,普通高考和职业学校对口升学考试取得较好成绩。

文体、卫生等各项社会事业健康发展。图书馆、博物馆建成并对外开放。"月月喜相逢"广场文化活动蓬勃开展,组织百部电影、优秀剧目进社区下农村活动,文化市场管理工作受到国家表彰。新增农村有线电视用户8473户,电视台《仪征新闻》与仪化公司实现互通。群众性体育活动蓬勃开展,成功举办了市第三届运动会。成立市食品药品监督管理局,强化食品药品安全监管工作。推进医疗卫生单位改革,15 家乡镇卫生院实行“两权分离”。加强血吸虫病防治,防治经验在全省推广。全面落实农村部分计划生育家庭奖励扶助政策。顺利完成第一次全国经济普查和全国 1% 人口抽样调查工作。

精神文明建设深入开展。切实加强公民道德教育和未成年人思想道德建设。积极组织解放思想、加快发展大讨论,广泛开展群众性精神文明创建活动,我市通过了江苏省文明城市的复查验收。继续加强人民武装工作,国防动员工作和民兵、预备役部队建设取得新成绩,我市再次荣获江苏省双拥模范城称号。

【民主法制进程加快】 民主法制建设继续推进。全面完成“四五”普法宣传教育任务。司法援助工作取得实效。完成全市社区居委会换届选举工作。自觉接受市人大及其常委会的工作监督、法律监督和市政协的民主监督。认真办理人大代表建议 132 件,落实解决率达 48.5%,满意或基本满意率达 100%;办理政协提案 152 件,落实解决率达 54.6%,满意或基本满意率达 99%。市人大常委会重点督办的 5 件建议全部落实。积极支持民主党派、工商联依法依章开展工作,重视发挥工会、共青团、妇联等群众团体的作用。认真贯彻信访条例,积极推进依法信访,预防、疏导和化解各类社会矛盾,协调处理信访积案 93 件。受理政府公开电话、市长信箱信访 2160 件次,办结率达 98%。全面加强社会治安综合治理,平安仪征创建工作通过省和扬州市验收。高度重视安全生产,全市安全生产形势保持平稳。

【政府工作不断改进】 政府自身建设得到加强。深入开展保持共产党员先进性教育活动,政府机关作风不断改进,行政服务质量进一步提高。发挥政府网站作用,深入推进政务公开。健全民主决策机制,成立了市专家决策咨询委员会,组建政府法律顾问团。强化社会管理和公共服务,建立突发公共事件的应急处置机制。严格执行领导干部廉洁从政的各项规定,认真落实党风廉政建设责任制,切实加强对政府公务员的教育、管理和监督。

此外,审计、物价、侨台、外事、人防、保密、档案、史志、老龄、残疾人、民族宗教、防震减灾、服务驻仪大企业以及供电、电信、邮政、气象等方面工作也取得新的成绩。

交通、邮电、文化、教育、科技、卫生、环境和城市建设的面貌发生了巨大的变化,仪征是全国卫生城市,市容市貌美丽整洁,城市功能配套齐全,城市基础设施不断完善,全市有科学研究会 24 家,各类专业科技人员 19000 多人,1996 年荣获“全国科技工作先进市”称号;各类学校 300 多所,其中 1 所高等院校;4 所中等专业学校;公共图书馆 2 所;省市级文物保护单位 10 上;各类卫生机构 33 个,城区医院 4 所,已形成比较齐全的医疗预防保健网络。

【旅游业】 仪征旅游资源十分丰富,古迹有西汉江都王刘非(汉武帝的异母哥哥)墓、唐代的天宁塔、宋元时期的井栏、明代的钟鼓楼和清代的周太谷墓等;自然景观有登月湖风景区、石柱林奇景园、龙山竹海、扬州西郊森林公园等;人工园林有白沙公园、扬子公园等。有黎明大酒店、化纤宾馆、白沙宾馆等一批中高档宾馆遍布市区,方便周到。

仪征物产资源丰富,有大量的树种、植物、砂石、地下水等资源。其中药用植物有 456 个品种,蕴藏量 2500 公斤;砂石蕴藏量 3 亿吨

【城市建设】 仪征,是一座优美整洁、配套设施齐全、服务功能完善的滨江园林城市。全市绿化覆盖率高达 38%,曾先后获全国卫生城市、国家级生态示范区、全国园林城市、省级文明城市等称号。

城乡规划:仪征市分设市规划局,统筹城乡规划管理。积极推进新一轮土地利用总体规划和城市总体规划修编。启动乡镇工业集中区控制性详细规划编制工作,做好 23 个城市街景整治规划和方案设计。编制 40 个村庄建设规划。严格实行规划委员会集中评议审定项目制度,共审批项目 104 个。加大规划执法管理,查处各类违法案件 139 起,拆除违法建设 1.06 万平方米。

重点城建:继续推进新一轮城建十大类工程,累计投入 2.38 亿元。前进西路整治、人民路街景整治、工农路管网改造、巷道改造等工程按时完工,扬子公园设施完善、真州农贸市场二期扩建、民兵训练基地和武器装备仓库迁建等工程顺利竣工。城市新区启动建设。

人居环境:组织实施仪征生态市建设规划,生态环境进一步改善。实施石桥河北段等城市河道整治工程,加强饮用水水源地保护,大气环境优良的天数达到 308 天。严格建设项目环境监管,否决不符合环保要求的项目 6 个。新建胥浦河生态防护林,新增城市绿地面积 16 万平方米。加大城市管理力度,开展载客三轮车、户外广告等专项整治行动,城管创优工作连续四年获省级表彰。

新农村建设:新建和改造农村公路 122.6 公里,清淤疏浚农村河道 121.3 公里,完成农村改厕 8445 户,新建农村沼气池 1208 只。14 个新农村示范村建设步伐加快,20 个全面小康先行村建设稳步推进。开展农村“三大合作”,新增农民专业合作组织 17 个,新成立农村土地股份合作社 15 个,新组建农村社区股份合作社 1 个。

宝 应 县

【概况】 宝应始建于秦,古称安宜,隶属名扬海内外的扬州市,与周恩来故乡淮安毗邻,京杭运河穿邑而过,风光宜人,设施配套,悠久历史与现代文明交相辉映。宝应土地肥沃,湖荡密布,农业资源丰富,是全国首家有机食品基地示范县、首批生态示范区、平原绿化先进县,特别是荷藕种植面积、产量、品质、出口量均为全国之冠,被国家授予"中国荷藕之乡"称号,获荷藕原产地域保护。全县各项事业协调发展,三个文明和谐推进,是国家卫生县城、国家园林县城,江苏省文明城市、省级社会治安安全县。县"二妹子"民兵班更被授予全国爱国拥军模范单位、全国公民道德建设先进典型等称号。

近年来,宝应大力实施工业化、城镇化发展战略,统筹协调推进各项工作。工业经济加快发展,产业特色趋于完善。形成了电工电器支柱产业和玻璃工艺、纺织服装、压力容器、泵阀管件、食品加工、电子信息等六大特色产业。建筑业和民营经济正成为全县经济的重要增长点,服务流通、物业管理、科技咨

询、信息产业蓬勃兴起,城市建设品位和人居环境不断改善。省级经济开发区、宝应湖有机农业开发区、安宜工业园、江苏耿耿工业园、意大利工业园、镇特色工业园区等"两区四园"加快推进,已成为工业发展的重要载体,产业集聚的有效平台、招商引资的最佳选择。"一圈三沿"生产力规划布局,正成为宝应未来加快发展的新优势、新增长点。宝胜股份实现新股增发,产品获得"中国驰名商标、国家免检产品、中国名牌产品"称号。农业产业化加快推进,高效农业蓬勃发展、有机产业优势彰显,"有机宝应"品牌经营成效明显。

宝应始终坚持"大招商、大项目、大发展",招商引资水平不断提升,对外开放合作水平不断提高,全县合资合作企业和外销产品发展势头强劲,森萨塔、阿斯塔、普睿斯曼、EMS、骏升等一批欧美跨国公司、港台知名企业落户宝应,世界500强企业就有5家。

京沪高速公路把宝应和经济发达地区连成一体。我们热忱欢迎广大海内外朋友来宝应观光旅游,投资兴业,与我们互利合作,共谋发展,共同创造更加美好新明天。

【经济发展】 改革开放以来,特别是近几年,宝应突出工业主导地位,大力实施工业强县战略,培育发展了一批优势行业、规模企业和形象产品,形成了电工电器支柱产业和玻璃工艺、纺织服装、压力容器、泵阀管件、食品加工、电子信息等六大特色产业。截止2008年底,规模以上工业企业432家,宝胜集团2008年实现产值103.8亿元,是中国制造业500强、中国机械工业100强、江苏省百强企业,综合实力在全国同行业中名列前茅。

电工电器行业以宝胜集团公司为龙头,以菲达宝开集团、电机厂、仁恒实业公司、电器厂、亚宝绝缘公司等骨干企业为主体,产品质量、销售在全国同行业中均有较高的知名度。燃气具行业以钢瓶为主体,厨具等产品与之配套,成为全国最大的钢瓶生产基地。食品行业以五琼浆系列白酒、荷藕制品、麦芽为主体。永顺泰麦芽年产销12万吨,企业综合效益在全国同行业中名列前茅。纺织行业以江苏银宝集团、金夏集团等重点企业为主体,逐步形成了花、纱、布一条龙生产。玻璃及工艺品行业是宝应工业经济发展的一支新生力量,行业规模不断扩大,产销以年40%以上的速度递增。

宝应把外向型经济作为工业发展的助推器,目前全县有外商投资企业100家,世界500强企业中的森萨塔、阿斯塔、普睿斯曼等5家企业已落户宝应,并取得了骄人的经营业绩。此外,扬州美瑞华公司、蓝宝石公司等一批独资合资企业也保持了良好的发展态势。

宝应建筑业和第三产业发展迅猛。全县常年有2.5万人的建筑队伍征战在祖国的大江南北,在北京、上海、深圳等地承建的一批高层建筑,先后获得了鲁班奖、白玉兰奖,成为宝应建筑业的形象工程。现代服务业发展水平不断提高,城市功能日趋完善,对周边地区的辐射影响力也大大增强。

宝应文化积淀深厚,人文氛围浓郁。在诞生"建安七子"之一陈琳、明代大画家陶成、经学大师刘宝楠、京剧鼻祖高朗亭的宝应大地上,古代文化的遗存和现代文明的风采交相辉映、相得益彰。京沪高速公路的开通,缩短了宝应与北京、上海等国际大都市的时空距离。宝应是个好地方,宝应更是一块理想的投资热土。今年宝应在税收、土地使用、水电等方面进一步降低门槛,制定了诸多优惠政策,发展环境不断优化。热情好客的宝应人将进一步凸显资源优势、劳动力优势、生态优势、产业特色优势,迎来更多的海内外宾朋投资兴业,共创美好未来。

【工业经济】 改革开放以来,宝应工业经济取得了较快发展,形成了电工电器支柱产业和玻璃工艺、纺织服装、压力容器、泵阀管件、食品加工、电子信息等六大特色产业。电工电器产业是江苏省重点扶持的产业集群,一批具有先进生产技术和相当实力的重点骨干企业在竞争中迅速崛起,宝胜集团是中国制造业500强、中国机械工业100强、江苏省百强企业,综合实力在全国同行业中名列前茅,成为全国电缆行业的"排头兵",成为名副其实的"中华第一缆"。

全县紧抓"一个中心、五个提升",大力突进跨越发展,坚定不移推进工业化、城镇化,各项主要经济指标全面实现"三年倍增"的序时要求。全县全部工业产值307亿元,招商引资66亿元。新增国家级高新技术企业5家。

【农业经济】 宝应地处里下河地区腹部,"金湖银荡"得天独厚,特色农业享有盛名。境内拥有耕地近100万亩,湖荡水面73万亩,是国家南水北调东线工程的源头地,是闻名遐迩的全国平原绿化先进县、中国荷藕之乡、全国园艺产品出口示范区、全国粮食生产先进县、全国唯一的有机食品基地示范县。目前,全县已形成荷藕、稻米、水产、畜禽、林木、棉纺等六大农业产业化龙头群体,市级以上产业化龙头企业14家,年销售总额34.3亿元。

水稻、水生植物、水产、水禽等"四水"是宝应农业的鲜明特色。全县常年种植水稻83万亩,总产8.5亿斤,是江苏省水稻高产县份之一。全县常年种植荷藕等水生蔬菜20多万亩,年产量30万吨,荷藕的产量、品质、出口量均居全国之冠,产品远销欧美和东南亚国家,宝应莲(荷)藕被命名为国家地理标志产品。产鱼虾河蟹、龟鳖,年水产品总量13万吨。高效渔业生产以上技术被农业部誉为"宝应模式"在全国推广。

近年来,宝应紧紧围绕"农业增效、农民增收",彰显地方特色,依托丰富的农业资源和优越的生态条件,大力发展有机农业,推进高效农业规模化。目前,全县已建成有机食品基地及转换基地1466.7公顷,形成了三大有机产业规模化基地,高效渔业7133.3公顷。宝应湖有机农业开发区成为海峡两岸(扬州)农业合作试验区核心区。农村劳动力转移新增1万人。农民收入稳步提高,2008年,农民人均纯收入6881元,同比增长12.3%。

【第三产业】 坚持外延与内涵并举抓城建,总投入12.5亿元的城市基础设施和商住服务"双十"工程顺利实施,宝射河大桥、白田南路城区段全线贯通,建成花园式小区面积70万平方米。现代服务业加快发展,亚细亚商圈繁华兴旺,白田路商圈加快形成,"宝应一日游"正式开通

【招商引资】 2008年完成招商引资66亿元。全年续建、新建千万元以上项目221个、亿元或千万美元以上项目23个,阿斯塔换位导线、依革克特铁芯件、翔鹰不锈钢厨具、中宝制药三期等重大项目竣工投产。全年新批外资项目16个,完成协议注册外资3亿美元,到账外资8031万美元,分别增长77.1%和46.0%。

【建筑业】 2008 年,继续把发展建筑业作为促进县域经济发展、致富百姓和加快农村经济结构调整的重要抓手,通过凝心聚力,锐意开拓,完善各项经营管理,推动市场规模继续扩大,运行质态不断提高。继续加大资金、装备、人力的投入,推动县内一批重点工程开工的同时,积极开拓县外市场。全县建筑龙头企业"天宇集团"参建的深圳树西岸工程获国内建筑最高奖—鲁班奖。

【社会事业】 教育:宝应视教育为立县之本,目前,全县学前三年幼儿园入园率达 93%,残疾儿童入学率达 98%,小学、初中和高中入学率达 100%、100% 和 95% 以上,"阳光体育"全面落实,体质健康标准实行面达 100%。全县普、职年招生比基本相当,农村实用技术培训 15 万人次以上,农村劳动力转移培训 5000 多人,农村劳动力人均受教育年限达 10 年。改造中小学危旧校舍 1.2 万平方米,新建校舍 3.6 万平方米,投入资金 5000 万元。在改善外在条件的同时,更加注重内涵,注重特色,办学质态进一步优化。2008 年高考继续飘红,本二以上达线人数再次突破 2200 人大关,超省均达线率 11.62 个百分点。

科技:宝应是"全国科技工作先进县"。近几年,全县认真实施"科教兴县"、"可持续发展"战略,科技进步在工农业生产中的贡献份额在扬州市继续保持领先水平。高新技术产业化建设进程逐步加快,截止目前,已建成国家级企业技术中心 1 家、博士后科研工作站 1 家、国家重点高新技术企业 4 家、省高新技术企业 12 家、省高新技术产品 103 个。建有"省无公害农业科技示范园区"、"省三水星火技术密集区"。"水生资源立体种养及深加工"被列入苏北星火产业带科技先导型支柱产业建设范围。科技投入逐年增加,科研成果不断涌现。知识产权工作成绩显著,2004 年设立知识产权局,申请专利 138 件,创历史最高记录。

文化事业:宝应文化事业蓬勃发展。以柳堡镇为背景拍摄的故事片《柳堡的故事》,其主题歌《九九艳阳天》家喻户晓。电视连续剧《新柳堡的故事》、纪实轻喜剧《再唱九九艳阳天》以浓郁的水乡特色,反映了宝应人民走向富裕、共奔小康的时代风貌。《华克之传奇》、《群英谱》、《宝应县邑丛书》等先后出版发行,颇具影响。周恩来少年读书处建成并对外开放,吸引了众多人士前来参观。文化建设步伐加快,基础设施不断改善,文化市场健康活跃。全民健身遍地开花,组织全县中小学田径运动会、"安宜高中杯"机关职工乒乓球赛、千人健身长跑等大型活动,提升了居民群众运动健身理念。

卫生事业:卫生事业持续发展,卫生条件得到很大改善,建成省初级卫生保健先进县,通过了省级卫生城和省环境综合整治优秀县城验收,现有各类卫生机构 38 个,其中医院、卫生院 33 个,拥有病床 1294 多张。其中县医院 524 张。共有卫生技术人员 2024 人,其中医生 899 人;拥有中西医师 605 人、护师和护士 559 人、卫生防疫和防治人员 79 人。卫生工作多次获得省市表彰,县人民医院在全省率先跨入二等甲级医院行列。　(李志勇提供)

南通市辖县(市)

海　安　县

【概况】 2008年,海安县总面积1108平方公里,耕地面积5.4万多公顷。下辖1个经济开发区,14个镇,11个街道办事处,210个行政村,5个国营场圃。全县总人口93.81万人,人口自然增长率-2.7‰。2008年,海安县紧紧围绕"总体达小康、建设新海安"的奋斗目标,扎实推进各项工作,全县经济社会发展呈现出"增长平稳、结构优化、质量提升、民生改善"的良好局面。全面小康建设25项指标均达到或超过序时进度,总体达到小康水平。连续4年跻身全国县域经济基本竞争力、中小城市综合实力"双百强"县行列。全年实现地区生产总值264.6亿元,增长14.9%,增幅全市第一。其中第一产业增加值29.1亿元,增长4.1%;第二产业增加值145.1亿元,增长17.1%;第三产业增加值90.4亿元,增长15.7%,增幅全市第一。三次产业比重调整为11:54.8:34.2。全年完成财政收入30.5亿元,增长33.4%。其中地方一般预算收入12.6亿元,增长33.4%,增幅全市第二。全县固定资产投资173亿元,增长20.4%,其中规模以上投资148亿元,增长28.2%。新开工千万元以上项目506个,其中,农业25个,工业405个,服务业76个。全年新竣工项目344个,其中农业28个,工业257个,服务业59个。城镇居民人均可支配收入16407元,农民人均纯收入7510元,分别增长15.1%、13.4%。2008年,全县实现农业总产值60.19亿元,增长4.1%。加快农民土地流转,流转连片1公顷以上的土地规模经营面积1260公顷。全县新认证无公害农产品15个、绿色食品3个,无公害农产品产地认证2个。工业开票销售332.63亿元,增长24.6%,总量和增幅全市第三。工业用电量增长15.15%,增幅全市第一。高新技术产业产值占规模工业比重33%,占比全市最高。建筑业增加值26亿元,施工产值227.8亿元,利税6.05亿元,同比分别增长18.4%、10.6%、18.6%。三产服务业持续增长,全社会消费品零售总额96.38亿元,增长25.6%。服务业应税销售89亿元,增长36.6%,增幅全市第一。全县新建、在建服务业项目230个,完成规模以上服务业投资23亿元,增长18%。全县市场成交额118亿元,增长15.3%。服务业集聚区建设开局良好,奥华国际装饰城入驻企业342家,苏中医药物流中心协议入驻企业158家。全县本外币各项存款299.64亿元,比年初增加58.34亿元。其中居民存款余款256.58亿元,人均2.3万元,人均储蓄居全省第九位。全县各金融机构直接贷款177.87亿元,比年初增加36.26亿元,增长25.6%,贷款增量连续三年位居全市之首。海安农村信用社成功组建海安农村合作银行,瑞丰小额贷款公司开业。年内,海安县被评为全省首批、全市惟一的"金融生态达标县"。全县新批外商投资企业72家,新增工商注册外资7.41亿美元,外资到账3.76亿美元,其中单体规模1000万美元以上项目34个。吸纳市外民资57.2亿元。全年净增个体工商户1088户、私营企业家430家,注册资本60亿元。实现进出口总额8.07亿美元,增长46.4%,其中自营出口4.73亿美元,增长48.7%。全年新签外经合同2156万美元,实现营业额6369万美元,新派出国劳务人员2529人。联发集团继续保持出口大户第一的位置,实现出口1.61亿元,占全县总量的22.12%。城乡建设加快步伐。贵都广场、明珠城、中大街等高层商住楼群建成使用,中洋现代城、安达步行街等开发建设工程初具规模,城南花苑、立发花苑等农民集中居住点加快实施,全县开工建设农民集中住房1.17万户,建设面积250多万平方米。加大城区绿化建设力度,新增绿化面积15万平方米,全县森林覆盖率20.3%,在全市率先达到小康指标。18个村通过首批"环境优美示范村"验收,56个村通过"环境优美合格村"验收。科技对经济的贡献份额不断提升,全县市以上科技计划项目立项102个,争取拨款3775.8万元;清华启迪(海安)软件科技园正式挂牌。"农家书屋"——农村文化阵地建设经验全省推广,10月成功举办第三届青墩文化艺术节。《海安花鼓》代表江苏省参加北京奥运会开幕式前表演。海安籍运动员仲满勇夺奥运中国男子重剑第一金,也是海安人取得的第一块奥运金牌;吴鹏根获得奥运男子沙滩排球第九名,并获2008年世界男子沙滩排球巡回赛亚军、澳大利亚公开赛亚军;大公镇农民陈进参加第十届全国老将田径运动会获800米金牌和1500米铜牌;杨安兵参加邯郸第十一届国际太极拳比赛,获男子B组60公斤级太级推手冠军。209个农村社区卫生服务站建成,农村基本公共卫生服务项目完成率95%以上,10个镇通过市级农民健康工程先进镇验收。新增有线电视用户1.7万户,入户率96%以上,率先在苏中地区建成"江苏省有线电视户户通县"。人口与计生工作保持全省先进,生育关怀行动全国试点,顺利通过省"人口协调发展先进县"中期评估,获省"人口和计生工作示范县"称号。被省委、省政府表彰为首批"法治县创建工作先进县",连续五年获省"社会治安安全县"称号。全县向四川地震灾区捐款捐物3000多万元。

【农业生产全省先进】 2008年,海安县粮食播种面积120.37万亩,粮食总产61.91万吨,比上年增长9.8%。其中,全县54.98万亩小麦平均亩产432.3公斤,位居全省第一;56.6万亩水稻平均亩产608公斤,位居全省第三。全年麦稻亩单产1040.3公斤,实现总产、单产双超历史,单产稳居全省第一。粮食生产年亩产在全省率先达到"吨粮县"标准,是全市惟一连续三年被评为"全国粮食生产先进县"的县(市)。5月,海安国家级弱筋小麦标准化示范区高分通过验收。7月,海安开始实施农业部水稻跨越计划,在李堡、曲塘分别建立高标准创建万亩麦稻高产技术普及化示范区。9月,海安被列为国家小麦产业技术体系试验县。全年蚕茧总产1.95万吨,同比略有下降,连续29年全省第一。畜牧业稳步发展,生猪饲养量124.1万头,其中出栏70.5万头;山羊饲养量70.82万只,其中出栏 38.80 万只。家禽饲养量 4570.49 万羽,其中出栏 2420.32 万羽。生猪、肉禽和蛋禽规模养殖比重分别为 52%、94.7%和 95.6%。扎实推进高效农业建设,新增高效农业面积 4 万多亩,新增设施栽培面积 1.1 万亩、高效渔业面积 8000 亩,被评为省"高效规模化农业先进县"。全县 103 个产地农产品通过省认定,通过江苏省生态农业县验收。

【新型工业化步伐加快】 优化产业空间布局,海安经济开发区、海安工业园区、曲塘工业区、李堡工业区四大工业片区建设拉开框架。全县新开工千万元以上项目 405 个,其中亿元以上项目 35 个。全年竣工千万元以上工业项目 257 个,其中亿元以上项目 16 个。工业经济保持增长,运行质量提升。规模以上工业销售、利润分别达到 614 亿元、27.75 亿元,分别增长 38.6%、45.8%。新增亿元企业 43 家,销售收入超亿元企业 143 家,亿元企业实现销售收入 526.5 亿元,同比增长 43.3%,实现利税 35 亿元,增长 50.6%。其中联发集团、鑫缘集团、新正大钢厂、鹏飞集团、欧贝黎公司等 11 家企业销售超过 10 亿元,60 家企业开票销售超亿元,比上年增加 7 家。亿元企业开票销售、入库税金分别增长 24%和 35%,分别占规模以上工业的 74.5%和 67%。全县拥有高新技术企业 113 家。规模工业中高新技术产业实现产值 189.8 亿元,占规模工业的 33.3%,同比提高 4 个百分点;装备制造业实现产值 228 亿元,占规模工业的 40%,同比提高 6.5 个百分点。新认定国家级高新技术企业 21 家。组织实施 55 项市级节能与循环经济项目,万元地区生产总值能耗下降 4%。海安软件园升格为省级软件科技园,35 家企业入驻,成功引入清华启迪品牌。全县拥有中国名牌 7 个、江苏名牌 23 个、南通名牌产品 39 个。

【建筑业提前实现"十一五"发展目标】 2008 年,海安县建筑业实力进一步提升,规模企业数量增加。全县等级施工企业 163 家,其中特级资质企业 2 家,一级资质企业 9 家,二级资质企业 26 家。年产值超亿元企业新增 3 家,总数 23 家;年产值超 10 亿元企业新增 4 家,总数 6 家。其中苏中建设集团完成产值 121.6 亿元,华新建工集团完成产值 38.2 亿元。一级以上规模企业产值约占全县总量的 83.8%。全县创省级以上优质工程 78 项。全年,主要建筑经济指标创历史新高,完成施工产值 222 亿元,建筑业增加值 42 亿元,利税 6.05 亿元,同比分别增长 6.8%、10.5%、18.6%。海安地税入库税金 1.43 亿元,其中协税总额 3800 万元。全县建筑业产业规模、增加值、利税总额、企业资质等主要指标提前实现"十一五"发展目标。海安县建管局被表彰为"全省建管工作先进集体"。苏中、华新、海洲等建筑集团抽调 100 余人赴四川,支援地震灾区建设,共建过渡安置房 353 间 6344 平方米。

【交通建设加速推进】 公路建设力度加大,204 国道海安段改建工程完成投资 7.8 亿元,主体工程全面竣工。江海高速海安段路基土方完成 90%,大桥上部结构、中小桥梁、结构施工全面完成。328 国道海安段改建工程全长 26 公里,完成路基土方和桥梁主体结构施工,完成投资 2.5 亿元。221 省道改建工程全部完成。农村公路建设完成投资 1.1 亿元,建成县镇、镇镇、镇村公路 244.37 公里,改造农村桥梁 100 座。农村客运站标准化建设工程全面启动,老坝港客运站投入运营。推进农村客运班车通达工程,运营班车 245 辆,推进城乡客运班车一体化,农村客运班车通达率 99%。

【第三届青墩文化艺术节】 10 月 18~19 日,海安县成功举办中国·海安第三届青墩文化艺术节暨 2008 秋季经贸洽谈会。18 日上午 9 时,艺术节在城东镇七星湖公园月亮广场隆重开幕。江苏省第九届政协副主席武继烈、市政协主席王德忠,国家非物质文化遗产保护专家委员会副主任资华筠及省市有关部门领导、专家学者、中外客商等 370 多人与海安县各界代表 4000 多人一起参加开幕式。开幕上进行"中华经典鼓舞"邀请赛表演,来自浙江镇海的龙鼓、陕西安塞的腰鼓、山西翼城的花鼓、山东的鼓子秧歌与海安花鼓同台亮相。18 日下午,举行工业片区推介会和农业、服务业、旅游项目、电梯部件行业推介会,集中签约 118 个项目,总投资近 200 亿元。18 日晚在月亮广场主办"联发杯魅力海安"大型文艺晚会。19 日上午,"青墩文化与江海现代文明"访谈在海中体艺馆举行,著名史学家、河南大学历史系教授王立群等专家、学者诠释了青墩文化的历史意义。

【清华启迪软件科技园落户海安】 海安软件科技园是江苏长江以北首家县级软件园,于 2007 年 8 月底开园,2008 年升格为省级软件科技园。南通有孚公司(生产江海天骄软件)、南通博比特公司(生产嵌入式软件)、上海壹择网络公司(研发网络游戏《玄天传》)和国家 863 计划高可信空间地理数据库系统项目等 35 家企业、项目落户软件园。10 月 18 日,清华启迪科技园在海安软件园举行揭牌仪式,海安成为全国第二个县级挂牌的清华科技分园。

【海安成为江苏金融生态达标县】 海安县大力推进银政合作,不断完善金融考核机制,保持信贷投放平稳增长。1 月 16 日和 8 月 18 日,海安县先后与省银行业协会和上海市金融机构在南京市、海安锦龙大酒店分别联合举办"江苏·海安金融生态建设暨银企合作恳谈会",介绍海安金融生态建设情况和数十家企业有关项目的资金需求情况。邀请县各金融机构参加每季工业园区建设及重点项目建设促进会,现场考察重点项目建设和重点企业发展情况。县内 7 家金融机构与 178 家企业建立合作关系,金融机构对合作企业授信额 80.23 亿元。县金融稳定工作协调小组考评认定"信用企业"506 家、"信用乡镇"15 个、"信用村"182 个、"信用社区"6 个。11 月,江苏省金融稳定工作协调小组授予海安县"金融生态达标县"称号,海安成为江苏省首批、南通市惟一的金融生态县。

(周宏文)

海　门　市

【概况】 2008 年,海门市总面积 1148.77 平方公里,实有耕地 5.14 万公顷,下辖 21 个镇、1 个乡、1 个省级经济开发区、1 个省级工业园区、2 个新区、3 个街道办事处、53 个居民委员会、234 个村民委员会(其中行政村 231 个、渔业村 3 个)。年末,全市户籍人口 100.13 万人,人口自然增长率 -1.63‰。2008 年,实现地区生产总值 376.10 亿元,比 2007 年增长 14%。全市实现财政收入41.03亿元,增长28.7%。全市完成农林牧渔业总产值47.57亿元,增长4.9%;工业增加值193.93亿元,增长15.9%;第三产业增加值120.80亿元,增长15.6%。全年完成全社会固定资产投资200.74亿元,比2007年增长17.4%。农业生产结构进一步优化,高效设施农业和规模养殖业取得新发展。2008年,全市亩产值3000元以上的中高效田块3.65万公顷,占总耕地面积的60.64%;亩效益2000元以上的高效渔业养殖面积3133公顷,比上年增加7.84%。全市设施栽培面积1.12万公顷(不包括架构设施及地膜),占总耕地面积的18.6%。新增农业“三品”(无公害农产品、绿色食品、有机食品)基地面积275公顷,新创建国家级农业标准化示范区1个,省级农业标准化示范区1个。生猪、蛋禽、肉禽、奶牛规模养殖占比分别达69.04%、72.07%、95.35%和99.51%。年内海门市被评为江苏省高效农业规模化先进单位。全市规模工业企业实现销售收入790.79亿元,增长29.3%;实现利税98.34亿元,增长42.1%;利润总额60.90亿元,增长43.5%。全市入库税金超200万元的工业骨干企业150家,较2007年净增30家,实现应税销售188.8亿元,入库税金11.1亿元,均占全部工业总量的66%。全年实施超千万元工业项目498个,其中高科技项目138个。高新技术产业和装备制造业作为结构调整的两大标志性产业,分别实现产值244.7亿元、289亿元,占规模以上工业30%和36%。高新技术产业实现产值245亿元,占规模以上工业产值的比重达到30.6%。全年完成建筑业总产值350亿元,增加值33.50亿元,施工面积4950万平方米,分别增长12.9%、4.6%和16.2%。全年销售各类商品房49.16万平方米,比2007年增长6.8%。商品房销售额16.91亿元,比2007年增长22.6%。全年完成进出口总额8.96亿美元,增长23.8%。三资企业实现出口额5.39亿美元,自营生产企业出口额1.75亿美元,分别占全市出口总额的75.5%和24.5%。全年新增三资企业72家,新批增资项目36个,工商登记注册外资6.96亿美元,注册外资实际到账2.98亿美元。全市对外劳务实现营业额1.67亿美元,新派出国劳务2768人,同比增长18.9%和2.7%。全年社会消费品零售总额126.81亿元,增长23.8%。年末有成交额超亿元商品交易市场17个,成交额303.77亿元。2008年,海门市连续第三次荣获全国科技进步先进市称号,并跻身科技发展综合水平全省县(市、区)前10强。入围中国城市经济学会、中国民(私)营经济研究会、中国企业报社组织评选的中国民营经济最具活力城市。名列美国《福布斯》杂志2008年中国100家最佳商业城市排行榜(第四次入选),排名位居苏中苏北县级市第一。年内接待的重要来访有:8月13日斐济群岛共和国总理乔塞亚·白尼马拉马及夫人到海门考察低造价住房项目;8月12至13日,省委副书记、省长罗志军一行到海门市调研指导沿江沿海开发工作。积极组织参与抗震救灾,海门市建管局救灾队被表彰为全国住房和城乡建设系统抗震救灾先进集体。

【全面达小康】 1月初,海门市通过江苏省全面小康达标市电话民意调查。3月5日,以江苏省统计局副局长夏心旻为组长的全面小康调研组到海门调研。6月1日,省统计局、省发改委和省委研究室联合发布《2007年江苏省县级全面建设小康社会进程监测统计报告》,宣布海门成为江苏省长江以北唯一的全面小康达标市。2008年,海门市城镇居民人均可支配收入18558元,增长15.5%;人均消费支出11380元,增长15.4%。农村居民人均纯收入9008元,增长13.1%。全年环境污染治理投资13.33亿元,增长19.3%,其中治理工业污染项目32个,完成投资额4598万元,生态环境进一步改善。

【继续打造“四大增长极”】 加快建设江海开发平台,继续倾全市之力推进以海门港腹地为后盾的滨江工贸区、以东灶港深水码头建设为依托的滨海新区、以精细化工园为主阵地的临江新区和以家纺业生产销售基地为基础的海门工业园区等“四大增长极”,加速推进基础设施建设,优化重组各类资源。全年有43个超亿元项目落户“四大增长极”,沿江沿海成为吸引大项目的重要两翼。

【城市南进】 按照“拉开框架、完善功能、提升形象”的思路,全力推动城市道路南进。高标准建成张謇大道,使其成为海门承接苏通大桥辐射带动的发展大道、生态大道、景观大道。同时投资2.3亿元先后启动长江路、嘉陵江路、浦江路、珠江路、瑞江路等南延工程以及南京路、秀山路东延工程,城市框架进一步扩张。全年城市建成区面积由2007年的16.32平方公里扩展到17.47平方公里,新增城市道路面积7万平方米。新增建成区绿化覆盖面积47公顷,增长7.2%,建成区绿化覆盖率40.07%。

【第十三届金花节暨江海经济投资合作洽谈会】 4月26日,第十三届中国海门金花节暨江海经济投资合作洽谈会在滨江工贸区开幕。600多位中外嘉宾出席开幕式。节会期间签约投资项目168个,其中外资项目74个,总投资15.91亿美元,注册资金6.8亿美元;内资项目94个,总投资99.73亿元,总注册资金31.61亿元;签约产学研项目90个,一批高新技术项目落户海门。

【叠石桥互通工程通过省验收】 2002年,海门市向省交通厅提出增设通启高速叠石桥互通的申请。2004年,省交通厅下发批复,同意增设互通。2006年8月,叠石桥互通工程开工,由省高速公路控股中心投资8900万元建设。通启高速叠石桥互通工程设置在通启高速公路与香港公路交叉处,采用A型单喇叭的互通型式,主线长1030米,匝道长1789.46米,被交路长1350米,2008年11月竣工。12月,工程通过省质监站、省高管中心、通启公路管理处、南通市交通局等单位组织的交工验收。该项目的建成,为海门市家纺产业的发展提供了便利的交通条件。

【首届叠石桥中国家纺节】 10月21~22日,以“引领时尚、世博争雄”为主题的首届叠石桥中国家纺节举行。这次活动由中国家用纺织品协会、海门市人民政府、中国纺织摄影协会主办,海门工业园区管委会、中国家纺流行趋势推广研究会、中国纺织服装专业市场联盟承办,中国叠石桥国际家纺城、《纺织服装周刊》杂志社、《家纺时代》杂志社协办。活动主要内容有中国家纺备战2010上海世博会论坛、中国家纺床上用品流行趋势发布会、中国家纺时尚摄影大奖赛及最佳品牌形象摄影展等,活动期间,叠石桥市场举办三期工程规划展览。中国纺织工业协会、中国家纺协会、国家有关部委领导,全国知名设计院校教授,全国各大市场代表、家纺企业代表、长三角地区家纺协会负责人等200多人参加活动。

【余东镇被评为国家级历史文化名镇】 余东,古称余庆,又名凤城,是一座具有1300多年文字记载的历史古镇,余东始于唐代,兴于宋代,盛于明清。2007年,成立余东古镇保护开发领导组,全面启动古镇资源的挖掘、保护、恢复等工作。2008年3月,省文物专家到余东考评后一致认为,余东古镇明清建筑古朴珍贵,具备成为省级以上历史文物保护单位的条件,一致认定余东古镇为省级历史文化名镇。12月,余东古镇经国家文物局和城乡建设部审核批准为中国历史文化名镇。

【海门山歌入国家非遗公示名录】 2008年,海门山歌申报全国非物质文化遗产,从2540个项目中脱颖而出,1月23日面向社会公示,是南通六县(市)惟一入选国家非遗的项目。6月14日,被国务院批准列入第二批国家级"非遗"保护名录。海门山歌分为两大脉系,一是流传于北部的民歌,二是流传于南部沙地的山歌,作为海门山歌剧的唱腔音乐,则主要来源于后者。山歌小戏《淘米记》、山歌剧《青龙角》和《献给妈妈的歌》曾献演北京。

(薛卫菊)

2008年海门市各镇(乡)简况表

名　称	面积(平方公里)	行政村(个)	居会(个)	年末人口(人)	农业总产值(万元)	工业总产值(亿元)	主要农作物(吨)			农民人均收入(元)
							粮食	棉花	油料	
海门镇	57.62	9	18	134582	40299	198.08	10215	178	4607	12949.1
三和镇	36.41	10	1	31976	23882	53.57	9116	34.4	4548	10623.2
天补镇	30.27	8	1	28249	13851.2	61.21	5793	0.61	3008	11689.9
德胜镇	54.55	12	2	45608	26518	61.25	7520	243	4256	11996
海永乡	9.22	2	1	4212	1568	3.01	503	222	877	8011.1
三厂镇	62.67	16	3	78712	30792	175.20	12532	519	5264	11760.9
常乐镇	59.97	14	2	48564	24468	69.31	13308	722	6489	1101.2
麒麟镇	38.16	9	1	31037	21917	15.41	7710	562	3802	9549.3
悦来镇	65.39	17	2	52298	24950.8	59.82	10796	1176	5994	9343.3
万年镇	36.70	9	1	29672	13599	20.00	6853	684	3118	9460.8
三阳镇	39.35	9	1	30330	20243	24.10	6103	838	3562	9475.9
四甲镇	59.80	14	3	56272	26374	45.37	5033	1069	8008	9274.8
货隆镇	37.00	8	1	32110	16500	35.04	4559	1138	4235	9676.2
王浩镇	31.75	8	1	28143	24197.8	19.82	5894	850	4038	9622.3
树勋镇	37.93	9	1	35276	17056	19.67	6795	688	3545	9330.9
包场镇	51.95	12	1	53810	31417.3	125.38	8754	820	5258	11389.2
余东镇	30.35	8	1	29939	13570	32.87	5970	459	2955	10511.2
正余镇	30.57	9	1	34528	28688	69.88	6756	315	3618	10848.9
刘浩镇	65.98	16	2	56706	32700	29.00	13517	787	5451	9660
开发区	33.46	3	7	49052	5034	188.36	3325	199	962	10265.5
工业园区	34.12	9	2	36006	13885	191.24	4935		2552	13800
临江新区	37.79	10	1	30887	19005.2	18.82	8404	682	7337	9339.6
滨海新区	40.67	13	2	36400	43063	25.05	7853	462	5194	11499.8

(黄耀进)

启　东　市

【概况】 2008年,启东市地域面积1708平方公里,其中水域面积187.56平方公里。下辖12个镇(乡)、3个街道办事处、48个社区居委会(其中11个集镇居委会)、321个村委会(其中启隆乡5个村)。年末全市常住人口为94.98万人,比上年末下降1.3%。年末户籍人口为111.41万人,比上年末下降0.4%,其中非农业人口22.39万人,比上年末增加1.25万人。

自然增长率为-1.05%。全年实现地区生产总值(GDP)325亿元,比上年增长14.6%。第一产业增加值39.6亿元,增长4.0%;第二产业增加值174.9亿元,增长15.5%,其中:工业增加值139.9亿元,增长18.2%;第三产业增加值110.5亿元,增长15.5%。三次产业比重结构为12.2:53.8:34.0。全市按常住人口、户籍人口计算人均生产总值分别达33996元和29115元。全年全市财政总收入34.84亿元,比上年增长33.0%。全市实现农林牧渔业总产值77.72亿元,比上年增长14.0%。全市粮食播种面积达115.42万亩,比2007年下降3.6%。全年实现工业总产值1182.54亿元,比上年增长27.3%。高新技术产业产值占规模工业的比例为31.4%,比上年提高4.6个百分点。全年实现建筑业总产值218.02亿元,比上年增长26.2%;建筑施工企业完成施工总产值202.50亿元,比上年增长26.5%;施工面积3001.9平方米,增长21.8%;竣工面积1083.9万平方米,增长10.6%。全年完成房地产开发投资15.03亿元,比上年增长6.0%;施工面积186.7万平方米,增长22.8%;竣工面积53.7万平方米,同比增长4.5%;商品房销售面积39.1万平方米,下降30.1%。2008年11月,中国中小城市科学发展评价体系研究成果发布,启东市荣列"2008年度全国最具投资潜力中小城市百强"第2位,比2006年、2007年跃升了1位。此外,由全球著名商业首次入围《福布斯》杂志2008年福布斯中国大陆最佳商业城市100强榜单,位列第91位。

【崇启大桥隆重奠基】 2008年8月1日,江苏省人民政府和上海市人民政府在启东市大兴镇白港村隆重举行崇启大桥奠基仪式。至此,这座跨越长江、连接沪苏的快速通道拉开了建设序幕。11月起,启东市全面展开崇启大桥接线工程征地拆迁安置工作。

【吕四港开发总体规划通过国家审查】 2008年9月3日至6日,国家交通运输部和江苏省人民政府在启东市召开专家审查会,通过了《南通港吕四港区总体规划》、《南通港启海港区总体规划》。

【乡镇行政区划顺利调整】 2008年9月17日,经江苏省人民政府和南通市人民政府批准,启东市开展新一轮乡镇行政区划调整。全市乡镇总数由原来的23个建制镇、1个乡,缩减为11个建制镇、1个乡,乡镇平均人口9.3万人,平均土地面积为100平方公里。

【首届江海文化节】 2008年5月16日,启东市成功举办中国·启东首届江海文化节暨第九届海鲜节。江海文化节以"弘扬江海文化、推进开发开放"为主题,通过"江海文化展览"、"广场天天演"、"文化巡街表演"等系列文化活动,向海内外客商全面展示启东城市魅力、江海文化、经济成就,节会共引进投资项目134个。2008年,启东市文化体育事业蓬勃发展,在北京奥运会上,启东籍运动员包盈盈夺得女子佩剑团体银牌,实现启东市奥运奖牌零的突破,启东籍运动员施海荣为中国男排获得团体第五名立下汗马功劳。启东籍残奥名将张海东在北京残奥会开幕式上担任火炬手,并获得举重冠军。

(陆金红)

2008年各镇(乡、开发区)简况表

名称	面积(平方公里)	行政村(个)	居委会(个)	年末人口(万人)	农业总产值(万元)	工业总产值(万元)	主要农作物		
							粮食(吨)	棉花(吨)	油料(吨)
汇龙镇	133	41	23	21	37300	10825369	21875	1306	7564
北新镇	97	29	3	7.8	35656	2087159	21592	2270	8316
惠萍镇	108	27	1	9.3	46198	899738	22522	2032	7261
寅阳镇	101	25	2	7.9	69163	1226336	18267	2981	7047
东海镇	85	24	1	7.3	65262	897086	13888	3533	6573
近海镇	80	19	2	6.6	65485	316811	21074	1585	5558
南阳镇	127	37	1	11	48356	396967	35217	1342	9775
海复镇	74	20	1	5.9	40667	275777	14921	1543	4366
合作镇	89	22	1	6.8	34632	521754	23033	1518	6929
王鲍镇	126	33	3	9.8	42586	290796	26843	1934	9840
吕四港镇	153	39	10	17.7	271308	443219	23274	1434	12411
启隆乡	20	5		0.35	4359	2539554	9207	32	97
开发区					16242	1942676	3892	238	1632
滨海工业园						48047			
滨江化工园						294318			
城北工业园						75580			

(王健如)

如　东　县

【概况】　2008年,如东县总面积1872平方公里,耕地面积为10.44万公顷。辖15个镇、4个经济开发区、34个社区居民委员会、12个居民委员会、217个村民委员会。年末全县户籍人口105.67万人,人口自然增长率-2.97‰。全年实现地区生产总值263.4亿元,比上年增长13.4%,其中第一产业增加值34.09亿元,比上年增长3.5%;第二产业增加值141.31亿元,比上年增长15.5%;第三产业增加值88.0亿元,比上年增长15.4%。人均地区生产总值26669元,比上年增长15%,增加5315元。三次产业增加值比例为12.9∶53.6∶33.5,二、三产业占比继续提升,经济结构更趋合理。全年实现财政总收入30.09亿元,比上年增长36.7%,其中地方一般预算收入12.12亿元,比上年增长34.3%。县域经济基本竞争力连续六年跻身全国百强县(市)行列。农业方面。全年组织实施市级以上重点农业科技项目47项,其中市级项目3项,省级项目40项,国家级项目4项;获市、厅级三等奖以上科技成果项目5项次;新增标准化示范区16个,其中国家级标准化示范区1个,省级标准化示范区1个,县级标准化示范区14个,示范面积达16万亩;全县新建高效规模农业园区44个,其中种植园区17个,养殖园区27个;全年亩产出3000元以上的高效农田达48.41万亩。工业方面。规模以上工业企业实现工业总产值530.8亿元,比上年增长30.8%;实现产品销售收入521亿元,比上年增长29.2%;实现利税42.28亿元,比上年增长39.8%,其中利润27.31亿元,比上年增长38.6%;工业经济综合效益指数248.27%,同比提高35.7个百分点。年末销售收入在5000万元以上的工业企业达到214家,其中销售收入超亿元企业总数123家。全县完成建筑业增加值30.48亿元,比上年增长6.8%;完成施工产值130亿元,比上年增长23%,建筑产值超亿元11家,超25亿元2家,五建、顺通列省建筑业30强企业;从业人数6.5万人;年内获"鲁班奖"工程1项,获国家科技进步奖一项,省科技成果奖2项。全社会固定资产投资完成额170.05亿元,比上年增长18.8%。在投资完成额中,全部工业投入145.36亿元,比上年增长20.6%。千万元以上竣工工业项目205个,竣工率达60.65%。服务业投入增势强劲,其中房地产开发投资9.34亿元,比上年增长38%,当年竣工房屋面积13.84万平方米,其中住宅面积12.08万平方米。全年累计工程建设投入资金超9亿元,13个续建工程全面达成序时目标。全年完成社会消费品零售总额107.51亿元,比上年增长24.8%,其中批发零售贸易业零售额93.95亿元,比上年增长22.3%,餐饮业零售额13.22亿元,比上年增长45.7%。市场建设投入加大。全县有消费品市场23个。个体私营经济继续保持较快增长。年末拥有在册个体工商户32763户,从业人员3.35万人;在册私营企业16487家,从业人员19.48万人。全年私营个体经济实现税金5.79亿元。全县完成外贸自营进出口总额8.42亿美元,其中自营出口7.42亿美元,分别比上年增长34.3%和38.1%;进口总额1亿美元,比上年增长11.2%。全年新批外商投资企业74个,注册外资9.92亿美元,比上年增长9.2%,外资到帐2.38亿美元;全年完成外经营业额3867万美元,期末在外人数3597人,比上年增长54.6%。全县实现财政总收入30.09亿元,比上年增长36.7%,其中实现地方一般预算收入12.12亿元,比上年增长34.3%。年末金融机构各项存款余额251.45亿元,比上年增长24.7%,其中居民储蓄存款187.06亿元,比年初增加41.74亿元,比上年增长28.7%;各项贷款余额114.79亿元,比年初增加16.37亿元,比上年增长13.4%。居民人均储蓄17650元。2008年,被文化部命名为"中国民间文化艺术之乡",被亚太旅游联合会、中国生态旅游专业委员会、中国文化促进会授予"中国最佳文化生态旅游目的地"。8月,如东县顺利通过江苏省文明城市复查。10月,洋口港成功举行了开港庆典,实现了初步通航。港区总体规划获得了交通部和省政府的联合批复。

【洋口港正式通航】　6月6日,位于南通港洋口港区的江苏LNG项目工作船及大重件码头工程初步设计获得交通运输部正式批复。10月28日,由中国港口协会、中国能源协会、中国旅游协会、上海组合港办公室和中共如东县委员会、如东县人民政府、香港保华集团有限公司主办的洋口港通航庆典在洋口港太阳岛举行。12月25日,国家交通运输部和江苏省人民政府联合发出《关于南通港洋口港总体规划的批复》。该文件确立了洋口港国家层面的法定地位。洋口港区的功能地位主要为临港工业开发服务,以能源、原材料、液体化工品和杂货运输为主。批复同意洋口港区划分为长沙作业区和环港作业区,原则同意有关规划布置方案。

【第二届中国如东沿海经济合作洽谈会】　10月28日至29日,由中国港口协会、中国能源协会、中国旅游协会、上海组合港办公室、中共如东县委员会、如东县人民政府、香港保华集团有限公司主办的洋口港通航庆典暨第二届中国如东沿海经济合作洽谈会在如东举行。200多名中外客商出席洽谈会,其中世界500强企业11家,国内500强企业9家,涉及上市公司近40家。经过洽谈,共有40个项目在当天集中签约,总投资额650多亿元。其中内资项目22个,总投资额597.63亿元;外资项目18个,总投资额8.53亿美元。由华能国际电力股份有限公司投资的大型电力能源基地项目、龙源电力集团投资的1000兆瓦潮间带风电场项目投资额分别达到300亿元和180亿元。

【海洋铁路开工建设】　10月28号,海安至洋口港铁路在丰利镇张家园村正式破土动工。海洋铁路由铁道部和江苏省共同筹资建设,工程投资总额18.3亿元,计划于2010年建成。新建线路自新长线海安站引出,经李堡、栟茶、小洋口至北渔,线路长约77公里,并结合临港工业区规划布置,待条件成熟后,建设上岛铁路及车场。海洋铁路的建设对于进一步完善江苏铁路布局,加快形成南通洋口港公、铁、水交通体系,促进区域经济快速协调发展具有十分重要的战略意义。

【城市和交通基础设施建设加快推进】　2008年是如东县城市和交通基础设施建设投入最多、开发建设增量最大的一年。全县共实施市政工程项目22项,概算总投资14亿元,当年完成投资额超过7亿元,其中7个项目已经竣工。中心城区70平方公里外环框架初具雏形,县城首次实现外环内网目标。全年房地产项目在建面积约65万平方米,建成面积约55万平方米,完成投资8亿元。总拆迁房屋面积31.27万平方米。交通基础设施建设完成投资8.46亿元,13个续建工程建设总里程114.5公里,正大桥、卫海桥、沿海高速东陈连接线、靖双线等9个项目建成通车,建成农村公路350公里,改造县乡道危桥45座。

【太阳能光伏项目在如东建设】 2008年3月,如东强生公司从美国引进的25兆瓦非晶硅太阳能薄膜电池生产线转入批量生产,通过对电池板组件的自主创新,使该生产线创下了单线产能、电池转换效率、设备投入产出比和批量化生产投产时间四项"中国第一"。年内新上马3条产能为100兆瓦的薄膜电池生产线,同时在国内率先启动建设非晶硅电池1兆瓦并网型光伏电站。路透社以《世界光伏产业的中国超越者》为题予以报道。公司规划到2010年产能扩大到500兆瓦,在新疆、西藏等日照充足地区建立一批1至5兆瓦的光伏电站,建成世界级的薄膜电池生产基地。

【如东获评"中国最佳文化生态旅游目的地"】 经亚太旅游联合会、中国生态学会旅游专业委员会和中华民族文化促进会旅游文化研究中心联合评选,如东县荣获"中国最佳文化生态旅游目的地"称号。如东县已形成洋口港生态旅游区、大豫生态观光农场景区和刘埠休闲农庄度假村等点、线结合的沿海旅游链。如东县抓住洋口港通航和苏通大桥通车历史性机遇,重点发展南黄海风情观光旅游、生态休闲旅游、特色文化旅游,至"十一五"期末,力争建成4A级旅游景区1个、3A级景区1个。

【对外形象宣传】 为最大限度提高如东的知名度、美誉度,向外推介如东、宣传洋口港,县委、县政府组织社会各界有识之士并力邀国内重量级的艺术家,倾力打造三张宣传名片和两首主题歌曲,如东对外形象宣传由此有了准确的定位和鲜明的个性特色。三张宣传名片即:东方深水大港,绿色能源之都,黄海旅游胜地。根据这一主题制作的如东形象宣传片在央视新闻频道播出。两首主题歌曲即:《太平洋的风》、《东方之港》。两首歌曲经国内著名词曲作家创作完成后,分别由歌唱家戴玉强演唱和宋祖英在央视《同一首歌——如日东升》大型文艺晚会上演唱。

如 皋 市

【概况】 2008年,如皋市总面积1477平方公里,辖21个镇(区),348个行政村(居委会),总户数45.23万户,总人口140.92万人,常住人口125.4万人,人口自然增长率-0.45‰。2008年实现地区生产总值280.0亿元,比上年增长14.8%。全年财政总收入39.11亿元,比上年增长44.5%,占GDP的比重为13.97%,比上年提高1.47个百分点。城镇居民人均可支配收入15923元,增长17.9%。农民人均纯收入6695元,增长16.6%。城乡居民人均储蓄存款15685元,增长25.5%。全年实现现价农林牧渔业总产值54.68亿元,同比增长16.22%。全年粮食产量65.54万吨,比上年增产2.86%;棉花产量0.048万吨,增长1.25%;油料产量3.63万吨,增长8.61%;蔬菜产量33.78万吨,减产0.12%。至2008年底,有省级农业龙头企业5家、国家级1家。建成如皋粮食储备中心库和国家级粮油质量检测中心。全市工业结构进一步优化调整,装备制造业发展水平不断提高。全年全部工业实现增加值131.40亿元,比上年增长19.2%,工业产品销售率95.87%,比上年下降3.72个百分点。全年实现建筑业增加值25.79亿元,比上年增长4.9%。全年新增一级资质企业4家,二级总承包资质企业5家。全市拥有建筑业施工人数12.0万人,建筑队伍遍及国内28个省市自治区和境外的5个国家和地区。全年承建施工面积4099万平方米,比上年增长16.0%,获得国家级质量奖杯3项,其中,江苏江中集团承建的无锡工商行政管理局综合大楼获"鲁班奖"。全年房屋施工面积204.76万平方米,比上年增长39.62%,其中,施工住宅168.57万平方米,增长33.23%;商品房屋销售面积27.59万平方米,减少24.33%。全年全社会固定资产投资180.85亿元,比上年增长18.0%。规模以上工业投资124.18,增长27.8%,占全社会投资68.66%。第三产业投资29.52亿元,增长19.47%,占全社会投资16.32%。全年社会消费品零售总额123.73亿元,比上年增长25.5%。外向型经济取得新突破。全年新批外资投资项目83个,增资、转资、转股、并购项目26个,其中,引进世界500强企业投资项目3个。累计实现新批协议注册外资12.09亿美元,下降13.9%。实际利用外资7.03亿美元,下降7.8%。对外贸易稳步增长,全年完成外资进出口总额14.5亿美元,其中自营出口总额10亿美元,增长75.4%;对外经济技术合作稳定发展,全年完成对外劳务营业额1.22亿美元,增长0.8%(同口径);新派出国劳务4505人,与上年持平;年末在外劳务人员10501人,增长1.4%。全年高新技术产业企业147家,当年新增33家。全市已批建各级各类工程技术研发中心(科研机构)119家,其中省级8家,南通市级51家。年末,共有89家企业113个项目进园孵化,37个项目获各级各类科技计划立项,37家企业孵化成熟毕业出园。开发区建设取得新成就,如皋港国家一类开放口岸正式获准。城乡建设快速发展,全年完成城市建设投入51亿元,其中基础设施投入4亿元;完成拆迁面积56万平米,新开工房地产面积155万平方米,竣工面积106万平方米;新增城市道路面积28万平方米,新增绿化面积62万平方米;区域供水、垃圾焚烧热电工程正式启用。

【如皋港建成国家一类口岸】 11月23日,国务院国函〔2008〕106号批文同意如皋港正式对外开放。12月28日,如皋港国家一类开放口岸启动仪式在熔盛重工大礼堂隆重举行。如皋港成为新世纪以来全国首个在县域范围内获批的独立对外开放的国家一类口岸。如皋拥有48公里的长江岸线,至2008年底,如皋港历经6轮临时开放,临时开放码头由1家扩大到5家。先后累计投入基础设施资金70多亿元,开通皋张汽渡,修建如港一级公路、环岛公路等运输干线,构筑了快速、发达的水陆空交通网;如皋港船舶园区、物流园区分别被列为省级重点船舶制造园区和物流基地;熔盛重工被国家发改委批准为国家级造船基地,熔盛公共保税仓库获批并建成投运;建成15万吨码头2座,5万吨码头10座,在建5万吨码头10座,千吨级内港池码头24座;海关、海事、国检大楼等驻港行政机构竣工交付;日处理10万吨的污水处理厂、日处理1500吨的垃圾焚烧热电联产工程投入运营;日供水60万吨的长江区域供水工程如期供水,年供2亿立方米的中油中泰天然气项目加快建设;移动、电信、供电、有线电视等基础设施全面到位;星级酒店、商务会所、便利中心、综合医院等生活配套设施陆续投入使用。如皋港已经形成6000万吨的吞吐能力。

【开放型经济继续位居全省"第一方阵"】 继2007年到帐外资紧随昆山,列全省第二后,2008年完成工商注册外资12.1亿美元、到帐外资7亿美元,均居南通首位,继续位于全省"第一方阵"。新招引世界500强投资项目2个;新批超千万美元外资项目47个,平均单体规模2761万美元,项目个数和单体规模均居南通第一。完成外贸进出口总额14.5亿美元,增长73.8%,进入全省十强;外经营业额突破1.5亿美元,新派劳务突破4500人,其中六建境外公司外经营业额突破4500万美元,跻身全省三强。

【沿江开发"如皋现象"引起广泛反响】 2008年,沿江开发主体功能区全年完成财政收入17.6亿元,占全市的47.6%;完成工商注册外资10.08亿美元、到账外资6.09亿美元,分别占全市的83.3%、86.7%;完成规模工业投入142亿元、应税销售236亿元,分别占全市的61.2%和52%。沿江在不到全市1/20的土地上,创造了全市1/5的财政收入、1/4的规模工业产值、1/2的规模项目投入、4/5的利用外资总量。在江苏131个省级、国家级开发区和重点工业区综合实力排名中,如皋港区迅速跃升至第18位,由此带动如皋地区生产总值由全省的第22名,上升到第16名。到账外资由全省的第36名,上升到第2名;财政收入由全省的第24名,上升到第15名。如皋沿江开发的成功实践引起高层专家广泛关注,7月5日,中国县域经济发展论坛暨江苏如皋沿江开发五年巨变专题研讨会在北京举行。7月19日,江苏省社科院、省发改委在南京联合举办高层论坛,围绕如皋沿江开发五年巨变经验,解读如皋又好又快发展之路,研讨如何推进经济欠发达地区县域经济加快发展。如皋在实践探索中形成的"多维共进的全面发展,协调统筹的持续发展,又好又快的和谐发展"模式,对蓄势待发、奋力超越的其他地区,提供了有益借鉴。中共江苏省委党校、江苏省社科院联合课题组在深入如皋沿江调研考察的基础上,编撰了《江苏沿江开发中的"如皋现象"》一书。十届全国人大副委员长顾秀莲、国务院研究室副主任李炳坤为该书作序。10月,该书由中组部党建读物出版社出版发行。10月,以如皋沿江开发发展之路为主线的三集电视政论片《大江作证》由中组部党建读物出版社出版发行,并被该社列为纪念改革开放三十周年献礼作品。

【熔盛重工首制船命名交付】 2月28日,江苏熔盛重工首制船"GoldenSaguenay"号7.55万吨冰区加强型散货船正式命名交付。这是熔盛重工交付的首条船舶,也是与挪威GoldenOcean集团签订的6条同类型船舶的第一条。总投资约100亿元的熔盛重工造船项目与海洋工程项目是江苏省"十一五"规划的重点建设项目。从2005年10月打桩建厂到首制船交付仅28个月,实现了建厂、育人、造船、效益四同步,创造了世界造船史上的奇迹。8月3日,巴西淡水河谷公司与江苏熔盛重工在上海浦东香格里拉大酒店签订12艘40万吨超大型矿砂运输船建造合同。造船合同总金额16亿美元,开创了单笔全球最大造船订单新纪录。这12艘超大型巨轮是目前世界上订造的最大吨位的VLOC,也是中国建造的最大吨位船舶。12月下旬,这笔合约的首付款全部到达熔盛重工账户,双方合同顺利履约。至此,熔盛重工手持订单总额跃居世界船舶企业第7位,中国第2位。

【城乡建设有序推进】 2008年,市政建设完成投入3.5亿元,新建滨河路东段、大司马南路、外城河东外环路、桃源路、志颐路、怡年路等8条道路。新增城区道路面积28万平方米,燃气管网45公里,城市集污干管8公里,自来水管网35.52公里。完成城市拆迁56万平方米,开工建设商品房155万平方米,竣工106万平方米。建成龙游御境、蓝湾景天等一批高品位住宅小区。新增城市绿化60万平方米。水绘园东入口、逸园、童趣园、东大街、集贤里等一批古城文化代表性建筑和历史街区、古民居的保护性改造建设顺利进行。完成交通基础设施投入13.4亿元。334省道西延工程路基施工结束,白雪线南段竣工通车。完成市镇公路强度提升164公里,建成通居公路100公里。按照城乡一体化思路推进镇村建设。重点镇"三横三纵"、一般镇"两横两纵"的镇区道路框架全面拉开,功能配套进一步完善。镇区农民集中居住区建成2.24万户,入住1.67万户。河道整治提前两年完成规划建设任务,并通过省级验收。完成"一池三改"户用沼气工程2100只,改造户厕72600座。完成成片造林2687公顷,森林覆盖率达到17.5%。中国肠衣城、同源污水处理厂二期等重点减排工程竣工并投入运行,各镇污水处理厂全面开工建设,长江、桃园、林梓、袁桥等镇和如城镇东部工业区已建成运行。日处理1500吨的垃圾热电联产项目建成投运,日处理能力居全省第一。如皋市被评为江苏省村庄建设整治工作先进单位,桃园镇通过全国环境优美乡镇考核验收,白蒲镇朱家桥村等8个村建成省级生态村。

【"一会两节"成功举行】 10月28日,第六届如皋沿江经济洽谈会、第四届如皋·中国长寿文化节、第五届中国(如皋)花木盆景艺术节(简称"一会两节")隆重开幕。500多名中外嘉宾参加节会。本届"一会两节"进一步突出沿江大开发的主题,精心安排沿江开发成就展示、中国长寿之乡揭牌、顾庄生态园开园仪式、古树名木认养活动、盆景蟠扎大赛、欢乐中国行《魅力如皋》大型文艺焰火晚会等一系列经贸文化活动。10月28日下午,如皋沿江经济洽谈会项目推介活动在光华国际大酒店举行、共有105个项目集中签约。其中,内资项目60个,总投资133.43亿元;外资项目45个,总投资22.77亿美元。

【如皋被正式授予"中国长寿之乡"称号】 10月6日下午,首届"中国十大寿星排行榜"揭榜仪式暨中国长寿之乡(如皋)揭牌仪式在如皋东方大寿星园隆重举行。原民政部党组成员、原全国老龄办常务副主任、中国老年学学会会长李本公为中国长寿之乡(如皋)揭牌,并将中国"长寿之乡"称号荣誉证书授予如皋市。2008年5月,如皋市正式向中国老年学学会申报"中国长寿之乡",7月,中国老年学学会受理申报,并委托北京美兰德信息公司对如皋申报的百岁老人和高龄老人的年龄情况进行实地调查核实,各项指标均达到"中国长寿之乡"标准,经过专家评审和网上公示,如皋被正式授予"中国长寿之乡"

称号。9月5日,由中组部党建读物出版社和如皋市委、如皋市政府联合摄制的《探秘长寿之乡如皋》电视片在北京举行首发仪式。电视片共有四集,每集15分钟,全面介绍了如皋独特的人文地理环境、经济社会发展的现状,以20多位百岁老人为例探索长寿秘诀。7~9月,中央电视台《夕阳红》栏目连续推出《老顽童》等8集反映如皋百岁老人生活的《百岁传奇》系列专题节目,展示如皋百岁老人的风采和如皋人健康、活力、智慧、快乐的形象。 (邱贵平)

通 州 市

【概况】 2008年,通州市全境面积1525.74平方公里,其中陆地面积1351平方公里,耕地7.35万公顷,辖省级开发区1个、建制镇19个、街道办事处4个、社区居委会63个、行政村207个、农场5个,年末户籍总人口124.27万人。2008年,通州市强势推进项目建设、宜居工程、全面小康三项重点工作,经济社会平稳健康发展,连续8届跻身"全国县域经济基本竞争力50强"。全年实现地区生产总值391.0亿元,比上年(下同)增长14.6%。其中:第一产业增加值30.35亿元,增长4.4%;第二产业增加值231.0亿元,增长15.5%;第三产业增加值129.65亿元,增长15.6%。三次产业增加值比例为7.76:59.08:33.16。人均生产总值3.53万元(按常住人口计算),增长16.2%,按当年汇率折算为5161美元。实现财政总收入41.61亿元,其中地方一般预算收入16.58亿元,分别增长22.6%和18.4%。金融机构(本外币)年末存款余额374.65亿元、贷款余额190.67亿元,分别增长23.6%和18.5%。扎实推进现代农业建设。实现农林牧渔业总产值48.14亿元,增长16.1%,其中种植业产值24.96亿元,增长14.7%。全年粮食总产量51.17万吨,增长3.3%,其中夏粮总产15.92万吨、秋粮总产35.24万吨,分别增长11.9%和下降0.2%。种植业结构发生变化,蔬菜面积1.78万公顷,增长10.0%。实施高效农业规模化。全市新(扩)建农业项目141个,其中种养项目105个,加工项目36个,500万元以上农业项目45个,总投资额13.90亿元。南通景瑞农业科技发展有限公司总投资1亿元的现代农业园区建设全面启动,核心种植区达153.33公顷。农产品质量稳步提升。全市共认证"三品"(无公害农产品、绿色食品、有机食品)111个,"三品"生产面积7万公顷,占主要农产品播种面积的63.0%。稳妥引导农民集中居住,启动建设农民集中居住区382个,30个村初具新农村雏形。全面启动"宜居村庄"工程,推进垃圾集中处理,建成川姜、四安镇垃圾中转站,疏浚县、乡河道35条(段)154公里,整治行政村河塘102个。加大绿化造林力度,新增绿化面积5653.33公顷,被授予"省绿化造林先进县(市)"称号。协调推进城乡经济社会发展,通过省全面小康群众满意度调查,达到省定全面小康标准。全年完成工业总产值(现价)1800.36亿元、销售收入1779.80亿元、利税165.10亿元,分别增长13.9%、13.8%和13.7%,其中规模以上工业完成总产值900.13亿元、销售收入890.98亿元、利税92.20亿元,分别增长24.3%、24.4%和22.3%;产品销售率为99.1%。完成全社会固定资产投资209.54亿元,其中工业投入175.02亿元,分别增长16.3%和11.9%。重大项目建设成绩突出。实施重大项目169个,完成工作量96.8亿元,其中亿元以上工业项目64个,完成工作量63.75亿元。润德船舶钢结构、通能精机项目总投资均分别达10亿元。特色板块支撑明显,家纺、纺织服装、机械电子、船舶修造及钢结构、食品加工五大特色板块经济拥有规模工业企业671家,完成产值755.91亿元,占全市规模工业总产值84.0%,其中船舶钢结构产业完成产值84.35亿元,增长76.5%。金飞达服装股份有限公司在深圳交易所成功上市,首次募集资金3.0亿元,江海电容器公司、蛟龙重工等5家企业进入上市轨道。江苏综艺集团跻身"2008中国民营企业国际竞争力50强"行列。品牌建设扎实推进。东源电器"顶塔及图形"、银河面粉"南山"被认定为中国驰名商标。坚持内外资并重、择商选资,利用外资质量不断提升。全市新批增资项目22个,投资总额5.64亿美元,项目单体投资规模达1252.60万美元。新批工商登记注册外资2.94亿美元,注册外资实际到账2.58亿美元。引进市外民资70亿元,新增个体工商户2万余户、私营企业1971家、私营企业注册资本73亿元;新增有限责任公司1340家,注册资本70亿元,分别占新增私营企业的68.0%和95.9%。完成自营出口总额14.60亿元,增长21.5%,外经合同额1.56亿美元,总量双双列南通市所属县(市)首位,被授予全省首家"家纺出口基地"称号。建筑强市地位进一步巩固,新获"鲁班奖"2项,实现建筑业总产值382.38亿元。商贸流通经济继续保持快速增长势头,实现服务业增加值129.70亿元,社会消费品零售总额129.42亿元。服务外包取得新突破,国家动漫游戏产业振兴基地通州创意产业园初具规模。开沙岛、中国南通家纺城、渔湾水道、忠孝文化园成为具有代表性的旅游景点。节能减排深入推进。城区生活污水处理厂扩建工程、美亚热电烟气脱硫一期工程建成投入运营,南部地区污水处理厂配套管网建设进展顺利,平潮、石港、西亭、五接等镇生活污水处理工程启动。全年化学需氧量、二氧化硫排放量分别削减1300吨和900吨,主要污染物减排任务全面完成。强化环境执法监管,否决不符合环保要求的项目近30个。通吕运河、通启河等重点流域企业污染整治取得实效。企业创新能力明显增强。6家国家高新技术企业通过复评认定,3家企业被评为省首批科技型中小企业,新增省级以上高新技术产品18个,列入国家、省级科技计划项目19个,获省科技进步奖3项。4个项目入选科技部创新基金中心支持项目,获国家科技型中小企业技术创新基金无偿资助220万元。实现高新技术产业产值238.10亿元,增长46.6%,占全部规模工业的比重26.5%。加快科技服务平台建设,新增博士后科研工作站1家、省级工程技术中心2家。强化产学研合作,新建产学研示范企业25家,实施科技成果转化项目50项。加强知识产权保护。申请专利1834件,增长85.3%,其中发明专利103项;授权量405件,增长29.8%。南通家纺城获世界知识产权组织版权创意金奖。社会事业和谐发展,人民生活水平日益提高。城镇居民人均可支配收入1.85万元,增长15.5%;农村居民人均纯收入8363元,增长11.2%。全年提供就业岗位3.40万个,城镇登记失业率2.51%,新增转移农村劳动力8000人,2000多名城镇失业人员实现再就业。社会保障覆盖面进一步扩大。城镇企业职工基本养老保险、基本医疗保险、失业保险参保人数分别为10.19万人、13.06万人和7.91万人,城镇劳动保障三大保险综合覆盖面为97.2%。成立市慈善基金会,募集基金3.80亿元,年内到账3145万元。全力支援抗震救灾,全市干部群众捐赠款物和缴纳“特殊党费”共计6074.26万元,援建临时安置房7140平方米。市红十字会被评为全国“最佳县级红十字会”。加强文化阵地建设,建成国家级特色文化镇1个、省级特色文化镇2个,村(社区)文化活动室实现全覆盖。文艺创作精品迭出,获省以上大奖作品20项。成立市通剧团,童子戏被列入国家级非物质文化遗产名录。体育事业长足发展,建成江苏省体育强县(市)。中国乒乓球通州训练基地在五接镇开沙岛落成。成功承办全国“百强杯”、全国优秀青少年男子乒乓球赛和韩国全罗北道足协访问赛等比赛。深入开展文明城市创建活动,顺利通过省文明城市考核验收。推进市、镇、村三级便民服务网络建设,所有镇、村均建成便民服务中心(室)。开通“中国通州普法网”,建成省“五五”普法中期工作先进县(市)。第6次蝉联省社会治安安全县(市)称号。深化大调解机制,在全省首创“三站一中心”专业调处机构。

【全面小康社会建设】 5月4日,通州市新农村建设工作领导小组发出《关于对2008年度全面小康建设工作主要目标实施考核的通知》。狠抓三个环节:一是群众满意程度,争创全省一流;二是百姓富裕程度,做到不以平均数代替大多数,而要让大多数达到平均数;三是扎实开展“全民齐努力,全面达小康”主题活动,按照“市指导、镇主抓、村实施、户主体”工作机制,将活动开展得既轰轰烈烈,又扎扎实实。年末,对照省全面小康社会建设主要指标体系,通州市四大类18项25个指标全面达标,高票通过省统计局全面小康群众满意度民意调查,总体上建成全面小康社会。

【“金飞达”上市】 5月21日,江苏金飞达服装股份有限公司首次公开发行A股股票正式上市,发行价9.33元/股,首发股票3400万股,募集资金总额3.17亿元,创造了通州上市公司发行数额最大、募集资金最多的记录。该公司多次获中国服装百强企业称号,2005~2006年对美出口服装额列全国第四名。

【第十四届金秋经贸洽谈会】 9月26日~28日,通州市举行第十四届金秋经贸洽谈会。期间举办1场投资促进说明会和11个专题推介会。来自14个国家和中国香港、台湾地区的1134名新老客商参加。洽谈会期间共洽谈和推进69个意向项目;签约项目9个,其中外资5个,投资总额1.98亿美元,内资4个,总投资14.20亿元;领证、发照项目各1个,总投资6.20亿元;开工项目6个,其中外资1个,投资总额2400万美元,内资5个,总投资15.10亿元人民币。

【“太阳能光伏”项目开工】 10月4日,江苏综艺股份有限公司与韩国周星工程有限公司共同投资的“太阳能光伏”项目在综艺数码城破土动工。该项目一期工程总投资7000万美元,建设一条5代26兆瓦的薄膜太阳能电池生产线。江苏综艺股份公司是以信息产业为核心的高科技投资公司,拥有综艺超导、神州龙芯、连邦软件等国际国内领先的高科技企业,通过与韩国周星公司强强联手,进军太阳能产业,目标建成世界领先、中国一流的薄膜太阳能电池厂商。

【荣获“全国食品工业强市”称号】 12月9日,通州市被中国食品工业协会授予2007~2008年全国食品工业强市称号,南通地区仅此一家获此殊荣。食品工业是通州市五大支柱产业之一,拥有“大富豪”啤酒、“南山”面粉、“新中”乳腐3个中国名牌和大富豪公司、银河面粉公司、江苏新中酿造公司、江苏嘉安食品公司等全国知名食品加工重点企业。2008年食品业规模企业实现主营业务收入39.89亿元,利税5.16亿元,利润2.60亿元。

【乒乓球通州训练基地落成】 5月30日,中国乒乓球通州训练基地在五接镇开沙岛落成。国家体育总局副局长蔡振华、江苏省副省长何权出席落成典礼。该基地占地18万平方米,投资1.30亿元,建筑面积3.30万平方米。训练主馆、副馆和宾馆等一期工程全面完工,训练主馆面积7700多平方米,可按国际比赛标准摆放48张球台,容纳1000余名观众。教学楼、学生公寓、田径场、游泳馆等二期工程已动工修建。

(陈　菊)

泰州市辖县(市)

兴 化 市

【概况】 兴化市位于“长三角”沿江经济开发带,地处江淮之间里下河腹部,东邻大丰、东台,南接姜堰、江都,西与高邮、宝应毗邻,北与盐城隔界河相望。全市总面积2393.35平方公里,人口154.43万人,辖29个镇、5个乡、1个省级开发区,设70个居民委员会、614个村民委员会。兴化素有“鱼米之乡”的美誉,境内生态环境优越,是国家级生态示范区、省级历史文化名城、省级园林城市。2008年,全市实现地区生产总值268.61亿元,比上年增长14.0%。完成财政收入33.37亿元,比上年增长35.2%。其中,一般预算收入12.5亿元,增长30.4%。在全国第八届县域经济基本竞争力评价中位居第七十六位。

【农业】 农业经济继续保持平稳发展势头。实现第一产业增加值44.55亿元,比上年增长4.8%(可比价)。全年农林牧渔业总产值83.02亿元,比上年增长9.1%。粮食总产124.21万吨,增长6.5%。再获全国粮食生产先进县标兵称号。棉花总产1.84万吨,增长35.0%。油料产量3.71万吨,增长13.2%。生猪出栏量40.53万头,增长14.3%。淡水产品总产量22万吨,连续19年名列全省第一。全市高效种植业面积3.42万公顷,比上年新增0.67万公顷;高效渔业面积1.53万公顷,比上年新增0.67万公顷;畜禽规模养殖比重65%,比上年提高5.2个百分点。

【工业、建筑业】 工业经济持续快速健康发展。全年完成工业总产值695.2亿元,比上年增长25.8%。其中:500万元以上规模企业完成产值388.1亿元,增长33.2%;工业开票销售316.6亿元,增长21%。全年新增私营企业701家,个体工商户8114户,累计新增注册资本31.1亿元,其中注册500万元以上私营企业新增134家。80家“五五”工程定向培植企业发展势头良好,实现产值比上年增长27.7%,有9家入库税金超过1000万元。全市产销过亿元企业82家,其中产销过5亿元企业7家,分别比上年增加21家和3家。兴达钢帘线股份有限公司建成全市首家博士后科研工作站,并启动建设投资15亿元的钢帘线技改扩产项目,全年产值41亿元,入库税金3.2亿元,分别比上年增长42.5%和34.4%。不锈钢材料及制品、农副产品加工、机械制造、纺织服装四大支柱产业保持增长,产业集聚度不断提高,不锈钢产业入选“全国百佳产业集群”。建筑业保持良好发展态势,全年实现建筑业总产值109亿元,建筑业增加值28.56亿元,比上年分别增长31.3%和31%。从业人数11万人,比上年增长8%。其中,外出施工7.2万人,外出施工劳务收入3亿多元。建筑施工企业产值过亿元企业28家,其中超3亿元企业7家,超5亿元企业2家。

【国内贸易和对外经济】 服务业规模不断扩大,全年实现服务业增加值91.88亿元,比上年增长15.9%,增幅列泰州市第一;服务业入库税金6.89亿元,增长28.5%。商贸流通质态良好,全年实现社会消费品零售总额59.37亿元,比上年增长23.6%。其中:批发、零售贸易业零售额50.29亿元,增长23.2%;餐饮业零售额7.97亿元,增长19.8%。重点市场健康运行,全年市场成交额首次超百亿元。对外经济发展较快,全年进出口总额33667万美元,增长44.4%。其中,完成自营出口额20753万美元,增长25.1%。新批外商投资企业28家,增资2家。协议利用外资11813万美元,实际利用外资6234万美元,分别增长11.4%和24.3%。完成外经营业额360万美元。在秋季广交会上,全市17家企业参展,参展企业、展位、成交额大幅增加。兴化市成为全省唯一的省级不锈钢、特钢制品出口基地。

【经济体制改革】 市属企业改制扫尾工作加快推进,完成34家乡镇食品站改制工作。继续稳妥推进经营性服务类事业单位改革。实施“强镇兴市”战略,调整和完善乡镇财政管理体制。加强非税收入收缴管理,建立覆盖全市的非税收入征管网络。成立国有资产管理局,完善国有资产监督管理。建立招标采购监督管理联席会议制度,加强政府投资项目管理。全面实施公务用车改革。积极推进农村经营体制改革,全年新增农村“三大合作”组织125家。成立苏中首家农村小额贷款公司。

【交通】 交通基础设施建设加快。全年完成交通基础设施建设地方投资亿元,建成农村公路208公里、文明样板路400公里、桥梁103座。大兴金公路、兴泰公路先导段建成通车。全市公路社会总里程2297公里,等级公路密度上升到公里/平方公里。新建和改造标准化农村客运站10个,新建40座城市公交候车亭和50对城乡公交一体化候车亭,新增30个行政村通班车。全年完成客运量1082.2万人,增长3.0%;客运周转量75754万人公里,增长8.2%;货运量2419.6万吨,下降3.4%;货运周转量595680万吨公里,下降3.8%。运输业完成纳税5852万元,比上年增长5.3倍,营业额9亿元,实现历史性突破。

【供电】 突出戴南、张郭和兴化南部等地区,全力做好电网建设、增容升压、电网技改,全年完成电网投资2.02亿元、农网投资3677万元。新建220千伏同济变,对220千伏顾庄变进行增容,开工建设110千伏戴泽变,完成110千伏周庄输变工程、110千伏戴南变增容等。推进新农网建设,完成1个新农村电气化乡镇、10个新农村电气化村的建设任务。全年完成供电量34.78亿千瓦小时,比上年增长3.59%;用电量完成35.49亿千瓦小时,比上年增长2.84%。

【邮政·电信】 邮政电信事业稳步发展。全年完成邮电业务收入5.87亿元，比上年增长15.3%。其中，邮政业务收入7790万元，比上年增长15.0%。邮政业务总量1.10亿元，比上年增长21.1%。年末固定电话用户数为39.1万户，移动电话用户数48.5万户；全市电话普及率246部/百户；计算机互联网宽带用户5.2万户。

【财政·金融·保险】 财政收入继续保持高幅增长，全市实现财政总收入33.37亿元，比上年增长35.2%；地方一般预算收入12.5亿元，比上年增长30.4%，增幅列泰州四市之首，高于全省平均增幅8.33个百分点，高于泰州市平均增幅11.8个百分点。全年一般预算支出23.68亿元，三农、民生和社会公共事业支持力度进一步加强。全市银行机构各项存款余额211.36亿元，比年初增加44.16亿元，增长26.4%；其中居民储蓄存款余额157.54亿元，比年初增加33.5亿元，增长27.0%。贷款余额127.66亿元，增长23.4%。其中，工业贷款50.61亿元，增长4.9%；不良贷款比年初下降4.86个百分点。保险业稳定增长。全年保险业务收入5.25亿元，比上年增长39.9%。其中，财产保险业务收入0.8亿元，增长3%；人寿保险业务收入4.45亿元，增长41%。

【城乡建设】 加快城市基础设施建设，重点实施16路4桥建设，新增道路里长17.4公里，新增道路面积34.5万平方米。全面完成后街背巷路灯安装任务，建设停车场5个，建设垃圾中转站1座、改造2座。推进城市道路绿化、滨河绿化、防洪堤绿化、街头绿化以及居住区和单位绿化建设，建成生态观光园、阳山公园、兴健园、八里铺公园以及直港河、车路河城市防洪工程滨河绿化，新增城市绿地面积88.7万平方米，人均公共绿地8.4平方米，城市绿地率36%，绿化覆盖率41.4%，被省政府命名为江苏省园林城市。城市旅游文化特色充分彰显。开展千岛菜花生态观光旅游促销活动，接待游客11.4万人次。完成环城河旅游项目规划编制工作，完成东大街维修改造，加快推进东岳庙改造、八字桥中央广场和儒学广场建设。城市防洪工程提前竣工并投入使用。全年共建成防洪墙（堤）22.5公里，完成海池河东西闸站等4个省级补助的城区洼地挡排工程项目，完成野行、大溪河、乌巾荡东闸站等22座防洪闸站建筑物。城市防洪工程受益范围占城市建成区面积的92%，基本实现城市防洪工程三年规划两年完成的目标任务。加快旧城改造，完成城市24个地块、44.5万平方米、近5700户的拆迁任务。新开发商品房约80万平方米，新建"三房"（经济适用房、廉租房、安置房）50多万平方米，建成34万平方米。其中，经济适用房、廉租房12万平方米，安置房22万平方米。

【农村水利】 加快农村闸站建设，全年新建圩口闸170座，新建排涝站124座，新增排涝流量380立方米/秒。继续疏浚整治各级河道，疏浚县级河道6条、乡级河道56条，工长232.8公里，完成土方486.5万立方米。完成149个行政村1008条村庄河道整治任务，共长684.11公里，土方556万立方米。加修圩堤险工患段203公里，完成土方126万立方米。开展水环境集中整治活动，共清理骨干河道24条652.3公里，乡级河道577条，生产河及村庄河道19661条。

【环境保护】 开展西鲍废品市场整治，365家废品市场生产经营户全部关停，361条废旧物品船只全部清理。关停9家废油加工企业，对全市74家脱水蔬菜企业进行治理，其中7家未通过验收的企业停产整治。全面完成泰州市挂牌督办的2件案件和兴化市挂牌督办的51家企业整治工作。大力实施污染物减排工作，全年累计COD减排627吨、SO2减排520吨。扎实开展城乡环境综合整治，推进国家环保模范城创建，开展戴南、张郭国家级环境优美乡镇创建，实施200个村的环境综合整治，新建成泰州市级环境优美乡镇4个、生态村8个。

【科学技术】 全年获批国家级科技计划项目11项、省级科技计划项目13项。全市实现高新技术产业产值44.8亿元，比上年增长60.5%。组织申报并获批江苏省兴化特种合金材料及制品试验检测公共技术服务中心和江苏省兴化脱水蔬菜行业发展公共技术服务中心两个省级科技服务平台专项引导资金项目。开展"企业院校行"活动，与相关高校、科研院所达成16项技术合作意向。知识产权工作进一步加强，全年申请专利562件，其中发明专利65件。

【教育】 启动新一轮教育布局调整，撤并农村普通高中3所，投资1.5亿元打造的全新职教中心校如期投入使用，市实验小学、第二实验小学等16所幼儿园分别通过省、泰州市优质园验收，市第一中学、文正实验学校通过省"三星级"高中专家组现场评估。加强教学精细化、过程化管理，建立健全教学质量监测评估体系。高考取得喜人成绩，全市进入本二分数线首次突破2000人，高分段人数增幅较大。调整完善乡镇教育管理体制，深化人事分配制度改革，全面实施校长聘任制、中层干部竞聘上岗制度。实施学校后勤管理改革，114所中小学校执行统一食谱，学校后勤大宗物品招标采购、统一配送，从源头上确保学生食品卫生安全、质优价廉。清理规范民办学校办学行为。改革小升初招生办法，公办初中严格按施教区免试就近入学，热点民办初中采取自主招生与电脑派位相结合的方式录取新生。开展教育乱收费专项治理，严肃查处违规收费行为。

【文化】 公共文化基础设施建设进一步推进，全市35个乡镇文化站建设全面达标，1/3的村建有"农家书屋"。市文化馆通过国家一级馆验收，市图书馆搬迁新址，市博物馆综合改造基本完成，建立馆藏文物信息数据库，率先在泰州市实行免费开放。坚持文化惠民，全年送戏下乡136场、送电影下乡7368场。成功举办新春舞龙大赛、乌巾荡竞舟大赛和纪念郑板桥诞辰315周年、纪念改革开放30周年"楚水放歌"大型文艺演出等文化活动。农村群众文化艺术生产再创佳绩，参加泰州市原生态民歌大赛，所获奖项占大赛奖项总数60%。小淮剧《板桥放粮》在江苏省第五届小戏小品大赛中获优秀剧目综合一等奖，新创表演唱《板桥竹》获省群众文化政府最高奖"五星工程奖"金奖。以"多彩周末"广场文化活动为载体，大型群众文化活动出新出彩，全年组织广场活动30余场。实施第三次全国文物普查，竹泓木船制造技艺人选国家级非物质文化遗产保护名录。赵海仙洋楼被命名为全省中医药文化宣传教育基地。整修东门外大街，修复状元坊，扩建东岳庙，重建高谷故居、李鳣浮沤山庄，修缮大司马府、吴甡故居、陈五房进士第等工程按期开工。突出校园周边文化环境整治，加强网吧市场监管力度，开展净化社会文化环境"百日整治集中行动"。

【广播电视】 着力提高广播电视节目制作质量,继续办好《行风热线》、《民生直通车》等特色节目。电视节目在中央电视台用稿(片)4篇,省台用稿(片)46篇,泰州台用稿(片)近800篇;广播节目在中央人民广播电台用稿50多篇,省台用稿60篇,泰州台用稿200多篇。全面实现有线电视"组组通",全年新增有线电视入户3.36万户,全市有线电视总数29.47万户,综合入户率76.06%,建成江苏省有线电视先进市。全面实施调频广播与有线电视"双入户"工程。

【卫生】 加快农村公共卫生服务机构建设,建成农村社区卫生服务中心32所、农村社区卫生服务站221所。农村基本公共卫生服务项目完成率98.13%。启动市人医、市四院、戴南人民医院新院建设以及周庄、安丰等7个乡镇卫生院业务用房改造工程。推进农村改厕,全年完成改厕任务10138户。戴南镇通过省级卫生镇考核验收,戴南镇董北村、张万村、双沐村、赵家村、永丰村,大垛镇双石村、吴岔村等8个村通过省级卫生村评审。

【体育】 先后组织开展舞龙大赛、龙舟大赛、全民健身展演、千人太极拳比赛、老年门球比赛及各类体育协会赛事活动近100场。成功举办首届戴南杯国际象棋女子明星对抗赛。全市运动员先后参加国际、全国、全省各类竞技比赛11次,获金牌27枚、银牌25枚、铜牌36枚。向省队输送优秀运动员3人。14岁的国际象棋选手侯逸凡获土耳其女子国际象棋特级大师邀请赛成人组冠军。

【人口和计划生育】 深入开展创建省人口协调发展先进市活动,加强婚育基础管理和婚育新风宣传教育,组织开展计划生育集中管理服务活动,全市低生育水平继续得到稳定,计划生育率99.6%。加强出生人口性别比综合治理,组织全市违法生育专项治理行动,加大孕情检查、外孕处理、长效节育措施落实和社会抚养费征收力度。强化计划生育优质服务,完善人口和计划生育服务体系,投入1000多万元新改建20个乡镇"世代服务"中心。全市随访服务率99.7%,避孕节育知情选择率100%,"四项手术"免费技术服务11493例,宫颈癌筛查2.06万人,生殖道感染查治5.6万人,出生婴儿缺陷干预率92%。全面推行独生子女父母奖励金"一卡通"发放,农村部分计划生育家庭奖励扶助制度和独生子女伤残死亡家庭扶助制度落实率100%。

【人民生活和社会保障】 城乡居民生活水平有所提高。城镇居民人均可支配收入14667元,农民人均纯收入6995元,分别比上年增长15.9%和13.3%。推进城乡统筹就业,城乡就业总量不断扩大。全年新增就业11230人,新增转移农村劳动力2.6万人。新增企业职工养老保险扩面人数2.01万人,新增新型农村养老保险参保缴费人数9.6万人,新型农村合作医疗保险农民参合率97.96%,城镇非职工居民医保参保率85.34%。创新民生救助机制,在全省率先整合救助资源成立一站式救助中心。推进万户结对帮助工程,全年有3200户帮扶对象脱离低保边缘线。

【社会稳定、安全生产】 以大调解、大防控和基层建设三项工作为重点,扎实推进"平安兴化"建设,连续四年蝉连省级社会治安安全市,被泰州市表彰为社会治安综合治理先进市。深入开展领导干部大接访、机关干部大下访和政法干警大走访活动,建立维护稳定形势分析联席会议和"双排查"制度,实现奥运期间"零进京、不去省、无集访",信访工作被省命名为三无市。加强安全监管力度,组织开展道路交通、水上交通、危险化学品、烟花爆竹、建筑市场等方面的安全生产专项整治,开展安全生产百日督查专项行动和"十百千万"隐患排查治理活动,做好化工生产企业专项整治工作,全市安全生产形势继续保持平稳态势,事故起数、死亡人数持续下降。

【质量技术监督】 深入开展"质量兴市"活动,提高企业质量管理和农业标准化工作水平,全年建立国家级和省级农业标准化示范区各1个,全市有国家级示范区4个、省级示范去3个。大力实施名牌战略,全年申报江苏省级名牌产品6个,泰州市级名牌产品5个,江苏振亚螺钉有限公司的振亚牌螺钉申报中国名牌产品。"兴化大米"和"兴化红皮小麦"申报国家地理保护标志产品。加大安全监管力度,开展特殊行业、特种设备安全专项整治活动。组织打假治劣行动,对全市乳制品企业实行驻点跟踪监督。提高技术服务能力,筹建国家级不锈钢制品质量检验中心。

【粮食·供销】 围绕粮食安全,充分发挥粮食购销主渠道作用,全市国有购销企业粮食收购量90万吨,粮食购销经营总量210万吨,实现销售收入14.63亿元。加强地方储备粮管理,"双百工程"新增仓容2750万公斤,创建泰州市级放心粮油店(柜)2家,建设无公害优质稻米生产基地366.67公顷,成立粮食专业合作社5家。优质红皮小麦、优质啤酒麦芽、优质稻米三大特色产业进一步壮大,楚龙面粉公司成为江苏最大的单体小麦加工企业,全市麦芽年生产能力30万吨,3个大米产业群年粮食交易量120万吨以上。供销社系统实现销售服务总额14亿元。百康豆制品公司成为泰州市唯一一家通过QS质量认证、获得食品生产许可证的豆制品生产企业。稳步推进为农服务载体建设,新建为农服务社74家,创二星社32家、三星社15家,新建专业合作社8家。大力发展农村现代流通,省苏农农资配送中心完成第一期工程并投入运营,成立泰州市新合作常客隆百惠超市有限公司,基本建立日用品、农资、烟花爆竹、再生资源、农副产品收购和农信担保六大经营网络。新增百惠超市农家店168家、苏农农资连锁店102家,推进连锁超市进校园46家。

【投资环境说明会】 3月29日,市委、市政府在韩国首尔举办中国兴化投资环境说明会,与韩国企业家进一步增进了解,建立更广泛的合作关系。戴南镇政府分别和韩国海洛克公司签订投资300万美元的不锈钢精加工项目意向协议,与TJH公司签订投资额360万美元的不锈钢表面处理项目意向协议;兴化中野食品公司与韩国都宏株式会社签订204万美元的FD脱水蔬菜贸易合同。4月18日,市委、市政府在苏州胥城大厦举行江苏·兴化投资环境说明会暨重大项目签约仪式,签订项目52项,项目投资总额22.45亿元。8月20日,在杭州国大雷迪森广场酒店举行江苏·兴化(杭州)城建项目推介会暨签约仪式,现场签订城建项目16个,投资规模11.356亿元。12月

21日,在上海双拥大厦举办江苏·兴化(上海)投资环境说明会,签订项目投资协议55个,计划总投资16.2亿元。

【城市防洪工程建设】 7月,兴化市城市防洪工程提前竣工并投入使用。兴化市主城区地势低洼,防洪设施不配套,在历年洪涝灾害中受灾严重。提高城市防洪自保能力,把兴化城建成里下河地区富有水乡特色的中心城市。至年末,兴化城区建闸37座、防洪堤(墙)38公里。主城区、新城区、九顷片区、野行片区、张阳片区、城堡片区等6片区都达到挡排条件,基本实现市委、市政府"三年任务、两年完成"的城市防洪工程建设目标。在规划和建设过程中,将城市防洪工程与沿河绿化、城市污水管网、旧城改造、航道整治等有机结合,并依托防洪工程,以运动场地、沿河雕塑、绿化为主,美化、绿化环境,建成9个百姓"水上公园"。各类建筑物设计新颖,各具特色,做到集防洪、景观、绿化、休闲于一体,彰显兴化水乡文化的深厚底蕴和时代风韵。

【中国河蟹养殖第一县(市)】 9月8日,由中国渔业协会河蟹分会、中国水产技术推广中心、泰州市人民政府、农业日报社、兴化市人民政府、中国渔业报社、中国水产杂志社、江苏渔业报社等单位联合举办的中国·兴化河蟹产业科学发展论坛暨中国生态河蟹养殖第一县(市)授牌仪式在兴化举行。中国渔业协会河蟹分会授予兴化"中国河蟹养殖第一县(市)"称号。2008年,全市有河蟹养殖面积3.73万公顷,混养面积1万公顷,河蟹产量3.5万吨、产值14.7亿元,分别占全省的1/8和1/10,河蟹产业成为全市农业经济的特色主导产业,成为致富百万农民的大宗项目。

【国家级非物质文化遗产】 6月14日,竹泓木船制造工艺列入第二批国家级非物质文化遗产名录。省文化厅确定公布的206名第二批省级非物质文化遗产项目代表性传承人名单中,竹泓镇竹二村44岁的民间艺人周永干被确定为竹泓木船制作技艺传承人。

【省级园林城市】 加大园林绿化工作力度,2008年度以造林总面积4220公顷的实绩列全省第一,被省林业局表彰为上年度植树造林先进县(市、区)。积极创建省级园林城市,全年新增城市绿地面积88.7万平方米,人均公共绿地8.4平方米,城市绿地率36%,绿化覆盖率41.4%,被省政府命名为江苏省园林城市。

【废品市场整治】 由环保、安监、公安、工商、供电等部门及西鲍、城东等乡镇协同配合,联合对西鲍废品市场环境进行综合整治。整治期间,水上、陆上检查点共拦截查处废旧橡塑运输船1015条,运输车293辆,拆除各类设备设施1393台,清理各类原料和下脚料3万多吨,河道清淤6000立方米。365家废品市场生产经营户全部关停,361条废旧物品船只全部清理,并落实长效管理措施。通过整治,白涂河废品市场段水质从整治前的劣四类水达到三类水标准,影响白涂河两岸数万群众饮用水安全的废品市场二次污染问题得到根治。

【兴化不锈钢产业发展论坛】 10月21日,兴化市委、市政府在戴南镇举行中国·兴化不锈钢产业发展论坛。论坛就经济危机下不锈钢产业该如何发展等问题进行探讨,进一步理清不锈钢产业发展思路,增强不锈钢产业发展信心。中国特钢企业协会不锈钢分会常务会长李成教授、国际镍协会顾问刘尔华教授、省宏观经济研究院院长顾为东教授、中国特钢企业协会不锈钢分会秘书宋锦华应邀出席论坛。

【中国·兴化优质小麦产业发展论坛】 10月23日,兴化市举办中国·兴化优质小麦产业发展论坛。兴化市是全国著名的农业大市,连续多年获全国十大粮食生产先进县(市)标兵称号,生产的优质红皮小麦以其优异的蒸煮效果、浓郁的麦香和舒爽的口感,备受市场青睐,兴化小麦市场拍卖价格超过周边地区的8%左右。2008年兴化市优质小麦播种面积8万公顷,总产量5亿多公斤,有规模面粉加工企业2家,日处理能力2400吨,小麦加工业可实现产销5亿元以上。论坛研讨会上,有关专家学者就做优红麦产品、壮大特色产业,红皮小麦产业发展趋势展望,兴化优质红皮小麦的品质优势与持续发展对策,世界小麦深加工产品与冷冻面团发酵技术研发方向等研究课题分别演讲。

【大兴金公路全线通车】 11月12日,横贯兴化市北部地区东西向的重点公路工程大兴金公路顺利通过交工验收,正式交付使用。大兴金公路兴化段全长59.621公里,自2006年7月开工,按二级公路标准建设,总投资约2.2亿元,新建改建桥涵50座。该路横穿兴化市北部地区大营、安丰、钓鱼、缸顾、李中等11个乡镇,受益人口近40万人,其建成将促进兴化市东北部、西北部地区的经济和社会发展。

【博士后工作站】 11月16日,江苏兴达钢帘线公司博士后科研工作站正式揭牌成立。国家人力资源和社会保障部处长刘连军,泰州市政府副市长刘励等领导共同为兴达博士后科研工作站揭牌。兴达钢帘线博士后工作站是兴化市第一家,其成立对于提升该市企业发展层次,加强人才引进和培养具有重要意义。

靖江市

【概况】 靖江市位于长江下游,襟江近海,东、西、南三面临江,南与张家港、江阴等地隔江相望,东与如皋相邻,西北与泰兴相连,是苏中新兴的港口工业城市,拥有优质长江岸线54公里,水陆交通便利。锡澄、广靖高速公路通过江阴长江大桥南连沪宁高速公路,北接宁通高速公路;新长铁路从靖江过江,向南联沪宁铁路,向北通陇海铁路。总面积665平方公里。全市辖2个省级经济开发区,8个镇、1个街道办事处,设有191个行政村、57个社区居民委员会,人口66.55万人。2008年,全市实现地区生产总值291.11亿元,人均地区生产总值45032元,比上年分别增长16.8%、16.0%;三次产业增加值分别达到10.76亿元、175.97亿元、104.38亿元,比上年分别增长4.6%、18.5%和15.8%;完成全社会固定资产投资145.04亿元,比上年增长40.9%;实现财政总收入54.14亿元,其中一般预算收入20.84亿元,同口径分别比上年增长30.6%和

30.1%。人均主要经济指标继续领跑苏中,达到苏南"第二方阵"发展水平。(徐常青)

【农业】 农业经济稳步提升。全年实现农业总产值19.91亿元,比上年增长17.26%;实现农业增加值11.27亿元,比上年增长15.59%。农业生产保持平稳。粮食总产32.28万吨,生猪、家禽、山羊饲养量,分别为58.46万头、254.86万羽和7.71万只。农民收入进一步提高。全市农民人均收入8010元,比上年增长12.9%。现代农业加快发展。大力推进"6138"工程,现代农业"一区两园"格局初具雏形;全市高效种植面积0.57万公顷,新增0.11万公顷。生态建设稳步推进。林业绿化成绩显著,累计完成绿化造林面积0.19万公顷;农产品质量建设稳步推进,省级认定的无公害农产品产地61个,全市无公害农产品总数20个。农业产业化经营势头良好,16家泰州市重点龙头企业实现销售收入35.6亿元,实现利税1.7亿元,出口创汇3472万美元。农业生产条件不断改善。大力推进"双清"工程,完成71个村的河道综合整治,疏浚二、三级河道1752条;农业机械化水平进一步提高,年末拥有农业机械总动力26.74万千瓦,拥有大中型拖拉机196台、小型拖拉机2710台、联合收割机336台;继续实施农业综合开发项目,全年改造中低产田666.67公顷。(夏 羽)

【工业】 工业生产高位运行,经济效益逐步提高。全年完成工业增加值160.73亿元,比上年增长20.4%。全部工业实现产值、销售、利税和利润分别为1000.09亿元、857.55亿元、94.71亿元、57.34亿元,比上年分别增长49%、43.3%、75%和80.6%。其中,553家列统工业企业实现产值675.78亿元、销售收入632.73亿元、利税80.82亿元和利润53.46亿元,比上年分别增长45.2%、43.1%、85.5%和87%。重点工业企业支撑作用明显。全年工业产品销售收入1亿元以上企业75家,其中销售过10亿元的企业11家,比上年分别增加13家、3家。(于 政)

【改革】 行政管理体制改革深入推进,市发改委、经贸委等19个部门进行内设机构调整,设立行政服务科,归并行政许可职能,实行行政审批服务一个领导分管、一个科室审批、一个窗口服务、一套制度保障。全市共有24个部门348个项目集中进驻中心,41个行政审批项目纳入办事大厅集中对外服务,119个项目委托中心代理代办。乡镇机构改革试点已经完成,进一步精简行政编制10%,精简事业编制20%。市属企业"三置换一保障"改革进一步完善4家。靖江金融部门加大对地方经济服务力度,积极创新融资产品、担保方式、信贷服务等机制,合力化解中小企业融资难。财政体制改革着力调整和优化财政支出结构,较大幅度地增加对社会保障、医疗卫生、义务教育、社会救助和"三农"方面的支出,进一步改善民生。完善"五保合一"的社会保障体系,城镇企业职工基本养老保险、医疗保险、失业保险覆盖率接近100%;在农村大力推行新农保政策,调整3年最低缴费标准,初步建立市、镇、村三级就业网络。价格体制改革采取有力措施抑制物价总水平过快上涨,加强对群众切身利益体系的价格监测和市场监管。现代市场体系建设有序推进,以沿江大物流、城郊大市场、城中大商场建设为突破口,积极发展特色餐饮和特色旅游事业,扎实推进沿江粮食、石化、冶金、保税、木材五大物流基地建设。(陈 明)

【建筑】 全市完成建筑业总产值128.38亿元,比上年增长25.4%,实现建筑业增加值31.5亿元,增长22.4%,实现利税4.8亿元,增长6%,其中利润总额2.6亿元。建筑施工总面积1070万平方米。规模工程437个,其中29层以上项目5个。拓展海外市场6个,工程施工面积72万平方米,境外营业额4354万美元。靖江市长安建筑安装总公司晋升房屋建筑工程施工总承包壹级资质,填补全市建筑业企业在房建类总承包壹级资质方面的空白。品牌战略取得显著成效,获省优工程2个,省文明工地10个。(孙卫东)

【财政·金融】 地方财力明显增强。全年财政总收入实现54.14亿元,比上年增长30.6%。其中,一般预算收入20.84亿元,增长30.1%。财政总收入、一般预算收入居苏中各县市之首。全年财政总支出31.86亿元,同口径增长20.9%。其中,一般预算支出18.86亿元,同口径增长23.9%。金融机构存贷款继续增加。年末金融机构各项存款余额305.7亿元,比年初增加67.83亿元;各项贷款余额139.77亿元,比年初增加34.36亿元。保险事业加快发展。全年保费收入7.75亿元,比上年增长36.7%,其中财产险保费收入1.47亿元、人身险保费收入6.27亿元;赔款支出退保金及各种给付金额2.12亿元,其中财产险0.89亿元、人身险1.24亿元。(宋 立)

【城乡规划和建设】 高起点、高标准做好各专项规划和重点区域的详细规划编制工作,编制完成新桥片区中心区控制性规划、新港片区中心区控制性规划、江阴园区整合规划和控制性规划,完成10个村庄建设规划和136个农民集中居住点平面布局,至年末,全市30个村庄建设规划和299个农民集中居住点平面布局规划全部编制完成。严格规划控制,规范私房审批管理,完善规划公示制,加强规划执法督查,严肃查处各类违法建设,实行定期规划巡查制度,加强在建工程的跟踪管理。新城建设加快推进。建成阳光大道(含桥)、中洲路、晨阳路、南环路延伸段,污水总管及泵房建成运行,浚治江阳河、天生港和小桥港,建成马洲公园,市民中心、医疗中心封顶,南环花苑安置房竣工交付。启动生态园建设,完成首批1000户农户民房拆迁。旧城改造有序实施。建成人民南路延伸段、康兴路等道路9条,新建西郊公园,实施人民公园改造,虹桥片区安置房建设开工,做好胜利街地块和15号地块改造前期准备工作,基本完成虹兴、城西、银厦3个城中村改造任务,综合整治前进、双港路等居民小区11个。经济适用房一期2.4万平方米建成,全面实施廉租房保障工作,启动晨阳、春江花城、虹桥、东环花苑等农贸市场建设。推动环卫基础设施重点工程建设,升级改造东兴街、混塘河、银厦、西环等垃圾中转站4座。重点中心镇建设力度加大,全年累计投入10.33亿元,创建省级卫生文明镇1个,康居示范村1个,省级环境整治试点村2个。(孙卫东)

【环保】 完成污染源普查任务,累计普查工业污染源3466个、生活污染源1070个和集中式污染治理设施2个。以解决涉铅、电镀、化工等行业的污染问题为重点,完成45家挂牌督办企业的环保专项整治。全年共削减COD1393.2吨,削减SO2978.34吨。上报审批3个区域规划环评、建设项目16个,完成所有重点建设项目的环保审批工作。发放排污许可证1550余家,对全市21家卫生诊疗单位、6家放射源单位、13家有探伤设施单位落实辐射环境安全管理,对125家产生危险废物的企业加强环境监管,全面实行危险废物转移联单制度。新建1个大气自动化监测子站,全市22家重点污染企业安装远程监控装置。建成省级绿色社区2个和泰州市级绿色社区3个,江苏省级绿色学校2所和泰州市绿色学校2所,省级生态村2个、泰州市级生态村3个和环境优美乡镇2个。

(孙卫东)

【教育】 全市拥有各类中小学校88所,在校学生74027人,其中小学32452人、初中22083人、高中13815人。幼儿园在园幼儿14527人。适龄幼儿三年入园率100%,小学适龄儿童入学率、巩固率、毕业率均保持100%;7~15周岁残疾儿童入学率100%;普通初中入学率100%,初中毕业生升学率98.8%。教育现代建设全面推进,被评为省教育督导评估考核先进单位。年内,成功承办苏教版全国写字教学研讨会,生祠中心小学成功创建全国写字教育实验学校,职业教育中心校创省四星级职业高中顺利通过评估,4所幼儿园成功创建为省优质幼儿园。

【文化】 文艺创作成果显著,男女声对唱《荡湖船》获纪念改革开放30周年、首届中国农民文艺会演金穗奖,并代表江苏队进京参加展演;课本剧《虎口拔牙》参加江苏省第五届小戏小品大赛,获小品优秀剧目三等奖;音乐说唱《这里的校园更温暖》获全国第三届少儿曲艺大赛新苗奖;《育珠》、《剑桥圆梦乐乐乐》参加泰州市2008年度新创群众文艺节目调演。文物保护工作再上新台阶,对省级文物保护单位四眼井、钟楼进行修缮;经泰州市鉴定,靖江市馆藏可定级文物28件;在全国第三次文物普查中共复查文物12处,新发现文物点7处;靖江双鱼肉脯制作技艺入选第二批泰州非物质文化遗产保护项目名录。广播电视建设加快,广播、电视覆盖率均达100%,有线电视用户达17.28万户。《靖江日报》发行量2.68万份,内容和质量都有进一步提高。

【卫生】 医疗市场结构调优,全市共有医疗卫生机构29所,其中医院和卫生院23所、疾病预防控制中心1所、皮肤病防治所1所、妇幼保健所1所、卫生进修学校1所、卫生监督所1所、血站1所。卫生系统共有卫生技术人员2917人(医院和卫生院共有卫技人员2710人),其中执业医师1049人、执业助理医师254人、注册护士912人、卫生防疫防治人员77人、妇幼卫生人员33人。卫生系统共有床位2110张,其中医院和卫生院共有床位2092张。新型农村合作医疗制度不断完善,全市20所乡镇卫生院拥有床位1144张和卫技人员1295人,有乡村医生475人,合作医疗参保人数30.97万人,覆盖面100%。全年建成省级卫生镇1个,改厕1万座。卫生服务体系健全率99.5%。全市5岁以下儿童死亡率7.89‰,婴儿死亡率5.7‰,产妇住院分娩比例100%。

(陈　林)

【人口与计划生育】 坚持以人为本,强化管理,优化服务,推进人口与计划生育工作。全市计划生育率99.39%。出生人口性别比109,在基本正常值范围内。计划生育法定奖励政策和农村部分计划生育家庭奖励扶助政策兑现率100%,计划生育社会保障优先优惠政策措施落实率95%以上。

(夏　羽)

【体育】 成功组织首届体育节。率先在全省提出并实施"体育进农村、体育进校园、体育进社区"活动,农村体育健身工程不断完善,农民健身掀起热潮;校园体育设施基本到位,社区健身工程(点)初具规模,新建健身中心4个,城区健身点24个、农村10个,居民健身形成风气。竞技体育取得新跨越,全年获省以上奖牌24枚,其中金牌12枚。学校体育持续发展,全市各级各类学校《国家体育锻炼标准》施行面100%,达标率95.3%。

(陈　林)

【国内贸易】 全年实现社会消费品零售总额68.71亿元,比上年增长23%。城乡消费品市场齐头并进,全年城区消费品零售总额47.39亿元,增长25%;农村消费品零售总额21.32亿元,增长18.7%。

【外向型经济】 对外开放步伐加快。全年完成自营出口总额18.63亿美元,比上年增长143.2%。出口商品结构不断优化,机电、医药化工类产品出口增幅,分别达到220%、151.5%。品牌建设成效显著,亚星、艾兰得被列为省重点出口名牌。全年完成注册协议外资4.57亿美元,比上年增长11.7%;实际利用外资2.77亿美元,比上年增长10.9%。外资项目规模不断扩大,全年新批项目14个。外经合作层次提升。全年新签外经合同1.05亿美元,实现外经营业额1.16亿美元,比上年分别增长12.5%、12.8%。

(于　政)

【交通】 交通各项工作齐头并进、全面发展。全年完成交通基础设施建设总投资3.06亿元。实施24.65公里市通镇公路改造,建成通农民规划集中居住点四级公路100.737公里。完成公交线路上的36座危桥改造。筹措资金,新购置40辆金龙空调车。调整城乡公交车运营线路和站点,基本实现市、镇、村全覆盖,市、镇、村基本达到零距离换乘要求,在苏中、苏北率先基本实现城乡客运一体化改造。推进客运班线公司化改造,完成靖江至镇江、盐城、南通和上海班线的公司化改造。强化道路运政稽查,加强对客、货运、搬运装卸、维修、驾培市场监管,开展"江苏快客"、"江苏快货"、"江苏快修"三大品牌认定试点工作。

【电信】 电信业务发展迅速,全年收入实现1.8亿元。加快推进企业转型,深入实施精确管理,持续优化资源配置,实现全业务经营。固定电话用户数近20万,宽带用户数突破5万户,小灵通用户数近10万户,新增天翼用户5000多户。实施品牌经营,"我的e家"用户数近4万户,"商务领航"客户数6000多户。加速传统网络的改造升级和完善,实施光进铜退工程,加快移动网络建设和优化,通信能力及网络质量不断提高,完成自然村村村通宽带的建设任务。搭建综合信息服务平台,加快推进信息化建设,配合政府做好平安靖江、电子政务等建设。公司获江苏省文明行业、诚信单位等称号,中心营业厅被表彰为全国巾帼文明岗。

【邮政】 完成邮政业务总收入6527.3万元,其中邮政实现业务收入5315.79万元,邮储银行实现业务收入1211.51万元。邮务类、速递物流类业务发展增幅均创下历史新高,增幅分别达29.1%和23.5%,金融业务收入占比首次降到50%以下,结构调整初见成效。新增网点ATM机7台,新装支局网点用UPS10台套。中国邮政储蓄银行江苏省靖江市支行成立,靖江市邮政速递物流分公司挂牌。靖江市邮政局在保持江苏省文明行业的基础上,获江苏省质量奖。公所支局被评为全国"工人先锋号"、江苏省"工人先锋号"、全国"安康杯"竞赛优胜班组、江苏省"安康杯"竞赛先进集体。 (孙卫东)

【供电】 全年总供电量26.43亿千瓦小时,比上年增长13.42%;总售电量24.1亿千瓦小时,增长13.42%。线损率8.8%,电费回收率100%。城市和乡村供电可靠率分别为99.92%和99.78%。 (于 政)

【社会保障】 劳动就业社会保障形势稳定。全市年末城镇集体以上单位从业人员6.63万人。全市各类福利机构拥有床位2288张,收养人数1711人。城乡低保覆盖面100%,城镇居民最低保障人数4641人,农村居民最低保障人数9046人,结对帮扶城乡贫困户1141户。城镇社区居委会依法自治达标率98%,农村村委会依法自治达标率100%。全年新增就业13180人,安置失业人员再就业5601人。年末,城镇登记失业人数3429人,城镇登记失业率3.1%。参加城镇基本养老保险的企业职工人数12.36万人,参加基本医疗保险的职工人数17.41万人,参加失业保险的职工人数9.23万人。城镇养老、医疗、失业保险覆盖率分别为97.5%、97.3%和96.8%。 (宋 立)

【科技】 科技创新创优能力增强。全年实施火炬、星火计划8项,新增高新技术企业9家、产品18个;完成新产品试制352项,申报专利981件,成为省知识产权示范市。实现高新技术产业产值130.54亿元,比上年增长32.9%,占全市列统工业的19.3%。科技创业园新引进科技型企业6家、新产品项目10个;光芒集团建立省级工程技术中心,三江电器集团建成博士后科研工作站。质量兴市和品牌战略成效显著,全市拥有产品质量检验机构1个,法定计量技术机构1个,监督抽查产品59批次,强制检定计量器具8200台(c)件(c);制定修定国家标准3个、企业标准411个;86家企业通过ISO9001等质量管理体系认证;申报3个中国名牌、新创7个江苏名牌、2个泰州名牌。技改投入进一步加大,全年完成技改财务发生数132.28亿元,比上年增长37.1%;实施3000万元以上重点项目102个,其中亿元以上重大项目38个。 (赵小华)

【靖江长江岸线对外开放通过国家级验收】 12月26日,靖江长江岸线对外开放工作通过国家验收组检查验收,靖江24.1公里长江岸线被列入对外国籍船舶一类开放范围。靖江港区已建、在建各类码头45个,泊位总数94个,其中万吨以上泊位33个。预计到下年末,将形成万吨级码头泊位55个,年吞吐能力实现5000万吨。

【靖江造出11.4万吨级油轮】 新时代造船有限公司生产的两艘11.4万吨油轮成功下水,刷新靖江造船最大吨位记录。每艘油轮造价5亿元,船长250米、宽44米、高21米,设计吃水14.8米,最高航速可达16节。

【靖江宝卷入选国家非物质文化遗产名录】 宝卷是由唐代变文和宋代说经演化而成的一种俗讲文本。靖江宝卷自清代传入,已有300多年历史,集艺术、民俗于一体,具有社会教化价值、大众娱乐价值、学术研究价值和特色文化资源价值。靖江存世各类印本、抄本60多种,民间艺人120多位,每年做会讲唱宝卷3000场以上。今年靖江宝卷入选第一批国家级非物质文化遗产扩展项目名录,成为国家级非物质文化遗产。 (赵小华)

泰 兴 市

【概况】 泰兴位于泰州市南部,东接如皋,南界靖江,西濒长江,北邻姜堰,东北与海安接壤,西北与高港毗邻。土地总面积1172平方公里、年末总人口119.7万人。辖20个镇、1个乡、1个省级经济开发区、1个省级工业园区和3个市级工业园区。2008年,全年实现地区生产总值290.17亿元,比上年增长13.5%。其中:第一产业增加值25.82亿元,增长4.7%;第二产业增加值166.6亿元,增长14.1%;第三产业增加值97.75亿元,增长15.1%。产业结构由上年的10.2∶56.9∶32.9,调整为8.9∶57.4∶33.7,其中第二产业比重提高0.5个百分点,第三产业提高0.8个百分点,二、三产业的比重达到91.1%。人均地区生产总值25987元,增长13.5%。全市财政总收入40.29亿元,增长1.9%;地方一般预算收入15.89亿元,增长4.2%。连续8届跻身全国县域经济基本竞争力的百强县(市),居第四十八位。

【全面小康步伐加快】 年内全市全面小康实现程度达到97.68%左右,比上年提高4个百分点。有18项指标提前实现全面小康目标值,3项指标达到自定序时进度,4项指标与目标值尚存在一定差距。

【农业】 全市实现农业总产值44.65亿元,现价增幅9.77%,可比增幅4.7%。全年粮食总产量64.65万吨,比上年净增7.82万吨,增长13.7%,再创历史新高。油料产量3.91万吨,增长25.25%。年内农作物播种面积12.68万公顷。其中:粮食作物播种面积9.06万公顷,比上年增加0.39万公顷;油料作物播种面积1.45万公顷,比上年增加0.19万公顷。

林业、牧业、渔业生产增幅较高。全年实现造林面积2133.33公顷,森林覆盖率20.6%。全年生猪出栏83.41万头,比上年增长10.0%;家禽出栏518.65万羽,增长5.0%;山羊出栏6万只,增长78.6%;肉类产量7.17万吨,增长17.5%;禽蛋总量2.12万吨,增长5.0%;牛奶产量11671吨,增长18.4%;水产品总产量1.78万吨,增长11.3%。

农业产业化经营步伐加快。全市35家农业产业化龙头企业实现销售收入52.7亿元,比上年增长26.2%;实现利税2.49亿元,增长30.4%。其中,实现利润1.46亿元,增长37.8%。新建规模养殖小区22个;新建连片33.33公顷以上全市高效农业种植项目15个,面积达1.68万公顷,占耕地面积24.3%,比上年提高3.5个百分点。农业利用"三资"项目141个。农业机械化水平不断提高。全市年末拥有农业机械总动力50.33万千瓦。拥有大中型拖拉机610台、联合收割机1072台、插秧机694台、农用运输机械1738台。农机跨区作业面积0.43万公顷。机插面积0.75万公顷,机播面积0.76万公顷。主要农作物农机化综合作业水平达76.27%,比上年高1.77个百分点。其中整耕、播种、收获、植保作业水平,分别达83.95%、49.26%、83.75%和88.12%。

农产品质量取得新成效。全市新增无公害农产品13个、绿色食品27个,全市农产品合格率95%以上,无公害农产品标识企业用标率40%以上。伊麦面粉首次获江苏名牌农产品称号。

【工业】 全年实现工业增加值139.73亿元,比上年增长16.8%,占GDP的比重达48.15%,比上年提高1.45个百分点,对GDP的贡献份额达54.1%,拉动GDP现价增长8.7个百分点。全部工业产、销、利分别为814.5亿元、780.83亿元和32.89亿元,增幅分别为25.09%、28.18%和26.54%。工业国税开票销售收入(所属期)348.91亿元,比上年增长25.6%。列统工业企业完成现价工业总产值533.0亿元,比上年增长32.5%。列统工业实现销售收入500.38亿元,比上年增长35.52%;产品销售率97.19%;实现利税49.77亿元,增长46.94%,其中,实现利润23.44亿元,增长32.05%。规模企业不断壮大,新增列统企业105家。产值超亿元的企业92家,比上年净增5家,其中产值超10亿元的企业有8家,净增3家;利税超过1000万元的企业88家,净增28家,其中利税超亿元的企业10家。技术创新能力大幅提高,实现高新技术产业产值158.68亿元,比上年增长27.4%,占列统工业产值29.8%,比上年提高2.6个百分点。品牌战略稳步推进。新增中国驰名商标2个、省著名商标6个、省名牌产品5个。

全年完成技改投入110.4亿元,增长22.0%。全年实施1000万元以上的重大项目140个,其中亿元以上项目22个,比上年净增4个,总投资57.66亿元。"一区四园"项目102个,总投资79.84亿元。其中,开发区项目25个,总投资42.67亿元。全市已批待建项目47个,总投资76.61亿元。其中,亿元以上项目12个,10亿元或1亿美元以上项目3个。

【建筑业】 全年实现建筑施工总产值204.2亿元,首次突破200亿元大关,增长16.6%。新增资质建筑企业15家,晋升二级资质企业2家;年施工产值超亿元的企业33家,其中年施工产值超10亿元的2家;4亿元以上企业8家。全年创省级以上优质工程13项,其中万科紫台家园等两项工程获国家级詹天佑奖;创省级以上科技示范工程5项;创省级以上文明工地17项;创省级以上施工工法4项。在建工程504项,其中29层以上高层建筑65幢,创泰兴建筑历史之最。海外建筑市场拓展取得新突破,全年出国施工和管理人员1680人,完成营业额5569万美元。

【固定资产投资】 全年完成全社会固定资产投资186.79亿元,比上年增长28.4%。其中规模上投资93.9亿元,增长2.2%。房地产开发10.62亿元,增长10.79%。在投资总额中第二产业投资108.1亿元,增长32.37%。房地产业较快增长。全年房屋建筑施工面积156.56万平方米,竣工面积90.09万平方米,销售面积54.15万平方米,商品房销售额18.23亿元,增幅分别为61.58%、245.0%、8.6%和33.6%。

【城市建设】 开工建设新客站,组织实施鼓楼北路北延、东北绕城公路等工程。高标准改造府前街、大庆路绿化工程,完成通江中路、东三环、济川路南延等道路和羽惠河三期绿化工程,新增城市公共绿地61.5万平方米。区域供水杨庄水厂二期扩建工程和浑水管线泰兴段工程全面竣工,城区供水不足的矛盾得到缓解。

【新农村建设和"5+1"实事工程】 疏浚整治市级河道2条30.5公里、中沟76条199.5公里,疏浚村庄河道514.2公里。全市农村公路建设和管理养护得到加强,新铺设218公里,达标验收1050公里。新建和改建农村桥梁202座,更新改造农用泵站156座。

【交通运输】 全市拥有等级公路1957.3公里,比上年净增114.3公里;高速公路71.4公里。行政村客运班车通达率99.4%,城市每万人拥有公交车辆3.11标台。客运车辆特别是私人车辆迅猛增加。公共汽车营运车辆74辆,有营运出租车665辆。年末民用汽车拥有量26519辆,净增2609辆;私人汽车拥有量17208辆,净增2104辆。

【邮电通信】 全市邮电业务收入6.17亿元,增长8.4%。其中:邮政收入0.67亿元;电信收入2.35亿元;移动业务收入2.74亿元,增长36.5%。固定电话用户43.98万户(其中小灵通用户11.55万户),移动电话用户48万户。宽带数字网用户5.86万户,净增1.56万户。互联网宽带接入用户普及率23.64%。

【旅游事业启动发展】 全市旅行社22家,比上年增加7家。宣堡古银杏森林公园加大投入力度,累计投入1700多万元,被评为全国农业旅游示范点。黄桥旅游资源开发正式启动。

【消费市场】 全年实现社会消费品零售总额85.7亿元,增长23.9%。其中:批发业实现零售额8.74亿元,增长33.4%;零售业实现零售额62.46亿元,增长18.2%;餐饮业实现零售额12.61亿元,增长44.9%;住宿业实现零售额1.84亿元,增长73.7%。城乡市场共同发展。城市实现消费品零售额55.81亿元,增长27.7%;农村实现消费品零售额29.92亿元,增长17.3%。

【专业市场】 全市各类专业市场63个,其中工业品市场11个;商品市场成交额74亿元;成交额亿元以上的市场有4个。服务业新定位,城郊大市场、沿江大物流、城区大商贸的格局正在形成,红星美凯龙一期工程投入营运,北二环市场集聚区初具雏形。项目投入不断增大。全市共实施服务业经营项目(不含房地产)312个,计划总投资49.8亿元,当年完成投资30.5亿元,比上年增长21.5%。其中联成化学物流、金华石油物流、红星美凯龙等8个项目投入超亿元。

【对外开放】 全市完成进出口总额109971万美元,比上年增长48.7%。其中:出口总额67999万美元,增长51.1%;进口总额41972万美元,增长44.9%。累计出口超500万美元的企业26家。实际到帐注册外资17594万美元,增长8.4%。新批协议注册外资32912万美元。对外经济合作进一步扩大。全年签订对外承包工程和劳务合作合同4906万美元,对承包劳务实际完成营业额4610万美元,分别增长33.2%、30.9%,全年境外劳务输出350人。

【私营个体经济】 全年新增私营企业1500家,其中注册资金500万元以上企业186家,新增个体户7294户。个私经济注册资金153.52亿元,净增注册资本25.97亿元。至年末,全市私营企业6950家,个体户33649户。个私从业人员16.71万人,其中安置下岗人员2235人。民营经济税收17.44亿元,增长11.5%,占财政收入43.3%,比上年提高3.7个百分点。

【金融】 年末全市金融机构存款余额(本币)219.07亿元,比年初净增加38.8亿元,增长21.5%。城乡居民储蓄继续增加,存款余额160.37亿元,比年初净增35.49亿元,增长28.4%;各项贷款增幅明显,信贷结构进一步优化。贷款余额105.25亿元,比年初净增14.08亿元,增长15.4%。其中,短期贷款余额60.9亿元,中长期贷款余额32.49亿元;个人中长期消费贷款12.53亿元,占中长期贷款的38.6%,比上年同期增加8.9个百分点。

全年实现保费收入4.27亿元,增长43.8%。其中:人寿险3.78亿元,增长49.4%;财险0.49亿元,增长11.4%。赔款支出金额0.37亿元,增加0.06亿元。其中,财险赔付金额为0.25亿元,人寿险赔付金额0.12亿元。

【科技】 科技专项创历史新高,全年组织申报省级以上各类科技计划51项,其中省以上火炬、星火计划11项;列入国家中小企业创新基金项目3项;组织实施省科技支撑计划3项。自主创新能力不断增强。全市获各级政府科技进步奖44项(其中省级1项),省以上高新技术企业30家,实施国家级重点新产品试制计划3项。专利申报领域更广泛,总量迅猛增加。专利申请受理量879件,专利申请授权量372件。其中,申报发明专利135件,申报国际专利12件,授权2件。获国际发明展览会金奖5项。

【教育】 全市共有普通中学55所,在校学生8.16万人,比上年减少0.57万人;小学70所,其中特殊学校1所,在校学生6.15万人,减少1.08万人。小学、初中和高中毕业生升学率分别为100%、97.5%和85.55%,初、高中毕业生升学率略有下降。高校录取9351人,其中高考本二线以上进线人数3531人。高考本二进线人数和进线比例均居泰州之首。启动教育现代化建设工程,推进农村学校布局调整及农村中小学配套工程建设。加快职业教育资源整合,新建职教中心校。

【文化·广播电视】 加快构建城乡公共文化服务体系,加强城乡文化基础设施建设,3个不达标的乡镇完成文化中心建设任务。精心组织纪念改革开放30周年大型文艺晚会和第四届银杏艺术节。推进全市"扫黄打非"工作;组织开展"市民放心"网吧创建评比活动,净化社会文化市场环境。扩建修缮新四军黄桥战役纪念馆。实现农村有线电视覆盖率100%,有线电视入户率79.78%,比上年提高10个百分点。

【卫生】 年末拥有卫生机构433个(含医疗诊所、厂校卫生室),其中医院3个,均为二级医院,卫生院35个。年末各类卫生技术人员4875人,其中执业医师、执业助理医师2224个;注册护士1206人。全市拥有医疗床位数2720个。妇幼保健工作有序开展。孕产妇管理率98%,住院分娩率100%。5岁以下儿童死亡率9.11‰,婴儿死亡率5.49‰。新型农村合作医疗实现全覆盖,参加农村合作医疗人数100.7万人,参保率100.0%。新型农村合作医疗实际补偿率33.58%,比上年提高6.52个百分点。

【体育】 围绕"全民健身与奥运同行"主题,大力开展全民健身系列活动,12个乡镇先后召开全民运动会。精心打造元旦万人健身长跑品牌,实行城乡长跑大联动。在国家和省级比赛中,泰兴市运动员分别取得3金、2银、2铜和5金、11银、10铜的优异成绩。加快体育人才培育。引进6个项目的优秀运动员16人,选拔输送优秀体育人才71人,其中向省队输送6人,向省体校输送5人,输送人数列全省第六位。加强裁判员队伍建设。培养国家三级裁判员22人,其中获国家一级裁判员资格3人、二级资格16人。

【人口和计划生育】 全年出生人口7653人,出生率6.38‰,其中女性3350人;全年死亡人口7065人,死亡率5.89‰,人口自然增长率0.49‰。年末全市户籍人口119.7万人,男性60.74万人,男女性别比为103:100(女性为100),比上午下降1个点。常住人口112.37万人。年末总户数40.08万户。城镇化率45.7%,比上年提高1.5个百分点。

【人民生活】 全年城镇居民人均可支配收入15995元,增长16.8%。其中:工薪收入11592元,增长24.1%;经营性收入1830元,增长17.1%。城镇居民收入接近小康目标。人均消费性支出10735元,增长17.8%。全年农村居民人均纯收入7355元,比上年增长13.6%。人均消费支出4800.6元,比上年增长15.3%。全年在岗职工工资总额14.03亿元,比上年增长16.1%;在岗职工平均工资23956元,增长17.7%。

【劳动就业和社会保障】 年内,培训农村劳动力2.42万人,新转移农村劳动力3.65万人。全年培训在职职工1.3万人,其中再就业培训7846人、创业培训3526人、特困农民"五包"培训1750人。新增就业人员1.2万人,下岗失业人员再就业5920人。年末城镇登记失业率3.1%。社会保障体系更健全,社会保险征缴面进一步扩大。城镇职工参加医疗保险人数17.54万人,参加新型农村社会养老保险人数4.19万人,失业保险征缴额2650万元。农村居民最低生活保障人数30453人。城镇和农村年人均收入低于2500元的人口比重分别为0.65%、2.63%。

【环境保护】 全市环境质量综合指数84.4分,比上年提高1.4个百分点。水环境功能区水质达标率85.3%,比上年提高

13.1个百分点。空气质量良好以上天数占比86.3%,比上年下降2.6个百分点。全市万元GDP能耗下降5.8%,二氧化硫排放量和化学需氧量分别削减2935吨和2054吨。城市污水收集主管铺设和内城河清淤实施到位,城区水环境有望实现更本性改善。化工生产企业专项整治取得明显成效,关停小化工企业20家。全年实施节能改造项目37个,淘汰150台套高能耗设备。

姜堰市

【概况】 姜堰市位于泰州市中部,东邻海安县、东台市,西接江都市、泰州市海陵区、高港区,南北分别与泰兴市、兴化市接壤。全市总面积927.36平方公里,人口79.56万人。下辖15个镇、1个省级经济开发区和1个风景区。2008年,实现地区生产总值218.15亿元,比上年增长14.3%。其中:第一产业增加值18.12亿元,增长4.7%;第二产业增加值123.42亿元,增长15.3%;第三产业增加值76.61亿元,增长15.2%。三次产业结构比为8.3:56.6:35.1,二、三产业增加值占GDP的比重为91.7%,比上年提高1.0个百分点,产业结构更趋合理。新增私营个体经济注册资本23.98亿元,新增私营企业数和个体经营户数6366户。年末,私营个体经济注册资本达到149.33亿元,私营企业数5299户,个体工商户22745户。全年民营经济税收15.86亿元,比上年增长23.8%。实现民营经济增加值144.11亿元,比上年增长14.9%,占全市GDP比重达66.0%。

【农林牧渔业】 2008年,实现现价农林牧渔业总产值33.18亿元,比上年增长16.6%。完成可比价农林牧渔业总产值29.90亿元,比上年增长4.6%。全年粮食产量49.46万吨,比上年增长10.5%。棉花产量0.27万吨,增长4.3%。油料产量2.60万吨,增长20.5%。全年造林面积0.23万公顷。生猪饲养量74.13万头,其中生猪出栏51.7万头。家禽饲养量1075.21万羽,比上年增加21.08万只。主要畜产品中,肉类总产量4.83万吨,禽蛋总产量2.08万吨。全年水产品产量3.10万吨。年末全市拥有农业机械总动力33.28万千瓦。大中型拖拉机1438台,小型拖拉机3088台。农用排灌动力机械4132台5.74万千瓦。全年新增高效农业0.24万公顷、高效渔业533.33公顷、设施农业800公顷,畜禽规模养殖比重提高8个百分点。全市培育"一村一品"特色单体项目108个,每个镇均建成一个千亩示范园区,沈马线生态农业长廊初具规模。新增农村"三大合作"组织100家、农民经纪人230人。新增无公害农产品、绿色食品、有机食品品牌12个,引进"三资"农业项目90个。

【工业】 全年实现全部工业现价总产值630.55亿元,比上年增长22.2%。其中,定报企业完成产值441.02亿元,比上年增长27.6%。全年实现全部工业增加值103.32亿元,增长17.0%,全部工业增加值占地区生产总值47.4%。全市540家定报工业企业实现产品销售收入408.51亿元,比上年增长25.6%;实现利税总额39.12亿元,增长29.7%。其中,利润25.33亿元,增长36.9%。

【建筑业】 建筑业生产平稳发展。全市建筑业注册施工人数累计11.2万人,比上年增长6.2%。其中,外出施工人数6.69万人,比上年增长10.3%。全市建筑业累计施工面积3201万平方米,比上年增长12.8%;竣工面积1402万平方米,比上年下降5.3%。全年实现建筑施工总产值246.90亿元,增加值52.57亿元,分别比上年增长20.9%、14.7%。

【固定资产投资】 2008年,全社会固定资产投资完成额140.45亿元,比上年增长9.1%。其中:城乡规模以上投资93.01亿元,下降1.2%;城乡规模以下投资28.16亿元,增长70.6%;房地产开发完成投资13.86亿元,增长0.7%;城乡居民私人建房5.42亿元,增长23.1%。全社会固定资产投资中,第一产业投资2.53亿元,第二产业投资90.11亿元,第三产业投资47.81亿元,分别比上年增长13.6%、9.6%和7.8%,所占比重分别为1.8%、64.2%和34.0%。全年商品房施工面积170.41万平方米,比上年增长38.5%,竣工面积65.19万平方米,增长49.5%。商品房销售面积53.46万平方米,比上年下降14.8%,商品房销售额16.62亿元,下降2.8%。

【国内贸易】 2008年,全市社会消费品零售总额68.19亿元,比上年增长18.8%。其中,个体经济零售额47.32亿元,增长19.7%。城乡市场协调发展,城市消费品零售额39.69亿元,增长25.9%;农村消费品零售额28.50亿元,增长10.1%。全年住宿业实现零售额0.59亿元,比上年增长15.6%。餐饮业实现零售额7.23亿元,增长22.2%。

【对外贸易】 全市进出口总额(海关数)61368万美元,比上年增长32.4%。其中:进口总额8218万美元,下降10.1%;出口总额53150万美元,增长42.7%。全年新批外商投资企业27家,累计达215家。全年协议利用外资21644万美元,实际利用外资(商务部确认数)12216万美元,分别比上年增长26.6%、9.6%。全年完成外经营业额5823万美元,比上年增长34.9%,新签外经合同额5435万美元,增长26.7%。对外工程承包和劳务合作进一步扩大,年末境外劳务人数331人。

【城市建设】 2008年,城市建设改造有序推进,拆迁工作力度加大,拆迁总面积近30万平方米;街景重塑、生态绿化、道桥畅通、人文传承、民生关爱、旧城改造等六大系列工程进展顺利,8条城区道路基本竣工;城区铺设污水管网9600米,4座污水提升泵站试运行,城区生活污水处理率不断提高;姜堰境内引长江水主体干管工程如期竣工。全年新增绿化面积2.5万平方米,城区绿地率35.1%,绿化覆盖率40.2%,人均公共绿地8.01平方米,省级园林城市创建工作通过省建设厅初检。

【环境保护】 2008年,全市环境空气污染指数小于或等于100的天数为320天,空气良好天数达标率87.7%;全年饮用水水质状况基本稳定,必测项目均符合《地表水环境质量标准》(GB3838—2002)中Ⅲ类水标准;市区区域环境噪声低于54.9分贝,交通噪声低于66.6分贝。环境质量综合指数为84.3%。全市确定SO2减排项目7个,COD减排项目6个,共减排二氧化硫(SO2)948吨,COD999吨,全面超额完成年度减排各项任务。全年审批各类建设项目1004件,建设项目"三同时"执行率100%。全市投入治污资金7000多万元,新上治污设施48台(套),有效控制新污染源产生。

【交通运输】 全年完成交通运输业增加值14.59亿元,按可比价计算增长15.3%,占地区生产总值6.7%。全年完成公路客运量695万人次,旅客周转量48650万人公里;完成公路货运量334万吨,货物周转量26640万吨公里;完成水路货运量4500万吨,货物周转量86400万吨公里,均比上年有所增长。

【邮电业】 全年完成邮电业务收入21943万元,比上年增长0.5%。其中,邮政业务收入5719万元,下降5.9%;电信业务收入16224万元,增长2.9%。年末局用交换机容量30.26万门,其中市内电话7.78万门、农村电话22.48万门。年末城乡电话用户31.1万户,其中固定电话用户24.01万户、无线市话7.09万户。年末宽带用户43767户,比上年增加12207户。

【财政·金融·保险业】 2008年,全市财政总收入(原区划)34.13亿元,比上年增长22.9%。其中,地方一般预算收入(原区划)13.24亿元,增长16.7%。全年财政支出(原区划)25.09亿元,比上年增长21.9%。年末全市金融机构本外币存款余额217.39亿元,比年初增加41.11亿元,增长23.3%。其中:人民币存款余额214.91亿元,比年初增加40.01亿元,增长22.9%;本外币贷款余额126.41亿元,比年初增加26.59亿元,增长26.6%;人民币贷款余额125.79亿元,比年初增加27.18亿元,增长27.6%。在人民币贷款中,短期贷款93.79亿元,比年初增加17.10亿元,增长22.3%。

全年保险业务收入43973万元,比上年增长24.0%。其中:财产险业务收入4762万元,比上年增长22.4%;人寿险业务收入39211万元,比上年增长24.1%。全年保险业务支出30405万元,其中:财产险业务支出3663万元,人寿险业务支出26742万元。

【科学技术】 2008年,全市组织申报各级各类科技计划项目111项。其中,申报省级以上科技计划项目81项,39项获批立项;申报省科技成果转化资金项目4项,2项获批立项;申报省高层次创新创业人才引进计划项目6项,1项获批立项。8家企业通过省以上高新技术企业认定,新增泰州市级以上企业研发中心4家。全年实现高新技术产业产值135.69亿元,比上年增长32.1%。石油装备、新能源、汽车零部件、生物医药等一批高新技术产业群得到快速发展,成为支撑全市经济增长的重要力量。全年完成专利申请995件,增长61.0%。其中,发明专利申请159件,比上年增长67.4%。当年授权量336件,比上年增长40.0%。顺利通过省知识产权示范市考核验收。

【教育】 2008年,10所幼儿园通过省优质幼儿园验收,全市省优质园占比60.0%。职教中心校顺利通过省三星级职教转评验收,蒋垛镇社区教育中心通过省级社区教育中心验收,全市优质教育资源的供给能力进一步增强。教育教学水平不断提升,高考万人本科达线人数保持泰州领先。2008年,全市共有6340名学生被全国普通高校录取。学校布局调整推进。根据生源变化趋势,撤销5所村完小,将马庄初中、运粮初中分别并入淤溪初中、大伦中学,俞垛初级中学、俞垛中心小学合并为九年一贯制学校。年末全市拥有普通中学37所,其中高级中学6所、完全中学3所、初级中学22所、九年一贯制学校6所。中学毕业生人数15492人,其中高中5931人、初中9561人。中学在校人数44961人,其中高中17074人、初中27887人。规模职业教育学校3所,在校学生6034人。小学40所,毕业生人数6877人,在校学生数36909人。幼儿园34所,在园幼儿人数18714人。特殊教育学校1所,在校学生86人。

【文化·广电】 溱潼会船被国务院列为第一批国家级非物质文化遗产名录扩展项目。溱潼镇被命名为中国民间艺术之乡。开展国家第三次文物普查工作,共普查71处各类文保点,其中新发现27处。举办溱潼会船大型图片展。组织50余幅摄影作品参加江苏省非物质文化遗产摄影大展。编辑出版三水文化丛书第二辑《物华三水》。完成《姜堰市历史文化保护规划》、《姜堰城区历史文化轴线概念规划》,参与编撰《中国文物地图集·江苏分册》。

全年电视台在泰州台用片880条,省台用片38条,中央台用片16条,其中《溱湖湿地生态游成为长三角旅游热点》、《姜堰"阳光信贷"为中小企业融资打开一扇"窗"》两条新闻在央视"新闻联播"播出。全年新增有线电视用户19820户,门档入户率99.1%。全年累计投入1300万元用于有线电视网络改造升级,城区17个新建小区的网络建设全部实施有线电视管线预埋,光机直接覆盖用户,全市13个镇42个村(小区)完成区域内二级光纤网、用户分配网改造升级、覆盖延伸、网络整治工作,新架设光缆158.8缆公里、1034芯公里,新开通光点169个。获省广电局有线电视示范市称号。

【卫生】 年末全市拥有各类卫生机构315个,其中医院16个、卫生院15个、诊所46个、医务室22个、城市社区卫生服务站16个、农村社区卫生服务站(村卫生机室)190个,其他卫生机构10个。拥有床位数2221张,其中医院1432张、卫生院690张。拥有卫生技术人员3155人,其中医生1322人。全市平均每万人拥有卫生技术人员40人、医生17人、床位28张。全面推行农村新型合作医疗,覆盖率99.0%。

【体育】 体育事业蓬勃发展。深入开展"全民健身与奥运同行"主题活动,全市举办各类体育比赛健身表演活动逾百次,参加人数6万人次以上。全市建立520个全民健身活动点,其中城区55个、农村465个。全市各类体育协会组织12个。社会体育指导员人数1500多人。建立女子足球培训基地15个,在校训练学员50多人,教练员6人,其中高级职称2人。年内成功举办全国象棋甲级联赛、江苏省青少年散手比赛,组队参加省县级田径赛、省青少年女足年度赛、江苏省健身健美大赛、"省长杯"女足赛等大型赛事。

【人口与计划生育】 年末全市总户数27.61万户,比上年末减少0.97万户,总人口79.56万人,比上年末减少1万人。在总人口中,女性39.24万人,占49.3%。全年出生人数5636人,人口出生率7.08‰;死亡人数4667人,死亡率5.87‰;人口自然增长率1.21‰。

【人民生活】 年末城镇在岗职工人数47048人。全年净增就业人数9300人。年末城镇登记失业率3.05%,比上年下降0.05个百分点。全年城镇在岗职工工资总额11.30亿元,比上年增长13.8%。城镇在岗职工平均工资23101元,比上年增加3468元,增长17.7%。城镇居民人均可支配收入16223元,比上年增加2374元,增长17.1%。农民收入稳定增长,农民人均纯收入7171元,比上年增加867元,增长13.8%。年末城乡居民人民币储蓄存款余额152.71亿元,比年初增加31.05亿元,增长25.5%。年末城镇劳动保障三大保险覆盖率97.5%,其中参加失业保险人数5.86万人,失业保险覆盖率96.9%;参加基本养老保险人数11.26万人,基本养老保险覆盖率97.1%;参加医疗保险的人数16.5万人,基本医疗保险覆盖率98.5%。全市享受农村最低生活保障的对象9092户14120人,城镇1546户3167人。全年最低生活保障金额790万元,其中农村585万元,城镇205万元。（黄 辰 刘小桃）

江苏省启东中学

江苏省启东中学创办于1928年,现占地380亩,建筑面积10.5万平方米,现有99个教学班,教职工440多人,在校学生5400多人。1990年4月,成为江苏省首批办好的重点中学;1997年更名为江苏省启东中学;1998年4月,顺利通过"国家级示范性普通高中"的评估验收,2003年12月成为江苏省首批四星级学校。

办学条件优良。学校有设备一流的实验室、图书艺术馆,是江苏省中学一级实验室、图书馆;学校体育馆有三千多个座位;每个在职教师都配备手提电脑。投资600多万元的多媒体教学网络,能满足师生教学训练和个性发展的需要。

校园环境优美,小河碧波荡漾,四季鸟语花香,是修身养性、读书治学的好地方。曾被评为南通市十佳校园、南通市"建国50周年十大新景观"之一。

师资力量雄厚。在职教师中,有博士1人,硕士42人,享受国务院特殊津贴专家1人。全国教育系统劳动模范2人,特级教师5人,省中青年专家3人,省333工程培养对象1人,高级教师136人,其中教授级高级教师一人。

教学质量一流。学校坚持"面向全体学生,促进全面发展,培养特色人才,为学生的终身发展奠基"作为自己的办学理念,高考连续十多年名列江苏前茅,每年都有15人左右考取清华、北大。2008年高考,有14人录取清华北大,徐曼同学被哈佛大学录取,王叶丹以439分列江苏高考第10名,张枫宜以434分列江苏高考文科第二名,南通市第一名。

办学特色鲜明。1995以来学校在国际中学生学科竞赛中共获得13块金牌2块银牌。体育、文艺、小发明等方面也培养了不少特长学生,小发明多次获国际中学生小发明金奖。学校被媒体和同行誉为"英才培养的沃土,奥赛金牌的摇篮"。2007年下半年,又有4位同学入选国家冬令营,其中邱卫华同学以理论第一、实验第一、总分第一的优异成绩入选物理冬令营。有16位同学获得2008年高校保送生资格。

近几年来,学校先后获得全国精神文明建设先进单位、江苏省文明单位标兵、江苏省先进基层党组织、江苏省模范学校、江苏省文明学校、江苏省德育先进学校、江苏省模范职工之家、江苏省五四红旗团委标兵、江苏省绿色学校、江苏省红十字示范学校等荣誉称号。

杭州市辖县(市)

桐庐县

桐庐县总面积1780平方千米,辖7个镇、4个乡、2个街道,有15个社区、184个行政村,户籍人口39.91万人。该县工业经济质量稳步提高,高新技术企业产值增长40%以上,被认定为省级医疗器械高新技术特色产业基地,浙富水电成功上市。农业活力日益显现,新增省市级农业龙头企业6家,新增与调优产业基地4.5万亩,新培育农民专业合作社41家。服务产业更加蓬勃,引进五星级以上酒店3家,县城商务区建设如火如荼。民生事业快速推进,全县群众喝上安全饮用水,实现城乡居民养老、医疗保障制度全覆盖。被命名为浙江省级体育强县、科技强县,荣获"中国民营经济活力县(市)"和"中国民营经济首选投资县(市)"称号。2008年,实现生产总值164.45亿元,增长10.2%;实现财政总收入16亿元,增长16%。

淳安县

淳安县总面积4427平方千米,辖11个镇,12个乡(街道),有11个社区,425个行政村,户籍人口45.13万人。该县素有"锦山绣水、文献名邦"之称,闻名遐迩的千岛湖横亘县境腹地,是首批国家级重点风景名胜区、国家首批AAAA级风景旅游区,也是国内最大的国家森林公园、国家级生态示范区。依托千岛湖的品牌优势和日益改善的区位条件,县域经济呈现快速发展势头,形成了以休闲旅游为龙头的现代服务业,以食品饮料、机械制造、丝绸纺织、高新技术产业等为主导的新型工业,以茶桑果竹等生态农产品为特色的都市农业;青溪新城建设全面启动,经济开发区、旅游度假区、姜家产业区等重点区块开发建设步伐加快,经济社会发展布局不断优化。先后荣获国际花园城市金奖、国家卫生县城、中国旅游强县、省首批文明县城、省级生态县、省级特色农业强县等称号。2008年实现生产总值92.7亿元,比上年增长11.0%;财政总收入8.52亿元,比上年增长15.2%。

建德市

建德市总面积2321平方千米,辖12个镇、1个乡、3个街道,有24个社区、232个行政村,户籍人口51万人。杭新景高速公路贯穿全境,距杭州1小时车程。新安江、富春江、兰江横亘东西,是国家级重点风景名胜区、中国优秀旅游城市、国家卫生城市、国家级生态示范区和全国绿化模范城市。全市深入实施"工业强市、商旅活市、环境立市"三大战略,综合实力显著增强,经济社会平稳较快发展。2008年,实现生产总值162.27亿元,增长11.6%;完成财政总收入19.4亿元,增长15.5%。

富阳市

富阳市总面积1831平方千米,辖4个街道、15个镇、6个乡,有23个社区、276个行政村,户籍人口63.6万人。该市围绕打造"山水文化名市、现代产业新城、人居休闲胜地"三大品牌,努力建设"生活富裕、生命阳光"的品质之城。农业经济稳步发展,休闲观光农业不断升温,先后举办半山桃花节、拔山炒茶节和安顶山开茶节。工业经济又好又快发展,工业总量首超千亿,城市创新能力列全国县级市第19位,造纸行业技术研发中心被认定为省级区域科技创新服务中心。现代服务业加快发展,被评为"中国运动休闲之城",龙门古镇、新沙岛分别荣获中国十大文化休闲基地和十大生态休闲基地称号,成功举办第二届富春江运动节和第十五届全国定向锦标赛等全国性重大赛事。2008年,实现生产总值342.94亿元,增长12.6%;财政收入45.07亿元,增长16.3%。

临安市

临安市总面积3126.8平方千米,辖15个镇、7个乡、4个街道,有25个社区、298个行政村,户籍人口52.65万人。该市制订出台工业经济、强龙兴农、现代服务业发展、招商引资等三年行动计划以及工业"18条"、外贸"10条"、金融"11条"等扶持政策,有效应对国际金融危机对实体经济的巨大冲击。高新技术产业园开园建设、省科创基地项目正式启动,帝龙新材成功上市,万马电缆首发通过国家证监会审核。旅游城市整体形象亮相央视,旅游综合收入24.2亿元。2008年,实现生产总值229.17亿元,增长11.2%;实现财政总收入22.4亿元,增长20.0%。

宁波市辖县(市)

余姚市

【地理位置与区划】　余姚市位于宁波市西北部,钱塘江和杭州湾南岸,四明山北麓,历史悠久,素有"文献名邦"、"东南最名邑"之誉,河姆渡文化遗址的发掘更是昭示着长江流域也是中华民族的发源地。秦王政二十五年(公元前222年)始置余姚县(一说西汉初建县);1985年7月撤县设市(县级);2008年,余姚市陆域面积1500.80平方公里,总人口83.11万,辖6个街道办事处、14个镇、1个乡,53个居委会,264个村民委员会。

【经济建设】　2008年,全市实现生产总值484.7亿元,增长10.4%。财政一般预算收入70.2亿元,增长10.8%。全社会固定资产投资155亿元,增长8.2%。城镇居民人均可支配收入25114元,增长9.1%;农村居民人均纯收入首次突破万元大关,达到10997元,增长13.5%。

全年实现规模以上工业产值823亿元,增长10.1%;实现高新技术产品产值300亿元,占规模以上工业产值的36.5%,增长22.4%。实现社会消费品零售总额159.7亿元,增长19.2%。成功举办第十届中国塑料博览会、2008中国小家电博览会、2008中国(余姚)裘皮服装节等重大展会12个,展会总成交额首次突破70亿元。全年接待国内外游客390万人次,实现旅游总收入30亿元,分别增长18.2%和20%。实现农业总收入58.3亿元,增长8.5%。成功举办首届中国(余姚)榨菜文化节和余姚榨菜北京推介会。实施农业科技课题项目63项,新增地理标志证明商标1件、中国名牌农产品1个,新增宁波市农业产业化示范基地3个。实现外贸自营进出口总额53.4亿美元,增长13.7%。其中,出口43.5亿美元,增长17.6%。实际利用外资4亿美元,新批服务外包企业31家。

【城乡建设】　调整完善《市域总体规划》,全面启动《城市总体规划》修编,强化专项规划和控详规划的编制工作。杭甬运河余姚段全线通航,杭州湾大桥余慈连接线、杭甬高速公路至沿海北线余姚连接线一期工程(329国道余慈复线至沿海北线段)、329国道余慈复线(小曹娥至黄家埠段)建成通车,双溪口水库建设完成总工程量的90%。西北环线南侧地块、南河沿路道路建设工程、化纤厂厂区、侯青江北岸整治工程等18个项目拆迁任务全面完成,远东工业城二期、最良村拆迁改造一期二期等一批项目拆迁工作基本完成,全年累计完成拆迁60万平方米。全面启动城东水厂及引输水管网工程建设,新增天然气用户4150户,完成二桥三区排水应急工程。新增宁波市级小康示范村6个、村庄整治达标村34个、庭院整治合格村68个,新建农村网络公路128.6公里、沿海防护林带300亩。新增公共绿地面积6.7万平方米,城区污水处理规模提高到6万吨/日。

【社会事业】　新列入国家"863"计划项目1个,新认定高新技术企业54家,新增发明专利63件、中国驰名商标62件,参与制(修)订国家或行业标准33项。全部免除义务教育段学生课本费和作业本费,建成投用舜江中学、姚北实验学校、兰江小学,市一职校顺利通过国家级重点职高验收。全面实施"文化燎原工程",基本完成有线广播"村村响"工程;电视艺术片《王阳明》荣获第24届中国电视金鹰奖;广播剧《有这么一对兄弟》获得国家专家奖一等奖;姚剧被列入第二批国家级非物质文化遗产名录。初步形成城乡"15分钟健身圈",成功创建成为省体育强市。新型农村合作医疗制度,参合率达到96.9%,小病受惠报销比率提高到30%,受益面达到145.6%,新增小病受惠实时补偿结报点58家;城区社区卫生服务站规范化率达到90.9%。全面实施"低收入农户奔小康工程",低收入农户人均纯收入增长19%,人均纯收入2500元以下的低收入农户从5272户减少到2260户。1.8万名城乡劳动力实现就业再就业,农村劳动力转移培训就业率达到80%以上,城镇登记失业率在2.95%以内。建立老年人员生活补助金制度,开展社会化养老和农村五保集中供养工作,发展社会福利和慈善事业。制定实施《余姚市外来务工人员社会保险暂行办法》,基本养老、医疗、失业、工伤和生育保险参保人数分别达到23.1万、17.6万、15万、25.1万和16.1万。

慈溪市

【地理位置与区划】　慈溪市位于宁波市西北部,处沪、杭、甬经济金三角的中心地带,是宁波大都市的北部中心,是长三角城市群中迅速崛起的新兴城市。"慈溪"之名来于东汉董黯筑室大隐溪边,汲水奉母。1988年10月13日,慈溪撤县设市;2008年,慈溪市陆域面积1360.63平方公里,总人口103.12万,辖5个街道办事处,15个镇,有76居民委员会、297个村民委员会。

【经济建设】　2008年,全市实现生产总值601.4亿元,增长8.8%;财政一般预算收入达到86亿元,增长14.5%。全社会固定资产投资196亿元。城镇居民人均可支配收入26385元,增长7.5%;农村居民人均纯收入12263元,增长10.2%。

全年工业总产值突破2000亿元。其中,2103家规模以上工业企业产值超过1000亿元。六大支柱行业实现规模以上工业总产值676.67亿元,占全部规模以上工业总产值的比重为63.8%。高新技术产品产值占工业总产值的比重达到25.2%,规模以上工业新产品产值率为19.2%。实现第三产业增加值199.56亿元,增长9.0%,占生产总值的比重达到33.5%;社会消费品零售总额215.1亿元,增长18%。成功举办大桥国际经贸旅游节、中国慈溪家电博览会、金秋购物节等系列经贸促销活动,大润发超市建成开业,达蓬山旅游度假区、五磊山藏云溪景区建成开放。全年旅游总收入达到26.3亿元,增长51.6%。农林牧渔业总产值41.17亿元,增长5.1%。新增土地规模经营面积1.1万亩、国家级无公害农产品基地28个、各类现代农场43家,25家企业进驻绿色农产品加工基地。全年外贸自营出口额60.35亿美元,自营进口8.42亿美元,分别增长18.9%和1.4%。有自营出口实绩企业1231家,出口超五百万美元企业229家,超千万美元企业119家,超五千万美元企业14家,商品输出到188个国家(地区)。全年合同利用外资10.15亿美元,实际利用外资4.05亿美元,分别增长0.1%和5%。新批千万美元以上项目18个,完成服务外包业务收入2.2亿元。

【城乡建设】 实施新一轮中心城区改造提升,编制完成文化商务区城市设计导则,旧城二期改造区块完成总拆迁量的99%;顺利完成2个老小区改造和25条背街小巷改善工作,完成城区2平方公里数字城管试点,疏浚整治城区河道28公里。中心城区建成区面积35平方公里,建成区绿化覆盖率38.4%,人均公园绿地面积3.55平方米;城市化水平61.5%,提高0.5个百分点。全年新增、调整、延伸城乡公交线路15条,更新、新增公交车316辆,新建公交站点1115个。制定实施农民集中居住区布点规划,竣工农民集中居住区面积23万平方米,新增宁波市级全面小康村6个、新农村电气化镇7个、电气化村98个。

【社会事业】 新认定高新技术企业66家,实施国家级科技计划项目29项,全市授权专利总量在全省各县(市)区中率先突破万件,中国驰名商标和中国名牌产品累计达到82件和10件,累计有39家企业参与69项国家标准和行业标准的制订修订工作。全面免除义务教育段中小学生课本和作业本费,万名职高学生享受政府助学补助,在全国职业院校技能大赛中获得4枚金牌。新型农村合作医疗政府补助标准比上年提高32.4%,参保率达到96.2%。成功举办纪念虞世南全国书法大展,青瓷瓯乐参加北京奥运会专场演出。新增城乡就业岗位3.2万个,培训各类劳动力16.7万名,帮助4500名失业人员实现再就业。城镇登记失业率为2.1%,城乡调查失业率为3%。五险统征参险人数达到5.6万人,社会保险综合参保率达到73.3%新建、改造村级规范化农贸市场21个,新增食品安全检测点21个,被确定为首批国家级食品安全示范县(市)。开工新建经济适用房、廉租房5万平方米,在全省率先开展居住证制度改革试点,发放各类居住证64.6万本,建成暂住人口集中居住房3万平方米。

奉化市

【地理位置与区划】 奉化市位于宁波市南部,浙江省东部沿海,山川秀美,特产丰富,旅游业发展迅速,是经济综合型城市。唐开元二十六年(公元738年)析鄮县地置奉化县。1988年10月13日,撤县设市;2008年,奉化市陆域面积1267.60平方公里,总人口48.16万,辖5个街道办事处、6个镇,有33个居民委员会、356个村民委员会。

【经济建设】 2008年,全市实现生产总值187.97亿元,增长8%。财政一般预算收入25.3亿元,增长12%。全社会固定资产投资额62.6亿元,增长10%。城镇居民人均可支配收入23680元,增长3.5%;农村居民人均纯收入10850元,增长8%。

全年实现农林牧渔业总产值27.39亿元,增长5.8%,荣膺首批省农业特色优势产业综合强县;曲毫茶等4个宁波市级特色农业产业基地项目基本完成;农业龙头企业建立紧密型基地9.6万亩,联系带动农户4.5万户,新成立农民专业合作社37家。全市规模以上企业实现工业总产值323.21亿元、销售产值304.75亿元,分别增长3.5%和2.2%。规模以上工业企业实现新产品产值68.72亿元,新产品产值率达21.3%。船舶、汽车等先进装备制造业和高新技术产业发展迅速,浙江船厂二期、雪花啤酒、神马汽车等一批大项目如期推进。实现第三产业增加值75.85亿元,增长10%,占GDP比重达40.4%。弥勒大佛建成开光,溪口旅游集散中心、阳光海湾等重大旅游项目扎实推进;接待海内外游客717.42万人次,旅游综合收入28.56亿元,分别增长20%和23.6%。2008中国(奉化)雪窦山弥勒文化节荣获"2008中国十大最具魅力节庆"和"改革开放30周年中国30个最受关注节庆"称号,海峡两岸弥勒文化交流活动列入全国对台重点交流项目。

【城乡建设】 编制完成红胜海塘区块、尚桥区块等重要功能区详细规划、生态环境功能区规划。"三高"连接线基本贯通,西宁公路拓宽工程全面完成,沿海中线奉化段开工建设,城区至莼湖快速通道一期工程等建设加快,长汀村、倪家碶等旧城旧村改造扎实推进。旅游景区、象山港区域和弥勒大道沿线等重点区域和地段依据规划得到有效控制,城乡环境卫生综合整治再次获得生态省定量考核优秀等次。新农村建设成效显著,先进经验被新华社连续报道,滕头村成功入选世博会城市最佳实践区,成为惟一的乡村案例。

【社会事业】 新增国家高新技术企业14家、市级以上企业工程技术中心29家,国家气动产品检验中心落户奉化。实施新一轮城区学校布局调整,新组建奉化高级中学,顺利建设职教中心等教育项目。深入开展"文化助推"工程和"种文化"活动。成功举办市第九届运动会。社区卫生服务中心规范化建设积极推进,莼湖、袭村、松岙卫生院门诊楼建成使用。新增城镇就业人员7518人,新增养老、医疗、失业、工伤、生育保险参保人员分别达2.7万、2.69万、1万、2.46万和2.26万;积极推行被征地人员、城镇老年居民和新型农村养老保障"三保合一"模式,养老保障实现城乡统筹和制度上的全覆盖。全年发放低保资金1656万元、救助金693万元。

宁海县

【地理位置与区划】 宁海县位于宁波市南部,浙江沿海中部,东接象山县,北连奉化市,象山港、三门湾两海湾南北环抱,依山傍海,山海资源丰富,特产繁多。宁海县取"境宁海静"之意名县。西晋太康元年(公元280年)析鄞县、临海部分地置宁海县;1983年7月,实行市管县体制,属宁波市;2008年,宁海县陆域面积1843.26平方公里,海域面积275平方公里,总人口60.07万,辖4个街道办事处、11个镇、3个乡,有29个居委会、369个村委会。

【经济建设】 2008年,全县实现生产总值217.9亿元,增长8.1%。财政一般预算收入32.2亿元,增长16.4%。全社会固定资产投资78亿元。城镇居民人均可支配收入和农民人均纯收入分别达到23481元和10332元,增长11.2%和13.6%。县域经济基本竞争力百强县排名升至第67位。

实现农业增加值22.9亿元,增长6.1%。新增土地流转面积5.2万亩,规模经营面积达到32.2万亩。新增市级以上农业产业化基地3个,东海岸农业循环经济示范区被列为省、市示范基地,荣获"全国海域使用管理示范县"称号。新增省、市级农业龙头企业4家,农民专业合作社达到195家。工业总产值431.4亿元,增长9.9%。其中,规模以上工业产值352.2亿元,增长8%。高新技术产业实现产值105.4亿元,增长24%。新增规模以上企业68家,累计达到896家。实现服务业增加值71亿元,增长12.3%,占生产总值比重达到32.6%。社会消费品零售总额66.1亿元,增长23.1%。全年接待游客446万人次,旅游总收入38.7亿元,温泉旅游区创建成为国家4A级旅游区。成功举办第三届中国(宁海)模具资源博览会、第五届中国(宁波)国际文具礼品博览会及首届购物节、美食节。全年完成自营进出口总额15亿美元,增长16%。其中,出口14.2亿美元,增长18.9%。实际利用外资6621万美元,引进内资31亿元;新设境外研发、销售机构8家,引进外资研发机构2家。

【城乡建设】 基本完成县域总体规划和土地利用总体规划联合编制试点,扎实开展重点功能区块和各类专项规划编制。全面完成东门片一期改造,启动实施二期工程,建成汪家、前后张村安置小区;基本建成黄坛水厂、长街水厂,蛇蟠涂围垦主体工程完工,下洋涂围垦顺利实施,"强塘固房"工程扎实推进。新建改建市政道路29条,回竹中路、兴海路洋溪大桥动工建设;完成天然气管道铺设17.5公里,实现管道天然气点火使用,可供气用户达到6120户;基本完成城区低电压改造;增加停车位860个。创建完成21个市县级示范村、45个市级环境整治村,建成103个新农村电气化村和28公里农村联网公路。新增5个省级生态镇乡,大佳何镇荣获"全国环境优美乡镇"称号。深入开展节能减排,化学需氧量和二氧化硫排放量分别削减2.8%和18.5%,被评为省发展循环经济先进县。

【社会事业】 新增中国驰名商标3个,新建市级企业工程技术中心19家,组织参与制订国家行业标准8项,荣获国家授权专利719项,新认定国家高新技术企业17家。风华书院建成并投入使用,三省中学、第一职业中学迁建和浙江工商职业技术学院(宁海)机电学院二期工程动工建设,农村教师任教津贴制度全面实行。成功举办第三届社区文化体育节和第二届潘天寿设计艺术奖大赛,"十里红妆婚俗"列入第二批国家非物质文化遗产名录,建成20个村落文化示范点。建成省体育强镇(街道)8个,成功举办全国山地户外运动挑战赛和全国男子篮球甲B联赛。成立医患争议调解、理赔中心。实施百名农村经纪人培育工程,消除农村"零转移就业家庭"676户;全面完成低收入农户调查,下山移民搬迁686户。实行城乡居民养老保障制度,"五大保险"政策实现全覆盖。

象山县

【地理位置与区划】 象山县位于宁波市南端,三面环海,两港(象山港、石浦港)相拥,渔业繁荣,海洋经济、建筑经济发达。象山之名来于县境西北有山,状如伏象。唐置象山县。1983年7月,实行市管县体制,属宁波市;2008年,象山县陆域面积1382.18平方公里,总人口53.51万,辖3个街道、10个镇、5个乡,设24个居民委员会、490个村民委员会。

【经济建设】 2008年,全县实现生产总值220.6亿元,增长10%。财政一般预算收入27.3亿元,增长20%。全社会固定资产投资76亿元。城镇居民人均可支配收入24066元,增长8.6%;农民人均纯收入10202元,增长8%。

实现农业总产值59.3亿元,增长5.1%。农业主导产业机械化率达到90%,"名特优"产品率70%,完成标准化池塘改造6000亩。新增省级以上龙头企业2家,农业龙头企业实现产值50亿元。新增专业合作社39家,达到86家,销售5.5亿元。规模以上工业实现产值339亿元,增长21.6%。临港工业实现产值120亿元,增长33.4%。新增园区开发面积2平方公里、落户企业34家。高新技术企业达到9家,产值21.1亿元,增长30%。软件产业园和服务外包基地建立,入驻企业9家。实现自营外贸出口额13.1亿美元,增长21%。合同利用外资1.77亿美元,实际利用外资7317万美元。境外工程劳务营业额2亿美元,继续保持全省领先。实现社会消费品零售总额78.9亿元,增长18.4%。全年接待游客534万人次,旅游总收入52亿元,分别增长28%和39.8%。象山县获中国渔文化之乡、中国生态旅游百强县称号;石浦渔港古城被评为国家4A级景区;中国开渔节被评为全国改革开放30周年30个最受关注节庆和2008年中国最具潜力十大品牌节庆。

【城乡建设】 县域总体规划、城市总体规划完成修编,大目湾新城总体规划通过评审。三门口大桥竣工通车,西泽5000吨级码头主体和象西线大修工程完成,环城西路二期基本建成;白溪引水象山段全线贯通,上张水库可下闸蓄水,滨海水厂试运行。新建市政道路7.5公里,基本形成城市新中心区框架。新建农村网络公路76公里、乡镇客运场站3座、港湾式停靠站150座。创建省、市级全面小康村5个,新增省级绿化示范村5个,渔山列岛列入国家级海洋生态特别保护区。

【社会事业】 新增中国驰名商标6件,开发市级以上新产品123个,授权专利219项;县青少年科技活动中心被列为全国首批科普教育试点单位。新改建校舍7万平方米,丹城四小投入使用。文化精品创作获省级以上奖项4个,列入国家级非物质文化遗产项目4项。公共文化服务体系逐步完善,"种文化"活动成效明显,创建省、市规范化社区卫生服务中心5家,各类传染病疫情有效控制。新增就业岗位8151个,再就业3825人,转移农村劳动力1.1万人。新增五大基本保险参保近12万人次,养老保险政策实现全覆盖,新型农村合作医疗参合率96.5%;城镇"三无"、农村"五保"对象集中供养率达到93.7%和100%。

(谢敏依提供)

湖州市辖县(市)

德　清　县

【概况】 德清位于浙江北部,东望上海、南接杭州、北连太湖、西枕天目山麓,东西长54.75公里,南北宽29.75公里,总面积936平方公里,属太湖流域长江三角洲经济区。德清"五山一水四分田",素有"鱼米之乡、丝绸之府、名山之胜、竹茶之地、文化之邦"之美誉。德清历史悠久,有着五千年文明史的良渚文化和古代防风文化的印迹和传说,有千年古刹云岫寺、宋代石桥等一大批历史文化遗迹,还孕育了沈约、孟郊、管道升、俞平伯等一大批历史文化名人。县域西部,有中国四大避暑胜地之一的国家级风景名胜区莫干山,毛泽东、周恩来、江泽民、乔石、朱镕基等中央领导人曾登览胜;中部,有江南最大湿地、防风古国故里下渚湖;东部,有千年水乡古镇新市,素有"千年古运河、百年小上海"之誉。德清区位优势十分突出。杭宁高速公路、申嘉湖高速公路、104国道、09省道、宣杭铁路、京杭运河、杭湖锡线航道贯通全县,县城武康到杭州、湖州市中心只有半小时车程。

【行政区划及人口】 县人民政府所在地武康镇。全县设武康、乾元、新市、钟管、洛舍、雷甸、禹越、新安、莫干山9个镇,三合、筏头2个乡,辖166个行政村、30个社区。全县年末总人口42.68万人。有汉、畲、回、满等7个民族。

【经济建设】 全县实现生产总值190亿元,比上年增长11.1%;全社会固定资产投资91亿元,增长20.9%;社会消费品零售总额56.3亿元,增长19.8%;外贸进出口总额13.5亿美元,增长47.4%,其中出口11.7亿美元,增长53.5%;财政总收入25.8亿元,增长20%,其中地方财政收入13.5亿元,增长20.8%,万元GDP综合能耗下降4.5%,化学需氧量排放量下降3.8%,二氧化硫排放量下降1.6%;城镇居民人均可支配收入23000元,农民人均纯收入11140元,分别增长15%和14%;城镇登记失业率3.4%。

工业经济迈上新台阶。全县工业总产值完成842亿元,增长26.5%,规模企业产值、销售收入和税利实现466.4亿元、452.5亿元和33.9亿元,分别增长23.7%、24.2%和24.5%,新增规模企业46家、达到613家,新增亿千双五企业16家、达到117家,升华集团、德华集团第三次进入中国大企业集团竞争力500强。全年完成工业性投入55.1亿元,增长21.8%,在建3000万元以上项目达到172项,其中5000万元以上项目达到113项,3000万元和5000万元以上项目竣工投产率分别达到32%和25%,千万元以上项目平均规模由上年的5860万元提高到7109万元。

转型升级迈出新步伐。生物医药、特色机电、新型建材、新型纺织四大主导产业产值占全县规模企业产值的比重达到72.3%,德清县被确定为国家级生物医药特色产业基地和省级涂装行业特色产业基地。新增国家火炬计划及高技术产业化项目25项、省级科技创新计划项目23项、省级新产品149项,新增省级以上企业技术中心或研发中心4家,专利申请量和授权量分别达到1200项和700项。新增中国驰名商标6件、省级名牌13个,2家企业参与了2项国际标准制订,开创了湖州市企业参与国际标准制订工作的先例。节能减排工作扎实推进,实施了65项节能项目,狠抓重点区域、重点行业、重点企业的污染治理,德清县被命名为首批省级生态县、全省发展循环经济先进县,通过国家生态县技术评估。

服务业发展取得新成效。完成服务业增加值56.2亿元,增幅高于生产总值增幅1个百分点。制定出台进一步加快服务业发展的政策意见,加大服务业项目引进和建设力度,新开工服务业项目19项,完成投资额比上年增长13%。创建省旅游经济强县工作有序开展,下渚湖湿地晋升为国家湿地公园,新市古镇通过国家级历史文化名镇验收,建立了朱鹮易地保护中心,启动了西部生态旅游区项目建设,全年接待国内外游客403万人次,完成旅游总收入23.8亿元。现代物流业快速发展,升大物流等一批项目建设加快推进,销售收入增长50%以上。商贸业进一步提升,沃尔玛德清购物广场建成,余英坊商业街整体盘活,1.5万平方米商铺开张。房地产、金融保险、邮电通信、中介和社区服务等其他服务业平稳较快发展。

【改革开放】 各项改革有新进展。开展了行政许可职能整合和内设机构调整试点工作,优化行政审批流程,压缩审批时限10个工作日。规范行政事业性收费行为,取消收费33项,暂停征收29项,降低收费标准9项。完成了12个村的集体资产股份合作制改革和2个村的土地股份化改革,成立了县内第一家土地流转服务中心。县农村合作银行成功组建,升华小额贷款股份有限公司开业运营。对外开放有新局面。成功举办"德洽会",积极参加"浙洽会",大力推进招商选资,全县完成合同外资3.2亿美元,实到外资1.5亿美元,实到内资29.5亿元。高新技术产品和医药化工、机械电子行业出口增势强劲,分别增长90%、53%和47%,休闲文化产品出口增长193%,新型建材出口增长116%。企业"走出去"步伐加快,新批境外投资企业4家。接轨沪杭有新亮点。参加了湖州市接轨上海活动周,举办杭州都市经济圈首届县市长论坛等活动,成立了县政府驻杭州办事处,与杭州跨区接通党政办公网络,德清县跨行政区域纳人杭州都市区。

【城乡建设】 新型城市化进程加快。大力实施新一轮"百亿十大"工程,完成重点基础设施项目投资近13亿元。21万平方米县城规划区两大区块房屋拆迁工作顺利完成,城南等五个拆迁安置小区基本建成。申嘉湖(杭)高速公路德清段、对河口水库移民安置等项目建设扎实推进。杭宁城际高速铁路德清段及站场、德清大道东延、塔山森林公园、商检大楼、文化中心、青少年活动中心等项目前期工作进展顺利。新农村建设扎实推进。全面实施"1251"计划,积极推进"一核两翼一带"重点区域和新农村合作项目建设,德清县被列为全国唯一的新农村建设气象工作示范县创建单位。现代都市型高效生态农业发展势头良好,完成农业总产值28.1亿元,增长12.2%。莫干山现代林业园区提升工程和德清县现代高效生态农业园区建设有序推进。加大农村基础设施建设力度,城乡供水、公交、垃圾处理、污水处理"四个一体化"建设步伐加快,乾元日产10万吨水厂和武康城南日处理5万吨污水处理厂动工建设,5个乡镇污水处理厂建成并投入试运行,完成了40个行政村的农村生活污水处理设施建设,建成垃圾中转站6座,新建农村联网公路20公里、林区道路135公里,完成农村危桥改造18座,清淤河道140公里。加强电网建设,新增2个电气化乡镇和33个电气化村。实施了新一轮"十村示范、百村整治",创建市级新农村实验示范镇1个、实验示范村6个,完成村庄环境整治提升35个,受益人口近2万人。积极探索发展壮大村级集体经济新举措,开展低收入农户奔小康工程,全县重点扶持村和低收入农户帮扶工作取得初步成效。城镇管理水平不断提升。开展"示范小区"、"示范街(路)"和"星级城镇"、"星级乡村"创建活动,加快老小区供水管网改造、道路硬化,实施城区绿化提升和亮化工程,城镇面貌进一步改善,德清县荣获全国文明县城、省示范文明城市、省级园林城市、浙江新魅力之城、省和谐社区建设工作先进县称号。

【社会事业】 深入推进农村学校"三进"工程,强化教育事业均衡发展,评选了首届"功勋教师",高考重点和本科上线率再次位居湖州市第一。实施"南太湖精英计划",全年引进各类人才1800多名,启动了人才公寓建设。全面提升"欢乐德清"文化品牌,"中华游子文化节"列入省重点扶持文化节庆活动。成功举办原始瓷与德清窑学术研讨会,以德清为中心的东苕溪流域被誉为"瓷之源"。扎实开展新型农村合作医疗工作,人均筹资水平从87元提高到112元,新增部分均由财政承担,参保率达到97.4%,累计受益21万人次。完成了新一轮农民健康体检10.1万人。城镇居民医疗保险门诊报销实行零起付,报销比例提高5个百分点,住院报销比例提高10个百分点。大力推进县级以下医疗机构药品统一集中采购工作,推出了25种常用药品让利于民。注重提高出生人口素质,免费婚检率从上年的0.45%提高到84%。成功举办了县十运会暨全国木兰拳比赛,新增76个体育设施标准化行政村,实现了全县行政村体育设施标准化建设全覆盖。就业和社会保障力度不断加大。全面推进改善民生"5232"行动,全年新增就业1.82万人,帮扶城镇失业人员实现再就业3880人。企业退休人员基本养老金每人每月平均提高130元。在湖州市率先开展了城乡居民基本养老保险试点。新增廉租住房110套,完成危旧房改造262户,以货币补贴形式落实经济适用住房100套。启动县弃婴、孤儿救助及残疾人康复中心建设,县老年人活动中心建成开放。全力支援四川汶川灾区抗震救灾,累计捐赠款物价值2131.2万元,提前完成了中央下达的8.5万顶救灾帐篷生产任务,启动了青川县楼子乡对口援建工作。"平安德清"建设不断深化。大力开展信访矛盾积案排查调处,全力做好奥运安保工作,全县未发生影响社会稳定的重大群体性事件,德清县被评为全省首批法治县建设工作先进单位,通过了全国平安建设先进县验收。加强社会治安综合治理,扎实推进动态视频监控系统和社区警务建设,严厉打击各类犯罪活动,刑事发案数下降3%。狠抓安全生产和公共安全,安全生产形势总体保持稳定。加强市场监管,有效落实问题奶粉应急处置工作,通过国家级食品安全示范县验收。

【开发区建设】 2008年,德清经济开发区继续呈现良好发展势头,连续第五年进入省级开发区利用外资十强行列,在全省56家省级开发区综合排名中列第12位。全年实现工业总产值249.9亿元,比上年增长49.6%,其中高新技术产业实现产值59.8亿元,增长78.6%;销售收入239.2亿元,增长49.5%;自营出口6.7亿美元,增长58.5%;实现财政收入8.2亿元,增长39.1%。全区新批项目34个,总投资39.9亿元,其中外资项目16个,总投资4.04亿美元,完成协议外资1.97亿美元,实到外资1.18亿美元;内资项目18个,总投资12.4亿元,实到内资11.2亿元。项目建设加快推进,全年完成工业性投入23.69亿元,新开工项目达到38个,百事顺、上官冷拉、汇枫重工等一批重大项目顺利开工建设;竣工项目达到52个,天马轴承、天堂伞业、德昌五金、龙华机械等一批重大项目竣工投产。基础设施投入力度加大,全年投入建设资金2.8亿元。低丘缓坡一期场平工程基本完工,完成工程投资7500万元。三期1平方公里长虹东街延伸工程和环城北路延伸工程道路建设加快推进,完成了狮山区块道路绿化、亮化配套设施建设。截至2008年底,开发区入园企业573家,其中外资企业230家,主要来自法国、美国、日本、香港等20余个国家和地区。开发区逐步形成以凯喜雅工业园、艾诗亚特、安泰时装、永欣时装等为代表的新型纺织服装业,以泰普森休闲用品、天堂伞业为代表的休闲用品业,以天马轴承、运达风力、久胜车业等为代表的先进制造业,以绿能热电、德能天然气、振能天然气、羿阳太阳能等为代表的新能源业,以华莹电子、三以电子、科创电子等为代表的机械电子业,以德华免宝宝、华之杰等为代表的新型建材业,以佐力药业、欧诗漫集团为代表的生物医药业等主导产业。

长　兴　县

【概况】 长兴县地处浙江北部杭嘉湖平原,东濒太湖,西倚天目,南望杭州,北接苏州,与江苏、安徽两省接壤,区域面积1430平方公里。长兴区位交通条件优越,自古被称为"三省通衢",是浙苏皖地区的一个重要的交通枢纽,与上海、杭州、南京、苏州、无锡、常州等长三角大中城市相距均在200公里之内。境内一条黄金水道(长湖申运河)、两条国道(104国道、318国道)、三条铁路(宣杭铁路、长牛铁路、新长铁路)、四条高速(杭宁高速、杭长高速、申苏浙皖高速、申嘉湖高速),构成了水、公、铁立体交通网。长兴物产资源丰富,名特优农产品众多,有闻名海内外的"太湖四珍":银鱼、白壳虾、鲚鱼、大闸蟹;有久负盛名的"长兴四宝":银杏、吊瓜、板栗、青梅;有令世人称绝的"品茗三绝":紫笋茶、紫砂壶、金沙泉等。长兴旅游资源独特,"金钉子"地质遗迹、古银杏和扬子鳄这三个上亿年的珍稀自然遗产,被誉为"古生态三绝",全球罕见;绵延34公里的太湖湖岸线,为环太湖旅游开发提供了广阔的空间;长兴是革命老区,有国家级文物保护单位、被誉为“江南小延安”的新四军苏浙军区司令部旧址。长兴文化底蕴深厚,有民间艺术奇葩“百叶龙”,是陈朝开国皇帝陈霸先的故乡。茶圣陆羽在长兴写就了旷世巨作《茶经》,是茶文化发祥地之一;明代中叶,散文大家归有光、小说家吴承恩同治一县,成为一段历史佳话;元代大画家、大书法家赵孟頫赞誉长兴为“帝乡佛国”,并留下了手写真迹。

【区划人口】 长兴县下辖16个乡镇,222个村委会,69个社区居委会。年末全县总人口61.79万人。其中:男性31.40万人,女性30.39万人;农业人口45.69万人,非农业人口16.10万人。

【经济建设】 全县实现生产总值223.8亿元,比上年增长11%,三次产业结构从上年的9.2:56.4:34.4调整为9.0:57.1:33.9;规模以上工业产值406亿元,增长27.2%;财政总收入30.8亿元,增长10%,其中地方财政收入16.3亿元,增长6.1%;全社会固定资产投资127.6亿元,增长23.3%,其中工业性投入65亿元,增长28.7%;社会消费品零售总额78.6亿元,增长19.9%;自营出口6.7亿美元,增长50%;完成合同外资3.8亿美元、实到外资1.8亿美元、实到县外内资46.5亿元,分别增长7.7%、19.5%、13.2%;城镇居民人均可支配收入22155元,增长13.3%;农村居民人均纯收入10873元,增长14%。万元GDP综合能耗下降4.7%,规模以上工业万元增加值综合能耗下降9.3%,二氧化硫和化学需氧量排放量分别下降15%和5.5%。新增就业9876人,城镇登记失业率3.3%,人口自然增长率为1.12‰。

农业经济提质增效。实现农业总产值37.3亿元,增长11.4%。按照打造长三角绿色高效农产品主产区的要求,农业基地规模化、生产组织化和产品标准化水平实现新的提升。实现土地流转面积7.05万亩,新发展七大农业特色产业8万亩,新增亩产效益超5000元的高效生态农业示范点44个、设施农业1万亩。省级农业高科技示范园区、省级竹子现代示范园区启动建设,67个县级现代农业示范基地初步建成,4个园区被认定为市级现代农业示范园区。长兴县被评为“中国红梅之乡”。农产品加工企业加快发展,景盛农业、波路梦等一批农业深加工项目已经建成投产。全年新增销售额5000万元或投资1000万元以上的重点农业龙头企业2家,新增市级以上重点骨干农业龙头企业8家、农民专业合作社17家,新被确定省级示范性合作社5家、市级示范性合作社6家。新通过国家级无公害农产品认证25只,新增省、市著名商标10件(省级4件)、市名牌产品4只,3只项目列入省级农业标准化推广示范项目。一系列品览会、拍卖会和产销对接会成功召开,有效提升了农产品品牌知名度。推出10个农业保险险种,综合参保率达79.8%,按期超额完成省、市下达的指标,全年保费达153.9万元。

工业经济平稳增长。围绕打造“长三角先进制造业重要集聚区”的目标,加快改造传统产业,新兴产业逐步壮大,产业集聚加速形成,大力发展高新技术产业。全县完成工业总产值737亿元,增长26.2%。全县规模以上工业企业完成销售收入414亿元,比上年增长29.9%;完成利税总额28.6亿元,完成利润总额13.3亿元。新增规模以上企业107家、“亿千”企业20家,其中销售收入超10亿元企业4家。昌盛公司在美国上市。全县完成工业性投入65亿元,同比增长28.7%,在建项目519项,亿元以上项目33项,千万元以上项目213项,竣工项目达到382项。项目行业集聚趋势明显,机械电子、新型建材、新型纺织、医药化工等四大行业在建项目379项,占在建项目总数的73%;完成投资49.8亿元,占投资总量的77%。机电行业已成为第一大产业,产值占比达到34.6%,同比提高2.9个百分点。高新技术产业产值达到151.3亿元,同比增长31.4%。总部经济园区启动建设,入驻企业7家。新增出口实绩企业21家、自主出口品牌企业20家、出口超亿美元企业1家。长兴县先后被授予“中国节能灯电容器之乡”、“中国耐火材料之乡”、“电动助力车用蓄电池省级高新技术特色产业基地”和“浙江省蓄电池专业商标品牌基地”。蓄电池产业跻身“中国产业集群品牌50强”,汽配产业集聚发展势头不断趋好。着力构建科技创新载体,科技成果转化进一步加快。浙江大学农业科技示范园和科技创业园二期工程扎实推进,浙江大学国家大学科技园(长兴)、中国浙江长三角·欧洲波罗的海地区国际技术转移中心、上海—长兴技术转移接力中心等一批科技平台相继建立。全年推进政产学研重点合作项目165项,实施国家级科技项目27项;申请专利1206项、授权480项;新建省级以上研发(技术)中心7家、博士后科研工作站2家;新增国家高新技术创业服务中心1家、省级以上高新技术企业10家、国家级重点新产品7只、省级高新技术产品26只。高新技术产业产值151.3亿元,增长31.4%。新获中国驰名商标5件、省级名牌5只。长兴县跻身全国县域商标发展百强县。

第三产业稳步发展。突出旅游、物流、商贸三大重点,着力优化服务业结构,致力培育新的经济增长点。实现第三产业增加值75.9亿元,增长11.1%。组建了长兴永畅物流建设开发有限公司,综合物流园区启动建设。新增2A以上物流企业6家。引进欧尚、大润发等大型超市2家,农批市场信息化改造和建材城二期项目顺利推进,中心农贸市场投入使用。“千镇连锁超市”工程深入推进,连锁便利店行政村覆盖率达到67%。特色商业文化街启动建设。成功举办第十届中国国际茶文化研讨会暨浙江湖州(长兴)首届陆羽茶文化节,金钉子远古世界景区、新四军苏浙军区旧址群分别成功创建国家4A级和3A级旅游景区。四座文化名山、大唐贡茶院和仙山湖景区已相继对外开放,中国扬子鳄村二期放归湿地项目和陈武帝故宫建设加快推进。国际大酒店成功创建四星级酒店。旅游消费市场不断拓展,全年共接待国内外旅游者316万人次,实现旅游收入19亿元,比上年分别增长52%和48%;主要景点门票收入突破500万元,增长75%。新发展4家信用担保公司、4家金融机构、1家创投公司和1家小额贷款公司,交投公司企业债券成功发行。荣获“中国金融生态县”称号,全县金融机构年末存、贷款余额分别达到174.1亿元和149.9亿元,比上年增长28.3%和22.2%。

【城乡建设】 围绕建设山水园林型现代化新兴城市,着力推进中心城区建设,努力加快中心镇发展,全力推动新农村建设。中心城区建设开创新局面。抓规划重设计,强化规划引领和调控,完成《县域总体规划》报批,编制完成城西、总部经济园区、太湖新区、图影新区等功能分区控制性详规和亮化、热力、综合交通等11项专项规划。城市基础设施不断完善,中心商务区启动建设,金陵路改造、县前西街改造、五峰路、污水处理厂技改等项目先后建成,"六横七纵"的城市主干道路网络体系基本形成。城市绿化"八大工程"顺利推进,新增城市绿地61公顷,绿地率、绿化覆盖率、人均公共绿地分别达到38%、43%和12平方米。旧城改造稳步推进,完成房屋拆迁26万平方米,完成金城、凤凰、台苑新村等9个老小区基础设施改造,社区环境面貌显著改善。"五城联创"成效明显。新农村建设迈出新步伐。强化村庄规划管理,新编制完成20个中心村建设规划,中心村村庄建设规划覆盖面达到53%。5个全面小康建设示范村创建、4个示范村提升和35个村全面整治均已完成,45个整治村提升通过市级验收,农村垃圾集中处理率达到70%。完成41个行政村的区域供水工程,新增受益人口7.4万人,全县自来水通村率达到95%,区域供水目标按期实现。精致小城镇建设取得新进展。突出城镇建设规划指导和基础建设,编制完成9个小城镇控制性详规,58个项目完成投入5.2亿元,一批基础设施和公建设施陆续建成,镇区面积达到28平方公里,集聚人口10万。其中泗安、和平、煤山三个中心镇发展明显加快,全年完成基础设施投入4.1亿元,城镇集聚和辐射功能进一步增强。大力实施"生态优县"战略,以"生态建设决战年"活动为载体,深入开展生态环境十三项综合整治工程,全县生态环境明显改善。在全省率先实现污水处理厂建制镇全覆盖。循环经济"9911"工程进展顺利,2只中水回用项目和垃圾焚烧发电工程投入运行,新增清洁生产审核企业20家。完成人造林3.1万亩,新增生态公益林1.5万亩;新创省级生态乡镇4个。城乡环境综合整治成效明显,城市管理水平不断提升,省级生态县通过验收,荣获"国际花园城市金奖和环境可持续发展奖第一名"。

【社会事业】 *教育事业得到加强*。十五年基础教育得到进一步巩固,义务教育阶段公用经费保障水平稳步提高,小学、初中生均公用经费标准从上年的380元、480元分别提高到420元和530元。6所学校完成省标准化学校创建,7个重点基础设施项目已投入使用。完成17所小学和4所初中的撤并,完成58所农村中小学多媒体配备。职业教育合作办学扎实推进,校企合作进一步深化,"数控技术研发中心"和"陆羽茶艺文化职业培训学校"相继挂牌成立。

卫生事业不断进步。深入推进新型农村合作医疗,农村社区卫生不断加强,农民参合率达到93.4%,实时结报率达到100%,三大类12项农村公共卫生服务项目综合达标率86.1%,参合农民家庭健康档案建档率90.3%。县妇幼保健院主体工程完工,县中医院迁建工程进展顺利。公共卫生服务体系进一步健全,重点传染病防控工作得到加强。

文体事业稳步发展。文体设施不断完善,文体活动精彩纷呈,公共文化服务体系和文化产业发展体系不断健全。被评为"全国文化信息资源共享工程示范县",长兴大剧院被命名为省文化建设示范点,传媒中心主体工程完成建设,长兴少体校通过国家高水平体育后备人才基地复评,新增省级体育强镇4个,成功创建省级体育强县。成功举办第8届全县运动会。实现农村数字电影和体育设施全覆盖,新增195条健身路径、42个村图书室、16个县图书馆分馆、36个村文体俱乐部、12个市级文化示范村(社区)。

社会保障不断加强。住房保障体系进一步完善,17.3万平方米安居工程进展顺利,年内已竣工7万平方米。政策性农村住房保险投保率达100%,118户雪灾倒房对象重建已全部竣工,334户特困家庭危旧房改造全部完工。城乡居民低保水平月人均分别提高到280元和170元。农村五保对象、城镇"三无"人员集中供养率达97.8%。劳动保障工作扎实有效,新增就业9876人,完成农村劳动力培训2.73万人,转移农村劳动力1.07万人次。全面实施城镇居民医疗保险工作,参保率达到85.9%。降低基本医疗保险住院医疗费用起付标准,提高了个人帐户门诊医疗费标准,简化了异地安置人员门诊报销办法。计生服务不断优化,低生育水平持续稳定。

"平安长兴"建设扎实推进。"民主法治村(社区)"创建活动深入开展,全县三星级以上民主法治村、社区达标率分别达到89.6%和85.7%。市场监管力度不断加大,"十小"行业整治工作扎实推进,各类价格违法、制假售劣案件得到有效查处,市场经济秩序进一步规范。成为"省级农村药品'两网一规范'示范县"。问题奶粉、手足口病等公共卫生事件得到妥善处置。深入开展"隐患治理年"活动,全县安全生产形势进一步好转,安全事故发生数、死亡数和直接经济损失分别下降29.9%、10.7%和32%。

安 吉 县

【概况】 安吉地处天目山北麓、南太湖上游,与德清、长兴、广德、宁国、临安、余杭相邻。安吉处于北纬30°53′—30°23′,东经119°35′—119°14′之间,水陆交通便利,距湖州68公里,上海209公里,杭州市中心65公里。县内水支航程48公里,船只可达湖州、上海、苏州等地。全县面积1886平方公里,七山一水二分田,是中国竹乡、中国白茶之乡、中国椅业之乡、中国竹地板之都、国家生态县、国家卫生县城、国家园林县城、省级文明城市,获中国人居环境范例奖,被评为长三角最具投资价值县市(特别奖)。2007年,被国家林业局命名为全国林业推进新农村建设示范县,被国家环保总局命名为新农村与生态县建设互促共建示范区。2008年5月安吉县被国家环境保护部正式批准为全国首批生态文明建设6个试点地区之一,全省唯一。2008年9月,安吉成为第十届杭州西博会唯一分会场,并被评为特别奖。2008年10月27日,两只国宝大熊猫落户安吉竹博园。安吉被省委省政府评委"平安县",顺利实现四连冠。2008年10月获得省示范文明县城先进县。安吉白茶在获得浙江省名牌农产品、中国名牌农产品后,3月份被国家工商总局商标局认定为中国驰名商标,并被指定为人民大会堂科学家论坛指定用茶和2010年上海世博会官方指定礼品茶。2008年12月,安吉白茶母子商标管理模式被评为浙江省农业十大创业创新典范。2008年11月,安吉县农村社区建设经验在全省农村社区建设工作会议上作全省推广,独创性工作经验被省委、省政府在全省推广。

【行政区划及人口】 全县辖递铺镇、孝丰镇、梅溪镇、报福镇、杭垓镇、良朋镇、高禹镇、章村镇、天荒坪镇、鄣吴镇等10个镇,昆铜乡、溪龙乡、皈山乡、上墅乡、山川乡等5个乡,以及一个省级经济技术开发区。有169个村委会,43个社区居委会。年末总人口45.51万人,其中:农业人口35.91万人,非农业人口9.60万人;男性22.87万人,女性22.63万人。

【经济建设】 2008年,安吉县深入贯彻落实科学发展观,紧紧围绕打造"一地四区",建设民富县强和谐安吉的宏伟目标,坚持以"奋战五年·再造安吉"为总抓手,深入实施生态立县、工业强县、开放兴县发展战略,全面深化中国美丽乡村建设,统筹推进社会和谐稳定,克难攻坚、真抓实干,经济社会保持又好又快的发展。全县实现地区生产总值142.4亿元,增长10.9%,人均GDP突破4500美元,达到全省平均水平;实现财政总收入14.73亿元,其中地方财政收入8.28亿元,分别增长32.6%和32.7%,连续两年保持高速增长,今年增幅名列全市第一、全省第二;完成全社会固定资产投资57.1亿元,增长21.2%;社会消费品零售总额50.5亿元,增长18%;城镇居民人均可支配收入20500元,农民人均纯收入10300元,分别增长10.5%和12%;城镇登记失业率控制在4.0%以内,城乡统筹发展水平列全省24位。

工业经济增势强劲。坚定工业强县战略不动摇,紧抓项目推进不放松,深入开展"百日竞赛、百日攻坚、百日冲刺"活动,持续掀起工业经济发展新高潮。全年完成工业性投入40亿元,增长32.5%,增幅位居全市第一。新开工工业项目187项,其中3000万元以上项目主体开工70项、竣工30项,亿元项目新开工14项,2家世界500强项目落户。产业结构继续优化。家庭工业户新增1291家,规模以上企业达到520家,产值超亿元企业达到40家,分别新增52家和10家,规模企业净增量全市第一,阿祥集团成为安吉首家产值超10亿元企业,家庭企业新增千余家;新兴产业投资比重明显上升,生物医药、新能源等新兴产业增势强劲,占比达到43%。自主创新能力不断增强。启动国家可持续发展实验区建设,新认定国家高新技术企业3家、省级高新技术企业7家,新增研发中心3家;产学研合作项目30余项,建立浙江大学企业科技特派员工作站和博士后工作站。品牌建设再创新成绩,新增中国驰名商标5件。平台建设提速推进。完成基础设施投入5.1亿元,预征建设用地9600亩,实现供地5250亩,园区环境综合整治成效明显,以省级经济开发区为龙头、乡镇工业功能区为基础的平台体系初步形成;金融支持力度明显加大,新增工业贷款9亿元。万元GDP综合能耗下降4.34%,化学需氧量下降1.5%,二氧化硫排放量下降0.8%,三项约束性指标全面完成。

对外开放步伐加快。大力实施招商引资"一把手"工程,招商引资工作难中有进。全年完成合同外资2.53亿美元,实到外资1.02亿美元,实到内资25.3亿元,引进6个注册资本1000万美元以上外资项目和5个总投资2亿元以上内资项目。成功举办首届安洽会和国际竹产品贸易博览会,广泛集聚了休闲商机和人气,成为第十届杭州西博会唯一分会场,被评为特别奖。设立广交会安吉办事处和驻日招商办事处。对外贸易稳中有升,完成自营出口11.3亿美元,增长30.7%。设立服务业专项资金,实现增加值55亿元,增长10%。云鸿购物广场全面竣工,浙北土特产及旅游商品批发市场主体建成,中都百货国内连锁商场入驻安吉,完成小额贷款公司组建,邮政储蓄银行正式营业。休闲旅游业加快提升。成功举办首届长三角休闲运动节,集中开展旅游环境专项整治。环灵峰山休闲度假区启动建设,9个重点休闲旅游项目有序推进,2只国宝大熊猫落户安吉,安吉旅游品牌效应进一步扩大。全年接待游客501万人次,旅游收入19.1亿元,门票收入7160万元,分别增长11.3%、14.5%和12%。

【美丽乡村建设】 安吉县域总体规划(2006—2020年)获得省政府批准,制定并实施中国美丽乡村建设十年规划,国家林业局与安吉共建新农村总体规划和安吉县生态文明建设纲要通过论证,成功举办中国美丽乡村节,进一步扩大了品牌影响力。编制完成80项城乡专项规划设计。完成城市三大区块旧城改造拆迁工作。启动建设环灵峰山休闲度假区,拉开核心区框架,加快主体平台开发。龙山森林体育公园、凤凰山公园等一批重点项目开工建设。启动发展会务商务、区域总部、会所经济、文化创意等休闲新业态,初步推出山地人居项目板块。强化城市管理,"洁美亮绿"工程扎实推进,启动数字城管建设,主要街道亮化率达到100%。创建国家生态园林城市,国家卫生县城通过复评,获得省示范文明县城先进县。推进递铺、孝丰同城发展、错位竞争,谋划梅溪临港工业区建设,关注特色乡镇发展。农村面貌有较大改善,修编50个中心村建设规划,完成3个小城镇环境综合整治、11个小康示范村提升、18个村庄环境整治提升、6个小康示范村和6个省级绿化示范村创建,完成美丽乡村示范带建设。贯彻"三大示范"目标和"三农三品"建设思路,"中国美丽乡村"建设开局良好。因地制宜实施四项提升工程,基本建成1条精品示范带,一批经典村庄脱颖而出,受到中央媒体高度关注。特色农业稳步发展,新增国家级无公害农产品18个,新建4.3万亩毛竹现代园区、52.5万亩县外竹产业基地。编制完成蚕桑五年发展规划,主体建成蚕桑科技发展中心。安吉白茶荣获中国驰名商标。基本完成村级股份制改革试点,新增省级示范专业合作社3家、市级5家,农民专业合作社97家,被列为浙江省集体林权制度改革示范县。城乡基础设施得到加强,完善农、林、水、交通、电力等基础设施,进一步夯实农村发展基础。"天二"项目完成可研报告主体,移民安置规划大纲获省政府批准。杭长高速二期开工建设,安吉天然气支线工程获国家发改委核准,申嘉湖安高速被列为省交通预备项目。完成8公里西苕溪综合治理工程,建成"万里清水河道"50公里,水土保持科技示范园区通过水利部验收。新建农村联网公路124.6公里。制定安吉县"811"环境保护新三年行动计划,开展毁林开垦和水冲机制砂专项整治,完成生态修复4100亩,完成污染源普查,建成4座规模污水处理厂,完成县污水处理厂改造升级。安吉被国家环保部列为全国首批生态文明建设试点县。

【社会事业】 制定并实施全面改善民生五大行动,10件为民办实事项目全面完成。完成县图书馆一期改造,启动中国(安吉)生态博物馆建设。将义务教育全面纳入公共财政保障范围,在全省率先建立农村幼儿园和民工子弟学校公用经费保障制度,创办全省第一所九年一贯制公办外来务工子弟学校。加强公共卫生工作,完成15.2万名农民免费体检,新型农村合作医疗农民参保率达到97%,重点疾病得到有效防控。行政村体育基础设施实现全覆盖。加强社会保障体系建设,建成81个村级劳动保障服务平台,被征地农民基本生活保障实现全覆盖。加大就业援助力度,城镇登记失业率控制在4.0%以下。城乡住房保障体系进一步完善,解决城镇人均住房15平方米以下困难家庭213户,完成农村困难群众危房改造380户,130名重度残疾人实现托养,"五保"和"三无"人员集中供养率达到98.9%。强化"县长热线"建设,全年共受理群众来电4200余次,解决率99.3%,满意率98.3%。强化责任抓维稳,着力抓好奥运信访维稳,构建县委书记大接访机制,落实挂牌督办、包案化解和属地管理等措施,奥运安保全面胜利,荣获省奥运安保先进县。扎实开展"两排查一建设"活动,社会治安总体良好。高度重视安全生产工作,加大重点领域安全监管,安全生产事故起数、死亡人数和直接经济损失零增长,顺利实现省"平安县"四连冠目标。

【重大活动】 成功举办首届长三角休闲运动节。2008年3月到6月,由浙江省体育局、浙江省旅游局、上海市体育局主办,安吉县人民政府承办的首届长三角休闲运动节在安吉成功举办。运动节以"弘扬体育文化,体验健康运动,感受快乐旅游"为主题,举办了首届长三角休闲运动节开幕式暨大型文艺演出、"我与奥运同行"大型休闲体育活动、长三角万人牵手田园休闲健身活动等三大主体活动和和媒体记者体验活动、长三角休闲节——安吉旅游商品展、大型篝火晚会暨露营大会、"我运动,我设计"方案征集活动、农家菜烹饪大赛五大配套活动,实现以节为媒,以赛会友的目的,把休闲、运动和旅游巧妙地融合起来,进一步扩大安吉的社会影响,促进了安吉休闲产业和休闲经济的发展。

成功举办"2008安吉·中国美丽乡村节暨首届安洽会"。2008年8月初到10月25日,安吉县以"建设生态文明,打造中国美丽乡村"为主题举办2008安吉·中国美丽乡村节暨首届安洽会。活动由湖州市人民政府主办,浙江省人民政府、国家环保部、国家住房和城乡建设部、国家林业局联合支持,省农办、等多个部门联合协办,安吉县人民政府承办。整项活动由"中国美丽乡村"板块、首届安洽会板块、纪念改革开放30周年板块组成,其中主体活动19项,配套活动7项,子活动共40项,活动中,邀请到国家环保部、国家林业局、国家住房和城乡建设部、联合国人居署、北京大学地方政府研究院、英国卡迪夫大学规划与研究国际中心等领导和学者莅临指导,吸引了100多家中外媒体聚焦安吉美丽乡村,有效推介了安吉,有力推进了中国美丽乡村建设。在单列的安洽会上,成功举办机电产业、休闲旅游产业、健康医药产业、创意产业四个投资贸易洽谈会和一个创意产业论坛,完成签约项目51个,协议利用外资2.23亿美元、协议利用(含意向)内资22.5亿元。　(洪流提供)

江苏省洪泽湖水利工程管理处

江苏省洪泽湖水利工程管理处(原江苏省三河闸管理处),省水利厅直属事业单位。机关驻地洪泽县瑞特大道46号。负责洪泽湖的管理与保护,指导洪泽湖开发、利用工作;开展洪泽湖的巡查工作,参与湖泊规划编制与技术方案的研究制定;掌握洪泽湖的工情、汛情、污情,为行政管理决策提供支持;组织、参与对洪泽湖的治理、运行、开发、利用和保护项目的技术审查等。管理三河闸、三河船闸、洪泽湖大堤、石港抽水站等8座大中型水利工程,排泄淮河洪水,承担淮河下游流域性防洪、淮北地区抗旱,宝应湖、白马湖排涝及引江济淮功能。承担淮河下游联防指挥部办公室的职责。

1953年建处以来,全处广大职工在江苏省水利厅的领导下,发扬艰苦奋斗、团结奋进、开拓创新、争创一流的江苏水利精神,战胜了1954年、1991年、2003年、2007年淮河大洪水,为保卫苏北里下河地区3000万亩农田和2000多万人民生命财产安全做出了贡献,充分发挥了防洪、灌溉等社会效益。1965年、1978年、1991年、1996年、2006年先后五次被水利部授予全国水利管理先进集体称号。2003年、2005年,分别被水利部授予国家水利风景区和国家一级水利工程管理单位称号。

嘉兴市辖县(市)

嘉善县

【概况】 嘉善县地处太湖流域杭嘉湖平原,位于嘉兴市东北部,东邻上海市青浦、金山两区,南连嘉兴市南湖区、平湖市,西接嘉兴市秀洲区,北靠江苏省吴江市和上海市青浦区,总面积506.6平方公里,有建制镇11个。2008年,全县人口出生率5.64‰,死亡率7.14‰,人口自然增长率为-1.5‰,计划生育率98.6%;年末总人口(户籍)382043人,比上年增加710人;其中非农业人口90871人,比上年减少47366人。

经济持续稳健增长。2008年,全县实现地区生产总值212.94亿元,按可比价格计算,比上年增长13.5%。按户籍人口计算,人均生产总值55789元,比上年增长13.5%。产业结构进一步优化,其中第二产业优势明显,第一产业所占比重继续下降。第一产业增加值16.74亿元,比上年增长4.0%,占生产总值的比重为7.9%,比上年下降0.9个百分点;第二产业增加值127.99亿元,比上年增长15.3%,占生产总值的比重为60.1%,比上年提高1.2个百分点;第三产业增加值68.21亿元,比上年增长12.6%,占生产总值的比重为32.0%,比上年下降0.3个百分点。

财政收入快速增长。2008年,全县财政一般预算收入30.07亿元,比上年增长29.9%,其中上划中央收入16.06亿元,增长32.5%,地方财政收入14.00亿元,增长27.1%。全年地方财政总支出14.72亿元,增长37.5%。其中,教育支出3.78亿元,增长18.2%;医疗卫生支出8606万元,增长46.7%;社会保障和就业支出8980万元,增长59.2%;环境保护支出8834万元,增长2倍。

农业综合生产能力得到增强。2008年,全县实现农林牧渔业总产值35.01亿元,按可比价格计算比上年增长4.0%。全年农作物种植面积4.89万公顷(73.34万亩),比上年增长4.1%。粮食播种面积2.78万公顷(41.67万亩),占种植面积的比重由上年的55.4%上升到56.8%,比上年提高1.4个百分点。全年粮食总产量为18.58万吨,比上年增长8.7%。油菜籽年产2790吨,比上年下降21.2%。果用瓜种植面积2246.7公顷(3.37万亩),产量6.59万吨,比上年减少3.7%。效益农业取得新进展。蔬菜、花卉、食用菌和淡水鱼保持较快发展。蔬菜种植面积1.59万公顷(23.91万亩),产量54.8万吨,比上年增长3.2%。花卉种植面积482.6公顷(7239亩),比上年增加2.4公顷(36亩)。食用菌产量3.45万吨,比上年增长25.7%。全年淡水养殖面积2400公顷(3.59万亩),稻田养殖面积2646.7公顷(3.97万亩),水产品产量2.71万吨,与上年基本持平。其中,鱼类水产品1.57万吨,比上年增长22.7%;虾蟹类水产品6653吨,比上年下降6.9%;其他类水产品4025吨,比上年增长8.1%,其中鳖3984吨,比上年增长9.3%。畜牧业生产略有回落。全年生猪饲养量132.83万头,比上年减少3.6万头;肉猪出栏84.1万头,比上年减少1.7万头;家禽饲养量725.91万羽,出栏484.64万羽,比上年减少33.84万羽;肉类总产量5.87万吨,比上年增长2.6%。蛋类总产量2.15万吨,比上年下降2.6%。全面深化订单农业信用体系建设,新增省级农业龙头企业1家、省级示范性农民专业合作社3家。动植物疫病防控工作进一步落实,农产品质量体系不断健全,新增国家级有机水产品2个、省级无公害基地5个、部级无公害农产品18个。

工业经济发展较快。2008年,全县实现工业增加值97.68亿元,按可比价格比上年增长20.1%。全年工业用电24.22亿千瓦时,比上年增长11.9%。年主营业务收入500万元及以上的工业企业(以下简称规模以上工业企业)全年实现工业总产值480.80亿元,比上年增长25.1%。主导行业增势良好,全年木业完成产值53.45亿元,比上年增长8.7%;化学原料及化学制品完成产值75.66亿元,比上年增长84.7%;黑色金属冶炼及压延加工业完成产值41.55亿元,比上年增长31.5%;通用设备制造业完成产值56.41亿元,比上年增长28.6%;电子业完成产值25.82亿元,比上年增长6.8%。出口增势有所回落,规模以上工业企业完成销售产值463.00亿元,比上年增长23.1%,其中完成出口交货值129.89亿元,比上年增长11.6%,增幅比同期减少7.6个百分点。工业内销产品产值333.11亿元,增长26.6%。工业产品销售率达96.3%,低于上年同期1.52个百分点。实木地板完成131.39万平方米,比上年增长6.9%;复合地板完成565.91万平方米,比上年增长16.9%;家具499.8万件,比上年减少12.2%。水泥混凝土桩21772千米,比上年增长14.0%。印制电路板2473万块,比上年减少11.3%。企业效益继续改善。全县列入考核的847家规模以上工业企业实现利税总额35.49亿元,比上年增长12.8%,其中利润总额22.7亿元,比上年增长10.5%。总资产贡献率为11.75%,资本保值增值率为122.95%,成本费用利润率为5.28%。十一项经济效益考核指标综合得分259.57分,比上年提高15.92分。推进产业结构优化调整,数码电子、光伏能源等优势产业快速崛起,软件和LED新型光源产业快速聚集。加强大企业大集团培育工作,全县年产值超亿元、10亿元和50亿元的企业分别达91家、4家和1家。推进“重点产业园、特色产业园、主体产业园”建设,打造产业新高地,县经济开发区启动生态化建设与改造工作,首期规划1.6平方公里的电子信息产业园建设平稳推进,光伏产业园一期规划建设进展顺利,四大特色产业园和其他主体产业园功能日趋完善,全年园区基础设施建设投入5.11亿元,新增开发面积165公顷(2475亩)。

固定资产投资进一步扩大,结构逐步优化。2008年,全社会固定资产投资完成123.84亿元,比上年增长20.9%;城镇和农村投资分别为49.19亿元和74.65亿元,分别比上年增长31.4%和14.9%。全县限额(500万元)以上企业完成固定资产投资110.34亿元,比上年增长22.5%。其中,投资项目完成投资89.3亿元,比上年增长17.4%;房地产开发完成投资21.04亿元,比上年增长50.4%。竣工房屋面积50.03万平方米,其中住宅面积34.43万平方米;实际销售房屋面积37.25万平方米,其中住房面积29.8万平方米;实际销售额14.56亿元,其中住宅销售额11.1亿元。全年工业生产性投资88.28亿元,比上年增长19.7%。高耗能工业行业纺织业、非金属矿物制品业、金属制品业、通用设备制造业投资分别比上年下降5.3%、19.6%、37.1%、15.2%;高技术行业投资快速增长,化学原料及化学制品业完成投资8.45亿元,比上年增长75.3%,电子业完成投资17.21亿元,增长3.2倍。推进"腾笼换鸟、退低进高",全年列入节约集约利用土地项目75个,折算面积130.4公顷(1956亩)。加大土地开发复垦整理力度,全年取得各类用地指标217.57公顷(3264亩)。

全县服务业获得新发展。2008年,实现服务业增加值68.21亿元,增长12.6%。消费品市场持续活跃。全年社会消费品零售总额65.19亿元,比上年增长20%。其中,批发零售贸易业零售额55.81亿元,比上年增长20.0%;住宿餐饮业零售额7.94亿元,增长22.4%;其他行业零售额1.44亿元,增长9.4%。县城消费品零售额35.26亿元,比上年增长20.2%,县以下消费品零售额29.93亿元,比上年增长19.7%。推进服务业重大项目建设,完成服务业投入31.5亿元。发展生产性服务业,引进投资500万元以上生产性服务企业15家。加快推进古镇西塘旅游模式的转型提升,积极发展以农家乐、生态农庄为代表的旅游新热点,全年共接待国内外游客451.81万人次,增长29%,其中接待入境游游客9.01万人次,比上年下降0.4%。实现旅游总收入36.91亿元,增长42.8%。其中旅游外汇收入2175万美元,比上年增长5.2%。

利用外资形势趋于稳定。2008年,新批"三资企业"54家,比上年减少19家。全县合同利用外资5.08亿美元,比上年下降6.0%;实际利用外资3.28亿美元,与上年持平。其中,县经济开发区合同利用外资和实际利用外资分别占全县的48%和40%,平均注册资本1300万美元;姚庄、魏塘、西塘、杨庙和干窑5镇进入全市招商引资10强镇。深入推进接轨上海工作,项目质量明显提高,产业招商成绩显著,全年引进总投资1000万美元以上的外资项目23个,2000万美元以上的外资项目15个,1亿元以上的内资项目7个,数码电子、光伏能源、精密机械三大产业新设项目合同利用外资占全县总量的76.6%。支持企业"走出去",拓展国际新兴市场,新增获得进出口经营权的生产性企业78家。对外贸易增势减缓。全年外贸进出口总值25.99亿美元,比上年增长38.2%,其中进口总值9.16亿美元,增长75.5%,出口总值16.83亿美元,增长23.7%。

交通运输业较快增长。2008年,完成货物运输1863万吨,增长2.5%。货运周转量204217万吨公里,增长1.6%,其中公路29159万吨公里,增长1.5%,水运175058万吨公里,增长1.6%。全年完成客运2283万人,增长10.3%,客运周转量71799万人公里,增长11.3%。年末境内等级公路里程510.99公里,其中高速公路36.29公里。邮电通信业稳定发展。全年实现邮电通信业务收入4.84亿元,比上年增长7%。年末全县固定电话用户24.23万户,比上年下降3.7%,其中住宅电话用户13.64万户,比上年下降3.7%。年末移动电话用户40.7万户,增长10.1%;互联网用户5.75万户,增长23.3%。

金融业健康运行。改善金融环境,引入银行分支机构,新增2家小额贷款公司,开展银政企合作活动。金融业平衡健康运行。2008年末,全县金融机构本外币各项存款余额229.71亿元,比年初增加43.03亿元;金融机构本外币各项贷款余额143.07亿元,比年初增加29.61亿元。年末,金融机构人民币(以下同)各项存款余额222.37亿元,比年初增加42.83亿元,其中城乡居民储蓄存款余额129.86亿元,比年初增加32.39亿元;年末人民币各项贷款余额139.82亿元,比年初增加24.07亿元。年末城乡居民人均储蓄余额34023元,增长33%。保险业平稳发展。全县承保风险金额466.7亿元,比上年增长17.6%;保费收入2.06亿元,比上年增长23.4%,其中财产险保费收入5095万元,下降2.7%;人身险保费收入1.55亿元,增长35.3%。全年财产险理赔金额4624万元,人身险理赔金额4258万元。

科教兴县战略深入实施,科技事业再上新台阶。实施人才强县战略,人才队伍不断壮大,全年引进各类人才2659名。年末地方企事业单位有专业技术人员6002名,其中高、中级职称2929名,占48.8%。科技进步效果突出。全年科技三项经费投入3270万元,增长26.5%。列入县级以上的各类科技项目237个,其中国家级12个,省级137个。有146个科研成果、新产品通过鉴定或验收,其中省级102个。有12项科技成果获县级以上科技进步奖,其中省政府奖1项,市政府奖11项。年末,有市级以上科技型企业131个,其中当年新增16个。经认定登记的技术成交项目212项,技术成交额2227万元。自主创新能力不断提高。新增各级企业研发(技术)中心23家。发展高新技术产业,全年高新技术产业实现产值105.57亿元,增长57.9%,规模以上工业新产品产值率达30.9%。实施品牌、标准化和专利战略,全国纽扣标准化技术委员会、全国润滑轴承标准化技术委员会分会在嘉善县成立,新增驰名商标2件,授权专利443件,其中发明有41项。全年规模以上工业企业完成新产品产值148.59亿元,比上年增长57.8%。

坚持教育优先发展。做好义务教育经费保障工作,全年减免义务教育杂费和课本费共3079万元。加大对教育基础设施的投入,职业教育实训基地建设顺利推进,农村薄弱学校改造切实加强,全县中小学标准化达标率达81.4%。全县小学在校学生25845人,适龄儿童入学率100%;初中在校学生17660人,入学率100%,小学和初中生巩固率均达100%。高中段教育进一步推进,初中升高中段比例达97.5%。普通高中在校学生7164人,职业中学在校学生4700人。高考报名2633人,高考上线人数2509人,上线率95.3%。在电大就读的本专科生3436人,毕业710人。高等自学考试报考2352人,毕业64人。

城乡文体设施不断完善城。2008年,县室内游泳训练馆主体工程竣工,建成镇级图书馆分馆2个。年末,全县有文化站11个。县级文化馆1个,图书馆3个,面积分别为6367平方米和5102平方米,分别比上年增长1.5倍和18.6%。公共图书馆图书藏书量29万册,增长54.1%。广电事业继续发展,年末有线电视用户10.3万户,入户率82.7%,传送模拟电视节目35套,数字电视节目68套。数字电视整体转换用户突破5万户,转换率达51%,其中农村居民数字电视用户超过15000户。积极繁荣群众文化,全年举办各类文体活动345场次。加强非物质文化遗产保护,嘉善县被文化部命名为"中国民间文化艺术之乡”,嘉善田歌被列入第二批国家级非物质文化遗产名录。发展文化产业,设立文化创意园,19件作品获省级以上文艺奖。加强卫生基础设施建设,基本改造完成卫生院5所。完善公共卫生体系,及时做好手足口病、“问题奶粉”等突发事件处置工作。实现定点医疗机构实时报销。启动第二轮农民健康体检,体检率达56.2%。体育事业取得长足进步。全年举办各类县级体育竞赛16次,参赛人数11081人。有200名运动员参加省、市体育竞赛,共获金牌68枚、银牌43枚、铜牌12枚。举办“全民健身与奥运同行”系列活动,分别举办“迎奥运”县职业妇女趣味运动会、嘉兴市第17届女子门球邀请赛、县第四届机关运动会等活动。三名奥运火炬手参加嘉兴市境内的奥运火炬传递活动。干窑、丁栅、杨庙、大云、惠民五镇通过省级体育强镇考核验收,全县实现体育强镇满堂红。

推进城乡一体发展。健全规划体系,编制完成《城区控制性详细规划》等专项规划。推进旧城改造,探索实施“模拟拆迁”新模式,兴贤路、环北西路等建设全面铺开。全力推进新城区开发,世纪大道、阳光路等道路框架加快建设,乔克国贸中心等楼宇经济项目动工兴建。构建城市精细化管理网,城市管理水平进一步提高。推进小城镇建设,出台《关于推进强镇扩权、积极培育现代新市镇的若干意见》。完善交通基础设施,开工建设县客运中心,新建农村联网公路53.17公里,改造农危桥80座。加快推进城乡供水一体化工程,丁栅北部水厂完成设备调试,镇村管网建设有序铺开。加强电网建设,建成并投产220千伏大舜输电变、220千伏东云变主变扩建等工程。改造新农村电气化低压线路,完成6个镇、39个村的改造任务。推进农村和城市社区信息化建设,建成4个数字化示范村、82个数字化达标村和1个数字化社区。强化水利工程建设,新建标准化圩区5.1万亩,内河综合整治62.6公里,疏浚河道175.9公里。投入1200余万元,开展水葫芦专项整治,健全河道长效保洁机制。启动第二轮村庄整治,建成全面小康农村新社区4个。探索农民居住集聚新路子,稳妥推进姚庄镇“两分两换”试点工作。实施“强村计划”,扶持发展村级集体经济。

环境保护工作不断加强。推进生态环境建设,基本完成上级下达的全年节能减排任务,通过省级生态县创建验收,在嘉兴市率先实现省级生态镇全覆盖。魏塘镇、姚庄镇成为全国环境优美乡镇,全县全国优美乡镇达到5个。有66个村完成生态村建设规划,新增3个村通过县级生态村考核验收。加强环境监测能力建设,基本完成“县级环境监控系统集成与示范”重大科技项目的课题研究。加快生态重点工程建设,姚庄污水处理厂投入试运行,新建污水管道111.6公里,7家重点工业企业的减排工程相继建成并投入使用。加强农村环境保护,完成常年生猪存栏100头以上养殖场(户)的治理任务,建成生活污水治理村35个。加强对年耗标煤5000吨以上重点用能单位的监管,实施重点节能技术改造的企业35家。推动资源综合利用,新认定资源综合利用企业6家,新通过清洁生产审核验收企业16家。年末,全县有规范化饮用水保护区1个,烟尘控制区3个(25.22平方公里),噪声达标区2个(21.91平方公里)。

转变和提升政府效能。推动体制机制创新,理顺国有资产管理体制,成立县国有资产管理局。创新为农服务组织形式,建立县农村合作经济组织联合会。推进企业上市融资,浙江昱辉阳光能源有限公司在美国纽交所成功挂牌上市。启动省“农村保险服务村”试点县建设,推进政策性农业保险工作,2008年度政策性农村住房保险农户参保率达100%。支持四川抗震救灾工作,及时划拨灾后重建资金1012万元,捐款捐物总值达2849万元,组建援建青川指挥部,做好对口支援灾区恢复重建工作。完成村规模调整和村委会换届选举工作,全县行政村缩减至118个。开展“五五”法制宣传教育。落实党风廉政建设责任制,坚持教育、惩处、预防、制度和监督并重,加强行政监察,强化绩效审计,推进政府勤政廉政。成立县佛教协会,深化民族宗教事务工作。加强国防建设,广泛开展“双拥”共建活动。

城乡居民生活水平继续提高。2008年,全县城镇居民人均可支配收入22716元,比上年同期增长12.3%;农村居民人均纯收入11490元,增长13.5%;城乡居民收入差别继续缩小,城乡居民收入之比由上年的2:1(以农村居民人均收入为1)变为1.98:1。居民生活条件得到改善,消费结构日趋合理。年末城镇居民人均住房使用面积34.11平方米,农村居民人均住房面积55.53平方米。城乡居民全年食品消费支出占全部生活消费支出的比重(即恩格尔系数)分别为35.6%和42.3%。

社会事业和谐发展。推进信访工作“一把手”工程建设,解决群众合理诉求。加大劳动保障执法监察力度,清欠劳动工资2451万元。开展治安大巡防等系列活动,圆满完成奥运安保任务,治安及刑事案件得到有效控制,刑事犯罪打击数上升30%。落实安全生产责任制,加大“十小行业”整治力度,实现事故起数、死亡人数和直接经济损失三项指标零增长。加强应急演练,公共突发事件应急机制不断健全和完善。优化对新居民的管理服务,全面推广居住证制度。人防社区人口管理软件荣获国家计算机软件著作权登记证书,为浙江省首例。启动综合档案馆建设。影印整理出版清光绪年间《嘉善县志》。圆满完成第六次全国人口普查外来人口调查试点工作。外事、对台、侨务、地名、老龄等各项社会事业得到进一步发展。实施扩大就业战略,实现就业再就业6050人。年末全县有职业介绍机构13家,全年提供就业岗位32593个。举办各类职业技能培训185期,培训结业人数9560人。加强农村劳动力技能培训,农村劳动力转移就业5940人。城镇登记失业率控制在3.3%以内。做好社会保险扩覆征缴工作,全县城镇职工基本养老、失业、医疗三大保险覆盖面继续扩大。2008年末,全县城镇企业参加职工基本养老保险人数11.15万人,比上年增加1.18万人。其中离退休人员1.62万人,全年发放养老保险金2.25亿元。基本医疗保险参保人数10.86万人。参加失业保险6.51万人,领取失业保险金的有4850人,发放失业保险金265万元。实施城乡居民社会养老保险制度,新增养老保障人数3.82万人,养老保障覆盖面达70.9%,全年对70周岁以上老人发放养老基本生活补助金1292万元。关心困难群众生活,全年发放低保资金和低保人员物价补贴908.2万元(其中低保资金708.2万元),慈善救助救济496户,启动残疾人共享小康工程建设。探索社会化养老服务模式,开展居家养老服务试点工作,健全县、镇、村(社区)三级社会化养老服务体系,嘉善县被命名为“浙江省养老服务社会化示范县”。社会福利和救济工作扎实推进。2008年末,全县有城乡敬老(福利)院14所,床位1668张,年末在院人数1280人。城镇、农村居民获最低生活保障人数为1058人和3739人,分别比上年减少10人和36人。

平　湖　市

【概况】 平湖市位于浙江东北边沿,南临杭州湾,东、北与上海市金山区交界,西与嘉兴市南湖区接壤,西北与嘉善县相连,西南与海盐县相接,总面积537平方公里。2008年,全市有7个镇、3个街道;有54个居民委员会、137个村;户籍人口48.44万人,其中非农业人口23.09万人,占47.66%,农业人口25.35万人;人口自然增长率-1.28‰。

国民经济实现稳定增长,综合实力得到增强。2008年,平湖市实现生产总值276.31亿元,按可比价格计算,比上年增长11.0%。其中第一产业增加值14.04亿元,增长0.1%;第二产业182.23亿元,增长11.3%;第三产业80.04亿元,增长12.4%。人均生产总值(按户籍人口计算)5.71万元,增加7332元。生产总值三次产业结构为5.1:66:29。财政一般预算总收入39.27亿元,其中地方一般预算收入18.67亿元,分别增长23.3%和23.9%。

农业生产整体稳定。全年实现农业总产值22.6亿元,比上年增长9.1%;实现农业增加值14.04亿元,增长0.1%。都市型农业建设取得实效,高效生态农业发展加快。全年新建成省级无公害农产品基地14个,全国无公害农产品16只,新培育绿色食品1只。全年完成绿化造林面积2880亩。启动建设农业循环经济园区,面源污染治理不断推进。农业产业化水平不断提升,农业服务体系不断完善。年末全市拥有省级农业龙头企业3家,嘉兴市级龙头企业17家,新培育省级示范性专业合作社2家。深化和创新发展"新仓经验",农业公共服务不断加强,成立全省首个"农合联"组织。农业灾害补偿机制不断健全,水稻、大棚、生猪、鸡鸭和露地西瓜5个险种保费178万元,保险金额4918万元,全市保险能繁母猪6.62万头,保费397万元,保险金额6617万元。全年农作物播种面积80.88万亩,比上年减少2.5%,其中:粮食播种面积50.19万亩,增长0.8%,油菜籽播种面积16.52万亩,下降8%,蔬菜播种面积10.84万亩,下降7.9%。粮经面积比为62:38。全年生猪饲养量91.74万头,下降4.5%,肉类总产量2.98万吨,比上年下降1.2%,家禽饲养量442.8万只,下降23.9%,水产品产量3.27万吨,比上年增长0.5%。

农业生产条件继续改善,农业招商引资力度加大。全年农田水利建设共投入劳力18.93万工日,完成土石方756.45万立方米、投入资金19702万元。全年疏浚河道390千米,长效保洁2185千米;新建、改造硬化排水沟和地下输水管道141千米。年末拥有农业机械总动力25.02万千瓦,全年化肥施用量(折纯)2.3万吨,农林牧渔业用电量1568.79万千瓦时。全年新三资投资农业1.6亿元。

工业生产继续保持平稳增长态势。但受国际金融危机影响,4季度开始工业生产明显回落,企业效益明显下降。811家年销售500万元以上工业企业全年实现总产值645.66亿元,增长19%。分经济类型看,有限责任公司完成总产值88.08亿元,比上年增长11.1%,私营企业完成总产值203.31亿元,增长17.6%,港澳台投资企业完成总产值68.22亿元,增长24.4%,外商投资企业完成总产值231.12亿元,增长17.6%。分行业看,服装行业实现总产值134.34亿元,增长10.8%,光机电行业实现总产值142.47亿元,增长14.4%,箱包行业实现总产值31.91亿元,增长12.6%,造纸行业行业实现总产值37.99亿元,增长38.9%,化工行业实现总产值94.68亿元,增长45.6%,电力行业实现总产值76.39亿元,增长10.7%。平湖经济开发区规模以上工业总产值146.07亿元,增长15.9%。工业经济效益有较大回落。年销售500万元以上工业企业全年主营业务收入616.66亿元,比上年增长16.2%,实现利税总额37.47亿元,下降27.9%,其中,利润总额15.78亿元,下降49.8%;不含嘉兴港区和嘉兴电厂利税总额增长2.4%,利润总额下降14.4%。七项经济效益指标考核综合得分136.1分,十一项经济效益指标考核综合得分218.51分。

建筑业生产有所增长。全市年末具有建筑资质等级的独立核算建筑企业54家,全年施工面积49.57万平方米,比上年增长3.6%,实现建筑业总产值43亿元,增长22.9%

固定资产投资增长较快。全年完成全社会固定资产投资167.5亿元,比上年增长15.8%,剔除嘉兴发电厂投资额,完成固定资产投资164.3亿元,增长13.9%,其中:工业生产性投资106.41亿元,增长23.6%,不含嘉兴港区70.36亿元,增长22.9%。工业投入进一步向优势产业集聚,全市光机电行业完成投入29.19亿元,增长30.1%,化工行业完成投入21.97亿元,增长65.5%,造纸行业完成投入11.69亿元,增长32.1%。重大项目建设进展顺利。全年完成投资额在500万元以上项目共有407个,年内完成投资额131.17亿元,24个工程完成投资超亿元。全年亿元以上在建项目112个,比上年增加16个,完成投资82.3亿元,占全社会投资的49.1%,比上年提高6.5个百分点。房地产开发投资、销售面积出现负增长。全年完成房地产开发投资额24.47亿元,比上年下降8.1%,房屋施工面积256.32万平方米,下降10.4%,销售面积42.31万平方米,下降8.5%。

对外贸易继续保持较快增长。全年外贸进出口总额44.33亿美元,比上年增长24%,其中:出口26.36亿美元,增长16.8%。全年出口服装及衣着附件11.17亿美元,比上年增长12.8%,出口机电产品7.48亿美元,增长13.1%,出口旅行用品及箱包1.89亿美元,增长20.2%。在出口总额中,高新技术产品出口0.88亿美元,下降28.4%。

利用内外资稳定。全年新批、增资三资企业(含嘉兴港区)68家,合同利用外资5.16亿美元,实际利用外资2.35亿美元,其中:不含嘉兴港区合同利用外资2.75亿美元,实际利用外资1.60亿美元。不含嘉兴港区全年利用市外内资15.53亿元,增长31.5%。

国内贸易持续旺盛。全年社会消费品零售总额67.56亿元,比上年增长19.4%。其中:批发和零售业零售额51.88亿元,增长18.9%,住宿餐饮业零售额12.25亿元,增长23%。2008年末,全市拥有各类商品交易市场62个,全年实现商品交易额19.16亿元,比上年增长15.8%,其中成交额超亿元的市场3个。

金融运行平稳。年末全市金融机构各项人民币存款余额279.57亿元,比年初增加47.14亿元,其中:城乡居民储蓄存款余额146.82亿元,增加29.28亿元。外汇存款余额13579万美元,比年初增加3529万美元;各项人民币贷款余额202.78

亿元,比年初增加27.28亿元。外汇贷款余额9373万美元,比年初增加7375万美元。证券新开户数达到1.3万户,全年证券交易额222.9亿元。保险业稳步发展。全年保费收入57012万元,其中财产险保费收入15666万元,人寿险保费收入41346万元。全年共支付各类赔款金额17646万元,其中财产险支付赔款12135万元,人寿保险赔款5511万元。

交通运输业发展平稳,综合运输能力有所提高。全年各种运输方式完成货物周转量15.20亿吨公里,增长6.2%。其中:公路运输5.20亿吨公里,水路运输10.00亿吨公里。全年旅客周转量完成6.75亿人公里。嘉兴港全港货物吞吐量2834万吨,比上年增长17.2%。

邮电通讯业持续稳定发展。年末全市固定电话用户24.62万户,移动电话用户50.35万户;包括移动电话的电话普及率达到155部/百人,比上年增加5部/百人。国际互联网宽带用户数达到6.45万户。

着力加快城乡统筹发展,城乡面貌持续改善。坚持统筹兼顾,加快城乡一体化进程,2008年我市荣获"浙江新魅力之城"称号。加大城乡建设力度,在城市主要开展了编制市域总体规划和特色风貌、亲水廊道等专项规划,完成道路新建、改造拓宽,加快旧城改造,推进南市新区开发建设,加快供水管网建设;在农村主要开展了增绿化、改危桥、建公路、整河道、改造电网,创建全面小康农村新社区、农村信息化示范村等工作,努力提高城乡管理水平。积极推进统筹城乡综合配套改革试点,开展户籍制度改革和"两分两换"试点调研,落实强镇扩权政策。全市七条河流水域水质均劣于五类,主要污染物总指数为103.71,比上年上升了0.83。市区全年空气质量:"优"的天数占26.72%,"良"的天数占60.88%,"轻微污染"的天数占10.74%,轻度污染天数占1.38%,中重度污染天数占0.28%。城市生活污水处理率80%,城市生活垃圾处理率100%。生态市建设全面推进。全市各镇继续开展生态镇创建活动,2008年在原有新仓镇、新埭镇、黄姑镇、全塘镇4镇的基础上又增加广陈镇、林埭镇被省环保局命名为省级生态镇。各镇、街道均开展了生态村创建工作,全市共有49个村开展了生态村创建,已有43个村通过了生态村考核验收,生态村占全市行政村总数的比例为34.1%。全市累计建成省级绿色学校12所(其中1所已获国家级绿色学校称号),绿色家庭14个,绿色社区3个,"保护母亲河"生态监护站1个,"保护母亲河号"2个,绿色饭店3家,绿色企业2家。

科教兴市战略进一步实施,科技工作不断进步。全年财政科学技术经费支出7273万元,比上年增长21%,教育经费支出43468万元,增长21.6%。企业研发经费投入5.7亿元,增长22.1%。全年组织实施国家级、省级科技项目61项、嘉兴市级科技项目12项、平湖市级科技项目44项。年末,全市已有各级高新技术企业67家,其中国家级高新技术企业12家(年内有9家企业被认定为国家高新企业)、省级21家、嘉兴市级32家。区域科技创新机构(企业技术研发中心)67家。全年获授权国家专利512项。全年获得嘉兴市级以上科技进步奖10项。技术市场发展较快。全年经认定登记技术交易金额8332万元,合同数89项。

教育事业全面发展。年末全市有小学37所,在校学生31554人,普通中学17所,在校学生30722人。九年义务教育对象入学率100%。小学、初中在校生巩固率分别达100%和99.99%。初中升高中段的比例达到97.81%。职业教育、成人教育继续发展。现有中等职业类学校5所,在校学生8795人;各类职业技术培训机构16个,注册学生129798人,全年结业128710人。年内向普通高校输送新生2631人,高考上线率91.5%。全面免除义务教育阶段学生课本、作业本费,加快东湖中学新校区和嘉兴学院平湖校区二期工程建设。

推动文化大发展大繁荣。文化事业健康有序发展,城乡文化活动日趋活跃。年末全市有文化艺术表演场所1个,公共图书馆1个,文化馆(站)11个,文博场馆5个。组织开展纪念改革开放30周年、社区文化艺术节、村落文艺汇演等活动,深入推进送戏、送电影和送图书下乡活动,群众性文化活动蓬勃开展,全年举办市级演出、展览170场次,组织文艺下乡、下基层演出60场次,共放映电影1660场次,观众达58.92万人次。市图书馆现有馆外服务点23个,全年送书上门服务共67次,送书11302册。全市文艺创作者在嘉兴市级获奖作品60余件。

卫生事业不断发展。城乡公共卫生服务体系加快建设。年末有医疗卫生机构221个、床位1337张。有卫生技术人员2577人,其中执业医师785人、执业助理医师147人、注册护士717人,其中乡村医生357人。进一步提高城乡居民合作医疗受益水平。农村新型合作医疗参加人数达29.62万人,参加率96.8%,城镇居民参加人数2.27万人。创建省级规范化社区卫生服务中心3个,启动迁建市第一人民医院。体育事业不断进步,全民健身运动进一步开展。认真抓好各竞赛项目的运动员队伍选拔和训练,共向上推荐、输送运动员22名。积极组队参加嘉兴及省两级比赛,共获嘉兴市级以上金牌32枚。全市已建成体育健身路径点190个。拥有标准水泥篮球场的行政村达114个,室内活动室拥有率达100%。年内创建省级体育强镇4个,实现全覆盖。

城乡居民收入继续增长,生活质量有新提高。全年城市居民人均可支配收入23446元,增长13.7%;农村居民人均纯收入11403元,增长13.1%。城乡居民居住条件不断改善。城市居民人均住房面积36.1平方米,农村居民人均住房面积65平方米。耐用消费品拥有量进一步增加,每百户城市居民拥有彩电198台,空调器195台,洗衣机100台,电脑68台。每百户农村居民拥有彩电150台,空调器87台,洗衣机66台,电脑32台,摩托车76辆。城市和农村居民恩格尔系数分别为38.7%和38.2%。

社会保障、社会福利事业继续推进。健全国内领先的全民社保体系,医疗、工伤、生育、失业等社会保险工作全面展开。年末全市城镇企业职工养老保险累计参保19.5万人,医疗保险16.1万人,工伤保险17.4万人,生育保险11.5万人,失业保险10.5万人。落实个体经营或灵活就业人员社会保险补贴,共为2947名个体经营或灵活就业人员发放社会保险补贴607万元。完善城乡一体化就业网络体系,进一步推进充分就业村(社区)创建活动。新增城乡就业岗位15620个,年末城镇登记失业率3.5%。完善低保医疗救助机制,全年发放城乡居民最低生活保障金971.5万元,其中城镇低保支出414.7万元,农村低保支出556.8万元,年末低保人数5333人,其中城镇1832人,农村3501人;实施农村医疗救助7562人次(其中大病救助1143人次),救助金额332.5万元;城镇医疗救助2848人次(其中大病救助182人次),救助金额73.5万元。年末拥有社会福利院(敬老院)11 个,床位 1342 张,收养人数 672 人。

海盐县

【概况】　海盐县位于浙江省北部杭嘉湖平原,东濒杭州湾,西南与海宁市相邻,北与南湖区、秀洲区接壤,东北与平湖市相连。陆地总面积 508 平方公里(县报 534.73 平方公里,其中河道、湖泊等水域面积 96.26 平方公里),海湾面积 537.90 公里(其中岛礁 0.48 平方公里)。海岸线全长 53.48 公里,是浙北海岸线最长的县(市),其中可供建设万吨级以上深水岸线约 10 公里。县域内河航道连接杭平申线,沟通京杭大运河和杭申线航道,可与整个江南水运网联成一片。海盐经济开发区杭州湾大桥新区北临上海港、乍浦港,南依宁波、舟山港,其独特的区位优势对发展区域性物流中心十分有利。2008 年,杭浦高速、杭州湾大桥北岸接线、申嘉湖高速 3 条高速公路和杭州湾大桥正式通车,连接 3 条高速公路的海盐互通枢纽为亚洲最大的交通枢纽。至 2008 年底,全县辖 8 个镇,105 个行政村,18 个社区居委会(不包括 9 个镇居委会)。有 1 个省级经济开发区(包括大桥新区),1 个国家 AAAA 级风景旅游区。全县户籍人口 369206 人,比上年增加 1578 人,人口自然增长率为 -0.22‰。

2008 年,海盐县实现地区生产总值 202.18 亿元,可比增长 8.5%。其中,第一产业实现增加值 14.73 亿元,增长 0.2%;第二产业 133.58 亿元,增长 7.9%,其中工业 125.86 亿元,增长 6.8%,建筑业 7.72 亿元,增长 32.0%;第三产业 53.87 亿元,增长 12.2%。剔除核电,全县实现地区生产总值 146.99 亿元,增长 9.7%。第一、二、三产业在生产总值中的比例 7.3∶66.1∶26.6(上年为 7.6∶66.5∶25.9)。人均地区生产总值 54878 元。

农林牧渔业总产值 21.79 亿元,未扣除物价因素,增长 6.3%。总播种面积 4.54 万公顷,与上年基本持平。粮食播种面积 2.92 万公顷,增长 1.4%;总产量 19.7 万吨,增长 1.8%。油菜种植面积 5973.33 公顷,增长 5.9%;油菜籽产量 15499 吨,增长 0.6%。棉花种植面积 1033.33 公顷,增长 14%;产量 1440 吨,增长 4.3%。蔬菜种植面积 7320 公顷,下降 2.6%;产量 25.16 万吨,增长 0.7%。果用瓜产量 3.8 万吨,下降 27.3%。完成造林面积 370.93 公顷,有森林面积 6594 公顷。全年肉类总产量 45046 吨,增长 3.7%,其中猪肉和羊肉分别为 38969 吨、1824 吨,禽肉 4117 吨。肥猪出栏 62.85 万头,增长 3.8%。禽蛋 2201 吨,下降 5.0%。水产品总产量 10686 吨(海水产品 1565 吨,淡水产品 9121 吨),下降 5.2%。至年底,全县有农业龙头企业 28 家(新增 3 个),有农业专业合作社 42 家(新增 6 家)。农产品注册商标 73 个(新增 5 个),有省级无公害基地 24 个(新增 4 个)。

全县工业总产值 433.31 亿元,增长 15.1%,其中核电工业产值 81.3 亿元,增长 4.5%;规模以上工业总产值 370.01 亿元(重工业 225.15 亿元,轻工业 144.86 亿元),增长 15.8%。规模以上工业企业新产品产值 68.36 亿元,新产品产值率 18.48%,提高 0.58 个百分点。规模以上工业企业完成出口交货值 79.6 亿元,增长 2.5%;出口交货值占销售产值的比重 21.9%,下降 3.1 个百分点。规模以上工业企业产品销售率 98.15%,下降 0.44 个百分点。实现利税 63.38 亿元,增长 47.3%;实现利润 37.73 亿元,增长 43.7%,其中核电实现利润 31.53 亿元,增长 171.5%。列入考核的 11 项经济效益指标综合指数为 289.07,提高 38.97 分。规模以上工业企业有 714 家(新增 38 家)。全年工业用电量 208243 万千瓦时,增长 16.4%。

全社会固定资产投资 113.94 亿元,增长 43.7%,剔除核电为 82.37 亿元,增长 33.7%。项目投资 109.38 亿元。其中,第一产业 2900 万元,增长 84.5%;第二产业 84.13 亿元,增长 35.6%;第三产业 24.96 亿元,增长 87.5%。完成基础设施投资 44.19 亿元,增长 413.8%,其中,水利环境和公共设施管理业、交通运输仓储和邮政业、电力燃气及水的生产供应业投资额分别为 4.44 亿元、0.96 亿元和 35.78 亿元。在规模以上固定资产投资中,制造业投资 41.34 亿元,增长 20.2%。非国有投资 49.7 亿元,增长 16.1%,占规模以上投资的 48.3%;民间投资 37.38 亿元,占规模以上投资的 36.4%。规模以上投资项目有 247 个,其中新开工 118 个。

房地产开发投资 10.99 亿元,增长 115.5%。新开工 90.07 万平方米,增长 211.7%;竣工 14.33 万平方米,下降 6.9%;实际销售 13.32 万平方米,下降 31%;全年商品房销售额 6.06 亿元,下降 25.2%。

全年进出口总额 13.13 亿美元,增长 20.1%,其中出口 11.03 亿美元,进口 2.1 亿美元,分别增长 20.5%、17.8%。累计合同利用外资 12899 万美元,实际利用外资 7874 万美元,分别下降 49.2%、35.1%。

全年社会消费品零售总额 45.77 亿元,增长 18.1%。其中,县的消费品零售额 26.13 亿元,增长 18.1%;县以下消费品零售额 19.64 亿元,增长 18.1%。批零贸易业零售额 39.28 亿元,增长 17.0%;餐饮业零售额 5.92 亿元,增长 27.4%。

交通运输、邮电业实现增加值 7.62 亿元,增长 8.7%。境内等级公路里程 855 公里,增长 3.4%;货物周转量 452 万吨公里,略有下降。旅客周转量 10827 万人公里,下降 6.9%。年末有邮电所 20 处,报刊发行量 780.3 万份,增长 11.4%。住宅电话用户 10.3 万户,移动电话用户 29 万户,互联网用户 4.4 万户。

全年接待国内旅游者 209.5 万人次,增长 18.7%;国内旅游收入 15.34 亿元,增长 24.6%。境外入境 6283 人次,增长 16.9%。其中外国人 5511 人次,香港、澳门和台湾同胞 772 人次。实现国际旅游外汇收入 931.39 万美元,增长 40.2%。国际国内旅游总收入 16.04 亿元,增长 25.0%。

财政总收入 191508 万元,增长 19.4%。其中地方一般预算收入 96890 万元,增长 20.1%;一般预算支出 114076 万元,增长 26.2%。上缴国税 282050 万元,增长 15.5%;实现地税收入 72161 万元,增长 12.4%。年末金融机构本外币各项存款余额 191.93 亿元,比年初增加 34.50 亿元,其中人民币存款余额 189.27 亿元,增加 34.04 亿元。本外币各项贷款余额 180.79 亿元,增加 47.50 亿元,其中人民币贷款余额 163.01 亿元,增加 41.50 亿元。年末城乡居民人民币储蓄存款余额 117.34 亿元,增加 25.35 亿元,增长 27.6%。

全县地方财政一般预算支出中,科技支出 5293 万元,增长 25.2%。至年底,有高新技术企业 47 家(新增 19 家),其中国家级2家,省级12家;省科技型中小企业33家(新增7家);市民营科技企业80家(新增9家);企业技术开发中心65家(新增4家),其中省级11家。经县以上科技部门鉴定的科技进步奖有36项,其中省级及以上4项。受理专利申请460件(增加100件),授权专利328件(增加111件)。

全县有小学28所,在校学生26073人,教师1452人;普通中学17所,在校学生24897人,教师1481人。九年义务教育对象入学率99.99%。小学升初中、初中升高中的升学率分别为100%、98.02%。有职业中学1所,在校学生2618人,教师193人。向普通高校输送新生2056人,输送高职(单考单招)196人。全县有13258人参加各类学历教育和非学历教育证书的自学考试。有幼儿园32所,在园幼儿10031人,教师532人。有体育场、馆440个(包括学校、企业)。是年,在市以上比赛中获奖牌106枚,其中金牌44枚。全年举办县级和镇级运动会共320次,增长10.3%。

全县有艺术表演场所、文化馆、博物馆、公共图书馆各1个,镇文化站8个,剧场、影剧院共7个。公共图书馆藏书量268千册,增长7.6%。广播电台、电视台各1座,广播综合人口覆盖率、电视综合人口覆盖率均为100%;有线电视用户10.08万户,增长2.9%,有线电视入户率83.88%,提高1.73个百分点。全县有各级医疗机构142个,其中医院(卫生院)18个,卫生监督、疾病预防控制中心、妇保院各1个。医院(卫生院)病床数共834张;有各类卫生技术人员1396人,其中医生523人。全县农村自来水普及率98.23%,卫生厕所覆盖率95.04%。

全县城市基础设施建设完成投资10.52亿元,增长2.76倍,县城建成区面积12.12平方公里,增长0.8%;人口10.93万人,增长1.5%;人均道路面积25.34平方米,略有增长;绿化覆盖面积495公顷,增长2.1%,人均公共绿地面积10.25平方米,增长6.11%。全县有生态村41个(增加6个),生态镇5个(增加1个)。全年城市环境污染源治理投资总额22235万元,增长25.9%,环境噪声达标区8.11平方公里,烟尘控制区45.3平方公里。工业烟尘达标排放率100%,工业固体废物综合利用率99.56%。生活污水集中处理率80.79%,提高14.39个百分点,生活垃圾无害化处理率100%。

全年城镇居民人均可支配收入23700元,增长10.9%,农村居民人均纯收入11650元,增长13.0%;城镇居民、农村居民人均消费性支出分别为14096元和7338元,分别增长17.7%、15.8%。城镇、农村家庭人均住房建筑面积分别为33.8平方米、69.2平方米。城乡居民家庭恩格尔系数分别为30.5%、36.8%。年末全社会从业人员28.4万人,增长8.0%,其中一、二、三产从业人员分别为4.15万人、18.54万人、5.11万人;城镇从业人员66400人,在岗职工64744人,分别增长9.1%、10.0%;私营和个体从业人员1.24万人,增长5.0%。城镇登记失业率3.81%,全年净安置失业人员6412人。年末全县参加失业保险65518人,增长9.0%,领取失业保险金2003人,发放445万元。基本养老保险参保135907人,增长19.0%;有82453人参加基本医疗保险,增长16.8%。全县有低保对象4738人,其中城镇626人,农村4112人,共享受最低生活保障补贴599.4万元,增长14%。有各种社会福利收养性单位9家,床位数953张,共安置450人。

海 宁 市

【概况】 海宁市位于嘉兴市南部,东连海盐县,西接杭州市余杭区,南濒钱塘江,北与桐乡市和嘉兴市秀洲区接壤。内陆总面积700.50平方千米。辖8个镇,4个街道,161个行政村,62个社区居委会。2008年全市人口出生率6.78‰,死亡率6.95‰,自然增长率-0.17‰。全市计划生育率98.53%。年末户籍总人口650874人,其中男性321768人,女性329106人;总户数182053户。2008年常住人口75万人,比上年增加0.5万人。

地区生产总值继续较快增长。2008年,海宁市实现地区生产总值348.95亿元,按可比价计算,比上年增长10.6%,连续九年保持了两位数的较快增长。其中,第一产业增加值17.15亿元,增长3.0%;第二产业增加值217.92亿元,增长10.2%;第三产业增加值113.88亿元,增长12.6%。三次产业结构比为4.91:62.45:32.64。全市人均生产总值按户籍人口计算为53702元,增长10.2%。

农业经济发展良好。全年农业总产值26.11亿元,增长9.2%,扣除价格因素,比上年增长4.2%。农作物总播种面积5.07万公顷。其中,粮食播种面积2.9万公顷,增长0.5%;经济作物种植面积2.18万公顷,增长3.3%。经济作物中,油菜种植面积0.6万公顷,增长3.2%;蔬菜种植面积0.95万公顷,增长2.8%;花卉苗木种植面积0.24万公顷,减少6.3%。粮经种植比由上年的57.8:42.2调整为57.1:42.9。全年粮食总产量18.93万吨,增长1.2%;蔬菜总产量21.45万吨,增长2.2%;油菜籽总产量1.43万吨,增长7.5%;蚕茧总产量1.03万吨,减少16.9%。

全年生猪饲养量60.60万头,增长6.0%,家禽饲养量1535.32万羽,下减12.8%。全年肉类总产量4.50万吨,下减4.3%;水产品总产量3.28万吨,增长14.3%。农业龙头企业不断壮大,全市农业龙头企业35家,其中省级2家、嘉兴市级21家。农业专业合作组织有新发展,全市农民专业合作社57家,其中省级示范性农民专业合作社4家、嘉兴市级“五化”专业合作社18家。专业合作领域由农业产业领域向农业服务领域拓展,镇级农机合作社、村级沼气合作社等新型合作组织出现。高效生态都市型现代农业加快发展,举办了首届尖山“杨梅节”和袁花“梨花节”。全市国家无公害农产品34只,绿色食品30只,有机食品9只,省级无公害农产品基地25个。全年农田基本建设完成土石方529.82万立方米,其中水利建设完成土石方443.20万立方米。水利建设总投入11983万元。农田有效灌溉面积34.55千公顷,旱涝保收面积26.80千公顷。疏浚河道362.11千米、长效保洁实现海宁市全覆盖;新建、改造硬化排水沟和地下输水管道203千米。年末,拥有农业机械总动力30.36万千瓦。

工业经济运行平稳。全年完成工业增加值193.23亿元,比上年增长11.0%,对经济增长的贡献率达57.4%。规模以上工业总产值突破700亿元,达722.02亿元,增长13.4%。其中,轻工业实现产值530.73亿元,增长11.4%;重工业实现产值191.07亿元,增长19.0%。国有控股企业实现产值33.94亿元,增长14.6%。全年规模以上工业企业实现新产品产值

207.19 亿元,增长 39.7%;实现产销率 97.25%,比上年回落 0.97 个百分点。规模以上工业企业实现出口交货值 276.07 亿元,增长 6.7%,出口交货值占销售产值的比重为 39.3%。从经济类型看,私营企业实现产值 380.81 亿元,增长 15.5%;三资企业实现产值 234.05 亿元,增长 11.7%。主导产业中,规模以上皮革工业实现产值 121.93 亿元,增长 1.2%;规模以上纺织工业实现产值 263.04 亿元,增长 14.1%。两大主导产业占规模以上工业总量的 53.3%。机械、食品、金属制品、电气机械等一些重点行业分别增长 21.4%、42.6%、36.4% 和 61.6%。全年规模以上工业企业实现产品销售收入 684.39 亿元,增长 10.0%;实现利税 43.99 亿元,其中利润 23.23 亿元。列入省考核的十一项工业经济效益指标综合得分为 231.68 分,提高 4.58 分,其中列入国家考核的七项指标综合得分为 139.19 分。全年建筑业实现增加值 24.69 亿元,增长 4.1%。全市建筑企业发展较快,有资质建筑企业 51 家,实现施工产值 73.12 亿元,增长 28.7%。全年各类房屋建筑施工面积 964.33 万平方米,增长 17.5%。全年房地产业实现增加值 12.15 亿元,增长 3.1%。完成房地产开发投资 21.69 亿元,增长 39.1%。全年房地产施工面积 275.36 平方米,增长 26.3%;商品房销售面积 45.87 万平方米,下降 42.2%;商品房销售额 22.96 亿元,下降 27.8%。

固定资产投资增长较快。全年完成全社会固定资产投资 155.39 亿元,比上年增长 18.6%,其中限额以上投资 133.46 亿元,增长 14.3%。全年完成工业生产性投资 100.32 亿元,增长 18.0%。在全部限额以上投资中,第一产业投资 0.05 亿元,增长 94.3%;第二产业投资 88.61 亿元,增长 13.4%;第三产业投资 44.80 亿元,增长 16.1%。三次产业投资比重由上年的 0.02:66.93:33.05 调整为 0.04:66.39:33.57。全年限额以上投资项目 651 个。其中,2008 年新开工项目 354 个,新开工项目计划总投资 124.15 亿元;建成投产项目 350 个,新增固定资产 97.74 亿元,增长 11.8%。

国内贸易继续繁荣。全年实现社会消费品零售总额 132.52 亿元,比上年增长 20.7%。其中,市区消费品零售额 74.26 亿元,增长 22.8%,对整个消费品市场拉动 12.6 个百分点;市以下消费品零售额 58.27 亿元,增长 18.1%,对整个消费品市场拉动 8.1 个百分点。城乡消费增速差距较上年拉大 1.4 个百分点。分行业看,批发和零售贸易业零售额 114.53 亿元,增长 20.4%;住宿餐饮业零售额 13.60 亿元,增长 30.6%。年末,全市有各类商品交易市场 45 个,其中成交额超亿元的市场 11 个。全年城乡集市贸易成交额 118.56 亿元。在限额以上批发和零售贸易业零售额中,石油及制品类比上年增长 70.9%,服装类增长 30.0%,化妆品类增长 27.2%,文化办公用品类增长 23.2%,中西药品类增长 21.8%,书报杂志类增长 19.3%,体育娱乐类增长 16.4%,食品类增长 13.7%。

外向型经济难中有进。全年完成自营进出口总额 31.47 亿美元,比上年增长 10.3%。其中,出口总额 26.77 亿美元,增长 14.0%;进口总额 4.70 亿美元,下降 6.9%。全年完成一般贸易出口 19.97 亿美元,增长 19.1%;完成加工贸易出口 6.80 亿美元,增长 1.3%。在出口总额中,三资企业和自营出口企业出口分别为 12.36 亿美元和 14.41 亿美元,分别增长 4.5% 和 23.7%。出口商品结构进一步优化,全年机电产品出口值 2.97 亿美元,增长 11%。高新技术产品出口增长 12.5%。出口主体进一步扩大,至年末全市有出口实绩企业 657 家,增加 108 家。全年新批“三资”企业 41 家,新批外商投资项目 79 个。全年合同利用外资 4.12 亿美元,下降 7.0%;实际利用外资 2.01 亿美元,增长 15.0%。投资领域不断拓展,继海宁吉恩仕公司在刚果(金)投资 3497 万美元进行铜矿开采后,又有海宁市卓越进出口公司投资 200 万美元,在刚果(金)设立生产性企业进行成品铜冶炼生产及进出口业务。海宁福地农业有限公司投资 4860 万美元在巴西设立阳光农业有限公司从事大豆的种植和贸易。

交通和邮电业平稳发展。全年交通运输邮电业增加值 10.07 亿元,比上年增长 8.7%。出台优先发展公交事业的相关政策,进一步提高公交覆盖率,一般村部(中心)离公交站点的距离不超过 1000 米。全年新建候车棚 638 个,新增和调整公交线路 13 条,城市公交 IC 卡于 11 月启动。全市公路(乡道以上)通车里程达 739.66 千米。全年完成货物运输量 1345 万吨,其中铁路 5 万吨、公路 355 万吨、水路 985 万吨;完成货物周转量 16.08 亿吨千米,其中公路 2.37 亿吨千米、水运 13.72 亿吨千米。全年客运量 2865 万人,其中铁路 133 万人、公路 2732 万人;客运周转量 8.32 亿人千米,其中公路 8.32 亿人千米。全年邮电业务总量 6.57 亿元,增长 5.5%。其中,邮政业务总量 0.39 亿元,增长 8.2%;电信业务总量 6.18 亿元,增长 5.3%。年末固定电话用户 33.93 万户,下降 1.4%;移动电话用户 53.12 万户,增长 3.5%;互联网用户达 9.44 万户,增长 20.4%。

财政、金融和保险保持较快增势。全年完成财政总收入 43.96 亿元,比上年增长 20.2%,其中地方财政收入 21.39 亿元,增长 19.5%。全年财政支出 22.67 亿元,增长 28.6%,其中农业支出 1.98 亿元,教育支出 6.04 亿元。年末金融机构人民币各项存款余额 385.26 亿元,增加 66.14 亿元,增长 20.7%,其中城乡居民储蓄存款余额 215.40 亿元,增加 46.63 亿元,增长 27.6%。年末城乡居民人均储蓄存款余额为 33094 元,增长 27.2%。年末金融机构人民币各项贷款余额 269.60 亿元,增加 36.10 亿元,增长 15.4%,其中短期贷款余额 180.22 亿元,增加 17.82 亿元,中长期贷款余额 85.19 亿元,增加 14.54 亿元。金融机构现金收入 881.85 亿元,下降 4.0%;金融机构现金支出 899.94 亿元,下降 4.0%。货币投放额 18.08 亿元,下降 6.5%。全年保险业承保总额 1451 亿元,增长 61.0%,其中财产险承保额 984 亿元,增长 92.2%;人寿险承保额 467 亿元,增长 20.1%。全年保险机构保险赔款支出 9029 万元,增长 20.3%.

城乡建设和环境保护加快推进。建成 40 平方千米城市道路框架,城市建城区面积扩大到 28.7 平方千米。市区新建道路 7 千米,面积 24 万平方米,完成水月亭路东延(新海青桥至碧云路)、新海青桥、塘南路东延(建材市场至碧云路)、文宗路中段、文新路等城建工程。建设项目环境影响评价制度执行率达 100%。推进城乡供排水一体化建设,全市二级供水管网工程全面完工,新增自来水供水管道 8 千米,总长达 420 千米,实现地面水全覆盖。环境保护力度进一步加大,全年审批新、改、扩建建设项目 378 个,计划环保投资 4.65 亿元。完成全市 8 个镇生活污水处理设施工程建设,建设泵站 34 座,10 份全部投入运行。全年实施污水管网工程 19 千米,总长度达 181 千米。建成污水集中处理工程 3 个,具备每天 16 万吨的处理规模。天然气利用工程全年完成管网敷设42千米,总长度达171千米。根据"十小行业"工作统一部署,全面加强瓶装液化气行业管理,浙江省小液化气整治与规范工作现场会在海宁召开。全年完成造林面积507.5公顷,比上年增加423.3公顷。市区绿地率达35.41%,绿地覆盖率41.31%,人均公共绿地面积10.28平方米。创建完成全国环境优美乡镇5个、省级生态镇8个,实现海宁市全覆盖;创建完成省级绿色饭店4家、省级绿色家庭15家、省级绿色医院2家、绿色社区24个(其中省级7个、嘉兴市级9个、海宁市级8个)、绿色学校50所(其中国家级1所、省级10所、嘉兴市级14所、海宁市级25所)。

*教育和科技事业有新发展。*全面推进教育均衡化,教育事业实现新发展,全市拥有小学45所,普通中学28所,职业高中4所,幼儿园73所。小学在校学生43536人,小学学龄人口入学率达100%,义务教育学龄人口入学率为99.99%。全市普通中学在校学生36931人,初中学龄人口入学率达99.99%,初中毕业生升入高中段比例上升至98.03%。职业高中在校学生4922人,技工学校在校学生2206人,电大在校学生4989人,学龄前儿童在园幼儿数17464人。小学、初中生均公用经费分别提高到420元(含四项目购置费每生30元)和540元(含四项目购置费每生50元)。农村村校与中心小学教师编制实行同一标准。现代教育技术装备经费投入约1870万元,列入高标准信息技术"班班通"的班级比上年增加429个。参加普通高校升学考试报名4228人,上线3954人,上线率达93.52%。高等学历教育自学考试全年报考3736人次。全年农村共有9.98万人次接受了各类文化技术培训。年末,海宁市有嘉兴市级以上高新技术企业56家,其中国家级高新技术企业21家,省级高新技术企业13家,嘉兴市级高新技术企业22家。拥有嘉兴市级民营科技企业140家,比上年增加13家,全市科技型企业队伍已达196家。全年财政科技投入1.02亿元,增长21.5%。科技成果中经各级批准鉴定75项,其中获省级科技进步奖1项,获嘉兴市级科技进步奖7项。列为国家级新产品3只,省级新产品104只。2008年专利申请量和授权量分别达1081件和519件。全年经认定登记和签约技术合同35项,合同金额13662万元。

*文化和旅游业进一步繁荣。*加大农村文化阵地管理力度,全面开展村级文化阵地专职管理员、监督员招聘工作,共招聘专职管理员、监督员333名,聘请群众监督员178名,实现全市农村文化专职管理员全覆盖。加强非物质文化遗产保护工作,成立海宁市非物质文化遗产保护中心,落实编制,招聘3名专门从事非物质文化遗产保护的工作人员。全市共有文化馆(站)13个。全年艺术表演场所演出场次276场。市公共图书馆总藏量43.38万册,比上年增长17.7%。全市档案案卷数228991卷(件),比上年增长19.1%。有电影放映单位15个,全年电影观众62.15万人次。广播、电视人口覆盖率均达100%。全年出版《海宁日报》305期,发行量23258份,共出版《海宁日报》709.37万份。全年旅游总收入达47.79亿元,增长17.9%。全年共接待国内旅游者507.19万人次,增长25.4%;接待入境旅游者4.91万人次,增长11.6%。旅游外汇收入(包括商品创汇)4785万美元,增长9.6%,其中商品创汇3509万美元。

*卫生和体育事业取得新成果。*出台《关于加快"卫生强市"建设的若干意见》,卫生事业经费较上年增加31%;启动"卫生强镇"(街道)创建工作,10个镇、街道通过海宁级"卫生强镇"(街道)申报考核;推进基层创卫,全市有15个村和44个村分别通过省级和嘉兴市级卫生村考核,31个村通过海宁市级卫生村考核,各级卫生村比例达到97%。卫生重点项目建设顺利推进,市公共卫生管理中心投入使用,医疗中心综合楼完成主体结构五层建设。年末,全市有医院、卫生院25个,社区卫生服务站149个,医疗床位2111张。有卫生技术人员3443人,其中执业医师(含执业助理医师)1257人,注册护士1024人。2008年城乡合作医疗参保人数39.89万人,参保率达97.45%。全面完成合作医疗实时刷卡系统建设,全市设置报销端点308个,门诊报销刷卡率达95%。全市农村自来水普及率达99.14%,卫生厕所普及率达98.56%。体育设施建设进程加快,新增建30个居民健身苑(点)。全年在省内外重大体育比赛中,海宁市运动员获得国家级金牌4枚、省级金牌25枚、嘉兴市级金牌84枚。全年举办单项体育赛事58项,承办国家级赛事4项,分别是2008年阿迪达斯全国U-17足球联赛(第一阶段浙江海宁赛区)、中国乒乓球俱乐部超级联赛海宁赛区比赛、海宁·中国皮革城杯第十三届亚洲轮滑锦标赛和2008FIBA钻石杯洲际女子篮球赛。全年共组织全市性群众体育活动19次,参加比赛运动员3725人次。镇、街道和体育社团组织群众体育活动108次,参加各类体育竞赛的运动员达1.7万人次。

*居民生活水平和生活质量不断提高。*根据抽样调查,全年城镇居民人均可支配收入和农村居民人均纯收入分别为23080元和11577元,扣除价格因素,分别比上年增长6.2%和7.9%。城镇居民人均消费支出和农村居民人均生活消费支出分别为15069元和7565元,增长14.6%和10.5%。其中城镇居民家庭设备及服务、交通和通信支出增长较快,分别增长28.2%和23.1%;农村居民文教娱乐用品及服务支出和交通、通讯服务性消费支出增长较快,分别增长18.8%和16.7%。2008年城乡居民恩格尔系数均较上年有所下降,分别为33.3%和35.1%,分别下降1.3个百分点和0.1个百分点。年末城镇居民人均住房建筑面积34.86平方米,农村居民人均生活用房面积65.84平方米。全年全市举办各种劳动力交流专场78期,提供就业岗位8.8万个,共帮助5800名失业人员实现再就业,其中就业困难人员1800人。开展城镇失业人员再就业培训2305人,农村劳动力转移就业培训6091人,外来务工人员培训4833人。全市年末登记失业人数4290人,城镇登记失业率控制在3.55%。城乡居民社会养老保险工作全面推进,参保人数达35079人。年末全市基本养老保险参保人数17.2万人,其中企业参保人数16.5万人,比上年末增加1.1万人。收缴基本养老保险基金5.64亿元,收缴失业基金0.59亿元,劳动保障部门为1.92万人次发放了失业救济金。全市基本医疗保险、工伤保险和生育保险参保人数分别为17.5万人、18.5万人和10.6万人。全市共有社会福利事业单位20个,床位2004张,收养1327人。社会救济总人数(包括低保人数)18465人。全市共有最低生活保障对象8722人,其中城镇居民和农村居民最低生活保障人数分别为1486人和7236人,全年共发放低保金额1195万元。全市各类老年公寓(包括敬老院)收养社会老人累计502人。城镇社区服务设施1140个,农村社会保障网络覆盖12个镇、街道。拥有社区服务中心1个,提供服务项目79个,共提供服务活动7.7万人次。

桐乡市

【概况】 桐乡市地处浙北杭嘉湖平原,长江三角洲东南部。东连秀洲区,南邻海宁市,西毗湖州市德清县和杭州市余杭区,西北接湖州市南浔区,北界江苏省吴江市。东西宽约36公里,南北长约34公里,总面积727平方公里。沪杭高速公路、申嘉湖高速公路、320国道、京杭大运河等水陆交通要道横贯全境。2008年,辖9个镇、3个街道、41个社区、178个村。年末,户籍总人口66.86万人(男性33.42万人,女性33.45万人),比上年增加1640人,其中非农业人口26.13万人,增加9.89万人;常住人口79.6万人,比上年增加6000人。人口出生率6.29‰,死亡率7.48‰,自然增长率-1.19‰。

2008年,全年实现生产总值316.23亿元,比上年增长(可比价)12%。其中:第一产业增加值20.34亿元,增长3.5%;第二产业增加值178.32亿元,增长12.6%;第三产业增加值117.57亿元,增长12.5%。按户籍人口计算,全市人均生产总值47353元。三次产业结构比为6.43:56.39:37.18。财政一般预算总收入41.8亿元,增长18.9%,其中地方一般预算收入20.4亿元,增长19.6%。

工业结构继续改善。全市实现工业增加值158.5亿元,比上年增长12.4%。新增规模以上工业企业154家,总数达到1305家。其中销售收入超亿元的企业98家,新增加4家;10亿元及以上的企业7家,新增加1家;超100亿元的企业1家。全年规模以上工业企业实现产值703.4亿元,增长13.2%。经济效益出现回落,规模以上工业企业实现利税43.55亿元,比上年下降6.8%,其中利润25.51亿元,下降15.7%。积极推进省级开发区和重点工业区开发建设,全市工业区新增开发面积4560亩,完成基础设施投入4.9亿元,建成标准厂房26.6万平方米。积极走新型工业化道路,高新技术产业取得新进展。全年规模以上工业新产品产值133.43亿元,增长20.9%。规模以上高新技术产业实现增加值31.38亿元,比上年提高9.3个百分点。建筑业全年实现增加值19.9亿元,比上年增长14.3%。年末三级以上建筑资质等级企业65家,实现建筑业总产值82.2亿元,增长38%。

现代农业稳步发展。全年完成农业总产值30亿元,比上年增长8.4%,其中种植业产值14.26亿元,增长12.0%。全年粮食播种面积37.8万亩,总产量18.36万吨。蔬菜播种面积24.07万亩,产量54.39万吨。畜牧业产值12.62亿元,年增长3.5%。各类肉类总产量5.48万吨,增长6.9%;蚕茧总产量1.48万吨,下降16.1%;各种水产品产量1.54万吨,增长15.8%。生态农业加快发展,新增国家级无公害农产品8个、绿色食品5个、有机食品1个。建成市级农业标准化生产示范区6个,优势特色农业产业示范基地10个。完成123个存栏生猪100头以上规模养殖场(户)整治任务,新建畜禽生态养殖小区15个。农业产业化步伐加快,新增市级农业龙头企业2家、订单农业5500亩;新建农民专业合作社13家,建成农村综合服务社9家,新增信用村20个。

服务业发展势头良好。全市实现服务业地税收入6.9亿元,比上年增长14.5%,占地税总收入的比重为48.8%。濮院羊毛衫市场交易中心、国贸中心和市区红星美凯龙家居市场建成开业,全年市场成交额159.72亿元,比上年增长8.0%,其中12个市场成交额超亿元,增加1个。旅游业稳步发展,全市接待境内外旅客498.6万人次,增长10.5%,实现旅游收入38.1亿元,增长8.4%。振东新区五星级酒店启动建设,6家酒店获得国家绿色饭店称号,濮院毛衫品牌中心被认定为全省首家四星级旅游商品购物点。全年实现全社会消费品零售总值118.61亿元,增长20.1%。其中,批发零售贸易业零售额100.22亿元,增长20.7%;餐饮业零售额11.81亿元,增长22.6%。金融业支持经济发展力度进一步加大,年末本外币存贷款余额分别达到348.9亿元和244.6亿元,分别较年初增长19.2%和19.1%。保险业保费收入4.27亿元,比上年增长35.1%。房地产业平稳发展,全年实现商品房销售面积55.7万平方米,比上年增长5.8%,商品房销售额20.84亿元,增长18%。

对外开放取得进展。全年新批外商投资项目23个,增资项目29个。合同利用外资1.18亿美元,比上年下降71%,实际利用外资1.49亿美元,比上年增长10%,总投资千万美元以上的项目12个。引进市外内资项目170项,到位资金20.5亿元,比上年增长28.1%。全年实现进出口总值26.58亿美元,比上年增长31.%。其中,出口总值17.29亿美元,比上年增长26.%;进口总值9.29亿美元,比上年增长42%。出口产品结构优化,高新技术产品完成出口3.16亿美元,增长59%;以新型建材为主的五矿轻工产品出口6.34亿美元,增长46.0%。全年新设立境外企业(机构)9家。

城乡建设不断开拓。全社会固定资产投资139.81亿元,比上年增长15%,其中限额以上投资112.92亿元,增长13.5%。29项市重点建设项目累计投资21.5亿元。振东新区植物园建成并对外开放,市区建成区面积达到31.5平方公里。康泾塘东岸综合整治工程取得阶段性成效,城市防洪三期工程基本建成。建成农村联网公路56.6公里、通组道路272.6公里,改造农村危桥93座。德嘉线天然气管道、市区至洲泉供气管道工程建成通气。220千伏百桃变建成投产,110千伏羔羊变启动建设,完成82个村的新农村电气化建设任务,在全国率先实现"村村电气化"。建成新都垃圾焚烧二期、基本完成崇福至大麻供热管网工程。

生态环境进一步改善。全年大气质量达到国家良好以上标准天数占89.6%,上级飞行监测达标率为、94.5%,分别比上年提高3.6个百分点和20个百分点。推广应用排污量自动监控系统,26家企业通过清洁生产审核,2家企业创建为绿色企业,总数分别达到53家和6家。环太湖流域(桐乡)污水收集处理外排工程进展顺利,全面完成70.2公里的污水收集一级管网建设任务;新增二级管网82公里,完成总工程量的53%。推广生活污水治理与农村改厕相结合的六格式生活污水处理办法,完成治理19199户;实现省级以上生态镇全覆盖,创建省级生态市通过省级专家组考核验收。

社会事业全面进步。全年实施省级以上各类科技项目121项,其中国家级10项;新认定省级以上高新技术企业24家;引进组建中科院电工所桐乡新能源研发中心等院校共建项目9个,新增专利授权602件;新增省级企业技术中心2个、ISO认证企业55家;新增中国驰名商标17个,总数达到28个。全年引进各类人才3350人,年末全市公有经济企业和事业单位有各类专业技术人员8965人,比上年增加88人。实验二小城北校区、高桥初中等中小学校建成使用,桐乡二中、八中及新居民子女学校开工建设,市农技校完成撤并工作。义务教育阶段公办学校吸纳新居民子女就学率达57%。初中毕业生升高中比例97.7%、高考本科率57%,学前三年幼儿入园率98.9%,三级残疾儿童少年入学率100%。年末拥有各类卫生机构267个,卫生技术人员3343人,每千人拥有医院床位3.21张,每千人拥有医生1.65人。建成规范化社区卫生服务站60个,实现省级卫生镇全覆盖。全市举办各类广场文化116多场,市镇两级文化下户演出1134场,电影下乡3854场;拥有非物质文化遗产名录75个,其中省级以上7个。全市有线电视用户16.65万户,有线电视入户率92.%,年内新增数字电视用户2万户。开展"奥运年"全民健身活动,创建省级体育强镇3个。

生活水平稳步提高。全年城镇居民人均可支配收入22711元,比上年增长13.4%,扣除价格因素,实际增长8.1%,人均生活消费支出12630元,增长5.8%;农村居民人均纯收入11560元,增长13.8%,扣除价格因素,实际增长8.5%,人均生活消费支出8402元,增长3.1%。年末,城镇居民人均住房建筑面积39.76平方米,农村居民人均住房面积83.74平方米。加强劳动就业工作,全年新增就业岗位7870个,帮助城镇失业人员再就业3603人,城镇登记失业率3.5%。全面实行城乡居民社会养老保险制度,参保人数4.8万人,45672名高龄老人按月领取生活补助金。合作医疗补助标准继续提高,农村居民参保率95.5%。

(高祥慧提供)

江苏省姜堰市梁徐镇

梁徐镇位于苏中平原、长江北岸,地处姜堰市南郊,面积63平方公里,总人口5.6万人,下辖22个行政村,313个村民小组,耕地面积4.5万亩。宁靖盐高速公路、328国道、姜八公路、姜高公路及姜黄河、周山河、中干河纵横过境。距离上海、南京分别只有2小时车程。镇内有2个高速公路出口处,区位优势、交通优势明显。2008年实现国内生产总值18.8亿元。财政收入1.83亿元,农民纯收入8267元。

梁徐镇属于泰州市工业强镇、农业大镇、建筑名镇。全镇拥有工业企业300多家,已形成电器、电缆、机械、轻工、纺织、建材、食品、化工等门类齐全的工业结构。2008年实现工业总产值61.4亿元,农业总产值2.2亿元,服务业增加值2.38亿元,建筑业施工产值7.8亿元。

近年来,全镇工业主导地位进一步加强。镇区龙头企业江苏双登集团是泰州市30强企业之一,是国内最大的蓄电池生产基地,省"星火"企业、国家高新技术企业,在全国同行中首家通过IS09001和IS014001认证,是国家级重合同守信用单位、江苏省环境友好企业、国家电子信息百强企业、国家知识产权试点单位,其中密封铅酸电池的年产销售居全国同行业之首。江苏光大电力设备有限公司是原电力部、机械部定点生产高低压电力成套开关设备的专业制造商和国家经贸委"农城网"改造推荐企业。另有外商独资企业亨达水泥制造有限公司及江苏双叶毛巾有限公司、恒泰制衣有限公司等一大批重点骨干企业。

绍兴市辖县(市)

绍　兴　县

【概况】 绍兴县地处长三角南翼,东接宁波,西临杭州,区位优势明显,交通条件便捷,地域面积1177平方公里。下辖15个镇、4个街道,302个行政村、71个居委会(社区),2008年,实现地区生产总值608.27亿元,比2007年增长8.80%;实现财政总收入75.73亿元,其中地方财政收入38.52亿元,同比分别增长13%和17.50%;研究与试验发展经费支出占生产总值比例达到1.80%;万元生产总值综合能耗同比下降4.20%,COD和SO2排放量同比分别下降3.50%、4.50%;全社会固定资产投资242.36亿元,同比增长12.90%;社会消费品零售总额91.04亿元,同比增长20.80%;城镇居民人均可支配收入26155元,同比增长12.50%;农村居民人均纯收入13372元,同比增长12.60%;城镇登记失业率3.19%;人口自然增长率-0.59‰。年末户籍人口71万,暂住人口61万。被命名为国家园林县城。

【经济建设】 经济结构优化。实现粮食总产量19.46万吨,再创新高。实现工业总产值2264.98亿元,增长11.1%。新上工业项目平均投资强度达248.79万元/亩,提高8.2%。实现建筑业总产值651.91亿元,第一次位居全省第一。"纺博会"经国务院批准升格为国家级展会。国资重新控股"轻纺城",中国轻纺城市场实现成交额634.53亿元,增长10.4%。浙商银行、招商银行、华夏银行分支机构落户柯桥,全县金融业实现增加值31.45亿元,增长26.7%。实现旅游总收入49.41亿元,增长13.8%,通过省"旅游经济强县"考核验收,荣获"中国十佳休闲旅游名县"称号。房地产市场健康稳定发展。第三产业增加值占GDP比重提高1.1个百分点,创历史之最。创新活力增强。新增省级以上高新技术企业17家、省级以上技术研发中心9家,新获中国驰名商标12件、国家授权发明专利20项,参与制订国家标准23只,净增各级各类人才10165名。新增上市公司1家、增发1家、股改重组企业7家。对外开放扩大。实现进出口总额98.91亿美元,其中自营出口64.21亿美元,分别增长21.4%、21.7%。新增国(境)外常驻代表机构和商业企业120家、总数达649家。

【城乡建设】 新县城建设加快。柯东仓储中心、东升路市场改造一二期、柯北服装家纺市场等竣工投用,国际会展中心一期完成主体工程。柯北新城总部楼宇经济初具规模,已建成投用商务楼入驻率达到80%以上。柯南新区旅游、人居优势日益彰显,"两湖"区域加快开发建设。"新柯桥人"计划积极实施。成功创建省级示范文明县城。新城镇示范效应增强。在兰亭镇实施"扩权强镇"试点。平水镇和杨汛桥镇被列入第二批全国发展改革试点小城镇。滨海工业区、柯桥经济开发区、七个新型镇街加快发展,工业投资、工业总产值和财政总收入分别占了全县的84.4%、77.5%和54.2%。新农村建设扎实推进。城中村改造步伐加快,依法拆迁146万平方米。35个村启动农民公寓房建设,总建筑面积27.42万平方米,新竣工11.85万平方米。家庭工业加快发展,新增家庭工业集聚点12个,家庭工业户1139户。深化土地承包经营权和集体林权流转,流转土地10.23万亩、山林4万亩,流转率分别达到44.8%、5.0%。公共设施进一步完善。杭甬运河绍兴县段在全省率先通航,钱陶公路改建完工通车,日铸岭隧道、绍诸高速等工程顺利推进。南部山区到柯桥县城的城乡公交和柯桥到杭州的城际公交相继开通。新建供排水管线164公里。新改造10千伏公用电网120公里。

【社会事业】 全面实施"六个所有"民生计划。全年财政支出增量的82.6%用于民生的改善。学前教育、义务教育、高中教育入学率分别为99.7%、100%和98.1%。全县新增城镇就业13750人。第五轮新型农村合作医疗筹资标准从166元/人提高到216元/人,其中县级财政支出从70元/人提高到100元/人,参保面96.6%,提高1.5个百分点;创建成功全国农村中医工作先进县。人口计划生育率达到98.7%。城乡老年居民基本生活保障实现全覆盖,被征地农民的养老金标准从220元提高到245元。经济适用房、廉租房、人才房保障水平进一步提高。困难群体医疗救助力度得到加大;所有孤儿在全额享受低保金的基础上,再按月享受生活补贴。生态环境保护取得新成效。深入开展以改善水质为核心的新时期治水工程和以提升空气质量为标准的"蓝天行动",稳步实施污水"进管达标、处理提标"专项行动。城区生活污水收集面由45平方公里扩大到50平方公里,收集率达到70%。完成河道、溪流、水库清淤128.2万方。绿化造林4500亩。文化强县建设得到推进。广泛开展农民"种文化"活动。成功承办第五届中国曲艺牡丹奖全国曲艺大赛(绍兴赛区)。成功承办2008年全国青少年无线电通讯锦标赛。开展绍兴莲花落诞辰百年系列庆祝活动和"越剧天天演"活动。开展第三次全国文物普查和县第二次非物质文化遗产普查。县博物馆、图书馆免费向公众开放。启动有线电视数字化改造。举行县第十届运动会。荣获"中国曲艺之乡"、"中国书法之乡"、"全国文化信息资源共享工程建设示范县"称号。

【专利申请量全省第一】 年内,绍兴县专利申请量达4082件(其中发明专利114件),同比增长57.7%,居全省第一;专利授权量达2320件(其中发明专利20件),同比增长181.6%,居全省第二。为加快科技强县步伐,鼓励企业依靠科技进步和技术创新,实现产业升级、提升核心竞争力,绍兴县出台了一系列专利激励政策,对专利申请、发明专利实施、专利示范(试点)企业、获中国专利奖企业进行最高达30万元的各档补助和奖励。

【建筑业总产值首次位居全省第1位】 全年全县实现工业总产值2264.98亿元,同比增长11.10%。新上工业项目平均投资强度达16.59万元/公顷,同比提高8.20%。实现建筑业总产值651.91亿元,首次位居全省第1位。

【在全省率先开展县级依法行政示范单位创建活动】 年内,出台《关于严格执行<监督法>依法向县人大常委会报告政府专项工作的通知》。采纳政协"稳步推进土地股份合作制"等21件建议案。办理人大代表建议202件、政协委员提案272件,答复满意率均为99.50%。在全省率先开展县级依法行政示范单位创建活动,加强行政诉讼和行政复议工作。全面开展规范行政自由裁量权工作。加强政府非税收入管理,全面实施"零基预算"。推行政府性投资项目集中代建制。压缩行政性开支,规范公务员考核奖励性补贴,县级机关公用经费减少5%。

诸 暨 市

【概况】 诸暨地处长江三角洲南翼,位于浙江省中北部,区域面积2311平方公里,辖23个镇、1个乡、3个街道,467个行政村、67个城镇社区(居委会)。全年全市实现生产总值495.89亿元,比2007年增长9.50%;财政总收入50.33亿元,其中地方财政收入26.52亿元,同比增长15.60%和16.60%;全社会固定资产投资204.83亿元,同比增长10.40%;社会消费品零售总额124.16亿元,同比增长19.30%;自营出口35.36亿美元,同比增长35%;城镇居民人均可支配收入25678元,农村居民人均纯收入11612元,同比增长12.80%和12.90%。获绍兴市工作目标责任制考核第一名。全市年末户籍总人口1064181人,其中非农业人口157512人,人口出生率7.89‰,死亡率6.98‰,人口自然增长率0.91‰。

【经济建设】 2008年,全市三次产业结构由2007年的6.1:62.2:31.7调整为6.1:61.4:32.5。创新能力不断增强。全年财政科技支出1.25亿元,增长23.8%。启动浙江大学支持诸暨创业创新行动,实施国家科技计划项目56个,新增国家和行业标准23只、中国驰名商标15件,36家企业通过高新技术企业认定。现代农业加速发展。粮食生产实现"五连增",新增特色农林基地14000亩、农民专业合作社172家。工业转型升级扎实推进。规上企业新产品产值增长23.2%,在建项目平均投资规模增长18.1%,装备制造业投资比重提高9.5个百分点,海亮、大东南、盾安跻身"中国制造业企业500强"。第三产业强势推进。修编实施商业网点规划,积极推动企业主辅分离,华东国际珠宝城、华东汽配水暖城、耀江开元名都大酒店等建成开业,祥生、雄风、阮仕、海越入围"中国服务业企业500强",实现旅游收入36.59亿元,增长16.7%。全年实现建筑业产值539.32亿元,增长19.8%,展诚、诸安建设集团喜获"鲁班奖"。成功申报白塔湖省级湿地公园和杭坞山省级森林公园,被命名为省首批生态县市

【城乡建设】 城西商务区建设加快推进,投资2.4亿元完善基础配套,11幢企业总部大楼全面开工,专业市场启动建设。有序推进旧城改造,与浙江绿城集团达成整体开发建设的战略合作协议,编制完成核心区域风貌规划,外迁安置点建设基本竣工。调整完善城东中心区修建性详规。诸永高速诸暨段竣工通车,航道疏浚工程一期全面完成,诸南供水工程和青山、征天水库除险加固工程进展顺利,诸暨至安华公路恢复施工,绍诸高速诸暨段建设启动。全年投入财政资金2.54亿元,深入实施新农村建设"八大工程"。新建农村联网公路162公里,城乡一体化供水人口达到58万;完成56公里清水河道和118个村庄池塘整治,城乡生活垃圾无害化处理率达到92.7%;全面完成村庄规划编制;完成106个村庄绿化、110个生态公墓建设。

【社会事业】 全年财政投入社会事业建设资金15.6亿元,增长17.8%。成功举办第三届西施文化节暨第六届中国(国际)珍珠节,三贤纪念馆、广电演播大楼落成启用,发展数字电视用户10万户。实行免费义务教育,新增绍兴市教育基本现代化乡镇4个,高考成绩继续保持全省领先。人民医院易地新建工程奠基启动,96%的村配备联村医生。成功举办市七运会,夺得全国强县市领导干部篮球赛冠军。狠抓计划生育综合治理,低生育水平持续稳定。社会管理不断加强,稳步推进"五险合一"、"五费合征",成为省首批和谐社区建设工作先进县市。深入实施农村综治网格化管理,扎实做好奥运安保和"枫桥经验"45周年纪念活动各项工作,安全生产三项指标实现"零增长"。

【民生保障】 八大惠民实事基本完成,扎实推进职工养老、医疗、工伤、失业保险和城镇居民医疗保险,新增城镇就业岗位11658个;落实43户廉租住房和360户经济适用房;深入推进警务进社区工作,城区安装176只视频监控器;面实施"811"环境保护新三年行动计划,完成珍珠加工等四项环境污染专项整治;新建32只港湾式候车亭,实行一卡通和一元低票价;完成3个老住宅小区试点改造;东湖市场"农改超"工作基本完成;积极推进食品安全示范市创建,"十小"行业质量安全整治取得阶段性成果。

【自营出口增速居全省出口10强县市之首】 全年坚持传统出口市场与新兴出口市场齐头并进,出口产品结构进一步优化,五金机电产品出口占全市出口总额的40%以上,新增浙江省出口名牌10个。全年,实现进出口总额44.46亿美元,同比增长28.30%,实现自营出口35.36亿美元,同比增长35%,出口总量排名全省第七位,增速位居全省出口10强县市首位。

【西施故里成为国家4A级旅游区】 年内,成西施故里功创建为国家4A级旅游区。西施故里旅游区以西施品牌为灵魂,以内涵丰厚的古越文化为背景,是国家级非物质文化遗产——"西施传说"的重要载体,是集游览观光、休闲商贸、生态度假于一体的大型开放式都市旅游休闲场所,总投资15亿元,于2006年4月开园迎客,已接待游客近100万人次。目前包括同方五星级国际大酒店、伊美景观、庙会广场等十个项目的二期工程已完成工程量的75%。

【被命名为"中国珍珠之都"】 4月,诸暨市被命名为"中国珍

珠之都”。诸暨市珍珠产业起步于上世纪70年代,曾于1996年被命名为“中国珍珠之乡”。经过几十年的发展,现养殖面积达2.73万公顷,珍珠产量已占世界淡水珍珠总产量的73%,全国总产量的80%。全年产珍珠400吨,实现珍珠自营出口超2亿多美元。目前拥有中国名牌产品3只,中国驰名商标3件,并拥有全国珍珠行业唯一上市企业山下湖集团。

【在全省率先完成市(县)域总体规划】 5月初,《诸暨市域总体规划》经省政府批准同意,成为《城乡规划法》实施以来全省第一个获得省政府批准的县级市域总体规划。该规划自2004年底开始编制,历时三年多,最终确定“1-6-80”型“群星拱月”式城乡一体发展框架。

上虞市

【概况】 上虞市位于浙江省东北部、杭州湾南岸,总面积1403平方公里,下辖15个镇、3个街道、3个乡,353个行政村、87个居委,总人口77.31万,其中非农人口24.18万人,人口自然增长率为负0.92‰。2008年,全年实现地区生产总值348.34亿元,按可比价计算增长8.60%;财政总收入39.81亿元,其中地方财政收入20.23亿元,同比增长20.50%和21.10%;全社会固定资产投资145.32亿元,其中工业生产性投资82.10亿元,同比增长15.50%和2.80%;社会消费品零售总额99.67亿元,同比增长17.80%;自营出口19.13亿美元,同比增长28.90%;实现城镇居民人均可支配收入24360元,农民人均纯收入10859元,同比增长12.80%和12.30%。全年新围海涂0.13万公顷。国家园林城市创建成功,省级卫生城市通过复验,国家人居环境范例奖、省森林城市创建扎实推进,曹娥江城防景观带被评为国家级水利风景区。

【经济建设】 第一、第二和第三产业增加值占地区生产总值的比重分别为6.99%、60.96%和32.05%,三次产业对GDP的贡献率分别为2.52%、60.32%和37.16%。工业经济主导地位依然突出,对全市GDP增长的贡献率达58.59%,第三产业对GDP的贡献率大幅提高,比上年提高7.36个百分点。新增农业龙头企业12家,总数达301家,其中省级骨干农业龙头企业6家。新增农民专业合作组织76家,达180家,现有社员(会员)7250人,共联结基地12.5万亩,带动农户1.5万户。规模以上工业企业达902家,其中年销售收入10亿元以上企业11家,5亿元以上企业24家,亿元以上企业113家,全市销售亿元以上企业销售、利税占规模以上企业的比重达76%和85%。全市新增中国驰名商标6只,申请国际注册商标58件,新增浙江省名牌产品6只,绍兴市名牌产品23只。

【城乡建设】 中心城区功能不断提升,城北路网工程、城东专业市场群、城南基础设施配套工程、老城区和经济开发区民生工程整体推进,多宝路、多元西路、外环南路南匝道、德盛路等工程顺利完工,西横河整治实质性启动。加强农村基础建设,新建曹娥江及支流标准江堤20.9公里,完成4只省千库保安工程任务,新建农村联网公路65.5公里,完成10个电气化乡镇、113个电气化村建设,新农村电气化县市通过验收。推动公共服务向农村延伸,完成两区和中心镇城乡公交一体化改造,完善城乡垃圾收集处置一体化保障机制,推进城乡社区卫生服务机构一体化管理,完成6个中心、56个站的建设改造,建成村级公共服务中心30个,新解决4万余农民饮用水问题,开工建设永和水厂、汤浦水厂。扎实推进农村环境整治,完成村庄整治建设项目207个,整治河道56.3公里。

【社会事业】 上虞博物馆所有展厅向全社会实行免费开放,新创建省"东海文化明珠"2个、"绍兴市文化示范镇(乡)"4个、"省级文化示范村"1个、"绍兴市文化示范村(社区)"9个。精心组织改革开放三十周年庆祝活动,举办春晖中学百年校庆、虞舜文化节和第十二届全民健身节,开展"文明上虞迎奥运"、"十佳新上虞人"、首届"十大道德模范"评选等活动。完成省第二次非物质文化遗产普查工作,开展全国第三次文物普查。全市有线电视和广播电视人口覆盖率均达到100%。市人民医院新院如期竣工并投入使用。省级卫生城市复查达标顺利通过,创建绍兴市卫生强镇1个、绍兴市卫生镇1个、创建省级卫生单位(村)8家、绍兴市卫生单位(村)12家。在各项体育比赛中获国家级金牌1枚、铜牌1枚,省级金牌16枚,绍兴市金牌78枚,荣膺绍兴市青少年田径运动会团体总分桂冠。梁湖镇、丁宅乡顺利通过浙江省体育强乡镇验收;2008年我市输送的3名优秀运动员入选全国第十一届运动会参赛资格,为省体育运动技术学院输送3名优秀运动员,为绍兴市输送12名运动员。

【民生保障】 市级财政预算内民生支出15.75亿元,增长36.3%。十方面民生实事全面完成,68只市政类民生项目顺利完工。全面实施社保"三项制度",城乡居民社会养老保险参保2476人,老年居民生活补贴制度实施半年来,受益4.46万人,累计发放1394万元,新增被征地农民基本生活保障6973人。新增城镇就业岗位1万余个,实现下岗失业人员再就业4200人,实现农民转移5600人,城镇登记失业率3.18%。

【重大基础设施加快建设】 嘉绍跨江大桥、绍诸高速公路、杭甬客运专线开工建设,杭甬运河上虞段全线贯通,口门大闸下闸蓄水,萧甬铁路道口"平改立"、浙东引水工程、上浦闸节水改造工程顺利推进,百悬线百官至梁湖段、西上线上浦至汤浦段、329国道边墩至人民西路段、猫山分洪闸改造等重点工程完成建设,新围海涂2万亩。扩建500千伏舜江变、110千伏东罗变、国庆变,新建220千伏舜江至滨海输电线路工程、110千伏精细变。

【市首个国家标准化分技术委员会成立】 年内,省级绿色精细化工科技创新服务平台挂牌运行,照明电器省级高新技术特色产业基地获批创建,实施省级及以上科技项目44个,申请专利2180件、授权933件,新开发省级新产品149只。参与制定国家标准19件、行业标准15件,成立绍兴市首个国家标准化分技术委员会,新增中国驰名商标6件,申请国际注册商标58件。引进大院名校共建创新载体5家,引进转化、自主创新成果95项,签约人才727名。研究出台鼓励重组嫁接、股权转让和资产流动政策,建立5000万元创业投资引导基金,成立首家创投公司。

【20项管理权限下放中心镇】 年内,鼓励中心镇发展,下放20项管理权限,乡镇、街道税收收入增长22.30%,其中四个中心镇增长30%,组织实施34只基本建设以奖代补项目,完成投入4345万元。鼓励实施村级物业经营项目,安排项目79只,竣工投用44只。推进规模企业配套协作本地化,新建家庭工业集聚点38个,发展家庭工业户1802家。

【华程房产成为中国首家在欧交所创业板上市地产商】 4月8日,华升建设集团下属的华程房产在法国巴黎泛欧交易所创业板成功登陆,成为中国首家在欧交所创业板上市的地产商。7月17日,晨辉光宝成功登陆美国纳期达克,成为中国照明企业在美国资本市场上市的引领者。引进浦发银行分支机构,组建首家小额贷款公司,市内金融机构新增贷款53.70亿元,市外金融机构信贷投放资金219.60亿元。

嵊州市

【概况】 嵊州市辖17个乡镇、4个街道,总面积1784平方公里,总人口73.50万。2008年,全市实现生产总值217.02亿元,比2007年增长9.90%;财政总收入19.32亿元,其中地方财政收入10亿元,同比增长16.60%和19.30%;全社会固定资产投资79.81亿元,增长8%;社会消费品零售总额87.14亿元,同比增长16.70%;城镇居民人均可支配收入24400元,农民人均纯收入9187元,同比增长12.20%和12.30%;城镇登记失业率为3.24%;人口自然增长率为-0.53‰。

【经济建设】 全市实现规模以上工业总产值282.45亿元,增长15.5%,新增规模以上企业91家,销售超亿元企业达到50家,天乐集团销售收入达到24.76亿元,三鼎工具在欧交所成功上市。推进主导产业集群发展,领带服装、电器厨具、机械电机三大产业规模以上工业总产值占全市的比率达到77.0%。实现建筑业总产值90.61亿元。农业总产值增长4.3%,粮食总产量增长2.2%。农产品加工值增长12.5%,销售收入超亿元农业企业达到8家。外向型农业全省领先,农产品自营出口增长17.8%。新发展农民专业合作社91家、农民信箱应用示范户1080户,深入推进农业科技入户工程。完善服务业发展政策,编制完成服务业发展总体规划和市区商业网点规划,三产增加值占生产总值比率达到34.2%,比上年提高0.9个百分点。加强区域创新体系建设,财政对科技投入5705万元,增长31.7%。新建绍兴市级以上研发中心和高校技术转移中心14家,创建国家级天乐集团博士后科研工作站,市科技创业中心成为"省级综合性科技企业孵化器",新认定省级及以上高新技术企业、科技型企业35家。专利授权量639件,被认定为"省知识产权示范创建市"。起草制订国家标准11只、行业标准10只,首批21家企业使用"嵊州领带"省级区域名牌。

【城乡建设】 推进十大重点工程建设,累计完成投资10.78亿元,双塔大桥竣工通车,长春路二期拓宽改造工程顺利竣工,104国道嵊州段改建、鹿山路商贸步行街和官河南路延伸段拆迁改造、城西湿地公园、城市污水收集管网及500千伏苍岩输变电一期等工程稳步推进。清风水利枢纽工程、上俞堰坝引水应急工程、45座小(二)型以上和53座小(二)型以下病险水库除险加固工程相继完工,南山水库和前岩水库国家级除险加固工程顺利推进;建设清水河道65公里,改善9.6万农村人口饮水条件。建成39个新农村电气化村,新建农村联网公路20公里,建成县乡道安保设施150公里。加强农村示范社区和小康示范村建设,基本建成省级规范化农村新社区8个,新增绍兴市级全面小康建设示范村6个。

【社会事业】 扎实推进"十大惠民工程",新增民生事业资金1.35亿元。新增城镇就业人员10072人,实现失业人员再就业4419人,转移农村劳动力5027人。成为"全国养老服务社会化示范城市"。完成第一批57套经济适用房交付工作,实施农村困难群众住房救助252户,改造旧住宅区面积3.8万平方米。新增绍兴市教育基本现代化乡镇2个,省标准化学校达标率70.3%。学前教育规范管理得到加强。职业教育示范专业建设取得突破。高考取得优异成绩,上线率95.64%,高于全省平均11.6个百分点。通过<国家三类城市语言文字工作评估。建成绍兴市射箭训练中心,新增城乡健身路径23条,基本形成市区15分钟健身圈。举办市全民运动会,嵊州籍运动员首次参加了奥运会。新建扩建村镇卫生服务站所19家。实施全民健康促进工程,提高新型农村合作医疗筹资标准,启用门诊结报信息系统,参合农民57.44万人,新一轮健康体检率为31.9%。实施"振兴越剧六大工程",启动越剧艺校建设,举办第九届嵊州·中国越剧领带节。建成村级文化活动中心、农家书社100个,送电影下乡4600多场。

【被联合国工业发展组织评为先进绿色产业示范园区】 全年嵊州市万元生产总值综合能耗同比下降4%以上,化学需氧量排放量和二氧化硫排放量同比下降31%和14.90%;6家企业通过浙江省清洁生产验收,浙江丰利废塑料回收处理项目被列入国家重点支持项目,市被评为省减排先进集体。创建省级生态乡镇2个。发展绿色产业,市被联合国工业发展组织评为先进绿色产业示范园区。

【地方财政收入和自营出口双双突破10亿大关】 年内,嵊州市围绕"工业强市、和谐惠民"工作主线,着力推动领带服装、电器厨具、机械电机三大主导产业发展壮大,全年地方财政收入首次突破10亿元大关。同时,努力提升集群产业的市场话语权,"嵊州领带集体提价"做法获国家和省领导的批示推广。嵊州市实现自营出口10.81亿美元,同比增长27.70%,首次突破10亿美元大关。

【创建成全国农村中医工作先进县(市)】 全年新建扩建村镇卫生服务站所19家,参合农民57.44万人,新一轮健康体检率为31.90%。创建成全国农村中医工作先进县(市)和全国计划生育优质服务先进单位,市计生指导站改建为国家标准化县级站。

【获"中国小功率电机生产基地"称号】 嵊州市有电机成品生产企业300余家,配套加工企业800余家,从业人员3万余人,产值近70亿元,生产的储纬器电机约占全国七成,无氟压缩机电机占全国三成以上,吸油烟机电机约占全国二成。全年小功率电机销售超50亿元,出口创汇2000万美元,纳税近2亿余元,被中国电器工业协会授予“中国小功率电机生产基地”称号。

【率先通过国家三类城市语言文字工作评估】 近年来,嵊州市不断扩大语言文字政策法规、规范标准的社会知晓度和影响力,提高语言文字工作水平和群众语文素质。年底,嵊州市顺利通过国家三类城市语言文字工作评估,成为浙江省第一批、绍兴市第一个通过该项评估的城市。

【成为全国养老服务社会化示范城市】 全市现拥有养老机构45家,其中民办养老机构21家,在建民办养老机构3家,总床位2928张,每千名老人拥有床位26.72张,提前4年超额完成国家和全省既定的目标,成为全国养老服务社会化示范城市。

【建成全国最大戏剧服装生产基地】 年内,嵊州市建成了全国最大的戏剧服装和道具生产基地。黄泽镇拥有8家专业生产戏剧服装和道具的个私企业与加工点,除生产戏剧服装外,还制作戏帽、刀枪把子和戏剧道具,并开展服装戏具一条龙服务。戏剧服装经过较长时间的发展和演变,已形成一整套较为完整的制作技艺,出产的戏服根据市场需求生产,产品远销北京、上海、天津、武汉、香港及新加坡、马来西亚等地,从业人员达250多人,年销售额超过500多万元。

新 昌 县

【概况】 新昌县位于浙江东部,曹娥江上游,县域总面积1213平方公里,下辖3个街道、8个镇、5个乡、415个行政村、13个社区居委会。2008年,全县实现生产总值171.44亿元,比2007年增长8.50%;财政总收入20.30亿元,同比增长18.90%,其中地方财政收入9.35亿元,同比增长22.60%;全社会固定资产投资58.97亿元,同比增长11.40%;城镇居民人均可支配收入23007元,同比增长8.80%;农民人均纯收入9112元,同比增长12.60%。

【经济建设】 工业经济稳步提升。规模以上企业实现主营业务收入283.75亿元,增长14.3%,利税44.85亿元,增长79.0%,利税和利润增长列全市首位。完成工业性投资41.95亿元,增长5.2%。企业创新势头不减,三花股份荣获全国质量奖,县科技创业中心建成启用,新获博士后科研工作站1家,申报省级以上科技项目116项,参与修订国际标准1项,国家、行业标准26项,申请专利1000件,新认定中国驰名商标4件,省级名牌产品、著名商标10只。实现建安产值61.20亿元,增长31.0%,阳光建设、博大建设晋升为国家一级资质建筑企业。农业经济持续增长。成功创建省农业特色优势产业强县,新增良种茶园3000亩,实现名优茶产量4005吨,产值4.19亿元,中国茶市二期建设有序推进。新增特色基地4760亩,新发展蓝莓基地1030亩,新发展经济林2297亩,新增省级农业龙头企业1家,新成立农民专业合作社33家。第三产业加快发展。举办第十届中国(新昌)天姥山文化旅游节,建成大佛寺栖光净院一期;制定出台商贸服务业发展政策,1.3万平方米的耀达百货开业。全年接待国内外游客351.61万人次,增长14.2%,旅游总收入28.02亿元,增长15.0%。

【城乡建设】 城北大桥建成通车,江滨公园二期建成开放,江滨南路鼓山大桥至七星大桥段绿化景观工程、104国道城区段环境整治工程、人民西路道路景观改造工程、江滨南路建筑立面改造及亮化工程、城西大桥和城北大桥亮化工程全面完成,新中路北段、新蟠线葫芦岙至梅渚段改建工程基本完工,鼓山西路西段拓改工程、大佛寺小寺岙入口景观改造工程、澄潭江堤防建设工程、潜溪江防洪堤工程、梅澄区块给排水工程、电力生产调度中心建设工程、磐新公路新昌段建设工程、巧英水库除险加固工程等加快推进,钦寸水库建设项目取得实质性进展,档案馆、博物馆、图书馆建设项目设计方案广泛征求社会意见。完成通村公路94.5公里;硬化村庄道路45万平方米,完成空心村拆旧改造1.2万平方米,整治河道河沟71公里,完成病险水库治理100座;实施农村自来水改造工程,惠及78个村5万群众;拆除露天粪坑2万多只,新建公厕423座,完成45个村生活污水处理设施建设;创建市级全面小康示范村3个,市级环境整治示范村4个,建成新农村电气化村76个,信息化达标村60个,农民信箱联网村120个。

【社会事业】 南岩小学和城南乡中心小学动工建设;创建省级义务教育标准化学校7所,市级教育基本现代化乡镇2个,建成省级以上职业教育实训基地2个;大力发展群众体育与竞技体育,建成省级体育强镇2个,省小康型老年体育乡镇(街道)5个。公共卫生中心、县中医院搬迁启用,34个社区卫生服务中心(站)建设基本完成,开展农村社区卫生服务机构综合改革试点工作,卫生监督和重大疾病防控水平不断提高,全国农村中医工作先进县成功创建。4个乡镇综合文化中心和50个村级文化活动室新(改)建工程顺利完成,88个行政村的农村有线广播“村村响”工程建设完成。新增城镇就业7936人,实现下岗失业人员再就业3651人,为1848名灵活就业人员发放社会保险补贴432万元。

【规模以上企业利税和利润增长列全市首位】 全年全县规模以上企业实现主营业务收入283.75亿元,同比增长14.30%,利税44.85亿元,同比增长79%,利税和利润增长列全市首位。纳税超千万元企业25家,其中超2亿元2家,销售超亿元企业27家,其中超10亿元6家、超50亿元1家。完成工业性投资41.95亿元,增长5.20%。节能降耗成效明显,万元产值能耗下降19%。

【创建省农业特色优势产业强县】 全年新增良种茶园200公顷,实现名优茶产量4005吨,产值4.19亿元。新增特色基地317.33公顷,新发展蓝莓基地68.67公顷,新发展经济林153.13公顷,新增省级农业龙头企业1家,新成立农民专业合作社33家。成功创建省农业特色优势产业强县。

【“来益”成为全国首个通过欧盟标准认证企业】 年底,来益生态农业发展有限公司的果树和大田作物获欧盟全球良好农业规范互认,成为国内惟一在大田和果树生产上获欧盟认证的企业,为中国农产品质量管理达到全球良好农业规范

(GlobalGAP)标准起到很好的示范作用。全球良好农业规范(GlobalGAP)起源于欧洲良好农业规范,原名 EurepGAP,是许多欧洲大型零售商为了确保其经销的农产品的质量与安全,起草制定的针对供应商的产品认证标准,是国内优秀食品出口企业打开欧洲市场的主要技术壁垒之一。

【"新昌调腔"被列为首批国家级非物质文化遗产名录】 新昌县有98个非物质文化遗产项目,其中13个项目列入市保护名录,2个项目列入省保护名录;有民间艺术资源455个,其中"新昌调腔"被列为首批国家级非物质文化遗产名录,调腔剧团被列入市非物质文化遗产传承基地;已登记不可移动文物391处,其中新发现319处;累计省级文保单位3处4点、县级19处23点、馆藏文物1000余件。

【中国茶市开业】 4月18日,坐落于新昌的中国茶市开业。中国茶市是省重点工程,被列入国家农业综合开发项目,也是新昌县政府重点实事工程之一。该工程总建设用地15.33公顷,配套用地8.67公顷,市场分三期建设,一期工程已完工,建筑面积约5万平方米,有近500间店铺,已有全国各地400余家企业入驻,日均入场交易人数达1万余人次,日交易量8万余公斤。中国茶市将经过3年至5年的努力,打造成中国最大的茶叶交易市场、中国首家国际茶叶拍卖交易中心,成为五星级市场和AAAA级旅游景区。

【"以铝代铜"新技术填补国内空调行业空白】 9月1日,新昌县新龙实业有限公司研发的"全铝空调热交换器"、"分体式空调(铜铝)连接管"两只新产品获国家新型实用专利,并成功填补国内空白,达到国际先进水平。该新产品运用电阻焊接和火焰加热精密控制等技术,可以完全保证产品的质量和性能,并大大提高铝换热器的工作效率。据专家测算,1台1P空调若运用铜铝连接管和全铝热交换器,可以降低整机成本25%左右。用铝代替铜后,可减轻空调室外机的重量30%左右,大大降低室外安装难度,同时有利于空调企业化解铜价上涨带来的成本压力。

(李月娟提供)

舟山市辖县(市)

岱　山　县

【概况】 岱山县位于长江口南端,在舟山市北部,处于北纬30°07′-30°38′,东经121°31′-123°17′之间。东濒公海;西临杭州湾;南与定海区、普陀区相邻;北与嵊泗县海域相连。由404个岛屿组成,其中有人居住的岛屿16个,境内以岱山岛和衢山岛面积为大,其他岛屿有长涂、秀山、大鱼山等。全县总面积5242平方公里,其中海域4916平方公里,陆域326.4平方公里(其中潮间带滩涂57.4平方公里),县政府设在岱山本岛东南的高亭镇。2008年末,全县户籍人口19.20万人。

据出土文物考证,距今四、五千年前,已有人类在境内劳动生息。据《史记》记载,秦方士徐福率数千童男童女,下东海为秦始皇寻找长生不老药,曾到过三神山。? 其中"蓬莱山",即今岱山。自唐开元年始,一千多年来,一直被列朝命名为"蓬莱乡"。? 民国38年(1949)7月,始设瀚洲县(从定海县分析),为岱山置县之始。1950年5月18日解放,废瀚洲县,并入定海县。? 1953年4月,撤原定海县,以岱山、衢山两区置岱山县,隶属舟山专区。1958年10月,撤岱山县,并入舟山县。1962年4月,恢复岱山县,并以原衢山区和嵊泗县洋山、滩浒等地建大衢县,均属舟山专区。? 1964年6月,大衢县并入岱山县。

岱山县人文、自然资源优越,是重要的风景旅游区。著名景点有:慈云古庵、金维映故居、东岳宫、徐福公祠、刑马石览、大舜庙后墩遗址、蓬山书院、弥陀寺、百年古镇东沙镇、东海工委旧址、羊府宫、汤浚古居、赵公去思碑、圣路石、厉家古宅、倭井潭、传灯庵、娘基宫、宋朝古宫、孙家山遗址、基督教福音堂、洪福寺、天顶宝塔、法华庵等。新建成景点有磨心山玉佛宝塔、台风博物馆、海盐博物馆和灯塔博物馆等。

岱山海洋资源蕴藏丰富,渔业资源十分丰富,域内仅鱼类就有300余种,是著名的"岱衢族"大黄鱼的故乡。县内制盐历史源远流长,自宋朝起就以色白、粒细、味鲜而被列为"贡盐"。其他特产还有岱山长涂倭井潭硬糕、司基白鹅、岱南片瓜果、刘家岙桂花、蓬莱仙芝、岱衢族大黄鱼、银杏茶、金头蜈蚣、梭子蟹蟹糊等。

【行政区划】 全县辖6镇1乡,分别为高亭镇、衢山镇、东沙镇、岱东镇、岱西镇、长涂镇、秀山乡。

【经济建设】 2008年,全县实现地区生产总值84.2亿元,比上年增长16.5%。财政总收入7.5亿元,增长54.9%,其中地方财政收入4.3亿元,增长37.2%。城镇居民人均可支配收入20126元,渔农村居民人均纯收入11508元,分别增长11.8%和16.9%。完成全社会固定资产投入53.3亿元,增长51.6%。

实现工业总产值143.3亿元,比上年增长39.8%。完成工业性投入41.9亿元,增长63.4%。全年实现海洋经济增加值46亿元,增长20.5%,三次产业结构由上年的19.9:40.6:39.5调整为17:47:36,全县经济呈现出速度加快、结构优化、效益提高、活力增强的良好态势。

全年旅游接待人数达到130.3万人次,增长17.1%,实现旅游总收入8.4亿元,增长22%。全县海运总运力达到54.5万载重吨,提前三年实现了"十一五"规划目标。建筑业和房地产业快速发展,坚持渔农业基础地位不动摇,全县实现农林牧渔业总产值30.8亿元,增长10.1%。全年合同引进资金17.4亿元,实际到位资金3.9亿元。同时,岱山发展软环境也正逐步改善。全年引进各类紧缺人才353名,组织实施各级各类科技项目94项。

【社会事业】 编制完成《岱山县域总体规划》,深入实施村庄示范政治工程,13个社区通过小康社区考核验收。认真落实就业再就业各项扶持政策,全年新增城镇就业1814人,实现下岗失业人员再就业967人。积极开展各类职业技能培训,完成城镇失业人员再就业培训624人,转移渔农村劳动力2724人。社会保障救助体系日益健全。扎实开展"五费合征"工作,新增城镇企业职工养老保险5115人、医疗保险3624人、失业保险1124人、工伤保险26221人、生育保险3257人,城镇居民医疗保险参保率达到61.4%,社会保险覆盖面进一步扩大。加大扶贫帮困力度,渔农村五保对象和城镇三无人员集中供养率分别达到99.3%和100%,城乡居民低保标准分别提高到每人每月280元和170元,实现应保尽保。社会事业全面进步。稳步推进学校布局调整,大衢中学迁建完成主体工程;加快发展职成教育,岱山技校船舶修造专业顺利通过省示范专业验评。大力推进公共文化体系建设,深入实施"两项工程",着力开展"种文化"和送文化活动。"舟山渔民号子"、"渔民谢洋节(祭海)"列入第二批国家非物质文化遗产名录,《军嫂上岛》荣登喜登央视"春晚"舞台。积极开展省体育强镇创建,成功举办县第六届运动会。不断健全社区卫生服务网络,新型渔农村合作医疗参保率达到95.51%。低生育水平持续稳定。

经济社会发展主要指标

项　　目	2008年	比2007年增或减%
国内生产总值(亿元)	84.19	16.5
第一产业增加值(亿元)	14.36	0.5
第二产业增加值(亿元)	39.55	29.2
其中工业增加值(亿元)	27.91	
第三产业增加值(亿元)	30.28	11.1

续上表

项　　目	2008 年	比 2007 年增或减%
人均国内生产总值(元)	43803	
粮食总产量(万吨)		
棉花总产量(吨)		
油料总产量(万吨)		
全社会固定资产投资总额(亿元)	53.28	51.6
外贸自营出口(亿美元)		
实际利用外资(万美元)	402	
社会消费品零售总额(亿元)	26.95	31.4
零售物价总指数(%)		
地方财政收入(亿元)	4.25	37.2
地方财政支出(亿元)	12.49	52.7
职工年平均工资(元)	42298	
农民年纯收入(元)	11508	16.9
邮电业务总量(亿元)		
电话普及率(部/百人)		
年末存款余额(亿元)	74.31	25.5
年末贷款(亿元)	48.59	54.1
大学(所)		
中小学(所)	22	
下岗人数(人)		
企业兼并、破产数(个)		

(岱山县)

嵊　泗　县

【概况】 嵊泗县位于杭州湾以东、长江口东南,地理坐标东经121°30′-123°25′,北纬30°24′-31°04′,在舟山群岛的北部。全县海域面积8738平方公里,陆域面积86平方公里,堪称"一分岛礁九十九分海"。包括大洋山、小洋山、泗礁山、嵊山等404个大小岛屿,其中18个大岛有人居住,泗礁本岛最大,是县治所在地。2008年末户籍总人口8.0万人。

嵊泗县,唐宋时称为北界。清同治九年(1870年),英国人在花鸟岛上建造灯塔。因岛上两峰对峙形似马鞍,故称崇明县外海诸岛为马鞍群岛(包括嵊山、泗礁、小洋,及其附近的岛屿)。上述北界和马鞍群岛,为旧时对今嵊泗列岛的称呼。民国21年(1932年)的《新崇报》刊登《开发泗礁、嵊山之商榷》一文,文中首先使用了"嵊泗"这一地名。嗣后,嵊泗遂为江苏省崇明县之第五区,这是"嵊泗"这一地名见诸于官方记载的最早记录。嵊泗之"嵊"和"泗",取自嵊山和泗礁。原均无偏旁,为"乘"和"四"。"乘四"——嵊泗者,一乘四马,为岛屿围拱之意。嵊泗列岛,意即岛屿众多的列岛。后置县时,命名为嵊泗,乃取列岛之名。

1934年,崇明县于嵊泗设第五区,1946年改为江苏省直属区,1948年10月设嵊泗县。1950年7月嵊泗解放后,设军事管制委员会,1951年3月复置县,隶属苏南行署松江专区。1953年3月划为浙江省舟山专区。1961年1月至1962年4月归属上海市。1962年4月,恢复县建制,嵊泗县仍归浙江省舟山专区。1970年4月,改舟山专区为舟山地区,嵊泗县属舟山地区。1987年3月,改舟山地区为舟山市,嵊泗县属舟山市。

嵊泗列岛历史悠久,唐朝鉴真和尚六渡扶桑;明朝郑和七下西洋;明末郑成功征发台湾岛等都途经嵊泗。素有"海上仙山"之称的嵊泗列岛,是我国唯一一处国家级列岛风景名胜区。县内花鸟灯塔建于1870年,是远东第一大灯塔。泗礁、黄龙、枸杞、嵊山等岛景观集中。基湖海滨浴场则有"南方北戴河"之美称,枸杞山有"海若波恬"、"瀚海风清"、"山海奇观"等摩崖石刻,系文物保护单位。

嵊泗盛产小黄鱼、墨鱼、带鱼、鳗鱼和鲳鱼。县内港口资源优越,绿华港是我国少有的深水良港,水深20米左右,素有"国际锚地"之誉。境内大洋山和小洋山为上海国际深水港的港址。

【行政区划】 辖菜园、嵊山、洋山3镇,五龙、黄龙、枸杞、花鸟4乡。

【经济建设】 2008年,全县实现地区生产总值55.86亿元,比上年增长13%;实现财政总收入4.28亿元,增长17.4%,其中地方财政收入3.35亿元,增长12.5%;全社会固定资产投资91.24亿元,增长29.4%;社会消费品零售总额11.75亿元,增长15.2%;县城居民人均可支配收入19344元,增长5%;渔农村居民人均纯收入11045元,增长16.2%。

2008年,全县围绕"港、景、渔"三大比较优势,深化落实港航强省战略,加快经济发展方式转变,增强县域经济实力。港口产业发展迅猛,全年实现港口吞吐量6599万吨,同比增长33.5%,洋山深水港北港区主体工程全面竣工,LNG项目、绿华散货减载平台、洋山石油储运项目等有序推进,海运业运力达到17.6万载重吨,增长16.6%。海洋旅游继续推进,徐公岛、南长涂和基湖等三大旅游项目的一期工程进展顺利,小梅山景区、东海渔村、马迹山观光平台等一批工程竣工;菜园镇被命名为全省旅游强镇,全县投入旅游发展资金2015万元,实现旅游接待人数135万人次,旅游收入8.82亿元,分别增长12%和24.9%。渔业生产平稳发展,基础地位得到巩固,全年渔业总产量27.38万吨,总产值14.52亿元,贻贝养殖稳中有升,海参浅海养殖进展顺利,全县海水养殖已达2.6万亩,并被命名为浙江省贻贝加工产业,以嵊山、枸杞为中心的马鞍列岛被农业部确定为海域划型一类区域,投资4.9亿元的嵊泗中心渔港新港区扩建项目已批待建;渔业管理体制逐步创新,多重渔业安全监控和服务网络得到全省推广。

进一步强化要素保障,努力破解制约发展的各种因素。加大对土地、交通、水电等基础设施的投入力度,小洋北侧大围垦等项目已上报待批,马关围涂、洋山大岙围垦等按序推进;交通基础设施进一步改善,枸杞、泗礁车客渡码头、三礁港大桥等工程顺利实施,小洋东部客运码头项目抓紧前期工作;泗礁本岛城乡一体化供水工程全面启动,枸杞、基湖、洋山等基层电网工程相继完善,全年共安排重点和实事项目120个,完成投资额4.94亿元。完成省级生态环境教育基地、国家有机食品生产基地等申报工作,全面推进污染源普查工作并取得阶段性成果,单位生产总值能耗下降4%,总投资5000万元的再造绿岛工程开始实施,一批地质灾害点和废弃宕口得到有效治理,乡镇殡葬改革稳步推进;进一步加大招商引资工作,全年共引进风电场、港口物流等招商项目7个,协议总投资10.9亿元;发挥规划导向作用,县域总体规划(纲要)已通过评审,岛城发展格局进一步完善,城市品位不断提升。

【社会事业】 年末全县共有各类专业技术人员3311人,其中高级职称156人,中级职称1273人。全年申报各类科技项目33项,新列省级新产品1项,省级农业科技型企业1家,省级科技型中小企业1家,新增市级专利示范企业1家。"贻贝产业提升工程"项目已通过省级评审,"长江古河道海底淡水资源勘控技术研究"被列为省级重大项目,"浙江海域刺参规模化养殖技术研究与示范"、"新型滚塑游艇技术开发及产业化"、"低值品贻贝高附加值开发及产业化"等项目也已被列入重大科技专项。全年组织验收省级科技项目11项,企业取得科技成果11项,新技术15项。知识产权保护力度不断加大,全年申请各类专利42件,获得专利授权19件。

*教育资源配置更加优化,教育均衡化水平全面提升。*菜园三小工程的竣工和投入使用,使全县小学布局更加合理,菜园镇的小学数由原来的6所减少为3所。并加快改善办学条件,扎实推进素质教育。建立学前教育共同体,充分发挥优质幼儿园的示范引领作用。年末全县拥有普通中学3所,招生1063人,其中高中招生368人;毕业学生1238人,其中高中毕业生407人;在校学生3228人,其中高中在校生1134人。普通小学10所,招生511人,在校学生3449人。幼儿园11所,在园幼儿1608人。教学质量稳步提升,2008年全县初中入学率99.73%,初中升高中率97.95%,高考上线率90%,本科上线率47.8%,学前一年(5周岁)幼儿入园率达到100%。2008年,我县被评为浙江省规范教育收费示范县,并顺利通过教育强县省级复评。

*成人学历教育和中等职业技术教育继续发展。*2008年,中等职业技术学校招生213人,毕业学生156人,在校学生476人。电大在校学生470人,毕业学生90人。报名参加成人高等教育自学考试429人次,实考320课次,获得单科合格168课次,全年成人高等教育自学考试毕业人数23人。县职教中心依托师资优势,加大职业技能培训力度,先后开设计算机、宾馆餐饮服务、导游等技能培训,共计1045人次。

2008年,全县成功举办各类文艺活动70次,举办文艺培训班30次,举办摄影、美术、书法等各类展览20次。文艺作品创作富有成果,摄影作品《海韵》、《贻贝丰收季节》入选上海第九届国际摄影艺术交流展,《倾覆》获舟山市政府首届文化奖成果奖三等奖并获得舟山市"百花奖"三等奖。黄龙乡、五龙乡被命名为"舟山市海岛百花文化乡镇",目前我县共有6个乡镇达到了"舟山市海岛百花文化乡镇",达标率为85.7%。全年共放映电影420场次,电影观众9.2万人次,放映收入11.3万元,发行收入2.6万元。年末,县公共图书馆藏书7.5万册次,全年图书流通量3.1万人次。完成了嵊山镇、洋山镇、黄龙乡3个乡镇有线电视网络升级改造,广播电视节目丰富多彩,综合覆盖率达到98%。全年开展全民健身运动68次,参加人数3.8万人次。共举办县级体育比赛23次,参加市级以上体育运动会16次。

年末全县共有乡级以上医疗卫生机构12个,其中医院、卫生院9个。医疗床位326张,卫生事业从业人员522人,卫生技术人员425人,其中执业医师164人,注册护士142人。渔农村卫生室18个,村卫生室从业人员21人。渔农村新型合作医疗制度稳步推进,年末参保人数46890人,参保率达92.69%,比上年提高了2.1个百分点。

经济社会发展主要指标

项　　目	2008年	比2007年增或减%
国内生产总值(亿元)	55.86	13
第一产业增加值(亿元)	8.62	7.1
第二产业增加值(亿元)	28.09	14
其中工业增加值(亿元)	6.82	
第三产业增加值(亿元)	19.15	14.4
人均国内生产总值(元)	69860	
粮食总产量(万吨)		
棉花总产量(吨)		
油料总产量(万吨)		
全社会固定资产投资总额(亿元)	91.24	29.4
外贸自营出口(亿美元)		
实际利用外资(万美元)	1056	
社会消费品零售总额(亿元)	12.89	26.3
零售物价总指数(%)		
地方财政收入(亿元)	3.35	12.5
地方财政支出(亿元)	8.17	29.5
职工年平均工资(元)	39109	
农民年纯收入(元)	11045	16.2
邮电业务总量(亿元)		
电话普及率(部/百人)		
年末存款余额(亿元)	41	23.4
年末贷款(亿元)	21.89	35.7
大学(所)		
中小学(所)	11	
下岗人数(人)		
企业兼并、破产数(个)		

(嵊泗县)

台州市辖县(市)

临 海 市

【概况】 临海市位于浙江省沿海中部、长三角经济圈南翼，东临东海，三面环山，地貌特征“七山一水二分田”，属亚热带季风气候。秦朝设回浦乡，公元前85年设回浦县，公元257年置临海郡，唐武德四年(公元621年)称台州，此后至1994年台州撤地建市南迁，一直是台州郡、路、府治所和地区行政公署驻地。1986年3月撤县设市。全市陆域总面积2203平方公里，海域面积1819平方公里，辖14个镇、5个街道，995个行政村，总人口113.82万人。

【经济建设】 2008年，全市实现地区生产总值259.7亿元，增长9.8%；财政总收入30.7亿元，增长15.2%，其中地方财政收入16.1亿元，增长18.2%。城镇居民人均可支配收入20252元，农村居民人均纯收入8739元，分别增长8.6%和11.8%；三次产业结构比调整为6.3:54.9:38.8；连续第二年在台州市“两个社会”考核中获得优秀，在长三角37个县级市综合竞争力排名第18位，在全国县域经济基本竞争力百强县中的排名跃升至第54位。

农业丰产丰收。全年实现农林牧渔业总产值36.1亿元，增长7.7%；粮食总产量创7年来新高；新增名优经济林基地1.8万亩，我市被命为中国优质柑桔基地重点市、中国果业发展百强优质示范市；新发展农家乐特色村(点)10个；新发展农民专业合作社126家，“三位一体”农村新型合作经济发展经验在全省推广。

工业保持平稳。主动应对国际金融危机，在全省率先出台新的帮扶企业政策和清费减负系列规定，修订了三次产业政策。实现规模以上工业总产值462.2亿元，增长12.9%；净增规模以上企业63家，总数达613家，其中新增产值超亿元企业8家，总数达82家。转型升级取得新成就，设立了科技创业创新风险投资引导基金，成立了江苏科大浙江船舶研究院，新认定高新技术企业5家，华海药业技术中心被认定为国家级企业技术中心，永强集团、永太科技、伟星建材上市工作顺利推进，临亚、彪马、盈昌被认定为中国驰名商标，伟星实业、永强、正特荣获“浙江出口名牌”称号，新增省级名牌产品7个、台州市级名牌产品9个、台州市著名商标8件。发展后劲进一步增强，开展了工业项目促建促产、重点基础设施建设、招商引资、现代服务业项目建设等“四大百日行动”，完成全社会固定资产投资115.7亿元，增长19.3%，其中工业性投资71.2亿元，增长16.9%；实际利用外资4992万美元，居台州市第1位；外贸自营出口总额13.2亿美元，增长26.7%；临海经济开发区综合实力跃居全省开发区第14位，东部区块在台州市沿海产业带建设考核中位列第一，西部道口经济集聚区建设稳步推进，沿灵江产业带加快发展。要素保障切实加强，全年完成建设用地报批5864亩，建设用地复垦3262亩，加强政、银、企合作，着力解决中小企业融资难问题，成立了邮政储蓄银行临海支行和2家小额贷款公司。建筑业发展加快，总产值突破百亿元大关，达102.9亿元，增长29.9%。

服务业迈上新台阶。实现第三产业增加值100.1亿元，增长13%；全社会消费品零售总额81.38亿元，增长19.3%；年末金融机构人民币存款余额243.13亿元，贷款余额168.92亿元，分别增长22.3%和21.1%；旅游业得到发展，全年接待国内外游客461.79万人次，增长18.2%，桃渚龙湾景区、国华珠算博物馆分别成为国家AAA和AA级景区。

【城乡建设】 规划体系继续深化。编制了市域总体规划和土地利用总体规划大纲，明确了东部临港新城和西部分区规划方案，完成了江下渚等7个区块的控规，城乡一体理念进一步强化。

城市功能不断提升。加大了国家历史文化名城保护力度；靖江路商业街区逐渐丰满，灵湖周边项目加快建设，江南新区框架已经拉开；新竣工商品房42.8万平方米，新增城市绿地32.9万平方米、公共停车位1500个。

生态环境保护加强。荣获了“国家卫生城市”和省级生态市称号；通过了省环保模范城市考核验收；完成了洛河以西市区河道整治；新发展生态公益林2万亩，营造沿海防护林2500亩。

新农村建设深入推进。顺利实施新一轮村庄整治，完成了9个示范村和75个整治村建设，疏浚整治农村河道93.9公里；开展了宅基地“三统一”试点工作，解决农民建房2465户，宅基地复垦新增耕地619.5亩。全年完成投资1.4亿元，实施了“6百+1”工程，完成百村帮扶项目59个、农村中小学改造项目44个、农村卫生医疗机构改造项目23个，建成村级文化活动中心234个、文化活动广场19个，新开通农村康庄公路班线11条，新投用农村客运候车亭111个，完成了105个村12.9万人安全饮用水工程改造，开工建设500套经济适用房和100套廉租房。

基础设施更加完善。台州市危险固废处置中心建成投运；83省道改建工程开工建设；甬台温铁路、台金高速东延线、104国道市区西过境段、35省道东延线、牛头山水库向沿海片引水、方溪水厂、城防二期、红脚岩渔港、南洋涂围垦和台州港中心港区(头门港)的北洋涂围垦、疏港公路试验段、陆岛码头工程加快推进；方溪水库、大田平原排涝一期工程前期工作有序开展。110千伏浦山变建成投运，500千伏回浦变基本建成，220千伏童燎(沿海)变开工建设，通过了省新农村电气化市验收。

【社会事业】 社会事业不断发展。建立了中小学教师住房公积金和农村教师任教津贴制度，化解学校债务1.5亿多元；新增省示范性学校2所、省标准化学校26所，新建、改建校舍3.7

万平方米,城乡义务教育均衡度达80.2%。荣获了省科技强市称号,5个项目获省级以上科学技术奖,新列入国家科技计划项目13项,专利授权598件。积极开展全国文化先进市创建工作,基层文化俱乐部建成率80%,综合文化站建成率47.3%;"临海词调"继"黄沙狮子"后被列入国家级非物质文化遗产代表作名录,白水洋镇、上盘镇被授予"中国民间文化艺术之乡"称号,白水洋镇上游村成为国家级非物质文化遗产传承基地,《古代名将——戚继光》纪念邮票在我市首发。承办了中国乒乓球俱乐部甲C联赛,新增省体育强镇2个、小康体育村36个。城乡医疗服务和公共卫生体系得到完善,农民健康工程扎实推进,建成了农医保信息化平台,新增农医保定点医疗机构36所,农医保人均筹资标准达100元;爱国卫生、卫生监督和重大传染病防治工作取得成效。

民生保障得到加强。新增城镇就业岗位9569个,完成农民培训和特色技工培训2.3万人,新建了市区和东部人才劳动力市场,引进各类人才4555人,增加30%。社保覆盖面继续扩大,新增城镇职工基本养老、基本医疗、工伤、失业、生育保险参保人数1.5万人、1.2万人、5.4万人、1.3万人和1.2万人,提高了1.7万名企业退休人员基本养老金标准;建立了城镇居民基本医疗保险制度,新增参保人数3.8万人;新增被征地农民养老保障9661人;新纳入城乡低保范围2174人。新增职工住房公积金保障4130户,向258户城市低收入家庭发放廉租房补贴,完成农村困难群众住房救助130户,政策性农村住房保险参保率达99.8%。

社会保持和谐稳定。以奥运维稳工作为重点,扎实推进实效大防范和严打整治专项斗争,建成了主城区视频监控系统,全市刑事立案率下降8.2%,破案率上升10.2%;被评为省涉奥信访和维稳工作先进市。安全生产、森林消防、食品药品安全监管得到加强。积极开展支援灾区抗震救灾和对口支援工作,全市累计捐款捐物5645万元,生产救灾帐篷4.6万顶,援建过渡性安置房610套,组建了灾后援建工作机构,营盘乡中心小学恢复重建工程成为青川县第一个开工的援建项目。

【产业优势】 *工业方面*:临海是中国股份合作制的发祥地,也是首批沿海经济开发区和浙江省温台沿海产业带的核心区块,产业特色鲜明,基本形成了五大工业主导产业,即以汽车、摩托车及配件为主的汽摩制造行业;以医药、树脂为主的医药化工行业;以给排水管、塑钢型材、胶合板为主的建材行业;以太阳伞、沙滩椅及工艺品、节日灯为主的休闲用品礼品行业;以散货船、油轮、工程船、集装箱船为主的船舶制造业。眼镜、彩灯、纽扣等特色块状经济进一步发展,享誉国内外。拥有1个国家级化学原料药基地、1个国家级企业研发中心、1个省级经济开发区、2家上市公司,是中国户外休闲用品礼品生产基地、亚洲最大钮扣生产基地、重要的汽车生产基地和全国四大眼镜集散地之一。

农业方面:临海气候宜人,物产丰富,是江南鱼米桔果之乡。农业园区化建设积极推进,柑桔、茶叶、杨梅、西兰花等已成为临海效益农业的支柱产业,建有全国农业引智成果"优质柑桔生产技术"推广示范基地、浙江省现代柑桔示范园区和浙江省杨梅标准化生产示范基地,是全国无公害柑桔生产示范基地县,先后荣获了"中国无核蜜桔之乡"、"中国西兰花之乡"、"浙江省杨梅之乡"等称号。农产品品牌建设成效明显,"临海柑橘"被评为中国名牌产品,"临海蟠毫"、"羊岩勾青"获国家原产地保护标记注册。农民组织化程度切实提升,全市建立了农民专业合作社346家,涌泉柑桔合作社和上盘西兰花合作社被列入农业部试点成员单位,洞林果蔬专业合作社被列为财政部项目示范单位,"三位一体"农村新型合作经济模式在全省推广。

旅游业方面:临海是国家历史文化名城、中国优秀旅游城市、国家园林城市,历史文化底蕴深厚,名胜古迹众多,山水风光旖旎,除拥有被誉为"江南长城"的台州府城墙和桃渚军事古城2个国家级历史文化保护单位外,还有晋代延恩古寺、唐代古刹龙兴寺、宋朝皇家园林东湖公园、明清古街紫阳故里、浙江单体面积最大的孔庙等众多文化遗存和黄沙狮子、临海词调等非物质文化遗产,以及桃渚国家地质公园、国家级云峰森林公园、牛头山省级旅游度假区、浙东南第一高峰括苍山等旅游胜地。目前,全市以古城(江南长城AAAA级)为主打品牌,形成了三条旅游主线,即以市区古城、古街、古宅为主的名城文化旅游线;以龙兴寺、延恩寺、三峰寺和紫阳故里为主的宗教文化旅游线;以牛头山省级旅游度假区、桃渚省级风景名胜区和江南大峡谷、括苍山景区为主要内容的生态度假旅游线。

临海市经济社会发展主要指标

项　目	2008年	比2007年增或减(%)
国内生产总值(亿元)	259.69	9.8
第一产业增加值(亿元)	21.87	3.9
第二产业增加值(亿元)	137.67	8.5
其中工业增加值(亿元)	123.50	9.3
第三产业增加值(亿元)	100.15	13.0
人均国内生产总值(元)	22732	9.0
粮食总产量(万吨)	20.31	11.3
棉花总产量(吨)	71	-2.7
油料总产量(万吨)	0.20	354.6
全社会固定资产投资总额(亿元)	115.68	19.3
外贸自营出口(亿美元)	13.19	26.7
实际利用外资(万美元)	5460	-12.0
社会消费品零售总额(亿元)	81.38	19.3
零售物价总指数(%)	106.7	6.7
地方财政收入(亿元)	16.10	18.2
地方财政支出(亿元)	20.39	21.0
职工年平均工资(元)	35791	13.5
农村年纯收入(元)	8739	11.8
邮电业务总量(亿元)	19.64	11.2
电话普及率(部/百人)	95.3	5.3
年末存款余额(亿元)	243.13	22.3
年末货款(亿元)	168.92	21.1

续上表

项　　目	2008 年	比 2007 年增或减(%)
大学(所)	2	0.0
中小学(所)	205	-9.3
下岗人数(人)	3302	31.7
企业兼并、破产数(个)	-	-

温　岭　市

【概况】 温岭市地处浙江东南沿海,长三角地区的南翼,北靠宁波,西连温州,三面濒海,陆域面积 926 平方公里,海岸线长 317 公里,辖 11 个镇 5 个街道,831 个村 93 个居,常住人口 118 万人,外来人口 60 多万人,是全国人口密度最高的县市之一。明成化五年(1469 年)置县,1994 年撤县设市。

温岭历史悠久,名人辈出,人称"豪情同比、直逼苏轼"的宋代江湖派诗人戴复古,著有中国第一部植物学辞典《全芳备祖》的宋代植物学家陈泳,被誉为"博远古雅,当代宏秀之宗"的明代儒学宋渤,明代祭酒谢铎,中国科学院院士柯召、闻邦椿、李邦河,中国工程院院士蔡道基等名人均诞生于此。温岭是中国优秀旅游城市,县级城市旅游竞争力居全国前 20 强。境内风光秀丽,集山的奇秀、石头的灵气、海的韵味之大成,方山—长屿硐天景区荣获世界地质公园和最具特色的中国十大风景名胜区等称号,其中长屿硐天为国家 4A 级旅游区和国家重点风景名胜区。风景如画的石塘渔村,石山、石屋、石路构起独特的石文化,称为"东方的巴黎圣母院"和"东海好望角",又因新千年、新世纪中国大陆第一缕曙光首照地而名扬四海。

【经济建设】 近年来,温岭市紧紧围绕"东西并进、整体跃升"发展战略,全力推进"经济建设、中等城市建设、新农村建设"三大主体任务,经济社会保持持续快速协调发展。先后获得"全国综合实力百强县(市)"、"全国县域经济基本生产力百强县(市)"、"中国明星县(市)"、"全国农民收入先进县市"、"国家级可持续发展实验区"和"国家级生态示范区"、中国优秀旅游城市、中国金融生态市、中国果业发展百强优质示范市、全国科技进步先进县(市)、全国科普示范市等荣誉称号。

2008 年,全市实现生产总值 478.6 亿元,比上年增长 10.9%;财政总收入 45.4 亿元,增长 8.4%,其中地方财政收入 23.4 亿元,增长 14.5%;城镇居民人均可支配收入 24125 元,增长 8.1%;农民人均纯收入 10354 元,增长 10.5%;人口自然增长率控制在 4.4‰。

温岭是全国第一家股份合作制企业的诞生地,民营经济较为发达。全市共有 3 万多家企业,其中规模上工业企业 1725 家,年产值超亿元企业 115 家。2008 年,全市实现工业总产值 1060 亿元,规模上工业总产值 636 亿元。对外贸易平稳增长,实现进出口总额 22.4 亿美元,其中自营出口总额 21.3 亿美元,增长 17.1%。开放型经济稳步发展,协议利用外资 5763 万美元,实际利用外资 4119 万美元。品牌战略深入实施。目前,拥有注册商标 11423 件,中国驰名商标 15 件,中国名牌产品 3 个,省著名商标 28 件,省名牌产品 27 个。并形成了以下几大产业集群:(1)摩托车及汽摩配件行业。规模上年产值 139.4 亿元,占规模工业总产值的 21.9%。摩托车在全国市场占有率为 8%,汽车雨刮器为 30%,农用车齿轮占 35%。钱江摩托年生产能力 100 万辆。(2)水泵及电机行业。规模上年产值近 104.1 亿元,占规模工业总产值的 16.4%。微型水泵在全国的市场占有率为 60%,空压机占 62%,被授予"中国泵业名城"和"小型空压机之都"称号,是"中国水泵出口基地"、"中国空压机出口基地"、"中国小型电机出口基地"和国家出口电机的质量检测基地。(3)鞋帽皮塑行业。规模上企业产值 89.8 亿元,占规模工业总产值的 14.1%,被授予"中国鞋业名城"、"中国帽业名城"称号,是"中国鞋类出口基地"。鞋业产量达 7 亿双,被称为"天下之履,十有其一"。(4)家用炊具及金属制品行业。规模上产值 34.1 亿元,占规模上工业总产值的 5.4%。不粘锅在全国的市场占有率为 55%,压力锅占 25%。爱仕达电器有限公司是中国不粘制品的研发中心和国内最大的炊具制造企业之一。(5)中小船舶修造行业。产值 64.2 亿元,造船产量 40 万载重吨,最大造船吨位达 6 万吨,在建造数量、建造吨位、建造能力、建造船舶种类方面均走在全省前列。(6)建筑建材行业。建筑队伍遍布全国各地,全市拥有各类资质等级的施工企业 86 多家,建筑业年产值达 266.86 亿元,被浙江省政府命名为"建筑之乡"。建材行业快速发展,年产值达 8.3 亿元。

温岭兼得山海之利,气候宜人,物产丰饶,素以鱼米之乡著称,是浙江省粮、鱼、盐重点产地之一,是个农业大市、渔业生产大市。享有"中国果蔗之乡"、"中国大棚西瓜之乡"、"中国大棚葡萄之乡"等美誉,全市形成了西瓜、果蔗、草鸡、大棚葡萄、温岭高橙、现代渔业六大优势农业产业带。"玉麟"牌西瓜、"明圣"牌温岭高橙和"温联"牌果蔗、"花坞"牌"绿牧"牌温岭草鸡分别获国际农业博览名牌产品和浙江农业博览会金奖。在全国 16 只中华名果中,"明圣"高橙、"宫川"蜜橘榜上有名,"玉麟"牌西瓜还荣获中国名牌农产品称号。全市现有西瓜、果蔗、温岭草鸡、温岭高橙等 10 个较大规模的特色农产品生产基地。56 个农产品被认定为国家绿色食品。共有各类农业龙头企业 89 家,其中省级龙头企业 4 家,建立基地 16.7 万亩。建立了以农民专业合作社为基础,以供销社为依托、以农村合作银行为后盾的"三位　体"的农村新型合作体系,目前全市共有各类农民专业合作社 156 家,其中省级示范性合作社 7 家,销售额超亿元的有 2 家。2008 年实现经营收入 10 亿多元,向社员返还盈余 1 亿多元。《白毛乌骨鸡标准化饲养推广实施项目》、《食用菌标准化栽培推广示范项目》通过部级验收,《无公害西瓜标准化种植推广实施项目》被列入 2008 年部级农业标准化示范区建设项目。此外,水产品总量多年位居全省首位、全国第二,被誉为"虾仁王国",荣获"全国渔业生产先进县"称号。

第三产业发展迅速,实现三产增加值 188.03 亿元,比上年增长 13.1%。商贸结构逐步优化,业态布局日趋合理,重点设施进展顺利,社会消费环境不断改善,市场消费保持了快速、稳健的增长势头。2008 年社会消费品零售总额 170.22 亿元,增长 18.6%。其中批发业 20.13 亿元,增长 14.2%;零售业 132.10 亿元,增长 18.5%;住宿和餐饮业 17.99 亿元,增长 24.3%。乐购大型超市开业,九龙大酒店工程、会展中心工程前期工作进展顺利。连锁经营范围逐步扩大,连锁超市进村、便利消费进社区、便民服务进家庭的“三进”工程取得新成效,全市206个行政村开设了连锁店超市门店266家,其中新建95家。金融机构发达,有16家银行机构在温岭设有分支机构。2008年年末金融机构存款余额477.82亿元,贷款余额336.91亿元,分别比上年同期增长19.9%和17.6%。专业市场改造提升强势推进,交易活跃。全市已建、再见投资超亿元市场4个、超千万元市场3个。城乡商贸服务业繁荣,建有水产、鞋革、电器、钢铁等十大具有地方特色的骨干专业市场125个,成交额331.99亿元。成交额超亿元市场43个,其中5—10亿元的有6个,下张钢铁市场、松门水产批发市场、市购物中心和温西工具交易中心等4个市场超过10亿元。其中松门水产品批发市场为华东地区同类市场之最,跨入全国百强集贸市场行列,温岭珍珠首饰批发市场为全国三大珍珠批发市场之一。

温岭是浙江省优先培育的中等城市,为全国第一个批准实施县市域总体规划的城市。市区由太平、城东、城西、城北、横峰5个街道组成,目前建成区面积和人口规模为30平方公里、30万人口,城市化水平达55%。中等城市初具规模,围绕打造新型现代化中等城市目标,坚定不移地走新型城市化道路,初步形成了市区、泽国、大溪“金三角”组合协调、城乡一体布局的城市化格局,同时以泽太公路为连接泽国至太平的纵轴,以大松公路为连接大溪到新河的横轴,城市空间逐步由“金三角”向“金十字”形态发展。城镇化建设进一步推进,泽国镇被《浙江省城镇体系规划》确定为未来的小城市,大溪镇被列为“联合国开发计划署可持续发展中国小城镇试点单位”。社会主义新农村建设成效显著,全面实施以“生产方式新、生活方式新、村容村貌新、管理方式新”为主要内容的“村村新”工程,荣获省“千村示范、百村整治”先进县市称号。

【社会发展】 基层民主政治建设不断深化,“民主恳谈”活动荣获第二届中国地方政府创新奖,列入第七届“全球政府创新论坛”议题,行业工资集体协商制度得到温家宝总的批肯定。教育事业基础扎实,农村教育“两免一提高”政策全面落实,高考万人比连续多年居台州首位,为省教育强市和全省“两基”工作先进县市。全市共有省级重点中学12所,其中温岭中学、新河中学、市第二中学是省一级重点中学。文化事业发展迅速,全市现有14个省级东海明珠乡镇,3个省级历史文化保护区,被国家文化部命名为“万里边疆文化长廊”建设成绩显著地区。大奏鼓”被列入国家级非物质文化遗产,荣获省文化先进县市称号。08年,成功举办全国“名家画名城”活动和东瓯古城学术研讨会。卫生、体育事业也有了较快的发展。温岭市第一人民医院是台州各县市中唯一的三级乙类医院。人口和计划生育工作卓有成效,荣获全国流动人口计划生育信息化建设先进单位称号。竞技体育在田径、游泳、拳击、排球、象棋等方面优势明显,并输送了奥运冠军吕林、排球国手王贺兵、篮球国手王福英等体育名将,拥有7个省体育先进镇,被命名为全国体育先进县市。广泛开展“全民健身与奥运同行”主题活动,成功承办台州市第四届老年运动会。新闻出版事业健康发展,《温岭日报》是《浙江日报》报业集团的成员单位之一。

今后一个时期,温岭将紧紧围绕“东西并进、整体跃升”发展战略和“经济建设、中等城市建设、新农村建设”三大主体任务,着力推进“内生温岭、海上温岭、市外温岭”建设,力争到2011年,实现生产总值达700亿元,人均生产总值达7500美元,财政总收入达63亿元,地方财政收入达30亿元,综合实力位居全省前10强;中等城市建设目标是城市化水平达60%,建成区面积超40平方公里,人口超40万,成为综合实力强、功能内涵全、创新能力优、人居和商业环境佳的新型现代化中等城市。并力争到2020年实现生产总值翻两番,努力在全面建设小康社会中走在全省前列。

温岭市经济社会发展主要指标

项　目	2008年	比2007年增或减(%)
国内生产总值(亿元)	478.55	10.9
第一产业增加值(亿元)	37.96	1.9
第二产业增加值(亿元)	252.56	10.6
其中工业增加值(亿元)	233.44	10.9
第三产业增加值(亿元)	188.03	13.1
人均国内生产总值(元)	40878	9.9
粮食总产量(万吨)	17.72	8.8
棉花总产量(吨)	143	14.5
油料总产量(吨)	528	9.1
全社会固定资产投资总额(亿元)	169.24	15.1
外贸自营出口(亿美元)	21.25	17.1
实际利用外资(万美元)	4119	0.3
社会消费品零售总额(亿元)	170.22	18.6
零售物价总指数(%)	–	–
地方财政收入(亿元)	23.38	14.5
地方财政支出(亿元)	28.47	29.8
职工年平均工资(元)	36335	6.33
农民年纯收入(元)	10354	10.5
邮电业务总量(亿元)	34.72	16.9
电话户数(万户)(包括手机)	178.02	6.2
年末存款余额(亿元)(本外币)	480.55	19.7
年末货款(亿元)(本外币)	340	17.0
大学(所)	1	–
中小学(所)	159	–
下岗人数(人)	–	–
企业兼并、破产数(个)	–	–

玉　环　县

【概况】 玉环县地处浙江省东南沿海,隶属于台州市,由玉环本岛、楚门半岛和135个外围岛屿组成,县域总面积2300平方公里,其中陆域面积378平方公里。玉环历史比较悠久,据考古发现的三合潭遗址证实,早在新石器时代,人类就在此繁衍生息、创造文明。清雍正六年(1728 年)置玉环厅(政务直隶省),1912 年改厅为县。全县辖 6 镇 3 乡,276 个行政村、27 个社区居委会,2008 年末户籍人口 41.1 万,外来常住人口 24.35 万。

【经济建设】 2008 年,全县实现生产总值 252.8 亿元,增长 8.1%;财政总收入 35.6 亿元,增长 15.6%,其中地方财政收入 15.8 亿元,增长 15.1%;城镇居民人均可支配收入 27347 元,增长 6.2%,农民人均纯收入 11258 元,增长 9.8%。第一产业增加值 17.3 亿元,增长 2.1%;第二产业增加值 163.9 亿元,增长 7.9%;第三产业增加值 71.6 亿元,增长 10.0%。实现全社会消费品零售总额 61 亿元,增长 21%。

实现工业总产值 807 亿元、规模上工业产值 524.6 亿元,分别增长 11.4% 和 8.4%,净增规模上企业 83 家、上亿元 8 家。完成工业性投资 31.4 亿元,增长 8.3%;完成全社会固定资产投资 61.7 亿元,增长 22.7%;实现到位外资 3936 万美元和境外投资 850 万美元。新增自营出口获权企业 182 家,实现自营出口总额 25.5 亿美元,增长 29.3%,建立中国家庭水系统产业研究基地,动工建设中国汽车工程研究院浙江分院,成立并运作高校院所玉环联合研究院。启动开发区扩容升级工作,成立玉环经济开发区管理委员会。开展"一村一特色"建设,新增省级农业龙头企业 1 家和示范性专业合作社 3 家、市级特色产业强村和水产养殖示范园区各 2 个、绿色食品和无公害农产品 6 个,建成畜牧小区 2 个,改造生态型水产养殖塘 1000 亩,垟根文旦列入国家"一村一品"扶持项目。三产投资总量不断扩大,出台城区"退二进三"政策,开展工业企业分离发展服务业试点。相继引进永兴村镇银行以及浦发、泰隆、民泰商业银行,挂牌成立邮政储蓄银行玉环支行和玉环农村合作银行,组建苏泊尔小额贷款公司,筑强中小企业融资平台。大力发展现代服务业。推进星级酒店建设,杭州大厦锦盛购物中心、陆通物流城北分中心一期项目投用;漩门湾风景区评为国家级水利风景区。大麦屿港晋升为国家一类口岸,并作为台州港组成港区列入国家首批对台直航。口岸查验设施建设前期工作扎实开展,集装箱作业区标准海塘基本完工,5 万吨级集装箱码头交工验收。完成港口货物吞吐量 1700 万吨,增长 57.5%。

【城乡建设】 编制港南、港北和港区分区规划,完成城乡公共交通一体化规划。强化城区静态交通组织和"保畅通"工作,顺利通过省级卫生县城复评验收。继续实施"十百工程",建成 30 个整治村和 3 个市级示范村、42 个村生活污水处理设施、17 个市级生态村、40 个信息化示范村、5 个绿化村;安排农村建房用地 312 亩,建成移民小区 3 个移民 1420 人。重大基础设施和要素制约得到进一步改善,境外引水工程的全线通水,在彻底改变海岛用水格局上具有里程碑意义。清水工程验收投运,城区污水收集率达 85% 以上。电网建设提速,完成投资 4.2 亿元,110 千伏明珠变等工程扎实推进,新增变电容量 15.6 万千伏安。全力加快建设进度。深浦双隧道贯通,双港路延伸、陈屿第二隧道、环岛西路和南路等工程如期推进,75 省道南延玉环段、甬台温高速公路复线玉环段前期进展顺利。黄泥坎第二隧道、漩门二期大桥投用和 76 省道复线全线通车。

【社会事业】 启动实施教育质量提升工程,玉城中学等三校迁建工程有实质性进展,楚门中学扩建一期工程投用,县职业教育集团成立,免费义务教育实现全覆盖。深入实施文明素质提升工程,科普进公园、进公交等"七进"工作扎实开展,新增基层文化俱乐部 11 家,承办海岛风情全国摄影赛和台州市民间戏剧展演,成立全市首家民办民俗博物馆。广泛开展全民健身活动,成功举办县第六届职工运动会。有线电视数字化推广工作有序推进。农村公共卫生工作走在全市前列,启动乡镇卫生院标准化建设。严格实施生态环境功能区划,全面启动"811"环境保护新三年行动。坚持稳定、发展两手抓两手硬,着力完善维稳工作机制。信访工作坚持畅通渠道,实施"县委书记大接访"、领导干部下访、恳谈日等制度,对重点案件进行"三堂会审",有效化解了一批信访难题。流动人口服务管理工作着力探索创新,开展出租私房整治和提升流动人口组织化工作试点,建立县乡两级维权中心(站),为民工协调解决欠薪 1056 万元,建成投用新民小区和企业外来员工宿舍楼 8 万平方米。完善突发公共事件应急机制,成功处置坎门"7·10"等群体性事件。综治工作坚持重点整治突出问题,积极开展"实效大防范"行动,推进"天网工程"建设,重拳打击杀人、侵财型、六合彩赌博和恶势力犯罪,全县刑事案件发案率下降 4.8%(抢劫抢夺案件下降 39.2%,命案下降 28.6%),破案率上升 6.2%。完善"五费合征"模式,被征地农民实现"即征即保",新增各类保险参保近 8 万人次。民政、慈善事业稳步发展,率先在全省推行低保资格民主评议和救灾资金直拨到户制度,医疗救助实施方案获全国优胜奖,实施低收入家庭住房保障规划。

【产业优势】 玉环是中国汽车零部件产业基地。现有汽摩配生产和加工企业 2300 多家,其中年产值超亿元企业 28 家,从业人员约 8 万人。形成了从原材料配送、精加工等 8 个环节的专业化协作加工产业链。汽摩配件产品品种多,拥有减震器类、齿轮、方向盘等 37 个系列 6000 多种产品。据不完全统计,年产值 500 万元以上企业与主机厂配套率在 60% 以上。减震器、方向盘、液压制动盘等产品,大量出口美国、法国、意大利、中东、台湾以及东南亚等 20 多个国家和地区。2008 年,汽摩配实现产值 245.48 亿元,占全县工业总产值的 30.41%。玉环是中国阀门之都、中国水龙头生产基地和中国水暖阀门精品生产(采购)基地。现有水暖阀门生产和加工企业 1100 多家,其中年产值超亿元企业 41 家,从业人员约 4.5 万人。形成了模具制作、装配、包装等 7 个环节的专业化分工协作的配套产业链。水暖阀门产品品种多、规格全,拥有铜阀门及配件、水暖件、柱塞阀三大系列,水嘴、龙头、管件等 100 多个品种 1000 多种规格。水暖阀门产品在中国同类产品中占 50% 以上的市场份额,产品远销欧美、日本、东南亚等 100 多个国家和地区。2008 年,水暖阀门产业实现产值 170.93 亿元,占全县工业总产值的 21.18%。玉环还是中国家具精品生产(采购)基地。现有家具生产企业 300 多家,其中年产值 5000 万元以上企业 21 家,超亿元企业 9 家,从业人员 3 万多人。套房家具系列在国内家具行业中独树一帜,成为华东家具的杰出代表,形成了年产中西式套房、办公系列、宾馆客房家具等 40 万套的生产能力,产品远销美国、日本、澳大利亚、东南亚、中东等 40 多个国家和地区。2008 年,家具产业实现产值 28.83 亿元。玉环也是中国眼镜配件生产基地。现有眼镜配件制造企业300多家,其中年产值5000万元以上企业2家,从业人员万多人。产品品种多、规格全,拥有2000多种,其中30多个产品已获国家专利,产品出口意大利、美国、印度、韩国、日本、香港和台湾等国家和地区,全县眼镜配件行业产值占全国眼镜配件总量的60%。2008年,眼镜配件产业实现产值7.3亿元。玉环也是浙江省医药包装生产基地。经过30多年的发展,医药包装制造业已形成一个较大的企业群体,从业人员达8000多名,产值超1000万元的企业32家,超亿元企业4家,国家级高新技术企业1家,开发现产品300多项,获专利170多项,在国内医药包装市场上享有较高的知名度和美誉度。形成了从产品设计、模具开发、生产工艺改进和设备维修等一整套行业技术体系。主要产品药用塑料瓶产量占国内同类产品的45%,营销网点遍布全国各制药企业和大中医院,与全国70%的药品生产企业和各大医院建立了业务关系。2008年,药械包装产业实现产值13.18亿元。另外,龙头企业苏泊尔炊具股份有限公司是中国最大炊具制造商,产品有压力锅、电炊具、合金和不锈钢3大系列,在国内市场占有率已连续几年达到50%以上;龙头企业中捷缝纫机股份有限公司是全球最大的曲折缝缝纫机和平缝机生产基地之一,工业缝纫机品种有12大系列100多种,年生产能力达40多万台。

玉环县经济社会发展主要指标

项　目	2008年	比2007年增或减(%)
国内生产总值(亿元)	252.81	8.1
第一产业增加值(亿元)	17.32	2.1
第二产业增加值(亿元)	163.90	7.9
其中工业增加值(亿元)	152.14	9.4
第三产业增加值(亿元)	71.59	10.0
人均国内生产总值(元)	61840	7.0
粮食总产量(万吨)	3.14	12.5
棉花总产量(吨)	159	24.2
油料总产量(万吨)	335吨	36.7
全社会固定资产投资总额(亿元)	61.87	-46.2
外贸自营出口(亿元)	25.51	29.3
实际利用外资(万美元)	3936	2.7
社会销费品零售总额(亿元)	60.95	20.2
零售物价总指数(%)	–	–
地方财政收入(亿元)	15.83	15.1
地方财政支出(亿元)	18.35	21.6
职工年平均工资(元)	40558	0.1
农民年纯收入(元)	11258	9.8
邮电业务总量(亿元)	8.15	13.2
电话普及率(部/百人)	62.62	-2.5
年末存款余额(亿元)	189.69	29.1
年末贷款(亿元)	181.02	28.3
大学(所)	2	–
中小学(所)	61	-4.7
下岗人数(人)	–	–
企业兼并、破产数(个)	–	–

天　台　县

【概况】 天台县位于浙江省东中部,东连宁海县、三门县,西接磐安县,南邻仙居县、临海市,北界新昌县,因境内天台山得名。三国吴大帝黄武至黄龙三年(222-231)间置县,名始平县,已有1700多年历史,五代吴越天宝元年(908)改名天台,后改台兴,宋太祖建隆元年(960)复名天台,沿用至今,现属浙江省台州市。县域总面积1426平方公里,辖3个街道、7个镇、5个乡、597个村委会,12个社区居委会,总人口56.8万人。

【经济建设】 2008年,全县实现生产总值98亿元,增长11%,其中一、二、三产业增加值分别为7.98亿元、44.63亿元、45.38亿元,分别增长2.1%、11.9%、11.8%,三次产业结构比例为8.1:45.5:46.3。人均国内生产总值为17285元,增长10.4%。财政总收入11.5亿元,增长15.3%,地方财政收入6.1亿元,增长17.3%。全社会固定资产投资39.84亿元。社会消费品零售总额39.82亿元,增长20.4%。城镇居民人均可支配收入18309元,增长12.9%,农民人均纯收入6907元,增长14.1%。

全县实现农林牧渔业总产值11.64亿元,增长4.6%。全年粮食播种面积41万亩,总产量12.9万吨。生态高效农业得到新发展,新增省级农业龙头企业2家,市级2家,新设立农民专业合作社160家,新增茶叶种植面积10670亩,建成茶柿复合种植示范基地1.5万亩,石梁2万亩笋竹现代示范区项目实施,全市首家茶叶批零专业市场开张营业。成功举办天台--上海名优农产品产销对接会,天台农副产品的知名度得到提升。天台山康能保健品有限公司被列入国家级扶贫龙头企业,“台乌”和“华顶山云雾茶”被评为浙江老字号品牌,“天台山牌云雾茶”被评为省名牌农产品,7个品牌农产品获有机、绿色认证。街头、洪畴国家级农业综合开发项目顺利实施,完成4座水库、173座山塘除险加固,疏浚河道58.3公里,整治河道15公里,建设防洪堤20公里,水利工作获省大禹杯铜奖。加强绿化造林和森林防火工作,全县完成国债造林9349亩,落实封山育林8576亩。

全县实现工业总产值215.4亿元,增长13.9%,规模上工业产值126.6亿元,同比增长18.6%。重点骨干企业发展势头良好,新增营业收入上亿元企业7家,累计达到34家。工业功能区建设步伐加快,新征地2000亩,全年基础设施建设投入

9850万元,新开工企业54家,新投产企业38家。“百项千万”工程有序推进,玉柴三立、天申铜业和上海二工电器与德国西门子合资项目等重大项目建设稳步推进。全年完成工业性投入20.6亿元,同比增长26.1%,其中技术改造投入18.5亿元,同比增长46.2%。自主创新能力进一步增强,银轮公司设立博士后科研工作站,天皇药业“立钻牌”、天际橡胶“天际牌”获得国家驰名商标,天新公司建立国家级实验室,全县列入国家级项目8个,新认定国家级高新技术企业9家。成功承办台州市第五次南北协作大会,举办家具产业回归和经济发展高层论坛。全年实际利用外资1904万美元,引进县外资金9.6亿元,完成全社会出口交货值61.6亿元,其中自营出口4.3亿美元,同比增长29.4%。

第三产业实现增加值45.38亿元,增长11.8%。全社会消费品零售总额39.8亿元,增长20.4%。成功举办2008天台山云锦杜鹃节,组织开展“百名乡贤促旅游”活动。大力推进旅游宗教重点工程建设,完成天台山旅游集散中心项目概念性规划编制。农家乐旅游得到壮大和提升,石梁镇和九遮村、集云村、东升村分别被列入省首批旅游强镇和特色旅游村。全年共接待游客538万人次,同比增长15%,门票收入达3821万元,同比增长9%,旅游总收入16.5亿元,同比增长12%。商贸、物流、金融等现代服务业加快发展,成功举办首届中国天台汽车用品展览会,完成梨园小商品市场改造,台州天啸物流中心项目建设加快推进,顺利组建了天台农村合作银行,泰隆商业银行天台支行挂牌营业,邮政储蓄银行天台支行改制成功。全县金融机构人民币存款余额92.22亿元,增长27.9%,贷款余额72.29亿元,增长13.2%。

【城市建设】 城市建设不断加快。新城工商大楼投入使用,经济适用房一期基本完成主体工程,法院大楼、检察院大楼、烟草物流中心、青少年宫、气象大楼等项目建设进展顺利,西演茅、大户丁两村旧村改造步伐加快。老城天一商业步行街开街,始丰溪北岸景观改造工程完成,春晓路口项目开工建设。基础设施建设大力推进。60省道西演茅至两亭巷改建工程沿途涉及的桥梁工程开工建设,62省道天台段改建工程前期工作进展顺利,104国道关岭至响堂段可研通过评审,境内道路大中修工程全面完成。县中心消防站、110千伏丽泽输变电工程、黄龙水库建成并投入使用,天台山风电场一期工程基本完工。城乡环境持续改善,城市管理进一步加强,顺利通过省级卫生县城复审验收。完成70个村的饮用水改造,新增受益人口7万人,建成60个初级和谐生态村、3个市级小康示范村和10个村的污水处理工程,农村垃圾生态化处理经验被全市推广。实施“下山搬迁帮扶行动”,幸福花苑四期完成建设,全年下山移民350户1200人。积极推进生态县建设,第二轮“811”环境污染整治工作取得阶段性成果,节能减排进一步加强,SO2排放和COD削减指标提前两年实现十一五计划目标。

【社会事业】 教育水平再上新台阶,顺利通过省教育强县复查验收,高考上重点线、本科线、组档线万人比均居台州市第一。公共卫生服务得到加强,重大疫病得到有效防控,新农合参合率达到91.8%。大力实施计划生育“基层基础推进年”活动,计划生育率提高5.2个百分点。文体事业蓬勃开展,成功举办寒山子暨和合文化国际学术交流大会、县十二届运动会,参加市运动会获金牌数与团体总分两个第一。社会保障稳步推进,全县新增城镇职工养老保险参保人数7507人,新增失业保险参保人数4741人,新增医疗保险参保人数7870人,新增就业岗位3520个,失业职工再就业1265人,城镇登记失业率控制在3.8%以内。以“平安天台”、“平安奥运”建设为抓手,圆满完成了奥运、“两会”等重大节庆安保和信访维稳工作,群众安全感位居全市第一。

【产业优势】 全县工业六大支柱产业中,食品制造行业石梁啤酒在全省享有盛誉,生物医药行业铁皮枫斗供不应求,银象公司生物防腐剂项目获国家科技进步二等奖,汽车零配件行业银轮公司是全国最大的汽车冷却器生产企业,工业滤布、橡塑制品、汽车用品三大行业分别被评为“中国过滤布名城”、“中国(天台)胶带工业城”、“中国汽车用品生产基地”称号。天皇药业“立钻牌”、天际橡胶“天际牌”获得国家驰名商标,银轮公司设立博士后科研工作站,天新公司建立国家级实验室,全县列入国家级项目8个,新认定国家级高新技术企业9家。农业方面,是中国乌药之乡,国家原产地域保护,全国最大的铁皮石斛种植基地,浙江省中药材产业强县,生态效益农业具有一定的基础,形成了茶叶、山地蔬菜、畜牧、淡水养殖、水果、中药材、笋竹等七大特色产业。天台山康能保健品有限公司被列入国家级扶贫龙头企业,“台乌”和“华顶山云雾茶”被评为浙江老字号品牌,“天台山牌云雾茶”被评为省名牌农产品,7个品牌农产品获有机、绿色认证。

旅游业方面,天台山是国家级重点风景名胜区,全国首批AAAA级风景旅游区,素有“佛宗道源,山水神秀”之称,是佛教天台宗、道教南宗的发祥地,活佛济公的出生地,和合文化创始人寒山子的隐居地和“唐诗之路”的目的地,历史文化积淀极为深厚,佛教——天台宗在日本、韩国和东南亚具有深远的影响。天台县还是国家生态示范区,浙江省首批生态县,生态环境良好,率先在全市通过“811”环境污染整治验收,2个乡镇被命名为国家级环境优美乡镇,8个乡镇被命名为省级生态乡镇,石梁镇和九遮村、集云村、东升村分别被列入省首批旅游强镇和特色旅游村。

天台县经济社会发展主要指标

项　　目	2008年	比2007年增或减(%)
国内生产总值(亿元)	98	11
第一产业增加值(亿元)	7.98	2.1
第二产业增加值(亿元)	44.63	11.9
其中工业增加值(亿元)	39.16	12.4
第三产业增加值(亿元)	45.38	11.8
人均国内生产总值(元)	17285	10.4
粮食总产量(万吨)	12.9189	4.9
棉花总产量(吨)	36	2.7
油料总产量(吨)	1912	20.7
全社会固定资产投资总额(亿元)	39.84	-26

续上表

项　　目	2008 年	比 2007 年增或减(%)
外贸自营出口(亿美元)	4.3	29.4
实际利用外资(万美元)	1904	1800
社会消费品零售总额(亿元)	39.8	20.4
零售物价总数(%)	–	–
地方财政收入(亿元)	6.1	17.3
地方财政支出(亿元)	10.6	18.2
职工年平均工资(元)	34691	5.5
农民年纯收入(元)	6907	14.1
邮电业务总量(亿元)	7.09	6.5
电话普及率(部/百人)	71.1	4.4
年末存款余额(亿元)	92.22	27.9
年末贷款(亿元)	72.29	13.2
大学(所)	–	–
中小学(所)	108	–6.1
下岗人数(人)	–	–
企业兼并、破产数(个)	–	–

仙　居　县

【概况】　仙居县地处浙江省东南部,位于台州与温州、丽水、金华三市交汇处,东连临海、黄岩,南接永嘉,西邻缙云,北靠磐安、天台。东晋穆帝永和三年(公元347年)立县,名乐安,五代后唐于成五年(公元930年),改名永安,北宋景德四年(公元1007年),宋真宗以其“洞天名山屏蔽周卫,而多神仙之宅”下诏改“永安”为“仙居”,立县至今已有1600多年。全县总面积2000平方千米。辖3个街道、7个镇、10个乡,722个行政村。2008年末总人口48.8万。

【经济建设】　2008年,全县实现地区生产总值79.22亿元,比上年增长8.3%,人均生产总值16360元,比上年增长7.9%。财政总收入9.24亿元,增长13.8%,其中地方财政收入4.8亿元,增长18.2%。全社会固定资产投资额32.43亿元,与上年持平。社会消费品零售总额29.75亿元,增长19.6%。外贸自营出口总额2.99亿美元,增长19.7%。单位生产总值能耗下降4%,化学需氧量排放量下降14.6%,二氧化硫排放量下降12.2%。城镇居民人均可支配收入16665元,增长9.9%。农村居民人均纯收入6307元,增长12.9%。城镇登记失业率4%,人口自然增长率5.9‰。年末金融机构各项存款余额91.19亿元,增长19.9%,贷款余额60.97亿元,增长16.8%。年末金融机构存贷比66.9%。三次产业结构由上年的11:46.8:42.1调整为11:45.3:43.8。实现工业增加值30.87亿元,增长9.5%。规模以上工业总产值79.95亿元,增长15.5%。园区内企业实现销售收入31.4亿元,税收1.3亿元。规模以上工业企业282家,比上年增加43家,其中产值超亿元企业13家。工业性投资14.61亿元,增长6.4%。实际利用外资90万美元。

实现农业总产值13.31亿元,增长4.7%。粮食播种面积22178公顷,总产量11.3万吨。新增绿色农产品基地3万亩。新增国家级扶贫龙头企业1家、省级农业龙头企业2家。仙居杨梅、仙居鸡、绿色稻米、绿色蔬菜、有机茶、毛竹等产业持续提升。仙居无公害杨梅标准化示范区通过国家级验收。新型农技推广责任体系基本形成。

全年接待游客402万人次,增长45.1%;旅游总收入16.2亿元,增长45.3%。《仙居风景名胜区总体规划》经国务院批准,省旅游经济强县创建工作扎实开展,神仙居景区被命名为“浙江省文明风景旅游区”。神仙居旅游度假区项目前期工作有序推进。成功举办2008仙居·首届浙江油菜花节。

【城乡建设】　县域总体规划编制完成,县城总体规划修编完成。新建改造道路17万平方米,铺设城乡供水管道78.1公里。新增绿化面积4万平方米。仙居抽水蓄能电站项目被国家发改委列入《可再生能源发展“十一五”规划》,项目核准报告已上报国家发改委,项目招标设计和施工图设计工作全面开展。台金高速公路仙居段全线贯通。诸永高速公路仙居段路基工程基本完成。35省道田市至湫山段改建工程可研报告获省发改委批复。朱溪水库项目建议书通过水利部审议。220千伏安洲输变电二期投入运行,110千伏船山输变电项目开工建设。改造通村公路256公里。全县通车公路总里程达1597公里。旧城改造加快推进,完成孟溪东路等一批城市道路建设。县污水处理厂投入运行。疾控中心大楼、气象科技大楼、民兵训练基地建设基本完成。成功创建2个省级生态乡镇。完成5座省“千库保安”工程建设,除险加固山塘水库30座,治理河道13.5公里。培训农民10302人,转移就业2646人。下山移民2154人。完成2个示范村、65个整治村建设。解决93个村4.6万人口饮水安全问题。

【社会事业】　教育投入不断增加,校网结构优化,布局日趋合理。教育质量稳步提高,高考上线率达全省平均水平,学前三年幼儿入园率90.9%,初升高比例93.6%。全县有中小学113所,在校学生66784人,在职教职工4834人。全年财政用于科技三项费用950万元,比上年增长20%。68个项目列入省级以上科技计划项目,3家企业被认定为国家级高新技术企业。2件商标被认定为中国驰名商标。仙居县被命名为“中国民间文化艺术之乡”,皤滩古镇获中国历史文化名镇称号,2个项目被列为国家级非物质文化遗产。城乡卫生服务网络进一步健全,第二轮农民免费体检率36.3%,新型农村合作医疗参保率83.5%。人口和计划生育工作进一步加强,管理服务水平不断提高,违法生育得到有效控制。通过省农村药品“两网一规范”建设示范县考核验收。安全生产事故次数下降14.3%,死亡人数下降12.7%,直接经济损失下降33.1%。全民健身活动广泛开展,竞技体育水平有所提高。新一轮广播电视村村通工程基本完成。新增就业3256人;下岗人员实现再就业1124人;养老保险参保人数新增3509人,工伤保险新增1.5万人,城镇职工基本医疗保险新增4003人,城镇居民基本医疗保险参保率60.5%。在全省率先开展“农村星光老年之家”建设,获省"养老服务社会化示范县"称号。农村政策性住房保险参保率86.7%。制定实施低收入农户创业增收政策意见,搭建帮扶平台100多个,1万多低收入农户实现创业增收。

【产业优势】 已形成工艺美术、医药化工、机械橡塑、有色金属等主导产业。工艺美术产业现有企业700多家,产品远销世界100多个国家和地区,是全国最大的木制工艺品生产基地,荣获"中国工艺礼品之都"称号;医药化工产业现有企业60多家,是全国重要的医药中间体产品出口基地,主导产品激素类药物出口居全国第一;白银加工产业现有企业100多家,年产白银及白银制品600多吨,是全国最大的"三废银"加工基地和全国最大的白银集散地。

农业产业化不断推进。建成蔬菜瓜果基地7万亩,绿色稻米基地5万亩;无公害农产品标准化基地16万亩,绿色食品基地6万亩,有机食品基地2万亩。获省、市级名牌农产品8个;通过有机产品认证15个、绿色食品认证25个、无公害农产品认证33个;仙居杨梅受到世界知识产权协会的高度评价,2个农产品获国家地理标志登记,14个农产品获省农博会金奖。全县有农民专业合作社110家,农业龙头企业54家,其中省级农业龙头企业4家。建成了全省首家绿色农产品专卖市场,搭建了面向杭州、上海等大中城市的配送平台。仙居被列为全省高效生态农业示范县,获"中国杨梅之乡"、"中国有机茶之乡"、"浙江蜜梨之乡"、"浙江山茶油之乡"等称号。

境内文物古迹众多,其中下汤新石器文化遗址、世界上最早的照明路灯石柱灯、国内八大奇文之一的蝌蚪文、"中华第一灯"针刺无骨花灯、"华东第一龙型古街"皤滩古镇等,历史文化价值很高,特别是针刺无骨花灯被列入首批国家级非物质文化遗产名录。同时,仙居风景名胜区总面积达158平方公里,是国家重点风景名胜区和国家4A级旅游区。

【投资环境】 交通最便捷。仙居是浙中南地区的交通小枢纽。境内有"一纵一横"两条高速公路,东西向的台金高速公路已全线贯通,南北向的诸永高速公路将于2009年通车。还有35省道、41省道和40省道。从仙居到台州、温州、义乌、宁波、杭州等城市均在1-2小时左右路程。

政策最宽松。对招商引资项目,提供优惠政策:对上规模、上档次的招商引资企业,给予税收优惠返还;对大型投资项目和大型外商投资项目,采取"一事一议";对项目审批实行行政规费包干,每亩7000元左右,不足部分由县财政贴补。仙居是附近地区税负最低、规费最少的地方。

地价最优惠。仙居工业园区基准地价15万元/亩,与台州、温州等地相比,地价最低。现代、永安工业园区,已经农转用的土地1000多亩,只要有项目,土地马上可以出让。

成本最低廉。企业建筑成本低。工业园区的地质条件好,在工业园区建厂房,不需要打桩,与温州及台州南面县(市、区)相比,建筑成本低20%左右。劳动力成本低。一般工人月工资800—1000元;技术工人月工资1000-1500元;管理人员月工资1500-2000元。比周边其他县(市、区)低10%—20%左右。水电成本低。仙居居民用水1.64元/吨,工业用水2.56元/吨,费用大大低于周边县市。对企业用电实行双回路保障,保证入园企业生产安全。

服务最优质。工业园区实行"三个一线"管理,管委会工作人员到一线、办公到一线,开通了园区审批服务"绿色通道",建立了办事大厅园区分中心,县内职能全部授权到一线,企业审批手续,可以全部在园区内办结。实行园区企业行政性收费包干政策,企业向园区管委会一次性缴费,由管委会与各部门协调收费事项。

环境最安全。县委、县政府成立了专门的工作机构,强化效能监察,严肃查处损害企业利益的各类违纪行为。设立了"两堵墙",企业与周围村组相隔离,未经允许,部门不得进入企业进行检查。

仙居县经济社会发展主要指标

项　　目	2008年	比2007年增或减(%)
国内生产总值(亿元)	79.22	8.3
第一产业增加值(亿元)	8.68	4.6
第二产业增加值(亿元)	35.87	4.8
其中工业增加值(亿元)	30.87	9.5
第三产业增加值(亿元)	34.66	13.1
人均国内生产总值(元)	16360	7.9
粮食总产量(万吨)	11.95	5.5
棉花总产量(吨)	–	–
油料总产量(万吨)	0.79	109
全社会固定资产投资总额(亿元)	32.43	0
外贸自营出口(亿美元)	2.99	19.7
实际利用外资(万美元)	90	-85.1
社会消费品零售总额(亿元)	29.75	19.6
零售物价总指数(%)	–	–
地方财政收入(亿元)	4.8	18.2
地方财政支出(亿元)	8.72	20
职工年平均工资(元)	31191	0.6
农民年纯收入(元)	6307	12.9
邮电业务总量(亿元)	7.02	12
电话普及率(部/百人)	22.2	-5.1
年末存款余额(亿元)	91.19	19.9
年末贷款(亿元)	60.97	16.8
大学(所)	–	–
中小学(所)	113	–
下岗人数(人)	–	–
企业兼并、破产数(个)	–	–

三　门　县

【概况】 三门县辖10个镇、4个乡,511个行政村,总面积

1510平方公里,其中陆地面积1072平方公里,2008年末总人口42万,年人口自然增长率为7.5‰。早在新石器时代,三门已有人类居住,历史上,三门先后属临海(回浦)县、宁海县,或分属临海县、宁海县。1928年,我党在三门亭旁发动农民武装起义,成立浙江省第一个苏维埃政府。1940年三门建县,1949年2月17日解放,是浙江省最早解放的县。

【经济建设】 2008年,全县实现生产总值81.9亿元,比上年增长11.1%;财政总收入10.7亿元,历史性突破10亿元大关,增长24.4%,其中地方财政收入6.1亿元,增长33.8%;全社会固定资产投资78.3亿元,增长27%;社会消费品零售总额28.2亿元,增长19.8%;规模以上工业万元产值综合能耗下降14.5%,二氧化硫排放量下降3.6%;城镇居民人均可支配收入18233元,农民人均纯收入7179元,分别增长11.9%和13.5%;人口自然增长率7.5‰。

农业经济稳步发展。高度重视粮食生产,大力发展农业特色产业,水产、瓜菜、畜禽、水果等七大农业主导产业布局基本形成,三门青蟹、沈园西瓜等特色优势农产品品牌进一步打响。大力推进农业规模化经营,新增市级以上农业产业化基地1.2万亩。大力实施"强社富农工程"和农业龙头企业提升工程,10家合作社年销售收入超500万元,3家合作社被评为省级示范性农民专业合作社,"公司·合作社·农户"的组织模式进一步完善。大力引进工商资本投资"农家乐",新发展农家乐项目9个,启动六敖北塘生态农业观光园区前期工作。

工业经济不断壮大。坚持以"两年"活动为主抓手,强势推进169个投资上千万元工业项目,完成投资25.7亿元,120个项目开工建设,其中34个项目建成投产或部分投产。在大项目的拉动下,全县工业经济继续快速发展,实现规模以上工业总产值120.4亿元,增长18.6%,新增产值上亿元企业7家、规模以上企业30家。工业结构不断优化,机电、橡胶、工艺品、医化四大传统支柱产业保持较快发展,船舶制造、汽摩配等新兴产业加快发展。科技创新能力不断增强,尔格科技和紫金港胶带研发中心被认定为省级高新技术企业研发中心,获得中国驰名商标5个。深入开展"个私经济推进年"活动,新增个私经济主体2600多家。

服务业持续提升。旅游开发步伐不断加快,蛇蟠岛旅游区通过国家级3A景区复评,石文化博览园建成开放,环岛公路、五星级洞窟宾馆等项目建设快速推进。商贸流通设施不断完善,大湖塘中心市场动工建设,铁路物流基地规划编制完成,首府广场购物中心项目完成立项。金融对经济发展的支撑作用进一步增强,期末人民币存款余额74.8亿元,增长26.8%;贷款余额76.4亿元,增长30.5%。房地产业平稳发展,商品房施工面积53.9万平方米,销售面积9.1万平方米。邮电通讯、信息咨询、中介服务、社区服务等行业进一步发展。

对外开放成效明显。完善招商引资工作机制,注重招商选资,引进企业63家,协议投资42.4亿元,实际到位7.6亿元,其中外资1355万美元。对外贸易持续较快增长,实现进出口总额3.7亿美元,增长28.1%,其中自营出口3.4亿美元,增长25.5%。成功举办中日橡胶工业技术交流会、三门中学70周年校庆暨三门县科技成果洽谈会,达成科技合作项目32项,合作金额3600万元。

【城乡建设】 "三港三城"建设有序推进。从加快园区基础设施建设转向抓企业入园和产出,"三港三城"对全县经济的贡献度不断提高。滨海新城的发展框架初步拉开,横港及金鳞湖绿化景观设计方案通过评审,一、二期市政配套快速推进,路面硬化、部分绿化工程相继完工,累计完成投资8亿元;首期商住区块顺利启动,部分企业进场建设。县城西区配套设施不断完善,西区大道、城北大桥、平安桥建成通车,景观工程快速推进,房产项目相继动工建设,80家企业建成投产,实现产值32亿元。县工业园区市政配套基本完成,39家企业建成投产。华东电力城的船舶修造、电力等临港产业优势日益凸显,临港基础设施和集镇建设有序推进。沿海工业城坚持招商引资和洗牌清退并重,狠抓三产配套,强推企业投产,83家企业入园建设,20家企业建成投产。泗淋洞港工业小区20家企业建成投产。高枧、珠岙、沙柳、六敖、亭旁、浬浦等经济增长板块继续稳步发展。

海洋经济加快发展。海洋功能区划调整在全国最早通过专家评审。造船业破难发展,健跳、六敖、泗淋、沿赤四大区块造船业发展成为全县经济一大亮点,累计引进造船企业28家,建成投产8家,在建16家,实现产值12.2亿元,税收4300万元。电力开发步伐加快,核电一期重件码头基本完工,核岛负挖全面完成;浙能台州电厂牛山涂项目获得省政府批准,并已完成可研。海洋旅游业、海水养殖业、海洋渔业等都有了新发展。

城市形象不断提升。老城区新一轮大规模改造全面启动,拆迁5.7万平方米,重要节点、重点区块改造方案编制完成,核心休闲商务区着手启动。大湖塘新区形象不断丰满,行政大楼、交通大楼等一批项目相继建成或动工建设,一批高档房产项目加速入区,人气集聚不断加快。省级示范文明县城创建活动深入开展,省级卫生县城复审顺利通过,人居环境进一步改善。以"三路"、"三场"、"三网"为突破口的城市重大基础设施建设态势良好,60个重点基础设施项目完成投资17.4亿元。县城过境复线和74省道健跳至黄金坦段、海游至沙柳公路改建工程顺利开工。人民广场、铁路站场、客运站场建设加快推进。城乡供水、沿海供水、县城应急供水以及污水管网建设工程进展顺利。"电网建设攻坚年"活动扎实推进,完成投资1.8亿元,供电瓶颈制约初步缓解。

新农村建设扎实推进。继续以项目化推进新农村建设,农村生产、生活条件进一步改善。深入实施"十百"工程,建成2个小康示范村、50个整治村、9个农村生活污水治理村。基本完成联村、联网、行政村通自然村公路建设,完成除险加固水库14座,疏浚和整治河道97.8公里。依托"一中心三基地",培训农村劳动力10291人、转移就业3342人。全面实施低收入农户奔小康工程,积极开展"新农民博客创业"活动。稳步推进高山移民工作,安置下山移民300户1032人。

【社会事业】 社会事业均衡发展。大力发展城乡基础教育,学前至高中段十五年教育基本普及,普职教育顺利转轨,心湖小学、县中心幼儿园开工建设。积极开展文化"三下乡"和"种文化"活动,建成1个省级东海明珠乡镇和106家基层文化俱乐部。不断健全公共卫生体系和社区卫生服务网络,在全市率先实现新型农村合作医疗制度与城镇居民基本医疗保险制度并轨运行。加强人口和计划生育工作综合治理,低生育水平继续保持稳定。不断加强国土资源管理,用地保障水平进一步提高。扎实推进生态县建设,环境污染综合整治取得明显成效。全面启动全国第二次经济普查工作。全面落实就业再就业各项优惠政策,新增3792个就业岗位,1051名城镇下岗失业人员实现再就业,城镇"零就业家庭"基本消除。养老、医疗、工伤、失业保险等参保人数均有较大幅度增长。全力支援四川地震灾区抗震救灾,及时完成10万顶救灾帐篷生产任务。

"平安三门"建设不断深化。深入开展安全生产和食品药品专项整治活动,继续加强突发性事件应急管理,全县安全生产形势保持平稳。深入推进"五五"普法工作,群众法制意识明显提高。开展大接访和"实效大防范"活动,涉奥信访和奥运安保工作获得全省先进,社会安全感和公众满意度继续位居全市前列。

【三门核电完成一期工程负挖】 三门核电工程是我国首个国家核电建设自主化依托项目,采用世界上最先进的第三代压水堆核电技术,并将建成全球首座AP1000核电站。2008年2月26日上午10:30分,全球首个AP1000项目——三门核电一期工程负挖正式开工,较原计划提前了35天。负挖的正式开工标志着三门核电一期工程在经历了多年前期准备工作后,正式进入现场实质性建造施工阶段,为实现2009年3月首台机组浇注第一罐混凝土(FCD)重要里程碑节点创造了有利的条件。三门核电一期基坑负挖工程包括1号和2号机组的核岛、常规岛、循环水泵房至汽轮机厂房取水管道,汽轮机厂房至虹吸井排水管道的负挖工作。开挖深度从12米到25米不等,核岛基坑为直径20多米圆形大坑,总开挖工程量约80万立方米。

【完成10万顶救灾帐篷生产】 "5.12"汶川大地震后,三门县承担了中央、省、市总计10万顶救灾帐篷的生产任务。该县迅速组织了以亚达公司为主,海啊集团、精开隆、雅特等10余家县内企业、万余名生产大军参与的救灾帐篷生产,在车工、普工、资金、运力、电力等方面提供全力支持,短短一个月内保质保量完成生产任务。

三门县经济社会发展主要指标

项 目	2008年	比2007年增或减(%)
国内生产总值(亿元)	81.89	11.1
第一产业增加值(亿元)	13.82	1.8
第二产业增加值(亿元)	35.32	12.6
其中工业增加值(亿元)	28.12	14.0
第三产业增加值(亿元)	32.75	13.3
人均国内生产总值(元)	19466	10.0
粮食总产量(万吨)	9.01	5.8
棉花总产量(吨)	163	-16.0
油料总产量(万吨)	0.23	3.0
全社会固定资产投资总额(亿元)	78.32	27.0
外贸自营出口(亿美元)	3.43	25.5
实际利用外资(万美元)	1355	32.3
社会消费品零售总额(亿元)	28.17	19.8
零售物价总指数(%)	-	-
地方财政收入(亿元)	6.11	33.8
地方财政支出(亿元)	10.12	10.2
职工年平均工资(元)	33052	0.7
农民年纯收入(元)	7179	11.9
邮电业务总量(亿元)	6.09	11.1
电话普及率(部/百人)	23.3	-2.5
年末存款余额(亿元)	75.41	27.0
年末贷款(亿元)	82.43	35.6
大学(所)	-	-
中小学(所)	63	-11.3
下岗人数(人)	-	-
企业兼并、破产数(个)	-	-

马鞍山辖县(市)

当 涂 县

【概况】 当涂县位于安徽东部,地处长三角经济圈与皖江城市带交汇处,位居南京一小时都市圈核心圈内,隶属诗城马鞍山,介于南京、芜湖等大中城市群之间,拥有长江岸线20公里,与江苏江宁、高淳、溧水一区两县接壤,是安徽省重要的沿江沿边县、东向发展的桥头堡和皖江城市带承接产业转移的前沿阵地,也是中西部东进长三角的黄金跳板。当涂自然资源丰富,产业基础较好,文化底蕴深厚,是唐代大诗人李白终老之地。县域综合实力雄厚,自2003年起,连续五年位居安徽省经济"十强县"前列;自2005年起,连续三年跻身全国中部百强县行列;2008年,当涂县位居安徽省"科学发展先进县"一类县第2位。

【人口区划】 当涂有2200多年置县史,秦代设为丹阳县,隋开皇9年(公元589年)定名当涂,曾为宋代太平州、元代太平路、明代太平府治所,清代长江水师提署和安徽学政驻地。1949年4月,当涂解放,先后属芜湖专区、宣城专区、芜湖地区、宣城行署。1983年6月,当涂县划属马鞍山市。1988年以后,当涂县境内乡镇区划进行过两次较大规模的调整。1991年3月,藏汉并入城关镇,关马乡并入围屏乡,兴永乡并入塘南乡,青山乡并入护河镇,龙泉乡并入薛津镇,西河乡并入石桥乡和亭头乡,全县乡镇由31个减为25个。2004年1月,当涂县对境内乡镇再次进行调整,除银塘镇划出县域外,并博望、新博两镇为博望镇,并薛津、丹阳两镇为丹阳镇,并围屏乡全部和黄山乡一部及新桥乡一部入城关镇,并改名姑孰镇,将太白乡全部和新桥乡一部并入龙山桥镇,并改名为太白镇,并年陡、查湾二乡为年陡乡,并马桥、石桥二镇为石桥镇,并新丰、大陇乡二乡为大陇乡,并亭头乡、黄池镇为黄池镇。全县乡镇由25个减为14个。2005年10月,当涂县又对村级规模进行了调整,开展了并村工作。至此,全县辖姑孰镇、博望镇、新市镇、丹阳镇、太白镇、石桥镇、护河镇、黄池镇、乌溪镇、塘南镇10镇,湖阳乡、大陇乡、江心乡、年陡乡4乡。村民居委会187个,村民小组3847个。安徽当涂经济开发区成立于2002年5月,前身为当涂工业园区,2006年5月升格为安徽省级经济开发区。截止2008年底,当涂县总面积1346平方公里,人口65万人,辖10镇4乡1个省级经济开发区、167村33个(社区)居委会。

【经济建设】 2008年,全县生产总值125亿元,增长19.3%;人均生产总值2776美元,较上年增加791美元;三次产业比例17: 59: 24;固定资产投资120.4亿元,增长66%。财政一般预算收入15.6亿元,增长38.3%,实现两年翻一番,总量位居安徽省县级第三位;在岗职工年平均工资2.8万元,增长26.5%;农民人均纯收入7109元,增长18%,连续六年位居安徽省县级第一位;全社会消费品零售总额24.4亿元,增长23.6%;城乡居民储蓄存款余额55.2亿元,较年初增加12.2亿元。

工业经济。全县工业总产值240亿元,增长37.1%。规模工业增加值46.8亿元,增长38.5%,总量超过前两年总和。规模工业企业新增50家,总数293家;规模工业销售收入150.5亿元,增长40.7%。新增销售收入超亿元企业13家、税收超千万元企业7家,总数分别为30家、13家。工业性固定资产投资78.2亿元,增长102.2%;红太阳双甘膦、力通钢缆等4个超亿元、39个超千万元项目建成投产,大唐当涂电厂一期两台66万千瓦燃煤发电机组成功并网发电。企业创新能力不断增强,新认定高新技术企业12家,实现产值23亿元,增长35.3%;新培育省级民营科技型企业12家,总数为66家;实施市级以上科技创新项目18个,申请专利50件。新增安徽名牌产品3个、省著名商标4件、3A级标准化良好行为企业5家。博望镇被列为全国剪折机床出口共建基地、安徽省优质剪折机床及刃模具生产示范区。全民创业成效明显,全年新增创业基地面积3.8万平方米,新发展民营企业530家、个体工商户3000多户,总数分别为2600多家、1.95万户。

农业经济。全年农业实现总产值32.9亿元,增长6.3%。粮食总产、单产再创历史新高,分别达到41万吨、457公斤;河蟹养殖面积26万亩,产量1万吨,产值5.5亿元。"三资"农业完成到位资金2.9亿元。黄池食品集团成为国家级农业产业化龙头企业,新培育省级农业龙头企业2家、销售收入超亿元企业1家,总数分别为7家、6家;各类龙头企业实现销售收入14亿元,增长7%。蒙牛牧业万头奶牛养殖、黄池食品优质生猪养殖被列为全国农业标准化示范项目,新发展无公害农产品11个、绿色食品7个。新发展农民专业合作社15家,带动农户2500户;新培育省级农民创业带头人3名。黄池镇国家级水稻高产创建示范点通过验收。种植大户规模经营和流转面积15.9万亩,占全县耕地面积24.2%;粮食机械化综合作业水平达到64%。新农村建设呈现新亮点,初步形成镇庵水产养殖、七房蟹苗培育、宫锦蔬菜种植和山河禽业等具有区域特色的专业村、示范村。

对外开放。成功举办中国·当涂石臼湖螃蟹节暨经贸洽谈会、中国·马鞍山刃模具及机械装备博览会,积极组团参加国内外重点展会,招商引资取得明显成效。全年实际利用县外资金60亿元,增长117%;其中,利用省外资金34.9亿元,增长91%;利用境外资金5000万美元,增长117%。全县各类园区建成区面积拓展到43.8平方公里,新增7平方公里,完成基础设施投入4.6亿元,入园企业931户;全年新引进投资超亿元项目13个,投资超1000万元项目101个。当涂经济开发区南区8平方公里建设框架全面拉开,与芜湖经济开发区对接步伐加快,被评为第二届长三角最具投资价值开发区,全年工业产值60亿元,增长50%;税收2.25亿元,增长38%。博望工业集中区建成区面积9平方公里,新增1.5平方公里,产值56亿元、税收1.6亿元。博望、太白和黄池3个镇被列为安徽省级产业集群专业镇。对外贸易强势增长,全年进出口总额7861万美元,增长236.9%。

【城乡建设】 2008年,全县城乡建设投资34.5亿元。其中,县城建设投资19.2亿元,小城镇建设投入15.3亿元。2008年,县城建设按照“东扩西拓、北接南延”的发展思路,县城面貌发生新变化。先后完成东大街、西大街南段、火车站路和马军寨路改造工程,建成行春中路、青莲东路,基本形成了“六横六纵”的城市路网格局,新增市政道路里程8公里,新增城市绿地面积5万平方米,新拉开建设框架3平方公里,县城建成区面积扩大到16平方公里。房地产开发平稳有序,全年新开工面积30万平方米,竣工面积20多万平方米。文明创建取得新成果,被评为安徽省首批文明县城;成功开展城区“大雅机”(机动三轮车)退出客运市场专项行动。小城镇建设扎实推进,建成丹阳边贸大市场和石桥、塘南水产品市场。“新网”工程全面启动,“万村千乡”市场工程顺利通过省级验收。农村基础设施不断完善,建成澄湖路、塘兴路、青黄路改造和22公里大公圩环圩公路,完成大公圩排涝泵站更新改造工程;新农村电气化建设全面启动,完成8个乡镇70个村的电气化建设任务,被评为安徽省新农村电气化县。加强农民建房管理,建立了“县指导,镇(乡)负责、村为主”的管理机制和建房审批机制。大力实施土地开发整理项目,全年新增有效耕地2478亩,被列为安徽省首批土地利用总体规划修编大纲审批试点县。

【社会事业】 全面落实义务教育“两免一补”政策,全年义务教育学校公用经费支出2700多万元。中小学布局调整全面启动,共安排项目64个,总投资5600万元。全面完成41个农村中小学D级危房改造任务。总投资7000万元的县职教中心基本建成。高中阶段毛入学率60.1%,比上年提高15.8个百分点。科技工作水平不断提升,被评为全国科技进步先进县。文化体育活动丰富多彩,成功举办2008当涂县体育运动会、首届龙舟锦标赛和安徽省十强县男子篮球邀请赛。新市初中的孟舒萍同学获得全国举重冠军赛女子75公斤级冠军。建成农民体育健身工程17个、社区体育健身工程2个。李白墓园被评为国家3A级旅游景区,护河园艺“农家乐”被命名为全国农业旅游示范点,全县“农家乐”旅游点发展到16个,建成太白、甑山生态园一期工程。博望打铁工艺被列入安徽省非物质文化遗产。完成全国污染源普查工作,博望三杨村被评为安徽省唯一的国家级生态村。第七届村委会换届选举工作顺利完成。人口计生工作不断加强,全县继续保持稳定低生育水平。发扬“一方有难、八方支援”的精神,全县各界支援四川汶川抗震救灾捐款物累计价值880多万元。

【民生工程】 2008年,全县实施民生工程40项,总投资4.7亿元,受益群众60多万人。统筹城乡就业工作稳步推进,农村劳动力转移“阳光工程”完成技能性培训4110人、引导性培训1.5万人,实现转移就业19万人,新增1.6万人;全年城镇新增就业4270人,城镇登记失业率控制在4%以内。社会保障制度实现城乡全覆盖,社会保障体系基本建立。城镇职工“五大保险”累计参保17万人,新增1.5万人。城镇居民养老保险制度正式实施,养老保险在安徽省县级率先实现城乡全覆盖。城镇居民医疗保险累计参保10.1万人,新增1.4万人。新型农村养老保险累计参保7.1万人,新增2.5万人,参保率20%;新型农村合作医疗参合率98.9%,位居安徽省县级前列。全县1.56万农村居民享受最低生活保障,低保标准由年人均1020元提高到1440元,比省定标准高580元。“五保”集中供养标准由年人均2100元提高到2400元,比省定标准高1200元,全年发放“五保”供养资金917.8万元。建立城镇低收入困难家庭住房保障制度,城区廉租房补贴实现全覆盖,全年发放补贴资金1269万元。农村卫生服务体系不断完善,建成8个乡镇卫生院、44个村卫生室和4个农村急救站。实施贫困白内障患者复明工程,免费手术107例。全县20户以上自然村有线电视通播率100%、入户率50%。

【护河镇园艺村“农家乐”被命名为全国农业旅游示范点】 园艺村立足优美的山水资源和桃花资源,结合生态观光农业和新农村建设,主动迎合城市市民“健康生态,绿色环保”的休闲生活方式需要,积极兴办“农家乐”旅游,以“赏自然风光、吃农家饭菜”的自然生态游引领当涂县旅游业又好又快发展,成功举办了三届“桃花节”和采摘节,吸引来自上海、南京和芜湖等周边城市游客前来观赏桃花,踏青游览,年接待游客15万人次。

【黄池食品集团成为国家级农业产业化龙头企业】 黄池集团经过多年发展,已成长为集种植、养殖、加工、连锁直销为一体的农副产品深加工龙头企业。主要经营豆制品、酱腌菜、酱品、肉制品等。公司拥有固定资产9540万元。2008年,实现销售收入2.58亿元,上缴税金1173万元,实现利润1354万元。

【当涂县城区“大雅机”全面退出客运市场】 2008年9月,当涂县按照“依法取缔,有情操作”的原则,通过实行包保责任制的办法,对城区范围内的“大雅机”开展集中整治行动,共取缔报废“大雅机”800余辆,城区所有“大雅机”全部退出客运市场,县城交通秩序和环境面貌明显改观。

【当涂经济开发区被评为长三角最具投资价值开发区】 11月12日,由中国商帮峰会组委会、第三届长三角投资发展论坛组委会与上海文汇报新民联合报业集团等联合组织的中国第三届长三角投资发展论坛暨第二届“长三角最具投资价值开发区”评选揭晓,当涂经济开发区荣获“最具投资潜力奖”。当涂经济开发区为省级经济开发区,规划总面积60平方公里。截至2008年底,建成区面积15平方公里,完成基础设施投入15亿元,实现财政收入6亿元。入驻企业130余家,总投资规模200亿元,初步形成了生物医药、纺织服装、机械电子、汽车零部件、新型材料和能源化工六大产业。

【当涂县举办石臼湖螃蟹节暨经贸洽谈会】 2008年10月26日,当涂县委、县政府举办中国·当涂石臼湖螃蟹节暨经贸洽谈会开幕式。安徽省政协副主席郑牧民、市委书记丁海中、市长周春雨等省市县领导及来自县内外的120多位客商应邀出席开幕式。在为期两天的经贸洽谈会上,共有17个项目签约,合同内资25.78亿元人民币,合同外资5300万美元。其中,投资亿元以上的项目8个、外资项目2个、高科技项目2个、三产服务及旅游业项目3个,项目涉及冶金压延、船舶制造、生态旅游、高新技术和物流等多个产业。

【博望镇三杨村成为安徽省唯一的国家级生态村】 2008年11月,博望镇三杨村被国家环境保护部命名为生态村,成为全国首批24个国家级生态村之一,也是安徽省唯一一个进入第一批国家级生态村行列的行政村。近年来,三杨村始终坚持"发展经济,美化环境"的理念,积极实施以旧村环境整治、农村污水处理、塘口清淤、卫生保洁等为主要内容的环境综合整治工作,有效防治了工农业污染,消灭了"脏、乱、差"现象,村容村貌、生态环境、人居环境和群众生活质量得到明显改善,全村饮用水合格率100%,自来水普及率100%,生活垃圾无害化处理率90%。

【马鞍山长江公路大桥开工建设】 12月28日上午,世界上第一座三塔两跨悬索桥——马鞍山长江公路大桥在当涂县江心洲举行开工典礼。安徽省委书记王金山、省长王三运和交通运输部总工程师周海涛等各级领导出席开工典礼。马鞍山长江公路大桥总长36.14公里,桥位位于长江当涂段江心洲,主桥11公里,路线起于巢湖市和县姥桥镇206省道,与规划中的北沿江高速公路相接,终点止于皖苏交界当涂县牛路口,与规划中的马鞍山至溧水高速公路连接。?大桥按双向六车道高速公路标准设计,总投资71亿元,计划2013年建成通车。大桥采用三塔两跨悬索桥设计,在世界建桥史上是一个创新。大桥建成后,将进一步拉近安徽省与长三角地区的时空距离。

【芜申运河安徽段航道整治工程开工】 12月28日上午,芜申运河安徽段航道整治工程在当涂开发区姑溪河入江口举行开工典礼。安徽省委书记王金山、省长王三运和交通运输部总工程师周海涛等各级领导出席开工典礼。芜申运河全长约296公里,西起芜湖市青弋江入长江口,途径马鞍山、宣城等市,是一条沟通长江和太湖水系跨流域的省际内河航运通道。其中,安徽段全长约41公里,概算总投资近48亿元,建设标准为限制性三级双线航道,全线改建桥梁14座,建设工期为四年。航道整治完成后,对于安徽省和长江中上游地区新的东向水上运输通道、改善中西部地区和长江三角洲地区间的水路运输条件、完善区域综合交通运输体系、充分发挥水路运输优势、加快安徽省融入长三角、促进沿线地区经济发展,将发挥十分重要的作用。 (陶邦海 陶先维)

当涂县2008年经济社会发展主要指标

项 目	绝对数	比上年增长%
国内生产总值(亿元)	125亿元	19.3
第一产业增加值(亿元)	21.6亿元	6.3
第二产业增加值(亿元)	73.5亿元	29.7
第三产业增加值(亿元)	29.9亿元	10.7
人均国内生产总值(元)	19226元	19%
粮食总产量(万吨)	41.1万吨	6.0%
棉花总产量(吨)	4276吨	7.1%
油料总产量(万吨)	4.2万吨	23.5%
全社会固定资产投资额(亿元)	120.4亿元	66
进出口总额(万美元)	7562万美元	224%
出口总额(万美元)	7305万美元	213.7%
实际利用外贸(万美元)	3996万美元	118.3%
社会消费品零售总额(亿元)	24.4亿元	23.6
商品零售价格指数(%)	119.7%	–
财政收入(亿元)	15.6亿元	38.3
财政支出(亿元)	13.2亿元	20.8
在岗职工年平均工资(元)	28388元	26.5%
农民人均纯收入(元)	7109元	18
邮电业务总量(亿元)	4.5亿元	5.2
每百户居民电话拥有量(部/百户)	189.5部/百户	4.4%
金融机构年末存款余额(亿元)	81亿元	28.1
金融机构年末贷款余额(亿元)	41.5亿元	45.2
大学(所)	–	–
中小学(所)	166所	-19%
城镇登记失业人员数(人)	1294人	22.65%

上海市教育与人才开发

【教育】 2008年,上海3周岁至未满6周岁适龄幼儿入园率98%;6周岁~10周岁学龄儿童入学率99.9%。九年义务教育入学率保持在99.9%以上,普及九年义务教育的各项指标均达到或超过国家标准。高中阶段教育新生入学率达97%。

全市有普通高等学校(含民办高校及职业技术学院)61所、研究生培养机构53个、中学774所、小学672所、幼儿园1058所,特殊教育学校29所,工读学校13所、中等职业技术学校129所、校外教育机构27个。有中外合作办学机构54个、项目199个。普通高校有留学生36723人,在校全日制港澳台学生及华侨学生2065人。有成人中高等学历教育学校53所、成人职业技术培训机构781个、老年教育机构276个。

全市教育部门财政预算内教育事业经费拨款数267.95亿元,其中市级财政拨款数71.86亿元(包括2008年财政超收收入中用于教育的17亿元)、区县财政拨款数196.09亿元。

年内启动上海市中长期教育改革和发展规划纲要编制工作,与国家同步起草编制"中长期教育改革和发展规划纲要"。

完成2008年市政府重点工作——"郊区新建50所幼儿园",实际新建52所,共增加600个班级,增收1.8万余名儿童。推进"学前教育三年行动计划",年内完成基建项目112个。市教委、市农委、市卫生局联合制定《关于做好本市农民工同住子女学前教育工作的若干意见》,切实解决农民工同住子女学前教育问题。推进优质学前教育资源向农村辐射,中心城区30所优质幼儿园与郊区45所农村幼儿园结对。完成全市中小学幼儿园治安技术防范设施完善工程的市政府实事项目,惠及全市近2600所中小学幼儿园学生和转为民办体制的农民工子女学校学生,总计约170万人。

2008年春季起,实施免费教科书政策。全市免费向义务教育阶段公办和民办学校中有上海市学籍的在校学生(含外省市借读生)提供教科书和作业本。发布《关于2008年义务教育阶段招生入学工作的实施意见》,做好义务教育阶段学校招生入学工作,妥善解决民办学校跨区县招生及回民中学全市招生等问题和矛盾。义务教育阶段公办学校共接收5万余名农民工同住子女免学杂费和书费就读。以中小学骨干教师德育实训基地为引领,以点带面推进学科德育。阶段性总结、研讨第一批"德育实训基地"工作,建立第二批18个上海市中小学骨干教师德育实训基地。启动上海市"名校长培养工程"教育管理硕士项目。制定实施《关于推进新郊区新农村教育改革和发展的若干意见》,启动上海市新农村教师专业发展培训项目。

自2008年起,西藏初中班生均公用经费从每生每年5000元提高到6400元,伙食费标准从每生每年4800元提高到6120元,每生每年共计提高2720元。新疆班学生每生每年提高720元。对西藏班新疆班学生实行医保,参保费每生60元由市教委承担。

中等职业教育深化课改行动计划完成。编制并颁布第二批30个专业教学标准,包括61个专门化方向、161门专业核心课程标准及257门专门化方向课程标准。2008年秋季新学期起,在学校层面推行。已颁布的42个专业教学标准,与221个职业资格挂钩。继续进行高职职业教育公共实训基地第四期建设,市教委、市财政投入上海市高等职业教育专项经费4000万元,立项建设25个基地。"开放实训中心"立项、建设与利用并举。船舶制造、印刷技术、表演艺术、烹饪4个"开放实训中心"建设项目年内通过立项审定,"开放实训中心"立项建设项目增至80个。"开放实训中心"全年共承担完成113694人次在校生实训、101687人次社会人员培训;完成在校生参加职业资格鉴定27090人次,社会人员参加职业资格鉴定

57780 人次。

"加强上海高等教育内涵建设"是 2008 年上海市政府重点工作之一,市教委开展上海高校发展定位规划和学科专业布局结构优化调整工。完成 2008 年度"校企合作培养高技能人才计划",全市高校完成近 1 万人次的高技能培训。继续进行民办高校教学高地第四期建设工作,17 所民办院校的 18 个项目获得支持,支持经费 2000 万元。

推进高校科技创新工作。继续实施"曙光计划",各高校共推荐 133 名青年教师申报 2008 年度"曙光计划"项目,27 名"曙光计划"完成人申报 2008 年度"曙光跟踪"项目;经审定,有 56 人入选"曙光计划"项目、14 人入选"曙光跟踪"项目。2008 年,"曙光学者"从国家自然科学基金委员会获得 105 个申请共 3894.1 万元的资助。

完成 2008 年上海市政府重点工作之一的上海终身教育平台一期建设工作。完成软件平台、硬件、系统软件的招标工作;完成学习门户网站和学习平台的二次开发工作,为用户提供个性化的使用环境;以上海教育资源库为主体,充分整合社区学院和上海紧缺人才培训事务服务中心已有教学资源,初步建立市级终身教育资源库;建设监控展示中心,实现系统实时监控和多媒体展示环境。

2007 年 12 月,经市政府批准,上海体育运动技术学院由成人高校转为高等职业学校,并更名为上海体育职业学院。2008 年 3 月,教育部发文同意上海水产大学更名为上海海洋大学。3 月 18 日,市教委、市政府教育督导室成立上海市教育督导事务中心。该中心为隶属于市教委的全额拨款事业单位。

2008 年上海高考招生首年实行"平行志愿"设置及投档办法。上海市普通高校招生在第一批次、第二批次分别设置按字母 A、B、C、D 顺序排列的 4 个平行志愿院校,第三批次设置按字母 A、B、C、D、E、F、G、H 顺序排列的 8 个平行志愿。投档时,将考生按总分从高到低排序,并逐分逐个检索考生填报的院校志愿顺序,按照总分从高到低进行投档。推行"平行志愿"同时实行"三不改"规定:(1)考生二次填报志愿后、投档工作开始前,均须将考生填报信息备份存档,教育行政部门和招生考试机构均不得更改;(2)考生的志愿表一经填定、上报市教育考试院后一律不得更改;(3)不允许已录取的考生材料再退档改投其他院校。

(林德珍提供)

南京市教育与人才开发

【基础教育】 2008 年,南京市有幼儿园 443 所,比上年增加 19 所,在园儿童 131793 人,增加 15190 人,增长 13.03%。

全市有小学 355 所,比上年减少 19 所。招生 46669 人,减少 0.1%;在校生 285646 人,减少 1.75%;小学学龄儿童入学率 100%,年巩固率 99.76%。小学毕业生 52879 人,毕业率 99.63%;升入初中 52958 人,升学率 100.15%。

全市有初中 151 所,比上年增加 11 所。招生 52958 人,在校生 168370 人,分别减少 5.92% 和 5.61%。初中毕业生 61794 人,升入高一级学校 60959 人,升学率 98.65%。

全市有普通高中(完中及独立高中)65 所,减少 6 所;普通中等职业技术学校 79 所,其中普通中等职业学校 48 所,技工学校 31 所。普通高中招生 33641 人,减少 5.98%;在校生 104313 人,减少 2.44%。全市高中阶段职业技术学校招生 27318 人,减少 3837 人;在校生 164586 人,减少 2281 人。

(蒋希波)

【小学升初中情况】 2008 年,南京市小学毕业生 52879 人,减少 4445 人;初中招生 52958 人,升学率 100.15%。其中,6 城区小学毕业生 18468 人,升入初中 18255 人,升学率 98.85%;郊区小学毕业生 26280 人,升入初中 27069 人,升学率 103%;2 县小学毕业生 8131 人,升入初中 8204 人,升学率 100.90%。

【中等学校招生考试改革】 2008 年,南京市中考继续实行毕业水平考试与升学考试两考合一、考试与考查相结合的形式,由市教育局统一命题,统一组织考试。考试科目满分为:语文、数学、英语(含口语等级测试和听力测试)各 120 分,物理 100 分,化学 80 分,思想品德、历史各 60 分,体育 30 分,生物、地理各 20 分,中考成绩总分为 730 分。思想品德和历史学科实行合场、合卷和开卷考试(不得携带电子读物),生物和地理学科实行合场、合卷和闭卷考查,其他学科均实行闭卷考试。中等学校升学志愿在文化考试结束后、评卷开始前,在就读学校或区县招生办一次性填报。

提高热点高中指标生招生计划比例,市属和区县属热点高中指标生比例分别从往年统招生计划的 30% 和 40% 提高到 50%。在分解指标生计划时,70% 以初中校毕业生人数为基数向所有初中校(含民办初中)分配,30% 再次向公办初中分配,适当向小班化实验初中倾斜,引导生源流向。2008 年,全市共录取指标生 2668 人,其中南师大附中、金陵中学、第一中学、中华中学 4 所市属普通高中录取 884 人。

【初中升高中招生录取投档分数线】 2008 年,参加中考考生参加 9 门学科的文化考试,加上体育成绩,总分 730。市区第一批普通高中(三星级以上普通高中)招生投档分数线 590 分;南京幼儿高等师范学校学前教育、小学教育专业为 582 分。第二批普通高中招生投档分数线 500 分;高职班、技师班、高技班和综合高中投档分数线 480 分;普通中专、职业中专、职业高中和技工学校按志愿从高分到低分择优录取。

市区部分普通高中录取最低分数线:南师大附中 676 分、金陵中学 671 分、第一中学 666 分、中华中学 654 分、第十三中学 647 分、江苏教育学院附中 646 分、第九中学 642 分、金陵中学河西分校 628 分、宁海中学 627 分、南师大附属扬子中学 626 分、第五中学 623 分、南航附中 625 分、第三中学 616 分、南师大附中江宁分校 608 分、雨花台中学 600 分、人民中学 594 分、大厂高级中学 591 分、燕子矶中学 590 分、第十二中学 590 分。

【初中升高中情况】 2008 年,南京市 61794 名初中毕业生报名参加中等学校招生,录取60959人,升学率98.65%,比上年提高0.2个百分比。其中,普通高中录取33641人,占55.19%;普通中专(含5年高职和职业中专)、职业高中(含综合高中)、技工学校录取27318人,占44.81%。各类中等学校还面向全省和外省市招收部分初中毕业生。

【高考报名、录取情况】 2008年,全市有37034人报名参加高考,减少1717人,占全省报名总数的7.28%。报考的应届生36198人,占全市报名总数的97.74%;往届生836人,占2.26%。考生报考普通类28986人,占78.27%;报考体育类114人,占0.31%;报考艺术类2018人,占5.45%;报考体育兼报普通类658人,占1.78%;报考艺术兼报普通类5258人,占14.19%。被各类高等院校录取31461人,录取率84.95%,提高3.6个百分点。其中录取本科16663人,占录取总数的52.96%;录取专科14798人,占47.04%。高考成绩连续4年稳步攀升。

全市中等职业学校毕业生报名参加普通高校对口单招的考生2208人,被各类高校录取1088人。

空军招飞中心在南京录取飞行员13名,录取人数名列全省前茅。

【高校在宁录取投档最低控制线】 普通类:本科第一批330(2B)分,本科第二批300(2B)分,民办本科248(1B1C),提前专科295分,专科180分。体育类本科(公办、民办)男生245/75,女生245/77,专科240/60。艺术类本科(公办、统考)音乐200/220,美术240/175;专业校考的文化分165分,专业成绩合格。艺术类本科(民办、统考)音乐190/210,美术230/165;专业校考的文化分165分,专业成绩合格。艺术类专科(省统考)音乐140/160,美术140/138;专业校考的文化分140分,专业成绩合格。

【市招生办公室获"江苏省高校招生先进集体"称号】 2008年,南京市招生委员会办公室在招生工作中,做到宣传政策不遗余力、执行政策不偏不倚、管理工作规范有序、执行纪律一丝不苟、机构健全队伍精干、服务优化细致入微,被江苏省招生委员会、省教育厅授予"江苏省高校招生先进集体"称号。同年,市招生办公室被江苏省招生委员会、南京军区司令部评为"招飞先进单位"。 (方 红)

【完成全市教育事业"十一五"规划中期评估与修编】 2008年是《南京市教育发展"十一五"规划纲要》实施的关键之年,全市所有区县对"十一五"教育事业规划及时进行中期评估和修编。各区县对规划中各项指标的完成情况进行总结,对个别指标进行论证及修改,并根据中期评估报告完成对教育事业"十一五"规划纲要文本的修订。此次中期评估和修订文本经过基层学校、区县教育局以及市教育局相关处室、直属单位多次反复讨论,汇编成册。

【完成合格学校及"五室"建设任务】 4月12日,在天妃宫小学召开全市中小学合格学校和"五室"建设总结表彰大会。全市历经3年,累计投入3亿元,完成合格学校及"五室"(图书阅览室、网络学习室、技能创造室、心理咨询室和校史室)建设任务。经验收,290所学校、75个镇(街)达到合格学校及"五室"建设要求。

【《南京市中小学办学条件建设绩效考核验收办法》实施】 南京市制定《南京市中小学办学条件建设绩效考核验收办法》,2008年起正式实施,以促进各区县、学校办学条件建设工程的建设、管理、使用和维护水平,发挥教育装备功效,推进课程改革的实施,确保全市中小学办学条件建设工程规范化、制度化和长效化管理。经首批验收,全市评出一等奖6个,二等奖8个。 (耿华萍)

【普通高等教育】 2008年,南京地区有普通高等院校41所(不含部队院校),其中部委属院校8所,省属院校30所(含民办高校6所),市属高校3所。本科层次高校23所,专科层次高校18所。

高等教育继续保持稳步发展。全年招收普通本专科和研究生232322人,比上年增加8547人,其中本科生102679人,专科生104402人,研究生24241人。在校生725019人,比上年增加47095人,其中本科在校生396237人,专科在校生255722人,在校研究生73060人。本专科毕业生159754人,增加26341人,其中本科毕业生77453人,专科毕业生82301人;毕业研究生18351人,增加1064人。有教职工71419人,其中专任教师42406人,增加9302人,专任教师中具有正高级职称4727人,副高级职称11282人,中级职称15693人,初级职称及以下10704人。

强化专业建设。在宁高校新增本科专业48个,重点增设优化调整专业结构,江苏省支柱产业、新兴产业、高新技术产业等领域急需的专业。新增国家级特色专业建设点33个,省级品牌专业建设点33个,特色专业建设点53个,引导学校面向社会,错位发展,重点建设具有行业特色、区域优势、需求旺盛、就业看好的专业。

推进优质教学资源建设。在宁高校新增国家精品课程37门,国家双语示范课程8门,省级精品课程142门;新增国家实验教学示范中心7个,高校国家级教学团队18个,省级教学团队14个。国家、省、学校三级优质教育资源共建共享体系建设取得新进展。

深化创新人才培养工作。在南京召开全省高等学校创新人才培养推进工作会议,南京大学、东南大学、南京师范大学与正德职业技术学院作大会交流发言。在宁高校新增教育部高等学校人才培养模式创新实验区9个;有39所在宁高校的425个"大学生实践创新能力训练计划"项目得到省财政的专项资助。在省高等教育教育成果奖评选中,在宁高校获特等奖15项,一等奖40项,二等奖60项。

高等职业教育取得新成绩。南京交通职业技术学院、南京信息职业技术学院与南京铁道职业技术学院被确定为第二批省级示范性高职院校建设单位,3个高职实训基地被列为中央财政支持的高职实训基地,7个高职实训基地被列为省级财政支持的高职实训基地。

人才培养水平评估取得显著成效。南京大学、东南大学、南京农业大学、南京邮电大学、南京体育学院评估结论为优秀,三江学院评估结论为良好,通过教育部本科教学工作水平评估。 (张卫星)

【特殊教育】 2008年,全市有特殊教育学校13所,其中盲人学校1所,聋人学校1所,兼收听障儿童和智障儿童的特殊教育学校5所,培智学校6所。普通学校附设的辅读班1个。在特教学校和辅读班就读的残疾学生1573人,其中盲校学生200人,聋校学生697人,培智学校(班)学生666人,辅读班学生10人。特教学校教师482人,专职特教教师417人。

【在省特教青年教师基本功大赛中获奖】 7月,南京市9名特教学校教师参加江苏省特教青年教师基本功大赛,其中市盲人学校吴静、溧水县特殊教育学校杨锦、白下育智学校陈再兵和特师附小彭益珍获一等奖;市盲人学校蔡拾慧,市聋人学校叶榕、唐宁宁获二等奖;特师二附小汪蓉、鼓楼培智中心李红梅获三等奖,成绩再次名列全省第一。同年,市盲人学校教师颜涛在全国特殊教育学校美育课堂教学竞赛中获一等奖。

【获全国信息技术课件与课例评比一等奖】 10月,中国教育技术协会中小学专业委员会举办全国信息技术在特殊教育学校教学中的有效应用优秀教学课例与教学课件评比活动,南京市7所特教学校推荐报送教学课件39件、教学课例16节,在评比中全部获得等级奖。其中,市聋人学校花钰锋、王明全、刘彬,溧水县特殊教育学校后开照,市育智学校陈再兵5人获教学课件评比一等奖;市聋人学校周雯、市盲人学校张伟2人获教学课例评比一等奖。

【市聋人高中高考本科录取率100%】 6月,市聋人学校31名普通高中毕业生参加全国聋人高考,100%考入本科,这是继2006年之后第二次实现100%本科录取率。至此,该校连续14年高考年录取率超过97%,在全国同类聋人高中学校中位于前列。

【教育部批准南京中医药大学开设推拿大专专业】 6月,教育部批准南京中医药大学开设康复治疗技术专业,标志着该校盲人大专班步入更为规范发展的轨道。盲人康复治疗技术大专班,由南京中医药大学和南京市盲人学校联合创办于1993年,为盲人提供推拿按摩专业的高等教育,至2008年,有毕业生110名。

【盲、聋校学生参加市"美诗文诵读"比赛成绩突出】 6月,在全市小学"七彩语文杯——美诗文诵读"比赛中,南京市聋人学校、盲人学校2个参赛队,分别取得第二和第三名的优异成绩。

【特教学校学生在世界及全国残疾人运动会上摘金夺银】 在第21届聋奥会选拔赛暨全国聋人锦标赛上,市聋人学校曹旖琦分别获得女子100米第一名、女子200米第一名、女子4100米第一名、女子4400米第一名,并取得世界第21届聋奥会参赛资格。在北京2008残奥会上,市盲人学校毕业生祁顺夺得男子T12级马拉松冠军;在校学生孙新获得女子T12级400米第四名,在4月克罗地亚世界残疾人田径公开赛上,孙新夺得女子T12级400米第一名。

【市盲人学校学生沈饮剪纸获国际大奖】 2月,就读于南京市盲人学校的三年级学生沈饮创作的剪纸作品《图案》,在第五届国际青少年儿童书画大赛中获少儿组金奖。沈饮,15岁,在南京市儿童福利院长大,因双目失明,只能靠一点点微弱的感光,模糊地看物体。2006年,沈饮被送往盲校上学,在盲校的兴趣班上他对剪纸很感兴趣,在老师的帮助下,开始系统地学习剪纸的基本常识。学习剪纸3年,先后获秦淮区书画比赛一等奖、第十二届全国中小学生绘画书画作品一等奖等。

(王 峥)

【职业技术教育】 2008年,南京地区有中等职业技术学历教育的学校和机构79所,其中普通中专和职业中专27所、职业高中7所、成人中专14所、技工学校31所。职技类院校中职和初中起点5年制高职在校生有164586人,职业技术教育从业人员11085人,其中专任教师7580人。职业技术教育开办60个专业(工种)的课程,培养目标主要是企事业"蓝领"员工,基本满足南京经济和社会发展对基础岗位人力资源的需求。全市有国家级重点职技类院校22所,其中教育系统15所,省市行业办学3所,技工学校4所;省级重点职业学校6所,省级重点技工学校7所,省级示范成人中等专业学校4所。

(梁晓峰)

苏州市教育与人才开发

【概况】 2008年是苏州教育从教育基本现代化向教育现代化迈进的开局之年。全市教育系统认真学习党的十七大精神,贯彻落实科学发展观和党的教育方针,以"办好每一所学校、教好每一个学生、发展好每一位教师"为目标,紧紧围绕"遵循教育规律、运用科学方法、提高教育质量"的发展理念,全力推进素质教育,全面加强师资建设,各级各类教育协调发展,教育现代化水平进一步提升。全市小学入学率、巩固率、升学率均为100%,初中入学率和巩固率均为100%,初中毕业生升学率为99.5%,高等教育毛入学率为61%,学前3年幼儿入园率连续8年达到97%以上,残疾儿童入学率保持在96%以上。

【教育现代化建设】 一是确立新标杆。5市7区通过江苏省教育现代化评估后,初步完成《苏州市2008~2012年由基本实现教育现代化向教育现代化迈进的主要指标体系(征求意见稿)》编制工作,苏州市城市总体规划教育事业专项规划通过专家论证。二是教育经费继续增长。全市教育经费投入125.84亿元,同比增长15.3%。中小学预算内生均公用经费普遍提高,全市小学达到每生每年520元、初中达到每生每年690元,市直属单位小学每生每年达556元、初中每生每年达720元,工业园区实际达到小学每生每年950元、初中每生每年1062元的水平。按时足额落实义务教育免费政策,积极做好免费教科书工作。全市义务教育享受免费学生101万人次，免除经费1.37亿元，其中市本级5.2万人次，免除经费856万元，全市2008年免费提供义务教育教科书经费达8988万元。本级财政承担50%的市直属高中段债务方案已经落实。三是新的工程项目相继实施。年内批准的市教育局直属单位建设规模达到19.78万平方米，总投资3.95亿元。市直属学校维修项目120个，维修校舍面积总计21.2万平方米，修建道路1.04万平方米，总投资5483万元。经过整体维修的平江实验学校、新苏师范附属小学等，校容校貌焕然一新。新建的胥江实验中学，成为全市标志性的现代化学校。市实验小学新校迁建工程已完成前期开工准备工作，盲聋学校新校建设全面启动。

【教育现代化学校创建】 2008年，全市创建省优质幼儿园11所，市优质幼儿园29所，省、市以上优质园达66%。新增苏州市教育现代化学校小学39所、初中23所，已有10所特殊教育学校如期完成市政府实事工程"苏州市特殊教育学校现代化建设"创建任务，全市实现义务教育阶段教育现代化学校100%全覆盖。积极开展省星级普通高中创建工作，年内创四星级高中2所，创三星级高中1所，公办高中100%达到省三星级以上办学标准。全市累计拥有四星级高中29所，占高中总数的43.3%，三星级高中23所，三星以上高中占全市高中总数的91.2%。年内市教育局制定《苏州市中等职业学校内涵发展水平评估标准》，年内创四星级职业学校7所、三星级职业学校9所，创省级示范专业16个、市级示范专业6个，创省课程改革实验点8个。全市省重点职业学校100%通过三星级评估。

【职业教育】 全市共有中等职业技术学校51所、在校生约12.6万人，开设的主要专业基本覆盖全市产业发展的所有门类。2008年继续推进职业教育。一是结构布局优化。2008年，制定并实施苏州市《推进中等职业教育持续健康发展实施方案》，完成对直属职业院校的新一轮布局调整，职教中心尹山汽车基地划归建设交通高职校，工职院苏高工校区划归职教中心，20中的电视中专并入职教中心，24中、26中停止职教招生。进一步理清普职关系，明确办学定位，调优专业结构，做强职业院校，有所为有所不为的指导思想在工作中具体落实。二是办学水平提升。做好高水平示范性职业学校、示范专业建设和课程改革工作。在首次开评的职业学校星级评估中，全市7所职业学校接受了四星级验收、9所职业学校接受了三星级验收，16个省级示范专业、8个省级课程改革实验点通过验收。专家组对苏州市的示范性职业学校建设、示范专业建设和课程改革工作都给予了较高的评价，各项创建指标均在全省前列。现全市省、市两级示范专业累计分别达到30个和72个，省级课程改革实验点累计达12个。三是职业技能提高。成功举办2008年"宝时得"杯苏州职业院校师生技能大赛，选拔产生了156名选手参加省职业学校技能大赛，共获得28个一等奖、40个二等奖、55个三等奖，取得了金牌总数第一、奖牌总数第二的优异成绩，特别是在汽车维修大赛中，囊括了所有5个项目的第一名，在电子电工大赛中，取得6个项目的5个第一名和1个第二名。在全国职业院校技能大赛中，苏州选手再接再厉，发挥了较高的水平，共取得5个一等奖、1个二等奖和1个三等奖的优异成绩，金牌总数居全省第二位，为苏州争得了荣誉，为江苏省取得全国比赛团体积分第二名作出了重要贡献。

【高等教育】 经过5年的建设，以职业教育为主，实行资源共享、开放式办学的国际教育园南区全面建成，并顺利实现了属地化管理。南区占地3.2平方公里，拥有9所大专院校，入驻师生5万多人。进驻独墅湖高等教育区的国内外知名高校达到10所，区内在校生规模近3.5万人，其中博士生约760人、硕士生约7000人。经省政府同意，按专科层次筹建"苏州工业园区软件与服务外包职业学院(筹)"，标志着苏州市又将增加一所高职院校。加强了对民办高等院校的调研与管理。经省教育厅审批，新增高等学校成人教育校外教学点18个，累计达到123个，通过率高于全省平均水平。

【社区教育】 2008年，金阊区被评为首批全国社区教育示范区。新创省级社区教育实验区2个，省级社区培训学院2个，省级乡镇(街道)社区教育中心3个，省级农科教结合示范基地1个。全市12个县市、区中有9个进入省级以上实验区行列，标志着全市社区教育进入高水平普及的新时期。各地根据和谐社区建设的要求，贴近社区居民的实际，广泛开展具有地方特色的社区教育实验项目，为全民学习、终身学习提供优质服务。沧浪区、平江区与吴中区木渎镇成为教育部"全国社区教育工作者培训班"的社区教育现场，从不同角度反映了苏州社区教育的特色和水平，给来自全国各地的学员留下深刻印象。

【教育对外开放】 一是积极开展国际交流。成功举办中新基础教育苏州圆桌研讨会，实施新加坡副校长来苏培训计划，举办中英职业教育研讨会，借鉴国际先进教育理念，拓宽教育国际视野。二是做好教师国际培训。首次组织11名英语教师赴澳攻读教育学硕士(TESOL课程)，全市共有300余名教师出国培训。积极开展"引智培训"，348名教师参加暑期英语强化培训。三是深化外教援助项目。争取财政经费更大支持，编写《英语读本》，扩大援助项目受益面，惠及市直属初中所有初二学生，学生的外语基础能力和口语能力得到进一步提升。四是扩大学生海外求学机会。增办美国国际预科课程。目前，全市高中国际课程有IFY、A-Level、澳新大预科、美国预科等4类，毕业生都保持了高通过率、高签证率。全年组织1500余名学生开展境外修学游，较好地满足了学生赴海外学习的需求。

【教育信息化】 经4年创建，苏州市在全省率先建成教育部《教育管理信息化标准》应用示范区，2008年11月18日，教育部在苏州举行《教育管理信息化标准》应用示范区(苏州)授牌仪式。各市(区)100%建成教育城域网，实现了全市范围内的教育统计及管理信息等教育数据资源的网上收集与发布、采集与抽样、交流与共享，全市统一的教育管理平台初步建成。加快推进苏州教育公共服务平台的研究开发，深化示范区建设成果。重点突破交互式电子白板在教学中的应用，进一步优化课堂教学。制定《苏州市中小学教育技术应用能手评选办法》，着力提升教师信息技术素养。苏州电教馆被评为全国电教系统先进单位。苏州教育网获评2008年度苏州市优秀部门网站。

【语言文字工作】 2008 年 10 月 11 日,“中国语言资源有声数据库建设试点启动仪式”在苏州市举行。11 月,市语言文字工作委员会在全市征集苏州方言发音人,分设老、中、青 3 组,确定 6 名发音人,成为全国第一个启动方言采录的试点城市。苏州市被省教育厅授予“语言文字工作全面达标市”,成为全国第一个全面达标的地级市。

【高考成绩优异】 2008 年,全市高考参考人数 36190 人(不包括新疆班、少科班),占全省考试人数的 7.3%,比上年(38069 人)减少 1879 人。江苏省常熟中学的杨清嘉同学以投档分 439 分的成绩勇摘全省文科状元。全市有 1090 名考生获 6A 加分(10 分),占全省 6A 加分人数的 10.4%。全市两门选修课全 A 率占全省两门选修课全 A 率的 10.48%。全市考生语数外总均分 284.98 分,高出全省总均分(267.6 分)17.38 分。全市共有 14.17% 的考生过本一线,高出全省平均水平 3.3 个百分点,与上年持平。有 33.63% 的考生过本二线,高出全省平均水平 7.94 个百分点,高于上年(29.20%)4.43 个百分点。在考生人数减少的情况下,本二上线绝对人数 12310 人,多于上年(11115 人)1195 人,创历史新高。全市本科录取率远高于上年。

7 月 28 日,苏州高考总分前 6 名学生获 2008 年李政道奖学金。李政道奖学金由著名美籍物理学家、诺贝尔物理学奖获得者李政道博士于 1985 年在苏州设立,奖学金分设一、二、三等奖,是迄今苏州在全市范围内对高考学生设立的唯一奖项。2008 年的 6 名获得者:省文科状元常熟中学的杨清嘉、苏州市理科状元木渎中学的陈海江,双双获得一等奖;苏州实验中学的王菲菲和昆山中学的吴倩获二等奖;太仓高级中学的黄瑞、苏州中学的朱一男获得三等奖。在 6 名学生中,文科、理科各占一半,有 3 人被北京大学录取,其他 3 人分别进入清华大学、浙江大学和上海外国语大学。这些高分段学生分散在全市各所中学,从一个侧面反映了全市高中教育水平的均衡。

【把握学科能力建设】 2008 年组织全市 611 名教师分别参加高中语文、数学、物理、生物、政治和地理 6 门学科的把握学科能力竞赛,获得决赛一等奖的部分教师还在课改展示活动中,执教公开课,引导教师认真钻研教材,把握学科要点,提高教学质量。职业学校采取切实措施让专业课教师到企业顶岗实践锻炼,积极组织教师参加各级技能大赛。年内有 42 名教师参加省职业技能大赛,9 人获一等奖、16 人获二等奖、13 人获三等奖,获奖面达 90.5%,大大高于全省 60% 的平均水平,其中 8 名教师还获得了市劳动和社会保障局授予的“苏州市技术能手”称号,并直接晋升为技师。现任苏州教育科学研究院院长的祁建新获中国中学数学教育界最高奖项“苏步青数学教育奖”一等奖,这是继 2001 年苏州中学数学教师夏炎获此殊荣之后的苏州第二人、全省第三人。

【骨干队伍建设】 2008 年对全市第 1 ~ 5 届的名教师名校长进行重新认定,完善动态管理和激励机制;提高名教师名校长例会质量,更好地发挥其“师德的表率、育人的模范、教学的专家”的示范和引领作用。一大批校长自觉做到“静下心来抓管理,潜下心去抓质量”,一步一个脚印,为学校的可持续发展打好基础。首次在工作满 2 年、不满 5 年的青年教师中开评“教坛新苗”,以此引导青年教师开好头、起好步。职业学校首次开评“优秀双师型教师”,共评选出 58 名“优秀双师型教师”和 10 名“十佳双师型教师”,引导职业教育教师提升专业素养。完善优秀教师的奖励机制,将优秀教师和教育工作者评选比例从 8‰提升到 10‰,并向农村、边远地区倾斜。年内评选出 15 个优秀教师群体、20 名师德模范、100 名教坛新秀和 60 名教坛新秀双十佳,表彰了 798 名市优秀教育工作者。35 位教师荣获了江苏省第十批特级教师称号,数量位居全省前列。制定《苏州市实施引进高层次教育人才资助政策的方案》,逐步形成高层次教育人才引进激励机制。全市共引进 55 名高级职称人员,其中市直属单位 28 人(包括教授 1 名,副教授 3 名,特级教师 2 名)。组织 981 名骨干教师参加省级骨干教师培训,以点带面全面提高教师队伍水平。张家港、常熟被评为省“师资队伍建设先进县(市、区)”,苏州市被授予省“师资队伍建设先进市”称号。

【外来工子女学校管理】 2008 年,全市教育系统积极稳妥地做好外来人口子女入学工作,完成了沧浪区皖驻苏民工子弟学校、平江区立志学校,金阊区部分民工子弟学校小学毕业生与在读初中生的分流协调工作。召开外来民工子弟学校管理工作会议,对达标的学校进行奖励,提高外来工子弟学校创建水平,全市 74 所学校被确认为“苏州市外来工子弟合格学校”。平江区拿出设施完备的公办学校举办了股份制民工子弟学校——立新小学,工业园区、沧浪区实现外来工子女公办学校吸纳率 100%。

【苏州独墅湖高等教育区】 为适应苏州经济社会发展的需要,构建苏州可持续发展核心竞争力,苏州市委、市政府于 2002 年决定设立以研究生教育为主的高等教育区,并获第六次中新联合协调理事会中方理事会批准同意。同年 8 月高教区正式开工建设。

苏州独墅湖高等教育区的发展目标是:通过引进国内外优质高等教育资源,大力推动建设产学研一体化新机制,至 2010 年基本建设成为国内一流的高等教育人才培养基地以及高科技成果研究转化基地。

苏州独墅湖高等教育区位于苏州城东独墅湖畔,属于苏州工业园区未来中心城区的一部分,规划总面积约 11 平方公里,规划总人口约 20 万人,其中高等院校师生总规模约为 6 万人,科研院所和研发机构技术人员约为 8 万人;计划引进 10 家左右国内外优质高等教育机构,20 多家各类知名培训机构,以及数百家研发机构。建设理念借鉴国外高等教育市镇的成功经验,采用基础设施共享、校区相互开放融合的城市规划方式,将高教区规划分为教育区和产业孵化区两大主体功能区域。开发模式遵循“政府搭台、高校办学、面向市场、后勤城市化、管理现代化”的基本方针,即由苏州工业园区国有资产投资设立开发主体,负责开发建设区域市镇基础配套设施和公共教学设施,苏州市政府设立管理办公室具体负责落实各项办学政策和措施。

苏州独墅湖高等教育区经过 6 年多的开发建设,院校发展工作取得较大进展,共吸引和新设立了 10 所高校在区办学。入驻的院校是:中国科学技术大学苏州研究院、南京大学苏州研究生院、苏州大学独墅湖校区、西安交通大学苏州研究院、西交利物浦大学、人民大学国际学院、东南大学苏州研究院、四川大学苏州研究院、武汉大学苏州研究院、苏州港大思培科技职业学院。目前区内全日制在校生规模为3.4万人,其中本科生约1.8万人、硕士研究生约6500人、博士研究生约1000人。

规划建设工作高标准快速推进,至今区内建成建筑总面积约200万平方米,可容纳学生规模超过4万人。公共数字图书馆、公共体育馆、影剧院、学生食堂、商业街和一批师生公寓已经落成,部分商业设施和网点已全面投入使用。建成区6平方公里范围内交通便捷、设施先进、秩序良好、环境优美。

未来两年苏州独墅湖高等教育区将加快发展步伐,基本完成11平方公里基础设施和教研公共设施建设,继续吸引中外品牌高等教育机构入区办学(其中包括1~2家世界著名高校),全日制学生规模达到5万人以上,其中硕士以上研究生超过1万人,外籍留学生超过3000人;与高校共同建设省部级以上重点实验室30个左右,建设高新技术研发平台50个以上,吸引各类研发机构100个以上。同时充分发挥区内教育资源集聚优势,建设成为国内一流的学术交流活动基地。

【苏州国际教育园开发建设】 2008年苏州国际教育园全园基本建成、南区全面建成,取得显著成绩。

为大力实施"科教兴市"战略,更好地适应苏州经济与社会全面、协调、可持续发展,构筑高素质技能应用型人才高地,2002年7月苏州市启动高等教育、职业教育布局的首次大调整,市委、市政府作出了在石湖之畔、上方山麓建设苏州国际教育园的重大战略决策,并将其确定为市重点实事工程之一。国际教育园规划面积6.7平方公里,入驻院校14所,师生10余万人;以上方山森林公园为界分南、北两区,其中南区3.2平方公里、北区3.5平方公里,跨越吴中区和高新区。以培养具有较高知识层次和较强实践能力的高素质、技能型人才为目标,学习和借鉴国内外先进的办学理念和教育思想,积极推进职业教育的体制机制和办学模式的创新;在园内建设一批学历教育与职业培训并重、教学科研生产相结合、中高职相衔接、海内外教育相合作和专业有市场、学生有特长、学校有特色、省内外有影响的现代化高等职业技术院校;同时,积极实践开放式办学、教育资源共享。

教育园的开发和建设实行政府统筹、多元化投资、属地化管理、产业化运作、社会化服务的运作模式,预计总投资70亿元,所有建设项目一律采用招投标,依靠民营机制开发运转。苏州教育投资有限公司和苏州高新中锐科教发展有限公司两个开发主体分别承担南北两区的基础设施建设。吴中区、高新区负责园内的征地拆迁工作。政府制定优惠政策给予一定的扶持,入驻院校通过老校区的土地拍卖置换、银行贷款、后勤社会化等方式投入资金。经国际招标,美国龙安建筑规划设计顾问有限公司承担全园总体概念以及启动区的规划设计,以建于公元608年(隋大业四年)的楞伽塔为中轴线,设计南北两区的景观大道。园内建筑风格以现代流派为主,简洁、明快、大气,建筑色彩为灰、白、黑,具有苏州古城韵味,建筑布局、体量和风貌与周围景观和谐统一,交相辉映。

为保证工程的顺利推进,2002年8月,市委、市政府成立了苏州国际教育园领导小组,由市政府主要领导和分管领导任正副组长,下设建设指挥部,市政府分管领导任总指挥。2002年10月18日,省、市领导在教育园的奠基仪式上挥下第一锹土。2003年3月24日正式破土动工。

自2003年9月苏州工业职业技术学院首批新生入驻以来,已有14所院校在园办学,创造了平均每年两所院校入驻的建设速度,实现了又好又快的发展。2008年9月9日,市委、市政府在教育园南区共享区广场举行苏州国际教育园南区全面建成暨体育中心落成仪式。截至2008年12月底,已竣工和在建总面积229.96万平方米,其中教育用房86.63万平方米,辅助用房143.33万平方米。累计完成道路场地119.69万平方米,河道26.43万平方米,绿化景观77.35万平方米。完成总投资64.56亿元。

为切实加强全园的服务与管理,2007年11月17日,市政府第79次常务会议(市政府常务会议纪要〔2007〕13号)明确,从2008年1月1日起,国际教育园按照南北两区的规划区域范围实行属地化管理,南、北两区分别由吴中区、高新区接手管理,主要负责所在区域的社区规划、建设、管理,公共设施的日常维护与管理,以及行政执法。实施属地管理,彻底解除了入园教师和居民的后顾之忧,也为国际教育园今后的发展提供了更加有力的保障。

2008年5月8日,中共中央政治局委员、国务委员刘延东在教育部部长周济,江苏省委书记、省人大常委会主任梁保华,江苏省委常委、苏州市委书记王荣等领导陪同下,来园视察。

【苏州国际教育园办学特色】 2008年,14所院校已全部入驻,入园师生达8.8万人。南区有苏州旅游与财经高等职业技术学校、苏州大学文正学院、苏州工艺美术职业技术学院、苏州建设交通高等职业技术学校、苏州蓝缨学校、东吴外国语高等师范学校、苏州工业职业技术学院、苏州市职业大学、东吴职业培训学院等9所,北区有苏州技师学院、苏州科技学院(南校区)、苏州卫生职业技术学院、苏州医药科技学校、苏州经贸职业技术学院等5所。

入驻院校紧跟苏州支柱产业发展的需求,以就业为导向,以服务为宗旨,坚持面向企业、面向市场办学,开设了电子信息、机电一体化、计算机应用、自动控制、建筑工程、城市环境、汽车维修、物流管理、金融商贸、服装设计、医药卫生、旅游服务等100多个专业,形成了各自鲜明的办学特色。如工业职业技术学院瞄准的是苏州的现代制造业,旅游与财经高等职业技术学校看好苏州的现代服务业,建设交通高等职业技术学校着力于培养现代建筑和汽车维修人才,经贸职业技术学院则以"工""商"融和的办学特色,培养既具有工科专业技术知识技能,又懂贸易、营销、管理的复合型高级应用型技术人才。

此外,入驻院校还通过"订单式"培养、校企共建"专门实验室"、设立公司奖学金、建立专业委员会或校董会、校企合作办校等多种形式开展校企合作。同时,入驻院校积极学习和借鉴国外先进的办学理念,大力推进办学体制的改革和创新。已与澳大利亚、新西兰、美国、加拿大、德国、法国、日本、新加坡等国建立了10多个中外合作与交流的项目,引进先进的课程、教材、教学方法和国际职业资格证书,开展学生海外实习、教师学术交流、外籍教师任教等教育活动。为进一步引进国际教育资源,深入开展国际交流与合作,国际教育园已先后与教育部教育发展研究中心培训中心、澳大利亚教育集团TAFEGLOBE、美国北卡中国中心等签订了有关教育合作框架协议。

无锡市教育与人才开发

【概述】 2008年,无锡市教育围绕省、市教育重点目标任务,总结和发扬教育改革开放30年的成功经验,深化改革,开拓创新,各项教育发展水平继续位于全省、全国前列。

推进教育改革和创新发展。深化中小学办学体制改革。全面清理"公有民办"学校,彻底解决"校中校"问题,全市26所"公有民办"学校依法改制。实施教育管理创新。贯彻全市体制创新大会精神,全市中小学建立理事会工作全面启动,10所中小学校率先成立理事会。制定并实施《关于进一步贯彻实施〈江苏省中小学管理规范〉的意见》,推进学校管理创新。构建中小学学籍管理信息化平台,建立了中小学学籍管理电子档案。制定实施规范中小学招生考试的相关意见,提高中小学规范办学水平。健全安全稳定工作责任制,创建依法治校示范校20所。落实奥运安保工作措施,开展学校及周边环境整治。扩大教育对外开放。新增"双语"教育实验学校30所,参与实验学校达136所。举办第二期"双语"教师培训班,实验质量不断提升。扩大教育国际交流与合作,组织2000名中小学生赴新加坡等国修学旅行,选派学生团组赴丹麦、日本、韩国等开展文化交流。新增国际友好学校20多所,接待22批447人次境外教育团组到访。无锡职业技术学院、无锡科技职业学院、江阴职业技术学院与国外院校合作办学获省批准。无锡市第一中学、江苏省锡山高级中学、南菁中学分别引进英、澳、美等国际通用课程。开展汉语国际推广工作,开办了第一个外教汉语学习班,2名教师赴美任教。加强国际学校建设,伊顿国际学校竣工落成。召开全市涉外教育工作恳谈会,涉外教育服务水平进一步提升。成功举办"无锡教育国际化·新区论坛",拓展了无锡教育国际化影响。

推进教育优先发展科学发展。基础教育优质均衡水平提升。推进0~3岁婴幼儿早期教育,学前三年教育适龄儿童入园率达98.5%。全市投入5155万元改造105所村办幼儿园,50所幼儿园通过省优质幼儿园和市一类幼儿园评估验收。全面启动义务教育高位均衡发展示范区创建,义务教育经费保障机制加强。全市义务教育现代化小学和初中分别达130所和110所。落实城乡结对帮扶、校长教师轮岗和新生均衡分班等要求,规范义务教育办学行为。强化义务教育质量监测,59所初中和103所小学1.3万余名学生参加了省抽样测试。全市义务教育阶段全年免除杂费9736.77万元,免费发放教科书1476万余册,总金额达6763万元,受惠学生48万余人。加大扶困助学力度,各类学校免除、补助困难家庭学生费用达1239万元,受惠学生5.3万人次,残疾儿童义务教育入学率保持98%。优化高中阶段教育,星级高中创建工作继续深化,全市在三星级以上高中就读学生比例达90%以上。推进学校品牌建设,促进高中教育内涵发展。加快区域性职业教育中心建设,藕塘职教园区3平方公里启动区建成,首批6所院校入驻,师生近6万人。强化职业学校内涵建设,巩固职教资源整合成果。启动星级职校创建,立信职业学校,江阴、宜兴、惠山职教中心接受了省四星级评估,另有6所学校接受了省三星级评估,8所职校通过省二星级评估。加大职业教育课程、专业、师资队伍"三项建设",8个中职专业、3个五年制高职专业被评为省示范专业,创建市优秀课程50门、市示范专业30个,优秀(精品)课程、示范专业实现了网络资源共享。建立完善国家、省、市、校四级职教培训体系,强化校企合作。强化创新创业教育、技能教育,无锡市荣获全国职业教育技能大赛5枚金牌、5枚银牌,荣获省技能大赛团体二等奖,获个人奖项117项,12名学生被授予"江苏省职业院校学生技能标兵"称号。大力加强服务外包人才培养,组建服务外包人才培训联盟,6所院校被确定为首批服务外包人才培养基地。加强软件、创意设计、动漫影视、研发设计等相关专业建设,培养"外语+软件+专业"复合型人才。高等教育和社会教育加快发展,高等教育毛入学率达到56%,江南大学办学水平和影响力实现跃升。北京大学软件与微电子学院无锡产学研合作教育基地10万平方米教学科研用房及配套设施建成,已有177名研究生入驻就读;中、新合作软件与服务外包学院在无锡科技职业学院揭牌成立,14个相关专业正式招生。发展远程教育和成人高等教育,新增远程教育校外学习中心2个、函授站12个。社会教育稳步发展。江阴市被教育部确定为首批全国社区教育示范区,宜兴市和南长区建成省社区教育实验区,张渚镇等4个镇(街道)接受了省社区教育中心评估验收。各类教育培训蓬勃开展。在锡成人教育函授站有57个,各类社会培训机构163个,年培训超50万人次。农民教育培训超80万人次,新农村网校在线学员达20万人次。

推进素质教育和队伍建设。突出素质教育主题,德育工作全面加强。开展"十七大精神进课堂"活动,培育学生社会主义核心价值观。组织纪念改革开放30周年、"弘扬民族精神月"系列活动,青少年法制、心理健康、文明道德等各类教育得到深化。强化班主任队伍建设,评选表彰全市首批中小学班主任能手和新秀。校外育人基地平台建设成效显著,建成10个中小学综合实践与专题教育基地,增设45个"假日新视野"活动点。深化课程改革,接受省课改实验和学生综合素质评价专项视察督导,职业教育8个课改实验点接受了省专家组考察。实施《无锡市初中生综合素质评价方案》,深化评价制度改革。加强学生体育、艺术教育,强化学生体质健康监测,学生综合素质全面提升。东北塘中学、东北塘实验小学代表中国参加世界学校国际象棋团体锦标赛,双双夺冠。锡东中学获全国青少年垒球冠军。江阴一中获全国中学生男子足球赛冠军。举办市青少年科技制作大赛、"尚德电力杯"中国青少年创意大赛,荡口实验小学被命名为江苏省青少年发明家摇篮。建成省科技教育特色学校4所、市科技教育实验学校12所、省绿色学校40所。大力加强干部教师队伍建设。倡导教育家办学,依托国家行政学院开办了网上校长学院,选派163名校长和9名四星级高中党委书记参加省级培训研修。加强师德师风建设,弘扬教书育人风尚。扎实做好江苏省第十批特级教师评选推荐工作，28名教师被评为省特级教师。选派30名基础教育、75名职业教育骨干教师赴英国、新加坡培训，江阴市、南长区等地聘请外籍教师培训师资500名。帮助新疆霍城、阿合奇培训干部教师76名，选派优秀教师赴徐州、延安等地支教，6所学校和20位教师被评为省“千校万师支援农村教育工程”先进学校和先进个人。精心组织纪念改革开放30周年和向抗震救灾英雄教师学习活动，开展解放思想大讨论，增强教师职业荣誉感、使命感。落实党风廉政建设责任制，开展制度规范执行年活动，推进廉洁文化进校园，建成25所示范校。开展抗震救灾，支持灾区复教重建，全市教育系统赈灾捐款和缴纳特殊党费4200多万元，选派18名优秀中小学教师赴四川绵竹市支教。开辟绿色通道，接纳1930名灾区学生到无锡就读。倪丽英被评为四川省抗震救灾模范，市教育局被评为全国教育系统抗震救灾先进集体。优化教育环境，健全教育政务公开、校务公开制度，自觉接受社会监督。关注教育热点问题，坚持标本兼治，无锡市被评为省首批规范教育收费示范市。坚持正确舆论导向，加强教育新闻宣传制度、阵地和队伍建设，优化教育新闻宣传平台，展示无锡教育良好形象。年内，无锡教育电视台新大楼建成，无锡教育网被市政府评为优秀网站。

【全国学生阳光体育运动报告会在锡举行】 6月30日，全国学生阳光体育运动报告会在锡举行，国家教育部体教文卫司司长杨贵仁以《学校体育面临的新形势与任务》为题作专题报告。市各学校体育骨干教师、教研员及有关人员参加报告会。杨贵仁对无锡市学生阳光体育运动开展一年多来取得的成绩表示肯定，希望作为教育强市的无锡能够在全国学生阳光体育运动的开展中起到积极的示范引领作用，营造浓郁的校园体育锻炼氛围和全员参与的群众性体育锻炼风气，吸引广大青少年学生走向操场、走进大自然、走到阳光下，主动参与体育锻炼，培养体育锻炼的兴趣和习惯，有效提高学生体质健康水平。

【无锡市被评为省首批规范教育收费示范市】 2008年8月16日，无锡市因在2006～2007年度规范教育收费示范市创建工作中表现突出，成为江苏省首批“规范教育收费示范市”。在创建过程中，全市各级政府加大教育经费投入，教育经费达到了“三个增长”的法定要求，符合小学不低于450元、初中不低于615元的学生人均预算内公用经费新标准。明确各市（县）、区教育局局长和学校校长为规范收费第一责任人，对违反教育收费规定，擅自增加收费项目、擅自提高收费标准、擅自扩大收费范围的，在重要目标考核、先进评比、各类评估及职称评定等方面实行“一票否决”。落实规范教育收费的各项制度，加大查处教育乱收费问题力度，人民群众对无锡教育收费满意度稳步上升。

【全省教育宣传工作会议在锡召开】 8月27日，省教育厅在无锡召开全省教育宣传工作会议。省教育厅有关领导出席会议，省教育厅新闻宣传领导小组成员、全省各市、市（县、区）教育局主要负责人、省教育厅有关处室负责人参加会议。省教育厅厅长沈健肯定了全省教育宣传工作所取得的成绩，分析了教育宣传工作面临的形势，强调要不断扩大教育宣传的覆盖面，丰富教育宣传内容，改进教育宣传手段，创新教育宣传形式，提高教育宣传水平和全省教育专业媒体的社会影响，为加快建设教育强省、率先基本实现教育现代化提供理论支持、精神动力和舆论氛围。会上，无锡市、泰州市、海门市、宿迁市宿豫区教育局以及江苏教育报刊社、江苏教育电视台的代表进行了交流发言。

【荣膺“全国教育系统抗震救灾先进集体”称号】 9月8日，无锡市教育局被教育部授予“全国教育系统抗震救灾先进集体”荣誉称号。汶川大地震发生后，市教育局积极响应省、市党委、政府号召，开展向四川地震灾区爱心捐款活动。全市教育系统共向灾区捐款2870.74万元，交纳“特殊党费”1350多万元，其中原无锡轻工学院院长陈德钧捐款20万元。市教育局积极为灾区学生开辟入学“绿色通道”，按相对就近入学的原则，妥善安置灾区到锡就读学生，做到简化手续，随到随安排，根据实际情况免收借读费、学费、杂费，并视学生家庭经济困难情况适当给予生活补助。全市中小学和幼儿园安置灾区学生1930名。此外，选拔18名中小学优秀教师赴四川省绵竹市顶岗支教，帮助灾区学校恢复教育教学秩序，受到当地党委、政府好评。

【全国教育督导研究协作会年会在锡召开】 10月14～16日，全国教育督导研究协作会第十五届年会在无锡召开。来自北京、上海、天津、重庆、湖北、四川、河北等地区的理事单位和全国各地120多名教育督导同行与会。会议由协作会理事长单位无锡市人民政府教育督导室承办。会议对协作会2008年工作进行了总结，部署了2009年年会筹备任务，听取了无锡市人民政府教育督导室关于承办2008年年会筹备情况的汇报，围绕“督导体制创新与教育均衡发展”的主题展开充分的交流和讨论，会议充分肯定教育督导在掌握和监控教育情况变化，正确引导社会舆论，指导和解决教育中重点、热点问题，办人民满意教育方面发挥的作用。与会代表对无锡教育及教育督导的新经验表示十分关注。 （葛永庆）

【举办无锡教育国际化·新区论坛】 10月28日，无锡教育国际化·新区论坛在无锡新区隆重开幕。论坛由江苏省教育学会、无锡市教育局、无锡新区管委会共同举办，以“全球化视野下的教育创新”为主题，就教育国际化与人才培养创新、学校发展创新和“双语”教育实践创新进行了研讨交流。市委组织部部长陈振一在开幕式上对无锡在推进教育国际化方面所做工作给予了肯定，柳斌、周南照分别以人才培养的创新和教育国际化的趋势为主题作大会报告。省教育学会、省教育国际交流中心、南京大学、华东师范大学、南京师范大学、江南大学、无锡科技职业学院、上海浦东新区教研室、苏州工业园区教育局、南京师范大学附中、上海远东学校等单位的专家和领导，无锡各市（县）、区教育局、市学校管理中心分管领导以及全市外籍及港澳台人士子女入学定点学校、国际学校、外籍人士子女专门学校的校长和教师代表参加了开幕式。 （新区教办）

2008年无锡市教育事业概况

	学校数(所)	班数(个)	毕业生数(人)	招生数(人)	在校学生数(人)	毕业班学生数(人)	教职工数(人)	
							计	其中:专任教师
1. 普通高等学校	12		26834	35696	109553	31319	8858	5736
2. 中等专业学校	19		20896	22612	76896	21175	4598	3437
中等技术学校	18		19912	21490	72976	20454	4197	3157
中等师范学校	1	0	984	1122	3920	721	401	280
3. 普通中学	184	5546	87321	81614	248646	83228	23185	20061
高中	57	1902	32604	27486	85008	29345		7079
初中	127	3644	54717	54128	163638	53883		12982
4. 职业中学	7		7064	5304	15751	6324	1333	1186
5. 小学	229	7395	54505	50347	308819	52470	19283	17938
6. 特殊教育学校	10	91	159	147	870	44	289	213
其中:盲聋哑学校	3	37	78	73	377	15	141	96
7. 幼儿园	208	3818	39524	45274	128291		9141	5709
8. 工读学校	1	4	120	54	92		28	16
9. 成人高等学校	8	0	3976	7694	15259	2898		
10. 成人中等职业学校	5	0	269	0	396	380	357	229
11. 成人中学	35	215	2832	0	6977	0	522	470
12. 成人技术培训学校	1378	14638	1131532	277438	1053113	0	6645	4740
13. 技工学校	20	0	12863	16807	43051	0	3219	1584

【高等教育】 *江南大学:制定实施“攀登计划”*。经过仔细论证,遵循“提升高峰——扩展高原——建设高地”的总体思路,2008年,江南大学制定出台了“攀登计划”,把其作为未来8年学校增创新优势、谋求新突破、实现新跨越的主导性战略举措。“攀登计划”包括三大目标、十大突破项目、三十个核心和扩展指标、十大战略措施。

庆祝建校50周年暨办学106周年:以“传承文化、凝聚人心、扩大影响、争取资源”为宗旨,2008年,江南大学成功举办了建校50周年暨办学106周年校庆活动。中共中央政治局委员、国务委员刘延东等领导和国内外百余所著名高校发来贺信或题词;国内外161所高校赠送了特色纪念品,170所高校赠送了画册;教育部、江苏省、无锡市有关领导,国内外50余所高校领导,海内外3000余名校友参加了庆典。国内多个媒体对校庆活动进行了报道,无锡教育电视台还对学校庆祝大会和文艺晚会进行了全程录制报道。年内,在由中国管理科学研究院主持的《中国大学评价》中,江南大学在全国高校中的排名跃升至第68位。

“质量工程”建设取得新突破:2008年,江南大学的“质量工程”建设取得突破。课程和教材建设方面,该校获得国家精品课程2门、国家双语教学示范课程2门、国家精品教材3本、省级精品课程10门;专业建设方面,获得教育部特色专业建设点2个、省级品牌特色专业建设点5个;教学团队与高水平教师队伍建设方面,获得省优秀教学团队1个,1名教师被评为省教学名师;实践教学与创新人才培养模式方面,成为大学生创新性实验计划学校,获得教育部人才培养模式创新实验区2个、省级人才培养模式创新实验基地1个。

学科建设再上新台阶:2008年,江南大学在“211工程”三期建设方面,认真完成了项目规划编制和论证工作,遴选“新一代工业生物技术”等5个重点学科建设项目,获得国家4100万元的经费支持。同时,在项目组织实施中,不断推进机制体制创新,探索通过“主干学科+支持学科”、“首席教授+责任教授”、“研究内容+子方向”相结合的方式,将学科方向、研究队伍与学科平台“三位一体”同步规划、同步建设。在“985优势学科创新平台”立项方面,召开了工作推进会,联系中国轻工业联合会及中粮集团等著名食品企业,编制完成了“食品精深加工与安全控制”优势学科创新平台建设方案,为立项工作奠定了坚实基础。在学科管理方面,修订出台了《江南大学学科建设管理条例》,加强学科分层次建设与规划,完善重点学科的建设、管理、评估机制。在人文社科方面,专门设立了社会科学处,加强对人文社科的管理,经过反复酝酿,召开了全校文科工作大会,制定实施了人文社会科学繁荣发展计划。

科技创新工作创佳绩:2008年1月8日,在2007年度国家科学技术奖励大会颁奖典礼上,由江南大学副校长金征宇教授担任负责人的“益生制剂及其增效技术研究与应用”项目获国家科学技术进步奖二等奖。学校全年到账科研经费1.94亿元,较上年增长40.8%;获国家自然科学基金项目31项,其中

"食品微生物的功能优化与调控的基础研究"获国家重点项目资助,实现了历史性突破;获得部、省和行业协会奖励30项,发表三大检索论文1149篇,获得授权专利254项,其中发明专利93项。新建中国包装总公司食品技术与安全重点实验室,被农业部认定为国家农产品加工技术研发专业分中心。

优化人才队伍建设:2008年,江南大学新增长江学者讲座教授1名,"新世纪百千万人才工程"国家级人选1名,享受国务院政府特殊津贴专家2名,省"333工程"第二层次中青年科技领军人才2名,省"青蓝工程"科技创新团队1个、中青年学术带头人4名、优秀青年骨干教师8名,省突出贡献中青年专家1名,入选省"六大人才高峰"3人。进一步加大人才引进和培养力度,不断优化队伍结构和学历结构,全年新进博士45人,通过职称评聘,新晋升教授23名、副教授52名,其他系列评审通过副高职称及以上32名,全校具有博士学位教师比例达25.9%,具有硕士学位教师比例达40.28%。进一步推进师资国际化发展,聘请美国、英国等国家和地区的包括诺贝尔奖得主在内的22位专家学者为江南大学名誉教授或客座教授,引进留学归国人员7人,选送22名教师接受外语培训,选派23人到国外知名院校、研究所进修。

数字化节约型校园建设成效显著:2008年,江南大学以科技为依托,以节电节水工作为突破口,着力建设高起点数字化节约型高校。在注重理念节能和管理节能的同时,进一步突出技术节能,加快由传统型管理向现代科技型管理的转变。继续完善校园电能计量,试点改造部分区域预付费用电系统,初步构建了基于高速校园网络的变电所集中视频监控系统;继续做好数字化后勤资源整合系统建设,初步建成了全新视觉体验的数字化、网络化、三维立体的校园后勤资源地理信息系统。学校节约型校园建设取得显著成效,连年实现新突破,月生均耗能费和月单位建筑面积耗能费分别由2005年的61.04元和2.01元递减到2008年的43.15元和1.31元。全国高校节约型学校建设工作落实现场会在江南大学召开,作为无锡市申报国家级节水型城市的样板点还接受了建设部和省、市专家的考察,学校获得了江苏省"节水型单位"称号。

加强大学生思想政治教育:2008年,江南大学以大学生党建工作为切入点,切实加强理想信念和"三观"(世界观、人生观、价值观)教育,全年发展学生党员2941人,本科生党员比例达到19%;以实施青年马克思主义者培养工程为着力点,举办了第二届优秀学生训练营,用社会主义核心价值体系引领青年学生。学校重视国家大学生文化素质教育基地建设,年内,批准大学生文化素质教育丛书资助项目8个、研究课题15个;大力开展创新创业教育,高质量承办了省大学生创业计划大赛和省高校创业教育工作会议,参加了中国大学生创业计划竞赛,就业指导服务工作更加注重以创业带动就业,本科生就业率达到96.02%,学校荣获江苏省毕业生就业工作先进集体和首批江苏省大学生创业教育示范校。大力倡导"好学、严谨、执着、创新"的学风,本科生毕业率、学位率和考研录取率分别达到93.4%、92.6%和19.6%,比上年有明显提高。

(钱　锋　陈德波)

【NIIT无锡服务外包软件学院成立】 3月16日,NIIT无锡服务外包软件学院在新区创意产业园揭牌成立。市委书记杨卫泽与印度NIIT总裁共同为学院成立揭牌。印度国家信息技术学院(NIIT)是印度第一、全球第二大的软件教育机构,在全球38个国家共发展了4600多所教育培训中心,累计培训学员达200多万人次。此次学院落户新区后,新区将把NIIT无锡服务外包软件学院打造成为产业发展提供强大后盾的人才基地,该学院2008年计划培训高级软件外包人才500名。

【中新外包管理学院成立】 4月21日,中新外包管理学院在无锡科技职业学院举行了揭牌仪式,同时签署了合作协议。由新加坡PSB学院和无锡科技职业学院联手创办的中新外包管理学院汇集了无锡当地的教学资源和新加坡在外包培训领域的成功经验。合作双方将建立中国—新加坡两国师资交流制度,建成完善的师资培训与资格认证机制和外包管理专业研发工作组。无锡PSB外包管理人才培训基地将设置业务流程外包管理高管班、业务流程外包管理专业班、外包管理学历班,计划5年内为无锡外包产业发展提供500人次各类学历教育以及1万人次的专业培训资格认证。

【北大软微学院无锡产学研合作教育基地落成】 5月10日,北京大学软件与微电子学院无锡产学研合作教育基地落成仪式在太湖新城科教产业园举行。无锡市市长毛小平向北京大学校长许智宏移交基地钥匙。北大软微学院无锡产学研合作教育基地是经教育部批准,北京大学和无锡市政府共同建设的产学研合作教育基地,规划用地33.35万平方米,总投资7亿元,总建筑面积20万平方米。至年底,5.2万平方米建筑已投入使用,有160多名研究生在此就读。该基地还与美国凯斯西储大学、日本会津大学签订了联合办学协议。

【建立中日教学合作基地】 10月3日,来自日本东京大学、早稻田大学、法政大学、一桥大学、九洲大学等著名高校的30多名校长和博士,参观考察了江南大学太湖学院,并共同参加了"中日教学合作基地"揭牌仪式。代表团一行实地考察了太湖学院的教学实训场所、太湖科技创意园,并就人才培养、学科建设、软件外包合作等与太湖学院进行了探讨,双方在培养模式、课程设置、产学研一体化实训基地、师生互派、开展国际职业资格认证、打造国际IT人才培训基地等方面达成共识。其间,有5名博士与太湖学院签订了聘任协议,出任该院日语等专业的学科带头人。

【校企合作取得新成果】 10月18日,无锡商业职业技术学院与小巨人机床有限公司、南京元利数控机床有限公司共建的产学研合作基地——江苏无锡LGMazaK数控技术演示中心落成。投资600多万元建成的"LGMazaK数控技术演示中心"集教学实训、技术培训与职业素质训导等多种功能为一体,通过设备演示和加工试切,开拓了数控技术、机电一体化技术等专业学生数控学习的视野,使学生能够在实训现场领略到世界上最先进的加工设备及技术。该演示中心的建成,搭建了与世界同步的数控及加工技术实践教学平台,标志着该院在创新人才培养模式上取得了新成果。

【全省高校创业教育工作会议在锡召开】 12月4日,由江苏省教育厅举办的全省高校创业教育工作会议在锡举行,来自全省100余所高校的领导参加了会议。会议总结了全省高校创业教育工作取得的成绩和经验,部署了今后推进高校创业教育工作持续健康发展的重点工作。江苏省教育厅厅长沈健指出,加强高校创业教育,提升大学生创业素质,价值认同是前提,能力培养是重点,榜样带动是路径,师资队伍是关键,全省高校要切实更新教育理念,大力开展好创业教育。会上,举行了江苏省大学生创业教育网开通仪式,组织了对江南大学、无锡商业职业技术学院的现场考察。　（葛永庆）

【举办无锡职教教师论坛】　10月31日~11月2日,由中国机械工业协会、无锡职业技术学院与《机械职业教育》编辑部共同主办的2008无锡职教教师论坛在无锡职业技术学院举行,来自全国各地33所院校近300位教师参加了论坛活动。论坛主会场由《机械职业教育》杂志主编赵克松主持,他介绍了这届论坛组织筹备情况与宣讲论文的概况,无锡职业技术学院院长戴勇介绍了近期高职教育领域的新动向。本届论坛设人才培养模式、课程开发、素质教育、技能大赛、专业教学体系和实践教学6个分论坛,共有23名教师在分论坛上作了宣讲。2008无锡职教教师论坛的举办,对促进协会各成员学校教育研究工作和一线教师教改经验与成果的交流起到积极的促进作用。

【无锡职业技术学院学生全国大赛中获奖】　2008年,在国家和省级各类职业教育重要竞赛中,无锡职业技术学院学生共获得10多项大奖,表现突出。该院选派的注塑模CAD设计与主要零件加工团队和自动线安装队参加全国职业院校技能大赛分别获得一等奖和二等奖;信号发生器在全国大学生电子设计大赛中获得二等奖;气动搬运机械手、气动爬行机器人和果实采摘机械手在江苏省机械创新设计大赛中,分别获得一等奖、二等奖、三等奖;在全国数学建模竞赛中,3个参赛队获全国二等奖,3个参赛队获江苏赛区一等奖。在第四届“用友杯”全国大学生创业设计暨沙盘模拟经营大赛中获全国总决赛一等奖;26名学生分获“江苏省首届文科大学生自然科学知识竞赛”一等奖、三等奖和优秀奖;该院的声乐作品和舞蹈作品在“江苏省第二届大学生艺术展演大赛”中,分获一等奖、三等奖;17名学生在“第二届全国高等院校学生语言文字基本功大赛”中,分获一等奖、二等奖、三等奖。　（毛龙生）

【基础教育】　推进义务教育经费保障:1月20日,市教育局、市财政局出台《关于进一步做好义务教育经费保障工作的通知》,对全市各级教育、财政部门和义务教育阶段学校做好义务教育经费保障工作提出明确要求。通知规定从2008年春季学期起,全市义务教育阶段学校预算内学生人均公用经费按小学每生每年不低于450元,初中每生每年不低于615元,由市(县)、区财政在预算内统一安排并足额拨付。向全市义务教育阶段学生免费提供教科书。由市(县)、区财政按小学每生每年不低于600元,初中每生每年不低于800元的标准向家庭经济困难寄宿生提供生活补助资金。按照每年不低于10元/平方米的标准专项安排校舍维修改造。严格执行国家和省市关于免收杂费、课本费以及其他规范收费的各项规定,推进省教育规范收费示范市创建。　（葛永庆）

【全国小学生国际象棋赛在锡开赛】　1月29日,第十六届“棋童杯”全国小学生国际象棋赛在无锡开赛,来自北京、上海、江苏、山东等20多个省、市的60个代表队450多名棋手参赛。参赛选手按性别、年龄分为男、女和甲、乙、丙各3个组,采用国家体育总局审定的最新国际象棋竞赛规则进行。这项比赛的儿童甲组前二名、乙组第一名可申请中国棋协大师,儿童甲组第三至第四名、乙组第二名可申请地方棋协大师,另外名次的运动员可申请棋协一、二、三级棋士。

【中外教育合作三项目落户锡山区】　为推进锡山区教育国际化进程,3月5日,锡山区举行教育国际合作项目签约仪式,锡山区教育局、江苏信息职业技术学院、江苏省天一中学分别与南澳教育中心和全球职业教育联盟正式签订了3项教育合作项目。签约内容涉及澳洲留学、澳洲专升本、劳务输出人才培训及国际教育交流等方面。项目实施后,将为区域内高中学生赴澳大利亚留学提供咨询、培训及入学服务,为信息职业技术学院IT专业学生提供赴澳攻读本科学历及就业的相关培训和入学服务。

【全面清理“公有民办”学校】　4月18日,市委、市政府召开全市深化中小学办学体制改革工作会议,全面清理“公有民办”学校,解决“校中校”问题。此次全市深化中小学办学体制改革,涉及26所“公有民办”学校,在校学生32503人,在校教师2567人;学校类别涵盖小学、初中、高中、9年一贯制学校和12年一贯制学校。会议明确,现有“公有民办”学校恢复为公办学校的,可实行独立建制办学,也可结合所在地区中小学布局调整及事业发展与其他学校进行资源整合。“公有民办”学校设置为民办学校的,须按国家有关法律法规规范办理。“公有民办”学校撤销停办,学校学生分流、资产处置、教职工安排和相关经费保障等,分别由相关市(县)、区政府或市学校管理中心负责依法妥善处理。

【无锡伊顿国际学校落成】　4月21日,无锡伊顿国际学校举行竣工落成典礼,该校建成利于外籍人士子女在锡接受良好教育和无锡教育的国际化。伊顿国际教育集团是由新加坡教育部批准成立的教育机构,伊顿教育集团在新加坡拥有10所国际学校,学生总数超过2000名,来自40多个国家和地区。无锡伊顿国际学校新校舍建筑面积7000平方米,能容纳400多名境外学生,开设从幼儿园到中学的优质国际课程。

【开展“百所学校法制教育宣讲行”活动】　为加强青少年学生法制教育工作,预防和减少在校学生违法犯罪,4月22日,在无锡科技职业学院启动了“无锡市百所学校法制教育宣讲行”活动。由市教育局、市人民检察院、团市委主办,无锡教育电视台承办的这项活动历时一年,采取检察官进校园现场授课、播放由无锡教育电视台制作的警示教育片《擦亮迷蒙的双眼——未成年人警示教育必读》和发放法制宣传手册等形式,营造浓厚的法制教育氛围,帮助青少年远离违法犯罪,健康快乐成长。

【省特级教师电视展示课开播】　5月5日,由无锡市教育局主办,无锡教育电视台和市教研中心共同承办的无锡市省特级教师电视展示课开播。参加这次展示活动的10位省特级教师分别来自全市各个区域，既有名校校长，也有一线教师，他们在长期的教育教学实践中，积累了丰富的教书育人经验，形成了各自独有的教育教学风格，在无锡市推进教育高位均衡发展、建设教育强市中起着示范、引领和促进作用。该活动是近年来无锡特级教师教学、专业水准的一次集中展示，展示课由各学科教研员和省特级教师、教授级高级教师进行现场点评。10位特级教师的10堂精品课展示，为全市教师提供了一次难得的学习提高机会。

【开辟灾区学生就读“绿色通道”】 5月21日，无锡市各级教育行政部门对四川地震灾区到锡就读学生发出通知，明确要求各地各校要及时做好灾区到锡学生就学安排工作，按相对就近入学的原则，由父母、亲友在锡工作或居住地所在市（县）、区教育主管部门统筹安排，做到简化手续，随到随安排，确保学生及时入学。市教育局还要求各校要努力为灾区学生就读提供各项便利，免费提供教材和学具等基本学习用品，根据实际情况免收借读费、学费、杂费等相关费用，并视学生家庭经济困难情况适当给予生活补助。各校要安排教师专门负责指导他们的学习，进行必要的心理辅导。还要做好学生在锡就读相关政策的解释工作，提醒学生家长、亲友注意地区之间中考、高考政策的差异，引导其正确选择，以免影响学生后续的学习和升学。全市中小学和幼儿园共妥善安置了1930名地震灾区学生。

【创建义务教育高位均衡发展示范区】 8月17日，无锡市全面启动义务教育高位均衡发展示范区创建工作，实现市（县）、区范围内义务教育资源配置的基本均衡。计划用2～3年时间，集中一定人力、财力、物力，每年有针对性地重点扶持一批相对薄弱学校，从办学条件、师资队伍、管理水平、教育质量4个方面提高区域内义务教育的高位均衡水平。市教育局和市政府教育督导室制订《无锡市义务教育高位均衡发展示范区评估标准》，对各地创建工作给予科学指导和公正评估。对创建工作措施扎实、成绩突出、群众满意度高的市（县）、区，市政府将颁发“无锡市义务教育高位均衡发展示范区”奖牌，并给予奖励；对创建行动不力、工作成效不明显的地区，将追究相关领导的责任。 （葛永庆）

【举办全国青少年棒球锦标赛】 9月29日～10月4日，2008年“金豪阳灯饰杯”全国青少年棒球锦标赛在锡山区体育场和东北塘中学举行，经过3天紧张激烈的比赛，无锡东北塘中学队获得AAA组冠军和AA组亚军。这次比赛共有11支代表队分别参加两个组别的比赛，曾经连夺两届全国冠军的东北塘中学队在AAA组比赛中继首战以10:1战胜实力不凡的江苏仪征队后，一路过关斩将，以全胜的战绩再次卫冕冠军。在AA组比赛中，无锡派出了锡山体校队和东北塘中学队两支队伍参加，东北塘中学队获亚军，锡山体校队获第四名。

（锡山区教办）

【中国青少年绿色创意竞赛在锡落幕】 11月3日，中国青少年绿色创意竞赛——“尚德电力杯”第二届中国青少年创意大赛总决赛暨知识产权宣传教育活动在无锡国际学校落幕。来自全国21个省、市、自治区的77支团队参加这次大赛。闭幕式上，中国版权保护中心与中国青少年创意大赛组委会签订了《中国青少年版权教育合作计划》，参赛学生们发表了全球首个青少年绿色创意宣言——《中国青少年保护“绿色海拔”宣言》。在大赛现场，选手们利用废旧物品设计制作出高科技建筑、抗震建筑物模型，体现了开源节流的环保理念。

（市校管中心）

【成立中小学理事会】 11月27日，市委、市政府举行全市10所中小学理事会成立揭牌仪式，市有关领导、市区中小学校长代表、江阴市实验小学等10所成立理事会的学校代表参加仪式。理事会是学校的议事监督机构，在学校发展规划、工作计划、重大发展目标、改革项目和基本建设等重要事项方面担负着参政议政和献计献策的重要职责。理事会主要由学生家长代表、学校所在社区代表、学校管理者和教师代表、协作单位以及社会知名人士代表等共同组成。理事会通过制定相关章程，定期召开理事会会议，为学校发展提供建设性意见和建议等参与学校的管理。 （葛永庆）

【职业技术教育与社会教育】 筹建上海远程教育集团无锡学习中心:2月29日，无锡市教育局与上海远程教育集团在锡召开现代远程教育领域全面合作洽谈会，双方就现代远程教育领域全面合作达成共识。以无锡市为试点，依托上海远程教育集团优质数字化教育资源面向“长三角”地区辐射的应用实践模式，合作筹建上海远程教育集团无锡学习中心。合作初期，在党员干部教育、社区教育、现代农民教育、教师教育等领域引进数字化资源，协助无锡市终身教育公共学习服务平台进行资源建设。合作建立数字化教育资源研发中心，搭建区域性现代化远程教育产学研平台，开展多种形式的专题学术研讨与交流，推动双方在教育信息化、现代远程教育、终身教育体系和学习型社会建设领域的产学研成果转化。 （葛永庆）

【支持服务外包产业发展】 3月17日，全市职业教育与社会教育工作会议召开。市教育局局长陆卫东围绕贯彻市委、市政府部署，教育如何支持和促进服务外包产业发展提出要求。会议提出，组织干部、教师认真学习市委、市政府关于发展服务外包产业一系列会议精神，增强支持服务外包产业发展责任感和紧迫感；加强服务外包相关专业建设，对服务外包相关专业建设给予重点扶持；大力培养服务外包急需的复合型人才，推进服务外包社会培训；认真贯彻市委杨卫泽书记指示精神，坚持学历教育与社会培训一起抓；推进与国内外服务外包教育培训机构的战略合作，加强对现有各类相关培训机构的指导和支持，全面提高服务外包人才培养质量。 （葛永庆）

【召开社区教育推进会】 8月20日，北塘区举行2008年暑期社区教育工作推进会，区教育局与北大街街道、南尖社区就开展社区教育活动、加快学习型社区创建，提升社区居民文化生活品位进行了深入交流和洽谈。会议总结分析了近年来社区教育方面取得的成绩和存在的问题，提出了今后学习型社区创建的目标和要求。与会人员观看了“与奥运同行”青少年趣味运动会、“庆奥运成功”50米奥运对联长卷展、“同一个世界同一个梦想”书法作品和“南尖社区网”绿色网站等社区教育成果展示，对该区社区教育的工作成效、经验做法及学校、社

会、家庭“三位一体”教育网络在促进学习型社区建设和青少年教育方面的重要作用加深了了解。（北塘区教办）

【职业技能大赛创佳绩】 10月11日,省教育厅、省劳动和社会保障厅在南京召开全省职业教育工作座谈会暨技能大赛表彰会,表彰在全国、省职业技能大赛中成绩突出的单位和个人。无锡机电高等职业技术学校的刘兴冯、周亮、盛华、于文庆、黄恒、房鑫,无锡旅游商贸高等职业技术学校的韦永考以及无锡职业技术学院的周浩、陈林新、陈靖淞、刘磊、罗贤记等12名学生被省教育厅授予“江苏省职业院校学生技能标兵”称号;无锡机电高等职业技术学校的高旅明、徐夏民、刘晓明,无锡旅游商贸高等职业技术学校的周伟以及无锡职业技术学院的曹秀中、曹旺萍等6名教师被授予“江苏省职业院校技能大赛优秀教练”称号;无锡机电高等职业技术学校被授予“江苏省职业学校技能大赛特别贡献奖”,该校的孙俊台、仲文祥两人被授予“江苏省职业院校技能大赛先进工作者”称号;无锡市被评为2008年江苏省职业学校技能大赛团体奖二等奖;无锡机电高等职业技术学校、无锡旅游商贸高等职业技术学校被评为2008年江苏省职业学校技能大赛先进学校。（葛永庆）

【成立大学生“村官”团支部】 为发挥大学生“村官”在促进社会主义新农村建设中的重要作用,10月27日,宜兴市和桥片大学生村干部联合团支部在宜兴市高塍镇成立,这是无锡市成立的首个大学生“村官”团组织。宜兴市和桥片大学生村干部联合团支部,由来自和桥镇、高塍镇、万石镇的10名大学生“村官”组成。随着宜兴市和桥片大学生村干部联合团支部的成立,全市各级团组织正全面展开在大学生“村官”中建立团支部的工作,确保年内实现有大学生“村官”的乡镇、街道百分之百建立大学生“村官”团组织的工作目标。（宜兴市教办）

【举行江苏职教集团建设发展论坛】 11月27日,江苏省职教集团建设发展论坛在锡举行。省教育厅、省信息产业厅、省农林厅、省交通厅、省旅游局和全省高职院校和部分中职学校领导、11个职教集团的企业代表共130多人出席论坛。省教育厅副厅长丁晓昌总结了全省近年来职业教育改革发展的成效与经验,对率先在全国组建职教集团,促进职业教育发展给予积极评价,同时就如何发挥职教集团的品牌优势,营造有利于职教集团发展的良好环境提出明确要求。职教集团的企业代表清华紫光软件集团、五星电器有限公司和江苏大生集团的领导畅谈了校企合作、共赢发展的体会。徐州建筑职业技术学院、江苏农林职业技术学院、无锡商业职业技术学院、南京旅游职业学院和金陵职教中心等5所职业院校领导交流了经验。（葛永庆）

【特殊教育与校外教育】 全市聋校青年教师课堂教学展评:4月17日,全市聋校青年教师课堂教学展评活动在锡山区特殊教育学校举行,全市聋哑学校的校长和骨干教师50多人参加了活动。由无锡市4所聋哑学校教师提供的5堂展示课,体现了新课程理念,展示了无锡市聋哑学校课堂教学改革的新风貌。无锡市特殊教育研究会秘书长林未延、教研中心特教教研员李俐、锡山区特教教研员蒋丽芬和各聋哑学校的校长担任了这次展评的评委,并对展评课进行了逐课点评。（锡山区教办）

【江苏—绵竹中小学生夏令营开营】 为推动全省中小学生暑期活动和对口支援四川等地震灾区工作的深入开展,7月16日,由省教育厅、省文明办共同主办,无锡市教育局、市文明办、宜兴市教育局、宜兴市文明办等单位共同协办的“江苏—绵竹中小学生手拉手、同成长”夏令营在江苏省无锡未成年人社会实践基地开营。来自四川绵竹市汉旺镇、天池乡地震灾区的55名师生、灾区在锡就读学生和无锡本地学生代表共200多人参加了夏令营活动。两地学生围绕“七彩夏日、快乐成长,心手相连、共同进步”主题,通过开展结对交流活动,增进了解,互相学习,深化友谊,共同提高,度过了一个快乐而有意义的暑假。出席开营仪式的领导还向灾区学生赠送了书包、图书和文体用品。（葛永庆）

常州市教育与人才开发

【概述】 2008年,全市有各类大专院校12所、中等职业技术学校33所、普通高中38所、普通初中130所、普通小学221所、幼儿园192所、特殊学校5所,在校学生73.98万人。学龄前三年教育普及率100.64%,比上年提高1.83%。适龄儿童少年小学入学率100%,初中入学率100%,初中毕业生升入高一级学校的比例99.4%,高中阶段毛入学率106.99%,较上年提高3.35%。高考二本以上达线率44.39%,比上年提高4.55个百分点,位居全省第一。高中阶段普高与职教招生比为1:0.92,18~21周岁适龄人口高等教育毛入学率60.79%,基本实现高等教育普及化,新增劳动力人均受教育年限达14.43年。职校毕业生一次性就业率和中级工达标率在96%和98%以上,职校单招本科录取人数占全省计划近1/5,本专科录取率85.5%,实现全省九连冠。

全日制在校大学生达12.32万人,增长3.39%。农村成人教育培训67万人次,增长15%以上,新市民教育培训8万人次,“两后培训”(初中毕业后、高中毕业后没有升学且符合就业年龄的毕业生)实现“双百”(100%进行职业技能培训,培训后实现100%推荐就业)。新增省级社区教育实验区3个(全市达5个)、省级乡镇(街道)社区教育中心3个(全市达10个)、省级农科教结合示范基地1个(全市达8个)。全市共有12979人参加成人高考,44067人参加自学考试,103836人参加英语四、六级考试,68622人参加非学历证书考试。

出台《2008~2010年常州教育发展三年行动纲要》。新北区、天宁区、钟楼区、戚墅堰区共投入专项经费1.68亿元创建江苏省教育现代化县(市、区),各项迎检工作取得实质性进展,已接受教育现代化评估的金坛市、溧阳市、武进区共投入

8180万元用于巩固创建成果。局属学校第一轮三年发展规划全面完成,第二轮三年发展规划启动实施,辖市、区学校主动发展战略全面开展,三年发展规划制定、论证、实施工作稳步推进。教育收费进一步规范,天宁区、新北区、金坛市被确认为第二批江苏省规范教育收费示范市、区。开展主动发展示范学校活动,评选第二届学校主动发展项目方案一等奖26篇,表彰常州市第一中学等4所学校为常州市学校主动发展示范学校、常州市勤业中学等23所学校为常州市学校主动发展优秀学校。

2008年,江苏省农村中小学"四配套"(音、体、美、实验室和基本教学设施)工程通过考核验收,全市义务教育阶段公办中小学教育技术装备全部达到省二类标准,部分学校达一类标准。全市中小学100%建成校园网,新增市一级校园网126个、市示范图书馆33所、市实验室建设先进单位110个。优质教育资源不断放大,新增省优质幼儿园8所、省优质小学6所、优质初中4所、省三星级高中1所(全市三星级以上高中达33所),全市中小学省级以上优质学校比例达52%以上、就读学生比例达65%以上。

常州市被中国教育国际交流协会确认为中国师生教育国际交流项目示范基地(全国共13个城市)。承办和举办了"汉风龙韵"国际中学生中华文化夏令营、AFS学生出国项目南方选区选拔冬令营、"在常外教看常州——走进溧阳"等重大活动;新增中外合作项目11个(全市达35个),聘外资格学校4所(全市达70所);有300余名干部和教师出国培训,400余名中学生赴国外参加国际夏令营,650余名国外及港澳台地区学生到常留学和文化交流,10多批国外教育代表团到常考察。妥善安置594名四川地震灾区学生到常就读。

【教育重点项目建设】 2008年,全市28个千万元以上教育重点项目累计投入13.2亿元,完成建筑总面积53.8万平方米。江苏省常州高级中学整体改造、常州市第二十四中学教学综合楼翻建工程全面完工,常州旅游商贸高等职业技术学校二期工程基本完工,常州市少年宫三期工程、常州西藏民族中学易地新建工程启动,刘国钧高等职业技术学校易地新建一期工程主体完工、二期工程开工。

【"阳光体育与祖国同行"冬季长跑活动】 10月26日上午,由市教育局、体育局、共青团常州市委联合组织的"阳光体育与祖国同行"大中小学生冬季长跑活动启动仪式在常州奥体中心举行,10个代表队、1500多名大中小学生参加仪式,由此全市50万大中小学生冬季长跑活动正式拉开帷幕。活动要求每天长跑距离基数为:小学生(五年级)以上1000米,中学生1500米,高中生、高校生2000米。

【学校体育设施向社会开放】 10月28日,市政府下发《常州市学校体育设施向社会开放的实施意见》,明确常州市区首批开放的35所学校室外体育设施,将在规定的晨练时间内向晨练市民免费开放,在节假日中向社会免费开放。

【龙城网上家长学校成立一周年系列活动】 12月举行,活动主要有:命名江苏省常州高级中学等63所中小学(幼儿园)为首批常州市龙城网上家长学校家庭教育实验基地,举行家庭教育推进会暨实验基地授牌仪式,举办以"让心灵沐浴阳光,让成长充满快乐"为主题的家庭教育论坛活动,举办家庭教育报告会、家庭教育大型公益咨询活动。

【生命教育系列活动】 3月10~16日举办第二届生命教育周,主题为"阳光心灵、快乐成长"。舞剧《格桑花·茉莉花》公演,举办中小学生常见心理问题及对策报告会、家庭教育主题对话、大型现场心理咨询、生命教育专题网页评选、"教育从心开始"心理访谈、"让每个生命都闪光"迎奥运十大风采之星评选等13大主题活动。12月17日,召开全市中小学生命教育现场会。

【中学生在省信息学奥赛中获佳绩】 11月,在镇江举行的第十四届全国信息学奥林匹克联赛江苏赛区比赛中,常州代表队43名选手获高中组一等奖(全省共180名,前20名中常州占15名),40名选手获初中组一等奖(全省共184名),初中组有4人以满分成绩并列第一(全省共17名)。江苏省常州高级中学缪沛晗获高中组最佳女选手称号,常州外国语学校华逸青以满分成绩获初中组最佳女选手称号。江苏省常州高级中学以绝对优势连续7年蝉联高中组团体总分第一名,常州市第一中学获团体第五名,常州市外国语学校和常州正衡中学分获初中组团体总分第二名和第六名。

【"在常外教看常州"活动】 12月15~16日,由市教育局、外办联合举办的"在常外教看常州"活动在溧阳市举行。来自美、英、法、加、澳、意、日、韩、印等14个国家的近60名在常州工作的外籍教师代表参加活动。活动与"一村一品"国际研讨会相结合,外籍教师参观了溧阳外国语学校等数个示范点,游览了十思园、吴楚农耕文化园等,亲身感受溧阳农民的富裕生活以及颇具特色的民风民俗。 (王华刚 姜 刚)

【义务教育】 2008年,全市有普通小学221所,在校学生22.42万人,其中小学毕业生4.27万人,招收新生3.51万人。全市初中学校130所,在校学生13.58万人,其中初中毕业生4.56万人,招收新生4.42万人。全市小学适龄儿童入学率100%,年巩固率99.97%;小学毕业生升学率100%,初中年巩固率99.81%,毕业生升学率99.40%。金坛市白塔小学、明珍实验小学、岸头实验学校,溧阳市平桥小学,武进区郑陆中心小学、崔桥小学,新北区圩塘中心小学,钟楼区勤业小学,戚墅堰区丁堰小学被确定为省实验小学。金坛市岸头中学、武进区牛塘初级中学、新北区孝都中学、常州市第四中学(戚墅堰区)被确定为省实验现代化工程示范学校。

继续推进"春晖工程"和江苏省"送优质教学资源下乡工程",摄制优质精品课81节,上传各类精品课110节,有6000多人次下载浏览;依托网站开展资源应用通识培训和学科远程研修,开展"送培下乡"活动,已有7个辖市、区300多位骨干教师接受信息技术应用通识培训,为2009年开展校本培训打下基础。深入实施"蓝天计划",全市10.55万名流动儿童少年100%由教育部门安排接受义务教育,其中79.6%以上儿童少年进入公办中小学就读。开展帮困助学,全市对4000余名学生发放助学金250余万元。

先后举办全市中小学生舞蹈、管弦乐、键盘类器乐比赛,首届成语文化艺术节,第五届"星星火炬"中国青少年艺术英才推选活动常州地区选拔赛,常州市 2008 年中小学生机器人大赛,"好娃娃杯"全市少儿书法、绘画、作文、剪纸大赛,第二十届青少年科技创新大赛,2008"中小学弘扬和培育民族精神月"等活动。

【市区体育中考增添游泳项目】 10 月 12 日,常州市体育考试游泳项目在市少体校游泳馆举行首次考试。该考试距离为 50 米,出发姿势和泳姿不限,考试中每人限游一次。考试成绩在体育中考中可替代体能类项目或平时耐久跑的成绩,初三、初二学生均可报考,且考试成绩两年内有效,成绩不合格者在体育中考中仍可参加其他体能类项目的考试。

【"携手小伙伴,快乐奥运年"主题系列活动】 5 月 17 ~ 31 日举行,由团市委、市教育局、市少工委、常州文化城联合举办。系列活动以学校为主阵地,包括 5 项内容:福娃贝贝邀你"讲奥运"、福娃晶晶邀你"画奥运"、福娃欢欢邀你"做奥运"、福娃迎迎邀你"行奥运"、福娃妮妮邀你"玩奥运"。结合 5 项内容,主办单位以"我参与我奉献我快乐"为口号,在全市举行相关比赛和展示活动。

【参加全国中小学电脑制作比赛】 7 月 28 日至 8 月 2 日,在哈尔滨举行的第九届全国中小学电脑制作比赛中,武进区邹区中心小学顾梦伟、朱哲锴获小学组电脑绘画一等奖,钟楼区清潭中学巢佳怡、陈妍霏获初中组电子报刊一等奖,武进区郑陆中心小学牟睿钦、秦文浩获小学组网页制作二等奖,6 件作品获三等奖。这是常州市近年来在这项活动中取得的最好成绩。

【解放路小学获世界头脑奥林匹克大赛冠军】 5 月 31 日,解放路小学参赛队 7 名选手代表中国参加在美国马里兰大学举行的第 29 届头脑奥林匹克比赛。在来自 19 个国家与地区的 800 多支参赛队伍中,解放路小学以总分第一的成绩摘得小学组"T 型结构"冠军。

【骆舟获"恩欧希教育信息化发明创新奖"】 10 月,天宁区红梅新村小学学生骆舟参加由教育部、国家知识产权局和中国发明协会共同组织的全国中小学信息技术创新与实践大赛(NOC),以总分第一的成绩获得一等奖,并获本次大赛的最高荣誉——国家科学技术奖励工作办公室批准设立的"恩欧希教育信息化发明创新奖"。

【花园小学获 WRO 国际奥林匹克机器人竞赛香港公开赛常规赛一等奖】 10 月 6 日,在 2008 年 WRO 国际奥林匹克机器人竞赛香港公开赛上。常州市钟楼区花园小学沈莲机器人工作室的 3 名队员从 120 多支参赛队伍中脱颖而出,获小学组机器人常规赛一等奖。

【博爱教育集团囊括全国模拟遥控飞行挑战赛全部金杯】 11 月 29 ~ 30 日,在江苏省张家港市第一中学举行的 2008 年"声光杯"全国模拟遥控飞行挑战赛中,常州市博爱教育集团组建的两支队伍博爱小学和怡康小学,一举囊括小学组两项团体金杯,另获银杯、铜杯各 1 个,并获小学组个人 4 块金牌中的 3 块。

【全市"特色中队"评选活动】 12 月 11 日在常州市田家炳实验中学分校会场举行。经现场汇报和答辩,常州市第二实验小学"心聚"中队等 10 个中队被评为常州市少先队"五星级特色中队",武进区南夏墅中心小学"绿精灵"中队等 10 个中队被评为常州市少先队"四星级特色中队",金坛市洮西小学"书香中队"等 31 个中队被评为常州市少先队"特色中队"。

(王华刚　段国祥)

【普通高中教育】 2008 年,全市共有普通高中 38 所。其中,独立设置高中 20 所,完全中学 18 所;公办高中 33 所,民办高中 5 所;四星级高中 16 所,三星级高中 16 所。在校学生 7.02 万人,其中招收新生 2.38 万人。平均每位普通高中教师负担学生 14.13 人。全市普通高中学校建筑面积 154.97 万平方米,生均建筑面积 22.07 平方米。

常州市制定《常州市普通高中政府助学金发放工作的实施意见》、《关于做好 2009 年常州市参加高考学生生源地贷款工作的几点意见》。田家炳实验中学高三学生承康平的《高分子栽培基质的化学合成与应用研究》在第 22 届全国青少年科技创新大赛中获一等奖。在江苏省第七届中学生(高中组)英语口语电视比赛中,常州选手获 2 个一等奖、3 个二等奖和 1 个三等奖,市电化教育馆获优秀组织奖。

高中课程改革深入推进。年内,接受省教育厅高中课程改革视导并获高度评价,高中晋星工作成效卓著。常州市第三中学、常州市第五中学、溧阳市南渡高级中学、溧阳市光华高级中学、武进区横林高级中学晋升为江苏省四星级高中,金坛市金沙高级中学、溧阳市竹箦中学、新北区西夏墅中学晋升为江苏省三星级高中。本市省三星级以上高中已达 84.21%。

【高考本二以上进线率增幅创历史新高】 2008 年,常州市参加高考考生为 23864 人,比上年减少 208 人。高考本科上线人数再次突破万人大关,达 10593 人。与上年相比,本二以上进线率提高 4.55 个百分点,增长幅度为历年之最,其中本一、本二增加 617 人,体育艺术类增加 386 人,本科总人数比上年增加 1003 人。另有 47 名优秀学生提前保送清华、北大等著名高校,其中江苏省常州高级中学 31 名。

【省常中引进"美国高中课程实验班"】 9 月开班,由三大课程体系组成:一是美国基础课程,包括批判思维、数学、综合科学;二是美国高级课程,包括 AP 数学、AP 经济、ESL 等;三是中国高中课程,包括语文、历史、数学、物理、化学等供学生选修。通过三年的美国课程学习,学生可直接申请美国、英国、加拿大、澳大利亚、新西兰、法国、德国和新加坡等世界顶尖大学。

【戚墅堰实验中学新校区落成】 12 月 28 日举行落成庆典。新校区占地面积 70129 平方米,设有行政楼、图文信息楼、实验楼、宿舍楼、体育馆等教育、教学和生活设施。常州戚墅堰实验中学成立于 1953 年,原为一所由企业创办的铁路中学,现有教学班 34 个学生 1387 人。

【市三中 80 华诞庆典活动】 11 月 16 日举行,5000 多名师生和各届校友参加。庆典活动主要有38米长卷签名、“老房子石刻”揭幕、院士铜像揭幕等。1985届校友蒋建新设立“丽华快餐奖”奖学基金,1989届校友沈波设立“龙城旅游奖”奖学基金,1985届校友杨立新设立“上书房奖”奖学基金,1981届校友袁亚鸣设立“亚鸣文化交流奖励基金”,1974届校友贡毅设立“津通奖学金”,各类奖学基金总额达238万元。常州市第三中学创办于1928年,初为江南中学、辅华中学,1953年改为现名。

【省常中五大学科竞赛成果丰硕】 2008年,江苏省常州高级中学在全国和省、市高中五大学科(数学、物理、化学、生物、信息学)竞赛中摘取118个一等奖,28名学生获取保送重点大学资格。其中,数学22人,4人获保送资格;物理22人,5人获保送资格;化学26人,5人获保送资格;生物12人,1人获保送资格;信息学36人,13人获保送资格。

【市一中健美操队获省比赛第一名】 11月30日,在张家港市举办的江苏省第八届中学生健美操比赛中,常州市第一中学健美操队包揽了动感啦啦操、健身健美操两个项目一等奖,获高中组团体总分第一名和体育道德风尚奖。

【省常中学生在大学生程序设计大赛中获金奖】 11月23日,在第33届ACM国际大学生程序设计大赛亚洲区竞赛杭州赛区比赛中,江苏省常州高级中学3名选手组成的惟一一支中学生参赛队,与海内外50余所名牌大学114支队伍同场竞技并获得金奖。(王华刚? 严东明)

【特殊教育】 2008年,全市有特殊教育机构6个、普通学校附设特教班5个,在校听障残疾学生179人、智障学生481人,其中在普通学校随班就读的智障学生140人。全市残疾儿童入学率达99.8%,其中市区100%。

10月30日,常州市聋哑学校教师李小燕获“感动常州十大职工”称号。12月31日,江苏省智障教育资源中心在常州市光华学校成立。

【承办省第五届特殊教育学校青年教师基本功大赛】 7月15~18日在常州市聋哑学校举办,来自省内各地的80名选手参赛。大赛设听障、培智与视障3组,竞赛内容包括:特殊教育基础理论及个案设计、说课、评课、文献检索及综述、信息技术与运用、基本技能与专业技能等。常州市聋哑学校教师沈六一、茅可凝分别获听障组一、二等奖,常州市光华学校教师周铭、葛小国获培智组一、二等奖。

【承办四省市培智学校课堂教学研讨活动】 11月21日在常州市光华学校举行。省教育厅基教处、省特殊教育学会负责人和来自全省以及浙江、上海、山东等地的近200位特教专家,就当前我国培智教育发展现状、存在问题和未来方向进行研讨,多位专家作专题讲座。与会专家还现场观摩了光华学校两位教师所作的教学示范演示。 (王华刚 段国祥)

【中职高职教育】 2008年,全市共有高等职业技术学校(初中后五年制)6所,中等专业学校2所,职业高级中学(职业教育中心)6所。初中后职业教育在校生9.44万人,招收新生2.7万人,毕业学生3.03万人。其中,各类五年制高等职业教育在校生3.50万人,招收新生5743人,毕业学生8014人;中等专业学校(含普通中专、职业中专)在校生1.74万人,招收新生5752人,毕业学生6903人;职业高中在校生8414万人,招收新生2758人,毕业学生3437人;综合高中(含综合职高)在校生1909人,招收新生542人,毕业学生708人;成人中专(招收应届初中毕业生)在校生940人,招收新生30人,毕业学生416人。

武进职教中心、常州铁道高等职业技术学校被省教育厅列为省级示范性职业学校建设单位,全市省级示范性职业学校建设单位达4所;常州文化艺术学校升格为常州艺术高等职业学校,全市五年制高职校发展到6所。江苏省常州建设高等职业技术学校、武进职教中心被评为省德育特色学校。武进职教中心被教育部授予第五届全国中等职业学校文明风采竞赛优秀组织奖,刘国钧高等职业技术学校、江苏省常州建设高等职业技术学校、江苏省武进西林职业高级中学被授予组织奖。常州旅游商贸高等职业技术学校旅游管理系烹饪专业实习指导教师蒋楠在第六届全国烹饪技能竞赛中获花色冷拼项目金奖。

9月,市教育局、劳动和社会保障局、财政局出台《关于加强常州市职业学校技能竞赛工作的意见》。3~10月举办全市第三届职业学校学生“职业生涯规划书”、“实习报告书”、“就业指导书”系列竞赛。10月16日,刘国钧高等职业技术学校学生组成的常州代表队在省教育厅、财政厅举办的第28届全省职业学校珠算技能竞赛中,获团体第一名和伯乐一等奖,教师周长明获教练一等奖。

【专业建设】 2008年,常州铁道高等职业技术学校数控设备应用与维修专业、常州刘国钧高等职业技术学校计算机网络技术专业、江苏省常州建设高等职业技术学校楼宇智能工程技术、常州艺术高等职业学校表演艺术4个五年制高职专业被省教育厅确定为省级五年制高职示范专业,专业数占全省近1/6。6个中职专业被确定为省级中职示范专业,其中溧阳市职教中心电子技术应用专业、江苏省武进西林职业高级中学计算机及应用专业被评为优秀等级,占全省2/5。6个专业被省教育厅确定为省级课程改革实验点,全市省级课程改革实验点发展到12个。

【实训基地建设】 2008年,常州旅游商贸高等职业技术学校旅游服务实训基地、武进职教中心汽车实训基地建设基本完成。新增常州旅游商贸高等职业技术学校“旅游服务”、常州卫生高等职业技术学校“护理”、常州艺术高等职业学校“艺术表演”3个省级职业教育实训基地。新增溧阳市职教中心“数控技术”、常州卫生高等职业技术学校“护理”2个国家技能紧缺人才培养培训工程实训基地。

【首期职业学校教师晋升技师职业资格培训班】 5月开班,由市教育局、劳动和社会保障局联合举办,江苏省常州技师学院承办。全市各职业学校机械、电工电子、计算机三大专业7个工种共计70位教师参加培训和技能强化训练。7月30~31日,举行培训教师技师职业资格鉴定考试,对车工、数控车床操作工、数控铣床操作工、加工中心操作工、维修电工、计算机多媒体作品制作工、计算机网络管理师、制图员8个职业或工种进行鉴定,68名教师通过理论和操作考试,获得技师职业资格证书,通过率97%。

【职业学校单招考试成绩全省领先】 全市2122名职校生参加全省单招考试,占全省考生6.4%;本科录取人数493人,占全省计划近1/5;本专科录取率85.5%,本科录取人数和本专科录取率第九年位于全省第一。 (王华刚 张 健)

【常州艺术高等职业学校】 常州艺术高等职业学校是江苏省惟一一所艺术高等职业学校。2008年在校学生2000余人,教师160余人。设有艺术设计系和艺术表演系,其中表演艺术为省级惟一五年制高职示范专业。学校坚持课程改革,形成了“产、学、研”一体化的教学模式,为学生构筑了广阔的发展平台。毕业生以能干、实干、肯干而备受各用人单位欢迎,当年就业率始终保持在96%以上。2月18日,江苏省教育厅发文撤销常州文化艺术学校建制,建立常州艺术高等职业学校,同时增挂江苏联合职业技术学院常州艺术分院牌子,承办五年制高职和普通中专教育。3月,学校被常州市人民政府授予生态园林单位称号。4月25日,举行新校区落成周年暨升格揭牌典礼。

【技能大赛】 2008年,常州艺术高等职业学校全体师生在参加国家、省、市各级职业技能大赛中,屡获佳绩。艺术表演系国标舞专业4对选手在2008年第十一届全国院校杯国际标准舞比赛中,分获18岁新秀组第二名、第三名、第四名和第五名;艺术设计系教师李啸东在中国书法家协会主办的全国首届册页书法作品展览评选中获三等奖;艺术设计系教师周俊霞在江苏省职业技能大赛中获一等奖;在与常州歌舞团联合演出的本市第一台原创舞剧——《格桑花·茉莉花》演出中,艺术表演系教师黄茜茜获表演奖,参演学生获9项大奖;在省教育厅举办的2008年江苏省职业学校服饰展演技能大赛中,学生朱媛媛获二等奖,芮金、查丽静、蒋云获并列三等奖;在2008年常州市大学生FLASH动画漫画设计大赛中,学生巢冰倩、唐红运、崔佳欢设计的动画原创作品《常州—国际卡通·数码艺术周宣传篇》获3个一等奖。 (赵德文)

【常州铁道高等职业技术学校】 2008年,常州铁道高等职业技术学校(以下简称铁校)有全日制在校生4200余人,教职工230人(教师150人),专业教师中具有高级以上职业资格证书的“双师型”教师占50%以上。学校采用“理实一体化”教学模式,突出学生实践能力培养,与60多家铁路和地方企业建立长期就业协作关系,毕业生就业率达98.5%。7个高职专业全部通过省专业建设水平评估,高职焊接技术及自动化专业被认定为江苏省职业教育课程改革专业实验点,学校被确定为江苏省职业教育课程改革专业实验学校。

铁校充分利用丰富优质教学资源,积极主动实施高技能人才培训,开办了高级探伤工、生产一线班组长能力、车间主任管理技能、焊接技师、劳模(钳工)等多种业务培训;与上海交通大学、河海大学等高校联合办学,形成了从成人大专、本科到研究生的多元化、系统化办学格局;成人高复班、专升本和在职硕士研究生的教学工作成效显著,为常州市农村劳动力转移和戚墅堰区再就业培训开辟了良好的局面。5月,成功承办江苏联合职业技术学院首届焊接技能大赛。铁校被中国职业教育协会评为科研先进单位。

【校企合作】 2008年,铁校充分发挥企业办学优势,不断强化校企合作办学特色。为中国南车集团、中国北车集团承办各类培训班10期近400人;服务企业,开展培训、咨询、考级、技能比赛等工作;与企业合作进行技术项目开发,培养学生的动手实践能力;与康宝电机有限公司、泽明自动化有限公司、新朗电子有限公司等企业签订校企合作协议,成立“常牵”焊接班和“奥琳斯邦”焊接班,建立长期稳定的联系。11月,在常州市政府教育督导团校企合作办学专项督导评估中,常州铁道高等职业技术学校获第一名。 (郭秀华)

【江苏省常州建设高等职业技术学校】 2008年,江苏省常州建设高等职业技术学校(以下简称建校)在册学生7278人(五年制高职学生占87%),其中招收全日制新生1359人。向社会输送毕业生1558人,毕业生当年就业率100%,专业对口就业率91%。教职工314人(专任教师185人),其中副教授54人,硕士及在读硕士教师占专任教师的27.57%,具有高、中级以上职称的占专任教师的74.59%,有“双师型”教师50余人。为社会提供多层次教育培训和技能鉴定服务9500余人次,完成产值450余万元。与南京工业大学合作,校内首开“工程管理”全日制本科班,首批学生19人。

建校获第五届全国中等职业学校“文明风采”竞赛组织奖、省建设系统优秀“青少年维权岗”、省“德育特色学校”、市文明单位等称号。黄志良校长入选常州市10位“群众拥戴的好校长”,两名教师被确定为省“青蓝工程”培养对象。

【专业建设开发】 2008年,建校五年制高职楼宇智能化工程技术专业成功创建省示范专业。与香港港华燃气投资有限公司合作,定向委培、教育援助四川地震灾区30名学生,开办中专城市燃气四川班1个,学生免费入学,毕业后返回四川重建家园。完成13个五年制高职专业人才培养方案及新课程标准体系制定工作。共制订新课程标准311门,汇编课改成果17册。课改实验点中职工民建专业获市教育局职业教育课程改革成果征集与评选一等奖。专业实训基地建设完成设备投资400余万元,获省教育厅专家组绩效评估“优秀”等级。校企合作工作顺利通过市政府教育督导团评估,获一等奖。

【教学科研成果】 2008年,建校完成国家住房和城乡建设部《园林行业职业技能标准》编制。教师全年撰写论文100余篇,其中公开发表63篇。在各级学术机构评比中,41篇论文和6个课件获奖。主编、参编公开出版教材9本,校本讲义5本。编辑校刊2期。17个课改课题获校级立项,3个课题获江苏联合职业技术学院立项,1个课题获省“十一五”教育科学规划立项。 (周炜炜 徐筱明)

【常州卫生高等职业技术学校】 2008年,常州卫生高等职业技术学校(以下简称卫校)录取新生914人,毕业生454人,全日制在校生3376人。首届高职护理专业和卫生信息管理专业毕业生100%就业,其他专业毕业生就业率94.3%。护理专业毕业生中有6人通过"专升本"考试进入高校继续深造,5人在英国带薪实习。引进新教师11名,新增国家职业技能鉴定考评员6人;专业专任教师中有研究生学历或学位的20人,"双师型"教师54人,担任校际教研组长和专业委员会成员的21人。23名教师获省市有关部门表彰,其中省级优秀教育工作者2名、(专业)学科带头人3名、优秀骨干教师1名、教学新秀1名、优秀班主任3名,教师吕建中被评为2008年度常州市"师德模范"。

全年对农村卫生技术人员进行岗位培训610人;完成全市1065人医师资格考试资格审核、考试报名和技能考核考务工作;协助市人事局组织公务员考试。全年发放国家励志奖学金6.5万元,高校国家助学金13.2万元,"特殊三费"7.85万元,勤工助学费5.6万元,一、二年级学生生活补贴80.1万元,困难学生生活补贴1.1万元。首次组织学生参与省、市职校学生创新作品大赛,设计制作的"可调式试镜架"和"折叠式体温盘"两件作品获奖;组织2003级高职护理专业102名学生担任志愿者,进入各大医院协助救护地震伤员。

【实训基地建设】 2008年,卫校全面开展高职专业实验实训场馆装备建设,进一步增强各专业综合实力和特色优势,总投入达642.63万元,其中,国家教育部、财政部资助130万元,省教育厅、财政厅资助300万元,自筹资金212.63万元。学校重点建设的常州护理实训基地达到国家级实训基地建设要求,成为常州地区护理人力资源建设重要基地,并通过江苏省教育厅组织的专家验收评估。眼视光技术专业建成常卫验光配镜中心,校企合作工作在常州市政府教育督导团专项督导评估中获二等奖。

【学术科研】 2008年,卫校教师参加专业实践以及各种短期培训班、学术交流会和专业协作委员会活动142人次,学校支出教师培训学习专项经费38万余元。选派3名教师分别前往加拿大、瑞典、澳大利亚等国培训学习,首次引进外籍教师来校参与涉外护理专业的英语教学。全年学校课题立项8项,局级课题立项1项,省级课题立项4项。在正式学术期刊上发表论文84篇,在核心期刊发表论文5篇,6篇论文获奖;参编出版教材22本,担任主编7人、副主编5人。 (耿 玲)

【常州市体育运动学校】 2008年,常州市体育运动学校以备战第十七届省运会工作为中心,全面完成国家高水平体育后备人才基地创建工作,共引进教练员8名,运动员注册人数477人,确定重点队员217人,其中在省队队员108人。

根据"基地"认定条件,学校强化训练、教学各项常规管理建设,制定《常州市体育运动学校训练常规管理》、《教学常规管理》等规定。在2004级大专班开设社会体育指导员和乒乓裁判员课程。年内,198名学生参加中考,被中专录取158人、大专录取39人。419人参加田径、柔道、摔跤、举重等13个项目的年赛,获金牌56枚,总分1147分。 (徐嘉琴)

【中国建设银行常州培训中心】 2008年,中国建设银行常州培训中心完成各类现场培训班202期131783人天,远程培训42812人112373小时。组织建行岗位考试77016人次,开展人才素质测评1669人次。

全年自主或与总行及分行协作开发零售网点岗位培训目、二级分行行长专题研究班、个人业务顾问培训、专职贷款审批人培训等10余个项目,并投入使用;组织建行财务会计等13个岗位21个科目的岗位考试7万多人次;完成南昌铁路支行核心员工职业生涯管理体系建设;为建设银行广西、大连、安徽、湖北、山东等分行组织新入行大学生招聘素质测评,为四川、内蒙古等分行组织核心人才测评。

【远程培训】 2008年,中国建设银行常州培训中心加强对远程培训的系统性分析。以客户体验、客户需求为导向,针对不同项目的特点开发了3个更为直接实用的远程培训平台,即2个B/S模式,1个C/S模式。这3个平台具备界面友好、美观,重视客户体验,使用方便简洁,支持不同课程形式,培训过程互动性较强等优势。远程培训规模比上年增长139%,覆盖全国35家分行。 (杨雅君)

【技工教育】 2008年,全市有11所技工学校,在校生30793人,其中高技班以上6642人;教职工1137人,其中专职教师761人;毕业生10869人,其中中级8599人,高级以上2270人,就业率99%;录取新生12211人,其中高技班以上3776人,占招生总数的31%。常州市劳动和社会保障局被省劳动和社会保障厅评为2008年全省技工学校招生工作先进单位和全省技工学校就业工作先进单位;江苏省常州技师学院、常州交通技师学院、江苏省常州医药技工学校、常州市武进高级技工学校被省劳动和社会保障厅评为2008年全省技工学校招生工作先进学校;常州市职业技能鉴定中心被省劳动和社会保障厅评为省职业技能鉴定工作先进单位。江苏省常州技师学院被评为2007年全国"就业之星"先进培养单位;毕业生蒋炜、王文杰、王斌被评为2007年职技院校"就业之星"。常州市武进技工学校升格为常州市武进高级技工学校,常州交通技师学院、常州冶金技师学院被省政府重新认定为技师学院。

全市参加各类职业技能考核鉴定总人数达61286人,鉴定取证52098人,其中52人取得高级技师证书,2083人取得技师证书,7024人取得高级工证书,29966人取得中级工证书,15108人取得初级工证书。

【4所技工院校联合办学】 3月10日上午,江苏省常州技师学院、江苏省常州医药技工学校、常州市轻工技工学校、常州市电子技工学校在江苏省常州技师学院举行联合办学签约仪式,在联合招生、教学管理、师资培育等方面谋求合作。4所技工院校联合办学,是对现有资源的有效整合,有利于进一步拓展空间、提升功能,在全市技工院校合作办学上走出一条新路。

【职业学校技能竞赛】 3月2~4日,市劳动和社会保障局、教育局联合举办2008年常州市职业学校技能竞赛。本次技能竞赛各项目的操作技能,均按劳动和社会保障部颁布的相应职业(工种)高级职业标准或行业标准要求命题及评分。竞赛分为机械加工(车工、钳工)、数控加工(数控车、数控铣、加工中心)、电工电子(电子产品装配与调试、机电一体化设备组装与调试)、计算机应用(网络及应用、影视后期制作、动画设计与制作、多媒体课件制作)、旅游(烹饪、导游)、财会(会计财务)、汽车(汽车维修)、服装(电脑款式设计与样板制作)八大类别16个竞赛项目。全市各技工院校、职业学校的2005、2006、2007级在籍中职学生,2003、2004级在籍高职学生以及专任专业教师382人参加竞赛。对理论、技能成绩双合格的参赛选手,由市劳动和社会保障局颁发相应职业(工种)的高级职业资格证书。

【市高技能人才工作获省政府表彰】 4月18日,在南京召开的全省高技能人才工作总结表彰会上,常州市劳动和社会保障局被评为全省高技能人才工作先进集体,中国南车集团戚墅堰机车车辆厂、常州宝菱重工机械有限公司、常州市建设局被评为全省高技能人才培养突出贡献单位;常州市劳动和社会保障局原副局长卢联珍、金坛市劳动和社会保障局原局长王志明、江苏省常州技师学院教师沈建峰被评为全省高技能人才工作先进个人,邓建军、吴淑玄、张忠、包旭荣被评为江苏省有突出贡献高级技师,范志刚、王晓昀、蒋卫平被评为江苏省有突出贡献技师。5月22日,常州市政府对有突出贡献的高级技师、技师颁发政府津贴。

【民办职业培训学校办学情况大检查】 6月9~12日,市劳动和社会保障局对批准设立的20家民办职业培训学校进行全面检查评估。检查过程中对发现问题的14家民办职业培训学校提出整改意见,并发出整改通知书,督促其限期整改;对3家未开展培训活动的学校予以注销。

【常州技师学院"奥运厨师班"服务北京奥运】 江苏省常州技师学院39名学生和1名教师,经过严格选拔作为2008年北京奥运会餐饮服务工作人员直接参加北京奥运会和残奥会的餐饮服务工作。"奥运厨师班"在工作期间和各国厨师合作默契,在参与服务的20多个院校中表现突出,获优秀组织奖和金厨奖。

【培养国内首批"汽车医生"的"博世班"开班】 9月28日,由中国汽车工程学会汽车应用与服务分会牵头,博世贸易(上海)有限公司与常州、邢台、重庆、天津、杭州、苏州6所职业院校的合作项目——"博世班"开班仪式在江苏常州交通技师学院举行,首批入选的30名学员将在"博世班"学习博世一流的汽车检测与诊断技术。为培养出国内一流的"汽车医生",常州交通技师学院耗资400万元,引入德国博世先进的汽车检测诊断系统和汽车诊断设备,建立了汽车故障诊断中心。学员学习结束后,通过考核先获得"见习汽车诊断工程师"资格证书,然后到企业培训实践3年以上,并再次参加考核,合格者可获得中国汽车工程学会颁发的"汽车诊断工程师"资格证书,成为国内首批职业"汽车医生"。 (陈 俊)

【高等教育】 2008年,全市有江苏工业学院、江苏技术师范学院、常州工学院和河海大学常州校区4所全日制普通本科高校,常州信息职业技术学院、常州纺织服装职业技术学院、常州工程职业技术学院、常州轻工职业技术学院、常州机电职业技术学院和建东职业技术学院6所专科院校,常州市广播电视大学、常州市职工大学2所成人高校。在常高校共有硕士专业24个,本科专业(方向)40多个,专科专业(方向)50多个,涉及经济学、教育学、法学、语言文学、理学、材料、机械、电子电气、计算机、土建、环境与安全、化工与制药、仪器仪表、交通运输、能源动力、生物工程、艺术、轻纺、护理学、管理科学与工程、金融、植物生产等专业。

全市高校有教职工8336人,专任教师5820人,其中有正高职称的266人、副高职称的1575人、中级职称的2130人,占专任教师总数的4.57%、27.06%和36.6%;专任教师中有博士学位的299人、硕士学位的1693人。招收新生36400人,增长12.6%。向社会输送本专科毕业生32721人,增长62.48%。在籍统招全日制大学生123174人,其中硕士生1111人,本科生45940人,专科76123人,在校大学生规模增长3.4%。在籍成人学历教育学生33000多人。全市大学毕业生当年就业率95%以上,高于全省平均水平。

全市现有高等学校成人教育校外教学点82个,其中函授站(点)44个,现代远程教育校外学习中心(点)29个,中央电大奥鹏远程教育学习中心9个。44个函授站点为26所高校所设,在藉人数7577人,其中专科2057人,本科5520人;现代远程教育校外学习中心在籍人数5611人,其中本科3709人,专科1902人;中央电大奥鹏远程教育学习中心在籍人数519人,其中专科199人,本科320人。各校外教学点所设专业涉及管理、经贸、建筑、教育、卫生、司法、外语、计算机、机械9大类近40个专业。

在常高校现有省级重点学科4个,部级重点学科2个;省级重点实验室2个,部级重点实验室2个,省级重点建设实验室1个;硕士学科学位授予点24个;省级品牌专业建设点6个,国家特色专业建设点3个,省级特色专业4个,省级特色专业建设点27个;省级精品课程54门,国家级精品课程9门。

【2008年常州市大学生FLASH动画漫画设计大赛】 4~6月举行,市教育局主办,江苏技术师范学院协办。大赛共收到参赛作品57件,经专家评委评审,江苏技术师范学院学生庞慧云设计制作的《奥运梦》等8件作品获一等奖。

【2008年"利笛杯"常州市大学生平面设计大奖赛】 5~6月举行,由常州市工商行政管理局、教育局、广告协会联合举办,常州市利笛广告有限公司承办。大赛共收到参赛作品987件,经专家评委评审,57件作品获奖,常州工学院学生刘岩的作品《鱼儿离不开水》获金奖。

【江苏省2009届高职院校毕业生供需洽谈会】 12月6日在常州信息职业技术学院举行,由江苏省高校招生就业指导服务中心、常州市人才市场、常州信息职业技术学院、常州纺织服装职业技术学院、常州工程职业技术学院、常州轻工职业技术学院、常州机电职业技术学院共同举办。411家用人单位提供了877个类别8000多个岗位,14000多名毕业生进场应聘,近3000人与招聘单位达成聘用意向。 (王华刚 姚文华)

【农村成人教育】 2008年,全市农村成人教育培训58.5万人次,其中农村劳动力转移培训2.68万人次,农业实用技术培训24.14万人次,农民创业培训7.44万人次,技能、文化、艺术、健身、休闲教育培训18万人次,"两后双百"培训8400人次,新农民教育培训3300人次,农民创业培训8700人次,城市生活指导培训1.2万人次,法律知识培训2.5万人次。溧阳市天目湖镇成人教育中心校创建为省级丘陵山区综合开发农科教结合示范基地。启动农村成人教育中心校标准化建设工程,溧阳市南渡镇、别桥镇,金坛市直溪镇,武进区横山桥镇,新北区西夏墅镇成人教育中心校在常州市首批达标。

【全国"加强培训能力建设,努力培育新型农民"现场会】 6月1~2日在武进区召开,来自全国15个省、市、自治区的90名代表以及教育部职成司领导参观了武进区湖塘镇成人教育中心校、嘉泽镇农科教结合示范基地和横山桥镇五一村,高度评价常州农村经济发展水平和农村成人教育取得的成果。

【中国成人教育改革发展30周年座谈会】 10月25日在常州电大召开,江苏省成人教育协会主办、常州市教育局协办。30多位与会代表回顾改革开放30年来成人教育的光辉历程和辉煌成就,并就成人教育改革发展方向进行了深入探讨。

(王华刚　王建华)

【师资队伍建设】 2008年,全市各级各类学校共有教职工5万人,其中市区3.56万人。普通高中专任教师4967人(市区3048人),合格学历占96.92%(市区96.23%);职业中学专任教师1143人(市区461人),合格学历占89.41%(市区81.13%);初中专任教师8941人(市区5535人),本科率78.44%(市区77.79%);小学专任教师11812人(市区7531人),大专率89%(市区88.85%);幼儿园专任教师4504人(市区3090人),大专及以上76.62%(市区80.78%)。另有普通高校专任教师5608人,成人高校专任教师557人,普通中专校专任教师1060人,成人中专校专任教师112人,技工学校专任教师761人,特殊教育学校专任教师82人。

开展常州市师德模范评选活动。深化师德自律"八要十不"教育,50名教师被评为常州市师德模范。

全年组织教师培训108个项目,受训人数达2.7万人次;组织1303名中小学教师参加省级骨干培训。研制"常州市中小学教师继续教育课程指南",启动继续教育主干课程建设;充分利用常州普渡教育培训中心培训资源,组织210名中小学英语骨干教师参加普渡培训;选派81名优秀教师出国培训;组织新课程初中英语国家级远程研修;继续推出教师继续教育品牌名师大学堂菜单式培训。做好报考教育硕士的动员、报名、培训、考试工作,提高参考率和录取率,教育硕士培养步伐加快,新增教育硕士244名、工程硕士43名,教师学历达标率和学历高移率均处于全省领先地位。积极开展优质资源学校教师之间对口交流和结对支教活动。投入30万元打造常州教师专业发展网。先后举办第18期中学校长、第14期小学校长任职资格培训班。

启动首批职教骨干教师、学科(专业)带头人评选活动,评选中小学骨干教师469名、学科带头人258名。24名优秀教师被评为第十批江苏省特级教师。评审中学高级教师825名、中学一级教师808名、小学高级教师930名、中专校讲师12名、高校讲师66名,晋升高一级教师职称2641名。3282名大学毕业生网上报考2009年直属学校教师岗位,1500多名毕业生参加现场确认和笔试。

【中小学名教师工作室换届评选】 5月启动,继续申报的首批17名领衔人和25名新申报者被确认为第二批常州市中小学名教师工作室领衔人,并完成工作室成员招聘。新增班主任、书法2个工作室。11~12月,开展首批名教师工作室周期性评估及成果展示活动。

【开展"师德建设月"活动】 9月6日启动。各校广泛开展师德教育和培训,组织学习《中小学教师职业道德规范》等文件精神,深入开展"让教育充满爱"主题教育活动,不断深化"三育人"、"师表工程"、"教师回报社会"等多年来形成的品牌活动,积极启动以"关爱一个学生、联系一个家庭"为主题的"168"爱生行动(每位教师结对帮助1名困难学生,每学期与所帮教学生开展谈心或家访活动不少于6次,每学期为所帮教的学生义务补课或心理咨询不少于8次)。大力开展优秀教师事迹宣传活动,市教育局组建师德报告团巡回演讲4场。

【教育技术学专业研究生班开班】 1月19日,市教育局与东北师范大学联合举办的教育技术学专业(信息技术与学科教学整合方向)研究生班开班,首批学员57名。该研究生班实行弹性学习和学分制,着力培养中小学教师利用信息技术手段提高学科教学质量和效率、创新教学模式和方法的能力。

【二级心理咨询师国家职业资格培训】 10月25日开班,江苏省心理学会对54名中小学教师进行二级心理咨询师国家职业资格培训,引导教师学习心理健康基础知识,掌握心理咨询实际操作技能。

(王华刚　周康荣)

【教育装备】 2008年,市教育局共组织局属学校各类招标工作83次,中标金额1832.5万元;实验仪器配备投入360万元;校具及黑板整体改造投入350万元;计算机及其他设备投入1122.5万元;图书资料投入104.9万元。全市普通中小学生人机比10∶1。100所学校被评为常州市中小学实验室建设先进单位,126所学校通过常州市"一级校园网"评估验收,33所学校通过市示范图书馆评估验收。制定和出台《教育装备与勤工俭学三年发展纲要》。

2008年先后组织和举办学生纵横码汉字输入比赛、初中化学、生物优秀实验教学课评选、初中物理实验技能操作大赛等活动。组织全市农村小学204名教师参加图书馆管理员和科学教师培训,组织局属学校数学、物理、化学和生物实验教师60余人参加实验教师信息化管理与应用培训,组织局属学校17名评委参加教育系统政府采购评委专题培训。开通教育装备维护、维修服务热线电话,号码为86676110。确定江苏省常州高级中学、常州市田家炳中学、常州市勤业中学、常州市北环中学、常州市实验小学、常州市第二实验小学为常州市教育装备应用研究基地。"数字星球系统在高中地理课堂教学和实践活动中的应用研究"和"常州市中小学校体育器材设施建设促进学生体质健康发展的实证性研究"成功申报全国教育科学"十一五"规划教育部重点课题子课题。

【第四届常州市优质教育资源展示交流会】 12月20日在常州市电化教育馆举行,由常州市电化教育馆、常州教育信息中心和江苏常州新华书店有限责任公司联合举办。展示会邀请中央电教馆、省内兄弟市电教馆和全国多家著名教育资源厂商携优质教育资源和最新出版的图书音像资料参展。400多人参加展示会。 (王华刚 费云舟)

【教育督导】 2008年,市教育督导部门对7个辖市、区政府和教育行政部门的教育工作进行了督导评估和考核,对辖市、区生均公用经费安排使用情况、武进区和新北区部分乡镇的教育经费进行专项督查,对普通高中、义务教育阶段学校及幼儿园进行综合督导评估。在全省率先开展职业学校校企合作办学专项督导评估。协调组织创建区域教育现代化工作,并调整充实督导队伍。

【学校综合督导评估】 2008年,全市共完成对109所学校的综合督导评估,其中高中7所,初中25所,小学53所,幼儿园24所。市级完成小学7所、初中5所、高中5所的综合督导评估。2006~2008年底,各辖市、区所有义务教育阶段学校、高中、职业学校及幼儿园均接受了一轮综合督导评估。

【职业学校校企合作办学工作专项督导评估】 10月20日至11月6日,市教育督导部门对常州铁道高等职业技术学校等12所职业学校校企合作办学工作进行专项督导评估。督查表明,12所职业学校校企合作办学取得的主要成绩有:共建校内实训基地201个、校外实训基地659个,涉及机械、汽修、冶炼、燃气、园林、电子、医疗、旅游服务等20多个行业;开发专业课程126个,完成技术研发项目96个,开展专业建设115个;学生到企业进行专业对口实训率平均达95.3%,学校为企业、社会开展技术业务或再就业技能培训年均4.8万人次。

(王华刚 秦 娟)

【教育科研】 2008年,全市共组织各类教育科研活动500余场。邀请百余名知名专家学者、教材编写人员等到常讲学,组织全市高中教师参加课程标准、教材培训活动。在全市范围内开展各类专题调研,举办第二届优秀教师学术沙龙。组织一批优秀专家、教师编写《新课程新学案》,出版《行走在理论与实践之间》、《学校教育科学研究指南》、《行者足迹》3本论著。完成基础教育年段93节精品课拍摄任务。

2008年,全市共有全国教育科学规划课题15项,江苏省教育科学规划课题99项,江苏省教学研究课题62项。市教科研2004~2010年第一批课题326项完成结题,第二批近400项立项。2名教师在江苏省中学语文评优课评比中获一等奖,1名教师在江苏省小学体育优秀课评比中获一等奖,2名教师在江苏省中小学音乐、美术基本功比赛中获一等奖,1名教师在江苏省中青年物理教师教学基本功大赛中获一等奖。199名学生获全国中学生物理、化学、生物、信息学竞赛(江苏赛区)一等奖。

【综合实践活动学生研究成果交流评比暨现场观摩活动】 1月12日,常州市中小学综合实践活动学生研究成果交流评比暨现场观摩活动在江苏省常州市高级中学举行,交流评比和观摩活动分小学、初中、高中3个组别进行,近300人参加。本次活动在常州属首次,来自香港、镇江等地的同行和专家参加了观摩活动。 (王华刚 王 俊)

镇江市教育与人才开发

【概况】 2008年,全市教育系统在县域教育现代化创建、教育教学质量提高、队伍建设“三三三”工程、维护和发展教育民生等重点工作中取得新成绩。开展新一轮解放思想大讨论活动,确立教育系统活动的“一个主题”——办人民满意教育,“两大重点”——学习、实践教育发展与人的发展规律和树立“做人要大气,做事要精细”的时代新风。结合纪念改革开放30周年、迎接奥运会及抗震救灾精神的学习宣传,开展“和谐校园”建设,加强学校周边环境综合治理,累计投入2000万元学校安全技防设施,创建市安全文明学校191所。以“大爱镇江,爱在教育”为主题,开展“感动校园十佳(学生)之星”“感动学校十佳教师”“感动教育十大社会人物”系列评选活动,营造尊师重教的良好氛围,展示镇江教育发展的新形象。

立足学生全面发展,实施素质教育,教育质量有新提高。加强对师生的社会主义核心价值体系教育,举办“镇江·绵竹学生手拉手夏令营”等特色活动。开展“阳光体育”活动,做好艺术教育、审美教育和心理健康教育工作,坚持开展“课程改革校校行”活动,以“轻负担、高质量”为目标,推进素质教育,逐步构建全市0岁~6岁学前教育体系、全市义务教育阶段教学质量评价与检测体系,制定《镇江市市属初中教育教学质量评估方案(试行)》等文件,在各级各类学校开展“高奏教育管理主旋律”活动,促进教学质量和效益的提高。丹徒区上党中学、镇江市实验高中接受省三、四星级高中评估验收。

开展职业教育专题调研,制定《推进中等职业教育持续健康发展实施方案》,开展市合格职业学校评估工作,完成市属职业学校布局调整。教育服务经济社会发展的能力得到增强。全年创建省四星级职业学校2所,三星级4所,争取国家级实训基地项目1个,省级软件基地1个,创省示范专业7个,省级课改实验点4个,参加全省师生职业技能大赛,70人次分获一、二、三等奖。职校毕业生双证率超过99%,就业率超过96%,其中80%的学生直接服务于镇江市各用人单位。丹阳职教中心2名学生在2008年全国职业院校技能大赛中获二等奖。

深化教师队伍建设“三三三”工程,增强教师队伍素质。开展“城乡教师手拉手”活动,实施“千校万师支援农村教育”工程,先后选派100多名教师赴连云港等苏北偏僻的农村支教;开展“专业技能大练兵”活动,成立2个劳模团队创新工作室、10个名师工作室,组织学科带头人视频课和网页评比,接受西藏地区102名初中校长挂职培训任务;开展“三关心”行动，为市属中学教师办好十件实事。近三年来，全市先后有近200名教师受到国家、省市级综合表彰，有3000多名教师成为各级学科带头人和骨干教师，全市各级各类学校教师学历达标率位居全省各市第一。截至2008年底，全市有省教授级中学高级教师9名，省特级教师56名，省“三三三”工程培养对象9名，镇江市名校长17名。以全市基本实现教育现代化为目标，推进县级区域教育现代化建设。2008年，句容市、丹徒区、京口区、润州区和镇江新区接受省区域教育现代化建设水平评估验收。市委、市政府先后召开常务会议和现场推进会，推进教育现代化创建工作。开展教研活动促进教学质量提高。2008年7月~10月，市教育局教研室举办从幼儿园到高中所有学段的新教材培训，涉及13门学科，参训人员1000多人，邀请多名专家进行新教材特点、新课程课堂教学策略等方面的讲座，提高实施新课程的实际操作能力。先后组织10所学校的教学调研，帮助学校了解、掌握并解决一些实际问题。举行小学语文常态课教学研讨活动，围绕“关注常态的课堂”和“注重良好学习习惯的培养”，进行课堂教学、集体备课的展示及学习习惯培养经验交流等。继续实施省级重点课题“普通中学‘双案制’教学策略的研究”，各学科教研员带领一批骨干教师先后编写教学案47册，形成覆盖初中各年级九门文化学科的具有较强实效性和可操作性的一整套教学案。

坚持育人为本，推进教育公平。全市义务教育免除课本费小学14万人、1753万元，初中9.6万人、2880万元；免杂费6284万元，其中省财政补贴1377万元，市财政补助415万元，县级财政补助4492万元。全市对义务教育阶段贫困生资助205万元，其中：补助“低保家庭”学生1167人、减免19万元，补助贫困寄宿生2759人、补助生活费160万元，其他补助26万元；补助普通高中贫困学生3609人、资金400万元，对中职学生15040人发放校内助学金和国家助学金2200万元。实施“教育收费民主监督卡”制度。2008年5月9日，教育部副部长陈小娅到镇江考察调研基础教育工作，重点了解外来民工子女学习、生活情况和学校推进阳光体育运动等情况。

2008年，全市幼儿入园率96%，九年义务教育人口覆盖率100%，初中毕业升学率99.38%，高中阶段教育毛入学率105.81%，高等教育毛入学率60.06%，优质教育资源学生覆盖率超过70%，人均预期受教育年限达14.40年，教育改革发展的各项主要指标继续居于全省前列。

【招生考试情况】 2008年，全市18577人报名参加普通高校招生全国统一考试，考生总数比上年减少726人，减幅为3.76%，录取新生16251人，录取率87.48%，比上年提高2.24个百分点。其中本科录取8907人（体育、艺术类除外），比上年增加160人，占报名人数的47.95%，占全市录取人数的54.81%。全市有8559人报名参加成人高校招生考试，比上年减少近1000人，本、专科录取5934人和6115人，录取率为69.33%，比上年提高6个百分点。全市有初中应届毕业生33414人，参加中考考生有28535人，设立考点107个，考场1005个。参加中考初二地理、生物的为31831人，设立考点103个，设立考场1114个。全市高职、普通中专计划数2748人，录取新生2512人，其中五年制师范194人，高职院校2318人，普通中专511人。全年各类考试报名总人数78328人，比上年增长6.63%，其中学历考试报名人数为37806人，非学历考试报名人数为40522人，比上年增长14.66%。

【教育科学研究】 2008年，市教育科学研究所召开全市教育科研总结表彰会，表彰市第二届教育科研先进单位71个、先进个人100名和先进工作者42名。省教育科学“十一五”规划2008年立项课题的主持人、市教育科研基地学校的代表等200多人参加会议。领衔申报省教育科学“十一五”规划课题“优质教学资源下乡工程运行机制的理论与实践”，被立为重点资助项目，并完成前期研究工作；组织中小学、幼儿园成功申报省教育科学规划2008年滚动课题9项，其中重点资助课题3项、重点自筹课题1项、立项课题5项。组织开展省市级“十一五”教育科学课题（第二批）的开题活动，300多人接受培训；围绕课程改革、学校发展、教师成长等主题开展“校长论坛”“教师沙龙”等形式多样的研讨活动；依托市级教育科研基地，组织同类课题合作活动；配合学校举办专家报告会、经验交流会、成果展示会等各类研究活动。

【基础教育】 2008年，全市有普通高中27所（其中四星级学校9所），在校学生51633人。普通初中89所，在校学生90657人。小学145所，在校学生13409人。特殊教育学校5所，在校学生925人。幼儿园188所，在园幼儿57322人。其中教育部门办园34所、乡镇办园80所、村办园7所、社会力量办园67所，办班点90个；公办园占幼儿园总数64.4%，形成以公办幼儿园为主体、民办幼儿园为补充的办园格局。省示范园65所、省优质园50所，省优质园优质率达61.17%。

【免费提供教科书】 根据省教育厅和财政厅2007年联合发布的《关于做好2008年春季全省义务教育阶段学生免费提供教科书工作的通知》，从2008年春季学期开始，全省建立部分课程教科书循环使用制度，确保全省城乡义务教育阶段学生“课前到书、免费用书、人手一册”。镇江市纳入循环使用的包括：小学《科学》《音乐》《美术》（或《艺术》）、《信息技术》，初中《音乐》《美术》（或《艺术》）、《体育与健康》《信息技术》。免费教科书发放对象为：全市城乡义务教育公办学校学生，县以上教育行政部门批准的民办学校义务教育阶段学生。免费提供教科书范围是省2008年春季普通中小学教学用书目录规定的一至九年级学生用教科书，包括国家课程教科书、地方课程教科书以及有关学科补充习题、图册和填充图册、英语磁带。

【京剧进中小学课堂】 2008年，教育部确定在义务教育阶段一至九年级音乐课程中增加有关京剧教学的内容，并在部分省、市试点。镇江是江苏（试点省）8个试点城市之一。确定市试点学校4所，包括京口实验学校、桃园中心小学、镇江市第三中学和丹阳市实验初级中学试点学校3名音乐教师赴沈阳师范大学参加培训。

【调整中考政策】 2008年5月下旬，市教育局对公布的2008年镇江市高中阶段招生部分政策进行调整。调整涉及两个方面：一、在优录政策方面，原确定的其他现役军人子女和经国务院批准享受政府特殊津贴的专家、市级以上有突出贡献的中青年专家、市级学术技术带头人子女以及外来投资“一卡通”持有者子女等不再享受中考加分。当年优录对象是：1. 革命烈士子女和驻边疆国境的县(市)、沙漠区、国家确定的边远地区中的三类地区及军队确定的特、一、二类岛屿部队现役军人子女在录取时,加20分投档;2. 华侨子女、港澳台子女及残疾军人子女、因公牺牲军人子女、一至四级残疾军人子女在录取时,加10分投档;3. 少数民族考生在录取时,加5分投档。二、在热点普通高中指标生分配政策方面,根据省教育厅《关于初中毕业生升学考试与普通高中招生制度改革的若干意见》,结合镇江市实际,从2009年起各地必须将热点公办普通高中50%以上的招生计划,依据初中毕业生数、办学水平等情况,按比例定向分配到各初中。

【外来务工人员子女接受义务教育】 2008年,全市义务教育阶段学校就读的外来务工人员子女总数3.45万人,其中小学生2.5万人,初中生0.95万人,外来务工人员子女全部在全日制公办小学和初中就学。镇江市把统筹安排外来务工人员子女接受义务教育工作,列入对各级政府年度考核目标。根据外来务工人员情况,将部分公办学校改办成重点招收农民工子女的学校,确保在师资质量、硬件建设、管理水平等方面与其他公办学校一视同仁。财政部门将外来务工人员子女就学期间的公用经费纳入财政预算,公用经费与本地学生按同一标准拨付,教育费附加按相同标准划拨,确保外来务工人员子女教育经费的投入。全市投入专项经费191万元,主要用于接收进城务工就业农民子女人数较多学校的设备购置、校舍维修和师资培训。同时,鼓励机关团体、企事业单位和公民个人捐款、捐物,资助家庭困难的进城务工就业农民子女就学。教育部门广泛宣传,让进城务工人员了解国家有关政策,放心送子女在务工所在地上学。物价部门加大检查力度,坚决制止对外来务工人员子女入学乱收费。劳动监察部门加强对社会劳动用工的检查,严禁企业事业单位招收录用未成年人。

【江苏省初中教师研修基地在江南学校揭牌】 2008年7月1日,江苏省教师培训中心初中教师研修基地揭牌仪式暨镇江市江南学校暑期教师培训班开班典礼在市江南学校举行。江南学校作为4家省初中教师研修基地之一,在省内首家挂牌。市江南学校与省教师培训中心合作建立教师研修基地,除了利用省教科院、省教育学院及省教师培训中心的优质教育资源为江南学校提供师资培训外,还将承担镇江市及省内其他地区初中教师的培训工作。双方合作期限为三年半,总投入100万元,目标是共同打造一支高素质的教师队伍,培养出一大批具有市级以上骨干教师和学科带头人水平的名师。

【普通高考成绩达线人数增加】 2008年,全市本二以上达线人数(不包含提前录取和体育、艺术类达线考生)5191人,比上年增加332人,增长6.83%。其中,丹阳市本二达线人数1919人,比上年增加158人,增幅居全市第一。市区高考参考人数比上年减少10.86%,达线人数为1002人。全市最高投档分为435分,考生是江苏省镇江第一中学李心欣。省镇江中学本二以上达线人数472人,省镇江一中本二以上达线人数361人,市实验高中本二以上达线人数146人。

【明确学校体育工作目标】 2008年9月23日,市教育局、体育局召开全市学校体育工作会议,要求各中小学校切实把学校体育工作摆上重要位置,做到“五确保”,即确保开足上好体育课、确保学生每天锻炼1小时、确保学生参与阳光体育运动、确保学生充足的睡眠时间、确保学生每年1次健康体检,到2010年,实现学校体育工作整体水平明显提升,学生耐力、力量、柔韧性等体能素质明显提升,体育后备人才数量和质量明显提升,肥胖和近视发生率明显下降。会议要求各中小学校严格执行国家对体育课程的规定,任何学校不得以任何理由削减或挤占体育课时;每天上午必须安排25分钟~30分钟的“大课间”体育活动,没有体育课的当天下午必须组织学生进行1小时的集体锻炼,寄宿制学校必须每天组织学生早锻炼;开展“人人参与、个个争先”的阳光体育运动,保证大多数学生达到《国家学生体质健康标准》;严格控制学生到校和放学时间,严格遵守小学生6小时、初中生7小时、高中生8小时在校集中学习时间的规定,在家长支持配合下,确保小学生每天睡眠10小时、初中生9小时、高中生8小时;组织学生每年进行一次常规健康体检,遏制学生视力下降趋势。同时,关心肥胖学生的健康,鼓励帮助他们坚持体育锻炼,养成科学的饮食习惯,有效控制体重增长。

【美国中小学校长到镇江考察】 2008年6月28日,国家汉语国际推广领导小组办公室邀请第三批“汉语桥——美国中小学校长访华之旅”大型组团的部分成员到镇江考察,20多位美国犹他州中小学校长和教育官员访问镇江第一中学和市外国语学校。犹他州奥斯特学校校长科琳·黛丝丽称,许多美国人都知道镇江是诺贝尔文学奖获得者赛珍珠的中国故乡。同时希望中美两国的教师和孩子们经常交流,促进两国文化教育的共同发展。

【启动义务教育阶段教学秩序专项督导】 2008年,教育部门启动义务教育阶段教学秩序专项督导,内容包括:各地各校认真执行课程计划,开齐开足课程的情况;落实“健康第一”思想,加强学校体育工作,增强学生体质,保证学生每天1小时体育活动时间和足够睡眠时间的情况;规范使用教辅用书情况,重点检查学校有无统一组织购买、指定购买、推荐购买规定之外的教辅报纸、刊物、书籍;加强常规管理,提高设施设备使用效益的情况;控制学生在校活动总量,特别是严控中小学生下午放学时间的情况;利用节假日(含双休日)违规补课和收费的情况;教育行政部门和学校结合本地本校实际,建立、健全和创新学校管理制度,构建长效管理机制的情况。对屡查屡犯的学校,教育行政部门和督导部门采取措施严厉查处;从10月份开始,定期在市教育信息网专栏中公示被举报的学校、举报的问题、学校查纠答复和督导查处情况。将群众、师生反映强烈、问题突出的学校,列为市重点督导对象。被列为市重点督导对象的,或受到省、市通报批评的,市属学校年终综合考核不能被评为优秀,其他学校在市级评优评先的项目中实行一票否决,两年内取消市级评选资格。

【中国教育技术协会中小学专业委员会2008年年会在镇江举行】 2008年10月28日~29日,中国教育技术协会中小学专业委员会2008年年会在镇江举行,200多名成员单位代表参加会议。中国教育技术协会中小学专业委员会成立于1995年,是中国教育技术协会领导下的全国专业性、学术性、群众性团体组织。此次年会是中小学专业委员会成立4个协作研究会以来召开的首次年会。

【职业技术教育】 2008年,全市有中等职业技术学校21所,其中包括普通中专5所、成人中专4所,职业高中10所,在校学生37518人,当年招生11609人。

【镇江机电高职学校】 镇江机电高职学校是国家级重点中等职业技术学校,是国家六部委认定的数控技术应用专业技能型紧缺人才培养培训基地。设有机电、艺术旅游、信息电子、财经商贸、汽车化工五大类专业群30多个专业。2008年3月28日,来自苏州、无锡、常州及镇江市的40家企业代表到学校参加校企合作恳谈会。根据合作协议,包括苏州国巨电子、冠捷科技、永强科技,无锡尚德太阳能电力、软通软件,常州常兴科技以及镇江市金东纸业、奇美化工、惠通集团、液压件厂等,涉及机械、电子、化工、光电等行业的40家企业成为学生实训实习基地,学校为企业定点培养和输送人才。12月8日,在江苏省国际服务外包企业协会成立大会暨省级服务外包人才培训基地授牌大会上,镇江机电高等职业技术学校被授予省级服务外包人才培训基地称号,成为镇江唯一一家入围的单位,并享受国家和省有关服务外包人才培训的优惠政策。

【举行全市职校技能大赛】 2008年11月底,全市职业学校技能大赛在机电高职学校和旅游学校举行。14所职业学校代表队的629名师生参加比赛,其中460名学生参加20个项目比赛,169名教师参加14个项目比赛,是历届大赛中项目覆盖最广、参加人数最多的一次。竞赛优胜者代表镇江市参加省职业院校技能比赛。江苏省从2008年起对参加全国技能大赛取得优异成绩的学校、个人进行表彰奖励;对贡献突出的院校(企业)授予"江苏省职业教育技能大赛集训基地"称号。对在全国、全省技能大赛中取得优异成绩的学校、专业,在有关建设项目安排、星级评估、示范学校推荐评审等方面还要进一步予以倾斜;对获优异成绩的个人进一步落实完善对口单招等政策。

【镇江市旅游学校迁址】 镇江市旅游学校始创于1984年,在原镇江市第十七中学的基础上创办。1998年,与原镇江市第十六中学高中部合并,位于宝盖路244号,占地0.9公顷。1999年,被省教育厅公布为省级重点职业中学。2006年,作为市政府为民办实事项目之一,市旅游学校开始易地新建。新校区位于八公洞路55号。学校占地6.93公顷,建筑面积36123.76平方米,可容纳2000余名学生,建有教学实训楼、食堂宿舍楼、图书艺术楼、风雨操场和旅游研发培训中心等建筑群。有烹饪、旅游、信息技术、商贸、艺术等五大类专业,其中三个省、市级示范专业,在校生1580人,教职工122人,专任教师87人,专任教师具有本科及以上学历者82%,专任教师中具有中级以上职称的有52人,占专任教师的59.7%。"双师型"教师40人,占专任专业教师的66.7%。

【民办教育】 2008年,全市有各类民办教育机构230家,其中民办高校1所,民办二级学院2所,民办中小学28所,民办幼儿园70所,各类民办非学历教育机构129所。在校民办学生9.3万人,年培训人数86452人次。民办学校总资产达61573万元。民办中小学占全市中小学总数的12%,民办幼儿园占全市幼儿园的36%。

【高等教育】 2008年,全市有普通高校5所,在校学生77293人,教职工9068人,其中专任教师4757人。新增高校成人教育校外教学点17个。江苏大学、江苏科技大学有博士生606人,硕士生5574人,研究生指导教师953人。

【江苏大学】 江苏大学是江苏省省属、以工科为特色的教学研究型综合性大学,于2001年8月,由原江苏理工大学、镇江医学院、镇江师专合并组建而成。2008年,学校全日制在校生35000余人,其中各类研究生近7000人,留学生200余人。设有76个本科专业,涵盖工学、理学、医学、管理学、经济学、法学、文学、教育学、历史学等9大学科门类。拥有6个博士后科研流动站,5个博士学位授权一级学科,33个博士点,100个硕士点,2个国家重点学科,1个国家重点(培育)学科,4个江苏省国家重点学科、重点实验室培育建设点,1个教育部重点实验室,10个江苏省重点学科,11个江苏省重点实验室、工程中心,16个工程硕士授权领域和MBA专业学位授予权。拥有一所三级甲等附属医院、江苏大学出版社,设有教育部科技查新工作站。《江苏大学学报》(自然科学版)为《EI》来源期刊。学校在国家技术发明奖、国家杰出青年基金、国家特色专业建设点方面实现突破;全国百篇优秀博士学位论文连续三年榜上有名;获批一批"十一五"国家重大科技专项和国家"863"重点项目等高层次课题,科研总经费首次超过2亿元,其中纵向经费7000万元;召开学科建设与研究生教育工作会议,制定《加强学科建设与研究生教育工作的若干意见》;机械工程、动力工程及工程热物理、农业工程、管理科学与工程四个学科被定为江苏省一级学科重点学科,一级重点学科数并列全省第七位。新增国家精品课程1门;推进"拔尖人才与科技创新团队培养工程",新增省"三三三"工程中青年科技领军人才3人、省"六大人才高峰"4人,省"青蓝工程"14人;召开第二次学科建设与研究生教育工作会议暨纪念恢复研究生教育30周年大会。拓展国际合作与交流,培养的首位外国博士留学生顺利毕业。实施"本科教学质量与教学改革工程"。2008届毕业生就业率96.13%。赵杰文教授指导的农产品加工及贮藏工程学科邹小波博士的学位论文入选全国优秀博士学位论文。学校获"挑战杯"中国大学生创业计划大赛银奖1项铜奖2项、中国青少年科技创新奖1项、全国大学生数学建模竞赛特等奖1项一等奖2项、全国大学生英语竞赛特等奖2项一等奖3项、全国大学生节能减排社会实践竞赛二等奖2项三等奖1项,2名同学获得"中国大学生自强之星"提名奖,6名同学获"江苏省百名青年学子之星"称号,校女子足球队获首届世界大学生室内五人制女足锦标赛季军,校男子排球队获中国大学生排球联赛亚军。《江苏大学学报(社科版)》进入中国人文社科核心期刊和全国中文核心期刊,附属医院通过三级医院评审,启用江苏大学校园形象标识系统。学校连续5年获江苏省高校毕业生就业工作先进集体称号,被列入首批江苏省大学生创业教育示范学校。

【实施"5+1"远程教育模式】 2008年,镇江市开展远程教育

"学用年"活动,实施远程教育服务新农村建设致富工程,获全省组织系统创新创优成果奖。远教+部门。邀请省农林厅、农科院、南农大等省内涉农高校、科研院所和126个市、县机关部门共同参与,通过远程教育网络,组织开展"信息大篷车进镇入村""健康教育进万家""千名科技人员三帮三带"等活动。远教+专家。市、县两级组织400名农业科技专家,印制5万份专家通讯录发给党员群众,根据农时农事组织专家利用远程教育开展技术指导。下发8万多张"远程教育惠民一卡通",将50多项惠民内容和专家信息印制下发,党员群众凭卡可获得上网、培训、项目帮扶、健康诊疗等六项免费服务。建设视频会议系统,定期组织专家开设专题讲座。利用远教辅助网站开设"专家答疑"和"农信通12582技术服务热线",建立"远程教育致富热线"直播专栏和手机短信互动交流平台等。远教+项目。采取自建、代建和合作共建等形式,每个镇、村落实发展项目1~2个,依托项目发展开展技术培训和教学辅导。全年提出发展规划479个,落实发展资金2400余万元,合作开发新技术89项,发展农业项目312个,新增项目面积1192.67公顷。远教+基地。把远程教育终端站点延伸到产业基地、种养大户。全市培育种养大户1700多户,建成各类示范基地、产业基地、培训基地、创业基地、教育实践基地等1879个,带动13000多户农民增收致富。远教+经济合作组织。依托经济合作组织开展专业技术技能培训,使农村党员和群众掌握1~2门先进实用技术和就业技能,全市组织开展各类远教培训3972场次,培训对象17万多人次,其中依托经济合作组织开展专业技术培训783场次,新建、领办项目或基地563个,辐射带动群众7万多人。

扬州市教育与人才开发

【概况】　近年来,市委、市政府高度重视教育工作,不断优化教育发展环境,积极实施科教兴市战略,大力推动教育全面发展,扬州教育得到了持续、稳定、健康的发展。目前,全市共有各级各类学校949所,在校教职工总数5.1万人,在校学生总数100万人。其中,有普通高级中学46所,在校生9.5万人,教职工约6537人;有初级中学140所,在校生15.1万人,教职工1.1万人;有小学279所,在校生23.4万人,教职工1.6万人;有幼儿园267所,在校生11.3万人,教职工6618人;有特殊教育学校7所,在校生2973人,教职工200人。另有普通高校5所,成人高校1所,中等职业学校18所。

教育发展水平明显提高。2008年,全市幼儿园毛入园率为93.5%,高中阶段教育毛入学率为98.1%,义务教育入学率为100%,残疾少年儿童入学率为97.3%,均达到或超过《"十一五"规划》所确定的预期目标,提前三年普及了幼儿教育和高中阶段教育。高等教育大众化进程取得明显进展,19周岁户籍人口高等教育入学率达52.8%,较2005年提高了6.5个百分点,目标实现程度为117.3%。主要发展指标,基本达到中等发达国家水平。

教育体系进一步完善。幼儿教育纳入国民教育体系,基础教育、职业教育、高等教育相互衔接、协调发展,社会各类群体及其子女受教育的权力得到有效保障,已初步建立多层次多形式的继续教育网络,基本满足学习型社会发展需要,以开放多样、高标准高质量为特点的现代国民教育体系在逐步形成。

教育结构调整取得成效。教育层次结构趋向合理。伴随着高等教育大众化、高中阶段教育普及化进程,全市教育总体层次结构重心呈明显的上移态势,高等、高中、初中、小学和幼儿园的层次结构比例按在校生计算由2005年的1:1.9:2.4:3.5:1.2,调整为1:1.9:1.6:2.45:1.18,教育层次结构更加适应全市产业结构、技术结构和人才需求结构的变化。

空间布局结构进一步优化。各地根据适龄人口下降的趋势,主动适应城市化进程,结合新农村建设和乡村规划全覆盖的契机,继续加大中小学布局调整力度。"十一五"以来,全市累计撤并小学86所,初中13所,普通高中13所,目标实现度分别为106.2%、61.9%和86.7%。小学、初中和普通高中校均覆盖人口分别提高到1.65万人,3.28万人和9.98万人。扬子津科教园和扬州高等职业技术学校的规划建设,充分发挥了高等教育资源的聚集效应,进一步增强了全市高等教育人才的培养能力,有效促进了高校与城市和产业结构的互动。

类型结构进一步改善。全市继续加大高中阶段教育的宏观调控力度,统筹普职教育协调发展,进一步开放职业教育市场,实施"走出去"战略,拓建省外生源基地,努力扩大职业教育规模,高中阶段教育结构进一步改善。三年来,中等职业教育在校生占高中阶段教育的比例均稳定在50%左右,2008年为48.1%,职业教育在校生规模达8.61万人,目标实现度为86.1%。受生源迅速减少及宏观经济形势的影响,职业教育规模增长有较大幅度的下降,年增长较2007年减少了6.9个百分点。

专业科类结构调整初显成效。中等职业教育以促进就业为导向,适应产业结构调整,满足先进制造业和现代服务业发展对劳动力需求的变化,围绕全市"双重"、"三创"和大力发展现代服务业的战略,积极调整优化专业结构,提升专业建设水平,2006-2008年加工制造、商贸旅游类等社会需求旺盛的科类规模进一步增长。加工制造类、商贸旅游类在校生规模年均增长分别达3.7%和9.3%。其中机械加工技术、数控技术应用、汽车制造和维修、宾馆服务管理、烹饪等专业招生年均增长在10%以上。

办学水平现代化进程明显加快。全市进一步加大了优质教育资源的创建力度,努力构建优质教育体系。2008年,全市已拥有省优质幼儿园125所、省实验小学92所、省示范初中107所、四星级普通高中11所、三星级普通高中17所,国家级重点职业学校13所、省级重点职业学校5所;优质教育资源集聚效应进一步放大,在省一类园、省实验小学、省示范初中、省三星级以上高中和省重点职业学校以上学习的学生比例分别达60.9%,58.6%,81.9%,80.3%和90.8%,目标实现度分别为100%,83.7%,102.3%,89.2%和100.9%。

教育质量明显提升。围绕教学中心,通过优化教育教学策

略，强化教研科研，实施精致管理，基础教育以“小学减负，初中减压，高中增效”为要求，职业教育以强技就业为导向，教育质量的增长方式逐步由粗放型向精细型转变，由外延型向内涵型转变。高考成绩取得历史性突破，2008 年，本二上线人数达 11151 人，是 2005 年的 1.55 倍，本二万人口上线率达 25.2，提高了 11.2 个万分点，创历史最高水平，学科位次大幅前移，全市普通高中办学质态明显提升。几年来，通过改革教学模式，实施“订单式”教育、加强就业指导、健全就业工作网络、拓展就业基地，省重点职业学校毕业生就业依旧保持供需两旺的良好态势，就业率继续稳定在 98% 以上。

师资素质明显增强。全市各级各类教育专任教师合格率已基本达到规划所确定的预期目标，通过实施学历提升工程，高学历教师比例提升显著，2008 年，全市幼儿园、小学专任教师具有大专及以上的比例达 63.5% 和 79.7%，较 2005 年分别提高了 16.2 和 23.3 个百分点，目标实现程度为 90.7% 和 88.5%，初中本科及以上比例达 69.9%，高中教师具有研究生及以上比例为 3.21%，较 2005 年分别提高了 27.7 和 1.4 个百分点，目标实现程度分别为 87.4% 和 22.6%。职称结构进一步优化，中小学专任教师高级职称比例稳步提高，2008 年达 8.1%，较 2005 年提高了 3.2 个百分点。通过内培、外引、激励等措施大力加强职业教育“双师型”队伍培养，“双师型”教师比例达 52.7%，较 2005 年提高了 14.1 个百分点，目标实现度为 87.8%，继续保持在全省领先的位置。

【基础教育】 全市现有基础教育学校 739 所，普通中学 186 所，小学 279 所，幼儿园 267 所，特殊教育学校 7 所。普通中学现有班级数 4973 个，小学 5436 个班级，幼儿园 3060 个班级，特殊教育学校 68 个班级。全市中小学生共计 597250 人，其中普通中学 246855 人，小学 234201 人，幼儿园 113221 人，特殊教育学生 2973 人。

【城乡教育均衡发展取得新进展】 义务教育标准化工程全面实施，全市所有义务教育学校已基本达到合格学校建设要求。围绕新农村建设，资源配置进一步向农村基础教育倾斜。“十一五”以来，全市累计投入 9200 多万元，全面完成了以实验、图书、体育、艺术器材配备为主要内容的农村中小学“四项配套”工程建设，使农村中小学课堂教学条件上跃上一个新平台，城乡之间、区域之间、校际之间和群体之间的教育差距进一步缩小。农村中小学优质资源建设力度明显加大，78% 的新创优质义务教育资源分布在农村，义务教育阶段优质教育资源城乡分布比例由 2005 年的 0.8:1 调整为 0.49:1，在省实验小学和省示范初中学习的农村学生比例也分别由 2005 年的 14.8% 和 36.3%，提高至 48.1%、80.6%。教育信息化应用取得新突破，在全国率先开设“网上同步课程”，使城乡 40 余万中小学生共享 3000 课时的网上优质教育资源；创建“数字化校园” 152 所，其中农村中小学 97 所，有效促进了学校教育教学质量、科研水平和管理效率的提高。农村中小学办学水平现代化进程明显加快，城乡差距进一步缩小，高水平、高质量普及义务教育成效显著，义务教育高位均衡发展的格局在逐步形成。

【职业教育服务经济社会的能力进一步增强】 学校布局调整成效显著。2008 年，全市中等职业教育学校数、由 2005 年的 28 所调整为现在的 18 所，实现了每县(市)都有一所在校生 3500 人以上国家级重点职教中心的目标。

高等职业教育发展迅猛。高职院校集约化发展进入新阶段，占地 1473 亩、规划总建筑面积 60 万平方米、总投资 15 亿元的扬子津科教园建设已基本完成，入住学生近 5 万人，扬州市高等职业技术学校规划建设全面启动。全市高等职业教育规模达 4.09 万人，年均增幅为 20.3%，总目标实现度达 68.2%。

骨干专业建设成果丰硕。近几年来，全市职业教育在机电一体化、汽车、信息服务、“三把刀”等“十大”专业群建设方面加大投入，装备了一批与现代化生产基本同步的先进设备，取得了教学、科研双丰收，共建成省级示范专业 22 个、市级示范专业 47 个，建成国家级技能型紧缺人才培训基地 4 个、省级技能型紧缺人才培训基地 8 个、省特色专业 8 个、省高技能人才示范基地 4 个，职业教育基础能力建设进一步增强。

合作办学进程加快。校企合作取得新成效，全市职业院校分别与市内外 1000 多家知名企业建立了长期合作关系，建立了校企双方合作的长效机制，订单培养的比例已达 60% 以上；区域联合取得新进展，与江西、安徽、陕西、山西、河北、山东、甘肃等地职业学校成功实现了多种形式的联合办学，每年有 2000 名左右的外地职业学校学生来扬求学、实习和就业；国际合作取得新突破，与德国、意大利、澳大利亚、日本、韩国、印度、新加坡、台湾等 10 多个国家和地区成功实现联合办学，互派教师、学生赴国外实习，构建起职业院校对外合作办学的交流平台。

富民行动有新拓展。深入开展服务新农村建设五项行动，为农村经济社会发展、农业进步和农民增收致富做出了应有的贡献。全市建成省级社区教育实验区 4 个，省级社区培训学院 2 个，省级乡镇社区教育中心 11 个，省级农科教结合示范基地 9 个；各职业学校和成人学校向国外输送劳务 1019 人，联手培训 7.77 万人，使 3.18 万名农民成功走进工厂就业，并开展农业培训 10 万多人次；有 45% 以上的乡镇开展了社区教育实验工作，近百万农民开始和市民一样享受社区教育。

【人才强校战略深入实施】 通过深入推进“多劳多得、优绩优酬”分配制度改革，实施中小学骨干教师岗位津贴制度，深入开展师德师能建设双“百千万”工程，有效提升了教师队伍的整体素质，激发了广大教师的工作活力；通过大力实施“青蓝工程”、“名师工程”、“职业教育双师型工程”和“名校长工程”，涌现出一大批骨干教师群体，省特级教师达 67 人，名校长达 40 人，中青年教学骨干和学科带头人达 962 人、双师型教师达 554 人，目标实现度分别为 67%、40%、64.1% 和 55.4%。

【素质教育实施迈出新步伐】 学校德育工作的针对性与实效性得到切实加强。以日常行为规范教育和基础文明养成教育为重点，深入开展思想品德教育、理想信念教育、明礼诚信教育等德育活动，重点组织开展了“感恩教育校园行”系列活动，60 万中小学生崇尚感恩、学会感恩、践行感恩，促使德育成果转化为学习动力；学校体育、艺术和卫生工作进一步强化。开齐上足艺体课程，开展丰富多彩的艺体活动，启动实施“阳光体育运动”，保证学生每天锻炼一小时；特色学校创建有序推进，创建省级体育卫生工作优秀学校 15 所、体育传统项目学校 15

所、省级艺术教育特色学校3所,目标实现度分别为37.5%,50%和15%;艺体高考成效显著,2008年,全市艺体高考本科上线人数达2386人,万人口上线率达5.17,创历史最好水平,艺体特色高考,成为提升全市高考质量的新增长点。

【教育发展环境明显优化】　各级党委、政府把教育工作摆上重要位置,不断完善组织领导机制、工作推进机制和考核奖励机制,有力推动了教育事业的快速发展。教育财政保障能力不断增强,财政对教育的投入力度不断加大;减免学杂费政策得到全面落实,义务教育阶段学生全部享受免收学杂费的普惠政策;教育帮扶体系日趋完善,全市没有一个学生因贫失学。各相关部门积极服务教育事业改革和发展,社会各界纷纷组织开展各种扶贫助教活动,全社会发展教育的良好氛围日渐浓厚,形成了支持教育发展的工作合力。教育系统注重加强政风行风建设,教育质量、招生、收费等热点难点问题得到较好解决,学校规范管理、科学管理、民主管理的水平不断提升,人民群众对教育的满意度不断增强。在市统计局调查队对市区200户居民的随机调查中,对教育的综合满意度达91%,与2007年相比增长20个百分点。

【人才资源丰富】　扬州市区现有人口128万,中心城区平均每8人中就有一名本科大学生。专业技术人才15万人,其中高级工程师、教授约8000人,中级以上职称约7万人。扬州人才层次多,包括大学培养的高级技术管理人才、职业学校培养的操作性人才、科研院所的高级技术人才。全市有6所普通高等院校,高等教育在校生总数已达7.59万人,全市还有29.5万余人参加各类高等教育自学教育,高等教育已进入大众化阶段。其中,扬州大学现辖27个学院,涵盖哲学、经济学、法学、教育学、文学、历史学、理学、工学、农学、医学、管理学等十一大学科门类,90个本科专业,40个硕士点和5个博士点,5个省部级重点实验室;扬州职业大学为全省普通高等专科教育规模最大、专业门类最全、综合办学实力最强、社会声誉最好的院校之一,70多个专业,在校生1万人。另外,全市有国家级重点职业学校7所,国家级重点技工学校及技师学院4所,省级重点职业学校8所,省级重点技校2所。扬州已形成数量大、结构全,层次高的人才优势。

南通市教育与人才开发

【教育概况】　全市共有普通高等学校6所、成人高等学校2所,普通中等专业学校7所、成人中等专业学校6所,普通高中62所、职业中学20所,初中226所、小学424所,幼儿园387所,特殊教育学校9所,技工学校8所,各类学校共有在校生110.79万人、教职工7.59万人。学前三年幼儿入园率多年保持在95%以上,63个幼儿园接受了省优质幼儿园评估。义务教育入学率达100%,小学巩固率多年保持100%,初中毕业升学率已连续两年超过98%。高等教育毛入学率达33.79%以上。高考获得连续16年江苏省领先的佳绩,全省高考前10名考生中,我市有8名,总均分、高分生数、优生数、本一、本二上线率等均居全省第一。海安县、通州区成为省级社区教育实验区。人均受教育年限达13.61年。

【教师队伍建设】　启动了《南通市中小学名师型人才培养计划》,选拔培养在省内外有一定影响的第一梯队名师23名;选拔培养第二梯队名师500名,其中市级学科带头人200名、市级骨干教师300名;选拔培养第三梯队优秀骨干教师2000名。建立以南通大学和南通高师、如皋高师为主的骨干教师培训基地,在马来西亚科技大学建立英语师资海外培训基地。中小学共有省级特级教师146人,学科带头人355人,骨干教师539人。在通高校重视学科梯队及教学科研团队建设,江苏省高校优秀学科梯队增至7个,有江苏省高校名师6人、“333高层次人才培养工程”中青年科学技术带头人42人、高校学科带头人155人、青年骨干教师245人。被评为江苏省师资队伍建设先进市。

【高等教育】　高校在校生总数达14.8万人,其中普通高校在校生83485人。高校学科专业建设取得重要进展,省级重点学科点增至6个,二级学科硕士点增至43个,覆盖医学、工学、文学、理学、教育学、法学等六大学科门类。有国家级品牌专业建设点1个、省级品牌专业建设点8个、省级特色专业11个、省级特色专业建设点18个。重视新专业建设,积极为地方经济和社会发展培养适用型人才,在通高校新增设招生专业34个。南通大学等5所高校以优秀成绩通过教育部本、专科教学工作评估。

【职业技术教育】　现有高等职业院校5所,五年制高职3所,中等职业学校41所,职业教育在校生达15万人。南通纺织职业技术学院、南通航运职业技术学院、南通职业大学分别被确定为国家级、江苏省示范性高职院校建设单位。现有国家级重点职业学校(省三星级、四星级学校)14所,5所学校进入省示范性中等职业学校行列。建成省合格职教中心11所,国家级技能型紧缺人才培养基地2个、省级技能型紧缺人才培养基地3个。职教实训基地建设加快推进,南通航院船舶焊接技术培训基地、紫琅学院中德职业技术培训中心先后成立。积极打造示范专业、特色专业、品牌专业,13个专业通过省新一轮示范专业建设评估验收。高职院校建成国家级品牌专业1个、特色专业2个,省级品牌专业2个、特色专业12个。中等职业学校毕业生就业率连续三年超过98%,高等职业院校毕业生就业率连续三年超过95%,其中对口就业率达到80%。

【人才开发】　着力围绕重点产业,加快推进人才智力快速集聚。大力实施省高层次创新创业人才引进计划和市工程技术关键人才引进计划。着力加强首批10家人才小高地建设,加快农村实用人才高地建设。在沪举办南通接轨上海人才工作汇报暨人才环境说明会,两地签订人才战略合作协议,签订人事人才引进培养合作协议5项。组织举办2008中国(南通)船舶及配套产品展览会暨校企人才智力合作恳谈会,与上海交大、大连理工等高校与惠生重工、中远川崎等企业签订人才引进培养合作协议40多项,在39家船舶修建造及配套企业建立南通船舶产业人才实践基地。深化人才特区试点,完善引才政策资助体系,发放专项资金100多万元。南通大学、神马电力获得江苏"六大人才高峰"优秀人才集体,邱自学、杨家春、成军获得江苏"六大人才高峰"优秀人才表彰。

(朱爱琴提供)

泰州市教育与人才开发

【概况】 至年末,全市共有各级各类学校687所,其中幼儿园207所、小学216所、初中175所、特殊教育学校6所、普通高中52所、中等职业学校26所、高等学校5所。全市民办教育已涵盖幼儿园、小学、初中、普通高中、职业学校及非学历教育各个层次,共有民办学校88所。全市共建成省优质幼儿园85所、四星级普通高中10所、三星级普通高中19所、国家级重点职业学校8所、省级重点职业学校6所。全市在校生共有71万多人,共有教职员工5.1万多人。全市小学、初中、普高、职高教师学历达标率,分别达99.7%、96.9%、90.5%和88.9%,高校副教授以上职称教师比例达25%,有教授级中学高级教师6人,特级教师66人,泰州市名教师48人、名校长13人。

【教育关注民生工程】 落实义务教育阶段免收学杂费、免费发放教科书、资助贫困生接受各类教育两个全覆盖政策,确保无一名学生因贫辍学。为全市城乡40多万名义务教育阶段学生免费提供教科书,金额6000多万元;为5000多名家庭经济困难寄宿生发放生活补助费350万元;按在校生10%的比例、每生每年1000元的标准发放普通高中学生助学金1200万元;按每生每年1500元标准给全市中等职业学校一、二年级学生发放中等职业学校国家助学金2700多万元;为近9000名大学生发放普通高校国家励志奖学金和国家助学金近2000万元;为1767名大学生发放生源地助学贷款近1000万元。并为市区10.6万名学生和幼儿办理基本医疗保险,为全市56万名中小学生办理校方责任险。在省泰州中学继续举办"宏志班"的基础上,在市区义务教育阶段学校举办3个宏志班,扩大经济困难的优秀学生接受教育的受惠面。市教育局被市委表彰为扶贫工作先进单位。

【教育行风建设】 以进一步解决教辅用书过多过滥、纠正义务教育阶段学校举办重点班和非重点班、实施阳光招生工程和治理有偿家教等为重点,提出2008年教育系统行风建设"四新一满意"工作目标。为将行风建设的要求落实到每一所学校,年初,市教育局提出"加强行风建设,创建'四无'学校"的意见,制定"四无"学校考评办法和考核细则,8月底,市政府召开加强行风建设、创建"四无"学校推进会,经考核抽查,全市表彰36个创建"四无"学校活动先进单位。继续实施学校信访举报重点监控,全市教育乱收费举报数量比上年下降22%,靖江、泰兴、兴化积极创建省规范教育收费示范市并通过市级验收。对义务教育阶段落实"就近免试入学"的规定,推行学校推荐或电脑派位的方法,使教育公平在招生环节上得到充分体现。高中阶段学校招生实行控制普高招生计划、控制最低录取分数线的"双控"政策,招生秩序进一步好转。开展有偿家教专项督查,教师从教行为进一步规范。在全市"行风热线"开播五周年工作经验交流会上,市教育局做了大会交流发言,教育行风建设的举措得到领导和社会的充分肯定,人民群众对教育的满意度进一步提高。

【学校安全管理】 市政府召开全市学校安全工作会议,明确全市学校安全工作"三有、三无、三不发生、三加强、三实现"的工作目标和10项主要措施。严格落实安全工作责任制和事故责任追究制,加大安全工作考核力度,制定学校安全工作报告制度,与市直学校签订安全工作责任状。全面开展安全隐患排查和整改工作,先后组织3次全市性中小学安全隐患整治情况督查工作。深入开展"平安校园"创建活动,江苏牧院、泰职院、泰州师专通过省教育厅和公安厅组织的考核验收。会同相关部门对全市的校舍进行抗震安全隐患的全面排查和校舍消防安全的专项检查,协调相关部门集中开展学校及周边环境集中整治行动,取得预期效果。

【市直学校管理】 召开2008年度市直学校工作会议,下发《市直属学校2008年度综合考评方案》和《关于加强市直属学校管理工作的意见》,与市直学校签订2008年主要工作目标责任书。实行市直学校校长工作月例会制度,"沟通情况、交流工作、相互促进"的机制平台基本建立。建立市直学校领导正常交流任职制度,继续选派市直学校后备干部到机关锻炼。对所有市直学校进行期中视导,对部分学校进行专项督导,强化对市直高中的教学指导。建立市直学校财务收支年审制度,进一步加强市直学校基建管理。

【召开创建"四无"学校推进会】 8月28日,市政府召开全市教育系统加强行风建设、创建"四无"学校推进会。市委常委、市纪委书记陈国华到会并讲话,副市长曹玉梅主持会议并就贯彻落实会议精神提出要求,市政府副秘书长吴健、市纪委副书记、监察局局长张余松出席会议,市委教育工委书记、市教育局局长宋吕银作工作报告,靖江市、泰兴市、兴化市政府和江苏省黄桥中学分校、姜堰市仲院初中作大会交流发言。

【现代教育技术大楼投入使用】 9月2日,现代教育技术大楼正式投入使用。建成局机关电子政务平台,基本建成局机关档案室、阅览室、活动室。 (戴 荣)

【泰州市高教园区】 园区地处泰州主城区东侧,总规划面积420公顷,其中教学行政用地22公顷,区内自北向南设南京师范大学泰州学院、南京理工大学泰州科技学院、江苏畜牧业兽医职业技术学院3所院校,2所本科院校各按1万名在校生规模设计,牧院按1.3万名在校生规模设计,总建筑面积101.7万平方米。园区内所有征地拆迁及2所本科学院的建设由政府投资,其中牧院校区的建设由牧院自筹资金,预计总投资30亿元左右。整个园区设计秉承泰州水文化特色,体现学院之城、文化之城、名师之城、园林之城的建设理念和教育之乡的内涵与风韵。

【高教办学】 高教园区超常规发展,在校生从2004年的1000多人,发展到2008年的1.4万多人,招生范围扩大到全国26个省市、自治区,包括北京、天津、上海、广东等大城市和发达地区。生源质量逐年提高,录取线从起初低于省控线40分到2008年年高于省控线20分,超过苏南部分同类高校。办学质量在全省同类高校名列前茅。

【园区建设】 至年末,园区三期工程建设全面竣工,累计完成征地453.33公顷,拆迁安置1300多户,建成教学生活用房64.6万平方米,以及与之相配套的各项设施,其中南理工泰州科技学院21万平方米,南师大泰州学院22万平方米,牧院21.6万平方米;完成梅兰东路、春晖路(北段)、育才路、迎春路(东段)、春兰路等5条道路的建设。建成塘湾、泰东、东郊3个安置区39万平方米的安置房;通过政府财政资金引导、开行和商业银行融资、土地资源运作、招商引资等多渠道筹集资金,累计完成投资19.8亿元。预计到"十一五"期末,将全部建成高教园区,为泰州大学的建立奠定基础。 (吕晓兵)

【泰州职业技术学院】 学院占地面积28公顷,各类建筑面积19.83万平方米。设有医学技术、机电技术学院2个二级学院,环境与化学工程、电子工程、管理工程、建筑工程、社会科学、艺术、基础科学等7个系部,开设专业40余个,覆盖工、经、管、文、法、医、艺7大门类。其中,省级特色专业1个,省级特色专业建设点2个。有教职工406人,其中高级职称110人、特聘教授16人(均为国内知名专家学者)。各类在校生14678人(其中普专生8541人、成教生6137人)。学院是教育部高职高专人才培养工作水平评估优秀等级学校,被国家教育部、卫生部确定为全国高级护理专业技能型紧缺人才培养培训基地,是全国数控培训网络、劳动和社会保障部职业技能鉴定中心、江苏省环境治理从业人员泰州培训基地。学院先后获江苏省文明单位、江苏省园林式学校、江苏省安全文明学校、江苏省节水型单位、江苏省节水型高校、江苏省高校毕业生就业工作先进单位等称号。学院党委获泰州市红旗党组织称号。学院团委被团中央命名为全国五四红旗团委。

【招生就业】 学院除继续面向江苏、安徽、甘肃、青海、内蒙古5省区招生外,新增山西、宁夏两个省区,共录取2736人,报到率93.06%,其中回、壮、满、土、蒙、藏、苗等7个少数民族学生25人。调整就业思路,拓宽就业渠道,努力提高毕业生就业率和就业层次。年内,学院有38个专业2536名大专毕业生,毕业生人数比上年增加803人,增幅46.4%。学院与500多家用人单位和20多家人才服务机构保持密切联系,与江苏泰隆集团、LG集团公司等建立良好的合作关系。通过联合办班、定向培养等实习、见习、就业一体化的模式,提高对口就业率和就业质量。2008届毕业生初次就业率96.1%,当年就业率99.84%,其中协议就业率94%。重点关注并帮助女大学生和家庭经济困难的毕业生顺利就业,实现2008届109名特困生就业100%。

【成教工作】 2008年成考专科录取学生1475人,比上年增加15%;招收全日制学生363人,比上年增加34.9%。新增本科专业3个,专科专业3个。主动服务地方发展,有效开展暑期百日赛,研究市场,院系联动,深入行业、企业,加大与行业主管部门及行业协会的联系,坚持服务意识,充分挖掘培训资源,拓宽培训项目。加深与市民政局合作,辽宁省军地代表团、省民政厅等来院考察退役军人教育培训工作,给予高度评价;与经贸委、市人行、卫生局、人事局、环保局等部门合作开展技能培训,对外培训6000多人次。学院成为中国锻压协会人才培养培训基地、泰州市退役士兵教育培训中心、中国医药城人才培养培训基地、泰州市科技干部培训基地、泰州市中小企业创业培训基地和泰州市城镇医技人才培训基地。

【科研工作】 加强校企合作,通过科研开发、参与技改、科普宣传等多种方式,开展各种科技服务和社会服务。在市科技局的支持下,"线切割机床新型控制系统的研究"、"航天器用矩形解铝脱落电连接器研制"、"生态混凝土性能研究及工程应用"、"不锈钢检测工程中心"等项目成功立项,合计争取科研经费26万元。与市社科联积极联系,落实泰州市政府重点研究项目"泰州地区高校发展深层次研究"项目;与市经贸委联合,寻求产学研紧密合作项目,大力推进"工学结合"。2008年,学院申报立项科研开发项目(省、市、院)总计46项,其中省教科院"十一五"期间教改课题2项、省教育厅社会哲学研究课题1项。开展科技服务项目22项,各级学术活动46次,科普宣传活动27次,新确定科技服务任务112项。完成科技成果鉴定工作1项,科技项目结题2项。

【校园文化】 着力开展以技能竞赛为主线的校园文化活动,激发广大学生学技能、搞科研的积极性和主动性,提高学生的专业技能水平。2008年,学院学生参加全国、全省各类技能大赛捷报频传,共获国家级奖项5项,省级8项。院大学生艺术团获得江苏省群众文艺创作的最高奖、第八届江苏省"五星工程奖"金奖;4月10日,江苏省高校思想政治教育研究会高职高专分会第三次全体理事会在学院召开现场会,学院大爱育人的教育教学实践在全省兄弟高校中引起了强烈反响;在2008年全国高校校园文化建设优秀成果评审中,学院申报项目《创办"双百"讲坛,倾心打造提高学生人文与专业素质的平台》获得优秀奖(这是学院首次获得国家教育部颁发的奖项)。

【合作办学】 学院多次与中国锻压协会联系,洽谈办学事宜。3月27日,学院举行与中国锻压协会联合办学签字仪式,成为国内首家和全国性行业协会联合办学的高职院校。6月18日,中国机械中等专业学校和中国锻压行业人才培养培训基地的正式成立,开创学校与国字号行业协会联合办学的泰州模式。

【校庆活动】 5月28日,校庆大会召开。整个校庆活动,围绕

"弘扬50年办学传统,共谋学院未来发展大计"的主题,隆重热烈、节俭有序、注重特色、讲究实效,圆满完成各项目标任务,在学院的发展史上写下浓墨重彩的一笔。 (张明森)

【泰州师范高等专科学校】 江苏省泰州师范高等专科学校是经教育部批准成立的一所普通高等学校。学校占地29.2公顷,建筑面积18.8万多平方米。藏书43万多册。学校设有人文科学系、数理科学系、信息科学系、外语系、实验教育系、音乐系、美术系以及远程教育部、预科部等9个系(部),专业和专业方向40个,主要分布在文化教育、制造、电子信息、财经等4个专业大类。年内,学校以"优秀"成绩正式通过教育部人才培养工作水平评估;获省文明单位、省安全文明校园、省思想政治工作优秀单位、省大学生社会实践先进单位和省安全文明校园等称号。

【专业建设】 专业课程建设方面,声乐课程进入国家级精品课程行列,综合英语成为教育部教指委级精品课程。学前教育专业被评为省级特色专业,《写作学》、《数学课程与教学论》被确定为省级精品课程。3项课题成为省"十一五"规划立项课题。学校加大与企业合作力度,将实验实训基地建到企业去。先后与LG集团(韩企),石冢感应电子有限公司(日企)等外资企业初步达成实习合作协议。与市劳动和社会保障局落实化学检验工、有机合成工、电焊工等11个项目的技能培训与鉴定合作。

【师资队伍建设】 年内,引进硕士研究生16人,续聘泰州籍退休专家、教授7人,新聘泰州籍退休专家、教授1人、特聘教授4人,落实聘用的人数在泰州几所高校中是最多的。有1名教师被评为泰州市有特殊贡献的中青年专家,4名青年教师入选省"青蓝工程"优秀青年骨干教师培养对象,1名教师考取全脱产博士,23名教师取得在职硕士学位。1名教师获第二届泰州市十佳青年教师称号。

【教学管理】 "2+1"模式改革正式推行,调整修订教学计划,制定顶岗实习方案,开通"天空教室2006"网络教学平台。出台《2009届非师范类专业学生毕业顶岗实习工作方案》和与之配套的相关教学管理文件,确保"2+1"模式的顺利推进。深化课堂教学改革,学生创新精神和实践能力培养成绩显著。信息科学系学生参加省大学生电子设计大赛,获二等奖。数理科学系学生参加省高职高专大学生科技创新大赛,顺利进入决赛。

【科研工作】 实施《青年教师科研培训实施方案》,促进教师科研能力提高。进行全国高校社科统计年报,申报成功省社科基金项目1项,实现省级项目零的突破。申报成功省教育科学"十一五"规划课题3项、市社科类课题2项、市科技局社会发展项目1项。组织申报并立项校级课题35项。

【招生就业】 首次面向省外招生,在招生大形势极其困难的情况下圆满完成招生任务,报到率90%。就业指导工作有条不紊,编印下发《毕业生就业指导手册》和《2009届毕业生生源手册》。对就业指导老师先后培训5期。组织学生参加省职业规划大赛、创业比赛。配合地方教育部门做好2009年教师资格认定报名工作、照片采集、体检等工作。开展毕业生就业跟踪调查,学校毕业生就业率98.21%。

【合作交流】 3月,学校与日本和歌山外国语专修学校达成合作办学初步协议,为学生出国深造提供便捷。5月,成功接受德国青少年代表团到学校参观访问。

【迎奥运活动】 学校开展丰富多彩、形式多样的迎奥运活动。118名师生加入火炬传递志愿者的行列。由校领导带队,学校4000余名师生代表和6名外籍教师一起到传递现场为北京奥运加油助威,充分展现学校师生对2008年北京奥运会的美好期盼和良好祝愿。 (仲 宁)

【江苏畜牧兽医职业技术学院】 江苏畜牧兽医职业技术学院是一所隶属于省农林厅,经省政府批准,教育部备案的面向全国招生的全日制公办普通高等院校,是中国南部地区唯一的高等畜牧兽医学院,是江苏省首批人才培养水平评估优秀高校、江苏省示范性高等职业院校,是全国办学规模最大的动物科技类高校。学院占地面积123.33公顷,建筑面积42万平方米。学院设有畜牧系、兽医系、宠物科技系、动物药学系、食品科技系、水产科技系、园林科技系、经济贸易系、信息工程系、机电工程系、基础部等10系1部,围绕畜牧产业链开设53个专业。学院有各类教职工900多人。专任教师中,教授、副教授等高级职称100多人,具有博士、硕士学位教师近300人。半个世纪以来,学院已发展形成以凤凰路校区为主体、以倍康药业和现代畜牧科技示范园为两翼的"一主两翼"办学格局;学院先后获省扶贫促小康先进集体、省文明单位、省民族团结先进集体、省园林式单位、省科技工作先进高校、省职业教育先进单位、省爱国卫生先进单位、省后勤管理先进单位、省大学生思想政治工作先进单位、省高校毕业生就业先进单位、省高校文明食堂先进单位、农业部校内实习基地建设先进单位、全国农业院校校办产业优秀企业、全国优秀职业技能鉴定站、全国农业援藏工作先进单位等称号。

专业课程建设:2008年,学院加强专业与课程建设,实施"品牌、特色专业和精品课程建设工程",专业建设、课程建设、教材建设成效显著。学院招生专业达到53个。兽药生产与营销、宠物养护与动物疫病防治两个专业分别被评为省级品牌专业和特色专业建设点。《动物繁殖》、《动物检疫技术》被评为省级精品课程,《就业与创业指导》、《食品质量与安全》、《动物外科与产科》、《动物传染病》被评为全国农业职业技术教育精品教材,《动物繁殖》被评为国家级精品教材、《牛羊生产》被评为国家级精品课程。畜牧兽医类专业工学结合人才培养基地被省教育厅评为江苏省人才培养模式创新试验基地,倍康药业有限公司被评为国家级实训基地。

师资队伍建:2008年,学院出台《关于进一步加强师资队伍建设推进学院内涵发展的意见》,遴选出11名专业带头人,调整设置教研室,组织青年教师开展教学竞赛活动。全年学院共引进博士、硕士等各类人才45人;134名教师晋升或转评职称,其中,4人次晋升正高职称、14人次晋升副高职称,44人次晋升或转评中级职称;1名老师被评为省青蓝工程中青年学术带头人,4名老师被评为省青年骨干教师,1名教师被评为泰州市十佳青年教师,2名老师被表彰为江苏省高校思想政治教育工作先进个人,2名教师被表彰为江苏省扶贫工作先进个人、江苏省高等学校优秀共产党员、江苏省高等学校优秀党务工作者、江苏省高校毕业生就业工作先进个人。选派第二批8名青年教师赴企业锻炼,实现校企深度融合。

学生管理:学院始终坚持"德育为先、全面育人、全员育人"的指导思想,加强"两课"教学,通过开展多渠道、多形式的活动加强学生的全面素质教育。学院及时编印《党的十七大报告辅导读本》,组织学生学习并开展相关活动;围绕神舟七号发射成功、北京奥运会成功举办、纪念改革开放30周年、校庆50周年庆典等活动,开展"'五四'精神大讨论"、"迎奥运、做贡献"、"我为校庆添光彩"、"向党说句心里话"等系列主题教育活动;成功组织第六届大学生科技文化艺术节和第六届大学生社团巡礼节。在省"挑战杯"大学生创业比赛、省第二届大学生艺术节、首届全国高职高专生物技术大赛、第四届全国大学生跆拳道锦标赛、全国高等院校学生语言文字基本功大赛中等活动中,学院先后有74个项目或人次获奖。在首届全国高职高专生物技术大赛上,学院获生化提取组和分析检测组一等奖各1名、二等奖1名,获得团体二等奖。在省第九届普通高等学校非理科专业高等数学竞赛中,1人获二等奖;2人获三等奖。在省农牧职业院校第六届田径运动会上,学院田径队以前所未有的好成绩荣获男子团体、女子团体和团体总分3个第1名,单项比赛获16个第1名,13次13人(队)破大会9项纪录,6人达二级运动员水平。在省第二届大学生艺术展演的舞蹈比赛中,学院选送的群舞"中国妈妈"获普通组特等奖。开展青年志愿者活动,2008年学院参加服务西部、服务苏北的志愿者有19人,居泰州市5所高校之首,并被评为2008年大学生志愿服务苏北计划优秀组织单位。重视大学生心理健康,组织开展大学生心理健康月活动。完善奖助保障体制,激励学生奋发向上;充实学生管理队伍,完善学生管理制度,强化学生日常管理,提高学生管理质量和服务水平。

科研工作:2008年,学院先后出台有关加强科技开发团队建设和对外服务工作实施的文件,重新修订科研成果奖励办法,加快各类科技平台建设,科技服务及科研创新成果显著。组建科技研发团队,先后与中国科学院、南京农业大学等47家高校、科研院所进行学术交流和项目合作;组织20多名教师与6家企业开展结对合作;组织16名专家参加泰州市科技富民工程,培训农民1000多人,帮助企业和农户解决生产中的重大实际问题30多个。学院2008年被评为泰州市科技工作先进集体,并连续第六次被评为泰州市科普工作先进集体。1人被评为省兴农富民工程优秀专家,1人被评为省科普工作先进个人。学院水禽基因库、姜曲海种猪场被国家农业部正式确认为国家级水禽基因库和保种场,3个省级科研中心先后通过省级检查验收,新增2个市级工程中心。申报4个专利,取得2个国家二类新兽药证书。组织申报7个科技成果奖项,其中有3个科研项目分别获市科技进步一等奖和三等奖、1个项目获省农业科技推广三等奖、1个项目获省"金桥工程"奖、1个项目获神农中华农业科技进步三等奖。学院全年共发表论文300多篇。在市自然科学论文评比活动,1篇论文获一等奖,9篇论文获二等奖。

招生就业:2008年,学院面向江苏、安徽、广东、河南、黑龙江、内蒙古、新疆、西藏、四川等全国19个省、市、自治区招生,共有4206名新生报到入学,招生规模首次突破4000人。至年末,学院生源友好学校达185所。成功举办第十三届校内人才市场暨泰州市第四届高校校园大型招聘会,14个省、市、自治区的486家用人单位到学院招聘,2008届毕业生就业率超过98%,413名学生进入本科院校继续深造,位列全省8所农牧院校之首。

成教培训:2008年,学院增设图书档案管理、机电一体化技术、水产养殖技术3个自主招生专业,招生专业涉及10多个;各类成人高等等教育在籍生人数近1000人。与南京农业大学等本科院校合作办学举办本科层次成人函授教育;先后在如皋市江海技工学校等单位设立7个办学点,开展大专层次函授教育;与扬州大学信息工程学院合作开展在职人员攻读计算机技术工程硕士、教育硕士专业学位班;相继与4所大学签订在校专科生接读本科助学协议;完成60多期、10多个培训项目的各类培训工作,培训4300多人。

国际交流与合作:全年共选派20人次出国考察、进修,接待外国友人访问10人次;聘请3名外籍教师担任英语和日语口语的教学工作。9月,学院与英国哈珀·亚当斯大学第二批合作办学专业的26名学生报到入学;与日本特定非赢利活动法人外国人研修生支援中心、嘉南药理科技大学和稻江科技暨管理学院签定合作办学意向书,国际合作办学步入正常化轨道。

【南京理工大学泰州科技学院】　南京理工大学泰州科技学院是经教育部正式批准、由南京理工大学与泰州市政府合作举办的全日制普通本科高校,是一所理、工、经、管、文多学科综合配套、协调发展的综合性高等院校。学院由泰州市政府投资建设,校区占地68公顷,规划建筑面积33万平方米,已投入使用25万平方米,教学及实验设施先进齐全,建有高标准实验中心9个及多个专业实验室,图书馆拥有丰富优质的藏书及各类教学资源,学生住宿条件优越,生活安全、方便、舒适,校区为泰州市安全文明示范校园。学院在校生近7000人。

规范管理:学院以精干高效为原则,完成了管理部门的定编、定岗、定责;完善系部组织体系,系部主任、副主任、系部教学工作主任助理和学生工作主任助理及岗位职责全部明确到位,扁平高效、职责清晰的现代大学组织架构构建完成。学院二级中心级重点开展以"依法治校、规范管理"为主题的专题学习与研讨;全面展开规章制度梳理,形成建院以后第一部内容涵盖学院14个大方面、97项院级规章制度的《规章制度汇编》,管理工作走向科学化、规范化。

师资队伍建设:学院拥有一支以南京理工大学教师为核心的优秀师资队伍(高级职称比例高达90%)和一支由南京理工大学资深专家教授组成的学科专业带头人队伍,推进自有教师队伍建设,2008年,学院自有教师比例攀升至教师队伍总数的57.9%。学院通过"三课两会"、讲课竞赛、导师制,提升教师教学水平。青年教师参加2008年度南京理工大学讲课竞赛,获二等奖2个、三等奖4个。基础部省高等数学竞赛辅导团队的4名教师获优秀指导教师称号。学院推进"双师型"教师队伍建设,通过青年教师带实验、下企业、完成毕业设计等举措,强化教师实践素养,走课堂教学与实践教学相结合的培养之路。

学科专业建设:学院设有16个应用型本科专业,32个专业方向,新申报的自动化和电子科学与技术2个专业通过评审。学院加强专业内涵建设,机械、土木、电气信息、计算机等专业指导委员会先后成立,机械、电气、土木、计算机、会计学5个重点建设专业开始起步,各专业建设与发展规划进一步完善。

教学工作:严格教学管理,将国家教育部《独立学院教育工作合格评估指标体系》分解,制订学院《评建目标任务书》,组织全面自评和集中检查,以评促建;出台《教学管理文件汇编》、《实验室管理文件汇编》、《教师手册》、《教务管理手册》等4个教学管理文件汇编,强化教学过程监控,实现全员、全过程、全方位的全面质量管理。组织“产业人才需求以及行业形势、经济趋势”的相关调研,完成2008组人才培养方案的修订及350多门课程教学大纲的拟写,开展大学英语、计算机基础等核心课程建设,组织并承担11本规划教材的编写任务(已公开出版9本),教师自主编写课程习题教程、实验教程达76本。鼓励教研教改,省级重点课题“独立学院教学质量保障体系的研究与实践”(学院承担部分)结题,8项国家“十一五”期间课题“我国高校应用型人才培养模式研究”的立项完成,立项总数位居全国独立学院前列;上年立项的6项院级教改项目取得阶段性成果。创新人才培养。10多项专业核心证书培训、考试被嵌入教学体系,学生考证通过率均达到或接近100%。尝试校企联合培养人才,实践基地拓展至42家,与学院签订《联合培养人才协议》和订单式培养意向的外资、合资企业增至32家,校企合作、互惠互利的格局初步形成。

招生就业:学院面向全国11个省市招生,包括专转本(含“五年一贯制”)和本三2个批次。学院在江苏省投档线为301分,超过苏南多家独立学院,进入省内独立学院第一方阵,生源质量继续上升。安徽、河北、陕西等9省份录取分数线均高于其省控线。学院2008年共录取2469人(其中专转本563人),学院在校生6917人。学院积极推进首届毕业生就业工程。首届毕业生就业率99.4%,协议就业率93.82%,在全省高校中名列前茅。机械、电气、土木等专业就业率100%,其中近84%的毕业生服务于“长三角”地区(在泰州本地就业的占1/4),符合学院“立足泰州、服务江苏、面向长三角”的人才服务定位。

基础设施建设:学院全年投入近800万元,用于实验室建设及现代教育中心补充建设。学院建有电工电子实验中心等9个、专业实验室1个,拥有多媒体教室73间、语音室7间、机房12个、教学用计算机940台,图书馆藏书36.6万册、期刊1199种。校园网络升级改造完成。9月,机械化工楼、7号食堂、7号学生公寓投入使用,教师公寓单体工程竣工,图书馆改造扩建工程、学生艺术活动中心改建工程完工,400米标准体育场进入开工前期准备阶段。校区工程已投入使用面积24.6万平方米,为规划建筑面积的3/4。 (毕文健)

【南京师范大学泰州学院】 学院是一所按照新机制、新模式举办和运行的本科普通高等学校。学院实行董事会领导下的院长负责制。泰州学院按照“高起点、规范化”和“高水平、高质量、高效益”办学的要求,凝心聚力,抢抓机遇,加快建设,科学发展,在学科专业建设、人才培养质量、管理体系和制度建设、师资队伍建设、党建和精神文明建设、办学条件建设等方面取得了实质性的成绩,赢得较高的社会声誉。

办学机制:学院整体入驻新校区后,完全达到国家教育部8号文件规定的独立学院办学标准,实现完全意义上的“八个独立”:具有独立的校园和基本办学设施,实施相对独立的教学组织和管理,独立进行招生,独立颁发学历证书,独立进行财务核算,具有独立的法人资格,独立承担民事责任,独立填报《高等教育基层统计报表》。学院经过4年的规范发展,位列全国独立学院前列。

队伍建设:高度重视师资队伍建设。紧密依托南京师范大学优质师资,注重引进人才,逐步形成机制灵活、结构优化、高素质的教师队伍。教职工人数从最初的10多人发展到500多人(其中教师中硕士及以上学位教师占61.1%)。聘请“全国道德模范”张云泉、“中国十大杰出青年”侯晶晶、“国家级教学名师”马景仑、南京军区原政委方祖岐上将等为特聘教授;每学期从南京大学、东南大学和其他知名高校聘任专任教师和兼职教师近200人,其中具有高级职称者近60%。形成以南京师范大学优秀教师为专业和课程建设带头人、以本院专职专任教师为基础、以专任教师和兼课教师为重要补充的稳定的多元化的教师队伍。注重培养青年教工,建立青年教师导师制度和教师攻读学位(学历)制度,面向青年教师、青年管理人员开设系列岗位培训和深度培训讲座,聘任41名具有副教授以上职称的教师担任青年教师导师,对青年教师教学进行传、帮、带,帮助他们尽快成长。多名青年教师在全国性比赛中获奖,论文在国家核心期刊发表。

教学体系:逐步明确综合性应用型有特色的学科专业建设思路,制定学科专业发展规划,初步确定建设重点和特色方向,并积极付诸实施。2008年,增设至35个专业和58个专业方向,覆盖本科专业11个学科门类除医学外的10大门类,其中10个专业可以招收培养师范类学生(学院是全省唯一有在本二批次招收师范生资格的本科院校),大部分专业和专业方向都是适应人才市场需要的应用型专业和方向,初步形成多学科协调发展的学科专业体系。建立专业建设主持人制度,深化专业建设与改革,致力于提高人才培养质量。经过反复调研论证,初步形成以“高素质、宽基础、复合型”为特征的应用型本科人才培养思路,并据此制订本科人才培养方案,形成较为合理的通识教育与专业教育、基础课与专业课、理论课与实践课的结构比例,形成相应的课程设置方案并加以落实。新一轮培养模式、课程设置与教学内容的改革与建设即将出台。

教育质量:始终坚持以教学为中心,教学质量监控体系日益完善。除成立教学委员会等工作机制外,首批聘任5名南师大具有正高职称的资深专家担任教学视导员,形成严密的教学工作运行机制与有效的质量监控机制。坚持教授走上大一新生讲台,博导走上本科生讲台,每周邀请名家学者开设系列文化学术讲座,为学生的考研和就业进行指导,为学生的成长和成才打下良好基础。重视实践教学,建立泰州市人民检察院、江苏省泰州中学附属初级中学等35个教学实践基地,增加实践课程,有效培养学生的实践能力。重视教师的教学和科研工作,设立优秀教学奖,鼓励教师钻研课堂教学方法;采取激励措施,鼓励教师搞科研,以科研促教学,承担教育部独立学院课题项目7项。学院的教学成绩日益彰显。在全国高等学校教学研究会独立学院专门委员会成立大会上,本院被选为副主任委员单位。在省级计算机一级等级考试中,学生成绩有6次名列全省高校前列;在英语专业四级考试中,学生成绩名列全国独立学院前茅;2008年首届毕业生998人,毕业率98.9%,学士学位授予率86.77%,就业率96.69%,考取硕士研究生9人,考取公务员4人,通过村官考察到村任职31人,江苏大学生志愿服务苏北计划6人,参加西部计划1人。

招生规模:招生规模逐年增长。2004年招生计划为600人,2005年为1080人,2006年为2100人,2007年为2836人,报到率均在91%以上。2008年招生计划为2887人,报到率95%。招生形势愈来愈好,2008年"专转本"招生计划在江苏省高校中名列第一。在校生从最初的600多人发展到7700多人。招生覆盖面进一步扩大。2008年,面向除港澳台以外的全国31个省、市、自治区招生。招生口径进一步拓宽。从2004年14个招生口径增至2008年的59个。生源质量不断提高。招生录取线大幅提升。从2004年录取分数低于省控线20分至2008年录取分数高出省控线56分,四年时间提高76分。生源构成进一步优化,2004年本省的生源构成为:苏南地区占38.5%,苏中地区占37.6%,苏北地区占23.9%;2008年苏南地区占58%、苏中地区占20%、苏北地区占22%。

【义务教育均衡发展推出新举措】 结合区域教育现代化创建,组织义务教育现代化教育装备建设的专题调研,突出对教育信息化指标的重点指导,明确现代化教育装备的具体要求和达成的序时进度。建立公用经费增长机制,农村义务教育学校生均公用经费提高到小学300元、初中500元。深入开展"合格特校"创建活动,泰州特校异地搬迁,兴化特校顺利进城,泰兴特校划归市管,所有特校均达省合格学校标准。制定并提请市政府办转发《关于大力推进城镇教师支援农村教育工作的实施意见》,使城镇教师到农村学校支教工作有了制度保障和鼓励性政策。启动特级(骨干)教师送教下乡工程,认真实施省"千校万师支援农村教育工程",完成与盐城市56所学校结对帮扶教师的更新派遣工作,3所学校、7名个人受到省教育厅、省财政厅的联合表彰。开展义务教育均衡问题专题调研,提请市政府出台《关于进一步推进义务教育均衡发展的意见》,明确提出"办学条件基本均衡、师资队伍基本均衡、管理水平基本均衡、教育质量基本均衡"的目标和举措。泰兴市被表彰为第二批江苏省义务教育均衡发展先进县(市、区)。

【普通高中可持续发展迈出新步伐】 制定全市普通高中新一轮布局调整规划,市政府批复各市(区)付诸实施。全市共撤并8所普通高中学校(含停止招生),4所学校申报创建三星高中;建立全市普通高中学生学籍管理系统,全市高一新生学籍首次实行统一电子化管理。市教育局切实加强对2008年新高考方案的研讨和考试后的总结分析工作,及早筹划部署应对2009年高考措施,进一步理清全市普通高中内涵发展、可持续发展的思路;通过认真做好全市联考的命题与结果统计分析工作,指导全市高中教育教学工作的针对性和有效性进一步提高。全市2008年高考在考生人数减少10%的情况下,高考水平保持稳定,二本以上达线人数再次突破万人大关,居全省第四位。靖江市被表彰为第三批江苏省普及高中阶段教育先进县(市、区)。

【幼儿教育加快发展】 贯彻全市幼儿教育工作会议精神,积极推进"以县为主"的幼儿教育管理体制,按照"以市(区)为单位、规划到园"的要求,制定2008~2010年全市省优质园创建与评估规划。开展民办学前教育机构的清理整顿工作,着力推进合格幼儿园建设。多次举办优质幼儿园创建工作推进会、现场会、督查会和培训班,全市优质园创建步伐明显加快,建成省优质幼儿园42所、市优质幼儿园37所,省优质幼儿园比例从2年前的8%上升到41%。组织幼儿园综合活动课程培训、幼儿园游戏及亲子教育观摩研讨和幼儿园园本课程研究成果展示交流活动,幼儿教育的优质建设和内涵发展同步提升。姜堰市被表彰为江苏省幼儿教育先进县(市、区)。

【深化课程改革】 执行义务教育课程设置方案,中考命题坚持新课程改革方向,落实新课程的具体要求,中考方案注重学生综合素质评价,将综合素质评定等第与高中录取挂钩。深化普通高中课程改革,举办全市初中综合实践活动推进会,开展校本课程、综合实践活动、研究性学习成果评选、展示活动。以政史地学科教学和试卷讲评课为重点,全面推进以学生为中心的主体参与课堂教学模式改革。深入职业学校课程改革,新增省课改实验学校3所、省级课改实验点4所。

【"减负增效提质工程"进一步深入】 在洋思中学召开全市"减负增效提质"工程推进会,交流减负增效工作的经验和做法,提出进一步推进的目标、任务和措施。在全市认真组织减负8项规定的明查暗访活动,建立违规举报通报制度,定期向各市(区)教育行政部门通报举报情况,督促各地各学校执行减负8项规定。以开齐开足课程、每天锻炼1小时为主要内容,对全市贯彻执行《江苏省中小学管理规范》情况进行专项督导,配合省政府教育督导团对海陵区、兴化市贯彻执行《江苏省中小学管理规范》情况进行省级督导,邀请行风监督员视察海陵区"减负增效提质"工程实施情况。组织开展提高教学有效性研讨会、加强学生英语课外阅读指导现场会和综合实践活动现场会等系列活动。组织参加全省义务教育质量检测活动,充分利用检测结果指导全市减负增效,全市学生过重课业负担得到有效控制,聚焦课堂和实施有效教学成为广大学校和教师关注的热点,大胆探索和创新丰富多彩的教学模式正成为大家的追求目标。高港区被表彰为"2006~2007年度江苏省全面实施素质教育先进县(市、区)"。

【丰富德育工作载体】 创建和谐校园,营造健康、和谐的育人氛围。深入开展"与奥运同行,为奥运喝彩"主题教育系列活动,普及奥运知识,弘扬奥运精神,传播奥运文化。完善家庭教育三级网络,拓展家庭教育的新渠道,举办泰州市家长学校网络分校,组织开展"家庭教育专家百校行"活动和"送家庭教育下乡"活动,评比产生市级示范家长学校15所、优秀家长学校37所。抗震救灾,奉献爱心,全系统共捐款1700多万元,接受248名四川灾区学生免费就读,组织50多名骨干教师参加志愿者服务团,为病区学校的20多名受伤学生巡回辅导。创新职业学校的德育工作,组织全市职业学校参加全国"文明风采"竞赛活动,获奖总数占全省六分之一,市教育局在省第四届职业教育创意论坛上介绍全市开展创业教育的做法和经验。市教育局被市委、市政府、泰州军分区表彰为"双拥"模范集体。

【体卫艺工作成效显现】 在认真做好两课(体育课、体育活动课)两操(广播体操、眼保健操)的同时,推进大课间体育活动和校园集体舞活动,确保学生每天锻炼1小时。承办全省学校体育教研工作会议,海陵区和靖江市展示的体育课和大课间活动得到与会者的一致好评。组织全市60万名大中小学生参加"与祖国同行冬季长跑"活动,举办市三运会学校组7项比赛和全市特殊教育学校学生首届运动会,创建15所省级体育传统校。印发《开展体育、艺术"2+1"项目方案》,组织京剧进课堂试点。通过举办中小学艺术节和参加"百姓大舞台"活动,充分展示艺术教育的成果。广泛开展健康教育活动,新创建健康促进学校13所。

【全省学校体育教研工作会议在泰州召开】 3月11日,江苏省学校体育教研工作会议在泰州召开。来自省教研室和全省13个省辖市教研室的体育教研员以及省内资深体育教育专家30余人参加了会议,会议主题是"落实阳光体育活动,关注农村学校体育"。会上各省辖市交流2007年学校体育的课程改革实验工作,并对泰州市学校体育课程改革实验工作和"阳光体育活动"的开展进行了调研。与会代表观摩了泰州市海陵区和靖江市6节小学体育课、10节初中体育课、2节高中体育课和靖江市外国语学校等6所学校的大课间活动。泰州市中小学体育教学改革的良好态势和体育特色的亮点展示给与会代表留下深刻印象。

【《母语教材研究》出版座谈会召开】 2月25日,洪宗礼等主编的十卷本学术著作《母语教材研究》出版座谈会在北京国际饭店举行。原全国人大常委会副委员长许嘉璐、新闻出版总署副署长邬书林、中国教育学会会长顾明远、全国人大常委柳斌、中央教育科学研究所所长袁振国、华东师范大学课程与教学研究所所长钟启泉、凤凰出版传媒集团董事长谭跃、副总经理吴小平等出席座谈会。《母语教材研究》是国家"九五"期间、"十五"期间重点科研和"十一五"期间重点出版规划项目。本套书由江苏省泰州中学著名特级教师洪宗礼、南京大学教授柳士镇、华师大教授倪文锦担纲主编,参与编著者有国内外学者160余人,研究撰著历时12年。全书研究中国百年和世界40多个国家及地区(涉及全球8大语系26个语种)当代母语课程教材,是迄今参与人数最多、研究范围最广、成果最为卓著的多卷本母语教材研究专著,其原创性、创新性、理论性和文献性在国内外都处于领先地位。本套书的出版填补母语教材研究的空白,奠定全国母语课程教材论的基础。

【举行特校学生春季田径运动会】 4月26日,泰州市特校学生春季田径运动会在靖江市举行,来自全市5所特殊教育学校的121名运动员参加52个项目的比赛,共产生奖牌231枚,充分展示残疾儿童自强不息、顽强拼搏的精神风貌。市政府教育督导室副主任督学孙晓龙出席开幕式并讲话。

【洪宗礼语文教育思想研讨会举行】 10月20日,洪宗礼语文教育思想研讨会在泰州举行。教育部原副部长、江苏省人大常委会原副主任王湛,全国著名特级教师、上海市人大科教文卫委员会原副主任于漪及20多名全国语文教育专家学者出席研讨会。市委副书记、市长姚建华,市委常委、宣传部长缪志红出席研讨会开幕式。开幕式由市教育局局长宋吕银主持。

【同课异构】 10月25~28日,全国初中课堂教学行为改进专题研讨会在洋思中学举行。山东省杜郎口中学、江苏省东庐中学和洋思中学以"同课异构"的形式展示各自的课堂教学模式。

【职业教育特色发展呈现新亮点】 及早筹划招生工作,加大招生宣传,规范招生秩序,在初三生源减少的情况下,全市职业学校招生比上年增加2000多人,本地职业学校的五年制高职计划基本完成,生源质量有较大幅度提高。重视职教技能培养,99名师生参加省师生技能大赛,创历史佳绩。与上海船舶工业公司的合作办学拓展校企合作的领域,泰州高职院与中国锻压协会股份合作创办中国机械中等专业学校,全市大部分职业学校都与相关企业实行订单培养,3所职业学校与韩国骊州大学结为友好学校。制定《泰州市中等职业学校布局调整方案》,全市职教布局调整步伐加快,资源整合力度加大。泰州机电高等职业技术学校建成1.5万平米的实训大楼并投入使用,靖江职教中心校通过省四星级职业学校评估,6所职业学校顺利通过三星级职业学校按转评,新创建成2个国家级职业教育实训基地、6个省中职示范专业、1个五年制高职示范专业。市委、市政府出台《关于整合乡镇培训资源,建立乡(镇)社区教育中心的意见》,社区教育资源统筹发展进展顺利,建成2个省级乡镇(街道)社区教育中心、1个省级农科教结合示范基地。

【参加全国"文明风采"竞赛】 教育部组织的第五届全国中等职业学校"文明风采"竞赛活动成绩揭晓。泰州市再创佳绩,14篇获一等奖、37篇获二等奖、131篇获三等奖、141篇获优秀奖,获奖篇数占全省获奖篇数的16.2%。

【纪建伟获大奖】 1月16日,中国职教学会致函市教育局,泰州机电高等职业技术学校学生纪建伟获得全球创业精神大奖,成为全国唯一、全球30名获奖者之一,将享受美国国家创业指导基金会全额资助。纪建伟于3月底前往纽约参加颁奖盛典。

【启动免费创业培训工程】 12月26日,市教育局在全市教育系统启动免费创业培训工程,统筹各地职业学校和乡镇社区教育中心的资源,对返乡农民工、下岗失业人员、企业在岗职工、未升学的初高中毕业生等四类人群开展免费创业培训。

【技能大赛】 2月23日,由市教育局和市劳动和社会保障局主办的市第四届中等职业(技工)学校教师学生技能大赛第一阶段比赛在泰州技师学院等9个赛点开赛。比赛分教师组和学生组两组,涉及机械、计算机、电子电工、数控等11个大项33个小项,共有152名教师,234名学生参加比赛。12月26~27日,由市教育局和市劳动和社会保障局主办"LG杯"市第五届中等职业(技工)学校教师学生技能大赛在泰州机电高等职业技术学校等4个赛点举行,全市共有175名教师、93名高职学生、238名中职学生参加比赛。

【加强技能教学】 10月27日,市教育局出台《关于切实提高全市职业学校技能教学质量的意见》,明确到"十一五"期末,全市职业学校要形成以能力为本位、以职业实践为主线、以项目课程为主体的模块化技能教学课程体系。

【锻压行业人才培养培训基地揭牌】 6月18日,中国锻压协会与泰州职业技术学院联合筹办的中国机械中等专业学校和中国锻压协会行业人才培养培训基地同时揭牌。原机械工业部部长何光远,中国锻压协会名誉理事长李社钊,中国锻压协会理事长、中国兵器内蒙古一机集团董事长缪文民,省教育厅副厅长殷翔文,泰州市委书记张雷,泰州市委常委、宣传部长缪志红,泰州市副市长刘励等出席揭牌仪式。

【3所职业学校与韩国骊州大学结为友好学校】 11月14日,泰州机电高等职业技术学校、靖江职教中心校、泰兴职教中心校与韩国骊州大学结为友好学校。今后3所职业学校将派教师到骊州大学接受免费进修,派学生到骊州大学参加冬季、夏季免费夏令营,从骊州大学引进教材,与骊州大学合作举办动漫等专业,开展"2+3"中外联合办学等。

杭州市教育与人才开发

杭州市全面推进基础教育优质均衡发展和现代化建设。至2008年末,全市学前三年入园率为97.1%,共有小学418所,初中260所,普通高中76所。全市义务教育入学率、巩固率以及"三残"适龄儿童少年入学率均保持全省领先水平;全市初中毕业生升入各类高中比例达98.7%。全市"以公办学校为主,进城务工人员子女学校为辅"妥善解决进城务工人员子女在杭就学13.83万人。

大力推进职业教育六项行动计划。至2008年末,在杭高职院校18所,在校生9.89万人。全市中等职业学校(含职高、中专、技校)65所,在校学生10.81万人,其中省级以上重点中等职校39所(国家级16所、省级23所),占全市中等职校数的60%。

不断提升高校办学水平和人才培养质量。至2008年末,在杭普通高等院校36所,在校学生40.96万人,增长4.3%,其中在校研究生2.97万人,高等教育毛入学率达51.9%,比上年提高1.5个百分点。

基本形成多层次成人教育网络。至2008年末,在杭成人高校6所,在校学生15.67万人;成人中等学校17所,在校学生2.44万人;成人技术培训学校327所,在校学生55.72万人。 (陈茜提供)

宁波市教育与人才开发

【概况】 2008年,宁波有各级各类学校2345所(不含技工学校,下同),在校生138.4万人,教职工8.8万余名(其中专任教师6.8万名)。九年义务教育入学率、巩固率分别为100%和99.99%;初中毕业生升入高中段学校的比例为98.66%,普通高校录取率84.58%,理科学生包揽浙江省第一、二名;学前三年幼儿净入园率98.5%。有特殊教育学校6所,在校学生743人,另有在普通学校随班就读的"三残"学生416人。在甬全日制普通高校13所,成人高校2所;高校在校学生18.8万人。有民办中小学、幼儿园1224所,学生30万人,占中小学、幼儿园学生总数的27%,其中幼儿园占71.2%、小学占79%、初中占13.8%、普通高中占21.6%、中等职业学校占6.8%。全年完成各级各类教育培训280万人次。

【高等教育】 2008年,在甬高校共15所,其中本科院校6所,高职高专7所,成人高校2所。全日制普通高校在校生13.3万人,其中研究生2275人,本科生6.7万人,专科6.4万人,本专科比例为51.1∶48.8。成人高等教育在校生5.5万人。高等教育毛入学率48%,比2007年增长2个百分点。全市高校的占地和建筑面积分别达到824万平方米和405万平方米,全市高校图书馆藏书总量902万册(生均69册)、教学仪器设备总值13.96亿元(生均1.06万元)、固定资产总值66.4亿元(生均5.06万元)。宁波大红鹰职业技术学院正式升格并更名为宁波大红鹰学院;浙江纺织服装职业技术学院、浙江工商职业技术学院进入20所浙江省示范高职行列。建设校际合作、校企合作,全面建设石油化工、生物医药等10大应用型专业人才培养基地,开展人才培养模式改革、教学改革、课程教材建设、实验室及实习实训基地建设257项,开设50余个校企深度合作的应用型创新人才试验班。职业院校内的机械数控、商贸物流等10大职业教育实习实训示范基地全面建成,具有在5年内为社会培养培训2万名技术工人的能力。在甬高校服务地方开展的社会培训首次突破10万人次,实现培训收入7000多万元。宁波诺丁汉大学首批本科生毕业经教育部批准具备与英国诺丁汉大学联合开展博士生资格;成立宁波市第一个国际执业资格培训机构——加拿大CGA宁波培训中心,建立国内首个PTC职业教育中心。在甬高校共有专任教师7287人,其中副高以上2597人,博士740人。全市共有享受国务院特殊津贴专家29位、省特聘教师4位、省高校教学名师6位、省高校中青年学科带头人50位,4位教师入选国家"百千万人才工程",9位教师入选省"151人才工程"第一层次。2个团队入选国家级团队。拥有国家人才培养模式改革试验区3个,国家特色专业建设点6个,省级重点专业32个;国家精品(双语教学)课程17门,省级精品课程67门。、

【基础教育】 2008年,全市有普通中学310所,在校学生34.3

万名，其中初中223所，学生24.3万名，高中87所，学生10万名；小学564所，学生46.8万名；特殊教育学校6所，学生743人；24.2万名外来务工人员子女在全市义务段学校就读，其中公办学校接纳15.7万人，占64.7%。九年义务教育覆盖率为100%，小学入学率、巩固率继续保持在100%；初中入学率99.97%，巩固率99.99%。盲童、聋童、弱智儿童，即“三残”儿童入学率98.5%，初中毕业生升入高中段比例上升到98.66%，比上年提高1.2个百分点，初升普、职高比继续保持1:1。高中段巩固率99.32%。有省级示范小学122所，示范初中72所，九年一贯制示范学校8所，省等级重点普通高中48所(其中省一级重点中学23所、二级重点中学16所、三级重点中学9所)，基础教育享受优质教育资源的学生占学生总数的80%。全市拥有正教授级待遇的中学高级教师36人、中小学名教师211人；小学、初中教师高一级学历比例分别达到87.1%、82.0%。

【幼儿教育】 2008年，全市有各级各类幼儿园1293所，在园儿童21.63万人(其中外来务工人员子女入园数为8万人)其中3-5岁入园幼儿19.5万人，学前三年毛入园率为151.9%，较上年提高10个百分点，净入园率达98.5%，较上年提高1个百分点，其中海曙区、江东区、镇海区、北仑区、鄞州区、大榭开发区、慈溪市高于全市平均水平。在各级各类幼儿园中，教育部门办占总数的8.1%，其他部门办占总数的2.4%，集体办占总数的8.8%，个人办占80.8%。全市省三级以上幼儿园有566所，在园儿童占在园儿童的70.2%。

【职业教育】 2008年，全市中等职业学校招收新生3.32万人，中职教育与普通高中招生比例达到50.2:49.8。独立设置的中等职业学校达41所，其中省级以上重点中等职业学校29所，国家级重点职业学校20所，中等职业学校在校生达27174人(不含各级劳动部门主管的技工学校)。建成市级职业教育10大实习实训示范基地，评估认定首批市级特色专业中等职业学校。形成“工学结合”、“产教结合”、“学工交替”等人才培养新机制和“三联”等人才培养模式，涌现出宁波甬江职业高级中学白天鹅工程、宁海县职教中心三元整合德育等新模式。

【成人教育】 2008年，全市拥有各级各类成人学校2020所。其中，省示范性成人学校37所，省一级成校23所，省二级成校41所，省三级成校21所，市级成人学校1所，县级成人教育中心学校(社区学院)11所，村级(社区)成校1886所。省示范性成人学校数在全省处于领先地位。海曙区、鄞州区被评为全国社区教育示范区。全年非学历培训达281.6万人次，其中，企业职工岗位技能培训33.4万人次，农业实用技术培训18.9万人次，农村劳动力转移培训10.1万人次，农村预备劳动力培训0.28万人次，市民及外来民工各类素质培训人数为219万人次。成人中等学历教育招生人数为4451人，成人大专以上学历教育招生人数为7326人。全市选送8个农科教结合项目，有5个项目被市农科教办公室立项。

【教育科学研究】 2008年，在甬高校纵横向科研经费总量突破3亿元，宁波大学与宁波沁园集团合作完成的“节能型饮用水深度处理系列设备的研发与产业化”成果获得2008年度国家科学技术进步二等奖；宁波大学学生在全国“挑战杯”大学生创业计划竞赛中获得金奖；浙江万里学院获批为全国首批34所“KAB创业教育拓展计划”试点高校之一；在浙江省2008年基础教育优秀成果奖评选中，宁波市获得一等奖2项(其中1项为推广奖)、二等奖3项、三等奖9项；在浙江省第六届教育科研优秀成果奖评选中，宁波市获得1项一等奖、5项二等奖、12项三等奖(含高校)，获奖总数名列全省前茅。

(谢敏依提供)

湖州市教育与人才开发

【概况】 立足于办好让党放心、人民满意的湖州教育，坚持科学和谐发展理念，全力推动教育优先发展，促进教育公平，进一步巩固和提升基本普及十五年教育的水平，增强教育综合实力，加快教育强市建设。全市学前三年幼儿入园率达到97.85%，幼儿园的等级达标率达到省均水平。全市义务教育入学率、巩固率均为100%，义务教育主要质量指标均高于省均水平；46所学校通过省第四批义务教育标准化学校的评估。初中毕业生升学率达到96.47%，其中升入普通高中占48.22%，升入中职学校占48.24%，职普比为1:1。普通高校上线率88.23%，其中文科上线率82.88%，理科上线率91.37%，连续10年保持省内领先位次。全市18至22周岁人口接受高等教育的比例达40%。创建2个中央财政支持的实训基地、3个省级实训基地和5个省级示范专业、4个市级品牌专业，新建9个市级校外实习示范基地。各级各类成人教育培训总量达到40万人次，其中预备劳动力培训2132人。新建5个市级校企合作职工培训示范基地、6个新农村农民培训示范基地。南浔区练市镇争取成为省级社区教育实验区。

【教师队伍建设】 坚持进行暑期师德专题教育，组织开展以“以德治校、以德育人”为主题的群体师德创优活动，开展师德、师风评议和考核。评选表彰了市首届“十佳师德标兵、十佳敬业园丁”。组织开展以“领雁工程”为载体的新一轮中小学教师培训，128名骨干校长、教师参加省级骨干校长、教师培训，508名骨干教师(校长)参加市、县(区)级骨干教师(校长)的培训，全市636名省、市、县(区)级骨干教师(校长)的培养工作基本完成。151名市级高中骨干班主任培训和全市62名成校校长培训已结业。确定48名各方面表现突出的骨干教师为市第一层次名师培训人选，并首批安排其中的6名培训人选赴杭州相关学校学习。组织开展第三届市“教学能手”的评选工作，50名从教10年以上、具有中级以上专业技术职务的教师通过上公开课、说课和专家评审摘得桂冠。

【积极推进农村中小学“四项工程”】　一是扶贫助学工程。扩大低收入家庭学生的资助面,上半年资助学生4709人,资助金额607.1万元;下半年资助学生4939人,资助金额为675.9万元。二是爱心营养餐工程。2008年春季全市有20354人享受爱心营养餐,发放爱心营养餐金额227.8万元。2008年秋季全市有19633人享受爱心营养餐,发放爱心营养餐金额223.2万元。三是中职学生资助工程。2008年春季涉农专业免学费409人,金额65.4万元。2008年秋季涉农专业免学费602人,金额96.3万元;2008年春季中职高一高二学生享受国家助学金22063人,金额1654.7万元;2008年秋季中职高一高二学生享受国家助学金21360人,金额1602万元。四是农村教师素质提升工程。到2008年底,按单科安排进程统计,有85512人次开始接受培训,其中5390人次已结业。按四门全科安排进程,累计7194人次参加培训,6449人次结业。累计投入经费733万元。

【人才队伍建设】　打造创新型高层次人才队伍。启动“南太湖精英计划”,110人递交了123个项目的申请书和创业计划书,11个项目注册落户。大力发展博士后事业,2家省级博士后工作站成功晋级国家级工作站,5家企业成功申报省级博士后工作站。实施市政府特聘院士顾问对接培养活动,12名培养人员到8名院士身边进行3—6个月的进修。深入实施“1112人才工程”,举办继续教育高研班9期、企业高层次创新型人才培训班(50人)1期。做好优秀人才的选拔推荐工作,2名市学术技术带头培养人员入选省“151人才工程”第二层次培养人员,储消和、周国顺2名专家享受国务院特殊津贴。

加强人才引进培养工作。积极组织和参加各种大型招聘会,有序开展日常招聘工作,全市共引进各类人才11988人,其中高层次人才710人,柔性引进各类人才1923人。继续探索社会化职称评审机制,在高级经济领域的人才评价方面有新的突破,允许一定规模企业的董事长、总经理直接申报高级经济职称。目前,我市已有高级经济师374人,2008年全市晋升专业技术职务人员达到15411人,其中高级职称912人、中级职称9879人。全面开展高级专业技术资格证书换证工作,加快建立专业技术资格证书信息管理系统。

推进新农村人才工作。加强与清华、浙大、西北农林科技大学等高校的联系,邀请硕博生来湖参加社会实践活动,重点参与21个新农村建设项目。继续完善农村实用人才职称评定工作,组织开展第二批“湖州农民专家”评选活动。组织首批中的38名农民专家进浙大接受创新创业培训。加强大学生村官队伍建设,全市已选派1260名大学生到农村和社区工作,完成了一村一社区一名大学生的目标任务。　(洪流提供)

嘉兴市教育与人才开发

【教育】　2008年,嘉兴市教育系统以“建设教育强市,办人民满意教育”为工作目标,突出关注民生、深化改革、促进发展的工作重点,较好地完成了推进均衡、提高质量、优化服务的工作任务,确保了教育事业持续健康发展。

全市共有各级各类学校738所,毕业生数18.2万人,招生数18.8万人,在校学生66.3万人。其中,普通高校3所,在校生23051人;职业技术学院2所,在校生11802人;成人高校3所,在校生26095人;专修学院1所,在校生1979人;普通中等专业学校9所,在校生19419人;成人中等专业学校8所,在校生3738人;技工学校5所,在校生8063人;职业中学14所,在校生24517人;普通高(完)中38所,在校生67487人;初中122所,在校生152200人;小学233所,在校生236252人;特殊教育学校5所,在校生1228人;幼儿园295所,在园幼儿86763人。全市有教职工40640人,其中专任教师34724人。

关注民生,教育均衡公平不断推进。完成“关于优先发展教育,进一步完善我市现代国民教育、终身教育两大体系的研究”和“改革开放三十年嘉兴教育发展研究”,共开展12项重要调研课题。全面启动农村薄弱学校改造,全市安排资金5870万元,完成薄弱学校改造26所。市财政继续安排500万元专项资金,用于市本级农村教育水平提升工程及薄弱学校改造工程。全市标准化学校达标率79.72%,义务教育实际偿还债务6765.81万元,城乡学校结对达到100%,城镇教师到农村学校支教达到10%。启动农村中小学教师“领雁工程”,完成年度省、市、县培训任务。实现免费义务教育和建立困难学生助学体系。2008年,全市中小学免除学杂费8285万元,免除课本费、作业本费1.35亿元。筹措资助贫困家庭子女就学资金1180.12万元,受助学生28645人。建立健全家庭经济困难学生资助政策体系,全市发放助学金6000万元,共计72681人次。全市城乡公办义务教育学校用于接纳符合条件的新居民子女入学超过1万人,全市新居民子女就学总人数达到10.5万人,在公办学校就读占58.9%,66298名符合条件的新居民子女享受不同类型的免费教育,免费金额达到2587万元。

深化改革,教育体制机制不断创新。9月,市政府印发《关于加快农村义务教育及社区教育发展的若干意见》,在全省率先进一步明确和强化了县级和镇(街道)政府的教育管理职责。全面开展现代学校制度建设,制定并组织实施《关于在市属学校扩大现代学校制度试点工作的实施方案(试行)》。不断完善中考和高中招生改革。探索建立保送生监控淘汰机制,省一级重点高中招收新生保送生比例达到40%。首次施行民办初中“电脑派位”招生办法和中考网上阅卷,顺利完成高考改革和小高考组织实施工作。我市中考改革经验在教育部召开的中考改革座谈会上作典型交流。继续推进学校人事制度改革。首次实施专业技术人员岗位设置和等级聘用,第一次实行职称评审专业水平测试,在全省率先实行城乡教师编制一体化。继续加大职称评审向农村学校倾斜力度,农村初中高级职称资格评审通过比例高出城镇14%。继续推进“名师”、“名校长”工程,逐步完善教师成长培训体系。全面落实省政府农村教师任教津贴制度,基本实现农村教职工工资、福利待遇水平与城市同类学校相同。

坚持发展,教育标准质量不断提升。大力推进学前教育发展,9月,市政府制定《关于进一步加快学前教育改革与发展的若干意见》,全市学前三年人园率达到97.36%。12月23日,省政府召开全省学前教育工作会议,柴永强副市长代表市政府在会上作了典型经验交流发言。开展全市初中教学质量视导评估,实施市属高中教学常规督查,加强新课程和新高考研究,促进基础教育内涵发展。全市九年义务教育完成率达到100%,初中升入高中段比例97.49%,十五年教育普及率达到99.25%。全市高考上线率、录取率和本科率继续保持高出全省平均10个百分点的优势。加大职业教育统筹力度,贯彻实施新一轮“六项行动计划”,确认13个市级示范专业,6所学校8个项目建成省级示范专业、示范基地。统筹招生范围覆盖到全部重点职业学校,中职招生22586人,中心城市占招生总数28.1%,普职继续保持1:1协调发展。中职园二期工程实际投资8272万元,如期完成建筑面积50000㎡的主体工程建设。积极做好青川地震灾区41名学生的就学工作。快速提升高等教育规模和质量,嘉兴学院梁林校区一期工程开工建设,同济大学浙江学院5月7日获教育部批准设立,一期工程交付使用。嘉职院创建省级示范性高职院校通过立项评审,南洋职业技术学院新一轮发展提上议事日程。2008年普通高校、成人高校招收新生23517人,在校生达到62927人,高等教育毛人学率接近40%。五是加快构建社区教育网络体系。新增省示范成校3所、省一级成校4所,建立社区学院6所和镇社区教育中心47个,建立200多个社区教学活动点和300多个村级教学点。推进自学考试与职业教育衔接,筹建公共培训中心基地,启动成人“双证制”培训,各类培训达到120万人次。“一村一名大学生培养计划”累计招生3477人,占全省招生总数的35%。

【教师队伍建设】 2008年,全市有教职工40640名,专任教师34724名。其中高等学校(含成人高等教育和高职学院)教职工2819名,专任教师2081名;中等职业学校(包括中专、成人中专、职业中专、中师、中技、职高)教职工2804名,专任教师2328名;普通中学教职工14925名,专任教师13476名;小学(含特殊教育)教职工12812名,专任教师12203名;幼儿园教职工7280名,专任教师4636名。全市幼教、小学、初中、普通高中专任教师的学历合格率分别达到98.40%、99.81%、99.29%和98.44%,分别比上年提高0.92、0.16、0.05和0.51个百分点;幼儿园教师专科以上学历达到66.87%,小学教师专科以上学历达到82.09%,初中教师本科以上学历达到77.28%,幼儿园教师、小学教师和初中教师的学历分别比上年提高5.97、3.12和6.03个百分点。高中教师研究生学历达到2.68%,比上年提高0.88个百分点。小学和高中高学历教师比例分别超出省平均0.35和0.01个百分点。

全市引进在职教师191名,其中高级职称12名,中级职称52名,初级职称127名。全市招聘1196名(本科及以上893名,专科及以下303名)高校毕业生充实到中小学师资队伍,其中进人市直属学校(包括民办学校)的人员为79名(具有硕士学历者23名);充实人员中,师范类为1064名,非师范类为132名,其中从本省调剂及省外引进366名。全市面向社会招聘教师86(本科42人,专科及以下44人)。全市163名在职教师离开教育系统,其中公务员录用40人。

全市评审各类教师职务4519名,其中:副教授1名,中专高级讲师(高级实验师)15名,副研究员9名,中学高级教师386名,小学中学高级教师73名,高校(中专)讲师(实验师)70名,助理研究员15名,中学一级教师1166名,小学高级教师1017名,中小学初级教师1691名,中专初级教师32名,高校初级教师41名,研究实习员3名。

全市共有367名教师及教育工作者受到省、市、市属级表彰。其中省“春蚕奖”22名,省“绿叶奖”10名,第九批市学科带头人287名,市属级优秀教师43名,市属级优秀教育工作者5名。

继续开展师训干训工作。由嘉兴市中小学管理培训中心负责开展市级教师培训的工作,并出台《嘉兴市中小学管理培训中心2008年度师干训安排意见》。年内开展了市第二期“中小学名师”、市级“学科教学带头人”、农村骨干教师培训工作,举办全市城镇中小学(幼儿园)市级骨干教师、新教师、全市中小学骨干班主任、中小学市级骨干班主任等多个教师培训班。培训内容以更新现代教育理念、提高教育科学理论和专业知识水平、提升科研能力、促进教学技能的提高为重;培训形式采取理论学习、研讨交流、蹲点考察、请进来、走出去等多种方法。同时进一步推进实施“名校长工程”,全面实行“导师制”、“异校蹲点”等培训模式。组织名校长参加在上海、南京等地举办的高层次学术会议,现场观摩其他省市的成果;组织名校长进行专题理论集中培训和课题研究工作;组织名校长参加华东师大研究生课程班;开展第一期名校长培养工程论文答辩活动,邀请十名上海特级校长担任答辩专家,并让其他名校长等干训学员旁听。2008年,市中小学管理培训中心共承担1300多人次的培训工作。

【高等教育】 2008年,全市有普通高校3所,招生7572名,毕业生3615名,在校生23051名;成人高校3所,招生10717名,毕业生8384名,在校生26095名;专修学院1所,招生690名,毕业生754名,在校生1979名;高等职业技术学院2所,招生4538名,毕业生3207名,在校生11802名。全市高校招生23517名,其中全日制本科招生9615名,在校生总数达62927名。全市高等教育院校教职工2819名,其中专任教师2081名。

【中等职业教育】 2008年,全市有中等职业教育学校36所,其中普通中等专业学校9所,在校生19419名;成人中专8所,在校生3738名;技工学校5所,在校生8063名;职业中学14所,在校生24517名。2008年,全市初中毕业生4.79万人,中职学校招生22698人,职业教育与普通高中的招生比例超过1:1。各类中等职业教育学校毕业学生15933名,在校生55737名。全市从事中等职业教育的专任教师2083名,学历合格率达93.4%,具有高级职称者306人,“双师型”教师达60.2%。全市中职学校共占地面积188.1万平方米,图书99.6万册,教学用计算机10480台,教学实习设备总值16067万元。

经过核查、答辩、专家组评议、省中等职业学校示范专业和实训基地评审委员会审议,浙江科技工程学校旅游服务与管理示范专业,嘉兴市高级技工学校电子电工示范专业,嘉兴市秀水中专数控技术示范专业,平湖职业中专化工工艺示范专业,海宁技工学校机电一体化示范专业和示范基地和桐乡市技工学校机电一体化示范专业与示范基地等6所职业学校的

8个项目分别被确定为省级示范专业、示范实训基地。这些项目获得省财政520万元资金支持。同时,还做好师资培训、助学奖学金补助、职工教育基地评审等工作。

【基础教育】 2008年,全市共有幼儿园295所,在园幼儿8.68万人。其中,城市幼儿园70所,县镇幼儿园90所,农村幼儿园135所;民办幼儿园111所,市本级幼儿园85所。全市3~5周岁幼儿学前3年毛入园率为98.14%。全市共有普通中小学393所,在校生45.59万人。其中,小学233所,在校生23.63万人;初中122所,在校生15.22万人;高(完)中38所,在校生6.75万人;特殊学校5所,在校生1228人。全市义务教育入学率为99.99%,小学升初中比例为100%,其中小学入学率为100%,巩固率为100%,初中入学率为99.99%,巩固率为99.98%。残疾儿童少年入学率为92%。初中升入高中段比例97.49%,十五年教育普及率达到99.25%,初升高普职比保持在1:1的规模。

2008年,全市高考报考人数22493人,上线20934人,上线率达到93.07%,文理科本科上线人数10631人,本科率达到56.05%,文理科录取18908人,录取率达到84.06%,上线率、录取率和本科率继续保持高出全省平均10个百分点的优势。

全市进一步落实《关于加强中小学教学常规管理的意见(试行)》、《关于加强全市普通高中教学工作的意见》和《关于全市中小学全面开展城乡学校联动发展的意见》,并出台《市属普通高中学校教学常规管理考核办法(试行)》,加强教学常规管理,构建教学质量增量监控体系,定期开展初中教育质量视导和高中课改巡查,全面关注后20%的中小学生,建立健全评价反馈、监督指导制度,努力减轻学生过重的课业负担,缓解升学竞争。召开城乡学校联动发展推进会,扩大优质资源,全面推动基础教育优质均衡发展。9月,市政府印发《关于加快农村义务教育及社区教育发展的若干意见》,提出进一步完善"以县为主"管理体制的工作要求。同月,市政府印发《进一步做好新居民子女接受义务教育工作的若干意见》,进一步明确了新居民子女教育工作的目标和措施。

全市全面推进课程改革,深化招生考试改革。重点把握好中考"指挥棒"的引导作用,控制考试难度系数,加大保送力度,全市保送生人数达到4047人。其中,市本级保送生比例扩大到省一级重点普通高中招生数的40%。保送生制度改革逐步遏制了城市学校择校现象,稳定了农村学校生源,促进了义务教育健康发展。全市中小学思想道德教育扎实推进,特色学校创建活动蓬勃开展,体育艺术"2+1"活动全面开展,书香校园建设区域共进,素质教育进一步推进。

【成人教育】 2008年,全市有成人高等教育学校3所,招生10717名,毕业生8384名,在校生26362名,教职工373名,其中专任教师280名;成人中等专业学校8所,招生1423名,毕业生1298名,在校生3738名,教职工216名,其中专任教师149名。全市有乡镇成人文化技术学校69所,全部达到省三级成校以上标准,其中省示范性成校24所、省一级成校24所、省二级成校17所、省三级成校4所;全市农村成人文化技术学校有专职教师305名,兼职教师1332名。

【教育科研】 2008年,全市各级各类教育科研立项课题共621项。其中,教育部立项课题1项(市教育局冯家俊局长主持的《区域实施职业生涯教育再研究》),浙江省教育科学规划年度研究课题46项,浙江省教育厅教研室教研重点课题2项,教研规划课题42项,嘉兴市社科联重点课题4项,嘉兴市教育科研立项课题278项,嘉兴市"个人教学问题"专项课题149项,嘉兴市名师工程第二轮研究课题和嘉兴市名校长培养工程研究课题99项。年内,全市教育科研结题课题373项。其中,浙江省教育科学规划课题结题40项,浙江省教育厅教研室教研课题结题23项,嘉兴市级重点课题结题22项,规划课题结题193项,个人教学问题专项课题结题89项,嘉兴"名师名校长"专项课题结题1项,"高中新课程改革"专项课题结题5项。2008年有4项成果获浙江省第三届职业教育教学优秀成果奖,其中,冯家俊主持的《区域实施职业生涯教育研究》获一等奖;6项成果获浙江省第六届教科研优秀成果奖,8项成果获浙江省基础教育优秀成果奖,其中,朱德江老师的《小学生数学素养培养策略与案例》获得一等奖;13项成果获省第三届教研课题成果奖。在2008年嘉兴市基础教育优秀科研成果评选工作中,评出一等奖5项、二等奖9项、三等奖11项。

加强教育科研管理工作。开展教育科研培训活动,组织参加省教科院、省教研室举办的省级立项课题培训研讨活动,举办了嘉兴市教科研立项课题负责人结题培训活动和"个人教学问题"专项课题负责人结题培训工作,嘉兴市2008年度教科规划立项课题负责人培训和"个人教学问题"专项课题立项人培训活动,参与培训的教师总人数达到1000人以上。加强教育科研骨干教师队伍建设,开展了嘉兴市教育科研基地学校教科室主任的第二轮培训和中职学校教科室主任的培训工作,举办了全市首届教育科研骨干教师高级研修班和首期中小学教师教育科研论文写作辅导班,参加培训的教师人数达到222人。承担了两项教育重点课题研究任务,一是嘉兴市社科联招标立项的课题《改革开放三十年嘉兴教育发展研究》,另一项是《嘉兴教育党史研究》,经过近十个月的认真研究,都高质量地结题。《改革开放三十年嘉兴教育发展研究》总报告还被汇编入市社科联的《嘉兴改革开放三十年发展研究》一书之中。开展科研下乡指导工作,5月,到桐乡市石门镇羔羊中心小学开展"教育科研携手行动"的科研下乡活动,帮助农村中小学教师提高教育科研能力。实施"纪念改革开放30周年嘉兴教育改革发展"系列论坛活动,各县(市、区)分别承办了《纪念改革开放30周年嘉兴基础教育改革发展论坛》、《纪念改革开放30周年嘉兴职业教育和成人教育改革发展论坛》、《纪念改革开放30周年嘉兴中小学学校管理论坛》、《纪念改革开放30周年嘉兴教师队伍建设论坛》、《纪念改革开放30周年嘉兴基础教育课程改革论坛》等5个分论坛,12月底,组织了《纪念改革开放30周年嘉兴教育改革发展总论坛》。

(付冬花提供)

绍兴市教育与人才开发

绍兴市优质教育资源覆盖率全省领先,全市又有116所学校创建为省义务教育标准化学校,覆盖率达82.5%。省级示范性中小学比例达到22%,国家级重点职业学校增加到12所,占全市职业学校的2/5,省级重点中学、重点职校占全市的60%以上。教育现代化乡镇创建按规划推进,全市教育基本现代化乡镇的覆盖率超过55%。2008年末,全市共有幼儿园769所,在园幼儿13.61万人;小学498所,在校学生30.98万人;普通中学189所,在校学生27.95万人,其中普通高中43所,在校学生9.83万人;中等职业学校31所,在校学生6.75万人;普通高校5所,在校学生5.03万人。教育普及程度持续提高,全市学前三年入园率达98.0%,小学入学率、巩固率保持100%,全市义务教育段学龄人口入学率、巩固率均提高到100%,初中升高中比率为98.3%。2008年高考三个主要指标列全省之首。各科平均分、进入全省文理科前100名人数(占到51人)、文理科各批次上线人数万人比等统计指标均为全省第一。

(李月娟提供)

舟山市教育与人才开发

【概况】 舟山市是我国的第一大群岛,也是全国唯一以群岛设立的地级市,素有“渔都港城、海天佛国”之称,区域总面积2.22万平方公里,其中海域面积2.08万平方公里,陆域面积1440平方公里。全市下辖两县两区(岱山县、嵊泗县、定海区、普陀区),总人口97.12万人。

多年来,舟山教育按照市委、市政府建设“海洋文化名城”的战略要求,围绕“服务舟山经济社会发展、服务海岛群众文化需求和服务学生健康成长”的目标,加快教育结构调整,深化教育体制改革,全面实施素质教育,促进了各级各类教育的协调发展。全市已经普及从学前三年到高中段15年教育。

【教育事业】 高标准普及了九年制义务教育,基本普及了十五年教育。年末有普通高等院校3所,全年招生7267人,毕业生6375人,在校学生22695人;成人高校1所,招生1190人,在校学生2912人;普通小学64所,招生7674人,在校学生48156人;幼儿园119所,招生6952人,在园幼儿22317人。初中38所,招生8545人,在校生25405人。普通高中16所,招生4868人,在校学生15734人;中等职业学校5所,招生3246人,在校学生9846人;全市有11240名农民工随迁子女在全市各小学和初中就读。全市3-5周岁幼儿入园率为97.5%,小学毕业生升学率100%,初中适龄儿童入学率、巩固率分别为99.85%和99.95%。初中升高中段比例为98.96%,高中段教育毛入学率96.52%,高等教育毛入学率48.6%。年内撤并小学4所,小学校均规模为752人。

(任爱珍　张　磊提供)

台州市教育与人才开发

教育事业再上新台阶。进一步加大对教育的投入,全面免除义务教育阶段学杂费和课本作业本费,义务教育学校生均公用经费标准得到提高;加强特殊教育,启动建设台州市聋哑学校;高校服务地方能力和人才培养水平进一步提高。全市有幼儿园1278所,在园幼儿22.59万人,普通小学600所,在校生41.18万人,初中在校生20.63万人,高中段在校生(含技工学校)16.51万人,初升高比例达到98.52%。全市特殊教育招生(含普通学校随班就读)284人,在校生2070人。新增省级及以上中等职业学校实训基地4个。全市全日制普通高校招生9486人,在校生27254人,成人高校在校学生21428人。高等教育毛入学率达到40.5%,比上年提高0.2个百分点。全市共解决13.78万名外来务工人员子女入学问题。

科技创新能力不断增强。2008年,全市科技投入占生产总值的比例为3.0%,比上年提高0.21个百分点。规模以上工业企业中,高新技术企业完成工业总产值692.73亿元,比上年增长13.3%,占规模以上工业总产值22.6%。顺利通过国家知识产权试点城市验收,浙江高校产学研联盟台州中心、浙大台州研究院光电与信息研究所开始运行,“知识杨浦”(台州)科技合作和转化中心、上海高校台州技术转移中心成功签约。吉利集团和海正集团被授予“国家首批创新型企业”称号。目前,全市已拥有国家级技术中心5家,省级研发中心99家,有55家企业被认定为国家重点扶持的高新技术企业。全年申请专利9043件,比上年增长44.0%;专利授权4811件,增长4.8%,其中发明168件,增长104.9%。全年共签订各类技术合同228项,技术交易额8.80亿元。

(李　鹏)

马鞍山市教育与人才开发

【人才开发】 深入实施人才强市战略,人才开发工作取得新进展。2008 年末,全市共有重点人才 9221 人,其中,高级职称 5470 人,在职人员中硕士以上学位 1984 人。有 6 人分获国务院和省政府特殊津贴。大力加强党政人才队伍建设。选派多名党政干部赴清华大学、复旦大学、上海财经大学、香港金融管理学院等高校及中央、省委党校研修培训,选送优秀干部到上海、杭州等发达地区进行挂职锻炼,选拔推荐优秀公务员参加硕士、博士学位学习;大力加强企业经营管理人才队伍建设。组织 12 名企业经营管理人才赴德国进行工商管理培训,组织 120 人参加安徽省银河培训工程。邀请英国证券与投资学会、AMT 集团专家为企业高管做专题辅导和讲座;大力加强专业技术人才队伍建设。举办各类培训班 90 期,培训专业技术人员 1.3 万余人次。选派 24 名中小学校长赴上海挂职锻炼。选送 17 名医疗技术人才赴上海培训进修;大力加强高技能人才队伍建设。马钢(集团)控股有限公司和马鞍山技师学院被评为第一批国家高技能人才培养示范基地。首次将高技能人才纳入享受政府特殊津贴人员选拔范围。推进技师社会化考评鉴定,126 人通过鉴定取得技师任职资格。推进高等院校毕业生技能鉴定,设立了职业技能鉴定所;大力加强农村实用人才队伍建设。启动实施“新农村实用人才培训工程”,培训实用人才 2 万多人次,专业农民 3000 多人次。继续推进“一村一名大学生计划”;大力加强以社区工作者为主的社会工作人才队伍建设。107 人通过首次全国社会工作师职业资格考试,取得任职资格。选派 144 名社区干部到复旦大学、安徽师范大学开展专题学习。与安徽师范大学共同成立了“金家庄区社区建设与发展学院”。

【人才开发】 深入实施人才强市战略,人才开发工作取得新进展。2008 年末,全市共有重点人才 9221 人,其中,高级职称 5470 人,在职人员中硕士以上学位 1984 人。有 6 人分获国务院和省政府特殊津贴。大力加强党政人才队伍建设。选派多名党政干部赴清华大学、复旦大学、上海财经大学、香港金融管理学院等高校及中央、省委党校研修培训,选送优秀干部到上海、杭州等发达地区进行挂职锻炼,选拔推荐优秀公务员参加硕士、博士学位学习;大力加强企业经营管理人才队伍建设。组织 12 名企业经营管理人才赴德国进行工商管理培训,组织 120 人参加安徽省银河培训工程。邀请英国证券与投资学会、AMT 集团专家为企业高管做专题辅导和讲座;大力加强专业技术人才队伍建设。举办各类培训班 90 期,培训专业技术人员 1.3 万余人次。选派 24 名中小学校长赴上海挂职锻炼。选送 17 名医疗技术人才赴上海培训进修;大力加强高技能人才队伍建设。马钢(集团)控股有限公司和马鞍山技师学院被评为第一批国家高技能人才培养示范基地。首次将高技能人才纳入享受政府特殊津贴人员选拔范围。推进技师社会化考评鉴定,126 人通过鉴定取得技师任职资格。推进高等院校毕业生技能鉴定,设立了职业技能鉴定所;大力加强农村实用人才队伍建设。启动实施“新农村实用人才培训工程”,培训实用人才 2 万多人次,专业农民 3000 多人次。继续推进“一村一名大学生计划”;大力加强以社区工作者为主的社会工作人才队伍建设。107 人通过首次全国社会工作师职业资格考试,取得任职资格。选派 144 名社区干部到复旦大学、安徽师范大学开展专题学习。与安徽师范大学共同成立了“金家庄区社区建设与发展学院”。

【教育事业】 全年财政用于教育的支出为 9.1 亿元,比上年增长 18.8%。全市有各类学校 403 所,在校学生 20.32 万人,教职工 1.31 万人。其中,幼儿园 147 所,小学 171 所,特殊教育学校 2 所,普通中学 67 所。全市省一类幼儿园 6 所,省示范高中 5 所,省特色初中 1 所,省特色小学 2 所,国家重点职业学校 2 所,全市高等学校 6 所。全市高中阶段在校学生数 49972 人,高中阶段教育毛入学率为 81.14%。　(周宇等提供)

上海市医疗卫生

【卫生】 至2008年底,上海市有各级各类卫生机构2809个(各级各类医疗机构2723个),其中医院608所(综合性医院184所、中医医院17所、中西医结合医院4所、专科医院84所、老年护理院12所、社区卫生服务中心和乡镇卫生院266所、专科防治院19所、妇幼保健院22所)。共有床位9.78万张,每千人口医院床位7.03张。共有卫生技术人员12.77万人,其中执业医师5.12万人,每千人口拥有执业医师3.68人;注册护士(师)4.88万人,每千人口拥有执业护士(师)3.51人。全市医疗机构共完成诊疗数15238.39万人次,比上年增长15.29%,其中门急诊15035.14万人次;出院209.48万人次;县以上医院住院手术70.54万人次;院前急救35.97万人次。

全市甲乙类法定报告传染病总发病率为192.92/10万(户籍人口),继续保持历史低水平。全市无重大疫情发生。

2008年,全面实施《上海市公共卫生体系建设三年行动计划(2007—2009年)》,完成70岁以上老年白内障复明治疗、贫困精神病人免费服药、艾滋病美沙酮维持治疗项目的目标任务。上海市公共卫生应急指挥中心建成并投入使用。建立6个危重新生儿会诊抢救中心。成立上海市防治艾滋病工作委员会。完成第二轮《上海市建设健康城市三年行动计划(2006—2008年)》,免费发放748万把控盐勺,建成26条近4万米健身路,建立2072个"社区居民健康自我管理小组"。完成北京奥运会上海赛区足球赛、2008F1中国大奖赛等10余次重大活动的医疗保障任务。

全市19个区县推行社区卫生收支两条线和医保费用总额预付管理。各区县户籍人口人均社区公共卫生服务经费达到或超过40元,外来常住人口人均社区公共卫生服务经费标准达到20元或以上。全市新型农村合作医疗人均筹资500元,比上年增长11.1%。落实《本市乡村医生纳入基本社会保障制度的指导意见》,解决在职、到龄和特殊原因离岗乡村医生的基本社会保障问题。

成立上海市中医药发展办公室。研究制定《上海市中医药事业发展规划纲要(2008—2020年)》。成功举办中国中医药上海行系列活动。启动国家中医临床研究基地和7个重点中医医院建设规划项目。

制定下发《上海市公共卫生重点学科建设招标指南》和《关于申报上海市公共卫生人才培养计划的通知》,评选出30名公共卫生学科带头人、100名公共卫生优秀青年人才,确定11个公共卫生重点学科的建设单位和参与单位,明确各学科建设的目标和主攻方向。年内完成局以上各级立项课题1336项,总投入经费136715.95万元。市卫生系统获2008年度国家科技奖13项,获中华医学奖17项;17项传染病防治国家重大科技专项课题初步通过卫生部专家评审;获2008年度上海市科学技术进步奖44项、上海市自然科学奖3项、上海市技术发明奖1项。新增21人进入市领军人才培养计划,累计有57人。认定全科医师规范化培养第二批临床基地和社区基地,全科医师规范化培养临床基地累计11个,社区基地30个。招录全科医师规范化培养学员150人;完成在岗社区医生的全科技能培训633人,累计培训3868人。上海医药高等专科学校共录取应届高中毕业生"定向培养乡村医生"三年制临床医学专业58人。培训乡村医生2360人。

完成市政府实事项目:完成300所村卫生室标准化建设,实现3年完成1000所村卫生室标准化建设的目标;新建15个医疗急救分站,新增120辆救护车。 (林德珍提供)

南京市医疗卫生

【概况】 2008年,南京有各级各类卫生机构1770个(不含驻宁部队、武警系统),床位2.82万张,卫生人员5.38万人,其中卫技人员4.23万人,内执业(助理)医生1.61万人,注册护士1.63万人。全市和市区平均每千人口床位数分别为4.52张和4.84张,全市平均每千人口卫技人员、执业(助理)医生和注册护士数分别为6.78人、2.57人和2.60人。

深化卫生改革。全市卫生应急工作步入法制化和规范化轨道,全面建成基层公共卫生网络和覆盖城乡的社区卫生服务网络,惠民医疗体系进一步减轻困难群众医药负担,继续强化卫生监督执法力度和卫生行风建设。

四川汶川发生强烈地震后,5月13日,南京5支医疗小分队121人飞赴灾区参与救治伤病员,救治伤员1.57万人次。随后,又派出卫生防疫、监督、救护队68人,参与灾区消杀、卫生监督、健康教育、转运伤员和物资等工作,确保大灾之后无大疫。5月23日,南京10所医院收治灾区伤员363人。

执行"预防为主"方针。全市计划免疫五苗覆盖率99%,传染病年总发病率126.21/105,较上年又有下降,其中结核病、性病、痢疾和肝炎依然是发病数最多的前几种疾病。强化结核病、艾滋病和血吸虫病防治力度。全面完成各项卫生监测工作任务。

爱国卫生工作继续保持良好态势,为南京创建文明城市作出应有贡献。

全面开展农村和基层卫生工作。社区卫生服务水平显著提升,新型农村合作医疗全覆盖,妇幼保健各项工作成效显著。

以人为本开展医疗服务。全市医院(含社区卫生服务中心、镇卫生院)年门诊量3243.02万人次,年急诊量283.48万人次,年出院量59.73万人次。继续加强对医疗行业和医疗机构的监督管理,开展医院管理年活动,提高医疗服务质量,满足群众需求。中医事业持续发展,中医药服务能力进一步提高。

全市市属医疗卫生单位接受安置应届大中专毕业生156人,其中博士和硕士分别为27人和57人,本专科毕业生分别为70人和2人;市属卫生单位基本建设施工面积30.25万平方米,竣工面积1.74万平方米。全市无偿献血6.95万人次、22吨。

进一步落实"科教兴卫"战略。全市开发一批医疗新技术,获得包括国家科技进步二等奖在内的一批医学科研成果奖。

开展国际合作与交流。据不完全统计,全年有21个国家和地区85批外宾、111名学者应邀到宁参观和作专题学术报告,全市有535人次分别到41个国家和地区考察和参加学术交流。

【疾病预防与控制】 2008年,南京有各级疾病预防控制中心20个(含厂矿卫生防疫站,不含驻宁部队系统)、床位120张,卫生监督所15个,防治专业机构7个、床位40张,中心、所和专业机构分别有专业技术人员1126人、496人和104人。

1月,全国卫生应急工作会议在宁召开,200人参加会议,与会者参观雨花台、白下区突发公共卫生事件应急中心和铁心桥社区卫生服务中心,观摩全市卫生应急综合演练。3月,市卫生局召开全市卫生应急工作会议,表彰2007年在全市人禽流感防治工作取得突出成绩的先进集体8个和先进个人31人。安徽阜阳地区发生EV71引起的手足口病流行后,4月召开防控工作会议,成立市防控工作指挥部和局防控工作领导小组,调整完善市专家组,及时制定下发相关规范性文件,强化应急培训,开展宣传教育,救治重症病人,全市收治101名重症患者,无一人死亡。全年发生17种传染病1.12万人,年总发病率为126.21/105,较上年下降10.33个十万分点。

年初南方发生冰冻雪灾期间,南京做好卫生应急保障工作,为旅客做好救治服务,全市未发生一起重大食物中毒和传染病疫情。四川汶川强烈地震发生后,南京市及时派出191名医疗卫生人员(含驻宁部队)奔赴灾区,出色完成医疗救治和卫生监督防疫任务。7~10月,派员对口支援绵竹市剑南镇。

市卫生局贯彻落实扩大免疫规划策略。4月举办儿童扩大免疫规划培训班15期,培训1731人。5月1日起,儿童计划免疫疫苗从原来的8种扩大到11种。在全市开展创建"市预防接种工作示范区"活动,至年末,秦淮、建邺和雨花台区通过市级考核验收,其他区县加大对计免门诊硬件设施的投资,部分农村社区卫生服务中心接种室环境明显改善。全年监测报告南京籍急性迟缓性麻痹(AFP)病人14人。全市五苗覆盖率99%,各种单苗接种率都在95%以上。市政府召开结核病防治工作领导小组会议,与各区县签订《区县结核病2008~2010年结核病防治目标责任书》,制定下发《南京市结核病防治工作目标任务书和考核标准》;完善四级结核病防治督导管理网络,建立健全结核病双向转诊制度;全年报告肺结核病人3358人,病人治管率为99.42%。开展"3·24世界结核病防治日"宣传活动,展出展板200余块,接受咨询群众4650人次,其中免费胸透550人次,发放宣传资料2万份。将经性传播和注射吸毒传播作为预防艾滋病干预工作重点,全市13个区县均被列为娱乐场所行为干预项目区。开设美沙酮维持治疗门诊3个,全年接受治疗1513人。全市61个艾滋病初筛实验室检测41.71万人次,免费咨询检测7113人,免费抗病毒药物治疗艾滋病患者。启动中国政府与美国比尔及梅琳达·盖茨基金会艾滋病防治合作项目(简称中盖艾滋病项目),南京市是江苏省唯一的实施地区。开展艾滋病知识宣传教育活动,累计在621个行政村居委会设置固定宣传标语4207个,分别在36个公共场所和137个社区卫生服务中心设立固定宣传栏各57个和274个,发放宣传资料28.25万份,资料入户18.82万户。

全市居民平均预期寿命76.72岁,其中男性74.44岁,女性79.12岁。

【抗震救灾】 四川汶川发生特大地震后,5月13日~6月16日,省人民医院、市鼓楼医院、市第一医院、东南大学附属中大医院、南京医科大学第二附属医院5支医疗队121人,乘机飞抵四川重灾区参与救治地震伤员,南京医疗队是第一个到达灾区最前沿的外省医疗队,救治伤员1.57万人次,其中手术1065人次(包括截肢、开颅减压等大手术)。省人民医院小分队提出“关口前移”,首创“平通经验”,得到中共中央政治局常委、国务院副总理李克强的充分肯定,在绵阳灾区全面推广。市鼓楼医院小分队还负责转运伤员专列一列,将300名重伤员由绵阳转至武汉汉口,无一人死亡。市第一医院与江油市人民医院签订长期帮扶协议书。

5月20日~7月21日,市疾病预防控制中心14人、市卫生监督所10人参加江苏省赴四川卫生防疫监督工作队。南京军区抗震救灾卫生防疫队34人赴川参加防疫防病和卫生监督工作。南京防疫小分队转战绵竹、什邡、德阳市和北川县等重灾区,消杀动用70个工日、2176人次,消杀用药15.70吨,消杀面积达1220.90万平方米,饮用水消毒1336户,使用消毒剂858千克,检测村民生活饮用水余氯693份,检测蔬菜农药残留124份,监督村民饮食卫生1502户,健康教育4.81万人次,发放卫生宣传材料669份,心理干预村民810人。5月14日~6月5日,南京市急救中心派出5辆“120”救护车参加江苏省医疗救护队,在重灾区出车500余次,抢救转送病伤员78人,运送防疫人员2400人次,防疫药品物资48吨,行车总里程4万公里。5月17日~6月15日,南京脑科医院派出2人,参加卫生部组织的心理危机干预医疗队,在地震灾区心理疏导1802人次。

5月23日~7月31日,2批四川地震伤员乘机抵宁,南京军区南京总医院、省人民医院、市鼓楼医院、市第一医院、东南大学附属中大医院、南医大二附院、解放军第81医院、省中医院、省中西医结合医院、市中医院接收四川地震灾区的伤员363人,其中手术279人,包括总理温家宝为其让路的小女孩宋馨懿。接收灾区伤员各医院共投入1059.89万元,为伤员提供优质、高效、温馨的医疗救护服务。

【寄生虫病和地方病防治】 2008年,全市查钉螺面积2.003亿平方米,查出钉螺面积2448.53万平方米,其中江滩、阳性钉螺面积分别为2346.31万平方米和46万平方米;灭螺面积4416.38万平方米,其中环境改造灭螺169.62万平方米。全年查病8.27万人,未查出慢性血吸虫病患者,治疗和扩大化疗4514人,未发生急性血吸虫感染病人。全年发生间日疟病人47人,其中南京病人16人;年发病率0.22/105,休治期根治18人。全年血检3.65万张疟疾血片,其中南京居民3.36万张,查出疟原虫阳性者38张和12张,阳性率各为0.104%和0.036%。全年肠道蠕虫病监测8734人,查出阳性者65人,感染率0.38%,驱虫治疗1.57万人。全年抽查居民户碘盐4164份,合格率为99.18%,碘盐覆盖率为99.99%。

【食品卫生监督监测】 2008年,南京市推进食品卫生监督量化分级管理,实行量化分级管理的餐饮单位1.85万家,定级1.26万家。开展食品卫生专项整治,全市出动卫生监督员1.99万人次,车辆3965台次,检查餐饮单位、食堂和健康相关产品生产经营单位2.59万家,取缔无证非法经营单位109家,行政处罚228家,罚款41.08万元。全年采样监测各类食品1738份,合格率95.05%。餐具采样监测2752份,合格率98.33%;市场执法抽检餐具1742份,合格率99.43%。食品从业人员体检和卫生知识培训1.59万人,检出病人71人,全部调离原岗位。监测27个集中式供水单位水源水、出厂水和末梢水180份,合格率71.67%;监测15个末梢水和二次供水采样水样180份、1620项次,全部合格。全市未发生食物中毒突发事件。

【职业病防治工作】 2008年,全市参加社保企业2万余家,其中有危害因素市属以上企业130家;职工120余万人,有害作业岗位职工13.19万人。全年监测有害作业企业120家,监测生产环境有害因素点2222个,总合格率90.05%,其中粉尘、化学因素、物理因素合格率分别为86.94%、92.58%、87.48%;公有经济和非公有经济合格率各为89.21%和92.69%。对22个建设项目的职业危害进行预评价,完成15个工厂洁净厂房的测试工作,测试202个点,合格率95.05%。全年监测1212名放射工作人员个人剂量,全部合格;监测医用诊断X射线机533台,全部合格。

【传染病防治技术】 市鼓楼医院研究成功获取四型戊型肝炎病毒重组多肽方法,利用该多肽为包被抗原建立的ELISA法可有效应用于抗-HEV的检测。

解放军第454医院采用新综合疗法,包括早期采用利尿脱水、预防感染措施,早期使用和短程使用激素,与血制品同时使用,强有力的支持与护肝措施,采用血细胞分离机作血浆置换术降低血浆胆红素含量,中西医结合康复措施,治疗重型肝炎总有效率达75.23%。

市第二医院研究发现,对免疫阻断效果不佳的婴儿早期给予HBV疫苗干预治疗,可提高其保护性抗体水平;在国内外首先采用有机锗多糖和复方甘草酸苷辅助治疗艾滋病有一定疗效。

医科院皮肤病医院成功研制生殖支原体的改良SP-4培养基,建立检测生殖支原体的多聚酶链试验,证实生殖支原体和支原体感染在非淋菌性尿道炎(宫颈炎)患者中常见。

【爱国卫生运动】 2008年,南京市爱国卫生系统人员总编制59人,有专职人员64人。3月,市爱卫会召开全委会,下发《2008年南京市爱国卫生工作任务书》,明确各区县、市各相关部门的爱国卫生工作职责,逐级分解落实年度任务,建立科学决策,强力推进有效的工作机制。针对上年国家对南京创建国家卫生城市复查指出存在的问题,市爱卫办对各区县及有关部门采取明暗结合的方法,跟踪督查整改,整改结果进入城市长效综合管理评分体系,使大部分问题得到较好解决。在创建文明城市期间,各级爱卫会发挥组织协调作用,动员、督促各部门完成环境整治、除害防病、控烟等相关工作。各郊区县结合文明镇村、生态镇村创建开展创建卫生镇村活动,申报、考核一批省、市级卫生村。溧水县永阳镇启动创建国家级卫生镇工作,雨花台区宁南街道创建成国家级卫生街道。创卫工作推动各郊区县农村基础设施建设和城市综合管理工作,全市农村环境卫生面貌普遍改善。“爱国卫生月”活动、除四害、健康教育和农村改厕工作取得新进展。至年末,全市表彰市级爱国卫生先进单位109个,累计建成国家、省、市级卫生镇(街)各2个、4个和32个,省、市级卫生村各57个和153个。

【"爱国卫生月"活动】 在第20个爱国卫生月活动中,全市各级爱卫会围绕爱卫月确定的"清洁南京、迎接奥运"活动主题,开展健康教育、除害防病、环境整治等群众性爱国卫生工作,取得明显效果。据不完全统计,全市清理卫生死角300余处,清运垃圾2952吨,有3.37万余人参加;组织156个部门、4000余人参与广场及窗口地区宣传活动,展出展板536块,悬挂横幅86条;有120个医疗卫生单位设立健康咨询台,发放宣传资料3万余份,接受健康服务、健康咨询群众4万余人。

【除四害工作】 2008年,南京市在春季灭鼠活动中,各区县按照统一要求,规范操作,科学安全投放灭鼠毒饵42吨、粘鼠板2.50万张,较好控制各重点场所的鼠情鼠害;全市累计投放灭蚊蝇浓缩液18吨、灭蚊蝇幼虫缓释剂20吨、诱蝇笼5000只、各类消杀器械226套,有效控制街巷居民小区的蚊蝇密度。9月,南京通过全国灭蝇先进城区复查。自1996年首次获此荣誉后第二次通过复查。在7个街道1674平方公里范围,在全省率先启动街道公共环境除四害专业化、市场化运作试点工作,并取得明显成效,形成构建"四害"防制主体从群众运动向专业防制队伍转变的新体制,促进各级爱卫办自身管理模式的新转变,实现除四害服务质量的新提升。该项改革成果在全省爱卫系统论文交流会议上作介绍。

【农村改厕和水质监测工作】 2008年,市政府分解下达全市农村改厕年度工作任务,市财政落实专项经费500万元,各郊区县财政按照100~300元/座的标准落实配套资金。市爱卫办制定下发《农村改厕方案》,举办首届全市农村改厕施工队技术培训班,有60人参加,成绩合格者发给施工资质证书。全年新建无害化卫生户厕和卫生户厕各6.60万和7.70万个,累计各28.09万个和57.43万个,普及率分别为40.93%和83.70%。市爱卫办负责农村改水水质监测的组织工作,争取财政安排农村水质监测专项经费,与市卫生局联合举办农村水厂厂长培训班,有121人参加。全年农村水质监测4次以上。

【健康教育工作】 2008年,南京市继续开展全民健康教育和公共场所控烟工作。各区县及镇街加强健康教育宣传阵地建设,注重提高健康教育宣传栏质量,加大对艾滋病、结核病、高血压、糖尿病预防知识的宣传力度。在农村继续扩大"亿万农民健康促进行动"示范镇(街)创建工作,7个镇(街)经考核被确定为"行动"示范镇(街)。玄武、雨花台区爱卫办分别完成卫生部和省卫生厅下达的中国公民健康素养900人调查任务。按照文明城市有关控制吸烟工作的要求,加大对学校、医院、歌舞厅、茶社、体育场的检查力度,重点检查各类禁烟场所150个,控烟成效明显;市教育局创建无吸烟学校(幼儿园)80所。

苏州市医疗卫生

【概况】 2008年,苏州市医药卫生事业快速健康发展,进一步健全了医疗卫生服务体系,推进了城乡统筹的医疗保障制度,积极应对了突发公共卫生事件,提升了医疗卫生服务能力,评选了卫生系统改革开放30年30人30事。

(1)政府实事项目扎实开展。市中医医院迁建被列入市重点建设项目,整体按时序顺利推进,年底主楼建至15层,裙房结构封顶,超额实现考核目标。在市领导关心重视下,城区6个公立社区卫生服务中心新建顺利启动。在大市范围启动社区常用药品政府补贴工作,完善社区基本药物目录,居民在定点社区卫生服务机构购买常用药品可享受20%优惠。以60~65周岁老人为重点,连续3年开展老年居民免费体检,体检对象达92万人,各级财政投入经费达1.1亿元。继续开展流动人口孕产妇限价定点分娩,全市已建免费婚前医学检查点10个,全市婚前医学检查率提高至65%,实行一站式服务地区婚检率达95%。

(2)农村卫生工作成效显著。全市农村合作医疗保险参保总人数达292万人,人均筹资额达278元,筹资总额8.04亿元,人口覆盖率达97.2%;苏州市成为全国首个全面实现农民刷卡看病的地级市;科学设定合作医疗结付比例,结报率达40%左右,农民受益面进一步扩大;继续推行一级统筹和单病种结算试点。农村特困人群医疗救助水平得到进一步提升,实际救助人次、救助额显著提高,2008年最高救助额达20万元。为切实加强农村卫生人才队伍建设,市卫生、人事、编办、财政4部门联合制订了《关于加强我市农村卫生人才队伍建设的实施意见》,积极探索农村社区卫生服务中心、站的一体化管理,实行中心对站的人员、工资、药品、财务收入统一管理,着力抓好农村卫生重点人才队伍建设,积极开展全科医师规范化培训,实施中心重点人才培养项目,加强农村卫技人员岗位培训,实行优惠政策,鼓励参加学历教育,落实免费进修和继续医学教育制度。

(3)卫生体制改革深入推进。在总结第一轮改革经验的基础上,按照"框架不变、强化监管、激活机制、提高效率"的指导思想,进一步深化市属医院管办分离改革。市卫生局代表国有资产出资人与市属医院管理中心签订合同,强化了市属医院公益性,突出内涵建设、服务质量和水平、学科建设、人才培训等内容,实行政府有效监管下的自主管理。各医院管理中心重新调整了理事会成员,产生了新一届管理中心领导班子和医院行政领导班子。研究制订鼓励政策,吸引优质社会资本,不断完善多元化办医格局。积极探索开展城乡社区卫生和农村卫生综合改革工作,探索有利于卫生发展的工作机制。

(4)医疗服务水平明显提升。召开了全市医院工作大会,出台了《关于强化卫生行业管理实施医院五项工程的意见》,开展自律、质量、人才、便捷和温馨5项工程。以等级医院复核评审为契机,全力加强医院规范化建设。深入开展医院管理年活动,积极创建平安医院,健全医疗质量监管和持续改进长效机制,全市二级以上医院广泛推行医疗责任险,完善医患纠纷第三方调解机制。筹备做好第六十届医博会、第三届国际COA大会、省血液研究所成立20周年庆典等活动,加强卫生学术交流合作。市卫生局印发《苏州市"科教兴卫"专项资金管理与使用办法(试行)》,引导医学课题研究,进一步提高全市医疗卫生服务水平。

(5)公共卫生进一步完善。继续完善公共卫生服务体系,深化农村基本公共卫生服务。全面落实国家扩大免疫规划,加强流动人口公共卫生服务,实现流动儿童计划免疫全覆盖。全面提升卫生应急工作水平,年内快速有效处置突发公卫事件22起,全力做好禽流感、手足口病等传染病防治工作。深入推进国家艾滋病综合防治示范区建设,强化对感染者和病人的管理,开展高危行为干预和美沙酮维持治疗;以外来民工为重点人群,实施结核病防治项目;下发《关于切实维护乙肝表面抗原携带者就业权利的通知》,开展体检机构督查,逐步消除乙肝歧视;积极开展中英慢病合作项目。加强内涵建设,提升"12320"公益电话服务水平。为切实降低孕产妇死亡率、婴儿死亡率,专门召开母婴安全推进大会,开展"两好一满意"活动(服务好、质量好、群众满意),制定产科建设与质量管理标准,完善责任追究等7项制度,建立产科医疗风险预警机制,加强托幼机构卫生保健管理。推进卫生监督体系建设,推进量化分级管理,启动说理式卫生行政执法试点,制订行政处罚自由裁量权标准,加强卫生行政许可窗口服务,开展"蓝盾"系列等食品卫生、公共场所、打击非法行医专项整治活动,切实维护市民健康权益。

(6)社区卫生体系不断健全。全市社区卫生服务网络不断健全,全市已建社区卫生中心131家、卫生站971家,社区卫生服务机构普及率达100%,人口覆盖率达100%,以乡镇、街道为单位的社区卫生服务中心普及率达92.5%。年内共有10家示范中心、80家示范站通过市级评审,向省卫生厅推荐了13家城市和农村示范社区卫生服务中心。城区建立了150多支包括全科医生、社区护士和公卫医师的全科医生团队,与17万户居民家庭签订《健康保健合约》,积极建立和落实家庭责任医生制度。进一步推进双向转诊,全市通过社区卫生服务机构转入医院近2万人次,转入社区的有6000多人次。顺应老龄化社会需要,鼓励发展老年护理事业。加快社区卫生人才队伍建设,开展乡村医生中专学历补偿教育,为农村地区社区卫生人员增添新生力量。

【食品卫生监管】 2008年,全市开展以保障学校食品卫生安全为重点的"蓝盾一号"专项行动,以保障国庆、中秋节和北京奥运会期间的食品卫生安全为重点的"蓝盾三号"专项行动。通过专项行动进一步提高了管理相对人的法律意识和责任意识,保障了广大群众的身体健康和生命安全。全面推进餐饮单位食品卫生量化分级管理,强化食品生产经营者的法律意识,调动其加强自身管理的积极性,增强卫生监督管理的透明度,提高监管效率。全市餐饮单位食品卫生监督量化分级管理率达100%。

【大型活动食品安全保障】 2008年,北京奥运会火炬苏州站传递活动、世界银行公积金会议、苏州旅游交易会、"同里之春"国际旅游文化节、全国女子柔道锦标赛暨奥运会选拔赛等重要活动在苏州举行,为切实保障参加活动人员饮食安全,全市卫生监督人员严格落实预审菜单、现场预查、每日验货、监督制作、查看留样等工作,并采用现场检测手段对饭店供应的食品进行现场检测。共保障136次、37.2万余人次用餐安全,未发生一起食物中毒或疑似食物中毒事故。

【流动儿童计划免疫达标镇(街道)创建活动】 2008年,全市结合创建活动,进一步加强预防接种门诊规范化建设,强化计划免疫管理。组织完成张家港市、常熟市、太仓市、昆山市、吴江市、相城区、工业园区、平江区各镇(街道)124家计划免疫接种点流动儿童计免达标评估工作。全市流动儿童计免接种管理人数达30万人,是创建活动前2005年的4倍,全面构建、完善了儿童计免屏障。

【艾滋病防治】 2008年,苏州市国家艾滋病综合防治示范区建设工作取得长足进步,进入总结评估阶段。国家艾防督导组、GAP项目专家组对苏州市艾滋病防治的机制建设和具体工作给予高度肯定。全市艾滋病监测网络进一步完善,已建立苏州市艾滋病确证实验室2家,初筛实验室97家。由于监测网络的不断完善,扩大了人群的筛查面,提高了高危人群的检出率。2008年,全市检测各类人群63.66万人次,查出抗体阳性者194例(新报告181例),累计艾滋病感染者和艾滋病人达607例。在强化社会宣传的同时,加强了高危行为干预队伍的建设。在全市范围内开展娱乐场所高危行为干预,探索男男同性恋和暗娼综合干预模式;完成重点人群监测国家4类哨点监测6029例、确认57例,24个自愿咨询点免费检测5110人、确认32例;"四免一关怀"政策落实取得进展,抗病毒治疗51例,列为"低保"23名,母婴阻断5例,继续加强感染者的行为干预、追踪管理和关怀治疗。

【"血寄地"防治】 2008年,全市加强长江滩和内陆环境的螺情监测,实查面积2203.78公顷,查到有螺面积6644平方米,是2004年以来螺情连续下降的第五年。全市巩固性灭螺64.34公顷;改造历史有螺环境17.60公顷。对当年有螺环境,采取药物喷洒、浸杀等方式,累计灭螺面积64.90公顷(次)。经市灭螺质量现场评估确认,当年有螺环境杀灭率达到100%,实现了将有螺面积控制到历史最低水平的目标。全市完成血防病情监测92609人,血吸虫病扩大化疗80人。完成晚期血吸虫病人调查4328人,收治"晚血"救助350人。全年查出本地疟疾病例7人,另有2例非洲归国恶性疟疾;查出流动人口疟疾病例92人。完成肠道寄生虫感染调查12144人,其中阳性151人。吴江市选择了319例晚期丝虫病人进行照料,其症状和体征有了较大改善。吴江市疾控中心和钱金凤等4人被卫生部授予丝虫病防治先进集体和先进个人。全市碘盐企业抽查合格率100%,合格碘盐市场覆盖率为98.06%。

【结核病防治】 2008年,全市结核病防治工作取得新进展。加强结核病督导,全市DOTS覆盖率继续保持100%,全年发现涂阳病人1981例,是任务数的110%,名列全省前茅;治疗管理新发涂阳病人1519例,治愈率达89%;传染性肺结核病发现、转诊、追踪、规范管理等各项指标均达到卫生部要求。圆满完成全球基金流动人口结核病防治项目一期工作,完成江苏省结核病耐药性专项调查。相城区狠抓结核病各项防治措施的落实,建立完善医防密切协作工作机制,重建区、镇、社区3级防治网络,保质保量地完成了结核病防治工作任务。

【乙肝防治】 2008年,全市加强新生儿乙肝疫苗接种工作,接种112042人次,城乡居民新生儿乙肝疫苗接种率稳定在95%以上。同时继续推进成人乙肝疫苗接种工作,降低成人乙肝发病率,抑制乙肝歧视状况。对未感染乙肝病毒的外来务工人员等重点人群普遍接种乙肝疫苗,成人接种数达25万余人次以上。张家港市将乙肝疫苗纳入居民基本医疗和城镇职工医疗保险报销范围,大力开展成人乙肝疫苗接种,全年接种22万人次;开展消除招工体检乙肝歧视专项督查,维护乙肝病毒携带者就业的合法权益;依法加强对餐饮、饮用水、托幼、采供血等行业的监督执法;大力开展健康教育,提高群众防病意识,消除乙肝歧视。通过全面加强乙肝防控工作,苏州市15岁以下人群乙肝年发病率下降至0.17/10万,较2000年下降64.58%。

【禽流感防治】 2008年,苏州市健全禽流感防控组织,加强人禽流感疫情的防控工作。一是依据预案要求,紧紧抓住预防、控制和救治3大关键环节,认真部署、落实各项防控工作;二是做好不明原因肺炎病例的监测、排查与管理;三是继续强化与农林畜牧、工商等部门合作,完善信息交流、资源共享、措施联动等合作机制,掌握家禽饲养和发病情况,针对禽类交易市场、农贸市场、相关加工经营企业、医疗机构等重点单位进行防控督查;四是加强医疗卫生人员的培训,提高基层医疗卫生人员诊断和救治能力,二级以上医疗机构开设发热门诊;五是提高公众的防病意识,积极宣传人禽流感防控的科普知识,养成文明健康的行为方式;六是加强应急演练,开展禽流感应急演练督查与评价,平稳有效处置了2起不明原因重症肺炎病例。

【"中医中药中国行"苏州站活动】 "中医中药中国行"大型科普宣传活动苏州站活动于2008年12月12日启动。苏州市结合吴门医派特色,举办了百名小学生参观中医药博物馆,电视台播放电视片《吴医春秋》,苏州中医的昨天、今天和明天座谈会,全市中医三基知识竞赛等一系列活动。全市共有11个医疗卫生单位、87名中医药专业技术人员参加了义诊咨询活动,接待义诊6349人次;举行了8场专场培训,共培训基层医生708人次;组织了5场健康讲座,448人受益;发放了5180份科普宣传资料和图书、1400份《中国中医药报》江苏特刊,450人在"弘扬国粹、爱我国医"签名墙签名。

【抗震救灾和对口支援】 2008年四川"5·12"强烈地震发生后,苏州市卫生系统迅速行动、全面动员,落实各项抗震救灾任务,先后组派了12支医疗卫生队、190名医疗卫生工作人员,奔赴灾区开展工作。按照上级部署,苏州市接收了104名灾区伤员,圆满完成了苏州历史上规模最大的伤员转运任务。成立两级专家救治组,定点医院不分昼夜全力救治伤员,实施了"六个一"温馨服务。灾区伤员于2008年8月11日全部安全出院。苏州市对口支援绵竹市孝德等6个乡镇的工作正式启动,陆续派出对口支援医疗卫生工作队,捐助医疗卫生设备,支持灾区医疗卫生服务体系重建。苏州市赴川救灾的医卫人员以忘我的精神和出色的表现得到了国家和省级卫生部门高度评价,市疾控中心杨海兵获卫生部表彰,市卫生监督所蔡平等4人获省卫生厅表彰。阎立市长专门作出批示,充分肯定了卫生系统的有关工作,市委、市政府领导亲自出席抗震救灾总结大会,对参加抗震救灾和伤员救治工作的医卫人员进行了表彰。

【食用问题奶粉儿童筛查救治】 2008年夏"三鹿"问题奶粉事件发生后,市卫生局紧急部署,组织全员培训,统筹医疗资源,从苏大附一院、附二院和市立医院、市中医院紧急调用16台超声仪、126台尿检仪等专业仪器设备,每天有近2000名医务人员和500余名行政、后勤人员开展筛查工作,同时从苏大附一院、附二院、附儿院和市立医院、九龙医院抽调15名相关专家组成市级专家救治组,对疑似患儿逐一会诊治疗,市财政及时调集150万元资金,专项用于购置筛查设备,确保患儿诊治工作有序进行,确保了患儿得到及时的免费筛查和救治,消除了社会恐慌心理。截至12月3日,全市累计筛查食用问题奶粉婴幼儿12.4万例,累计确诊1616例,累计住院185例。

【苏州市连续三年被评为食品安全工作优秀市】 2008年,江苏省食品药品安全委员会表彰全省年度食品安全工作先进单位,省食品药品安全委员会对苏州市食品安全工作给予了高度评价。全市全年食品安全形势稳定,无重大食品安全事故发生,食品生产经营秩序进一步好转,食品安全工作水平有了明显提高,较好地完成了与省政府签订的《食品安全工作责任书》中所明确的工作任务,被评为食品安全工作优秀市。这是苏州市连续三年被评为食品安全工作优秀市。

【创建食品安全示范县、镇】 2008年,继张家港市建成国家级食品安全示范县之后,昆山、常熟两市成功创建省级食品安全示范县。年内,部署了食品安全示范镇创建工作,并组织农林、质监、工商、卫生、食品药品监管等部门组成考核验收组,对申报创建的乡镇进行实地检查。11月18日,市政府在昆山市千灯镇召开苏州市食品安全示范镇创建工作现场会暨首批市级示范镇授牌仪式。各市(县)区政府、各有关部门领导、苏州市首批食品安全示范镇(街道)主要负责人和部分新闻媒体共100余人参加会议,苏州市领导为首批14个苏州市食品安全示范镇授牌。

【药品生产重点环节监管】 2008年,着重对药品生产重点环节实施监管。一是对全市13家注射剂类药品生产企业生产工艺和处方进行现场核查,共核查注射剂类药品330个,有289个品种规格正常生产,41个品种规格停产。二是加强注射类高风险产品的监督检查,对容易产生质量问题的重点生产环节进行了检查。同时召开全市药品质量工作会议、高风险药品生产企业质量分析座谈会,派员驻厂监管,有效控制了注射类高风险产品的质量风险和隐患。三是加强监督违规生产、整改不到位或有投拆举报的企业,将严重失信企业列入Ⅰ级监管等级重点监管,对失信企业加大检查频次,对投拆举报企业全部进行"飞行"检查。

【药品日常监管】 2008年,继续强化药品日常监管。一是制定印发了《2008年度苏州市药品GMP认证跟踪检查计划》,完成对65家药品生产企业的跟踪检查,复盖率100%,其中对13家高风险药品生产企业、3家举报投拆企业全部实施"飞行"检查,还对15家其它药品生产企业实施"飞行"检查,复盖率为29%。同时,按药品生产企业分级分类管理要求,对14家企业进行了2次以上跟踪检查。二是严格落实驻厂监督员管理办法,全市驻厂监督员原则上每周检查一次,每季召开全市驻厂监督员座谈会,驻厂监督员的监督能力和水平有了显著提高。三是协助省局实施药品GMP认证,积极帮助认证企业整改缺陷项目,全年共有19家企业通过了GMP认证。四是在麻醉药品与第一类精神药品实现网络远程监控后,又有3家企业进入国家局第二批药品(包括第二类精神药品、疫苗、血液制品、中药注射剂生产批发企业)电子监管网。五是提高特殊药品日常检查频次,完成3家特殊药品生产企业、82家经营企业(含批发和零售)、10家特殊药品使用单位和13家放射药品使用单位的日常监督检查,共检查409次,出动检查人员818人次。受理特殊药品购买申请17份,完成了现场检查3次。受理特殊药品经营资质申请5次,完成了现场检查5次。与公安部门联合对44家单位开展麻黄碱检查,出动人员120人次。六是协助首家放射性药品生产企业—上海欣科医药有限公司苏州分公司顺利通过GMP认证,并于9月正式投产。七是开展不良反应、药物滥用监测和评价,共有133家医疗机构参在线呈报,提交不良反应报表3708份,其中新的、严重的不良反应报告318份,每百万人口报表492份。还对6起死亡病例实施了现场调查,完成2000余份药品不良反应报表的评价和450份药品不良反应认知度调查。

【医疗器械依法准入和日常监管】 2008年,全市新开办医疗器械生产企业27家、换证25家、变更59家、注销15家。新登记一类医疗器械生产企业25家、变更12家、收回39家。到年底,共有一、二、三类医疗器械生产企业409家。全年共受理第一类医疗器械产品注册290件,已审批许可注册223件,办理变更手续30件,年底全市有效期内一类医疗器械产品注册证共有1071张。全年新开办医疗器械批发企业52家、注销45家、变更79家、办理换证16家,年底全市共有医疗器械批发企业360家。全年共现场检查医疗器械生产、批发企业633家次,出动监管人员1600多人次,顺利通过国家、省食品药品监督管理局现场检查32家次。全市有7家企业入选江苏省2007—2008年度诚信优秀企业,33家企业入选江苏省2007—2008年度诚信企业。

【创建农村药品"两网"建设示范县】 2008年,省政府将创建农村药品"两网"建设示范县作为50项实事工程之一。继张家港市通过首批省级农村药品"两网"建设示范县验收后,吴江、昆山、太仓、常熟、吴中、相城四县(市)二区被列为创建对象,并在12月中旬,全部通过省食品药品监督管理局检查组的现场验收。 (肖进提供)

无锡市医疗卫生

【概述】 2008年,无锡市各级卫生部门坚持以人为本,制定完善推进卫生事业科学发展的政策措施,重视并解决与卫生相关的民生问题,各项工作成效显著,全市卫生事业发展良好。

健康城市建设迈出新步伐。召开全市健康城市建设推进大会,印发《无锡市建设健康城市三年行动计划》、《无锡市建设健康城市指标体系》,制定《2008年无锡市建设健康城市工作方案》,建立工作制度,建设健康社区、健康企业和健康促进学校等健康促进示范点。全市健康城市指标完成率89.7%。无锡市通过"灭鼠先进城市"复查,江阴市、宜兴市通过"国家卫生城市"及"灭鼠、灭蟑、灭蝇"先进城市复查。新创市卫生街道4个、市卫生社居委55个;建成国家卫生镇9个、省级卫生镇3个、省级卫生村86个;新增无害化卫生户厕44859座,普及率95.48%,新增生态户厕11318座,3年完成5年目标。

社区卫生工作转入新轨道。整合政府办区级综合医院、街道卫生院及其分支机构,城区建成全民事业性质的社区卫生服务中心23个、社区特色服务机构4个。3个区级综合医院转型为专科特色医院,缩编606名医护人员充实社区卫生机构,实现社区卫生服务中心人、财、物独立。启动并完成城区社区卫生服务中心规范化建设。实施社区全科医学专业毕业生招聘及规范化培训计划,聘用50名具有副高以上职称的退休医生进社区服务,实施社区药品统一配送,明确社区双向转诊病种,制定社区医保优惠政策。稳定财政投入机制,设立规范化建设资金1亿元,市、区两级财政按户籍人口人均41元标准设立工作经费、药品零差率销售补助资金、妇幼工作经费。

城区户籍居民家庭电子健康档案建档率86%,家庭保健合同签订率81%;精神病康复建档及免费服药率100%;孕产妇、儿童保健管理率分别为99.72%、99%;70岁以上居民免费体检率82%。城区社区卫生服务机构总诊疗197万人次,比上年增长10%;城区社区人均门诊费用74元,比上年下降7.5%;开展惠民服务964274人次,合计优惠(含免除)费用2315万元,比上年增长5.5%;药品零差专项优惠费用1687万元,比上年增长22%。

农村卫生服务呈现新气象。全市新型农村合作医疗参合率99.77%,比上年提高0.13个百分点;人均筹资水平256元,比上年增长34%,新区达到人均350元。发生住院医疗费用86270.05万元,可报销费用所占比例为75%;结报补偿165348人次,人均结报补偿2040.74元,按可报销费用计结报比例为53.13%,实际结报补偿率为39.11%。门诊补偿290.59万人次、9033.46万元,受益农民比上年增长26%。实施部分病种限额结算9619例,平均住院费用2584.7元,实际结报补偿率比上年提高1.37个百分点。出资629.86万元资助农村困难人员67587人,免费参加新型农村合作医疗,实施农村医疗救助10785人次、1554.04万元。

疾病防制水平实现新提高。全市法定报告传染病发病率148.46/10万,比上年下降6.64%。实施艾滋病干预,组建高危行为干预工作队深入1392个娱乐场所干预11469人,增设社区美沙酮治疗门诊1个,全市入组2300人。新增检测筛查实验室6个,全市总数增至33个,其中5个设在社区卫生服务中心。实施扩大免疫规划,停收儿童计划免疫计算机金卡费用,将在本市居住满2个月的外来流动儿童纳入常规管理,全市儿童免疫规划内疫苗接种率达到99%。加强结核病防制,发现并督导管理新发涂阳肺结核病人1357例,代表江苏省接受国家级结核病督导受到肯定。设立社区糖尿病病人综合管理示范点3个,社区高血压、糖尿病病人规范管理率87.8%。宜兴市完成乳腺癌患者筛查1000名。组织达标后血防重点地区监测,查螺4899万平方米,未发现有螺环境,完成血防查病38007人。完成无锡市疾控中心生活饮用水检测实验室一期工程,无锡市、宜兴市被确定为省城市饮用水监测网络试点。市疾控中心升格为正县处级单位。

妇幼保健指标再获新突破。实施"提高出生人口素质"项目,全市婴儿死亡率和5岁以下儿童死亡率分别为4.04‰和5.54‰,孕产妇死亡率8.39/10万,孕产妇保健管理率99.72%,7岁以下儿童保健管理率99.23%,孕产妇住院分娩率100%,高危妊娠及产科危重病人及时诊治率100%,新生儿疾病筛查率96.53%,新生儿出生缺陷发生率6.46%,6个月婴儿母乳喂养率96.73%,5岁以下儿童中重度营养不良率控制在0.53%以下,妇女病两年普查率91.52%,全市免费婚检率上升至67.14%。

卫生应急能力迈上新台阶。成立无锡市突发公共卫生事件应急办公室,建立卫生应急工作网络,编制卫生应急预案,加强应急培训和演练,承办江苏省职业卫生中毒应急演练。建成2个急救分站。启动应急机制,派遣救灾队员和救护车支援四川地震灾区,调配救援物资2.2吨。组织5所医院腾出病房接纳四川伤员175名,抢救成功率99.43%。无锡抗震救援队所在的江苏省抗震救援队获全国卫生系统抗震救灾英雄集体称号,5人被评为江苏省卫生系统抗震救灾先进个人,2人被授予江苏省抗震救灾"五一"劳动奖章,1人被评为四川省抗震救灾模范,无锡市急救中心被江苏省总工会授予抗震救灾"五一"劳动奖状。有效开展应对雪灾、手足口病防治、奶粉事件处置及奥运应急保障工作。无锡市卫生局被评为全国卫生应急工作先进集体。

卫生监督执法再上新水平。易地翻修市卫生监督所办公用房,建成启用新区卫生监督分所业务用房。市卫生监督所纳入参照公务员管理。江阴市设立卫生监督分所。实施"砺剑工程"、"放心餐桌"工程,开展"蓝盾"行动,全年立案查处1877件,罚款615.35万元,取缔非法单位325个,未发生行政复议和行政诉讼。餐饮单位量化分级管理实施率逾98%,评定食品卫生A级单位313个,比上年增长38.5%。开展学校卫生、生活饮用水、乳制品、"甲醛银鱼"、医疗服务等整治行动和专项检查,完成重大活动食品卫生安全保障任务100余次。开展职业卫生整治,市政府印发《关于加强职业病防治工作的意见》,开展职业卫生示范企业创建,建立全市职业病危害因素监测网。清理卫生行政许可权力,卫生许可办结率、满意率保持100%,建成全市规范执法示范点。推行说理式卫生行政执法,制定案卷评查标准,开展案卷评查。承办江苏省《职业病防治法》宣传周启动仪式,市卫生局蝉联全市专业法宣传优胜单位。

医政质量管理得到新加强。加强准入管理,批准设置医疗机构8个,排查医疗机构1525个,更名11个、变更机构类别6个、变更诊疗科目11个。完成二级医院等级医院复核评价12个。深化创建"平安医院",3个二级医院被评为市平安医院,50余个医疗机构与保险公司签订医疗保险协议。医院管理年活动取得成效,医院核心制度总体落实率达到85%以上。组织医疗事故技术鉴定32起,鉴定事故14起。启动医师定期考核管理,10901名医师参考,合格率99.91%。评出无锡市百名优秀护士,表彰30年护龄护士79名。无锡市获全国无偿献血先进城市称号。市急救中心、中心血站升格为副县处级单位。

中医中药事业实现新发展。市中医医院成为卫生部全国数字化试点示范医院、卫生部"治未病"预防保健服务试点单位,通过国家药监局药物临床试验质量管理规范机构资格验收。市中医医院骨伤科、心血管内科成为国家中医药重点专科建设单位,骨伤科等5个科室成为江苏省中医临床重点专科及示范专科建设单位。江阴市中医院皮肤科建成国家中医药管理局农村医疗机构中医特色专科(专病)建设单位、省重点中医专科、省中医示范专科,该院中西医结合小儿科被省中医药管理局列为江苏省重点中医专科建设单位。市中医医院与中国中医科学院开展中西医结合心血管病专业博士后培养工作,江阴市中医院建成南京中医药大学附属医院、安徽中医学院临床硕士研究生培养点。评出无锡市振兴中医杏林奖8名、社区中医药服务示范中心1个,广益街道社区卫生服务中心被评为第三批江苏省中医药特色社区卫生服务中心建设单位。实施"名中医"和中医适宜技术进社区活动,组织名老中医坐堂、师徒结对同堂出诊、老中医网络电话预约门诊等,扩大中医药影响。

"三名"战略实施取得新成效。推进"三名"(名医、名科、名院)战略。新评出无锡市医学临床重点专科4个、无锡市名医7人。实施优秀中医临床人才高级研修班项目,第一批优秀中医临床人才14人签订师承协议书。实施全科医师规范化培训和在岗乡村医生中专学历补偿教育。开展名医社区行活动,制定3年实施计划,首批进社区名医传授适宜技术21项。市疾控中心与南京医科大学合作成立公共卫生合作中心。

卫生系统党风行风呈现新面貌。创建"团结、廉洁、高效、开拓"好班子,实行党建目标责任制管理,开展学习型、创新型、服务型"三型"党组织创建活动,表彰局级"三型"党组织7个,无锡市卫生监督所等单位获无锡市首批基层党建工作示范点称号。启动局机关深入学习实践科学发展观活动试点工作。实施"深化改革、优化发展、攀登基本现代化新高峰"主题教育活动、"无锡卫生还少什么"大讨论以及"与改革同行,为卫生喝彩"纪念改革开放30周年主题活动。各医疗卫生单位注重道德实践,推行"温馨服务"、"贴心服务"、"承诺服务",持续改进服务水平。市卫生局蝉联全国文明单位。推进廉政文化建设,制定实施医德医风三年建设规划,编印教育学习读本,聘请新一轮行风建设社会监督员,市卫生局建成廉政文化进机关示范点。全市二级以上医院出院病人平均综合满意率95%。

(市卫生局办公室)

【抗震救灾显现突出作为】 无锡市卫生系统启动应急机制,有效应对5月12日汶川地震应急救援工作。其间,市卫生系统共派出救护车5辆,调集卫生应急救援队员45名、对口支援队员60名赴川,在短时间组织5所三级医院腾出床位200张,集中88辆救护车完成无锡市、苏州市7个航班地震伤员接机任务,接纳四川伤员175名,抢救成功率99.43%,投入救灾费用近500余万元,交纳特殊党费418万元。5月13日,市卫生局紧急组建由神经外科、胸外科、普外科、骨科、麻醉科、中医科医师及手术室、外科护士等人员组成的援川医疗救援队。5月14日晨5时,无锡市急救车队一行10人驾驶5辆救护车携医疗急救物资开赴灾区,于5月16日抵达四川绵阳520医院,承担北川、德阳各山区转送病人、运送消杀物资和疾控人员以及取血任务。共出车2000余辆次,行程6万多公里,日均行驶450公里。5月16日晚,市疾控中心张轩抵达四川绵阳,拉开无锡市参与四川灾区灾后防疫序幕。自5月15日起,市卫生局先后多次选派卫生防疫、监督技术骨干赶赴一线,从事消毒处理、健康教育、传染病疫情管理和饮食饮水管理等工作。随队配置的水浊度仪、食品中心温度计和食品快速检测箱等27台快速检测设备,为灾区实施卫生监督保障提供有力的技术支撑。5月19日,无锡市调拨抗震救灾消杀防疫药品200箱计2吨运往灾区。5月27日、29日,市人民医院、市二院、市三院、市四院和解放军第101医院等5个单位开辟爱心病房,共接受灾区伤员175名,并协助苏州市转运伤员108人。截至9月25日,174名灾区到锡伤员全部痊愈出院,累计开展手术100例次。

6月20日,抗震救灾工作转入对口支援阶段。德阳市绵竹县汉旺镇(包括武都)是无锡市对口重建地区。8月13日,市卫生局与当地相关部门达成共识:一是整合汉旺镇现有医疗卫生资源,易地重建一所100张床位规模、集乡镇卫生院医疗、预防、保健、康复、健康教育、计划生育等"六位一体"功能、建筑面积达1万平方米的汉旺卫生院,并为该院配备总价值约1000万元的医疗设施;二是计划3年内选派12批次援川队伍开展医疗卫生对口支援工作;三是定期安排受援方医疗卫生技术人员到锡进修、培训。对口支援工作启动后,市卫生系统分别于6月20日、7月22日以及10月6日,分别派出第一批35人、第二批15人、第三批10人包括医疗人员、防疫专家和卫生监督员在内的对口支援医疗卫生工作队赴汉旺镇及清平乡对口支援。8月25日,汉旺镇中心卫生院板房医院启用,灾区卫生工作步入正轨。 (市卫生局办公室)

【抗雪救灾保障市民健康】 2008年春节,特大冰雪灾害席卷锡城,给市民生产生活带来困难。针对连日雨雪的灾害性天气,市卫生局于1月25日紧急启动应对灾害性气候卫生应急预案,发出《关于进一步加强强降雪天气和春节期间医疗应急救治工作的紧急通知》。1月28日,市卫生局召开全系统抗灾减灾紧急会议,传达市委、市政府紧急会议精神,对卫生抗灾减灾工作再作部署,要求各医疗卫生单位切实加强组织领导,全面投入应急工作。在抗雪救灾期间,各级卫生行政部门和医疗机构加强急诊科、外科、骨科、呼吸科、感染性疾病科等重点科室、重点岗位技术人员配备,备齐急救设施设备和药品,畅通急救绿色通道,严格执行医疗服务核心制度,严格医护人员岗位责任制,严格医疗环节管理,迅速建立医疗救援后备队。实行领导干部24小时值班制和重大信息即时报告制,确保信息畅通。市属医院共接诊因冰雪天气受伤群众1029人次,收治入院200人。市急救中心增开调度台3个,达到6个调度台同时运行;通过延长工作时间、发动休息人员加班等方式增加6辆救护车运行,高峰时达到26辆救护车同时运行;在120调度中心开设咨询台,为群众提供紧急救助咨询服务。1月28日起,全市各市(县)、区卫生局所辖14辆救护车统一纳入市急救中心调度,有力地缓解了急救车辆不足问题;市急救中心主动与110联系,争取公安配合,联动开展应急救治工作。1月26～30日,市急救中心完成病人转运853车次,接听呼救和咨询电话3750人次,同比增长50%以上。市疾控中心组建应急处置小组,进入应急状态,24小时待命,按应急预案清点和储备消杀器材、防护用品、药品器材等重点应急物资,开展防止意外伤害和防病保健知识的社会健康教育,通过短信平台发送健康信息5.6万余条,编写科普稿件通过媒体刊发,提醒市民避免意外伤害、谨防煤气中毒、加强防寒保暖、防止呼吸道疾病和心脑血管疾病。市卫生监督所印发《关于开展2008年抗雪防灾卫生监督保障工作的紧急通知》、《关于做好强降雪天气的春节期间卫生监督工作的紧急通知》,成立火车站、北门长途汽车站、汽车西站、社会汽车客运站、机场及周边地区等5个分片食品卫生监督保障组,以及市场流通领域、重大活动保障、稽查、巡查等4个专业监督保障组,结合"蓝盾一号"食品卫生专项行动,加大对车站及周边地区餐饮单位、全市各大食品生产经营单位、批发市场、大型商场超市等单位的卫生监督执法力度,强化食品索证检查,严防伪劣食品流入市场。市中心血站全面发动,3辆流动采血车全部出动,延长采血时间;下乡镇、厂矿、企业,多方宣传、广泛动员群众无偿献血,千方百计确保医疗用血,严格加强血液质量管理,确保临床用血安全。

(市卫生局办公室)

【有序部署手足口病防控工作】 4月底,无锡市成立防治手足口病应急指挥小组,由市政府分管领导任组长,各市(县)区政府、市委宣传部、市卫生局、市教育局、市公安局等部门领导为成员,下设办公室。建立工作例会制度,交流防控工作开展情况,部署流动儿童排查、健康随访、集中消毒、公共场所消毒管理等重点人群重点环节防控工作。市卫生局成立疫情防控工作指挥小组和新闻宣传、医疗救治、疫情控制等专业工作组,确定市人民医院(儿童医院)作为市区定点诊疗机构,会同市教育局制订《关于进一步加强春季传染病预防控制工作的紧急通知》,完善防治技术方案和应急控制方案,实施防控工作日报告制度、24小时值班制度,全面落实防控措施。紧急采购消杀药品13吨,联合教育部门对全市776所小学和托儿所、幼儿园进行消毒。开展健康宣传,印发《托幼机构和学校防病须知》宣传画、小册子等宣传资料近10万份,开通"12320"公共卫生公益电话和24小时应急值班电话,接受市民电话咨询5000余次。督查医疗机构、学校和托幼机构手足口病防治工作1200余个次,对检查中发现的薄弱环节和隐患,及时指导并落实整改,确保了全市无死亡病例发生和疫情蔓延。

(笪学荣 王 泳)

【全省职业中毒应急演练在锡举行】 12月7日,由江苏省卫生厅主办、无锡市卫生局承办的江苏省急性职业中毒事故应急处置演练在无锡卫生高等职业技术学校举行。无锡市疾控中心、市急救中心、市三院等相关单位140人参加演练,450余人现场观摩。演练从启动到完成人员疏散、患者抢救、现场快速检测、流行病学调查以及确定职业中毒原因等全过程用时50分钟。无锡市疾控中心在事件处置各阶段均严格按照规范要求做好电话报告、网络直报(演示)和书面报告工作。市卫生局组织专家组对这次中毒事故卫生应急处置进行了效果评估,根据专家组的建议,决定终止应急响应。

(焦建栋 洪 霞)

常州市医疗卫生

【概述】 2008年,全市有医疗卫生机构1261个,其中二级以上医院18所,镇卫生院66所。全市有卫生技术人员19795人。市卫生局直属单位16个,其中医院9所(内有三级医院5所),开放床位4843张。有干部职工8341人,其中卫技人员6774人(副高职称以上1258人,博士研究生59名,硕士研究生451名)。全市每千人拥有卫技人员5.52人、执业(助理)医师2.12人、总床位4.21张、医院床位2.67张、卫生院床位1.3张。全年各级各类医疗卫生机构总诊疗1571.55万人次,其中门急诊1489.14万人次、出院35.74万人次。

卫生监督执法。创建"五小"(小餐饮、小美容美发、小旅馆、小浴室、小歌舞厅)行业示范街12条,示范店300家,"五小"单位持证率保持在97%以上。春、秋季学校卫生专项检查覆盖率100%。完成中央空调通风系统监督管理试点及企业毒源普查工作。职业危害健康监护6万余人。选派4名卫生监督员赴北京参加奥运会卫生保障工作,完成市第十三届运动会、2008中国常州科技经贸洽谈会、2008李宁杯中国羽毛球大师赛等40余次重大活动的卫生监督保障任务。实行卫生许可年度复核当日办结制,方便业主办理年审。加大执法力度,开展"蓝盾二号、四号"专项行动,严厉打击非法行医,规范执业行为。医疗机构肺结核病人转诊到位率等传染病防治重点环节得到有效监管。

教育与科研。全市卫生系统科研立项137项,其中国家级5项,省部级3项,厅级8项。首次获国家自然科学基金资助;获第三届宋庆龄儿科医学成果奖1项、省科技进步二等奖1项、市科技进步奖25项,连续四年获市政府一等奖;获省卫生厅医学新技术引进奖15项,其中一等奖4项。第二批4个市重点医学实验室建设进展顺利。建成全省首批全科医师规范化临床培训基地2个、社区培训基地5个、住院医师规范化培训合格基地9个;举办各级医学继续教育项目130项,为历年最多。市医科所完成检索109项。市医学会组织各类专业学术年会、大型学术报告会40余场。加大高层次人才引进力度,全年录用硕士研究生105人、博士研究生5人,引进副高以上职称、硕士以上学历成熟人才14人。与国外医疗机构广泛开展学术交流,市第一人民医院被省人事厅授予江苏省引进国外智力示范单位称号。

卫生行风建设。成立政风行风建设督察组,制订行政机关、医疗卫生单位行动方案及各类人员服务规范,开展明查暗访和检查指导。每季度召开行风督察点评会,及时通报问题,督促整改。深化平安医院创建,二级以上医院全部参加医疗责任保险。成立常州市医疗纠纷人民调解委员会,建立医患调解专家库,有效利用第三方协调医患矛盾。深化责任医师回访制,加强医患沟通,主动征求和听取患者意见、建议。采取综合措施减轻群众负担,全市二级以上医疗机构平均药占比47.35%,比上年下降0.74个百分点;门诊病人均次费用173元,增幅下降3.69个百分点;药品、试剂、医用耗材网上集中采购11.83亿元,增长45%,让利患者约1亿元。在省厅组织的出院病人函调中,三级医院出院病人平均满意度达93.26%,提高8.63个百分点;在市卫生局组织的服务对象函调中,卫生单位服务对象满意度达96.7%。金坛市城东卫生院院长李向春被省卫生厅授予十佳医德医风楷模称号。

卫生惠民工程。2008年初,市委、市政府将卫生惠民工程列入全市30项重点突破工作中民生工程的首位,8月初全面启动。在钟楼区试点基础上,确定以区为主、创新机制、规范标准、公益补贴、严格考核的工作原则,建立社区首诊制、双向转诊制和责任医师制。城区建成社区卫生服务机构72个,其中社区卫生服务中心20个,服务站52个。社区卫生机构用房面积达标率、基本装备达标率均达60%以上。社区卫生机构向群众提供预防、保健、健康教育、计划生育技术指导、医疗和康复"六位一体"的服务,实行"六免二减"(挂号、诊疗、一类疫苗接种、健康建档、康复训练、计划生育指导免费,检查、治疗费减10%)、药品零差率销售等优惠政策,为困难群众减免费用330余万元,基本药品零差率销售让利270余万元。市级医院挂钩帮扶社区卫生服务中心、服务

站覆盖率均达100%。社区卫生信息化建设方案通过论证并着手建设。农村卫生工作成效明显。全市新型农村合作医疗参保率为100%,人均筹资135元。基金管理规范,使用合理,运行平稳,人均住院补偿率达35.33%。按人均最低8元标准建立农村基本公共卫生服务专项经费,全面开展面向农民的三大类八大项基本公共卫生服务。采取多种形式推动农村社区卫生服务机构规范化建设,建成10个农村示范社区卫生服务中心、100个农村示范社区卫生服务站,其中6个中心被推荐参加省示范中心评估。完成1327名农村卫生人员岗位培训,统考合格率连续三年位列全省首位,其中社区护士和乡村医生统考合格率均为全省第一,全科医师列全省第三。资源布局逐步优化。市中医医院整合市口腔医院(钟楼医院),戚区人民医院和广化医院提升为市级医院,完成全市城区二级架构医疗服务体系的再造,形成适应城市框架拉大、东南西北均有优质医疗资源新格局。市第一人民医院门急诊大楼竣工使用。卫生惠民工程被评为市委、市政府2008年重点工作督查创新争先项目。　　(毛浩丹)

【救治三鹿牌婴幼儿奶粉事件患儿】 2008年,"三鹿奶粉事件"(三鹿牌奶粉受三聚氰胺污染,导致婴儿肾脏结石)发生后,按省卫生厅统一部署,下发《常州市关于加强婴幼儿泌尿系统结石诊疗工作的紧急通知》,全面部署本市医疗救治工作。成立常州市婴幼儿泌尿系统结石诊治专家组,承担全市会诊和危重患儿救治指导任务。对医院儿科、B超等医疗专业人员开展全员技术培训。实行分级医疗制度,农村两级医疗卫生机构和社区卫生服务机构负责本地可疑患儿搜索和初诊工作;15所设儿科的二级以上医院负责患儿筛查和轻症患儿诊

治工作;11所设儿科病房的二级以上医院负责患儿住院治疗;常州市儿童医院负责全市危重患儿集中救治工作。为方便患儿就诊,各医院都建立患儿门急诊服务通道,增设专用窗口,开设专用诊室,配备专门人员,使用专门设备,保证患儿应诊则诊,应治则治,应住则住。实施人性化关怀,在门急诊开设服务咨询台,提供预检分诊、导医、释疑解惑等服务。在诊疗过程中,严格执行免费医疗政策,实行免费筛查、免费治疗,各项医疗费用由医疗机构先行垫付。同时,按照属地原则,由辖市、区卫生局组织镇卫生院、社区卫生服务机构成立若干搜索小分队,根据相关的人口基础资料,深入农村和居民小区,对有婴幼儿的家庭进行访视,一旦发现食用过问题奶粉、又有泌尿系统结石临床表现的婴幼儿,上转筛查。全市共筛查患儿近5万人次,住院治疗264人。 (毛浩丹)

【疾病预防控制】 2008年,市疾病预防控制中心(以下简称市疾控中心)获江苏省农民工工作先进集体、江苏省卫生系统优秀政研会等荣誉。

传染病疫情控制。2008年全市共发生甲乙类传染病17种,发病9902例,发病率比上年下降0.07%。传染病疫情报告率98.75%,报告及时率和审核及时率均达100%,报告质量位列全省第一。市疾控中心指导基层单位开展不明原因肺炎的主动搜索,对SARS等呼吸道传染病进行症状预警监测,累计监测约53.38万人次。开展艾滋病高危人群行为干预7700人次,美沙酮药物维持门诊管理人数643人,进入省内先进行列。新发涂阳肺结核病人发现率保持省内领先,全市共报告疑似肺结核病人2244例,报告率100%,转诊率100%。做好血吸虫病防控工作,全年查出有螺面积8.52万平方米,开展灭螺57.2万平方米,灭螺率100%。全市查病约1.3万人次,完成省下达的1万人次查病任务,未查出血吸虫病病人。针对国家部分地区手足口病疫情暴发,成立手足口病控制领导小组和疫情处理等5个专业防治组,实行24小时值班。深入各医疗单位指导工作,超额完成省下达的手足口病防治专项调查任务。针对溧阳及周边地区发生包虫病疫情,及时开展包虫病流行调查、报告及健康教育工作,对病例所在村2978人进行抽样调查,未新发现包虫病病人。加强肠道传染病防治工作,全市镇以上医院均开设肠道门诊,登记腹泻病人约2.39万人,检索4975人,检索率20.8%,检索数占全市人口数的1.17‰,达到检索率大于登记数10%和人口数1‰的要求,未出现霍乱病例。进行疟疾血检1.55万人,疟疾发病率控制在指标要求以下。完成对20万人次重点人群的驱虫服药工作。

免疫工作。2008年,全市12月龄儿童免疫规划建卡率、接种率均达98%以上。在全省率先开展规范化预防保健科建设,制订验收评审标准,部分预防保健科通过验收。5月1日,启动扩大儿童免疫规划,全市在原有8种疫苗基础上,将麻风腮疫苗、A+C群流脑疫苗、甲肝疫苗纳入儿童免疫规划,对适龄儿童进行11种疫苗常规免疫接种。同时加强免疫规划票据化管理工作,确保国家惠民政策落到实处,全市28.65万儿童受益,其中农民工子女10.59万人,扩大免疫受益达1490287针次。金坛市卫生监督和疾病预防控制机构独立分设。组织实施"十一五"妇女儿童发展规划卫生指标评估,推进免费婚检工作模式。全市孕产妇死亡率3.05/10万,婴儿死亡率3.11‰,5岁以下儿童死亡率4.55‰,控制指标位于全省前列。

突发公共卫生事件应急处置。2008年,修订完善《常州市疾病控制中心卫生应急工作制度和岗位职责(试行)》和16个技术方案。加强对奥运会、动漫节、羽毛球大师赛等重大活动的卫生保障工作。传染病自动预警信息系统及时为基层提供突发事件技术指导,共报告21起突发公共卫生事件及相关信息,每起突发事件处置均达2小时报出要求,平均网报中位数为0.95小时。各项检验报告均在规定时间内出具,为突发事件及时处置提供有力技术支撑。

健康危害因素监测控制。2008年,检测健康相关产品和职业病危害因素等各类样品约1.31万份、3.98万项次,比上年增加13.3%和10.7%,完成从业人员体检约3.04万人次,职业人群体检约1.66万人次。开展食源性疾病主动监测,完成检测666项次。完成中央空调卫生学检测评价18项,保持省内领先。职业危害预评价、控制效果评价、职业卫生网络直报工作省内领先。参加国内首次重点人群烟草流行监测工作。组织全国高血压社区规范化管理试点工作。

"四害"密度和医院消毒质量监测。2008年,开展"四害"密度及种群分布监测,共监测294次,组织督查工作3次,为创建卫生城市提供保障。开展市直和区级医院每季一次、110余家社区医疗机构及社会办医疗单位每半年一次消毒质量监测,总计采集2500余个检测样品。市、区医院消毒质量合格率为99.99%,社区医疗机构及社会办医疗单位合格率为97.47%。

健康教育。2008年,全市健康教育宣传覆盖率达80%,卫生技术人员健康教育理论和方法培训覆盖率100%。全市27所学校通过"江苏省健康促进学校铜奖"初审验收。发放《江苏卫生保健》、《祝你健康》、《健康之窗》及各类宣传画5718份,制作健康教育展板96块,发放其他各类宣传资料11种百万余份。

检测能力与服务资质。2008年,市疾控中心实验室通过国家实验室复审,在苏浙沪二省一市实验室室间考核比对中取得优秀成绩;在职业卫生技术服务资质评审中,通过省3项资质复审,同时扩展生活饮用水标准检测45项,为后续106项检测项目做好准备;成为全省卫生系统惟一食品及化妆品检测机构。 (董秀晴)

【爱国卫生】 卫生村、镇创建。2008年,建成国家卫生镇2个(武进区洛阳镇、新北区薛家镇)、省卫生镇4个(金坛市尧塘镇、朱林镇、儒林镇,新北区西夏墅镇)、省卫生村112个、市卫生村148个。

农村改水改厕。2008年,农村新增无害化户厕8.53万户,无害化户厕率达90.67%。武进区创建成江苏省农村改厕先进区。完成茅山老区群众饮用自来水扶持项目,金坛市、溧阳市茅山老区新增自来水受益户4682户,其中低保户638户。

单位卫生管理。2008年,对2005年前命名的卫生先进(模范)单位进行复审。重新确认市爱国卫生先进单位308个、爱国卫生模范单位383个,撤销市爱国卫生先进(模范)单位134个,新命名市卫生先进单位15个、卫生模范单位17个、无吸烟单位28个、无吸烟医院2个。

病媒生物防治。2008年,组织开展城区灭鼠、蚊、蝇活动,通过省级灭蝇先进城市复查。组织开展全国第20个爱卫月和全省第12个健康教育月宣传活动,编印下发各类宣传资料20余种1000万份。9月1日,组织开展"全民健康生活方式日"

启动仪式,发放控油壶、控盐勺等用具,倡导健康有益的生活方式。实施《常州市爱国卫生工作管理规定》及《常州市除“四害”工作管理办法》,组建市、区两级爱国卫生义务监督员队伍,对全市环境卫生、单位和居民区卫生、除害防病及健康教育等进行监督检查。　(王筱燕)

【常州被确定为江苏省健康教育和控烟项目试点城市】 2008年,常州市被确定为江苏省健康教育和控烟项目试点城市。该项目将医生、教师和公务员作为重点人群进行监测。项目分为随机抽样、基线调查、重点人群健康干预、干预后问卷调查四阶段。常州市第一人民医院、武进人民医院、戚墅堰区丁堰街道社区卫生服务中心等11所医院被确定为医疗机构的被监测单位;河海大学常州校区、常州市第四中学、常州市兰陵小学等11所学校被确定为教育机构的被监测单位;市卫生局、市教育局、天宁区卫生局、天宁区法院等7个单位被确定为政府机构的被监测对象。4~11月,健康教育项目完成有效问卷1640份,涉及目标人群824人;控烟项目完成有效问卷2393份,涉及目标人群1248人。　(范　敏)

镇江市医疗卫生

【概况】 2008年,镇江市区卫生总资产比上年增长14.87%,净资产增长11.58%,医院业务收入较上年增长16.67%,药品收入占医药收入比例稳定在40%以下,百元医疗收入消耗卫生材料15.8元,门诊、住院均次费用处于全省较低水平。全年19家二级以上医院全部被纳入市一级药品和卫生材料招标采购,集中招标药品4276个品种规格,招标采购额5.02亿元,占药品总采购量的98.2%,让利于患者6120万元。

全市新增无害化卫生户厕52848户,占年度任务数的132%,超额完成省下达4万户改厕任务,全市卫生户厕普及率83%。完成24个镇社区卫生服务中心基本设备和40个村社区卫生服务站设备建设任务,润州区完成省级社区卫生服务先进区考核评估。卫生部部长陈竺、党组书记高强、副部长刘谦,省长罗志军、副省长何权等先后到镇江市调研社区卫生工作。开展血防“春风Ⅴ号”行动,查螺和药物灭螺分别完成省下达任务的118%和122%,京口区实现“血吸虫病传播控制”目标。开展对适龄儿童11种疫苗免费接种,累计接种20万人次,各类疫苗接种率90%以上,达到省规定指标。开展“放心消费”活动,完成100家“放心消费”单位创建任务。开展“蓝盾一至四号”系列行动,累计出动卫生监督员5000多人次,检查单位3800多家。配合环保部门做好环保模范城市复查迎检和生态城市创建工作,指导辖市创建国家卫生城市工作,丹阳市通过国家卫生城市考核验收。全市新建成省级卫生村13个,建成“亿万农民健康促进行动”示范镇18个,无吸烟单位27个。镇江、丹阳、句容、扬中通过省灭鼠先进城市复查考核。

加强手足口病防治,做好抗震救灾工作,处置“问题奶粉”事件,提高卫生应急能力。提升医院发展平台,改善医疗服务,门诊坚持“一站式”服务,严格执行首诊、首问负责制,建立新型住院病人责任医师、责任护士制度。完善医患纠纷院内外处理机制,推进医疗责任保险,医疗事故比上年下降44%。

55项科研课题获得各级科技部门立项,其中国家自然基金项目1项、省自然基金项目7项、市科技局社会发展项目49项。获江苏省科技进步三等奖1项,镇江市科技进步一等奖1项、二等奖6项、三等奖10项。引进开展新技术、新项目53项,多数新技术新项目填补省内空白,达到国内先进水平。农村中医工作取得新进展,扬中市通过省中医药管理局的评审,成为全市第二家获得江苏省农村中医工作先进市荣誉的县市。12月,句容市江苏省农村中医工作先进市的创建工作阶段目标通过镇江市级检查验收。市卫生局办公楼顺利搬迁,市紧急医疗救援指挥中心、扬中市人民医院病房大楼投入使用,扬中市公共卫生大楼、市第三人民医院结核病楼完成封顶,市第一人民医院投资3亿元的内科医技楼开工建设,市口腔医院改扩建进展顺利,市中医院门诊综合病房楼奠基开工。11月,市中医院通过省卫生厅、省中医药管理局三级中医院评审,江大附院、市第一人民医院通过省卫生厅三级甲等医院评审。

全市卫生系统新增五一文明班组2个、五一文明岗3个、劳模创新工作室1个、省级青年文明号3个、市级青年文明号15个。全市二级及以上医院出院病人问卷函调综合满意度89.27%,比上年提高0.66个百分点。市第四人民医院、江大附院的综合满意率在全省60家医院中名列第5位和第14位。王海波、崔恒熙、周亚平、孙炳伟、赵康仁获省“百名医德医风标兵”称号。市卫生监督所被中国科教文卫体工会授予“全国抗震救灾重建家园工人先锋号”称号,姜洪方、潘展鹏被评为江苏省五一劳动奖章获得者。

【卫生机构、床位和人员】 2008年,镇江市有各级各类卫生机构911个,比上年增加1个。其中隶属于卫生部门的有136个:医院31所,比上年减少1所,原烧伤医院改为部队医院,地方不再纳入统计;卫生院70所,妇幼保健院(站、所)6个,疾病控制中心7个,卫生监督(检验)机构7个,其他卫生单位15个。其他部门诊所、医务室、卫生所和社区卫生服务站775个。

床位:全市实有病床8644张,比上年增加78张,其中医院病床6010张,比上年增加226张,占全市病床总数的69.52%。综合医院、中医院和卫生院分别有病床4169张、699张和2259张,分别占病床总数的48.23%、8.09%和26.13%。

人员:全市有卫生人员17131人,比上年增加439人,其中卫生技术人员14253人,比上年增加515人,占人员总数的83.2%,全市每千人拥有卫生技术人员5.3人。全市有执业(助理)医师5121人,注册护士4363人,每千人拥有执业(助理)医师和注册护士分别为1.9人和1.62人。隶属于卫生部门的136个卫生机构有卫生人员13946人,比上年减少292人,占人员总数的81.41%。其中卫生技术人员、其他技术人员、管理人员和工勤人员分别为11149人、632人、911人、1254人,分别占人员总数的65.08%、3.69%、5.32%、7.32%。

【卫生收支情况】 财政拨款:2008年,镇江市各级各类医疗卫生机构争取到财政拨款29497万元,比上年增加2319万元,增长8.53%。其中:中医事业单位拨款1921万元,比上年增加756万元,增长64.89%;市直医疗卫生单位财政拨款13857.11万元,比上年减少258.92万元,比上年下降1.83%。筹集国债资金290万元,用于基层卫生机构改善基础设施建设。

收入情况:全市医疗机构实现业务收入221006万元,比上年增加32788万元,增长17.42%。在业务收入构成中,医疗收入112908万元,增长17.61%;药品收入105272万元,增长16.92%。药品收入占业务收入的比重为47.63%,比上年下降0.21%,其中城市医院的药占比为41.05%。全市卫生机构实现事业收入17584万元,比上年增加1328万元,增长8.17%。

支出情况:全市医疗机构实际支出233889万元,比上年增加28277万元,增长13.75%,支出增幅低于收入增幅3.87个百分点。全市卫生机构支出34998万元,比上年增加5689万元,增长19.41%。

均次费用:全市医疗机构每门诊人次收费117.07元,比上年增加2.05元,增长1.78%;出院者平均医药费用5356.16元,每人次增加786.58元,增长17.21%。

【实行"基本医疗服务包"救助新办法】 2008年1月1日起,镇江市在全国率先尝试依托社区实行"基本医疗服务包"救助办法,对年满70岁以上参加居民医保的救助对象实行"基本医疗服务包"服务救助。即他们在本人定点社区发生的基本医疗门诊费用,由医疗保险基金和救助资金共同支付,个人不需付费。"基本医疗服务包"对象在本人定点的社区卫生服务中心门诊医疗,在减免挂号费、治疗费等有关费用后,按社会医疗保险有关政策结算其余医疗费用。属于个人支付的部分,由"基本医疗服务包"救助资金补助。全年,市区社会医疗救助支出544万元,人均获得630元门诊费救助。市区"基本医疗服务包"救助对象签约率90%以上。 (王 翔)

【创设市内医保关系转续和异地就医绿色通道】 2008年,镇江市明确参保人员在本市行政区域内跨辖市(区)流动时,可自由接续社会医疗保险关系,个人账户资金随同转移,认可参保年限。在市内为参保人员开通异地就医通道,方便参保人员就医结算。9月1日起开放市区双向就医结算;各辖市医疗保险经办机构在镇江市区选择1家以上综合性医院作为本地医疗保险定点机构,方便参保人员到市区就医;为本地外出务工人员在其务工相对集中的地方选择社区卫生服务机构,为外出务工人员提供方便、灵活的普通门急诊服务。

(王 翔)

【被征地农民医保"即征即保"】 从2008年1月1日起,镇江市施行《镇江市被征地农民参加居民基本医疗保险管理办法》,对被征地农民医疗保险实行"即征即保"。市医保中心负责为被征地农民建立个人医保基金往来户。被征地农民个人医保基金往来户资金为个人所有,可以选择缴纳统账结合基本医疗保险费、大病医疗统筹金或者居民基本医疗保险费,不足缴纳部分由个人支付。至2008年底,市区850名被征地农民实现"即征即保"。 (王 翔)

【出台《医疗保险业务经办内控管理办法》】 2008年2月25日,镇江市医疗保险局制定《医疗保险业务经办内控管理办法》,主要包括业务运行控制、基数申报控制、财务基金控制、信息系统控制、稽核运行控制五大部分。通过建立运作规范、管理科学、监控有效、考评严格的内控体系,对业务运行中的重点环节进行全过程监管,科学评估、分析和监控基金运行,提高医疗保险政策和制度的执行力。镇江市医疗保险基金中心制定《内部控制实施办法》,从组织机构、事务运行、基金征缴、基金财务、信息系统、稽核运行等各方面,对内控管理办法进行细化明确。 (王 翔)

【医保定点医疗(药)机构实行动态管理】 2008年,镇江市对医保定点医疗(药)机构实行动态管理。新申请定点资格的每三年评审确认一次,已取得定点资格的每三年进行动态复审。评定范围为市区所有申请定点的社会性一级定点医疗机构(诊所)、零售药店。已取得定点资格的需要重新申报,进行复审确认,逾期作放弃处理。首次评定时间为2008年10月~11月,10月20日为提交申请截止时间,11月评定公布后三年医保定点资格的单位。该次评定确认工作由评定工作小组负责实施。成员由市医保行政部门、市人大、政协、财政、卫生(结算中心)、纪检等有关部门人员组成,接受市劳动和社会保障局纪检组的纪检监督,同时接受公众和媒体监督。12月8日~15日,镇江市对首批动态评定结果面向社会进行公示,新增9家社会性一级定点医疗机构(诊所)、零售药店纳入医保定点。 (王 翔)

【开通医保费银行代收业务】 2008年,为拓宽缴费渠道,方便参保单位和个人办理缴费,市医疗保险中心与中国银行、工商银行合作开通医保费代收业务。6月起,在市区6个中国银行网点开通统账医保单位缴费业务,缴费流程、发票与医保事务大厅柜面一致。12月6日起,在市区13家工商银行网点开通统账医保个人医保费代收业务,凡2008年已享受60%缴费基数照顾政策的统账医保个人参保人员,可持医保卡就近办理缴费。6家中国银行网点:中国银行镇江分行(镇江市中山东路235号)、中国银行镇江江滨支行(镇江市东吴路123号)、中国银行镇江三茅宫分理处(镇江市朱方路225号)、中国银行镇江润州支行(镇江市电力路1号)、中国银行镇江丁卯支行(镇江经济技术开发区健力宝北路)、中国银行镇江大港支行(镇江新区大港兴港西路26号)。13家工商银行网点:大西路分理处(大西路263号)、怡海家园分理处(大西路99号怡海家园A幢103号)、南大街分理处(南门大街192号)、南门分理处(解放路22号)、黄山南路分理处(黄山南路31号)、万家分理处(大西路440号)、花山湾分理处(花山湾新村三区21号)、象山分理处(东吴路161号)、丁卯桥分理处(丁卯桥路108号)、船院分理处(梦溪路6-1号)、长江路分理处(桃园新村81幢底楼东端)、新区分理处(丁卯开发区沃得购物广场17幢105~106号)、大港支行营业处(镇江新区大港兴港路北侧)。

【推行医疗保险信息披露制度】 2008年,镇江市医疗保险局制定《关于建立医疗保险信息披露制度的意见》,披露内容包括规范性文件及权威解释、医疗保险基金收支管理情况和预决算执行情况等16项。披露形式有:镇江市政府门户网站、镇江劳动保障网、镇江医疗保险信息网,新闻发布会、听证会和报刊、广播、电视等新闻媒体,通过文件、会议、简报等形式公开,医保事务大厅、定点医疗机构、定点社区服务机构等地设立资料索取点、信息公告栏、电子显示屏、触摸屏等,印制医保政策简介、办事指南,"12333"劳动保障电话咨询服务系统等。还建立考核制度、责任追究制度等相关保障措施。4 月 29 日,通过《镇江日报》医保专版和镇江医疗保险信息网,首次对市本级及各辖市(区)医疗保险信息集中披露,同时各辖市(区)利用各自报纸、医疗保险网(劳动保障网)及其他方式进行披露。

【开展社会医疗保险大型公益"寻保"活动】 2008 年 12 月 8 日~28 日,镇江市医疗保险局在市区范围内开展以"谁是参保最后一人"为主题的社会医疗保险大型公益"寻保"活动。活动对象为市区范围内有参保意愿但未参加社会医疗保险的人员。根据登记情况进行分类统计,了解被登记人员的需求,并按照当事人意见提出处理建议。活动期间,接受未保人员登记 2 万余人,新增参保 7773 人(统账 1805 人,居民 5968 人),有 13276 名个人参保人员接续参保,有 1226 人补缴差额从居民医保转入统账医保,145 名未参加统账医保的退休人员通过照顾政策进入医保。同时通过寻找、走访"职工医保"第一人、"居民医保"第一人、"学生医保"第一人、"低保救助"第一人,反映镇江市多层次医保制度体系的发展历程。

扬州市医疗卫生

【社区服务】 扬州市政府先后召开全市社区卫生工作会议和流动现场会,出台加快农村社区卫生服务体系建设的意见、推进城市社区卫生服务工作实施意见和城区社区卫生服务机构设置规划等多个规范性文件,明确社区卫生服务建设相关政策,建立投入补偿机制。市卫生局修订《城市(农村)社区卫生服务中心(站)设置标准》、《社区卫生服务中心(站)工作制度》、《农村社区卫生机构绩效考核办法》等文件,促进了社区卫生服务机构规范建设。全市城乡共建成社区卫生服务中心 67 个、社区卫生服务站 553 个,城市社区卫生服务中心(站)覆盖率达 86% 以上。农村社区卫生服务中心(站)覆盖率达 50% 以上。广陵区基本实现创建省级社区卫生服务先进区工作目标。认真执行城市医院支持农村和社区卫生服务机构制度,制定下发《城市社区卫生服务中心与市级医院双向转诊暂行办法》,全市共有 23 个市(县)级医疗卫生单位安排医生 451 人,对口支援 107 个基层医疗卫生服务机构。有 168 名城市社区全科医生、社区护士和 2749 名农村卫生技术人员接受专业培训。

【农村合作医疗】 全市建成网络结报中心 5 个、乡镇结报终端 95 个、单位结报终端 109 个,逐步形成以县(市、区)为单位,县(市、区)合管办为中心,乡镇合管办和定点医疗单位为终端的网络化结报体系。实行新农合基金的封闭运行,以县(市、区)为单位,统筹管理新农合资金,成立新农合监督管理委员会,健全监管机制,杜绝新农合资金体外循环。全面实行新农合年度财务审计监督制度,自下而上实施新农合资金审计、公示,强化社会和群众监督。实行社区卫生服务机构药品集中招标采购,统一配供。2007 年全市新农合覆盖率达 96% 以上,农民人均筹资标准达 53 元/人,其中维扬区新农合大病统筹筹资标准达 100 元/人。全市新农合筹资总额 13524.28 万元,其中各级财政补助 8881.25 万元,农民自筹 4643.03 万元,农民在合作医疗实际报销 13560.83 万元,实际受益比例为 21.88%,受益面达 53.50%。

【公共卫生建设】 善疾病预防控制网络直报体系,建成网络直报点 186 个,市疾控中心疫情管理质量连续 7 个月列或并列全省第一。制定应急宣传方案,举办应急宣传培训,开展应急演练,提升了突发公共卫生事件应急处置能力。各级疾控、卫生监督及医疗机构继续增加投入,添置公共卫生设施,提高卫生防病能力与水平。加强专项资金筹集,注重规范管理,强化考核评估,农村基本公共卫生服务项目稳步实施,覆盖人口 317.78 万人,投资总额 1980.90 万元,其中省补 518.40 万元,地方配套 1462.50 万元。围绕艾滋病、结核病、血吸虫病、乙肝等重点疾病预防控制工作,实施防控策略,落实防控措施。启动高邮湖区综合监测项目,完成国家人禽流感监测系统评价工作。仪征市血吸虫病传播控制工作通过省考核。卫生部在扬召开全国渔船民防制血吸虫病、公厕建设项目现场研讨会,全面推广扬州加强渔船民粪便管理的经验和做法。修订完善《行政执法责任制》、《卫生行政处罚案件管理补充规定》等规范性文件。先后组织放心早餐工程、集体食堂、超市自制食品卫生突击检查和节日市场食品卫生安全检查、餐饮业、生猪肉、月饼等食品卫生专项执法检查,食品卫生行政处罚案件 1650 起,结案 1648 起,没收违法所得 21 户次,金额 34413.90 元,罚款 1131 户次,金额 3823670.60 元,强制执行案件 1 起,取缔非法经营活动 156 户。县城以上餐饮单位食品卫生量化分级管理实施率达 97.80%,索证制度建立率 95% 以上。圆满完成"烟花三月"国际经贸旅游节、世界运河名城博览会及第十八届亚洲乒乓球锦标赛等重大活动的食品及医疗卫生保障任务。召开全市改厕动员大会、血防重点村改厕工作推进会,编发督查通报,全面推进农村改厕工作。全市新增无害化卫生户厕 4.60 万户,新建房无害化卫生厕所配套率达 95% 以上。新建成国家卫生镇(县城)3 个、省级卫生镇 4 个、省级卫生村 13 个,其中宝应县被命名为"国家卫生县城",实现了县(市)国家卫生城零的突破;全市累计建成国家卫生镇 4 个(另有 1 个通过省考核)、省级卫生镇 29 个、市级卫生镇 50 个、省级卫生村 75 个,国家卫生镇、省级卫生镇总数分列全省第三位、第四位。国家卫生城市成果巩固工作顺利通过全国爱卫会调研督导,受到通报表扬。"亿万农民健康促进行动"通过省级督导评估,"健康扬州社区行"活动深入持久。开设全省首家免费公益性心理健康咨询室。全市农村中小学健康教育开课率达 100%,健康教育普及率达 90% 以上。全市甲乙类传染病发病率为 189.43/10 万,儿童计划免疫"四苗"覆盖率达 98.60%,

孕产妇死亡率为5.26/10万,婴儿死亡率为5.19‰,居民群众健康保健与生命安全得到有效保障。

【中医中药报务】 深入开展中医医院管理年活动,加强中医药重点专科建设、人才队伍建设和内涵建设,提升中医药服务能力。先后建成市级中医重点临床专科17个、特色专科26个,组织乡镇中医临床骨干和县以上优秀中青年中医骨干参加省培训。推进中医药适宜技术进农村、进社区、进家庭。市中医院开展"中医活动特色月"活动,通过国家重点专科建设评审。中医药参与新农合和社区卫生服务试点工作进展顺利。江都市加强乡镇社区卫生服务中心(卫生院)中医特色专科专病建设,高邮市试行农村基层中医药人员"师承"教育,促进农村中医药队伍建设和工作发展。

【医疗质量管理】 继续加强《医疗机构管理条例》等法律法规宣传培训,增强医院和医务人员依法管理、执业、守法经营意识。严格执行机构、人员和技术准入制度。深化"以病人为中心"、"以质量和安全为核心"的医院管理年活动,落实13项核心制度,保证医疗质量和安全。狠抓"三基三严"训练,提高医务人员规范意识、质量意识和安全意识。加强院前急救工作能力和水平建设。优化服务流程,方便病人就医。加强医疗废弃物统一集中处置督查,杜绝医疗废物污染,全市有100多家医疗机构实现医疗废弃物无害化集中处置,其中市区医疗废弃物全部实行集中无害化处理。以传染病防治、口腔器械消毒、医院消毒质量等为重点,制订专项行动方案,不断开展打击非法行医活动。先后组织卫生执法人员200多人次,采取分组抽查、突击检查和夜间巡查等方式,共检查医疗卫生机构307所,进一步规范了医疗行为。苏北医院、妇幼保健院、急救中心、南方协和医院等医疗单位的基础设施建设工程完成预期目标,传染病医院建设进度明显加快。邗江区建成区公共卫生中心。

【科技人才建设】 积极实施"十一五"卫生科技发展规划,加强卫生科技人才队伍建设,共立项卫生科研项目14项,引进医学新技术项目40项,申报市科技进步奖项目82项,入选省"科教兴卫工程"医学重点人才2人;开展继续医学教育培训6000余人次,积极组织社区全科医生、社区护士等专业培训活动,完成城市社区全科医师106人、社区护士62人和农村卫生技术人员2749人的岗位培训任务。组织250名乡村医生补注册执业资格考试,完成2873名城市社区及农村卫生技术人员合格证书核准和验印工作,医疗卫生服务水平有了新的提高。

【卫生为民惠民】 积极开展药品、耗材网上限价询价集中采购工作,公开医疗收费项目和标准,完善门诊通用病历"一本通"、部分医学检验检查"一单行"制度,规范医疗服务行为,简化就医环节。实施"药占比"和平均医药费用双重控制,全市29个县及县以上医疗机构平均"药占比"为47.45%,每门诊人次平均收费为114.65元、出院者平均医药费用为6011.26元,比上年分别增长-0.12%、-1.38%和5.99%,其增幅与当年当地城市居民人均可支配收入增长16%、农民人均纯收入增长11.80%相比,均处于较低水平,医疗费用持续增长势头得到有效遏制;全市二级以上医院通过限价询价集中采购药品、耗材达5.02亿元,让利给患者5000万元以上;实行22个单病种限价收费,医疗费用下降幅度最低为5.35%,最高为34.27%。市惠民医院共救助特困对象7100人,救助人次达10780人次,救助总费用345万余元,总减免比例达68.30%,救助人数、人次、费用均较上年有明显增加;低保患者平均住院费用和普通病患者门诊费用分别为5403元、72元,较市区医保患者分别低34.90%和30.80%。全市惠民门诊26.24万人次,减免费用总额373.46万元。先后投入863.07万元,落实艾滋病、结核病、血吸虫病和"三无"精神病患者等继续治疗、检测费用减免政策。其中,投入33.58万元对11名艾滋病病人实施免费抗病毒治疗和860人免费检测;投入195.47万元对2830例肺结核病人免费提供结核药品、对4728例疑似肺结核病人免费查痰和3200例肺结核病人免费摄胸片;投入70.99万元补助治疗16例血吸虫病晚期病人和对93486人进行血吸虫病免费查病;投入475.78万元,为27.34万名适龄儿童和外来务工人员子女免费接种7种一类疫苗;共收治"三无"精神病患者65人次,垫支减免总费用46.65万元;为企业下岗人员减免体检费用40.60万元。

【卫生行风建设】 加大职业道德、职业纪律、执业责任教育和考核力度,落实医院执行财经、法律、财务管理和收费许可证制度,改善医院环境,优化服务流程,建立沟通机制,及时受理、妥善处理患者投诉,构建和谐医患关系。按照"合理诊断、合理治疗、合理用药"规范要求,严格执行医药费用控制指标。建立以"阳光采购"、"阳光收费"等为主要内容、现代电子技术为主要手段的多渠道、多形式、全方位公开接受社会各界监督的平台。"白求恩杯"竞赛20周年活动成效显著,并召开大会进行总结表彰。积极开展创建平安医院、规范收费医院、医院管理年等活动,强化医疗服务质量和基础管理,优化医疗卫生服务环境,卫生行业形象不断改善。制定《医务人员廉洁行医规范》等规章制度和实施细则,加强物资、药品采购、基本建设、资金和收费等重点环节管理制度化建设。对重点部门、重点领域、重点人员开展自查自纠,加强对乡镇卫生机构医药购销和医疗服务中不正之风的专项治理和督查。畅通与人民群众、社会沟通交流渠道,主动走进"行风热线"、"党报在线",倾听百姓意见,接受社会监督。6月30日开通"12320"公共卫生公益电话,接受电话咨询、投诉400余个,"公开电话"、"寄语市长"回复和办结率均达100%。当年交办的64件人大代表建议、政协委员提案全部做到主要领导或分管领导登门面答、征求意见。41名局机关工作人员周六下基层721人次,现场指导服务、解决问题40多项,收集患者及群众意见建议430多条。局领导分组对市区社区卫生、"维护人民健康、维护群众利益"10项惠民承诺等工作进行调研,与基层居民群众进行座谈,听取意见,受到居民群众高度评价。省卫生厅对苏北医院、市一院、中医院等单位综合满意度函调结果显示,群众对医疗卫生工作的综合满意度分别比年初上升了13.01%、7.01%、15.32%。市卫生局被省委宣传部等14个部门评为"2007年度江苏省三下乡先进集体"。农村卫生、改厕工作分别得到省政府在扬召开的全省农村卫生工作会议和全国爱卫会在扬召开的全国农村改水改厕工作年会与会代表的充分肯定。

(王 林 朱正文)

【扬州市城市社区卫生服务中心与市级医院实施双向转诊制

度】 为提高城市优质医疗资源利用效率,努力提供安全、有效、方便、价廉的社区医疗卫生服务,减轻群众医疗负担,扬州市卫生局按照"分级诊疗、利于患者诊治"的原则,出台《扬州市城市社区卫生服务中心与市级医院双向转诊暂行办法》,进一步规范城市社区卫生服务功能,方便社区居民就近就医,不断完善新型城市卫生服务体系。"办法"明确,社区卫生服务机构和城市医院双向转诊坚持"以病人为中心,群众自愿、诊疗需要、就近方便、平等合作、互惠互利"的原则,通过契约方式明确双方的权利和义务,严格按照规定开展双向转诊,建立健全工作流程和制度,促进社区居民逐步实现"小病在社区、大病进医院、康复回社区"的分级诊疗目标。2007 年 12 月 1 日起,扬州市区的社区卫生服务中心与市级医院全面实施双向转诊制度。

【扬州市开展创建"规范收费医院"活动】 2007 年,扬州市卫生局、纠风办、物价局等三部门联合制定印发《开展创建"规范收费医院"活动的实施意见》和《创建"规范收费医院"考核评分细则》,并精心组织,密切协作,在全市开展创建"规范收费医院"活动。全市先后建成规范收费医院41 家,其中二级以上医院 9 家、一级医院 32 家,分别占总数的45%、23.50%。活动初期,选择 7 家不同层次的医院作为试点,建立创建"规范收费医院"基本制度,完善医院价格管理网络,强化制度的执行和考核,细化创建工作标准和考核指标。经过考核,6 家试点医院达标,成为首批"规范收费医院"。在试点基本成功的基础上,召开全市"双创"工作推进会,全市医院纷纷行动起来,通过建立完善创建"规范收费医院"基本制度,建立群众评议医院机制,认真落实抓卫生行风、抓严格管理、抓诊疗合理、抓医患和谐、抓多方监督的"五抓"措施,扎实推进创建工作。经过严格考核,又有 35 家医院达到了"规范收费医院"标准。通过开展创建"规范收费医院"活动,规范了医院的收费和诊疗行为,改善和提高了医疗服务质量,人民群众对卫生行业综合满意度明显提高,社会各界反映医院收费方面的人民来信大幅减少,群众医疗费用支出增幅明显低于收入增长水平。国务院纠风办《纠风工作动态》2007 年第 47 期专门介绍全市开展"双创"活动,努力化解群众"上学难、看病贵"问题的经验做法。 (朱正文)

【扬州市疾控中心实行"1123"系列便民措施】 2月,扬州市疾控中心推出"1123"系列便民措施,即对社会提供 11 项免费服务项目,对 2 类人员实行救助和 3 项收费优惠政策,进一步改进卫生行风,树立卫生部门的良好社会形象。

11 项免费服务项目包括:免费对所有适龄儿童实施一类疫苗的预防接种;免费对艾滋病患者提供抗病毒治疗药物;免费对自愿人员进行艾滋病咨询和病毒抗体检测;免费对艾滋病患者提供诊断性检测和结核病检查;免费对初治、复治涂阳的肺结核病人提供抗结核药品;免费对疑似肺结核病人查痰一次;免费对肺结核病人摄胸片一次和查痰四次;免费对疑似血吸虫病人进行病原学检查;免费对农民提供血吸虫病抗虫治疗药物;免费对具有再就业优惠证的人员进行从业体检;免费对麻风病患者提供抗病原治疗药品。

2 项救助政策包括:对晚期血吸虫病人按政策实行救助;对寄养麻风病人实行集中救助。

3 项收费优惠政策包括:对下岗再就业者,实行检测检验费减半收取的优惠政策;对开发区内外商投资企业和高新企业,实行食品检验费减半收取的优惠政策;对统一组织 100 人以上体检的食品、公共场所单位,体检费实行减免 10% 的优惠政策。

【国家卫生部和省政府先后在扬州召开有关会议或组织视察调研活动】 2007 年,全国农村改水改厕工作年会,驻卫生部纪检组、监察局预防和查办案件工作座谈会,卫生部全国渔船民公厕建设项目现场研讨会和省政府全省农村卫生工作会议等会议先后在扬州召开,省委常委、常务副省长赵克志、副省长何权和国家卫生部有关领导分别视察调研扬州的农村卫生、社区卫生、人禽流感防治和"平安医院"等创建工作,对扬州市相关工作给予充分肯定。

南通市医疗卫生

【概况】 全市医疗卫生机构总数 3544 个,其中医院 332 所,妇幼保健院(所、站)7 个,专科疾病防治院(所、站)6 个。共有医院床位 23939 张,平均每千人口医院床位 3.09 张;卫生技术人员 27980 名,其中,执业医师和执业助理医师 1.25 万人,注册护士 8846 人,平均每千人口卫生技术人员 3.66 人;全年门急诊人次 1685.48 万,住院总人次 56.47 万。市第一人民医院升格为三级甲等综合医院,市肿瘤医院晋级为三级专科医院,市区三级医院 6 所。

【基层卫生】 市区及县(市)城区共建成 27 个社区卫生服务中心,以街道(镇)为单位建成率为 96.4%。累计建成农村社区卫生服务中心 139 家,建成农村社区卫生服务站 1763 个,行政村覆盖率达 100%。全面开展农民健康工程先进县(市)创建活动,率先启动农民健康工程先进乡镇创建工作,所辖县(市)均提前达到省先进县(市)标准,先进乡镇达 49 个。新型农村合作医疗制度进一步巩固,参合人口达 531.65 万人,参合率 98.3%;县(市)人均筹资达 100 元,市区平均为 120 元,全市参合农民受益面达 65%,住院费用实际补偿比达 35%。实施农村基本公共卫生服务项目精细化管理,人均项目经费达 8 元,项目实施绩效处于全省领先水平。市区率先试行社区卫生服务基本药物零差价销售,确定基本用药 292 个品种 366 个规格,平均降价幅度 25%。

【公共卫生】 市疾控中心业务大楼正式启用,艾滋病检测确认实验室顺利建成,各级疾控机构实验室检测能力显著加强。重大传染病防治目标全面实现,全年甲乙类传染病发病率为 0.16%。

扩大儿童免疫规划全面实施，率先启用国家版儿童预防接种信息管理系统软件，15 种一类疫苗统一免费接种，惠及包括农民工子女在内的所有适龄儿童。推进爱国卫生运动，全年新建成省级卫生镇 5 个、卫生村 40 个。在国内率先开发并应用结核病防治信息管理系统。完善卫生应急预案，健全应急指挥体系，加强物资储备和培训演练，成功防控手足口病等突发疫情。

【卫生监管】 新建基层卫生监督分所 18 家。创新卫生监督监管模式，推进食品生产流通企业和餐饮单位量化分级管理。市区餐饮单位量化分级管理率达 98.5%，在 A 级餐饮单位中试行“六常法”管理，开展放心消费餐饮行业和餐饮卫生示范街创建活动，得到国家卫生部专家的好评。加强医疗市场监管，全年立案查处案件 726 件，取缔无证行医 231 户次，维护了医疗市场秩序。

【医疗援助】 汶川大地震发生后，全市卫生系统紧急抽调急救、防疫、监督、医疗小分队分批赴川参加抗震救灾，并圆满完成 99 名伤员定点收治任务，按要求开展了与绵竹市新市镇的卫生对口援建工作，受到江苏省政府表彰。

【行风建设】 加强医德医风教育，探索医德考评机制，建立医务人员医德档案。2 人当选江苏省首届“十佳医德医风楷模”，8 人被评为“百名医德医风标兵”。持续深化“无红包医院”创建活动，共有 317 所医院加入“无红包医院”创建行列，其中 197 所医院被命名为“无红包医院”，挂牌成立市区医疗纠纷调处中心，无红包医院品牌成为精神文明“南通现象”的核心内容，有关做法在 2009 年全国卫生系统纪检监察暨纠风工作会议上专题介绍。

（朱爱琴提供）

泰州市医疗卫生

【概况】 农村卫生工作扎实推进。农村卫生机构服务能力和水平进一步提高，基本公共卫生服务得到较好落实。新型农村合作医疗人口参合率 98.7%，保障水平逐年提升。

城市社区卫生服务再上新台阶。社区卫生服务网络进一步健全，服务功能逐步完善。运行机制改革深入推进，海陵区试行基本药品零差率销售。

公共卫生建设成效显著。疾病预防控制、应急医疗救治、卫生监督基础条件不断改善，突发公共卫生事件应急能力进一步增强。重大传染病基本得到控制，扩大儿童免疫规划全面实施，孕产妇死亡率、婴儿死亡率、出生缺陷发生率持续下降。新增省级卫生镇 6 个，新增农村无害化卫生户厕 60 万座。

中医药发展步伐加快。成功开展中医中药中国行泰州站活动，中医进社区、“治未病”健康工程和推广中医药适宜技术工作均取得显著成效。

卫生综合服务能力得到提升。深入实施科教兴卫工程，扎实推进医院管理年活动、平安医院和“无红包医院”创建，组织开展全面改善医疗服务专项行动，医院管理和医疗服务水平不断提高，卫生行风建设进一步加强。

支援抗震救灾成绩突出。四川汶川特大地震发生后，组派医疗卫生救援队赶赴灾区，全力做好伤员救治和卫生防疫工作，精心收治到泰州的灾区伤员，积极开展医疗卫生对口支援，赢得灾区人民和社会各界广泛赞誉。

【新型农村合作医疗】 新型农村合作医疗制度日趋完善，草拟《关于进一步加强全市新型农村合作医疗管理的意见》，制定《泰州市新型农村合作医疗基金管理办法》、《市卫生局关于加强新型农村合作医疗定点服务机构管理的通知》、《市卫生局关于加强新型农村合作医疗定点医疗机构医药费用管理的通知》、《泰州市定点医疗机构百分考核评分办法》、《泰州市新型农村合作医疗管理考核细则》，印发《泰州市新型农村合作医疗基本药物目录》等规范性文件。在合作医疗计算机网络全面开通的基础上，进一步优化合作医疗网络和医院收费管理系统，使其达到无缝连接，实时监控、实时结报。2008 年，全市参保农民受益面和受益水平不断提高，参加合作医疗 346.87 万人，参保率 98.71%，比上年新增参合人员 4 万多人，人均筹资标准从每人每年 50 元提高到 100 元。补偿封顶线达到 6 万元以上，全市超过 100 万人获得不同形式的补偿。取消市（区）内转诊，增加用药目录及补偿范围，提高可报医药费占总医疗费比例；增加门诊补偿和特殊病种门诊补偿；降低住院起付线、提高封顶线；启动“二次补偿”机制，对患病困难农民实施医疗救助；实施参合农民免费体检。

【基本公共卫生服务】 根据省厅印发的《农村基本公共卫生服务工作考核评估细则》，制定《泰州市农村基本公共卫生服务工作任务分解表》，明确县、乡、村三级医疗卫生机构在农村基本公共卫生服务中的职责分工。根据农村基本公共卫生服务项目内容和管理工作的要求，对各市区卫生局预防保健科、疾控中心、卫生监督所、妇幼保健所等单位或科室负责人，乡镇卫生院分管院长、防保组长进行全面培训，使基层卫生人员熟悉掌握工作内容、工作规范、考核标准和考核方法。系统编制农村基本公共卫生服务项目清单，制定《农村基本公共卫生服务项目考核细则》，建立严格的考核评估体系。全市落实基本公共卫生服务专项资金 3300 万元，借助网络直报系统的基本公共卫生网络管理全面推开。

【农村卫生服务体系】 规范农村社区卫生服务机构的设置，编制泰州市农村社区卫生服务中心（站）设置规划，出台《泰州市关于发展农村社区卫生服务的实施意见》，制定泰州市农村社区卫生服务站验收评价标准。推动农村社区卫生服务机构建设，出台《泰州市市区农村社区卫生服务机构建设奖补方案》，以农村卫生院转型为契机，开展示范社区卫生服务中心（站）创建活动。全年建成农村社区卫生服务中心 43 个、农村社区卫生服务站 411 个。强化农村社区卫生服务机构管理，制定《泰州市农村社区卫生服务站管理制度》，强化乡村一体化管理模式，对服务站提供的预防、保健、康复、健康教育、基本医疗等进行全方位考核，与绩效工资挂钩。全市以乡镇为单位一体化管理率90%以上。提高农村卫生机构服务水平,制定全市农村卫生人才培养规划和农村卫生人员的业务技术培训计划。年内举办各类培训班28期,培训各类防保人员近3000人次。启动乡村医生中专学历补偿教育,乡村医生2300多人通过淮安市卫生技术学校中专入学考试。各地严格执行《关于城市医生晋升职称前到城乡基层医疗卫生机构服务的意见》,市人民医院、中医院、疾病预防控制中心、妇幼保健所对口支援兴化、姜堰两地4所医疗卫生机构。年内,全市二级以上医疗卫生机构医务人员778人分批赴乡镇服务。

【疾病预防】　落实各项卫生防病经费1002万元,突发公共卫生事件规范处置率100%。全市报告乙类传染病1万例,传染病疫情和突发公共卫生事件网络直报率100%,法定传染病报告率98%以上,及时调查处理率100%。完成查螺工作日4.6万个,查螺面积3568多万平方米,开展药物喷洒灭螺123万平方米。艾滋病咨询检测3324人,新发现和报告的艾滋病感染者19例。发现治管肺结核病人3391例,其中新发涂阳肺结核病人1481例。免费预防接种五苗接种率保持在95%以上。预警监测门诊监测病人30万人次,未发现不明原因肺炎病例和传染性非典型肺炎、人禽流感预警病例。

【妇幼保健】　创建等级妇保所,妇幼保健机构能力建设得到进一步加强。全市孕产妇保健管理率96.7%、7岁以下儿童保健管理率95.28%、孕产妇死亡率24.92/10万、婴儿死亡率5.23‰、妇女病普查率55.01%、托幼机构卫生保健合格率100%、孕产妇住院分娩率99.37%。

【卫生监督】　卫生监督体系建设实现新跨越,通过全省体系建设评审,食品卫生监督量化分级管理、卫生部食品卫生监督公示试点工作取得突出成果,继续保障了全市食品卫生、公共场所卫生和职业卫生安全。

【卫生应急】　按照《国家突发公共卫生事件相关信息报告管理工作规范(试行)》,开展突发公共卫生事件相关信息报告工作,共报告突发公共卫生事件相关信息9起,发病171人,均为传染病疫情。开展非典预警监测,3所非典预警监测医院共监测门诊病人351793人次,报告发热呼吸道病例6588例,发热肺炎病例2638例,未发现不明原因肺炎病例、传染性非典型肺炎预警病例和人禽流感预警病例。建立完善多部门防控合作机制。与出入境检疫检验部门联合开展口岸突发公共卫生事件应急演练,与市教育局共同建立泰州市学校突发公共卫生事件防控合作机制,与农业部门进一步完善人畜共患疾病信息沟通协调机制。

【突发公共卫生事件处置】　组织43人的医疗防疫队奔赴四川抗震救灾一线,为灾区捐款捐棉衣,认真做好对口支援四川绵竹拱星镇医疗卫生工作,接受灾区伤病员60多人。"三鹿奶粉事件"中,筛查儿童近6万人,确诊肾结石患儿1259人。积极稳妥处置手足口病疫情,保护儿童健康。抗震救助灾工作中,获省表彰3人,火线入党2人。　(朱　尧)

【医疗资源优化】　按照主城区发展远景,修订市区医疗卫生规划,调整医疗卫生机构布局,汇聚优势资源,打造更高水平的医疗卫生中心。市委、市政府积极支持医疗卫生资源的整合调整,拨出专款支持卫生资源重组合并,对市人民医院、中医院、普济医院的建设财政贴息近2亿元。市人民医院、市中医院均调整规划,立项新建病房楼和科研楼,进一步完善结构和功能。市人民医院周边2公顷纳入规划用地,规划32层病房大楼,共8万平方米。普济医院被医药园区整合,全力建设临床试验基地,进一步拓展发展空间。市妇幼保健院、市疾病预防控制中心和第四人民医院等其他医疗卫生机构都立足更高的起点,统筹规划,合理布局,提升可持续发展能力。

【社区卫生】　制订《关于进一步加强城市社区卫生服务工作的意见》,市财政明确市、区两级财政2008年起每人每年补助10元的标准,将公共卫生服务经费纳入财政预算,对市区验收合格的城市社区卫生服务中心和站分别给予8万元和2万元的奖励。按照省卫生厅相关标准,市区建成城市社区卫生服务中心10个,海陵区城东、城中街道社区卫生服务中心60岁以上居民健康档案管理率90%。高港区4个社区卫生服务中心初具规模。各市(县)设立社区卫生服务中心21所、服务站65所。农村社区卫生服务机构建设全面启动,建成农村示范社区卫生服务中心80个、农村示范社区卫生服务站648个。

【惠民医疗】　各地明确惠民医疗机构,二级以上医院建立惠民门诊和惠民病区,逐步建立和完善惠民医疗体系。落实特殊人群减免优惠政策,对享受城乡居民最低生活保障人员等特殊人群实行相关减免优惠政策,全市发放低保人群、特困人群优惠医疗卡3000张。市区对4万名已婚育龄妇女生殖健康保健实行全部免费,对一类11种疫苗实现免费接种,市区免费婚检4260人。各医疗机构定期开展惠民义诊活动,推行单病种限价,社区试行基础药物"零差价",努力降低患者医药费用。惠民门诊诊疗80万人次,惠民病房收治27845人次,累计减免费用1380万元。

【卫生城市创建】　市政府下发《泰州市卫生城市长效管理考核试行办法》,明确将考核结果纳入各市(区)"双文明"百分考核以及市直各部门创建"人民满意机关"指标评价体系。市财政专门拿出100万元作为卫生城市长效管理考核奖励经费。全市相关部门和单位按照市政府下发的《国家卫生城市长效管理部门职责分解表》,结合自身职能,认真落实,市爱卫办、监察局、机关工委、城管局等部门对市区卫生城市长效管理工作组织检查考核打分,市爱卫办多次组织暗访、检查,并将结果在媒体公布或向相关部门及时通报。市区国家卫生城市长效管理工作得到全国爱卫办专家的高度评价和省爱卫办的通报表扬。各县级市结合文明城市创建活动,继续巩固省级卫生城市创建成果,均通过省爱卫办组织的省级卫生城市明查、暗访,姜堰市接受国家卫生城市创建工作的市级考核和省级指导。

【农村改厕改水】　市委、市政府继续将农村改厕列入为民办实事和着力改善民生项目内容,纳入"双文明"百分赛考核内容。年初,市政府与各市(区)政府签订目标责任书;6月4日专门召开泰州市农村改厕工作现场会暨农村改厕技术培训会。市及各市(区)爱卫会紧紧围绕省政府及市政府提出的改厕总体目标，认真落实改厕资金，切实推进改厕项目建设。市及各市(区)爱卫办进行改厕培训，加强技术指导和现场检查，保证改厕进度，改厕质量有所提高。年内，省260多人的改厕现场会在泰州召开，与会人员对泰州市改厕质量和水平及改厕与农村环境综合整治相结合的做法给予很高评价。至10月底，全市共完成农村改厕67251户，其中完成卫生项目改厕60376座，占年度目标任务的100.63%，完成“一池三改”户用沼气建设2600户，完成新建(翻)房配套改厕4275户。

年内，市委、市政府继续将农村改水纳入改善民生工程项目，市财政安排专项资金60万元。各地以消灭自来水空白村组为目标，以解决农村五保户、特困户等弱视人群为重点，继续推进自来水管网延伸及入户工作，至9月底，全市新增农村自来水受益人口3万人，提前完成年度目标任务，全市农村自来水普及率98.78%。市卫生部门举办农村水厂厂长培训班，并依法对农村水厂供水情况进行卫生监督管理，组织开展农村饮水水质监测工作，监测覆盖率87.4%。

【卫生镇村创建】 市及各市(区)大力推进卫生镇村创建工作，将卫生镇村创建工作纳入政府目标考核内容。市财政拿出57万元对市区卫生镇村创建工作进行奖励，进一步调动基层创建的积极性。市爱卫办、建设、环保、卫生等部门密切配合，加强指导，促进创建工作顺利开展。年内，全市建成市级卫生村24个，有6个镇、43个村通过省级卫生镇、村的考核验收，实现省级卫生镇村创建的历史性突破。

【健康教育】 2008年，广泛开展健康教育活动，积极实施健康干预。积极开展送健康进社区活动，组织医疗卫生单位的专家采用讲座、义诊咨询等多种形式向市民宣传卫生防病和健康生活方式知识。投资8万元，在泰州电视台“每天新闻30分”节目中插播30秒公益广告，宣传健康知识。印制《中国公民健康素养——基本知识与技能》折页15万份分发入户，并将健康素养读本分发到各个社区、农村、及卫生服务站。将永泰路建成健康教育一条街，在海陵路和东进游园两处闹市区设置滚动公益广告灯箱5个，根据季节防病重点和群众关心的健康热点发布公益广告。在靖江市召开“全国亿万农民健康促进行动”现场交流会，并召开泰州市“全国亿万农民健康促进行动”领导小组联络员例会，对各市(区)的行动工作进行中期督导评估。开展“中国成人健康素养监测”、“健康教育与健康促进工作”试点和“重点人群烟草流行监测工作”试点，按时保质保量完成任务。

【病媒生物防制】 借助创建卫生城市和创建文明城市活动，继续坚持综合防制的方针，以环境综合整治为主，采取物理灭杀和化学药物消杀等方法相结合，控制四害密度。在主城区，继续按照市场化运作模式，开展各项病媒生物防制工作，在市招标办和市财政局的监督下，招标采购各类病媒生物药品。招标有资质的服务机构承担4～11月的灭鼠、灭蝇、灭蚊和灭蟑螂工作。在大规模灭杀活动前，坚持组织开展街道专(兼)职人员培训。走进泰州经济台直播室宣传除害知识，继续实行灭蚊蝇工作回折制度，每周杀灭工作有居委会分管主任签字确认。主城区共使用河道灭蚊蚴药物6吨，灭蝇药物1.5吨、缓释块3吨，投放灭鼠药6吨、灭蟑药物7万盒。全年开展“四害”密度监测40次。监测结果表明，鼠、蟑、蝇密度始终控制在国家标准之内，蚊密度未超过国家标准的3倍。

(张迎九)

【开展“三服务”工作】 践行卫生为经济社会服务的理念。开展卫生“为税源经济服务、为中国医药城服务、为民生服务”工作，主动为药城开列服务清单，履行服务承诺，帮助药城顺利整合普济医院，争取国家疫苗配送基地、江苏公共卫生研究院落户中国医药城，为北科干细胞研究院开展应用研究提供生命资源和项目许可服务，为泰州医药产业崛起铺设“绿色通道”。在同等质量的前提下，优先使用地产药品，将地产药品纳入合作医疗基本用药目录，使泰州药企本地销售量增长49%。

【创建“无红包医院”】 年初在二级以上医疗机构开展创建“无红包医院”活动，年中又把创建活动扩大到所有一级医疗机构，全行业创建“无红包医院”，提高卫生行业形象和社会满意度。全市医务人员拒收红包69万元，主动上交红包82万元，83%的服务对象认为创建“无红包医院活动”效果明显，患者对医院服务的综合满意度提高到93.67%。经过专家评审和社会评议，评出无红包医院28所。

杭州市医疗卫生

【卫生事业】 公共卫生和基本医疗服务能力进一步提高。至2008年末，杭州拥有各类医疗卫生机构2544所，其中医院141所、疾病预防控制中心15所；拥有专业卫生技术人员5.2万人，其中执业医师2.1万人、注册护士1.9万人；医院病床3.8万张。社区卫生服务网络覆盖城区。全市建立社区卫生服务中心102所、社区卫生服务站739个。公共卫生应急处置能力进一步提高，全市43所二级以上医疗机构组建应急救援医疗队，设急救站点38个。全市婴儿死亡率及5岁以下儿童死亡率分别由上年的4.56‰、6.44‰下降到4.43‰、6.20‰。

宁波市医疗卫生

【医疗机构】 2008年,宁波市各类医疗机构共有病床位22155张,拥有卫生技术人员3.7万人,分别增加1155张和0.17万人。每千人(户籍人口)床位数、医生数和护士数分别为3.90张、2.66人和2.14人,分别增加0.18张、减少0.07人和增加0.23人。

【卫生监管】 2008年,宁波市建立食品卫生监督量化分级管理、卫生监督信息公示等制度,全年未发生食品中毒事件。有34个完成规范化建设,创建率达57.6%。承办案件3799户次,罚没金额651.77万元。受理投诉举报案件1927起,结案1927起,办结率为100%。开展医疗废物处置专项检查2566家次。《放射许可证》发放率100%。

【城乡社区卫生服务】 至2008年,全市建成社区卫生服务中心143家,城乡社区卫生服务站1251家,平均4.82万居民拥有一家社区卫生服务中心,每0.55万居民拥有一家社区卫生服务站;城市社区卫生服务覆盖率达100%,农村达90%。制订出台《宁波市城乡社区卫生服务机构规范化建设实施方案》,全面启动第二轮标准化建设,年内有45家城乡卫生服务中心建设成为市级规范化社区服务中心,36家建成省级规范化社区服务中心。组建成立城乡社区责任医生团队1617支,每千服务人口达到0.70-1.44人。

【农村合作医疗】 2008年,宁波市新型农村合作医疗参合率95.34%。人均筹资提高到196.08元,其中市、县、乡三级财政平均补助人均达到147.63元;住院补偿142824人次,补偿金额36599.95万元,人均住院补偿2562.56元,住院有效费用补偿水平为33.4%;筹资、补偿水平居全省首位。累计门诊受惠3577402人次,补偿金额5736.34万元。 (谢敏依提供)

湖州市医疗卫生

【概述】 2008年,湖州市卫生工作紧紧围绕建设"卫生强市"目标,坚持以人为本,预防为主,面向农村,面向基层,中西医并重,创新工作思路,加大工作力度,全市卫生工作取得了明显成效。至2008年底,全市各级各类医疗卫生机构1262家,其中市级医院5家,均为三级医院,其中市中心医院、市三院为三级甲等医院;二级医院19家。实有医疗床位9294张;卫技人员13949人。平均每千人口拥有医疗床位3.60张;每千人口拥有卫技人员5.40人,医生2.01人,注册护士1.57人。逐步形成了以公立医院为主体,适度开放社会医疗机构,基本满足人民群众多元化医疗卫生服务需求的医疗卫生服务体系。衡量一个地区的主要健康指标连续保持在较高水平,全市孕产妇死亡率为5.52/10万、5岁以下儿童死亡率8.56‰、婴儿死亡率4.25‰,平均期望寿命达77.01岁,列全省先进水平。

【卫生应急保障】 抓好麻疹和手足口病疫情防控、雨雪冰冻灾害天气公共卫生安全保障、抗震救灾和"问题奶粉"卫生应急、奥运安保等工作。一是切实做好麻疹和手足口病疫情防控。全市开展麻疹应急接种14780人,接种率98.93%;查漏补种36419人,其中外来儿童23334人,本地儿童13085人,接种率分别达98.18%和98.29%。对708例手足口病人开展流行病学调查和应急处置。均无危重、死亡病例和暴发疫情发生。二是全力以赴做好抗震救灾工作。派出8支医疗救护、心理援助、卫生防疫、卫生监督、医疗分队共57名队员赴川支援地震灾区;收治灾区伤病员60名,为30名伤病员开展各类手术。从6月26日起,派出4批47名医务人员支援青川县三个卫生院的恢复重建工作。有2位同志被卫生部等四部委授予抗震救灾先进个人称号,16位同志被省卫生厅授予抗震救灾先进个人称号,2位同志被评为市抗震救灾优秀党员,2个单位被省卫生厅授予抗震救灾先进集体称号。三是切实做好"问题奶粉"重大安全事故医疗救治工作。共对62727名婴幼儿开展调查摸底,发现食用奶粉的婴幼儿36162人,其中食用三鹿牌婴幼儿配方奶粉的有4175人,开展筛查49428人,确诊结石症患儿493人,累计收住院34人,无危重病例。

【农民健康工程】 深入实施农民健康工程,全市新型农村合作医疗人均筹资水平提高到124元,参加率达到97.08%,分别比2007年提高39元和1.36个百分点。全市共有389.24万人次的参合农民享受"三条保障线"报销,累计报销金额达2.08亿元;受益总人数121.93万人,人数受益率达69.37%,比上年增长12个百分点;全市住院补偿率达到27.32%。进一步完善县、乡、村三级新农合信息化实时报销网络,全市合作医疗定点医疗机构全面实行门诊、住院刷卡报销。保质保量做好第二轮参合农民免费健康体检工作,完成体检72.05万人,体检率为40.99%。按照省城乡社区公共卫生项目工作要求和实施方案,紧紧围绕三大类12项公共卫生服务内容,明确职责,落实任务,积极抓好城乡公共卫生服务项目的落实。

【城乡社区卫生】 加强社区卫生服务内涵建设,建立城乡社区卫生服务督导小组,实行督导结果与年终考核相挂钩,扎实推进规范化管理。市级社区卫生服务"星级站"创建达到23.6%。以户为单位家庭健康档案建档率为90.62%,60岁以上老人建档率达94.60%。通过信息化管理手段,对不同病种实施分级和分类式的个案管理。

【公共卫生建设】 一是从夯实工作基础入手，加强疾病预防控制。全市无甲类传染病报告，报告乙类传染病16种8726例，报告发病率303.92/10万，居全省平均水平以下。积极推行"免疫规划牵手外来儿童"制度。完成了小学及初中段儿童的乙肝疫苗查漏补种工作，本地儿童接种率为95.83%；外地流动儿童接种率为95.58%。常规免疫接种报告及时率为100%，一类疫苗报告常规免疫接种率为99%以上。加强重点传染病防控。以主动监测、行为干预、宣传教育为重点，建立高危行为干预工作队、6支社区高危行为干预工作分队和10支"青春红丝带"宣传干预工作分队等三支队伍，围绕走进社区、走进学校、走进企业、走进娱乐场所"四个走进"，加强艾滋病防治工作。落实查、治、管综合措施，加强结核病防治工作。以环境综合改造为突破口，加强血防工作，有螺村、有螺面积及螺点数分别比2007年减少11.19%、25.10%和36.36%。肠道传染病监测无阳性标本检出。实行《湖州市慢性病报告》制度。加强城乡社区慢性病综合防治试点工作，率先在全国出台慢性病报告制度，充分利用疾病的横断面调查和纵向监测技术，对湖州市居民慢性病现状进行综合分析和客观评价，为制定慢性病防治策略提供了科学依据。积极做好健康教育工作。全市创建省级健康教育示范乡镇3个，市级健康教育示范村47个，市级健康教育示范医院4家。全市共印发各类卫生宣传资料37万余份，开办黑板报、专栏1710期，受教育人数达93.65万人次。在全省"农民健康知识大奖赛"中获得二等奖。

二是从提高监管效能入手，加强卫生执法监督。全市共发放卫生许可证1.55万户，行政处罚740起。未发生职业中毒事故、较大食物中毒事件以及行政复议、行政诉讼案件。加强食品卫生安全监管。开展小餐饮店质量安全整治和工矿企业食堂专项整治、校园卫生健康行动等专项整治工作。在全省率先推行中小餐饮行业卫生监督员责任制。完成全市5456家企业食堂普查建档工作和300人以上企业食堂整治117家。全市对A级餐饮单位"1+1"（量化分级管理结合五常法管理），管理扩大到89家，小餐饮"五公示"（证件公示、责任公示、管理公示、监督公示、信誉公示）试点从上年的160家增加到310家，为6501家小餐饮店建立一户一卡信息档案，建档率达到100%，完成了12个试点乡镇的1063家小餐饮店整治工作。制订《湖州市重大活动食品安全保障技术规范》，加强关键环节监控，圆满完成了94次重大节日、重要活动的食品卫生安全保障任务。进一步加强农村家宴监管指导工作，累计建立乡村厨师档案1299份，建档率达100%、体检率达85.4%、培训率达84.4%，全市未发生因家庭设宴引发的集体性食物中毒事件。实施医疗机构分类监管。对二级以上医疗机构开展依法执业制度建设；对342家中小医疗机构实行依法执业分级监管（占31.9%）；严厉打击黑诊所等非法行医活动，共取缔黑诊所89家。依法开展职业病防治。以维护职工健康权益为重点，对全市2.32万名劳动者开展职业健康体检，体检率为68.03%。加强职业病危害申报和台账建设，全市累计有1590家企业进行了申报，436家企业完成了台账建设。开展医疗机构放射诊疗许可，发证率为100%。规范卫生行政执法行为。实行网络分级审批制度，制订《湖州市卫生行政处罚自由裁量行使规则》、《湖州市卫生监督投诉举报查处若干规定》等规范性文件，进一步规范卫生行政执法和投诉举报查处行为。

三是从创新工作机制入手，加强妇幼卫生保健工作。自5月1日起，全市启动婚前免费医学检查制度，落实5家免费婚检定点单位，实行婚检与结婚登记一站式服务，共有19971人接受了婚前免费医学检查，婚检率达到80.43%。

四是从完善长效工作机制入手，加强爱国卫生工作。制订《湖州市农村环境卫生保洁管理标准》和《湖州市农村环境消杀管理标准》，建立定期"除四害"消杀制度、每月监测检查制度，深化"农村爱国卫生运动年"活动，开展四月爱国卫生月及控烟宣传活动，巩固和发展农村环境整治成果。巩固发展创卫成果。对全市47个已创建省、市级卫生乡镇开展"回头看"检查，6个乡镇通过省爱卫会复审，对2个乡镇给予黄牌警告。安吉县通过了国家卫生县城的复评。新创建国家卫生镇2个，创建市级卫生乡镇1个；创建省级卫生单位19个、村18个，市级卫生单位31个、村42个，市级无吸烟先进单位3个。全市农村自来水受益率达96.1%，卫生厕所普及率达89.04%，无害化卫生厕所达到75.92%；农村垃圾集中收集覆盖率达95%以上。

五是从壮大献血队伍入手，切实加强无偿献血工作。加大无偿献血宣传和招募力度，健全全市流动献血点网络，继续保持临床用血100%来自无偿自愿献血。无偿献血达2.31万人次，献血量达809.14万ml；街采率达93.05%，一次献血400ml率达75.62%，农民献血率达65.27%。

【医疗卫生服务】 一是以开展平安医院创建工作为载体，深入开展医院管理年活动。加强卫生相关法律法规教育，落实操作技术规范与质量控制标准，促进医疗质量与安全管理。向省卫生厅申报创建13家省级平安医院。二是顺利通过"全国农村中医工作先进市"评审。市中医院、长兴县中医院分别荣获国家级中医外科、针灸推拿科的重点专科建设项目。14个乡镇卫生院建设为"湖州市乡镇卫生院中医专科（专病）基地"。在5个乡镇社区卫生服务机构开展中医"治未病"试点工作。顺利启动了"中医中药中国行"湖州站活动。三是加大惠民医疗和对口帮扶力度。进一步创新惠民医疗服务工作机制，扩大服务范围，市惠民医院提高了"尿毒症、肾移植抗排斥、恶性肿瘤"三类疾病的就诊补助，使困难群众医疗救助比例大幅提高，最高可达80%。全年共为2585人次困难群众支付医疗救助金357万元，人均救助额达1381元。各级公立医院为困难群众减免医药费用达95.28万元，受益达7332人次。开展"百名优秀医务人员助医活动"和"医疗卫生集中送服务活动"等，加大卫生支农力度。19家市、县级医院与53个社区结对，派出400多名医务人员到农村社区卫生服务机构开展助医活动，开展知识培训与学术讲座90次，培训人数达2878人次；开展农民健康讲座40次，受益农民达6211人次；组织医疗队开展巡回医疗与专家义诊187次，免费诊疗和接受医疗咨询1.4万多人次。四是对头孢呋辛等22种药品实行"差价让利"和集中询价采购，药费下降9%，让利患者1311万元。全市18家县级以上医疗机构增加药品净收入3797万元。

【卫生科技教育】 完成省、市科研立项34项（其中：省级11项。获省、市科技成果创新奖19项（其中：省级7项）。获得国家级重点中医专科建设项目2项。落实第二批农村社区医生定向培养生115名；第一批58名优秀乡村医生进入湖州师范学院医学院成人中医大专生班学习。在全市21家社区卫生服务机构建立全科医学、社区护士临床实践培训基地。全年完成88名全科医生、45名社区护士、80名医学检验等人员岗位培训任务。市卫生局、与市人事局联合制订了进一步完善卫生高级专业技术职务评聘工作和直属事业单位公开招聘医疗卫生专业技术人员有关文件,扎实推进卫生人事制度改革。专门出台有关对培养和引进高层次人才单位实行奖励的意见,进一步加大人才培养和引进的力度。

嘉兴市医疗卫生

【概况】 2008年,全市共有各级各类医疗卫生机构1365个(包括社区卫生服务站)。在医疗卫生机构中,有医院42所、妇幼保健院(所)7所、卫生院93所(含分院)、疾病预防控制中心7个、卫生监督所7所、门诊部48个、诊所169个、卫生所(医务室)149个、社区卫生服务站820个。全市卫生机构从业人员总人数22510名,其中卫生专业技术人员19640人,占87.25%,全市卫生专业技术人员中,执业(助理)医师6957人,注册护士6396人,药剂人员1220人,技师、士(含检验人员)986人,其他卫技人员4081人,平均每千人拥有医生数2.06人。全市有病床12929张,平均每千人拥有医院床位3.82张。

全力以赴做好卫生应急工作,有序、有效处置重大突发事件。全力做好抗震救灾工作,2008年全市卫生系统先后派出10批共150名医疗卫生人员赴四川地震灾区,全力开展医疗急救、卫生防疫及灾后重建等工作。同时,组织市级三所医院精心治疗从四川地震灾区转运来嘉兴的伤员60人,伤员全部达到治愈标准出院并安全护送回四川;全力做好"问题奶粉"婴幼儿的医疗救治工作。确定筛查医疗机构84家、定点诊治医疗机构10家,成立了地市级专家组。全市筛查(接诊)婴幼儿73341例,累计确诊患儿860例,累计住院患儿146例,无危重及死亡病例;全力做好手足口病防控工作。2008年全市累计报告病人2120例,其中重症病人1例,EV71型病毒感染18例,无死亡病例;全力加强奥运安全保障工作。全市出动卫生监督人员1000多人次,开展重点区域、重点部位、重点行业的食品卫生监管工作,在奥运会举办期间,未发生重大食品安全事故;切实加强医疗救护工作,按照奥运火炬传递线路,配足、配强医护人员和救护车辆。全力做好冰冻雪灾期间的医疗救治工作。市区各医院累计接诊摔伤病人450例,其中骨折病人184例。

全面推进卫生强县强镇创建工作。全面落实市委"两创"总战略,推进卫生强县(市、区)、强镇(街道)创建工作。出台了《嘉兴市人民政府办公室关于印发嘉兴市卫生强镇(街道)考核办法的通知》(嘉政办发[2008]52号),建立健全卫生强县(市、区)、强镇(街道)工作考核的推进机制,将卫生工作纳入对县(市、区)年度综合目标考核,纳入地方党政领导班子和领导干部任期目标责任制,有计划、有组织、有步骤地推进卫生强县(市、区)、镇(街道)的创建。

城乡居民合作医疗保险工作有新发展。2008年,我市被卫生部确定为新农合与城镇居民基本医疗保险相衔接试点城市,市卫生局制定了《嘉兴市城乡居民合作医疗保险试点城市实施方案(初稿)》,提出了2010年我市城乡居民合作医疗保险工作的基本原则、总体目标和具体任务,合作医疗工作水平在已经处于全省前列的基础上又得到新的发展。全市实现"六统一"政策,即统一筹资标准、统一参保对象、统一起报线、统一封顶线、统一报销比例、统一统筹年度。据统计,2008年全市共有224.37万人参加了城乡居民合作医疗保险,参保率达96.46%。其中参保农民数为197.25万,参保率达96.51%,城镇居民参保数达26.99万人,参保率达78.39%,新居民1268人。人均筹资额度达190元,其中市本级达225元,住院报销比例达到36.32%。同时,进一步加强了对合作医疗资金的管理,实现了"一低一高一平衡"目标,即参保人员住院费用低,已连续三年列全省次低水平(仅高于衢州);保障水平较高,2008年位于全省第一位,资金收支基本平衡。全市总筹资42632.90万元,其中各级政府投入28570.5万元,政府资助比例达67.02%,全面实行了合作医疗在社区卫生服务机构的门诊首诊制度。

公共卫生工作取得新成绩。各级政府和有关部门以卫生创强活动为载体,建立健全市、县、乡三级政府公共卫生委员会,全面加强公共卫生服务能力建设,特别是进一步加强了基层公共卫生服务网络的基础设施建设。不断完善各类突发公共卫生事件应急处理预案,切实加强艾滋病、结核病、病毒性肝炎以及霍乱、禽流感等重大传染性疾病的防控工作,2008年甲乙类传染病报告发病率201.96/10万,继续处于历史较低水平。深入开展各类慢性非传染性疾病的防制和健康干预工作,进一步推进和完善艾滋病社区综合干预网络体系建设,继续加强吸毒成瘾者社区药物维持治疗工作,南湖区、嘉善县美沙酮门诊服药点相继挂牌成立。切实加强卫生监督工作,全面开展"十小行业"小餐饮整规专项工作。全面推行食品卫生管理员制度,餐饮领域食品卫生安全管理制度得到进一步完善;继续保持严厉打击非法行医的高压态势,整顿和规范医疗服务秩序。加强妇幼保健工作,全市本地户籍孕产妇死亡率为零,5岁以下儿童死亡率为6.44‰,处于全省、全国的先进水平。无偿献血工作取得新成绩,我市被评为全国无偿献血先进市。成功创建国家卫生城市,爱国卫生工作取得新的成效。

不断改进基本医疗服务。继续深化"医院管理年"和"双优一满意"活动,加强医疗机构内涵建设,提高医疗服务水平。着力推进医教科研工作,全市共获省医药卫生创新奖5项、市科技进步奖20项。以开展"中医中药中国行"嘉兴站活动为载体,加强中医药科普宣传工作,进一步弘扬中医文化,继续推进中医药参与社区卫生服务工作,全市18个社区卫生服务中心建设成为"嘉兴市中医药参与社区卫生服务示范单位"。搭建企业家健康服务平台,为创业骨干提供系统化健康管理服务。整合市级医院医疗服务卡,实现了持卡人在市级六家医院、市本级社区卫生服务机构就诊、合作医疗报销"一卡通"。市政府制定了《嘉兴市引导和鼓励高校毕业生到城乡社区卫生服务机构工作的实施意见》，市卫生局起草了《嘉兴市关于乡村医生参加养老保险实施办法》，城乡社区卫生服务网络不断健全，社区责任医生队伍建设不断加强，人民群众对社区卫生服务的信任度明显提高，社区卫生服务机构门急诊诊疗人次已经达到全市总诊疗人次的40%左右。

稳步推进卫生重点项目建设。市一医院迁建工程医疗综合楼主楼土建工程全部完工，普通传染病楼和烈性传染病楼中间结构验收完毕。全年完成投资11175万元，累计完成投资24610万元。市二院综合服务楼项目4月30日通过竣工验收，5月份投入使用；门急诊医技大楼12月开工建设，累计完成投资额6000万元。市中医医院医技楼工程4月桩基工程施工，11月份通过了中间结构验收，累计完成投资额380万元。荣军医院迁建工程12月5日举行了开工仪式。

大力加强卫生行风建设。从6月份开始，全市卫生系统开展了民主评议行风活动。行风评议活动中，全市64家医疗单位召开各类座谈会330次，开展各类公开评议活动157次，共征求到意见建议1073条，出台便民惠民新举措391项，建立长效机制173项，得到了群众的一致好评，其中有2项新举措被评为浙江省卫生系统便民惠民新举措。在对卫生行业行风民主评议满意度测评中，出院病人综合满意率达到了96.2%。制定下发了《嘉兴市卫生系统建立健全惩治和预防腐败体系2008－2012年工作要点及责任分工》，在坚持"一把手"负总责的基础上，按照"谁主管谁负责"的原则，强化"一岗双责"制度，着力构建具有卫生行业特色的惩防体系。坚持和完善行风建设制度，制定出台了《关于建立嘉兴市卫生局行风监督员制度的通知》，进一步促进了行风监督工作的规范化和制度化。强化监督检查，市卫生局把行风建设工作纳入医疗卫生单位综合目标责任制考核内容，并不断加大考核力度。继续组织每季度一次行风暗访工作，对全市18所县级以上医院行风建设的13个方面进行明查暗访，并将暗访结果进行通报。全市18所医院平均满意度为94.73%，比2007年提高了2.45个百分点。

【卫生监督】 2008年，全市卫生监督工作以党委、政府和社会关注的"民生问题"为突破口，全面开展食品、健康相关产品、公共场所卫生、传染病防治、职业病防治、医疗卫生监管等卫生监督执法工作，用新思路、新举措推进卫生综合执法。以"两年"活动为载体，继续加强卫生执法能力建设，规范行政许可行为和行政处罚行为，加大执法力度；以创建国家卫生城市为契机，进一步加强对"五小"行业的规范和整治。完善突发公共卫生事件应急措施，进一步完善突发事件应急组织机构和应急值班制度，组织开展了全市食物中毒处置大演练。制定出台了《嘉兴市食品卫生管理员管理办法》，推行食品卫生管理员制度，812名卫生管理员取得《嘉兴市食品卫生管理员证书》，并正式持证上岗。继续在大中型餐饮单位推广卫生"五常法"管理，经评定，23家单位为嘉兴市餐饮业卫生"五常法"管理示范和先进单位。另外，全市还组织开展了元旦、春节、十一黄金周期间的食品卫生专项检查，开展了"校园卫生健康行动"专项整治、夏季饮用水卫生专项检查、全面清查三聚氰胺问题奶粉专项行动等。同时组织开展了粽子生产加工专项监督检查、月饼卫生专项检查等专项工作。加强职业卫生和放射卫生的监督管理，对市本级201家职业病危害企业开展了专项监督检查，对201家职业病危害企业5261名劳动者职业健康检查结果按规定进行处置，督促企业有效落实176名职业禁忌人员妥善安置工作，督促企业按要求对248名职工进行身体复查。加强传染病防治监管，重点做好肠道传染病防控及公共场所卫生监督管理。制定出台了《嘉兴市卫生违法案件行政处罚裁量办法》，进一步完善主办卫生监督员制度，健全执法责任制和错案追究制、卫生监督本级稽查制等各项制度。开展供水单位量化分级管理，全市评出A级单位3家，评定B级单位6家、C级单位83家。

2008年，全市共查处各类卫生违法案件1222起，其中立案1118起，简易程序处罚104起；罚没款总额为195.5万元；取缔各类无证经营、非法行医279户次，销毁禁止生产经营食品2800多公斤，没收药品器械案值7.58万元，对其中480户并处或单处警告，移送司法机关5起。对3起拒不履行处罚的违法案件申请法院强制执行。全市无行政复议、行政诉讼案件。市卫生局全年共审查发放各类卫生许可证3476份(其中临时1160份)，其中食品卫生许可证2832份(其中临时1160份)，公共场所卫生许可证615份；集中式供水卫生许可证29份。共对23279名食品、公共场所从业人员发放了《健康证明》和开展卫生知识培训考核。及时处理"五病"人员62名。落实各项办证优惠政策，对下岗失业人员和残疾人员办证实行优惠，全年共减免费用56300元。全年共查处投诉举报188起(其中市长电话99起)，涉及食品卫生139起，公共场所卫生5起，医疗卫生44起，案件办结率100%。市本级全年共监测食品及健康相关产品137份，合格率为91.24%；餐具监测520件，合格率58.08%；化妆品监测44份，合格率为100%；场所监测样品444份，合格率78.15%；游泳池水监测68份，合格率45.59%；生活饮用水监测987份，合格率60.79%；对辖区内13家重点职业病危害企业进行了工作场所监督监测，共监测岗位数109个，合格92个，合格率为84.40%，不合格岗位均已按要求落实了处置工作；医院消毒质量监测71份，合格率为98.59%；个人剂量监测224人，监测率90.3%；检测56台X射线机，合格率100%。完成市政府"三放心"工程监测要求，共监测蔬菜农药残留、肉品兴奋剂、豆制品329份，合格率97.57%。

【疾病控制】 2008年全市疾病预防控制工作，以重点传染病防制、依法防治艾滋病及其突发公共卫生事件应急处置为重点，切实加强艾滋病社区综合防治工作，实施现代结核病控制策略，推进慢性非传染性疾病防治，巩固血吸虫病等地方病防治工作，加强健康教育工作，切实加强卫生检验检测能力。

"两大战役"经受重大考验。在麻疹和手足口病防控工作中，按照省政府要求分别启动Ⅱ级应急响应机制，疾病预防控制专业队伍发挥主力军的作用，在广大临床医务人员、社区责任医生和公共卫生联络员的积极配合下，从疫情报告、分析到现场调查、处置，从医院采样到实验室检测，从麻疹疫苗的查漏补种到强化免疫行动，以及针对性的健康教育等，都做了大量的超负荷的工作，有效遏制了疫情流行的势头。2008年，全市报告手足口病病人2120例，其中重症病人1例，EV71型病毒感染18例，无死亡病例。全市组织开展了麻疹疫苗强化免疫工作，共接种麻疹和麻风疫苗281321人次，接种率达97.01%。

加强重点传染病防治。加强以霍乱为重点的肠道传染病防控工作。开展疫情监测、外环境病原检索和食品从业人员等重点人群的监测工作,全市肠道门诊采样检测率99.39%,饮食服务行业等重点人群检索87980人,检测河塘井水3377份、海水产品395份,未检出阳性标本。对2周岁儿童常规开展甲肝疫苗接种。在海宁市继续开展病毒性肝炎国家监测工作。此外,全市还开展了细菌性痢疾、轮状病毒腹泻、O157:H7大肠杆菌监测。积极采取措施控制个别外来人口聚集地发生的甲肝疫情。2008年,全市甲乙类传染病发病率201.96/10万,同比下降9.16%,全市未报告发生甲类传染病,未出现因控制措施不力而导致的疫情发生。

开展艾滋病社区综合防治试点项目。全市有确证实验室1家,初筛实验室44家,全市共完成检测415581人次。全市所有县(市、区)组织开展了免费自愿咨询检测服务。开展高危行为干预工作,共干预21217人,公共场所推广使用安全套,覆盖率达85%以上,新增美沙酮维持治疗点3个,秀洲区继续做好艾滋病综合防治示范区工作。

推进慢性非传染性疾病防治。继续开展社区慢病综合防治试点和国家"高血压综合防治"十一五项目。开展精神病、心脑血管病、肿瘤、高血压、糖尿病、牙病及盲病等防治工作,根据统计数据分析,居民死亡率为7.19‰,期望寿命为77.35岁,居民根本死亡原因居前五位的为恶性肿瘤、呼吸系统疾病、脑血管病、损伤与中毒、心脏病。嘉善县、海宁市开展了卫生部大肠癌早诊早治项目,取得了明显的社会效益。

加强地方病防治工作。开展查灭螺和查治病工作,以联防为主要形式,全市共投入2.5万余工,共计查螺面积1036.15万平方米,查到螺点3个,有螺面积3200平方米,解剖钉螺1787只,未发现阳性钉螺。对发现有螺地段进行了灭螺,并开展巩固性灭螺、外来流动人员监测,中央项目晚血病人救助治疗676人。开展合格碘盐监测工作,碘盐销售合格率为95.70%,合格碘盐食用率为94.62%。疟疾的防治工作除了加强以流动人员为重点的疟疾监测以外,市、县两级积极采取相应措施,开展现症病人规则治疗、疫点周围人群带虫调查、外环境灭蚊和高疟区来禾人员血检工作,全年共对8966例发热病人进行血检,发现本地原发病人2例,外来输入病例18例。同时,积极开展丝虫病的监测工作,未发现阳性病人。

卫生检验检测能力。以迎接计量认证复审为契机,进一步规范实验室质量管理,增加软硬件投入,强化人员技术培训,积极开展新项目,检验能力得到提升。通过计量认证复评审核,检验检测项目扩项103项,市疾控中心新开展肠道病毒、EV71和COA16核酸检测、CD4/CD8细胞计数、奶粉中三聚氰胺测定、水中有机磷农药、菊酯类农药测定等近十个检验项目,新筹建的血吸虫粪检实验室通过省级考核,各县(市、区)的疾控中心实验室也加大投入,增添设备仪器,及时开展卫生检验检测工作,为查明各类突发事件和疫情原因提供了有力的技术支撑。

【医疗】 2008年,全市医疗机构门诊和急诊病人1729.27万人次,出院人数31.45万人次,分别比上年增加11.09%和6.04%。平均病床周转次数29.97次/年,病床使用率81.87%,出院者平均住院日9.72天,平均病床工作日287.73天。

严格医疗机构、诊疗科目、医务人员及医疗技术的规范和准入管理。切实做好医疗机构设置审批、执业登记和校验工作,对新设置的医疗机构从医疗机构设置申请书、申请人资质条件、可行性研究报告、设置协议书、资信证明、建筑设计平面图以及医疗机构土地使用、规划建设等方面进行严格审核,进一步规范和加强了医疗机构审批管理。全年共对"嘉兴嘉华医疗美容门诊部"、"海宁博爱医院"、"桐乡濮院中心医院"、"嘉兴市康慈医院"、"浙江新安国际医院"及3家医务室进行了执业验收。加强诊疗科目管理。2008年6月18日,下发了《关于开展规范医疗机构诊疗科目管理专项检查的通知》(嘉市卫发[2008]131号),采用自查和抽查相结合的方式开展了专项检查。加强医疗机构人员准入管理。2008年,共组织参加执业医师资格考试实践技能考试1401人,实考1358人,合格1047人,通过率74.73%。同时,强化医师执业资质准入的动态管理,对执业医师执业活动加强考核。加强医疗机构技术准入管理。在4月份组织开展了全市医疗机构大型医疗设备的专项检查工作。

加强医疗安全工作。研究制订了《嘉兴市医疗纠纷预防与处置暂行办法》,召开了市质控中心主任工作会议,组织医疗机构分管院长、医务科长进行培训,对医疗事故鉴定典型案例进行剖析,市属四所医院召开医疗安全情况分析会。2008年,通过嘉兴市医学会医疗事故技术鉴定办公室鉴定的医疗争议52件。

完善急救体系建设。2008年,继续加强和完善突发公共卫生事件医疗救治体系建设。进一步加强急救中心(站)建设。按照就近、安全、迅速、有效的原则,经充分调研,对嘉兴市急救中心及市本级急救网点予以重新规划布局,新设置12个急救点,分别为市区5个点、南湖区3个点、秀洲区3个点、经开区1个点。加快全市院前急救信息网络建设。市急救中心已基本完成动态急救实时及现场图像数据库(包括电子地图、车辆GPS位置定位信息、现场声音、影像等实时信息)的建设工作。

加强血液管理工作。2008年,我市的无偿献血工作健全一个机制(无偿献血管理工作机制)、完善二大体系(无偿献血宣传教育体系和应急网络体系)、推行三项措施(规范血液集中检测制度、建立健全血站质量管理体系、实行临床用血准入制和考核制)。召开了嘉兴市第一次无偿献血表彰大会,起草并由市政府印发了《嘉兴市无偿献血表彰奖励办法》。2008年,全市无偿献血达20024人次,无偿献血比例达100%,一次献血300毫升和400毫升比例达92.5%,志愿无偿捐献成分血约1200人次,成分输血率达99.3%。2008年12月,我市分别获得2006—2007年度全国无偿献血先进市和浙江省无偿献血先进市称号。

【妇幼保健】 2008年,依据《母婴保健法》、卫生部《妇幼保健机构管理办法》,进一步加强妇幼保健机构的体系建设和能力建设,规范母婴保健专项技术服务,扎实推进"妇女健康促进工程",加强流动人口孕产妇和儿童保健管理,努力降低出生缺陷,提升妇幼保健服务水平,提高妇女儿童的健康水平。各项指标继续保持全省领先。2008年本地户籍活产数19250,比2007年同期减少624例,无本地户籍孕产妇死亡发生。孕产妇保健以县(市、区)为单位覆盖率100%,孕产妇系统管理率94.24%;全市住院分娩率99.99%;高危孕产妇住院分娩率100%;全市新生儿死亡率为3.17‰、婴儿死亡率为4.78‰、5

岁以下儿童死亡率为7.12‰。

【医教科研】 2008年，按照《嘉兴市科教兴卫工程实施方案》要求，市卫生局全面实施科教兴医战略，卫生科技综合实力和竞争力有了较大提高。到2008年底，全市已建成市级医学重点学科19个，医学重点扶持学科2个、医学重点专科（专病）3个，浙江省第二批医学重点扶持学科1个。嘉兴市第二医院的康复医学和麻醉医学成为新一轮的省医学重点扶植学科建设单位，嘉兴市中医医院的中西医结合眼科和嘉兴市第二医院的中西医结合康复科成为浙江省中医重点学科建设单位。

2008年全市共申报省、市医药卫生科研科技计划71项，被省、市立项45项，其中获省（部）立项2项，通过各级科技成果鉴定（评审）数达到30余项，全市卫生系统获省政府科技进步奖三等奖1项；获浙江省医药卫生科技创新奖5项，其中二等奖1项、三等奖4项；获嘉兴市政府科技进步奖18项，其中一等奖1项、二等奖8项、三等奖9项。市属四所医院共发表论文702篇，其中被SCI收录2篇，中华级48篇，省级以上期刊542篇。

继续开展远程医学教育试点工作。全年我市共组织2次远程计算机继续医学教育考试，共有165人报名参加学习，通过考试取得学分134人。共有105名医务人员报名参加市卫生局与浙江大学研究生院联合举办临床医学硕士研究生课程进修班。共举办国家级继教项目4个、省级继教项目21个，举办市级继教培训班10个，有2000余人次参加了学习培训。

2008年，全市组织全科医师规范化培训181人，在职全科医师规范化培训122人，社区护士岗位培训84人，完成基层卫技人员超声专业岗位培训135人；组织开展了7期继续医学教育"社区行"活动，共有490人次基层卫技人员走进了"社区行"课堂。有98名基层医务人员取得社区医学学历教育中专文凭，有25名基层护理人员参加农村护理人员补缺教育。

充分利用嘉兴与上海地域相近、人缘相亲的优势，积极开展接轨上海参与世博工作。2008年全市有10多家医疗机构与上海的医疗机构和科研院所开展多层次的技术合作项目，全年共派出246人次赴上海、杭州进修学习，有807人次到上海、杭州参加短期业务培训。邀请上海、杭州医学界知名专家教授72人次来我市开展专题讲座、学术报告等技术指导活动，有10000人次参加了学术交流，促进了我市医疗业务技术水平的提高。

为鼓励卫技人员参加在职学习，市卫生局出台了经济奖励政策，对在职深造的各类高层次人才由所在单位从科教经费中给予奖励，奖励标准为对取得博士学位的奖励个人8000元；取得硕士学位的奖励个人5000元；对乡镇卫生院（社区卫生服务中心）中取得学士学位的奖励个人2000元；对取得全科医师学历或职称的乡镇（街道）社区卫生机构人员奖励个人2000元。

【红十字会】 2008年，嘉兴市机构编制委员会发文理顺了市红十字会管理体制，核定机构编制4人，按群团机关管理，由市政府领导联系，配备专职副会长1人。

"5·12"汶川大地震发生后，市红十字会积极投入抗震救灾工作，广大工作者、志愿者不畏困难、无私奉献、连续作战，并与多家部门、单位联合举行大型义演、募捐等活动。截止2008年底，全市各级红十字会累计募集救灾款2902.24万元，物资价值247.41万元。其中有256万余元已与四川省广元市元坝区王家中学签订协议，建造嘉兴市爱心教学楼。为答谢广大捐赠者，召开了市红十字会抗震救灾答谢会。

在参与创建全国卫生城市工作中，向群众广泛宣传造血干细胞、遗体（器官）捐献的目的、意义，从而使嘉兴市在创建全国卫生城市活动中造血干细胞、遗体（器官）捐献这两项公益性指标取得好成绩，2008年共采集造血干细胞284份志愿者血样加入到中国造血干细胞资料库浙江分库，累计采集造血干细胞1420份志愿者血样。认真做好遗体捐献工作，全市累计有71位志愿捐献者申请登记手续办理完毕，实现捐献10例。为提高外资企业、消防人员自救、互救能力，开展卫生救护培训，全年共培训2849人次。

【爱国卫生】 2008年，嘉兴市爱国卫生工作以党的十七大、十七届三中全会精神为指导，认真贯彻全国农村爱国卫生工作暨纪念爱国卫生运动55周年现场会、全省爱国卫生暨卫生强县建设工作会议精神，加大行政推动力度，建立完善目标管理和考核评价制度，创新体制和机制，城市爱国卫生紧紧围绕创建和巩固卫生城市（县城）目标，着力完善城市长效管理机制，大力开展市容环境卫生整治、病媒生物防制和健康教育工作；农村爱国卫生围绕社会主义新农村建设目标，以巩固和创建卫生镇（村）为载体，大力推进农村改水改厕和农民健康教育行动，努力提高城乡卫生质量，保障人民群众身体健康。

【成功创建国家卫生城市】 3月31日至4月3日，全国爱卫办组织国家卫生城市技术评估组对嘉兴进行为期3天的技术评估。评估组认为，嘉兴市创卫工作达到了《国家卫生城市标准》的基本要求，通过此次技术评估。10月15日至17日，全国爱卫办组织有关专家组对嘉兴国家卫生城市进行为期3天的考核鉴定。考核组一致认为，在嘉兴市委、市政府的领导下，在浙江省爱卫会的帮助下，通过全市各区、各部门、各单位和广大人民群众的共同努力，使嘉兴市的整体卫生水平达到了《国家卫生城市标准》的基本要求，考核鉴定组将报请全国爱卫会命名嘉兴市为"国家卫生城市"。10月20日全国爱卫办在国家卫生部网站对社会进行为期2周的公示，接受社会各界的监督。11月12日，全国爱卫办根据先后对嘉兴市创建国家卫生城市进行的暗访、技术评估以及对社会公示的情况，正式发文《全国爱卫会关于命名浙江省嘉兴市为国家卫生城市的决定》（全爱卫发［2008］14号），决定命名嘉兴市为"国家卫生城市"。

（付冬花提供）

绍兴市医疗卫生

【概况】 2008年,全市有各级各类医疗卫生机构3145所,其中有等级医院28家(三级甲等医院1家、三级乙等医院7家、二级甲等医院8家、二级乙等医院12家),疾病预防控制机构7家,卫生监督机构7家,乡镇(街道)卫生院及分院(社区卫生服务中心、站)799家,村卫生室1745家。全市医疗机构实际开放床位14007张,平均每千人口拥有床位3.20张。有卫生专业技术人员19295人,其中执业医师和助理医师8901人,平均每千人口2.04人;有注册护士6188人,平均每千人口1.42人。

【农村公共卫生服务综合达标率达91.90%】 年内,农村公共卫生服务项目实施情况列入市委、市政府对各县(市、区)政府的工作目标责任制考核。社区卫生服务机构工作模式从医疗为主转变到基本医疗与公共卫生并重,普遍设立社区卫生服务综合办公室和公共卫生科,配置必要的人员、设备、设施,同时将三大类12项农村公共卫生服务项目细化,完善公共卫生服务项目,为一般人群、重点人群和患病人群分别制定针对性的保健服务,加强绩效考核。全市农村公共卫生服务综合达标率达91.90%。

【无偿献血工作蝉联全国先进】 全年全市无偿献血40252人次,献血量1357.60万毫升,比2007年上升9.30%;临床用血量1255.60万毫升,同比上升10.10%;无偿献血率100%,成份输血率99.70%,献血量和供血量均再创历史新高。位于东街口闹市区的献血屋于10月1日正式竣工运行,为献血者提供一个更加温馨、舒适、安全、方便的献血环境。绍兴市荣获2006~2007年度"全国无偿献血先进城市"称号。

【获"全国农村中医工作先进市"称号】 9月2日至5日、12月21日至24日,绍兴市先后接受"全国农村中医工作先进市"省级预评估及国家期末评估,分别以977.80和979分通过评估验收。成为全省首批"全国农村中医工作先进市"。绍兴县、新昌县创建成"浙江省农村中医工作先进县",至此下辖的5县(市)均为"浙江省农村中医工作先进县(市)"。卫生部副部长王国强于10月29日至30日到市中医院、市人民医院及绍兴县中医院、安昌镇社区卫生服务中心调研,对绍兴市农村中医工作给予高度评阶。

【20个单位创建成"浙江省卫生先进单位"】 年内,上虞市通过省爱卫会的"浙江省卫生城市"复查考核。诸暨市山下湖镇、璜山镇创建成为"浙江省卫生镇"。绍兴县福全镇、诸暨市枫桥镇通过了省爱卫会的"浙江省卫生镇"复查确认。有20个单位创建成"浙江省卫生先进单位"和16个村创建成"浙江省卫生村"。对全市394个历年创建的"绍兴市卫生村"进行了清理。通过复查确认,保留271个村,取消89个村,34个村因撤村建居确认为"卫生先进单位"。全市创建成7个"绍兴市卫生镇",81个"绍兴市卫生村"和51个"绍兴市卫生单位"。

(李月娟提供)

舟山市医疗卫生

【卫生事业】 年末有医疗卫生机构397个,医院、卫生院(社区卫生服务中心)80个,开放床位3663张。卫生技术人员5583人,其中执业(助理)医师2296人,注册护士1887人。有社区卫生服务中心43个,社区卫生服务站156个,城乡社区卫生服务人口覆盖率100%。全年累计报告传染病5618例,报告发病率为512/10万。全市免费婚检率为80.42%。流动人口孕产妇住院分娩率为96.0%。

【卫生基础设施有了新的改善】 全市渔农村新型合作医疗制度全面实施,公共卫生体系建设进一步加强,主要健康指标全省领先。人口和计划生育工作名列全省前茅。资源和环境工作得到加强,生态市建设深入推进。平安舟山建设扎实推进。积极认真开展文明城市和卫生城市创建活动。 (张　磊提供)

台州市医疗卫生

【概况】 医疗卫生事业得到加强。年末全市有各类医疗卫生机构1389家,床位14990张,各类卫生技术人员24528人,其中执业医生和执业助理医生11103人,注册护士7689人。年末每千人拥有卫生技术人员4.3人,其中医生1.9人。全市拥有社区卫生服务机构423家。全市孕产妇死亡率13.74/10万,五岁以下儿童死亡率7.88‰,其中婴儿死亡率5.36‰。全年有6.96万人参加无偿献血。农村自来水普及率89.7%,卫生户厕普及率76.8%。

马鞍山市医药卫生

【医疗卫生体制改革】 2008年,全市医疗卫生体制改革取得实质性进展。2月5日,市委、市政府正式下发《关于深化全市卫生事业改革和发展的若干意见》,拉开了全市卫生事业改革的序幕。市政府印发《关于进一步加快农村卫生事业发展的实施意见》、《关于进一步加强城市社区卫生服务发展的实施意见》,城乡卫生事业改革同步推进。4月25日,市委办、市政府办下发《马鞍山市市立医疗集团组建方案》,明确市立医疗集团为社会公益类事业法人单位,承担市政府办医职能,并由市政府授权,负责市级公立医疗机构国有资产的投资、管理和运营。6月7日,市立医疗集团正式挂牌,标志着全市卫生事业改革已正式实施。随后市立医疗集团对所属医院进行经济运行分析,积极探索医药分开有效管理形式,组建集团药品器械采购管理中心和临床检验中心,稳步推进公立医疗机构的运行机制和分配制度改革。

【公共卫生应急管理】 建立健全疫情信息反应机制、预警预测机制,重点抓好县、乡、村疫情监测和疫情报告管理,全市突发公共卫生事件及时报告率达100%、网络直报率100%。制定各类传染病的分类技术处置预案,修订《救灾防病预案》、《食物中毒应急处置预案》。积极推进卫生应急进基层工作,下发《马鞍山市推进"卫生应急进社区(乡镇)"工作活动方案》,制定社区(乡镇)突发公共卫生事件应急预案,开展居民卫生应急知识测试、卫生应急知识宣传、卫生应急演练、总结推广等活动。组建应急卫生救治队伍,定期开展突发公共卫生事件的应急演练,储备应急救治设备、药品、器械,有效处置当涂县、雨山区银塘镇流行性腮腺炎疫情。

【重点传染病防控】 认真开展艾滋病预防控制工作。广泛宣传《艾滋病防治条例》,受教育农民工5000余人;开展艾滋病自愿咨询,设立艾滋病自愿咨询点14个;积极救治和规范管理艾滋病病人,全市符合治疗条件的病人治疗率、艾滋病感染者(病人)平均随访率、平均规范管理率均达100%;完成民生工程艾滋病病人医疗救治任务,随访艾滋病感染者及病人36人次,治疗艾滋病抗病毒患者6例;发挥高危人群干预工作队的作用,对250家娱乐场所开展高危人群行为干预工作;实施中央和省财政艾滋病防治项目实施方案,按时完成自愿咨询检测1700人、高危行为干预8700人次。加强结核病预防控制,完善肺结核病人的网络报告、转诊工作,开展病人追踪调查和病人家属的主动筛查,保持现代结核病策略覆盖率100%,新涂阳病人发现率为71%,病人治愈率为92%,初治涂阴病人治疗完成率达95%以上。大力实施免疫规划工作,完善入托、入学查验预防接种证制度和流动儿童管理制度,不断提高接种率。全市"五苗"接种人儿童近22万人次,农村以乡镇、城市以街道为单位"五苗"接种率达99%,免疫规划由"6苗防7病"扩大到"14苗防15病",新增的14所医疗卫生机构预防接种门诊通过规范化预防接种门诊考核验收。加强疟疾防控,完成疟疾休止期治疗50人,服药率达92.59%,全程休治率为100%。全市本地新发疟疾9例,发病率为0.75/10万。加强血吸虫病等地方病防治,查螺1135.2万平方米,目标任务完成率127.6%;灭螺359.6万平方米,任务完成率119.9%;查病63872人次,任务完成率130.4%;化疗11531人次,任务完成率117.7%;救治晚血病人73人。雨山区、金家庄区达到血吸虫病传播控制标准,并通过省血吸虫病防治工作领导小组的考核验收。加强开展碘缺乏病防治工作,配合开展碘盐的监督检查,全面完成碘盐监测和尿碘抽查监测任务。碘盐监测1188户,任务完成率100%;尿碘监测400名学生,任务完成率100%。全市碘盐合格率98.02%,碘盐覆盖率99.7%,甲状腺肿大率为1.5%,尿碘中位数为246ug/L。加强手足口病防控,全市累计报告手足口病516例,及时救愈178例,未发生1例重症和死亡病例。

【医疗质量管理】 市人民医院、市中心医院成功创建"三甲"医院。开展传染病防治监督执法检查、内外科西医诊所专项执法检查、打击违法虚假医疗广告行动、打击非法行医集中行动、医院感染管理质量控制检查,医疗机构监督覆盖率达100%。开展血液安全与质量管理专项检查,有效保障临床用血安全,全市自愿无偿献血比例达100%。建立和完善城乡医疗急救服务体系,建成急救培训基地,培训3000余人次,完成120通讯指挥中心升级改造工程。组织实施"中医中药中国行"大型科普宣传马鞍山站活动。做好2008年度执业医师实践技能和综合笔试考务工作,审核网上报名考生899人,实践技能考试合格583人,综合笔试合格人数237人。规范执业医师的执业行为,全市医师定期考核1663人。会同市军分区开展冬季征兵体检1468人。继续实施"万名医师支援农村卫生工程"。5月底,从市人民医院选调5名医师支援无为县人民医院的医疗工作。7月,配合市残联完成白内障患者免费复明手术209例,复明脱残率100%。组织查处重大医疗纠纷事件,接受医疗事故鉴定11起,鉴定为医疗事故5起。积极处理"问题奶粉",筛查婴幼儿31834人,救治患儿178人次。

【社区卫生服务】 加快推进社区卫生服务运行机制改革试点工作。开展购买公共卫生服务试点,在金家庄区开展药品统购统销和收支两条线试点。在雨山区推广各项适宜技术,完成第一次社区卫生诊断,并在全区统一推广高血压、糖尿病管理、精神分裂症、0~36个月儿童等管理模式,并稳步推进社区首诊制和双向转诊试点工作。与劳动部门选取5家社区卫生服务机构,开展慢病医保试点,规定慢病的范围,降低慢病病人在社区就医的自付比例和起付线标准,实行慢病病人每年两次免费体检,给予试点社区卫生服务机构一定的管理费用。市公立医院落实支援社区工作,向社区派驻医生。7月和12月,分别对全市各社区卫生服务机构开展政府购买公共卫生服务工作进行考核,根据考核结果兑现经费;加强社区卫生服务内涵建设。各相关机构将预防接种、产后访视、妇幼卫生三网监测、儿童“4.2.1”体检等预防保健工作向符合条件的社区卫生服务中心移交。市疾病预防控制中心和市妇幼保健院举办多期业务训班,保证这两项工作下放后顺利开展。各社区卫生服务机构成立慢病协会,发放优惠卡设,市卫生局与市老年办选取5家社区卫生服务中心,为全市7000余名60岁以上城镇非职工老人进行免费健康检查,并在雨山区开展卫生应急进社区,在全市开展健康素养知识与技能评估大赛的系列活动以及防冻防病、预防手足口病等主题的健康教育活动;加大对社区卫生服务事业经费投人。全年市、县、区财政落实经费764.73万元。认真组织实施规范化建设,考核验收规范化社区卫生服务机构17家。调整社区卫生服务机构设置,全市社区卫生服务机构数已达75家,市区社区卫生服务人口覆盖率达95%以上,当涂县城关镇达75%以上。

【爱国卫生运动】 4月,全市开展以“清洁卫生家园、服务健康奥运、创建和谐安徽”为主题的爱国卫生月活动。5~6月开展以“三清”、“三改”、“四灭”为活动内容的夏季爱国卫生运动,集中整治卫生死角22处,清理暴露垃圾2.4万吨,清理露天粪坑116处、污水1175处,环境消杀22.7平方米,疏通消杀下水道2.8万米,清除杂草28万平方米,清除乱贴乱画13万余处。5月29日,开展“环境卫生集中整治日”活动。加强农村饮用水水质监测,对24家集中式供水单位、11家1000吨以上农村水厂水质进行监测,共检测水质样品70份,合格12份。推进卫生创建工作,命名市级卫生先进单位25个、市级卫生村7个、市“健康社区”12个。有效开展病媒生物防治,举办培训班38期,参训人员3495人。开展全市性夏秋季消杀灭活动,全年投放鼠药5600公斤,灭蟑粉19000袋,气雾杀虫剂2000多瓶,四害密度大幅度下降,有效地降低虫媒疾病的发生。深入开展“九亿农民健康教育行动”和健康教育进社区活动,广泛宣传健康知识和卫生法律法规。

【农村卫生建设】 大力实施农村卫生服务体系建设,一县三区分别制定农村卫生服务体系建设实施方案和乡村卫生服务组织一体化管理等制度,完成5所乡镇卫生院、52所村卫生室的标准建设任务。组织实施卫生人才“双千工程”项目,继续实施卫生支农、青年卫生志愿者扶贫接力活动,全面落实村医公共卫生津贴补助政策,不断提高农村医疗卫生机构的服务能力和管理水平。加强新型农村合作医疗(简称新农合)制度建设,筹集基金6914.6万元,参合率达99.49%,其中区参合率为99.3%,当涂县参合率为99.51%。全市新农合住院补偿人数达3.6万人次,最高补偿金额达3.62万元,人均补偿金额1456元,大病补偿受益率为5.6%,平均补偿比例达46%;门诊补偿人数达11.1万人次,受益面达28.5%,有效地缓解了全市农民医疗费用负担。

上海市城市交通

【交通】 2008年，市域公共交通完成客运总量49.07亿人次，比上年增长8.57%。全市有地面公交运营企业43家，线路1058条，运营线路总长度22919公里，运营车辆16573辆，公共汽（电）车年完成客运量26.63亿人次，占全市客运总量的54.3%。有轨道交通线9条（含磁浮线），运营线路总长度264.3公里（不含磁浮线为235.2公里），运营车辆230列1431节，全年运营总里程2516万列公里，年完成客运量11.28亿人次，占全市客运总量的23%，12月31日创单日最高客运记录432万人次。有出租汽车企业191家，营运车辆4.81万辆，完成客运量11.15亿人次，占客运总量的22.7%。全市有客运交通枢纽33个。中心城区公交专用道总里程达86公里。新辟公交线路85条，延伸和调整159条，撤销18条。郊区公共交通得到较快发展，区域公交新辟线路83条，线路总数412条，区域公交线路总长度达6993公里；全市桥梁、道路符合条件行政村的公交通达率80%，浦东、嘉定、松江、宝山、金山、闵行、青浦等7个区基本实现“村村通公交”。

市交通局颁布实施《关于社区巴士线路发展的指导意见》，并在浦东新区和闵行区进行试点，至年底，2个区新辟社区巴士线路15条。推进公交候车亭与电子站牌整合，新型公交候车设施实样试点在黄浦、静安、长宁、徐汇和卢湾等区分别进行，年内完成100多个新型候车设施的制作和安装。

完善轨道交通运营网络一票换乘，自6月1日起，上海火车站一号线和三、四号线，宜山路站四号线和三、九号线，虹口足球场站三号线和八号线实施虚拟换乘，轨道交通换乘车站增加至11座（不含9座共线车站）。

全市公共停车场（库）共提供停车泊位24.7万个，比上年增长12.9%；规范管理的道路停车泊位约1.13万个，比上年增长10%。全年完成驾驶员培训37.2万人次，比上年增长4.9%。

降低市民出行成本，全年公共交通日均优惠换乘客运量128万人次；完善高龄老人免费乘车政策，8月1日启用敬老服务卡，日均老人免费乘车36万人次。

市公安交警部门以“排堵保畅”和“降压事故”为主线，开展公安交通管理工作。加强交通指挥系统建设，市、区县两级交通指挥台加强实时监控全市道路、特别是拥堵路段，跟踪调控协调自适应交通控制系统（SCATS）系统、警力布局和交通疏导措施，较好完成年初持续冰冻灾害气候的道路交通应急处置工作，外滩等多个重大施工区域的实时干预取得实效。加强交通执法管理，全年共查处各类交通违法行为960余万起（其中机动车交通违法行为604万余起），行政拘留3182人，分别比上年增长8.3%和42.9%；电子监控设备查处各类交通违法行为占全市查处总数量的30.2%。查处非法营运客车1.4万余辆。非法改装、涉牌违法、私装警报器等交通违法行为有效立案4070起，已结案、查处946起。进一步完善交通事故逃逸破案的多警种协作网络和汽车修理、出租客运等相关行业配合查控网络，全年共侦破交通事故逃逸案件164起，侦破率为87.7%。全年全市共发生道路交通事故2745起（上报），比上年下降30.54%；造成1100人死亡，比上年下降6.06%；造成2553人受伤；造成直接财产损失1477万元，比上年下降24%。奥运安保等一系列交通保卫工作取得圆满成功，全市交警共完成各类国内宾客655批、外宾4086批次和各类国内国际会议、节庆活动、体育赛事等145批的交通保卫任务。

（林德珍提供）

南京市城市交通

【概况】 2008年,南京交通运输仓储业完成增加值197.59亿元,按可比价计算,增长6.1%。全市多种运输方式完成客运周转量330.63亿人公里,增长7.1%;货运周转量1838.15亿吨公里,增长2.9%。完成货物运输总量20783.91万吨,增长4.7%。其中,公路运输13650万吨,增长7.6%;水路运输6165万吨,增长1.4%;民航运输4.68万吨,下降12%。港口货物吞吐量11125.43万吨,增长2.5%。其中,外贸吞吐量702.36万吨,下降3.3%;港口集装箱吞吐量129.21万标准箱,增长22.4%。完成旅客运输总量26103.86万人次,增长8.1%。其中,公路运输23720万人次,增长7.8%;民航运输350.86万人次,增长0.30%。年末,城市公共交通运营车辆数达7352标台,其中地铁运营车辆300标台,全年完成客运量1.04亿人次。

交通基础设施建设再创新高。市交通局全年完成建设投资80.67亿元,首次突破80亿元大关,增长53%。其中,公路项目完成投资63.99亿元,水运工程完成投资13.78亿元,交通场站建设完成投资2.9亿元。全年新建、改建道路163.9公里,新增道路面积274万平方米。宁杭高速公路南京段(二期)建成通车,南京高速公路网在全国中心城市名列前茅。江南、江北沿江高等级公路建设全面启动,长江四桥、绕越高速公路东南段、京沪高铁南京大胜关长江大桥、铁路南京南站、沪宁城际铁路、省道243等工程进展顺利,纬七路过江通道,地铁一号线南延、二号线及其东延线,龙潭港区四期、铜井港区一期和二期等工程不断推进。划子口船闸工程、芜申线航道高溧段整治工程、国道104江宁段、省道122南京段、省道239高淳东段、省道246新线等工程开工建设。

完善交通建设规划。确立"加快江北、提升江南、南北齐动、水陆联动"的基本发展思路,明确"十一五"后三年大力推进"11414"工程的建设重点(即建设10条高速公路、10条干线公路、4座客运站及14个水运项目设施),确立"一年打基础,三年树形象,五年大变化"奋斗目标。重大基础设施项目前期工作有序推进,同步开展前期工作的高速公路、干线公路项目总里程均突破200公里。加强建设质量管理,工程质量监督覆盖率和优良率均达100%。严格招投标监管,100万元以上项目招投标率和网上公告率均达100%。

科技创新和信息化建设水平进一步提升。市交通系统智能无线机房综合监测报警系统(JFJC-Ⅱ型)通过验收并获国家专利,市域交通行政执法综合管理平台等2个项目获市科技进步奖,交通安全管理平台等5个项目列入省交通科技计划,南京交通公共电子服务平台等23个年度科技项目完成并投入使用,其中6项达到国内领先水平。交通职业教育提档升级,南京交通高级技工学校申报省重点技师学院通过专家评审组评审。南京港口视频监控系统通过验收,实现对港口视频的实时采集、编码、传输等功能。开发南京港口安全及保安管理信息系统,实现港口保安声明、港口设施履约及日常保安管理的网络化。推广使用南京港口重大危险源监控系统,完善和扩充南京市内河水上搜救中心功能,水上搜救成功率达95%。国内第一条数字航道——长江南京至浏河口段数字航道与智能航运建设示范工程建成运行,实现航道信息的数字化、航标监控实时化、信息服务网络化,成为长江航道建设发展史上的一个里程碑。南京市港航管理数字化信息中心正式运行,南京市交通(港口)水上执法基地建成启用,增强对港口、航舶安全的监管力度。

交通安全形势稳定。市交通局以满分通过市安委会年度考核。南京长江水域安全形势达到历史最高水平。南京海事局坚持专项治理与常态管理相结合,持续保持南京长江水域安全形势稳定。全年辖区未发生船舶污染事故,重点工程水域和水源地保护区域安全无事故。内河湖泊水上交通安全形势持续稳定,辖区未发生水上交通事故,继续保持水上交通安全"四项指标"为零,未发生24小时以上阻航和船舶污染水域重大责任事故。民航江苏安全监管办实现江苏民航连续第50个航空安全年。东航江苏公司实现安全飞行15年,获全国"安康杯"优胜企业称号。南京禄口国际机场以98.67%的总符合率通过国家民航局安全审计,位列华东民航机场之首。南京铁路办事处充分发挥安全监督职能,南京铁路辖区实现行车安全年的目标。南京油运公司有15艘长江拖轮连续安全航行50万公里以上。

交通行业管理进一步加强。市交通局推进管理体制改革,开展整治"黑车"活动,交通行政执法不断规范。长途客运班线公司化改造走在全省前列。全年完成各类交通规费征收21.42亿元。查处各类交通违法违纪案件49074起,罚款8249万元。市交通局承诺的10件实事和10项便民举措落实到位。率先创立客运服务行业和公路收费站点服务行为规范地方标准,交通服务品牌效应进一步放大。评比表彰交通系统第五届十大廉洁奉公标兵,在工程项目管理部和交通服务窗口命名3个"廉洁文化建设示范点"。深入开展行风评议,群众对交通满意度较上年提高2个百分点。开展招投标市场整顿,累计自查项目542个标段。全年立案查处违纪违法案4件。南京输油处深入开展"精细管理年""教育培训年""科技发展年""消防设施提升年""交通管理安全年"活动,全面提升管理水平。中国石油西气东输管道公司苏浙沪管理处持续开展"安全环保基础年"活动,深入贯彻"反违章禁令"。开展"百日交通安全专项整治""平安管道建设"活动,完善企地管道长效保护机制,保持管道"零占压、零伤害"目标。

交通文明创建成绩显著。市交通局推出"交通资讯一线通"服务品牌。金质船检、开路先锋队、大明路诚信汽修示范街、真情驿站、狮麟驾培、旅途愉快工程等一批交通品牌为老百姓所熟知。全市59个交通收费窗口全部导入标准化系统,初步实现形象标准化、环境舒适化、管理智能化和服务规范化。开展承诺办实事、诚信汽修、诚信海事创建活动;实行廉政公约、工程建设公开招投标、应用工程建设系统,规范建设流程;推进政务公开,所有行政许可、处罚阳光操作。市交通部门与外地交通部门共创文明客运班线，继宁沪、宁汉、宁镇等文明班线后又陆续开通南京到常州、苏州、南昌等10条文明班线。市交通局完成长途客运市场秩序整治、长途客运站文明服务、绕城公路全线出新等三项创建任务，取得成效，制定出台《南京交通落实道路客运市场长效管理措施实施意见》《南京交通公路管理文明创建长效管理实施意见》，南京市交通局被中央文明委评为"全国文明单位"。7月4日在南京禄口国际机场举行"两岸周末包机首航仪式和大陆居民赴台旅游首发仪式"，为宁台两地经贸合作和交流交往揭开崭新的一页。

完成各项交通应急保障工作，驾驭复杂困难局面能力显著增强。年初大面积雨雪冰冻灾害，全市交通系统投入1000多万元，2万多人次，1800台套机械，全力以赴保安全、保畅通、保运输，有效保障电煤、成品油和农产品等重点物资的运输，全力做好滞留旅客疏运和安置工作，实现"不让一个旅客在车站过年三十""不发生一起安全事故"的目标。"5·12"汶川特大地震后，市交通系统紧急捐助240多万元和一批公路抢修机械，组织抗震救灾支援分队奔赴灾区，参与救灾物资运输和灾区道路修复工作。江苏金陵交运集团先后派出抗震救灾人员1328人次，投入资金556万元，调动救灾车辆1234辆次，总行车里程达663431公里，抢运救灾物资11198吨。南京铁路办事处及时成立抗震救灾运输安全工作领导小组和安全督查小组深入南京站、南京东站等抗震救灾物资运输和地震伤员运输重点车站进行现场安全把关和督促检查，确保安全运输。南京禄口国际机场开通绿色通道，优先保障抗震救灾紧急运输专机119架次。圆满完成270名四川灾区伤员在禄口机场转运任务。东航江苏公司保障抗震救灾运输飞行25架次，运送救灾人员2806人，救灾物资256吨。南京油运公司先后完成1800吨汽油运往四川灾区任务，有力支援抗震救灾工作。

各项奥运安保措施得到落实，圆满完成奥运火炬传递运输保障工作。市交通系统全面加强对车站、码头等人员流动场所安检和隐患整治，开展港口设施保安演习和船闸、车站反恐演练。南京长客集团公司先后派出41部大客车和10辆豪华大巴参与奥运火炬传递运输保障及奥运运输保障工作。

（刘传成）

【市交通局获全国文明单位称号】 在2009年1月20日召开的全国文明建设工作大会上，南京市交通局被中央文明委授予"全国文明单位"称号，这是市交通局获得的全国综合性最高荣誉称号。

市交通局在文明城市创建中坚持每年推出两个优质服务品牌，先后推出爱心始发站、交通资讯一线通、金质船检、开路先锋队、文明诚信汽修一条街、真情驿站、狮麟驾培、旅途愉快工程等十多个优质服务品牌。全系统143个直接对外窗口全部建成局级以上文明窗口，10个局属事业单位分别被评为省市级文明单位。市交通系统与外地交通部门共同创建文明客运班线，先后建成10条文明班线。开展军民共建，先后为驻宁部队修建31条门前进出道路，各公路客运站开设军人通道、专用售票窗口和休息厅，为官兵出行架设"绿色通道"。率先在全国实现水泥路"村村通"，农村水泥路建设的"南京模式"在全国推广，农村客运站亭建设经验在全省推广，全市99%乡镇村实现客运班车通达。市交通局先后获全国交通行业文明单位、全国交通文化建设示范单位、江苏省文明行业、南京市文明行业等称号。文明客运网、公路网、航道网、海事网四网交织，全面铺开，文明交通"点线网"体系初步形成。（宁　交）

【海峡两岸都市交通学术研讨会召开】 9月18～19日，第十六届海峡两岸都市交通学术研讨会在南京召开。由江苏省科学技术协会、上海市科学技术学会和台北交通安全促进会共同举办，江苏省交通运输协会、南京市交通局、市交通运输协会承办。研讨会每年举办一次，在大陆和台湾轮流举办，已成功举办15届。来自清华、上海交大、同济、复旦、南大、东大和台湾的交大、科技大、中大、中华大学等海峡两岸大学及两岸规划设计、科研、管理、协会、学会的近400名专家、学者以及省市有关领导出席会议。此次研讨会规模、层次、出席人数和征集论文数均创历届之最，是江苏和南京交通系统有史以来的第一次，成为海峡两岸有关"交通课题"交流的重要平台。

此次研讨会以"和谐交通——都市交通发展新战略、新任务"为主题，安排6个分会场，94位专家、学者就"和谐交通体系构建：理念、规划与策略""小汽车高增长背景下的交通拥堵治理策略及技术""都市公交与城市空间布局规划""发达城市化区域与大都市的铁路（轨道交通）运输发展""经济全球化与区域一体化背景下的港口、水运发展""城郊与城乡交通和谐发展""都市交通发展新技术、新方法、新模型""防灾减灾交通应急预案与实施"等10多个子课题交流发言，与会者向研讨会提交204篇论文，从不同侧面和角度提出具有前瞻性的意见和建议，对城市交通可持续发展有指导和实践意义。

（宁　焦）

【南京市交通建设投资控股（集团）有限责任公司】 简称"市交通集团"。2008年努力化解宏观经济形势变化带来的影响，坚持"公共需求导向、市场化机制运作、现代企业制度管理"基本准则，拓宽发展思路，调整发展战略，深化创新发展，取得显著成绩。

投融资再创历史新高，全面推进重大项目建设。全年完成融资168亿元、投资122.8亿元，分别超过年度计划的2.4倍和0.4倍，完成投资比上年成倍增长。至年底，绕越高速公路东南段项目建设完成92%的房屋拆迁和65%的杆线迁移工作，累计完成投资22.23亿元。做好京沪高铁和沪宁城际铁路征地拆迁资金筹集和全部重要控制性工程用地的供给工作，全年完成投资51.7亿元。加大长江四桥筹融资力度，全年完成四桥项目投资9.1亿元，确保四桥项目于年底开工建设。

推进战略调整，促进物流业健康发展。实现王家湾、丁家庄两家公司分体运作，王家湾公司负责现有东方城存量土地运作和相关的物业管理运营，丁家庄公司在负责物流基础设施建设及项目开发的同时完成土地权证办理工作。全年协议引进外资3600万美元、实际使用2210万美元；引进市外资金1513万元、实际到位1513万元，股权调整取得突破。

推进改革与管理，加强授权经营资产运作。加大力度清收历史遗留的欠款，全年总计清欠4200余万元。努力实现和提高存量资产盘整运作效益，王家湾公司全年实现租赁收入560万元，产业公司通过加大铁心桥、清修服务区、和燕路房产等的招租力度增收近200万元，华友物业公司通过汇杰广场食堂出租、铁心桥服务区租赁单位自管物业减亏近百万元。进一步深化股权改造，丁家庄公司、龙潭保税中心与外来资本部分实现

合作,依法完成南京远洋公司国有股退出工作。加强审计监督,出台内部会计控制审计、投资项目跟踪审计等制度,组织开展绕越东南段、汇杰文庭项目跟踪审计及企业负责人经济责任审计。对绕越、四桥、京沪高铁等重点项目的征地拆迁、融资等各项经营活动的合法性进行严格审查。 (赵 涛)

【邮电通讯】 2008年,全市信息化工作坚持以公众服务为重点,以城市重大信息化项目为突破,加强政务资源的整合和利用,推进信息化与工业化融合,推动城市信息化与其他各领域发展的有机结合与协调互动,以信息技术为手段有效提升城市现代化管理水平和综合发展能力,形成经济社会发展与信息化建设互为依托、整体推进的新局面。

信息化推进机制不断完善。市政府与江苏省信息产业厅签署共同推进南京电子复兴和软件振兴的“双兴计划”合作协议,厅市合作机制初步形成。合作领域包括共同推进“无线宽带城市”建设、“中国软件名城”建设、电子信息制造业发展等六个方面,重点建设平板显示、现代通信产业、太阳能光伏产业、现代信息服务业“四大”基地,力争到2012年南京市电子信息产业规模突破5000亿元,占全省20%;软件产业规模突破1000亿元,占全省50%,成为全省自主创新的排头兵和现代服务业的领头羊。加强政府部门、高等院校、科研院所和企业集团之间信息沟通和全面合作,提升南京城市和产业竞争力成绩显著。4月,东南大学与江宁经济技术开发区签署合作协议,以南京通信技术国家实验室为高端核心技术驱动,以通信技术国家工程研究中心为桥梁,集聚和辐射一批通信技术高新技术企业,建设具有国际一流水平的通信技术科学园区——南京·中国无线谷,增强南京无线通信产业的创新发展能力和核心竞争力。

*重大基础设施和项目建设进展顺利。*推进建设国内领先水平的无线宽带城市。作为“双兴计划”的重要战略内容和全市2008年信息化建设的一号工程,“无线宽带城市”建设取得阶段性进展,下发《关于加快“无线宽带城市”建设的意见》,南京电信WIFI热点建设超过1200个,加快推进“C+W”网络布局;部分政府机关率先实现无线宽带接入,免费提供给市民和客商使用。市民卡工程建设稳步推进。以金陵通卡为基础,整合各方资源,建立统一的接口标准,将公用事业、社会保障和金融支付等行业系统融合互通,以市民卡方式为居民日常生活提供灵活多样的服务。成立市信息化投资控股公司,会同城建集团完成对南京公用事业IC卡公司增资扩股,实有人口数据库开发工作进入信息交换流程的制定和细化阶段,市民卡推广应用工作提前布局。

*资源整合与电子政务建设取得新突破。*一是信息资源共享环境进一步优化。政务内网实现从公文流转阶段向业务应用和信息共享阶段转变,基本建成完整的电子政务网络系统和应用体系;政务外网覆盖全市城区所有社区和大部分街镇,初步实现公文流转、数据查询、视频会议等功能。在现有数据库基础上,推进资源共享,完成法人基础数据库的开发并投入使用;结合市民卡工程建设,建设全市实有人口基础数据交换平台,实现全市范围的社区和人口基础信息共享;以市统计局数据为基础,以市发改委、市经委、市财政局等部门数据为补充,构建宏观经济数据库与公共地理信息系统,为综合政务平台提供宏观经济信息资源。二是综合政务平台建设取得阶段性成果。基本完成基础框架建设工作,实现用户、系统、信息三者间的协同,为用户提供统一的服务接口,以及资源共享和应用模式。三是权力阳光电子政务平台初步建成。以深化应用为主,实现行政权力的全事项上网、全信息覆盖、全过程监控,使权力阳光业务系统成为一个成熟的、无纸化程度较高的综合工作平台。四是进一步推动办公自动化的应用。加强基础平台建设,打造安全可靠的网络办公系统,有效改善电子政务系统间的信息共享、信息安全等问题;推进电子政务实际应用,推动办公自动化系统的使用。市信息中心研制的统一公文流转平台,经试点后可向所有政府部门推广。

*信息化发展环境得到提升。一是加强网络与信息安全工作。*出台《关于加快我市网络信任体系建设的实施意见》,规范电子认证工作,加快数字证书发放和推广应用,完善电子认证基础设施,制定全市电子政务数字证书发放和管理办法,切实做好授权管理和责任认定工作。成立由市政府办公厅、市委宣传部、市发改委等15个部门参加的市网络与信息安全协调小组,负责贯彻落实国家、省信息安全保障相关法规政策,拟定全市信息安全工作计划、实施意见及相关管理制度,推动全市信息安全保障体系建设。奥运期间,市网安办安排专项检查,组织专题网络安全通报,全市机关涉及网络、网站工作的部门全部施行特别安全值班制度,圆满度过重点防范期。二是起草《关于推进全市信息服务业发展的意见》,开展相应的前期工作。初步形成由市信息办、统计局等部门、电信及广电运营商及部分企业组成的信息服务业工作网络,建立联席会议制度。开展信息服务业的界定和分类工作,确定数据统计渠道,建立符合全市发展现状和特点的统计体系。梳理优惠政策,形成《促进信息服务业发展的政策建议》等研究报告。三是开展组建市信息化投资控股公司(信投公司)的有关工作。立足南京,进行城市信息基础设施和公共信息服务平台建设,提供政府、企业、居民所需的各类应用服务,稳步投资信息产业项目,拓展跨区域的网络运营服务和信息服务,逐步建成并完善南京市信息基础设施和公共信息服务平台,形成覆盖电子政务、电子公共服务、电子商务的若干具有创新商业模式的信息服务集团。 (龚毅诚)

苏州市城市交通

【概况】 2008年,全市交通系统坚持以科学发展观统领全局,紧紧围绕“两个率先、交通先行”的工作要求,深化“三个服务”,突出“四个注重”,积极应对重大突发事件,全力加快交通基础设施建设,全面履行行业管理职能,着力做好交通运输保障，扎实推进便民服务工作，不断强化交通队伍建设，各项工作取得了显著的业绩，为全市新一轮交通发展奠定了良好的基础。交通基础设施建设投资强劲，全年完成投资105.5亿元，为年度计划的107.88%。交通行业管理全面加强，水陆运输安全秩序明显好转。公交优先迅速起步，全年公交客流达4.8亿人次，日平均客流量达132万人次，同比增长11.9%。运输生产持续增长，全市交通运输服务业增加值达133.5亿元，同比增长13%。全社会公路客运量4.54亿人次，旅客周转量达285.5亿人公里；货运量1.09亿吨，货运周转量73.4亿吨公里。

扎实开展党风廉政和机关作风建设，组织实施"排查廉政风险、完善防控机制"专项活动，具有交通特色的集教育、制度、监督为一体的惩治和预防腐败机制得到进一步完善，组织与行政管理相对人、社会各界"面对面"沟通及座谈交流活动60多场次，社会满意度调查及各类明查暗访活动30多次，对社会各界提出的70多条建议实施整改或书面函复，赢得社会广泛好评。深化文明行业创建，率先在全省建成文明交通"点—线—网"体系，苏州交通行业连续10年荣获江苏省文明行业。成功举办第十八届交通职工文化节，成功开展全行业"道德标兵"和首届苏州交通行业服务品牌的评选活动，成功开展交通系统纪念改革开放30周年系列活动，成功开展"与奥运同行、创文明城市、建和谐交通"活动。市交通局荣获苏州创建全国文明城市优秀组织工作奖。

附表：苏州市全社会运输客、货运量(2008)

指标完成量	2008年	2007年	为上年同期(%)
公路客运量(万人)	45386	40163	113
公路旅客周转量(万人公里)	2855005	2498592	114
公路货运量(万吨)	10863	9958	109
公路货物周转量(万吨公里)	733993	656395	112
水路客运量(万人)	–	–	–
水路旅客周转量(万人公里)	–	–	–
水路货运量(万吨)	1767	1876	94
水路货物周转量(万吨公里)	168925	163824	103
港口吞吐量(万吨)	20729	18377	113
港口集装箱量(万标准箱)	257	189.56	136

【交通基础设施建设】 2008年，全市交通建设38个项目中有5项市重点项目，投资规模达314.31亿元，年内实际完成投资105.48亿元，占计划的107.88%。苏锡连接线公路完成投资2.1亿元，征地拆迁工作基本结束。常昆高速公路完成投资2.86亿元，桥涵、路基全部完成，路面底基层完成60%。锡张高速公路完成投资5.3亿元，路基、桥涵完成80%。苏虞张公路快速化改造完成投资3亿元，提前建成通车。申张线张家港复线船闸完成投资1.28亿元，工程进展顺利。

【高速公路】 2008年，全市在建高速公路项目6项，在建里程达102.6公里，高速公路通车里程达到491公里，"一纵三横一环二射"的高速公路网全面建成。全年高速公路完成投资13.71亿元，沪苏浙高速公路、苏通大桥南接线提前建成通车，苏锡连接线公路征地拆迁工作基本结束，常昆高速公路桥涵、路基全部完成，锡张高速公路路基、桥涵完成80%，沪宁高速公路花桥互通改造完成主体工程。所有在建高速公路工程质量均保持良好受控状态。

7月28日，苏嘉杭高速公路南段扩建及养护工程项目顺利通过交工验收，从验收之日起由苏嘉杭高速公路有限公司接养营运。苏嘉杭高速公路南段扩建及养护工程包括先导试验段(八坼互通至平望枢纽)、苏州南枢纽至八坼互通段，全长约为18.6公里。扩建采用压缩中分带、增设港湾式停车区方案，扩建后的苏嘉杭高速公路为双向6车道，设计速度100公里/小时，路基宽28米，同时对扩建段的路面进行罩面加铺处理，提高路面的服务水平。工程于2006年12月开工建设，至2008年5月建成。该项目建设呈现了不征用土地、节约土地资源，不中断交通，工程周期短，工程总量小，投资节约等特点，为高速公路改扩建做出了有益的探索。

【干线网化工程】 全年干线公路网化改造工程完成投资36.32亿元。国省干线公路5个续建项目完成投资22.67亿元，204国道张家港改建段、204国道太仓改建段、339省道太仓至太仓港段均已建成通车，204国道常熟改建段老路段建成通车，230省道吴江北段进展顺利；2个新开工项目均实现良好开局，224省道沿江高速至太仓港段路基已结束，全面进入路面摊铺，318国道江苏段除平望节点外44公里已建成通车。地方干线公路2个续建项目完成投资3.54亿元，苏同黎公路太浦河大桥新建工程、苏虞张公路快速化改造工程全部完成。高速公路互通连接线有序推进。

【农村公路】 全年完成投资11.23亿元，实施农村公路建设项目38个，建设总里程197公里，完成建设项目28个，新建、改建农村公路158公里,改造县道危桥69座。推进6条新农村联系点道路建设,完成160公里农村公路文明样板路创建,实施60公里安保工程。

【站埠建设】 全年站场工程完成投资3.77亿元,新改建乡镇客运站31个,主体完工26个,新建农村客运候车亭200个。张家港、吴江客运站建成并投入使用,太仓客运站完成总工程量的97%,苏州综合客运枢纽客运站开始试桩,苏州汽车北站改建完成前期工作,吴江盛泽物流中心建成,白洋湾传化物流基地招商楼、交易信息中心主体框架建设完成。完成汽车南站、广济路、金阊新城首末站、新庄公交换乘枢纽和公交第五保养场选址规划方案,建成官渎里公交换乘站、晋源桥公交停车场和晋源桥公交首末站,完成解放西路换乘枢纽、东南环立交换乘枢纽改造和市区40座公交候车亭建设。

【铁路建设】 全面完成京沪高铁、沪宁城铁征地拆迁任务,为两条铁路建设的顺利推进创造了良好条件。按照省铁路办的工作部署,市委、市政府批准成立了苏州市铁路建设指挥部,统筹全市铁路建设工作,同时市交通局增设"铁路建设处",主要职责是:贯彻执行国家有关铁路建设管理的法律法规和方针政策,拟订苏州市铁路建设管理的中长期规划和年度计划,开展对铁路建设发展的战略研究;负责全市铁路建设项目前期工作,组织协调铁路建设项目的建设管理工作,维护铁路建设市场秩序;承担市铁路建设领导小组办公室和铁路建设指挥部的日常工作。

【交通行业管理】 运政管理:2008年,全市运政稽查进一步加大运输市场监管力度,针对阶段性整治工作重点,认真组织开展春运专项稽查、"保奥运安全、创文明城市"专项整治以及农村道路交通安全集中整治等行动,严查扰乱运输市场的"黑车"及宰客、甩客、卖客等违章行为。全市共出动运政执法、执勤人员9.6万人次,检查各类车辆22.4万辆次,查获各类违章17832起,其中查获非法经营"黑车"7324起,无危险品运输资质从事危险品运输违章1213起。针对火车站、汽车站等客流集散地违法经营情况严重的实际,及时调整理顺管理体制,进一步充实执法力量,通过延长执法时间、增添执法装备,加强站场管理、加大执法力度等措施,建立完善了重点地区长效监管机制。继续加强与公安公交分局、110指挥中心及各市(县)、区公安部门的密切协作,充分发挥公安部门与运政稽查协同作战的威慑作用。全市66辆运政执法车全部安装使用车载动态监控取证系统,并结合执法监督和资料保存,建立了运政稽查视频音像资料库,在客运站等重点地区安装使用了视频监控系统,对长途客车、出租车等经营行为及客运站周边运输秩序进行实时监控,客运枢纽地区监管能力显著提高。建立安全监管责任保障机制,严把"三关一监督",切实保障运输安全。严格行政许可条件和程序,坚持许可案卷复核制度,着力规范机动车综合性能检测和营运车辆二级维护管理。强化道路运输从业人员资格审查、考核管理,加强从业人员管理中心的规范化建设,投资新建理论考试室和技能考试室,改善了考核条件,全面提高了从业人员的管理水平。完成从业资格考核发证1.2万人,累计换发新版从业资格证7.8万份。重点加强客运站源头管理和危货运输安全监管。深入贯彻交通运输部《汽车客运站安全生产规范》,督促客运站严格落实"三不进站五不出站"制度,认真开展明查暗访和节假日安全检查,进一步完善与公安、安监部门危险货物运输管理情况沟通及安全检查机制,多管齐下,切实加强危险货物运输安全监管。积极引导旅游客车、客运班车安装GPS,全市已有616辆旅游客车、1091辆客运班车安装使用GPS,县际以上客车安装率达到61.4%,危货运输车辆GPS安装使用率保持100%。认真开展安全基础巩固年、安全隐患排查及奥运反恐安保等活动,有效保障了全市运输行业安全稳定。

路政管理:按照"高速公路入口阻截劝返、普通公路站点执法监管、农村公路限宽限高保护"的总体要求,建立健全"治超"长效管理机制。加快204国道太仓段、绕城高速公路超限超载检测站的建设。尝试开展农村公路"治超",实施"事前、事中、事后"动态监督和全天候巡查控管,加强城市重点工程、204国道改建、苏虞张公路改造及沪宁城际铁路、京沪高铁施工路段管理力度,取得工程顺利推进和道路安全畅通双赢目标。认真做好苏通大桥开通前的各项准备工作,吸取南京长江大桥失火教训,进一步加强普通干线公路和高速公路桥梁隐蔽部位管理,对境内国省干线公路、高速公路全线约1000公里调查隐蔽部位,迅速展开整治工作。开展国省干线公路非法标志和广告设施重点专项整治行动,启动路政管理示范县创建活动,组织开展区域内高速公路(跨江大桥)、普通干线公路以及重要县道通向机场指路标志设置。参与长江三角洲地区旅游景区道路交通指引标志达标工作,加强对全市旅游景区道路交通指引标志设置的行政许可审批工作,开展以"文明执法"为主题的相关实践活动。对《苏州市公路条例》实施一周年情况进行回顾总结,并组织开展系列活动,配合市人大、市法制办组织《条例》调研。以"迎奥运、保畅通"为中心,深入开展"平安公路"建设、"安全基础巩固年"活动,积极推进安全生产隐患排查治理活动,全面提高公路安全管理水平。按照"建一条,成一条,巩固一条"的要求,实施56公里公路安保工程。加大养路费考核激励和稽查力度,在全省乃至全国率先在各大主要银行实施养路费网上征收,与邮政、电信及新闻媒体联合,切实提高车主的缴费意识,全年养路费总额及实征率保持全省领先。积极推进区域内无障碍通行,圆满完成204国道常熟、230省道光福、南大外环尹山3个收费站撤站后续工作。出台公路交通突发公共事件应急预案,突出路网信息采集及发布、突发事件的调度指挥功能,借助省公路局短信平台和LED可变情报板,及时发布各类路况、施工、天气预报等信息。结合市公路信息中心建设,构建公路应急处置中心和2个分中心。整合现有信息资源,依靠GIS(地理信息系统)、网络和WEB技术的支撑,形成综合的公路地理信息查询系统,率先在全省试运行。开展LTC沥青再生养护剂等各种抗车辙材料的试验、检测、比选及后评估工作。

航政管理:以应用江苏省航政管理系统为平台,大力推行航政管理信息化建设,促进了航政信息化水平的提升,全年累计巡航1998艘天、14.79万公里。以严格规范、提速增效为抓手,围绕创新管理和创优服务,进一步提升服务效率和缩短办结时间,全面打造航道行政许可"高速通",全年干线航道临跨过河设施许可110件,不予许可3件,行政处罚63件,其中一般程序29件,未发生一起行政复议或诉讼案件。巩固"文明样板航道"创建成果,顺利通过省交通厅对"文明样板航道"苏南运河苏州段的复检。完成《苏州市航道管理实施办法》草案调研起草工作,重点研究了切合苏州实际的操作性意见,形成了提升苏州航道依法行政水平的方案纲要。有序推进2艘13米航政艇建造工作,全面更新10.5米玻璃钢艇发电机,改善了航道装备,提高了上航效率。全面完成全市132座发光航标遥测遥控安装,155座航标数据录入航政管理系统,实现了航标数字化管理。清障扫床航道3347公里,清除杂物166.5吨、暗桩10根,有力保障了航道通畅。对13座桥梁实施水上防撞设施设置工程,组织开展桥梁防撞设施撞击试验检测,进一步验证优化了防撞设施的实际应用技术。落实桥梁管养职责,自养桥梁11座已全部移交属地政府管理。加大航道规费稽查力度,将稽查作为征收的重要手段,在全市设立稽查点27个,其中协调进驻水闸4座,并在浏河水闸成功设立浏河服务中心,积极开展规费稽查,采用流动稽查和设点稽查相结合的方式,有效打击了逃漏缴航道规费的行为。继续巩固外挂船舶治理成果,12艘船舶主动回归入籍本市,全市回归船舶达到109艘。深入开展"平安航道"和"安全基础巩固年"活动,强化隐患排查治理机制,制定了《苏州市航道管理处航道保畅通应急预案》和《苏州市航道管理处船闸保畅通应急预案》,组织各类安全应急预案演练10次,提高了全系统防范突发事件的实战能力。继续开展第二个"千日安全竞赛"活动,保障船闸安全形势稳定。准确把握在建工程特点,结合航道工程实际,认真履行安全监管职能,坚持日常巡查制,狠抓隐患整改,督促参建单位完善安全管理台帐,强化现场安全措施,全年安全生产形势稳定。全年干线航道通航保证率100%、优良闸次率100%、航标正常率99.9%。

海事管理:着力提升海事防控处置能力,围绕水上搜救、船舶防污、安全监管3方面对原有预案体系进行编制和完善,落实"四项监管"措施,累计巡航出艇4.5万艘次、巡航里程48万公里,利用可变情报板适时发布各类通航信息近5000条,杜绝了重大堵航责任事件的发生,全年共接到各类报警1029起,救助遇险船舶450艘、遇险船员219人。针对全年小长假增多、游客人数"井喷"的实际,落实水上旅游风景区安全长效管理机制,对景区手摇游船进行全面检验和督促保养,积极配合政府整顿景区快速游艇营运行为。完成漫山渡口标准化改造,严惩私渡和违章载客行为,开展农用自备船和无证无照船舶专项整治、查处违章船舶45艘。为国际旅游节彩船巡游等重大涉水活动精心组织交通管制,核发水工作业许可42项,发布航行通告48期,保障了群众出行的安全、便捷。不断规范船检工作,深入船厂进行现场调研和技术扶持,支持船舶工业发展,完成船舶建造检验122艘、营运检验1712艘次,及在苏州建造20500吨海船检验。进一步完善船务管理机制,积极为船舶所有人理清产权关系、督促航运公司建立起安全管理体系。结合水上交通安全百日督查活动,抓紧、抓实隐患桥梁的督促整改工作。积极开展水域保洁工作,提前完成太湖流域7座船舶垃圾站、7个废油水回收站建设任务,开展大规模的船舶污染防治宣传活动,增配各类防污应急设备,危险品船舶GPS设备全部安装到位,船舶不符要求的涉污行为得到坚决查处。建成航道现场监控点28个,基本实现对京杭运河、长湖申线及太湖主要航段的可视化监控,全市71艘海巡艇、34辆海事执法标志车均配置了GPS指挥系统。制订实施《太湖水域船舶防污及通航安全联合管理规定》,进一步升级环湖6地海事部门联动工作机制,成功开展搜救81次,联动封湖38次、1032小时,湖区搜救成功率连续5年保持100%。组织召开第三届苏州、嘉兴、上海三地毗邻地方海事紧密合作联席会议,倡议建立了苏南运河沿线6个海事部门联动机制。

城市客运管理:2008年,先后赴北京、上海、广州、杭州、常州、沈阳、青岛等城市考察调研,学习公交、出租汽车行业管理先进经验,完成了《轨道交通与常规公交换乘研究》《出租汽车经营权有偿使用机制重构与完善研究》及广州、杭州、上海等地公交发展考察报告等,进一步理清了工作思路,就公交车辆更新优惠政策、施工调整线路补偿、公交站点命名规则、车内标识规范设置、车身广告发布、公交车上高架道路运营等提出具体办法,制定了公交车车容车貌及标识设置规范、公交服务质量信誉考核制度和客运出租汽车企业营运服务质量综合排名制度等。不断完善行业政策和措施,拟订并上报《关于优先发展城市公共交通的实施意见》,修订实施《出租汽车管理办法》,配套颁布《苏州市客运出租汽车驾驶员营运违章行为记分考核办法》,草拟完成《苏州市客运出租汽车行业服务规范》和《苏州市客运出租汽车企业信誉考核办法》。针对公交站名、站牌存在的多头管理问题,制定发布了《进一步规范市区公交站名、站牌管理的意见》。针对出租汽车行业反映强烈的GPS/POS收费和设备维修存在问题,制订并下发了《苏州市客运出租汽车GPS/POS设备维修基金管理办法》,下调了营运商服务费收费标准,并成立由出租汽车企业、司机和服务商参加的基金管理委员会,切实加强对GPS/POS收费和设备维修的监督管理。积极做好春运、清明、五一、十一、端午等假日及人才交流会等重大活动的公交疏运组织保障工作,十一黄金周期间共运送乘客1091.7万人次、安排17927车次、运营96207圈次,分别同比增长21.2%、14.4%和12.9%。着力提升出租汽车行业服务水平,会同市政府法制办再次修订《苏州市客运出租汽车管理办法》,配套制定《苏州市客运出租汽车驾驶员营运违章行为记分考核办法》,出租汽车违章较2007年同期减少30%。积极争取市财政、公安、物价等部门支持,通过加大资金投入和及时拨付、加快公交专用道设置、完善出租汽车有偿使用费及公交票价定价机制,有效保持了公交、出租汽车行业的发展能力。及时发布《加强区域公交线网新辟、调整管理工作的通知》,明确市、区管理部门关于线路设置的审批权限,理顺了两者间的管理关系。按照公交驾驶员职业操作规范要求,与企业明确分工,加强了对企业培训驾驶员的指导和监督。加强行业引导,以先进企业的示范效应带动全行业服务质量的提高,引导企业树立品牌意识、发展意识。加强行业监管,依托出租汽车智能管理系统,定期分析出租汽车行业的服务质量状况,将投诉和处理情况在行业内部进行通报,并将企业综合得分作为出租汽车增量的重要考量。加强内部管理制度和反腐倡廉建设,通过了ISO管理认证体系的监督审核,及时修订《客管处机关工作人员考核管理办法》等规章制度,完善了公交企业例会、出租汽车企业服务质量例会制度。整合公交、客运两大集团的便民服务平台,进一步提高公交服务投诉处理效率。

铁路运输:苏州站是上海铁路局直属站,是办理客货运输的一等站。2008年车站发送旅客1887万人次,发送货物134.2万吨。完成运输收入13.74亿元,同比增长30.6%。获得路局文明服务示范车站、路局文明单位并保持了江苏省、苏州市文明单位等称号。年内车站固定资产原值达20349.71万元。

2008年初的罕见冰雪灾害给春运带来前所未有的严峻考验,苏州站干部职工昼夜浴“雪”奋战。一是增强力量,责任到人,不间断扫雪保安全畅通。实行车站、车间及安全技术专业干部带队分组包保每副道岔,车、工、电各方协同作战,管内12个站、436名扫雪队员众志成城,严阵以待,及时清除各部位积雪,保证每副道岔按要求顺利转换进路,确保列车接得进来、出得顺畅。二是加强与地方政府联系沟通,取得人力物力大力支持。车站将2000平方的平四路售票处开辟为长时间滞留旅客休息场所,增派50名武警和30名民警、城管队员协助车站维持秩序,新搭建400平方临时帐篷供广场旅客休息,并腾出起重机械厂厂房作为疏散滞留旅客的备用方案。三是沉着应对,及时有序处置大面积情况下的旅客运输组织。在客运机房成立应急指挥中心,密切关注客车晚点预告信息,动态掌握候车室、广场旅客滞留情况,站长坐镇指挥客运值班员逐趟按批引导旅客进站候车,确保候车厅饱和而不过于拥挤。妥善安置遭遇长时间晚点的滞留旅客,由机关帮班人员引导至平四路售票处休息,得到开点计划后及时引导至候车室。四是加强后勤保障,车站机关、装卸、派出所抽调力量及时清除广场积雪,梳理通道,确保旅客有序流动,并由运贸公司紧急调运食品,保证滞留旅客面包、饮用水的供应。

2008年坚持以确保提速安全为主线,深刻吸取“4·28”事故教训,按照“自上而下、上下结合、翻箱倒柜、务求实效”的总体要求,认真组织开展安全大反思大检查活动,整改消除了一大批在管理、设备和队伍素质上的突出问题和隐患。先后组织开展劳动安全“六个一”、“反两违、严执标”、“严管理、查隐患、守两纪、保安全”等主题活动,狠抓劳动安全、接发列车、调车防溜、货物装载加固等安全关键整治。加强路外安全管理,实现路外安全零伤亡。突出防控重点,强化守土有责的责任意识,规范通道管理,落实各项安全防范措施,加大“三品”查验和现场督察力度,确保了奥运盛会期间的绝对稳定。强化干部作风建设,深化两级干部现场安全包保,确保了运输安全有序可控,截至12月31日,车站实现安全生产540天,实现了安全年目标。

2008年,车站紧紧把握运输产品结构优化调整的有利契机,深入细致研究地方经济发展对运输组织带来的变化,强化各项客货营销措施。①客运以抓好售票组织为源头,拓展售票渠道,抓好客票共、复用,用好用足运能资源,加大异地票、往返联程票的组织力度,努力提高客票使用率。全年动车组客票使用率平均达到150%以上,居全局大客站之首。针对国家节假日调整的特点,在抓好春运、春游等重点运输的同时,抓细抓实小长假和双休日客流高峰应对措施,动态调整优化客运组织,努力满足旅客需求,全年旅客发送、客运收入和两大客站单日客发量均创历史新高。②针对货运市场周期变化强化调查分析,调整内部运输组织,努力克服阶段性车源、去向紧张的困难,大力巩固苏芦集装箱班列运输。严格运价下浮管理,不断吸引新增货源。心系灾区,甘于奉献,出色完成抗震救灾物资运输。强化运输组织激励考核机制,健全运输组织基本制度,定期写实跟踪分析,加强运货装协调配合,努力提高运输效率。全年实现运输收入13.74亿元,完成年度任务的106.7%,超年度任务8602万元,比去年实绩增长3.2亿元,增幅为30.6%,超额完成年度经营目标,取得了历史性新突破。

2008年,车站以开展“讲文明、树新风、迎奥运”活动为契机,以全市创建全国文明城市为切入点,巩固“树标塑形”活动成果,扎实开展服务质量专项整治。投入人力、物力、财力,客货服务设施得到进一步改善;加强旅客货主至上服务理念与敬业爱岗职业道德教育,从业人员服务用语、作业标准得到进一步规范。落实“首问首诉责任制”,畅通投诉渠道,妥善解决处置旅客货主来信来访,化解矛盾。开展路风案例警示教育,做到警钟长鸣。健全路风管理机制,狠抓路风源头治理。修订补强票务管理办法,严格执行车皮计划集体审批制度,加大路风问题自查自纠和对售票岗位、代售点的监管力度,杜绝了一般以上路风事件发生。与此同时,抓好奥运特色服务和灾区重建人员、医护人员、伤病员返乡等重点旅客运输任务,展示了铁路窗口的良好形象。

“5·12”汶川特大地震发生后,车站开展“情系灾区献爱心捐助”活动和党员缴纳特殊党费活动,各部门全员参与,慷慨解囊,分别筹集捐款47756元和上缴特殊团费6883元、特殊党费52427元。同时,车站按照部、局部署要求,迅速组织救灾物资抢运工作,坚持救灾物资运输特事特办,加强各级干部现场把关盯控和与地方相关单位的信息沟通,强化运转、货运、装卸之间的协调组织,严格救灾物资“四优先”原则,既确保了进货装车挂运各个环节的安全,又实现了高效装车快速挂运。仅5月份就完成各类抗震救灾物资装车847车,分别在苏州西站、昆山站,向德阳、成都东、绵阳、龙潭寺等受灾地区发送活动板房、帐篷、衣物、药品、棉被、矿泉水等救灾物资,为抗震救灾发挥了应有的作用。在驻苏部队的支援下,苦战6天6夜,第一批板房821车装车任务顺利完成并超额完成了省政府下达的计划进度,得到了省、市和路局领导的肯定。此外,客运部门也为灾区康复伤病员、家属返乡和赴川安装活动板房施工队伍及时抽调运能,满足需求。行包部门共计承运各类救灾物资33批、4776件、59891公斤。

2008年,车站作为使用方,积极主动配合工程指挥部门,合力推进苏州、昆山两大客站扩能改造施工。本着有利于运输安全与组织流程的原则,对站场过渡方案、信息系统设计、局部功能优化、设备设施调整等方面提出进一步完善的设想。年内,苏州客站城际站房地下构建部分和昆山南站房主体框架建设基本完工。全力协调组织望亭站站场扩建施工,历时10多个月,确保了各个施工项目期到必成。此外,京沪高铁、沪宁城际项目相继在管内动工,车站发挥车务站段的协调职能,前期设备设施迁改工作基本完成,促进了管内两项重点工程良好进展。

附表:上海铁路局苏州站主要任务指标完成情况(2008)

项　目	计量单位	计划	实绩	完成%	同比±%
旅客发送	万人	1780	1887.3	106	16.1
货物发送	万吨	132	134.2	101.6	-4.6
日均装车	辆	71	76.9	108.3	1.4
日均卸车	辆	-	261.9	-	-18.1
停留时间	小时	24	23.9	压缩0.1	延长6.2
中转时间	小时	4.6.0	8.1	延长3.5	延长3.7
运输收入	亿元	12.88	13.74	106.7	30.6

附表:上海铁路局苏州站改革开放30年来主要指标对比

项　目	1978年	2008年
日均办理列车对数	59.00	134.00
日均办客列车列数	42.00	150.00
候车面积(平方米)	950.00	6000.00
旅客发送(万人)	284.50	1273.00
客运收入(万元)	700.00	82000.00
货物发送(万吨)	73.70	83.20
货运收入(万元)	1348.00	17220.00

公路运输:2008年,全市公路总里程达11802公里,全社会拥有民用汽车84.04万辆,全年完成公路客运量4.5亿人次,旅客周转量285.5亿人公里,货运量1.1亿吨,货物周转量73.4亿吨公里,分别比上年同期增长11.9%、14.3%、10.5%、11.8%。春运、十一黄金周全市公路分别安全发送旅客1043万人次、310万人次,分别比上年增长17.8%、33%。运输结构调整成效明显,全年共完成公司化改造52条线路58辆客车,全市省际班车公司化经营率达到42%,省内班车公司化经营率达到87.4%,比上年增长10%,其中县际班车公司化经营率达到93.7%,市际班车公司化经营率达到80.5%。运力结构日趋合理,全市共有中高级客车6506辆、货运专业化车辆24642辆,中高级客车比例达91.2%,货运专业化车辆比例达36.4%,分别比上年提高8.7个百分点和5.9个百分点。

水路运输:2008年,全市内河航道里程合计2784公里。全年完成水路货运量1767万吨,比上年同期减少5.81%,完成货物周转量16.89亿吨公里,比上年同期增长2.99%。由于陆路客运快捷舒适,水路客运严重萎缩,仅以水上旅游为主。

港口装卸:全年全社会完成港口吞吐量2.5亿吨,其中苏州港完成2.07亿吨,占苏州港口装卸的82.8%,内河港口完成4376万吨,占17.2%。

【苏州港】 苏州港辖区内139.9公里长江岸线中,可规划港口岸线89.47公里,其中深水岸线81.82公里。2008年,苏州港全港新开工建设码头泊位6个,竣工码头泊位12个,其中万吨级以上泊位6个,新增码头年吞吐能力3660万吨。年底全港共有码头泊位197个,其中万吨级以上97个,年设计吞吐能力达1.86亿吨。

2008年,苏州港全港全年完成货物吞吐量2.07亿吨(其中完成外贸货物吞吐量4650万吨),集装箱运量257万标准箱,分别比上年增长12.8%、35.6%,货物吞吐量继续保持全国沿海港口第九位和江苏及全国内河港第一位。港口建设步伐加快,全年完成港口建设投资30亿元,全港新开工建设码头泊位6个,新建成码头泊位12个(其中万吨级以上泊位6个),太仓港区三期工程获国家发改委批准已正式开工,新建成太仓港区阳鸿石化码头、武港矿石码头和张家港港区宏泰公用码头等12个码头泊位,张家港港区东沙公用航道工程及张家港港、常熟港、太仓港区海轮锚地工程开工建设,港口在建工程总体进展良好。航线开辟力度加大,太仓港区新辟航线15条,与福建华荣公司合作开辟运营周双班台湾航线;常熟港区新辟集装箱支线2条,新辟至东南亚和绕经日本至台湾的近洋件杂货定期班轮航线2条。港口安全生产形势平稳,对69家危险货物吞吐量在50万吨以上的港口企业进行专家会诊,跟踪督办会诊中发现的问题和隐患,常熟港区以港政执法为主体加大日常巡查力度,太仓港区运用信息化技术对危险货作业申报实行网上申报,张家港港区多次组织开展港口安全生产大检查。三个港区在港口设施保安和奥运反恐工作中认真开展反恐演练活动,取得良好效果。港口管理进一步规范,对港口新建项目严格按照"必须符合港口规划,必须体现集约化、最优化"的管理原则,从严把好港口岸线利用关,加强对《港口经营许可证》《危险货物港口作业认可证》和《港口设施保安符合证书》的核发、核验和验审工作,强化对港口工程初步设计审查、施工图审查、招投标、质量监督、开工备案、港口工程履约考核、工程试运行备案、竣工初步验收等建设管理,建立港口运行分析报告制度,每月形成统计分析报告为领导决策提供参考。加强港口法制工作,全港没有发生行政处罚复议案件,港口单位的规费缴纳意识得到加强,省局下达的港口规费征缴任务全面完成。港口信息化建设进一步加强,张家港电子口岸系统已经投入使用,常熟港区的港政执法系统已经启动,太仓港区的港口综合业务管理系统完成大纲评审。市场调研和组货揽货工作力度进一步加大。太仓港区在苏州全市范围建立健全区港合作机制,全面实施“区港联动”,创新推出“一次申报、一次查验、一次放行”的“区港联动、虚拟口岸”通关模式,组织攻关小组对苏州地区重点进出口企业进行推介攻关,引导企业利用新的通关模式从太仓港口进出口货物,取得良好效应;常熟港区通过对大型钢铁企业,重点货主,全市“二区二园”及11个镇场的走访、调研和上门服务、宣传推介等举措,稳定了老客户,拓展了新客户,全年新增货种5个;张家港港区召开由查验、仓储、物流等单位参加的张家港口岸木材集装箱协调会议,解决木材集装箱运输过程中的操作问题,稳定了货源市场。积极开展港际交流活动,张家港、常熟港区分别与重庆港缔结了友好港合作关系。港口生产在国内外市场急剧变化的情况下,继续保持了稳中有升。

【张家港口】　2008年,张家港港区共有码头泊位110个,其中万吨级以上泊位65个,对外开放泊位64个。2008年,张家港港区完成货物吞吐量1.27亿吨,集装箱运量81.42万标准箱,分别比上年增长5.7%、32.27%。港口建设加快推进,投入2583万元全面启动张家港海轮锚地和东沙公共航道建设,工程已完成招投标并进入施工实施阶段。港口经营管理市场进一步规范,以《江苏省港口管理条例》的出台为契机,整理出《港口管理法律法规汇编》一书,认真组织开展港口规范管理年活动,对辖区内港口项目基建程序执行情况进行全面检查,对存在违反港口建设程序的企业提出整改意见,强化对超原设计船型船舶靠离泊监管工作和靠离泊方案应急预案的落实,严格了12家码头单位、31个靠泊能力提升的泊位超原设计船型船舶靠离泊作业报备工作。码头开放使用步伐加快,对岸线审批、初步设计审查、施工图审查、招投标、质监、开工备案、试运行备案、初步验收、竣工验收等法定建设程序,实施全程服务和监管,在码头建设和开放过程中坚持把关与服务相结合,对项目的报批、施工建设严格履行相关手续,并加强码头施工期间的现场监管,确保码头建设质量和施工安全,主动为码头单位提供港口法律法规、涉外纪律等方面的咨询服务,对企业相关人员进行培训,指导企业解决码头开放过程中所遇到的问题,帮助新建码头尽快投入使用。港口安全监管实现全覆盖,与21家码头单位和6家化工仓储企业签订《安全生产目标管理责任书》,加强重大节日期间和高温季节的安全管理工作,开展了以“安全生产月”活动为抓手的安全活动,有效杜绝了安全隐患。平安港口创建工作扎实开展,共有21家码头企业28张保安符合证书通过了省港口局专家组的年度核验。口岸通关效率显著提高,张家港电子口岸平台正式开通运行,初步实现了张家港与上海、宁波、长江内支线航运的联动,进一步提升了口岸的通关效率和监管能力。

4月24日,世界卫生组织实地测评组代表和国家质检总局代表在张家港创建国际卫生港口《实地测评报告》上签字,标志着张家港创建国际卫生港口圆满通过世界卫生组织的实地测评,成为全球首个“国际卫生港口”。它的创建成功,有效增强了港口应对突发公共卫生事件能力,为张家港市对外开放和招商引资营造了良好的外部环境,也保障了港口卫生与安全,提升了张家港港口的国际形象。

【常熟港区】　常熟港区码头泊位总长4472.4米,最大靠泊能力10万吨级,已建成码头泊位30个,其中万吨级以上泊位17个,设计年吞吐能力2654万吨。2008年,常熟港区完成货物吞吐量4019.98万吨,集装箱运量30.53万标准箱,分别比上年增长21.3%、16.92%。特色货种得到巩固,全港纸浆进口量占全国的五分之一强,钢材出口量和原木进口量分别占全国的3.5%和1.65%,常熟港作为长三角区域进出口钢材等重要中转港和华东地区最大的纸浆进口港和重要集散地的地位在市场逆势中得到巩固。港口规划建设全面推进,常熟港进港航道及长江边滩整治等工程进展顺利,编制完成《苏州港常熟港区金泾塘作业区开发条件论证报告》《苏州港常熟港区控制性详规》方案和《推进长江深水航道 -12.5米从太仓港区延伸常熟港区的研究》,积极配合国家级开发区实施常熟港东港区的开发建设与招商引资的同步计划,受到常熟市领导的充分肯定。口岸发展合力明显增强,充分发挥口岸联检服务中心“一条龙”和“一站式”服务功能,坚持履行365天全时段、全天候服务承诺,通关监管效能不断提高,积极开展港政执法综合管理平台建设,投入运行常熟口岸船舶电子申报系统,启动港口电子口岸建设,港口信息化建设全面铺开,与重庆港缔结为友好港口,通过搭建“友谊、港际交流、物流、服务业发展、政策”5大平台,建立“港政互动、港港联动、互惠互利、优势互补、合作共赢”5种机制,开创了常熟港港际交流与合作的先河。港政管理得到加强,建立常熟港港口动态巡查情况通报制度,对全港港口经营、安全生产实施全方位、全时段监管,港口规费征管有效加强,被省港口局评为全省港口建设费征管先进单位。港口安全管理措施到位,加大危险货物管理力度,开展奥运港口安全检查,加强港口设施保安工作,港口安全生产形势平稳。组货揽货工作成效显著,全年共引进新客户5家,新货种5个,组揽货源约267万吨,累计开通件杂货定期班轮近远洋航线8条,月到港航行国际航线船舶70多艘次,累计开通集装箱内外贸航线33条,月到港集装箱班轮达360多艘次,并与53个国家和地区的255个国际港口通航通商。

【太仓港区】　2008年,太仓港区完成港口建设投资25.14亿元,完成货物吞吐量4003.9万吨、集装箱运量145.05万标准箱,分别比上年增长31.58%、42.37%,增幅在全国主要港口中名列第二,并成功登上长江集装箱运输第一大港的位置。码头和配套设施建设步伐加快,太仓港口投资发展有限公司成功实现扩容,总股本由原9亿元增至15亿元,总投资32亿元的集装箱三期工程开工建设,集装箱四期工程前期工作顺利推进,全港新增集装箱桥吊3台、场地龙门吊8台。散杂货码头建设取得重大进展,武港矿石、华能重件、阳鸿石化等13个码头泊位建成投运,新增设计吞吐能力3650万吨,港口综合通过能力大幅提升。港口配套设施不断完善,太仓港国际客运站、国家级进口木材检疫除害处理区建成投运,通港公路拓宽工程基本完成,第二海轮锚地开工建设,通港高速公路及苏昆太高速延伸段工程、长江航道太仓段调整工程的前期工作全面展开。进出口通道建设成效明显,全年新辟航线17条,引进3家支线船公司、新增3条洋山支线,洋山支线已达每周12班,全年完成洋山中转箱量24.42万标箱,加密台湾航线,并成为首批对台海上直航港口,成功开通日本门司和博多港航线,成功开辟至安哥拉卢安达港首条洲际航线,引进6家船公司、新开7条内贸干线、增挂沿海6个港口,引进4家支线船公司、新开4条内支线,全年完成长江中转箱量44.7万标箱。目前全港航线达到69条,航线可以直达或通过中转到达国内外基本港口,平均每月靠泊班轮达900多艘次。全面启动"区港联动、虚拟口岸"快速通关新模式,为苏州地区货物提供"一次申报、一次查验、一次放行"快速通关服务,货物进出口效率更高、成本更低。投资4000万元组建太仓港集卡运输公司,强化驻昆山、苏州工业园区办事处力量,成立太仓港VIP货主沙龙,首批参加企业达18家,成立货源攻关小组,主动上门为企业制定个性化的物流方案,引导企业从太仓港进出口货物。目前直接从太仓港进出外贸货物的企业已达1283家、内外贸货物达23.67万标箱,分别比上年增长53.5%、11%。

12月15日上午,海峡两岸海上直航(太仓港)首航仪式在太仓港二期码头举行,江苏省委常委、苏州市委书记王荣发布启航令,标志着太仓港至台湾海上直航正式启航。太仓港是大陆首批6个对台直航港口之一。直航后,太仓港—台湾航线不必绕行日本石垣岛,一个航次可缩短航距220海里、节约时间一整天、节省油费和签证费等成本约1万美元。两岸海上直航将进一步促进苏州与台湾港航合作、港口之间集装箱支线运输发展,提升台商企业和苏州区域经济竞争力,扩大苏州与台湾经贸合作和人员往来。

太仓港区的建设和发展受到国家、省、市领导的高度重视。3月14日,市委常委、副市长周伟强赴太仓视察工作,要求太仓市举全市之力,切实把第三届中国航海日活动办出特色、办出水平。4月15日,省委书记梁保华在太仓视察时指出,太仓港的建设是全省的事情,要更大范围、更宽视野来发展太仓港,动员更多的力量共建共用太仓港。6月7日,省委副书记、省长罗志军视察太仓港区港口建设发展情况时强调,太仓港的建港条件优越,区位优势明显,战略地位十分重要,加快太仓港的建设和发展,无论对太仓经济发展还是对整个苏南地区经济社会的发展,都具有十分重要的意义,希望太仓港抓住机遇,加快发展,不断取得新的突破。9月22日,全国人大内司法委员会主任、原交通部长、原重庆市委书记黄镇东视察太仓时,对太仓港区的开展建设所取得的成绩给予充分肯定,认为太仓港经过几年的开发建设已进入一个快速发展期,希望太仓港抓住机遇,在加快开发建设力度的同时,练好"内功",进一步完善基础设施建设和港口规划,为实现太仓港的更大发展打下坚实基础。10月10日,副省长张卫国视察太仓港区,要求港区加强创新,全面推进"昆太联动"。 (肖进提供)

无锡市城市交通

【概述】 2008年,无锡市交通运输业切实加强行业管理,推进法治交通建设,运输市场步入良性发展轨道。

客运行业集约化进一步提升。全年完成26辆客运班车的公司化经营改造,公司化经营率达83%,继续在全省位居前列。"客运市场整治"被评为2008年度无锡市法治实事工程。加快运输品牌建设,新培育"江苏快客"72辆、"江苏快货"10条、"江苏快修"20个企业。完成新增出租汽车200辆,出租汽车更新1800余辆,出租车辆档次得到提升。公交优先发展战略顺利推进,市政府通过无锡市公共交通规划,全年新增和更新公交车辆632辆,新辟公交线路12条,优化调整线路25条,日发公交总班次达到10000多个班次。城乡客运一体化进一步完善,新开5条乡镇线路直达市中心,完成18个农村客运站和894个候车亭建设。维修救援保障进一步健全,利用"96520"运政服务启用机动车维修救援网络。新增教练车104辆,驾培智能化系统全面推广使用。诚信行业建设进一步深化,全年共有7个出租汽车公司被评为五星级出租企业,59个维修企业和7个驾驶员培训学校被评为省级信誉等级企业。开展运输市场整治年活动,全年共查处运输违法行为14907起,其中,未经许可从事客货运输经营案件8515件。劝返回归入籍汽车1958辆、船舶106艘。

全市水上交通持续稳定。地方海事部门加快推进太湖水上搜救中心以及太湖水域防污染的"两站"(2个垃圾收集站、4个废油水垃圾站)建设,首次成功举办水上搜救演习,海巡艇全部安装GPS定位系统。投资80余万元,修建3个应急储备库,总投资500万元的江阴黄田港海事所新的"船员之家"和服务窗口建成投用。加强巡航巡查,救助遇险人员106人、船舶42艘,挽回经济损失138.26万元,完成船舶建造检验193艘、营运检验1373艘、船用产品检验1102台(套),办理船舶登记652艘、船员考试202人、船员职务适任换证688人。全年未发生6小时以上堵航责任事故,保障了冰雪灾害期间、四川地震期间、奥运会期间水运的安全畅通。

2月23日,在全省宣传思想工作会议上,无锡市运输管理处被省委、省政府授予江苏省文明单位标兵称号。

(张豪亭 杨 蕾)

【完成春运任务】 2008年春运40天,无锡市共发送旅客674万人次,比上年上升2.07%。其中:公路552.83万人次,比上年上升2.59%;铁路113.98万人次,比上年下降1.61%;民航7.64万人次,比上年上升25.18%。全市各部门树立和谐发展观念,狠抓各项措施落实,启动恶劣天气应急预案,科学调度运力,认真履行监管职责。实现春运无一起安全死亡事故、无一名旅客滞留、无一件重大有责投诉的目标。无锡市圆满完成春节运输任务,连续十年被省政府评为春运工作先进单位。

【维修驾培管理取得成效】 3月15日,全市59个获得省级信誉等级的维修企业和7个获得省级信誉等级驾培学校受到表彰,这是全市维修和驾培行业开展信誉管理后的又一显著成效。维修行业以建设放心消费行业为目标,基本实现了修车透明化,信誉企业的信誉与发展得到有机结合,学先进、评先进氛围已经形成。江阴市环宇驾培有限公司在无锡市第一个获得全国"文明诚信优质服务驾校"称号。4月1日,全市机动车驾驶培训教练车全部安装使用了指纹式IC卡培训计时智能化系统,学员在学车时必须学满规定的学时方可参加考试,有效提升了初驾人员的驾车技能水平。

【水路运输实行新规定】 8月1日,交通部《国内水路运输经营资质管理规定》以下简称《规定》正式实施,原《省际水路运输企业审批管理办法》、《国内船舶运输经营资质管理规定》同时废止。在最低运力要求方面,新《规定》规定:经营内河普通货船运输的,最低运力为600总吨;对于经营沿海运输的,细分为省内沿海和省际沿海运输,并分别对最低运力作了相应的规定要求;对于经营内河危货船的最低运力也作了细分和提高,经营危货船运输的,由原来的300载重吨、300立方米仓容,省际增加到1000总吨和500立方米仓容,省内则增加到了500总吨。新《规定》在人员资质方面也作了一定的调整,对于不同规模的企业,要求配备的专职管理人员的数量也不同。

【做好救灾物资运送】 "5·12"汶川大地震后,为切实做好无锡市援助四川地震灾区物资的运输工作,市运输管理处先后组织社会车辆316辆次,运送救灾活动板房45万平方米、2230吨。全处有15人次分三批赴灾区,向四川灾区直接出动汽车73辆次,运输波形彩钢瓦28万平方米、推土机2台及相关辅件计1600余吨。年内,市运管处被市委、市政府表彰为抗震救灾先进集体。

【启用维修救援网络】 6月1日,无锡市维修救援网络正式启用。该网络先期有50个维修服务企业,利用运政"96520"热线实施维修救援,企业接到中心救援电话后,路程在3公里内的,必须在20分钟内赶到事故车辆地,3公里~10公里的,40分钟内赶到。系统具有语音接入和转接、自动语音服务、人工座席服务、通话录音、自动语音留言、GPS导航、GIS地理信息系统、信息资料处理等多种功能,可实现三方通话,在省内处于领先,该系统在江阴、宜兴也同时启动。 (张豪亭)

【首个宝马4S维修店落户江阴】 5月19日,全国县级市首个宝马(4S)维修店江阴宝诚汽车销售服务有限公司正式营业。该公司位于澄杨路77号,占地面积1.01公顷,生产车间1180平方米,停车场地3730平方米,总投资4000万元,是江阴地区唯一的宝马授权经销商和服务站。 (姚毓青)

【完成十一黄金周旅客运输】 9月29日~10月5日,全市公路客运共发送旅客111.97万人次,比上年同期下降20.51%,城市公交运量为954.38万人次,比上年同期增长18.01%。无锡汽车站节日前3天日发送量均超过5万人次,7天共发送旅客总量31.94万人次,比上年同期增长27.71%。

(张豪亭)

【重新启用高墩桥汽车站】 10月24日,经市政府研究,为配合沪宁城际铁路和轨道交通场站建设及火车站北广场的建设,决定撤销周山浜汽车站,重新启用高墩桥汽车站。11月6日,原周山浜汽车站内的19条公交线路236辆公交车和345辆客运班车成功搬迁,周山浜汽车站正式关闭。原由周山浜汽车站始发至苏北方向、江阴、长寿、长泾、华士、璜塘、北涸、峭岐、桐歧、月城、利港、石庄、常州、张家港、妙桥以及南京、湖塘等地的班线继续运营,苏北方向的客运班车下客点调整至无锡汽车西站,发至安徽、浙江方向的班线搬迁至无锡汽车西站运营。 (张豪亭　焦　红)

【"治挂"工作成效显著】 2008年,无锡市车辆、船舶外挂治理工作经过宣传发动、调查摸底、集中整治、总结提高四个阶段有序推进。共发放《通告》等"治挂"宣传品50000多份,悬挂宣传标语100多条(幅),媒体宣传60余篇(次),编印"治挂"《工作简报》25期。至6月30日,全市共劝返回归入籍汽车1958辆、10704吨;入籍船舶106艘、17310总吨(其中含省内回归入籍船舶22艘、3158总吨)。车船回归数分别达到调查摸底数的100.98%和115.22%。共增收公路养路费、航道养护费、运输管理费、货物附加费等交通规费4348.76万元。车船外流趋势得到有效遏制,运输市场秩序进一步好转,"治挂"工作取得预期成效。 (朱希平)

【交通服务热线试运行】 12月1日,无锡交通服务热线试运行。热线服务号码为"96196",实行三班作业,人工接听,便民服务。12月,"96196"热线共接听电话773个,日均接听25个,其中咨询求助626个、投诉举报12个、建议意见10个、其他来电125个。"96196"联动运政、海事、公交、客运、交通行政审批中心及交通系统的其他热线,使被查询更有针对性。对涉及公交、客运等方面咨询服务的内容,热线工作人员直接应答,也可将相关电话转接至对口部门应答,实现三方通话功能;对涉及投诉举报类的电话,即时转接到相关部门处理;当场不能转接的,热线工作人员将投诉事项详细记录,再将相关内容转交至归口部门处理,并由相关部门负责给投诉者答复。咨询的问题不在交通职能范围的,工作人员则尽可能告知管辖单位的联系方式。 (朱希平)

【春运、雪灾期间水上运输形势平稳】 2008年春运期间,市地方海事部门扎实做好水上交通安全管理工作。开通电煤及农副产品水上运输的"绿色通道",加强航道巡航巡查,共派出海巡艇3031艘次,累计巡航里程71379公里;监督客渡船进出港2659艘次,累计安全护送旅(游)客97357人次;"12395"执勤共接处警112起,水上安全形势平稳,未发生重特大交通事故。雪灾期间,海事部门全系统200余名执法人员、50余艘海巡艇昼夜执勤在航道一线,做好三项工作,确保全市航道保持良好的通航局面。一是及时启动应急预案,全力抓好干线航道的防堵保畅工作,特别是对电煤、油类和农副产品等重点物资的运输船舶采取有效便民措施,优先通行,确保特殊时期和恶劣天气下重点物资和鲜活农产品的运输安全和快捷;同时在重点航段增派人力、艇力,实行不间断巡航,保证恶劣天气下不发生堵航和安全事故。二是加强对桥梁航段的监控和巡航。对人流、物流较大的桥梁实行24小时不间断监控,确保不发生船舶撞桥重大责任事故。三是加大对风景旅游区、乡镇渡口的监管力度,严禁非载客船载客和严禁超载渡运,确保不发生非载客船载客的违法行为。因暴风雪后严重冰冻,陆路运输困难,无锡地区柴油、汽油一度供应告急,全市大多数油库成品油短缺。无锡地方海事部门发挥水路运输的优势,对主干航道两岸6个主要油库进行摸底调查,主动和企业联系,为他们提供水路成品油运输的服务。对到达无锡的油船给予上门签证,对大型油船给予必要的引航护航,在大型油库航道实施无偿交通管制,为油船快速安全卸油提供方便。

【蠡湖景区游船实行"一条龙"服务】 2008年,新开发的蠡湖风景区中外游客众多,为确保旅游船的安全运行,无锡地方海事部门在加大现场监管力度的同时,协助景区管理部门建立、健全了安全管理制度,整改安全隐患,配齐救生设备和通讯工具,并上门提供船舶检验、船员培训考试、船员适任证书年检等"一条龙"配套服务,做到船舶适航、船员适任,新旅游船及时、安全地投入运行。"五一"节3天安全接待游客3000余人次。

【开展船舶防污染宣传日活动】 5月12日,无锡地方海事部门开展了全市首个船舶防污染宣传日活动,为船员群众解惑释疑。在直湖港船闸设立1个固定宣传点,在洛社、吴桥、引航桥设立3个流动宣传点,各海事所及海巡艇在为船员办理船舶签证、报港手续时进行船舶防污染宣传,向过往船舶发放船舶防污染宣传手册500余本,船舶垃圾桶500余只、垃圾袋25000只。同时,吴桥沿河的可变情报板24小时滚动播放船舶防污染标语。 (刘 祥)

【太湖水上搜救中心主体工程封顶】 11月28日,太湖水上搜救中心主体工程封顶仪式在吴塘村举行。工程总投资约2000万元,建筑面积2000平方米,集指挥、搜救于一体,大大提高全市内河和环太湖地区水上搜救能力,进一步确保风景旅游区船舶安全。 (黄怡忠 杨 蕾)

【第二届苏南运河沿线海事处联席会议】 7月25～26日,第二届苏南运河沿线海事处联席会议在无锡市城郊地方海事处召开。苏州、常州、丹阳、镇江、吴江和无锡的6个地方海事处代表参加会议。会议对《苏南运河水上交通管制联动协调意见》进行讨论并定稿试行,以进一步提高苏南运河沿线海事机构水上交通安全监管及应对突发事件的整体联动和快速处置能力,实现海事管理的规范化和高效化。会议期间,各单位通报了打捞船舶打捞能力基础调查情况,并专门建立"苏南运河打捞船舶信息数据库",实现信息共享。 (陆锡兴)

【完成全省内河最长跨河水管沉管工程】 7月30日,全省内河最长跨河水管沉管工程——横跨锡十一圩线无锡市锡山区长安黄家庄段的清水管沉管工程顺利完成。该清水管全长355米、直径1.6米、自重约300吨,在4个多小时施工过程中,无锡地方海事部门出动20艘海巡艇、60余名海事人员对施工水域两侧10公里航道实施水上交通管制,疏散滞留的8个船队和各类运输船300多艘,确保航道安全畅通。 (毛建煜)

【举办大规模水上搜救演习】 9月10日,无锡海事系统在太湖举办首次大规模水上搜救演习,演习主要进行了旅游船遭遇风浪实施人命救助、客船失火实施船舶消防、船舶发生溢油污染水域事件实施船舶污控等3个项目的现场模拟,共出动10余艘海巡艇、2艘搜救艇、2艘公安艇、1艘航政艇和2艘旅游客船,120余人参加。 (黄怡忠)

【"十一"黄金周水上安全形势平稳】 2008年十一黄金周,无锡地方海事部门坚持上航上线、巡航巡查,加强对渡口和风景旅游区船舶的督察,加强对重点工程的安全维护。7天共投入值班人员1517人次,出动海巡艇491艘次,监督客渡船进出港1296艘次,安全护送游客234756人次,"12395"接处警11次,辖区内未发生重特大水上交通事故,水上安全形势平稳。 (杨 蕾)

常州市城市交通

【概述】 2008年,常州市交通基础设施建设力度持续加大,交通运输体系逐步完善,运能运量得到新的提升。全年完成货物运输量11320万吨,货物周转量72.6亿吨公里,比上年增长40%、57.1%;完成公路客运量21109万人次,铁路客运量818.19万人次,增长15.2%、9.9%;完成旅客周转量118亿人公里,增长32.9%。完成港口吞吐量8392万吨,增长27.9%,其中外贸货物吞吐量199.9万吨,集装箱吞吐量3.23万标箱,增长11.1%、40.4%。民航常州机场全年进出港旅客55.08万人次,航空运输货物6393.2吨,增长8.06%和17.24%。机动车拥有量保持较快上升势头,年末全市民用汽车拥有量29.1万辆,增长15.8%,其中私人汽车19.4万辆,增长22.3%。

2008年继续加大基础设施资金投入,"公、铁、水"协调发展,交通区位优势更加明显。全年完成投资68.99亿元,为年计划的123.5%,交通基础设施布局和结构得到优化,工程质量水平不断提高。西绕城高速公路、泰州长江公路大桥南接线开工建设。仅用3个多月的时间,为京沪高速铁路、沪宁城际铁路常州段提供用地309.73公顷,房屋拆迁95.6万平方米。按照"人本、节能、生态、现代"理念,规划建设集铁路、公路客运以及城市公共交通等多种运输方式为一体的沪宁城际铁路常州站综合交通枢纽,前期规划和设计全面展开,拆迁签约率达94%。戚墅堰车站货场搬迁工程开工建设,征地拆迁任务全面完成。京沪高速铁路常州站站区规划不断深化。京杭运河常州段船民服务区和垂直绿化工程全面完成,运河东、西港区一期工程、星港路人行桥、水上垃圾和废油水回收站建成投用。三级航道网整治工程全面启动。录安洲港区码头一期工程实现口岸开放,石化码头水工结构和堆场工程全面完工。

运输保障能力。加快运输工具更新步伐,全市中高级客车比例达91%,专业、特种货车比例达30.2%,危险品运输车船GPS安装率达100%,运输的舒适化、专业化程度得到提高。2008年完成全社会客运量20166万人次、公路货运量7490万吨、水路货运量980万吨,比上年增长10.02%、11.62%、0.41%。常州港完成货物吞吐量2288万吨,外贸货物吞吐量增长11.19%;完成集装箱吞吐3.2万标箱,增长40.4%。交通在全社会运输中的主体作用进一步发挥,水运在恶劣天气中担负起了紧急物资运输保畅通的重任。

传统运输改造。按照品牌化发展战略,加快传统运输业向现代服务业的改造升级。通过政策扶持、资金支持,服务和促进城西物流市场、亚邦医药物流、凌家塘物流企业的发展,3家运输企业获全省"质量信誉五十佳"称号。驾培行业在全省率先实现智能化管理,规范化程度不断提高。17条货运线路获"江苏快货"品牌称号。开通汽车维修救援网络,21家"江苏快修"品牌企业投入运营,提供24小时救援服务。

规划编制。《常州市综合交通规划》完成编制,《常州市航道网规划》通过批复,《常州市内河港口总体规划》、《常州市域公路运输枢纽总体规划》编制和公路、水路运输量专项调查工作有序推进。配合省交通厅做好西绕城高速公路南延段、苏锡常南部通道、溧阳至广德和溧阳至芜湖高速公路的前期工作,加快丹金溧漕河、芜太运河、录安洲石化码头、夹江码头及配套工程的前期审批,为交通事业的可持续发展做好项目储备。

资金筹集。创新规费征收方式,提高规费在线征收率,确保各项交通规费应征不漏,征收实绩比上年增长7.5%。全年共争取上级各类补助资金28.37亿元。交通产业集团、市公路处在困难形势下,立足自身深挖潜力,全年筹集资金39亿元,满足交通建设的资金需求。适应形势发展,组建铁路建设融资平台。沪宁城际铁路常州站综合交通枢纽BT项目合作达成意向,国家开发银行银团贷款正式签约。

改革改制。完善铁路和航道建设组织机构,集中优势资源,加快推进省、市交通重点工程建设。农村公路管养体制改革不断深入,县道管养移交工作全面完成,农村公路属地管理落到实处,辖市、区公路管理机构、资产和人员下放工作加快推进。积极应对成品油价税费改革,做好相关人员、经费的统计上报工作。

依法行政。规范执法行为,在全省率先开展统一执法试点工作,全年近7万起行政执法案件未出现行政复议、行政诉讼变更或败诉情况。加强路航养护,干线公路好路率始终保持在92%以上,航道通畅率和航标正常率达100%。积极参与城市长效管理,克服公路、航道保洁点多线长等困难,加大投入,落实责任,切实履行职责。市区出租车13项长效管理措施逐一落实到位,市政府颁发《实施公共交通优先战略,促进市区出租汽车健康发展的意见》,调整行业政策,试行考评细则,服务水平逐步提高。

科技创新和安全管理。沥青再生、橡胶沥青利用等技术得到推广应用,京杭运河常州段改建工程创建成资源节约型与环境友好型国家级水运示范工程,其中9项科研项目达国际、国内先进水平,1项课题获省科技进步奖;在全省桥梁检测技能竞赛中,常州市代表队分获个人第一、第二名的好成绩。开展安全基础巩固年、安全隐患排查百日专项行动、安全生产月等活动,查找隐患,及时整改,交通安全形势总体受控,未发生交通建设工程领域和水上交通安全事故。应急指挥平台、水上危险货物运输安全管理平台建成投入使用,安全运输应急保障能力得到增强,经受住了年初冰雪灾害保畅通和节日运输客流高峰等严峻考验。

为民服务。通过提高行政许可集中度和联审联办、市县服务窗口联动以及提供预约服务、延长服务时间等措施,切实提高行政许可效能;按照网上审批系统、网上监督系统、电子政务平台"三合一"的要求,建成行政许可网上申报系统并投入试运行。高度重视并认真对待舆情舆论和社情民意,建立收集整理、交办督办、跟踪反馈的工作机制,切实解决事关群众切身利益的问题。围绕企业和群众所想、所盼,出台服务承诺和便民措施;全面完成交通门户网站改版工作,进一步发挥其政务公开、在线办事、公众参与等功能。按照"属地管理、分级负责"的信访工作原则,通过领导包案、专案专办等,加大对重复访、集体访的处置力度,信访案件比上年大幅度下降,确保了交通的一方稳定。 (孙 雨)

【公路】 2008年,常州市新建、改建农村公路405.7公里,改造农村危桥420座,在全省率先完成第二轮农村公路建设任务,规划集中居住点全面通达,城乡群众出行更加便捷。至年底,全市干线公路好路率达92.7%,公路总里程7184公里,国省干线高速公路和一级路比例达82.9%;每百平方公里公路密度达163.9公里,较居全国之首的全省公路密度高出20%。全年共创建、完善文明样板路59.8公里、绿色通道83.7公里。

路政管理。2008年,常州市交通管理部门切实履行保护路产、路权职能,共处理路政案件2698起,其中立案2692起,结案率达100%;审批挖掘占用公路224处62924.58平方米,审批搭接平交道口64处;清除道路障碍物3106平方米,清除非交通标牌1765块、摊点2933个;加大对超限超载车辆的打击力度,共检查超限超载运输车辆9644辆,处罚1223辆,合计卸载16111.65吨。

运政管理。2008年,常州市交通管理部门共受理交通行政许可2787起;审验经营许可证23965份、道路运输证36979本;新办道路运输证6669本,注销不符合资质的维修企业(含三类)182家,注销车辆4133辆。共查处"黑车"651起、客运违章1452起、危险品运输违章380起、货运违章3320起。

城乡客运。2008年,完成市、县际客运班线公司化改造23条线30辆车,公司化经营率达84.6%,比上年增加10%,比全省平均水平高出14.6%;全年更新中高级客车80辆,成功收购金坛至常州67辆中巴车。常武客运资源整合工作按照"统一规划、统一发展"的原则,达成初步意向。溧阳市在实现城乡公交全覆盖的基础上,试行镇村公交运营模式,40辆镇村公交车投入运营。全市三级以上汽车客运站实现联网售票,建成7个标准化农村客运站和214个候车亭,符合通车条件的行政村客运班车通达率保持100%。

物流。2008年,常州市出台物流企业开业条件许可优化政策,江苏亚邦医药物流中心、常州政成物流公司、常州立信运输公司3家企业17条线路101辆车被认定为"江苏快货"品牌线路,其中省际线路5条,市际线路12条。常州政成物流公司开辟全省首条特快货运专线,中国集装箱公司常州分公司、江苏亚邦医药物流中心、凌家塘农副产品交易市场成为全省重点物流基地。

出租汽车。2008年,常州市按照城市"交通畅通工程"的要求,制订13项长效管理措施并逐一落实。加强现场监管,巩固火车站、汽车站候车区秩序,建成机场出租汽车候车区。加大对拒载、绕道、不使用计价器等不规范经营行为的查处力度,建立驾驶员从业信誉信息库,开展驾驶员统一着装上岗试点工作,GPS调度服务中心预约召车成功率达70%以上。市政府出台市区出租汽车行业管理新政策,鼓励、支持公司化经营,促进市区出租汽车行业健康可持续发展。

(孙 雨 杨 仁 王金琪)

【西绕城高速公路开工】 3月24日开工建设,路线全长26.6公里,计划于2011年建成通车。常州西绕城高速公路是全省高速公路网规划的重要组成部分,与规划中的苏锡常南部快速通道相衔接,采用双向六车道高速公路标准。至2008年底,完成房屋拆除面积28.9万平方米,占拆除面积总量的97.3%。该项目的建设对完善区域高速公路路网,有效疏解常州南北过境交通,促进沿线区域社会经济发展具有重要意义。

(盛东平)

【泰州公路长江大桥南接线开工】 11月28日开工建设,全长20.2公里,计划于2012年建成通车。泰州长江公路大桥南接线常州段北接镇江段终点,经黄山路东,在孟河镇东穿过,跨新孟河、238省道、338省道,经安家镇西,南接与沪宁高速公路相交处的汤庄枢纽。采用双向六车道高速公路标准。至2008年底,主线征地工作基本结束,完成主线房屋拆迁签约364户,签约面积11.68万平方米;房屋拆除224户,拆除面积70570平方米。该项目的建成对于加强苏中与苏南地区的沟通,推动区域经济的共同发展具有重要意义。 (盛东平)

【338省道小河至丹阳段建成】 12月30日建成通车。该项目于6月开工建设,路线全长10.471公里,六车道一级公路,东起新北区孟河镇青城村,向西跨越新孟河、239省道、浦河,经顾家村,至乌鸦山北侧新北区与丹阳交界处,总投资3.53亿元。 (刘 佳)

【县道全面实现属地管理】 10月28日,常州市公路管理处与溧阳市交通局签订农村公路《管养移交协议》,至此,辖市、区农村公路全面实现属地管理。年内,常州市按照"政府主导、部门联动、分级管理、全员参与"的原则,制定下发《常州市农村公路养护管理实施细则》,基本建立市、辖市区、乡镇、村四级管理体系。 (刘 佳)

【溧阳市城乡公交在全省率先实现市镇全覆盖】 12月16日,溧阳市区至别桥公交线路开通,实现溧阳城乡公交覆盖率达100%。溧阳城乡公交一体化工作于2004年开始,按照经营方式公交化、经营行为规范化的原则,统一营运车型、统一标识编号、统一服务标准,对全市农村客运班线进行公交化改造,累计投入4000余万元,购置客车180辆,相继开通了溧阳市区至戴埠、社渚、上沛、上黄、别桥等9条城乡公交线路。

(史文燕)

【市区出租汽车GPS调度中心建成】 8月28日,常州市区出租汽车GPS调度服务中心在市交通信息大厦正式开通。该中心集电话叫车、运输调度、现场监管、治安防范、信息采集等功能于一体,实现统一指挥、统一调度、统一管理。市民只需拨打热线96196,中心即可根据出租车反馈的相关信息,调度离乘客最近的空驶出租车前往提供服务。司机遇到抢劫等危险时,也可通过安装的脚踏报警开关报警,系统终端的信息中心能收到报警信息,通过车载摄像头抓取乘客图像。

(金 琪)

【促进市区出租汽车行业可持续健康发展新政出台】 《市政府关于实施公共交通优先战略促进市区出租汽车行业可持续健康发展的意见》于12月出台。该意见明确,自2009年1月1日起,常州市区出租汽车经营权有偿使用期限由4年延长至5年,出租汽车经营权有偿使用金由4万元降至3万元,具体由交通运输管理部门与出租汽车经营者签订出租汽车经营权有偿使用补充合同;对取得8年出租汽车经营权有偿使用期限的,如经营权有偿使用期限未满而实施提前报废更新,每提前1年免收1万元的有偿使用金;待2009年快速公交二号线建成投运后,根据出租汽车市场实际需求,再研究出租汽车市场的适度扩容问题;调整出租汽车公司收取的管理服务费和租赁承包费收费标准,其中管理服务费按每辆每月不超过500元收取,租赁承包费按每辆每月不超过7500元收取;政府收取的出租汽车经营权有偿使用金,通过"以奖代补"的形式,用于对出租汽车行业提升服务水平的奖励。该新政的出台,有利于规范行业管理,提高服务水平。 (金 琪)

【机动车维修救援网络】 11月28日开通。汽修救援网络入网企业40家,依托GPS全球定位系统、GPS地理信息系统及呼叫中心平台,覆盖常州市区和武进区、金坛市、溧阳市,提供24小时救援服务。求助车主只要拨打96196或96520,服务调度中心就会根据求助车主所在方位和车型,通过GPS迅速搜索到离故障车地点最近和最相适应的入网维修企业,快速建立起求助车主与救援企业之间的联系,根据呼叫者所反映的情况,开展有偿施救服务或实施咨询服务。 (金 琪)

【铁路】 2008年,上海铁路局常州直属站(以下简称常州站)克服年初冰雪灾害和"5·12"特大地震及长时间"集中修"施工给铁路运输带来的影响,圆满完成保安全、保畅通、保稳定等各项任务。全年常州站完成运输收入14.93亿元,超年度计划608万元,比上年增长23%。旅客发送1356万人次,增加127.6万人次,货物发送414万吨,停时20.5小时/次,中时9.7小时/车,日均保有量730车,比计划压缩110车。

抗雪抗震救灾。年初,在春运关键时期,突如其来的冰雪灾害使大量长途旅客滞留在常州站,城际短途旅客也集中涌向铁路,常州站迅速响应部、局号召,全力以赴投入到抗雪救灾战斗中。在常州站的积极组织和争取下,地方政府紧急调集人员帮助维持秩序,调拨物资满足车站抗冻防滑需求。路局及时增加运能,有效缓解了因公路部分停运带来的客流压力,同时增加8个短途售票窗,搭建1200平方米临时雨棚,24小时启用动车及软席候车室,保证旅客"不淋雨、不挨冻、不露宿"。仅除夕夜,货运部门干部职工就圆满完成雪灾地区急需的35

车2100根水泥电杆的承运任务。“5·12”汶川地震后,常州站发扬“一方有难、八方支援”的精神,高质量完成了灾区伤员与物资的抢运任务。共向灾区发送救灾物资438车,组织转运灾区伤员专列1列、伤员200多人。

安全生产。完善安全管理制度,制订并实施《直属站管理办法实施细则》,进一步夯实新形势下的安全管理基础。修订汇编22个40项《应急预案》。开展安全大反思大检查活动,圆满完成高密度、高等级的“集中修”施工任务,全年施工总计626次。全站安全工作经受住提速调图以来的各种考验,安全第一意识得到进一步强化,安全管理逐级负责机制基本形成,安全管理水平和效率得到显著提升。至年底,全站实现安全行车820天。

运输经营。主动适应假日调整变化,探索客流变化规律,加强营销宣传和运输组织,圆满完成首次实施的清明、端午、中秋小长假运输组织任务,3个假日客流分别创出历史新高。持续改善服务设施,增设动车售票窗,扩大动车候车面积,动车组运输组织能力得到大幅提升,旅客发送任务再创新高。下半年成功启动镇江南站西气东输钢管运输,其中三季度仅钢管发送就达1800多车,增加收入2700多万元,迅速扭转了货运亏欠的被动局面。

基础设施。积极争取路局加大对常州站基础设施的投入。常州、镇江、丹阳三地政府把改变、提升铁路车站形象作为推进城市建设发展、服务地方人民群众的一项重要内容,相继出资建设和改造车站多个工程项目,为车站打造品牌服务、提供宽敞舒适的现代化候车环境奠定良好基础。全年共完成45项基建、更新改造、大修等项目,投资1000余万元,其中路局投资大修改造42项,共计380万元。

为改善旅客候车环境和站台乘降组织,在常州市政府大力支持下,一座投资480万元,跨越3个站台和高压线路,总长43米、宽4.5米、净高12.42米的常州客站西人行天桥,通过6个月的施工,于5月竣工并投入使用。9月,常州市政府投资200万元,改造候车大厅二楼的上海方向动车组候车室,候车面积1300平方米,实现上海方向和南京方向乘坐动车的旅客分区候车,有效缓解日益增加的动车组旅客候车压力。城际建设工作稳步推进。车站积极筹备做好吕城、陵口、新闸镇站等的生产用房搬迁工作。 (陈有才)

【京沪高速铁路常州段开工】 3月开工,计划于2012年建成运行。该项目位于沪宁高速公路以北,途经新北区、天宁区、武进区,路线全长45公里,全线高架,设计时速350公里,在新北区设高铁常州站,设计时速350公里。2008年完成征地拆迁投资14.8亿元,完成工程建设投资10.14亿元。

(盛东平)

【沪宁城际铁路常州段开工】 7月开工,计划于2010年5月建成投入使用。该项目线路走向基本平行于沪宁铁路,常州境内全长约44公里,设常州、戚墅堰站,预留横林、新闸、奔牛3处城际站,穿越武进、新北、钟楼、天宁、戚墅堰5个区,设计时速300公里。2008年完成征地拆迁投资22亿元,完成工程建设投资4.03亿元。集长途客运、轨道交通、公交、出租车等多种运输方式于一体的常州站综合交通枢纽拆迁签约率达94%,总投资32亿元。 (沙 娴)

【沪宁城际铁路戚墅堰车站货场开工】 11月24日开工,计划于2009年12月底建成投入使用。该项目位于沪宁线中段的常州市戚墅堰区,是沪宁铁路常州境内5个铁路货场之一。按近期400万吨设计,其中卸煤线、卸焦炭线各1条,散堆装货区和笨重及集装箱货区共设2条装卸线,仓库与站台共设1条装卸线,仓库面积为3240平方米。一期工程总投资6亿元。

(盛东平)

【宁杭城际铁路正式开工】 12月28日,宁杭城际铁路建设动员大会在宜兴市宜兴站区举行。该项目由南京至杭州,由铁道部、江苏省、浙江省共同筹资建设。常州境内路线里程39.4公里,需征地165.73公顷,正线需拆迁房屋10.414万平方米。设溧阳、上兴站,设计时速为350公里,建设工期为4年。项目建成后,溧阳将结束没有铁路的历史,不仅可以缩短与其他沿线城市的时空距离,而且对于满足群众出行多元化需求,加强溧阳与周边地区的交流合作,加快溧阳经济结构的优化整合和产业发展都有着重要意义。 (盛东平)

【河运】 2008年,常州市全面启动三级航道网整治工程,锡溧漕河整治工程、京杭运河东西段、丹金溧漕河、芜太运河项目审批等前期工作加快推进,京杭运河西段先导项目——奔牛大桥已完成西半幅建设,锡溧漕河整治工程进入招标程序,星港路人行桥建成投入使用。坚持建养并举,航道养护工程提前优质完成,合计疏浚土方24.7万立方米,新建驳岸3978米,完成投资1139.21万元。

航政管理。2008年,常州航政部门上航2449人次,航政艇出航559次,巡航里程达27588.64公里;规范许可,严格事后监管,依法办理航道许可事项83起;依法行政,查处违章154起,拆除武宜运河违章吊机、淌台11台(处)、拆除违章建筑3处;清扫河床1675.2公里,清除碍航砼桩34根,清除块石30余吨,设置桥梁防护钢桩6根;19座航标维护保养正常,对太湖3号标抛石灯基进行加固改造,完成对辖区主要干线航道沿线社会标志标牌的全面调查和处理;通过交通部第二次运河文明样板航道复验,积极落实新运河长效管理模式。开展易碰撞桥梁调查,实行动态安全监管。干线航道通航率99%,支线航道通航率98%,航标正位率、发光率100%。

船舶检验。2008年,常州市地方海事部门检验新建船舶(钢质)97艘17437总吨17337千瓦;检验营运船舶1880艘320854总吨215488千瓦;检验玻璃钢船827艘;检验船用产品200台;审图60套。启用船舶检验信息化系统,进行船舶营运检验提醒和预约,收集录入船舶信息1298艘,占辖区船舶总数的91.2%。积极支持魏村通江船厂、溧阳天目湖旅游公司水上竹筏休闲旅游项目经营发展。巩固常州油船、公务艇等特种船舶建造优势,引进一批大吨位的社会船舶,其中2100吨近海散装化学品船改写了常州无海船检验的历史。全年共检验散装水泥罐船63艘,整改到位率100%。开展玻璃钢“糊制工技能评估”工作,拟定玻璃钢船厂“糊制工技能评估”计划和教学方案,制定培训考核方法,完成培训15家。

(陆旻旻 张 敏)

【京杭运河常州市区改线段通航】 1月17日,京杭运河常州段南移改线工程提前一年竣工通航。京杭运河常州市区改线段集水运、防洪、生态、景观于一体，工程全长26公里，按三级航道标准实施，航道口宽90米，最小水深3.2米，设桥梁11座，可通行1000吨级的船舶，总投资29.97亿元。该项目是苏南地区第一条高等级、现代化三级航道。改建后的新运河西起连江桥，自西向东穿越钟楼、武进、天宁、戚墅堰4个区的10个街道(镇)、43个行政村，在丁堰横塔村汇入老运河。项目于7月16日通过全国内河水运示范工程验收，9项科研成果达国际国内先进水平。 (杨如海)

【《常州市航道网规划》】 2月通过常州市人民政府批复。规划对全市国省干线航道、市域干线航道和市域联络线分层次进行布局规划：以京杭运河等干线高等级航道为核心，联络线航道为基础，形成26条航道(约512公里)构成的六级以上常州市内河干线航道网。国省及市域干线航道包括京杭运河、芜申线、丹金溧漕河、锡溧漕河、德胜河、通尧线、常宜线、常溧线、三山港、西流河共10条。规划干线航道321.41公里，占总规划里程的62.8%，其中三级航道183.18公里，五级航道138.03公里。该规划对改善常州市内河航道基础设施建设滞后状况，实现"通江入湖、连城达港"的高等级沟通，基本适应常州市国民经济和社会发展需要等方面具有重要意义。

(史香君)

【三级航道网整治工程】 10月启动。工程包括4个项目，分别为京杭运河东西两段、锡溧漕河、丹金溧漕河、芜太运河，均按三级航道标准建设，计划整治航道总里程127公里，新改建桥梁66座，总投资约72亿元。工程将于2015年前建成通航。

(陆旻昊)

【京杭运河船舶垃圾收集站、废油水回收站建成】 垃圾收集站于12月建成，采用国内先进的垃圾储运、压缩处理技术，集船舶垃圾回收、压缩、储运等功能为一体，最大日处理能力80吨，并纳入常州环卫垃圾处理系统。废油水回收站位于奔牛中石化水上加油船上，于10月建成，配有油水分离器、空压泵、抽水泵，废油水、废机油柜以及电器系统，规格为0.25立方米/小时，其中油水分离器通过了国家CCS检验。以上两个项目的建成，对于太湖流域的防污染治理有着积极作用。

(张　敏)

【港口】 2008年，常州港完成货物吞吐量2500万吨、集装箱3.23万标箱，比上年增长13.3%和35%，创历史新高。完成港口建设投资8.5亿元，录安洲港区一期工程已投入使用并实现国家一类口岸开放；石化码头建设加快推进，夹江集疏运泊位已完成立项并进入招投标程序，石化码头管架桥工程前期审批加快推进。"一港四区"格局基本形成，集聚和辐射能力进一步增强。 (周旭栋)

【录安洲港区多用途码头正式对外开放】 该项目于2006年12月开工，2007年年底建成，3月投入试运行，12月30日正式对外开放。该项目位于长江扬中河段录安洲左缘，投资4亿元，包括2个5万吨级多用途泊位及配套的道路、堆场、港机设备、水、电、通讯、绿化等一系列设施。码头总长454米，宽34米，工程设计年吞吐量260万吨，其中件杂货160万吨，集装箱10万标准箱，码头性质为公用码头。 (丁婉蓉)

【京杭运河西港区一期工程建成】 12月建成。该项目位于常州市常金大桥下游的京杭大运河上，利用岸线1040米，建成5个1000吨级泊位、11个500吨级泊位，堆场6.12万平方米，设计年通过能力450万吨。一期工程配套件杂仓库4452平方米、综合办公楼3500平方米、候工机修楼1520平方米，配备6台起重能力10吨~40吨的港机设备。 (殷　笋)

【常州港成为首批63个大陆与台湾直航港口之一】 11月，常州港被列入首批63个大陆与台湾直航港口名单。常台直航的开通，将大大缩短运输时间，原本需要空运的生鲜农产品可从台湾直接运到常州，运价将大幅度降低，运量有所提高，同时使常州与台湾两地间人员的往来更加便捷，合作更加深入，在常台企的物流成本将降低15%~30%，大大提升常州港物流配送效率。

(孙　雨)

【航空】 2008年，民航常州奔牛机场运营航线11条，分别由常州飞往北京、广州、福州、海口、深圳、沈阳、哈尔滨、长沙、重庆等地。每周77个航班。累计实现旅客吞吐量55.08万人次，比上年增长8.06%；货邮吞吐量累计6393.2吨，增长17.24%；起降架次3046架次，增长8.23%；营业收入累计4090.63万元，增长10.69%。共保障各类飞行安全起降8365架次(航班6187架次、训练2178架次)，协助部队保障专机1架次，放行正常率达98.4%；发现和排除飞机故障16起，排除和协助排除故障10起，除冰雪24架次；安全检查旅客215252人次，检查行李240027件，查出与证件不符的22起，查出违禁品45起；监护飞机3621架次；劝阻跑道入侵5起；通信导航设施设备运行正常率和设备完好率为99.99%和100%，达到或超过行业规定指标；地面安全行车857604公里。

机场建设。2008年，民航常州奔牛机场做好机场改扩建前期准备工作，常州奔牛机场改扩建总体规划已通过国家民航总局、省发改委、省交通厅等部门专家审议。可行性调研报告编制完成，航站楼建设方案确定。投入安全运行设施设备465.7万元。充分利用Ⅱ、Ⅲ类安全整治项目，积极争取华东管理局和地方政府的资金支持，按计划有步骤地解决设备的更新换代和添置问题。加强应急救援工作，提高机场特情处置能力。完成《应急救援手册》和《奥运期间重点部位应急预案》的编制、上报工作。通过单项演练、桌面演练和综合演练，进一步提高了机场特情处置能力和整体保障水平。

(徐　燕)

【民航常州奔牛机场改扩建工程启动】 民航常州奔牛机场改扩建工程是常州市2008年"经济、民生、环境"方面突破的30项重点工作之一，4月30日，市委常委会将常州机场改扩建工程作为重要议题进行专题研究，提出"适度超前、精心组织、加快启动"的原则，明确民航常州奔牛机场按飞行区4E级(跑道长度3400米)、旅客吞吐量300万人次/年、货邮吞吐量10万吨/年、一类口岸开放的要求进行改造建设。按照该决策要求，市发改委创新工作方法，"并联"推进项目前期工作。委托设计单位对机场总体规划进行修改完善，完成规划编制，并获民航华东局批准。组织境内外有关单位完成规划建筑方案招标工作,确定建筑方案,完成航站楼方案设计。推进飞行区部队报批工作,与部队签订扩建协议。至年底,项目建议书获省发改委批复,编制完成空域规划、飞行程序设计、可行性研究报告、项目环评、航站楼初步设计,完成老道面检测、航站楼和高架桥的勘察、桩基施工图编制。　　(朱建江)

【《常州奔牛机场总体规划》通过评审】　10月6日,《常州奔牛机场总体规划》(民用部分)评审会在常州召开。民航华东管理局副局长萧立元,省发改委副主任林一峰,省交通厅副厅长王昌保,民航江苏监管办主任张振宇,深航副总裁何长庆,常州市委常委、常务副市长俞志平,以及常州机场领导和民航界专家共44家单位百余名代表出席会议。会议审议并原则通过《常州奔牛机场总体规划》(民用部分)。根据规划进度要求,整个改扩建工程于年底启动。

常州奔牛机场定位为中型机场,以2020年、2030年为近、远期规划目标年,按旅客吞吐量300万人次/年、490万人次/年规划;近期飞行区跑道向西延长600米,新建停机位14个,航站楼按3.5万平方米建设;在航站区北侧规划货运区,在西南侧规划航空公司发展区;地面综合交通系统以沪宁高速、新机场路、239省道、丹阳方向机场路等构成;空管系统具体实施计划根据航空业务量和空管总体设施、技术、能力制定;飞行程序设计根据空域结构和航线情况,优化进离场程序;近期规划用地0.99平方公里,远期规划控制约用地1.2平方公里。

(徐　燕)

镇江市城市交通

【概况】　2008年,镇江市完成交通基础设施建设投资60亿元,比上年增长148%,完成拆迁量超过100万平方米,创历史新高。至2008年底,镇江市公路总里程达6475.152公里、公路网密度达168.32公里/百平方公里,其中高速公路153.104公里、一级公路610.651公里、二级公路708.479公里、三级公路795.66公里、四级公路4207.258公里。内河航道总里程579.08公里,其中四级航道18.46公里、五级航道24.28公里、六级航道46.21公里、七级航道22.35公里,等外航道467.78公里。通航船闸1座。内河码头泊位143个,码头总延长7809米。

铁路建设。京沪高速铁路、沪宁城际铁路镇江段全面开工建设。镇江市在沿线率先完成京沪高速铁路、沪宁城际铁路镇江段征地拆迁任务。宁杭城际铁路镇江段征地拆迁全面启动。

公路建设。完成市域干线公路网调整方案、乡道网规划编报工作。镇江市长江大桥建设指挥部成立,泰州大桥及南接线工程征地拆迁、招投标等前期工作进展顺利。镇大公路开工建设。宁杭高速公路镇江段、243省道句容段、延茅公路、团山路、长山路等工程建成通车。243省道镇江段获全省"五大环境友好型工程",镇江市交通局获"镇江市城市建设有功单位"称号。

航道建设。在全省率先建成苏南运河"四级改三级"工程陵口先导段,二级挡墙首次采用生态护岸新工艺,实现航道建设与生态环保、自然环境的和谐统一。

站场建设。沪宁城际铁路镇江站站前广场建设启动。扬中一级汽车站投入使用。交通重点工程质监覆盖率、公开招投标率均达100%,未发生重大质量事故。

2008年,镇江市完成农村公路建设投资1.53亿元,新建、改建农村公路337公里。对市域内6981公里农村公路进行普查并建立数据库。53个乡镇(街道)全部设立农村公路养护机构。超额完成镇江市政府下达给交通部门的为民办实事任务,新建、改建农村公路危桥22座,燕舞桥建成通车。新建3座农村客运站,句容、丹阳完成城乡客运一体化改造,扬中开通公交1号线,改写扬中无公交车的历史。提前完成3道乡镇渡口改造。

2008年,镇江市公路、水路交通服务业增加值达39.1亿元,比上年增长16%。镇江市累计完成公路旅客运输量1.0092亿人次,周转量53.55亿人公里,比上年增长15.4%和18.5%;完成公路货物运输量6568万吨,周转量30.32亿吨公里,比上年增长15.8%和16.2%;完成水路货物运输量571万吨,周转量13.39亿吨公里,比上年增长11.7%和14.4%。镇江市内河港口完成货物吞吐量1350万吨,比上年增长31.8%。新增集装箱车、罐式车等特种、专用运输车辆582辆6178吨,增长17%和29%。更新客车213辆,中高档客车比例达70%。客运班线446条,镇江市客运班车公司化经营率达75%。新增专用船舶9艘计1.3万载重吨、海船1艘计5016载重吨,载重吨分别比上年增长46%和17%。镇江首家水上专业"驾校"成立,全国船员远程考试点落户镇江。以"96520"为平台,组建镇江市维修救援网络,开通24小时维修咨询救援热线。

镇江市交通系统向四川地震灾区捐款200余万元和总价值约250万元公路抢通保通设备,开通公路、水路和旅客运输3个救灾绿色通道,对各类抗震救灾物资实行优先免费放行,帮助返回灾区的群众和支援灾区的人员组织运力,提供优先服务。抗雪灾、保畅通工作取得胜利。调集人财物,昼夜奋战,保证境内国省干线公路、润扬大桥、沪宁高速公路等重要通道的安全畅通;开辟应急绿色通道,保证旅客和农副产品以及煤炭、成品油等国家重点物资运输,把雪灾影响降到最小。交通安全保持稳定,较好地完成奥运、春节、国庆等期间的安全稳定任务,辖区水域连续41个月未发生一起死亡事故。出台《全市干线公路桥梁养护管理实施细则》,有效处置241省道丹阳北二环大桥重大安全隐患,避免重大安全事故发生。成功救助遇险船舶72艘、180余人,挽回直接经济损失856万元,救助成功率100%。一项科技成果获市政府科技进步一等奖,两项科技成果获市政府科技进步三等奖,镇江市交通局获"镇江市科技进步目标管理先进集体"称号。

镇江市政府出台《镇江市公路建筑控制区管理办法》,交通部门制订《公路行政执法自由裁量权指导性标准》,修订《运政许可工作规范》,编制《镇江市内河船舶载运危险化学品现场监管简明手册》。125部交通法律、法规、规章和558项行政执法职权得到梳理确认,4个规范性文件被废止。714名持证执法人员参加年审考试。开展公路综合环境整治月、船舶防污染专项治理等活动。全市10条250公里国省干线公路创建成交通事故综合预防示范工程。新建省级文明样板路和绿色通道51.3公里,国省干线公路好路率92.4%,超限运输率控制在5%以下。苏南运河镇江段通过全国样板航道复检。推行六级以上干线航道临跨过河设施许可前的两级机构联合勘察制,干线航道通航保证率90%,船闸通航保证率95%。229艘计3.4万吨外挂船舶和850名船员回归。市行政中心交通窗口全年受理办件7556件,比上年增长1.3%,办结率100%,保持"优质服务竞赛优胜窗口"称号。镇江市德龙港务联运有限公司转让至镇江市韦岗铁矿有限公司。江苏省镇江船厂有限公司获镇江市首个"全国劳动关系和谐企业"称号。

【京沪高速铁路镇江段开工】 京沪高速铁路全长1318公里,总投资2209亿元,其中:镇江段全长约75公里,总投资约110亿元,设镇江高铁站1个。镇江高铁站设在丹徒区诈输村东侧,九华山路与312国道交汇处,采用高架车站的方案,面积为6000平方米。京沪高速铁路的主要技术标准为:双线高速铁路,线路80%是以桥梁或隧道形式通过,设计速度350公里/小时,工程于2008年4月开工,预计2012年建成通车。牵引种类为电力,列车类型为动车组。其中70%以上技术依靠自主创新及国产化。全线年设计旅客输送能力为单向8000万人次。建成后,镇江到上海车程45分钟,镇江到北京车程4小时。

【沪宁城际铁路镇江段开工】 沪宁城际铁路镇江段于2008年7月开工,由中铁三、四、十、二十四局负责施工。沪宁城际铁路全长300公里(江苏段长269公里),投资估算500亿元,列车设计时速300公里/小时,其大站直达运行300公里/小时,站站停靠的160公里/小时,最小行车间隔时间为3分钟,近期最大区段客流密度为4850万人/年。沪宁城际铁路镇江段长87.109公里,其中句容市20.25公里,市区段(丹徒、润州)38.07公里,丹阳市28.79公里。路线走向基本与既有沪宁线或京沪高速铁路并行,镇江境内设有宝华山、镇江、丹徒、丹阳四个站,预留下蜀、高资南、陵口、吕城四个站。

【宁杭高速公路(二期)镇江段建成通车】 宁杭高速公路(二期)镇江段在句容市郭庄镇境内,长度7.6公里,投资3.2亿元,有句容西互通1处,由中铁一局、溧阳路桥公司负责施工。2005年8月开工建设,2008年9月通车。宁杭高速公路南京至溧水段是江苏省"五纵、九横、五联"高速公路网"纵四"的组成部分。路线起点于南京市绕城公路,终点和南京至杭州高速公路一期工程主线起点桂庄枢纽相接。路线经过南京市白下区、秦淮区、江宁区,镇江句容市和溧水县,全长37.277公里,双向6车道,设计行车速度120公里/小时,投资31.32亿元。

【团山路(含长山路)建成通车】 团山路(含长山路)是镇江南徐新城内重要的城市干道,由镇江市交通局承建,镇江市交通投资建设发展公司作为项目主体实施建设。其中,团山路西起宁镇公路,向东穿越整个南徐新城中心区,东接九华山路,全长2.5公里;长山路南起团山路,北至南徐大道,全长0.7公里。团山路(含长山路)工程自2006年6月28日开工建设,至2008年8月竣工,道路按城市主干道Ⅰ级标准设计,双向四车道,路幅宽40米,路面结构采用沥青砼路面,全线设320米跨径长山灌渠桥一座,工程总投资3.2亿元。

【公路运输】 2008年,全年累计完成干线公路建设投资14.96亿元。243省道句容段(46.6公里)建成通车,241省道大泊至花王公司段基本完成主体工程,122省道丹阳城区段和句容城区段达到序时进度要求,238省道扬中段、镇江市区段和340省道句容段相继开工建设。实施首件工程认可制,工程优良率95%以上,工程质量监督覆盖率100%。

公路部门完成104国道、238省道、338省道等路段养护大中修专项工程。新建122省道、241省道、243省道省级文明样板路和绿色通道51.3公里,全市国省干线公路好路率92.4%,县道好路率75%。10条国省干线250公里创建成道路交通事故综合预防示范工程。出台《全市干线公路桥梁养护管理实施细则》《市县两级公路管理机构养护职能规定》《全市公路交通突发公共事件应急总预案》和《路政特情、养护保障、桥梁中断、收费站管理突发事件应急子预案》等规范性文件。

运管部门完成扬中客运新站建设,油坊站、上会站、宝堰站完成主体工程建设,宝华物流危险品专用车场建设项目完工。全市客运班车公司化经营率75%,高于全省平均水平。全年新增4S店4家,3家维修企业由二类升为一类,淘汰9家资质不达标企业。在句容市白兔镇农副产品集中区建立农村物流示范点,在丹阳依托滨江、红马物流基地配送当地产品、零部件和原材料。

运管部门建立定期召开市场信息发布会制度,率先在全省向社会发布客运市场供求状况。向社会公布维修、驾培企业信誉等级,发布维修、驾培指导价和水陆货运价格信息,引导市场消费行为。自行研发营运车辆二级维护到期催告预警系统,利用短信提醒车主到期维护。以"96520"为平台,在全市首次组建维修救援网络,有23家企业加入。

在全市33所驾校安装500多个系统终端,通过系统受理学员报名,核签培训记录,得到省运管局推广。驾校培训做到驾培教材、教学车辆标志、工作流程"三统一"。所有新增旅游客运、一类班线、高速班线车辆和危货运输车辆均安装使用GPS。市区所有客运站、全市二级以上客运站及新建并已投入使用的农村客运站全部实现联网售票。74家企业被评定AAA级。推进"江苏快客""江苏快货""江苏快修"品牌建设,35辆客车、11条货运线路、10家维修企业通过江苏省运输管理局评选。各级运管机构全面通过ISO9001管理质量体系审核。

【243省道句容段通车】 2008年12月,243省道(禄口机场路)句容段竣工通车。镇江到禄口机场快速通道全长80公里,其中在镇江境内约为65公里,分成市区段和句容段。市区段于2007年11月竣工通车,句容段46.6公里全面完成,镇江市区到禄口机场车程50分钟。

【镇大公路拓宽改造工程启动】 该工程于2008年10月16日开工,2008年9月底前完成规定范围内的征地拆迁任务,10月实现工程无障碍施工,计划2009年底建成通车。按城市一级主干道结合一级公路标准建设,双向8车道,设计时速100公里。起点为左湖互通,向东南在上埠货场附近接上老路,沿老路向前拓宽,终止于通港路交叉口。道路全长13.8公里,其中新建左湖至上埠段1.9公里,路基红线宽60米,沥青砼路面,两侧设置辅道,并预留城市快速公共交通。

【公路管理兑现六项便民措施】 2008年5月7日,镇江市公路管理处兑现六项便民措施:一是开足公路收费道口,保持收费道口畅通。继续推广公路收费站综合稽查系统建设,整合公路执法资源,提高执法效能。二是规范实施行政许可流程,提高许可服务效率。三是完善行政执法责任制,完善行政执法公示,为公众提供相关政策法规服务咨询。四是推进243省道等干线公路服务设施建设,方便广大驾乘人员。五是丰富各类路况信息内容,通过广播、网站等方式为公众提供出行信息服务。六是健全公路养路费征收车辆档案数据和缴费信息,完善多种非现金支付手段,优化银行代征点,实行车辆缴费信息短信提示,方便车主缴费。

【建立农村公路(桥梁)数据库】 截至2008年8月20日,为掌握镇江市农村公路(桥梁)的分布情况和技术状况,镇江市公路管理处完成对全市范围内的农村公路和桥梁的技术状况统计和评定,对全市6979公里的农村公路和804座农村公路桥梁进行调查摸底,其中县道为1054公里、乡道为2416公里、村道为3509公里;在一桥一档的基础上,根据建、改造部门及年代,评定桥梁等级,其中一至三类桥梁为530座,四、五类桥梁为274座,摸清各行政等级农村公路的技术状况,形成较为准确的农村公路数据库,为全市农村公路管理养护计划和决策以及桥梁安全的动态监控提供一整套基础数据档案。

【内河水路运输】 2008年,镇江市航道部门投资1.3亿元,在全省率先完成苏南运河"四级改三级"先导段建设任务。苏南运河"四级改三级"镇江段整治工程建设指挥部成立。省交通厅苏交计〔2008〕250号文件批复开展镇江谏壁三线船闸前期工作。编制《镇江市内河航道网规划》《苏南运河镇江段三线船闸预可性研究报告》。投资1207.5万元,完成香草河、新鹤溪河、通济河、大道河口等疏浚项目,共疏浚144593立方米。完成香草河团结桥口门趸船码头工程,完成航道扫床353.03公里。干线航道通航保证率、船闸通航保证率、优良闸次率、航标正常率分别达到90%、95%、99%和99%。谏壁船闸船舶通过量1.04亿吨,货物通过量6434.47万吨,优良闸次率100%,连续三年船舶通过量破亿吨大关。通过交通部苏南运河文明样板航道第二次复查验收。配合做好丹阳北二环桥危桥拆除方案的拟订和现场管理。更新改造苏南运河5号左右通航标,对辖区25座发光标志坚持定期现场检查。对新建的241省道公路桥跨苏南运河,京沪高速铁路跨苏南运河和九曲河实施行政许可。

地方海事部门围绕奥运安保开展以维护大运河通航环境为主的专项整治活动,排除隐患64起,限期整改1起。建立水上水下施工安全评估机制,实施安全维护评估、水工安全检查、过程定期安全分析、工程结束评审等标准化监管机制。镇江市地方海事局城区海事处、丹阳市地方海事处两处制定专项维护措施和规定,专门成立水上维护指挥部,实施海巡艇、CCTV水上交通安全视频监控系统全程控制的立体维护方案,进行全天候24小时维护。全年辖区通过船队10600个、单船131900艘,船舶通过量突破1亿吨,货物通过量6300多万吨。连续44个月未发生一起水上一般及以上交通死亡、沉船事故、污染水域事故、因监管不到位而造成的严重航道堵塞和塌桥事故。制定通航水域应急保障机制、船舶发生严重堵塞应急联动机制、水上突发交通事故应急联动机制、内涝与船舶征调保障机制和交通及后勤保障等机制。全年成功救助遇险船舶178艘,避免沉船12艘,救助人员180人,挽回经济损失855.8万元,救助成功率100%。全面推行海事现场综合执法计算机应用系统、船舶检验发证系统、船舶签证网络版、计算机收费系统、新中大财务系统等管理系统,船员计算机考试系统升级扩容。实现安全检查与行政处罚、船员培训与考试、科协体制和行政体制的分离。对全市范围内22座桥梁统一设置警示标志和通航标志。完成扬中、句容、丹阳三道乡镇渡口改造,通过标准化渡口验收。全国内河船员计算机终端考试远程监控点落户镇江,全市船员考试信息化工作居全省前列。镇江市海翔船员培训中心成立,成为全市首家水上"驾校",实现船员培训考试分离。全年全市外挂船回归229艘,34089吨,船员850人。在全市推出船舶检验监理制和《关于船舶建造检验检查的若干规定》,实施自检、厂检、验船师检验的三级检验制度,提高检验效率,促进船舶质量的提升。全年(含浙江)完成船舶检验22万吨,是上年的四倍多。《镇江市内河船舶载运危险化学品现场检查应急处置简明指导手册》通过省级专家审定。初步完成苏南运河镇江段视频监控点"无缝隙覆盖"选址、布点前期调研及各项准备工作。

【苏南运河镇江段首家水上服务区开建】 2008年,该水上服务区经省发改委批准并进入施工阶段。该项目计划选址方案位于运河进口往南处的镇江市丹徒区辛丰镇,在丹徒区境内辛丰公路桥上游、航道左岸(5K+938~6K+465)处,设计规模为45050(M)。该工程项目包括靠泊码头、锚地、陆域服务设施等,陆域服务设施各功能包含加油站及废油回收设施,船舶维修、零配件销售及交易市场,航运管理中心、船用物资补给站等,以解决船民备件、备品和生活物资补给问题,提供船舶维修等各类业务服务船民。

【苏南运河陵口先导段航道整治工程完成】 2008年11月20日,苏南运河镇江陵口先导段"四级改三级"航道整治工程完工。该工程于2007年6月1日开工,2008年12月25日通过省航道局组织的交工验收并交付试运行。造价可控,工期目标实现,质量优良,没有发生安全及质量事故,在全省率先完成苏南运河"四级改三级"先导段建设任务。该工程完成投资1.3亿元,累计完成水下土方102万立方米,一级重立式驳岸8563延米,地下连续墙363延米,二级生态挡墙2.59万平方米,累计拆除房屋8086平方米,设置农用电灌站和泵站9座,砍伐树木1.5万棵,征用临时用地41.3公顷。

【城市公共交通】 2008年,镇江市公共交通总公司完成客运收入1.22亿元、客运量9545万人次、总行驶里程3643万公里,分别比上年增长10.26%、2.45%和3.84%。全年车次执行率96.16%、首末班准点率99.84%。公司有职工1858人，资产总值1.56亿元，下辖6个营运公司、1个旅游汽车出租公司、1个汽车修理厂、1个广告公司和1所机动车驾驶员培训学校；有公共汽车728辆，城市万人公交拥有率达12标台，营运线路55条，线路总长791.5公里，日客运量28万人次。全面完成为民办实事项目，投入3000余万元，新购置环保节能公交车90辆，新辟和优化公交线路11条。12月10日，在火车站广场举行城市公交10路、6路车辆更新发车仪式，新投放30辆公交车，全线更新10路、6路车型。开展创建"示范线、精品线、标兵车"等优质服务竞赛活动，塑造行业新形象，涌现一批先进典型和先进事迹。该公司被评为省建设系统抗击雪灾先进集体、市安全诚信优秀企业、市"安康杯"竞赛优胜企业、市工资集体协商推进工作先进单位等称号，公交W61113车组被命名为全国青年文明号，"城市公共交通智能调度系统"获市科技进步三等奖。

2008年，市区有出租汽车1254辆，从业人员3000人，年客运总量3200万人次。出租汽车爱心车队被评为镇江市首届"大爱之星"。全年举办培训班59期，培训人员2487人次，查处各类违章382起。市政公用局克服出租汽车行业全国性不稳定、管理难度大的压力，在确保行业稳定的前提下，制定《镇江市区出租汽车新一轮更新实施办法》。从10月初开始，按照自主自愿、市场化推进的原则，推进市区出租汽车新一轮更新，年内有700余辆提前更新，达到总量的55%。新更新的出租汽车统一安装税控计价器、GPS、LED显示屏和新式顶灯等设施，以公司为单位统一车身颜色和专用标志。按照"双70"（公司车辆规模达到70辆以上，注册资本金达到70万元以上）的要求，引导公司通过兼并重组、合资合作经营等方式做大做优，公司由原来的19家整合为8家。与公安部门联动，对城市客运市场进行集中整治，组织开展"集中整治月"和"百日专项整治"行动，查处"黑车"76辆。

【推进城市公交场站建设】 2008年，镇江市确定南徐新城、丹徒新城和镇江新区公交停车场用地，面积10万平方米，是原停车场面积的1.5倍，全部建成后可容纳500辆公交车停放。完成南徐新城公交停车场省土地征用专项指标、方案设计和专项评审、土地征用补偿等工作，10月初开工建设。建成并启用江大公交枢纽站，基本建成江科大西校区公交枢纽站。

【完成市政府为民办实事城市公交项目】 2008年，镇江市投入3000余万元，新购置环保节能公交车90辆，占年计划的112.5%，提档更新10路、6路、21路、23路等车型。新辟和优化公交线路11条，占年计划的137.5%，新开通市区直达农副产品批发市场的135路和连接市区东西部区域的130路，调整优化20路、116路、123路、105路、9路、14路等线路。公交线路逐步向丹徒区乡镇延伸服务，将丹徒新城内部循环线138路优化至丹徒区医院运行，将21路延伸至上党镇农贸市场，将6路部分班次延伸至丹徒区实验学校。在全市放心消费用户满意度调查中，城市公交综合满意率84.96%，在全市18个综合服务行业中名列第四位。

【港口建设与发展】 江苏省港口设施保安演习在镇江举行（局办）2008年，全市口岸和港口系统坚持科学发展，在拓展发展思路上下工夫，在转变发展方式上谋突破，在争创发展成果上求实效，基本完成年度各项目标任务。受国际和国内宏观经济形势影响，镇江港生产运输增速减缓。全年完成货物吞吐量8705万吨，比上年同期增长11.3%，完成集装箱吞吐量29.24万标箱，比上年同期增长2.2%，增长势头趋缓。外贸运输形势严峻，完成外贸货物吞吐量1162万吨，比上年同期下降13.9%。全年港口建设累计完成投资5.59亿元。港口安全生产形势稳定，港口行政管理不断强化，港口对外开放稳步推进，行业精神文明建设扎实有效。

【港口规划建设新进展】 2008年，扬中港区总体规划通过交通运输部和省政府组织的联合审查，新民洲港区总体规划进入报批程序，高桥港区总体规划启动编制工作。全年港口建设累计完成投资5.59亿元，开工和续建码头泊位15个，建成泊位数9个，其中万吨级以上泊位3个，新增码头通过能力707万吨。港口公用基础设施建设情况进展良好，谏壁港区焦南航道上段进港公用航道建设完成，高资海轮锚地开工建设，定易洲锚地改造方案通过省港口局审查，扬中夹江进港航道建设方案已邀请省级专家指导，高资河进港航道工程和扬中板沙圩锚地前期工作积极推进。继续加强港口工程建设程序管理，组织对谏壁电厂码头等两个工程的初步设计进行审查，对建华管桩码头等五个工程的施工图设计进行审批，对索普码头等三个工程进行招投标备案，对蓝波船舶制造舾装码头等两个工程进行开工备案，对惠龙码头等三个工程进行试运行备案和竣工验收。

【学习贯彻《江苏省港口条例》】 《江苏省港口条例》于2008年1月19日经江苏省第十届人民代表大会常务委员会第三十五次会议审议通过，自2008年6月1日起正式施行。6月3日，镇江市口岸和港口管理局召开镇江港学习贯彻《江苏省港口条例》动员大会，邀请省交通厅法规处处长高锦安作专题辅导讲座，对现行港口管理体制、强化港口规划编制、规范港口岸线审批、创新港口发展模式和加强港口安全管理等内容作深入讲解，全市沿江各港口企业、代理公司70余人参加学习培训。同时，镇江市口岸和港口管理局制订详细的宣传贯彻计划，开展执法人员学习培训、广场展牌宣传、咨询，深入港口企业宣传法律条款、知识竞赛等系列活动，使社会各界和沿江各港口企业及相关单位深入了解和熟知《江苏省港口条例》。

【江苏省港口设施保安演习在镇江举行】 2008年7月12日上午9时50分，随着3颗红色信号弹升空，以"履行国际公约，打造平安港口，促奥运成功举办"为主题的江苏省港口保安设施演习在镇江港大港三期港区拉开帷幕。在模拟事件中，某国际恐怖组织的5名恐怖分子，策划对停靠在镇江港大港三期11号泊位的A国籍杂货船舶进行爆炸袭击，以使港口设施和船舶遭到毁灭性破坏及人员伤亡。演习中，长航公安局镇江分局、镇江海事局、边检站、消防支队、"120"急救中心等单位按照指挥中心指令，密切配合，调离船只，排除爆炸物，通过及时有效处置，成功阻止这起恐怖袭击事件的发生。整个演习过程在一个小时内干净利落地完成。演习过程分别展示了港口设施在1级、2级、3级保安状态下的各项保安措施和工作程序，以及消防应急预案和人身伤害应急预案的执行情况，包括保安等级的变化、船港配合等过程,从而对港口设施保安计划中所确定的各项软硬件保安措施和程序进行检验,以提高港口设施保安组织及保安人员的实际操作水平和综合反应能力。江苏省交通厅副厅长、省港口管理局局长王昌保,镇江市副市长陈建设担任此次演习总指挥。演习参加人员达300多人,出动警车、保安巡逻车、消防车、救护车等各类车辆10余辆,出动海巡艇、公安艇、拖消两用艇等各类船舶11艘。

【镇江惠龙公司码头正式对外开放】 镇江长江惠龙港务有限公司(简称镇江惠龙公司)为适应和加快自身发展,做大做强港口物流业,提出了码头对外开放的申请。在完善查验设施和具备相关条件后,市口岸和港口管理局组织口岸检察机关对惠龙码头对外开放进行预验收,并上报省政府。经省口岸办组织省级口岸检察机关验收,获得顺利通过。2008年8月27日,省政府发文(苏政复〔2008〕47号《省政府关于同意镇江惠龙长江港务有限公司码头对外开放的批复》)正式批准该码头对外开放。至此,镇江口岸有对外开放码头泊位29个,其中万吨级泊位21个,为镇江外向型经济发展和推进沿江大开发战略目标提供了坚实基础。

【14家港口企业获"平安港口"称号】 自2007年底开始,由市口岸和港口局、市综治办、市公安局、镇江口岸各查验机关、长航公安局镇江分局等单位共同组成创建工作领导小组,在沿江港口企业中深入开展"平安港口"创建活动。14家创建单位根据市"平安港口"创建实施意见和考核验收标准,结合本单位发展实际,积极建立和完善各项创建制度,制定各专项预案,强化责任,落实措施,加大技术、物资投入,完善安全保卫设施。金东纸业股份公司投入资金170余万元,建立先进的闭路电视监控系统和"电子巡更"制度;镇江港务集团结合隐患治理投入300余万元,增加监控设施,完善监控系统,实现对码头、主要出入口及通道、危险品作业场所等重点部位的有效监控,确保安全运行。创建单位还结合企业安全生产实际,开展"安全操作能手""平安操作1000台时""平安班组""百日安全竞赛"等各项平安竞赛活动,丰富创建活动形式和内容,增强创建工作实效性,有效提高了职工的安全操作技能,促进了企业安全生产。"平安港口"创建一年,实现港口无治安刑事案件、无偷渡走私行为、无病虫疫情入境、无重大安全责任事故发生的"四无"创建目标。2008年12月17日,全市沿江首批参与创建的14家港口企业被授予"平安港口"称号。

扬州市城市交通

【概况】 扬州市水陆交通基础设施优良,运输便捷。南京到扬州汽车只需1个多小时,上海到扬州只需2个多小时,北京至扬州只需要8个多小时。

现有万吨级码头泊位9个,可停靠5万吨级船舶。目前在扬州港开展国际集装箱运输业务的船务公司近30家,如中远、中海及MAERSK、OOCL、HMM、EVG、CMA、ZIM、HJ、KL等国内外著名船务公司,这些公司的驳船每周有近30个航次停靠扬州港,根据客户的不同需要,定时、定点地把出口集装箱送达世界五大洲各地。同时扬州港又是长江中上游和苏北、鲁南、皖东等地区货物的重要中转口岸,年完成货物吞吐量700万吨左右。扬州有港岸线47公里,已开发利用17公里。

公路:扬州现有高速公路240.6公里,京沪高速、宁通高速在此交汇,从高速公路到南京一个多小时,到上海2个多小时,到北京8个多小时。扬州是江苏省第一个实现"县县通高速,环城公路高速化"的城市。沿江高等级公路串起沿江工业园区、生态区、生活区、港口,给沿江开发插上了新的翅膀。

铁路:宁启铁路于2004年开通运营,扬州拥有始发至北京、广州、西安、上海、武汉5条黄金铁路线,辐射全国东西南北中,客货运输便捷。

航空:距南京禄口国际机场仅有1个小时,距上海浦东机场2个多小时。禄口已开通至东京、零距离对接。

水运:长江与京杭大运河两条"黄金水道"在扬州交汇,沿江有万吨级码头12个。国家一类开放口岸扬州港与中远太平洋集团成功合作,扬州已连入世界海运网路。

润扬大桥:连接扬州至镇江的润扬长江公路大桥,2005年已正式通车,扬州与苏南实现零距离对接。

城市道路建设:全年新铺道路面积总长度10.53公里,面积23.91万平方米,维护道路8.17万平方米,疏通下水道253.7公里;新增路灯1280盏。1998年,被全国城市路灯照明协会评为全国最佳路灯景观城市。　(李志勇提供)

南通市城市交通

【公路】 高速公路建设完成投资5.12亿元,占年度计划的118%。干线公路完成投资22.9亿元,增长近一倍。地方公路建设完成投资3.75亿元,占年度计划的127.2%。境内公路总里程达14989公里,其中高速公路241公里、一级公路647公里,公路密度达187.3公里/百平方公里。建成通车农村公路959公里,改造完成农村公路桥梁200座,修建农桥656座。全市1579个行政村通达客运班车,通达率98%。发展城乡公交线路109条,新增城乡公交车923辆,乡(镇)覆盖率达

66.4%,行政村覆盖率达47%。公路客运量1.26亿人次,增长9.4%;货运量1.08亿吨,增长10.2%。

【水路】 全省最大的船闸工程焦港船闸完成投资3500万元,航道护岸、疏浚和船闸维护等工程同步推进。内河航道总里程3516公里,其中水深1米以上里程3255公里,通航船闸13座。内河货运量2098万吨。

【铁路】 年末已建铁路正线总里程142公里。铁路南通站始发列车达8对,完成货运量110.59万吨、增长69.8%;客运量268.24万人次、增长29%。

【民航】 积极推进南通兴东机场升级改造工程,全年完成1027个航班,实现旅客吞吐量161365人次,货邮吞吐量2652.9吨。新开辟南通至厦门航线,航线总数达到了5条。建立东航飞训基地,为7家航空公司提供飞训服务,全年飞训收入600多万元。机场总收入1856.01万元,增长9.06%。

【港口】 得益于国家实施长江口整治工程,10-15万吨级海轮实现直达南通港,南通江港初步具备海港功能。南通港货物吞吐量13214.4万吨,增长7.1%。其中,进港7889.4万吨,增长7.7%;出港5324.9万吨,增长6.2%;外贸吞吐量2439.4万吨,增长29.6%;集装箱吞吐量44.3万标准箱,增长3.6%,其中国际航线1.2万标准箱。 (朱爱琴提供)

泰州市城市交通

【概况】 2008年,全市交通基础设施计划投资19.95亿元,实际完成投资25.9亿元,占年度计划129.8%,构建"12345"大交通格局迈出坚实步伐,积极做好泰州长江大桥和江海高速公路建设的服务工作。

【公路建设】 全年公路建设计划投资15.6亿元,实际完成投资19亿元,占年度计划121.7%。其中,国省干线公路建设工程完成投资7.72亿元,占年度计划166.8%。231省道兴泰公路改扩建工程完成投资6.6亿元,占年度计划188.4%,先导段基本建成。332省道兴化钓鱼至大丰段全面建成通车。农村公路完成投资4.4亿元,占年度计划107.1%。全年新改建农村公路1000公里,完成桥梁247座。兴化市完成全省最后40个不通公路村的农村公路建设任务。

【航道·港口·站场建设】 港站航建设完成投资6.9亿元,占年度计划158.6%。沿江港口建设完成投资5亿元,占年度计划158.7%,建成万吨级生产性泊位5个。汽车客运站建设完成投资7000万元,占年度计划100%。航道船闸建设完成投资1.22亿元,占年度计划244.2%。口岸船闸大修改造工程全面竣工,正式开闸通航。焦港船闸下游引航道工程全面开工建设,完成投资5000万元。

【服务大桥和江海高速建设】 积极做好泰州长江大桥和江海高速公路建设的服务工作。高港区为大桥建设创造最优环境,保证大桥建设进展顺利。姜堰市、海陵区成立江海高速公路建设服务指挥部,全面完成土地征用和拆迁清障工作,及时协调处理工程建设中的矛盾,为工程建设提供有力保障。

【交通运输】 推进运输结构调整和运输企业公司化改造力度,提高服务保障能力。市际、县际客运班车公司化经营率67%,比上年提高5个百分点。实施县际、县内客运线路的一体化改造,开通泰州至姜堰等城乡客运一体化线路。落实公交优先发展战略,新增更新公交车70辆,其中空调车34辆,市区无人售票线新车、好车占70%以上,城市公交平均准班准点率由年初的不足60%提高到80%。进一步加强出租车经营权公司化改造,市区更新出租车600多辆。加快推进"江苏快客"、"江苏快货"、"江苏快修"等运输品牌建设。深化水陆运力结构调整,高级客车、厢式货车、专用货车拥有量新增超过30%。

【客货运输量】 2008年,全市全社会完成旅客运输量10618万人次,比上年增长14%;旅客周转量61.4亿人/公里,比上年增长12.1%;完成货物运输量11267万吨,比上年增长25.3%,货物周转量238.4亿吨/公里,比上年增长23%。沿江港口完成货物吞吐量5749万吨,比上年增长38%,增幅列长三角城市之首。集装箱吞吐量7万标箱,与上年持平。

【交通应急保障】 年初,面对低温雨雪冰冻灾害,全市交通系统紧急行动,精心组织,努力把冰雪恶劣天气对交通运输的影响降至最低程度,境内主要国省干道保持畅通。海事、航道、港口等部门通力合作,使电煤及应急物资水路运输得到有效保障。汶川特大地震后,积极组织参与抗震救灾,安全运输救灾物资76车次,运送救灾物资142吨,捐款103万元,捐送工程机械2台套,价值30多万元。

【交通行业管理】 组织编制交通行政执法制度大纲,严格执法规范。开展执法基础台账达标活动,促进全市基础台帐规范统一。开展执法文书评比活动,规范文书制作。分批组织执法人员培训,开展执法操作技能竞赛和重大执法案件会审,推行行政执法回访制度,探索基层交通综合执法。

【港口管理】 加快完善规划体系,完成《泰州港总体规划》及环评的编制工作,启动分港区控制性评细规划的编制工作。加强项目建设监管,所有在建工程项目均落实项目法人负责制、招投标制、工程监理制和合同管理制,并建立工地实验室,实现委托检测。强化行业规范,实施动态管理,建立事前许可与事后监督并重、监督与服务结合的工作机制。推进依法治港,开展"港口规范年"活动,形成公开透明、便民高效的港口政务环境。推动港区合作,积极引导已建货主码头对外开放,推进货主码头公用化,提高长江岸线资源的利用率和港口生产效率。

【运政管理】　加强运输市场秩序整顿,强化运输市场动态监管,全面实行网上稽查、执法案件在线管理,启用车载监控取证系统,加大"黑车"打击力度,维护运输市场秩序。强化危货运输安全监管,建立全市统一的GPS监控平台,所有危货车辆均安装GPS。提高机动车维修服务水平,新增一类、二类维修企业6家。规范驾驶员培训管理,开展从业资格培训与考试整顿工作,组织新版《从业资格证》换发工作。

【路政管理】　加强公路通行秩序管理。全年检查大型车辆5.6万辆,非法超限运输始终控制在3%以下。及时清除违法建筑、障碍物和非标悬挂物,保证道路畅通。撤销泰州收费站城南收费点。做好国省干线公路的全面养护,国省干线好路率90.1%。

【航政管理】　加强船舶通航秩序管理。全面落实重点船闸、重要航道防堵保畅措施,规范船舶航行、停泊作业秩序,提高通行效率,辖区干线通航保证率90%,船闸年通航保证率95%。

【海事工作】　加强乡镇渡口渡船、农用自备船、非法客船载客管理工作,落实乡镇政府对农用自备船以及非法客船载客的安全管理责任。精心组织,加强监管,保证溱潼会船节、神龙关庙会等重大涉水活动的水上交通安全。加强船舶检验,引导内河船舶制造业健康发展。

【工程质量监管】　加强交通工程质量和招投标监管。全年受监公路工程项目67个,合同金额10.1亿元,公开招投标率100%。工程质量稳步提高,质量监督覆盖率、工程质量优良率均为100%。

【安全管理】　开展"建设平安交通"、"隐患治理年"和"安全基础巩固年"专项活动,组织开展百日督查专项行动,治理隐患,有效遏制重特大事故的发生,全系统安全生产形势持续平稳。完善应急处置预案体系建设,加强应急管理,有计划地开展应急演练,增强应对突发事件、处置重特大安全生产事故的能力。

【营运效益】　2008年,市直8家交通企业累计实现主营收入38951万元,比上年增长16%;实现利润-47万元,比上年实现减亏276万元。其中,泰州长运公司、泰州港务集团和日松快运公司3家企业实现盈利,累计完成利润420万元;海阳公司、泰轮公司、造船厂、汽运公司、雅高公交公司等5家企业产生亏损,累计亏损467万元。　(朱锦华)

【泰州火车站】　2008年,泰州火车站面对春运、"十一"黄金周等节日运输以及南方雪灾给运输生产带来的严峻考验,加强中心站客运组织工作,开展安全专项整治活动,确保中心站的运输生产和安全稳定。站区联控、平安小区综合治理协调发展,加强奥运安全保卫工作,确保奥运会、残奥会期间车站整体及治安工作的稳定。

【管理体制】　宁启铁路运输经营管理体制经历委托南京铁路分局经营向新长铁路有限责任公司(以下简称新长公司)自营的转变。宁启公司董事会经过研究,决定委托上海铁路局南京铁路分局负责宁启铁路运输经营管理,2004年2月28日,宁启公司和南京铁路分局正式签订宁启铁路委托经营协议。按照铁道部和省政府关于江苏铁路公司的组建要求,2005年3月2日至3日,上海铁路局、江苏省铁路有限责任公司和浙江省铁路建设投资公司联合召开会议,决定采用吸收合并形式,新长公司为存续公司,宁启公司并入存续公司。3月18日,南京铁路分局撤销后,宁启经营中心隶属上海铁路局。7月28日,宁启运营中心撤销,宁启铁路运营由新长公司接管。新长公司改为新长车务段,为路局直属单位。

【安全基础建设】　年内,以查找和解决问题为重点,开展安全大反思、大检查和安全专项整治活动,有效整治影响安全的问题和隐患。加强安全基础管理,规范一系列制度,开展领导干部"四查"(查管理者的管理、查检查者的检查、查教育者的教育、查考核者的考核)活动,促进各级安全责任制的落实。推进班组建设,健全班组建设工作机制,加强现场安全管理,吸取事故教训,坚持行车、人身安全并重,强化劳动安全专项整治,使全年安全生产基本稳定有序。

【服务质量】　学习宣传《铁路路风管理办法》,开展规范货场和货运代理经营行为专项整治活动,加强管理客票代售点,以客票代售点、粮食化肥重点物资运输收费、货运计划审批管理为重点,规范收费工作,开展路风自查自纠活动。营造良好服务环境,确保路风持续稳定,延伸和拓展"青年文明号"等优质服务品牌,提高客货服务满意度,在上海铁路局组织的年度客运服务满意度二等客运站评比中,泰州站获第一名。

【运输收入】　运输收入实现高位增长。在运输需求大幅度增长、运力非常紧张的情况下,泰州火车站精心组织指挥,实施内涵扩大再生产。全年实现运输收入1.28亿元,货运收入0.21亿元以上。

【客、货运量】　客货运输取得历史性突破。客运方面深入研究客流动态,加强售票组织,提高服务质量,满足社会需求。货运方面克服去向限制、车种不足的困难,强化货运营销,挖掘货运增量,提高运输服务和运输质量。全年完成客运发送142.06万人,货运发送13.8万吨。

【春运发送20万人次】　春运期间,泰州火车站克服人流交织的困难以及方向性、时段性运能的不足,安全发送旅客19.73万人次,运输收入1761.93万元。其中,发送学生团体16批共13152人次,民工团体28批共33512人次,客运服务组共收到锦旗4面、感谢信3封,受电台、电视台媒体表扬20多次,并被新长公司评为出席路局2008年春运抗雪救灾先进集体,被泰州市春运办评为先进集体和省春运先进集体。(罗跃华)

杭州市城市交通

【交通运输】 全市货物运输总量2.25亿吨,与上年基本持平;旅客运输量2.91亿人次,比上年增长3.8%。至年末,萧山国际机场已开通航线193条,其中国际航线30条,港、澳、台航线8条;全年民航旅客进出港达到1267.32万人次,比上年增长8.0%。道路建设快速发展。全年新增公路里程237.26千米,至年末,全市境内公路总里程达到14699.53千米,其中高速公路494.15千米。全市公路通村率为99.5%,建制村客运班车通达率由上年的95%提高到97.5%。机动车辆持续增长,年末全市社会机动车拥有量达139.54万辆,其中私人汽车56.52万辆,比上年末分别增长5.2%和18.3%。

(陈 茜提供)

宁波市城市交通

【概况】 2008年,宁波市交通完成建设投资121.1亿元,占全省交通建设投资总额的23%,投资规模连续五年保持全省各市第一。完成港口货物吞吐量3.6亿吨,增长4.8%,居中国大陆港口第二位,全球第四位;集装箱吞吐量首次突破1000万标箱,达1084.6万标箱,增长16.0%,已连续10年保持15%以上的增长速度,继续居中国大陆沿海港口第四位,全球排名提升为第八位。新增公路251.65公里,其中新增高速公路41公里,干线公路50.52公里,新改建农村公路368公里;北仑港区四期集装箱码头、大榭招商国际码头2、3、4号泊位通过竣工验收,北仑港区五期集装箱码头开工建设,梅山保税港区获国务院批准建设;甬台温铁路宁波段基本完成铺轨,萧甬铁路平改立改造全面展开,杭甬铁路客运专线实现开工;栎社国际机场平行滑行道扩建工程取得重要进展,主体工程基本完工。进驻宁波的交通物流行业总部型企业达55家,其中公路运输12家,港口水运39家,铁路1家,航空运输3家。全市营运车辆达到6.5万辆,增长10.71%。集卡、危险品车和厢式车辆占全部营运货车比重达33.2%;水运运力达到310万载重吨,增长18%。完成全社会客运量3.16亿人次,增长2.32%,货运量2.49亿吨,增长8.6%。

【公路运输】 2008年,宁波市公路里程为9666公里,公路面积密度95公里/百平方公里;等级公路通行政村、路面硬化率均达到100%。启动市区至各县(市)一级网络7条中巴客运班线城乡一体化改造;完成宁波至溪口、宁波至余姚班线改造,甬慈线慈溪方车辆投入营运。全市2947个行政村(除5个岛屿)全部通客运班车,通车率达到99.8%;建成乡镇客运站2个,港湾式停靠站1411个。推进道路运输物流业发展三年实施计划,培育形成省市两级物流重点联系物流企业和综合物流示范基地,发挥龙头企业在宁波市物流发继续加快推进"宁波快运联盟",新增1条快运精品专线;完善市、县小件快运网建设,市级网点实现门到门、县级网络入网率100%。

【港口水运】 2008年,宁波市水运运力达到738艘、310.04万载重吨,净增运力47.85万载重吨,增幅为18.25%,继续位居全省第一。拥有万吨轮82艘、212.75万载重吨,占据总运力68.6%;沿海船舶平均吨位达6146吨,增加806吨,高出浙江省平均水平2倍以上。有多用途船(含集装箱船)48艘、32.69万载重吨、16459箱位;液货危险品船114艘、25.06万载重吨,平均船龄为7.2年,远远低于省、全市行业管理部门要求控制在13年以下要求。全市民营企业水运运力达到223.88万载重吨,占宁波市总运力74.87%,民营水运企业运力在20万载重吨以上的有2家,在10~19万载重吨有3家,在5~9万载重吨有4家。宁波市水运工程建设投资达到28亿元,超过年度计划24%,全市共完成港航事业规费收入1.4亿元,增长12.5%,其中水路运输管理费为6169.9万元,增长15.6%;货物港务费收入6457.5万元,增长10.4%。

【铁路运输】 2008年,萧甬铁路有限责任公司累计完成投资7.1亿元,占总投资的97.18%,投入大修更新改造资金13800万元。完成洪塘乡续建工程,启用洪塘乡机务折返段和洪塘乡站Ⅲ场。全年完成旅客发送1242.9万人次,增长8.3%;货物发送1473万吨,增长1%。运输总收入21.87亿元,增长29.2%;营业收入89022万元,增长9.7%。

【航空运输】 2008年,宁波栎社国际机场实现航班调控解除,引进东北航空公司执飞沈阳-烟台-宁波、南航深圳分公司执飞深圳-宁波-连云港,开通宁波至海拉尔航线,恢复并增加北京航班,全年保持8%以上的航班增量。全年实现旅客吞吐量357.4万人次,增长8.29%;完成货邮行吞吐量60017吨,增长7.77%。

(谢敏依提供)

湖州市城市交通

【交通重点项目建设】 2008年,全市共完成交通基础设施建设投资29.86亿元,比2007年增长9.78%。其中实施3项高速公路工程,完成投资11亿元;22项区域干线公路工程,完成投资8.02亿元;3项内河航道工程,完成投资4.53亿元。杭长高速公路二期、318国道李家巷至浙皖界牌段改建、长湖申航道扩建等7项工程顺利开工,104国道长兴段东移一期、10省道长牛线三期煤山至广德段改建、环渚龙溪互通立交、钟新航道改造等12项工程顺利建成,湖州接轨沪杭、融入长三角、贯通沿海和内陆的交通条件得到进一步改善,区位优势得到进一步巩固和强化。至2008年底,全市公路通车总里程达到7386公里,比上年增加279公里;全市内河航道总里程1171公里,航道技术等级比上年有所提升。

【交通运输】 全行业公路运输完成货运量6792万吨,货物运输周转量31.2亿吨公里,分别比上年增长5.6%和5.4%;完成旅客运输量9253.6万人,完成客运周转量35.3亿人公里,分别比上年增长3.57%和1.35%。全年完成港口货物吞吐量1.43亿吨,其中出港11811万吨、进港2512万吨,分别比上年增长4%和17%;完成水路货物运输量9812万吨,货运运输周转量145.78亿吨公里,分别比上年下降1.3%和2.4%。

【运输生产安全】 继续坚持"安全第一、预防为主"的方针,强化监管,落实责任,全市交通运输生产安全形势保持稳定态势。全年共受理水上交通事故470起、死亡3人、沉船13艘、经济损失189.9万元,四项指标与上年相比分别为下降14.2%、持平、下降31.6%、下降21%。道路运输企业行车事故共发生51起,死亡27人,受伤46人,直接经济损失367.5万元,四项指标与上年相比分别为下降21.5%,上升28.6%,下降4%,下降18.04%。水上死亡人数占年度控制指标的17.65%,营运客车省内发生责任事故死亡人数占年度控制指标的47.37%。

嘉兴市城市交通

【公路】 2008年底,全市公路总里程7412.773公里,全市公路密度以国土面积计为189.3公里/百平方公里,以人口计为22.01公里/万人,其中桐乡市最高为259.47公里/百平方公里,28.28公里/万人。全市乡(镇)、村公路通达率100%。按行政等级分:国道主干线(含高速公路)323.346公里;省道(含高速公路)284.805公里;县道1548.469公里;乡道1537.119公里;村道3719.034公里。按公路等级分:高速公路336.85公里,其中国道90.225公里,省道182.216公里;一级公路594.069公里;二级公路496.167公里;三级公路925.088公里;四级公路4360.697公里;等外公路699.902公里。按路面等级分:高级路面5934.707公里,(其中水泥砼路面3897.359公里,沥青砼路面2097.348公里);次高级路面433.537公里;中级路面984.529公里。高级、次高级路面铺装率占总里程的86.7%,比上年提高5.05个百分点。已绿化公路里程6321.14公里,占可绿化里程绿化率98.23%。全市有公路桥梁6744座,总长273897.33延米,其中互通式立交桥21座,11362.8延米。按跨径分:特大桥11座,12392.53延米;大桥393座,102833.74延米;中桥2038座,78427.12延米;小桥4302座,80243.94延米。另有危桥522座,16408.2延米。

2008年,全市共有专业公路管养单位7个,下设公路养护站(道班)16个,养护企业8个,收费公路经营企业8个,高速公路服务区7个,农村公路养护站33个,公路养护里程7410.421公里。完成普通公路养护工程投资10262.68万元,其中小修保养投资3209.68万元;中修工程投资263万元(142.991公里);大修工程投资6590万元(56.13公里);完成改建工程投资200万元(20公里)。完成公路绿化(补植)26公里,投资107.5万元。实施公路安全保障工程14.79公里,完成投资243万元。全市平均好路率(乡道以上)84%。

2008年,全市拥有100辆以上车辆的客运业户11户,50辆车以上的12户,其中班线客运业户7户,平均每户100辆;汽车货运业户2.4万户,平均每户1.4辆;维修业户2433家,一类维修增加7家,二类维修减少13家,平均每户33人;驾培业户36户,平均每户33辆。全市从事道路运输业3.15万户,道路运输从业人员4.75万人,平均每户1人。

2008年,全市道路运输完成旅客运输量16596.1万人,560651.2万人公里,同比增长3.9%,1.7%;完成货物运输量3535万吨,214197万吨公里,同比增长7%,6.3%;完成汽车维修123.45万辆次,同比减少12.2%;完成车辆检测7.71万辆次,同比减少10.7%;完成机动车驾驶培训量6.81万人次,同比增长8.85%。

【嘉兴高速公路网络基本形成】 2008年,全市有杭浦高速公路嘉兴段、杭州湾跨海大桥北岸连接线、申嘉湖高速公路嘉兴段三条高速公路建成通车。全市高速公路总里程已达到337公里,位居全省第一,高速公路密度达到每百平方公里8.6公里,位居长三角同等地市级之首。基本实现了全市所有乡镇15分钟上高速公路的目标,全市"三纵三横三连"高速公路网络已基本形成。

【杭州湾跨海大桥全线通车】 2008年5月1日,世界上最长的跨海大桥——杭州湾跨海大桥试运营通车。杭州湾跨海大桥是国道主干线——沈海高速跨越杭州湾的便捷通道。大桥北起嘉兴市海盐郑家埭,跨越宽阔的杭州湾海域后止于宁波市慈溪水路湾,全长36公里,是目前世界上已建和在建的最长的跨海大桥。大桥工程于2003年11月14日开工建设,2007年6月26日全桥贯通,2008年4月17日通过交工验收,2008年5月1日全线通车。

【钱江通道及接线工程项目核准立项】 2008年10月16日,钱江通道及接线工程项目通过了省发改委的核准立项(浙发改函[2008]229号)。项目起自沪杭高速桐乡境内的K130附近,在海宁盐官西2.5公里处以隧道形式穿越钱塘江,经杭州萧山区,终于杭甬高速绍兴境内齐贤,全长43.585公里,其中:北接线(一期)长11.4公里、总投资19.85亿元。项目主线采用双向六车道高速公路标准,设计时速100公里,(隧道采用80公里),路基宽33.5米,汽车荷载等级为公路—I级。

【嘉桐大道建成通车】 2008年5月16日,嘉桐公路(嘉兴段)通过交工验收并通车试运行。嘉桐公路(嘉兴段)东起市区中环南路延伸段,西至杨家笕桥,与桐乡绕城公路相接,是连接嘉善、嘉兴和桐乡的城际快速通道的重要组成部分。公路按照双向六车道一级公路标准设计,兼顾城市道路功能,全长8.7公里,路基宽42.5米,设计车速为80公里/小时,其中嘉兴经济开发区段长5.27公里,秀洲区段长3.43公里。嘉桐公路的建设对嘉兴经济开发区乃至全市经济社会发展具有举足轻重的意义和作用。

【08省道改建工程(01省道至湖盐线段)开工建设】 2008年10月30日,08省道改建工程(01省道至湖盐线段)开工建设。08省道是浙江省公路交通"十一五"规划国省道干线畅通工程之一,同时是规划中的杭州湾嘉兴至绍兴通道的集散道路。该工程路线全长11.068公里,按一级公路标准建设,设计时速80Km/h,双向四车道,路基宽度24.5米,概算总投资2.7亿元,计划2009年底建成通车。 (凌 飞)

【大力实施公交优先发展战略】 2008年,我市继续推进公交优先战略,城乡公交一体化进一步深入。全市新建乡镇客运站9个,港湾式停靠站326个,全市已累计建成乡镇客运站41个,港湾式停靠站1392个,回车场69个,沿途简易(招呼)站3643个。公交线网布局进一步优化,城市公交新购公交车150辆,新增线路7条,调整6条,加密24条,市区公交车辆平均运行间隔时间缩短为2-8分钟,市区高档公交车刷IC卡票价由2元降为1元,城市公交出行分担率超过15%;城乡公交新开通线路17条,新增车辆54辆,累计开通城乡公交线路250条,全市公交行政村通达率100%。同时做好市区城乡公交挂靠车辆的清退准备工作,制定了《市区城乡公交的经营权到期处置工作方案》,并经市政府常务会议讨论通过,具体工作将于2009年上半年展开。

【嘉绍大桥暨南北接线工程开工】 2008年12月14日,嘉绍大桥暨南北接线工程举行开工典礼。省委书记、省人大常委会主任赵洪祝宣布嘉绍大桥暨南北接线工程开工。该工程是《国家高速公路网规划》"7918"网中的"一纵"沈阳至海口国家高速公路常熟至台州并行线的主要路段,也是浙江省公路交通规划中杭州湾的第二个通道。线路起自沪杭甬高速和乍嘉苏高速交叉处的南湖枢纽,跨越钱塘江后,终于杭甬高速和上三高速交叉处的沽渚枢纽,总长69.4公里。其中,嘉绍大桥长10.137公里,北岸接线长43.262公里,南岸接线长16.018公里;全线按八车道高速公路标准建设,设计行车速度120公里/小时;批复概算139.8亿元。由嘉兴市交通投资集团有限责任公司控股的嘉兴市嘉绍高速公路投资有限责任公司负责对北岸接线进行投资和建设管理,并按比例对嘉绍大桥进行投资。省委副书记、省长吕祖善,交通运输部总工程师周海涛,省人大常委会副主任王永明,副省长王建满,省政协副主席楼阳生,以及省发改委、交通厅等相关省级部门领导,杭州市、宁波市政府代表,绍兴市委书记张金如、市长钱建民,嘉兴市领导陈德荣、李卫宁、俞志宏、赵友六、赵树梅、翁可雄等出席开工典礼。

【铁路】 嘉兴车务段成立于1978年10月1日,位于革命圣地—嘉兴南湖畔北侧,隶属上海铁路局。管辖沪昆线、宣杭线,全长228.958公里线路和沿线18个车站。沪杭线嘉兴车务段管辖嘉兴东至长安镇站间6个中间站,线长53.46公里,跨越嘉兴市区和海宁市,所管辖的车站中有嘉兴、海宁2个二等站,嘉兴东、长安镇2个三等站,马王塘、斜桥2个四等站。宣杭线嘉兴车务段管辖175.5公里线路和12个中间站。有三等区段站长兴站,三等中间站煤山站,四等站有大云站、泗安站、湖州站、湖州南站、妙西站、梅峰站、德清站、上柏镇站、石濑站、仓前站10个。到2008年底,嘉兴车务段管辖内有候车室12座,动车组候车室2座(嘉兴站、海宁站各1座),软席候车室4座,行包房6座,售票房6座;货运仓库12座。全段有职工1048人。

2008年,嘉兴车务段广大干部职工在铁道部和上海铁路局的正确领导下,全面贯彻落实科学发展观,始终围绕安全稳定、改革发展的总体思路,团结一心,拼搏奉献,保持了运输安全持续稳定、经营业绩全面增长、改革管理不断深化的良好局面,全段各项工作取得了较大进步和发展。面对百年一遇的低温雨雪冰冻灾害,坚持把安全放在首位,在旅客列车大量晚点、客流大量积压的艰难情况下,各级干部靠前指挥,全体职工无私无畏,顽强拼搏,确保了旅客安全;确保"1.1"、"4.18"、"6.11"、"7.1"、"9.1"、"12.21"等六次运行图调整期间现场安全的有序可控;确保了奥运会、残奥会和节假日关键时段的安全稳定;严格执行营业线施工安全管理办法,保证了施工行车的绝对安全。截至2008年12月31日实现了车务段连续安全5236天,确保了全年无事故的目标。同时,全段上下围绕运输生产中心,加强春运、暑运、小长假和双休日等重点运输时段的客运组织,充分发挥第六次大提速的显著效应。积极组织营销宣传,强化售票组织,提高客票收入率和动车组列车的上座率;全面完成了路局下达的旅客运输经营业绩考核任务。面对"5.12"汶川特大地震灾害,全力做好抗震救灾运输保障工作。对救灾物资计划、配空、装车、挂运等方面精心安排,优先确保,共安全装运抗震救灾物资395车,全年共发送到达军运22列637辆,按计划如期输送新兵2282人次,执行专特运警卫任务60列,圆满完成了军事运输、新兵运输和专特运警卫任务。全段上下针对6次调图带来的新变化、新要求,切实提高自主管理能力,积极做好各项管理制度的融合、修订和完善,公布实施了《上海铁路局嘉兴车务段提速安全保障体系(暂行)》和《嘉兴车务段铁路安全信息管理细则》等管理制度,编制完善了《嘉兴车务段机动车辆交通事故应急处置预案》、重新公布了《嘉兴车务段防雪组织办法及防雪预案》等4项预案。继续推进ISO9000企业质量管理标准体系工作,顺利通过了路局监督审核。精神文明建设得到加强,精心部署开展“学习实践科学发展观、提升客运服务质量”活动,在全段党员、干部中开展“学党章、讲操守、重品行、作表率”主题教育活动,党风廉政建设得到加强。车务段继续保持了浙江省和路局“文明单位”荣誉称号。

附:2008年嘉兴车务段主要指标完成情况

项目	单位	计划	实绩	完成(%)
旅客发送	万人	575	599.91	104.33
货物发送	万吨	268	198.5	74.07
运输收入	万元	51300	55995	109.15

【沪杭客运专线(嘉兴段)前期工作稳步推进】 自2007年12月27日,中铁第四勘察设计院集团有限公司(以下简称铁四院)致函嘉兴市人民政府《关于征求沪杭甬客运专线上海至杭州段线路走向及车站设置等方面意见的函》(四院线函[2007]689号)起,沪杭客运专线(嘉兴段)进入稳步有序推进阶段。

2008年3月20日–22日,中国国际工程咨询公司受国家发改委的委托,在北京组织专家对中铁第四勘察设计院集团有限公司编制的《新建铁路沪杭甬客运专线上海至杭州段预可行性研究报告》进行了评估。市铁办派员参加了此次会议,对嘉兴境内段的线路走向及车站设置提出了意见和建议,并对嘉兴境内段的征地拆迁补偿标准作了积极争取。3月底,中铁第四勘察设计院集团有限公司完成了新建铁路沪杭甬客运专线上海至杭州段可行性研究。7月11日–13日,市铁办率市有关部门及沿线地方政府发改局、规划局的同志一起参到杭州参加了铁道部鉴定中心组织召开的“新建铁路沪杭甬客运专线上海至杭州段可行性研究报告”审查会。

2008年11月11日,国家发展和改革委员会以发改基础〔2008〕3043文下达《关于新建上海至杭州铁路客运专线项目建议书的批复》。同年12月15日–17日,受国家发改委委托中国国际工程咨询公司在北京组织召开铁四院编制的《上海至杭州铁路客运专线可行性研究评审会》。

在这一年中,嘉兴市发改委(市铁办)根据市领导的指示精神,多次召集沪杭客运专线嘉兴境内沿线地方政府及市相关部门参加的衔接会和协调会,邀请设计单位铁四院到会作专题情况介绍,陪同设计单位作现场实地踏勘定测等项工作,积极配合省政府、省发改委(省铁办)做好沪杭客专项目前期工作稳步有序推进。2008年3月6日嘉兴市人民政府以嘉政函〔2008〕12号文件《嘉兴市人民政府关于对沪杭甬客运专线上海至杭州段线路走向及车站设置等方面意见的函》向铁道第四勘察设计院作了反馈。

2008年6月16日,市发改委(市铁办)参加了由浙江省人民政府召开的铁路建设“三线一枢纽”前期工作协调会。会议对沪杭客运专线的今年的相关工作,作了进一步明确。

2008年7月17日,市发改委根据市政府意见以嘉发改〔2008〕259号文向铁四院复函《关于沪杭甬客运专线上海至杭州段嘉兴市境内线路走向等方面意见函》。同年12月1日,市国土资源局以嘉土初字〔2008〕06号《新建上海至杭州铁路客运专线项目用地初审意见表》上报省国土资源厅。

【航运】 2008年全市水运行业完成水路货运量7106.16万吨,货物周转量99.04亿吨公里,分别为去年同期的99.85%和104.05%;水路客运量完成46.35万人,客运周转量293.00万人公里,分别为去年同期的151.00%和107.93%。全市内河港完成货物吞吐量7871.39万吨,为去年同期的96.41%。年末全市拥有营运货船6263艘,92.02万载重吨,平均吨位146.92吨,与去年同期140.27吨相比增加了6.65吨;其中内河营运船舶6253艘,88.50万载重吨,平均吨位141.53吨;海运船舶10艘,3.52万载重吨,平均吨位3516.6吨,与去年同期的1989吨将近翻了一番。全市拥有客船27艘,1448客位;拥有各类水路运输企业28家,水路运输服务企业21家。完成港航事业费征收13770.41万元,通行费3193.75万元。

【水运基础设施建设取得新突破】 2008年,经受住了雪灾、地震、奥运安保、燃油税改革、全球金融危机等多种考验,我市水运建设抢抓发展机遇,创新发展思路,水运基础设施建设稳步推进。

一是新建项目按期开工。嘉兴内河港多用途港区建设项目,突破土地、资金等各种困难,于10月份全面开工建设,是省内第一家引进外资、国内第一家按照“精品示范工程”要求建设的内河港区。湖嘉申线嘉兴段一期工程,紧紧抓住国家加快基础设施建设重大战略决策的机遇,于12月25日全面开工建设。

二是续建项目加快推进。嘉于硖线航道于硖段超额完成年度投资计划,护岸土方工程完成工程质量鉴定和交工验收,被评为优良工程,桥梁工程全面开工。东宗线二期、南星桥港一期改造工程和乍嘉苏线新丰段、杭平申线海盐段应急抢险工程,均按照年初确定的目标有序推进。社会码头建设吸引民间资本,全年投资总额达1.87亿元,新增500吨级泊位27个,300吨级泊位47个,100吨级泊位66个。

三是项目前期工作扎实有效。杭平申线航道改造项目,对海宁段线位走向多次进行优化设计,海盐、海宁已完成土地预审工作;京杭运河航道“四改三”工程,按照省、市分工协议要求,完成了嘉兴段全线测量,启动了环境影响评价工作。何家桥线工程,完成了项目公司组建,启动了土地预审工作;独山海河直达枢纽工程,经过多次协调和修编,框定了“水陆中转、水水中转、直达运输”三种联运方式。

【我省首条千吨级内河三级航道--湖嘉申线航道改造工程正式开工】 2008年12月25日,我省第一条千吨级的内河三级航道——湖嘉申线航道改造工程正式开工。

湖嘉申线航道是长江三角洲地区“两纵六横”高等级航道网的重要组成部分,嘉兴内河水运工程建设“十一五”规划重点,连接着湖州、嘉兴、上海等城市,全线长90.6KM。该项目的开工建设,对推动长三角区域交通一体化进程,带动环临河产业带的发展,服务上海国际航运中心建设,具有重要意义。

湖嘉申线航道嘉兴段工程起于京杭运河石汇头入嘉乌线，东行经新桃线、嘉桃线、新桥港与乍嘉苏航道交汇后，向东新开挖1.5公里航道后入北官荡，北行接上嘉澄线，在秀洲区油车港镇与红旗塘相连，终于与杭申线交接处的杨树浜，全长29.36公里，按三级航道标准改造。一期工程起于乍嘉苏航道口西，终于杨树浜杭申线交界处，改造里程14.76公里，概算投资6.5亿元。

湖嘉申线航道嘉兴段一期工程嘉善段起自于红旗塘口K8+771，终点为杨树浜杭申线交界处K14+763，全长5.992公里，全线按三级航道标准建设。工程主要内容：按设计文件，新建护岸615.53米；开挖陆上土方2.53万方，疏浚水下土方27.87万方；拆除老桥3座；新建桥梁3座；新建锚泊区1处。

【我市首批船舶电子标签投入测试】 2008年4月，安装在杭平申线平湖至海盐段、嘉于硖线海盐段船舶电子标签系统进入应用测试阶段。海盐白苎所、海盐沈荡所、平湖大桥检查站，由于处于多向航道交汇处，通航情况复杂，成为首批应用站点。

船舶电子标签是我市港航部门与上海海事大学合作开发的，是国内先进的超高频射频识别技术（RFID）在港航管理领域的应用，该系统已被列为嘉兴市重点科研项目，是我市港航管理部门推进科技兴航的又一重要举措。

安装了电子标签的船舶，通过与安置在航道傍边的读写器发生感应，就能自动记录100米距离内对运动船舶的识别，记录其航行时间，航向等信息。改变原先由人工记录，自动完成船舶通航记录、航道船舶流量统计等大量工作。既节省了人力成本，又保证了数据的准确性，为航道建设、安全管理提供可靠的决策依据。此外，与船舶IC卡信息系统配合，港航管理人员将不用上船检查就能通过电脑掌握船舶的证照信息、规费缴纳情况，在减少管理成本的同时，为守法经营船舶提供便利。

【我市营运钢质挂桨机船淘汰工作圆满结束】 2008年3月，我市完成了最后一笔钢质挂桨机船淘汰专项补贴资金的发放，标志着我市内河营运钢质挂桨机船淘汰工作圆满结束。

嘉兴市是全国营运钢质挂桨机船最多的地区之一，自2004年正式启动淘汰营运钢质挂桨船推进船型标准化工程以来，四年多来全市累计淘汰钢质挂桨机船6501艘，其中拆解改造2077艘，自然淘汰4424艘，实际发放专项补贴奖金2872万多元。

【港航科技有了新推进】 2008年，我市港航部门充分调动和鼓励全体港航管理人员创新的积极性与主动性，使创业创新成为全体港航管理人员的自觉追求，为港航发展构筑新平台。

一是完善嘉兴港航动态综合监管系统，完成RFID射频技术在港航管理中的应用课题研究，荣获了中国航海学会科学技术奖和中国港口协会科技进步奖。完成了浙江省首艘内河扫测艇的系统建设工作，研制航道360度全景图像摄像系统，通过项目验收，并在对南郊河航道嘉于段、京杭运河浙江段等306公里航道的水上水下测量中达到设计效果。

二是完成了砼板桩加固护岸技术的课题研究，为航道“四改三”工程打下了基础。由我局起草的《预制混凝土组合结构型航道护岸工程质量检验规范》，通过了省质量技术监督局批准，正式作为浙江省地方标准发布实施，填补了国内水运工程建设标准中的一项空白。还完成了嘉兴市水运业对经济社会可持续发展贡献的课题研究。 （付冬花　高祥慧组稿）

绍兴市城市交通

【概况】 全市完成公路、水路交通基础设施建设投资34亿元，比2007年增长107.36%，新建通村公路65.50千米、农村联网公路270.60千米。至年底，全市公路总里程达8891.074千米，公路网密度每百平方千米达107.69千米，公路通村率达99.80%，公路硬化率达99.50%，行政村班车通达率为98.93%。全年征收公路养路费74263.26万元，完成年计划118.35%，比2007年增长15.23%；征收公建金7362.85万元，完成年计划105.18%，同比增长2.20%；征收运管费4583.25万元，同比增长15.80%。全年共征收水路规费2150万元，其中港航事业费2013万元，浙北干线航道通行费137万元，分别完成年度计划的112%和137%。

【交通基础设施建设】 省道绍甘线市区段改造工程和诸（诸暨）永（永嘉）高速公路诸暨段相继建成，嘉绍大桥暨南北接线工程和绍诸高速公路与杭甬铁路客运专线绍兴段相继开工，绍兴汽车新西站主体工程完工并通过主体结构工程验收，绍兴中心港工程项目初步设计获省发改委批复，市区铁路东站迁建工程完成国土资源部土地预审批复，104国道绍兴高桥立交桥工程先后获工程可行性报告、土地预审、初步设计等批复。境内的杭甬、杭金衢、上三、甬金3条高速公路纳入国家高速网并改名。

【诸永高速公路绍兴段通过验收】 12月23日，诸永高速公路绍兴段建设工程通过交工验收。该公路是浙江省高速网络的主要干线之一，为“两纵两横十八连三绕三通道”中的一连。该工程绍兴段起自诸暨市直埠镇植树茂村，与杭金衢高速公路相接，途经诸暨市街亭、璜山、陈宅，终于诸暨与东阳交界的枫树岭隧道，与诸永高速金华段相接，全长52.39千米，其中大桥52座，隧道17座，工程投资约30.51亿元。

【绍兴港中心作业区工程初步设计获省发改委批复】 7月15日，绍兴港越城港区中心作业区工程初步设计获省发改委批复。该工程总投资4.49亿元，计划新建500吨级泊位17个，其中件杂货泊位6个、全天候泊位3个、集装箱泊位2个、散货泊位3个、化工品泊位3个及其陆域配套工程，工程设计年吞吐能力185万吨。中心作业区位于越城区东湖镇朱尉村以东、谢家岸头村以南、窑湾江以北，紧靠杭甬运河市区段航道，北邻杭甬高速和柯袍快速通道，南傍104国道。建成后，将与柯桥港区、上虞港区、诸暨港区、嵊州港区、滨海港区和上虞新港区组成绍兴港。

【城市公交管理】 全年共完成25条城乡客运线路公交化改造,先后开通市区到柯桥、诸暨、嵊州、上虞等县(市)城际公交及道墟、店口等中心镇快速直达公交车,形成以市区为中心辐射全市的城乡公交快速运行网络;共投入资金10598万元,购置新车417辆,其中155辆为欧Ⅲ排放高档环保车;共投入资金987.77万元,新建及修缮公交候车亭358个,其中港湾式公交候车亭122个。至年底,市区和绍兴县现有公交营运线路162条,营运公交车1237辆;上虞、嵊州、新昌、诸暨现有城乡公交车1570辆。 (李月娟提供)

舟山市城市交通

舟山市全年交通运输、仓储和邮政业增加值52.89亿元,比上年增长15.7%。全年水、陆货运量10205万吨,水、陆货运周转量900.25亿吨公里,分别增长9.7%和15.1%;水、陆客运量10603万人,水、陆旅客周转量20.36亿人公里,分别增长3.6%和3.2%。民航客运量35.6万人次,比上年增长5.2%;民用航空货邮运量321.9吨,下降43.4%。年末全市民用汽车保有量3.72万辆,增长23.7%。

年末全市海上货运船舶运力292.76万载重吨,比上年末增长17.0%。其中万吨级以上船舶57艘,运力98.2万载重吨。全年海运货运量7799万吨,货物周转量895.04亿吨公里,分别增长11.6%和15.2%。

2008年舟山港域港口货物吞吐量15862万吨,比上年增长23.8%。其中,石油及天然气吞吐量4081万吨,增长26.3%;金属矿石吞吐量6180万吨,增长45.4%。全年外贸货物吞吐量6169万吨,增长38.6%。港口集装箱吞吐量8.74万TEU,增长8.4%。年末全市有生产性泊位349个,其中万吨级以上深水泊位27个,比上年末增加8个。

全年邮政电信业务收入13.12亿元,比上年增长13.5%。年末全市固定电话(含小灵通)用户58.68万户,增长0.2%;移动电话用户95.89万户,增长2.9%;国际互联网用户17.47万户,增长8.7%。

台州市城市交通

交通运输业稳定发展。全年完成货物周转量703.90亿吨公里,比上年增长1.1%;旅客周转量为106.58亿人公里,比上年增长6.4%。全年完成港口货物吞吐量3898万吨,比上年增长11.2%。其中外贸吞吐量445万吨,增长23.9%,完成集装箱吞吐量6.38万标箱,增长19.0%。民航完成旅客吞吐量40.77万人,比上年增长10.9%,货邮吞吐量3235吨,增长16.4%。年末全市公路总里程(含村道)10593公里,其中等级公路10175公里,占公路总里程的96.1%,高速公路230公里,比上年增加42公里。年末全市民用汽车拥有量达36.80万辆,比上年净增5.21万辆,其中私人汽车29.91万辆,比上年增加4.31万辆。

马鞍山市城市交通

【交通基础设施建设】 铁路方面:宁铜铁路从北向南穿境而过,功能定位为沿江铁路支线,与京沪、京九、皖赣、宣杭等铁路干线相连。在马鞍山境内设有三个站点,马鞍山站为客货两用站,属二等区段站,2008年发送旅客120万人次,货物运输总量1659万吨,其中马钢铁路运量1545万吨,占总运输量的93.1%。宁安城际铁路马鞍山段正在开展征地拆迁,预计2012年即可投入运营。另外,境内有货运铁路多条,主要服务于马钢和重点骨干企业。

公路方面:已形成国省道为主干线,县道为次干线,乡村道路为网络的公路布局,境内公路总里程2233公里,高速公路41公里,二级公路172公里,三级公路153公里,四级公路1658公里,等外公路209公里。目前,我市已在全省率先完成“村村通水泥路”工程。

桥梁方面:马鞍山长江公路大桥全线总里程36.14公里,与规划中的北沿江高速、马鞍山至合肥高速相连,与长三角高速路网相通。项目总投资70.78亿元,目前已完成投资5亿多元,预计2013年竣工。

水运方面:马鞍山港是全国内河主要港口、区域综合运输枢纽的重要组成部分、现代物流的重要节点、临江临港工业的重要依托和对外贸易的重要口岸,现有泊位46个,其中5000吨级以上泊位19个,万吨级以上江海轮可以常年停靠,2008年货物吞吐量为4697万吨。马鞍山港辖区岸线长34.27公里,可开港的岸线为21.9公里,基本为深水岸线。根据港口规划,2020年以前可以利用的岸线为11.4公里,已经合法利用8.4公里,尚未利用的港口岸线主要集中在规划新开发的江心洲港区、太平府港区。

站场方面:全市共有等级客运站4个,其中,马鞍山长途汽车站为一级客运站(三级站新亚站归属长途站),马鞍山旅游汽车站和当涂汽车站为二级客运站,博望汽车为四级客运站。上述4个汽车站总计占地面积18万平方米,客运站房面积4870平方米,设计发送旅客能力6.36万人/日。正在建设中的宁安城际铁路,设计规划了马鞍山客运中心站,站点占地150亩,中心站的建设必将有效改善现有交通布局与经济发展和城市规划相背的现状,缓解市区内交通压力。作为省"861"项目投资计划和安徽省三大物流重点建设项目之一的长运物流港已于2008年正式动工建设,这对整合我市物流资源、建设现代化物流行业起到积极地推动作用。

【交通运输状况】 全市共有营业性汽车11864辆。其中,营业性客车545辆,13093座位;营业性货车8999辆,59760吨位;出租车2550辆,其中市区出租车2298辆,出租车管理公司6家;当涂出租车252辆,主要由市长运集团运营。全市共有等级客运站6个,其中,马鞍山长途汽车站、马鞍山旅游汽车站为一级客运站,当涂汽车站为二级客运站,新亚客运站、当涂东门客运站为三级客运站,博望汽车站为四级客运站。上述6个汽车站总计占地面积7.37万平方米,客运站房面积1.25万平方米,设计发送旅客能力4.3万人次/日。全市现有各类汽车维修企业212家,其中,一类维修企业12家,二类维修企业58家,年维修能力12万辆次。现有驾驶员培训学校5家,教练员206人,教练车190辆。

【道路水路交通管理】 2008年,全市交通系统共完成客运量1338万人,客运周转量107309万人·公里,完成货运量2662万吨,货运周转量138130万吨·公里。换发新版《从业人员资格证》2.5万本。联合相关部门开展专项整顿,综合治理各类违规违章经营行为,共查处各类违章车辆252台次,处理出租车违章经营91起。开展旅游挂靠车辆清理工作,清理挂靠旅游车辆14辆。

坚持路面巡查制度,有效遏制了公路两侧乱搭乱建等违法现象的发生。开展"平安公路·2008"集中整治活动,及时完成预警信息确定的整治任务。狠抓超载超限整治工作,共查处超载超限车1834辆次,依法卸载货物2.22万吨。全面开展水路运输(服务)企业的核查审验,共核查水运企业32家,完成了1200艘船舶的检验工作。加强对辖区内个体小码头的管理,全面核查港口小码头的岸线使用情况,规范岸线使用行为,查处违建码头36处。 (周宇等提供)

马鞍山路

上海市旅游

【概况】　2008 年，上海市旅游局全面落实科学发展观，努力转变旅游业方式，以服务北京奥运会、上海世博会为契机，进一步提升旅游业规模和能级，全力做好抗震救灾对口支援工作，努力克服自然灾害和国际金融危机等带来的不利影响，保持了旅游经济的平稳发展。

主要特点：一是入境旅游增幅回落。全市接待过夜入境游客仍保持增长，但增幅放缓。从客源国(地区)结构看，中国港奥市场活跃；欧美和东南亚市场平稳；日本、韩国市场下滑。二是国内旅游客源结构和旅游市场结构发生了变化。受年初南方雪灾、“5. 12”汶川地震和 CPI 居高涨幅及股市的持续低迷等因素影响，国内旅游增势减缓。但旅游市场结构发生了变化，近、短程及本地游客比重增加。三是出境旅游增势良好。全市出境旅游市场仍保持了较高的发展态势。其中东南亚游，以其相对较低的价格吸引了游客；欧洲旅游市场没有继续上年的强势，呈现疲软下滑走势。四是旅游企业经营总体平稳。旅行社和旅游景点营业收入有所增长，星级宾馆随着住宿业整体规模的扩张竞争日趋激烈。

【完成奥运接待，实施“上海旅游迎世博 600 天行动计划”】　一是积极部署奥运会接待工作，按时间节点明确目标和任务，并严格推进落实。二是全面开展世博旅游全球宣传推广计划，开发世博特色旅游产品，编制《上海旅游行业迎世博 600 天行动计划》；按照上年确定的世博旅游全球招客宣传推广计划，通过参加由国家旅游局组织的国际市场促销和自主组团的促销活动，全面推介上海世博旅游“发现更多，体验更多”的理念。全年共参加或组织的国际市场促销 30 批次，发放宣传品 700 多万份；国内市场促销 7 批次，发放宣传品 81 万份。

【落实抗灾救灾对口支援工作】　在年初的南方雪灾和“5. 12”汶川地震灾害面前，上海市旅游局迅速启动应急机制，确保了游客的安全，为稳定游客情绪和社会稳定起到了积极作用。“5. 12”汶川地震发生后，上海市旅游局立即成立了搜救和善后工作领导小组，建立了 24 小时值班制度，会同全市 800 余家旅行社和各区县旅游管理部门，收集在灾区的上海游客的详细信息，组织确保安全返沪，并及时向社会公布；按照上海市委、市政府的救灾工作部署，积极与都江堰市旅游企业沟通和磋商，组织实施第一阶段的对口支援工作，年内启动了推进协调国家文物保护部门开展青城山、都江堰世界文化遗产修复工程；举办了都江堰市在沪大型灾后重建项目推介会和上海市对口支援都江堰旅游产业发展项目说明会；积极促进上海旅游企业参与都江堰市旅游经济建设，第一阶段共签订 20 项旅游投资与合作项目；利用上海旅游节花车巡游等活动，积极推广都江堰市旅游产品，并于 10 月 1 日组织上海市民“爱心之旅”首游团，开启都江堰市旅游市场的灾后恢复重建；全面开展灾区旅游从业人员培训工作，年内举办了 3 期公共服务与管理、景区管理、饭店管理等培训班，100 名来自灾区的旅游业中高层管理人员接受培训。

【提升长三角旅游业的国际竞争力】　(1)全年共组织接待 30 批、559 位海外媒体记者和海外旅游批发商，考察长三角旅游资源和旅游新产品，进一步提高了海外旅游批发商对推介长三角旅游市场的信心。充分发挥 2008 年北京奥运会和 2010 年上海世博会这两大国际性重大活动的强大效应，推动长三角地区旅游产业的进一步合作，旅游人才交流等一体化建设明显加快。

(2)根据《长江三角洲地区城市合作(常州)协议》，全面启动"2008年旅游专题深化合作项目——推进长江三角洲地区旅游景区(点)道路交通指引标志达标工作600天行动计划"。

(3)上海市旅游局与苏州、无锡两市的旅游部门合作举办了"2008上海旅游人才专场招聘会",苏锡沪三地的80余家旅游企业,约6000名应聘者参加了招聘会。同时,三地就加快长三角区域旅游培训、旅游人才交流举行了座谈会。

旅游产品结构进一步优化。以佘山国家旅游度假区为核心的现代休闲旅游基地建设和度假区内交通及"欢乐谷"等重点项目建设加快推进;上海市旅游局与长三角地区旅游管理部门合作,开展上海及周边住宿接待资源调查,按照世博会的接待需求,提出了上海旅游住宿业发展的指导意见;对上海原有的旅游交通集散点布局重新规划,全面推进上海旅游交通集散总站(中心)的建设。

推进转变旅游经济发展方式。上海市旅游局通过"三个环节,一个抓手"(三个环节:饭店能耗的统计监控、先进设备的推广使用和能源大户的减耗督查;一个抓手:全面推进"绿色饭店"的创建评定)促进宾馆饭店的节能降耗工作开展。年内,全市新增绿色饭店41家。根据《上海市重点用能单位加强节能管理工作的意见(试行)》的工作要求,上海市旅游局加强对全市饭店行业年能耗5000吨标准煤以上重点用能单位能源利用的督查和调研;积极指导锦江国际酒店集团等企业开展节能减排工作,使饭店能耗逞逐年下降趋势,节能减排工作取得初步成效。

【营造良好的旅游发展环境】 (1)根据全年旅游政风建设工作特点,制定《2008年上海市旅游政风建设工作实施意见》。确定了旅游政风建设工作的指导思想、主要任务、工作步骤和时间节点,并进行了全市动员部署,各区县结合实际分头落实推进。加强旅游市场监管,以管理促进行风建设。

(2)继续开展旅游产品创名牌工作,引导企业重视质量竞争;利用旅行社年检,查处了一批违规经营的旅行社,整顿了旅游市场秩序;重视旅游投诉处理,通过媒体,公布旅游投诉处理结果,接受公众对行业监督;加强出境游市场的规范经营,开发了中国公民赴美旅游和大陆居民赴台旅游等新市场。

(3)有序推进旅游法制和标准化建设。加强制定《上海市旅馆业管理办法》,启动修改《上海市旅游条例》,完成《上海市出境旅游管理办法》立法研究。加强旅游法制咨询服务,在旅游政务网上开设"刘律师信箱",为市民游客和旅游从业人员提供法律咨询服务,平均每月访问人数达900多人次。

【旅游黄金周】 2008年春节、"十一"两个黄金周,上海共接待游客733.5万人次,旅游收入57.5亿元。其中"十一"黄金周接待人数达495万人次,创造历史新高。

【第三批12位"上海会议大使"受聘】 6月30日,上海市旅游局在茂悦酒店举行第三批"上海会议大使"颁证仪式。来自生物学、医学、药学、食品科学、船舶工业、城市建筑、经济学和国际关系学等领域的12位专家学者接受了聘任书。自2006年以来,上海市旅游局连续三年,共聘任了36名"上海会议大使"。这些"会议大使"充分发挥在各自学科领域的影响力,在国际上积极"争会"。一批专业性强、层次高、人数多的国际会议已经或确定在沪举行,如"2008年亚太地区外科治疗肥胖症会议"、"2008年亚太第二届亚太药物代谢国际会议"、"2008年国际儿童医院院长高峰论坛"等。上海儿科医院肾内科主任徐虹、上海长海医院消化内科主任李兆申成功竞标"2013年国际儿童肾脏病学年会"、"2013年亚太消化疾病学术年会",并获承办权。

【"世博之旅"优胜线路公布】 7月,上海市旅游局在全市旅行社行业开展"世博之旅"专题旅游产品线路设计活动。54家国际旅行社和800余家国内旅行社参与了活动,15家国际和国内旅行社的94条旅游线路获得入围参评资格。9月9日,上海市旅游局在"上海旅游业迎世博600天行动计划"新闻发布会上,公布了精选的30条优胜线路。此批线路涉及11个内容;震后四川旅游、会展奖励旅游、邮轮旅游、古镇旅游、民俗旅游、体育文化旅游、美食购物旅游、历史建筑旅游、修学旅游、乡村休闲旅游、都市风情旅游。

【2008上海旅游节】 2008年上海旅游节于9月13日—10月6日举行,这是1990年创办以来举办的第十九届。该届上海旅游节的主题为:"世界的节日,花的乐章"。旅游节按照"海纳百川,追求卓越"的宗旨在全市推出了近百项活动,共有800余万名市民和游客参与了旅游节各项活动,主要活动花车巡游暨评比大奖赛参与人数超过350万。9月13日晚,来自海内外的21辆花车和28支表演队在淮海路举行开幕大巡游,共同演绎了异域文化和民族风情。28个表演方队中,境外表演队17支,境内表演队11支。与此同时,开幕大联欢晚会也在南京路世纪广场上举行。来自世界各地的海内外游客、沪上各高校大学生、外国留学生、外企白领近万人参加了晚会。开幕大巡游和开幕大联欢两项开幕活动共吸引40余万市民和游客参与。旅游期间,巡游花车在全市各区县巡游表演,并首次驶出上海,走进长三角地区。该届旅游节除了开幕大联欢、浦江彩船大巡游、国际音乐烟花节、扬子江万丽德国啤酒节等传统节目,还举办了上海旅游纪念品(礼品)博览会、中山公园旅游集市旅游节专场、2008年秋季旅游精品展示会等旅游交流展,首次举办了"中秋上海情——乐园都江堰"上海原创音乐汇演、豫园中国日、"上海之根"文化旅游节、"老宅、老车、老路"名人故居文化之旅、安亭汽车文化欢乐周、上海孔子文化活动周、唐韵中秋游园会等文化旅游活动;举办了以古镇、购物、美食、文化、健康为主题的青浦7线特色游、宝山田园农夫节、南汇"珍禽异兽共斗妍"动物艺术节、金山第二届莲湘文化艺术节等乡村旅游项目等节日活动;都市咖啡文化节、上海东赢风情周、上海弄堂风情游、梅川路休闲欢乐游、"走进洋房,感受衡山路"等都市休闲系列活动。 (张 洁)

南京市旅游

【概况】 2008 年,南京市实现旅游总收入 714.3 亿元,增长 22%;接待国内旅游者 4970 万人次,增长 10.7%;接待入境旅游者 119.52 万人次,增长 2.9%;旅游创汇 8.73 亿美元,增长 8.1%。据携程网对“十一”黄金周全国人气最旺城市进行排名,南京位居人气最旺城市“十强城市”的第六位。

围绕将旅游业建设成为南京战略性支柱产业的目标定位,加快产业调研和企业培育,提升景区景点品质。拟定《关于将南京旅游业建设成为战略性支柱产业的构想》《关于加快南京旅游产业发展的若干意见(征求意见稿)》《南京市旅游产业五年发展纲要(草稿)》《全市旅游资源大跨度整合的实施方案》《大文化旅游项目初步意见》《南京发展国际邮轮经济前期工作的报告》《推进城乡经济社会发展一体化相关情况汇报》《南京市旅游商品开发规划(征求意见稿)》《全市旅游资源整合报告(草稿)》等。完成改革开放 30 年旅游兴起与发展的专项总结;举办“南京旅游发展战略论坛”;实施《南京旅游百企发展计划》,提升旅游产业核心竞争力。索菲特银河和丁山花园酒店升级为五星级酒店,香格里拉酒店成功落户南京。新增 8 家国家等级景区。总统府和秦淮河风光带创建 AAAAA 级景区工作加快推进。

围绕旅游资源深度开发,加强科学规划和资源整合,扶持郊区旅游发展。《南京市旅游资源开发土地储备规划》总体框架通过市政府审批。完成《南京市休闲度假旅游发展规划》送审稿和《南京市旅游业“十一五”规划》中期评估工作,编制《南京市沿江旅游发展战略规划研究》和《旅游产业发展与布局总体规划》。推进宁杭生态旅游带建设,促进江宁、溧水、高淳 3 个区县生态资源整合。组织实施《全市乡村旅游三年推进计划》,举办“乡村旅游月”特色主题活动。

围绕旅游营销策划创新,扩张南京旅游品牌知名度。制定完成《南京旅游市场营销行动纲要》。邀请多家国际传媒集团考察,宣传南京特色旅游资源。赴德举办南京旅游推介会,赴俄罗斯参加莫斯科国际旅游交易会,赴澳大利亚举办“博爱之都”图片展。组团赴日、韩促销。举办第十三届中国南京国际梅花节暨 2008 国际旅游与世界和谐论坛。组织第三届全国百家旅行社看南京、长江三角洲南京旅交会、宁杭生态旅游带城市合作联盟会议、夫子庙灯会、2008 南京长江国际旅游节等系列主题活动。参加走进东三省大篷车推介会、奥运前奏曲:博爱之旅江南直通车旅游产品推介会、2008 中国国内旅交会、2008 中国北方旅交会和奥运北京·相约江苏旅游大型推介活动。与北京市旅游局签订《奥运旅游战略合作协议书》。制定并实施《宁台旅游产业深度合作推进计划》,举办宁台旅游交流月系列活动。继续推进“宁镇扬马”和“宁杭生态旅游带”市场化运作,城市合作联盟会议就多边旅游精品合作开发达成实质性共识。策划组织“博爱之都——南京”旅游博客征文大赛和“博爱之都——南京”旅游形象标志征集活动。全面改版南京旅游网。建成国内首批 8 个深度旅游服务站,开通 12580 旅游通导航服务系统;对已投放全市的近百台触摸屏和咨询架进行更新,建立各投放点与信息中心的投诉与反馈机制。

围绕旅游市场环境优化,加强基础制度建设。策划组织行业管理“阳光行动”。年内共组织旅游市场检查 70 余次,与相关部门开展联合执法 40 余次,检查旅游企业 425 家,下发整改通知书 24 份,下发行政处罚通知书 6 份。在旅游客运市场检查中,检查旅游车辆 260 余台次,处罚违规车辆 6 台次。在旅游广告监测、检查中,查处涉嫌发布违规广告的旅行社企业 28 家、涉嫌违规广告 46 起。在对导游员专项检查中,检查导游员 900 余人次,处罚违规导游员 95 人。对全市所有星级饭店进行拉网式检查,16 家在硬件设施和软件服务上不能达到二、三星级饭店标准的宾馆饭店被摘牌处理。全年旅游咨询投诉处理满意率达 95% 以上,“十一”黄金周实现旅游“零投诉”。起草《南京市旅游条例》(初稿);开展行政执法权力事项清理工作和规范性文件清理工作,完成“五五”普法中期自查工作;加强执法监督培训,落实“重大行政处罚备案”和“说理式行政执法文书”制度;制定新版旅游合同和特色街区标准;倡导践行《南京市旅行社行业十项自律公约》;组织旅行社总经理、旅游星级饭店内审员和旅游信息统计人员培训班。贯彻新的《江苏省旅游统计调查制度》;制定并实施《南京市郊区县旅游经济指标测算办法》及《南京市城区旅游指标测算的指导意见》;启动旅游产业经济核算的研究工作,在合理划分旅游产业边界的基础上,建立起旅游业核算基本框架;建立覆盖全市 13 个区县的两级信息上报网络。　　(童　莉　季　宁)

【南京获“2008 中国十大特色休闲城市”称号】 10 月 25 日,由世界休闲组织、浙江大学、求是《小康》杂志社、杭州市政府主办的 2008 中国(国际)休闲发展论坛在杭州开幕。为推动中国休闲城市和休闲产业的发展,组委会特设“2008 中国十大特色休闲城市”奖项,南京市获 2008 中国十大特色休闲城市称号。“中国十大特色休闲城市”评选标准包括五大方面,分别是经济发展状况、城市休闲基础设施、城市休闲环境、休闲文化和休闲满意度。与此同时,南京汤山以休闲旅游资源丰富、休闲要素完善,被评为中国十大温泉休闲基地。　(王建业)

苏州市旅游

【概况】 2008年,全市旅游业围绕市委、市政府中心工作和旅游业发展总体部署,以奥运、世博为契机,应对冰雪灾害、四川地震等不利影响,努力扩大产业规模,发挥产业功能,加大促销力度,优化产业结构,总体保持了又好又快的发展。2008年,全市接待入境游客约219万人次,同比增长6%;接待国内游客5287万人次,同比增长10%;旅游总收入735亿元人民币,同比增长15%,其中国内旅游收入665.4亿元人民币,同比增长16.7%;旅游创汇收入9.95亿美元,同比增长11.9%;全年实现旅游产业增加值325亿元人民币。在全国大中旅游城市中,苏州市接待境外旅游人数、国内旅游人数、旅游总收入分别居第七位、第六位和第五位,其中接待国内旅游人数比上年提升了一位。

2008年,围绕北京奥运、上海世博强势宣传苏州旅游。一是实施"北京看奥运、苏州品水韵"营销战略,推出奥运系列旅游宣传册和苏州奥运旅游英文版手册;二是深入北京主要社区开展大规模苏州旅游宣传促销及产品线路直销活动;三是加强与国旅、青旅总社合作,在北京市场推出"迎奥运、品水韵"奥运旅游直通车线路。与此同时,加大媒体宣传力度,通过国内主流媒体重点宣传"天堂苏州、东方水城"旅游整体形象。围绕上海世博,一是预热"世博在上海、旅游到苏州"推广计划,把苏州文化体验之旅的10多条精品线路纳入世博体验之旅;二是邀请上海主要旅行商来苏考察,重新包装和串联50条精品线路;三是分赴杭州、南京开展苏州大型旅游推介活动,并参加2008年中国国内旅游交易会和上海国际旅游交易会,旅游宣传营销成效明显。2008年,成功举办"东方水城"第十一届苏州国际旅游节,抓住新休假制度实施后的第一个清明节假期,大做乡村旅游文章,以节造势。强化规划引领功能,争取省、市旅游项目专项资金,启动年度旅游业发展目标考核工作,进一步完善旅游目的地营销系统,构建奥运、世博公共服务体系。结合创建全国文明城市活动,开展"五无、五公开"旅游诚信承诺活动,强化市场管理,整顿规范旅游市场秩序。开展"长三角旅游行业岗位资格认证"一体化联动工作,启动"千名苏商海外培训工程"。加快苏州旅游业与国内外区域经济合作步伐,实现区域旅游宣传工作对接、客源市场对接、旅游产品对接、节庆活动对接以及教育与人才市场对接,全方位推进国际国内旅游融合互动发展。

表:苏州市旅游业主要指标完成情况(2008)

地区指标	入境游客(人次)	同比(±%)	入境过夜旅游者(人次)	同比(±%)	创汇(万美元)	同比(±%)	国内游客人数(万人次)	同比(±%)	国内旅游收入(亿元)	同比(±%)	旅游总收入(亿元)	同比(±%)
全市	2185698	6.01	1681467	4.29	99528.3	11.93	5286.88	10.32	665.38	16.66	734.55	15.12
吴中区	54984	29.76	54643	35.46	1474.19	42.36	965.1	33.79	96.00	37.26	97.02	37.18
相城区	57131	-45.01	57131	-45.01	1489.8	-37.31	180.29	-	25.00	-	26.04	-
工业园区	187540	32.37	187540	32.37	6266.11	28.48	-	-	-	-	4.35	17.07
高新区	136427	38.72	136427	38.72	4381.73	23.43	-	-	-	-	3.05	-
常熟市	80532	12.49	80307	12.17	3056.67	-7.81	1200.24	18.58	124.97	26.82	127.09	25.75
张家港市	31726	-11.13	31509	-5.34	2359.6	-5.03	293.03	18.15	43.49	20.77	45.13	19.08
昆山市	93763	39.53	93668	42.71	6569.98	53.40	950.68	15.62	91.99	13.51	96.56	14.54
吴江市	46324	-4.46	46324	-4.46	2157.69	10.18	787.76	19.02	71.11	16.59	72.61	16.21
太仓市	13163	38.14	13163	38.14	955.12	60.27	206.12	17.49	25.50	15.91	26.16	16.54
住居民家	49003	-6.70	49003	-6.70	6157.21	19.86	-	-	-	-	4.28	9.44

【旅游项目建设】 2008年,市政府召开全市旅游项目建设现场交流会,对符合规划要求、符合休闲趋势的项目,优先考虑政府引导资金,优先免费为其包装策划和推介。在列入年度考核的95个项目中,休闲类项目占69%,总投资额达218.55亿元,当年计划完成投资83.3亿元。加速旅游项目产品化进程,帮助企业找准项目开发的市场定位,指导项目包装策划,组织旅游新项目、新产品推介会,提高旅游项目的成功率。为吸纳多元资本进入旅游市场,推动旅游项目提档升级,举办了"苏州旅游投资与发展咨询会",邀请香港中旅、华侨城、锦江集团等7家最具实力的旅游企业,就市场合作、产品开发、线路组合、客源输送等开展全面合作。2008年,首次对各市(县)、区旅游发展主要经济指标和新增旅游产品年度目标纳入政府考核,

确定了乡村旅游、饭店业、景区点建设发展指标,并定期考评项目建设进度和指标完成情况。完善旅游项目考核奖励办法,对完成指标较好的单位和项目进行奖励,年内共争取省、市财政引导资金1140万元。

【A级景区建设】 2008年,全市新增国家4A级景区2家(苏州穹窿山景区、昆山市千灯古镇游览区),3A级景区3家(苏州镇湖刺绣艺术馆、苏州光福景区、苏州荷塘月色湿地公园),2A级景区2家(吴江震泽公园、王锡阐故居纪念馆)。吴江同里景区通过省旅游局5A级评定组审核,东山景区通过国家旅游局4A级评定组审核,吴江青少年科技文化活动中心、巴城阳澄湖景区、常熟市梅李聚沙园、张家港梁丰生态园及香山风景区5家景区通过省旅游局3A级评定组审核。截至年底,苏州市共拥有5A级景区(点)2家、4A级景区(点)22家、3A景区(点)10家、2A级景区(点)8家,共计42家。

【旅游规划建设】 2008年,为打响太湖旅游品牌,编制了《苏州环太湖旅游发展概念规划》,推动以旅游业为主导的环太湖生态产业集群带的快速形成。根据市委、市政府加强中心城区建设的指示精神,进一步完善苏州古城旅游规划和环城河旅游发展策划,做足水文章,形成新特色。同时,协调全市旅游整体发展,修编了《苏州市旅游发展总体规划》,与中科院联合编制《苏州市乡村旅游规划》,着力打造有特色的乡村旅游品牌。

【第十一届"东方水城"中国苏州国际旅游节】 4月18日,由国家旅游局、江苏省旅游局、苏州市人民政府主办,苏州市旅游局承办的第十一届"东方水城"中国苏州国际旅游节在苏州古胥门广场举行。本届旅游节以国际化、市场化、市民化为宗旨,在展示苏州城市形象、打造交流平台、推进旅游产品开发等方面发挥了其独特的作用。一是苏州与长三角各主要城市及海内外旅游城市间的交流与合作取得新进展。旅游节彩船招商首次采取市场化运作方式,成功吸引来自海内外、江浙沪的21家单位参与,其中马来西亚旅游局、日本神户市、台湾东森电视台、上海市旅游委、浙江省绍兴市、南京珍珠泉景区等首次参加旅游节的彩船巡游活动。二是首次举办"和谐苏州迎奥运、全民欢乐大比评"活动和旅游新产品、新线路公众展示交易会,使旅游节成为真正的"市民节日"及"旅游企业的节日"。三是宣传效应明显提升。邀请了《中国日报》、台湾东森电视、香港凤凰卫视等境内外30余家重点媒体在旅游节期间对旅游节进行采访;节前加大网络宣传力度,在苏州政府网及旅游网上分别开通了第十一届"东方水城"中国苏州国际旅游节的宣传窗口;《中国旅游》杂志、《中国旅游报》《香港大公报》《上海新民晚报》《文汇报》《旅游时报》《苏州日报》《姑苏晚报》等均以专版形式集中展示了旅游节的盛况。此外,还邀请了北京、上海、南京、杭州的重要旅行商来苏参加旅游节庆,同时安排旅游产品考察活动,为进一步扩大苏州与各大旅行社的合作打下基础。

(肖进提供)

无锡市旅游

【概述】 2008年,无锡旅游业围绕建设"区域性的旅游度假中心"、打造"最适宜旅游度假的休闲名城"的目标,积极应对困难,坚持创新发展,推进资源整合,加快转型升级,旅游休闲功能和整体发展水平得到新的提升。全年全市共接待入境游客64.96万人次,比上年下降14.7%;接待国内游客3682.44万人次,比上年增长9.9%;旅游总收入520.30亿元,比上年增长16.7%,全市旅游业总体保持平稳发展的态势。

*推进旅游休闲重大项目和新景新品建设。*2008年,全市35个旅游重点项目被列入跟踪服务项目,总投资203.6亿元。灵山三期工程、清名桥历史文化街区、惠山古镇等6个项目被列为江苏省旅游重点项目,占全省总数的七分之一。全市共有6个项目获得省旅游重点项目专项资金500万元(不含农业旅游项目),比上年增长92.3%。推进八大博览园、五个历史文化街区以及古运河旅游开发等一批重大项目建设,主动参与规划,重点开展策划,加大服务力度。发展夜间文化旅游活动,加强对全市夜间文化旅游活动的调研,拟定并提交市旅游发展领导小组会议讨论通过了《关于推进无锡市夜间文化旅游工程的实施意见》。加快江阴、宜兴两市旅游资源整合和旅游产品开发,江阴赞园、宜兴中国陶瓷城建成开放。实施精品景区战略,以灵山三期(灵山梵宫)建成开放为标志的精品景区建设取得显著成效,全市目前共有A级景区34个,其中AAAAA级景区1个,AAAA级景区13个,AAA景区7个,AA景区13个。大力发展农业旅游以及相关旅游产业,完成再创18个农业旅游特色点、4个农业旅游特色村、3个农业旅游特色镇的目标。

*展开新一轮城市形象推广和旅游宣传促销。*2008年,无锡旅游面对春季南方冰雪灾害、夏季奥运安保、金融危机等不利因素,突出"无锡是个好地方"的主题,采取"节会造势、专题推广、媒体宣传、公关促销"四位一体的途径,展开新一轮城市形象推广和旅游宣传促销。通过开展中国徐霞客国际旅游节、中国吴文化节等丰富多彩的节会、节事活动,充分展示城市形象。整合全市旅游资源,包装推出无锡旅游新景新品新线路。采用"请进来,走出去"的方式,持续不断进行专题推介,着力推广城市形象。创新宣传手段,利用网络、电视、报纸、广播"四位一体"的方式立体式、广角度、大范围宣传无锡旅游和无锡城市形象。

*启动新一轮旅游城市服务体系建设和服务质量建设。*加快推进高星级酒店建设,优化全市酒店结构和接待设施。全市有五星级酒店6个、四星级酒店19个、经济型酒店45个,审核批准绿色饭店12个,其中1个为金叶级。健全和完善无锡旅游信息服务系统,启动城市主要旅游交通导向标志系统工程,建成开通集旅游投诉、咨询、服务为一体的无锡旅游呼叫中心。建立旅游市场秩序监管常态化管理机制,联合公安、工商、交通、城管、卫生等联动成员单位,开展重点地区的环境和秩序整

治,与境内外合作,加强旅游市场和质量投诉管理体系建设。

提升新一轮产业联动发展和区域旅游合作。与市旅游发展领导小组广泛合作,分别建立推进入境旅游、修学旅游、农业旅游、生态旅游、美食旅游、购物旅游、平安旅游以及城市形象对外宣传、旅游服务质量监管、旅游服务和救援、旅游志愿者行动等长效合作机制,有力保障旅游业健康平稳发展。全力推进旅游区域合作,先后与新加坡、日本静冈县和大分县、澳大利亚等国家和地区,以及我国台湾台东县和新竹市的旅游界围绕“深化旅游合作,共拓旅游市场”开展深入合作。同时加强国内区域间旅游合作,实施“世博在上海,休闲到无锡——无锡旅游对接上海”计划;组织“万名无锡市民游成都”活动,支持四川旅游业恢复振兴;先后与延边自治州和哈尔滨、牡丹江、长沙、酒泉、合肥、肇庆等城市签订旅游合作协议,在区域协调发展中提升城市品牌和竞争实力。 (俞铁军)

【风景名胜】 无锡素以山水秀美、人文景观众多而著称,被誉为“太湖明珠”。无锡南濒烟波浩渺的太湖,有因范蠡而得名的蠡湖,穿越市区的京杭古运河,称为“江南第一山”的惠山,象征无锡古老历史的锡山。太湖之滨,有鼋头渚、蠡园、梅园、锦园、万顷堂、马山诸景等以自然景观著称的梅梁胜迹;惠山之麓,有锡惠公园、寄畅园、天下第二泉、惠山街、吟苑、东大池等以山、泉、亭、桥、祠庙等体现江南特色的锡惠胜迹;城区有古运河、城中公园、学宫、书院、试馆、名人宅第、旧街等以古迹见长的胜迹;有革命遗址、古遗址、冢墓及湮废古迹等遗址;还有泰伯庙、泰伯墓、吴文化公园等以吴文化为特色的人文景观;江阴市有黄山炮台遗址、徐霞客故居、兴国寺塔、顾山红豆树院、鹅鼻嘴公园等以要塞、林海、名胜、野趣为特色的风景名胜游览区;宜兴市有国内外驰名的陶的故乡、洞的世界、竹的海洋、茶的绿洲等胜景。近年来,新开辟了灵山大佛、蠡湖和周边胜景等一批旅游新景区和新景点。无锡已集(长)江、(古运)河、(太)湖、(天下第二)泉、(善卷、张公、灵谷、慕蠡)洞、(惠)山于一体,构成江南水乡的特有风貌。

【开通华西村旅游直通车】 2月18日,江阴华西村与无锡联合旅行社、无锡海外旅游公司合作,在太湖广场设点开通每天一班赴华西村旅游的直通班车,方便市民及外地游客前往“天下第一村”体验改革开放30年的成果,感受社会主义新农村日新月异的变化。华西村计划在全省13个城市同步设立“华西旅游直通点”。 (俞铁军)

【开发城市旅游信息服务系统】 4月8日,无锡市旅游局和中科院软件所在北京共同签署“城市旅游信息服务系统”合作框架协议,共同研发并推广城市旅游信息服务系统。城市旅游信息服务系统以互联网为载体,整合全国各个城市的景区、导游、旅行社、交通、宾馆、休闲、购物等旅游服务要素,建立以城市为基本单元的标准旅游信息数据库,形成覆盖全国的集旅游管理、城市推广和商务服务为一体的城市旅游服务网络。该系统首先以无锡为基地进行建设和运营,进而实现系统在其他城市的推广,最终建设成全国有影响力的城市旅游信息服务系统。

【无锡城市形象主题歌曲诞生】 5月9日,由无锡市旅游局邀请著名词作家贺东久、曲作家刘青共同创作的歌曲《无锡是个好地方》在“2008中国徐霞客国际旅游节”开幕式暨“欢聚霞客故里”主题晚会上被首次唱响。这是第一首歌唱美丽无锡、展示“无锡是个好地方”城市形象的主题歌曲。

【4个旅行社跻身全国“双百强”】 6月5日,国家旅游局发布《2007年度全国旅行社业务年检情况通报》,无锡市中国旅行社有限责任公司进入年度全国国际旅行社100强行列,排名第86位;江阴市华西旅行社、无锡康辉旅行社有限公司、无锡市春秋旅游有限责任公司等3个旅行社进入年度全国国内旅行社100强行列,排名分别为第7位、第26位和第91位。

【建成无锡旅游呼叫中心】 6月6日,由无锡市旅游局、无锡电信分公司联合开发建设的无锡旅游呼叫中心正式开通,游客只要拿起手边的电话,拨打96889699、114、118114,就可以得到准确、全面、权威的官方旅游信息服务或指导。这是一个基于无锡旅游商务网“旅游电子超市”、“车辆调度超市”、“导游服务超市”和“客房预订、票务服务”等商务服务数据库,借助全市广大旅行社、景区、车队和交通服务行业的优势服务资源构筑起来的综合服务平台,集中了旅游和电信各自的优势,实现了集旅游服务、咨询、投诉、救援、车辆调度、导游服务为一体的24小时在线服务,成为无锡旅游公共服务体系建设中的全新平台。

【表彰抗震救灾优秀导游员】 在“5·12”汶川地震期间,无锡市有6个旅行社9个旅游团近230名游客被困灾区。面对突发灾害,9名随团导游临危不乱,果断处置,在最快的时间内带领全部游客撤离危险区域,并安全返程,同时以实际行动支持灾区人民抗震救灾。6月25日,无锡旅游行业举办抗震救灾事迹报告会,授予邹静、袁扬、谢芳、宗婧、龚晓其、虞伶瑾、钱立波、张学娇、徐晓芬等9名导游员“无锡市抗震救灾优秀导游员”光荣称号。

【举办沪浙苏旅游市场论坛】 8月13日,2008沪、浙、苏旅游市场论坛在无锡举行。三地旅游界的100多位旅游业界领导、专家、学者到会,共同提出要抓住“后奥运”先机,进一步实现沪、浙、苏旅游资源共享、信息互通、游客互送、交通一体化,真正达成长江三角洲城市无障碍旅游,把2008年初以来多种因素造成的旅游损失弥补过来,开创长江三角洲旅游新局面。

【徐霞客旅游博览园开园】 9月26日,位于江阴市徐霞客镇的中国徐霞客旅游博览园正式开园。博览园集经济、文化、旅游、休闲、新农村建设五位一体,规划面积约3.11平方公里,总投资约3.5亿元,是徐霞客文化旅游区的重要组成部分。园区主要包括徐霞客碑刻文化园、徐霞客旅游博物馆、旅游文化交流中心(旅游论坛)、游圣祠等项目,并拥有徐霞客故居、仰圣园、晴山堂和霞客墓四大人文旅游资源。

【百名外交官考察无锡旅游业】 10月6日,来自美国、英国、法国等国家的近100名外交使节和旅游机构的官员访问无锡,考察太湖鼋头渚、三国水浒城、蠡湖景区等无锡精品旅游线路。巴基斯坦外交官费罗兹现场表示:无锡是一座宁静、美丽的休闲名城,回国后将大力推介太湖美景风情,让更多的人品味无锡好山好水好风光。无锡市副市长方伟对外国客人考察无锡旅游表示热烈欢迎,并希望有更多的外国游客到锡观光旅游、休闲度假。

【举办太湖生态旅游节】 10月22日,由宜兴市人民政府主办的2008中国陶都(宜兴)生态休闲旅游节拉开序幕。旅游节以“文化游”为亮点,突出“赏陶艺、游竹海、吃野菜,爬溶洞”等丰富的节目内容,吸引了众多中外游客前往。旅游节期间,宜兴市还举办了金秋美食节暨烹饪大赛、“美在陶都、游在宜兴”——百名摄影师聚焦山水宜兴、2008首届中国宜兴范蠡西施文化旅游节以及万名上海市民“范蠡文化休闲游”启动仪式等活动。

11月9～16日,由滨湖区人民政府主办的第四届无锡太湖生态旅游节开幕式暨首届中国(无锡)高尔夫业余、精英配对赛开赛仪式在无锡(马山)太湖国家旅游度假区举行。旅游节以“绿色生态,和谐发展”为主题,以传承吴地文化为主线,由生物医药研发服务外包建设与发展论坛、太湖城市形象大使评选、环太湖地区旅游CEO“合作共赢”峰会等活动组成。

【实施夜间文化旅游工程】 11月14日,无锡市旅游发展领导小组召开工作会议,重点审议了《关于推进无锡市夜间文化旅游工程的实施意见》,要求举全市之力积极发展夜间文化旅游,拉动内需,推动旅游经济发展,使夜间文化旅游成为无锡文化和旅游结合的新亮点,成为无锡经济和社会发展的新增长点,成为无锡城市的新名片和新品牌。

【国际旅行商到锡考察】 11月22～23日,来自日本、新加坡、马来西亚、印度、美国等13个国家68名国际旅行商组成的2008年中国国际旅游交易会系列买家团一行,在中国驻新加坡办事处主任祝庆瑞陪同下到达无锡,对无锡市的旅游新景、新品、新线路进行考察踩线,并就加强和深化双边旅游合作进行了深入的交流。

【无锡旅游对接世博、对接上海展示活动举行】 12月16日,无锡市人民政府在上海举行“世博在上海,休闲到无锡——无锡旅游对接世博、对接上海”展示活动。活动围绕“无锡旅游新景新线新体验”主题,向上海市民推出了太湖蠡湖生态休闲游、吴地文化体验游、民族工商业遗产游、古运河水上风情游、佛教胜地祈福游、城郊乡村休闲游和影视文化经典游等一批无锡旅游精品线路。（俞铁军）

常州市旅游

【概述】 2008年,常州市旅游业接待入境旅游者人数29.42万人次,比上年增长14.16%;旅游创汇2.76亿美元,增长21.46%;接待国内游客2037.05万人次,增长16.61%;国内旅游收入214.91亿元,增长18.04%;旅游总收入233.98亿元,增长17.41%;旅游增加值109.53亿元,增长17.69%。

行业发展。中华恐龙园通过创建国家5A级景区省级初评;常州博物馆通过国家旅游局4A级景区验收,成为常州第八家国家4A级景区。全市旅游景区总数达32家。久红生态农业观光园创建成为全国农业旅游示范点,全市国家级工农业示范点达18家,总数居全省第二。常州国旅、天目湖旅行社、常州青旅进入全国国内旅游百强社行列,其中常州国旅晋级第四位,全市旅行社总数达91家,导游人员达2000人。新评2家五星级饭店(天目湖国际大酒店、金陵溧阳宾馆)、四星级饭店6家,全市四星级以上高星级饭店达22家;新增金叶级绿色饭店4家、银叶级5家,绿色饭店总数达21家。组织开展“常州特色餐馆、饭店”评选活动。建成旅游商品研发中心。进一步提升旅游行业队伍素质,全行业“百千万”培训计划(培训企业高级管理人员和企业人力资源、营销等专门人才各100名,1000名导游员、景区讲解员分别参加集中培训和技能比赛,10000多名饭店员工全面进行岗位培训和业务练兵)顺利完成。先后组织饭店中式铺床、中餐服务技能、景区讲解员技能大赛和旅行社优秀导游演讲比赛,常州市选手先后在全国、全省饭店行业技能大赛中取得优异成绩。

旅游节庆。五一节前后,以“与奥运同行,展龙城风采”为主题举办中华龙城(常州)国际旅游节,推出国际旅游文化盛装巡游,“花都水城·浪漫武进”旅游节,溧阳市第四届天目湖旅游节,国际龙舟、舞龙、舞狮邀请赛,全国老年骑友迎奥运,“上海市民看风尚,风尚休闲到常州”城市自驾游等11项特色系列旅游节庆活动。11月,组织开展第二届“常州旅游感恩回报月”活动,各大景区面向市民先后推出半价特惠活动。11月30日举行的“市民旅游日”推出“万人免费游龙城”活动,各景区利用淡季拓展本地市场,30天吸引10万市民游客。12月,组织“千家中外旅行社相约龙城”活动,先后邀请东南亚旅行商买家团、美国旅游作家协会、龙之旅全国旅游协作网十三届年会、华东旅游联合体、长三角旅行社及媒体(16+2)峰会和第一届笑傲江湖旅游论坛等1800多家中外旅行社负责人到常考察踩线,为常州旅游进一步打入国内外旅游市场打好基础。

市场促销。进一步提升目标市场。在继续巩固长三角市场的基础上,重点突破北京、天津、河北、山东等北方市场。3月下旬组织全市20多家企业先后赴北京、天津、石家庄、济南4城市开展巡回促销活动。3月25日常州市在北京人民大会堂举办常州旅游推介会,并在中央电视台、旅游卫视、北京电视台、《北京晚报》、《北京青年》报以及列车、公交车车身投放常州旅游广告近200万元。4月,常州市参加全省在北京举办的大型广场促销会,并与无锡市在北京开展联合促销,与此同时还充分利用北京常州宾馆的窗口作用,通过增设旅游资料架、触摸屏、常州旅游画册和旅游风景画进客房等形式,大树常州旅游形象。4月26日,京津鲁冀等地旅行社组织首个千人大团;五一期间,北京天马国旅等多个系列团到常二日游。首次在上海打出的“到常州过大年”产品一炮打响,春节期间,常州旅游集散中心与上海新乐等旅行社合作组团到常2000多人,全年接待上海等地到常的过夜游客10956人。五一期间,利用杭州湾大桥开通组织江浙“万人跨海大行动”，首个到常二日游的宁波团超过1000人。新推出的自驾游龙城产品吸引上海、南京自驾车队近2000人到常游览。龙之旅先后多次组织千人大团到常，全年全国龙之旅协作网共为常州各景区送客82126人次。抓住开通赴台旅游和直航的契机，成功接待多批台湾直航南京的包机团队300多人，实现台湾客源市场的重大突破。

项目建设。编制完成恐龙谷温泉、江苏环球数字狂欢谷、中华孝道园、春秋淹城旅游区南入口广场、东方盐湖、天目湖景观提升、三河三园旅游线等旅游项目规划，组织专家对中国春秋淹城旅游区总体规划进行专家评审，批准实施江苏省常州丫髻山生态休闲旅游度假区总体规划，推进南大街休闲街区总体规划的编制工作。全年旅游项目完成投资37.4亿元，其中纳入考核的重点旅游项目完成投资19.79亿元，占年度计划的121%。新建成的项目有：恐龙园停车楼和综合服务设施、天目湖中欧论坛会址、金坛市江南孔雀园、市区青枫公园。项目顺利推进的有：恐龙谷温泉中心、环球数字狂欢谷、南山竹海温泉度假村、奥金鳄鱼园二期和儒林水城、市区东坡公园改造工程。同时2008常州（香港）城市产业推荐说明会期间共签约旅游项目4个，莱蒙国际会议中心、游艇俱乐部合作项目、天目湖休闲游乐设施建设项目和天目湖乡村俱乐部酒店项目共引进外资1亿美元。

行业管理。组织编制的《旅游企业信息化服务规范》成为省级地方标准，承担拍摄的全省旅游饭店消防教育片通过专家评审，编制出台《常州市旅行社等级划分与评定标准》；深入开展诚信旅行社创建和“旅游价格阳光行动”，全面开展“常州旅游质量品牌行动”，引导旅游企业实施品质管理和品牌经营；切实加强旅游市场的监管，完善投诉处理机制，对责任投诉实行定期通报公示制度；充分发挥行业协会在行业自律、规范发展方面的作用；以平安旅游建设为抓手，切实加强社会治安综合治理，高度重视旅游安全工作，假日旅游安全应急演练受到全国假日办领导的充分肯定，市旅游局连续五年被评为全市安全工作先进单位。面对年初的雨雪冰冻、汶川地震、泰国动乱、全球性金融危机等灾害和不利因素，全行业迅速启动应急预案，积极开展生产自救，保持了旅游市场稳定有序。汶川地震发生后滞留灾区的144名常州游客全部安全返回。全市旅游行业积极向灾区捐款，总数达520多万元。

2008年常州市旅游区接待情况一览表

旅游区名称	接待人数（万人）	营业收入（万元）
市区小计	2176.99	26124.02
中华恐龙园	216.71	17207.10
天宁禅寺	27.05	1293.85
亚细亚影视城	199.82	4700.00
红梅公园	634.00	2057.00
新北中心公园	182.17	264.38
博物馆	58.12	5.48

续上表

旅游区名称	接待人数（万人）	营业收入（万元）
南大街莱蒙商业街区	150.00	
青枫公园	133.00	97.60
荆川公园	138.00	
东坡公园	2.25	15.94
瞿秋白纪念馆	12.20	0.00
张太雷纪念馆	14.50	0.00
戈小兴烟标烟具博物馆	10.00	13.20
新华村	11.17	469.47
兰园、人民广场等	388.00	
武进区小计	306.14	3033.42
太湖湾旅游度假区	21.70	1035.00
动物园	28.79	1366.15
春秋淹城	77.17	214.50
艺林园	26.65	
横山风景区等示范点	102.26	417.77
新天地	38.77	
文慧园	10.80	
溧阳市小计	692.62	48229.41
天目湖旅游度假区	396.79	41015.81
南山竹海风景区	75.38	3274.94
高静园	38.10	
凤凰公园	23.30	
新四军江南指挥部纪念馆	4.85	19.85
瓦屋山休闲旅游区	39.57	203.83
人石山旅游农庄等示范点	114.63	3714.98
金坛市小计	479.21	3267.29
茅山风景名胜区	132.60	1931.90
华罗庚公园	64.60	91.08
顾龙山公园	62.80	156.10
愚池公园	107.90	133.50
奥金鳄鱼园等示范点	111.31	954.71
常州市合计	3654.96	80654.14

【旅游巡回促销活动】 3月25日，常州旅游“京津冀鲁巡回促销活动”在北京拉开帷幕。在人民大会堂，来自国家旅游局、北京旅游行业协会的领导以及50家北京旅行社的负责人参加了常州旅游推介会，中央电视台、北京电视台、旅游卫视等众多媒体进行了报道。随后，又先后在天津、河北石家庄、山东济南等城市开展了常州旅游促销活动，吸引当地众多旅行社同行、

媒体记者参加。此次巡回促销活动由常州市旅游部门牵头，市内多家旅行社、景区、饭店参加，历时7天，行程3000多公里。

【2008中华龙城(常州)旅游节】 本届旅游节自4月27日至5月18日，历时近一个月，以“与奥运同行，展龙城风采”为主题，推出10多项特色系列旅游节庆活动。4月27日，在钟楼广场举行2008中华龙城(常州)旅游节开幕式暨国际旅游文化盛装巡游活动，来自世界20个国家的17支民间表演团体和常州市的12个表演方队800多人参加盛装巡游，吸引8万多市民和各地游客观看。4月28日，中国旅游休闲文化媒体论坛暨第四届天目湖旅游节在溧阳举行。4月28日，来自美国、法国、澳大利亚、韩国以及东道主中国常州的180名登山健儿和万名踏青观光游客参加金坛茅山登山节。5月1日，2008“花都水城·浪漫武进”旅游节暨首届中国(武进)国际龙舟、舞龙、舞狮邀请赛在太湖湾景区举行；“风尚新北·重返侏罗纪恐龙文化节”在恐龙园和新北中心公园举行。5月10日，由常州市旅游局、上海文广新闻传媒集团共同主办的“上海千万市民看风尚，风尚自驾到常州”大型自驾游系列活动，首批吸引了100辆上海自驾车参加。5月18日，千余名来自全国各地的老年骑友在武进新天地公园举行“骑游北京迎奥运”出发仪式。

【五一节3天接待游客72.4万人次】 5月1～3日，常州市共接待游客72.4万人次，旅游收入8.19亿元，日均接待人次和旅游收入比上年增长10%和20%。全市41个旅游区累计接待游客75.11万人次，门票收入1800.19万元。全市84家旅行社共接待外地旅游团队932个、计155311人次，其中省内游客107064人次，占68.93%；共组团493个，组织17059人次赴各地旅游，日均组团数与出游人数比上年增长24%和59%。民航、铁路、公路客运部门3天共发送旅客48.84万人次，全市抵达旅客45.80万人次。

【春秋淹城旅游区总体规划通过评审】 6月20日通过专家评审。该规划范围东至武宜路，西至淹城路，南至延政路，北至虹西路，总面积为275.5万平方米。按照“点、线、面”综合布局的规划模式，形成“一心、一环、五片区”规划结构。“一心”为遗址公园观光区；“一环”为围绕淹城遗址公园，并以串联各个功能板块为目的所形成的大环线结构；“五片区”分别为文化商业区、入口服务区、春秋文化游乐区、春秋文化休闲区和城市森林观光区。

【《旅游企业信息化服务规范》成为省级地方标准】 《旅游企业信息化服务规范》由江苏省质量技术监督局和江苏省旅游局批准立项，常州市旅游协会共同组织编制的。在常州质量技术监督局、常州市旅游局的主持下，常州市标准化协会于6月21日通过专家审定，经审批后在江苏全省范围内实施。该规范对旅行社、旅游饭店和旅游区信息化硬件条件、网络建设、资讯服务等内容作出具体而明确的规定。

【举办旅游管理高级研讨班】 7月7日，在常州市人事培训考试中心举行。该班由市委组织部、市发改委、市人事局、市旅游局联合组织常州旅游饭店、旅游景区、全国工农业旅游示范点、旅行社等旅游企业，辖市、区旅游局(办)等单位负责人共100多人参加。中国旅游报社社长陈志学、上海同济大学王健教授、上海交通大学胡近教授、南京大学杨东涛教授、上海经济管理干部学院林镇教授以及美国、日本和国内著名旅游院校的专家和教师进行授课。

【常州与盐城两市旅游挂钩合作】 7月19～20日，由常州市旅游局、盐城市旅游局共同组织的“盐常旅游手牵手，经典盐城二日游”首发团成行，300多名常州游客参加，正式拉开“常州市民千人游盐城”的帷幕。盐城市旅游局在盐渎公园举行盛大的欢迎仪式。首发团游客先后游览丹顶鹤自然保护区、大纵湖旅游度假区、新四军纪念馆和盐渎公园等多个盐城知名景点。8月9日，来自盐城的近500人旅游大型团队走进龙城旅游，常州市旅游局在中华恐龙园举行“常盐旅游手牵手，休闲常州二日游”欢迎仪式。

【台湾旅游考察团和包机旅游团到常】 7月10～11日，来自台湾东森电视台、年代电视台、大爱电视台、港都电台、主人电台以及《旅报》等台湾知名媒体的旅游采访团对常州市进行为期两天的旅游考察。9月5日，出席“2008相约江苏——苏台旅游合作研讨会”的台湾旅游考察团60多人专程到常考察，台湾30多家旅行商及东森电视台、台湾时报、港都电台、IC之音等多家媒体记者先后参观游览天宁寺、红梅公园、薛家镇吴氏中丞第、华夏工艺美术产业博览园、中华恐龙园等景区，并对组团到常旅游的可行性进行深入调研。11月，常州市在两岸直航后又迎来300多位台湾游客组成的包机旅游团。

【假日旅游突发事件应急预案演练】 9月12日，国家假日办、旅游局组织的2008“十一黄金周”假日旅游突发事件应急预案演练在常州市中华恐龙园举行。全国假日办、国家旅游局、建设部、安监总局、质监总局等全国假日办成员单位领导以及江苏省旅游局领导等到现场观摩指导。演练内容包括紧急疏散、救援、火灾扑灭、游客疏散等。假日办成员单位领导还对天宁寺、红梅公园、富都商贸饭店、锦江国际大酒店等旅游企业进行安全督查和调研。中央电视台、新华社、中国旅游报社和中国旅游网对演练进行了全程报道。

【“十一黄金周”旅游收入创历史记录】 9月29日至10月5日，全市接待游客158.74万人次，实现旅游收入17.25亿元，增幅双双突破21%，刷新历史记录。7天长假，全市44个旅游景区累计接待游客197.24万人次，比上年增长24.72%；门票收入达3901.23万元，增长9.57%。中华恐龙园门票收入1742万元，名列全省景区之首。17家全国农业示范旅游点共接待游客18.65万人次。全市85家旅行社共组团797个，组织2.49万人次赴各地旅游，增长18.29%；出境游人次增长33.3%。来自北京、天津、安徽、河南等远程市场游客明显增多，通过组团到常的宁波游客就超过1500人。全市85家旅行社7天共接待旅游团队2500个25.8万人次，增长29.89%，其中本省游客162891人次，占63.07%，省外游客占37%。旅游星级宾馆(饭店)平均客房出租率为73.17%，累计接待6.48万人天，增长5.29%。民航、铁路、公路客运部门共有113.51万人次旅客抵达，增长7.42%。

【市旅游商品创新大赛】 2月起，由常州市旅游局主办、常州市旅游协会旅游商品分会承办。该大赛以春秋淹城、天目湖、茅山、南山竹海等景区为创作主题，共收到20多个单位和个人选送的旅游商品新品84种近200件。9月25日，经过由专家组成的评委会的现场评审，评出旅游商品创新大赛金奖2个，为中华恐龙园的Q版公仔和常州工艺美术研究所的凝香麦秆画；银奖4个，为留青竹刻台式名片盒、乱针绣《童心》、天目湖年年有余梳、道教名山刻纸；优秀奖8个，为淹城申遗纪念册、一目览尽千荷韵、高档工艺礼品梳、竹节挂件、南山寿翁折叠椅、暴龙爪手机挂件、天目湖黄瓷办公杯、竹小子玩偶。

【在全国、省旅游饭店服务技能大赛中获得大奖】 10月14日，在江苏省旅游局主办的全国旅游饭店服务技能大赛江苏省选拔赛上，来自常州大酒店的徐雯荣获客房中式铺床一等奖，常州国瑞宾馆的宋燕获得中餐宴会摆台二等奖，常州阳光国际大酒店的白天尊获得鸡尾酒调制二等奖，常州富都商贸饭店的季国庆获得西餐宴会摆台三等奖，常州代表队荣获本次比赛团体第一名。11月11～13日，在青岛黄海饭店举办的“纪念改革开放30周年”全国旅游饭店服务技能大赛上，徐雯以精湛的技艺，获中式铺床全国冠军，并被国家旅游局授予“旅游行业技术能手”称号。江苏省代表队因常州市选手的出色表现在本次比赛中获得团体第一。

【常州旅游商品研发中心揭牌】 11月17日，常州旅游商品研发中心揭牌仪式在常州科教城现代工业中心举行。该中心是由常州市旅游局、常州纺织服装职业技术学院、常州科教城现代工业中心共同投资建设的集旅游商品开发设计、制作、小批量生产、产品营销和学术研讨为一体的综合性开发式平台。中心面积3200平方米，拥有1个多功能展示厅、2个大师工作室和平面设计、计算机辅助设计、工业造型设计、创意设计、服装CAD/CAM工作室，配备了行业领先的Context三维成型机、“力可”计算机辅助设计及样板自动打印系统、品种齐全的手工制模工具、高清投影仪和计算机等设备。中心将利用常州科教城人才、技术、设备和场地优势，为全市各旅游景区和旅游商品生产、销售企业提供旅游商品设计开发的技术智力支持和研发平台。

【《宾馆饭店消防安全管理》宣教片通过评审】 12月3日，《宾馆饭店消防安全管理》江苏省标准示范宣教片通过专家评审组的评审。该片由江苏省旅游局委托常州市旅游局和常州市消防支队拍摄制作，从宾馆饭店的消防安全职责、消防安全制度和操作规程、消防安全管理措施、防火检查、消防宣传教育培训、灭火和应急疏散预案与演练、消防档案以及宾馆饭店常见消防安全问题和隐患等方面逐一进行达标管理示范展示，对于提高宾馆饭店的消防安全管理水平具有十分重要的指导和示范作用。

【2008“常州旅游感恩回报月”特惠活动】 11月，2008“常州旅游感恩回报月”特惠活动举办。市旅游局联合天宁寺及天宁宝塔、天目湖、南山竹海、中华恐龙园、淹城野生动物世界等景区和相关旅行社，分景区、分阶段推进。1～29日，先后推出“天宁寺及天宁宝塔特惠活动月”、“天目湖、南山竹海特惠活动周”、“淹城野生动物世界特惠活动周”、“茅山索道特惠活动周”和“中华恐龙园特惠活动周”。30日，市旅游局携全市所有旅游区、工农业旅游点，联合推出“常州市民旅游日”活动，凡常州市民凭本人身份证即可在全市各旅游景区、工农业旅游点享受特惠价门票或免费进园游览。这一天，还免费邀请各类特殊群体参观游览，包括“千名‘城市美容师’游中华恐龙园”、“千名残疾儿童游淹城野生动物世界”、“千名沙河水库建库‘老功臣’游天目湖、南山竹海”、“千名教师游天宁禅寺、天宁宝塔”、“军警、军属免费游龙城”等活动。30天内各景点吸引了10万市民游客。

【“千家中外旅行社相约龙城”系列活动】 11月23～24日，来自日本、新加坡、印度、泰国、尼日利亚、缅甸、斯里兰卡、越南、伊朗、柬埔寨、尼泊尔等国的70多位国外旅行商到常州参观考察。12月12日，龙之旅全国协作网第十三届年会在常召开，该团体拥有会员旅行社520多个，覆盖全国31个省、市、自治区。12月13日，2009华东（长三角）旅游联合体合作峰会在常州召开，来自全国各地100多家旅行社的负责人考察了青枫公园、红梅公园、奥体中心、市民广场、华夏工艺美术产业博览园等常州新景。12月17日，2008长三角16+2旅行社及媒体峰会暨“品质旅游品质生活”深度论坛在常州举行，来自长三角16+2旅行社合作峰会组织成员、长三角旅游传媒联盟成员、全国范围内300多家旅行社代表、华东地区部分景区代表及出境游批发商参加了此次峰会。

【评选常州旅游特色餐饮饭店】 9月～12月，常州市旅游协会、常州市烹饪餐饮行业协会联合开展常州旅游特色餐饮饭店的评选活动。全市31家餐饮饭店报名参评。最终评选出塘桥老哥、三勤生态酒店、小桥流水人家、王新华家乡菜馆等23家“菜肴有特色、装饰有特色、服务有特色、企业文化有特色”的常州旅游特色餐饮饭店。 （冒伟强）

镇江市旅游

【概况】 2008年，镇江市各项旅游经济指标稳步增长。全年接待国内外游客1957.78万人次，比上年增长19.65%；旅游总收入214.52亿元，比上年增长18.2%。其中，接待国内游客1904.23万人次，比上年增长19.77%，国内旅游收入185.07亿元，比上年增长20.25%；接待入境游客53.55万人次，比上年增长15.4%；旅游创汇4.2亿美元，比上年增长15.8%。镇江市接待国内外游客数、旅游业总收入均列市委书记许津荣与德国驻沪领事馆代总领事卜布先生互赠旅游纪念品（魏兢）

全省地级市第五位,其中,接待入境游客列第四位,旅游创汇列第三位。全市有旅游协会会员145家,新增会员34家。

完善旅游规划。市旅游局指导编制《丹阳市旅游产业发展规划》《茅山风景区建设规划》《丹阳眼镜城旅游功能建设规划》《丹阳南朝帝王陵墓石刻保护规划》《扬中雷公岛湿地生态园建设规划》《圌山风景区旅游建设规划》《世业洲旅游发展规划》等,并指导推进"十一五"旅游发展规划中的重点旅游建设项目,市区的金山湖景区工程、西津渡古街建设、世业洲东湖景区建设、句容的茅山景区道路及配套工程等4个创建项目,进入2008年省级重点旅游建设项目库。争取省级旅游发展专项资金500万元。

开展项目建设。全市全年完成旅游投入50亿元,其中,句容市政府直接投入2.5亿元,丹阳市政府仅投入石刻公园一项就达1亿元,市交通局投入2亿元建成茅山至九里景区高等级旅游道路。市区的金山广场、金山湖、荷花池广场、西津渡文化创意产业园、润州道院等新增旅游景区(点)相继建成并开门迎客;句容的茅山、宝华山,丹阳的嘉山、九里景区等全面推进景区扩容、品质提升工作。句容市的世茂大酒店、丹阳市的阅江金陵国际大酒店、京口区的皇冠假日酒店等3家五星级酒店全面开工建设,建成句容曙光国际酒店等;市公安局投入1000万元,完善道路标识标牌、新增停车泊位900个;市经贸委完成恒顺香醋文化长廊主体基建工程;市文化局扶持建设金山宝地"超越神话"演艺广场等。

开展各类创建活动。丹阳"中国优秀旅游城市"创建稳步推进;金山风景区创建"国家5A级旅游景区"通过省级评定,并报国家旅游局验收,茅山风景区向省旅游局递交"国家5A级旅游景区"创建报告;镇江国际饭店完成"五星"创建申报,全市新增四星级饭店2家,有10家星级饭店提交创绿色饭店申请报告;2家乡村旅游点通过省级"全国农业旅游示范点"的验收。

举办各种节庆活动。市旅游局牵头承办"2008中国镇江金山旅游文化节",组织本地旅游单位与外地旅游单位签订132份旅游合作协议,吸引20多万名外地游客到镇江旅游。中国镇江金山旅游文化节入围"2008年度中国十大旅游节庆"活动评选。举办"春风又绿江南岸"镇江旅游节,来自北京、上海等地的100多名摄影记者参加"同一个镜头——走进镇江"全国百家媒体摄影名家采风活动开镜仪式。内地及港澳台地区主流新闻媒体多角度宣传报道本届旅游节,搜狐网、人民网、中国旅游网等近千家网站转载、报道,超过100万名网民浏览内容。还举办"赛珍珠大地之旅"秋游式、焦山桂花节、镇江特色菜肴品尝月、"快乐UP"大型广场活动、句容茅山旅游文化节、宝华山泡山节、"丹阳觅镜、镜觅丹阳"媒体采风活动、扬中江鲜美食节、扬中江蟹旅游文化节、丹徒区世业洲秋季旅游采摘活动、京口区乡村旅游文化节、润州区温泉旅游文化节等。

拓展市场,加强区域合作。市旅游局组团参加省旅游局组织的赴新加坡、马来西亚、日本、韩国、香港等国家和地区,以及北京地区的推介活动;参加中国国际(上海)旅游交易会、中国国内(郑州)旅游交易会、第12届长江三角洲(南京)旅游交易会、宁波投洽会等活动;组团赴北京、上海、浙江、安徽、福建、河南等省、市拓展客源市场;组织52辆大型自驾游车队赴徐州、宣城宣传镇江旅游。与南京、扬州签订旅游合作推广计划,联合打造"扬子江之旅"旅游品牌,组团赴台湾、厦门、福州、杭州等地推介。设立"世博旅游推广站",启动"长三角世博主题体验之旅"专题合作项目,参加长三角旅游城市高峰论坛宁波峰会。邀请韩国驻沪领事馆人员,台湾旅行商大型考察团,江苏省"大运河"旅游线路调研组,荷中友协总裁,中国国旅总社负责人,以及苏州、无锡、淮安、吉安等城市旅游同行到镇江交流。推进镇江与连云港"南北挂钩"旅游合作,两地旅游局签订《旅游合作协议》。

加强媒体宣传。市旅游局邀请央视《走遍中国》栏目组拍摄七集专题旅游宣传片,首播重播总时长达10多个小时;邀请《北京电视台》旅游栏目组拍摄并播出9集旅游宣传片,在全省地市级城市中位列第一;邀请央视《为您服务——美食走天下》栏目组,浙江电视台《江南好》栏目组,上海教育电视台、南京电视台《从南京出发》摄制组等拍摄旅游专题片;邀请人民日报、中国旅游报、新华日报、人民网、新浪网等近百家主流媒体报道镇江旅游发展情况,其中在《中国旅游报》发表2000字以上文章近20篇。编印《水漫金山》旅游杂志,印制《畅游镇江》旅游画册(中、英、日三种文字对照)、《镇江旅游交通地图》(中、英文对照)、旅游书签等宣传品。

规范市场秩序。市旅游局确定"阳光操作、公开合同、公平条款、透明行程"旅行社操作四项原则,规范旅游组团合同示范文本、旅行社用车。发放《旅游消费指南》《游客出游告知书》,引导游客文明出游、理性消费。会同工商、公安、安监等部门联合执法,加强对各旅游重点环节、重点时段的检查,市旅游局质监所全年出动旅游执法检查300多人次,受理旅游投诉38件,收到各类咨询5000多人次,旅游投诉受理率、处理率、结案率、游客基本满意率均达95%以上。

重视教育培训。市旅游局选派机关干部赴香港参加短期培训,学习现代经济和旅游专业知识。推进导游考试工作,全市报名总人数1000人,全市导游总人数1694人。举办全市导游员研讨班,加强对导游人员的培养、教育和管理;举办"对话奥运、旅游镇江"英语大赛,培养并选拔一批优秀英语导游,为全省首创。加强对社会兼职导游的管理,组织开展"讲文明、树新风、迎奥运"活动,开展"优质服务竞赛月"活动,随旅行团发放"服务质量调查表"近千份,推荐204名导游员走向工作岗位,选拔100名社会导游进入优秀人才库,确定"十佳金牌导游员"。举办镇江、扬州、泰州面向欧美客源市场营销培训,旅游星级饭店、国家4A级旅游景区、乡村旅游点管理(经营人员)岗位培训及辖市(区)旅游局长研讨班,组织高层管理人员赴境外培训。

此外,在全市旅游行业开展"参与公益活动、奉献爱心"的活动,向四川汶川地震灾区捐款50多万元。镇江神州旅行社举办"神州心系灾区情,携手学子镇江游"活动,组织32名四川灾区学子参观镇江城市风貌。

【编制《镇江市振兴旅游业发展三年(2008~2010年)行动纲要》】 2008年8月,市旅游局会同市人大课题调研组,编制完成《镇江市振兴旅游业发展三年(2008~2010年)行动纲要》(以下简称《纲要》),并报市委、市政府联合行文下发。《纲要》提出,到2010年镇江市旅游经济指标比2007年翻一番,即:全市旅游总收入达到360亿元,旅游增加值达到183.6亿元,占全市GDP的比重确保达到9%力争10%。《纲要》指出,要着力提升镇江旅游产品内涵和市场竞争力,构建北部大江风貌板块、南山城市山林板块、茅山生态人文板块、丹阳商务旅游板块、扬中江鲜美食板块等五大旅游板块。《纲要》明确，镇江旅游市场定位是："国内一体两翼、国际东南西北"。"一体两翼"是指国内市场以上海为重点的"长三角""泛长三角"地区为核心市场，兼顾"环渤海旅游圈"市场和"泛珠三角旅游圈"市场；"东南西北"是指国际市场以日韩为重点的东亚、东南亚为主要市场，兼顾西欧、北美市场。

【旅游信息化建设】 2008年，市旅游局开展旅游信息平台建设，通过各类网络刊发信息超过1000条，其中，在国家旅游网刊发信息56条，在江苏省旅游网刊发信息量名列全省前茅。与德国彼路旅游国际公司合作，完成镇江旅游英文网站建设，实现与中文网站的链接。与江苏电信公司镇江分公司合作，推进"数字镇江"旅游信息工程，完善镇江旅游网功能，完成旅游局OA系统建设。与江苏移动公司镇江分公司合作，打造镇江"旅游通"品牌，建立无线手机旅游网，在市区主要景区设置手机自助导游服务、二维码导游服务和景点彩信点播；启动江苏省"12301"旅游呼叫中心数据采集工作；在元旦、春节、"五一"期间，向外地游客编发公益旅游短信100多万条，通过无线网络对到镇江的客情适时监控并分析，为提高旅游客源市场拓展的针对性、准确性提供科学依据。

【园林】 2008年，镇江市风景园林事业平稳发展，经济、社会和环境效益同步提升。

提升管理水平。全面推行市场化绿化管养模式，完善数字化考核、动态化管养机制，建立绿地管养全覆盖、检查考核全方位、卫生保洁全时段，保持干道、广场绿化整洁美观。坚持依法行政，全年完成行政审批事项262件，压缩审批时间2.4天。深化公园风景区"四化"考核内容，提升公园风景区环境质量。全面开展南山环境综合整治，开展3次市容环境集中整治，规范经营摊点20余处，清除卫生死角30多处，清理杂草、菜地2000多平方米，栽植各类苗木2万余株。

加强生态建设。启动国家生态园林城市创建工作，完成调查摸底、方案制定、动员部署、任务分解等前期准备工作。全市新增园林式单位和居住区35个，新增绿地260.5公顷，其中公共绿地70.6公顷，建成区绿地率、绿化覆盖率38.96%和42.12%，人均公共绿地14.5平方米。实施6.67公顷荒坡地改造和6.67公顷林相改造。以创建国家"5A""4A"级旅游景区为载体，完善旅游基础设施建设，新建金山票务中心、金山游客服务中心、北固山游客服务中心和影视厅等，开工建设金山荷花池广场。维修出新焦山板桥书屋、汲江楼、壮观亭等。

加大惠民力度。推进京沪高铁、沪宁城际铁路、上铁地块、交投地块、万科檀山地块、磨笄山安置点、珍珠安置点、金山佛教广场等全市重点建设项目征地拆迁工作，全年完成征地73.33公顷、拆迁488户计7万多平方米。在京沪高铁征地拆迁中，实现"率先完成交地、率先完成拆迁"的目标，被市委、市政府评为先进单位。全力开展抢险排障，迅速启动抗雪抢险减灾应急预案，组织抗击雪灾保护城市树木工作，清理50余条道路1.5万余株行道树的积雪，集中清理断树残枝50余车，保护城市绿化成果，降低受灾程度。全年处理各类事件103起，处理危树156株。全年发行"惠民游园一卡通"7.2万多张，伯先公园免费开放一年来，接待游客40万人次，比上年增长33%。

优化经济结构。包装并推出30多条旅游新线路，开辟观光、休闲、购物等一日游、二日游新产品。全年接待游客410万人次，团队游客量比上年增长5.67%。实现绿化工程营收1915余万元，比上年增长46%。初步形成生产、施工、养护、技术外包及服务咨询绿色产业链。引进金山历史文化展览馆、南山寿茶等项目，到账资金500余万元。

【镇江《三山风景名胜区总体规划》通过国务院审批】 2008年4月11日住房与城乡建设部批复，国务院原则同意《三山风景名胜区总体规划(2008年～2020年)》(以下简称《总体规划》)。三山风景名胜区面积为17.23平方公里。批复强调要按照《风景名胜区条例》及《总体规划》确定的分区分级保护要求，严格保护风景名胜区内文物古迹、自然水系、森林植被等风景名胜资源，特别要加强对碑林、金山寺等重要景点景物的保护管理，确保风景名胜资源的真实性和完整性。在风景名胜区外围保护地带要落实环境保护措施，协调好风景名胜区与城市的关系，维护自然和文化风貌。要依照《总体规划》要求，紧抓组织编制风景名胜区详细规划，按规定程序履行报批手续后，有计划、有步骤地进行区内各项建设。景区内不得建设有损生态环境和自然景观的工程，核心景区内严禁建设任何与资源和环境保护无关的项目。要依托镇江市江南化工厂以北地块建设风景名胜区旅游服务基地。按照近远期结合、分级布点的原则，严格控制风景名胜区内旅游服务设施的数量、用地和建筑规模，做好规划设计，做到建筑风格与景区环境相协调。同时强调《总体规划》是指风景名胜区保护、利用和管理的重要依据，必须抓紧制订风景名胜区保护与管理的实施细则。

【《南山风景名胜总体规划》通过省政府审批】 2008年12月11日，江苏省人民政府批复，原则同意《南山风景名胜区总体规划(2008～2025)》划定的风景名胜区规划范围、核心景区范围和外围保护地带，同意总体规划确定的风景名胜区性质、规划布局及景区保护、建设与发展目标。批复强调南山风景名胜区是以城市山林、古寺名泉为特色，融生态保护、文化体验、旅游休闲及历史遗存展示等功能于一体的城市型省级风景名胜区。要按照"科学规划、统一管理、严格保护、永续利用"的原则，加强景区规划、保护、利用与管理工作，维护风景名胜资源的自然特性、生态功能、文化内涵与地方特色。要按照总体规划要求，抓紧组织编制风景名胜区详细规划。严格按程序审批景区内各类建设活动，核心景区内严禁建设任何与资源环境保护无关的项目。进一步加强景区环境综合整治，对与景观、环境不协调的建筑设施特别是景区内的居民点，要有计划有步骤地进行改造、拆除或搬迁，恢复自然生态和风景景观。按照《国务院风景名胜区条例》《江苏省风景名胜区管理条例》规定，强化风景名胜区管理机构综合管理职能，研究制订风景名胜区保护和管理专项制度，依法加强对景区规划实施和开发建设的监督管理，切实提高景区管理水平。

【推进南山"天池"周边环境综合整治】 2008年1月23日下午，南山管委会开展推进"天池"周边环境综合整治活动，组织50余名公安、行政执法人员和工作人员，实施集中拆违、垃圾清运和植树覆绿等环境治理和生态修复行动。拆除违章建筑

2 处 25 平方米,清运各类垃圾 300 多吨,查处毁林事件 2 起。栽植龙柏等绿化树木 50 余株,改善“天池”周边的生态环境。同时,借整治活动,向附近单位和居民发放《南山风景名胜区管理暂行办法》,开展法治宣传教育。

【举办首届金山庙会】 2008 年 2 月 7 日 ~11 日(大年初一至初五),金山风景区举行首届金山庙会。庙会有民间文化艺术表演、猜灯谜、对对联、节庆商品展示、美食小吃、擂吉祥鼓等活动,将民俗民艺和佛教文化融为一体,突显金山庙会民俗与佛教文化亮点。庙会期间接待游客 4.6 万人次。

【举办金山“奥运之旅”游园会】 2008 年 3 月 1 日 ~5 月 31 日,金山风景区以园林花卉小品为表现手法,创新游园主题活动,举办“奥运之旅”游园会,接待游客近 32 万人次。游园会采用立体造型与浮雕相结合的手法,利用园林花卉植物进行艺术配置,营造出富有园林观赏性要求的“火炬传递”“追逐”“奥运手拉手”“最后的冲刺”“福娃摔跤”“自由体操”“心的传递——射箭”“奥运与浮雕”“中华武术”“水的畅想——游泳”“标枪”“网球”等十五组主题景点。同时,景区主干道布置以奥运人文为内容的宣传牌,烘托喜迎奥运的浓厚氛围,并通过地栽花卉与盆栽观赏植物相结合,立体塑造出以绿色为主调的游览空间。

【金山风景区举办第五届荷花展】 2008 年 6 月 1 日 ~8 月 15 日,金山风景区举办第五届荷花展,展出近百余株碗莲、千余株缸荷和睡莲,布置荷花仙子、打鱼归来、童鱼戏荷、采莲归来、品荷、精品荷花、点燃激情、竹亭荷风、荷塘拾趣等 12 组小品,并配置地肤、莱叶草、一串红等草花数万盆,接待近 15.7 万名游客。荷花展期间,举办金山荷花展摄影大赛、“荷风金山”小记者采风活动、咏荷赞莲书法大赛、历届荷花展摄影获奖作品展、荷花美食节等系列活动。与《京江晚报》《江南时报》、my0511 网站合作,举办荷花文化征文比赛,与镇江移动公司合作,推出景点详情点播业务及宣传短信。

【金山风景区举办第五届“花漫金山”植物展】 2008 年 8 月 16 日 ~11 月 15 日,金山风景区举办第五届“花漫金山”植物展,接待游客 26.9 万人次。本次花卉植物展主要通过园艺造景手法重点布置:双龙戏珠、绿色秋韵、曲院绿意、百花齐放、海狮戏球、母子情深等十余组植物造型,并在景区的主干道、主景区等处布置蝴蝶兰组合、垂吊蓝猪耳、垂吊矮牵牛、凤梨组合、红掌、黄玉扇、飘香藤、火炬、红剑等近百种观赏性植物和时令花卉 4 万余盆。

【焦山风景区举办“花漫浮玉”艺术展】 2008 年 3 月 1 日 ~5 月 30 日,焦山风景区举办“花漫浮玉”艺术展,接待游客 5.1 万人次。艺术展旨在表现传统乐器的魅力,通过排箫、琵琶、鼓等传统乐器造型进行立体花坛布置,分别在索道站、乾隆行宫、枫杨广场等主要景点诠释“云雀”“十面埋伏”“狮子吼”等经典古曲所呈现的意境。在鹤园设置“花”“开”“富”“贵”四幅扇面书法造型,烘托传统艺术的文化韵味。运用音符和五线谱等营造出清灵活泼、欢乐祥和的游园环境,并用三色堇、孔雀花、万寿菊、一串红等十几个品种的 2 万余盆花卉进行花坛配置和环境布置,形成“花漫浮玉”意境。

【焦山风景区举办“圆梦八月 · 清凉一夏”艺术展】 2008 年 6 月 1 日 ~8 月 31 日,焦山风景区举办“圆梦八月 · 清凉一夏”艺术展,接待游客近 8.4 万人次。艺术展紧扣 2008 北京奥运会主题,由室内展与室外展两部分组成。室内展设在焦山乾隆行宫,以江苏“工人收藏家”夏文志与国际奥委会主席萨马兰奇的奥运情结为主题,展品 170 余件,包括夏文志与萨翁互赠的礼品实物 40 余件,夏文志 4500 余件体育收藏珍品中的精品 100 余件。室外展利用奥运五环、中国祥云、福娃、飘带等奥运元素进行图案组合设计,在焦山大门、定慧寺山门、索道站、待渡舫、碑林入口、鹤园、枫杨广场等景点布展聚焦、圆梦、圣火点燃、盛宴、喝彩等奥运小品 10 余组。

【盆景“醉听涛声”获全国盆景展创新奖】 2008 年 10 月 8 日,第七届全国盆景展在南京玄武湖闭幕。镇江市有 18 件作品参展并取得优异成绩,其中崔兆华的盆景“醉听涛声”获创新奖(获创新奖的仅有 2 件作品),焦山的雀梅“生命之歌”、张宏泰的刺柏“凌凌风骨”、王年初的“迎客松”等 3 件盆景作品获银奖,王斌的“柏本有心”获铜奖。

【金山风景区启动荷花池改造工程】 市政府于 2008 年 4 月 16 日启动金山荷花池广场综合改造工程,该工程规划占地 6300 平方米,拆除临时建筑 43 户 73 间 930 平方米,新建近 5300 平方米的水景广场以及 1669 平方米的地下停车场和 2646 平方米的旅游配套服务设施,为游客提供一个集休闲、娱乐、集散为一体的城市广场。该工程计划于 2009 年 10 月前竣工交付使用。

【招隐三期工程“飞云阁”竣工】 “飞云阁”景点位于招隐景区最高点,为重檐三层八角攒尖顶形制,高 20.57 米,钢筋混凝土框架结构,占地面积 3000 平方米,其中建筑面积 290 平方米,地面铺装 150 平方米,道路 170 平方米。于 2007 年 11 月开工,2008 年 7 月竣工。该工程由镇江市地景园林设计有限公司设计,镇江市锦华古典园林建筑有限公司承建。

【南山风景区启动梅樱园建设项目】 2008 年 4 月 15 日,中国镇江第 16 届中日友谊梅樱园活动暨南山梅樱园建设启动仪式在黄鹤山举行,来自日本津市、仓敷市和奈良市的 30 多位日本友人与镇江百余名市民共同植下 200 多株象征友谊的樱花树。新启动建设的黄鹤山中日友好梅樱园,计划用 3 ~5 年时间,种植 1 万株樱花和梅花。

扬州市旅游

【旅游名胜】 古老的扬州曾是九州之一。现在的扬州,辖有广陵、邗江、维扬、仪征、江都、高邮、宝应七个市县区。全市总面积6634平方公里,总人口456万。

扬州作为国家级旅游、卫生、园林、环保、生态、文明城市和世界级人居城市,竭诚欢迎海内外朋友光临!扬州是一座人文之城,名胜众多,古迹满城,1982年,就成为国务院首批公布的全国24座历史文化名城之一。全市现有重点文物保护单位147处,有国家重点名胜区蜀冈－瘦西湖风景名胜区等旅遊景点40多处,其中4A级景点4处。国家重点名胜瘦西湖－－蜀岗名胜风景区,何园、个园、大明寺、乾隆水上游览线等是国家旅游局向海内外推出的国家级旅游线。文化底蕴丰厚、人文荟萃、源远流长。扬州八怪、扬州学派、扬州说唱久负盛名。扬州古籍刻印、漆器、刺绣、剪纸以及扬剧、评话、道情等艺术独树一帜。扬州是一座包容之城,东西方文化、南北文化在此交汇、共存一城,富有特质的文化滋养了扬州人宽阔的胸襟,外来人极易融入其中,真可谓:进入扬州城,就是广陵人!踏上广陵地,就是扬州人!扬州是一座宜居之城,国家卫生城、园林城、环保模范城、生态建设示范城、最佳人居环境城等13个城市桂冠集一身,2006年又获"联合国人居奖"。

【商贸旅游文化博览之城】 扬州市5.09平方公里的广陵古城,就是明清时期的扬州城,是最能展示扬州特色魅力的区域。2006年成功入选《世界文化遗产预备目录》,涉及江苏的5项中,只有"扬州历史城区"和"苏州古典园林扩展"2项为一个城市独享!而且为全国35项中面积最大。广陵古城汇集了扬州城最为厚重的文化底蕴,有140多处各级文物保护单位、500多处历史建筑群体,有江泽民同志旧居、朱自清先生故居,有晚清第一名园——何园、中国四大名园之一的个园,以及被誉为"盐商第一楼"的卢氏古宅、汪氏小苑、普哈丁墓园、吴道台宅第、双东历史街区等诸多古迹景点。广陵自古繁华地,隋唐时代,雄踞全国最繁华的工商业城市之列,有"天下之盛,广陵为首"的美誉;19世纪初,进入鼎盛时期,跃居世界十大城市之一,商贾云集,会馆林立,至今仍保留有湖南会馆、湖北会馆、山陕会馆等许多遗存。如今,以文昌阁为中心的3平方公里区域内,集聚了3000多家商贸服务企业和6条商业特色街,已成为苏中、苏北地区最繁华的商圈。

在文化上,它拥有各种技术、艺术、学术精华,素以富裕、文明、秀美著称。

古城沧桑——春风十里扬州路,卷上珠帘总不如(唐代·杜牧)

公元前486年,春秋时代的吴王夫差为北上争霸,在蜀冈修筑邗城,是为扬州建城之始。从邗城至今将近2500年,扬州在华夏舞台上扮演了光彩夺目的角色。

扬州在历史上屡经战乱,屡次崛起。汉代江都国才力雄富,士马精妍,国力居于各诸侯国之首。南朝时为北魏摧毁,沦为芜城。唐代扬州商贾如云,文士如林,时有"扬一益二"之美誉。南宋时遭金兵涂炭,只落得废池乔木,犹厌言兵。清代扬州盐商腰缠万贯,动关国计,跻身当时世界十大城市之列。可惜晚清盐业凋零,运河淤塞,扬州与近代化进程失之交臂。而今天,古城扬州终于迎来它的灿烂春天。

人文风物——红桥风物眼中秋,绿杨城郭是扬州(清代·王士禛)

唐代二十四桥的旖旎,北宋平山堂的风流,明末史可法的忠烈,清中叶扬州八怪的轶事,几乎家喻户晓。扬州文化对华夏文明作过许多重要贡献。西汉江都相董仲舒首倡"独尊儒术",为主宰中国千年的统治思想奠定了基调。唐代扬州诗人张若虚的《春江花月夜》,被誉为"孤篇压全唐"。明清两代扬州文士辈出,施耐庵、吴敬梓、曹雪芹、龚自珍等文学巨匠所取得的伟大成就,莫不与扬州的人文环境密切相关。

扬州八怪、扬州工艺、扬州戏剧、扬州曲艺、扬州美食、扬州园林、扬州雕版、扬州学派等文化瑰宝,以浓墨重彩书写着扬州文化的辉煌。

旧貌新颜——奋迅中华看醒狮,芜城今复耀奇姿(当代·赵朴初)

扬州保存着春秋以来的历代古城遗址,和明清以来的老城街巷格局。拥有各类文物保护单位300余处,其中全国重点文保单位12处,江苏省级文保单位34处。

扬州坚持城乡统筹发展,围绕营造投资环境、生态环境、人居环境,着力建设"生态扬州"、"文化扬州"、"实力扬州",促进全市经济社会健康快速发展。扬州现已成为重要的交通节点城市,城市化进程加快推进,城市面貌变化巨大,生态环境普遍改善,发展空间空前拓宽。一个经济与社会协调发展、人与自然和谐共存的美好扬州,热烈欢迎你!

【城市旅游业】 2008年全市旅游经济保持平稳高位增长。全年共接待旅游总人数1890.6万人次,同比增长21.2%,其中入境旅游者46.36万人次,同比增长27.6%;旅游总收入201.42亿元,同比增长21.8%。旅游综合竞争力显著提高。瘦西湖风景区创5A通过省级验收并上报国家验收;宝应纵棹园成为我市县(市)中第一家3A级景区,五亭龙玩具城和江都龙川盆景艺苑通过2A评定。全市新增9家星级酒店。旅游产品的吸引力显著增强。一年来先后建成开放了以"双东"、"双宁"为代表的一批文旅结合旅游项目,以1912广场、京华城全生活广场为代表的一批商旅结合旅游项目,以万花园、动物之窗为代表的一批新建扩建旅游项目,以凤凰岛、枣林湾公园为代表的生态休闲度假和农家乐旅游项目。旅游名城的知名度和美誉度显著提升,扬州旅游在海内外客源市场的影响力进一步扩大。

(李志勇提供)

南通市旅游

【概况】 积极贯彻实施大旅游发展战略,加大景区开发建设和创建力度,全力开展宣传促销活动,完善旅游服务功能,提升南通旅游形象,旅游产业规模日益壮大,发展水平不断提高,旅游经济继续保持快速、健康、协调发展的态势。全市有国家A级旅游区28个,其中4A级旅游区4个,分别为狼山景区、濠河景区、南通博物苑、南通珠算博物馆,3A级旅游区11个,2A级旅游区13个。共有农业旅游示范点2个,全国工业旅游示范点2个。共有旅游星级饭店61家,旅行社97家,2008年新评旅游星级饭店11家,其中三星级以上6家。接待海内外旅游者1303.31万人次,增长19.1%,其中,接待海外旅游者28万人次,增长25.1%;接待国内旅游者1275.31万人次,增长19%。南通荣膺"中国优秀旅游城市"、"中国最佳生态旅游城市"称号,市长丁大卫荣获2008中国旅游突出贡献奖。狼山景区、濠河景区创建国家5A级旅游区的工作正式启动。举办2008中国南通国际江海旅游节,成功入围2008年十大旅游类节庆奖。

泰州市旅游

【概况】 2008年,全市旅游景区景点建设、行业管理、宣传促销力度进一步加大,旅游市场进一步繁荣。凤城河风景区获批国家AAAA级旅游景区,泰山公园和靖江市人民公园、姜堰市人民公园分别获批国家AAA、AA级旅游景区,泰兴凤灵集团、泰州现代农业综合开发示范区、泰兴古银杏森林公园创建全国工农业旅游示范点通过省级验收。新成立旅行社14家(其中国际旅行社1家),新批三星级饭店1家。全年接待国内外旅游者792.07万人次,比上年增长19.15%;旅游总收入79.82亿元,增长22.18%。

【旅游政策规划】 跟踪分析《泰州市旅游业发展"十一五"专项规划》的实施情况,邀请东南大学旅游系教授、《泰州市旅游发展总体规划》课题组负责人储九志,以及市发改委、规划局、建设局、文化局相关负责人,认真组织规划中期评估和修编工作。《2009~2012年泰州旅游发展行动计划纲要》经市政府常务会议讨论通过并印发实施。

【项目建设与上争资金】 旅游项目建设迅速推进。望海楼景区、桃园景区、老街、学政试院相继开放并接待游客;梅兰芳纪念馆改建工程顺利完成并正式开馆,同时举办中国泰州梅兰芳艺术节;姜堰溱湖风景区、华侨城项目建设取得新进展;兴化垛田风景区正式开放,金东门历史文化街区建设正式启动;靖江江心洲、泰兴古银杏森林公园建设步伐加快。全年争取省级旅游项目建设和乡村旅游专项资金410万元,姜堰市湖南村成为全省5个村镇旅游规划试点单位,获10万元规划资金支持,姜堰市溱湖风景区获国家旅游发展基金项目开发补助费80万元。

【旅游行业规范发展年活动】 严格旅行社年检,对违反《旅行社管理条例》相关内容的8家旅行社给予暂缓通过的处罚。加强节日监管,在黄金周前及期间,开展旅游安全检查,对旅行社经营、导游带团及旅游车辆等开展专项督查。强化导游培训,首次对新考导游员实行岗前培训制度。深化品牌创建,继续积极推进国家A级景区、全国工农业旅游示范点的申报创建工作。

【旅游宣传】 组团参加长江三角洲南京旅游交易会、上海"长三角"城市春季旅游精品展示会、河南郑州中国国内旅游交易会、北京"江苏旅游周"奥运旅游促销活动、上海中国国际旅游交易会,发放宣传资料约5万份。打造长期固定的旅游宣传载体,与泰州电视台联合开办"快乐旅游"电视栏目,改版升级泰州旅游综合网,编印报纸《泰州旅游》4期,创办《泰州旅游》杂志。

【"和谐新泰州、魅力城乡游"启动仪式】 3月30日,组织全市78家旅行社、30多个景区(点)和20多家星级饭店负责人开展"和谐新泰州、魅力城乡游"启动仪式,向市民推荐城乡游线路6条。

【力推"地接"工作】 6月初,组织全市78家旅行社召开地接服务和规范管理工作会议,要求全市旅行社推出地接线路,促进全市地接旅游市场发展。

【成立首家国际旅行社】 10月18日,市首家国际旅行社泰州市光大国际旅行社挂牌成立,为全市开拓入境旅游市场、提升服务层次产生积极推动作用。

【旅游商品设计大赛】 7月,市旅游局与市凤城河风景区管委会联合主办首届泰州旅游商品设计大赛,旨在进一步挖掘泰州旅游商品市场的潜力,扩大泰州旅游收入中购物的比重,全面提升泰州旅游购物市场形象。历时近半年,共征集到市内外42家单位和个人8大类204种386件参赛作品,其中有漆器、活性炭、蓝田玉、发绣、竹木雕等工艺制品和民间民俗手工艺品,也有以棉麻、丝绸等毛纺、针织品为代表的手工、轻工业产品;有品种丰富的传统土特产品,也有底蕴深厚的书画作品,基本涵盖泰州旅游商品的各个种类,代表当前泰州旅游商品的整体水平。大赛评选将公众参与和专家评审结合,共评选出金奖1名、银奖3名、铜奖5名、优秀奖20名,优秀组织奖5名,并从投票中抽出市民参与奖20名。

【"泰州城市八景"评选活动】 6~8月,市旅游局与泰州日报社、江苏移动泰州分公司联合举办中国移动12580杯"泰州城市八景"评选活动,经前期全面调查、精心甄选,共有23个景点入围参评,这些景点都有较好的旅游基础,拥有相对独立的区域、专门的管理机构和较为完善的服务设施。组委会设置拨打"12580"投票、报纸投票、网络投票等多种投票途径,得到广大市民和游客的参与。共收到各类选票4205张(条),其中有效选票2704张(条),投票总数合计21632票。根据候选景点所得票数多少,望海楼景区、桃园景区(老街)、光孝寺、泰山公园、梅兰芳纪念馆、中国人民解放军海军诞生地纪念馆、城隍庙、引江河风景区等八大景区被评选为"泰州城市八景"。

【赴上海巡回旅游推介】 6月20日~7月3日,副市长刘励带队,市旅游局组织全市25家骨干旅游景区、旅行社、旅游饭店负责人,赴上海举办以"中华凤城、祥泰之州"为主题的巡回旅游推介活动。先后走访上海市10个区,覆盖上海各主要中心城区。静安区等旅游部门、300多家上海旅行社和新闻媒体参加推介会,上海东方电视台、《旅游时报》、《上海青年报》等多家申城媒体进行报道,进一步扩大泰州在上海的知名度与美誉度。9月19~21日,组团再赴上海,参加上海旅游节,在黄浦和静安两区开展专题促销,凤城河风景区民俗演出队在上海南京路精彩亮相,宣传效果良好。2008年全市接待上海旅游团队明显增长。

【全市旅游业发展工作会议】 12月18日,市政府召开全市旅游业发展工作会议,市长姚建华到会并讲话。市旅游局、市凤城河风景区管委会、兴化市政府、姜堰市溱湖风景区管委会作表态发言。各市(区)政府主要负责人、分管负责人、旅游局(办)主要负责人,市级机关各相关部门(单位)负责人,旅游景区(点)、旅游星级饭店、旅行社代表共120人参会。会议分析全市旅游业发展形势,明确和部署2009~2012年全市旅游业发展目标任务,动员全市上下进一步解放思想,开拓创新,努力推动旅游业发展实现新跨越。 (赵庚奎)

【景区建设】 凤城河风景区即环城河风景区,景区范围包括泰州环城河及市区凤凰河部分。年内,在全面完成凤城河二期工程桃园、望海楼景区建设的基础上,完成泰州老街项目的工程建设、开市营业、文化包装等系列工作,5月1日与桃园、望海楼景区共同正式对外开放。启动凤城河三期凤凰生态岛工程建设,完成项目所涉房屋拆迁,明确重点景观规划方案,完成土方调整、沿河驳岸等市政工程,启动古建、绿化、亮化等工程施工,年内基本形成生态景观风貌。

【4A级景区创建】 年内,凤城河风景区加大国家4A级旅游景区的创建力度,以增强景区可进入性,提高旅游服务水平、打造节庆活动品牌为着力点,增加公路引导标识,规范管理服务流程,强化市场推介力度,景区旅游条件、服务水平、开发能力得到进一步提高。2008年5月1日正式对外开放以来,景区共接待游客60多万人次,年底顺利通过国家旅游局检查验收,成为市区第一个国家4A级旅游景区。

杭州市旅游

杭州市加快旅游产业转型升级和服务品质提升。全市实现旅游产业增加值260.96亿元,占全市生产总值的4.3%。旅游配套设施进一步完善。至2008年末,全市有星级宾馆247家,其中五星级宾馆13家;旅行社437家;A级景区(点)26个,其中5A景区1个,4A级景区19个。全年接待入境旅游者、国内旅游者分别为221.33和4551.67万人次,旅游总收入超700亿元,达707.22亿元,增长12.2%。

杭州是全国著名的风景旅游城市,拥有2个国家级风景名胜区——西湖风景名胜区、"两江一湖"(富春江——新安江——千岛湖)风景名胜区;2个国家级自然保护区——天目山、清凉峰自然保护区;7个国家级森林公园——千岛湖、富春江、大奇山、午潮山、青山湖、山沟沟和瑶琳国家森林公园;1个国家级旅游度假区——之江国家旅游度假区;全国首个国家级湿地公园——西溪国家湿地公园。杭州还有全国重点文物保护单位24个、国家级博物馆6个。全市拥有年接待1万人次以上的各类旅游景区、景点120余处。被国家旅游局和世界旅游组织授予"中国最佳旅游城市"称号;被世界休闲组织授予"东方休闲之都"称号。 (陈茜提供)

宁波市旅游

【概况】 2008年,宁波市旅游业按照"发展大旅游,开拓大市场,形成大产业"的要求,加大工作力度,大力推进旅游经济强市和长三角最佳休闲旅游目的地建设,全市旅游经济呈现快速健康发展的良好态势。全年实现旅游总收入450.2亿元,增长18.4%。接待入境旅游者78.73万人次,增长14.23%;入境旅游外汇收入4.9亿美元,增长13.75%。接待国内游客

3465万人次,增长12.7%;国内旅游收入415.9亿元,增长19.4%。旅游经济主要指标居全省第二,在15个副省级城市中排名第六。

【旅游设施】 全市对外开放的旅游景区(点)达82家。其中4A级景区18家(杭州市19家,居全省第二),全国工农业旅游示范点11家。全市现有星级饭店199家,其中五星级饭店9家,待评(在建或拟建)的五星级标准饭店约有25家,威斯汀、洲际、万豪、喜达屋、凯悦、香格里拉、雅高、喜来登、豪生等国际知名品牌先后落户宁波,宁波星级饭店总体规模和国际化程度在国内同类城市位居前列。有旅行社203家,宁波飞扬建立起涉及全省的旅行社连锁网络,宁波中旅收购宁波国旅,浙仑海外、中青旅等一批旅行社积极扩张,不断向景区开发、餐馆经营、旅游交通等产业多领域投资。年内,旅游直接从业人员约13万人,间接从业人员约70万人,全市农家乐休闲旅游点达214处,从业农户800余家。

【旅游特色】 旅游产业发展基本形成"一核四带"的格局,构成吃、住、行、游、购、娱等较为完善的产业体系,涌现出工业旅游、农业旅游、红色旅游、海洋旅游、高尔夫旅游、会展旅游等旅游新业态。旅游产品从原来单一的观光产品向观光、休闲度假、会展商务、节庆活动等多元化、综合型方向发展。年内,市政府下发《今后五年宁波市服务业跨越式发展行动纲要》,明确将休闲旅游业作为服务业加快发展的六大支柱产业之一,全市各地制定出台相关扶持政策,安排旅游业发展专项资金,强化旅游管理部门职能,加强旅游工作考核和督查。象山县、鄞州区成为首批浙江省旅游经济强县(区)。围绕"东方商埠、时尚水都"主题形象,坚持城市形象宣传、旅游线路推广及旅游产品促销相结合,通过在相关客源城市组织宁波旅游"宣传周"、"推广年"活动,组织参加国家旅游局及长三主要城市组织的旅交会,精心策划举办各类旅游节庆活动等,积极拓展国内外旅游市场。年内,以浙江、上海、江苏为主的国内一级市场继续保持高速增长的态势;湖北、河南、四川、广东、安徽、山东、北京、福建、江西、海南等国内二级市场有效拓展。入境市场中,港澳台、日韩及东南亚保持平稳增长的趋势,欧洲、美洲和大洋洲的客源也开始逐步提升。 (谢敏依提供)

湖州市旅游

【概况】 2008年,我市旅游工作紧紧围绕加快建设现代化生态型滨湖大城市和打造长三角重要休闲旅游中心的战略目标,坚持以客源需求为导向、以拓展市场为龙头、以规划建设为重点、以行业管理为保障,努力克服国内外政治经济形势及自然灾害等因素造成的困难,旅游经济保持了平稳较快的发展态势。全年接待国内游客1948.43万人次,入境游客24.36万人次,实现旅游总收入131.72亿元,门票收入1.36亿元,分别增长16.85%、25.01%、29.12%、12.76%。

【项目建设】 全市实施服务业重点旅游项目25个,全年完成投资18.21亿元。德清县下渚湖湿地风景区二期、西部生态旅游项目,长兴县陈武帝故宫,安吉县丰华五星酒店、大场坪综合休闲项目、龙山森林体育公园,吴兴区上实假日酒店,南浔区国际旅游度假中心、荻港渔庄二期,太湖旅游度假区太湖明珠、丘城小镇、渔人码头等项目进展明显。旅游项目建设年度指标完成率达100%。

【乡村旅游】 围绕社会主义新农村建设,大力发展乡村旅游,实现农业与旅游的有机结合。2008年,长兴大唐贡茶院、东沟公社,吴兴九龙山庄休闲中心被评为湖州市休闲农业景区。南浔区荻港渔庄、德清乐都农庄等成功创建省三星级乡村旅游点。全市已形成山地风光为依托,以"农家乐"为主题的农家餐饮型;以独特的水乡风光为依托,以绿色生态休闲为主题的农家园林型;以景区(点)为依托,以观光为主题游乐型等六大经典乡村旅游。已形成以杨墩休闲农庄、城山沟桃园山庄等为代表的全国农业旅游示范点4家,以荻港渔庄为代表的省星级乡村旅游点5家,以安吉大溪村、长兴顾渚村为代表的省市级农家乐休闲旅游示范村点122个、农家乐经营户861家,其中星级农家乐经营户40余家、上规模的农家乐休闲旅游农户120余家,在全省具领先地位。

【区域合作】 进一步拓展区域旅游合作领域,以杭州都市经济圈为平台,联合杭州、嘉兴、绍兴三城市,策划宣传"绝色江南、吴越经典"四城市整体旅游形象,共赴北京开展旅游推介活动。联合杭—宁生态旅游带各城市举办了自驾游系列活动,推出系列跨区域生态自驾游产品,启动目标客源地自驾车旅游市场。主动联系对接上海旅游节,承办"接轨世博、相约湖州"上海旅游节花车大巡游走进湖州活动,组织举办了接轨上海活动周——"世博之旅在湖州"旅游推介活动,与上海旅游局世博办公室签订了世博旅游合作推广意向书,湖沪两地旅游企业达成20项、50万人次来湖旅游的组团协议,精心编制了5条"世博之旅在湖州"精品旅游线路。承办"长三角世博体验之旅湖州高峰论坛"。积极筹建主要客源市场的旅游办事处,构建大众市场直销模式。目前,深圳办事处已挂牌。

【行业管理】 组织开展"品质管理年"活动,增强旅游企业服务意识,深化行业管理工作,努力提升接待服务水平。制订《湖州市旅行社日常管理百分制制度》、《湖州市旅游饭店星级评定管理工作实施细则》,进一步规范旅行社和星级饭店评定检查工作。举办全市旅行社经理资格培训班和星级饭店品质内审员培训班,提高旅行社管理水平,建立星级饭店内审员队伍,提升从业人员素质,促进行业提档升级。2008年,新审批设立国际社1家,国内社8家,湖州新国际旅行社升格为出境组团社。新评德清莫干山大酒店、南浔丽菁大酒店、安吉中南百草园度假酒店、太湖紫金假日山庄、织里大港宾馆、德清丽晶

大酒店、织里汇源商务宾馆等7家三星级酒店，长兴国际大酒店、天煌大酒店通过四星验收。推进全行业节能减排工作，举办全市星级饭店节能降耗推进培训会，建立旅游企业节能降耗管理网络。 （洪流提供）

嘉兴市旅游

【综述】 2008年，全市旅游工作认真贯彻全市旅游发展大会精神，以举办“浙江山水旅游节”为契机，以省、市两级旅游经济强县、强镇创建为抓手，加大旅游产品的开发建设力度，加大接轨上海、服务世博的实际步伐，提升市区旅游发展水平，全面推进我市旅游产业的转型发展。2008年，全市接待国内游客2140万人次，同比增长15.7%；国内旅游收入180亿元，同比增长21.6%；接待海外游客52.95万人次，同比下降13.58%；旅游外汇收入1.89亿美元，同比下降0.86%。

2008年，全市旅游规划发展工作，按照“发展大旅游，开拓大市场，形成大产业”的要求，落实“十一五”旅游产业发展规划，以加大旅游投入，加快旅游资源开发，大力培育旅游品牌，提升景区品质为重点，着力推进旅游重点项目建设和“旅游经济强县”、“旅游经济强镇”、“旅游特色村”创建工作，旅游经济稳步发展，基础配套设施建设进一步完善，全年用于旅游项目开发和基础配套设施建设的资金达20亿元。截止年底，全市共有国家A级旅游景区(点)24家，其中国家4A级旅游景区7家、3A级旅游景区3家、2A级旅游景区14家，全国工农业旅游示范点6家，省级旅游度假区2家，省生态旅游区1家，省文明风景旅游区2家。旅游市场开发工作，以2008浙江山水旅游节、浙江省旅游交易会和中国(浙江)韩国旅游合作大会为重点，加强入境、国内旅游市场开发，不断创新，全面提升，努力塑造嘉兴旅游新形象，在我国旅游业经受风雨挑战的2008年，嘉兴旅游市场仍取得了可喜的成绩。旅游行业管理工作，力求创新工作思路，拓宽行管渠道，着力在提升质量、提升效益上做文章。通过指导、管理、监督和服务，提升旅游企业的整体管理和服务水平，提高游客对我市旅游企业的满意度，推进我市旅游行业的品质建设和整体水平的提升。截止2008年底全市共有星级饭店58家，其中五星级1家、四星级9家、三星级30家、二星级16家、一星级2家。全市旅行社共有79家，比去年增加7家。2008年，我市的旅游安全生产管理工作经受了全面的洗礼，是市旅游局成立以来最受考验的一年。整个行业经受了2月份的雪灾、5月份的四川汶川地震灾害、6月份的水灾、9月份的防台、抗台等一系列的事态，但我市的安全生产形势仍然保持着稳定的态势，未发生游客死亡或财产受损的责任或意外事故。

【南湖风景名胜区】 2008年，南湖风景名胜区(简称南湖景区)共接待国内外游客106万人次，实现旅游收入2206.66万元；南湖景区顺利通过了省文明办、省建设厅、省旅游局组织的省级文明景区考评，并荣获了“省级文明景区”称号；11月份，景区又被省旅游局评为“省级生态旅游景区”。

景区围绕5月份奥运火炬传递和10月份山水旅游节活动的时间节点，加快推进重大旅游项目建设，着力提升城市旅游功能，全年完成文化旅游项目投资2.05亿元。5月，完成南湖革命纪念馆新馆土建工程、周边鸳湖路道路改造、七一广场和市旅游集散中心项目建设，奥运火炬来到南湖并在景区内传递；6月，完成沈钧儒纪念馆的修缮和改版工作，成功举办“沈钧儒纪念馆建馆十周年纪念活动暨《沈钧儒家书》首发式”活动；建成文字书碑苑，基本完成揽秀园南园、勺园建设，完成南湖景区内原苗圃区域、蒙古包区域、南湖渔村区域等绿化改造工程。8月，成功拓展台湾旅游市场，全年接待台湾旅游团80批次；9月，月河街区正式开街运营，并推出以南湖景区、月河、梅湾街、环城河景观为主要景点的“环城河夜游”新产品，着力打响了“烟雨南湖·运河古城——船游嘉兴”的旅游产品，嘉兴市区旅游影响力进一步增强。

【烈士陵园“国防教育基地”正式授牌】 为表彰嘉兴革命烈士陵园(英雄园)在国防教育、爱国主义教育中做出的突出贡献，浙江省政府于2007年9月授予嘉兴革命烈士陵园“国防教育基地”称号，并于2008年5月30日为烈士陵园正式授牌。近年来，嘉兴革命烈士陵园一直将国防教育作为一项重要基础性工作开展，每年接待中小学生数万人。同时，烈士陵园还切实加强了对国防教育基地的规划、建设和管理，为其发挥作用提供必要的保障，卓有成效的推进国防教育的普及和发展。

【沈钧儒纪念馆建馆十周年纪念活动顺利举行】 为纪念伟大的爱国主义者、杰出的民主战士沈钧儒先生逝世45周年暨沈钧儒纪念馆建馆十周年，6月11日上午，由嘉城集团等四家单位联合举办，南湖革命纪念馆承办的“沈钧儒纪念馆建馆十周年纪念活动暨《沈钧儒家书》首发式”，在沈钧儒纪念馆内隆重举行。全国人大常委、民盟中央副主席李重庵，民盟浙江省委副主委卢亦愚，浙江省文物局副局长陈官忠，嘉兴市委常委、宣传部长武靓亮，市人大副主任王新民，副市长柴永强，市政协副主席王淳，以及沈钧儒先生亲属及社会各界人士200多人出席了此次活动。下午，“沈钧儒先生与爱国民主统一战线学术研讨会”在嘉兴沙龙宾馆举行。此次研讨会共收到来自全国各地论文25篇，来自全国的论文作者、学者、专家和沈钧儒研究会会员、沈钧儒亲属代表围绕“沈钧儒先生与爱国民主统一战线”这一主题进行广泛的交流和探讨，共同缅怀先生丰功伟绩，感受先生的爱国情怀。

【月河历史街区对外开放】 9月28日，月河历史街区正式对外开放。月河历史街区位于嘉兴老城区北部，是嘉兴现存风貌最完整、规模最大、最能反映江南水乡城市特色的古街区，街区内自古繁华、商铺林立，近8.8万平方米的清末传统民居建筑虽年代久远，但一直保存完好，建筑风貌极具嘉兴特色，留有浓厚的水乡古城的痕迹。嘉城集团承担了月河历史街区保护性开发这一市重点工程，并按照“修旧如旧”的原则，相继投资4

亿多元资金,在重点保护其具有浓郁水乡韵味的传统民居的同时,对整个街区关键节点进行修缮和保护,并结合月河街区内“三河三街”的基本格局,因地制宜地引入文化、餐饮、娱乐、商务等多种经营业态。

【环城河夜游项目正式推出】 9月28日,环城河夜游的正式开游,将南湖景区、梅湾街、月河街、芦席汇三大历史街区、环城河(古运河)等众多景点串联成线。市民和游客可以乘坐巴士丝网船,从南湖会景园出发,途径壕股桥、紫阳桥到达梅湾街,经范蠡湖、船文化博物馆到达月河历史街区,再经芦席汇、狮子汇回到南湖。其中南湖、梅湾街和月河街各有停靠点。通过夜游环城河,市民和游客可以亲身感受嘉兴运河古城魅力,体验船游嘉兴乐趣,共享嘉兴城市发展成果。同时,环城河夜游的开通也进一步打响了市区“烟雨南湖·运河古城——船游嘉兴”的旅游新品牌,为市区旅游业的发展注入了新的活力。

(付冬花提供)

绍兴市旅游

【旅游景区(点)】 周恩来纪念馆:周恩来祖居“百岁堂”位于今绍兴劳动路,旧称宝祐桥河沿,掇木桥头。浏览八字桥街区,周恩来祖居已在不远。沿长桥直街向西,穿过中兴路,走进劳动路不久就可以看到周恩来祖居。如果你乘坐公交车在解放路城市广场站下车,就应该先参观周恩来祖居,然后再游览八字桥街区。

祖居是一座坐北朝南,具有明代建筑风格的砖瓦房。祖居台门上方“周恩来祖居”五个大字为陈云同志所写。祖居原名“锡养堂”,因周恩来祖上曾有一位王氏寿至百岁,浙江巡抚授“百岁寿母”匾额而改名为“百岁堂”。祖居的房屋经过几次修缮,但风格与结构基本保持原貌,周恩来的祖上世居在此,直至他的祖父到江苏做官才移居淮安。

周恩来祖居共三进,每进之间有天井相隔,两侧有石走廊相通,整体结构规整,风貌庄重古朴,具有浓厚的绍兴地方特色。由于年久失修,百岁堂曾有过损毁。1949年后,政府和老百姓曾多次要求修缮整理,均被周恩来和邓颖超同志所劝阻。50年代末小作修缮后,根据周恩来的要求将祖居交给国家使用。80年代,当地政府才对百岁堂作了全面修缮,基本恢复了原貌。1998年为纪念周恩来诞辰100周年,再次进行了整修,并扩建了周恩来纪念馆,以后又有了周恩来纪念广场等。

周恩来籍贯是绍兴,出生在淮安。但现在很多专家提出了许多新的证据,说明周恩来出生在绍兴,江苏淮安是他成长的地方,这可能会是一个历史之谜。据目前已认知的资料看,周恩来把一生都献给了中国的革命和建设事业,唯一回到绍兴的一次是1939年的三月二十八日至三十一日。当时周恩来以国民政府军委会政治部副部长的身份来绍兴宣传抗日,从事革命活动。与此同时,周恩来还在亲属的陪同下,祭扫了祖墓,并在族谱上填上了他自已和邓颖超的名字,还留下了不少题词和照片,充分表露了他对故乡人民的一片深情。这些非常生动而有意义的活动都在周恩来生平事迹陈列厅中得到展示,其中题词厅前面天井左侧的不到10平方米的小屋,就是周恩来1939年到绍兴时曾经休息过的地方。

周恩来祖居:周恩来祖居,位于浙江省绍兴市劳动路50号。1984年2月,正式对外开放。1985年12月21日,陈云题写“周恩来祖居”匾额。祖居为朝南的砖瓦平房,外观古朴庄严,共三进,每进三间房。两进之间各有天井相隔,天井两侧有小廊对拱。第一进中间为台斗门,左右为耳房。第二进为大厅。第三进原为楼房,倒塌后,改建平房。相传周恩来的祖辈中有一对夫妇寿至百岁,故又称百岁堂。

周恩来曾于1939年3月29日至31日回归祖居,在这里接待过亲友和各界人士,发表抗日演说,召开工人座谈会,并给爱国人士和亲友书写了多幅题词,指出光明前途,号召团结抗日,鼓励青年学习,极大地鼓舞了故乡人民的抗日救国热忱,并填写了周氏宗谱。

祖居重点介绍周恩来1939年春来乡推动抗日救国的事迹。陈列的展品有当年会见绍兴各界人士时用过的六角木桌和书写过题词的长方形书桌,还有续写的周氏宗谱等文物

鲁迅故居:鲁迅故里核心区含有大量与鲁迅及鲁迅文化相关的历史文化信息。鲁迅故居、鲁迅祖居、三味书屋等全国重点文物保护单位声名远播。此外,曾出现在鲁迅笔下的咸亨酒店、塔子桥、土谷祠、长庆寺、恒济当铺等,都原汁原味地呈现在世人面前。

百草园:百草园在鲁迅故居的后面,占地近2000平方米,原来是新台门周姓十来户人家共有的一个菜园,平时种一些瓜菜,秋后用来晒谷。这是鲁迅童年时代的乐园,常来玩耍嬉戏,品尝紫红的桑椹和酸甜的覆盆子,在矮矮的泥墙根一带捉蟋蟀、拔何首乌,夏天在园内纳凉,冬日在雪地上捕鸟雀。这些童年趣事,在鲁迅的心里留下深刻而又美好的印象,一直到晚年还引起他亲切的怀念。百草园连同周家新台门的房产易主之后,园地的南北两端虽已改变了面貌,而它的主要部分仍基本上保持原样。

三味书屋:三味书屋是清末绍兴城里著名私塾。鲁迅12岁至17岁在这里求学。鲁迅的座位,在书房东北角,一张硬木书桌是鲁迅使用过的原物。有一次鲁迅因故迟到,受到先生批评,就在书桌右上角刻“早”字以自勉。塾师寿镜吾(晚署镜湖),是一位方正、质朴和博学的人。他的为人和治学精神,给鲁迅留下难忘的印象。三味书屋是三开间的小花厅,本是寿家的书房。寿镜吾在这里坐馆教书达60年,从房屋建筑到室内陈设以至周围环境,基本保持当年原面貌。三味书屋后面有一个小园,种有两棵桂树和一棵腊梅树。

秋瑾故居:秋瑾故居位于绍兴市区塔山南麓和畅堂。秋瑾少女时代在这里习文练武。1906年春自日本归国后至1907年7月被捕前,一直在这里从事革命活动。此处原为明代东阁大学士朱赓别墅。屋宇分五进,坐北朝南,依山而筑,渐次升高,规模不大而具大家气象,结构不繁而见气韵流动。大门门楣之上,悬挂一方匾额,曰:“秋瑾故居”,系辛亥革命老人何香

凝题写。全国重点文物保护单位。

秋瑾纪念碑：秋瑾纪念碑，位于绍兴市中心，为秋瑾烈士就义处。碑高7米，呈正方形，1930年落成。碑座正面（西面）刻有蔡元培撰、于右任书《秋先烈纪念碑记》，碑身镌有张静江书“秋瑾烈士纪念碑”字样。轩亭口原有候轩亭，为唐观察使李绅所建，后于亭前临街建有大楼。今亭与楼俱废。现在纪念碑西面建有“轩亭口”牌坊，东面塑有秋瑾汉白玉塑像，其后照壁上镌“巾帼英雄”四个字，系孙中山先生手书。市级文物保护单位。

蔡元培故居：蔡元培故居，在绍兴市区笔飞弄西侧，为蔡氏祖父以下几代聚居地。蔡元培在此出生，并度过童年和青少年时代。附近有笔架桥、题扇桥、戒珠寺、蕺山。蔡元培自幼受良好的家庭教育及越中先贤精神的熏陶，读书异常勤奋刻苦，对学业孜孜以求。使得他17岁中秀才，23岁中举人，26岁中进士，两年后又授翰林院编修，蔡氏台门从此挂起红底金字的“翰林第”匾额；而他最终成为文通古今、学贯中西的“学界泰斗”与“人世楷模”，也正是从此居起步与奠基的。省级文物保护单位。

舟山市旅游

【旅游业】 全年接待国内外旅游者1516.48万人次，比上年增长16.2%。其中，国际旅游者21.20万人次，增长6.4%；国内旅游者1495.28万人次，增长16.4%。分主要景区看，普陀山景区350.47万人次，增长9.4%；朱家尖景区193.70万人次，增长17.1%；桃花岛景区90.15万人次，增长20.7%。全年旅游总收入101.96亿元，增长19.5%。年末有星级宾馆67家，星级宾馆床位数8977张，旅行社103家。

【新景区选介】 “东极之光”东极：东极，又名中街山列岛，系我国东部领海最边远的岛屿，毗邻公海。由28个大小岛屿和108块礁石组成。东极的海漂亮至极，碧澄的海水中石斑鱼、虎头鱼、鲈鱼等海洋鱼类随处可见；礁岩上闻名的舟山辣螺、马蹄螺、观音手、贻贝等几十种野味贝类唾手可得。在许多人眼里还很陌生的东极，既有壮美浪漫的海岛风景，又因其地处东海的最东端，远离尘嚣，更增添了一份安宁静谧的极地情致！历经沧海变迁的东极，如今，经过当地政府及投资者的精心打造，已被开发为一处以山石景观、地域风貌、渔家风情、海钓休闲等为特色的旅游休闲胜地，吸引着各方宾客的到来。

“东方大港”港桥新区：舟山多深水良港，如鲲之背，如鹏之翼，岸线曲折，绵延百里。内连富饶的长江三角洲，外接繁忙的国际航线，区位优越，得天独厚。世纪伊始，风云初展，击水三千，扶摇九万，正当其时！

舟山是中国新兴的海岛港口旅游城市。舟山港由定海、沈家门、泗礁、洋山等8个港区组成，已发展成为以水运为主，集大宗物资中转储备基地、上海国际航运中心深水外港和大型船舶服务基地于一身的深水良港。目前，拥有万吨级以上码头泊位11座，年货物吞吐能力超过5000万吨。从1999年开始，舟山港货物吞吐量居全国第9位。

舟山大陆连岛工程是连接海岛与大陆的重要交通基础设施。工程东起329国道环岛公路，西至宁波镇海区，与沪杭甬高速公路和杭州湾大通道连接。连岛工程总长48千米，由五座大桥连接，配套有游艇码头和观景平台。

台州市旅游

旅游环境和服务水平不断提升。台州耀达国际酒店成功通过国家旅游局评审，成为我市首家五星级饭店。全市共有星级饭店67家，客房7726间，床位13497张，旅行社113家。成功举办第五届中国台州旅游节等系列活动。全年共接待旅游总人数2605.23万人次，比上年增长19.3%，其中入境旅游人数10.38万人次，增长11.5%。实现旅游总收入208.59亿元，比上年增长19.0%，其中旅游外汇收入7047万美元，增长13.7%。

马鞍山市旅游

【概况】 旅游业发展水平不断提升。全年旅游业总收入23.86亿元，比上年增长25.7%。其中，国际旅游外汇收入2633万美元，比上年增长39.2%。全年共接待海外旅游者24752人次，比上年增长26.1%。年末星级饭店为24家。其中，四星级3家，三星级7家。

【成功举办第二届马鞍山李白国际户外旅游节】 2008年4月25～27日，“采石矶”杯第二届马鞍山李白国际户外旅游节成功举办。本届户外旅游节以弘扬李白文化,大力宣传和塑造城市形象,迎接2008北京奥运会为目的,将户外精神与旅游结合起来,打造趣味性更强、参与度更广的,与李白诗歌节相配套的旅游节庆活动;以节庆活动为载体,加大宣传力度,进一步提高马鞍山旅游的影响力。旅游节集旅游、文化、奥运、竞技等元素为一体,先后举行了李白户外精神论坛、篝火晚会、国际户外铁人三项赛等活动。

【成功举办马鞍山首届旅游商品设计大赛】 2008年10月10日~11日,2008马鞍山旅游商品设计大赛暨旅游商品展示会举办。这是马鞍山首次举办旅游商品赛会活动。参加本次旅游商品设计大赛的优秀旅游商品达60多个系列100多件,旅游商品参展商23家,展出了独具特色的千余种旅游商品,包括工艺美术品、文化艺术品、土特产品、旅游食品、户外用品、民俗用品、教育益智、旅游科技产品等类别。马鞍山风光系列洪滨丝画获金奖、当涂布贴画李白醉江东等3家获银奖、手指玻璃反画系列等5家获铜奖。

【举办"诗仙游踪"马鞍山休闲自驾之旅接团仪式】 2008年10月18日李白诗歌节期间,举办了"诗仙游踪"马鞍山休闲自驾之旅系列团接团欢迎仪式。来自安徽新奇军车友俱乐部及南京电视台《从南京出发》栏目组自驾车队的100多名车友自驾30多辆车参加了活动。

【打造县区节庆品牌】 当涂县举办当涂护河园艺桃花节,节间接待游客近十万人次,通过节会活动,全方位展示和推介当涂的历史文化风采,以花为媒,构建招商平台,促进交流合作,努力推动当涂县旅游经济的发展。花山区举办了霍里镇葡萄采摘节,组织25家旅行社参加葡萄节,并与该村达成了协议,共同推广葡萄节农家乐旅游。

【开展各类旅游创建活动】 加快推进A级旅游区、全国工农业旅游示范点和省级农家乐旅游示范点建设。2008年,李白墓园被批准为3A级旅游区;蒙牛乳业(马鞍山)有限公司、当涂园艺村分别荣获全国工业旅游示范点和全国农业旅游示范区称号。花山区双凤生态植物园、正和休闲山庄、宜春农家乐、雨山区大西塘农家乐和当涂县园艺村5家获省农家乐旅游示范点称号;花山区宜春农家乐、金家庄区小黄州农家乐、当涂县护河镇园艺村农家乐餐厅3家农家乐入选安徽省首批"森林旅游人家"。认真落实全省乡村旅游"525"创建工作。花山区和当涂县湖阳乡积极开展旅游强县和旅游乡镇创建工作,花山区黄里村和苏李村申报创建旅游村。经省星级农家乐评定小组验收评定,全市进入全省首批星级农家乐的有19家。其中,五星级农家乐2个、四星级农家乐5个,从数量上和质量上在全省均属前列。 (周宇等提供)

南通狼山

上海市城乡建设与环境保护

【城市建设与管理】 2008年,上海城市建设围绕“四个中心”建设和2010年上海世博会目标,加快枢纽型、功能性、网络化的重大城市基础设施体系和世博会配套项目建设。完成城市基础设施建设总投资1733.18亿元,比上年增长18.2%,占全社会固定资产投资总额的35.9%。其中电力建设129.53亿元,比上年下降20.7%;交通运输838.91亿元,比上年下降0.18%;邮电通信108.59亿元,比上年增长6.91%;公用事业112.81亿元,比上年增长85.23%;市政建设543.34亿元,比上年增长81.05%。

【城市环境质量】 节能减排工作取得显著成效。2008年,市政府把做好节能减排、加快资源节约型和环境友好型城市建设列为2008年全市22项重点工作的首项,全市推进节能制度建设,建立完善节能目标责任制和评价考核制度,强化责任制和问责制。市有关部门组织实施《上海市固定资产投资项目节能评估和审查管理办法(试行)》、《固定资产投资项目节能评估和审查指南》和《节能评估咨询中介机构管理办法》,对政府投资项目、年耗能超过2000吨标准煤的项目以及单体建筑面积超过2万平方米的公共建筑项目加强节能评估和审查,不符合国家和上海合理用能标准和节能设计规范的项目一律不得开工建设。有关方面加大产业结构调整优化力度,大力推进现代服务业和先进制造业发展,加快淘汰落后生产能力,全年共完成调整项目522个,实现节能能力130.1万吨标准煤;增加节能投入,全年预算安排节能专项资金10亿元,实际节能方面支出达4.01亿元,还实施电机系统、燃煤工业锅炉等一批重点节能工程。年内更新公交车辆1750辆,中心城区(外环线内)基本消除公交车冒黑烟现象。2008年,全面完成年初确定的节能减排降耗和污染减排目标,各项节能减排工作取得明显成效。经过国家统计局审核,全市单位生产总值(GDP)能耗比上年下降3.78%,完成年初确定的目标;“十一五”前3年全市单位生产总值综合能耗累计降低进度为55.61%;全市单位生产总值(GDP)电耗和规模以上工业增加值能耗也比上年明显下降。二氧化硫排放量比上年下降10.39%,化学需氧量比上年下降9.49%,超额完成减排目标。

2008年,全市环保投入占同期全市生产总值的3.08%。其中城市环境基础设施建设投资为284.29亿元,占环保投入的67.31%;污染治理投资为56.39亿元,占13.35%;生态建设投资13.18亿元,占3.12%。

年内,环境空气质量优良天数为328天,优良率达89.6%。可吸入颗粒物年日平均浓度为每立方米0.084毫克,二氧化硫年日平均浓度为每立方米0.051毫克,均比上年下降0.004毫克。区域降尘量月平均值为每平方公里7.8吨,比上年下降0.2吨。全市地表水质量总体保持稳定,长江口水质较上年有所好转,全市水环境重点整治河道和水环境质量考核断面水质与上年基本持平,黑臭断面均有所好转。全市道路交通噪声昼间时段平均等效声级为71.4分贝(A),比上年下降0.5分贝(A);夜间时段平均等效声级为66.4分贝(A),比上年上升0.5分贝(A)。区域环境噪声昼间时段平均等效声级为57.0分贝(A),比上年上升0.2分贝(A);夜间时段平均等效声级为49.9分贝(A),比上年上升0.5分贝(A)。全年新建绿地面积1190公顷,其中公共绿地568公顷;绿地总面积为34256公顷,其中公共绿地14777公顷。城市绿化覆盖率38%,人均公共绿地面积12.5%。

南京市城乡建设与环境保护

【概况】 2008年,世界城市论坛的召开、文明城市和最佳人居环境城市的创建,使南京城市建设面临严峻考验和极佳机遇。城建工作围绕“优化城市结构、增强城市功能、提升城市品质”总体目标,按照“突出生态文明建设,突出城市特色塑造,突出城建为民理念”总体要求,取得显著成效。完成投资358.1亿元,超额完成年初计划。

“跨江发展”建设。长江四桥基本完成先导工程,主桥建设开工;纬七路过江隧道连接线道路主体工程基本完成;纬三路过江通道开展前期研究;江北滨江大道长江三桥至纬七路过江隧道、长江大桥至朱家山河桥段完成前期工作,进入拆迁实施阶段;江南滨江大道幕燕段竣工通车,下关段在2009年春节前贯通,河西段、南延段、雨花段建设均在推进中;江北地区基础设施建设加快推进,沿江工业开发区经七路、经九路等道路建设和浦口桥北路、浦珠路环境综合整治相继完成,西江口湿地公园项目可行性研究和生物多样性调查完成。

“一城三区”建设。河西新城区建成会展中心一期工程、CBD绿轴和中央公园,完成滨江大道西侧风光带拆迁和景观工程,中海社区中心竣工验收。仙林新市区完成九乡河东路、文枢西路等道路建设,基本完成东湖片区河道整治和白象片区污水管网、道路路灯等一批市政配套设施建设,建成鼓楼医院仙林国际医院。东山新市区完成总体规划研究和新市区防洪排涝专项规划,建成并开放天印广场,金箔路改造一期和二期工程竣工。江北新市区宝塔山森林公园1100平方米雕塑景墙在年底已基本建成,中心大道工程开工建设。

生态环境建设。全年累计关闭小化工企业141家,全面完成仙林污水处理厂厂区建设,基本完成城东污水处理厂二期主体工程,初步完成桥北、铁北污水处理厂评估设计等前期工作,各乡镇污水处理系统建设有效推进,城市污水处理率提升到85%左右。集中式饮用水源地保护工作有序推进,完成30个保护区划界立标工作和区域内20余家企业、码头、砂场的取缔、关闭工作。承诺南京市民的20块老城绿地建设任务超额完成,茶亭东街、朝天宫等21块绿地建成投用,聚宝山森林公园、江宁新济洲湿地公园等郊野公园建设推进中,宝塔山森林公园于2009年春节前完成。“绿色南京”建设效果显著,完成599.33公顷防护林建设,幕燕、栖霞山等风景区及红山、玄武湖等公园的景点景观提档升级。至年底,全市建成区绿化覆盖率达46.4%,建成区绿地率达41.8%,人均公园绿地面积13.2平方米。

老城环境整治。着重推进“五个一工程”。开展新街口商圈提档升级建设,完成新百主楼主体封顶、德基二期裙楼封顶和新华社江苏分社地块75%拆迁任务,完成金鹰三期项目规划要点和苏宁东侧地块的拆迁勘查。实施明城墙风光带保护与建设,完成中华门至中山南路城墙修复工程和中山南路通道建设,进行明城墙风光带文化旅游资源挖掘和整合研究。保护修缮一批以民国建筑为重点的优秀建筑和历史街区,全面完成梅园新村桃源片区立面出新工程,基本完成南捕厅二期街区招商工作。扩建和再造一批文物景点,完成江宁织造府土建和园林景观建设,完成金陵大报恩寺塔和蒋百万故居拆迁任务,完成朝天宫景区扩建工程。改造提升河道景观,完成南河整治二期,启动实施内秦淮河后2.5公里及外秦淮河上游18公里整治工程,其中七桥瓮生态湿地公园于2009年1月1日开园。

交通体系建设。全年完成投资165亿元。铁路南京南站征地拆迁和筹融资工作有序开展,沪汉蓉铁路浦口段征地拆迁工作全面展开,各项铁路建设完成投资51.7亿元,超额完成年度目标任务。纬三路、玄武大道快速化改造全面完成,快速内环顺利闭合。地铁一号线南延、二号线一期、二号线东延仙林段均进展顺利,年度完成投资41.8亿元。宁杭高速公路南京段建成通车,绕越高速东南段路基施工,江南、江北沿江高等级公路建设全面展开。先后实施顾家营路南延、云锦路北段、石杨路一期、宏光路二期等37条城市主次干道建设任务。年末,人均道路面积18.2平方米,位居全国15个副省级城市前列。

惠民工程建设。以解决全市低收入群体住房难问题为重点,9月19日,出台《关于保护房地产市场稳定健康发展的意见》。加快实施“三房”建设和危旧房片区改造步伐,全年新开工普通住宅约891.17万平方米,竣工近529万平方米。开工建设耐特地块、华宏C地块等5个中低价商品房(产权调换房)项目53.8万平方米,竣工31.4万平方米。完成危旧房改造拆迁121万平方米。经济适用住房累计开工374万平方米,竣工201万平方米,1000套廉租房房源落实到位。“城中村”基础设施配套和环境整治任务全面完成。完成900幢房屋整治、80个小区和207条背街小巷出新,逐步加强和老百姓密切相关的公厕、垃圾中转站建设,全年新改建公厕60座、垃圾中转站11座。

城乡统筹发展。郊县城镇化建设步伐继续加快。全面完成119项“三城九镇”(雄州、永阳、淳溪3座新城,禄口、铜井、横梁、白马、桠溪等9镇)基础设施建设工程,完成道路建设69.93公里,投资约17.5亿元。六合雄州新城完成雄州西路一期、龙华路一期等道路工程,横梁镇生活污水处理系统完成全部土建施工。溧水永阳新城完成韩幸中路、卧龙湖景观大道等道路建设和无想山、珍珠路等4项景观改造工程,基本完成县城污水处理厂建设,东屏镇污水处理厂加快建设。高淳淳溪新城相继完成玉泉路、大丰路北延等道路建设和县城污水处理厂二期土建工程,漆桥、桠溪等镇污水处理厂建成并投入运行。

公用设施建设。坚持“公交优先”发展战略,高标准配套建设水、电、气等公用设施,城市保供水平和整体服务能力进一步提高。完成杨庄、桥北柳洲路公交场站建设,全市新购更新公交车1284辆,优化调整公交线路28条,新辟公交线路17条,增设8条公交专用道长约52.2公里,公交运营线路总长5618公里,全市每万人拥有公交车辆约15.38标台。完成竹林自来水增压站扩建工程和317.89公里供水管线埋设，完成自来水抄表到户数9.7万户。“川气东送”建设工程进行安全、环保和节能评审，液化天然气储备库完成相关前期工作，全市新改建燃气管网201.03公里，全面完成杨庄等3座天然气汽车加气站，全年发展天然气用户11.5万户。全市用水普及率及燃气普及率均达100%，位居全国15个副省级城市首位。

（叶　忱　尹小峰　邵鸿达）

【历史文化保护】　配合基本建设，完成宁安铁路南京段、雨花台窑岗村、邓府巷地块、南捕厅历史文化街区三期等51个建设项目审批。全年完成考古勘探23处，勘探总面积近37万平方米，发掘汉代、六朝、两宋、明清等时期墓葬107座；发掘古代遗址和遗迹16处，总面积1.72万平方米；调查处理古遗址、古墓葬约100次。出土各类文物及标本3000余件。重要遗址和遗迹有：浦口宋代定山寺遗址、江宁上坊赵家山南朝遗址、原汉府街长途汽车站建康城遗存、北安门街地块明南京皇城外建筑遗址、雨花台区铁心桥街道郭家山坑村商周古文化遗址等。

全面推进瞻园历史风貌重建和市博物馆西侧展馆扩建工程，推进堂子街太平天国壁画艺术馆拆迁工作，启动清除城墙树木、杂草工程，开工建设七桥瓮抢险维修工程。全面完成南捕厅历史街区保护工程文物核心区花园部分的扫尾工作。完成中共代表团梅园新村办事处旧址的维修工作。

国家级文物保护单位——侵华日军南京大屠杀遇难同胞纪念馆“万人坑”遗址保护工程竣工并通过验收，完成东水关至武定门段城墙维修工程，完成江宁上坊侯村失考六朝陵墓石刻加顶保护工程，推进上坊东吴大墓、南朝陵墓石刻、六朝排水沟遗址、窑岗村琉璃窑遗址、大报恩寺遗址地宫等文物保护项目。开展净觉寺维修工程、杨柳村古建筑维修、南唐二陵顺陵抢险维修、方山定林寺塔维修、孔祥熙公馆旧址维修、中英庚款董事会旧址维修、王安石故居维修、溧水芮家祠堂维修等文物维修工程。

编制完成南京明城墙总体保护规划并正式上报省政府审批。重新划定南京地下文物重点保护区范围，对保护区四至进行修改、调整，扩大并新增4处地下文物重点保护区。完成六朝陵墓石刻、上坊东吴大墓保护规划方案设计、编制。启动江宁上坊东吴历史文化博物馆总体规划。论证、审批复成新村出新、行知馆环境整治等文物保护单位建设控制地带建设项目21项，组织明孝陵方城明楼、杨柳村古建筑群、六合文庙等23项文物保护方案的论证、报批工作。

继续做好全市博物馆免费开放，坚持贴近实际、贴近群众、贴近未成年人的办馆方针，协调开展一系列展览展示活动。开展“5·18国际博物馆日”宣传活动。南京市文物局与南京市博物馆协会围绕“博物馆：促进社会变化的力量”主题，结合第三个文化遗产日在全市范围内开展大规模宣传活动。开展“南京·中国文化遗产日”宣传系列活动，在台城举办“为奥运加油，为申遗加分——中国文化遗产日竞走万人签名”活动。

（金文林）

【文物保护】　*恢复瞻园历史原貌扩建工程完成*：瞻园为金陵第一名园，是南京地区保存最为完好的明清古典园林建筑群，历史上与上海豫园、苏州拙政园等并称为“江南五大名园”。2007年6月，南京市市长办公会确立瞻园扩容升级工程，决定瞻园北扩，恢复明清瞻园的历史风貌。扩建范围北至教敷巷、东至教敷营、西至中华路，总面积约7800平方米，项目总投资约1.3亿元。瞻园北扩依据历史文献恢复“钟阜来青堂”“篠山草堂”等十余处景点，复建原江宁布政使衙署“延安殿”等历史建筑，进一步完善旅游配套功能，提升南京历史文化名城的城市形象，彰显“宁派”造园艺术的魅力。瞻园恢复历史原貌扩建工程2008年7月全面开展，至年底主体工程完成，进入扫

堂子街太平天国壁画艺术馆建设工程有序推进：为保护好堂子街太平天国壁画，推进文物旅游业的发展，南京市从2003年开始着手筹建堂子街太平天国壁画艺术馆前期工作。2006年该项目正式启动。工程包括：将现存的壁画保护建筑由964平方米扩充至2050平方米，拆除危旧房屋2440平方米，搬迁居民97户，修复原太平天国王府一至五进古建筑。西路恢复王府花厅的书房、花园，东路新建仿古式四合院展馆。艺术馆建成后将把罗廊巷、如意里等处保留的太平天国壁画迁入该馆集中保护，并使之成为全国唯一的太平天国壁画艺术馆。至2008年底，该项目前期拆迁工作基本结束，投入1400万元拆迁资金，壁画保护、建筑修复和环境整治工程的前期工作开始。

朝天宫西侧环境整治及展厅扩建工程完成：朝天宫是南京重要的历史文化资源，也是南京市博物馆所在地。2007年6月，市政府召开现场会，明确朝天宫西部环境整治与扩容升级的工作目标，重点解决朝天宫内外环境协调，及市博物馆进一步发展的问题。为此投入近2亿元进行拆迁和环境整治，在朝天宫西侧大约1万平方米范围内建成绿化带，并将现有的忠孝泉、忠孝牌坊、石碑、卞公祠等文物在绿地中分别展示。投入4300万元开展市博物馆西侧展厅扩建工程。该项工程2008年7月开工，至年底完成主体工程，进入内外装饰阶段。该工程的实施，新增展厅及业务用房7600平方米，其中展厅面积4000平方米，全面展示南京古城历史，充分展现馆藏文物精品，把南京市博物馆（朝天宫）打造成南京又一张文化品牌。

甘熙宅第后期修缮及环境整治工程完工：2006年5月，市政府启动南捕厅历史文化街区项目建设，于2007年6月完工。为进一步展现历史原貌，做精做细文物保护工程，2008年完成甘熙宅第后花园部分的修缮及环境整治工程，包括假山驳岸堆砌，东、南门围墙建设，绿化景观等。

江宁方山定林寺塔塔体维修开工：省级文物保护单位——方山定林寺塔有800余年历史，塔高约14.50米，为七级八面仿木结构楼阁式砖塔，是南京历史最久的楼阁式砖塔。在漫长的岁月中，该塔遭受各种自然和人为的破坏，塔顶、塔刹和腰檐均已毁坏，且程度较为严重。而由于塔基沉降不均匀，塔体向北倾斜7°57′22″。2003年，文物部门对其进行纠偏，多年来倾斜度稳定在5°36′。为更好地保护定林寺塔塔体，2008年12月，文物部门启动塔体维修工程，工期3个月。此次维修将拆除纠偏后留下的所有钢缆、钢板，对塔体补砌各层缺砖，补砌底层砖角柱，拆掉坏砖换上新砖；稳固塔身，在松动的砖缝处灌石灰砂浆；塔顶增设防水盖等。（姜继荣）

南京市第三次全国文物普查工作继续推进：根据《南京市第三次全国文物普查实施方案》的安排，2008年，各区县普查小组在市普查队的指导下，全面进入以信息采集为重点内容的阶段。市普查队和各区县普查小组广泛宣传、发动群众，收集线索，深入街道、乡镇、社区开展工作，根据国家文物局下达

的规范和技术标准对所负责地域内的不可移动文物进行现场勘查、测量、采集标本、绘图、拍照、录像等,认真做好文物数据和相关资料的采集和登记工作。至年底,市普查队和区县普查小组基本完成野外调查信息采集工作,共查出不可移动文物点2213处,其中新发现1048处,复查1165处。(林　劲)

【"顺陵"防水工程】　南唐二陵"顺陵"因2007年夏天特大暴雨的侵袭造成前、后墓室墙面多处渗水。南京市文物局邀请东南大学专家现场实地考察论证后于2007年底制订维修方案。2008年4月25日,"顺陵"防水工程开工。将墓室前顶部的土方取走,然后在墓前顶部浇筑混凝土,对墓室后墙打孔,并压密注浆,在墓顶盖钢板网并浇筑防水水泥,覆盖土工布,最后恢复植被。工程于5月25日结束,工程费用总计27万多元。

(吴素巧)

【侯村失考墓石刻保护工程】　侯村失考墓石刻位于江宁区江宁科学园南汽一号路边,存石兽二,神道柱一。石兽东西向对列,相距14.88米,东兽身长1.40米,高1.33米,颈高0.63米,体围1.28米;西兽身长1.60米,高1.38米,颈高0.68米,体围1.32米。造型如天禄、麒麟,又类狮子,但形制较小。体态动势与南朝他墓仿佛,身上纹饰已漫漶不清。有神道柱一,下作覆盆式柱础,柱身饰瓦楞纹,石额尚存,唯文字损泐,圆盖及顶上小兽已失;柱短小,高仅2.73米。此墓的石刻是南朝陵墓石刻中形制最小的。

3月26日,南京市文物局、江宁区文化局规划并实施该组石刻提升加顶保护工程,由苏州蒯祥古建有限公司南京分公司具体施工,并绿化周边环境,建成东西长84米,南北宽46米的石刻公园,于5月26日完工。投入资金36.9万元。

(许长生)

【杨柳村古民居群一期维修工程】　杨柳村古建筑群位于江宁区湖熟街道杨柳村,始建于明代万历七年(1579),多建于清代乾隆、嘉庆年间,历时200余年,先后建成36个宅院,计1408间房屋,面积38016平方米。该群建筑讲究,均为多进穿堂式高墙深院,每个院落前有一个高大的门楼,砖雕精美生动,门窗格扇刻有造型美观的图案,是南京地区保存最完整、规模最大的古民居群,2002年10月被省政府公布为省级文物保护单位。此次维修工程由江苏天开景观工程有限公司承修,于2007年11月20日开工,2008年11月底完工,维修范围是思承堂(东路)、礼和堂(中路)、树德堂(西路),俗称为三堂上。三堂上共三路三进,每进各有房7间,一进有阁楼、三进有二楼、二进大厅两侧有二楼,楼上楼下共计有房137间,其中西路49间,东路、中路各44间。(孙发伟)

【栖霞区发现一批日军侵华建筑设施】　2008年,栖霞区在全国第三次文物普查中发现一批日军侵华期间为掠夺中国资源、加强控制而建立的建筑和设施。

中国水泥厂日式住宅寓所。日军侵占中国水泥厂后,中国水泥厂被迫租给日方经营,期间在厂北建造日式住宅,供日方管理人员居住。尚存两排建筑,前排为卧室,后排为厨房,共约20间,砖木结构,水泥瓦屋面,旧时卧室内铺有"榻榻米",后被改造。

龙潭火车站日式住宅寓所。1937年日军占领南京后控制了南京的交通,龙潭火车站也被日军接管,龙潭镇以盛产水泥等建筑材料而享盛名,日军在接管龙潭火车站期间在站房南侧建一水塔(现已无存),站房东南侧建一住宅房供日方人员居住。该建筑南北向,四面坡顶,砖木结构,上有天花板,寓所内原有"榻榻米",后被居住户拆除,现仍可见墙下方当年砌筑的透气窗孔。

储油罐。位于燕子矶江畔,有2个,南北相距数百米,南侧油罐由钢板焊接而成,钢板外用砖砌成圆形建筑,上留有射击孔;北侧油罐仅剩外围砖混建筑,呈椭圆形,四周留有射击孔。据当地老百姓反映,这2处大油罐均为日军侵华时所建,油罐附近山上还建有碉堡等防御工事。

栖霞区还有日军当年建造的马群机场跑道遗迹。根据有关资料记载,1943年,侵华日军在马群南湾营村建成一条飞机跑道,全长约3000米、宽约120米,拆用民房的残砖、破瓦、碎石等铺成,主要用于起降战斗机。日军在跑道周围的南头山、石坝山、马房山等处开挖若干个山洞,大者用于隐藏飞机,小者用于储存汽油、机械等。日军战败后,机场废弃,近年由于南湾营经济适用住房的大片建设,遗址渐失。

【龙潭会师亭维修工程】　龙潭会师亭是1946年为纪念北伐战争龙潭战役胜利而建立的纪念性建筑,由上山台阶、纪念亭、甬道、纪念碑、祭台、拱壁等组成,"文革"中遭到破坏,纪念亭被拆毁,纪念碑被炸倒卧在地,后逐渐成为私坟乱葬地。2006年6月,龙潭会师亭被市政府公布为第三批南京市文物保护单位。2008年2月,栖霞区文化局向市文物局申请维修,得到批准。4月,区文化局与龙潭街道办事处及中国水泥厂联合,迁走40余座私坟,清理会师亭周围的环境,并由南京工业大学建筑设计院设计维修方案,整个维修工程将在2009年完成。　(管秋惠)

【《南京城墙保护规划(2008—2025)》编制完成】　为延续南京的历史文化脉络,保护南京城墙这一珍贵的、不可再生的历史文化遗产,受南京市委托,东南大学建筑设计研究院历时一年,于1月编制完成《南京城墙保护规划(2008—2025)》。该保护规划从南京城墙保护的实际情况出发,提出"全面保护、重在抢救、整治环境、合理利用"的指导思想,在保护南京城墙本体真实性、完整性和延续性的基础上,注重与《南京城市总体规划》及其他相关规划的衔接和协调,注重将南京城墙与周围的历史文化资源和周边环境的整合。

10月,《南京城墙保护规划(2008—2025)》在经文物、建设和规划等方面专家多次论证并修改完善后,正式由南京市政府报请江苏省政府审批,并送审国家文物局。

【中华门至中山南路段明城墙维修工程】　东起中华路,西至中山南路以西现有城墙,南至西干长巷,北至六角井巷,涉及的保护与建设长度约500米,占地面积近2万平方米。共拆迁居民385户、工企单位8家,总投资约2.45亿元。2月底,维修工程进场开工,至10月底完工。同时在中山南路西侧新建百米长的城墙向中山南路靠拢,在中山南路上方修建一条空中走廊,连接道路两侧的城墙,从而把城墙从中华门城堡一直连接到西水关附近。

【雨花门复建工程启动】　8月,雨花门复建工程启动。雨花门位于今武定门与中华门之间，1936年3月，为使京市铁路自白下路向南延伸出城与江南铁路相接而开辟，20世纪50年代被拆除。

按照文物保护要求和修旧如旧的原则，此次城墙修复采用老城墙砖堆砌，将城墙的东西走向稍往南移，城墙内外保持15米无建筑物。重建的雨花门采取框架式结构，力争恢复城墙旧貌。规划确定雨花门通道宽29米，为三拱城门，主拱宽14米，高9.9米，设双向4车道；东西两边副拱各宽5.5米，高6.35米，分别设一条慢车道和一条人行道。雨花门复建工程完成后，这段城墙将跨越江宁路，与中华门瓮城、西干长巷段城墙合龙。此次复建和江宁路创意产业街区打造同步进行，总投资5亿元。

【《南京城墙志》出版】 1月，杨国庆、王志高合著的《南京城墙志》由江苏凤凰传媒出版集团、凤凰出版社出版，全书121万字，获国家新闻出版总署颁发的第二届"三个一百"原创出版工程奖。《南京城墙志》是一部全面、系统记载南京城墙历史和现状的地方专业性文献，也是中国第一部具有一定规模的地方城墙专业史志，上起自公元前559年，下至2005年，少数延伸到2007年。分为春秋战国秦汉城邑、六朝京师城墙、隋唐五代宋元城墙、明城墙营建与布局、明城墙的工役与建材、明城墙的损毁、明城墙的修缮、明城墙的守御、明城墙艺文等9章，包括南京城墙的起源、营建、沿革、构造、建材、参建人员、管理制度、损毁、修葺、战例、艺文、大事记等诸多方面，贯通古今，重点以明代及其后的南京城墙为主。该书的出版为社会各界了解和研究南京城墙提供基本材料，以利于南京城墙的维修保护、资源享用。

【《南京城墙砖文》出版】 5月，南京市明城垣史博物馆编撰的《南京城墙砖文》由杨国庆主编、刘斌　朱明娥副主编，南京师范大学出版社出版，全书77.8万字。该书是江苏省文物局2007年重点科研课题"南京城墙多元化价值剖析研究"成果之一。

《南京城墙砖文》是一部以历史学术研究为主，兼顾书法艺术的南京城墙砖文的著作，辑录不同砖文城砖1016块，以拓片为主、照片为辅的形式，共收录砖文照片312帧，砖文拓片1170张。全书以明南京城墙砖文为主，上涉考古发现的六朝砖文，下至当代维修新烧制的砖文。全书附有砖文解读释文，收录部分有关砖文的论文，并有明南京城墙砖产地分布示意图、明南京城墙砖产地表、砖文人名检索等实用资料。

明太祖朱元璋为确保南京都城城墙的质量，下令长江中下游的各府、州、县以及中央所属工部、军队等众多部门烧制城墙砖，各烧砖单位负责人和窑匠、人夫的职务和姓名均按照一定要求印在砖上，形成南京城墙砖文。城墙砖文内容涉及当时政治体制、赋税制度、民众生活、工艺技术水平、文字书法、汉民族姓名演变、人口构成等诸多方面，是珍贵的历史实物资料。

【《但留形胜壮山河——城墙科学保护论坛论文集》出版】 2007年10月11～14日，由中国古都学会、南京市建设委员会、南京市城市建设投资控股(集团)责任有限公司、南京市文化局和南京市文物局主办的"城墙科学保护论坛暨中国古都学会城墙保护专业委员会首届学术研讨会"在南京召开。会议收到论文48篇，内容涉及：中国古城墙保护的现状、城墙保护与城市发展、城墙的保护与利用、城墙维修技术及现代材料的运用、城墙文化内涵的拓展与研究、城墙军事防御功能及防洪功能的历史价值、城墙文化等诸多方面。以此为基础，在2008年6月14日中国第三个文化遗产日到来之际，南京市文物局编辑出版《但留形胜壮山河——城墙科学保护论坛论文集》，强调坚持"保护为主、抢救第一、合理利用、加强管理"的文物保护方针，在抢险维修的基础上，进一步加强对城墙的科学管理和保护，同时要重视新材料的研究和运用，为古城墙提供科学的保护手段。

【明城垣史博物馆建馆十周年系列活动举行】 5月18日，由南京市文化局(文物局)主办、南京市明城垣史博物馆和南京市城墙管理处承办的纪念"5·18国际博物馆日"暨南京市明城垣史博物馆建馆十周年系列活动在台城举行，江苏省文物局副局长刘谨胜、南京市人大常委会副主任金实、市政协副主席俞明等出席开幕式。在开幕式上，南京市明城垣史博物馆向省市10余家公共图书馆赠送《南京城墙砖文》和《南京城墙志》，并为第二届"爱城使者"志愿者颁发证书。

此次系列纪念活动主要有专著《南京城墙砖文》《南京城墙志》的出版发行、"大书砖文——南京城墙砖文展"和"南京城墙文化价值与博物馆作用"专家座谈会、"从城墙砖背后的故事说起——南京城墙的历史价值"专题讲座等。

【"南京明城墙图片展"在台展出】 12月6～18日，"两岸城市艺术节——南京市文化艺术周"活动在台湾举行。作为活动的重要内容的"南京明城墙图片展"，充分展示南京的文化魅力，受到台湾同胞的广泛关注。在台湾艺术大学举办的"两岸城市论坛"上，南京市明城垣史博物馆陈列研究部副主任杨国庆作了《南京城墙的历史价值与现实意义》的主题演讲，对南京城市发展、文化发展、南京城墙文化遗产保护等问题进行深入探讨，引起师生们极大的兴趣。

【南京城墙历史文化资源调查】 2008年，南京市城墙管理处对至今遗存的南京城墙台城至太平门段、解放门至玄武门段、武定门至江宁路段、集庆门段、红土山至钟阜门段、神策门瓮城、石城门瓮城进行了调查，采集比较准确的数据。

（刘　斌）

苏州市城乡建设与环境保护

【概况】 2008年，城市重点项目建设取得了令人瞩目的成就。全市基础设施完成投资514亿元，以火车站地区综合改造工程和轨道交通1号线工程为代表的重点基础设施项目顺利实施。年内，东南环立交匝道及辅道工程、苏虞张公路快速化改造、吴江区域供水二期工程以及闾胥等部分220千伏输变电工程已经投运。福星和娄江两个污水处理厂二期扩建工程、七子山垃圾填埋场扩建一期工程、苏州监狱迁建扩容工程土建基本完工。金阊、平江、沧浪3个新城基础设施建设项目进展顺利。火车站地区综合改造工程、轨道交通1号线工程、京沪高速铁路苏州段、三角嘴湿地公园、城区街巷综合整治工程、望亭发电厂"上大压小"改建工程等按计划推进。2008年,市区实施了人民路、广济路、梅巷路、齐门路4条道路向北延伸工程和南环桥地区综合改造工程。

【城市房屋拆迁】 2008年,城市拆迁以市政项目和土地储备项目为主。全年上报拆迁计划项目共计161个,拆迁户数18912户,拆除房屋建筑面积约155.85万平方米。城区共审核发放58张拆迁许可证,批准拆除建筑面积84.92万平方米,批准拆迁3535户。至12月底已完成15个项目,拆除2024户,完成批准户数的57.26%,已拆除房屋建筑面积39.01万平方米,完成批准数的45.94%。另拆除2005~2007年市区剩余项目1407户共60.75万平方米。至年底,剩余41个项目195户共16.36万平方米,另有2002~2004年剩余项目13个251户共1.99万平方米未拆迁。其中政府项目8个43户共0.35万平方米。市区共受理行政裁决案件263件,已审理终结248件,结案率为94.3%。其中经调解达成协议结案的85件,占总数32.32%,下达裁决书结案163件,占总数61.98%,还有15件仍在审理中。全年召开各类听证会93次,其中许可证听证会6次、裁决前听证会20次、行政强拆听证会67次。向市政府请示强拆69户,实际强拆12户。

2008年,市建设局会同市物价局制定了《关于调整搬迁补助费、临时安置补助费等发放标准的通知》,调整提高了发放标准;配合市房管局制定了2008年苏州市市区区位价并经市政府公布实施。

【城市规划】 2008年,苏州市规划局认真学习贯彻《城乡规划法》,落实新一轮城市总体规划,统筹城乡规划,规划行政管理效能全面提高。全年共委托规划编制项目和规划研究项目23项,委托测绘信息化项目13项。市规划局(含吴中、相城、高新区3个分局和太湖度假区办事处)全年共核发建设项目选址意见书431份,面积1498.82万平方米;建设用地许可证530份,面积1965.81万平方米;建设工程规划许可证1261份,面积1802.64万平方米。

【规划编制】 2008年,以新一轮城市总体规划为核心,统筹城乡规划为导向,深入推进各层次规划的编制和研究。全面展开和按计划有序推进分区规划、控制性详细规划、城市设计、乡镇(街道)规划、新农村规划、专项规划、市政交通规划的编制,各项规划编制均取得阶段性成果。同时全力支援四川汶川大地震灾后重建规划的编制。

(1)城乡协调的分区规划。相城区分区规划暨城乡协调规划已编制完成,计划2009年底完成吴中区分区规划暨城乡协调规划的论证,全面推进太湖国家旅游度假区160平方公里城乡协调规划。

(2)城市总体规划和重点地区规划。重点推进了中心城区胥江地区详细规划、石路地区详细规划的编制。高新区枫桥片控制性详细规划和狮山片控制性详细规划获市政府审批通过,将成为指导高新区中心城区开发建设的重要依据。完成了高新区中心城区西北片控制性详细规划和苏州科技城控制性详细规划中间成果。完成吴中区越溪副中心控制性详细规划论证报批和吴中区中心城区控制性详细规划的编制。尹山湖周边地区控制性详细规划的编制进程正在加快推进。太湖国家旅游度假区科技产业园规划已通过专家的论证,其城市设计正在抓紧进行。

(3)城市总体设计和重点地区城市设计。苏州市城市总体设计已完成中间成果论证。高新区科技城核心区、浒关通安片区中心区、通安老镇中心区和相城区元和塘以西中心商贸区的城市设计已完成。这些设计进一步强化了各区中心城区的城市品质,完善了功能布局,保证了各区中心城区建设能按规划有序推进。

(4)乡镇和街道的各项规划。按照城市总体规划,完成了吴中区木渎片区控制性详细规划和东山新镇控制性详细规划的编制,加快直镇和临湖镇总体规划、郭巷街道和横泾街道片区总规及控制性详细规划的编制进程。进一步落实相城区分区规划及城乡协调规划,完成了黄埭、望亭、北桥、渭塘、太平、阳澄湖等6个乡镇(街道)总体(片区)规划的论证和修改。

(5)村镇规划、古村落保护和新农村建设。全面完成2个重点中心镇、3个特色试点村庄规划和72个三类村庄的村镇规划编制,其中省级试点村镇规划编制项目验收结束。完成《苏州市旅游型村庄规划编制研究》《苏州村庄规划编制研究》和《苏州古村落保护规划及其实施细则》等3个项目的研究和成果论证。组织吴中东山镇,常熟沙家浜、古里、梅李镇,昆山锦溪镇和吴江黎里镇申报"第四批中国历史文化名镇(村)"。

(6)城市总体规划的各专项规划。先后组织了城市竖向、防洪排涝、城市综合交通、教育设施、灯光照明、绿地系统、住宅建设、燃气、石油气布点、雨水等24项专项规划的编制和论证。有3个专项规划已经市政府批准、10个专项规划通过专家论证、10个专项规划通过了中间成果的讨论,成品油供应专项规划正在编制中间成果。

(7)市政交通规划和城市重大基础设计规划。《苏州市综合交通规划》已通过评审并报批。完成了深化快速路放射线规划和北环路西延方案的规划设计,开展了东环路南延至吴江、春申湖路、越湖路等快速路规划的研究。着手深化市域轨道线网系统规划。完成苏嘉城际铁路城区段线位的规划设计。

(8)规划研究。年内,加强了城市尺度、城市形态的研究。城市色彩研究已通过中间成果讨论,城市高度、沿太湖地区空间管治、苏州市新居住形态等规划研究课题已全面开展。

(9)绵竹市孝德镇灾后重建规划。"5·12"四川汶川大地震发生后,苏州市规划设计研究院有限责任公司圆满完成了《孝德镇总体规划》以及《孝德镇三个农村集中居住点规划》的编制。为落实规划,选派了一名分局局长赴孝德镇,支援和指导灾后重建。

【规划管理】 2008年,完善规划行政审批管理规定。修改《江苏省城市规划管理技术规定——苏州市实施细则之一"指标核定规则"(2008年版)》,完成《苏州市新建住宅区公共服务设施规划管理暂行规定》初稿,为全面推广实施做好准备。制定了《苏州市农村居民私有住房建设规划管理暂行规定》《苏州市规划局建设项目规划审批会办办法(试行)》《苏州市建设工程规划验线管理规定》,为加强农村居民私有住房建设规划管理、城市规划管理和确保建设项目正确实施提供了规范。抓紧准备修订《苏州市城乡规划条例》,保证《中华人民共和国城乡规划法》的顺利实施。加强了老城区私房翻建规划管理,在从严控制私房建设和停办宅基地建房后,金阊、沧浪、平江3个分局的工作人员热情接待群众来访,坚持积极疏导、矛盾不上交,把问题解决在基层,以良好的服务态度,赢得基层群众的好评。3区共核发私房翻建建设工程规划许可证97份,批准建筑面积12161.03平方米。

(1)推进规划领域电子政务建设。根据规划编制和管理对测绘和地理信息的需求,市规划局完成网站改版、OA系统升级,满足政府公开信息的自动报送的需要,与今后的考评系统对接。规划管理业务办公系统增加了规划执法、电子档案管理、网上报建、业务信息查询、管线设计和竣工数据更新管理等功能。

(2)靠前把住建筑设计关。与市建设局联手,促成5月底成立"苏州市城市规划协会建筑创作委员会",通过聚集整合苏州市建筑创作师的技术力量,贯彻建筑设计意图,提高建筑创作整体水平,让建筑创作师们为重大建设项目行政审批前作技术审定,为建筑设计靠前把关,提高建筑管理水平和效率。

(3)加强拍卖土地的规划管理。完成《2008年度苏州市区土地储备规划》,编制完成土地储备用地252个地块共2022万平方米,其中商业、酒店、办公等性质用地148块计1322万平方米,居住用地104块计700万平方米。总结前几年编制的经验,结合土地拍卖的实际情况,规划中增加了城市空间设计引导方面的内容,对重点地块规划方案设计的高度、体量、退界、布局等空间形态进行了意向性设计,以此引导土地拍卖后的方案设计,减少土地拍卖后的指标变更,加强规划对土地拍卖的指导。

【城市交通管理】 2008年,以为北京奥运会顺利举行营造安全、畅通、和谐的道路交通治安环境为主题,以实施和推进城市道路交通畅通工程、创建平安畅通县区、预防重特大道路交通事故百日行动、城市道路交通综合整治及文明交通行动计划、农村道路交通安全集中整治等专项行动为载体,以强化执法规范化建设为推进力,圆满完成了春运安全保卫、冰雪灾害保障、汶川地震救援、奥运安全保卫、文明城市创建等一系列重大任务,进一步锻炼和提升了城市交通管理队伍的能力和水平,开创了全市道路交通治安管理新局面。苏州市公安局交巡警支队被公安部交管局确定为全国12个重点培养的规范执法示范单位之一。年内,太仓市被评为"畅通工程"一等管理水平,苏州市区、常熟市、昆山市、张家港市继续保持一等管理水平,吴江市保持二等管理水平。全年全市共发生道路交通事故2730起,死亡764人,伤2762人,直接经济损失973万余元,同比分别上升1.34%、下降20.42%、上升4.31%和下降13.06%;万车死亡率为4.3。年内加大了道路交通逃逸事故的侦查力度,死亡交通事故逃逸案侦破率达100%。机动车、驾驶人继续保持快速增长态势,全市机动车及汽车保有量分别达到177.1万余辆和82.6万余辆,较上年增长6.18%和19.24%;机动车及汽车的驾驶人保有量达到175.1万余名和92.1万余名,较上年增长9.16%和20.18%。面临城市建设高潮期,城市道路交通压力进一步增大。

【城市公共交通】 2008年底,苏州市区拥有公交车2791辆,其中空调车1039辆,占37.2%,营运线路216条,线路总里程达4750公里。市区公交出行比例为20.5%,公交站点覆盖率达98.1%。新增车辆、线网调整创历史新高,全年市区新增国Ⅲ排放标准的公交车432辆,新辟线路31条,新增线路457公里,优化调整公交线网54条次,临时调整139条次。公交快线首次成功开辟,从高新区经南环高架、独墅湖隧道至工业园区的公交1号快线于7月成功开通,公交快线2号开行的前期准备工作有序展开。月票普惠首次全面推进,从7月起月票使用范围从原来的46条线路扩大到市区全部线路,被评为2008年度第七届苏州十大民心工程。公交场站建设全面加快,以"零距离、零费用"为目标的解放西路、东南环立交、官渎里立交3个换乘中心,晋源桥公交首末站、公交停车场和40个公交候车亭均全面建成。积极筹建公交信息化中心,公交信息中心建设需求方案、智能公交信息有限公司未来需求功能定位方案、城市智能公交系统中行业管理软件建设同步展开。布局科学、层次分明、结构合理、符合市民出行总体趋势和特征的公交线网构架已初步形成。全年市区公交完成客运量4.8亿人次,日均客运量132万人次,同比增长11.9%。

【古城、古镇、古村落保护】 概　况　2008年11月底,全面完成苏州市第三次全国文物普查野外文物调查,新发现文物点1920处。其中有传统的古遗址、古墓葬、古民居、古桥梁等,也有不少民国时期的老字号、学校、教堂、名人故居及近代工业遗产、抗战遗迹、烈士墓等。年内,大运河苏州段申遗前期工作积极开展,并正式启动保护规划编制工作。还编制完成了俞樾旧居保护规划,修改完善了文庙和宋代石刻保护规划。申时行墓、唐寅墓、寒山寺大雄宝殿、胥门城墙、悬桥巷潘宅等一批文物维修工程陆续完成。根据《苏州市区古建筑抢修贷款贴息和奖励办法》,对社会力量抢修保护的项目实行了奖励。市建设局安排10万元资金,用于吴中区金庭镇古村落环境整治和重要地段修复。

锦溪、沙家浜两镇被命名为"中国历史文化名镇"　2008年,昆山市锦溪镇和常熟市沙家浜镇被住房与城乡建设部、国家文物总局命名为第四批"中国历史文化名镇(村)"。至此,全市共有"中国历史文化名镇"8个、"中国历史文化名村"2个。

【国土资源管理】 2008年,全市国土资源系统围绕贯彻落实国务院《关于促进节约集约用地的通知》精神,认真落实土地调控政策,出台了《关于加强2008年度全市国土资源管理考核工作的意见》等文件,严格土地规划、计划管理,切实保护耕地资源,大力推进土地节约集约利用,积极盘活存量土地、调控房地产市场用地,强化土地执法监察,努力做好全市社会经济建设用地服务,为全市经济社会可持续发展作出贡献。

保障建设用地:2008年,适应国家宏观调控形势,适时调整土地利用规划,积极向上争取点供项目,盘活存量建设用地,全面清理建设用地,合理安排各类产业用地,保证了省市重点工程、实事工程以及投资额较大的项目用地,有效保障了全市经济建设对土地资源的需求。全市共上报建设用地132批次共2067公顷(3.1万亩),其中省计划1000公顷(1.5万亩),争取到点供计划488公顷(7321亩)、单独选址项目用地指标473公顷(7098亩)、城乡建设用地增减挂钩周转指标1574亩,通过增减挂钩政策和盘活存量建设用地,共腾出867公顷(1.3万)亩用地空间。完成建设用地实际供地1690宗、总面积4733公顷(7.1万亩)。土地出让成交额达到374亿元,出让金到账439.9亿元。

调控土地市场:2008年,从土地市场入手,及时调减供地规模,调整经营性用地供地结构,平衡市场供求关系。全年共收购储备土地439.74公顷,筹措土地储备资金32亿元。完善土地出让合同履行程序,及时做好因市场变化引起的企业退地工作。进一步加强存量土地资产的管理,严格存量建设用地用途管制,维护土地市场秩序,努力保障全市房地产市场的平稳健康发展。全市经营性公开交易出让土地1280.8公顷,合同出让金额达到301.2亿元。

【保护耕地资源】 2008年,严格落实土地用途管制、占用耕地补偿和基本农田保护等5项制度,认真做好耕地保护工作。一是严格执行土地利用总体规划和计划,加强用地项目预审。建设用地做到了"批前早介入、批中严把关、批后重监督"。全市共办理用地预审项目93个,涉及面积1647公顷(2.47万亩)。二是切实加强耕地保护,落实基本农田保护责任制。通过制定各级政府年度考核目标,下达耕地保护责任目标,继续开展基本农田保护争先达标活动,较好地落实了21.7万公顷(325万亩)的基本农田保护责任。三是积极开展土地整理,落实占补平衡制度。全年共完成耕地占补平衡项目库项目35个,合计开发整理总面积1040公顷(1.56万亩),实际新增耕地面积334公顷(5005亩)。

【土地集约利用】 2008年,继续推进节约集约用地,促进了土地利用方式和经济发展方式的转变。一方面积极盘活存量,对批而未供、供而未用、利用不到位的建设用地进行全面清理,共计盘活存量建设用地2120公顷(3.18万亩),占年度供地量的44.78%。另一方面,推进土地集约利用,建立和完善了土地节约集约用地考核体系,继续量化建设用地的供地比例、单位建设用地对GDP和财政收入的产出率指标,严把用地预审、供地审批、供后管理、土地巡查和用地验收"五大关口",较好落实了集约用地目标任务。全市新增建设用地的单位固定资产投资强度达到每亩367.72万元,比上年提高63.5%。用地结构持续优化,在全部用地面积中,工业用地占48.5%,保持低于50%的比例,服务业用地占33.2%,仍然超过30%的比例。有效促进了全市产业结构的调整和经济发展方式的转变。

【查处违法用地】 2008年,开展了土地执法百日行动、土地违法违规案件查处专项行动和土地执法核查,全面落实土地执法监察动态巡查责任制,进一步加强土地执法监察动态巡查力度,加大了对违法用地案件的查处力度。全市共立案查处违法用地251宗,面积达325公顷(4872亩),拆除构建物35.44万平方米,罚没款1954.68万元。通过严肃查处各类违法用地案件,营造了土地强势执法的宏观环境,有效控制了违法用地行为。

【地质环境整治】 2008年,开展矿产资源开发秩序治理整顿,推进采石山体宕口环境综合整治。一是实施矿产资源开发秩序整顿"回头看"行动和矿山企业储量动态核查,启动并初步完成全市第二轮矿产资源总体规划修编,加强了对探矿权的规范管理。治理整顿砖瓦窑业,严格落实关闭计划,共计关闭23家砖瓦窑厂。二是编制《苏州市2008年度地质灾害防治方案》和《苏州市地质灾害隐患点、危险点分布一览表》,开展地质灾害防治,及时处治6月22日吴中区光福玄墓山部队营区山体滑坡灾害。三是稳步推进露采矿山环境整治,对8个市级整治项目面积达150万平方米宕口进行立项治理。

【第二次全国土地大调查】 ?2008年,根据国土资源部和省厅的统一部署,基本完成年初确定的全国第二次土地调查任务。全面完成全市农村土地外业调查和内业建库。在全市开展城镇地籍扩充调查和更新调查。苏州市中心城区更新调查已全部完成,相城区完成主城区28平方公里的扩充调查,吴江、常熟两市试点调查顺利结束,转入全面调查阶段。

【开展创建活动】 2008年,开展了创建"土地执法模范县"和"人民满意国土所"活动,把创建活动与"五五"普法教育、国土资源法律知识宣传教育和日常国土资源管理结合起来,促进管理水平全面提升。全市累计投入7300万元,推进基层国土资源所的规范化建设。昆山市和吴中区被授予2008年度江苏省土地执法模范县称号,常熟市被授予2008年度江苏省土地执法模范创建工作先进县称号,分别获得了奖励用地指标300亩和150亩。张家港凤凰国土分局等7个国土资源所(分局)被评为全省优秀国土资源所(分局)。

【环境保护】 2008年,以环境优化经济发展为目标,紧紧围绕太湖水污染防治、主要污染物减排、生态市建设等环保工作重点,坚持环保优先,继续加大环境监管力度,着力解决群众关心的环保热点、难点问题。全年完成环保重点项目144个,实现投资79.1亿元。全市环境质量综合指数实现值为89.68,较上年提高3.38。全市集中式饮用水源地水质达标率为99.95%,较上年提高0.02个百分点。金墅港、渔洋山饮用水源地水质达到国家重点环保城市考核标准,主要指标实现了100%达标。太湖流域23个国控、省控断面达标率为78.3%,较上年提高26.1个百分点。市区及5个县级市空气质量均达到国家空气质量二级标准,优良天数比例均在89%以上。市区空气优良以上天数达到328天,同比增长两天。与上年相比,全市二氧化硫平均浓度降低了5.7%,酸雨发生频率降低8.46个百分点。妥善解决了一大批群众反映强烈、社会高度关注的环境问题,环境质量继续保持稳定并呈现逐步好转的态势。

【主要污染物减排】 2008年,全市累计实施污染减排项目237个,削减二氧化硫2.5万吨和COD1.8万吨,占全省减排量的1/4,年度减排计划全面完成。减排工作机制进一步健全,编制了《苏州市主要污染物排放总量削减规划(2008~2010)》,制定《苏州市减排领导小组成员单位职责》《苏州市主要污染物总量减排考核办法》等制度,全市主要污染物减排督促考核机制进一步健全。减排措施更有针对性,市财政拨出1000万元,补助减排企业污染治理设施建设。市减排办坚持"双月督办"机制,对占年度计划削减量85%以上的重点减排项目,采取"人盯项目"方式,实行动态监管。减排管理力度更大,出台《苏州市污染治理设施运行规范》《苏州市污水处理厂环境管理办法》和《苏州市火(热)电厂环境管理办法》,强化企业的减排主体地位,对未完成减排任务的企业取消评优,并实行项目限批。继续推进在线监控系统联网建设,全市5县市、4区全面联网636家(其中市区监控平台直接监控国控、减排和重点企业244家),全市污染负荷85%以上的企业全部纳入了监控系统。

【生态市建设】 2008年,太仓市成功创建苏州市第四个生态市(县),吴江市创建生态市通过国家考核验收,张家港市被国家环保部列为全国首批6个生态文明建设试点地区之一。常熟、昆山、太仓、吴江市积极申请全国第二批生态文明建设试点地区。苏州工业园区和苏州高新区被国家环保部等3部联合命名为首批"国家生态工业示范园区"(目前全国获此殊荣的仅3家)。昆山高新技术开发区创建国家生态工业示范园区全面展开。全市新增全国环境优美镇8个,省级生态村72个。国家环保部首批命名的24个国家级生态村中,江苏省2家均在苏州市。共建成全国环境优美镇44个,占全国总数的7.3%,占全市55个建制镇总数的80%。累计建成省级生态村410个,占全省命名总数的46%,占全市行政村总数的35%。推进生态修复,重点建设环太湖生态林、太湖湿地公园、三角嘴生态公园、尹山湖环湖景观和山体复绿、道路绿化工程。农村新增林地绿地8707公顷,市区新增绿地485公顷,全市陆地森林覆盖率达到20.3%。

【污染控制】 2008年,以工业项目为抓手,坚持源头预防与末端治理并重的全程控制污染方针。对长江、太湖、阳澄湖等重点流域污染,钢铁、印染、电镀、化工、食品、电力等重点污染行业和大气污染环境进行集中整治。全年关闭落后企业176家,苏钢厂年产80万吨钢铁产生能力的10台烧结、炼铁、炼钢落后生产装置全部淘汰。按照《太湖地区城镇污水处理厂及重点工业行业主要水污染物排放限值》,完成提标改造工程482项。继续推进化工企业专项整治,3年来累计关闭化工企业877家(其中2008年关闭365家),提前和超额完成省政府下达的整治任务。全市新(扩)建污水处理厂12座,铺设污水管网940公里,新增污水日处理能力44.2万吨,城镇生活污水集中处理率达到80%,同比提高4.6个百分点。望亭电厂14号机组和常熟电厂1、2号机组脱硫工程全面完成,全市火电燃煤机组脱硫设施普及率达到100%。市区新增、更新达到国Ⅲ标准的公交车432辆,淘汰老旧公交车116辆,禁煤区面积达到180平方公里。

【建设项目管理】 2008年,按照《苏州市产业发展指导目录》和苏州市调整淘汰部分落后生产力产品的指导意见》,将环境容量和排污总量指标作为建设项目环保审批的前置条件,提高环保准入门槛,着力控制新增排污量。市区累计审批建设项目517个,全市拒批项目299个,拒批投资额达到25.96亿元。同时严格执行"三同时"制度,加强建设项目全过程监管,集中清理新开工的重点项目,从严查处未审批先建设、不审批也开工、没验收就投产的项目。

【循环经济发展】 2008年,建成苏州市循环经济推广中心、环保产品技术交易中心平台。完成《苏州市循环经济发展规划》《苏州吴中区光大国家静脉产业生态园规划》的编制,启动编制《苏州市静脉产业发展规划》。积极推进强制性清洁生产审核,太湖绢麻纺织公司、太湖化工厂等20家企业强制性清洁生产审核通过验收。张家港、太仓市等3家废纸造纸废水"零排放"改造项目全面完成。全市新增ISO14000论证企业200家,通过清洁生产审核验收企业200家,培育循环经济试点企业100家。企业节能、降耗、减污、增效的综合效益明显。

【环境监察】 2008年,全市共有3666家排污单位申报了排污登记。重点污染源和城镇污染物集中处理单位,其他工业污染物集中处理单位,辖区内造纸、酿造、印染、石油、化工、有色金属、建材、煤炭、电力、冶金等重点行业均申报了排污登记,累计征收排污费3.9亿元。结合太湖新标准的实施,先后开展"太湖流域污水处理厂及重点行业专项检查"等13次现场专项执法检查,有效遏制了企业的违法行为。继续开展环保专项行动,全年挂牌督办环境问题162件。高标准开展餐饮行业整治,城区建成10条餐饮整治示范街。深入推进饮用水源地专项整治,对太湖饮用水源地存在的8个问题进行挂牌督办,西太湖养殖围网全部拆除,东太湖和阳澄湖围网养殖面积分别压缩到4.5万亩和3.2万亩。认真开展执法后督察,对环保专项行动开展以来查处的342件环境问题进行"回头看",巩固整治成果,建立长效机制。全年全市共出动环保执法人员6.9万余人次,检查企业3万余厂次,立案查处违法案件571件,罚款3047万元,有力地打击了环境违法行为。

【环境监测】 2008年,积极实施以蓝藻监测、应急监测、自动监测、污染源监测为重点的能力建设项目。环境监测中心站投入资金881万元,新增仪器76台套,实现了水环境质量分析能力全覆盖。在蓝藻监测方面,安装调试了藻密度测试仪、总毒性测试仪、藻类活性测试仪等新型设备,开发了水体中总毒性、藻类光合活性、分类藻类密度等监测分析能力,形成了蓝藻预警监测领域的全面能力。在应急监测方面,配备完善了2辆应急监测车,组建了应急分队,添置了车载式GC—MS、大气预浓缩系统(苏码罐)等一批应急设备。在自动监测方面,建成金墅港、渔洋山、上山村水源地"全球眼"监控平台,将生物在线监测仪器导入自动监测系统,实施叶绿素a、藻密度的自动在线监测,初步形成了饮用水源地常规与生物预警监测能力。在污染源监测方面,配备了多普勒流量测定仪、红外烟气分析仪等一批装备,健全了以非甲烷总烃(NMHC)、多环芳烃、酞酸酯为代表的有机污染因子分析能力。另外,为有效评价和保护饮用水源水质,完善有机污染物分析能力,更新、配置了气相—质谱联用仪、气相色谱仪、液相色谱仪以及全自动凝胶色谱在线浓缩系统等预处理设备,饮用水分析能力进一步增强。

【固体废弃物管理】 2008年,依法办理危险废物转移审批手续以及提出跨省(市)转移意见1574批(次),批准转移危险废物约14万吨,废桶约6.8万只。举办5期相关法律、法规的培训班,近600家企业的法人和管理人员参加了培训。积极推进污水处理厂污泥规范化处置,建成14个污泥处理示范工程。将全市73家危险废物经营企业的监管放在突出位置,累计开展危险废物产生单位和处置单位专项执法检查232厂(次),市区医疗废物产生单位专项执法检查50院(次),全市集中收集处置医疗废物2525吨,其中苏州市区1076吨。全市固体废物处置率达到100%。

【建筑业】 2008年,建筑业稳步发展。苏州市建筑业企业总产值984亿元,同比增长23%,其中在外省完成产值95亿元,同比增长14%。建筑企业从业人员61万人,增长9%。全年共新申报、升级或增项企业334家,其中一级企业14家,二级企业63家,三级企业237家,施工设计一体化企业20家。目前,全市已注册一级建造师1086人、二级建造师4306人,另有临时建造师一级281人、二级791人,有三级项目经理15651人。苏州金螳螂建筑装饰股份有限公司当年企业营业额突破36亿元,连续6年获全国装饰装修百强企业第一名,"金螳螂"被评为全国建筑行业首个"中国驰名商标"。

招投标管理有新突破。全面推行了在国内同行业中处于领先水平的远程评标系统,对于进一步规范建设工程招投标行为、治理建设领域商业贿赂、提高行政监管效率、减轻企业负担都具有十分重要的作用。率先实行建筑市场和施工现场联动管理,使建筑市场和施工现场信息资源实现有效整合,减少了串标、围标、转包、违法分包、资质挂靠、拖欠民工工资等违法违规行为,净化了建筑市场环境。8月中旬,投入运行苏州市建设工程执法监察管理系统(PDA系统),将建筑市场与施工现场"两场联动"纳入计算机网络管理,全面完成了建设工程承发包、施工现场监管、建筑市场信用等3大网络系统建设,巩固了建筑市场管理工作在全省领先的地位。全市共受理初步发包方案6570个,投资总额2233.09亿元,其中房屋建筑面积4884.31万平方米。全市发包工程6779个,工程造价816.23亿元,其中通过招投标发包3534个,中标金额489.83亿元,公开招标率89.78%。应公开招标工程公开招标率达100%。工程造价和中标金额同比增加8.31%和13.45%。通过招投标,降低工程造价49.34亿元,节省工程投资9.15%。

加强工程造价管理。针对建筑材料价格波动幅度大,市场风险难以控制的状况,着力保证工程质量和进度,维护发包承包双方的合法利益。一方面,及时掌握价格信息,通过网络和《苏州工程造价信息》发布价格预警,适时调整建筑材料指导价格。另一方面,制定了《关于规范苏州市建设工程材料差价调整的若干意见》,调整了建筑、装饰、安装和市政工程最高限价合理浮动幅度和风险费用计算办法,提高发包承包双方抵御风险的意识和能力,指导市场各方积极处置价格风险,减少了大量造价纠纷。全市82家造价咨询企业共完成工程造价咨询业务11083项,总造价1032亿元,其中竣工决算审核5915项,审定造价378.55亿元,核减44.26亿元,核减率10.46%。

加大查处违法建设的力度。重点查处乡镇和开发区违法违规项目、招投标弄虚作假、违法转分包、监理违法违规行为,尤其加大对政府投资工程的查处力度。全年共检查工程项目1080个,查处违法违规工程项目186个,累计罚款504.34万元,结案率为98%,投诉率为零。

【建筑节能】 2008年,出台了《关于进一步规范建筑外遮阳设计、施工行为的通知》《苏州市老住宅小区综合整治旧钢窗节能改造实施方案》《苏州市民用建筑太阳能热水系统应用的指导意见》《苏州市民用建筑节能信息公示实施细则》《苏州市建筑节能墙体保温类产品发布制度》等一系列规范性文件,进一步细化建筑节能项目,规范建筑节能市场。实施旧钢窗节能改造试点,完成旧钢窗改造625户。组织了14项江苏省级施工工法申报,有8项被授予年度江苏省省级工法。组织江苏省级建筑业科技示范工程申报,20项工程获得年度江苏省建筑业科技示范工程,20项工程被批准为年度江苏省建筑业科技示范工程目标项目。继续完善建筑节能产品推广制度,推广建筑节能技术,制定了外墙保温系统产品备案细则和《苏州市建筑节能墙体保温类产品发布制度》,全年共备案新产品123项,发布新产品9项,并在苏州市工程建设网上公示。

【工程质量和施工安全】 2008年,全市建筑工程共创"鲁班奖"工程2项、"国优"工程4项、"扬子杯"省优工程43项、"姑苏杯"市优工程197项。创优质装饰工程115项、市优质结构工程320项。QC成果获市级一等奖10项、二等奖23项、三等奖50项、成果奖180项。全市检查各类工程项目3745个(次),建筑面积5797万平方米,发出隐患整改通知单2117份,查出事故隐患8995条,安全隐患整改率98.5%。督查1000家施工单位开展隐患排查,督查工程项目3368个,责令停工整改工地298个,行政处罚119个企业(项目),处罚款347.1万元,消除了一大批安全隐患。全市发生建筑施工事故10起、死亡11人,与上年相比分别减少6起、7人,下降38.89%和37.5%。全年未发生较大生产事故,有569个工地获市级文明工地称号,201个工地获省级文明工地称号,建筑施工安全生产形势总体平稳。

【勘察设计】 2008年,在省内率先出台《苏州市工程勘察土工实验室标准》,建立了土工实验室分类管理制度。对全市工程勘察企业土工实验室实施分类考评,其中9家取得一类土工实验室资格,16家取得二类土工实验室资格,有效遏制了市场恶性竞争。出台《苏州市勘察设计企业勘察设计质量考评办法》,推动建立勘察设计企业质量定期发布制度,定期对各区域勘察设计企业的勘察设计质量进行排序,有效促进勘察设计质量的提高。加强对施工图设计的审查,保证施工图设计质量。全年全市共审查项目5086个、面积5700万平方米,其中市区审查项目数118个、面积255万平方米。加强建筑工程抗震设防审查,全年核发"建设工程抗震设防审查证书"56份,建筑面积约198.85万平方米。与市规划局联合,经过两年时间的编制、修改和完善,《苏州市城市抗震防灾规划》(2007~2020)于10月通过专家评审并获得较高评价。

【房地产业】 2008年,房地产行业受国际国内经济形势和自身调整的影响,出现了开发投资增速放缓、市场成交量急剧下降、个人购房贷款明显减少的态势。可售房源倍增,房价小幅波动,市场消化能力减弱,观望气氛浓厚。全市房地产行业积极应对宏观经济形势,顺应市场规律,加强政策研究和市场分析,及时调整房产建设规划和计划,强化房产企业市场准入管理,规范房地产市场行为,保证了房地产行业总体平稳健康发展。年内,完成《苏州市住房建设规划(2008~2012)》和2008、2009年度市区住房建设计划的编制,并向社会公示。抓住资质管理,严格审核房地产开发企业的市场准入资格。强化对商品住宅质量的综合管理,保护消费者的合法权益。全市完成房地产开发投资718.08亿元,同比增长19.3%,增幅较上年同期回落8.6个百分点;其中住宅建设投资515.01亿元,同比增长14.7%,增幅较上年同期回落8.2个百分点。苏州市区完成房地产开发投资353.33亿元,同比增长12.2%,增幅较上年同期回落14个百分点;其中住宅投资282.04亿元,同比增长10.2%,增幅较上年同期回落14.2个百分点。全市新开工商品房屋2124.01万平方米,同比增长6.7%,增幅较上年同期下降14.5百分点(市区同比下降11.7%,增幅较上年同期下降59.3个百分点);其中住宅1626.96万平方米,同比增长3.8%,增幅较上年同期下降22个百分点(市区同比下降11.6%,增幅较上年同期下降69个百分点)。全市竣工商品房屋1481.24万平方米,较上年同期增长0.5%;其中住宅1131.91万平方米,同比下降0.8%。全市实现商品房屋销售面积1007.36万平方米,较上年同期下降42%;其中住宅830.26万平方米,较上年同期下降44.7%。全市销售均价5692元/平方米,其中住宅5533元/平方米,较上年同期分别上涨9.7%和10%。

【房地产市场】 2008年,全市房地产市场总体特征体现"三增、三降、三回落"。一是全市房地产开发投资、可售房源面积和住房销售价格持续增长,三项同比分别增长19.3%、58.76%和6.24%;苏州市区同比分别增长12.21%、79.72%和6.3%。二是全市商品住房市场成交量、商品房竣工面积和商品房新开工面积持续下降,三项同比分别下降39.43%、20.9%和6.8%;苏州市区同比分别下降45.65%、1.86%和11.66%。三是全市房地产开发投资、房地产开发贷款余额、商品住房销售价格涨幅回落,其中房地产开发投资同比增速下降8.6个百分点,苏州市区下降13.99个百分点;房地产开发贷款余额同比减少216.7亿元,苏州市区减少156.9亿元;商品住房销售价格上涨6.24%,但同比涨幅回落,仅市区同比涨幅已连续4期在10%以下。

商品房供给情况。全市全年商品房批准预售面积1980.32万平方米,较上年同期增长11.21%,其中商品住房批准预售面积1498.98万平方米,较上年同期增长7.29%。苏州市区商品房批准预售796.17万平方米,较上年同期下降3.81%,其中商品住房批准预售面积648.69万平方米,同比下降5.3%;12月当月,苏州市区商品房批准预售面积98.94万平方米,环比增加76.08%,其中商品住房批准预售面积78.18万平方米,环比增加106.01%。各县级市商品住房批准预售量中昆山市最大,为418.21万平方米,太仓市最低,为44.67万平方米。增幅最大为张家港市,同比增长98.51%,增幅最小为吴江市,同比增长7.88%。

截至12月末,全市商品房月末累计可售面积为2221.17万平方米,同比上升58.76%,其中商品住房为1534.3万平方米,同比上升56.17%。12月,苏州市区商品房月末累计可售面积为742.444万平方米,较上年同期上升79.72%。其中商品住房为543.68万平方米,同比上升85.05%,增幅继续回落。各县级市商品住房月末累计可售面积以昆山最多,为388.31万平方米,张家港最少,为85.71万平方米。增幅最大为张家港,达89.83%,太仓最小,下降了1.17%。

商品房销售情况。全市全年实现商品房实际登记销售面积1117.28万平方米,同比下降36.75%,其中商品住房实际登记销售900.24万平方米,同比下降39.43%。苏州市区商品房实际登记销售面积466.5万平方米,较上年同期下降45.85%,其中商品住房实际登记销售34546套共393.09万平方米,同比分别下降39.73%和45.65%。如图可以看出,苏州市区商品住房累计销售面积同比自1月起逐月加大下降幅度,至9月达年度最低点,后期逐步回升;而商品住房当月销售面积同比也自1月起不断下降,10月首次反弹,12月再次反弹,当月销售面积略超去年同期水平。12月,苏州市区实现商品房实际登记销售面积52.75万平方米,环比增加22.65%,同比下降1.29%,其中实现商品住房实际登记销售3648套共44.68万平方米,环比分别增加15.92%和25.65%,同比分别增加12%和3.96%各县级市商品住房销售量以昆山最大,为264.84万平方米,太仓最少,为42.01万平方米。同比降幅吴江最少,为18.66%,常熟最大,下降达43.53%。

商品房价格情况。全市全年商品房平均成交价格为6495元/平方米,同比上涨16.98%,其中商品住房平均成交价格为5619元/平方米,同比上涨6.24%。苏州市区商品房平均成交价格为6974元/平方米,同比上涨7.62%,其中商品住房平均成交价格为6732元/平方米,同比上涨6.3%。成交均价与前5期基本持平,同比增幅继续回落。各县级市商品住房成交均价最高为张家港,达5856元/平方米,太仓最低,为3958元/平方米。成交均价增幅最高为张家港,达26.49%,太仓最低,为4.7%。

市区住房二级市场情况。苏州市区全年二手住房交易11149套,面积100.19万平方米,同比分别下降53.78%和53.87%。二手住房成交均价7104元/平方米,同比增长13.72%。6月过后交易量持续低迷,12月交易量小幅反弹,但成交价与1月相比降低了17.82%。

"暖市政策"的市场反应。年内,国家和省市有关扩大内需、促进经济增长的一系列政策措施相继出台,房地产"暖市政策"逐步落实,至11月,房产市场销售量有所回升,但成交均价仍呈下降趋势。11月份日均销售商品住房105套、面积11940平方米、成交均价6636元/平方米,与1~10月相比,成交套数增长18.4%、成交面积增长18.81%、成交均价下降1.95%。12月日均销售商品住房118套、面积14486平方米、成交均价6411元/平方米,与1~10月相比,成交套数增长33.31%、成交面积增长44.14%、成交均价下降5.27%。

【住房保障】 2008年,《苏州市市区解决城市低收入及中等偏低收入家庭住房困难发展规划(2008~2012年)》公布实施。《规划》对保障的主要制度、保障重点、保障主要方式、保障措施和保障工作机制等作了明确规定;明确了对城市最低收入、低收入、中等偏低收入3个层面的住房困难家庭和其他住房困难群体,给予不同的住房保障措施;同时将廉租住房制度、经济适用住房制度、住房公积金制度、集宿房建设政策、城镇房屋拆迁政策、危旧房改造工程、老住宅小区综合整治工程、老街巷综合整治工程等纳入城市住房保障体系,统筹规划、整体推进。初步形成了工作网络完整健全、保障方式科学合理、资金来源稳定可靠、政策制度相对完善、各项管理规范相互协调的有苏州特色的住房保障体系。全市住房保障制度"扩面"工作进展顺利,保障对象准入标准放宽,廉租住房房源和保障覆盖面扩大。年内,超额完成省下达的新增廉租住房1060套的任务,实际新增1226套,超额完成15%。其中新建1010套、收购150

套、公房腾退66套。全市有3341户居民享受廉租住房保障,其中实物配租819户,租金补贴1086户,租金减免1436户。中心城区当年新增廉租住房房源441套,享受廉租住房制度保障的有2305户,其中实物配租413户、租金补贴578户、租金减免1314户。2007年底前批准享受租房补贴的2人(含)以上低保家庭、低保边缘家庭和特困职工家庭,凡符合条件并提出申请的,已全部配租了低保廉租型住房。至年末,全市累计筹集廉租住房保障资金20803.57万元,其中中心城区15728.03万元。中心城区当年筹集廉租住房保障资金达2863.73万元,购置390套共2.18万平方米定销商品房作为廉租房,其中政府补贴4000多万元。

【小区街道整治】 2008年,投入整治资金2.04亿元,完成对永林新村、里河5~8村、三香新村、润长新村、养蚕里二村、二郎巷小区、三元二村、彩虹新村等8个老住宅小区进行综合整治。共整治房屋462幢,建筑面积达113.34万平方米,受益居民17237户。通过修缮房屋、改造道路、整修绿化景观、更新改造各类管线、建设配套设施和配套用房以及环境整治,居民居住条件大大改善,居住小区环境质量进一步提升。年内,实施了西中市街道综合整治,本着"保护风貌、拓展旅游、调整业态、提升功能、改善民居"的原则,按照保护性整治的要求,重点对西中市沿街建筑、道路、路灯照明、排水、室外给水、消防设施、煤气管道、绿化等进行综合治理,改善了西中市的整体环境。

【城市绿化】 2008年,认真贯彻市委、市政府确定的创建国家生态园林城市的目标,充分发挥城市绿化在改善城市生态环境中的积极作用,加快实事工程建设,推进绿化重点工程建设。三角嘴湿地公园、火车站地区综合改造配套绿化景观等重点项目进展顺利,全年实际完成新增绿地485公顷。至年底,建成区绿化覆盖率、绿地率和人均公共绿地面积分别达到44.5%、38.2%和14.3平方米,各项指标均达到或超过国家生态园林城市标准。针对年初大雪灾对城市绿化造成的影响,开展补绿补缺,巩固绿化成果。不断加强绿化行业监管,全面整治绿化景观和道路绿化,面积达5.8公顷。开展第六批省级园林式单位和园林式居住区、"园林小城镇"、第二届园林绿化"十佳优质工程"等评选活动,促进市域绿化增量和建精品、上档次,为创建全国文明城市奠定了基础。

【新增绿地485公顷】 2008年,城区新增绿地面积485公顷。其中苏州工业园区200万公顷、苏州高新区50万公顷、吴中区68万公顷、相城区122公顷、中心城区45公顷,完成市政府下达年度计划的107.78%。建成莲池湖公园一期、尹山湖环湖景观绿化、盛泽荡月季公园、兴贤路滨河绿带、星塘小游园等公园绿地,完成绕城高速东南车坊段绿色通道、太湖大道二期和277省道北延等道路绿化。投资1.77亿元的市重点绿化景观工程——三角嘴湿地公园西塘河以东90公顷绿化完成工程量80%,完成火车站地区综合改造配套绿化工程北环快速路地面绿化、官渎里立交景观绿化恢复及续建、人民路"城市峡谷"景观绿化一期等12个工程项目、桐泾公园东侧地块改造和大寨河景观绿化补充。三香公园北扩、西塘公园、梅花三村绿化等公共绿地建设也基本完成。

【绿化养护管理】 2008年,严格执行《苏州市城市绿地养护管理标准》,不断加强市域主干道绿化和绿地管理。市绿化管理站坚持日监日巡制度和每月养护例会制度,每月开展一次巡查、一次专项检查,对市管绿地养护进行考核,部署下月养护工作的重点。年内开展了两项绿化整治。一是解决人为踩踏、品种退化、雪灾影响等造成的黄土裸露问题。年初组织各养护单位对市管绿地进行全面普查,确定沧浪东、沧浪西、平江南、金阊南、三香路、干将路等几个片为重点,补植各类乔木495株、灌木1800余株、色块植物2600平方米、地被植物2800平方米,累计整治面积达58075平方米。二是奥运火炬传递线路的绿化整治。增加火炬传递沿线养护力量,投入绿地整治和沿线绿化景观保护,活动结束后迅速恢复绿地原貌,既为奥运火炬在苏城顺利传递开辟了绿色通道,又全面整治了绿化,为迎接创建全国文明城市检查创造了条件。年初,市绿化管理站荣获"全国绿化模范单位"称号。

【园林绿化监察】 2008年,市园林和绿化管理局以国家《风景名胜区管理条例》《苏州市城市绿化条例》《苏州市园林保护和管理条例》等法规为准绳,加强监察执法,依法保护园林风景区和绿化成果。一是严格执法。市园林和绿化监察所通过日监日巡,及时掌握拆迁地块及"退城进区"搬迁单位内树木资源去向。针对暑假期间一些学校校舍改造可能损坏绿化、市管绿地附近野蛮施工毁绿占绿现象较多的情况,超前从源头控制,防患于未然,有效保护了绿化成果和绿化资源。一年中,共查处各类绿化违法案件46起,挽回绿地146平方米。二是跟踪督察。对同意移植的绿化资源进行全程跟踪,深入现场清点核实移植数量,发现问题及时制止和纠正,督察批复88起。对超出批复范围和违反批复内容施工的单位,及时教育处罚。三是联合执法。与市城管局沟通联系,拆除道路边绿化带内的非法广告牌,维护城市绿化景观。四是保护风景名胜区风貌。3月份起,会同石湖景区管理处及市城管、公安、航道等部门,对石湖景区水面长期滞留船只进行调查摸底,向滞留船民发放宣传资料和通告,展开说服教育并限期撤离,11月实施联合集中清理。有20艘船只在通告限期内撤离,8艘在整治时主动撤离,另有几艘无证、无动力的杂船被集中销毁,为石湖水域永久性断航创造了条件。会同市规划监察所,对景区内违章搭建进行摸底,为今后解决此问题作准备。

【创建江苏省园林小城镇】 2008年3月中旬,江苏省建设厅印发《江苏省园林小城镇标准(试行)》,要求各地结合本地实际情况,积极创建"江苏省园林小城镇"。市园林绿化部门联合市建设局、规划局,在全市开展创建园林小城镇活动。11月中旬,命名昆山市淀山湖镇,苏州工业园区唯亭镇、娄葑镇,常熟市梅李镇、沙家浜镇,太仓市沙溪镇、陆渡镇,吴中区木渎镇、东山镇、角直镇为"苏州市园林小城镇"。在此基础上,择优推荐4个镇参加"江苏省园林小城镇"评选。经省建设厅调研考核,审定昆山市淀山湖镇、苏州工业园区唯亭镇、太仓市沙溪镇和常熟市梅李镇为"江苏省园林小城镇"。

【第二届园林绿化"十佳优质工程"评选】 2008年,组织开展了第二届苏州市园林绿化"十佳优质工程"评选活动,全市有45个园林绿化工程申报参评。经初评、专家评审和现场考核,确定苏州工业园区沙湖生态公园、苏州市东南环立交景观绿化工程、吴江市吴家港公园(新世纪公园)、常熟市尚湖风景区入口公园、太仓市北京路景观绿化带工程、张家港市小河坝路景观绿化工程、昆山市沿沪大道绿化工程、相城区盛泽湖月季公园、苏州工业园区苏胜路星塘街等三纵三横道路绿化改造工程、苏州高新区太湖大堤景观绿化工程为第二届苏州市园林绿化"十佳优质工程"。张家港市园林绿化管理局、常熟市农业局、太仓市规划建设局等12个园林绿化行政主管部门获第二届苏州市园林绿化"十佳优质工程"组织奖。

【第六批江苏省园林式居住区和单位评选】 2008年,依据《江苏省城市绿化管理条例》《江苏省城市居住区和单位绿化标准》,江苏省建设厅组织开展第六批省级园林式居住区和园林式单位的评选活动。市园林绿化部门组织各市(县)、区申报和初评,推荐16个居住区、12个单位参评。经省建设厅专家组现场考核,12个居住区、10个单位成为第六批省级园林式居住区和单位。

12个园林式居住区:沧浪区三香福郡小区、平江区大观花园一期、金阊区嘉业阳光城花园;吴中区钱家坞;张家港市清水湾;昆山市绿地21城;常熟市名流世纪庄园一期;太仓市世纪苑、高尔夫湖滨花苑;吴江市奥林清华西区、太阳湖大花园一期和太阳湖大花园二期。

10个园林式单位:苏州市委党校、晋合置业(苏州)有限公司;吴中区长桥中心小学;张家港保税区长源热电有限公司;昆山星期九休闲生态农庄有限公司、蒙氏集团有限公司;江苏省常熟职业教育中心学校、苏州高氏园林绿化有限公司;吴江同里湖度假村、江苏恒力化纤有限公司。　(肖进提供)

无锡市城乡建设与环境保护

【概述】 2008年是无锡全面实施第三轮城建行动纲要的开局之年。全市建设系统围绕"建设功能协调生态良好的现代新城乡"总体目标,加快推进以方便市民出行为导向的综合交通体系建设,以提升城市功能为主题的重点地区建设,以保护生态环境为核心的城乡基础设施建设,以改善民生为重点的公共设施建设,巩固发展前两轮城建行动成果,实现了城市现代化水平的新提升。

生态环境建设取得新成效。太湖水污染防治强力推进。围绕"十一五"太湖治理目标,落实控源截污、蓝藻打捞、调水清淤、生态修复等各项措施,太湖无锡水域水质得到改善。23条入湖河道的170个排污口全部封堵。市区4568个单位全面截污,全市开发开放园区所有工业和生活污水全部接管处理,市区新增污水管网1362.4公里。列入省目标考核的54个污水处理厂提标改造工作基本完成,市区城镇生活污水处理率达到85%以上。贡湖水源地完成清淤111万立方米,县乡河道疏浚清淤993万立方米,村庄河塘疏浚清淤1310万立方米,打捞蓝藻50万吨。节能减排成效明显。严格落实重点地区、重点行业、重点企业能耗管理和污染治理措施,严格落实工程减排、结构减排、监管减排措施,关停并转沿湖企业53个。加大执法力度,共有80个违法企业作出公开道歉和承诺。无锡成为国家节水型城市。生态建设稳步开展。全市植树造林6900公顷,森林覆盖率提高到22.3%;市区新增城市绿地712万平方米,建成区绿化覆盖率达43%,全长38公里蠡湖环湖绿带全面建成。完成土地复垦整理5546公顷,新增耕地1264公顷,完成矿山坡面复绿40万平方米。城市环境空气质量良好以上天数达343天,环境质量综合指数达到83.6。

综合交通建设迈出新步伐。快速推进城市重点道路工程。城市快速内环29.3公里实现全线贯通,凤翔北路、西环路北延伸、人民西路、中南路等以及太湖新城的吴越路、立信大道等33条道路建成通车,累计新建、改建城市道路73公里,初步形成衔接内外、便捷高效的快速路网体系。快速推进快速通道、航道、交通枢纽工程。229省道江阴段等85公里国省干线完成高标准改造,沪宁高速公路无锡机场互通、锡苏高速公路无锡段相继建成,苏南运河航道升级改造工程全面开工。无锡机场被批准为国家一类口岸正式对外开放,全年进出港旅客超过164万人次,货邮吞吐量近4万吨。快速推进"三铁"工程。京沪高铁无锡段征地拆迁按期完成,北门枢纽工程前期工作按计划推进;沪宁城际铁路无锡段主线、环评线征地拆迁工作积极推进,签约工作已近尾声;城市轨道交通建设规划通过国务院审批,修编完善了1号线工程设计方案,工程环评以及地震、地质灾害的安全评估报告通过国家、省相关部门审查或备案,三阳广场、京沪高铁无锡东站等部分站点设计进一步深化,年内基本完成开工建设准备。

城市功能品位不断提升。太湖新城建设全面展开,太湖国际科技园、科教产业园等重点园区初显雏形,老城区重点片区改造加快推进。完成惠山古街核心区的启动区修复工作,清名桥一期主体工程基本竣工,环城古运河站前示范段建成,以无锡博物院、惠山古街核心区、鸿山遗址博物馆为代表的一批城市文化工程相继建成开放。总投资30亿元的市区长江引水工程竣工投入使用,双水源供水格局基本形成,自来水水质提前达到国家生活饮用水新标准。落实公交优先战略,简化市区公交票制,实行换乘优惠,34条线路降低票价,开通快速环路公交试验线,各类公交卡在市区162条公交线路上实现了使用全覆盖,初步形成城乡公交一体化发展格局。梁韵苑、太湖之星游乐园、水上集散中心、管社山庄公园等处的一批停车场建成投入运营。全市竣工人防工程32.8万平方米。

市民居住条件不断改善。出台关于解决城市低收入家庭住房困难的实施意见,完善住房保障政策体系;加快保障性房源的建设筹集工作,市区竣工征地拆迁安置房615.55万平方米,经济适用房竣工交付5700套,市区2708户家庭享受廉租住房保障。完成老新村整治及老住宅特修61.2万平方米,危旧房改造63万平方米。引导居民住房消费,房地产市场保持稳定,市区竣工商品房住宅239.82万平方米。续增的10条背街小巷整治任务顺利完成,规划内环区域内背街小巷整治全部到位。

城市管理体制改革继续深化。大力推广成立社区城市管理工作站,全市609个社区(村)已有505个挂牌成立社区工作站,建成率达82.9%;推进管理重心下移,如期完成城市管理事权、行政许可权和审批权下放任务;创新城市管理考评机制,实现城市管理责任考评城乡全覆盖,深化城市主要道路"路长制"管理,市容环境秩序长效管理机制得到有效落实;深入开展市容环境专项整治活动,占道经营、无证设摊、"三乱"(乱涂写、乱张贴、乱牵挂)等市容"顽症"得到较好解决。

(周根文)

【城市规划】 2008年,无锡市深入贯彻实施城乡规划法,落实全市城乡规划工作会议精神和各项工作部署,规划编制成果更加丰硕,规划实施成效更加明显,规划监督力度更加有力,较好地发挥了"城市转型、规划引领"的导向作用。

城乡规划体系不断完善。完成一批总体性专项规划。编制了城镇空间布局规划、区域路网布局规划、中心城公共绿地系统规划、太湖国家风景名胜区规划、城市住房建设规划和市区城乡文教卫体设施布局规划等,为优化城乡空间布局、引导城乡从重点发展向优化发展转型提供规划支撑。完成一批控制性详细规划。基本完成全市控制性规划一张图,为推进规划精细化管理提供技术支撑;整合中心城(173平方公里)控制性详细规划,为实现规划管理一张图奠定基础;编制锡东新城高铁地区、无锡(藕塘)职教园、无锡空港产业园等一批控制性详细规划,开展马圩地区、惠山风电产业园、东港锡北新市镇等一批控制性规划的滚动修编,为有序推进功能性载体建设和管理提供了规划依据。完成一批修建性详细规划。一是完成环城古运河风光带综合整治规划,进一步挖掘古运河历史文化内涵,提升文化旅游休闲功能,改善老城区环境景观面貌;二是编制清名桥沿河、荣巷、惠山古街、小娄巷、荡口古镇等5个历史街区修建性详细规划,进一步推进历史街区复兴保护的实施;三是编制城际铁路北广场、洛社站、新区站以及轨道交通站点等综合交通枢纽修建性详细规划,确保城铁、地铁工程的启动建设;四是编制环太湖生态景观带、滨河公园、锡惠公园、太湖广场中心公园、长广溪湿地公园等处的一批修建性详细规划。进一步改善城市生态环境质量;五是编制高浪路、东安路、新坊路等一大批道路工程的修建性详细规划,进一步拓展城市路网骨架。完成一批引导性城市设计。完成中心城区吴桥中心广场、崇安中区,锡东新城V-PARK(服务外包基地)、锡山开发区科技创业园,惠山新城科技创业园服务外包基地、堰桥老镇区,太湖新城双新工业园、黄金湾工业园,渔港、蠡湖科技园、金城湾地区等一批城市设计,为塑造城市特色、提升城市建设品位提供规划引导。完成一批标志性建筑设计方案。深化完成市会展中心、艺术中心(无锡大剧院)规划方案,深化金融商务第一街报业集团大厦、国联金融大厦等单体建筑设计方案;深化崇安寺二期、恒隆广场、世贸中心、茂业城、盛高国棉地块等城市综合体项目,优化金域蓝湾、银河湾等一批高档住宅方案,优化大箕山、蠡湖人家等一批拆迁安置房设计方案,营造了由开放公园、居住区、城市公共和旅游服务设施相配套的环境优美、适宜人居的城市新空间。完成援助四川地震灾后重建规划。根据省、市统一部署,高质量地编制完成绵竹汉旺镇总体规划、新镇区控制性详细规划及启动区的城市设计工作,为当地灾后重建提供了规划支持。

规划实施成效不断凸现。城市空间布局进一步优化。中心城形成七区一体化发展格局,主城区形成城市化快速发展格局,都市区形成郊区化发展格局;基本形成中心城完善功能、新城开发建设有序推进、新镇城乡一体发展格局。城乡功能布局进一步完善。完善基础设施布局、产业布局、交通布局、生态布局和人口布局,促进区域协调发展。交通基础设施布局进一步优化。"主辅两环+八射"的城市快速路网体系基本形成,一条围合无锡中心城、绵延29.3公里的快速内环全线贯通,锡城交通自此进入"快速时代";生态环境工程建设加快实施,以蠡湖和十八湾为代表的显山露水、治水增绿生态环境整治深入推进,长广溪生态湿地修复、金匮公园、尚贤河湿地公园一期、环蠡湖生态带、十八湾湖滨湿地公园、古运河"站前灯火"景观区等一批生态环境建设工程初见成效,蠡湖地区生态环境建设效应进一步释放,自然生态系统逐步修复。城市综合功能进一步增强。公共服务设施布局进一步优化,文教卫体等设施布局基本到位。太湖广场地区大型商业、商务办公区初具规模。世贸中心、茂业城、金太湖国际城等一批城市综合体项目建设初具雏形;工业设计园、藕塘职教园和空港产业园等一批独具特色的园区,成为全市优化转型的新亮点。城市形象进一步提升。维修保护了一大批历史文化遗产,城市的山水特色、文化底蕴、现代风貌和国际形象得到有效提升。惠山古镇一期修复工程建成对外开放,清名桥沿河历史街区一期中的古运河、古窑、丝业博物馆基本建成。

规划监督机制不断健全。城乡规划法规体系和标准体系日趋完善。制定《无锡市建设项目日照分析技术管理规定》和《建筑面积与容积率计算规定》等一批规范性文件,制订和调整用地规划控制标准和建设用地标准,调整确定建筑容积率等规划控制指标。规划阳光工程扎实推进。完善规划公众参与制度,建立规划信息公开制度和公众参与监督的渠道,指导推进重点镇(街道)建立规划展示室(临展厅)31个;严格执行城乡规划批前公示、批后公布以及建设项目批前公示、批后告示等制度,充分保障普通百姓的规划知情权、参与权、监督权。强化城乡规划监督机制。按照城乡规划法有关规定,完善城乡规划内部和外部监督机制,接受全社会对规划编制、执行和管理的监督,认真听取行风监督员意见,妥善处理群众提出的意见和建议。组织开展城乡规划执行情况的监督检查,对7个区城乡规划编制、审批、实施、修改等执行情况进行检查评估,进一步推动城乡规划工作的落实和目标任务的完成。

(范必正)

【无锡中心城实现控制性详细规划管理一张图】 为切实增强规划的科学性、实效性和可操作性,2008年,市规划局组织修编了《无锡市中心城控制性详细规划》。根据用地的地理区位、空间组织和联系方式,确定了东、北至沪宁高速公路,西至锡宜高速、钱荣路,南至五里湖、梁塘河、旺庄路,总用地面积约173平方公里的规划范围。规划主要包含了3个方面的内容:一是完善城市路网结构,理顺道路系统;二是完善公共绿地系统,优化城市环境;三是完善社区配套设施,建设和谐城市。这次规划编制工作的完成,将为中心城的建设和更新提供科学依据,为实现规划一张图、管理一盘棋的目标奠定基础。

(郑向启)

【援助编制绵竹市汉旺镇总体规划】 根据国家和省灾后恢复

重建对口支援任务安排,2008 年,由无锡市对口支援编制的《绵竹市汉旺镇总体规划(2008~2020)》通过四川省建设厅组织的专家组评审。在78.9平方公里的镇域,依托现有乡道,集中在坪坝地区布局镇、村,形成1镇、8个集中居住点、138个村庄的镇、村布局结构。利用新镇区内5条流淌的水系,构筑生态骨架和布局艺术骨架,彰显“川流不息、生态家园”主题理念,构建川流相间、高山相望、自然相融的生态城镇格局,赋予汉旺新镇区特有的地域风情。新镇区形成“两街、两中心、六小区、一个工业集中区”的总体功能布局,凸显“四轴四区”和“五河三节点”的空间特色。绵竹市汉旺镇总体规划是四川省灾后第一个经专家委员会审议并原则通过的镇级总体规划方案。 (程国辉)

【小娄巷历史文化街区保护规划通过省级论证】 2008 年,小娄巷历史文化街区保护规划通过省建设厅论证。小娄巷历史文化街区是无锡确定的4个历史文化街区之一,保护范围东至小娄巷横街,西到新生路,南至市公安局,北到福田巷、佚园,面积1.19公顷。规划提出“整体保护、修旧如故,改善环境、重现风貌,延续文脉、激发活力,突显价值、永续利用”的保护目标,明确真实性、整体性、可持续性和凸显地方文化性四大保护原则。确定了对其整体空间格局、街巷空间尺度和界面、各级文保单位和历史建筑以及历史环境要素等的整体保护要求和具体保护措施,力求全面、合理、科学地保护和传承小娄巷历史文化街区的历史风貌和传统文化。 (吴 珂)

【荣巷历史街区修建性详细规划通过专家评审】 2008 年,荣巷历史街区修建性详细规划通过省建设厅组织的专家组评审。荣巷历史街区又称荣巷古镇,规划用地面积19.3公顷,其中历史街区核心保护区用地面积8.4公顷。规划功能定位为:以“荣氏故里”为主题,以弘扬荣氏家族文化为主线,充分展示无锡近代工商业繁荣时期历史传统风貌的民居民俗文化特色,以居住为主、集旅游休闲等功能于一体的传统历史文化街区。根据荣巷历史街区的价值及其空间环境要素构成,规划将荣巷的空间框架划分为“一核三线四区”,一核:荣巷核心保护区内密布各级文保单位和历史建筑,是整体空间的核心。三线分别为:百年商道——荣巷老街西段的“商”文化景观线,益善育才——西浜“善”文化景观线,寻根之旅——东浜“住”文化景观线。四区:保护居住建筑区,以清末民初各种形态的居住建筑为主的荣巷核心保护区;传统居住建筑区,建设控制地带内完全体现传统风貌的居住建筑区;特色餐饮服务区,建设控制地带内东南侧沿梁青路的特色餐饮服务区;耕桑鱼展示区,建设控制地带内西南侧沿梁青路的以耕(田)、桑(树)、鱼(塘)为主题的历史自然环境原貌展示区。 (张忠坚)

【开展城乡规划执行情况检查】 2008 年,市政府法制办会同市监察局、市发改委、市规划局、市国土局、市城管局等组成检查组,对各地区2007~2008年城乡规划执行情况进行检查。7个区均通过规划检查评估,平均得分为83分,城乡规划执行情况总体良好。一是各级政府高度重视城乡规划工作。在财力有限的情况下,确保规划编制经费投入,2007~2008年,7个区累计投入规划编制经费7600多万元。二是基本完成市政府下达的各项规划编制任务。共组织编制各类规划145项,其中总体规划2项、详细规划138项(含城市设计59项)、农村规划5项。三是经营性建设用地规划容积率调整基本规范。各区调整规划容积率的经营性建设项目均按照规定的程序,组织专家论证和公示,并提交土地储备委员会讨论同意,上报市政府批准后再予以调整。四是规划确定的各类建设用地得到基本控制。城乡规划确定的大型绿地、风景名胜区、历史街区地段、市(区)公共服务设施用地、市政基础设施用地得到基本控制,但仍有个别大型绿地范围内发现违法建设。五是违法建设总量有所减少。违法建设比前几年略有下降,违法建设控制较好的是崇安区和北塘区。六是规划展示馆(室)建设工作加快推进。惠山区、锡山区、南长区规划展示馆建成开放,新区、滨湖区、崇安区、北塘区均已启动建设,重点镇(街道)规划展示馆已建成20个。 (顾卫红)

【蠡湖环境综合整治工程】 世纪之初,市委、市政府提出“打太湖牌,建山水城”的城市建设思路,把蠡湖新城建设作为实践科学发展观、建设湖滨山水生态城市的启动区、示范区。至2008年的6年间,蠡湖地区规划建设领导小组及办公室在蠡湖新城建设中,坚持“高标准定位、高水平设计、高质量施工”和“建城先治水”的建设原则,实行规划、设计、实施同步考虑,征地、拆迁、安置同步研究的工作方式,实施生态清淤、污水截流、退渔还湖、动力换水、生态修复、湖岸整治和环湖林带建设等六大环境工程和新城三环三射路网、两纵两横水系等基础设施工程以及山体石宕覆绿、沿湖开放公园及文化工程建设等。通过科学治水、综合治水,蠡湖水面面积从6.4平方公里增加到9.1平方公里,蠡湖水质明显改善。沿岸建成305.5万平方米的生态公园和防护林带;国家“十五”重大科技项目太湖水污染控制与水体修复技术及工程在蠡湖顺利实施,湖水能见度从20厘米升至80厘米,提前达到国家2010年考核目标要求。治理后的蠡湖水质经受了2007年供水危机的考验,得到国务院领导的充分肯定,被称为“蠡湖经验”。

建设一批生态环境工程。通过6年时间的努力,至2008年,蠡湖新城已建成蠡湖之光、蠡湖公园、渔父岛、鸥鹭岛、渤公岛、中央公园、水居苑、西施庄、蠡湖大桥公园、长广溪湿地公园、管社山庄、宝界公园等生态环境工程,总计新建和整治绿地面积达464.5公顷。环蠡湖38公里(宽80米~250米)的湖岸生态防护林基本贯通,成为无锡最大的免费开放公园,其面积相当于37个蠡园。

构建一批路网、河网工程。至2008年,蠡湖新城建成由环湖路、鸿桥路、隐秀路3条环线路和望山路、望湖路、望桥路3条放射道路的“三环三射”新城路网,所有管线基础设施随路同步埋设;建成纵向的蠡溪河、新城河和横向的鸿桥河、陆典桥浜“两纵两横”的河网水系,把蠡湖水引入新城内部,形成新城内一河一路的江南水乡特色。

建设一批文化工程。至2008年,蠡湖新城建成水镜廊、蠡湖展示馆及分馆、高攀龙纪念馆、长广溪湿地科普馆、张渤塑像、程及美术馆、文化纪念墙、石塘廊桥、水上舞台等;导入CIS形象系统,设计寓山水、生态、湖滨城为一体的蠡湖新城城标,设置在蠡湖新城范围内的沿路建筑小品、指示牌、公交站台、围栏等处,增强新城的文化气息。

妥善安置拆迁农民。按照布局合理、交通方便、设施配套、户型舒适实用、环境优美的原则,在蠡湖新城就近建设拆迁安置住宅小区,建设与城市住宅同等水平的农民安置房;所有被拆迁农民全部进入城市社会保障体系,优先享受城市化进程成果。

蠡湖新城的建设和蠡湖环境工程的实施,进一步改善了无锡城市环境,提升了城市形象,为进一步推进太湖综合治理提供了重要的借鉴,成为无锡生态文明建设的一张靓丽名片。继2004年获得无锡市腾飞奖、2005年获得第23届国际滨水中心环境景观设计最高奖、2006年获得国际地产协会卓越成就奖和建设部人居环境范例奖、2007年获得加拿大景观建筑协会的最高荣誉——国家奖之后,2008年,蠡湖新城建设被评为"改革开放30年无锡最具影响力城建工程"。联合国环境规划署亚太地区代表史仁达高度评价蠡湖生态建设:"蠡湖新城的规划和设计充分体现了人与自然的和谐。毫无疑问,蠡湖新城的成功案例可以作为发展中国家学习的典范。"

（许　敏）

【水上摩天轮开放】 9月27日,"太湖之星"水上摩天轮正式对外开放。"太湖之星"水上摩天轮项目是以水上摩天轮为主,附以激光科学体验馆、北极乐园、旋转木马、海盗船等儿童游园设施的旅游观光项目。水上摩天轮项目总用地面积25033.20平方米,总投资2000万美元,由日本阳泉兴业株式会社全额出资、安装调试和运营。周边环境建设、配套设施建设分别由蠡湖办、蠡湖街道组织实施,无锡园林设计院有限公司设计。"太湖之星"水上摩天轮的建成,为蠡湖新城增添又一亮点。（许　敏）

【长广溪国家城市湿地公园向北延伸段建成】 长广溪国家城市湿地公园是2005年5月国家建设部首批公布的九个国家城市湿地公园之一,属淡水河流湿地,2006年10月建成。2007年9月湿地建设开始向北延伸拓建,2008年9月30日基本建成,初步向市民开放。湿地公园西北连湖玺庄园,东北接威尼斯花园,总用地面积375458平方米,园内共种植植物288种,是无锡市目前单个用地面积最大的湿地公园。

长广溪国家城市湿地公园向北延伸段,是东蠡湖湖岸整治、贯通蠡湖沿湖38公里的岸线的组成部分。湿地内精心打造的东蠡湖标志性景观——集景观、观景、文化为一体的石塘廊桥,是无锡市最长的(200余米)景观桥。石塘廊桥与桥北自来水管架桥基座改造景观及西施庄组成东蠡湖湖中组合景观。湿地公园内建有银杏广场、文化浮雕墙、雕塑园、湿地展示中心等景点。长广溪国家城市湿地公园由无锡市政建设工程有限公司、无锡鸿源市政工程有限公司、上海春沁园林工程有限公司、上海申谊教卫绿化景观有限公司、江西省城市园林建设有限公司和无锡市绿化建设有限公司共同实施,美国易道公司、无锡园林设计院有限公司设计。（许　敏）

【村庄环境整治】 2008年,无锡市按照"政府推动、规划引导、市场驱动"的原则,结合争创社会主义现代化新农村示范村和江苏省康居示范村、生态村、卫生村等活动,整合各方力量,联动并进,加大村庄环境综合整治工作推进力度,切实改善农村环境面貌,改善广大农民生活条件。据统计,全市共投入村庄整治资金3.4亿元,其中市级财政投入村庄整治以奖代补资金450万元,市(县)、区投入以奖代补资金5660万元,镇、村投入村庄整治资金2.8亿元;新建和改造道路420公里,各类排水管道197公里(包括污水、雨水、自来水);新建公厕192座、路灯1100盏,新添垃圾箱2589只,新增绿化面积达240多万平方米;清理垃圾9万余吨,各类乱搭建、乱堆放1100处。有365个村庄整治初见成效,完成市级年度目标任务的158.7%,其中有15个村庄被省政府列为全省农村环境综合整治试点村,10个村被市委、市政府命名为无锡市2008年度村庄整治示范村。（任余娟　刘念桐）

【环境卫生】 2008年,无锡环境卫生行业全面贯彻党的十七大精神,坚持以科学发展观统筹城乡环卫工作,认真落实环卫专业管理的要求,采取有效措施规范推进全行业管理,加强对环卫公共服务质量的监管,加快环卫基础设施建设步伐,有力地促进了环卫事业持续快速健康发展。全年市区共收集、清运、无害化处理生活垃圾90.52万吨,处理粪便17.3万吨。城区清扫保洁道路796.67万平方米,冲洒水作业里程505.12公里,清洗隔离护栏102.1公里,保洁通航河道61条、非通航河道261条,保洁河道水面面积614.04万平方米,打捞漂浮物河道总长257.14公里。保洁管理废物箱2788只、公厕429座,收集住宅大楼垃圾23773个门号,管理大楼化粪池21899个,管理垃圾转运站59座。

桃花山垃圾填埋场扩建一期工程完成,基本具备投运条件。指导和协调推进锡东垃圾焚烧厂建设的各项前期工作和餐厨垃圾处理示范项目建设。全面启动市区生活垃圾收运体系建设,启动城区4座区域垃圾转运站建设的前期准备工作,推动生活垃圾机械化收集在中心城区的实施。完成背街小巷公厕改造1座,无接管公厕污水达标处理试点改造1座,新建水上转运站1座。做好环卫"事权下放"和作业任务招标工作,进一步加强环卫质量、生活固体废弃物无害化处理的监管,扎实推进环卫科技工作,全力做好各项环卫服务保障工作。

（汤丽娟　朱晋辉）

【无锡环境卫生管理处组建成立】 7月,按照无锡市机构编制委员会锡编〔2008〕12号文件《关于建立无锡照明管理处无锡环境卫生管理处无锡排水管理处无锡市政设施管理处的批复》和锡编办〔2008〕7号文件《关于印发〈无锡环境卫生管理处职能配置内设机构和人员编制规定〉的通知》精神,建立无锡环境卫生管理处,为市市政公用事业局下属行政管理类全民事业单位,相当于正科级建制,人员经费由市财政全额拨款解决。无锡环境卫生管理处作为环卫专业管理机构,主要负责全市环境卫生行业管理,对全市相关环境卫生业务管理工作进行指导、协调和监管等。（汤丽娟　朱晋辉）

【推进生活垃圾处理设施建设】 2008年,无锡环境卫生管理处着力推进生活垃圾处理终端设施建设。一是桃花山垃圾填埋场扩建一期工程除垃圾坝和前山道路尚在紧张施工外,其余标段均已完成,已基本具备投运条件。一期新增库容54.5万平方米,设计使用年限2年左右。同时启动了扩建二期工程的相关准备工作。二是坚持生活垃圾无害化处理"焚烧为主,填埋为辅"的原则,指导和协调推进了锡东垃圾焚烧厂建设的各项前期工作,督促投资主体,完成拆迁调查报告和财务审核,环评报告的批复,技术方案论证,项目预选址和独立选址上报等前期工作,启动拆迁、清障、进场道路和安置房建设。推进餐厨垃圾处理示范项目建设。完成规划方案评审、环评批复、市政配套、施工图设计等工作,预计2009年2月开工建设。
(汤丽娟　朱晋辉)

【启动市区生活垃圾收运体系建设】　2008年,无锡环境卫生管理处全面启动了市区生活垃圾收运体系建设。一是在稳步推进崇安区、滨湖区生活垃圾机械化收集试点工作的基础上,测算收集成本,确定后装压缩收集车型和收集配套容器。通过各区调查摸底、召开现场会、向各区配发后装收集车辆及收集容器等工作,不断推动机械化收集在中心城区的实施。共配备后装收集车12辆、收集箱170只。二是启动了城区4座区域垃圾转运站建设的前期工作。拟建转运站单座总体规模为500吨/日,建设用地6000~10000平方米/座。完成了建设方案的编制,中转设备和运输车辆的初步选型,滨湖区、崇安区两座转运站的选址有了初步意向。　(汤丽娟　朱晋辉)

【开展城区冬季道路清雪除冰演练】　为预防冬季降雪冰冻对城区主要道路桥梁交通造成严重影响,确保降雪后道路畅通、环境卫生整洁,保证全市人民生产生活的正常秩序,充分发挥环卫专业队伍作用,根据市政府防冻防雪精神,12月24日,无锡环境卫生管理处会同市市政公用事业局、市应急办公室在运河西路华清大桥堍联合组织开展了城区环卫冬季道路清雪除冰演练。崇安区、南长区、北塘区、滨湖区共8个环卫管理部门和作业单位参加了演练,出动11台铲雪车、7台铲车、10台洒水车,5台撒盐车和150名作业人员。现场演练总指挥下令后,各作业单位按照演练方案迅速实施模拟预演,各种车辆到达指定地点,作业人员展开“清雪除冰”模拟作业。通过演练,检验了各环卫作业单位清雪除冰设施设备的备战情况和应急反应能力。　(汤丽娟　朱晋辉)

【加强环卫质量监管】　2008年,无锡环境卫生管理处组织实施“环卫服务质量年”活动,加强环卫质量监管。通过加大检查频度和考核力度,充分调动各区环卫主管部门和环卫作业单位提升环卫质量的主动性。通过建立相关工作机制,实施相关专项整治,落实整改措施,促进各作业单位不断改进作业方式,提高作业水平,确保作业质量,在全行业形成服务质量“比、争、创”的良好氛围。全年组织明查12次,暗查24次,出动检查人员2180余人次,组织各类会议、领导考察、省市级检查等环卫保障工作20余次,出监管简报12期,有效落实了长效监管机制。　(汤丽娟　朱晋辉)

【加强固体废弃物无害化处理监管】　2008年,无锡环境卫生管理处采取有效措施加强固体废弃物无害化处理监管。一是在地磅计量管理正常的同时,加装了运河东路、城北粪便处理站的地磅计量设备,完成了地磅计量处理终端实时监控系统,实现电子计量和实时监控的有机结合。二是对二市七区特别是农村地区的生活垃圾无害化处理情况进行定期和不定期督查,确保全市生活垃圾无害化处理率达到既定目标。三是下发《关于加强市区生活垃圾终端处理场(厂)进场废弃物管理的通知》,进一步规范日常进场(厂)废弃物的许可种类和报批程序,强化生活垃圾的进场管理。坚持“焚烧为主、填埋为辅”的垃圾无害化处理原则,加强对生活垃圾转运的调度,确保全市生活垃圾的正常消纳和无害化处理。四是设立安镇鞋山建筑垃圾处置场,共处置建筑垃圾、工程渣土2.2万余吨。五是做好渣土处置材料初审工作,规范全市渣土处置市场的管理,全年共审批办理建筑垃圾处置(运输)许可证217张,受理渣土处置案16件。六是积极开展调研,配合做好《无锡市建筑垃圾管理办法》的制订工作。　(汤丽娟　朱晋辉)

【城市环境管理】　2008年,全市城管系统围绕建设“五个中心”、打造“五个名城”的发展战略,以创建全国文明城市、迎北京奥运、迎第二届世界佛教论坛为契机,以加快推进和全面落实城市管理体制改革为主线,进一步突出重点、攻克难点、打造亮点,全力以赴抓落实,在市容环境管理、市容秩序治理、落实长效机制、转变工作作风、强化依法行政、提升执法效能等方面取得了明显成效,促进了城市管理事业发展,为全面完成“打造山水名城、共建美好家园”城市管理三年各项目标任务奠定了扎实基础。　(陶　丰)

【推进城市管理体制改革】　在市委、市政府的重视和全力推进下,2008年,围绕落实推进城市管理改革的目标,取得重大突破和较好成效。城市管理重心下移、以块为主、执法垂直的理念基本确立;“两级政府、三级管理、四级网络”推进建设进一步深化,从街道到社区,城管网络建设力度明显加大;区级城管平台建设和管理资源整合基本达到要求;事权下放基本到位;执法垂直的体制机制基本理顺,执法与管理在新体制框架下寻找到一些比较协调的机制,执法队伍确立了围绕区委、区政府中心任务开展工作的指导思想,消除了各地方党委对执法垂直的顾虑、担忧和议论。全市609个社区(村)已有505个挂牌成立社区城管工作站,建成率达到82.9%,其中主城区范围内建成率达到100%。　(陶　丰)

【强化城市管理考评机制】　2008年,无锡市城管系统以“太湖杯”城管创优和“路长制”管理为依托,坚持把对各级城市管理责任的考评作为长效管理的根本措施来抓,并不断改革创新。年初,通过召开全市城市建设和管理动员大会,对7个区、19个市职能部门下达了城市管理目标任务书,以此作为年终检查考评的重要依据。对原有的“太湖杯”城管创优考评办法进行修订,突出对全市所有46个街道(镇)进行暗查考评,实现了城市管理责任考评城乡全覆盖。进一步深化主要道路“路长制”管理,实行分类分阶段达标的有序推进,使109条“路长制”道路沿线市容环境面貌得到进一步优化和改善。全面推进市容环卫责任区制度建设,二环以内《市容环卫责任书》签订率达98%,二环以外达95%以上。同时,在落实签订率的基础上,履约率明显提高。　(陶　丰)

【城乡绿化】　2008年,全市城乡绿化工作以党的十七大和绿色无锡建设工作会议精神为指导,按照市委、市政府治理太湖保护水源“6699”行动和环保优先八大行动要求,围绕水环境治理和生态恢复,以重点环境绿化工程建设为重点,全面扎实推进绿色无锡建设,各项工作成效显著。全市共完成造林绿化6933.33公顷,森林覆盖率达22.3%,新增城市绿地775.2万平方米,建成区绿化覆盖率达43%,人均公共绿地达12平方米。

重点推进以锡宜高速无锡西出入口、沪宁高速无锡各出入口以及锡山区、惠山区段等高速公路、快速干线和城市出入口为主要内容的市重点造林绿化工程,两侧林带基本贯通;环太湖公路(南段)和342省道绿色通道建设顺利推进;滨湖区、锡山区、惠山区等地重点开展河道绿化,加大对直湖港、白屈港、九里河等数十条区级以上入湖主干河道两侧50米范围内水源净化林建设力度。

惠山、青龙山保护建设稳步推进,环境整治工程成效明显。森庄湿地公园、宝界湖畔山林公园、长广溪湿地(一期)生态公园、环蠡湖38公里开敞式公园绿地基本建成。完成滨湖带生态修复工程、梅园透绿工程、环太湖公路两侧林带绿化工程以及夏慕湾公益林林相改造等十八湾环境综合整治项目,完成闾江出入口乔木增植工程建设,环太湖200米生态防护林示范段工程建设基本完成。

结合重点道桥建设,南湖大道、青龙山路、渔港路以及景云立交、景渎立交等绿化工程全面竣工。仙蠡墩遗址公园、太湖科技园广场等市区公园绿地相继建成,共新增公园绿地165.37万平方米。继续实施城区增绿,完成对环湖路、金城西路等80余条道路的“退草植树”工程,增植乔木6万余株。科学实施垂直绿化,完成崇宁路沿线、运河东路驳岸、江海高架桥体、广南立交以及部分社区的立体植绿工作。完成对太湖大道“文化建绿”方案的实施。

围绕社会主义新农村建设,深入开展村庄绿化建设,改善农村生态和居住环境,利用房前屋后隙地、空地进行四旁绿化,美化家园。全市涌现出国土绿化模范镇(街道)8个、模范村(社区)17个,绿色家园示范镇7个、示范村182个。

市绿化委员会办公室围绕“优化生态环境,构建绿色家园”主题,开展了一系列内容丰富、形式多样、参与广泛的植树造林和绿化宣传活动,动员和组织社会各界参与植绿护绿行动,进一步提高全民绿化意识,形成全社会爱绿养绿、美化家园的浓厚氛围。　(高祖伟)

【生态园林城市创建取得新进展】 2008年是无锡创建国家生态园林城市工作进入全面创建阶段后取得突破性的一年。年内,全市各地区和相关部门思想上高度重视,围绕“治水、增绿、升级、调优”的总体思路,大力实施城乡生态环境、生活环境和基础设施建设,全面推进国家生态园林城市创建工作。至年底,国家生态园林城市19项基本指标中,全市达标或基本达标的有11项,占指标总数的57.8%;有4项指标按计划推进预期可以达标,占指标总数的21.1%;有4项指标差距较大必须加大推进力度,占指标总数的21.1%。全年创建工作主要突出两个重点:一是实施“增绿提质”计划,在保证全市绿地总量的情况下,进一步在优化绿地布局、强化绿化功能上下工夫,强调发挥绿化的生态效应,具体确保城市旅游、园林建设;推进江、河、湖生态防护林建设以及丘陵地区森林植被恢复、生态修复工作;实施“退草还林”工程和立体绿化建设;大力推进城乡绿化一体化建设。二是实施“治水调优”策略,围绕水安全、水供给、水环境,全市各有关部门紧密协作,以重点环境绿化工程建设为重点,采取清淤疏浚、截污治污、节水限排、补水造景、生态重建等手段,重点推进太湖水污染防治和城市河道水环境整治工程。　(高祖伟)

【惠山青龙山保护建设工作稳步推进】 惠山、青龙山各项保护建设重点工程进展顺利,环境整治已见成效,生态环境得到明显改善。2008年,完成整治绿化面积50万平方米。具体实施六大工程:一是规范经营性公墓总体规划与管理,9个非法公墓中,保留、整改5个,整体关闭4个。二是林相改造工程,实施十八湾真干嘴、三湾南坡和孟湾北坡的林相改造,完成林相改造面积34.62公顷,修筑防火通道3831米。三是十八湾环太湖公路(梅园立交—民福加油站)两侧环境综合整治工程,完成蠡园开发区湖景村地块绿化面积3万多平方米。四是十八湾环太湖公路(民福加油站—闾江口)沿青龙山一侧环境综合整治工程,该工程一期、二期以及三期地块中环太湖公路沿山一侧30米区域约40多万平方米整治绿化工程基本完成。五是钱荣路东侧显山透绿工程,已经启动上山道路入口区和动物园地块工程建设。六是市精神卫生中心外环境整治工程,占地面积8640平方米,实施内容为环境绿化、点景小品等。　(尤伟龙)

【完善蠡湖和十八湾景区管理】 蠡湖、十八湾景区是无锡的一个窗口。2008年初,无锡市蠡湖惠山景区管理委员会和蠡湖风景区管理处成立,为蠡湖、十八湾景区的管理提供了坚实保障。管理部门以保水质、保绿化、保环境、保设施、完善管理体系“四保一完善”为工作重心,强化各项管理措施,完成景区内的林荫走廊建设和水上观光巴士开通等工作,注重景区内重大节庆活动和节假日氛围的布置与营造。经过高标准、高质量的建设和管理,蠡湖、十八湾景区已经成为一个景观优美、功能完善、秩序良好的风景区。　(杨小飞)

常州市城乡建设与环境保护

【城乡建设】 2008年,全市建设系统深入贯彻落实科学发展观,克服资金、拆迁等各种困难,全力以赴推进城市建设各项工作,保持城市建设事业的良好发展势头。全年市政公用及环境工程建设投资达73.5亿元,比上年增长33.4%。年末市区道路总面积达2500万平方米,增长近2万平方米。人均道路面积达20平方米,增加10%。城乡统筹发展步伐进一步加快,社会主义新农村建设稳步推进,全市城市化率达61%。

基础设施建设。2008年,市建设局具体负责实施市政公用基础设施项目49项,其中20项为市委、市政府2008年重点建设项目。年内,市建设局还实施一批结转工程和不在年初计划中的新增工程,均按计划完成建设任务。

城建资金筹集。融资渠道进一步拓展,城建集团成功发行

25亿元企业债券，在创新融资渠道方面取得重大成果。全年累计落实到位资金71.25亿元，超额完成年度50亿元资金筹集指标，确保了工程建设需要和资金链正常运作。土地市场运作扎实有效，全年完成8宗地块收储工作，总面积29.67公顷，总金额3.25亿元。6宗共48.25公顷土地成功上市，成交价格18亿元，实现收益11.4亿元。土地注资工作进展顺利，第一批15宗109.72公顷土地注资工作全面完成，获得土地使用权价值约70亿元，进一步提升了城建集团融资能力。

公用事业。快速公交一号线主线和3条支线全面开通，快速公交二号线开工建设；"村村通公交"目标基本实现，公交出行舒适度明显提升，市民出行条件得到很大改善。城市公交客运总收入3.3亿元，客运量3.1亿人次，公交运营车辆2437辆，比上年增长12%、22.1%、37%。全年完成1.65亿立方米城市天然气供应，发展民用客户3.44万户、工商客户116户，完成年度计划的122%、344%和387%；建成新岗增压站和魏村水厂一期挖潜改造项目，通用自来水公司全年供水量2.4亿立方米，实现销售收入3.14亿元；完成污水处理量1.08亿吨，增长11.3%，市区污水处理厂污泥实现全量焚烧；17条水环境整治河道截流工程全面完成，城镇污水厂提标改造工程按计划全力推进；新增城市照明灯具10.7万盏，线型灯7.6万米。

清欠防欠。出台《常州市建设领域农民工工资保证金管理暂行办法》和《常州市建筑行业农民工工资拖欠投诉处理暂行办法》，规范建筑业企业农民工工资支付行为，市区全年共筹集农民工工资保证金9379万元。与法院联动，建立解决拖欠农民工工资司法绿色通道。全年共受理拖欠工程款和农民工工资投诉657起，涉及农民工6956人次，金额6072万元，协调工程款拖欠1.06亿元。特别是春节前妥善处理农民工上访220起，解决农民工工资2200万元。

科技创新。开展机关办公建筑和大型公共建筑节能监管体系建设试点示范工作。对100个政府办公建筑和74个大型公共建筑单位能耗进行全面调查，对602幢居住建筑和83幢中小公共建筑能耗进行抽样调查。继续推进GIS项目建设，自来水、排水、路灯等地形图覆盖面积已扩展到700多平方公里。组织申报部、省重点科研项目。污泥焚烧项目获建设部"华夏建设科技奖"，"常州市高架路(一期)工程集成技术应用示范工程"和"常州市优先发展公交信息化管理示范工程"分别被建设部列入2008年科技示范工程。"大成苑二期高层综合楼地源热泵空调与太阳能热水集成系统"被建设部列入可再生能源建筑应用示范项目。常州市快速公交系统建设和管理示范项目作为本市惟一推荐项目入选省科技厅社会发展科技示范工程。 (荐占刚)

【城市规划】 2008年，市规划局重点推进三大课题的规划研究：城市承载力规划研究从分析城市承载力水平入手，科学预测城市的发展规模；旧城提升规划研究提出提升常州旧城功能，实现旧城有机更新的策略；城市建设发展报告通过建立城市建设空间数据库，为政府科学决策提供重要支撑。

规划编制。建立完善法定规划编制体系。按照《城乡规划法》的要求，建立和完善包括城镇体系规划、城市规划、镇规划和村庄规划在内的法定规划体系；推进控制性规划全覆盖编制工作，完成62个编制单元的控制性详细规划。做好重点项目规划引导。深化京沪高铁、沪宁城际站场及其周边地区的规划；完成中吴大道交通组织及沿线城市设计；全面启动西太湖滨湖地区城市设计与景观设计工作；开展古运河沿线重要地区和节点规划，如大观楼地区详细规划和"三河三园"景观旅游规划。开展历史文化保护规划。贯彻国务院《历史文化名城名镇名村保护条例》，开展市区历史建筑普查，组织编制第一批33处历史建筑名录，制定《常州市市区历史建筑认定办法》、《常州市历史文化名城名镇名村保护实施办法》，拟定《常州市市区历史文化保护工作方案》；按照大运河申遗的总体要求，开展古运河保护与利用规划以及重要节点石龙嘴传统风貌区概念性规划。保障城市高效运行。完成高架路二期规划方案、BRT二号线详细规划、BRT三号线规划策划、中心城区支路网规划调整完善、非机动车及行人过街设施规划等工作；完成供电设施和中心城区环卫设施的近期建设规划及加油、加气网点和邮政设施网点布局专项规划。努力构建优美宜居城市。完成2008年主要道路市容环境综合整治规划及高架路一期沿线景观整治规划；出台滨水空间景观控制导则；开展"自行车免费租赁点"布点规划；完成市区菜市场改造相关规划和公共厕所改造提升规划。全面推进社会主义新农村建设。完成行政区划调整后21个镇总体规划的修编工作，完成8个镇9个编制单元约10平方公里的近期建设用地范围控制性详细规划的编制工作，完成800多个农村居民点的规划编制工作。全力支援四川绵竹规划重建。及时编制完成《遵道镇总体规划》、《棚花村四组村庄建设规划》，并承担绵竹沿江风光带的规划编制任务。

规划管理。2008年，《常州市市区建设工程建筑面积和容积率规划核实管理办法》、《常州市建设项目建筑面积计算补充规定(试行)》、《常州市规划条件变更通报制度》、《常州市规划局城乡规划公示办法》等规范性文件出台，优化规划审批，谋求规范与效率双赢；"常州规划"网站全面改版，对规划馆进行提升完善，不断推进"阳光规划"，做好政务信息公开；聘请"市民规划师"，提倡公众参与规划；设立规划咨询台，开通城市规划咨询热线，向市民提供现场、电话和邮件等多种咨询服务。

基础技术。完成《常州市规划局信息化发展规划(2008～2010)》的编制和专家咨询工作；大力推进常州市"数字城管"部件普查、数据入库等工作；全面完成规划数据中心建设；建立可量测影像数据库；利用三维仿真实现城市设计的互动展示；建立常州奥体中心、大剧院的应急指挥智能信息系统。

【京沪高铁、沪宁城际站场及其周边地区规划】 "两铁两站"(京沪高铁、沪宁城际铁路及其站场)工程是市委市政府确定的重点项目之一。2008年，市规划局组织开展京沪高铁、沪宁城际站场及其周边地区的相关规划，进一步推动北部新城建设和旧城提升优化。京沪高铁常州站位于新北区新龙分区南部，用地规模约60公顷。年内，完成站屋的建筑设计方案，总建筑面积约1.3万平方米，以"鱼"为整体造型，隐喻常州为鱼米之乡。站屋周边综合交通规划编制完成并通过专家论证。沪宁城际铁路常州站位于现有火车站的北面，用地面积20公顷，是集火车站、城铁常州站、长途客运站、轨道交通一号线车站、公交枢纽站(含BRT支线)、社会停车场、出租车停靠站等多种交通功能以及商业、商务办公于一体的现代化大型综合交通枢纽。年内，城际站屋建筑设计方案确定，总建筑面积

9856平方米。

【市区历史建筑认定办法出台】 《常州市市区历史建筑认定办法》于11月1日起正式施行。该办法规定,具备以下6项条件之一的建筑物、构筑物,经评估可列入历史建筑名录:建筑类型、建筑样式、工程技术和施工工艺等具有特色或者研究价值的;著名建筑师的代表作品;著名人物的故居、旧居和纪念地;其他反映地域建筑特点或者政治、经济、历史文化特点的;在本市各行业发展史上具有代表性的建(构)筑物;其他具有历史文化价值的建(构)筑物。

【西太湖分区规划通过论证】 11月4日,《常州市西太湖分区规划》通过专家论证。西太湖分区规划遵循"越接近岸线,越注重生态;越接近岸线,越注重共享;越接近岸线,越少开发量"的开发策略,规划形成"一体两翼"的空间格局,并策划形成湖滨文娱区、商办混合区、商贸度假区、商贸购物区、5O办公区〔指注重oxygen(氧气)、officepark(花园办公)、open(开放而自由)、own(独立私家电梯/空调)、opportunity(发展前景)〕、户外体验区、游艇休闲区、休憩疗养区、科技研发区、生态涵养区、湿地野趣区、水景居住区、湖景居住区等十三大功能区。按照规划,西太湖分区将建设成为长三角地区休闲旅游目的地之一和武进区休闲商务区,成为集生态、游憩、休闲、度假、科研、高档居住于一体的滨湖新城。

【常州市公共自行车免费租赁点布局规划】 为构建"方便出行、配套公交、造福百姓"的城市公共自行车免费租赁网络体系,市规划局组织编制《常州市公共自行车免费租赁点近期布点规划(2008~2010)》。规划范围主要为中心城区人口密集的钟楼区、天宁区、戚墅堰区以及新北区沪宁高速公路以南、武进城区的人口密集区约380平方公里的区域。此次规划主要遵循"成网成系、方便换乘、因地制宜、景观协调、远近结合"的原则,分级设置主要点、次要点以及一般点。

【聘任市民规划师】 11月21日,市规划局举行市民规划师聘任仪式暨《常州市绿地系统近期实施规划》咨询会。从10月下旬开始,该局在全市范围内公开征聘热爱常州城乡规划事业的市民作为市民规划师。经甄选审核及媒体公示,15名来自各行各业的市民和8名学有专长的专家被聘为常州市市民规划师。会上为23名市民规划师颁发聘书。

【规划咨询台暨规划咨询热线开通】 12月3日,常州市规划咨询台暨规划咨询热线正式开通。规划咨询台设在常州市规划馆一楼大厅,咨询热线电话为0519-85169697,市民可以通过现场、电话、网络、传真、信件等多种咨询方式,咨询与规划相关(不涉及保密内容)的政策法规、规划编制、规划管理等信息。 (马芸英)

【城市管理】 2008年是城市主要道路市容环境综合整治三年规划的最后一年,按照"经济、民生、环境"方面重点突破的30项重点工作要求,整治工作取得新成果。

街景整治。2008年,投入资金1600万元对金隆大厦等数十处临街破旧建(构)筑物进行外立面装饰、装修,装饰总面积5.98万平方米。投入资金6700余万元,粉刷、清洗、油饰出新临街陈旧建(构)筑物面积52万余平方米,其中采用新工艺氟碳粉刷面积19万余平方米。投入资金4870余万元,由市灯光办牵头整治影响市容的户外广告390块计1.98万平方米,拆除陈旧、破损店招店牌4452块计3.8万平方米,采用亚克力等新材料统一制作新店招牌4152块计3.5万平方米。

绿化升格。投入资金约1100万元,改造绿地2000平方米,新增绿地3800平方米、临时绿地900平方米,采取多种形式绿化20920平方米,基地平整72576立方米,增补行道树800棵,并以桂花、茶花、红枫、五针松等苗木完善花坛绿化,进一步提升本市道路绿化水平。

住宅粉刷。投入资金5400余万元,对167处总计45万平方米的临街商住楼及民房进行了粉刷出新。在出新过程中,积极为居民办实事,共修补阳台墙面4.52万平方米,更换水管3.46万米,油漆门、窗2.97万平方米,更换空调支架8457副。

高架道路周边整治。投入资金近6000万元,协调钟楼区对高架道路两侧约200米可视范围内的建筑、厂房、民房等进行粉刷出新,共粉刷出新115万平方米,清洗7万平方米,屋面出新27万平方米,修补5万平方米,更换落水管2万米,油漆门窗约5.7万平方米,改变了高架两侧环境面貌。

杆线入地。牵头协调投资约1.1亿元,累计开挖地面4863米,顶管施工2621米,拆除架空线30公里,敷设电缆41公里,拆除变压器、开关71台,新建环网柜及箱式变压器58台,拔除废弃电杆260根,有效净化了城市空间。

城管行政管理。2008年,市区执法队伍出动14.6万人次、6.4万车次,查处违章12.6万起。受理行政许可事项1150件,作出行政许可事项决定850件。加强霓虹灯、泛光照明广告牌、城市建筑物灯光设施的日常管理工作,统一维护保养市区115幢建筑的楼宇照明,灯光设施亮灯率、修复率、完好率达98%以上。做好公益广告宣传发布工作,累计发布公益广告1万平方米。积极参加"政风热线"直播节目,将群众反映的问题分类交办,专人督办;在《常州日报》开辟每周一期的"城管之窗"专版,在常州电台新闻台、交通台、1052城市频道中开辟专栏进行整点宣传;在"化龙巷论坛"等网站注册网名"城管与市民",正面回应网民的各类投诉与建议。开展"城管宣传进社区"、城市管理好新闻竞赛、城管志愿者等活动,让市民零距离感受城管,提高城市管理的公众认知度和理解度。

【公厕惠民工程】 根据《常州市中心城区公共厕所"优化布局,改造提升"三年实施意见》,2008年,在中心城区新建、改造公厕170座,其中一类公厕22座,二类公厕78座,二类以上公厕达新建改造总量的59%。在太湖路、关河路、桃园路等人流密集区和火车站广场等城市窗口,新建一批设施完善、功能齐全的公厕;在怡康机电广场等难以建设固定公厕、人流又十分密集的地区,设置占地少、功能完善的移动公厕。制订公厕标识规范、管理服务标准及公厕保洁服务市场化试点办法,并按照"以区为主,属地管理"的原则,将公厕管理纳入城市长效管理考评体系,确保公厕建成改造后能用、好用、长期用。

【数字城管工作】 2006年,常州市被国家建设部确定为全国数字化城市管理第二批试点城市,2007年7月正式启动建设。数字化城市管理应用和整合计算机、地理信息、移动通信等十几项数字技术,构建城市管理信息平台,采用“万米单元网格管理法”和“城市部件管理法”相结合的方式,实现城市管理空间细化和管理对象的精确定位,再造城市管理流程。4月30日,12319城市管理监督指挥平台电话正式开通,13项城市长效综合管理数字化软件上线运行,在对原有13项长效管理内容进行考评的基础上,将包括7大类98小类的城市部件管理纳入考评范围。6月30日,无线数据采集子系统建设完成,基础数据普查工作全面结束,覆盖全市160平方公里建成区1076个网格,普查部件数据64万余件,全部使用1: 500高精度电子地图,并主动对接市应急中心,监督考评员能够通过“城管通”手持终端对巡查中发现的问题进行现场上报,数字化城管系统全面进入试运行阶段。依托该系统,市城管监督指挥中心编制《常州市数字化城市管理指挥手册》,进一步明确城市管理的责任单位,初步建立“二级监督、二级指挥、三级考评、四级联动、分口处理”和“重心下移、属地管理、以区为主”的新型城市管理模式。全年市城管监督指挥中心共接听市民来电3.2万个,立项处理各类城市管理问题1.1万件,热线电话受理率、回复率达100%,办结率达98%。据调查统计,群众对城市长效管理的总体满意率达92.4%。12月12日,常州市数字城管工作通过国家住房和城乡建设部验收。

【印象环卫摄影展】 12月5日,由市城管局、文广新局、总工会、团市委、文联、常州日报社联合主办的《印象环卫摄影展》在刘海粟美术馆开展,展出的百余幅作品,系市摄影家协会会员深入环卫各条战线拍摄所得。艺术家以镜头聚焦新时代环卫工作,展示环卫工人风采,展望环卫事业美好愿景。

(施宏伟)

【市政建设】 2008年,市政公用基础设施建设项目49项,其中有20项为市委、市政府2008年重点建设项目。高架路一期、晋陵南路(吊桥路—劳动中路)、背街小巷二期整治、杆线入地、老小区雨污、运河(常新路)路改造、红梅南路、竹林北路延伸、人车分流和交通渠化、西林公园、污水截流、二次供水改造、魏村水厂一期挖潜改造、戚墅堰污水厂提标改造以及飞龙中路市区段道路等工程已完工。三河三园、常州机场航站楼和飞行区(跑道)建设工程前期工作进展良好。

2008年,实施一批结转工程和不在年初计划中的新增工程。已经完工的主要有玉龙路、惠山南路(常工院地道)、常焦路二期、五一路、马公桥绿地、锦绣路(建材路)、县学街等。

(荐占刚)

【园林绿化】 2008年,常州市制定《关于绿化工程管养交接的暂行规定》,规范绿化工程管养交接;制定《关于建设项目配套绿地计算面积的规定》,完善“绿色图章”制度。完善绿地管养招投标制度,规范绿化养护市场管理,推广道路绿化保洁一体化。细化绿化养护标准,量化评分细则,完善市、区两级考核制度,各区实行日巡查、周小结、月考核,市实行周巡查、月小结、季考核,考核结果公开通报并与管养经费挂钩。对绿化管养机构进行调整,绿化管理指导站和绿化工程管理中心分立,强化管理职能。至年底,全市建成区绿地率38.14%,绿化覆盖率42.12%,人均公共绿地12.11平方米。

园事花事。2月21~26日,东坡公园在抱月堂举办“迎奥运迎新春常州2008春兰展”,展出兰花30多个品种100余盆。3月1~15日,红梅公园举办首届赏梅展,主题为“春天到了,相约红梅”。3月28~30日,东坡公园举办第六届蕙兰展,展出精品蕙兰99盆。9月7日至11月18日,荷园举办首届荷园文化系列活动。10月1~7日,青枫公园举办“金秋励剑,青枫拓展”系列活动,5000余人参加,吸引17万游客入园。市审计局组织的民意调查显示,市民对红梅公园的满意率高达99%。10月30日,省建设厅授予“常州市敞开公园建设”项目2008年度“江苏人居环境范例奖”。对外参展屡创佳绩,获第六届中国国际园林花卉博览会盆景奖二银三铜,赏石类二银二铜;获第八届中国赏石展(中国合肥)优秀组织奖,赏石奖二银五铜;获第三届中国月季花展月季造型金奖,盆景布展金奖,盆栽金奖,插花作品获四个铜奖;获第七届中国盆景展(南京)二银二铜。

园林科技。2008年,市园林局推广适应性强的林木新品种和经济适用新技术,深化沪常合作行道树管养和垂直绿化工作,参加长三角地区绿化管理和养护技术协作网研讨,召开市、辖市区两级绿化管养座谈会,成功组织市第四届科技论坛——生态园林城市主题论坛,实施“振兴月季三年行动计划”,开展水体绿化和生态恢复试点,加强园林绿化企业项目经理和技术工人培训,抓好示范工程建设,推广节约型、实用型生态环境技术。

【常州市获国家园林城市称号】 2月1日,常州市被国家住房和城乡建设部正式命名为国家园林城市。2004年以来,常州市以城郊统筹、全面增绿为基础,以“绿化为本,文化为魂”的造园理念为特色,以发展城市公共绿地、生态景观道路和河道绿化网络为重点,以全社会参与为保障,全方位实施国家园林城市创建工作。先后敞开、扩建和新建一大批免费公园绿地,形成布局合理的公共绿地体系,使市民出行500米就可步入绿色空间。在城市外围,以交通主干道、城市出入口、区域内重要河道为重点,先后组织实施“八路八口四河”绿化工程,初步形成生态防护走廊。在建成区内,结合道路建设和改造,建成一批各具特色的滨河绿地,道路绿地达标率84.5%,建成区道路绿化普及率100%,基本形成城市道路和河道绿化网络。至2007年底,常州市建成区绿地总面积达4185公顷,绿地率达37.2%,绿化覆盖率41.6%,城区人均公共绿地11.35平方米,顺利通过国家园林城市考核验收。

【城乡绿化“十大工程”全面完成】 2008年,常州市实施城乡绿化“十大工程”,共增加绿地面积4223.77公顷,其中高速公路两侧生态林工程新增绿地760.87公顷,河道生态绿化工程新增绿地493.07公顷。在城乡道路绿化提升工程中,大明路、劳动东路、青龙西路、星港路等12条道路累计新增绿地7.73公顷,改造现有绿地11.47公顷,新增行道树1841株,补植更换行道树519株;市区其他42条主要道路补植更换行道树703株,更新铺设45条市区主要道路行道树池12361套。在城市道口绿化工程中,S232省道武进大道道口等5个道口绿化工程新增绿地36.47公顷,沪宁高速龙虎塘道口等16个老道口绿化提升改造72.1公顷。在城市公园增绿工程中,假日公园、汽车城绿地、金源绿地建成开放,新增绿地面积10.38公顷;东坡公园、圩墩遗址公园、西林公园、飞龙公园、恐龙谷温泉公园、华山公园、紫荆公园进入现场施工阶段。27个集镇、624个村庄参与集镇绿化工程和村庄绿化工程建设,集镇绿化完成绿化种植578.93公顷,村庄绿化超额完成,实际绿化种植2128.13公顷,建成村庄公共绿地134公顷,栽植乔灌木311.5万株,平原区传统村庄绿化覆盖率达25%以上,新建小区型村庄和丘陵山区村庄绿化覆盖率达30%以上。企事业单位绿化工程涉及1323个单位,增加绿地147.79公顷。围墙绿化工程涉及中心城区78条道路,建设绿色围墙约3.83万米,补种绿化12.84公顷,实施垂直绿化约7.05万米。垂直绿化工程完成青洋路地道等30个点,总长3.7万米,种植藤本植物20多万株。

【青枫公园免费开放】 5月17日,常州市首个森林公园、植物科普教育基地和青少年户外活动中心——青枫公园正式免费开放。青枫公园位于钟楼经济开发区核心区域,依托运河、白鹤河、童子河而建,南至水杉路,北至星港路,东至月季路,西至茶花路,总面积45公顷,是常州市迄今为止面积最大的免费敞开公园,也是城西组团的第一个综合性公园。该公园集"生态、科普、活力"三大主题于一身,总投资5亿元。工程分两期实施,一期20.3公顷,于2004年竣工,以调整地形、外围种植乔灌木为主;二期工程于2007年7月开工,增加具有标志意义的新景观。

【园林绿化地理信息系统工程】 2月,常州园林绿化地理信息系统(一期)建设完成,6月进入试运行。该系统为网络版的GIS系统,它的运行实现了常州市园林绿化基础资料信息化动态管理。

【红梅公园被命名为国家重点公园】 9月12日,国家住房和城乡建设部发文公布第二批国家重点公园,常州红梅公园名列其中,是常州市惟一入选的公园。国家重点公园是指具有重要影响和较高价值,且在全国有典型性、示范性或代表性的公园。红梅公园总面积34.64公顷,是集"大众乐园、城市绿肺、园林典范"于一体的城市中央公园,有"红梅春晓"、"文笔夕照"、"吴风遗韵"、"青峦倒影"、"曲池风荷"、"雪山劲松"、"翠薇秋霞"、"林园钟声"八大景点,为国家AAAA级旅游景区。

【抗灾保绿和灾后恢复工作】 1月26日至2月2日,常州市遭遇特大雪灾,城市绿化损失严重,市园林局热线电话接报险情230余个。全市迅速协调各部门开展抢险救灾,安排管养单位清理倒伏树木、断落树枝,敲打树冠积雪,修剪倾斜树木、垂挂树枝。市、区两级累计投入人工26240个,清运树枝6138车,春节前确保城市主要道路畅通、整洁,节后逐步清运小区、里弄、临时堆场树枝。雪灾期间未发生因绿化引起的人员伤亡事故,灾后及时修剪补植行道树,防治病虫害,加强水肥管理,设施维修,减少绿化损失。

【成功申办2010年中国第四届月季花展】 5月22~28日,在北京植物园举行的中国第三届月季展览会上。常州获3个金奖、4个铜奖,金奖数位列参展城市第一。展览会期间,常州成功申办2010年中国第四届月季花展,同时正式向世界月季联合会申请同期举办世界月季协会区域性大会。6月19日,在德国巴登举行的世界月季联合会委员会议通过这一决议。活动主会场将设在常州紫荆公园。

【生态园林式居住区和生态园林式单位创建】 7月4日,常州市怀德名园等14个居住区被省建设厅命名为省级园林式居住区,常州外国语学校等62个单位被命名为省级园林式单位,命名数量列13个省辖市之首。全市累计有46个居住区、117个单位被命名为省级园林式居住区和省级园林式单位。

(朱春晖)

【公用事业】 重点工程。2008年,大力推进公交优先工程。高效能运营快速公交一号线,高质量建设二号线。积极破解村村通公交难题。大力更新运营公交车辆,市民出行舒适度显著提升。公交基础设施建设加快推进,公交事业健康发展。

为民办实事工程。全面完成市区61个住宅小区的二次供水泵房及部分小区给水管网改造和2万居民用户的水表出户更新,完成21个小区雨污分流改造工作,完成污水管道敷设约18公里,直接受益居民约3万人。完成13条河道截流工程,建设截流管渠22.8公里、泵站15座,投资约1.5亿元。

城镇污水厂提标改造工程。根据"十一五"太湖水污染治理目标责任书要求,本市城北、江边、戚墅堰3座污水厂全面实施提标改造,清潭和丽华污水厂改建成调水泵站,工程概算3.2亿元。戚墅堰污水厂改造工程于3月28日开工,已完工投入运行;清潭、丽华、城北、江边厂提标改造工程按计划积极推进。

安全供水工程。为保障2008年高峰供水的正常供应,通用自来水公司建设完成魏村水厂一期挖潜改造工程,将其处理规模由原来的30万立方米/日提高到40万立方米/日,总投资近3000万元。同时,为进一步提高本市供水安全可靠性,投资1.2亿元建设完成日供水量24万立方米的新岗增压站一期工程。

公用机制创新。采取BOT方式分三年建设江边污水厂二期工程项目,主要包括扩建日处理10万吨的污水处理厂,建设40万吨/日的排江口,新建19座污水提升泵站和184公里污水收集管网,工程投资为38095万元。

【公交优先工程】 2008年,常州继续深入实施公交优先工程。快速公交一号线于元旦开通运营,4月18日全线贯通。一主三支的快速公交运营系统日客运量稳定在12万人次,占常州公交日客运量的13%以上,吸引13.2%的有车族改乘公共交通,其城市客运走廊作用牢固确立。全年解决221个行政村公交通达问题,全市644个行政村公交通达率95.7%基本实现全市村村通公交目标。新增空调公交车800辆,全市135条公交线路中62条实现空调化运营,常州公交空调车比例突破57%,建成区36条线路实现空调化运营,极大地提高了市民公交出行的舒适度。结合快速公交的开通和全市1864平方公里大公交网络,全年新辟常规公交线路32条(支线41条),优化调整49条线路,加大了35条线路的行车密度,延长了24条线路的服务时间。据国家统计局常州城调队满意度调查报告显示,乘客对常州公交整体服务水平的总体满意度为81.2%,满意率达96.8%。

(荐占刚)

【市容环卫】 2008年，市区道路清扫保洁100%实现作业市场化，除年内部分新交接道路外，老城区主要道路全部实行市场化作业，涵盖怀德北路、南大街、延陵西路等中心路段，作业单位达到5家。道路清扫保洁一体化作业实现100%，中心城区及近郊6个街道共960万平方米道路面积全部采用“墙到墙”一体化作业。高架道路全面实行机械化清扫保洁，自9月份通车以来，每天组织新北区、天宁区大型清扫车5辆、洒水车4辆，巡回保洁高架道路31公里路段。

【三大城管重点工程】 10月30日，以BOT形式建设城市生活垃圾焚烧发电项目通过省建设厅验收；11月1日，市生活垃圾焚烧发电厂机组并网发电成功。该项目日均垃圾处理量787.33吨，日均发电量27.63万度，日均上网电量22.38万度，平均电负荷11.51兆瓦，综合厂用电率18.98%。2月28日，市城市生活垃圾卫生填埋场续建工程开工，设计规模为每天处理生活垃圾1050吨，设计有效库容110万立方米，市政、防渗、土建标段已全面竣工，填埋气体发电标段主体完工。4月22日，工业固体废弃物安全填埋场项目由省发改委批复立项，项目选址夹山填埋场南侧，一期设计规模10万立方米。

（施宏伟）

【环境保护】 2008年，全市大力推进生态市建设、太湖治水、城区清水、净化空气、污染减排等各项工作，加强优质服务，严格执法，实行环保代表制等9个首创，全市环境质量得到明显改善。

在全市主要经济社会指标持续上升的同时，实现主要污染物排放量持续下降和生态环境质量指数持续上升。经省考核，2008年常州市小康环境质量综合指数达85.6，比上年提高3.6分。在全省率先完成“十一五”减排任务，减排进度在全省名列前茅。武进区建设国家生态区工作通过国家技术考核，金坛市通过省级考核，溧阳市通过省级技术考核。全市27个镇通过全国环境优美镇省级考核，其中2个镇获国家环保部命名。推进实施环保月度点评制度和区域补偿机制，推行环保问责制、领导干部环保保证金制、减排保证金制、绿色信贷制和部门联合督查制，初步形成政府主导、各级各部门尽职尽责、企业发挥主体作用、广大市民积极参与的全市环保工作新机制。

市环保系统开展“大接访、大走访、大督查”等活动，服务企业“减排降耗、克难求进”。办好潢河水环境整治、控制城市扬尘污染、城区重点恶臭气味污染源整治、饮用水源保护、禁燃区扩建和扶持民间环保机构发展等环保实事。企业及园区环境基础设施等级评定制、环保实用技术超市、环保公益林、环保科技论坛、河道生态修复工程和农村生活污水治理示范工程等在全省乃至全国首创的工作机制取得明显成效。市环保局被评为江苏省先进环保局，市环境监测中心站承担的滆湖水生态环境修复技术与工程试验研究，获国家环境保护科学技术三等奖。经省城调队统计，2008年常州市市民对环境保护工作的满意率达86.57%，比上年提高3.37个百分点。

（孙雪云）

【环境质量】 空气环境：2008年，市区在市监测站、常州工学院、江苏省常州建设高等职业学校、武进监测站、江苏省武进高级中学等5个自动站点进行空气质量环境监测，结果表明：环境空气中二氧化硫、二氧化氮和可吸入颗粒物（PM10）三项主要污染指标的年平均浓度为0.037毫克/立方米、0.033毫克/立方米和0.094毫克/立方米，均符合《环境空气质量标准》（GB3095－1996）二级标准。与2007年度相比，二氧化硫浓度上升32%，二氧化氮基本持平，PM10浓度下降10%并达标。

全年市区空气质量达到二级标准（空气污染指数小于等于100）的天数为324天，占全年总天数的88.5%，比上年上升3.3%，首要污染物仍为可吸入颗粒物。

市区共设市环境监测中心站、城建学校、常州工学院和武进区环境监测站4个降水监测点位，经统计：市区降水pH值范围为3.71～6.97；年平均pH值为4.57，比上年（平均值4.72）酸性略有增强；出现酸雨频率达66.7%，下降2.6%。

水环境：2008年，共对市区24条河流41个断面实施监测，按照《江苏省“十一五”环境保护和生态建设规划目标分解方案》并结合小康考核要求，以pH、溶解氧、高锰酸盐指数、生化需氧量、氨氮、石油类、挥发酚、汞、铅等9项指标统计，符合Ⅳ类及以上水体要求的为18个断面，占44%，比上年增加4个；6个断面符合Ⅴ类水体要求，占15%，比上年少5个；17个断面劣于Ⅴ类水体要求，占41%，比上年增加1个。符合相应水域功能区划及小康考核要求的共有17个断面，占41%，比上年增加5个。另外，11个太湖流域考核断面中6个达标，比上年翻一番，3条入湖河流水质改善明显，33个小康水质断面全年有25个达标，超过年初22个断面达标的既定目标，水质总体好转。

根据影响各河流水质类别的污染物统计分析，各污染水体主要表现为有机污染，主要污染指标为氨氮、生化需氧量、溶解氧、总磷、挥发酚等。另从地域分布看，京杭运河、德胜河、澡港河、武进港等主要水域通道水质尚可，且比上年有所好转，但大通河、北塘河、采菱港、太滆运河、武宜运河及武进地区的大部分支流污染仍比较严重。

常州市区主要湖泊为滆湖，位于武进区西南部，水质监测共设北干河口区、湖北区、湖南区、太滆河口区4个监测点。根据水质监测结果分析，2008年滆湖水质与上年相比变化不大，4个监测点均不达标，主要污染指标除总氮和总磷外，化学需氧量也较严重。

声环境：2008年，市区域环境噪声平均值为55.4dB（A），符合标准要求，与上年相比略有上升。从声源情况来看，主要噪声源为生活噪声，占总数的44.4%；其次为交通噪声，占总数的28.0%；其余占27.6%。

交通干线噪声平均值为66.8dB（A），与上年相同；车流量平均值为1570辆/小时，平均路宽31.8米，与上年变化不大。由于主城区限制摩托车通行时间以及外围交通条件改善分流了主城区的大型车辆，主城区交通干线噪声平均值有一定下降。

2008年，功能区噪声昼间基本达标，夜间有所超标，除4类功能区外，超标幅度不大。超标原因主要是受交通噪声的影响，与上年相比，噪声平均值略有上升。 （蔡继军）

【生态市建设】 2008年，各镇加大城镇公共基础设施投入，加大对镇容村貌的改造与整治力度。年内新建成省、市级生态村86个、各级绿色社区38个、绿色学校65所、绿色宾馆8家。全市8个省级以上工业园区通过了ISO14001环境管理体系认证;生活垃圾焚烧发电项目投入试运行;开展20多个形式多样的系列宣传活动,推进公众参与生态文明共建;绿化、宁静、生态修复等各项工程取得不同程度进展。所有22项考核指标有63.6%达标。（孙雪云）

【太湖治水】 2008年,全市新建成投运乡镇污水处理厂17座,1座城市污水处理厂完成扩建,新增污水处理能力11.6万吨/日;新建成乡镇污水收集管网300多公里、农村分散生活污水处理工程127个。河道整治、生态清淤、村庄绿化、"三场"(屠宰场、简易垃圾填埋场、畜禽养殖场)整治、网围拆除、秸秆综合利用等工作取得明显进展。以关、停、限、治等方式推进污染企业整改。经省监测,全市11个太湖流域考核断面中6个达标,比上年翻了一番,3条入湖河流高锰酸盐指数、总磷和氨氮3项指标平均浓度下降9%、21%和43%,为太湖水质实现省政府提出"两个确保和安全度夏"目标作出了贡献。（金　栋　孙雪云）

【清水工程】 2008年,全市深入推进"清水工程",采取截污、活水、清淤、接管、治理和排污口封堵等措施,减少入河污水排放量2.3万吨/天。同时强化长效管理,开展生态修复试点,并邀请市民对照民标验收。三年来,沿河406家单位共投资约8亿元完成了污水治理,46条市河沿线排污口从582个减为130个,累计消灭排污口452个;每天向市河分散直排污水由9.65万吨削减为1.44万吨。新建31座截污泵站,建设截流管渠45.6公里,对36条河道进行了沿线部分或全程截污,完成39个老小区雨、污水分流改造,建设污水管道30多公里。实施水系沟通19条;拓浚河道8条,清淤河道37条;填没断头浜7条;新建改建换水闸站33座;30条河道建成全线或部分护岸,41条河道具备了换水能力。投入0.77亿元,在市河沿岸建成绿化近150万平方米,并完成白荡浜等5条河道生态修复试点工程。实施清水工程联络员、例会、紧急磋商、信息交流共享和联合检查5项联动制度,及时协调、解决整治工作中的具体问题。有关部门完善了"日巡查、旬查企、月监测"制度,水环境整治"三级管理"和46条市河基本变清,市民验收的满意率达91%,沿河直接受益群众达12万人。市河逐步成为城市的"绿色项链"和市民"休闲、亲水"的场所。（金　栋　孙雪云）

【净化空气】 2008年,常州市强化现场执法,对滨江化工园区等8个大气污染投诉较集中的区域开展集中整治。全面核查重点区域内98家废气排放企业,分析存在问题,制订整治方案,督促新亚化工、常隆化工、中天焦化等82家企业落实废气工程性整治措施,对常隆化工、寅盛药业等7家企业实施限产,督促曙光化工、常虹化工、中港化工等7家企业限期关停,有效改善了区域环境质量,实现了八大区域大气环境明显改善和相关企业废气投诉明显下降。全年市区空气质量优良天数为324天,比上年多13天。（金　栋　孙雪云）

【"创模"复查通过省级考核】 11月4~5日,由省环保厅组成的国家环保模范城市省级复查组,对常州市巩固国家环保模范城市创建成果进行复查。复查组认为,常州市自2004年获得国家环保模范城市称号以来,落实了长效管理机制,强化了保障制度,环境保护制度不断创新,使全市环保工作呈现出各部门齐抓共管的局面。同时,城市环保基础设施更加完善,垃圾卫生填埋场的管理水平又有新的提高,污泥处置水平和公交出行比例都处于全省领先水平,入湖河道水质明显改善,城乡一体化进程加快,城市环境全面提升,创模成果进一步提高。（高岳明）

【扩建"禁燃区"15平方公里】 2008年,本市完成18家单位34台燃煤锅炉的清洁能源改造,把市区西至长江路,东到永宁路、天目山路,南至关河路,北至太湖路,面积约15平方公里的范围扩建成高污染燃料禁燃区。（高岳明）

【集中收集处置电镀污泥】 6月,本市制定《常州市区电镀污泥集中收集处置方案》,组织开展对全市电镀行业现场核查,摸清全市电镀行业分布、污泥产生及处置情况,为加强对电镀行业的监管及杜绝电镀污泥对环境的污染奠定了基础。7月9日,召开电镀污泥集中收集处置动员会,新北区16家电镀企业作为试点单位,首先与常州市环保服务公司签订委托处置协议,其余电镀企业也于8月陆续签订处置协议。年内,全市完成电镀行业环保规范化整治,推进各类集中式污水处理厂及化工、印染行业的规范化整治工作,逐个打造环境管理"放心行业"。目前,市区电镀污泥集中收集处置率达100%。（王晓纲）

【环境管理】 2008年,全市出动环境执法人员5万多人次,检查企业1.8万厂次。1~11月,发出行政处罚决定书175件。同时,增加检查频率,每月对重点排污企业、污水处理厂进行一次全面检查,对各辖市、区的飞行检查均不少于20次。完善检查内容,包括建设项目管理情况、生产基本情况、水污染源、废气污染源、固废污染源、环境应急、辐射源和排污口规范化情况等各个方面。综合采取水路加陆路、白天加黑夜、飞行检查加交叉检查等检查方式。针对个别企业利用夜间偷排的现象,在坚持每月不少于10次夜查的基础上,6、7月份每周6天开展夜间飞行检查,每次查10家左右重点排污企业,对违法排污行为保持高压态势。组织对全市工业污染源进行拉网式普查,并建立明晰的污染源档案。对46家重点污染企业进行清、污水分流和排污口规范化整治。出台水污染处理设施等级评定办法,通过组织等级评定促进达标排放。年内,市污染源自动监控中心建成投运。（金　栋　孙雪云　庄普瑛）

【污染物总量减排】 2008年,全市对污染物实施"一控三减",即控制增量,工程减排、结构减排、管理减排。在项目环保审批中实行总量控制"一票否决"。全市37个镇的镇区生活污水全部实现集中处理,已建的城市污水处理厂新增生活污水处理量4.5万吨/日。11家热电企业全面完成脱硫改造。印染、化工等六大行业及污水处理厂共88家重点单位完成污水提标改造。关闭小化工企业397家,重点推进20多家污染企业搬迁。完成148家企业清洁生产审核和10家单位的循环经济试点。经国家环保部考核,到年底,常州市化学需氧量比2005年下降22.85%,二氧化硫比2005年下降17.80%。对照"十一五"减排工作要求(化学需氧量减排20.2%,二氧化硫减排率13.7%),在全省率先完成"十一五"减排任务,减排进度在全省名列前茅。（张　龙）

【环保精细化管理】 2008年,市环保部门在全面排查污染源、分析原因和可行性论证的基础上,编制并下发《爱我家园、护我环境、铁腕治污、净化常州——2008年全市环保在行动方案》,明确太湖治水、城区清水和净化空气三大目标,明确形象进度和要求。同时,实行常委分工挂钩负责制、问责制、保证金制和"河长"制。市委常委会明确由一名市委常委挂钩一个辖市区,定期督查环保工作;对各辖市区政府实施减排保证金制,视年度减排任务完成情况返还或扣除,各辖市区党政一把手、分管市区长及市建设、水利、环保三部门主要负责人和各辖市区环保局长均向市财政交纳一定额度的保证金,完成有奖,未完成扣罚;19名市委、市政府主要领导分别担任武进港等23条河道的"河长",具体组织、推进治理规划、项目、资金、责任的"四个到位"。推进实施联合督查、月度点评等制度,组成联合督查组每月督查,对各辖市区重点治理工作完成情况进行考核、评分,每月召开环保分析点评会,对各辖市、区政府环保工作情况通报排名,及时公布考核结果。 (孙雪云)

【环保"三大行动"】 从8月起,全市环保部门组织开展了"大接访、大走访、大督查"三大行动。"大接访":9名市环保局领导每周利用半天时间,到常州市12369环境信访举报受理中心进行现场接访办公,了解全市信访情况,掌握突出问题,确保环境信访投诉问题及时解决。"大走访":排出包括星级企业、友好企业、重点项目、拟上市企业等在内的300余家重点企业名单,利用8、9、10月三个月的时间,每周安排半天走访3~4家企业,对名单上所有企业逐个走访服务,切实帮助企业解决存在的环保问题。"大督查":坚持领导带队夜查的同时,扩大检查范围,做到对全市污染源督查的全覆盖,并邀请人大代表、政协委员、行风监督员、察访中心、纪委等相关人员参加夜间检查。 (于 乐)

【污水治理实用技术超市】 6月5日正式开张。超市设在常州市环保科技开发推广中心,"出售"的是各类污水处理技术,包括农村生活污水、城镇生活污水、工业污水处理及中水回用技术、生产新工艺等。年内有23家技术单位进驻,其中大专院校6家,研究机构2家,环保公司15家。超市无偿提供技术中介服务,大力推进全市污染治理,促进环保产业发展。南京大学等12个技术单位分别与亚邦化工集团等12个技术使用单位签订了技术合作协议。至年末,在超市的技术支持下,5个农村生活污水处理示范点建成投运,受益人口6000余人。

(周立万)

【向上争取资金额大幅增加】 2008年,常州市向上申报各类环境保护项目约300个,主要涉及饮用水安全、城镇污水处理和垃圾处置、面源污染治理、生态修复、河道综合整治、点源污染治理、自动监控、农村环境综合整治、科研和能力建设等。全市共获得上级批准项目235个,获得各类资金3.66亿元,比上年增长300%,其中中央资金1.45亿元,省级资金2.21亿元,包括市争取到的省太湖治理项目资金1.97亿元。

(堵小东)

【实施市第一次全国污染源普查】 1月,常州市第一次全国污染源普查进入全面实施阶段。普查时点为2007年12月31日,时期资料为2007年度,普查对象为常州市境内所有排放污染物的工业源、农业源、生活源和集中式污染治理设施。按照现场监测与物料衡算及排污系数计算相结合、技术手段与统计手段相结合、调查与企业自报相结合的原则确定普查的技术路线。常州市及各辖市、区设立污染源普查领导小组及其办公室,建立污染源普查工作人员联系网络,制订全市信息上报制度和定期的普查例会制度,办各类培训8期,培训2500余名普查指导员、普查员和120名录入员、档案员。按时完成清查工作,共清查出工业源2.5万个、农业源3万个、生活源0.6万个、集中式污染治理设施37个。 (唐新红)

【环保巡回法庭成立】 8月26日,常州市新北区人民法院环保巡回法庭在新北区建东路18号市环境监察支队大楼内挂牌成立。环保巡回法庭成立后,开展了到基层宣传一次、参与执法活动一次、赴兄弟城市调研一次、诉前调解一次、强制执行一次"五个一"活动。在此基础上,建立了诉前调解、咨询服务、案件速裁、先予执行和公益诉讼5项工作制度。

(陆文杰)

【扶持环保民间组织】 3月,常州市在全国率先出台《关于扶持环保民间团体健康发展的指导意见》。该意见主要内容是加强对各环保民间组织团体负责人和业务骨干的培训;帮助民间环保组织深入社区、学校开展公益宣传活动;邀请他们参与环保公益林种植、绿色社区创建、江边化工整治圆桌对话、空气质量日报民意调查、清水工程市民验收等工作。年内,全市环保民间组织从13家增至36家,其中高校7家、社区14家、共青团环保组织5家、在校学生环保团体10家,成员从原先的1900余人发展到4500余人,基本形成了以高校社团、社区组织、青年团员、在校学生为类型的环保民间组织框架体系。

(陈永兴)

【环境监测】 2008年,常州市环境监测中心站在全省环境监测和信息工作会议上被评为2007年度太湖水污染及蓝藻监测预警工作先进集体和环境监测数据传输、"三同时"验收监测和生态遥感监测专项先进单位。

2008年,市环境监测中心站共完成课题研究10项,新立项课题5项,撰写论文35篇,在省级以上刊物发表论文10篇。"便携式地表水采样仪"获发明专利。在首届江苏省环境监测系统监测技能竞赛活动中获团体第二名。

【滆湖水生态环境修复技术及工程研究课题获环保部科技进步三等奖】 2008年,以市环境监测中心站高级工程师徐东炯为首的课题组编制的《滆湖水生态环境修复技术及工程研究》课题,针对太湖流域上游超浅水草型湖泊生态退化、水生植被消亡、富营养化发展迅猛、水质严重下降的状况,以滆湖为典型案例,进行了超浅水型湖泊生态修复技术与理论探索。此成果与国内同类研究比较,具有创新性,获国家环保部科技进步三等奖。

【监测设备投入】 2008年,常州市加大环境监测设备投资,先后添置了应急监测车、傅立叶红外气体分析仪U3000液相色谱仪、5975气质联用仪、数码罐、7890A气相色谱仪等监测设备,从而具备了对溴氰菊酯、二硝基苯、三氯苯、多环芳烃等几十个项目的监测能力。

在原有2个水质自动站、3个空气自动站的基础上,投资350万元增设竺山湖度假村和路城(刘国钧职校)2个大气自动监测点位,对现有自动监测点位增设一氧化碳(CO)、臭氧(O3)和PM2.53个指标,拓展了环境空气自动监测能力。

【太湖治理监测】 3月,常州市制定《太湖蓝藻预警监测工作计划》,对全市4条主要入湖河流(武进港、雅浦港、太滆运河、漕桥河)及全市主要河流(澡港河、德胜河、京杭运河、新运河、武宜运河等)共106个断面的高锰酸盐指数、氨氮、总磷(部分断面加测总氮、挥发酚等)监测26次。对百渎港、雅浦港、竺山湖中、竺山湖南等13个点位开展日巡测工作,每天巡测现场水文情况,现场监测蓝藻水华面积等指标,制作湖体巡测日报表,按时上报现场情况及监测结果。监测人员共下湖200余次,上报监测数据2万余个,编制巡测报告150余份,第一时间发现并即时上报了5月和7月竺山湖发生的两次湖泛事件。

(李艳萍)

镇江市城市建设与环境保护

【概况】 2008年,镇江市区共实施城建项目114项,当年完成投资140亿元,其中实施城建重点工程39项,当年完成投资70亿元。市区共实施拆迁面积245万平方米,完成拆迁178万平方米。

完成各类规划项目编制500项,发放规划选址意见书94份、用地规划许可证157份、建设工程规划许可证411份,完成测绘工程项目700项。

南徐新城新行政办公楼开工建设,建成九华山路、九华山支路等11条道路,总长13公里,完成团结河改造。规划展示馆主体封顶,启动体育会展中心征地拆迁工作。南徐新城拆迁安置房封顶43万平方米,竣工37万平方米,交付20万平方米,凤凰家园一期340户拆迁户回迁。

整治周家河新村等22处积水区(点)和市区59万平方米老住宅小区,改造街巷道路67条、2.5万平方米。对李家大山等片区进行二次供水改造,区域供水管网基本实现乡镇全覆盖。建成西津渡、解放路高架桥停车场。实现公交客运收入1.22亿元,新增环保节能公交车90辆,新辟和优化线路11条。推进市区出租车新一轮更新,更新车辆700辆。

建成南徐大道西延、健康路西延东段和江洲路一期工程,完成跑马山支路和塔山桥改造。开工建设南徐新城公交停车场和城市照明控制中心,建成公交江苏大学枢纽站。全面实施西津渡历史文化街区二期保护工程,小码头传统商贸街对外开放。完成大港污水处理厂扩建和丹徒污水处理厂提标工程,京口、谏壁污水处理厂土建主体工程完工,开工建设大港第二污水处理厂,征润洲水源口保护工程开始拆迁。实施句容天然气利用工程,发展天然气民用户8000户,销售天然气1.35亿立方米。

完成11个省级环境综合整治示范试点村庄、2个特色村庄环境整治和改造,高桥镇获市新型示范小城镇称号。建成扬中新坝华威村和丹徒世业卫星村2个全省农村生活污水处理试点项目。开工建设环太湖流域省级农村生活污水集中处理项目,13项基本建成。

坚持依法拆迁、阳光拆迁、惠民拆迁、和谐拆迁,强化拆迁属地负责制和拆迁工作督导制,市区核发拆迁许可37件,培训拆迁人员2000多人次,受理裁决案件93件,调解结案88件。建筑业总产值256亿元,比上年增长15%。市区办理发包项目409个,发包率、招标率、应公开招标率保持100%。全面推进住宅工程质量分户验收工作,14项工程获省优“扬子杯”,67项获得市优“金山杯”。55个项目被评为省级文明工地。规范施工图设计审查和抗震设防工作,共审查项目945项,审查面积400万平方米。

市区完成房地产开发投资57亿元,住宅竣工面积103万平方米,下降22.2%;住宅新开工面积151万平方米,下降16.7%;住宅销售面积101万平方米,下降35.9%。开工建设经济适用房21万平方米,竣工10万平方米。严格执行住宅小区先验收后交付制度。

建设系统共设立市级以上科技项目19项,4项分获省建筑科技和市科技进步二、三等奖,完成市级以上鉴定验收10项,全年投入科技经费800万元。有4人获镇江市中青年专家荣誉称号。全面推进新建建筑节能全覆盖。

支援“5·12”汶川大地震灾区重建,在全省率先完成对绵竹市援建1403套活动板房任务。对口支援绵竹市板桥镇恢复重建,组织专家完成该镇3.7万平方米的房屋鉴定工作,开展板桥小学、卫生院、幼儿园重建工程。

【城市建设重点工程】 2008年,镇江市区实施城建重点工程39项,其中重中之重工程16项,当年建成13项(含上年结转)、完成投资90亿元,跨年度26项。

重点工程建设实行“指挥部制”,南徐新城区、北部滨水区、京沪高速铁路、沪宁城际轨道建设等分别由市领导任总指挥,强化征地拆迁、规划建设等工作的组织协调,对各项重点工程,明确责任主体,强化进度要求,落实工作责任,集中精力推进。截至年底,39项重点工程中,有9项基本完成,完成投资70亿元。2007年结转的重点工程九华山路、团山路、长山路、南徐大道西延等全面竣工。

2008年,以群众住房条件和生活环境改善为重点,市政府15项为民办实事项目中,有8项属于城市建设范畴,截至年底全面或超额完成。新建成丁卯、林隐路2个菜市场,完成永安路、花山湾、人民街、牌湾、王家巷、京口闸、三茅宫、谷阳和丹凤9个菜市场升级改造;完成燕舞桥、塔山桥改造主体工程,完成农村公路危桥改造21座;完成烈士陵园周边滑坡治理和东吴路74号南侧山体滑坡治理,整治周家河新村、光明村、梳儿巷16号和岗子下53号等低洼积水区,改造永安路9号等67条街巷、面积2.49万平方米,完成118处、总面积20860平方米直管公房改造,实施完成中华路及支路、京畿路、斜桥街和山门口街的路灯设施更新改造;开工新城市花园、凤凰家园、九华山庄等11个经济适用房(拆迁定建房)小区,规划建筑面积约95万平方米,完成2008年第二批廉租住房保障家庭116户的实物配租;南徐新城公交停车场建设完成停车坪主体工程,新购置环保节能公交车90辆,新辟或优化公交线路11条;新建成西津渡停车场(泊位88个)、解放路高架桥下停车场(泊位85个),金山广场停车场(泊位263个)完成地下主体工程施工,同时通过新增设社会停车场、主干道路内临时停车点和在老住宅小区整治中增加停车泊位的办法,全年累计增加停车泊位1600余个;区域供水实现乡镇全覆盖。

【九华山路】 北起南徐大道,南接312国道,道路全长4.66公里,规划红线30米,总投资约2.9亿元。2006年6月开工,2008年7月竣工。监理单位市工程建设监理公司,设计单位市规划设计院,施工单位省交通工程集团有限公司(桥)、市政建设工程总公司(道路、排水)。在建设过程中坚持"生态优先,环境优先"原则,整个绿化工程用地25万平方米。该项目是南徐新城区骨架道路之一,它的建成完善南徐新城区路网,拉大城市框架。

【九华山支路】 北起黄山中路,南至南徐大道,全长910米,规划红线30米,工程总投资约5500万元,道路建设工程按城市次干道Ⅰ级标准实施建设。2007年4月开工,2008年10月竣工。该道路是连接黄山中路与南徐大道的一条城市次干道,也是南徐新城区基础建设的重要组成部分。监理单位市工程建设监理公司,设计单位市规划设计院,施工单位市政设施管理处。

【长山西路】 位于长山灌渠风光带内,从团山路到凤凰山路,道路全长1050米,道路红线宽20米,总投资约6280万元,按城市支路Ⅰ级标准建设。2007年11月开工,2008年12月竣工。监理单位市建科工程监理有限公司,设计单位市规划设计院,施工单位市政建设工程总公司。该路是南徐新城拆迁安置房的重要交通枢纽,它的建成进一步完善南徐新城区基础建设配套,提高道路沿线周边地区环境质量。

【凤凰山路一期】 西起润兴路,东至长山西路,全长630米,规划红线40米,工程总投资1500万元。2008年2月开工,2009年3月竣工。监理单位市建科工程监理有限公司,设计单位市规划设计院,施工单位市政建设工程总公司。该项目是南徐新城"五横三纵"路网中重要的东西向道路,是凤凰家园农民安置小区联系南徐新城区的重要通道。

【健康路西延东段】 东起解放路,西至运河路(含该交叉口),道路全长320米,其中包括长51米、宽32米的三跨桥梁一座,在道路交叉口加宽至38米,总投资约6500万元,按照城市次干道Ⅱ级标准实施建设。2007年5月开工,2008年10月竣工。监理单位市政工程监理有限公司,设计单位市规划设计院,施工单位市政设施管理处(道路、排水),润扬交通工程处(桥梁)。该道路是又一条贯穿城区东西向的重要干道,使正东路与黄山南路直接相连并跨越古运河。它的建成将有效缓解中山路交通压力,改善沿线综合环境。

【塔山桥重建】 重建的塔山桥桥长46米,宽30米,按照7度地震烈度设计,总投资约980万元。2008年4月开工,同年12月竣工。监理单位江苏润通交通工程监理咨询有限公司,设计单位市规划设计院,施工单位市路桥工程总公司。

【南徐大道西延】 以戴家门路为界分东、西两段,全长4450米,建设工程总投资约1.65亿元。其中,东段长3100米,道路规划红线宽度为70米,建设主体为市国土资源局、市土地收购储备中心;西段长1350米,道路规划红线宽度为60米,建设主体为市建设局。工程按城市主干道Ⅰ级标准设计,双向六车道,道路绿化率约50%。2007年6月开工,2008年7月竣工。监理单位市方圆建设监理咨询有限公司,设计单位市规划设计院,施工单位市政建设工程总公司。

【黄山中路(中段)】 北起朱方路,南至九华山北路,长600米、宽35米,总投资约3400万元,按城市主干道Ⅰ级标准建设。2008年5月开工,当年12月竣工。监理单位市建科工程监理有限公司,设计单位市规划设计院,施工单位淮安第二市政公司。

【国防园】 监理单位市建科工程监理有限公司,设计单位江苏中森设计有限公司,施工单位江苏新润建筑安装工程有限公司。2007年8月开工,2008年12月竣工。该项目是全市最大的双拥工程。

【城市规划】 2008年,市规划局为实现"优化发展、加速提升"目标提供全方位规划服务。市规划局获南徐新城区及北部滨水区建设工程贡献奖,被评为沪宁城际铁路、京沪高速铁路镇江段建设先进单位。

编制各类规划项目500余项。完成镇江市旧城区改造控制性详细规划(润州山路地区)、丁卯地区发展概念规划(原丁卯南片区控制性详细规划)、镇江市城中村试点片区规划(庄泉村和双井路北片区)、镇江市主城地区1∶1000道路网规划、镇江名城博览区城市设计、镇江市2009年城建计划和拉萨市达孜县总体规划修编等七项指令性任务。完成镇江市城市综合交通规划、丹徒高新技术产业园概念规划、扬中市老城区控规、丹阳市城市绿线规划、司徒南镇区控规及城市设计。围绕"南城北水"建设,完成凤凰家园二期建设、滨江外环路工程等城市内部交通工程规划设计。按照省建设厅下达的村庄规划编制任务,重点完成1个特色村村庄规划、66个村庄规划、837个村庄平面布局规划和1个省重点中心镇控规编制试点控规编制任务。完成大路、姚桥乡镇总体规划及集镇控制性规划、新区东部污水处理系统规划及中心商贸区南片污水收集系统规划。

省级康居示范村——丹阳市新桥镇群楼村健身广场一角(于汇文)对华地集团商业项目、二重项目、柳工集团等市、区大项目的规划问题,做到主动上门、随叫随到、跟踪服务。对"南城北水""三山"和南山景区旅游打包项目、城市基础设施等争取国家投资项目,在规定时间内完成规划打包方案并办理行政许可手续。同时严格执行市委文件规定,对外资项目实行首犯不罚,免于处罚的违法建设案件7起,面积为1.54万平方米。全年发放规划选址意见书 94 份,面积 1208.86 万平方米;用地规划许可证 157 份,面积 907.57 万平方米;建设工程规划许可证 411 份,面积 235 万平方米;办理管线许可证 22 份,长度约 73 万米;工程竣工验收 255 份,面积 197 万平方米。协助润州区政府在"南城北水"地块拆迁 80 户,面积 2 万平方米。

完成测绘工程项目 700 余项。主要有:镇江城市部件调查 80 平方公里;江心洲、茅山、赤山及句容 8 个乡镇 1: 1000 航测 132 平方公里,丹徒谷阳片区 1: 1000 航测 95 平方公里,丹徒区建设局沿江公路片区、西林禅寺 1: 1000 修测 11 平方公里;建筑物放线 250 项计 1000 余幢;验线 108 项计 500 余幢;规划及管线竣工图测绘 200 余项计 400 余公顷;1: 500、1: 1000 零星图测图 108 项计 1060 公顷。编绘完成 1: 5000 地形图 200 平方公里,根据三维可视化浏览项目要求完成镇江市 1: 2000DEM、DOM 图(数字高程模型、数字正摄影像图)制作 308 平方公里,完成 1: 1000 地形图居民地构面 240 平方公里(不含主城区 120 平方公里)。完成勘察工程 130 项。共编写桩基施工等勘察说明 77 份,编写施工图审查回复意见 80 份,编写质量报告 102 份,编写投标书 60 份。累计机械钻孔进尺 8.27 万米,静力触探进尺 3.78 万米;土样试验 6880 筒。

审核建设工程档案 834 份,整理入库各类档案 1.07 万卷,拍摄存档照片 6298 张,录像资料 4620 分钟,提供利用档案 854 人次,调档 2562 卷。开展业务指导 71 人次,组织业务培训 4 次,受训 70 人次,召开业务座谈 3 次,出具地下管线现状资料查询移交联系单 80 份。建设工程档案"报送责任书"签订率达 100%、"专项验收意见书"和"接收证明"达到 90% 以上。

市规划系统自筹资金 200 多万元用于设备更新、软件开发、项目和课题研究、培养和引进人才,科技人才工作健康持续发展。《镇江金桥大道地区发展与城市设计研究》等获市科技进步三等奖,《城市勘测业务管理系统》获江苏省测绘科技进步二等奖,《镇江市高精度三维大地基准的建立》获全国城市勘测优秀奖,《镇江市污水处理规划(2007 - 2020)》等获省优秀规划三等奖。有 10 篇论文在省级以上刊物发表。

2008 年,市规划局组织专业队伍赴四川灾区进行规划对口支援。完成绵竹市板桥镇灾后重建总体规划和绵竹市板桥镇中心小学、中心幼儿园、卫生院详细规划及绵竹市板桥镇 29 处农房聚居点修建性详细规划,为灾区重建发挥规划保障作用。

【村镇建设】 2008 年,全市加强城乡统筹,大力推进村庄建设整治,加大乡镇基础设施建设力度,将城市公共基础设施建设有序向农村延伸,小城镇的集聚功能不断增强。完成对大路、丁岗、姚桥、高资、下蜀等 5 个乡镇的区域供水工程建设,需镇江市区供水的 13 个乡镇实现区域供水工程全面覆盖。全市乡镇新增道路面积 160 万平方米,人均道路面积 32 平方米,新增公共绿地 26 万平方米,人均公共绿地 5.7 平方米,新建垃圾中转站 12 个。丹徒区高桥镇获市新型示范小城镇称号。根据省政府办《关于公布 2008 年全省环境整治试点村名单的通知》精神,全面完成 11 个省级环境整治试点示范村庄和 2 个省级特色示范村庄的建设改造任务,完成村内主次干道 2.65 万米,铺设排水管道 1.83 万米,新增垃圾箱 401 个,新建公厕 20 座,新增路灯 533 盏,新增绿地面积 4.93 万平方米,清理乱搭乱建 3650 平方米,清理乱堆乱放 369 处,清理露天粪坑 926 个,试点村庄环境面貌明显改善。丹阳市访仙镇蔡塔村等 4 个村庄获省级康居示范村称号,丹徒区高桥镇四方桥村等 9 个村庄获市级康居示范村称号。

【推进农村生活污水处理设施试点建设】 2008 年上半年,在润州区嶂山村进行试点,采用微动力地埋式污水处理加人工湿地处理工艺,建成日处理量 20 吨,覆盖 50 户 ~ 70 户居民的生活污水处理设施。下半年,分别请南京大学和解放军理工大学对 2 个省级试点村庄扬中市新坝镇华威村和丹徒区世业镇卫星村项目进行设计,华威村一期投入 40 余万元,日处理能力达到 100 吨。卫星村的生活污水采取利用技术,把生活污水用于农田和林木灌溉,多余污水进行生态绿地净化处理,受到社会各界好评。同时,根据省政府的要求,全市开工建设 47 个太湖流域农村生活污水处理设施,到年底有 13 个项目基本完成。

【市政公用事业】 2008 年,市政公用局完成各项目标任务。

全年完成公交客运收入 1.22 亿元,比上年增长 10.26%,完成客运量 9546 万人次。新增环保节能公交车 90 辆,城市万人拥有公交车辆达 12 标台,新辟和优化公交线路 11 条。南徐新城、丹徒新城停车场全面开工建设,建成江大枢纽站并投入使用,江科大西校区枢纽站主体建筑封顶。

从 10 月初开始,按照"总量控制、做大做优,政策扶持、市场运作,规范操作、确保稳定"原则,推进市区出租汽车新一轮更新,年内有 700 余辆提前更新,达到总量的 55%,提升行业形象。

市区道路完好率 95.5%,主干道亮灯率 98.55%,次干道和街巷亮灯率 98%。8 月开工建设城市照明控制中心,完成投资 1000 万元,主体结构达四层。实施 67 条街巷和 8 个老小区道路改造 8.49 万平方米、排水管道 1.65 万米、安装路灯 417 盏。完成中华路、京畿路等地段路灯改造,完成跑马山支路改造和江滨路、和平路、天桥路、谷阳北路护栏出新。建成并启用解放路高架桥停车场,新增停车泊位 100 个,对市区路内停车场实行集中统一管理。

全面落实安全生产责任制,全局系统未发生重大交通、火灾和一般以上设备事故,确保年初雨雪冰冻灾害期间安全运营和奥运期间行业稳定。严格执行各项政策规定,驻中心窗口再次被市政府评为"群众最满意窗口"。强化为民服务意识,办理市人大建议和政协提案 53 件,办理来信来访 1503 件。

全局系统向"5 · 12"汶川大地震灾区献爱心,各类捐款 45 万元,向川籍出租汽车司机定向募捐 3.4 万元。

市政公用局组织对城市公交、道路、街巷和路灯设施进行全面普查,并对公交站棚站牌、主次干道和市政设施缺损部分进行集中维修和改造。9 月至 12 月,连续四个月被市城管委评定为城市长效管理优秀,年终综合考评名列全市第二,被评为全市城市长效管理优秀单位。市政公用局还荣获镇江市文明机关、安全生产先进集体、双拥"五创"三等功等市级荣誉。

2008 年,全市共销售液化石油气 8 万余吨,天然气约 1.4 亿立方米。全市未发生燃气责任事故,安全生产形势稳定。取缔 12 个液化气供应点,要求 74 处液化气供应点限期整改。督促重点单位对燃气管线、设施进行拉网式防泄漏巡查,市区管道燃气供应企业入户安全检查 5 万余户,发现户内微漏气 300

余处,发现户外轻微漏气80余处,较大隐患3处,均得到及时处理。加强专项检查,对液化气贮罐厂(站)及供应点组织检查48次,收缴过期钢瓶57只,督促贮罐站送检钢瓶3.57万只,检查中发现事故隐患27处,下发整改通知书6份,全部整改完毕。

【完成街巷、路灯改造等民心工程】 2008年7月底,市政公用局完成中华路、京畿路、斜桥街、山门口街路灯改造工程,改造更新路灯80盏,新装"三遥"节点5座、控制箱6台。10月底完成染坊巷、吉安里、大孙家巷、永安路9号、松盛园巷10号等67条街巷道路改造,共实施道路改造面积2.49万平方米、排水管道5641米、路灯227盏。11月底完成润州船厂、甘露片区、华星小区等8个老小区改造中的道路、排水、路灯工程,共实施道路改造面积6万平方米、排水管道1.1万米、路灯190盏。

【推进城建重点工程建设】 2008年,市政公用系统单位全力参与城市建设,强化工程项目化管理,加快推进承接的市政工程建设。市政总公司在手工程28项,中标工作量达2.02亿元,实现产值1.26亿元,完成九华山路2标段、南徐路西延西段、大港港南路等工程,新河西岸道路工程获市"金山杯"优质奖。市政设施处在手工程9项,完成九华山支路、健康路西延等工程。路灯管理处在手工程11项,完成南徐路西延东段、中山北路北延等路灯安装工程。

【自来水】 2008年,市自来水公司全面完成单位目标责任状各项任务。全年完成售水量7293.57万立方米,比上年增长4.14%。水质全部达到国家新的卫生标准。水费回收率98.72%,创历史新高;管损率实绩为19.62%,下降0.17个百分点。

李家大山、铁路水厂剩余片区的二次供水改造完成。水源口各项保护任务基本完成。加强原水水质监控,强化水厂制水工艺,做好在线监测系统的维护,确保城市供水水质达标。通过省建设厅城市饮用水安全保障考核达标工作。推进城郊结合部户表改造和老城区一户一表改造工作。重点加大象山镇六个社区的供水改造力度,完成除长江村以外5个社区的改造。配合城建重点工作,做好52条道路的供水管网配套建设,按照时序做好金山水厂扩建工程的前期工作。

自来水公司投资8557万元实施主管道覆盖到各乡镇的工作,供水主管道铺设至姚桥、丁岗、大路镇。高资、下蜀供水主管道随沿江高等级公路同步实施。

2008年,市自来水公司获江苏省和谐劳动关系模范企业称号、镇江市五创全国双拥模范城先进单位、镇江市平安企业创建先进单位等荣誉称号。

【房地产开发】 2008年,房地产开发工作应对国家宏观调控政策,保持健康、平稳、有序发展,产业发展更趋科学、理性,住房供应结构进一步合理,房地产市场秩序进一步规范。全市完成房地产开发投资88.9亿元,比上年下降0.3%;住宅竣工面积221万平方米,增长5.7%;住宅施工面积746.5万平方米,增长5.7%;住宅新开工面积278.2万平方米,下降7.2%。市区完成房地产开发投资57亿元,住宅竣工面积103万平方米,下降22.2%;住宅新开工面积151万平方米,下降16.7%;住宅销售面积101万平方米,下降35.9%。鼓励房地产开发企业做大做强做优,开展全市房地产综合实力10强企业和优秀企业评选活动,同时推荐部分企业参加2007年度江苏省房地产业综合实力50强企业的评选,嘉源公司和润阳公司2家房地产开发企业获2007年度江苏省房地产业综合实力50强企业称号。推荐部分在建精品楼盘参加江苏省优秀住宅的评选,冠城国际、君临南山、钻石铭苑、海德公园和魏玛假日5个楼盘获得优秀住宅奖。

【环境保护】 2008年是镇江市向更高水平的小康社会迈进、实现经济社会与生态环境和谐发展的重要一年。市委、市政府紧扣生态文明理念,再掀生态市建设高潮,提出以生态市建设为龙头,全面提升城市品位和发展潜力,在2010年提前完成生态市建设目标任务。全市环保工作围绕国家生态市创建目标,着力从提高生态市建设指标、实现污染减排总量控制、推进太湖流域水污染治理、加大环境执法力度、维护群众环境权益、深入解决重点环境问题、优化发展环境推动经济建设、多措并举强化环保能力建设等七个方面强化全市环保工作。为推进生态市建设进程,全市建立了生态市建设工作联席会议制度及办公室,各辖市(区)也成立相应的领导机构和办事机构。9月3日,全市召开"争创全国文明城市和国家生态市"动员大会,市政府同19个相关部门和7个辖市(区)签订生态市建设目标责任状,并下发《关于加快推进镇江生态市建设工作的意见》,对2010年前生态市创建各项工作做出全面部署。市环保局根据2008年生态市创建的年度目标任务,分解落实生态市创建及国家环保模范城市复查迎检41项工作任务。市政府对生态市建设督查、宣传、考核出台具体方案,形成整体推进的有效机制。年内生态市建设年度目标任务基本完成,京口区象山镇等3个镇(街道)环境优美乡镇创建工作通过省级验收,丹阳市国家环保模范城市创建通过省级验收。农村综合环境整治加强,城乡生活垃圾无害化处置率保持在100%。全市6家单位开展循环经济试点,43家企业清洁生产通过考核验收。污染减排工作成绩显著,全市落实化学需氧量减排项目39个,减排化学需氧量3490吨;落实二氧化硫减排项目29个,减排二氧化硫1999吨。超额完成省政府下达的年度计划任务。太湖流域水污染治理取得明显成效,落实太湖流域环境资源补偿范围、标准,太湖流域建制镇生活污水处理设施全面开工建设,19座新建的城镇污水处理厂年内基本完工。71家被列入太湖流域重点污染源提标改造限期治理的工业企业与污水处理厂通过环保竣工验收。被列入太湖流域国家和省考核的6个断面水质监测达标率较上年提升15.29个百分点。环保执法监管有力,全市整体环境质量保持稳定,部分环境指标进一步改善。

【《镇江生态市建设规划纲要》完成修编】 2008年,根据市委、市政府在2010年提前完成生态市建设目标任务的新决策,市环保局在相关部门的配合下,对《镇江生态市建设规划纲要》进行修编。8月21日,市政府正式将《镇江生态市建设规划纲要(修编)》下发。该《规划》从近期、中期和远期确定了镇江生态市建设的目标任务,从经济发展、资源环境、社会进步三大方面提出建设任务,确定了生态市8大系统建设工程、62个重点项目,以推动三大建设任务的顺利完成。同时,各辖市(区)生态县(市)建设规划以及全市45个乡镇(开发区、街道、农场)的环境规划修编和报批工作完成,为生态市建设奠定了基础。

【深入推进环境治理“圆桌对话”机制】 继上年市环保局通过环境治理圆桌对话会议成功解决餐饮企业污染扰民问题后,2008年,市环保部门又通过居民、企业、环保部门三方“圆桌对话”会议协调解决了一家饭店的油烟污染问题,镇江的经验被国家环保部作为典型在全国推广,并被编入国家环保部宣教中心培训教材。

【环境建设】 2008年,全市环境建设工作以全面小康社会环境质量指数达标和生态市创建为中心,推进水、大气、土壤等污染治理,加快环境基础设施和生态修复工程建设。开展环境优美乡镇、绿色社区、绿色学校、生态村创建活动,创建成省级环境优美乡镇6个、绿色社区3个、绿色学校11所。强化农村环境综合整治,完善“户分类、组保洁、村收集、镇运转,辖市(区)集中处理”环保机制,城乡生活垃圾无害化处置率达到100%。建成12个畜禽粪便发酵床养殖技术示范点。开展循环经济试点,完成循环经济项目8个,53家企业进行清洁生产审核。建成全市污染源远程监控系统,数据监控企业201家,视频监控企业112家。全市化学需氧量排放在线监测覆盖率超过65%,二氧化硫排放在线监测覆盖率超过70%。

【开展生态市“细胞工程”创建】 创建环境优美乡镇、生态村、绿色学校、绿色社区是生态市建设的“细胞工程”和必备条件。根据生态市创建工作“两个80%”的基本要求,生态市所辖80%的县要达到生态县的标准,生态县所辖80%的乡镇要达到全国环境优美乡镇的标准,全国环境优美乡镇创建又需要有一定数量的生态村。2008年8月12日和10月19日,全市两次召开环境优美乡镇创建推进会,深入推进生态市“细胞工程”创建。截至年底,镇江新区大港街道、京口区象山镇、丹徒区世业镇等3个镇(街道)环境优美乡镇创建通过省级验收。全市创成省级绿色社区3个、市级绿色社区15个,省级绿色学校11家、市级绿色社区14家,市级生态村26个。11月22日,丹阳市国家环保模范城市通过省级验收。

【全面完成农村环境综合整治任务】 2008年,镇江市从强化农村垃圾处置、控制农业面源污染、开展河塘清淤疏浚三个方面入手,进一步加强农村环境综合整治与管理。巩固完善“户分类、组保洁、村收集、镇运转、辖市(区)集中处理”的机制,城乡生活垃圾无害化处置率保持在100%;大力推广测土施肥和病虫草害综合防治,氮肥使用量较2007年下降11.8%,化学农药使用量同比下降10.6%,建成畜禽粪便发酵床养殖技术示范点12个;县乡河道、村庄河塘疏浚及农村改厕工作超额完成年度计划,23个农村环境综合整治试点建设任务全面完成。

【加强集中式饮用水源地水质安全保障工作】 2008年,镇江市重新对日取水量万吨以上水源地保护区进行划定,制订并实施更加严格的监管措施;编制出台《水源地环境保护规划》《镇江市城市饮用水源地安全保障规划》等规划文本,持续开展对水源地污染源的拉网清查工作,积极推行区域供水,启动黄岗取水口延伸工程,保障全市人民的饮用水安全。

【开展循环经济试点和清洁生产企业审核】 2008年,镇江市政府将清洁生产指标纳入各级政府目标责任状考核内容,与节能降耗、国民经济发展目标同步下达,同时考核。截至年底,全市共有6家单位开展循环经济试点工作,完成循环经济项目8个;53家企业进行清洁生产审核,43家单位通过考核验收。其中太湖流域化工企业14家,超额完成市政府下达的年度工作目标。各家开展清洁生产的企业均同时配套完善水污染防治设施,大力削减污染物的产生量与排放量。

【建成全市环境在线监测系统】 截至2008年12月,全市污染源远程监控系统已建成数据监控企业201家,视频监控企业112家,其中联入监控平台的数据监控企业128家,视频监控企业87家。该系统实施运行后,全市化学需氧量排放在线监测覆盖率超过65%,二氧化硫排放在线监测覆盖率超过70%。同时,加强新建项目的在线监控,对所有污染行业和排放总量达到一定规模的企业统一按要求安装远程监控设施,实现远程监控与“三同时”同步进行。

【环境管理】 2008年,市环保部门严格按照国家产业政策、城乡建设规划和环境保护的要求,加强项目审批管理,特别是对化工、造纸、印染、电镀等重污染项目一律从严把关。全市共审批建设项目环评文件3548件,其中工业项目环境影响报告书57件、报告表983件、登记表2508件,竣工验收736件,书面否决建设项目22件。对全市重大招商引资项目全程跟踪服务,做到提前介入,超前服务,靠前指导,主动向投资者介绍有关审批要求,帮助办理环保审批手续,环境审批效率和管理水平得到提高。

【开展建设项目环境审批和“三同时”管理专项执法检查】 2008年7月,镇江市环保局、监察局成立专项执法监察小组,对2006年以来新开工工业类建设项目环评报告书、报告表审批和“三同时”制度执行情况进行认真清查,对“三同时”制度执行不到位、项目环境监管不力、地方保护和执法不到位等问题,切实加以纠正和解决。专项执法检查中,对16个污染防治设施未配套到位的项目进行处罚,对35个未完成环保竣工验收的项目下达限期验收督办通知。由于全市项目清查工作准备充分,措施有力,顺利通过省纪委组织的建设项目环评审批和“三同时”制度执行情况专项执法监察。

【进一步规范环保行政执法行为】 2008年,为进一步明确环保部门行政执法范围和裁量尺度,规范行政执法行为,市环保局修订和完善《镇江市环境保护行政处罚自由裁量行为实施意见》,同时对项目审批、执法检查、信访和投诉办理、行政复议、责任追究等相关程序和制度进行修订完善。进一步规范行政处罚文书,深化环保行政处罚文书改革,全面实施“说理式行政处罚文书”的制作和使用。依据环境保护方面的法律法规,组织对市环保部门行政权力进行全面的清理,共清理出环保部门行政权力200多项,并报市政府法制办审核后全面公开。

【太湖流域水污染治理】 2008年,镇江市太湖流域水污染治理工作进展明显。市东部地区属湖西水系,流域面积1590平方公里。京杭运河是镇江湖西水系的纽带,东西向有鹤溪河、永丰河、中心河、胜利河及香草河等;南北向有九曲河、丹金溧漕河、通济河、简渎河。经过多年疏浚改造,上述诸河均相互联通,交织成网,共同承担上述地区的引水排洪和通航任务。根据《江苏省太湖水污染防治条例》《太湖流域水环境综合治理总体方案》,以及省政府与镇江市政府签订的太湖水污染治理目标责任书,丹阳市、句容市以及丹徒区的全部行政区域被列入太湖流域综合治理范围。

2008年6月,副市长陈照煌陪同国家污染源考核组在征润洲污水处理厂检查污染源治理工作(颜供)省政府与市政府签订的太湖流域水污染治理目标责任书要求,2008年全市被列入考核的断面水质监测指标达标率较2007年提高10个百分点,高新技术产业产值占地区工业产值比重达到33%,服务业增加值增速达到16%;丹阳、句容、丹徒等共有28个建制镇均要建设污水处理厂,并配套建设污水收集管网,年底前完成建设任务;新建污水处理厂以及现有的3家污水处理厂年底前完成除磷脱氮改造;开展循环经济建设和清洁生产;年底前农村垃圾全部实现集中收集、集中处置,建设日处理能力350吨的生活垃圾处理厂两座。镇江市基本完成上述目标任务。其中被列入考核的断面水质监测达标率比上年提高15.29个百分点,新建的19座城镇污水处理厂基本完工,新增农村生活垃圾处理能力490吨/日。丹阳市用于太湖流域污染治理的专项资金占当年新增财力的20%以上,句容市达50%以上。

【太湖流域被列入国家和省考核的断面水质监测达标率提高15个百分点以上】 2008年,镇江市被列入太湖流域国控与省控的王家桥、吕城、前塍庄、黄埝桥、林家闸、旧县等6个断面水质,全年的监测达标率为61.13%,比上年45.84%的达标率提高15.29个百分点,超过省政府要求提高10个百分点的考核目标5.29个百分点;全年有11个月的水质达标率较上年提升,水环境质量得到一定改善。

【分解落实太湖流域环境区域资源补偿责任】 2008年,镇江市太湖流域的丹金溧漕河(黄埝断面)、通济河(旧县断面)、大运河(吕城断面)被列入江苏省太湖流域环境资源补偿范围,确定补偿标准为:化学需氧量每吨1.5万元,氨氮每吨10万元,总磷每吨10万元。为确保补偿工作落到实处,年初市政府办下发《关于印发镇江市太湖流域环境资源区域补偿试点方案的通知》,明确按照"谁超标、谁补偿""多污染、多补偿"的原则,通过认真核算将补偿资金合理分解落实到各辖市(区),推动镇江太湖水系区域治理工作全面落实。

【太湖流域建制镇生活污水处理设施全面开工建设】 2008年,镇江市按照太湖流域水污染治理目标责任状要求,开工新建19座太湖流域城镇污水处理厂(丹阳6家、句容8家、丹徒5家)。截至年底,新建的19座城镇污水处理厂基本完工,2009年初全面进入调试期。所有新建污水处理厂全部配套建设除磷脱氮设施,配套污水管网施工同步建设,主管网在2009年2月前全部完工。已建成投运的丹阳石城污水处理厂、句容市污水处理厂与丹徒新区污水处理厂除磷脱氮技术改造工程也已全部完工。

扬州市城乡建设与环境保护

【城乡建设】 城乡建设又有新进展。编制"一体两翼"城市发展空间战略规划和综合交通规划。实施新一轮城市建设和环境提升工程,完成投资116亿元。万花园二期、文化艺术中心等项目开工建设。基本完成"双东"历史街区"一片十点"修复,启动东关街二期工程。成功举办第二届世界运河名城博览会。积极做好瘦西湖及扬州历史城区申遗工作和中国大运河联合申遗牵头工作。新城西区、瘦西湖新区、广陵新城开发建设取得新成效。完成全市镇村布局规划。市域环路产业带建设积极推进。农村"新五件实事"和"十大工程"投入建设资金5亿元。新改建农村公路506公里、桥梁226座。疏浚县乡河道266条。

【基础设施不断完善】 供电:市内供电设备配套齐全。沿江地区电力装机容量已有200万千瓦,拥有充裕的电力供应能力,可双回路不间断供电。目前,扬州二电厂60x2万千瓦的二期工程正在建设之中。

供水:扬州市区日供水能力45万吨,水质综合合格率达100%。

供气、供热:气种类较多,气源丰富。煤气日均生产能力10.5万立方米,西气东输扬州节点工程已开工建设。热电联供中心保证不间断供应蒸汽。

通讯:程控电话网、移动通讯网、计算机多媒体、数据通讯网、光纤接入网等一应俱全,宽带已进入普通居民家庭。

污水处理:目前,市区已有10万吨、18万吨污水处理厂各一个,处理站多个。江都、仪征、高邮等地污水处理厂已在建设中。

【环境保护】 加大环境保护力度,不断提升环保理念,创新环保机制。完善环保综合决策机制、公众参与机制、领导负责机制、一票否决考核机制等多个环保制度。加强环保基础设施建设,环境质量稳步改善。完成了市区2个空气监测子站的迁建,长江十二圩和万福源水厂2座水质自动站建成运行。继续开展大气专项整治行动。加大对排污单位、核与辐射的监管力度。实现医疗固废的集中处置。全面启动"绿满扬州"主题系列活动,在全社会倡导绿色消费行为和绿色环保生活方式。

生态环境保护力度加大。深入推进生态市建设。新增污水管网260公里,新建乡镇污水处理厂(设施)13个,城市生活污水处理率达83.6%。70个乡镇工业集中区完成区域环评,

162家企业实施清洁生产。化学需氧量、二氧化硫排放量分别下降3.7%和3.1%。绿化造林11.1万亩,森林覆盖率达15.1%。市区新增绿化面积151万平方米。11个乡镇(街道)通过全国环境优美乡镇考核,创成国家和省级生态村18个。

南通市城乡建设与环境保护

【城市建设】 按照"分类指导、重点突破、整体推进、协调发展"的总体思路和"做大、做强、做优、做美"中心城市的工作目标,城市化和城市现代化建设进程不断加快。统筹推进中心城市与县(市)城、中心镇建设,修编形成《南通市城市总体规划(2008-2030)》。始终保持"大投入、强推进、快见效"的强劲态势,市区和县(市)城分别完成城建投入53亿元、46.8亿元。市区道路框架继续拉开,"三环"基本贯通,"四环"框架基本成型,"五环"建设有序启动。分6批集中开工建设70余项城建工程,滨江大桥、滨江路改线C标、城北大道AB标等一批城建重点工程全面完成;204国道立交桥、城北大桥、世伦路等工程按序时进度快速推进;沿河路、红星路等工程建成,园林路北段、九圩港大桥等工程建设提速。加快重点区域建设和改造,新区核心区开工面积超过110万m2,能达商务区建设启动;老城区污水管网改造加快实施,"名品濠河"建设深入推进;北翼新城建设步伐加快,唐闸、天生港地区保护性改造工程启动。城市化率达49%,高于全省约6个百分点。全面加强城市管理,市级数字化城管平台基本建成。

【城市设施与功能】 大力度推进无障碍设施建设,新增盲道15公里,改造公共建筑无障碍电梯12部,完善公厕、坡道等无障碍设施120多处,新建公共建筑无障碍设施到位率达100%。实施狼山水厂扩建和居民二次供水设施改造,日供水能力达到90万立方米,水质综合指标合格率100%。市区日污水处理能力新增2.5万吨,累计达28万吨。完成文峰饭店绿化景观改造、苏通大桥雕塑环境工程、通宁大道东侧绿化带、青年路、崇川路东沿绿化、城北大道景观绿化、马蹄路配套绿化等项目,新增各类城市绿地260公顷,其中公共绿地110公顷,城市绿化覆盖率达到42%。市区燃气普及率达到99.9%,用水普及率、生活垃圾无害化处理率均达到100%。推进道路照明和景观亮化设施建设,新增路灯、景观灯8598盏,城市道路亮灯率达到99.7%。新增公交车100辆。

【城市创建】 在2006年、2007年相继获得为国家环保模范城市、国家卫生城市称号的基础上,2008年成功获得国家园林城市、国家历史文化名城、全国文明城市称号,"五城同创"目标圆满实现。

2008年10月28日,国家住房与城乡建设部在北京举行授牌仪式,正式授予南通"国家园林城市"荣誉称号。近年来,南通市委、市政府先后投入35.6亿元的巨资,坚持"以水凸显城市的灵性、以山展示城市的秀美、以绿提升城市的品位,以人(张謇)挖掘城市的底蕴"的基本思路,加大园林绿化建设和管理的力度,精心打造秀水绿洲,构建了山、水、城、林四位一体的园林绿化格局,促进人与自然和谐发展,推动城市的全面协调可持续发展,达到了《国家园林城市标准》规定的7大类43项标准及相关要求,圆满通过了国家建设部组织的考核验收程序,成功摘取了"国家园林城市"桂冠。

2009年1月2日,国务院批复江苏省人民政府(国函〔2009〕2号),同意将南通市列为国家历史文化名城,南通成为2008年度唯一获得国家历史文化名城殊荣的城市。国务院批复指出"南通市历史悠久,文化底蕴丰厚,历史遗存丰富,近代城市建设特色突出"。

2009年1月20日,中央文明委召开全国精神文明建设表彰大会,对第二批全国文明城市予以命名表彰,南通市以地级市第2名的优异成绩荣获全国文明城市称号。2002年,南通市启动创建文明城市工作,同年10月,获得江苏省文明城市和全国创建文明城市工作先进城市两项重要荣誉,实现"一步两跨";2003年5月,精神文明"南通现象"作为唯一的地方性大事,破格入选"全国精神文明建设十件大事",精神文明"南通现象"享誉全国;2004年9月,中宣部会同有关部门在南通成功举办了首届中国公民道德论坛,南通市公民道德建设成为全国先进典型;2005年12月,市区及六县(市)全部被江苏省委、省政府命名表彰为江苏省文明城市,南通实现了创建文明城市"满堂红",成为江苏江北第一个文明城市群;2007年8月至9月,中宣部、中央文明办组织10余家国家级主要新闻媒体集中宣传了南通创建文明城市工作经验,在全国产生强烈反响;2008年下半年,南通先后接受全国文明城市省级和国家测评,取得优异成绩,最终在各省推选出的近50个城市中脱颖而出,成功迈入全国文明城市行列。

【村镇建设】 深入推进"民富、村美、风气好"的新农村建设,镇村规划布局基本实现全覆盖。大力实施"百村示范,千村整治"工程,基础配套设施不断完善,村庄面貌日新月异。农民集居区规划建设有序推进,完成农民集中居住区建筑面积559.54万平方米,有3.5万户居民迁入新居。农村集中式供水人口达539.1万人,自来水普及率达87.7%。70%以上乡镇的主、次干道和巷道铺装率分别达到100%、85%和70%,人均道路面积达19.61平方米。乡镇建成区人均公园绿地面积达4.8平方米。全市16个环境整治试点村新建道路44.9公里,铺设排水管道44.2公里,新增公共绿化10万平方米,处理生活垃圾4409吨,处理生活污水5060吨,区内垃圾按照"村收集、镇转运、县处理"的模式实现了无害化处理。农村"绿化、美化、无害化"目标基本实现,涌现出海安县袁庄村、如皋市顾庄村、海门市中南村等一批成功典型。

【房地产业】 全市房地产开发投资额172.68亿元,增长25.66%;新开工面积749.54万平方米,增长19.18%;竣工面积518.29万平方米,增长31.54%。其中,市区房地产开发投资额93.79亿元,增长38.25%;新开工面积352.14万平方米,增长23.92%;竣工面积271.53万平方米,增长58%。出台《市政府关于促进市区房地产市场持续健康发展的意见》,成功举办第46届房交会,促进了房地产市场稳定发展。市区全年商品房批准预售面积314.22万平方米,增长8.41%,其中住宅241.93万平方米,下降1.83%;商品房预售合同备案214.04万平方米,下降7.61%,其中住宅(包括低价位拆迁安置房)194.25万平方米,下降5.11%。

【住宅保障体系】 出台《南通市市区2008年-2012年城市低收入家庭住房保障规划》。市区"六管齐下"住房保障体系不断完善,用于落实廉租房房源和发放廉租房租金补贴、经济适用房政策性补贴的资金达到3671.64万元。更多普通群众享受到改革发展成果,住房保障力度与保障面在全省处于领先地位。新开工建设保障性商品房(经济适用房)1099套,组织两次保障性商品房公开电脑摇号安置工作,400多户购房户落实房源室号,超额完成年度目标。廉租住房保障面、实物配租房源进一步扩大,新申请廉租住房租金补贴408户,实现"应保尽保";提供廉租住房实物配租房源143套。公共租房取得突破性进展,开工建设"五一职工苑"、"四海家园"等职工公寓,解决新就业和外来务工人员居住问题。拆迁安置房新开工面积和竣工面积分别达到141.84万和106.41万平方米,均创历史新高,全年安置7828户拆迁家庭。

【拆迁规范化管理】 全市共许可拆迁项目136个,许可拆迁面积216.84万平方米,拆迁户数16088户。其中,市区许可拆迁项目68个,许可拆迁面积120.6万平方米,拆迁户数6482户。全市完成拆迁许可面积175.65万平方米,完成率达81%。其中,市区完成拆迁许可面积114.6万平方米,完成率达95.21%,处于全省前列。深化"平安拆迁"服务品牌创建,在全市全面推行拆迁补偿安置"十公示一监督"制度。

【物业管理】 出台《市政府关于进一步加强市区社区物业管理工作的意见》,市区社区物业管理条块结合、以块为主,上下整体联动、社会齐抓共管的工作机制初步形成。健全了物业管理的机构设置,在南通市房改房服务中心增挂了"南通市物业管理中心"的牌子。出台《关于市区贯彻〈住宅专项维修资金管理办法〉的意见》,为住宅专项维修资金管理提供了操作规范。新增2个省级物业管理优秀项目(南通地税大厦、启东启秀花园)。

【环境保护】 全市环境保护工作以生态市创建为引领,以主要污染物减排和环境质量综合指数达小康为重点,大力推进环境综合整治,加大环境执法力度,努力促进环境和经济的可持续发展。完成274.3万千瓦机组的脱硫工程,占总机组容量的90%;年末共拥有36家污水处理厂,日设计处理能力79.75万吨;提前完成省定关闭150家小化工企业目标。

【环境质量】 环境质量总体稳中有升,部分地区环境质量得到明显改善。市区及县(市)政府所在地城镇烟尘控制区覆盖率均达100%。全市固体废物综合利用率98.6%。市区环境质量保持稳定,环境空气主要污染物年平均值二氧化硫为0.032毫克/立方米,二氧化氮为0.030毫克/立方米,可吸入颗粒物为0.089毫克/立方米,符合国家空气质量二级标准;空气污染指数达到良好以上的天数为326天,占全年天数的89.1%。长江南通段主流水质符合国家地面水质环境质量Ⅱ类标准,饮用水源地水质达标率100%。区域环境噪声平均值55.4分贝,交通干线噪声平均值67.8分贝。

【工业污染防治】 全面推进钢丝绳行业烟气污染治理,改造铁皮烟囱213个。钢丝绳热处理中心建设取得进展,首期300亩建设用地已经落实,区内三条5.6公里长的主要道路已经贯通,雨水和污水管网、自来水管网配套建设到位,基本具备企业进场条件。严格把好新建项目环保准入关,否决各类污染项目85项,投资额达8.7亿元。进一步完善远程监控系统建设,145家企业安装COD在线监控装置,16家企业安装二氧化硫在线监控装置,国控、省控重点企业监控设施联网率、设备完好率、监控中心稳定运行率以及基础信息完整率均名列全省前茅。

【统筹城乡环境建设】 新建和在建污水处理厂覆盖到42个乡镇,乡镇覆盖率达43%;城镇人口生活污水处理率提高10.87个百分点,达42.9%,其中,市区提高6个百分点,达83.6%。市区及县(市)城镇生活垃圾无害化处理率均达100%。海安、如皋和启东三个垃圾焚烧发电项目相继建成,其中,如皋垃圾热电联产项目日处理能力全省第一,全市生活垃圾日焚烧能力达到1900吨。积极开展生态县(市)和全国环境优美乡镇创建工作,9个镇通过全国环境优美乡镇省级验收,7个镇基本达到国家环境优美乡镇考核标准,24个村建成省级生态村。

【区域和流域污染防治】 先锋、观音山地区水环境整治取得突破性进展。观音山和先锋两座污水处理厂实现稳定运行,该地区所有43家日排水量超过4万吨的印染企业全部完成污水截污入管,达标排放水平明显提升;观音山地区生活污水收集管网覆盖面不断扩大。营船港河清淤加快实施,通甲河先锋段清淤已经结束,河岸石驳快速推进。积极推进老城区江山农化等三类企业"退城进郊",引导企业在搬迁过程中实施工艺改造,升级治污技术,解决原有产品工艺结构污染问题。开展饮用水源地保护区专项整治,饮用水源地水质达标率保持100%。

【清理整顿不法排污企业行动】 严惩环境违法行为,实施行政处罚460起,处罚金额2445万元。对通启、通吕两河流域的重点污染源进行了24次拉网式检查。强化环境安全和应急管理,对100家重点污染源、沿江39家化工企业进行了环境风险排查,与江山农化联合举办环境应急演练。继续深入开展环保专项行动,对12个重点环境事项进行挂牌督办,9个事项取得实质性进展。加强对重信重访的排查,对重点信访件实行领导包案制,强化重点案件督察,切实解决了一批危害群众健康的环境问题。 (朱爱琴提供)

泰州市城乡建设与环境保护

【概况】 2008年是城乡面貌发生新变化的一年。市委三届五次全会提出中心城市建设“三年再来一个大变化”的奋斗目标。年内，中心城市新一轮总体规划纲要编制完成，土地利用总体规划编制工作顺利推进。加快“十大重点工程”建设，园博园土方工程、泰州大剧院主体工程和人民路立面改造、东风北路、鼓楼南路南延等项目基本完成，建工、春兰等老小区整治全面竣工，新建城北污水处理厂及管网铺设完成阶段目标，凤城河风景区三期开工建设；高港港城路东延、王营河路北延等道路建设加快推进，口岸大桥建成通车，雕花楼景区二期竣工。全年市区城建投资100亿元。市区城市管理和执法工作重心、责任下移，数字化城市管理平台投入运行并通过国家建设部验收。开展拆除违法建设专项行动，计拆除30多万平方米，违法建设蔓延势头得到有效遏制。各辖市加大城市建设投入，城区面貌发生较大变化。靖江加快推进主城区功能提升和滨江新城建设，泰兴新区建设力度进一步加大，兴化城区防洪工程基本完成，姜堰创建国家环保模范城市通过省级验收。顺利实施部分地区行政区划调整工作，促进区域经济社会持续、协调、共同发展。推进新农村建设，全市新建（改造）农村公路1000公里，改造农村桥梁470座，疏浚农村河道3700万方土；村庄规划实现全覆盖，新增省级康居示范村6个，省级环境优美乡镇2个，市级环境优美乡镇4个、生态村10个，全面小康示范村200个。靖江、高港率先通过全省农村河道疏浚考核验收，靖江被表彰为全国农田水利基本建设先进市。继续强化城乡基础设施建设，积极配合苏中机场完成选址，兴泰公路改扩建先导段实现贯通，江海高速公路建设进展顺利，332省道建成通车；市区备用水源投入使用，刘西河、北城河、老通扬运河一期等河道整治疏浚全面完成，口岸船闸改造竣工通航，靖泰界河整治基本完成。

【城市总体规划修编】 经过省政府批准，正式启动城市总体规划第三轮修编工作，通过招标确定江苏省城市规划设计研究院为修编单位。收集整理全市50个部门的资料、地形图，发放回收民意调查表6000份，并通过向机关部门、有关单位发放征求意见函、组织座谈会等形式，广泛征求社会各界的意见和建议。开展专项课题研究12个，邀请单霁翔、王景慧、时匡等国内著名专家研究分析，成功举行城市总体规划高层专家咨询会。在科学发展观的指导下，强化城乡统筹和区域统筹，打破行政区划界限，合理确定城市规划区范围；着力研究三泰地区统筹发展，强化交通联系和公共基础设施共建共享；对城市用地布局，做到既尊重历史又不为现状所束缚，从城市长远利益出发大胆调整优化。深入研究长江大桥、机场、铁路、高速公路、航道等区域性交通基础设施建设对泰州城市发展的影响，努力实现城市交通与其无缝对接，提升泰州在新一轮发展中的综合竞争力。年底前完成城市总体规划纲要成果。

【宣传贯彻城乡规划法】 围绕城乡规划法2008年1月1日施行，在组织“城乡规划法学习宣传月”活动的基础上，进一步拓展学习、宣传的广度和深度。专题制定2008年学法用法工作意见，邀请省建设厅领导到泰州作城乡规划法和泰州城市发展战略理念专题报告会，全市处级以上干部约500人参加报告会；组织全系统干部职工听取贯彻实施城乡规划法专题辅导讲座；组织业务技术、管理干部参加部、省主管部门主办的城乡规划法专题培训班；举办中层以上干部学习城乡规划法研讨交流会，深入研究探讨在城乡规划法指导下做好规划工作的办法途径。年初，翻印城乡规划法单行本及城乡规划法问答宣传资料，发送相关领导和单位，并在《泰州日报》、泰州电视台等媒体开展宣传。分层次召开相关管理部门和涉建部门负责人学法座谈会，争取其对城乡规划法实施的关注。对市民群众，开展规划进社区活动，组织工作人员走进社区、街头、村镇，普及规划法制知识，公示规划成果，现场释疑解惑。对房地产开发企业、开发区重点企业，专题召开规划法制宣讲会，宣传城乡规划法的规定和规划管理的具体要求。通过全方位、立体式的学习和宣传，初步形成有利于城乡规划法顺利实施的社会法制环境。

【历史文化街区保护】 将五巷、涵西街和城中历史文化街区保护规划的编制工作列入重要议程，多次邀请文化、旅游、建设等相关部门及多位专家学者共同会商，将五巷与涵西街整合成一个街区，由苏州市规划设计院负责保护规划的编制工作。12月，省建设厅在泰州组织召开五巷、涵西街历史文化街区保护规划专家评审会，该规划获得通过。城中古民居保护规划形成初步方案。

【规划服务】 全年共发放建设项目选址意见书72份、建设用地规划许可证138份、建设工程规划许可证245份，批准建筑总面积415万平方米。延伸服务范围，将其从单纯的工业项目延伸到市政府确定的需重点服务的工程建设项目，以及按照城乡规划实施的各类基础设施项目等，全年共办理有关项目51个。先后对第四污水处理厂新建，东风路、森园路、江洲北路拓宽改造、城北物流园区3号码头、肉联厂东侧地块改造、森园小区经济适用房等项目办理规划许可手续；积极做好唐仁集团地块、扬桥北侧地块改造、碧桂园拆迁安置区建设的协调服务工作。组织开展高港集中安置区规划方案编制以及医药城拆迁安置区的选址和规划建设方案的编制。

【规划管理】 改革现行行政运行模式，减少审批环节，提高办事效率，提出“编审分开、审批分开、批管分开”的改革构想，对内设机构及工作职能进行重大调整。专门设立行政许可服务处，按照“精简、统一、高效、便民”的原则，对行政许可事项进行归并，规范行政许可行为，真正形成一个窗口、统一受理、集中办理、便民高效的行政服务运行机制。增设规划监管处，建立市规划监察中心，强化规划监管职能。按照定权、定岗、定责、定人、定时的要求，对每项权力编制运行流程，积极推行行政权力网上运行及电子监察系统建设。全面推行规划公示和听证制度，对编制的所有控制性详细规划以及重点区域、重点地段、重要节点的公共建筑，及时通过媒体、网站向社会公布。全年共进行网上批前公示239次、批后公布223次。制定《泰州市规划局规划公示牌制作规范》，对于公示牌的基本内容、图例、公示牌尺寸都做出明确规定，组织召开泰州师专综合楼、宏基花园、石油公司江洲北路加油站等建设项目的行政许可听证会，保障相关权益人合法权益。

【接受市政协民主评议】 市政协将市规划局确定为年度民主评议机关，市规划局认真制定民主评议工作方案，成立规划编制、规划管理、作风建设3个受评组，积极配合做好评议相关工作。对照政协评议过程中查找的规划中工作存在的问题和建议，及时提出整改方案，落实整改措施，保障市政协民主评议工作的顺利完成。经过历时3个月的受评活动，评议结果总体良好，市规划局规划管理、依法行政、机关作风、廉政建设四个方面工作的满意和基本满意率，分别为85.9%、92.5%、99.1%和97.2%，近三年工作总体评价满意和基本满意率91.5%。

【规划设计】 市规划设计院全年项目合同额提前完成，实现到账收入620万元。先后完成海陵工业园区居住区控规、医药产业园西部控规、东台镇中小企业园建设规划、姜堰娄庄镇控规、兴化陈堡镇控规等项目。泰州医药高新技术产业园研发区景观设计获2008年省优质勘察设计三等奖。

（卞为民　李　瑜）

【房地产业】 面临国内宏观调控和国际金融危机，全市房地产市场逐渐步入调整期。全市房地产市场运行平稳，房地产投资规模与结构趋向合理，房地产市场保持稳健发展态势。全年房地产开发计划投入27.5亿元，实际完成房地产投资额45.8亿元，商品房施工面积252.31万平方米，新开工面积184.96万平方米，竣工面积103.94万平方米。

【楼盘品质】 年内，全市房地产业经济指标保持高位运行，住宅品质不断提高。碧桂园、鹏欣上郡、同悦容园、世贸新城、天和家园、金通梅园二期等一批房产项目相继开工，城市形象进一步提升。姜堰“府西人家”项目通过国家AA级住宅小区性能认定终审，市区“盛和·东方名邸”通过国家AA级住宅小区性能认定中期评审。在第五届江苏优秀住宅评选活动中，泰州市区盛和·东方名邸获优秀住宅金奖，兴化嘉鸿豪庭和姜堰中天御苑获优秀住宅奖。

【房产管理】 编制完成《泰州市区住房建设规划(2008～2012)》，出台《关于促进市区房地产市场持续健康发展的若干意见》。全年共办理开发项目预售许可事项51件，批准预售面积129.55万平方米，其中住宅92.76万平方米、非住宅36.79万平方米。完成商品房合同网上备案7409套，84.53万平方米，总成交金额34.51亿元，成交套数比上年下降9.4%，成交总额增长2.95%。举办春秋房博会，真正让老百姓得实惠。“泰州之春”、“泰州金秋”两届房地产博览会共成交各类住房298套，成交面积3.65万平方米，总成交金额1.63亿元。

【住房保障】 将市区人均住房建筑面积18平方米以下，人均月收入500元以下的低收入家庭纳入廉租房保障。至年末，累计保障户数840户，其中2008年租赁补贴460户，实物配租113户，全年落实租售并举经济适用房350套，市区提前两年实现省政府确定的保障目标。全年共审批发放老职工一次性住房补贴708人，补贴金额1737.68万元，出售公有住房205套，1.16万平方米，审核新、老职工和离退休人员住房补贴和租金补贴1.6万余人，月补贴总额3500余万元。

【拆迁管理】 年内，市区共办理城市房屋拆迁许可项目13个，拆迁户数1248户，其中住宅户数1187户、单位61家，拆迁房屋建筑总面积16.3万平方米。共批准实施集体土地所有房屋拆迁项目13个，拆迁户数1925户，其中住宅户数1842户、单位83家，拆除建筑总面积50.04万平方米。全年受理裁决65件，组织调解65场，下达裁决书46件，办理拆迁应诉案件11起。

【市政建设】 市政公用事业立足改善民生，突出完善城市框架，改善出行环境，提升生活质量，实施区域供水、文化中心、周山河街区道路、污水管网覆盖、老小区整治等一批民生工程。

【区域供水】 投资4.5亿元、管线长达60公里、惠及100万人口的区域供水工程，经过一年多的艰苦奋战，向泰兴输供水工程成功实现试通水，三水厂改扩建工程、姜堰清水管线工程进入扫尾阶段。

【文化中心工程】 对城市功能具有重大提升作用的文化中心续建工程，工程主体结构建筑完工，外装工程基本完成，内装工程完成工程量70%。

【稻河古街区风貌保护工程】 具有泰州历史文化名城特色的稻河古街区复兴改造工程启动，形成初步工作方案。成立泰州市稻河古街区建设有限公司，搭建起运作灵活的融资与建设平台。

【道路及路灯改造】 继续拉开道路框架，鼓楼北路北延工程竣工通车，春晖路南延工程顺利实施，鼓楼南路南延、海陵南路南延、新建东路、周山河大桥基础工程建设基本完成，演化桥危桥改造工程竣工，老城区完成路面维修5万平方米，路灯改造投入400万元。

【老小区整治】 整治工作以改善居民的生活环境和居住条件为重点，有计划、按步骤地进行综合改造，突出围绕下水疏通与翻做、道路改造、绿化调整出新、内墙、外墙铲粉出新、拆除违章、车棚修缮出新、车库电路改造，完善公建配套设施等方面开展。整个工程共投入资金300余万元，整治面积10万平方米，受益人口4500人。

【城市供水】 城市供水保障充分，完成春兰北路、东风北路、森园路等一批市政道路的自来水管道安装工程，完成长江水达镇工程量1350万元，抢修管网漏水4029处。水质综合合格率和水压合格率100%。

【污水处理】 污水管网向凤城河、医药城、苏源花园等地区延伸,污水收集量1100吨,污水日处理3.4万吨。

【燃气工程】 "西气东输"天然气利用工程取得实质性进展,市区天然气利用修编规划报省,工程开工前的各项工作有序推进,新建燃气管网57公里,管网总长343公里。

【新农村建设】 以改善农村人居环境为重点,稳步推进城乡规划全覆盖、小城镇建设、村庄环境整治等工作,在全省首创"村庄规划进村部"举措,得到省建设厅充分肯定。

村镇规划:村镇规划全覆盖工作有序推进,列入全省城乡规划全覆盖计划的黄桥、溱潼历史文化名镇保护规划和娄庄、蒋华总体规划编制完成并通过评审,市级重点中心镇2020年版总体规划修编工作全面完成,编制完成120个村庄和1400个村庄平面布局规划,实现村庄规划全覆盖。会同市委组织部、市民政局,在全省率先推出村庄规划进村部行动,将村庄规划落到实处。

村庄环境整治:全市计有300多个村庄因地制宜开展环境整治工作,其中32个省级试点村开展重点整治,6个村成为第二批省级康居示范村,总数列全省第一。姜堰市白米镇野沐村村庄整治获省人居环境范例奖。泰州市建设局被表彰为省村庄建设整治先进单位。

【优化城市管理】 2008年,城管系统深入贯彻落实科学发展观,服从服务于全市工作大局,紧紧围绕"一个中心、两大工程、三个突破"开展工作,全面完成年度目标任务,各项工作取得新的成效。继上年底顺利通过中国优秀旅游城市的考核验收后,2008年初启动的全国文明城市先进市创建工作又通过省级考核验收。泰州数字化城管平台建成并投入使用。按期完成办公楼扩建及内外装修工程,结束城管机关无自己办公用房的历史。完善城管执法体制,优化城管资源配置。加强机关作风建设,开展建设学习型机关活动,不断提高党员干部的政治理论水平。加强对城管工作的宣传,全年共有50多篇文章在报纸、杂志刊载;被电台、电视台等媒体宣传报道80余次;创办《泰州城管》刊物和泰州城管网站,积极引导社会舆论。

【体制机制改革】 进一步完善城管执法体制,优化城管资源配置,市政府出台《关于理顺市区城市管理相对集中行政处罚权工作体制的实施方案》。海陵城管分局配备城管执法队员85名、"门前三包"人员200人和执法车辆13辆。在各个街道设立城管中队,将管理的责任落实到基层。直属分局改组为广告、渣土和机动三个大队,进一步细化职责,市区城管资源得到优化整合。

引入市场机制解决新增道路保洁问题,首批3条道路保洁的发包工作成功实施。

统筹城乡协调发展,市政府出台文件在全市开展城管创优活动,市城管局对各市、区城管工作进行指导、协调、检查、考核、评比,通过设立综合奖和单项奖,不断推进全市城管工作整体发展。

【市容环境整治】 以奥运火炬泰州传递为契机,有计划、有步骤地开展火炬传递沿线市容秩序整治和城市形象景观设置工作,得到市委、市政府和社会各界的充分肯定,北京奥组委火炬传递组给予很高评价。

参照城市容貌标准和全国文明城市测评体系,专门制订市容环境整治方案,有计划地开展占道经营、户外广告、违法搭建、马路市场等专项整治活动,保证创建考核验收。

以长效管理为目标,继续规范户外广告、渣土管理等工作。先后开展五一路、鼓楼路、迎春路、青年路等重点路段的广告店招规范化整治,超前做好整治后的设计规划工作,将空调外机安装作为设置许可审查的重要内容,提升户外广告的品位与档次。三轮车更型减量工作积极稳妥地推进。加强渣土管理,坚持日巡夜查,及时查处各类违章行为。对新开工工地,超前介入,主动服务,指导帮助施工单位落实场内道路硬质化及冲洗平台建设。

环卫基础设施逐步完善。年内新建垃圾中转站4座;江洲路垃圾转运场主体工程封顶,附属工程完成80%;为民办实事工程中的2座新建和10座改建公厕按时按质竣工并交付使用。购置12吨垃圾自卸车1辆、5吨垃圾自卸车3辆、垃圾压缩车1辆、小型木船5艘,提高机械化作业率和设备完好率,确保生活垃圾日产日清。罡杨生活垃圾处理中心保持规范、安全运行,垃圾填埋场规范化管理水平进一步提高。

【数字化城管建设】 将数字化城管建设作为年度工作重点,成立以市长为组长、分管副市长为副组长的数字化城市管理工作领导小组,加强组织领导和协调监管。建立市数字化城市管理监督指挥中心,具体负责数字化城管的指挥、调度、协调、监督与评价等日常运行工作。坚持"创新、实用、高效、经济"的原则,结合泰州实际,创造性地提出"电信总揽集成、移动无线支持、政府租赁使用"的泰州数字城管模式,有效整合电信网络、移动信息、公安监控等各种资源,实现资源共享,降低政府投入。仅与市公安、国土部门的资源整合,就节省1300多万元。成立综合协调、平台建设、软件开发、网络推进、资源整合、数据建设、监督指挥中心大厅建设、新办公大楼装修等8个专业小组,建立项目经理制、例会制、周报制等制度,精心组织,迅速推进,建成泰州数字化城管平台,并于11月19日顺利通过国家住房与城乡建设部专家组验收,受到专家组的高度评价。数字化城市管理设计为信息收集、案卷建立、任务派遣、任务处理、处理反馈、核实结案、评价考核7个环节组成的闭环型流程。将相关的38个专业部门统一纳入责任主体范围,明确各自工作职责,形成"一级监督、二级指挥、三级考核、四级联动"的城市管理新格局。经专家评审,市区数字化城管具有多渠道案件受理、部件在线更新、监督员越界和超时提醒、全球眼双向语音视频监控等特色功能。整体工作受到省建设厅领导高度评价,并要求在省内推广。 (沈 凡)

【环境保护】 2008年,全市环保系统紧紧围绕经济社会发展大局,以"为发展用力、为企业服务、为群众解难"主题实践活动为载体,深入开展城乡环境综合整治,大力推进主要污染物总量减排,不断加强生态保护和建设,全市生态环境状况总体保持良好,主要污染物排放总量持续下降,化学需氧量和二氧化硫年度减排目标任务顺利完成。国家环境保护部副部长张力军亲临泰州参加"国家环保模范城市"授牌仪式。

【环境监察】 全市环境监察工作稳步推进。不断加强现场执法监管力度,认真开展新建项目环境监察和重点污染源现场监管,坚持例行监察和突击抽查、明查与暗访、白天监察与节假日、夜间检查相结合的监察工作机制,全市共出动执法人员45752人次,现场监察企业24460厂次,制作调查笔录1448份、现场监察记录24444份,下达限期整改通知书1072份。全市共立案查处环境违法案件632件。建成全市重点污染源自动监控中心,实现全市40家国(省)控重点污染源的24小时连续在线监控。认真实施国家环保部在泰州市开展的国控企业排污专项申报全国试点工作,首家实现国控企业排污动态管理。完成全市4684家单位排污申报和核定工作,建立健全排污申报登记数据库。及时调查处理环保信访,继续坚持信访月报、分析、回复、奖励等4项制度,全面排查重大环境信访隐患,组织开展群众反映强烈环境问题集中整治行动,重点解决39件群众反映强烈的重点环境信访。全年共受理环境信访1956件,办结率和回复率100%,环境信访总量比上年下降2.4%。加强机构和队伍建设,环境监察现代化建设进程进一步加快,环境监察标准化建设达到全国东部地区二级标准。开展"做好环境保护卫士、争当专项行动标兵"评比活动,组织全市中队长以上的环境监察干部参加由省厅有关领导和市法制局法律专家专题授课的执法知识讲座,组织市区100家企业环保负责人进行岗位培训。全市征收解缴排污费1.11亿元,创历史最好水平。市环境监察局连续六年获江苏省文明单位称号。

【环保专项行动】 继续开展整治企业违法排污专项行动,全市共出动检查人员25180人次,检查企业13060,立案查处环境违法行为558件,关停取缔污染严重企业425家。全市共投入污染治理资金1.89亿元,新上治污设施322台(套)。通过整治,市级挂牌督办涉及475家企业的15件重点案件和县(区)级挂牌督办的涉及110家企业的49件案件基本完成整治任务。以兴化市废品市场为代表的结构性污染问题、以靖江市对西来镇化工控制区为代表的行业性污染问题、以泰兴市溪桥镇南沙废水河道为代表的区域性污染问题、以海陵区铸造企业为代表的群众反映强烈的环境污染问题均得到有效解决。

(李俊芳)

【队伍和能力建设】 坚持环境监测为环境决策管理提供技术支持、为环境执法提供技术监督、为社会经济建设提供技术服务的宗旨,遵循"科学、准确、公正、高效"的质量方针,开展各类环境监测工作。全市环境监测机构5个,其中市环境监测中心站1个,县级环境监测站4个,监测人员164人,其中高级工程师14人。各级环境监测部门均通过标准化站建设后评估验收。在全省首届环境监测技能竞赛中,泰州市环境监测中心站获得团体比赛第四名、电视竞赛第二名。

【环境监测】 全市环境监测系统共具备水、废水、空气、废气、噪声、放射性、生物、土壤等八大类近300项的环境监测分析能力,实现环境空气质量、南水北调东线河流、区域供水水源水质自动监测,在媒体发布空气质量日报、预报与饮用水源水质旬报。2008年,全市获得各类监测数据545190个。开展排放污染物总量监测、排污申报监测、环保设备及"三同时"验收监测服务,具备室内环境污染,农产品中有毒有害物质残留量,ISO9000系列产品质量认证、ISO14000系列环境管理认证,环境标志产品、绿色食品、无公害蔬菜基地等多项环境质量指标的测试能力。

【水环境质量】 2008年,泰州市区、靖江、泰兴、姜堰、兴化饮用水源水质达标率均为100%,饮用水源水质保持稳定。全市主要河流水质状况总体比上年有所下降,优于Ⅲ类水的断面为66%。全市水质类别达Ⅱ类水质的断面为11.3%,达Ⅲ类水质的断面为54.8%;达Ⅳ类水质的断面为14.5%,Ⅴ类及劣Ⅴ类水质的断面为19.3%。2008年全市农村地表水环境质量达标率78.6%,达到不低于64%的年度目标值。泰州市区13条主要河流水质比上年略有好转。

【空气环境质量】 2008年,全市城区空气质量达到国家二级标准的天数占全年天数的88.3%,全市环境空气质量总体良好,高港区、姜堰市、兴化市和靖江市城区环境空气质量达到国家空气质量二级标准。全市酸雨发生率16%,与上年相比,除泰兴市酸雨发生率有所上升外,其他各市均有不同程度的下降。全市降水pH均值在5.20~6.18之间。其中,仅兴化市降水pH均值小于5.60。

【声环境质量】 2008年,全市城市区域环境噪声平均等效声级在52.9~55.9分贝之间,均低于区域环境噪声Ⅱ类区昼间标准限值;交通噪声平均等效声级介于66.3分贝~68.2分贝之间,达到交通噪声标准要求,部分路段存在超标现象。

(李爱强)

【宣教活动】 周密计划,精心组织开展"6·5"世界环境日系列宣传活动。围绕"绿色奥运与环境友好型社会"主题,结合泰州市实际情况,开展领导参与、公益宣传、社区活动、信息发布4个方面和"一个讲话、一篇文章、一档节目、一次竞赛、一场节目"等10项内容的宣传。活动期间共发放环保布袋子万只、环保服务宣传手册3000册、宣传单5000张、"6·5"宣传画100套、环保书籍2000册、在小区和街道挂横幅40条、在泰州电台、电视台播放环保公益广告60条420次、在泰州日报、晚报刊登高考护考及环保公益广告8条。在泰州环保网上发布《泰州市2007年度环境质量公报》和公布《2007年度企业环境行为信息》,共公布1464家企业的环境信息。举办"绿色泰州·和谐家园"专场文艺演出,在全社会引起强烈反响,收到良好的宣传效果。

【绿色创建】 大力推进"绿色创建"工作,指导省口岸中学等28所学校创建国家、省、市级绿色学校,指导兴化王家社区等25个社区创建省、市级绿色社区。年内,全市建成省级"绿色学校"9所、市级"绿色学校"18所;创建成省级"绿色社区"6个、市级"绿色社区"16个,建成"绿色家庭"2个、"环境教育基地"3个、省级环境优美乡镇2个、市级7个。姜堰市双登集团被国家环保部授予国家级环境友好型企业称号。组织参加国家环保部、省环保厅绿色社区、绿色学校创建培训48人次。以环保进社区、进学校、进企业、进村镇"四进"为载体,强化宣传工作效应。深入开展"服务企业进千家"主题活动,实施国控、省控重点企业局领导挂钩联系制度,了解企业发展过程中需要环保部门支持和服务的重点,听取企业对环保部门的意见和建议。编印《环保业务工作服务手册》、《水污染防治法宣传手册》、《环保服务承诺手册》、《环保许可程序手册》。　(裴俞昶)

2008年,全市累计完成造林面积12.4千公顷,其中成片造林11.6千公顷,四旁植树269.3万株,完成省下达年度造林目标任务的155%。全市参加义务植树241.5万人次,尽责率85.6%,义务植树计849.2万株。市区新增绿地101.39公顷,绿地总面积达2122.06公顷,绿化覆盖面积2371.86公顷,绿地率36.27%,绿化覆盖率40.54%,公园绿地面积476.22公顷,人均公共绿地8.29平方米。

围绕省政府确定的下年9月在泰州举办第六届江苏省园艺博览会工作目标,周山河公园(省园艺博览会博览园)上半年完成征地、拆迁任务,园博园规划设计方案和建筑设计方案经过反复认真的论证和修改,在地形改造的基础上,11月3日正式启动公共部位的绿化,年内栽下乔灌木6000多株。

完成市区道路绿化补栽和东风北路、江洲北路等城市道路延伸绿化建设及东大门(老328国道泰东段、京泰路)、南大门(泰高路南段)道路两侧绿化带综合整治与节点绿化建设工作。扬派(泰州)盆景技艺入选国家级非物质文化遗产名录,泰山公园被批准为国家3A级旅游景区。

杭州市城乡建设与环境保护

【城乡建设】　钱江新城建设:钱江新城4平方千米核心区重大项目建设全面完成。市民中心、国际会议中心、杭州大剧院,成为杭州的新地标。市民广场、城市阳台、阳光天地、杭州棋院、波浪文化城、杭州图书馆新馆,成为市民学习、休闲、健身的好去处。世纪花园、森林公园、沿江景观带,星罗棋布,串珠成链,让新城核心区成了一个绿色大公园。

江东大桥:2008年12月26日,国内首座大跨度悬索桥——杭州江东大桥通车。大桥西连杭州经济技术开发区和德胜快速通道,东接萧山"大江东新城",全长4332.5米,桥面宽47米,按城市主干道标准建设双向八车道,设计时速80公里,总投资18.9亿元,是目前杭州桥面最宽的跨江大桥。

数字城管:数字城管取得新成效。杭州市区数字城管范围已达235.8平方千米,增长22.8%。通过建立"备货制"和实施问题"代整治",问题解决率达到99.8%,及时解决率由上年的82.8%提升到90.6%。功能得到拓展,实现了环卫机械作业GPS及桥隧在线监管,行政许可网上审批及地下管线监管项目在部分城区试运行。数字城管及数字执法工地视频监控系统得到了建设部专家充分肯定。

公用事业:公用事业综合服务水平不断提高。全年新增35千伏及以上变电容量475.6万千伏安,新增110千伏及以上线路456.6千米。全市用电量达到430.18亿千瓦时,增长4.2%,其中城乡居民生活用电51.25亿千瓦时,增长11.2%。年末市区自来水日供水能力达到299万立方米,比上年增加25万立方米。年末市区居民家庭管道煤气用户为43.58万户,增长16.3%。

【环境保护】　不断加大环境保护和污染治理力度。全市用于环保的资金投入7.46亿元,增长43.7%。全市化学需氧量和二氧化硫排放量比上年分别下降3.8%和18.67%,二氧化硫排放达标率、工业废水排放达标率分别达到98%和82%。全市城市污水集中处理率由上年的80.7%提高到83.2%。主要水系监测断面水质三类以上比例为57.1%。市区空气质量达到二级和好于二级的天数为301天。至年末,杭州市区园林绿地面积1.3万公顷,人均公园绿地面积达13.9平方米。市区建成区绿化覆盖率为38.6%。　(陈茜提供)

宁波市城乡建设与环境保护

【城市建设】　2008年,全市完成城市基础设施投资110.0亿元,其中中心城区完成79.0亿元。城市市政公用设施建设固定资产投资97.2亿元,其中中心城区完成63.58亿元。改造人行道面积1.9万平方米,柔化改造路面6.6万平方米,道路完好率保持在85%以上。建成北外环东段、永达路等主次干道10条,建设民通街、双东路等支路卡口10个,国际航运服务中心、庆丰桥、长丰桥、姚江工业水厂、岩东污水处理厂等30多个重大项目建成投用,外滩大桥、绕城高速连接线等20多个重大项目开工建设。中心城区新增道路里程17.3公里(面积56.7万平方米),新增公交枢纽站、首末站12个,公共停车泊位800多个;公交客运总量为44754万人次,增长10.8%,刷卡量27205万人次,增长315.0%。

【城市环境质量】　2008年,宁波市财政环境保护支出增长42.9%,实施"811"环境保护新三年行动,加强饮用水源保护、农村农业环境保护和生态修复,推进重点区域、流域和行业的污染整治,加大城区内河截污治理力度。完成截污河道6条,疏浚河道13.6万立方米,污水日处理量达97.0万吨,中心城区生活垃圾无害化日处理能力达2148.0吨,垃圾无害化处理率达100%。完成农村饮用水改善及解困35.6万人,基本实现农村供水工程全覆盖。南区污水处理厂环保验收合格,北区污水处理厂等项目建成投用,污水日处理量达到89万吨。实施"千里清水河道"治理工程320公里,治理水土流失面积40.8平方公里;生态公益林面积达263亩。修复185处废弃矿山,治理率达83.3%;行政村生态墓葬覆盖率达90%。全年COD和SO2排放量分别下降10.0%和15.8%。规模以上工业企业综合能耗（当量）增长0.9%，万元产值能耗（当量）下降7.3%。年内，累计获得全国环境优美乡镇13个，省级生态乡镇42个，市级生态乡镇83个，市级生态村420个，累计获得国家级绿色单位和家庭12个，全国环境友好企业2家、省级绿色单位314个，省级生态监护站20个，省级"保护母亲河号"单位23个、省级环境教育基地7个。（谢敏依提供）

湖州市城乡建设与环境保护

【城市建设概况】　按照"城乡统筹、和谐发展、规划引领、项目推进"的总体思路，以建设现代化生态型滨湖大城市为目标，全力加快城市化和城乡一体化进程，全市城市化水平达到54.3%（其中市本级56.8%），中心城市建成区面积达到78.8平方公里，城市功能不断完善、城市品位显著提升。

【城建重点工程】　全力推进城建重点工程建设，仅建设口全年完成投资25亿元，创历史新高。一是"一港两区"建设扎实推进。按照"有限空间、无限发展"的理念，加快龙溪港东岸、步行街区、衣裳街区等"一港两区"开发建设，全力打造湖州标志性现代商业中心区。二是道路有机更新全面展开。坚持以"道路有机更新"带整治、带保护、带开发、带建设、带管理，全力推进南街、红旗路、苕溪路、小市河"三路一河"综合整治工程，促进城市整体品质品味的"提档升级"。天和设计院、富城商城、友谊新村等11幢建筑已完成改造，夜景亮化、苕溪文化公园、霅溪公园雕塑、城市家具等配套设计基本完成。南街四处地下通道建设正在加快推进，其中同岑路口通道已于年底投入使用。三是基础设施建设不断完善。以完善片区功能、提升人居品质为重点，加快推进了仁皇山市政二期、日月大桥及西白鱼潭道路完善、湖东路、湖东大桥、新大通桥等一批骨干路桥工程建设。日月大桥、湖东大桥主体已完成，大剧院已竣工交付。同时，中心城区截污纳管、南浔至练市城乡供水管道、污水处理厂升级改造、湖东片区污水泵站等工程加快推进，城市功能进一步完善。

【城市管理】　针对年初严重雪冻灾害、蓝藻提前暴发等情况，进一步完善预案、明确责任、落实措施，全力维护城市安全有序运行。一是积极应对雪冻灾害。及时启动应急预案、落实抢险队伍、物资，全力保障城市道路、园林绿化、公交、直管公房、供水供气等基础设施正常运行，确保市民人身财产安全。雪灾过后，全面开展城区道路沥青修补工作，完成了东街、红旗路、劳动路等16条主次道路约5500平方米坑洞铣刨、修复工作，及时恢复道路通行能力。二是继续狠抓环境建设。按照24条标准的要求，着力构建城市环境卫生长效管理机制，全年保洁面积扩大到310多万平方米，基本完成市区20座公厕改造工作，推动城市管理逐步从"粗放型、突击型"向"精细型、长效型"转变。同时，着力推进中心城市绿化提档升级，建设口新建绿地近42万平方米，提前完成年度绿化任务。三是全力确保安全运行。围绕"两个确保"的要求，着力健全应急预案、加强监测预警，及时完成了城北水厂拦藻浮坝建设、新老城北水厂并网供水、七里亭备用水源扩容等应急工程。特别是按照责任划分，积极落实专业打捞船只和队伍，全面加大市河蓝藻打捞频次和力度，保障市民用水安全。同时，全力做好奥运会等重大活动时期的安全保障，全力抓好城市供水、供气、公交等重点行业和领域防恐反恐工作，保证了重大活动期间的安全稳定。

【村镇规划编制】　2008年，村镇建设以规划为引领，进行了大量规划编制工作。一是编制城镇总体规划。对南浔区千金镇、石淙镇城镇总体规划进行了修编，吴兴区妙西镇城镇总体规划已批准实施，吴兴区埭溪镇、东林镇结合工业功能区建设对总体规划进行了调整。二是编制城镇详细规划。南浔区练市镇工业功能区编制了控制性详细规划，规划方案已完成。三是编制村庄建设规划。在全市中心村规划全覆盖的基础上，完成了200个保留行政村的村庄规划编制工作，全市新一轮村庄规划编制的数量达到684个，覆盖率达到60%以上，规划引领作用进一步增强。进一步修改完善湖盐线、浔练线等4条线路的景观规划设计方案，逐步开展乡村景观带建设，其中浔练线沿线整治初显成效。

【"百村示范、千村整治"工程】　2008年是我市新一轮"百村示范、千村整治"工程建设起步年，全市共投入资金3.9亿元用于各项建设，共创建完成全面小康示范村36个（德清县4个、长兴县5个、安吉县6个、吴兴区12个、南浔区9个），提升已创建全面小康示范村27个（德清县4个、长兴县4个、安吉县11个、吴兴区3个、南浔区5个），累计建成农村新社区达到63个。一是巩固示范村建设。示范创建村累计投入资金达到1.1亿元，硬化道路118公里，新建无害化公厕246座，新增绿化面积31.2万平方米，拆除旧房6.4万平方米，新增河道整治长度110公里。二是强化村庄整治。全市村庄整治累计投入资金达到2.9个亿，完成了215个村的村庄整治提升工作，其中新增村内主干道路硬化里程达500公里；新增农户改厕户数达30640户，累计达到56652户，改厕率达到98%；新增改造危旧房面积5.2万平方；新增安装路灯3895只，绿化面积55万平方；新增生活污水处理池4万立方，新开展污水处理户数58436户，累计达到72891户，污水处理覆盖率达到60%以上。三是推进小城镇建设。扎实推进了12个小城镇（德清县2个、长兴县3个、安吉县3个、吴兴区1个、南浔区2个、度假区1个）的环境综合整治，道路改造、人行道改装、绿化、沿街店招改造等工程已基本完成，小城镇环境面貌得到进一步改观，城镇品位进一步提升。四是提升垃圾收集处理能力。进一步完善市县有垃圾处理厂、乡镇有垃圾中转站、行政村有垃圾收集房、自然村有垃圾箱（筒）的垃圾收集处理设施网络，积极推进垃圾收集设施向所有自然村延伸，进一步提高垃圾集中收集覆盖率。市本级、长兴县垃圾焚烧厂已率先投入使用，德清县垃圾焚烧厂建设正在积极建设之中，垃圾无害化处理工作迈出了新步伐。市本级垃圾收集处理量日平均达612吨。全市新增配置垃圾箱9291个,新建集中收集房102座,新配置清运车辆407辆,垃圾集中收集率达到95%以上。

【房地产业】 全年完成房地产开发投资103.29亿元,同比增长8.8%,投资增幅与去年同期相比下降21.6个百分点。房地产投资占全市GDP的9.98%,占全市固定资产投资的19.67%。全市商品房施工面积991.15万平方米,同比增长3.8%;竣工191.61万平方米,同比增长19.5%;销售面积198.28万平方米,同比下降30.8%。商品房空置面积87.1万平方米,同比增长26.4%;住宅空置面积40.1万平方米,同比增长17.2%。其中:湖州中心城区商品房施工面积488万平方米,同比增长7.01%;竣工77.1万平方米,同比增长21.44%;销售面积54.49万平方米,同比下降26.69%;商品房空置面积31.6万平方米,同比增长42.72%;住宅空置面积17万平方米,同比增长15.6%。

【房地产开发管理】 编制完成《2008－2012年住房建设规划》及《2008、2009年度湖州中心城市住房建设计划》,并在湖州建设信息网上向社会公布。贯彻落实建设部等八部委《关于开展房地产市场秩序专项整治的通知》,及时出台《2008年全市房地产调控政策执行情况检查工作方案》,高度重视房地产市场秩序整治工作,方案措施及时有力、案件查处落实到位,投诉渠道畅通。在全国房地产市场秩序专项整治工作抽查中,得到了检查组较高的评价。出台《湖州市人民政府关于促进房地产市场健康稳定发展的若干意见(试行)》,通过调整公积金政策、实施税收补贴、降低首付比例等办法,努力激活住房消费市场,有效维持了市场稳定。

【住房保障】 按照"居者有其屋"的要求,着力开展中低收入者住房保障工作。*一是积极编制发展规划*。科学编制《解决湖州中心城市低收入家庭住房困难发展规划及年度计划(2008－2010年)》,明确了经济适用住房、廉租住房等保障型住房的建设总量、标准、供应规模和资金筹措渠道。*二是多项措施推动工作*。出台《湖州市人民政府关于加快解决城市低收入家庭住房困难的实施意见》,明确今后三年我市住房保障的标准和目标任务。并及时组织召开全市城市住房工作会议,市政府与各县区政府和市有关部门签订了《解决城市低收入家庭住房困难目标责任书》,将各项任务分解到为。同时,对吴兴区、湖州开发区、太湖度假区范围内街道、乡镇的居民住房困难情况进行了调查,全面掌握住房及收入情况,为住房保障实施细则的制定提供依据。*三是保障工作有序进行*。全市完成廉租住房保障711户,其中中心城区完成411户,超额完成了省、市下达的全市600户的目标任务。同时,加快在建10万平方米经济适用住房建设进度,新开工经济适用住房16万平方米,其中中心城区10万平方米。出台了经济适用房实施细则,并开展了经济适用房申请工作。

【物业市场管理】 从物业招投标入手,完善物业管理的政策制度,规范物业市场的经营行为。在前期物业管理招投标工作中试行最低成本价格制度,推进市场化进程,全年完成了8个小区的物业管理前期招投标。开展物业服务示范(优秀)住宅小区评比,以优秀小区评比为载体,带动提升我市物业服务水平。全市共有24个住宅小区报名参评,评出示范小区1个,优秀小区8个。引导物业企业做大做强,积极帮助浙江嘉业物业管理有限公司、长兴京兴物业管理有限公司申报物业服务一级资质,全年共新批核定15家物业管理企业资质。

【环境保护】 全市各河流监测结果表明,本市所有水质监测断面中Ⅱ类、Ⅲ类、Ⅳ类、Ⅴ类、劣Ⅴ类标准的比例分别为18.9%、51.4%、13.5%、8.1%、8.1%,68.9%的监测断面满足功能要求。17个地表水县以上出界断面水质达标率为82.4%。二氧化硫、二氧化氮和可吸入颗粒物浓度值均有所下降。市区环境空气质量达到Ⅰ、Ⅱ级的天数为332天,优良率为90.7%。

【生态市建设】 2008年,全市新增5个省级、8个市级生态乡镇,47个市级生态村。累计建成1个国家生态县、1个省级生态县、20个国家环境优美乡镇、38个省级生态乡镇、33个市级生态乡镇、148个市级生态村。国家环境优美乡镇占全市所有乡镇33.3%,比例为全省第一。安吉县被国家环保部列为全国生态文明建设六个试点之一,成为浙江省唯一试点地区;德清县被省人民政府命名为全省第一批省级生态县并通过国家级生态县技术核查;长兴县也顺利通过省级生态县现场验收,我市可率先实现生态县建设满堂红。启动并编制完成农村环境保护规划。完成632家100头以上规模畜禽养殖场治理任务。

【主要污染物减排】 建立并实行主要污染物排污权有偿使用和交易暂行办法、新建项目污染物总量替代削减制度、减排形势季度分析会制度、重点减排项目进度月报制度和环保监督性监测结果县区通报制度;制定污水处理厂运行管理办法和实施细则;完善排污许可证制度,将许可证管理从项目验收拓展到项目全过程管理。经核定,2008年COD排放量比2007年下降4.15%,SO_2排放量比2007年下降5.52%。

【污染防治工作】 重点环境问题整治顺利推进。南浔区旧馆有机玻璃行业环境问题整治顺利通过省级"摘帽"验收。编制完成三县两区6个市级重点环境问题整治方案并组织实施,其中3个市级重点问题均如期实现"摘帽"。加强对长兴县铅酸蓄电池行业在"摘帽"验收后的长效管理。编制并实施全市7个省级以上开发区(工业园区)环境污染整治规划,如期完成德清经济开发区环境污染整治工作。太湖水污染防治进一步深化。严格落实国家"治太"部署和省政府"五个确保"要求,及时制定并实施应对蓝藻暴发和确保饮水安全的十大措施。大力推进"水专项"工作,积极推动太湖流域执行水污染物特别排放限值的提标工作。全面开展"清水入湖"行动,加大蓝藻监测预警力度,实施24小时蓝藻应急值班制度、监测日报制。实施南太湖生态修复工程、苕溪清水入湖等太湖流域水环境综合治理工程。9个入湖口断面中除夹浦断面外,其它入湖断面均达到Ⅲ类水质标准。加强饮用水源保护,全市合格规范饮用水源保护区创建比例达到90%。城乡环境综合整治扎实推进。继续大力开展农村环境"五整治一提高工程",2008年完成206个村生活污水治理(累计完成493个行政村),完成了18个农村生活污水净化沼气示范村。同时完成省环保局在我市两个农村生活污水处理试点项目。垃圾处理已基本实现城乡一体化。市本级与长兴二个垃圾焚烧厂投入试运行,市工业和医疗废物处置中心通过环保竣工验收并正式投入运行。

【助推产业转型升级】 严格执行国家和省相关产业政策,落实环保审批"十个不批"原则,2008 年全市共审批建设项目 1680 个;同时实行项目市级部门联审,加强重点行业建设项目环境管理,有效遏制了基层新上高能耗高污染项目的冲动。全面试行生态环境功能区规划,切实把好项目选址关。大力推进规划环评来优化区域环境承载。执行太湖流域水污染排放特别限值,淘汰落后生产工艺和生产设备,推进印染、化工、造纸和制革等传统行业产业结构优化升级。积极推动全市 7 个省级开发区(工业园区)生态化改造工作,完成 20 家企业强制清洁生产审核。

嘉兴市城乡建设与环境保护

【城市建设】 2008 年,嘉兴市规划建设管理部门继续围绕走新型城市化道路、加快建设现代化网络型大城市的总体目标,突出城乡发展抓统筹、关注民生抓保障、行业发展抓规范、城建项目抓推进、体制机制抓创新 5 个重点,城乡建设事业快速健康发展。

加快构建城乡统筹规划体系。年内,按照市委、市政府统筹城乡综合配套改革、构建现代化网络型大城市的要求,全面开展市域总体规划的修编完善工作,重点突出主副中心和新市镇建设。其中,基本完成湘家荡片区(包括湘家荡旅游度假区、七星镇和东片楔形绿地区域)、东南新区(包括沪杭铁路以东、中环南路以南区域)、子城片区(包括市第一医院和市荣军医院区域)等重点项目的规划和设计方案。同时,探索建立集中统一的市本级城乡规划管理体制和统筹协调的市域城乡规划管理体制,确保规划的有效执行。全面推行"阳光规划",建立市区统一的规划管理平台,实现市本级规划管理的信息共享和实时监督。进一步完善"数字嘉兴"地理信息共享平台建设,加大应用推广力度。全面开展新市镇镇区控制性详细规划编制和村庄规划的完善修编工作,进一步推进村镇建设。

市城建设步伐加快。年内,市文化名城投资集团有限公司完成投资 22.23 亿元,其中新建改建城市道路 21.5 公里;规划面积 43 平方公里的湘家荡联合开发全面启动;占地 12.5 公顷的"七一"广场基本建成;月河历史街区开街营运;环城河景观亮化工程全面完成;湖滨区域和旧居老区改造取得明显进展。

建筑业持续快速发展。年内,全市完成建筑业总产值 367.7 亿元,上缴税金 12.12 亿元,实现利润总额 8.16 亿元,分别比上年增长 35.5%、30.3% 和 27.6%。加大建筑业政策扶持力度,产业结构不断优化,企业综合实力明显增强,建筑节能取得明显成效,建筑市场秩序渐趋规范。房地产业保持稳定。2008 年,全市完成房地产开发投资 181.23 亿元,商品房竣工面积 412.3 万平方米,分别比上年增长 22.7% 和 22.3%,商品房销售面积 327.7 万平方米,下降 21.7%。检查房地产调控政策的执行情况,住房供应结构得到进一步改善;加强房地产市场监测分析,及时出台加强住房保障建设促进房地产市场稳健发展的政策措施;建设启用房地产展示交易中心,创造良好的购房环境;推进"宜居嘉兴"品牌建设,住宅品质得到进一步提高;完善物业和家装管理配套政策,物业管理水平得到有效提升。

市政公用园林环卫事业取得进步。年内,城乡一体化供水取得新进展,城市供水实行阶梯式水价制度;"德嘉线"西气东输入禾主管网建成供气,市区管道气用户进一步扩大;建成 41 个建制镇的污水处理设施主体工程,在全省率先实现镇级污水处理设施全覆盖;新建改建一批公共厕所、垃圾中转站,环卫设施得到进一步改善;新建改建一批大型公园绿地,全面启动城市绿荫生态工程,市区园林绿化水平得到提升;继续推进旧居老区改造,人居环境得到进一步改善;全面开展创建国家节水型城市活动,节约用水工作取得明显成效。市建委被省建设厅评为"省百亿生态环境建设工程"工作优秀单位和省建设系统"811"环境污染整治工作先进集体。

全面提升公共服务能力。年内,扎实推进城建项目,全年市区共安排实施类项目 160 项、计划投资 36.51 亿元,通过督促、检查、协调,至年底完成投资 31 亿元,占投资总额 84.9%。组织抗击雨雪冰冻灾害,发动系统企事业单位抗震救灾捐款 467.7 万元、共产党员缴纳特殊党费 34.5 万元,完成赴灾区青川援建过渡安置房和规划测绘任务,顺利完成奥运火炬嘉兴传递等有关安全保卫与后勤保障工作。加强教育培训,举办各类培训班 28 期,累计培训 5976 人次;组织职业技能鉴定并取得职业资格证书 397 人。开展职称评审和科技成果申报工作,全市有 513 名工程技术人员通过中初级职称评审、有 115 名工程技术人员经申报并通过高级职称评审,有 4 个项目列为省建设科技科研和推广项目。完成 ISO9001-2000 导入机关工作,按照质量管理体系要求,规范行政行为,优化内部管理。建立《嘉兴市区规划建设联络员制度》,在市区街道、社区聘请 81 名规划建设联络员,实现政府部门与市民信息互动和意见建议的经常化、制度化沟通交流,进一步推进"阳光建设"。深入开展全市白蚁防治工作,全年共完成新建预防施工项目 1541 个、建筑面积 1642.4 万平方米,完成旧房灭治施工 1093 户(处),白蚁预防综合治理新技术应用取得成果。城建档案征集和档案信息资源再利用工作得到加强,馆藏量增加到 98624 卷,市城建档案处被省建设档案协会评为先进集体。

2008 年,原规划与建设局党委被市委评为 2006~2007 年度党建工作先进单位,被省委、省政府授予浙江省社会治安综合治理先进集体称号。市建委被评为嘉兴市 2008 年度"五型"机关创建优秀部门,被市委、市政府命名为 2007~2008 年度市级文明单位,被省建设厅评为省建设系统目标责任制考核优秀单位。

【城建投资】 2008 年,嘉兴市文化名城投资集团有限公司以提升城市功能为目标,加大城市建设、旅游开发、惠民安居项目的推进力度,强化资本运作,创新城建投融资机制,全年完成投资额22.23亿元。完善城市基础设施建设,市政府重大民生工程——全长92公里的天然气"德嘉线"建成供气;新建、改建市政道路21.5公里,完成中环东路南延伸段、新气象路南延伸段、鸳湖路、长生桥、小瀛洲桥等路桥项目建设,启动南溪路和纺工路改造工程;新增、改建绿化面积57.25万平方米,完成"七一"广场的绿化建设和南湖景区、东片楔形绿地改造,完成总面积共773公顷的绿地养护工作。加快市区旅游资源开发,建成南湖革命纪念馆新馆土建工程、"七一"广场和市旅游集散中心;月河历史街区开街营运;完成环城河景观亮化工程;建成文字书碑苑,基本完成揽秀园南园、勺园建设。推进安置房及开发项目建设,建成安置房面积19.8万平方米,"城中村"六大安置小区基本竣工,江南新家园二期安置住宅全面交付使用;新开工安置房建设面积128万平方米,办理完成安置房建设用地征地手续84.33万平方米,湖滨区域安置房、嘉城·景帆苑、嘉城·绿都、文贤、举秀小区全面进场施工;省重点项目——省荣军医院迁建工程和沙龙宾馆扩建工程开工建设。加快实施中心城区拆迁整治,全年共完成拆迁1042户,拆迁旧房总面积20万平方米,整治场地和维修人行道1.5万平方米;完成"1812"工程5个地块的拆迁任务,湖滨区块和剩余"1812"工程地块进入扫尾攻坚阶段;完成南湖中心区六期整治第二批农户拆迁,基本完成东片楔形绿地和高中园区周边区域的拆迁整治,完成20余条河道整治保洁任务。顺利完成花鸟市场、古玩市场的搬迁,推进历史街区、小区商铺等房屋资产的租赁经营,月河街区商铺已招商面积3.4万平方米,占街区实际招商面积的74%,共140家商户开张营业,小区商铺累计出租2.9万平方米;完成湘家荡度假区张字圩村525户农户拆迁任务的91%。

【村镇建设】 2008年,嘉兴市的村镇建设以"省统筹城乡综合配套改革试点"及"两分两换"(宅基地与承包地分开、农房拆迁与土地流转分开;宅基地置换城镇住房、承包地置换社会保障)试点工作为契机,组织各县(市、区)村镇建设管理部门,全面开展村庄规划的完善修编工作。指导各地村庄规划提高聚集度,引导农村居民集中定点居住,利于节约土地资源。继续加强指导新市镇规划的修编工作,全面开展新市镇镇区控制性详细规划的编制。同时,顺利完成《推行两分两换,统筹城乡发展》和《关于嘉兴农房建设管理的现状与对策建议》两个课题的调研工作,为推进新农村建设提供依据。

深入开展"百村示范,千村整治"工程建设。在新一轮村庄整治中,按照"农村环境五整治一提高"的要求(畜禽类便污染整治、河沟池塘污染整治、生活污水污染整治、垃圾固废物污染整治、化肥农药污染整治和提高绿化水平),重点抓好列入省计划的85个待整治村环境整治的指导工作。全年累计投入资金2.36亿元,共完成村级道路(含通组达户道路)760公里;生活垃圾集中收集处理实现全覆盖;改造卫生户厕54219户,无害化公厕207座;铺设污水管道2.2万米,受益农户3.4万户,占整治村总户数的50%以上。

组织开展全市农村危旧房现状调查。年内,邀请房屋结构方面的专家进行授课,培训有关危房鉴定的专业知识和技能。10月底前完成农村入户调查,并在调查结果分析的基础上,建立全市农村危旧房数据库。

【建筑业】 2008年,全市共完成建筑业总产值369.3亿元,比上年增长36.1%,其中市区110.2亿元(含混凝土预制构件、商品混凝土、钢结构和门窗类工业企业,下同),增长38.6%;建筑施工面积3981.7万平方米,增长16.8%,其中市区815.3万平方米,增长0.7%;实现利润总额8.75亿元,增长36%,其中市区1.81亿元,下降9.7%;上缴税金11.89亿元,增长64.1%,其中市区3.7亿元,增长69.4%;建筑业增加值81.2亿元,增长34.3%,其中市区24.2亿元,增长33.4%;省外市场已进入20个省(市),完成省外产值50.18亿元,增长61.2%,其中市区11.49亿元,增长123%。从业人员20.4万人,增长20.3%,其中市区5.6万人,增长21.4%。

2008年,全市建筑业企业晋升国家房屋建筑施工总承包一级资质企业3个、一级专业资质2个,二级建筑资质企业26个(含增项)。至年底,全市共有各类建筑业企业398个,其中一级资质企业23个、二级资质企业110个、三级资质企业202个、劳务分包企业62个、特种专业1个;有监理企业19个,其中甲级资质企业5个;有对外承接业务的建设工程检测试验机构15个;有招投标代理机构20个,其中甲级资质5个;有造价咨询机构20个,其中甲级资质3个。年内,完成一级建造师执业资格初始注册227人,二级建造师执业资格初始注册386人,一级项目经理换一级临时建造师87人,二级项目经理换二级临时建造师544人,至年底,全市共有一、二级建造师2894人。完成监理工程师资格初始注册45人;新增注册造价工程师17人,通过全国造价员考试175人。

2008年,市建筑业管理部门完成市区质量监督工程178个,面积86.9万平方米,监督项目中间结构验收工程326个,面积202万平方米;监督项目竣工验收212个,面积110万平方米。落实控制和预防质量通病措施,开展结构质量实体检测,扩大建筑材料检测项目,推行住宅工程质量分户验收,引导企业质量创优,加强文明施工标准化工地建设。年内获嘉兴市"南湖杯"优质工程37项、浙江省"钱江杯"优质工程7项、省安全文明施工标准化工地15项。

2008年,全市建筑安全生产创新监管机制,进一步完善安全生产监管体系。成立安全生产领导小组,与各县(市、区)建设行政主管部门签订2008年度安全生产目标管理责任书。抓好建设系统安全隐患排查治理工作,开展建筑机械设备专项检查、市政工程质量安全抽查、安全生产月和专项整治督查、进嘉企业安全隐患大排查4项专项检查,全市全年实施督查工地160个,签发事故隐患通知单155份,停工工地45个,工程安全达标率96%。开展开工前建筑工程安全生产审批备案工作,严格落实安全生产许可证发放工作。增强从业人员安全意识,组织全市2030人参加安全生产继续教育培训,146个工程项目工地开办民工学校,8000人次农民工参加学习。

2008年,全市共设立市级建筑节能示范项目73个、280万平方米,其中推荐省级示范项目15个、75.7万平方米,新建住宅和公共建筑全部实行节能50%标准。中国人民银行嘉兴市中心支行等6个省级示范工程和海宁市规划建设局的"城镇太阳能建筑应用推动太阳能产业化发展的研究"科研课题获得省财政专项补助140万元。全市有建筑改造试点工程7个、面积5万平方米,其中2个工程已完工投入使用,其余5个工程正在实施。同时对市政府行政中心、南湖区政府大楼、秀洲区政府大楼3个工程由清华长三角研究院实施能耗监测,并有针对性地进行节能改造。6月,省建设厅在海宁召开全省建筑节能与太阳能应用一体化现场经验交流会议;9月,在国际中港城举办第三届浙江省绿色建筑与建筑节能技术、产品博览会;12月,在住房与城乡建设部组织的全国建设领域节能减排监督检查中,嘉兴市的建筑节能工作受到监督组的好评。

2008年,为提升建筑业企业综合竞争能力,促进嘉兴市建筑行业持续快速发展,修订出台《嘉兴市建筑业重点企业考评办法》并开展第二轮重点企业的评选。重点企业考评是以申报企业前两年完成建筑业产值、税收、市外产值、获奖情况以及诚信经营等为评审内容。经评审,浙江鸿翔建设集团有限公司等36个企业被评为嘉兴市建筑业重点企业,其中房屋建筑工程总承包企业26个、市政公用工程总承包企业5个、园林绿化施工企业5个。

年内,浙江恒基建设发展有限公司、浙江南湖建设有限公司、嘉兴市园林绿化工程公司被评为2008年度浙江省建设系统信用建设先进单位;浙江鸿翔建设集团有限公司、浙江恒基建设发展有限公司、嘉兴市燃气有限公司被评为浙江省建设系统文化建设先进单位。

【房地产业】 2008年,嘉兴市进一步贯彻落实国家和省有关房地产调控政策,不断强化房地产市场监管,加强市场运行情况监测。市政府出台《嘉兴市2008~2012年度住房建设规划》、《嘉兴市2008~2009年度住宅建设计划》和《关于进一步加强嘉兴市区住房保障建设促进房地产市场稳定健康发展的若干意见》,引导嘉兴市住宅与房地产业的有序开发,保持房地产市场的平稳健康运行。2008年,全市完成房地产开发投资181.2亿元,比上年增长22.7%,其中市区完成投资82.9亿元,增长19.2%;各类房屋新开工面积72.1万平方米,增长38.3%,其中市区新开工面积31.4万平方米,增长49.3%;各类房屋竣工面积412.3万平方米,增长11.3%,其中市区竣工面积150.6万平方米,增长19.6%;实现商品房销售面积327.7万平方米,下降21.7%,其中市区销售面积133.2万平方米,下降22.2%;市本级商品房和商品住房成交均价分别为4908元/平方米和4693元/平方米,上涨5.3%和8.0%。

年内,市政府颁发《嘉兴市物业管理实施细则》和相关管理实施办法,完善物业管理配套政策,进一步提升全市物业管理水平。市本级亚厦·风和苑和格林小镇项目通过了住房和城乡建设部全国"物业管理示范项目"考评组考评;翰林府第荣获省级"物业管理示范项目"称号;浙江嘉杭物业管理有限公司获得物业服务企业一级资质,实现嘉兴物业服务企业最高资质零的突破。完善物业维修专项资金管理软件,加强物业维修专项资金管理,全年市本级共归集房屋专项维修资金6899.9万元,拨付专项维修资金317.8万元。拆迁管理工作有序推进,严格拆迁项目审批。全市计划拆迁项目139个,总面积134.4万平方米,其中市本级计划拆迁项目84个,总面积61.7万平方米。全市共发放拆迁许可证29个,拆迁面积24.9万平方米,实际拆迁项目55个,面积30.0万平方米,其中市本级发放拆迁许可证10个,拆迁面积4.5万平方米,实际拆迁项目27个,面积9.2万平方米。年内,市本级新批房地产开发企业35个,核准拆迁资格单位1个,核准房地产经纪机构登记备案1个,核发商品房预售许可证122份,面积244.6万平方米。市本级共对159.5万平方米住宅小区实施物业管理竣工综合验收备案,备案总户数达11154户,实施物业管理率达到100%。

加强房地产交易与产权产籍管理,推进房地产信息系统建设和档案信息处理数字化管理。2008年,全市共受理房屋权属登记117847件、5459.3万平方米,其中初始登记16809件、1587.4万平方米,转移登记52066件、758.4万平方米,变更登记3720件、286.3万平方米,抵押登记39443件、2805.4万平方米,注销登记905件、21.8万平方米,预告登记4904件。办理房屋交易登记12647件、建筑面积162.3万平方米;办理租赁登记备案11件、建筑面积2.6万平方米。年内,市住房保障局共受理房屋所有权登记16483件、建筑面积425.8万平方米,其中初始登记654件、建筑面积210.9万平方米,转移登记15001件、建筑面积168.2万平方米,变更登记557件、建筑面积42.4万平方米,注销登记158件、建筑面积1.7万平方米,更正登记113件、建筑面积2.7万平方米。房地产抵押登记13970件,建筑面积385.7万平方米,抵押金额67.8亿元;在建工程抵押登记10件,建筑面积8万平方米,抵押金额2.55亿元。办理房屋交易转让登记3874件,建筑面积39.5万平方米,成交金额11.37亿元。查封登记462件,解封登记358件。房产实测绘成果备案260.4万平方米,预测绘成果备案199.2万平方米。建立记录数34万条、各类登记业务36.7万宗的市区统一电子介质的房屋登记簿。房屋产权登记档案归档入库1.5万卷,库藏房屋产权档案共25.7万卷,抵押档案共10.4万卷。完成产权档案数字影像13.8万卷、336.7万页。自主设计开发集房屋交易、房屋登记、房屋测绘管理、档案管理等业务的房产管理信息统一系统,实现信息的适时传递和共享。

年内,市区成功举办春季和秋季两届"宜居城市·嘉兴"房地产博览会,成交商品房329套,建筑面积3.8万平方米,成交金额1.77亿元。

【市政公用事业】 9月16日,市政府印发《嘉兴市城市供水管理办法》,按照开发利用水源与节约用水、保障供水与确保水质相结合原则,加强对城市供水管理。市区全年完成自来水供水量7777.3万立方米、售水量6807.2万立方米,分别比上年增长9.5%和13.9%。其中7月25日的日供水量达到25.19万立方米,再创历史最高记录。管网水水质综合合格率和管网压力合格率分别达到99.9%和99.8%。新铺设口径100毫米以上供水管网47公里,市区主干供水管网长度增加到631公里。供水范围已覆盖市本级大桥、余新、王江泾、新塍、油车港、洪合、七星7个建制镇,53万农村居民喝上城市干净的自来水。加强燃气市场管理,规范燃气企业安全生产工作。5月16日,市规划与建设局制定出台《嘉兴市瓶装燃气经营许可实施意见》;9月10日,市政府印发《嘉兴市燃气管理办法》;建立市区燃气设施安全保护范围内进行作业的审批制度,加强对燃气工程建设进度及质量安全监管;制定小液化气行业整治工作实施方案,核准市本级35座液化石油气供应站;大力推进天然气利用,年内新增中低压燃气管网10公里,新增管道燃气用户1.16万户,对14个老住宅区2.2万瓶装燃气用户进行天然气改造置换。

市政设施维护工作得到加强。2008年,共维修道路61814平方米,其中人行道10681平方米、车行道51133平方米;修补及更换侧平石4478平方米,更换井盖664个,油漆和粉刷桥栏

14413平方米,拆除人行道废弃底座及私设引坡415处,恢复交通标线1058平方米;疏通市区下水道286公里。开展老城区部分严重积水道路的整治及排水泵站改造工作,基本完成角里泵站改造;整修存在安全隐患的桥梁,对明乐桥进行改造,更换越秀桥等14座桥梁伸缩缝,对龙凤桥等4座大型桥梁台后沉降进行填高。组织开展市区违章、破旧户外广告的清理和督促整改工作,户外广告管理逐步规范。市政行业两次组织市场行为专项检查,完成29个外地进嘉市政企业的年检及IC卡办理;做好建造师初始注册资料审核及一、二级项目经理转换临时建造师的审查、上报工作。5个二级资质市政企业晋升为一级资质企业(含增项),14个三级资质市政企业晋升为二级资质企业,共审核、审批二级资质企业18个;获得"钱江杯"优质工程1个、省市政金奖示范工程2个、省级安全文明施工标准化工地1个,组织评选"南湖杯"优质工程9个、嘉兴市市政优秀企业1个、市政企业先进企业10个,市级标准化工地8个。

【园林绿化】 2008年,市园林绿化部门继续围绕"水都绿城、生态嘉兴"的目标,大力推进园林绿化建设,加强园林绿化行业管理,提升园林绿化品位。建成区共新增绿地面积222公顷,其中公园绿地增加64.8公顷、防护绿地增加36公顷、附属绿地增加121.2公顷。绿化覆盖率、绿地率和人均公园绿地分别为41.8%、39.7%和11.4平方米。

年内,修编完成《嘉兴市城市绿地系统规划(2006~2020年)》,组织编制《嘉兴市园林绿化行业发展规划》,修订《嘉兴市古树名木保护管理暂行办法》,制订下发《嘉兴市市外园林企业进嘉施工(养护)备案管理办法》,完成市区公益性群众休闲设施建设课题的调研,进一步推进园林绿化工作的制度化、规范化。

年内,组织各主管单位、园林绿化企业参加资质管理培训,完成9个企业二级资质、25个企业三级资质就位工作。审核批准三级园林绿化施工企业14个、上报审批二级资质企业3个、一级资质企业1个,备案审批办理市外园林施工(养护)企业33个。经评选,市区新增园林式单位2个、园林式居住区8个;经考核,全市评出市"南湖杯"园林绿化建设优质工程12个,养护优质工程5个,其中6个工程获得浙江省"优秀园林工程"奖。参加2008年上海花展,精心设计和施工布展室外独立景点"汉塘春桑",并获得大赛金奖。

年内,全面实施绿荫生态工程。启动中央公园一期工程,推进植物园建设进程,对范蠡湖公园实施二期改造,对南湖区域的南溪园、勺园(江南丝竹馆)、嘉兴革命烈士陵园进行优化改造,建成秀洲运河文化公园学绣园景区、秀洲高桥公园、完成石臼漾水源湿地公园一期工程等。加强园林绿化养护管理,在中环南路、南湖大道等15条道路设置道路、绿化、保洁养护责任牌,公布养护标准和监督电话;对中山路(火车站—中环西路)沿线花箱进行整体更换,对嘉兴大桥绿化挂箱改用滴灌节水技术;完成荣军医院等有关单位内古树名木后备资源的调查、统计与资料收集工作;制定《嘉兴市市区园林景观路建设管理规定》,命名中环东路等市区12条道路为园林景观路。

【环境卫生】 2008年,市建设部门继续围绕创建国家卫生城市目标,进一步加强环卫设施建设和监督管理。市区共清运生活垃圾(不含乡镇)14.2万吨,生活垃圾无害化处理率100%;新建公厕10座、改造公厕26座,市区公厕总数达到163座;新建垃圾中转站3座、改造垃圾中转站5座;市区道路保洁面积1074万平方米,其中机械化保洁面积429万平方米,机械化清扫率40%;市区清运粪便4.15万吨,疏通清理化粪便池9800只。

年内,市建委根据建设部《城市生活垃圾处理污染防治技术政策》、《浙江省生活垃圾处理项目建设管理暂行办法》等相关规定和标准,拟定并经市政府批转实施《嘉兴市区生活垃圾焚烧处理运行监督管理办法(试行)》,并配套制定《嘉兴市区生活垃圾焚烧处理厂运营监管评分表》。从9月起,由市建委牵头,会同市环保、市质监部门、南湖区政府、南湖区环保、南湖区建设等部门,对生活垃圾焚烧厂每月进行绩效考核。同时,为解决垃圾焚烧厂检修停运期间市区生活垃圾无害化处理,启动天德山生活垃圾应急中转场项目。该项目建于原天德山垃圾填埋场以北,占地4.67公顷,总投资595万元,于12月开工建设。8月起,取消市区公厕的有偿使用,原有52座收费公厕全部停止收费,市区属市环境卫生管理处管辖的公厕全部免费开放使用,给市民带来方便。

年内,市区5个环卫企业共投入70万元,新配置(维修)垃圾桶976只、果壳箱810只,并对812辆垃圾清运车油漆加盖。通过集中整治,达到垃圾桶、果壳箱经常干净、加盖密闭、摆设有序;垃圾清运车车体完整、车貌整洁、运行正常。嘉兴市环境卫生管理处副主任沈志明长期从事环卫事业,成绩突出,被国家人事部、建设部授予全国建设系统先进工作者。

【城市管理】 2008年是嘉兴市开展城市管理相对集中行政处罚权工作五周年。全市城管执法机关全面推进城管执法水平的整体提升,为嘉兴市成功创建国家卫生城市和全国创建文明城市工作先进城市发挥积极作用。年内,市城管执法局被中国城市建设与环境提升大会组委会评为"最佳管理城市",被省建设厅评为2008年度各市建设系统各行业主管部门等单位目标责任制考核优秀单位,被市委评为创建全国卫生城市工作先进集体突出贡献奖、2008年度工作目标责任制考核争先奖、全市信访工作目标管理考核优秀单位、2008年度全市党委系统信息工作先进单位,被市政府评为抗击雨雪冰冻灾害先进集体、2008年度全市城管执法工作先进集体、2008年度市长电话办理工作先进单位、2008年嘉兴市食品安全工作目标责任制考核优秀奖,被市纪委等评为服务民生满意站所(机动大队二中队)、"行风热线"工作先进集体,被市直机关工委评为先进基层党组织、2008年度机关党建工作创新成果奖、新农村建设共建推进年活动表彰单位。

2008年,嘉兴市"数字城管"二期工程建设稳步推进,完成建成区地理信息普查建库;系统软件扩容及升级改造基本完成;系统室外视频建成并投入使用。探索城管长效机制建设,拓展原有"两轴"模式,初步建起"一级监督、二级指挥、三级考核、四级责任"的城市管理网络构架;开展市区市政基础设施、园林绿化、环境卫生、水环境、户外广告、窗口单位周边、各主要入城口周边、各类建筑工地周边环境情况等10多项专项调查、跟踪核查;召开网络成员单位联席会议,提升城市协同管理水平;推进社区兼职巡查网络建设,及时有效增加信息来源。年内,市城管信息监督中心共收到由城管巡查员上报的信息

74239条,经城管信息监督中心梳理后,由城管指挥中心以工作任务单形式派发给相关责任单位57049件,处置率达92.6%。

【环境保护】 2008年,全市环保系统深入贯彻落实科学发展观,紧紧围绕市委、市政府"两创"总战略,攻坚克难,开拓创新。年内,大力推进生态文明建设,实现生态环境指标持续好转;积极推进污染减排,圆满完成预定任务;抓好突出环境问题的整治,环境治理取得成效;不断强化执法监管,环境违法行为得到有效遏制;加强环保基础设施建设,环境承载能力明显提升;注重环境制度创新,在深入开展排污权交易、探索公众参与机制等方面取得良好成效。2008年,市区空气优良天数达95%,高出全省地级城市平均水平7个百分点,比上年增加36天;全市62个市控以上断面中Ⅲ类以上、Ⅳ类、Ⅴ类断面所占比例较上年分别增加1.58个百分点、1.53个百分点、1.16个百分点,劣Ⅴ类水减少4.27个百分点,水质有所好转。在2008年度省市环保局目标责任制考核中,嘉兴市环保局被省环保局评为优秀单位。

【环境管理】 2008年,全市各级党委、政府把主要污染物减排作为环境保护的重点工作来抓,不断加大工作力度,全市环境管理工作取得显著的成效,全市环境质量尤其是水环境质量保持稳定。年内,加快环保基础设施建设,全面完成镇级污水主管网建设;深入推进"811"环境污染整治,下发了《嘉兴市"811"环境保护新三年行动实施意见》等多项行动计划和工作方案;生态市建设取得新成效,实现了省级生态县创建工作的突破。

*完成污染物减排预定任务。*2008年是嘉兴市"十一五"期间主要污染物减排工作的关键之年。年内,通过淘汰落后产能、落实工程措施、开展清洁生产审核、严控新增污染源等有效措施,圆满完成预定的减排任务。全年累计完成化学需氧量减排项目51个,二氧化硫减排项目28个。化学需氧量排放总量从上年的34550吨下降到33010吨,削减4.46%;二氧化硫排放总量从上年的51550吨下降到47670吨,削减7.53%,全面实现两项主要污染物三年累计削减率达到"十一五"总目标60%以上的目标。

*生态系列创建取得新成效。*2008年,嘉兴市继续推进生态市建设,生态系列创建取得新成效。至年底,全市新增全国环境优美镇5个,累计达到13个,有5个镇完成省级生态镇创建,累计达到46个,占乡镇总数的85.2%,创建比率继续居全省第一。同时,已完成创建工作的省级生态镇、全国环境优美镇全部通过环保部和省环保局组织的复查。嘉善县、桐乡市已通过省生态办组织的省级生态县创建工作现场考核验收,实现了省级生态县创建工作的突破。

*全面启动"811"环境保护新三年行动。*2008年,嘉兴市全面启动"811"环境保护新三年行动(2008~2010),分别下发了《嘉兴市"811"环境保护新三年行动实施意见》、《嘉兴市区大气污染控制三年整治工作实施方案》、《嘉兴市农业面源污染综合整治三年实施方案》、《嘉兴市畜禽养殖排泄物治理实施方案》等多项行动计划和工作方案。同时,抓好省级监管的嘉兴市畜禽养殖污染问题的整治工作,全面完成对存栏100头(南湖区50头)以上养殖户的治理。对于市级督办的11个(准)重点监管问题,各县(市、区)政府及时上报整治方案并狠抓落实,其中嘉善县废铜线焚烧及海盐县标准件园区污染问题整治,已通过市级验收实现了"摘帽"。

*启动省级以上开发区环境污染整治。*2008年,为全面贯彻省整治办下发的《关于开展省级以上开发区(工业园区)环境整治工作有关问题的通知》精神,嘉兴市委、市政府高度重视,将开发区环境污染整治作为切实推进开发区科学发展、有效解决环境问题、落实"811"环境保护新三年行动的重要内容来抓。年内,全市13个省级以上开发区(工业园区)根据整治要求,分别编制了《开发区环境污染整治方案》并通过专家论证,付之实施。其中嘉善经济开发区环境整治工作已通过整治验收,其余开发区按计划将在2010年前全部完成整治任务。

*加大城市大气环境治理力度。*2008年,市委、市政府将改善大气环境质量问题列入12个重大民生课题,编制了《嘉兴市区大气污染现状及整治对策调研报告》,提出了改善大气质量的思路和对策,出台了《嘉兴市区大气污染控制三年整治工作实施方案》、《嘉兴市区机动车排气污染防治三年整治工作方案》,继续巩固和扩大"烟尘控制区"、"噪声达标区"和"禁燃区",重点防治交通噪声、娱乐业噪声、餐饮业油烟和燃煤小型锅炉污染,全市大气环境质量得到明显改善。

*加强环保基础设施建设。*2008年,嘉兴市进一步加强环保基础设施建设。年内,建设泵站100座、管网662公里,完成投资额13.01亿元,41个镇的污水处理设施提前完成通水调试,全面完成镇级污水主管网建设。联合污水二期开工建设,全市污水集中处理能力达到69万吨/日,城镇生活污水集中处理率逐年提高,市区生活污水集中处理率达到78%。固体废物处置工作取得进展,嘉兴市固体废物处置有限责任公司完成公司组建和立项,于12月25日举行开工典礼。处理嘉兴市联合污水处理厂和市本级纺织、造纸企业污泥的嘉兴新嘉爱斯热电有限公司的污泥综合利用热电联产技改工程的环境影响报告书通过省环保局审查。完成全市30190个工业源、7058个生活源、21个集中式污染治理设施、25942个农业源的表格填报、数据录入和审核工作。

【环境监测与科研】 2008年,全市环境监测系统紧紧围绕生态市建设、主要污染物减排、"811"环境污染整治等中心工作,推进环境监测标准化、自动化建设,进一步提高环境监测综合能力和整体技术水平。2008年,全市共取得水、大气、噪声、近海海域等环境质量监测手工监测数据21.85万个,比上年增长16.7%。其中污染源监督监测(飞行监测和执法检查)15284厂次,"三同时"验收监测和限期治理验收监测792家,污水处理厂监督监测380厂次,生态镇(村)环境质量监测84个,环评监测115家,委托监测5963厂次,TOC污染源在线校验403厂次,各项监测工作量比上年都有所增加。

年内,各级环境监测系统加强监测数据分析,全面提升综合分析能力。编制了《2007年嘉兴市环境状况公报》、《2007年嘉兴市环境质量报告书》、《近五年嘉兴市入境水质状况分析》、《近三年嘉兴市水环境质量现状》、《嘉兴市出入境地表水环境质量通报》、《2006~2008年我市环境质量报告》等近20篇环境质量分析评价综合报告以及各类统计数据和图表材料,对环境问题的成因和发展趋势作了较为全面客观的分析,为各级领导全面掌握全市环境质量状况和污染整治情况提供基础分析资料。此外,还编制52期空气质量周报、52期水质周报、12期太湖流域地表水水质月报、1期菜篮子基地环境监测简报、13期蚕桑简报、12期污染源监测月报,同时还完成相关重点源监测数据达标率的统计和上报工作,为环境管理和决策提供依据。

加强环境监测能力建设。2008年,全市环境监测系统加强环境监测自动化建设。年内,市环境监测站投入111万元购置嘉兴市第一辆应急监测车,投入174万元购置应急监测仪器,包括便携式傅立叶转换红外分析仪等,有效地提高了嘉兴市应对突发性污染事故的能力。此外,市环境监测站申购浮游植物荧光仪和藻毒素测定仪,开展生物监测;以饮用水源地水质监测项目为重点,拓展有机污染物监测和生物监测等领域;成功开发22种挥发性有机物、19种半挥发性有机物、环氧氯丙烷、乙醛、丙烯醛和三氯乙醛等监测项目,为饮用水全分析打下扎实基础;建立恶臭实验室,开展恶臭监测工作。

加强环境监测科研工作。2008年,全市环境监测系统进一步加强环境监测科研工作。市环境监测站开展《嘉兴市水葫芦生长对水质影响及开发利用的研究》和《离子液体雾化液相微萃取技术在环境水样分析中的应用》两个课题;开展高氯废水化学需氧量分析技术的研讨;参与协作省环境监测中心关于二氧化硫自动监测与手工监测数据比对和浙工大关于地表水水质自动监测站采样取点比对的课题。

加强建设项目环保审批。2008年,全市环境管理部门进一步加强"治旧控新"和污染整治的力度,严格按照《中华人民共和国环境影响评价法》、《建设项目管理条例》、《主要污染物排放总量控制计划》等法律、法规和规章制度的要求,严把建设项目准入关,对所有建设项目严格执行省环保局确定的"十个符合"审批原则,新建项目新增主要污染物总量平衡替代和主要污染物排污权交易。同时,各级环保部门规范程序,简化手续,提高审批管理透明度,完善环境影响评价审核机制,及时公布服务承诺和限时办结。全市依法对2137个建设项目实施环境影响评价,建设项目投资总额达562.89亿元;执行环境影响评价报告书项目64个,执行环境影响报告表1422个,执行环境影响登记表651个,建成投产项目716个,应执行"三同时"项目数716个,实际"三同时"执行率达到100%。

推进排污权交易工作。2008年,嘉兴市排污权交易工作取得新突破。嘉兴市是全国排污权交易试点城市之一。全市建立排污权交易工作流程、规范排污权交易价格及交易中的排污总量核定,全市所有县(市)均建成排污权交易平台,实现了排污权交易制度的全覆盖。同时,市环保局和市商业银行签订《银政合作协议书》,市商业银行和5个企业签订2200万元额度的授信意向书,在全国率先开展排污权抵押贷款试点。年内,全市有160个企业通过排污权交易获得主要污染物排放指标,总交易额突破1亿元。南湖区还积极探索初始排污权有偿分配,有偿使用金额3020多万元。

【环境法制建设】 2008年,全市环保部门继续围绕"生态嘉兴"建设和污染减排工作目标,按照"合法行政,合理行政,程序正当,高效便民,诚实守信,权责一致"基本要求,切实做到内抓行政行为规范,外抓部门联动和公众参与。年内,全系统扎实推进环保行政执法责任制工作,进一步完善行政许可、行政监督等措施,加强环境信访投诉工作,完善行政决策和执法监督机制,促进执法效能和法制机构建设,提升环境民主法制建设水平,较好地完成了各项年度计划。

行政执法责任制工作进一步深化。年内,健全内部管理制度,深化政务公开制度,实施环保信息告示制度;在新闻媒体上,集中公示重点污染整治企业、环保信用不良企业和违法较重企业名单,并实行三个月限期督办整改措施。

执法程序建设和执法监督进一步完善。年内,继续实行法制机构"三级审查"制度,规范行政自由裁量行为、加强政务后督查,对发现的久拖不办、逾期不办、推卸失职行为通报批评,并追究有关人员的责任。

制定"五个五"依法行政工作计划。2008年,嘉兴市环保部门制定了以"五个五"环境法制与环境宣传为主要内容的依法行政工作计划,即加强生态文明、生态法制、生态警示、污染源普查、生态市建设和"811"污染整治典型五大宣传教育;抓好对生态市建设成员单位领导及创建管理人员、污染减排"三量台账"管理人员、环保执法人员、企业环保"三类"人员、社会环保志愿者代表五大类人员培训教育;做好全系统环保行政许可、环保学法、"811"新三年整治、环境公示、执法监督五大制度的建设;策划办好公众参与、部门联动、执法机制创新、社会舆论监督、企业环境等级评价五大实事;组织开展生态文明宣传月、"六·五"世界环境日纪念活动、环保志愿者"五进"科普活动、杭嘉湖绍经济都市圈环境共建宣传活动、生态绿色创建五大系列宣传工作,着力打造"生态嘉兴"宣传法制建设品牌。

扎实推进治污执法行动。2008年,市环保局制定《嘉兴市整治违法排污企业保障群众健康环保专项行动工作方案》,对存在严重违法排污行为的企业实行停产治理、限期治理。先后开展环保专项行动后督察、城镇污水处理厂和垃圾填埋场专项检查、重点流域污染专项检查和整治、规模化养殖场专项检查和整治、建设项目"三同时"执行情况专项检查、城市大气污染专项检查和整治、城市集中式饮用水水源保护区后督察、奥运安保百日环境安全督查。全市共出动执法人员4万多人次,检查企业2.2万余厂次,查处环境违法案件1725件,处罚金额4348.91万元,征收排污费12748.9万元。各地党政纪检部门对13起污染违法案件涉案的党员干部作出党纪政纪处分。同时,做好各类群众来信来访,全年共受理信访4883件,比上年下降10%,其中市局受理863件,比上年下降22.7%,处理满意率96%以上。2008年,市环保局在全省环保系统信访处理考核中名列前茅、连续两年获得全省环保系统法制工作先进集体,市环境监察支队连续四年获得全省最佳支队称号。

创新环保执法监督管理机制。2008年,市环保局不断创新排污权交易工作,进一步深化创新部门联动执法机制。在全市范围内对环境污染违法行为实施环保、经贸、发展改革、科技、财政、银行等部门联合整治行动,制定出台新六项监督制度,即环境违法案件定期公示、部门联系通报、企业环保行政处罚审核、企业信贷征信审核、环保"一票否决"、部门负责人联席会议,加大污染违法行为整治力度。

(市志办付冬花　高祥慧提供)

绍兴市城乡建设与环境保护

【城市建设续写新篇章】 八字桥历史街区风貌整合工程(一期)、北海桥直街传统民居保护修缮工程等完成建设,迎恩门环境改造工程、越王城保护整合工程和鲁迅故里二期等工程全面启动建设。市区200多个旧老小区和15条内河清淤整治改造全面完成,市区生活污水收集率进一步提高,达到73%以上。

【县(市)域总规编制工作全面推进】 全年全市县(市)域总体规划编制工作由试点转为全面完成。各县(市)完成了县(市)域总体规划初稿,进入审批阶段。通过规划,科学划定了建设和非建设用地,整合了各部门规划,实现了与土地利用总体规划的无缝衔接,增强了规划实施的可行性,优化了基础设施布局,改变了粗放型空间发展模式,带动了规划理念的转变,实现了规划的调控范围从城市转向城乡一体,规划管理方式从建设项目管理转向城乡空间管理的转变。

【房地产业稳定发展】 全市房地产开发投资1785888万元,同比增长38.90%;商品房销售额2417694万元,同比增长42.50%;商品房销售建筑面积478.08万平方米,同比增长23.50%;房地产开发施工面积1663.76万平方米,同比增长22.40%。

【市区物业管理规范发展】 制订出台了《绍兴市区前期物业管理招标投标管理办法》等物业管理配套文件和21个示范文本;实行前期物业管理招投标制度和物管企业不良行为的考评;指导组建了风和苑等9个业主委员会,全年新增物管小区(大厦)面积71万平方米,并开展创优达标评选活动。

【出台《绍兴市区廉租住房保障办法》】 为进一步完善市区廉租住房保障办法,保障市区低收入家庭的基本住房需要,10月,市政府正式出台了《绍兴市区廉租住房保障办法》。办法对申请廉租住房保障的条件、保障形式、负责机构、资金来源及用途、申请程序、补贴标准等各方面都作了详细的规定。与此前实施的《绍兴市区廉租住房配租管理实施意见》和《绍兴市区廉租住房保障实施细则》相比,除将资金来源中市区土地出让净收益中提取的部分增加到10%以外,在保障对象的范围和租赁补贴标准等方面,均有了进一步的扩大和提高。

【绍兴被列入创建国家生态园林城市试点城市】 绍兴市被建设部列入11个创建国家生态园林城市试点城市,并作为2007年联合国人居奖申报候选城市由建设部报联合国人居署。2007年,全市又有7个乡镇通过了国家环境优美乡镇创建预验收,23个乡镇成为省级生态乡镇,有6家企业被评为"省级绿色企业",有2家企业被推荐为国家级环境友好企业,34家企业被评为绍兴市环境友好企业。

【绍兴市在全国城市环境综合考核中位居前列】 6月14日,国家环保总局公布了2006年度全国城市环境综合整治定量考核结果,同时发布了《2006年国家城市环境管理和综合整治年度报告》。在公布的全国595个城市的考核结果中,绍兴城市环境管理和综合整治成绩优良,有5项主要指标均名列全国前列,其中生活垃圾无害处理率、医疗危险废物集中处置率达100%,建成区绿化覆盖率达44.89%,位居全国第7;API≤100的天数占全年天数比例、城市生活污水集中处理率分列全国46位和41位。各项成绩的靠前,使绍兴在浙江省参加考核的11个地级市中,综合排名列第1位。同时,诸暨市、上虞市、绍兴县、嵊州市也参加了县级市考核排名,其中诸暨市、上虞市考核成绩均为优秀。

【生态景观不断优化】 古城保护和江南水乡景观建设不断深化,大力开展绿色林带工程、生态公益林工程、城市绿化工程等,全市森林覆盖率已达51.80%,建成自然保护(小)区35个,总面积达1.196万公顷。市区先后投入10多个亿完成了总面积近200万平方米的7个历史街区修复、整治工程,绍兴"人文、生态、宜居"的特色进一步彰显。

【生态环境不断改善】 绍兴污水处理三期工程建成运行,落后产能加快淘汰,区域(流域)污染得到有效控制;水利工程建设和水环境整治取得积极进展,曹娥江大闸闸室主体建成通水,大环河西河(一期)河道工程基本建成,市区曹娥江引水工程加快推进,三湖(青甸湖、大滩、迪荡湖)连通工程、新桥江疏浚整治工程开工建设,清水工程扎实推进,清理河道302公里,解决和改善农村饮水困难人口36万;绿地率、绿化覆盖率进一步提高,新建绿色林带251公里、生态公益林5.06万公顷,被命名为"浙江省绿化模范城市"。全市所有乡镇开展了生态乡镇创建工作,已建成全国环境优美乡镇12个、省级生态乡镇40个,市级生态乡镇23个。生态环境有效改善,进入全国创建生态市试点。

(李月娟提供)

舟山市城乡建设与环境保护

【概况】 城乡建设成效明显。编制完成了舟山本岛及相连岛屿停车场布局规划(纲要)》、《舟山市城乡电力设施布局专项规划》,《舟山大陆连岛工程沿线景观设计规划》等一批总体规划和产业发展规划。此外,还启动了《舟山市综合交通规划》

的编制工作。大陆连岛工程推进顺利,岑港、响礁门、桃夭门三座大桥建成通车,金塘、西堠门二座大桥08年可合拢贯通,09年可建成通车。建成了本岛至各经济大岛的"两小时交通圈",构筑了本岛、主要大岛公路主干道网络。年末全市建成区面积59.15平方公里,实有城市道路面积577万平方米,排水管道长度714公里。全年城区供水总量4787万立方米。液化石油气供气总量3.25万吨,管道煤气供气总量1085.53万立方米。年末实有公共汽车运营车辆629辆,运营线路网长度247公里。全年市区生活污水集中处理率为45.34%,城市生活垃圾无害化处理率82.60%。新城建设有序推进,定海、普陀城区功能日益完善,舟山本岛南生活、北生产的城市框架基本形成,岱山、嵊泗两县城集聚功能进一步增强,全市城市化水平从2000年的56%提高到61.91%。商贸、餐饮、房地产等服务业快速发展。渔农村工作不断加强,连续五年全面实施了"暖人心、促发展"工程,建立了182个渔农村新社区。年末有渔农村小康社区84个。全年完成清水河道整治158公里,渔农村道路建设100公里,绿化村庄22.9万平方米,建设污水处理池2.9万平方米,受益渔农户2.5万户,新增自来水使用人口3.1万人。渔农村卫生厕所普及率为80.57%。"大岛建、小岛迁、陆岛连"战略持续深入实施,"千村示范、万村整治"、"万里清水河道"和"渔农民饮用水"等惠民工程稳步推进,渔农村生产生活环境明显改善。

【城市建设和新渔农村建设】 全年全市基础设施投资171.10亿元,比上年增长17.6%。年末全市建成区面积59.15平方公里,建成区绿化覆盖率37.85%,绿地率34.61%,人均公园绿地面积14.65平方米。全市生活垃圾无害化处理率为82.60%,其中市区生活垃圾无害化处理率100%。全年市区生活污水集中处理率为45.34%,2008年10月定海污水处理厂二期工程竣工,市区生活污水集中处理率提高到74.79%。年末实有公共汽车运营车辆629辆,实有城市道路面积577万平方米,排水管道长度714公里。全年液化石油气供气总量3.25万吨,煤气供气总量1085.53万立方米。

年末有渔农村小康社区84个。全年完成清水河道整治158公里,渔农村道路建设100公里,绿化村庄22.9万平方米,建设污水处理池2.9万平方米,受益渔农户2.5万户,新增自来水使用人口3.1万人。渔农村卫生厕所普及率为80.57%。

【环境保护】 节能降耗取得进一步成效,主要污染物排放强度明显下降。全市超额完成单位地区生产总值能耗降低率的年度目标和主要污染物年度减排计划。

全年全社会用电量30.12亿千瓦时,比上年增长24.8%。其中,工业用电18.17亿千瓦时,增长23.1%;城乡居民生活用电4.91亿千瓦时,增长23.9%。

全年城市空气质量达到国家二级标准以上的天数为99.2%。全市县级以上集中式饮用水源地水质达标率100%。市区建成区区域噪声平均等效声级51.1dB。年末重点生态公益林建成面积累计为19.5万亩。年末有国家级绿色学校2所,省级29所;国家级绿色社区1个,省级9个;省级绿色家庭60户;省级绿色企业14家;省级绿色饭店12家。

全年近岸海域21个海水水质监测点监测面积20292平方公里,其中达到国家一、二类海水水质标准的海域面积比例为31.6%,比上年提高15.8个百分点;三类海水水质标准的海域面积比例为10.5%,与上年持平;四类和劣四类海水比例占57.9%,下降15.8个百分点。近岸海域环境功能区达标率为27.6%。全年舟山海域共发生赤潮12次,累计赤潮面积6100平方公里。

(任爱珍 张 磊提供)

台州市城乡建设与环境保护

城乡建设统筹推进协调发展。加强中心城市建设和功能培育,城区路网建设取得突破性进展,中心大道、市府大道西延段全线贯通,中央公园、西商务区动工建设,椒江解放南路、黄岩商业街区、路桥新城等区块形象不断丰满,市区新落成194幢高层建筑,商业中心功能不断增强,市档案馆投入使用,市图书馆、市青少年妇女儿童活动中心主体完工,完成市区19.8公里供水管网改造和27个居民小区"黄水"治理,台州供水二期工程实现通水。"多城同创"深入开展,"数字城管"全面推行,农副产品市场改造、城中村整治不断加快,市区通过省级卫生城市复检,临海市获得国家卫生城市称号。扎实推进区域统筹,台州市域总体规划、"一港六区"控制性详规、干线公路布局规划、生态功能区规划编制完成。临海、温岭、玉环县域综合实力不断增强,天台、仙居、三门呈现较快发展态势。临海市杜桥镇、玉环县楚门镇列入第二批全国发展改革试点小城镇,中心镇培育力度加大。"南北协作"基地建设和产业化扶贫取得新成效。加快新农村建设,全市各级财政用于"三农"支出40.48亿元,增长17.22%。实施第二轮"百千"工程,完成449个村庄整治,建成46个市级示范村,城乡环卫、供水、公交一体化不断加快,新建农村公路701公里,农村人口饮水安全工程受益26.6万人,农村劳动力培训转移2.98万人,培训农民信箱注册用户29.3万名,新建村级连锁超市560家。实施低收入农户奔小康工程,下山移民8536人,发放大中型水库移民后期扶助资金9028万元。"强塘固房"和"百乡和汛"工程全面启动,农村气象预警体系不断完善。

节能降耗和环境保护工作取得明显成效。2008年,全市万元生产总值综合能耗预计比上年下降4.5%,全年化学需氧量和二氧化硫排放量预计分别比上年下降5.28%和5.94%。全市地表水满足水域功能达标率为56.2%,比上年提高4.5个百分点,城市空气综合污染指数1.56。全市工业废水排放达标率为88.0%,工业固体废物综合利用率为95.6%。目前已建成规范化合格饮用水源保护区43个。城镇生活污水处理率为74.5%,城镇生活垃圾无害化处理率为94.7%。2008年,市区环境空气质量达到二级标准以上的天数有354天,比上年增加6天,占全年总天数的97.0%。

马鞍山市城乡建设与环境保护

【城镇建设】 城市建设步伐加快。城市建成区面积扩大到72平方公里,城市化率提高到63.7%。

【城市设施建设】 夯实城市基础设施,城市综合承载功能不断加强。推进湖南路东延和霍里山大道北接等新建工程,构建城市建设框架。以雨山路综合整治工程及雨山河等4条水系整治为重点,开工建设花山区安置房污水提升泵站,建成了城市防汛排涝调度中心,城市内涵改造水平逐步得到提升。完成花雨广场等游园、公园和湖西南路等10条道路的绿化充实、提高工作,有序推进雨山路、湖东路"两路"园林景观工程建设。加快采石风景区基础设施建设,建成景区游客服务中心对外开放。新增绿地面积85公顷,市区人均公园绿地面积达到13.25平方米,市区绿化覆盖率达到42.32%。

【住宅保障体系】 实施廉租住房补贴扩面提标,从2008年1月1日,将住房保障的面积标准从人均13平方米提高到15平方米,低收入标准从人均年收入5000元调整为6000元,低保家庭廉租住房补贴由原来每月每平方米8元提高到10元,低收入家庭由原来每月每平方米5元提高到8元。经审核,向3359户11128人,发放补贴资金934.18万元,补贴户数和补贴金额比上一年扩大了7倍多。开展廉租住房项目申报,全年争取国家廉租住房项目建设投资资金6537万元。加大廉租住房建设力度,从2008年到2010年,利用三年时间,建设廉租住房1800套9万平方米。其中,市区1300套6.5万平方米,当涂县500套2.5万平方米。市区1300套廉租住房分花山、雨山、金家庄和向山四个区域集中建设,由三区政府和市房地产局分别组织实施;当涂县500套廉租住房由当涂县组织实施。向硫矿廉租住房312套廉租住房已基本竣工,即将交付使用。南山矿100套廉租住房已全部完成主体结构封顶。花山片区廉租住房300套,选址在湖北路与丰收路口西北角,占地面积1.33万平方米,建设规模1.55万平方米(含公建)。至年底,已完成规划选址、项目立项、土地报批等工作。雨山片区廉租住房300套,选址在九华路与东城路交叉口西北角,占地面积1.65万平方米,建设规模1.5万平方米。至年底,已完成规划选址、项目立项、土地报批、方案设计和征迁等工作。金家庄片区廉租住房300套在前进村危旧房改造项目中进行配建,计划明年一季度部分开工建设。当涂县廉租住房建设一期200套目前已完成规划选址、项目立项、土地报批和方案设计等工作,正在进行招投标工作。同时,收购廉租住房45套,已交付使用。

【房地产行政管理】 完善房地产信息化系统,优化网上房地产销售管理系统,及时调整销售管理系统功能,把网上审批环节和测绘数据库进行联网运行,使申报和审批更加方便、简捷。同时,完成2008年度的房屋预售环节中的数据预审工作,确保了数据准确性。设立马鞍山市房屋登记簿样式并应用到交易、档案和楼盘管理系统当中。建立房地产GIS地理信息系统,为全面掌握马鞍山楼盘以及对马鞍山楼市的全面分析、决策提供了技术保障。全面实施档案数字化工程,完成档案扫描67000余卷。加强拆迁行政管理。严格审查拆迁许可条件,规范拆迁审批程序,全年核发拆迁许可证13件,批准拆迁总面积20余万平方米。加强拆迁行政裁决工作,受理裁决36起,经过调解达成6起,下达裁决书30份。申请强制拆迁4起。妥善解决重大拆迁难题。大力开展重点工程拆迁工作。圆满完成金家庄昭明地区搬迁和联农新村拆迁1100余户以及部分道路拓宽工程拆迁安置扫尾工作,完成马钢"十一五"建设项目建设范围内1897户住户和3万平方米的非住宅的前期调查摸底和测算。加快推进城市房屋拆迁安置房工作,首批320套安置房主体结构已经封顶。办理各类房地产权属登记手续50245起。

【环境保护】 环境保护取得积极成效。污染减排工作按计划有序推进,污染减排重点工程持续发挥环境效益。农村生活污水处理、垃圾处理工作取得新进展,绿色社区创建工作取得新成绩。全市空气质量优良率达94%,城市饮用水水质达标率为100%。工业污染防治水平和生态环境保护继续提高。工业废水排放达标率为95.01%。实施一系列污染减排重点工程,重点企业污染源在线监控实现全覆盖。460万吨钢铁产能置换项目获准实施,市第二污水处理厂运营模式顺利转换。能源消费结构优化,大力发展循环经济。全市万元GDP能耗为2.337吨标煤,比上年下降4.25%。

【"城考"工作继续保持领先水平】 2008年10月,国家环保部发布公告,参加年度城市环境综合整治定量考核的城市总数为617个,马鞍山市在安徽省17个省辖市中位列第一,在109个国家环境保护重点城市中,主要"城考"指标也居领先水平,其中,空气污染指数(API)小于100的天数占全年天数比例为94.79%;医疗危险废物集中处置率100%;重点工业企业二氧化硫排放稳定达标率99.18%;城市生活污水集中处理率为80.62%;生活垃圾无害化处理率为100%;建成区绿化覆盖率为42.07%;公众对城市环境保护的满意率为85.23%。

【慈湖河流域生态环境综合整治工作全面启动】 2008年8月,市政府常务会议研究通过市环保局局牵头拟定的《慈湖河流域生态环境综合整治方案》,成立了以市长为组长的高规格的整治工作领导小组,计划按照"先上游后下游、先截污后整治、先配套后开发"的原则,用3年时间,投入8亿多元,实施化工企业整治、采选矿企业整治等八大工程,切实改善慈湖河流域生态环境。至2008年底,整治工作取得初步成效。上游4家化工企业已停产整治,并对东升化工公司予以关闭。完成岘山尾矿库酸性水治理工程,形成日处理160吨酸性废水的能力。向山生活垃圾场渗滤液处理设施改造方案编制完成。东部污水处理厂、慈湖开发区污水处理厂和地表水处理厂等工程前期准备工作进展顺利。完成向山尾矿库酸性渗出水治理工程酸水收集系统建设。河道整治、水土保持与生态复垦工作逐步展开。

【扎实完成污染源普查工作】　2008 年,普查污染源 1.1 万多个,处理数据数十万个,如期完成入户普查、数据录入、审核、处理、上报等各项任务。经普查,全市有效工业源普查对象 2043 家,有效生活源普查对象 2037 家,集中式污染治理设施 6 家。

【主要污染物排放量下降】　王家山污水处理厂日均处理能力由上年的 3 万吨增加到近 5 万吨;第二污水处理厂日均处理能力由上年的 7 万多吨增加到近 10 万吨。马钢投资 9000 万元建成了日处理 10 万吨工业废水的六汾河污水处理站;投资 1.2 亿元的烧结烟气脱硫项目一期工程建设已经开工建设。万能达公司累计建成 4 套脱硫设施,“以新带老”减排工程全部完工。大唐马鞍山电厂两台新上机组脱硫工程做到了与主体工程同步建设。2008 年,全市主要污染物减排控制指标化学需氧量排放量比 2007 年削减 3.17%,二氧化硫排放量比 2007 年削减 1.78%,均控制在省政府下达的目标范围内。

【强化危险废物和辐射环境管理】　出台马鞍山市第一部医疗废物监管规范性文件《马鞍山市医疗废物管理办法》。建成医疗废物贮存中转库 20 座,在全省率先实现乡镇以上医疗机构医疗废物集中处置。启动了乡镇医院污水处理设施示范工程建设,首批 3 家乡镇医院实施了污水处理工程。加强危险废物监管。督促全市 18 家年产危险废物 50 吨以上的单位编制了危险废物意外事故应急预案。加强辐射环境管理。全市 11 家使用放射源单位全部领取了辐射安全许可证。市环保局成为全省仅有的 4 个获得辐射环境行政许可授权的市级环保局之一。

【矿区生态建设积极推进】　2008 年,市环保局积极推进矿区生态建设。长江矿业公司黄梅山矿生态复垦取得较快进展,马钢高村铁矿、孙村铁矿、大唐马鞍山电厂灰库的生态复垦方案通过专家论证,和尚桥矿生态建设按计划进行。姑山矿废弃地生态恢复面积进一步扩大,经济效益和生态效益显著。

(周宇等提供)

太湖旅游

2009年长江三角洲各城市主要经济指标一览表(1)

项目 城市	行政区划面积(平方公里)	年末户籍人口数(万人)	国内生产总值(亿元)	财政收入(亿元)	社会消费品零售总额(亿元)	全社会固定资产投资总额(亿元)	对外经济贸易:					
							外贸出口总额(亿美元)	利用外资合同项目(项)	合资经营(项)	合资经营额(亿美元)	合作经营(项)	合作经营额(亿美元)
上海市	6341	1391.04	13698.15	7532.91	4537.14	4829.46	1693.50	3748				
南京市	6582.31	624.46	3775	742.4	1651.82	2154.2	235.97					
苏州市	8488	624.43	6701.29	668.91	1551.45	2611.16	1317.23					
无锡市	4788	464.20	4419.50	909	139.48	1877.02	357.85					
常州市	4385	357.38	2202.23	185.2	758.16	1448.17	132.44					
镇江市	3847	268.77	1408.14	233.2	410.21	718.5	42.52					
扬州市	6634	459.79	1573.29	266.2	521.30	950	45.67					
南通市	8001	763.72	2510.13	390.21	915.10	1505.41	166.88					
泰州市	5794	500.89	1394.20	262.31	395.73	900.51	48.87					
杭州市	16596	672.35	4781.16	910.55	1558.38	1961.72	336.14	483		62.28		
宁波市	9816	564.56	3964.10	420.5	1238.02	1728.24	463.26	528	151	7.11	3	0.29
嘉兴市	3915	338.07	1815.30	252.13	599.61	1006.80	141.04					
湖州市	5818	257.80	1034.89	133.78	382.11	525.24	49.01	421	134	1.78	7	0.0488
绍兴市	8255.73	437.06	2222.95	274.65	618.89	915.75	174.95	182	36	2.88	0	-0.13
舟山市	1444	96.77	490.25	66.68	157.83	339.43	32.86					
台州市	9411	574.06	1965.27	248.02	709.71	759.58	117.64	38				
马鞍山市	1686	128.1	636.3	110.18	105.97	404.5						

2009 年长江三角洲各城市国民经济主要指标情况表(2)

城市	国内生产总值:							人均生产总值(按户口计算)	利用外资:			金融存贷款		居民生活	
	国内生产总值(亿元)	第一产业(亿元)	同比增长%	第二产业(亿元)	同比增长%	第三产业(亿元)	同比增长%		签订合同数(个)	利用外资合同金额(万美元)	利用外资到位金额(万美元)	存款余额(亿元)	贷款余额(亿元)	城镇居民人均可支配收入(元)	居民人均住房面积(m^2)
上海市	13968.2	111.8	0.7	6235.92	8.2	7350.43	11.3	73124	3748	17112	100.84	33643.85	21236.21	26675	16.9
南京市	37775	93	1.3	1795	9.6	1887	15.3	50327	268	446000	23.72	8562.27	7483.10	23122.69	30.84
苏州市	6701.29	98.78	5.7	3622.03	25.4	1907.04	20.6				81.33	8340.79	6301.01	23867	
无锡市	4419.5	63	3.8	2546.57	11.7	1809.93	13.8	73053			31.67	5321.84	3725.08	23605	
常州市	2202.23	68.3	3.8	1297.5	12.1	836.4	13.7	50283			22.56	2819.42	1851.69	21592	
镇江市	1408.14	51.08	5.1	843.4	12.3	513.66	14.5	46473	77	12100	12.02	1262.71	920.98	19044	
扬州市	1573.29	117.47	5	897.71	13.8	558.11	14.5	35400		17200	14.31	1551.90	889.40	17398	
南通市	2510.13	199.18	4.1	1430.93	13.7	1201.12	15.0	35040	416	555472	293710	3039.56	1750.6	18903	31.87
泰州市	1394.20	109	4.5	808.6	14	476.6	15.3	30256		19550	10.50	2402.12	792.89	17198	30.30
杭州市	4781.16	178..64	3.6	2389.4	9.0	2213.1	13.8	60414	483	62.28	33.12	11333.35	9784031	24104	29.83
宁波市	3964.05	167.4	4.1	2196.68	10.	1600.01	11.0	69996		412339	25.38	6216.46	5678.75	25304	28.85
嘉兴市	1815.30	105.52	2.3	1085.29	10.5	624.49	12.5	53796	242	228735	135975	2186.24	1603.84	22481	33.95
湖州市	1034.89	82.63	4.1	593.56	10.7	358.70	11.8	36764	421	180294	8.0206	1013.73	786.04	21822	29.827
绍兴市	2222.95	116.65	3.0	1329.12	8.9	777.17	10.1	85368	182	166823	7.7235	3232.22	2419.88	24646	27.45
舟山市	490.25	49.18	1.1	226.44	19.5	214.63	12.8	46936			1.59	730.84	635.43	22257	31.1
台州市	1965.27	133.54	2.4	1037.47	8.3	794.26	12.4	34374		27300	2.3890	2371.70	1926.27	22738	42.5
马鞍山市	636.3	24.5	5.7	432.5	19.3	179.3	8.1	49672		5110	4.17			18330	

2009 年长江三角洲各城市国民经济主要指标比例关系(3)

城市	从业人员数(万人)						国内生产总值:							固定资产投资总额:			
	第一产业:		第二产业:		第三产业:		第一产业:			第二产业:		第三产业:		其中:			
	从业万人(万人)	同比增长%	从业人员(万人)	同比增长%	从业人员(万人)	同比增长%	种植业(万元)	林业(万元)	牧业(万元)	轻工业(万元)	重工业(万元)	服务业(万元)	旅游业(万元)	基本建设(万元)	更新改造(万元)	房地产开发(亿元)	全社会固定资产投资总额(亿元)
上海市							13572	1129	6612	5824.93	19814.04					136687	
南京市				·			10520	245	4007							50817	
苏州市										5394	13236					71808	
无锡市	25.66	-1.36	199.48	0.64	124.88	0.72				21698	796469					44972	
常州市																30892	
镇江市																13766	
扬州市																9703	
南通市	90.45	-7.1	200.96	-1.3	163.49	4.6	104.6	1.56	36.89							1726846	15054081

续上表

城市	从业人员数(万人)						国内生产总值:							固定资产投资总额:			
	第一产业:		第二产业:		第三产业:		第一产业:			第二产业:		第三产业:		其中:			
	从业万人(万人)	同比增长%	从业人员(万人)	同比增长%	从业人员(万人)	同比增长%	种植业(万元)	林业(万元)	牧业(万元)	轻工业(万元)	重工业(万元)	服务业(万元)	旅游业(万元)	基本建设(万元)	更新改造(万元)	房地产开发(亿元)	全社会固定资产投资总额(亿元)
泰州市										828.91	2120.91					11178	
杭州市	80.25	-1.7	263.52	0.3	225.39	1.4		32.02	63.66							596.63	1961.72
宁波市	64.50	-4.4	232.60	1.7	142.80	0.9		73200	48290	28147769	59315804					307.75	1728.24
嘉兴市	37.19	-5.8	178.77	-1.0	82.89	20.7										1811202	10067972
湖州市	35.38	1.3	87	6.9	76.66	15.5				20020	45631					103.29	525.24
绍兴市	52.70	-0.02	170.12	5.3	92.55	6.9	74.59	10.54	19.56							202.06	915.75
舟山市																	
台州市	83.76	-5.5	157.34	2.9	134.47	2.1	803703	37606	245845							1262494	7595782
马鞍山市																	

2009年长江三角洲各城市工业基本情况(4)

城市	工业企业单位数(个)			工业总产值(当年价)							
	规模以上工业企业(个)	集体工业企业(个)	其他形式工业企业(个)	规模以上工业增加值(亿元)	规模以上工业总产值(亿元)	规模以上工业销售产值(亿元)	规模以上工业产品销售收入(亿元)	规模以上工业利润总额(亿元)	规模以上工业利税总额(亿元)	民营经济增加值(亿元)	民营经济增加占GDP比重(万吨)
上海市				25638.97	24404.97	21949.97					
南京市	2194			1322.03	6172.23	5691.60		125.51	371.74	1381.7	36.6
苏州市					18630.13	15671.34					
无锡市				2246.21	10281.67	10031.88		527.74	765.83	2685.77	60.8
常州市					5200.12	4178.13					
镇江市					2780.32				210		
扬州市				906.6	3517.56				271		
南通市	5844	85	5759	1312.80	5162.42	5124.60	5089.20	303.61	470.49	1207.4	48.1
泰州市					2949.82	2794.88		152.01	287.5		
杭州市	8888			2140.2	9332.17	8204.80	8836.45	408.73	738.84		
宁波市	12120	110	12010	1698.6	8746.36	7613.79		221.25	489.32		
嘉兴市	6735	40	9		3738.26	3717.61	3606.32	150.88	275.67		
湖州市	2813	71		476.9	2138.50	1723.57	2025.98	81.34	147.26		
绍兴市	5213	32	5181		5390.20	5268.54	5296.82	264.22	408.91		
舟山市					670.40			26.08	35.68		
台州市	6262			935.90	3060.86	2968.48	2610.54	99.34	188.53		
马鞍山市				374.1							

2009年长江三角洲各城市农业基本情况(5)

城 市	乡村组织:		从业人员(万人)					其它		
	乡镇(个)	村民委员会(个)	农业(万人)	工业(万人)	运输业(万人)	建筑业(万人)	商业、饮食服务业(万人)	耕地面积(千公顷)	水田面积(千公顷)	旱地面积(千公顷)
上海市										
南京市	32	771								
苏州市										
无锡市										
常州市										
镇江市										
扬州市										
南通市	109	1446	87.45	79.36		65.49	34.12	465.98	276.87	
泰州市										
杭州市										
宁波市	89	2609	50.76	152.00		21.42				
嘉兴市	53	874	37.19	155.42	7.56	23.5	48.70	212.56	177.83	34.72
湖州市	60	1003	35.38					165.2	128.7	
绍兴市	94	2222	52.70	118	11.18	52.12	48.63			
舟山市										
台州市	93	5028	83.76							
马鞍山市										

2009年长江三角洲各城市农业基本情况(续表5)

城 市	农业总产值(当年价)				农产品产量						
	种植业产值(亿元)	林业产值(亿元)	牧业产值(亿元)	渔业产值(亿元)	粮食(万吨)	棉花(吨)	油菜籽(吨)	生猪年末存栏(圈)量(万头)	猪肉(吨)	牛奶(吨)	家禽出栏量(万只)
上海市	135.72	11.29	66.12	60.11	115.67	0.32	3.29	162.52	16.93	23.29	4458
南京市	105.20	2.45	40.07	40.16	114.43	0.43	13.34		25.83	99775	
苏州市					94.14	0.25	6.41				
无锡市					79.94		21.13	51.05	66.26	91984	94.98
常州市					113.4		5.26		5.46	1.27	
镇江市											
扬州市											
南通市	153.89	2.80	107.13	92.75	319.12	67562	298277	289.19	229742	29341	11334.06
泰州市					300.62	2.12	11.94		21.95		
杭州市		32.02	63.66	30.93							
宁波市	119.31	7.32	48.29	83.27	88.42	7492	20838	80.18	126359	18074	3378.90

续上表

城市	农业总产值(当年价)				农产品产量						
	种植业产值(亿元)	林业产值(亿元)	牧业产值(亿元)	渔业产值(亿元)	粮食(万吨)	棉花(吨)	油菜籽(吨)	生猪年末存栏(圈)量(万头)	猪肉(吨)	牛奶(吨)	家禽出栏量(万只)
嘉兴市	80.59	0.65	72.97	19.69	133.09	3593	91115	286.28	296804	13926	3865.96
湖州市	63.4	17.1	33.4	24.6	92.68		7.09	70.45	116.3	11690	4885.75
绍兴市	108.63	14.82	36.00	17.45	113.86	2915	38135	99.01	0	5934	2099.72
舟山市					541.61	75	2942	14.86	1.58	605	
台州市	80.37	3.76	24.58	119.86	93.47	643	13239	75.61	82590	11801	1603.70
马鞍山市											

2009 年长江三角洲各城市运输邮电基本情况(6)

城市	运输量情况:										
	货运量(万吨)	铁路(万吨)	公路(万吨)	水运(万吨)	航空(万吨)	货物周转量(亿吨·公里)	铁路(亿吨·公里)	公路(亿吨·公里)	水运(亿吨·公里)	航空(亿吨·公里)	港口货物吞吐量(万吨)
上海市	81449										58170
南京市	20783.91		13650	6165	4.68	1838.15					11125.43
苏州市											203
无锡市	10170	209	9180		2						
常州市											
镇江市											
扬州市											
南通市	13032.77	109.5	10825	2098	0.27			66.15	130.97		13214.4
泰州市	2937		271197	6388							7208
杭州市		482.76	16822	5231.53	12.6						
宁波市	27508	2171	13550	9993	24549	1247.07		85.67	1074.51		36185
嘉兴市	10670	29	3535	7106		120.46		21.42	99.04		10705.55
湖州市	16604		6792	9812		177.00		31.21	145.79		14323
绍兴市	11398	125	10235	1038	0			36.18	21.93	0	1239
舟山市											15362
台州市	14400		8282	6118		703.90					3898
马鞍山市											

2009 年长江三角洲各城市运输邮电基本情况(续表 6)

城市	邮电通信:					客运情况:				
		邮电及投递线路(万公里)	长途电话电路(万路)	邮电业务总量(亿元)	邮政储蓄期末余额(万元)	旅客发送量(万人次)	铁路(万人次)	公路(万人次)	水运(万人次)	航空(万人次)
上海市	25.25		833.82		10834					

续上表

城　市	邮电通信：					客运情况：				
		邮电及投递线路（万公里）	长途电话电路（万路）	邮电业务总量（亿元）	邮政储蓄期末余额（万元）	旅客发送量（万人人次）	铁路（万人次）	公路（万人次）	水运（万人次）	航空（万人次）
南京市			104.60		26103.86		23720		350.56	
苏州市			10.72							
无锡市			81.67		16773					
常州市										
镇江市										
扬州市										
南通市	4.49		55.49	292.75		268.24	12600		16.14	
泰州市			28.97							
杭州市						2498.25	25630	276.85	679.27	
宁波市	2.41		8.34	1751027.51	32250	1770	30130	152	198	
嘉兴市	1.38		59.76	250021	17166	524	16596	46		
湖州市			25.74	357309	9260		353167	34.21		
绍兴市	1.68		45.69	866065.01	16828	488	16279	61		
舟山市			13.12							
台州市										
马鞍山市										

2009 年长江三角洲各城市全社会固定资产投资总额(7)

城　市	项目指标											
		按计划类划分：		其他投资：			按经济类型分：					
	投资总额（亿元）	基本建设（亿元）	更新改造（亿元）	房地产投资（亿元）	城镇集体投资（亿元）	农村集体投资（亿元）	国有经济（亿元）	集体经济（亿元）	私营经济（亿元）	股份经济（亿元）	外商、港澳台商经济（亿元）	其他经济（亿元）
上海市	4829.46			1366.87			2295.75	104.86	612.14	1026.67	748.13	2533.71
南京市	2154.2			508.17			781.26	33.40	378.68	217.48		392.46
苏州市	2611.16			718.08					3050		12497	
无锡市	1877.02			449.72								
常州市	1448.17			308.92								
镇江市	718.5			97.03								
扬州市	950			137.66								
南通市	1505.41			172.68	840.00	470.75	119.9				253.3	
泰州市	900.51			111.78			114.64	151.73		1643.95	818.64	220.83
杭州市	1961.72			596.63								
宁波市	1728.24			307.75			468.98	6.64	70.43	55.87	215.12	160.17

续上表

城市	项目指标											
	投资总额（亿元）	按计划类划分：		其他投资：			按经济类型分：					
		基本建设（亿元）	更新改造（亿元）	房地产投资（亿元）	城镇集体投资（亿元）	农村集体投资（亿元）	国有经济（亿元）	集体经济（亿元）	私营经济（亿元）	股份经济（亿元）	外商、港澳台商经济（亿元）	其他经济（亿元）
嘉兴市	1006.80			181.12	381.0	407.9	180.62	50.94	381.48	55.1	175.88	162.78
湖州市	525.24			103.29	263.2	262	77.43	8.25	71.13	11.21	38.23	25.82
绍兴市	915.75			202.06	386.99	285.97						
舟山市	339.43			38.98								
台州市	759.58			126.25								
马鞍山市	404.5											

2009年长江三角洲各城市公用事业情况表(8)

城市	城市设施投资额（亿元）	煤气、液化气吨（公升）	煤气年销售量（亿立方米）	其中：生活用（立方米）	全年城市居民生活用电（亿千瓦时）	全年供水量（万吨）	其中：生活用水（万吨）	年末供水管线长度（公里）	城市绿化园林面积（公顷）	市区人均公共绿地面积（平方米）
上海市	1733.18		17.7		146.55	24.28	17.98	27858		12.5
南京市		42941				61956	21150	7730		13.2
苏州市										
无锡市									15747	12.6
常州市										
镇江市										
扬州市									7400	
南通市	53		0.47	0.32	10.56	1.94	0.73	1491	31500000	11.4
泰州市										
杭州市					41.15	68178	27251		12971	13.9
宁波市		29.45			39.58	6.38	1.69	6157	12828	8.88
嘉兴市	58.98	95118	94958	60436	17.39	1.95	0.53	2369	8531	11.45
湖州市	32.09		2.69	1.95	11.78	1.30	0.48	3178.97	24.03	9.92
绍兴市		72127			9.50	3.68	0.76	5494		15.55
舟山市										
台州市						2.11	0.86			
马鞍山市										

2009年长江三角洲各城市居民农村居民家庭生活基本情况(9)

城市	城市居民:							农村居民:						
	调查户数(户)	平均每户家庭成员(人)	每户从业人员(人)	每一从业人员赡养人口(人)	人均可支配收入(元)	人均借贷收入(元)	人均消费支出(元)	调查户数(户)	平均每户人口(人)	平均每户劳动力(人)	平均每一劳动力赡养人口(人)	人均可支配收入(元)	人均生活支出(元)	人均住房面积(m²)
上海市	1000	2.97	1.63	1.82	76675		19398	600	3.16	2.15	2.15	11385	9115	62.3
南京市	800	2.68	1.32	2.03	23123	4000.84	15132.7	800	3.6	2.6	1.4	8951	7033	47
苏州市	300	2.75	1.33	2.07	23867		15183	300	3.73	2.79	1.34	12060	9962	
无锡市					23605		13563							
常州市					21592		14967							
镇江市					19044		12217					8742		
扬州市					17398		11562					7450		
南通市	200	2.81	1.53		18903	2686	11613	600	3.35	2.58	1.30	7811	5653	52.5
泰州市					17198		10985							
杭州市	600	2.75	1.29	2.13	24104		16719	1100	3.56			10692	8446	69.74
宁波市	1050	3	1	2	25304		16379	100	3	1	2	24736	14610	50.6
嘉兴市	650	2.71	1.48	1.83	22481	7564	14346	2000	3.51	2.84		11538	7811	67
湖州市	150	2.54	1.27	2.06	21822	5025	14233	500	3.87	2.71	1.43		7046	52.12
绍兴市	200	2.58	1.57	1.64	23509	2729	14837	1920	3.35			10295	7877	65.41
舟山市					22257		14288							
台州市					24181		15715	1970	3.37	2.53	0.75	9180	7.90	55
马鞍山市					18330									

2009年长江三角洲各城市可持续发展水平(10)

城市	经济子系统:												
	GDP(亿元)	全社会固定资产投资总额(亿元)	社会消费品零售总额(亿元)	外贸出口总额(亿美元)	实际利用外资(亿美元)	人均GDP(元)	人均地方财政收入(元)	第二产业占GDP比重(%)	第三产业占GDP比重(%)	非农人口比重(%)	每十万人拥有医生数(万人)	居民生活用电量(千瓦时)	在岗职工平均工资(元)
上海市	13698.15	4829.46	4537.14	1693.50	100.84								
南京市	3775	2154.2	1651.8	235.97	23.72			47.5	50				36092
苏州市	6701.29	2611.16	1551.45	1317.23	81.33								
无锡市	4419.50	1877.02	1391.48	357.85	31.67								
常州市	2202.23	1448.17	758.16	132.44	22.56								
镇江市	1408.14	718.5	410.21	42.52	12.02								
扬州市	1573.29	950	521.30	45.67	14.31								
南通市	2510.13	1505.41	915.10	117.52	29.37	35040	3245	57.0	35.1	42.1	164	254718	30856
泰州市	1394.20	900.51	395.10	48.87	10.50								

续上表

城　市	经济子系统：												
	GDP（亿元）	全社会固定资产投资总额（亿元）	社会消费品零售总额（亿元）	外贸出口总额（亿美元）	实际利用外资（亿美元）	人均GDP（元）	人均地方财政收入（元）	第二产业占GDP比重（%）	第三产业占GDP比重（%）	非农人口比重（%）	每十万人拥有医生数（万人）	居民生活用电量（千瓦时）	在岗职工平均工资（元）
杭州市	4781. 16	1961. 72	1558. 38	336. 14	33. 1	70832		50. 0	46. 3	50. 3	314	41. 15	
宁波市	3964. 05	1728. 24	1238. 02	463. 26	25. 38	69996		55. 42	40. 36	34. 9	2. 67	699	35834. 53
嘉兴市	1815. 30	1006. 80	599. 61	141. 04	13. 60	53796	3753	59. 8	34. 4	38. 5	206	173938	29219
湖州市	1034. 89	525. 24	382. 11	49. 01	8. 02	40089	2774	57. 35	34. 66	31. 24	201. 3	455. 52	31455
绍兴市	2222. 95	915. 75	618. 89	174. 95	7. 72	50909	3289	59. 8	35. 0	32. 0	203. 7	203703	30636
舟山市	490. 25	339. 43	157. 83	32. 86	1. 59								
台州市	1965. 27	759. 58	709. 71	117. 64	2. 39	34374		52. 79	40. 41				
马鞍山市	636. 30	404. 5	105. 97										

2009 年长江三角洲各城市可持续发展能力(1)

城　市							资源与环境子系统：				
	人均社会保障补助额（元）	工业用电量（亿千瓦时）	万人拥有公交车数（辆）	各类专业技术人员人数比重（%）	高校学生占人口比重（%）	第三产业人员比重（%）	人均绿地面积（平方米）	单位土地面积 GDP（万元/平方公里）	生活垃圾无害处理（%）	污水处理率（%）	治理污染投资客占 GDP 比重（%）
上海市											
南京市							13. 2				
苏州市											
无锡市											
常州市											
镇江市											
扬州市										83. 6	
南通市		156. 19	7. 9	4. 1	1. 1	35. 9	11. 4	3137	100. 0	85. 9	3. 1
泰州市											
杭州市		221. 28	10		6. 1		13. 9				
宁波市		302. 76	14. 01			32. 5	8. 88		74. 74	79. 69	
嘉兴市		193. 37	14. 5	24. 3	1. 1	27. 7	11. 45	4637	100	79. 85	
湖州市	258. 50	1034. 89	133. 77	382. 11	525. 24	49. 01	421	134	1. 78	7	0. 0488
绍兴市		204. 19	5. 34	10. 2	1. 85	29. 3	9. 07	2692. 52	100	76. 51	1. 95
舟山市											
台州市		111. 18							93. 81	66. 91	
马鞍山市											

推行“网格化管理、组团式服务”密切党群关系巩固执政基础

梁黎明

近年来,舟山市认真贯彻中央和省委、省政府以及省委组织部一系列决策部署,切实加强基层组织建设,大力开展“网格化管理、组团式服务”工作,坚持以人为本,强化为民服务,密切了党群、干群关系,巩固了党在基层的执政基础,推动了全市海洋经济较快发展和社会平安和谐。

一、统一思想,站在巩固执政基础、创新党建工作的高度,推行“网格化管理、组团式服务”工作。近年来,在省委、省政府的正确领导下,舟山抓住机遇,主攻海洋经济,取得了一些成效。但在发展社会主义市场经济的新环境下,在推进海洋经济大开发、大建设、大发展的新进程中,特别是在当前金融危机继续蔓延、经济、社会各种矛盾增加、各种利益冲突加剧的新形势下,我们也发现,基层党组织所掌握的资源和能力还不能够完全支撑起它所担负的重要地位,基层党组织所提供的服务还不能够充分满足群众多样化的需求,基层组织的管理服务模式和基层干部的工作方式还不能够完全适应新时期新形势的要求。党的基层组织是党的全部工作和战斗力的基础,也是党执政的基础。基层组织缺乏号召力、凝聚力,做不好新时期的群众工作,势必削弱党在基层的执政基础。为此,从2007年底开始,我们以改革创新的精神,在普陀区桃花镇率先开展“网格化管理、组团式服务”工作试点。试点期间,市委、市委组织部和普陀区委加强对试点工作的具体指导,随机深入到渔农民家中听取对这项工作的真实评价,使试点经验不断成熟。在取得试点经验的基础上,去年8月,市委召开由市几套班子领导和各单位负责人参加的现场会,进一步统一全市上下的思想认识,把开展“网格化管理、组团式服务”工作作为我市坚持科学发展、创业创新的具体实践;作为创新基层党建工作、加强基层组织建设的有效载体;作为转变干部作风、巩固党在基层执政地位的实际举措,在全市全面推开。为加强对这项工作的领导,市、县(区)及乡镇(街道)成立领导小组,将这项工作纳入党政工作范畴,既作为强化党的基层组织建设的具体内容,又作为基层政府建立管理服务长效机制的重要载体。

二、围绕大局,从整合各方资源、注重继承创新的角度,发挥“网格化管理、组团式服务”在加强群众工作中的作用。“网格化管理、组团式服务”简单地说,就是依托信息网络技术建成的一套综合管理服务系统。通过这一系统,为群众提供主动、高效、有针对性的服务,从而提高公共管理、综合服务的效率。“网格化管理”,是指以尊重传统、着眼发展、便于管理为原则,以自然村落或相对集中居住区域为基础,结合自身实际情况灵活设置网格。渔农村一般以100到150户群众为单位,城区适当放大。以网格为单位,在社区(村)党组织下面全面建立党小组,进一步明确每名党员所联系的群众(户)。“组团式服务”,是指以网格为单位,组建管理服务团队,每个管理服务团队一般由乡镇(街道)、社区(村)干部、辖区内公安边防、医疗卫生、学校等行政事业单位工作人员组成,并充分吸收各级人大代表、渔农科技人员、渔农村老党员、老干部、优秀联户党员、义工组长等力量加入,形成专群结合、科学配置、优化组合的服务团队。我们在推行“网格化管理、组团式服务”工作中,主要把握这样三条:一是在紧贴中心、为民服务上下功夫。我们开展这项工作的指导思想和根本目的,是要把加强基层组织建设与应对金融危机、加快转型升级、推动我市海洋经济大发展结合起来，与改善民生、为民办实事、办好事结合起来，与创新社会管理机制，维护社会平安稳定、巩固基层政权建设结合起来。为此，我们在具体实施中，注重基层管理服务从上对下的管理式向面对面、点对点的服务式转变，各服务团队以对群众的普遍联系为主，通过医生、民警、渔农技术员、教师等团队人员的多元化来应对群众需求的多样化。每个服务团队对每一网格实施全方位跟踪服务，及时掌握了解每个网格内发生的事关经济发展、民生民计和社会稳定的大小事件，并及时反馈与妥善处理，真正做到横向到边、纵向到底。去年全市组团服务人员超过13000余人，走访基层群众家庭33万余户，变被动应对为主动服务，改变了以往群众有事找政府、围着政府转的状况。二是在整合资源、条块结合下功夫。加强党的执政能力建设和先进性建设，切实做好群众工作，关键在基层各级党组织。基层党建工作、群众工作尽管十分重要，但在传统的做法中，往往是党务部门少数几个人专专门抓，与其他行政组织、公务人员关系不大，有时设计的活动载体也是就党务工作而党务工作，与经济社会发展的实际情况、与群众的实际需求有一定距离。我们在开展"网格化管理、组团式服务"工作中，有意识地将党务、行政、群团包括社会力量等方方面面的资源整合起来，集中在网格化服务团队中，实现了基层群众工作从以往以条为主、各自为政向条块为主、形成合力转变，较好地解决了过去条块在管理资源上存在的"横向协同不足"及"多头管理"问题，条块之间协同性、互助性和综合性得到强化；同时也做到了基层组织建设从党务部门单兵作战向有效整合各种党建工作资源的转变，以往经常出现的党务、行政各管各"二张皮"现象得到遏制，党建工作的资源和力量大大充实，党建部门服务中心的意识大大加强，基层组织建设收到了事半功倍的作用。三是在继承创新、提高效率上下功夫。早在2005年，我市就探索建立了以"党群联心、共促和谐"为主题的党员联系和服务群众制度，每名党员联系10到20户群众，得到了基层党组织和党员群众的普遍欢迎。开展"网格化管理、组团式服务"，是对党员联系、服务群众制度的巩固和继承。同时结合我市实际，在管理服务理念、管理服务模式、管理服务手段、管理服务运行机制上进行了创新。特别是投资万元，建立了市"网格化管理、组团式服务"信息管理系统平台，充分利用市属各部门的局域网和数据库，其中包括服务对象基础信息、短信互动、服务办事、工作交流、系统管理五个基本模块和维稳、司法、信访等若干个专项信息系统，实施受理、办理、反馈、监督等流程，实现了基层工作方式从传统型向数字化、信息化、网络化的现代管理方式转变，使信息采集、监督、反馈、督办系统更加流畅，缩短了管理、服务流程，不仅节约了管理成本，更是及时地满足了群众的需求，形成监管互动、分工协作、动态有序的管理服务新模式。各乡镇(街道)在市网格化信息管理服务平台上建立了数据库，详细记录了群众的基础信息和个性信息，为政府开展各项工作提供了第一手资料。比如每年征兵期间，乡镇(街道)、社区(村)可以非常便捷地在数据库里查找适龄青年的相关资料。基层群众的意见建议可以通过网络及时上传，各级网格化管理办公室实时监控办理情况并进行双向考核，防止了推诿扯皮现象的发生，提高了机关单位和乡镇(街道)的办事效率。

三、总结提高，加大不断深化拓展、建立长效机制的力度，持之以恒地完善"网格化管理、组团式服务"制度。从去年8月份以来，我市"网格化管理、组团式服务"工作迅速推开、进展顺利，现在全市43个乡镇(街道)已划分为2464个管理服务网格，形成了覆盖城乡、条块结合的市、县(区)、乡镇(街道)、社区、网格五级服务管理体系。总结近一年的工作，主要有以下几个效果：一是构建起民情信息之网。畅通了群众反映利益诉求的渠道，避免了矛盾纠纷的激化，社会和谐稳定的基础更加牢固。今年一季度，全市共排查出矛盾纠纷643件，调处成功617件，调处成功率达96%。二是构建起感情联络之网。网格化管理服务团队成员和广大联户党员经常性的串门入户，为群众提供多元化、人性化服务，增进了群众与基层党员干部之间的感情，特别是当群众的一些个性化需求逐步得到解决，更是改变了群众以往对干部冷漠、怀疑的态度，提高了党委政府的号召力和向心力。三是构建起高效服务之网。全市网格化服务团队共征集意见、建议13157条，解决问题10478个，初步实现了走村入户全到位、联系方式全公开、反映渠道全畅通、服务管理全覆盖的目标。四是构建起干部成长之网。管理服务团队成员深入基层、深入群众，学到了很多在书本、在办公室无法学到的知识，不仅增强了做群众工作的经验，还提升了处理复杂问题的能力和水平，有力地促进了基层干部特别是年轻干部的健康成长。五是构建起宣传教育之网。服务团队结合实际开展法制宣讲、政策解释以及重大事项告知等工作，党委、政府的正面舆论占据了主阵地，营造了党群干群共促发展的良好氛围。我们也认识到，我市开展"网格化管理、组团式服务"工作所取得的成效只是初步的，区域之间也存在着不平衡现象。我们要正视差距，再接再厉，以这次全省农村基层组织建设会议为契机，以深入学习实践科学发展观活动为动力，继续探索创新，使"网格化管理、组团式服务"制度更加完善。一要深化内容，紧贴发展、紧贴实际、紧贴群众，全面构筑为民服务的长效机制，使这一制度的内涵更加丰富；二要拓展范围，全面覆盖全市城乡各个区域，消除死角，使这一制度的作用更加明显；三要创新手段，把传统的面对面做群众工作形式和现代化互联网管理信息平台更加有机地融合起来，进一步找准基层工作、群众工作的结合点，加强服务团队建设，使这一制度的运作更加科学，全面开创大桥时代舟山基层组织建设新局面。

在长江三角洲城市经济协调会第九次会议上的致辞

中共湖州市委书记、市人大常委会主任　孙文友

在这阳春三月的美好时节,我们相聚在美丽的南太湖之滨,隆重举行长江三角洲城市经济协调会第九次会议。首先,我代表中共湖州市委、市政府,向出席本次会议的各位领导、各位来宾表示热烈的欢迎!向多年来关心、支持、帮助湖州发展的各兄弟城市表示衷心的感谢!

借此机会,我向各位领导简要介绍一下湖州的基本情况。湖州是一座有着2300多年历史的江南古城,下辖德清、长兴、安吉三县和吴兴、南浔两区,总面积5818平方公里,人口258万。

湖州有四个明显特点:一是交通便利、区位优势明显,地处长三角中心区域,离上海120公里、杭州75公里、南京220公里,申苏浙皖、申嘉湖、杭宁、杭长等高速公路,宣杭铁路和已开工建设的杭宁城际铁路,以及被誉为"东方小莱茵河"的长湖申航道穿境而过,铁公水交通网络健全,交通非常便利。二是人文荟萃、文化底蕴深厚,素有"丝绸之府、鱼米之乡、文化之邦"美誉,是中国丝绸文化、茶文化和湖笔文化的发祥地之一。湖州是陆上丝绸之路的起点,辑里湖丝在第一届世博会上获得国际金奖;世界上第一部茶文化巨著《茶经》就是茶圣陆羽在湖州生活20多年写成的;文房四宝之首的湖笔就产于湖州,因为笔的关系,历史上曾哺育和吸引了不少名人雅士,尤其是书画界的名师大家,有"一部书画史,半部在湖州"之说。三是山水清丽、生态环境优美,古人以"行遍江南清丽地,人生只合住湖州"的诗句来赞誉湖州,这也是今天湖州良好人居环境的真实写照。南浔古镇是中国十大魅力名镇,德清有驰名中外的避暑胜地莫干山和江南最大的湿地—下渚湖,长兴有十里银杏长廊、扬子鳄、金钉子等古生态景观,安吉是中国竹乡和全国首个生态县,被列为全国生态文明建设试点。四是民风淳朴、社会和谐稳定,湖州百姓讲诚信、守规矩、处事平和,干群关系比较融洽,是全国最安全的30个城市之一和城乡发展差距最小的城市之一。去年城乡居民人均收入比为2.03:1,低于全国和全省平均水平。近年来,湖州先后获得国家环保模范城市,国家卫生城市,国家园林城市,中国优秀旅游城市,中国魅力城市,全国城市综合实力百强、投资环境百佳城市,全国双拥模范城市(五连冠)、全国创建文明城市工作先进城市等荣誉称号。

近年来,全市上下认真贯彻落实科学发展观,紧紧围绕"建设现代化生态型滨湖大城市"的奋斗目标,全力实施增强实力、激发活力、彰显魅力,奋力在杭湖宁发展带中间崛起的发展战略,扎实推进"创业富民、创新强市",各方面工作都取得了新进展。特别是去年,面对五十年未遇的冰雪灾害和严峻复杂的宏观经济形势,我们坚持一手抓防下滑、保增长,一手抓促转型、增后劲,积极应对挑战、全力攻坚克难,早在年初就提出了确保"即期经济不下滑、长期发展有后劲"的工作要求,先后出台了鼓励创业创新"1+8"政策意见,促进工业发展25条(7月份),房地产15条(11月份),扶持外贸企业发展,实行企业裁员关停、金融机构对企业大额收贷、涉企行政处罚、部门各类检查评比活动"四报告"制度,提振企业信心等一系列政策措施,努力帮助企业渡过难关。通过狠抓项目促投资(贯彻中央扩内需部署,制定"两个计划、三个单子",组织实施"双百双千"活动)、强化扶持促外贸、着力增收促消费、全力搞好企业服务等工作，保持了经济平稳较快发展和社会和谐稳定的良好局面。全市地区生产总值增长10.6%，财政总收入增长17.3%，外贸出口增长33.4%，城乡居民收入分别增长9.9%和12.7%，几个主要经济指标增幅均高于全省平均水平。

长三角地区是我国发展基础最好、发展水平最高、发展潜力最大、综合实力最强的地区之一，在全国发展大局中具有举足轻重的地位。长三角各城市之间地缘相近、人缘相亲、文化相通、经济相容，具有坚实的合作基础和广阔的合作前景。在中央和有关部委、沪苏浙两省一市党委政府的正确领导下，在城市经济协调会这一载体的有力推动下，区域合作交流的目标越来越清晰、机制越来越健全、领域越来越宽广，区域经济形成了加快发展、联动发展、融合发展的良好态势，使各市都受益非浅。作为长三角城市大家庭中的一员和城市经济协调会的成员，湖州市认真贯彻落实党中央、国务院和浙江省委、省政府的决策部署，按照历次经济协调会确定的各项专题，大力推动区域规划、交通对接、产业合作、无障碍旅游区建立、人才互认、科技联合攻关、优质教育资源共享、诚信体系共建等各方面的合作，全面"接轨大上海、融入长三角"（自2000年来，我市已成功举办了四届接轨上海活动周，积极参与杭州都市经济圈建设，定期与苏锡常老大哥开展互动交流，去年底我们和无锡市签署了《无锡湖州保护太湖合作框架协议》，前两天，我们又结合深入学习实践科学发展观活动，专门组织党政代表团赴无锡、常州等地学习考察）。近年来，在加快推进自身经济社会发展的同时，湖州积极主动地参与区域合作交流，努力推动长三角一体化加快发展。

当前，长三角一体化发展已站在了新的历史起点上，正面临着极好的机遇（长三角一体化发展已上升为国家战略，国务院专门制定了《进一步推进长江三角洲地区改革开放和经济社会发展的指导意见》，出台了《长三角地区区域规划纲要》，长三角的区域范围也从16城市扩大为二省一市，这次会议也是首次25个城市共同参加；全球经济一体化加快推进，国际资本和产业加速向中国尤其是长三角转移；长三角高速公路和铁路交通网络不断健全，特别是杭宁、沪宁、沪杭高速铁路等加紧建设，将形成2小时高铁圈），但也面临着严峻的挑战（随着国际金融危机影响的不断加深，对外向度较高的长三角经济持续平稳较快发展产生了巨大压力；泛珠三角、环勃海、东北等几大经济圈的竞争日趋激烈）迫切需要我们进一步团结协作，迎难而上，共渡难关，在危机中抢抓机遇、在危机中加快转型，努力率先走出危机、继续走在前列。我们将以本次协调会为契机，切实按照"认真贯彻国务院指导意见，共同应对金融危机，务实推进长三角城市合作"这一会议主题的要求，因地制宜，科学定位，以更加开放的姿态、更加务实的作风，积极参与长三角合作与交流，与兄弟城市一起携手并进，为提升长三角区域综合竞争力、推动长三角一体化加快发展而努力！

在长江三角洲城市经济协调会第九次会议上的致辞

国家发改委地区司副司长　邹　勇

很高兴出席长江三角洲城市经济协调会第九次会议，并代表国家发展改革委地区司向大会的召开表示热烈的祝贺！

众所周知，长江三角洲是我国城镇化水平高、经济活动联系紧密、综合实力最强的区域，在全国的社会主义现代化建设全局中具有重要的战略地位和突出作用。加快长江三角洲地区的经济社会发展和区域一体化进程，不仅仅是本地区自身的需要，更可为提升国家综合实力和国际竞争力、带动全国经济又好又快发展做出新贡献，意义重大而深远。

长江三角洲城市经济协调会作为国内成立较早的区域合作组织，在多年的工作中，重视凝聚、发挥各成员市的积极性，届届有主题，年年有成果，工作务实而富有成效，在促进长江三角洲经济一体化进程中发挥了重要作用。这次会议各城市市长还将围绕主题，深入商讨进一步加强合作的有关事宜，并将签署新的协议。我相信会议一定会达到预期目的。

当前，受国际金融危机影响，长三角地区与全国一样面临着严峻的考验，在这种形势下召开的本次会议意义就更不同以往。希望长三角的十六个城市，能够从应对国际金融危机和实施国家区域发展战略出发，积极贯彻落实《国务院关于进一步推进长江三角洲地区改革开放和经济社会发展的指导意见》，齐心协力，共谋良策，加强合作，共渡难关。

各位领导、同志们，长江三角洲城市经济协调会有着光荣的历史和不平凡的历程，希望十六个城市更紧密的团结起来，不断开拓进取，研究新问题，创造新成果，为全国的区域协调发展提供新经验，为长江三角洲地区的发展做出新贡献。

最后，祝会议圆满成功。

在长江三角洲城市经济协调会第九次会议上的致辞

浙江省副省长　茅临生

江南三月,春暖花开,莺飞草长。今天,两省一市25个城市的市长首次齐聚一堂,以“共同应对金融危机,务实推进长三角城市合作”为主题,共商长三角合作发展大计,非常及时,非常有意义。在此,我谨代表浙江省人民政府向出席会议的各位领导和嘉宾表示热烈的欢迎!向长期以来关心支持浙江工作的国家发展改革委、国家统计局和兄弟省市领导和同志们表示衷心的感谢!

改革开放以来,长三角地区各级党委政府坚持以科学发展观为指导,不断深化改革,创新机制,积极推进一体化发展,特别是去年9月国务院发布《关于进一步推进长江三角洲地区改革开放和经济社会发展的指导意见》以来,长三角省市之间进一步加强了协作与配合,在发挥各自特色优势的基础上,大力推进资源共享、优势互补,合力把长三角地区建成了全国综合实力最强的区域。

与兄弟省市一样,近年来,我省在国家有关部委和兄弟省市的大力支持下,积极实施“创业富民、创新强省”总战略,不断深化市场取向改革,积极推进城乡统筹发展,大力发展县域经济,经济社会取得了长足发展。去年金融危机爆发后,我省及早采取积极的应对措施,确立了“保增长、抓转型、重民生、促稳定”的工作方针,加大投资力度,引导和扩大内需,促进产业转型升级。2008年,全省生产总值达21486.9亿元,比去年同期增长10.1%;外贸出口总额1543亿美元,增长20.3%;全省财政一般预算总收入3730.06亿元,增长15.1%;城镇居民人均可支配收入22727元,农村居民人均纯收入9258元,经济社会继续保持了平稳较快的发展态势。在近年来的实践中,我们深切地感受到,浙江的发展依托于长三角、得益于长三角,与长三角兄弟省市息息相关、唇齿相依,特别是在当前应对金融危机的背景下,更需要加强彼此间的协作,实现共赢发展。

各位领导、同志们,长三角地区在社会主义现代化建设全局中具有重要的战略地位和带动作用;长三角地区各省市山水相连、经济相融,交流合作源远流长,让我们携起手来,以这次会议为新的起点,深入贯彻国家区域发展战略,进一步解放思想,开拓进取,开展更广领域、更高层次的协作,共同应对金融危机,合力为长三角地区经济社会平稳较快发展做出新的贡献!

最后,预祝大会圆满成功!

在长江三角洲城市经济协调会第九次会议上的致辞

江苏省副省长　史和平

在这春回大地、万象更新的美好时节,在我们深入学习贯彻全国“两会”精神,围绕“保增长、保民生、保稳定”、努力保持经济平稳较快发展的重要时刻,长江三角洲城市经济协调会第九次会议今天在浙江湖州隆重召开。这次会议将深入交流应对金融危机影响、共克时艰的发展经验,更加务实地推进长三角城市的全面合作,这是继2008年12月15日在浙江宁波召开长三角地区主要领导座谈会后的又一次重要会议,我谨代表江苏省人民政府对会议的召开表示热烈的祝贺!向长期以来关心支持江苏发展的国家有关部委和上海市、浙江省的领导和同志们表示衷心感谢!

改革开放以来,长三角地区经济社会发展取得了举世瞩目的巨大成就,已成为全国发展基础最好、体制环境最优、整体竞争力最强的地区,具有在高起点上加快发展的优势和条件。特别是随着《国务院关于进一步推进长江三角洲地区改革开放和经济社会发展的指导意见》的颁布和《长江三角洲地区区域规划》的即将出台,长三角地区的发展和一体化已上升到国家战略,长三角地区将迎来新的发展机遇。这次会议以“贯彻国务院指导意见精神,共同应对金融危机,务实推进长三角城市合作”为主题,既立足当前形势,又从更广的视野和更高的层次,共同探讨加强经济合作、推进区域统筹协调发展的新思路和新举措,这对于长江三角洲地区在新的历史起点上实现率先发展、科学发展、和谐发展和一体化发展,具有十分重要的意义。

去年以来,面对极其复杂的国际国内经济环境,在党中央、国务院的坚强领导下,江苏广大干部群众坚持以邓小平理论和“三个代表”重要思想为指导,深入贯彻落实科学发展观,积极应对国际金融危机和国内严重自然灾害带来的新挑战,保持了经济平稳较快发展和社会大局的稳定。从一季度情况来看,今年开局好于预期,经济发展总体企稳,部分行业明显回升,但金融危机的影响仍未见底,不确定因素还在增加,开放型经济下行压力还在加大。我们将进一步坚定信心，在应对挑战、化危为机上取得实质性进展，力争率先走出低谷。江苏是长江三角洲地区的重要组成部分，江苏的发展离不开上海、浙江的支持。今年，江苏还是长三角经济合作与发展各项工作的轮值主席方，我们将与上海、浙江的同志一起，共同推进长江三角洲地区更大范围、更宽领域、更高层次的交流合作，应对挑战，携手共进，共创繁荣，进一步推动长江三角洲区域更好更快发展，以更加奋发进取的姿态走在科学发展和改革开放的前列，为促进全国区域协调发展作出新的更大贡献。

最后，祝大会取得圆满成功！

在长江三角洲城市经济协调会第九次会议上的致辞

上海市人民政府副市长　胡延照

春天是播种的季节，我们相聚在素有“丝绸之府、鱼米之乡、文化之邦”美誉的湖州，举行长江三角洲城市经济协调会第九次会议，共同交流合作成果、探讨合作思路、应对经济危机，展望合作未来。在此，我代表上海市政府向大会主席方——湖州市为会议所作的精心安排表示衷心的感谢。向出席会议的中央有关部委、兄弟省市、各城市的领导以及全体特邀嘉宾和与会代表表示诚挚的问候！

本次会议，以“贯彻国务院《指导意见》精神、共同应对金融危机、务实推进长三角城市合作”为主题，围绕落实长江三角洲地区主要领导座谈会部署，在新的区域合作机制框架下，共商促进长江三角洲城市合作的新举措。在上午的内部会议上，各成员城市市长结合主题、各抒己见，谈了很多建设性的意见。

国务院《指导意见》明确了长三角区域范围、合作重点、协调机制和发展方向，为长三角地区协调发展指明了方向，也给长三角城市合作带来了新的发展机遇。国务院正在审定的长三角发展规划，将16城市确定为长三角一体化的核心区，充分肯定了城市群合作在长三角区域协调发展中的重要地位。去年底在宁波召开的长江三角洲地区主要领导座谈会，确定了长三角区域合作实行决策层、协调层、执行层的协调机制。长三角城市经济协调会作为执行层，在新的协调机制下，发展空间将更为广阔。我们既可以在协调机制框架内，贯彻落实决策层赋予的任务，又可以充分发挥经济协调会的主观能动性，自主落实《指导意见》，推进城市间的双边和多边合作；既可以发挥16城市作为长三角核心区先行先试的作用，为长三角区域联动发展取得成功经验，又可以推进和长三角延伸区、泛长三角辐射区的合作。当前，我们面临着金融危机的严峻挑战，同时，也面临着加速推进长三角一体化的难得机遇。我们要在总结、传承经济协调会成功经验的基础上，立足各成员城市的共同需求，不断开拓创新，努力完善专题合作方式，积极拓展合作领域和项目，推动城市经济协调会发展迈上新台阶，实现新跨越，努力使长三角地区实现市场相通、产业互补、体制相融、资源共享、交通共联、人才互通，形成互惠共赢、各得其所、相得益彰的发展格局。我们相信，在与会各方的共同参与和努力下，长江三角洲城市合作前景将更加美好。

最后，预祝大会取得圆满成功！

【2008年长江三角洲城市合作成果】

长江三角洲地区城市合作（常州）协议

2007年12月11日，长江三角洲城市经济协调会（以下简称“协调会”）第八次会议在江苏省常州市召开。会议根据党的十七大关于推动区域协调发展的精神和2007年5月温家宝总理在“长江三角洲地区经济社会发展座谈会”上的要求，按照2007年11月30日在上海召开的“沪苏浙主要领导座谈会”对长三角区域合作的总体部署，在征求各城市意见的基础上，决定继续深化“港口合作”、“旅游标志规范设置”、“交通卡互通”、“协调会建设”等四个方面合作专题工作，新设“统一大市场”、“世博主题体验之旅”、“环保合作”三个专题。

各成员城市在分管市领导的协调指导下，落实责任部门，明确考核目标，配备必要的工作经费，认真组织实施，并达成以下协议：

一、落实国家和两省一市的工作部署

为了进一步发挥长三角地区的整体优势，整合资源，加快推进区域一体化进程，提高区域的综合实力、创新能力、可持续发展能力，努力在改革开放和科学发展上继续走在全国的前面，将对国务院即将下发的《进一步推进长三角地区改革开放和经济社会发展的指导意见》（以下简称《指导意见》）、《长江三角洲地区区域规划》（以下简称《区域规划》）和“沪苏浙主要领导座谈会”精神，组织成员城市解读、研究，提出近期行动

计划,开展工作对接和落实。2008年,各成员城市将从以下两个方面推进工作:

1. 组织成员城市研讨沪苏浙主要领导座谈会精神,分解目标任务,拟定行动计划,以区域合作项目为抓手,推进落实。

2. 请有关部门和专家解读《指导意见》、《区域规划》,各成员城市研究、交流规划衔接,提出相关意见和举措。

该项工作由协调会2007年度执行主席方常州市(发改委)牵头负责。

二、深化“港口合作”专题,促进交流联运

近年来,长三角港口之间双边和多边的交往日益密切,交流合作的范围逐步扩大,呈现出良好的合作势头。协调会第六次会议设立的“港口合作”专题推动了长三角港口管理部门合作联席会议制度。2008年将依托“联席会议”的合作制度,拟完成以下3项任务:

1. 设立“港口规划与建设”、“港口市场与监管”、“港口安全和环保”、“港口信息与培训”四个工作小组,分别由南京、宁波、南通、上海港口管理部门牵头,2008年9月前完成相关调研报告。

2. 筹建关于2008年7月前开通“长三角港口信息网”。

3. 由长三角16城市港口管理部门与复旦大学等学校筹建“长三角港口发展研究中心”,争取2008年成立。

该专题由上海港口局牵头,会同协调会成员城市的港口管理部门组织实施。

三、推进旅游景区(点)道路交通标志指引标志试点专题实施

在前两年完成部分城市旅游景点道路指引标志的基础上,配合《旅游景区(点)道路交通指引标志设置规范》区域标准的实施,力争在2010年以前实现长三角地区主要旅游景区(点)道路交通指引标志系统化、规范化和一体化设置,2008年拟完成以下2项任务:

1. 根据《旅游景区(点)道路交通指引标志设置规范》(以下简称《规范》)编制《旅游景区(点)道路交通指引标志设置三年行动计划》(以下简称《达标行动计划》)。

2. 根据《规范》和《达标行动计划》启动达标工作,结合旅游景区(点)状况、交通状况、道路状况等实际变化,通过对旅游景区(点)道路交通指引的局部调整、清理拆除、新设、改设等,完成达标工作的阶段性目标。

该专题由上海市旅游委牵头,会同协调会成员城市的旅游、公安、市政、交通、规划等部门组织实施。

2008年在协调会成员城市全面启动主要旅游景区(点)道路交通指引标志的规范设置。

四、推广试点,深入实施“交通卡互通”专题

根据2006年度确定的交通卡互通方案,在2007年建立交通卡互通专题工作组织协调机构,研制POS机具兼容互通方案,并在部分城市试点的基础上,2008年拟将“交通卡互通”工作进一步细化:

1. 强化组织协调。制订长三角交通卡互通总体规划,细化相关标准。

2. 规划设计互通结算平台系统以及可行的运营模式的方案。

该专题由上海建设交通委牵头,会同协调会成员城市的城市建设交通管理部门组织实施。

五、加强协调会办公室信息化建设,进一步推进“协调会建设”专题

贯彻2007年“沪苏浙主要领导座谈会”关于“重点加强信息一体化”建设的指示精神,在前三年制度建设的基础上,为进一步节约经费,提高协调会办公室异地办公的工作效率,拟在办公室成员单位建设“远程视频会议系统”。2008年完成该系统的设计、安装和试运行。

该专题由协调会办公室牵头,协调会办公室成员单位协助,上海市科技开发交流中心承办。

六、设立“创建区域性行业协会”专题,进一步发挥市场主体推进区域经济一体化的作用

为了加快长三角统一大市场建设,贯彻《国务院办公厅关于加快推进行业协会商会改革和发展的若干意见》,落实2007年“沪苏浙主要领导从座谈”关于“加强行业组织合作”的精神,促进体制制度创新,更好地发挥市场主体在推进区域经济一体化中的作用,在2004年开展的对“筹建区域性行业协会可行性研究”和2005年支持“长三角民间组织合作交流论坛”的基础上,2008年拟完成以下3项任务:

1. 筛选备选对象。

2. 争取有关主管部门支持。

3. 争取年内试点成立若干个区域性行业协会。

该专题由上海市社团管理局,会同苏、浙两省相关部门和协调会其他成员城市民政部门组织实施。

七、设立“世博主题体验之旅”专题,共享世博机遇

为了推进长三角共同办博、共享世博机遇,设立“世博主题体验之旅”专题,实现旅游资源互动。2008年拟完成以下4项任务:

1. 建立联络协调机制。

2. 制定“世博主题体验之旅”评选方案开展评选活动

3. 制定质量认证体系等原则标准。

4. 示范绝线路运行。

该专题由上海市政府发展研究中心会同世博局、上海市旅委牵头,协调会其他成员城市的政研室、旅游局、经协等部门参与组织实施。

八、设立“环保合作”专题,开展生态补偿机制研究

党的十七大把资源环境问题作为当前我国经济社会发展的首要问题。为了调动各方面的积极性,协调生态环境保护相关各方的生态利益与经济利益的根本关系,促进长三角地区环保合作和经济社会协调发展,设立长三角地区流域生态补偿机制的研究。2008年拟完成以下5项任务:

1. 研究设计长三角地区流域生态补偿机制总体框架,处理好政府与市场、中央与地方、生态补偿与扶贫、生态付费与破坏补偿、流域上游与下游责任、补偿与协议补偿等方面的关系;

2. 研究提出长三角地区流域生态补偿标准建议;

3. 研究提出适合长三角地区流域生态补偿建议;

4. 研究提出适合长三角地区流域生态补偿方式建议,包括资金补偿、实物补偿和政策补偿等;

5. 研究提出适合长三角地区流域生态补偿途径建议:

该专题在国家环保总局指导下,由上海市环保局牵头,会同其他成员城市环保局组织实施。　2007年12月11日

"深化港口合作专题"专题

2008年,长三角港口群喜报频传。11月21日,宁波—舟山港集装箱吞吐量实现1000万标箱,实现了历史性跨越。加上上海洋山深水港区三期工程(一阶段)通过国家竣工验收,江苏洋口港初步通航,"以上海为中心、以宁波—舟山港为南翼、以洋口港为北翼、以长江诸港为纵深"的长三角港口群实现了新突破。

与此同时,各个港口管理部门之间的深度合作初显端倪;港口规划与建设、港口市场监管、港口安全与环保、港口信息与培训等四个合作小组开始运作;长三角港航合作网正式开通;复旦大学长三角港口发展研究中心揭牌成立。

长三角港口群的竞争与合作,正在催生世界级的功能性大港。

【项目实施成果斐然】 2007年12月11日,在常州举行的长江三角洲城市经济协调会第八次会议上,"深化港口合作专题"被列为"2008年长三角区域合作发展专题"项目之一,并明确由上海市港口管理局为牵头组织实施单位。一年来,取得下述主要成果:

——成立了港口规划与建设、港口市场监管、港口安全与环保、港口信息与培训等四个合作工作小组,并建立了工作小组的运作机制。

——初步形成了若干研究成果。港口市场监管合作小组已经形成了《港口经营市场监管和退出机制调研报告》;港口规划与建设合作工作小组组织开展了"港口岸线申报管理软件开发工作";港口安全与环保合作工作小组组织开展了港口安全管理工作交流,完成《港口外来务工人员安全管理指导意见》。

——完成了"长三角港航合作网"的筹建工作,已经于9月26日正式开通。建立了信息员队伍,通过了《长三角港航合作网共享共维护协议》;落实了网站的专业维护机构和维护机制。

——由复旦大学和上海市并口管理局牵头,与长三角其他15个港口城市以及部分院校共同发起的"复旦大学长三角港口发展研究中心"于9月26日正式揭牌成立。

【项目实施有序推进】 竞争是主旋律,港口合作上的每一点突破,都离不开相关部门一步一个脚印的努力。

"深化港口合作专题"能够纳入长三角城市经济协调会2008年的合作项目之中,既表明长三角各城市政府对港口合作发展的高度重视,也是对港口管理部门联席会议制度的有力推动。

上海市港口管理局高度重视这项工作,在常州会议后,许培星局长召开专题会议进行研究,责成研究室为主落实此项专题组织工作,具体由联席会议秘书处组织协调,并要求局内各相关处室参与各个合作事项。

2007年12月中旬,秘书处将"深化港口合作"专题正式启动之事向各成员单位进行了通报。随后,秘书处制定了项目推进工作计划和时间节点,并在今年初协调会办公室召开的台州会议上做了汇报。

2008年2月28日,在上海召开了联席会议秘书长工作会议,具体研究了推进落实港口合作专题的工作计划,明确了责任分工,会后以纪要方式正式下达各成员单位。在南京、宁波、南通和上海四个港口管理局分别牵头组织下,项目设定的各个事项逐步推进。

3月5日,上海市港口管理局许培星局长与复旦大学校长助理桑玉成就筹建长三角港口发展研究中心签署备忘录,决定由上海市港口管理局提供10万元作为启动资金。筹备工作按时启动。随后完成研究中心章程起草工作,发函至有关单位邀请参与,获得联席会议各成员单位以及部分院校的响应。

按照原定计划,5月底各个工作小组完成组建并开展活动,但实际上只是宁波港口管理局牵头的港口市场监管合作小组达到时间节点要求,以及上海市港口管理牵头的网站建设和研究中心筹建工作进展有序,另外2个小组的进度比较滞后。为此,5月15日在上海再次召开秘书长工作会议,要求其他小组的牵头单位抓紧进度。

一致地8月中旬,4个工作小组活动、网站建设和研究中心筹建工作均已达到或具备专题项目的目标要求。

9月26日,长三角港口管理部门第三次联席会议在上海举行,16城市港口管理部门的领导、代表出席了会议;交通运输部水运司、长江三角洲城市经济协调会办公室、复旦大学、上海市建设交通委、江苏省港口管理局、浙江省港航管理局和上海国际港务集团的领导或代表应邀莅临指导。本次联席会议以"提升服务、规范管理,实现长三角港口又好双快发展"为主题。与会代表书面交流了今年以来港口发展与管理情况,听取了4个合作工作小组推进情况汇报,交流探讨了进一步加强工作小组机制建设和深化合作的措施,举行了"复旦大学长三角港口发展研究中心"挂牌仪式;举行了港口发展形势报告,由上海组港办公室主任王明志、江苏省社会科学院副院长张颢翰、浙江大学管理科学院与工程系主任刘南教授、复旦大学上海物流研究院院长朱道立教授作了演讲;开通了长三角港航合作网,通过了《长三角港航合作网共建共维护协议》。会议圆满达到了预定目标。

【建设合作机制成为共识】 长三角港口管理部门联席会议是在长三角城市经济协调会的领导下,由上海、宁波、南京和南通四城市港口管理局共同发起、16城市港口管理部门自愿参与的一个专业性合作平台。2006年9月24日在南通召开的长三角港口管理部门第一次联系会议,通过了合作联系会议制度,建立了秘书处,初步搭建起港口管理部门的合作平台。此后,长三角港口之间双边和多边的交往日益密切、频繁,交流合作的范围逐步扩大,呈现了良好的合作势头。

尤其是2007年,中央提出了区域发展总体战略。两省一市政府积极贯彻落实,大力倡导区域联动发展,为长三角港口之间的合作创造了良好的氛围。在此背景下,各成员单位逐步就建立合作工作机制、深化联席会议制度形成共识。2007 年 9 月 20 日,在宁波召开的长三角港口管理部门第二次合作联席会议上,审议通过了联席会议框架下成立港口规划与建设、港口市场监管、港口安全与环保、港口信息与培训等 4 个合作工作小组的可靠性方案。

这次会议的成果得到了长三角地区城市经济协调会办公室的充分肯定,并将会议确定的和准备推进的有关事项作为“深化港口合作专题”,于 2007 年 12 月 11 日在常州举行的长江三角洲城市经济协调会第八次会议上列入“2008 年长三角区域合作发展专题”项目之一,并明确由上海港口管理局为牵头组织实施单位。

“深化港口合作专题”项目的主要内容和目标是:⑴建立港口合作工作机制。在长三角港口管理部门合作联席会议框架下建立“港口规划与建设”、“港口市场监管”、“港口安全与环保”、和“港口信息与培训”四个工作小组,主要围绕当前区域港口发展中若干突出问题开展调研,提出发展对对策。⑵建立港口信息合作平台,促进信息资源共享,主要是筹建好“长三角港口信息网”,在 2008 年内开通。⑶建立港口研究合作平台,为长三角区域港口科学发展、联动发展和协调发展提供智力支持。主要由长三角 16 城市港口管理部门与复旦大学等学校筹建“长三角港口发展研究中心”,并在 2008 年成立。

长三角交通卡互通专题

随着经济的不断发展,长三角地区人员的流动越来越频繁,人员流动数量越来越大,如何推进区域经济、旅游一体化,是摆在各城市面前的紧迫问题。近年来,长江三角洲 16 城市大都建立了本城市基于 IC 卡应用的城市公共交通卡系统,方便了本地区的市民日常出行,但是,不同城市的交通卡因为标准、技术、政策、利益主体不同,使交通卡在长三角区域互通十分困难,区域交通“一卡通”成为区域交通一体化的瓶颈。如何破解这个难题,成为各城市建设和交通主管部门面临的紧迫任务。

自 2002 年底,长三角提出公交卡互通以来,尽管“大长三角”未通,但在内部及周边地区,几个“小三角”陆续先通:第一个“小三角”,以上海为中心,包括无锡、常熟等;第二个“小三角”,以南京为中心,包括扬州、泰州近期也将地加入其中;第三个“小三角”,以杭州为中心,包括绍兴、诸暨、安吉、桐乡、海宁、德清等 6 县市。在“小三角”内实现互通,使人们提前享受到部分城市间出行便利的同时,也给长三角区域交通卡互通带来了挑战。

2007 年 12 月 11 日晨江苏常州召开的长江三角洲城市经济协调会第八次会议宣布,在未来的 3 年内到 5 年时间内,上海、南京、扬州、等区域内的交通卡将全面实现相互兼容。按照长江三角洲经济协调会的要求,在 2008 年,长三角区域交通“一卡通”专题小组通过大量的艰苦细致的工作,在作机制、技术标准、交换清分平台和系统建设方案等多个方面,为实现“潇洒一挥,走遍长三角”全方位的准备。2008 年一季度,长三角区域“一卡通”再度开始了积极尝试:3 月初,上海的 109 路公交车装上了新的 POS 机,以便接纳来自南京、杭州、无锡等其他长三角城市的交通卡。上海的试验之举曾经中处撞墙的长三角“一卡通”推开了试点的大门。

“一卡通”研究工作全面突破。专题小组在分析比较国内外区域交通一卡通的经验的基础上,提出长三角采用“发新卡,改造机具,兼容老卡和新卡”的实施方案。即各地发行的交通卡维持现状不变,各个城市保留自己的交通卡的管理政策,同时发行一种符合建设部标准的长三角“一卡通”,各城市改造各自的读写机具,使本地的读写机具既能“读”出原来的老卡,又能读出新卡。新型的复合建设部行业规范的 CPU 卡——“长三角交通卡”,既能在各城市内原有交通范围内适用,又可长三角其他城市内使用,同时在具有小额支付电子钱包功能的城市。

——协调机制。长三角区域“一卡通”推进涉及到现有系统的改造、涉及到城市之间的利益格局的调整和岗位人员的调整等众多方面,也涉及消费习惯和观念理念的改变,没有政府部门的协调和强有力的推进,建立良好的推进协调机制,是难以开展下去的。课题组成员多次与长三角其他城市协调沟通,建立了密切的联系。建议成立长三角区域交通“一卡通”推进协调领导小组、工作小组和实施小组。定期召开领导小组、工作小组和实施小组联系会议,协调解决长三角“互通卡”推进过程中产生的新问题。

——标准。统一的城市公共交通卡标准,能够在技术层面保障各城市之间交通卡的互通,起到规范新系统的建设和旧系统的改造的作用。国家建设部已经从国家层面规划制定一系列有关交通卡互通互联的技术标准,从全国范围内考虑城市、区域之间的数据交换、清分结算、数据备份、数据分析、决策管理等问题。建设部公共交通卡标准的出台,解决了长三角城市多个卡标准,“谁向谁靠拢,谁取代谁的问题”,各城市统一向建设部标准靠拢,以建设部城市公共交通卡标准统一长三角区域卡标准。

——交换清分平台。通过区域的数据交换和清分结算平台,实现各个城市之间的交通卡费用的结算和清分。建议区域交换清分平台采用星型网络结构,主要承担区域内“互通卡”的交易仲裁服务,由企业运作,具体的发卡等工作由各个城市交通卡公司具体实施。

——运行主体。长三角区域交换清分平台(或中心)采用专营公司运作的方案,由长江三角洲地区 16 城市交通卡运行方协商,组建“长三角区域交通卡交换清分平台”运营实体。各参与城市按比例共同出资组建有限责任公司,区域交换清分中心可通过收取交易费获得收益。区域交换清分中心的运作维护成本主要支付区域交换清分中心的运行、维护费用,运行成本也可以由参与单位分摊的办法解决。由 16 城市自愿协商出资组建有限公司,不进行区域清分中心的运行维护,可以达到互通互利,收益共享,共同发展的目的。

长三角城市远程视频会议系统专题

2009 年 3 月 3 日,随着最后一个城市绍兴的成功接入,由长三角协调会办公室牵头,上海科学技术开发交流中心承担建设的长三角 16 城市远程可视会议系统专题工作圆满“收官”。

从此以后,长三角 16 城市的任何一个城市都可以作为主会场,发起不同主题的视频会议。显而易见,依托现代信息技术手段的远程可视会议系统将极大提高包括年度会议在内的协调会各种会议的效率。“这种会议节省出差旅途时间、节约会务费用、提高开会效率。还可以扩大会议的参与面。”

项目建设工作 2008 年初正式启动。为贯彻 2007 年沪苏浙三省市主要谈会“关于重点加强信息一体化建议”的指示精神,2007 年 12 月 11 日,长江三角洲城市经济协调会第八次市长会议上共同签署了《长感触地区城市合作(常州)协议》。该协调明确由上海科学技术开发交流中心承建“长三角城市远程视频会议系统”。

一、项目成果。

2008 年 12 月 4 日,长三角协调会办公室利用视频系统召开了第一次全体会议,实现了 16 城市之间的网络视频对接,图像稳定无拖尾、声音清晰无延迟,达到了预期效果,得到了成员单位的一致好评。

二、专题实施过程。

1. 项目准备阶段。2008 年 4 月至 5 月,上海科技开发交流中心的工程技术人员,行程 2500 多公里,先后赴南通、苏州、镇江、南京、扬州、泰州、台州、舟山、嘉兴、宁波、杭州、湖州等 16 城市进行专题调研工作,与当地经济协调会成员单位负责人和技术人员进行面对面的交流,料地了解各地现有网络条件,确定专用视频会议室,落实当地项目负责人和技术负责人。明确网络要求:2 兆带宽,独用公网 IP 地址。要求各地在 2 个月内完成网络准备工作。

2. 项目实施阶段。(1)设备采购招标。当前用于远程视频会议的与民同乐软件和硬件设备两种形式:硬件设备的稳定性好,集成度高;摄像机、音响与视频会议主机一体化,故障率小。为保证视频会议系统的稳定性,因此项目决定选择使用硬件视频设备。

根据调研情况,15 家单位选用 42 寸显示器设备。1 家单位选用投仪设备。显示器设备选用 LG 液晶 42 寸的电视机,投影仪选用 SonyCX-130.

联络用笔记三电脑采用 IBM 的商务型笔记本电脑 IBMR6Ii。

①中心节点:视频多路控制器(MCU):POLYCOMRMX200

视频会议终端:POLYCOMVSX800

显示设备:50 寸等离子电视机。

网络宽带:10M 专线。

②分会场:视频会议终端:POLYCMVSX6000。

显示设备:42 寸等离子电视机/投影仪。

网络宽带:2M 专线。

(2)各地安装调式。为节省安装时间,加快专题进度,专题组安排 2 台专车分两组,每组两名技术人员,携带设备奔赴协调会 16 个成员单位城市。各地领导积极支持该视频项目的实施,安排专职人员配合做好网络、会场等配套工作。其中,15 城市安排了会议室,1 个城市将会议室设在办公室。

设备安装阶段是以天下大骇的困难较大。各地网络采用的防火墙型号各异,在做网络影射和开放端口工作时遇到技术难题,专题组根据设备的要求,配合各地网管人员开放相应端口。有的单位从网络进户到指定会议室要经过 3 层交换,有的单位的网络是委托网络公司管理。经过与当地相关技术的沟通与配合,解决了网络问题。调试完成后,便开始对当地的项目负责人和技术负责人进行培训,设备的基本操作,视频图像的摄取,灯光布置,以及视频会议的基本组织形式等。经过耐心细致的培训,各地项目负责人和技术负责人基本学会了基本的使用。

(3)组织系统联调。各地分会场设备安装到位之后,组织了设备联调。这个环节比较复杂,赴各地安装的设备只是点对点的与上海进行了单线联系,比较简单,主要是解决了网络通道的难题和设备基本设置问题。联调时要求 16 家单位同时上线,对中心结点的网络带宽和网络接通率是一个考验,对中心结点交换机:多点控制器(MCU)是一个考验。经过对各节点 IP 地址的确认输入,通过对多点控制器的设置、统调,实现了多点控制器对各地的呼叫、连通,实现了对各地单点视频会议终端的远程控制(摄像头的转动、发言方式、画面布局等)。

中心结点的网络和交换设备是上海科学技术开发交流中心先期投入建立的专门用于视频会议的交换机-多点控制器——POLYCOMPMX2000 型设备,它是 2008 年新推进的视频多路控制专用设备,具备 20 个点的交换功能,可以把视频和音频互传到各个分会场 hwdeqq 种画面显示形式;多画面显示、突出发言的主题显示、画面轮巡显示等方式。该设备最大的特点就是还可以根据用户数量的增加相应的接入更多的交换点,具有很大的升级空间,完全可以满足长三角协调会日后的工作需求。

经过几次联调。图像系统实现了 16 城市图像和声音的双向同时传输。图像没有马赛克和拖尾的现象,分辨率正常。声音清晰,没有明显的滞后现象。多点控制功能正常,实现对各节点的交换和控制功能。

三、需要改善和提高的地方

各地会议室情况不同,操作人员的技术基础也不同,需要经常联调,通过实践提高视频会议设备的使用技巧。交换中心的多点交换机 16 点同时在线的机会较少,还应该多进行系统联调,积累经验,确保正式会议的效果,确保图像、声音效果良好。

另外,上海科学技术开发交流中心正在编写该套系统使用、维护的用户指南,帮助各使用单位更好地利用该系统,进一步提高协调会办公定参推进城市合作中的工作效率。

创建区域性行业协会专题

2009年2月19日,首届长三角区域电梯联席会在上海大众国际会议中心召开,长三角电梯行业联席会正式宣告成立。

联席会议发起单位包括上海市电梯协会、南京市特种设备管理协会电梯分会、杭州市特种设备毛糙协会等。会议审议通过并签署了"长三角区域电梯行业联席会议公约",并就电梯行业发展的热点问题进行了专题讨论。

这次会议,其实是长三角行业协会跨区域合作不断走向深入、政府以外,长三角合作"第二平台"风起云涌的最好阐释。

2007年12月11日在江苏常州市召开的长江三角洲城市经济协调会第八次会议上16成员城市共同签署的《长江三角洲地区城市合作(常州)协议》中设立了创建区域性行业协会专题,一年后,硕果累累。

确定参与主体,建立组织框架。

2008年1月,经研究确定,《创建长三角区域性行业协会》专题由沪苏浙三地民政部门和有关业务主管单位作为参与主体,联合在行业协会中开展调研,在长三角合作交流有基础、市场有需求、企业和行业协会有迫切愿望的领域,研究组建长三角区域性行业协会。并形成以建立以长三角经济协调会办公室为总体指导协调,沪苏浙三地民政部门和有关业务主管单位组成专题小组具体落实,长三角16城市共同参与的组织机构框架。

长三角经济协调会办公室负责总体协调指导,与沪苏浙三地领导汇报,与国家有关部门沟通,争取其对专题给予政策支持和指导。

专题小组负责课题调研,建立长三角区域性行业协会的政策指导,向民政部及中央有关部委的汇报等工作。

长三角16城市要明确负责指导此项的分管领导和联系人,并负责参与对组建区域性行业协会的相关文件的起草,以及对区域性行业协会的可行性报告及章程的审核,协调、推荐本地区相关协会和企业参与组建区域性行业协会等工作。

2008年2月,专题小组对上海市级行业协会在开展长三角合作交流活动的情况进行了全面深入的调查研究,摸清了现状,初步确定了创建长三角区域行业协会的方向。

据统计,上海开展长三角交流合作并建立了固定交流合作关系的行业协会有18家。交流人物主要形式有建立合作联盟、签订合作协议、成立联谊会、组建联系网络、定期召开联席(系)会议、定期举办论坛或召开研讨会等,合作的主要内容有信息交流、市场分析、对策研讨、教育培训、产品展销、成果推介、全世界服务、规划协调、对策建议等。

2008年3月,专题小组选择了长感触产业特征明显,合作交流有基础,市场有需求,企业和行业协会有迫切愿望的上海市工业经济联合会、上海市金属结构行业协会、上海市市政公路行业协会、上海市汽车销售行业协会、上海泱漭寒郊外才中介行业协会、上海市电梯行业协会、上海市水泥行业协会、上海长三角非织造工业协会等8家行业协会进行了更加深入的调研,商讨创建长三角区域性行业协会的可行性和具体方案。

上海市工业经济联合会 tffu8pe 协会也积极参与《创建长三角区域性行业协会》专题工作,江、浙两省相关协会进行沟通协调,并召开专门会议,提出相关意见与建议,部分协会还完成了《创建长三角区域性行业协会的可行性报告》。

专题组成员单位也积极国家民间组织管理局和国家有关部委就创建长三角区域性行业协会相关工作进行汇报,了解了有关政策和相关信息。

2008年6月,专题小组就《创建长三角区域性行业协会》专题撰写了调研报告。

积极推进专题合作

长三角非织造材料工业协会是第一个以长三角命名的区域性行业协会。长三角地区是我国非织造材料研发生产的重要基地。目前这里拥有近千家企业,年产值在500万元以上的企业就达490多家,正在形成多个产业集群。但这些企业以往缺乏组织和信息指导,没有完整的技术标准,无序竞争,低水平重复建设问题日益严重,造成企业产能提升却效益下降,行业发展受到了严重的束缚。

在行业内企业的一致呼吁下,苏、浙、沪三地的社团登记部门几经协商,最后形成共识,同意将上海非织造材料工业协会更名为"上海长三角非织造材料工业协会",协会的工作范围扩大到长三角区域。

以长三角非织造材料工业协会为代表,2008年,长三角部分行业协会已经开始了有效的区域资源整合,更好的发挥出企业联系政府的桥梁纽带作用,在破除行业发展瓶颈、应对贸易乃至金融危机风险等方面进行了有益的探索。

为贯彻落实《国务院办公厅关于加快推进行业协会商会改革和发展的若干意见》(国办发〔2007〕36号)中关于"在具有产业、产品和市场优势的经济发达地区和城市,可以将地方性的行业协会依法重组或改造为区域性的行业协会"的精神和2007年"沪苏浙主要领导座谈会"关于"加强行业组织合作"的精神,促进体制制度创新,更好的发挥市场主体在推进区域经济一体化中的作用。

《创建长三角区域性行业协会》专题研究的目的:

——通过跨区域整合,建立长三角区域性行业协会。使其成为企业联系政府的桥梁纽带,不断拓展和深化长三角区域合作,为促进长三角区域合作共赢,进一步推动长三角区域的经济繁荣作出积极贡献。

——推进长三角区域一化进程,逐步完善政府、协会、企业三个层面的合作机制,实现长三角地区行业协会之间的资源整合,创新能履行协调、自律、监督、服务职能;发挥桥梁、纽带作用,具有社会性、广泛性、现代性的区域性行业协会,促进长三角地区经济又好又快的发展。

——通过理顺长三角地区政府、企业和行业协会三者关系,落实长三角区域性行业协会职能,使区域性行业协会逐步实现自立、自治、自给,为正常开展长三角区域性行业管理工作创造条件。尽可能使研究成果具有实践性和可操作性。

长三角区域一体化的本质是市场的一体化,要加快长三角区域一体化进程,很重要的一点是充分发挥行业协会的作用。企业是市场的主体,通过把长三角区域内的企业按行业组织起来,使行业协会成为可以有效组织企业并形成利益共同体的平台,形成政府和市场主体共同推动的长三角合作体制。截止目前,事实已经足以说明,长三角区域性的行业协会正在成为区域经济、社会一体化整合的工具,是长三角区域一体化的制度和组织创新的一个重要突破口。

长三角世博主题体验之旅专题

2008年10月,长三角世博主题体验之旅示范点第一批名单正式公布。一个朝代背影(南京·民国文化)、绿色清香的茶都(杭州·龙井茶乡)、中国第一水乡(苏州·周庄)、"十里红妆"的后大街社区(宁波·镇海)、"中国近代第一城"(南通·通州水城)以及一座没有围墙的博物馆(绍兴·古城)等44项示范点入选。

根据2007年12月11日长江三角洲城市经济协调会第八次会议签订的《长江三角洲区域城市合作(常州)协议》,"长三角世博主题体验之旅"被列为2008年长三角城市经济协调会专题合作项目。本项目是由上海市人民政府发展研究中心牵头,上海世博会事务协调局、上海市旅游局和其他有关部门共同配合实施的。

与一般的世博旅游项目不同,长三角世博主题体验之旅是为中国2010年上海世博会中外游客特别策划的专题旅游产品,是把长三角地区作为放大世博园,让游客亲身体验长三角"城市,让生活更美好"的主题实践成就。一年来,在长三角城市经济协调会办公室成员单位尤其是上海市人民政府合作交流办公室的大力支持下,本专题合作项目完成了构建组织协调机制、要素题材征集评选以及示范点发布等工作,在长三角地区初步掀起了打造世博主题体验之旅、共享世博机遇与成果的热潮。

【构建组织协调机制】 由于本专题合作项目涉及范围广、牵涉部门多、专题性较强,建立并形成一套相对稳定、运行有效的组织协调机制显得尤其重要。为此,上海市政府发展研究中心与上海世博局、上海市旅游局等部门共同确定了上海层面的组织机构框架、人员组成以及各自职责。同时,通过与江浙两省以及长三角经济协调会成员单位有关部门沟通,确定了江浙两省和长三角城市参与本专题合作项目的组织机构框架和人员组成,为项目的顺利实施奠定了良好的组织保障。在2008年4月召开的专题合作项目工作预备会上,项目工作小组讨论确定了本专题合作项目计划任务和时间节点。

【要素题材征集与评选】 2008年6月12日,长三角世博主题体验之旅第一次工作会议暨动员大会在宁波镇海召开,就本专题合作项目的工作进行了动员,对长三角世博主题体验之旅要素题材征集活动进行了部署,并对项目实施的相关计划等议题进行了广泛的讨论。

2008年6月9日,长三角城市经济协调会成员单位先后开展了世博主题要素题材的征集工作。各城市根据自身的资源特点,对征集来的要素题材进行初步筛选,形成了3—5个符合世博主题、具有各自城市特色的要素题材方案报送至项目工作小组。

随后,项目工作小组组织有关专家,对浙江宁波、湖州和江苏南通、太仓等地上报的要素题材方案进行了实地考察,建议有关方面加大对相关基础设施的投入,提升接待服务水平,以便符合世博会游客的体验需要。

【形成并发布示范点方案】 2008年9月23日,上海市政府发展研究中心组织来自北京、江苏、浙江以及上海的有关专家对长三角成员城市报送的58项长三角世博主题体验之旅的要素题材案例进行了评选。根据世博会主题契合性、社会公认性、适合游客游览性等原则,评选出41项,长三角世博主题体验之旅示范点。

2008年9月28日,长三角世博主题体验之旅示范点第一批名单发布仪式在宁波市镇海区隆重举行。长三角世博主题体验之旅项目领导小组成员、工作小组成员以及长三角部分城市旅游局的领导和专家出席了仪式。长三角城市经济协调会办公室主任胡雅龙致辞并发布41项长三角世博主题体验之旅示范点名单。中国广播网对此项活动进行了网上现场直播,新华网、解放日报等媒体对此进行了全程报道。

2008年12月,根据长三角部分城市及上海市有关方面的要求,专题合作项目工作组再次邀请专家,对有关方面上报的新方案进行了补充评审,最终补选出"一个大都市的前世今生(上海·黄浦江)"、"美好的社区生活(上海·闸北区临汾街道)"以及"中国近代民族工业城市标本(无锡·民族工商业文化)"3项示范点。

为体现专题合作项目的工作成果,展示44项示范点丰富而精彩的内容,推广合作项目工作小组会同上海人民美术出版社共同编辑出版了《发现更多,体验更多——长三角世博主题体验之旅示范点(2008)画册》。

长三角流域跨界水体生态补偿机制研究报告

(摘 要)

2008年,长三角环境保护一体化进程进一步加快,其标志就是2008年12月15日,沪苏浙环保厅(局)长在苏州共同签署《长江三角洲地区环境保护工作合作协议(2008—2010)》。

这份协议主要有六个方面内容。其中明确提出,要创新区域环境经济政策,在太湖流域先行开展COD排放标准有偿分配和交易试点,完善区域"绿色信贷"政策,切实加强太浦河、吴淞江、淀山湖,江南运河、箬溪等跨界河流的综合整治;建立完善跨界水、大气、核与辐射等环境预警和应急机制。

长江三角洲地区产业密集,水系发达、跨界河流众多,省市间环保联动与协调,是流域环保合作的重点与难点。多年来,省市间一直在探索有效的合作协调机制。"长三角地区流域生态补偿机制研究"这一课题,要解决的正是何种情况下需进行生态补偿、如何进行生态补偿的问题。

根据2007年12月沪苏浙一市两省领导联系会议确定的长三角区域合作工作重点,决定将"长三角地区流域生态补偿机制研究"课题列为2008年重点合作专题工作之一。为此,在长三角经济协调会办公室的领导下,在广泛调研的基础上,课题组开展了"长三角地区流域生态补偿机制研究",并起草了本研究报告(初稿)。

"跨界污染"挑战行政壁垒

长江三角洲区域内河流纵横,湖库密布,水资源总量丰富。长江三角洲地区的河流分布分属长江下游水系和钱塘江中下游水系,主要河流有长江、钱塘江、淮河、黄浦江、大运河、曹娥江、涌江,湖泊有太湖、淀山湖、高邮湖等。长江三角洲的大陆海岸线长近千公里,长江优良的岸线600公里,上海港、宁波港、南京港、南通港等组成了我国最大的沿海沿江港口群。

长三角地区水资源总量丰富,但水环境污染问题突出,形成了"水质性缺水"状况。通过近年来着重加大污染防治力度和全力推进水环境综合整治工作,水环境质量局部得到改善,但总体不容乐观。长三角地区河流干流水质基本稳定并有好转的趋势,中小河流水质持续恶化,呈现出有机污染特征和富营养化趋势。长江和钱塘江两大干流基本能保持在地面水Ⅱ类标准,郊区和农村河流水质大都低于Ⅳ类标准。长三角湖泊呈现富营养化现象。近十年该区湖泊水质已由Ⅲ类为主变为以Ⅳ类,Ⅴ类为主,区内近20个主要湖泊超过75%已呈现明显的富营养化。

上游排污,下游叫苦,地方政府认为只要污染不发生在自己的地盘上就行。频频发生在江河流域的"跨界污染"和现行的行政分割体制之间的不协调已经成为了导致中国环境质量总体恶化的一个主要因素。在长三角,"跨界污染"表现得更为突出。

受益补偿、污染赔偿

1. *受益补偿、污染赔偿的原则*。即按照"谁开发、谁保护、谁破坏、谁恢复,谁受益、谁补偿、谁污染、谁付费"的原则,一方面,环境和自然资源的开发利用要承担环境外部成本,履行生态环境恢复责任,当造成超出阈值的环境污染时,应赔偿相关损失,支付占用环境容量的费用;另一方面,生态保护的受益者有责任向生态保护者支付适当的补偿费用。

2. *政府主导,市场推进的原则*。充分发挥政府在生态补偿机制建立过程中的引导作用,结合国家相关政策和当地实际情况研究改进公共财政对生态保护投入机制,同时要研究制订完善调节、规范市场经济主体的政策法规,增强其珍惜环境和资源的压力和动力,引导建立多元化的筹资渠道和市场化的运作方式。

3. *共建共享,协商互动的原则*。长三角流域生态环境保护的各利益相关者应在履行环境职责的基础上,加强生态保护和环境治理方面的相互配合,通过建立协商互动平台和机制,积极加强生态补偿机制实施过程中的分工协作,并共同致力于改善区域、流域生态环境质量,拓宽发展空间,推动区域可持续发展。

4. *公正公平,多赢发展的原则*。公正、公平是人类社会处理各项事务的基本原则。一方面,流域的上下游应互相尊重、共同维护生态环境,不得损害对方利益和权益。另一方面,流域生态补偿机制的建立应当在公正、公平的基础上,要充分考虑长三角各地区的利益协调和均衡,对流域上下游实现合理的约束和管理,从而促进区域可持续发展,最终实现多方共赢的发展格局。

建立补偿机制总体框架

长三角流域跨界水体生态补偿机制,总体上是在建立跨行政区交接断面水质目标双向考核制度基础上,通过确定双方责任、制定补偿标准、核算补偿金额的方式进行污染赔偿或者爱益补偿。

1. *实施范围和对象*。总体实施的范围包括长三角所属十六个城市。分别是:上海市,江苏省的南京、苏州、无锡、常州、扬州、镇江、南通和泰州8个地级市,以及浙江省的杭州、宁波、湖州、嘉兴、绍兴、舟山和台州7个地级市。

试点实施范围。根据现阶段长三角流域环境主要问题和矛盾,拟选择跨省界河道开展跨界水体生态补偿机制试点。

补偿实施对象为长三角内跨界水体。跨界水体具体是指跨省和跨市(设区市)界的具有明显上下游关系的自然河流和人工河道。

2. *补偿的实施主体和客体*。长三角流域跨界水休生态补偿机制的实施主体和客体根据跨界水体的跨界性质决定。若为跨县(包括县级市)界水体,则补偿实施主体和客体为跨县界水体上下游所属的县(或县级市)人民政府;若为跨设区市界水体,则补偿实施主体和客体为跨界设区市界水体上下游所属设区市人民政府;跨省界水体则以上下游所属省级人民政府为补偿实施主体和客体。

一般情况下,补偿资金的提供为补偿实施主体,补偿资金和受纳方为补偿实施客体。

3. 补偿责任的划分。根据受益与污染赔偿的原则,确定上下游的补偿责任。一般情况下,在确定跨界断面水质控制目标的基础上,当上游地区出境水质优于跨行政区交接断面控制目标时,下游地区有受益补偿的责任,下游地区对上游地区实施补偿;当上游地区出境水质劣于跨行政区交接断面控制目标的,上游地区有污染赔偿的责任,上游地区对下游地区实施赔偿。

4. 补偿方式与形式。长三角流域跨界水体的生态补偿机制,采取受益补偿与污染赔偿相结合的补偿方式。补偿的形式主要是资金补偿。同时也鼓励上下游各方通过协商采用政策补偿、项目补偿、智力补偿等形式。

5. 补偿因子和标准的制定。补偿因子一般优先考虑的跨界断面水质主要污染因子,包括:COD、氨氮、总磷,同时还应结合当地实际情况,选择特征污染控制因子。

长三角流域跨界水体生态补偿标准的制定,是在确定跨界断面水质控制因子和目标基础上,核算控制因子的污染治理单位成本,并以此制定相应的补偿标准。

6. 补偿额度的核算。在确定跨界水体水质补偿因子和控制目标之后,由上下游双方共同出资设立断面水质自动监测站进行监测。根据监测结果计算名控制因子的日补偿(包括赔偿)金额,并于每年年终补偿金额核算。核算结果通报各自生态补偿实施机构和财政部门。

补偿金额的核算方法应当依照实际水质与目标水质标准的差距、水质和补偿标准来确定。例如,某控制因子的日补偿金额度为核算方法为:

单因子日补偿金额 =(断面水质日监测值 - 断面水质目标值)日断面水量补偿标准。

单因子年补偿金额 = 全年单因子日补偿金额之和。

总补偿金额为各单因子年补偿金额之和。

7. 补偿资金的支付。需缴纳补偿金一方的财政机构,应将补偿金额纳入下阶段政府财政预算,并通过政府财政转移支付,对补偿客体一方实行补偿。

8. 补偿资金的管理与使用。加强与有关方协调,多渠道筹集资金,建立促进跨行政区的流域水环境保护的专项资金。政府负责对专项资金实行管理,并建立专项资金的申请、使用、效益评估与考核和审计制度,资金使用一方政府有责任将资金使用情况向另一方政府公布。

专项资金将应重点用于流域上游地区的环境污染治理与生态保护恢复补偿,并兼顾上游突发环境事件对下游造成污染的赔偿。

完善配套制度与保障体系

1. 建立工作组织机构与工作运行制度。跨界面上下游共同成立生态补偿工作领导小组,并设常设机构,负责相应的工作运行机制,确保生态补偿各项工作在友好协商的基础上,有序开展。

2. 建立长三角流域跨界断面水质目标考核制度。重点流域跨省断面水质标准,依据国家《"十一五"水污染物总量消减目标责任书》确定;其他流域跨界断面水质标准,按照有关区域发展规划、水质功能区划和重点流域跨界断面水质标准,并结合区域生态用水需求评估确定。当上下游跨界断面水质目标不匹配时,在优先保证水源地水质的原则上,通过上下游政府协商后确定。

在确定跨界断面水质标准后,应建立相应的定期考核制度,确定上下游赔偿或补偿责任与金额。

3. 建立长三角流域跨界断面水质联合在线监测制度。针对跨界断面,由上下游政府环保部门联合确认(已设置在线监测系统)或者设置双方认可的水质在线监测系统。该断面在线监测信息实现双方互通、互认和共享,并以此结果作为水质考核依据。

4. 长三角流域跨界水体联合治理制度。针对目前长三角流域主要的污染跨界水体,在生态补偿机制实施的缓冲期内,实施上下游联合治理制度。可能通过跨界水体上下游政府成立联合整治队伍,共同制定计划、共同出资进行整治;或者由上游政府提出整治计划和工程实施方案,并向下游政府申请资金,实现上下游政府共同治理。

5. 建立长三角流域跨界水体生态补偿纠纷仲裁制度。建立处理长三角跨界水体生态补偿机制实施过程中遇到的纠纷的仲裁机制。一般情况下,由双方政府环境行政职能部门协商解决。若协商无效,则由双方上一级政府环境保护行政职能部门或专门成立的仲裁机构仲裁解决。

6. 建立补偿资金使用管理制度。针对省市的生态补偿专项资金的使用和管理,建立相应申请、使用、支付、管理制度。确保补偿资金用于上下游间的补偿和赔偿,以及流域生态环境的改善与治理。

7. 建立长三角流域跨界水体污染预警与应急制度。针对长三角流域跨界水体污染问题,应当在建立生态补偿机制的基础上,加强跨界污染防范,同时建立长三角流域跨界水体污染预警与应急机制,尽量避免和减少重大跨界污染事件带来的损失和纠纷。

长江三角洲城市经济协调体裁第八次会议纪要

(2007 年 12 月 11 日长江三角洲城市经济协调会第八次会议通过)

长江三角洲城市经济协调会(以下简称"协调会")第八次会议于 2007 年 12 月 11 日在江苏省常州市举行。上海市常务副市长冯国勤、江苏省副省长赵克志、浙江省政府党组成员汤黎路,上海、无锡、宁波、苏州、扬州、杭州、绍兴、南京、南通、泰州、常州、湖州、嘉兴、镇江、台州等成员城市政府领导和部门负责人出席了会议。国家发改委地区司、沪苏浙两省一市发改委、协作部门领导以及泛珠三角、环渤海区域合作组织常设机构负责人应邀参加了会议。

本次会议共分两个阶段。上午召开成员城市市长内部会议,上海市常务副市长冯国勤主持了会议,上海市政府副秘书长姚明宝传达了"沪苏浙主要领导座谈会"的主要精神。会议听取了协调会办公室主任陈荣堂同志作的《协调会工作汇报》。各城市领导就贯彻落实"沪苏浙主要领导座谈会"精神,推进长三角城市间合作,加强协调会建设进行了座谈。下午召开了长三角城市经济协调会第八次会议全体会议,常州市政府市长王伟成、常务副市长俞志平分别主持了会议,常州市委书记范燕青、国家发改委地区司副司长陈宣庆、上海市常务副市长冯国勤、江苏省副省长赵克志、浙江省政府党组成员汤黎路等分别在会上致辞。

会议听取并审议了泰州市副市长张爱平《关于长江三角洲城市经济协调今后一年工作计划的建议》,会议对第七次会议执行主席方泰州市一年来的工作给予充分肯定,对下届执行主席方常州市所提出工作建议表示赞同。会议同时审议并通过了长三角城市经济协调章程修改的提案和长三角城市经济协调会办公室人事调整的提案;批准继续深化"港口合作"、"旅游标志规范设置"、"交通卡互通"、"协调会建设"等四个方面合作专题工作,新设"统一大市场"、"世博主题体验之旅"、"环保合作"三个专题。会议授予蒋裕德、金胜山、陈荣堂、尤传礼、沈建国等五位同志"特别贡献奖";对2006年度合作专题先进个人进行了书面表彰。

会上,各市市长围绕"落实沪苏浙主要领导座谈会精神,推进长三角协调发展"的主题和完善区域合作机制等进行了热烈发言,并签署了《长江三角洲地区城市合作(常州)协议》。

会议商定,今后一年协调会要着重抓好全面组织对接区域规划、积极推进城市合作专题、切实加强协调会自身建设等工作。

会议决定,长江三角洲城市经济协调会第九次会议于2008年在浙江省湖州市召开。　(卞佳颖提供)

上海市合作与交流

【运用各地经贸展会舞台展示上海形象加强合作交流】　2008年,上海市参加各地经贸展会活动11次,其中参会参展5次,参会7次。

主题突出,内容新颖。通过精设不同的主题展示上海形象,凸显参展特色。如:"第十二届中国东西部合作与投资贸易洽谈会"上海展区的主题是"发展中的汽车配套工业";"第十六届中国昆明进出口商品交易会"上海展区的主题是"百年老店与中华老字号";"第三届中国中部投资贸易博览会"则以"现代数字与IT产业"为主题。

市区联手形成参展工作新机制。首次尝试市区联手参会参展,通过与嘉定、长宁、黄浦、浦东等区联手参展,共同打造对外合作交流的新舞台,不仅使区县的经济亮点得到了推介,还为各省市深入了解上海开辟了新的窗口。

加强合作,成绩突出。全年5个参展的展会上,陕西、四川,重庆、云南、吉林、广西等地企事业单位、科研院所纷纷前往上海展区,就自主品牌、IT产业、工业园区等专题与上海参展单位展开深度交流与合作探讨,并签订了一批合作意向、协议和投资合同。不完全统计:接待有关领导83人次,接待各地参观者10万人次,接受记者采访13批次,新闻媒体报导25次,获展会主办单位奖项7项,签订合同165项,合同金额300亿元。　(沈　健)

【华谊集团参与区域合作、加大开拓市场力度】　2008年10月16日,上海华谊(集团)公司在安徽无为县举行煤基多联产精细化工基地(简称"华谊无为基地")一期工程开工典礼。华谊集团在煤基多联产方面具有较强的优势,是国内运用煤转化技术实现煤基多联产、生产精细化工品和清洁能源规模最大的企业之一。华谊无为基地项目是华谊集团以自主知识产权"煤基多联产"为核心技术,以煤为主要原料,生产高附加值精细化工品和战略能源产品,如醋酸、醋酐、丙烯等替代石油产品和甲酸、二甲醚等替代燃料产品。华谊无为基地位于长江北岸,地处华东重要经济区——合(合肥)芜(芜湖)宁(南京)"金三角"的中心地带,拥有2公里长江岸线,距离上海仅4小时车程,交通便利,铁路连接安徽淮南淮北煤矿,有水有煤,具有发展煤化工产业的资源及地理优势。该项目分两期建设,其中一期工程项目预计2010年底竣工,2011年投产,基地全部建成将实现销售收入500亿元。

【参加长江沿岸城市经济协调会第十四次会议】　2008年10月30日,长江沿岸城市经济协调会在武汉召开,上海、南京、武汉、重庆等29个城市的市长或副市长和国家有关部门负责同志出席了会议。上海由副市长胡延照率团参加会议。会议的主题是"长江黄金水道开发与产业合作"。29个城市共同签署了《关于加快黄金水道开发进一步促进合作的多边协议》和《长江流域环境保护宣言》等文件。

【深化落实对口支援工作】　帮扶项目资金进一步向基层和民生倾斜。2008年,上海实际投入对口支援资金4.45亿元,实施帮扶项目503个。①在西藏,第五轮援藏项目全面推进,日喀则实验学校高中部等重点工程进展顺利。②在新疆,第五轮援疆项目全面完成任务;第六轮援疆项目调研启动;春节前向阿克苏地区农牧民捐赠1.3万台电视机,完成"电视进万家"任务。③在云南,以新农村建设为重点,各类项目有序推进。承担金平雷公打牛村莽人异地搬迁安置任务;认领"三个确保"重点村237个。④在三峡,继续援建移民就业基地标准厂房及教育、卫生、新农村建设等项目,组织上海企业赴三峡进行项目对接。

加强多领域合作,提高对口地区自主发展能力。①协助对口地区在沪举办重庆万州、湖北宜昌产业发展项目推介会、香格里拉经济文化活动周、文山宣传文化周,有关活动与上海国际旅游节、上海国际艺术节相结合,丰富扩大了推介效益。②引导对口地区大宗农产品进入上海市场主渠道。新疆阿克苏、三峡等地农特产品进入上海农产品中心批发市场和知名超市、卖场销售。23家对口地区龙头企业落户上海松江国际食品城。③推动经济领域合作,促成经济合作项目77个,协议投资106亿元。

改进培训工作,提升人力资源开发效益。组织各类培训428期,培训人员2.4万人次。完成中德合作西部地区处级干部研修班以及“西部培训计划”的培训任务,做到结束有总结,资金有决算、好坏有评价。结合扶持对口地区特色产业发展,开展农产品经纪人、农村致富带头人的培训工作,123名来自对口地区的农产品经纪人通过考核获得工商部门资质认证。

(刘　军)

【第五批援疆干部圆满完成三年驱动器支援任务】 2005年7月,上海市第五批56名援疆阿克苏,开展为期三年的援疆工作。阿克苏博物馆项目、阿克苏妇幼保健院项目填补了地区空白;首次援建的9个白玉兰扶贫村项目成为阿克苏地区新农村建设的示范村;首次安排的扶贫培训项目,为阿克苏地区贫困农牧民学习掌握实用技能,脱贫致富取得了新的经验;向阿克苏地区捐赠的1.3万台电视机和2000台太阳能发电设备等项目解决了部分贫困农牧民实际困难;181个农村基层政权阵地项目对发挥党组织在农村的领导核心作用提供了有力的支撑;上海紧急援助阿克苏地区防治禽流感的物资,为当地确保取得抗击禽流感胜利起到了积极作用;12个教育项目、8个医疗卫生项目的实施促进了地区教育、卫生事业的发展。在援疆工作的三年间,第五批援疆干部,有7名援疆干部加入了中国共产党;3位干部被新疆自治区评为优秀援疆干部;先后有98人次获得上海和新疆各级各类表彰和荣誉称号。

三年援疆工作主要成绩:为阿克苏投入资金、物资约1.82亿元;实施项目125个;组织来沪人员培训87批,培训人员1439人次;派专家到阿克苏讲课25批,专家144名,听讲人员18470人次。

南京市合作与交流

【概况】 南京都市圈地处沿长江和沿海的交汇带,是东部与中西部、南方与北方经济发展的交融区域,具有战略性的枢纽地位。南京都市圈是长三角地区向中西部地区辐射的门户,是泛长江三角洲地区发展的重要增长极。都市圈核心城市南京是华东地区重要的经济、科教、文化和信息中心,是国家综合交通枢纽。

2002年底编制完成的《南京都市圈发展规划》明确,南京都市圈的范围包括南京、镇江、扬州、马鞍山、芜湖、滁州的全部区域,以及淮安的南部(金湖县、盱眙县)和巢湖的部分地区(巢湖市区、和县、含山县),其空间半径约100公里,高速公路行程在1小时左右。随着都市圈逐步发展,实际已包括淮安和巢湖两市的全部区域。都市圈土地总面积约5.5万平方公里,占江苏、安徽两省面积的22.7%;2008年末,常住人口3100多万,占两省总人口的23%;地区生产总值10057亿元,占两省总和的25.9%。

2008年南京都市圈各市经济发展基本情况

地区 指标	南京市		扬州市		镇江市		淮安市		马鞍山市		芜湖市		滁州市		巢湖市	
	2008年	增长%	2008年	增长%	2008年	增长%	2008年	增长%	2008年	增长%	2008年	增长%	2008年	增长%	2008年	增长%
地区生产总值(亿元)	3775	12.1	1573.29	13.4	1408.14	12.8	915.83	13.4	636.3	15.5	749.65	15.8	520.1	11.3	479.33	13.2
人均地区生产总值(元)	60808	10.2	35400	22.0	46473	11.5	18900	14.6	49672	-	32500	15.3	12639	11.1	11634	18.6
财政收入(亿元)	742.4	18.1	266.2	24.6	233.2	13.7	170.51	38.2	110.18	20.5	123.85	17.8	55.61	22.2	44.8	31.8
实际利用外资(亿美元)	23.7	15.1	17.2	50.2	12.1	13.7	4.54	37.1	5.11	37.4	5.71	23.5	1.14	-41%	1.99	51.6
固定资产投资(亿元)	2154.2	15.3	950	32.3	718.5	22.2	825	35.2	404.5	22.1	614.95	41.1	360	44.6	346.79	35.2
旅游收入(亿元)	714.3	22	201.42	21.8	210.34	16.5	78.97	27.9	23.86	25.7	50.07	30.9	28.75	25.8	25.1	36.4
进出口贸易(亿美元)	405.92	12.1	61.8	38.6	74.62	18.3	17.81	23.0	33.46	42.4	20.36	21.2	7.03	47.9	4.48	68.0
社会消费品零售总额(亿元)	1651.82	19.7	521.30	24.4	410.21	23.8	335.9	24.7	105.97	22.5	203.20	22.5	154.4	22.3	151.18	24.0
城市居民人均可支配收入(元)	23123	13.8	17398	15.5	19040	13.5	14007	15.2	18330	13.6	14939	12.9	12255	12.4	13044	15.1
农民人均纯收入(元)	8591	11.6	7450	13.1	8742	14.0	5657	12.9	7238	17.8	12.9	17.8	4543	18.4	4785	20.4

【第二届都市圈市长峰会】　按照 2007 年首届市长峰会共同签署的《南京都市圈共同发展行动纲领》的要求，都市圈城市于 2008 年完成各市“南京都市圈市长联席会议办公室”及“南京都市圈市长联席会议秘书处”的组建工作。4 月 28 日，围绕“交通基础设施与公共服务一体化”主题和“共建、共享、同城化”目标，在南京举行第二届南京都市圈市长峰会。会议期间，都市圈各市市长共同签订《第二届南京都市圈市长峰会备忘录》，从战略层面上明确今后都市圈综合交通的发展目标和发展重点，积极推动都市圈一体化发展。

【统一推广平台】　以统一的平台招商引资、推广项目成为都市圈城市招商引资的重要特征。自 2003 年起，南京市举办六届中国 · 南京重大项目洽谈会，近年来，随着“重洽会”品牌效应不断凸显，联办城市由最初的镇江、淮安、马鞍山、芜湖、滁州 5 个城市，增加到 2008 年的 20 个城市。2008 中国 · 南京重大项目投资洽谈会期间，吸引世界 30 多个国家、港澳台地区和国内 1 万多名客商参加，共同推出近 2000 个项目，投资总额近 6500 亿元。都市圈城市与周边城市一起，共同接待客商，共同发布和推介招商项目，共享签约成果，在区域范围内最大限度地实现资源共享、项目对接和共同发展。

【重大基础设施建设对接】　4 月起，根据《第二届南京都市圈市长峰会备忘录》要求，都市圈城市共同开展《南京都市圈综合交通发展规划》的编制及《南京都市圈轨道交通发展规划专题研究》的编撰，共同完成都市圈未来 5～20 年重大交通基础设施及项目梳理。2008 年，轨道交通建设成为都市圈交通基础设施建设的亮点。4 月 18 日，京沪高速铁路全线开工，线路经过都市圈的滁州、南京、镇江 3 市。同日，宁合铁路通车运营，南京至合肥旅客列车运行时间由 4 小时缩短至 1 小时以内。7 月 1 日、12 月 18 日和 12 月 27 日，沪宁、宁安、宁杭城际铁路相继开工建设。轨道交通等重大基础设施的建设将支撑都市圈高效快速地融入更广泛的区域交流合作中。

【公共资源互通共享】　落实 2007 年都市圈 8 城市共同签署的《镇江宣言》要求，以控股和统一技术标准等多种形式，加快推进都市圈“公交 IC 卡”跨市联网通用。至 2008 年底，实现南京与扬州、淮安的公交 IC 卡互用互通，与芜湖、马鞍山等城市的公交 IC 卡互用互通也在推进，方便都市圈市民出行，提高都市圈凝聚力。2008 年南京禄口机场相继在芜湖、马鞍山、滁州 3 市开设城市候机楼。宁马高速公路南京与马鞍山联合收费的准备工作于 2008 年启动。　（朱延琴）

【南京都市圈城市生活信息平台启动】　4 月 28 日，南京都市圈城市生活信息平台启动。都市圈内 8 市市民可拨打 114 和 118114 或登录 www.nj118114.com，就可以查询到所有南京都市圈城市的生活资讯，包括商铺、道路、餐饮等信息。

（盛　韦　窦永飞）

【4 市联合打造“扬子江之旅”】　9 月 10 日至 14 日，扬州联合南京、镇江、马鞍山，分别在厦门、福州、杭州举办“扬子江之旅”旅游推介会。扬州市副市长王玉新，市政协副主席、旅游局局长王克胜，马鞍山市副市长方晓利等出席相关活动。

（姚　震　戴淑敏）

【南京都市圈党校发展论坛第四届年会】　10 月 21～22 日在中共镇江市委党校举行，苏、皖两省 12 地（市）党校常务副校长和镇江市党校系统有关领导与会。镇江党校常务副校长王华作报告。南京市委党校和滁州市委党校介绍改革开放 30 年间本地区在真理标准大讨论、家庭联产承包等解放思想、解放生产力的理论与实践创举。南京都市圈党校发展论坛每年举办一届，旨在通过区域内市级党校的沟通与研讨，加强横向交流，整合特色资源，实现优势互补。　（杨正宏）

【南京都市圈消费维权网工作会议举行】　10 月 21 日，南京都市圈消费维权网第 10 次工作会议在马鞍山市召开。南京都市圈消费者维权投诉网成立于 2004 年 4 月，旨在更好地营造南京都市圈内良好的消费环境，解决各类消费纠纷，维护消费者权益。8 市共同制定消费者异地投诉解决办法，为消费者解决异地购物或异地接受服务的消费纠纷问题。　（李　文）

【南京都市圈发展论坛在滁州举行】　11 月 28 日，由滁州市政府、南京市政府、南京财经大学、安徽省社会科学院、江苏省城市发展研究院主办，以“分工合作、共建共享、创新发展”为主题的第六届南京都市圈发展论坛在滁州举行。与会专家认为，南京都市圈的发展要在已有的产业基础和地理分布基础上，注重区域内产业结构的互补，以避免无序竞争和产业结构雷同现象。

【首届南京都市圈内河航道联席会】　12 月 3 日在滁州市召开，来自苏皖两省 10 市的省、市航道管理部门负责人出席。苏皖两省有 10 余个地市相互接壤，长江、淮河、滁河等多条航道穿境而过。南京都市圈内河航道联席会议的举办及其协调议事机制的建立，为苏皖两省各航道管理机构共同研究和探讨航道规划与建设、养护与管理提供相互交流的平台，从而更好地为区域经济的快速、和谐发展提供服务。　（葛安全）

【《南京都市圈综合交通发展规划》通过评审】　12 月 29 日，南京都市圈市长联席会议秘书处会同都市圈 8 市在南京召开《南京都市圈综合交通发展规划》评审会，国内交通、区域发展等领域的著名专家，安徽、江苏两省交通厅以及都市圈 8 市发改委、交通局等相关部门领导和代表参加。《南京都市圈综合交通发展规划》是根据 4 月在南京召开的第二届南京都市圈市长峰会的要求，由南京市发改委和市交通局牵头会同都市圈 8 市在国家有关部委和江苏、安徽两省相关部门的大力支持下完成的。《南京都市圈综合交通发展规划》通过评审。

（谢迎春）

【概况】　2008 年，全市新批注册合同外资 44.6 亿美元（含 2008 年注册的 2007 年合同外资），增长 20.5%，实际使用外资 23.72 亿美元，增长 15.1%。南京地区实现进出口总额 405.92 亿美元，增长 12.1%。其中，出口额 235.97 亿美元，增长 14.2%；进口额 169.95 亿美元，增长 9.3%。按市辖口径实现进出口总额 290.77 亿美元，增长 12%。其中，出口额 153.05

亿美元,增长15.1%;进口额137.72亿美元,增长8.6%。对外经济技术合作实现新签合同额10.36亿美元,增长36.38%;完成营业额10.26亿美元,增长37.8%。

招商引资取得新进展。服务业利用外资增长较快,合同外资15.81亿美元,增长8.2%,占全市合同外资的42.23%;实际使用外资11.8亿美元,增长23.4%,其中批发零售业到资2.76亿美元,增长302.9%,交通运输仓储业到资4782万美元,增长315.1%,成为服务业利用外资的高增长性行业。大项目比重继续提升。全市新批千万美元以上大项目145个,合同外资32.31亿美元,占全市合同外资总量的86.32%。其中,3000万美元以上重大项目39个,合同外资18.68亿美元,占全市合同外资总量的49.9%。世界500强对南京市投资踊跃。全年有19家世界500强企业在宁设立代表机构,22家世界500强跨国公司投资22家公司。其中,蒂森克虏伯、摩根大通首次在南京投资。菲亚特汽车、丰田通商、特易购等公司也进一步加大投资规模。

外贸增长方式加快转变。机电产品和高新技术产品出口保持增长。机电产品出口额125.5亿美元,增长8.8%,占全市出口额的53.2%;高新技术产品出口额7.11亿美元,增长3.3%,但出口增幅自5月达高点后逐月回落。内资企业出口保持增长。内资企业出口额147.7亿美元,增长22.5%,其中民营企业出口增长47.3%,国有企业出口增长15.7%。外资企业出口仅增长2.3%,增幅低于全市平均水平近12个百分点。消费类产品出口较为平稳。医药化工类产品出口额20.6亿美元,增长32.3%,增幅高于全市18个百分点;纺织服装类产品出口额45.7亿美元,增长11.8%。

服务外包快速发展。至年底,全市注册服务外包企业248家,实现服务外包合同额8亿美元,增长229%,其中离岸服务外包合同额4.5亿美元,增长168%;服务外包执行额5.1亿美元,增长148%,其中离岸服务外包执行额为3.1亿美元,增长111%。市场主体快速壮大。全市新增外包企业108家,其中90%左右为软件外包企业。年服务外包合同额在千万美元以上的企业19家,接包业务量前10位的企业占全市服务外包业务总量的60%以上,离岸服务外包业务额占全市的70%以上。示范区建设成效显著。鼓楼区南京国际服务外包大厦完成招商,玄武区徐庄软件园和江苏软件园30多家企业签约入驻,雨花台区引进凯腾科技、源知汇软件、蓝海豚动漫等多家重点服务外包企业,高新区18万平方米的服务外包大楼投入使用,江宁开发区腾飞创造中心建设进展顺利,建邺区近10万平方米的服务外包大楼建成招商。人才培训工作稳步推进。南京市服务外包人才培训中心全年培训专业人才近5000人。南京大学、东南大学等国家级软件示范学院分别与IBM等近50家跨国公司合作开设服务外包相关培训课程;南京福中集团与卡内基梅隆大学及HP等联合创办CMMI及软件外包工程论证培训中心;南京邮电大学与北京赛博科技公司联合设立CMMI认证及培训中心;江苏苏微软件人才培训中心与南京大学等数所高校合作,招收培养本科生。

对外经济技术合作的层次和水平进一步提高。大型专业工程项目主力军地位突出。规模在千万美元以上的大型外经项目22个,均为承包工程类项目,完成合同额9.86亿美元,营业额9.53亿美元,分别增长32.3%和45.7%,占全市总额的95.1%和92.89%。主营市场地位继续巩固。在中东地区完成对外承包劳务项目38个,占项目总数的31.1%;完成合同额和营业额分别增长44.2%和72.1%,占全市总额的69.5%和72.2%;在亚洲的营业额总量超过8亿美元,占全市总额的77.9%。境外投资规模显著增大。全市批准境外投资项目25个,协议投资总额1.11亿美元,中方协议投资总额1.05亿美元,分别增长15%、12.9%。新批境外投资项目平均中方投资额达420万美元,较上年提高71%。

【金洽会签约内外资项目530个】 2008中国南京第19届金秋经贸洽谈会于9月在南京举办。中国南京国际软件产品博览会和中国国际服务外包合作大会同期举行,突出服务外包和IT产业,强化先进制造业和现代服务业良性互动发展。经过洽谈推进,招商引资取得丰硕成果。金洽会期间,市级层面有530个内外资项目签约发照,总投资超过670亿元。其中,外资项目134个,总投资36.3亿美元,协议外资14.8亿美元,总投资1000万美元以上的外资项目81个,总投资34.4亿美元,协议外资13.6亿美元;内资项目396个,总投资423亿元,总投资5000万元人民币以上的内资项目233个,总投资达378亿元

【民营经济国际化程度进一步提升】 2008年,全市民营经济的国际化水平进一步提高。在外资方面,民营企业利用外资的数量和规模进一步扩大。全市新批民营企业利用外资项目152个,增加23%;注册合同外资3.19亿美元,增长21%;实际使用外资2.12亿美元,增长20%。在外贸方面,全市民营外贸企业在外需市场紧缩的情况下,仍然保持较好的业绩和较高的增长率,增幅居全市各类企业之首。全市民营外贸企业进出口额达49.9亿美元,增长45.7%,占全市比重为12.3%;出口额达39.94亿美元,增长47.3%,占全市比重为16.9%;进口额为9.94亿美元,增长39.7%,占全市比重为5.9%。在外经方面,全市18家民营企业到境外投资办厂,中方投资额为8978万美元。在全市25家境外投资办厂企业中民营企业占72%。

【2008年开放型经济工作先进单位】 2009年2月,市政府召开全市开放型经济工作大会,对2008年度开放型经济工作先进单位进行表彰,并通报表扬有关企业。

2008年度全市开放型经济工作先进单位是:江宁区人民政府、鼓楼区人民政府、建邺区人民政府、白下区人民政府、秦淮区人民政府、雨花台区人民政府、下关区人民政府、玄武区人民政府、栖霞区人民政府、溧水县人民政府、江宁经济开发区、溧水经济开发区、江宁滨江经济开发区、栖霞经济开发区、雨花经济开发区、南京机电产业(集团)有限公司、南京化建产业(集团)有限公司、南京轻纺产业(集团)有限公司、南京城建控股集团、南京交通控股集团、河西建设指挥部、市交通局、市房产局、南京纺织品进出口股份有限公司、南京东沛国际贸易集团有限公司、南京恒润宏苏贸易有限公司、南京钢铁集团国际经济贸易有限公司、金城集团进出口有限公司、南京云海金属贸易有限公司、中材国际工程股份有限公司、中国石化集团第二建设公司。

2008年度南京市外商投资企业销售收入十佳企业是:乐金显示(南京)有限公司、苏果超市有限公司、江苏五星电器有

限公司、扬子石化—巴斯夫有限责任公司、南京爱立信熊猫通信有限公司、南京华新有色金属有限公司、南京夏普电子有限公司、南京LG新港显示有限公司、南京瀚宇彩欣科技有限责任公司、江苏博西家用电器销售有限公司。

2008年度南京市外商投资企业纳税十佳企业是:扬子石化—巴斯夫有限责任公司、南京爱立信熊猫通信有限公司、南京依维柯汽车有限公司、南京汽轮电机(集团)有限责任公司、南京中兴软件有限责任公司、金鹰国际商贸集团(中国)有限公司、江苏博西家用电器销售有限公司、苏果超市有限公司、南京喜之郎食品有限公司、南京雨润食品有限公司。

2008年度南京市外商投资企业出口十佳企业是:乐金显示(南京)有限公司、南京LG新港显示有限公司、华宝通讯(南京)有限公司、南京爱立信熊猫通信有限公司、南京夏普电子有限公司、统宝光电(南京)有限公司、南京瀚宇彩欣科技有限责任公司、南京乐金熊猫电器有限公司、中电电气(南京)光伏有限公司、南京锦湖轮胎有限公司。

2008年度南京市内资企业出口十佳企业是:南京钢铁集团国际经济贸易有限公司、南京纺织品进出口股份有限公司、金城集团进出口有限公司、南京东沛国际贸易集团有限公司、南京云海金属贸易有限公司、中材国际工程股份有限公司、江苏华瑞国际实业集团有限公司、跃进汽车集团进出口有限公司、红太阳集团有限公司、南京恒润宏苏贸易有限公司。

【南京总部经济位居全国第五】 10月17日,"第四届中国总部经济高层论坛"在南京市鼓楼区举办,并发布"全国35个主要城市总部经济发展能力排行榜",南京总部经济发展能力综合得分排在北京、上海、广州、深圳之后,位居第五。南京市具备发展总部经济的基本条件,有60多家世界500强企业在南京投资成立100多家独立法人公司,投资领域广泛,涉及金融、通讯、商贸、制造业、餐饮娱乐、房地产等多个行业。苏宁电器、省电力公司等本土总部企业不断发展壮大,成为南京市总部经济发展的重要力量。

【外贸受国际金融危机影响从下半年开始显现】 2008年,全市进出口总额首次突破400亿美元,达405.92亿美元,增长12.1%,提前2年达到南京"十一五"开放型经济总规划中对外贸易总额的目标,但受国际金融危机影响,下半年,全市出口增幅呈逐月回落之势,12月回落至14.2%,比6月23.8%下降9.6个百分点。12月,全市进出口总额27.96亿美元,为全年月出口额最低值,其中出口额17.17亿美元,进口额10.79亿美元,分别同比下降7.6%和24.8%。全年全市进出口额和出口额增幅分别比全省平均水平低0.1和2.7个百分点,进口额增幅高3.6个百分点。

【出台支持外贸企业发展的若干意见】 10月14日,南京市出台《支持我市外贸企业发展的若干意见》,在融资、出口品牌建设、退税等方面对南京市外贸企业进行扶持帮助。至年底,全市有7000多家企业拥有外贸经营权,其中2000多家有出口实绩,将从新政策中受益。根据出台的新政策,南京市开展出口退税质押贷款专项业务,缓解外贸企业融资难。具体做法是,由企业提出申请,经税务部门出具证明,银行审核后,企业最多可按出口退税款的90%贷款;为加强出口品牌建设,对未获得中央、省级促进外贸发展专项资金支持的境外商标注册、专利申请、产品认证等费用,给予适当资助,对获得南京市"重点培育和发展的出口名牌"称号的企业给予奖励;鼓励企业进口国外先进技术、设备及资源性产品,开展进口预付款信用保险业务,对投保进口预付款业务的企业,按实缴保费的30%给予资助;推行出口退税绿色通道,对出口船舶、大型机电设备的企业,从事自主创新产品、国家重点新产品及部分高新技术产品生产出口的企业,年出口额超过一定规模的机械装备制造业企业,大型外贸企业等,实行"先退税后核销"的出口退税管理办法。

【建立投资促进机构联席会议制度】 3月28日,由市投资促进中心(原市招商中心)牵头,全市各区县和省级以上开发区及产业集团负责招商引资工作的负责人参加的首次"南京市投资促进机构联席会议"在市外经贸局召开。会议主要针对南京市投资促进机构存在的人员变化快、相互沟通少、整体合力不强等问题,交流工作思路和经验,探索新形势下全市投资促进工作的组织形式和工作机制,并对联席会议制度做出具体安排。联席会议由市投资促进中心牵头,每个季度召开一次,采取分组交流活动形式。贯彻市政府和市外经贸局对全市投资促进工作的指导意见,协调各投资促进机构参与市政府和市外经贸局组织的境内外投资促进活动;研讨全球跨国投资情况、特点和发展趋势以及投资促进机构的应对措施,加强与境内外相关机构和组织的联系,拓展投资促进机构的手段和渠道;研究国内产业政策和法律的变化及其对投资促进的影响;收集和公布国外和南京的项目信息和相关政策,推荐南京开发区和成熟企业与境外投资者有效对接。突出以协调重大投资项目推进工作为主,协助各区县和开发区进行投资促进活动的策划和项目推荐、包装工作;整合全市投资促进有效资源,采取联合招商、专题招商、区域招商和网上招商等形式,实现资源效用最大化;及时向政府主管部门反映投资促进工作和政策执行中存在的问题、意见。

【韩国LIG财产保险公司入驻南京】 11月,韩国LIG财产保险公司(简称LIG)与南京市建邺区政府签署入驻河西新城的协议,为河西打造全国保险创新试验区和省金融保险集聚区跨出一大步。南京乃至江苏没有外资法人金融机构总部的历史由此改写。LIG成立于1959年,原为韩国LG集团旗下的一家财产保险公司,1999年从LG集团分离出来后更名为韩国LIG财产保险公司。该公司在南京市设立中国法人总部的申请于6月底获国家保监会批准,注册资金2亿元。协议签署后,LIG落户位于河西新城的中泰国际广场,办公面积近1000平方米,预计于2009年7月开业。经营的保险品种包括火灾保险、海上保险、特种保险、机动车辆保险、长期保险、年金保险、退休保险等除保证保险以外的所有财产保险产品。至年底,数十家金融企业落户河西,其中年税收规模千万元以上的企业总部7个。河西新城CBD重点依托中泰、嘉业、金奥和省保监局大楼等载体,建设金融业总部大楼,构筑国内、国际金融业楼群组团。

【12家外企跻身中国最大500家外商投资企业】 南京市12家外资企业入选"2007~2008年度中国最大500家外商投资

企业”:扬子石化—巴斯夫有限责任公司、南京爱立信熊猫通信有限公司、南京LG新港显示有限公司、南京夏普电子有限公司、苏果超市有限公司、南京华新有色金属有限公司、江苏博西家用电器销售有限公司、江苏五星电器有限公司、华宝通讯(南京)有限公司、南京依维柯汽车有限公司、中石化壳牌(江苏)石油销售有限公司、南京华新光电股份有限公司。

至2008年底共有64家世界500强企业在宁投资116家独立法人公司,现存90家(投产66家、筹建24家)

【开发区建设】 2008年,南京市12家省级以上开发区以转型升级为主要路径,在建设创新型、和谐型、绩效型开发区方面取得新进展。

创新型开发区建设。注重产业创新。江宁开发区逐步将食品、轻工类项目向周边转移,巩固壮大风能、光伏等绿色能源和半导体、新材料等先进制造业;同时不断引进新的产业引擎:全国最大的SMT(表面组装技术)激光模板生产项目光韵达南京分公司9月6日开业、全国首家“无线谷”9月28日启动、全国首个北欧科技工业园10月建成,普洛斯、ID、宝供、深基地等世界顶级、国内一流的10多家现代物流项目陆续落户江宁开发区,总投资超过6亿美元。溧水开发区、江宁开发区空港工业园抓住禄口机场二期100亿元工程上马的机遇,利用航空邮政快递中心定点南京的有利条件,围绕打造航空特色产业,以空港工业园为主要载体,以航空研发、制造、维修、服务为主要方向,引进12家投资体量大、科技含量高、辐射带动力强的航空类项目,总投资60多亿元,形成以中航金城轻型航空发动机、中邮航货运基地、全信传输、南大波平、航健航空等为代表的航空指向性特色产业。滨江开发区依托承接主城国有大中型企业搬迁的有利条件,在船舶及重型成套装备制造方面形成内外源共同驱动的载体;雨花开发区开辟文化创意产业园,首批项目即将开工。注重科技创新。各开发区强化对高新技术项目的帮扶力度。江宁开发区启动代办股份转让试点工作,进一步增强融资能力,并帮助企业进一步熟悉资本市场。南京高新区将5000万元风险投资基金扩展到1亿元,专项扶持软件开发、生物医药和动漫产业,并且以多种途径支持企业首创;支持企业入围省重点科技扶助项目库,其中冠亚电源获得900万专项基金支持。江宁开发区与启迪控股股份有限公司签订全面合作框架协议,打造南京江宁启迪科技园,提升区域创新能力;南瑞继保开发的电力自动控制系统市场保有率上升至79%以上。浦口开发区官产学研联合取得新进展,以徐南平院士领衔的无机膜技术领先全国,有机膜技术在制药、食品安全、自来水等行业具有良好市场前景。注重发展路径创新。实施产业对口对接和梯度转移,在江宁开发区、南京经济技术开发区帮扶淮安开发区、涟水开发区以外,雨花开发区与盱眙开发区、南京化工园与洪泽开发区等以资源开发和环境保护开发为导向开展联合,促进生产力与资源、市场的跨地区联合;南京高新区实施智能化信息平台建设,有利于科技研发与产业制造、市场营销与物流系统的无缝对接。各开发区加快“走出去”的脚步。江宁开发区在尼日利亚创办莱基自由贸易区,利用当地资源与国内生产力结合,取得比较效益;南京高新区通过并购在德国慕尼黑与汉堡之间设立科技创业园,利用发达国家先进的实验检测手段和信息网络超前研发,拿回国内批量生产。

苏州市合作与交流

【引进内资】 引进内资稳定发展。全市新引进内资项目4914个,其中500万元以上的项目达1040个,比上年增长25.6%。引进内资项目注册资本330.83亿元,比上年增长36.5%,其中新增外地注册资本311.32亿元,增长34.2%。

【外经合作】 “走出去”领域不断扩展,初步形成了境外资源开发、境外高科技风险投资、境外传统产业投资三足鼎立新格局。对外经济技术合作稳步发展。当年新批境外投资项目63个,中方境外投资额2.05亿美元,增长57.6%;全年新签对外劳务承包合同额3.89亿美元,完成营业额3.70亿美元,分别比上年增长12.8%和20.4%。埃塞俄比亚“东方工业园”建设稳步推进,以苏州创投集团为代表的一批国有、民营创业投资公司积极拓展境外风险投资,涉及金额超过2800万美元。

无锡市合作与交流

【援川抗震救灾工作】 5月12日,四川汶川发生8.0级强烈地震后,无锡建设行政主管部门和无锡建筑行业协会积极响应中央和省、市委的号召,在第一时间发动和组织建筑施工企业全力投入到援川抗震救灾和灾后重建工作中去。在开展的募捐活动中,据不完全统计,先后收到单位募捐、员工募捐、特殊党费等各类捐款441.41万元。迅速组织援川建设大队,下辖6个建设中队、21个建筑安装施工企业共476人,奔赴绵竹灾区支援建设临时过渡安置用房。经过一个多月的艰苦奋战,先后建成“梁溪苑”、“锡惠苑”两个住宅小区,共计971套16197平方米的活动板房和7000平方米的城南中学,提前并超额完成了首期过渡安置用房建设任务,充分展示了无锡建设者面对灾情坚韧不拔、不怕困难、众志成城,特别能吃苦、特别能战斗、特别能奉献的精神风采和建筑"铁军"的雄风,为夺取抗震救灾第一阶段胜利作出了贡献,也为无锡人民赢得一份荣誉,其间,涌现出许多感人事迹和优秀人物。19人在火线光荣入党;8个单位和46人被评为市建设局援川抗震救灾先进集体和先进个人;市建设局被评为无锡市支援四川地震灾区抗震救灾先进单位;市建设局副局长范春雨被评为无锡市支援四川地震灾区抗震救灾先进个人;无锡市援川抗震救灾建设大队先后荣获"绵竹5·12大地震抗震救灾先进集体"、"抗震救灾、重建家园江苏省'工人先锋号'"、"江苏省建设系统抗震救灾先进集体";6个单位荣获"江苏省建设系统援川抗震救灾、重建家园先进集体'工人先锋号'";9人荣获"江苏省建设系统抗震救灾先进个人"。12月28日上午,胡锦涛总书记到四川省绵竹市汉旺镇新镇区建设工地,亲切慰问无锡市援建工作组,并合影留念。　(金平青)

【援建四川地震灾区】　5月12日,四川汶川大地震后,无锡市及时下发《无锡市对口支援四川省绵竹市汉旺镇天池乡地震灾后恢复重建项目认捐公告》,共募集到社会捐款3.7亿元,接收175名伤员到无锡治疗,帮助1930名学生到无锡就读,为灾区建成活动板房1400多套。起草《无锡市对口支援汉旺镇、天池乡灾后重建工作方案》,先后组织三场赴绵竹的招聘洽谈会,两次组建缝纫培训基地,累计向对口地区提供就业岗位3174人,实际吸纳灾区劳动力1080人。启动援建项目建设。先期分别对汉旺新镇区启动区一期道路及管网、汉旺镇自来水厂、汉旺镇卫生院、汉旺中心小学和汉旺幼儿园进行援建。　(袁大安)

【对口支援延安等地区】　年内,全市共筹集到援助资金2838万元(含物资折款),其中延安市600万元、云阳县140万元、阿合奇县1098万元、霍城县1000万元,为受援地区组织实施援助项目35个。其中,霍城县2个项目,阿合奇县16个项目、延安15项目,云阳2项目。涉及基础设施、农村水利、教育卫生等。完成霍城"供水水源地管网建设项目",延安"宝塔区原种场农业科技示范园绿色蔬菜和有机蔬菜基地项目","万花山乡尚和年村建弓棚灌溉和人畜引水项目"等。无锡市与延安市对口支援工作被国务院扶贫开发领导小组、国家人事部评为"中国东西扶贫、协作先进集体";与云阳县对口支援工作被省委、省政府评为"无锡市对口三峡库区移民工作先进集体"。　(袁大安)

【推进南北挂钩工作】　商拟和签订无锡、徐州两市新一年挂钩合作协议。无偿援助徐州市资金200多万元,收购粮食2亿公斤,徐州市农副产品在无锡成交量达3600多吨。完成吸纳苏北地区劳动力4万人,其中徐州地区劳动力1.2万人,为徐州市培训60名乡镇干部,派出支教教师(常驻)310人次,派出讲学教师560人(80批次)。　(袁大安)

【推进南北共建开发区建设】　至年底,锡山—丰县工业园完成园区12公里主干道路建设,高标准配套完善排水、供电、通信等功能性基础设施,一期5.4万平方米标准厂房交付使用。鹏宇服装、华远绣艺、艺诚绣艺、金诺塑业等一批企业落户园区,其中,由无锡益多集团投资的丰成盐化工有限公司项目总投资达11亿元人民币。无锡—新沂工业园投入3.5亿元资金,2平方公里启动区基础设施初具规模。台湾金益合玻璃制品等30家企业落户工业园,涉及总投资30亿元。江阴—睢宁工业园总体规划面积1.2平方公里,前期开发500亩。江阴5家企业已与其签订合作意向。　(袁大安)

【区域交流经贸活动】　年内,组团参加"2008年中国东西部合作与投资贸易洽谈会",分别与四川、贵州、陕西等西部企业签订21个项目,总投资超过30.78亿元,贸易成交额达19.6亿元,被江苏省组委会评为"西洽会最佳组织奖"。组团72家企业参加"第四届苏北投资贸易洽谈会",推出投资转移项目96个,签约11个项目,主要涉及化工、机械、电子、农林、科研、基础设施建设和商品贸易等领域,总投资超51亿元。其中,仅无锡中彩集团在连云港板桥工业园投资多晶硅项目就达16亿元之多。　(袁大安)

常州市合作与交流

【区域经济合作】　2008年,常州市和盐城市共同签署年度挂钩合作计划。年内,组织常州企业参加2008中国盐城经贸洽谈会、第四届苏北地区投资贸易洽谈会和第十二届中国东西部合作与投资贸易洽谈会。履行长三角城市经济协调会执行主席方工作职责,协调推进各相关部门参与长三角区域专题合作。有序推进对口支援四川省绵竹市遵道镇地震灾后恢复重建工作。落实对口支援三峡工程库区移民工作帮扶资金,协助对口支援地区重庆市云阳县组织举办云阳县区域经济发展(常州)班。培育和增强"造血"功能,完成与陕西省安康市挂钩扶贫项目15个。

【支援汶川灾区抗震救灾】　5月12日,四川汶川地震后,常州市委、市政府迅速落实国务院和省委、省政府的工作部署,全市人民积极响应,支援四川灾区抗震救灾各项工作迅速、全面、有序展开。截至9月26日,全市共筹集抗震救灾款物合计52240.26万元。其中,筹集抗震救灾资金40312.21万元(汇往灾区20356.3万元);紧急运往灾区2000顶救灾帐篷,组织19台挖掘机、5辆医疗救护车、1辆应急发电车和1辆电力工程抢险车赶赴灾区参与救灾;向灾区输送专业抢险和医疗救治人员400多人次、建设人员460人次;到常治疗的123名灾区伤员全部治愈出院,接收四川灾区213名学生到常就学;与徐州市一起累计建造活动板房1591间,并按照省委、省政府部署,完成25210顶救灾帐篷紧急生产任务。常州市支援四川灾区抗震救灾工作得到受援地党委、政府和灾区人民的高度赞扬，涌现出一批先进集体和先进个人。常州市公安局治安支队特警大队和江苏公安赴川支援警队武进大队被江苏省公安厅授予全省公安机关抗震救灾先进集体称号，常州市消防支队赴四川抗震救灾救援队获江苏省消防总队嘉奖1次，市第一人民医院被江苏省卫生厅授予四川汶川地震伤员康复医疗工作先进集体称号，市卫生局被江苏省侨联授予抗震救灾先进集体称号，常州市公安局治安支队副支队长蒋志兴被记个人二等功1次，公安和卫生部门有18人被评为抗震救灾先进个人。

行动迅速，积极应对。地震发生后市委、市政府迅速召开市防震减灾联席会议，部署本市震情监测和应对工作，要求自来水、供电、燃气、通讯、建设、卫生、公安等部门保持警惕，备齐装备，备足物资，人员到位。接到对口援建任务后，市委、市政府召开全市支援地震灾区动员大会，成立支援地震灾区领导小组，调集精兵强将，成立复建现场指挥部，印发《常州市对口支援四川省绵竹市遵道镇地震灾后恢复重建工作方案》，确定援建八大主要任务。

舆论引导，安定民心。市应急办会同市新闻办、地震局组织新闻单位，利用电台、电视台、手机短信、政府网站等载体，充分发挥好"传达政令、调节情绪、澄清谣言、稳定秩序"的作用，及时刊播国家地震总局发布的震情信息，宣传地震知识和避震技能，消除不实传言影响，安定民心。组织广大新闻工作者大力宣传全市抗震救灾中涌现的先进典型，尤其是抗震救灾一线的动人事迹，迅速展开一场声势浩大的宣传战役，唱响了"万众一心、众志成城、共同抗灾"的主旋律，形成了全市人民合力同心，以实际行动支援灾区的感人局面。

统筹协调，有序高效。在省应急办和省有关部门统一安排下，各单位和部门增强支援工作的计划性、针对性，减轻通往灾区道路的交通压力，确保工作有序推进。在抗震救灾关键时刻，市委、市政府向本市赴灾区抗震救灾第一线的消防官兵、医护人员和工程技术人员发出慰问电，极大地鼓舞了士气。公安、卫生、民政、建设、交通、地震等单位密切配合，协同作战；企业和医院不讲价钱，鼎力支持；前方后方有效衔接，高效运转。各级党组织和广大党员充分发挥战斗堡垒和先锋模范作用，勇挑重担，形成了支援四川灾区抗震救灾的巨大合力。（应急办）

【消防支队全力以赴做好抗震救灾工作】 汶川地震后，常州市消防官兵积极响应党和国家号召，迅速行动。正在四川成都消防支队挂职的支队政委仲千云在第一时间率队赶赴救灾第一线。5月13日、15日，市消防支队分两批抽调33名官兵组成地震救援队，调集2110台(套)总价计178万余元的装备器材、防护装备和物资奔赴四川灾区。5月16日10时30分，救援队员仅用3个多小时，就在北川县城一倒塌的居民楼里救出一名被埋压了92个小时的62岁妇女，这也是江苏消防地震救援队救出的第一名幸存者。

在川救援期间，市消防支队地震救援队共出动3000余人次，从废墟中挖出被埋压的群众29人，其中单独营救14人(1人生还)，协助其他救援队营救15人(13人生还)，紧急疏散群众300余人次。队伍徒步深入到山区农村4个乡镇、12个自然村、98户人家。为山区农民420余人进行巡诊医疗和心理安抚。帮助灾民从废墟中清理物品、搬运家具，帮助其搭建、维修帐篷15次，为受灾村(居)民排除危房23家，帮助灾民清理废墟27692.69平方米，挖出手枪3支、装满子弹的弹夹4个和另外18发子弹。搜出价值15万余元的现金、存折和一批重要档案材料。34名地震救援队员及支队官兵为灾区捐款40万元。（朱荣友）

【滞留四川地震灾区的144名常州游客全部安全返回】 5月12日四川汶川等地发生地震灾害时，全市有14个旅行团、144名游客处于震灾区域范围。市旅游局和有关旅行社坚持24小时值班，与震区应急部门、当地旅行社和身处险境的游客保持联络，全力协调做好对游客的救助工作。5月23日，在距离地震发生12天之后，最后5名游客离开震区安全返回常州。5月28日，市旅游局邀请帮助常州市最后一批被困地震灾区游客安全脱险、顺利返常的成都同行——导游陈军、司机张全文到常州，举行"大灾大爱·心系游客"的主题报告会。（曹伟强）

【"常州—绵竹中小学生手拉手共成长"夏令营活动】 7月15~21日举行，主题为"七彩夏日，快乐成长"。50名来自四川绵竹的学生和100名常州市第一中学的学生、20名常州市西藏民族中学的学生一起参加了此次活动。其间，营员们参观游览了中华恐龙园、市规划馆、常州博物馆、红梅公园等景点；接受国防教育，进行素质拓展和生存能力训练；参加摘葡萄、包饺子、钓龙虾、篝火晚会等娱乐活动；举行以迎奥运为主题的文体和科技创新活动。（郭秀华）

【四川绵竹重灾区学生到常就学】 汶川地震后，根据党中央、国务院关于抗震救灾和恢复重建的部署，经省教育厅安排，常州铁道高等职业技术学校承担了四川绵竹市职业高级中学51名学生到校就读任务。江苏省常州技术师范学院和常州市武进高级技工学校接受了42名来自四川省地震重灾区的中国东方电气高级技工学校的在读生，并承担学生在校学习期间的全部费用。

6月1日，侨裕集团在武进区泰村实验学校开办绵竹班，吸收106名灾区学生到常州读书。侨裕集团承诺：106名灾区学生在常州两年的学习生活费用全部由集团承担。捐资在地震灾区建造的希望小学落成后，孩子们可以选择回家乡，也可以选择留在常州。留在常州的孩子，集团将负责其读到大学毕业，并帮助安排工作。（郭秀华　陈　俊　何永才）

【支援四川震区规划编制】 2008年，市规划局重点负责常州市对口支援的绵竹市遵道镇和金花镇两个镇的总体规划编制和绵竹市沿江风光带项目的规划编制。接受任务后，及时组织规划、测绘等方面的技术骨干组成工作小组，先后6次赶赴灾区进行实地调研、地形图测绘、资料收集、民意调查等工作，经过3个月先后8轮修改，完成《遵道镇总体规划》、《金花镇总体规划》和《棚花村四组村庄建设规划》的编制工作；在省内率先完成5.5平方公里的地形图测绘工作，为灾后重建提供重要基础资料；拟就以"印象川西"为主题的绵竹市沿江风光带项目规划大纲。（马芸英）

【灾区在常人员公积金提取绿色通道】 汶川地震后，为支持灾区震后重建工作，市公积金管理中心为家在震区的在常人员开辟绿色通道，简化有关证明材料，缩短业务办事流程。对凡在常州工作、户籍在四川灾区的职工，只要出具有关房屋受损情况的书面说明(并由其所在单位证明)及证明户籍所在地的相关材料(身份证等)、住房公积金储存卡等，就可以办理提取住房公积金手续。　(吴振宇)

【市公安援川警队工作情况】 7月28日、9月15日、11月8日，由76名民警组成的常州市公安援川警队，分3批赶赴绵竹市遵道镇、金花镇和剑南镇，参加灾后重建和维护治安工作。12月17日，援川警队完成任务返回常州。其间，共出动警力2600余人次、车辆700余辆次，安排夜间巡逻1200余人次，接处警250余起，办理各类刑事、治安案件30余起，现场勘查50余起；调解纠纷100余次，为民服务470余次，帮扶困难群众50余人次，募集3万元捐赠给绵竹市公安局受灾民警；完成各类警卫、安保任务20余次，收到锦旗35面、感谢信7封。

(何玉良)

【"献我爱心，救我同胞——常州全民捐款赈灾大行动晚会"】 5月24日晚，由市慈善总会、市红十字会、市总商会联合主办的"献我爱心，救我同胞——常州全民捐款赈灾大行动晚会"在中天钢铁体育馆举行。晚会在大合唱《让世界充满爱》中拉开序幕。市委、市人大、市政府、市政协在常的全体领导、市各部委办局及所属事业单位负责人出席晚会并再次捐款。一批企业以及在常的外国友人也纷纷走上台，奉献爱心。一位不愿透露姓名的老红军，在工作人员的搀扶下，走上台捐赠了一万元。作为国内首批亲赴灾区的残疾人汪小龙、周岐南、严春荣、李柯芝4人，16日就购买了10万元救灾物资，驱车1400公里赶到重灾区都江堰市，向灾区同胞送上常州人的心意。晚会现场，他们又举牌再捐20万元。晚会共募得赈灾善款1.75亿元，其中企业捐款1000万元以上的2家(中天钢铁集团捐款1150万元，江苏新城房产公司捐款1118万元)，500万元(含)以上的4家，300万元(含)以上的16家。晚会开设现场捐赠热线电话88159995，21个单位和180位市民通过电话捐赠善款362.58万元。这些捐款全部用于支援汶川地震灾区抗震救灾。

市委书记范燕青在晚会上讲话。他说，千山万水，血脉相连，献我爱心，救我同胞，这是我们义不容辞的责任。我们的一份捐助，可为灾区人民增添十份力量，可给灾区人民带来百倍信心。晚会中，当主持人沉痛叙述严重的灾情和真实而感人的救人故事时，不少观众感动得热泪盈眶。《把爱献出来》、《爱的奉献》、《孩子，快抓紧妈妈的手》、《从头再来》、《祖国不会忘记》等歌曲和诗朗诵，一次次地把晚会推向高潮。没有华丽的舞台设计，主持人和演员们都素装上台，但震撼人心、感人肺腑的场景，长久地激荡在人们的心中。

晚会在全场人员《歌唱祖国》的大合唱中落下帷幕。中央电视台一套、四套和省内10多家新闻媒体到常对赈灾晚会进行报道。常州电视台和电台等对赈灾晚会进行现场直播。

(何永才)

【"特殊党费"、"特殊团费"】 汶川地震后，市委组织部迅速响应中组部号召，及时下发通知，动员全市广大共产党员自愿交纳"特殊党费"支援抗震救灾，并安排专门地点、专门人员，开通热线电话，接受党员咨询，方便党员交纳。全市各级党员领导干部率先垂范，带头捐献，掀起交纳"特殊党费"热潮。不到一个月，全市共有191629名共产党员自愿交纳"特殊党费"，占全市共产党员总数的81.93%，累计交纳"特殊党费"38925611.73元，其中一次性交纳1000元以上党费的党员11646名。

各级共青团组织发动各界团员、青年，共为灾区募得捐款426万元，其中全市团员青年交纳"特殊团费"69.4万元。同时，开展向灾区捐献棉衣被活动，共募集到新棉衣1.1万件、棉被3700床，总价值300余万元。　(郑爱明　胡延红)

【寻找"常州妈妈"活动】 5月17日，市妇联与常州日报社联合开展为灾区孤儿寻找"常州妈妈"活动。通过领养、资助、结对四川地震灾区孤儿等多种方式，给受灾孩子一些力所能及的帮助。《常州日报》开设《抗震救灾，常州有爱》专栏，鼓励市民认养。《常州晚报》策划"爱心榜"，开设"寻亲热线"，与《成都晚报》合作，寻找常州与四川失去联系的亲人。常州龙网制作的《抗震救灾，常州有爱》专题，被新华网首页链接一个星期。全市1500多户爱心家庭踊跃报名参加，120位爱心妈妈与148名四川绵竹遵道镇贫困儿童结对帮扶。10月10日，在市委常委、组织部长杭天珑带领下，16位爱心妈妈专程赶往地震灾区四川绵竹遵道镇"认亲"，与结对儿童正式签订帮扶协议，并赠送了助学款、服装、书籍、书包等。该活动被中央电视台、《中国妇女报》、《扬子晚报》等20多家媒体报道。

(张敏其　李雪林)

【全市职工赈灾爱心行动】 汶川地震后，常州市各级工会迅速行动，开展抗震救灾捐助活动。全市职工捐款超5000万元。在"重建家园，再献爱心"活动中，职工和工会再次捐款115万元。其间，市总工会下发《关于做好震灾中家庭受灾农民工工作的通知》，要求全面调查在常灾区农民工家庭受灾情况，做好受灾农民工工作。市总工会困难职工援助中心开设"灾区农民工救助专窗"，市总工会领导还深入部分药品和医疗器械生产企业，走访慰问坚持加班生产救灾物资的一线职工。

(刘海斌)

【卫生系统抗震救灾】 汶川地震后，市卫生系统迅速组建医疗救援队、救护车队、卫生监督和防疫队共80人奔赴救灾一线，开展伤员转运、疾病监测、卫生消毒、对口支援等工作。市第一人民医院、市第二人民医院、市中医医院、市第三人民医院设置爱心病房，为来自灾区的123名伤员提供治疗、护理和后勤保障服务。解放军第一〇二医院迅速启动抢险救灾心理干预预案，先后派出7批次13人专家组，为灾区15000人进行心理干预。发放心理测评表5000份，开展心理讲座220场次，培养灾后心理工作者260人。市卫生监督机构先后派出26人赴四川参与抗震救灾、灾后重建对口支援工作。其间，共监测饮用水水质余氯350份；培训食品加工、饮水消毒、消杀人员5200余人次；发放宣传资料、拉宣传横幅、标语5000余条(份)；清理、消毒学生遗物200余份，清理垃圾、厕所300余次，累计清理面积5万余平方米；捐助仪器、易耗监测物品价值10万余元。市疾控中心先后派出7批人员赴灾区开展救灾防病和灾后重建工作；为收治四川地震灾区伤员的各大医院病房进行消毒，对地震灾区到常的113名学生及四川绵阳地区到常务工人员进行免费健康体检和寄生虫病检查。

(毛浩丹　陈　芳　贺寒英)

【市慈善总会抗震救灾】 汶川地震后,市慈善总会立即开展向四川灾区募集善款的各项工作。1. 在江苏银行各储蓄网点新建慈善总会接受捐赠的账号并通过新闻媒体向社会公布。2. 动员全市社会各界向地震灾区捐款。3. 在市慈善总会和新北、天宁、钟楼、戚墅堰区分会及市中心区域分别设立接收赈灾捐款办公室。同时,与市红十字会、总商会联合主办"献我爱心,救我同胞——常州全民捐款赈灾大行动晚会"。至年底,全市各级慈善机构累计接收抗震救灾款物2.83亿元(含定向捐款1624.26万元),募集款物总额位列全省第二。

(高　颖)

【市红十字会抗震救灾】 汶川地震后,市红十字会在5月13日上午9时,通过常州电视台、电台和《常州日报》、《常州晚报》等新闻媒体,向全市发出"为四川汶川地震灾区捐款的紧急呼吁",并立即启动紧急预案,迅速组织全体工作人员接受市民24小时捐款,紧急招募志愿者。抗震救灾期间,全市红十字会系统共收到社会各界捐款10855万多元,接收发电机组、挖掘机、帐篷、药品等救灾物资折合人民币约5042万元,募捐款物总额在全省名列前茅。所有捐赠款物陆续送到灾区人民手中,支援灾区抗震救灾和灾后重建工作。同时,市红十字会参与地震灾区伤员的救治工作,为来自灾区的123名伤员及时拨付242万元医疗费。看望慰问设在武进泰村实验学校的绵竹班106名灾区学生,并向他们赠送价值5万多元的饮料和食品。在寒冬来临之际,向灾区紧急拨付2239.8万元救灾款,帮助灾区建设农民住房。

(张　涛)

【抗震救灾资金、物资管理、审计】 汶川地震后,市财政部门按照中央、省统一部署和要求,通过预算安排、社会捐赠、市级行政机关和全额拨款事业单位2008年度公用经费预算压减5%等,积极筹措抗震救灾资金,对口支援四川省绵竹市遵道镇灾后重建。制订2008~2010年重建资金三年筹措计划和援建资金管理办法,规范援建资金的筹措、管理要求、相关部门机构的职责、资金拨付申请、审批程序和使用监督等,支持灾区抗震救灾和灾后重建工作。

市审计部门除对市本级和所辖二市五区的慈善总会、红十字会抗震救灾资金物资的募集、分配、拨付和管理情况进行专项审计外,还对组织部"特殊党费"、"希望工程"资金、工会经费和药监局、应急办等单位组织募集的捐赠款物进行审计。针对某网民在溧阳天目湖信息港网站发帖反映的溧阳市红十字会在抗震救灾资金募集及管理方面存在漏洞和疑问的情况,审计机关迅速组成调查小组进行专项审计调查,通过外调、内查和审核等方法,对差异形成的原因进行分析,并对溧阳市红十字会提出审计建议。　(薛　勤　薛云界　刘　鸣)

【汤德胜摄影作品入选全国巡回展】 汶川地震后,摄影家汤德胜不顾个人安危,两次赴灾区拍摄8000多张照片,其中有36幅照片被江苏省和全国反映抗震救灾的"大爱无疆"摄影展选用,在全国巡回展出,成为被录用照片数量最多的摄影家。他拍摄的一组深圳志愿者为北川学校复课的照片,被中央档案馆收藏。11月,他在中国摄影家协会召开的2008抗震救灾优秀摄影家表彰会暨向中央档案馆捐赠抗震救灾优秀作品仪式上,获2008抗震救灾优秀摄影家称号,成为全国获此殊荣的150名摄影家中惟一的江苏摄影家。　(蒋小萍)

镇江市合作与交流

【经济技术协作工作】 2008年,全市筹措对口支援、扶贫资金701万元,牵头洽谈和签约经济技术合作项目34项。

对口支援西藏达孜县,帮助发展经济和社会事业。资助400万元援建的西藏达孜县工业园区延伸段、农牧民安居工程、广电中心等项目竣工。市公安局、检察院,新区检察院,市规划局、红十字会,江苏沃得集团等单位出资150万元,分别援助达孜县公安局规范化建设项目、检察院办公自动化及设备购置、县城规划修编、灾后重建、唐嘎乡中心小学等项目。继续实施智力援藏,选派两名医生赴达孜县医院进行为期一年的诊疗工作。

推进与陕西渭南挂钩协作,加快融入西部大开发的工作步伐。组织30多家企业50余人参加在西安召开的第12届东西部投资贸易洽谈会,签约投资贸易、科技合作等项目34个,参加省重点签约的合作项目2个,投资额达23.9亿元。实施扶贫项目和帮困活动,改善对口支援地区的基础条件。援助40万元建成富平县觅子乡铁佛寺村饮水工程,解决3000多人、4万头牲畜的饮水问题;投资40万元援建白水县城关镇东关村村级道路;投入22万元建成渭南市商务局信息中心项目;投入资金9万元,以市委党校为培训基地,采取授课和考察相结合的方式,举办第四期渭南经济干部培训班;帮助销售渭南苹果700多吨,价值300余万元。

完成对口支援三峡库区的各项任务。京口区、润州区、镇江新区共同筹措无偿援助资金40万元,援建的湖北秭归县人民医院外科综合楼投入使用。恒顺醋业集团向云阳分公司投入750万元实施豆瓣酱项目,年产豆瓣酱1000吨,其他酱类产品500吨,实现销售额900余万元,利润50多万元,吸纳库区移民就业100多人。扬中市大全集团在重庆市万州区总投资40亿元的首期年产1500吨多晶硅项目,成功产出高纯度多晶硅。帮助销售脐橙450余吨,价值200多万元。

2008年,六次参加长江三角洲16个城市、南京区域19个城市组织的区域经济年会、协调会和考察交流活动。对长三角协调会第八次会议确定的深化港口合作、推进旅游景区(点)道路交通指引标志达标、进一步推进"协调会"建设、深入实施"交通卡"互通、创建区域性行业协会、环保合作、长三角世博主题体验之旅等7个合作专题,落实参加的责任部门领导和联络员,细化实施方案,加强进度管理和督查协调。贯彻在芜湖召开的南京区域经济协作工作会议精神,完善区域现代物流联盟和建立管理部门联席会议制度，组织长江、内河集装箱码头、堆场、枢纽设施建设规划的衔接，推进区域集装箱运输体系建设和港口的联动发展。参加2008年南京都市圈发展论坛，主要研讨南京都市圈建设在泛长三角分工合作中的战略地位与意义，南京都市圈政策差别研究与生产要素流动情况，南京都市圈发展规划、主体功能区规划与区域物流规划的联动研究。参与编制《南京都市圈综合交通发展规划》，推动镇江市交通发展规划中的区域经济合作。

扬州市合作与交流

【概况】 成功举办2008“烟花三月”国际经贸旅游节和第二届中国扬州世界运河名城博览会。在日本奈良举办了“鉴真精神论坛”、“奈良．扬州市民联欢晚会”等系列文化交流活动，成功接待了联合国副秘书长诺琳·海泽等一大批国外嘉宾、友城市长、世界500强企业负责人及其他重要贵宾106批906人次。先后组织多人次赴港台、日韩、欧美招商，推介扬州太阳能光伏产业、LED、食品加工、造船、化工和现代服务业等发展情况。2008年，我市分别与俄罗斯巴拉什赫市、美国夏威夷州檀香山市结为友好城市和友好交往城市；江都市与荷兰卢森达市建立了友好交往关系。继续打好鉴真、崔致远等名人牌。着手建立马可·波罗纪念馆的准备工作。

南通市合作与交流

【概况】 突出激发经济活力，进一步扩大对内对外开放。保持开放型经济全省第一方阵地位。加大招商引资力度，先后举办港洽会和深圳、北京、上海、日韩系列招商活动，全市新增工商登记注册外资55.6亿美元，注册外资实际到账29.4亿美元，分别列全省第二、第三；新批项目平均单体规模提高21.5%，新批装备制造和电子信息类项目占比提高2.2个百分点。强力推进外资重点项目，总投资17.5亿美元的35个项目竣工投产，总投资50.1亿美元的102个项目建设进展顺利，现有外资企业累计增资10.3亿美元。转变外贸增长方式，进出口总额166.9亿美元，其中出口117.5亿美元，分别增长30.6%、30.3%，机电、高新技术产品出口占比分别提高4个、3.2个百分点。拓展外经合作领域，完善外派劳务管理机制，新外派劳务1.43万人，新批境外投资项目14个，对外劳务承包营业额等主要指标连续13年保持全省第一。海事、海关、国检、边检等单位整体联动，口岸环境不断改善，如皋港获批为国家一类开放口岸。外事、侨务、对台事务等工作在扩大开放中发挥了积极作用，新缔结国际友城2个。推动跨江联动、接轨上海。在省委、省政府的关心推动下，我市与新加坡、苏州签订合作意向，在苏通大桥北侧联合开发建设中新·苏通生态产业园，这对进一步扩大开放、引领南通新一轮发展具有重要意义。与上海在产业发展、人才引进、产学研合作等方面签定11项战略合作协议，上海外高桥启东产业园开工建设。继续争创江苏民营经济第一大市。个体工商户总数突破30万户，私营企业注册资本突破2500亿元、保持全省第二，民营经济入库税金占全市比重突破60%。做强优势板块，新增销售收入超100亿元特色板块3个，总数达8个；建筑业施工产值突破1500亿元，新增“鲁班奖”4项。做大单体规模，新增营业收入亿元以上民营工业企业134家。做多优势品牌，继续推进“名企名品名人”工程，申报中国名牌产品14个、新增驰名商标8件。

注重扩大与央企合作，落户南通的中央国有大企业新开工项目10个，总投资182亿元。注重发挥地方国有资本带动作用，组建南通国有置业集团公司，市属国有资产经营公司资本营运能力日益增强。注重引进更多金融机构落户南通，招商银行、中信银行在通设立分行，上海浦发银行南通支行升格为分行。注重推动企业上市，1家企业成功上市，2家企业通过首发或重组审核，33家企业进入上市轨道。注重事业单位资源整合，市属公益型事业单位改革既定任务基本完成。行业协会、商会作用进一步强化。

泰州市合作与交流

【慰问新疆班学生】 2008年2月2日，泰州市副市长曹玉梅，市教育局局长宋吕银和市民宗局局长赵克俭一行6人，到省口岸中学看望慰问新疆班的全体师生，并给新疆班的学生送去棉衣和慰问金，曹玉梅勉励同学们珍惜优越的学习条件，立志为祖国和新疆的发展做贡献。

【情系震区】 江苏省泰州师范高等专科学校在四川汶川发生大地震后，学校举行形式多样的捐赠活动，全校师生和外国友人捐款20多万元人民币和400欧元，全部捐赠给四川省阿坝师范高等专科学校。特殊党费4万多元通过上级转往灾区。

【与贵州黔东南州联合办学】 8月，泰州市与贵州黔东南州签署职业教育联合办学意向书，市机电高职校等10所职业学校将与贵州黔东南州16个县市的职业学校开展联合办学。根据联合办学意向书的约定，两市将建立职业教育合作组织和工作机制，开办两地职业教育合作发展论坛，定期研讨重点学校建设、专业建设、实训基地建设、师资培养等问题，发挥各自优势，共同发展。

【与汉中开展职业教育合作】 3月19日，市教育局与陕西省汉中市教育局签署两市教育合作协议。市教育局局长宋吕银、副局长万琳、教工委副书记孙平和汉中市教育局局长刘文俊等出席签约仪式。协议约定今后双方将进一步拓展教育合作内容、加强教育领域的交流与沟通，共同发展；两市将扩大职业教育的联合办学规模，泰州市将帮助汉中的职业学校加强专业建设，市所有职业学校都将向汉中开放，为汉中职业学校急需专业、工种的教师提供培训。双方每年将互派学科带头人、管理干部、教师到对方学校加强教育教学的交流和研究。

【积极参加抗震救灾工作】 认真做好对口支援四川绵竹拱星镇医疗卫生工作，接受灾区伤病员60多人。全面部署机关作风和卫生系统行风建设活动，积极为医药城服务、税源经济服务、基层服务，努力优化环境，解决难点。市卫生局向社会作出公开承诺，开列服务清单帮助医药产业快速崛起。创建“平安医院”，推进医院内涵管理，加强医疗卫生市场监管，卫生市场秩序进一步规范有序。推进“廉政文化进医院”，创建“无红包医院”，广大医务人员为人民健康服务和廉洁从医意识不断强化。药品集中招标采购工作不断深化，对5756种药品集中招标采购，采购金额3亿元，新零售价比招标前平均下降13%，药品招标采购的让利金额约3600万元。

杭州市合作与交流

【对外合作】 至2008年末，全市累计设立各类境外投资企业（机构）48个，比上年增长23.1%。其中非贸易企业21个。全年境外协议出资1.33亿美元，其中非贸易性投资0.93亿美元，比上年分别增长109.4%和138.5%。完成对外承包工程和劳务合作营业额3.56亿美元。

【引进内资】 全年共引进内资项目4995个，合同引进内资1090.7亿元，比上年增长18.8%；实际到位内资473.13亿元，比上年增长21.1%。

【发区建设】 杭州经济技术开发区、杭州高新技术产业开发区、萧山经济技术开发区和杭州之江国家旅游度假区等4个国家级开发区全年合同引进外资22.52亿美元，实际利用外资11.41亿美元，分别占全市的36.2%和34.2%。全年实现技工贸总收入3549亿元，比上年增长9.4%；实现利税302.35亿元，比上年增长17.6%。

湖州市交流与合作

【接轨上海】 一是加强与上海世博局对接。多次与上海世博局进行接洽，深入探讨我市参与上海世博会的有效途径，并与上海世博局签定了全面合作框架协议。制定《湖州市参与2010年上海世博会行动计划》，提出2008年至2010年我市参与上海世博会的分阶段工作目标和措施，明确工作目标和任务。召开湖州市参与2010年上海世博会组委会第一次会议，研究部署我市参与服务上海世博会工作方案。二是积极开展接轨上海活动。以湖州市接轨上海活动周为重要抓手和平台，全面推进与上海及长三角的合作与融合。开幕式上有30个重大合作项目签约。活动周期间，举办了“湖州名特优农产品供沪推介会暨签约仪式”、“湖州市科技合作恳谈会暨生物医药产业科技项目对接洽谈会”、“世博之旅在湖州”旅游推介会、“湖州企业高级管理人才需求推介会”、“海上双璧：吴昌硕王一亭书画精品展”、“湖州美食上海展示周活动”、“湖州民俗文化展演活动”等六项分活动。在这些专项活动上，又有60多项合作项目达成协议。

【对口支援】 进一步加大对四川仪陇和重庆涪陵两个对口支援县（区）的支援力度。一是开展交流互访。上半年，重庆涪陵区党政代表团和仪陇县党政考察团先后来湖考察交流。下半年，我市主要领导率团到仪陇县，考察对口帮扶的新农村示范项目和湖州企业在当地投资建设的农产品基地及加工企业，并进行了援助项目资金的捐赠仪式。二是积极做好受援地区的地震灾后重建工作。在“5.12”地震中，我市友好城市南充市和对口帮扶地区仪陇县遭受了灾害。我市向南充市和仪陇县灾区人民各捐助50万元。长兴县也在第一时间向对口支援地区伸出援手，为四川仪陇县和重庆涪陵区酒店乡各提供救灾资金40万元。同时，按照省委、省政府的统一部署，积极做好我市对口支援四川青川县马鹿乡等三个乡的地震灾后恢复重建工作。三是广泛开展经济合作。坚持输血与造血相结合的原则，积极鼓励我市企业参与对口支援工作，利用受援地区丰富的自然资源，开展生产经营性合作，实现两地优势互补，共赢发展。如：湖州中味在四川仪陇建成了年产3.5万吨的榨菜种植基地，等等。四是积极改善对口地区民生问题。安排援助仪陇县资金210万元,其中用于扶贫新村建设120万元、农业产业发展40万元和乡道公路建设项目50万元。援助涪陵资金50万元,用于浙渝扶贫新村建设。到2008年底,全市共无偿援助仪陇县资金2506.66万元;援助涪陵资金410余万元及部分物资。五是积极开展人才劳务合作。在开展对口支援与项目合作的同时,通过双方组织部门的协商与合作,支持配合仪陇县和涪陵区选送优秀基层干部来我市挂职锻炼。2008年有10名仪陇县和5名涪陵区的各级干部来我市有关县区挂职锻炼。

【组织召开杭州都市经济圈市长联席会议第二次会议】 5月下旬,杭州都市经济圈市长联席会议第二次会议在湖州召开,杭、湖、嘉、绍四城市的市长、秘书长及有关部门负责人近150人参加了会议。会议围绕"贯彻党的十七大精神,推进杭州都市经济圈联动发展"的主题,共同探讨了推进杭州都市经济圈建设的思路和举措,取得了一系列成果。会议原则通过了《杭州都市经济圈发展规划》;批准了规划、交通、环保、旅游、产业、宣传六个专业委员会的组建方案;确定了杭州都市经济圈2008年度工作计划。 (洪流提供)

口岸街道简介(2008年)

口岸街道位于长江三角洲地区,北靠泰州主城,南濒长江,与苏、锡、常、镇隔江相望,是上海、苏锡常辐射苏中的中心门户,拥有天然的区位优势。古名柴墟镇,是一座具有千余年历史的长江沿岸港口名镇,1997年划归泰州市高港区管辖,为高港区人民政府所在地,地级泰州市城区的重要组成部分。2006年3月撤镇设立街道办事处,辖9个社区,14个行政村。辖区面积70.66平方公里,总人口7万余人,是饮誉海内外的银杏之乡,"大佛指"银杏的主要产区之一。沿江盛产鳖、龟、蟹、虾、鳗鱼、鲥鱼、刀鱼、河豚等长江名贵特产。

口岸街道交通便捷,自古有"苏北咽喉,江淮通道"之美称,是苏北重要的商品集散地和出江入海的门户。水运条件得天独厚,镇区近10公里的长江岸线,水深岸稳,著名的泰州引江河和省级航道南官河纵贯镇区,国家对外开放一类港口——泰州港及万吨级深水码头杨湾港成为苏中出江入海的贸易转动物流中心;公路干线四通八达,泰高公路、江平公路、宁通一级公路、沿江高等级公路、泰州长江大桥公路穿境而过,是苏、浙、鲁、皖地区南上北下,东来西往的交通的咽喉。

口岸街道基础设施完备,功能齐全。建区以来,口岸街道以新区建设为依托,以现代化滨江港城区的标准,高起点规划,大手笔投入。镇区内供水、供电、供气等基础设施完善;移动、联通、铁通等通讯网络和光缆有线电视信号覆盖全境;商贸、旅馆、饮食休闲服务等第三产业蓬勃兴起,其中上规模的企业有文峰千家惠百货公司、高港义乌大市场、世纪华联高港购物广场、海燕大酒店、御龙湾休闲商务会所、毛家生态庄园等。镇区现有中学4所、完小5所,口岸中学为江苏省重点中学。张勤眼科、马兰芬儿科、田河中医喉科医院等特色专科医院远近闻名。

口岸街道工业发展迅猛。辖区内驻有扬子江药业集团、口岸船舶、三福船舶等十多家区属以上大中型企业。近几年来,口岸街道不断加快发展工业经济步伐,全街道工业企业突破600家,其中列统企业50家,超亿元企业9家,已形成了造船拆船、制药机械、光源材料、丝绸绣服、印刷版村、化纤、电子、建材、汽车天线、橡胶机带等较有特色的工业门类和颇具实力的规模经营。PVC医用包装、节能灯芯柱、汽车天线等产品已成为全国单打冠军,苏中天线、华强照明成为国家重点高新技术企业。2008年,口岸街道实现地区生产总值22.46亿元,工业总产值56.52亿元,完成财政总收入1.12亿元。

改革开放以来,口岸的经济建设及社会各项事业取得了长足发展,先后获全国亿万农民健身活动先进镇、江苏省文明镇,江苏省百家名镇,江苏省新型示范小城镇、江苏省科技先进镇等多种荣誉称号,连续7年被评为泰州市经济十强乡镇,连续3年被评为泰州市工业十佳乡镇。

坚定信心，克难奋进
努力确保经济平稳发展和社会和谐稳定

上海市人民政府

2008年，上海坚决贯彻落实中央宏观调控决策，突出重大课题抓调研，围绕重点工作抓推进，适应形势变化抓应对，保持了经济平稳发展。全市生产总值增长9.7%，地方财政收入达到2382亿元，比上年增长13.3%；居民消费价格总水平比上年上涨5.8%。消费对经济增长的拉动作用进一步增强，社会消费品零售总额比上年增长17.9%，投资结构继续优化，外贸出口比上年增长17.7%。

全年经济增长呈现前高后低态势。特别是九月份以后，国际金融危机对上海的影响逐步加重，上海经济增速大幅回落，财政收入、工业生产、外贸出口等一些重要指标同时出现负增长，就业压力加大，这是多年来所没有的。

面对严峻形势，上海市委、市政府结合学习实践科学发展观活动，分别深入区县、乡镇、企业、社区等基层单位调研座谈，了解企业受到的影响和面临的困难，倾听基层群众意见和呼声，谋划应对的举措。为此，上海市政府及时出台了扩内需、促增长、保民生的措施，主要有8个方面：

*一是加快推进城乡一体化建设。*确保虹桥机场扩建、虹桥综合交通枢纽、轨道交通7号线等在建项目如期完成；确保外高桥六期等计划内项目尽早开工，并提前启动一批新增项目。同时，加大农产品质量安全检测体系等投入，增加对农村道路危桥改造、郊区污水管网、供水集约化、农村垃圾收集处理、林业建设等投入。

*二是加快推进重大产业项目建设，支持促进企业健康发展。*加快启动建设金融数据基地、现代物流业基地、自主品牌汽车、大型客机等一批重大产业项目，开工建设中船长兴造船基地二期、宝钢船板配套等项目。切实减轻企业负担，支持产业转型升级。围绕解决中小企业融资难问题，加强财政资金以担保、补贴等方式支持中小企业融资；稳步推进小额贷款公司试点、中小企业集合债券和短期融资券试点。

*三是加快科技创新和高技术产业化建设，着力提高自主创新能力。*重点推进超级计算机中心三期等项目建设，积极推进极大规模集成电路制造技术及成套工艺等项目建设。加大对高科技企业和创新型中小企业的政策扶持力度；加快科技成果产业化。同时，要尽快出台人才户籍政策，对紧缺急需人才直接落实户口，创造良好人才环境。

*四是加快推进节能减排工程和生态环境建设。*加快启动第四轮环保三年行动计划，重点建设竹园污水处理厂升级改造、青草沙水源地、太湖流域水环境综合整治项目。

*五是加快做好群众期盼的实事大事，加强以民生为重点的社会建设。*细化落实扶持创业带动就业的政策，着力提高城乡低收入群体收入，继续提高最低工资、小时最低工资、城乡居民最低生活保障等标准，增加企事业单位退休人员、“镇保”、“农保”养老金；集中办好5个市属配套商品房基地学校建设，在郊区迁建或建设4所市区优质高中，争取2009年在全市新增幼儿园园舍60个；着力提高医疗服务水平。

*六是加快推进安居工程建设，促进房地产市场稳定健康发展。*加快推进经济适用房建设，在已开工169万平方米、启动建设174万平方米的基础上，加快开工和上市销售步伐。进一步扩大廉租住房受益面，落实放宽廉租住房准入标准等工作。加大旧区改造工作力度，完善以拆迁房屋市场评估价为标

准、与住房保障体系相衔接的拆迁补偿安置政策。

七是全面加强筹办世博会工作，加快提升城市硬件设施与综合管理水平。2008年年底中国馆已完成结构封顶，2009年，全部完成各主要展馆建设将并移交布展，完成园区基础设施建设。加大市容环境和管理方面的投入，提升城市综合管理水平。

八是全面加强金融风险防范管理，积极拓宽融资渠道。提高风险防范能力，加强对房地产和金融市场监控，保持金融市场稳定；进一步拓宽融资渠道，加大财政投入力度，加强资金统筹平衡，多渠道拓宽资金来源。加强信贷政策与产业政策的协调配合，稳步发展消费信贷。

面对金融危机的冲击和影响，上海召开市委九届六次全会，正确研判当前的国际国内经济形势，认真分析上海发展面临的机遇和挑战，全面贯彻国家有关保增长、扩内需、调结构的重大政策和举措，提出2009年上海工作的总体要求，即：全面贯彻党的十七届三中全会和中央经济工作会议精神，坚持以邓小平理论和“三个代表”重要思想为指导，深入贯彻科学发展观，立足扩内需、全力保增长、坚持调结构，扎实推进各项工作，确保经济平稳较快发展，确保民生持续得到改善，确保社会和谐稳定，确保世博会筹办有序推进。今年上海工作都要围绕实现“四个确保”进行。其中，“保增长”是当前工作的首要任务；“保民生”是一切工作的出发点和落脚点；“保稳定”是推动改革发展的基本前提，也是各级领导干部的第一责任；“保世博”是中央的要求，也是上海对全国人民应负的历史使命。

上海全年经济社会发展的主要预期目标是：全市生产总值增长9%左右，全市地方财政收入增长6%，全社会研究与开发经费支出相当于市生产总值的比例继续提高，万元生产总值综合能耗进一步下降，环保投入相当于市生产总值的比例继续保持在3%左右，城镇登记失业率力争控制在4.5%左右，城市和农村居民家庭人均可支配收入持续稳定增长，居民消费价格指数与国家价格调控目标保持衔接。

为实现上述目标，着力做好以下六方面工作：

一是加快发展方式转变和结构调整，继续保持经济平稳较快发展。围绕“保增长”，积极采取措施扩大内需，加大投资力度；加快落实已经出台的支持企业发展的各项政策，尽力帮扶企业渡过难关；加快转变发展方式，调整产业结构，推进信息化带动先进制造业、现代服务业融合发展，加快形成服务经济为主的产业结构。大力推进上海国际金融中心和国际航运中心建设，积极发展先进制造业，大力推进资源节约和环境保护，千方百计确保经济平稳较快增长。

二是大力加强自主创新，继续推进创新型城市建设。聚焦重点，加快重大专项任务、科技成果产业化重点项目、世博科技行动计划的实施；加大对全社会各类创新活动的支持力度，促进产学研有效结合；进一步完善支持自主创新的政策措施；加大吸引人才、培养人才的力度，实施更加开放的人才引进政策，出台人才居住证与户籍衔接办法，建立健全充分激发人才创新活力的体制机制。

三是加快办成一批群众热切期盼的实事大事，继续推进以改善民生为重点的社会建设。把全面加强就业工作放在首要位置，坚持更加积极的就业政策，年内新增就业岗位50万个。实施稳定岗位特别计划、职业培训特别计划、就业援助特别计划。坚持保基本、广覆盖、分层次、可持续，完善社会保障体系。下大力气解决人民群众的住房和交通问题，继续推进住房保障体系建设。继续推进教育、医疗、文化、体育等社会事业改革发展，加强社会管理，保持社会和谐稳定，支持工会、共青团、妇联等人民团体充分发挥密切联系群众的桥梁纽带作用和参与社会事务管理的作用。

四是全力以赴做好世博会筹办各项工作，继续提升城市建设与管理的现代化水平。坚持科学办博、勤俭办博、廉洁办博、安全办博，按照各项筹办工作的节点目标和要求，切实完成各项任务。继续加快枢纽型、功能性、网络化重大基础设施建设，完善城市功能，迎接世博会举办。继续推进实施迎世博600天行动计划，以良好的城市面貌和人文环境迎接世博会，努力让上海的每个地方都生机勃勃地演绎世博会主题。立足全局办世博，搭建全国办博大平台，创造更好条件，提供更好服务，为全国各省区市和港澳台地区参展世博会提供最大便利。充分发挥世博会对全国改革开放和现代化建设的推动作用，与兄弟省区市共办世博会、共享世博会带来的发展机遇和成果。

五是大力推进农村改革发展，继续加快城乡一体化进程。积极推进农村改革创新，完善城乡经济社会发展一体化体制机制。大力推进农村基础设施建设和社会事业发展。加快转变农业发展方式，大力发展高效生态农业。加快农业科技创新，加强农业技术推广普及。千方百计拓宽农民增收渠道，积极促进农民持续增收。完善农村最低生活保障政策和新型农村合作医疗制度，积极拓展农业功能，延长农业产业链，鼓励发展乡村旅游和农家乐，大力挖掘农业内部增收潜力。探索村集体经济组织产权制度改革，增加农民财产性收入。

六是深入推进改革开放，继续发挥浦东综合配套改革试点的示范带动作用。着力推进体制机制创新。进一步推进国资国企改革发展，鼓励优收购兼并，完善法人治理结构和国有资产监管制度。以推进市场准入、加强融资支持为重点，促进非公有制经济特别是民营经济发展。加快现代市场体系建设，继续推进社会诚信体系建设，营造公平竞争、规范有序的市场环境。深入推进浦东综合配套改革试点，在自主创新、政府职能转变、社会建设等方面率先突破，加快形成适应现代服务业和先进制造业发展的政府管理模式。积极应对外部需求减弱的影响，大力吸引跨国公司地区总部、投资性公司、营运中心和研发中心，积极引进外商投资的先进制造业与现代服务业企业，促进外商投资企业健康运行。帮助有潜力的出口型中小企业解决实际困难，增加国内需要的先进技术装备、重要能源资源和关键零部件进口。支持有条件的企业开展对外投资和跨国经营。

切实做好服务长江三角洲、服务长江流域、服务全国的工作。按照国家统一部署和规划，坚持政府引导、多方参与，以市场为基础、以企业为主体，进一步完善合作机制，拓宽合作领域，深化合作内容，促进长三角地区加快实现科学发展、和谐发展、率先发展、一体化发展。以推进长江“黄金水道”建设为重点，加强与长江流域兄弟省市的合作发展。加强与中西部地区经济技术合作，积极参与东北地区等老工业基地改造。按照中央要求，根据受援地区实际需求，做好对口支援地区帮扶工作和对口支援都江堰灾后重建工作。

“危”中觅“机”，变中求进 进一步推进“长三角”务实合作

无锡市人民政府

在当前国际国内宏观经济形势错综复杂，保增长促转型压力进一步加大的关键时期，长江三角洲城市经济协调会第九次会议如期召开。此次会议以“贯彻国务院指导意见，共同应对金融危机，务实推进长三角城市合作”为主题，共御危机，共商对策，共谋发展，将为更好地推动长三角区域经济一体化发展发挥积极的作用。无锡作为长三角城市群体中的一员，近年来主动接轨大上海，融入长三角，在发展理念、产业结构、体制机制、基础设施等方面加快与长三角各城市进行全方位、多层次、宽领域的交流合作，不但为长三角的和谐共荣贡献了力量，也实现了自身的较快发展。根据本次会议的要求，现就无锡市应对国际金融危机，落实《指导意见》和对接世博会等方面的情况向大会作个汇报。

一、金融危机对我市经济社会的影响及我市应对的主要举措

2008 年，无锡实现地区生产总值 4419.5 亿元，同比增长 12.4 左右，财政总收入 909.2 亿元，增长 28.6%，其中一般预算收入 365.4 亿元，同口径增长 21.6%，城市居民人均可支配收入、农民人均纯收入分别增长 13%和 12.5%；全市金融机构各项本外币存贷款余额分别为 5483.9 亿元和 3842.9 亿元，城镇登记失业率 3.12%；居民消费价格增幅 5.1%；全市经济总体上呈现“增长平稳，价格回落，结构优化，质量提升，民生改善”的良好局面。

当前，受国内外经济环境变化的影响，自去年下半年以来，我市经济增速开始放缓，需求不足逐渐显现，部分企业经营困难，部分经济指标呈下行趋势，主要体现在：出口增长乏力、工业增幅下滑、消费预期下降、财税收支反差明显，保持经济社会更好更快发展的难度进一步加大。为有效应对国际金融危机对我市经济的不利影响，我市迅速贯彻落实中央和省有关文件精神，制定出台了《关于当前进一步扩大内需促进经济增长的十二项措施》（以下简称《措施》），并形成一系列扩大配套意见。明确从 2008 年底起至 2009 年底完成政府性投资 450 亿元，带动全社会投资 1500 亿元；到 2010 年底可完成政府性投资 1000 亿元，带动全社会投资 3300 亿元，进一步加大内需对经济增长的拉动力。一是加快建设保障性安居工程。进一步加大力度改善城乡低收入居民的居住条件。加快建设廉租住房，解决 16 平方米以下低保家庭住房困难问题，加快低洼地区危旧房和“城中村”改造。二是加快基础设施建设。以轨道交通、高速公路网、干线公路、干线航道、港口、城市道桥、机场、能源等建设为重点，加快新一轮基础设施建设。全力推进城市轨道交通建设；加快推进京沪高速铁路、沪宁城际铁路、宁杭铁路无锡段建设；加快完善高速公路网；新增城市道路 100 公里以上；继续加大苏南（硕放）机场扩能改造力度。三是推动城市功能性载体建设。围绕建设区域性中心城市要求，加快建设一批城市功能性载体设施。大力推进“五大新城”建设，加快组织实施城市综合体项目建设，加快推进中国现代农业博览园、吴文化博览园、佛教文化博览园等八大特色博览园建设，全面推动惠山古镇、清名桥等五个历史文化街区以及古运河历史风貌带建设。四是加快推进节能减排和生态环境治理工程。围绕创建国家生态城市、生态园林城市、最佳人居环境城市目标，进一步加大对节能减排和生态环保建设的投入力度。大力推进饮用水安全工程建设，加快城镇污水和垃圾处理设施建设，加快调水引排通道建设。五是加快医疗卫生、教育、文化等社会事业发展。加大以改善民生为重点的社会建设投入，促进基本公共服务均等化。加大教育基础设施投入，加强公共卫生服务体系建设，推进文化体育设施和社会福利项目建设。六是加快农村民生工程和现代高效农业建设。认真贯彻党的十七届三中全会精神，加大“三农”投入力度，进一步提升农村整体发展面貌，大力提高农业综合生产能力和市场竞争能力。规划实施农民健康、为农服务、脱贫攻坚等新一轮农村实事工程，加快农村基础设施建设和农村“三集中”步伐，大力发展现代高效农业。七是加快科技创新和高新技术产业化建设。以建设国家创新型城市为目标，进一步提升自主创新能力，增强发展后劲。加大对政产学研合作和国际科技合作项目的投入力度，2009 年起建立专项资金 1 亿元；加大对创业投资发展的扶持力度，2009 年起设立市级创业投资引导基金 10 亿元；加强科技基础能力建设，2009 年起建立市级扶持重点研发机构、公共技术服务平台和工程技术研究中心专项资金 5000 万元。加快推进“三创”载体建设，深入实施“质量和知识产权立市”战略。八是加大对企业发展的扶持力度。利用当前市场环境趋紧的倒逼机制，加大对企业发展和产业转型升级的支持力度。优先扶持拥有自主知识产权和品牌优势企业、科技创业型企业、市重点挂钩联系企业以及海外留学归国领军型人才创业企业；落实国家推进增值税转型改革的政策，预计减轻企业负担 30 亿元。九是努力提高开放型经济发展水平。积极探索加快开放型经济转型提升发展的新路径。大力发展国际服务外包产业，重点实施服务外包“123”计划；全面提高利用外资水平，加快引进一批重大外资产业项目；千方百计扩大外贸出口，综合运用出口退税、外贸发展基金、财政贴息等政策措施，努力保持外贸稳定发展；加快“走出去”步伐，鼓励和支持企业到境外投资办厂，收购研发机构、营销网络和产品品牌，创造新的竞争优势。十是提高城乡居民收入特别是低收入群体收入。千方百计增加城乡居民收入，积极扩大消费需求，促进社会和谐稳定。按照国家要求落实强农惠农政策，增加农民收入；增加公益性就业岗位，提高岗位补贴标准；提高企业退休人员基本养老金

水平,提高被征地农民、城镇老年居民、农村老年农民和上世纪五、六十年代精简退职人员基本生活保障水平,扩大尊老金发放范围;按规定保持城乡低保标准正常增长,并实现市区范围内城乡低保标准并轨;建立和完善新型农村"五保"供养机制。十一是促进房地产市场稳定健康发展。引导和促进全市房地产业持续、稳定、健康发展。优化房地产市场投资环境和消费环境,加快发展二手房市场和住房租赁市场,满足多层次的住房需求;优化房地产市场服务环境,完善房地产市场信息系统和信息发布制度,加强对房地产市场销售行为的监管。十二是加大金融对经济增长的支持力度。抓住国家取消对商业银行信贷规模限制的机遇,着力扩大信贷规模,确保今年贷款规模增幅高于全省平均水平,金融机构存贷比达到80%。

扩大内需一系列政策出台以后,我市的经济出现了回暖好转迹象。各项指标逐渐呈爬坡态势,指标增幅及相关性更加均衡。

二、我市落实《国务院关于进一步推进长江三角洲地区改革开放和经济社会发展的指导意见》的情况

长三角两省一市国土面积占全国的2.1%,人口占11%,GDP占22.5%,财政收入占31.5%,长年累计吸引外资占到全国总量的35%以上。长三角的兴衰对于全国经济社会的发展至关重要。《指导意见》的出台,标志着长三角一体化战略正式上升到国家层面,对于长三角区域经济一体化发展必将起到强力的指导和推动作用。近期,我市对照《指导意见》明确的定位要求,进一步梳理发展思路,排找问题和不足,明确发展方向,加快完善区域合作机制,推进产业经济结构调整优化。

*一是加快服务业发展。*加快推进产业结构调整、转变经济发展方式,大力发展现代服务业,不断提高服务业的比重和水平,尽快形成以服务业为主的更高层次的产业结构。为此,我市研究制定了现代服务业发展规划,提出了服务业每年增加1个百分点的目标,并将2009年确定为"科技创新和服务外包促进年",优先发展文化创意、服务外包、现代物流等高端服务业,巩固提升商贸、旅游、房地产等传统优势行业,全面建立现代化服务业体系。通过加快建设服务业集聚区为抓手,优化服务业布局,提升产业竞争力。我市推进服务业发展的思路和措施,得到江苏省委、省政府充分肯定。

*二是推进工业结构优化升级。*坚持走新型工业化道路,进一步调整结构,优化布局,提升面向国际市场的核心竞争力。我市制定了比国家和省更严格的产业导向目录,强化规划、环保、能耗、土地利用效率等政策引导和约束,加强产业结构调整指导,推动产业的有机集聚和合理集中。做大做强电子信息、新材料、机械装备、汽车零部件、高档纺织等五大支柱产业,大力发展环保、新能源、生物医药三大先导产业,建立先进制造业产业体系。加快推进"五城"(太湖新城、蠡湖新城、锡东新城、江阴临港新城、宜兴环保新城)、"五园"(太湖国际科技园、工业设计园、太湖新城科教产业园、藕塘职教园、空港产业园)建设,以省级以上开发区为载体,加快推进工业产业的升级和布局调整。

*三是统筹城乡发展。*深化农村改革,推动城市基础设施、公共服务和现代文明向农村延伸,逐步实现城乡基本公共服务均等化。制定出台了《中共无锡市委关于加快推进农村改革发展重点实施十大惠农工程的决定》,加快推进城乡公共服务共建共享进程,积极实施以"三化"带"三农"(工业化致富农民、城市化带动农村、产业化提升农业)的发展战略,形成统筹促进"三农"建设的良好局面。鼓励引导广大农民以土地承包经营权置换城镇保障、以农村住宅置换城镇住房,积极探索土地承包权和宅基地流转创新机制,促进城乡统筹发展。

*四是大力推进自主创新。*围绕"建设以企业为主体、市场为导向、产学研相结合的具有国际竞争力的技术创新体系"的目标,我市推出"科技创新创业六大行动"方案,包括高新产业提升行动、创新载体优化行动、创新源头拓展行动、创新人才集聚行动、创新创业促进行动和知识产权推进行动。确保到2010年,无锡率先进入国家创新型城市行列,形成集成电路和光伏太阳能两大"千亿元产业",产值跃居全国第一。在推动创新创业方面,大力推介尚德太阳能和江阴法尔胜成功经验,大力实施"530"计划,吸引海外领军型创新创业人才来锡发展,带动产业优化升级。

*五是资源节约型和环境友好型社会建设。*我市是全省"两型社会"建设配套改革试点城市,目前已制定完成了推进"两型社会"建设配套改革的总体方案,目前正进入报批实施阶段。重点在科学决策管理、资源节约利用、环境保护建设、产业升级、城乡统筹发展、公众参与等方面提出体制机制创新的思路和举措,率先建立比较完善的科学发展体制机制,基本形成节约资源和保护环境的产业结构,推动无锡经济社会走上可持续发展轨道。

*六是推进体制改革。*我市先后出台了《关于全力实施改革攻坚七项重点工作的决定》、《关于进一步推进和深化改革攻重点工作的实施意见》、《无锡市深化改革创新体制行动纲要(2008年-2009年)》等一系列文件,积极推进环境资源价格改革、管理体制改革及各项配套改革,在一些重点领域和关键环节取得了阶段性成效。特别在我市在社会事业领域实施"管办分离"改革的做法,得到了中央和国家有关部委的高度重视和充分肯定。

三、我市对接上海世博会基本情况

世博会是经济、文化、科技领域的全球盛事,对于加强国际经济文化交流与合作、促进举办国经济社会发展具有重大的推动作用。随着上海世博会的日益临近,对拉动上海及周边城市经济增长的效应也将逐步放大,对长三角各城市扩大国际合作、提升企业创新能力、加快产业转型升级将产生深远影响,对无锡更是一次难得的发展机遇。无锡将在上海世博局和省参与上海世博会领导小组的指导下,周密筹划、精心组织,扎实推进无锡承办的主题论坛、长三角友谊日等活动,认真做好世博会宣传推介、票务推广等工作,加强旅游开发和宣传,吸引世博会国内外客人来锡考察和旅游。

*一是做好世博会主题论坛的筹备工作。*承办世博会主题论坛是我市参与上海世博工作的重中之重,围绕"科技创新与城市未来"主题,保持与上海世博局论坛部的密切联系,根据上海世博局提出的工作进程,扎实推进相关工作。根据无锡城市科技发展的特色,策划好分论坛的议题。做好会场的选定工作,完善会场及周边环境的软、硬件设施建设,为世博会主题论坛举办做好充分的准备。

*二是做好长三角"友谊日"方案优化完善工作。*无锡的长三角"友谊日"活动时间初定在2010年5月,今年的主要工作是认真规划好活动方案,力争能在最有限的时间内充分展现无锡最秀美的风光和最深厚的文化底蕴。该活动将体现旅游

与文化的互动、旅游与特色产业的联动,邀请和组织境外参展方代表来无锡考察体验活动。活动规划主要包括:无锡博物馆历史体验之旅、无锡寄畅园以及惠山古镇文化体验之旅、蠡湖风光休闲体验之旅、锡剧名段艺术体验之旅等。

三是积极做好“江苏周”活动的参与工作。充分发掘吴地文化积淀和独特内涵,精心编创每个节目,力求实现艺术性、人文性、娱乐性、观赏性的统一。跟踪好“江苏周”文艺表演活动的最终方案,争取原创舞剧“西施”和其他表演项目的入选“江苏周”活动。同时加强与上海世博局的联系,再组织选拔一些富有生活情趣,江南特色和艺术感染力的群众文艺节目,以我市最具特色的优秀的物质和非物质文化遗产,精选一批项目,争取列入世博会的现场表演节目。

四是做好世博会宣传推介工作。积极办好“中国2010年上海世博会无锡宣传周”活动。初步定于今年5月启动宣传周活动,届时将在无锡太湖广场举行世博图片展、世博摄影展、世博知识竞赛等一系列活动,扩大上海世博会在无锡的宣传和影响。将世博网与无锡相关政府机构网站进行链接,并积极发挥主流媒体作用,宣传介绍上海世博会的主题理念和筹备情况,以及我市参与上海世博会的情况等,提高民众对上海世博会的认知度、关注度和参与度。我们将配合世博会进行倒计时,开展相应的世博宣传活动。

五市加强旅游推介活动。配合做好今年6月世博会门票长三角合作旅游景点签约及发布会,积极与世博会订房中心和订票中心合作,支持世博会票务推广和宣传,配合世博会门票的销售工作,接受世博客人分流,吸引客人来锡。积极开发旅游新产品,包装精品线路,同时加大旅游宣传力度,针对国内主要客源市场开展“世博之旅”宣传促销。充分发挥网站的作用,向国内外宣传无锡的特色景点和特色旅游服务。

迎接大桥时代,加强区域合作 努力保持经济社会良好发展势头

舟山市人民政府

当前,在国际金融危机的冲击下,世界经济风云莫测,复杂性、不确定性远远超过预期,给外向度和产业关联度很高的舟山经济发展带来了严峻的挑战。越是形势复杂多变,越要客观冷静、科学理性。对舟山来说,保持全市经济的平稳增长和社会的和谐稳定,必须科学把握宏观形势,正确认识金融危机和大桥时代面临的机遇和挑战,坚定发展信心。

一、舟山基本情况

舟山是全国唯一以群岛建制的地级市,全市由1390个岛屿组成,海岛数量占全国的五分之一,其中住人岛屿103个,万人以上岛屿11个。市域总面积2.22万平方公里,其中海域面积2.08万平方公里,陆域面积1440平方公里。市辖两县两区(岱山县、嵊泗县、定海区、普陀区),户籍人口97万。

作为海岛城市,舟山最大的特点是区位优势明显、海洋资源丰富、产业特色鲜明。

一是所处区位极为重要。舟山群岛位于长江口以南、杭州湾以东的浙江省北部海域,地处我国东部海岸线和长江出海口的组合部,扼我国南北海运和长江水运的“T”型交汇要冲,是江海联运和长江流域走向世界的主要海上门户。舟山海、陆、空交通集疏运网络比较发达,尤其是全长50多公里的舟山大陆连岛大桥将于今年正式通车,结束和改变了舟山隔海相望、舟楫往来的历史,把舟山优良的深水岸线与长三角广阔的经济腹地紧密连接起来,给舟山发展带来了最大最直接的利好消息和千载难逢的重大机遇。

二是海洋资源十分丰富。港、景、渔是舟山最大的资源特色。舟山是世界上深水岸线最丰富、港池锚地航道及综合建港条件最好的区域之一,虾峙门航道是世界上屈指可数能够全天候通行30万吨以上巨轮的国际航线。市内海天一色,风光旖旎,拥有“海天佛国”普陀山、“南方北戴河”嵊泗列岛两个国家级风景名胜区,沿途处处海景独优,是休闲度假的天堂。舟山素有“东海鱼仓”之称,盛产鱼、虾、贝、藻类等500多种海水产品,是全国最大的渔场。这里有全国最大的水产品交易市场,有闻名遐迩的海鲜夜排档,是名副其实的“中国渔都”、“中国海鲜之都”。

三是产业特色非常鲜明。这几年舟山围绕“海”字做文章,不断调整和优化产业结构,已初步形成了以临港工业、港口物流、海洋旅游、现代渔业等为支柱的开放型海洋经济体系。2008年,全市造船能力已突破500万载重吨,实现工业产值319.2亿元,占全国的10%以上,已成为全国重要的修造船基地。金海湾、常石、扬帆3家船舶企业名列全球造船业30强。港口货物吞吐量达到1.59亿吨,海运业运力达到293万吨,连续10年位居国内沿海十大港口行列;全年旅游接待人数达到1516万人次,旅游业及相关收入占GDP比重为21%;渔业年产量120万吨左右,水产加工业产值达到150亿元,是我国最大的海水产品生产、加工、销售基地。2008年,全市海洋经济总产出1048亿元,海洋经济增加值占GDP比重达66.4%,三次产业比例为10.0 :46.2 :43.8,经济结构实现了由单一的传统渔业经济向综合的现代海洋经济转变。

二、2008年舟山经济社会发展简况

2008年,尽管国内外形势错综复杂、跌宕起伏,舟山经济增速出现了下滑,但在省委、省政府的正确领导下,市委、市政府带领全市人民迎难而上,及时采取了一系列积极有效的应对措施,全市经济社会继续保持平稳较快发展势头。

一是主要指标保持较高增幅。全年实现地区生产总值490亿元,增长14.5%;全社会固定资产投资350亿元,增长

25%;社会消费品零售总额157亿元,增长18.5%;财政总收入66.5亿元,其中地方财政收入43.1亿元,分别增长27%和23%;城镇居民可支配收入22240元,渔农村居民人均现金收入11290元,分别增长12%和16%;居民消费价格指数控制在6%以内;万元GDP能耗下降4%,化学需氧量和二氧化硫排放量分别下降5.1%、6.02%。

*二是转型升级步伐不断加快。*我们坚持把发展海洋经济作为转型升级的主攻方向,制订和完善了市域总体规划以及船舶、石化、现代服务业等一批重点产业发展规划,出台了扶持航运业、水产加工业以及企业科技创新等一批重要政策,促进经济转型升级。工业经济实现总产值832.6亿元,增长29.6%;工业经济效益考核得分292.4分,首次位居浙江省第一;船舶工业加快整合提升,积极防范产业风险,实现产值319.2亿元,增长65.5%,继续保持第一主导产业地位;港航产业积极应对挑战,大浦口集装箱码头等一批重大项目建设进展顺利,舟山港域货物吞吐量达到1.59亿吨,增长23.8%,海运运力达到293万载重吨,增长17%;旅游产业突出"舟山群岛·八大游",荣获了"中国渔都"称号,旅游接待人数保持平稳较快增长,旅游总收入首次突破100亿元,增长19.5%,舟山群岛已成为长三角地区都市人群的休闲首选之地。

*三是区域经济发展更具活力。*加快重点区域发展。新城、金塘、六横等重点发展区域开发建设加快推进,涌现了年度工业总产值超百亿强镇2个;以普陀山为中心的普陀旅游金三角更加联动发展。自主创新能力不断增强。大力推进以浙江省海洋开发研究院为重点的海洋科技平台建设,建立完善公共创新平台和企业研发中心,实施省部级以上科技项目157项。对外开放合作更加深入。与上海、杭州、宁波等长三角区域以及长江流域城市的合作更加广泛深入。全年合同利用外资4701万美元,实际利用外资15855万美元,外贸进出口总值达57亿美元,增长40%。

*四是发展环境持续优化。*大陆连岛工程建设进展顺利,主体工程已全线贯通,将于2009年建成通车,舟山将全面加速融入长三角三小时经济圈。水、电、土地等基础设施条件日益完善,要素制约得到有效化解。同时,我们始终把群众所思所想所需所盼作为工作工作的路线图,高度重视民生社会事业发展,全市财政用于民生的支出增量占财政支出增量的78%。我市的新型渔农村合作医疗市级统筹被列为全国首批、全省唯一试点;第5次荣膺"全国双拥模范城"称号;创新了"网格化管理、组团式服务"基层行政管理新模式,社会治安群众满意率达98%以上。全市社会发展水平前移1位,名列浙江省第四。

总体上看,舟山市经济社会运行呈现较好的发展势头,反映了舟山海洋经济发展的特色和优势。但我们也清醒地看到,我市经济总量比较小,与长三角兄弟城市相比还有较大的差距。特别是当前金融危机的持续蔓延,给我市海运业、船舶工业、房地产以及传统产业带来了严重影响,部分行业、企业生产经营困难加剧,经济面临增速下滑的严峻挑战。从最近经济运行形势看,情况不容乐观。迫切要求我们深入贯彻落实科学发展观,加快推进产业转型升级,努力促进海洋经济又好又快发展。

三、下阶段工作初步考虑

舟山依海而存,依海而名,也必将依海而兴。今后一个时期,我们将认真把握宏观经济形势,积极应对国际金融危机的挑战,按照科学发展观的要求,围绕建设"海洋经济强市、海洋文化名城、海岛花园城市、海岛和谐社会"的目标,坚持"增长为先、转型为本、创新为魂、民生为重、稳定为基"工作主线,把保持经济平稳较快增长作为首要任务,抢抓大桥时代发展机遇,加强区域交流合作,着眼调整、发挥优势,攻坚克难、勇于创新,加快构建综合性现代海洋经济体系,确保经济社会平稳健康发展,加快建设国际化、群岛型港口宜居城市,努力把舟山打造成为"海上浙江"的一颗璀璨明珠!

*1.加快结构调整,培育壮大主导产业。*一是培育"特色型"产业集群。立足船舶修造、水产加工、港口物流、海洋旅游、涉港服务等主导产业优势,加强产业规划和风险预测评估,以主导产业高端化、新兴产业规模化、传统产业高新化为导向,推进特色产业集群化发展,推动主导产业转型升级,建设全国重要的海洋经济基地。二是培育"龙头型"骨干企业。把做大做强龙头企业作为培育产业集群的重要举措,按照"一企一策"对骨干企业进行重点扶持,形成若干主业突出、核心竞争力强、带动作用大的大企业大集团。三是培育"配套型"产业生态。狠抓产业链延伸,提高龙头企业协作产业的本地配套率,引导中小企业向"专、精、特、新"方向发展,在船舶、水产等行业培育一批分工协作、经营灵活、特色鲜明、充满活力的"单打冠军"和"小巨人"。

2.积极调整思路,加快推进项目建设。"三驾马车"中政府主动性最强、最有作为的是投资。坚持把抓投入作为保增长的重中之重,针对当前经济运行中的困难和风险,牢牢抓住项目建设这个载体,进一步扩大有效投入,努力促进经济平稳较快发展。一是继续完善招商引资机制,努力在临港工业、港口物流、海洋旅游等领域引进一批一流的大项目,做到"储备一批、开工一批、投产一批",全年力争实际利用外资7500万美元以上,利用市外资金15亿元。二是全力推进重大项目建设,发挥政府投资的引导作用,实施民生、产业、基础设施"三大百亿工程"。进一步健全项目生成和推进机制,促进项目滚动推进,不断提高资金到位率、项目报批率、工程开工率和实际投产率。三是主动调整思路,改进方法,加大工作力度,围绕主导产业,加强税源培植,积极开展"短、平、快"项目的招商引资,努力推进产业集聚和经济可持续发展。

*3.加强政策扶持,切实破解发展难题。*一是加大政策引导。针对当前形势下经济发展出现的新情况,围绕促进水产、船配、航运、旅游等主导产业健康平稳发展,抓紧研究出台一批新的扶持政策,促进产业政策由普惠制向产业鼓励方向发展。推进重点领域改革,以新的机制体制激活创业热情和工作激情。实行项目、资金、政策联动配套,切实推进特色、优势产业的突破发展。二是优化企业服务。扎实推进"企业服务年"活动,主动深入企业,加强与企业家的交流沟通,引导企业"抱团过冬",帮扶企业共渡难关,增强发展信心。要积极发挥政府的调控作用,加快项目审批节奏,落实企业优惠扶持政策,协调金融部门做好企业转贷服务工作,切实减轻企业负担,为企业排忧解难。三是强化要素保障。重点在融资、土地、水电、交通等方面下工夫,加快构筑路网、电网、水网、通信网四位一体的综合基础设施网络。按照项目推进需求,着力把握好土地、岸线等资源投放的数量和节奏。以产业重大关键技术为突破口,加快科研开发和科技成果产业化。进一步完善人才工作机制,

培养和吸引更多的企业家、高层次人才来舟山发展。

4. 加强开放合作,促进互利共赢。认真贯彻落实国务院《关于进一步推进长江三角洲地区改革开放和经济社会发展的指导意见》精神,把扩大对内对外开放和积极融入区域合作放在更加重要位置,在推进合作共赢中谋求发展。一是拓展对外开放。积极实施"走出去"战略,认真办好新加坡"舟山周"、船博会、佛博会等活动,积极参加全球性海事及水产展。充分利用好对台直航政策,加强与台湾地区的经贸、旅游和文化合作交流。针对当前外贸形势比较严峻的实际,以船舶、水产行业为重点,进一步改善外贸服务环境,优化外贸结构,改进质量监管,巩固和拓展外贸市场,提升外经、外资、外贸联动发展水平,促进外贸出口稳定增长。二是对接大桥时代。以大桥通车为统领,提速全局工作开展,扎实做好大桥通车后的观念、水电、交通、旅游、环境和治安等各项对接准备工作,力争把大桥通车效应发挥到最大,开创群岛型城市发展新格局。三是加强区域合作。充分发挥舟山大陆连岛大桥通车的大好机遇,不断深化与上海、杭州、宁波等长三角地区城市的对接联动,认真做好与上海世博会对接工作,继续加强与长江流域和沿海城市的互动交流,提高区域合作的层次和水平,扩大舟山经济发展的腹地,加速融入长三角。注重长三角城市上下游产业间的配套衔接,积极参与区域产业分工,优化产业结构,增强风险防御能力。

5. 坚持以人为本,确保民生社会和谐。一是高度关注当前经济形势下的群众就业增收问题,通过加快发展带动就业、结构调整转移就业,稳步提高中、低收入群体的收入水平。切实关注弱势群体,做好低收入群体物价补贴等工作。加强物价监管,确保群众基本生活必需品市场供应。二是加快发展社会事业,提高社会公共服务均等化水平,进一步完善社会保障体系。三是认真抓好防灾减灾、安全生产等工作,强化事故指标控制,确保安全监管各项措施落到实处。抓好"平安舟山"建设,维护社会稳定,确保人民安居乐业和民生社会和谐。

四、几点要求和建议

作为长三角城市群的一员,在当前宏观环境下,我们既要加强一些长远的、战略性、宏观性问题的研究,同时也要高度关注和解决一些现实的困难和问题,借此机会提几点建议。

1. 要加强联系协作,加快推进一体化发展。长三角作为我国经济发展速度最快、产业最密集、经济实力最雄厚的发展区域,要按照国务院出台的指导意见以及即将出台的《长江三角洲地区区域规划》,在各兄弟城市的共同推动下,加强区域相互合作和服务协调,加快一体化发展步伐,努力走在我国区域经济发展的前列。

2. 要加强分析预警,关注产业发展风险。长三角经济体由于外向度比较高,受金融危机的冲击相对来说比较严重,对港口经济等的影响可能尤为明显。在当前情况下,要加强区域经济合作,建立完善良好的企业、协会、管理机构协作联动的方式、方法和机制,互通信息,增强产业互补、预警能力,以及时采取有效的防范和应对措施。

3. 要加大政府投资引导,增强产业发展后劲。要响应国家以基础设施投资建设拉动内需的号召,加强政府财政资金的导向作用,加快推进陆上、海上交通以及水电、通讯等基础设施建设,加快以洋山港为核心的上海国际航运中心和南北两翼港口建设。如在港口群优势互补方面,要从现实资源优势出发,在宁波-舟山港一体化框架下,加快推进潜力巨大、优势明显的舟山港域开发建设步伐,增强长三角区域港口的综合竞争力。

4. 要大力发展海洋经济,推进经济转型升级。海洋是长三角城市的最大优势和特色之一。我们应在现有产业基础上,加快推进先进制造业和现代服务业双轮驱动、融合发展,大力发展以临港装备制造、现代海洋物流、大型临港石化、滨海休闲旅游、现代海洋医药和现代海洋渔业为特色的海洋经济,全面构建多元化海洋产业发展体系,加快推进传统经济转型升级,综合提升产业的发展能级和抵御风险的能力,努力保持经济持续稳定较快发展的良好局面。

发挥优势 谋求共赢
扎实推进长三角区域合作联动

苏州市人民政府

改革开放以来,长三角地区经济社会持续快速健康发展,已成为我国经济发展水平最高、综合实力最强、发展活力最足的地区之一。随着经济全球化步伐日益加快,我国改革开放不断深入和全面小康社会建设持续推进,长三角地区正处在新一轮跨越发展的关键时期。国务院出台的《进一步推进长三角地区改革开放和经济社会发展的指导意见》,明确了今后一个时期长三角地区经济社会发展的重点任务和主要措施。去年底召开的长三角地区主要领导座谈会,又进一步明确了深化长三角区域合作,携手应对挑战的思路和举措。面对当前全球金融危机以及由此带来的国内外经济环境复杂变化的形势,长三角城市经济协调会召开第九次会议,共同商讨"贯彻国务院指导意见精神,共同应对金融危机,务实推进长三角城市合作"这一主题,具有十分重要的意义,这必将对进一步发挥长三角地区整体优势,增强抵御风险能力,提高区域综合实力、创新能力、可持续发展能力和国际竞争力起到积极的推动作用。

一、发挥比较优势,夯实参与长三角合作的基础条件

苏州充分利用长三角的区位优势,紧紧抓住发展机遇,实现了又好又快发展,为参与长三角联动发展奠定了基础。一是便捷高效的基础设施。苏州依托紧邻上海的地域优势,陆上交通便捷通畅、水运与空港条件方便快捷、信息化网络覆盖城乡、城市基础设施建设适度超前,有助于更高效快捷的接受上海辐射及沟通长三角各级城市。二是较为完备的产业体系。苏州的产业规模及其集聚优势不断显现。电子信息、精密机械、冶金、精细化工、新型纺织以及生物医药、汽车及零部件等产业的发展,既具有传统优势产业的升级与扩散优势,又有新兴主导产业的领先与带动功能,同时以生物技术与新医药、纳米技术、新能源等行业为代表的前沿战略产业,在国内具有一定的先发优势。三是浓郁深厚的人文底蕴。苏州"崇文、融和、创新、致远"的城市精神,被誉为苏州"三大法宝"的"张家港精神"、"昆山之路"和"园区经验"。四是亲商为民的服务型政府。苏州创造了一个有利于促进开放经济发展的综合环境,这个环境包括透明规范的亲商服务环境、良好的生态环境和社会环境等,体现出苏州"服务型政府"的软实力。五是均衡发展的县域经济。苏州市下辖五市经济实力雄厚,均列全国百强县前十位,整个县域经济占苏州经济总量的半壁江山之多。六是集聚集约的园区经济。苏州开发区以全市9.3%的土地面积,创造了全市50%的财政收入、60%的GDP、70%的高新技术产业产值、85%的进出口、90%的引进外资,产业向园区集聚的态势非常明显。苏州的这些比较优势,得益于长江三角洲优越的区位大环境,同时也夯实了参与长三角区域联动发展的基础条件。

改革开放以来,苏州经济社会持续健康快速发展,地区生产总值、财政收入和工业总产值年均分别增长14.5%、18.8%和24.6%,各项重要经济指标位居全国各中大城市前列,成为国内经济最发达的地区之一。2008年,全市完成地区生产总值6701亿元,按可比价计算比上年增长12.5%;完成地方财政一般预算收入668.9亿元,增长23.5%;全社会固定资产投资2611.2亿元,增长10.3%;进出口总额2285亿美元,其中出口1317亿美元,分别增长8%和10.8%;实际利用外资81.3亿美元,增长13.5%,世界500强跨国公司中有128家落户苏州;城镇居民人均可支配收入23867元,农民人均纯收入11785元,分别增长12.3%和12.5%;城镇登记失业率控制在3%以内;全社会研究与试验发展经费占地区生产总值的比重超过1.8%;单位地区生产总值能源消耗下降4.5%;环境质量综合指数89.7。

二、积极协作联动,在长三角合作中放大共赢效应

当前,长三角地区已站在新的历史起点上,具备了向更高目标迈进的坚实基础。我们将认真贯彻落实国务院指导意见的精神,按照江苏省委、省政府的要求,积极顺应长三角区域经济一体化的大趋势,从更广领域、更高层次加强同长三角兄弟城市的合作与交流。通过积极协作联动,增强长三角新一轮发展的动力,进一步强化和放大长三角区域合作的共赢效应。一是基础设施的一体效应。通过长三角区域交通、机场、信息与港口的对接,实现快速高效的互联与互通,建构一体化的区域发展体系,为沪、苏、浙的合作奠定基础。尤其是区域内的各专项规划应当有意识地加快融合,围绕产业发展、基础设施、重大项目、市场体系、生态保护等专项规划,实现各内部专项规划的对接,通过规划引导使区域性基础设施布局和生产要素合理流动。二是产业发展的集群效应。随着长三角区域协作的深入推进,长三角各地区的功能定位不断清晰,区域产业分工将越来越细化和合理,产业发展将呈现板块状产业集群趋势。与长三角区域一体化相适应的区域产业链打造和产业分工协作的不断深化,使长三角区域的产业发展进一步体现出规模化、专业性的集群特点,成为整个区域产业链的有机部分,具有强劲的带动和推进动能。苏州将依据城市功能定位,明确产业优势和特色,积极打造苏州特色的产业集群板块,服务长三角和全国的产业发展。三是城市发展的同城效应。同城效应的标志为城市间更为紧密的全方位一体化,以高速交通为纽带、以产业协同为核心、以人员日益交往为维系、以各方面的协调性为基础,进而形成城市发展空间的整体扩张和经济社会发展的不断深化。尤其是沪苏两地之间的联系越来越紧密,同城效应日渐显现,要继续加强在综合交通、能源供应、土地利用、环境保护、产业发展、人力资源开发、创新能力建设、政策法规衔接等领域的合作交流,进一步增强同城效应。四是功能提高的互补效应。上海与苏州的产业已经初步形成了错位发展、优势互补的良好态势。苏州与上海不仅应在城市功能上形成互补与错位发展效应,而且必须在产业上形成互补效应。苏州将积极呼应上海的"四个中心"建设,重点建设与"四个中心"功能密切协作配套的特色产业和城市功能,在区域合作进程中不断得到快速发展。五是服务融入的提升效应。服务业既是苏州经济社会和城市现代化的重要产业支撑,也是目前上海经济发展的重点领域。苏州在自身大力发展服务业的同时,要积极引进和参与上海的服务业发展,不断提高苏州服务业的总量规模和层次,通过苏州制造业与上海服务业的有机结合,提升苏州的制造业层次和效率。六是产业互动的升级效应。通过制造业与服务业相互融合,以高新技术改造传统制造业,以服务业提升制造业产品档次,促进生产要素从传统制造业向高新技术转移、从制造业向服务业转移,不断促进产业结构转型升级,使服务业的增加值与就业比重不断上升,促进城市转型由较为单一的城市功能向较为完善与全面的城市功能过渡。

三、坚持开放融合,在长三角合作中推动"五个提升"

苏州依托毗邻上海的区位优势,始终坚持"学习上海、接轨上海、接受辐射、错位发展"的方针,积极融入长三角合作。在当前国际金融危机席卷全球引发世界经济衰退,影响我国经济发展的不确定性因素还在增加的情况下,参与长三角区域合作,必须既注重内在推动力的积聚,又借助强劲的外部带动。所谓内在推动,就是充分发挥苏州的比较优势,提高苏州的综合竞争能力;而外部带动,则是依靠长江三角洲地区的区位优势和良好的资源禀赋,主动接轨上海,接受辐射带动,学习借鉴浙江、省内兄弟城市先进经验,在长三角区域合作中互动发展、互利共赢,实施"五个提升"。

(一)提升发展理念:跳出苏州,融入长三角。必须跳出苏州,站在长三角一体化的高度,积极融入长三角整体发展体系。苏通大桥与杭州湾大桥的通车,使长三角区域的空间格局进一步优化,长三角"一体两翼"的格局变成现实。随着各城市之间为接轨进行的"联网快捷"交运设施建设,使得长三角的交通格局日益呈现网络化趋势,更多兄弟城市逐步融入上海二小时都市圈,这为长三角开展更深、更高、更广的合作提供了广阔的舞台。苏州在长三角一体化格局中处在重要的位置,在充分发挥上海龙头向腹地辐射中转站作用的同时,必须增强自身服务长三角的能力,在合作中创造发展机遇。

(二)提升发展定位:依托上海,服务长三角。苏州与上海地域相邻、人缘相亲、文化相融,是与上海经济关联度最大的城市,更加具备同上海互补、融合的条件。学习上海、依托上海、服务上海、接轨上海是苏州长期坚持的发展战略。在未来长三角一体化的进程中,苏州要充分发挥自身的区位优势,进一步接轨上海、在更高的层次上发展与上海的全面合作,接受上海全方位的辐射带动,实行互补对接,实现错位发展。在产业配套上充分发挥苏州的制造业优势,依托上海的产业链延伸功能,积极发展高新技术,不断提升苏州制造业的层次和水平,建成国际先进制造业基地和国际新兴科技城市。优化发展模式和发展格局,在城市功能、产业辐射、经济服务等各方面加快提升,加快实现向大都市、中心城市的综合服务功能转变。

(三)提升城市功能:开放发展,增强综合竞争力。科学合理定位城市功能,力求在长三角城市群体系中发挥应有作用,有效沟通与连接区域经济的各种要素与流量,成为区域经济中的一个重要枢纽与界面。要坚持先进制造业与服务业并重,把发展现代服务业作为今后发展的战略重点。作为承接上海“四个中心”的重要基地和运作平台,通过与长三角区域内的不同层级城市形成融合配套、错位分工、优势互补的发展格局,使得相关服务要素取得最佳的配置效率。一方面,通过积极引导生产要素向服务业集聚,将服务业发展作为城市发展的重点领域,努力提升服务业的规模和水平,增强综合竞争力。另一方面,加强与长三角地区其他城市的广泛交流与合作,在推进“把上海建成国际经济、贸易、金融、航运中心”这一国家战略和实现长三角经济一体化的进程中,加强对话与互动,实现优势互补,利益共享和发展共赢。在服务长三角中进一步提升苏州发展水平和层次,提升城市综合功能。

(四)提升发展后劲:巧借外力,增强内生发展动力。通过对整个长三角城市群大系统的全方位开放,加入长三角一体化的大循环中,寻找到新的发展动力,在更高的区域经济融合的平台上构筑新的内外交融、全方位开放的经济循环系统,加快形成内在、持久、均衡的经济发展动力新格局。一是结合苏州城市发展定位,在新一轮服务业、尤其是生产性服务业的发展中积极推进民营经济、本土经济的发展,创造鼓励与支持创业的氛围;二是重视内需对经济的拉动作用,通过融入区域经济的过程,服务整个长三角区域的内需大市场,逐步克服对出口市场的过度依赖;三是促进开放型经济与民营经济的相互融合,进一步发展壮大民营经济,支持民营企业主动与外资企业在资金、产品、技术、管理以及人才等方面开展合作,促进民营经济与开放型经济协调发展。

(五)提升发展合力:内外并重,拓展为长三角服务的广阔市场。通过区域协作,把发展空间转向为长三角区域发展服务的巨大市场,以区域内的城市功能互补、经济发展互动、产业分工协作、市场运作联动、内需刺激等增强新一轮发展的推动力,在共建长三角区域大市场中发挥更大作用。一要主动推动在市场准入、交易规则等方面的突破,实现区域信息、人才、资金、技术、基础设施与上海、周边及其他城市的共享机制,消除行政壁垒,积极推进合作互动。二要以规划和建设为契机,打造长三角城市都市圈,发展区域综合交通运输网,减少区际交流的阻力,降低市场交易的成本,使资源能在区域内实现合理的配置。三要共建长三角产业新优势,争取主动、推进区域产业结构整体整合和分工,形成城市群体间布局合理、协作密切的生产体系。特别是要与周边其他城市联手进行生态环境整治,增强防灾减灾能力,为共建绿色长三角生态环境做出努力,实现区域的可持续发展。

我们将按照“合作互动、互利共赢”的宗旨,积极参与长三角区域合作和联动发展,充分发挥自身优势,与各兄弟城市携手合作,共同应对国际金融危机带来的冲击,从更广阔的领域、更新的内涵、更高的层次构筑推进长三角合作与交流的更高平台,为共同提升长三角的国际竞争力作出应有的贡献。

抓住国际国内产业结构调整的机遇
坚定推进经济转型在融合长三角中求发展

扬州市人民政府

当前经济发展面临严峻复杂的形势,但扬州的对外依存度小,在这次国际金融危机中产业发展受到的冲击不大。目前扬州发展面临的压力,一个是国际金融危机的压力。尽管我市出口总量比较小,但是国际市场需求的萎缩,给企业的生产经营带来很大的困难和压力,这个影响现在还没有见底。另一个是区域发展竞争的压力。但总体上机遇大于挑战,新机遇对扬州而言,最重要的就是国际国内产业结构调整的机遇、国家新一轮扩大投资扩大内需的政策机遇、长江三角洲区域经济一体化融合的机遇。

面对国际金融危机,我市坚持以科学发展观为指导,围绕国务院指导意见精神,落实沪苏浙高峰会议部署,完善区域合作机制建设,促进长三角协调发展。全市上下以“保增长、扩内需、调结构”为重中之重,积极应对,抢抓机遇,保持了经济持续较快发展势头,今年1月份以来,全市规模以上工业实现总产值约320亿元,同比增长约20.3%,实现增加值约80亿元,增长约7.5%。

一是坚定推进经济转型,加快企业结构调整。我国经济在经历增长高峰后进行调整时,着力推进区域经济合作与协调发展,正是地区经济调整结构和进一步优化增长基础的现实平台。为有效应对危机,目前扬州市经济发展重点开始转到改变发展方式、调整优化产业结构、尽快形成以现代服务业为主要内容的服务经济上来。加快发展先进制造业。壮大提升石化、汽车及零部件、船舶、装备制造等支柱产业,产值增长30%以上,进一步形成产业集聚优势。大力扶持以太阳能光伏、半导体照明为代表的“三新”产业发展。今年以来,以顺大、晶澳等为主体的市开发区“三新”产业相继投产达效,1月份实现产值40亿元,增长约37%。以高新技术和先进适用技术改造、提升现有产业,提高产品附加值。全年规模以上工业产值、增加值、利税分别增长30%、20%、30%。全力推进“百亿元企业、百亿元特色产业集群”工程,年内产值过10亿元的企业达40个、过50亿元的企业达5个,18个特色产业群总产值突破1200亿元。努力增加工业有效投入,全年完成工业投资700亿元。实施亿元以上项目300个,其中10亿元以上项目20个。

加快经济转型升级,努力形成以服务业为主的现代产业结构。加快数字扬州建设,基本实现城区宽带无线上网全覆盖,实施一批电子政务、电子商务和数字社区项目,信息服务产业基地基础设施投入10亿元以上,引进入驻企业20家。全市信息服务业销售收入增长30%以上。加快构建物流运输、公共信息、存储配送等服务平台,全面推进港口、石化、公铁水和商贸物流园区建设。加大旅游整体宣传推介力度,加强境内外旅游促销,积极开拓日韩、东南亚等客源市场。完善古城、古运河、瘦西湖新区游览线,整合市、县旅游资源,拓展一批特色旅游项目,改善旅游配套设施,提升服务水平。全年接待游客总人数和旅游收入均增长20%。尽管金融危机的影响仍然没有完成消除,但是随着国家“家电下乡”、“农机下乡”、汽车购置税下降50%等系列刺激消费方案的出台,消费信心与活力有所恢复,1月份以来,全市各大商场销售同比均上涨了近20%。

二是增强自主创新能力,建设自主创新体系。把握新一轮长三角区域经济一体化提供的机遇,通过加强合作,深化体制改革,形成以企业为主体、产学研一体化的自主创新体系,为我市经济转型奠定坚实基础。实施“双创”、“三重”政策,加大“三新”产业扶持力度。组织实施省级以上科技计划项目400项,全年培育省级以上高新技术企业58家,新增国家级检测中心1家、省级企业技术开发中心和工程研究中心5家。高新技术产业产值增长40%。从政府层面上讲,进一步加大政策扶持力度,每年确定10—20项制约行业发展的重大关键共性技术项目,依托重点骨干企业,组织科研院所和高等院校力量协同攻关,加快打通主导产业和“三新”产业技术链。同时,市里还研究制定推动新兴产业发展、促进新兴技术应用方面的政策,特别是在太阳能光伏、LED等产业发展上,将加大财政专项投入,扩大政府集中采购和推广应用示范等;从企业层面上讲,列入60家科技型大企业、300家成长型科技型企业和“千企升级”工程的企业,与高等院校与科研机构加强合作,打造研发平台,加快培育自主创新能力。特别是加大技术研发投入,通过对核心技术和知识产权的占有,通过专利、技术诀窍和商业秘密来生产高技术含量、高附加值的产品,打造自己的品牌,实现市场价值,推动自主创新能力的持续提升。

三是扩大内需确保增长,冷静应对危机挑战。由于应对措施得当,目前我市固定资产投资运行平稳,增幅合理,结构优化,活力加强,既主动适应了扩内需保增长的要求,又保持了对全市经济增长的拉动作用。2009年全社会固定投资为1188亿元,当年投资万元以上的重点项目511项,总投资4000亿元左右,其中当年投资760亿元。为大力推进这些项目,主要采取以下工作:一是对条件成熟的先进制造业、高新技术产业、现代服务业和重大基础设施项目抓紧开工建设。去年年底,新开工建设项目62个,总投资173亿元。新年伊始,我市举行98个工业重大项目集中开工仪式,项目总投资221亿元,项目竣工投产后将新增销售约450亿元。二是重大基础设施项目加速推进。继沪陕高速江都至六合段已于去年底开工后,苏中江都机场、新淮江公路、宁启铁路复线及电气化改造等重大基础设施项目前期工作也在加紧推进。三是加快实施新增中央投资扩大内需项目。目前下达扬州市新增中央投资计划项目共计56个,中央财政资金计划1.435亿元已全部到位,初步框算投资完成比例30%左右。

四是着力推进改革攻坚,增强发展动力、活力。要实现经济转型,增强经济实力,必须牢牢把握新一轮长三角区域经济一体化发展的机遇,加快推进改革攻坚,扩大对内对外开放,依靠市场优化资源配置来提高产出效益。我市一方面加快国有集体企业改革扫尾和企业内部制度改革,支持有条件的企业通过重组和改造提升竞争力。另一方面落实鼓励企业上市的政策措施,推动企业股份制改造,培育更多的上市后备企业。年内顺大、诚德等4家以上企业上市,宝胜股份等上市企业实现再融资,引导更多的企业利用资本市场加快发展。全面提升对外开放水平。深化产业招商,引导外资投向石油化工、装备制造、太阳能光伏、半导体照明等重点产业,加快形成优势产业链。强化企业招商,鼓励重点骨干企业和成长型企业瞄准跨国公司、行业龙头,扩大合资合作,提升发展水平。鼓励现有的外资企业增资扩股、参与改组改造。全年协议利用外资45亿美元,注册外资实际到账15亿美元。外贸出口、外经营业额分别增长15%和20%。

五是提升城市功能、品质,主动融入长三角区域发展。我市以“规划共绘、交通共联、市场共构、产业共兴、品牌共推、环境共建、社会共享”为重点,主动接轨长三角、积极融入长三角,错位竞争,共赢发展,不断寻求国内经济合作的新路子。

为贯彻国务院指导意见精神,共同应对金融危机,我市积极落实沪苏浙高峰会议部署,完善区域合作机制建设,推进长三角城市合作,与长三角区域内城市在多个领域开展了对接合作,其中在规划、科技、信息、人才、旅游、海关等12个合作项目上取得突破性进展。在规划合作项目上,以交通网络建设为先导,推进融入长三角一体化交通体系,对接区域公路、轨道交通、内河航道的“十六枢纽、六廊、五圈”区域交通发展框架,实现了与长三角地区各城市交通规划的衔接;在科技合作项目上,参与创建了区域内几千台(套)大型科技研发设备的租赁平台,实现了高精尖科学仪器设备的共享;在信息合作项目上,参与推进了城市电子数据交换信息互通共享,为区域物流一体化奠定了管理基础;在产权合作项目上,实现了区域产权交易规则、信息发布和统计口径的集成统一,推进了区域产权大市场的建设;在人才合作项目上,编制了区域人才发展规划,实施专业技术资格互认,推进区域人才柔性流动;在就业合作项目上,推进形成了高校毕业生就业信息资源共享机制,为长三角各城市高校毕业生跨地区流动开辟了绿色通道;在旅游合作项目上,在扬境内组织实施了长三角旅游景点道路交通指引标志设置标准,为区域内“无障碍旅游”创造了条件;在港口合作项目上,推进建立管理部门联席会议制度,组织内河集装箱码头、堆场、枢纽设施建设的衔接,推进区域集装箱运输体系建设和港口的联动发展;在海关合作项目上,配合海关部署推行异地通关模式的改革,成功开通“属地申报、口岸验放”的通关新模式，大大提高了通关效率；围绕加快融入长三角，着力推动区域经济合作，举办长三角合作专题推进会、上海扬浦知识创新区第三届长三角推介会，加快港口、旅游标志、远程视频等七个专题的工作对接，等等，推动了长三角区域城市间的合作与发展。

长三角区域地缘相近，人缘相亲，经济相连，文化相融。作为长三角大家庭中的一员，扬州十分重视融入长三角，加强与长三角其他城市的联系与交流，并深受其益。当前，长三角区域正面临着深化合作、共度难关，互动共赢的时期，我们将与各兄弟城市携手合作，从更广泛的领域共同推进长三角区域经济与社会的繁荣发展，为提升本地区的国际竞争力作出应有的贡献。

（在长江三角洲城市经济协调会第九次会议上的发言，标题为编者加）

务实合作　应对挑战　推动长三角协调发展

绍兴市人民政府

绍兴市2008年实现生产总值2223亿元，人均生产总值超过7000美元；财政总收入275亿元，地方财政收入144亿元；社会消费品零售总额619亿元；进出口总额238亿美元，其中自营出口总额175亿美元；城镇居民人均可支配收入24646元；农民人均纯收入10950元。去年下半年以来，面对严峻的经济形势，绍兴市深入实施“创业创新、走在前列”战略部署，采取有力措施，主动加强与长三角等区域的合作，取得了新的成效。今年初，又专题召开区域经济合作座谈会，深入研究区域合作大计，以更加积极主动的举措，加快融入长三角的步伐。

一、加强长三角城市合作的紧迫要求

绍兴地处长三角南翼和沪杭甬经济核心圈，加强区域合作既是贯彻落实科学发展观的内在需要，更是应对当前金融危机、保持经济社会平稳发展的必然选择。去年以来的金融危机，给绍兴市经济社会发展带来了不小的冲击，一些结构性、素质性、体制性问题突显。

1. 经济增速下滑。2008年全市生产总值虽居长三角地区第8位（省内第4位），但增长回落较大，同比增长9%（列全省地级市第10位，长三角16城市最后），增速比2007年回落5.3个百分点，回落幅度大于全国、全省。2009年以来，全市经济运行的基本面与去年第四季度相比没有太大的变化，但外需持续减弱、内需尚未有效激发，经济运行仍面临不小压力，一些经济指标特别是工业增长和财政收入增长翻绿，1－2月，全市规模以上工业总产值增长下降11.8%，工业用电下降12.8%，地方财政收入下降7.5%。

2. 需求拉动减弱。三大需求中，投资增长不快，工业投资后劲不足，2008年全市投资增长8.3%，列长三角城市第14位，低于2004—2007年年均增速4.4个百分点，其中工业投资仅增长2.2%，房地产投资增长11.8%，分别回落8.4和27.1个百分点，特别是新开工项目已连续两年出现负增长。2009年1－2月投资增长0.9%；出口因外需持续减弱，后期增长形势比较严峻，2008年出口增长26.6%，虽列长三角第7位，但增速低于2004—2007年年均增速5.5个百分点，且无论从出口规模、品种、数量较前几年度均有所回落；消费受经济增长放缓影响将延缓升级进程。

3. 结构矛盾突出。2008年三产比重虽有提高，但占35%的服务业比重仍低于全国、全省。新兴产业规模偏小，工业总体处于产业链低端，环境压力依然较大。

4. 就业压力加大。企业特别是中小纺织企业盈利困难，经营风险增加，社会就业压力明显加大，2009年城镇登记失业率控制在4%以内难度很大。

为最大限度地减小金融危机的影响，绍兴迫切需要加强与长三角各城市的合作，真正在产业发展、城市对接、资源配置上实现“一盘棋”，促进生产资源要素合理流动和优化配置，联手应对危机，努力实现经济平稳增长、率先回升。

二、加强长三角城市合作的难得机遇

面对全球金融危机，没有一个地区、行业可以独善其身。长三角各城市贯彻党中央、国务院“保增长、扩内需、调结构”的决策部署，相继制定扩大内需、保持经济增长的意见，努力推进经济转型升级、实现科学发展，长三角合作迎来了新的发展机遇。从绍兴情况看，今年提出了“保增长、抓转型、重民生、促稳定”的工作主线，部署推进“三年建设计划”、“两个千亿”工程，努力做强中心城市实力，发掘潜在优势，从大城市、特大城市建设和可持续发展的战略目标出发，加速融入长三角经济社会一体化。

一是注重项目建设。进一步加大投入力度，从今年到2011年，计划完成重大基础设施建设1000亿元，重大工业项目建设1000亿元。同时，围绕大城市建设目标，大力推进新的城市核心区建设，加快奥体中心、文化中心等一批综合体项目的实施。

二是推进产业升级。全面落实产业提升发展规划，重点推进现代纺织、机械电子、节能环保、医药化工、食品饮料等五大产业五大产业的提升发展，制订好配套政策，构建富有绍兴特色的先进制造业体系，努力在重点产业领域实现新突破。

三是力保贸易增长。一方面，优化外贸结构，提高产品竞争力；另一方面，在保住传统市场的同时，努力拓展新兴市场，千方百计争取订单，促进出口市场多元化。

四是帮扶企业解困。切实减轻企业负担，在已出台的各项清费减负政策基础上，继续加大减、免、缓、停涉企行政事业和服务性收费的力度，尽可能取消一批地方涉企收费。进一步加大对企业出口、信贷、产业投资、资产重组的引导和扶持力度。

五是改善民生需求。重点针对农民非农收入明显减少的新情况,把确保农民增收、刺激农村消费作为今年统筹城乡发展的中心任务,积极鼓励发展现代家庭工业和农村服务业,拓宽农民就业和增收渠道。全面推进农业农村基础设施建设,有效改善农村发展环境。

三、加强长三角城市合作的重要使命

30年改革开放,我国经济市场化程度越来越高,长三角经济正突破行政界限,向一体化发展。但长三角发展中仍存在着一些问题,如产业结构雷同,城市发展对接不够紧密,服务体系不健全,资源制约等。为此,必须站在全局高度,加强联动融合,不断深化区域合作。

要强化主动融入的意识。区域合作是大势所趋、发展潮流。绍兴迫切需要在建筑、交通、港口、旅游等领域加强区域合作,分享合作成果,真正实现资源整合、优势互补。要进一步统一思想、提高认识,研究落实实质性的举措和办法。

要密切产业要素的合作。区域经济的合作,是以产业为基础的。要加强产业合作,增加产业的关联度,使要素配置的成本降低。要加速调整产业结构,一方面努力增强中心城市的集聚力、辐射力和带动力,增强对高端要素的吸纳能力。另一方面要加强商贸、科技、文化、教育、旅游等全方位合作,努力推介自己的优势产业,使之成为长三角的有机组成部分;要重视推动企业合作,积极主动地承接上海、杭州、宁波、南京等大城市的辐射,接受产业转移。

要加速规划交通的对接。城市建设的融合,重要的是规划对接,特别是一些重大基础设施建设规划要统筹协调。长三角区位优势明显,推进交通一体化有着良好基础。要积极构建长三角现代化交通新格局,带动整个区域经济的发展。目前,绍兴正加快推进嘉绍高速跨江通道建设,进一步缩短浙东南地区与上海的距离,为接轨上海服务。此外,绍兴充分发挥水运资源优势,拓宽杭甬(浙东)运河,加速打造黄金水道,提升水运能力,努力和乍浦港、宁波港、洋山港等外海港对接,为构筑长三角交通一体化做准备。

要完善区域合作的机制。针对目前区域合作职能分散、应对力不强的实际情况,要进一步创新思维,转变思路,建立主动合作、主动作为的工作机制。要抓住世博会这个契机,深化"世博之旅"、"自身建设"合作专题,开拓"金融"、"社保"、"节会"等新的合作专题,进一步推动长三角区域联动发展、协调发展。

加快沿海开发　深化区域合作

南通市人民政府

南通滨江临海,集"黄金水道"和"黄金海岸"于一体,是江苏唯一既靠江又临海的城市,是长三角北向拓展的枢纽。全市有5个县(市)沿海,海岸线全长206公里,其中,可建5万吨级以上深水泊位岸线40多公里。毗邻海域面积13240平方公里,是陆地面积的1.5倍。滩涂面积16.6万公顷,占全省的31.5%。沿海的风力、潮汐、旅游资源十分丰富,环境容量较大。

近年来,南通立足区位优势和产业基础,在全面推进沿江开发的同时,挥师东进,聚焦沿海,按照"江海联动、港城互动、辐射带动"的思路,全力以赴推动沿海开发,以洋口深水海港建设为龙头的南通沿海开发如火如荼,成效初显。一是海港建设大突破,沿海开发的动力进一步增强。港口是沿海开发的"发动机"。南通以深水海港洋口港开发为突破口,努力构建长三角北翼的出海通道。随着洋口港的加快开发,全市沿海以临海工业为主、沿江以物流枢纽为主的功能各异、优势互补的江海组合港已初见雏形。洋口、吕四海港开发的技术可行性已得到权威、科学的论证并形成了各项规划,《南通港洋口港区总体规划》和《南通港吕四港区总体规划》均已通过交通部和省政府联合组织的审查。深水海港建设已列入国家以及长三角"十一五"发展总体规划(草案)、国家"十一五"口岸扩大开放规划。洋口港LNG项目已获国家发改委核准。2008年,洋口港12.6公里陆岛通道(黄海大桥)、1.44平方公里人工岛、10万吨级南航道、1万吨级重件码头等工程相继竣工,具备了LNG储罐施工条件。2008年10月28日,港口实现了初步通航。吕四港区进港航道一期工程竣工,2个5万吨级散货码头建成,并实现了首次通航作业。此外,南通正在开展对冷家沙及其周边海域深水航道的开发利用进行前期研究,初步认为,冷家沙海域是江苏沿海建设深水港口的优良港址。二是通道建设大推进,沿海开发的优势进一步放大。交通是沿海开发的大动脉。南通积极推动沿海区域交通一体化建设,东西贯通、南北联动、水陆并举、通江达海的交通网络正在加速形成。特别是2008年6月,以苏通大桥建成通车为标志,南通全面融入上海一小时都市圈。交通区位条件的这一根本性突变及其形成的与上海的"同城效应",使南通成为接轨上海、服务上海的重要基地和长三角南北两翼要素优化配置、区域互动发展的重要平台。这些既为沿海开发创造了良好的条件,又可以实现沿海开发效应的最大化。三是产业发展大提升,沿海开发的支撑进一步明显。南通坚持沿海开发以工业、工业园区建设、先进制造业与现代服务业为主导,重点发展新能源、石化、船舶修造、现代物流和海洋产业,努力形成独具江海特色的产业群。与临港产业发展相配套的园区建设全面加速,沿海地区9个省级以上经济开发区和2个沿海重点开发区域,共规划面积462.5平方公里,已开发面积167.9平方公里。依靠深水海港开发的强大磁力,近年来,各大投资主体纷纷抢滩投资洋口港,先后吸引了新加坡金鹰集团、香港保华集团、中石油、大唐国际电力等一批知名企业来通参与沿海开发。美国、英国、法国、阿联酋等国家的一些国际性大公司、大财团也纷纷来我市寻求沿海开发商机。一批科技含量高、带动辐射力强的特大型项目竞相落户沿海，其中，洋口港启动性、标志性项目LNG接收站于2007年2月获国家发改委核准；LNG电厂项目核准附件全部完备，项目申请报告已上报国家发改委。吕四港区总投资110亿元的大唐电厂一期工程4台60万千瓦超临界机组项目已经列入了江苏省"十一五"规划。南通沿海风电项目建设亮点频现，除如东风电一、二期工程已有100多台机组相继并网发电外，启东南北风电场项目均已获国家发改委核准并开工建设。目前，已建和在建的风力发电项目装机容量为44.2万千瓦。

当前，江苏省沿海开发已经上升到国家战略层面，南通作为长三角城市经济协调会成员之一和江苏沿海开发的主力之一，以沿海开发为动力，抢抓"桥港新时代"的新机遇，利用通大海、通上海的优势，推进大开放、大开发的进程，不断提升综合实力和服务能力，对优化长三角地区城市格局，促进区域持续、协调发展具有极其重要的战略意义。我们将把沿海开发作为与长三角城市携手并进、合作发展的共同财富，认真贯彻国务院《关于进一步推进长江三角洲地区改革开放和经济社会发展的指导意见》和即将出台的《长江三角洲地区区域规划》，切实加强与长三角城市的交流和合作，共同推进和实施沿海开发。

一是加强航运合作，助推上海国际航运中心建设。南通是"江进海"的终点，为上海国际航运中心承担大宗货物转运的功能，同时也是上海集装箱运输的喂给港，年为上海港转运集装箱10万标箱以上。长期以来，作为上海国际航运中心的组合港，南通港与上海港具有良好的合作基础。当前，南通将积极呼应上海航运中心的建设，加快洋口、吕四深水海港建设步伐。特别是洋口港蓝沙洋北水道长期稳定，具有建设15～20万吨级深水航道的自然条件及开发建设30万吨级深水航道的前景。洋口港建设30万吨级航道，将对上海港起到补充、分流的呼应作用，从而推动形成洋口港南与洋山港、北与连云港遥相呼应的航运格局，有效带动整个苏中、苏北地区的发展。今年，在洋口港开发建设中，我们将坚持基础设施建设与临港产业发展并举，更加突出招商引资、项目建设这根主线，力争项目投入有新突破；坚持港区开发与城区建设并进，更加突出港口功能这一特色，确保在货物吞吐量和港区功能配套上有新突破；坚持抓当前与谋长远并重，更加突出30万吨级航道这一重点，确保港口基础研究有新突破。同时，进一步着力提升江港建设水平，整合、提升沿江沿海港口功能，注重抓好各类不同类别港口之间的链接，提高港口联系腹地、集聚货源、吞吐货物和综合运用能力，实现江海联动开发、互动发展。

二是加强重大交通设施项目合作，增强长三角区域发展支撑能力。苏通大桥的通车，南通已经成为上海北向辐射、长三角北向拓展和江北地区接轨上海的"重要联结点"。南通将进一步和上海、苏州、无锡对接，加快公路、铁路等过江通道的重大交通设施项目建设，促进上海、苏南的要素传导到长江北翼的广袤土地。潜力无限的洋口、吕四深水海港，通过长江及沿岸的水公铁运输大动脉，才能为苏中、中西部地区开辟新的出海通道。今年2月28日，作为上海至西安高等级公路的重要节点——连接启东和上海的越江通道崇启大桥打下了第一根工艺试桩，这标志着崇启大桥工程建设进入全面施工阶段，南通将加快推进崇启大桥建设工作，确保早日竣工通车。崇海大桥，目前苏沪两省市已组织开展项目前期工作，江苏段预可报告已编制完成，上海段的预可研究正在进行中，南通将积极配合，争取早日完成项目预可报告的合编工作，及早上报审批。南通是沿海铁路、新长铁路和宁启铁路的交汇点，南通将积极围绕打造成为长三角区域性的铁路枢纽和中转中心，做好沿江沿海港口铁路的前期工作。铁道部已把沪通铁路列为今年新开工的项目，南通积极做好沪通铁路开工前的各项准备工作，力争如期开工。按照南通机场建设成为上海航空枢纽辅助机场的定位，围绕打造上海第三机场，成为上海国际航空港的后方港和组合港的目标，南通将建立推进工作体系，积极主动与有关方面对接，尽快做好机场跑道延伸等改扩建工程的立项和可研报批工作，力争机场改造项目早日开工建设。

三是加强产业合作，打造长三角北翼先进制造业和基础产业基地。南通最大的优势在沿江沿海。"十一五"乃至今后一段时期，南通将坚持"加快构筑富有南通特色、与长三角各市功能互补的沿江、沿海产业带，建成我国东部沿海产业集聚的新高地"的产业发展原则，利用得天独厚的优势，围绕先进制造业、现代服务业、现代农业的发展重点和本地主导产业，认真做好产业配套和产业对接，优先发展以电子信息产业为主体的高新技术产业、以船舶修造及配套为主体的重大装备制造业、以石化精化产业为主体的重化工产业、以服务外包产业为主体的现代服务业。在推动产业发展的过程中，南通将始终坚持"学习先进、促进合作、共同发展"的理念，与长三角兄弟城市一起，发挥黄金海岸、黄金水道作用，分享桥港时代机遇，加快推进区域发展。一是以更加开放的姿态，创造更加优良的环境。以上海为核心的长三角区域是中国先进制造业最集中的地方，各地在加快发展的过程中形成了良好的产业、资本和技术优势，积累了丰富的发展经验。南通将认真学习各地政府管理创新的经验，进一步解放思想，认真探索并加快推进中新·苏通生态产业园、"外高桥—启东"产业园等跨江联动开发。继续致力于建设亲商安商、清廉法治、规范高效的服务型政府，着力营造商务成本低、承载能力强、市场秩序好、人居环境优的投资环境，以开明的态度、开放的心态、开阔的胸怀、开拓的精神，为长三角城市的投资者提供优质、高效、规范的服务，努力以一流的经商环境让投资者在南通放心发展，以开放亲和的发展氛围让投资者在南通舒心创业。二是全面贯彻国务院《关于进一步推进长江三角洲地区改革开放和经济社会发展的指导意见》，遵照温家宝总理对江苏沿海开发的重要指示，落实长三角地区主要领导座谈会精神，积极发挥政府在区域合作中的推动和促进作用，加强与长三角兄弟城市的互访、协商和协调，实现优势互补、合作双赢、共同发展。充分发挥市场对资源配置的基础性作用，坚持以企业为主体，共同建设统一开放的市场体系。积极鼓励南通企业到长三角兄弟城市投资兴业，发展具有当地优势的特色产业。三是共同应对金融危机，促进区域经济平稳较快发展。根据当前国内外形势变化，认真分析长三角区域经济运行中出现的新情况、新问题，协同贯彻落实中央扩大内需的政策措施，有效扩大投资，积极拉动消费；协同推进体制机制创新，加快形成区域金融一体化和城乡统筹的发展格局；协同做好促进就业、加强社会保障等涉及民生工作，共同维护社会稳定。加快发展现代服务业，优化区域产业空间布局，做大做强高技术和优势支柱产业，共建国际先进制造业基地,创新发展模式,加快经济转型升级。牢牢把握“扎实保增长、全面达小康”工作主线,坚定发展信心,抢抓桥港新机遇,把握国家扩大内需新契机,充分利用一切有利条件,充分调动一切有利因素,在困难中攀高,在逆境中上扬,为实现整个长三角区域经济的大转型、大升级、大发展争作贡献。

在国际金融危机和国内经济下行压力加大的背景下,尤其需要长三角城市抱团取暖,携手合作。南通愿意和与会城市一起,以此次会议为契机,进一步增强长三角区域经济社会发展一体化的共识,以沿海开发为主战场,更加广泛深入地开展城际合作与交流,共同应对金融危机,携手推动长三角城市经济社会各个领域的联动发展、科学发展、和谐发展!

坚持优势互补　推进合作互动
共同提升区域经济社会发展竞争力

泰州市人民政府

来到风光旖旎、富饶繁荣的湖州市,参加长三角城市经济协调会第九次会议,与大家一起共商合作、共谋发展,我们倍感亲切、深感荣幸。泰州与湖州有着深厚的历史渊源关系,北宋著名教育家胡瑗胡安定先生,是我们泰州人,毕生从事教育,在泰州开办安定书院,先后在泰州、苏州、湖州等地传经讲学30多年。泰州是长三角协调会成员城市中最年轻的一个地级市,无论是城市规模还是经济总量都属于小兄弟。近年来,我们与长三角城市的交流与合作日益频繁、不断扩大,泰州在加快融入长三角的进程中迈出了更加坚定的步伐。刚才,几位市长的精彩发言,让我深受启发。借此机会,我也谈几点想法、提几点建议。

一、合力推进区域交通一体化发展。综合交通运输体系建设,是提升区域经济竞争力、促进区域经济协调可持续发展的重大基础性工程。泰州,地处长三角腹地、江苏中部,是名副其实的“苏中之中”。近年来,泰州的交通突飞猛进,区位优势更加明显。京沪高速上的江阴长江大桥早已建成通车,大大缩短了与苏南、上海以及长三角其他城市的距离;正在建设中的泰州长江大桥也将为泰州更好地融入长三角插上另一只腾飞的翅膀。新长铁路、宁启铁路“一纵一横”,在我市穿境而过,其中,宁启铁路拥有6条黄金始发线,另有8趟过路列车途经我市,这将泰州与全国各大城市紧密联系在一起。苏中机场,由扬、泰两市合作建设,现已确定选址,通过预可行性报告的评估论证。这里需要建议和呼吁的是,必须尽快复活连接江浙两省(江苏新沂-浙江长兴)的新长铁路。新长铁路建成近10年来,在我市靖江境内仍采用原始的轮渡方式过江,不通行客车,只承担货运,且车辆稀少、运行效率低、安全隐患多,人员、物资、信息交流不畅,该铁路对于促进区域经济共同发展的拉动作用很不明显。这个过江“瓶颈”一经突破,可以说是救活了一条新长线,复兴了一条宁启线,衍生了一条沪泰线(上海—泰州城际铁路),带动了江浙沿线一大片。建设好新长铁路过江通道,将发挥最大的综合带动效应,进一步完善长三角区域铁路网络布局、构建快速交通体系,有力促进长三角经济一体化,提高地区综合竞争力,可谓“牵一发而动全身”、“落一子而活全局”。我们建议长三角城市经济协调会予以关心和重视,给予协调和指导。

二、全面加强医药产业发展方面的联动与合作。医药产业是泰州的支柱产业。近几年,产业规模的增长保持在35%以上,经济总量连续6年、经济效益连续10年居位江苏省第一。目前,我们正在举全市之力,精心打造“中国第一医药城”。中国医药城在国家、省各有关方面的高度重视和大力支持下,研发、制造等各个方面都取得了突破性进展。今年正月初三,中央政治局委员、中组部部长李源潮同志到江苏时专门来泰州医药城视察指导工作,要求把泰州医药城打造成“世界有名,中国第一”的医药城。3月18日,国务院正式批复,泰州医药高新技术产业开发区为国家高新区。这是全国第56个国家高新区,江苏省第5家国家高新区,同时也是全国第2家具有专业特色的国家高新区。我们热切期盼长三角城市能够借助于“中国第一医药城”这个重要载体和宽广平台,全面加强研发、制造、会展交易和康健医疗等各个方面的深度合作,共建长三角医药产业新高地。

三、共同推进旅游产业的互动与发展。旅游业具有强烈的互补性、互动性和流动性。近年来,长三角城市特别是上海涌向泰州旅游观光的人数直线上升。泰州,拥有中国为数不多的生态湿地——溱湖风景区,中国华侨城正在此精心打造高端休闲度假旅游区,一期工程投资20亿元;拥有保存最为完整的古城河,周长6.7公里,目前正在精心打造以“水天堂·夜游城”为基本定位的凤城河风景区;拥有独具特色的垛田自然风光,目前菜花季节,千顷金黄。泰州历史悠久、人文荟萃、名贤辈出、积淀深厚,胡锦涛总书记生于斯、长于斯,直到高中毕业、考上清华,才离开泰州,对家乡充满着极其深厚的感情。泰州还是郑板桥、梅兰芳等艺术大师的故乡。泰州也是一座“红色”的城市。这里,是中国人民解放军海军诞生地、“中国水兵母亲城”。今年是人民海军诞生60周年,海军将在这里举行重大庆祝活动。历史上,陈毅三进泰州城,指挥了著名的黄桥战役,《黄桥烧饼歌》唱响全国。泰州滨江近海,水网密布,江鲜河鲜远近闻名。目前正是刀鱼、河豚等江鲜的上市季节。金秋时分,蟹肥味美。目前,我们正在全力打造旅游特色品牌。4月6日,由国家旅游局、江苏省人民政府、江苏省旅游局和我市联合主办的“第三届中国湿地生态旅游节、江苏生态旅游节、中国泰州国际旅游节暨经贸洽谈会、中国姜堰溱潼会船节”,

将正式开幕。旅游节期间，我们还将围绕上海世博会的举办，组织开展“世博主题体验之旅”。9月24日，江苏省第六届园艺博览会也将在我市如期举办。泰州园博园工程占地1000多亩，其中水面500多亩。开园后，园内及周边地区也将围绕互动式旅游项目继续进行开发。在合力推进旅游业发展方面，我们在积极组织本地游客进入长三角城市旅游观光的同时，也将积极吸引长三角城市的游客来泰旅游。我们建议各个城市城市携手行动，密切合作，也建议长三角城市协调会加强组织指导。

四、科学推进沿江资源的开发、利用和保护。泰州是一座新兴的滨江城市，拥有长江岸线96.3公里，其中尚未开发利用的岸线还有一半左右，-10米以下的深水岸线达60多公里。近年来，我们按照“在保护中开发，在开发中保护”的原则，切实加大了沿江开发力度，特别是无锡市所辖江阴市与我市靖江市实行了两岸联动开发，结出了丰硕的成果。我们真诚欢迎长三角城市的各类企业和投资者来泰投资兴业，共谋发展。“同饮一江水，保护母亲河”。我们在大力推进沿江开发的同时，也十分重视长江岸线资源的科学利用和长江水资源的保护。我们一定与长江沿线两岸城市共同尽责，联手行动，加强生态保护，促进可持续发展。

长三角城市经济协调会，是谋划区域发展、加强交流合作、促进互动共赢的极好的高层协调制度。我们将尽心尽责、主动参与、履行协议。同时也建议，建立健全正常的沟通交流机制，在正常举办一年一度的市长会议的基础上，多开展一些灵活多样的会商、论坛、对话、互访等活动，努力促进区域之间的正常沟通交流和广泛、深入、密切的合作。

更加务实更具效率　开创区域合作新局面

常州市人民政府

在这春暖花开的季节，我们相聚在美丽的湖州，共商区域合作发展大计，我感觉在当前形势和背景下十分有必要、有意义。《国务院关于进一步推进长江三角洲地区改革开放和经济社会发展的指导意见》给长三角地区发展提出了新要求、明确了新方向；当前严峻的经济发展形势迫使我们抱团取暖、携手应对；珠三角等区域合作发展的逼人态势给长三角区域合作带来了新压力和新动力。我认为，加强长三角区域合作既面临着前所未有的机遇，也面临着前所未有的挑战，区域内各城市应求同存异，齐心协力，切实发挥“我们是长三角的一员、我们是长三角的主人”的责任感和使命感，追求更加务实的合作、追求更具效率的合作。

近年来，我们常州发展势头较好，2008年虽然面临经济大环境急转直下的不利形势，但经济总量、结构调整和社会民生等方面都取得了新成绩，迈上了新台阶。这充分得益于上海龙头城市的辐射和带动，充分得益于区域内各城市的广泛合作，也进一步坚定了常州积极参与长三角区域合作的信心和决心。2009年，常州将以更加积极的姿态、更加主动的作为，推进各专题合作，为长三角共同发展多做贡献。借此机会，我对拓展区域合作、完善合作机制等谈几点看法。

一、合作理念要有实质突破

客观上说，现在各城市仍然是竞争大于合作，对合作的重视仍是口号大于行动。这对长三角区域合作乃至一体化发展是最大障碍。最近，广东省委书记汪洋谈到珠三角区域合作时就发表了这样的看法：“欧盟各国之间的利益涉及货币等复杂因素，尚能协调好，作为一个省的若干市，不可能协调不好，不应该出现人人都觉得从长远说同城化好，但一涉及自身利益，个个又都不愿放弃的现象。”而我们长三角涉及两省一市，情况比珠三角更复杂，如果在理念上没有实质性突破，那区域合作、区域一体化将一直停留在纸上谈兵或是浅层次阶段，难以取得重大突破。因此，我认为，新形势下推动长三角区域合作首先要在合作理念上取得实质突破。

二、合作重点要有更宽拓展

长三角目前的合作重点主要集中在基础设施领域和以世博会为主题的相关内容等方面，我们常州就积极参与了轨道交通、高速公路、港口合作、世博主题体验之旅等的共建，成效也非常明显。我认为，在此基础上更加务实地深化长三角区域合作，更加多的让长三角的人民群众体验到区域合作的成果，我们的合作还需要由硬件向软件、由经济向民生、由基础设施一体化向公共服务一体化等领域拓展，更好地发挥区域整体功能。建议可以考虑在以下几个方面有所突破：一是高速公路电子联网收费，减少高速公路的收费站，畅通快速交通；二是统筹规划信息基础网络、共建共享公共信息数据库；三是适应居民流动加速的现状，使居民流动后在教育、医疗、养老等公共服务方面享有利益，推进异地医疗、异地养老等；四是通讯畅通，在长三角区域探索通讯便利，比如减免电话长途费用等；五是共同构建区域环境监测体系，建立区域联防协作机制，实现污染联防联治；以及减少市场壁垒，降低商务成本、交易成本，等等。当然，这些方面的合作并不是一朝一夕就能完成的，某种程度上也不在我们这些城市所能完全掌控的范围内，但我们的合作应该加大向这方面推进的力度。我很高兴地看到，近两年来的合作专题在此方面已有体现，应予以坚持并积极拓展。

三、合作机制要更加健全

长三角区域合作涉及到两省一市25个行政体，要保证合作取得实效，一套健全的合作机制必不可少。近年来，长三角城市协调会在合作机制建设上积极探索，在专题征集形式、合作推进方式等方面都不断追求创新和完善。对合作机制，我再提三点建议：

一是建议加强与国家发改委、两省一市政府的衔接，将协调会推进的各项工作更好地纳入长三角合作的大体系中,避免在城市参与区域合作中出现多方牵头、重复推动的现象。

二是建议强化专题合作推进机制。目前专题推进的手段还偏软,主要靠协调,应该建立更加有效的专题项目推进机制、评估考核机制、奖惩机制等。在这方面,建议上海作为常任主席方和长三角的龙头城市,能组织协调进行专题推进机制的健全。

三是建议长三角区域合作能更多地引入市场主体参与。区域合作不仅要推进政府之间的合作,而且要推进企业等不同市场主体之间的合作。合作的主体要逐步由政府转向市场主体。政府主要是创造合作的大环境,包括法制环境、市场环境、政策环境、公共服务环境等,逐步引导企业包括中介组织机构等参与进来并成为合作主体。第九次会议在这方面做出了很好的尝试,今后要加强企业等市场主体参与力度。特别是面对当前严峻的经济形势,更应通过协调会这样一个良好运作的平台,为企业服务,让企业成为合作主体。

我相信,通过我们的共同努力,一定能开创长三角区域合作的新局面!

着力创新　务实创业
加快长江三角洲城市合作步伐

——金融危机背景下谈长江三角洲城市合作

嘉兴市人民政府

近年来,长三角地区经济社会发展呈现强劲势头,合作交流机制进一步完善,协调发展已成为区域的共识,务实推进已成为自觉的行动。在长三角各城市的共同努力下,协调会第八次会议提出的各项任务,得到圆满完成。当前金融危机背景下,长三角合作就显得尤为紧迫。越是在金融危机的时候,越是要讲合作;越是在寒冬的时候,越是要抱团取暖,本次会议围绕“贯彻国务院指导意见,共同应对金融危机,务实推进长三角城市合作”主题展开讨论,对进一步贯彻党的十七大精神,落实国家区域发展战略,深入学习实践科学发展观,深化区域合作,不断提升长三角地区的综合竞争力,必将起到积极的推动作用。

一、长三角地区发展迎来新机遇

2008年9月7日,国务院正式发布《关于进一步推进长江三角洲地区改革开放和经济社会发展的指导意见》(简称指导意见),对长三角未来发展提出了清晰的方向、要求和目标。指导意见出台,对长三角地区的长期健康发展和区域竞争力的提升具有重大意义。

(一)《指导意见》的出台,有助于破解长三角的发展难题。

《指导意见》的出台,是从体制上、机制上为长三角区域的一体化发展寻求突破,从深层次上破解长三角的发展难题。《指导意见》为长三角在产业结构调整中,如何做大生产性服务业、发展民生服务业以及改善服务业的发展环境等指出了方向,尤其对长三角的战略性产业——电子、生物、医药、新材料、能源发展等,指出了战略发展方向。

(二)《指导意见》的出台,有助于解决长三角“转型困局”。

近年来,长三角经济发展遇到的问题不是产业同构,也不是重复建设,而是经济发展方式和经济结构调整。《指导意见》的适时出台,将有助于解决长三角“转型困局”,进一步促进和推动长三角经济发展。沪苏浙三省市目前都处于经济转型期,仅凭一省之力、一地之力难以解决所面临的各种挑战,必须充分利用长三角区域经济合作的优势,充分利用三地之间客观存在的资源结构的互补性,形成产业分工,加快长三角经济的融合,发挥一体化经济社会的“累积效应”和“扩散效应”。

(三)《指导意见》的出台,有助于为中小企业指明发展出路。

从现在的发展看,长三角地区正向世界五大重点产业,即生物工程产业、现代信息产业、高科技制造产业、生产环境保护产业、国际物流产业转移,这对于目前面临困境的中小企业而言,也是一条新的出路。

(四)《指导意见》的出台,有助于调整产业结构和提升竞争力。

长三角区域过去都是以出口导向发展战略来推动当地经济发展,但是,由于贸易结构中产品技术含量不高,低附加价值的轻工业产品出口,以及加工贸易型的机电产品类的出口,受到美国次贷危机和我国宏观调控的影响,今后能否延续该区域的国际竞争优势,取决于是否能够加快发展高附加值的装备等制造业和加强个性化的高附加值产品的生产,是否能够加快产业向高端服务业的转型,以提升区域产业在生产价值链上的地位。

(五)《指导意见》的出台,对区域经济合作具有示范意义。

继续推进重大改革试验,是《指导意见》支持的一大重点,《指导意见》对改革、创新的积极态度,极大地加快了区域经济一体化的步伐,对未来中国的区域经济合作,将产生重要的示范意义。

二、共同应对金融危机,务实推进长三角城市合作

沪苏浙三省市信息中心组成的“长三角地区经济形势分析与预测课题组”,综合归并三地主要经济数据,对长三角进行了全口径的预测和分析。在全球金融危机的影响下,长三角外向型的经济模式同样备受考验。长三角如何从危机阴影中率先走出，加强长三角区域合作尤为迫切。

(一)当前金融危机具有以下三个特点

一是从作用时间看，金融危机继续向纵深演变。美国自2007年次贷危机爆发以来，失业率不断提高，欧元区GDP下降。近期美国五大投资银行中有三家接连宣布破产，尤其是有百年以上历史的雷曼兄弟破产。目前欧美等主要经济体纷纷出台政策和救市行动具有时滞性，国际主要经济分析机构预测危机有可能持续到2009年底甚至更长时间。

二是从影响范围看，金融危机从发达国家向发展中国家传导。受国际信贷紧缩状况继续和全球经济增长速度持续放缓影响，金融危机正从发达国家向发展中国家延伸。金融危机所带来的最大冲击在于影响出口产业的增长，并且由于美元贬值加剧带来的进口增加，面临着更多的国际收支失衡压力，从而进一步影响发展中国家的经济发展。

三是从关联领域看，金融危机从虚拟经济向实体经济扩散。由于虚拟经济的严重膨胀，使得虚拟经济和实体经济发生严重失衡，商品市场的供求关系被扭转，实体经济进一步滑落。

(二)金融危机对世界经济造成的影响

由于危机发生的国际形势不同、起因不同和过程不同，使此次金融危机有着显著特点，所带来的危害也不尽相同。主要表现为：

一是信心下降。虽然国际金融危机的影响深度和周期长度目前还很难准确预测，但持续下行的恶化趋势，已经使投资和消费信心遭受重创，投资者信心不足，消费者信心大幅回落。

二是需求下滑。国际金融危机引发股市、房市低迷，居民预期收入下降，消费信心受挫，消费层次降低，进而影响需求结构和需求总量的增长。

三是严重滞胀。次贷危机的突然性爆发，导致全球性的流动性突然收缩，国际金融市场出现信贷短缺，世界上很多国家的外汇储备“缩水”，财富减少，经济增长放缓，从而出现严重滞胀。

(三)金融危机对长三角经济造成的影响和机遇

金融危机对长三角的机遇主要体现在以下几个方面：吸引国际金融人才，购买先进技术；国际油价下降，通胀压力减小；调整出口结构，实现市场多元化；强化国内需求刺激；强化金融风险监管，完善市场体制等。

1、经济高速增长的环境下，很多矛盾、问题都会被掩盖，金融危机的到来，是一个机会，让我们重新思考、调整、突破。这次金融危机让我们实实在在地看到，如果沪苏浙三地真正能够在产业协调发展、资源合理配置上实现“一盘棋”，那么金融危机带来的很多影响其实是可以抵消。比如在外贸出口上，大规模集成电路、PC机出口都受到了一定影响。如果金融危机到来之前长三角一体化发展得更好，三省市服务贸易出口更领先一些，这次金融危机所带来的影响或许会小得多。金融危机的到来，让我们长三角城市在合作中重新思考和调整及突破。比如总部经济，根系要牢牢扎在长三角，服务对象要随着产业转移而转移，服务业跟随制造业的转移一并延伸，做大做强总部经济。

2、长三角是外向型经济发达区域，金融危机的到来，长三角制造业的转型带来新机遇。长三角制造业的转型，在伴随着新一轮的产业梯度转移中从长远布局的战略考虑，推动制造业向高端攀升、服务业向高级形态发展，实现分工协作、优势互补。目前长三角地区的制造业升级过程具有典型的雁行特征，即产业升级首先出现在雁头(上海)，其次是两翼(江浙)，雁头与雁尾产业处理不好，长三角的雁行模式也就并不完整，进而也会制约长三角地区整体的制造业升级速度。在区域合作中要充分借鉴发达国家国与国之间合作发展经验，搞升高端制造业，发挥临港、沿江产业，打破总部、零部件、总装厂在一地局面，从这次金融危机中思考长三角合作。

3、在金融危机中长三角城市间合作的新引擎，在于长三角的合力。长三角地区作为中国经济增长的主要发动机，从长远看，经济增长要向技术进步和成果创新转变，在此次挑战和机遇前担当重要角色。当前金融危机下要实现长三角经济一体化，更多地考虑上海与江浙的合理产业分工，如何侧重发展高科技产业和高端服务业，如何发展先进制造业和现代服务业，关键在于长三角的合力。

(四)发挥长三角地区的整体优势，整合资源、务实推进城市间的合作。

1、以2010年上海世博会主题之旅为契机，提升长三角地区城市知名度。充分把握2010年上海世博会游客特别定制的专项旅游产品，在长三角地区放大世博园的机遇，对入围的示范点进行产品设计，让游客亲身体验长三角“城市，让生活更美好”的主题实践成果，打出长三角地区的城市名片，提升知名度。

2、以长三角城市合作研究中心建设为抓手，深化协调会自身建设。建立以地理信息系统为基础的长三角数据信息库，展示长三角地区各城市的社会经济发展状况，跟踪居民消费信心指数、企业家信心指数、民生和经济发展问题，帮助各城市发展定位决策。

3、强化金融合作与发展，维护金融安全。紧紧依托上海国际金融中心建设，加强长三角城市金融合作，健全金融市场体系，防范金融危机蔓延，加快金融产品、服务、管理和组织机构创新，制定跨区域金融监管、风险预警、风险救助合作机制，促进长三角地区金融体系稳健运行。

三、金融危机对嘉兴市经济的影响及应对措施

(一)金融危机对嘉兴市经济发展的影响

从目前情况看，这次金融危机对嘉兴市直接冲击相对较小，影响主要体现在出口增速、外资引进和企业经营等方面。

1. 出口增速有所回落，出口收汇风险增加。

出口增速出现回落。全球经济的衰退导致出口市场的萎缩，对嘉兴市外向型经济形成严峻挑战，保持外贸平稳增长的压力越来越大。2008年，嘉兴市出口累计141.04亿美元，增长20.8%，回落6.4个百分点，传统大宗商品出口增幅有所减缓。嘉兴市对外贸易的主要市场美国和日本，如今成为受影响最大的市场，2008年，嘉兴市对美国、日本的出口增速一路下滑，对美国出口34.96亿美元，同比仅增长了10%，下降了10.9个百分点；对日本出口17.4亿美元，同比增长9.3%，下降了1.2个百分点。

企业出口收汇风险上升。一方面，金融危机深化使得外国进口商违约增加导致企业呆坏帐风险加大。另一方面，金融危机深化引发银行倒闭潮对出口企业收汇产生风险。

2、招商引资难度加大，合同外资下降显著。

国际金融危机引发全球跨国投资实力明显减弱，投资商的信心普遍受挫，严重影响美国、欧洲等发达国家投资商的投资计划,市场前景不明朗、流动性不足等原因导致外商投资普遍放慢进度。

3、企业生存面临考验,企业家信心受挫。

金融危机使国际市场需求减弱,并通过汇率、价格、贸易政策等传导影响嘉兴市出口,在当前国内消费需求不旺和发展环境趋于复杂的条件下,嘉兴市不少外贸企业和出口加工企业,特别是中小型企业生存面临考验,在融资上难度加大,在生产经营上,成本的上升、需求的降低和市场的萎缩使企业降低产能,盈利能力减弱。

(二)嘉兴市应对国际金融危机的措施

虽然受国际金融危机影响,今年国内外宏观经济形势出现了诸多不利因素,嘉兴市经济社会发展的稳定面临着更多挑战。但"祸兮福之所倚",在充分认识到金融危机带给嘉兴市困难和挑战的同时,也敏锐地把握了危机中存在的机遇。

1.金融危机带给嘉兴六个方面的机遇

一是企业加快转型升级的机遇。在金融危机影响下,嘉兴市劳动密集型、附加值低的纯加工型或初级生产企业受到的冲击较大,而以机电产品、高新技术产业为代表的高附加值产品企业发展势头依旧强劲。这将形成更为紧迫的"倒逼"机制,迫使企业转型升级,有利于嘉兴市企业加快创新,加快产业、产品、市场结构的调整,加快建立现代产业体系。

二是相关产品扩大出口的机遇。金融危机使得欧美等发达国家居民收入下降,消费层次下降,总体上造成了出口需求的萎缩。但从消费结构上看,销量下降的主要是奢侈品和大宗消费品,而价廉质优的中低端消费品需求不仅不会减少,市场反而更加宽阔,这与嘉兴市出口产品的结构相一致。

三是企业国际化发展的机遇。随着欧美等国实体经济出现下滑和国际资本流动性缺乏,限制中国资本和制造业走出去的一些不利的政策环境会发生积极变化,这对于嘉兴市规模较大、资金充裕、经营实力较强的企业来说,提供了更为广阔的国际发展空间,企业要抓住机遇,适时出击,利用国外有关优惠政策,投资办厂,加快"走出去"步伐。

四是企业品牌经营的机遇。嘉兴市制造业长期以来的生产加工呈现出"两头在外"状况,研发、品牌和营销能力较弱。当前的金融危机使收购国外品牌的门槛和成本大大降低,嘉兴市有实力的企业借此良机,收购国际品牌和销售网络,加快了国外市场的开拓,提升嘉兴市企业在产品价值链中的分工地位,增强了国际竞争力。

五是引进国外高端人才的机遇。受金融危机影响,发达国家的大量科技、金融精英失业,研究机构生存困难,嘉兴市借此机会,加强与国际科研、金融机构的联系,引进相关机构、技术和人才,有利于我市加快科技水平的提升和现代服务业的发展。

六是引入先进产业的机遇。由于我国经济受金融危机的冲击较小,经济稳定增长趋势未变,世界知名企业纷纷看好中国的发展,正有计划地将生产基地向中国转移。嘉兴市在利用和发挥优势资源,吸引国际大产业、大企业、大项目落地,形成产业规模,带动地区经济发展上寻求机遇。

2.应对金融危机措施

目前的经济波动期对嘉兴市而言既是经济调整期,也是重大发展的机遇期。

一是开辟国内外新市场,调整出口战略。嘉兴市广大企业利用国家宏观政策调整的有利时机,加快结构调整,优化产品结构,提升产品档次和附加值,强化内部管理,降低经营成本。在尽量维持传统市场份额的基础上,调整出口产品结构和出口区域结构,积极开拓国际潜在市场。国家财政部、国家税务总局从2008年11月1日起,已适当调高部分劳动密集型和高技术含量、高附加值商品的出口退税率。嘉兴市涉及提高出口退税率产品的出口金额近32亿美元,占全市出口的30%。涉及嘉兴市纺织和服装两大类728种商品,有1320家企业从中受益,占全市出口企业的近一半,这一政策对嘉兴市企业来说无疑是一大利好消息。嘉兴市企业在国家政策的指导下,有序生产,抓准商机,扩大出口,同时积极拓展内销。

二是拓展招商引资思路,扩大有效投资。通过增加大项目引进力度,提升产业规模,延伸产业链,形成"龙头"带动效应。加大效益农业和服务业投资项目的引进,探索引进风险投资、境外上市、创投和担保业等新的投资方式,积极探索招商引资的新思路、新方法,错位竞争,打造引资特色品牌,形成优势产业。通过优化环境增强外资信心,在更高水平上推进特色产业园区、特殊功能区、生态工业园区建设,发挥其集聚效应,实现投资国别地区多元化。除了推进新开工项目建设、积极组织境内外招商活动等举措外,鼓励各类投资者采取合资、合作、独资、租赁、技术品牌入股等方式进行投资,以收购、兼并、控股等并购形式参与嘉兴市企业资产重组,引进机构投资者和战略投资者,探索各类项目融资方式,实现投资方式的多样化。

三是上下齐心树立信心,政企携手共度难关。温加宝总理在第七届亚欧首脑会议上讲话指出,面对金融危机,信心是克服困难的力量源泉。对于嘉兴而言,树立信心就是要发扬"不抛弃、不放弃"的精神。各级政府和部门加强对企业的服务力度,在企业困难的时候做到不抛弃,以具体和可操作性的措施扶持企业发展,使企业深刻体会到政府的关心,帮助企业树立渡过困难时期的信心;企业不因为企业暂时的困难而放弃发展的希望,积极从内部挖潜增效,增强抵抗风险的能力。让企业看到风雨过后的灿烂,做好积蓄力量扩大发展的准备。

携手应对危机深化区域合作

镇江市人民政府

携手应对危机,深化区域合作已经成为2009年长三角一体化的主题。当前,镇江和兄弟城市一样在金融危机面前有了更多的共同点,"联手"已经成为大家共同应对危机的共识,长三角的"联手"正在从经济领域向社会纵深发展。过去长三角一体化主要是指区域经济一体化,而现在已经发展成为经济社会一体化,就是共同推进重大基础设施网络化建设,高起点的统筹交通、水运、航空、能源、信息等综合基础设施的无缝对接,加快形成长三角地区的"同城效应",并且从区域整体出发,着力推进统筹规划、重大改革、社会保障和"大通关"建设等,从而更好地实现区域的科学发展与和谐发展。

一、加快推进长三角地区"同城化"建设

目前,我市除了正在加快"南城北水"的城市建设以外,还大力推进长三角地区的"同城化"建设,积极配合做好国家重点建设工程京沪高铁、沪宁城际铁路的实施工作。今年我市交通基础设施投入超过60亿元,投资总额为历年最高。"两铁"拆迁进度全线领先,泰州大桥南接线、镇大公路也已经开工建设。沿江高等级公路完成80%的工程量,243省道、宁杭高速公路镇江段等重点工程相继建成。全社会港口吞吐量突破亿吨,其中沿江港口达8700万吨。前阶段,镇江市向全市和长三角部分地区发放旅游消费券面值总额将达8800万元,预计将直接拉动旅游消费3亿元,间接带动相关综合消费30多亿元。

二、积极扩大内需,用足用好各项政策措施

尽管面临严峻的宏观经济环境,但在困难和压力面前,我市加大经济工作力度,千方百计保增长、调结构、促发展,年初召开了推进镇江发展新跨越动员大会,落实"保增长、促发展"工作机制,就是主动服务企业。坚持上门服务,加大项目投入,努力扩大内需,积极扩大出口。在保增长的前提下,抓住危机带来的倒逼机遇,把工作重心放到产业升级上,积极推进经济结构的适应性和战略性调整,提高产业的核心竞争力和抗风险能力。

目前,镇江已将中央和省有关扩内需、保增长、促发展的政策落实到基层、落实到企业,发挥政策的集成效应。认真落实国家出台的搞活流通、扩大消费的七项措施,改善消费环境,抓好房地产和汽车等大宗消费,恢复市场信心。全力抓好资金争取工作。今年中央财政安排7000亿元公共投资用于扩大内需,中央财政代地方发行2000亿元国债,同时,国务院已出台10大产业振兴规划,我们正抓紧对接,做好工作,做出成效。

三、积极应对金融危机,鼓励企业做大做强

1. 狠抓当前工业生产,促进工业经济稳步回升。目前,机械、建材等部分行业虽有所回暖,但工业经济走势仍有待观察。主动服务企业工作,认真排查有市场、有效益、有后劲的重点骨干企业,加大信贷、担保、贴息等方面的扶持力度,帮助企业解决各类难题,确保企业正常运转和提速增效;加大对装备制造、新能源、新材料、航天航空等产业的培育力度,努力形成一批新的增长点,释放最大的增长潜能。

2. 拓展发展空间,积极扩大内外两个市场。市场是企业的生命线,针对出口企业订单普遍不足的问题,积极鼓励企业开拓国际新兴市场,推动外贸产品转型升级。在千方百计稳定传统优势产品市场出口的同时,大力培育外贸出口新增长点,加快发展服务外包。鼓励各类企业参加广交会、华交会及各种国际知名专业展会,帮助企业抓订单、拓市场,千方百计保住并扩大市场份额。

3. 着力调优结构,推动服务业更大发展。认真落实好服务业三年翻番计划,力争实现增速高于GDP一个百分点,占GDP比重提高一个百分点的奋斗目标。着力抓好旅游、物流、金融、商贸、服务外包等重点行业,推进一批重点项目,促进服务业成长性企业加快发展。继续抓好集聚区建设。抓紧出台《服务业集聚区认定及管理办法》,规划和发展一批总投资5亿元以上服务业集聚区,鼓励大企业落户。做好我市高新技术片区、京沪高速铁路站、沪宁城际站商贸中心的规划建设,引导其向服务业集聚区方向发展。

4. 加大有效投入,奋力冲刺投资千亿目标。围绕361个亿元以上项目,特别是84个重点项目建设,加强项目审批攻关、银企合作推进等关键性工作,力争取得突破性进展。做到加大招商引资力度,出重拳、出实招,国资、民资、外资一起抓,努力保持利用外资规模,争取一批优质项目成功落户。做到扎实加强与央企的对接合作,巩固和放大"央企恳谈会"成果,在更多领域、更大更好项目的落户上下功夫、作文章。

四、增强政策合力,加大金融扶持力度

1. 进一步加强信贷窗口指导,力争信贷投放总量新突破。制定《关于金融支持扩大内需促进经济发展新跨越的指导意见》,引导金融机构大力增加有效信贷投放。组织"千企百亿"银企合作对接活动,签约资金达119.3亿元。组织政银合作联谊,与5家省级金融机构达成3年合作协议540亿元。

2. 进一步加强货币政策与产业、财政政策配合,增强政策合力。加强扩大内需项目与银行的对接,积极配套信贷资金,加强对银企对接签约项目的后续跟踪监测,确保信贷支持落到实处。积极推动中小企业担保贷款发放到位,充分发挥财政对金融的撬动作用,落实好各项风险补偿、贷款贴息和奖励政策。

3. 一步创新金融服务,着力化解企业融资困难。积极配合市政府推进农村小额贷款公司试点,努力实现各辖市(区)小额贷款公司早组建、早开业。推动做大做强担保机构,引导金融机构与担保机构的业务合作,利用好省再担保公司的政策,解决融资瓶颈问题,力争在一季度新增7.8亿元中小企业担保贷款。推动扩大融资渠道,积极服务企业发行短期融资券和中

期票据,积极争取中小企业集合短期融资券发行试点,为企业降低成本筹措资金。加强财税政策的引导作用,推动整合各类创业基金,做大做强创业贷款。鼓励金融机构开拓信贷新增长点,建立更加符合企业生产经营特点的贷款审批机制、风险定价机制和激励约束机制。

4. 进一步改善外汇服务,有效促进涉外经济发展。出台《关于贯彻金融"国九条"进一步改进当前外汇服务的工作意见》。认真贯彻落实外汇改革措施,进一步下放审批权限,全方位服务进出口企业。实行涉汇主体差别化管理,采取"一企一策",实现对企业的个性化、专业化服务。帮助涉汇企业改进财务管理,提高外汇资金使用效率。

5. 进一步推进金融生态建设,确保金融安全稳健运行。建立健全金融突发事件应急处置机制,做好全市金融风险防范及重点企业资金运营风险的实时监测工作,切实维护辖区金融稳定。密切监测经济金融形势的发展变化,按旬监测信贷投放,及时掌握金融机构信贷投放的计划、进度及投向变化,建立经济金融数据实时分析报告制度,加大信息反映力度。

五、推动外贸产品转型升级,力保外贸平稳增长

1. 加强调研,建立重点企业联系服务制度。密切与企业的联系,深入调研了解情况,针对企业发展经营现状,对企业进行分类指导。参照全省外贸出口百强企业联系机制,建立全市外贸重点出口企业联系服务制度,在全市范围内选择30家外贸重点出口企业,明确联系领导和联络人,定期跟踪联系,了解企业需求,做好上门服务,帮助企业解决实际困难。要求各辖市区外经贸部门根据本地实际,选择一定数量的重点出口企业,建立联系服务制度。

2. 拟出台政策意见,鼓励企业开拓国际市场。针对金融危机给企业发展带来的经营困难,借鉴全省各地经验,拟出台地方鼓励扶持政策,重点在国际市场开拓、出口信保资助、应对国际贸易纷争、鼓励自主创新、新产品开发等方面给予企业相应的扶持,鼓励企业开拓国际市场,保持外贸出口的稳定发展。

3. 加强关检税银贸合作,优化商务环境。进一步密切外经贸系统各部门之间的联系,研究提高投资贸易便利化水平的各项措施,开展关贸、检贸、税贸、银贸合作,通过举办政策宣讲会、解读会、提供政策咨询和业务指导等形式,为企业提供好政策服务,指导企业有效应对国际形势和抓住市场变化,及时调整生产经营策略,防范化解经营风险,营造最优的商务环境。

4. 引导企业开拓新兴市场。开展"国际新兴市场拓展"帮扶活动,积极向上、对外争取,通过参展摊位、资金扶持等政策帮助企业,大力组织有需要的企业去境内外综合、专业展会,拓展市场。千方百计争取国家、省资金扶持,让企业参展零成本或最小成本,最大限度开拓国际新兴市场。全年国际新兴市场出口占比要达30%。当前尤其要充分利用好省里大力发展电子商务平台机遇,鼓励企业开展电子商务,降低新兴市场接单成本。

5. 抢抓"扩内需、保增长"发展机遇。国家自去年以来相继出台了一系列"扩内需、保增长"措施,稳定生产,拉动内需。我市部分企业如现代重工今年预计销售增长25%,西门子母线今年总体利润不下降,他们在内销市场将取得较好成效。我们将发挥典型示范引导作用,鼓励企业积极利用好这一机遇,在外销受阻的情况下,转战国内市场,通过参加国内各类商品展销会、参加工程竞标、开展品牌推介等活动,建立与国内市场的联系,打造国内营销网络,实现内外销并举"两条腿"走路。

六、以人为本,努力实现充分就业和社会保障

1. 全力扩大就业、控制失业,扎实推进统筹城乡更加充分就业。就业是民生之本,关系人民生活,关系社会稳定。根据国家关于稳定就业促进就业的意见,我市首先加强了就业应急机制建设,实施更为积极的政策,千方百计稳定和促进就业。其次全面推进创业带动就业,加大困难人员就业援助力度。第三就是推进统筹城乡充分就业创建工作,统筹城乡就业重点在农村、难点在农民,我市将以"充分就业"创建为载体,逐步把促进创业就业的优惠政策和公共就业服务等向农村延伸。

2. 推进社会保障城乡一体发展。首先是加快推进城乡社会养老保障体系建设,深入推进城乡社会医疗保障制度改革,继续提高社会保障水平。其次是加快完善城乡统一的失业保险制度,大力推进农民工"平安计划"。

3. 推进企业劳动关系和谐稳定。坚持依法行政,加强维权机制建设。进一步规范企业裁员行为,加强对批量裁员的监控,企业一次裁员20人以上,或者不满20人但达到职工总数10%以上,要提前30日向工会或在全体职工说明情况,并向当地劳动保障部门报告裁减人员方案。

4. 推进城乡劳动者职业技能充分培训。集中力量对下列四类人员开展特别培训:对困难企业在职职工开展技能提升培训和轮岗转岗培训,帮助其稳定就业;对失去工作返乡的农民工开展职业技能培训或创业培训,促进其转移就业或返乡创业;对失业人员(包括参加失业登记的大学毕业生、留在城里的失业农民工)开展中短期技能培训,帮助其再就业;对新成长劳动力开展储备性技能培训,提高其就业能力,同时加强职业技能培训基地建设,努力拓展高技能人才培养通道。

加强区域协调形成竞争合力

台州市人民政府

长三角作为我国综合实力最强的区域,有条件在全国甚至全球率先走出危机中扮演重要角色,有能力在全国、全球率先实现经济复苏。长三角要在全球经济危机中损失最少,或率先复苏,应该"抱团打天下",形成竞争合力,以区域整体和谐发展、协同发展的姿态,以强大经济能级的集合体形式,共克时艰,有效地克服自身面临的困难,全力实现经济增长,带动国家经济稳定发展，在全球抗御金融危机发挥出应有的作用。

为贯彻落实国务院《关于进一步推进长江三角洲地区改革开放和经济社会发展的指导意见》和抗御金融危机，我们台州深入研究，积极采取了应对措施。一是把保增长作为首要任务，以帮扶企业为当务之急，以扩大内需为契机，以项目建设为重中之重，努力帮助企业增强信心、开拓市场，促进投资、消费、出口协调拉动；二是把转型升级作为主攻方向，以增强自主创新能力为核心环节，优化产业和城乡区域结构，积蓄发展能量，增添发展活力，加快民营经济创新发展，增强发展后劲；三是加大薄弱领域社会发展力度，着力解决难点热点问题，加强就业和社会保障，不断改善民生，促进社会和谐稳定。

在共同应对金融危机、扩大内需的过程中，我们建议重点应推进以下工作：一是要推进解决需要跨省市协调的重大基础设施问题。如在长三角南向拓展、西向带动中应加快甬台温高速改扩建等重大项目前期工作，并着手考虑完善浙赣铁路的支线建设，如金华台州铁路等。二是要推进解决重大基础性产业的空间布局。如台州具有建设大型石油炼化项目的理想场所，未来会成为长三角的石油储运加工基地，即将出台的《长江三角洲地区区域规划》对此请予长远考虑。三是要重视民营经济创新发展。长三角是国家改革开放的先行先试地区，不仅要重视国有企业深化改革，也要推进公平准入改善融资条件，支持有条件的中小企业做大做强。台州将充分发挥民营经济发达的优势，建设中国民营经济创新示范区，为进一步完善长三角市场机制体制努力探索。四是要充分发挥上海的龙头带动作用，进一步推进区域合作，特别是要借上海举办世博会的契机，拓展和挖掘区域合作空间与潜力，充分利用上海的科技、教育、医疗、文化、金融、人才等优势，由上海市牵头开展科技、文化、教育、医疗、人才工作的区域性合作。如共同组建长三角科技发展中心和文化产业发展中心，建立长三角金融、教育、科研等顶尖人才咨询服务中心，建立长三角医疗技术及其人才培训合作机制等。

与此同时，我市将继续围绕打造“长三角先进制造业基地、东南沿海现代化港口大城市、中国民营经济创新示范区”这“三大目标”，大力实施“三个台州”战略，进一步开创台州发展新局面，真正实现又好又快发展，力争到2020年全市生产总值翻两番以上，发展质量明显提高，社会事业明显进步，人民生活明显改善，区域形象明显提升，“三大目标”基本实现，使台州成为长三角地区创新活力最足、创业环境最佳、民富程度最高、社会和谐最好的城市之一。一是努力培育内生台州。即按照节约发展、集约发展、创新发展、统筹发展、可持续发展的原则，着力加快转变经济发展方式，努力构建有利于台州又好又快发展的动力机制，最大限度地提高区域生产要素的配置和产出效率，以最少的资源环境代价获取最大的经济社会效益，加快推进台州经济社会的转型升级。今年主抓自主创新，推进结构调整。二是大力建设海上台州。即充分发挥我市潜在的丰富海洋资源优势，积极拓展新的发展空间，调整优化生产力布局，大力发展海洋经济，建设海洋经济强市，推动台州从内陆时代迈向陆海联动时代，努力打造台州新的重要增长板块。今年主抓沿海产业带建设，推进陆海联动。三是积极开发市外台州。即树立跳出台州发展台州的理念，坚持大开放、大合作，走出去、引进来，在内外互动中获得更充足的资源要素和市场平台支撑，推动台州在更广领域和更高层次参与全球与区域经济的竞争与合作。今年主抓招商选资和引智，推进开放与合作。

总之，我们将紧紧抓住国家编制长三角区域规划的机遇，主动沟通、加强联系、密切配合，积极做好与长三角区域发展规划的衔接，重视与各兄弟城市规划的呼应，努力使我市各项规划成为长三角区域发展规划的有机组成部分。我们将以本次会议为契机，与兄弟城市携手合作，共同抵御金融危机，为长三角的共同繁荣继续做出积极的贡献。

（本栏目内容均系长江三角洲城市经济协调会第九次会议上的各市书面交流材料）

建于唐贞观年间海春轩塔

政府工作报告

2009年1月13日

上海市市长 韩 正

一、2008年工作回顾

刚刚过去的一年是很不寻常、很不平凡的一年。面对外部严峻复杂经济环境的不利影响和上海自身发展转型的严峻考验,全市人民在党中央、国务院和中共上海市委的坚强领导下,高举中国特色社会主义伟大旗帜,以邓小平理论和“三个代表”重要思想为指导,深入贯彻落实科学发展观,全面贯彻党的十七大精神,坚定信心,振奋精神,团结奋斗,克难前行,全力做好全市经济社会发展的各项工作,全力支援灾区抗震救灾和重建家园,完成了市十三届人大一次会议确定的全年经济社会发展目标和任务。

(一)经济保持了平稳较快发展。2008年是近年来上海经济发展十分困难的一年。我们坚决按照中央宏观调控决策部署,围绕重大课题抓调研,围绕重点工作抓推进,围绕形势变化抓应对,保持了经济平稳较快发展。全市生产总值预计比上年增长10%左右;地方财政收入达到2382亿元,比上年增长13.3%;居民消费价格总水平比上年上涨5.8%。消费对经济增长的拉动作用进一步增强,社会消费品零售总额比上年增长17.9%,投资结构继续优化,外贸出口比上年增长17.7%。去年下半年以来,国际经济环境急转直下,国内经济困难明显增加,经济形势变化对上海经济的不利影响逐步加重,九月份以后越来越明显,本市经济增速大幅度回落,财政收入、工业生产、外贸出口等一些重要指标同时出现负增长,就业压力加大,社会矛盾凸显,这是多年来所没有的。面对严峻形势,我们及时出台了财税、土地、投资体制改革、取消行政收费等一系列政策措施,帮助企业克服困难,采取扩内需、促增长、保民生的八项措施,加快推进和提前实施一批重大基础设施、产业、社会事业和民生工程项目建设,促进了经济发展。

(二)经济发展方式转变取得了新的进展。深化完善产业发展政策,大力推进产业结构优化升级。全面落实国家关于加快发展服务业的政策意见,出台了配套措施,从土地、规划、资金、审批等方面支持现代服务业发展,推动现代服务业集聚区和生产性服务业功能区建设,金融保险、现代物流、信息服务和旅游、会展、商贸等服务业发展态势总体平稳,第三产业增加值占市生产总值的比重预计达到53%以上。加大对先进制造业发展的支持力度,临港、漕泾、长兴岛等重大产业基地建设进度加快,航空、航天等战略产业项目顺利推进,中船长兴造船基地一期工程、宝钢汽车板及硅钢项目等一批重大产业项目建成投产,电子信息、成套设备等重点工业行业保持平稳增长。现代农业加快发展,全年建成设施粮田8万亩、设施菜田4万亩,出台了一批强农惠农政策,财政支农投入比上年增长27.2%。围绕国家重大专项的承接和实施,加大自主创新推进力度。大型飞机、极大规模集成电路制造装备及成套工艺、“核高基”等国家重大专项任务落户上海,神舟七号部分子系统研制任务成功完成,上海光源工程基本建成,新型电子元器件、信息安全、生物育种等国家高技术产业化专项加快实施,生物医药、新材料、重大装备制造等领域一批产业关键技术取得突破,全社会研究与开发经费支出相当于市生产总值的比例预计达到2.5%左右,全年发明专利申请量和专利授权量分别比上年增长15%和26%。加强节能减排工作。强化重点行业、重点领域和重点单位耗能监管,完成一批节能技改项目,调整淘汰了522项落后生产能力,关闭了总计装机容量27.5万千瓦的燃煤小机组,万元生产总值综合能耗继续下降。完成了总计装机容量622.5万千瓦的燃煤机组烟气脱硫改造，建成了白龙港污水处理厂升级扩容工程和9座郊区污水处理厂，二氧化硫和化学需氧量排放量预计比上年分别下降5%和4%以上，年度污染减排目标全面完成。环保投入相当于市生产总值的比例继续保持在3%左右，第三轮环保三年行动计划顺利完成，水环境质量进一步改善，空气质量优良率达到89.6%，市区绿化覆盖率达到38%。

（三）城乡建设和管理有力推进。全年重大基础设施投资规模大、项目多、施工面广。加快枢纽型、功能性、网络化基础设施体系建设。上海国际航运中心建设取得新进展，洋山深水港区三期工程竣工投入运营，北港区主体工程全面建成，上海港集装箱吞吐量达到2800万标准箱，位居世界第二位。上海航空枢纽建设取得新进步，浦东国际机场第二航站楼投入运营，上海空港旅客、货邮吞吐量分别达到5100万人次、300万吨。轨道交通基本网络建设加快推进，9个在建项目进入施工高峰，4条线路基本实现结构贯通。长江隧桥工程实现双线结构贯通。沪宁高速公路上海段拓宽改建工程完成。一批市域高速公路、黄浦江越江通道、虹桥综合交通枢纽和中心城区路网改造工程加快建设。黄浦江两岸综合开发加快推进。五号沟液化天然气事故备用站建成。信息基础设施综合服务功能和信息技术应用水平继续提高。注重城乡基础设施一体化建设，郊区农村的基础设施建设力度进一步加大。新建改建农村公路413公里，改造农村危桥185座，完成3062公里镇村级河道整治，郊区新开公交线路50条左右，行政村公交通达率达到80%。在108个村开展自然村落综合整治试点。城市网格化管理进一步加强，全面覆盖到郊区城市化地区。城市管理综合执法力度进一步加大。深入开展市容环境综合整治，切实加强户外广告、乱倒渣土等整治，市容市貌有所改善。

（四）人民生活继续改善。城市和农村居民家庭人均可支配收入分别达到26690元和11400元，分别比上年增长13%和11%。深化积极的就业政策，扶持创业政策和就业援助机制进一步完善，全市新增就业岗位59.5万个，其中农村富余劳动力非农就业岗位11.8万个，城镇登记失业率控制在4.3%以内。贯彻落实劳动合同法、就业促进法、劳动争议调解仲裁法，加大劳动监察力度，进一步强化了对劳动者合法权益的保障。提高了城镇退休人员、老年农民的养老金待遇。进一步扩大了城镇高龄无保障老人养老保障政策覆盖面。完善了农村社会养老保险制度和老年农民养老金托底补贴政策，纳入养老保障体系的农民新增15.9万人。继续完善城镇职工基本医疗保险制度、新型农村合作医疗制度，建立了城镇居民基本医疗保险制度，“居保”已覆盖203.5万人，基本实现市民人人享有基本医疗保障。提高了城乡最低生活保障、最低工资、公益性岗位从业人员收入等标准，对城乡低保对象发放临时补贴，低收入群众生活得到改善。扩大来沪从业人员综合保险覆盖面，参保人数超过380万人，加强来沪从业人员的失业登记管理和就业服务，进一步保障来沪从业人员的合法权益。加快发展养老服务，新增养老床位1万张，新建100家老年人日间服务中心、214家社区老年人助餐服务点，社区居家养老对象达到17.7万人。继续放宽廉租住房保障对象准入标准，进一步扩大覆盖面，廉租住房累计受益家庭达到4.4万户。经济适用住房制度加快建立，开工建设经济适用住房达400万平方米。继续加大对公共交通的投入力度，轨道交通、公交专用道、公交枢纽等公共交通设施建设加快推进，公交换乘优惠继续实施，70岁以上老年人免费乘车卡全面启用。公交行业一线职工工作条件和待遇有所改善。

（五）社会事业和社会管理进一步加强。教育综合改革继续推进。全面免除了全市义务教育阶段学生的课本费和作业本费，直接拨给小学、初中的义务教育生均公用经费基本标准分别从520元、720元提高到1400元、1600元。解决郊区适龄幼儿入园难问题，在郊区新建52所幼儿园。继续加大对来沪从业人员子女学校办学经费、师资培训等方面的扶持力度，在本市公办学校就读学生的比例已达60%，试行在中等职业学校招收来沪从业人员同住子女。推进高校学科结构优化调整，顺利实施了高校招生考前填报平行志愿改革，扩大了高校招收外省区市生源数量。职业教育集团组建工作大力推进，校企合作培养高技能人才工作取得成效。卫生改革发展继续深化。加大社区卫生投入力度，转换社区卫生服务中心运行机制，在全市社区卫生服务中心和郊区村卫生室实行基本药品零差率政策，鼓励和组织三级医院、二级医院医生深入社区。加强了传染病预防和控制，公共卫生体系建设和健康城市建设继续推进。成功举办了一系列国际性体育大赛，圆满完成了北京奥运会足球比赛上海赛区的组织工作和奥运会、残奥会火炬接力上海传递活动，上海奥运健儿取得了优异的比赛成绩，展示了良好的精神风貌。大力开展群众性文化体育活动，加强对基层的公共文化产品配送，新建了一批社区文化活动中心和农村综合文化活动室，完成了农村电影放映数字化转换和有线电视村村通工程。扎实开展精神文明创建活动和志愿服务。民族与宗教工作进一步加强。推进实施居住证制度，人口服务和管理的体制机制进一步完善。继续做好人口与计划生育工作，实施了计划生育家庭特别扶助制度。妇女儿童事业稳步发展。着力加强社区公共资源整合，社区事务受理服务中心建设继续推进。对事关人民群众身体健康和生命安全的重点行业加强整顿和规范，积极妥善处理奶制品质量事件，加强了食品药品安全和产品质量监管。强化安全生产管理，开展事故隐患排查治理，加大了事故责任追究和处罚力度。信访工作进一步加强。继续推进平安实事工程建设，社会治安综合治理工作继续加强。

（六）改革开放不断深化。以纪念改革开放三十周年为契机，加快了重点领域和关键环节改革步伐，继续扩大对内对外开放。浦东综合配套改革试点不断推进，进一步下放了7方面11项市级事权，出台实施了加快人才集聚、支持金融业发展、推进自主创新等一批改革举措，在个人本外币兑换特许业务试点、中小企业创业投资基金等方面取得突破，开展了生物医药企业入境材料检验检疫试点、集成电路产业链保税监管新模式试点。出台实施《关于进一步推进上海国资国企改革发展的若干意见》，推动一批国有控股公司和大集团的资产整合、改制重组，上实集团重组上药集团、上汽集团重组上柴股份等工作顺利实施。制定促进非公有制经济发展的政策措施，推进中小企业成长工程和改制上市培育工程，非公有制经济增加值占市生产总值的比重预计达到46%。支持金融创新先行先试，积极开展小额贷款公司试点，推进涉及公众利益的责任保险试点，大力发展股权投资企业，人行征信中心正式挂牌，新华社金融信息平台落户上海。各类要素市场进一步发展，产权交易市场活跃。切实加强市场监管，整顿和规范市场经济秩序工作深入开展,社会诚信体系加快建设,行业协会和市场中介机构在规范中不断发展。积极应对国际形势的新变化,对外开放进一步扩大。以开展跨区域"大通关"合作为重点,不断增强口岸服务辐射功能,上海口岸进出口总额比上年增长16%。开展部市合作,拓展服务贸易。优化外商投资环境,加大对总部经济发展的政策支持力度,外商直接投资实到金额首次突破百亿美元,其中,第三产业外商直接投资实到金额占67.8%,新增83家跨国公司地区总部、投资性公司和研发中心。对外经济合作领域不断拓展,对外工程承包新签合同总额突破百亿美元,民营企业对外投资增长加快,"走出去"保持良好态势。加大对口支援工作力度,继续推进长三角地区交通、旅游、科技创新、市场准入、环保、能源、共同办博等专题合作,积极参与西部大开发、中部地区崛起和东北地区等老工业基地振兴。进一步深化与港澳台地区的经贸合作。继续加强地方外事工作。

(七)政府自身建设力度不断加大。认真贯彻中央部署,科学决策、民主决策,以转变政府职能为核心,积极稳妥推进新一轮市级政府机构改革。部分中心城区强化社区服务、社会管理的职能,完善了街道财力保障体制,加大了对郊区经济相对薄弱村的扶持力度,基层组织为民办事的能力得到提高。深化行政审批制度改革,对不使用政府性资金的企业投资项目区别不同情况实行核准制或备案制,投资项目市级管理权限大幅度下放到区县。加大行政事业性收费清理和规范力度,取消和停止征收了148项收费。进一步加强财政支出管理,稳步推进专项经费零基预算,在市级预算单位全面推进国库集中支付和公务卡制度改革。进一步扩大政府信息主动公开范围,依法向社会公开了审计工作报告、财政预决算报告、重点支出执行情况,向市人大报送部门预算,向市人大常委会报告土地出让金管理等情况,建立社保基金网上实时监管系统,行政透明度进一步提高。围绕政府重点工作,加强政府立法和执法,推进依法行政。注重源头治理,廉政工作力度不断加大。深化公务员分类管理改革,公务员队伍建设进一步加强。

过去的一年是中国2010年上海世博会筹办工作全面启动,并取得显著进展的一年。世博会园区基础设施、主要场馆和园区外配套项目加快建设,中国馆和世博中心实现结构封顶。主题演绎进一步深化细化,主要场馆展示设计和展示工程方案基本完成。参展事务取得明显进展,截至2008年底,确认参展的国家和国际组织达到229个。国内各省区市参展工作加快推进。城市最佳实践区参展案例遴选工作基本完成。国内外宣传推介、举办期间的活动策划、运营准备和安全保障等筹办工作有条不紊地展开。启动实施迎世博600天行动计划,各区县、各部门、各单位围绕改善市容市貌、窗口服务、城市管理、城市文明程度、市民文明素质和精神风貌等方面工作,积极落实行动计划,取得了初步成效。

去年四川汶川发生特大地震灾害后,全市人民第一时间行动起来,大力发扬"一方有难、八方支援"的精神,积极捐款捐物,参加应急救援,运送救灾物资,帮助灾区安装过渡安置房,全力收治灾区伤员。抗震救灾取得重大阶段性胜利后,根据中央的统一安排和部署,上海对口支援都江堰市灾后重建。我们坚持从都江堰群众最需要、最紧迫的需求出发,以项目建设为主线,全力以赴开展对口支援工作。目前,已启动51个援建项目,涵盖教育卫生、城乡用水、城镇居民安置房、老年福利设施、旅游资源修复、农业基础设施、应急救援等方面,对口支援都江堰市灾后重建工作正在全面推进,上海人民与都江堰人民心相连、情相牵,携手重建美好家园。

回顾过去一年的工作,我们深感成绩确实来之不易。在严峻复杂的经济形势面前,全市人民聚精会神搞建设、一心一意谋发展,迎难而上,奋力拼搏,保持了昂扬向上的精神状态;在国内其它地区遭受严重自然灾害的时候,全市人民倾情相助,奉献出无私大爱,彰显了血浓于水的深厚情怀;在圆满完成迎奥运等重大任务的过程中,全市人民兢兢业业做好本职工作,表现出良好的大局意识、协作意识。我们深切地体会到,党中央、国务院的坚强领导和果断决策,是我们做好一切工作的根本保证;全市人民共同努力,是我们战胜困难、抵御风险、胜利前进的力量源泉!在此,我代表上海市人民政府,向在各条战线、各个岗位上辛勤劳动的全体市民和来自全国各地的建设者,表示崇高的敬意和诚挚的感谢!向给予政府工作大力支持的人大代表和政协委员,向各民主党派、工商联和社会各界人士,向中央各部门、兄弟省区市和驻沪三军、武警部队,向关心和支持上海发展的香港、澳门特别行政区同胞、台湾同胞、海外侨胞和国际友人,表示诚挚的感谢!

在看到成绩的同时,我们也清醒地认识到,前进中还有很多困难和问题,特别是面对去年难以预料、历史罕见的重大挑战和考验,我们在发展中存在的深层次体制性、结构性矛盾进一步凸显。比较突出的是:现代服务业发展相对滞后,自主创新的动力不足、能力不强,土地、能源和环境约束日益突出,加快转变经济发展方式更加紧迫;影响科学发展的体制机制瓶颈尚未突破,改革攻坚任务还很繁重;城乡一体化发展的任务依然艰巨,统筹城乡发展的力度亟待加大;部分群众生活还比较困难,就业、社会保障、住房等关系群众切身利益的民生工作需要进一步加强,教育、卫生等社会事业还要加快发展;城市管理中还存在一些急需解决的顽症,社会管理还有不少薄弱环节。在政府自身建设方面,政府职能还要加快转变,与推动科学发展的要求还不完全适应;一些政府部门为企业、为市民服务的主动性有待提高,对基层了解、关心不够,部门之间的协调配合机制还需进一步完善;少数政府工作人员特别是领导干部忧患意识不强,缺乏攻坚克难、敢于负责的精神状态;形式主义、官僚主义作风还不同程度地存在,极少数人甚至以权谋私、贪污腐败。对这些问题,我们必须高度重视,认真加以解决。

二、2009年的目标和主要任务

2009年是中华人民共和国成立六十周年,也是推进"十一五"规划实施的关键年。当前,国际金融危机没有见底,对全球实体经济的影响还在加深,世界经济不稳定、不确定因素明显增多。但是,经济全球化深入发展的趋势不会改变,世界科技进步日新月异的脚步不会停止,国际生产要素重组和产业转移的态势不会逆转。外部需求明显减弱,我国经济下行压力明显加大,发展中的困难与问题明显增多。但是,我国仍处于发展的重要战略机遇期,经济发展的基本面和长期趋势没有改变,三十年改革开放和现代化建设为进一步发展提供了良好的体制保障和坚实的物质基础。上海对外开放度高,内外经济联系面广,面临着外部经济环境复杂变化影响和自身发展转型的双重考验,资源环境约束更紧,产业结构矛盾凸显,保持经济快速增长的难度不断加大。但是,上海的产业整体处在较高的发展阶段,经济总体实力和水平较高,科技教育人才等仍具有优势,又面临筹办世博会和加快“四个中心”建设的机遇。总体来看,2009 年可能是上海经济发展困难更多更大的一年,但也是蕴含重大机遇的一年。我们要对经济形势的严峻性复杂性有充分估计,对前进中的困难和挑战有应对准备,对赢得未来发展有必胜信心。我们坚信,危机必将过去,只要我们振奋精神,勇往直前,全力以赴,扎实工作,就一定能化挑战为机遇,变压力为动力,向全市人民交出一份满意答卷。

做好 2009 年工作,要在以胡锦涛同志为总书记的党中央坚强领导下,高举中国特色社会主义伟大旗帜,坚持以邓小平理论和“三个代表”重要思想为指导,深入贯彻落实科学发展观,全面贯彻落实党的十七届三中全会和中央经济工作会议精神,按照九届市委六次全会要求,立足扩内需、全力保增长、坚持调结构,扎实推进各项工作,确保经济平稳较快发展,确保民生持续得到改善,确保社会和谐稳定,确保世博会筹办有序进行。

综合考虑各方面因素,今年全市经济社会发展的主要预期目标是:全市生产总值增长 9% 左右,全市地方财政收入增长 6%,全社会研究与开发经费支出相当于市生产总值的比例继续提高,万元生产总值综合能耗进一步下降,环保投入相当于市生产总值的比例继续保持在 3% 左右,城镇登记失业率力争控制在 4.5% 左右,城市和农村居民家庭人均可支配收入持续稳定增长,居民消费价格指数与国家价格调控目标保持衔接。

2009 年要着力做好以下六方面工作:

(一)加快发展方式转变和结构调整,继续保持经济平稳较快发展

把保持经济平稳较快发展作为全年经济工作的首要任务,把扩大内需作为保增长的根本途径,审时度势,采取果断有力措施,千方百计保增长。积极扩大投资需求,提前启动实施一批重大基础设施项目、民生与社会事业工程和“三农”项目,支持重大产业项目加快建设。着力扩大消费尤其是居民消费,进一步鼓励和促进住房消费,促进房地产市场稳定健康发展。积极培育新的消费热点,支持扩大文化娱乐、教育培训、体育健身等消费,发展社区商业、物业、家政等服务性消费,促进节假日和会展消费,健全流通网络,推动消费结构升级。

尽力帮扶企业渡过难关。帮企业,就是保发展、保就业、保稳定、保后劲。加快落实已经出台的支持企业发展的各项政策,落实对中小企业担保、贴息等扶持政策,建立多层次中小企业担保基金,支持中小企业改制上市,鼓励企业技术进步和产品升级转型。建立和完善政府部门与各类企业经常性沟通联系制度,及时了解、把握、分析企业发展情况,适时研究采取力度更大的政策措施,帮助企业克服一时困难,切实加强和改进对企业的服务。

把加快发展方式转变和结构调整作为保增长的主攻方向,以推进信息化带动先进制造业、现代服务业融合发展,加快形成服务经济为主的产业结构。大力推进上海国际金融中心建设。积极配合国家金融管理部门,以金融市场体系建设为核心,以金融创新先行先试、优化金融发展环境为重点,促进金融业发展。以扩大市场规模、完善市场结构、推进市场开放为抓手,增强各类金融市场的功能,着力推动债券市场、期货市场、融资租赁市场的新发展,探索推进柜台交易市场建设。围绕支持和服务经济发展,积极促进各类金融产品和工具创新,提升金融服务的效率和水平。集聚金融资源,重点吸引外资金融机构、股权投资机构、风险投资机构、资金资产管理机构等,开展人民币用于国际贸易结算试点。加快集聚金融人才,加强陆家嘴金融城、外滩金融产业带建设,继续营造良好的金融生态环境。进一步健全金融稳定工作机制,切实防范和化解各类金融风险。依托上海国际航运中心建设,加快发展现代航运服务体系,支持开展船舶融资、航运保险等服务。促进邮轮经济发展。拓展洋山保税港区功能,探索在保税港区进行服务业对外开放创新试点,继续发挥外高桥保税区和港区的作用,充分发挥西北物流园区保税物流中心功能,加快北外滩等航运服务集聚区提升发展。积极争取设立国际航运发展综合试验区,探索船籍登记制度创新。大力发展总部经济和总集成、总承包、研发、设计、物流、采购、营销、租赁等生产性服务业。加快发展数字出版、软件、动漫、互联网视听服务等产业,推动文化产业与信息服务业互动融合发展。促进会计、审计、法律、咨询、评估等专业服务业、中介服务业加快发展。大力推进上海国际贸易中心建设,进一步完善政策、开放市场、创造环境,加快推动内外贸业务相互融合,着力完善商贸业布局,鼓励企业积极利用跨国公司全球采购网络,实现国际、国内两个市场功能互补。积极发展旅游业、会展业和创意产业。有序推进重点区域商务楼宇的开发供应,大力推进现代服务业集聚区和生产性服务业功能区的建设。

以提升产业国际竞争力为目标,积极发展先进制造业。继续巩固提升支柱工业,加快推动华虹“909”工程升级改造项目、上汽临港自主品牌汽车、化工区拜耳增资项目、外高桥船厂海洋工程装备等一批重点产业项目建设。立足国家战略,发展壮大航空、航天、生物医药等战略产业,加快建设长兴岛造船基地、航空航天基地,推动高技术船舶工程配套等一批重大项目建设。着力振兴装备制造业,继续推进临港装备产业基地建设,力争在核电、轨道交通装备等项目的研制和生产上取得新突破。积极对接国家重点产业振兴规划,在钢铁、汽车、造船、石化、装备制造、电子信息等重点领域,推动一批重点项目列入国家规划。抓住本市成为国家首批信息化与工业化融合先行试验区的契机,完善企业信息化公共服务平台,加快推进重点行业大企业的信息技术应用,大力推进电子商务发展。综合运用经济、法律、行政等手段,坚决淘汰高污染、高能耗、高危险、占地多、效益低的落后产能。

大力推进资源节约和环境保护。严格实施建设项目能耗审核制度,强化强制性能效标准和能效标识制度,严把高耗能建设项目和高耗能产品准入关。继续大力实施重点节能工程,加强节能目标责任考核。积极稳妥推进资源价格改革。继续实施东海大桥海上风电示范项目等风电工程,建设世博光伏发电项目,加大新能源和可再生能源开发利用力度。完善城乡规划和土地利用规划体系,切实加强规划管理与执法。落实最严格的土地管理制度,以节约集约用地为核心,着力探索耕地得到切实保护、发展用地得到切实保障、土地效益得到切实发挥、农民权益得到切实维护的土地管理新格局。加快青草沙水源地建设。鼓励和引导节水、节材,积极推进清洁生产和循环经济发展。继续加强城市地下空间的规划、建设、使用和管理。深入推进国家环境保护模范城市创建工作。启动实施第四轮环保三年行动计划。加强水环境治理与保护,建成竹园第一污水处理厂升级改造工程等一批污水处理厂网和污泥处理工

程,开工建设白龙港污水处理厂扩建二期工程。加强大气环境治理与保护,提前实施国家第Ⅳ阶段机动车污染物排放控制标准,全面完成电厂燃煤机组烟气脱硫,开始启动脱硝工作。强化污染减排目标管理责任制,二氧化硫和化学需氧量排放量进一步下降。加强噪声污染控制和固体废物利用与处置,完成高速公路、城市快速干道沿线900个噪声敏感点的治理,实施江桥生活垃圾焚烧厂技改扩能工程。加快推进吴泾等工业区环境综合整治,全面落实郊区工业区污水治理等环境基础设施建设任务。基本建成辰山植物园,进一步加强外环生态专项工程等生态绿化建设。

(二)大力加强自主创新,继续推进创新型城市建设

科技是第一生产力。保持经济持续发展,根本上要靠科技创新。深化与科技部、中科院的合作,聚焦重点,加快自主创新和科技成果产业化步伐。加快推进大型飞机国家重大专项,组织实施极大规模集成电路制造装备及成套工艺重大专项,积极参与“核高基”等重大专项任务,努力争取承担更多的国家重大专项任务,加强配套资金投入、人才引进、知识产权保护等方面的机制创新,全力配合保障国家重大专项任务的实施。加快启动一批市级重大专项。聚焦重点产业领域,启动实施一批科技成果产业化重点项目,加快高技术产业化基地建设。采用财政贴息等措施,支持重点技术改造项目。加快落实世博科技行动计划。

加大对全社会各类创新活动的支持力度。充分发挥企业在自主创新中的主体作用,完善鼓励企业增加研发投入的机制,支持高校、科研院所与企业合作开展科技创新,促进产学研有效结合。进一步完善支持自主创新的政策措施,重点落实政府采购自主创新产品、技术开发费用150%加计扣除、发展创业投资引导基金、知识产权质押等政策,激发企业创新动力。深化科技体制改革,加强政府创新资源的统筹,优化科技专项经费的使用,提高政府性资金的投入效益。加快科技创新中介服务发展。推进船舶与海洋工程国家实验室和新药研究、深海科技研究等国家级研发基地建设。加快上海超级计算中心建设。推进中科院浦东科技园建设。深化大学校区、科技园区、公共社区三区联动,加快推进国家创新型试点城区建设。支持基础研究、前沿技术研究和社会公益性技术研究。贯彻实施知识产权战略,进一步加大知识产权保护力度。加强科学知识普及,提高市民科学素质。

加大吸引人才、培养人才的力度。人才资源是第一资源。当前是引进和储备人才的好时机,要继续实施海外人才引智工程,大力引进“四个中心”建设急需的紧缺人才。实施更加开放的人才引进政策,出台人才居住证与户籍衔接办法,为人才流动提供高效便捷服务。实施人才安居工程,加大奖励力度,完善医疗保障、子女就学等相关政策,创造适宜人才创新创业和生活居住的良好环境。以重大产业项目、重大工程建设、重大科技攻关等为载体,完善领军人才培养机制,加强领军人才开发和创新团队建设。进一步加强工学结合、校企合作,加快培养高技能人才。以推进实施聘用制度和岗位管理制度为重点,深化事业单位人事管理制度改革,完善充分激发人才创新活力的体制机制。

(三)加快办成一批群众热切期盼的实事大事,继续推进以改善民生为重点的社会建设

越是经济形势严峻,越要关注和改善民生。把全面加强就业工作放在首要位置,坚持更加积极的就业政策,新增就业岗位50万个。实施稳定岗位特别计划,对经营困难的企业,给予岗位补贴和社会保险费补贴,引导企业实行更加灵活的工时制度,尽量保留岗位,少减员,履行社会责任。实施职业培训特别计划,充分发挥职业见习、培训补贴等政策的作用,帮助高校毕业生提高技能,切实解决好毕业生特别是经济困难学生的就业问题。实施就业援助特别计划,加大就业补贴力度,促进就业困难人员就业,及时帮助零就业家庭解决就业困难。以创业带动就业,整合扶持创业的政策和资源,重点扶持处于初创期的小企业、个体工商户等积极创业。加强对来沪从业人员的就业服务,稳定就业,确保工资按时足额发放。加强对企业停产歇业和破产倒闭的预警监测,完善企业欠薪保障金垫付机制,妥善处理企业劳动纠纷。健全政府主导、工会和企业代表参加的劳动关系三方协调机制,促进劳动关系和谐发展。

坚持保基本、广覆盖、分层次、可持续,完善社会保障体系。从1月1日起,按照2008年人均基本养老金10%的水平,提高城镇退休人员基本养老金。扩大城镇职工基本社会保险参保人群,促进保障资金可持续发展。完善城镇居民基本医疗保险制度相关政策。完善小城镇社会保险制度,适当提高养老保险和医疗保险待遇。贯彻国家有关社会保险政策,调整完善来沪从业人员综合保险制度。完善生育保险和工伤保险制度。稳步发展企业年金,鼓励发展商业保险。进一步完善城乡低保政策,加强对低收入家庭的补贴和救助。加大医疗救助力度,开展对救助对象在就医期间进行救助的试点。继续推进社区综合帮扶工作。有序解决历史遗留的特殊群体的基本保障问题。推动老龄事业发展,把社区居家养老服务对象扩大到21万人,新增养老床位1万张,探索建立老年护理保险制度,完善老年人照料服务和优待措施,营造敬老、爱老、助老的社会氛围。贯彻落实《中共中央国务院关于促进残疾人事业发展的意见》,加强为残疾人服务,改善残疾人生活,促进残疾人的社会参与和全面发展。大力发展慈善事业,积极培育各类慈善组织,加快经常性社会捐助接收点建设。坚持和完善按劳分配为主体、多种分配方式并存的分配制度。

下大力气解决人民群众的住房和交通问题。继续推进住房保障体系建设。抓好廉租住房配租工作,对符合条件的困难家庭做到应保尽保。加大廉租房源筹措力度,逐步提高实物配租比例。建设经济适用住房,是特大型城市完善住房保障体系的重要措施之一。坚持政府主导,完善市场运作,继续开工建设一批经济适用住房,逐步解决中低收入家庭的居住困难。开展经济适用住房轮候供应试点,在实践中完善经济适用住房管理试行办法。实施旧区改造既是关系民生的工程,也是事关发展的重要任务。坚持创新机制,继续完善政策,采取多种办法,尽最大努力推进旧区改造。坚持行业公益性与运作市场化相结合,推进新一轮公交行业改革,努力为人民群众提供便捷、安全、经济、可靠的出行条件。完成优先发展城市公共交通三年行动计划,进一步加大政府对公共交通的投入力度,继续加快轨道交通、公交专用道和公交枢纽建设,调整优化地面公交线网,加强地面公交与轨道交通的衔接。完善公交扶持政策,继续采取扩大换乘优惠、统一城乡票价结构等多种措施,降低市民公交出行成本。进一步改善公交行业一线职工工作条件和待遇。加强出租汽车行业市场监管,促进出租汽车行业稳定健康发展。

推进社会事业改革发展。制订实施本市中长期教育改革和发展规划纲要。加快中心城区优质教育资源向郊区辐射，促进义务教育优质均衡发展。深化中小学教育教学改革，推进实施素质教育。继续改善来沪从业人员子女学校办学条件，进一步提高来沪从业人员子女进入公办学校就读的比例。推进高校"985工程"和"211工程"三期建设，加强学科建设，优化学科布局，加强本科生教育，提高高校办学水平，促进高等教育内涵发展。适应产业结构调整和就业需求变化，进一步整合职业教育资源，加强职业学校基础能力建设。积极发展学前教育，新建60所幼儿园。重视发展特殊教育。完善社区教育网络，积极发展终身教育。完善政策措施，促进民办教育健康发展。推动医疗卫生改革发展。加强公共卫生体系建设，提高公共卫生服务能力和突发公共卫生事件应急处置能力。开展爱国卫生运动，继续推进健康城市建设，提高市民健康意识。在全社会提倡控制吸烟。深化社区卫生服务综合改革，规范收支两条线管理，全面实施社区基本药品零差率政策，保障社区公共卫生服务经费，提高社区卫生服务中心水平。优化三级医院布局，以医疗卫生信息化为切入点，推进医疗资源纵向整合，充分发挥三级医院在本市医疗服务体系中的引领和带动作用。进一步理顺医疗价格体系。完善医疗机构准入管理政策，引导社会力量办医规范有序发展。大力发展中医药事业，制定促进中医药事业发展政策。加快妇幼卫生事业发展，推进市第一妇婴保健院迁建等项目建设。推动文化创新发展，加快文化大都市建设。以社区文化活动中心为重要载体，大力推进公共文化服务体系建设，更好地满足群众公共文化需求。加大支持力度，鼓励传统剧种、高雅艺术进学校、进企业、进社区，促进上海交响乐团等文艺院团提升水平。推进世博演艺中心、文化广场改造工程等重大文化项目建设，加快把大世界打造成为传承民族民俗民间优秀文化的中心，实施有线电视数字化整体转换等文化工程。推进文化体制改革，着力营造更加开放的文化发展环境。繁荣广播影视、新闻出版和文艺创作。加强非物质文化遗产、历史文化风貌区和优秀历史建筑保护，推进苏州河、黄浦江沿岸近现代工业文化遗存开发利用。积极发展哲学社会科学，加强决策咨询研究工作。整合档案信息资源，加强档案信息服务。大力发展体育事业，推进上海东方体育中心等重要体育设施建设，加快改造徐家汇体育中心，积极参加第十一届全国运动会，推动群众体育活动蓬勃开展。积极发展妇女儿童事业，依法保障妇女儿童合法权益。完善计划生育公共服务体系和利益导向政策体系，稳定低生育水平，加强出生缺陷预防工作，提高出生人口素质。

加强社会管理，保持社会和谐稳定。继续推进社区建设，提高基层为民办事能力。强化社区事务受理服务中心标准化建设，规范服务和运行机制，提高"一门式"服务水平。做好居委会、村委会换届选举工作，完善居民、村民自治，扩大基层民主。加强和改进人口管理工作，强化实有人口居住地管理，完善实有人口服务和管理的体制机制。推进实有人口信息系统建设，加强人口信息资源共享。完善居住证配套政策，更好地为来沪人员提供服务。高度重视城市公共安全，进一步提升保障城市公共安全的能力。健全突发公共事件应急管理体制机制，推进应急平台建设。强化安全生产监管，加大危险化学品监管力度，着力消除事故隐患，确保不发生有严重社会影响的重特大事故，确保安全生产始终处于受控状态。强化食品生产、流通、消费全过程监管，严格药品和医疗器械动态监管，加强食品、药品监督和安全评价工作，切实保障食品药品安全。加强社区防灾减灾工作。探索建立公开、公正、公平的信访终结机制和基层信访代理机制、社会稳定风险评估机制，进一步加大人民调解组织化解矛盾纠纷的力度，尽最大努力把矛盾纠纷化解在基层、解决在萌芽状态。加强法制宣传教育和法律援助，引导群众依法维权，预防和妥善处置群体性事件。继续推进平安建设，加强社会治安综合治理，依法防范和打击违法犯罪活动，切实保障人民生命财产安全。坚持培育发展和管理监督并重，增强社会组织自我发展、自我管理的能力，充分发挥社会组织在扩大群众参与、反映群众诉求、提供公共服务等方面的作用。推进社会工作者队伍建设。

支持工会、共青团、妇联等人民团体充分发挥密切联系群众的桥梁纽带作用和参与社会事务管理的作用。促进民族团结。依法管理宗教事务。进一步加强对台工作。鼓励支持海外侨胞、归侨侨眷参与上海现代化建设。增强全民国防观念，加强国防动员建设，积极支持国防和军队建设。深化双拥共建，进一步提高优抚安置工作水平，巩固军政军民团结。

（四）全力以赴做好世博会筹办各项工作，继续提升城市建设与管理的现代化水平

今年世博会筹办进入临战状态。要加强对世博会筹办工作的领导，完善筹办工作的领导体制，举全市之力，扎实推进各项筹办工作。坚持科学办博、勤俭办博、廉洁办博、安全办博，按照各项筹办工作的节点目标和要求，切实完成各项任务。建成园区基础设施和主要场馆。完成招展工作，加强与各参展方的协调、沟通和服务，推动各参展方围绕"城市，让生活更美好"的世博会主题进行布展。认真策划世博会期间的各种峰会、论坛和主题演绎活动方案。发布世博会会歌和海报，加强国内外宣传推介，进一步扩大上海城市和世博会的国际影响力和吸引力。启动世博会志愿者招募和培训。制定并完善世博会举办期间的园区运行、交通通信、住宿餐饮、食品安全、医疗卫生等运营组织方案。认真落实世博会安全保障责任和措施，完善各类应急预案，加强实战演练，有效预防和处理各类突发事件。

继续加快枢纽型、功能性、网络化重大基础设施建设，完善城市功能，迎接世博会举办。开展小洋山西港区工程的前期工作，加快优化完善综合集疏运体系。加快建设虹桥国际机场扩建工程，进一步提升上海航空港的中转功能和枢纽地位。加快京沪高速铁路和沪宁城际铁路上海段、虹桥综合交通枢纽及配套快速路建设。大力推进轨道交通基本网络建设，建成并投入运营轨道交通7号线、8号线二期、9号线二期和11号线北段一期，轨道交通运营线路总长达到350公里左右。加快机场高速、崇启通道、沪苏高速、沪杭高速上海段改建等高速公路路网工程建设。继续加强赵家沟、大芦线航道整治，启动苏申外港线、杭申线航道整治工程。建成长江隧桥工程和西藏南路、人民路、新建路、打浦路复线等一批黄浦江越江工程。推进外滩等地区综合交通改造和交通枢纽建设，进一步优化中心城区路网系统。加强道路交通智能化建设，不断优化城市交通组织管理。全面实施信息基础设施能级整体提升工程，完善城市信息安全保障体系。加快电网、天然气管网建设。继续加强黄浦江两岸地区规划和土地控制，以服务世博为主线，积极有序推进重点地区开发。

推进实施迎世博600天行动计划,以良好的城市面貌和人文环境迎接世博会,努力让上海的每个地方都生机勃勃地演绎世博会主题。加大市容环境综合治理力度,规范户外广告和店招店牌,清洁建筑立面、中小道路和重点水域,整治建筑渣土乱倒,提升公园品质,优化绿化景观,使市容市貌有明显改观。加强城市交通组织管理和运行服务保障,深入实施城市网格化管理,综合治理乱设摊、乱搭建、乱张贴等城市管理顽症,形成依法治理长效机制,使城市管理有明显改善。强化窗口服务行业管理,加强岗位培训,开展服务满意度评价,推进规范服务,提高交通运输、商业娱乐、旅游接待、社会服务等领域窗口行业的服务质量和水平,使各项窗口服务有明显优化。广泛开展"迎世博、讲文明、树新风"活动,在全社会普及文明礼仪,积极推进群众性精神文明创建活动,加强志愿者队伍建设,使城市文明程度有明显提高。加强市民道德教育,大力培育文明风尚,着力革除不文明陋习,使市民文明素质和精神面貌有明显提升。加大宣传动员的广度、深度和力度,引导人人从我做起、从小事做起,在全社会营造人人参与世博、人人服务世博、人人奉献世博的氛围,以创意、和谐、快乐的行动,办好一届成功、精彩、难忘的世博会。

中国2010年上海世博会是国家主办、上海承办的全球盛会。立足全局办世博,搭建全国办博大平台,创造更好条件,提供更好服务,为全国各省区市和港澳台地区参展世博会提供最大便利。充分发挥世博会对全国改革开放和现代化建设的推动作用,与兄弟省区市共办世博会、共享世博会带来的发展机遇和成果。

(五)大力推进农村改革发展,继续加快城乡一体化进程

积极推进农村改革创新,完善城乡经济社会发展一体化体制机制。稳定和完善土地承包关系,依法保障农民对承包土地的各种权利。加强土地承包经营权流转管理和服务,按照依法自愿有偿原则,允许农民流转土地承包经营权,发展多种形式的适度规模经营。改革征地制度,完善征地补偿机制。探索农村集体建设用地流转办法。健全政策性农业保险制度,进一步完善农业再保险和风险分散机制。鼓励发展适合农村特点和需要的各种金融服务,继续推进村镇银行和小额贷款公司试点,引导更多信贷资金和社会资金投向农村。

大力推进农村基础设施建设和社会事业发展。加大投入,完善政策,加快建设与农民生产生活直接相关的基础设施。加大农村道路建设和危桥改造力度,推进行政村"村村通公交"。加快农村自来水管网改造。加强自然村落综合整治,完成100个村庄改造工作,注重保护乡土风貌和水乡景观。推进低收入农户危房改造。继续推进"清洁家园"建设,加强农业面源污染综合整治,加大农村生活污水处理力度,完成1000公里村沟宅河综合整治,切实改善农村环境。以基础较好的新城为重点,加强产业、居住、社会事业、基础设施和生态环境配套发展,加快推进新城、重点新市镇的建设和发展。强化郊区农村社会事业资源配置,促进郊区农村社会事业加快发展。在郊区新城和人口导入区建设若干三级医院,提升部分区县中心医院的能级。完成郊区农村48个社区卫生服务中心和426个村卫生室的标准化改造,进一步完善郊区农村医疗卫生服务网络。在郊区人口导入比较密集的地区集中力量建设中小学校和幼儿园,新建若干所优质高中,推进郊区中等职业学校建设,提高郊区农村各级各类教育发展水平。加快农家书屋等郊区农村公共文化、体育设施建设,推进农村有线电视户户通工程,丰富农民精神文化生活。有序推进村级行政事务代理点建设。

积极发展现代农业。加快转变农业发展方式,大力发展高效生态农业。制定实施农业布局规划,继续推进标准化设施农田建设,增强农业综合生产能力。按照服务农民、进退自由、权利平等、管理民主的要求,扶持农民专业合作社加快发展。鼓励有条件的地区发展家庭农场。积极培育农业社会化服务组织,鼓励龙头企业与农民建立紧密型利益联结机制,着力提高农业组织化程度。加强农产品市场体系建设,推动农产品产销对接。加快农业科技创新,加强农业技术推广普及。健全农业投入保障制度,保证各级财政对农业投入增长幅度高于经常性收入增长幅度。健全补贴制度,完善与农业生产资料价格上涨挂钩的农资综合补贴动态调整机制。对农业生产区域实行倾斜保护政策,对粮食、油料、蔬菜等生产量大的区县加大转移支付力度。制定实施相关政策,完善生态补偿机制。

千方百计拓宽农民增收渠道,积极促进农民持续增收。以中青年农民为重点,加强职业技能培训,大力促进非农就业。采取多种措施,积极帮助低收入农户实现非农就业。全面落实农村社会养老保险区县统筹,逐步提高农民养老金水平。完善农村最低生活保障政策。加强和完善新型农村合作医疗制度,坚持个人缴费、集体扶持、政府补助相结合,逐步提高统筹层次、筹资水平和报销比例。积极拓展农业功能,延长农业产业链,鼓励发展乡村旅游和农家乐,大力挖掘农业内部增收潜力。探索村集体经济组织产权制度改革,增加农民财产性收入。

(六)深入推进改革开放,继续发挥浦东综合配套改革试点的示范带动作用

着力推进体制机制创新。进一步推进国资国企改革发展,深化国有企业公司制股份制改革,推动国有企业开放性、市场化重组联合,鼓励优势企业在国内外市场收购兼并,壮大实力。推进国有企业主业与辅业分离,推动优势资源向主业集中,提高主业竞争力。分类完善国有企业法人治理结构,落实董事会权责,推进外部董事试点,加大企业高级管理人员市场化选聘力度。贯彻落实企业国有资产法,完善国有资产监管制度。认真落实支持非公有制经济发展的各项政策措施,以推进市场准入、加强融资支持为重点,促进非公有制经济特别是民营经济发展。积极研究创意产业、商业贸易等领域新兴业态发展规则和财政扶持政策,有针对性地鼓励新兴业态发展。加快现代市场体系建设,进一步发展资本、技术、人才、产权等全国性、区域性要素市场。继续加强市场监管,强化产品质量、计量标准和特种设备管理,深入整顿和规范市场秩序,发挥消费者组织的社会监督作用,依法严厉打击制假售假、虚假广告、商业欺诈、无证无照经营等行为。继续推进社会诚信体系建设,营造公平竞争、规范有序的市场环境。

深入推进浦东综合配套改革试点。突出重点,先行先试,在自主创新、政府职能转变、社会建设等方面率先突破,发挥体制创新的示范带动作用。聚焦张江高新区,优化管理体制和运行机制,整合资源,在高新技术产业化、产学研有效结合、科技投融资体制等方面加大创新力度,放大政策效应。着力转变政府职能,在行政审批制度改革、行政事业性收费改革等方面再先行一步,加快形成适应现代服务业和先进制造业发展的政府管理模式。加强社会管理体制机制创新,促进城乡社会事业均衡发展,努力在社会建设上走在全国前列。依托浦东,积极

推进“四个中心”建设和现代服务业发展的重大改革举措先行先试。着力改变城乡二元结构，推进土地管理制度和农村集体资产管理制度改革试点。

积极应对外部需求减弱的影响，全力做好外经贸工作。继续保持利用外资良好势头，加快引进国外先进技术和管理理念，大力吸引跨国公司地区总部、投资性公司、营运中心和研发中心，积极引进外商投资的先进制造业与现代服务业企业，积极发展离岸服务外包，支持外资企业上市。加强政府服务，促进外商投资企业健康运行。继续推进部市合作，促进金融保险、交通运输、文化教育等领域服务贸易发展。保持对外贸易稳定增长，大力拓展新兴市场，扩大具有自主知识产权、自主品牌产品和高新技术产品出口，帮助有潜力的出口型中小企业解决实际困难，增加国内需要的先进技术装备、重要能源资源和关键零部件进口。整合海关特殊监管区域功能，拓展出口加工区研发设计、售后服务等功能，促进加工贸易转型升级。进一步增强口岸服务功能，做好洋山、外高桥、长兴岛的新建成港区口岸对外开通启用工作。支持有条件的企业开展对外投资和跨国经营，加强对外投资合作的风险防范。继续扩大与港澳台地区的经贸往来与合作。充分发挥地方外事工作服务国家总体外交和上海经济社会发展的作用。

切实做好服务长江三角洲、服务长江流域、服务全国的工作。按照国家统一部署和规划，坚持政府引导、多方参与，以市场为基础、以企业为主体，进一步完善合作机制，拓宽合作领域，深化合作内容，促进长三角地区加快实现科学发展、和谐发展、率先发展、一体化发展。以推进长江“黄金水道”建设为重点，加强与长江流域兄弟省市的合作发展。加强与中西部地区经济技术合作，积极参与东北地区等老工业基地改造。按照中央要求，根据受援地区实际需求，做好对口支援工作。继续做好对口支援都江堰市灾后重建工作，推进建设一批公共服务设施、基础设施和产业项目，协助当地发展特色经济，加强工程项目管理，及时向社会公布资金使用情况，尽力帮助都江堰人民重建美好家园。

三、进一步加强政府自身建设

困难的环境中，更要加强政府自身建设，切实提高政府的服务水平和行政效率。以开展深入学习实践科学发展观活动为契机，紧紧围绕建设服务政府、责任政府、法治政府和廉洁政府，坚持以人为本、执政为民，以政府职能转变为核心，推进政府管理创新，加快把上海市建设成为全国行政效率最高、行政透明度最高、行政收费最少的行政区之一。

（一）加快推进政府职能转变，全面正确履行政府职能

越是加强政府调控，越要加快政府职能转变。进一步理顺政府与企业、市场、社会的关系，着力推进政企分开、政资分开、政事分开、政府与市场中介组织分开。结合机构改革，全面推进政府部门与下属企业脱钩，积极稳妥推进部门所属事业单位改革。进一步梳理各部门职能，对应该由企业决定、市场机制调节及行业协会和中介机构自我管理的事项，政府要坚决放开。积极稳妥推进区县政府机构改革。

加快转变政府管理经济社会事务的方式。综合运用规划、财政、土地、环保等调控手段，推动产业结构调整和经济发展方式转变。完善市场运行规则，规范市场执法，加强对各类市场主体的监督和管理。改进社会管理方式，最大程度地整合各种社会资源和社会力量，共同参与社会治理。更加重视基层建设和基础工作，鼓励、支持、帮助基层创造性地开展工作，推动基层更好地为民办事。加大政府购买服务的力度，鼓励更多的行业协会、中介机构等参与公共产品和服务的提供。

进一步完善公共财政体系。经济困难时期，更要有保有压，从紧安排财政预算，着力优化财政支出结构。加大对重大建设项目、民生保障和“三农”等方面的投入，严格控制行政经费增长，做到会议、接待、出国、公车等四项费用零增长，严格控制机关信息化重复建设。加快部门预算改革，完善零基预算管理模式，深化非税收入分类管理。加快推进国库集中支付改革，拓展国库单一账户覆盖范围。按照财力与事权相匹配的原则，进一步完善市与区县财税体制。健全转移支付制度，规范转移支付程序和办法。加快完善街镇财力保障体制。

（二）着力提高行政效率和行政透明度，更好地为群众和企业服务

继续推进行政审批制度改革和行政事业性收费改革。结合投资体制改革，依法取消和调整一批审批事项，进一步完善企业投资审批管理程序。大幅度简化招拍挂用地建设工程审批环节，提高审批效率。进一步创新审批方式，着力扩大并联审批、告知承诺、联合年检等改革措施的实施范围。结合建设全市统一的网上行政审批管理和应用平台，积极发展电子政务，推动政务信息资源开发利用和共享交换，切实增强政府网上服务功能和跨部门协同服务能力。继续严格清理和规范行政事业性收费，加强对收费事项合法性、正当性的定期审查，依法从严控制新增收费。

着力提高行政透明度。依法在更大范围、更深层次上推进政府信息公开，加大教育、医疗等与群众利益密切相关领域的信息公开，健全环境保护、食品药品安全等突发公共事件的信息公开机制，完善信息公开渠道，推动信息公开向基层延伸。推进财政性资金公开透明运行，积极稳妥地加大财政预算信息的公开力度。严格规范政府采购程序，加快政府采购信息平台建设，推广通用产品的电子采购，切实加强对政府采购的监督。充分运用网络技术，逐步建立社会公共性资金网上运作和实时监控机制，提高资金运行透明度。进一步加大审计公开力度，完善公开机制和程序，及时向社会公开部分专项资金的审计结果，加快推进审计整改情况公开，探索建立审计整改监督检查机制，以公开促整改。

（三）深入推进依法行政和制度建设，切实规范政府行为

全面推进依法行政。贯彻落实国务院关于加强市县政府依法行政的决定，增强政府依法行政能力。完善公开征询等立法制度和程序，切实提高政府规章质量。严格规范性文件制定工作，建立规范性文件有效期制度。深化行政执法体制改革，健全行政执法协调机制，建立行政执法分类分步实施模式，完善综合执法体制，促进规范执法。创新行政复议方式方法，加强行政复议工作。

健全科学民主的决策机制。落实重大事项集体讨论决定制度，凡属重大政策、重大项目安排和大额度资金使用的决策，必须由集体讨论、集体决定。完善社会公示、听证和专家咨询制度，建立公众有序参与政府决策机制，特别是在制定与人民群众利益密切相关的重大公共政策时，必须向社会公开征求意见。完善决策后评估、责任追究制度，不断提高政府决策水平。

推行政府绩效管理和行政问责制度。根据部门职责特点，

建立科学合理的政府绩效评估指标体系和评估机制。健全以行政首长为重点的行政问责制度，明确问责范围，规范问责程序，强化责任追究，做到有责必问、有错必纠。

完善全方位、全过程的监督机制。加大审计监督力度，强化对重点领域、重点资金、重点部门的审计，强化对政府投资和以政府投资为主的建设项目的审计，强化对近期集中开工建设项目的审计，提高资金使用效益。加大对土地管理、动拆迁、节能减排、环保等领域的行政监察力度。自觉接受市人大及其常委会的监督，主动接受市政协的民主监督，认真听取民主党派、工商联、无党派人士和各人民团体的意见。重视司法监督。接受舆论监督和社会公众监督。

（四）加强勤政廉政建设和公务员队伍建设，不断提高公务员为民服务的能力和水平

发展任务重、公共投入多的情况下，要把反腐倡廉建设放在更加突出的位置。按照建立健全惩治和预防腐败体系的要求，在坚决惩治腐败的同时，切实加大从源头上防治腐败的工作力度。围绕规范领导干部住房、报告个人有关事项等重点领域，强化廉洁从政制度的执行监督。加强政风行风建设，深入开展专项治理，加大对促发展、保民生的政策落实情况的监督检查力度，坚决纠正损害群众利益的不正之风。

切实提高公务员队伍的素质和能力。加强科学发展的理论武装，切实增强政府工作人员贯彻落实科学发展观的自觉性和坚定性。加强专业知识学习，提高公务员培训的针对性和实效性。注重实践培养，积极有序组织公务员到基层一线挂职锻炼，提高实际工作能力。

特殊时期，特殊考验，政府工作人员特别是领导干部必须要有特殊精神，作出特殊努力。要进一步增强忧患意识和紧迫感，直面困难，敢负责任，善抓机遇，勇于创新。要艰苦奋斗，求真务实，坚决取消各种形式主义、没有实际内容的活动，切实杜绝一切无用的形象工程。要注重服务，勤下基层，贴近群众，沉到第一线去听民意、找问题、想办法、办实事。特殊时期是困难增多、压力加大的时期，也是攻坚克难、铸造辉煌的时期。我们曾经度过了不同阶段上海十分困难的岁月，只要我们始终保持浩然正气、昂扬锐气、蓬勃朝气，应对得当、工作得力，就必定能够在逆境中发展，在逆势中飞扬。

在前进的道路上，机遇总是与挑战并存，希望蕴藏于困难之中。有党中央、国务院和中共上海市委的坚强领导，有改革开放以来上海发展奠定的坚实基础，有全市人民同心同德的艰苦奋斗，没有什么困难能够阻挡上海前进的步伐。我们要紧密团结在以胡锦涛同志为总书记的党中央周围，高举中国特色社会主义伟大旗帜，以邓小平理论和“三个代表”重要思想为指导，深入贯彻落实科学发展观，在中共上海市委的领导下，解放思想，坚定信心，振奋精神，奋勇开拓，加快推进“四个率先”，加快建设“四个中心”和社会主义现代化国际大都市，以优异的成绩向新中国成立六十周年献礼！

（在上海市第十三届人民代表大会第二次会议上）

校景鸟瞰

政府工作报告

2008年1月10日

南京市市长　蒋宏坤

一、本届政府的主要工作

过去的五年，是我市改革开放和现代化建设阔步前进的五年。全市人民在市委的正确领导下，以党的十六大和十七大精神为指导，全面贯彻落实科学发展观，紧紧围绕“两个率先”和总体全面达小康的宏伟目标，深入实施“富民强市、科教兴市、依法治市、文化南京、绿色南京”五项战略，不断解放思想、开拓进取，有效应对我国加入世贸组织后新的发展形势，成功战胜非典疫情和各种自然灾害，出色承办了全国第十届运动会，着力解决经济社会发展中的突出矛盾和问题，圆满完成了市十三届人大各次会议确定的各项任务。

*总体全面达小康目标顺利实现。*坚持以发展为第一要务，经济实力大幅提升，2007年预计实现地区生产总值3275亿元，按可比价计算，较2002年翻了一番。推进城乡统筹发展，促进农民收入持续较快增长，2007年农民人均纯收入达8000元以上。城镇居民人均可支配收入达20300元，比2002年增长106%。积极解决居民住房问题，五年共建成经济适用房647万平方米，中低价商品房45万平方米。进一步完善社会保障体系，企业职工基本养老保险、失业保险参保率分别提高到2007年的98%和98.1%。解决了17万名困难企业职工，以及“无职业、无保障”群体、城镇低保户、被征地老年人的医疗保障问题，实现了城镇居民基本医疗保障全覆盖。人均期望寿命77.6岁，达到发达国家水平。2007年新增就业岗位19.8万个，实现6.9万人再就业，城镇登记失业率下降到3.3%。以市为考核单位的省定全面小康社会指标顺利实现。

*经济实现又好又快发展。*2007年完成财政总收入628.5亿元，年均递增21.6%，其中地方一般预算收入330.2亿元，年均递增24.3%。把节能减排作为调整经济结构、转变经济发展方式的重要突破口，杜绝新上高耗能、重污染的项目。2007年，电子信息等四大支柱产业实现总产值3960亿元，占工业总产值的比重由2002年的60.8%提高到69%。强化优势产业集聚，2007年，预计平板显示等十大产业链主营业务收入4080亿元。坚持把发展现代服务业作为增强城市综合功能的重要载体，建设22个现代服务业集聚区。消费市场持续繁荣，预计实现社会消费品零售总额1374亿元，较2002年增长1.2倍。着力提升城市创新能力，构建基于科教资源优势建设创新型城市的南京模式。高新技术产业完成总产值2340亿元，占全市规模以上工业总产值的比重提高到40.8%。实施软件产业倍增计划，2007年实现软件销售收入360亿元，比2002年增长7.6倍，成为“国家软件出口创新基地”和“中国服务外包基地城市”。产业结构进一步优化，2007年三次产业结构为2.6∶49∶48.4。

*改革开放取得重大进展。*全面完成544家国有企业和146家市属经营性事业单位改制工作。推进南钢、熊猫集团等国有企业战略性重组和股份制改造，企业竞争力进一步提高，国资监管体系基本形成。上市公司由2002年23家增加到2007年47家。推进重大基础设施项目投融资体制改革，市场化融资力度加大。推进非税收入收缴、部门预算编制、国库集中支付、政府采购等财政制度改革。要素市场蓬勃发展，信用体系建设取得新进展，市场机制不断完善。大力促进非公有制经济发展，非公有制经济增加值占地区生产总值的比重达42.3%，比2002年提高10.3个百分点。实施经济国际化战略，五年实际利用外资106亿美元，年均增长28.1%。利用外资质量不断提高，引进71个世界500强企业投资项目。外贸出口总值预计达205亿美元，是2002年的3.4倍。

*生态环境得到明显改善。*先后荣获国家卫生城市、国家环保模范城市和全国绿化模范城市等称号，环境质量综合指数达84.3分。实施“绿色南京”战略，五年新增造林面积84万亩，森林覆盖率达23%，新增各类绿地1200万平方米，建成区绿化覆盖率达46%。推广清洁生产，2007年共有80家企业通过清洁生产审核。推进污染企业搬迁改造工作，南京化纤厂等10家重点污染企业搬出主城区，按照更严格的环保标准易地建设。环境基础设施建设取得重大突破，建成江心洲、城北、城东三大污水处理系统，城市生活污水处理能力达到108.5万吨。全面实施环境综合治理工程，主要内河、湖泊水质明显改善。集中式饮用水源地水质达标率保持在100%。2007年全市空气良好以上天数达到312天。

*城市服务功能显著提升。*五年投入建设资金1550亿元，城乡面貌发生巨大变化。建立科学的规划编制体系，开展新一轮城市总体规划修编工作。实施“一个疏散，三个集中”的空间布局调整，推进河西新城和仙林、江宁、江北新市区建设。部署并推进“跨江发展”战略。调整江北地区行政区划，有效整合发展资源。开展老城环境综合整治工作，完成内、外秦淮河一期整治，实施明城墙风光带保护、中山陵环境综合整治等重大项目建设，打造长江路等一批历史文化街区。建成长江三桥、新火车站、宁常高速等一批重大基础设施。建成地铁一号线和主城东西快速通道。实施公交优先发展。加快供水、供电、供气、防洪等设施建设，市政保供能力显著增强。探索长效管理机制，推进数字化等管理新方法，城市管理水平明显提高。

*统筹城乡发展成效显著。*加大工业反哺农业、城市支持农村力度，全面建设社会主义新农村，郊县经济实力显著增强。2007年预计郊县生产总值达1229.3亿元，比上年增长18.1%。郊县工业集群化发展格局初步形成，工业增加值占郊县生产总值的比重提高到47.3%。积极培育农村经济合作组织，高效农业面积逐步扩大，休闲农业和旅游观光农业等品牌效应不断增强，农产品安全质量工作取得明显成效。五年共培训农民23.5万人次，每年转移劳动力5万人以上。积极扶持低收入纯农户增收，全市15万低收入纯农户连续两年人均收入增长超过30%。农村八件实事累计投入54.3亿元，率先实

现水泥路村村通,基础设施建设得到加强。落实各项支农惠农措施,全面取消农业税,实施粮食直补政策。稳步推进乡镇机构综合配套改革,有效缓解农民生产生活中的各种矛盾和困难。

社会事业发展水平不断提高。构筑以城乡低保、医疗、教育救助为主要内容的社会救助体系。不断提高企业职工最低工资、优抚对象补助、城乡低保和农村五保户供养标准。着力建设全国教育名城,坚持推进素质教育,整合优质教育资源,在高标准、高质量普及9年义务教育基础上,进一步提高幼儿教育和高中阶段教育的普及率。实行教育向农村倾斜,着力解决困难群体和外来务工人员子女上学难问题。实行社区首诊和双向转诊制以及药房托管、惠民医疗等措施,突出基层卫生服务的公益性质。大力推行奖励优惠政策,五年来全市年均计划生育率保持在98%以上。文化南京建设取得新成效,获得国际、国家级艺术奖115项,在省会城市中名列第一。明孝陵成功申遗,南京云锦、金陵刻经、秦淮灯会等成为国家首批非物质文化遗产。举办了两届历史文化名城博览会和五届文化艺术节,文化创意产业和文化事业得到较大发展。体育事业不断进步,城乡共享的全民健身服务体系进一步完善。推进平安南京建设,加强社会治安综合治理,市民的安全感和满意度列全国同类城市之首。高度重视安全生产和食品药品安全工作。双拥工作深入开展,军政、军民团结协调,国防后备力量建设成效显著,实现了全国双拥模范城"六连冠"目标。完善信访和人民调解工作机制,一批重点、难点问题得到妥善处理。民族、宗教、人防、侨务、档案、妇女、儿童、老龄、慈善、地方志、残疾人、红十字等各项社会事业取得新的进步。

政府自身建设得到加强。大力推进服务型政府建设,切实增强各级政府服务发展、服务群众的能力。推进政资、政企、政事分开。深化行政审批制度改革,五年共削减行政审批事项902项。以电子政务为载体,全面构建权力阳光运行机制,推进行政权力规范、透明、廉洁、高效运行。完善与群众利益密切相关的重大事项社会听证、专家咨询和公示制度。全面推进行政执法责任制,完成依法行政三年行动计划确定的任务。强化政府立法,五年提出地方性法规草案17件,制定政府规章45件。建设教育、制度、监督并重的综合防治体系,从源头上预防和治理腐败。自觉接受人大及其常委会的法律监督与工作监督,积极支持人民政协履行政治协商、民主监督、参政议政职能,五年共办结人大代表议案和建议2792件、政协提案2878件。

五年实践,我们丰富了对科学发展观和构建和谐社会的认识,探索并走出了一条符合南京发展实际的道路。我们体会到:只有下大力气加快推进产业发展,才能从根本上增强城市的综合实力;只有不断加快重大基础设施建设,才能显著提升城市的区域中心地位;只有坚持以人为本、改善民生、富民优先,才能推动和谐南京健康发展;只有坚持改革开放与不断创新,才能保持经济社会全面进步的旺盛活力;只有突出环境友好型和资源节约型社会建设,才能形成科学发展的持久动力。

五年成就,是全市人民团结奋斗的结果。在此,我代表南京市人民政府,向在各行各业辛勤劳动、作出贡献的全市人民,向给予政府工作大力支持的人大代表、政协委员、各民主党派、工商联、各人民团体和社会各界人士,向驻宁人民解放军、武警官兵和公安干警,向中央和省各驻宁单位,向所有支持南京发展的香港、澳门特别行政区同胞,台湾同胞,海外侨胞和国际友人,表示衷心的感谢,并致以崇高的敬意!

我们也清醒地认识到,南京在前进的道路上仍面临不少需要解决的矛盾和问题:转变经济发展方式和环境保护的任务还十分繁重,科学发展的活力和动力还需进一步增强;科教人才资源尚未充分挖掘,科技创新和转化能力有待提高;城乡一体化发展的任务还很艰巨,农民持续增收困难较多;关系百姓切身利益的住房、交通、医疗、教育等发展还需要进一步加快,城市管理和公共服务的能力有待加强。这些问题,我们在今后的工作中一定认真对待,采取有力措施,重点加以解决。

二、今后五年发展的主要任务

新一届政府即将组成。在新的起点上谋划新的发展,我们对未来更加充满信心。全面贯彻落实党的十七大精神,践行科学发展观和构建和谐社会,要求我们必须实现经济快速健康发展和社会全面进步,建成惠及全市人民的高水平小康社会,使南京成为经济发展更具活力、文化特色更加鲜明、人居环境更加优美、社会更加和谐安定的现代化国际性人文绿都。

作为区域中心城市和历史文化名城,全市新一轮的发展,要继续按照市第十二次党代会提出的主要任务和战略举措,以及市人大十三届四次会议通过的《国民经济和社会发展第十一个五年规划纲要》的要求,进一步解放思想、求真务实,使全市自主创新能力和经济发达程度、城市现代化建设、群众幸福感、文化建设、生态保护水平均居全国同类城市前列。

一是开创高水平小康建设的新局面。按照新形势下小康社会的新要求,不断丰富和完善小康社会建设的内涵,切实抓好总体推进工作,力争率先实现更高水平、更高质量的小康社会目标。继续坚持富民优先,更加注重改善民生。重点解决好环境、居住和交通等群众反映强烈的问题,进一步提高市民的便捷感、安全感和舒适感。推进小康建设由重点突破阶段进入全面建设阶段,由指标实现阶段进入巩固提升阶段,由总体全面小康阶段进入更高水平小康阶段,真正建成不含水分、群众满意、社会认可的高质量全面小康。

二是实现经济发展方式的新转变。加速经济发展方式转变,实现新一轮更好更快的发展。加快发展软件、服务外包、金融保险、旅游等现代服务业,进一步优化经济结构。继续推进新型工业化进程,提高工业信息化水平。充分发挥现有的工业基础,提升装备制造业规模优势和竞争优势。加快高新技术产业发展。完善全市产业发展协调组织推进机制。推动全市产业结构战略性调整,显著提升经济发展水平和层次。

三是推动生态文明建设的新进展。把资源节约型和环境友好型社会建设放到更加突出的位置,实现节约发展、清洁发展和安全发展。大力发展循环经济,强力推进节能减排工作。健全有利于节约能源资源和保护生态环境的法规和政策,大力推广先进实用技术,提高资源能源利用效率。加大财政投入,加强污染防治和生态修复,全面改善城乡人居环境。不断推进生态文明建设,打造人居环境更为优美的绿色之都。

四是加快省会城市功能品质的新提升。科学把握城市发展规律,与时俱进提升城市建设理念。放大城市特色优势,整合历史文化资源,完善城市载体功能,实施城建惠民工程,着力提升城市的建设、文化、生态、生活以及管理等品质。充分吸收和运用现代科学技术,不断提高城市建设和管理水平,充分彰显历史文化和现代文明特色。

五是共创区域合作发展的新格局。继续加快推进“跨江发展”和“五个中心”建设，着力完善城市的生产、消费、就业和服务功能，大力提高城市综合竞争力、集聚力，强化南京区域中心地位。努力实现区域内基础设施配套、资源开发与环境保护、市场建设等领域的共赢合作。积极创新大城市管理体制，健全区域发展组织协调机制，探索建立区域长效利益补偿制度。坚持不懈地推进南京都市圈和长江三角洲一体化进程，力争成为区域乃至全国经济的重要增长极。

我们相信，在更高的起点上推动南京的科学发展，通过五到十年的不懈努力，可以显著提升南京的国际影响力，显著提升南京的区域竞争力，显著提升南京的可持续发展能力，显著提升南京的城市创新能力。

2008年是全面贯彻党的十七大战略部署的第一年，也是我市建设更高水平小康社会的启动之年。面临的机遇前所未有，挑战也更加严峻。国际石油等原材料价格波动、资本市场形势变化等因素对生产、消费和投资都将产生影响，土地供给、银行信贷和节能减排等宏观调控的政策力度将会不断加大，对外经贸政策还处于调整适应期，长江三角洲区域内各城市之间的竞争也日趋激烈。我们必须保持清醒的头脑，切实抓住新一轮战略机遇期，进一步推动全市经济社会又好又快发展。

2008年政府工作的总体要求是：深入学习和贯彻党的十七大精神，高举中国特色社会主义伟大旗帜，以邓小平理论和“三个代表”重要思想为指导，全面落实科学发展观。坚持好字优先，加快转变经济发展方式；坚持扩大开放，在完善体制机制上取得突破；坚持以人为本，更加注重改善民生和构建和谐社会。解放思想、开拓创新、统筹兼顾、真抓实干，努力开创建设更高水平小康社会各项工作的新局面。

建议2008年经济社会发展主要指标是：地区生产总值增长13%；万元地区生产总值综合能耗同比下降4%左右；化学需氧量与二氧化硫排放量分别下降3.6%和2%；环保投入相当于地区生产总值比重在3%；全社会研发经费支出相当于地区生产总值比重在2.7%左右；地方财政一般预算收入同口径增长15%；全社会固定资产投资增长12%；实际利用外资增长13%；社会消费品零售总额增长15%；居民消费价格总水平涨幅控制在4%左右；城镇居民人均可支配收入增长12%，农民人均纯收入增长10%；城镇登记失业率控制在4%以内。

三、2008年的重点工作

面对新的目标和任务，各级政府和有关部门要着力做好八个方面的工作：

（一）切实转变经济发展方式

提高自主创新能力，继续实施先进制造业和现代服务业双轮驱动，调高调轻调优产业结构，推动经济又好又快发展。

增强城市自主创新能力。充分发挥企业在科技创新中的主体作用，引导和支持创新要素向企业集聚，加快科技成果向现实生产力转化。健全在宁高校、科研院所与企业的双向互动机制，确保应用技术成果本地转化率达40%。着力提高科技服务业对经济发展的贡献率，突出发展高技术含量、高附加值产业。全面推进徐庄、吉山等一批软件产业基地和载体建设，做大产业规模，提升发展层次，努力打造理念先进、功能完善、服务一流、环境优美的产业空间。强化创新环境建设和领军型人才集聚培养，完善风险投资机制，鼓励更多的科技人才自主创业，为高层次、国际化人才提供更为广阔的发展空间。切实抓好社会发展领域科技创新。高新技术产品出口达到50亿美元；实现软件产业销售收入460亿元以上。

加快发展先进制造业。坚定不移地走新型工业化道路，加快培育发展新材料、新能源、新型光电等产业，增强抢占产业发展制高点的能力。稳步提升电子信息、汽车、石油化工、机械装备、钢铁等优势产业，依托产业基地，优化投资结构，推进十大产业链向高端延伸，提升产业集聚度，进一步强化核心竞争优势。加快信息技术改造传统产业步伐，推动传统产业的结构升级。探索多元化投融资渠道，鼓励跨国公司和外地大企业集团以独资、控股和购并等方式投资先进制造业。引导和鼓励金融机构支持先进制造业中心建设。

推动现代服务业实现新跨越。把加快发展服务经济作为新一轮产业发展的重要取向，发展金融、保险、证券、会展、物流等现代服务业，引进国际国内知名大企业大品牌。提高服务业在整个经济发展中的比重和水平，服务业从业人员、利用外资占全市的比重达到50%以上。加快丁家庄物流中心、龙潭港保税物流中心、中邮航集散中心等物流基地建设。加大对南京港的扶持力度，加快建设龙潭港区四期、五期等重点工程，积极打造下关滨江航运服务业集聚区。加快推进商贸流通业现代化，促进百货家电、超市等行业连锁经营业态快速发展。进一步优化商业空间布局，做强做精新街口、湖南路商圈，重点打造河西商务集聚区，加快建设仙林、东山、浦口等商业副中心。大力推进旅游产业发展，创建“中国最佳旅游目的地”。

（二）进一步加快生态文明建设

坚持环保优先，加强资源节约和生态环境保护与修复，以生态文明建设提升居民生活质量，使南京成为本地人引以自豪、外地人羡慕向往的宜居城市。

深入推进节能减排。以龙头企业为核心，发展技术含量高、附加值高、物耗低的产业，促进企业原料、能源、水资源等综合利用和污染物减量排放。加快石化、冶金等行业技术改造升级，继续推进重点工业企业污染治理升级改造工程，提升工业污染源稳定达标排放的能力和水平，确保主要工业污染排放达标率达到95%以上。推进重点企业燃煤脱硫工程，完成华能电厂、梅山钢铁公司并加快建设金陵石化、南钢等企业脱硫减排工程。今后对所有新建项目，一律实行严格的环保评估和审查，达不到要求的，一律不予批准。对现有企业达不到要求的，有计划地予以淘汰。

加大生态建设力度。深入实施绿色南京战略，全力推进生态市建设。全年植树造林面积10万亩。重点建设与保护全市67个重要生态功能区。加快废弃矿山环境综合治理和生态修复。继续推进宁南等16个郊野公园建设。完善主城绿地系统，老城新增公共绿地20块。继续实施沿江环境综合整治工程，提升雨花台、幕府山和栖霞山风景区环境质量。推进玄武湖公园北扩和环境综合整治，继续对莫愁湖等公园、景点进行提档改造。倡导生态文明行为，推进生态文化建设，使每个市民成为生态文明建设的传播者、实践者和受益者。

促进环境质量持续改善。加强水、大气、土壤的污染防治，深入推进郊县生态环境整治，全面改善城乡人居环境。关停136家小化工企业，启动梅山化工总厂、金陵塑胶等6家污染企业搬迁。加快推进河西广播中波发射台搬迁。实施新一轮“2234”治水工程，继续建设城东二期、仙林等污水处理系统和开工建设桥北、板桥污水处理厂一期工程，全市城镇新增污水处理能力40万吨以上。对集中式饮用水源地实施最严格的保护,确保水质达标率继续保持100%。推进秦淮河环境综合整治二期,以及南河、城东引水工程建设。强化对建筑、市政、拆迁和渣土运输的环境管理,严格控制城市二次扬尘污染,加大机动车排气污染控制力度,确保全年良好以上级别天数稳定达到310天以上。

(三)不断增强经济发展活力

坚定不移地推进改革开放,加快重要领域和关键环节改革步伐,拓展对外开放广度和深度,为经济社会发展提供强大动力。

推进体制机制改革。继续深化国有资产管理体制改革,不断完善国资委出资人职责,增强国有经济活力、控制力、影响力。深化投融资体制改革,落实企业投资自主权,鼓励社会资本进入基础设施、公用事业等行业和领域。推进市属国有企业与中央企业和外省市大企业的战略重组。完善公共财政体系建设,加大公共服务领域投入。加快形成统一开放、竞争有序的现代市场体系。发展各类生产要素市场,完善生产要素和资源价格形成机制。规范行业协会和市场中介组织发展,健全社会信用体系。

推动民营经济健康发展。进一步营造平等的市场准入环境和发展环境,继续为民营企业引资、引智搭建平台。新增私营企业1.5万户,新增注册资本300亿元。促进中小民营企业与大型外资企业和国有企业的产业化配套,拓宽民营资本发展空间。制定促进中小民营企业,特别是高新技术企业提升核心竞争力的政策措施。健全中小企业融资和信用担保体系,规范发展各类投资基金。

实现对外开放高端化。用好已有的出口加工区、保税物流园区等功能区资源,积极争取出口加工区叠加保税物流功能,加快龙潭保税港区及禄口空港保税物流园的申报工作。加快国家级服务外包产业示范区建设,推进人才培训中心建设。加快江宁滨江开发区建设,推动沿江开发向纵深发展。以重点企业集群为依托,加快国家级开发区、省级开发区、重点产业园区以及出口加工区、保税物流中心等平台的资源整合,进一步形成优势互补、联动发展的格局。按照全市产业布局规划,突出引进一批龙头型、基地型外资项目。积极引进科技型、高附加值的先进制造业项目,进一步提升外资产业集约发展水平。提高软件研发和现代物流业的引资规模和质量。继续实施科技兴贸战略,提高自主高新技术产品和机电产品出口比重。实施出口竞争力提升策略,加大对出口名牌企业的扶持力度,支持品牌企业自主开拓国际市场。鼓励对外直接投资,支持有条件的企业到海外投资研发中心和设计中心。加快区域协调机构组建步伐,强化城际交流,力争在公共服务、交通网络、基础设施建设等方面取得新进展。

(四)积极推进城乡一体化发展

建立和完善以工促农、以城带乡长效机制,深入推进城乡经济社会互动发展。

推进城乡经济协调发展。创新郊县工业园区发展模式、运行机制和管理方式,提升整体发展水平。继续推进重点工业园区控制性详细规划编制工作,加快污水处理设施建设,完善功能配套。加大农村市场体系建设力度,新建配送中心16个。积极推动旅游农业发展。不断丰富和拓展农业功能,优先发展产业高效、功能合理、生产安全、装备先进的都市型现代农业。发展特色蔬菜、苗木花卉等主导产业,推进高效农业规模化。大力发展设施农业,加强以水利为重点的农业基础设施建设,加快提升现代农业装备水平。全市新增高效农业面积20万亩,新增设施农业面积4万亩。

建立农民增收长效机制。做好低收入纯农户增收,重点扶持见效快、带动力强的项目,确保低收入纯农户人均增收1000元以上。规范发展农民专业合作社,支持农业产业化经营和龙头企业发展。稳步推进社区集体经济股份合作改革,新成立社区集体经济股份合作社20个。推进土地有序流转,发展土地股份合作,健全利益递增机制,提高农民土地收益。逐步扩大农业保险范围,建立较为完善的农业保险体系。以131个新农村典型示范村为着力点,提升全市农村社区经济发展水平。培育有文化、懂技术、会经营的新型农民,发挥农民建设新农村的主体作用。严格落实粮食直补、良种补贴等各项政策。

促进城乡基本公共服务均等化。积极推进"三城九镇"基础设施建设与主城对接,完成60公里镇村道路建设任务。完善农村垃圾收运体系,完成120个村庄环境综合整治,继续推进农村河道清淤、村庄环卫设施配套建设和改厕工作。实施新型农村养老保险制度,做好新型农村合作医疗制度与城镇社会基本医疗保险制度的衔接。进一步加大农村新八件实事投入力度,逐步提高农村教育、卫生、广电、文化等公共事业发展水平。深化农村综合改革,加强农村集体资产管理,规范财务管理和收益分配。深入推进村企挂钩,进一步加大对经济薄弱地区的扶持力度。

(五)继续加大城市现代化建设和管理力度

高度重视科学规划引导作用,优化城市空间结构,完善城市功能,提升城市品质,使城市宜居、宜业、宜商、宜游。

优化城市空间布局。继续推进新一轮城市总体规划和土地利用总体规划修编,优化城乡建设布局和产业布局。建立并完善控制性详细规划的执行与调整规定。完成历史文化名城保护规划。进一步推进河西新区建设,建成南京会展中心一期工程,完善中部地区基础设施,加快南部地区路网建设。着力打造仙林新市区、中心商务区和科技产业园区,加快仙林国际医院等项目建设。完善仙林、东山、江北新市区综合功能配套,提升城市形态。

推进重大基础设施建设。加快纬七路过江隧道、长江四桥等跨江快速路网建设工程。加快建设绕越高速公路东南段、宁杭高速二期、六合至江都等高速公路,实施江南沿江、江北沿江等干线公路建设。继续推进铁路南站、大胜关长江大桥建设,启动铁路南站片区的整体开发工作。推进地铁二号线一期、一号线南延工程,建设地铁二号线东延仙林段。完成纬三路老城段快速化改造、全面开工纬七路东进西延工程。推进六合新机场及外部配套设施建设。坚持公交优先发展,新购、更新符合环保要求的公交车1200辆,建设虎踞北路等一批公交枢纽站,完成5条公交专用车道建设。高标准配套建设水、电、气等公用设施,增强城市保供能力和整体服务水平。

做好历史文脉保护。重视非物质文化遗产的传承和保护工作,建立一批非物质文化遗产传承和保护基地,确定一批市级传承人并予以扶持。建成江宁织造府、朝天宫片区、颐和路第十二片区等重点工程。继续推进梅园新村历史片区、门东南门老街保护与建设工程,加快建设大报恩寺景区。完成堂子街太平天国艺术壁画馆二期、瞻园保护与建设,以及朝天宫古建筑群维修等工程。推进南朝陵墓石刻保护工程,实施杨柳村古建筑群维修保护等工程。挖掘和整合秦淮河、中山陵、明城墙风光带等文化及旅游资源,放大已建成设施的综合效益,进一步彰显城市特色魅力。

加大城市管理力度。创新城市管理体制机制,提升城市管理的科学化、法制化、数字化和精细化水平。强化区县在城市管理中的主体地位,建立市区考核联动机制。完善行政执法体系,加强城市管理综合执法。开展交通安全专项整治活动,重点整治车辆乱停乱放、街巷占道经营和小区违章建筑。推进智能交通的应用和产业化,倡导多元交通、绿色出行,切实缓解城市交通拥堵现象,努力解决停车难问题。完成“城中村”改造建设任务。完成200条背街小巷出新、900幢房屋整治、80个老住宅小区出新。建设7个餐饮污染控制示范街区,完成68个农贸市场升级改造。

(六)努力提升城市人文品质

积极推进全国文明城市创建工作,全面提升城市文明程度,进一步增强南京软实力,加快现代化国际性人文绿都建设步伐。

实施“人才强市”战略。采取有效措施,抓好企业经营管理人才、专业技术人才、文化人才和农村实用人才队伍建设。扩大技工教育规模,探索校企合作培训模式,加快高技能人才的培养。强化人才市场化引进方式,在企事业单位以及部分有条件的地方试行特殊政策。加强南京留学人员创业园、国家软件人才国际培养基地等载体建设,强化园区的人才集聚和企业孵化功能。建立“产、学、研”一体化联盟,支持重点行业、企业以及企业家在高校设立专项奖学金、共同建立科研基地、合作开发产品,促进人才智力和项目的转化。

坚持教育优先发展。加快建设全国教育名城,切实加大公共教育投入。坚持育人为本、德育为先,全面推进素质教育,全力提高教学质量。进一步改善中小学校的办学条件,加强学校软件和硬件建设。加快发展职业教育,抓好10个高水平示范性职业学校和10个特色化精品型职业学校的创建工作。大力发展远程教育和继续教育,建设全民学习、终身学习的学习型城市。努力推进教育均衡化发展,促进优质教育向农村倾斜,着力提高农村教育现代化水平。完善助学体系,扩大助学范围,营造公平的教育发展环境。继续做好外来务工人员子女上学工作。进一步弘扬尊师重教的社会风尚,切实提高教师的地位和待遇,为广大教师教书育人创造良好的工作环境和生活条件。构建和谐校园,做好学校安全管理、校园美化绿化和周边环境整治工作,促进青少年身心健康发展。

推动文化繁荣发展。大力发展文化产业,实施文化产业品牌工程,推进文化产业十大特色街区建设,组织实施文化产业十大会展活动,举办第三届中国南京文化产业交易会。发展影视动漫产业,加快“国家动画产业基地”建设。积极推进文化产品和文化服务出口。加大对创意产业园区的扶持力度,明确一批重点文化企业和项目。办好第四届“世界城市论坛”和第三届“世界历史文化名城博览会”,提高南京的国际知名度和美誉度。完善公共文化服务体系,加快建设渡江胜利纪念馆、妇女儿童活动中心等一批文化设施,推进郊县有线电视数字化工程。举办第八届南京“文化艺术节”等系列活动。实施精品战略,繁荣艺术创作,推进文化创新。大力发展群众文化、实施文化惠民工程。以迎奥运为契机,引导更多的群众参加全民健身活动。推进区县体育中心建设,完善全市体育设施体系。做强竞技体育,力争实现我市运动员在奥运会上摘金夺银的目标。

积极构建和谐社区。创新城市基层社会管理体制,探索“政府依法行政、社区依法自治、居民自愿参与”的社区管理新模式。健全社区民主选举制度,完善社区自治功能。理顺政府与社区之间的关系,实行社区工作准入制度,解决社区负担过重问题。多渠道解决社区基础设施建设矛盾。健全社区服务网络,建成四级联网的社区服务信息平台。进一步加强社区工作者队伍建设,吸引社会力量和民间资本进入社区服务领域,推进社区管理服务社会化。开展和谐社区示范创建活动。

(七)切实解决突出的民生问题

把富民优先、普惠百姓作为建设更高水平小康社会的立足点,认真落实“五有”要求,使全体市民更多分享改革与发展的成果。

提高居民收入。促进劳动力充分就业,新增就业岗位16万个,援助困难人员就业0.8万人。营造良好的创业氛围,鼓励各类人才积极开展创业。重视毕业生就业工作。依法推进残疾人按比例就业。实施企业工资集体协商制度,规范企业工资集体协商行为。全面贯彻《劳动合同法》,严格执行最低工资保障制度,适时提高最低工资标准。认真落实建筑施工企业农民工工资保障金制度。加强市场价格监管,努力控制重要商品和服务价格不合理上涨。确保粮食供应安全。

完善社会保障体系。提高养老、失业、工伤及特殊群体等保险待遇水平。稳步扩大保险覆盖面,企业职工基本养老保险、失业保险、城镇职工医疗保险、工伤保险、生育保险参保人数分别达到175万、150万、200万、145万和130万人。进一步完善城乡居民最低生活保障制度,对无固定收入的重度残疾人员给予生活救助,切实做到困有所济、残有所助。认真贯彻国务院《关于解决城市低收入家庭住房困难的若干意见》,建立低收入住房困难家庭保障体系。不断完善城乡居民重病救助制度。开工建设50万平方米中低价商品房和300万平方米经济适用房,储备1000套廉租房。全面开展重点危旧房片区改造。发展慈善事业,完善经常性社会捐助服务网络,探索社会捐助的市场化运作模式。

提高医疗卫生服务水平。全面推进社区卫生服务“收支两条线预算管理、基本用药零差率销售”运行体制改革,使群众享受到安全、有效、方便、价廉的基本医疗卫生服务。建立公共卫生机构与医疗机构、城乡社区卫生服务机构的合作机制,加快构建覆盖城乡的公共卫生服务网络。推进三级医疗机构药品购销制度改革。完善重大疾病防控体系,提高突发公共卫生事件应急处置能力。加快科技创新步伐,提高医疗服务质量,努力创建全国一流的医疗卫生服务基地。继续实施人口计生“和谐家园”工程,健全统筹解决人口问题的落实机制和公共服务体系,继续稳定低生育水平,努力提高出生人口素质。

深化平安南京建设。规范城乡社区警务工作,完善治安巡防机制,深化社会治安防控体系建设,提高防范和打击犯罪的水平。健全应急信息预警机制和预案体系,完善应急指挥和处置机制。加强紧急报警与社会求助分流处理工作,进一步整合资源,强化队伍建设。加大对各类违法犯罪活动的打击力度。深入推进科技强警,提高公安信息化建设水平。进一步完善人民调解、行政调解和司法调解相互衔接配合的“大调解”工作体系。加强食品药品安全监管工作。高度重视安全生产和消防工作。广泛开展国防教育,关心支持驻宁部队建设,继续开展政策、科技、智力拥军,加强国防后备力量和人防设施的建设。完善信访工作的领导机制和工作机制,加强信访信息化建设,进一步畅通信访渠道、规范信访秩序,依法解决群众诉求,有效化解人民内部矛盾,促进社会和谐。

(八)塑造务实高效廉洁的政府形象

创新政府管理方式,加强民主与法制建设,增强公共服务能力,建设服务型政府。

加快政府职能转变。进一步规范行政许可事项,推进区县政府综合性服务中心和部门行政许可方式的创新完善。认真做好国务院《政府信息公开条例》实施工作。以建成权力阳光运行机制为重点,完成电子政务系统建设,实现行政执法事项网上公开运行。全面推行重大决策事项公示、听证制度,完善重大事项集体决策制度以及问责制度,健全专家咨询制度,推进决策科学化、民主化。

深入推进依法行政。认真贯彻实施《依法行政五年规划》,大力建设法治政府。自觉接受人大及其常委会的监督,认真落实人大及其常委会的决议、决定,及时向人大及其常委会报告工作。积极支持人民政协履行政治协商、民主监督、参政议政职能,主动听取各民主党派、工商联、无党派人士及各人民团体的意见和建议。切实办好人大代表议案、建议和政协提案。认真做好侨务和民族宗教工作。继续支持审计、监察部门依法独立履行监督职责,强化对权力运行的制约和监督。深化行政执法体制改革,探索相对集中许可权和处罚权改革工作,推进相关领域综合执法试点,全面推行行政处罚裁量权基准制度。建立依法行政示范点制度,扎实推进基层依法行政工作。继续扩大法律援助覆盖面,有效维护困难群众的合法权益。

切实加强廉政工作。深化反腐倡廉宣传教育,营造崇廉尚廉的文化氛围。逐步建立领导干部廉洁从政的长效机制。深化部门预算和政府收支分类改革,全面推行非税收入收缴管理制度改革。不断完善招投标制度,推动招投标监管制度创新。逐步推进职务消费改革,继续推行市级机关车改试点,加强公务用车改革的后续监管。不断深化市级预算部门和单位公务消费支付方式改革,规范结算报销方式,积极推进公务费用电子化管理。

强化公务员队伍建设。坚持以思想政治建设为根本,以能力建设为重点,进一步加强公务员队伍能力培训。提倡公务员勤于学习、善于调研、勇于创新。推进公务员竞争上岗和轮岗交流,强化公务员规范化管理。继续深化干部人事制度改革,完善优秀人才脱颖而出的选拔使用机制。加强公务员效能考核,强化公务员作风建设,促进公共服务行为进一步规范化。深入开展行风评议工作,继续办好政风行风热线,认真办理群众反映的各类问题。

回望过去,倍感欢欣鼓舞;展望未来,更觉责任重大。让我们紧密团结在以胡锦涛同志为总书记的党中央周围,高举中国特色社会主义伟大旗帜,在十七大精神引领下,解放思想,开拓创新,齐心协力,埋头苦干,为率先建成更高水平小康社会、率先基本实现现代化而努力奋斗!

(在南京市第十四届人民代表大会第一次会议上)

神仙居景区

政府工作报告

2009年1月12日

苏州市市长 阎 立

一、2008年工作回顾

过去的一年，是极不平凡的一年。我们迎来了改革开放30周年，实现了中华民族举办奥运会的百年梦想，见证了神舟七号载人航天飞行的辉煌时刻，也遭受了低温冰雪灾害的严重袭击，感受了汶川强烈地震带来的巨大悲痛，并经受着国际金融危机的严峻考验。这一年里，市政府在中共苏州市委的正确领导下，坚持以科学发展观统领全局，认真贯彻中央和省的决策部署，紧紧依靠全市人民，奋发图强、攻坚克难，较好地完成了市十四届人大一次会议确定的各项任务。尤其是针对国际国内经济形势复杂多变、不利影响逐步加深、企业经营困难加剧的情况，制定和采取促进经济增长、帮扶中小企业、推动房地产市场发展、鼓励外贸转型升级等一系列政策措施，大力开展服务基层、服务企业、服务发展活动，保证了经济的健康有序运行。全市实现地区生产总值6701亿元，按可比价计算比上年增长13%；地方一般预算收入668.9亿元，增长23.5%；城镇居民人均可支配收入23867元，农民人均纯收入11680元，分别增长12.3%和11.5%。

——*加大自主创新力度，产业升级步伐明显加快。*落实鼓励政策，推动自主创新，全社会研究与试验发展经费支出占地区生产总值的比重超过1.8%，我市科技进步综合评价得分跃居全省第一。中科院苏州纳米技术与纳米仿生研究所正式成立，苏州高新区被国家科技部确定为国际科技合作基地，全市新增一批国家级、省级研发、检测和科技服务机构。我市创业投资企业数量和注册资本居全省首位，集聚效应逐步显现。加强知识产权保护，新增驰名商标37件，专利申请量、授权量保持全省第一；苏州工业园区、苏州高新区、昆山经济技术开发区成为国家知识产权试点园区。高度重视人才工作，引进国外智力项目25个、海外留学回国人员659名，获省资助的高层次创新创业人才数量位居全省第一，新成立企业博士后科研工作站9个。工业经济平稳发展，总产值达到2.2万亿元，高新技术产业产值占规模以上工业产值的比重达到34%，百强企业销售收入占到规模以上工业企业销售收入的41%。我市通过创建国家质量兴市先进市验收。切实压缩落后产能，关闭小化工企业308家，淘汰水泥年生产能力190万吨，基本完成苏钢集团大型落后设备淘汰任务。服务业量质同步提升，增加值增长15.5%。江苏花桥国际商务城、城市中央商务区等服务业集聚区加快建设。完善商业网络，改善消费环境，社会消费品零售总额增长24.1%。实施"北京看奥运、苏州品水韵"和"世博在上海、旅游到苏州"营销计划，开发旅游项目，发展乡村旅游，旅游总收入增长13.5%，环太湖旅游产业带品牌效应逐步凸显。中国国际旅游节、中国航海日等重大活动成功举办，多项重要会展成效明显。物流业迅速发展，新增国家A级物流企业7家；苏州港货物吞吐量突破2亿吨，增长9.4%，集装箱运量达到255万标箱，增长34.5%，其中太仓港集装箱运量达到145.3万标箱，增长42.6%。金融运行稳健有序，年末金融机构人民币存贷款余额分别比年初增长18%和17.9%，全年保费收入增长28%，经济与金融实现共赢。

——*纵深推进改革开放，发展活力持续增强。*改革城市管理体制，组建市市容市政管理局，城市管理行政处罚权进一步集中。苏州市工业投资发展有限公司和苏州创元（集团）有限公司实现重组优化，排水管理领域事业转企业改革步伐加快。完成一批国有投资主体和地方金融机构增资扩股工作，融资能力得到增强。出台促进金融业改革与发展的指导意见及配套措施，金融业发展环境更加优化。4家企业首发上市，苏高新集团成功发行10亿元企业债券。实施民营经济新一轮腾飞计划，净增私营企业2万家、个体工商户2.7万户、注册资本635.3亿元，全省百强民营企业中苏州企业总数位居首位。注重提升市场能级，中国东方丝绸市场、中国常熟服装城、中国珍珠宝石城交易额保持全国领先。开放型经济发展水平不断提高。全市完成进出口总额2285亿美元，其中出口1317亿美元，分别增长8%和10.7%，7个省级出口基地获得批准。全市实际利用外资81.3亿美元，增长13.5%，其中服务业实际利用外资19.8亿美元，增长107.6%。太仓市被国家商务部和德国经济部命名为国内唯一的中德企业合作基地。新批中方境外投资额2.1亿美元，增长58.4%；对外工程承包和劳务合作健康发展，埃塞俄比亚东方工业园建设稳步推进，国家商务部确定的产业转移促进中心昆山基地挂牌运作。新增5个省级国际服务外包示范区和一批服务外包企业。苏州工业园区中新联合协调理事会第十次会议成功召开，中新生态科技城、生物纳米园等创新亮点加速涌现。苏州高新区建立报关报检中心，苏州科技城功能形态逐步完善。张家港保税港区获国务院批准，昆山出口加工区叠加保税物流功能试点进展顺利，吴中出口加工区启动区运作良好，太仓港区港联动、虚拟口岸新型快速通关和直通放行模式成效明显。我市与新西兰陶波市结为友好城市，友城总数达到38个，居全国地级市首位，苏州获得中国国际友好城市交流合作奖。与台湾地区的交往与合作更加深入，太仓、张家港、常熟三个港口成为首批对台直航港口。侨务工作成效明显，6家企业被评为全国明星侨资企业。利用内资规模扩大，引进内资项目注册资本增长35.9%。对口支援和南北挂钩合作力度加大，苏州宿迁工业园等共建园区初见成效。

——*着力完善城市功能，城市现代化水平继续提升。*以《苏州城市总体规划（2007～2020）》为统领，认真编制各类规划，做到了控制性详细规划、专项规划、市政交通规划、村镇规划和城市设计、规划研究"六位一体"。大力推进工程建设，增强城市承载能力。苏州火车站北站屋和高架匝道的地下结构全部完工，道路北延、河道整治、绿化景观等配套工程相继竣工。城市轨道交通一号线进入车站基坑开挖和区间盾构掘进阶段;二号线完成工程可行性研究,2个站点提前建成。京沪高速铁路苏州段和沪宁城际铁路苏州段征地拆迁任务全部完成,工程施工全面展开。沪苏浙高速公路苏州段、苏通大桥南连接线、318国道苏州段改建和苏虞张公路快速化改造等项目竣工通车,常熟至昆山高速公路建设进展顺利,;204国道苏州段改造有序推进。市区东南环立交完善、太湖东路东延等工程按期建成,北环快速路西延开工建设。平江、沧浪、金阊新城45项道路、河道工程全面完工。港口建设加快实施,建成8个码头泊位,太仓港三期工程4个万吨级集装箱码头如期开工。完成了吴江市与吴中区自来水管网互联互通工程、西塘河自来水应急保供水源工程和7座城市中心区防洪枢纽工程。500千伏苏州西变电站至吴江输电工程投入运行。储油规模14万立方米的苏州通桥油库建成启用。全市竣工人防工程64.5万平方米,人防转民防、"两防一体化"工作扎实开展。"无线城市"建设步伐加快,信息化应用能力得到增强。完善数字地震台网,增设气象预警终端,自然灾害监测预报水平有所提高。推进城管职能向街道、社区下移,向新城区延伸,建立分级分片巡视制度,在城区主要道路和重点地区实行路长、段长和片长负责制,城管执法、市容管理、环卫保洁、市政养护的综合效应得到发挥。昆山市"数字城管"通过国家住房和城乡建设部验收。加强路面执勤和车辆疏导,有效维护了城市交通秩序。

——*落实城乡统筹措施,新农村建设扎实推进*。贯彻工业反哺农业、城市支持农村和多予少取放活的方针,努力推动城乡经济社会一体化发展,新农村建设取得明显成效。出台水稻价外补贴政策,扶持粮食生产,水稻总产量稳步增长,小麦、油菜单产创历史新高。加强粮油储备,市场货源充足,价格保持平稳。建成一批上规模、高效益、多功能的现代农业示范园区,农业适度规模经营比重超过35%。推行农业标准化,无公害农产品、绿色食品、有机食品总数达到1295个。新增一批国家级、省级农业龙头企业,市级以上农业龙头企业销售收入增长15.1%。提高农业装备水平,水稻种植机械化率比上年翻一番,张家港市成为江苏省率先基本实现水稻种植机械化示范县(市)。全力防控动植物疫病,我市连续多年获得"疫情清净市"称号。深化农村改革,注重制度创新,苏州成为全省城乡一体化发展综合配套改革试点区。乡镇机构改革全面完成。大力发展农村社区股份合作、土地股份合作和农业专业合作组织,农民从"三大合作"组织获得直接收益24亿元,增长28%;农民收入中财产性收入占到30%。农村集体经济得到较快发展,行政村年均集体收入达到339万元,增长12.3%。全面完成农村集体资产产权登记工作,全市农村集体资产达到636亿元。创新农村金融服务,政策性农业保险领域和规模不断扩大,农业担保金额持续增加,挂牌开业农村小额贷款公司3家。加大支农惠农力度,全市投入新农村建设资金60.8亿元,发放农业补贴3亿元。新增市级新农村建设示范村126个,农村集中居住点规划基本编制完成。加快建设农村社区服务中心,覆盖面达到85.9%。农村区域供水入户率、卫生户厕普及率、行政村班车通达率、互联网接入率进一步提高。

——*狠抓节能减排工作,生态环境质量得到改善*。坚持把节约资源落实到生产、建设、流通、消费各个环节,单位地区生产总值能源消耗下降4.5%,我市被确定为国家可持续发展实验区。实行最严格的土地保护制度,完善土地储备机制,推进节约集约用地,通过开展土地复垦整理新增耕地563公顷。推行节约用水,吴江市建成国家级节水型城市,市区建成省级节水型城市。实行节能项目评估审查,完成240家重点耗能企业能源审计,淘汰落后用能设备1000台(套)。推广合同能源管理,实施重点节能技术改造项目,实现节能150万吨标准煤。新增通过ISO14000认证的企业200家、通过清洁生产审核验收的企业200家、通过资源综合利用认定的企业108家、循环经济试点企业100家。苏州高新区、苏州工业园区先后成为全国循环经济试点园区,我市与清华大学合作的循环经济项目取得进展。健全水源地水质监测预警机制,完善供水应急响应体系,完成金墅港水源地生态清淤任务,积极打捞蓝藻,防控蓝藻暴发,保障了饮用水安全。新建城镇污水处理厂10座,敷设管网1057公里,新增污水日处理能力60万吨,城镇生活污水集中处理率达到80%,对一批规划保留村庄的生活污水进行了有效治理。苏州福星、娄江污水处理厂二期工程建成投运,除磷脱氮工艺改造工程抓紧建设。西太湖养殖围网全部拆除,东太湖、阳澄湖围网养殖面积一次性压缩到3000公顷和2133公顷。加大城区河道调水引流和清淤力度,疏浚整治村庄河道,水环境得到改善。实施"蓝天工程",市区新增公交车尾气排放全部达到欧Ⅲ标准,禁止燃用高污染燃料区由130平方公里扩大到180平方公里,空气质量优良以上天数达到328天,比上年增加2天。苏州七子山垃圾填埋场扩建一期主体工程和垃圾焚烧发电厂二期主体工程顺利建成,垃圾渗滤液处理厂投入运行。农村生活垃圾户集、村收、镇运、县处理处置方式积极推行。实施污染减排项目237个,削减化学需氧量2.5万吨、二氧化硫排放量3.8万吨。加大环保执法力度,对162家企业实施挂牌督办,企业违法排污行为受到严肃查处。重点建设环太湖生态林、太湖湿地公园、三角咀生态公园、尹山湖环湖景观和山体复绿、道路绿化工程,农村新增林地绿地8707公顷,全市陆地森林覆盖率达到20.3%;市区新增绿地485万平方米,各项指标达到国家生态园林城市标准。张家港市获得联合国人居奖,太仓市进入国家生态市行列,吴江市创建国家生态市通过验收,苏州工业园区、苏州高新区成为首批国家生态工业示范园区,新增全国环境优美镇8个、省级生态村72个,常熟市蒋巷村、昆山市大唐村被评为首批国家级生态村。

——*高度重视社会建设,各项事业发展成效显著*。围绕纪念改革开放30周年,全面总结了苏州30年来取得的丰硕成果和宝贵经验。大力推进精神文明建设,我市在创建全国文明城市工作中获得优异成绩。全市小学、初中全部达到现代化学校办学标准,公办高中全部达到三星级以上办学标准。我市被列为全国教育管理信息化标准应用示范区,并成为全省师资队伍建设先进市和规范教育收费示范市。苏州国际教育园南区全面建成并实行属地化管理,进驻独墅湖高等教育区的知名高校达到10所。改革课程和考试评价制度,开展学校阳光体育运动,素质教育继续深化。评估通过四星级职业学校7所,三星级职业学校10所。注重社区教育,金阊区被评为全国社区教育示范区。高等教育毛入学率达到61.2%。加强文化遗产保护,完成了一批世界文化遗产整治和维修工程,亚太地区世界遗产培训与研究苏州分中心成立并开展工作,列入国家级非物质文化遗产名录的项目达到24个。开展第三次全国文物普查,新发现文物点1920处。山塘历史文化保护区获得中国民族建筑事业杰出贡献奖。弹词《风雨黄昏》、《田阿桐》分获第五届中国曲艺牡丹节目奖和牡丹表演奖,《红蜻蜓》获全国少儿广播精品栏目一等奖。常熟市获得中国曲艺之乡称号。苏州美术馆新馆、文化馆新馆、名人馆和评弹学校新校如期开工,太湖文化论坛主会场加快建设,市工人文化宫改造完成并投入使用,市青少年活动中心建成主体工程。新建市图书馆社区分馆5座、"农家书屋"495家、"职工书屋"80家。群众性文化活动广泛开展。首届中国农民文艺汇演、新吴门画派作品展取得成功。数字电视整体转换率达到98%。新一轮《苏州市志》抓紧编纂。9座综合档案馆分别晋升国家一级、二级标准,我市建成全国首个工商档案管理中心,《吴中年鉴》获得全国年鉴编纂一等奖。!市未成年人健康成长指导中心成为全国未成年人思想道德建设工作先进单位。强化国防教育,支持驻苏部队建设,落实优抚安置政策,军政军民关系更加密切。切实保护少数民族同胞合法权益,民族团结不断加强。全面贯彻党的宗教工作基本方针,宗教界人士和信教群众在促进经济社会发展中的积极作用得到有效发挥。道观玉皇宫竣工落成,寒山寺大钟、大碑记入世界吉尼斯记录。市中医医院迁建工程进展顺利,城区新建6个公立社区卫生服务中心。全面实施社区居民常用药品政府补贴,减轻市民药费负担2亿元,受惠群众1500万人次。新一轮市属医院管办分离改革开始实施。健康城市建设成效显著,苏州市获得世界卫生组织颁发的杰出健康城市奖,常熟市、太仓市获得世界卫生组织颁发的健康城市优秀实践奖,张家港港被世界卫生组织评为国际卫生港口。低生育水平保持稳定,人口出生缺陷社会化干预工程成效明显,吴江市建成首个国家人口文化基地。与苏北五市签订流动人口计划生育管理服务双向合作协议,生育秩序更趋规范。兑现企业退休人员计划生育一次性奖励政策,发放奖励金5.3亿元。圆满完成北京奥运火炬苏州境内传递活动,苏州籍运动员在奥运会上夺得2枚金牌、1枚银牌、1枚铜牌,参赛人数、参赛项目、参赛成绩均实现历史性突破。市第十二届体育运动会胜利举行,国际男子手球精英赛、全国羽毛球锦标赛等重大赛事成功承办。

——*切实抓好民生工程,人民生活水平不断提高。*加强税收征管,优化财政支出结构,各级财政用于民生的投入继续增加。新增劳动力就业岗位26.7万个,提供公益性岗位8250个,帮助3万名失业人员实现就业,免费培训城乡劳动者40万人,城镇居民登记失业率控制在3%。扶持自主创业,市区评估认定16家市民创业孵化基地。城镇职工养老、医疗、失业、工伤、生育五大社会保险参保人数均比上年净增30万人,基金征缴率均超过99%。农村基本养老保险参保率达到96.5%,农村老年居民享受基本养老待遇或养老补贴的覆盖面达到98%。发展新型农村合作医疗,人均筹资278元,比上年增加60元,人口覆盖率达到97.2%,100万被征地农民纳入基本生活保障。完善困难人群医疗救助办法,发放医疗救助金1.2亿元。城乡居民最低生活保障标准均提高30元,发放低保金1.5亿元。积极采取临时救助措施,发放困难对象临时生活救助金2593万元。企业退休人员月均基本养老金由1132元增加到1262元。建立工资支付保证金制度,职工工资稳步增加。妇女儿童发展规划深入实施,我市妇女儿童工作主要目标监测综合评价保持全省第一,镇湖刺绣协会被评为全国"三八"红旗集体。新建街道(镇)居家养老服务中心24个,社区(村)居家养老服务站546个,新增养老床位2134张,沧浪区"虚拟养老院"等多种养老模式得到推广。0~6岁残疾儿童抢救性康复实现全覆盖,残疾人康复中心如期建成,为无固定收入和固定收入低于当地城乡最低生活保障标准的重度残疾人员发放生活救助金2700万元。全市新建经济适用房4658套,新增廉租住房1226套。综合整治市区街巷200条、老住宅小区8个,解危修缮危旧住房16.4万平方米。新增参加住房公积金制度的职工38万人,职工使用住房公积金62亿元。市区新增公交车432辆,新辟公交线路31条,开辟了1号公交快线,建成公交换乘中心1个,月票适用范围扩大到全部线路。加强价格监管,落实物价调控目标责任制,实施临时价格干预措施,居民消费价格总水平涨幅低于全省平均水平。建立生活困难群众物价上涨动态补贴机制,全市发放物价补贴4000万元。创建消费放心城市成绩突出,我市被省政府命名为全省唯一的放心消费创建工作先进市。强化食品药品监管,切实保障市民饮食、用药安全,成功应对"三鹿牌婴幼儿奶粉"、"刺五加注射液"等突发事件,张家港市通过国家食品安全示范县(市)验收。全力以赴支援汶川地区抗震救灾,累计派出救援人员1182名,接收灾区学生1915名,救治灾区伤员104名,突击完成160万平方米活动板房材料生产、运输任务,建成过渡安置房4.3万平方米;积极开展对口援建,已有36个项目开工建设;募集救灾款物10.3亿元,居全国地级市之首;市红十字会被中国红十字会评为抗震救灾先进集体。

——*加强民主法治建设,政府为民服务和依法行政能力进一步强化。*法治苏州建设扎实推进,昆山、太仓、张家港市成为首批省级创建法治县(市、区)工作先进单位。"五五"普法深入开展,吴江市被确定为全国普法和依法治理工作联系点。法律援助、社区矫正和安置帮教工作取得成效,在全国地级市中成立了首个法律援助基金会。以争创全国社会治安综合治理优秀市"五连冠"为目标,以做好奥运安保和维护社会稳定为主线,完善大调解机制,构建大防控体系,加强基层基础建设,开展系列平安创建活动,排查化解社会矛盾,整治社会治安重点地区和突出问题,加大值班、值勤、巡逻、出警力度,严厉打击严重暴力犯罪、有组织犯罪和抢劫、抢夺、入室盗窃等侵财犯罪,严密防范境内外敌对势力的破坏活动,确保了北京奥运会、残奥会期间的社会稳定,有效维护了安定和谐的社会秩序。强化应急管理,建立工作网络,编制和完善各级各类应急预案,开展应急宣传和救援演练,构建社会联动机制,成功应对和处置了自然灾害、灾难事故、公共卫生、经济社会安全等方面的突发事件。创新信访工作机制,强化领导接访、联合接访、律师接访和信息报送、信访督察制度,认真做好市、县级市(区)、镇(街道)三级大接访工作,采取各项稳控措施,一批重点疑难信访问题得到解决。安全生产监管责任进一步落实,"百日督察"专项行动深入开展,重点行业隐患排查治理长效机制初步形成,全市挂牌整改各类重大隐患687个,投入整改资金8亿元,有效预防和控制了重大事故发生,事故起数、死亡人数、受伤人数和直接经济损失四项指标稳步下降。创新社区管理体制,居民自治继续深化。全面实行村民自治,民主制度不断完善,吴江市龙降桥村被命名为全国民主法治示范村。地方立法质量逐步提高,全年提请市人大常委会审议通过地方性法规2件,颁布政府规章5件。规范性文件备案审查工作认真开展,规范行政处罚自由裁量权工作全面推进,行政复议和行政应诉得到加强。注重公务员理论学习和业务培训,全市举办各类培训班944期,参训人次超过10.9万。深化行政审批制度改革,市级机关非行政许可审批项目及土地资产相关政策文件的清理工作全面完成。增强市行政服务中心和市便民服务中心功能，及时受理各类服务需求，群众满意率超过99%。认真落实党风廉政建设责任制，构建苏州特色惩治和预防腐败体系，排查防控廉政风险，推行政务公开暨行政权力网上公开，建立执法监督协作机制，行政行为更加规范。加强对预算执行、公共工程、区域环境、领导干部经济责任和抗震救灾捐赠款物的审计，高度重视审计整改，审计职能得到强化。市政府认真执行市人民代表大会及其常委会的决议，坚持重大事项向市人大常委会报告、向市政协通报制度，注重发挥各民主党派、工商联、无党派人士和人民团体的参政议政作用，办复人大议案1件、代表建议168件、政协提案311件，代表、委员的满意和基本满意率分别达到99.4%和100%。

2008年，经过全市人民的不懈努力，苏州在率先发展、科学发展、和谐发展的道路上迈出了坚实的步伐。在此，我代表市人民政府向全市人民，向人大代表、政协委员，向离退休老同志，向各民主党派、工商联和无党派人士，向各人民团体，向驻苏解放军、武警和消防官兵，向国家和省驻苏单位，向参与、支持和关心苏州现代化建设的海内外朋友，表示衷心的感谢和崇高的敬意！

回顾过去的一年，我们也看到，经济社会发展还面临不少问题，政府工作与人民期待相比仍有差距：受国际经济环境急剧变化的影响，一些经济指标增速放缓，外贸进出口增速出现较大回落，部分企业生产经营困难、经济效益下滑，财政减收因素明显增多；自主创新能力和产业竞争力不够强，经济发展方式尚未实现根本转变，节能减排形势不容乐观；社会管理相对薄弱，改善民生任务艰巨；政府工作的预见性、前瞻性有待提高，公务员为人民服务、为企业服务、为社会服务的意识和能力需要进一步增强，等等。对此，我们将采取有效措施，努力加以解决。

二、2009年主要任务

今年是新中国成立60周年，是全面贯彻党的十七大和十七届三中全会精神的重要一年，也可能是新世纪以来经济发展最为困难的一年。从国际看，次贷危机引发的金融危机愈演愈烈，正从发达国家向新兴市场国家和发展中国家加快传导。目前，不仅这场危机本身尚未见底，而且对实体经济的影响还在加深，其严重后果将进一步显现。从国内看，受国际金融危机快速蔓延和世界经济增长明显减速的影响，加上经济生活中尚未解决的深层次矛盾和问题，我国经济运行中的困难增加，特别是外部需求减少、市场信心不足、企业经营困难、金融领域潜在风险加大。苏州处在改革开放前沿，碰到问题更早，挑战更为严峻。与此同时，我们也应该看到，我国实施积极的财政政策和适度宽松的货币政策，着力扩大内需，经济发展的基本面和长期增长的内在条件并没有改变；金融危机后，世界范围内可能产生新一轮产业布局的大调整和资本的大转移，有利于苏州这样投资环境较优、经济发展较好、对外开放度较高的地区承接国际先进产业和吸引高端科技人才，为本土产业转型升级和企业"走出去"创造条件。经过改革开放30年的发展，苏州具备了较为坚实的物质基础，具有体制机制的先发优势，抵御外部冲击、适应市场变化的能力相对更强。尤其是在实践中形成的"张家港精神"、"昆山之路"和"园区经验"，成为我们应对挑战、抢抓机遇、率先发展的"三大法宝"。因此，我们一定要坚定发展信心，树立必胜信念，同时把困难估计得更充分一些，把问题分析得更透彻一些，把措施考虑得更周密一些，把工作做得更扎实一些，团结和带领全市人民，共同破解难题、谋求发展、奋勇前进。

今年政府工作的基本思路是：以邓小平理论和"三个代表"重要思想为指导，深入学习实践科学发展观，积极化解国际经济环境的不利影响，主动适应国家宏观政策的调整变化，紧紧围绕"两个率先"和富民强市的目标，着力促进经济增长和产业升级，着力推进改革开放和自主创新，着力加强节能减排和生态建设，着力推动城乡一体化发展和社会和谐进步，着力实施富民工程和改善民生，着力提高政府效能和服务水平，努力实现经济社会又好又快发展。

全市经济社会发展的主要预期目标是：地区生产总值增长11%，地方一般预算收入增长11%，社会消费品零售总额增长16%，进出口总额和出口总额保持增长，全社会固定资产投资保持增长，实际利用外资保持全国、全省领先，城镇居民人均可支配收入和农民人均纯收入均增长10%，城镇登记失业率控制在4%以内，居民消费价格总水平涨幅不高于上年水平，全社会研究与试验发展经费支出占地区生产总值的比重力争达到2%，单位地区生产总值能源消耗下降4.5%以上，化学需氧量、二氧化硫排放总量分别削减4%和5%，环境质量综合指数超过86。

我们要把保增长、保民生，扩大内需、扩大开放，转变发展方式、转变工作方式和工作作风作为今年政府工作的总要求、总任务，着重在以下八个方面下功夫、抓落实。

(一)扩大有效需求，力保经济平稳较快增长

加大投资力度，促进投资增长。集中力量建设一批事关民生、事关长远、拉动作用强的基础设施项目，鼓励企业开展技术改造，力争总投资2670亿元的163项重大项目年内完成投资超过600亿元。加强项目储备，做好前期工作，逐步滚动实施，增强发展后劲。争取国家和省项目支持资金及时到位，引导民间资本投向政府鼓励项目和符合国家产业政策的领域，广泛参与民生工程\公共设施和生态环境建设。一着不让抓好招商引资，注重择商选资，引导外资更多地投入新一代电子信息、装备机械、生物医药、新材料、新能源等产业，大力引进物流、研发、软件、金融和商务服务、科技服务等项目，提高先进制造业和现代服务业在利用外资中的比重，推动开放型经济转型升级，形成新的经济增长点。探索引入创业投资基金，支持有条件的企业境外上市。合理调控房地产市场，落实促进住房消费的各项政策，根据实际需求，加快保障性住房开发建设。做大做强投融资主体，落实金融支持措施，优先保证重点项目的资金需求。

改善消费环境，推动消费增长。把增加消费与调节收入分配结合起来，与促进就业结合起来，与发展服务业结合起来，提高收入水平，增强消费能力。完善社会保障体系，稳定支出预期，确保即期消费较快增长。继续实施"万村千乡"市场工程，发展社区商业，改造提升城市商圈，建设特色商业街区，构建畅通便捷的商业网络。健全社会价格监督网络，加强价格监管与服务，开展消费放心城市新一轮创建工作，规范和发展消费信贷，为拉动消费创造有利条件。实施旅游业全面提升行动计划，提高苏州旅游的个性化、精品化、国际化程度。围绕对接上海世博会，主动融入"长三角无障碍旅游区"，积极推介旅游产

品,继续扩大旅游消费。

优化出口结构,保持出口增长。落实鼓励政策,打造国际品牌,重点支持拥有自主知识产权的产品出口。突出开发区的龙头带动作用,发挥苏州工业园区、苏州高新区、昆山经济技术开发区等出口基地的产业集聚效应,形成一批出口产业集群。实行区港联动,提升口岸功能。推动出口区域多元化,增加对东盟、中东、南美、非洲、俄罗斯等新兴市场的出口。加快"走出去"步伐,鼓励我市企业开展对外投资和跨国经营,设立境外资源开发、生产加工和高科技研发企业,并购国外知名品牌、优质资产及营销网络,拓展工程承包和劳务合作领域,深度开发国际市场。

(二)调整优化结构,加快转变经济发展方式

按照调优、调高、调轻的要求,努力促进主导产业高端化、新兴产业规模化、传统产业品牌化。发展装备制造、光电及集成电路、生物医药、节能环保、新材料等高新技术产业,推进薄膜晶体管液晶显示器、有机发光显示器、太阳能电池等重点项目实施。改造提升传统产业,实现产业升级、产品换代。培育大型企业集团,形成一批具有核心技术、成长性强、发展前景好的地标式企业,引导中小企业向"专、精、特、新"方向发展。坚持品牌带动,新增一批驰名商标和中国名牌产品。深入开展质量兴市活动,争创国家优质产品生产基地。坚决制止新上高能耗、高污染项目,压缩落后产能,实施太湖流域Z－业企业污染专项整治。加强能源储运,完善电力设施,切实保障供给。

推动服务业总量扩张、结构优化,提高服务业增加值占地区生产总值的比重。重点发展生产性服务业,壮大现代物流、服务外包、商务会展和金融业。争取设立太仓港保税物流中心、吴江出口加工区B型保税仓库,抓紧建设扬子江冶金物流中心和吴中出口加工区二期项目,新增一批国家A级物流企业。发挥苏州工业园区国家级服务外包示范基地的带动作用,力争苏州进入国家级服务外包基地城市行列、江苏花桥国际商务城成为国家级金融服务外包示范区。引导和扶持文化产业发展,繁荣和规范文化市场,争取苏州工业园区成为国家文化产业示范园区、苏州软件园培训中心成为国家文化产业人才培训基地。注重完善会展功能,打造会展知名品牌。设立市金融改革及创业发展资金,引进金融机构和金融人才,构建金融集聚区。加快服务业载体建设,促进规模化、集约化发展。

加大政策扶持力度,引导创新要素向企业集聚,增强自主创新能力。加强与高等院校、科研院所的合作,引进研发机构,支持企业设立技术中心和工程技术中心。发挥亚太经合组织技术转移中心的作用,构建公共技术服务平台,鼓励企业设立博士后科研工作站。以纪念苏州工业园区开发建设15周年和国家高新区"二次创业"为契机,争取苏州工业园区、苏州高新区进入首批国家级创新型科技园区建设试点行列。实施知识产权和技术标准战略,增加发明专利申请量和授权量,提升知识产权的创造、应用、保护和管理能力,争创国家知识产权示范城市。设立创业投资引导资金,开展未上市股份制高新技术企业股权交易代办系统试点。完善人才政策,设立人才引进和培育资金,深入实施姑苏创新创业领军人才引进计划,重点引进携带项目和善于组织成果转化的科技企业家、掌握关键核心技术的海外留学人员,形成一批支撑和引领产业发展的领军人才和创新团队。

深化市场取向改革,发挥市场配置资源的基础性作用,使转变发展方式成为企业的自觉行动。优化整合国有资产,增强保值增值能力。加强产权交易机构建设,完善统一联合的交易平台。推动企业上市、发行债券,支持企业直接融资。密切银企合作,鼓励金融机构增加对中小企业的信贷投放。帮助担保机构做大做强,增强再担保功能,探索建立全市联保机制。

(三)注重统筹协调,不断推动城乡一体化进程

坚持以工补农、以城带乡,破除城乡二元结构,促进先进生产要素向农村流动、基础设施向农村延伸、公共服务向农村覆盖、现代文明向农村传播,推进城乡经济社会一体化发展。健全城乡规划体制,加大城乡统筹力度。遵循保护资源、集约发展的原则,编制和完善建制镇总体规划、村庄规划。落实新一轮城市总体规划和苏州市主体功能区规划方案,制定分区规划、专项规划和重点地区控制性详细规划,做好城市设计和规划研究工作。加强规划管理,构建城乡一体、分工协作、职责明确的管理体系。严格规划执法,维护规划的严肃性、权威性、法定性。

优化农业结构和空间布局,高度重视农业科技进步,构建现代农业服务体系,加快农业现代化进程。引导土地承包经营权有序流转,推动农业规模化经营。建设现代农业示范区,发展高效设施和生态循环农业。拓展农业功能,壮大龙头企业,促进农业产加销一体化。加强农业标准化和农产品质量安全工作,推行清洁生产、健康养殖,扩大优质农产品生产规模,强化重大动植物疫病防控。稳定粮食种植面积,提高水稻种植机械化水平。完善粮食等重要农产品市场体系和储备体系,保障市场供应。深化城乡一体化综合配套改革,发展专业合作组织和经纪人队伍,提高农民持股、入社比例,增加农民收益。探索建立宅基地置换机制和土地资源增值收益共享机制,鼓励农户将集体土地承包经营权、宅基地及住房置换成股份合作社股权、城镇社会保障和城镇住房。扩大农村小额贷款组织试点,探索开展农村集体资产产权抵押信贷业务,拓宽政策性农业保险覆盖面,完善农业担保机制。帮助农民向非农产业转移,促进农民身份转换。鼓励发展村级集体经济,村级集体年收入增长10%以上。大幅度增加公共财政对农村的投入,加强农业基础设施建设,提高粮食最低收购价和农资综合直补、良种购买补贴、农机具购置补贴标准。探索建立永久性基本农田和生态保护补偿机制。坚持典型引路,高水准建设新农村示范村。

加大基础设施建设力度,增强城市承载能力。全力推进苏州火车站地区综合改造,完成北站屋主体工程,完善配套道路。加快轨道交通一号线施工,做好二号线开工前的准备工作。抓紧建设京沪高速铁路苏州段和沪宁城际铁路苏州段。建成常熟至昆山高速公路和苏州绕城高速公路至无锡环太湖公路连接线,建设锡张高速公路苏州段,改造338省道鹿苑至高峰段、224省道周市至任阳段、230省道吴江北段。继续加强农村公路、桥梁的建设和改造。实施市区北环快速路延伸工程,改造一批城市道路。以太仓港三期工程为重点,加快港口泊位建设。推进张家港复线船闸工程。建成苏州综合客运枢纽汽车站,重建苏州汽车客运北站。优化公交线网,推行公交智能化管理,市区新建换乘中心3个,新增、更新公交车400辆。增建农村客运站、候车亭,改善出行条件。新增人防工程50万平方米。迁建苏州军供站。整治城市道路及高速公路出入口市容环境,继续实施城市亮化工程。加强对市政设施、环境卫生、地

下管线的日常管护,查处车辆抛撒、偷倒垃圾、违法建设、乱涂乱贴以及不按规定停放车辆等行为,努力创造整洁、优美的城市环境。

(四)着眼可持续发展,切实保护环境和节约资源

采取扎实措施,严格防污治污。加强水污染防治,深化水源地环境治理,更加重视蓝藻监测预警和防控,确保饮用水安全。推进东太湖、阳澄湖和长江入江支流水环境综合整治,建设海洋泾引排工程,做好七浦塘、北河泾、永昌泾整治拓浚工程的前期准备工作。严格执行国家规定的太湖流域水污染物排放限值,组织实施国家水体污染控制与治理科技重大专项苏州项目。加快自来水厂提标改造,迁建横山水厂,扩建苏州高新区第二水厂。推进苏州福星、娄江、城东等污水处理厂升级改造,实施污泥集中处置试点工程。建成一批农村生活污水处理设施,沿太湖、阳澄湖地区农村生活污水处理率力争达到50%,其他地区达到30%。开展排污权交易和有偿使用试点,适时调整污水处理费收取标准。完成苏州七子山垃圾填埋场扩建一期工程和垃圾焚烧发电厂二期工程。集中收集处理农村生活垃圾,建立再生资源回收利用体系。扩大禁止燃用高污染燃料区,加快淘汰尾气排放低于欧Ⅲ标准的公交车。完善主要污染物总量减排的统计、监督、考核体系,建设减排项目,加强环境执法和污染源在线监控,确保达标排放。深入开展环保挂牌督办、重点区域环境整治、城区餐饮业环保示范街创建等专项行动,建立健全农村环境保护政策体系和长效机制,切实解决热点、难点环境问题。推进"数字环保",努力实现环境管理电子化、环境资源信息化、环境监察规范化。

坚持保护与建设并举,提升区域生态承载力。新建全国环境优美镇3个、省级生态村40个、绿色社区50个、绿色学校60所,苏州市基本达到国家生态市标准。实施三角咀生态公园二期、环古城风貌保护工程三期、胥江河与京杭大运河苏州段景观等绿化工程,及时推进苏州火车站地区和平江、沧浪、金阊新城的配套绿化,市区新增绿地500公顷。建成太湖湿地公园,建设太湖、阳澄湖、长江生态林和村庄绿化等工程,实施宕口复绿整治,农村新增林地绿地8000公顷,陆地森林覆盖率提高1.6个百分点。

高效利用资源,建设节约型社会。优化配置土地资源,建设用地优先供应重点工程、实事项目和现代服务业、高新技术产业项目,提高土地集约利用水平。建立基本农田长效保护机制,加大土地复垦整理力度。严格保护风景名胜、生态林地和山体资源。加强能源计量,对年综合耗能3000吨标准煤以上的投资项目进行节能评估和审查,对162家重点耗能企业开展能源审计,对1800台(套)用能设备实行节能监测。推广合同能源管理,实施重点节能项目100项,实现节能150万吨标准煤。建设国家级循环经济试点园区和清洁生产示范工程,新增一批资源综合利用企业、清洁生产审验合格企业以及循环经济试点企业。推行农业节水灌溉、工业企业节水技术改造,鼓励循环用水、中水回用。实施建筑节能示范工程,推广使用建筑节能新技术、新产品。

(五)繁荣文教事业,全面提升市民素质和城市品位

优先发展教育事业,不断提高教育现代化水平。深化素质教育,促进义务教育优质均衡发展、高中段教育协调发展。开展幼儿教育现代化区域评估,各县级市、区范围内省、市优质幼儿园比例达到80%,农村公办幼儿园及办学点标准化建设全部达标。迁建市实验小学和盲聋学校。抓紧建设苏州国际教育园北区。支持在苏高校发展,提高高等教育水平。加强职业教育基础能力建设,创建省级以上高水平示范学校3所、省三星级以上中职学校3所、省级技能型紧缺人才培养培训基地3个。发展社区教育和成人教育,新增2个国家级社区教育实验区,每个县级市、区建立一所现代化老年大学。构建教育公共服务平台,推进教育信息化。

建设文化苏州,打造文化名城。建成苏州美术馆新馆、文化馆新馆、名人馆的主体建筑以及平江区、沧浪区图书馆,建设苏州档案馆新馆和吴中区文体中心,完成苏州评弹学校迁建任务。所有镇、街道文化站和80%的行政村、社区综合文体活动设施达到规定标准,在每个行政村设立农家书屋。抓好新编昆剧《玉簪记》、滑稽戏《枕河人家》的演出推广和《海青天》等剧目书目的创作。确保太湖文化论坛首届年会圆满成功,办好第四届中国昆剧艺术节和第四届中国苏州评弹艺术节。加强对古典园林的修复和动态监管,修缮维护泰伯庙、昆剧传习所旧址等古建筑。积极参与京杭大运河申报世界文化遗产工作。完成第三次全国文物普查,申报第七批全国重点文物保护单位。切实保护非物质文化遗产,整理文化典籍。认真编纂新一轮《苏州市志》。

(六)实施富民工程,千方百计改善人民生活

促进充分就业,增加居民收入。落实就业再就业政策,将公益性岗位补贴扩大到农村居民。努力开发就业岗位,新增公益性岗位8000个,帮助3万名失业人员实现就业,90%的社区建成充分就业社区,80%的行政村建成充分就业村。积极开展就业援助,对城镇零就业家庭实行动态清零,帮助农村贫困家庭劳动力转移就业。免费培训城乡劳动者25万人,培训及鉴定高技能人才6000人。加强高校毕业生就业指导和服务,抓好退役军人就业培训。继续开展扩大失业保险基金支出范围试点,加大对就业困难群体免费职业培训、社会保险补贴、公益性岗位补贴的扶持力度。发展民营经济,支持创业致富。自主创业的被征地农民享受失业职工创业扶持政策。放宽小额担保贷款申请条件,提高贷款额度。健全企业职工工资正常增长机制,扩大工资集体协商覆盖面。开展企业工资支付执法检查,努力保证按时足额发放。

做好社会保障工作,改善群众生活条件。城镇职工养老、医疗、失业、工伤、生育五大社会保险覆盖面均超过98.5%,社会保险基金征缴率巩固在99%以上;农村劳动力社会养老保险参保率、农村老年居民养老补贴覆盖率分别超过97%和98%,新型农村合作医疗人均筹资300元以上。研究制定断保人员续保办法。加快将被征地农民纳入城镇社会保障体系。适时调整城乡居民最低生活保障标准,逐步缩小城乡救助标准差距。启动市社会福利中心项目,鼓励慈善捐助,做好社会救助和优抚安置工作。实行政策扶持,发展养老服务事业,新增养老床位2000张,完善街道(镇)居家养老服务中心和社区(村)居家养老服务站功能。落实残疾人就业保护政策,支持残疾人创业,开展残疾人托养服务,争创全国残疾人工作示范城市。加强住房保障,努力解决城镇低收入家庭住房困难,开工建设经济适用房25万平方米,组织供应廉租住房560套;对申请实物配租的低保家庭做到应保尽保,扩大住房公积金制度的覆盖面和受益面。对市区180条以上街巷和100万平方米以上老住宅小区进行综合整治,解危修缮危旧住房10万平

方米。

发展卫生、体育事业，加强人口和计划生育服务与管理。完善公共卫生服务体系，强化疾病防控和卫生监督。加强食品药品检测，实行分级分类管理和远程动态电子监控，保障市民饮食用药安全。基本完成市中医医院迁建工程，筹建市公共医疗中心，推进吴中人民医院、苏州高新区明基医院改造和建设，开工建设苏州大学附属第一医院平江分院，做好苏州大学附属儿童医院新院项目的前期准备工作。创建"平安医院"，构建和谐医患关系。优化社区卫生服务，创建省、市级社区卫生服务示范中心，推行双向转诊。实施农民健康工程，加强农村卫生人才队伍建设，提高农村卫生服务水平。开展第二轮老年居民免费健康体检，继续办好社区居民常用药品政府补贴和家庭健康护理等惠民事项，启动母婴阳光工程，实施医疗便民服务"一卡通"工程，为18周岁以下的听障人群免费配发助听器。抓好全国健康城市试点工作，提高市民健康素养。发展红十字人道事业，保持全国领先水平。健全人口和计划生育公共服务网络，强化流动人口计划生育异地协作管理，争创全省人口协调发展先进县(市)。实施人口出生缺陷干预新三年行动计划，构建0~3岁婴幼儿优育早教工作机制。认真贯彻计划生育利益导向政策，深入开展婚育新风进万家活动。加强人口发展研究，探索构建城乡一体统筹解决人口问题的新机制。建成市体育运动学校新校。充分利用城乡体育健身设施，广泛开展全民健身活动。积极备战第十一届全国运动会和江苏省第十七届运动会，办好重大体育赛事。

(七)加强精神文明和民主法治建设，促进社会稳定和谐

健全长效管理机制，巩固和扩大文明城市创建成果。坚持把社会主义核心价值体系融入精神文明建设全过程，深入开展社会公德、职业道德、家庭美德、个人品德教育和实践，倡导苏州城市精神，提高市民文明素质和社会文明程度。继续争创文明社区、文明行业、文明单位、文明镇村，着力推动新经济组织和新社会阶层的文明创建。开展优秀舞台艺术和数字电影进社区、进乡镇、进学校、进企业以及"欢乐社区行"等系列公益文化活动，为广大市民提供更多更好的精神食粮。加强未成年人思想道德建设，办好校外实践基地和社区公益性活动阵地。注重发挥新闻舆论的引导和监督作用，倡导文明和谐的社会风尚。加强理论研究，总结实践经验，繁荣发展哲学社会科学。鼓励广大科技工作者履行社会责任，提高全民科学素养。抓好江苏省诚信建设试点工作，提高政府公信力，完善企业和个人征信系统，打造诚信苏州。继续开展双拥模范城创建活动，进一步密切军政军民关系。深入实施妇女儿童发展规划，保持妇女儿童工作全省领先地位。

推进依法治市，扩大人民民主。加强基层法治创建工作，积极争创法治县(市、区)，加快建设法治苏州。开展"五五"普法，增强法治观念，培育法治文化。注重发挥法律援助中心和法律援助工作站的作用，支持发展律师业、公证业。完善重大行政决策社会公示、专家咨询、听证、合法性审查和集体决策等制度，在起草地方性法规、制定政府规章和规范性文件时，广泛听取各方面意见，提高决策透明度和公众参与度，保障人民的知情权、参与权、表达权、监督权。深化社区管理体制改革，创建全国和谐社区建设示范单位。提升村民自治水平，争创全国村民自治模范县(市、区)。优化公共治理结构，有序发展民间组织，逐步实现政府、企业与公民社会的良性互动。

建设平安苏州，确保社会安定和谐。落实维护稳定工作领导责任制，加强信息收集和研判，推进巡防机制建设，积极预防和妥善处理群体性事件。警惕和防范国内外敌对势力的渗透破坏活动，保障国家安全和社会安宁。开展系列平安创建活动和打黑除恶等专项斗争，依法严厉打击刑事犯罪行为。做好社区矫正和刑释解教人员安置帮教工作，降低重新违法犯罪率。认真抓好信访工作，创新方式方法，严格执行督查制度，集中力量解决重点、难点信访问题。加强人民调解，调处矛盾纠纷，最大限度地把矛盾化解在基层、消除在萌芽状态。依法管理民族宗教事务，发挥其在促进经济发展、社会和谐中的积极作用。贯彻安全第一、预防为主、综合治理的方针，进一步落实企业主体责任，督促企业完善隐患自查自纠制度，继续挂牌整改重大隐患，对重点行业、重点领域进行专项整治，积极探索中小企业安全监管新途径，严厉惩治安全生产违法行为，严肃追究安全事故责任。坚持预防为主、防消结合，构建政府领导、部门监管、单位负责、群众参与的消防工作格局，预防和减少火灾事故发生。切实加强组织领导，建立健全预防预警、应对处置和应急保障三大体系，有效防控和应对重大突发事件，及时化解各类公共危机。毫不松懈地抓好市场监管，维护市场秩序。健全国防动员体制，重视国防后备力量建设，高标准建好预备役部队和民兵应急分队。

(八)强化政府自身建设，营造高效廉洁的政务环境

严格依法行政，切实按照法定权限和法定程序行使权力、履行职责。重点研究、起草和制定社会管理、民生保障、节约型社会建设等方面的地方性法规及政府规章；加强立法评估，科学评价立法效果。认真执行规范性文件审查、备案和定期清理、定期通报制度。不折不扣地落实行政执法责任制，针对群众关注的重点领域开展执法检查，推行行政处罚网上公开，努力做到公正、高效、廉洁执法。各级政府和工作人员要自觉接受人民代表大会及其常委会的监督，接受人民政协的监督，接受司法机关的监督，接受新闻舆论和社会公众的监督，认真听取民主党派、工商联、无党派人士、各人民团体的意见，不断改进政府工作。

深化行政管理体制改革，促进政府规范、协调、高效运转。按照上级部署，实施地方政府机构改革。改进机构编制管理方式，实现长效动态管理和实名制管理。继续清理行政审批项目。改革与发展行业协会，做好部分政府职能向行业协会转移、政府购买行业协会服务等工作。强化政务督查和效能监察，推行以绩效为导向的政府工作目标管理。抓住我市开展国家电子政务试点的机遇，深化应用、强化共享，提升电子政务建设水准。加强公务员教育、培训和管理，提高思想素质和业务能力。

加大为基层和企业服务的力度，团结一致共克时艰。把促进经济增长的各项政策措施落实到基层、落实到企业，做到早到位、早见效。建立健全为企业服务的机制，帮助企业出主意、想办法，合力攻坚，破解难题。认真清理行政事业性收费，坚决查处乱收费、乱摊派、乱罚款行为，切实减轻企业负担。严格执行服务承诺制、限时办结制和行政问责制，改进工作流程，提高行政效能。加强市行政服务中心建设，进一步集中办理行政审批事项，提高行政许可职能归并率、项目到位率、人员到位率、审批授权率；构建覆盖全市两级行政服务中心和各职能部门的审批网络，优化"一站式"、"一条龙"服务。扩大市便民服务中心覆盖范围，及时为群众提供便捷贴心服务。各级领导干部

要深入实际、深入基层、深入群众,认真开展调查研究,做到问政于民、问需于民、问计于民,努力使发展思路、工作部署、政策措施更加符合客观实际和群众意愿。

坚持反腐倡廉,建设勤俭廉洁、公开透明的政府。以排查廉政风险、健全防控机制为着力点,完善惩治和预防腐败体系,坚决查处行政不作为、乱作为行为,切实纠正损害人民利益的不正之风。严格规范政府投资、政府采购、国库支付、建设工程招投标、土地使用权交易等行为。加强行政监督,重点督查财政资金使用、公共工程、实事项目、抗震救灾款物及援建工程建设等情况。牢固树立艰苦奋斗、过紧日子的思想,杜绝铺张浪费,防范奢侈之风。节约政府开支,优化支出结构,提高财政资金运行效率和使用效益,做到公务购车用车、会议、公务接待和机关工作人员出国出境经费支出零增长,将有限的财力更多地投向社会民生事业。强化对政府性资金和投资项目的审计监督,推进联网审计、绩效审计,扩大审计结果公告范围,落实审计整改措施。深化政务公开,改进和加强政府新闻发布工作。深入开展纳税人评议政风行风活动,完善行政权力网上公开透明运行机制。

今年的任务异常艰巨,需要付出更为艰辛的努力。让我们紧密团结在以胡锦涛同志为总书记的党中央周围,在中共苏州市委的正确领导下,以更加振奋的精神、更加昂扬的斗志,同心同德、迎难而上、锐意进取、扎实工作,为推动我市经济社会又好又快发展、巩固和扩大小康社会建设成果、率先基本实现现代化而努力奋斗!(在苏州市十四届人大二次会议上)

政府工作报告

2009 年 1 月 16 日

无锡市市长　毛小平

2008 年工作回顾

刚刚过去的2008年，是极不平凡的一年。在中共无锡市委的领导下，市政府以科学发展观为统领，紧紧依靠全市人民，积极应对多重考验，胜利完成了市十四届人大一次会议确定的目标任务。预计，实现地区生产总值4400亿元以上，同比增长13%左右；财政总收入909.2亿元，增长28.6%，其中一般预算收入365.4亿元，同口径增长21.6%；城市居民人均可支配收入、农民人均纯收入分别增长13%和11.5%；全市金融机构各项本外币存贷款余额分别为5483.9亿元和3842.9亿元；城镇登记失业率3.12%；居民消费价格涨幅5.1%；万元地区生产总值能耗下降4.5%，主要污染物化学需氧量和二氧化硫排放总量在2005年基础上均累计削减12%以上，各项工作取得了新的进步。

(一)加快结构调整，国民经济保持平稳增长

增长动力更趋合理。预计，全社会固定资产投资完成1877亿元，增长12.1%。市场体系日趋完善，消费需求较为旺盛，新增外资大型商场10家，完成农贸市场商场化改造12家。预计，完成社会消费品零售总额1391.5亿元，增长22.6%；商品市场成交额2420亿元。对外贸易继续扩大，预计，实现进出口总额560.4亿美元，增长9.5%；其中出口总额357.9亿美元，增长22%，高新技术产品出口份额提高到47%。经济结构继续优化。积极提升制造业层次，扩大服务业规模，提高农业现代化水平。按国家新标准认定高新技术企业246家，高新技术产业增加值占规模以上工业增加值比重提高到41.5%。软件及服务外包、休闲旅游、动漫创意、现代传媒等产业成为新增长点，预计服务业增加值占地区生产总值的41%。建成规模以上现代农业园区118个，锡山现代农业示范区基本建成。产业竞争力明显增强。大规模集成电路产业制造技术和能力达到国内城市第一。"质量与知识产权立市"战略全面实施，建成全国首个省级卓越绩效管理孵化基地，一汽锡柴荣获首个"市长质量奖"，无锡拥有的"全国标准化专业技术委员会"数量列国内城市之首，专利授权量超过5000件，新增中国驰名商标19件。无锡高新区成为全国首批海外高层次人才创新创业基地之一。预计全社会研发费用占地区生产总值比重达2.1%。

(二)深化改革开放，发展动力进一步增强

利用外资水平稳步提升。加速壮大优势产业集群，大力建设国家服务外包示范区，全力推进"123"计划，利用外资规模和质量继续攀升。预计，完成到位注册外资31.6亿美元，增长14%，其中高新技术产业和服务业利用外资占比分别提高到50%和22%；引进独立研发中心13家。经济改革纵深推进。优化国有经济布局，推进国有资本向高新技术、地方金融、基础设施和公共服务领域集聚，国有经济整体实力增强。民营经济日益壮大，预计从业人员总数超过165万人，增加值占地区生产总值比重提高到60.7%。加快土地流转创新试验，开展富民合作，组建村级集体经济股份合作社380家、土地股份合作社303家、专业合作经济组织361家。新韩银行、民生银行等4家境内外银行落户无锡，农村小额贷款公司正式运营。行政改革力度加大。取消和停止征收行政事业性收费和政府性基金101项，减轻社会负担5亿元左右。扩大参与式预算改革实施范围，扩大政府采购范围与规模。推动城市管理重心下移，基本实现区级城管机构、人员、经费三到位。深化社会事业改革，进一步完善体制机制。市区市政、环卫养护作业全面实行市场化运作。无锡被评为"中国改革优秀城市"，江阴被确定为全国改革开放三十年18个典型地区之一。

(三)统筹城乡发展，城市现代化加速推进

城乡空间布局更为优化。实施城乡一体化规划，深化城镇空间体系、区域路网、功能性载体、教文卫体设施布局等规划编制。太湖新城建设全面展开，太湖国际科技园、科教产业园等重点园区初显雏形，老城区重点片区改造加快推进。基础设施功能继续完善。全面启动第三轮"城市建设三年行动纲要"建设任务，积极提升中心城市综合功能。继续加快市区重点道桥建设，全长29.3公里的快速内环全线贯通，凤翔北路、惠钱路、中南路等新改建道路竣工通车，市区新增城市道路73公里。城市快速轨道交通近期建设规划获批，京沪高速铁路和沪宁城际铁路无锡段全面开工建设。229省道江阴段等85公里国省干线完成高标准改造，沪宁高速公路无锡机场互通、锡苏高速公路无锡段相继建成，苏南运河航道升级改造工程全面开工。预计，全市港口完成货物吞吐量1.5亿吨，集装箱运量52万标箱，江阴港被列为大陆首批两岸直航港口之一。无锡机场被批准为国家一类口岸并正式对外开放，全年进出港旅客超过164万人次，货邮吞吐量近4万吨。加强电网建设与改造，建成35千伏及以上变电容量519万千伏安。总投资30亿元的市区长江引水工程竣工投用，双水源供水格局基本形成，自来水水质提前达到国家生活饮用水新标准。农村五件实事全面完成。新建农村道路131公里，修缮农村危桥265座；建成村级"为农服务社"171个，其中农村社区服务中心54家；建成村(居)委健身点620个，6个乡镇文化站实现达标建设；完成村庄环境整治365个，15个镇成为现代化新农村示范镇，农村面貌显著改善。

(四)坚持环保优先，生态环境稳定趋好

太湖水污染防治强力推进。围绕"十一五"太湖治理目标，落实控源截污、蓝藻打捞、调水清淤、生态修复等各项措施，太湖无锡水域水质得到改善。23条入湖河道的170个排污口全部封堵。市区4568家单位全面截污，全市开发开放园区所有工业和生活污水全部接管处理，市区新增污水管网1362.4公里。列入省目标考核的54家污水处理厂提标改造工作基本完成，市区城镇生活污水处理率达到85%以上。贡湖水源地

完成清淤111万立方米,县乡河道疏浚清淤993万立方米,村庄河塘疏浚清淤1310万立方米,打捞蓝藻50万吨。节能减排成效明显。严格落实重点地区、重点行业、重点企业能耗管理和污染治理措施,严格落实工程减排、结构减排、监管减排措施,累计关停"五小"、"三高两低"企业1421家,关停并转沿湖企业53家。加大执法力度,共有80家违法企业作出公开道歉和承诺。无锡成为国家节水型城市。生态建设稳步开展。预计,全市植树造林6900公顷,森林覆盖率提高到22.3%;市区新增城市绿地712万平方米,建成区绿化覆盖率达43%,全长38公里蠡湖环湖绿带全面建成。完成土地复垦整理5546公顷,新增耕地1264公顷,完成矿山坡面复绿40万平方米。城市环境空气质量良好以上天数达343天。预计环境质量综合指数达到83.6。

(五)发展社会事业,城乡文明程度明显提升

各类教育统筹发展。落实义务教育免收学杂费政策,各级财政共投入9737万元,免费发放教科书1476万余册,惠及学生48万多人。实施中等职业学校国家助学金制度,市级发放助学金9055万元,惠及职业学校学生近6万人。全市26所"公有民办"学校全部依法依规改制到位。105所村办幼儿园完成达标改造,各级财政投入资金5155万元。藕塘职教园区启动区基本建成,6所院校入驻。北大软件与微电子学院无锡产学研合作教育基地投用。卫生事业不断进步。优化医疗卫生资源配置,完善社区卫生服务体系,市级财政安排专项资金1亿元,全面完成了城区23个社区卫生服务中心规范化建设。开展社区卫生惠民服务,减免社区就诊费用2684.4万元。资助6.8万名农村困难人员免费参加新型农村合作医疗,农村居民参保率提高到99.8%,人均筹资256元。市残疾人康复中心正式投用。健康城市创建全面启动,新增国家卫生镇9个、省卫生镇3个。文化名城活力焕发。阖闾城遗址保护性考古发掘圆满完成,惠山古街核心区一期完成修复,清名桥街区一期主体工程基本竣工。无锡博物院、鸿山遗址博物馆、灵山胜境三期、何振梁与奥林匹克陈列馆等建成开放。宜兴成为省级历史文化名城。群众性文化体育活动精彩纷呈,无锡籍运动员参加北京残奥会获金牌2枚。扩大对外交往,新增国际友城6个。建立健全人口管理服务体系,稳定优生优育水平,提高人口素质。对持独生子女父母光荣证退休的企业人员兑现奖励政策,发放一次性奖励金2.7亿元。

(六)实施民生工程,人民生活水平不断提高

居民收入稳步增长。积极拓展社会就业,安排促进就业和再就业资金5000万元,预计城镇新增就业11.8万人。市区企业退休人员养老金人均月增资124元,城镇老年居民养老补贴人均增加30元。预计,城市居民人均可支配收入、农民人均纯收入分别达23605元、11180元。社会保障不断完善。企业养老、基本医疗、失业等社会保险参保人数分别增加41.4万人、21.9万人、19.2万人。完善城镇居民医疗保险制度和职工医疗保险政策,扩大财政补助范围和标准。城市低保标准提高到月人均350元,农村低保标准低限提高到月人均220元,发放低保金1.5亿元。实行困难群众临时生活救助制度,向1.5万多户城镇低保户和社会困难户发放慈善物资,对6547名无业重残人员实施生活救助,为12575位90周岁以上高龄老人发放"尊老金"。生活条件持续改善。有效落实临时价格干预措施,全力保障粮油等生活必需品的市场供应和稳定。加强食品药品安全监管,全市食品药品检测合格率97.3%。完善住房保障体系,市区2708户家庭享受廉租住房保障,经济适用房竣工交付5700套。完成老新村整治及老住宅特修61.2万平方米,危旧房改造63万平方米。积极引导居民住房消费,房地产市场保持稳定。落实公交优先战略,简化市区公交票制,实行换乘优惠,34条线路降低票价,开通快速环路公交试验线,各类公交卡在市区162条公交线路上实现了全覆盖,初步形成城乡公交一体化发展格局。全年市级财政投入达到2.2亿元,公交高峰日运量突破百万人次,城市公共交通分担率提高2个百分点。

2008年是本届政府开局之年,市政府着力加强自身建设,全面履行各项职能,认真贯彻市人大及其常委会的各项决议,扎实办理人大代表的建议、批评、意见和政协委员的提案及建议案。大力加强民主法制建设,严格依法行政。认真贯彻《政府信息公开条例》,建立健全政府信息公开机制。做好第二次全国经济普查工作。强化应急体系建设,有效应对雪灾等突发公共事件。开展"五五"普法教育,推进平安无锡、法治无锡建设。畅通信访渠道,努力帮助群众排忧解难。加强安全生产监管,各类安全事故起数和死亡人数连续7年实现"双下降"。农机、审计、史志、档案、侨务、对台、人武、人防、双拥、民族宗教、气象、防震减灾、无线电管理等工作取得新成绩,妇女、儿童、老龄、残疾人等事业有了新发展。

去年,我国汶川等地遭遇了历史罕见的特大地震灾害。在中央和省统一部署下,我市圆满完成了抗震救灾各项任务。全市募集捐款3.7亿元,接收175名伤员来锡治疗,帮助1930名学生来锡就读,为灾区建成活动板房1400多套,汉旺、天池和清平等乡镇的灾后援建工作已全面展开,这充分体现了全市上下万众一心、和衷共济的强大凝聚力!

过去一年,在迈向现代化的道路上,无锡取得了新的进步,常住人口人均地区生产总值突破1万美元,获得了"科学发展优秀城市"、"中国最具幸福感城市"等荣誉,城市影响力和美誉度进一步增强。这些成绩来之不易,凝聚着全市人民的智慧和辛劳。在此,我代表无锡市人民政府,向在各个领域和岗位上辛勤劳动、无私奉献的全体市民,向给予政府工作积极支持的人大代表和政协委员,向各民主党派、工商联、各人民团体和各界人士,向中央及省在锡单位,向驻锡人民解放军、武警官兵和公安干警,向所有参与、支持和关心无锡建设和发展的海内外朋友,表示崇高的敬意和由衷的感谢!

我们也清醒地看到,无锡的发展还面临许多亟须克服的困难和解决的矛盾:经济结构战略性调整任务依然艰巨,先进制造业和高端服务业发展需要进一步加快;城市现代化建设和城乡一体化发展面临许多新的课题,城市规划、建设和管理需要进一步加强;资源节约和环境保护是一项长期而艰巨的系统工程,节能减排工作需要进一步推进;社会事业发展相对滞后,政府公共服务能力需要进一步增强,等等。此外,政府工作中还存在一些不足和薄弱环节,政风建设还要不断加强。这些问题必须高度重视,在今后工作中切实加以解决。

2009年政府工作目标与总体要求

今年是建国六十周年,做好今年工作意义重大。当前,国内外经济环境发生了重大变化,我市经济增速放缓,部分企业经营困难,工业生产、外贸出口、消费需求的增长都呈回落态势,面临的不确定因素和困难增多。但应该看到,无锡已步入

工业化后期和城市现代化建设的关键时期,消费升级和技术创新所激发的内部需求和内生动力依然旺盛,经济发展的基本态势没有逆转,仍有较好基础、较强活力和较大潜力。经过多年发展与调整,无锡具备较好的产业基础,有一大批具有较强核心竞争力的优势企业,经济结构也更趋合理,具备了抵御风险的能力。国内消费市场拓展空间广阔,投资增长和资本市场发展潜力巨大,中央和省对保增长、促转型采取了坚决有力的措施,我们要牢牢把握扩大内需政策带来的新机遇,努力构建新的竞争优势。抓住投资消费全面拉动的契机,积极发展商贸、物流、商务等服务业,促进现代服务业高端提升。抓住增值税转型、银根宽松和各种扶持政策聚焦的契机,推动企业加快技术改造、加强自主创新、淘汰落后产能,促进制造业转型升级。抓住国际大公司加速转移非核心业务的契机,大力引进服务外包产业、高新技术产业及其销售、研发中心,加快高端产业和人才集聚。抓住货币政策宽松、重大投资项目集中审批的契机,加快基础设施、生态环境、社会事业及新农村建设等一批重大项目建设,提升城市发展水平。总之,我们要正确认识所处的环境和形势,坚定发展信心,增强发展本领,落实发展举措,努力在应对挑战中把握机遇,在开拓进取中增创优势,继续走在改革发展的前列。

2009年政府工作的总体要求是:深入贯彻落实科学发展观,坚持以经济建设为中心,按照中央和省的决策部署,把保持经济稳定较快增长、推动结构调整和发展方式转变相结合,把扩大有效投资、积极拉动消费和改善民生相结合,深化改革开放增强经济社会发展活力和动力,加强社会建设加快解决涉及群众利益的热点难点问题,构筑无锡科学发展新优势,促进经济社会又好又快发展。

综合考虑各方面因素,2009年经济社会发展的主要预期目标是:地区生产总值增长11%;地方财政一般预算收入同口径增长11%;社会消费品零售总额增长16%;全社会固定资产投资增长20%;万元地区生产总值能耗降低4.5%,主要污染物排放量在2005年基础上累计削减16%,环境质量综合指数稳定达到85;城市居民人均可支配收入增长10%,农民人均纯收入增长10%;城镇登记失业率控制在3.8%以内;居民消费价格指数控制在省定范围以内。

实现发展目标,需要在"保增长、促转型、重统筹、惠民生"上下更大功夫。

——保增长,就是要全面优化经济增长动力结构。有效提高投资效率,加大政府性投资强度,大力支持企业发展,激发社会投资积极性。有效扩大消费需求,提升居民消费意愿和消费能力,增强消费需求对经济增长的拉动作用。有效调整出口产品结构,转变外贸增长方式,稳定出口形势。

——促转型,就是要全面推进城市现代化建设。坚持改革开放正确方向,着力完善科学发展的体制机制保障。坚持产业高端化发展导向,推动科技创新创业,提升企业自主创新能力和产业核心竞争力。坚持环保优先方针,进一步加大节能减排力度,推进生态文明建设,努力实现重点发展向优化发展的全面跨越。

——重统筹,就是要全面增强经济社会发展协调性。突出人口资源环境相协调,建设资源节约型、环境友好型城市。突出城乡相协调,构建城乡平等统一的制度框架和政策体系。突出改革发展稳定相协调,促进社会和谐,全面推进区域现代化进程。

——惠民生,就是要让群众共享改革发展成果。进一步落实积极的就业政策,千方百计增加城乡居民收入,安排好困难群众的生产生活。进一步加大财政保障力度,着力解决居住、出行、教育、医疗等涉及群众切身利益的现实问题,促进市民安居乐业。进一步完善社会保险、社会福利、社会救助体系,努力为市民提供均等化的公共服务、共享化的社会保障。

2009年政府工作主要任务

(一)更加注重扩大内需,全力以赴保增长促发展

坚持把扩大内需作为促进经济增长的着力点,全力落实中央、省、市扩大内需的各项措施,积极推动消费,努力扩大投资,实现又好又快发展。扩大消费需求。充分利用多年来我市城乡居民收入增长较快的有利条件,制订鼓励消费的政策,扩大消费市场,增强"以消费扩内需"的传导效应,培育新的消费热点。进一步改善政策环境与市场环境,大力鼓励居民自住型、改善型住房消费,保持房地产市场平稳健康发展。大力发展社区商业、农村商业、家政服务业,鼓励大型商贸连锁企业发展农村网点,新建放心连锁农家店150家以上。积极开发旅游、休闲、文化、健身等产业,促进消费结构加快升级。推动专业市场做大做强,抓好粮食科技物流中心等项目建设。加大投资力度。在优化结构的前提下扩大投资规模,发挥政府性投资引导作用,坚定企业投资信心,开工建设一批重大产业项目、基础设施和生态环境建设项目、民生工程项目。积极推进远景能源、开普动力、西格玛生化等先进制造业项目,全面开工建设火车站北广场综合交通枢纽、西水东中央生活区、崇安寺二期等城市综合体项目,加快太湖新城污水处理厂二期、锡东垃圾焚烧发电厂、500千伏江阴变等公用设施建设。做好对口援建四川灾区工作。提高服务水平。加强重点地区、重点行业、重点企业的运行监测,抓好生产要素组织,有效调节经济运行。完善土地供应政策,优先安排重大项目用地。取消和停止征收行政事业性收费140项,减轻企业负担。健全企业联系和服务制度,重点关注骨干企业和成长型中小企业,加大困难企业帮扶力度。鼓励金融机构加大信贷支持,完善金融服务,贷款规模增幅超全省平均水平。

(二)加快创新创业步伐,构建现代产业体系

统筹推进产业结构的调整和升级,提高自主创新能力,培育壮大特色优势产业,不断增强产业竞争力。完善产业规划。处理好新兴产业发展和传统产业改造的关系,科学制订现代产业体系总体规划和重点产业发展规划,引导传统优势产业加快提升,推动现代服务业、高新技术产业和先进制造业加快发展。推进产业集聚、企业集中,加快企业"退城进园",努力形成资源配置合理、行业相对集中、分工合作有序的生产力布局。强化自主创新能力。积极开展科技创业促进年活动,发挥企业创新主体作用,完善创新环境,集聚创新资源,深入推进政产学研合作,促进科技成果加快转化为现实生产力。加快实施品牌与技术标准战略,建成"全国质量兴市先进市"。健全创新服务体系,设立专项资金,全力扶持重点研发机构、公共技术服务平台和企业技术中心建设,加快推进工业设计园等十大重点载体建设。加强创新人才队伍建设,继续实施"530"计划,积极发挥海内外科技创业领军人才作用。全社会研发费用占地区生产总值比重达到2.3%左右。突破重大产业项目。加快集成电路、新能源和生物医药等创新先导产业和新兴支柱

产业发展,大力扶持软件和服务外包、现代物流、现代商贸和文化创意产业,建设一批农业标准化示范区,扶持一批竞争优势强、带动作用大的农业产业化项目,加快产业转型升级。高新技术产业增加值占规模以上工业增加值比重提高到43%以上。

(三)坚持改革开放基本方针,争创体制机制新优势

坚持社会主义市场经济的改革方向,全面推进《深化改革创新体制行动纲要》所确定的33项改革任务,激发经济社会发展的动力和活力。深化重点领域改革。继续优化国有经济布局和结构,推进国有企业改革发展,提高国有经济整体素质。发展农村三大合作,鼓励农村土地承包经营权以转包、出租、置换、入股等方式流转,帮助集体经济组织和农民增加收入。加快财税管理体制改革,加强预算和非税收入管理,优化财政支出结构。探索排污许可证有偿使用和交易制度,建立健全排污权交易平台和区域环境资源补偿机制。推进行政管理创新。完善社会事业管理体制,深化事业单位改革。建立健全市、市(县)区和乡镇(街道)三级行政服务体系,优化政务环境。创新城市管理模式,赋予乡镇(街道)及社区城市管理职能,将城市管理工作落实到基层。提升对外开放水平。加大利用外资力度,开展服务外包促进年活动,增创产业优势和发展特色。新增注册外资3000万美元以上重大项目30个,其中超亿美元项目3个以上;新增"123"计划服务外包企业20家。综合运用多种政策措施,稳定外贸发展形势,优化出口产品结构,巩固传统市场,开辟新兴市场。进出口贸易总额力争实现增长。积极引导境外投资,继续鼓励和支持企业"走出去"。加快开发区转型升级和优化发展,壮大产业集群,培育新的增长极。

(四)加大城乡建设力度,提升城市现代化水平

加快建设区域性中心城市,全面提升城乡基础设施承载能力和生态环境质量,推进城市现代化进程。加强基础设施和功能载体建设。加速太湖新城建设,基本建成骨架路网,完成一批公共设施项目建设;加快蠡湖新城"三集中",完善蠡湖景区功能;全面启动锡东新城开发。推进京沪高速铁路无锡站和沪宁城际铁路无锡站、惠山站、新区站建设工程,开工建设城市快速轨道交通1号线。继续加大重点道桥建设力度,市区新增城市道路100公里以上,基本完成国省干线公路改造。进一步扩大口岸开放,完成无锡机场跑道改造和货运仓库建设,开拓国际航线3条左右。启动宜兴西氿、江阴第二水源等应急备用水源建设,确保城乡安全供水。狠抓环境综合整治。加强重点单位、重点领域节能减排工作,发展循环经济。推进管网全覆盖、污水全处理和垃圾机械化收集处理等环境工程建设。全面实施主要入湖河道及城区河道综合整治、引排通道建设等"太湖治理十大工程",改善主要入湖河道水质,确保国控、省控断面水质稳定达标,实现主要污染物入湖总量下降、太湖富营养化程度下降。加快城乡生态建设。实施梅梁湖、竺山湖水域清淤,继续开展新一轮农村河道清淤。完成贡湖湾、尚贤河一期、长广溪二期等湿地建设,建成市区环太湖生态景观林带。严格保护耕地,大力推进"万顷良田"建设工程和宅基地置换整理。继续推进"绿色无锡"建设,全市造林4600公顷以上,市区新增公共绿地600万平方米以上,力争建成"国家森林城市"和"全国最佳人居环境城市"。

(五)建立健全制度安排,加快城乡一体化进程

统筹城乡发展,完善制度安排和政策体系,破除城乡二元结构,重点实施"十大强农惠农工程",逐步实现社会保障和公共服务均等共享。推进城乡就业一体化。健全就业政策和就业管理服务体系,落实各项优惠扶持政策。加大就业补贴力度,对享受社会保险补贴的企业提高补贴标准,千方百计稳定和扩大社会就业。优化创业环境,加大创业培训和职业培训支持力度。构建和谐劳动关系,做好大学毕业生、下岗失业人员、城镇"零就业家庭"、农村低收入家庭等的就业援助帮扶工作。全年城镇新增就业8万人。推进城乡保障一体化。加快各层次社会养老保险制度的并轨和转换,逐步推进城镇居民医疗保险和新型农村合作医疗保险并轨。全市企业养老保险扩面10万人,基本医疗、失业、工伤等社会保险各扩面4万人。继续推进农民工、非公有制经济及城镇灵活就业人员、农村各类企业职工参加社会保险,农村养老保障综合覆盖率达到92%以上。继续提高企业退休人员基本养老金。完善最低生活保障制度,提高锡山区、惠山区农村低保水平,市区低保标准逐步实现城乡统一。健全社会救助体系,完善医疗救助结报制度。推进城乡公共服务一体化。加快社区事务工作站建设,农村社区服务中心建设率达70%,公共体育设施配建率达100%。建设一批示范性养老机构,养老福利床位新增1000张以上,居家养老机构实现城乡全覆盖。进一步推进市区城乡公交一体化,统一公交票制,调整优化公交线网,开通跨区域公交线路,延长营运里程及时间,加快公交智能化建设,切实提高公交运行、服务和监管水平。

(六)加强社会建设,改善居民生活质量

坚持以人为本,加快社会事业发展,全力办好26项为民办实事项目,不断提高居民生活水平。建设文明无锡。广泛开展群众性精神文明创建活动,加强公民道德建设,加强科普和法治教育,提升市民文明素质。全面推进历史街区和历史文化名镇、名村保护性修复,加快江阴、宜兴国家历史文化名城创建步伐。完善公共文化设施,加快建设无锡大剧院、报业大厦等工程,建成功能完备的盲人图书馆。培育具有活力和竞争力的文化发展主体。全力办好第二届世界佛教论坛和市第十届运动会。建设教育强市。构建全民教育体系,加快建设全民学习、终身学习的学习型社会。完善义务教育投入保障机制,发展学前教育,关心特殊教育,推动高等教育和职业教育水平提升。加快教育资源整合和布局调整,建成青山高中、辅仁高中、公益职校新校区,完成聋哑学校改造搬迁。鼓励和规范民办教育发展,深化教育国际交流合作。建设健康城市。坚持公共医疗卫生公益性质,加大财政保障力度,完善社区卫生服务网络,健全公共卫生服务体系。深化公立医院改革,提升医疗技术服务水平,鼓励社会力量依法兴办医疗服务机构。加快市中医院、二院、三院、妇幼保健院等新改扩建。推进人口和计划生育服务体系建设,提高出生人口素质,完善人口服务管理机制。健全全民健身服务体系,实施体育基本现代化试点工作。建设和谐无锡。加快保障性安居工程建设,为2800户以上家庭提供廉租住房保障,解决家庭住房面积16平方米以下低保家庭的住房困难。加快城区危旧房和城中村改造,完成规模化老新村整治80万平方米。强化食品药品监管,市区建立肉食品屠宰、批发和销售全过程监管体系,保障群众生活安全。坚持安全发展,落实企业安全生产主体责任。加强应急管理,健全社会预警机制、突发公共事件应急机制和社会动员机制。加强国防后备力量建设,做好双拥工作。积极防范、妥善处置各类不稳定因素,有效化解社会矛盾。完善大调解机制,健全大防控体系,

努力保持社会安定有序,增进社会和谐。

(七)提高行政效能,建设服务型政府

保持奋发有为的精神状态,以转变政府职能为核心,以提高行政效能为重点,全面加强政府自身建设。严格依法行政。依照法定权限和程序行使权力、履行职责,依法管理经济社会事务。自觉接受人大法律监督、工作监督和政协民主监督,坚持重大事项向人大报告和向政协通报制度。落实行政执法责任制,加强行政复议、行政监察和执法监督,规范政府行政行为。不断完善社情民意反应机制,推进政务公开,健全政府信息发布制度,提高政府工作透明度。强化制度保障。完善重大事项专家咨询、社会听证、社会公示制度,进一步构建科学民主决策机制。健全政府工作绩效评估制度,科学制订评价和考核体系。强化行政问责制,狠抓任务落实,切实增强政府执行力。加强作风建设。继续推进机关效能建设,提高工作效率和服务质量,降低行政成本。深化学习实践科学发展观试点活动,加强公务员教育、培训、管理,努力建设一支政治坚定、业务精湛、作风优良、清正廉洁的高素质公务员队伍。

无锡现代化建设的任务繁重而艰巨,前景美好而光明!让我们紧密团结在以胡锦涛同志为总书记的党中央周围,在中共无锡市委领导下,全面落实科学发展观,聚精会神搞建设,一心一意谋发展,为率先基本实现现代化而努力奋斗!

(在无锡市第十四届人民代表大会第二次会议上)

泰州边防检查站

自2006年5月建站以来,泰州边防检查站在市委、市政府的正确领导下,以服务驻地经济发展为已任,主动融入地方改革开放大局,认真履行职责,部队建设和边检工作实现了又好又快发展。连续三年被评为“口岸先进单位”,有2个基层单位被命名为“青年文明号”、1个基层单位被命名为省级“青年文明号”。今年,又被市委政府表彰为文明单位。各项工作赢得了上级党委、地方党委政府、社会各界和人民群众的认可和好评。

——软硬并举营造平安口岸环境。紧紧围绕市政府创建“平安泰州”的整体部署,泰州边防检查站立足岗位实际,全面推进提高边检服务水平活动,多管齐下营造平安和谐的的口岸环境。以优雅言行、优良秩序、优质服务、优美环境为目标,加强自身建设,树立良好形象。统一制作更新了边检标志,不断亮化硬件设施。积极完善老港区和新开放码头监控系统建设,按规范建设覆盖执勤现场和营区重要部位的监控系统、350M短波通讯网等设施,并着力将科技转化为服务发展的站斗力,不断促进口岸竞争实力的提升。深入开展服务定式养成活动,邀请地方专家为官兵进行“服务礼仪”培训,通过录像倒查、现场监督、服务竞赛、情景模式、参观地方示范岗等方法,全面提高官兵的文明素质和“镜头意识”,使执勤执法更具人性化和亲和力。

——深挖潜力夯实执勤执法基础。泰州边防检查站精心编印下发《执勤执法规范化文件汇编》,不断细化执勤执法操作规程,执勤执法工作实现了流程清晰化、权责明晰化、队伍专业化、考评经常化、监督动态化。积极推行后勤保障社会化、科队联勤、驻点上勤、边检警务室、加班延时服务、“边检辅导员进企业”等一系列改革举措,根据口岸发展实际,筹建泰兴执勤点,最大限度盘活警力资源,将警力沉到一线。严格落实船情风险评估、巡查巡视、分级监护、警民联防等制度,主动与口岸联检部门、公安机关等加强信息互通和联动协作,开展模拟演练,维护口岸安全稳定。大力开展岗位练兵活动,举办服务礼仪、业务理论和专业技能、外语等培训班,队伍的综合素质和能力得到大幅提升。

——真心实意服务地方经济建设。泰州边检查站以服务地方经济为第一要务,积极推出网上预检、全天候免费办理手续、限时服务、绿色通道等便民新举措,最大限度地为码头企业创造一流的通关环境。主动将执勤用车改装成集宣传、办证、防范、处突、办案、受诉、救助七大功能于一体的综合性“便民服务直通车”,为服务对象提供流动服务,成为我市口岸服务的新品牌。年初以年,我们针对泰州口岸开放势头比较迅猛的实际,提前介入,主动作为,先后协助海企、三木、盈利国际等多家企业顺利通过对外开放的边检验收,为企业发展赢得了时间,赢得了口岸企业的肯定与好评。

——主动作为推进警地和谐发展。泰州边防检查站从“营造工作氛围、维护平安稳定、服务企业发展、促进警民和谐”出发,开展大走访活动,建立定点挂钩、服务宣传、工作例会、普遍走访和重点走访等制度,年初以来共走访党委政府和口岸企事业单位102家(次),船员和涉外人员385人次,召开座谈会9次,梳理收集有效建议26条次。着眼泰州外向型经济发展大局和全球金融危机的发展形势,深入开展“和谐口岸·警民恳谈访民生”活动组织召开“助企业解困,保和谐稳定”专题讨论会,帮扶企业困难职工7名、企业事业人员11名。开展爱民实践活动,通过与共建单位开展警营开放日、警企论坛、文体竞赛、“托起一片蓝天”助学等活动,进一步营造了和谐警民关系。

政府工作报告

2009 年 2 月 16 日

常州市市长　王伟成

一、2008 年工作回顾

过去的一年,是很不平凡的一年。由于国际金融危机的严重影响,我市经济社会发展遇到了前所未有的困难,经受了历史罕见的挑战和考验。市政府在中共常州市委的正确领导下,在市人大、市政协的监督和支持下,紧紧依靠全市人民,坚定信心,积极应对,创新思路,攻坚克难,较好地完成了市十四届人大一次会议确定的目标任务。

(一)经济保持平稳较快发展。地区生产总值达到 2202.2 亿元,按可比价增长 12.4%;完成地方一般预算收入 185.2 亿元,增长 17.2%。高效农业加快发展。新增高效农业种植面积 11.29 万亩,水稻单产和机械化种植率继续保持全省领先。工业结构不断优化。五大产业完成产值 2973.5 亿元,增长 22.8%,其中装备制造业达到 1570 亿元,新能源产业实现倍增;规模以上高新技术企业完成产值 2330 亿元,增长 24.4%,占规模以上工业的比重上升至 44.8%。现代服务业发展加速。实现服务业增加值 836.4 亿元,按可比价增长 13.7%,占三次产业的比重提高到 38%;成交额超 50 亿元的大市场达到 7 家,超百亿元的 3 家;软件、动漫产业销售收入分别达到 55 亿元、9.6 亿元;接待国内外游客 2066.5 万人次,旅游总收入 233.9 亿元;金融机构本外币存贷款余额分别达到 2873.3 亿元、1876.8 亿元,分别比年初增长 24.6%、16.6%。

(二)发展活力持续增强。全社会固定资产投资完成 1448.2 亿元,增长 20.3%。其中工业投资 831.5 亿元,增长 22.1%;高新技术产业投资 308.6 亿元,增长 30.8%;服务业投资 606 亿元,增长 17.4%。进出口总额完成 176.3 亿美元,增长 33.3%。其中出口 132.4 亿美元,增长 34.5%;高新技术和机电产品出口比重分别达到 15%、54.5%。社会消费品零售总额达到 758.2 亿元,增长 24.1%。国资民资外资齐头并进。11 家央企在常增加投资,总额达到 57 亿元;新增个体工商户 26391 户、私营企业 7842 户,注册资本达 1038.4 亿元,增长 16.9%;实际到账外资上报审核数达到 22.56 亿美元,增长 23%,新增工商登记注册外资超 3000 万美元项目 27 个,其中 1 亿美元左右项目 10 个,天合光能项目超 5 亿美元。科技创新如火如荼。新认定省级以上高新技术企业 198 家,新增省级科技企业孵化器 9 家,新增企业"一站两中心"56 家,引进或共建研发机构 83 家;引进海外人才 338 名,其中领军型创业人才 83 名;科教城入驻研发机构和高科技孵化企业超过 100 家;专利授权 2536 件,增长 15.2%。

(三)城乡面貌发生显著变化。区域交通枢纽地位进一步突出。西绕城高速和泰州长江公路大桥南接线开工建设,完成京沪高铁、沪宁城铁常州段拆迁任务,241、338、340 省道常州段建成通车,录安洲港区一期建成开放。高架路一期竣工通车,建成晋陵南路、红梅路等跨老运河通道。新建改建运河路、东方西路、竹林北路延伸等骨架道路,扩建龙游路、县学街等次干道和支路。供水、供气、照明、环卫、污水处理等一批市政工程建成投运,北塘河枢纽等城市防洪工程开工建设。建立了数字城管新模式,13 项长效管理实现数字化。完成市区 13 条道路和城市高架路两侧环境综合整治。城市交通管理上升为全国畅通工程 A 类一等水平。实施城乡绿化十大工程,新增城乡绿地 4223.8 公顷,国家园林城市获得授牌。水环境治理成效显著。市区 46 条主要河道完成三年整治目标,基本达到水清标准;3 条入太湖河道水质明显好转。节能减排任务如期完成。规模以上万元工业增加值综合能耗估算下降 6.2%,化学需氧量和二氧化硫排放总量分别削减 6.72%、8.78%。空气质量优良天数达到 324 天。新农村建设扎实推进。新建和改建农村公路 298 公里,疏浚县乡河道 92 条,完成 4676 个河塘清淤;建成小康家园示范村 10 个,364 个村达到"三清一绿",266 个村达到"五化三有"。

(四)改善民生取得新的成效。人民生活水平不断提高。城镇居民人均可支配收入达 21592 元,增长 13.1%;农民人均纯收入达 10171 元,增长 12.6%;城镇新增就业 7.9 万人,登记失业率控制在 3.23%;养老、医疗、失业三大保险综合覆盖率达到 97.5%,启动实施新型农村社会养老保险,全面提高城乡低保标准。卫生惠民工程全面展开。社区卫生门诊实行"六免两减",基本药品实行零差率销售;城镇职工医保住院个人自付比例降低到 40% 以下,农村新型合作医疗覆盖率达到 100%。住房保障工作力度加大。增加廉租房家庭 1621 户,提供经济适用房 3510 套。完成 120 条背街小巷、49.1 万平方米老小区整治和 2.7 万平方米平屋盖修缮,对老小区近 400 个单元楼道进行整修。菜市场内部提升 14 个,原址改造 3 个,搬迁移建 11 个。提升改造中心城区公厕 131 座,新建 39 座。公交优先继续加强。快速公交一号线建成通车,日均客运量稳定在 12 万人次左右,二号线开工建设;市区行政村公交通达率接近 97%,居民公交出行率由 12.5% 上升到 25%。慈善事业稳步发展。慈善基金规模达到 14.34 亿元,全年救助 10 万人次。

(五)社会事业协调发展。教育现代化步伐加快。常州高职园区成为全省唯一示范高职教育园区,武进、金坛、溧阳通过省教育现代化验收;中小学省级以上优质学校比例达到 53% 以上,就读学生比例达到 67% 以上;外来务工人员子女义务教育普及率 100%,79% 进入公办学校就读。文化事业繁荣发展。市级纪念馆、博物馆、图书馆等公共文化设施全部免费开放;38 个乡镇文化体育工作站、60% 的村文化室达到省级标准,农村有线电视"村村通"达 86%;工人文化宫等场馆改造提升后向社会开放,大剧院主体工程完工,文化传媒中心开工建设;非物质文化遗产保护得到加强,国家级非遗项目达到 9 项,省级 12 项。完成市区医院布局总体规划,二院武进阳湖医院、四院新北医院建设进展顺利,戚区医院和广化医院提升为市级医院。体育事业跨越式发展。奥体中心建成开放,常州籍选手获得奥运会金牌1枚、残奥会金牌2枚,成功举办中国羽毛球大师赛、第十三届市运会,成为全省首批体育强市。精神文明建设稳步推进。获得全国创建文明城市和未成年人思想道德建设工作先进市称号。"平安常州"建设取得新成效。城市应急中心投入运行,建成省级"社会治安安全市"。此外,我们还取得了抗击雪灾的胜利,积极支持四川抗震救灾,累计捐赠款物5.26亿元,对口援建工作有序推进。与此同时,安全生产、双拥人防、人民武装、外事侨务、对台事务、审计统计、海关国检、边防海事、邮电供电、档案地方志、防震减灾、民族宗教、老龄、妇女儿童、人口和计划生育、残疾人事业、关心下一代等工作都取得了新成绩。

(六)发展环境进一步优化。政务公开加快推进,符合条件的政府信息全部上网公布。改进和加强了新闻发布、网上沟通制度,畅通了政府和企业、市民双向交流渠道。行政审批、行政执法数据库、行政效能监察三网合一,行政许可审批项目集中度由56.5%提高到71%。开展"服务企业关爱有加,支持企业克难求进"活动,围绕"送、减、控、创"出台了一系列政策措施,取消101项行政事业性收费,每年可为企业减负4.6亿元。大力推进依法行政,自觉接受市人大、政协和各民主党派的监督,530件建议和提案全部办结。城市竞争力不断提升,城市综合实力跃居全国第20位,名列"福布斯中国大陆最佳商业城市"第9位,被评为全国优秀创新城市。

我们之所以能够战胜各种困难,积极应对世界经济危机的挑战,继续保持经济社会健康稳定的发展势头,是全市人民在中共常州市委的领导下齐心协力、克难求进、团结拼搏、锐意进取的结果,也是同方方面面的关心和支持分不开的。在此,我代表市人民政府,向全市人民,向市人大代表、政协委员、各民主党派、工商联、各人民团体、离退休老同志、无党派及各界人士,向驻常部队指战员、武警官兵和全市公安干警,向部、省驻常单位和在常的中外投资者、科技工作者、全体务工人员,向所有关心、支持常州建设和发展的海内外朋友们,表示衷心的感谢和崇高的敬意!

在肯定成绩的同时,我们也清醒地看到工作中存在的问题。由于受宏观经济形势的影响,年初确定的地方一般预算收入增长18%的目标没有完成,缺了0.8个百分点;科技创新能力还不强,科技含量高、附加值高的大项目不多,产业结构优化任重道远;环境保护中还存在一些问题,环境污染引发的社会矛盾时有发生;行政机关的效能还不尽如人意,企业对我们的服务还有些意见。这些问题都有待在今后的工作中加以改进。

二、2009年目标任务和重点工作

当前的经济形势依然十分严峻,我市今年经济和社会发展将面临更大的压力,但是我国经济平稳较快发展的基本面没有改变。只要我们审时度势、积极应对,创新思路、扎实工作,完全可以变压力为动力、化危机为机遇。

2009年,我们将以科学发展观为指导,按照扩内需、调结构、重民生、促发展的总体要求,弘扬"创新、发展、提高"主旋律,把加大投入、扩大内需作为促进经济增长的根本途径,把转变方式、调整结构作为提升发展水平的主攻方向,把科技创新、扩大开放作为经济发展的重要动力,把以人为本、改善民生作为一切工作的出发点和落脚点,努力实现经济社会又好又快发展。

全市主要预期目标是:地区生产总值增长10%;地方一般预算收入增长10%;全社会固定资产投资增长17%,其中工业投资增长20%;社会消费品零售总额增长18%;注册外资实际到账增长10%;全社会研究与开发经费支出占地区生产总值的比重达到1.9%;城镇居民人均可支配收入增长10%,农民人均纯收入增长10%;城镇登记失业率控制在4%左右;万元地区生产总值综合能耗下降4.5%,化学需氧量和二氧化硫排放量均削减2%;环境质量综合指数达到83分以上。

为实现上述目标,今年将着力抓好以下七项重点工作:

(一)采取切实措施,确保经济增长

今年可能是新世纪以来经济发展最困难的一年。制止经济下落,确保平稳增长,是今年工作的重中之重。

1. 加大投资保增长。(1)加快重大产业投入。重点实施高效农业、先进制造业、现代服务业项目。(2)加快重大基础设施投入。重点实施铁路、港口、航道、机场、高速公路和水利能源等项目。(3)加快重大城乡环境投入。重点实施城乡绿化、污水垃圾处理、水环境治理、节能减排等项目。(4)加快重大社会事业投入。重点实施教育、文化、体育、卫生等项目。(5)加快重大民生工程投入。重点实施就业、社会保障、公用事业等项目。全面实施50项重点工程,推进169个市级重点项目,完成全社会固定资产投资1700亿元以上。

2. 刺激消费保增长。(1)提高居民消费能力。更加关注中低收入居民,提高城镇居民养老金发放标准,提高城乡居民最低生活保障标准,提高优抚对象等人员抚恤和生活补贴标准,适时增加对生活困难群众和家庭经济困难学生补助。(2)着力培育消费热点。积极开发旅游、文化、健身和网络等热点消费;大力发展社区商业、物业、家政等服务性消费;通过家电下乡、建设农村服务体系等举措,大力开拓农村消费市场。(3)促进居民住房消费。落实更加积极的政策措施,激活房地产市场,力争全年销售商品房400万平方米以上。

3. 强化"三农"保增长。(1)千方百计增加农民收入。确保农村经济总收入增长20%以上,培训农村劳动力2.5万人;落实粮食补贴、失地保障、农村低保等各项惠农政策,着力提高农民收入水平。(2)深化农村改革。探索组建镇级股份合作联社,新增农民专业合作社60家、土地股份合作社20家;扩大农业保险覆盖面,抓好集体建设用地使用权流转试点,推进农村土地承包经营权流转,新增流转面积10万亩。(3)实施农业"双百万亩"工程。高标准优质粮田五年内达到100万亩,今年完成20万亩;高效农业面积三年达到100万亩,今年新增10万亩。

4. 扩大开放保增长。(1)稳定发展外经外贸。外贸出口增长10%以上,高新技术产品、机电产品比重都提高3个百分点;对外承包工程营业额和中方境外投资额均增长10%。(2)突破外资大项目。新增总投资超亿美元或工商登记注册外资超3000万美元项目15个,力争超3亿美元的2个,超5亿美元项目取得新突破,世界500强企业投资项目5个。(3)实施园区建设跃升工程。园区基础设施投入100亿元以上,实际到账外资、国内生产总值、一般预算收入占全市比重分别超过70%、40%、45%,外资大项目占全市比重达到70%以上。

5. 激活企业保增长。(1)提振信心。引导企业正确认识国际国内形势,抢抓国际经济大变化、大调整的机遇,迎难而进,发展自己。(2)扩大市场。支持企业加快调整产品结构,适应消费和市场需求,加大国际市场开拓力度,做到国内、国际两个市场一起抓。(3)融通资金。全面贯彻适度宽松的货币政策,为企业发展创造良好的融资环境,支持企业通过信贷、上市等形式募集更多的发展资金。今年信贷规模总量、中小企业贷款均增长15%以上。

(二)加快结构调整,培育优势产业

加快产业结构调整,是解决经济深层次矛盾、有效应对外部冲击的根本出路,也是远近结合、造就我市产业优势的战略需要。

1. 全力振兴五大产业。(1)制定实施振兴五大产业三年行动计划。到2011年,产业销售规模实现翻番,达到6000亿元以上;今年要超过3000亿元,占规模以上工业比重提高1个百分点。(2)实施"千亿产业、百亿企业"培育工程。通过三年努力,把输变电设备、新能源、新材料打造成千亿级产业,其中新材料产业今年力争销售超千亿;着力发挥大企业对五大产业的支撑作用,三年新增年销售收入超百亿的企业4家以上,今年力争1家。(3)抓好重点项目、重点企业。实施50个五大产业重点项目,今年新开工13个,竣工17个;重点扶持行业龙头企业,促进做强做大。(4)推进企业联合重组。抓住当前产业整合的有利契机,支持企业走兼并、重组、联合的道路。

2. 加快发展现代服务业。(1)建设十大重点市场。年成交额超50亿元的大市场达到10个以上,超100亿元的达到3个。(2)推进物流业与制造业联动发展。全面提升第三方物流水平,中国物流公司常州分公司、常州城西物流园区配送额分别达到30亿元和20亿元。(3)推进旅游业重点项目建设。编制休闲旅游发展规划,重点建设缤纷亚洲、南山竹海温泉等十大休闲旅游项目。全年接待国内外游客2200万人次,实现旅游总收入250亿元。(4)大力发展新型商业业态。重点打造武进花园街、天宁九洲新世界、钟楼五星等三个新型商业街区。(5)加快创意产业发展。整合提升公共技术服务平台,建设服务外包人才培训基地,加快发展以软件、动漫为主体的创意产业。新增创意企业80家,产业销售达到60亿元。(6)加强金融服务创新。实现企业境内外上市各1家,申报5家。确保2家村镇银行、4家小额贷款公司开业。引进3家外地金融机构来常开设分支机构。

3. 突出科技创新。(1)加快发展高新技术产业。规模以上高新技术产业产值达到2800亿元,其中五大产业占90%以上;新增省级以上科技项目160项,通过国家新标准认定的高新技术企业70家以上;重点扶持100家创新型试点企业,企业研发投入达到90亿元。(2)加快建设科技创新三级平台。新增企业"一站两中心"50家、市级以上科技公共服务平台15家,引进和培育省级外资研发机构10家;孵化器孵化面积累计达200万平方米,在孵企业累计2000家;加快科教城三期国际创新基地建设,引进研发机构及高科技企业80家。(3)深化产学研合作。积极开展先进制造技术成果洽谈会等对接活动,组织3000家民营企业参与产学研合作,新增重大合作项目100项以上。

4. 锲而不舍引进人才。全年引进各类人才25000人以上,其中硕士以上紧缺高层次人才1200人;引进40名领军型海归创新创业人才、60名高层次研发人才,力争20人入选省高层次创新创业人才,全年引进海外人才总数超过400名,签约项目落户率超过70%。

5. 加大对重点产业支持力度。(1)设立专项基金。市财政预算外每年安排3亿元、辖市区配套3亿元,建立五大产业专项扶持基金,重点支持企业科研开发、技术装备升级、平台建设、人才引进和资本运作。(2)集中政策资源。梳理归并现有产业扶持政策,变部门分散管理为全市统筹管理,变面上扶持为重点扶持,集中投向五大产业和现代服务业重点企业和重点项目。(3)积极向上争取。加强与国家、省产业政策对接,争取更多项目列入国家和省重点项目,争取获得更多的上级科技和资金支持。

(三)抢抓政策机遇,加快基础建设

抓住扩大投资机遇,实施一批事关我市全局和长远的重点基础设施工程,不仅对促进经济回升起到积极的作用,而且可以为今后发展打下坚实的基础。

1. 加快交通枢纽建设。(1)"三铁六站"建设工程。完成沪宁城际铁路、京沪高速铁路土建及架梁工程,开工建设宁杭铁路客运专线;沪宁城际铁路常州站、戚墅堰站主体工程完工,京沪高铁常州站开工建设,实施戚墅堰车站货场搬迁,宁杭铁路客运专线溧阳站、瓦屋山站完成前期工作。(2)机场改扩建工程。年内完成飞行区跑道改造,完成航站楼及配套设施建设工作量的50%,明年年底前建成开放。(3)高速公路建设工程。西绕城高速和泰州长江公路大桥南接线完成软基处理、涵洞、桥梁桩基建设。(4)干线公路建设工程。完成通江大道、长虹路、录安洲港区疏港道路改造,实施104国道、241省道部分路段一级路改造。(5)录安洲港码头建设工程。建成2个万吨级石化码头、6个夹江千吨级泊位。(6)三级航道网整治工程。加快推进锡溧漕河、京杭运河西段整治工程。

2. 推进"三城联动"。(1)做好重点区域规划。完成城铁站核心区周边地区规划、高铁站周边地区综合交通规划和城市设计,编制奔牛机场周边空、铁、公、水交通枢纽地区规划。(2)实施中吴大道城市化改造。对中吴大道玉龙路至天宁大桥段进行城市化改造,年内快车道建成通车。(3)加快武进新城区建设。新建续建延政东路延伸段等五条道路,对长虹中路进行黑色化改造,加速推进滆湖保护利用一期工程,继续实施太湖清淤、漕桥河整治等工程。(4)推进新北新城区建设。完成高铁站征地拆迁及辽河路、常新路等场站周边主要道路建设,飞龙西路等五条道路建成通车。全面实施122省道、省庄河两侧等绿化工程。(5)继续推进东大门建设。启动建设沪宁城际戚墅堰站广场,开工建设五一路南段,完成戚机厂老工房区和常丰河整治任务。

3. 加快城市基础设施建设。(1)实施城际铁路配套工程。同步建设新堂北路、竹林西路,开工建设飞龙东路、永宁路及地道、戚月路及地道、竹林南路及地道、泡桐路及地道,以及大明路、玉龙路等过铁路通道。(2)加密城市道路网。拓宽清潭路、吊桥路、月季路等次干道与支路。(3)继续实施城市防洪大包围工程。开工建设大运河东枢纽、串新河枢纽、南运河枢纽。启动新沟河拓浚延伸工程。

(四)优化人居环境,建设生态城市

节约能源资源、保护和建设生态环境,功在当代,利在千秋,决不能因为经济遇到困难而有丝毫放松。

1. 绿化美化环境。(1)大面积绿化城乡。实施生态修复、绿色通道、河道生态绿化、城乡道路绿化提升、城市出入口绿化、城市公园增绿、镇村绿化、城市公共服务空间增绿等八大绿化工程,新增绿地1663.94公顷。(2)建成"三河三园"景观河带。按照“现代、亲水、生态、文化”的要求，全面完成关河、北塘河、东支河河道及两侧地区综合整治，贯通东坡公园、红梅公园、恐龙园，使之成为城市建设和旅游的新亮点。

2. 巩固长效管理。(1)提升数字化城市管理。数字化城管覆盖面积扩大到220平方公里；构建全方位视频监控系统，对管理区域实行动态实时监控；建立市、区、街道城市管理三级平台。(2)继续实施市容环境综合整治。对清潭路、健身路、荆川路等省运会比赛场馆主要出入口道路，快速公交2号线、长虹东路、惠山南路等23条道路两侧进行市容环境综合整治；对延陵西路、勤业路等已整治道路进行提升和完善。

3. 提升环境质量。(1)进一步改善水环境。继续开展市区河道整治，逐步达到水清岸绿景美要求；3条入太湖河道水质全年稳定达到五类标准，总氮、总磷排放量下降5%。(2)提高空气质量。对工业废气、施工扬尘、机动车尾气、秸秆焚烧、燃煤等废气污染开展专项整治，关闭10家重点污染源企业，搬迁常隆化工、光辉化工、华达化工、天马集团等10家企业，整治100家排放不达标企业。(3)推进节能减排。完成82家重点企业和8家工业污水处理厂、6家城市生活污水厂的提标改造，对37个乡镇实施污水集中处理，建成投运100个农村生活污水处理工程，电力企业全部实施脱硫运行，建设工业固体废弃物安全填埋场一期工程。(4)全面提升城市污水处理能力。江边污水厂二期、武南污水厂、金坛第二污水厂二期和溧阳第二污水厂建成投运，新增日污水处理能力23.5万吨；铺设污水主管道30公里，建成泵站6座。

(五)统筹协调发展，繁荣社会事业

加大社会事业建设力度，既是扩大内需、促进经济增长的重要举措，也是统筹发展、建设和谐社会的内在要求。

1. 全面推进教育现代化。(1)所有辖市区都要达到省教育现代化标准。(2)刘国钧高等职业学校新校区完成主体工程建设。(3)旅游商贸高等职业学校全面竣工。(4)西藏民族中学实施整体搬迁，年底建成投用。(5)蓝天实验学校实施整体搬迁改造，完成一期工程。(6)开工建设新北实验初中改扩建工程。

2. 加强卫生基础设施建设。(1)新建改建城市社区卫生服务中心8个、服务站23个。(2)年内建成市中医院门急诊病房楼、三院门急诊病房楼、疾病预防控制中心综合楼。(3)开工建设市儿童医院病房楼，启动建设中医院钟楼院区，实施第七人民医院改扩建工程。(4)完成阳湖医院主体工程、新北人民医院主体土建工程。(5)完成数字卫生信息系统工程一期建设。

3. 繁荣发展文体事业。(1)常州大剧院建成开放。(2)开工建设少年科学艺术宫三期、亚细亚影视城综合功能开发提升工程。(3)加快推进现代传媒中心建设。(4)完成刘海粟美术馆改造提升。(5)实施盛宣怀故居修缮工程。(6)全面整修十七届省运会体育场馆，完成16个比赛场馆维修整新、清潭体育馆和体育场大修工程，奥体中心综合服务大楼年底前竣工投用。

4. 协调发展其他各项事业。深入开展“双拥模范城”创建活动，不断提升双拥工作水平。继续加强人口和计划生育管理服务，支持发展妇女儿童、老龄和残疾人事业，全面做好外事、侨务、台湾事务、地方志、民族宗教、关心下一代等工作。

(六)坚持以人为本，着力改善民生

越是经济困难，越要关注民生，保障和改善民生，切实解决事关人民群众切身利益的热点和难点问题。

1. 不断提高人民收入水平。(1)努力扩大就业。加大财政投入力度，扩大失业保险基金使用范围，加强就业培训，积极开发公益岗位，全市充分就业社区创建率达80%以上。(2)支持创新创业。降低准入门槛，大力发展个体私营经济，多渠道增加人民群众财产性收入、经营性收入。新增个体工商户1.5万户、私营企业6000户、注册资本80亿元。(3)完善提高社会保障。养老、医疗、失业保险分别净增3万、3万、2万人，三大保险综合覆盖率保持在97%以上；继续提高老保、医保、低保和慈善救助水平。

2. 人民共享发展成果。(1)加强公共卫生服务。完善公共卫生体系，提高饮用水水质检测标准，增加儿童免费预防接种项目，加强农民免费公共卫生服务、妇女病普查及重大传染病防控工作。(2)提升基础教育水平。全市早期教育普及率达90%以上，省级优质幼儿园占比达到60%，就读人数达70%以上；省级优质中小学占比达到60%，就读人数达70%以上；外来务工人员子女接受义务教育普及率100%、公办学校吸纳比例80%以上；新增各类特色学校80所。(3)丰富群众文体生活。行政村文化室省标达标率超过90%，完成所有行政村农家书屋建设布点，农村有线电视“村村通”达92%；开展阵地演出、广场演出、社区流动演出等多种群众喜闻乐见的文化活动；完善奥体中心全民健身设施建设，对现有170个全民健身点进行整新，100%乡镇健身中心达省标，新建小区配套体育设施100%达标。(4)改革经济适用房补贴办法。变暗补为明补，把补“砖头”改为补“人头”，实行货币化补贴。同时，加大廉租房和公共租屋建设力度，到明年底全面实现“小康常州居者有其屋”的目标。

3. 大力发展公用事业。(1)加快公共交通设施建设。建设钟楼、新龙、城铁常州站、城铁戚墅堰站等公交枢纽和一批公交首末站、停靠站；建成公交调度指挥中心和公交智能化系统，提升公交运营调度的科学管理水平。(2)提高城市供水能力。续建魏村水厂，新增日供水能力30万立方米，中心城区和新北区日供水能力突破100万立方米。(3)继续改造提升菜市场。建设盘龙苑、九龙等10个菜市场，推进新建小区配套菜市场建设。(4)完成公共厕所改造提升工程。新建公厕32座、改造公厕75座。

4. 为民办好十件实事。(1)扩大就业。新增就业岗位8万个，城镇新增就业6万人，农村劳动力转移1万人，援助困难群体就业3000人，动态消除城镇零就业和农村零转移家庭。(2)建立新型农村社会养老保险制度，提升市区社会养老服务水平。金坛、溧阳、武进、新北新型农村社会养老保险覆盖面达到60%以上；全面实施农村居民养老补贴制度。规划建设市区老年人日托站和社区老年助餐服务点。市区居家养老服务补贴标准由每月100元提高到200元。(3)加快住房保障步伐。筹集住房保障资金30亿元，年内全部解决符合经济适用房申购条件的购房者补贴，每户补贴8万元；新增廉租房、公共租屋1500户以上；住房公积金扩面5万人以上，发放低息贷款13亿元；对65万平方米老住宅小区进行综合整治，2.9万平方米房改房进行平屋盖修缮。(4)方便群众就医，减轻医疗负担。社区卫生服务机构免费为居民提供公共卫生服务，按成本收费提供基本医疗服务，零差率药品增加品规至300种以上，门诊平均费用比医院低50%以上;新型农村合作医疗全市人均筹资不低于190元,金坛、溧阳180元,住院费用实际补偿比例达到40%;在常高校学生纳入城镇居民医保,城镇职工医保人均住院自付比例降到35%;全市范围实行免费婚检和孕前优生检测。(5)改善农村办学条件。实施农村中小学千万元以上教育项目16个,新建校舍30万平方米以上;全市独立建制公办中小学办学条件达省二类标准以上。(6)继续实施公交优先。快速公交2号线建成通车;新增空调车400辆,市区空调车比例达60%以上;新辟公交线路15条,调整优化18条;规范出租车管理,60%的出租车错开交接班时间。(7)新增公园绿地。改造提升东坡公园,建成圩墩公园、西林公园、华山公园、飞龙公园,并向市民免费开放;建成恐龙谷温泉公园,建设紫荆公园,新建武进聚湖公园,启动建设丁塘河湿地公园一期;新增公园绿地64.9公顷。(8)建设小康家园。建成10个小康家园示范村,300个行政村达到"三清一绿",100个达到"五化三有";新建农村公路140公里,改造农村危桥100座,疏浚县乡河道90条,整治村庄河塘4000个。(9)实施蓝天碧水工程。稳定提升市区已整治46条主要河道水质,新整治14条支线河道,年内6条达到水清标准;对城区120平方公里内废气排放进行全面整治,扩大高污染燃料禁燃区8.1平方公里,城市环境空气质量优良天数达330天以上。(10)建设平安小区。市区建立流动人口服务管理中心98个,建成技防社区、村156个,补建49个住宅小区技防设施,对发案较多的散居居民楼安装楼宇电子防盗门,在老住宅小区及周边增设停车泊位5000个。刑事案件发案率小于万分之七十二,公众安全感达到95%以上。

(七)加快转变职能,强化自身建设

在当前大变化、大调整中,更要加快政府职能转换,加强自身建设,不断优化发展环境。

1. 服务企业发展。(1)让企业轻装上阵。认真落实国家、省市各种优惠政策,清理不规范收费和罚款,切实减轻企业负担。(2)为企业雪中送炭。想企业所想、急企业所急、解企业所难,为企业提供急需的金融、工商、税务、用工等各种服务。(3)让企业专心致志。坚持"有求必应,无事不扰",严格执行宁静生产日制度,控制和减少检查。(4)助企业创新创造。企业在没有违反国家法律规定的前提下的一切试验和探索,都要以满腔热情的态度予以鼓励和支持,为他们提供所需要的服务。

2. 推进政务公开。(1)确保权力阳光操作。完善重大问题专家咨询、公示听证、集体决策制度,提高决策透明度和公众参与度,保障市民的知情权、参与权、表达权和监督权。(2)提升电子政务。加快建设信息资源共享、关联业务互动、服务一站式的电子政务网络体系,完善"三合一"网络平台,形成省、市、县三级联网体系。(3)畅通民意渠道。完善新闻发布制度,办好市长信箱、市长与网民等交流平台,广泛吸纳民智民慧,及时发布重要信息。(4)提高审批效率。加强项目审批集中管理,即办件占比提升至70%,承诺时限在法定时限的基础上压缩40%以上。

3. 严格依法行政。(1)贯彻国务院《关于加强市县政府依法行政的决定》,严格按照法定权限和法定程序行使权力、履行职责。(2)落实行政执法责任制,做到严格执法、规范执法、文明执法。(3)自觉接受人民代表大会及其常务委员会、人民政协的监督,接受司法、新闻舆论和社会公众的监督,认真听取方方面面意见,不断改进政府工作。

4. 坚持勤俭廉政。(1)优化支出结构。节约政府开支,市级机关公用经费在去年基础上零增长,将财力更多地投向创新创业和社会民生事业。(2)开展专项整治。重点解决好生态环境保护、食品药品质量、安全生产、征地拆迁、农村集体资金使用中群众反映强烈的问题,维护社会和谐稳定。(3)坚决反腐倡廉。全体公务员要严格要求自己,处处廉洁自律;进一步完善惩治和预防腐败体系,严肃查处违纪违法案件,惩处腐败分子。

虽然前进道路不平坦,但发展前景很光明。让我们在中共常州市委的正确领导下,以披荆斩棘的勇气、创新创造的举措、务实高效的作风,顽强拼搏,克难求进,为夺取今年经济社会发展的新胜利而努力奋斗!

(在常州市第十四届人民代表大会第二次会议上)

秋韵松趣

政府工作报告

2009年1月11日

镇江市代市长 刘捍东

2008年工作回顾

过去的一年,是我市发展进程中很不平凡的一年,国际国内经济环境复杂多变,面临的挑战极其严峻,经受的考验非同寻常。我们在市委的坚强领导下,坚持以科学发展观为指导,以"推进思想解放、推动科学发展"为主线,以"做人民群众喝彩的事"为目标,与全市人民一道,攻坚克难、开拓进取,基本完成市六届人大一次会议确定的各项目标任务。

一、国民经济平稳增长,运行质量有所提升

预计完成地区生产总值1408.14亿元,同比增长12.3%,人均超过6700美元。财政总收入233.2亿元,增长14.7%,其中地方财政一般预算收入85.66亿元,增长6.7%,完成市人大常委会调整指标。全社会固定资产投资718.5亿元,增长22.2%。

以高效农业规模化为重点,推动现代农业优化布局、调整结构。优化"三大板块"、"七条走廊"的区域布局,新增高效农业面积20.88万亩,其中设施农业5.44万亩,新增农村"三大合作"组织240家、农业"三品"认证52个,有力促进了农业增效、农民增收。

以打造千亿产业、百亿企业为重点,推动工业集群发展、高端延伸。装备制造、新材料、绿色化工、特种金属和造纸五大产业实现销售超2000亿元,增长32%,占全市工业总量的80%。其中,装备制造业实现销售1050亿元,率先突破千亿目标。新增两家上市公司,两个投资超10亿元的重大项目成功落户。

以实施现代服务业三年翻番行动计划为重点,推动服务业规模扩张、层次提升。现代物流业等九大服务行业实现营业收入1137亿元,增长24%。社会消费品零售总额411亿元,增长24%,创近年来新高。

二、城乡建设奋力推进,基础设施日益完善

突出规划龙头地位,促进城乡资源要素集约利用。编制完成全市电力、通讯、绿地、污水处理系统等一批重大基础设施规划和丁卯——三山地区战略发展规划,区域发展空间布局进一步优化。

破解城乡拆迁难题,城建重点工程有序推进。坚持依法、阳光、惠民、和谐拆迁,完成拆迁面积310万平方米,其中市区175万平方米,创历史新高。南徐新城道路骨架初现雏形,规划展示馆顺利封顶。金山广场、西津渡历史文化街区保护更新二期工程建成并对公众开放,金山湖整治、引航道水利枢纽和焦南闸扩建工程进展顺利。

加大建设力度,综合交通能力不断增强。交通基础设施投入超过60亿元,投资总额为历年最高。"两铁"拆迁进度全线领先,泰州大桥南接线、镇大公路开工建设。沿江高等级公路完成80%的工程量,243省道、宁杭高速公路镇江段等重点工程相继建成。全社会港口吞吐量突破亿吨,其中沿江港口达8700万吨。

三、改革开放继续深入,发展活力明显增强

对外开放水平进一步提升。实际利用外资12.1亿美元,增长13.7%。太阳能光伏、船用装备、新材料等产业招商取得重大突破。开发园区实际利用外资占全市比重达75%,同比提高15个百分点。完成进出口总额73.6亿美元,增长16.6%,其中出口42亿美元,增长13.9%;完成外经营业额2.56亿美元,增长24.4%。

体制机制创新成效明显。国企改革进一步推进。市属事业单位分类改革有序推开。制订新一轮财政体制调整方案。在全国率先试点"淡马锡"中小企业融资模式,全省首家农村小额贷款公司挂牌营业,另有6家正在筹建。新增民营企业3700家,个体工商户13800户,到位民资175亿元。

四、生态建设力度加大,环境质量不断改善

确立2010年创建国家生态市的目标定位,节能减排成效明显。完成国家生态市建设规划修编,扎实推进生态县(市)和环境优美乡镇创建工作。化工集中区压减为3个,扬中、句容和京口、润州不再设立化工集中区;关闭小化工企业25家、电镀企业37家。黄岗取水口延伸工程顺利推进。化学需氧量、二氧化硫排放量分别削减2.2%和4%,单位GDP能耗下降4.82%。市区空气质量良好以上天数达332天。

强力推进太湖流域治理,水环境整治初见成效。太湖流域内19个乡镇的污水处理厂开工建设,199家工业企业提标改造,对入湖河道实施综合治理、重点污染源实行在线监测,水环境整治工作取得初步进展。

五、加强统筹协调,推动经济社会和谐发展

全力改善民生。认真落实市委2008年1号文件精神,以辖市为单位达到全面小康省定目标值。城镇居民人均可支配收入19040元,增长13.5%;农民人均纯收入8742元,增长14%。城镇登记失业率为2.54%,各类社会保险参保覆盖率进一步提高。15件为民办实事顺利完成,农村新五件实事全部办结。

推动各类社会事业较快发展。县级区域教育现代化创建基本达到省定标准。全面启动《引进培育创新创业领军人才三年行动计划》。成功举办市第十三届运动会、金山旅游文化节、首届"文化嘉年华"等群众性文体活动,"文心公益行动"深受市民欢迎,新广电中心顺利封顶。市第一人民医院内科医技大楼开工建设。成为全国城乡居民医疗保险相衔接试点地区。食品药品安全和安全生产工作进一步加强。

切实加大经济工作组织力度。面对金融风暴的巨大冲击,各级政府迅速反应,与企业共同应对各种困难。兑现各项税费优惠政策,共取消、减免行政事业性收费和基金项目87项,综合费率由4‰下降至1‰。

2009年主要工作

2009年是建国60周年,也是实施"十一五"规划的关键一年。当前,全球金融危机还在蔓延,宏观经济环境短期内难以根本好转,企业运行困难的局面仍将持续,政府组织经济工作的压力依然很大。但挑战是相同的,困难是共性的,只要我们坚定信心、积极应对,迎难而上、奋力作为,就一定能实现镇江发展的新跨越!

2009年全市经济社会发展的主要预期目标是:地区生产总值增长11%;地方财政一般预算收入增长13%;全社会固定资产投资增长20%;社会消费品零售总额增长18%;实际利用外资增长5%,进出口总额增长5%;城镇居民人均可支配收入增长12%,农民人均纯收入增长12%;城镇登记失业率控制在4%以内;单位GDP能耗下降4.4%,化学需氧量、二氧化硫排放量分别削减2.2%和4%。工作中,我们将力争做到主要经济指标增幅高于全省平均水平、快于全省沿江八市。

围绕上述目标,我们将全力抓好以下六个方面:

一、努力保持经济平稳较快发展

保持经济平稳较快发展是政府工作的首要任务,我们将以项目建设为主要抓手,以大项目带动大投入、大调整,全面增强投资、消费和出口的拉动力,确保实现"保增长、扩内需、调结构"的目标。

扩大有效投入。力争完成全社会固定资产投资1000亿元,其中产业类投资600亿元以上。坚持扩大投资规模和优化投资结构并举,重点投向"千百亿工程",积极推进一批先进制造业、新能源、新技术重点项目,五大产业力争实现销售收入2600亿元,占工业总量的85%。加快高新技术产业化和传统产业高新化步伐,确保高新技术产业产值突破1000亿元。继续实施现代服务业三年翻番行动计划。加快推进一批单体投资额超10亿元的商贸项目。以大港港口、惠龙钢铁和中储粮等为重点,做大现代物流产业;以省级大学科技园、软件园、新区国际服务外包示范区等为重点,做强科技信息产业。力争服务业增加值占GDP的比重达39%以上。吸引"三资"投入农业34.5亿元,完成土地流转10万亩,发展"三大合作"组织300家,新增高效农业20万亩。

增加即期消费。城区内建设一批高档商场、宾馆、品牌店和休闲娱乐设施,促进本地消费。积极拓展农村消费市场,实现现代流通网络镇村两级全覆盖。大力实施24个总投资1000万元以上的旅游重点项目,提档升级"三山"风景区,力争实现旅游总收入270亿元。促进房地产市场健康发展,开工建设经济适用住房10万平方米、廉租房1.1万平方米、安居房90万平方米、商品房200万平方米,改善2万户以上居民居住条件。

稳定外贸出口。抓住国家大幅上调出口退税率的机遇,鼓励外贸企业加快发展,推动外贸产品转型升级。

二、奋力突破体制机制瓶颈

加大重点领域和关键环节的改革力度,破解发展难题,增强发展活力。

深化投融资改革。坚持先规划后建设、先征地后配套、先储备后开发、先做环境后出让,实现城市资产效益最大化。进一步加大市城投公司等六大投融资平台建设力度,增强政府投融资能力,力争总资产达到400亿元。改善金融服务,积极引进外资和股份制银行,新增农村小额贷款组织7家以上,力争全市贷款余额突破1200亿元,着力破解中小企业融资难题。

推进其他领域改革。积极推动农村改革和制度创新,培育农民新型合作组织,加快农村土地流转。全面完成国有企业改革扫尾工作。开展新一轮机构改革,严控机构编制增长。全面推进事业单位分类改革。落实财政管理体制改革方案。

三、加快推进城乡一体化建设

深入贯彻落实党的十七届三中全会精神,发挥好中心城市对农村的辐射带动作用,着力构建城乡经济社会一体化发展新格局。

建设花园城。南徐新城区力争规划展示馆竣工对外开放,新行政中心办公楼主体工程封顶,总投资14.74亿元的体育会展中心开工建设,加快推进中心商务区建设,基本形成新城区道路框架,基本完成安居房建设,南山景区西大门及广场建成并投入使用,初显花园新城雏形。

打造第一景。加快北部滨水区建设,全景开放金山湖景区、全线贯通滨江旅游专线、全面完成内江控水主体工程、全面启动内江清淤工程、全部封顶金泉花园安置房。坚持高标准、大力度出新长江路沿线,打造西津渡品牌。

完善大交通。加快京沪高铁、沪宁城际铁路镇江段及场站等配套工程建设,规划实施以"两铁"站为节点的综合交通枢纽,推进宁杭城际铁路镇江段以及泰州大桥南接线建设,启动大港四期工程,建成兴隆港一期工程;完成镇大公路拓宽改造工程,做好五凤口高架前期准备,建成禹山北路东段、左湖路,形成连接主城与镇江新区的两条主干道。

改造老城区。继续加大拆迁改造力度,全市完成拆迁260万平方米,形成若干新的城市商务区。实施中华路、双井路、迎江路、新河街片区等50万平方米危旧房片区改造,推进40万平方米老小区整治,投入8亿元改造庄泉村、戴家湾、新华村等城中村。投入3亿元实施高速公路镇江西、镇江南和镇江出入口环境综合整治。

统筹城乡建设。统筹城乡空间布局,推进工业向园区集中、人口向城镇集中、居住向社区集中,城市化率达64%。统筹城乡产业发展,统筹城乡基础设施建设,统筹城乡就业社保。

四、切实加大生态建设力度

紧扣国家生态市建设指标体系,实行最严格的环境保护制度,以刚性约束保护生态环境。

加快生态市创建步伐。全面实施《镇江生态市建设规划纲要》,确保实现国家生态市建设的阶段性目标。

加强太湖流域水污染治理。建成投运太湖流域19个乡镇污水处理设施。

加大绿化造林力度。积极创建国家生态园林城市。新增绿化造林15.6万亩,全市森林覆盖率达到23.9%。

五、着力改善城乡居民生活

大力扶持创业。把全民创业作为城乡居民增收的根本途径,落实激励政策,优化创业环境。

积极促进就业。实行更加积极的就业政策,一手抓扩大就业,一手抓控制失业。深入实施"充分就业市"创建三年行动计划。完善就业服务体系,开展职业技能培训2.5万人次。新增城镇就业3万人,下岗失业人员再就业1.5万人,农村劳动力转移3万人。

切实完善保障。加快推进城乡社会保障制度全覆盖,企业职工基本养老保险新增扩面3万人,新型农村养老保险和城乡居民养老保险参保覆盖率超过50%。推进市与辖市医保政策接轨,城乡居民医保人口覆盖率稳定在90%以上。高度重视慈善事业,完善城乡救助体系。消除年人均收入2500元以下的贫困人群,消除年集体收入10万元以下的行政村。

六、协调推进各项社会建设

坚持以人为本的发展理念,进一步加大社会事业领域的改革和投入力度,促进社会繁荣和谐。

提高全民素质。加大争创全国文明城市工作力度,大力弘扬新时期镇江精神,以“大爱镇江”特色活动为主线,深化“百万市民学文明礼仪”系列活动,广泛开展“我与文明同行”等群众性道德实践活动,深入开展“和谐社区”、“和谐家庭”等创建活动,切实提升城市软实力,进一步形成良好社会风尚。

加强文化建设。加大项目建设力度,形成一批具有带动产业链发展的龙头企业和具备承载产业发展功能的文化产业园区。建设西津渡民俗文化街区和特色博物馆区,打造健康路健身文化休闲区,建成金山宝地大型演艺广场,提升大市口商业文化娱乐圈,兴建新广电中心影视文化城,创作有市场、有前景、有重大影响的文化艺术精品。继续开展“文化嘉年华”系列活动,免费开放市图书馆。

繁荣社会事业。加快科教兴市进程,力争第七次创成全国科技进步先进市。坚持公共医疗卫生的公益性质,强化政府责任和投入,加快推进市第一人民医院内科医技楼、中医院门诊外科综合大楼建设,迁建市第二人民医院和中心血站。新建全民健身点50个。六创全国双拥模范城。争创节水型城市。

维护社会稳定。制订应急预案,着力防范企业生产经营风险,妥善处置企业裁员、拖欠工资等问题,避免引发群体性事件。强化食品、药品监管,创建“质量兴市先进市”。加强社会治安综合治理,增强人民群众的安全感。切实加强信访工作,发挥“大调解”机制作用,确保社会和谐稳定。

努力建设人民满意的现代服务型政府

面对严峻形势,承载人民重托,市政府全体组成人员和公务员,将以时不我待的紧迫感,树立现代服务理念,按照现代政务方式建设服务型政府,使政府工作充满生机和活力。

强化责任意识。对人民负责是政府工作的基本准则。在困难的形势下,全市各级政府、全体公务人员将强化为基层服务的责任、抓工作落实的责任,与企业、与群众共渡难关,多做人民群众喝彩的事。全面实施行政问责制,强化督查、行政监察、审计监督和绩效评估,做到有责必问、有错必究。

坚持依法行政。遵守法律是政府工作的根本原则。深入推进法治政府建设,全面提高依法行政能力。自觉接受市人大及其常委会的依法监督,主动接受市政协和各民主党派、工商联、无党派人士的民主监督。加强政务公开,重大决策实行社会参与,保障人民群众的知情权、参与权、表达权和监督权。

提高行政效能。效能是政府管理的核心要素。以新一轮政府机构改革为契机,以提高行政效能为突破口,整合行政机构,简化审批事项,改进工作方式,使机关运转更加快捷高效。加强电子政务建设,努力运用现代方式优化工作流程,提高行政效率。

保持清正廉洁。清廉是政府机关的第一形象。深入落实廉政建设责任制,建立健全惩防体系,全面推进行政权力网上公开透明运行。坚决反对铺张浪费,带头过紧日子,严格控制出国出境、公务接待和公车使用等支出。全面实施市直部门收支脱钩、零基预算,切实降低行政成本。

(在镇江市第六届人民代表大会第二次会议上)

镜湖国家湿地公园

政府工作报告

2009 年 1 月 19 日

扬州市市长　王燕文

2008 年政府工作回顾

2008 年,我们在中共扬州市委的领导下,高举中国特色社会主义伟大旗帜,坚持邓小平理论和"三个代表"重要思想,以科学发展观统领经济社会发展全局,依靠和带领全市人民,沉着应对国内外复杂多变的形势,努力克服各种挑战和困难,基本完成市六届人大一次会议确定的目标任务,实现了本届政府工作的良好开局。

一、国民经济保持增长

预计全市实现地区生产总值 1580 亿元,增长 14% 左右。人均地区生产总值 35400 元。财政总收入 266.2 亿元,其中一般预算收入 104.8 亿元,分别增长 24.6% 和 22.3%。全社会固定资产投资 950 亿元,增长 32.3%。城市居民人均可支配收入 17400 元,农民人均纯收入 7380 元,分别增长 15.5% 和 12%。居民消费价格涨幅 4.8%,低于全省平均水平。

工业加快集聚发展。规模以上工业实现产值 3518 亿元、增加值 900 亿元、利税 270 亿元,分别增长 35.5%、17% 和 22.7%。石油化工、汽车船舶、机电装备三大主导产业产值增长 38%。"三新"产业产值 213.7 亿元,增长 38.4%。完成工业投资 710 亿元,增长 41.3%。实施亿元以上项目 300 个,其中 10 亿元以上项目 31 个。顺大多晶硅、实友化工、诚德钢管二期等重大项目建成投产。新增产值超 10 亿元以上企业 15 家,其中 50 亿元企业 1 家。宝胜集团营业收入超过百亿元。新增中国驰名商标 12 个。全市万元地区生产总值综合能耗下降 4%。建筑业总产值 1012 亿元,增长 26%;获鲁班奖两项。

服务业质态进一步优化。服务业增加值 561 亿元,增长 15.1%。扬州港口、石化和公铁水等重点物流园区加快建设。实施《"数字扬州"2010 行动计划》,启动无线宽带等 8 个项目建设。江苏信息服务产业基地(扬州)签约入驻企业 20 家。信息服务业销售收入 55 亿元,增长 19.6%。全社会消费品零售总额 523 亿元,增长 24.9%。成交额亿元以上市场 48 家,新增老字号连锁店、加盟店 130 家。来扬境内外游客 1875 万人次,旅游收入 199 亿元,均增长 20% 以上。房地产业完成投资 137.7 亿元,增长 29.3%。金融机构年末存、贷款余额 1551.9 亿元和 889.4 亿元,分别增长 23.8% 和 18.5%。市工艺美术集团获"国家文化产业示范基地"称号。6 家服务业集聚区跻身省级行列。

农业生产稳步增长。全面落实各项惠农政策,发放"四项补贴"3.53 亿元。粮食总产 269.4 万吨,连续第五年获得丰收。畜禽、水产及蔬菜稳定增长。新增高效农业面积 50.4 万亩、设施农业面积 5.1 万亩,新建规模项目 410 个;高效农业园区达 391 个,进园企业(大户)4923 个。海峡两岸(扬州)农业合作试验区新引进项目 50 个。70 家市级以上龙头企业实现销售 161.6 亿元,增长 21%。积极推进农产品标准化生产和质量检测,新增"三品"品牌 53 个。水利、农业开发、粮食流通、供销、农机、气象等工作得到加强。

二、发展活力不断增强

各项改革继续深化。市直工业、商贸流通企业改革深入推进,12 家企业改制取得积极进展。市政公用单位改革进一步深化。政府投资管理体制不断完善,部门预算制度改革继续推进。做好企业上市工作,3 家企业申报材料已报证监会,1 家通过审核;1 家企业在境外上市。农村税费、乡镇机构、县乡财政管理体制和义务教育体制改革步伐加快。新增农村"三大合作"经济组织 767 个。政策性农业保险全面推开。邗江泰和、高邮汇通农村小额贷款有限公司挂牌营业。

科技创新能力明显提升。制订并实施推进科技创新型经济发展的意见。全市获批省级以上科技项目 450 项、高新技术产品 240 个。高新技术产业产值 865.9 亿元,增长 49.7%。分别在京沪陕举办"科技创新·产业合作"推介会,签订科技合作项目 80 个。新增省级以上"一站两中心"13 家。首个国家光电产品检测重点实验室落户我市。南京大学－扬州光电、化工研究院和扬州中科半导体照明研发中心加快建设,中科院扬州应用技术研究与转化中心投入使用。启动"百千万人才强市双行动计划",10 名高层次人才获得省专项资助。我市被列为国家知识产权试点城市。

双资利用持续增长。开展多形式招商推介活动,成功举办"烟花三月"国际经贸旅游节。强化跟踪督查和配套服务,促进项目落地、投产达效。新批总投资 1000 万美元以上项目 122 个。全年协议利用外资 50.7 亿美元、注册外资实际到账 17.2 亿美元,分别增长 48.5% 和 50.7%。外贸出口 45 亿美元,增长 38%。外经营业额 1.85 亿美元,增长 23%。园区完成基础设施投入 69 亿元,"八区二园"主营收入占全市工业比重达 76%,同比提高 4.5 个百分点。民营企业注册资本 385 亿元,增长 51.6%。新开工建设 5000 万元以上项目 358 个,其中亿元以上项目 120 个。新增中小企业担保机构 5 家,注册资本 2.39 亿元。外事、侨务、台湾事务和区域协作等工作在扩大开放中发挥了积极作用。

三、城乡面貌呈现新变化

重大基础设施加快建设。扬天公路全线建成通车。京杭运河"三改二"一期工程基本完成。南水北调江都截污导流工程、归江河道水利血防工程顺利建成。沪陕高速公路江都至六合段、江海高速公路、安大公路三垛以北段、新淮江公路,以及邵伯和施桥船闸改造、乌塔沟分洪道、第五水厂一期等工程开工建设。苏中江都机场、淮扬镇铁路等重大项目前期工作取得较大突破。

城市建设又有新进展。编制"一体两翼"城市发展空间战略规划和综合交通规划。实施新一轮城市建设和环境提升工程,完成投资 116 亿元。新改建解放北路、平山堂东路和大水湾步行桥等"七路一桥",翻建街巷 48 条。城东客运中心投入运营,万花园二期、文化艺术中心等项目开工建设。基本完成“双东”历史街区“一片十点”修复,启动东关街二期工程。成功举办第二届世界运河名城博览会。积极做好瘦西湖及扬州历史城区申遗工作和大运河联合申遗牵头工作。新城西区、瘦西湖新区、广陵新城开发建设取得新成效。

新农村建设深入推进。完成全市镇村布局规划。市域环路产业带建设积极推进。农村“新五件实事”和“十大工程”投入建设资金5亿元。新改建农村公路506公里、桥梁226座。疏浚县乡河道266条。新增24万人饮用安全水。新建无害化卫生户厕5万座、“一池三改”户用沼气池1.1万个。创建全面小康达标村328个。基本农田和耕地保有量得到有效保护,复垦、整理耕地2万亩,实现占补平衡。机关和企业结对帮扶253个经济薄弱村,农村扶贫工作取得积极进展。

生态环境保护力度加大。深入推进生态市建设。新增污水管网260公里,新建乡镇污水处理厂(设施)13个,城市生活污水处理率达83.6%。70个乡镇工业集中区完成区域环评,162家企业实施清洁生产。化学需氧量、二氧化硫排放量分别下降3.7%和3.1%。绿化造林11.1万亩,森林覆盖率达16%。市区新增绿化面积151万平方米。11个乡镇(街道)通过全国环境优美乡镇考核,创成国家和省级生态村18个。

四、社会保持和谐稳定

民生工作取得新成效。城乡就业同步推进,全市新增就业8万人,年末城镇登记失业率2.9%。就业服务体系渐趋完善。培训就业再就业人员6万人、农村劳动力8.9万人。3万名失业人员实现再就业。新增农村劳动力转移5.7万人。社会保险覆盖面进一步扩大,全市城镇职工基本养老、基本医疗、失业保险覆盖率分别达96%、97%和97%,城镇居民基本医疗保险参保率96%。农民工参加三大保险人数稳步增加。新型农保参保人数35万人。新型农村合作医疗覆盖率97%。被征地农民基本生活保障和“村改居”工作积极推进。稳步增加职工退休金。提高低保户补助标准,城乡低保对象基本做到应保尽保。农村五保户集中供养率达80%。出台特困人群助保办法,完善临时救助机制。加大保障性住房建设力度,对符合条件的低收入家庭提供住房保障。出台公交优先发展的财政扶持政策,新辟、调整线路27条,改造站棚96座,新增公交车200辆;整治8个老小区;建设改造7座农贸市场。市区为民办实事项目基本完成。

各项社会事业持续发展。加强区域教育现代化建设,推进教育均衡发展。全面开展“教育质量效益年”活动,教师素质得到提升。为义务教育阶段学生免除学杂费、免费提供教科书。高中阶段毛入学率稳定在95%以上。整合职业教育资源,办学能力进一步增强。完成佛教文化博物馆等一批文化博览城建设项目。扬州博物馆荣获首批国家一级博物馆称号。新列入国家级非物质文化遗产名录8项。认定并公布104个市级非物质文化遗产和143个市级文保单位。基层文化设施不断完善。开展“百场公益文艺演出”、“周周看扬剧”等活动。扬州评话《王少堂》获第五届中国曲艺“牡丹奖”文学奖。公共卫生服务工作得到加强,城乡社区卫生机构覆盖率分别达91%和85%。苏北人民医院、市第一人民医院和市中医院通过三级甲等医院复审。顺利举办第三届鉴真国际马拉松(半程)赛和市第十一届运动会。计划生育率99.12%。全市有线电视入户率86%,市区基本实现数字电视整体转换。统计、档案、方志等工作扎实开展。

和谐扬州建设迈出新步伐。奥运火炬扬州传递圆满成功,展示了城市新形象和市民新风貌。积极开展文明城市创建活动。未成年人思想道德建设和关心下一代、老龄工作取得新进展。关心发展慈善事业。残疾人救助和保障体系不断完善。平安扬州建设深入开展。全面落实社会治安综合治理各项措施,依法打击各类违法犯罪活动。建立健全社会预警和突发公共事件应急处置机制。认真做好来信来访、人民调解工作。强化安全生产责任制,重视食品药品安全和公共场所监管,有效防范了重特大安全事故的发生。

加强国防后备力量建设,积极做好国防教育、人民防空和双拥工作。

五、服务型政府建设不断深入

民主法制建设进一步加强。不断完善社区管理和村民自治制度,重视发挥社会团体、民间组织的作用,保障人民群众依法行使民主权利。制定重大行政事项决策听证办法,推进决策形成、实施等过程的公开。深入开展“五五”普法教育。加大法律服务和法律援助工作力度。坚持依法行政,进一步提升行政执法水平。推行部门权力内控体系建设,规范行政和事业单位办事权。强化行政执法监督和行政复议等工作。加强政府制度化建设,全年制订规范性文件35件。

监督制度不断健全。依法接受市人大及其常委会的法律监督、工作监督,主动接受市政协的民主监督,认真听取各民主党派、工商联、无党派人士和人民团体的意见。坚持与人大代表、政协委员的联系制度。办理人大代表建议297件、政协提案415件。编制政府信息公开指南和目录,加强信息公开载体建设。市、县政府及市有关部门建立新闻发言人制度。聘请一批政府督查专员。完善对政府重点工作和政务公开的评估监督机制。积极发挥监察、审计等内部监督的作用。高度重视新闻舆论和人民群众监督,政府公开电话和“寄语市长”回复率均在90%以上。

能力作风建设得到提升。大力开展“能力作风建设年”活动。深入推进行政审批“两集中、两到位”。继续完善便民服务体系。清理审核公共服务项目,取消一批收费项目,规范收费标准816项,服务事项办理时限平均缩短30%以上。试行政府雇员制度。加强公务员培训,提高为民服务本领。

认真落实党风廉政建设责任制,坚持勤政为民、廉洁从政。抓好重点领域、重点行业的纠风和反腐败工作,查处了一批违纪违法案件。

刚刚过去的一年,标志着我国改革开放走过了30年。30年来,我市经济实力显著增强,开放开发突飞猛进,城市面貌日新月异,人民生活蒸蒸日上,扬州发生了翻天覆地的变化。与1978年相比,2008年全市地区生产总值、财政收入、城市居民人均可支配收入和农民人均纯收入分别增加109倍、130倍、54倍和86倍。30年不平凡的历程启示我们:只有始终以解放思想为先导,实事求是、与时俱进,才能克服前进道路上各种艰难险阻;只有始终以发展为第一要务,抢抓机遇、务实奋进,才能不断提升城市的综合实力和竞争力;只有始终以改革开放为动力,砺志创新、永不停步,才能永葆经济社会的勃勃生机;只有始终以改善民生为根本,亲民爱民、惠民富民,才能获得最广泛的群众基础和力量源泉;只有始终以古代文化与现代文明交相辉映为特色,传承文脉、提升品质,才能建设更加富裕、文明、秀美的新扬州。

2008年,我们共同经历了许多大事、难事。我们战胜了特大冰雪灾害,开展了支援抗震救灾和灾区恢复重建工作,完成了奥运火炬传递等任务,特别是下半年我们积极应对经济环境巨大变化带来的影响,保持了经济持续发展、社会和谐稳定。这些成绩的取得,是中共扬州市委正确领导、科学决策的结果,是市人大、市政协有效监督、大力支持的结果,是全市人民齐心协力、攻坚克难的结果。在此,我代表市人民政府,向全市人民,向各位人大代表、政协委员,向所有关心、支持、参与扬州建设和发展的同志们、朋友们,表示崇高的敬意和衷心的感谢!

在肯定成绩的同时,我们也清醒地看到,经济社会发展中还存在一些值得重视的问题。从外部环境来看,全球金融危机的影响还在加深,经济下行的趋势尚未得到根本遏制,这对我市经济增长、企业发展、财政增收、就业再就业、群众收入增加等带来了较大困难。从自身情况来看,优势产业集聚度还需进一步提高,企业增效和创新能力亟待加强,统筹城乡发展的任务还较艰巨,城市功能和品质有待继续提升,资源能源需求和节能减排的压力较大,政府机关在服务意识、工作作风、创新能力和廉政建设等方面还要进一步改进。这些问题都需要我们在今后的工作中,采取更加有效的措施加以解决。

2009年政府工作任务

2009年是全面落实科学发展观的重要一年,是实现"全面达小康、建设新扬州"的关键之年。做好今年工作,既要充分认清经济发展面临的严峻形势,更要切实把握宏观政策调整带来的重要机遇,进一步增强信心,主动应对,克难求进,积极作为。政府工作的总体要求是:认真贯彻党的十七大、十七届三中全会和中央经济工作会议精神,以邓小平理论和"三个代表"重要思想为指导,深入落实科学发展观,进一步扩大有效需求,努力保持经济平稳较快增长;进一步提升科技创新能力,加快转变发展方式;进一步深化改革开放,增强经济社会发展活力;进一步统筹城乡发展,建设更高水平小康社会;进一步改善民生,推动社会和谐;进一步加强政府自身建设,提高公共服务水平,努力保持我市经济社会持续健康发展的良好局面。

全市经济和社会发展的预期目标为:地区生产总值增长12%。财政总收入增长15%,其中一般预算收入增长15%。全社会固定资产投资增长25%。社会消费品零售总额增长16%。城市居民人均可支配收入增长12%左右。农民人均纯收入增长10%左右。居民消费价格涨幅4%左右。城镇登记失业率控制在4%以内。约束性指标为:万元地区生产总值综合能耗下降4%以上,化学需氧量、二氧化硫排放量分别削减3.7%和3.2%。

主要抓好六项工作:

一、落实保增长各项措施,推动经济平稳较快增长

积极支持企业健康运行。千方百计帮助企业解决生产经营中的矛盾和问题,提高抗风险、保增长的能力。落实好国家和省出口退税、扶持高新技术企业发展等税费优惠政策,实施增值税转型等改革措施。以财政贴息、以奖代补、信贷担保等多种方式,支持企业结构调整、并购重组和外贸出口。努力保持信贷总量较快增长,贷款增幅力争高于上年和全省平均水平。取消和停征一批行政事业性收费和基金,阶段性调整企业社保缴费标准,降低企业运行成本。强化银企合作、和谐劳动关系、保障要素需求等方面的服务。支持重点企业和利税大户扩大产销、提高效益。引导外贸出口企业加快调整产品和市场结构。促进中小企业担保机构发展,支持做大规模、做强实力,增强对中小企业的服务能力。

切实增加产业项目投入。全年工业投资900亿元,实施亿元以上项目400个,其中10亿元以上项目40个。培植产值千万元以上新增点项目1000个。加快中海造船、顺大多晶硅二期、实友化工二期、东联化学等一批龙头型项目建设步伐。实施100个服务业重大项目,完成投资260亿元以上。拓宽投资领域和渠道,鼓励和引导各类社会资本参与产业项目投资。努力提高项目投资效率,确保一批重点项目投产达效,促进税源经济发展。

大力推进重大基础设施建设。重点实施沪陕高速江都至六合段、江海高速、安大公路宝应段、新淮江公路、扬州港5号码头、京杭大运河"三改二"二期等工程,推进乌塔沟分洪道、淮河入江水道整治等重点水利工程建设。开工建设苏中江都机场、500千伏扬州西输变电、宁启铁路复线及电气化改造等重大项目。积极做好淮扬镇铁路、五峰山过江通道、京沪高速扩容、长江扬镇河段治理等项目前期工作,力争取得重大成效。

进一步扩大城乡消费需求。抓住海峡两岸"大三通"、长三角区域合作、上海世博会筹办以及国家即将出台"国民休闲计划"等机遇,放大人居城市效应,打造休闲度假特色品牌。办好第19届中国厨师节和第44届全国工艺品、旅游纪念品交易会。吸引更多的境内外游客来扬休闲度假,繁荣旅游消费市场。积极推进核心商圈和专业市场的建设,大力实施放心消费工程。完善县级商业网点规划。进一步培育社区商业和"万村千乡"市场,做好"家电下乡"财政补贴工作,引导和扩大农村消费。落实稳定房地产市场的各项措施,促进房地产业健康发展。

二、调整优化结构,加快转变经济发展方式

大力发展科技创新型经济。完善科技创新体系,着力建设100家重点技术研发机构和10大公共技术服务平台,重点建设"两院两中心"和国家光电产品检测重点实验室,争创国家级太阳能光伏产业基地。推进产学研结合,放大"科技创新·产业合作"活动成效,组织实施一批重大技术攻关和成果转化项目,培育一批科技创新型大企业和科技成长型企业。高新技术产业产值增长30%以上。优化创新人才发展环境,继续实施"百千万人才强市双行动计划",加快引进、培养高层次技术人才和科技创新领军人才,充分发挥各类人才的作用。大力发展科技服务中介机构。完善科技创新投融资机制。设立市科技创新专项基金,市级财政对科技创新投入不低于1亿元。

培育壮大先进制造业。做大做强石油化工、汽车船舶、机电装备和太阳能光伏等4个千亿级产业,产值增长30%以上。大力推进"三新"产业发展,产值增长30%以上。规模以上工业增加值增长15%。加快运用信息技术和现代管理技术改造传统产业。支持企业发展具有自主知识产权和关键技术的产品,创省级以上品牌50件,其中国家级8件以上。新批国家级行业标准授权4家。加快市直企业战略重组和退城进园。加强对企业上市的指导,重点跟踪培育上市后备企业20家。推动扬农化工等上市公司再融资。鼓励有条件的企业发行债券。

加快发展现代服务业。推进扬州港口等重点物流园区建设,引进一批国内外知名物流企业。加快"数字扬州"项目建设,建成政府数据资源共享、网络信息交换等中心,推进"无线扬州”二期等一批信息化工程。建设江苏信息服务产业基地（扬州）二期工程，新进园项目20个，争创国家级信息服务外包基地。全年软件与信息服务业实现销售收入65亿元。整合古城、古运河和瘦西湖旅游资源，推进万花园二期、演艺中心等项目建设，打造“双东”、教场、工艺坊等特色文化街区。全年接待境内外游客2000万人次，旅游收入增长15%以上。大力发展文化创意产业，新创1－2个省级文化产业示范基地。逐步完善融资服务体系，全年新增市级金融机构1－2家，积极引进创业投资基金来扬开展业务。

三、扎实推进农村改革发展，加快构建城乡一体化新格局

*深化农村各项改革。*全面贯彻十七届三中全会精神，推进农村基本经营、土地管理、农业支持保护、农村金融、城乡一体化发展和民主管理制度改革。规范农村土地承包经营权流转，建立健全流转服务体系和交易平台。进一步推进农村“三大合作”，全年新组建各类合作组织600个，注重提高合作组织运行质态。落实各项涉农补贴，建立健全财政支农资金稳定增长机制。继续深化乡镇机构改革试点。做好县（市、区）农村信用联社改建农村商业银行工作。年内各县（市）至少成立1家农村小额贷款公司。开展村镇银行试点。扩大农业政策性保险覆盖面。

*进一步统筹城乡发展。*推进城乡规划、产业发展、基础设施、就业保障、公共服务和社会管理一体化。加快沿江沿河开发和市域环路经济带建设，实现“强县强镇、三年倍增”目标，提升县域经济综合实力。实施新农村建设十大工程。新改建农村公路380公里。推进农村电气化建设。实施信息化“一站通”示范村工程。推进中小型水库除险加固和大型灌区改造。新增20万人饮用安全水。新增无害化卫生户厕6万座、“一池三改”户用沼气池1万个以上。加大秸秆还田和综合利用力度。推广清洁能源。加快农村扶贫脱贫步伐。新创建170个全面小康村。江都、仪征创成全面小康达标县（市）。扩大建筑业市场份额，全年施工产值增长15%以上。积极发展农村二、三产业，努力增加农民收入。

*加快建设现代高效农业。*进一步优化种养结构，增强农业综合生产能力。加强115个高效农业重点示范园区建设，打造一批高效农业专业村、特色镇。全年新增高效农业面积40万亩、设施农业5万亩，其中连片百亩以上的规模园区20万亩。实施6个“万顷良田”试点。大力培植农产品加工龙头企业，提升产业化经营水平。积极推广新品种、新技术、新机具。加大农业综合开发力度。加强农产品质量建设，新增一批无公害、有机农产品。强化动物疫病防控和农作物植保工作。加快建设海峡两岸（扬州）农业合作试验区。

四、扩大开放开发，增强发展活力

*加大园区建设力度。*推动“八区二园”转型升级，以科技创新型园区、高新技术产业园区为目标，着力在产业链延伸、关键技术研发和产品提升等方面寻求突破，加快建成产学研一体化的先导区、核心区，增强科技带动和辐射功能。各类园区围绕自身特色和优势，加大建设投入，完善科技研发平台、生产生活配套设施等建设，增强承载能力；进一步明晰产业定位，加大引资力度，提高产业集聚发展水平和综合效益。全年园区注册外资实际到账、重大项目落户数均占全市80%以上。

*深入推进对外开放。*抓住我国投资环境被外商继续看好的有利时机，坚持量质并举，推进招商选资、招才引智工作，重点吸引产业链高端和关键环节的项目落户扬州，加大技术人才、专业团队和关键设备的引进力度。以企业为主体，突出链式招商、科技招商，加强会展招商和境外办事处招商。办好2009“烟花三月”国际经贸旅游节。全市注册外资实际到账增长30%以上。优化出口结构，扩大对外工程承包和劳务合作，外贸出口、外经营业额均增长15%以上。

*大力发展民营经济。*进一步优化发展环境，加大政策扶持力度，引导民营企业加快转型、练好内功、增强活力，培育一批科技创新型企业。进一步放宽市场准入，扩大民间投资的领域，新发展民营企业12000户以上。进一步支持民营企业开展跨地区、跨行业兼并联合，吸引与我市主导产业关联度大的国内民企500强来扬投资。全年民营企业注册资本增长30%，新开工亿元以上项目100个。

五、提升城市品质，打造精致扬州

*优化城市规划布局。*继续完善市域功能区规划方案。深化“一体两翼”城市发展空间规划，完成城市总体规划修编纲要。编制土地利用总体规划。开展城区地下管网普查，编制完善地下空间利用规划。完成大运河（扬州段）保护规划。加强对重点区域、重点地段的城市设计。完善规划管理制度和执行程序，确保各类规划有效实施。

*加强城市建设管理。*新建扬仪路、整治扬江路、改造扬冶路，新改建北环路、西三环路等城市主干道，进一步优化城区路网，提高城市通行效率。整治沙施河等4条河道，加快沟通城河水系，美化城市水环境。加快推进新城西区行政商务中心二期和国展中心二期、广陵新城京杭之心、开发区南部新城，以及维扬蜀冈片区、邗江蒋王片区等项目建设。继续做好街景整治和美化、亮化。完善数字化城管配套机制，提高处置效能。深入推进道路保洁、绿化养护等方面市场化运作。着力加强背街小巷和城乡接合部的管理，健全长效机制，提高管理水平。

*彰显古城特色。*继续加强扬州城大遗址保护工作。深入实施“双东”历史街区保护工程，修建谢馥春、街南书屋等项目。完善汪鲁门古宅、湖北会馆，修缮小盘谷、蔚圃等文保建筑，建设南门遗址展示馆、北门遗址公园，贯通瘦西湖、宋夹城河、长春河、保障湖水上游览线。加强已建项目的保护利用，增添古城生机活力。做好瘦西湖及扬州历史城区申遗工作和大运河联合申遗牵头工作。办好第三届世界运河名城博览会。

*改善人居环境。*加快“国家生态市”和“国家生态园林城市”创建工作。推进人江风光带等景观绿化带建设，新增造林面积15万亩。市区新增绿化面积100万平方米以上。加快第五水厂一期、六圩污水处理厂二期工程建设，重视完善地下管网。继续开展大气污染整治、集中式饮用水源地整治等专项行动。仪征、江都创成国家环保模范城。创建20个全国环境优美乡镇和2个国家级生态村。实施“双百双十”节能计划，鼓励在生产、建设、流通、消费等领域采用节能技术，推进资源节约型、环境友好型社会建设。

六、大力实施民生工程，提高人民群众生活水平

*抓好就业再就业和自主创业。*实施更加积极的就业促进政策，全年采集就业岗位9万个，实现城镇新增就业4.5万人。完善城乡统一的职业技能培训体系和人力资源市场。重视做好高校毕业生的就业创业工作。加强退役士兵职业技能和农村劳动力培训。新增农村劳动力转移3万人，多渠道为返乡农民工提供就业机会。加大再就业资金筹措力度，扩大失业保险

支出范围,加强城乡困难群体的就业援助。发挥创业带动就业倍增效应,建设10个创业孵化基地。

提高社会保障水平。有序开展社会保险扩面工作,企业养老保险净增缴费3万人。推进城乡基本医疗保险全覆盖,进一步完善城镇职工和城镇居民医疗保险体系,提高基本医疗保险待遇。建立健全企事业单位职工和离退休人员收入正常增长机制。提高农民工及部分特殊行业人群参保比例。新型农保覆盖率达60%。提高新型农村合作医疗筹资标准和保障水平。被征地农民即征即保,逐步推动向城镇社会保障并轨。进一步完善住房保障体系,着力提高低收入家庭住房保障水平。积极做好社会救助工作,建立健全城乡低保标准自然增长机制。巩固农村"五保"集中供养水平。对市区70岁以上的"三无"居民发放生活补贴。鼓励发展各类养老服务业。支持发展残疾人社会福利和慈善事业。创建全国无障碍城市。

办好人民满意的教育。加快区域教育现代化进程,促进优质教育均衡发展。着力改善义务教育学校、农村学校办学条件,改善义务教育阶段教师待遇。强化素质教育,提高教育教学质量。加强职业教育骨干学校和重点专业建设。支持扬州大学和地方高校的发展。实施农村留守儿童食宿条件改善和合格幼儿园建设工程。完善教育帮扶体系,办好宏志班。做好普通高中家庭困难学生和中等职业学校学生助学金发放工作。

繁荣文化卫生体育等事业。完善文化基础设施,建设市新图书馆、美术馆、音乐厅。继续推进文化博览城建设,新建扬州学派、马可·波罗纪念馆等一批场馆。做好第三次全国文物普查工作。创作一批群众喜爱的优秀剧目。举办第六届群众文艺新作调演。完善公共卫生服务体系,争创10个省级社区卫生服务中心示范点,城乡社区卫生机构覆盖率分别达100%和90%以上。新建市级以上卫生镇6个、村30个。建成游泳馆,迁建体校、省中长跑竞走训练基地。办好第四届鉴真国际马拉松(半程)赛。广泛开展全民健身活动。稳定低生育水平,计生优质服务体系覆盖率85%以上。有线电视入户率达90%。深入开展第二次全国经济普查。继续做好民族、宗教、档案、修志等工作。

保持社会和谐稳定。深入推进平安扬州建设,健全社会治安防控体系,积极防范和依法打击各类违法犯罪活动。加强应急指挥中心建设,健全应急管理体系,增强突发公共事件应急处置能力。严格执行安全生产责任制,加强食品药品安全专项整治,强化道路交通、危险化学品、烟花爆竹、特种设备等方面的安全监管,严防重特大事故发生。落实信访工作责任制,完善矛盾纠纷排查化解机制。加强法律援助工作,切实维护群众合法权益。重视防灾减灾,做好支援四川绵竹九龙镇灾后重建工作。加强国防后备力量建设,深入开展国防教育和双拥共建活动。

努力建设人民满意的服务型政府

面对新的形势、新的任务,政府必须全面贯彻科学发展观,坚持以人为本的施政理念,提高把握发展规律、驾驭发展全局的能力,提高转变发展方式、破解发展难题的能力,提高优化服务职能、促进社会和谐的能力。

积极推进管理体制创新。继续推进政企分开、政资分开、政事分开、政府与中介组织分开,改善经济调节,加强社会管理。进一步健全专家咨询、社会公示与听证、合法性审查等制度,完善决策评估机制,有效扩大公众对政府决策的参与度。继续深化行政审批制度改革,拓展服务项目,提升"两集中、两到位"效能。优化财政支出结构,继续加大对"三农"、改善民生、社会事业、科技创新、节能减排等方面的支持力度。完善市区财政体制,继续深化部门预算、国库集中支付等改革。健全政府投资管理体制,加强审计监督,提高财政资金使用效益。全面推进政务公开,拓展公开范围和内容。健全政府信息发布和发言人制度。充分利用政府公开电话、"寄语市长"和部门服务热线,及时答复、解决人民群众的合理诉求。

依法规范权力运行。自觉接受市人大及其常委会法律监督和工作监督,认真落实市人大及其常委会的决议、决定。积极支持市政协履行政治协商、民主监督、参政议政职能。完善与各民主党派、工商联、无党派人士和人民团体的联系制度。认真办理人大代表建议和政协提案。全面落实依法治市的任务要求,深入开展"五五"法制宣传教育活动。健全村民自治和社区居民自治制度,开展100个农村社区建设试点。深入推进行政执法责任制,规范行政处罚自由裁量权和相对集中处罚权。进一步推动部门权力内控体系建设,市直39个部门建成权力内控电子监察系统。强化行政问责和过错追究制。依法开展行政复议、行政应诉和行政执法监督工作,做到有法必依、违法必究,公正执法、文明执法。

进一步提高政府执行力。推进能力作风建设,加强政治理论、法律法规、市场经济和现代科技知识的学习,坚持在学习和实践中拓展科学发展的新思路。认真调查研究,以服务经济、服务企业、服务群众为重点,坚持深入实际、深入基层,不断增强解决实际问题的能力。狠抓各项工作的落实,围绕经济社会发展全局,敢于担当责任,勇于创优争先,强化督查协调,切实提高行政效能。着力解决群众关心的热点、难点问题,办好老小区改造、农贸市场改建、公交优先、公厕改造等方面的实事。

加强政府廉政建设。深入开展反腐倡廉教育,严格执行廉洁自律规定,健全领导干部廉政档案、重大事项申报制度,完善内部制度约束与外部监督相结合的长效管理机制。加强对项目审批权、行政执法权、资金支配权的监督,严肃查处违法违纪行为。建立健全群众评议机制,加强专项治理力度,坚决纠正损害群众利益的不正之风。大力倡导艰苦奋斗、勤俭办事,深化节约型机关创建。努力建设一支素质过硬、作风优良、奋发有为的公务员队伍,树立求实创新、勤政为民、高效廉洁的政府形象。

2009年虽然面临较多的挑战和困难,但是,挑战动摇不了我们发展的决心,困难阻挡不了我们前进的步伐。让我们在中共扬州市委的领导下,紧紧依靠全市人民,同心同德,迎难而上,开拓创新,扎实奋进,以新的业绩向建国60周年献礼!

政府工作报告

2009 年 3 月 19 日

南通市市长 丁大卫

一、2008 年工作回顾

过去的一年，是很不寻常、很不平凡的一年。面对国际金融危机的严重冲击，面对大事难事较多的复杂局面，全市上下在省委、省政府和市委的坚强领导下，深入贯彻落实科学发展观，按照市委"紧环境下抓机遇，好中求快争一流"的总体要求，同心同德，攻坚克难，在"全面达小康、建设新南通"的征程中迈出坚实步伐。这一年，南通人民百年期盼的苏通长江公路大桥正式通车、洋口深水海港初步通航、吕四港综合海运码头建成，结束了南通"有江无桥"、"有海无深水海港"的历史，南通迈入桥港新时代。这一年，我们积极应对国内外经济环境重大变化，在外部需求明显减弱、宏观经济增速较快下滑的情况下，全力以赴保增长，实现 GDP2510.1 亿元，按可比价计算增长 13.3%；实现财政总收入 390.2 亿元、比上年增长 29.8%，其中地方一般预算收入 159.6 亿元、增长 25%，财政总收入占 GDP 比重提高 1.3 个百分点；节能减排约束性目标全面实现；全社会固定资产投资 1505.4 亿元、增长 18.9%；社会消费品零售总额 915.1 亿元、增长 24.2%；城镇居民人均可支配收入 18903 元，农民人均纯收入 7811 元，分别增长 14.9% 和 13.1%；城镇登记失业率 3.08%；居民消费价格指数涨幅低于全省 0.4 个百分点；人口自然增长率为 -2.5‰。改善民生的 12 件实事如期完成(见附件一)。这一年，面对特大雨雪冰冻灾害，全市上下众志成城，夺取了抗灾救灾的全面胜利；面对四川汶川特大地震灾情，全市人民倾情相助，彰显了血浓于水的深厚情怀。这一年，我市成功获得全国文明城市、国家历史文化名城、国家园林城市荣誉称号，"五城同创"目标圆满实现。这一年，我们圆满完成了奥运火炬在通传递任务，南通健儿在北京奥运会上勇夺四金一银一铜，在全国地级市中位居第一。

一年来，我们主要抓了以下几项工作：

(一)突出抢抓桥港机遇，经济发展速度和效益继续高于全省平均水平。放大桥港效应，加快培育新的经济增长点。持续猛攻有效投入，强力推进一批事关全局和长远发展的重大项目，120 个市级重点建设项目完成投资 417 亿元、为年度计划的 114.7%；全市工业投入总量破千亿，达 1145.7 亿元、增长 18%，继续保持全省第二。一批龙头型、基地型产业项目快速推进，王子制纸、LNG 接收站、熔盛海工基地以及宝钢合金钢技改、通能精机、综艺光伏太阳能等项目开工建设，中远川崎扩建、熔盛造船、晓星超高压变压器、联海生物等项目竣工投产，中远船务海工基地、蓝星化工二期、振华南通产业基地、醋纤五期等项目取得实质性进展。积极有效应对，着力营造区域发展的良好环境。针对年初雨雪冰冻灾害造成的煤电油运紧约束，强化生产要素的调度供应，保障了重点行业、重点企业有序正常运转。针对上半年宏观调控的紧环境，着力化解融资、用地、项目审批等难题，全年新增贷款 266.6 亿元、增长 18%，报批建设用地 36046 亩，25 个重大项目通过国家、省立项审批。针对 9 月份以来国际金融危机影响不断加深的严峻形势，坚决贯彻中央、省扩大内需的政策措施和市委关于"防下滑、保增长、抓转机、促发展"的决策部署，及时研究出台了扩大内需、促进经济增长的十项措施。应对纺织服装、房地产等行业的下滑趋势以及中小企业的运行困难，有针对性地制定出台 26 个政策性文件，保持了重点行业和中小企业稳定发展。通过全市共同努力，延续了又好又快发展态势。GDP 增幅高出全省 0.8 个百分点；一般预算收入增幅高出全省 2.9 个百分点；规模以上工业增加值增幅高出全省 2.8 个百分点、列沿江八市第一，工业产销率连续四年保持全省第一；进出口增幅高出全省 18.4 个百分点。各县(市)竞相发展，财政总收入均突破 30 亿元，通州、海门、启东、如皋四市一般预算收入均突破 16 亿元、进入全省 15 强，如东、海安二县一般预算收入增幅均超过 30%。省定全面小康的 18 项 25 个指标我市预计有 20 个达标。

(二)突出江海联动开发，推动产业优化升级。二三产业增加值占 GDP 比重达 92.1%，提高 0.3 个百分点。促进沿江沿海优势产业布局。编制完成《南通市沿海开发规划》。进一步推动船舶修造及配套、海洋工程、港口机械、精细化工、新能源、粮油食品等临港临海型产业在沿江沿海集聚。船舶修造及配套产业实现产值 629.2 亿元、增长 54.2%，规模以上造船完工量 307 万载重吨、增长 37.1%；沿海新能源产业发展强劲，已建、在建 6 个风电项目总装机容量 61.2 万千瓦。临港临海优势产业的集聚，改变了产业发展对部分传统行业依赖过大的局面，装备制造实现产值突破 2000 亿元、增长 44.4%，精细化工实现产值 565.8 亿元、增长 34.1%，占规模以上工业比重分别提高 4.9 个、0.5 个百分点；促进了企业规模扩张，年销售收入超 20 亿元的企业达到 29 家，其中 50 亿元以上 9 家；推动了产业集约发展，13 个省级以上开发园区以全市 3.1% 的面积，创造了全市 43.2% 的 GDP、38.2% 的财政收入、52.9% 的固定资产投资、80.8% 的到账外资，投资强度提高到 228 万元/亩、增长 8.5%。扎实抓好自主创新和节能减排。全社会科技投入 86.7 亿元，其中研发投入 36.4 亿元。高新技术产业实现产值 1438 亿元、增长 47.2%，占规模以上工业比重提高 3.7 个百分点。新认定省级高新技术企业 88 家，新增省级企业工程技术研究中心 18 家。新增科技软件园区和孵化器面积 21 万、增长 168%。实施重大产学研合作项目 230 项，培育产学研示范企业 556 家。获得省科技进步一等奖 2 项。专利申请量 1.41 万件、居全省第二。南通家纺市场荣获"世界知识产权组织版权创意金奖"。"人才特区"建设深入推进，新增博士后科研工作站 7 家、省级引智示范基地 2 家。加大节能减排力度，COD、SO2 排放量分别削减 3.86% 和 11.41%，万元 GDP 综合能耗下降幅度超额完成省下达目标。连续 17 年保持耕地占补平衡。成为国家级节水型社会建设试点市。大力推进环境基础设施建设，建成污水处理厂 20 座，新增日处理能力 30.95 万吨；90%的发电机组完成脱硫改造，新增脱硫能力2万吨；日处理能力全省第一的如皋垃圾热电联产项目建成投运。大力推进重点行业、重点区域环境整治，提前完成省定关闭150家小化工企业目标。“城市环境综合整治定量考核”连续5年位居全省第一。大力发展服务业。重点发展现代物流、金融、软件、服务外包等生产性服务业，加快发展商贸流通、餐饮、旅游等生活性服务业，服务业增加值增长15%，2002年以来首次超过GDP增幅。全社会物流总量2.68亿吨、增长9.8%，南通港货物吞吐量增至1.32亿吨；市区改建、新建高星级酒店8家；实现旅游总收入150亿元、增长24.2%，获“中国最佳生态旅游城市”称号。

（三）突出激发经济活力，进一步扩大对内对外开放。保持开放型经济全省第一方阵地位。加大招商引资力度，先后举办港洽会和深圳、北京、上海、日韩系列招商活动，全市新增工商登记注册外资55.6亿美元，注册外资实际到账29.4亿美元，分别列全省第二、第三；新批项目平均单体规模提高21.5%，新批装备制造和电子信息类项目占比提高2.2个百分点。强力推进外资重点项目，总投资17.5亿美元的35个项目竣工投产，总投资50.1亿美元的102个项目建设进展顺利，现有外资企业累计增资10.3亿美元。转变外贸增长方式，进出口总额166.9亿美元，其中出口117.5亿美元，分别增长30.6%、30.3%，机电、高新技术产品出口占比分别提高4个、3.2个百分点。拓展外经合作领域，完善外派劳务管理机制，新外派劳务1.43万人，新批境外投资项目14个，对外劳务承包营业额等主要指标连续13年保持全省第一。海事、海关、国检、边检等单位整体联动，口岸环境不断改善，如皋港获批为国家一类开放口岸。外事、侨务、对台事务等工作在扩大开放中发挥了积极作用，新缔结国际友城2个。推动跨江联动、接轨上海。在省委、省政府的关心推动下，我市与新加坡、苏州签订合作意向，在苏通大桥北侧联合开发建设中新·苏通生态产业园，这对进一步扩大开放、引领南通新一轮发展具有重要意义。与上海在产业发展、人才引进、产学研合作等方面签订11项战略合作协议，上海外高桥启东产业园开工建设。继续争创江苏民营经济第一大市。个体工商户总数突破30万户，私营企业注册资本突破2500亿元、保持全省第二，民营经济入库税金占全市比重突破60%。做强优势板块，新增销售收入超100亿元特色板块3个，总数达8个；建筑业施工产值突破1500亿元，新增“鲁班奖”4项。做大单体规模，新增营业收入亿元以上民营工业企业134家。做多优势品牌，继续推进“名企名品名人”工程，申报中国名牌产品14个、新增驰名商标8件。

注重扩大与央企合作，落户南通的中央国有大企业新开工项目10个，总投资182亿元。注重发挥地方国有资本带动作用，组建南通国有置业集团公司，市属国有资产经营公司资本营运能力日益增强。注重引进更多金融机构落户南通，招商银行、中信银行在通设立分行，上海浦发银行南通支行升格为分行。注重推动企业上市，1家企业成功上市，2家企业通过首发或重组审核，33家企业进入上市轨道。注重事业单位资源整合，市属公益型事业单位改革既定任务基本完成。行业协会、商会作用进一步强化。

（四）突出重大基础设施建设，不断提升城市功能。加快构建现代基础设施体系。崇启大桥和海洋铁路开工建设，沪通铁路通过国家立项，兴东机场改造升级规划获批，崇海大桥、宁启铁路宁通段复线电气化改造等前期工作取得重要进展。江海高速、204国道改扩建、334省道改造等工程快速推进，221省道启东和海安段、225省道如东段开工建设。洋口港陆岛通道、太阳岛二期、万吨级重件码头等工程全面完成，吕四港进港航道一期工程竣工，冷家沙海域综合开发前期研究工作启动。西北片引江区域供水工程基本完成，新增受益人口100万人。不断提高城市建设和管理水平。统筹推进中心城市与县（市）城、中心镇建设，修编形成《南通市城市总体规划（2008－2030）》，市区和六县（市）城分别完成城建投入53亿元、46.8亿元。

继续拉开市区道路框架，滨江大桥等18项重点工程竣工。加快重点区域建设和改造，新区核心区开工面积超过110万，能达商务区建设启动；老城区污水管网改造加快实施，“名品濠河”建设深入推进；北翼新城建设步伐加快，唐闸、天生港地区保护性改造工程启动。大力发展城市公用事业，实施狼山水厂扩建和居民二次供水设施改造，新增公交车100辆。优化城市环境，市区新增绿地260公顷。全面加强城市管理，市级数字化城管平台基本建成。强力推进文明城市创建，城市形象进一步提升。

（五）突出农民增收，着力推进“民富、村美、风气好”的新农村建设。深入推进农民收入倍增工程，农民人均纯收入连续五年保持两位数增长。大力发展现代高效农业。粮食单产创历史新高，高效农业面积和占比继续保持全省领先，“三资”开发农业投入增长30.6%，新建高效农业规模化示范区8个，新增省级以上龙头企业5家。新增无公害农产品48个、绿色食品25个、有机农产品9个，改造中低产田17.75万亩，农业综合开发和农机装备水平进一步提高。大力推动农村综合改革。土地适度规模经营有序推进，新增流转土地6.51万亩。农村三大合作组织新增630家、增长63.5%。组建农村合作银行1家、小额贷款公司2家，农业政策性保险领域和规模不断扩大。大力改善农民生产生活条件。农村新五件实事工程实施情况良好。新增安全饮水人口25万人，新增造林面积34.3万亩、森林覆盖率提高1.4个百分点，农村垃圾集中处理率提高到73%，农村改厕年度任务超额完成。农民集居区规划建设有序推进，新增建筑面积560万，入住农户3.5万户。村级公共服务中心实现全覆盖，新办为农服务社168家。农村文明创建活动深入开展，基层组织建设进一步加强。

（六）突出加强公共服务和维护社会稳定，着力保障和改善民生。努力办好社会事业。加大财政对教育的支持力度，城乡免费义务教育全面实施，义务教育债务化解任务全面完成，全市教育财政投入41.27亿元、增长22.7%，增幅高于全市财政经常性收入1.9个百分点。大力推进区域教育现代化建设，积极推动义务教育均衡发展，5个县（市）区达到省教育现代化建设标准。高中阶段教育毛入学率提高5.4个百分点、达92%，高考本一、本二上线率等多项指标列全省第一。南通大学本科教学被教育部评为优秀。中等职业教育基础能力建设进一步加强，南通商贸高等职业学校新校区扩建工程开工。加快完善城乡公共卫生和医疗服务体系，市区社区卫生服务中心实现全覆盖，农村三级卫生服务网络基本形成，传染病发病率稳定下降。加大“无红包医院”创建力度，挂牌成立市区医疗纠纷调处中心，医患关系进一步改善。人口和计划生育工作进一步加强，在稳定低生育水平的同时，严肃查处了一批违法生育行为。进一步推进文化建设。新增国家一级博物馆1家、一级文化馆5家、国家级非物质文化遗产保护项目4个、中国民间文化艺术之乡6个,环濠河文博馆群增加3个新馆。乡镇文化站、村文化室普及达标率分别达94%和79%,新建农家书屋769家。全市有线电视用户新增17.3万户,市区有线电视实现数字化整体转换。"全民健身与奥运同行"主题活动深入开展,成功举办市九运会;8月12日南通健儿在北京奥运会上创造了"一日三金"的历史辉煌,我市设立"南通体育日"。进一步强化城乡就业和社会保障。实施更加积极的就业政策,城镇登记失业率连续10年低于全国、全省水平,90.2%的城镇社区建成充分就业社区;农村劳动力转移新增4.5万人,总数继续保持全省领先。全市城镇基本养老、基本医疗、失业保险覆盖率均稳定在97%以上,新型农村合作医疗参保率达98.3%,市区城镇居民医疗保险基本实现全覆盖。住房保障体系进一步健全,拆迁安置房开工、竣工面积均为历年最多。城乡低保标准继续提高,并为全部城乡低保对象发放物价补贴,农村五保户集中供养率提高4个百分点,农村大病医疗救助全面实施。市区失地农民基本生活保障标准再次提高。老龄事业加快发展,职工权益维护、妇女、儿童、青少年、残疾人、关心下一代、老区扶贫开发、见义勇为、法律援助、红十字和慈善等工作进一步加强。着力维护社会稳定。平安南通、法治南通建设深入推进,矛盾纠纷调处率、刑事案件破案率和社会公众安全感满意率保持全省领先,获省社会治安安全市、社会治安综合治理工作先进市称号,9个县(市)区再次全面进入"社会治安安全县(市)区"行列;"五五"普法通过省中期考核验收。信访渠道进一步畅通,矛盾纠纷排查化解机制和大防控体系、大调解机制不断完善。安全生产事故起数和死亡人数连续7年双下降。社会应急管理体系初步形成。市场价格和食品药品监管扎实有效。国防教育、民兵预备役、优抚安置、人防(民防)、国家安全工作取得新成绩,我市连续13年被省政府评为征兵工作先进单位,实现全国双拥模范城"四连冠"。民族、宗教、地方志、统计、机关事务管理、气象、防震、无线电管理、档案、保密、新闻出版、哲学社会科学等工作得到加强。

过去的一年,全市人民全力支援地震灾区抗灾救灾和恢复重建,派出救援人员1000多人次,建成交付过渡安置房2555套,接收并全部治愈伤员99名,接收就读学生303名,社会各界捐款捐物近3亿元,对口支援绵竹新市镇恢复生产、重建家园,第一批总投资9984万元的3个援建项目快速推进。

过去的一年,我们积极应对复杂多变的发展环境,不断转变政府职能,努力加强自身建设。进一步深化机关作风建设,继续争创全省最佳办事环境。削减审批事项,推进基建项目网上并联审批和电子政务二期工程,提高服务效能。坚持重大项目办公会和大企业会办会等制度,建立健全"12345"政府服务热线、市长信箱、人民来信来访"三位一体"的服务机制,着力强化对重大项目的推进服务,解决好各类企业发展难题和群众反映强烈的突出问题。完善绩效考评制度,强化目标责任管理,狠抓督办查办,提高落实成效,133项年度重点工作全面完成。加强调查研究,完善科学民主决策机制,28项重点调研课题成果全部转化为解决实际问题的政策意见和工作举措。强化政府法制建设,完善行政复议、应诉制度。深入推进政务公开,抓好行政权力网上公开透明运行。自觉接受市人大及其常委会的法律监督、工作监督和市政协的民主监督,认真执行人大及其常委会决议,支持政协履行职能。高度重视并切实抓好人大代表议案、政协建议案和人大代表建议、政协委员提案办理工作,代表、委员满意基本满意率分别达98.2%、98.4%。坚决落实中央和省关于艰苦奋斗、厉行节约的各项要求,市级机关公用经费支出减少5%。深入开展廉政教育主题活动,强化审计监督,领导干部廉洁自律意识得到增强。

回顾过去的一年,所取得的成绩是省委、省政府和市委正确领导的结果,是全市人民和衷共济、奋力拼搏的结果。在此,我谨代表市人民政府,向广大干部群众,向人大代表、政协委员和离退休老同志,向各民主党派、工商联、各人民团体和各界人士,向人民解放军、武警驻通部队官兵、公安干警和部、省驻通单位,向所有关心和支持南通发展的海内外朋友,致以崇高的敬意和衷心的感谢!

回顾过去的一年,我们也深深地感到,政府工作中还存在不足,社会公共管理还存在薄弱环节,一些政府工作人员服务意识和能力还有待增强,在政府系统还存在不正之风甚至腐败现象。同时,我们还清醒地看到,自主创新能力和产业竞争力还不强,转变经济发展方式的任务还很重;经济发展面临的深层次矛盾还比较多,制约我市经济发展的体制性、结构性矛盾依然存在,经济增长的要素、资源瓶颈制约仍较突出;经济下行压力加大,工业增速回落,部分企业生产经营困难、经济效益下滑,财政减收增支因素明显增多;就业形势趋紧,城乡居民增收难度加大,部分居民生活比较困难,保障民生、维护社会稳定的任务更加繁重。对此,我们将始终保持清醒头脑,时刻忧患在心,充分准备,积极作为,尽最大的努力,争取最好的结果。

二、2009年目标任务

今年是新中国成立60周年,也是我市实现全面小康目标的决胜之年。做好今年政府工作,意义十分重大。尽管国际金融危机对我国经济的影响还在加深,今年将是本世纪以来经济发展最为困难的一年,但应看到,国家实施扩大内需的一系列政策措施为我们创造了更为宽松的发展环境;长三角一体化进程进一步加速,江苏沿海开发上升为国家战略,特别是大桥大港的建成,为我们提供了更多的发展机遇;南通多年形成的产业基础以及政通人和的良好发展氛围,都极大增强了我们应对挑战风险的能力,南通已站在一个新的历史发展起点上,"危中更有机、难中可攀高",我们对"扎实保增长、全面达小康"充满信心。

今年政府工作总体要求是:以邓小平理论和"三个代表"重要思想为指导,以科学发展观统揽全局,全面贯彻党的十七大、十七届三中全会精神,按照省委、省政府和市委一系列决策部署,牢牢把握"扎实保增长、全面达小康"工作主线,把保持经济平稳较快发展作为首要任务,把在江北率先以市为单位实现全面小康作为决胜目标,力争以县为单位实现全面小康建设"满堂红",抢抓桥港时代新机遇,把握国家扩大内需新契机,坚定信心,难中攀高,加快经济结构调整和发展方式转变,提高国际竞争力;加大城乡区域统筹力度,提升协调发展水平;深化改革开放,增强发展活力和动力;切实改善民生,维护社会和谐稳定,全力推进经济社会又好又快发展。

综合考虑各种因素,今年全市经济社会发展的主要预期目标是:GDP增长11%、力争12%;完成或超额完成省下达节能减排工作指标;地方一般预算收入增长12%以上;全社会固定资产投资增长17%以上;外贸进出口总额增长10%以上;社会消费品零售总额增长16%;城镇居民人均可支配收入、农民人均纯收入分别增长10%和9%;居民消费价格指数涨幅控制在4%左右;城镇登记失业率控制在4%以内;人口自然增长率控制在零左右。

围绕上述要求和目标,我们将重点抓好六个方面工作:

(一)把扎实保增长作为首要任务。千方百计扩大内需,培育新的增长点,确保主要经济指标增幅继续高于全省平均水平。

加大有效投入保增长。重点抓好90个总投资1279亿元的续建项目、90个总投资856亿元的新开工项目、90个总投资2525亿元的前期项目,力争市级重点建设项目完成投资529亿元。加快重大基础设施项目建设,力争沪通铁路、宁启铁路宁通段复线电气化改造早日开工;抓好崇启大桥、海洋铁路、江海高速和洋口港、吕四港港区设施建设,兴东机场升级改造,以及204、328国道和221、225、334、226省道改扩建;做好崇海大桥、宁启铁路通启段、如皋港铁路、海启高速、临海高等级公路等项目前期工作;推进焦港船闸建设和电力过江通道规划建设。加快重大产业项目建设,重点推进中远船务海工基地、中集大型储罐等项目早日投产,王子制纸、LNG接收站、吕四大唐电厂、熔盛海工基地、振华港机重型钢结构等项目加快建设,华能和天电"上大压小"、海门国电、蓝星化工二期、醋纤五期等项目尽快获批开工;扎实抓好总投资271亿元的70个市级服务业项目,尽早启动沙钢冶金物流园、沿海煤炭集配基地等生产性服务业项目,快速推进南通大饭店扩建、中南国际广场、润华国际中心等13个高星级酒店项目。加快重大民生工程项目建设,重点推进市民服务中心、社会福利中心、图书馆新馆、报业新闻传媒中心、第六人民医院、中医院综合楼等项目。加强对政府投资的监管,引导和扩大社会投资,提高投资质量和效益。

扶持企业保增长。积极落实并指导企业用好财税、信贷、出口等各类扶持政策,有针对性地帮助企业救急解难。减轻企业运行负担,实施增值税转型改革让利12亿元,落实60项减免税费措施,全面清理涉企收费,帮助企业增强信心、渡过难关。拓宽企业融资渠道,进一步完善银政企合作机制,引导金融机构多授信、多放贷,力争各类金融机构贷款增幅高于全省2个百分点以上;帮助企业加大短期融资券、中期票据的融资力度,积极推动发行企业债券。扶持中小企业和优势企业发展,设立总规模3亿元的创业投资引导基金,充实扩大中小企业互助基金规模,加大对中小企业的扶持力度;市本级财政安排3亿元企业发展专项资金,全市重点培育新增销售收入5000万元以上企业200家,扶持1500家高增长、有品牌、有市场、自主创新能力强的企业加快发展,力争新增规模以上企业200家、总数突破6000家,其中新增销售收入超亿元工业企业50家、总数超过1100家。

扩大消费保增长。增加收入促进消费。落实有利于就业、创业的财税、担保等扶持政策,加大社会保障力度,提高中等收入者比重和困难群众生活补助,增加城乡居民工资性、财产性和经营性收入。培育市场拉动消费。加大政策落实力度,统筹推进保障性住房、普通住房、商办用房建设,积极搞活二手房市场和住房租赁市场,全力保持房地产业平稳健康发展。稳定汽车等大宗消费,大力发展社区商业、物业、家政等服务性消费,积极开发旅游、文化、体育健身和创意产业等热点消费,促进消费结构升级。优化环境推动消费。鼓励和引导诚信消费,规范和发展信贷消费。建立健全流通网络和服务体系,大力推进"万村千乡"市场工程和"家电下乡"工作,积极开拓农村消费市场。

(二)紧扣全面达小康目标,统筹城乡、区域协调发展。全面达小康是市第十次党代会的重大决策和本届政府的郑重承诺。我们要建设的全面小康是不含水分、群众得实惠、老百姓认可的高水平全面小康。全面达小康,重点在县(市),难点在农村。大力发展县域经济。支持已经达到全面小康标准的县(市)对照更高要求,巩固成果,提升水平;帮助今年计划达标的县(市)对照薄弱环节,加大攻坚力度,力争如期达标。促进各县(市)依托自身特色资源,放大比较优势,做大做强特色经济。强化对城镇建设的分类指导,促进县(市)城向现代化中等城市发展,加强重点中心镇培育,加快建设一批临港新镇、工贸强镇、旅游名镇,增强城镇综合承载能力和农村发展带动能力。深入推进"民富、村美、风气好"的新农村建设。落实惠农强农政策,增加公共财政对"三农"的投入,促进农业不断增效、农民持续增收、农村和谐发展。深入实施高效农业规模化"133行动计划"和设施农业"863"工程,新增净收益2000元以上高效农田25万亩,其中设施农业7万亩。大力发展品牌农业,建成省级农业标准化示范区4个。健全农村服务体系,强化农业资源综合开发,提升农业技术和农机装备水平,主要农作物生产综合机械化水平达80%以上。坚持农村基本经营制度,鼓励和促进土地承包经营权依法流转,推进"万顷良田建设工程"试点和农业适度规模经营。大力发展农村三大合作组织,提高农民组织化程度。落实国家和省要求,增加对种粮农民直接补贴、良种补贴、农机具购置补贴、农资综合补贴。大力发展村级集体经济,严格控制村级负担,积极化解村级债务。扩大村民自治范围,加强农村新社区建设,提升农村文明程度。抓好扶贫和老区开发。着力统筹城乡发展。加快城乡规划、产业布局、基础设施、公共服务和劳动就业"五个一体化",促进城乡共同进步。办好新一轮农村六件实事,加强农村道路、供电、供水、通信、环境等基础设施建设,全面发展农村教育、文化、卫生等社会事业。深入推进生态市创建,加强农村面源污染治理和环境综合整治,完善生活垃圾统一收集、集中处理机制,改造农村厕所15.6万座;推进"四沿"绿化和村庄绿化,加强农田林网建设,力争森林覆盖率达20%;开工建设15个污水处理项目、新增日处理能力20万吨,生活污水集中处理率提高5个百分点;抓好饮用水源地环境保护,确保功能区水质达标;推进海洋环境综合整治;加强基层生态创建,力争30个镇基本达到全国环境优美乡镇考核标准。

(三)提升江海联动开发的层次和水平,促进产业升级转型。加大沿江沿海优势产业布局力度。认真实施《南通市沿海开发规划》,推动生产力布局向沿海拓展,重点发展能源、石化、冶金、现代物流等产业。健全江海优势产业发展平台的共建共享机制,促进企业、项目向省级以上开发区和重点产业园区集中。加强江海资源的深度整合和综合利用,科学利用岸线、滩涂资源,重点加快新通海沙围填整治和长江北支、天生港水道整治开发,抓好横港沙、如皋沙群开发利用和冷家沙海域综合开发前期工作,推进洋口港北水道20万吨级航道和吕四港10万吨级航道研究设计。提升先进制造业发展水平。调高层次,推进主导产业高端化。围绕装备制造、电子信息、精细化工等主导产业,促进产业链向高端攀升。认真落实国家装备制造业振兴计划,重点发展超大型船舶、特种工程船舶修造及配套和海洋工程、港口机械、电力设备、金属制品等,力争产值占规模以上工业比重提高2个百分点。调大总量,推进新兴产业规模化。大力发展新材料、新能源、新医药以及环保等新兴产业,实现产值占规模以上工业比重提高到5%。调优质态,推进传统产业品牌化。积极运用先进适用技术改造传统产业,打造纺织服装、粮油食品、冶金建材等行业优势品牌,重点发展家用纺织、现代服装服饰、高档面料,提高市场竞争力。积极推进自主创新和节能减排。力争高新技术产业产值占规模以上工业比重达29%。加大研发投入,培育科技创新主体,新增市级以上企业工程技术研究中心250家。实施重大产学研合作项目200项,新增科技孵化器面积100万。加强具有产业特色的公共技术服务平台建设。办好"人才特区",更多引进高层次、高技能人才。深入推进百家重点用能企业节能工作和节能减排全民行动。继续实施节能和循环经济"双百"工程、"310"资源节约和清洁生产示范工程。抓好36个已建污水处理厂的管网拓展工程,提高实际处理负荷率。市区实现姚港化工区三类企业全面停产,加快钢丝绳热处理中心建设。坚持最严格的耕地保护和节约用地制度,提高土地资源利用效率。更大力度推动服务业发展。力争服务业增加值增幅高于GDP增幅1个百分点。重点发展现代物流、金融保险、服务外包、商务会展等生产性服务业。加快重点物流园区规划建设,扶持现代物流大企业发展,提高物流增加值,力争全社会物流总量达2.7亿吨。大力发展滨海、乡村、地域文化等特色旅游,加快狼山、濠河创建5A级景区步伐,推进苏通大桥观景台、陈氏花园等一批旅游项目建设,着力打造长三角新兴旅游休闲胜地。积极推进21个服务业集聚区和区域性大型农产品批发交易中心建设。优化服务业发展环境,加大财税、规划、土地、用房、价格等政策支持,引进更多优质品牌,更新服务业态,加速服务业提档升级。

(四)进一步扩大开放、深化改革。快速启动、扎实推进中新·苏通生态产业园开发建设。加快建立高层协调推进机制,提升合作开发模式,编制开发园区规划,力争5月份奠基开工,并快速启动核心区建设。以加强与上海和苏南开发园区跨江合作为重要抓手,全力推动开发园区争先晋位、主要指标在全国全省排名前移,力争13个省级以上开发园区GDP、财政收入和实际利用外资占全市比重分别提高2个、4个、2个百分点。着力提高招商选资水平。更加注重引进产业关联度高、上下游配套能力强的优势项目,重点推进能够发挥南通比较优势的先进制造业、现代农业、生产性服务业招商。更加注重引进龙头型、基地型、带动力强的重特大项目,力争引进总投资1亿美元项目5个、全球500强投资项目10个。更加注重瞄准重点区域、重点企业招商,紧盯日本、韩国、东南亚、台湾等区域,紧盯世界级、国字头大型企业,紧盯现有外资企业,精准化出击,确保注册外资实际到账20亿美元。更加注重专业队伍建设,加强人才配备和技能培训,提高招商的有效性和成功率。努力保持进出口稳定增长。充分利用国家提高出口退税率和推进增值税转型改革的契机,增强船舶、化工、家纺等行业出口产品竞争力,提高机电和高新技术产品出口比重,重点培育出口超1000万美元大户200家,巩固传统市场,开拓新兴市场。抓住国际大宗商品价格处于相对低位的有利时机,扩大国外先进技术、关键装备和紧缺资源进口。推进劳务分包向工程总承包转变,保持外经营业额稳定增长。加快实施"走出去"战略,力争新批境外投资企业15家。不断提升民营经济发展层次。继续争创江苏民营经济第一大市,推动全民创业,保持私营企业总数及注册资本全省第二。着力培育板块经济,力争新增超百亿元板块2个,每个县(市)培育特色产业板块3-5个。以南通家纺城、海门叠石桥等专业市场建设为重点,打造具有国际竞争力的家纺板块。利用国家扩大内需和建筑市场重新洗牌的契机,打造全国一流建筑强市,实现施工产值1700亿元以上。着力放大"三名"效应,争创中国名牌和驰名商标10件以上,力争营业收入超50亿元民营企业达10家。着力推动企业上市和优势企业购并重组。推进民营经济国际化,鼓励民营企业"走出去"。深入推进重点领域和关键环节改革。贯彻实施《企业国有资产法》,推动国有企业产权制度和管理体制创新,完善风险防范和内控机制。加快投融资体制改革,引导和鼓励民间资本扩大投资领域。深化农村合作金融机构改革,推动农村信用社组建商业银行。推进小额贷款公司县(市)全覆盖,扩大农村抵押担保贷款范围,完善农业政策性保险制度。全力支持金融机构做大做强,鼓励和吸引更多的市外金融机构落户南通。进一步探索"管办分离"路子,巩固公益型事业单位改革成果。

(五)增强中心城市集聚和辐射功能。着力做大做强市区,放大与上海的同城效应,充分发挥中心城市对各县(市)的辐射带动作用。进一步优化市区空间结构。按照"两轴三区四带"城市空间结构要求,深化和完善城市总体规划、综合交通规划、历史文化名城保护规划,加强城乡结合部规划控制和引导。加快新城区建设,重点抓好中央商务区、开发区能达商务区建设,引导优质资源向新区集聚,促进新区东拓、南接、西连和北优。提升老城区环境品质,启动南大街地下空间利用工程,推进3个片区危旧房改造和4个老小区综合整治,开工改造10个"城中村"。以北城大桥开工建设为契机,加大长华路两侧和火车站站前区开发建设力度,加快形成北翼新城核心区雏形。进一步完善中心城市功能。组织实施100个城建项目,力争投入突破100亿元。着力增强城市交通功能,重点围绕"便捷、快速、顺畅"目标,以绕城高速为依托,开工建设通沪大道高架、东快速路等6项工程,加速构建"一轴一环八射"快速路系统,实现30分钟出城;拉开道路框架与完善路网结构并重,加快骨干道路和支路建设,大力发展城市公交,优化道路交通组织管理,改造重点交通节点,缓解老城区部分地段拥堵问题。着手开展市区轨道交通前期研究。完善市区污水处理、供水、照明、停车等公共设施。进一步放大"五城同创"效应。以推进数字化城管为手段,以加强交通秩序管理、车辆停放管理、小区物业管理为重点,健全"五城同创"长效管理机制,全面提高城市综合管理水平。打造"名品濠河",加大濠河周边地区环境整治和功能配套力度;开辟濠河引水第二通道,疏浚整治市区河道12条段。市区新增绿化面积300公顷。抓紧实施寺街·名人文化区、南通·1895等历史文化保护工程,彰显近代文化特色,体现地方传统风貌,提升城市文化品位,推动"中国近代第一城"焕发新气象。

(六)更好保障和改善民生,加强社会建设和管理。着力促进就业。落实社会保险补贴和税收减免政策,鼓励生产企业和服务业更多吸纳就业,力争新增城镇就业7万人。推进充分就业社区创建,加强对下岗失业人员、返乡农民工、高校毕业生的培训,鼓励自主创业、自谋职业,以创业带动就业。加大财政购买公益性就业岗位和就业援助力度,完善零就业家庭动态清零长效机制。加强村级就业服务体系建设,促进农村劳动力转移就业。健全完善覆盖城乡居民的社会保障体系。进一步扩大城镇职工基本养老保险、基本医疗保险覆盖面。推动农民工参加工伤保险和医疗保险,力争工伤保险实现市级统筹。完善失业保险制度,及时做好关闭破产企业新失业人员、退休人员的生活保障。进一步完善被征地农民基本生活保障制度。完善住房保障体系,加快市区拆迁安置房、廉租住房、经济适用房、外来务工人员宿舍等保障性住房建设,确保投入不少于40亿元,对申请实物配租的低保住房困难家庭"应保尽保"。着力构建城乡新型救助体系,建立市区城镇老年居民养老补贴制度,加强临时和应急救助,提高农村五保户供养水平。进一步提高城乡低保补助标准,提高企业退休人员养老金以及优抚对象等人员抚恤和补助标准。支持慈善会和红十字会工作,鼓励慈善捐助和人道救助事业。继续实施脱贫攻坚工程,力争农村贫困人口减少10万人。更加重视发展老龄和残疾人事业,深入开展法律援助,保障妇女儿童和弱势群体合法权益。全力维护社会平安稳定。以"长安"新理念,严格领导责任、部门责任和单位责任,全面落实维护社会平安稳定的各项措施。大力加强社会治安综合治理,强化城乡社区建设、服务和管理,进一步巩固社会矛盾纠纷大调解机制和社会治安大防控格局,严厉打击各种违法犯罪活动,强化防范和处理邪教工作,提升平安南通、法治南通建设水平。高度重视做好新形势下的信访工作,强化领导干部下访和包企包案工作,定期排查、及时发现和处理苗头性问题,有效防范企业停产、征地拆迁、工程欠款、涉法涉诉等问题引发的群体性事件。加强外来人口服务管理。健全完善应急管理机制,加强社会应急资源整合,增强对重大突发事件的处置能力。严格安全生产责任制,强化道路交通、海洋渔业、化工、消防、建筑等领域专项整治;突出企业业主安全生产责任制,严厉打击各种违法违规生产经营行为,坚决防止重特大安全事故。进一步整顿和规范市场秩序,切实做好价格监管和市场调控。健全食品安全长效管理机制,提高食品动态安全监测水平。加快发展社会事业。积极推动教育高位持续发展。制定教育中长期改革发展规划,进一步落实促进教育发展的有效措施。完善教育投入保障机制,推动"规范教育收费示范县(市)区"创建。加快区域教育现代化进程,力争全市基本达到区域教育现代化标准。深入实施素质教育,推进义务教育均衡发展,在义务教育学校实施绩效工资。所有普通高中达到三星级标准。加快特殊教育合格学校建设。力争60%的幼儿园建成省优质幼儿园。优化职业教育专业设置,加快商贸高职新校区建设和工贸技校扩建,提升职业教育发展水平。积极支持南通大学内涵发展。坚持基本医疗的公益性质,有序推进基本公共卫生服务均等化,推动公立医院补偿机制改革,重点办好县级医院、农村社区卫生服务中心,健全完善农村三级医疗卫生服务网络,强化重大疾病预防控制,市区全面实行社区卫生服务机构基本药物销售零差价。积极推进中医药事业健康发展。加快发展妇幼卫生事业。加大"无红包医院"创建力度,构建和谐医患关系。推进乡镇文化站、村文化室和"农家书屋"全覆盖,市区新建文艺之家。围绕庆祝新中国成立60周年,创作一批精品力作。加强历史文化遗产和非物质文化遗产保护。加强文化对外交流合作,承办尼泊尔第四届"中国文化节"活动。扶持文化产业发展。启动县(市)有线电视数字化整体转换工作,力争完成率超过30%。推进全民健身中心建设和市儿童业余体校训练馆改建工程,认真组织全民健身月和南通体育日系列活动。完善计划生育利益导向机制,继续稳定低生育水平。做好第二轮修志工作。继续加强哲学社会科学、关心下一代、统计、档案、无线电管理、保密等工作。进一步提升社会文明程度。以成功创建全国文明城市为新起点,继续弘扬精神文明"南通现象"和新时期南通精神,大力开展群众性精神文明创建活动,深入实施公民道德建设工程和公民素质提升计划,加强社会公德、职业道德、家庭美德和未成年人思想道德建设。进一步加强基层民主建设,保障人民依法行使民主权利。继续加强民族、宗教、侨务、对台、人防(民防)、国防教育、征兵、民兵预备役、"双拥"、优抚安置、国家安全、机关事务管理、气象、防震减灾等工作。

今年我们将继续集中财力物力,为民办好一批实事。各级财政安排28.49亿元,带动社会投资42.17亿元,兴办医、食、住、行、就业、养老、区域供水等方面的12件26项实事(见附件二),努力让发展成果实实在在惠及更多老百姓。

难得的机遇和严峻的挑战对政府工作提出了更高要求。我们将以开展学习实践科学发展观活动为动力,进一步转变政府职能,更加负责地担当起"扎实保增长、全面达小康"的重任。*大力提升工作创造力。*不断解放思想,强化服务经济、服务企业的能力,把中央精神和地方实际紧密结合好,有针对性地完善扶持产业发展、推进项目建设的政策举措,支持开发园区实行精简高效的管理模式;创新重大项目领导办公会、重点企业会办会等机制,以解决实际问题作为检验部门服务成效的标准,更加扎实有效地帮助化解好立项报批、项目用地、企业融资、征地拆迁等难题;优化行政审批流程,推进网上并联审批,强化限时办结,促进审批提速。强化服务群众的能力,提升"12345"政府服务热线、市长信箱、人民群众来信来访的服务质量,加强各类服务平台资源整合、整体联动。继续推进政企分开、政资分开、政事分开、政府与市场中介组织分开,充分发挥行业协会、商会作用,努力为市场主体创造良好发展环境、提供优质公共服务。*切实增强行政执行力。*强化督办查办,加大重点工作、重大项目和重要民生问题的跟踪督查力度,确保政令畅通。强化行政问责,加大责任追究力度。强化绩效考核,探索建立科学的政府绩效评估体系和经济社会发展综合评价体系,加大绩效审计和效益审计力度。强化调查研究,政府重要政策、重要决策、重大事项,特别是涉及民生的重大问题,没有深入调研不决策,没有方案比选不决策,没有科学论证不决策。*不断提高政府公信力。*坚持依法行政、阳光行政、廉洁行政,树立"为民、务实、清廉"的良好形象。进一步落实国家和省关于加强市县政府依法行政的法规要求,严格按法定权限和程序履行职责,推进政府各项行政管理规范化、法治化。深化政务公开,完善信息公开和新闻发布制度,加快电子政务二期工程建设,确保行政权力网上公开透明运行年内推进到位,切实保障公众的知情权、参与权、表达权和监督权。深入贯彻《监督法》,自觉接受人大及其常委会的监督,主动接受政协的民主监督,广泛听取各民主党派、工商联、无党派人士意见,充分发挥工会、共青团和妇联等人民团体在构建和谐社会中的积极作用,主动接受舆论监督和社会监督。高度重视办好人大代表议案、政协建议案和人大代表建议、政协委员提案。建立健全惩治和预防腐败体系，坚持从源头上惩治和预防腐败；加强对权力运行特别是领导干部、人财物管理使用、关键岗位的监督和制约，推行政府投资项目代建制；深入开展专项治理，坚决纠正损害群众利益的不正之风；严肃查处各类违法违纪案件；坚持艰苦奋斗、厉行节约，建设节约型机关；加强对公务员和各级领导干部的教育、监督、管理，建设一支廉洁、勤政、务实、高效的公务员队伍。各位代表！做好今年工作，任务艰巨而繁重，责任重大而光荣。让我们紧密团结在以胡锦涛同志为总书记的党中央周围，高举中国特色社会主义伟大旗帜，在省委、省政府和市委的正确领导下，解放思想，坚定信心，团结拼搏，迎难而上，全力开创我市又好又快发展新局面，以"扎实保增长、全面达小康"的优异成绩向新中国成立60周年献礼！

泰州市高港区科技创业园

省级经济开发区泰州市高港区科技创业园成立于2002年2月，地处泰州"南大门"，东临泰州长江公路大桥北接线，南倚京沪高速，西枕黄金水道泰州引江河，北靠世界知名的医药产业园，与苏锡常等市隔江相望，区位条件十分优越。园区总规划面积28.8平方公里，先期规划面积17.36平方公里。下辖12个行政村、2个居民委员会。这里土地肥沃，物产富饶，是闻名遐迩的"鱼米之乡"、"银杏之乡"。经过6年多时间的建设，高港区科技创业园已成为长三角地区工业发达、文化繁荣、交通便捷、社会安定、商贸云集的滨江工业新区。

突出的区位优势 高港素有"苏北咽喉，江淮通道"之美称，是苏北重要的商品集散地和出江入海的门户。园区周围水陆空干线密集交织、四通八达、国家一类开放港口—泰州港近在咫尺，距泰州火车站、即将建设的苏中国际机场均仅15分钟车程，京沪高速、宁通高速、泰州长江大桥公路穿境而过，是苏、浙、鲁、皖地区南上北下，东来西往的交通咽喉。

完善的配套设施 多年来，园区依据建成生态园区的总体目标，投入数千万元完善绿化节点，公共站亭、户外广告等环境设施建设；完善区域内部道路循环系统，新建官沟中沟道路、塘许路等五条主干线；完善区域供电方案，完成5公里的供电主干网建设。2008年，总投入7000万元的110千伏变电所正式立项；投入2000万元，日供天然气能力达到20万立方米的供气门站建成投运。目前，园区已实现"八通一平"（道路、供电、供排水、供气、污水处理、邮电、宽带、有线电视、土地平整），供热设施正在规划建设之中。

扎实的产业基础 园区牢固树立"招商引资为园区发展的第一要务，项目是园区发展的生命、发展工业经济优先发展开放型经济"的发展理念。着力推进项目建设，突出项目引进办成、项目开工建设、项目投产达效；着力推进产业发展，积极培植产业集群。目前，进园企业已达120多家，包括诚德钢管、连强食品、银河电子、东田电子、红星美凯龙、神驰机电等知名企业。形成机械加工、电子音响、汽车零配件、电光源材料、医疗器械等较有特色的工业门类和颇具实力的规模经济。2008年，园区完成地区生产总值14亿元，工业总产值52.27亿元，实现财政收入8849万元。

和谐的社会环境 2008年，园区辖内农民人均纯收入达8054元，高出全区近7个百分点；新农合村（居）覆盖率达100%，全年参合人员达到应参人员的99%；率先建成全区标准的村级卫生室，医疗条件大大改善；成立了街道政法综治中心，形成了接访、协调、处置的工作机制，治安案件、刑事案件逐年下降，群众安全感明显增强，所有村（社区）均被命名"民主法治村（社区）"。

自创建以来，园区经济建设、社会事业取得了长足进步，先后获高港区"四个文明"建设综合一等奖，泰州市招商引资二等奖，争创戴南、张郭先进乡镇等多种荣誉称号。如今，高港区科技创业园正坚持高起点规划、高强度投入、高标准建设、高效率管理，力争在"十一五"期间，建成经济增长的快速区、高新产业的集聚区、全国一流的开发区，以新的姿态迎接海内外有识之士到这片热土上投资兴业。

政府工作报告

2009年1月11日

泰州市市长　姚建华

一、2008年工作回顾

过去的一年,我们在中共泰州市委领导下,深入贯彻党的十七大和十七届三中全会精神,全面落实科学发展观,积极应对宏观形势变化,着力克服发展中的各种困难,扎实推进全市经济、政治、文化与社会建设,较好完成了市三届人大一次会议确定的年度目标任务,顺利实现新一届政府工作的良好开局。

*经济实力得到新提升。*全年预计实现地区生产总值1394亿元,可比增长14%。其中,第一产业增加值109亿元,增长4.5%;第二产业增加值808亿元,增长14.5%;服务业增加值477亿元,增长15.5%。完成财政收入262.3亿元,增长24.1%,其中地方一般预算收入突破百亿元,达到101.1亿元,增长18.6%。继续推进高效农业"5218工程",全市高效农业面积扩大到147万亩。认真落实各项惠农政策,粮食总产与夏粮单产创历史新高。兴化再获"全国粮食生产先进县标兵"称号。强化农产品质量建设,市场竞争力进一步增强。加快农业产业化进程,全市新增3家省级、1家国家级重点龙头企业。农业利用"三资"达43亿元。进一步扩大农业政策性保险覆盖面,在全省率先对高效设施农业实施保险。扎实抓好绿化造林工作,全市森林覆盖率达16.1%,泰兴成为省达标市。积极应对一系列挑战,工业经济"高开稳进"。预计全市规模以上工业实现销售收入2850亿元、利税268亿元、利润150亿元,分别增长30%、36%和36%;工业一般纳税人开票销售跨上2000亿元台阶,达2200亿元,增长22%。工业开票销售及利税、利润的增幅均在全省名列前茅。医药、机电(船舶)、化工三大产业和"50强"企业加快发展,不锈钢产业、船舶修造产业入选"全国百佳产业集群",机电(船舶)产业成为全市首个销售突破千亿级产业,全市销售过亿元的企业418家、过10亿元的企业32家,分别比上年增加72家和8家。支持企业扩大有效投入,预计全年工业技改财务发生数达567亿元,实施过亿元重大技改项目120个。积极实施品牌战略,新增中国驰名商标2个。大力推进节能减排,万元GDP能耗下降5.5%,二氧化硫排放量和化学需氧量分别削减0.51%、1.85%。建筑业保持较快发展,完成总产值802亿元,增长22.8%。江苏一建承建的北方国际传媒中心项目获得"鲁班奖"。深入推进服务业"833工程",出台加快市区服务业发展政策意见,启动市区工业企业二三产业分离工作,现代物流、旅游、金融、保险等行业呈现良好发展势头。预计完成社会消费品零售总额395亿元,增长23.3%。高港综合物流园区、兴化戴南不锈钢综合物流中心被列为省级现代服务业集聚区,全市省级集聚区已达6家。市区望海楼、桃园、老街等重点旅游项目建成开放,华侨城一期建设进展顺利,凤城河风景区通过国家AAAA级景区验收,泰山公园成为国家AAA级景区,溱湖风景区全年接待游客250万人次。年末,全市各项存款(本外币)余额1418亿元、贷款余额803亿元,分别比年初增长24.4%和22.7%,贷款增幅列全省第2位。服务业对地方经济发展的贡献进一步加大,实现地方税收增长28.9%,增收贡献率达56.4%。

*改革开放实现新突破。*继续深化农村综合配套改革,农村集体财务和土地承包管理工作进一步规范。着力推进农村经营体制改革,农村合作经济组织突破800家,当年新增262家。加大金融体制改革和创新力度,姜堰"阳光信贷"经验在全省推广,兴化、高港等市(区)成立农村小额贷款公司,靖江、泰兴农村合作金融机构的法人治理结构改革成效明显。江苏银行泰州分行、江苏长江商业银行相继成立。鼓励和推动全民创业,民营经济活力进一步释放。全市私营企业总数突破3万家,达3.23万家,当年新增5677家;民营经济净增注册资本168.9亿元,纳税总额突破100亿元。富有成效地开展了赴境外经贸洽谈活动,开放型经济发展势头良好。

预计全年注册协议外资18亿美元,实际利用外资跨上10亿美元台阶,达10.5亿美元;完成自营出口48亿美元,增长62%;新增对外承包经营企业3家,新签外经合同额3.6亿美元,完成营业额4.1亿美元。基地建设取得新突破,以泰州医药高新技术产业园区为核心的生物医药产业基地成为江苏唯一入选的"生物产业国家高技术产业基地",兴化获批省不锈钢特钢制品出口基地。沿江开发有力推进,在建总投资1亿美元或10亿元人民币以上的重大产业项目19个,泰州长江大桥建设进展顺利,泰州电厂一期工程竣工投产。园区建设步伐加快,8个省级开发区注册协议外资、实际利用外资占全市的比重分别达70%和76%。中国医药城建设取得重要进展,美国加州大学QB3等40多家世界知名医药研发机构以及美国默克、台湾东洋等知名企业先后落户,科技大厦、研发大楼以及新药创制、检验检测、中试研究等公共服务平台相继建成,施耐克、复旦张江等30多个项目开工建设,高通量生物芯片、干细胞等国内领先或国际一流的创新成果正在实施产业化。江阴－靖江开发园区建设和发展取得新进展。积极开展项目上争工作,为泰州今后发展夯实基础。泰州海关、国检、海事、边检等口岸查验机构为开放型经济发展作出了新贡献。外事、侨务和港澳台事务工作取得新成绩,成立泰州市旅港同乡会,与新西兰哈特市结成友好城市。

*城乡面貌发生新变化。*中心城市新一轮总体规划纲要编制完成,土地利用总体规划编制工作顺利推进。加快"十大重点工程"建设,园博园土方工程、泰州大剧院主体工程和人民路立面改造、东风北路北延、鼓楼南路南延等项目基本完成,建工、春兰等老小区整治全面竣工,新建城北污水处理厂及管网铺设完成阶段目标,凤城河风景区三期开工建设;高港港城路东延、王营河路北延等道路建设加快推进,口岸大桥建成通车,雕花楼景区二期竣工。全年市区城建投资达100亿元。推进市区城市管理和执法工作重心、责任下移,数字化城市管理平台投入运行并通过建设部验收。大力开展拆除违法建设专项

行动，累计拆除30多万平方米，违法建设蔓延势头得到有效遏制。各辖市加大城市建设投入，城区面貌发生较大变化。靖江加快推进主城区功能提升和滨江新城建设，泰兴新区建设力度进一步加大，兴化城区防洪工程基本完成，姜堰创建国家环保模范城市通过省级验收。顺利实施部分地区行政区划调整工作，促进区域经济社会持续、协调、共同发展。扎实推进新农村建设，全市新建（改造）农村公路1000公里，改造农村桥梁470座，疏浚农村河道3700万方土；村庄规划实现全覆盖，新增省级康居示范村6个，省级环境优美乡镇2个，市级环境优美乡镇4个、生态村10个，全面小康示范村200个。靖江、高港率先通过全省农村河道疏浚考核验收，靖江被表彰为"全国农田水利基本建设先进市"。继续强化城乡基础设施建设，积极配合苏中机场完成选址，兴泰公路改扩建先导段实现贯通，江海高速公路建设进展顺利，332省道建成通车；市区备用水源投入使用，刘西河、北城河、老通扬运河一期等河道整治疏浚全面完成，口岸船闸改造竣工通航，靖泰界河整治基本完成；500千伏泰三线等一批重点电力设施建成投运，邮政、通信等基础设施建设取得新的进展。预计全社会固定资产投资完成900亿元，增长27.8%。

*社会发展迈出新步伐。*继续实施"科教兴市"战略，建设创新型城市。新获批国家创新基金项目18项，扬子江药业集团被命名为全国首批"创新型企业"；新认定企业博士后工作站3家，省级以上工程、技术中心11家，其中国家级技术中心1家，新增国家科技进步奖2项；企业院校行活动成效明显，新增产学研合作项目150项，中科院泰州中心新入驻4家研发分中心；强化知识产权保护工作，新增专利1200件；组织实施国家火炬、星火计划项目46项，新认定国家级高新技术企业35家、高新技术产品116个，新增省级现代农业科技园区2个。成功组织"百名海外博士江苏行泰州洽谈会"等活动，全年引进各类人才1.5万人。区域教育现代化全面推进，义务教育阶段"两免一补"政策实现全覆盖，入学率和巩固率分别达到100%、99%；高中阶段教育教学质量稳步提升，高考本科万人进线率继续位居全省前列；高等教育本科在校生已达1.5万人。加强文化基础设施建设，市区新建市民文化广场10个，学政试院修缮、梅纪馆改造竣工并对外开放。五巷、涵西古街区保护规划通过省专家组评审。传统木船制造技艺等4个项目入选"国家级非物质文化遗产名录"。成功举办首届梅兰芳艺术节。市区数字电视整体平移工作顺利推进，全市有线电视通组（自然村）率100%。健全公共卫生服务体系，城市社区卫生服务覆盖率达90%以上，建成省级卫生镇6个、卫生村43个和市级农村示范社区卫生服务中心15个。及时、有效处置奶制品事件，"放心消费城市"创建活动扎实开展。成功举办市第三届运动会。人口出生率继续稳定在较低水平，计划生育率达99.7%。严格落实建设项目用地预审制、环保前置审批责任制，耕地节约利用和环境保护工作得到进一步加强。我市被表彰为全国第二次农业普查工作先进市。史志档案、社会科学、新闻、统计、物价、气象、无线电管理、防震和民族宗教、妇女儿童、红十字、残疾人等工作继续加强，质监、药监、工商管理为地方经济发展作出了积极贡献，驻泰部队的全面建设、民兵预备役、双拥工作和人民防空事业取得新成绩。

*人民生活有了新改善。*扎实推进改善民生十大工程，认真办好十件实事，一批事关群众生活的大事难事得到了妥善解决。预计城镇居民人均可支配收入17200元，农民人均纯收入7350元，分别增长15%和13.6%。抓好全国统筹城乡就业试点工作，出台创业带动就业、支持返乡农民创业、动态消除"双零家庭"工作意见，在全国率先推行高校毕业生"就业服务卡"，全年净增城镇就业人员5.3万人，失业人员再就业3.1万人，城镇登记失业率3.15%。在全省率先出台城乡居民社会基本养老保险办法，继续强化社会保险扩面征缴，五大保险新增参保人数48万人。农村社会养老保险新增参保人数20.7万人，已有2.35万农民领取养老金。农村新型合作医疗参保率达98.7%，政府性补助医保资金2.95亿元，受益农民近100万人。开展"劳动保障监察执法年"活动，切实维护劳动者合法权益。重视社会困难群体的生活安排，及时发放物价生活补贴，全面提高城乡居民最低生活保障标准、五保老人供养标准、残疾军人和老复员军人补助标准，对1.55万名无固定收入重残人员、5800名老复员军人遗孀发放生活救助金。进一步完善社会救助体系，建立市区困难群众临时救助制度。兴化成立全省首家社会救助服务中心。建成市儿童福利院。加强住房保障工作，市区符合保障政策的低收入家庭实现应保尽保，廉租房制度惠及573户困难家庭。社区试行基础药物"零差价"，惠民义诊累计减免医疗费用1580万元。优先发展城市公共交通，市区更新公交车辆70辆，新辟线路5条，新建站台12对，新增里程120公里。总投资4.5亿元，管线长达60公里，惠及泰兴、姜堰、海陵、高港等四个市（区）的区域供水工程加快推进，已成功向泰兴水厂供上长江水，泰州市三水厂改扩建和向姜堰供清水干管铺设即将竣工。实施农村饮水安全工程，新增镇村以下受益人口39.5万人。抓好扶贫帮困工作，全市5万贫困人口实现脱贫。大力倡导社会文明关爱，组织第二届"感动泰州"十大人物、精神文明新人新事等评选活动，定期举办"百姓议事园"、"百姓大学堂"。创建全国文明城市工作先进市通过省级考核。加强"平安泰州"、"法治泰州"建设，创建成全国科技强警示范城市，社会公众安全感认可度达98.6%。成功组织奥运火炬传递活动，圆满完成奥运安保任务。我市连续三年被评为省社会治安安全市，首次被评为省社会治安综合治理先进市。深入推进"五五"普法工作，积极开展民主法治示范村（社区）创建，姜堰创建成全国村务公开民主管理示范市。进一步做好信访工作，完善大调解机制，各类信访案件和矛盾纠纷得到妥善处置，群体性事件比上年下降29.2%。扎实开展"安全生产隐患治理年"等活动，全市安全生产形势基本平稳。

*自身建设取得新进展。*深入开展"践行科学发展观，我为泰州作贡献"主题教育活动，有效解决制约和影响泰州经济社会发展、人民群众反映强烈的热点难点问题。密切关注经济走势，研究部署对策措施，及时出台促进经济增长的8条政策措施和"三服务"活动实施意见，指导和推进经济平稳较快发展。强化政府目标责任管理，落实重大项目领导挂钩督查制度，"411工程"完成情况良好。启动实施新一轮行政审批制度改革，推进行政许可"两集中、两到位"，建成市民服务中心。修订完善《泰州市人民政府工作规则》，出台《规范行政处罚自由裁量权工作指导意见》、《行政问责暂行办法》，推动行政权力网上公开透明运行。全市电子政务网基本建成。组织开展"建设一流软环境"活动，深入查找和解决机关作风建设中存在的薄弱环节，服务发展的环境有了新改善。认真办好市长公

开电话、市长信箱和行风热线，进一步畅通人民群众诉求渠道。注重发挥公共财政作用，对社会事业、改善民生实事的投入力度继续加大。建立健全各类应急预案，完善应急体制和机制，应对突发事件能力不断增强。汶川地震发生后，有力有序组织抗灾救灾和对口支援绵竹市拱星镇的恢复重建，及时派出各类救援队伍，救治灾区转运伤员60人，筹集款物计1.07亿元，2个援建项目开工建设。自觉接受市人大及其常委会的法律监督、工作监督和市政协的民主监督，认真执行人大及其常委会决议，重视和发挥民主党派、工商联、无党派人士和群众团体的作用，切实抓好人大代表建议和政协委员提案的办理，综合满意率达100%。认真落实廉政建设和反腐败工作责任制，执纪执法和纠风治乱工作力度加大，行政效能监察不断强化。加强机关事务管理，保障服务能力进一步提升。

过去一年政府各项工作取得的成绩，是在中共泰州市委的正确领导下，在市人大、市政协的支持和监督下，全市人民团结拼搏、克难奋进、开拓创新的结果。在此，我代表市人民政府，向全市各行各业的广大干部群众，向各民主党派、工商联和无党派爱国人士，向中央和省驻泰机构以及驻泰部队指战员、武警官兵和公安干警，向所有关心和支持泰州现代化建设的海内外朋友，表示衷心的感谢！

在充分肯定成绩的同时，我们也清醒地看到，全市经济社会发展仍然存在一些矛盾和问题，主要是：科学发展的能力水平有待进一步提高，转变发展方式、加快结构调整的任务还很艰巨；受国际金融危机影响，经济下行风险有所增大，部分工业企业运营困难；农村基础设施建设仍相对滞后，农民持续增收难度明显加大；中心城市功能还不够完善，城市品位和形象也有待进一步提升；改善民生面临新的问题，城乡就业形势较为严峻，社会困难群体生活有待改善；政府自身建设中还存在一些薄弱环节，机关作风建设尚需进一步加强，等等。对上述问题，我们将予以高度重视，采取切实有效措施，在今后的工作中努力克服和解决。

二、2009年工作任务

今年是建国60周年，是贯彻落实十七届三中全会精神的重要之年，是全面完成市第三次党代会确定的目标任务的攻坚之年。做好今年的政府工作，具有十分重要的意义。

今年政府工作的总体要求是：全面贯彻党的十七大、十七届三中全会、中央和省经济工作会议精神，认真落实市委三届五次、六次全会决策部署，以科学发展观统领全局，坚定信心，克难奋进，抢抓机遇，力保增长，进一步提升经济发展水平、推进农村改革发展、完善中心城市功能、加快文化泰州建设、优化区域发展环境、促进社会和谐进步，确保全市经济社会平稳较快发展。

综合考虑国内外经济走势以及诸多不确定因素，今年全市国民经济和社会发展主要调控目标为：地区生产总值可比增长11%；财政收入增长11%，其中地方一般预算收入增长11%；全社会固定资产投资增长20%；社会消费品零售总额增长15%；自营出口额增长10%；实际利用外资12亿美元；城镇居民人均可支配收入增长10%，农民人均纯收入增长9%；居民消费价格涨幅不高于全省平均水平；城镇登记失业率控制在4%以内；万元GDP能耗下降4.4%。

在国际金融危机仍在进一步蔓延、实体经济受到冲击仍在进一步加深、经济下行风险仍在进一步加剧的严峻形势下，今年的政府工作将面临前所未有的困难和挑战。为此，必须着力把握好以下几点：一是全力保增长。始终贯彻发展是硬道理的思想，牢牢扭住经济建设这个中心，抓住国家宏观政策调整机遇，采取更为有力的措施，千方百计保持经济平稳较快发展。二是致力上水平。切实转变经济发展方式，大力推进产业结构调整，注重提升自主创新能力，努力在应对危机中调整优化，在调整优化中转型升级。三是不断增活力。加快推进体制、机制创新和重点领域、关键环节的改革，坚定不移地扩大对外开放，切实增强发展的动力和活力。四是始终重民生。把改善民生作为保增长的出发点和落脚点，进一步加大政府性投入力度，认真办好民生实事，着力解决涉及群众切身利益的突出问题，让发展成果更多地惠及广大群众。

今年将重点做好五个方面的工作：

*1、着力转变发展方式，进一步推动经济平稳较快发展。*围绕保增长这一首要任务，优化产业结构，促进转型升级，提升发展水平。

*保持工业经济稳定增长。*加强工业经济运行调节，加大财政和信贷支持，着力在保增长上下功夫。实施分类指导，推动重点行业和重点企业加快发展。认真落实促进医药产业发展政策意见，注重放大机电(船舶)产业优势，进一步拉长精细化工产业链条，做大做强三大优势产业；支持“50强”企业加快发展，实施成长型企业发展计划，不断提高企业竞争力；引导企业抢抓国家政策机遇，扩大有效投入，全年实施过亿元重大技改项目140个以上。把增强创新能力作为转变发展方式、优化产业结构的关键举措，走引进、消化吸收、再创新与自主创新相结合之路。推进新一轮产学研合作，重点在新医药、新能源、新材料等领域开展科技合作和攻关；支持企业建立工程、技术研发中心，积极培育创新型企业；加快构建创新服务平台，抓好中科院泰州中心建设；重视知识产权保护，做好国家知识产权示范城市创建迎检工作。坚持节约优先、环保优先，促进可持续发展。继续推进结构、技术和管理节能，突出抓好重点行业、重点企业的节能降耗工作，深入开展节能减排科技支撑行动，积极推进循环经济试点。加强土地资源保护，促进土地节约、高效使用。

*提升服务业发展层次。*建立服务业与工业、城市建设协调发展机制，落实好鼓励服务业发展的政策措施，进一步加快生产性服务业、新兴服务业发展。积极引进国内外知名物流企业来泰设立分支机构，抓好泰州医药科技创业园、泰州城北物流园、江苏三江现代物流中心等省级现代服务业集聚区建设。大力发展连锁、代理、配送等现代营销方式，加快建设区域性商贸中心和特色市场。推进“金融三区”建设，强化市外商业银行招引，支持现有金融机构做大做强。实施旅游业发展行动计划，抓好凤城河三期(凤凰岛)、华侨城等重点旅游项目建设，举办中国泰州国际旅游节，承办江苏省第六届园博会。落实好房地产业发展政策，调整住房供应结构，发展二手房市场和住房租赁市场，促进房地产市场健康发展。

*推动县域经济和市区经济协调发展。*加强和改进对县域经济发展的服务，不断提升县域经济综合竞争力。强化市区一体意识，更加突出发展市区经济。进一步理顺市区行政、财政、城建体制，充分发挥海陵、高港和开发区在市区经济发展中的主体作用。切实加大对海陵、高港和开发区发展的支持、协调和服务力度，促进市区经济加快发展、率先发展。

2、努力抓好“三农”工作，进一步促进农村社会全面发展。以增加农民收入为核心，发展现代农业，推进农村改革，建设社会主义新农村。

积极发展现代农业。继续实施“5218工程”，全市新增高效农业面积15万亩；扩大畜禽养殖规模，扶持发展一批大中型养殖小区和企业，畜禽规模养殖比重提高5个百分点；加快特色渔业板块建设，新增高效渔业面积6万亩。促进农产品提质升档，放大红膏、九寿堂、苏三零、河横等品牌优势，新认证无公害农产品、绿色食品和有机食品30个。推进农业产业化经营，重点龙头企业销售收入增长15%以上。组织实施农业科技更新工程，示范推广50个农业新品种及高效农业新技术。加强农田水利基本建设，突出抓好农村河道疏浚和机电泵站、圩口闸、中低产田改造。完成林业绿化面积10万亩。完善动植物疫病防控体系，保证农产品质量安全。

有序推进农村改革。编制县乡两级土地利用总体规划及村镇土地规划，建立城乡一体的土地利用规划管理体系；组织实施“万顷良田建设工程”，引导农民向新型社区和城镇集中、农田向农业规划区集中；稳定和完善农村基本经营制度，鼓励农民以多种形式流转土地承包经营权，促进适度规模经营，全年力争流转土地10万亩。开展农村小额贷款试点，探索建立农业投资担保公司运作机制，引导金融机构加大支农力度。健全农业生产经营风险预警体系，积极推广高效设施农业保险，增强农业风险规避能力。大力发展农村三大合作组织，提高农村资源配置效率。巩固农村税费改革成果，强化对农民负担和农村财务的监管。

加快发展农村公共事业。认真办好农村新“5+1”实事，进一步改善农村生产生活条件。继续实施农村道路通达工程，新建(改造)农村公路800公里。加强农民工技能培训和返乡农民创业培训，全年实用技术培训15万人、创业培训6000人，新转移农村劳动力5万人。抓好村庄环境整治，鼓励使用清洁能源，努力禁止秸秆焚烧，推广秸秆综合利用，整治疏浚农村河道，实施农村户厕改造，加快城乡垃圾处理一体化进程。重视农村饮水安全，再解决34.7万人安全饮水问题。继续推进“十强争先、百村示范、千村小康”工程，着力抓好示范村建设试点工作。完善农村现代流通服务网络，加快农村社区服务中心建设。强化脱贫攻坚工作，新增农村脱贫人口5.7万人。

3、大力推进对外开放，进一步增强经济发展动力。辩证、准确把握国际国内新形势，把扩大对外开放作为保增长的强大动力，努力实现开放型经济快速发展。

加大招商引资力度。抢抓全球产业重新布局和调整的新机遇，精心组织招商活动。在招引欧美资本的同时，加大对台招商力度，努力让泰州成为新兴台商投资密集区。注重提升引资质量，致力引进高端产业、高端技术、高端人才，引进对结构优化升级起关键和引领作用的重大产业项目。强化以就业为导向的招商引资，引进一批符合生态环保要求的劳动密集型企业。引导重点企业推进国际合作，通过战略性并购重组实现高位嫁接。组建泰州外商投资促进中心，开辟重大外资项目“绿色通道”。举办好科技经贸洽谈会。全年新批超千万美元项目55个以上，力争引进超亿美元项目2至3个。

加快沿江开发步伐。修编沿江开发总体规划，进一步优化沿江产业布局，强化对项目选址的跟踪管理，确保科学、合理、集约开发。按照深水深用、浅水浅用的原则，抓好岸线资源清理整顿，提高岸线利用水平。整合港口资源，高起点规划建设泰州港。扎实抓好沿江重大项目建设，加快中海油沥青及润滑油、安泰动力、新浦苯乙烯等在建重点项目实施进度，力争全年竣工投产1亿美元或10亿元以上项目5个。抢抓泰州长江大桥建设机遇，推进沿江地区与苏南的联动开发。

促进园区转型升级。坚持“产业兴区”发展战略，进一步完善各省级开发区功能分区规划，科学定位园区产业发展方向。抓住国家和省重点扶持的机遇，继续举全市之力推进中国医药城建设，启动建设会展交易区、综合配套区，加快建设疫苗等五大产业基地，进一步完善研发区功能，力争早日获批国家高新区。积极落实赋予市经济开发区的市级管理权限，理顺市开发区与市区其他园区的关系，实现资源共享、优势互补。引导和支持各园区进一步完善金融、科技、物流等生产配套服务，努力降低商务成本。大力推进项目“飞地”开发，促进优势资源向重点开发园区集聚。严格执行项目投资强度标准，强化对园区土地利用率、能源利用率及投入产出率的考核。

抓好外贸、外经工作。用好“国家科技兴贸出口创新基地”平台，加快出口农产品示范区建设，扩大高新技术产品、机电产品和绿色农产品出口。引导出口企业强化品牌建设和争创工作，新增国家、省重点培育的出口名牌2至3个。积极申报国家船舶出口基地。落实出口退税新政策，进一步改善外贸出口环境。加快“走出去”步伐，鼓励企业积极发展境外加工贸易，规范发展对外工程承包和劳务合作。

4、强力推进城市建设，进一步提升中心城市首位度。按照“把泰州建设得更美、更精、更适宜人居和创业”的要求，紧紧围绕“三年再来一个大变化”的目标，掀起新一轮中心城市建设高潮。

加大中心城市建设力度。坚持“市区一体、联动推进”的思路，以“十大重点工程”为抓手，加快中心城市建设。突出抓好“四区”建设，即大力推进以扬桥东北侧、三森街区等为重点的城北旧城区的改造建设，五巷、涵西古街区的改造保护，凤城河风景区的整治建设，周山河街区的有序开发。继续抓好城市功能完善和提升，完成园博园各项工程，建成泰州大剧院，开工建设泰州博物馆、泰州图书馆(美术馆)；启动引江河大道建设，实施泰九路、南通路和扬子江路南延、春港路东延等工程；扩建城南污水处理厂，新建垃圾焚烧发电厂。认真抓好城市绿化，规划建设一批街头小游园，全面开展补绿、增绿、扩绿工作。引导各辖市进一步加快城区建设步伐，推动黄桥、戴南等重点镇向小城市方向发展。

加强城市规划和管理。完成城市总体规划和历史文化名城保护规划编制，启动各专项规划的修编。进一步完善城市管理体制，健全城市管理问责机制，提高城市管理综合执法效能。推进数字城市地理空间框架建设试点，深化数字化城市管理工作。实施无物管小区集中整治，落实长效管理措施。扎实抓好建设环境、交通环境和市容环境的综合整治，巩固拆除违法建设专项行动成果。继续推进国家园林城市创建工作，力争创建成为江苏省节水型城市。

加快重大基础设施建设。做好泰州长江大桥建设、宁启铁路复线及电气化改造的各项配套工作，规划建设泰州港永安核心港区，积极配合苏中机场做好开工准备。启动大桥北接线，实施328国道泰姜段改线，续建江海高速公路，建成兴泰公路扩建段。继续推进城市防洪东北片封闭工程，加快周山河整治、老通扬运河整治、泰东河拓浚、里下河洼地治理等重点水利工程建设,确保区域供水工程竣工。实施220千伏洋桥输变电、220千伏药城输变电项目,年内基本建成投运。开工建设京泰汽车客运站,建成火车站公交停车场。

5、致力改善和保障民生,进一步加强社会建设和管理。认真贯彻"统筹发展、兼顾利益、重在建设"的方针,高度重视社会建设,切实加强社会管理,努力构建和谐社会。

突出抓好就业和社会保障工作。继续实施创业带动就业行动,强化创业培训指导、贷款担保和政策支持,推动民众自主创业。大力发展民营经济,全年净增注册资本110亿元以上。积极推进城乡统筹就业,健全公共就业服务体系,净增城镇就业人员3.8万人。完善面向困难群众的就业援助制度,积极开发公益性岗位,优先安置城乡就业困难人员就业,确保动态消除零就业家庭。认真执行城乡居民社会基本养老保险办法,继续做到"两个确保"。提高农村新型合作医疗保障水平,努力实现保障全覆盖;抓好全国城镇居民基本医疗保险试点,着力解决农民工、困难企业退休人员和职工参保问题。强化劳保监察工作,维护企业职工和进城务工农民的合法权益。为中低收入职工建立住房公积金,市区新建经济适用房10万平方米,落实租售并举保障房源350套。继续做好扶贫帮困工作,对城镇无保障老年居民发放生活补贴,为特困人员提供社会基本养老保险和医疗救助,建立低保边缘人群重病、灾害临时生活救助制度。加快示范性养老机构建设步伐,大力扶持民办养老机构发展。开设市老年活动中心,开工建设市老年公寓。积极发展社会福利和各项慈善事业。

繁荣各项社会事业。坚持教育优先,促进义务教育均衡发展,优化高中阶段教育资源结构,大力发展职业教育。靖江、泰兴、高港力争通过区域教育现代化省级验收。加快泰州大学筹建步伐。加大人才培养引进力度,实施创新型企业人才培训"521工程",力争引进省级高层次创新创业人才10名以上。整合医疗卫生资源,优化医疗卫生机构布局,启动市人民医院二期建设。加强社区卫生服务体系建设,逐步实现"小病在社区、大病到医院、康复回社区"就医格局。强化疾病预防控制、卫生监督、妇幼卫生保健,改进卫生应急管理,提高公共卫生服务能力。大力发展城市公交,进一步改善市区公交状况。继续推进市区有线电视数字化整体平移,完成泰州中波台迁址新建。深入实施全民健身计划纲要,举办第五届全民健身节,承办好全国男排联赛泰州赛区比赛,备战省第十七届运动会。稳定低生育水平,重视出生人口性别比例偏高和人口老龄化问题。抓好第二次全国经济普查工作。积极发展史志档案、社会科学、新闻、统计、气象、无线电管理、防震等事业,认真做好民族宗教、妇女儿童、残疾人等工作。

加快建设文化泰州。实施2009－2010年"文化泰州建设行动计划",启动十大先进文化建设工程、发展十大重点文化产业、规划建设十大公共文化设施,推动文化大发展大繁荣。强化历史文化遗存保护,实施名地、名街、名居、名遗工程,积极申报"国家历史文化名城"。建立健全文化艺术创作奖励制度和重点文艺作品资助办法,鼓励文艺创作,推进文艺创新。加强特色文化街区、文化专业市场建设,促进文化产业发展。加快建设乡镇(街道)文化中心和村(社区)文化室,深入开展送书、送戏、送电影到农村活动,推进城市文化下乡、农村文化进城。整合相关文化节庆资源,打造具有泰州特色、影响广泛的文化品牌。完善文化人才选用和激励机制,促进优秀文化人才脱颖而出。

加强精神文明建设。贯彻落实《公民道德建设实施纲要》,加强社会公德、职业道德、家庭美德和未成年人思想道德建设。放大"百姓大学堂"、"百姓大舞台"、"百姓阳光屋"等系列活动品牌效应,发挥"感动泰州十大人物"、"十佳勤政廉政好干部"等先进典型示范作用,着力提升全民素养。在各行各业开展诚信创建活动,培养和树立诚实守信的良好风尚。贯彻落实《公共机构节能条例》,开展节约型机关、节约型单位创建活动。继续加强国防教育、国防动员、后备力量建设和兵员征集工作,组织好海军诞生60周年纪念活动。

做好维护社会稳定工作。继续推进平安泰州、法治泰州建设。深入开展"双排查"活动,完善大信访、大调解工作机制,进一步强化应急管理,积极防范和妥善处置各类矛盾纠纷和群体性事件。坚持"四民主、两公开",推进农村基层民主法治建设。继续抓好"五五"普法,积极发展法律援助事业。强化流动人口管理、社区矫正、刑释解教人员安置帮教工作,开展无邪教、无毒品、无犯罪、无事故、无非正常上访"五无"村(社区)创建活动,促进基层和谐稳定。建立健全社会治安综合治理组织网络和维稳预警制度,进一步完善"大防控"体系。强化安全生产监督检查,防止重、特大事故发生。实施食品、药品放心工程,保障人民群众生命健康安全。

三、加强政府自身建设

科学应对当前宏观经济形势,全面完成今年各项目标任务,对政府工作提出了更高的要求。我们将在能力建设、作风建设、廉政建设上下功夫,切实肩负起建设和谐美好新泰州的重任。

1、加强能力建设,提升施政水平。准确把握发展形势,抢抓积极的财政政策和适度宽松的货币政策机遇,扎实推进一批基础设施、产业和民生类重大项目,努力实现扩大投资规模与优化经济结构并重、民生改善和经济发展双赢;高度关注经济社会发展中的突出矛盾,切实加强应急处置和公共安全保障,不断提升驾驭全局能力。健全重大问题集体决策和专家咨询制度,完善社会公示和听证制度,注重发挥报刊、网络等大众传媒的作用,在决策的全过程坚持问政于民、问需于民、问计于民,不断提升科学决策能力。强化对重点经济指标、重点企业发展和重点工程建设进展情况的监测,着力完善产业发展、招商引资、城市建设等重点工作推进机制,不断提升组织推进能力。扎实开展学习型机关、学习型班子、学习型干部争创活动,引导全体公务员博求新知,增长才干;深入研究涉及全局、关乎长远的重大问题,进一步增强政府工作的系统性和前瞻性。

2、加强作风建设,狠抓工作落实。把机关作风建设作为优化发展环境、推动工作落实的重要抓手,不断开创各项工作新局面。坚持真抓实干,把主要时间和精力放在重点工作、重大项目和为民办实事上,敢于直面矛盾、顶真碰硬,确保各项政策措施落实到位、工作一抓到底;深入开展"三服务"活动,进一步优化投资环境;加强政府执行力建设,健全抓落实的工作机制,强化效能建设和行政问责。坚持勤政为民,继续为市区人民办十件实事,认真办好市长公开电话、市长信箱和行风热线,组织开展领导干部下访,真心诚意为群众办实事、解难事、做好事,努力追求没有水分、群众满意、不留后患的政绩。坚持依法行政,自觉接受市人大及其常委会的监督,支持人民政协履行职责,主动听取各民主党派、工商联、无党派人士以及群众团体的意见和建议,认真办理人大代表建议和政协委员提案;深入贯彻《国务院关于加强市县政府依法行政的决定》,积极推行行政复议委员会试点工作,努力提高行政首长出庭应诉率;认真落实行政执法责任制和执法过错责任追究制,进一步规范行政执法行为;扎实推进行政权力网上公开透明运行,保障公众的知情权和监督权。

3、加强廉政建设,树立良好形象。坚持教育、制度、监督并重,认真落实廉政建设责任制,规范政府工作人员的从政行为。进一步加强廉政文化建设,引导公务员强化廉洁从政意识,筑牢拒腐防变思想道德防线。着力规范公共资源交易行为,完善土地招拍挂、政府采购、工程建设招投标等制度,加大对重点领域、重大工程、重要环节的审计和监察力度,努力从源头上预防和治理腐败。加强行政权力运行监督,严肃查处滥用人事权、审批权等违纪违法案件。深化纠风和专项治理,着力解决群众反映强烈的突出问题。牢固树立过"紧日子"的思想,严控行政开支,降低公务成本,不新建办公用房、不更新购置车辆、不允许公费旅游,为全社会厉行节约、共克时艰做好表率。

新的形势催人奋进,新的事业任重道远。让我们紧密团结在以胡锦涛同志为总书记的党中央周围,全面贯彻落实科学发展观,在中共泰州市委的领导下,紧紧依靠全市人民,解放思想、开拓创新,抢抓机遇、克难奋进,为完成全年各项目标任务,加快建设更高水平小康社会进程而努力奋斗!

(在泰州市第三届人民代表大会第二次会议上)

蒸蒸日上的安徽当涂经济开发区

安徽当涂经济开发区前身为"当涂工业园区",于2002年5月18日正式启动。2006年5月,升格为省级经济开发区。2007年,当涂县荣膺"浙商最具投资潜力城市"和"长三角最具投资价值县市"称号,当涂经济开发区荣获"安徽省首届投资环境十佳开发区"称号。2008年,当涂经济开发区又被评为"第二届长三角最具投资价值开发区"和"安徽省文明单位"。

当涂经济开发区管委会为副县级别行政机构,管委会下设一室五局,同时设立了投资服务中心、建设投资公司、市政管理公司、科技发展公司,金诚担保公司,为入区企业提供全过程、全方位、全天候的优质量"一站式"服务。

当涂经济开发区自成立以来,立足规划先行,编制了开发区总体规划和建设详规。2003年底在全省市、县一级开发区中率先通过了区域环评和ISO14001环境管理体系认证。基础设施建设按照马鞍山市和当涂县城城市新区发展的要求,和"八通一平"的标准,累计投入已达16亿元,区内建设道路总长38公里,铺设各类污水管网28公里。目前,北区7平方公里基础设施已基本完善,南区8平方公里基础设施于2007年开始全面建设,"四横四纵"的路网框架已建成,各项配套设施正在全力推进。2009年5月,与芜湖开发区和马鞍山开发区对接的道路已开工建设。

七年来凭借优越的区位交通,良好的产业配套基础,明显的商务成本优势,一流的产业承接服务,先后吸引了大唐电力、红太阳集团、桂龙药业、雨润食品、香港长江生命科技、美国吉米瑞特等多家境内外企业前来投资兴业。截止目前,累计入区企业已逾200家,总投资达200亿元人民币,建成投产企业85家,在建企业47家,已初步形成了生物医药、纺织服装、机械电子、汽车零部件、新型材料、能源化工六大产业集聚之势。同时凭借优越的长江岸线资源,初步形成了沿江造船产业。

2008年各项经济指标增幅均在30%以上,完成地区生产总值16.4亿元,固定资产投资20.4亿元,工业总产值60.2亿元,财政税收2.3亿元。2009年上半年,在全球金融危机的不利影响下,开发区上下凝心聚力、克难攻坚,全区经济社会发展保持了平稳发展态势,实现技工贸收入45.4亿元,其中工业总产值35亿元,固定资产投资14.7亿元,财政税收1.75亿元,招商引资新签项目总投资27.3亿元,到位内资10.8亿元。主要经济指标达到了时间过半,任务过半的既定目标。

当涂经济开发区将继续全力推进"三大发展战略",即全力推进多点联动、南进东扩战略;全力推进大开放、招大商战略;全力推进以人为本、和谐发展战略。我们坚信在当涂县委、县政府的坚强领导下,在社会各界支持和帮助下,将有望建设成现代制造业和高新技术产业的聚集区,集约利用土地和保护生态环境的示范区,发展开放型经济和体制创新的先行区,成为全省乃至全国一流的省级开发区。

(刘华栋)

政府工作报告

2009年2月17日

杭州市市长　蔡　奇

一、2008年工作回顾

2008年是极不平凡的一年。杭州先后经历了特大雨雪冰冻灾害和国际金融危机的严峻考验。市政府认真贯彻科学发展观,在中共杭州市委的正确领导下,克服种种困难,坚持好字优先、干字当头、转型升级、能快则快,积极实施"六大战略",破解"七难问题",加快建设与世界名城相媲美的生活品质之城,经济社会发展主要指标在全省保持领先地位。全市实现生产总值4781.16亿元,增长11%,按户籍人口人均GDP突破1万美元;三次产业比重为3.7∶50.0∶46.3;财政总收入910.55亿元,增长15.5%,其中地方财政收入455.35亿元,增长16.3%;全社会固定资产投资1961.72亿元,增长16.5%;社会消费品零售总额1558.38亿元,增长20.2%;全社会研究开发投入占生产总值比重达2.6%;市区城镇居民人均可支配收入24104元,农村居民人均纯收入10692元,分别增长11.1%和12%;市区居民消费价格指数上涨4.9%,低于全省、全国平均水平;万元生产总值综合能耗下降4.6%;化学需氧量、二氧化硫年排放量分别减少3.7%和3.7%以上;新增就业人员20.11万人,城镇登记失业率降至3.02%;人口自然增长率为2.77%。

(一)统筹城乡发展,新农村建设深入推进

*支农兴农力度加大。*市本级财政支农资金增长25.6%。各区、县(市)支农资金平均增幅超过20%。实施"联乡结村"项目2497个,总投资13.96亿元。全市向集体经济年收入不足5万元的村补助4364.5万元。安置下山移民1917户、6593人。开展新农村科技示范点建设。完成农民素质培训22.6万人,转移就业5.8万人。抓好政策性农业保险试点扩面,建设农村新型合作服务体系。杭州农副产品物流中心建成开业。

*都市农业加快发展。*农林牧渔业总产值增长10.8%。重视抓好"米袋子"、"菜篮子"工程,推进粮食生产功能区建设,粮食总产量110.16万吨,超额完成计划任务。优势特色农业产值占农林牧渔业总产值的67.9%。外向型农业出口交货值超过80亿元。举办第九届亚洲养蜂大会等农业会展。开展生猪、蔬菜生产质量安全追溯管理试点。加强耕地保护,造田造地1.38万亩,建设用地复垦8818亩。

*农村环境明显改善。*深入开展"百千"工程和"清洁乡村"活动,杭千、杭徽高速公路沿线整治取得明显成效。创建43个全面小康建设示范村,完成602个重点村整治。绿化造林10万余亩,创建国家森林城市通过考核验收。完成60座中小型水库和187座临村山塘的除险加固。改善农村饮水条件,受益人口46.76万人。全面开展运河干支流畜禽禁养。城区累计撤村建居199个。

*农民收入持续增长。*维护农民权益,土地使用权流转面积累计达155.4万亩。新建农民专业合作社184家,完成145个村集体经济股份制改革。村级集体经济可分配收入平均增幅超过7.2%。实施"低收入农户奔小康"工程。农村居民人均纯收入增幅高于城镇居民人均可支配收入增幅。

(二)实施"两轮驱动",经济结构调整步伐加快

*先进制造业稳步发展。*坚持"工业兴市"和"三位一体"方针,规模以上工业销售产值9165.97亿元,增长12.3%。大力发展高新技术产业,兴办信息、生物两大国家高技术产业基地。新认定市级高新技术产业园26个,推动高新技术产业由点到面发展,形成"两港两点多区"格局。新认定高新技术企业804家和软件企业82家,分别占全省的60.4%和80.4%。改造提升丝绸女装、包装印刷、工艺美术等传统优势产业。推进191个省"双千工程"项目和283个市重点工业投资与技改项目建设,加强与中石化、中粮集团的战略合作,推进各级高新区、开发区、特色工业功能区建设。新建汽车产业园,青年、吉瑞、纳智捷等整车项目开工或落地。

*现代服务业加快提升。*服务业增加值2213.14亿元,增长13.8%。杭州获"中国电子商务之都"称号。新经济业态蓬勃兴起,发掘和培育一批信息软件、网络平台、动漫娱乐、电子支付、物流配送等新的商业模式。发展软件、外包、商务、总部等特色楼宇,年税收达亿元的楼宇达16座。制定长三角南翼金融中心建设规划和政策,完善在杭银行机构担保风险补偿办法,全年本外币存贷款余额双超万亿元。开展小额贷款公司试点。产权交易所开业。培育十大特色潜力行业,完成市区38家农贸市场和103家专业市场整合改造提升任务。打造商业特色街区品牌,举办杭州休闲购物节。实施"千镇超市、万村放心店"工程。推出24条"房地产新政",促进房地产业平稳健康发展。实施新一轮旅游国际化行动,接待国内游客和入境过夜游客分别增长10.7%、6.1%,旅游总收入和旅游外汇收入分别增长12.2%、15.8%。

*文化创意产业实力增强。*编制文化创意产业发展规划,设立1.52亿元专项资金,实施文化创意人才梯队工程,加快文化创意产业园区建设,打造全国文化创意产业中心。成功举办第四届中国国际动漫节、第十届西湖国际博览会和2008中国(杭州)文化创意产业博览会。新增2个国家级文化产业示范基地。文化创意产业增加值占GDP比重达12.1%。

*自主创新能力进一步提高。*发布杭州创新指数。加强与浙江大学、中国美院等高校和国家级科研院所的战略合作,共建科技创新载体累计达80家。新增省市级企业(行业)高新技术研发中心112家、企业技术中心69家。新认定国家和省级科技企业孵化器4家,孵化场地总面积突破100万平方米,在孵高新技术项目2086项。推进国家知识产权示范城市创建,专利申请量、授权量分别增长39.6%和29.8%。6家企业参与25项国际标准制定工作。新增国家和省市创新型企业42家、中国驰名商标25个。杭州跻身"中国最具创新力城市50强",创新环境、创新动力、创新绩效评价居省会城市首位。

企业活力不断增强。积极培育大企业大集团,73家企业进入全国民企500强,连续6年位居全国城市首位;22家企业集团进入中国最大规模企业集团500强,36家集团进入全国大企业集团竞争力500强,分别居全国副省级城市和大中城市首位。营业收入超10亿元的企业达250家。10家企业入围全国软件百强。新增上市公司6家,总数达66家。出台"瞪羚计划",科技型中小企业承担国家创新基金项目65项,获国家资助4190万元。市区两级政府设立5.5亿元的创投引导资金,建立市创投服务中心,支持初创期高成长性企业发展。盘活存量土地478万平方米,新建标准厂房379万平方米。(三)扩大对外经贸合作,开放型经济进一步发展

招商引资强势推进。成功举办美国、迪拜、新加坡、香港、北京、上海、广州等境内外招商活动。外资内资引进在全省的首位度进一步提高。实际利用外资33.12亿美元,增长18.2%;其中新引进世界500强企业项目12个,累计达107个。实际到位内资473.13亿元,增长21.1%。

对外贸易加快转型。落实外贸扶持政策,开展外贸企业创"双百"活动。市级进出口总额383.39亿美元,增长11%;其中出口262.77亿美元,增长13.3%。把服务外包作为新的增长点,打响国际金融服务外包交付中心品牌,离岸服务外包合同执行额2.03亿美元,增长80.5%。杭州被国务院授予中国服务外包示范城市。杭州保税物流中心(B型)和出口加工区功能拓展获国家批准。

对外合作不断拓展。实施"走出去"战略,企业境外投资48个项目、1.33亿美元。成功举办APEC工商咨询理事会会议、第二届ABAC亚太中小企业峰会、国际友城市长峰会和联合国美食节。外事、侨务、对台港澳工作取得新成效。编制空港经济圈规划,出台杭州航空口岸国际航线扶持办法,开通杭台直航包机航线。萧山国际机场二期征迁工作圆满完成。抢抓长三角发展上升为国家战略的重要机遇,主动融入长三角,推进沪杭同城化。积极对接上海世博会,成功入选世博会最佳城市实践区案例。加快杭州都市经济圈建设,完成发展规划编制并列入省级重点区域规划,产业协作、交通建设、城际旅游、环境共保、公交一体化、市民卡互通等有序推进。萧山、余杭区和五县市与主城区实现固定电话资费一体化。抓好山海协作和对口支援工作。全力支援四川灾区抗震救灾,积极做好应急救援、收治伤员、接收学生就读、安装安置板房等工作,捐款捐物达8.8亿元;对口援建青川县"一镇三乡"工作顺利展开。

(四)坚持城市有机更新,城市化进程加快

项目推进年活动取得新成果。科学编制各类城乡规划。加快实施新一轮十大工程,重点建设247个项目,完成投资593亿元,超额完成计划任务。推进新城和城市综合体建设,钱江新城核心区精彩亮相。继续实施西湖、西溪、运河与市区河道综保工程,第七次推出新西湖,西溪三期有限开园,运河三条水上黄金旅游线开通,中山路综保、南宋皇城遗址保护工程顺利推进,启动西山游步道一期建设。江东大桥建成通车,机场路整治、九沙大道、半山隧道、三堡排涝、九堡大桥、之江大桥、钱江隧道主体工程、运河二通道和铁路杭宁、杭甬线与东站客运枢纽开工建设,地铁一期按预期推进,机场二期、钱塘江引水等工程进展顺利,"两口两线"及扩大范围建设整治圆满完工。完成主城区40条河道综合整治。

市域路网建设取得新进展。桐庐16省道与320国道连接线、20省道桐庐段与建德段、16省道於潜至千秋关段建成通车,320、330国道建德段沿线生态化改造和320国道富阳段综合整治与环线外移工程全面开工,杭长高速、申嘉湖杭高速、余杭104国道良渚至古墩路连接线、石大路至09省道连接线、萧山03省道东复线北伸、淳安上江埠大桥等项目开工建设。完成九龙大道建设前期工作。完成500公里农村联网公路、10个农村客运场站和457个港湾式停靠站建设,客运班车通村率达97.5%。石大快速路、石桥立交、留石快速路一期及秋石快速路一期试开通,副城、组团与主城区交通更为便捷。

节能减排取得新成效。深入实施"环境立市"战略,铁腕抓环境保护与节能减排。启动水煤浆技术推广和工业锅炉节能工程,在重点用能行业推广节能技术。加快淘汰落后工艺设备和高污染、高能耗企业,关停柴油发电机组875台、容量60.52万千瓦。实施再生资源回收利用市场整治。开展"百万居民节能行动"。进行全市污染源普查,启动新一轮"811"环境保护三年行动计划,完成"1250"生态工程项目953个。制订《太湖流域水污染防治应急预案》,强化水源保护,确保饮用水安全。开展大气环境污染整治,半山地区环境综合整治顺利推进,关停转迁工业企业68家,新增截污量5582吨/日,半山公园全新开园。推进崇贤、七格三期和灵桥等污水处理厂建设。加强飞行监测,对屡次违法超标排放企业依法严处。全力打造"国内最清洁城市",数字城管覆盖面达235.8平方公里,城市洁化、绿化、亮化、序化覆盖率达94%以上。

(五)加强社会建设,文化软实力进一步提升

文化持续发展繁荣。杭州图书馆新馆、城市规划展览馆、青少年发展中心和良渚文化博物馆新馆建成开放,筹建中国湿地博物馆与刀剪、扇业、伞业3个"国字号"博物馆。市档案馆晋升国家一级档案馆。制定西湖文化景观保护办法,积极推进西湖申遗。出台公共文化服务体系建设专项规划,推进文化惠民工程。制定传承发展杭剧的政策,在全国率先开展民间艺人职称评定工作。成立非物质文化遗产保护中心,18个项目入选第二批国家级非遗名录。获国家级和省级文艺、广电、动漫类奖86项。原创动画产品达1.74万分钟。5个区、市(镇)成为中国民间文化艺术之乡。积极开展精神文明建设活动,获全国未成年人思想道德建设工作先进城市称号。教育卫生体育事业全面发展。实施城乡免费义务教育,积极发展学前教育、中等职业教育,推进名校集团化办学。落实义务教育经费保障机制,确保困难家庭子女入学,解决13.83万名外来务工人员子女就学。开展青少年第二课堂和全民终身教育学习周活动。出台支持杭师大创一流大学的政策措施,新办杭师大阿里巴巴商学院、杭州国际服务工程学院。杭州科技职业技术学院新校区建设加快推进。杭州职业技术学院成功创建省级示范性高职院校。市教育资产营运管理中心、卫生事业发展中心、体育发展集团正式运作。启动"健康生活进百万家庭"工程,社区卫生服务综合改革扎实推进,市公共卫生中心竣工,滨江、下沙、市十医院建设进展顺利,完成妇女、儿童医院建设前期工作。有效处置"问题奶粉",积极防治手足口病。圆满完成奥运火炬传递活动,杭州籍运动员获奥运会2枚银牌和残奥会3枚金牌。

人才工作扎实推进。实施"131"优秀中青年人才培养计划、钱江特聘专家计划和"356"培训工程,新增国家级博士后科研工作站8家、累计达32家,引进人才6万余名。实施高校

毕业生和留学回国人员创业行动计划,开展万名大学生创业实训工程,建立大学生实训机构与基地166家,实训2.5万余人。建立创业导师制,制定落实大学生与留学人员在杭自主创业政策,加大海外高端人才引进力度,新建大学生和留学人员创业园7家,资助大学生和留学人员创业项目1010万元。做好有突出贡献人才住房申购工作。

(六)全力改善民生,群众生活质量不断提高

民生保障进一步落实。大力推进"破七难",市本级新增财力的92.8%用于民生支出,增长26.8%。教育、医疗卫生、城乡社区事务的财政支出增长超过20%,社会保障与就业、环境保护与文化体育的财政支出增长超过30%。

实事项目全面完成。一是市区开工建设廉租房20.4万平方米、经济适用房103.5万平方米,廉租房配租2628户,经济适用房公开销售82.5万平方米。限价商品房和农转居拆迁安置房开工409万平方米、竣工222万平方米,安置率达83.7%。新开工危旧房改善项目58.4万平方米,累计完成74万平方米。新开工创业人才(大学生公寓)、外来务工人员公寓44.5万平方米。二是基本养老保险、基本医疗保险、失业保险、工伤保险的参保人数分别比上年末净增37.62、36.85、32.32和44.18万人。第八次春风行动募集社会帮扶资金1.36亿元,发放救助金1.23亿元。市级"惠民医院"为困难群众减免医疗费用207.33万元。提高农村低保标准。新型农村合作医疗参合率98.2%,人均筹资160.7元。农村五保对象集中供养率达93.2%。三是组织就业困难人员专场招聘活动15场,安置就业困难人员5.57万人,培训城镇失业人员6.22万人,67%社区基本达到充分就业社区标准。市公共实训基地主体工程完成60%以上。四是新开公交线路36条、优化44条,开通快速公交2号线,更新公交车1391辆,市区公交空调车比例达91.2%,新建候车亭187座。萧山、余杭区与主城区实现公交一体化。共设置停车泊位5.79万个。新设出租车综合服务区7个。新建公共自行车租赁系统。五是完成273个庭院、1401幢房屋、156条背街小巷改善和50条支小路改造。完成116个污水收集系统、258个生活小区、119个公建单位的截污纳管项目,新增截污量4.5万吨/日。完成60个低洼积水点改造工程项目。公厕提升改造317座。六是城乡免收义务教育阶段学生课本费和作业本费3.5亿元。资助困难家庭学生6.6万人、2960余万元。七是扩大"禁燃区"范围,完成206台(座)锅炉(炉窑)改造、6家热电联产企业脱硫除尘改造和燃煤锅炉工艺废气达标治理。实行机动车环保标志管理制度和新车国Ⅲ标准。完成16个撤村建居地区环境整治。八是建立两个物价补贴联动机制,发放补贴1.33亿元,受益群众31.15万人,困难群众和退休职工收入增幅高于CPI增长。加强农贸市场长效管理,实行豆制品、豆芽菜准入制度。九是市民健康行为形成率达82.1%,市区社区卫生服务中心规范化建设率达87%,乡镇卫生院标准化建设率达81.4%,农村生活垃圾收集率达80%。十是完成农村有线电视"村村通",向1.4万户低收入群众赠送电视机。新增公共图书服务体系"一证通"基层点100个,新建农家书屋100个。组织文化下乡2655场,放映电影1.38万场,建成1520个农村星光老年之家。新增农村全民健身场所762处。

社会管理得到加强。出台加强和谐社区建设意见,提高社区工作者待遇。上羊市街社区居委会被确认为"新中国第一个居委会"。深化平安创建,加强社会治安综合治理,整体构筑打、防、控体系,恶性案件和刑事发案总量下降,95.5%的市民对治安状况表示满意。全年交通、火灾事故实现"零增长"。深刻吸取"11·15"湘湖地铁工地重大坍塌事故教训,狠抓整改,加强监管,落实安全生产责任制。加强钱塘江防潮安全管理、食品药品安全管理和工程项目建设安全管理。

积极开展拥军优属与共建活动,加强国防教育和国防后备力量建设,连续第五次获"全国双拥模范城"称号。统计、民族、宗教、口岸、人防、档案、气象、地方志等工作进一步加强。工会、共青团、妇联、文联、科协、社联、侨联、爱卫会、红十字会工作和关心下一代、老龄、残疾人等事业健康发展。

(七)注重管理创新,民本政府建设有效推进

政府自身建设进一步加强。深入开展党的十七大精神主题宣传教育实践活动和新一轮解放思想大行动,贯彻"人民唯大、创新为先、法治为道、务实为要、清廉为范"的理念,"树新形象、创新业绩"活动扎实开展。实行政府工作项目化,综合考评向区、县(市)延伸。严格执行人口与计划生育、土地资源管理、节能减排、安全生产和社会治安综合治理工作责任制。优化财政支出结构,创建节约型机关。建立"干部学习新干线",加强公务员教育与管理。加大行政监察和审计力度,全面落实廉政建设责任制,推行政府投资工程建设效能监察全覆盖,进一步构建权力阳光运行机制。

科学民主决策有序推进。坚持依法行政,主动接受市人大及其常委会的法律监督和工作监督,自觉接受市政协的民主监督,充分听取民主党派、工商联、无党派人士和人民团体的意见,定期向市人大报告、向市政协通报工作。办理市人大代表建议和政协委员提案1263件,满意率98%。深化政府信息资源共享及协同工作,推进电子政务,扩大政务公开。实行开放式决策,市政府常务会议邀请市人大代表、政协委员和市民代表列席,并实行网上视频直播互动。建立政府信访联络员制度,优化信访和"12345"市长公开电话工作机制。

行政服务不断创新。开展为万家企业送温暖活动,上门送信心、送政策、送服务、送培训。出台12项减负解困政策措施和"工商21条"等,推进政银企合作。暂停和取消198项行政性收费。加强行政服务中心、公共资源交易中心建设,抽调547名后备干部担任项目审批代办员,缩短企业到政府办事的时间。推进省级综合配套改革试点,实施第四轮行政审批制度改革。开展为省直单位服务月活动。

经过全市上下的共同努力,去年杭州又获得多项殊荣。连续第5年被评为中国大陆最佳商业城市第1名,被评为中国最具幸福感城市金奖,社会发展总指数位居全国副省级城市首位,荣登最值得向世界介绍的中国名城、中国十佳和谐发展城市、中国十佳宜居城市榜首,获建设创新型国家十强市荣誉称号。上城区成为全国和谐社区制度创新示范区;下城区成为国家级可持续发展实验区;拱墅区成为全国基层低保规范化建设示范区;西湖区成为全国科技进步先进区;萧山区成为全国农田水利基本建设先进单位;余杭区成为国家级绿色农业示范区;建德市成为中国十佳生态城市;临安市成为国家环保模范城市。

以上成绩来之不易,是改革开放三十年的成果,是省委、省政府和市委正确领导的结果,是市人大依法监督、市政协参政议政和民主监督的结果,是全市广大干部群众团结一心、奋力

拼搏的结果。在此,我代表市人民政府,向在各个领域辛勤劳动、作出积极贡献的全市人民和"新杭州人",向全体人大代表和政协委员,向在杭省部单位、高等院校、驻杭部队指战员,向所有关心和支持杭州发展的海内外朋友们,表示衷心的感谢并致以崇高的敬意!

同时,我们也清醒地认识到,杭州经济社会发展还存在不少突出矛盾和问题。主要是:受国际金融危机影响,我市主要经济指标增幅回落,GDP、工业、出口增长没有达到预期目标;市场需求萎缩,企业发展面临前所未有的困难,投资者与消费者信心指数双下降,经济下行压力加大;自主创新体系还不健全,产业转型升级任务繁重;城市国际化程度不高,农业基础设施和农村公共服务设施相对薄弱,区域发展不平衡问题明显;土地、能源和环境约束日益突出,节能减排形势严峻;城乡就业压力加大,居民增收难度增加;安全生产形势严峻,食品安全、教育卫生、居民住房、防灾减灾等方面还存在不少亟待解决的问题;影响科学发展的体制机制瓶颈和深层次问题尚未根本解决,改革攻坚任务还很艰巨;政府职能转变还没有完全到位,依法行政与公共管理服务能力有待提高;一些政府工作人员服务意识不强、工作作风不实、工作效率不高,形式主义、官僚主义还不同程度地存在,腐败现象在有些地方和领域还比较突出。对此,我们将高度重视,并采取更加有效的措施加以解决。

二、当前面临的形势和任务

今年是新世纪以来杭州经济发展最为困难的一年,也是蕴含重大机遇的一年。尽管当前国际金融危机尚未见底,经济发展遇到诸多困难和严峻挑战,但杭州经济健康发展的基本态势没有改变,中央扩大内需的战略决策为我们指明了方向。我们要把保增长、实现经济平稳较快发展作为首要任务,把扩内需、加大投资扩大消费作为主要着力点,把调结构、促进产业城乡区域统筹协调发展作为主攻方向,把深化体制改革提高开放水平作为根本动力,把保障和改善民生、促进社会和谐稳定作为政府工作的出发点和落脚点,把抓好政府自身建设作为应对复杂局面的重要保障,从而坚定信心,振奋精神,化危为机,奋勇开拓,为杭州新一轮发展打下坚实基础。2009年政府工作的指导思想是:以科学发展观为统领,全面贯彻党的十七大、十七届三中全会和中央、全省经济工作会议、市委十届五次全会精神,以新一轮解放思想大行动为动力,深入实施"六大战略",应对挑战、保稳促调、拉高标杆、创新发展,保增长、扩内需、调结构、增活力、重民生、抓稳定,推进服务型政府建设,努力保持我市经济平稳较快发展,加快共建共享与世界名城相媲美的生活品质之城的步伐,以优异成绩向建国60周年献礼。

今年政府工作的总体要求:一是应对挑战。当前机遇与挑战都前所未有,机遇大于挑战。我们要切实增强忧患意识、危机意识,充分认识当前国际经济环境的严峻性与复杂性,把困难估计得更充分些,把应对措施考虑得更周全些,从逆境中发现和培育有利因素。越是困难的时候,越要振奋精神、知难而进,扎扎实实地办好杭州的事情。当前,国家实施积极的财政政策和适度宽松的货币政策,为杭州转型升级、吸引投资、引进人才、低成本扩张、加强区域合作提供了难得机遇。加上杭州基础好、体制活、实力强,赢得的机会更多,我们有信心、有能力在这次应对挑战中率先胜出,迎来发展的春天。二是保稳促调。保稳是要务,促调是方向。当前经济工作方面的所有努力,都要确保经济止跌回升,实现平稳较快发展。同时又要以倒逼机制促进结构调整,转变经济发展方式,促进产业高端化,更加自觉主动地推进"3+1"现代产业体系,更加自觉主动地抓好节能减排,这些符合杭州城市产业发展趋势,绝不能动摇。杭州要扬环境、科教、文化、市场、体制机制之长,走"杭州制造"向"杭州创造"、"杭州服务"、"杭州创意"跨越的路子,率先迈入以现代服务业为主导、以高新技术产业为支撑的后工业化时代。三是拉高标杆。杭州作为长三角特大城市,经济总量位居副省级城市第3位,应以更加开放的思维和国际化视野想问题办事情,以适应"全球化、新经济、互联网"时代的挑战。积极推进城市国际化,充分借鉴国际经验,按照国际惯例办事,站在全球舞台上配置人才、技术、资本、市场等资源,以大开放促进大发展,增强杭州国际竞争力。各个领域、各项工作都要确立向世界名城学习的标杆,使杭州站在更高起点上,发展得更好更快。四是创新发展。创新是城市发展的不竭动力,也是克难攻坚的制胜法宝。我们要深入贯彻省委"两创"总战略,进一步解放思想,坚持创新为先,以综合配套改革为载体,努力营造尊重知识、尊重人才、鼓励创新的社会氛围,充分尊重基层群众的首创精神,大力推进技术创新、业态创新、商业模式创新、要素配置方式创新、民生保障和政府管理创新,构建自主创新体系,建设国家创新型城市。

建议2009年全市经济社会发展的预期目标为:地区生产总值增长10%;服务业增加值增长12.5%;工业增加值增长9%;全社会固定资产投资增长14%;社会消费品零售总额增长15%;市级外贸出口增长9%左右;地方财政收入增长10%左右;全社会研究开发投入占生产总值比重达2.6%;城镇居民可支配收入和农村居民人均纯收入分别增长8%左右;城镇新增就业人数16万人,城镇登记失业率控制在4%以内;万元生产总值综合能耗下降4.6%,化学需氧量减排3%以上,二氧化硫减排3%;居民消费价格指数低于上年水平;人口自然增长率控制在3.6‰。

2009年国际国内发展环境的不确定因素非常突出,全面实现上述目标有较大难度,我们将充分利用一切有利条件,全力做好工作。

三、2009年的重点工作

(一)以扩内需为重点,着力扩大投资促进消费

坚持大项目带动。加大对民生工程、农业农村、基础设施、生态环境、自主创新、产业升级的投入,全面推进新一轮"十大工程"建设,以政府投资带动社会投资。实施重点建设项目277项,总投资3275亿元。加快重大项目前期工作,努力争取中央投资与国债。加强要素保障,创新融资方式,推进政银企合作。做好土地利用总体规划修编、土地开发整理和建设用地复垦工作,实现耕地占补平衡。推进节约集约用地,坚持"一调两宽两严",提高土地利用效率。充分发挥做地主体作用,推进地块招商。坚持和谐拆迁,优化重点项目服务,加强质量监管。抓好一批预备项目。

加快重点工程建设。钱江新城、铁路"二线一枢纽"(杭宁、杭甬线和东站客运枢纽)、地铁一二期、机场二期、天然气利用、钱江隧道及接线、庆春路过江隧道、半山隧道、九沙大道、运河二通道、申嘉湖杭高速、杭长高速、九堡大桥、之江大桥、沿江大道、闲林水库、三堡排涝、城市慢行交通系统、大公共交通

系统和东湖、秋石、留石、德胜、彩虹5条快速路等项目建设要加快进度。力争杭氧迁扩建、"四化"迁建、浙江金恒德国际汽配物流中心、钱塘江引水入城、七格污水处理厂三期等项目完工。新开工机场高速路改造、杭师大新校区建设、铁路"三线"(杭沪、杭长、杭黄线)等项目。实施"十纵十横"道路综合整治工程,构筑市区骨干路网。抓紧工程前期工作,力争杭长高速延伸线(吉鸿路)、杭州第二绕城公路西复线、闲祝公路改建等项目年内开工。

积极扩大消费需求。实施城乡居民收入五年倍增计划、低收入群众增收行动计划,着力提高城乡居民收入,稳定收入预期,提高消费能力。制定扩大消费需求的若干意见,发放用好消费券、旅游券,实行职工带薪年休假制度。进一步搞活流通,稳定物价。积极发展十大特色潜力行业。推行住宅房屋拆迁货币化安置办法,落实"房地产新政",促进房地产市场健康发展。大力开拓农村市场,组织杭产品下乡并增加补贴品种,完善农产品流通网络和农业生产资料流通体系建设。着力培育住房、汽车、旅游、通信、商贸、文化、健身、信息等8大新兴消费热点。以旅游国际化为突破口,打造旅游综合体,创新旅游营销方式,推出有吸引力的休闲运动与度假产品,大力发展休闲旅游。办好西湖国际博览会、休闲购物节等大型会展促销活动,促进假日和旅游消费。实行商业与工业用电、用水同价政策。促进银行卡使用,发展信用销售和网络购物。

(二)以建立"3+1"现代产业体系为重点,着力推进转型升级

发展现代都市农业。大力实施科技兴农,推广现代生物技术,加快农业规模经营和结构调整,发展生态农业、设施农业、观光农业,推进农作制度创新,提高农业综合生产能力。严格保护耕地,稳定粮食播种面积,加快粮食生产功能区和粮食生产体系建设,确保粮食安全。积极推进农产品电子商务,构建现代流通体系。高度重视"菜篮子"工程建设,发展农产品深加工,全面启动农产品质量安全追溯机制,健全质量标准体系和农产品监管,防控重大动植物疫病。提升农村防灾减灾能力。

加快发展先进制造业。全面落实"提升发展传统优势产业、适度发展新型重化工业、大力发展高新技术产业"的方针,继续保持工业经济一高一领先。办好各级高新区、经济开发区,以高新区为龙头,推动高新技术产业由点到面发展。建设信息、生物两大国家级高技术产业基地。加快杭州经济开发区江东区块建设。推进主城区上规模园区和工业功能区向科技园(软件园)转型。新增高新技术企业300家。用高新技术改造提升传统产业。积极发展装备制造业,建设汽车产业园,推进与中石化、中粮、中节能等央企的战略合作。推进"阿里巴巴"软件生产基地、淘宝城、中兴杭州手机生产基地、华为杭州生产基地、网易杭州软件基地、纳智捷整车、莲花轿车与汽车发动机、青年客车、吉瑞汽车、海正药用植物、爱大制药、民生药业、杭州默沙东、赛诺菲药业、东方电机新能源、新安化工有机硅、富通住电光纤等重大工业项目建设。

优先发展现代服务业。大力发展现代商贸、金融、现代物流、信息、科技、商务、旅游、文化、房地产、社区服务业,设立服务业发展引导资金,高标准建设一批现代服务业集聚区,争取服务业增加值比重提高1个百分点。重点培育发展信息软件、电子商务、服务外包、现代金融、现代中介、空港经济等新型城市经济业态。加快网商集聚,打造"中国电子商务之都"。依托华数宽带城域网,发挥通讯营运商的积极性,建设"无线数字城市"。积极推进商业业态和交易方式创新,继续实施市场整合改造提升工程、商业特色街区提升工程和重大商贸设施建设。实施楼宇经济空间布局和业态规划,加强楼宇招商,大力发展特色楼宇经济。积极推进三次产业融合发展。

积极发展文化创意产业。完善规划引导,重点发展动漫游戏、设计服务、现代传媒、艺术品、教育培训、文化会展等八大行业。实施重大文化创意产业项目带动,开展文创产业大学生创业实训,办好十大文化创意产业园和中国国际动漫节、文化创意产业博览会等,培育杭州设计、女装之都、动漫之都等行业品牌,推进文化市场体系建设,打造全国文化创意产业中心。

提升自主创新水平。以杭州创新指数为导向,大力推进与浙江大学、中国美院等高校和国家级科研院所的战略合作。推进清华大学长三角研究院杭州创新中心等载体建设。加大技术研发投入,引导和支持创新要素向企业集聚。新增市级以上企业技术中心35家、研发中心50家;新增科技孵化器场地面积20万平方米。通过创业投资发掘和孵化,大力推进商业模式创新。加强知识产权保护。鼓励企业创名牌,支持企业参与制订国际、国家标准。

完善服务企业长效机制。实施打造民营经济强市三年行动计划。深入开展为企业送温暖活动。通过落实国家增值税转型政策、适当下浮养老保险缴费比例、实行地方税费减免、安排扶持资金等,为企业减负80亿元。实施大企业集团培育计划,办百亿企业、兴千亿行业。实施"瞪羚计划",重点培育一批高成长型中小企业。加快推进电子商务进企业。

优化人才+资本的创业环境。继续推进大学生创业实训工程,计划实训3万人。推行创业导师制,举办全国性创业大赛,加大对创业项目的扶持力度,吸引高校毕业生和留学人员在杭创业。加强海外招聘高端人才工作。办好大学生(留学人员)创业园。积极发展多层次的资本市场,办好产权交易所,支持企业上市。加快钱江新城金融核心区和庆春路、延安路金融集聚带建设,重点招引外资银行、地方商业银行、非银行类金融机构,鼓励金融机构创新融资产品,打造长三角南翼金融中心。扩大创投引导基金规模,加强与创投机构合作,办好创投服务中心,建立和完善产投基金、债权基金、担保基金,组建再担保公司,扶持初创期高成长性企业。

(三)以一体化为重点,着力推进城乡统筹发展

坚持城市有机更新。加强规划引导和协调,优化城乡功能布局,彰显城市美学。深入实施西湖申遗整治、玉皇山南整治、官窑博物馆三期、江洋畈生态公园、"景中村"整治、南宋皇城遗址保护工程等项目,第8次推出"新西湖"。围绕湿地博物馆开馆、列入国际重要湿地名录、举办首届湿地文化节等,第4次推出"新西溪"。实施运河综保"一寺一厂三区三馆五街九路"建设,第4次推出"新运河"。继续实施良渚遗址综保工程,启动良渚国家遗址公园建设,第2次推出"新良渚"。继续实施中山路综保工程,国庆推出"新中山路"。加快跨湖桥遗址公园建设和湘湖二期保护与开发。推进市区河道综保工程,对47条河道进行整治。打造最宜居城市。

推进新城和综合体建设。全面推进钱江新城58个项目、15个公建配套建设,加强综合管理,用好新城资产。推进城东新城、运河新城、之江新城、滨江新城、下沙新城、大江东新城、

钱江世纪城、临平新城、洋安新城、东州新城、锦南新城和复兴国际商务广场、嘉里中心、潇洒休闲运动公园、千岛湖进贤湾国际旅游综合体等新城、城市综合体建设,促进市域网络化大都市发展。深化农村改革。完善财政支农资金稳定增长机制,加大"三农"投入。稳定农村基本经营制度,保护农民的土地承包经营权益,遵循自愿、依法、有偿的原则,探索土地流转模式。落实村级集体留用地政策,引导村级经济集约化发展。深化农村股份制改革,发展农民专业合作经济组织。放宽农村金融准入政策,扩大农业保险和农信担保,开展对种养大户的授信。

建设社会主义新农村。完善村镇规划,加强中心镇建设,培育一批风情小镇。积极发展农村二三产业。实施"强塘固房"工程,推进村庄整治和高速公路沿线整治,加强农村基础设施建设。推广清洁能源,扩大垃圾收集处理与生活污水清化处理。加强农村社区化服务,加快撤村建居和"城中村"改造。

深化"联乡结村"共建活动。推进"春风行动"进农村,筹集"联乡结村"资金6000万元。全市低收入农户人均收入争取超过3000元。开展农村科技与实用人才培训,完善农民转移就业服务体系。安置下山移民5000人。探索农民工管理与服务的新机制,按"八个有"要求,促进"新杭州人"安居乐业。

(四)以深化改革开放为重点,着力创新体制机制

全面推进省级综合配套改革试点。学习借鉴上海浦东新区的经验,深化已确定的改革项目,争取国家、省级各项改革试点,率先建立充满活力的创业创新体制、改善民生的社会管理体制、科学高效的行政管理体制。推进资源性产品价格改革、增值税转型改革、金融体制改革、行政管理体制改革等,再取消一批审批及收费项目,加强对已取消项目的后续监管。

坚持项目化推进机制。组建以私募为主的产业投资基金,开展非上市企业股权转让代办系统(OTC)试点。组建小额贷款公司,设立农村股份制商业银行、村镇银行,探索筹建硅谷式银行(科技银行),推动杭州银行上市步伐。开展排污权交易改革试点。建立"区域快速通关"模式,争取综合保税区政策。深化医疗卫生"四改联动"改革。推出建设用地复垦和宅基地、承包地"三换"改革试点。遵循"办事不出新城,资金自求平衡"原则,对具备一定人口规模和经济实力的新城赋予必要的城市管理权限。向区县(市)扩权。

把高新区(滨江)作为综合配套改革先行区。完善公共技术服务平台建设营运机制,推进科技投融资体制改革。加强知识产权保护示范区建设。推进城乡统筹和社会领域改革。深化"大部门制"改革。进一步下放市级管理权限,做到"办事不过江"。通过先行先试,发挥体制活力、服务功能、要素集聚和政策洼地效应,为面上改革作出示范。

加大招商引资力度。继续实施招商引资"一把手"工程,计划实际利用外资37.5亿美元、实到内资520亿元。招引现代服务业与先进制造业并举,外资主攻国际大公司和大项目,引进10个世界500强企业投资项目,内资瞄准央企和民企总部经济。突出"以民引外、以外引外"、地块招商、楼宇招商、央企招商、驻点招商,完善领导联系重大项目、重大项目协调推进等制度,研究并完善吸引世界500强和总部经济政策,进一步优化软环境。举办美国、欧洲、香港和新加坡招商周,组织北京、上海、广州和西博会四大国内招商活动。

大力开拓国际市场。坚持保拓并举,促进外贸出口稳定增长。全面落实出口退税、出口信用保险补贴、展位补贴等政策,支持企业开拓市场。帮助1000家中小出口企业发展电子商务,大力拓展东南亚、中东、东欧、南美等新兴市场,培育一批年出口额超亿美元企业。支持企业开发新产品,争创出口名牌,鼓励企业在境外注册商标。积极承接国际服务业转移,抓好服务外包企业国际认证升级,发挥服务外包产业联盟作用,打造国际金融服务外包交付中心。离岸服务外包合同执行额计划达2.5亿美元。以机场二期建设为契机,启动空港经济区开发建设。积极新辟国际航线。推进保税物流中心(B型)建设和出口加工区功能拓展,提升杭州对外开放功能。

加快建设杭州都市经济圈。认真贯彻国务院关于进一步推进长江三角洲地区改革开放和经济社会发展的指导意见,积极接轨上海,参与世博会。推进杭州最佳城市实践区展示工程建设。把杭州都市经济圈建设作为打造长三角金南翼的重要步骤,出台发展规划,完善专委会工作机制。推进杭州主城区工业向周边有序转移。建立更紧密的旅游合作网络。合力推进高速路网、嘉兴独山港等重大基础设施建设,逐步解决断头路问题。加快公交卡、市民卡等互通互用,增加联网结算医疗定点机构,推进与富阳、临安、安吉、海宁等市县公交一体化。

加强对外合作与交流。继续实施"走出去"战略,引导企业开展境外投资与并购。深入推进旅游国际化,开拓新的境外客源市场。继续开展国际友城交流与合作,扩大对外宣传,做好外事、侨务、对台港澳工作。抓住两岸包机直航契机,积极拓展杭台经贸关系。深化"山海协作"和对口支援,全面开展援建青川的工作。

(五)以提升城市宜居水平为重点,着力建设生态文明

强势推进节能减排。坚决淘汰落后产能。加快主城区工业企业搬迁步伐,积极推进能源结构和供热方式调整。完成所有燃煤热电企业脱硫设施改造。加强环境监测与飞行监测,关停屡次违规排放企业。完善应急预案,通过治理工程减排、结构调整减排和监督管理减排,确保完成化学需氧量和二氧化硫等主要污染物减排目标。积极发展低碳经济。

大力推进生态市建设。开展大气环境和水环境整治,提高环境质量。加快半山地区和北大桥环境综合整治,推进工业企业搬迁。完成半山地区16条河道和6条道路整治。全面推进农村环境污染防治和养殖业污染防治,推进城乡生活污水一体化处理和生活垃圾日产日清。上城区、西湖区、余杭区创建省级生态区,萧绍区域(萧山片)印染化工、富阳环山铜冶炼行业污染整治通过省级验收,基本完成新一轮"811"环境保护三年行动计划任务和12个省级以上开发区(工业园区)生态化改造。推进国家森林城市建设。

实行精细化城市管理。围绕打造"国内最清洁城市"目标,深化"数字城管",加大庭院改善、道路修缮、截污纳管、背街小巷改善、撤村建居环境整治和亮灯工程力度,启动老旧住宅小区物业管理改善工程,提升城市洁化、绿化、亮化、序化管理水平。

(六)以加强社会建设为重点,着力推进公共服务均等化

提升文化软实力。积极发展哲学社会科学、文学艺术、广播电视、新闻出版事业,做大做强杭报、文广、西泠印社三大集团,组建杭州出版总社,开展"院场合一"试点。实施"万场文化活动下基层"等文化广电惠民活动,加快构建公共文化服务体系和文化市场体系,打造文化精品。加强文物和非物质文化遗产保护,全力推进西湖申遗。筹建群艺中心,振兴"老字

号",发展博物馆事业。保护历史建筑、历史文化街区和历史文化碎片等城市文脉,传承历史文化。加强市民思想道德建设,提升城市文明程度。

发展教育卫生体育事业。支持杭师大创建一流综合性大学,办好阿里巴巴商学院、杭州国际服务工程学院。支持浙大城市学院等地方高校按社会需求办学。加快杭州科技职业技术学院建设,鼓励有条件的区、县(市)引进高校。支持在杭高校兴办科技园(创业园),推进杭州经济开发区与高教园区战略合作。高等教育毛入学率达到53%。拓展名校集团化办学,推进素质教育。实施义务教育学校绩效工资分配制度改革。大力发展学前教育、职业教育、社区教育,加强农村教育。发展成人教育与技能培训,建设学习型城市。深化医疗卫生体制改革,扩大医疗保险联网支付覆盖面,提高市属医院医疗水平,切实加强公共卫生应急体系和城乡社区卫生服务体系建设。加快6家市属医院建设。加强妇幼保健工作,稳定低生育水平,提高人口素质。办好第17届市运会。引导更多单位内的体育设施节假日向社会开放,推进全民健身活动,建设健康城市。抓紧城北体育公园建设。推进市教育资产营运管理中心、卫生事业发展中心、体育发展集团规范化运作。

加强社会服务和管理。推行"三位一体"社区管理,创新社区公共服务工作站运作模式,组建社区服务业发展中心,加强社区志愿者队伍建设。为老年人办实事,支持慈善事业发展。加强流动人口服务与管理。继续开展第二次全国经济普查。

(七)以"破七难"和为民办实事为重点,着力改善民生

改善民生是政府头等大事。各级要以"破七难"为载体,以为民办实事为抓手,以民主促民生为机制,继续加大对民生保障的投入。市财政支出预算安排用于民生支出88.08亿元,增长18%,新增财力用于保障民生。重点办好十件实事。

1、主城区的老社区全部达到充分就业社区标准,基本消除"零就业家庭"。重点对城镇下岗失业人员特别是"4050"员、农村劳动力特别是低收入农户劳动力、大学毕业生、外来务工人员的就业帮扶,减免相关规费,提高补贴标准。进一步增加公益性岗位,鼓励灵活就业。以创业带动就业,以培训(实习)促进就业。引导企业不减员少裁员,留岗留职不走人。帮助城镇失业人员实现再就业7.6万人,其中就业困难人员再就业2万人。提供需求岗位6万个以上,帮助5万名以上大学毕业生在杭就业。搞好农村劳动力求职登记工作,帮助6万名农村劳动力转移就业。争创首批国家创业型城市。

2、开展第九次"春风行动"。向困难群众等发放消费券。建立城乡低保标准动态调整机制。提高低保对象救助额。95%以上的社区卫生服务中心(站)纳入城镇职工医疗保险定点支付范围。全市农村居民参加养老保险人数增长10%以上,提高新型农村合作医疗参合率和保障水平,人均筹资额达到上年农民人均纯收入的1.8%。建设2000张床位以上的市级养老机构。实施残疾人康复和重度残疾人托(安)养工程。落实和完善外来务工人员特殊困难救助制度。

3、开工建设105万平方米保障性住房。坚持"租、售、改"三位一体,廉租房、经济租赁房、经济适用房、拆迁安置房、危改房"五房并举",缓解低中收入群众和"夹心层"住房难。开工建设经济适用房50万平方米,经济租赁房(包括外来务工人员和创业人才公寓)45万平方米,廉租房10万平方米。拆迁安置房开工300万平方米、竣工180万平方米。完善廉租房配租管理,市区保障廉租住房家庭2900户,低保标准2倍以内低收入住房困难家庭实行廉租房应保尽保。危旧房改善累计完成100万平方米。完成市区经济适用房公开销售50万平方米。加强对保障性住房建设的质量监督与售后管理。

4. 新辟15条公交线路。提升快速公交一、二号线服务能力,开工建设快速公交三、四号线。新增更新公交车855辆、报废更新405辆,市区空调车比例达93%。完成丁桥、三墩、闲林、下沙等居住区的公交配套。实施余杭、萧山两区公交线路改造。完善公共自行车系统,年内达到服务网点2000个、公共自行车50000辆。市区增加公共停车泊位8000个以上,并增设自行车停车处。加强交通管理,探索潮汐交通组织形式。

5. 全年空气质量优良天数达到85%以上。对高污染车辆实行限行措施,并强制淘汰市区高污染车辆。建设5个机动车排气检测站,推行简易工况法检测尾气。实行机动车环保标志管理制度,更新尾气超标的旧公交车,新能源车比例达3%,国Ⅲ及以上标准车辆达到50%。完成113家企业271台10吨/时以上燃煤锅炉与窑炉的脱硫改造或关停。创建120个市级"绿色工地"。

6. 实施食品安全专项整治。严厉打击非法经营和制售假冒伪劣食品等违法行为。使用食品添加剂的生产企业100%纳入备案管理。确保乡镇政府所在地以上的食品生产小作坊全部达到颁发生产许可证标准。加工食品合格率达95%以上。建立健全农产品质量安全追溯管理制度。全面整治市区小餐饮,做到规范一批、置换一批、整合一批、淘汰一批。

7. 完成230个老旧庭院、80条背街小巷改善。实施早期住宅民用电合表用户"一户一表"改造工程,完善老小区燃气管网建设,发展燃气用户2000户。完成城区弱电"上改下"60公里。城区新增绿化面积300万平方米。加强对改善和整治工程的质量与施工管理。

8. 推进市区河道与支小路整治。实施"新三河"(运河、上塘河、余杭塘河)与半山地区河道(一期)整治,对河道沿线进行截污纳管改造,截污量达4.17万吨/日。开工整治支小路50条,完成20条。完成主城区30个低洼积水点治理和230座公厕提升改造。

9. 完成300个村的环境整治。对农村和城郊接合部进行综合整治,建设20个示范村。完成95个农村生活污水清化处理生态示范项目、35个农产品加工和农家乐污染治理项目。完成12个撤村建居区域的环境整治。

10. 实施健康生活进千村万户行动。新增农村自来水受益人口1万人,改造农户厕所7万个。新建改造农村卫生站(室)200个、农村幼儿园100所。新建健身点1000个。"农村星光老年之家"实现全市行政村全覆盖。启动重点慢性病干预控制计划和社区医生培训计划,完善规范村级计生服务室2000个。赠送农民健康读本100万册。在市区重点公共场所实行控烟禁烟。

(八)以打造"平安杭州"为重点,着力维护社会稳定

加强社会治安综合治理。深化基层平安创建活动,加快构建覆盖街面、社区、单位和公共场所及城郊接合部的社会治安防控体系。严厉打击刑事犯罪和经济犯罪。强化源头控制,保持高压态势,实现全市刑事发案、交通事故、火灾事故"零增长"。创建中国最具安全感城市。

做好信访维稳工作。坚持属地管理、分级负责,完善排查调处、信访督查制度,畅通信访渠道。完善领导干部信访接待日和下访约访、重大信访案件领导包案等制度。落实信访和“12345”市长公开电话工作责任制,发挥信访联络员作用。

努力化解社会矛盾纠纷。做好普法宣传教育和法律援助工作,依法保障公民合法权益。加强人民调解、行政调解、司法调解的协调配合,完善矛盾纠纷化解和群体性事件处置机制。加强劳动监察工作,及时纠正和查处欠薪等违法行为。

层层落实安全生产责任制。制订安全生产事故处置预案,严格实行事故责任追究制。强化执法监督和源头治理,深入开展隐患排查整治,最大限度地预防和减少安全事故发生,确保人民群众生命财产安全,实现安全生产事故次数、死亡人数和直接经济损失同比下降。切实抓好地铁等重大工程的安全管理。

与此同时,深入开展拥军优属和军民共建活动,加强国防教育和国防后备力量建设,推进军民融合式发展。做好统计、民族、宗教、口岸、人防、档案、气象、地方志工作,支持工会、共青团、妇联、科协、社联、侨联、爱卫会、红十字会工作,促进关心下一代、老龄、残疾人等事业不断发展。

四、加强政府自身建设

(一)深入学习实践科学发展观,提高应对复杂局面能力

深入开展学习实践科学发展观活动。各级政府领导带头,在深化理论武装、贯彻群众路线、解决突出问题、营造发展环境上下功夫。尤其要以学习实践科学发展观活动为动力,努力化挑战为机遇,既抓好当前,又为未来发展积蓄后劲,做到全面协调、可持续发展。

(二)创新政务公开方式,推进开放式决策

自觉接受监督。自觉接受市人大及其常委会的法律监督和工作监督,积极支持市政协履行政治协商、民主监督、参政议政职能,主动听取民主党派、工商联、无党派人士和人民团体的意见建议。切实做好市人大代表建议和政协委员提案办理工作。

完善开放式决策制度。深化政务公开,加强人民建议征集工作,保障人民群众的知情权、参与权、表达权和监督权。坚持政府重要行政事项与公共政策社会公示制度,政府领导联系人大代表、政协委员制度。完善重大事项公众参与、专家论证和政府集体决策相结合的开放式决策机制,政府常务会议等重要会议邀请市人大代表、市政协委员、市民代表参加并实行网上视频直播互动。推动开放式决策制度向区、县(市)政府延伸。

(三)进一步转变政府职能,加强效能建设

加快政府职能转变。深化行政管理体制改革,推进政府机构改革和行政机关内部职能、机构整合,优化并联审批流程,提高政府办事效率。加强96345服务信息化平台建设。完善投资项目审批代办制、政府投资项目代建制。扩大政府购买服务。着眼长远,启动“十二五”规划编制前期工作。

坚持依法行政。深化行政执法责任制,建立行政复议听证制度,做好行政复议调解和规范性文件的审查备案工作。继续推进行政审批制度改革,清理非行政许可审批事项。打造行政审批、资源配置、公共服务、效能监察“四位一体”的综合性政府服务平台,健全和完善三级行政(便民)服务体系。严格规范和控制各种涉企评比、达标及表彰活动。

进一步完善公共财政体系。着力优化财政支出结构,重点加大对基础设施、民生保障、农村发展、社会建设、涵养税源等方面的投入,为政府履行职能提供财力保障。整合各类财政资金,发挥“四两拨千斤”作用。继续深化部门预算、国库集中支付、“收支两条线”等改革。依法治税,严格监管,推进财政资金绩效评估体系建设。

(四)加强经济预测预警,完善社会风险防范机制

加强经济调控。完善市场监管职能,特别要加强对食品药品和市场物价的监管。强化政府维护市场秩序的职责,注重分类指导,加强对倾向性、苗头性问题的研究,做好经济预测预警和民情民意调查工作。

落实一票否决责任制。落实人口与计划生育责任制、社会治安综合治理责任制、节能减排责任制和安全生产责任制。完善分级负责、跨部门协同的风险防范机制、防灾减灾机制和应急预案体系,确保公共安全。

(五)加强廉政建设,树立为民、务实、清廉的良好形象

坚持标本兼治、综合治理、惩防并举、注重预防的方针。以构建权力阳光运行机制为重点,全面清理和规范行政权力,加快推进电子政务和“数字监察”系统建设,充分发挥监察、审计部门的监督作用,加强对行政权力运行的监督和制约。完善行政问责和政府绩效管理制度,落实效能建设各项制度。重视群众监督和舆论监督。

完善公共资源交易操作与监管机制。推进交易平台建设,加强对项目招投标、国有土地出让、产权交易、政府采购、政府投资、公务消费等监督,加强对扶贫救济、社保基金等社会公共性资金规范管理。全面实行政府投资项目效能监察。

建设节约型机关。各级都要过紧日子,保持财政收支基本平衡。严格控制行政成本,做到公务经费、专项经费“零增长”,出国团组减少20%,公务购车冻结一年。市级机关启动首批公车改革。

实现杭州新一轮发展是本届政府的光荣使命。让我们在市委的坚强领导下,全面落实科学发展观,解放思想,坚定信心,迎难而上,奋发有为,为共建共享与世界名城相媲美的生活品质之城而努力奋斗!

(在杭州市第十一届人民代表大会第四次会议上)

政府工作报告

2009年2月18日

宁波市市长　毛光烈

一、2008年工作回顾

2008年,是我市发展进程中很不寻常、很不平凡的一年,是全市上下齐心协力、克难攻坚、创业创新取得积极成效的一年。面对历史罕见国际金融危机的严峻挑战,面对低温雨雪冰冻等自然灾害带来的严重影响,市政府在中共宁波市委的正确领导下,高举中国特色社会主义伟大旗帜,以邓小平理论和“三个代表”重要思想为指导,全面贯彻科学发展观,积极实施省委“创业富民、创新强省”和市委“六大联动、六大提升”战略,全市经济平稳较快增长、民生持续改善、社会和谐稳定。人均生产总值突破1万美元,工业总产值突破1万亿元,集装箱吞吐量突破1000万标箱,现代交通网络体系建设取得新成就,杭州湾跨海大桥建成通车,梅山保税港区获批建设,成功蝉联全国文明城市。

去年,全市生产总值达到3964.1亿元,增长10.1%。财政一般预算收入810.9亿元,其中地方财政收入390.4亿元,分别增长12%和18.6%。集装箱吞吐量1084.6万标箱,增长16%,进入世界港口前十强。市区居民人均可支配收入25304元,农村居民人均纯收入11450元,分别增长13.4%和13.9%。新增就业岗位13.3万个,城镇登记失业率为3.3%。居民消费价格指数为105%。预计万元生产总值能耗下降0.5%左右(含宁波钢铁能耗),化学需氧量和二氧化硫排放量下降幅度超额完成年度目标任务。服务民生的十方面实事全面完成。

一年来,我们围绕市十三届人大三次会议确定的目标任务,主要做了以下六个方面的工作:

(一)积极应对,有效保障经济平稳较快发展

全力帮扶企业发展。针对经济运行中出现的问题,及时制定保稳促调19条意见、金融保障18条措施和保增长、扩内需、调结构23条政策。大力拓宽中小企业融资渠道,积极推动银企对接,引导金融机构优化服务,促进企业上市融资,信贷投放总量增长17.9%。全面开展清费减负行动,落实税收优惠政策,临时下浮社会保险费缴费比例,暂停征收行政事业性收费150项,减轻企业、个人负担60亿元。加强煤电油运的综合协调,推进各类人才和劳动者的培训,努力为企业发展提供资源要素保障。

扩大内需确保增长。努力优化投资结构,实施重大项目建设会战攻坚,制定扩大内需12条措施,建立健全责任分解、任务督查和领导干部联系重大项目制度,北仑四期集装箱码头等项目建成投用,镇海炼化100万吨大乙烯等项目加快推进,杭甬客运专线等项目开工建设。全社会固定资产投资增长8.2%。深入实施“商贸活市”战略,加快城乡商贸流通设施和商业网点建设,积极发展电子商务,加强商品流通安全和市场运行监测,努力保障市场供应和价格稳定。社会消费品零售总额增长19.6%。

创新服务破解难题。始终把工作重点放在企业一线,全面开展“干部进企业、服务促发展”活动,通过建立领导干部联系企业制度、中小企业公共服务咨询8718服务平台等措施,切实帮助企业发展。组织4000多名机关干部对口服务企业1.2万家,帮助企业解决各类难题4700多件。全市上下形成了多方联动、共克时艰,力保企业稳定发展的良好氛围。

(二)着眼长远,大力促进经济结构调整和发展方式转变

推进产业结构调整升级。制定服务业跨越式发展行动纲要和工业创业创新倍增计划。服务业发展步伐加快,引进金融机构18家,举办会展活动276个,旅游总收入增长18.4%,完成服务外包额31.2亿元,软件业产值增长40%。工业转型发展稳步推进,实现工业总产值10937亿元,增长13.9%;新产品产值增长12.4%,新产品产值率达到14.1%。现代农业体系建设取得新进展,特色农业、开放型农业和高效生态农业比重稳步提高,粮食生产获得丰收,新增农业产业基地22个、市级农业龙头企业17家、农民专业合作社842家。

推进创新型城市建设。积极创建国家知识产权示范城市,实施科技研发投入资助计划,扶持高新技术企业、创新型(试点)企业、专利示范(试点)企业发展。规模以上工业企业科技活动经费支出增长22.1%。认定高新技术企业477家,专利授权量9882件,新增市级企业技术中心155家、市级重点实验室4个、中国驰名商标76件。与中科院、浙江大学等大院大所和武汉、西安等中西部城市的科技合作进一步深化。

推进节能减排工作。启动新一轮生态市建设,实施“811”环境保护新三年行动,加强饮用水源保护、农村农业环境保护和生态修复,推进重点区域、流域和行业的污染整治,加大城区内河截污治理力度。财政环境保护支出增长42.9%。抓好节能宣传引导,大力推进企业节能和全民节能行动。实施循环经济试点,推进“24·10”减排工程,强化减排考核、监测和统计,宁波北区污水处理厂等项目建成投用,污水日处理量达到89万吨。

(三)统筹兼顾,积极推进城乡区域协调发展

加快新农村建设。实施新一轮“百千工程”,大力推进村庄整治建设,优化农村生产生活环境。新增全面小康村47个、环境整治村319个,标准海塘维修加固工程全面完成,“农民安全饮用水工程”实现全覆盖。推动公共服务向农村延伸,新建改建农村公路368公里,新建农村生活污水处理项目50个,农村生活垃圾处理网络体系基本建成,广播电视“村村通”工程提前两年完成。推进农村社区建设,新建农村社区服务中心164个。

加快区域协调发展。积极实施“中提升”会战攻坚,加大东部新城开发建设力度,国际航运服务中心一期等项目建成投用,机场快速干道、绕城高速连接线等项目开工建设,铁路南站客运枢纽等项目前期工作有序开展,江北新城规划启动,镇

海新城建设积极推进，鄞州新城区初具规模，宁波国家高新区、东钱湖旅游度假区建设进一步推进。余慈地区统筹发展规划体系基本健全，区域内交通道路等统筹建设步伐加快，杭州湾国际商务健身高端服务区前期工作进展顺利。象山港区域保护开发取得新进展，主要功能区块实质性启动，象山港大桥开工建设，财政转移支付奉化、宁海、象山三县（市）同口径增长47.1%。

加快港口和集疏运网络体系建设。推进宁波—舟山港口一体化，宁波国际集装箱海铁联运枢纽中心、镇海大宗货物海铁联运物流枢纽港等项目进展顺利，一批码头（泊位）正式对外启用。加强与上海及省内港口的合作，推进内陆无水港建设，港口揽货体系不断健全。积极完善港口集疏运网络，象山三门口跨海大桥、大碶疏港高速等项目建成通车，甬台温铁路宁波段、舟山大陆连岛工程宁波连接线、栎社机场国际货运中心等项目有序推进。

（四）强化创新，着力构建改革开放发展新格局

深化重点领域改革。开展综合配套改革和排污权交易试点。国资监管深入推进。探索直接融资渠道，制定公司股权出质登记、专利权质押贷款等政策意见，开展小额贷款公司试点。加快农村改革步伐，推进政策性农业保险试点和农村住房制度改革试点，土地承包经营权流转、集体林权制度改革取得新进展。深化城镇居民医疗保险制度和公立医疗机构管理体制改革。加快文化事业单位改革。规范公务员津贴补贴工作全面实施。外来务工人员服务管理“宁波模式”初步形成，外来务工人员参加社会保险入选中国改革开放30年30个创新案例。

提高对外开放水平。推动从开放立市向开放强市转变，开放型经济平稳较快发展。实现外贸进出口总额678.4亿美元，增长20.1%。实际利用外资25.4亿美元。完成境外中方投资3.1亿美元，对外承包劳务合作营业额增长36.7%。加快开发区（园区）和城市功能区转型发展，“三区四基地”建设稳步推进。深化与长三角城市的合作，对接2010年上海世博会工作实质性启动。推动与国内外重点城市的合作交流，成功举办甬港经济合作论坛、“新加坡·宁波周”和“武汉·宁波周”等活动。实际引进内资186.5亿元。“山海协作”和对口支持、帮扶工作继续推进，和衢州的资源与产业合作不断深化。口岸、侨务、对台、外事工作取得新成绩。

（五）以人为本，加快以民生为重点的社会建设

扎实做好就业和社会保障工作。实施积极的就业政策，完善城乡劳动力就业培训和服务体系，健全就业援助机制，多渠道开发就业岗位，6.5万城镇失业人员实现再就业，城镇“零就业家庭”动态消除。实施城镇居民基本医疗保险、外来务工人员社会保险和新型农村养老保险三项新社保制度，基本建立了惠及城乡居民和外来务工人员的社保体系。财政就业和社会保障支出增长32.3%。城乡居民最低生活保障水平、企业退休人员养老金、生活困难家庭帮扶标准稳步提高，发放失业救济金1.7亿元。启动实施“残疾人共享小康工程”，1.9万人次受惠。新增廉租房保障家庭3477户，开工建设经济适用房38万平方米、建成58万平方米，完成老小区整治22个、受益居民1.7万户。

加快发展教育文化卫生事业。深化服务型教育体系建设，高等教育和职业教育发展水平稳步提升，高等教育毛入学率达到48%。创新学前教育办学管理体制，推进中小学校标准化建设，实施城乡免费义务教育和困难家庭子女就学帮扶行动。加强人才的培养引进，人才总量达到69万人，增长14%。启动第二轮城乡社区卫生服务机构标准化建设，完善基本医疗服务和公共卫生保障体系，推行廉价药物制度，十大医疗卫生基础设施项目稳步推进。财政医疗卫生支出增长29.2%。新型农村合作医疗保障水平逐步提高，学生医疗保险制度全面实施。探索医疗纠纷“宁波解法”。大力发展文化事业和文化产业，宁波文化广场建设正式启动，宁波（鄞州）博物馆建成投用。人口与计划生育工作进一步加强，哲学社会科学、新闻出版、文学艺术、档案史志稳步发展。网络文化管理得到加强。奥运火炬在宁波成功传递，城乡体育事业蓬勃发展。蝉联中国最具幸福感城市。

切实维护社会和谐稳定。加强群众信访工作，大力排查化解社会矛盾，出色完成奥运安保任务。强化公共安全，严厉打击各种犯罪活动，加强社会治安综合治理，推进数字化城管和社会管理动态视频监控系统建设，突发公共事件应急处置和自然灾害防御能力进一步增强。加强市场组织保障，完善食品药品监管体系，加强重点食品源头控制，推进农村“十小”行业整治，有效处置了成品油供应紧张、问题婴幼儿奶粉等突发事件。扎实开展安全生产隐患排查治理及百日督查活动，安全生产事故次数、死亡人数和直接经济损失分别下降15.8%、6.2%和17.3%。推进现代化和谐社区建设，34个社区成为省首批“和谐示范社区”。民族、宗教关系融洽和谐，老龄、残疾人等工作取得新进展。积极支持国防建设，深入开展拥军优属、军民共建活动，荣获“全国双拥模范城”五连冠。

（六）转变职能，不断加强政府自身建设

推进法治型政府建设。自觉接受市人大依法监督、政协民主监督和社会监督，加强与各民主党派、工商联和无党派人士的联系沟通。认真做好市人大常委会审议意见和市政协常委会意见建议办理落实工作，办结市人大代表建议618件、政协提案529件，报市人大常委会备案审查政府规章和规范性文件48件，提交地方性法规议案4件，制定修改政府规章7件。

加快创新型政府建设。全面推进行政审批职能归并改革，深化实施行政决策专家论证、社会听证和合法性审查制度，成立发展规划院、城乡规划研究中心和现代物流规划研究院，加强事关长远发展重大问题的研究。建立健全有利于科学发展的考核机制，自主创新、节能减排和改善民生等指标列入重要考核内容。开展“十一五”规划纲要实施情况中期评估，推进各类规划的落实。加强电子政务建设，实行政府信息公开，新闻发言人制度进一步规范。

强化廉洁型政府建设。深入开展新一轮机关作风建设年活动，大力精简会议文件和各类评比达标活动，建立网上行政审批和电子监察网络系统。规范政府转移支付和政府采购，强化审计监督和行政监督，严格财政节支，市级机关公用经费压缩5%。落实党风廉政建设责任制，加大商业贿赂治理力度，纠风治乱工作有效推进。

2008年，我们还遭遇了严重的自然灾害。面对低温雨雪冰冻灾害，我们紧急启动应急响应，迅速组织毁损设施抢修，及时恢复对外交通，保障市场供应，努力把灾害损失降到最低程度。汶川特大地震灾害发生后，我市按照党中央、国务院的总体部署，全力支援抗震救灾，向灾区捐赠款物8.3亿元，派遣特

警、消防、卫生等救援人员2400多人,圆满完成过渡安置房援建任务,对口支援青川县灾后重建工作进展顺利。

在环境多变、挑战多重的情况下,去年我市发展取得上述成绩来之不易。这是全市人民众志成城、团结奋斗的结果,是驻甬部队、各民主党派、工商联、各人民团体和社会各界共同参与、大力支持的结果,也是广大"宁波帮"和帮宁波人士关心帮助的结果。在此,我谨代表市人民政府,向全市人民,向驻甬人民解放军、武警部队官兵,向所有参与宁波发展的建设者,向所有支持宁波现代化建设的海内外朋友,表示衷心的感谢!

回顾过去的一年,我们也清醒地看到,我市经济社会发展还存在许多困难和问题,政府工作也存在许多不足。主要是:年初确定的预期目标未能全面完成,生产总值增幅、集装箱吞吐量增幅和居民消费价格指数没有实现预定指标,分别相差1.9个、4个和1个百分点;经济下行压力加大,企业生产经营困难加剧,财政收支平衡难度增加,金融稳定风险增大,自主创新能力还不够强,城乡区域发展还不平衡,环境保护力度仍需加大,影响科学发展的体制机制障碍亟待有效突破;就业压力增加,部分低收入群众生活困难,食品安全和安全生产形势仍较严峻,一些群众关心的热点难点问题需要加快解决;政府职能转变尚未完全到位,依法行政能力有待提高,有的机关工作人员服务意识不强、作风不实、效率不高,铺张浪费等问题依然存在。对此,我们一定要高度重视,既要客观分析,时刻保持清醒头脑,又要增强信心,采取更扎实、更有效的措施,努力加以解决。

二、2009年预期目标和总体要求

2009年是新中国成立60周年,也是宁波推进"十一五"规划纲要顺利实施的关键一年。同时,今年将是新世纪以来我市经济发展最为困难的一年。国际金融危机对实体经济的影响不断加深,外部需求明显收缩,部分行业产能过剩,企业生产经营困难,城镇失业人员增多,经济增长下行的压力明显加大。由于我市经济对外依存度高,临港工业比重大,将面临更多的困难和挑战。

同时,我们也要清醒看到,这场金融危机既带来了前所未有的挑战,也带来了前所未有的机遇。国际能源资源和资产价格大幅回落,国际高层次人才流动加快,为我市经济发展提供了较低成本的要素资源,外部需求大量减少形成的市场倒逼客观上也增强了企业转型、产业升级的动力。国家进一步扩大内需、促进经济增长的政策措施为我市加快转型发展提供了良好平台和难得机遇。从宁波情况看,通过改革开放30年的发展,我们积累了比较雄厚的综合实力和抗击风险的能力,在产业结构调整、发展方式转变、推进自主创新等方面已经有了积极的进展。我们要全面正确认清形势,既要看到存在的困难,更要增强发展的信心,树立良好的精神风貌,努力变压力为动力,化挑战为机遇。

今年政府工作的总体要求是:以邓小平理论和"三个代表"重要思想为指导,深入贯彻科学发展观,全面落实党的十七大、十七届三中全会和中央经济工作会议精神,积极实施省委"创业富民、创新强省"和市委"六大联动、六大提升"战略,迎难而上抢机遇,坚定信心求突破,保增长、抓转型、重民生、促稳定,确保经济平稳较快发展,确保民生持续改善,确保社会和谐稳定,努力加快现代化国际港口城市建设。

综合考虑经济社会发展趋势和目标导向要求,建议今年我市经济社会发展的主要预期目标为:地区生产总值增长9%,财政一般预算收入增长6%,港口集装箱吞吐量增长9%,市区居民人均可支配收入和农民人均纯收入分别增长7%,城镇新增就业岗位11.5万个,城镇登记失业率控制在4%以内,居民消费价格指数控制在104%以内,万元生产总值能耗同口径下降4%(含宁波钢铁能耗),化学需氧量和二氧化硫排放量分别下降3%和4%。

今年国际国内发展环境的不确定因素非常突出,全面完成上述目标任务难度较大,我们要充分利用一切有利条件,全力做好工作,力争完成各项预期目标。

在具体工作中,要切实把握好以下几个方面:

坚持保增促调,切实把保持经济平稳较快发展作为今年经济工作的首要任务。坚定不移地贯彻发展是硬道理的思想,增强促进科学发展、扭转经济增速下滑趋势的紧迫感。既要坚持扩大内需,又要保持对外贸易稳定增长,着力保持现代化国际港口城市的优势;既要提升发展传统优势产业,又要促进经济转型升级,推进自主创新和节能减排;既要发挥政府的推动和引导作用,又要发挥市场机制作用,形成政府、企业、社会共同保增促调的合力。

坚持会战攻坚,积极实施扩大内需的重大举措。按照中央"快、重、准、实"的工作要求,采取更直接、更有力、更见效的举措,有效扩大投资、消费需求,继续开展重大项目会战攻坚活动,加大"中提升"十大功能区块和重大基础设施项目建设力度,确保战略性重大项目建设取得积极进展。调整优化投资结构,保持投资规模的合理增长,防止并纠正盲目上项目、不符合科学发展的做法。

坚持创新服务,不断增强发展的动力和活力。深入开展"创建服务型机关,促进企业发展"活动,把服务企业与学习实践科学发展观活动结合起来,与保持经济平稳较快发展结合起来,与推进服务型机关建设结合起来,把深化改革和扩大内外开放结合起来。加强分类指导,突出工作的针对性和有效性,千方百计帮助企业破解难题、开拓市场、走出困境。不断解放思想,创新政策服务,激发发展的动力和活力。

坚持改善民生,努力促进社会和谐稳定。把保障和改善民生作为经济工作的出发点和落脚点,认真抓好"富民、育民、惠民、便民、健民、安民"六大民生工程的落实,集中财力抓紧解决当前人民群众最关心、最直接、最现实的问题。促进公共服务均等化,提高公共服务能力,扎实推进事关老百姓切身利益的民生事业,促进社会和谐稳定。

三、2009年主要工作任务

按照上述总体目标和工作要求,着重做好以下七方面工作:

(一)立足扩大内需,促进经济平稳较快发展

积极扩大投资规模。实施重大项目会战攻坚,推进民生安居、基础设施、企业技改、现代产业、城市重点功能区、节能减排和生态环境、社会事业等方面项目建设。加快北仑五期集装箱码头、杭甬客运专线、绕城高速东段及连接线、机场快速干道等项目建设进度,启动城市快速轨道交通一号线一期等项目建设。全面贯彻增值税转型改革,鼓励企业加大技术改造投入和装备升级。拓宽融资渠道,吸引保险机构、社会资本参与项目投资。加强项目前期工作,加大项目储备力度,争取一批重大项目获国家审批。完善产业扶持政策,落实项目投资联合审批

制度，提高项目报批服务效率。健全重大项目督查制度和投资考核激励机制，加强投资项目和资金监管。完善工业用地招拍挂制度和统筹安排占补平衡机制，提高土地使用效率。力争全社会固定资产投资增长8%。

努力促进居民消费。完善企业职工工资正常增长及支付保障机制，多渠道增加城乡居民特别是中低收入者收入，健全基本公共服务体系，提高就业和社会保障水平，改善居民消费预期。着力打造中心城市、副中心城市、中心镇及重点镇“三级商圈”，提升城市对消费的引导能力。推进乡镇商贸设施和农村商业网点建设，完善城乡商贸流通网络。实施家电下乡工程，对农民购买列入目录的家电产品给予补贴。促进社区服务性消费规范发展，新建市级社区商业示范点20个以上。大力培育消费热点，完善信用消费。重视旅游对扩大消费的作用，积极实施市民休闲旅游行动，推动都市旅游发展，加快长三角最佳休闲旅游目的地建设。力争社会消费品零售总额增长12%。

加大住房保障力度。把扩大住房作为扩大消费的重点。积极解决中低收入家庭住房困难，实施“两提两扩”政策，廉租房保障对象从人均可支配收入低于城镇居民人均可支配收入30%以下提高到45%以下，经济适用房5年建设目标提前到今明两年完成；增加限价房保障方式，范围扩大到符合条件的城镇中低收入困难家庭、优秀外来务工人员、引进人才以及正常缴存住房公积金的大学本科及以上毕业生和农村教师，保障性房源建设点由城区扩大到中心镇。加快城区非成套房改造、老小区整治和城中村改造。完善住房保障考核机制。采取契税补贴、减免住房交易营业税、提高住房公积金贷款限额等措施降低购房成本，促进住房消费。加强房地产业金融支持，强化市场监测，优化住房结构，规范房地产市场行为，引导房地产业健康发展。

（二）巩固农业基础，推进农村改革发展

着力构建现代农业产业体系。落实粮食安全行政首长负责制，完善粮食扶持政策，提高粮食综合生产能力。加快农业十大主导产业发展，推进粮食生产功能区和出口蔬菜、水产养殖、林特花卉、畜禽养殖“一区四带”建设，建成特色优势产业基地20个以上。积极培育农业龙头企业，扶持农民专业合作组织、专业服务公司和专业技术协会发展，健全农产品流通网络。强化农业科技创新和技术服务体制创新，完善农业技术、疫病防控、质量监管等服务体系。全面推进政策性农业保险，完善农业生产风险防范体系，提升农业抗灾能力。增加农业投入，确保财政对农业投入增长高于财政经常性收入增长。

努力增加农民收入。提高粮食最低收购价格和农资综合直补、良种补贴、农机具补贴等标准，促进农民种粮增收。推进农产品精深加工，支持发展特色农产品和设施农业、观光农业、农家乐等新型农业业态。实施“兴林富民工程”，促进山区农民增收。鼓励发展农村社区服务业，拓展农民创业就业领域。实施农村成人“双证制”教育培训，大力开展先进实用技能培训，改善农民创业就业的信息、金融和技术服务。健全相对欠发达地区、山区、海岛和困难家庭的社会帮扶机制，完善财政转移支付制度，提高生态公益林补助标准。

稳步推进城乡公共服务均等化。完善农村最低生活保障制度，确保农村低保水平达到城镇低保水平的60%以上。促进优质教育资源均衡配置，完善义务教育免费制度，实施农村免费职业教育。推进农民健康工程，健全县、乡、村三级卫生服务网络。巩固完善新型农村合作医疗制度，提高财政补助水平和医疗费用报销比例，县（市）区人均筹资标准达到175元以上。加快中心镇、中心村建设和村庄整治，完善农村防洪排涝体系，加强农村低压电网整治，推进公路公交、供水供气、信息网络等向农村延伸覆盖，抓好农村社区建设，进一步改善农村生产生活条件。

不断深化农村改革和制度创新。严格耕地保护责任制，依法实施违法用地责任追究制。进一步开展土地承包经营权流转，促进土地规模化、集约化经营。稳步推进农村宅基地置换，依法保障农户宅基地的用益物权。深化集体林权制度改革。抓好统筹城乡发展综合配套改革试点，统筹土地利用和城乡规划。充分发挥公共财政和货币政策的作用，引导更多资金流向农村。推进小额贷款公司、村镇银行在试点基础上规范发展，发挥农村现代金融服务功能。完善村企结对共建长效机制，动员全社会力量支持新农村建设。稳妥推进村（社区）股份合作制改革，壮大村级集体经济。规范农村法律顾问制度，完善农民群众利益表达和矛盾化解机制。

（三）推动产业结构调整，提高经济发展质量

加快现代服务业发展。深入实施服务业跨越式发展行动纲要，大力发展外贸出口、进口及内贸、运输物流、金融服务、会展、休闲旅游等支柱产业和科技信息、文化创意、中介、高端培训等主导产业。加快服务业产业基地培育，推进宁波国际集装箱海铁联运枢纽中心、镇海大宗货物海铁联运物流枢纽港等项目建设，促进产业集聚、企业集中、功能集成和土地资源的集约利用。推进国际金融服务中心、国际航运服务中心、国际贸易展览中心、第四方物流等服务平台建设，优化服务业发展环境。面向国内外重点区域和城市招商招展招机构，引进高端服务企业、机构和人才，拓展服务范围和服务市场。支持有条件的大企业大集团二三产分设，推进服务业企业优化重组，培育一批龙头骨干企业和品牌企业。

着力推进工业转型升级。全面实施工业创业创新倍增计划，加快信息技术应用和电子商务发展，促进信息化与工业化融合。大力发展“5+5”产业。贯彻实施国务院九大产业调整振兴规划，发挥开发区（园区）、城市功能区及块状特色产业集聚区的比较优势，加快新兴产业基地和特色优势产业基地培育发展。对列入市级重点“低产田改造”企业和基地内企业“零土地技改”项目实施补贴。发展高新技术企业和科技型企业，大力培育工业创业创新示范企业。鼓励和支持分离发展的制造企业、生产性服务业企业申报高新技术企业和宁波市科技型企业。推动企业组织结构创新，鼓励重点骨干企业开展股权购并或实施跨区域重组联合，形成大中小企业联动发展的良好格局。

全面加快区域创新体系建设。着力支持产品创新保增长，创新专利增强企业核心竞争力。提高企业自主创新能力，推动创新资源向企业集聚，加快建设一批国家级、省级、市级企业技术中心和工程研究中心，组织实施一批重大共性关键技术联合攻关，启动和丰创意广场建设，力争宁波研发园区建成投用。积极培育专利示范（试点）企业，引导和支持各类创新主体加强原始创新、集成创新和引进消化吸收再创新，促进专利技术的产业化。落实鼓励购买和使用国产首台首套重大技术装备的优惠政策，支持企业参与国家标准的制定。深入实施标准

化、品牌化战略,开展知识产权保护执法专项行动。力争全年专利授权量超过1万件,其中发明专利520件,开发市级以上新产品1500项。研究与试验发展经费支出占生产总值比例达到1.5%。

强化节能减排和资源综合利用。全面实施节能减排综合性工作方案和"333"节能行动方案,加快推进实施循环经济"十大行动计划"、"十大节能工程"和"24·10"减排重点工程建设,促进重点领域、重点行业、重点单位的节能减排。严格执行环评审批和固定资产投资项目能评审查制度,坚决控限高能耗、高污染行业,依法淘汰小冶炼、小造纸等行业落后产能。组织实施重大节能技术专项,大力发展太阳能、风能和新型再生能源,推广应用高效节能新技术、新工艺、新设备和新产品。加强节油节电节地工作,深入开展全民节能行动。大力发展循环农业,促进农业资源的综合循环利用。完善节能减排监管体系,健全节能减排目标责任考核和奖惩制度。深入实施"811"环境保护新三年行动,推进重点区域环境污染和河道整治,加快农村生活污水处理管网和泵站建设,加强沿海防护林体系建设和平原绿化工作,推动园林绿化改造升级,强化饮用水源地保护。

(四)推进改革开放,增强发展的动力和活力

深化重点领域改革创新。推进水、电、气、数字电视、物业、非居民垃圾管理等方面价格改革,实施排污许可证制度。创新公用行业运行体制机制,培育适度竞争的市政公用事业市场体系。推进金融创新,拓宽中小企业融资渠道,继续开展小额贷款公司试点,发展私募股权投资基金,完善中小企业担保体系,引导商业银行合理增加信贷投放,促进企业在资本市场直接融资,力争全年信贷增长20%。减、免、缓、停一批行政事业性收费项目。完善政府投资项目决策机制,扩大服务外包,推行代建制,建立健全投资项目后评价、重点项目公示和责任追究制度。积极稳妥推动行政管理体制改革和中心镇扩权改革。

提升开放型经济发展水平。支持企业境外招商、参展、促销,努力稳定传统市场,开拓新兴市场。扩大自主品牌和高新技术产品出口,形成以企业为主体的出口核心竞争力体系和内外对接的贸易体系。积极发展服务贸易,促进加工贸易向产业链高端转型升级。推动更多企业发展进口贸易,优化进口产品结构,加快进口分拨中心和区域性资源配置基地建设,引导本地产品进入采购营销网络。完善产业损害预警机制和快速应对机制,积极应对国际贸易壁垒。健全出口信用保险保障机制,有效防范经营风险。力争进出口总额增长11%,其中出口增长13%。保持外资适度规模,引导外资投向先进制造业和现代服务业,提升外资质量。加大境内外招商力度,积极开展"二次招商"和"重点招商",探索跨国并购、海外上市等引资新途径。重视外商投资环境建设,完善外商投诉管理制度。加快各类开发区域整合提升,推进宁波保税区、宁波出口加工区转型发展。鼓励企业赴境外投资办企业和组建境外营销网络,提升境外工程承包规模。加强境外经贸合作服务和风险管理。大力发展服务外包产业,培育一批领军型服务外包企业和示范园区,争创全国服务外包基地城市。

加强与国内外城市合作发展。继续发挥"宁波帮"和帮宁波人士作用,依托甬港经济合作论坛推进与港澳台地区的合作交流。以深化与新加坡的合作为基础,提升与东南亚地区的合作水平。依托国际友好城市,加强与日本、韩国、美国和欧洲等国家(地区)的合作交流。积极参与长三角一体化发展,有效对接2010年上海世博会。继续办好"宁波周"活动,以拓展港口城市腹地为重点,加强与中西部地区的战略合作。以国内友好城市和重要展会为平台,加大招商引资力度,拓展国内市场和发展空间。加强与周边城市的合作交流,构建区域合作新格局。继续做好对口帮扶、对口支援工作,推进"山海协作",促进和衢州的资源与产业合作。做好对口支持青川有关乡镇的灾后重建工作。优化宁波—舟山港发展模式,推进港口联盟和集装箱海铁联运发展,加快港口服务业跨区域合作,提升口岸开放、大通关和电子口岸服务水平。

推进区域统筹协调发展战略。积极实施"中提升"会战攻坚,全面加快十大区块和八大系统建设,增强中心城区功能,提升城市管理水平。落实余慈地区统筹发展规划,推进余慈大道、杭州湾跨海大桥余慈连接线等基础设施的共建共享共管,促进产业和社会政策、公共服务体系的有效衔接。提升杭州湾新区开发水平,高水平规划开发滨海休闲旅游区,推进杭州湾国际商务健身高端服务区建设。加大南部区域的统筹发展力度,重视象山港区域的保护和利用,加快象山港大桥建设,促进海洋经济和休闲旅游产业发展。

(五)加快文化大市建设,提升社会事业水平

坚持教育优先发展。推进学前教育改革和发展,重视特殊教育。加快农村中小学布局调整和校舍标准化改造,加强农村师资队伍建设,促进城乡师资的统筹管理和有序流动。实施义务教育学校绩效工资。推进城乡基础教育均衡发展,扩大优质教育资源供给。不断深化服务型教育体系建设,提升高等教育、职业教育服务地方经济社会的能力。健全公共职业技能培训平台,完善职业培训社会化管理机制,实施地方教材开发和重点专业、特色学校建设,积极培养具有高中端职业(执业)资格的"双证书"应用型人才。深化与中国社科院的战略合作,确保首批合作项目顺利推进。完善教育质量监控评价体系,加强民办教育的服务和管理,促进平安校园建设。加大帮困助学力度。

改善医疗卫生服务。加快市第一医院扩建暨国际医疗保健中心工程、市第二医院扩建工程建设进度,力争中医院迁建、市妇儿医院扩建、新民医院新建等项目建成投用。启动卫生强市创建工作。健全覆盖城乡的公共卫生和医疗服务体系,深入开展城乡爱国卫生运动,加强医疗急救网络建设,重视疾病预防,提高突发公共卫生事件应急处置能力。贯彻实施国家医药卫生体制改革方案,深化公立医疗机构内部改革,扶持中医药事业发展,完善社区卫生服务机构经济补偿机制。严格廉价药物使用制度,推进医疗机构药品集中采购改革试点,降低群众医药费用负担,完善医疗纠纷调解机制。加强民营医疗机构的规范化管理。巩固低生育水平,健全计划生育利益导向机制,统筹人口和计划生育公共服务体系建设,加强流动人口计划生育服务和管理。

促进文化繁荣发展。积极推进"文化发展六大战略",完善城乡公共文化服务体系,加强乡镇综合文化站建设,探索乡镇、村(社区)基本公共文化服务市场化运作、网络化配送新模式。推进经营性文化事业单位转企改制。积极打造文艺精品、文化产业和文化活动品牌。开展"种文化"、送文化活动,创新城乡一体的公共图书馆服务。加强文物普查和保护,推进大运河宁波段申遗工作。培育壮大文化企业主体,形成一批文化产

业示范基地和集聚区。完善文化市场制度化管理功能，推进有线电视数字化整体转换工作。加快建设宁波文化广场、宁波书城，建成宁波帮博物馆。坚持以社会主义荣辱观引领社会风尚，大力弘扬“宁波精神”，推动职业道德和社会信用制度建设，全面提升城乡文明水平。积极发展哲学社会科学、广播影视、新闻出版和文学艺术事业，推进档案的保护利用。广泛开展全民健身活动，推动城乡公共体育设施的有效开放利用，加强体育后备人才培养和品牌赛事培育，提升竞技体育水平。

加快创新型人才培养引进。强化以企业为主体的人才开发导向，深入实施高端人才集聚工程、企业家素质提升工程、千名紧缺专业人才培养工程和海外高层次人才引进计划。推进企业专业技术人员继续教育，壮大“有证书、实用型”高技能人才队伍规模。拓展人才引进渠道，加强人才开发载体建设，优化人事人才公共服务，营造人才发展的良好环境。力争全市人才总量增长12%以上。

(六)重视民生改善，促进社会和谐稳定

积极促进居民就业。实施积极的就业政策，构建覆盖城乡的人力资源市场和信息、培训服务网络，统筹城乡就业服务体系。优化自主创业环境，完善小额担保贷款等就业促进政策，推进创业带动就业。推进城镇充分就业社区创建活动，开发更多公益性就业岗位，帮助失业人员和就业困难人员就业。鼓励和支持困难企业尽可能不裁员、少裁员，引导支持企业稳定就业岗位。加强高校毕业生就业政策扶持和指导服务，鼓励高校毕业生面向基层、农村、中小企业就业和自主创业。重视转业复退军人安置就业工作。引导外来劳动力合理有序流动，帮助做好就业指导服务。深入实施劳动合同法，建立和谐劳动关系。

推进社会保障体系建设。健全城乡统筹的社会保险体系，研究完善各类养老保险制度衔接转换办法，扩大社会保险的覆盖范围，加大对社会保障体系建设的投入，稳步提高养老、医保参保人员的待遇水平。发挥商业保险和社会互助保障的积极作用，加快发展社会化养老服务。深化社会救助体系建设，完善医疗、灾害等专项救助制度，切实保障农村贫困家庭、城镇困难家庭、离退休职工和在校贫困大学生的基本生活。

切实维护社会稳定。完善市场流通网络体系和价格监测体系，健全食品药品安全长效工作机制，确保粮食、蔬菜等基本生活必需品的供应和价格平稳。积极探索联合执法制度，完善数字城管信息平台，促进城市管理无缝隙、全覆盖。健全安全生产预警、预防和应急救援体系，完善安全生产责任制和隐患排查治理机制，强化重点领域、行业的依法监管，遏制重特大安全生产事故发生。健全自然灾害监测预警系统，推进突发公共事件应急平台体系建设。加强金融风险监管，遏制涉众型金融经济犯罪。推进社会治安防控体系建设，严厉打击各类犯罪活动，大力整治“黄赌毒”等社会丑恶现象。加强国家安全工作。创新信访工作机制和方法，发挥人民调解的作用，积极预防和妥善处置突发性、群体性事件。深入推进现代化和谐社区建设。强化对外来务工人员的服务管理，妥善处理企业用工劳资纠纷，切实维护劳动者的合法权益。支持驻甬人民解放军和武警部队建设，加强国防教育、国防动员、国防后备力量建设和人民防空工作，创新“双拥”工作，切实落实优抚安置政策。

(七)加强服务型政府建设，提高政府服务管理水平

推进政府职能转换。积极稳妥启动新一轮政府机构改革，调整优化政府组织结构和职责分工。探索建立乡镇公共安全监管体系，健全新型社区管理服务体制。促进政府管理职能重心下移。加快财税体制改革，规范非税收入管理，推进收费基金制度改革，优化财政支出结构，提高财政资金使用绩效。深化行政审批职能归并改革，加强行政审批服务和公共资源交易统一平台建设，推广网上电子行政审批服务和监察平台网络系统，提高办事效率。适时启动“十二五”规划纲要的研究编制工作。

创新政府服务方式。深入开展“创建服务型机关，促进企业发展”活动，完善领导联企、部门帮企等制度，通过开展形势宣讲、落实政策、协助开拓市场、简化审批、结对挂钩等服务，有效帮助解决企业发展面临的难题。进一步开展服务型示范机关和服务企业优秀公务员评比活动。强化政府公共服务职能，加大公共服务投入，加快培育服务市场。完善部门间的协调配合机制。加强行政效能监察，健全行政效能投诉受理机制。推进电子政务建设，提高行政效率和服务质量。

加强民主法制建设。全面贯彻依法行政实施纲要，自觉接受市人大及其常委会的依法监督，积极支持政协履行政治协商、民主监督、参政议政职能，扎实做好人大代表建议和政协提案办理工作。认真听取各民主党派、工商联和无党派人士的意见，畅通社会和舆论监督渠道，充分发挥工会、共青团、妇联、残联等人民团体的作用。推进公众参与、专家论证和政府决策相结合的决策机制，完善重大问题集体决策、社会公示和听证制度，促进决策的科学化、民主化。严格行政执法责任制和考评制，完善行政复议制度和过错责任追究制，强化审计、监察等专门监督。

大力推进政风建设。扎实开展深入学习实践科学发展观活动。认真落实党风廉政建设责任制，完善“三重一大”保廉体系，加强廉政文化建设，严肃查处商业贿赂、侵害群众利益等行为。坚决制止铺张浪费，严格控制一般性支出，会议经费、公务用车经费、公务接待经费支出“零增长”，市级部门公务用车购置冻结一年，出国(境)经费削减20%。加强思想作风建设，进一步改进会风文风，力戒官僚主义、形式主义，确保政令畅通。深化政务公开，加强民主评议工作，完善新闻发言人制度，提高政府工作透明度。加强公务员队伍管理，切实提高机关工作效能。

越是困难时刻，越要高度关注民生。今年我们将进一步推进民生事业发展，积极办好十方面的实事。一是就业方面。实施灵活就业社保补贴1.5万人以上，开发(保持)公益性岗位5500个，完成劳动力技能培训20万人次，确保城镇“零就业家庭”发现一户、解决一户。组织专场招聘会100场。二是社会保障方面。市区城镇居民医疗保险参保率达到75%以上，实施住院门诊双统筹。提高企业退休人员养老金水平、城镇职工和居民医疗保险待遇水平、重点优抚对象抚恤和城乡低保补助标准。新增实质性开展居家养老服务行政村150个，新增养老床位1820张。推进市社会福利院建设和“残疾人共享小康工程”。三是教育卫生方面。小学、初中生均公用经费分别不低于450元和650元。免除“低保”和“社会扶助证”家庭子女就读中等职业学校学费。义务教育段66%以上的外来务工人员子女由公办学校接纳。70%以上幼儿入读省三级以上幼儿园。继续改造农村乡镇卫生院30个，规范化社区卫生服务中心建设达标率达到50%以上。新增医院床位1000张。四是群众文体生活方面。免除5万户以上低保户家庭的有线电视

入网费和收视维护费,向农村低保无电视机的困难家庭赠送1万台电视机。完成20万居民用户有线数字电视转换。行政村体育健身路径覆盖率提高到90%以上。五是农村公共服务方面。全面推进新型农村养老保险制度。新型农村合作医疗住院有效费用补偿水平提高到36%以上,门诊有效费用报销水平20%以上。建成全面小康村35个、环境整治村300个、新农村电气化村改造500个、农村生活污水处理项目50个、农村联网公路180公里。完成山区、海岛和革命老区异地安置移民1500户、相对欠发达地区低收入农户危房改造1500户。六是住房保障方面。符合廉租住房条件的低收入住房困难家庭实现应保尽保。开工建设经济适用房30万平方米以上,解决3000户以上低收入家庭住房。海曙、江东、江北三区整治老小区175万平方米,完成80万平方米。开工建设拆迁安置房310万平方米。推进30个城中村改造。七是群众出行方面。新增环保舒适型公交车250辆以上,新增公交枢纽站、首末站10个,新辟、优化调整公交线路40条。市区新增道路停车泊位5000个以上。八是环境保护方面。完成清水河道建设250公里、城区内河整治24条。完善环境空气自动监测系统,加强临港工业废气污染区域整治。全面改善江北区及鄞州平原区域供水水质。重点生态公益林补助标准提高到每亩17元。九是市场保障方面。改造农村菜市场30个以上,新增村级连锁便利店150家,市区建设放心餐饮加工配送中心3个。完善食品药品源头控制和市场准入,食品抽验达到每千人4批次,食品药品安全风险继续下降。十是公共安全方面。加快社会管理动态视频监控系统建设,全面实施基层和谐促进工程。完成15座水库保安工程、屋顶山塘除险加固30座。亿元生产总值安全生产事故死亡率继续下降,事故死亡人数控制在省政府下达的年度控制指标内。

各位代表!新的一年,我们肩负着艰巨而繁重的任务,困难和挑战考验着我们,责任和使命激励着我们。让我们紧密团结在以胡锦涛同志为总书记的党中央周围,在中共宁波市委的领导下,团结和带领全市人民,振奋精神、迎接挑战,群策群力、克难攻坚,以优异的成绩向新中国成立60周年献礼!

(在宁波市第十三届人民代表大会第四次会议上)

政府工作报告

2009 年 2 月 24 日

湖州市市长　马　以

一、2008 年工作回顾

过去的一年,很不寻常、很不平凡,我们经历了一系列重大挑战和严峻考验。在省委、省政府和市委的坚强领导下,我们紧紧依靠全市人民,按照"好中求快、全面协调、稳中求进、惠民富民"的总体要求,真抓实干,奋力拼搏,积极主动地做好各项工作,基本完成了市六届人大三次会议确定的目标任务,全市经济社会发展在克难攻坚中取得新的成绩。

——经济增长平稳较快。地区生产总值 1034.9 亿元,增长 10.6%。财政总收入 133.8 亿元,增长 17.3%,其中地方财政收入 71.6 亿元,增长 16.1%。全社会固定资产投资增长 14.6%。社会消费品零售总额增长 19.7%。外贸进出口总额增长 31.1%,其中出口增长 33.4%。

——结构调整扎实推进。规模以上工业总产值增长 22.1%,其中特色优势产业、高新技术产业产值分别增长 26.4%和22.7%。第三产业增加值增幅高出地区生产总值增幅 1.2 个百分点。农林牧渔业总产值增长 12.1%,现代农业发展水平不断提升。预计全社会研究与试验发展经费支出占生产总值比例达到 1.25%,单位生产总值能耗下降 4.7%,化学需氧量、二氧化硫排放量分别下降 4%和 5.5%。

——城乡统筹成效明显。省级社会主义新农村实验示范区建设推进有力、成效显著。湖州中心城市建设展现新的面貌,我市跨入全国创建文明城市工作先进行列。全市城市化水平达到 54.3%,18 个中心镇培育工程启动实施。德清成功创建全国文明县城,长兴荣获全国金融生态县称号,安吉成为全国首批生态文明试点县。

——群众生活继续改善。全市财政支出增量中的 74.1%用于民生,十方面为民办实事项目顺利完成。城镇居民人均可支配收入 21604 元,农村居民人均纯收入 10751 元,分别增长 9.9%和 12.7%。城镇新增就业 5.7 万人,登记失业率 3.3%。完成农村劳动力技能培训 11.2 万人。居民消费价格总水平上涨 5.1%。

——社会发展水平提升。十五年教育普及水平进一步提高,城乡教育均衡发展取得积极成效。公共卫生体系建设深入推进,全民健康水平继续提升。统筹解决人口问题取得新成效,人口自然增长率 0.19‰。平安创建扎实推进,全市社会和谐稳定,群众安全感满意率继续保持在较高水平。

一年来,我们主要做了以下工作:

(一)大力推动企业发展和产业升级。及时把握我市经济运行的新趋势,全力应对宏观经济环境的新变化,全面落实保增长、促转型的各项措施。认真实施创业创新"1+8"政策,分别出台工业"25 条"、服务业"15 条"和房地产"15 条"等政策。加强外贸预警机制和应对体系建设,引导企业优化出口结构,7 只品牌被评为"浙江出口名牌"。组织开展优化经济发展环境专项检查,取消或暂停征收 62 项行政事业性收费,减免地方税费近 2.6 亿元。积极引进异地银行,大力推动银企合作,加快投融资体系建设,所有县区开展小额贷款公司试点工作,全市金融机构存款余额首次突破 1000 亿元,新增贷款 123.6 亿元。深入推进工业"二三三"结构调整,金属材料、机电制造、现代轻工三大特色优势产业产值总量首次超过纺织、建材两大传统产业。218 家"亿千"工业企业主营业务收入占规模以上工业比重达到 55.3%,明星企业、优质企业实力进一步增强,升华集团销售收入突破 70 亿元,永兴特钢利税超过 5 亿元。制定服务业发展三年行动纲要,"旅游创强"工作全面推进,实现旅游总收入 131.7 亿元,增长 29.1%,文化创意产业发展步伐加快,传统运输业逐步向现代物流业转型,商贸流通业实现快速增长。切实加强农业基础地位,大力发展现代农业,超额完成粮食生产任务,建成 4 个省级、21 个市级现代农业示范园区,新建 3 个省级竹子现代示范园区,新增 2 家国家级和 6 家省级农业龙头企业。

(二)着力强化招商引资和项目推进。坚持内外资并举、"大好高"并重,成立 10 个产业招商组,狠抓招商引资工作,实到外资 8 亿美元、市外内资 66 亿元,三一重工、海信惠而浦家电、天马风电大轴承、蓝孔雀纺织科技等一批项目开工建设,百密逊生物医药、奥特莱斯名牌折扣店、永吉生态木业等一批项目成功签约。扎实推进接轨大上海、融入长三角工作,成功举办接轨上海活动周,与上海世博局签署全面合作框架协议。加强产业平台建设,开发区、工业园区和功能区集聚效应进一步显现。加大有效投入,狠抓项目建设,120 个市重点项目完成投资 175.7 亿元。宁杭铁路湖州段、杭长高速公路二期启动建设,申嘉湖杭高速公路练杭段建设顺利推进,湖苏沪城际铁路列入国家规划,长湖申航道湖州段扩建工程全面实施,老虎潭水库下闸蓄水,合溪水库建设、大钱港整治以及能源、信息化等领域的一批重大项目扎实推进。完善领导联系项目制度,开展"百个部门助推项目"活动,实施服务业"双百"计划,完成工业性投入 291 亿元、第三产业投资 220.9 亿元。抢抓国家扩大内需的政策机遇,32 个项目列入中央新增 1000 亿元预算内投资计划。坚持保障建设用地和节约集约用地并重,深入开展土地清理专项行动,取得新增建设用地农转指标 3.1 万亩,完成项目供地 2.9 万亩。

(三)扎实推进科技创新和环境保护。加大企业科技创新扶持力度,新认定国家重点扶持的高新技术企业 58 家,12 家企业入围全省高新技术企业 100 强,新增省级高新技术企业研发中心 16 家、企业技术中心 5 家,新建了一批博士后科研工作站,生物医药、新材料、新能源等高新技术产业快速发展。加快科技创新平台建设,13 家科研机构入驻南太湖科技创新中心,新增科技企业孵化器面积 5.6 万平方米,与大院名校合作共建科技创新载体 18 家。大力加强人才队伍建设,"南太湖精英计划"引进首批创新团队 11 个,市本级 2.3 万平方米人才公寓建成运营。启动国家知识产权试点城市创建工作,专利授权量增长30.9%,新增国家驰名商标24件、省名牌产品32只。推行更为严格的能耗和排放准入标准,切实加强用能监察和环保执法。认真实施节能降耗“双百工程”,全力推进35项减排重点项目,建成2家垃圾焚烧发电厂,完成25个镇污水处理厂建设,污水处理厂在全市各建制镇实现全覆盖。加快淘汰一批小锅炉、小印染、小纺织等落后产能,有效整治旧馆有机玻璃等4个省、市级重点环境问题,全面完成存栏猪100头以上养殖场污染治理任务,绿色矿山创建和废弃矿山治理工作取得明显成效,新增省以上重点生态公益林7.1万亩。切实加强太湖水环境综合治理,全力落实防治太湖蓝藻应对应急工作十大措施。全市环境质量保持稳定,在公众满意度调查中排名全省第二。

(四)切实加快新农村和中心城市建设。深化市校合作共建工作,新增合作项目164项,省部联建、军民共建、村企结对深入推进,创建新农村实验示范乡镇5个、村28个。建成36个全面小康示范村,完成215个村环境整治提升、12个小城镇环境综合整治,建设36个农村新社区。完成土地整理9.4万亩,通过土地开发、建设用地复垦新增耕地1.6万亩。改造通村联网公路373公里,完成河道清淤1218公里,改善14.5万名农民饮用水条件,电气化县区实现全覆盖。基本完成每个村级组织配备一名大学生的任务,建成农村社区综合服务中心47家。启动实施集体经济薄弱村发展和低收入农户奔小康工程,重点扶持125个集体经济薄弱村,落实集体经济发展项目79个,建立低收入农户“一户一策一干部”帮扶机制,帮扶10150户低收入农户实现脱贫。有21个村实施土地股份合作制改革,61个村进行集体资产股份合作制改革,全市新增农田流转面积11.8万亩。出台农村住房抵押借款暂行办法,积极推进集体林权制度改革。合力推进中心城市各大片区建设,中心城区“一港两区”建设、“三路一河”综合整治以及6个老居住区改造全面推进,滨湖大道、太湖明珠、渔人码头全面开工,仁皇山市政二期、湖东大桥等一批骨干路桥工程全面实施,西南新区连接主城区的金湖大桥、银湖大桥及主干道全面通车,东部新区承载功能进一步增强,南浔新区重大基础设施项目扎实推进。湖州大剧院、市民健身中心等一批重大公共服务设施建成运行。市水务集团正式成立。中心城市社区管理服务用房达标率提高到78.7%。坚持阶段性整治与长效性管理相结合,狠抓城市保洁、市容管理和建设环境整治,城市品位得到新提升。

(五)努力促进民生改善和社会进步。实施创业促就业“845”工程,新登记个体工商户2.8万户,增长13.5%。深化基层劳动保障平台建设,加强职业技能培训和就业指导服务。全面执行劳动合同制,稳步推进社会保险扩面工作,企业职工基本养老保险、工伤保险参保分别突破50万人。组织开展城乡居民基本养老保险制度试点工作,积极探索企业职工基本医疗保险门诊医疗统筹制度。企业退休人员养老金水平得到提高,城镇居民基本医疗保险参保达到29.1万人,新型农村合作医疗人均筹资标准提高到124元。提高城乡居民最低生活保障标准,为困难群众发放物价补贴1291万元,在全省率先建立低保对象动态管理机制,建成市社会福利中心。创新和完善住房公积金制度,推进住房保障扩面提标,完成困难群众廉租房保障858户、危旧房改造1508户。依法维护和保障妇女、儿童、老年人权益,全面实施残疾人共享小康工程。加大义务教育经费保障力度,加快推进农村学校布局调整和标准化建设。免除义务教育段学生教科书费,减免符合条件的外来务工人员子女借读费。切实加强教师队伍建设,积极推进素质教育,高考上线率继续位居全省前茅。湖州师院教学质量工程深入实施,湖州职院成为省示范性高职院校。切实加强公共卫生管理,扎实推进社区卫生服务机构规范化建设,深入开展爱国卫生运动和健康教育,成功创建全国农村中医工作先进市。加强人口和计划生育综合治理及优质服务,全面推行免费婚检制度。组织开展纪念改革开放30周年系列活动,全面加强社会主义核心价值体系建设。完善公共文化服务体系,有效保护历史文化遗产,努力规范文化市场经营秩序,圆满举办第十届国际茶文化研讨会暨湖州首届陆羽茶文化节。扎实推进城乡体育设施建设,全面开展“全民健身与奥运同行”主题活动。推进有线数字电视整体转换,组建湖州日报报业集团。加强民主法治建设,“五五”普法顺利通过省级中期检查。认真做好民族、宗教、双拥、外事、侨务、对台等工作,人防、气象、统计、档案、地方志等事业取得新成绩,国防和国家安全工作进一步加强。

(六)不断加强公共安全管理和政府自身建设。扎实推进平安基层基础规范化建设,全面开展“平安细胞”系列创建活动。深入开展“两个排查”、“涉奥信访”、领导大接访等活动,有效预防和处置群体性事件,胜利完成奥运安保维稳任务。强化社会治安综合治理,严厉打击违法犯罪活动,刑事案件破案率位居全省第二。深入开展安全生产“隐患排查治理年”活动,全面实施“十小”行业质量安全整治,实现安全生产事故次数、死亡人数、直接经济损失“三下降”。切实加强应急管理体系建设,妥善处置问题奶粉等公共安全事件。高度重视和切实加强政府自身建设,自觉接受人大依法监督和政协民主监督,积极支持民主党派、工商联及工青妇等人民团体开展工作,深入实施重大决策社会征询制度,全面推行政府信息公开,依法行政、民主行政、科学行政得到新加强。扎实开展“万名干部下基层、服务一线创新业”活动,启动实施“123”行政服务创新计划,建立重大项目“一站式”全程协调服务机制,加快建设行政审批电子监察系统,机关作风和行政效能得到新提升。深入推进部门预算、国库集中收付、财政支出绩效评价改革,探索建立政府非经营性投资项目代建制,公共财政体系建设得到新推进。建立健全惩治和预防腐败体系,切实加强行政监察和审计监督,深入开展政府投资建设项目廉政监督专项工作,严肃查处各类腐败案件和违纪违法行为,廉政建设和反腐败斗争取得新成效。

2008年,在抗击50年一遇的特大雨雪冰冻灾害中,我们迅速动员、周密部署,全力保畅通、保安全、保民生,努力把雪灾影响和损失降到最低程度。全面开展灾后恢复重建和防灾减灾能力建设,受损基础设施、建筑物得到及时修复重建,受灾企业提前恢复生产。汶川特大地震发生后,我们坚决落实胡锦涛总书记在湖考察时的重要指示精神,认真贯彻中央和省的决策部署,组织全社会力量支援灾区抗震救灾,提前完成15万顶救灾帐篷生产供应任务,多批次派出应急力量开展救援行动,捐赠款物1.57亿元,妥善救助灾区来湖伤病员和学生,全面完成过渡安置房建设任务。启动三年对口援建工作,首批援建项目开工建设。

过去一年,工作艰辛难忘,成绩来之不易,全市上下付出了巨大心血和辛勤汗水。在此,我代表市人民政府,向在各个领域作出贡献的全市人民,向给予政府工作支持和监督的人大代表、政协委员以及各民主党派、工商联、人民团体和社会各界人士,致以崇高的敬意!向大力支援湖州建设的驻湖人民解放军、武警部队官兵和省部属驻湖单位,向所有关心、参与、支持湖州发展的海内外投资者、建设者和朋友们,表示衷心的感谢!

在肯定成绩的同时,我们也清醒地看到,我市经济社会发展存在不少矛盾,政府工作还存在不足。特别是企业生产经营困难加剧,投资、消费、出口增长趋缓,招商引资难度加大,经济持续平稳较快发展面临严峻考验;制造业整体水平还不够高,农业综合生产能力还不够强,现代服务业发展相对滞后,科技创新能力依然较弱,加快转变经济发展方式任务十分紧迫;财政增收压力明显加大,居民就业形势趋向严峻,部分低收入群众生活困难,影响社会稳定的矛盾纠纷增多;行政成本有待进一步降低,少数政府工作人员服务意识不强、工作作风不实、行政效率不高,违纪违法案件还时有发生。对此,我们必须高度重视,认真加以解决。

二、2009 年工作总体要求

今年是新世纪以来我市经济发展形势最严峻的一年,也是做好经济工作机遇难得的一年。国际金融危机影响深远,经济发展不确定因素明显增加,经济下行压力明显加大,我市面临着外部经济环境更趋复杂和自身发展转型的双重考验。但必须看到,经济全球化深入发展的趋势不会改变,世界科技进步日新月异的进程不会停止,国际生产要素重组和产业转移的态势不会逆转。必须看到,中央实施积极的财政政策和适度宽松的货币政策,"保增长"的宏观调控意图坚定不移,为我们推动经济持续平稳较快发展创造了有利条件。必须看到,经过改革开放 30 年的发展,我市综合实力显著提高,创新活力明显增强,发展潜力正在显现。我们深切地感到,信心要比黄金贵,办法总比困难多,只要全市上下振奋精神、齐心协力,危中寻机、抢抓先机,就一定能够实现湖州经济社会发展的新突破。

今年政府工作的基本思路是:高举中国特色社会主义伟大旗帜,以邓小平理论和"三个代表"重要思想为指导,认真贯彻党的十七大、十七届三中全会和中央、全省经济工作会议以及市委六届七次全会精神,深入实施增强"三力"、奋力崛起发展战略,全面推进创业富民、创新强市,紧紧围绕"深入学习实践科学发展观,全力促进经济社会又好又快发展"这一主题,牢牢把握"保增长、抓转型、增活力、重民生、促和谐、强保障"这一主线,在应对挑战上出实招,在狠抓落实上下功夫,在科学发展上见实效,加快建设现代化生态型滨湖大城市。

综合考虑经济社会发展趋势和我市实际,建议今年全市经济社会发展的主要目标为:地区生产总值增长 10%;财政总收入和地方财政收入均增长 8%;全社会固定资产投资增长 11%,其中工业性投入增长 10% 以上;社会消费品零售总额增长 13%;外贸进出口总额增长 12%,其中出口增长 13%;全社会研究与试验发展经费支出占生产总值比例达到 1.35%;单位生产总值能耗下降 4.5%;化学需氧量排放量下降 3.6%,二氧化硫排放量无净增;城镇居民人均可支配收入和农村居民人均纯收入均增长 8%;城镇新增就业 4.3 万人,登记失业率控制在 4.2% 以内;居民消费价格总水平涨幅不高于省均水平;人口自然增长率控制在 2.5‰以内。

具体工作中,着重把握好以下四个方面:

(一)坚决保增长,主动抓转型。把保持经济平稳较快发展作为首要任务,把加快经济转型升级作为主攻方向,努力促进经济增长速度与结构、质量、效益相统一。坚持政企联动,狠抓有效投入,扩大市场需求,切实解决经济运行中的突出矛盾和问题。坚持转型升级,推进结构调整,加快科技创新,不断提升经济可持续发展的核心竞争力。

(二)着力强基础,不断增活力。把发挥企业主体作用作为基础性工作,把解放思想、改革开放作为根本动力,不断激发全社会创业创新的活力。坚持企业为基,切实加强生产要素协调,主动为企业排忧解难,努力拓展企业发展空间。坚持改革开放,深化体制改革和机制创新,做到凝聚内力和借助外力并重,用改革的办法破解难题,以开放的举措赢得主动。

(三)坚持重民生,全力促和谐。把重民生、促和谐作为工作的出发点和落脚点,加快推进以改善民生为重点的和谐社会建设,努力使发展成果惠及全市人民。做到尽力而为、量力而行,千方百计解决群众最关心、最直接、最现实的利益问题,努力维护社会和谐稳定。

(四)切实优服务,努力提效率。把优化政府服务、改进机关作风作为推动经济社会发展的有力保障,切实加强政府自身建设,努力营造一流发展环境。坚持狠抓政府服务不放松,一切围绕发展转,一切为了民生干,切实增强政府服务的针对性、有效性。坚持狠抓机关作风不懈怠,着力提升行政效率,努力增强政府公信力,切实提高群众对政府工作的满意度。

三、2009 年主要工作任务

今年,我们将重点做好以下工作:

(一)全力保持经济平稳较快增长。实现经济平稳较快增长,当务之急是帮扶企业,关键之举是招商引资,重中之重是项目建设,根本之策是扩大需求。

切实有效帮扶企业发展。扎实开展"企业服务年"活动,认真落实和不断完善扶持企业的各项政策措施,为不同行业、不同类型的企业提供有针对性、有实际效果的政策支持和服务保障,确定一批重点企业进行重点帮扶。切实加强对企业运行情况的监测和协调,推行政府检查评比、企业裁员关停等重大情况报告制度。做好减免或缓征税费工作,加大财政贴息和补助力度。充分运用增值税转型、企业研究开发费加计扣除等政策手段,鼓励企业加大技术改造、自主创新力度。严格规范行政执法和涉企收费行为,采取有力措施规范中介机构各项服务和收费。充分发挥金融机构增加信贷投放、推进金融创新的作用,确保全年实际新增贷款 120 亿元以上。继续引进异地银行,发展创业投资公司,促进村镇银行、小额贷款公司发展。加快建立风险投资引导基金,加大中小企业融资担保补助、小企业贷款风险补偿力度,合力支持创新型企业、中小企业发展。多渠道组织建设运营资金,积极争取债券发行,加快推动企业上市。加强信用建设,改善金融生态环境,做好资金链安全保障工作。加快编制新一轮土地利用总体规划,加大低丘缓坡开发利用、农村宅基地复垦力度,全力保障建设用地合理需求。切实加强企业家队伍建设,引导企业苦练内功、提升素质。

坚定不移推动招商引资。大力实施招商引资"一号工程",进一步明确产业导向,主攻"大好高"项目,力争合同利用外资 16 亿美元,实到外资 8 亿美元,实到市外内资 65 亿元。创新招商方式,推进以民引外、以外引外和委托招商、源头招商、产业链招商。改进考评办法和政策体系,在坚持内资与外资同等重要的原则下,重点把衡量标准转移到科技含量、节能减排、效益产出、带动能力上。继续抓好开发区、工业园区和功能区的整合提升工作,加强系统规划,明确产业定位,完善基础设施,健全发展功能。加强招商队伍建设,努力提升招商人员

综合素质。主动顺应长三角一体化发展趋势,以承接产业转移和推进要素互动为重点,全面接轨大上海,深度融入长三角。认真落实与上海世博局全面合作框架协议,扎实做好服务世博的各项工作。继续推进对外协作,深化与杭州都市经济圈兄弟城市的合作与交流,加快建设临杭产业带。

全力以赴推进项目建设。抢抓国家扩大内需的机遇,按照自主创新、结构调整、民生改善的投资导向,全力争取政策资源,深入开展“项目推进年”活动。抓紧组织实施重大项目建设行动和今明两年政府导向性重大项目两个计划,确保年内126个实施类重点项目完成投资额200亿元。加快推进一批高新技术产业、先进制造业、现代服务业和高效生态农业项目,努力提升产业竞争力。组织实施工业“三个一百工程”和装备制造、生物医药、新能源、优势产业做强及传统产业优化“五大专项”,力争投资超千万元工业项目完成投资额180亿元;实施服务业重大项目100项以上,完成投资额130亿元。进一步加强基础设施建设,加快推进宁杭铁路湖州段、杭长高速公路二期、申嘉湖杭高速公路练杭段、三新公路、墙莫公路、川气东送湖州段、合溪水库以及长湖申航道湖州段扩建、大钱港整治等一批续建项目;抓紧推进铁路湖州南站综合交通枢纽、500千伏妙西输变电、西电东送特高压、葛沪线搬迁等一批新建项目;积极推进杭长高速公路北延、申嘉湖高速公路西延、杭宁高速公路拓宽、京杭运河湖州段改造、梅湖线航道改造、天荒坪第二抽水蓄能电站等一批项目前期工作。扎实推进四川地震灾区对口援建工程。

积极有为扩大市场需求。加快实施基本公共服务均等化、低收入群众增收两个行动计划,加大对“三农”的投入和补贴力度,完善企业职工工资正常增长机制,多渠道增加城乡居民特别是中低收入者收入,切实增强居民消费能力。合理引导房地产开发建设,鼓励居民购买自住型、改善型住房,保障房地产市场稳定健康发展。加快推进“家电下乡”,积极培育旅游、教育、健身、文化等消费热点。合理发展消费信贷,不断改善消费环境。切实加强市场监管,努力保持物价稳定。继续加大外贸扶持力度,推动企业优化出口商品结构和实施市场多元化战略。重点支持自主品牌、自主核心技术和自主知识产权企业扩大出口,力争新增省出口名牌5只。加强外贸企业和行业的协调自律,规范外贸经营秩序。进一步健全贸易摩擦预警机制和应对体系,着力提高企业抗风险能力。鼓励企业建立健全营销网络,切实加大国内市场开拓力度。积极稳妥推进企业“走出去”发展。有效扩大先进技术、关键装备和紧缺资源进口。

(二)加快推进经济转型升级。经济形势越严峻,转型升级越紧迫。必须坚持以产业优化升级为基本途径,以自主创新为中心环节,以节能减排为突破口,以深化改革为着力点,加快经济转型升级步伐。

大力推动产业结构优化升级。积极对接国家重点产业调整振兴规划,全力实施工业转型升级推进计划,加快发展生物医药、新能源等高新技术产业,推动机电制造、金属材料等特色优势产业做大做强,促进纺织、建材等传统产业高新化、品牌化改造,确保规模以上工业总产值增长16%。加快培育大企业、大集团,鼓励优势企业兼并困难企业,推动关联产业、上下游企业联合重组。积极支持中小企业向专精特新方向发展。努力推进织里童装、南浔木业、德清生物医药、长兴绿色动力电池、安吉椅业和竹业等块状经济向产业集群提升。积极培育建筑业龙头企业,加快发展建筑产业。全面实施服务业发展三年行动纲要,加快服务业集聚区建设,重点发展休闲旅游、文化创意、现代物流、现代商贸业,统筹发展金融、信息、科技、中介等产业,大力促进服务业扩量提质。加快景区景点开发建设,推进旅游资源串联整合,强化旅游主题设计推介,力争旅游总收入增长20%。大力发展文化创意经济,加快建设湖州多媒体产业园,抓紧组建湖州广电集团。加快港区和物流基地建设,培育现代物流龙头企业。培育发展商贸中心、特色街区,加快发展现代流通业态,提升发展特色专业市场。加快推动制造业与服务业联动发展,扎实推进工业企业分离发展生产性服务业。组织实施现代农业“4231”产业培育发展计划,加快发展特种水产、蔬菜、茶叶、水果四大优势产业,稳定提升粮油、蚕桑两大传统产业,优化发展畜牧、笋竹、花卉三大特色产业,大力发展休闲观光农业。全面落实粮食安全行政首长负责制,确保完成粮食生产任务。深入推进“建基地、扶龙头、育品牌、强服务、拓市场”各项工作,促进农业稳定发展、农民持续增收,新建现代农业示范园区20个,新增省级以上生态高效农产品生产基地15万亩、生态高效竹林基地6万亩以上,继续培育一批重点农业龙头企业和专业合作经济组织。

加快提升科技创新能力。深入实施自主创新能力提升行动计划,力争高新技术产业产值增长20%以上。大力扶持高新技术企业,新培育国家重点扶持的高新技术企业和省级科技型中小企业各30家,力争创建国家级高新技术特色产业基地2个。组织实施一批重大和重点科技项目及科技成果转化项目,开发省级以上新产品300项以上。充分发挥南太湖科技创新中心的引领作用,推动浙大长兴国家大学科技园、德清科技新城、吴兴东部科技城规划建设,加快安吉、南浔科技创业园建设,新增科技企业孵化器面积13万平方米。深入开展国家知识产权试点城市创建工作,专利授权量达到2500件以上,重点鼓励申请发明专利。继续实施品牌战略、标准化战略,鼓励企业争创国家级品牌,参与制订国际标准、国家标准。深入实施“南太湖精英计划”,引进创业领军人才及其创新团队10个左右。与10名左右院士建立合作关系,引进各类人才1万名左右。

扎实推进节能减排工作。组织实施资源节约与环境保护行动计划,加快建设资源节约型和环境友好型社会。严格控制万元工业增加值能耗超过1.56吨标煤的投资项目,认真执行国家13个污染物新限排标准。切实加强治污设施和污染企业运行监管,有效提高运行率和达标率。加快淘汰落后产能,腾出20万吨标煤以上的能耗空间用于发展新型产业。鼓励节能新技术、新产品的研发和应用,支持高效节能产品推广和重大节能项目建设。全面实施“365”节约集约用地方案,继续推进土地清理专项行动,不断强化建设用地全程监管。认真实施“苕溪清水入湖”工程,加快建设南太湖水源地保护及蓝藻防治工程,全面推进太湖流域水环境综合治理。巩固规模养殖场污染治理成果,推进畜禽、水产生态养殖,加快农村生态能源开发利用和生活污水处理扩面提升。加快垃圾焚烧发电和环卫设施建设,基本建成全市危险废物处置体系。推行矿山资源集中整合开发新模式,加大绿色矿山建设和废弃矿山治理力度。加快重点环境问题整治步伐。保护和发展森林、湿地资源,新建省以上重点生态公益林3.3万亩。扎实推进生态市建设,实现生态县创建“满堂红”,做好国家环保模范城市复评迎检工作。

着力深化各项改革。加快推进农村改革,进一步增强农村发展活力。积极有序推进土地承包经营权流转,新增流转面积

10万亩以上。探索建立农村宅基地流转机制,加快集体林权制度改革,稳步推进农村住房抵押贷款工作。继续深化农村集体资产股份合作制改革。进一步完善国有资产监督管理体制,引导民营企业加快建立现代企业制度。推动水价、电价、油价改革,实施排污权有偿使用和交易制度,完善土地"招拍挂"制度,建立健全反映市场供求关系、资源稀缺程度和环境损害成本的资源要素价格形成机制。稳步实施扩权强县(区)和中心镇扩权改革,深入推进公共财政体制和税费改革。加快多元化投融资体系建设,创新政府融资方式。切实加强政府性债务管理,有效防范财政风险。深化行政审批制度改革,加快实施"123"行政服务创新计划,积极推进行政机关内部行政许可职能整合,健全项目审批"一站式"服务机制,完善并联审批办法。

(三)不断提升城乡协调发展水平。城乡协调发展是湖州的重要特色和优势。我们一定要巩固和提升城乡统筹发展的成果,大力推进区域协调发展,努力形成城乡互动、县区联动的发展局面。

扎实推进新农村实验示范区建设。深入实施"1381"行动计划,大力拓展市校合作领域,新增合作项目100项。继续加强南太湖现代农业科技推广中心建设,加快建立浙江大学湖州现代工业技术创新及推广中心,组建成立浙江大学湖州新农村建设研究中心。加快实验示范重点区域建设,创建实验示范乡镇2个、村20个。进一步强化省部联建、军民共建、村企结对,深入开展军民"携手结对奔小康"活动。全面推进国家现代林业示范市建设,加快兴林富民步伐。切实加强耕地保护,确保耕地保有量、基本农田保护面积数量不减、质量不降,努力提高农业综合生产能力,完成土地整理3万亩、土地开发6000亩、建设用地复垦5000亩。继续深化"百村示范、千村整治"工程,完成100项以上村庄建设规划的编制或修编。加快建设农村基础设施"八大网络",新建信息化示范村50个,为7.8万名农民改善饮用水条件。健全农村五大公共服务体系和五大社会保障体系,进一步改善农民生产生活条件。加快农村社区建设,建成40个以上农村新社区。加快集体经济薄弱村发展,三分之一的薄弱村完成阶段性脱贫任务。

不断提升城市规划建设管理水平。健全城乡五级规划体系,整体推进县区首位镇和中心镇建设,进一步完善市域空间布局。深入实施中心城市建设四年行动纲要,继续推进仁皇山新区、滨湖新区、西南新区、东部新区、湖东新区、南浔新区等开发建设,实施仁北路、高教路、白鱼潭路东延等骨干路桥工程,加快滨湖大道、太湖明珠、渔人码头、国际小商品城、华辰世贸中心、上实假日酒店、南浔国际旅游度假中心等项目建设。加快中心城区"一港两区"开发建设,力争完成步行街区土建工程,确保衣裳街历史文化街区保护修缮取得更大进展,动工建设龙溪大酒店、新世纪商厦、双子大厦,全力打造中心城市中央商务区。启动人民路、白鱼潭路-凤凰路综合整治,逐步推进江南工贸大街北段拓宽、劳动路南延工作,加快老居住区改造建设步伐。加大城市公用设施规划和建设力度,着力提高市民生活品质。深入实施"净化、绿化、亮化、美化、有序化"工程,扎实开展环境综合整治,着力构建城市管理长效机制。

继续推动区域协调发展。做大做强市本级综合实力,切实加强对各县工作的指导和服务,进一步促进各县区竞相发展、合作共赢。吴兴区要强力推进东部新区建设,全力拓展西部山区发展空间,大力发展先进制造业和现代服务业,切实加快"争创经济强区、建设和谐吴兴"新进程。南浔区要扎实开展"项目建设推进年"和"招商引资攻坚年"活动,进一步做大做强工业、做优做特农业、做活做旺服务业,又好又快建设新南浔。德清县要加快推进新型工业化、新型城市化、城乡一体化,努力在打造现代化生态型中等城市上实现新突破。长兴县要扎实开展"产业转型升级年"、"农村改革发展年"和"服务基层创优年"活动,大力推进"六区"建设,加快建设山水园林型现代化新兴城市。安吉县要坚持生态立县、突出工业强县、加快开放兴县,扎实推进"一地四区"和中国美丽乡村建设,全力展现城乡一体化发展新面貌。湖州开发区要以项目建设为龙头、产业发展为支撑,推进转型升级,加快建设多功能、综合性产业新区和现代化、生态型城市新区。太湖度假区要用足用好太湖、温泉等独特资源优势,加快建设国内一流的休闲度假旅游中心、长三角有影响力的健身康乐中心,努力展示滨湖新区开发建设新形象。

(四)深入推进以改善民生为重点的社会建设。越是困难时候,越要高度关注民生,越要重视社会和谐。必须坚持发展经济与改善民生、促进和谐、维护稳定有机统一,投入更多的资源和力量为人民群众办实事、办好事。

着力做好就业和社会保障工作。推进创业促就业"845"工程,加强对大中专毕业生、失业人员和农民工创业、就业的指导和服务,统筹做好退伍军人、妇女、残疾人等就业工作。强化城镇零就业家庭帮扶工作,加大农村低保家庭就业援助力度,深化充分就业社区创建活动。加大劳动保障监察执法和劳动争议调处力度,努力构建和谐劳动关系。继续提高企业退休人员基本养老金水平,逐步提高被征地农民基本生活保障和补助标准,推动建立城乡居民基本养老保险制度。稳步实施企业职工基本医疗保险门诊医疗统筹制度,努力实现城镇居民基本医疗保险全覆盖和新型农村合作医疗信息化建设"一卡通"。健全最低生活保障标准与城镇职工最低工资标准联动机制,做好农村五保对象、城镇"三无"人员集中供养工作,加强社会养老服务体系建设。做好优抚安置工作,大力发展慈善、残疾人和红十字事业。

切实提升社会事业发展水平。坚持教育优先发展战略,不断加大公共教育投入力度,全面实施农村学校"三进"工程,加快推动城乡教育均衡发展。加强学前教育,推进特殊教育,继续巩固和提高普及十五年教育水平。稳步实施湖州师院和求真学院发展规划调整工作,不断提升高等教育质量。大力发展职业技术教育。鼓励和支持民办教育事业发展。认真实施义务教育学校绩效工资制度改革,努力改善教师收入待遇,进一步提高教师队伍综合素质。开展"公共卫生能力建设年"活动,切实加强公共卫生管理。继续加大健康教育力度,深入开展爱国卫生运动。加快乡镇卫生院建设和改造步伐,着力提升社区卫生服务机构标准化、规范化水平。深化医疗卫生体制改革,努力缓解群众"看病贵"问题。加快发展中医药事业。全面加强人口和计划生育工作,着力提高出生人口素质,统筹解决人口问题。扎实开展群众性精神文明创建活动,巩固文明城市创建工作成果。扎实推动文化大发展大繁荣,切实加强社会主义核心价值体系、公共文化服务体系、文化产业发展体系建设,组织开展庆祝新中国成立60周年活动。加快推进农村公共文化服务"十大工程"建设,广泛开展送文化、种文化活动。加大历史文化遗产保护力度,开展创建全国历史文化名城工作。大力培育文化品牌,推动文化精品创作,加强文化市场监管。加快推进数字电视扩面工作。深入开展以“健康湖州 科学健身”为主题的群众体育活动,不断提高全民健身和竞技体育水平。进一步做好民族、宗教、外事、侨务、对台等工作,发展档案、地方志等事业,完成第二次经济普查任务。

全力维护社会稳定。以争创平安湖州“三连冠”为目标,切实加强基层基础建设,健全和落实维稳、信访工作责任制,完善大调解、大信访工作格局,加大矛盾纠纷排查调处力度,全面开展重大事项社会稳定风险评估,积极探索源头治理长效机制,有效化解各类不稳定因素。加快实施公民权益依法保障行动计划,不断深化“五五”普法,切实加强基层民主法治建设,积极促进司法体制机制改革,加快发展律师、公证等法律服务业,做好法律援助工作。坚持“严打”方针和宽严相济政策,深入开展“保稳定、促发展——护航系列行动”,依法打击违法犯罪活动。完善城乡社区警务工作,健全人防、物防、技防相结合的社会治安防控体系。加强流动人口服务管理,积极预防青少年犯罪,推进社区矫正工作。严格落实安全生产责任制,积极推进乡镇公共安全机构全覆盖,切实抓好交通、消防、矿山、建筑、危化品、特种设备等行业和领域的安全工作,努力实现安全生产事故次数、死亡人数和直接经济损失三项指标稳步下降。扎实开展整顿和规范市场秩序专项行动,全面提高产品质量和安全水平。切实加强自然灾害防灾减灾体系建设。不断健全应急管理体制机制,着力提升预防和处置突发事件的能力。扎实做好拥军优属工作,加强国防教育和国防后备力量、人民防空建设,强化国家安全工作。

努力抓好为民办实事项目。今年,我们将努力完成十方面为民办实事项目,主要内容为:一是促进就业和帮助低收入农户脱贫。帮扶失业人员再就业1.7万人。完成城镇失业人员、外来务工人员就业培训各1万人。帮扶3300户以上低收入农户家庭人均年收入达到4000元。二是扩大社会保障覆盖面和加大医疗救助力度。新增企业职工基本养老保险参保3.2万人,推进城镇职工基本医疗保险等扩面工作。加大医疗救助力度。实施免费孕前优生检测。三是改善低收入家庭住房条件。加快廉租房、经济适用房、拆迁安置房建设,中心城区东湖家园33.6万平方米“三房”交付使用。全市完成农村困难群众危旧房改造1300户。四是加快中心城区改造和优化生态环境。基本完成6条以上城市主次道路改造和红丰四路等背街小巷整治。全市完成15个全面小康示范村建设、170个村和10个小城镇环境综合整治。五是提升农村医疗和社会福利水平。完善新型农村合作医疗“三条保障线”制度。对4000名低保、低保边缘重度残疾人全额发放低保金和低保补助金。六是加大助学和文化进村力度。对中职学校一、二年级学生给予每生每年助学金1500元。实施家庭经济困难学生“助、补、免”工程。全面实施农村广播“村村响”工程。七是推进社区建设和平安创建。中心城市完成21个社区管理服务用房改造建设,全市新建和改造农村社区综合服务中心30家。深入开展“安居村社、安行路街、安宁单位”创建活动,在城镇主要公共场所建成车辆看护点500处以上。八是改善农村公路和公共交通条件。新建210公里通村联网公路,改造80座农村公路桥梁,建立农村公路养护制度。开通各县城至中心城区城际公交。九是推进饮用水工程和污水处理设施建设。实现老虎潭水库向中心城市供水。抓紧建设三济桥－双林－练市供水管道工程。完成河道清淤1300公里。加快污水处理厂配套管网建设。十是加强重要商品储备和食品药品安全监管。确保粮食等重要商品储备规模和管理使用到位。食品加工企业食品质量抽检实现全覆盖。推进放心店提质工作,发展村级连锁便利店。

(五)切实加强服务型政府建设。推进发展、服务人民,是政府的核心职责。我们必须以开展深入学习实践科学发展观活动为契机,切实加强服务型政府建设,努力做到全力以赴促发展、全心全意为人民。

依法履行职责,推进法治政府建设。认真贯彻落实国务院关于加强市县政府依法行政的决定,加快转变政府职能,深入推进依法行政。健全民主决策制度,完善重大事项公众参与、专家论证和政府集体研究相结合的决策机制。自觉接受市人大及其常委会的依法监督,认真执行各项决议、决定,主动报告重大工作事项。积极支持市政协履行政治协商、民主监督、参政议政职能。认真办理人大代表建议和政协提案,努力提高问题解决率和工作满意率。充分听取各民主党派、工商联、各人民团体和社会各界人士的意见。继续推进政府信息公开,依法保障公民的知情权、表达权、参与权、监督权。广泛开展机关工作人员法制教育,切实增强依法行政意识,提高依法行政水平。完善行政执法责任制,加强行政复议工作,建立健全行政问责制。

致力创新破难,推进效能政府建设。以“千方百计保增长、齐心协力促转型、科学发展创新业”为载体,认真实施“百个项目促转型、百件实事惠民生、千名领导破难题、千名干部助千企”专项行动,扎实开展深入学习实践科学发展观活动。坚持把科学发展观作为制定工作思路、出台政策措施、解决实际问题的首要标准,努力提升科学行政的能力。建立健全经济运行预警监测体系和社情民意收集反馈系统,及时协调解决经济社会发展中遇到的热点、难点问题,努力提升应对挑战的能力。切实加强机关作风建设,进一步强化市级部门服务基层的责任,更加注重条块协作和横向沟通,坚决克服形式主义和官僚主义,努力形成整合政策资源、优化要素配置的保障机制,形成勤政廉政优政、优质高效便捷的服务机制,形成全力以赴抓推进、沉下心来抓落实的实干机制,形成加快发展见真功、科学发展重长远的考评机制,努力提升推进发展的能力。

坚持严格自律,推进廉洁政府建设。全面落实廉政建设责任制,深入推进惩治和预防腐败体系建设,严肃查处各类违纪违法案件,坚决纠正损害群众利益的不正之风。完善权力监督和制约机制,严格执行政府性资金管理、部门预算、政府采购、土地出让、产权交易、建设项目公开招投标等制度,从源头上预防和治理腐败。切实加强财政支出绩效评价,继续深化领导干部经济责任审计,加强对重点领域、重要环节的行政监察和审计监督,继续推进政府投资建设项目廉政监督专项工作。牢固树立过紧日子思想,厉行勤俭节约,杜绝铺张浪费,切实降低行政成本,各级机关公用经费继续压缩5%,专项经费、会议经费“零增长”,出国费用压缩20%,公务用车采购冻结一年,严禁超面积、超标准建设和装修行政事业单位办公用房,努力建设节约型机关。

面对充满挑战和希望的2009年,我们深感责任重大。让我们坚定不移地贯彻落实科学发展观,在中共湖州市委的领导下,依靠全市人民的共同努力,众志成城,扎实工作,为实现经济平稳较快发展和促进社会和谐稳定而努力奋斗!

(在湖州市第六届人民代表大会第四次会议上)

政府工作报告

2009年2月24日

嘉兴市市长　李卫宁

一、2008年工作回顾

2008年，我们在中共嘉兴市委的正确领导下，深入贯彻科学发展观，全面落实省委"两创"总战略，紧紧依靠全市人民，努力克服国际金融危机和年初低温雨雪冰冻灾害带来的不利影响，开拓进取，扎实工作，全市经济保持较快增长，结构调整和转型升级加快推进，城乡面貌发生新的变化，人民生活继续改善，社会保持稳定。全市实现生产总值1815.3亿元，增长10.7%；财政总收入252.1亿元，其中地方财政收入126.9亿元，分别增长20.4%和20.6%；全社会研究开发支出占生产总值比重1.77%；城镇居民人均可支配收入22481元，农村居民人均纯收入11538元，分别增长11.7%和13.5%；居民消费价格总水平上涨5.2%；城镇登记失业率3.5%；人口自然增长率-0.45%。。除生产总值增幅、居民消费价格总水平涨幅外，市六届人大三次会议确定的主要预期目标顺利完成。

（一）全力推进保稳促调。一年来，国际金融危机加速蔓延，我市经济发展遭遇了前所未有的困难和挑战。针对经济社会发展出现的新情况、新问题，我们按照"标本兼治、保稳促调"的要求，及时研究对策，强化促进经济平稳较快发展、促进结构调整的工作措施。加强与金融机构沟通协调，组织推动银企对接，积极引进市外金融机构，开展小额贷款公司试点，努力扩大信贷规模，全市金融机构新增本外币贷款264.4亿元，同比多增43亿元。强化用地保障，积极推进土地资源开发和建设用地复垦，全市新增宅基地复垦面积1万亩，盘活存量土地2.2万亩。大力实施"四个双百"和市区"百项百亿"工程，加大项目推进力度，完成全社会固定资产投资1006.7亿元，其中工业生产性投入571.3亿元，分别增长11.9%和15.4%。大力推进全民创业，全市新增各类市场主体3.6万个，增长4.6%，其中个体工商户增长11.1%。切实减轻企业负担，取消和暂停征收99项行政事业性收费，降低10项行政事业性收费标准，减免涉企地方税费超过13亿元。积极运用先进技术改造提升传统产业，加快发展装备制造业、临港工业和高新技术产业，大力培育新能源、节能环保等新兴产业，东方特钢、大晨光电等一批重大产业项目扎实推进，重工业、高新技术产业产值增速分别高出规模以上工业产值增速6.2个和11.6个百分点。落实鼓励服务业发展的政策措施，切实加大服务业招商和项目建设力度，沃尔玛华东配送中心、汽车商贸园二期等基本建成，成功承办浙江山水旅游节，完成全社会消费品零售总额599.6亿元，增长19.6%，实现第三产业增加值624.5亿元，增长12.5%，高出生产总值增速1.8个百分点。以实施统筹城乡综合配套改革为契机，加大支农惠农政策扶持力度，完善农业生产服务体系，成立农村合作经济组织联合会，推进农业产业化经营，在稳定粮食生产的基础上，加快发展生态高效农业，实现农业增加值105.5亿元。

（二）强化自主创新和节能减排。加大科技投入，全市财政科技支出5.2亿元，增长26.1%。清华长三角研究院总部大楼、中科院嘉兴中心一期和市科创中心三期等投入使用，上海交大嘉兴科技园、中关村长三角创新园等项目正式落户，全市新增省级以上高新技术企业研发中心11个、企业技术中心5个。大力实施知识产权、标准化和品牌战略，新增中国驰名商标35个、省区域名牌1个，授权专利3163件，其中发明专利73件，被列为国家知识产权试点城市。多形式开展人才招聘活动，举办高层次人才与科技交流洽谈会，全年引进各类人才超过2万名。强化节能减排倒逼机制，大力发展循环经济，积极开展节能评估和合同能源管理，对120家企业开展清洁生产审核，重点用能监管范围扩大到年耗标煤1000吨以上企业。启动"811"环境保护新三年行动计划，扎实推进环保基础设施建设，开工建设市固废处置中心，基本建成市联合污水处理二期主体工程，实现建制镇污水处理设施全覆盖。全面实施排污权交易，各县（市、区）均建立排污权交易分中心。加大违法排污行为查处力度，强化对重点区域、重点行业、重点企业的监管，"飞行监测"达标率达93.5%。

市区环境空气质量优良天数比例95%。全面推进农业面源污染治理，完成存栏生猪100头以上规模养殖场（户）整治任务。万元生产总值综合能耗、化学需氧量和二氧化硫排放量三项约束性指标预计全面完成。

（三）不断深化改革开放。全面启动统筹城乡综合配套改革，扎实推进以优化土地使用制度为核心的"十改联动"，南湖区七星镇、嘉善县姚庄镇等"两分两换"试点工作进展顺利。与浙江大学签订共同推进统筹城乡综合配套改革市校合作协议。实施户籍制度改革，初步建立城乡一体的新型户籍管理制度。创新农村金融体制，积极推行农村住房抵押贷款和政策性农民自主创业保险。深化公共财政体制改革，完善部门预算管理，实行政府资金在线审计，政府采购进一步规范。加快行政机关内设机构审批职能整合工作，稳步推进现代事业制度改革试点，市级国资公司"三定"方案全面施行。大力发展开放型经济，全市实现进出口总额198.33亿美元，其中出口141.04亿美元，分别增长23.1%和20.8%；实际利用外资13.59亿美元，增长13%；新批境外企业23家。引进内资121亿元。加快推进滨海开发，嘉兴港货物吞吐量达2834万吨，增长17.2%，集装箱突破10万标箱，增长170.8%，新区实现规模以上工业产值385.3亿元。深入实施接轨上海首位战略，完善区域合作工作机制，积极参与杭州都市经济圈、浙东经济合作区建设和"山海协作"。按照党中央、国务院和省委、省政府的部署，全力支援四川抗震救灾，先后派出应急救援和医疗救护人员160多人，捐赠救灾款物2.2亿元，完成6000顶帐篷生产任务，建成2510套5.7万平方米过渡安置房，组建了援建青川指挥部，各级财政安排援建资金1.1亿元,市和各县(市)承担的第一批对口援建项目全面开工。

(四)加快城乡建设步伐。全面实施"1640"工程,扎实推进现代化网络型大城市建设。杭州湾跨海大桥及北岸连接线、杭浦高速、申嘉湖高速和嘉桐大道建成通车,天然气德嘉线建成供气,500千伏王店变3号主变建成投运,独山应急排涝、太浦河引水等工程进展顺利,嘉绍跨江通道、南北湖公路和秦山核电方家山扩建等一批项目开工建设。中心城市建设步伐加快,湘家荡区域联合开发全面启动,湖滨区块和旧居老区改造扎实推进,月河历史街区开放营运,南湖革命纪念馆新馆和"七一"广场主体工程基本建成,环城河景观亮化改造全面完成。各副中心城市功能不断完善,滨海新城初具形象。实施强镇扩权政策,新市镇建设加快推进。启动新一轮"百村示范、千村整治",全市疏浚河道2100公里,植树造林1120公顷,建成全面小康农村新社区27个,城乡一体化供水人口覆盖率达70%,电气化、信息化村比例分别达到66.9%和59.6%,实现村村通公交。

(五)全面加强社会建设。深入开展"五城联创",市区成功创建国家卫生城市,获得全国创建文明城市工作先进城市称号。加快文化基础设施建设,新增公共图书馆镇级分馆15个,市级标准村文化活动中心(室)实现全覆盖,被命名为全国文化信息资源共享工程示范市。正式启动国家历史文化名城申报工作,嘉善田歌、海盐滚灯等5个项目被列为国家级非物质文化遗产。新闻出版、广播电视、文学艺术、档案史志等事业加快发展。全面实施农村薄弱学校改造工程,广泛开展城乡义务教育学校结对帮扶工作,免费提供义务教育阶段学生教科书和作业本,促进城乡教育均衡发展。扎实推进职业教育示范专业、示范基地建设,市中职园二期主体工程基本建成。同济大学浙江学院一期建成使用,嘉兴学院梁林校区一期、浙江财经学院东方学院迁建工程开工建设,全市普通高校在校生规模达3.7万人。启动市老年大学迁建项目。完善城乡医疗服务和公共卫生体系,健全社区卫生服务网络,组织开展第二轮合作医疗参保居民健康体检,做好手足口病等重大疫病防控工作。市一院迁建、市二院扩建加快推进,省荣军医院迁建工程开工建设。认真抓好十四届省运会场馆建设及各项筹备工作,奥运火炬嘉兴传递活动圆满完成。人口和计划生育工作进一步加强,妇女、儿童、残疾人和老龄事业继续发展,市残奥中心建成使用。实施居住证制度,新居民服务管理体系进一步健全。开展安全生产隐患排查和专项整治,全市安全生产事故起数、死亡人数、直接经济损失数分别下降6.2%、9.8%和12.3%。强化食品药品质量安全监管,妥善处置"问题奶粉"等公共安全事件。切实做好信访工作,加强社会治安综合治理,全面完成奥运安保任务。支持国防建设,做好征兵、民兵预备役、人防等工作,军警民共建活动深入开展。认真做好统计工作,第二次经济普查全面展开。

(六)切实改善人民生活。加大对民生领域的投入力度,全市新增财力用于民生方面的支出比例达73.1%。积极推进以创业促就业,深入开展充分就业社区和充分就业村创建活动,新增城镇就业6.1万人,帮助2.8万名城镇失业人员实现再就业。进一步健全社会保障体系,全市职工基本养老、基本医疗、失业、工伤、生育保险参保人数分别净增10万、10.5万、6.5万、19.7万和6万人。大力推行城乡居民社会养老保险,全市参保人数23.4万人,18.8万名70周岁以上老人按月领取基本养老生活补助金。完善城乡居民合作医疗保险制度,大力推行实时结报,人均筹资额提高到190元。调整职工最低工资、退休养老金、重点优扶对象抚恤补助和城乡居民最低生活保障标准,全市发放困难群众动态物价补贴1797万元。进一步加大住房保障力度,全市新建经济适用房21.5万平方米,新增廉租房受益家庭712户,对974户农村困难家庭实施了住房救助。市区12项民生工程如期完成。

(七)加强政府自身建设。认真开展"树新形象、创新业绩"主题实践活动,扎实推进"五型"机关创建,大力弘扬求真务实的工作作风,积极应对国际金融危机挑战,竭力为基层和企业排忧解难。加强依法行政,自觉接受人大的法律监督、工作监督和政协的民主监督,坚持重大事项向人大报告、向政协通报制度,推行政府领导领办人大代表建议、政协提案和听取意见制度,按时办结人大代表建议202件、政协提案362件。加强与民主党派、工商联的沟通联系,支持工、青、妇等人民团体开展工作。贯彻实施政府信息公开条例,办好"市长电话"和门户网站,发挥社情民意调查网的作用,广泛听取人民群众的意见建议,科学民主决策水平进一步提高。强化审计监督和行政监察,加强市级机关公务用车、公务招待和公房出租等规范管理,公用经费支出减少5%。

过去一年取得的成绩来之不易,这是中共嘉兴市委正确领导的结果,是全市上下和衷共济、克难奋进的结果。我代表市人民政府,向在各个领域和岗位上辛勤劳动的全市人民,向给予政府工作支持和监督的人大代表、政协委员,向所有关心、支持、参与嘉兴建设和发展的同志们、海内外朋友们,表示崇高的敬意和衷心的感谢!

我们清醒地看到,当前我市经济社会发展存在不少困难和问题,主要是:经济下行加快,生产总值增幅比上年回落3.8个百分点,企业生产经营困难加剧,就业压力增加,财政收入增速下滑,城乡居民持续增收难度加大;经济的结构性、素质性矛盾突出,服务业发展滞后,自主创新能力较弱,资源要素和环境容量制约加剧;中心城市能级有待提升,新市镇建设需要加快推进,区域统筹协调、联动发展的机制尚需健全;食品安全和安全生产形势较为严峻,社会建设和管理仍存在薄弱环节,基本公共服务均等化程度有待提高,维护社会稳定压力很大。政府工作还有不少差距,依法行政能力有待提升,一些政府工作人员服务意识不强、工作作风不实、工作效率不高,腐败现象在一些地方和领域还不同程度存在。我们一定正视这些问题,采取更扎实、更有效的措施,努力加以解决。

二、2009年工作总体要求和主要目标

2009年是经济发展最为困难的一年,更是蕴含重大机遇的一年。目前,全球金融危机还在发展,对实体经济的影响进一步加深,我市经济社会发展正面临国际需求明显减少与贸易保护主义上升的挑战,面临市场竞争日趋激烈与传统竞争优势逐步弱化的挑战,面临企业生产经营困难加剧与社会稳定压力加大的挑战,面临资源环境约束不断增强与经济发展方式转变不快的挑战。但更要看到,我市正处于工业化、信息化、城市化、市场化、国际化加速发展期,经济发展的长期趋势没有改变,也不会改变。经过改革开放30年、嘉兴撤地建市25年的发展,我市综合实力和竞争力显著提高,市场主体抗风险能力和创新活力明显增强,为有效抵御风险奠定了良好基础。长三角一体化加快推进,我市的区位优势将得到进一步发挥。特别是中央实施扩大内需、保持经济平稳较快发展的一系列政策措施,为我市新一轮发展提供了新的契机,增添了新的动力。同时,世界经济增长明显减速带来的能源原材料等资源要素价格回落,也为我市企业降低成本、更好地利用国际先进技术和人才等资源要素提供了有利条件。我们坚信,在中共嘉兴市委的坚强领导下,全市人民齐心协力,攻坚克难,练内功、图发展,就一定能够变压力为动力,化挑战为机遇,再创经济发展的新成果、和谐稳定的新业绩。

根据中共嘉兴市委六届六次全会精神,今年政府工作的指导思想是:认真贯彻党的十七大和十七届三中全会精神,深入贯彻落实科学发展观,进一步解放思想,深化改革扩大开放,大力推进创业创新,坚持把保增长摆在首位,加快经济转型升级,加快区域和城乡统筹发展,加快文化、生态和社会建设,切实改善民生,保持社会稳定,促进经济社会又好又快发展。

在具体工作中,要重点把握好"保增长、促转型、抓统筹、重民生"四个方面:

保增长:就是要牢牢扭住经济建设中心,把保持经济平稳较快发展作为首要任务,认真落实各项应对措施,大力支持创业创新,充分发挥企业在应对挑战和转型升级中的主体作用,进一步扩大投资、消费、出口,努力培育新的经济增长点,确保经济平稳较快增长。

促转型:就是要把推进经济转型升级作为主攻方向,把保增长与调结构结合起来,强化科技进步和改革创新,推进自主创新、产业升级和节能减排,着力增强科学发展后劲,为更长时间、更高水平的平稳较快发展打下坚实基础。

抓统筹:就是要把统筹兼顾作为基本方法,扎实推进城乡统筹发展、区域统筹发展、人与自然统筹发展和经济社会统筹发展,合理配置公共资源,协同提升城市承载力、文化软实力和可持续发展能力,切实增强发展的协调性。

重民生:就是要坚持以人为本,把改善民生作为政府工作的出发点和落脚点,加快推进基本公共服务均等化,着力完善社会保障体系,进一步健全维护社会稳定的体制机制,促进城乡居民收入水平持续提高、生活品质不断改善,努力实现社会和谐稳定。

按照上述要求,建议2009年全市国民经济和社会发展的主要预期目标为:生产总值增长9%;地方财政收入增长8%;全社会固定资产投资增长10%;社会消费品零售总额增长13%;全社会研究开发支出占生产总值比重1.8%;万元生产总值综合能耗下降4.4%,化学需氧量排放量下降3.5%,二氧化硫排放量下降3.6%;实际利用外资13.8亿美元;进出口总额增长15%;城镇居民人均可支配收入和农村居民人均纯收入均增长7%;居民消费价格总水平控制在上年涨幅以内;城镇登记失业率控制在4.3%以内;人口自然增长率控制在1%。以内。

三、2009年主要工作

围绕今年政府工作的总体要求和主要目标,要扎实做好七个方面的工作。

(一)努力扩大内需,保持经济平稳较快发展

切实增加有效投入。抓住国家扩大内需的机遇,围绕结构调整和发展方式转变,加快推进"四个双百"和市区"百项百亿"工程,实施重大项目853项,完成全社会固定资产投资1107亿元。积极推进以沪杭客运专线、嘉绍跨江通道等工程为重点的现代交通网络项目建设,以秦山核电扩建、市域天然气高压管网等工程为重点的能源项目建设,以市联合污水处理二期、桐乡污水收集处理外排等工程为重点的生态环保项目建设,以太嘉河、水源地保护等工程为重点的水利基础设施项目建设,进一步加大保障性住房、农村基础设施、教育卫生文化设施等建设投资力度。充分运用增值税转型、财政贴息等政策,积极引导和扩大社会投资,加快实施一批技术含量高、经济效益好、节能环保的重大产业项目。完善重大项目推进机制,健全领导联挂、部门协调、督查考核等制度,切实加强项目的规划论证、审批申报、政策处理和组织实施工作,重视项目质量、安全和资金管理,着力提高项目建设水平和投资效益。

努力扩大消费。完善就业和社会保障制度,健全教育、医疗等基本公共服务体系,稳步提高企业退休人员基本养老金和城乡居民最低生活保障、优抚对象生活补助标准,健全低保标准动态调整机制,提高城乡居民特别是中低收入者收入,不断增强居民消费信心和意愿。健全城乡消费品、生产资料和农产品网络流通体系,切实做好"家电下乡"、"农机下乡"工作,进一步促进农村消费。完善和发展消费信贷,加强市场价格分析和预警,不断改善消费环境。支持和鼓励普通自住住房和改善型住房消费,加快发展二手房市场和住房租赁市场,促进房地产业健康发展。顺应消费结构升级趋势,积极培育汽车、旅游、信息服务等消费增长点,进一步增强消费对经济增长的拉动力。

保持出口稳定增长。调整优化外贸发展资金扶持重点,加快外贸增长方式转变。巩固美国、欧盟、日本等传统出口市场,积极开拓南美、非洲、中东等新兴市场,有重点地组织引导企业赴境外参展,支持中小企业"抱团"开拓市场。建立健全出口品牌培育、发展和保护机制,扩大高附加值、具有自主知识产权商品出口,进一步提高出口商品市场竞争力。加快推进大通关建设,全面落实按企业类别实行台账保证金"空转"政策,及时足额办理企业出口退税,努力优化外贸发展环境。完善贸易摩擦应对机制,切实防范贸易风险。抓住国际市场原材料和能源价格回调的机遇,加大对我市发展急需的稀缺资源、关键设备和先进技术的引进力度。

扎实做好企业帮扶工作。开展企业清费减负专项治理,全面落实增值税转型、出口退税、高新技术企业税收优惠和涉企行政事业性收费取消、暂停等政策,预计减轻企业负担超过35亿元。加大财政对企业技改、外贸出口、小企业贷款风险补偿等扶持力度,支持企业扩大投资、开拓市场。建立企业经营状况监测预警和应急体系,及时帮助解决企业在生产经营中遇到的问题,切实做好对高经营风险、高资金风险企业的风险防范工作。支持行业龙头企业和优势企业兼并重组生产经营困难企业,进一步提高规模效益和抗风险能力。

加强要素保障。加快修编新一轮土地利用总体规划,在严格保护耕地和节约集约用地的前提下,优化配置建设用地资源,着力解决建设用地空间结构和占补平衡问题。积极推进滩涂综合开发和利用,加大闲置土地清理和宅基地复垦力度,拓展建设用地空间。加强政银企协调衔接,引导金融机构扩大信贷投放规模,努力满足企业发展和重大项目建设资金需求。鼓励企业上市融资、发行债券,稳妥发展产业投资基金和创业风险投资基金,进一步发挥小额贷款、典当、担保等作用,拓宽资

金筹措渠道,着力解决企业尤其是中小企业融资难问题。继续做好煤电油运的市场调节和综合协调。

(二)推进自主创新和结构调整,不断提高产业竞争力

增强科技创新能力。组织实施浙江省区域创新体系副中心建设行动纲领,健全科技投入占地方财政支出比重稳定增长机制,加快创新型城市建设。加大嘉兴科技城建设力度,启动建设浙江(嘉兴)科技孵化城,推进上海交大科技园、中关村长三角创新园等科技孵化基地建设,加快皮革、毛衫、服装等产业公共创新平台发展,新增省级以上高新技术企业研发中心6个、科技创新平台1个。依托清华长三角研究院、中科院嘉兴中心等创新资源,大力推动产学研联合,加快科技成果转化。落实企业研究开发费加计扣除政策,引导企业加大研发投入,切实增强企业核心竞争力,争取新增省级以上高新技术企业20家。深入实施知识产权、标准化和品牌战略,全面推进国家知识产权试点城市建设。加大人才资源开发力度,重点引进和培养科技领军人才、创新团队和产业发展紧缺人才,营造有利于人才集聚和创业创新的良好环境。

优先发展现代服务业。充分发挥我市区位交通、商务成本等优势,围绕先进制造业和现代农业发展需求,重点发展科技研发、现代物流等生产性服务业,积极培育总部经济和服务外包基地,引导企业实施主辅分离,加快建设现代物流园、科技创业园等服务业集聚区,推进中航信、普洛斯等项目建设。大力发展就业吸纳能力强、市场需求大的生活性服务业,推动卫生保健、社区服务、体育健身等服务业创新发展。积极运用现代服务理念、现代科技和经营方式,改造提升传统商贸业。加大旅游资源整合推介力度,加快旅游景点开发建设,进一步提升嘉兴旅游业的竞争力。完善落实促进服务业加快发展的政策,优化服务业发展环境,力争服务业在生产总值中的占比提高1个百分点。

提升制造业发展水平。坚持走新型工业化道路,着力推进工业化与信息化融合、制造业与生产性服务业联动发展,加快工业转型升级。抓住国家制定实施产业振兴规划的机遇,以投入增总量、调存量,重点抓好丁基橡胶、协成硅业等120项亿元以上重大工业项目,力争工业生产性投入增长10%。引导纺织、服装等传统优势产业从单纯加工为主向自主设计、自创品牌转变,推进汽车配件、数控机床等装备制造业向高端化发展,加快集成电路、通信设备、光机电一体化等高新技术产业发展,积极培育新能源、新材料、节能环保和生物工程等新兴产业。加强各类开发区、工业功能区平台建设,抓好嘉兴经济开发区整合提升和省级开发区、工业功能区组合区试点工作。完善企业法人治理结构和经营决策机制,着力培育一批主业突出、核心竞争力强的大企业、大集团。

加快发展生态高效都市型农业。加强基本农田保护,高度重视粮食安全,稳定粮食播种面积。加快调整种养业结构,壮大设施栽培、特种养殖等产业,提升休闲观光农业发展水平。积极推动农业经营体制创新,充分发挥农合联作用,加大农业龙头企业和农民专业合作组织培育力度,健全规模经营与专业合作社、龙头企业服务相结合的新型农业经营体制。全市新增农民专业合作社30家、市级以上农业龙头企业15家。加快农业标准化技术的推广应用,推进无公害农产品基地建设,抓好动植物疫病防控。扩大政策性农业保险试点覆盖面和保险品种,进一步提高农业抗风险能力。

(三)加快建设现代化网络型大城市,推进区域和城乡统筹发展

加快基础设施建设。围绕现代化网络型大城市建设,探索建立市域重大项目共建共享的投融资机制,修编完成市域总体规划。开工建设沪杭客运专线,加快建设嘉绍跨江通道和南北湖公路,争取钱江通道、杭州湾跨海大桥北接线二期尽早开工,进一步完善市际、市域干线通道网。深化乍嘉湖铁路、嘉兴军民两用机场等项目前期工作。加快推进湖嘉申、杭平申等航道改造和内河集装箱港区建设,基本建成嘉钦硖线。统筹建设水源工程、取水工程和跨区域输配水管网,太浦河引水工程年内实现部分供水。开工建设市域天然气高压管网工程。支持秦山核电、嘉兴电厂扩建,建成500千伏海宁变,新增输变电容量320万千伏安。

加快主副中心城市建设。按照"优化布局、完善框架、提升功能"的思路,编制完成中心城区控制性详细规划,推动南湖新区、秀洲新区、嘉兴经济开发区联动发展,全力推进湘家荡区域联合开发。依托沪杭客运专线嘉兴综合枢纽布局建设,深化城市东南片区规划,进一步优化中心城市发展格局。建设中环东路延伸段、昌盛南路、由拳路等城市道路,大力推进旧居老区、湖滨区块改造,启动环城路、禾兴路、斜西街沿街建筑立面整治,加强城市管理,进一步改善市容市貌。统筹市域交通、能源和环境等资源,强化主副中心城市功能互补,切实增强副中心城市在区域发展中的辐射带动和服务支撑作用。完善滨海新区开发体制和运行机制,进一步形成开发合力。统筹乍浦、独山、海盐港区资源开发,加大港口建设力度,推进"海河联运",深化与上海、宁波等周边大港的配套协作,新增万吨级泊位2个,全年货物吞吐量超过3000万吨,集装箱吞吐量争取再实现翻番。大力发展以化工新材料、装备制造为特色的先进临港工业,积极打造滨海产业带。推进滨海中心城区建设和商业、旅游开发,提升滨海新城发展水平。

加快现代新市镇和新农村建设。高标准修编新市镇、镇村布局和县域农业产业布局规划,加强与土地利用总体规划的衔接,加快推进市镇基础设施建设,积极引导产业、人口集聚。全面落实强镇扩权政策措施,赋予新市镇在公共服务和社会管理等方面更多的职能。扎实推进产业功能区开发建设,力争每个市镇形成一个具有较强竞争力的主导特色产业。深入开展新一轮"百村示范、千村整治",20%的村完成扩面提升任务,新建农村联网公路200公里,改造危桥200座,疏浚整治河道2000公里,新增信息化普及村20个、电气化村240个。因地制宜选择发展和扶持模式,大力扶持经济薄弱村,发展壮大村级集体经济。

(四)推进改革开放,着力增强发展的活力和动力

深化接轨上海首位战略。抓住长三角区域一体化加快推进的有利时机,进一步创新工作机制,强化与上海及周边城市在规划、交通、要素和产业等领域的对接。充分利用上海在科技、人才等方面的优势,积极引进创新资源,发展配套产业。主动参与上海"筹博"、"办博"活动,加强与上海世博局的沟通联系,积极开展项目对接,争取有更多的特色产品列入世博局统一营销目录。多层面推进与杭州、宁波等长三角城市的交流与合作,切实做好支援青川灾后恢复重建和援疆援藏工作,扎实推进"山海协作"。

加快统筹城乡综合配套改革步伐。完善"十改联动"配套

政策,全力推进统筹城乡综合配套改革,着力创新农村发展体制机制。优化土地使用制度,加快推进"两分两换"试点工作,确保各试点镇年内初具形象。坚持依法自愿有偿原则,引导以转包、出租、股份合作等形式,加大土地流转力度,盘活农村土地资源,努力实现土地节约集约有增量、农民安居乐业有保障。积极扩大小额贷款公司试点,探索组建村镇银行,推进金融服务创新,完善风险保障和担保机制,拓宽农村融资渠道。加强配套政策衔接,进一步完善户籍管理制度和居住证制度。健全城乡一体的公共服务体系,扎实推进城乡公共服务均等化。

提高对外开放水平。创新利用外资方式,精心组织重大招商活动,加强产业招商和主题招商,积极搭建服务外包招商平台,重点引进现代服务业、先进制造业和高新技术产业项目,进一步优化引资结构。支持企业利用国外资金、技术和管理,鼓励外资企业增资扩股,努力保持利用外资稳定增长。强化与央企的对接合作,加强内资引进工作,全年引进内资110亿元以上。鼓励有条件的企业开展对外投资和跨国经营,主动参与国际经济技术合作。充分发挥外事、侨务、对台等联系网络的作用,促进对外交流与合作。

(五)加强资源节约和环境保护,扎实推进生态文明建设

推进节能降耗。积极组织实施循环经济重点项目,全面推行企业清洁生产,加快开发区、工业功能区生态化改造,建成一批循环经济示范典型,争取85%的重点用能企业通过清洁生产审核。大力推进节能降耗重点工程,加快淘汰集中供热范围内的燃煤蒸汽锅炉,加强建筑节能,开展节电、节材活动,争创全国节水型城市。加强资源综合开发利用,积极推广秸秆、污泥利用和中水回用等技术,扩大沼气、太阳能等新能源应用范围。建立健全能源监管工作体系,积极引进节能中介服务机构,大力推广合同能源管理、能源审计,切实提高能源利用水平。

加强环境保护。深入实施"811"环境保护新三年行动计划。进一步加大治污工程建设力度,基本建成市固废处置中心,市联合污水处理工程二期建成投运。推进水环境区域综合治理,全面实施污水处理厂脱磷脱氮改造,加快污水纳管入网进度,着力做好建制镇污水处理设施全覆盖后的稳定投运工作。深入推进工业、餐饮企业等烟尘治理,确保空气质量稳定改善。合理控制养殖规模,大力推广生态化养殖模式,完成存栏生猪50头以上规模养殖场(户)整治任务。加大执法监管力度,严厉打击违法排污行为,"飞行监测"达标率提高到95%以上。扎实推进饮用水源、湿地等生态功能保护区建设,深入开展绿化造林活动,全年植树造林1000公顷。

完善节能减排体制机制。严格落实节能减排目标责任制,建立健全节能减排评价考核制度。积极探索生态环境补偿机制,稳步推行水、电等资源使用差别化、阶梯式价格,完善排污权有偿使用和交易制度,建立健全有利于资源节约和生态保护的市场机制。实行企业节能减排定期公示和绿色信贷等制度,进一步强化企业节能减排主体意识。健全环境污染举报制度,发挥环保专家团、志愿者等社会力量的作用,着力营造公众积极参与节能减排和环境保护的氛围。

(六)加强文化建设,繁荣社会事业

推进城乡文明建设。大力弘扬"红船精神"和嘉兴人文精神,努力构建社会主义核心价值体系。加强社会主义荣辱观、社会公德、职业道德、家庭美德和个人品德教育,重视未成年人思想道德建设。广泛开展文明单位、文明镇村、文明家庭等创建活动,巩固提高文明城市创建成效。积极探索志愿者服务社会的运作模式,不断完善社会志愿者服务体系。加强科普工作,努力提高公众科学素养。

提升文化软实力。落实推动文化大发展、大繁荣的政策意见,重点培育新闻出版、文化创意等产业,组建嘉兴报业集团、广电集团,规划建设文化创意产业园,大力发展民营文化企业,提高文化产业发展水平。加强网络、演艺等文化市场建设和管理,促进文化市场规范发展。加强历史文化遗产保护利用,推进民俗文化、名人文化、红色文化的发掘整理,加快市区"一湖二河三街区"、子城、马家浜遗址公园等开发建设,抓好南湖革命纪念馆新馆展陈,推进大运河申报世界文化遗产。积极申报国家历史文化名城。精心办好江南文化节、海宁观潮节等节庆活动。繁荣文艺创作,努力推出一批具有地方特色和民俗风情的文艺作品。全面开展镇(街道)综合文化站和社区文化活动中心规范化建设,扩大公共图书馆镇级分馆覆盖范围,启动嘉兴图书馆、博物馆扩建项目,着力完善公共文化服务体系。

优先发展教育。进一步加强基础教育,加快推进学校标准化建设,全面完成农村义务教育债务化解工作,落实义务教育学校绩效工资制度,完善城乡教师合理流动政策,促进城乡教育均衡优质发展。健全中职教育市域统筹机制,优化专业设置和学科结构,建成市中职园二期,免除农村低收入家庭子女就读中等职业学校学费。加快发展高等教育,推进嘉兴学院梁林校区一期、同济大学浙江学院和嘉兴职业技术学院二期建设,完成嘉兴教育学院迁建工程。积极发展学前教育,重视新居民子女教育和特殊教育,大力发展成人教育。加强素质教育和学校德育工作。注重师德师风建设和教师业务培训,着力提升教师队伍素质。

提高群众健康水平。加强公共医疗卫生服务体系建设,完善三级公共医疗卫生服务网络,提高医疗卫生保障能力。完善社区卫生服务机构功能和运行机制,全市规范化社区卫生服务机构达到50%以上。加快卫生基础设施建设,推进市二院扩建和省荣军医院迁建,基本完成市一院迁建工程。规范医疗服务和药品流通秩序,着力解决群众看病难、看病贵问题。加强中医名院、名科、名医建设,促进中医药事业发展。以成功创建国家卫生城市为新的起点,健全长效机制,深化爱国卫生运动。广泛开展全民健身活动,提高竞技体育水平,全力做好十四届省运会各项筹备工作。完善计划生育利益导向机制,全面实施免费婚检、免费孕前优生检测,进一步提高出生人口素质。

(七)着力改善民生,促进社会和谐

高度重视就业工作。把推动就业再就业放在更加突出的位置,强化政府投资公益性岗位和国有企事业单位对稳定就业的导向作用,稳定劳动密集型产业和中小企业生产经营,引导企业采取灵活用工、弹性工时、在岗培训等多种措施减少裁员,努力稳定就业岗位。重视大中专毕业生就业工作,鼓励高校毕业生到基层就业,引导各类孵化器为大中专毕业生提供低成本创业平台。加大就业帮扶力度,拓展就业援助范围,重点解决城镇零就业家庭、农村低保家庭和放弃土地承包经营权农户的就业问题,帮助2.5万名城镇失业人员实现再就业,农村低保家庭有劳动能力和就业愿望人员就业率达到50%以上。健全政府扶助、面向市场、多元办学的农民培训体系,扎实开展先进实用技能培训,推动农民创业就业,全年培训农村劳动力5万名。完善城乡劳动者就业和失业登记制度,加强就业

形势监测分析,提高失业调控和预警能力。深化劳动关系和谐企业、行业创建活动,推行企业职工工资集体协商制度,扩大企业欠薪保证金覆盖范围,维护劳动者合法权益。

健全社会保障体系。制订实施有地居民和新居民务工人员“双低”养老保险参保办法,职工基本养老保险、城乡居民社会养老保险参保人数分别达到126万人和30万人。稳步推进城乡居民合作医疗保险与城镇职工基本医疗保险接轨,实行市域职工医疗保险实时结报和“一卡通”,切实提高城乡居民医疗保障水平。探索建立城乡统一的失业保险制度,继续扩大工伤、生育保险覆盖面。推进市民卡功能的整合应用,加快构建统一的社会保障信息平台。完善最低生活保障标准动态调整和物价补贴机制,实施分层分类救助,确保城乡困难群众应助尽助。完善住房保障体系,健全经济适用房和廉租房制度,推进农村危旧房改造。加快社会化养老服务体系建设,大力发展居家养老服务。保障妇女儿童合法权益,鼓励社会力量积极参与慈善事业,争创全国残疾人工作爱心城市。

加强社会建设和管理。切实防范化解经济金融风险,健全多层次的风险预警系统和风险协调处置机制,妥善处理企业停产、关闭和破产过程中的劳资纠纷特别是工资拖欠问题,严肃查处企业欠薪逃匿行为,督促企业履行社会责任。强化市场监管,确保粮食等重要商品的市场供应。扎实推进基层社区建设,促进行业协会商会、中介机构等健康发展。进一步加强信访工作,继续推进人民调解、法律援助和社区矫正,加大社会矛盾纠纷排查和调解工作力度,依法保障人民群众的合法权益。落实安全生产责任制,开展安全生产事故隐患排查和重点行业、领域的安全生产专项整治,防止重特大安全事故发生。健全产品质量安全监管体系,加大食品药品监管力度。完善突发公共事件应急处置机制,加强基层应急管理,提高预防和处置能力。深化“法治嘉兴”和“平安嘉兴”建设,切实加强社会治安综合治理,加快城乡警务建设,依法防范和打击各类违法犯罪活动。进一步支持驻嘉人民解放军和武警部队建设,加强国防教育、国防动员和人民防空工作,扎实推进双拥共建活动。切实做好民族、宗教工作。完成第二次经济普查。

面对新的形势、新的任务,我们要进一步加强政府自身建设。以深入学习实践科学发展观活动为动力,始终坚持科学发展不动摇、为民服务不懈怠,扎实开展“项目推进年”、“优化服务年”活动,努力营造良好的发展环境。一要强化政府服务。继续深化“五型”机关创建活动,推动各级各部门聚焦保增促调中心任务,集中精力破解重点、难点问题。切实增强各级公务员特别是领导干部的忧患意识和紧迫意识,直面困难、敢负责任、善抓机遇、勇于创新,深入开展调查研究,倾听群众呼声,千方百计为基层想办法、办实事,在服务创业创新、保增促调的实践中不断提升实际工作能力。今年市区继续抓好保障性住房建设、城乡一体化供水等11项民生工程。加快转变政府职能,进一步理顺行政管理体制,全面推进部门审批职能“两集中、两到位”,提高行政效能和办事效率。健全目标责任管理制度,加强督促检查和行政问责,更好地为企业和社会公众服务。二要艰苦奋斗厉行节约。牢固树立过紧日子的观念,各项工作都要贯彻节约原则,精打细算,严格把关。努力降低行政成本,压缩公务支出,财政预算公用经费继续削减5%,经常性专项经费、会议经费“零增长”,公务用车购置冻结一年,出国经费支出压缩20%。加强对重点领域、重点资金、重点部门和政府主导型投资建设项目的审计,真正把有限的资金和资源更好地用于扩大投资、拉动消费,用于公共服务和改善民生。三要坚持依法行政。自觉接受人大及其常委会的法律监督和工作监督,认真接受政协的民主监督,主动听取各民主党派、工商联和各人民团体、社会各界人士的意见建议,做好人大代表建议和政协提案办理工作。继续完善社会公示、听证和专家咨询制度,加快建立公众有序参与的政府决策机制,切实提高科学决策水平。深化行政执法体制建设,健全执法协调机制,促进规范执法。深入实施政府信息公开制度,着力提高行政透明度。全面落实党风廉政建设责任制,强化廉洁从政制度的执行监督,深入开展专项治理活动,坚决纠正损害群众利益的不正之风,严肃查处各类违纪违法案件。

今年我市经济社会发展的任务十分艰巨。我们要紧密团结在以胡锦涛同志为总书记的党中央周围,在中共嘉兴市委的正确领导下,进一步坚定信心、迎难而上、抢抓机遇、扎实工作,以攻坚克难的实际行动、又好又快的发展成绩迎接新中国成立60周年!

(在嘉兴市第六届人民代表大会第四次会议上)

润扬大桥

政府工作报告

2009年2月24日

绍兴市市长　钱建民

一、2008年工作回顾

2008年是很不平常的一年。面对历史罕见的国际金融危机的严峻挑战和自然灾害的不利影响,全市人民坚持以科学发展观为指导,深入贯彻省委“创业富民、创新强省”总战略,全面实施“创业创新、走在前列”战略部署,攻坚克难,扎实工作,保持了较好的经济社会发展态势。全市生产总值2223亿元,比上年增长9%;财政总收入274.6亿元,其中地方财政收入143.6亿元,分别增长15.8%和17.6%;研究与试验发展经费支出占生产总值比例达到1.6%;全社会固定资产投资913.3亿元,增长8.3%;外贸出口总额175亿美元,增长26.6%;社会消费品零售总额618.9亿元,增长20.1%;预计万元生产总值能耗下降5%以上,化学需氧量排放量下降4%以上,二氧化硫排放量下降8%以上;城镇居民人均可支配收入24646元,农村居民人均纯收入10950元,分别增长12.2%和12.5%;城镇登记失业率3.45%;人口自然增长率负0.12‰;居民消费价格总水平上涨5%。由于美国次贷危机引发了严重的国际金融危机,外部环境与年初预期反差较大,生产总值和全社会固定资产投资增长没有实现预期目标。市六届人大三次会议确定的其他任务全部完成。

一年来,我们围绕“重创业促富民、重创新促发展、重民生促和谐”的工作基调,按照“标本兼治、保稳促调”的总体思路,主要抓了以下几方面工作。

努力保持经济平稳运行。及时把握经济运行中出现的趋势性问题,调动一切资源,采取积极措施,防止经济运行出现大的起落。推进一批重大基础设施项目建设,嘉绍大桥、绍诸高速公路正式开工,杭甬运河绍兴段全线贯通,曹娥江大闸下闸试蓄水,绍兴中心港中心作业区、杭甬客运专线绍兴段、铁路绍兴东站及货场迁建工程前期工作进展顺利。组织开展“工业项目推进年”活动,建立健全工业投资联系、督查、考核、通报等制度,完成工业性投资533.5亿元。加快转变外贸发展方式,进出口总额在全省地级市中率先突破200亿美元,达到238.3亿美元,增长23.5%。积极开展招商选资,实际利用外资7.7亿美元、内资66.4亿元。新批境外投资企业107家,中方投资额增长69.5%。大力推进迪荡新城商贸中心、绍兴国际汽车城等商贸基础设施建设,健全农村现代流通网,改善城乡消费环境。正确引导住房等大宗消费。出台促进金融创新发展的政策措施,引进浙商、兴业、光大等银行机构,开展村镇银行、小额贷款公司试点,推动银企对接,全市金融机构贷款余额比年初增加403亿元。鼓励企业上市直接融资,新增上市公司5家。组织开展“企业服务年”和“千名干部进企业”活动。暂停、减免或缓征129项涉企行政事业和服务性收费。切实做好企业解困和防范、化解企业风险工作,采取规范“担保链”、并购重组、承揽加工等多种形式处置区域性龙头企业经营危机。

扎实推进经济转型升级。编制出台现代纺织、机械电子、节能环保、医药化工、食品饮料等五大重点产业提升发展规划。制订工业创新发展行动纲要,建成北大工学院绍兴技术研究院、市公共实训基地等科技创新和人才培育平台,出台创新人才住房补助办法。新培育科技型企业1149家,规模以上工业企业科技活动经费支出62亿元,新产品产值增长19.3%。深入实施品牌战略,10只品牌入选中国行业标志性品牌。重视专利的申请和保护,专利授权量突破1万件,比上年翻一番。我市在“中国城市综合创新力排行榜”上位居全国地级市第6位,再次荣获“中国创新型城市”称号。稳定和拓展建筑市场,实现建筑业总产值2391亿元,增长15.3%,总量继续保持全国地级市之首。加大服务业发展的政策扶持力度,制定现代服务业集聚区发展意见,推进工业企业分离发展现代服务业,实施市区二环线内工业企业提升转型搬迁,市本级设立总部经济发展专项资金2000万元。研究制订加快旅游业发展的政策措施,提升旅游业品质,接待国内游客2435万人次、入境游客40万人次,旅游总收入213.6亿元,增长14.5%。开展粮食高产样板区建设,全年粮食播种面积266万亩,增长3.3%。市本级安排500万元专项资金扶持发展茶叶、蔬菜、畜禽、水产、花卉、干鲜果、竹木等七大主要产业。积极推进农业产业化,发展现代农业,新增农业龙头企业22家、特色农业基地10.6万亩、农业外拓基地184万亩。强化高耗能项目节能评估和审查工作,严格征收企业超能耗资金。全面启动“811”环境保护新三年行动,开展污水“进管达标、处理提标”专项行动,扎实推进“循环经济850项目”建设,荣获联合国人居奖和全省发展循环经济先进城市称号。开展安全生产隐患排查治理专项行动,各类安全事故起数、死亡人数、直接经济损失分别下降6.4%、6.3%和2.2%。推进集聚集约发展,充分发挥开发区在经济发展中的主阵地作用。

积极推动城乡统筹发展。修编绍兴市城市总体规划和土地利用总体规划,中心城市规划管理委员会开始运转。加快实施越王城保护整合、迎恩门环境改造、清水工程等古城保护项目。启动越西路延伸、凤林西路延伸等片区连接工程。健全城市管理协调机构,加强背街小巷整治,加大流动摊点、马路市场、违法建筑治理力度。深化中心镇体制改革,落实强镇扩权政策,完成12个省级中心镇规划编制。加快推动城市基础设施、公共服务向农村延伸,全市用于“三农”的财政性资金支出55.3亿元,增长26.8%。启动新一轮“百村小康示范、千村改造整治”工程,新建绿色林带152公里、清水河道336.7公里、农村联网公路145.3公里,新增安全饮用水受益人口31.5万,创建新农村信息化村334个、电气化村204个。继续发展镇便民超市、村放心店、特色休闲农庄等,培育农村服务业。培训农民10万人,转移农民3万人,新增现代家庭工业户6000多户。启动“欠发达乡村和低收入农户奔小康工程”。全面实施农村政策性住房保险和农业政策性保险。开展农民生活用房与生产用房分离建设试点。

*协调发展各项社会事业。*组织开展新一轮全国文明城市创建,再次成为创建工作先进城市。深入推进"新农村文化繁荣工程",积极开展群众性文化活动。加强非物质文化遗产保护,新增国家级非物质文化遗产8项。成功举办公祭大禹陵、中国绍兴黄酒节、国际纺织品博览会等节会活动,2010年第六届世界合唱比赛筹备工作进展顺利。市国家综合档案馆建成投入使用。积极推动教育均衡发展,十五年教育普及率达到99.3%,省义务教育标准化学校达标率达到82.5%,市教育现代化乡镇比例达到55%。绍兴中专迁建工程基本竣工,浙江农业商贸职业学院建设工程开工。全日制普通高校在校生突破5万人,越秀外国语学院成功升格为本科院校。开展社区卫生服务机构经费补偿机制改革试点。加强麻疹和手足口病防控,完成"结石患儿"筛查和救治工作。成功创建"全国农村中医工作先进市"。深入开展食品安全示范乡镇和农村药品"两网一规范"建设。坚持农村部分计划生育家庭奖励和扶助制度,推行计划生育公益金制度和特别扶助制度。顺利举行北京奥运火炬绍兴传递,开展"全民健身与奥运同行"系列活动,认真做好奥运安保工作。深化基层平安创建,成功承办纪念"枫桥经验"45周年大会。开展"大接访"活动,妥善处理信访突出问题和群体性事件。充分发挥市长公开电话、网上市长信箱作用,拓宽民意表达渠道。积极推进"五五普法"。国防动员、民兵预备役、征兵、双拥、人民防空、国家安全工作得到加强,审计、统计、国资监管、民族、宗教、外事、侨务、对台事务、气象、新闻出版等工作取得新成绩,妇女、儿童、老龄、残疾人等事业进一步发展。

*切实改善人民生活。*积极开展"九大系列惠民行动",全市财政对社会保障和就业、医疗卫生、教育等民生支出分别增长44%、43.8%、25.3%,我市被评为2008年中国最具幸福感城市。市六届人大三次会议提出的九方面实事基本完成。(1)新增城镇就业7.3万人,帮助3.4万名城镇失业人员实现再就业,其中就业困难人员6952人,基本消除城镇和农村低保户中的零就业家庭。(2)出台城乡居民社会养老保险办法,从制度层面上实现了养老保障全覆盖。新增企业职工基本养老保险参保人数12.6万。调整提高被征地农民养老保障标准。建立城乡老年居民生活补贴制度,受惠人口达到16.6万。(3)城镇职工基本医疗保险、城镇居民和未成年人医疗保障新增参保人数分别达到21.6万和9.7万。新型农村合作医疗参加人口比例达到94%,人均筹资标准提高到134元。(4)全部免除城乡义务教育阶段学生课本作业本费。小学、初中生均公用经费最低标准分别提高到300元和450元,市区分别提高到580元和780元。对中等职业学校在校生发放每年1500元的助学金,市区普通高中贫困家庭子女资助面扩大到10%。(5)实施"优生促进工程",开展优生检测1.1万例。(6)新开工建设经济适用住房26万平方米,改造旧住宅区68万平方米,建设农民工公寓1.2万平方米、人才公寓8.8万平方米。廉租住房保障447户,农村困难群众住房救助900户。市区廉租住房保障对象扩大到低保标准300%范围。(7)组织再就业培训1.9万人,职业技能考核鉴定7.7万人。(8)出台加强"菜篮子"工程建设的政策措施,市区新建城郊型常年蔬菜基地2068亩,完成大江、大云等农贸市场规范化整治改造。(9)城市公交IC卡实现全市"一卡通",行政村公交通达率提高到98.6%。市区汽车客运西站迁建主体工程完工,104国道绍兴高桥立交工程前期工作基本完成。

*优化政府服务和管理。*严格执行市人大及其常委会的决议决定,重大事项及时向人大报告、政协通报,实施行政规范性文件报人大常委会备案制度,认真办理人大代表建议和政协委员提案。加强行政执法监督,开展依法行政示范单位创建。深入推进政府信息公开,扩大电子政务覆盖面。基本完成行政审批"三集中"改革,市级部门负责审批的处室减少101个。推进国库集中支付改革,完善招投标机制,规范政府采购行为。大力压缩行政性开支,市级机关公用经费减少5%。加强应急机制建设,完善预案体系。探索建立行政问责制,深入推进廉政建设和反腐败斗争。

去年四川汶川特大地震发生后,全市人民踊跃支援抗震救灾,充分体现了"一方有难、八方支援"的崇高精神。我市迅速派出公安、消防、卫生、水务、建筑等多支队伍参与应急救援。累计捐赠款物近4亿元,援建过渡安置房7668套,接收治疗灾区伤病员72名,并设立了对口援建机构,积极参与灾后重建。

过去一年取得的成绩来之不易。这是中共绍兴市委正确领导的结果,得益于市人大、市政协和社会各个方面的监督与支持,凝聚着全市人民的勤劳和智慧。在此,我谨代表市人民政府,向在各个领域、各条战线上无私奉献的全市人民和外来建设者、向给予政府工作积极支持的人大代表、政协委员,向所有参与、关心、支持绍兴建设和发展的同志们、海内外朋友们,表示崇高的敬意和衷心的感谢!

在看到成绩的同时,我们也清醒地认识到,当前国际金融危机尚未见底,对实体经济的影响还在加深,外部经济环境中的不稳定、不确定因素明显增多,我市发展中长期积累的结构性、素质性、体制性矛盾进一步凸显,前进道路上还存在很多困难和问题。经济增长下滑幅度比较大,投资增长不快,出口需求不旺,消费总量偏小,发展动力不够充足;结构调整任务艰巨,纺织等传统优势产业改造升级的压力很大,高新技术产业和现代服务业发展仍然迈不出大步;企业生产经营风险加大,经济金融潜在风险仍然较大;中心城市集聚、辐射、带动力不强,片区融合程度不高;农村改革发展的任务很重,农民增收困难增多;就业压力加大,社会保障、医疗卫生、环境保护、食品安全、公共安全等领域影响社会和谐稳定的因素仍然比较多。在政府自身建设方面,政府职能还要进一步转变,服务水平、行政效能有待进一步提高;少数政府部门工作责任落实不够,形式主义、奢侈浪费等现象不同程度存在;少数政府工作人员依法行政观念不强、自我约束不严,极少数人甚至违法犯罪,严重影响政府形象,教训十分深刻。在困难、问题和矛盾面前,我们一定要始终保持清醒头脑,增强忧患意识和责任意识,知难而进、创业创新,切实做好各项工作。

二、2009年工作的目标任务

2009年虽然是新世纪以来我市经济发展最为困难的一年,但也是蕴含重大机遇的一年。经济全球化深入发展的趋势不会改变,国际生产要素重组和产业转移的态势不会逆转,我国经济发展仍处在重要的战略机遇期。中央把保持经济平稳较快发展作为首要任务,把扩大内需作为主要着力点,实施积极的财政政策和适度宽松的货币政策,为我市经济发展提供了有力保障。经过30年的改革开放和现代化建设,我市综合实力明显提高，市场主体抗风险能力和创新活力明显增强，为我市经济社会发展奠定了坚实基础。我们坚信，危机必将过去，只要我们振奋精神、勇往直前，充分激发全市人民的创业创新热情，就一定能够化挑战为机遇，变压力为动力，攻坚克难，实现经济率先回升。

今年政府工作的总体要求是：全面贯彻党的十七大和十七届三中全会精神，深入贯彻落实科学发展观，全面实施省委“创业富民、创新强省”总战略，按照“创业创新、走在前列”战略部署，坚持“保增长、抓转型、重民生、促稳定”的工作主线，扎实推进“三年建设计划”，努力保持经济平稳增长，推进产业转型升级，提升城市综合功能，加快农村改革发展，持续改善民生状况，维护社会和谐稳定，全面加强政府服务和管理，为走在科学发展前列打下坚实基础。

在具体工作中，我们要认真把握好以下几点：

一是把握大势，推动发展。注重从变化、发展的形势中把握机遇，坚定发展信心，保护好企业发展的积极性、群众消费的积极性、干部工作的积极性。同时把困难估计得更充分一些，把应对措施考虑得更周密一些，扎扎实实推动科学发展。

二是解放思想，创业创新。切实增强落实科学发展观的自觉性和坚定性，着力转变不适应、不符合科学发展的思想和行为，着力解决制约科学发展的突出问题，着力健全有利于科学发展的体制机制。以创业的精神应对面临的挑战，以创新的方法破解发展的难题，在创业创新中努力实现又好又快发展。

三是标本兼治，保稳促调。加大投资、稳定出口、推动消费，主动为企业排忧解难，努力保持经济平稳运行。加快产业结构调整和发展方式转变，扎实推进产业的转型升级，增强可持续发展能力。

四是统筹兼顾，协调发展。统筹推进新型工业化、新型城市化和社会主义新农村建设，统筹推进经济与社会发展，统筹推进改革、发展、稳定，形成协调并进、共同发展的良好格局。

五是改善民生，维护稳定。把改善民生放到更加突出的位置，尽力办好民生实事，继续推进社会建设、管理和服务，让广大群众在发展中得到更多实惠。始终把维护稳定作为第一责任，切实防范、化解各类风险和社会矛盾，为经济社会发展创造良好环境。

综合考虑经济社会发展趋势和目标导向要求，建议今年全市经济社会发展的主要预期目标为：生产总值增长9%以上；财政总收入和地方财政收入分别增长8%；研究与试验发展经费支出占生产总值比例达到1.7%；全社会固定资产投资增长11%；社会消费品零售总额增长12%；外贸出口总额增长10%以上；城镇居民人均可支配收入和农村居民人均纯收入分别增长8%；居民消费价格指数低于上年水平；城镇登记失业率控制在4%以内；人口自然增长率控制在1.75‰以内；单位生产总值能耗下降4%，化学需氧量和二氧化硫排放量分别下降3%。

实现上述目标难度比较大，我们必须充分利用一切有利条件，全力做好工作，力争完成各项预期目标。

（一）立足扩大需求，全力促进经济平稳增长

抢抓国家新的宏观调控政策机遇，积极扩大内需、稳定外需，大力推进项目建设，努力保持经济平稳运行。

加大投资力度。这一轮宏观调控的重点是扩大内需，着力点是拉动投资需求。为此，市委、市政府决定实施“三年建设计划”，力争今后三年全市完成重大基础设施项目建设1000亿元、重大工业项目建设1000亿元。“三年看头年、关键看产业”，今年全市力争完成基础设施、民生保障、服务业提升项目投资340亿元，完成工业性投资560亿元。加大财政资金对重点投资领域、重点投资项目的扶持力度，积极引导社会资金参与项目建设。创新招商选资机制，整合招商资源，改进招商方法，完善招商网络，力争引进外资7.4亿美元，引进内资60亿元。强化项目建设的土地、资金等要素保障。建立健全重点建设项目的协调、督查、考核机制。严格执行投资项目有关标准和准入制度，进一步优化投资结构，防止高耗能、高污染、低水平重复建设和盲目扩张。

稳定出口增长。积极拓展印度、巴西等新兴出口市场，力保欧美等传统出口市场。扩大现代纺织、机电、高新技术产品出口，优化出口产品结构。建立出口品牌促进机制，提高出口产品竞争力和附加值。继续支持发展加工贸易。引导企业构建电子商务平台，改进外贸营销方式。优化涉外服务，加强重点市场、行业、产品的预警监测，充分发挥行业协会作用，提高企业应对环境变化和贸易争端的能力。鼓励有实力的企业赴境外设立机构和投资，开展境外展销、加工、工程承包和劳务合作，促进产品出口。

扩大消费需求。千方百计增加居民收入，扩大中等收入群体规模，提高低收入群体收入，增强消费能力。健全社会保障制度，重点加强城乡困难群体保障力度，减少居民预期风险和预期支出，提高消费意愿。加快城乡消费设施和服务体系建设，严格产品质量安全监管，优化消费环境。加快发展服务性消费，大力培育消费热点，扩大消费领域。稳定扩大住房、汽车等大宗消费，促进房地产市场健康发展。继续完善鼓励消费政策，发展消费信贷。

力保企业发展。深入开展“企业服务年”活动，组织机关干部深入一线、破解难题、服务发展。主动关心企业家的思想，帮助解决企业所面临的困难。实施企业清费减负专项治理，落实增值税转型、出口退税、高新技术企业税收优惠和涉企行政事业性收费暂停、减免、缓征等政策。规范企业融资担保行为，适度控制企业之间的担保链，推动各类担保机构健康发展。支持企业上市融资和债券融资，发展产业投资基金和创业风险投资基金。开展银行业金融机构“送资金、送服务、送信心”活动。大力扶持中小企业特别是成长型中小企业，鼓励金融机构增加对中小企业的信贷投放。完善企业风险预警、处置机制，妥善处置区域性龙头企业资金链断裂事件，督促企业履行社会责任，依法处置逃废债事件和各类经济犯罪行为。

（二）加快转型升级，切实提升可持续发展能力

把推动经济转型升级作为一项长期的战略任务，着力在产业结构优化、创新发展、节能减排等方面取得新进展，积极创建国家可持续发展实验区。

调整优化产业结构。全面实施产业提升发展规划，重点推进现代纺织、节能环保、机械电子、医药化工、食品饮料等五大产业的提升发展，积极培育清洁能源、新材料、生命健康等高新技术产业，构建富有绍兴特色的先进制造业体系。巩固和拓展重点建筑市场，保持建筑业发展的优势地位。加快现代服务业集聚区建设。大力发展生产性服务业，重点强化对服务外包的政策支持和工作指导。鼓励工业企业分离发展现代服务业。继续实施市区二环线内工业企业提升转型搬迁。编制专业市

场的发展和布局规划,加大专业市场改造提升力度。整合旅游资源,加快全城旅游步伐,努力把绍兴打造成全国最具文化特色的旅游目的地。切实做好全国第二次经济普查有关工作,为产业结构调整奠定基础。

强化科技和人才支撑作用。加快科技型企业培育,鼓励企业增加研发投入、申报专利,加强知识产权保护,促进科技成果转化。推进重点行业关键技术、共性技术攻关和推广,加快应用先进技术和装备改造提升传统产业。推进中纺院江南分院、北大工学院绍兴技术研究院、绍兴纺织产学研战略联盟等创新平台建设。深化与浙江大学、浙江理工大学等高校院所的合作。深入实施品牌战略、技术标准战略和企业信息化。扎实推进企业管理创新,完善法人治理结构和经营决策机制。着力引进培养适应现代产业需要的领军人才、高技能人才、科研团队和高素质产业工人。高度重视企业经营者的教育、培训,努力建设一支富有创业创新精神、精通现代企业管理、具有高度社会责任感的越商队伍。

推进资源节约和环境保护。贯彻落实能源法,实施节能减排全民行动方案,提高全民节能降耗和环境保护意识。严格执行节能目标责任制,强化对各级政府和企业的节能考核。全面推行固定资产投资项目能评制度,推进109项重点节能技改项目建设,深入开展"三高一低"企业专项整治。坚持实施最严格的耕地保护制度和节约用地制度。加强饮用水源保护,深入开展曹娥江、浦阳江、鉴湖等重点水域和小流域环境污染整治,全面完成市区"清水工程"。加强机动车尾气、餐饮业油烟废气、工业废气和城市扬尘整治,加快推进"蓝天工程"。严格执行环境准入制度,加强企业的环境监管。深入开展污水"进管达标、处理提标"工作。大力推进清洁生产,发展循环经济。

(三)抓住有利时机,大力推进新型城市化

完善和实施绍兴市城市总体规划、绍兴市土地利用总体规划,充分利用当前国家扩大内需、建设成本较低的有利时机,加快城乡基础设施建设,拓展城市发展新空间,增强中心城市、中心镇的辐射、带动作用。

推进中心城市建设。围绕建设特大型城市的目标,强化绍兴中心城市规划管理委员会综合协调职能,推动"镜湖绿心、三大片区"融合发展。全力推进"镜湖绿心"核心区块建设,启动高教园、奥体中心、文化中心、科技馆等公共设施建设,加快企业总部建设,加强湿地资源保护利用。继续推进越王城保护整合、迎恩门环境改造、鲁迅故里二期等工程,打响"绍兴古城"品牌。加快迪荡新城整体开发,努力形成高品位、标志性的商贸商务中心。加大袍江新区整合提升力度,积极申报国家经济技术开发区,深入创建国家生态工业示范区,加快推进国际汽车城、物流基地等建设。继续做强做热柯桥片区,扎实推进轻纺国际贸易区、柯北市场等建设。实施解放路延伸、中兴路延伸等一批片区连接工程。启动建设"杭州湾南翼产业带"跨江区块,加快发展大桥经济。切实加强城市管理,开展老城区背街小巷整治,加大拆除违法建筑力度,规范对占道经营、流动摊点、马路市场、夜市的管理。

提升县城和中心镇带动力。推进扩权强县和中心镇扩权改革,提升县域经济发展水平。进一步加快诸暨城西工业新城、上虞城北新区、嵊州城南新区、新昌七星新区建设。完成16个市级中心镇的规划编制。加大对省、市两级中心镇的政策扶持力度,推动中心镇产业集聚、人口集中和要素集约,逐步把有条件的中心镇建设成为小城市。

推进重大基础设施建设。全力推进嘉绍大桥、绍诸高速公路、杭甬客运专线绍兴段、104国道绍兴高桥立交、曹娥江袍江大桥、曹娥江引水、3G移动网络等重点工程建设。完成曹娥江大闸、500千伏苍岩输变电工程。绍兴中心港中心作业区、铁路绍兴东站及货场迁建、杭金衢高速公路绍兴段拓宽等项目年内开工。加快钦寸水库、滨海发电厂等项目前期工作。积极谋划绍兴绕城高速公路、市区至萧山机场快速通道、市区至嵊新组团高速公路等重大项目建设。

加强区域合作和对口帮扶。完善国内合作和市内合作的工作机制,注重合作实效。深入推进嵊新区域合作,加强重大基础设施、公共设施的共建共享。积极对接、服务上海世博会。着眼长远,趋利避害,主动融入长三角和杭州都市圈。加强与中西部地区的经济技术合作。进一步深化"山海协作"和浙东区域合作。切实做好对口支援四川省青川县灾后恢复重建工作。

(四)深化农村改革发展,努力加快城乡一体化进程

坚持工业反哺农业、城市支持农村和多予少取放活方针,创新农村体制机制,着力解决农业农村农民问题。

大力加强农村制度建设。深化土地使用权流转机制改革,研究制订促进土地承包权流转的激励政策,鼓励土地承包经营权按照依法、自愿、有偿的原则,以转包、出租、互换、转让、股份合作等形式流转,促进农业适度规模经营和农业产业化。探索土地承包权换保障、宅基地换住房的新路子,推进农民生活用房与生产用房分离建设试点。创新农村金融服务体系,探索开展农村住房产权、土地承包经营权、集体建设用地使用权和林权抵押贷款等试点。

积极发展现代农业。把发展粮食生产放在现代农业建设的首位,稳定播种面积,优化品种结构,确保175万吨粮食综合生产能力。积极发展高效生态农业、特色农业、休闲农业和开放农业,做精做优七大农业主要产业。推进农业基础设施特别是农田水利设施建设,改善农业生产条件。鼓励发展农民专业合作社、农业龙头企业和农业社会化服务组织。推广农业科技,加强农业标准化建设。做好动植物疫病防控,强化农产品质量监管,保障农业安全。

切实增加农民收入。重视研究解决农民增收面临的新问题。完善农业服务体系,提高粮食最低收购价格和农资综合直补、良种补贴、农机具补贴标准。大力发展现代家庭工业,培育发展农家乐休闲旅游业等农村服务业。鼓励各类职业培训机构面向农民开展多层次、多形式的职业培训,重点加强农民创业技能培训、在岗农民工培训和农村后备劳动力培训。扎实推进"欠发达乡村和低收入农户奔小康工程"。

着力改善农村人居和发展环境。深入实施新一轮"百村小康示范、千村改造整治"工程,推进村道硬化、垃圾集中处理、安全饮水、污水治理、河道整治、卫生改厕和村庄绿化,完成280个村庄的环境综合整治,再创建新农村信息化村230个、电气化村150个。优化整合城乡教育、卫生、文化、体育等资源,引导城市公共服务向农村延伸。加强农村社区建设,力争30%的行政村建成综合性农村社区服务中心。

(五)积极发展社会事业,着力加强公共服务

围绕促进人的全面发展和社会全面进步,增强各项社会事业发展的均衡性、普惠性,更好地满足人民群众的基本公共

服务需求。

推进文化大发展。深入创建全国文明城市，提升城市文明程度。加强公共文化设施建设，积极培育文化旅游、软件开发、影视演艺、设计创意、电子竞技等文化创意产业。强化文物和非物质文化遗产保护，保护发展绍剧，提升"越剧之乡"的文化品牌。推进"新农村文化繁荣工程"、"文化信息资源共享工程"，开展群众喜闻乐见的"文化惠民"系列行动。精心筹备2010年第六届世界合唱比赛和绍兴建城2500年纪念活动。

坚持优先发展教育事业。加快发展学前教育，巩固发展基础教育，重视抓好中小学素质教育，力争省义务教育标准化学校达标率达到85%，市教育现代化乡镇比例达到65%。推进中小学校网点布局调整，整合提升城乡教育资源，全额保障农村学校预算内投入。努力提高职业教育质量，大力开展职业技能培训，建立省级以上实训基地20个以上。加强绍兴文理学院重点学科建设，支持列入硕士学位授予单位。启动元培学院迁建工程，筹建浙江农业商贸职业学院、越秀外国语学院国际旅游学院。推进帮困助学工作的制度化、规范化，保障外来民工子女平等接受义务教育，促进教育公平。加强教师队伍建设，进一步提高农村教师待遇。

发展卫生、计生、体育等事业。深化医疗卫生体制改革，积极创建省卫生强市。加强社区卫生服务机构规范化建设，完善社区卫生服务经费补助机制，新建改建社区卫生服务站100个以上。深入实施农民健康工程，积极推动新型农村合作医疗与城镇居民、未成年人医疗保障并轨。加强重大疫病防控。统筹解决人口问题，深入实施优生促进工程，探索建立城乡一体的计划生育家庭社会保障新路子。创建省体育强市。深入开展全民健身活动，积极参加第11届全运会，申办第15届省运会，筹办第7届市运会。注重发展档案、气象、哲学社会科学、新闻出版、广播影视和文学艺术事业。

维护社会和谐稳定。坚持发展"枫桥经验"，深化"平安绍兴"、"法治绍兴"建设。充分发挥基层维稳作用，推进民主法治村（社区）建设，深入创建和谐社区，切实做好社区矫正、社区戒毒、人民调解和法律援助工作。完善社会治安防控体系，严厉打击各类违法犯罪活动和社会丑恶现象。改进信访工作，办好市长公开电话，建立科学有效的利益协调机制。完善流动人口服务管理体系，推行外来人员居住证制度。切实做好民族宗教工作。全面落实安全生产责任，严格隐患排查治理，加强安全基础设施建设，深入开展矿山、危险化学品、道路交通、消防等专项整治，确保安全生产事故起数、死亡人数和直接经济损失三项指标继续实现零增长，并力争有所下降。全面推进"十小"行业质量安全整治和规范。开展打击违法添加非食用物质和滥用食品添加剂专项整治，强化食品药品安全监管。启动第四轮"全国双拥模范城"和"省双拥模范城"创建工作。健全各类应急预案，提高防灾抗灾和应对突发公共事件能力。加强国防教育、动员和后备力量建设，做好征兵、人民防空工作。

（六）加大民生投入，不断改善人民生活

坚持量力而行、尽力而为，切实加大民生投入，努力为群众办实事，让更多的群众共享发展成果。

实施更加积极的就业政策。把扩大就业放在经济社会发展的突出位置。拓展实施就业援助的对象范围，认真落实税费减免、社会保险补贴、公益性岗位补贴、培训补贴等就业援助政策。切实做好新增劳动力就业工作，鼓励大学生进村进社区工作，帮助困难家庭毕业生就业创业。坚持以创业带动就业，加大对创业的政策扶持力度，放宽准入条件，采取便民措施。鼓励外出就业和回乡创业，加强失业调控和失业预警机制建设。完善劳动关系协调机制，做好劳动合同管理、工资集体协商、劳动关系调处工作，构建和谐劳动关系。加大工资拖欠治理力度，建立欠薪应急专项资金，继续打造"零欠薪"城市。

提升社会保障水平。全面推行社会保险"五费合征"，进一步扩大各类社会保障覆盖面。健全低保标准动态调整、困难群众物价补贴、低保家庭定期复核机制。进一步完善住房保障体系，加快经济适用住房建设，增加廉租住房供给，扩大住房公积金覆盖面。提高企业退休人员基本养老金和城乡居民最低生活保障标准。强化优抚保障和社会福利，发展慈善事业，广泛开展"送温暖"等帮困活动。维护妇女和未成年人合法权益。

继续解决好一些事关群众切身利益的实际问题。（1）新增城镇就业5.5万人，帮助2万名城镇失业人员实现再就业，确保零就业家庭发现一户、解决一户。（2）新增企业职工基本养老保险参保人数6.3万。探索建立外来务工人员养老保险制度，更好地维护广大外来建设者的权益。完善养老服务体系建设，健全居家养老服务经费保障机制，多渠道兴办养老服务机构；新增社会福利床位数10%以上。（3）新增城镇职工基本医疗保险参保人数7万、城镇居民和未成年人医疗保障参保人数5万，基本实现工伤保险全覆盖。（4）新建经济适用住房21万平方米、实施廉租住房保障185户以上，让困难群众住有所居。（5）小学、初中生均公用经费最低标准分别提高到350元和550元。免除年人均收入4000元以下农村家庭子女就读中等职业学校的学费。农村中小学爱心营养餐标准从每年200元提高到350元。（6）全面实施残疾人共享小康工程，做好残疾人15年教育保障，实现县（市）残疾人康复机构全覆盖，让所有适龄残疾人都能接受基础教育，让所有残疾人都能享受康复服务。（7）继续实施农民转移培训工程，培训农民6万人，转移农民2万人。组织职业技能考核鉴定5万人以上，再就业培训1.7万人以上，创业培训1000人以上。（8）组织1100场演出、2.2万场电影、11万册图书到农村，免除城乡低保家庭有线电视网络初装费和视听维护费。（9）继续推进"菜篮子"工程建设，市区新建蔬菜基地2000亩。加快农贸市场规范化整治改造，完成市区东街、大龙等市场的改造提升任务。（10）统筹解决市区交通拥堵问题，加强交通管理，加快停车场所和城市路网等基础设施建设。优化调整城市公交线路、班次和停靠站，继续推进城乡公交一体化。加强客运三轮车治理，促进出租汽车行业的健康发展。

三、切实加强政府自身建设

今年政府工作面临的困难多、任务重，我们必须进一步增强危机感、使命感、责任感，以开展深入学习实践科学发展观活动为契机，树立正确的政绩观，坚持执政为民、发展为先，进一步转变政府职能，改进工作作风，提高行政效能，努力创造良好的经济社会发展环境。

进一步推进依法行政。深入实施政府机关干部学法制度，提高依法行政的意识和能力。主动接受市人大及其常委会监督，自觉接受市政协民主监督，认真听取民主党派、工商联、无党派人士和各人民团体建议。严格按照法定权限和程序履行职责，建立健全权责明确、行为规范、监督有效、保障有力的执法体制。规范行政自由裁量权,全面落实行政执法责任制。健全行政复议体制,强化行政应诉,完善行政补偿和行政赔偿机制。建立健全公众参与、专家论证和政府决策相结合的决策体系,完善公示听证制度。加快电子政务建设,深入推进政府信息公开,规范公开内容,创新公开形式,提高政府工作的透明度。

进一步强化行政责任。完善科学、明晰的责任体系,严格落实行政首长负责制,规范工作程序。加快建立高效便捷、迅速果断、政令畅通的执行机制,大力弘扬求真务实、苦干实干的工作作风。健全绩效评价机制,注重考核实效。强化政府督查、行政监察和审计监督,重视司法监督、新闻舆论监督和社会公众监督。实施行政问责制,严肃治理行政不作为、乱作为和敷衍塞责、弄虚作假行为。

进一步创新政府管理。积极推进新一轮政府机构改革。全面加强社会管理和公共服务,完善综合性政府服务平台。提高行政审批效率,规范行政审批流程,加快电子审批业务系统与电子监察系统同步开发。深化国库集中支付改革,健全政府采购监管机制,完善公共财政体制。探索建立社会公共事业"管养分离、以钱养事"的机制,推行政府购买公共服务。探索公共资源交易区域市场建设,推进市县联动和资源共享。

进一步加强廉政建设。厉行勤俭节约,力戒奢侈浪费,从严编制政府财政预算,大力压缩一般性开支,全市各级党政机关公用经费继续压缩5%,专项经费、会议经费"零增长",各部门公务用车采购冻结一年,各级领导干部出国考察经费削减20%。实施公务员津补贴改革。加强公款旅游整治,规范公务用餐、公车使用,严格公费出国境管理。坚持教育、制度、监督、改革、纠风、惩处整体推进,不断健全惩治和预防腐败体系。全面落实廉政责任制,严格执行廉洁从政各项规定。进一步加强公共资源交易活动监管,强化领导干部经济责任审计。对贪污腐败行为坚决查处,决不姑息。

今年是困难之年,也是希望之年、机遇之年。我们要坚定信心、迎接挑战,抓住机遇、奋勇向前,在中共绍兴市委的领导下,加快推进科学发展、实现全面小康,不断夺取新的胜利!

(在绍兴市第六届人民代表大会第四次会议上)

安亭市民广场

政府工作报告

2009年2月10日

舟山市市长　周国辉

一、创业创新开拓奋进经济社会发展取得新成绩

2008年是很不平凡的一年。一年来，在省委、省政府和市委的正确领导下，我们认真贯彻科学发展观，团结和依靠全市人民，开拓创新、迎难而上，较好地完成了市五届人大三次会议确定的各项目标任务，全市经济社会保持了平稳较快发展。全年实现地区生产总值490.25亿元，增长14.5%；全社会固定资产投资339.43亿元，增长21.4%；社会消费品零售总额157.83亿元，增长19.2%；财政总收入66.68亿元，其中地方财政收入43.15亿元，分别增长26.9%和23.1%；城镇居民人均可支配收入22257元，渔农村居民人均纯收入11367元，分别增长12.1%和16.9%；城镇居民登记失业率3.84%，居民消费价格指数105.6，主要经济指标增速继续位居全省和长三角地区前列。

一年来，主要抓了以下工作：

（一）加强科学应对，全年经济保持较好发展。一年来，根据不断变化的形势，及时采取了一系列应对措施。上半年，主要面对宏观从紧的形势，致力发挥优势，加快发展，为全年目标的实现打下了扎实基础。下半年，随着国际金融危机的冲击蔓延以及国内经济形势的急剧变化，迅速调整工作重心，狠抓即期应对，广泛开展“结对进企业、服务促发展”活动，采取针对性措施，促进经济平稳较快发展。出台了促进航运业、房地产业健康稳定发展的政策措施，千方百计帮扶企业。取消和减免了一批涉企税费，企业减负2.79亿元。加大与金融机构的沟通协调力度，积极推动银企合作，全年新增本外币贷款152.04亿元，同比多增40.93亿元。积极向上反映争取，调整水产品出口退税政策，进一步完善外贸预警机制，建立了国家级水产品出口和省级船舶出口预警点，促进了水产品出口回升和船舶出口稳定增长。各级各部门抓住机遇，加大争取力度，全市累计争取国家扩大投资资金7797万元。通过积极努力，全年经济继续保持了较好发展。

（二）狠抓调控引导，海洋产业持续较快提升。一年来，坚持抓规划调控、要素保障和政策引导，海洋经济发展取得显著成效。临港工业支柱作用进一步突出，三次产业比例达到10.0∶46.2∶43.8；经济发展质量进一步提升，工业经济综合效益考核得分比上年提高47.14分，首次位居全省第一。主要产业较快发展。工业经济扩量提质成效明显，全年实现工业总产值832.6亿元，增长29.6%。船舶修造业继续快速发展，实现产值319.2亿元，增长65.5%；水产加工业持续发展，实现产值151.9亿元；临港化工有序发展，实现产值65.9亿元。港航产业较快发展，大浦口集装箱码头等一批重大港口项目进展顺利，舟山港域货物吞吐量达到1.59亿吨，增长23.8%；海运业稳步发展，海运运力达到293万载重吨，增长17%。旅游产业重点开发建设成效明显，“舟山群岛·八大游”深入推进，白沙钓岛等主题岛屿开发有序推进，旅游节庆活动得到有效整合，荣获“中国渔都”称号，全年接待游客1516万人次，增长16.2%，旅游总收入101.96亿元，增长19.5%。外向型经济继续保持快速发展，完成外贸进出口总值60.53亿美元，增长48.5%，其中出口32.86亿美元，增长37.7%。全年实际利用外资1.59亿美元，比上年增长一倍。渔农产业稳步发展，渔业总产量保持稳定，新增省级无公害农产品产业基地2500亩，渔农民专业合作社达到129家，实现渔农业产值97.86亿元，增长10.6%。重点区域活力增强。成立了金塘、六横开发建设管委会，新体制下两岛开发建设势头良好，金塘集装箱物流岛规划建设扎实起步，六横临港产业岛开发建设初具雏形。组建了普陀山旅游发展有限公司，金三角整合开发进一步推进。加强岛北工业园区开发建设，20个项目建成投产。出台扶持经济强镇的政策，促进产业集聚发展，涌现了年度工业总产值超过100亿的强镇2个。新兴产业扎实推进。成功举办了船业、渔业、佛教用品等博览会，会展经济影响进一步扩大。新增海水淡化生产能力0.56万吨/日，新增风力发电装机容量4.08万千瓦。软件与创意产业扎实起步，引进落户软件创意企业12家。加强楼宇经济、总部经济规划布局和项目建设，加大政策扶持力度，推进港航服务业集聚发展。

（三）深化改革开放，转变发展方式取得进展。一年来，以纪念改革开放30周年为契机，进一步解放思想，切实推进改革创新，推动发展方式加快转变。自主创新持续推进。全年新增省级区域创新服务中心1家、高新技术企业6家，实施省部级以上科技项目157项，专利申请量和授权量分别达到359件和228件，全年引进各类专业人才2237名。改革开放不断深入。完善决策咨询机制，切实发挥决策咨询机构的作用。基本完成了电力体制改革，实现了厂网分开。加强审计和监察工作，深化财政体制改革，进一步完善公共财政制度，国资监管水平有了新的提高，政府招投标管理服务新体系基本建立。重视做好企业上市工作，指导4家企业完成了股份制改造。进一步加强口岸工作，新增口岸开放面积35平方公里，舟山被列为对台直航港口。外事、侨务和台湾事务工作扎实推进。深化与上海、杭州、宁波及长江流域城市的互动对接，区域合作取得了新进展。动员和依靠全社会力量，扎实做好支援四川抗震救灾工作，累计捐赠款物8400万元，先后派出6批29人次医疗卫生队伍，派驻红光乡援建指挥部的工作顺利展开。资源环境持续改善。狠抓开源节流，较好地缓解了土地、岸线、资金、电力等资源要素的供给压力。实施工业节能技改项目30余项，安装渔船节能设备2000余套，建成了朗熹电厂脱硫等三大重点减排工程，全市化学需氧量和二氧化硫排放量均超额完成省定指标，单位生产总值能耗预计下降4%以上。完成了生态市建设年度任务。

（四）强化统筹建设，城乡面貌发生新的变化。一年来，积极推进对接大桥的各项工作，加强规划引导，强化项目建设，加

快推进城乡一体化。新渔农村建设不断深入。深化“暖促工程”,全年公共财政用于渔农村资金达 16.31 亿元,增长 39.2%。全面落实各项惠农措施,积极实施“低收入渔农户奔小康”工程,多渠道增加渔农民收入,渔农村居民收入增幅超过城镇居民 4.8 个百分点,城乡居民收入之比 1.96∶1,处于全省领先水平。进一步理顺渔农村社区管理体制,扎实推进渔农村小康社区创建,47 个小康社区通过市级达标验收。加大村庄整治力度,完成了 70 个村庄整治和 60 个村庄污水治理年度工作任务,渔农村生产生活环境不断改善。中心城区建设扎实推进。新城规划建设步伐加快,新城大道一期等一批市政工程顺利完成,商务区一期建设进展顺利,商务酒店、百货超市、体育馆等设施投入运营。县(区)中心城区建设扎实推进,市政基础设施建设取得新的成效。房地产和建筑业有序发展,建筑工程首次获得国家“鲁班奖”。城乡基础设施建设不断加快。全面启动了城乡一体化空间布局调整完善工作,编制完成了市域总体规划等一批综合性、专项性规划。交通建设取得显著成绩,大陆连岛工程全线贯通,东皋岭隧道扩建等工程顺利完成,本岛北部疏港公路建设全面开工,民航交通取得新的发展。岛北供水、六横至北仑 110 千伏电力联网等一批重大基础设施建设工程顺利竣工,城乡一体的交通、供水、供电网络进一步完善。

(五)坚持多办实事,人民群众得到更多实惠。一年来,始终坚持把人民群众利益放在首位,民生事业得到较快发展,十大类为民实事项目顺利完成,社会发展水平前移 1 位,名列全省第四。社会事业全面发展。全面免除义务教育阶段学生课本费、作业本费和外来民工子女借读费,全市义务教育阶段学校正常办学经费全额纳入政府财政预算。积极支持高等院校提升教育质量,加强了职教资源整合,重点专业和实训基地建设取得新的进展。城乡医疗卫生事业进一步发展,新型渔农村合作医疗市级统筹被列为全国首批、全省唯一试点,城市 15 分钟、渔农村 20 分钟社区卫生服务圈基本形成。人口计生工作在全省继续保持领先地位。公共文化服务体系日益完善,文化体育产业扎实起步,成功举办了全国公路自行车锦标赛等高规格体育赛事,八一男排主场落户我市。档案、史志作用进一步发挥,“观音传说”等 4 个项目被列入国家非物质文化遗产保护名录。创建全国文明城市、国家卫生城市取得阶段性成果,顺利通过了“浙江省卫生城市”复查。重视和发挥工会、共青团、妇联等群团组织的作用,共同推进创业创新。国防和民兵预备役建设继续加强,军政军民团结进一步巩固,第 5 次荣膺“全国双拥模范城”称号。高度重视民生民计。全年新增城镇就业 7626 人,新增渔农民转移就业 10115 人。推行社会保险“五费合征”,养老、医疗、失业、工伤、生育保险参保人数分别新增 2.6 万、2.7 万、1.6 万、4.3 万和 2.2 万人,新增被征地农民养老保障 0.74 万人。新型渔农村合作医疗人均筹资水平达到 142 元,参合率达到 94.2%。加强住房保障工作,全市 493 户家庭享受廉租房政策。大力实施法律援助,为困难群体挽回经济损失 2864 万元。完成了 31 家农贸市场改造升级工作,市社会福利中心和市殡仪馆工程进展顺利。实施残疾人共享小康工程,慈善、老龄和红十字会事业取得新成绩。社会秩序和谐稳定。安全生产三项指标实现“零增长”,三防、气象工作进一步加强,市人防指挥中心基本建成,防灾减灾应急能力有了新提高。供销、物价、食品安全监管得到加强,及时妥善处置了“问题奶粉”事件和麻疹、手足口病等疫情。不断健全社会治安综合治理防控体系,及时稳妥处置了“3·27”撞桥等一批突发性事件。高度重视信访工作,切实维护群众合法权益。顺利完成村委会、居委会换届选举,积极探索“网格化管理、组团式服务”模式,基层基础工作得到强化,重视民族宗教工作,社会总体和谐稳定,社会治安群众满意率名列全省前茅。

在促进经济社会发展的同时,政府自身建设得到进一步加强。一年来,我们认真开展“解放思想、创业创新”大讨论活动,在全市政府机关推行“精通、沟通、变通、直通”四通工作法,大力加强政府效能建设。扎实推进依法行政,严格执行市人大及其常委会的决议决定,重视和支持政协履行政治协商、民主监督、参政议政职能,坚持市长领办建议提案制度,认真办理人大代表建议和政协提案。修订了政府工作规则,完善了重大事项民主决策程序。制订了政府会议制度,强化了政府组成人员和公务员工作纪律。大力推进政务公开,实施政府信息公开,切实加强政府门户网站建设,开展政府领导网上访谈活动,建立了重要事项征询公众意见制度,畅通政府了解民情民意的渠道,促进重大决策的科学化、民主化。深入推进廉政建设和反腐败斗争,反腐倡廉工作取得新成效。

过去一年取得的成绩来之不易,令人振奋、令人鼓舞。这是省委、省政府和市委审时度势、科学决策、正确领导的结果,是全市百万军民齐心协力、创业创新、顽强拼搏的结果。广大干部群众在支援抗震救灾、积极抵御金融危机中所体现的万众一心、众志成城、同舟共济、共克时艰的宝贵精神和昂扬斗志,是战胜一切困难、夺取更大胜利的宝贵财富。在此,我代表市人民政府,向在各行各业辛勤劳动的全市人民致以崇高的敬意!向给予政府工作支持和监督的人大代表、政协委员,表示衷心的感谢!向驻舟人民解放军、武警部队,向在舟部省属单位,向各民主党派、工商联、人民团体和社会各界人士,向所有的外来投资者和建设者,向所有关心、支持我市现代化建设的港澳台同胞和海内外朋友们,表示衷心的感谢!

回顾一年来的工作,我们清醒地看到经济社会发展中还存在很多问题和困难。国际金融危机持续蔓延,经济不稳定因素增多,我市部分行业、企业生产经营困难加剧,财政增收节支压力加大,经济面临增速下滑的严峻挑战;现代服务业相对滞后,自主创新能力不强,重大项目储备不足,转型升级面临不少困难;城乡群众就业增收任务繁重,部分低收入群众生活困难,社会保障、住房、环境保护等工作与群众要求还有差距,安全生产及社会稳定面临新的考验;政府工作也存在不少差距和问题,一些政府工作人员服务意识不强、作风不实、效率不高,依法行政能力有待提高,需要进一步加强自身建设。我们将研究和采取切实措施,克服面临的困难和问题,继续推进经济社会又好又快发展。

二、抢抓机遇发挥优势全面开创大桥时代新局面

2009 年外部环境异常复杂,形势十分严峻,挑战前所未有,是新世纪以来经济发展最为困难的一年,但也是蕴含重大机遇的一年。中央把保持经济平稳较快发展作为首要任务,实施积极的财政政策和适度宽松的货币政策;省委、省政府高度重视海洋经济发展,深入实施“港航强省”、“海上浙江”等战略,为我市进一步发挥优势、加快发展提供了良好时机和广阔舞台。尤其是大陆连岛工程建成通车后,舟山本岛由海岛变成了半岛,我们将迎来崭新的大桥时代!这是舟山人民梦寐以求的热切期盼！我们要牢牢把握这一历史性机遇，始终坚持科学发展、加快发展不动摇，坚持自主创新、优化结构不动摇，坚持服务人民、改善民生不动摇，不为任何风险所惧，不被任何干扰所惑，坚定不移，奋发有为，力争提前一年实现“十一五”规划主要目标，努力在又好又快发展、推进转型升级、构建海岛和谐社会方面走在全省前列，把舟山打造成为“海上浙江”的一颗璀璨明珠。

综合考虑宏观形势和我市经济社会发展趋势，建议今年全市经济和社会发展的主要预期目标为：地区生产总值增长11%，力争12%以上；地方财政收入增长10%；研究与试验发展经费支出占生产总值比例0.93%左右；单位生产总值能耗下降4%，化学需氧量和二氧化硫排放量分别下降3.6%和3.5%；城镇居民人均可支配收入和渔农村居民人均纯收入分别增长9%和11%；居民消费价格总水平涨幅控制在4%以内；新增城镇就业6600人，城镇登记失业率控制在4%以内；人口自然增长率控制在1‰以内。

今年政府工作的总体要求是：深入贯彻落实科学发展观，坚定不移地实施省委“两创”总战略，围绕提升“三大”定位、推进“四海”建设，坚持“增长为先、转型为本、创新为魂、民生为重、稳定为基”工作主线，在积极应对上出实招，在狠抓落实上下功夫，促进全市经济社会又好又快发展，努力开创大桥时代舟山现代化建设新局面。

在实际工作中，要切实把握以下几个方面：

突出保稳促调，力促良好发展势头。把保持经济平稳较快增长作为首要任务，把促进转型升级作为根本出路，坚持标本兼治，着力解决影响经济平稳运行的突出矛盾和问题，加快结构调整和产业升级，力争经济增速在全省、长三角继续保持领先，海洋经济发展质量不断提升。

强化综合统筹，开创群岛发展新局。把统筹兼顾作为基本方法，切实强化城乡一体统筹、市县(区)联动统筹、经济社会与资源生态统筹，加强规划引领，优化空间结构，构建群岛一体的发展格局，全面开创统筹发展的新局面。

狠抓改革创新，不断增强发展活力。把解放思想、改革开放作为创业创新的动力源泉，把支持人民群众干事业、干成事业作为创业创新的根本之举，进一步深化体制机制改革，优化发展环境，激发全社会的创造活力。

坚持以人为本，持续推进民生改善。把群众所思所需所盼作为政府工作的出发点和落脚点，全面发展社会事业，大力推进城乡基本公共服务均等化，切实改善社会民生，全力维护社会稳定，让全市人民过上更加幸福安康的生活。

三、迎难而上奋发有为保持经济社会良好发展势头

实现今年经济社会各项目标，面临的形势十分严峻，任务十分艰巨，要认清形势，提振精神，立足当前，着眼未来，继续坚持“以港兴市、工业强市、服务富市”，认真实施“全面小康六大行动计划”，重点做好以下工作：

(一)积极应对挑战，确保经济平稳较快增长

突出发展第一要务，积极应对金融危机，把扩需求、帮企业、抓要素、确保经济增长作为首要任务，坚定信心，奋发有为，全力推进。

全力以赴强化需求拉动。牢牢抓住投资、出口、消费三大需求，全力促进经济平稳较快增长。坚持把抓投入作为保增长的重中之重。今年安排政府性项目投资100亿元，积极引导社会资金投入，做好重大项目资金平衡和融资对接，带动民生、产业、基础设施“三大百亿工程”，全年实现全社会固定资产投资400亿元。狠抓招商引资，努力在招商方式、机制、实效上求突破，整合招商力量，提高专业化招商水平，全面实施新的考核激励办法，全年实际利用外资7500万美元以上，利用市外资金15亿元。坚持把抓项目作为保增长的核心载体，全力抓好在建项目，220千伏电力联网工程等一批项目要快建成、快见效；抓紧新上一批项目，力争早立项、早开工；狠抓项目包装储备，力争进入国家及省的规划和盘子。加强税源培植，加快推进实施一批“短、平、快”项目。健全项目生成机制，促进项目滚动推进。努力促进外贸出口稳定增长。针对今年外贸形势比较严峻的实际，以船舶、水产行业为重点，进一步改善外贸服务环境，优化外贸结构，改进质量监管，巩固和拓展外贸市场，不断提升外经、外资、外贸联动发展水平。着力扩大消费需求。抓住国家扩大内需、鼓励消费的机遇，支持水产等舟山特色优势产品促销，开拓国内市场。继续推进传统服务业改造提升，加快培育文化、信息服务等消费热点，积极发展社区商业、物业、家政等服务性消费。支持培育渔农村服务性消费，积极促进“家电下乡”。加强市场监管，规范市场秩序，进一步改善消费环境。鼓励普通自住住房和改善型住房消费，努力保持建筑业和房地产市场健康稳定发展。

千方百计帮扶企业发展。坚持把抓企业作为保增长的当务之急。切实强化政策扶持。全面落实国家和省出台的优惠政策，继续取消和暂停征收部分行政性收费项目，减免困难企业相关税费，困难企业经批准在一定期限内允许缓缴社会保险费。市本级设立总额为1.3亿元企业应急解困转贷资金，鼓励支持企业创建应急互助基金，帮助企业防范生产经营风险。加强对形势的跟踪研判，及时调整相关政策措施，提前兑现扶持奖励等优惠政策，适时出台新的政策，提高应对能力，促进船舶、航运、水产、房地产四大行业健康平稳发展。研究实施“一行一策”、“一企一策”，重点扶持优势企业和特色企业。努力优化涉企服务。增强涉企服务意识，扎实推进企业服务年活动。丰富涉企服务内容，积极开展法律咨询、政策解读、市场信息等服务，充分发挥法律顾问团等的作用，为企业发展多做一些创造性的服务工作。认真抓好调控引导。采取融资和税费优惠支持方式，鼓励企业兼并重组，推动强强联合，培育大企业集团和行业龙头企业，增强市场竞争力。切实扶持成长型、科技型中小企业发展。引导和支持企业开展管理创新和组织结构创新，加快建立现代企业制度。积极发挥行业协会作用，加强企业诚信和社会责任建设，引导企业“抱团过冬”，共渡难关。

想方设法破解要素瓶颈。坚持把抓要素作为保增长的基础保障。强化资金保障。加强政、银、企三方沟通协作，充分发挥全市各级转贷资金的作用，大力引进市外金融机构和资金，做好小额贷款试点工作，多方拓宽融资渠道，积极鼓励金融手段创新，着力破解企业融资难题，力争全年信贷规模增长25%以上。深入研究推进城建、交通、港务、水务四大领域的投融资体制改革，加快企业上市工作。强化土地保障。全面开展市、县(区)、乡镇三级土地利用总体规划编制，为经济社会发展争取用地空间。大力推进土地整理，抓好低丘缓坡和滩涂的合理开发利用，实施万亩耕地建设工程。加强用地后续管理，抓实抓好第二次土地调查，深入细致做好土地区片综合价调整工

作,保证重点开发区和重点项目用地需求。强化建设保障。着力化解征地拆迁、政策处理、环境保护等方面的矛盾和问题,确保重点项目、重点工程顺利施工,加快推进建设。

(二)坚持转型升级,提高海洋经济发展的质量和水平

牢牢抓住海洋经济主线,解放思想,敢闯敢干,推进结构优化和产业升级,在海洋综合开发、区域改革创新方面大胆探索,努力构建具有舟山特色的现代海洋经济体系。

不失时机推进产业优化升级。巩固现有产业优势和实力,把握产业导向,今年安排政府产业发展扶持资金1亿元以上,推进产业优化升级。提升发展临港先进制造业。积极应对船市即期风险,促进船舶产业结构调整,重点发展特种船舶、海洋工程,严格控制一般性修造船项目。积极发展高端船配项目,拉长船舶产业链,支持船舶修造外包业务本地化。大力发展临港重型装备制造业,积极稳妥推进石化产业。积极扶持水产精深加工,引导支持纺织、机械、汽配等传统产业转型升级。鼓励支持上下游企业配套协作,推进制造业集群发展。加快发展现代服务业。突破发展港航产业,坚持集散并重、自主开发,在进一步巩固大宗散货、水水中转优势的同时,狠抓集装箱项目引进建设和投产运作。今年基本建成大浦口项目一期工程,积极推进金塘港口现代物流园区建设。深入推进木岙集装箱、六横煤电、鼠浪矿砂等一批重大港口项目前期和建设工作,力促港口吞吐量稳定增长。强化港口、海运、物流联动发展,进一步坚定航运业发展信心,抓住时机促进行业整合,保持航运业稳定发展。做大做强港务集团。加强港口战略研究,趋利避害,推进宁波—舟山港一体化发展。加快发展海洋旅游业,实施旅游业扶持政策,持续发展"舟山群岛·八大游",积极推进海洋旅游实验区建设。深度发挥普陀山品牌效应,加快朱家尖等重点旅游区和蜈蚣峙旅游集散中心等重点项目建设,做好中国普陀山佛学院(筹)开学工作。精心筹办"2009中国海洋文化节"等旅游节庆活动,力争接待人次、旅游收入有新的提高。加快发展生产性服务业,扎实开展生产性服务业从工业企业分离试点工作。大力发展港航服务、软件创意等产业,加快推进集聚发展。结合特色产业和行业发展,进一步加快水产、船配、油品等专业市场建设。大力发展现代渔农业。高度重视渔业的基础地位,按照工业化理念,以"十百千万"工程为载体,做精做强国内捕捞,稳步发展远洋渔业和水产养殖业,扎实推进标准渔港建设,继续加大渔船装备建设,不断提高渔业现代化水平。积极发展高效生态农业,重视旱粮生产,遏制耕地抛荒,调整优化种养结构。大力发展休闲观光渔农业,培植扶持特色渔农家乐,促进渔农业增效、渔农民增收。扶持发展新兴产业。不断推进海水淡化产业化进程,抓好风能、太阳能开发利用,大力打造"舟山海员"品牌,力争新兴产业有新的发展。

突出重点提高创新发展能力。加快发展方式转变,大力推进自主创新,进一步强化科技、人才和改革开放对海洋经济发展的支撑。加强科技人才工作。发挥高等院校在自主创新中的生力军作用,支持浙江海洋学院向多学科、综合性海洋大学迈进,支持浙江国际海运职业技术学院进一步提升办学水平。深化与浙江大学、中国海洋大学等大院名校的科技合作,切实发挥省海洋开发研究院作用,启动市高科技产业园区建设,重点抓好船舶、水产两大公共科技服务平台建设。大力推进企业技术进步,支持企业申报高新技术项目,重点扶持一批投资规模2500万元以上的技改项目,力争年度竣工率80%以上。扶持初创型、成长型科技企业,促进一批科技型企业上水平、上层次。坚持质量兴市,加强品牌建设,切实搞好首届市长质量奖评选。加强人才智力引进,发挥人才公寓作用,今年力争引进各类紧缺人才1500名。积极实施企业家素质提升工程,培育一批优秀企业经理人和创业经理人。深化体制机制改革。依法实施新一轮政府机构改革,推进扩权强县,创新行政管理体制,进一步完善市、县(区)、管委会、开发区、大岛强镇的合力工作机制,继续推进电力、卫生、文化等领域改革,进一步抓好招投标平台建设,落实增值税转型和成品油税费改革等政策。加强社会中介组织和行业协会建设,逐步完善社会服务体系。全面加强开放合作。办好新加坡"舟山周"、船博会、佛博会等活动,积极参加全球性海事及水产展。大力加强口岸工作,积极争取设立保税物流园区,做好金塘、六横口岸机构建设,加快大通关建设,提高通关效率。充分利用对台直航政策,加强与台湾地区的经贸、旅游和文化合作交流,更好地发挥外事、侨务和对台事务等在对外开放中的积极作用。深化与上海、杭州、宁波等地区的对接联动,做好与上海世博会对接工作,扎实推进"山海协作"工程,继续加强与长江流域和沿海城市的互动交流,扎实做好援川工作,争取区域合作取得丰硕成果。

持之以恒抓好节能减排和生态建设。着眼建设群岛型宜居城市,切实加强环境保护,不断改善城乡生态。认真抓好节能降耗,加强重点耗能企业用能监管,开展合同能源管理试点工作,推进全社会节能节水节材,全面完成节能降耗目标。深入开展环境污染整治,抓好中水回用,继续推进重点行业、重点企业的污染整治,加强减排、脱硫设施的运行监管,推进污水管网、工业固废中心等一批工程建设,推进市域范围内排污权交易,加强饮用水源地和养殖滩涂、海洋的环境保护和监测。继续推进生态城市创建,加快"生态廊道、城镇景观林、沿海防护林、生态公益林"四大绿色生态工程建设,积极推进岱山、嵊泗创建国家级生态县,实施生态乡镇、生态村创建工作,增强可持续发展能力。

(三)强化岛桥联动,开创群岛型城市发展新格局

以连岛工程建成通车为契机,凝聚各方力量,加快节奏,加大力度,全面提升群岛一体化发展水平。

全面对接大桥建成通车。按照确保年内、力争提前建成通车要求,全力推进大陆连岛工程建设和通车的各项准备工作。以大桥通车为契机,加快全方位对接,迎接大桥时代。大力推进基础设施建设。加快与大陆的多方向、多通道连接,推进舟山电厂二期扩建、大陆引水二期等工程建设,全面完成六横大桥前期工作、力促2010年开工建设。进一步提升市域综合基础设施网络化水平,加快推进朱家尖二桥、北向疏港公路、岛北引水、电网升级、条帚门航道整治等项目建设。优先发展公共交通,研究建设自行车道等城市慢行系统。加快构筑群岛型城市发展格局。进一步完善市域总体规划,加强群岛型城市发展战略研究,科学运作城市空间,全面推进桥岛、陆海联动发展。深入谋划高速公路、环岛干道、岛际高速、国际航路以及轻轨、民航、铁路为骨架的综合交通体系,加快城乡一体化进程。切实提高城市综合管理服务水平和市民文明素质。把强化综合管理服务作为迎接大桥时代、提升城市现代化水平的重要抓手,广泛开展"全民大行动、全市大宣传、全面大提高"活动,引导全社会加快转变观念,提高文明素质,激发创业创新活力,进一步提升城市管理服务和发展水平,提高舟山区域竞争力和

城市美誉度。

加快新渔农村建设。深入贯彻十七届三中全会精神，健全以工促农、以城带乡的长效机制，整合新渔农村建设资金、项目和工作力量，加强渔农村村庄规划建设，加快实施“小岛迁、大岛建”，继续推进一批渔农村综合示范点建设，完成30个小康社区、50个待整治村和20个污水治理村建设任务。深化和完善二轮土地承包制度改革，大力推进土地流转和农业适度规模经营。探索渔农村金融制度改革，积极发挥供销合作社服务功能，支持兴办各类专业合作社，完善渔船股份合作制，着力提高组织化、规范化程度。大力发展渔农村二、三产业，壮大渔农村集体经济，2009年减少贫困村20个。深入实施“低收入渔农户奔小康”工程，做好万名渔农民素质培训，提高渔农民创业致富能力。加快推进渔农村改厕治污、安全饮水、村庄绿化、河道整治等工作，深入实施“强塘固房”工程，持续改善渔农村生产生活条件。

大力推进区域协调发展。进一步强化新城在城市现代化建设中的龙头地位，加快城市功能区块和市政基础设施建设，着力推进中心商务区一期建设、二期规划和滨海区块开发。基本完成舟山中学新城校区主体结构，继续推进舟山医院综合住院大楼等一批公共设施建设，开工建设海洋文化中心。加强招商引资，大力培育总部经济和楼宇经济。推进城市有机更新，有计划实施定海旧城改造，加快沈家门特色渔港建设，促进组团融合、紧凑发展。大力推进本岛北部园区建设，加快北生产核心区域集聚发展。定海区要发挥大桥桥头堡作用，加快以金塘为重点的建设开发，进一步推进经济转型升级。普陀区要发挥大桥集散功能优势，加快推进六横、朱家尖综合开发建设，推进旅游金三角联动发展。岱山县要利用船舶修造等临港产业快速崛起势头，加强产业调整和集群发展，加快衢山等重点区域发展。嵊泗县要大力发展港航物流业和海洋旅游业，加快洋山区域综合规划开发，推进建设东海特色岛城。

（四）着力改善民生，扎实推进和谐社会建设

越是经济形势严峻，越要高度重视民生和社会和谐。要坚持以人为本，着力解决群众和社会关心的热点难点问题，加快发展民生各项社会事业，不断提高人民群众的生活质量和幸福指数。

扎实做好就业增收工作。积极应对城乡就业面临的压力和挑战，认真落实中央关于促进就业的一系列政策措施，切实抓好城乡就业工作，努力稳定现有就业岗位，千方百计创造更多的就业机会，多渠道拓宽就业门路。高度重视高校毕业生就业，鼓励高校毕业生到基层工作。完善城乡就业服务和援助机制，积极开展职业技能培训，研究出台促进创业的政策，通过降低门槛、税费优惠、发放社会保险补贴等措施，以创业带动就业，促进充分就业。加强对全社会就业情况的分析监控，建立群体性失业的预警和应急机制。实施与就业挂钩的企业发展支持政策，积极引导企业不裁员、少裁员。妥善处理劳资纠纷，构建和谐劳动关系。

不断完善社会保障体系。完善渔农民养老保障方案，力争列入国家试点。完善被征地农民养老保障制度，积极探索城乡老年居民、农民工等群体的养老保障办法。健全城镇职工医疗保障体系，城镇居民医疗保险覆盖面达到70%以上，深化新型渔农村合作医疗市级统筹，切实提高保障能力。进一步推进廉租房、经济适用房建设，力争提前完成住房保障三年计划。抓好“米袋子”、“菜篮子”工程，加强物价监测监管，落实低收入群众补助措施，保障人民群众基本生活需要。切实维护妇女、未成年人、老年人和弱势群体合法权益，重视发展慈善、社会福利、老龄和残疾人事业，做好红十字会工作。

大力发展各项社会事业。以创建全国文明城市为目标，以创建国家卫生城市为抓手，积极推进“多城联创”，深化群众性精神文明创建活动，全面提升市民文明素质和城乡文明程度，建设最清洁的城市。坚持优先发展教育，加强城乡教育资源统筹，进一步理顺、完善公立学校的办学体制，不断提高教育均衡化水平。推进职教资源整合，进一步提高服务海洋经济的能力。积极发展文化、新闻出版、广播电视事业，稳步深化文化体制改革，创新文化管理运行机制。加强城乡公共文化设施建设，大力推进乡镇综合文化中心建设，逐步建立覆盖城乡的公共文化服务体系，提升公共文化服务水平。大力发展文体产业，做好“印象·普陀”等文化旅游项目创作，引进举办市场化操作的各类赛事。贯彻国家卫生体制改革方案，积极稳妥推进医疗卫生体制改革，深化医疗资源整合，强化城乡社区卫生服务基础，进一步提高医疗卫生服务水平。加强人口计生工作，深化优生促进工程，不断提高人口素质。全面加强国防教育和国防动员建设，深入开展拥军优属和军民共建，巩固军政军民团结。

切实维护社会和谐稳定。全面对接大桥建成通车，扎实推进“平安舟山”建设，健全完善维稳机制，认真解决土地征用、城乡拆迁、环境污染等群众反映强烈的问题。扎实做好信访工作，疏通民情民意，努力将各类矛盾化解在基层、化解在萌芽状态。认真落实安全生产责任制，强化船舶、化工、交通运输、渔业生产等重点领域、重点行业的专项整治及有效监控。深化完善应急预案体系，健全食品药品、公共卫生等安全监管网络，认真抓好水产品质量安全，加强公共安全教育，强化网络管理和舆情引导，提高应对突发公共事件和防灾减灾的能力。进一步完善外来人口管理和服务机制，扎实推进“网格化管理、组团式服务”，不断提升社会综合管理服务水平。强化社会治安综合治理，拓展完善“铁桶工程”，增强预防和打击犯罪能力。加强基层民主法制建设，持续推进普法教育，进一步增强全民法制意识。

今年，要围绕群众关心的现实问题，切实抓好十个方面为民实事项目。就业方面，新增城镇就业6600人、实现渔农民转移就业6000人。社会保障方面，新增养老保险10000人、医疗保险7000人、失业保险3000人、生育保险2000人，工伤保险实现全覆盖。弱势群体救助方面，城镇、农村每月低保标准分别提高到320元、200元以上，减少渔农村人均收入3000元以下家庭600户，新增机构养老床位500张，帮扶结对稳定在4500对以上。基本医疗卫生服务方面，全市新农村合作医疗人均筹资水平提高到188元，参保率90%以上。争取30%以上社区卫生服务机构达到市级标准，保障悬水小岛、偏远村庄居民享有基本的医疗卫生服务。流动人口孕产妇住院分娩率达到90%以上，流动人口儿童预防接种率达到95%以上。教育方面，中小学生人均日常公用经费最低标准分别提高到520元、720元，免除年人均收入4000元以下家庭渔农村子女就读中等职业学校的学费，对就读船舶修造专业的中职学生实行奖学助学政策。文化体育方面，全年送戏下乡300场以上，渔农村放映电影5000场次以上，新建渔农村社区全民健身路径

50条,减免低保家庭有线电视入网费和基本收视维护费。改善居住条件方面,进一步扩大廉租房保障范围,新建经济适用房3万平方米以上,实质性启动城区旧城改造工程,实现渔农村困难群众危旧房改造450户。交通出行方面,新建渔农村社区道路50公里,更新城乡公交车50辆以上,建设海岛交通码头17座,更新改造乡镇渡航船5艘。群众生活环境方面,完成渔农户改厕1万户、生活污水治理2万户,全面解决渔农民饮水安全问题,完成清水河道治理120公里,改造20个渔农村农贸市场。公共安全方面,全市命案、五类恶性案件破案率分别达到85%和90%以上,完成14座病险水库、9.9公里海塘、7座闸门、10公里堤防的除险加固任务,基本完成60马力以上渔船AIS防碰撞终端和185马力以上渔船卫星监控终端设备安装。

面对新的形势和任务,我们要深入开展科学发展观教育实践活动,牢固树立正确的事业观、工作观和政绩观,大力弘扬“四敢”精神,全面落实“四通”工作法,着力建设有为、有民、有信、有法、有限政府,为全面完成各项目标任务提供有力保障。

坚持依法行政,建设法治型政府。自觉接受人大及其常委会的监督,认真执行人大及其常委会的决议、决定,及时研究处理人大常委会对专项工作报告的审议意见。积极支持政协履行政治协商、民主监督、参政议政职能,广泛听取各民主党派、工商联和无党派人士的意见和建议。支持法院和检察院工作。重视发挥工会、共青团、妇联等群团组织的作用。完善市长领办人大代表建议、政协提案工作。深入推进行政执法责任制,健全重大事项决策规则和程序,继续发挥决策咨询委等作用,促进依法决策、科学决策和民主决策。

创新运行机制,建设效能型政府。加快政府职能转变,推进政企分开、政事分开、政府与市场中介组织分开。完善经济调节,健全行政执法、行业自律、舆论监督、群众参与相结合的市场监管体系。完善公共财政体系,优化财政收支结构,加强资金使用监管,发挥财政资金的导向和带动作用,切实提高使用绩效,集中力量办大事。

大力转变作风,建设服务型政府。以新一轮行政管理体制改革为抓手,科学界定部门分工和权限,进一步消除体制性障碍。健全部门协调配合机制,大力整治行政不作为、工作不落实、配合不协调现象,切实落实工作问责制。深化审批制度改革,推进行政审批职能整合,建设好市、县(区)行政审批电子监察平台,从快、从简、从优,全面提高行政办事效率。坚持深入一线开展工作,进一步提高为群众、为企业、为基层服务的能力和水平。大力推行政务公开,进一步做好政府信息公开工作。

强化节俭意识,建设廉洁型政府。坚持勤俭办事,降低行政成本,部门专项经费压缩10%,公务用车购置冻结一年,出国经费支出压缩50%。精简会议文件,提倡开短会、讲短话、行短文,严格控制各类检查评比考核活动。进一步健全和完善教育、制度、监督并重的惩治和预防腐败体系,充分发挥监察、审计部门的职能,强化对权力运行的制约和监督。加强对公务员的教育、管理和监督,进一步加强反腐倡廉工作,落实廉政建设责任制,严格遵守廉政建设各项规定,严肃查处各类违法违纪案件,坚决纠正损害群众利益的不正之风,自觉为人民掌好公权、用好公权,让人民群众放心满意。

新的一年,我们面对的形势错综而复杂,肩负的任务光荣而艰巨。让我们在中共舟山市委的领导下,高举中国特色社会主义伟大旗帜,深入贯彻落实科学发展观,紧紧团结和依靠全市人民,坚定信心,振奋精神,开拓进取,励精图治,为建设国际性、现代化、群岛型港口宜居城市和全市人民福祉而努力奋斗,以新的优异成绩向国庆60周年献礼!

(在舟山市第五届人民代表大会第四次会议上)

住宅小区

政府工作报告

2009年2月24日

台州市市长　陈铁雄

一、2008年政府工作回顾

2008年是非同寻常的一年。我们共享改革开放三十年的伟大成果,共圆奥运在中国成功举办的百年梦想,积极支援四川地震灾区的救灾重建,沉着应对国际金融危机的严峻挑战。

一年来,市政府在省委、省政府和市委的正确领导下,在市人大和市政协的监督支持下,深入贯彻科学发展观,紧紧围绕省委"两创"总战略,大力实施"三个台州"战略,按照"标本兼治、保稳促调"的总要求,加大了全局工作的组织力度、经济运行的调节力度、政策措施的帮扶力度、转型升级的推动力度,紧紧依靠全市人民共克时艰,保持经济较快增长,社会和谐稳定。实现生产总值1965.27亿元,增长9.6%;财政总收入248.02亿元,其中地方财政收入126.05亿元,分别增长13.6%和15.8%;万元生产总值综合能耗预计下降4.5%,化学需氧量和二氧化硫排放量预计分别下降5.28%和5.94%;城镇居民人均可支配收入22738元,农村居民人均纯收入9180元,分别增长8.6%和10.2%;居民消费价格总水平涨幅4.9%;城镇登记失业率3.75%;人口自然增长率5.39‰。为民办实事任务如期完成。我们主要做了以下六方面工作:

*力保经济较快增长。*根据宏观形势变化,及时调整工作重点和部署,谋划早、行动快,实施政府应对五策,出台扶持工业、外贸、房地产业和加强信贷支持、清费减负等一系列政策,强化要素供应的综合协调和保障,促进经济平稳运行。加大企业解困帮扶力度,加强政银企对接合作,积极争取扩大信贷规模,全年新增贷款315.01亿元,其中工业性贷款123.04亿元,市政府与省工行等8家银行签订战略合作协议,三年内新增贷款945亿元。落实减免企业相关税费政策,暂停(减、缓)77项行政事业性和服务性收费。帮助引导重点骨干企业解困重组,化解财务危机。支持外贸企业拓展市场、优化结构,外贸进出口总额138.11亿美元,增长24.5%,新增达标进出口企业224家。总结推广企业应对十策,广泛开展"送温暖、送服务、送政策"活动。加大项目推进力度,全社会固定资产投资759.58亿元,积极争取中央新增投资计划项目,38个基础设施和民生项目获得中央补助6624万元。电网攻坚强势推进,完成投资13.5亿元,投产110千伏及以上输变电工程26个。滩涂围垦全面加快,在建29.21万亩,完成3.45万亩。华能玉环电厂二期、台电五期投入运行,台金高速公路西段、76省道复线、石松一级公路实现通车,台州(路桥)机场客流量突破40万人次、跑道盖被工程投入使用,台金高速公路东延段等项目加快建设,甬台温铁路台州段开始铺轨,椒江二桥、83省道改建等工程开工,甬台温高速公路改扩建台州段、仙居抽水蓄能电站、炼化一体化等重大项目前期工作取得实质性进展。加大市场监管力度,强化煤电油运等综合协调,切实保障农产品有效供给和粮食安全,努力保持物价稳定。

*积极推进产业升级。*利用倒逼机制,出台加快工业、服务业转型升级政策意见,加大支农惠农力度,三次产业比重调整为6.8:52.8:40.4。自主创新能力进一步加强,新增国家级重大科技项目56项,2家企业成为国家首批创新型企业,浙江高校产学研联盟台州中心、"知识杨浦"(台州)科技合作和转化中心等公共创新平台正式运行,组织百名院士专家台州行活动,主导和参与25个国家标准制定,新增17个驰名商标,通过国家知识产权试点城市验收,椒江区被评为国家科技进步示范区,全市政府性科技支出4.69亿元,全社会科技投入占生产总值比重达3%。人才工作不断推进,新增各类人才5.5万人。第二次经济普查全面开展。工业规模、装备水平和亩均产出稳步提高,全市各级财政用于先进制造业扶持资金3.83亿元。深入实施"513规模企业培育工程",新增产值亿元以上工业企业67家,其中10亿元以上3家。大力推进精益管理,企业生产成本有效降低。建筑业稳步发展。实施"512"节约集约用地行动计划,大力开展土地整理,不断推进厂房翻建和"零增地技改"。沿海产业带规划通过评审,石化工业基地总体规划完成编制,16个经济开发区、工业园区和重点工业区块基础设施投入47.65亿元,新开发面积2.08万亩,新开工企业520家。现代服务业发展加快,第三产业增加值增长12.4%,高于生产总值增幅,全市各级财政用于服务业扶持资金6900万元。现代物流等生产性服务业发展势头良好,台州创业服务园开园,商贸流通业加快转型,金融保险业健康发展,温岭市获"中国金融生态城市"称号,房地产业投资增长31.9%,旅游总收入增长19%,其中外汇收入增长13.7%。现代农业加快发展,粮食总产量增长7.8%,土地流转59.87万亩,新增国家级农业标准化示范区5个,建成"万元田"32.05万亩,新增省级示范性合作社23家,新建市外农产品基地11.12万亩,农产品加工业"631"工程全面启动。加快椒江、温岭、玉环坎门中心渔港建设,海洋渔业稳步增长。

*深化改革扩大开放。*总结台州30年改革开放经验,抓住我市被列为全省民营经济创新发展综合配套改革试点契机,努力构建有利于科学发展的体制机制。企业产权制度改革继续加强,新增上市企业2家。地方金融体制创新不断深化,城市商业银行跨区域设置取得新进展,4家小额贷款公司登记营业,玉环永兴村镇银行正式运营。放宽企业登记限制、跨产业排污权交易改革取得突破。乡镇综合改革不断深化,政策性农业保险试点顺利推进,农村住房保险承保面93.7%。外资质量逐步提高,实际利用外资2.39亿美元。境外投资6852万美元,增长74%。国务院批准大麦屿港区升级为一类口岸,台州港成为大陆对台湾直航的63个港口之一。成功召开第二届台州商人大会。积极参与长三角一体化和全省"山海协作"工程。

*统筹推进协调发展。*加强中心城市建设和功能培育,城区路网建设取得突破性进展,中心大道、市府大道西延段全线贯

通,中央公园、西商务区动工建设,椒江解放南路、黄岩商业街区、路桥新城等区块形象不断丰满,市区新落成194幢高层建筑,商业中心功能不断增强,市档案馆投入使用,市图书馆、市青少年妇女儿童活动中心主体完工,完成市区19.8公里供水管网改造和27个居民小区“黄水”治理,台州供水二期工程实现通水。“多城同创”深入开展,“数字城管”全面推行,农副产品市场改造、城中村整治不断加快,市区通过省级卫生城市复检,临海市获得国家卫生城市称号。扎实推进区域统筹,台州市域总体规划、“一港六区”控制性详规、干线公路布局规划、生态功能区规划编制完成。临海、温岭、玉环县域综合实力不断增强,天台、仙居、三门呈现较快发展态势。临海市杜桥镇、玉环县楚门镇列入第二批全国发展改革试点小城镇,中心镇培育力度加大。“南北协作”基地建设和产业化扶贫取得新成效。加快新农村建设,全市各级财政用于“三农”支出40.48亿元,增长17.22%。实施第二轮“百千”工程,完成449个村庄整治,建成46个市级示范村,城乡环卫、供水、公交一体化不断加快,新建农村公路701公里,农村人口饮水安全工程受益26.6万人,农村劳动力培训转移2.98万人,培训农民信箱注册用户29.3万名,新建村级连锁超市560家。实施低收入农户奔小康工程,下山移民8536人,发放大中型水库移民后期扶助资金9028万元。“强塘固房”和“百乡和汛”工程全面启动,农村气象预警体系不断完善。加大生态建设力度,全市各级财政用于环境保护资金2.07亿元。加强重点区域环境污染整治,台州化学原料药产业园区环境整治通过验收,全面推进水环境整治,完成河道治理451.7公里,2801家工业企业废水整治达标,以中心镇为重点的城镇污水处理工程加快建设,路桥区被评为全省“811”环境污染整治工作先进集体。省级环保模范城市创建通过验收,我市被列入全国农村环境保护工作试点,绿心生态区建设管理取得新进展。

改善民生维护稳定。全面贯彻落实改善民生决定,加快发展社会事业,加强就业和社会保障,强化社会管理,切实为民办实事,全市各级财政支出增量的75%用于民生。实施“中心校”战略和农村教师任教津贴制度,免除城乡义务教育阶段学生课本费、作业本费和符合条件的外来民工子女义务教育借读费,初中、小学生均公用经费分别提高到450元和300元,免除中职学校三大类紧缺专业一、二年级学生学费。台州学院通过教育部本科院校教学水平评估,台州科技职业学院新校区工程开工。全市各级财政教育支出39.06亿元,增长17.4%。加强基层文化建设,组织1502场演出、4.02万场电影、11.45万册图书到农村,完成70个行政村有线电视联网,为5043户城乡低保家庭减免有线电视初装费。全市各级财政文化支出3.84亿元,增长49.7%。完善城乡医疗服务和公共卫生体系,健全社区卫生服务网络,新建社区卫生服务站81家,加强重大疫情和传染病防控,推进农民健康工程。全市医疗卫生支出7.28亿元,增长19.3%。广泛开展“全民健身与奥运同行”活动,第三届市运会、首届市残运会和第四届市老年运动会成功举办。不断加强人口和计生工作,低生育水平保持稳定,黄岩区成为国家级计划生育优质示范区。基本消除城镇零就业家庭,净增就业5.42万人,新增参保企业职工基本养老保险8.9万人、城镇职工医疗保险9.85万人、工伤保险35.12万人、失业保险7.26万人、生育保险4.4万人,五大社会保障基金支出24.6亿元,增长30.19%。城镇居民医疗保险参保33.5万人、实行两年一次免费健康体检,新型农村合作医疗参保率89%,人均筹资额107元。实施贫困残疾人免费助听助明助行工程,给予贫困持证重度残疾人全额低保补助。落实廉租住房1.31万平方米,新增住房公积金缴存人数2.27万人,完成农村困难群众危旧房改造737户。“严打”整治不断深化,“实效大防范”工程扎实推进,市公安局“三基”工程建设荣获全国先进,奥运安保攻坚取得全面胜利。层层落实维稳和信访责任制,来信来访等指标继续下降。流动人口服务管理网络建设得到加强。妥善处置“问题奶粉”等公共安全事件,食品药品专项整治不断深化,重大动植物疫病防控和农产品安全监管进一步加强,玉环县被评为全国食品安全示范县。全面落实安全生产责任制,大力开展安全生产隐患整治,安全生产事故起数、死亡人数和直接经济损失分别下降7%、8.2%和19.6%。应急预案管理体系不断完善,海洋渔船安全救助信息系统建设全面启动,海上搜救工作取得成效。国防动员、拥军优属和优抚安置工作进一步加强。妇女、儿童、关心下一代和老龄、残疾人、慈善等事业得到发展。审计、地方志、民族宗教、外事侨务、对台事务和出入境检验检疫、海关、海防、人防等工作取得新成绩。

加强政府自身建设。全面落实依法行政实施纲要,认真贯彻执行市人大及其常委会作出的决议和决定,坚持重大事项向人大报告和政协通报制度,加强建议、提案办理工作,185件人大代表建议、307件政协提案全部办复。不断健全科学民主决策制度,积极发挥政府决策咨询委和法律顾问团作用。全面完成村委会换届选举,扎实推进和谐社区建设。深化行政审批制度改革,建成电子政务实时监察系统,取消、调整、下放行政服务审批项目356项,对27个具有行政审批职能的部门内设机构进行职能归并。全面实施政府信息公开制度。积极构建公共财政体系,深化部门预算管理改革,从严控制行政性开支。深入开展“树新形象、创新业绩”主题活动,不断完善领导干部蹲点调研和“千名处(科)长进企业”等作风建设机制。全面落实党风廉政建设责任制,对市级30个部门60个关键岗位实行重点监督、绩效考评,政风建设得到加强。

全力支援四川地震灾区抗震救灾,全市接收捐赠款物2.51亿元,派出各类救援人员860多人,完成4050套过渡安置房建设和9.6万顶救灾帐篷生产任务,对口援建的青川县三镇一乡重建工作有序推进。

过去一年的成绩来之不易。这是省委、省政府和市委正确领导的结果,是全市人民克难奋进、负重拼搏的结果。在此,我谨代表市人民政府,向在各个领域辛勤劳动的全市人民,向对政府工作给予大力支持和监督的人大代表、政协委员,向各民主党派、工商联、人民团体、社会各界,向驻台部队、武警官兵、政法干警、在台省部属各单位,向所有关心和支持我市发展的海内外朋友们和新台州人,表示衷心的感谢和崇高的敬意!

我们清醒地看到,当前我市经济社会发展存在很多问题。企业生产经营困难加剧、经济下行加快、财政收支平衡压力加大等问题突出,生产总值、固定资产投资和消费价格指数未完成预期目标。自主创新动力不足、能力不强,要素和环境制约仍然突出,影响科学发展的体制机制瓶颈尚未突破。中心城市带动力不强,城市功能还不完善,城市管理水平亟待提高。统筹城乡发展的力度还需加大,部分群众生活比较困难,民生工作需要进一步加强。经济结构性、素质性、体制性矛盾和社会事业发展滞后、社会保障能力较弱等深层次问题交织,加大了经济社会持续稳定发展的难度。从政府自身角度分析,政府职能转变与推动科学发展的要求还不完全适应,依法行政能力有待提高,一些政府工作人员服务意识不强、作风不实、效率不高,形式主义、官僚主义不同程度存在,反腐倡廉工作仍需加强。我们一定高度重视,始终保持忧患意识和清醒头脑,采取有力措施切实加以解决。

二、2009年的形势和目标

2009年是深入学习实践科学发展观的重要之年,也是保增长、保民生、保稳定的非常之年。越是这个时候,越要深刻认识政府工作面临的困难和挑战、肩负的压力和责任,务必更加清醒、更加坚定、更加奋发有为。

我们要看到,国际金融危机尚未见底,对实体经济的影响进一步加深。台州经济面临国际需求明显减少与国内需求不足的双重挑战,长期形成的结构性矛盾和粗放型增长方式尚未有效改变,增速下滑成为当前经济运行中的突出问题,经济金融风险对就业和社会稳定的影响不可低估。我们还要看到,危机在导致国际市场需求萎缩的同时,也带来能源、原材料等资源要素价格的回落,有利于我市企业降低成本,更好地利用国际先进技术和人才等要素资源。中央采取扩大内需的一系列宏观经济政策,为加快我市重大项目建设提供了难得机遇。省委、省政府将台州确定为全省民营经济创新发展综合配套改革试点,温台沿海产业带建设上升到全省战略层面,为加快台州发展创造了有利条件。特别是在提振信心的关键时期,省委常委会专题听取台州工作汇报,提出了"五个新"的要求,为台州发展进一步指明了方向。我们更要看到,台州的发展环境和区位条件正在积极改善,我们有改革开放30年积累的较为坚实的物质基础和应对各种风险挑战的工作经验,有历经市场经济风雨洗礼,创新意识、拼搏精神和应变能力俱强的企业家队伍,有"硬气、灵气、大气、和气"的台州精神。只要我们坚定必胜信心,保持昂扬斗志,沉着应对挑战,就一定能够变危机为契机,化压力为动力,赢得发展的主动权。

今年政府工作的总体要求是:认真贯彻党的十七大、十七届三中全会和中央经济工作会议精神,深入学习实践科学发展观,按照省委常委会专题研究台州工作指示要求和市三届六次党代会精神,坚持"两创"总战略和"三个台州"战略,保增长、抓转型、重民生、促稳定,努力实现经济社会又好又快发展。在安排计划和制定措施中,牢牢把握"四个坚持":

*坚持把保稳促调作为中心任务。*以"企业服务年、项目推进年"为抓手,把解决当前发展的突出问题放在"稳"上,把解决长远发展的核心问题放在"调"上,促进速度与结构、质量、效益的有机统一。

*坚持把改善民生作为出发点和落脚点。*围绕事关群众切身利益的热点、难点问题,充分发挥企业在发展经济和保障民生中的基础性作用,切实增加社会就业,提高居民收入,及时化解和消除各种不稳定因素,促进社会和谐。

*坚持把改革创新作为根本动力。*进一步解放思想,用改革的办法破解难题,用创新的举措应对挑战,大力推进民营经济创新发展综合配套改革,努力在重点领域和关键环节的改革上取得突破,切实推动民营经济在创新转型中发展壮大。

*坚持把统筹兼顾作为根本方法。*统筹城乡、区域、经济社会、人与自然、国际与国内发展,兼顾长远与当前、全面与重点、需要与可能的关系,系统推进经济、文化、社会、生态文明和政府建设,增强发展的协调性、工作的系统性。

综合考虑经济社会发展趋势,建议2009年国民经济和社会发展主要目标为:全市生产总值增长9%;全社会固定资产投资增长10%,自营出口增长12%以上,居民消费价格总水平涨幅控制在4%以内;财政总收入和地方财政收入均增长7%,城镇居民人均可支配收入和农村居民人均纯收入分别增长7%和8%;万元生产总值综合能耗下降4%,化学需氧量和二氧化硫排放量分别下降3%和1%;城镇登记失业率控制在4.0%以内,人口自然增长率控制在7‰以内。

遵循"普惠、扶弱、尽力、当年"的原则,努力办成十方面的民生实事:一是新增城镇就业4.5万人,确保城镇零就业家庭发现一户、解决一户。二是对2500名贫困残疾人免费助听助行助明,对贫困持证重度残疾人给予全额低保补助。三是新增机构养老床位1800张。四是新增城镇居民基本医疗保险参保人数8.5万人,各县(市、区)新型农村合作医疗人均筹资达到140元以上。五是完成1400户农村困难群众危旧房改造,推进廉租住房建设。六是初中、小学生均公用经费最低标准分别提高到550元和350元,继续实施就读中职三大类专业一、二年级学生免学费政策,免除就读其他专业、人均年收入低于4000元的农村家庭中职学生学费。七是新建市区供水管网67.2公里,改造5.13公里,完成20个居民区"黄水"治理,解决17.7万农村人口饮水安全问题。八是组织1500场演出、3.67万场电影、10万册图书到农村,免除城乡低保家庭有线电视初装费和维护费。九是完成230家工业企业废水达标整治、疏浚清淤河道470公里、治理规模化畜禽养殖场354个,新建市区一、二级截污管线76.47公里,推进截污工程建设。十是建成海洋渔船安全救助信息系统。

三、确保经济平稳较快增长

把保增长作为首要任务,以扩大内需为契机,以帮扶企业为当务之急,以项目建设为重中之重,积极帮助企业增强信心、开拓市场,努力促进投资、消费、出口协调拉动。

*加大对企业解困帮扶力度。*深入实施"企业服务年",进一步凝聚"保企业就是保发展、保就业、保稳定、保后劲"的共识。落实增值税转型、出口退税等税收优惠和社保基金减征、涉企行政事业性收费取消暂停等政策。积极开展银企合作和项目对接,引导金融机构落实中央适度宽松的货币政策,扩大银团贷款、技改贷款和"短改长"贷款,加大对企业特别是中小企业支持力度。鼓励行业龙头企业和优势企业兼并重组落后企业、困难企业,鼓励关联企业联合重组。支持企业开拓市场,在扩大内需中分享更大的市场份额。加强对主导行业、重点企业经营状况监测和分类指导,严格规范控制各种涉企检查、评比、达标、表彰和培训活动。

*促进有效投资较快增长。*深入实施"项目推进年",以基础设施和产业化项目为重点,全面推进"一带五百"建设。实施重大项目建设行动计划,安排投资160亿元。在新中国成立60周年之际,实现甬台温铁路通车,从此结束台州不通火车的历史!确保诸永高速公路台州段、35省道临海东延段等项目建成通车,加快台金高速东延段、椒江二桥等项目建设进度,确保82省道复线、62省道天台段改建等项目开工建设,力争甬台温高速改扩建台州段、头门疏港公路、104国道改建等项目开工,推进台金铁路项目前期工作。确保500千伏台东变、玉

环变投产,天台山风电项目并网发电,加快三门核电一期、大陈岛风电场一期等项目建设,争取仙居抽水蓄能电站开工,推进浙能三门电厂前期工作。加快永宁江治理二期、金清新闸二期项目建设,做好栅岭汪排涝调蓄和朱溪、方溪水库等项目前期工作。积极引导扩大装备制造业、先进临港产业、现代服务业等项目投资,计划完成重大工业项目投资40亿元、新兴产业项目投资67亿元。以沿海产业带为重点,深化产业招商,推进与跨国公司、央企和国内大型民营企业的战略合作,加大先进装备、技术和管理经验的引进吸收力度,落实台州商人大会签约成果,争取回归工程到位资金20亿元。加快新一轮土地利用总体规划修编,优化建设用地资源配置,优先解决重大项目用地,加强用地批后管理。做好重大项目资金平衡和融资对接,积极争取中央、省资金支持。加强项目储备,重视项目前期,完善协作机制,加大政策处理和组织实施力度,提高项目的报批率、供地率、落地率和开工率。

保持外贸出口稳定增长。努力转变外贸增长方式,积极调整出口产品结构和市场结构,稳定劳动密集型产品出口,推进国家汽车及零部件出口基地建设,加强自营出口主体和出口名牌培育,扩大高附加值产品出口,巩固传统市场,拓展新兴市场,千方百计保市场份额。支持企业"走出去"发展,开辟境外制造基地和自主贸易渠道,完善国际营销网络。健全贸易壁垒预警机制,引导企业严格内部财务管理和货币结算,加强行业自律,规避贸易风险。用足用好国家扶持进口有关政策,引导企业抢抓各类资源,推动进口贸易扩大规模、提升档次。规范企业进出口经营行为,提高口岸大通关水平。推进长三角区域合作,积极融入海峡西岸经济区。

扩大城乡消费需求。实施低收入群众增收行动计划,促进城乡居民特别是困难群体增收,提高居民消费能力。加强就业、就学、就医等社会保障和基本公共服务体系建设,增强居民消费信心。健全社区便民服务措施,完善城乡消费品、生产资料和农产品流通网络体系,发展消费信贷,积极开展"家电下乡",培育居民消费热点。发展二手房和住房租赁市场,鼓励支持普通自住住房和改善型住房消费。

四、加快转变经济发展方式

把转型升级作为主攻方向,以增强自主创新能力为核心环节,优化产业和城乡区域结构,构建"一带一轴一群"发展平台,积蓄发展能量,增添发展活力,增强发展后劲。

构建现代产业体系。实施自主创新能力提升行动计划,大力开展自主创新企业试点,推动企业加大技改和研发投入,加强企业技术、研发和检测中心建设,培育发展高新技术企业。推进公共创新平台建设,深化院地校企合作,积极引进国防科研机构及项目,加快浙大台州研究院、中科院台州应用技术研发与产业化中心建设,建成中国汽车工程研究院浙江分院。推进质量振兴、品牌和标准化战略,实施市长质量奖,推动企业争创驰名商标和中国名牌产品,开展国际标准认证,努力创建国家知识产权示范城市。分类分层加强企业家和专业技术、高技能及农村实用人才培养,积极引进培养科技领军人才、创新团队和产业发展紧缺人才,建设一批省级高技能人才实训基地。大力发展先进制造业,做大做强"5+1"主导行业,发展高新技术产业和装备制造业,积极培育新材料、新能源产业,推动船舶企业整合提升,加快发展先进临港重化工业,深化炼化一体化项目前期,加强石化下游产品规划研究。加大行业龙头企业培育,完善生产服务体系,推动传统块状经济向现代产业集群转变。引导企业深入开展精益管理、绩效管理和流程再造,推进管理信息化,培育一批管理创新示范企业。做大做强建筑业。加快发展现代服务业,进一步放宽市场准入,推进政府服务外包,积极推动企业主辅业务分离,促进制造业和服务业融合发展。大力发展生产性服务业,加快发展金融保险、现代物流、科技服务、信息服务、文化创意等产业,加强现代服务业集聚区建设,培育总部经济和楼宇经济,支持路桥商贸城建设。积极发展就业吸纳能力强、市场需求大的生活性服务业。拓展旅游产业链,加强旅游设施建设,培育规范旅游市场,打响台州旅游品牌。加快第三代移动通信网络建设。积极发展现代农业,深化农业特色产业"三强"工程,推进现代农业"三大平台"建设,深入实施"万元田"工程,做大农业特色优势主导产业,支持发展设施农业、休闲观光农业和"农家乐"。进一步规范、扶持、壮大农民专业合作社。积极拓展市外农业生产基地。做深农产品加工,加大农业龙头企业和品牌农产品培育力度,发展有机食品、绿色食品和国家无公害农产品。积极培育农产品连锁经营、物流配送和电子商务等新型业态,加强农产品集配中心和促销会展平台建设,搞活农产品流通,促进农业增效、农民增收。

统筹生产力布局。全力推进沿海产业带建设,构筑"大平台、大配套、大港口、大产业"的发展格局。优化产业功能布局,强化区块衔接,加快与生产、生活配套的基础设施建设,提高台州滨海工业区块示范带动能力。完善投资导向目录,提高准入门槛,积极引进石化、能源、汽车等产业大项目。加快三山北涂、十一塘、黄礁涂、南洋涂、北洋涂、担屿涂、漩门三期等滩涂围垦。强化港口资源综合开发,全面推进"一港六区"建设。加强海洋资源开发利用,规范海域使用管理,加快标准渔港建设,发展港口航运、临港工业、滨海旅游、海洋生物医药、水产养殖等产业。积极构建沿江发展轴,按照"统筹规划、生态优先、因地制宜、加快发展"的原则,加强椒江、永宁江、灵江、永安溪、始丰溪等沿江沿溪保护开发,突出抓好椒江、永宁江、灵江两岸的规划建设,努力形成城市景观带和经济增长带。

推进新型城市化。坚持城市发展与生产力布局优化相结合,促进台州市域总体规划、城市总体规划、土地利用总体规划的有机对接。加紧构建台州城市群,明晰各县域城市定位,促进差异化发展,形成以中心城市为龙头,副中心城市、县域城市、中心镇、一般建制镇、中心村梯次互动的城市发展新格局。加强城市资源统筹利用,完善城际网络,抓紧规划台州轨道交通,加快市域路网、水网、电网、信息网建设,计划完成城乡建设项目投资130亿元。坚持"做强龙头、带动全市",加强产业和人口集聚,完善城市功能,提高中心城市的凝聚力和辐射力,推进市区一体发展。继续实施"710"工程,加快台州火车站通站道路、台州大道二期、开发大道、东二路、疏港大道、桔乡大道北延、双水路二期等道路建设,加强中央商务区、东商务区、西商务区、黄岩江北片、路桥新城等重点区块开发建设。加快排污、供水、环卫等设施建设,探索水务管理体制改革。抓紧规划市区快速公交,加强公交和出租车管理。推动"绿心"保护性开发。深化"多城同创",推进"数字城管",促进城市洁化、绿化、亮化、美化。

加强新农村建设。落实粮食安全行政首长负责制,加强粮食、生猪生产,完善供应预警机制,加快中心粮库、粮食物流中

心和粮食批发市场建设,确保安全有效供给。稳定和完善农村基本经营制度,积极推动土地承包经营权流转和适度规模经营,深化集体林权制度改革。健全农村土地管理制度,推进征地制度改革。加强农业服务体系建设,推进农村新型合作"三位一体"服务平台建设,深化基层农技推广机制改革,加大政策性农业保险和农村住房保险力度,扶持发展农业信用担保,推广"一卡一点一服务"。扩大村镇银行试点,加快农村合作银行股份制改造。稳妥推进农村社区股份合作制改革,发展壮大村级集体经济。完善村居自治,加强城乡社区建设。增强农村劳动力素质培训的实效性,促进农民转移就业。继续实施"百千"工程,完成390个村整治和90个村的生活污水处理项目,加快农村垃圾集中无害化处理,探索城乡环卫投入和运行机制,加强农民住宅建设和管理。加快农村公路路面改造和安全设施建设,推动村内道路硬化。加快城乡客运公交化,提高农村班车通达率。深化"南北协作",探索新的合作模式和领域。加强台州北部、黄岩西部山区和椒江大陈岛的开发保护,落实大中型水库移民后期扶持政策。积极参与"山海协作",做好对口支援帮扶工作。

*加快民营经济创新发展。*实施"513"企业股权重构三年行动计划,推进股权多元化改造,健全法人治理结构,加快建立职业经理人制度,加强企业上市工作。推动要素市场化配置,积极探索环境资源化和资源有偿化改革,加快公用事业特许经营权转让改革。加快发展地方金融,支持地方商业银行发展,继续做好小额贷款公司试点工作,进一步培育金融、保险、证券市场,完善信用担保体系。加快投融资体制改革,做强政府投融资平台。推广工资集体协商制度与集体合同制度联动改革,推进行业协会(商会)和中介组织改革发展。

*加强资源节约和环境保护。*实施资源节约与环境保护行动计划,发展循环经济,推广清洁生产,突出抓好工业、交通、建筑等领域节能。推进低丘缓坡开发利用,加快农村宅基地整理,鼓励建设多层厂房,加大地下空间资源开发利用,加强土地执法检查。加快生态市十大工程建设,积极创建生态县、生态乡镇和生态村,加快沿海防护林体系建设,筹建括苍山省级自然保护区,加强长潭、牛头山等重点饮用水源地保护,加快建立生态补偿机制。继续实施"811"环境保护新三年行动,完成4个重点区域、5个工业园区环境污染整治,深化医化、家具等重点行业整治,加快省级中心镇污水处理设施建设。继续抓好国家环境保护模范城市创建,全面推进农村环境保护试点。

五、全力改善民生维护稳定

经济越是困难,越要保障和改善民生,越要强化维稳第一责任。加大薄弱领域社会发展力度,着力解决难点热点问题,促进社会和谐稳定。

*加强就业和社会保障。*把就业再就业工作放在更加突出的位置,高度重视高校毕业生就业、企业下岗失业人员再就业和零就业家庭就业。加强对全社会就业的分析监控,实施与就业挂钩的企业发展支持政策,努力稳定现有就业岗位。完善鼓励各类组织开发就业岗位的政策措施,充分发挥政府投资和重大项目带动就业的作用,多渠道增加就业容量。降低创业准入门槛,进一步完善和落实鼓励自主创业、自谋职业的政策,促进以创业带动就业。加强城乡就业公共服务和救助体系建设,加大就业技能培训力度,提高劳动者就业再就业能力。加强劳动争议处理平台建设,推广特殊行业欠薪保障金制度,严肃查处企业欠薪逃匿行为。建立健全覆盖城乡居民的社会保障和救助体系,完善"五费合征"制度,稳妥推进社保扩面,提高企业退休人员养老金、重点优抚对象抚恤补助和城乡居民最低生活保障标准。深化养老保险制度改革,探索城镇未就业居民和农村居民基本养老保障制度建设。加强被征地农民基本生活保障。推进城乡居民基本医疗保险和未成年人医疗保险,探索农民工参加医疗保险办法,扩大新型农村合作医疗覆盖面,提高筹资水平。改善城市中低收入家庭住房条件,扩大廉租住房保障范围,加快农村危旧房改造。加强城乡法律援助体系建设,切实保障妇女、未成年人和残疾人合法权益。高度重视人口老龄化问题,健全养老服务体系,实施残疾人共享小康工程,设立台州慈善公益日。加强和改善对流动人口的服务管理,开展居住证制度试点,充分发挥"新台州人"的积极作用。

*加快发展社会事业。*实施基本公共服务均等化行动计划,切实加强教育、卫生、文化等工作。以提高教育质量为根本,推进素质教育,继续加强义务教育、高中段教育,加快发展学前教育,加大对困难群众子女和民工子弟就学扶助力度,落实义务教育学校绩效工资制度。大力扶持农村学校,完善农村教师激励和城乡教师合理流动政策,推进"中心校"战略和"初中联盟"建设,促进教育均衡发展。重视台州经济开发区教育管理,提高开发区教育发展水平。以高等教育和职业教育为依托,加强产学研和校企合作。加快台州学院椒江校区后续项目建设,确保台州科技职业学院新校区投入使用,支持台州职业技术学院创建省级示范性高职院校,依托台州电大进一步办好社区大学。做好国家二类城市语言文字工作评估迎检。健全基层医疗卫生服务体系,加强城乡社区卫生服务机构能力建设。深入实施"农民健康工程",积极开展卫生镇、卫生村创建工作,做好农民饮水消毒和农村改厕工作,大力创建国家卫生城市。加强传染病防治、精神卫生工作,加快设施建设。加强卫生监督执法,完善医患纠纷调处机制。加强公共文化服务体系建设,大力实施"三个三"文化计划和基层文化覆盖工程,启动建设台州市博物馆、科技馆,建好乡镇综合文化站,基层文化俱乐部建成率达到80%。突出民办文化特点,培养文化名人,多出文化精品。加强文化遗产传承和保护工作。基本实现有线电视网络和基层文化信息网络全覆盖,推进数字电视工作。深入开展全民健身运动,提高竞技体育水平,积极备战省首届体育大会和第十四届省运会。实施人口计生"双基工程",强化流动人口计划生育管理,有效控制性别比,提高人口素质。重视老干部和关心下一代工作。进一步做好民族宗教、外事、侨务、对台事务和海事工作,加强统计、档案、地方志、气象等工作。

*切实维护社会稳定。*建立健全风险预警系统和协调处置机制,防范化解经济金融风险。推进企业、个人征信建设,引导督促企业履行社会责任。加强食品药品质量全程监管,强化源头预防和治理。健全产品质量安全监管体系,全面推进"十小"行业质量安全整治。加强基层安全生产监管网络建设,强化日常监管,完善执法机制,督促企业履行主体责任,深化隐患排查和重点行业专项整治,确保安全生产"三个零增长"。完善基层防汛体系,加快"强塘固房"等防灾减灾工程建设。加强应急管理,增强群体性和突发公共事件应急处置能力。强化信访工作责任制,夯实基层基础,畅通社情民意反映渠道,健全矛盾纠纷排查调处机制。加强社会治安打防控体系和基层基

础建设,深入实施“实效大防范”工程,加快社会治安动态视频监控系统建设,加大黄赌毒查禁力度,保持对涉黑涉恶犯罪、严重暴力犯罪、“两抢一盗”打击的高压态势。做好海防管理和人民防空工作。大力支持驻台部队建设,加强国防教育和后备力量建设,深入开展“双拥”共建活动,落实优抚安置政策。

六、大力建设服务型政府

形势越严峻、任务越繁重,越要加强政府自身建设。切实转变职能、提高效能、改进作风、加强服务,不断优化发展环境。

加快职能转变。强化社会管理和公共服务,完善经济调节和市场监管,推进政企、政资、政事、政府与市场中介组织分开,注重形势预测和价格监测。落实扩权强县和中心镇扩权政策,加快建立权责对称、自我约束的分层调控机制。完善公共财政体系,优化公共资源配置,更多地向农村、基层、困难群体倾斜。

推进依法行政。严格执行人大及其常委会的决议、决定,自觉接受人大及其常委会的法律和工作监督,定期报告重大事项。认真接受人民政协的民主监督,主动听取民主党派、工商联、无党派人士和人民团体的意见建议,切实做好人大代表建议和政协提案办理工作。进一步健全政府重大决策专家咨询、重大事项社会公示听证制度,建立公开透明、程序规范的行政决策、执行和监督机制。实施公民权益依法保障行动计划,推进政府信息公开,保障公民知情权、表达权、参与权和监督权,加强行政复议。组建城市管理综合执法局,落实行政执法责任制,强化行政执法监督。

加强效能建设。聚焦“保稳促调”,按照“从快、从急、从重、从简”要求,创新管理方式,提高服务水平。深化审批制度改革,全面清理和规范非行政许可审批事项,大力推行行政审批全程代理制、重大项目联合审批制、限时办结制和网上审批制,完善电子监察系统,加强行政服务中心建设,进一步提高办事效率。积极发展电子政务,推动政务信息资源共享,切实增强政府网上服务功能和跨部门协同服务能力。加强政府绩效管理,全面推行对市、县两级部门关键岗位的重点监督和绩效考评工作,强化行政问责。

切实转变作风。认真开展深入学习实践科学发展观活动,切实增强贯彻落实科学发展观的自觉性和坚定性,着力转变影响和制约科学发展的思想观念和体制机制,着力解决经济社会发展中的突出矛盾和问题。加大对公务员教育、管理和监督力度,建设高素质的公务员队伍。全面推行“一线工作法”、民主恳谈等做法,问政于民、问需于民、问计于民。完善为民办实事长效机制,取信于民。进一步加强反腐倡廉工作,落实党风廉政建设责任制,重视行政监察、审计监督,加强对新增投资项目实施和资金使用情况的监督管理,强化国有资产和工程招投标、政府采购、土地出让等重点领域的监管,推进建设工程代建制,加强政府性资金使用绩效评价和债务管理,严肃查处各类违法违纪案件,切实纠正损害群众利益的不正之风。厉行勤俭节约,严格控制行政成本,各级机关公用经费压缩5%,专项经费、会议经费“零增长”,市级部门公务用车购置冻结一年,出国经费支出压缩20%,把有限财力更多用于改善民生。

历史是人民创造的。我们坚信,任何困难都不能改变台州儿女创造幸福的美好愿望,任何挑战都阻挡不了全市人民加快发展的坚定步伐!让我们紧密团结在以胡锦涛同志为总书记的党中央周围,在省委、省政府和市委的坚强领导下,万众一心,迎难而上,真抓实干,谱写改革开放新篇章,开创科学发展新局面,以优异成绩迎接新中国成立60周年!

(在台州市第三届人民代表大会第六次会议上)

政府工作报告

2009年12月4日

马鞍山市市长　周春雨

一、抢抓机遇、攻坚克难、奋力开拓的2008年

刚刚过去的2008年，是马鞍山改革发展进程中极不平凡、经受挑战并取得重大成就的一年。一年来，面对自然灾害和突发事件的严峻考验，面对国际金融危机对我国经济的巨大冲击，在省委、省政府和市委的坚强领导下，全市上下认真贯彻党的十七大、十七届三中全会和胡锦涛总书记两次视察安徽重要讲话精神，全面落实科学发展观，较好地完成了市十四届人民代表大会一次、二次会议确定的年度目标任务，全市经济社会发展主要指标实现"十大突破"，与长三角发展差距进一步缩小，在推进"又好又快新跨越、率先全面达小康"征程上迈出了坚实的步伐。

预计全市实现生产总值突破600亿元，达618亿元，比上年增长16%。人均生产总值突破7000美元，达7019美元。财政收入突破100亿元，达110.2亿元，增长20.5%。全社会固定资产投资突破400亿元，达402亿元，增长21.3%。规模以上工业销售收入突破1000亿元，达1200亿元，增长33.1%。中小企业总数突破1万户，提前2年实现中小企业发展目标。社会消费品零售总额突破100亿元，达105亿元，增长21.3%。实际利用外资突破5亿美元，达5.1亿美元，增长37.4%。实际利用内资突破200亿元，达220亿元，增长47.8%。全面小康实现程度突破九成，达91.3%，比上年提升4.8个百分点。

（一）*积极应对复杂多变的宏观形势，工业经济保持快速增长*。一年来，我们认真贯彻中央宏观调控政策，在抢抓机遇中努力推动经济加速增长，在克服困难中全力保持经济平稳运行。抓住上半年宏观经济环境总体宽松的有利时机，我们强化经济运行调节，确保各种生产要素供给，千方百计支持企业扩大生产和销售。上半年全市生产总值增幅位居全省第一，规模以上工业增加值保持全省第二。在下半年特别是第四季度经济困难明显加重、我市支柱产业遭遇冲击较大的情况下，我们按照中央"出手要快、出拳要重、措施要准、工作要实"的要求，及时出台促进经济增长的一系列政策措施，着力防止经济出现大的起伏，较好地保持了经济平稳较快发展的势头。

着力实施工业强市战略，狠抓重点项目建设。积极帮助企业及时化解生产要素制约，采取有效措施推动银企对接，全年为各类企业减税、减费、让利20多亿元，促进工业经济加快发展。马钢紧紧围绕"快速转变发展方式、显著提高经营效果"工作主题，灵活调整生产经营思路，大力提升品种质量，扎实开展降本增效，在下半年钢材市场价格持续大幅下跌的困难条件下，全年销售收入仍超过700亿元。车轮扩能改造项目竣工投产，成为全球最大车轮生产基地；大型支承辊和锻钢生产线项目快速推进，"十一五"后期结构调整项目前期工作全面启动。华菱3万辆重卡扩建项目通过国家发改委核准，新产品开发和市场开拓成效明显。山鹰20万吨高强瓦楞原纸技改项目竣工，马鞍山发电厂两台60万千瓦机组扩建项目前期工作全面展开。投资12.9亿元的电网建设项目与省电力公司成功对接。加大专精特新企业培育力度，安徽冶金装备制造基地挂牌成立，机械刃模具、食品加工等产业集群逐步壮大。全年完成工业性投资245亿元，增长15.4%；新增规模以上工业企业120户，规模以上工业实现增加值375亿元，增长22%。

加大自主创新和节能减排力度，加快工业经济结构调整步伐。马钢启动实施高速列车车轮等国家级自主创新项目，成功开发X80管线钢等高端产品。矿院国家"十一五"科技支撑计划二期重大项目获批，国家重点实验室申报工作取得重大进展。国家钢铁及制品质量监督检验中心开工建设。"863"新材料基地主体园区基本建成，2个计划引导项目通过科技部验收，茂文科技园等项目开工建设。成功举办第三届安徽（马鞍山）产学研合作项目对接会，与中科院合肥物质科学研究院建立全面合作关系。马钢、矿院各有1个项目荣获"国家科技进步二等奖"。全市有1个项目获国家火炬计划立项，210多项专利获得授权，7个产品被授予"安徽名牌"。新增高新技术企业12家、高新技术产品34个，总数分别达88家、129个；实现高新技术产业产值340亿元，增长25%。加强钢铁、电力、造纸和建筑等重点行业节能减排工作，实施58项节能减排重点工程，45项建成发挥环境效益。重点企业污染源在线监控实现全覆盖，第一次污染源普查工作顺利完成。永久性切断"五小"、"两高"企业供电，列入淘汰的落后产能设备基本拆除完毕，460万吨钢铁产能置换项目获准实施。市第二污水处理厂运营模式顺利转换，东部污水处理厂、慈湖污水处理厂前期工作加快推进。全市万元生产总值综合能耗下降4.1%，主要污染物排放量控制在省下达指标以内。

（二）*率先开展城乡一体化综合配套改革，新农村建设加快推进*。立足我市农村经济社会发展现状，制定出台城乡一体化综合配套改革总体方案和8个专项方案，对今后几年工作作出具体安排。花山区改革试点工作扎实开展，张庄中心村首批农民公寓开工建设，濮塘中心村规划正式启动，霍里镇"镇改街"获得批准。农村综合改革向纵深推进。集体林权制度改革进入扫尾阶段。兽医管理体制改革全面完成。种植业政策性农业保险投保率居全省前列。农村集体土地上房屋权属登记发证工作取得积极进展。第七届村民委员会换届选举顺利完成。实施结对帮扶制、试点镇村综合考核末位淘汰制，新农村建设试点工作稳步推进。

着力发展现代农业，农村经济加快增长。全年实现农业增加值25亿元，增长22%。粮油全面增产，粮食总产创历史新高。苗木花卉等优势农产品基地规模进一步扩大，河蟹、畜禽规模养殖比重持续上升。农业产业化快速推进，全市有2家龙头企业营销收入超10亿元，黄池食品集团成为国家级农业产业化龙头企业，新增农民专业合作社30家。在建、续建"三

资”农业项目109个,实际到位资金4.2亿元。万头奶牛和优质生猪养殖被列入全国农业标准化示范区项目,全年新增绿色食品7个、无公害农产品11个。

加快发展公共事业,农村生产生活条件持续改善。高度重视农村留守儿童教育工作,全面完成农村中小学D级危房改造任务。建成标准化乡镇卫生院5所、村卫生室52所。20户以上自然村“村村通”有线电视工程在全省率先完成。调整新型农村养老保险农民参保缴费政策,全市新农保参保率比上年提高8个百分点。农民工工资支付长效机制进一步完善。澄湖路、青黄路竣工通车,建成通乡油路40公里,农运班线覆盖率达92.5%。实施病险水库、涵闸除险改造37座,大公圩排涝泵站改造全面建成。农村生活垃圾集中处置在市郊基本实现,并在当涂县6个乡镇全面推开试点。实施“新网工程”,组建农资消费合作社,供销社开放办社积极推进。

(三)大力促进服务业跨越发展,第三产业发展水平得到提升。制定现代物流业发展规划和扶持政策,推动生产性服务业加快发展。长江港口公共码头开港,天顺码头投入试运行,长运物流港、人头矶码头开工建设,港口年吞吐量创历史最高水平。中石化加油加气合建站布点建设快速推进,中油高佳加气子站竣工运营,出租车“加气难”问题有所缓解。成功举办中国(马鞍山)刃模具暨剪折机床博览会。省内一流的机械化生猪屠宰厂动工兴建,安民农副产品批发市场二期工程竣工,塘南水产品专业市场建成运营。软件产业成为新亮点,与上海徐汇国家级软件基地交流合作机制全面建立,北大软件技术人才实训基地成功创办,佳达创意软件园建设进展顺利,全市累计兴办软件企业20多家。各金融机构积极优化信贷结构,创新服务方式,在服务地方经济中实现长足发展。去年末金融机构贷款余额329亿元,比上年增加25亿元。农村合作银行荣获“全国小企业金融服务先进单位”称号,改制组建全国第一家市级农村商业银行获得批准。邮政储蓄银行马鞍山分行挂牌运营。浦发银行马鞍山支行获准筹建。徽商期货落户马鞍山。融资担保体系进一步完善。

推动消费结构升级,生活性服务业水平明显提升。商贸流通业蓬勃发展,跃居2008年福布斯中国大陆最佳商业城市百强榜第77位。沃尔玛主体工程封顶,大华国际广场二期、花山美居项目加快推进,新都市场一期工程完工,早餐工程顺利实施。一批生态旅游项目开工建设,李白墓园成为国家3A级旅游区,蒙牛乳业(马鞍山)公司、当涂园艺村分别被命名为全国工业、农业旅游示范点。按照“鼓励首购房、小套房,搞活二手房、二套房”的总体要求,出台十二条政策措施,促进房地产市场平稳健康发展。全年新开工房屋面积211万平方米,竣工面积148万平方米。加强保障性住房建设,6000多套安置房、312套廉租房交付使用,廉租住房补贴人数、额度大幅增长。21个危旧房改造工程加快推进,15个老旧小区综合整治全部完成。

(四)深入推进改革开放,经济发展动力与活力进一步增强。以纪念改革开放30周年为契机,继续深化重点领域改革。制定出台国有建设用地使用权净地出让制度,修订完善征地拆迁补偿安置办法。按照“能放则放、规范分配、促进发展、逐步完善”的原则,制定出台市区财政体制改革办法,从体制机制上进一步调动三区加快发展的积极性。整合公立医疗资源,组建市立医疗集团,以政事分开、管办分开为重点的医疗卫生体制改革在全省率先实施。出台深化文化体制改革若干意见,市工人剧场、人民会堂完成改制。事业单位岗位设置试点积极开展,马和轮渡转企改制基本完成。百货公司资产重组工作加快推进,三大市属国有投资公司资产实现保值增值。企业上市和再融资在资本市场低迷的情况下取得突破,泰尔重工、鼎泰稀土上市通过证监会预审,马钢认股权证二次行权募集资金30多亿元。

坚持“引进来”和“走出去”相结合,对外开放水平进一步提升。成功举办直接对接世界500强驻中国代表处的马鞍山(北京)投资环境说明会,精心组团参加徽商大会、中博会等重大招商活动。修订完善考核办法,强化招商引资工作的针对性和有效性,利用内外资实现新突破。开发园区承接产业转移能力进一步增强。市经济技术开发区南区建设全面启动,科达机电、稳润光电等一批大项目成功引进,达利食品一期工程顺利竣工。慈湖经济开发区基础设施日趋完善,立白华东基地一期工程建成投产。对外贸易逆势上扬,完成进出口总值32亿美元,增长36.2%,机电产品和高新技术产品出口增幅均超过70%,被商务部授予“中国剪折机床出口共建基地”。边防检查站顺利建成,口岸即将对外籍轮开放,马鞍山港成为首批与台湾直航港口之一。对外承包工程和劳务合作营业额超1亿美元,十七冶境外承包工程合同额位居全省外经企业前列。积极参与泛长三角区域分工与合作,共同签署南京都市圈综合交通发展规划备忘录和交通项目对接协议。新增美国吉狮堡、墨西哥特拉内潘特拉2个国际友好城市,对外交往进一步扩大。

(五)加速推动县区发展和全民创业,经济发展协调性持续改善。在规划、土地、财政等方面给予县区大力支持,着力激发县区加快发展的积极性、主动性和创造性。当涂县实现生产总值120亿元,增长18%;完成财政收入15.6亿元,增长38.3%;大唐当涂电厂一期、国星生化等一批重点项目建成投产;县职教中心新校区全面建成,博望三杨村被评为全省唯一“国家级生态村”。三区立足区情,发挥各自优势,发展呈现齐头并进态势,合计实现财政收入近14亿元,增幅均超过30%。花山区实现社会消费品零售总额占全市份额一半以上,商贸旅游园和工业集中区完成合并,软件园孵化器一期工程投入运营,荣获“全国科技进步考核先进区”称号。雨山区新增销售收入超亿元企业3户,双益车轮等一批项目建成投产,再次被授予“全国科普示范城区”称号。金家庄区百亿级金属加工制造产业集群初具雏形,方圆大型回转支承等项目竣工投产,区档案馆成为“国家二级档案馆”。

着力优化发展环境,全民创业深入推进。进一步减免9个部门20项行政事业性收费,减轻企业和创业者负担。放宽企业登记限制,下放注册登记权限,在全省率先开展股权质押合同鉴证。设立全省首个中小企业服务中心和大学生创业工作站,加快建设农民创业园,创建省级创业基地12个,累计建成标准厂房40多万平方米,入驻创业实体近700个。全年新发展个体工商户9842户、私营企业1738户,个私经济纳税额超过18亿元,发展非公经济工作受到省委、省政府表彰。

(六)进一步加大城市建设管理力度,市容市貌明显改观。扎实推进城乡规划和建设,着力提升城市承载功能。完成全市土地利用总体规划修编工作,启动城市消防、蓝线等专项规划编制。一批关系马鞍山区域定位、长远发展和整体形象的重点工程加快推进，长江公路大桥、宁宣城际铁路、芜申运河航道整治工程开工建设，马濮路改扩建工程全面启动，东环路高速化改造前期工作取得积极进展。强力实施雨山路环境综合整治工程，成为集交通、生态、休闲于一体的城市标志性景观大道。马向路市政化改造有序推进，江东大道软基路段、湖东路改造一期工程顺利实施。湖北路滨湖休闲游园动工兴建，林业生态等绿化工程成效显著，“全国绿化模范城市”正式授牌。向山天然气供气等工程加快实施，全年完成小城镇建设投资13亿元。与国家开发银行签署合作意向，城市基础设施、生态环境建设等领域41个项目获得金融贷款支持。

城市管理工作进一步加强，环境定量考核连续多年保持全省之首。备受社会各界关注的慈湖河流域生态环境综合整治全面展开，上游化工企业、尾矿库污染治理取得阶段性成效。强力推进江河堤防安全整治，影响江滩河道行洪安全的各类违法建设基本清除，长效管理机制正在逐步落实。制定金家庄部分地区居民搬迁总体方案，江边地区居民搬迁前期工作扎实开展。雨山河等4条水系整治全面完成，城市防汛排涝调度中心建成使用。强化户外广告、门头招牌管理，规范建筑垃圾、渣土运输行为，近郊违法建设拆除力度不断加大。向山垃圾场二期工程开工建设，45座公厕免费向市民开放。

（七）以加强和改善民生为重点，社会建设再谱新篇章。组织实施40项民生工程，当年投入资金7.6亿元，惠及全市城乡居民。开展城乡统筹就业试点，实施就业信息进村入户工程，强化城乡困难人员就业帮扶，提高再就业培训补贴标准，创业培训范围继续扩大。全年新增城镇就业3.1万人，农村劳动力转移就业1.9万人，城镇登记失业率为3.7%。出台实施城镇老年居民养老保险制度、事业单位养老保险暂行办法，实现养老保险制度城乡全覆盖。城镇居民医疗保险与新型农村合作医疗实现有效整合，城乡一体化基本医疗保障体系初步建立。失业保险市级统筹成功实施。稳步提高城乡低保标准和人均补差，取消城乡医疗救助起付线和病种限制，“五保”集中供养率达40%。开展多种形式的帮扶和送温暖活动，切实解决困难群众的生活问题。社会福利、慈善事业持续健康发展。截至去年底，我市覆盖城乡居民的社会保障体系基本建立。全年城市居民人均可支配收入18200元，农民人均纯收入6900元，分别增长12.8%和12.3%。

“文化发展年”活动扎实开展，文明创建富有成效。市博物馆和新图书馆建成试开馆，大剧院主体工程进入扫尾阶段。成功举办’2008马鞍山中国李白诗歌节。马钢被授予“全国企业文化建设优秀单位”称号。文化信息资源共享工程扎实推进，市文化馆被评为“国家一级馆”。《李之仪研究论文集》出版发行，黄梅戏音乐电视剧《诗仙李白》完成拍摄试播。数字电视整体转换顺利推进。“迎奥运”全民健身系列活动广泛开展，社区和农民体育健身工程加快建设。市档案馆成为全省首家“国家二级综合档案馆”。《马鞍山市志》续志编纂工作全面完成。文明创建工作成绩显著，在荣获首届“安徽省文明城市”称号的基础上，一举跻身第二批全国文明城市候选城市行列。

教育、卫生工作取得新成绩，各项社会事业全面进步。在全省率先对城市义务教育阶段学生免费提供教科书，减免民办学校义务教育阶段学生杂费，放宽外来务工人员子女就学政策。花园中学主体工程基本完成，特教学校建成投入使用。职业技术学院更名和迁址新建工程如期完成，中职教育集团顺利组建。河海大学文天学院一期工程建成并完成首届招生，安工大、马鞍山师专办学质量和水平进一步提高。市人民医院、中心医院被评为“三甲”医院，人民医院门急诊大楼开工建设，雨山区“国家社区卫生服务适宜技术”试点进展顺利。全面实施免费婚前医学检查，209名贫困白内障患者接受免费手术成功复明。血吸虫病防治工作取得阶段性成果，县区分别达到疫情和传播控制标准。农村计划生育奖励扶助制度有效落实，企业领证退休职工一次性奖励补助全部兑现，人口出生率控制在10.2‰以内。全民科学素质行动计划启动实施。第二次经济普查全面展开。人防工作走在全省前列，国防动员、民兵预备役部队建设积极推进，“全国双拥模范城”正式授牌。国家一级气象站主体工程封顶，防震减灾扎实开展。民族宗教工作卓有成效。对台经贸、文化交流不断增多。妇女、儿童、老龄人和残疾人事业取得新进展。

（八）尽最大努力保障公共安全，较好维护了社会和谐稳定。过去一年，面对一系列重大突发事件，全市上下众志成城，共克时艰，打赢了一场场硬仗。在抗击年初特大雨雪冰冻灾害过程中，我们周密部署，迅速行动，在最短时间内实现了保畅通、保安全、保生活、保供应、保生产的目标，把灾害造成的损失降到了最低程度。面对突如其来的手足口病和流行性腮腺炎疫情，我们立足早发现、早送诊、早治疗，迅速开展疫苗接种，有效预防和控制了疫情蔓延。汶川特大地震发生后，我们组织企业紧急生产救灾物资，及时派出医疗防疫、过渡安置房建设专业人员，千里驰援灾区，并对灾区来马学生进行妥善安置。全市人民自发捐赠，无私奉献，涌现出许多心系灾区、情系巴蜀的感人事迹。三鹿奶粉重大安全事故发生后，我们及时派出工作组分别进驻乳制品生产企业、商场和医院，实行企业生产全程监管和产品批批检验，督促商场全部下架封存不合格产品，并对已售问题奶粉及时退款，对全市3万多名5周岁以下婴幼儿免费开展筛查、诊断和治疗，妥善化解了问题奶粉可能引发的突出矛盾。

坚持高标准、严要求，全面落实奥运安保重大政治任务。认真开展大接访和赴京接访劝返工作，加大重点信访案件专项整治和督查督办力度，顺利实现中央和省委、省政府提出的工作目标，成为全省信访维稳形势较好城市之一。派出2批13人次赴京参与奥运会、残奥会食品安全保障工作，出色完成各项任务。强化社会治安综合治理，校园周边等突出治安问题整治、矛盾纠纷排查调处成效明显，以老旧小区安全防范设施为重点的治安防控体系建设稳步推进，人民群众安全感高于全省平均水平，被评为“全省社会治安综合治理先进城市”。人民调解百日会战、社区矫正和安置帮教工作取得积极成果，“五五”普法工作稳步实施。全面整顿矿产资源开发秩序，扎实开展安全生产隐患治理、百日督查和专项检查，强化安全生产基础工作，全市安全生产形势保持平稳。组织编写并免费发放市民应急避险防灾、居民安全防范手册，积极开展应急预案演练，公民预防和应对突发事件能力得到提高。

一年来，市政府坚持党的领导，坚决贯彻落实市委作出的各项决策部署。认真执行市人大及其常委会决议、决定，定期向市人大常委会报告工作和向市政协通报情况，主动接受市人大的法律监督、工作监督和市政协的民主监督。政府系统承办的11件人大代表议案、148件建议批评意见、328件政协提案全部办复。按照市委的统一部署和要求，政府系统深入学习贯彻科学发展观，扎实开展新一轮解放思想大讨论活动，市政府负责同志牵头整改的12个重难点问题取得明显成效。修订完善全面小康社会评价指标体系，明确年度目标任务，逐项分解落实到位，全面小康进程加速推进。加大重点工作督查力度，开展社会公众评议机关活动，目标管理考核进一步强化。加快法治政府指标体系建设，规范行政处罚自由裁量权，依法行政工作得到加强。修订完善市政府工作规则，建成政府信息公开平台，电子政务建设步伐加快，政风行风热线联系群众的桥梁作用充分发挥。强力实施行政审批“两集中、三到位”工作，基本完成职能归并、窗口授权、机构调整和人员选派，54个部门388项审批事项进驻到位。完善公务员考核办法，机关效能建设岗位禁令颁布实施。强化税源管理和纳税服务，财政增收节支工作得到加强。实行政府投资建设项目审计主动申报制，民生工程和经济责任审计范围进一步拓展。首次向政府投资重点项目和民生工程派驻监察组，反腐倡廉制度建设推进年活动取得积极成果。

在肯定成绩的同时，我们也清醒地看到，当前宏观经济环境的急剧变化，更加暴露出我市经济社会发展中一些突出的矛盾和问题，特别是经济结构不优、产业层次不高、自主创新能力不强，部分行业和企业应对风险能力较弱等问题尤为明显。社会事业领域改革有待深入，社会管理水平尚需提高。城乡居民实现充分就业、持续增收难度不断加大，推进城乡一体化发展的任务还十分艰巨。政府自身建设还存在一些薄弱环节，机关作风和效能建设需要进一步加强，消极腐败现象还不同程度地存在。对此，我们将高度重视，采取有效措施，切实加以解决。

过去一年，我们发展的道路很不平坦，取得的成绩确实来之不易。这是省委、省政府和市委正确领导的结果，是全市上下同心协力、顽强拼搏的结果。在此，我代表市人民政府，向辛勤工作在各条战线上的广大干部群众，向给予政府工作大力支持的市人大代表、市政协委员，各民主党派、工商联和无党派人士，各人民团体，致以崇高的敬意！向参与、支持马鞍山现代化建设的中央和省驻马单位、解放军和武警官兵、海内外朋友，表示衷心的感谢！

二、坚定信心、迎难而上、群策群力做好2009年工作

2009年是新中国成立六十周年，也是我市推进全面小康建设的关键一年。去年下半年以来，受国际金融危机快速蔓延、国内经济增长明显减速的不利影响，我市企业生产经营困难增多，企业效益大幅下滑，经济下行压力明显加大。当前，这场历史罕见、冲击力极强、涉及范围很广的国际金融危机不仅本身尚未见底，而且对实体经济的影响正进一步加深。外需萎缩和内需不振同时出现，支撑全市经济发展的工业、投资、出口等主要因素将发生新的变化，势必给钢铁、汽车、机械、化工等支柱产业造成更大冲击，我市发展面临的形势异常复杂严峻。如何积极有效地应对来自国际国内的不利影响，千方百计保持来之不易的发展势头，将是今年我们面临的最大挑战、最大考验，也是政府工作的首要任务、头等大事。

我们更要看到，这一年也是蕴含重大发展机遇的一年。中央把保持经济平稳较快发展作为今年经济工作的首要任务，实施积极的财政政策和适度宽松的货币政策，采取一系列扩大内需促进增长的有力措施，为我市扩大投资、调整结构、增强后劲、改善民生带来了前所未有的机遇。同时，金融危机形成的倒逼机制，既迫使我市更多企业加快转型升级，也为一些有实力的企业实施低成本扩张提供了机会。随着沿海地区经济加速转型和产业转移步伐加快，特别是泛长三角区域合作机制的建立，有利于我们发挥综合比较优势，进一步拓展发展空间。经过新世纪以来快速发展，我市积累了较为雄厚的物质基础，造就了一批具有较强核心竞争力的骨干企业，政府调控能力和经济抗风险能力显著增强。尤其是广大干部对科学发展观的认识不断深化，结合实际创造性开展工作的经验更加丰富。只要我们既充分估计困难、周密准备措施，又善于捕捉机遇、抓住有利条件，坚定信心，知难而进，迎难而上，就完全能够战胜暂时的困难，进而赢得更长时期、更高水平、更好质量的发展。

做好今年各项工作，我们要全面贯彻党的十七大、十七届三中全会和中央、全省经济工作会议精神，以邓小平理论和“三个代表”重要思想为指导，深入贯彻落实科学发展观，突出扩大有效投入促进经济发展，突出推进自主创新转变发展方式，突出深化改革开放增强发展活力，突出城乡统筹加快一体化步伐，突出改善民生加强社会建设，努力实现经济社会又好又快发展，奋力向“又好又快新跨越、率先全面达小康”目标迈进。

综合考虑各种因素，今年经济社会发展的主要预期目标为：生产总值增长10%以上；财政收入与生产总值同步增长；全社会固定资产投资增长20%以上；社会消费品零售总额增长12%以上；城市居民人均可支配收入、农民人均纯收入均增长8%以上；城镇登记失业率控制在4%以内；万元生产总值综合能耗下降4.3%；主要污染物排放量、人口自然增长率均控制在省下达指标以内。实现这一目标，对于进一步缩小与长三角的差距、实现在省内率先发展，对于增强信心、稳定预期、扩大城乡就业和保持社会稳定，十分必要。但在国际、国内经济增长明显减速的情况下，完成这一目标并不容易，需要我们付出艰苦的努力。在实际工作中，我们要立足于能快则快，确立更高的奋斗目标，排除万难争取实现。

实现全年经济社会发展目标，我们必须把保增长、抓项目、帮企业、扩内需、调结构、增活力、促民生、构和谐贯穿始终，下大气力重点抓好八个方面工作：

（一）千方百计扩大投资和消费，为经济平稳较快发展提供强力支撑。牢牢把握中央宏观政策导向，紧密结合我市实际，最大程度地发挥扩大内需政策效应，强化经济增长的支撑力。

加大项目谋划和争取力度。牢固树立抓项目就是抓投资、抓投资就是保增长的意识，把提升项目工作水平作为经济工作的第一位任务，切实抓紧抓实抓出成效。对已上报国家发改委的项目，全方位加强衔接，锲而不舍地盯紧盯实，同时做好各项准备工作，确保项目一旦获批立即开工，为后续资金争取创造条件。对尚未列入国家发改委投资计划的项目，积极主动跑省跑部，及时把握项目动态，全力争取业务指导和申报审批支持。深入谋划大唐当涂电厂二期、华菱新一代环保大功率发动机、山鹰80万吨板纸和文化用纸、方圆风电和重装回转支承等大项目，抓紧完善规划、土地、资金、环评等前期工作。同时，着眼于打基础、管长远、增后劲，加快储备一批城市基础设施、社会事业、服务业、工业交通能源等项目，完善和充实项目储备库。

集中力量推进重点项目建设。健全以项目为中心,上下联动、责任明确、高效运作的推进机制,确保能开工的及早开工、能加快的尽量加快、能竣工的早日竣工。开工建设马钢"十一五"后期结构调整项目,推进长江钢铁等企业460万吨钢铁产能置换项目建设,促进钢铁产业加速向千亿级迈进。开工建设马鞍山发电厂两台60万千瓦机组项目,启动华菱3万辆重卡扩建工程,推动科达机电和雨润、达利食品二期项目建设,加快立白化工、中橡炭黑扩能项目进度,促进电力、汽车、食品、化工等产业加速向百亿级冲刺。加快泰尔重工高性能联轴器项目和天成纺织搬迁改造步伐,支持矿院微珠高性能新材料项目建设,扩大机械制造、纺织服装、新材料产业规模。支持县区加快实施凯迪生物质能发电、双力起重设备、格瑞德工程机械、锐生工贸传送带等一批项目,不断增强县区工业发展后劲。

大力推动服务业优化升级。充分发挥区位、交通等综合优势,加快长运物流港、华东物流园建设,促进物流业快速发展。建成大华国际广场二期和沃尔玛大型超市,打造新都市场商业圈,积极培育消费热点。理顺采石风景区旅游管理体制,全面整合旅游资源,统一实施综合开发,带动全市旅游业加快发展。进一步完善地方金融体系,在市农村商业银行、浦发银行马鞍山支行尽快挂牌运营的基础上,争取新设村镇银行和其他金融机构,组建2家规模较大的小额贷款公司,促进保险、证券、期货、典当行业加快发展。认真落实稳定和发展房地产业相关政策措施,合理引导住房消费和房地产开发建设,保持房地产市场健康发展。加大保障性住房建设力度,开工新建廉租房、城市拆迁安置房各1000套,实施危旧房改造20万平方米。积极开展"家电下乡"活动,增加农村市场适销对路商品供应,挖掘农村消费潜力。

(二)全力以赴为企业排忧解难,进一步强化工业经济主动力作用。企业是经济增长的主要源泉,保增长首先要保企业。要扎实开展"企业帮扶年"活动,支持企业在战胜困难中发展壮大、做优做强。

加强工业经济运行调节。强化工业运行监测预警,有针对性地帮助重点行业、骨干企业解决面临的困难和问题。对目前市场需求旺盛的优势工业产品,加大资金支持和政策扶持力度,促进企业开足马力扩大生产。鼓励各类企业利用市场竞争的倒逼机制,苦练内功,深挖潜力,在技术、产品和管理创新上迈出更大步伐,不断增强企业核心竞争力。充分调动广大职工的主观能动性,与企业同呼吸共命运,凝心聚力共渡难关。积极创建全国优质机床及刃模具生产示范区,进一步提升冶金装备制造、磁性材料等产业集群发展层次,增强产业集聚效应。力争全年新增规模以上工业企业超100户、销售收入超亿元企业10户,规模以上工业增加值增长15%以上。扶持建筑业企业做大做强,促进建筑业持续健康发展。

着力缓解企业发展资金难题。充分发挥银行信贷主渠道作用,支持、引导银行机构加强和改进信贷服务,更多地推出适合中小企业特点的金融产品,满足企业合理资金需求。创新银政、银企合作方式,加大优质企业推介力度,鼓励通过银团贷款等方式支持大企业、大项目。支持金融创新,探索开展股权、知识产权、应收账款和仓单质押融资。按照党的十七届三中全会关于"扩大农村有效担保物范围"的要求,在农村探索开展经合法登记的农民住房抵押贷款。放大中小企业发展专项资金效应,在企业新上技术改造、短期融资贷款等方面实行奖补和贴息支持。进一步扩大中小企业贷款风险补偿范围和担保公司资本金规模,拉动金融机构对中小企业的信贷投放。出台上市公司培育办法,推动泰尔重工、鼎泰稀土加快上市融资,支持华菱西厨、奥盛钢缆、黄池食品等企业做好上市准备,新增上市公司2家以上。

深入推进全民创业。认真落实发展非公有制经济的政策措施,发挥政府扩大投资对民间投资的拉动作用,充分调动各类创业主体的积极性、主动性。继续清理和减免行政事业性收费,实行创业初期"零收费"。加快各类创业载体建设,完善创业园区服务功能,新建创业基地15万平方米。逐级建立小企业及个体工商户发展情况信息测报点制度,强化帮扶措施,努力提高创业成功率。开工建设新的中小企业服务中心,完善社会化服务体系,重点在资金、用地、技术、人才等方面加大扶持力度,形成全社会鼓励、支持、尊重创业的浓厚氛围。

(三)以城乡一体化综合配套改革为抓手,全面推动农村改革发展。坚持城乡统筹,把建设新农村作为战略任务,把加快形成城乡一体化新格局作为根本要求,以体制机制创新为动力,努力实现农村改革发展新突破。

全面实施城乡一体化综合配套改革总体方案和专项方案。花山区要加快试点步伐,基本完成张庄中心村建设任务。其他县区要因地制宜,力争在促进农业用地向规模经营集中、农村工业向园区集中、农民就业向二三产业集中、农村人口向城镇集中上取得积极进展。建立土地流转服务中心,开展不同类型农村土地承包经营权流转试点,促进农村土地适度规模经营。全面完成集体土地上房屋权属登记发证工作。深入推进集体林权制度配套改革,促进集体林权流转。探索设立农村资金互助合作社和农业贷款担保公司,继续做好政策性农业保险试点工作,完善农村金融服务功能。进一步加强农村基层组织建设,深化村务公开,完善村级财务管理,不断扩大基层民主。

大力发展现代农业。制定扶持政策措施,实施农业产业化提升行动规划,促进高效规模特色农业加快发展。以培育龙头企业和发展农民专业合作组织为重点,加快优势农产品基地建设,完善龙头企业与农户的利益联结机制,提高农业生产规模化、标准化和组织化水平。力争全年营销收入超亿元企业达8家,建成农业标准化示范基地10个,新增无公害农产品、绿色食品和省级以上名牌农产品6个。以农产品精深加工、规模化养殖和休闲观光项目为突破口,进一步扩大农业对外开放,全年引进农业"三资"4亿元以上。抓好当涂县国家级万亩水稻高产创建示范区和油菜高产攻关示范项目建设,加快农业科技推广应用,确保粮食稳定增产。实施新农村科学储粮示范工程,进一步增加市级粮食储备规模。推进"新网工程"建设,鼓励发展各类农业生产经营服务组织,构建新型为农服务体系。建立农产品质量安全可追溯制度,加强重大动植物疫病防控,确保农产品质量安全。

多渠道增加对农村公共服务的投入。继续推进乡镇综合文化站和村文化室、农家书屋建设,优化调整农村学校布局。加大农村卫生人才培养力度,强力推进乡镇卫生院、村卫生室标准化建设。按规划要求推动"村村通"水泥路向村民组延伸,争取新增通村公路80公里,行政村班车通车率达95%。加强农田水利设施建设,继续实施病险水库除险加固、涵闸除险改造工程,新建慈湖河泵站。建立城乡统一的就业、失业登记与管理制度,落实农民工培训补贴、养老保险关系转移接续政策,有组织地促进农民就近就地就业。积极引导和扶持农民创业,以创业带动就业稳定增长,努力缓解农村就业压力。

(四)坚定不移地推进改革开放,为科学发展增创体制机制新优势。实践证明,改革开放是加快发展的强大动力和必由之路。越是困难较多的时候,越要毫不动摇地坚持深化改革和扩大开放,不断增强发展的动力和活力。

着力深化重点领域和关键环节改革。按照统一部署,推进新一轮政府机构改革,进一步转变政府职能。坚持事权、财权相统一,实施新的市区财政管理体制,完善收入征管体系,推动三区进一步加快发展步伐。积极探索和完善县域经济发展新体制。全面推行事业单位分类改革和人员聘用制度,有序实施岗位设置管理工作,不断深化事业单位分配制度改革。推进公益性文化事业单位管理体制、运行机制改革,加快经营性文化单位转企改制步伐,基本完成文化体制改革主要任务。加强行政事业单位资产管理,组建行政事业资产管理公司。稳妥做好工商系统市场办管脱钩后的相关工作,促进集贸市场健康发展。扎实推进水、电等资源性产品价格改革,开展污水、垃圾处理和排污收费改革。进一步完善油运价格联动机制,确保成品油税费改革平稳实施。

切实增强招商引资的针对性和实效性。深入研究把握国内外产业重组与转移新特点,采取更加灵活的政策措施,加大先进制造业、高新技术产业、服务外包业招商引资力度,努力引进世界500强、中央直属企业和国内上市公司。着力构建市场化、专业化、网络化招商平台,推动产业集群招商、产业链招商,完善招商绩效考核机制,保持实际利用内外资持续增长。继续支持三个省级开发区加快发展,进一步增强承载功能,提升产业配套能力,改善综合商务环境,推进"二次创业"。积极争取市经济技术开发区升格为国家级开发区、花山商贸旅游园升格为省级开发区、博望工业集中区升格为国家级特色产业园,推动各类开发园区发挥优势错位发展。

积极扩大对外经贸和区域合作。综合运用出口退税、外贸发展基金、财政贴息等政策措施,加大新兴市场开拓力度,打造出口产业基地,力争全年出口额增长15%以上。支持引导马钢、十七冶、中冶华天等优势企业以总承包方式对外承接大工程,扩大对外劳务合作,开展境外资源开发和企业并购,不断提升参与国际竞争的能力。进一步完善口岸功能,实现口岸对外籍轮开放,扩大进出口货物属地报关、就地直运量。紧抓泛长三角区域分工与合作的机遇,努力在皖江城市带承接产业转移示范区中发挥先导作用,加快形成对内对外开放相互促进、国际国内市场全面拓展的新格局。

(五)着力抓好自主创新和节能减排,促进经济发展方式加快转变。自主创新和节能减排是转变发展方式的重要途径。要利用金融危机形成的倒逼机制和经济调整产生的洗牌效应,在自主创新和节能减排上迈出更大步伐。

加强自主创新能力建设。比照合芜蚌自主创新综合配套改革试验区政策规定,出台促进自主创新具体措施,引导全社会加大科技投入。紧紧围绕我市支柱产业和骨干企业升级发展,实施新能源应用、新材料等9个重大专项计划,不断提高科技对产业升级的支撑力。发挥企业在自主创新中的主体作用,推动多种形式的产学研合作,促进各类创新要素向企业集聚,争取更多企业进入创新型企业行列。加快花山软件园、雨山佳达创意软件园、茂文科技园建设,着力培育环保、生物工程等新兴产业和高新技术产业,形成一批具有爆发性潜力的经济增长点,带动产业结构向更高水平迈进。完善市科创中心服务功能,加快国家钢铁及制品质量监督检验中心建设步伐,建成国家矿产资源高效循环利用工程技术中心,充分发挥国家矿山固体废物处理与处置工程技术中心平台作用。积极争创国家知识产权试点市。全年力争研发经费占生产总值比重达到1.5%,新增高新技术企业5家以上,科技进步对经济增长的贡献率提高2个百分点。

切实抓好能源资源节约和生态环境保护。支持马钢新区高炉鼓风脱湿系统节能优化改造和山鹰造纸污泥发电等项目建设,推动重点企业新建、扩能污水处理工程尽快实施。加快东部污水处理厂、慈湖污水处理厂、开发区南区污水处理厂、当涂污水处理厂建设步伐,进一步提高城市污水处理率。认真落实重点行业和重点企业节能减排任务,强化新建项目环境容量管理,确保完成节能减排目标。坚持节约集约用地,严格执行耕地占补平衡和基本农田保护制度。推进建设用地置换和城乡建设用地增减挂钩工作,有效拓展建设用地空间。

(六)坚持扩张外延与丰富内涵并重,努力提升城市功能和品位。围绕建设"双百"现代化城市,拉开城市发展大构架,不断改善城乡人居环境,实现承载能力、城市品位双提升。

全面构建综合交通运输体系。加快推进长江公路大桥建设,同步实施桥塔、引桥及南北接线、江心洲洲头保护工程。推进宁宣城际铁路及配套工程建设,加快芜申运河航道整治工程步伐。实施东环路高速化改造,扎实推进马濮路改造升级。加强港口码头建设,全面提升港口吞吐能力。通过一批重大交通基础设施项目建设,进一步畅通连接长三角、皖江城市带的快速通道。同时,改扩建一批县乡道路,不断改善市域内交通整体状况。

加强城市基础设施建设。推进印山路和湖南路东延、霍里山大道北接,新建九华东路,进一步扩展城市东部路网。延伸湖东南路,打通南进当涂县城的又一快速通道。加快慈湖河路北延步伐,完善城市北部地区路网。开工建设沿江大道一期工程,逐步改善城市西部路况。加强城市出入口综合整治,提升城市窗口形象。建设湖北路滨湖休闲游园,增加公共绿地面积,提升城市园林绿化水平。完善博望、石桥等中心镇功能,全年完成小城镇建设投资16亿元。加强城市水环境治理,重点整治西南排水系。全面开工建设12个电网项目,不断提高城乡电网供电能力。加强通信基础设施建设,提升通信服务能力。鼓励和支持公交优先发展,规范和加强出租车行业管理,进一步方便市民出行。

持之以恒抓好城市长效管理。巩固和发展创建全国文明城市工作成果,不断提高全国绿化模范城市水平,扎实做好国家环保模范城、国家卫生城市、国家园林城市迎检复核工作。加快编制城乡空间布局规划和专业规划,探索建立市、县区、乡镇三级规划管理体系,加强城乡建设管理。强化市容环境卫生考核和违法建设责任追究,进一步提升城市管理水平。全面实施慈湖河流域生态环境综合整治,基本完成污染治理和河道清淤工程,启动水土保持、绿化复垦工程建设,加快恢复向山地区、慈湖河两岸的生态面貌。全力推进金家庄部分地区居民搬迁工作,年内搬迁江边地区居民1500户。继续推进老旧小区改造，进一步规范小区物业管理。继续做好“油改气”相关配套工作，逐步建立全市机动车排气污染防治与监控体系。开工建设危险废物集中处置中心、有机物处理中心和环境监控中心，促进环卫基础设施逐步完善。

（七）健全民生工程长效机制，在更高水平上保障和改善民生。完善民生工程长效机制，是解决人民群众最关心、最直接、最现实利益问题的根本保障。我们要在认真总结经验的基础上，进一步加大投入、健全机制，保障民生工程在相对稳定的制度轨道上运行。

全方位促进就业增长。根据就业形势新变化，实施更加积极的就业政策，调动社会各方面力量，支持有利于扩大就业的劳动密集型产业、中小企业和服务业发展，千方百计增加就业岗位。鼓励企业采取在岗培训、轮班工作、协商减薪等办法，努力做到不裁员或少裁员。强化城乡困难群体就业援助，尽可能多地开辟公益性岗位。扎实推进“消除零就业家庭行动计划”，统筹做好高校毕业生、退伍转业军人等各类人员就业工作。整合市劳动力市场和人才市场，建成当涂县人力资源市场和乡镇分市场，健全完善覆盖城乡的公共就业服务体系。积极开展就业再就业培训，推动技能人才队伍不断壮大。全年新增城镇就业 2.4 万人，新增农村劳动力转移就业 1.5 万人，完成职业技能培训 1 万人。深入实施劳动合同制度和劳动用工登记制度，努力发展和谐劳动关系。

进一步提高社会保障水平。继续完善城镇职工基本养老、失业、医疗、工伤、生育保险，逐步扩大医疗保险单病种结算范围，将个体工商户纳入工伤保险保障范畴。深入推进新型农村养老保险参保扩面，扎实做好城镇居民养老保险工作，加快实施事业单位养老保险制度，完善城乡居民基本医疗保险制度，实现养老保障、医疗保险城乡居民全覆盖。积极推进社会救助体系建设。加快城乡低保统筹步伐，制定低收入阶层和特殊弱势群体救助办法，调整城乡医疗救助封顶标准。建立农村五保供养标准自然增长机制，推进农村敬老院改扩建工程和城市老年公寓建设。大力发展慈善事业。

着力提升“平安马鞍山”建设水平。深入推进社会治安综合治理，继续加强治安防控体系建设，全面落实流动人口服务和管理措施，夯实基层基础工作。强力推进公安信息化建设应用，探索实践警务机制改革，使刑事案件发案数稳中有降、打击处理数稳中有升。继续深入开展法制宣传教育，推进司法所规范化、信息化建设，扎实做好法律援助、社区矫正和刑释解教人员安置帮教工作，促进人民调解创新发展。进一步健全维护社会稳定工作机制，建立社会稳定风险评估和信访社情分析、评估、救助制度，努力化解信访矛盾，切实维护全市治安平稳和社会稳定。坚持安全发展，层层落实政府监管责任和企业主体责任，强化隐患排查治理，防范和遏制重特大安全事故发生。切实抓好食品药品质量安全，加强日常监管和专项整治，健全保障质量安全的长效机制。加快完善应急管理体系和工作机制，提高保障公共安全和处置突发事件的能力。

（八）大力促进公共服务均等化，不断提高社会事业整体发展水平。加快发展社会事业是促进科学发展的重要内容。要进一步优化公共资源配置，推动社会事业全面进步，形成经济社会协调发展新格局。

优先发展教育事业。改革义务教育管理体制，实行市直属小学和初中下放区级管理。大力普及高中阶段教育，实现全市高中阶段教育毛入学率达 84% 以上。开工建设南部新城高级中学，确保二十中迁址新建主体工程封顶。全面启动职业教育现代化工程，组建高职集团，开工建设职教园区，加快现代服务、汽车运用与维修实训基地建设步伐，建成数控实训基地。支持安工大东校区二期和河海大学文天学院二期工程建设，扎实做好新引进高校工作。认真实施义务教育等学校绩效工资制度改革，实现高中阶段学校资助体系全覆盖。

推动文化繁荣发展。扎实推进社会主义核心价值体系建设，增强社会主义意识形态的吸引力和凝聚力。全面开放博物馆、新图书馆，基本建成大剧院，进一步完善文化基础设施。实施文化精品工程，办好’2009 马鞍山中国李白诗歌节，举办首届骏马奖游戏动漫全国大赛。加强新闻和网络文化管理，繁荣发展文学艺术和哲学社会科学。加强李白文化深层次研究，推动文化与旅游等相关产业融合，赋予城市建设更多的文化内涵。申报太白楼为全国重点文物保护单位，做好全国第三次文物普查工作，保护和利用好文化遗产。

增强公共卫生服务保障能力。深化市立医疗集团内部管理体制改革，进一步完善运行机制，改善医疗服务质量，提高医疗技术水平。加快城乡卫生服务体系建设步伐，增强基层医疗服务能力。鼓励社会资本参与投资医疗卫生服务领域，积极引导民营医疗机构发展，形成多元化办医格局。加强突发公共卫生事件医疗救治体系、卫生监督执法体系、疾病预防控制体系建设，增强重大传染病、地方病及人畜共患病防控能力，推动爱国卫生运动深入开展。积极创造条件，争取进入全国医疗卫生体制改革试点市行列。

统筹发展各项社会事业。开工建设集科技馆、青少年宫和妇女儿童活动中心为一体的综合馆，加快体育中心前期工作步伐。启动新广电中心建设，完成数字电视整体转换工程。提高竞技体育水平，推动群众体育广泛开展。全面落实计划生育奖励优惠政策，进一步稳定低生育水平。深入实施全民科学素质行动计划。积极探索社区管理模式，开展特色社区创建工作，稳妥推进农村社区建设试点，着力构建和谐社区。深入开展城乡社会志愿服务活动，充分发挥各类团体在社会建设中的重要作用。依法管理民族宗教事务，扎实做好新形势下民族宗教工作。重视发展老龄人、残疾人事业，切实保障妇女和未成年人权益。推进外事、侨务和对台工作健康发展，加强气象、防震减灾和档案、地方志等工作。支持驻马部队建设，加强国防动员和人防工作，加快民兵预备役综合训练基地建设步伐，深入开展拥军优属和军民共建活动，巩固发展军政军民团结的良好局面。

三、励精图治、务实创新、善谋善为驾驭复杂局面

当前面临的复杂局势和艰巨任务，对政府自身建设提出了更高要求。我们一定要深入学习实践科学发展观，树立强烈的责任意识和进取意识，以更加昂扬的斗志、更加扎实的作风、更加有为的工作，从容应对各种挑战，勇于战胜各种困难，推动经济社会又好又快发展。

坚持用科学发展观武装头脑、指导实践。全市政府系统要按照市委的统一部署，把开展深入学习实践科学发展观活动作为一项重大政治任务，认真领会科学发展观的深刻内涵、精神实质和根本要求，着力转变影响和制约科学发展的思想观念和体制机制，切实提高驾驭市场经济和应对复杂局面的能力。尤其要把学习实践活动与保持经济平稳较快发展紧密结合起来,坚持学以致用,着力把握发展规律,创新发展理念,转变发展方式,破解发展难题,实现发展目标,做到既注重即期增长,又注重发展后劲;既注重增长速度,又注重发展质量;既注重经济建设,又注重社会和谐;既注重谋求发展,又注重改善民生。

始终保持迎难而上、奋发有为的精神状态。危机和困难面前考验的是信心,是能力,更是意志。我们要时刻保持逆水行舟的紧迫感、知难而进的精气神,只争朝夕,埋头苦干,以饱满的激情投入到各项工作中。要坚定战胜困难的信心和决心,不气馁、不退缩。要坚持迎难而上,善于出招,敢于"亮剑",攻下难点,闯过难关,夺取胜利。尤其是要进一步解放思想,只要是对科学发展有利、对群众利益有利的事情,看准了就大胆地试、大胆地闯、大胆地干,以更大的气魄加快发展,以更实的举措推动发展,努力保持率先发展、科学发展、和谐发展的良好势头。

进一步健全科学决策、民主决策机制。越是在困难和复杂的情况下,越是要听取民声,顺应民意,做到科学民主决策。市政府将更加自觉地接受市人大及其常委会的法律监督、工作监督和市政协的民主监督,认真听取各民主党派、工商联、无党派人士及各人民团体的意见,广泛接受社会公众和新闻舆论监督。不断完善行政决策专家论证、社会听证和合法性审查制度,建立行政决策评估机制,促进各项决策民主化、科学化。政府系统各级干部要腾出更多的精力深入实际、深入基层、深入群众,开展调查研究,做到问政于民、问需于民、问计于民,使提出的发展思路、工作部署、政策措施更加切合实际,促进各项工作落到实处。

着力营造务实高效、依法行政的发展环境。保持经济平稳较快发展,迫切要求进一步规范行政行为,优化政务环境。全市政府系统要大兴真抓实干之风,力戒形式主义、官僚主义,不搞花架子,不做表面文章。巩固"两集中、三到位"工作成果,进一步调整和减少行政审批事项,优化审批流程,提高办事效率。大力推进政府信息公开,加强电子政务建设,以公开促规范,以公开促自律,以公开促监督。强化政务督查,健全以绩效考核为导向的目标管理体系,认真落实效能建设各项制度,切实提高政策执行力和工作落实力。全面推进依法行政,细化量化行政裁量权,严格行政执法责任制和过错责任追究制,促进行政执法监督制约机制进一步完善。

更加注重树立勤俭办事、廉洁从政的政府形象。俭以养德,廉以立身。政府系统要带头过紧日子,严格压缩会议、接待、出国经费和各项行政开支,积极创建节约型机关,挤出更多财力支持企业发展、民生改善。健全完善教育、制度、监督并重的惩治和预防腐败体系,认真落实党风廉政建设责任制和领导干部廉洁自律预警机制,巩固扩大反腐倡廉制度建设推进年活动成果,从源头上防治腐败。严格执行政府投资项目招投标、专项资金使用管理和政府采购等制度,切实加强对中央投资项目和资金的管理与监督检查。强化行政监察、审计监督,进一步规范公共资源管理权力运行。政府系统工作人员要始终牢记"两个务必",当好清廉从政的表率,以实际行动取信于民。(在马鞍山市第十四届人民代表大会第三次会议上)

南京广州路科技街

发挥水上运输优势　服务经济社会发展

——苏北运河航务管理处贯彻落实科学发展观纪实

按语:俯瞰祖国大地,京杭运河与万里长城交相辉映构成一个巨大的人字,汇聚了中华民族祖先智慧与创造力的伟大结晶。京杭运河苏北段,北起江苏徐州蔺家坝,南至扬州六圩口,全长404公里,全程水位落差31米,沿程共设有11个航运梯级,她象一条银带飘落在广袤的苏北平原上,26座现代化船闸雄伟壮观,像一颗颗璀灿的明珠镶嵌在这银色的飘带上。承担苏北运河航道、航政、船闸建设、养护、管理和服务的江苏省交通厅苏北航务管理处,紧紧围绕"落实科学发展观,实现航道现代化"这一目标,以现代化的设施、标准化的养护、规范化的管理、人性化的服务,着力把苏北运河打造成江苏的水上高速。随着苏北运河航道、船闸建设速度的明显提升,服务经济社会发展的能力也逐年显著增强,尤其是在当前全力保增长、扩内需、促发展的总体要求下,这条沟通南北的黄金水道在经济社会发展中发挥着越来越大的作用。

黄金水道　彰显优势

在综合交通运输体系建设中,水运具有运能大、成本低、耗能省、占地少、能耗小等其它运输方式不可替代的优势。一是运量大,是煤炭、建材、矿石及其它大宗基础生产资料的主要运输方式,每年承担着全省一半左右的货物周转量。以苏北运河淮安船闸为例,2008年已成为国内首个船舶通过量超2亿吨的船闸,苏北运河巨大的输送能力,依托水运交通作为首选运输方式来保障经济发展的趋势将更加显现。二是成本低,长三角经济发展较快,江苏又是原材料和产成品"两头在外"的省份,依托水网密布的优势,大批适合于水运的煤炭、建筑材料及原材料等大宗物资,通过苏北运河实现"点到点"的跨区域运输,节约了转运成本,减少了损耗。2008年全省煤炭消耗2.8亿吨,绝大部分要通过外省调入,苏北运河是煤炭运输的三大主力通道之一,承担了近1亿吨的运输量,目前,苏北运河已成为世界上运输最繁忙的内河航道。三是耗能省,水运是最节约能源的方式,在我省这样的平原地区,每马力的运量是铁路的3-5倍,是公路的近50倍。同时,也减少了燃油消耗而产生的废气排放,大大降低了货物运输环节中的安全事故损失。四是占地少,水运利用原有天然河道或人工运河,可以不占地或少占地,在有些情况下,通过航道整治、清淤等还可以复垦造地,这是公路、铁路建设无法做到的,特别是根据我省"寸土寸金"的特殊省情出发,目前最大限度地节约土地资源,加快发展占地少的水运已成为江苏交通发展新优势。此外,苏北运河为沿运河地区的招商引资提供了有利的条件,沿运河建厂、建科技园和工业园区、建物流中心、钢铁企业、石化企业、盐化工企业等等比比皆是,促进了区域经济的发展。同时,苏北运河水运业的发展在一定程度上支持新农村建设,为劳动力提供了就业门路,使水资源的综合效益得到充分发挥。

以人为本　服务航运

该处紧紧围绕为广大航运企业和船员提供“更安全、更通畅、更便捷、更经济、更可靠、更和谐的水上通航环境这一愿景,围绕“管好、用好苏北运河航道,使其发挥最大的综合经济效益”的使命追求,围绕“服务水运、奉献社会”的服务宗旨,大力弘扬“敬业、自律、奉献、拼搏、开拓”为主要内容的运河航务精神,将“服务品牌”作为基础、“诚实守信”作为根本、“服务到位”作为保证、“船员满意”作为目的,始终把船员的满意作为船闸管理工作的追求,近年来相继推出了65项便民措施和为民办实事项目,积极营造功能完备、整洁美化、便捷高效的通航环境,千方百计让广大船员更多地在科学发展中受益。一是全省航道联网规费征收系统建成运行后,全面实现了“一站式”服务。二是实行了“零间隔”登记制度,避免了提前登记行为,减少了船民的费用支出,船舶也可以以经济、安全的航速航行,逐步实现“环节少、时间省、效率高、服务优”的通航环境。三是实施了“船员过闸疑难问题靠前解决”责任制和“过闸时间预告制”,缩短了船舶过闸的准备时间。四是充分利用甚高频、手机短信平台、广播、对外政务网站、触摸屏查询系统和多媒体信息显示系统等工具向过闸船员发布预调、正式调度、进闸、天气、水位等相关信息,增强信息对称,方便航运企业和船员安排营运调度计划,营造了过往船员良好的过闸环境。五是逐步推行实施了GPS远程在线调度系统,在2008年底投入试运行,主要实现“一次缴费,全程服务,无缝调度”。同时,加强POS机刷卡缴费宣传,实行有奖刷卡活动,既简化缴费手续,方便船员缴费,又减少资金安全。该处还与中石化江苏石油化工股份有限公司合作,共同建设了皂河、解台船闸水上便民服务区,为过往船舶加放心油,用免费水,使广大船员行船也可以享受到高速公路服务区一样的服务。

航闸建养　助推发展

加快苏北运河航道基础设施建设,是“保增长、扩内需、调结构”的重要举措之一,该处近年来紧紧围绕“十一五”苏北运河航务管理中长期发展战略目标任务,加快科技成果的推广应用,突出信息化建设,努力打造好由联网收费、监视监控、办公自动化、航政管理、航道建设管理、养护管理、设备资产管理、人力资源管理和船舶信息发布等九大系统组成的航道信息化平台,实现以航道数字化信息为主线,以计算机为管理手段,以网络传递为主要利用方式的航闸管理新模式,走以科技创新引领航务事业的发展之路。

积极采用新技术、新材料、新工艺、新装备,加快科技成果在航闸的推广应用。在航道管理上研制开发了冷光源应用于航标管理,实施了防碰撞灯桩,特别是六圩口航标灯的建成并投入运用,可满足长江航行的船舶提前30分钟有效获得航标信息的需要,获得中国航海科技进步三等奖;研制开发的新型滚珠丝杠传动式启闭机采用了液压系统控制,电器控制采用了计算机PLC可编程自动控制,极大地提高了船闸机电设备运行的可靠性,获得国家专利;建成了苏北运河全线航道数字地图,研制开发了航道信息管理系统、“监控系统维护与更新”、“安全管理信息系统”,使用了GPS卫星定位系统测量等新设备、新技术,提高了航闸管理的科技支撑力。

今年,该处继续大力推进基本建设、信息化建设和养护建设步伐。一是对京杭运河苏北段404公里航标的改造、新建和布设标牌工程,新建及改造航标74座(包括六圩灯塔),标牌691块,包括指向牌、地点距离牌、地名牌、分界牌、信息指示牌、宣传牌、里程牌、船闸标牌、扬州二级驳岸反光膜柱。工程建成以后,力争用10年至20年时间,配合干线航道网建设,在加强基础设施建设和完善航道服务的同时,不断提高管理和服务水平,逐步形成与经济发展相适应、结构合理、系统完善、技术先进、保障有力的内河现代化助航标志体系,为过往船舶提供优质、高效的服务,提升航道管理形象,打造全新的江苏省“水上高速通道”。二是对京杭运河徐扬段大王庙－－蔺家坝船闸进行疏浚(俗称京杭运河不牢河段),疏浚里程69.832km,内容包括航道护岸修复、土方疏浚等。建成后不仅可以达到2级航道标准,也使得苏北运河404公里全线全面实现2级航道,还实现了水运工程建设的科学、协调、可持续发展。不牢河段将进一步成为内河运输的黄金水道。三是加强信息化数据网络建设,包括京杭运河苏北段沿线光缆的敷设、重点航段的监控、GPS船舶辅助调度系统软件开发等。主要以苏北运河“三改二”基本建设为依托,完成沿苏北运河数据网络通讯光纤专网敷设,建立相应光纤网络通讯中心,建设重点航段视频监控,与省海事局联合建设光纤支线和分段视频监控系统,实现苏北运河航道、海事可视化数据共享。利用苏北运河统一管理的有利条件,对现有数据资源进行整合,建设苏北运河数据中心、调度指挥中心,在完善信息安全保障体系和运营管理保障体系条件下,实现苏北运河航道数据公众信息化服务,为在苏北运河航行的船舶和管理部门提供图像、数据、信息资源服务。使苏北运河信息化建设居全国内河领先水平。

盐城市发展和改革委员会

近年来，盐城市发展和改革委员会在市委、市政府领导下，认真贯彻落实科学发展观，深入解放思想，充分发挥综合经济管理部门职能，为推动全市经济社会又好又快发展作出了积极贡献。连年被市委、市政府表彰为全市目标任务绩效考核综合先进单位和优化经济发展环境工作先进集体。

在新一轮经济发展中，发改委主动适应改革发展的新形势、新任务，着力转变职能，切实加强自身建设，不断提高服务经济、服务项目、服务基层的能力。抢抓江苏沿海开发上升为国家战略的机遇，全力推进沿海开发。牵头组织全市沿海开发重大规划、重大项目和重大活动，在沿海区域定位、产业布局、政策扶持、资源综合开发、重大项目建设上取得了省和国家相关部门的支持。全力组织沿海重大项目，着力把沿海打造成引领开发开放、促进经济发展的新增长极。抢抓我市正式融入长三角的机遇，加大推进力度，在产业对接、园区共建、拓展领域等方面取得了新的进展。围绕“保增长促发展”目标，不断提升谋划发展的能力。对全市经济运行中的新情况、新问题和新变化，密切跟踪，加强分析研究，抓好走势分析、专题分析、典型分析和比较分析，及时研判形势，提出对策建议，为全市经济保增长促发展，发挥参谋作用。着力抓好重点工程建设，不断提升项目运作的能力。坚持把项目作为工作的重中之重，实行规划项目、争取项目、招引项目齐抓，进一步拓宽项目渠道，创新推进机制，全力推进重点工程建设。去年全年完成全社会固定资产投资1120亿元，增长35.6%。在新增1300亿中央投资中，全市71个项目争取资金4.36亿元。坚持科学布局、全力推进新能源产业快速崛起。以组织编制重点产业规划为先导，以发展风电产业为突破口，大力培植新能源产业。目前，陆上风电场首期5个项目，已累计装机44万千瓦，发电4.2亿度。坚持改革与发展同步推进、在改革创新上取得新成绩。加强各项改革的总体指导、统筹协调和综合配套工作，大力推进重点企业改革改制。积极发展市场化融资，今年有1家企业成功上市，10亿元企业债券成功发行。

吉林省政府驻上

JILINSHENGZHENGFUZHUSHANGHAIBANSHICHU

吉林省人民政府驻上海办事处

吉林省人民政府驻上海办事处是吉林省人民政府派驻上海的正厅级综合性办事机构。办事处的工作区域为:上海市、江苏省、浙江省、安徽省、江西省、山东省。办事处主要职能是:经济联络、政务联络、信息传递、干部培训、劳务合作、宣传推介、接待服务、协调管理等。多年来,吉林沪办为两地经济、文化合作做出了突出贡献,多次被上海市合作交流办评为“双服务”先进单位和精神文明创建先进单位,连续多年被吉林省政府评为招商引资先进单位和信息工作先进单位。

由吉林省在上海投资建设的长白山大厦于2008年落成并投入使用。长白山大厦坐落于上海市静安区曹家渡商业区的静安区、长宁区和普陀区三区交汇的中心点一万航渡路康定路口,地理位置十分优越。大厦总建筑面积2.85万M2,定位为四星级商务酒店,名称为“吉臣酒店”。吉臣酒店高26层,拥有308间设计新颖、品味高雅、配套齐全的各式房间。日式楼层、行政楼层、商务中心、各类会议室以及客房宽带上网等各项完善的商务配套设施,是当代商务客人满意的移动办公室和理想的会议中心。

长白山大厦和吉臣酒店正式营业后,多次承办了吉沪两地合作交流活动及会议,正在成为吉林在上海及长三角新的窗口,成为办事处为吉沪两地服务的新平台。

联系电话:021-62576413

副市长周太彤揭牌

上海市吉林商会

上海市吉林商会成立于2007年12月18日,现有会员单位52家。商会的成立对整合吉林在沪企业团队优势,促进自身发展,进一步推进吉林省与上海市经济合作与交流有着重要的现实意义。改革开放30年来许多吉林企业家来沪创业投资,涌现出吉盛伟邦家具集团有限公司、松辽房产公司、彤宝投资咨询有限公司、美瑞实业有限公司、屏翰实业有限公司、中科国际科技发展有限公司、东北证券股份有限公司、天治基金管理有限公司等优秀企业和企业家。商会宗旨:坚持以经济建设为中心,引导会员遵纪守法,维护会员合法权益,扶持和促进吉林籍企业的发展,为加强和推动吉沪两地经济发展、振兴东北老工业基地做出积极的贡献。豪爽大气、顽强拼搏、吃苦耐老是吉林人与生俱来的精神所在,吉林商会要积极依靠广大会员单位,充分发挥商会汇聚资源、融通资金、凝聚人才、谋取商机的功能,以高品质的活动、高水平的服务、团结和感召企业家,不断激发他们的创造性和激情,不断增强商会的生机、活力和凝聚力。

联系电话:021-62576112

海办事处

吉林省上海招商服务中心

吉林省上海招商服务中心坐落于上海市普陀区中山北路2668号联合大厦20层，是招商引资的中介性服务机构。

中心成立以来，发展顺利，业绩明显，主要承担招商引资的会议筹办、项目牵线联系及与招商有关的各种商务接待服务。中心是公司化管理的自收自支事业单位。除开展正常的业务同时，还作为培养锻炼各地招商干部和拓展业务的平台，定期和不定期地吸收专业招商干部来此共同工作。

随着发展的需要，不断开展吉沪两地“双服务”活动，中心以“发展、管理、服务”为工作宗旨，努力营造“和谐、创新、高效”的良好环境，提高全体员工的综合能力，增强中心的综合竞争力，把“发展、管理、服务”推向新的水平，塑造务实、规范、高效、有序的中心形象。

联系方式:021-61476580

招商活动现场

吉林省领导干部(上海)培训中心

吉林省领导干部(上海)培训中心，是中共吉林省委组织部设在上海的干部培训机构，由吉林省人民政府驻上海办事处党组负责日常管理，主要承担省委组织部、省内各市(州)、省直各部门、省内县(市、区)党委、组织部派出的领导干部赴上海及长三角地区培训工作、协调服务及干部挂职锻炼联络。随着培训中心实力的不断增强，还将承担其他省市、商会、有关部门及各类个性化培训任务。

吉林省领导干部(上海)培训中心于2005年7月成立以来，认真落实胡锦涛总书记关于“联系实际创新路、加强培训求实效” 的指示精神，按照中央干部培训条例要求，进一步提高干部教育培训的质量和服务水平。上海培训中心按照培训任务和培训主办单位的需求来设置培训课程，结合干部培训实际需求开设教学课程和培训科目。

上海培训中心成立至今三年，已承办省内处级以上领导干部培训班43期8666人次，已初具规模。在课程设置、教学基地、高素质、高层次师资队伍储备等方面也基本达到规范化。任课老师都是多年从事经济工作一线的领导干部及学者教授，有深厚的理论功底和丰富的实践经验。其中国家级教授学者5人、市级教授、领导学者型教授30多人，包含经济、政治、社会科学、人文科学、新型产业、外包服务业、创意产业、现代服务业、文化产业、金融业、楼宇经济等方方面面的教学大纲和课程设置。上海培训中心推行菜单式、点菜式培训教学方式，综合运用讲授式、研讨式、案例式、情景模拟课、现场教学法、行动学习法、体验式教学方式，科学设置课程，课程设置的精心安排与灵活教学方式有机结合，使学员从崭新的视觉体会到课程深度、全方位的了解到课程的广度、近距离地欣赏到了课程的高度。让学员在比较短暂的学习过程中，开拓视野、增长知识，印象深刻。学员感到每次听课、现场教学都会引起理念的碰撞，都能得到心灵的启迪，对推动各级领导干部与时俱进思维方式的转变起到了积极作用。

教育培训成果延伸到招商引资。培训过程中注意与招商引资工作相结合，学员在办班参观企业考察中由培训中心牵线搭桥和企业家对接，根据本地区实际情况洽谈招商引资，并成功引进一批投资项目。

上海培训中心成立以来得到了很多部门的大力支持和关怀，取得较好的培训业绩，为“大规模培训干部、大幅度提高干部素质” 的战略任务做出了应有的努力。

联系电话:021-62576413

长白山大厦和吉臣酒店

党组书记、局长　朱向荣

局领导走访部分市重点企业

泰州地税成立15年来,全系统广大干部职工大力发扬“依法治税、廉洁敬业、文明高效、争创一流”的泰州地税精神,认真贯彻“法治、公平、文明、效率”的新时期治税思想,全力打造“亲民税务”特色服务品牌,努力建设一流的干部队伍、一流的服务水平、一流的工作业绩,坚持狠抓组织收入中心工作不动摇,积极开展“服务企业、服务投资者、服务项目”等三服务活动,为地方经济社会又好又快发展作出了积极贡献。

1996——2008年,全系统连年超额完成各项收入任务,组织入库各项收入累计达441亿元,年平均增幅27.45%。2008年,全系统组织入库各项收入首次突破百亿大关,达104亿元,实现了泰州地税发展史上的全新跨越。近十年来,泰州市地方税务局先后获得江苏省文明行业、江苏省文明单位、江苏省文明单位标兵、泰州市十佳人民满意机关、泰州市人民满意的公务员集体、泰州市作风建设先进单位、泰州市十佳服务地方发展单位、第二批省级廉政文化示范点、江苏省依法行政示范点、全国精神文明建设工作先进单位和全国文明单位等荣誉称号。

针对当前企业在金融风暴中遇到的困难,泰州地税系统以科学发展观理论指导地税工作,以学践活动为契机,积极调整工作思路,与企业共克时艰,争做“四心”人。一是做落实政策的“热心人”,大力宣传种类税收优惠政策,凡是符合税收减免政策规定的,凡是有利于企业渡过难关的,主动及时办理到位;二是做优化服务的“贴心人”,充分发挥纳税服务中心职能,积极放大服务资源整合效应,为企业营造宽松便利的发展环境;三是做推动发展的“有心人”,组织业务骨干为重点企业、重点项目“把脉”、“号诊”,为企业在新一轮竞争中赢得先机;四是做关注弱势群体的“真心人”,在稳定人心和扶贫帮困上身体力行,既一着不让的组织好社会保险费的征收工作,同时积极帮助企业做好生产经营风险的防范工作。

国家税务总局党组成员、中纪委驻国家税务总局纪检组组长冯惠敏在泰检查、指导地税工作

省委常委、政法委书记林祥国视察泰州市地方税务局

中共泰州市委书记张雷考察地税工作

江苏省地税局局长李小平视察泰州地税工作

深入服务,为企业排忧解难

地税干部现场接受纳税人咨询

共建和谐社会

江苏省泰州市建设局

JIANSUSHENG TAIZHOUSHI JIANSHEJU

市领导张雷、姚建华视察园博园工程

央视新闻联播记者就“租售并举”创新举措采访孔德平局长

2008年是泰州城乡面貌发生新变化的一年。市建设局围绕市委三届五次全会提出中心城市建设“三年再来一个大变化”的奋斗目标,深入践行科学发展观,加快城乡建设步伐。

重大工程项目扎实推进 投资4.5亿元、管线长达60公里、惠及100万人口的区域供水工程,实现向泰兴试通水,三水厂改扩建工程、姜堰清水管线工程进入扫尾。对南部新城区发展影响深远的园博园工程自3月启动,仅用2个月时间就完成了470户拆迁户、17户工商企业共12万平方米的拆迁任务。对城市功能具有重大提升作用的文化中心续建工程,工程主体结构建筑完工,外装工程基本完成。最具泰州历史文化名城特色的稻河古街区拉开了复兴改造的帷幕,成立了泰州市稻河古街区建设有限公司,搭建起运作灵活的融资与建设平台。

市政基础设施进一步完善 鼓楼北路北延工程竣工通车,春晖路南延工程顺利实施,鼓楼南路南延、海陵南路南延、新建东路、周山河大桥基础工程建设基本完成,演化桥危桥改造工程竣工,老城区完成5万平方米路面维修,路灯改造投入约400万元。建工、春兰两个老小区综合整治后居民生活质量明显提升,人民路经过立面改造焕然一新。城市供水保障充分,水质综合合格率和水压合格率达100%。污水收集量达到1100万立方米,污水日处理达3.4万吨。新建燃气管网57公里,管网总长达343公里。

泰州市区域供水工程开工典礼

市建设局局长孔德平（右一）、房管局局长陈松林（中）上门发放廉租房租金补贴

园林绿化建设力度不断加大 市区新增市级园林式单位、园林式居住区7个，新增绿化面积100余万平方米。泰山公园被批准为国家3A旅游景区。大力推进省第六届园博会筹备工作，细化各项活动计划，服务园博园建设，建成占地60亩的大树园，储备了1400多株大树。在“第七届中国盆景展览会”上获得2个银奖，4个继承传统奖。

住房保障体系更加完善 全年房地产开发完成投入45.8亿元，新开工184万平方米，竣工104万平方米。经济适用房泰和园一期10万平方米即将交付使用。廉租住房保障条件放宽到人均住房建筑面积18平方米以下、人均月收入500元，保障对象扩大到460户。新建和收购了70套廉租住房用于实物配租，并安排了43套住房用于租售并举。

村镇建设管理工作力度加大 市级重点中心镇2020年版总体规划修编工作全面完成，编制完成120个村庄和1400个村庄平面布局规划，实现了村庄规划全覆盖。在全省率先推出“村庄规划进村部行动”。全市累计有300多个村庄因地制宜开展环境整治工作，其中32个省级试点村开展了重点整治，6个村成为第二批省级康居示范村，总数列全省第一。

机关作风建设取得新的成果 建立服务重大项目“绿色通道”。工程招投标监管服务模式被中央电视台、新华日报等媒体专题报道。办好“12319”城建热线，累计受理群众各类投诉、咨询、求助、建议电话12000例，为群众办实事2700件。办理市人大代表建议和政协委员提案74件，办结率、满意率100%。办理书记信箱交办件151件，市长信箱交办件259件，市长公开电话交办件129件，答复建设局网站访客留言468条，妥善解决了一批拆迁历史遗留问题。积极调处拖欠农民工工资问题，接待36批次、746人上访，反映的拖欠工资问题基本得到解决。

党员在海光小区开展“义工”活动

图为整治后的春兰小区

区域供水工程管网施工

江苏省泰州市水利局

泰州市水利局局长　唐勇兵

2008年2月22日，水利部部长陈雷一行来泰州市视察水利建设情况。

泰州南临长江，北接淮水，境内河网密布，水系纵横。改革开放以来，泰州水利事业蒸蒸日上，全市水利总投入80余亿元，初步建成较完善的、高标准的挡、排、灌、降、控水利工程体系。近年来，泰州水利局围绕“把泰州建设得更加美好”的宏伟蓝图，大力推进安全水利、资源水利、环境水利、民生水利建设，努力为泰州经济社会可持续发展提供强有力的保障和支撑。

2008年，泰州市水利局在市委、市政府的正确领导下，紧紧围绕全年目标任务，解放思想，求真务实、开拓进取、扎实工作，继续推进城市防洪工程建设，大力实施水利重点工程，全年完成水利建设投资6亿元。

防汛抗旱工作　认真组织开展水利工程安全大检查，及时对水利工程实施除险加固，组织防汛抢险演练，着力提高抢险队伍的组织水平和应急能力。汛期全市水位一直控制在较理想状态，未发生任何灾情。在农业用水高峰期，加大调水力度，全年共调引长江水38亿方，有力保障了全市的生产、生活和生态用水。

城市水利建设　2008年，完成投资1.5亿元，建成了城市备用水源工程，可保证100万人的应急供水。完成了北城河、九里沟河、老通扬运河一期整治，进一步畅通了城区水系，维持城区骨干河道水质在三类以上。

农村水利建设　全市共疏浚县乡级河道252条、土方1920万方，疏浚475个行政村的村庄河道，计土方2313.5万方，解决了农村39万人的不安全饮水问题，加修圩堤223公里，新建改造圩口闸243座、排涝站230座、电灌站360座。

水利法治工作　及时制止和查处水事违法案件150余起，并组织30余次非法采砂集中打击行动，维护了长江河势稳定和堤防安全，保障了长江水城和长江沿线地区的稳定。

2008年，泰州市水利局被市委、市政府表彰为“十佳人民满意机关”，被水利厅表彰为“全省水利目标管理先进单位”，泰州市城区灌道管理处被水利部评为全国文明单位，靖江市、高港区的农村河道疏浚整治率先通过省级验收，并被评为优秀等次。

碧水垂柳映家园

JIANGSUSHENG TAIZHOUSHI SHUILIJU

跨凤凰河的观凤桥

日月相辉　水灵泰州

防汛演练

五叉河闸站

靖江市河道管护见成效

凤凰河百水园

整治后的老通扬运河

泰兴 乡村河塘整治

江苏省靖江经济开发区

JIANGSUSHENGJINGJIANGJINGJIKAIFAQU

省委书记梁保华视察开发区

江苏省省长罗志军同志视察开发区

靖江经济开发区成立于1992年,1993年11月被批准为省级开发区。开发区南濒长江下游黄金水道,处于江海换装江河转运交汇处,北依靖江老城区,京沪高速公路、沿江高等级公路、新长铁路穿境而过,水陆交通便利,区位优势明显 。近年来,按照把开发区及沿江地区建成国际性制造业基地和现代物流基地的发展定位,靖江经济开发区把发展沿江经济、提升园区竞争力作为开发建设的核心内容,不断加大基础设施投入,积极优化投资环境,加快形成产业集聚。目前,规划控制范围约160平方公里,开发区实际建成面积25平方公里,区域内道路网络纵横交错,基础配套设施日臻完善,全区已形成三个布局合理、特色明显、产业集中的工业园区(即新港园区、城南园区、城北园区),其中新港园区被命名为省级服务业集聚区、省重点物流基地,城北园区被命名为国家中小企业创业基地、省高新技术创业服务中心,城南园区被命名为国家微特电机及控制产业基地。

至2008年底,靖江经济开发区基础设施建设累计投入88.37亿元,建成道路112.46公里,铺设供热管道50公里,污水收集管道43公里,兴建变电所8个。吸引进区项目1000多家,总投资达656亿元;其中外商投资企业82家,协议利用外资14.7亿美元,实际利用外资10.01亿美元。2008年,全区共完成营业总收入701.7亿元,工业产值576.4元,销售548.3亿元,利税57.8亿元,利润44.7亿元,同比分别增长75.2%、62.9%、64.7%、89.1%和110.2%;实现财政收入20亿元,同比增长52.4%。

在最新的江苏省123个开发区建设水平排序中,靖江经济开发区列23位,稳居全省开发区的第一方阵。其中,环境建设指标在全省112个省级开发区中排名第一。

盈利公用码头

粮食产业园万吨储粮库

安泰动力开工典礼

百富绅国际装饰家具广场二期

Welcome to JingJiang Economic Development Zone

失地农民新居（火炬安置区）

江苏省泰州经济开发区

JIANGSU PROVINCE TAIZHOU ECONOMIC DEVELOPMENT ZONE

泰州经济开发区是1996年成立的省级开发区，近年来致力于打造产业、营造环境、完善功能，承接国内外资本和项目落户，经济国际化水平连年攀升，正成为长三角地区加速崛起的一支新军。

开发区产业发展规划调研座谈会

区位优势明显。泰州境内有京沪高速、宁通高速、宁靖盐高速、沿江高速等4条高速公路。江阴长江大桥和正在建设之中的泰州长江大桥是泰州连接苏南和长三角地区的两条大通道。泰州火车站有多条始发线路，可直达北京、深圳等国内大中城市。距上海、南京国际机场车程均在2个小时左右，紧邻泰州的苏中机场即将建设。

基础设施完善。路网及配套建设顺利推进。实施了高新技术园区纬八路、纬十路、鹏举路和滨江工业园区泰镇路北延、江平路等路网建设，园区道路框架进一步拉开。自来水管网、污水管网等配套设施同步推进。大力实施绿化工程，全年绿化面积近10万平方米。启动了泰州软件园建设。对目前区内7万平方米的标准厂房进行改造，大力招引软件外包和信息服务企业，加快现代服务业发展，促进产业结构的调整和优化。规划了光伏产业园和台商工业园建设。明确新的发展理念，把园区建设作为城市建设的一部分，逐步完善功能，在企业生产服务、生活服务、人才服务、融资服务上下功夫，构建载体，打造平台，营造更加适合投资创业的综合环境，努力把开发区建设成为城市的“副中心”。

产业定位明确。高起点编制了产业发展规划。根据现有产业基础和国内外企业战略布局，编制了适应开发区未来发展的产业规划，围绕新能源、新材料、新机电、新医药和现代服务业做文章，主攻大项目、好项目，加速产业集聚，做大产业规模。在项目选择上，重点围绕“四新”产业，狠抓龙头企业的招引，同时注重产业配套，放大产业集聚效应。以泰州软件园为载体，大力招引与先进制造业相匹配、关联度强的软件、信息技术外包等现代服务业项目。

服务优质到位。围绕产业发展方向，积极鼓励各类资本向优势产业集聚。土地计划向大项目、好项目倾斜。建立了三大服务体系——外商投资审批过程中的一条龙服务，企业建设过程中的全方位服务，企业开工投产后的经常性服务。实行特事特办、急事急办、免费代办，努力为企业提供优质服务。在力量组织上，强化领导带头作用，“零身份”、“零距离”与客商交朋友、抓跟踪，促成一批重大项目落户建设，坚决打赢招商引资的翻身仗。

投资说明会暨项目签约仪式

开发区践行科学发展观、我为泰州作贡献主题教育活动动员大会

党委书记、局长　张文彬

保护耕地资源，争做守法小公民

泰州市国土资源局

TAIZHOUSHI GUOTU ZIYUANJU

选举产生新一届党委、纪委

2008年，全市国土资源系统以科学发展观为统领，以增强保障能力、提升管理水平、提高队伍素质为抓手，务实创新，迎难而上，圆满完成了全年各项目标任务，为促进全市经济又好又快发展作出了积极贡献。

一、保障经济发展取得新突破　全力保障重点项目用地需求，对省级经济开发区和重点产业集聚区实行重点扶持，优先安排用地计划，全市实际报批用地总面积21000亩，有力地保障了园博园、医药园区、梅兰集团、兴达钢帘线、长宏钢材物流中心等一大批重点项目建设。

二、土地资产平台得到新拓展　全年通过竞价方式出让经营性用地4076亩，出让金总额34亿元。工业用地招拍挂出让制度全面落实，全年共挂牌出让工业用地1万亩，成交价 16亿元。办理抵押登记 9924宗。

三、耕地资源保护工作开创新局面　市政府与各市(区)签订了土地管理和耕地保护责任状，将耕地保有量及基本农田保护考核指标执行情况列为市(区)政府主要负责人业绩考核的重要内容。加强耕地占补平衡项目库建设，全市项目建库197个，实际完成188个，新增耕地1.5万亩。全年争取省以上投资项目6个，项目规模9.4万亩，总投资1.3亿元。

市纪委领导视察基层国土所建设

开展送法下乡活动

四、土地节约集约利用水平有了新提升　按照“布局集中、用地集约、产业集聚”的要求，做好各类项目供地保障工作。强化闲置及低效利用土地管理。市政府出台了《泰州市闲置及低效利用土地处理意见》，在全市范围内开展了闲置及低效利用土地清理处置专项工作，全年共盘活存量闲置土地3000多亩。

五、维护群众权益工作得到新加强　大力推进被征地农民基本生活保障工作。全市共落实征地补偿安置费用6亿元，政府出资1.3亿元，为19000多名被征地农民提供基本生活保障。

六、干部队伍建设再上新台阶　全系统有6个单位被评为江苏省文明单位(行业)，13个单位被评为泰州市文明单位(行业)，80个单位被评为县级文明单位(行业)；有8个所被省厅表彰为“优秀国土资源所”，2个所被市委表彰为“人民满意基层站所”，10个所被市委表彰为“泰州市五十佳基层站所”，15个所被市纪委表彰为“泰州市基层站所作风建设先进单位”。市局被市委、市政府表彰为十佳服务地方发展单位，并先后被评为创建江苏省文明行业先进行业、江苏省文明单位，连续多年被评为泰州市文明单位、文明行业。

窗口工作人员热情服务

ZHONG GUO DA FENG G

中国大丰港经济区

中共中央政治局委员、书记处书记、时任江苏省委书记李源潮(左一)在江苏省副省长、时任盐城市委书记张九汉(右二)、盐城市委常委、大丰市委书记丁宇(左二)盐城市政府副秘书长、大丰港经济区管委会主任倪向荣(右一)等陪同下视察大丰港。

中共江苏省委书记梁保华在盐城市委常委、大丰市市委书记丁宇(左)陪同下视察大丰港。

大丰港经济区是以大丰港为依托,于2003年5月新成立的省级开发区,辖区面积500平方公里,规划建设面积200平方公里。目前,临港工业区、仓储物流区、出口加工区、生物科技园区和海港新城区初具规模。到2008年底,已落户千万元以上项目300多个。

区内在建的国家重点工程大丰港是江苏中部唯一的深水大港,也是江苏省委、省政府重点建设的三大深水海港之一。一期工程2个万吨级码头已建成通航,二期工程8万吨级散货码头和4万吨级件杂货码头今年10月建成通航,同时2个5万吨(兼靠8万吨)级石化码头项目正在组织报批,今年5月份开工建设,明年底建成。2006年6月,大丰港被国务院正式批准为对外开放的一类口岸,现在开通到韩国釜山、仁川,日本门司、博多,俄罗斯海参崴,以及经上海往欧美的国际航线和多条国内航线,年内实行对台直航。2008年,大丰港累计完成货物吞吐101万吨、1.6万标箱。

便捷的交通和丰富的土地资源、一类口岸优势吸引了一批大集团、大企业前来投资,总投资10–30亿元的迪赛诺药业、风力发电等重特大项目落户港区,中化集团、生物质柴油、明志石化等重特大项目即将开工建设。按照科学发展观要求,大丰港计划用五年时间,到2013年形成“四个五”:码头年吞吐能力5000万吨;打造五个百亿元经济板块,形成500亿元产值规模。重点发展国信火电、卓能风电等电力与能源产业板块,形成100亿元产值;重点发展以中化集团新材料基地为主的石化产业板块,形成100亿元产值;重点发展以联鑫钢铁为主的冶金与机械产业板块,形成100亿元产值;重点发展以迪赛诺生物医药为主的医药产业板块,形成100亿元产值;重点发展以神州木业加工为主的农产品深加工产业板块,形成100亿元

韩国仁川港首艘集装箱班轮停泊大丰港

大丰港码头工人正在卸从韩国釜山港运来的集装箱

码头二期工程正在打桩

经济区管委会、口岸委等部门领导迎接韩国仁川港首航集装箱班轮。

产值;形成50亿元财政收入。

与此同时,全力打造“一湖居中央、双核临水立、五轴皆通达、森林环城绕”的生态港城,加快三产服务业建设。到“十一五”期末,初步建成“5平方公里、5万人口”、经济繁荣、环境优美、社会和谐、开放文明的生态型港口新城。

地址:江苏省大丰港区海港大道1号
电话: (0515)83555061、83555106
传真: (0515)83555086
邮编: 224145

中电投20万千瓦风电项目已建成并网发电

二期码头引桥打桩

马鞍山经济技术开发区

MA AN SHAN JIN JI KAI FA QU

车生产基地—安徽星马汽车股份公司

鞍山雨润食品有限公司举行投产庆典

马鞍山市地处长江下游南岸、安徽省最东部，是安徽融入长三角、推进东向发展和长三角城市向内地延伸的重要门户。马鞍山经济技术开发区位于城市建成区南端，规划面积30平方公里，1999年6月正式启动，招商引资、综合经济实力连续多年位居安徽省省级开发区前列。2008年开发区工业总产值达151.1亿元，财政收入9.9亿元，成为马鞍山市重要的经济增长极。

招商引资和进出口贸易。截止2008年底，全区累计注册法人企业447家，其中外资企业66家，总投资折合人民币162.6亿元；实际利用外资7.1亿美元，实际利用内资61.8亿元，投资在3000万美元和2亿元人民币以上的项目有33个，实际利用外资连续6年位居全省86个省级开发区第1位。日本大同、蒙牛乳业、广东科达、江苏雨润、福建达利、安徽丰源等一批国内外著名大企业入驻开发区并获得长足发展。现共有省级以上高新企业24家，拥有世界500强投资企业1家，上市公司3家和上市公司投资企业10家。

截目2008年底，主要进出口企业有安徽星马、安徽华菱、惊天液压、万马机床、天源科技、方圆回转、中钢天源、统力回转、西川毛织、大同佳乐登、大同利美特、天工科技、中冶华天、蒙牛乳业、泰尔重工、马钢比亚西等共20多家企业，产品涉及汽车底盘、服装、纺织、电子、回转支承、数码机床等。

发展行业。主要发展汽车及汽车零部件制造、食品及乳制品、机械深加工及成套设备制造、新材料及环保产业、服装等。

产业布局特点。目前，初步形成了四大特色产业，即以星马、华菱、通达、福臻、AMT、和菱包装为代表的汽车及汽车零部件制造产业；以雨润、达利、蒙牛、沁玖洲等为代表的食品加工产业；以科达、泰尔、万马、瑞慈等为代表的机械制造产业；以稳润光电、中钢天源、航行通用、晶威太阳能材料等为代表的电子及电子原材料产业。

地内的安徽晶威太阳能电力有限公司

生产基地—蒙牛乳业

党工委书记、管委会主任：金　朝
电话：0555—8323158；
　　　8323168（传真）；
地址：马鞍山市红旗南路2号；
邮编：243041
网址：http://www.metd.gov.cn；
电子邮箱：kfq_bgs@mas.gov.cn

欣欣向荣的马鞍山经济技术开发区

江苏省兴化经济开发区

开发区党工委副书记 管委会主任 李斌

兴化经济开发区创建于1992年6月,1993年11月经江苏省人民政府批准为省级经济开发区,是兴化城区工业发展功能区。2006年4月,经江苏省政府同意,江苏省外经贸厅、农林厅联合行文批复,设立了江苏省唯一的省级农副产品加工区。开发区辖区总面积46.3平方公里,工业园区规划面积13.13平方公里,下辖9个行政村、26个自然村,总人口22670人。工业园区已形成五纵九横的道路网络,路灯、给水、排水、供电、供热、通讯等线路配套齐全,为招商引资打下了基础。

2008年,在市委、市政府的正确领导下,全区上下紧紧围绕全年既定工作目标,攻坚克难,扎实工作,在外部宏观经济形势急剧变化,内部资金压力巨大、突出矛盾较多的不利形势下,全区经济保持了平稳较快的发展势头,社会保持了稳定和谐的局面。全年共实现地区生产总值12.8亿元,财政收入20113.6万元,一般预算收入8067万元,同比增长分别为20.8%、54.6%和13.5%。全区工业经济实现产值51.0亿元,销售49.8亿元,利税2.3亿元。全区共引进各类企业近400家,年销售在500万元以上的企业58家,5000万元企业16家,超亿元企业9家,主要涉及的工业门类有农副产品加工、机械制造、精密铸造及不锈钢制品、纺织服装、出口渔具等。其中农产品加工、精密铸造及不锈钢制品产业依托兴化丰富的资源优势和雄厚的产业基础,已初具规模,形成地方产业特色。

兴化经济开发区将坚持以科学发展观为指导,紧紧围绕“三个明显”的奋斗目标,即努力实现开发区对全市经济发展贡献份额明显扩大、在全省开发区中排位明显提升、自身产业特色明显凸现,按照科学发展与充分发展、培育产业特色与提高经济效益、招引外来企业与培育本土企业、突出工业主导与优化经济结构“四个并重”的工作要求,突出“项日突破、产业升级、建设转型、机制创新、社会和谐”五大重点,坚定信心,振奋精神,攻坚克难,埋头苦干,掀起全区上下“二次创业、奋力赶超”的热潮,扎实推进经济社会平稳较快发展。

2008年12月1日罗志军省长视察江苏兴野食品有限公司

2008年4月17日泰州市委书记张雷调研华丰食品工业(集团)有限公司兴化分公司

5月6日开发区五个工业项目集中开工

开发区管委会一角

开发区标准厂房

BAOYINGXIANKAIFAJU

宝应县开发局

2008年9月10日罗志军省长视察项目区

2007年12月市局检查组检查我县农业综合开发土地治理项目

2007年9月朱志扬局长陪同无锡市开发系统参观我县农业综合开发项目区

国家从1988年开始实施农业综合开发，宝应县自1991年国家2期农业综合开发开始，被纳入了国家农业综合开发项目区，目前已进入 期的开发工作中。全县农业综合开发十多年来，先后在山阳、范水、安宜、泾河、柳堡、望直港、黄塍、曹甸、西安丰等乡镇和县湖滨滩地开发有限公司共投资1.9亿元，其中国资10070万元；实施项目52个，其中土地治理项目17个、多种经营和产业化经营项目27个、省级科技示范项目4个、规模开发项目2个、水毁工程项目2个，累计改造中低产田35.8万亩，土地平整增加耕地、水产养殖面积12万多亩。

项目区在实施农业开发以前，农田渠系不配套、建筑物老化失修、农田灌不进排不出等问题比较突出。农业综合开发按照水旱、高低、灌排“三分开”的要求，突出解决制约当地农业生产的关键障碍。科学规划，综合治理，通过土地平整、疏浚沟渠、综合配套等措施，实现了水通、路通，新建、改建了排灌设施，项目区累计新增农业生产效益近2亿元，项目区农民人均纯收入增加1000多元。

通过农业综合开发，使运西地区沉睡多年的荒滩白水得到改造利用，国有滩地变成了旱涝保收的高产田；使薄弱的农业基础条件得到普遍改善，大片农田建成了颇具特色规模的农产品基地；使传统农业得到有效提升，大宗荷藕、水稻等形成了优质化、高效化的主导产业；使农业龙头企业农产品加工能力得到培植扩展，带动了全县稻米、棉花、蔬菜、畜禽、水产等农业产业化的进程。

在农业综合开发工作中，宝应获得二、三期农业开发全省“创业杯”一等奖、四期三等奖和五期二等奖。2003年度修复自然灾害损毁工程被国家农发办评为“国优”。该局连年被市局和县委、县政府评为“先进单位”、“文明单位”。

全省农业综合开发产业化工作会议

宝应县广播电视局

BAOYINGXIANGUANGBODIANSHIJU

宝应县广播电视局为县政府直属事业单位，它的前身是宝应广播站，成立于1950年。目前宝应县广播电视局实行局台合一体制，局机关下设办公室、组织人事科、宣传管理科、科技科、计划审计科；广播电视台下设新闻中心、有线电视管理中心、制作传输中心、网络中心、广告经营中心、器材供应管理中心；现有1套调频广播节目、2套电视节目，全县14个广电站隶属局垂直管理。全系统现有职工500多名，其中具有大专以上学历的200多名，取得中高级职称的40多名。

宝应县广播电视局作为地方主流媒体、宣传主阵地，以改革创新和科学发展为着眼点，以提高舆论引导力和改革管理机制为切入点，牢固树立“开门、开放、开明”办广电的理念，不断强化舆论引导，提升宣传品位，近年来，先后有100多条稿片在省、市好新闻评比中获奖，为推进全县三个文明建设营造了良好的舆论氛围。事业建设不断夯实基础，投入资金2800万元建设了8800平方米的广电中心，县乡光纤网全面贯通，实现了发射固态化，摄录编播数字化、播出自动化。全县广播电视有效覆盖率100%，实现了有线电视“村村通”，目前，全县共发展有线电视用户近20万户，入户率达81%。

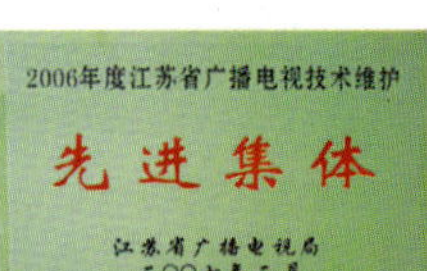

2003年度江苏省广播电视技术维护 先进集体 江苏省广播电视局 二〇〇四年一月

2004年度全省广播电视新闻节目播出 先进单位 江苏省广播电视局 二〇〇五年一月

2005-2006年度 文明单位 中共扬州市委 扬州市人民政府

宝应县科技局

BAO YING XIAN KE JI JU

宝应县科技局组织召开“清华大学科研院宝应校企对接会”

宝应县科技局(知识产权局)在县花城广场举办“保护知识产权 促进创新发展”为主题的宣传活动”

县科技局工作人员在企业开展科技服务

宝应县召开全县科技工作会议

2008年,在宝应县县委、县政府的正确领导和省、市科技部门的鼎力支持下,宝应县科技局紧紧围绕全县的中心工作,在发展高新技术产业、建设科技服务体系、保护知识产权、推进产学研合作等方面做了大量工作,取得了显著成效,为全县经济社会跨越发展、科学发展、和谐发展提供有力的科技支撑。全年共组织申报省级以上各类科技计划项目160多项。获批省级以上计划项目95项,其中国家级项目20项。2008年,全县高新技术产业产值达到160.99亿元,占工业总产值的53%,名列扬州市县(市、区)第一。全县专利申请量达819件,为前两年总和;发明专利申请达115件,占我县累计发明专利申请量的46%;举办了一系列产学研对接活动,促成了一批先进科技成果在县内引进转化。

2008年,宝应县科技局荣获县优化经济发展环境十佳服务部门、市文明单位、县文明单位。宝应县科技局被省农林厅、省财政厅、省信息产业厅、省科技厅、致公党江苏省委员会表彰为江苏省“致富工程”先进集体,宝应县知识产权局被省科技厅、省知识产权局授予先进集体称号,宝应县地震局被省、市地震局表彰为2008年度防震减灾工作综合评比优秀地震局和先进地震局。

科技大夏图片

宝应县环保局

BAO YING XIAN HUAN BAO JU

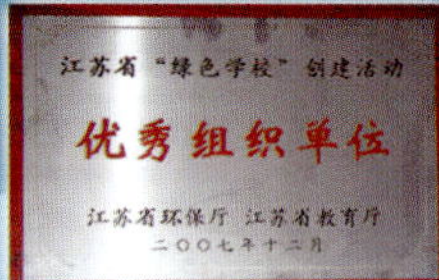

宝应县环保局党组书记、局长:刘忠民

2008年,宝应县环保系统认真贯彻县委、县政府的决策部署,坚持环保优先方针,一手抓环境监管,一手抓服务发展,为推动全县经济社会又好又快发展发挥了积极作用。柳堡镇、望直港镇创建全国环境优美镇通过了省级考核验收。新建省级生态村3个、市级生态村9个、县级生态村21个、省级绿色社区1家、市级绿色社区2家、省级绿色学校3所、市级绿色学校 8所。全年共成功组织包装污染防治和生态建设项目8个,争取到上级污染防治资金1142万元,无论是项目数还是争取资金总额均创下历史新高。3家企业创成市级环境友好企业,6家企业通过ISO14000环境管理体系认证,20家企业通过清洁生产审计。联合水务、发改委、建设等13个部门和安宜镇合力开展了城区集中式饮用水源地专项整治行动,关闭了水源地一级保护区内企业6家。出动3000多人次,加强对重点污染源的监管。县域内大运河、宝应湖和主要河流基本符合Ⅲ类标准,城区生活饮用水源达到Ⅲ类水质标准,大气环境质量符合国家环境空气质量二级标准天数达91.26%(334天),区域环境噪声符合各功能区域要求,状况良好。城镇环境综合整治定量考核继续名列全省前茅。

2008年3月28日全县环保大会现场

2008年5月23日,县环保局开展"爱岗敬业、青春奉献"能力作风建设座谈会,图为我局职工在座谈会上发言情景

2008年纪念"6·5"世界环境日,我县举行"禁白限塑从袋做起"布袋发放仪式

BAOYINGXIANSHANGMAOJU

宝应县商贸局

宝应县商贸局行使全县商贸流通行政管理职能。作为商贸流通行政主管部门,紧紧围绕全县经济建设工作中心,认真贯彻执行国家商贸流通工作的方针、政策和法律、法规,精心指导全县商贸流通工作。近年来,在基本完成商贸流通企业改制艰巨任务后,又积极探索做好社会主义市场经济条件下商贸流通工作的新模式,在全力为全县城乡各种所有制商贸流通企业服务的同时,主动配合全县新农村建设,大力推进"万村千乡"工程、村级便民服务中心、为农综合服务社、专业合作社建设;强化全县酒类流通、豆制食品市场和餐饮服务行业管理;组织编制全县商业网点规划、商贸流通和服务行业发展规划。

2008年县商贸局围绕市商贸局、市供销合作总社和县委、县政府工作目标要求,积极实施商贸活县战略,全面推进能力作风建设,不断完善市场监管机制,着力提升商贸服务业水平,部门各项工作取得了显著成绩,全县商贸服务业工作持续健康发展。

2008年,完成社会消费品零售总额57.04亿元,同比增长24.4%;完成第三产业增加值(现行价)3680万元,占年度目标112%;完成招商引资3250万元,注册外资1100万美元,到账750万美元,分别占年度目标107%和200%以上;实现利税335万元,占年度目标152%;资产变现130万元,占年度目标260%;清收债权11万元,占年度目标220%;创造就业岗位180个,占年度目标300%;固定资产投资3250万元,占年度目标108%;置换职工人数62人,占年度目标124%;社保金解缴率100%,新增"万村千乡市场工程"农家店52个,占年度验收必保目标32个163%;完成5个"十大典型"目标任务,占年度目标4个的125%。主要经济指标实绩均超额完成了市商贸局、市供销社和县政府下达的全年目标任务,并比上年有较大幅度上升。

2008年我县商贸流通服务业获扬州市人民政府"扬州市商贸服务业工作先进集体二等奖";县商贸局获扬州市商贸局"扬州市商贸系统先进单位二等奖"、扬州市供销合作总社"2008年度全市供销合作社综合业绩考评一等奖"、"2008年度全市供销合作社系统目标考核专业合作社建设先进单位"、"2008年度为农服务工作组织奖";被中共宝应县委、宝应县人民政府表彰为"2008年度文明单位"、"2008年度目标管理先进单位三等奖"、"2008年度新农村建设先进部门"、"2008年度信访工作先进单位"、"2008年度平安宝应建设先进单位"、"2008年度安全生产先进单位"。

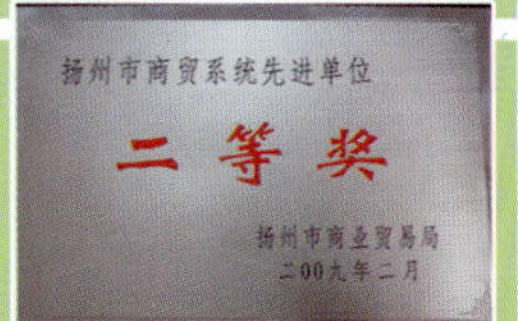

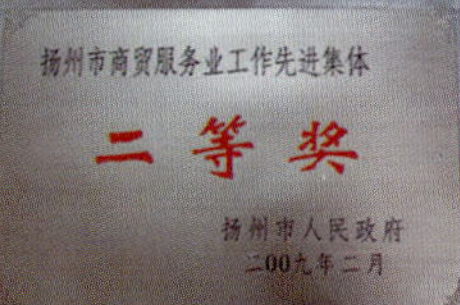

宝应县电信局

BAOYINGXIANDIANXINJU

总经理：房 兵

中国电信宝应分公司隶属中国电信江苏公司，是宝应地区最大的综合信息运营商，不仅唯一拥有最大的固定信息网络，而且也是唯一建设无线宽带城市的信息运营商。宝应电信改革开放30年来，在92万宝应人民中播撒着信息文明，在1467平方公里的土地上架设着沟通的桥梁，全心全意为全县广大住宅用户以及各类企业、行政、事业单位客户提供各类信息服务。多年来，宝应电信三个文明建设实现协调发展，公司先后获得“江苏省文明行业”、“江苏省模范职工之家”、省“诚信单位”、“扬州市文明行业”和“扬州市和谐企业”称号。

30年来，随着宝应经济的快速发展，宝应电信也取得了更好、更快、更大的发展，各项业务取得了不菲的业绩。截至2008年底，全县固定电话累计已达19.8万部；小灵通自2003年开通以来，累计已达6.95万；自2008年10月承接运营手机业务以来，天翼手机3个月发展近万户，已达1.86万户；电话普及率达到31.1部/百人；宽带用户自2002年开放以来，快速发展，已达2.97万户。2003年，电信业务收入首度突破亿元大关，2008年完成业务收入1.42亿元。与1978年相比，电信及信息业务不仅发展数字呈几何级数增长，业务种类、服务内容、网络能力、服务受众，也在日新月异、翻天覆地的发生着变化，已成为宝应地区主要的综合信息运营商。

如今，宝应电信朝气蓬勃，充满自信，正借着“建设社会主义新农村”的东风如火如荼的推进着农村信息化建设事业。随着发展，电信的“我的e家”、“商务领航”、“天翼”等品牌业务在全县电信用户中已产生广泛影响。“世界触手可及”，“宝应电信员工秉承着“用户至上、用心服务”的理念，正以不懈的努力和真诚的服务引领着宝应人民向着信息化时代大步前行！

宝应县计划生育委员会

BAO YING XIAN JI HUA SHENG YU WEI YUAN HUI

2008年,宝应县人口和计划生育工作围绕“十一五”建成省人口协调发展先进县目标,通过开展宣传教育、科技服务、信息管理、依法治育等工作,夯实基层基础;组织开展冬春集中性活动,后进村转化、出生婴儿性别比综合治理、积存问题自查自纠等专项活动,解决重点难点问题;抓好便民维权活动、关爱计生困难家庭、推进“世代服务”、强化队伍建设,创新工作,打造计生特色和品牌,国家和省人口计生委分别对宝应县开展依法行政、建立和完善计划生育利益导向政策体系的情况专题调查,顺利通过省市人口计生委对宝应县“十一五”人口计生工作的中期评估验收。据统计,全年出生人口4949人,出生率5.35‰,计划生育率98.96%,期内综合避孕率98.5%,避孕节育和生殖保健服务率96%。

市计生委王鸣芳主任来宝调研工作

领导班子会议

宝应县运输管理所

宝应县运输管理所是宝应县交通局直属的行政事业执法单位,实行“宝应县运输管理所、宝应县汽车维修行业管理所、宝应县交通局运政稽查大队”三块牌子一套班子的管理体制,行政级别为正股级。由法律法规授权和县交通局委托,负责全县交通运输行业管理、行政许可、行政执法等工作。现有交通行政执法人员37人,内设:办公室、客运科、货运科、维修驾培科、财务科、运政服务大厅、运政稽查一、二、三中队。

自1987年成立以来,多次被市、县政府和上级交通主管部门授予先进单位。1998年被县委、县政府授予文明单位;1999-2000年被市委、市政府授予文明单位;1999年被中国道路运输协会评为“道路运输管理优胜单位”;2001年被省交通厅授予“江苏省交通行业文明运政单位”;2005年-2007年连续三年被县委、县政府授予文明单位、被扬州市运管处评为运输管理工作先进单位;2006年通过ISO9001质量管理体系认证;2007-2008年被市委、市政府授予文明单位;为宝应交通运输业又好又快发展作出了积极的贡献。

新建设的乡镇客运站-全景

造型别致的农村客运候车亭

发展中的宝胜物流-全景

BAOYINGXIANQICHEKEYUNZHAN

宝应县汽车客运站

2007年动工兴建的宝应新汽车客运站位于县城开发区新区内,东临新淮江路和宝胜物流中心,西临茗园商住区,南临人民路,北临亿丰国际商贸港,净占地93.59亩。

工程投资7000万元,建筑面积为30000平方米,绿化面积为19000平方米,国家一级汽车客运站。有车位25个,预计日均旅客发送量达18000人次,日均发车班次1200班次。主要设施包括站前广场,站内停车场、候车厅、售票厅、驾乘人员休息室、办公用房、加油站、汽车修理厂以及宾馆、餐饮、娱乐、购物于一体的综合型商业大楼。宝应新汽车站在设计上体现了以人为本、绿色环保的理念,既反映了宝应水乡的文化特色和人文内涵,又注重突显时代气息,与周围环境协调一致。新车站的开工建设,将有力带动新区的建设和发展,为新区带来新的生机和活力。新车站建成后,其一流的设施、一流的环境、一流的站场、一流的服务,必将进一步推动该县的客运公司化经营和经济的对外沟通交流,提升全县对外形象。

泰州第二职业高级中学

TAIZHOUDIERZHIYEGAOJIZHONGXUE

江苏省泰州第二职业高级中学为国家级重点中等职业学校。学校地处主城中心地带，在校生人数 2000 余人，校园风景秀丽，办学条件优越。学校整体办学水平居全市同类学校前列，具有显著的办学成效和较高的社会声誉。

响亮的办学品牌。学校长期坚持“以德树人，关爱学生成长；以技立校，改革实践教学；依法治校，实施规范管理”的办学理念，注重内涵发展、特色建设，先后荣获全国首批中等职业教育德育工作实验基地、江苏省职业教育先进单位、江苏省德育特色学校、江苏省职业教育实训基地、江苏省绿色学校、江苏省职业教育公民道德教育试点学校、江苏省首届职业教育创新大赛优秀组织奖等多项荣誉称号，连续两年获泰州市办学绩效评估优秀单位。

一流的专业设置。学校形成五大类十五个专业，以机电类和电子电工类两个省级示范专业为龙头，分别延伸出机电技术应用、数控技术应用、模具数控加工技术、机械装配与维修和电子技术应用、电器与控制技术专业链，进而形成了专业群。近几年，学校又根据社会的需求增设了药品经营专业、海事乘务、船舶轮机、会计电算化、航空服务、通信服务等热门专业。在“十一五”期间机电、电子、计算机三个专业被创建成新一轮省级示范专业，学校被确定为省级电子与信息技术实训基地，机电专业被评定为省级课程改革实验点。

规范的学生管理。学校秉承“从最后一名学生抓起”、“人人都是德育工作者”的德育理念，倡导“帮助学生在尊严中发展，激发学生在发展中求真”的新思想，拥有一支敬业爱生、乐于奉献的班主任队伍。学校制定相应的奖励和减免政策，家庭困难的学生可申请 500——1500 元不等的国家、省、市等各级职业教育助学金及励志奖学金，帮助学生完成学业。

突出的办学成效。学校注重专业建设和师资队伍建设，狠抓教学质量。现有教职工 160 人，其中具有高级职称的教师有 47 名。全国优秀教育工作者 1 名，中国职业院校教学名师一名，江苏省职教先进个人 2 名，江苏省职业教育领军人才 2 名，“双师型”教师比例高，其中技师 17 名，高级工 28 名。重视专业教师与学生的技能集训，每年在省、市职业技能竞赛中总成绩均名列前茅。

良好的就业前景。学校紧密追踪泰州产业结构调整，各专业均与泰州市“十一五”期间重点发展的支柱产业紧密结合办学，目前已和泰州 LG 电子冷机有限公司、泰州正太数控机床厂、泰州长力树脂管有限公司、江苏联通泰州分公司等大中型知名公司联合办学、订单培养。毕业生就业前景好，供不应求，就业质量高，连续多年毕业生就业率均在 98% 以上。

校　长　季增俊

泰州市人大领导来校视察

校园就业双向见面会

电工实习工场

江苏省职业教育先进单位

校园全景

泰州市高教园区

TAIZHOUSHI GAOJIAO YUAN QU

省市领导高度关注高教园区的发展

经国家教育部批准，2004年6月，南京理工大学泰州科技学院、南京师范大学泰州学院两所独立本科学院正式成立，作为地级泰州市本科教育千秋大业的泰州高教园区建设随之全面启动，它标志着泰州高等教育事业迈进了一个崭新的历史起点。

泰州高教园区地处泰州主城区东侧，总规划面积为4.2平方公里，总建筑面积101.7万平方米，总投资规模约32亿元。园区规划地块自北向南分别为南师大泰州学院、南理工泰州科技学院、江苏畜牧兽医职业技术学院，整个园区按33000人规模设计，教学行政用房49.3万平方米，学生生活用房36万平方米，体育设施、综合性图书信息中心、大学生公园和大学生步街区等公共设施错落有致、配备齐全，体现了学院之城、文化之城、名师之城、园林之城的建设理念和教育之乡的内涵与风韵。目前，两所本科院校在校生人数达15000多人，教职工800多人，开设了近40个专业，涉及8个学科门类。招生范围也从第一年仅限于江苏省内，扩大到全国30个省市自治区，包括北京、天津、上海、重庆、广州等大城市和发达地区。

市委张雷书记（中）来园区现场考察

姚市长（中）来高教园区工地慰问

2005年8月22日，高教园区一期工程正式开工，2006年8月底落成并交付使用，完成三所学校41万平方米的主体工程及与之配套的道路、绿化、管网强弱电等工程建设，总投资11.6亿元，实现了三所院校约3万名学生正式入住园区的先期目标。2006年底二期工程开工，总投资约8亿元，新建南师大泰州学院、南理工泰州科技学院两所院校宿舍楼、教学楼、实验楼、食堂、风雨操场以及省牧院新校区图文信息中心、培训中心、畜牧系馆、食品系馆、机电工程系馆和服务用房等，总建筑面积达33万平方米。二期工程还将完成东风路东侧景观工程、春兰路和育才路的修建等校外配套设施建设。二期工程竣工后，三所入驻高校在校人数将超过2万名。高教园区创造出符合泰州实际的投资建设模式，成功化解资金瓶颈制约，妥善处理征地拆迁矛盾，积极做好百姓安置工作，又好又快建设优质工程，实现了政府极少引导资金投入，短期内完成浩大工程的奇迹，同时，在园区建设过程中始终加强廉政建设力度，率先在全省推行廉政保证金和诚信保证金制度，从源头上杜绝工程腐败问题，进一步打造出优质、高效、阳光的园区工程形象。

建设中的高教园区必将成为泰州高等教育的试验区、培养现代化人才的重要基地，经济发展的增长点，城市建设的新景区，成为新泰州加快自主创新步伐、建设创新型城市的动力源泉。

高教园区一期工程落成典礼

南理工泰州科技学院

南师大泰州学院

江苏牧医学院

南京师范大学退教协

NAN JING SHI FANG DA XUE TUI JIAO XIE

在宁高校退离休教育工作者协会,是改革开放后适应新形势发展而产生的群众性组织。1989年江苏省教委、江苏省教育工委与时俱进,下发了【89】19号文件,根据这一精神,在宁高校发起组建江苏省在宁高校退离休教育工作者协会。南京师范大学是这个组织的发起单位之一,它的诞生受到江苏省和南京市领导的重视和关心,至今已有20年了。高校的教职工一旦退离休后,就自然的脱离单位的工会组织,成了社会的弱势群体,他们非常需要有一个自己的组织,关心他们的权益,关心他们的生活,这是一个组织产生的根本原因。

协会成立后,依靠会员每年缴纳的2元会费作为协会活动经费是远远不够的,所以协会要开展活动,只能向学校申请专项活动经费,因此开展活动困难重重。随着国家老龄人的逐年增加,就南师大而言,到目前为止已有退离休人员1500多人,占学校职工队伍的三分之一。为使老年人欢度晚年,提高生活质量,构建和谐校园,使更多的老年人能参加文娱体育活动,必须有一定经费来源作支撑。举办非学历教育是退离休教师最能发挥作用的地方,也是最有资格从事这一活动的人才群体。一方面可以使老教授继续为教育事业作贡献,经省教育厅、民政厅批准,同意在宁高校退离休教育工作者举办非学历教育班,消化部分社会求学矛盾,也加快了江苏高等教育大众进程。另一方面也能获得一定的活动经费,即解决了学校经费紧张的情况,又开展了适合老年人形式多样的文体活动,这是一件利国利民的好事,有头脑的领导人应该大力支持和倡导这项工作。《关于进一步发展退离休专业技术人员作用的意见》(中办发【2005】9号)下发以来,发挥退离休专业技术人员作用如虎添翼,并取得进展和经验,但配套的政策不够完善,有待总结改进。

一、南京师范大学退教协办非学历教育回顾

1996年5月为解决退教协活动经费,向学校提交举办非学历教育班的报告。5月9日,黄涛副校长批示:“根据校长意见,退教协是群众性组织,经费的运作根据三自原则:即自筹、自管、自用。由学校提供教室和政策,通过办班等收入解决活动经费问题。”继后,公丕祥校长批示“退教协办班不容易,是为办学校做了件好事,他们办班因给于特殊照顾,不纳入成人教育办班财务统一管理的文件执行,另开一个口子。”事后,分管成教院(现“称继续教育学院”简称“继教院”)计财处的副校长宋永忠、蔡林慧分别批示:“请成教院、计财处,对退教协办班给予特殊照顾。”

举办非学历教育班完全根据国家政策和市场需求变化而变化。2003年6月向学校申请举办高三复读班,校办主任张志刚批示;“同意退教协申请,按一贯政策办理。”共招两届学生,2003年招收137人,分两个班,2004年招收60多人。后因生源不足,少儿素质提高班和高三复读班于2005年停办。

随着社会对教育需求的变化,退教协向社会呈送《举办社会自考非学历教育班》的申请,经校长办公会议讨论;“考虑到退离休人员众多经费紧张,扩大非学历教育,有助于缓解矛盾、改善待遇,学校同意支持退教举办非学历教育培训班”,并经宋永忠校长签发,同意南师大退教协办非学历教育自考助学班。2005年9月,共招收403人,2006年9月招收500多人,都在紫金校区上课,各项工作开展井然有序。2006年学校有若干学院在招收特色自考助学专业班以外,还招收了社会自考助学班,造成南师大自考人数人满为患,并影响了全日制学生的学习和生活秩序,故学校断然采取措施,所有社会自考助学班都必须搬出南师大紫金校区。南师大退教协举办的社会自考助学班虽经学校批准,但为顾全大局,同年也一起迁出紫金校区上课。

2007年,南师大退教协不得不寻找新的办学点,之后同南京英华学校签定合同,租用英华校区作为办学场所。合同以1000名学生 为基数,支付年租金300多万,但实际当年招收学生人数只有600人,加之前期办学设备投资30多万,07年在英华校区亏损近40万元。

2008年同江苏南洋文理研修学院和南京博文学校合作办学。因几方面都不具备独立办学的条件经协商在2008年4月,同以上单位签定合作办学协议。南京师范大学为规范退教协办班,特在2008年6月26日下发《南京师范大学关于退教协办班的管理办法的通知》,宁师继【2008】1号文件,文件写到:"学校对退教协办班,坚持大力支持、政策优惠、规范办班、归口管理"的原则。在退教协规范办学的基础上,积极扶持退教协举办自学考试社会助学班,稳定办学规模。严格工作规范,提高办学质量。这对南师大退教协举办自考助学班,提供了办学资质的依据,给予了办学极大的支持,也是对办学的资质的肯定。

二、办学性质、层次、规模、效益

南京师范大学退教协现在办的非学历教学班均为社会自考助学班。在2005年以前,主要是成人高考文化补习班,少儿文化补习班,2003年到2004年办了两期高考复读班。2005年9月以后,这种办班生源已减少到不能继续维持。根据社会求学者对非学历教育的变化,我们审时度势,根据省考试院公布的社会自考科目举办了社会自考助学班。2005年招收第一批学生,有英语、日语、旅游、新闻、学前、法律等六个专业,2006年招收第二批学生,有英语、商务英语、旅游、新闻、工商管理、经济贸易、法律等。均为退教协自主独立办学。学生绝大多数为高考落榜生、文化基础不扎实、学习习惯欠佳,缺乏学习动力,更缺乏刻苦勤奋,加之学习场所不固定,特别是考教分离的考试模式,这就决定了毕业率低下。

南师大退教协办班,根据2006年自考情况统计:2005年自考通过率平均为48.8%,最高单科通过率为90.5%,超过省平均线的有14门课,8门课通过率达50%以上。07年统计:《哲学》、《邓论》、《法律》、《计算机》等课,平均通过率达63.24%,有19门课通过率超过省平均线,17门课通过率在50%以上。8门课通过率在60%以上,最高单科通过率达97.2%。2009年首届首批毕业生达63.2%。根据学生的基础,经过我们的努力,能取得这样的办学效果,是很不容易的,我们对优秀生实行奖励,并形成制度。以精神鼓励为主,物质奖励为辅。以此鼓励学生更好的学习。

近几年来,南师大退教协办非学历教育,为部分退休教职工继续为教育作贡献提供了一个服务平台,也为部分大学毕业生及社会青年提供就业岗位,前后聘用管理人员、班主任80多人,聘用兼课教师150多人,为江苏高等教育大众化贡献一份力量,同时也满足了部分家长和学生求学的需要,消化了高校办学资源饱和的部分矛盾,使部分青年能享受接受高等教育的机会,也是国家教育改革的成果。

几年来投入教育改善办学条件的资金有壹佰多万,上交协会合计壹佰伍拾陆万肆仟元(156.4)万,有力地支持了南师大退离休老人的活动经费,改善了1500多退离休教职工的福利,提高了他们的生活质量,也减轻了学校经费紧缺的压力,实现了社会效益同步发展。

三、举办社会自考助学教育的思考

社会力量办学在1991年前后,已在全国各地兴起,当时称之为"贵族学校"。自1997年中华人民共和国颁布《社会力量办学条例》,国家对社会力量办学实行积极鼓励、大力支持、正确管理的方针。并对办学过程中的重大问题,都作了明确的规定。使得社会力量办学象雨后春笋迅速得到发展。社会力量办学的发展是我国经济、教育、科技、劳动、人事诸领域不断改革的结果,特别是社会主义市场经济日益发展的产物和必然趋势,它对于满足经济和社会多样化的教育需求,繁荣教育事业,促进教育体制改革,发挥了积极的、重要的作用已载入史册。

目前举办的高等教育社会助学自考是一所没有围墙的大学,是更加开放的、更加广泛的、实行考教分离、宽进严出的一种办学形式,它是为社会青年提供求学机会的好途径,是国家教育改革的重大举措。办好社会助学教育,我们的体会是:

第一、政府和政策的支持,是办好社会自考助学教育的首要条件。这种办学场地绝大多数是租赁的,缺乏完整的教育设施,办学成本高。生源质量差,绝大多数学生是高考落榜生,有少数职业中学的毕业生。但自考生试卷同高校同层次的学生试卷标准不降低,同时又是考教分离,造成毕业率不高,因此,每年有30%左右的学生流失。办学单位压力大,风险大。办学规模小了无经济效益,要亏损,办学规模大了,管理困难多,矛盾多。如果政府不给宽松的政策,这种办学是一条死亡之路。

第二、高等学校领导的重视和支持是办好社会助学教育的重要保证。这种办学的师资都是来自高校的退休教师和在职教师,如高校对师资严格控制,也就没有师资保证,教育质量也没有保证。

第三、办学管理人员素质的高低是办好社会自考助学教育的关键。很多投资办学的单位,其目的是为谋取高利。所以在办学中尽力降低办学成本,减少教学投入,降低管理人员的工资待遇。这就造成办学恶性循环,主管部门要对办学主要负责人应有审批程序。

第四、稳定的办学场所是办好社会自考助学教育的物质保证。现在自考办学场所不断的改变,一年或几年换一个地方,教育投入大,带来很多办学矛盾,影响办学声誉。

第五、主管部门应审核办学单位的办学条件,控制办学单位的办学规模,根据办学条件,核准招生计划数。一旦计划核定,不能由招生单位任意改变,应严格执行招生计划。

第六、社会自考助学招生,完全采用市场模式,各办学单位相互竞争,为抢生源,采取不择手段造谣、诋毁、攻击对方。中介由公开转入地下。每年招生中引发很多社会矛盾。我们建议教育管理部门对社会自考教育招生也例入最后一个招生批次,这样可保证招生有序的进行。我们期待社会自考助学教育春天的到来!

常州纺织服装职业技术学院

CHANGZHOU TEXTILE GARMENT INSTITUTE

已有50年办学历史的常州纺织服装职业技术学院是一所省属全日制普通高校。学校座落在常州高职教育园区内,园林式、生态型的现代化校园占地825亩,现有六系两院一部56个专业学生12000余人。

学校坚持以培养高素质、高技能人才为目标,与行业、企业广泛合作,全面推进工学结合的人才培养模式改革,在稳定规模的同时不断加快师资、专业、课程等内涵建设,增强社会服务能力。学院现建有5个省级特色专业(纺织品设计、服装设计、机电一体化技术、染整技术、商务英语),2个中国纺织服装教育学会教改试点专业(服装设计、染整技术),1个省级示范专业(染整技术);1个省级人才培养模式创新实验基地;3个省级实训基地,其中动漫实训基地还是国家信息产业部、文化部、教育部等十部委“国家动画无纸化公共技术服务平台”的建设点;1个市级重点实验室;与企业开展应用技术项目合作30余项;多个科技公关项目获得巨大的社会效益与经济效益,其中染整废水处理技术荣获中国纺织工业协会颁发的2008年度中国纺织科技进步三等奖,“天然彩棉新产品研发及产业化”项目获得常州市科技局、常州市组织部等五个部门联合颁发的“产学研优秀项目奖”,“中水回用与污水净化技术示范与推广”项目获常州市科技进步四等奖。

学校秉承“进德、立业、敏学、笃行”校训,以服务为宗旨,以就业、创业为导向,走产学研结合之路,积极实施“品牌特色、校企合作、国际合作”三大发展战略,教育教学取得显著成效。2006年,学校以“优秀”成绩通过高职高专人才培养工作水平评估,2008年成功进入“江苏省示范性高职教育园区建设单位”和“江苏省创业教育示范学校”建设行列。

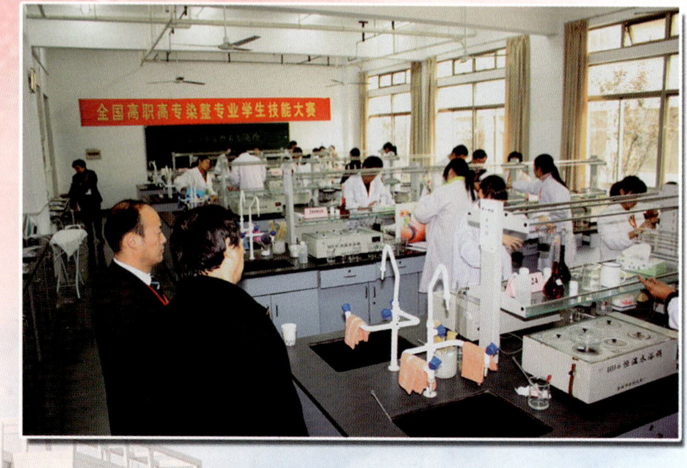

首届全国高职高专院校染整专业学生技能大赛

2007年首届全国纺织服装类高职高专院校学生技能大赛

在第九届江苏国际服装节上,纺院党委书记赵发荣、院长冯国平向梁保华省长介绍学校办学情况

学生制作五十米长蛋糕“迎奥运、贺校庆”

学生创业教育实验园

服装专业“波司登”教学楼

TAIZHOUSHI HAIGUANG ZHONGXIN XIAOXUE

泰州市海光中心小學

教学楼

校长 郑晓彤

孙区长、朱副区长视察学校

泰州市海光中心小学前身系泰州市工农小学，始建于1964年，后多次易名，1985年定名为泰州市海光中心小学。

近年来，学校发挥自身优势，积极筹资，改善条件，加快建设，勇创一流。建成200米环形塑胶跑道，增添现代化的教学设施，建成了校园闭路电视系统、学生微机室、图书馆、阅览室、音乐室、自然实验室、报告厅等，每班均配有多媒体教学设备。学校有30个教学班，1400多名学生，教师84名，其中中学高级教师8人，小学高级教师56人，本科学历20人，大专学历47人。

学校以“团结、进取、求实、创新”为校风，以“敬业、爱生、求精、奉献”为教风，以“勤学、善思、团结、守纪”为学风。近几年来，学校获“省实验小学”、“现代教育技术先进学校”、“爱国卫生先进单位”、“泰州市先进学校”等荣誉称号。

海小人在郑晓彤校长的带领下，以“全面发展、人文见长”为办学理念，以“两支队伍、一个中心”为抓手，用“规范和谐”的校园文化创建特色学校，全面推进素质教育，实行人性化管理体制改革。

海小人团结协作，励精图治，奋力进取，开拓创新，为办一所质量取胜，特色彰显的学校而不懈奋斗着。

泰州市扬桥中心小学

TAIZHOUSHIYANGQIAOZHONGXINXIAOXUE

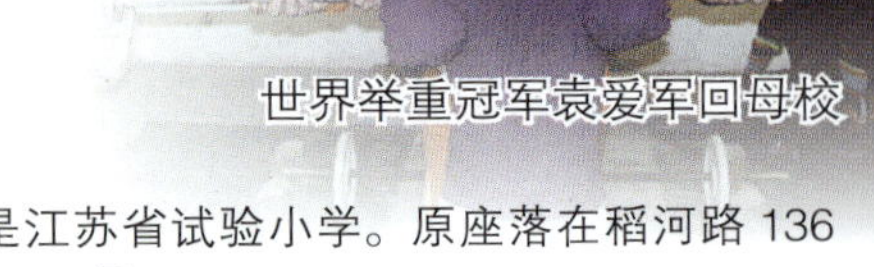

世界举重冠军袁爱军回母校

校长 乔春朋

泰州市副市长刘励（右二）视察校园

副区长朱爱俊、区教育局党委书记、局长凌华余（左三）人事科长汤桂山（左二）莅临学校指导工作

泰州市扬桥中心小学创建于1927年10月，是江苏省试验小学。原座落在稻河路136号，2006年12月8日，因旧城改造迁至稻河新村10-1号。

学校现有27个教学班，1000多名学生和76名教职工，其中高级教师4人，小学高级教师43人，本科学历32人，专科学历24人。学校占地面积21210平方米，建筑面积9576平方米。

多年来，学校努力改善办学条件，全面实施教育现代化工程，建成了20多个现代化专用教室，建有校园广播系统、校园电视台和校园网。

近年来，学校全面贯彻党的教育方针，全力打造学校新形象，坚持“以人为本，科研兴教，特色兴校”的办学理念，加强两支队伍建设，抓常规管理，强化效益行为。2008年以来，学校以省级《“花香校园”校本课程开发的实践与研究》为载体，积极实践新课程理念，努力探索教育改革的新路子。

在教育改革的春风大道上，学校一路奋斗，一路收获。近年来，学校先后获得了江苏省“手拉手助残先进单位”和“关心下一代先进集体”，泰州市“绿色学校”、泰州市“德育先进”，泰州市“优秀家长学校”、泰州市“文明单位”，海陵区“教育工作先进单位”、海陵区“首批模范学校”等荣誉称号。

少年举重是学校的一大特色，已先后从这里走出过周培顺、袁爱军两名世界举重 冠军及周凯等20多名省、国家举重冠军。2008年11月，学校被江苏省体育局命名为“江苏省青少年奥林匹克体育俱乐部”。

笋借一风争做竹，松经十雨竞成材。扬桥人正乘着课改的东风破浪前进。

丰富的校园生活

欣欣向荣的同欣

上海杨浦区同欣进修学校

董事长　黄国桢

上海杨浦区同欣进修学校，是有50年教龄的原复旦大学生命科学院实验师，现任民办教育家联谊会常务理事、中国教育家大会副理事长、中国国际行业组织研究会高级研究员、本校董事长黄国桢创办的一所非学历教育培训机构。地处复旦大学园区，总建筑面积10203平方米 拥有91个教室，6个多媒体教室，1个语音室，4个计算机房配置130台品牌机。室内均装有空调，教学环境优良。

同欣学校全体领导班子合影

我校办学理念是"以质量求生存，以服务求发展"。学校有一套严格的教学质量监控体系，完善的教学服务保障体系。培训项目涵盖面广，设有经济管理类、高复、外语、计算机、财务会计、少儿培训等六大培训系列。合作培训项目有ILT物流职业资格认证、CIPS注册采购与供应经理认证、中小企业管理(董事长、总经理)研修，朝日日语、HSK、童心艺术、LINUX网络技术及饭店管理大专班等。我校充分依托周边名牌大学、重点中学及各行业服务机构，由教授、高级教师、行业专家执教，教学效果显著。在竞争如云的复旦园区培训机构中脱颖而出，得到社会普遍认可。2003年被评为上海市办学水平A级学校，2004年被评为全国"民办教育百强学校"，获上海市价格协会"诚信建设单位"称号，2005年又摘得"'十运之星'十佳民办学校"桂冠。我校董事长黄国桢、校长谢敏奇均获得优秀民办教育家称号，董事长黄国桢还获得"中国百名行业创新杰出人物金像奖"等多项荣誉。

黄国桢董事长在"同欣少儿之星"颁奖大会上

我校注重社会效益，在办学的同时开展公益活动，如邀请医疗专家为社区中老年人讲解保健知识。聘请残疾人为社区居民作"身残志不残"的精神文明教育，并经常与社区居民进行联谊活动，丰富社区居民文娱生活，捐助安徽希望小学办学资金和教学设备等等。我校还承担市府实事工程"百万家庭网上行"培训。对3千多名社区居民普及电脑知识，因而我校又获得了"社区十佳好事单位"称号和人民日报"时代潮"优胜奖。

2006中国管理学家论坛
暨第八届中国管理创新大会

高复班部分老师在武夷山留影

同欣学校与社区同庆"三八"妇女节

同欣学校赠送给社区的礼品

黄国桢董事长在中国管理大会论坛上领奖

泰州市高港中学

TAIZHOUSHIGAOGANGZHONGXUE

校长：李国璋

泰州市高港中学始建于1999年8月，占地40余亩，建筑面积近20000平方米。 学校设施齐全，建有理化生实验室、微机室、美术室、音乐室、多媒体教室、学校建有校园广播系统；图书馆藏书37211册、电子图书10万册，教师、学生阅览室共有报纸、杂志百余种；学校有300米环形田径场一片，篮球场四片，运动器材齐全，能满足教学和训练的需要，学校绿化面积占校园面积40%以上，整个校园布局合理、环境优美。

泰州晚报小记者

学校现有教学班30个，学生总数1608人，教职工115人，高级职称教师人数10人，中、高级职称教师人数占教师人数的55.7%。学校经过师生的共同努力和不懈奋斗，已形成了“爱、真、实、新”的校风，“严、精、高、创”的教风，“勤、思、博、活”的学风。我校有多名教师获得“泰州市优秀班主任”、“泰州市优秀教师”、“高港区十佳青年”的光荣称号。学校遵循全面发展的教育方针，积极推行素质教育，取得了显著的办学成果。近几年来学校先后获得“江苏省未成年人科技创新教育先进学校”、“江苏省绿色学校”、“江苏省泰州中学优秀生源基地”、“泰州市文明单位”、“泰州市爱国卫生先进学校”、“泰州市园林式单位”等多种光荣称号。

学校以学生行为规范的养成教育为突破口，注重培养学生的创新精神和实践能力，与泰州晚报合作成立了高港区首家小记者站——泰州晚报高港中学小记者站，并且先后组织了多次大型活动。我校坚持“一切为学生的发展服务”的办学理念，以“打好基础，培养能力，发展个性，提高质量，渗透德育”为教学改革的指导思想，以“全面实施素质教育，全面育人为宗旨，创一流管理，一流设施，一流师资，一流效益”的总体发展目标，团结拼搏，开拓创新，努力提高教育教学质量，办人民满意的教育。

泰州莲花学校

TAIZHOULIANHUAXUEXIAO

校长、党支部副书记 黄春银

泰州莲花学校是市教育局直属的一所九年一贯制公办义务教育学校，目前有教学班23个，学生近千人，教职工102人， 55人具有中高级职称，95%的初中教师具备本科学历，96%的小学教师具备专科以上学历，硕士研究生在读3人。教师专业水平、业务能力得到社会各界广泛认可。

近年来，学校加强了三支队伍的建设（领导班子、教师队伍、班主任队伍），初步建立了竞争激励机制，严格教育教学常规管理，深入开展课堂教学改革，实施课堂教学模式研讨课、“过关课”活动，探索构建富有莲花学校特色的自主课堂教学模式，提高教学的有效性，致力于教育教学质量的提高，取得了一定的成效，赢得了家长的肯定。

学校坚持“以人为本，以学生为本，以素质为本”的办学理念，坚持“德育重于智育，情商重于智商，成人重于成才”的育人主张，以三自（自主、自律、自信）、三求（求真、求善、求实）为最高追求。近年来，学校先后评为江苏省“小公民道德建设”活动示范基地，江苏省红领巾手拉手助残活动先进集体，江苏省青少年科技教育先进学校。几年来，教师撰写的论文有近200篇发表或获市级以上奖励。学生在各类比赛中有300多人次获国家、省、市级奖励。2009年中考成绩创历史新高，总均分与2008年相比上升了25分之多，达四星级高中统招线9人，达三星级高中统招线60人。

2009年，市委市政府将学校二期工程列入为民办实事工程，连接南北校区的翻身河桥已开工建设，全部工程于2010年上半年建成验收并交付使用，届时，一座占地177亩的现代化校园将成为景色秀丽的引凤河畔的又一道亮丽风景线。

姚建华市长来校视察

庆元旦文艺汇演

校园一角

江蘇省黄橋中學

校长：黄克恭

领导关怀

江苏省黄桥中学创办于1924年，1996年升格为江苏省重点中学，2000年通过国家级示范高中验收，2004年转评为江苏省首批四星级高中。

学校现有专任教师260人，其中，江苏省特级教师、全国先进教育工作者、江苏省优秀教师、高级教师等86人，教育硕士37人，泰州市、泰兴市名教师、学科带头人46人。学校办学条件优越，硬件设施完备，标准化塑胶田径场，电子阅览室、微机房、多媒体教室、配有空调的学生公寓等现代化教学生活设施全部到位。

学校遵循“对未来社会负责，为学生发展强基”的办学理念，确立了“泰州叫响，江苏前列，国内知名”的发展目标，在校训“智、仁、勇”的引领下，学校逐渐形成了“团结、守纪、求实、创新”的校风，“严谨、善导、求精”的教风和“勤奋、求真、进取”的学风。学校教育教学成绩显著，连年获泰兴市高中教育教学综合评估一等奖。学校先后被评为“泰兴市社会治安综合治理工作先进集体”、“军训工作先进集体”、“安全工作先进集体”、“泰州市‘四五’普法先进集体”、“泰州市模范学校”、“泰州市文明单位”、“江苏省德育工作先进集体”、“江苏省文明单位”、“全国贯彻学校《体育工作条例》优秀学校”等。

校运动会

校园一角

学校微机房

黄桥中学第三届文化艺术节

江苏省口岸中学

党委书记、校长：封留才

江苏省口岸中学位于泰州市高港区，是一所具有悠久历史和丰富文化底蕴的名校。学校创办于 1926 年，现为江苏省重点高中、国家级示范性高中、江苏省首批“四星级”高中。2005 年秋经国家教育部批准成为泰州市唯一的承办内地新疆高中班的学校。

先进的办学理念 学校秉承“自强、厚德、求是”的校训，“努力让每一位学生成人、成功、成才”的办学宗旨，坚持“科学化、精致化、规范化”的管理策略，着力构建自主、创新、活泼、勤奋的大德育实践机制和责任课堂的推进机制，努力培养具有未来意识和创新素养的新型人才。

优质的教师队伍 学校现有教职工 245 人，专职教师 219 人，其中中高级教师 133 人，占 65%；博士生学历 1 人，研究生学历 12 人，研究生课程班老师 43 人；省特级教师 2 人，省突贡专家 1 人；江苏省新长征突击手 3 人，江苏省师德标兵 1 人，泰州市名教 1 人，泰州市首届十佳青年教师 1 人，泰州市学科带头人 3 人，泰州市“311 工程”学术带头人 6 人，泰州市优秀班主任 15 人，获省市青优课一等奖的有 17 人，泰州市教学能手 2 人，教坛新秀 5 人。有 160 人次受地市级以上表彰。精干优质的教师队伍为全面提高教学质量奠定了坚实的基础。

幽雅的人文环境 学校现由四大区域组成，即学校本部、学生公寓区、教工宿舍区和劳动技术教育实验基地。占地面积约 175 亩；建筑面积 58000 多 m^2；绿化面积 35000m^2，是江苏省园林式单位、江苏省绿色学校。校园内建起了“清源亭”，塑起了岳飞像，共拥有 36 个历史文化景点，高楼大厦与小桥流水交相辉映，红花碧草与亭台楼阁俯仰生姿，古老的传统气息与现代化的文明融合成一道道迷人的风景线。

完善的办学设施 学校建有主辅教学楼三幢，拥有图书馆、科技楼、天文台、多媒体电教室演播厅、校园网、球类活动中心和 400m 标准田径场等现代化教学设施，教师办公室、各个教室都配有多媒体教学设备，每个教室都装有空调。学校建有省内一流的男生公寓楼两幢、女生宿舍楼一幢、新疆部学生公寓一幢。建有标准化的可容三千人就餐的学生餐

蟾宫折桂

★★★★
江苏省四星级普通高中
江苏省教育厅
二〇〇四年三月

国家级示范性高中
江苏省教育厅
二〇〇一年四月

江苏省重点高中
江苏省教育委员会
一九九六年十二月

2005—2006年度
江苏省文明单位
Civilized Unit in Jiangsu Province
江苏省精神文明建设指导委员会
JIANGSU PROVINCIAL STEERING COMMITTEE FOR IDEOLOGICAL AND ETHICAL ADVANCEMENT

江苏省文明学校
江苏省教育厅
二〇〇七年十二月

江苏省德育先进学校
江苏省教育厅
二〇〇〇年三月

校园一景

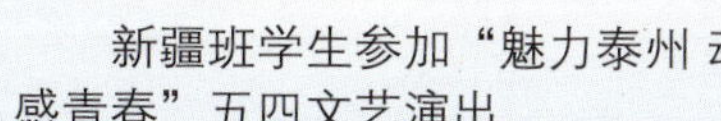

新疆班学生参加“魅力泰州 动感青春”五四文艺演出

江苏省口岸中学“七彩青春，快乐校园”主题团日活动

校园银杏林

厅和日常开放的学生浴室，并配备了专门的生活指导老师、医疗保健医师、心理辅导老师和专职保安，实施了完善的后勤保障管理。

一流的办学业绩 近年来，学校向全国一流名牌高校输送优秀人才 600 多人，每年高考本科上线人数以 10%-20% 的速度递增。近年来学校每年招收两个励志班，他们在高考中均被录取到全国重点大学。自 2005 年承办内地新疆班以来，新疆部各项工作取得了喜人的成绩，受到省、市领导的肯定。

在社会各界人士关怀下，学校先后荣获了“全国教育网络示范单位”、“全国模范职工小家”、“江苏省文明单位”、“江苏省园林式单位”等 29 项省级以上荣誉、75 项市级以上荣誉，学校连续三年获市教育局年终综合考评优秀等第，2008 年接受泰州市政府督导检查，督导结果为优秀。

学校与澳大利亚科耐中学交流合作

南京大学—鼓楼高校国家大学科技园

南京大学—鼓楼高校国家大学科技园成立于2001年5月,是科技部、教育部认定的首批国家级大学科技园。园区坐落于中国高校最密集、人口文化素质最高、科技资源最丰富、商务配套最完备、文化底蕴最深厚的中心城区——南京市鼓楼区,是中国为数不多的设立在都市中央商务区内的大学科技园区。

广泛的区域 由广州路科技商务街区、模范马路创新街区、江东软件城(南京国际服务外包产业园)和溧水产业基地组成 “两街一城一基地”为主的园区构架,涵盖了中心城区的26.6平方公里全境。

高端的集聚 科技园由鼓楼区政府和南京大学等“一府九校”共同组成,园区分布着20多所高校,CETC第十四研究所等71家科研院所,有五千多名教授、副教授, 47名两院院士,博士后流动站57个,国家重点学科52个,国家重点实验室11个。是全国罕见的高智力密集区,为科技产业发展提供了强有力的技术、人才支撑。

完善的服务 科技园不断创新服务模式,拓展服务渠道,形成了较为完备的服务体系,目前可以为园区企业提供公共实验和检测平台、投融资服务平台、FPGA创新中心、工程设计高端人才培训中心、服务外包实训基地(IBM实训基地)、企业家交流平台、科研成果项目转化平台、科技和科研人才服务平台、人力资源服务平台、园区企业法律服务平台等十个服务平台。

丰富的经验 截止到2008年底,园区研发面积已达45万平方米,累计培育和引进阿尔卡特-朗讯、美国艾默生、联创等国内外知名总部、研发机构和高新技术企业831家;形成了电力自动化、信息电子、城市轨道交通、生物医药、化工新材料、工业设计等产业集群;培育了卜凡强、孙力斌、王继平、李华山等一批本土和留学归国创业的各行业领军人物;获得“中国最佳创意产业园区”、“商务部服务外包示范园区”、华东六省市“最具竞争力创业园区”、“江苏省高新技术产业化工作先进集体”、“江苏省现代服务业集聚区”、“金陵海外学子科技园”等荣誉称号。

在2007年底国家科技部火炬中心公布的《国家大学科技园发展分析报告》上,南大-鼓楼高校国家大学科技园在孵化面积、入园企业、从业人数、企业总收入等多项指标在全国62家大学科技园中名列榜首。

国家主席胡锦涛、全国政协主席贾庆林、国务委员刘延东等党和国家领导人先后亲临科技园视察指导,对科技园的发展给予充分肯定。

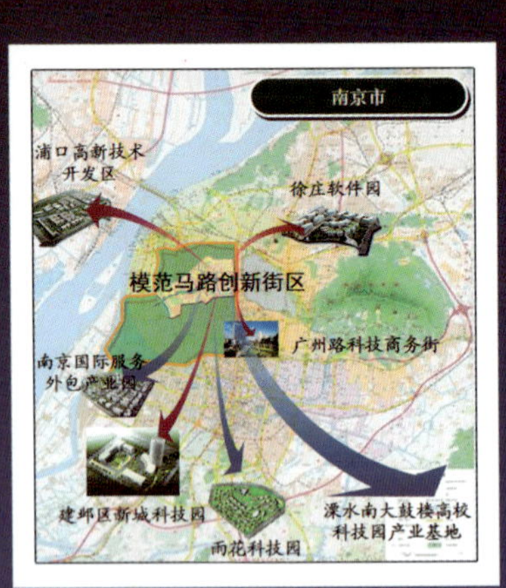

常州四药制药有限公司

常州四药制药有限公司是国家高新技术企业，江苏省知识密集和技术密集型企业，江苏省绿色企业，常州市四星级企业。现有 450 多名员工，占地 60 余亩，08 年实现工业产值近 10 亿元，实现销售 7 亿元，上缴税金近 1 亿元。连续 4 年在全国 5000 多家制药企业中列为纳税百强，07 年排名第 59 位。已通过国家药品 GMP 认证、国际环境管理 ISO14001、国际职业健康安全责任 OHSMS18001 认证，有 3 只产品分别通过美国 FDA 和欧盟 CEP 认证。远销欧美、香港、东南亚等 10 多个国家和地区。

四药公司坚持技术创新，拥有先进的技术中心和质量中心，承担并完成国家 863 计划项目，国家科技攻关项目和省成果转化项目 5 项，与中科院、北京大学、南京大学、上海医工院等产学研合作。四药拥有自主发明专利 27 项（已在美国申请 PET1 项）。

四药公司主要产品有奥克（抗消化溃疡药）、兰苏（祛痰药）、缬克（抗高血压药）、单克（抗精神分裂症药）、金开克（一周一片抗抑郁药）、恒克（降糖药）、抑索 14 肽生长抑素（急救用药）、芬太克（麻醉镇痛药）等。拥有 DDS 控释、缓释制剂，激光打孔控释片和 TTS 透皮贴剂等新剂型，建立了 TTS/DDS 产业化平台。奥克、兰苏被评为江苏省名牌产品。

常州四药恪守“用心制好药”的企业精神，坚持技术创新，培育自主发明专利，提升核心竞争力，打造四药品牌。“质量是生命线，创新是竞争力”是四药人的核心价值观，为推进全民医保、13 亿中国人的健康，多作新贡献。

JIANGSUSHENGZHONGDIANZHONGXINZHENCAODIAN

江苏省重点中心镇——曹甸

曹甸镇地处苏中北部，是扬州市北大门，镇域面积99.9平方公里，耕地面积4197公顷，辖22个行政村、2个居委会，总人口7.2万，是省98家重点中心镇之一，国家级环境优美乡镇。

现有工业企业400多家，主要产业有：文体教玩具、精细化工、电线电缆、管件阀门、金属制品、玻璃水晶等。江苏扬州文体教玩具工业园为省级乡镇示范园区，市级乡镇特色产业园，已通过了ISO9002质量管理体系认证和ISO14000环境认证。园内“七通一平”基础设施配套，服务功能完备。目前，已开发面积3000亩，入户企业100多家。

近年来，围绕“小城市”建设目标，按照“10平方公里，5万人口”规划要求，不断加大硬件投入，已形成了“四纵四横”的集镇主体格局，建成工业、商贸、行政、文教、住宅等五大功能区。镇内教育体系完备，文化卫生、广播电视、商业休闲等社会公益和文化娱乐设施齐全。2005年以来，坚持每年兴办8-10件关系群众生活质量提高和曹甸未来发展的实事工程，先后实施了扬州市第一家乡镇污水处理厂新建、农贸市场搬迁、千年古刹定善禅寺重建、烈士陵园、苏中公学纪念馆、江淮流域农耕文化博物馆建设等48件实事工程，集镇面貌不断靓化，居住环境十分宜人。

开放开明而又勤劳朴实的曹甸人民正以饱满的热情、热忱的服务、优良的环境，喜迎四海宾朋，投资合作，携手共进。曹甸这片热土已成为投资的乐园、创业的家园、安家的花园。

污水处理厂

扬州市晨化科技集团

扬州市新奇特电缆材料有限公司

农业园

永明园

范水——生机勃勃的千年古镇

FANSHUI—SHENGJIBOBODEQIANNIANGUZHEN

人民广场晨练

范水镇是黄金水道京杭大运河畔的明星古镇,始名“汜水”,唐代集镇初具规模,自古就有“金范水”美誉。范水地理条件优越,京沪高速、淮江公路和建设中的金宝南线公路穿境而过。全镇行政区划面积172平方千米,其中集镇建成区面积6.3平方千米,耕地面积6 646公顷,滩涂135公顷。2008年底总户数25 222户,总人口数91126人,辖22个行政村、7个居委会。近年来,范水镇坚持以科学发展观统揽经济社会发展全局,强力实施开放立镇、工业强镇、开发兴镇、生态建镇战略,全面发展壮大镇域经济,全面推进新农村建设,全面构建和谐社会,三个文明建设获得了磅礴发展,先后荣获全国绿化造林百佳乡镇、江苏省百家名镇、文明镇、重点中心镇、卫生镇、新型小城镇建设试点镇、无公害农业科技示范区。

2008年范水完成地区生产总值13.89亿元,其中第一产业2.77亿元,第二产业6.82亿元,第三产业4.3亿元;实现综合财政收入6330万元,国税入库2900万元,地税入库1050万元;农民人均纯收入7445元。工业经济保持高速增长,实现全部工业产值35.9亿元,完成开票销售10.04亿元,实现规模工业利税9450万元;全社会固定资产投资5.1亿元,其中工业技改投入4.06亿元。全镇工业企业276家,其中规模企业22家、过千万元企业15家、过亿元企业2家,初步形成了以纺织业和机电业两大产业为主体的工业格局,特别是骏升科技公司为全球最大的遥控器生产基地。工业集中区以纺织、电子电器为特色,是市级工业集中区,面积2500亩,进园企业30多家。农业经济快速发展,高效有机农业走在了全省的前列,中宝德园有机农场是国家环保总局正式命名的33个“国家有机食品基地”之一。泰基有机、瀛宝牧业、丰源生态等高效农业项目相继落户,以有机种植、规模养殖为主的产业特色日益彰显。建筑业、服务业发展态势良好,建筑业作为富民支柱产业之一,2008年县外“双包”面积达到25万m^2,全年完成施工产值6.5亿元,实现增加值1.45亿元。坚持以规划引领发展,围绕宝应南片小城市的目标定位,完成新一轮《范水镇集镇规划》。在全县率先编制集镇中心区控制性详规,完成农民集中居住点建设规划,完成新丰路、红旗南路、红旗桥等基础工程,建成法庭新大楼、防保大楼、敬老院二期等一批精品工程,集镇框架的拓展、功能设施的完善,带动人流、物流、资金流加快积聚,集镇人气旺盛,商机凸显,全年实现服务业增加值4.66亿元。

面对挑战与机遇并存、困难与希望同在新的发展时期,范水不断提升发展标杆,不断提高发展目标,提出了“强镇富民、三年倍增”新的目标,力争在三年内把范水建设一个人民群众得实惠、老百姓认可、经得起历史和实践检验的全面小康社会。

骏升科技公司

农民别墅小区一角

建设中的工业集中区

范水中学

原全国人大副委员长费孝通同志莅临九龙视察并题词

江苏省委书记梁保华视察中盛光电集团

中国车件之乡——九龙镇

欢迎您

镇党委书记：史桂旺

镇长：孙广华

九龙镇地处南唐古郡海陵的西大门，人杰地灵，民风淳朴， 328国道穿镇而过，国家南水北调重点工程——泰州引江河横贯南北。九龙方圆30.9平方公里，下辖9个行政村，1个居委会，人口2.5万。

近年来，全镇经济快速发展，人民生活水平日益提高，社会各项事业不断进步，曾连续八年荣获“泰州市经济十强乡镇”称号。2005年跻身“全国千强镇”行列，被国家体育总局表彰为“全国群众体育先进乡镇”，先后荣获江苏省卫生镇、江苏省基础教育现代化乡镇、江苏省信访工作“四无”乡镇、泰州市创建国家环保模范城市工作先进集体、泰州市“十佳”工业先进乡镇、泰州市先进乡镇工业园区等荣誉称号

九龙台商工业园区创建于2000年，2009年升格为泰州台商工业园区，规划总面积30平方公里，一期规划10平方公里基本建设到位，已形成“五纵三横”的道路框架，“七通一平”到位率100%、污水处理厂、220千伏变电所年内竣工运营。目前，入园企业146家，其中外资企业16家，已形成车件、机电、新能源等产业集群。2008年，全镇完成地区生产总值18.15亿元，同比增长25%；其中农业增加值3093万元，工业增加值13.4亿元，同比增长28%，服务业增加值4.4亿元，同比增长18.6%，完成财政收入1.36亿元,同比增长12.5%，实现全社会固定资产投资9.75亿元，同比增长30%，实现农民人均纯收入9340元。

今年以来，九龙镇广大干部群众紧紧围绕“三年再造一个新九龙”奋斗目标，团结拼搏，务实奋进，经济社会呈现又好又快发展总势，不久的将来，一座文明、洁净、优美、宜居的新型小城镇将出现在泰州引江河畔。

引江河泰州大桥九龙风景区

九龙宝鼎

中国不锈钢名镇

园区管委会

戴南镇是一座具有千余年历史的水乡古镇。相传当年的戴南为临海小村，曾有过唐太宗李世民驰骋的足迹，镇中建有市级文物保护单位——敕封护国寺。全镇下辖33个行政村，5个居委会，总人口9.26万人，另有外来人口5万多人，总面积107.8平方公里，其中镇区面积8平方公里，江苏戴南科技园区8平方公里。2008年，全镇实现地区生产总值65.36亿元，预算内财政收入9.38亿元，其中一般预算收入2.96亿元，农民人均纯收入10366元。

兴达总部大楼

近年来，戴南镇坚持科学发展，着力改善民生，构建和谐社会，经济建设和社会事业取得了长足的发展，钢帘线和不锈钢制品成为全镇的支柱产业，先后被评为全国先进基层党组织、全国文明镇、全国重点镇、中国不锈钢名镇、全国村镇建设先进镇和江苏省新型示范小城镇、卫生镇、人居环境示范镇、重点镇、科技体育先进乡镇、苏中百强乡镇、文明乡镇、先进基层党组织，并被列为全国小城镇发展改革试点镇。

戴南不锈钢交易城

新宏大集团

不锈钢产品

戴南镇政府大楼

江苏戴南

戴南镇污水处理厂

新泽路鸟瞰图

农民居住小区—花苑别墅

绣园宾馆

在建设更高水平的小康社会征程中，戴南镇将以“践行科学发展观，建设幸福新戴南”总揽全局，坚持率先发展、科学发展、和谐发展不动摇，转变发展方式，提升开放水平，着力改善民生，努力把戴南建设成为科学发展的示范区。

泰兴

镇政府办公大楼

泰兴镇地处泰兴市城区，是泰兴市政治、经济、文化中心。国道宁通高速、宁靖盐高速、省道江平线、泰常线、如过线纵横过境，傍临国家级开放港口泰州港和新长铁路泰兴站，距常州、无锡仅40公里，至上海虹桥机场、南京禄口国际机场只有2小时车程，水陆交通发达，区位优势十分明显。全镇土地总面积80平方公里，耕地总面积23.2平方公里，行政村22个，街道6个，社区21个，村民小组388个，总人口223856人，其中非农业人口157392人。

农业产业特色明显。已形成大棚蔬菜、葡萄园、草莓园、苗木花卉、林果等特色规模农业基地，全镇高效规模农业面积8500亩，建成产业化龙头企业6家，专业户总数2630户，成立农民专业合作经济组织16个。

工业经济实力雄厚。已形成医药医疗器材、机械制造、电子高科技、轻工制品等4大产业集聚。全镇5000万元以上企业30家，企业规模过亿元或利税过千万元的企业18家，规模过5亿元或利税过亿元的企业5家，规模过10亿元的企业2家，有25个村居工业总量过亿元，以城区工业园为主体的工业集聚区三期工程实施结束，四期工程已在开发之中，城区工业园已累计征地4500亩，总投入超过68亿元，进区兴办工业企业近130家。

党委书记：高寿林

镇长：张银德

十强乡镇——泰兴镇

泰州市财政收入第一镇

"团结务实、廉洁奋进"的好班子

建筑业发展同步提升。拥有总承包房屋建筑施工的二级资质企业两家，三级资质企业一家，已有2家企业通过改制转型，企业发展潜能得以充分释放。全镇建筑业企业创优质工程、文明工地20项，完成建筑业总产值13.3亿元，工程结算收入8.2亿元。

服务业发展速度加快。万通物流中心和北二环市场集聚区分别列入省、泰州市重点服务业项目，红星美凯龙、涌金商业广场二期工程、灯饰城、苏中批发城和金马商贸城改造等重点服务业项目正在实施和推进之中，全镇服务业的发展水平得到整体提升。

三迪车业厂区

城乡环境不断改善。积极参与旧城改造，加快城市建设步伐。全年共征地近千亩，拆迁安置370多户，拆迁面积10万多平方米，有3个社区创建成泰州市绿色社区，东城社区达到省级绿色社区标准。新农村建设稳步推进，累计投入743万元，整治中沟、河道107条，疏浚土方43.9万方，投入40万元落实全镇中沟以上河道长效管理机制，完成改厕3605座。

电除尘设备厂厂区

济川药业集团

金圃千强镇——苏陈镇

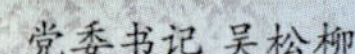
党委书记 吴松柳

镇长 李昇让

苏陈镇于2009年1月1日划归海陵区，土地总面积45平方公里，辖16个行政村，2个居委会，人口4.5万。

苏陈镇是一座历史悠久的千年古镇，“金梭银梭不倦地编织着岁月，寒来暑往交替演变着春秋。”而今的苏陈已非昔比，千年古镇焕发出勃勃生机。随着经济的快速增长和精神文明建设的步伐加快，苏陈镇成为国家建设部小城镇建设试点乡镇。

区划调整后，苏陈进入了泰州市主城区规划，为快速崛起插上了腾飞的翅膀。苏陈镇地处泰州市和姜堰市的中轴线，东邻姜堰，西接泰州，泰州火车站坐落苏陈境内，328国道、宁启铁路、通扬运河穿镇而过，集镇东首苏北第一大立交桥——宁靖盐高速公路互通，立体的交通网络拉近了苏陈与全国各地的距离。苏陈镇地域广阔，北有丰富的水面资源，南有万亩良田。北洋金属集团、金鼎钢结构、有色合金总厂、天翔服饰、金牛制衣等公司为著名企业。主要工业产品有铁合金、不锈钢制品、铝带、铜管、铜棒、绝缘材料、化工产品、重型帆布、服装等。“北洋”牌铁合金、不锈钢制品，电力通信铁塔，“虎球”牌绝缘材料，梭式、针织系列服装等为品牌产品。全镇有3.5万亩无公害水稻基地和5000亩大棚蔬菜基地。苏陈镇系省重点中心镇之一。2008年被泰州市委、市政府评为社会治安安全镇，连续四年财政上台阶，被评为全国千强镇。

苏陈镇政府大楼全景

目前，苏陈镇广大干部群众围绕“三年再造一个新苏陈”的奋斗目标，大力推进招商引资和项目建设，加快城镇化建设步伐，扩张高效农业，裂变新兴工业，做强现代服务业，致力于把苏陈建设成为泰州市腹部新城镇。

海陵区委书记杨杰、区长孙耀灿揭牌

泰州苏中有色合金制造公司

居民区一角

高效农业园区景观

泰州东大门 白米大看台

姜堰市 白米镇 BAIMI

党委书记 黄健全

镇长 周旺根

白米——江淮古镇、泰州“东方明珠”。

近年来，白米人围绕经济发展姜堰率先、民生改善姜堰领先、社会和谐姜堰争先 的奋斗目标，团结拼搏，务实奋进，全镇三个文明建设进入了一个全面加快发展的新阶段，2008年实现GDP23.8亿元，财政收入3.85亿元，农民人均纯收入8570元。相继荣获江苏省重点中心镇，科技、体育、文化先进镇，江苏省新型示范小城镇、文明镇、卫生镇、社会治安综合治理先进镇以及泰州市经济工作十强镇等荣誉称号。诸多工作得到中央、省、市领导的肯定和推广。

把握新形势，抢抓新机遇，寻求新突破，化挑战为机遇，抢先机促发展，敢于争先、勇于创新的白米人按照“高位、高幅、高质”的新要求，坚定不移地推进经济、社会“更快更好”发展,坚定不移地推进“经济发展姜堰率先、民生改善姜堰领先、社会和谐姜堰争先 ”，努力把白米建设成为一个更加繁荣、更加富强、更加文明、更高水平的小康白米、和谐白米、幸福白米。

省委书记梁保华视察曙光集团

省长罗志军视察苏鹏蛋业

泰州市委书记张 雷
姜堰市委书记王仁政 视察新农村建设

曙光石油机械装备产业园

十二层商住楼

党委书记、董事长陈飞

海纳四方财富 阳洒万众心田

以凤凰精神 打造精品银行

泰州海阳农村合作银行

泰州海阳农村合作银行是由原泰州市郊区和高港两家联社整合组建、于2007年4月16日对外挂牌开业的地方性农村合作金融机构，下辖1家营业部，21家支行、12家分理处，营业网点覆盖泰州市海陵区、高港区、农业开发区和经济开发区。截至2008年末，银行各项存贷款余额达40亿元和28亿元，比1978年分别增长99倍和139倍。农业贷款在市区金融系统的市场份额始终保持在95%以上，真正成为新形势下泰州市区农村金融的主力军。

海阳银行成立大会

2008年，海阳银行围绕“践行科学发展观，我为泰州作贡献”主题教育活动，积极开展调查研究，撰写理论研讨文章，指导全行开展工作。其中《用科学发展观统领全行工作》成为引导全行工作的指导性文件，《改革开放三十年，中国农村信用社管理体制改革与成就》一文被省金融学会评为二等奖，并代表江苏省金融学会参加“江苏经济改革30年”理论研讨会交流。同时，海阳银行主动创新金融服务产品，支持地方经济建设。先后与市团委联合推出“泰州青年创业小额贷款”，创建青年创业小额贷款绿色通道。谋划推动“发展不忘责任、引领百姓致富”特色创新活动，先后在全辖各支部开展帮扶2户社会弱势群体、帮扶2户创业需求对象、帮扶1户农业产业化企业创业的“221”帮扶活动。全年累计投放各项贷款77.2亿元，同比增长50%，贷款增幅列全省72家联社第5位；发行圆鼎卡13万张，在有力支持地方经济建设的同时，为泰州市民提供额度授信、资金融通及资金结算、电话银行、自助银行等差别化、个性化服务，赢得了“泰州市民自己的银行”的美誉。围绕受惠于民、反哺于民的办行初衷，银行积极开展“送温暖，献爱心”捐助，向市残联捐助，向武警官兵捐款，向地震灾区捐款献爱心、上缴特殊党费、团费等社会公益活动，积极参与泰州市委“一滴水”爱心捐款，全年累计捐助各类款项31万元。

向武警官兵捐献爱心

2008年，海阳银行荣获市“文明单位”、区“文明行业”称号；海阳银行工会荣获市“五星企业工会”称号；海阳银行营业部荣获省“文明规范服务示范单位”称号；银行董事长陈飞光荣当选市十大杰出青年企业家。

企业文化培训

HYB 海阳银行

江畔明珠永安洲

JIANGPANMINGZHUYONGANZHOU

永安洲镇党委书记：吴斌

永安洲镇镇长：张万卿

高港区永安洲镇地处泰州主城区南端，南与苏、锡、常隔江相望，位于长江三角洲的中心偏南位置，是上海、苏南辐射苏中、苏北的中心门户和必经之地，拥有天然的区位优势。永安洲镇现有面积51.2平方公里，滨江临海，地势平坦，腹地辽阔，拥有长江中下游最具开发潜力的深水岸线和广袤的内陆腹地。农产品主要以稻、麦、豆为主，特产有长江鳗鱼、刀鱼、河豚等，又称鱼米之洲、江鲜美城。

近年来，永安洲镇依托得天独厚的区位资源优势，抢抓沿江开发机遇，发展态势呈现五大特点：一是综合实力明显增强。2008年永安洲实现国内生产总值8亿元，工业总产值61.07亿元，财政总收入1.41亿元，一般预算收入7835万元，被市政府评为“十佳工业先进镇”，在“泰州市经济十强乡镇”中继续争先进位。二是临港产业加速集聚。先进制造业围绕高分子新材料、粮油、机电（船舶）等产业拉长产业链，打造产业集群优势；现代服务业发展势头良好，泰州高港港口综合物流园成为省级现代服务业集聚区、省级重点物流基地，注册企业49家，注册资本1.88亿元。三是招商引资成绩斐然。2008年度，永安洲协议利用外资1.0073亿美元，实际到账5355万美元。益海粮油、海企化工仓储、中航船舶、三福船业、永安港务、太平洋钢管、梅兰化工、锦泰金属交易市场等一批超亿元或超亿美元的重特大项目，相继落户永安。四是基础设施不断完善。已建成永安港区等万吨级公用码头4座、拆迁安置房28.5万平方米、古马变、泰州三水厂等一批基础配套设施，永兴港务、污水处理厂、集中供热中心、疏港公路、220千伏建安变等项目正在建设之中；五是社会事业全面进步。深入开展全国文明城市创建活动，成功创建省级卫生镇，城市文明素质不断提高，社会环境不断优化；积极拓宽富民途径，农民人均纯收入达9033元；切实关注民生，城乡低保做到应保尽保；生态文明建设扎实有力，落成迎宾大道节点等一批生态景观工程，切实加大环保督查力度，启动集中供热中心、污水处理厂等一批生态环保工程规划建设。

随着“打造核心港区，建设滨江新城”目标的确立，永安洲正呈现出一派日新月异、大开发、大发展的景象。热情、开放的永安洲竭诚欢迎各界有识之士来镇投资兴业。

泰州大桥

国电泰州电厂

泰州港永安港区

海企仓储

能建大厦

历史名城——姜堰镇

2008年,姜堰镇充分发挥城关镇优势,求真务实,攻坚克难,奋力赶超,经济社会建设取得新成就,综合考核再获姜堰市第一。

工业经济爬坡提速

抓自主创新,抓技改投入,抓市场开发,2008年实现工业现价产值86.2亿元,纳税销售32.71亿元,同比分别增长27.1%、16%,新增列统企业16家,新增纳税销售逾千万元企业5家。

现代农业方兴未艾

农业结构逐步优化,2008年新增设施农业550亩,农业优势不断形成,农业科技园正式开园,田园养殖场逐步壮大,城南葡萄园初具规模,农业经济实力增强,实现农业总产值1.66亿元,农民人均纯收入9598元。

第三产业拓展壮大

提升传统服务业,拓展现代服务业,加快发展新兴服务业,2008年新增个体工商户1600户,新办私营企业160家,实现服务业增加值11亿元,同比增长25.4%。

项目建设优化提升

引资方向不断转变,坚持"招强引税"方针,实现招商引资由数量扩张向效益提升转型,着力引进产业带动力强、关联度高、投资回报快的大项目、好项目。2008年引进千万元以上项目16个,园区建设不断加快,修编规划,加大投入,提速推进,完善功能,民营经济产业中心被评为"泰州市重点园区"。

社会事业日新月异

城乡统筹协调发展、文化保障共同推进。全面整治城乡环境,村居环境焕然一新;全面提升城乡品位,村居建设持续深入,农民集中居住区美仑美奂;全面繁荣群众文化,城乡文艺活动丰富多彩,首届农民艺术节成功举办;全面实施失地农民保障,16个村85个组1.1万多名失地农民进入社保。

省委常委、副省长黄莉新在农家

中共泰州市委书记张雷视察新农村建设

繁荣的三产

田园养殖场

姜堰镇——扶江襟淮，东临沧海，众水来汇，奔涌旋流，又称三水、罗塘。
姜堰镇——人文荟萃，民风淳朴，文化底蕴深厚，是一座历史悠久的古镇。
姜堰镇——江苏名镇，泰州市经济十强乡镇，姜堰市城关镇。

市领导视察曹家农业科技园

丰富多彩的 社区文化生活

市领导深入工厂调研指导

姜堰镇首届农民文化节

政府大楼

园区工厂

泰州第一村
董北村

董北村党委书记　张文德

董北村委会主任　张明荣

党建工作常抓不懈

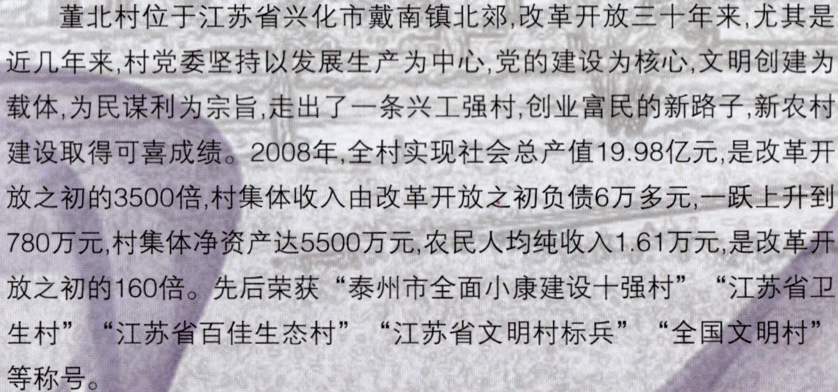

董北村位于江苏省兴化市戴南镇北郊,改革开放三十年来,尤其是近几年来,村党委坚持以发展生产为中心,党的建设为核心,文明创建为载体,为民谋利为宗旨,走出了一条兴工强村,创业富民的新路子,新农村建设取得可喜成绩。2008年,全村实现社会总产值19.98亿元,是改革开放之初的3500倍,村集体收入由改革开放之初负债6万多元,一跃上升到780万元,村集体净资产达5500万元,农民人均纯收入1.61万元,是改革开放之初的160倍。先后荣获“泰州市全面小康建设十强村”“江苏省卫生村”“江苏省百佳生态村”“江苏省文明村标兵”“全国文明村”等称号。

经济较快发展　全村100多家民营工业企业,形成了以不锈钢制品加工为主导的产业,成为富民强村的支柱,建成不锈钢废品市场,有500多户进场经营,有200多户在全国各地开店,做到二三产联动发展。

基础设施配套　累计投入6000多万元实施道路桥梁、公园、电信、电气和亮化工程建设,投资建成了设施一流的全省首家农民疗养院,实验小学和社区服务中心,正在建设集滨河绿化带,农民乐园,寺庙为一起的旅游观光风景区,让村民享有与城里人一样的公共服务。

生态环境优美　全村设置8个保洁区,专人包干负责垃圾清运和卫生保洁,开展了以“绿化家园、清化河道、净化村庄、硬化道路、亮化干道、美化环境为主导内容的环境整洁活动,疏竣主干河道10条,增加绿化面积992亩。

保障制度完善　村股份合作社每年按股份分红,正常红利分配。所

团结奋进的领导班子

董北,投资商的乐园

董北社区服务中心

世界关注董北,董北走向世界

董北的未来

有“五保老人”集中供养。30岁以上的村民办理了养老保险、医疗保险和财产保险。每年为村民进行一次免费健康检查。为65岁、75岁以上的老年人每人每年分别发放600元、1200元养老补助金。

文化生活丰富　实施“六个一”工程,唱响一首村歌、建一支健身队伍、编一部到户的村史、建一个董北艺术团、建一支不锈钢乐队、办一份《董北简讯》,为村民创造一个浓厚的文化氛围,努力打造“泰州文化第一村”。

党的十七届三中全会以后,董北村制订了新的发展规划,决心“争先创优谋发展,苏中苏北争第一”,朝着“农村工业化,居住别墅化,村庄园林化,社会和谐化”的目标迈进。把董北建设成“远看像林园,近看似花园,生活在乐园”现代化新农村。

董北人民欢迎您

金属制品的蛟龙——江苏兴龙

董北不锈钢集群加工园

人间仙境——董北村民居住区

江苏省靖江市新桥镇

JIANGSUSHENGJINGJIANGSHIXINQIAOZHEN

江苏省文明办领导来新桥检查创建工作

市领导视察孝化村设施园艺建设

新桥镇位于苏中靖江市西南部,东近江阴长江大桥,南与无锡、常州隔江相望,西临泰兴,广靖高速、江平公路在这里交汇,新长铁路、京沪高速旁镇而过,沿江高等级公路、公新公路穿越镇区,黄金水道在身边奔腾,区位条件十分优越。

全镇总人口6.1万,镇域面积61.3平方公里,辖18个行政村,3个居委会。新桥镇是靖江的工业重镇,产业特色和产业优势明显,是江苏省特种合金材料开发应用星火技术密集区,全国闻名的“不锈钢之都”。2008年,新桥镇坚持科学发展不动摇,积极应对宏观形势变化,围绕加快发展、富民强镇的总体目标,扎实推进经济和社会各项事业健康协调发展。全镇实现地区生产总值31.5亿元,较上年增长36.4%;农民人均收入10292元,较上年增长16.2%;财政收入3.2亿元,较上年增长41.2%。在靖江市乡镇综合考评中历年名列前茅,连续8年保持泰州市经济工作十强乡镇称号,获江苏省文明镇、创建全国文明村镇工作先进镇、全国千强镇等荣誉称号。

2009年,是新桥经济社会发展的关键之年,我们将以科学发展观为指导,抢抓泰州市将新桥确定为四个重点建设小城市之一的机遇,在靖江“一城二翼”总体框架下,围绕建设“苏中第一镇”的目标,以资源节约型、环境友好型新园区建设为基础,走新型工业化之路,以新桥城、新农村建设为重点,走新型城镇化之路,高起点规划,高品位、高标准建设,加大投入力度,优化投入方向,加快把新桥建设成经济强镇、宜居城镇、生态名镇。

核装备制造企业—标新公司

连续八年荣获“泰州经济工作十强乡镇”

省级文明单位—江苏光芒集团

核装备制造企业—双达集团

同在蓝天下,携手共成长庆“六一”活动

小康建设示范村—三太村

新农村建设试点村—孝化村

中国（东部）小康建设十佳村
中国新农村建设明星村

太星村
TAIXINGCUN

太星村现有耕地面积1860亩，在册农业人口758人，14个村民小组。村党委有76名党员，村委会由5人组成。2005年，太星村被评为“中国（东部）小康建设十佳村”，2006年10月又获得了“中国新农村建设明星村”称号，并先后获得了江苏省文明村、卫生村、安全文明村、百佳生态村和省市先进基层党组织、苏州市示范村、先锋村等荣誉称号。

近年来，太星村经济发展较快，目前全村个私企业突破20家，村级可支配收入突破了500万元。太星社区股份合作社、太星土地股份合作社于2003年5月8日成立，合作社带动农民人均增收超2000元，2008年农民人均收入达到13800元。

太星村新型社区规划占地120亩，水面积50亩，设计建造240套连体别墅为主的农民住宅，总投资7600万元。其中建造农民住宅66000平方米，会所3500平方米。7600万元总投资中，村民负担2800万元。

在市委、市政府的关心支持下，太星村党政一班人，务实奋进、开拓创新，到目前已建造了240套住宅，完成计划的100%，已经和223户农户签订了定购合同，占计划的93%。到目前已有140户入住新村。同时结合新农村建设，同步规划建设了建筑面积达4000平方米的村社区服务中心，中心建有卫生服务站、爱心超市、便民服务中心、文体服务中心等，另外，还规划建造老年活动室250平方米，警务站200平方米，农贸市场350平方米等设施。太星农民真正过上了“天天上下班，月月领工资，人人有股份，年年有分红，农民住别墅，购物进超市，病老有保障，活动进社区”的幸福生活。

原江苏省委书记现中组部部长李源潮来村视察

江苏省委书记梁保华来村视察

国务院发展研究中心金人庆主任来村调研

江苏省副省长黄莉新来村视察

太星村会所

省委常委、苏州市委书记王荣视察新村

太仓市委书记浦荣　来村指导工作

省粮食局王元慧视察太星粮油店

花木基地

国务院政策研究中心李主任来村视察

党员活动

千年水乡文化古城——昭阳镇

昭阳镇是兴化市委、市政府所在地。是一个具有2300多年悠久历史的水乡文化古镇，人文荟萃，人杰地灵。行政区域面积50.01平方公里，辖16个社区居委会，11个行政村，总人口15.53万人，其中农业人口2.12万人。有江苏昭阳工业园管委会和城市社区工作委员会两个市局级部门，与昭阳镇党委、政府合署办公。

昭阳工业园项目集中奠基典礼

2008年，全镇实现地区生产总值19.8亿元，增长33%，其中：第一产业增加值0.799亿元，增长8.5%，第二产业增加值7.07亿元，增长29.6%，第三产业增加值11.98亿元，增长37.2%。农民人均纯收入8988元，增长15.2%，财政收入38696万元，增长177%。工业经济保持稳定快速增长，实现总产值61.3亿元，销售收入59.02亿元，利税总额4.82亿元，利润2.72亿元，分别增长39%、39.2%、33%、34.7%，工业用电量达14595万度，增长30%，47家列统企业完成产值27.5亿元，利税1.58亿元，分别增长45.6%和56.2%。昭阳工业园实现产值42.78亿元，销售41.01亿元，占全镇工业总量的70%以上。2008年度被评为兴化市综合先进乡镇一等奖、泰州市经济工作“十强乡镇”。

南山重工

江苏兴纺机械有限公司

江苏兴隆电子有限公司

兴化东方机械有限责任公司

中国 江阴·长江村

ZHONGGUOJIANGYINCHANGJIANGCUN

李总

长江村,经济实力雄厚,生态环境宜人、村民安居乐业,是社会主义新农村建设示范村。2008年上缴税金在江阴市村级排名中跃居第一,荣获“中国经济十强村”第三名,“中国名村影响力300佳”第18佳。村党委书记李良宝同时荣获“中国农村改革30周年·百名优秀村官”奖、“江阴骄傲--江阴改革开放30年30人”荣誉称号。

“关爱百姓、回报社会”是长江村党委恒久不变的承诺。“家家住别墅,人人有股份,户户有存款”是长江村民生工程的突出亮点。村里投入4亿余元建造818幢别墅,无偿送给每户村民;给每个村民5万元股金(其中1万元为土地股)入股分红;拿出近一亿资金给村民资产分红,村民户均分红达到10万元;为纪念改革开放30周年,共享改革开放成果,2008年7月给全村2858个村民每人1万元现金,给12800多名职工每人1000元现金的大礼包......别墅、股金、分红、现金均无偿送给村民,这在国内外尚无此先例,堪称“世界第一例”!

长江村注重打造村民高品位的生活环境,大投入建设村区的绿化、亮化、美化工程。前期投资2亿余元对新村水、电、路设施全面贯通,新村6000米主干道、12000多米区间通道路面实施硬化、亮化、绿化、美化,建设450亩生态林、荷花池、莲花池;近期投资3000余万元在新村中心建设80亩的中央公园,让村民享受健康丰富的文化娱乐生活;投资1亿余元建设1000余亩“长江之星”农业生态园,为打造临港新城绿色生态亮点,为绿化祖国、绿化江阴作贡献。

全景

村民别墅

村民别墅院景

村民别墅外观

江苏新长江实业集团有限公司

长宏国际码头

李总

江苏新长江实业集团有限公司始创于1972年1月,是一家国家级乡镇企业集团。集团位列“2008中国企业500强”第270位、“2008中国制造业企业500强”第146位、“2008中国效益200佳”第189位、“2007中国民营企业500强”第46位、荣获“全国明星企业”等称号。集团拥有净资产超100亿元。

新长江集团锐意进取、诚信经营,企业规模日益壮大,经济实力日益增强。2008年实现工商两业总产值289亿元、销售收入278亿元、利润13亿元、上缴税金5.6亿元,在江阴市重点企业中名列前茅。集团公司下辖江阴市长达钢铁有限公司、江苏长强钢铁有限公司、江阴市无缝钢管总厂、江阴市金属制管厂、江阴市长江钢管有限公司、江苏长宏国际港口有限公司、江阴市拆船厂、江阴市标准件二厂、江阴市长江化工厂、江阴市长江房地产开发公司等16家骨干企业,涉及机电、冶金、制造、拆船、化工、房地产、流通经营、港口八大行业。集团公司拥有全国村级企业绝无仅有的港口码头优势、世界上规模最大的绿色环保拆船基地、全国最大的钢管销售公司、全国最大的标准件生产基地、占据全球的一半市场份额的蒽醌生产基地......

“为富要仁、富而行善。”李良宝董事长的一句口号提炼了集团公司勇担社会责任的精髓。认购慈善冠名基金2500万元、光彩事业基金1000万元;支持希望工程、捐资助学、扶弱帮困、抗洪救灾现金和物资等先后捐赠600多万元;“5·12”汶川大地震发生后,第一时间通过江阴市慈善总会向灾区群众捐赠520余万元。

金属制管厂人口径无缝钢管生产线

长强钢铁

长江钢管公司仓库

长达船用宽厚板生产车间

江苏省文明单位标兵

江苏省泰州市人民医院

走过了90年的光辉历程,2008年泰州市人民医院各项工作取得了新的业绩。门诊病人、住院病人、手术量,业务收入等主要指标持续增长,住院床位扩展至1400多张,已跻身全省大型医院行列。"救助先心第一市"活动推向全国,包括新疆哈萨克族、四川地震灾区在内的42名"伤心宝贝"获免费手术救治,顺利完成了四川地震灾区40名重伤员的救治任务。医院获得了多项荣誉称号,再次被省委、省政府授予"江苏省文明单位标兵"称号。

1.市委书记张雷来院调研践行科学发展观活动情况,对医院加快发展提出了新的要求。
2."救助先心第一市"活动启动,市长姚建华、副市长曹玉梅出席启动仪式。
3.成功救助新疆哈萨克族先心患儿哈勒哈尔,市委常委、宣传部长缪志红等领导欢送该患儿出院。
4.加强医院文化建设,举办第二届职工摄影展。
5.成功救治四川地震灾区40名重伤员,并顺利康复返乡。

江苏省卫生系统抗非先进集体\泰州市防治非典先进集体\泰州市卫生系统先进集体\泰州市文明单位\泰州市惠民医院\高港区百姓放心医院

泰州市高港人民医院

TAIZHOUSHIGAOGANGRENMINGYIYUAN

院长 钱亚东

泰州市高港人民医院始建于1958年,地处泰州市南大门,与国家一级开放港口泰州港仅咫尺之遥。医院是一所县市级全民综合性医院,是高港区卫生行业医教研中心,泰州职业技术学院教学医院。近年来,医院先后被授予"江苏省卫生系统抗非先进集体"、"泰州市防治非典先进集体"、"泰州市卫生系统先进集体"、"泰州市文明单位"、"泰州市惠民医院"、"高港区百姓放心医院"等荣誉称号。

高港人民医院五十周年暨新院启用两周年庆典

成功抢救一名心跳呼吸骤停达75分钟患者

江苏银宝实业股份有限公司

JIANG SU YIN BAO SHI YE GU FEN YOU XIAN GONH SI

总经理　卢玉元

江苏银宝实业股份有限公司拥有资产1.5亿元，占地16万平方米，建筑面积7.2万平方米。公司有两条轧花生产线，年加工皮棉6万担；有近9万枚纱锭、年纺纱12000吨；有650台有梭织机、249名剑杆织机，年织白坯布2600万米的生产规模。

法人代表卢玉元从事经济管理工作30多年，其中20多年从事纺织经营，是全国纺织劳模、省劳模、省企业家、省、市工商联执委、县工商联副会长、江苏省第九届党代表。

企业精神

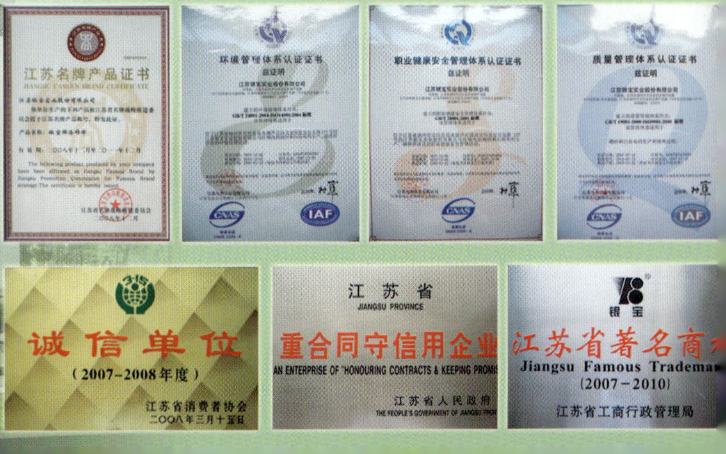

科技是第一生产力

KEJISHIDEYISHENGCHANLI

全国人大常委会副委员长、中国科学院院长路甬祥来泰视察

泰州国家医药高新技术产业开发区在泰州大剧院举行成立大会

全国政协副主席、科技部部长万钢视察中国（泰州）医药城建设情况

科技部党组书记、副部长李学勇来泰州调研科技创新工作

省长罗志军来泰州调研，重点考察企业自主创新情况，市科技局局长许书平（中）向罗省长（右一）汇报苏中天线集团公司自主创新工作成果

2008年泰州科技工作十大亮点

1、全市全年高新技术产业产值实现852.35亿元，占规模以上工业的比重在全省名列前茅。

2、5个项目入选2008年度省重大科技成果转化资金项目，获得4300万元的拨款支持。

3、泰州医药高新技术产业园区被科技部授予“国际科技合作基地”称号，为苏中、苏北地区首家。我市被省科技厅批准为省级生物医药特色产业基地。

4、扬子江药业集团被命名为苏中、苏北地区唯一一家国家首批“创新型企业”，全省共有4家。

5、蒋春茂等16人被确定为“2008年度江苏省高层次创新创业人才培育计划”培育对象，入选总人数列全省第三位。杨俊等14名高层次人才入选2008年度江苏省高层次创新创业人才引进计划，每人获得省财政100万元资助，入选总人数列全省第四位。

6、组织开展“企业院校行”活动，洽谈项目400多项，签订正式协议190项，20个科技合作项目现场签约。

泰州科技

泰州市委书记张雷在国家级泰州市高新技术创业服务中心调研

泰州市长姚建华到国家级泰州市高新技术创业服务中心调研

7、泰州市知识产权局被国家人力资源社会保障部、国家知识产权局表彰为全国知识产权工作先进集体，被国家知识产权局表彰为全国知识产权试点示范工作先进集体和全国专利执法先进集体。

8、9个项目入围“省首届科技惠民工程”，总投资4820万元。其中“泰州市居民健康卡工程的建立和实施”被列入“省十大地方社会发展科技示范工程”。

9、市科技局被表彰为2008年度泰州市十佳“人民满意机关”。

10、牵头组织申报国家医药高新区工作取得突破性进展。

市科技局组织召开深入学习实践科学发展观动员大会

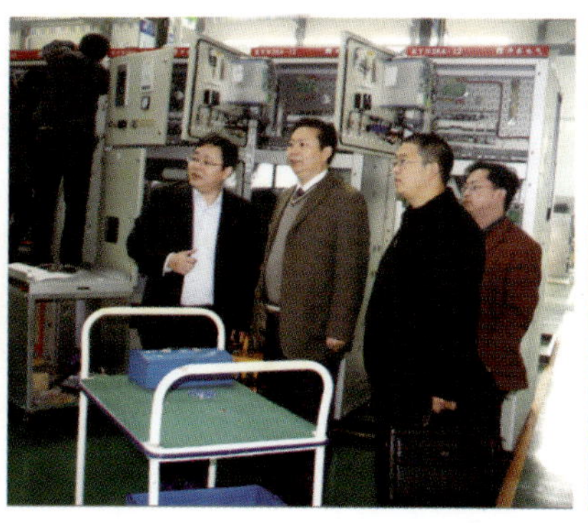

市科技局局长许书平带领相关处室负责人到企业开展“三服务活动”

市科技局组织全体党员干部以及市经济开发区经发局、海陵区科技局、高港区科技局负责人赴靖江学习调研

上海安祺科技有限公司

SHANGHAI ANQI TECHNOLOGY CO.,LTD

总经理　黄林祺

上海安祺科技有限公司是一家国内合资的民营高科技(股份)有限公司,成立于2000年10月,是一家集贸易、系统集成、产品开发和“四技”服务为一体的综合性公司。经营业务主要有计算机软、硬件的应用开发,无线射频技术及相关产品的研发、制造,系统解决方案项目集成和工程施工;通讯设备领域的“四技”服务,通信设备维修,通信设备及配料、仪器、仪表的批发;通信网络的技术开发、技术咨询、技术服务、技术转让、计算机网络的维护、仪器仪表的租赁;进出口贸易等。公司持续稳定发展,成为松江区民营小企业中的纳税大户。

公司连续获得2001~2007年度松江经济城优秀企业,2002~2007年松江区民营先进单位,并被江苏省评为2008年江苏省十佳民营企业。

公司注重人才培养,现由一批海内外高科技研发优秀人才和长期从事通信行业及IT服务业,具有客服意识的专业技术人员和企业管理人员组成,100%具有大专以上学历,50%具有高级职称或硕士、博士学位,年龄结构合理,人才搭配恰当。公司依托著名高校(上海复旦、交大、北京清华等)及科研所的合作与支持,特别加强了和中科院上海分院的合作,联合研制节能环保、安全等国家重点发展的行业,充分发挥资本和人才优势的组合,运用现代企业经营多元化、管理科学化的理念,引进国外以先进技术开发的具有高科技含量的品牌产品,配备优质的服务环境,建设在通信领域四技服务为主的高科技现代化企业,每年业绩稳定增长。公

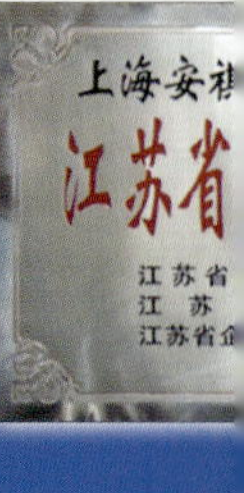

司注重质量管理和诚信承诺,拥有ISO9001质量管理体系认证、企业信用资质等级AAA证书、合同信用等级AA证书(现已通过AAA级的评审)。鉴于公司长期以来追求产品质量,今年被江苏省吸纳为江苏省名牌促进会副会长单位,黄平副总经理被聘为副秘书长。

公司的办公地址位于淮海中路的爱美高大厦。为发展业务需要,在香港设立分公司,负责境外业务。

公司下设产品贸易部、科技开发部、科技服务部、综合管理部等部门,实行总经理负责制。

产品贸易部主要经营国际上各著名通信仪表厂商中优质和特色产品。主要为美国JDSU(Acterna)公司的传输仪表、各类光仪表、光网络测试仪、接入网测试仪、数据分析仪、IPTV分析仪等;美国3M高科技通信配件、仪器仪表;Agilent的软交换、TD、CDMA3G仪表及网络优化产品;法国Astellia信令分析仪、信令采集分析仪等。

在推广仪表的同时,和厂方一起帮助客户建立合理的通信测试方案,并率先展开了集贸易、培训、计量、维护、维修、咨询为一体的一站式服务。建立的计量校准实验室已通过了上海市质量技术监督局的认证。安祺作为上述公司在华东区运营商的特级和独家代理,重点服务于上海、江苏、浙江地区,以优质和卓越的服务取信于用户,在不断的超越自我中实现超越顾客期望的承诺,在永不满足中与时俱进。

科技开发部主要从事无线射频技术及相关产品的研发、制造、系统解决方案项目集成。主要产品有RFID仓储式管理系统、RFID智能机房管理系统等,并加大力度推广介绍自主开发的RFID集成设备和软件信息库。自主开发的数字化仓库管理,被中国电信集团江苏省电信公司采用并全省推广。

公司以超越自我,超越顾客的期望为宗旨;以构建诚信体系,实现超值服务为目标;以永不满足,与时俱进作为时代精神;树立利人利己、实现共赢的核心价值观。

公司关爱生命,促进和谐,长期从事慈善事业,参与"母婴平安,关爱生命"等等慈善活动,荣获宋庆龄基金会荣誉证书,也是2007年夏季特殊奥林匹克运动会的特别鸣谢单位,并参与了"珍爱生命、抗癌防癌"系列活动。同时也被中国公益事业促进会推选为"中国最具感恩企业",公司总经理黄林祺先生被评选为"中国最具感恩人物"。此外,在这次四川汶川大地震中公司积极参与了中国电信的抗震救灾工作,全体员工自发的参加赈灾捐款活动,并继续和全国人民一起为受灾地区提供各种援助,表示全体员工的爱心。

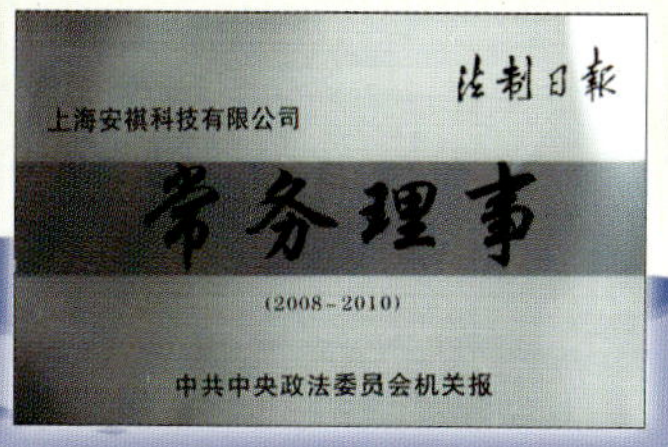
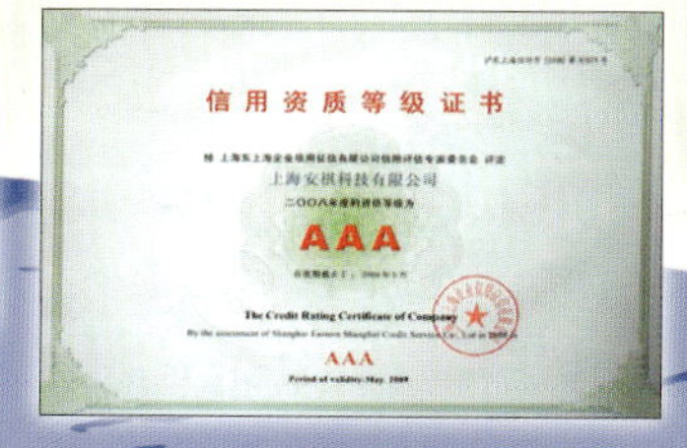
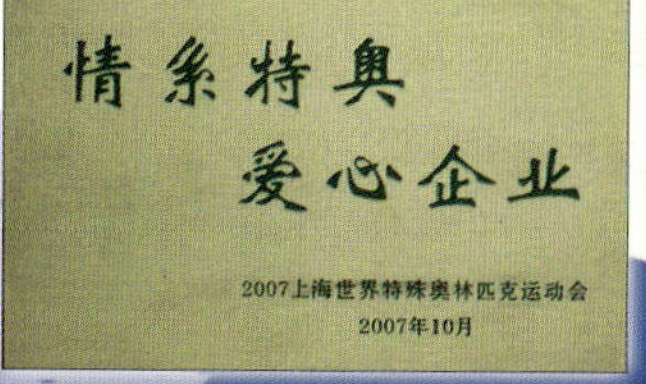

上海奉贤联运有限公司

SHANG HAI FENG XIAN LIAN YUN YOU XIAN GONG SI

上海奉贤联运有限公司地处奉贤区南桥镇中心地段,汽车30分钟经A4高速公路即可直达市中心,交通十分便捷。

公司始建于1992年,是奉贤区成立较早并具有相当规模和实力的专业运输企业。主要经营:水、陆、空联运、长途客运、民用液化气、汽车修理(一类)、旅游服务、钢瓶检验、代售汽车、火车、轮船票等运输服务项目。

多年来,公司领导抓住机遇,乘势而上、深化改革、锐意进取,凭借良好的经营信誉、广泛的市场网络、成熟的管理经验、优质的规范服务,使企业走上良性发展的轨道。

公司下属有6家企业;上海浦江汽车运输有限公司、上海奉贤交通液化气有限公司、上海银星汽车维修有限公司、上海远方气瓶检验有限公司、上海风舞汽车运输有限公司、上海远方旅行社有限公司。各公司之间相互依托、互相支持,形成具有一定实力的经济联合体,为振兴奉贤经济发展创建和谐社会而努力奋斗。

地址:上海市奉贤区南桥镇南桥路468号
电话:021-57425130(兼传真)
邮编:201400

海安县

HAI AN XIAN

海安地处江苏省中部，位于江淮平原和滨海平原之间，属于长江三角洲北缘地带。境内海崖线长8.55公里。全县总面积1112平方公里，耕地面积5.58万公顷。2008年全县辖14个建制镇、5个国营场圃。总人口938052人，比上年减少3859人，常住人口为85.4万人；城市化率达44.18%，比上年提高1.47个百分点。

2008年，全县工业经济平稳运行，服务业加快发展,三大需求同步发力,三外工作持续发展，民营经济质量提升，社会事业全面发展,民生工程顺利推进,实现地区国民生产总值264.6亿元，完成计划的105%，增长14.9%，三次产业比为11：54.8：34.2。地方一般预算财政收入12.6亿元，增长34.3%。农民人均纯收入7510元，增长12.6%；城镇居民可支配收入1.64万元，增长15.1%；25个小康指标均达到或超过序时，总体达到小康水平。

省委书记梁保华（左三）在县委书记章树山、县长单晓鸣陪同下到海安企业调研，左二为南通市市长丁大卫，左四为省农林厅长刘立仁。

省委副书记、省长罗志军在县委书记章树山、县长单晓鸣陪同下到海安企业调研。左二为南通市市长丁大卫。

南通市市长丁大卫（左三）、副市长张庆平（右）在海安调研，县委书记章树山陪同。

副省长张九汉（右）在海安进行工作调研，南通市市长丁大卫（左），县委书记章树山陪同。

海安县城一角